NOUVELLE COLLECTION

DES

MÉMOIRES

POUR SERVIR

A L'HISTOIRE DE FRANCE.

—

PREMIÈRE SÉRIE.

VI.

NOUVELLE COLLECTION

DES

MÉMOIRES

POUR SERVIR

A L'HISTOIRE DE FRANCE,

DEPUIS LE XIIIe SIÈCLE JUSQU'A LA FIN DU XVIIIe;

Précédés

DE NOTICES POUR CARACTÉRISER CHAQUE AUTEUR DES MÉMOIRES ET SON ÉPOQUE;

SUIVIS DE L'ANALYSE DES DOCUMENTS HISTORIQUES QUI S'Y RAPPORTENT;

PAR MM. **MICHAUD** DE L'ACADÉMIE FRANÇAISE ET **POUJOULAT**.

TOME SIXIÈME.

FRANÇOIS DE LORRAINE, LE PRINCE DE CONDÉ,
ANTOINE DU PUGET.

PAR MM. CHAMPOLLION-FIGEAC ET AIMÉ CHAMPOLLION FILS.

A PARIS,

CHEZ L'ÉDITEUR DU COMMENTAIRE ANALYTIQUE DU CODE CIVIL,

RUE DES PETITS-AUGUSTINS, N° 24.

IMPRIMERIE DE FIRMIN DIDOT FRÈRES, RUE JACOB, N° 56.

—

1839.

MÉMOIRES

DE

FRANÇOIS DE LORRAINE,

DUC D'AUMALE ET DE GUISE,

CONCERNANT LES AFFAIRES DE FRANCE ET LES NÉGOCIATIONS AVEC L'ÉCOSSE, L'ITALIE
ET L'ALLEMAGNE, PENDANT LES ANNÉES 1547 A 1561,

PUBLIÉS SUR LES MANUSCRITS ORIGINAUX.

NOTICE

SUR

FRANÇOIS DE LORRAINE,

DUC D'AUMALE ET DE GUISE.

De nombreuses et de très-mémorables actions ont illustré la vie de François de Lorraine, duc d'Aumale et de Guise, et lui ont assigné l'une des premières places dans les fastes historiques du XVIe siècle. Tous les mémoires contemporains retentissent de sa gloire et de sa renommée : nous nous bornerons donc à rapporter chronologiquement les actions qui ont élevé le duc de Guise au-dessus de tous ses illustres ancêtres. Il était né le 17 février 1519, au château de Bar.

En l'année 1542, il se signale à la prise de Montmédy ;

- 1543 — au siége de Landrécies ;
- 1544 — à la défense de Saint-Dizier ;
- 1545 — au siége de Bologne ; il y est blessé.
- 1547. Il est créé duc d'Aumale, gouverneur du Dauphiné et grand veneur de France.
- 1552-53. Il se signale au siége de Metz contre Charles-Quint ;
- 1554-56 — au combat de Renty et en Italie.
- 1557. Il est créé lieutenant général de l'État.
- 1558. Il prend Calais et Thionville.
- 1559. François II le fait grand maître de France et l'établit de nouveau lieutenant général de l'État.
- 1560. Il dissipe la conjuration d'Amboise.
- 1562. Il gagne la bataille de Dreux, après avoir pris Rouen.
- 1563. Il met le siége devant Orléans ; il y est assassiné par Poltrot, le 18 février, et meurt le 24 du même mois.

Les services militaires du duc François de Guise furent donc des plus brillants ; mais ils ne peuvent pas faire oublier ceux que ce même prince rendit à la France dans les conseils du roi. Les nombreuses lettres du roi qui accompagnent les Mémoires de Guise, témoignent de l'habileté politique de François de Lorraine, et témoignent aussi de la reconnaissance du monarque.

On y voit que le roi ordonna toujours, même au connétable de Montmorency, d'informer exactement le duc de Guise de toutes les affaires importantes du royaume, et de lui communiquer les dépêches des gouverneurs des provinces et des ambassadeurs, toutes les fois que les nouvelles offraient quelque intérêt politique ; en l'absence de ce prince, si les événements prenaient un caractère alarmant, le roi le mandait venir « incontinent et en toute diligence, afin qu'entendant l'estat des affaires, il le peust conseiller. » François de Guise, par l'ordre exprès du roi, fut donc toujours tenu au courant des événements importants qui touchèrent aux affaires de France, et reçut les mêmes informations des autres membres de la grande famille de Lorraine, qui tous avaient des charges importantes à la cour, et ne cessaient d'avertir le chef de leur race de ce qui pouvait l'intéresser. Ils s'attachaient surtout à lui raconter les petits événements que l'on aurait peut-être voulu lui cacher. Le connétable lui-même qui possédait tous les secrets de l'État, et qui connaissait particulièrement les intentions du roi, ne cessa jamais de consulter le duc, avec lequel il était lié par des intérêts intimes.

Les événements racontés dans les *Mémoires du duc de Guise* s'offrent donc aux lecteurs comme tirés des sources les plus sûres : les nombreux documents qui composent ces Mémoires, dont une partie des originaux existent encore, en démontrent, d'autre part, toute la véracité. Des secrets de famille, restés ignorés jusqu'à ce jour, y sont même révélés ; et parmi ceux-ci, on remarquera la mort de Claude de Lorraine, père de notre héros ; ces Mémoires nous apprennent qu'il mourut empoisonné.

On peut, surtout dans les relations inédites du duc de Guise, suivre la marche des projets de la maison de Lorraine pour étendre sa puissance, s'attachant à tirer parti, dans ce but, non-seulement des événements politiques, mais des plus ordinaires circonstances de famille. A peine une fille est-elle née du mariage du duc de Guise avec Anne d'Est, naissance qu'on regarde « comme une faute qu'il faut bientost amender, » et déjà l'on songe au parti le plus avantageux qu'on pourra tirer pour la maison de Lorraine ; on met en œuvre les intrigues les plus capables d'affermir et de faire réussir un projet d'alliance qui ne se réalisera que dix-huit ans après. Les Mémoires constatent également que les Lorrains affectent de ne pas oublier « qu'ils ont le cœur grand comme vous savez qu'ont ceux du sang dont nous sommes venus, » comme disait Marie, sœur du duc; mais il était bien reconnu depuis longtemps aussi que ces mêmes Lorrains, « prudents et sages, savoient très-bien hurler avec les loups. »

Les affaires d'État occupent le premier rang dans les Mémoires de François de Guise; on y trouve cependant un grand nombre de détails sur les affaires privées de ce personnage. On y verra aussi de curieuses et nouvelles révélations sur les affaires d'Écosse gouvernées par Marie de Lorraine, mère de l'infortunée Marie Stuart ; et sur les projets formés par des catholiques d'Angleterre, des comtés de Cornouailles et de Galles, de proclamer pour leur roi un cardinal de la race royale d'Angleterre, s'il voulait venir se mettre à leur tête pour rétablir la religion romaine.

Ces Mémoires nous disent dans la liberté de leur langage, que le secret de toutes les négociations, dans un conclave, a toujours été « d'arriver bien garni d'argent. » Et l'on n'est pas moins étonné d'y lire que le seul obstacle qui s'opposait alors à l'élévation d'un cardinal à la papauté, venait de ce qu'il se trouvait trop homme de bien (1); il est vrai que les événements importants qui se succédèrent en Italie vers ce temps-là réduisirent souvent le saint-père à de fâcheuses extrémités, « comme de prendre les gages des officiers de sa cour, de faire une légion de nouveaux cardinaux pour tirer grosse somme de la vente des chapeaux rouges, et autres inventions tyranniques et diaboliques. »

Quant aux affaires de France qu'on trouve traitées dans ces Mémoires, les détails ne manquent point ; on y rencontre beaucoup de faits importants sur le siége de Metz par Charles-Quint : on se rappelle que la ville avait pour défenseur le duc de Guise qui la sauva des armées impériales, bien supérieures en nombre aux soldats du Lorrain. Les difficultés de la position des assiégés et leur peu de ressources y sont indiqués jour par jour, ainsi que les dégâts énormes que la ville eut à supporter pendant ce siége.

Quelque temps après ce succès marquant obtenu sur Charles-Quint, le duc de Guise courait à de nouveaux combats, en acceptant le titre de lieutenant général du roi en Italie ; il alla y affronter des dangers que son génie seul put conjurer. Il y apprit, malheureusement, que parole de pape n'est point parole de roi, « et qu'il ne faut pas toujours croire à la foi d'un pape et à de bons serments. »

En 1557, le duc de Guise fut créé lieutenant général du roi en son royaume de France, en même temps que Henri II le rappelait d'Italie. Après qu'il se fut signalé de nouveau par plusieurs victoires remportées sur les ennemis de la France, la paix

(1) « Et ne s'est trouvé difficulté en luy si non qu'il estoit trop homme de bien pour estre pape. »

fut signée, le 2 avril 1559, à des conditions assez désavantageuses pour le roi (l'influence du connétable de Montmorency en avait ainsi décidé), et les fêtes célébrées en l'honneur des mariages conclus en vertu du traité suspendirent un instant toutes les animosités. Dans les Mémoires de Guise même, il n'est plus alors question que de tournois, de fêtes et repas, de venneries et de *galantises :* mais toutes ces réjouissances se terminent par la mort de Henri II. François lui succéda ; les Guise, ennemis du connétable, lui reprochent, non sans raison, les articles désavantageux du traité de paix, et bientôt après les factions se dessinent plus ouvertement et se choisissent des chefs. D'un côté étaient les Guise et la reine mère de François II ; de l'autre, le prince de Condé, le connétable de Montmorency, les Coligny, le roi de Navarre, le cardinal de Bourbon, etc. Le prétexte de défendre la religion vint couvrir les entreprises des ambitions déçues. Les Guise se mirent à la tête des zélés catholiques romains, tandis que Condé était proclamé le chef des huguenots : sources iniques et misérables de ces guerres de religion qui ont coûté tant de sang à la France. La conjuration d'Amboise fut la première tentative des réformés. Le Languedoc, la Provence, le Dauphiné, furent bientôt après en armes au nom de Calvin et de Luther, et le duc de Guise donna les ordres pour les combattre. Il reçut fréquemment des nouvelles de leurs affaires ; et quand l'édit de Romorantin, dressé par le chancelier de l'Hôpital pour éviter l'établissement de l'inquisition en France, eut excité le mécontentement du parlement de Paris, le duc fut chargé d'obtenir du pape, à force d'instances et de prières, des pouvoirs en harmonie avec les coutumes de France, pour y établir le tribunal de l'inquisition.

L'avénement de Charles IX changea entièrement la face des affaires de la cour de France. L'influence des Guise fut écartée pendant un instant ; mais l'étroite alliance que François de Lorraine forma, quelque temps après, avec le connétable et avec le maréchal de Saint-André, releva son autorité ; et cette restauration des Guise fut connue sous le nom de *triumvirat*. Elle fut bientôt fortifiée par le roi de Navarre, qui se réunit à eux. L'événement de Vassi (1er mars 1562), où il est assez difficile de reconnaître quel fut le parti agresseur, et que les réformés ont appelé le *massacre de Vassi* (1), fut le signal de la guerre civile la plus cruelle. Le baron des Adrets se signala dans cette guerre par-dessus tous les autres. La prise de Rouen, au mois d'octobre, et la bataille de Dreux, gagnée par François de Lorraine, le 19 décembre, furent les derniers avantages remportés par ce prince. L'année suivante (1563), pendant qu'il entreprend le siége d'Orléans, il est assassiné par Poltrot de Méré, le 18 février, et il expire six jours après, des suites de ses blessures.

(1) On trouvera dans les Mémoires de Guise les relations des Réformés sur cet événement ; elles sont suivies des réfutations du duc, et de ses justifications à ce sujet.

Les manuscrits qui ont servi à cette première édition consistent en deux volumes in-folio. Leur existence avait été depuis longtemps signalée par Fontette, dans sa Bibliothèque historique : ils étaient alors entre les mains de M. Bernard. Depuis, ils sont passés dans la bibliothèque d'un collecteur vigilant, M. de R***, qui, quoique retenu en province, ne consacre pas moins tous ses soins à sauver de la destruction les monuments utiles à l'histoire nationale. Nous lui devons l'obligeante communication de ces deux volumes. On y remarque deux écritures très-distinctes l'une de l'autre ; la première, fort allongée et assez difficile à lire, à cause de la manière d'orthographier les mots, est celle du duc de Guise; nous nous en sommes assurés en la comparant avec des lettres autographes de ce personnage déposées à la bibliothèque du roi. La seconde écriture nous a paru être celle de Millet, secrétaire du prince, et qui a contre-signé quelques lettres du duc de Guise, qui existent encore : c'est cette dernière écriture qu'on retrouve le plus habituellement dans les deux volumes manuscrits ; et comme quelques feuillets en ont été arrachés entièrement ou en partie, nous avons cru devoir signaler ces lacunes dans notre édition de ce texte.

La bibliothèque du roi possède aussi un extrait moderne de ces mémoires en un volume in-folio, qui s'arrête à l'année 1557. Nous ne lui avons emprunté que l'usage adopté par l'auteur de cette copie, de commencer l'année au premier janvier ; cette légère modification nous a paru sans conséquence nuisible aux Mémoires de Guise.

Leur authenticité nous semble pleinement démontrée par les pages qui sont écrites de sa main, et l'intérêt historique qu'ils présentent nous paraît assez indiqué par les principaux faits mentionnés au commencement de cette notice. On pourra reprocher à ces Mémoires de ne pas former une narration suivie où les événements rapprochés offriraient un tableau animé des faits de l'époque. Mais un tel travail de rédaction eût exigé les loisirs d'un repos prolongé, et le duc de Guise ne se reposa jamais ; la mort le surprit au milieu des combats. Aussi ses Mémoires sont-ils plutôt un journal sur lequel le prince, et plus habituellement encore son secrétaire Millet, transcrivaient les ordres que le duc donnait ou transmettait, les nouvelles qu'il recevait, soit à Paris, soit pendant son séjour dans le royaume, à la tête des armées du roi, ou bien hors de France ; les négociations qu'il suivit, les siéges qu'il soutint, les batailles qu'il gagna, et les justifications qu'il fut obligé de publier contre les calomnies du parti des Réformés. Ce qui distingue ces Mémoires, ce n'est donc point le charme de la rédaction, mais l'intérêt des révélations historiques ; ils nous ont conservé, tout revêtu de la couleur et des impressions du moment, *le texte même* d'un grand nombre de documents dont les originaux sont aujourd'hui perdus, tels que lettres, mémoires, instructions d'ambassadeurs, etc., qui figurent au milieu de la relation des batailles, des combats et des négociations du duc de Guise, documents envoyés au prince par l'ordre même du roi.

La fin des Mémoires paraît avoir été assemblée par le secrétaire Millet, car on y trouve la dépêche qui fut adressée au roi le 16 février 1563, c'est-à-dire, deux jours seulement avant la blessure mortelle reçue par le duc de Guise. Et cette fin ne contient que la copie des dépêches reçues ou envoyées vers ce temps-là. Les documents qui se rapportent aux derniers moments du prince, et au procès fait à son assassin, sont des additions de notre fait, qui nous ont paru indispensables à l'ensemble des Mémoires ; nous nous faisons un devoir d'en avertir le lecteur.

Nous devons lui dire aussi : 1° que les noms propres de personnes et de lieux français, italiens et allemands employés dans ces Mémoires, y étant, pour la plupart, entièrement défigurés, surtout quand ce sont des noms étrangers francisés, nous en avons rétabli quelques-uns dans leur véritable orthographe, conservant les autres, quand ils nous ont paru reconnaissables sans un trop grand effort d'attention ;

2° Que par respect pour le texte original de ces Mémoires, nous avons laissé subsister quelques transpositions qui sont sans doute l'œuvre du secrétaire, quelques documents ne paraissant point placés à leur véritable date ; mais on reconnaîtra facilement celle qui leur appartient ;

3° Que des deux mémoires qui terminent ce volume et complètent l'ensemble des événements de l'époque, l'un est l'extrait du volumineux ouvrage publié par le savant Secousse, sous le titre de *Mémoires de Condé* ; extrait spécialement relatif à la personne même du prince, aux événements de sa vie, aux motifs qui le déterminèrent à se mettre à la tête du parti des religionnaires ; l'autre mémoire est la relation *inédite* des troubles arrivés en Provence, relation composée par le sieur de Saint-Marc. Dans les deux notices spéciales qui précéderont le texte de ces deux mémoires, nous les ferons plus particulièrement connaître, et le lecteur jugera facilement que c'était ici réellement leur place, afin que ce nouveau volume de la Collection de MM. Michaud et Poujoulat offrît dans son ensemble l'histoire de la naissance et du développement des guerres de religion durant le XVIe siècle.

Si on ne peut citer les Mémoires que ce volume contient pour l'élégance de la narration, on les consultera du moins avec confiance et avec fruit pour l'exactitude et l'authenticité des faits qui y sont exposés ; et en y voyant grandir la fortune des Guise à la faveur des divisions qu'ils excitèrent à la cour et dans le royaume, on se rappellera le vieux quatrain suivant :

> François premier prédict ce point :
> Que ceux de la maison de Guyse
> Mettroyent ses enfants en pourpoinct,
> Et son poure peuple en chemise.

A. C.

MÉMOIRES-JOURNAUX

DE

FRANÇOIS DE LORRAINE,

DUC D'AUMALE ET DE GUISE.

1547 A 1563.

[Mars 1547.] Le Roy François premier estant mort le dernier jour de mars 1547, Henry second luy succéda et fut sacré à Reims, le 27 juillet de la ditte année; et le cardinal de Lenoncourt, estant lors à Rome pour les affaires de France, escrivit, le 24 aoust, au duc d'Aumalle, qui fut après duc de Guise, qu'il avoit escrit au Roy et au révérendissime de Reims (ainsy appelloit-il lors le cardinal de Guise), ce qu'il avoit négotié, et verroit par là qu'il ne seroit pas inutile au service de Sa Majesté et à la maison de Guise, s'il le vouloit ayder. Voicy sa lettre.

« Monsieur, je ne vous feray redite des choses que j'escris au Roy et à monseigneur le révérendissime de Reims, pour ce que je sçais que vous ne faudrez de les voir et entendre, et me semble que vous pourrez connoistre que je ne seray icy serviteur inutil du Roy et de vostre maison, sy vous me voullez ayder de là à conduire l'affaire que j'ay dressé depuis que je me suis trouvé icy hors de maladie. Je vous tiens de sy bon jugement, que vous cognoistrez combien cela peut importer pour vostre maison ; parquoy je vous prie n'oubliez rien de ce que vous pourrez de vostre costé, et me faire entendre sy le Roy aura trouvé bon l'advertissement que j'ay fait à mondict seigneur révérendissime de Reims, que j'appelleray toujours ainsy, jusques à ce que je saches comment il veut estre appelé. Vous et luy me pourrez toujours commander comme à celluy qui désire vous faire tous les plus grands services dont il se pourra adviser, se recommandant bien humblement à vostre bonne grâce, et priant le créateur, Monsieur, vous donner santé et prospérité.

« Vostre très humble et affectionné serviteur,

« ROBERT DE LENONCOURT.

« De Rome le 29 aoust 1547. »

Ce Robert de Lenoncourt eut premièrement l'abbaye de Saint-Remy de Reims, la quelle il résigna en faveur du cardinal de Lorraine, qui la fit unir à l'archevesché, en récompense de quoy il donna au dict de Lenoncourt l'évesché de Metz, environ l'an 1551 ; la quelle il ne tint que quatre ou cinq ans, ayant eu quelque desmeslé avec le comte de Vaudemont, Nicolas de Lorraine; il eut depuis les abbayes de Chehery et de Moustier-en-Argonne, et fut aussy pourvu de l'évesché de Chaalons, qu'il quitta aussy ; en sorte que l'an 1559 il ne possédoit aucun évesché, demeurant en son prieuré de La Charité. Il estoit fils de Thiéry de Lenoncourt et de Jeanne de Ville; il avoit pour frère Henry de Lenoncourt, père de Robert comte de Vignory, et de Phillype évesque d'Auxerre.

[1548] En l'an 1548, les Bourdelois s'estant souslevez soubz les nommés Lavergne, qui fut depuis tiré à quatre chevaux, L'Estonnac, Macquanan et autres séditieux, le Roy envoya le connestable Anne de Montmorancy et le duc d'Aumalle, pour les réduire et punir : ce qui fut faict comme il est porté au long dans l'histoire. Voicy ce que le Roy escrivit audict duc, tant sur ce sujet que sur son mariage et autres choses considérables.

« Mon cousin, depuis mes dernières lettres, j'en ay receu trois de vous; la première, de Guistres le 13 de ce mois, accompagné d'un paquet de mon cousin le connestable, par l'abbé de Bassefontaine. L'autre, de Saint-Million le dit jour, par icelluy Bassefontaine ; et la dernière, de Bevizemont, par Hoga, qui arriva hier soir en ce lieu, aussy-tost que ledict Bassefontaine. Vous advisant que j'ay esté très aise d'entendre par eux de vos nouvelles et mesme la bonne dilligence qu'avez faicte pour vous joindre avec mon dict cousin le connestable, faisant mon compte que de présent vous estes tous deux dans Bourdeaux, où les choses estant en l'estat que chacun de vous m'avez escrit, vous en pourez en bref desloger; qui me donne espérance de vous voir plustost que je n'espèrois à Saint-Germain-en-Laye, où je pourray arriver environ le 15 du mois prochain. Et là ce sera à vous à courre : et verra-on sy vous serez aussy gentil compagnon que mon cousin le duc de Vendosme, qui doit estre dimanche marié, comme mon cousin, vostre frère, vous advertit plus au long. Et pour ce que j'envoye à mondict cousin le connestable toutes les lettres qui me sont venues, tant de Marillac que d'Escosse, Picardie et autres lieux, et qu'il ne fauldra de les vous communiquer, ensemble l'advertissement, que je luy fais de la despesche que j'ay délibéré faire audict pays d'Escosse, je ne vous en diray autre chose par la présente, seullement vous avertiray-je, mon cousin, que ma fille la royne d'Escosse arriva dimanche en fort bonne santé à Carrières, où sont mes enfans. Et à ce que j'ay veu par lettres, tant de ma cousine vostre mère, que de mon cousin le sieur de Humières, mon fils et elle furent dès le premier jour aussy apprivoisez ensemble, comme s'ils se fussent cognus de longtemps; et ne vient personne de devers elle qui ne la loue tant que merveille : qui me redouble l'envie que j'avois de la voir, ainssy que j'espère faire de bref, aydant nostre Seigneur, lequel je prie mon cousin, vous avoir en sa saincte garde.

« Escrit à Moulins le 18 octobre 1548.

« HENRY; *et plus bas*, CLAUSSE. »

Et au dos : *A mon cousin le duc d'Aumalle, pair de France.* »

Au commencement de ceste année, Sa Majesté visitant la Bourgogne et autres pays de la frontière, se voullut aussi asseurer de la Lorraine : surquoy le comte de Vaudemont oncle du jeune duc, escrivit au duc d'Aumalle son cousin, que Sa Majesté pouvoit estre asseurée de sa fidélité et qu'il ne mettroit point d'estrangers dans les places dudit duché.

« Monsieur mon cousin, la présente sera pour vous advertir que madame ma sœur et moy envoyons devers le Roy pour luy faire response de ce que M. de Poitrincourt vous fit entendre; vous priant bien fort, Monsieur mon cousin, vouloir tant faire qu'en ma faveur nous puissions avoir response. Ce faisant, le Roy m'obligera de plus en plus à luy faire service; aussy, Monsieur mon cousin, pourrez asseurer le Roy que de ma part on ne mettra point de Bourguignons ès places fortes de M. mon nepveu : car je veux demeurer toute ma vie son très humble serviteur, qui sera la fin, après m'estre recommandé de bien bon cœur à vostre bonne grâce, priant Dieu vous donner, en santé, bonne et longue vie. De Nancy, le 21 de mars.

« Vostre bien bon cousin et parfaict amy,

« NICOLAS DE LORRAINE. «

Et au dos : *A monsieur mon cousin le duc d'Aumalle.*

Le duc de Lorraine faisant lors fortiffier La Mothe, le Roy qui appréhendoit que ses ennemis ne s'en emparassent, ou pour autre considération, fit connoistre qu'il ne trouvoit pas bon qu'on fortiffiât ceste place. Surquoy Chrestienne de Dannemarck, douairière dudit duché, et le susdict comte de Vaudemont, escrivirent cecy à Claude, duc de Guise, leur oncle.

« Monsieur nostre bon oncle, nous avons vue les lettres que par Pompée nous avez escrites, par lesquelles nous faictes entendre ce que à messieurs nos bons cousins avez accordé pour la discontinuation de l'ouvrage de La Motte, jusques à la venue du Roy à Joinville. Et combien, Monsieur nostre bon oncle, que la chose soit de telle importance et sy pesante que le pouvez assez connoistre, néantmoins, suivant vostre conseil, avons faict cesser la besongne jusques à la Pentecoste proche, dedans lequel jour esperons la venue du Roy à Joinville, où, Dieu aydant, ne faudrons l'aller trouver, ainsy que vous mandez, pour luy faire entendre l'estat des affaires de vostre petit neveu, lesquelles vous prions et nos bons cousins continuer en vostre accoustumée bonne souvenance : qui sera l'endroict où, Monsieur nostre bon oncle, nous nous recommandons bien humblement à vostre bonne grace, supplirons le créateur vous donner en parfaicte santé très bonne et longue vie. De Nancy, ce 23 jour d'avril 1548. »

« Vos obéissans nièce et neveu,

« CHRESTIENNE, NICOLAS. »

Au mois de mars, le cardinal de Guise donne avis au duc d'Aumale, son frère, de l'expédition du grand prieuré de France pour leur frère, et le prie d'avoir les intérests de l'ordre.

« Monsieur mon frère, aujourd'huy sur le disner, après vous avoir laissé, M. de Saint-Gilles m'est venu trouver, qui m'a asseuré de l'expédition du grand prieuré pour mon frère le chevalier, dont je ne veux faillir vous avertir : et outre cela m'a faict entendre l'affection et bonne volonté que porte toute la religion à nostre maison, en quoy nous leur sommes grandement tenus et redevables, mesmement que ceste dernière preuve nous en rend bon tesmoignage. Ledict sieur de Saint-Gilles s'est fort offert en particulier, comme je crois qu'il fera le semblable en vostre endroict, ayant déliberé vous aller trouver, affin que vous prestiez à la religion une bonne parolle à ce que elle ne soit moins favorablement traittée que le reste du clergé de France. Ce que je crois qu'ils doivent obtenir pour les grandes pertes et dommages qu'ilz ont souffert et portent encore, dont vous avez assez ouy parler. C'est pour le faict de leurs contributions aux décimes, en quoy ilz sont surchargez plus que les autres gens d'église, desirans d'estre traitez de mesme, ainsy que ledict sieur de Saint-Gilles vous fera entendre, lequel je vous recommande, ensemble toute la religion le plus qu'il m'est possible, qui sera l'endroit ou je ferai fin, etc.

« A Bourges, ce 9 mars 1548.

« Vostre humble frère, entierement amy,

« LE CARDINAL DE GUISE. »

Et au dos : *A monsieur mon frère M. le duc d'Aumale.*

Au mois de juillet, la royne douairiere d'Escosse escrit au duc d'Aumale et au cardinal de Guise, ses frères, des affaires de son royaume.

« Messieurs mes frères, depuis mes lettres du 6 de ce mois, ainsy que j'estois prest de partir de l'Islebourg pour venir en ce lieu, et que ce porteur s'en vouloit aller, je m'en allay vers le seigneur Pierre Storssy, lequel estoit arrivé le jour de devant blessé d'un coup de hacquebusse à la cuisse, en revoyant la ville de Hadinton, dont il n'est en aucun danger. Je luy demandé quelle résolution il avoit prise sur les affaires du Roy et ce qu'il luy en escriroit, affin que je luy en peusse mander mon opinion, estimant les affaires dudit Seigneur et celles de par deça estre une mesme chose, et son royaume et celluy-cy estre tout un. Il me dit que quant aux affaires de la terre, M. de Dessey en escrivoit audit Seigneur et qu'il envoyoit cedit porteur pour luy faire entendre l'estat de la mer. Il fut hier tenu un parlement icy de tous les Estats, la où chacun consentit d'estre subjet dudit Seigneur, par le moyen de l'honneur qu'il faict à la Royne ma fille de la vouloir bailler à monsieur son fils. Je partz demain pour la luy envoyer, aussy tost que les galleres auront faict retour, comme son ambassadeur luy escrit : qui me gardera vous en faire plus longue lettre, priant Dieu, etc.

« De Ledinton près Hadenton, le 8 jour de juillet 1548.

« Vostre humble et bonne sœur   MARIE.

Et au dos : *A messieurs mes frères messieurs les duc d'Aumalle et cardinal de Guise.*

Le dixseptiesme octobre, le cardinal de Guise escrit audict duc d'Aumalle, son frère, touchant la rébellion de la ville de Bourdeaux, et l'ordre que Sa Majesté vouloit mectre en ladicte ville :

« Monsieur mon frère, ce m'a esté merveilleusement grand plaisir avoir entendu de vos nouvelles ; et commenceray par vous dire qu'après avoir veu la première lettre que vous escriviez au Roy, ledict seigneur me fit au soir appeler en la chambre de madame de Valentinois, ou nous leusmes l'autre, escrite de vostre main : laquelle fut trouvée bien fort bonne, et en eut le Roy et elle fort grand contentement, ne celant poinct de louer vostre entendement et bonne dilligence. Vous ferez merveilleusement bien de continuer et envoyer au Roy, par les mains de maditte dame et par moy, les advis et mémoires de toutes choses : le Roy a faict garder vostre mémoire et est bien déliberé de mectre des gens de bien de là en tous offices et de ne se poinct haster. Croyez, monsieur mon frère, qu'il a belle envie que soyez avec monsieur le connestable, qui luy a mandé devoir estre devant Bourdeaux le 20 de ce mois. C'est grande pitié de ce pauvre peuple qui s'est ainsy oublié de mesconnoître son Roy ; mais je pense que vous y donnerez sy bon ordre qu'ils y penseront bien une autre fois. Le Roy a trouvé très bon que vous ayez laissé La Rochepozay à Poictiers, et sur ce propos je n'oubliray de vous dire comme le Roy continue à vouloir laisser monsieur Du Lude, lieutenant en Guyenne, et mettre le comte de Sancerre au gouvernement de Poictou : de quoy je vous prie ne faire aucun semblant. Le roy de Navarre couche aujourd'huy à six lieus d'icy ; monsieur de Vendosme, la royne de Navarre, madame la princesse et tous les seigneurs de ceste cour luy sont allez au-devant, et crois qu'il viendra dans trois jours trouver le Roy à Chevaigne, où nous serons après demain, où après avoir demeuré cinq ou six jours, nous irons à Moulins, où le Roy veut les nopces estre faictes. J'espère vous en mander bien des nouvelles et comme toutes choses seront passées ; et sur ce propos de mariage, je n'oubliray celluy de Piennes, qui sera mariée, à l'arrivée à Saint-Germain, à Rautigny, qui est icy, de qui le mariage est tout conclud, elle faisant semblant de le trouver bon. Et pour vous consoller de ceste fortune, je vous diray comme monsieur nostre père est ce matin party pour aller à Grenoble, où il veut arriver le 23 de ce mois, et crois que vostre femme y sera le 25. Vous en verrez des nouvelles par ce paquet que Muret vous remectra. Dieu sçayt comme il se loue du lieu d'où il vient, dont je ne vous diray davantage de peur de vous en faire venir l'eaue à la bouche. Madame de Valentinois garde la bague, et vous puis asseurer qu'il n'y a personne en ce monde plus à vostre commandement ny plus nostre qu'elle.

« Le Roy vous vouloit escrire ce soir, mais il estoit sy las qu'il n'a sceu, et m'a prié de vous faire ceste excuse; il est tousjours fasché de l'absence de mon compère qu'il ne peut oublier; mais je vous asseure que madame de Valentinois n'eut jamais meilleur crédit. Le Roy se contente fort de vous et suis bien trompé sy nous ne sommes en sa bonne grace; quant à monsieur le mareschal, asseurez-vous qu'il nous est amy. Au partir de Moulins je vous envoyeray un exprès pour vous advertir de toutes nouvelles; cependant tenez-moy, je vous suplie, en vostre bonne grace, etc.

« De la Palisse ce 17 octobre.

« Vostre humble frère entièrement amy,

« C. CARDINAL DE GUISE. »

Et au dos : *A monsieur mon frere M. le duc d'Aumale*

Le 22 octobre, le sieur de Mogiron, qui estoit dans Suze soubz le duc d'Aumale, qui estoit gouverneur et lieutenant général pour Sa Majesté en Savoye et Piedmont, luy donne advis de l'arrivée en ce lieu de la duchesse sa femme, qui estoit la fille de Hercule d'Est duc de Ferrare, et de Renée de France, fille de Louis XII et d'Anne de Bretagne :

« Monseigneur, hier au soir madame la duchesse arriva en ceste ville en bonne santé, Dieu mercy; aujourd'huy elle ira coucher à Aoste et ne fera aucun séjour par les chemins qu'elle ne soit à Grenoble, où elle a entendu qu'elle doit trouver monseigneur de Guise vostre père. Je suis bien d'avis que vous fassiez dilligence de faire vos affaires par delà, et qu'au plustost la veniez trouver, où mondit seigneur de Guise la doit mener, car je vous asseure qu'elle est autant belle, sage et vertueuse qu'il y en ayt poinct au monde, et ne suis point seul de ceste opinion, aussi messieurs de La Roche, de Rousset, d'Anniers, de Mespuis, de Marsonnas, de Montfort, et plusieurs autres gentilshommes de vostre gouvernement, qui sont venus avec moy, ont la semblable; tous ensemble luy feront bonne compagnie jusques à Lyon; de ma part, je donneray ordre qu'elle sera bien traictée par vostre dit gouvernement, et honnorée, non comme sa hautesse le mérite, mais selon la pauvreté du pays. Au sur plus, Monseigneur, quant ce viendra à asseoir les garnisons, je vous supplie très humblement qu'il vous plaise avoir vostredit gouvernement pour recommandé, ayant esgard à la pauvreté d'icelluy, au passage de gens de guerre, et que s'il y a des affaires en Piémond, comme je crains qu'il y en aura, veu la contenance de nos ennemis, ce sera le premier où l'on recourra et qui supportera plus de passage : ce qu'il ne se pourroit faire s'il y avoit garnison. Et cependant, je supplie le Créateur, etc.

« De Suze, le 22 octobre 1548.

« Vostre très humble et très obéissant serviteur

« MOGIRON. »

Et sur le dos : *A monseigneur monseigneur le duc d'Aumale, pair de France et lieutenant général pour le Roy en Savoye et Dauphiné.*

Le 3 de novembre suivant, le mareschal de La Marche luy escrivit cecy, touchant les fortifications de Dampvillers et Reving par les Espagnols :

« Monsieur, j'arrivey en ceste cour le jour de la Toussaint en poste, venant de nostre frontière, où j'ay laissé le tout en très bonne paix, Dieu mercy, et n'y a nouvelle qui se fasse rien du costé de l'Empereur, sinon qu'on fortiffie toutes ses places et principalement Dampvillers qu'ilz ont desja mis en deffence, preste à y mettre l'artillerie : et ne l'ont pas faict carrée comme elle estoit, mais en triangle, avec trois boullevars et une belle platte-forme au costeau; ilz en ont encor une autre commencée à trois lieus au dessoubz de Maiziers, que l'on appelle Reving; laquelle est bien avancée, et qu'on tient estre sur la souveraineté du Roy.

« Comme j'en ay baillé les mémoires à Sa Majesté, qui a remis ledict quant M. le connestable et vous serez à Saint-Germain, c'est ce qu'on nous rapporte de nouveau. S'il vous plaist me commander quelque chose pour vostre service, je vous obéiray de très bon cœur.

« Je supplie le Créateur, Monseigneur, vous donner santé et très bonne et longue vie. De Chastillon, ce 3 novembre. Vostre bien humble à vous faire service,

« ROBERT DE LA MARCK. »

Et au dos : *A monsieur monsieur le duc d'Aumale, pair de France.*

Le 14 au dit mois de novembre, ledict duc receut la suivante du vidame de Chartres, de Vendosme :

« Monsieur, je ne vous feray plus longue lettre sinon vous veux bien asseurer comme je ne faudray à me trouver tout prest vendredi, ainsy que m'avez mandé par Toucheprez, et vous iray trouver dès demain au soir, s'il m'est possible, pour vous conter le tout comme j'y auray mis ordre ; je vous meneray deux hommes d'armes, et moy que sont trois, et vous porteray l'esquipage pour quatre autres que sera sept en tout. S'il m'eut esté possible j'en eusse faict faire autant que m'avez mandé par le dict Toucheprez. Je vous supplie, Monsieur, vouloir sçavoir et estre content que M. Legrand et Bonnivet soient des vostres, s'ils n'ont pris autre party. Et espérant demain vous dire le demeurant moy-mesme, finiray ceste lettre par mes très humbles recommandations à vostre bonne grâce, priant Dieu, Monsieur, vous donner bonne et longue vie, etc. Vostre humble et obéissant à vous faire service,

« DE VENDOSME.

Et au dos : *A monsieur monsieur le duc d'Aumale.*

[1549] Le duc d'Aumale s'en allant joindre le connestable pour réduire les Bourdelois, avoit passé en Xaintonge avec quatre mil lansquenets et force cavallerie, sans néantmoins y punir rigoureusement ces rebelles, comme fit depuis le connestable ceux de Bourdeaux, s'estant seullement contenté de leur repentir et obéissance, après y avoir paciffié tous les troubles et faict mettre bas les cloches des églises pour partie de leur punition. Ce qui occasionna le cardinal de Vendosme, évesque de Xaintes, de luy escrire cecy, et de le prier de s'entremettre pour le rétablissement des dites cloches :

« Monsieur, le clergé et les habitans de Xaintes envoyant en cour ces porteurs, pour requérir et impétrer qu'il leur soit permis de remectre cloches en leurs églises, lesquelz ayant charge de me communiquer leurs affaires et m'en remectre la principalle comme à leur prélat, sont venus jusques icy me trouver et faire telles et sy pitoyables remontrances, de la part de tous mes diocésains, que je ne puis n'en prandre bien grande compassion, et est cause, Monsieur, vous en avoir faict la présente et à M. le cardinal, mon frère, le semblable, pour vous prier par ensemble humblement de vouloir moyenner la remise de leurs dites cloches, pour l'honneur de Dieu, qui seroit doresnavant bien mal servy en Xaintonge, mesmement de ceux qui peu approuvent le service ordonné de l'Eglise, desquelz le nombre est par tropt grand; et crainte qu'il ne s'y augmante, leur estant donné occasion de honnestement se pouvoir excuser d'assister à l'église, pour n'estre advertis de l'heure que le service s'y faict : qui me seroit nouvelle charge et peyne plus grande d'empescher ceste erreur de rentrer en mon diocèze, que ce n'a esté de l'en chasser. Et à ceste cause, vous prie de rechef, Monsieur, leur vouloir prester vostre parolle et ayde; et sy vous pouvez aussi tant faire pour l'amour de moy, que la ville du dict Xaintes puisse estre deschargée de la gendarmerie qui y est, à laquelle ils m'ont faict entendre les vivres du pays ne pouvoir pas fournir, je m'en ressentiray pour eux vostre devable, et attendant priant Dieu, etc.

« A Anizy-le-Chasteau, le 22ᵉ jour de janvier 1549.

« Vostre très humble cousin prest à vous obéir,

« CHARLES CARDINAL DE VENDOSME. »

Et au dos : *A monsieur monsieur le duc d'Aumale.*

En ce temps-là le sieur Paul de Termes fut envoyé en Escosse, en la place du sieur d'Essé, pour y continuer la guerre. Marie Stuart, princesse d'Escosse, aagée de six à sept ans, ayant esté de l'année précédente amennée en France, comme nous avons remarqué cy dessus en la lettre du Roy du 18 octobre 1548, et voicy quatre lettres de la Royne douairière à ses frères, de ce qui se passa lors en ce royaume.

« Messieurs mes frères, j'avois despesché le secrétaire du seigneur Doisel, ambassadeur par deça, et bien instruit de tous les affaires; mais de fortune est advenu qu'un bélistre françois l'a blessé; cependant n'ay voulu faillir d'advertir le Roy de l'estat des dictes affaires, principallement de celle-cy de Dannemark, pour ce qu'il est de grande importance. Et pour ce que la narration en est un peu longue, vous verrez ce que ledict sieur Doisel en escrit au dict seigneur, sur lequel je m'en remets, estant de cela et de toutes autres choses sy bien informée, qu'il n'est besoing vous en escrire davantage, seullement vous dizay-je que nous sommes bien ensbesongnez à chasser l'ennemy du fort près Dondy, là où j'ay bon espoir, avec l'ayde de Dieu. Il m'a semblé que voyant le dit ennemy estre foible de nostre costé, il estoit bon que la deffence qui se faict par deça ne devoit estre inutile, et que mon cousin le gouverneur estoit en fort grande volonté d'y employer son pouvoir, fournissant de pionniers et de toutes choses, osté l'artillerie et munition d'y celle, et les gens de guerre que le Roy tient à la solde, n'estant les nostres fort expérimentez en telles choses; faisant ce que nous pouvons pour fournir les pauvres gens de guerre, qui n'ont receu argent il y a trois ou quatre mois, qui est grande pitié, car ceste année est fort chère pour tout chacun, tant à cause que le pays est détruict que parce que l'année a esté mauvaise. Vous priant, Messieurs mes frères, faire haster leur argent. Je vous assure que sy le dit gouverneur a bonne volonté aux affaires du Roy, que l'archevesque de Saint-André son frère, n'y oublie rien, et ne les vis jamais plus affectionnez au service du dit seigneur qu'ils sont. Je ne désire d'eux aucune chose qui soit en leur puissance qu'ils ne mettent peyne de la faire ; je sçay bien qu'il se pourroit trouver des plus malicieux hommes que mon dit cousin le gouverneur, et seroit besoing qu'il le fust plus ; mais pour ceste nation, ce n'est pas la pire faulte que l'on puisse faire que d'estre bon, et croys que le Roy a bien cogneu que jusques icy il ne failly à ce qu'il avoit promis. Et à ceste occasion, Messieurs mes frères, je vous prie estre moyen que le dict archevesque de Saint-André puisse avoir la légation de ce pays, estant nécessaire pour le bien d'y celluy, veu mesme que tous ces archevesques de devant luy l'ont eue, et que c'est chose qui ne vient à aucune despence pour le Roy ; qu'il sçayt qu'il a tousjours désiré que ce royaume icy fust sien. Et pour ces causes, je vous prie encore une fois moyenner que cela se puisse faire, et il me semble que ce soit à moy-mesme, me recommandant humblement à vos bonnes grâces, etc.

« De Poteladey, le 4 février 1549. »

Et plus bas est escrit de la main de la dicte Royne :

« Messieurs mes frères, je vous prie faire pour mondict sieur de Saint-André, car je suis fort tenue à luy, et n'a rien que je n'en fasse comme du mien ; et encore que ceste lettre ne soit de ma main, ce n'est pas faulte de bonne volonté, mais de loisir. Je vous prie, sy M. le cardinal nostre frère n'est de retour, luy envoyer la présente par ce porteur.

« Vostre humble et bonne sœur,

« MARIE. »

Et au dos : *A messieurs mes frères, messieurs les duc d'Aumale et cardinal de Guise.*

« Monsieur, nostre seigneur nous ayant faict une si grande grace depuis cinq ou six jours en ça, je n'ay voulu faillir de vous donner advis des bonnes nouvelles, qui sont que le seigneur de Saint-Forgeux ayant deffaict huit ou dix jours devant Noël une compagnie de sept ou huict vingt hommes de ceux des forts près Dondy, par le moyen d'un gentilhomme Escossois qui a charge de chevaux-légers de ce pays, qui les attira à une escarmouche, où le dit Saint-Forgeux fit sy bien qu'il n'en retourna pas un ; et estoient tous Espagnols, de sorte qu'il ne demeura dedans les deux forts que cent ou six vingt hommes. Et estant pour lors à Streling, où se trouva mon cousin le gouverneur, l'archevesque de Saint-André, son frère, les comtes de Hontelay, Darguet et plusieurs autres seigneurs, à cause du Noël qui est la coustume du pays ; et s'estant aussy trouvé là le sieur Doisel, ambassadeur du Roy, le seigneur de La Chapelle-Montluc, et tous les principaux capitaines de l'armée ; M. de Termes s'y devoit trouver, mais les gouttes le prindrent, de sorte qu'il n'y peut venir : et estant tous ensemble mondit cousin gouverneur et son frère me vindrent supplier de vouloir faire quelque entreprise sur le fort de Broitay, près Dondy. Voyant le peu de gens qui estoient dedans, et que l'ennemy estoit foible sur la frontière, et n'avoit armée de mer preste pour le secourir, et qu'il estoit meilleur employer la despense que faisoit le Roy par deça que d'estre inutille : je leur fis responce que je trouvois leur volonté fort bonne, mais qu'il n'y avoit poinct d'argent pour faire la despense, et que les pauvres soldats n'avoient eu pas un sols, ny tantes pour camper. Ilz me dirent qu'ils demandoient seulement que M. de Termes fournist l'artillerie et la munition d'ycelle et de ses gens, comme entendant ce mestier mieux que les nostres, et qu'ils leur presteroient ce qu'ilz pourroient pour les faire vivre. Je fus fort aise de les voir en ce bon propos, que je declaray incontinant au dit ambassadeur, et envoyai prier le dit sieur de Termes de venir, s'il estoit possible, pour avoir son advis, ce qui ne se peut faire ; et voyant cela, nous allasmes au conseil avec les serviteurs du Roy, qui pour lors estoient au dict lieu, ausquels fist faict l'offre tel qu'à moy, sur lequel le dit ambassadeur et La Chappelle firent beaucoup de difficultez, disans qu'il falloit grand nombre de pionniers, et que les nostres estoient difficiles à faire approcher de l'artillerie ; et que de commencer une sy grande entreprise sans en venir à bout, ce seroit plus de dommage que de proffit et croistre le cœur aux ennemis. Nous n'y sceusmes trouver de difficulté qu'ilz ne nous y satisfissent, voullans pourvoir à tout, et trouvasmes que l'entreprise estoit bonne sy M. de Termes en estoit content, devers lequel despeschasmes La Chapelle pour sçavoir son intention ; lequel nous fit responce qu'il y avoit bien de difficultez, priant d'y bien adviser ; toutes fois qu'il y viendroict sy nous voullions et se feroit porter. Nous renvoyasmes l'ambassadeur devers luy le prier qu'il nous fît ce plaisir d'envoyer son artillerie le plustost qu'il seroit possible ; mais il n'y arriva qu'un mois après, parce que les choses de la mer sont un peu longues ; l'ennemy y ayant cependant amené cinq navires et trois cens hommes, qui furent mis dedans les fortz, mais c'estoient tous Anglois. Nous ne voulusmes toutes fois perdre nostre opinion pour tout cela et m'en viens en une maison sur le bord de l'eaue, où je voyois tout ce qui se faisoit. Après tout le travail, l'artillerie arriva; et se vint le dit sieur de Termes camper auprès desdits fortz avec sa trouppe, et retomba en sa goutte, ce mesme soir, ne pouvant bouger d'un lieu; mais il ne laissa de sy bien travailler, que treize jours après l'artillerie commença à jouer. Encore le lendemain qu'ils arrivèrent sept navires de renfort, l'une d'Allemans et l'autre d'Anglois, qui descendirent en la place d'enbas, ny pouvant être mis empeschement. Quoy voyans, nos gens se mirent entre les deux forts, où l'artillerie des dits forts battoit par tout; et sortirent quatre ou cinq fois les ennemis, pensans passer au fort d'enhault; mais furent repoussez sy vivement qu'ils perdirent l'envie de plus l'essayer. La Mothe-Rouge y a été blessé d'une arquebusade. Et le mercredy matin 6 de ce mois, l'artillerie commença la batterie, qui fit tel devoir que j'ay ouy dire qu'artillerie n'avoit jamais tant tiré pour un jour; et n'y a jamais eu pièce rompue ni canonier tué, pas seullement un pionnier pour asseoir et remplir les gabions, tant le sieur Du Pont a bien conduict son faict; vous asseurant, Messieurs, que c'est un homme de grand service. Or, le soir venu que l'artillerie ne sonnoit plus, environ les sept ou huit heures, je fus estonnée d'ouyr grand nombre d'arquebusades et l'artillerie des ennemis qui tiroit fort, les tabourins qui sonnoient l'alarme : et ne pouvant penser ce que c'estoit, en sortant je vis tant de feux d'artifices que tout sembloit estre en feu. Et dura ce combat jusqu'à une heure après minuit; de sorte que j'eus, environ les quatre heures, la nouvelle de la victoire que Dieu nous avoit donnée. Le sieur Badyment y a fort triumphé; M. de Negreplisse avec sa jambe, Saint-Forgeux, Rethouze et autres. Nous avons bien 240 soldats de blessez et 50 de mortz; le chasteau d'enbas se rendit incontinant qu'il fut sommé; ilz ont laissé la place bien fournie, grand nombre d'artillerie, force vivres, bien trois cens halecrets, harquebuses, piques et toutes choses nécessaires que M. de Terme a veues, les ennemis n'ayant emporté que l'espée et le poignard. Il y a force artillerie au chasteau d'enhaut; mais les soldats ont eu le reste, l'ayant bien gaigné, et cent fois davantage. Voilà, Messieurs, comme tout s'est passé par un grand œuvre et miracle de Dieu. Et en cet endroit me recommanderay humblement à vostre bonne grace, etc.

« De Fadan, le 18 février 1549.

« Vostre très humble et très obéissante fille,

« Marie de Lorraine. »

« Messieurs mes frères, ces jours passez sont arrivées lettres de Rome à mon cousin le gouverneur, par lesquelles luy a esté mandé que le Roy avoit mis un nouveau protecteur des affaires d'Escosse, et que le dit seigneur ne vouloit plus qu'on s'adressat à luy pour la donnation des bénéfices. Il m'en a faict sa complainte, disant qu'il ne pensoit avoir offencé le Roy, s'en rapportant à moy, et s'il ne m'avoit pas obéy en toutes choses ; à quoy j'ay respondu que j'estois asseurée que ce n'estoit l'intention du dit seigneur, et que s'il avoit telle opinion, il me feroit l'honneur de me la faire entendre, l'asseurant de sa bonne grâce : de sorte que je le remis le mieux que je pû, luy promettant d'en asseurer audit seigneur et luy faire entendre le devoir qu'il faict en son service. Et s'il y avoit quelqu'un qui eut faict entendre le contraire, je vous prie l'estimer meschant et malheureux.

Il est bien vray que l'on a dit à mon dict cousin que l'on avoit mandé au Roy que les bénéfices estoient la principale chose de par deçà, et qu'à ceste occasion, il y avoit des divisions ; mais cela ne peut avoir esté dict que contre moy; et n'y a eu de division qu'à cause de l'abbaye d'Arbroch, où mon dit cousin n'a agy qu'à ma requeste; et davantage, m'a faict ce plaisir de ne donner poinct Glasco, vaccant il y a longtemps, qu'ainsy que j'ay voulu : parquoy ceux qui ont escrit telles choses sont tels que je vous ay dict cy-dessus. Nous avons aussy esté advertis que le frère du comte de Hontelay a désiré faire escrire au Roy, pour le faire pourvoir de l'archevesché de Glasco, en quoy, s'il est vray, il m'a faict un méchant tour, sçachant bien qu'elle estoit gardée par l'abbé d'Arbroch, lequel donne son bénéfice pour en récompense plusieurs autres, quoy sy le dict protecteur n'est serviteur du Roy, encore qu'il ayt le don du feu Roy mon seigneur et mary, il y sera mis en sa place tel qui plaira au Roy, estimant qu'il lui plaist bien que les priviléges de la Royne ma fille soient gardez, suppliant le dict seigneur n'avoir autre opinion de mon dict cousin le gouverneur et de son frère l'archevesque de Saint-André, que ses fidelles et très humbles serviteurs, comme ilz l'ont tesmoigné ces jours passez à la prise des forts dont ils ont faict toute la despense, et ont presté aux pauvres gens de guerre tout ce qu'ils ont peu ; par quoy, messieurs mes frères (cecy est escrit de la propre main de la Royne douairière), que comme vous aymez les affaires de la Royne vostre niepce, que mon cousin monsieur le gouverneur soit satisfaict de ce que je vous escris, vous asseurant ma foy que c'est le meilleur amy que j'aye par deçà et le meilleur serviteur de quelque nation que ce soit, priant Dieu, messieurs mes frères, etc.

« De Fadan, ce 20 février 1549.

« Vostre humble et bonne sœur,

« MARIE.

« Et au dos : *A messieurs mes frères les duc d'Aumalle et cardinal de Guise.* »

« Messieurs mes frères, j'ay ces jours passez entendu qu'il estoit allé, vers le Roy, des commissaires d'Angleterre, pour traicter quelque paix ; je sçay bien qu'il n'est besoing vous prier avoir souvenance de ce pays, et que l'avez assez en recommandation ; mais il m'a semblé que ne trouveriez mauvais sy je vous disois le grand mal que ce nous seroit s'il leur demeuroit un seul fort dans ce royaume, car ce seroit un recueil pour tous les malfaicteurs et une espérance aux adonnez aux nouvelles opinions ; outre que ceste nation aymant un peu l'argent, il y auroit danger qu'ils n'employassent la despence qu'ils font à la guerre à tirer nos gens par présentz, et ce seroit un grand desplaisir à nos gens de bien de voir que ceste espérance demeurast à nos ennemis, dont, avec l'ayde de Dieu, nous pouvons estre quittes ceste année, n'ayant que le seul fort defficile de Douglas, dont on peut venir à bout, comme il plaira au Roy voir par ce que luy en mande son ambassadeur ; cependant je vous supplie, messieurs mes frères, suplier le Roy avoir mémoire de ses pauvres gens de guerre ; car encore que nous y fassions ce que nous pouvons, ilz ne laissent d'endurer beaucoup. Il leur a esté presté, par l'archevesque de Saint-André et par les amys de l'ambassadeur envers lesquelz il s'est obligé, ne voulans donner ce crédit qu'à luy, environ cinq mil escus. Au reste, je vous diray (cecy est escrit de la propre main de la Royne douairière), il n'y pas par deçà la moictié de gens que le Roy paye ; je vous prie, messieurs mes frères, que ma colère demeure entre vous et moy, car je ne désire nuire à personne ; mais il me fault descharger à quelqu'un, et je ne sçaurois plus seurement qu'à vous, vous priant me mander vostre opinion de toutes choses.

« De Streling, le 26 février 1549.

« Vostre humble et bonne sœur,

« MARIE. »

Le dernier mars 1549, le sieur de Morvilliers, ambassadeur du Roy à Venise, escrit à Sa Majesté touchant les affaires de Parme et quelque chose de Barbarie et Constantinople. Coppie de laquelle lettre fut envoyée par ordre du Roy au duc d'Aumale.

« Sire, la dernière qu'il vous a pleu m'escrire est du 5 de ce mois, à laquelle j'eusse plustost respondu sy elle eust contenu autres choses que de vous faire sçavoir comme avoit esté prise par deçà la restitution de Parme. Sur quoy je vous avois escrit, dès le 21 février, que la ditte restitution sembloit tropt accélérée : car encor que plusieurs de bon jugement, et qui par longue expériance cognoissent les humeurs de ce pays, considérans l'estat des choses, eussent préveu et prédit la ditte restitution, ils estimoient que le pape l'a deust, comme il pouvoit honnestement, différer, usant en cela de la commodité que luy donnoit la nouvelle promotion pour quelque temps, affin d'adviser à l'indempnité pour l'Eglise, que le dit Parme, principal membre de l'Estat d'icelle, ne vienne à autres mains que du duc Octavio. Ceux qui veullent en ce fait excuser Sa Sainteté, disent que s'estant icelle obligée à la dite restitution, et pensant à l'adventure ne pouvoir autrement agir, que la dilation mestroit sa foy en doubte et luy pourroit engendrer autres préjudices, desquels, Sire, avez esté plainement adverty de Rome ; par quoy s'estoit-il voulu acquérir bonne grace de ce que l'on eust attribué à peur et à contrainte, sy elle eust attendu la sommation de l'Empereur. Toutefois, n'a-il pour s'avancer tant en cet endroit que ès-promesses faictes du concile, rien évité de ceste opinion-là ; mais au contraire, a-il plustost augmentée, et diminuée la bonne qu'on avoit de luy conçeue, par quelque apparence de magnanimité, lorsqu'il estoit soubz l'authorité d'autruy ; davantage envers l'Empereur n'aura gaigné, si non de le rendre plus haultin. Somme, Sire, les deportemens au dit saint père jusques aprésent font yci juger qu'il voudra jouir du papat en aise et repos, qu'à ceste cause craindra-il d'irriter l'Empereur.

« Sire, j'entens que Faulcon est party de la Mirandole pour aller vers vous, suivant la lettre que vous a pleu luy escrire, laquelle je luy envoyé par homme exprès, incontinant après l'avoir receue, estant adverty qu'il ne tenoit pas secret l'affaire duquel il m'avoit parlé, et que ja à la Mirandole chacun en estoit abrevé. Le comte Pallatin mesme en ayant eu le vent, est venu deux ou trois fois vers moy fort ennuyé, et m'a dict avoir sceu que Faucon avoit tasché de faire venir aux oreilles de ses sieurs, que le dict Pallatin s'estoit vanté de s'empatronir quelque jour de Trevis, et le bailler au roy des Romains ; surquoy je ne luy ay voulu rien descouvrir de ce que m'en avoit dit Faucon, mais seullement l'ay-je asseuré que des choses qui viendront à ma cognoissance rendray-je tel compte à Vostre Majesté que doit loyal serviteur, sans faire tort à l'honneur de luy ny d'autre.

« Sire, par le cappitaine Bartholomeo aurez esté adverty de l'équipage des gallères que advançoient de faire ces seigneurs, pour la seureté de leurs costes et pays maritimes, doubtant que Drogon Raiz y voulut venir faire quelque dommage; mais ayans esté adverty de la prise de la ville d'Africa en Barbarie, par le dit Drogon, il leur semble qu'il poursuivra ses desseins de ses costez-là. C'est pourquoy ilz ne se hastent pas sy fort, comme ils avoient commencé, à faire sortir leurs gallères. Le Chaoux que le grand seigneur avoit envoyé vers ceste seigneurie, s'en est retourné; durant qu'il a esté en ceste ville, je l'ay envoyé visiter de ma part et luy faire gracieuses démonstrations de parolles, me semblant que la qualité du personnage, le temps, ny le lieu, ne requéroient pas davantage.

«Sire, les seigneurs receurent hier lettres de Constantinople, du premier jour de mars, contenans que le grand seigneur estoit là retourné d'Andrinople quinze ou vingt jours plustost qu'il n'avoit déliberé, pour avoir esté adverty que le Sophy s'estoit mis en campagne avec grosse armée, et qu'au Constantinople on avoit ja faict cris publiques que nul, sur peyne d'estre empalé, ne vendit ses armes ny chevaux, et que chacun fut prest de monter à cheval au premier commandement; que le sultan Selin, n'estant loing de Constantinople, avoit esté visité de la sultane sa mère; luy avoient esté faictz de très grandz présens et faveurs extraordinaires : de quoy les jannissaires s'estoient fort altérez et à demy mutinez, pour l'amour qu'ilz portent au sultan Mustapha, lequel se doubtant qu'on veut préparer les moyens au dict Selin pour succedder à l'Empire, a mandé qu'il vouloit venir demeurer à la Bosnie.

« Ces seigneurs, par les dernières lettres de leur ambassadeur résidant vers l'Empereur, sont advertis qu'ayant le roy des Romains faict longuement instance envers l'Empereur d'investir son premier fils, à présent vice-roi d'Espagne, du duché de Milan, suivant ses promesses; que l'Empereur avoit respondu que vous, Sire, veillez continuellement pour recouvrer le dict duché, et qu'ainsy il n'y avoit personne pour le deffendre, sinon luy, et en avoit investy le prince d'Espagne, de laquelle responce le dict roy des Romains restoit mal satisfaict. »

Le 25 juillet de la ditte année, les habitans de la ville de Bourdeaux prièrent avec grandes soubmissions le duc d'Aumale de s'entremettre auprès du Roy pour leur pardon; ce qu'il fit : en sorte qu'au mois d'octobre suivant, ilz entrèrent en grace, moyennant certaines conditions, entre autres qu'ilz seroient tenus et obligez à tousjours de fournir, entretenir et fretter deux barques, sur mer, pour servir en guerre, et en outre d'entretenir de vivres les chasteaux Trompette et du Ha, et les renouveller tous les ans : ce que toutes fois ils ne font pas par la bonté de nos roys. Voicy leur lettre :

« Monseigneur, puis vostre partement de ceste ville, nous cuidons certainement qu'avez esté adverty que avons, comme la vérité est, rendu au Roy toute l'obéissance qui nous a esté possible, non toutes fois telle que nous luy debvons; et combien que l'offence contre luy faicte en ceste ville soit très grande, néantmoins nous confians à l'infinie clémence et miséricorde du Roy, et en vostre bonté, selon laquelle espérons, comme nous avons tousjours espéré, que vous serez moyen envers le dict seigneur pour nous, à ce qu'il luy plaise avoir pitié et miséricorde de son pauvre peuple. Nous avons constitué ce porteur nostre procureur, pour ausdites fins présenter requeste au dict seigneur; nous vous supplions très humblement, Monseigneur, le vouloir entendre, et autant nous vouloir estre aydant comme celluy en qui nous avons tousjours mis et mettons nostre totalle fiance et espérance; supplians le Créateur, Monseigneur, vous donner en santé très longue vie.

« De Bourdeaux le 25 de juillet.

« Voz très humbles et très obéissans serviteurs, les habitans de la ville de Bourdeaux.

Et au dos : *A monseigneur, monseigneur le duc d'Aumale.*

Au mois d'aoust, le Roy, s'en allant en Picardye, fut suivy du duc de Guyse, qui escrivit de Mouchy au duc d'Aumale, son frère, des nouvelles de la cour :

« Monsieur mon frère, j'ay reçu les lettres que vous et monsieur le connestable m'avez escrittes, par lesquelles j'ay esté très aise d'avoir entendu de vos nouvelles; et pour vous dire des nostres, le Roy est party, ce matin, de Compiegne et venu coucher en ce lieu, espérant estre dimanche à Amiens, comme luy mesme vous escrit : au demeurant, M. de Vendosme, qui ne parle point d'aller devant avec vous et montre n'estre pas trop content, s'il eut demandé son congé pour y aller, il l'eut eu; mais il donne assez à entendre qu'il n'en a point d'envie. J'ay eu des nouvelles de Madame, par Monsieur et Madame qui ont esté deux jours au Bac à Choisy ensemble, elle commence à s'appaiser et se porte bien, Dieu mercy. Au reste monsieur de Vendosme a tousjours faict le couroucé; mais il s'appaise, car j'ay tant faict que le Roy l'a entretenu, cejourd'huy, de ce voyage. Il me voudroit bien faire croire qu'il ne se veut fier qu'en nous, mais doubte qu'il soit de ceste opinion. Après m'estre très humblement recommandé à vos bonne graces, je prie Dieu vous donner, monsieur mon frère, en parfaicte santé, très longue vie. De Mouchy le 8 d'avril 1549.

« Vostre humble frère, entièrement amy,
« LE CARDINAL DE GUISE. »

Et au dos : *A monsieur mon frère, monsieur le duc d'Aumalle.*

Le 25 septembre, le duc d'Aumale escrit au Roy sur la maladie du Dauphin et sur les affaires d'Escosse.

« Sire, j'ay reçu la lettre qu'il vous a pleu me faire l'honneur de m'escrire de votre main, de la grande peyne en laquelle vous avez esté de la maladie de monseigneur vostre fils, lequel vous avez cuidé perdre; et que sy ny fussiez allé, il ne fust pas en vie. Je crois, Sire, que vostre présence a beaucoup servy, tant pour la joye qu'il a receue de vous veoir, que pour vous avoir obéy à prendre ce qui luy estoit nécessaire pour sa santé. Je loue Dieu de sa convalescence et qu'il ne vous a pas empesché ailleurs de sy bien secourir. Je ne doute pas qu'à présent que la Royne, que vous y avez laissée, ne vous en ayt envoyé de bonnes nouvelles. J'ay veu, Sire, l'extraict de ce qui vous est venu depuis qu'il vous a pleu me permettre venir en ce lieu, et me semble que de toutes partz vos affaires vont de bien en mieux, mesmement du costé d'Escosse, où sy Adinton est prise, comme il y a grande apparence, pouvez aisément jouir dudit royaume, lequel d'icy en avant portera une grande partie des frais qu'il vous y conviendra faire. J'ay aussy veu, Sire, comme M. de Chastillon a faict battre le logis sur la muraille des Dunettes, et que le reste a sy grande espaisseur qu'il y faudroit grand dégast de poudre, avec peu d'espérance d'aucun effet, et qu'il luy semble pouvoir empescher le port laissant l'artillerie où elle est assise, et pour la garder y loger les bandes du Reintgrave. Je crois, Sire, que pour ceste heure c'est le mieux qui se peut faire, en attendant que, suivant ce qu'il vous a pleu adviser, vos vieilles gallères soient conduictes et enfondrées dedans le port, qui est le plus seur moyen pour leur oster, et aussy empescher la perte d'hommes qu'il y pourroit avoir, logeant longtemps ausdites Dunettes, pour y estre comme vous savez très bien, Sire, veu de plusieurs endroitz. Voila pourquoy il me semble, sauf meilleur advis, que devez faire user de toute dilligence pour haster lesdites vieilles gallères; je crois que vous n'avez changé d'opinion de laisser les bandes de Ludovic près le bois Labbé, où ilz sont eu grande commodité de se bien loger, pour le beau temps qu'il a faict jusques aprésent; et m'est advis qu'à la faveur des dittes bandes on doit loger cent ou six vingt hommes dans le chasteau de Honvaux, de quoy ne peut venir inconvénient, et poura grandement servir à tousjours tenir voz ennemis plus serrez, avec moins de moyens d'estre secourus. Et ce qui m'en fait tant parler, c'est que je ne leur vois plus de moyen d'estre rafraichis que par là; et me semble, Sire, quelque chose que l'on die, qu'on ne les peut empescher de la Dunette, où l'on ne peut aller quant la mer est haulte, qui est l'heure qu'ilz s'en approcheront et plus souvent de nuit que de jour. J'ay aussy veu, Sire, qu'il vous a esté accordé la levée de douze mil Suisses, et comme vous renvoyez Ville devers M. le cardinal de Ferrare bien instruict de vostre intention, qui est un tesmoignage du pouvoir que vous avez eux, qui n'est moindre que celluy que le feu Roy y avoit, et sur ce je prie Dieu etc. »

Il est à remarquer que le roy Henry second se confiant entièrement en la fidélité du duc d'Aumale, luy faisoit part, en quelque lieu qu'il fust, des nouvelles qui luy estoient envoyées des pays étrangers par ses ambassadeurs et autres, et aussy de ce qui se passoit en France, affin qu'il jettast mieux ses mesures selon les rencontres : ce qui lui a donné subjet d'en former des mémoires, de tant plus qu'ilz ne sont pas peu curieux, ny de petite conséquence.

Le 27 septembre 1549, le cardinal de Guise escrit au duc d'Aumale son frère l'estat du siége de Boulongne et que les ennemis parlementoient.

« Monsieur mon frère, M. le connestable ayant, cejourd'hui, reçu un paquet de Ferrare, qui s'adressoit à vous, je vous ay incontinant despesché cet exprès pour vous le porter. Je vous diray pour nouvelles, que le Roy a, aujourd'huy, reçu lettres de M. de Chastillon, par lesquelles il luy mande qu'il a mis devant la Dunette les lansquenets et qu'ilz feront un grand dommage aux ennemis, s'ilz peuvent tant faire que d'y demeurer cet hyver, et que desjà a esté mis à fondz un navire anglois, qui venoit pour aborder au port. Le logis qu'on a trouvé dans les Dunettes est sy à propos, qu'il ne sçauroit rien entrer dans la place qui ne soit empesché par nos gens à coups d'arquebuses. Quoy qu'il en soit, Ludovic y est desja logé. Vous sçaurez aussy que maistre Palme est sorty de la ville et est venu parlementer avec Chastillon, luy demandant après beaucoup d'honnestes propos, sauf-conduict pour millor Acton leur chef, lequel, voyant l'affection que le Roy avoit à Boulogne estoit contant de traicter de la reddition, moyennant que Chastillon eut exprès pouvoir du Roy de ce faire. Ilz y ont pris jour pour se trouver ensemble aujourd'huy, et pour cet effet le Roy a envoyé un pouvoir en extrême dilligence; nous ne sçaurions que penser, sinon que le Roy ne veut poinct que cecy nous abuse, et a mandé qu'on continuast à faire comme devant, et au pis qu'on poura. Incontinant que nous en sçaurons davantage vous en serez averty, ainsy que le Roy me l'a dit ce soir. C'est, Monsieur mon frère, tout ce que pour ceste heure je vous sçaurois escrire, vous suppliant en faire part à Madame, avec mes très humbles recommandations, etc.

« Votre humble frère et entièrement amy,

« C. CARDINAL DE GUYSE. »

Et au dos : *A monsieur mon frère, monsieur le duc d'Aumale.*

Lettre du mareschal de la Marche au duc d'Aumale.

« Monsieur, après mon retour de Jametz en ce lieu, qui fut le jour d'hier, n'ay voulu faillir d'envoyer çe gentilhomme présent porteur vers vous pour sçavoir de vostre bonne disposition, ensemble de celle de madame de Guise et madame d'Aumale, et pour tousjours me ramentevoir en vos bonnes graces, ne sçachant pour le présent aucune nouvelle de vos voisins digne de vous escrire. Madame la duchesse de Valentinois m'escrit de Saint-Germain qu'elle doit bientost partir avec la Royne pour aller trouver le Roy à Compiègne, laissant M. le Daufin du tout au retour de sa maladie.

Je ne veux oublier à vous mander qu'il y a trois jours que l'évesque de Verdun est passé par Stenay, venant de devers l'Empereur où il a faict assez long séjour, et luy a baillé toutes les lettres de Chartres qu'il avoit entre ses mains, où il y a beaucoup de chose contre le Roy, contre M. de Jametz et moy, suivant ce que je vous ay escrit cy-devant. Et après que l'Empereur a tout veu, il s'est délibéré à ceste journée de Spire, de faire son abornement de l'Empire, et s'il y comprend tout ce qu'il a trouvé ès dittes chartres le Roy n'aura plus rien deça la Meuse qui ne soit subjet à l'Empire, et de ce ay esté adverty par aucuns mes parens et amys qui sont près de l'Empereur : souviennez-vous que cet évesque de Verdun sera à la fin cause de mettre le Roy et l'Empereur avec madame de Lorraine en un grand trouble : car vous pouvez bien penser que le Roy ne souffrira jamais que l'Empereur fasse approuvemens qui luy puissent estre préjudiciables; par quoy je pense que s'il y a jamais guerre entre ces deux princes, que cela sera une des principales occasions de les y faire entrer. Voila le bon office de serviteur du Roy qu'a faict le dict évesque; je ne sçay en quel estime le Roy l'a mis en toute ceste frontière et en ces villes impériables et mesme en Bourgogne. On le tient pour fort grand impérialiste; il a tant faict auprès de l'Empereur qu'il demeura seigneur de Verdun temporel et spirituel, ayant les clefz de la ville et le commandement sur icelle, ostant aux gentilshommes la superintendance qu'ilz y avoient par cy-devant. A vostre advis, sy l'Empereur ne l'aymoit bien et qu'il n'eust fiance en luy, luy souffriroit-il ceste grande authorité dans une telle ville que celle là estant de son Empire. Je ne sçay pour ceste heure autres nouvelles : et sur ce, je prie le Créateur, etc.

« De Sedan, le vingt neuf septembre. »

Lettre de la Royne donairierre d'Escosse au duc d'Aumale son frère, de sa propre main :

« Monsieur mon frère, j'ay reçu la lettre que m'avez escrit et par icelle veu la bonne volonté qu'avez en mes affaires et ce que le Roy faict pour nous, et entendu aussy la bonne yssue qui s'est en suivie. Et de nostre costé, Dieu ne nous a voulu oublier, car nos ennemis ont abandonné Adynton par la sage conduite de monsieur de Termes, tant pour avoir faict le fort Aberlady, que s'estre toujours tenu campé au lieu. Il n'a esté possible à l'ennemy d'avitailler leur ville qu'avec une grosse armée de sept ou huit mil hommes, ne s'estant voulu mettre en danger d'une bataille, et n'ont rien démoly de la forteresse. Sy du commencement j'eusse eu un homme aussy prudent que celuy-là, je n'eusse eu tant de maulx, ny le Roy tant de despence d'argent; le général m'a dit qu'il avoit trouvé plus de quatre vingt mil francs, dequoy il n'avoit peu trouver clair compte, cela eust bien servy à beaucoup de choses qui m'ont donné beaucoup de peyne d'importuner le Roy; mais il y a des gens mal aisez à cognoistre : je n'eusse jamais creu ce que j'ay entendu depuis peu de temps, encor bien que je m'en doubtasse quelque peu, et néantmoins on veut mal à tous ceux qui en parlent. Il fault que je vous die, Monsieur mon frère, que je n'ay jamais eu mal en comparaison de celluy que j'ay depuis la venue des François; c'est chose estrange de ces gens là qui avoient quatre ou cinq mil escus en leurs coffres, et voyoient mourir l'armée d'un roy de fain, et me fallut engager bagues et tout ce que j'avois vallant, pour les secourir, et personne ne m'y ayde que le pauvre ambassadeur, qui tousjours baille vaiselle et tout ce qu'il peut emprunter; je me tiens bien seur qu'en son retour ne le voudrez oublier, vous en priant bien fort.

Je faicts une requeste au Roi pour avoir l'ordre pour monsieur de Termes. Je vous prie d'y estre aydant : car c'est le plus sage et vertueux personnage que je veis jamais, et est fort vostre serviteur. Luy et moy sommes bien marris d'avoir entendu les mariages qui se font, et que le connestable se doive allier à la maison de Bourbon. Il me semble que devez empescher cela sur toutes choses, autrement la fin n'en vaudra rien; souvenez-vous de ce que je vous manday après la mort du feu Roy, et je vous prie d'y prendre garde : je voudrois estre auprès de vous pour en parler plainement. Et sur ce je feray fin, priant Dieu, etc.

« De Oissebourg, ce pénultiesme septembre.

« Vostre humble et bonne sœur,
« Marie. »

Et au dos : *A monsieur mon frère monsieur d'Aumale.*

Le deuxiesme octobre suivant, le duc d'Aumale rescrivit cecy au cardinal son frère, en responce de sa lettre :

« Monsieur mon frère, j'ay reçu la lettre que m'avez escrite par vostre chevaucheur présent porteur, par laquelle vous me faites sçavoir ce qui est survenu par de là, et que maistre Palme est sorty de Boulogne et venu parlementer avec le sieur de Chastillon, et luy a demandé un sauf conduict pour le milor Cleyton leur chef. Je pense, Monsieur mon frère, tels propos n'avoir esté par eux mis en avant sans occasion fondée, à mon advis, sur l'un de ses trois poincts icy : Le premier, que les Anglois voyans le Roy s'y proche voisin de Boulogne, prest à exécuter l'entreprise qu'il veut faire au port, pour leur oster le moyen d'estre secourus par mer, feignent maintenant vouloir entrer en quelque traité, pour cependant demander secours à l'Empereur et avitailler la dicte ville, chose que je trouve assez sotte et mal fondée, parce que le Roy ne délaissera pas son entreprise. Le second, est que par ce traité, ilz espéreroient avoir quelque argent de nous qu'ilz prétendent leur estre deubs; et ceste ville ne leur pouvant servir que de grande despence estant ainsi assiégée, ilz se pourroient servir de nos deniers contre nous en quelqu'autre endroict. Le dernier, est que milor Cleyton, après avoir considéré la nécessité où ceste ville peut estre et sera en plus grande, n'estant pas secourue, ayme trop mieux la rendre maintenant avec le consentement du Roy son maistre et conseil de delà, voyant mesmement dès à présent le protecteur de cest avis, qu'après nous l'avoir rendue par une extrême nécessité tomber en quelque inconvénient de sa personne. Mais pour vous dire au vray ce qui m'en semble, je ne puis croire, Monsieur mon frère, que telz partements ne nous donnent quelque bonne espérance de la recouvrer en bref par composition ou autrement. J'ay receu une lettre que M. le mareschal de la Marck m'a escrite, laquelle je vous envoye, par laquelle vous verrez qu'il s'eschauffe bien tost et voudroit que ces Barbariens eussent commencé à luy ouvrir la bourse. Quant à ce qu'il escrit de l'évesque de Verdun, il est certain qu'il est allé vers l'Empereur poursuivre pour avoir des commissaires qui sont à présent de deça, pour informer des usurpations faictes sur son évesché, et autres lieux mouvans de l'Empire. Et pour cet effet, madame de Lorraine m'a conté que lesdits commissaires sont venus vers elle luy dire leur commission, poursuivie par le dit évesque, lequel avoit faict entendre à l'Empereur entre autres choses que les seigneurs de Lorraine avoient usurpé sur son évesché, Clermont, Vienne, Hatton-Château : on en sçaura la suitte. Cependant je prie Dieu, Monsieur mon frère, etc. »

Le 19 de novembre, le grand cardinal de Ferrare, Hypolite, qui a esté sy renommé pour sa générosité, escrit de Rome au duc d'Aumale, son neveu, au subjet de la mort du pape Paul III, et comme il s'attache fortement aux interestz de la France :

« Monsieur, je m'estendrois à vous faire plus longue responce à voz lettres, sy ce n'estoit les troubles et confusions où nous sommes maintenant réduits, par la mort du feu pape, comme je m'asseure que vous avez veu, et verrez encor par celle que j'escris au Roy ; qui m'excusera, s'il vous plaist, d'en faire icy redite. J'eusse fort désiré que M. le cardinal vostre frère eut esté desjà par deçà, qui a la complexion forte et gaillarde, affin qu'il eust de son costé porté partie du pays que je soustiens, pour le peu de repos que j'ay à attirer et entretenir icy un chacun, le plus que je puis, à la dévotion du Roy ; où toutes fois je prens le plus grand plaisir du monde, quant je considère que je ne sçaurois en temps plus propre que cestuy-cy, faire cognoistre combien je désire luy pouvoir faire service : sy est ce que la présence de mon dict sieur vostre frère n'y eut sceu de rien nuire, lequel j'attends en la plus grande expectation qu'il m'est possible, ayant desjà pourveu et donné ordre qu'à son arrivée il n'aura faulte de chose qui luy soit nécessaire pour le conclave, où je me délibère bien qu'avec luy je mettray toute la meilleure peyne que je pourray, à ce que le Roy y puisse avoir la plus grande part que faire se pourra. Je me ramentevray, cependant, à vostre bonne souvenance, après m'estre aussy bien humblement recommandé à vostre bonne grâce et de madame ma niepce, priant Dieu, etc.

Humiliss. et affectionatiss.

« Lio Hyp. cardinal d. Ferrara.

« Escrit à Rome, le 19 jour de novembre 1549. »

Le mesme jour 19 novembre, Raincé, homme fort entendu aux affaires de Rome et attaché aux intérests de la France, escrit au cardinal de Guyse l'estat du conclave, et escrit encor deux autres lettres sur ce mesme subjet au duc d'Aumale, où il y a beaucoup de choses très importantes à remarquer :

« Monsieur, le sieur cardinal Farnèse, jusques à ceste heure, tient un fort bon chemin, s'estant gouverné par le bon conseil et recordz du révérend de Sainte-Croix, suivant le commandement et ordre que luy en donna Sa Saincteté. Le médiateur entre eux deux est le révérend Maphée, à cause des trois quartaines du dit révérend de Sainte-Croix, qui néantmoins compare quelque fois en congrégation et est fort avancé auprès du dit révérend Farnèse, lequel a beaucoup plus grande part au gâteau, et assez plus ferme et plus asseuré que l'on n'avoit pensé, ce qui me semble un miracle. M. l'ambassadeur s'est très bien sceu comporter avec luy et ay faict de ma part ce qu'il m'a commandé, de sorte qu'il se dit très content et avoir fort bonne opinion et grande confidence du dit seigneur cardinal Farnèse, lequel luy a dit franchement son intention, qu'est qu'il n'entendoit aucunement de permestre n'y consentir que le cardinal Salviati soit faict pape, et qu'en cet endroit là il ne s'entendroit jamais avec vous, Messeigneurs, n'y de la part du Roy ; l'on a regardé par le conseil et bon recordz au dit révérend de Sainte-Croix de luy lever l'impression qu'on luy avoit mise en la teste, et qu'il croyoit fermement que le Roy vouloit entendre à faire le dit Salviati pape, ou le cardinal Ridolphi. Et pour vous en parler à la vérité, Monseigneur, il ne veut ny l'un ny l'autre, et n'y viendra jamais, et ce m'a dit en bonne chère et à d'autres ; et s'il s'apperçoit qu'on veille prandre et tenir ce chemin là, je vous puis bien dire et assurer qu'il tournera chance, et qu'il prandra l'autre party, avec tous ses membres ; et en cela, Monseigneur, est tout le danger. J'en ay bien touché quelque mot au seigneur cardinal de Ferrare, mais je le toucheray plus au vif pour ce que la commune opinion tient qu'il est en la sentence du dict Salviati y tout et outre, ou vrayement pour luy mesme, ne pouvant faire l'autre. Et cela seroit le moins mal ; mais je n'y vois pas ordre laissant à part la volonté de Dieu, encor que l'on dit icy que le révérend Salviati a bon appuy de l'Empereur et du duc Cosme, son neveu, *et qu'il vient bien garny d'argent* avec trois cens mil escus du duc de Ferrare, et deux cens mil du sien, qu'est une belle et grosse poste, dont les cardinaulx murmurent ; et quant tout sera dict, s'il est ainsy, il s'en aquerra peu d'honneur et tous ses adhérants, outre l'offence faicte à Dieu, qu'est la chose plus dangereuse que j'y vois, m'en remettant toutes fois, monseigneur, à vostre conscience pour en faire le jugement, qu'il vous plaira, avec Monseigneur le révérend Du Belley. Or quoy que soit, *multi multa dicunt*, et y a beaucoup de coureurs ; mais un prandra le poste qui puisse estre agréable à Dieu et à la chrestienté. Dom Diégo faict du papelart et faict instance qu'on despesche et qu'on entende à faire une bonne et sainte élection ; il est doux comme une brebis et a tousjours la main au bonnet. Les Espagnolz font peu de rumeur et se tiennent serrez en leurs maisons, sans empescher ny les rues ny les places, sinon bien peu.

Nicolas Raincé. »

« Monsieur, pour l'amour de Dieu, venez bien tost et pour le service du Roy. Je ne veux pas nier qu'aucuns en ceste cour ne se seroient volontiers passé de vous y voir, pour ce que vous marchez plus grave qu'eux et plus avant, chose qui ne leur plaira guère, et moins vostre authorité et grandeur, car ne voudroient tenir de vous, je dis quelque bonne mine qu'ilz fassent ; et sy vous ne le croyez ainsy, vous estes en grand erreur ; je ne le dis pour mettre glaine, mais le dis pour la vérité, avec vous qui estes prudent et sage et qui sçaurez très bien hurler avec les loups. J'espère en la bonté de Dieu, qu'il vous aydera et qu'il aura pitié de son Eglise, comme dévotement je le supplie et vous donner, Monseigneur, en parfaicte santé, très bonne et longue vie.

« De Rome, le mardi 19 novembre 1549.

Nicolas Raincé. »

« Monseigneur, je vous escrivis le 9, par la despesche de monsieur l'ambassadeur, qui despescha un courier exprès, le lendemain matin que feu nostre Saint-Père, que Dieu pardoient, passa de ceste vie mortelle en l'éternelle, parlant tousjours un beau latin jusques à la mort, et fît une fort belle fin. Ce ne fut sans parler du Roy honnestement et avec grand honneur de Sa Majesté ; il est vray qu'il ne pouvoit mettre en oublie ce qui estoit arrivé à Parme, par la faulte du duc Octavio son neveu. Et pour ce que je sçay, Monseigneur, que vous devez estre bien tost par deça, je laisseray jusques à l'heure à vous parler d'aucunes affaires pour le service du dict seigneur Roy ; bien vous puis-je asseurer que sy Sa Sainteté eust vescu jusques à ce que les patentes fussent arrivées, et qu'il les eut eu en main, il se seroit laissé conduire plus avant que tout ce que Francisque Ville avoit porté, dit et faict ; et ne fault croire que Sa dite Sainteté eust jamais passé plus avant en ligne, sy elle eust sceu ou entendu quelque chose du maniement du dict de Ville. Monseigneur, les choses de ce Saint-Siége sont fort bien ordonnées et les affaires sans travail ny rumeur. Le sieur duc Horace a esté faict cappitaine du collége, et le sieur Alexandre Vitelli, son lieutenant ; le comte Pitilian a la garde du palais avec cinq cens hommes de pied, et les Suisses ont leur garde ordinaire. On a très bien pourveu du costé de la campagne de Rome, vers Naples, et pareillement vers Pérouse ; les Collonnois sont revenus chez eux, toute la force est entre les mains de nos amis et des gens de nostre livrée, et ne reste autre chose sinon que vous, Monseigneur, messeigneurs les révérendissimes voz compagnons, entendez sur toutes choses à donner à l'esperon, car on a faict ce qu'on a peu pour gaigner temps, et aujourd'huy seullement ce sont commencées les obsèques qui dureront dix jours, à compter le dimanche, et par ainsy les cardinaux entreront au conclave la vigille Saint-André, qui sera le 29 novembre.

« Nicolas Raincé. »

Lettre du dict Raincé au duc d'Aumale sur les affaires du conclave, du 25 novembre 1549.

« Monseigneur, pour ce que je crois que pour la mort du feu Pape, il aura pleu au Roy envoyer par deça messeigneurs les cardinaux françois, et que monseigneur le cardinal de Guyse vostre frère, pour le lieu et crédit qu'il tient vers Sa Majesté, aura eu la principalle charge et commission en l'affaire, il m'a semblé, en son absence, devoir vous faire l'adresse suivant : ce que j'ay tousjours faict en son endroit, affin de pouvoir tenir adverty le Roy de ce qui sera nécessaire pour son service.
Hier au soir, arrivèrent icy le cardinal Dorie, qui vient de Gennes, et le cardinal d'Auguste venant d'Allemagne ; aujourd'huy les seigneurs imperiaux, qui sont icy en grand nombre de cardinaux et autres leurs adhérens, attendent un courier, ou gentilhomme exprès, despesché de l'Empereur, sur le trespas du pape, et sur ce qu'il voudra que les ministres fassent, et le chemin qu'il voudra qu'ilz tiennent en ceste affaire du conclave, pour la nouvelle élection, dont il y a grande diversité d'opinions. Mais, Monseigneur, pour en parler du vray, l'effet de tout consistera en la bonne ou mauvaise intelligence qui sera et se fera entre messeigneurs les cardinaux françois pour la part du Roy et le seigneur cardinal Farnèse, le train et chemin duquel vous pouvez très-bien entendre et comprendre, parce que je vous envoye avec la présente, encor que l'on die que le duc Cosme de Médicis a ordre de l'Empereur de s'employer entièrement pour le cardinal Salviati son oncle. Pour vous dire ce qui en est, on a toutes fois descouvert que quelque bonne mine que ledit duc Cosme en fasse publiquement, il faict tout le contraire soubz main, par jalousie de l'Estat de Florence ; vous en sçavez la cause, comme aussy monseigneur le connestable, qui est le meilleur et plus seur registre de toutes les humeurs d'Italie. Ledit seigneur cardinal Farnèse commence à trouver un peu long qu'il ne soit encor venu ny courier ny autre chose de la part du Roy, depuis qu'il a eu la nouvelle du trespas de Sa Saincteté, et pareillement messieurs les cardinaux, amys et serviteurs de Sa Majesté, le trouvent un peu estrange et leur en deplaist, et surtout monseigneur le cardinal de Sainte-Croix, pour l'importance de l'affaire et pour la conséquence dudict seigneur cardinal Farnèse, qui est tant battu et tenu de sy preys de l'autre part, qu'ilz ne luy donnent une seulle heure de loisir ny de repos. Toutes fois, il tient encor fort et ferme, se desfend et rempare d'une modeste et fort bonne manière, et ne se fault arrester ny prandre ombre pour le recueil et bonne chère que faict au cardinal de Trente, car cela n'est que *pro formâ* et pour avoir receu de luy tout le mesme quant il a esté à Trente en passant, et retournant et en sa maladie. Et vous pouvez croire qu'il est ainsy, de quoy j'ay bien voulu vous advertir, Monseigneur, supliant dévotement le Créateur vous donner, en parfaicte santé, très bonne et longue vie.

« De Rome, le 25 novembre 1549.

« Votre très humble et très obéissant serviteur.

« Nicolas Raincé. »

« Depuis avoir escrit la présente, j'ay esté au palais, où j'ay sceu que les cardinaux impériaux, avec don Diego, ont concerté ensemble et déliberé de tenir une autre voye avec le cardinal Farnèse et le traicter à l'amiable. Et a esté ceste invention du cardinal de Trente et dudict don

Diego, affin de l'endormir; le tout pour le tirer à leur intention, qui est qu'il soit content, entrez qu'ilz seront en conclave; que tout incontinent on procedde à l'élection pour prévenir la venue des cardinaux françois, qui est toute la crainte qu'ilz ont. J'en ay adverty ledit sieur cardinal Farnèse et l'ay trouvé comme devant, mais un peu esbahy qu'il ne soit rien venu de la part du Roy; j'advertiray, ce soir, monsieur l'ambassadeur de ce que dessus. »

Autre lettre dudict sieur Raincé au duc d'Aumale sur ledict subjet.

« Monseigneur, le 25 de ce mois, je vous adressay un paquet pour les affaires du Roy, que je donnay icy au secrétaire de monsieur l'ambassadeur pour vous envoyer; depuis est venu Le Boiteux, qui nous a rapporté avoir laissé à Moulins monsieur le cardinal de Guyse vostre frère, avec la compagnie qui vient en poste. Ilz sont très desirez des gens de bien, et toute ceste cour s'en est réjouie; mais il est besoing, Monseigneur, qu'ilz fassent dilligence: car combien que lesdicts cardinaux impériaux, depuis que je vous ay escrit, soient venus en quelque différent entr'eux, et soient divizez en trois bandes, il y a danger, neantmoings, que pour la peur qu'ilz ont de ne pas bien faire leur besongne quant messieurs les cardinaux françois seront arrivez, qu'ilz ne fassent comme les Anglois quant ilz entendent que les François les veullent assaillir. Je n'ay failly encor aujourd'huy de bien tenir adverty mondit sieur le cardinal vostre frère de tout ce qui m'a semblé à propos pour le service du Roy, et mes lettres luy seront rendues en chemin: car quant ils seront arrivez icy, faudra qu'ilz entrent incontinant au conclave. Les cardinaux impériaux tindrent hier entre leurs mains monsieur le cardinal Farnèse fort longuement; mais au lieu d'avoir rien gaigné sur luy, il se sceut sy bien déporter et manier avec eux par le moyen de bon conseil, qu'il croit qu'il gaigna sur eux. Monsieur l'ambassadeur le vit depuis et le trouva disposé de bien en mieux. Quoy que ce soit, lesdits cardinaux impériaux estant discordez et partagez en trois bandes, on verra ce qu'ils feront quant ils auront la norme et ordonnance de leur Empereur; ledict dom Diego a ses boyaux liez avec ceux de dom Ferrand, en faveur du cardinal Salviati, et le cardinal de Mantou est l'instrument et non pas sans compagnie de quelqu'autre ainsy qu'on dit. Et voyant ledit dom Diego ses cardinaux en division, il a voullu esprouver ceux desquelz il se tenoit asseuré au proffit dudit révérend Salviati; mais quand il les a pressé, ils luy ont dict franchement qu'ilz ne vouloient point ledict Salmati pour pape, y adjoustans quelques raisons, lesquelles on dit vouloir faire veoir dans le conclave estre sceües et descouvertes par le cardinal de Caipi, et fort alliennées de l'honneur; neantmoins à ce que l'on sçayt et qui se dit, ledit dom Diego n'espargne ny son crédit, ny sa peyne, ny l'authorité de son maistre pour ledit révérend Salviati, et le cardinal de Mantou en faict tout ce qu'il peut et y employe tous ses parens et amys. Quoy que ce soit, Monseigneur, sy mesdits sieurs les cardinaux françois arrivent à temps, comme j'espère, et se veullent bien entendre avec ledit sieur cardinal Farnèse et sa trouppe, qui est grande, il se peut espérer et croire qu'ilz conviendront bientost à faire une très bonne et saincte élection, et qui sera tant à propos pour le bien des affaires du Roy, que son ennemy s'en trouvera très-empresché, autrement ledit sieur cardinal Farnèse, pour n'attédier ny perdre sa trouppe, sera contrainct de prendre un autre party pour faire un pape duquel il se puisse fier pour son bien et de toute sa maison, et sera un personnage très homme de bien et de bonne vie, et les Impériaux y courront. Je ne veux pas dire neantmoings qu'il doive estre agréable au Roy ny propre, parce que ceste nation est nostre ancienne ennemie. J'espère en la bonté divine qu'il luy plaira inspirer les cœurs des gens de bien, concorder messieurs les cardinaux du Roy avec ledit cardinal Farnèze. Je prie le Créateur, etc.

« De Rome, le 27 novembre 1549.

« Vostre très humble et très obéissant serviteur.

« RAINCÉ. »

Lettre dudict Raincé au cardinal de Guyse sur le mesme subjet du conclave.

« Monseigneur, je vous escrivis le 19 du présent et adressé ma lettre à M. de Mirepoix à Boulongne, pour vous la présenter en passant, ou vous la faire tenir où vous serez. Hyer, en congrégation, fut débatu de rechef sur l'affaire de Parme et furent en grande controverse. Le cardinal Theatin ny comparut, et semble que la résolution ayt esté que la lettre sera soubzcricte pour envoyer au sieur Camille, et crois que le duc baillera caution de non alliéner ladite ville et de nouveau la recognoistre du Saint-Siége : au moins il fut ainsy offert de sa part. Les amys de partie adverse augmentent chacun jour. Le cardinal de Mantou arriva hier soir au logis de don Diego et les cardinaulx Cibo et Doria sont attendus ce jourd'huy, et bien-tost celluy d'Auguste. Quant au Pacheco, on croit qu'il attend la volonté de l'Empereur. Je ne sçay sy je dois mettre de ce nombre le cardinal Salviati, qui aussy arriva hier à disner, accompagné, comme on dit, jusques à Pentemote de deux ou trois cens Espagnols, ausquelz fut mandé qu'ilz ne passassent poinct plus avant, et ont pris leur chemin vers les terres des Colonnois. Hier soir arriva monseigneur le révérend de Lenoncourt, lequel s'en est allé trouver, ce matin, monseigneur le cardinal de Ferrare, et sont allé de compagnie à l'obsèque. Dieu nous fasse la grace que vous y penssiez bien tost arriver avec vostre compagnie, ainsy que les gens de bonne volonté le desirent; je dis ceux qui craignent et ayment Dieu, et le bien et repos de la tant travaillée chrestienté : je le dis, Monseigneur, parce que je prévois un grand désordre et combustion en ceste élection future, pour le nombre de ceux qui y prétendent; mais en peu d'heure *Dieu laboure*, et avec vostre ayde et optime fin du Roy, il aura pityé de nous. Je vous escrivis il y a quelque temps que le cardinal de Tracy y avoit bonne part, mais la chance est du tout tournée : bien est vray que le feu pape luy portoit quelque affection et en faisoit assez bon jugement; mais en ces derniers jours il s'est totalement descouvert pour le cardinal de Sainte-Croix, pour le bien du Saint-Siége et de chrestienté, et encor pour la protection et stabilité de sa maison. Vous, Monseigneur, cognoissez l'homme, sans que je vous en die plus outre, et pour ce aussy qu'on me pourroit taxer d'affection, il m'a semblé vous en devoir tenir adverty, pour autant que lorsque vous arriverez icy, le temps sera sy court pour entrer dans le conclave, qu'on aura pas le loisir de vous parler. Il est vray, Monseigneur, qu'au temps des trois conclaves que je me suis icy trouvé pour le Roy, j'ay bien veu quelque fois que depuis l'entrée du conclave et qu'il estoit ferme, grande partie des cardinaux changeoient de propos et parloient un autre langage, ce qu'ilz n'eurent pas temps de faire au dernier conclave, sinon que les Impériaux voulurent faire les rétifs avec le cardinal Campegio; mais monseigneur le cardinal de Lorraine vostre oncle et le feu cardinal de Médicis ensemble leur tranchèrent la broche et les firent venir à jubé, ne pouvant faire autrement. J'espère en la bonté divine que vous vous y sçaurez sy bien gouverner avec vostre authorité et pouvoir, que le sieur cardinal Farnèse tiendra le lieu de feu le cardinal de Médicis avec vous; et à ce que j'en puis juger, selon mon ignorance : *Hinc pendent lex et prophetæ*. Je dis à vous bien entendre vous deux ensemble, et ne se fault pas arrester sur la primauté et bonne chère que ledit cardinal Farnèze monstre à celluy de Trente, car le tout se faict pour le mieulx, et est bien entendu ; et quant vous serez au conclave, vous le trouverez ainsy. Je croy que vous viendrez garny de toutes les bonnes vérités nécessaires à cet effet : ce que la meilleure et plus propre est qu'on luy tesmoigne que la mort du pape n'a en rien diminué l'amour qu'il portoit à sa maison et l'estime qu'il en faisoit, comme aussy l'affection qu'il avoit pour le seigneur duc Horace, pourveu toutes fois qu'on ne veuille pas faire un pape qui soit son ennemy et contre sa volonté, et c'est le verbe principal.

« Je supplie le Créateur, Monseigneur, vous donner en santé, etc.

« A Rome, le 22 novembre 1549.

« RAINCÉ. »

Lettre du cardinal de Lorraine au duc d'Aumale, son frère.

« Monsieur mon frère, je n'ay voulu faillir avant partir de ceste ville de vous advertir comme j'y suis arrivé avec grande peyne et travail, vous pouvant bien dire que jamais homme courant la poste n'endura tant de mal que j'ay enduré en ce voyage, m'ayant esté impossible de chevaucher que sur le bout des piedz, appuyé des mains sur l'arson de la selle, dont je suis tellement tourmenté, que je n'ay ny bras ny jambes qui ne s'en sentent. Et m'estoit bien besoing de trouver l'eaue où je me metz demain, espérant d'y prandre un peu de repos pour poursuivre mon voyage en la plus grande dilligence qu'il me sera possible, et lequel j'espère heureusement parfaire; et n'en suis pas en sy grand doubte que j'estois : car en mon chemin j'ay rencontré un courrier de monsieur, le duc de Ferrare qui m'a apporté mon sauf conduict de l'Empereur et du duc de Savoye, signé de leurs mains et cacheté de leurs cachets, avec mandement exprès à leurs subjets de me fournir, passant par leurs terres, chevaux et autres choses nécessaires; qui m'a mis hors d'une grande peyne; car sy je me trouve mal sur la mer, ou que j'aye vent contraire, je pourray seulement prandre terre par le moyen desdits saufconduitz qu'il a pleu à mon dit seigneur le duc demander pour moy : en quoy il a appertement démonstré l'affection qu'il a à la nation françoise et la bonne amityé qu'il me porte en particulier. J'en escris présentement au Roy; et pour ce que je m'assure que vous verrez le tout, je ne vous feray plus long discours, priant Dieu vous donner, etc. Vostre humble frère entièrement amy,

« CARDINAL DE GUISE.

De Lyon, ce 22 jour de novembre 1549. »

Et au dos : *A monsieur mon frère, monsieur le duc d'Aumale.*

Autre lettre du cardinal de Lorraine s'en allant à Rome, audit duc d'Aumale son nepveu.

« Monsieur mon nepveu, ayant entendu la volonté du Roy, je m'en vais avec la plus grande diligence qu'il me sera possible. Monsieur de Guyse mon frère et madame de Guyse me sont venus trouver en la rencontre, que j'ay esté bien aise de veoir et d'embrasser avant que partir, et ne feray séjour en ce lieu qu'aujourd'huy et demain, et pour fin des présentes, je vous prie, monsieur mon nepveu, m'entretenir tousjours en la bonne grace du Roy; lequel je vous prie aussy asseurer, et je ne vous feray pas menteur, je vous le prometz, quoy qu'il advienne qu'il n'aura jamais plus affectionné serviteur que moy, espérant lui donner à cognoistre par bons effets avant que je meure. Vostre bon oncle et vray amy,

« J. Cardinal de Lorraine.

« A Nancy, ce 24 jour de novembre 1549 ».

Et au dos : *A monsieur mon nepveu, monsieur le duc d'Aumale.*

Une autre lettre du 6 décembre.

« Sire, dès lors que je receu celles qu'il vous a pleu me faire escrire, du 25 de ce mois, je fis demander audiance à l'Empereur, pour luy confirmer les propos passez entre Vostre Majesté et son ambassadeur, et du désir qu'aviez de vous comporter en ceste amityé en vous faisant entendre ouvertement puis qu'il veut faire le semblable, et de luy tenir tout ce que vous luy avez fait dire; dont les effetz en feront tousjours la preuve. Sur quoy M. d'Arras me pria de différer jusques à ce qu'ilz eussent eu lettres de leur ambassadeur, qui arriveroit le lendemain. Depuis est entrevenüe ceste feste qui a esté célébrée en toute solemnité. A ceste cause on a voulu entremesler autres affaires, par ce mesme que l'Empereur ne se trouve pas bien, qui sçayt desjà ce que j'ay à luy dire; lequel quant j'auray veu je ne manqueray de vous faire entendre ce qu'il m'aura dict.

« Le trésorier d'Angleterre, mylord Vardon, qui avoit son congé, est party aussy peu content et satisfait qu'il en avoit d'occasion, n'ayant rien obtenu, comme tout le monde dit, de ce qu'il avoit mis en avant. Il s'en alla d'icy à Anvers pour recouvrer quelques corceletz et munitions qu'il prétend tirer en cachette de ce pays, et de là a pris son chemin vers Gravelynes et Calays, pour passer en Angleterre, là où il trouvera tousjours quelque nouveau mesnage, et mesmement vers Douvre, où il y a son principal bien; car j'entens de ceux qui viennent de delà, qu'ilz ont sy bien pillé les villes de Cantorbery et de Rocestre, qu'ilz n'y ont laissé que les murailles, de sorte que le peuple crie, maudissant l'obstination de leurs gouverneurs à vouloir tenir Boulogne, comme estant cause de tous les malheurs qui leur sont obvenus, et demandent la paix sy hautement, qu'on estime que, sans miracle de Dieu, ceste grande crierie ne pourra prandre fin sans engendrer une nouvelle sédition ; d'ailleurs ilz sont sy courtz de finances et leurs marchandz d'Anvers sy destituez de crédit, qu'il semble toutes choses avoir conspiré à leur entière ruyne, s'ilz ne s'avisent d'heure à vous rendre Boulogne. Toutes fois, ilz montrent avoir volonté de donner le plustost qu'ilz pourront une bataille, sans attendre le renouveau, pour le moins ilz en font le semblant, en faisant passer tous les jours gens vers la mer; ilz ont aussy recouvré quelque nombre d'Italiens qui ont passé par ces Pays-Bas et passent encor tous les jours à petites troupes, entre les quels on a veu un comte Palavicin, un autre dict Angelo Mariano Crémonois, et quelques autres de la famille des Trivulces; et peuvent estre ceux qui ont passé cent ou six vingt chevaux en tout. Quant aux gens de ce pays, l'on ne s'apperçoit poinct qu'ilz se remuent pour la sévérité que l'Empereur tient à quelques Espagnols qui s'estoient desrobez pour aller par delà, et qui ont esté ramenez de la frontière, ausquelz il ne veut faire autre grâce synon qu'on leur coupe le devant des pieds, et menez en gallère pour toute leur vie, et ce nonobstant les prières du prince son filz, pour les sauver. Toutes fois, ilz n'ont encore esté exécutez, encore que la sentence en ayt esté prononcée. Au demeurant, Sire, les ambassadeurs des villes maritimes qui sont icy pour la réconciliation de Breme, n'avoient esté oüys jusques au jour d'hier, et disent n'avoir eu autre réponce de l'Empereur, sinon qu'il leur feroit bientost entendre son intention, sans qu'il leur ayt touché aucune chose de la religion; aussy bien n'ont-ils charge que de parler de la rébellion des guerres passées; mais il est vraysemblable, Sire, que pour le moins on leur parlera de l'interim. En quoy ils n'ont aucun pouvoir de respondre chose qui doive estre agréable au dit seigneur.

« Je ne puis obmestre, Sire, que le duc Maurice s'estant apperçeu que ses subjetz murmuroient contre luy, comme présumans qu'il voulsist faire recevoir le dit interim, il a esté contraint, par lettres patentes, faire publier un escrit que j'ay veu, par lequel il se purge de ceste suspicion, disant qu'il ne veut rien innover de ce qui est introduict en la religion de ses églises; prians ses subjetz de cesser de le soubçonner pour ce regard : par où on infère que l'Empereur ne se doit plus attendre qu'aux quartiers de Saxe il puisse faire de son interim comme ès villes qui sont sur le Rheim ; lesquelles toutes fois n'ont encor faict chose qui soit selon son intention ; par où on juge qu'il est plus que nécessaire de venir à la détermination du concile comme au dernier remède.

« Sire, je supplie le Créateur, etc. « De Bruxelles, le dernier jour de novembre 1549. »

« Sire, pour autant qu'en cloant, hier au soir, ce paquet, une dame des plus prochaines qu'ayt la royne Léonore, dit qu'elle sçavoit de bon lieu que l'Empereur, soubz couleur de différer son partement jusques à jeudy, cinquiesme jour de ce mois, avoit proposé de demeurer encor huit ou dix jours en ceste ville, à cause qu'il appréhendoit la goutte, dont il avoit desja quelque sentiment, j'ay retardé ce paquet jusques à ce jourd'huy pour m'en enquérir plus avant, ne pouvant bonnement croire cela, veu l'asseurance que monsieur d'Arras m'avoit faict de son partement et aussy du mareschal des logis. Le payement de la maison de l'Empereur et autres apparences, jusques aux chariotz qu'on prend dans les villages pour le gros bagage, et que tous les agentz de villes ayant esté réunis à Spire, avoient desjà gaignés les devantz. »

La suivante n'est pas moins importante pour ce qu'elle contient :

« Sire, ceux qui pensoient que l'Empereur, ayant peu de volonté d'aller sy tost en Allemagne, avoit pris excuse de différer son partement, sur son indisposition, cognoissent maintenant que la nécessité le contrainct de demeurer ; car la goutte l'a saisy aux jointures des mains et des piedz, sy estroitement, qu'il ne se peut bouger. Il avoit néantmoins sy avant déclaré sa volonté d'aller en Allemagne, qu'il n'y avoit homme qui s'ozast présenter pour luy contredire, s'estant sy bien apresté et par son commandement ceux de sa suitte, qu'il ne restoit plus qu'à monter à cheval, et à présent on a fait dire que chacun eust à temporiser jusques à la feste des roy, sans toutes fois se desfaire de montures.

« Je ne puis obmestre, Sire, que le roy des Romains, qui se devoit trouver incontinant après Noël à Spire, a rescrit depuis peu qu'il estoit contrainct de séjourner encor vingt jours en Possidonie, où il a assemblé les Estats de Hongrie pour sçavoir sy le pays accordera les propositions de l'évesque Varadin, tuteur de l'héritier du desfunct roy Jean de Vayvode ; lequel voyant la longueur du voyage du Grand Seigneur, où on dit que les choses luy succèdent peu heureusement, voudroit de bonne heure composer ses affaires avec le dit Roy, en sorte qu'il peut vivre sans crainte d'estre envahy. Laquelle considération pourroit bien avoir meu l'Empereur de remettre son partement après les roys, joint que ledit seigneur s'en allant en Allemagne, pour les affaires de la religion, comme il dit, il n'y pourra beaucoup avancer sans sçavoir premièrement qui sera pape.

« Sire, les Anglois ont icy publié d'avoir renforcé Boulongne de gens et de vivre pour s'y maintenir long temps, par le moyen de quarente ou cinquante navires qu'ilz y ont faict entrer, qu'ilz ne doutent plus, à ce qu'ilz disent,.... la force de tout le monde ; ilz ne laissent pas de faire passer des Italiens de ces costez là mesme, comme j'ay appris, par vostre royaume et rapportent icy des nouvelles de vostre cour sy véritable, et de ce qu'ilz ont veu en vostre propre chambre, qu'il fault asseurément qu'ilz y ayent eu belle entrée. A quoy il seroit bon, Sire, de remédier et de les y laisser hanter sy privément sans bon adveu. On en voit sy peu par deça, qu'il semble que l'Empereur n'ayt rien en Italie, d'autant qu'ilz cognoissent bien qu'on les y observe de sy court, que sans rendre raison de ce qu'ilz y font, ils n'y pourroient estre les bien venus. Au demeurant, Sire, j'ay sçeu la vérité de ce que les ditz Anglois ont ordonné touchant leur religion, qui est, qu'ayans entendu comme la plus part du monde voyans que le protestant estoit pris, disoit que c'estoit à cause qu'il avoit innové en la religion, les gouverneurs ont faict publier par desclaration autentique, qu'on ne l'avoit pas mis là pour ce faict ains pour plusieurs autres causes de son administration ; et quant à la religion, qu'on eust à en tenir ce qui en avoit esté ordonné, jusques à ce que, par le parlement, il fût avisé s'il y avoit chose qui fust digne d'estre adjoustée ou diminuée à leurs décretz précédentz, et toutes fois en estime, Sire, qu'ils ne sont pour faire mieux ; car outre qu'ilz ont rappellé en leur conseil l'archevesque de Cantorbéry, qu'ilz en avoient chassé comme adhérant au protecteur, et lequel estoit principal moteur de ce nouveau mesnage, ilz carressent et donnent authorité, plus qu'ilz n'avoient encor faict, à ces docteurs venus d'Allemagne et d'Italie, comme Buccere et frère Bernardin, qui sont des plus violents qui ayent esté de ce temps à escrire contre la messe ; joinct que tant plus ilz changeront en la ditte relligion, et tant plus ils accroistront la confusion et donneront subjet au peuple de tumultuer. J'ay aussy entendu, par gens qui viennent d'Angleterre, ce qui a esté aussy confirmé par lettres de l'ambassadeur, que l'Empereur y tient que la crierie du peuple recommençoit sur le faict des parcz que les grandz voulloient entretenir obstinément, ce qui causoit la cherté des vivres. Le nonce du pape adjouste à ces nouvelles, que deux personnages du pays de Cornuailles sont venus pour le prier de persuader au cardinal Pol de retourner au pays, luy promettant de la part des dits de Cornuaille et de Galles, que chacun prandroit les armes pour le faire roy, et luy feroient espouser madame Marie, princesse catholique, par où, sans grande difficulté, il viendroit à bout de ses ennemis, et restitueroit l'usage de la messe qu'ilz ont ostée; car il est sans doute, Sire, qu'on a estimé tousjours la maison de Pol des plus prochaines de la couronne d'Angleterre, dont mal en prit à tous ceux que le feu roy Henry en trouva par delà, lesquels il fit tous mourir jusques à la mère du dit cardinal, qui estoit aagée de 90 ans et davantage. Le peuple a esté tousjours plus enclin à madame Marie du temps que l'Angleterre estoit obéissante à l'Église, que à autres enfans de leur deffunct roy, pour estre nez des femmes suspectes ou bien qu'elles ne furent jamais couronnées, comme la mère du Roy d'à présent. »

Lettre de Monsieur d'Urfey, ambassadeur de France à Rome, où il advertit le Roy de l'entrée des cardinaux au conclave, de ce qu'il a faict et est à faire promptement pour le service de Sa Majesté; coppie de laquelle lettre, comme des autres, fut envoyée au duc d'Aumale.

« Sire, pour vous donner ample advis du succez de ce conclave, messieurs les cardinaux y entrèrent, vendredy 29 du mois passé, en délibération de sur l'heure faire un pape, comme fut faict de dernier; toutes fois, j'ay pourveu aux choses avec dilligence trop longues à escrire, de sorte que je les ay faict temporiser jusques aujourd'hui mercredy 4 de ce mois, lequel jour, de grand matin, ay esté adverty que le cardinal d'Angleterre avoit toute la part Farnèze, et certains autres, jusques au nombre de vingt deux voix, de vingt huit qu'il fault pour estre pape.

« Outre ce, j'ay sceu qu'ilz dilligenteroient à faire ceste élection, et que ceux de vostre part estoient trop foibles pour y résister, attendu que nul n'est venu de messieurs vos cardinaux françois, et n'avez icy que les trois accoustumez, asscavoir : Meudon, Armagnac et Lenoncourt, lesquelz m'ont adverty que sy je n'usois de quelque stratagème, les choses s'en alloient despeschez. Sur l'heure, je suis allé à la porte du conclave, et parlant au maistre des cérémonies qui est au dedans, je luy ay dit pour faire entendre à messieurs les cardinaux, que j'avois nouvelles que ceux de France s'estoient embarquez à Marseille, avoient couru fortune jusques à l'isle de Corsègne, duquel lieu ilz avoient hazardé un brigantin, pour me donner advis qu'ilz ont esté arrestez au dit Corsègne, en partie par le mauvais temps et en partie de ceux du pays, pour sçavoir quelz gens ilz estoient et où ilz alloient; mais qu'ilz espéroient estre icy à la fin de ceste semaine, et pour cela je priois affectueusement messieurs du conclave n'advancer ceste élection jusques au dict temps; et qu'au cas qu'ilz me voulussent dénier ceste juste demande et frustrer vos cardinaux de leurs voix, je protestois de vostre part, selon le pouvoir que m'en aviez donné, de nullité de tout ce qu'ilz feroient et de non approuver leur élection. Et pour ce en ay appellé à tesmoings quatre évesques, estant à la garde du dict conclave. Le maistre des cérémonies m'a faict responce qu'il l'alloit faire entendre à messieurs les cardinaux députez, qui sont six ; ce qu'il a faict; et m'est venu faire responce de leur part qu'iceux en parleroient à tout le conclave, et qu'après ilz me feroient entendre leur volonté. Ce qu'attendant je vous diray, Sire, que je n'ay aucune nouvelle de vos dits cardinaux depuis l'arrivée du Boiteux, qui les laissa à Moulins; lequel me dist qu'ilz avoient délibéré de venir par mer; depuis, le temps a esté sy contraire, qu'ilz n'ont peu venir ny aucunement m'advertir de leur voyage, qui me met en la payne que Vostre Majesté peut croire. Et ce qui m'a faict user de la protestation susdite ont esté deux occasions : l'une que j'estois adverty que le cardinal Farnèze avoit recherché le cardinal d'Angleterre pour le faire pape, pour une sûreté qu'il avoit de luy, en cas qu'il le fût, de rendre Parme à son frère Octavio, usant en cela de son scrupule accoustumé, approuvant le dict duc Octavio pour héritier et vray successeur de Parme, attendu que l'Église en avoit pris récompense du duché de Camerin; le dict Farnèze a choisy celluy-là pour celuy qui luy a semblé le plus simple, et à qui plus aysément il persuaderoit sa volonté; et au default de luy met en avant Sfondiat. Voilà l'une des raisons qui m'ont faict protester; et l'autre, qui est la principale, c'est que vostre plaisir a esté de me le commander et depuis escrire par le dict Boiteux que j'eusse à le faire en cas qu'on ne voulsist attendre messieurs vos cardinaux, attendu qu'ilz estoient partys de France. Et me semble, en cela, avoir suivy vostre intention, suivant les occasions qui se présentent, et ne puis, Sire, penser ce qui a donné ceste volonté à Farnèze,

2.

sinon la cause que je vous ay escrit par Hérouet, touchant Salviati, de la quelle j'avois donné ample advis à monsieur le cardinal de Ferrare, combien que je croye qu'il s'en sera aquitté sagement. Au surplus, Sire, vous avez esté adverty, par ma lettre du 13 du mois passé, comme par le moyen de voz ministres, la force de Rome avoit esté mise entre les mains du duc Horatio, qui depuis a appelé Alexandre Vitelle et plusieurs autres aussy bons Impériaux pour ses lieutenantz, de sorte que, pour ceste heure, je ne pense pas qu'il commande chose contre l'Empereur, s'il s'y faisoit icy quelque entreprise, ce qui a tousjours esté à craindre. Que sy messieurs vos cardinaux François fussent arrivez, il eût peu craindre d'estre le plus foible en conclave et eût voulu se fortiffier dehors; mais voyant qu'ilz ne sont pas venus, il estime sa part au dict conclave la plus forte, estant jusques ici unye à celle de Farnèze; tant y a que sy ma protestation a eu lieu et que j'aye arresté ceste première furie, j'espère, avec l'ayde de Dieu, de désunir ceste assemblée. Et pour ce qu'il me semble, Sire, que la protestation que j'avois faicte à la personne du maistre des cérémonies n'estoit pas assez autentique à mon gré, deux heures après, je suis retourné, et ay faict en sorte que les six cardinaux députez sont venus parler à moy à la porte, asçavoir : Trany, Carpy, Lacoyve, Saint-Flour, Farnèze et Ferrare; en la présence desquelz j'ay encore faict entendre la prompte arrivée de mes ditz sieurs vos cardinaux et ay prié tout le collége de les attendre pour toute ceste semaine, et en desfault qu'ilz ne le voulsissent faire, je protestois de par vous de nullité de tout ce qu'ilz feroient. Ilz ont voulu veoir mon pouvoir, je l'ay mis entre les mains de Trany et m'ont dict qu'ilz le communiqueroient à tout le conclave, ensemble, ce que je leur avois dict, et qu'après ilz me feroient responce. Ce que je crois qu'ilz feront, parce qu'ilz veullent faire le dit d'Angleterre pape; lequel, comme j'ay entendu en escrivant la présente, est augmenté de trois voix, qui sont vingt cinq, ne luy en restant plus qu'autres trois pour les vingt huit qui sont nécessaires. Toutes fois mes protestations et stratagèmes sont cause que la chose ne soit sy tost résolue, vous asseurant, Sire, que je n'ay oublié en ce faict toutes les feintes et cautelles qui se peuvent aprandre en ce pays, dont je me suis aydé au lieu de la force, qui, pour ceste heure, n'est pour moy; tant y a que mes dilligences n'ont esté sy vaynes que je n'aye faict différer la ditte élection six jours entiers, attendu que ce jourd'huy est le huitiesme qu'ilz sont en conclave et en délibération de faire un pape le deuxiesme jour, lequel encor n'est conclu; et feray tousjours le mieux que je pourray pour différer. Ce qu'à l'advenir me sera fort difficil, parce qu'on m'a faict responce, que soubs ma parolle, on avoit attendu messieurs les cardinaux françois vingt neuf jours après la mort du pape, et qu'il n'est plus possible de différer; et quant à la proteste que j'ay faicte, que vous estiez prince de nom et d'effet chrestien, que vous aviez tousjours acceptable ce qui se fera avec fondement et raison, et que leur élection sera tant sincère et juste, que vous, comme principal filz de l'Église, ny prince de la chestienté, n'aura occasion de s'en douloir. Sire, tous ces propos montrent que le conclave ne peut plus attendre; je ne laisseray toutes fois pour cela de suivre ma pointe, par le moyen que j'ay trouvé d'entendre tous les jours seurement ce qui se fait au conclave, et supplie très humblement Vostre Majesté s'asseurer qu'il ne tiendra à mes dilligences que je ne vous fasse quelque bon service. Sire, en achevant ceste présente, Lagarde est arrivé qui m'a apporté les lettres qu'il vous a pleu m'escrire, lesquelles contiennent croyance de deux articles, l'un de ne m'advancer à baiser les pieds du pape, s'il est autre que je le désire, avant avoir sceu vostre intention, ce que je trouve très raisonnable; et je suis de ceste opinion que moins vous chercherez les papes et plus tost vous les trouverez; car je ne puis comprendre que vostre ayde ne leur soit plus nécessaire que la leur à vous; et quant à l'autre article de la créance de Lagarde concernant les lieux où il a passé en venant icy, je vous en donneray ample advis par ma première despeche. Cependant, je prie Dieu, etc.

« De Rome, ce septiesme jour de décembre 1549.

« Les dix-huit cardinaux qui sont bandez contre le cardinal d'Angleterre, sont : Trany, Salviati, Théatin, Vérulam, Burgos, Lenoncourt, Meudon, Armagnac, Moion, Cibo, Ridolphi, Pizan, Gaddi, Mantou, Ferrare, Saint-George, Crispo et Vibin. »

Lettres du sieur du Thiers au duc d'Aumale, du 10 décembre, touchant ledit conclave.

« Monseigneur, tout présentement nous est arrivé un courrier venant de Rome, avec un paquet pour vous, que je vous envoye. Et pour ce que toute la despesche est en chiffre, qui ne sçauroit estre deschiffrée d'un bon jour, je ne vous puis mander ce qu'elle contient, sinon que les choses sont en très grand silence à Rome depuis la mort du pape : et soubz les forces de l'Église en la conduitte de deux chevaliers de l'ordre du Roy. Les Impériaux briguent pour Carpi, Salviati et Burgos; nous faisons ce que nous pouvons de nostre costé, et ne s'estoit jamais tant déclaré bon françois le cardinal Farnèze qu'il fit, le 28 de ce mois, venant trouver monsieur d'Urfey, auquel il asseura de se ranger de la part du Roy avec seize voix qu'il a toutes à sa dévotion, qu'est la plus grande partie du collége. Messeigneurs les cardinaux de Guyse, de Vendosme, Du Belley et Chastillon estoient arrivez à Civita Vechia, le dernier jour du mois passé; ils seront assez à temps au conclave. Les autres plus pezans les suivront de bien prèz, qu'est tout ce que vous sçaurois dire, sinon l'extreme mal de gouttes qui est venu assaillir l'Empereur; lequel est réduit au mesme estat qu'il estoit l'année passée, comme nous a redoublé l'ambassadeur Marillac.

Je prie à Dieu, monseigneur, etc.

« De Paris le 10 décembre 1549.

Vostre très-humble et très-obéissant serviteur,

Du Thiers. »

Et au dos : *A monseigneur, monseigneur le duc d'Aumale, pair de France.*

Ceste lettre fut envoyée au duc d'Aumale, en Picardie, avec les ordres du Roy que Sa Majesté luy avoit faict donner par escrit et signez de sa main pour faire toutes les choses qui estoient nécessaires pour son service en ceste province, et particulièrement pour le siége de Boulongne.

Mémoire à monseigneur le duc d'Aumale des choses que le Roy luy a ordonné faire au pays de Boulonnois, où il l'envoye présentement.

ET PREMIÈREMENT :

« Estant monsieur le duc d'Aumale arrivé au dict pays, verra toutes les forces que le dit seigneur y a ès environs de Boulogne, tant lansquenetz que gens de pied françois, et les lieux où ilz sont logez et départis ; et s'il voit qu'il y en ayt de plus propres commodes et advantageux pour incommoder davantage la dicte ville de Boulogne, et empescher de plus en plus le peu de commodité qu'elle peut avoir du dehors, aussy pour faire teste à l'ennemy s'il se mettoit en campagne pour venir secourir la ditte ville, mon dit seigneur le duc d'Aumale fera desloger les ditz lansquenetz et gens de pied pour les y loger, avec tout l'avantage qui se pourra. Et pour ce qu'il y a long temps que le Roy a pourveu pour faire maisonner les gallères qu'il veut estre mises à fondz au port de Boullogne, pour estre le moyen principale que l'ennemy ayt de secourir et envitailler la ditte ville, mon dit sieur d'Aumale verra en quel estat sont les gallères. Et sy elles sont prestes, ainsy que le sieur de Villegagnon l'a faict sçavoir, il advisera les moyens d'en faire promptement l'exécution; pour lequel effet le lieutenant du vicomte de Dieppe a mandé avoir envoyé les trois batteaux dont luy avoit esté escrit.

« Et affin que mon dit seigneur d'Aumale entende plus particulièrement quelles forces de gendarmerie il y a en Picardie, il luy est donné un mémoire des compagnies qui ont esté ordonnées pour y tenir garnison, et desquelles le Roy a ordonné estre faict monstre, le douziesme du mois de janvier prochain; et néantmoins affin d'avoir plus de forces prestes, a commandé que les compagnies de monseigneur le Daulphin, de monsieur de La Rochepot, du mareschal de Biez, et des sieurs de Créquy et Langey, fassent monstre, le 12 de ce mois ; auquel jour il les fera payer comme toutes les autres compagnies, à raison de quatre cent livres par an, qui est cent livres par quartier. En quoy faisant, le dit seigneur entend qu'ilz vivent sans prandre aucune contribution, ny faire autre foulle ny exaction sur le pauvre peuple, mais acheptent ce qu'il leur faudra au marché de gré à gré ; des quelles cinq compagnies monsieur d'Aumale s'aydera et les approchera et départira aux lieux et ainsy qu'il trouvera bon, et s'il est besoing les renforcer davantage fera approcher tel nombre de compagnie qu'il verra nécessaire.

« Départira les chevaux légers que le dict seigneur a au dict pays, aux lieux les plus importans pour en tirer le service tel que mérite le bon traictement que le Roi leur faict, leur ayant augmenté leur solde jusques à cinquante livres par quartier, dont mesme il leur faut faire advance.

« Advisera mon dit sieur d'Aumale, avec messieurs de La Rochepot et de Chastillon et autres cappitaines et gens de bien qui sont par delà, tous les moyens que pourront servir pour offencer et endommager l'ennemy et retenir en seureté les fortz que le dit seigneur a au dit pays.

« Et affin que sy la nécessité des affaires requéroit faire levée de plus grandes forces que celles que le dit seigneur a de présent au dit pays, on en soit promptement secouru, le dit seigneur mande aux cappitaines des légionaires du pays de Picardie et Normandie, contenus au mémoire qui en est semblablement donné à mon dit sieur le duc d'Aumale, qu'ils s'asseurent de leurs gens jusques au nombre de quatre mil hommes, affin de les mettre sus, sy tost qu'on leur fera sçavoir. Tellement que sy mon dit sieur d'Aumale voit qu'il soit besoing de faire lever, leur fera sçavoir pour y satisfaire incontinant.

« Verra en quel estat sont les fortz du dit pays de Boulenois, quelz vivres il y a en chacun d'iceux, et signamment dedans Ambleteuil, quelle dilligence faict Montpelle pour y en faire mener, quelles réparations ont esté faictes ès dicts fortz, depuis le partement du Roy du dit pays jusques à présent, et semblablement en quel estat est la basse ville d'Ardies, affin que le Roy, ayant ouy le rapport que luy en sera faict, il y fasse pourvoir.

« Sçaura de Salude quel ordre il a donné pour faire l'amas et provision de vivres qu'il est tenu fournir par son marchez, tant pour la nouriture et entretènement des forces du Roy, que pour l'envitaillement des places dont il a la charge, et lui fera entendre combien il est nécessaire qu'il y satisfasse, et le dommage qui s'en pourroit en suivre aux affaires du Roy, s'il y trouvoit faulte ou retardement.

« Passant par les villes de Picardie, sçaura particulièrement des maires et eschevins d'icelles quelle quantité de farines et vins ilz pourront fournir pour la nouriture du camp que le Roy mettra sus en Boulenois, l'esté prochain, et jusques à quelz lieux ils pourront faire conduire leurs munitions.

« Et pour ce que le dit seigneur a cydevant escrit au mayeur et eschevins de la ville d'Amyens, de faire mettre en farine jusques à cent muidz de bled, et à ceux d'Abeviller cinquante, pour le secours de ses fortz de Boullenois, mon dit sieur d'Aumale passant par les dites villes, sçaura d'eux quelle dilligence ilz y ont faicte, quelle quantité des dites farines ils ont ja fourny et livré, èz mains de qui, et ce qu'il en reste à fournir pour y satisfaire incontinant. Et généralement advisera le dit duc d'Aumale sur toutes choses qu'il cognoistra concerner le bien et advantage du service du Roy et la seureté de ses places et de ses forces qu'il a par delà, selon l'entière et parfaicte science que le dit seigneur a en luy.

« Davantage, fera venir par devers luy La Fontaine pour entendre de luy ce qu'il a faict en l'exécution de la comission qui luy a esté baillée pour le faict des vivres, et ordonnera aux munitionnaires des places qu'ilz gardent l'ordre à fournir et tenir plains leurs magasins ainsy qu'ilz ont promis au Roy.

« Faict à Saint-Germain-en-Laye, l dixiesme jour de décembre l'an 1549.

« Sy mon dict sieur d'Aumale a quelque moyen de retirer des Italiens et autres estrangers qui sont dedans Boulogne, il le fera, et en retirera au service du Roy le plus qu'il poura.

« Signé, HENRY, et plus bas, BOURDIN. »

Le duc d'Aumale partit de la cour avec les ordres cy-dessus, et s'estant rendu en peu d'heures au camp devant Boulogne, et ayant veu la disposition du siége et du logement des trouppes du Roy, y remarqua certaines choses à faire, sur lesquelles, néantmoins, il voulut avoir l'advis des principaux capitaines de l'armée et le faire porter au Roy pour y ordonner. Voicy la résolution qui fut signée de tous ceux de l'assemblée:

« Les cappitaines cy-dessoubz signez sont d'avis que le comte Rhingrave avec les bandes doit encor demeurer au camp du collonnel Ludovic, leurs troupes tousjours ensemblé, jusques à ce qu'on voye quelz autres préparatifs les ennemis feront, ou que le Roy ayt déclaré son vouloir et intention sur ce que le sieur d'Estrées luy fera entendre de la commodité du dit camp, auquel toutes fois ilz ne sont d'advis qu'ilz demeurent davantage, s'il ne plaist au dit seigneur déclarer sy son intention est de voulloir faire ses forces sy gaillardes que sy les ennemis marchent on les puisse combattre avec l'avantage que peuvent prendre gens de guerre; et là où il ne voudroit mettre autres forces que celles des dits lansquenet, semble aus dits cappitaines avoir veu un logement en la montagne près le Mont-Lambert qui leur sera advantageux, ainsy que le dit sieur d'Estrée luy déclarera plus amplement par le menu; et en attendant sa responce, on fera devoir de mettre, dedans Ambleteuil, le plus de vivres que se pourront recouvrir avec les mulets et chevaux qui sont icy.

« Faict au fort de Boulogne, le mercredy unziesme jour de décembre 1549.

« Signé, FRANÇOIS DE LORRAINE, CLAUDE DE LORRAINE, PHILIPPE RHINGRAF, COULLIGNY, CRÉQUY, F. DE COULLIGNY, SENARPONT, ROUAULT, MARTIN DU BELLEY, D'ESTRÉES, SIPIERRE, RUBODANGES, DE BROLLY, PRELONG. »

L'unziesme décembre, M. d'Urfey continue à donner advis au Roy de ce qui se passe au conclave, dont coppie est envoyée au duc d'Aumale.

« Sire, vous entendrez par la créance que j'ay commandé à Boucher vous dire, l'occasion qui m'a faict le vous envoyer, et espère que Vostre Majesté la trouvera de bonne importance, et que la chose venant à effect, ce sera le bien de vostre service et pour cela ne se doibt escrire. J'en laisseray le propos pour vous dire, Sire, que depuis la despesche que je vous ay faicte du sixiesme jour de ce mois, messieurs vos cardinaux françois ordinaires, ensemble ceux qui tiennent vostre party, ont tellement combattu, avec l'ayde que je leur ay faict par le dehors, que par la grace de nostre seigneur on a empesché l'élection du pape jusques aujourd'huy, qui est le douziesme jour qu'ilz sont au conclave; qui est une chose, Sire, sy merveilleuse d'avoir tant résisté, que l'on n'en doit donner louange qu'à Dieu seul : car il estoit quasy incroyable que nous le peussions faire, veu la force de nos parties, malgré lesquelles j'espère que messeigneurs vos cardinaux françois seront attendus : car j'ay moyen de sçavoir du conclave ce qui s'y faict, et d'y faire entendre ce que je veux, dont je me suis grandement prévalu, car j'ay usé de toutes les feintes que furent oncques en Espagne, et sy diverses que quand ilz en avoient descouvert une j'en trouvois une autre, et en ceste manière on a temporisé jusques icy, vous advertissant, Sire, que le cardinal d'Angleterre n'est pas en sy grand prédicament qu'il a esté cy-devant, car il a diminué de trois voix. Les Impériaux présentent maintiennent Burgos, lequel en a dix-sept. Aucuns ont mis en avant le cardinal de Sainte-Croix, *et ne s'est trouvé difficulté en luy, sinon qu'il estoit trop homme de bien pour estre pape*, et aussy que dom Diego a déclaré que l'Empereur approuveroit celluy de la compagnie que l'on voudroit faire pape, excepté Sainte-Croix ; parce qu'il s'estoit tousjours déclaré son ennemy : ce qui me faict croire qu'à grande peyne il pourra parvenir à la papauté. Quant à moy, je l'ay pratiqué quatre ans tant à Trente, Boulogne, qu'icy, mais je n'ay jamais veu à mon gré un plus sage prélat, ny plus enclin à son devoir ; et crois que s'il estoit pape, Dieu l'y auroit appelé pour le bien universel de la chrestienté. Toutes fois, on dit que d'un bon moyne on peut faire un mauvais abbé, et que semblablement on pourroit doubter que Sa Sainteté ne le fist changer. Au surplus, Sire, on n'a encor mis en jeu ceux que Vostre Majesté prétend : car, jusques icy, nous n'avons faict que réparer, n'ayant eu le pouvoir d'assaillir ; mais sy messieurs voz cardinaux peuvent arriver, nous aurons voix en chappitre comme les autres, et supplie très humblement Vostre Majesté s'asseurer qu'il ne tiendra à toutes les dilligences que les hommes puissent faire que vous ne soyez bien servy, et ne veux oublier le devoir qu'a faict M. le cardinal de Ferrare et vos trois cardinaux françois : car ilz ont combatu sy vivement, que tout Rome s'en esbahit. Il y a eu deux cardinaux italiens, qui, entre les autres, ont faict tant de déclarations pour vous que je ne le dois céler : c'est Sermonette et Crispers ; ces deux ont levé le masque et jetté toute crainte en arrière, et ont, disent-ils, faict ce qu'un homme pouvoit faire, et particulièrement le cardinal Crispers, qui, avec audace et grandeur, en plain conclave, a remonstré à Farnèze ses fautes sy roidement, que devant tous il luy a faict changer de couleur ; et se souvient encor de son premier mestier de soldat qu'il a faict autre fois très vaillant, et parle encor plus en homme de guerre qu'en homme d'église : car quand quelque cardinal luy promet quelque chose, il luy dit : « Monsieur le révérendissime, pensez à ce que vous me dittes, car sy j'y trouve fault, je vous nommeray meschant et menteur en la meilleure compagnie que je vous trouveray. » Voilà le stile de ce bon prélat et dont il use maintenant pour vostre service au conclave ; et outre ce, il a très bon jugement, et vous asseure, Sire, qu'il y est bien aymé et estimé de tous ses campagnons, desquelz il est le plus pauvre ; et me semble que quand vostre plaisir sera luy faire quelque bien, qu'il acquerra icy un serviteur fidelle et aussy affectionné que nul autre de sa nation ; et que cependant il sera à propos que vostre plaisir soit luy en escrire et au dict Sermonette une lettre de contentement. Voilà, Sire, l'estat du conclave jusques à maintenant.

« Reste à vous dire que tous les jours les Coullonnois et Impériaux, qui sont en ceste ville, se fortifient de gens, de sorte qu'à la fille ils y en entrent pour eux, et y entra mesme hier, tout d'un coup, quatre cens Espagnols envoyez par le vice roy de Naples, dont j'ay adverty par plusieurs fois le duc Horace, et qu'il estoit en chemin de recevoir la plus roide honte qu'il receut jamais : car s'il laisse grossir ceste masse, ilz luy rompront la teste ; mais je ne trouve response en luy dont je me puisse prévaloir, car Alexandre Vitelle et Julles Ursin avec leurs adhérans, le tiennent attaché, de sorte qu'il ne peut rien conclure sans eux : qu'est tout ce qui se présente, Sire, digne de vous escrire, etc.

« De Rome, l'unzième jour de décembre 1549. »

« Sire, depuis ma lettre escrite, j'ay eu nouvelle que messieurs les cardinaux de Vendosme, Guyse, Chastillon et Du Belley ont pour le certain pris port à Livourne et sont en bonne santé, et espère, Dieu aydant, qu'ilz pourront arriver demain au soir icy ou vendredy au plus tard. Je vous laisse penser, Sire, quel repos ceste nouvelle m'aporte, car j'ay esté en bien grande peyne et doute de leur perte, à quoy Nostre Seigneur a prouveu. J'estime tant de son ayde qu'il validera nos dilligences pour vostre service. »

Avis d'un banquier italien à monsieur le duc d'Aumale du passage du cardinal de Guyse son frère par Lyon, et des offres d'argent que luy ont esté faictes pour les affaires du Roy à Rome.

« Monseigneur, depuis que j'entendis les nouvelles de la mort du pape, je connus très bien que les pratiques du poste que je menois à Lyon estoient du tout achevées, et que je ne servois de rien là ny au Roy ny à monsieur le cardinal mon maistre. Toutesfois j'ay voulu demeurer jusques à tant que monsieur le cardinal de Guyse y arriva, pour s'en aller à Rome, pour luy communiquer quelque mienne opinion sur le faict de la nouvelle élection du pape, et aussi pour le faire servir d'argent, tant pour le service du Roy que pour le sien particulier, cognoissant qu'en ces urgentes affaires, il estoit besoing faire quelque bonne provision de deniers à Rome, et avois trouvé de mes amys à Lyon qui s'offroient d'y faire payer cinquante mil escus, outre les vingt cinq mil que y fis payer à Albisse d'Elbene. Sur les nouvelles de la mort du pape, mondit sieur cardinal de Guyse arriva à Lyon, et du premier propos fut bien aise d'avoir entendu ce que je luy en dis; et du second, me remercia disant qu'il n'estoit jà besoing de faire autre provision que celle d'Albisse d'Elbene, pour ce que monseigneur le duc de Ferrare luy avoit faict offre de cent mil escus, s'il en avoit affaire, et aussy monsieur de Cahors et Robert Strossy avoient presté quelque somme d'argent au Roy : tellement qu'il luy sembloit avoir suffisante provision de deniers. Et là dessus, je pris congé de luy et m'en suis venu à la cour de beau pas, où je suis marry de ne vous y avoir poinct trouvé, pour ce que j'ay entendu qu'il a esté faict aucun discours au Roy non pas à l'advantage de monsieur le cardinal mon maistre, et sans vous ne puis bien entendre que c'est; quoy qu'il en soit, c'est chose qui ne vault rien et plaine de passion ; sy vostre retour à la cour ne sera bien tost, je vous supplie très humblement me vouiloir donner un petit de lumière de tout cela, s'il vous semble qu'il puisse servir de quelque chose à mon dit sieur le cardinal mon maistre, affin que je puisse remédier en ce qui sera en la puissance de mon petit entendement, priant le Créateur, etc.

« Donné à Melun, ce 13 décembre 1549.

« Vostre très-humble et obéissant serviteur.

« Gio. Lanfredini. »

Le dix-septième du dit mois, Jean, cardinal de Lorraine, et celluy de qui on avoit parlé en mauvaise part au Roy, s'en allant à Rome et estant arrivé à Gennes, escrit au duc d'Aumale, son nepveu, l'incommodité qu'il a souffert sur mer, et la route qu'il prend pour achever son voyage.

« Monsieur mon neveu, estant venu de Lyon à Marseille en bien bonne disposition, comme aurez entendu plus au long par ma dernière, escrite du dit lieu, j'ay de là pris la voye de la mer, où en pareille santé ay tant vogué jour et nuict, suis arrivé en cette ville de Gennes, et vous asseure monsieur mon neveu, que ce n'a esté sans grande peyne et résistance des ventz et de la mer, dont la tormente a esté sy grande qu'ay esté contrainct faire et deux et trois fois le mesme chemin ; qui est la cause que ne voyant apparence de tranquillité, au jugement de ceux qui s'y entendent et sont du mestier, j'ay délibéré d'achever, par terre, mon voyage, en plus certaine diligence que je ne me puis asseurer faire par mer, mestant l'exécution du commandement du Roy sy avant en recommandation, que, pour icelluy accomplir, je n'entendz espargner ma personne ny ma vie. Je mène avec moi monsieur le cardinal d'Amboise, laissant monsieur le cardinal de Boulogne, lequel pour son indisposition fera le reste par mer, accompagné de nos trois gallères. Voilà ce que pour le présent je vous puis escrire, attendant d'estre au lieu d'où je ne faudray vous escrire de tout ce qui surviendra. Cependant, monsieur mon neveu, supliray le Créateur, etc.

« A Gennes, le 17 décembre 1549.

« Vostre bon oncle et parfaict amy,

« Le cardinal de Lorraine. »

Et au doz : *A monsieur mon neveu monsieur d'Aumale.*

Le 18 décembre, le sieur du Thiers escrit au dit duc, au subjet d'un combat qui se devoit faire entre les sieurs de Linières et Spinola :

« Monseigneur, monsieur le mareschal de Saint-André avoit esté d'advis que l'on vous adressât la patente pour la permission du combat et octroy de camp des capitaines Linières et Spinola, ce qu'il me semble devoir estre faict et l'avoir ainsy conclud avec monsieur le connestable qui le trouvoit fort bon ; toutes fois, après avoir considéré les mesmes causes que vous avez touché par vostre lettre, c'est assavoir : que pour la conservation de l'honneur du dit Lygnières, qui depuis sa venue devers le Roy à Paris a escrit à Spinola, tant pour l'acceptation dudit combat que pour l'accord des armes, sans toutes fois avoir pris mais oublié la patente sur ce nécessaire, qui doit authoriser le tout et contenir permission de bailler et octroyer camp sûr et libre aux combattans ; il estoit nécessaire que le dit Lignières se trouvast garny de la dite patente, laquelle ne se trouveroit recevable, mais du tout faulce sy elle n'estoit dattée du temps que le dit Lignières vint parler au Roy à Paris, où vous, Monseigneur, estiez, au moyen de quoy elle ne vous peut estre adressée : car il faudroit que vous fussiez esté pour lors en Picardie. A ceste cause on a advisé d'en faire l'adresse pour ce temps-là à monsieur de Chastillon, vous suppliant croire, Monseigneur, que je ne voudrois pour mourir que Dieu m'eût tant oublié que par mes amys il fût passé chose que vous puissiez aucunement trouver mauvaise, ayant mis et constitué en vous l'un de mes principaux fondemens de ma conservation, pour vous obéyr et servir toute ma vie, et prie Dieu, etc.

« Escrit à Fontainebleau, le 18 jours de décembre 1549.

Vostre très humble et obéissant serviteur,
« Du Thiers. »

Et au dos : *A monsegneur monseigneur le duc d'Aumale.*

Ceste lettre fut suivie d'une autre du dit Du Thiers, du 20, faisant mention des nouvelles du conclave, que monsieur d'Urfey avoit envoyé au Roy et dont coppie avoit esté envoyée au dict sieur duc.

« Monsieur, je ne vous sçaurois rendre meilleur compte de ce que présentement nous avons reçeu de Rome, que de vous envoyer le double des lettres mesmes de M. Durfey au Roy, où vous verrez, s'il vous plaist, comme toutes choses sont passées depuis les lettres du 6, dont pareillement vous avez veu le double. Boucher, qui a apporté ce paquet, a asseuré le Roy d'avoir trouvé M. le cardinal de Guyse et sa troupe vers Monterose et Baccan, à sept lieues de Rome, où il les accompagna. Et incontinant qu'ilz furent arrivez, ils furent enfermez au conclave : M. le cardinal de Tournon arriva le lendemain. Et le 13 de ce mois, MM. les cardinaux de Lorraine, d'Amboise et de Boulogne, s'embarquèrent avec fort bon vent à Marseille, qui a tousjours duré; au moyen de quoy on estime que quatre jours après ils seront arrivez à Ostie ou Livourne, où M. le cardinal de Guyse descendit avec les trois autres de sa trouppe. Les fortunes et dangers qu'ilz ont couru sur la mer, depuis Marseille jusques au dit Livourne, sont suffisants pour faire une seconde Odicée, telle que fit Homère pour les.... (adventures) (1) d'Ullisse. La gallère où estoit mon dit sieur le cardinal de Guyse, donna trois fois à terre et sur les sables avant que d'entrer au dit Livourne ; de sorte que tout le monde qui y estoit se confessa aux matz, ainsy que vous pourra dire mon dit sieur le cardinal à la première veue, et ne peut-on oster de l'esprit du Roy qu'il n'ayt eu grande peur, pour le moins luy fera-il bien acroire lors qu'il le verra ainsy qu'il dit, et ne faudra à vous en parler à vostre retour.

(1) Ce mot est resté en blanc dans le manuscrit.

« M. d'Urfey parle d'une pratique pour quelque place importante et port de mer de l'Eglise, qui est en nostre disposition, sy nous y voulons entendre. C'est le lieu où nos cardinaux doibvent premièrement descendre; le Roy a bien fort libéralement entendu ce qu'on luy en a dit; mais il n'en a rien résolu. Vous serez adverty de ce qu'il en fera.

« De Fontainebleau, le 20 décembre 1549.

« Vostre très humble le très obéissant serviteur, « Du Thiers. »

« Et au dos : *A monseigneur, monseigneur le duc d'Aumale.* »

Le 22, M. de Marillac escrit en peu de motz au Roy, l'estat de la santé de l'Empereur et des affaires d'Allemagne.

« Sire, il y a cinq ou six jours que l'Empereur se trouvant aucunement allégé de ses gouttes, il ne tenoit autres propos que de partir le deux ou troisiesme jour après Noël, pour aller faire les Roys à Collogne, jusques à dire qu'il monstreroit par effet à ceux qui disoient qu'il ne pourroit aller en Allemagne, qu'il en feroit tout autrement : et de faict, estoit prest de se faire porter en litière, ayant demandé celle de la royne Léonore, comme la mieux équipée de muletz ; mais les douleurs de sa maladie l'ont repris dès hier matin et le tourmentent sy misérablement, qu'il est plus question de pourvoir à sa guerison que de se mettre en chemin, le mal s'estant arresté aux espaulles et montant jusques à la nuque, qu'on dit estre un mauvais signe, les médecins voyans ses recheutes sy fréquentes en doubtent fort ; de sorte qu'on estime que sans ayde particulier de Dieu, où il y a plus d'espérance qu'aux remèdes humains, le dit seigneur pourroit suivre bien tost le feu pape Paul ; et ne puis obmettre, Sire, que devant ceste dernière recheute, qui est la troisiesme depuis trois mois, ença les plus privez et domestiques du dit seigneur s'esmerveilloient grandement et s'estonnoient fort de ce que, contre sa coustume, il estoit devenu sy difficil et mal traictable, qu'on ne pouvoit tirer de luy une seulle parolle gracieuse ; mais on a cognu depuis qu'outre la disposition des humeurs, il estoit d'ailleurs desplaisant et marry de ce que les affaires ne luy succédoient pas comme il desiroit. Car du costé d'Allemagne, le roy des Romains recule le plus qu'il peut, mettant en longueur les Diettes qu'il tient en Hongrie, qu'il dit estre nécessaire à la seureté de ses terres, pour avoir occasion de s'excuser en ce qu'il ne se pourroit trouver là par où le dit seigneur, son frère, seroit, de peur qu'on ne le recherche encor à se départir de la succession de l'Empire. D'ailleurs les Estatz de l'Empire ayant entendu la mort du pape demandent le concile, disans que la sayon n'y sçauroit estre plus propre d'autant que, vacant le sainct siége, il n'y a personne qui y donne aucun empeschement. Ce qu'ilz font, Sire, en intention de montrer que comme on les veut contraindre à l'interim en attendant un concile qu'on est tenu de leur accorder, maintenant le requérans, ilz puissent avoir cause de s'exempter du dit interim, et dire qu'il n'aura tenu qu'à luy qu'ils n'ayent eu le concile. L'Empereur ne laisse rien en arrière pour parvenir à son desseing; il a envoyé le docteur Scot, un des plus apparens ministres qu'il ayt, vers ces électeurs, pour sonder leurs volontez. Il a faict d'ailleurs escrire aux Estatz de Saxe qu'ils ayent à fournir leurs contributions contre ceux de Bohême et de Magdebourg, qui sont rebelles; il a faict dresser les lettres de l'investiture du prince son filz, par lesquelles il recognoistra tenir de l'Empire tous les Pays-Bas, soubz le nom de Bourgogne, suivant la transaction qui en fut faicte en la Diette d'Auguste, affin que l'ayant faict recevoir en ces pays comme leur prince, et aussy recognoistre subjet de l'Empire, il le laisse asseuré pour ce regard comme estant soubz la protection du dit Empire. Au reste, le dit seigneur Empereur a esté aussy fort marry et demeure encor offencé des déportemens du seigneur Camil Ursin, pour n'avoir voulu rendre Parme au duc Octavio, contre le consentement du collége des cardinaux, au moings de la plus part; et pour autant qu'on a eu quelque avis que le duc de Ferrare se confortoit à tenir la place jusques à l'élection du nouveau pape, l'Empereur a faict dire et requérir l'ambassadeur du dit seigneur duc, qu'il eût à escrire à son maistre que telles façons n'estoient honnestes, et qu'on eust à les cesser; mais pour ce regard, on n'a pas tant de soubçon du duc de Ferrare comme on a de vous, Sire, qu'on dit estre principal autheur que Parme est gardée, soubz le nom de l'Eglise, et toutes fois on ne m'en a sonné un seul mot, encor que je suis bien informé qu'on charge tout sur vous. »

[1550] Le 23 février 1550, monsieur de Marillac, ambassadeur du Roy en Allemagne, escrit en peu de motz au duc de Guyse les choses les plus importantes qui s'y passent:

« Monsieur, après avoir longtemps attendu, nous avons eu à la fin avec le venu de vostre lettre, l'esclaircissement de deux poincts entr'autres qui sont de bien grande importance. Le premier, est que la Diette estant rompue sans que les Electeurs ayent ouy parler de la succession de l'Empire, pour la faire tomber au prince d'Espagne, et la royne de Hungrie estant sur le poinct de partir pour s'en retourner aux Pays-Bas, comme aussy est le roy des Romais, pour tirer vers Autriche, sans qu'on ayt faict aucune nopce, il y a grande apparence par là que l'Empire demeurera en l'estat qu'il est, de quoy, Monseigneur, on attribue toute la cause au Roy de Bohême, qui a monstré, par effect, avoir assez teste et cœur pour ne pouvoir supporter telle indignité, sans jamais avoir voulu gouster party qui luy a esté offert, en récompence du préjudice que luy eut esté faict. Vray est que les Espagnols publient partout que ces seigneurs sont d'accord ensemble, mais que l'exécution en a esté remise à une autre fois, laquelle chose, Monseigneur, n'est aucunement croyable; car puis que pour l'heure on n'en voit aucune apparence et mesmement des nopces qui se debvoient faire, il est sans doute que cela ne portera de long temps effect, d'autant que tous ces seigneurs se séparent de sorte qu'ilz ne seront à peyne jamais ensemble. L'autre poinct, Monseigneur, est que l'Empereur, pendant la célébration du conseil, promet demeurer en l'Empire, ou au plus près de là qu'il pourra, par où il nous donne assez à inférer qu'il ne tiendra qu'à nous que nous ne demeurions en paix avec luy, pour le moings ceste année; et mesmement qu'il luy reste plusieurs affaires à composer par deça et que d'ailleurs il est sy mal disposé de sa santé, qu'il montre bien n'avoir pas grande envie de mordre, ains plustot de conserver le plus qu'il pourra la tranquillité où il est avec nous. Au demeurant, Monseigneur, on tient pour chose asseurée que le dit seigneur s'en ira après Pasques à Vormes auprès de Spire, sur le Rheim, tant pour la commodité des vivres dont il y a abondance en ces quartiers là, la cherté estant extrême icy, que pour estre plus voisin des Pays-Bas; et que les affaires du Turc ne luy faisant pas prendre le chemin du Danube, on dit qu'en ce temps là, le prince son fils retournera en Espagne pour y recevoir les contributions que le pays ne veut autrement donner; auquel cas, Monseigneur, il pourroit bien donner le grand adieu à l'Allemagne, où sa nation est sy mal veue que, l'Empereur estant mort, il ne fault pas que les Espagnols entreprennent d'y pouvoir estre en seurté. Voilà, Monseigneur, ce qui se peut dire en gros des affaires de ces quartiers; quant aux particularitez qui dépendent de là, mon cousin porteur de la présente y satisfera, sy tant est, Monseigneur, qu'il vous plaise en entendre par le menu. Et sur ce je prie Dieu, etc.

« D'Auguste, le 23 février 1550.

« Vostre très humble et très obéissant serviteur,

« MARILLAC. »

Et au dos : *A mon seigneur monseigneur le duc de Guyse.*

En ce mois de février et de mars suivantz, la paix fut traictée et enfin faicte entre les roys de France et d'Angleterre, en suitte de laquelle la ville de Bollogne fut remise, le 23 avril, entre les mains du Roy, qui y fit son entrée le 15 may suivant.

En ce temps, moururent les deux frères, Claude de Lorraine, premier duc de Guyse, et Jean, cardinal de Lorraine, de toutes lesquelles choses les lettres suivantes font un ample récit, comme aussy des affaires d'Italie.

La première est de M. le connestable à M. le duc d'Aumale, qui s'appela depuis duc de Guyse.

« Monsieur, ce soir mon neveu d'Andelot est arrivé avec la conclusion de la paix avec les Anglois, telle qu'il me semble que nous l'eussions tous sçeu désirer, et sy honnorable et avantageuse pour nostre maistre et la royne d'Escosse, que l'on n'y sçauroit mieux faire. Demain matin M. le chancelier sera icy et verrons les articles qui sont en latin, et après vous en feray sçavoir des nouvelles plus par le menu. Ce que je vous diray davantage, est que nous sommes arrivez icy en un lieu où il faict fort beau, et a commancé le maistre de la maison à bien festoyer le Roy et sa compagnie. Je prie Dieu, etc.

« De Vallery, le 18 jour de may 1550.

« Vostre humble serviteur,

« MONTMORENCY. »

Lettre de M. d'Urfe, ambassadeur à Rome, au Roy.

« Sire, despuis les deux dernières despesches, l'une du 4 mars par M. de Gournay, et l'autre du 12 par un des gens de M. le cardinal de Chastillon, ay reçeu les lettres qu'il vous a pleu m'escrire par Carles et le sieur Ascanio ; et quant à ce que vous a pleu me mander pour le faict de vos intéretz, estant icy M. le cardinal de Guyse et tenant le lieu qu'il tient envers Vostre Majesté, je luy ay livré et mis en main, ainsy qu'il luy a pleu m'ordonner, vos lettres patentes. Et a le dict sieur avec M. le cardinal de Ferrare, sy dilligemment labouré en cela, que je m'asseure que Vostre Majesté en sera fort satisfaicte, ainsy que les dits sieurs cardinaux vous feront amplement entendre, comme aussy feront du faict de vos mandatz, dont M. le cardinal de Guyse a disposé, en sorte qu'à mon advis Vostre Majesté en aura contentement. Ensemble pour vous renvoyer en France tous les deniers qui resteront des cinquante mil escus, et son instance pour le recouvrement des vingt sept mil ja desbuorcez que je le ramentevray tout le temps qu'il sera icy. Et quant au concil, le dit sieur n'y a rien oublié ; mais les choses ne sont pour le présent tropt échauffées, et semblent plustost estre refroidies : quant l'occasion se présentera, il ne sera rien obmis en cela de ce qu'il vous a pleu m'escrire ; au surplus selon que vous m'aviez ordonné, je fus, mercredy 26 de mars, prester en vostre nom l'obéissance à nostre Saint-Père, laquelle il reçeut avec grand honneur et magnificence, dedans la plus grande salle de son palais, en consistoire publique, en quoy je mis peyne de correspondre et aller devers luy en ambassadeur de grand prince : car selon mon pouvoir je n'espargnay rien à me montrer tel ; et vous puis dire en cela, Sire, que les serviteurs que vous avez en ceste ville feirent grande démonstration de la bonne volonté et révérence qu'ilz vous portent, mesmement les maisons des Ursins et des Strossy, qui pour l'honneur de vous me vindrent accompagner depuis mon logis jusques au palais, et avec tant d'autres que furent nombrez deux ou trois mil chevaux ; de plus, MM. les duc Horace, et comte de Petillian, chevaliers de vostre ordre, m'accompagnèrent aussy avec leurs colliers, ensemble trente évesques. Et avec toute ceste compagnie, je fus trouver le Pape en la salle susdite, où M. l'évesque de Noyon prononça l'oraison qu'il convient faire en tel cas ; à laquelle le Pape fit respondre par un sien secrétaire nommé Blohies, après quoy Sa Saincteté adjousta encor en son dire, de sa bouche mesme, aucunes parolles dont la substance estoit, qu'il avoit telle cognoissance de l'honneur et utilité que ce luy estoit que d'avoir l'obéissance d'un sy grand prince que le roy de France, qu'il s'en tenoit grandement tenu à Dieu et à luy, et qu'il demeureroit à jamais en telle volonté en son endroit que père doit avoir à fils ; et ainsy que quant l'occasion se présentera le monstrera et fera toujours cognoistre, soit en publique ou en particulier. Voilà, Sire, ce qu'il me semble avoir tiré de son dire, qui selon mon advis fut à propos, attendu que l'ambassadeur de l'Empereur estoit tout auprès de Sa Saincteté, à laquelle il chassoit les mouches avec son bonnet. Et après toutes ces cérémonies observées, je vous puis asseurer que sy j'avois bien faict l'ambassadeur de France à l'aller, que au retour M. le cardinal de Ferrare fit encor mieux le protecteur : car je retourné en sa compagnie disner en son logis, auquel il mena tous MM. les cardinaux françois, et ceux qui tiennent vostre party, et les festoya d'un festin plus solemnel et bien conduit que je ne vous le puis escrire. C'est, Sire, le discours de tout ce faict là; despuis MM. les ducs de Ferrare et d'Urbain ont aussy faict leur obéissance comme ont faict les Lucquois, et que l'on espère que feront, de bref, les Vénitiens, et duc de Florance. Le sieur dom Louis d'Avila, envoyé icy de la part de l'Empereur, dit que ce n'est que pour se congratuler avec le Pape de sa grandeur, sans avoir charge de prester aucune obéissance ; aucuns Impériaux disent que Sa Majesté n'y est point tenue, à cause que luy-mesme l'a faicte en personne au feu pape Paul; et que cela s'entend au saint-siége; d'autres allèguent des raisons différentes aussy foibles que celle là. Quant à moy, j'ay opinion toute autre : c'est que je pense que l'occasion qui faict différer l'Empereur de prester ceste obéissance, est le désir qu'il a d'obtenir le concile, voulant tascher par là d'intimider le Pape, tant que par crainte, s'il ne peut par amour, luy fasse consentir à ses fins; et de plus, l'Empereur s'en pensera prévaloir envers les Allemandz, leur disant qu'il n'a pas voulu plusieurs respectz qu'il leur veult porter, et le Pape aussy. Voilà, Sire, ce que j'en puis conjecturer, soubz ce que vostre bon jugement en pourra mieux prévoir, qu'est tout ce que pour ceste heure se présente à vous escrire de ce costé. Reste à vous dire que nous avons receu les lettres qu'il vous a pleu nous escrire du 19 de mars, et par icelle entendre la bonne et louable nouvelle de vostre recouvrement de Boullogne, et paix avec les Anglois; dont vous asseure que je pense que depuis cent ans il ne fut acte duquel toute l'Italie ayt eu sy grande joye ny contentement, mesmement les potentatz cognoissant très bien qu'elle ne leur importe pas de sy peu que ce ne soit leur totalle paix, au moins tant que l'Empereur vivra, de la crainte duquel ils ont de beaucoup diminué et ne doute plus qu'il soit pour entreprandre grande et ouverte guerre de ce costé là, veu que maintenant vous en pouriez estre arbitre, attendu que vous n'avez plus d'empeschement ailleurs; et que par le moyen du royaume d'Escosse, avez bridé ceux qui souloient de tourber vos prédécesseurs de leurs entreprises.

« Et pour le regard du Pape, je parlé hier environ une heure à luy, lequel ne se pouvoit trop resjouir de ceste paix, et vous donna, Sire, une louange, encor qu'elle soit cognue à tous, sy est ce que partante de sa bouche m'a semblé digne de le vous escrire : c'est que Sa Sainteté me dist que dans le troisième an de vostre règne avez faict quatre choses autant utiles et honnorables que l'on les sçauroit dire. La première, d'avoir joinct le royaume d'Escosse au vostre, et icelluy nettoyé de ceux qui l'avoient occupé qu'asy jusques à la moictié. La seconde, d'avoir appaisé la plus grande émotion populaire qui ayt esté de longtemps, et très bien chastié voz rebelles. La troiesisme, la ligue qui a esté faicte en vous et les Suisses. La quatriesme, avoir par force d'armes et prévue de prudence, chassé voz ennemis de France et faict la paix à vostre gloire et utillité, qui sont quatre pointez dont Sa Sainteté faisant office de pape vous admoneste par moy les recognoistre de Dieu et luy en rendre les graces comme de choses tant grandes qu'elles viennent de luy, adjoustant tousjours que vous vous servez de longtemps de personnes sy expérimentées en toutes choses, que cela tesmoigne la grandeur de vostre jugement et bonne cognoissance. Voilà, Sire, son propre langage, et au sur plus vous aviseray que particulièrement j'ay cognu en M. le duc de Ferrare sy grand aise et contentement de ceste paix, sy à vostre advantage, que j'oserois mesurer le plaisir qu'il en a eu au vostre mesme : car sa passion en cela est telle, qu'en ce lieu publique icy, il ne la peut cacher, faisant entière démonstration de prince tout enclin de vostre part. Quant à M. le cardinal son frère, il en a eu contentement et l'a monstré, faisant feuz de joye et festins sy magnifiques qu'il se rend admirable par toute ceste compagnie. Voilà, Sire, ce que jusques icy a succédé, après vous avoir dit que le pauvre Villeparnay a esté exécuté et mis en quatre quartiers ; et encor que la coustume soit icy de faire mourir les délinquans en prison et puis les porter en la place, sy est ce que j'y ay pourveu en sorte que publiquement cela s'est faict, pour rendre sa mort plus exemplaire et faire cognoistre que ceux qui vous offenseront n'auront lieu seur en Italie. Au demeurant, Sire, j'ay veu par le dernier article qu'il vous a pleu m'escrire, que vous me faictes entendre que ma demeure icy vous seroit agréable encor pour quelque temps. A cela, Sire, je vous supplie très humblement n'avoir jamais respect à ma maladie, ny encor à ma mort, en ce que virrez que je seray capable de vous pouvoir faire service, avec asseurance que pourveu que je sois assez heureux de vous en rendre, je recevray tousjours ce bien plus chèrement que ma santé, la quelle j'espère que Dieu me donnera pour ce seul effect, dont je le prie, etc.

« De Rome ce 4 april 1550. »

Lettres des cardinaux de Guise et de Ferrare au Roy au subject de la paix faicte avec l'Anglois, et de la joye qu'elle avoit causé à Rome.

« Sire, samedy dernier arriva le courier qu'il vous a pleu envoyer pour l'advertissement de la bonne et heureuse nouvelle du traité de paix qu'avez faict avec les Anglois, et de la reddition de Boulogne, ensemble des fortz qu'ils tenoient tant en Boullonnois qu'en Escosse; laquelle, comme longuement elle avoit esté désirée, a esté receue par vos serviteurs qui sont en ce lieu, de telle joye et allégresse que difficillement nous le pourrions exprimer, sinon qu'il vous plaise, Sire, croire que tous nos souhaitz ne sont ou seront autres que de vous voir audessus de ce que prétendez et désirez. Ce porteur vous contera les feux de joye et festins qui ont esté faits par deux jours entiers; nous adjousterons seullement que nostre Saint-Père après l'avoir entendu a faict bien grande démonstration d'en estre fort joyeux et content, comme moy cardinal de Guyse vous diray plus amplement et les propos qui sur ce ont esté tenus, sy je puis avoir tant d'heur que de baiser les mains de Vostre Majesté, ce que j'espère tost après ces Pasques, puis qu'il vous a pleu me donner congé de partir d'icy, où je mettray peyne avant mon partement à apprandre et entendre tout ce que je penseray concerner vostre service, affin qu'en vous en rendre bon compte et satisfaire aux charges qu'il vous a pleu me donner. Depuis l'arrivée du dit courier, est arrivé l'abbé Rousset, qui a confirmé les dites nouvelles tant à nostre Saint-Père qu'à messieurs les ducs de Ferrare et Urbin, qui arrivèrent icy la semaine passée pour baiser les piedz à Sa Sainteté et prester l'obéissance et devoir qu'ils sont tenus. Ils ont esté semblablement très aisé d'entendre les honnorables conditions et advantage que vous avez au dit traicté : et sur ce, nous sommes tombez en long propos, qui seront, Sire, pour le présent remis sur moy cardinal de Guyse pour vous en faire le discours.

« Sire, mercredy dernier 26 de mars, fut faicte, en plain concistoire, l'obédiance en vostre nom par vostre ambassadeur et l'oraison par l'évesque de Noyon, qui tous deux firent très bon devoir pour vostre service. Longtemps y a, Sire, que l'on n'avoit veu en ceste ville ambassadeur quel qu'il fust marcher en sy grande et belle compagnie que fit pour ce jour là le sieur d'Urfey, vostre ambassadeur; et pour ce qu'il vous en escrit particulièrement et envoye ladite oraison nous ne vous en ferons plus longue lettre de peur de redite, priants Dieu, etc. De Rome, ce 4 april 1550.

« Vos très humbles subjetz et serviteurs,

« LE CARDINAL DE GUISE
« ET LE CARDINAL DE FERRARE. »

Lettres du marquis de Maienne au duc d'Aumale son frère, au subjet du dit traité de paix.

« Monsieur mon frère, je n'ay voulu faillir vous escrire, estant arrivé en ceste ville de Calais, où l'on nous a faict fort bon accueil et festoyé aussy bien qu'il est possible, et monstrent ceux de ce lieu avoir grand aise et plaisir de ceste paix. Les milordz Aidinton et Gaban sont icy, les quels nous ont proposé de passer la mer pour donner nostre foy, ce que nous n'avons voulu faire, parcé que par les capitulations de la paix, trois des ostages de France ne doibvent passer ceste ville, et de ceux d'Angleterre Abbeville. Ilz ont envoyé par devers le roy d'Angleterre pour sçavoir sa délibération ; cependant nous advons averty le Roy de tout cecy. Incontinant que j'auray ma liberté, je demanderay au roy d'Angleterre mon congé pour aller en Escosse, en poste, veoir la Royne, affin qu'après ce voyage je vous puisse aller trouver à Joinville : car je vous puis asseurer que le plus grand plaisir que j'ay est d'estre près de mon père et vous. L'on nous a faict entendre que le roy d'Angleterre a bonne envie de nous veoir pour monstrer ses chasses qu'il a desjà faict appréster, et qu'il a délibéré nous faire bonne chère. J'estime au demeurant, Monsieur mon frère, que la pauvreté et cherté des vivres en ce pays a donné grande occasion de faire la paix, ainsy que je puis cognoistre. J'espère de bref vous dire amplement toutes nouvelles deça, qui me gardera vous faire plus longue lettre, sinon, Monsieur mon frère, pour me recommander à vos bonnes graces, etc.

« De Calais, ce 11 april 1550.

« Vostre humble et obéissant serviteur,

« CLAUDE DE LORRAINE »

« Et au dos : *A monsieur mon frère, M. le duc d'Aumale.*

Lettre de la royne d'Escosse au duc d'Aumale, son frère.

« Monsieur mon frère, ayant le sieur de Morette, présent porteur, très bien satisfait à la charge qu'il avoit pleu au Roy luy donner pour ses affaires de deça et rendu tout devoir d'y entendre et cognoistre toutes choses que touchent son service, s'en retourne présentement vers le dit seigneur, et cognoissant sa suffisance estre sy grande, il me sembleroit luy faire tort sy par escrit je vous tenois plus longs propos des dites affaires, vous priant le vouloir croire de ce qu'il vous dira de ma part, luy ayant entièrement déclaré mon intention sur tout ce que j'ay pensé et estimé devoir estre faict pour le bien des affaires du Roy et mesmement de la despence que le dit seigneur a par cy devant faicte.

« Au demeurant, monsieur mon frère, je ne veux faillir vous dire l'aise que j'ay eu des bonnes nouvelles qu'il a pleu au Roy me faire entendre par le sieur de Fumel ; lesquelles ont esté sy agréablement receues de mon cousin monsieur le gouverneur, et de toute ceste compagnie, qu'il seroit impossible le dire, et d'autant plus qu'il nous semble que Dieu a faict ceste grâce au dit seigneur d'avoir faict ceste paix avec autant honorables et advantageuses conditions qu'il eust sceu désirer. Je crois que les Anglois ne voudront faillir d'acomplir les articles par eux promis, tant des places qu'ils tenoient delà la mer, comme de celles qu'ils tiennent en ce royaume, vous avisant que sy le dit sieur de Fumel eut encor tardé deux jours à venir, par lequel entendismes la seureté de ladite paix, il eut trouvé l'armée du Roy et la nostre devant Douglas, et espérions bien que Dieu nous en donneroit telle raison, qu'il luy a pleu faire de Ladre, lequel fut composé le 8 de ce présent mois, avec conditions que le capitaine et gens de guerre, qui estoient dedans, se pourroient retirer bagues sauves, en Angleterre, laissant la place entière, l'artillerie et munitions. Au moyen de quoy il me semble avoir bien veu et considéré le traicté de la ditte paix, comme le conseil du Roy et celluy de deçà ont bien regardé ; ensemble que les dits Anglois ne peuvent prétendre que nous ayons aucunement enfraint ne contrevenu à ce qu'il a pleu au dit seigneur traicter et promettre pour la Royne ma fille, son royaume et subjetz. Vous entendrez aussy du dit sieur de Morette, comme le conseil du roy d'Angleterre a nommé des commissaires sur leurs frontières de deçà, pour parfournir le dit traicté de paix, en ce qui touche la compréhension de ce dit royaume, comme de nostre part nous en avons nommé, entre lesquelz il y a des François et Escossois, et pensce que, le 24 du présent, ils seront ensemble pour parler de tout ce qui sera nécessaire, selon les mémoires et articles qui leur seront donnez, dont les doubles seront envoyez au Roy par le dit sieur de Morette, lequel j'ay trouvé sy affectionné à son service, et auquel il s'employe sy fidellement au contentement d'un chacun, que je l'en estimeray tousjours ; vous asseurant, Monsieur mon frère, que je suis bien aise quant je vois le Roy servy de telz personnages qui ont l'œil à son honneur et au bien de ses affaires, plus qu'à autres choses. Vous entendrez aussy par le dict sieur de Morette l'aise que toute ceste compagnie a receue de l'honneur qu'il plaist au Roy faire à la Royne ma fille, d'espérer de la voir un jour sy honneste et vertueuse, ainsy qu'il nous a mandé par le dit sieur de Fumel, suppliant Nostre Seigneur qu'elle soit assez heureuse de pouvoir faire les œuvres pour demeurer toujours en sa bonne grâce, ne voulant vous céler que jamais chose n'obligea tant mon cousin le gouverneur et tous les seigneurs de deçà, comme les bons propos qui luy ont esté tenus de sa part, par le dit seigneur de Fumel, lequel en cela et en ce qui est de son service, s'est sy sagement conduit, qu'il a mérité la charge qu'il a pleu au Roy luy donner, et l'estime d'honneste et discret gentilhomme. Vous le verrez sy amplement instruict de toutes choses, que je ne vous feray longue harangue, vous priant m'estre aydant à ce que je puisse aller faire la révérence au Roy et vous voir. Je mettray sy bon ordre par deçà, qu'il n'y arrivera poinct d'inconvénient, comme je l'ay faict entendre à ce porteur, qui le vous déclarera ; mais il ne fault que le Roy laisse partir l'ambassadeur en mon absence, car monsieur de Termes n'y veut demeurer à cause de sa santé, et n'y a personne qui scache manier ceste nation comme luy, outre qu'il luy est fort agréable. Le dit seigneur de Morette vous dira ce que nous luy avons dit, monsieur de Termes et moy ; j'ay escrit à monsieur le connestable pour demander mon congé ; je ne sçay s'il le fera. Je prie Dieu, Monsieur mon frère, vous donner bonne et longue vie.

« De l'Islebourg, le 22e jour d'avril 1550.

« Vostre humble et bonne sœur,

« MARIE. »

Et au dos : *A monsieur mon frère, monsieur le duc d'Aumale.*

Lettre de la royne d'Escosse au duc de Guyse, son père, du 13 du dit mois, aussi sur le mesme subjet de la paix faicte.

« Monsieur, ayant receu les bonnes nouvelles de la paix qu'il a pleu au Roy me mander par le sieur de Fumel, je n'ay voulu laisser retourner le sieur de Morette présent porteur, sans vous dire l'ayse que ce m'a esté, qui est tel que vous pouvez assez estimer, louant Dieu de ce qu'il luy a pleu que les affaires du dit seigneur soient sy bien succédez et avec autant honorables et advantageuses conditions que l'on eust sceu désirer ; et aussy pour veoir le repos de ce pauvre peuple, qui est de sy long temps travaillé de continuelles guerres. Lesquelles nouvelles mon cousin monsieur le gouverneur et les autres seigneurs de par deçà ont eües sy agréables, qu'il n'est possible de plus, comme vous pourra dire le dict sieur de Morette, estimant que les Anglois ne voudront faillir d'accomplir les articles par eux promis, tant de ce qu'ilz tiennent de là mer, qu'aussy deçà ; vous advisant Monsieur que sy le dit sieur de Fumel eust encor tardé deux jours à venir, il eust trouvé l'armée du Roy et la nostre devant le fort de Douglas, et espérions bien que nostre seigneur nous en donneroit telle raison comme de celuy de Lader, lequel fut composé le 8 de ce mois, avec condition que le cappitaine des gens de guerre qui estoient dedans se pouvoient retirer, bagues sauves, en Angleterre, laissans la place entière, l'artillerie et munition d'icelle. Au moyen de quoy il me semble après avoir bien veu et considéré le traité de la dite paix ainsy que le conseil du Roy et celluy de deçà ont bien regardé ensemble, les Anglois ne peuvent prétendre que nous ayons aucunement enfraint ny contrevenu à ce qu'il a pleu au dit seigneur traiter et promettre pour la Royne vostre fille, son royaume et subjetz; ainsy que le plus amplement le dit sieur de Morette vous pourra faire entendre, pour avoir esté présent en tout ce qui s'est faict et passé affin que lesdict Anglois n'essayassent d'en persuader au Roy autre chose que ce qui en est. Pareillement, Monsieur, il vous dira comme le conseil du Roy d'Angleterre a nommé des députez sur leurs frontières de deçà pour parfournir le dit traité de paix, en ce qui touche la compréhension de ce royaume, et que suivant cela, pour abréger toutes choses et les mettre en seureté le plustost que faire se pourra, nous avons nommé les nostres, où il y a des François. Et pense que le 24 de cedict mois, ils seront ensemble pour parler de ce qui sera nécessaire, selon les mémoires et articles qui leur seront baillez, dont on envoye présentement le double du Roy par le dit sieur de Morette, lequel je vous asseure, Monsieur, j'ay trouvé sy affectionné à son service et l'ay veu sy fidellement employer que je l'en estimeray tousjours. Et par ce que je cognois sa susfisance, je luy remettray de vous dire mon intention sur tout ce que j'ay pencé et estimé devoir estre faict pour le bien des affaires du Roy. Cependant je prie Dieu, etc.

« De Lislebourg, le 13 apvril 1550. »

Lettre de monsieur le connestable de Montmorancy, du 14 april 1550, à monsieur le duc d'Aumale, touchant l'exécution du traité de paix.

« Monsieur, ce matin le sieur de La Garde est arrivé venant de Rome avec les lettres de messieurs les cardinaux de Guyse et de Ferrare et du sieur d'Urfey, desquels je vous envoye les doubles, par où vous verez tout ce qui nous est venu de ce costé là et d'ailleurs; nous n'avons autre chose pour le présent, sinon que les ostages d'Angleterre ont faict suplier le Roy de vouloir trouver bon qu'ils luy viennent faire la révérence, ce que le dit seigneur leur a volontiers accordé, et mandé aux siens qui sont à Calais, qu'ils aillent jusques à Londres faire le semblable au roy d'Angleterre, où ils demeureront peu : car les deux cens mil escus du premier payement sont ja à Montreuil et les Anglois font la plus grande dilligence qu'ils peuvent de retirer ce qu'ils ont dedans Boulogne, tant par mer que par charrois, jusques à Calais, pour nous rendre la dite ville plustost que le traité ne porte, affin de se relever d'autant de despence, vous advisant au demeurant, Monsieur, que le Roy va demain à Saint-Germain, où le viendront trouver les dis ostages ; et vous puis asseurer qu'ils font très-bonne chère, et sa compagnie grâces à nostre seigneur, ce que je suplie, etc.

« De Paris, ce 14 jour d'apvril 1550.

« Monsieur, je vous envoye aussy le deschiffrement de ce qui nous est venu de Venise.

« Vostre humble serviteur,

« MONTMORENCY. »

« Et au dos : *A monsieur, monsieur le duc d'Aumale.*

En ce mesme temps, Anthoinette de Bourbon, duchesse de Guyse, escrit fort tendrement au duc d'Aumale, son fils, sur la maladie de son père, dont il estoit deja adverty.

« Mon fils, mon amy, j'ay reçu vos deux lettres, où je cognois la peine que portez pour la griefve maladie de M. vostre père, qui n'est sans cause, car le bon seigneur sousfre beaucoup. Le porteur vous dira l'estat où il est, ainsy que j'ay donné charge à maistre Louys de vous escrire, car le propos m'en est sy douloureux que n'en puis guères dire. J'ay veu le devoir qu'avez faict de vous mettre en chemin pour nous venir secourir, dont vous estes mal trouvé; et pour ce, mon amy, que ma fortune seroit très grande de vous voir malade et en danger de perdre ce que tant je metz à parent, je vous prie et commande ne vous plus hazarder de venir ny contrister de la volonté de Nostre Seigneur, lequel, pour ma part, je désire faire et suplie à mon Dieu m'en donner la grace. Le bon seigneur receut son Créateur dimanche, ayant esté confessé ceste semaine trois fois. Il m'a dict ceste nuit qu'il veut recevoir la saincte huile. D'espoir de retour, je n'y en vois aucun ; aucuns des médecins disent que l'on peut espérer, les autres ne sont de cet advis : nous avons icy M. de Morlette, M. Claude de Beaune ; mais il ne vint que hier matin maistre Bastien de Bar, un de Troye et les deux nostres. Sy fortune me faict ce tort de me l'oster, je feray avec les gens de bien que j'ay icy le mieux que je pourray, et vous advertiray de tout : car, mon amy, après Dieu je ne puis avoir espoir et consolation que de vous autres mes enfans. Je ne faictz doubte de vostre bonne volonté, le bon Dieu nous soit en ayde et vous donne santé et sa grace, et à moy patience de tout ce qu'il luy plaira permettre. Je la désire avoir, mais je ne puis estre sans douleur tant grande, qu'en vérité j'en ay ce que j'en puis porter. C'est le second d'avril.

« Vostre bonne mère,

« ANTHOINETTE. »

Et au dos : *A mon fils le duc d'Aumale.* Ceste lettre est escrite entièrement de sa main.

Ceste lettre fut le pronostique et la nouvelle quant et quant de la mort du duc de Guyse, sur laquelle le Roy escrivist cecy au duc son fils.

« Mon cousin, j'ay, avec incroyable regret, entendu le trespas de feu mon cousin vostre père, et m'a esté nouvelle très desplaisante, mesmement pour estre advenüe ainsy malheureusement que m'escrivez, ayant faict mettre ez mains de mes médecins l'attestation que m'en avez envoyée pour en avoir par leur advis plus d'asseurance. Or, mon cousin, estant nécessaire et raisonnable se conformer à la bonne volonté de Dieu, je m'asseure que vous sçaurez bien prandre cet ennuy comme nous devons faire toutes choses procédentes de luy. Et affin que plus aysément vous le puissiez porter pour la consolation que vous recevrez icy, je vous prie disposer vos affaires pour me venir trouver le plustost que vous pourez, et faire ce voyage de Picardie avec moy, ainsy que vous dira plus amplement de ma part le sieur de Clervaux, gentilhomme de ma chambre, présent porteur, auquel je vous prie adjouster foy comme vous feriez à moy mesme : priant Dieu, mon cousin, vous avoir en sa saincte garde.

« Escrit à Paris, le quinziesme jour d'apvril 1550.

HENRY; *et plus bas :* DE LAUBESPINE. »

Et au dos : *A mon cousin le duc de Guyse, pair de France.* »

Lettre de monsieur le connestable au nouveau duc de Guyse, sur la mort de son père.

« Monsieur, je ne vous diray rien de l'ennuy que le Roy a receu de la triste nouvelle que luy a apporté le sieur de Péguillon, car vous le sçavez assez par sa lettre et ce qu'il a donné charge au sieur de Clairvaux vous en déclarer de sa part; mais je vous asseureray bien, Monsieur, que j'en sens autant d'ennuy que de chose qui m'eust sceu advenir, tant par la perte que nous avons tous faicte d'un sy bon et vertueux prince que pour le desplaisir et regret insupportable qui en demeure à vous et à toute vostre maison, sy est ce qu'estans tels inconvéniens communs, il s'en fault conformer à la volonté de Dieu et l'en remercier, comme je suis bien seur que vous sçavez bien faire, vertueux et sage que vous estes, et après avoir donné ordre à vos affaires venir retrouver le dit seigneur, le plustost que vous pourez, où nous mettrons peyne de passer doucement ce deuil, en priant Dieu pour luy, ainsy que j'ay prié le dit sieur de Clervaux vous dire plus amplement de ma part, dont je vous supplie le croire comme vous feriez moy mesme. Je vous envoye l'exemption par luy des deux hommes d'armes et de l'archer dont vous m'avez envoyé le mémoire, priant Dieu, Monsieur, etc.

« De Paris, le quinziesme jour d'apvril 1550.

« Vostre humble serviteur,

« MONTMORENCY.

Et au dos : *A monsieur, monsieur le duc de Guyse.*

Longue lettre et plaine de plaintes de la royne d'Escosse au duc d'Aumale, son frère, de l'estat des affaires de ce royaume.

« Monsieur mon frère, j'ay reçu les longues lettres que vous m'avez escrites par le sieur de Monluc, lequel les sçavoit par cœur, ce que je trouvé bien estrange : car je n'ay jamais faict personne participant de celles que vous m'avez escrit, me semblant n'estre nécessaire que telle chose, entre frère et sœur, se communique à personne, et encor à personnes qui me sont incognues. Il m'a faict grand mal que celluy que je n'avois jamais veu me vint reprandre de mes escritures : car encor que j'aye souvent communiqué ce que j'escrivis pour les affaires de deça au sieur Dessey, à l'ambassadeur La Chapelle et autres, je n'ay voulu faire personne du monde participant de ce que j'escrivois, bien les ay-je prié de faire entendre ma nécessité et l'importance du bruit que couroit ; mais personne n'a jamais veu mes lettres. Je n'eusse jamais pensé que supportant tant de maux et de pauvreté vous le deussiez prandre de telle sorte, qui est loing de me donner confort à supporter mes adversitez : j'endure des peynes insupportables, et personne néantmoins n'en doit recevoir lè faict que vous messieurs mes frères; et pleust à Nostre Seigneur que toutes les choses fussent en sy bon repos que je n'eusse autre chose à faire, sinon à servir Dieu ; et verriez sy vous seriez importunez de moy pour mon particulier. Il me semble que sy vous vouliez prandre la peyne de considérer ce que vous deviez faire, ne prandriez la chose en mon endroit comme vous faictes; mais je vois bien que Nostre Seigneur n'est encor las à me faire connoistre en quoy consistent les grandeurs de ce monde, où il n'y a point de fin aux troubles. Or, je le loue de tout, car par ce moyen je le cognois mieux que peut estre ne ferois en prospérité. Je laisseray ce propos pour vous respondre à tous les articles que m'escrivez, vous priant de ne le vouloir trouver mauvais, ne vous voulant rien dire que de véritable. Quant au seigneur d'Essey, ce qu'il a faict du passé a esté par ignorance; et néantmoins, je vous sçay fort bon gré de ce que vous luy avez mandé que j'aye voulu ayder ce pauvre homme à s'excuser du passé, ne désirant faire mal à personne.

« Quant aux deniers, je vous en ay mandé la vérité, et me semble que ma responce ne vous devoit fascher, car j'ay trouvé beaucoup de despense faicte par les gens de finances, qui ne me semble fort raisonnable. Je n'avois jamais entendu que d'Essey n'eut adverty le Roy de toutes choses, comme il luy avoit commandé; le pauvre homme n'a jamais pris conseil à personne, ce qui luy a faict grand tort; mais il fault excuser l'esprit.

« Quant à ma despense, je n'en ay jamais faict sans occasion, ny pour mon plaisir, et n'ay jamais rien gasté en la maison quant j'ay esté en France. Mais quant il est question de la perte d'un royaume, il n'y fault rien espargner: car on n'en gaigne pas d'autres aysément, et n'ay jamais pensé que ne désiriez la grandeur de la Royne, vostre niepce, et me semble que vous pouvez bien faire quelque chose pour moy plus que ne faites, ayant la faveur que vous avez. Et sy vous y voulez penser, jamais femme ne fut plus mal traictée, quant en mon particulier, après la peyne que j'ay pris pour conduire ces affaires où elles sont, dont j'ay creu que vous me deviez sçavoir bon gré: car sy je n'eusse régné qu'en mon aise, et que j'eusse oublié l'affection que j'ay au service du Roy, j'eusse consenty à tous les traictez que nos voisins demandoient; qu'est pour vous faire entendre qu'après Dieu, je n'ay jamais rien voulu connoistre que le Roy, duquel je ne me plains, sçachant bien que sy vous luy vouliez demander quelque chose pour moy, il seroit plus aise de me l'accorder que ne seriez de la désirer, veu les bonnes et affectionnées lettres qu'il luy a pleu souvant m'escrire, et aussy l'ouïr dire à ceux qui parlent à luy de l'affection qu'il démonstre aux affaires de deçà. Je sçay que ce qui vous en garde est la crainte de l'importuner pour les biens qu'il vous faict journellement, et à tous MM. mes frères, de quoy je suis fort aise, mais aussy ne devriez estre marry sy je voudrois m'en sentir. Quant à ce que vous avez trouvé mauvais ce que j'ay escrit touchant les deniers du Roy, et que pour six mil hommes il n'y en avoit que deux, je crois qu'avant la dernière bande venue, il n'y en avoit pas davantage, et qu'il y a bien du désordre parmy les officiers; et me fallut rompre ma vaiselle, n'ayant peu trouver en emprunt trois mil escus pour le Roy, lesquelz je promettrois rendre dans quinze jours; chose qui me mettoit hors de patience, et ne fus secourue que de M. le Rhingrave, qui me bailla sa vaisselle et tout l'argent qu'il peut recouverer. Je ne sçay par quel moyen je me dois gouverner, car quant j'ay rescrit pour parler au Roy de mes affaires et de me vouloir faire donner ce que le feu Roy m'avoit promis, on m'a faict response que le Roy vous avoit à tous faict tant de biens que ne l'osiez importuner davantage, et que j'en escrivisse à d'autres; pensez-vous me faire plaisir d'en user de ceste sorte et faire connoistre que vous ne voulez importuner le Roy parce que je vous suis trop proche?

« Quant à ce qui touche le traitement de la Royne ma fille, et dittes que je n'estime gueres l'affection que le Roy me porte en donnant foy à ce qu'on m'en a dit, ny pareillement madame vostre mère, ny tous messieurs mes frères; je vous diray, quant au Roy, que je n'en ay jamais rien pensé que ce que l'on doit estimer d'un vertueux prince tel qu'il est, et n'a esté pour sa grandeur que j'ay mis mon affection à luy faire service, mais d'une bonne volonté que je luy ay portée et au feu Roy son père, duquel j'ay receu tant de bien et d'honneur, comme aussy de luy, que rien ne me sçauroit oster l'opinion de continuer; bien ne pouray-je exécuter la volonté faulte de pouvoir, mais non autrement; et n'y eut jamais personne qui m'en ayt ouy parler d'autre sorte, car je sçay l'affection qu'il a pour les affaires de deçà. Que sy quelqu'un en a parlé autrement et que je le sçusse, je le feray voir le plus grand menteur qui fut jamais. Quant à la mesfiance que l'on dit que j'ay de vous, c'est le plus grand mal du monde à une personne fidelle que d'estre supçonnée, principallement ayant le cœur grand comme vous sçavez qu'ont ceux du sang dont nous sommes venus. Et quant à monsieur mon père et à madame ma mère, je n'ay jamais pensé, sinon ce qu'une très humble et très obéissante fille doibt à père et mère, dont je loue Dieu, et de n'avoir jamais faict chose contre leur commandement. Et s'il estoit en ma puissance, monsieur mon dit père seroit plus honoré qu'il n'est, car il seroit plus avant du conseil, et ne demeureroit à la porte avec sa barbe blanche: car encor qu'il ne me feust père, j'ay eu trop de bon traictement de luy pour estre sy malheureuse que de l'oublier. Quant à Madame, je n'ay jamais ignoré ce que nous luy devions tous et la peyne qu'elle a prise pour augmenter nostre maison; mais je sçai bien qu'elle n'aime plus la despense sy elle n'est bien nécessaire, en quoy elle a grande raison; mais il ne fault pas regarder de sy près pour ce qui s'en peut suivre: car sy vous pensiez que ce que j'ay faict de despense ayt esté pour moy, vous me feriez grand tort, parce que le commun bruit estoit par tout qu'il ne falloit que jamais Escossois espérast bien de France, veu que ceux qui avoient faict tant de service estoient si mal receuz, et je vous prier penser, monsieur mon frère, qu'un royaume qui a accoustumé de n'estre subjet qu'à un de sa nation n'est pas sy tost rangé soubz nouveau seigneur, le commencement en estant fort difficil. Mais c'est sur moy que toute la peyne tombe: car il fault que je fasse deux choses, l'une contre les ennemis, et l'autre à ranger ces gens là à nouvelle subjection. Je croy que ceux qui sont allez par plusieurs fois par devant vous, eussent aussy bien dict ma peyne comme ils ont dit des mensonges, qu'eussiez mieux pris toutes choses que vous n'avez faict; et n'eussiez pris sy mal ce mot que j'escrivois à monsieur le connestable; mais je me trouve en une sy grande nécessité et tant tourmentée, et tout en un coup, que je ne sçaurois où avoir recours: car par tant de fois je vous avois escrit de mes grandes charges que vous les pouviez bien connoistre, et cependant je n'en ay jamais eu une seulle response où je peusse espérer quelque chose, et tous les jours ma nécessité croissoit, qui est sy grande que j'ay honte de le dire; de sorte qu'il me falloit tout vendre, vaisselle et toutes autres choses, pour faire de l'argent, et ne me demeura à peyne pour tenir ma maison : ce qui me met hors de toute patience, me souhaictant plustost morte que vifve. Et eusse désiré que ce royaume fust plustost péry entre mes mains qu'en celles du Roy, tant j'ay volonté à son sevice: et là où on m'a accusée d'avoir mauvaise opinion de père et mère et de tous mes frères, vous m'avez mal jugée pour ce coup: car je n'y pensay jamais que sy monsieur mon père eut eu le moyen de m'ayder, il ne m'eust laissé en aucune nécessité. Je sçay tropt ce qu'il luy a pleu m'en escrire. Je n'euz aussy jamais mauvaise opinion de Madame, si non qu'elle a eu crainte d'importuner le Roy. Quant à vous autres, messieurs mes frères, je crois que ça esté aussy cela qui vous en a gardé, et pour ce je vous prie ne me condamnez sy tost sans avoir bien entendu mon intention. Et là où vous dittes que je vous tiens pour... (sic), je voudrois bien, quant vous dittes cela, que vous regardassiez ce qui me doit mouvoir pour vous tenir pour... Je croy que ne desirez ma place, ny moy la vostre, et sy vous désirez la mienne vous l'aurez fort volontiers pour le plaisir que j'y ay. Et sy je vous asseure que je n'en pourchasseray poinct d'autre. Il semble que vous preniez les choses de moy comme d'une personne qui désire vostre ruyne, et m'accusez d'ingratitude envers le Roy, envers père et mère, et de mauvaise nature envers tous mes frères, qu'est le plus grand vice qu'on peut avoir. Et ne pense pas qu'ayez ceste estime de moy, ayant eu assez d'occasion de connoistre le contraire. Pardonnez moy de ce que je dis: car vous m'avez faict un grand tort de la prandre de ceste sorte et m'en puis satisfaire venant de mon frère; car jamais je ne pensey à vous offencer. Quant à ce que j'ay escrit à monsieur le connestable, ce n'a esté que pour le mouvoir davantage à se souvenir de mes affaires; et là où vous désirez sçavoir sy je veux continuer en ceste opinion que vous pensez que j'aye: je ne l'ay jamais eu telle que vous pensez. Et vous n'avez jamais personne qui vous appartienne que tant désire vostre honneur et vostre bien que moy. Et sy vous en avez affaire, que Dieu ne veuille, vous cognoistrez de quelle affection je m'y porteray, et vous prie encor une fois de croire que ce qui me faict tourmenter est plus pour vous que pour moy, estant bien aise que vous m'ayez faict entendre franchement vostre opinion et la conclusion que le Roy a pris pour les affaires de deçà, qu'à cause que l'Empereur est en Flandres, il n'ose entreprandre d'envoyer des forces par deçà, de peur d'y mettre son royaume en hazard; mais s'il le pouvoit faire, il se mettroit hors de la grande despense qu'il est obligé de faire pour ce royaume, et feroit chose qui luy apporteroit du contentement : car Dieu nous a beaucoup favorisez, en ce que, depuis cinq ou six mois, nous avons battu noz ennemis quatre ou cinq fois, quoy que nos gens ne fussent que la moitié d'autant que d'eux, et ce qui le fasche le plus, c'est que ça esté par les François. Et nostre cavallerie escossoise deffit encor hier trois cens hommes du près du chasteau de Hames. Mais ce que les François, qui sont dedans Dombar, ont faict est plus miraculeux. Le général d'Adynton, qui est un fort sage gentilhomme et expérimenté en la guerre, voyant que nos forces estoient sur la frontière et que le fort que nous faisions n'estoit pas encor en deffence, firent venir à Adynton des gens par petites bandes, affin que l'on ne s'en apperceut, et puis assembla mil chevaux, feignant emmener quelque argent à Adynton, pour penser donner une alarme à nostre fort, ou faire retirer nostre camp du lieu où il estoit. Et ainsy que la cavallerie passoit par devant d'Ombar, les deux cappitaines sortirent avec deux cens hommes pour escarmoucher; à la faveur du chasteau toute ceste cavallerie les vint charger, mais ils firent sy bien leur devoir qu'ils les repoussèrent, blessèrent forces chevaux et hommes, et prirent le dit général d'Adynton, qu'est une des bonnes prises qui se puisse faire : car il est homme de grand service et de grande intelligence dedans nostre pays. Et ce sera fort bien faict de le retenir jusques à ce que l'on voye ce que les choses demenderont, car ils ont peu de gens de service parmy eux. Je vous dis cecy pour vous faire cognoistre que quand Dieu nous met la victoire à la main, il est bon de la poursuivre. Quant à la conclusion que dittes que le Roy a pris, dont il aura contentement comme je pense, je n'en ay entendu autre chose que la venue de monsieur de Termes, avec la cavallerie, pour casser la nostre; par ce moyen nous nous enforcerons d'un costé et affoiblirons de l'autre, en danger de reperdre nostre frontière que nous avions recouvré, qui estoit une des principalles choses qui nous la faisoit entretenir, vous asseurant qu'ilz triomphent depuis quelque temps, et que la cavallerie françoise se trouvera bien estonnée, sy elle n'a de la nostre pour la guider. Je n'ay que faire de représenter les inconvéniens sy on n'y veult pourvoir. Je suis bien aise d'entendre la bonne volonté de nostre frère le marquis, et qu'il ne tiendra à vous qu'il ne vienne, et ne viendra jamais faulte de la vostre, comme vous me priez de le croire et de n'entrer jamais en soubçon contre ceux qui sont moy-mesme. Je ne sçay qui vous a mis cela en l'entendement; et je vous estime sy sage que vous jugerez bien tousjours que j'estime plus vostre bonne volonté que celle d'autruy, autrement vous me feriez tort. Il est bien vray que j'ay trouvé fort estrange, estant sy heureuse d'avoir tant de frères, que je n'aye esté visitée de pas un, depuis le temps que j'ay l'ennemy sur les bras. Je vous en fais juge, et sy pas un de vous avez offert de me secourir d'un denier en toutes mes nécessitez, sinon que monsieur d'Aumale, mon frère, m'en fit dernièrement offrir par Fourquevaux, qui me fit plus de bien qu'aucune chose que j'eusse entendu il y avoit long-temps pour l'amour de l'honneste offre qu'il me fit de venir par deça, m'ayant escrit double lettre pour cet effet. Quant à ma bonne grace, vous ne devez user de ce langage : car il faudroit beaucoup de choses entre un frère et une sœur pour la faire perdre, ny d'un costé ny d'autre. Monsieur mon frère, je lairay ce propos pour mercier très humblement le Roy de ce qu'il luy plaist me donner, qui m'aydera à m'employer à son service, vous merciant après toute querelle de ce que vous voulez employer pour mes affaires et que vous avez désiré que je vous fisse entendre mon intention pour la suivre en cas que vous fussiez en ma bonne grace. Vous sçavez bien, dez que vous estiez bien jeune, la fiance que j'ay tousjours eue en vous, et l'affection que je vous ay porté. Je ne voys poinct qu'il y ayt occasion de faire ceste séparation ; ce ne sera jamais de mon costé que telles choses commenceront : se plaindre quelque fois de ses maux n'est pas séparation d'amytié. Et pour vous faire certain de toute mon intention, je vous envoye ce porteur, lequel m'a servy depuis vingt-cinq ans en çà, et qui a veu toutes les choses de par deça et partie de mes humeurs et de quel naturel je suis, que je confesse estre un peu difficil ; mais je ne le puis adoucir estant l'aage passé de le pouvoir faire. J'ay tant esté trompée de ceux à qui j'ay donné mon crédit, allant devers vous, que je m'en suis voulu fier qu'au porteur, que je suis seure estre fidelle, vous priant de le croire et luy donner foy, comme à moy mesme.

« Je suis bien aise aussy d'avoir entendu, par voz lettres, comme le Roy a envoyé le protonotaire de Moulin pour faire sçavoir son intention et entendre au faict de la justice, et toutes autres choses, estant au Roy homme entier, et fidelle serviteur de toute nostre maison, et en qui vous vous fiez comme à vous mesme. Je suis très aise de sa venue : car tant plus de gens de bien il y aura par deça, sera tant mieux. Mais je trouve estrange ce terme entier au Roy, par ce que par là il s'ensuivroit que ceux qui sont icy ne luy fussent pas fidelz, et que j'en feusse aussy participante : car il y en a qui ont tousjours faict mon commandement. Si je pensois que le Roy donnast crédit, ou vous, à personne du monde plustost qu'à moy, je ne m'entremettrois jamais de son service : car j'ay baillé assez bon gage de fidélité.

« Quant à ce que m'escrivez de prandre une après disnée de loisir pour me faire déclarer sur chacun poinct de vostre lettre vostre intention, c'est une chose qui m'est bien dure de parler de ce que est entre vous et moy à une personne que je ne cognois pas ; toutes fois, pour la fiance que luy donnez, je m'en suis enquise le mieux que j'ay peu et n'a tenu à luy m'en vouloir bien satisfaire, et pour l'amour de vous luy feray tout le plaisir que je pourray. Mais sans cela, je ne l'eusse vu guère volontiers, m'apportant de sy mauvaises nouvelles. Quant à nos nouvelles de par deça, le porteur a charge de vous les dire toutes, vous priant, au reste, oublier toutes choses passées et doresnavant ne parler plus de

3.

vieilles querelles, et penser que vous ne me sçauriez faire autre qu'une bonne sœur doit estre ; mais il fault que j'aye privilége de courroucer : car il fault que je confesse que les troubles que j'ay ordinairement m'ont mis en une ordinaire colère, auquel estat je ne suis pas fort bien de ma santé, encor que personne ne le cognoisse, comme le porteur vous le dira. Je vous prie que j'aye une bonne despesche et de prandre bien tout ce qu'il vous dira de ma part et l'escouter à loisir. Je mettray fin à ceste fascheuse lettre, pour humblement me recommander à vostre bonne grace, vous priant que les choses passées s'oublient, et priant Nostre Seigneur vous donner très bonne et longue vie, etc.

« De l'Islebourg. »

Responce du duc d'Aumale à ceste lettre.

« Madame, j'ay receu la lettre qu'il vous a pleu m'escrire par le sieur d'Attigny, présent porteur, et tant par ce qu'il m'a dit de vostre part que ce que m'avez faict sçavoir par vostre ditte lettre, entendu bien au long l'estat des choses de de là, estant bien marry, Madame, de ce qu'avez trouvé ainsy estrange que le sieur de Monluc sceust le contenu des lettres que je vous ay escrites par luy : ce que vous pouvez penser que je ne luy eusse jamais voulu commettre, n'eust esté que je n'eusse icy, de longue main, cognu sy fidelle serviteur et du Roy et de toute nostre maison, qu'il me sembloit me pouvoir bien fier de cela en luy. Et pour ce que ne trouvez bon que autre que vous ayt la cognoissance de telles choses, j'espère y mettre désormais bon ordre, que n'aurez, cy après, occasion pour cet effect vous mescontenter de moy. Et quant à ce que me mandez qu'il a esté aisé à juger, sy l'apparence du repos en l'avantage que pouvez espérer et pour vous faire tant tourmenter des affaires de delà, je ne pense poinct, Madame, qu'il y ayt personne qui ne cognoisse assez de quelle affection vous vous estes jusques icy employé pour la Reyne vostre fille ; la peyne et travail que vous prenez pour la deffence et conservation du royaume d'Escosse, et le peu d'estat qu'avez faict de ce qui estoit vostre, pour en ayder le Roy, toutes et quantes fois l'occasion s'est présentée. Et de ma part, je vous supplie très humblement vouloir croire, encor que je n'aye eu jusques à ceste heure grand moyen de vous servir en cela, sy est ce qu'où l'affaire se feust offert, je n'y eusse espargné, comme je ne feray jamais, chose qui soit en ma puissance, ainsy qu'aurez peu entendre par le sieur de Forquevaux. Au regard de la despense qui a esté faicte par delà, et de ce que me faictes sçavoir de monsieur d'Essey, je ne vois poinct qu'on ayt encor bien peu sçavoir comme tout en est passé, et qu'il y ayt eu en cela de sa faulte, que par ignorance, ayant toujours ez autres choses faict tel devoir, et avec tel heur, que graces à Dieu toutes ses entreprises sont venues à bien. Et serois bien marry, Madame, sy voulliez estimer que j'eusse esté pour m'ennuyer de chose qu'il vous ayt pleu m'escrire, mesmement de ce que m'avez cy devant mandé sur le faict de la ditte despence, que je sçay assez ne pouvoir estre moindre. Et pense que le plus grand désordre qui ayt esté faict, a esté par les gens de finances qui en avoient le maniement, estant le Roy assez asseuré de ce qui s'est cy devant passé par voz mains n'a esté employé légèrement et sans occasion pour son service, ayant toujours entendu qu'eussiez la cognoissance des deniers de delà : et en cela, s'il y a eu quelque faulte, je vous puis asseurer, Madame, qu'elle ne procèdde que de ceux qui en ont eu la charge, dont le Roy a encor, par sa dernier despesche, escrit pour cet effect. Au regard de ce que m'escrivez que je pourrois bien faire davantage pour vous, veu la faveur que j'ay et qu'en cela vous sentez mal traictée, attendu la peyne que prenez, je ne sçaurois penser, Madame, que me teniez de sy peu de jugement que je sois jusques à ceste heure à cognoistre la peyne et travail qu'avez pris de par delà ; et sy en ce que je me suis cy devant employé pour vous, les choses ne sont du tout sy bien succeddées comme j'eusse désiré, je vous supplie très humblement vouloir croire que je n'y ay rien obmis de mon debvoir ; et le moyen que j'ay peu trouver pouvoir y satisfaire, comme je feray tousjours en toutes autres choses. Au demeurant, j'ay veu ce que me faictes sçavoir de l'alliance et support du Roy, que vous estimiez beaucoup plus que celluy de vos voisins. Il m'est advis que vous avez grande raison de vous en louer, estant le dit seigneur sy vertueux et débonnaire prince, que quelque chose que vous vous plaigniez d'estre mal traictée, considérant l'estat auquel sont pour le jourd'huy les affaires de deça, et la despesche que ledit sieur d'Attigny vous porte, il me semble que vous n'avez occasion vous mescontenter en cela, ny croire que les biens que j'ay eu du Roy, qui sont tels qu'un chacun sçayt, ayent esté pour empescher de vous faire service et m'employer en ce qui vous a jamais touché, vous asseurant bien que le dit seigneur n'a pris en mauvaise part ce que luy avez faict sçavoir des inconvéniens que voyez par fois survenir au lieu où vous estes, mais luy avez faict un singulier plaisir. Et quant à moy, je n'ay jusque icy entendu que l'on ayt ozé lui desguiser rien de vostre bonne volonté envers luy, et travail et soing que prenez, ny que Cabassolle ayt jamais rien faict entendre au dit seigneur de vostre part que ce qu'il avoit peu apprandre du commun bruict; sy semblablement monsieur et madame vostre mère faict doubte de l'honneur que leur devez, dont je vous assure qu'ils se sont tousjours bien apperceuz et s'en contentent grandement. Au regard de ce qu'il vous a pleu m'escrire que vous ne pensé poinct que je désire vostre lieu, ny vous le mien, et que sy j'en avois envie pour le plaisir que vous y avez me le quitteriez volontiers, je vous advise, Madame, que toutes et quantes fois il plaira au Roy me faire tant d'honneur que de me vouloir envoyer par delà, pour son service, il vous sera aisé à cognoistre sy ce que j'en feray sera plus pour le vostre et vous obéyr comme vostre très humble frère, que pour aucun autre respect, estant délibéré chercher tous les moyens qu'il me sera possible, pour une fois acquérir vostre bonne grace, qui est la chose que toute ma vie ay le plus désirée. Au sur plus, quant à ce qu'il vous a pleu me mander qu'il semble que l'on veuille prandre les choses de vous comme d'une personne qui désire nostre ruyne, je ne sçay, Madame, qui vous pourroit avoir induict à penser cela de nous, ny que jamais eussions peu prandre en mauvaise part ce qui pourroit venir de vous : sachant assez un chacun que ce que vous avez faict par deçà, et tant que vous avez esté au lieu où vous estes, n'a esté que pour la grandeur de nostre maison, dont il n'y a pas un de nous tous qui ne s'en sente, et se dolve sentir toute sa vie vostre tenu et obligé. Et quant à ce que vous avez escrit à monsieur le connestable et à Andelot, qui avoit esté par delà, je vous supplie très humblement vouloir penser que je ne suis pas pour renouveller vieilles querelles, mais laisser les choses en l'estat où elles sont ; sy est ce qu'encor que nous ne trouvions jamais mauvais chose qui vienne de vous, sy désirons-nous fort n'estre délaissez ny mis en oubly pour eux. Et où il vous plairoit nous faire tant d'honneur que de vous adresser aussy tost à ceux qui vous touchent qu'à d'autres, vous pouvez penser que nous trouverez tousjours autant prestz à vous obéyr, et mettre peyne de vous y satisfaire, et faire chose qui vous soit agréable, qu'autres que sauriez choisir, vous suppliant très humblement ne prandre en mauvaise part ce que je vous ay cydevant escrit, et le recevoir comme de vostre humble frère, qui ne désire que vous faire service. Espérant que désormais tout ce portera sy bien, qu'il ne sera plus de besoing prandre pied à telles choses, ny les remettre en jeu, mais les oublier du tout, et vous asseurer de moy que de ce que je pourray faire, je vous donneray toujours sy bien à connoistre par effet le désir que j'ay de vous y obéyr, que vous aurez occasion de changer d'opinion que pourriez cy-devant avoir conçeu de moy. Et quant aux bonnes nouvelles qu'il vous a pleu me départir, des desfaictes qui se font ordinairement par delà, je vous puis asseurer, Madame, qu'il n'y a celluy qu'il ne s'en esbahisse grandement, et n'estime que ce ne soit plustost œuvre de Dieu que des hommes, qui me faict espérer, puis qu'il luy plaict maintenant ainsy nous regarder, que toutes choses se sçauroient de bien en mieux succedder, vous suppliant très humblement, au surplus, me vouloir pardonner sy ne vous ay escrit la présente de ma propre main, ayant esté tellement blessé au poulce, ce jourd'huy, qu'à peyne ay je peu signer. »

La Royne n'estant pas encor advertie de la mort du duc de Guyse, son père, escrit au duc d'Aumale, son frère, de plusieurs autres choses, comme de l'exécution du traicté de paix.

« Monsieur mon frère, mon cousin monsieur le gouveneur et moy envoyons le mestre d'Asquin, présent porteur, devers le roi d'Angleterre luy porter les lettres patentes de la Royne ma fille, soubz son grand sceau, pour le faict de l'acceptation de la paix, suivant la compréhension qu'il a pleu au Roy en faire avec le roi d'Angleterre et ce royaume, et après ce faict, mon dit cousin luy a commandé passer devers ledit seigneur, avec le dit sieur de Morette, pour luy faire entendre ce qu'il aura faict, selon la charge qu'il luy a donnée, et aussy pour le remercier très humblement de la part du dit seigneur gouverneur, de la mienne, et celle des seigneurs de ce dit royaume, de la bonne volonté qu'il luy plaist nous porter, dont à jamais luy en demeurerons en obligation sy très grande qu'il nous est impossible pouvoir faire chose qui en puisse faire satisfaction; pareillement il porte au dit seigneur la responce sur ce qu'avoit apporté de sa part le dit sieur de Morette, et depuis le sieur de Fumel, par où il connoistra que tout ce que nous avons faict est pour le bien de son service, espérant qu'il n'en recevra que tout plaisir et contentement, vous priant monsieur mon frère, vouloir escouter et croire le dit mestre d'Asquin d'aucunes choses que je luy ay donné charge vous dire de ma part. Je ne fais doute que vous n'ayez souvenance de ce que je vous ay autrefois escrit, touchant les grandz services que j'ay de longuement receuz du père, qui est par delà, des frères et de toutes leur maison. Et vous puis asseurer, monsieur mon frère, qu'il n'y a personnages par delà plus affectionnez au service du Roy, et crois que le dit seigneur à ceste estime du père, et que le filz aisné, ses frères et le reste de leur ditte maison n'en font pas moins; lesquels ont partout et de tout temps faict preuve et démonstré par effect le désir et affection qu'ils y portoient, qui me faict vous prier, monsieur mon frère, vouloir avoir le dit mestre d'Asquin pour affectueusement recommandé. Et sur ce je prie Dieu, etc.

« De l'Islebourg, le 23 jour d'avril 1550.

« Vostre humble et bonne sœur, « MARIE. »

Et au dos : *A monsieur mon frère, monsieur le duc d'Aumalle.*

Le 25ᵉ jour d'Avril, Boulongne ayant esté remise entre les mains du Roy, suivant le traicté de paix avec l'Anglois, monsieur le connestable en donne la nouvelle au nouveau duc de Guyse, par sa lettre du jour suivant.

« Monsieur, je vous advise, pour toutes les meilleures nouvelles que vous sçauriez avoir, que le Roy et toute la compagnie font très bonne chère, et que ce matin il a eu nouvelles comme hier, environ les six heures, que les Anglois mirent mon frère et mon nepveu dans Boulongne et remirent entre leurs mains les autres forts qu'ils tenoient suivant le traicté. Ils ont laissé dans ledit Boulogne bien trois centz muidz de grains (mesure de Paris), quantité de vin, munitions, poudres et boulletz plus qu'ils n'y en trouvèrent, et l'artillerie promise par le dit traicté; n'estant possible s'y estre conduitz plus honnestement qu'ils ont faict, ny avec plus grande démonstration de faire durer ceste amitié; mesdits frère et nepveux mandent qu'il est impossible, sans voir, croire les belles fortifficatioins que lesdits Anglois ont faict esdit lieux ; de sorte qu'on ne doit poinct plaindre l'argent que l'on leur a donné. Le Roy faict son compte partir d'icy mardy prochain, pour aler coucher à Escouan, et jeudy à Chantilly, où il pourra séjourner un jour ; de la il s'acheminera vers Amiens où il recevra les commissaires Anglois qui viennent pour la ratiffication du traicté, et les nostres passeront cependant delà la mer pour aller faire le semblable en Angleterre, de sorte que mon nepveu puisse estre de retour audit Boulongne quant le dit seigneur y arrivera, espérant que entre cy et là, le plustost que vous pourez, vous nous viendrez trouver, qui luy sera le plus grand plaisir que vous sçauriez faire pour l'envie qu'il a de vous veoir, qu'est tout ce que vous aurez pour ceste heure, après mes humbles recommandations à vostre bonne grace, priant Dieu, etc.

« De Saint-Germain-en-Lay, ce 26 apvril.

« Vostre humble serviteur,

« MONTMORANCY. »

Et au dos : *A monsieur monsieur le duc de Guyse.*

Les dix lettres suivantes sont au subjet de la mort des duc de Guyse et de Jean, cardinal de Lorraine, son frère, qui ne pensoit pas sy tost mourir, estant arrivée à Lyon, en son retour de Rome, d'où il escrivit cecy au duc d'Aumale, son nepveu.

« Monsieur mon nepveu, j'arrivay en ceste ville de Lyon, le 25 apvril, bien sain, Dieu mercy, et le lendemain, monsieur d'Authun vint devers moy, de la part du Roy, me dire et faire sçavoir la mort de monsieur de Guyse, mon frère, à qui Dieu fasse pardon par sa bonté et miséricorde, nouvelles certes pitoyables et lamentables ; pour moy, j'espère qu'avec l'ayde de Dieu, sans lequel nous ne pouvons tous rien, il me fera la grace de me conformer à sa saincte volonté, et d'endurer ce qu'il lui plaira m'envoyer, vous suppliant, autant que je puis, monsieur mon nepveu, de vous montrer sage et prudent comme vous estes. J'espère, mon nepveu mon amy, de partir d'icy jeudy au matin, pour m'en aller faire la révérence et baiser les mains à mon seigneur mon Roy, mon maistre, pour le remercier plus que très humblement de tant d'obligations, tant de biens et d'honneurs qu'il luy a pleu me faire, qui me demeureront sur le cœur immortellement, et ne seray jamais content que je n'employe corps, biens et vie pour luy faire service, et à vous, monsieur mon amy, ne voulant vivre pour autre chose que pour vous faire service. C'est vostre bon oncle et parfaict amy,

« LE CARDINAL DE LORRAINE. »

Et au doz : *A monsieur mon bon nepveu, le duc d'Aumale.*

Lettre de monsieur de Troyes, au dit duc de Guyse son frère.

« Monsieur mon frère, j'ay tant de douleur et d'ennuys de la perte que nous avons faicte, que je ne puis autre chose vous escrire, pour ce présent, sinon me plaindre et regretter ceste piteuse avanture ; mais puis qu'il plaist à Dieu, je mettray peyne de ma part, comme je sçay que ferez de la vostre, de me conformer à son vouloir encor que la playe me soit bien griefve, qu'elle m'a faict par trop cognoistre quelle force et puissance a l'amour naturel. M. le cardinal mon frère a esté d'avis que j'allasse vers Madame, et en ceste délibération, je prandray demain mon chemin à Joinville, ayant prié mon dit sieur le cardinal de vous dire le sur plus et m'asseurant qu'il vous sçaura rendre très bon compte de nostre voyage. Je me recommende à vos bonnes graces, priant Dieu, etc.

« De Lyon, ce 10 may 1550.

« Vostre très humble et très obéissant frère,

« Louis de Lorraine. »

Et au dos : *A monsieur monsieur le duc de Guyse.*

Lettre de la duchesse de Valentinois au dict duc.

« Monsieur, je crois que maintenant aurez bien sceu la mort de monsieur le cardinal de Lorraine, qui m'a esté fort desplaisante, pour ce que c'est ennuy sur ennuy. C'est une visitation que Nostre Seigneur vous faict pour vous expérimenter tousjours en vos vertus ; mais depuis que les choses sont en ceste sorte, il ne faut pas oublier messieurs voz frères; aussy crois-je que le Roy suivra les choses qu'il a faict du passé, je l'en ramenteueray encor par ma lettre, bien que je sache qu'il le fera. Et pour ce, Monsieur, que j'espère vous veoir bientost, je ne vous feray plus longue lettre, sinon pour vous remercier humblement de ce qu'il vous plaist me mander des nouvelles de mon fils, monsieur d'Aumale, et de ce que vous avez ses affaires en sy bonne recommandation : faisant fin après avoir prié Nostre Seigneur vous donner autant bonne vie que je la désire pour moy mesme.

« A Annet, ce 21 may.

« Vostre humble à vous obéir,

« Diane de Poictiers. »

Et au dos : *A monsieur monsieur le duc de Guyse.*

Lettre de monsieur d'Aumale au duc de Guyse son frère.

« Monsieur mon frère, allant le sieur de Fumel, présent porteur, par delà, je n'ay voulu faillir vous escrire mon arrivée en ce pays d'Escosse, et l'honneur que tous les princes et seigneurs d'Angleterre m'ont faict en passant pour venir icy, me conduisant tousjours de poste en poste avec bonne compagnie, et outre ce le roy d'Angleterre m'avoit permis de libérer tous prisonniers, tant François, Escossois, qu'Espagnols, qui seroient en ces pays ; ce que j'ay faict et les ay trouvé en grand nombre : aussy la bonne chère et accueil que la Royne, nostre sœur, et les seigneurs du pays m'ont faict. Je l'ay trouvée fort desconfortée et faschée de la perte qui nous est advenue, où j'ay mis peyne de la conforter le mieux que j'ay peu, ainsy que vous dira ce dit porteur, et toutes autres nouvelles. J'espère monsiour mon frère, partir d'icy dans dix ou douze jours pour retourner en bonne dilligence en France. Cependant la ditte dame me doit faire voir toutes les places fortes de ce pays, et me dira toutes choses qui concernent le service du Roy, pour vous en rendre bon compte à mon retour, remettant le surplus à la dilligence de ce porteur, je me recommanderay en cet endroit à vostre bonne grace.

« De l'Islebourg, ce 18 may 1550.

« Vostre humble et obéissant frère,

« Claude de Lorraine. »

Et au dos : *A monsieur mon frère, monsieur le duc de Guyse.*

Lettre de François de Lorraine, grand prieur de France, au duc de Guyse son frère.

« Monsieur, j'ay receu vostre lettre de Chantilly du 3 présent : j'estois desjà adverty de l'infortune qu'il a pleu à Nostre Seigneur nous envoyer par le trespas de feu Monsieur, à qui Dieu pardoint, et ayant faict une sy grande perte, je ne puis sinon me conformer à la volonté de Nostre Seigneur, suivant vostre bon conseil, et le louer de tout ce qui luy plaist nous envoyer, me conformant aussy que doresnavant vous me serez père et frère, comme j'ay toute ma vie bien cognu par expérience, tout ainsy que je délibère vous porter obéissance comme le propre fils. Et pour commencement de ma obéissance, suivant le contenu en vostre dicte lettre, j'espère partir d'icy mardy prochain pour vous aller trouver là part que serez et faire ce que me commanderez, prenant mon chemin par Lorrette, Venize, Ferrare, Mantoüe et Millan ; et mettray peyne de me contregarder le mieux qu'il me sera possible par les chaleurs, m'estant jusques à présent tousjours bien porté, hors le regret dont je ne me puis bonnement exempter : me recommandant cependant, etc.

« A Rome, ceste vigile de Pentecoste,

« Vostre très humble et obéissant frère,

« F. François de Lorraine. »

Et au dos : *A monsieur monsieur le duc de Guyse.*

Instruction au sieur de Rancé de ce qu'il aura à dire, de la part de monsieur le duc de Guyse, à la royne d'Escosse et à monseigneur le duc d'Aumale, devers lesquels mon dit seigneur l'envoye présentement.

« Pour luy faire entendre, encor que mon dit seigneur pense bien que de ceste heure elle ayt esté adverty du trespas de feu mon seigneur le duc de Guyse par M. de Brezé que le Roy a envoyé par de là, pour s'en condouloir avec elle, et la visiter et consoller de sa part : sy est ce que mon dit seigneur voyant ceste adversité commune à la dicte dame comme à luy n'a voullu faillir despescher devers elle le dit sieur de Rancé, ayant mesmement assisté dix ou douze jours en la maladie de feu mon dit seigneur de Guyse, tant pour lui faire entendre ce qu'il en a veu et cognu et l'advis que les médecins en ont donné, après l'incision faicte de son corps, que aussy se condouloir avec elle de ceste adversité. Et combien que mon dit seigneur de Guyse la sente en soy sy dure et mal aysée à porter, qu'il n'est moyen de plus, toutes fois pour ce que c'est à Dieu de disposer de toutes choses et à nous de nous conformer à son sainct vouloir et plaisir, le dit sieur de Rancé suplira la ditte dame vouloir supporter ceste aversité aussy sagement et vertueusement qu'elle a faict les autres, dont il a pleu à Dieu cy devant la visiter. Et d'autant que plus grande est la perte qu'elle a faicte, d'autant plus elle fasse veoir à chacun la grandeur de sa constance et vertu.

« Après lequel discours, le dit sieur de Rancé advisera de desduire, par le menu et selon ce qu'il en a veu et entendu pendant qu'il a esté à Joinville, et suppliera mon seigneur le duc d'Aumale, en cas qu'il n'ayt encor pris congé de la Royne, de haster son retour pour se trouver à l'enterrement de feu mon dit seigneur de Guyse, qui doit estre dedans la fin de juin ; pendant le quel temps il est besoing mettre ordre aux affaires survenues tant à madame la duchesse douairière de Guyse, qu'à messieurs ses enfans, mesmement pour adviser aux partages qui furent faictz par feu mon dit seigneur de Guyse peu auparavant son trespas, au douaire que doit prandre ma ditte dame sur tous et chacuns les biens de sa maison. Ce que mon dit seigneur, mes dits sieurs ses frères, selon les coutumes des pays, en doivent porter pour leurs cottes et portions, et finallement toutes autres affaires qui se peuvent maintenant offrir sur qui leur conseil se doit assembler, et en ce temps là se trouver au dit Joinville pour y prandre une bonne et amyable résolution.

« Luy dira que tels affaires pressez et importans, tant à luy qu'à messieurs ses frères, ne se pouvans remettre après l'enterrement de feu mon dit seigneur de Guyse, sans grandement incommoder ma ditte dame de Guyse et mes dits sieurs ses frères, qui en ce temps là se doibvent tous trouver au dit Joinville, il est supplié voulloir haster son retour par deça le plus qu'il luy sera possible, pour, après avoir mis une fin à cela, continuer à se soulager les uns les autres ez choses qui se présenteront pour leurs affaires particulières ; et unys ensemble, désormais vivre comme ils ont faict jusques icy, en une entière et parfaicte amytié, en laquelle mon dit seigneur d'Aumale se peut asseurer qu'il trouvera tousjours mon dit seigneur de Guyse disposé, comme son meilleur frère.

« Ces propos finis, fera entendre à la Royne l'ayse et contentement que mon dit seigneur de Guyse a receu de ce qu'il a pleu au Roy luy permettre venir par deça, où elle se peut asseurer estre autant la bien venue et longtemps désirée qu'elle sauroit penser, tant des siens que d'un bon nombre de ses serviteurs et amys, qui s'efforceront se mettre en leur devoir pour la recueillir et honnorer en tout ce qu'il leur sera possible.

« Et pour ce qu'il semble bien raisonnable que la ditte dame envoye quelqu'un de sa part à l'enterrement de feu mon dit seigneur de Guyse et quelqu'autre pour la Royne sa fille, le dit sieur de Rancé luy fera sur ce entendre que le dit seigneur de Guyse seroit bien d'advis, en cas qu'elle n'auroit encores prouveu à cela, qu'elle mandast aux sieurs d'Asquin et Rewiston d'y assister pour elle et pour ladite dame sa fille.

« Ayant le dit sieur de Rancé satisfaict en ce que dessus à la ditte dame, se retirera vers messieurs les gouverneur et de Termes, ausquelz fera entendre l'occasion de son voyage par delà, n'ayant voulu mon dit seigneur oublier, cognoissant assez la bonne volonté et affection qu'ilz portoient à feu mon dit seigneur de Guyse et désir qu'ils avoient de luy faire plaisir et service, les envoyer visiter de sa part et se condouloir avec eux de l'infortune qui lui est survenue par le trespas de feu mon dit seigneur son père, duquel lui départira mesmement du discours de la maladie, ainsy qu'il advisera pour le mieux, les prians voulloir convertir envers luy ceste bonne volonté et affection qu'ils portoient envers mon dit seigneur de Guyse, et croire que en ce qu'il poura jamais pour eux n'espargnera chose qui soit en sa puissance pour s'y employer et donner à cognoistre de combien il leur désire demeurer entier et parfaict amy. »

Lettre de la royne d'Escosse au duc de Guyse son frère.

« Monsieur mon frère, j'ai entendu la douleureuse fortune de la mort de monsieur nostre père, et comme il a esté malheureusement empoisonné, et m'a-on dit que vous vous estes trouvé fort mal. Je ne vous dirai poinct, monsieur mon frère, quelle douleur j'en ressens, estant asseurée que le sçavez par vous mesmes, ayant perdu le meilleur père que jamais enfant perdit ; mais moy qui suis sans mary et sans père n'ay plus recours, après Dieu, qu'à vous messieurs mes frères, et principallement à vous qui estes nostre chef, vous priant m'avoir en recommandation, non comme sœur, mais comme fille, et pareillement mes enfans; ce m'est un reconfort en ma fortune de voir nostre frère le marquis. Et pource que son retour par delà sera en bref, je ne vous feray longue lettre, et aussy que ce porteur, le sieur de Fumel, est bien instruit de toutes choses et est en bonne volonté de faire service à nostre maison, vous priant le croire de ce que je luy ay donné charge de dire, comme moy mesme. Je vous recommande nostre bonne mère, vous supliant la consoler autant qu'il vous sera possible, sa douleur luy estant insuportable, sans la grace de Dieu. Je luy supplie la luy donner et vous l'heur et bien que désirez.

« De l'Islebourg, ce 21 mai.

« Vostre humble et bonne sœur,

« MARIE. »

Et au dos : *A monsieur mon frère, monsieur le duc d'Aumale.*

Lettre de Renée de Lorraine, abesse de Saint-Pierre de Rheims, au duc de Guyse son frère.

« Monsieur, ayant receu la lettre qu'il vous a pleu m'escrire m'advertissement du trespas tant soudain de feu monsieur le cardinal de Lorraine, je vois bien que la main de Dieu nous touche de près, puis qu'il luy plaist en la séparation de plusieurs personnes nous visiter. Chose, Monsieur, qui est autant piteuse, comme peu attendue de ceux qui désiroient leur plus longue vie, que d'autant que l'ennuy augmente à toute vostre maison, aussy à ma sœur et à moy, en considération de vostre peyne sy grande pour telles infortunes, esquelles je vous supplie me pardonner sy je vous fais très humble requeste les vouloir prandre, venant de la permission du Seigneur, en telle patience, accompagnée de vostre vertu accoustumée, en sorte que vous ne vous trouvez plus mal de vostre santé. De moy, Monsieur, je mettray peyne, suivant vostre commandement, de me conteneur encor que les causes soient par trop difficilles, n'estoit l'asseurance qu'il vous plaist nous donner de vostre bonne grace à ma sœur et à moy, de quoy vous remercions très humblement, priant le Créateur nous donner, Monsieur, en santé, très bonne et longue vie.

« De Saint-Pierre de Rheims, ce 27 may 1550.

« Vostre très humble et très obéissante sœur.

« RENÉE DE LORRAINE. »

Et au dos : *A monsieur, monsieur le duc de Guyse.*

Lettre de Chrestienne de Dannemarh, douairière de Lorraine et de Milan, au duc de Guyse.

« Monsieur mon cousin, j'ay receu vos lettres du 25 de ce mois par l'abbé de Bonlieu, présent porteur, et entendu ce qu'il m'a dict de vostre part, sur la seconde infortune qui nous est arrivée du décedz de feu monsieur le cardinal de Lorraine nostre bon oncle, à qui Dieu fasse mercy, dont j'ay très grand deuil et desplaisir, ainsy que pouvez penser pour la grande amityé qu'il me portoit et moy à luy, et aussy pour estre sy proche de ceste nostre maison : néantmoings puis qu'ainsy à pleu à Dieu, il fault se conformer à son vouloir. Nous avons conclud, mon frère monsieur de Vaudemont et moy, qu'il ira vers vous pour adviser par ensemble ce qui sera de faire, tant pour l'enterrement, que pour le reste : qui sera cause que je ne vous feray plus longue lettre, sinon pour prier le Créateur, etc.

« A Nancy, le dernier jour de may 1550.

« Vostre bonne cousine et amye,

« CHRESTIENNE. »

Et au dos : *A Monsieur mon cousin monsieur le duc de Guyse.*

Lettre du cardinal de Bourbon au dict son nepveu.

« Mon neveu, j'ay receu vostre lettre en ce lieu de Condé, par la quelle me priez tant au nom de madame vostre mère, ma sœur, que de toute vostre maison, me vouloir trouver ou envoyer aux obsèques de feu monsier de Guyse vostre père et mon frère; je vous assure que sy n'estoit l'accouchement de la Royne sy prochain, auquel comme m'escrivez ne puis ne doibs faillir, il n'y a occasion au monde qui me sceust empescher de faire en cet endroict mon devoir, encor que je sçache bien que mon deuil accompagné de celluy de ma sœur me soit et à elle chose presque imsuportable. J'ay, ce jourd'huy, eu de ses nouvelles par un laquais que j'y avois envoyé, et vois bien par sa lettre que sa santé est bonne, mais que son ennuy ne diminue poinct. J'espère qu'ayant veu monsieur le cardinal de Lorraine vostre frère et mon nepveu, qu'elle mettra non fin mais ordre à sa tristesse continuelle. Incontinant le baptesme faict, je n'auray jamais joye ny plaisir que je ne l'aille visiter; et participant à son deuil que ne mette peyne à tempérer le sien, autant qu'il sera en moi. Quant aux nouvelles de la cour, le seigneur de Victry m'en a dit de vostre part, dont vous mercye bien fort. Je partiray demain pour m'en aller à la cour, où je suis seur qu'auray bien faulte de la présence de monsieur le cardinal vostre frère et de vous, et n'entreprendray affaire qui soit d'importance avant le retour de tous deux, pour la seureté, amytié et parentage qu'avons ensemble : dont de nouveau, monsieur le cardinal de Vendosme qui est icy avec moy, m'a faict tel tesmoignage qu'en suis au plus grand contentement du monde. Au surplus monsieur de Roy et sa femme partirent hier de ce lieu, et Louys monsieur mon nepveu pour leur conduite ; et vous puis asseurer que son mariage est arresté, comme je sçay que vous et toute vostre maison le désirez, qu'est tout ce que je vous sçaurois escrire, attendant vous en pouvoir dire plus au long. Toutes fois, je ne vous veux céler qu'en ce mesme lieu et luy et elle m'ont promis l'asseurer de trente mil livres de rente. Il sera bien besoing que le Roy parle en ceste affaire selon et en suivant ce qu'avant j'allasse à Rome monsieur le cardinal vostre frère et moy parlasmes au dict seigneur, chose que je réserveray à son retour et au vostre : et me contenteray, pour ceste heure, de vous en escrire aussy ouvertement comme à mon meilleur parent et amy. Vous ferez, s'il vous plaist, la présente commune à ma sœur vostre bonne mère et à monsieur le cardinal vostre frère : qu'est tout ce que je vous puis mander pour l'heure, sinon que je ne faudray envoyer personnage de ma part aux obsèques de feu monsieur de Guyse vostre bon père et mon meilleur frère, priant Dieu, etc.

« De Condé-en-Brye, ce 12 juin.

« Vostre meilleur oncle et amy,

« LOUIS CARDINAL DE BOURBON. »

Et au dos : *A monsieur de Guyse mon bon nepveu.*

Lettre du mareschal de Saint-André au dict duc de Guyse.

« Monsieur, je ne vous puis dire l'extrême ennuy et desplaisir que j'ay de la fortune qu'il a pleu à Dieu vous donner ; tant pour avoir perdu un bon seigneur et bon amy qu'aussy pour la crainte que j'ay que la fascherie où vous estes puisse porter dommage à vostre santé et à celle de madame vostre mère ; mais je me reconforts à la sagesse et vertu de tous deux et en l'espérance que j'ay que prendrez pour vous tel conseil et consolation que bien et sagement le sçavez donner à un autre, dont très humblement je vous supplie, et qu'il vous souvienne qu'en semblable adversité, pour n'avoir esté assez sage, j'en ay cuidé perdre la vie. Voilà, Monsieur, ce qui me fera vous supplier, comme très humble et meilleur de vos serviteurs, que vous veilliez vous consoller avec Dieu, affin qu'il ne se courouce et que pour une fortune il ne vous en adviennne deux. Je ne vous en diray davantage, me confiant entièrement en vostre prudence et bons sens. Au demeurant, Monsieur, vous pouvez estre asseuré que le Roy ne touchera en chose que soit, des choses qui estoient entre les mains de feu monsieur vostre père jusques à vostre venüe, que je désire plus que je ne vous sçaurois dire. Et vous supplie de croire, Monsieur, que je m'estimerois trop malheureux de laisser perdre une seulle occasion de vous faire service, comme plus amplement vous dira ce porteur, sur le quel je remettray le sur plus, priant Dieu, etc.

« Vostre plus humble et affectionné serviteur,

« SAINT-ANDRÉ. »

Et au dos : *A monsieur monsieur le duc de Guyse, pair de France.*

Lettre de la duchesse douairière de Guyse au duc de Guyse son fils.

« Mon fils, j'ay receu par Jean Baptiste les lettres que vous m'avez escrit, et ne m'esbahys sy avez tardé à nous les envoyer : car elles sont longues assez pour y mettre du temps, au peu de loisir que je sçay que vous avez. J'ai aussy veu celle qu'escrivez à ma fille ; elle connoist bien que ce n'a esté sans peyne que vous en avez tant faict. Je voudrois bien que la visite de la frontière où vous estes fust faicte, affin que vous veniez tous ensemble faire ce qui reste pour feu monsieur vostre père, sur le mémoire du hérault qui vint samedy, et commença hier à veoir ce qui falloit de velours et de draps pour l'église et autres lieux. Je suis bien empeschée pour le manteau, parce que le dict hérault nous a dit que vous aviez conclud qu'il seroit semé de croix de Jérusalem. Et quant aux chevaux, nous n'y pouvons toucher que les velours ne soient venus ; ce sera un grand advantage que le Roy nous preste les draps d'or. Quant à la terre que le Roy vous a accordée de choisir, je suis d'advis que vous preniez Saint-Disier, pource qu'elle est près de vous et toute meslée parmy vos terres. Quant vous verrez ce temps, n'oubliez la partie des vingt mil francs sur les bois d'Espernay donnez à feu Monsieur. Il me semble que le Roy me feroit grand tort de les m'oster ; et aussy pour la garde noble ; quant feu monsieur l'admiral mourut, le feu Roy laissa à sa vefve tout entièrement ce qu'il tenoit de son domaine ; le Roy le sçait, l'ayant retiré depuis sa mort, ce sera beaucoup sa bonne grace que cela nous demeure. Je prie à Dieu, mon amy, qu'il vous veille bien garder et donner bonne et aussy longue vie que la vous désire,

« Vostre bonne mère,   «ANTHOINETTE. »

Et au dos : *A mon fils le duc de Guyse.*

Le 13 juin, monsieur de Marillac, ambassadeur du Roy auprès de l'Empereur, escrit ce qui se passe en ceste cour, dont le double est envoyé au duc de Guyse.

« Sire, l'Empereur estant party de Bruxelles, le dernier jour du mois passé, a demeuré douze jours entiers à venir de là jusques en ceste ville, combien qu'il n'y ayt que 30 lieües, qui ne sont encor pas semblables à celles d'Allemagne; la cause de cela procède du séjour qu'il fit à Mastrick, pour solemniser la feste du Saint-Sacrement et donner ordre aux affaires de ceste ville, sur le faict de la jurisdiction qui est commune entre luy et l'évesque du Liége. A la vérité, tous ceux qui voyent son visage, jugent bien qu'il n'est pas disposé pour la faire longue; ce sera bien la fin de ce mois devant qu'on puisse desloger de Spire, et bien le 10 ou 12 de l'autre, quant il arrivera à Auguste, dont on peut juger que la Diette ne sçauroit estre icy sy courte, qu'avant la fin d'icelle, cet esté ne s'escoulle.

« Sire, le séjour que l'Empereur a faict icy m'est venu de tant plus à propos, que s'il fust party ce matin je n'eusse peu avant qu'eussions esté à Spire faire l'office qu'il vous avoit pleu me commander touchant le faict des Escossois, duquel j'ay parlé à l'évesque d'Arras, en mesme langage que mon instruction portoit, et en termes par lesquels ils peussent cognoistre qu'il faut pour le moings autant pour eux d'estre en paix de ce costé là, que pour les dits Escossois, qui peuvent plus espérer de profflt de ceste guerre, que craindre de dommage, y adjoustant vostre délibération d'envoyer personnages des pays par deça, ou en Flandres, selon que l'Empereur auroit advisé du lieu où il seroit convenable d'en parler. Sur quoy le dict sieur d'Arras, après plusieurs honnestes propos qu'il m'a tenu de l'amytié d'entre vous, Sire, et l'Empereur, m'a dit en substance qu'ils ne se fussent jamais attachez aux Escossois sans en avoir de bien bonnes causes. Et parce qu'estans les dits Escossois en guerre contre les Anglois, ils prindrent plusieurs navires Flamans, soubz couleur de ce qu'ils disoient ceux du pays favoriser les dits Anglois leurs ennemys : qui fut cause que pour se ressentir de telle injure, l'Empereur, par traicté faict avec le feu roy d'Angleterre, accorda de faire la guerre contre les dits Escossois, avec condition que l'on ne se pourroit accorder avec eux sans le sceu et consentement de l'autre. Laquelle chose avoit esté cause qu'on avoit compris les dits Escossois au traicté de Crecy, ainsy qu'il fut remonstré en traitant à monsieur l'amiral. Et depuis, cela mesme avoit empesché que l'Empereur, en son arrivée aux Pays-Bas, n'avoit peu entendre à l'ouverture qu'ycelluy avoit proposée de vostre part, Sire, pour pacifiier ces différendz d'entre luy et les dits Escossois. Et combien que cet empeschement cessast maintenant, par ceste nouvelle paix faicte en Boullennois, toutes fois, par ce qu'il ne sçavoit sy l'Empereur feroit quelqu'autre difficulté sur ceste affaire, il ne me vouloit asseurer d'autre chose qu'il ne lui en eust communiqué : ce qu'il feroit ce matin mesme, et attendroit de Sa Majesté son intention, tant en cet endroit comme aussy sur celui convenable à traicter de ceste paix, fust en Flandre devers la royne de Hongrie, ou envers luy vers ses quartiers d'Allemagne; auquel cas il me feroit despescher sauf conduict pour les personnages qui sont venus d'Escosse à cet effet. Au demeurant, j'adjousteray à la présente que l'Empereur a faict dire au nonce du Pape qu'il eust à le suivre de prez pour, autant qu'il vouloit, communiquer avec luy, qui est comme on pense sur le faict du concile, affin d'en tirer quelque résolution avant qu'on soit en la ville d'Auguste. Quant aux affaires d'Allemagne, il n'y a rien de nouveau, sinon que les villes maritimes et singulièrement Magdebourg, persistent en leur obstination. Ces autres de l'Empire despeschent de toutes parts leurs députez à ceste prochaine diette. Quant à l'appareil que faisoit le marquis de Brandebourg, à ce qu'on disoit, on dit que c'est une levée de boucliers, et qu'il n'y a ny deniers ny moyens de mettre et entretenir en campagne les forces qu'il avoit retenus. De ce qui surviendra, Sire, je mettray peyne d'en escrire, suppliant le Créateur, etc.

« De Collogne, le 13e jour de juin. »

Lettre du Roy, au duc de Guyse, sur l'heureux accouchement de la Royne.

« Mon cousin, ce matin entre cinq et six heures, la Royne ma femme est accouchée d'nu fils, qui est un de plus beaux enfans que l'on sçauroit veoir; dont je suis seur que vous recevrez très grand ayse et plaisir, et que avec moy vous remercierez Dieu de la grace qu'il luy plaist me faire, de me donner de si beaux enfans. J'espère que vous me reviendrez voir bien tost, où vous trouverez mon peuple creu de cet enfant, et la compagnié qui vous fera très bonne chère. Présentement, je despesche en Espagne vers le roy de Bohême, pour le prier d'estre mon compère, et à ma tente la duchesse de Ferrare pour estre ma commère; qui ne luy sera pas, comme je m'asseure, nouvelle désagréable. Et sur ce, faisant fin, je prieray Dieu, mon cousin, vous avoir en sa sainte garde.

« Escrit à Saint-Germain-en-Laye le 27e jour de juin 1550.   HENRY. »

Et plus bas, DE LAUBESPINE. »

Et au dos : *A mon cousin le duc de Guyse, pair de France.*

Lettre du cardinal de Lorraine au duc son frère, où il lui parle entr'autres choses que Roy veut estre asseuré de la duchesse de Lorraine.

« Monsieur mon frère, vous verrez par ceste despesche tout ce que nous avons de nouveau d'Allemagne et d'Italie. Le Roy part d'icy demain, et serons samedy à Nantes, pour estre le 20 à Amboise; il m'a dit, depuis deux jours, que voyant les affaires où il peut tomber, il désireroit que vous parlassiez bien à madame de Lorraine, sy elle vient, et aux principaux du pays, de façon qu'il puisse estre asseuré d'eux : car il crainct que l'Empereur prenne le pays et voit que ce n'est le temps de commencer des querelles, et qu'il mandera à ses députés de ne rien innover de ce costé là, et luy rapporter seullement toutes choses. Que sy on pouvoit faire que le fils vint à Fontainebleau avec sa mère, pour faire la révérence au Roy et parler du mariage, tout iroit bien, et eschapperoit nostre pauvre maison un grand danger. Pour y parvenir, il fault premièrement faire le froid, et dire que jusque icy on a sy peu tenu compte de nous, que nous avons tout laissé; mais que quant on voudra prandre nostre conseil, nous monstrerons bien encore que nous avons de la puissance, et qu'il n'y a rien qui ne se puisse r'habiller. Dieu veille que vous y puissiez faire quelque chose de bien. Je le prie, monsieur mon frère, etc.

« De Belin, ce 11 juillet.

« Vostre très humble et obéissant frère,

« C. CARDINAL DE LORRAINE. »

Et au dos : *A Monsieur mon frère le duc de Guyse.*

Lettre de Monsieur de Bassefontaine au Roy.

« Sire, j'ay, cejourd'huy, receu deux paquetz de Vostre Majesté. Le courrier envoyé par la royne de Hongrie est arrivée le jour d'hier au soir, avec recharge expresse de l'Empereur à la ditte dame de se incontinant mettre en chemin, pour aller en Allemagne. Et pour cet effet, elle est partie présentement conduisant la royne Léonore et le conseil jusques à Bruxelles, où nos logis sont faits; et y devons séjourner pendant ceste absence, qui ne sera pas moins que de quatre mois, m'ayant dit monsieur le président de sa part qu'elle estoit en délibération, tant l'Empereur la desiroit veoir, de prandre le chemin droict à Coulogne, sans visiter les frontières, et qu'estant à Bruxelles elle parleroit à moy pour me faire certain de tout. Voilà, Sire, comme elle tasche de nous cacher l'entreprise de ce voyage le plus qu'elle peut, sy est ce que c'est chose asseurée que le corps du conseil demeure pour chef, comme m'a dit le dict président; la ditte dame laisse pouvoir de traicter la paix dessusditte ; ceulx du conseil mesme confessent que ce voyage se dresse principallement pour accorder les différands qui sont entre l'Empereur et son frère, lesquels, depuis l'ouvairture de ceste Diette, ont eu quelques parolles sur ce faict de l'avancement du prince d'Espagne, qui estoit la cause que le dict Roy s'en vouloit aller, comme m'escrit mesme monsieur de Marillac, n'eust esté qu'à forces de prières on l'a retardé, agissant le roy de Bohême, son père, par continuelles lettres, comme aussy on le tenoit tout à propos en Espagne, pour cependant conduire son dict père à son préjudice, à la grandeur du prince d'Espagne, son cousin, qui est cause qu'on ne gouste pas fort par deça que Vostre Majesté l'ayt esleu pour compère. Ce que communiquant quelquefois la royne de Hongrie par vostre commandement, je me suis apperceu qu'elle ne goustoit grandement telles nouvelles, outre les advertissements qui sont icy du mescontement de ses deux princes. L'ambassadeur d'Angleterre m'a monstré, en secret, un double de lettre que son maistre luy a envoyé, escrit par un espion que le dit Roy entretient en la cour de l'Empereur, où la mesme chose est contenue. Et outre que cela est cause que le marquis de Brandebourg, et autres princes d'Allemagne, se tiennent roydes contre, ayans son frère pour arboutant. Sire, je prie le Créateur, etc. De Beins, le 22 aoust 1550. »

Extraict des lettres de monsieur de Marillac, ambassadeur du Roy vers l'Empereur.

« Premièrement, il y a deux poincts en la response que les Électeurs ont faicte, les princes et villes de l'Empire, sur la proposition de l'Empereur, qui touchent le faict du concile et les rebelles, esquels se sont trouvez tant de difficultez que l'affaire ne se peut conclure qu'à grande longueur.

« Qui sont que les Electeurs et princes veullent et acceptent le concile, suivant la conclusion de la Diette passée, qu'ils appellent *recez*, en laquelle l'Empereur leur promet le concile général, auquel les protestans soient ouys, et qu'il fust à cela adjousté une clause générale, qui est de faire en sorte, que pour le regard d'aucunes conditions dont ils avoient traicté avec luy, que chacun demeureroit content. En quoy toutes fois le dict Empereur, soubz les motz de contenter tout le monde, a passé outre, sans spécifier les conditions que l'on mettoit en avant lorsqu'il fut parlé du concile, qui estoient celles là mesme que le duc Maurice a insérées dans sa déclaration, comme de la soubmission du Pape au concile, de l'absolution des prélatz, du serment qu'ils luy ont, et autres choses dont on a esté adverty cy-devant par le dit sieur de Marillac. Par là, il s'est descouvret que les estats de l'Empire, au moins les protestans, ne s'estoient autrement soubmis au dict concile. Que l'électeur de Brandebourg s'est joinct à la ditte déclaration du duc Maurice, laquelle les autres protestans suivront cy-après, comme ayans ce mesme cœur et volonté, et que la response faicte pour le dit faict du concile, par les habitans des villes Impérialles, qu'ilz donnèrent par escrit en la Diette passée, se trouve fort approchante de la déclaration du dit duc Maurice, en ce mesmement qu'ils ne veullent accepter les déterminations du concile de Trente, ny aussy la doctrine des Pères, sinon en tant qu'elle est conforme à la sainte Escriture; et que d'ailleurs ils veullent le concile estre faict à la mode des anciens, par où ils se réservent taicettement, de pouvoir alléguer après les autres obstacles que le dit duc Maurice a mis en avant, à quoy j'estime les affaires du dit concile reduittes aux termes d'impossibilité, sy les Électeurs et leurs adhérans et aussy ces villes ne changent d'opinion.

« Quant au second poinct, qui touche le faict des rebelles, qu'il est certain que ceux que l'on veult mettre en ce nombre, comme Magdebourg, Brême et autres, alléguent que le poinct de la religion est la seulle cause qu'ils ne se puissent réconcilier avec le dit seigneur, et partant feroient leur cause commune avec celle de tous les protestans, autrement l'Empereur faisoit son compte par là de réduire les uns après les autres et les deffaire de leurs propres forces, et que ces Estatz ont très bien cognu. En somme, ny pour le regard de ces deux poinctz de concile, de rebelles, ny d'autres mis en avant en ceste proposition, l'Empereur n'a encore obtenu chose dont il soit satisfaict.

« Quant au subjet du voyage de la royne de Hongrie, on dit qu'elle y va pour une affaire qu'elle a avec le roy des Romains, touchant son douaire. Autres disent qu'elle a charge de remonstrer les dangers et inconvéniens qui peuvent advenir aux pays de Hollande, Brabant, pour la rigueur de l'inquisition nouvellement establie. Aucuns adjoustent que c'est pour moyenner que le roy des Romains cède son tictre en faveur du prince d'Espagne, en luy donnant sa fille en mariage. Les autres, au contraire, que l'Empereur voyant les difficultez qui sont en Allemagne, désire renvoyer son fils aux Pays-Bas pour s'y accoustumer, et que luy passera en Espagne pour se reposer. En somme, que ceste venue n'est pas sans mistère, attendu qu'il n'y a pas trois mois que la ditte dame a veu l'Empereur et qu'elle mène avec elle les principalles testes du conseil du Pays-Bas.

« Que la duchesse de Lorraine viendra par mesme moyen, et que le mariage du duc de Holstein et d'elle à la fin se fera.

« Que les ambassadeurs de la ditte dame duchesse ont faict une proposition à ceste Diette, de la part du jeune duc de Lorraine, par laquelle il requiert en premier lieu avoir quelque prince d'Empire des plus près du pays de Lorraine, auquel il peust avoir recours, et mesme tel secours que feroit tout l'Empire en cas qu'aucun voisin luy voulsist courir sus.

« Par une autre lettre que le dit sieur de Marillac escrit à monsieur le connestable, du mesme jour, il escrit que pendant la longueur de l'affaire du concile et des rebelles, se dressent d'autres troubles qui ne sont pas pour amander les affaires du dit Empereur, et mesmement du costé du Turc. Lequel, ainsi que l'on dit par delà, ayant faict suspension d'armes avec le Sophy, se prépare pour venir en Transilvanye et Hungrie, et que cela ayant esté remonstré à ceste assemblée par le roy des Romains, il a obtenu l'advancement d'un tiers des deniers que luy furent accordez en la Diette, pour la fortiffication de Vienne : ce tiers pouvant monter à quinze mil ducats, ou environ.

« Qu'il semble qu'on tienne peu de compte en la Germanie des commandements de l'Empereur, par ce que non seullement les villes maritimes n'ont pas envie d'envoier à la diette ; mais ayant conféré de leurs affaires avec les ambassadeurs du roy de Dannemark et de Suède, à Lunebourg, prindrent résolution de créer un général de leur chevalerie nommé Won Halt, et un collonel de gens de pied qu'ils firent partir pour aller lever le siége que le duc de Brunsvick tient contre la ville du dudit Brunsvick.

« Que le comte d'Oldembourg est entré au pays du dict duc, qui a couru, pillé, bruslé et tant endommagé le pays, que le dict duc a laissé la charge du dict siége à son fils, et est party pour y aller remédier. Sur quoy l'Empereur leur a escrit par plusieurs fois, et envoyé gens pour leur faire poser les armes ; mais qu'il semble qu'ils se sont par là plustost irritez qu'apaisez, et font pis que jamais.

« Que le Peghin avoit commandement de mestre en avant le faict de Plaisance, réquerant l'Empereur d'y vouloir faire adviser, et cependant faire oster les gens de guerre qui sont dans la ville : sur quoy ne luy a encor esté respondu. »

[1551] *Lettre de la duchesse de Ferrare au duc de Guyse, son gendre.*

« Mon fils, je vous envoye cy-dedans un chisfre pour estre chose importante ainsy que vous sçaurez juger. Et pour ce qu'elle mérite estre tenue secrette, et pour le service du Roy et pour plusieurs autres causes, s'il vous semble bon sera Maisons qui vous le deschisfrera. Auquel me remetz pour vous dire, et respondre à quelqu'autre chose de ma part, qui sera pour fin, priant Dieu vous donner très bonne et longue vie.

« Le 3 juin 1551.

« Mon fils, je vous envoye deux lettres qui ne se bailleront poinct jusque à ce que vous ayez veu tout ce qui est escrit au chisfre cy à dos : je vous prie faire tenir seurement à Maisons le petit paquet à luy adressé, auquel j'escris quelque chose pour vous dire ; je vous prie me faire sçavoir des nouvelles de ma fille, vostre femme, quant vous en aurez, et spéciallement de sa couche et bonne dellivrance, que je supplie à Dieu luy donner à nostre satisfaction.

« Votre bonne mère. RENÉE DE FRANCE. »

Et au dos : *A mon fils monsieur le duc de Guyse.*

Lettre de monsieur de Marillac au Roy, du 13 du mois de juin, pendant le reste duquel il le tient souvent adverty de tout ce qui se passe en Allemagne et autres lieux, dont le Roy faict envoyer le double au duc de Guyse, auquel le connestable faict aussy part des siennes.

« Sire, monsieur d'Arras depuis deux heures en çà m'a faict appeler pour me dire, de la part de l'Empereur, que comme le dict seigneur eut esté adverty par dom Ferrand de Gonzague que les forces que le Pape a par delà n'estoient suffisantes pour réduire à raison le duc Octavio, d'autant qu'en la Mirandole et lieux circonvoisins il y avoit gens de vostre part, qui s'en renforçoient tous les jours pour l'ayder à empescher que le dict duc ne receust le chastiment d'un vassal rebelle d'Église et tel déclaré, debvoit attendre ; à ceste cause, il s'estoit résolu de faire lever en ces quartiers mil quatre mil lansquenetz, soubz la conduitte du baron d'Aisnée, pour les envoyer en Italie, non à autre effet que pour assister à Sa Saincteté, comme il estoit tenu faire, à exécuter la sentence qui estoit prononcée contre son vassal, y adjoustant que cy après on pourroit aussy faire levée d'autres quatre mil hommes et d'environ mil chevaux, pour faire en tout jusques à neuf mil hommes, en cas qu'on veist que le besoing y fust, ce que le dit seigneur m'avoit bien voulu faire dire et avant que les cappitaines qui sont encor en ceste ville deslogeassent, pour le vous escrire, Sire, tant pour continuer le chemin qu'il a tenu de vous parler clairement et nettement, comme aussy pour vous oster toute occasion de pencer que ceste levée feust pour vous entamner la guerre, dont il vous asseuroit n'avoir aucune envie ny dellibération, comme aussy il en attendoit autant de vostre part, et ne se pouvoit encor persuader que vous, Sire, soyez pour soustenir le duc Octavio, en un tort sy évident, comme contre son souverain, et pour chose où vous n'avez aucun préjudice, comme en la ville de Parme. Sur quoy luy ayant promis que je ferois l'office touchant cet advertissement, en la sorte qu'il me requéroit, j'ay respondu que pour vostre regard ne feriez chose qui peust contrevenir aux conventions et traitez qui estoient entre l'Empereur et vous, non plus que pensiez qu'il fust pour en faire autrement. Et quant à Parme, vous aviez assez déclaré par tout le monde que vous n'y prétendiez aucune chose, que de garder seullement que celluy qui s'estoit mis en vostre protection ne receut aucun tort, remettant le surplus à son franc arbitre de disposer du sien en la sorte que bon luy sembleroit. Et pour ce, Sire, que le dict seigneur d'Arras répliqua qu'on ne le devoit avoir pris en protection pour n'estre voisin, ny estre chose qui feust de conséquence en vos affaires, j'ay adjousté seullement que les roys de France avoient tousjours esté plus jaloux de l'honneur que des biens, comme à soustenir ceux qui avoient imploré leur ayde pour les garentir et préserver de l'injure des plus forts. Et partant ils ne devoient trouver estrange un acte de telle générosité, veu qu'eux mesme prenoient bien par fois la protection des Mores et infidelles : ce que luy desnie comme de moy n'ayant poinct eu charge de ceste affaire, sinon que vous, Sire, vous en estiez du tout remis à la volonté du duc Octavio, et qu'en cet endroict vous n'y aviez autre intérest que de l'honneur.

« Le bruit du partement de l'Empereur, pour aller au Pays-Bas, est maintenant refroidy, et croit-on qu'il demeurera tout ce mois en ceste ville. A ce propoz, un personnage qui l'entend bien, dit que ce bruit estoit fondé sur ce qu'il craignoit l'une de deux choses : que vous, Sire, ayant rompu vostre voyage de Bretagne prinsiez vostre chemin vers Lyon où vers Picardie. Au premier cas, on voulloit faire courir le bruit d'aller au Pays-Bas pour empescher que ne fissiez passer la pluspart de vos forces en Italie, en réservant une partie pour faire teste du costé d'Arthois; au dernier cas, pour se deffendre, sy d'avanture vous eussiez proposé de faire quelque esfort de ce costé là; partant voyant qu'estiez encor vers Bretagne, l'Empereur s'estoit advisé de demeurer icy pour donner réputation aux affaires d'Italie, ne pouvant bonnement d'ailleurs laisser ceux de ce pays qui empireroient par là beaucoup plus qu'ils ne sont. Toutes fois, Sire, je ne vois sy grande asseurance qu'on doive séjourner icy, tout dépendant du succez des affaires d'Italie et de ce que vous ferez.

« D'Auguste, ce 13 jour de juin 1551. »

Lettre du 16, du sieur de Marillac.

« Sire, il vous a pleu entendre par mes dernières, du 13 de ce mois, les propos que monsieur d'Arras me tint touchant la levée des gens de guerre que l'Empereur entendoit faire, pour envoyer en Italie contre le duc Octavio, où depuis j'ay faict observer que pour le présent on ne loura que quatre mil hommes de pied, que le baron d'Aisnée conduira, et cinq cens chevaux, dont le duc Esneste de Brunsvick aura la charge, après le duc de Holstain, frère du roy de Dannemark, auquel on l'auroit présentée, s'en est honnestement excusé, disant que pour le respect de l'amitié que son frère vous portoit, il ne voudroit faire sans son sceu chose qui feust pour vous déplaire. Et combien qu'on ne doubte poinct que ceste affaire ne se fasse, on ne la traite pas beaucoup, outre que l'Empereur n'en a encor rien faict entendre à l'ambassadeur de Venise, quoy que ces troupes ne puissent passer que par les terres de la seigneurie, n'estoit que les Suisses leur donnassent passage par leur pays, ce qui est mal aisé à croire : encor que le dit seigneur fasse instance de l'obtenir en la Diète qui se tient à présent à Bade. Au demeurant, Sire, combien que cy devant les choses d'Italie ayent semblé estre aucunement douteuses pour avoir la paix ou la guerre, ces apparences maintenant sont toutes de la guerre, de tant plus, que par lettre de Rome, du 5 de ce mois, on escrit que vostre ambassadeur avoit pris congé du Pape, après luy avoir déclaré le fondz de vostre intention, qui estoit de soustenir le duc Octavio; et que messieurs les cardinaux de Tournon et de Ferrare avoient aussy demandé congé, ayant proposé l'un de se retirer à Venise et l'autre au dict Ferrare. On escrivit de Bologne, par lettre du six, qu'il n'y a plus d'espérance d'avoir Parme du duc Octavio, quelque récompense ou party qu'on luy puisse proposer : d'ailleurs nouvelles sont venues de Milan que le Pape ayant faict huict mil hommes de pied donc la moictié Corceletz, et dom Ferrand ayant semblable nombre tant d'Espagnols qu'Italiens, sans la cavallerie qui seroit pour les secourir, ces troupes estant jointes ensemble, se doibvent mettre en campagne pour entrer dans le Parmezan, et donner le gast au demeurant des grains qui n'estoient encor coupez : de sorte que de jour à autre s'attend ce qui aura esté faict. L'Empereur estant bien ennuyé et perplex de ce qu'il doit faire, ceux du conseil d'Espagne luy disant qu'il ne doit poinct entreprendre de guerre pour Parme, puis que vous, Sire, en avez pris la protection; mais ses autres ministres d'Italie, pour le désir qu'ils ont d'estre employez, luy font les choses sy aisées qu'ils semblent l'asseurer d'avoir Parme en peu de temps, et d'ailleurs luy remontrent le préjudice qu'elle porte au duché de Millan, qu'il ne peut asseurer à son fils sans la commodité de telle place. Et toutes fois, il prévoit qu'entrée sy difficile, luy estant sy caduc et maladif, est chose fort hazardeuse, tant pour sa réputation qu'il désire fort conserver, que pour la seureté des Estats qu'il entend laisser à son fils. Pour conclusion, Sire, on tient que le dit seigneur fera ce qu'il pourra pour se dellivrer de ce danger. Et ou il ne pourroit qu'il tachera de mettre en jeu le Pape, sy avant qu'il pourra, Sire, affin qu'estant distitué de vostre amitié il s'en joue après à volonté. Toutes autres affaires, Sire, sont en mesme estat que vous avez sceu par mes précédentes.

« D'Auguste, le 16 jour de juin 1551. »

Belle lettre de monsieur de Marillac, ambassadeur vers l'Empereur, au Roy, touchant les difficultez qui se rencontrent pour la tenüe du concile; le double de laquelle despesche fut envoyé par ordre de Sa Majesté au duc de Guyse, pour l'informer de ce qui se passoit sur ce subjet entre le pape et l'Empereur.

« Sire, combien qu'il y ayt plus de quinze jours que le Peghin est icy arrivé, toutes fois je n'ay peu obtenir de communiquer avec luy que depuis deux ou trois jours en çà, pour autant que devant avoir eu son audiance de l'Empereur il craignoit le soupçon des Impériaux, et partant me prioit de différer jusques à ce qu'il eut veu le dit seigneur. Et ces deux ou trois jours derniers, il dit avoir esté occupé encor à négocier par deçà, et à escrire à Rome ce qu'on avoit respondu à ce qu'on avoit proposé en substance. Sire, il m'a dit que le Pape non seullement trouvoit bon l'intention de l'Empereur à vouloir composer les troubles de la religion, par le moyen d'un concile, l'exhortant à continuer en sy bon et sy sainct propos; mais aussy Sa Saincteté, quant tout le monde se fut teu pour le devoir de la charge qu'il a au lieu qu'il tient, eust mis ces termes en avant, de sorte que pour ce regard l'Empereur devoit estimer que le Sainct-Père y entendroit de très bon cœur, non seullement comme recherché de par Sa Majesté, mais aussy comme concurent en mesme opinion, y adjoustant que tout ainsy qu'il n'y avoit chose sy saincte ny sy expédient à la chrestienté qu'un bon concile, pareillement, il sembloit à Sa Saincteté qu'il n'y avoit aussy chose sy dangereuse et plus capable pour diminuer l'authorité de l'Eglise et faire obstiner ceux qui sont desvoyez du grand chemin des autres, que de célébrer un concile qui ne fust pour porter aucun fruict; et partant luy sembloit, pour encheminer bien les choses, que l'Empereur, estant le maistre en Allemagne, devoit avant tout œuvre moyenner et obtenir ces trois poinctz. Le premier, que les prescheurs luthériens cessassent de prescher et fussent contrainctz venir au concile, de peur que pendant la célébration d'icelluy, ils ne preschassent contre l'authorité ecclésiastique et continssent le peuple en sa mauvaise doctrine. L'autre, qu'on ostast tous les livres des luthériens, affin que le monde ne pust ny ouyr prescher ny lire ce qu'estoit réprouvé. Et le troisiesme, que les biens d'Eglise, usurpez par les princes et seigneurs protestans, fussent avant toutes choses restituez, d'autant qu'autrement ceux qui les tiennent par la douceur du proffit qu'ilz en tirent, malaisément viendroient au concile, présupposant bien qu'on leur parleroit de rendre aux catholiques ce qu'ils tiennent, et partant demeureroient les déterminations du dit concil sans effet. Lesquels trois poincts toutes fois, Sire, n'estoient mis en avant par le Sainct-Père comme conditionnels ou bien préjudiciaux : c'est-à-dire, qu'il voulsist avant toutes choses l'Empereur les devoir exécuter, car c'est le poinct sur lequel je me suis le plus enquis, comme le plus important, mais seullement avoient ces articles esté ainsy déduitz par forme d'advis et conseil, pour monstrer qu'à disposer bien l'affaire d'un concile dont on peust espérer quelque fruict, il sembloit à Sa Saincteté qu'on devoit faire tel préparatif, en se remettant à l'Empereur de les considérer et regarder s'il y avoit quelque plus court moyen pour parvenir à mesme effect, affin que par mutuelle intelligence cela fust veu et entendu entr'eux. Finallement, pour ce que l'Empereur avoit faict grande instance que ce concile se tinst à Trente, comme lieu propre à la nation Germanique qui a le plus de besoing d'estre reformé par icelluy, que Sa Saincteté pour désirer de sy bon cœur le concile se remettoit en luy du lieu où il se devoit célébrer, et toutes fois pour ce qu'à l'advanture ce lieu de Trente ne pourroit estre agréable à tous les princes, et principallement à vous, Sire, auquel il devroit avoir grand esgard, qu'il luy semble et estre fort convenable que le dit seigneur fist mesme office envers vous pour trouver bon ce lieu de Trente, que Sa Saincteté avoit faict, en vous faisant asseurer que seullement il se parleroit de la doctrine et réformation de l'Eglise en général, sans toucher particulièrement au faict des princes. Sur quoy l'Empereur respondit qu'il remercioit le Pape du bon zèle qu'il avoit au bien de la religion, et puis qu'ainsy estoit, le dict seigneur feroit communiquer au dit Peghin tout ce qui se feroit en la Diette, affin que par là se vit comme les affaires de la Germanie estoient disposez. Au demeurant, qu'il tiendroit la main à ce qu'avoit esté proposé d'oster les prescheurs et livres, et faire restituer les ecclésiastiques en leurs biens, affin que ses obstacles ostez on procédast outre au concile. Au regard de l'office qu'il estoit recherché de faire envers vous, Sire, pour vous faire gouster le lieu de Trente, estant bien content de l'essayer encor qu'à la nature cela ne proffitast de guères pour beaucoup de soupçons qu'on avoit imprimez, c'est en substance, Sire, le propos que le Peghin dist estre passé entre l'Empereur et luy; ce que j'estime d'autant vraysemblable, qu'il n'y a chose aucune qui ne soit grandement à l'advantage du dit seigneur, mesmement que les trois poinctz dessus mentionnez qu'on pensoit estre conditionnels sont seulement mis par forme d'advis par où il est tousjours en la disposition du Pape de passer outre, sans autrement y obliger l'Empereur, qui seroit luy donner du tout cause gaignée. Ce faict, Sire, ce Peghin me vient à part comme en grand secret à faire un discours que l'amityé que le Pape vous portoit, du grand respect qu'il vouloit avoir en toutes choses de Vostre Majesté, et de la mutuelle intelligence dont il entendoit user en ce mistère de concile, avec exagération de plusieurs belles parolles à la romanesque, de quoy, sur le champ, il fut payé de ma part en semblable monnoye. Après ce préambule, il me fit un grand discours sur les inconvéniens qu'il y eut eu de refuser le concile à l'Empereur, mesmement que le dit seigneur eust pris par là occasion de permettre aux Allemantz vivre comme bon leur eut semblé, prenant son excuse sur le reffus du Pape, contre lequel néantmoings il eust peu après attenter beaucoup de nouveautéz, en quoy il eust esté aydé par les Allemans, lesquels pour mettre le dict seigneur hors leur maison et vivre en leur religion, l'eussent aydé de tout ce qu'il les eust recherché ; par lesquels propos, Sire, il semble que le Sainct-Père, estant intimidé de la puissance de l'Empereur et des Allemans, n'avoit peu faire de moins que d'accorder le concile, présuposant la chose estre longue, et voyant d'ailleurs que l'Empereur ne pourroit tirer aucun prouffit, pour les raisons qui ont esté souvent alléguées et de rechef confirmées à Vostre Majesté pour l'évesque de Senède, ainsy qu'il vous a pleu cy devant, Sire, me faire entendre, qui est cause que je n'en feray icy autre redite, tant y a que je ne les ay voulu autrement impugner, pour ce qu'il vous a pleu, Sire, me commander d'oüyr tout et faire semblant de le trouver bon, combien que j'eusse matière assez préparée pour y respondre et à l'heure mesme, ce que l'Empereur m'a autrefois dit qu'il ne pouvoit nier qu'il ne luy provint un grand bien de la célébration du concile. Finallement, le dict Peghin vint à conclure qu'il ne pouvoit mieux faire que traiter en ceste sorte l'Empereur, et que vous, Sire, deviez trouver bonne ceste intention du Saint-Père, y adjoutant que les choses n'estoient poinct sy avant digérées qu'il ne coullast du temps avant que la bulle du concile fut expédiée, outre qu'il n'y avoit autre temps préfix aux prélatz pour s'y trouver, par où on pouvoit juger qu'un an se passeroit pendant lequel l'on verroit ce que le temps apporteroit. Sire, sans faire autre réplique à ce que dessus, j'ay seullement, et comme de moy mesme, demandé à ce Peghin pourquoy l'Empereur ayant le Sainct-Père tant enclin au concile, avoit néantmoins accéléré la proposition de la Diette, sans attendre sa venüe, puis qu'il estoit en chemin, et comment se pouvoit accorder cela que ledit seigneur dit par sa proposition avoir le concile en main par le consentement de Sa Majesté, et néantmoins requist les Estats de l'Empire que l'intérim fust cependant observé, qu'il sçavoit bien n'avoir jamais esté receu à Rome, ny trouvé contenir doctrine agréable aux catholiques, et partant me sembloit estre deux choses contraires, de s'ayder du Sainct-Père pour le concile et proposer l'intérim de son authorité contre le gré et authorité de Sa Saincteté. A quoy il m'a respondu, que à la vérité l'Empereur se deffiant lors du Pape et craignant qu'il ne voulsist maintenant reculer, a ainsy précipité ceste proposition, pour monstrer au monde qu'il en avoit ainsy usé soubz la confiance des parolles de Sa Saincteté qui l'avoit asseuré du concile. Et quant à l'intention que l'Empereur descouvroit assez par son indiscrétion de ses ministres d'y vouloir procéder sans l'authorité de l'Église, au fort qu'il es-

toit bon le laisser faire en ceste sorte : car ce seroit l'obstacle par lequel il reculeroit d'autant le concille, qu'il s'amuseroit à l'exécution du dit intérim. Ces propos finis, je me retiray vers le vieil nonce, l'évesque de Fano, soubz couleur de luy dire à Dieu, pour autant qu'il estoit sur le poinct de son partement : lequel ayant mis en divers propos, sans luy déclarer rien de ce que le Peghin m'avoit dict, j'ay tiré de luy un autre mistère qui se brasse icy, qu'est que ce nouveau nunce Peghin avoit charge de parler du faict de Parme et Plaisance ; mais que ce seroit en autres termes que cy-devant : car comme du temps du pape Paul on s'estoit obstiné à la reddition de Plaisance, on parleroit mientenant de prandre récompence de Parme, y adjoustant que l'Empereur luy en ayant ouvert propos, il l'avoit tout court rompu, disant qu'il ne seroit jamais d'autre opinion que de ravoir Plaisance, qui a esté cause que ledit seigneur craignant qu'estant à Rome ledit évesque de Fano, il ne vint à troubler les affaires, luy avoit envoyé monsieur d'Arras le prier de ne vouloir rien altérer en cet endroit, et mesmement puisque de son temps il s'en estoit acquitté selon qu'il luy avoit semblé. De là Sire, me retirant, j'ay rencontré un autre nunce estant icy venu pour résider auprès du roy des Romains, frère du frère du comte Georges Martigne de Bresse, qui estoit au service du feu Roy, et duquel le filz est encor retenu au routte, lequel m'a confirmé à peu près ce propos de Plaisance et Parme, et d'abondant l'ambassadeur de la seigneurie de Venise, auquel cecy doit toucher, m'a aussy adverty avoir descouvert que Peghin avoit charge de faire un marché sur le faict de Plaisance, dont le Pape ne seroit guère estimé et peut-estre à la fin en demeureroit aussi satisfaict que son prédécesseur. Laquelle chose toutes fois le dit Peghin ne m'a poinct déclaré, par où on peut présumer que ce mistère du concile se conduira par mesme moyen, et selon qu'on verra que l'Empereur respondra à ce marché ; pourquoy il ne seroit de merveille sy le Pape taschoit de vous faire trouver bon, Sire, ce qu'il accorde à l'Empereur quant au concile, pour d'autant plus faciliter ses affaires à vos despens, et reculer d'autant les vostres à son grand proffit. Car, à la vérité, tout le monde s'apperçoit que le Pape jusques à présent a faict autant et plus que l'Empereur luy a sceu demander.

« Il y a deux jours, Sire, que j'avois escrit ce que dessus ; mais voyant que la voye de Suisse estoit un peu longue, car l'ordinaire d'icy ne partoit poinct pour Flandre, j'advisay d'attendre jusques aujourd'huy, d'autant qu'on m'asseure d'heure en autre que les Estats de l'Empire estoient sur le poinct de bailler, par escrit, leur responce à l'Empereur, sur les poincts de la proposition qu'il leur fit au commencement de la Diette, estimant que vous, Sire, ayant sceu leur résolution, et par mesme moyen l'ayant conférée avec celle du Pape, vous pourriez plus aysément délibérer ce qui seroit à faire pour le bien de vos affaires. Mais j'ay à la fin trouvé que les Estats ne sont poinct encor d'accord, et confèrent tous les jours ensemble; les Électeurs catholiques voulans avoir simplement le concile, et les autres l'acceptant à condition qu'il seroit général, avec toute seureté, et que chacun y seroit admis et ouy. Semblablement ils sont en différand sur le lieu, les Électeurs s'en remettant à l'Empereur, pourveu que ce soit en Germanie, et les villes franches ne voullant accorder le lieu de Trente, avisant plustost au milieu de la Germanie : qui est cause, Sire, que pour l'heure il ne se peut rien escrire de certain pour ce regard, jusques à ce qu'on voye à quoy la plus part d'eux se tiendront.

« Quant aux autres articles de la proposition, les catholiques demandent l'exécution de l'intérim ; les autres persistent, au contraire, qu'on n'en doit plus parler, puisque l'Empereur a le concile en main ; pareillement, quant au poinct des rebelles, de la monnoye, de la chambre impérialle, tous ensemble se montrent assez esloignez de l'intention de l'Empereur. Ce qui faict penser à tout le monde que ses affaires tireront en longueur. Au demeurant, on ne parle plus que le roy des Romains desloge, ains se dit que la royne de Hongrie vient en Bourgogne et de là pourra passer outre jusques en ceste ville.

« On avoit aussy faict bruict que le duc de Florance se préparoit pour venir en ceste cour, pour se faire membre de l'Empire et se mettre soubz la protection d'icelluy, dont pareillement il ne se parle plus, l'ambassadeur du dict seigneur asseurant qu'il n'en est rien. Le surplus des autres affaires, Sire, est au mesme estat qu'il vous aura pleu entendre par mes précéddentes, du 12 de ce mois, et mesmement touchant les trois Électeurs séculiers, qui sont toujours en leurs maisons, le palatin de Brandebourg s'estant excusé de venir, et le duc Maurice estant en suspend de ce qu'il doit faire. Sire, je supplie le Créateur vous donner en bonne santé très longue vie.

« D'Auguste, le 19 d'aoust 1551. »

« Sire, encor ce matin pendant qu'on mettoit la présente au net, j'ay esté adverty, de sy bon lieu que je n'en puis doubter, que le duc Maurice avoit faict protester par les députez qu'il a icy, en plaine assemblée des Estats, qu'il ne conseptoit aucunement au célébration du concile, ny entendoit l'avoir consenty en la dernière diette, sy ce n'est aux conditions qu'il déclara lors à l'Empereur, et qu'il a de nouveau insérées en sa protestation qu'il a requis estre enregistrées : sçavoir, que le concile fût franc, général et Germanique, inférant par là que tout le monde fust admis et oüy, jusques aux savetiers et revendeurs, qui seroit remettre la conclusion d'icelluy au jour du grand jugement de Dieu : car on n'auroit jamais faict. L'autre, que le Pape se joignit au dit concile et n'y présidast poinct, ny par lui ny par ses légats, ce que Sa Sainteté, Sire, n'accordera jamais. La troisiesme condition, que tous évesques et prélats y estans, fussent absouts du serment qu'il ont au dit Saint Père, pour opiner plus librement, sur son autorité, qui est un autre poinct aussy mal aysé que les précéddens. Et la dernière, que les preschers des protestans eussent oppinion non seullement consultative, mais aussy décisive, qui seroit du tout confondre l'authorité ecclésiastique. Lesquelles conditions furent proposées dans la Diette dernière de bouche à l'Empereur, par les Electeurs séculiers et par les villes franches, baillées par escrit, comme j'escrivis des lors ; mais le dit seigneur taisant icelles, avoit simplement dit en sa proposition que les Allemans s'estoient soubmis au concile, cuydans faire couler sans qu'on s'en apperceut, soubs quelque obscurité de langage, que ce fust avec les conditions susdit, de quoy maintenant on luy demande d'avoir déclaration, car devant la proposition du duc Maurice, les autres Estats protestans n'osans encor s'ingérer sy avant comme de protester, l'avoient supplié les esclaircir et leur déclarer en quelle sorte ce concile seroit célébré, pour sçavoir sy cela s'accorderoit à la submission qu'ils avoient faicte, estans bien records d'avoir mis plusieurs conditions à icelle, qu'ils désiroient avant toutes choses estre accordées par le dit seigneur.

« De quoy, Sire, il estoit demeuré fort marry et desplaisant ; et sera encor plus quant il verra que les dis Estats, ne désirans pas mieux que avoir quelqu'un qui commenceast de protester, suivront maintenant le chemin du duc Maurice en faisant mesme protestation, ainsy que le secrétaire au dit duc m'a faict advertir et que d'ailleurs j'ay entendu et de diverses parts. Je ne puis aussy obmettre que le Peghin, ayant entendu ce mistère, m'est depuis deux heures en ça venu trouver, et après m'avoir confirmé la disposition de ces Estats sur les poincts dessus mentionnez, il est venu à inférer que cela n'avoit jamais esté entendu à Rome, où l'on croyoit simplement que l'Allemagne se fust submise au concile de Trente, y adjoustans que les affaires estans en ces termes, il estoit certain que le Pape n'accorderoit jamais le concile, voire quand il n'y resteroit que la moindre des dittes conditions, s'esmerveillant, au demeurant, bien fort que l'Empereur eut faict dire et maintenir qu'il avoit la submission des Allemands, sans speciffier les conditions sus dittes. Sur quoy je luy ay remontré que dès la diette passée, non seullement ces conditions avoient esté proposées par les Électeurs, mais aussy baillées par escrit de la part des villes comme je luy en pourois montrer les actes, luy laissant à penser, comme le Pape avoit esté bien servy de n'avoir entendu ce que tout le monde sçavoit icy. Ce qu'il m'a confessé estre vray, disant qu'on avoit esté bien mal informé par de là de la vérité, laquelle maintenant sceue, il m'asseureroit bien que l'Empereur n'auroit rien de ce qu'il prétendoit, quant au faict de ce concile. Lesquelles choses estans vrayes, Sire, il y auroit, soubs correction, quelque apparence que les affaires cy après ne passeroient pas du tout comme l'on pensoit, mesmement sy ces protestans tiennent bon de leur costé et le Pape en faict autant de l'autre. Quant à moy, j'ay moyen de faire entendre soubs main ce qui pourra servir à ceste affaire, et que vous, Sire, n'estes pour vous résoudre sy tost en cet endroit, quelque grand recherchement et instance qu'on vous en fasse, dont j'ay desjà faict parler à ce secrétaire du duc Maurice, qui a faict desmonstration d'en estre bien fort aise, m'assurant que bien tost il me feroit entendre de meilleures nouvelles. »

« Du mesme jour 19 aoust. »

Lettre de M. de Marillac au Roy, du 9 septembre 1551, dont le double fut envoyé au duc.

« Sire, l'Empereur voyant ces deux Électeurs qui sont icy de Mayence et de Trèves porter mal patiemment la longueur dont il usoit à répliquer aux responces qu'ils avoient rendues au poinct de sa proposition, hier sur le soir, s'advisa de leur bailler sa réplique, pour icelle veüe, la publier aujourd'huy, et demain aux Estats de l'Empire. Et combien, Sire, que par ce moyen, je n'en ay peu encore avoir le double, d'autant qu'elle n'est venüe plus avant en lumière, sy est ce que ceux qui l'ont leüe, m'ont faict un petit extrait de la substance contenue en icelle, lequel j'ay enfermé dans la présente, attendant que j'aye le moyen d'avoir et faire translater au long l'original.

« Pour le faire court, Sire, l'Empereur, quant au faict du concile, dit que suivant l'opinion des Estats qu'il présupose s'estre soubmis au concile de Trente, estoit après à négotier avec le nonce du Pape tout ce qui estoit requis et expédient en cet endroit, y adjoustant que voyant Sa Saincteté sy bien disposée qu'il n'y pourroit avoir aucun retardement, sinon du temps qu'il est convenable employer à s'apprester et aller au lieu destiné pour le regard de ceux qui y seroient appellez ; cependant qu'il désireroit bien la réformation eclésiastique et aussy l'intérim estre observé, ainsy qu'il estoit bien requis, tant pour la conservation de son estime, d'autant qu'il les avoit proposez, comme aussy pour l'authorité des décrets de l'Empire qui doivent estre inviolablement observez, puisqu'ils avoient esté délibérez. Néantmoings, voyans que les Estats en leur responce y faisoient quelque difficulté, qu'ils les voulloient bien prier et requérir les luy vouloir esclaircir, ainsy qu'il est plus amplement contenu au dict extrait, lequel j'ay bien voulu communiquer au nonce du Pape Peghin, tant pour sçavoir s'il contenoit vérité, comme aussy pour entendre plus amplement ce qu'il luy sembloit de ce que l'Empereur faisoit sy grand fondement sur la volonté du Pape, lequel après longue communication sur les actes de ceste Diette m'est venu à dire qu'à la vérité il trouvoit ces choses plus esloignées d'avoir concile que jamais. Advisant là dessus comme l'Empereur pressuposoit les Estats de l'Empire s'estre soubzmis au concile, lequel sçavoit estre notoirement faux, sy ce n'est avec les conditions que j'ay cy devant escrite, le 19 du mois passé ; davantage, que ceste réplique faisoit mention de la continuation du concile de Trente, laquelle chose le Pape n'accorderoit jamais, pour avoir esté autheur de la translation qui fut faicte à Boulogne, ains que le concile seroit de nouvel commencé à Trente, en cas toustefois que l'Empereur disposast par deça les choses en sorte qu'on en peust espérer quelque fruict, comme seroit de faire cesser les prescheurs protestans. Laquelle chose ne se pouvant bonnement obtenir, il ne pouvoit veoir moyen par lequel on peust parvenir à ce concile. Et comme là dessus j'eusse adjousté par forme de communication que je le priois de me dire comme cela se pouvoit compatir ensemble, qu'on creut icy la célébration du concile sy prochaine, faisant asseurance sur la volonté du Saint-Père, et que neantmoins on demandast cependant l'observation de la réformation ecclésiastique et de l'intérim, qui sont faicts l'un et l'autre sans l'authorité ny adveu du saint-siége. Le dict nonce m'a là dessus répliqué que cela, entre plusieurs évidences, descouvroit assez que l'Empereur ne se vouloit ayder du Pape, sinon entant qu'il ne s'en pouvoit passer ; mais qu'il escrivoit de sorte à Sa Saincteté, qu'encore qu'elle recognoisse à peu près le fondz de ceste besogne, néantmoings

4.

estant esclaircie par le menu comme le tout passoit par deça, elle prandroit par là résolution de se tenir close et couverte. Espérant par conclusion que Sa Saincteté et Vostre Majesté vous vous trouveriez d'accord en mesme oppinion.

« Finablement, le dit Peghin a venu adjouster que tout le monde cognoistroit que l'Empereur n'avoit faict tant d'instance d'avoir le concile, que pour avoir excuses de s'en déporter, en cas que le Pape luy eust refusé; mais le luy ayant ainsy accordé, qu'il ne seroit plus au dit seigneur de s'en prandre à autre qu'à luy, d'autant que c'est luy seul qui s'est vanté d'avoir eu les Allemans en main, lesquels néantmoins sont èntièrement d'autre opinion, comme il apparoissoit assez par leurs responces passées; contre quoi, Sire, je n'ay voulu autrement contester; ains faict démonstration de trouver bon ce qu'il disoit, combien que j'eusse bien peu dire les termes où le Saint-Père se feust trouvé sy les Allemans se fussent laissez aller aussy aysément qu'il a dit; mais j'ay mieux aymé mentir, estant satisfaict de ce que le dict nonce est maintenant bien instruict de la vérité, laquelle s'il faut entendre ainsy qu'il promet, ce dont il m'a prié vous asseurer, je ne doute poinct que les affaires ne soient réduits aux termes que je puis désirer pour le bien de vos affaires, qui est en substance, que l'Empereur n'obtiendra rien de ce qu'il entend faire en Allemagne, au moins pour le regard de venir à bout des Allemans, soubz couleur du concile. Quant au faict des rebelles, pour ce que je n'ay veu entièrement la ditte replique, je ne puis asseurer, Sire, qu'il en soit faict mantion ou non, tant y a qu'on me veut faire acroire qu'on veult encor laisser cet article en suspend, pour autant qu'on ne peut gouster ce que les Estats de l'Empire ont cy-devant respondu, qui est qu'on devoit nommer ces rebelles là, les admonester et oüyr, avant qu'autrement procéder allencontre d'eux.

« La royne de Hongrie doit arriver jeudy prochain en ceste ville, estant demain mecredy, qu'est trois jours plustost qu'on en faisoit le compte : car on l'attendoit seullement au 14e de ce mois, et partant se trouvera qu'elle aura faict le voyage de Bruxelles icy en seize jours, combien qu'il y ayt deux fois autant de chemin que de Paris à Lyon. Laquelle chose, Sire, confirme l'opinion de tout le monde que ceste soudaineté n'est pas sans grand mistère. Au font, tous ceux qui en parlent estiment que c'est pour essayer de faire le prince d'Espagne second coadjuteur de l'Empire, sy tant est que le roy des Romains l'accorde et que les Électeurs y consentent. Et combien que ce desseing semble plein de difficultez, par la disposition des volontés des dits seigneurs Roy, Électeurs, qui sont assez esloignées de ce party, toutes fois il y a grande espérence qu'en toutes sortes on le veult essayer, et mesmement que l'Empereur a de nouvel envoyé gens exprès aux trois Électeurs absens, pour les attirer par deçà, s'il est aucunement possible, ayant escrit au duc Maurice entr'autres persuasions qu'il ne fist poinct de difficulté de venir à cause du fol de Langrave : car venant par deçà, il y donneroit avant que de desloger d'Auguste, telle provision qu'il auroit cause de demeurer entièrement content et satisfaict.

« Le semblable office a esté faict envers l'électeur de Brandebourg, avec promesse de le gratifier, en sorte que les frais qu'il feroit du voyage seroient moindres que la récompense qu'il en recevroit, de façon qu'on estime que les dits Électeurs y pourront venir. Au regard du comte palatin, l'on l'amadoüe aussy le plus qu'on peut, et par toutes les voyes qu'on s'est peu adviser; mais luy comme viel renard entendant ce stratagème, paye l'Empereur de mesme monnoye et langage, lui faisant entendre n'avoir en ce monde sy grand regret comme de ne pouvoir accomplir son commandement, à cause de son indisposition qu'il dit estre telle, que sans attente de mort il ne pourroit sortir de sa maison, le priant partant le vouloir excuser. Tant y a, Sire, que jusques aprésent ny les dits Électeurs absens, ny ceux qui sont icy présens, ont entendu de l'Empereur qu'il veuille parvenir à ce but de faire son fils second coadjuteur de l'Empire, par où il est vraisemblable qu'avant toutes choses on veult par le moyen de ceste royne de Hongrie entendre l'intention du roy des Romains, puis que sans luy on ne peut rien faire. Je ne puis obmettre, Sire, avoir aussy entendu, de bon lieu, que sy ceste royne ne peut conduire ceste menée à la fin qu'on désire, l'Empereur pourra dire le grand à Dieu à l'Allemagne : car n'estant en espérance de venir à bout de ce concile, quelque langage qu'ils tiennent pour tousjours retenir ce nom de catholique, et ne voulant aussy reprandre les armes contre les rebelles, se sentant vieil et moribond, et que ce seroit d'ailleurs hazarder la fortune pour le profit d'autruy, d'autant que l'Empire ne retourneroit poinct à son fils; son plus court seroit de se retirer en Espagne pour le désir qu'il a de recouvrer sa santé, et aussy pour éviter la moquerie de sa réputation, qui diminue tous les jours icy, comme tous les siens le confessent. Et à cet effect, on publie ici partout que le dit seigneur partira en la fin du mois prochain pour s'en aller à Millan, et que la Royne sa sœur emmenera le Prince son fils aux Pays-Bas, pour l'accoustumer aux façons du pays et le faire mieux gouster à ceux de la nation qu'ilz n'ont faict cy-devant : car à dire le vray, ils en sont sy mal édifiez, qu'advenant mutation, ils seroient pour appeller le roy de Bohesme et le faire leur seigneur; mais ce monde a esté si souvent abbreuvé de tel langage, qu'il partiroit de mois à autre qu'on ne peut rien croire sy on ne le voit; mesmement que de l'an passé nous devions partir de Bruxelles pour venir par deçà, au commencement de novembre, et toutes fois nous y fusmes jusques à la fin de may. J'ay aussy ouy dire, Sire, que ceste Royne se hastoit ainsy de venir pour laisser derrier la duchesse de Lorraine, de laquelle la royne Léonore est en jalousie, voyant que le prince d'Espagne luy porte plus de faveur qu'il ne faict à sa fille de Portugal; partant, la ditte duchesse, à ce qu'on dit, demeure peu contente de ce qu'elle s'attendoit de venir avec la ditte dame Royne. Et peut-estre que l'Empereur ne voullant gouster ce party a aussi diverty que la ditte dame sa sœur n'a poinct passé par la Lorraine, comme chacun disoit qu'elle feroit. Toutes fois on estime que la ditte duchesse pourra encor venir, de tant plus qu'on ne voit que couriers, aller et venir, d'elle en ceste cour; qui faict penser qu'il y a quelque mistère qu'elle prend grandement à cœur. Au fort, Sire, sy elle ne faict davantage icy que ses ambassadeurs n'ont obtenu, en ce qu'ils ont proposé pour le jeune duc son fils, ainsy que j'ay cy-devant escrit, elle se trouvera bien loing de son intention : car les dits ambassadeurs ont esté entièrement esconduits de tout ce qu'ils avoient proposé, et qu'ils cuydoient obtenir de l'Empire.

Sire, je supplie le Créateur vous donner, en bonne santé, très-longue vie. D'Auguste, le 9 jour de septembre 1551. »

Suite de l'intrigue d'entre le duc de Guyse et la maison de Ferrare, en la lettre suivante de la duchesse sa belle-mère.

« J'ay veu ce que Maisons m'a escrit, sur l'advis que vous a donné mon fils, du service que pourroit faire le sieur Hyppolite de Putty, mon escuyer d'escurie, au Roy; tout ce que j'en ay dit et dis encor de présent procède du désir que j'ay de faire service à Sa Majesté, et y employer tous ceux que pense que fidellement le serviront. Et pource que le sieur Guy de Bentivolle sera bien tost arrivé à la cour, lequel doit encor faire sçavoir le service que le Roy pourroit avoir du dict Hypolite, comme celluy qui est bien informé, me remettray à la résolution qui s'en prandra. Et affin que vous cognoissiez que je parle avec quelque fondement, je vous advise que suivant et durant la guerre entre le Roy et l'Église, il n'y a peut-estre personne qui puisse faire plus de service à Sa ditte Majesté, et aussy le chevalier Assalle, qui a autre fois servy le Roy; et ne me semble qu'en ce besoing se doive perdre un tel serviteur, lequel en ce pays a tel crédit qu'en moins de huit jours fera trois ou quatre mil hommes. Et luy, avec le dict Hypolite, ont faict long discours sur le service qu'ils pourroient faire au Roy, et trouvent qu'il sera très-grand, et se peut quasy dire infaillible : qui est que suivant la guerre on doit croire que le Roy cherchera de faire dommage aux terres de l'Église; et eux deux s'offrent, l'un avec trois ou quatre mil hommes de pied, et l'autre avec trois cens chevaux et quelques arquebusiers à cheval, de prendre quatre ou cinq villes qui sont icy voisines, comme Ravennes qui n'est point forte, où se gaigneroit quantité d'artillerie; Immola, Forlj, Sernye, Fayence, et Sezenna; outre qu'ils espéreroient de faire la guerre aux despens des ennemis avec beaucoup de moyens, mais entre autre qu'en Sermye, il y aura dans un maison d'eux, pour trente ou quarente mil escus de sel, dont le prix serviroit a faire la guerre pour un temps ; mais il faudroit que le Roy ou ses ministres trouvassent des marchandz, qui le levassent, chose qui seroit facille à trouver à Venise, leur en faisant meilleur marché de quelque chose. Et par ainsy la chose est facile, d'autant plus qu'on n'auroit jamais soupçon des deux susdit; mais se trouveroient premiers surprins que d'y avoir pensé, et la guerre continuant se retireroient avec leurs forces vers Parme, et pour ne doubter de ceste bande laisseroient les villes ruynées. J'ay parlé avec le chevalier Assale, qui m'a dict qu'estant recherché du Roy pour luy faire service, qu'il mettroit deux de ses fils pour galge de faire rehussir ce que dessus. Et davantage, qu'un peu de temps après qu'ils auroient pris les dittes villes, s'il sembloit bon à Sa Majesté, se fortifieroient ez lieux les plus propres et commodes, et qu'ils mestroient tous les serviteurs et pays du Pape en désordre et subjection : car ils feroient la guerre avec ceux du pays mesme qui la désirent, pour estre grandes les partialitez entr'eux. Je n'ay voullu faillir de donner cet advis; et ne sçachant meilleure voye, l'ay adressée à l'ambassadeur du Roy qui est à Venise, pour l'envoyer seurement et faire tenir entre vos mains propres. Et pour ce que le chevalier Assale a esté au serviee du Roy, du temps de monsieur le connestable, duquel il est cognu, doubtant que sy le dit sieur entend ceste pratique il ne nuise au dict chevalier, pour ne l'en avoir faict advertir, je vous envoye une lettre de créance que vous pourrez faire voir à mon dit sieur le connestable, en créance du dit Maisons, affin que s'il vous semble bon que ceste affaire lui soit communiquée, le dit Maisons luy en fasse parler, ainsy que vos luy ordonnerez. Et s'il vous semble que mieux soit ne luy en rien dire, vous ferez brusler la ditte lettre de créance que je luy escrits, et verrez celle qu'il m'a demandé d'escrire au Roy, de laquelle vous ferez aussy comme bon vous semblera, etc. »

Autre lettre du dict seigneur de Marillac, au duc de Guyse, du dict jour.

« Monseigneur, j'ay entendu par les lettres qu'il vous a pleu m'escrire, du dernier jour du mois passé, les propos que l'ambassadeur de l'Empereur vous tenoit, touchant le faict de Parme ; sur quoy, pour en avoir cy devant bien amplement escrit, me reste peu à dire, et adjousteray seullement, que dernièrement conférant avec monsieur d'Arras, sur ce mesme propos, et luy remonstrant comme de moy, que la guerre estant en Italie, ce fruict qu'on attendoit du concile se perdroit, il ne me respondit rien, ains seullement hocha la teste et se prit à rire ; qui fut cause que je quittray ce propos, comme aussy je n'en ay faict mention en mes dernières du 13 de ce mois, par ce que là dessus je n'avois tiré aucune responce. Et toutes fois, Monseigneur, je sçais que de nouveau on escrit, en la chancellerie de l'Empereur, lettres à tous prélats d'Allemagne pour les exhorter d'aller au dict concile, qui me faut penser que l'Empereur veut donner à cognoistre à ceste nation que les empeschemens qui peuvent estre en Italie sont sy peu de choses qu'ils ne doivent par là différer de se trouver à Trente ; mais à la vérité, Monseigneur, ce seul bruict qu'on a faict des affaires de Parme a esté cause que non seullement il ne se parle plus icy des affaires du concile et d'y aller, ains que toute l'Allemagne ayt repris cœur, estimant que cy-après l'Empereur n'aura ny grand loisir ny grand moyen de leur mal faire. Laquelle chose, a l'avanture, est la cause d'avoir faict changer propos audict seigneur de faire son voyage de Flandres, voyant d'ailleurs que le Roy estant loing de là, et la royne de Hongrie ayant prouveu à la seureté des frontières, il luy est plus expédient d'estre en ces quartiers pour contenir l'Allemagne et favoriser les affaires d'Italie et du Levant, que, sur ce grand besoing, s'en esloigner. Au demeurant, Monseigneur, le cappitaine Spinola, Rhodien, encor que je luy eusse déclaré que le Roy ne se vouloit servir de luy, veu que d'ailleurs l'Empereur le traictoit bien, néantmoins persistant toujours, m'a baillé un escrit que j'ay faict mettre en chiffres pour le contenter : car il espère que le Roy l'ayant veu le recevra encor en son service. Sur ce, Monseigneur, je prie Dieu, etc. »

Suitte de nouvelles en la lettre de monsieur de Bassefontaine, ambassadeur de France aux Pays-Bas.

« Sire, je ne puis mander autres choses à Vostre Majesté que des apprest qui se continuent icy. L'homme que j'avois envoyé en Hollande et Zélande vint hier seullement, ayant veu de lieu en lieu tout ce qui s'y est faict, qu'est, en somme, qu'en la ville de la Vere en Zélande, il a veu cappitaines et gens de guerre prest de s'embarquer dans dix ou douze vaisseaux, dont il y en a cinq ou six grandz appellez hurques ; lesquelz s'équipent de toutes munitions, avec espérance d'estre bientost en mer. Vray est qu'il n'y a pas assez de souldats pour fournir les dis navires, mais ils arrivent à la fil, ayant la royne de Hongrie desfendu de sonner le tabourin, et aussy faict commander, sans bruict, par le pays, que chacun prist garde à la desfence des advenues, de peur de surprise de ce lieu. Il a passé à Amsterdam, où il a veu grand nombre de bons et forts vaisseaux retenus, mais non encor armez, les capitaines des navires estant allez vers l'amiral de Beuvron sçavoir ce qu'ils auroient à faire. Quant aux frontières, ils ont sy bien garny Luxembourg et autres places, que maintenant reste à fournir le pays d'Arthois seullement, dont les quatres navires chargés, que vous avez sceu, sont desjà de retour ; et présentement on en despesche trois autres chargez d'artillerie, poudres, boulets et autres munitions, pour la ville d'Arras et Bapaume, y ayant de plus trois marchands qui ont entrepris de lever dans un mois deux mil muidz de bled dans Luxembourg, pour parachèvement de leur entreprise et craignent fort icy le pays du Liége, d'autant qu'ils entendent que monsieur le mareschal de La Marche y a des pratiques. Depuis quatre ou cinq jours, plusieurs capitaines allemands de Gueldres, Clèves et autres lieux, sont venus icy et s'en sont allez avec peu d'argent et bonnes parolles, affin d'estre prests en un besoing ; et d'autre costé, un des gens de monsieur du Rhuz a dit que son maistre avoit les roolles secrètement faict de tous les gens de pied qui entreroient dans les places en cas de besoing. Cependant la Royne et ceux de ce conseil dessimulent le mieux qu'ils peuvent, ne parlant que de paix et de la bonne volonté de l'Empereur, tellement qu'ils désirent bien que les affaires prospèrent du costé de Parme, sans entrer en guerre icy, et mettent toute leur confiance sur la dilligence et prompt effort dont dom Gonzague et les gens du Pape doivent user, et espérant que le duc Octave sera contrainct de traicter avant qu'il puisse avoir secours de Vostre Majesté. Un marchand allemand venant du costé de Magdebourg dict que depuis quinze jours ils ont faict une sortie et conduict par force dans la ville plus de quatre milles bestes, se moquant hautement de ceux qui les tiennent assiégez, etc. Sire, je prie Dieu, etc. De Bruxelles, ce 21 juin 1551. »

Lettre de l'ambassadeur de Marillac, sur les mesmes occurances.

« Sire, vous aurez entendu par mes dernières, du 20 de ce mois, comme le bruict de l'accord que l'on disoit estre faict entre le Pape et le duc Octavio, s'estoit en un instant reduict à son contraire, de sorte que l'Empereur ayant eu nouvelle de ce qui estoit arrivé près de Parme, fit soudainement dire au baron d'Aisnée et aux autres capitaines des lansquenets qui sont icy, qu'ils eussent à dilligenter leurs levées, affin qu'au plustost ilz peussent passer en Italie. Furent aussy envoyez des couriers vers Nuremberg et Francfort, à ceux qui lèvent les gens de chevaux, qu'ilz usassent de toute célérité. Pour le faire court, Sire, il n'y a plus de doubte que ces gens de guerre ne passent bientost vers le Parmesan, en délibération d'assiéger la ville, dom Ferrand s'y estant desjà approché, se promettant au demeurant bonne issue de ceste entreprise, par les pratiques et intelligences qu'il dit avoir en la ville, ou bien qu'il feint avoir pour rendre l'Empereur plus enclin au dessein. Dom Ferrand se faict fort de tenir dans peu de jours la ville de sy près qu'on n'aura moyen de mettre ny gens ny vivres dedans, ce qui est néantmoins assez difficile, par ce qu'on ne la peut assiéger sans faire deux gros camps. »

Le 25 juin, le dit sieur de Marillac continue ses nouvelles au Roy.

« Sire, l'occasion s'est maintenant présentée d'escrire, comme je pence pouvoir asseurer trois poincts qui sont de grande importance pour vostre service. Le premier, est que monsieur d'Arras, m'ayant hier faict appeller, me dist, de la part de l'Empereur, que Sa Majesté ayant faict ouvertement déclarer à la vostre qu'il s'estoit résolu d'ayder au Pape contre son rebelle, et depuis rondement faict entendre la levée des lansquenets et chevaux qu'il envoyoit en Italie, pour ayder à chastier le duc Octavio, il désiroit bien qu'en pareille sincérité, vous, Sire, luy féissiez aussy déclarer sy pour l'assistance qu'il donne au Pape, vous avez proposé luy entammer la guerre. Et comme je luy eusse respondu que je n'avois jamais eu instruction que d'asseurer l'Empereur de la bonne amitié et fraternité que vous luy portiez, il repliqua que monsieur le mareschal de Brissac avoit retenu à Thurin l'évesque d'Astorgo, allant au concile, soubz couleur qu'il prétendoit quelque capitaines des vostres avoir esté retenu par dom Ferrand, et que c'estoit chose bien différente : car sy ainsy estoit que dom Ferrand en eut retenu, dont toutes fois il ne sçauroit rien, c'estoit au Parmesan et gens de guerre, lesquels il luy estoit permis non seulement retenir mais rençonner allans contre le Pape, lequel l'Empereur avoit promis d'ayder. Sur quoy je luy remonstray que je n'avois pas ouy parler de la rétention de cet évesque, que je pouvois asseurer qu'on n'auroit procedé à la retenir sy dom Ferrand n'avoit commencé le premier, et qu'il n'estoit pas convenable qu'il eut pevoir de retenir ez terres de l'Empereur les vostres, Sire, sans en attendre autant de ceux des leurs, qui se trouveroient ez vostres, et mesmement en temps qu'il estoit question de traicter d'accord entre le Pape et le duc Octavio, et que les choses n'estoient du tout résolues à la guerre, ains estoient en voye de composition. A quoy il me respondit que la guerre estoit toute ouverte, d'autant que le duc Octavio avoit esté déclaré rebelle de l'Église, et que sy on nous rompoit les testes au Parmesan, comme il estoit advenu de ses trois enseignes deffaictes, et que d'ailleurs on avoit honteusement chassé le duc Horace des quatre places qu'il avoit prises au Boulonois, et faict legast au dict Parmesan, il ne falloit pourtant retenir leurs évesques allans au concile. Ce qu'il me dict comme en riant, mais toutes fois en démonstration de moquerie, comme ceux qui ont advantage sur leur ennemis, en me répétant, par conclusion, que l'Empereur demandoit estre esclaircy, comme vous, Sire, entendiez procedder en ceste guerre, ayant desjà déclaré de son costé ce qu'il en avoit proposé. A quoy là, j'advisay de répondre que de toutes ces nouvelles je n'en avois rien sçeu. Quoy qu'il en fust, j'avois bien entendu que Parme estoit en son entier, qu'estoit le principal, et qu'au demeurant je vous ferois fidellement entendre tout ce propos, pour après luy rendre la responce que Vostre Majesté me commanderoit luy faire, en quoy me pria à la fin fort gratieusement y faire bon office, y adjoustant que l'Empereur ne demandoit que la paix et seroit bien marry que de la guerre de Parme on vint à passer outre.

« Le second poinct, Sire, est que l'Empereur s'est résolu, à ce que l'on voit et que tous les siens disent, de passer cet esté en ces quartiers icy, pour la commodité qu'il a d'entendre à ses affaires, qu'il perdroit en se retirant aux Pays-Bas : car non seullement il peut avoir nouvelles de Milan en deux ou trois jours, comme aussy de Vienne, Hongrie, de Rome en quatre ou cinq; mais il est icy en lieu d'où il peut contenir l'Allemagne, sçavoir ce qu'on a faict en Suisse et pourvoir à ce qui est nécessaire en Lombardie.

« Le dernier poinct, Sire, est que le dit seigneur Empereur s'est résolu, comme on voit, de faire la cause du Pape contre le duc Octavio, sienne; de quoy, outre la déclaration qu'il m'en fit pieça, on voit maintenant par les préparatifs qu'il faict, que quant le Pape ne feroit que luy prester son nom, il voudroit néantmoins faire la guerre; par ce moyen s'impatroniser de Parme et par là asseurer l'Estat de Milan à son fils : par quoy, Sire, il a tasché non seullement de vous rendre le Pape ennemy, affin que par après il l'aict du tout à sa dévotion ; mais encor a moyenné avec luy, en cas qu'il eust la place par amiable composition, de la ravoir des mains de Sa Saincteté, en faisant ses neveux grandz, qui est le but où tous les Papes italiens ont tousjours tendu, sans qu'il soit croyable qu'il y en aye jamais d'autres qui fassent autrement. Ce que j'ay pieça descouvert, Sire, par les ministres mesmes de Sa Saincteté, par où il n'est poinct de merveille sy le Sainct Père, ayant changé du premier propos qu'il avoit tenu aux vostres, quand il vous requerroit de prandre Parme en protection, il est maintenant marry que cela se soit faict sans son sçeu, et désire avec l'ayde de l'Empereur rompre ce qui est faict. Et pour cela, l'Empereur soubz ce nom a premièrement tasché de faire justifier sa cause, en faisant déclarer le dit duc Octavio rebelle de l'Église, pour avoir prétexte d'ayder au chef d'icelle ; et après, a promis au chef d'icelle, par lettres signées de sa main, de laisser Parme à l'Église sans y rien demander de sa vie, réservant néantmoins le droict que l'Empire y prétend, par où il seroit en luy de la retenir comme il faict de Plaisance, autant de fois qu'il en auroit le pouvoir, s'estant autrefois obligé de mesme au feu pape Léon, pour le dit Plaisance, comme il fut depuis remonstré au pape Paul. Ce faict, Sire, je vois que le dit seigneur se prépare pour faire le plus grand esfort qu'il pourra, pour gaigner la place par le moyen de ses forces, sans que le Pape y ayde de guère, se contentant d'avoir mis Sa Saincteté sy avant en jeu, qu'il n'est plus à elle de s'en retirer. L'on sçayt ce que dom Ferrand faict au Parmesan, la levée de ce baron d'Aisnée de quatre mil lansquenets, après laquelle s'en doit faire incontinent une autre de pareil nombre; et quant aux chevaux, encor avant hier à minuit fut despesché une poste vers les capitaines, qui sont à Nuremberg et Francfort, pour en faire lever en toute dilligence jusques à mil, lesquelz tous doivent avoir une hacquebutte chacun, qu'ils appellent pistolets. J'ay esté adverty d'ailleurs qu'on faict lever jusques à cinq cens chevaux rouliers pour mener l'artillerie en Italie, qui est déjà à Isbourg, et qu'on envoye grande quantité de munitions par de là. Sur toutes choses, on veut faire les premiers efforts grands, cuidans par là estonner les seigneurs Farnezes, pour estre jeunes et pour demeurer sur la réputation de monstrer en Italie qu'on y est tousjours le plus fort; on a aussy despesché quelques seigneurs espagnols de ceste cour pour avoir charge de chevaux légers, entr'autres dom Alonse Pimentel, qui est party depuis trois jours. En ceste sorte, Sire, ceste guerre se faict soubz le nom du Pape, entièrement pour l'Empereur, sans que Sa Saincteté ayt peu arracher que cinquante mil escus, de deux cens mil qu'on luy avoit promis l'aider : car on ayme mieux en bailler quatre cens mille à dom Ferrand, affin que, s'il se gaigne quelque chose, cela demeure à l'Empereur qu'il aura conquesté, le Pape n'y ayant apporté que le nom ; d'ailleurs l'Empereur faict le compte que l'effort du Turq contre luy ne peut estre grand cet esté, ayant dit tout hault que l'armée qui vient de Constantinople est sy foible, qu'elle ne pourroit prendre aucune place en la coste de Naples, Cicille et la Pouille. C'est, Sire, ce que je sçay de plus considérable.

« A Auguste, ce 25 juin 1551. »

Ceste lettre au Roy fut suivie de celle-cy, au duc de Guyse, du dit jour 24 juin, comme aussy d'une autre du mesme jour au connestable.

« Monseigneur, l'occasion s'est maintenant présentée de despescher ce porteur vers le Roy, affin qu'il luy plaise entendre et considérer ces propos qui m'ont esté tenus, sur le faict de la guerre qui est maintenant allumée en Italie, et prandre pour maxime, qu'on ne veut, en sorte du monde, permettre que Parme demeure en nostre dévotion, ainsy qu'il est amplement déduict par la lettre que j'escris au dit seigneur, dont je ne vous feray icy redicte, croyant, Monseigneur, que le tout vous sera communiqué. Au demeurant, l'Empereur ayant faict semblant cy-devant d'atler au Pays-Bas, s'est maintenant résolu de passer l'esté icy, comme au lieu le plus commode pour entendre aux affaires d'Italie et Hongrie, et d'ailleurs pour contenir l'Allemagne, en sorte que les affaires ny puissent tant empirer qu'elles feroient, s'il estoit à Bruxelles. Le porteur de la présente vous pourra dire les particularitez de toutes choses : et sur ce, je me recommande très-humblement à vostre bonne grâce, priant Dieu, etc.

« D'Auguste, ce 25 jour de juin.
« Vostre très humble et très obéissant serviteur,
MARILLAC. »

Lettre du sieur de Marillac au connestable.

« Monseigneur, pour avoir esté bien expressément requis, de la part de monsieur d'Arras, de vous faire ceste despesche et que d'ailleurs les trois poincts contenus en ma lettre au Roy sont d'importance, il m'a semblé ne pouvoir faire moins que de vous envoyer ce porteur, lequel d'ailleurs suppléera à toutes les petites particularitez, lesquelles à l'adventure pourroient estre obmises, pour le regard des affaires de ce quartier, où pour conclusion les choses semblent tendre à faire la guerre au Roy, et soubz le nom du Pape, qui ne sert que de couleur, pour le faict de ceste guerre fondée sur la pointe d'une esguille : tant y a qu'il est expédient que le Roy l'entende de bonne heure, affin que sy on luy tenoit d'avanture autre langage, il regarde plus aux effets qu'aux parolles. Je ne puis obmettre, Monseigneur, que monsieur d'Arras, me parlant de la rétention de cet évesque d'Astorgo, vint à dire qu'il avoit bien sceu que messieurs d'Estranpes, Piennes et autres, estoient venus par deçà, pour après avoir tout descouvert se retirer à la Mirandolle, où ils estoient, et que nos pratiques estoient brassées de longue main ; adjoustant que le voyage qu'ils firent à Vienne ne fut que pour mine, comme ils avoient sceu auparavant, et que néantmoings ne les avoient voulu retenir, n'y aussy quatre ou cinq autres qui avoient naguères passé par icy pour aller en Italie. A quoy luy ay respondu, que soubz correstion, ceux qui l'avoient ainsy informé estoient de bons menteurs, et que j'en sçavois plus qu'eux ; luy remonstrant par le menu comme les dis seigneurs d'Estranpes et Piennes, cuydans qu'il y eut guerre en Hongrie, s'estoient desrobez pour y venir ; et voyans qu'il n'y en avoit poinct, après avoir offert leur service au roy de Bohesme, estoient passez en Italie, où ayans ouy nouvelles de Parme, ilz s'estoient retirez à la Mirandolle, cherchans la guerre, estans partis de France pour la trouver avant qu'il fust jamais question du faict de Parme. Et quant aux derniers qui estoient icy venus, qu'ils estoient enfans de Rouen, partis de leurs maisons, il y avoit plus d'un an, et s'en alloient vers Nuremberg et delà vers le Rhim pour s'en retourner en France, où ilz avoient plus d'envie d'estre que là où les coups se donnoient. Ce que toutes fois le dit sieur d'Arras n'a pas voulu croire, disans que par le complot faict les uns estoient allé de propos délibéré à la Mirandole et les autres tiroient à Magdebourg. Voilà, Monseigneur, comme on prend toutes choses honnestes en mal, qui ne peut procedder que d'un cœur fort passionné et mal disposé à croire la vérité.

« Monseigneur, il vous plaira me renvoyer ce porteur au plus tost, que j'aye occasion d'esclaircir l'Empereur sur ce qu'il requiert, et aussy que je n'en puisse ayder en plusieurs affaires où il m'est bien util, et mesmement en ceste saison sy troublée ; et par mesme moyen, il vous plaira luy faire délivrer argent de ma pension ordinaire, de laquelle je ne me puis passer, comme j'ay escrit par mes précédentes du 22. Au demeurant le dit porteur pourra nommer au Roy le personnage qui m'a découvert la pratique que l'Empereur conduisoit, pour faire son fils coadjuteur de l'Empire, par le moyen du concile, et aussy celle que touche le faict de Parme, qui est cause de ce que le Pape entreprend, voyant que le duc Octavio ne veut condescendre à ses demandes, affin que par là le Roy puisse cognoistre que je n'ay escrit qu'à bonnes enseignes.

« D'Auguste, ce 25 juin 1551. »

Autre lettre dudit sieur de Marillac au Roy, du dernier du dit mois de juin.

« Sire, il vous aura pleu entendre et considérer l'estat au quel se trouvent à présent les affaires de l'Empereur, par les despesches que j'ay cy-devant faictes, par où on peut voir que le dit seigneur propose de faire forte guerre au duc Octavio, encor que le Pape n'y apporte que le nom, affin que le prosfit qui en viendra puisse du tout tourner à son utilité. Et comme il est mal aisé que de Parme on ne s'attache ailleurs, veu les commencemens qu'on en voit, et du traictement que dom Ferrand faict aux vostres, commestant acte de pure hostilité, j'en vois d'ailleurs tant d'apparence que je ne puis faire autre jugement que d'une grosse et forte guerre qui se dresse contre vous, Sire, en cas que par ces premières bravades l'on ne puisse ravoir Parme.

« Les quatre mil lansquenets qu'on a icy levé, doivent faire monstre, le 8 du mois prochain, et en doit-on encor lever autant. Et quant aux chevaux, on envoye tous les jours courriers et lettres pour leur faire faire dilligence; l'Empereur ne faict pas seullement garder les passages, pour empescher que les lansquenets ne voyent en vostre service; mais a faict faire une desfence estrange de sortir de l'Empire gens de guerre ou de mestier, pour aller au service de princes estraugers, ny de transporter armes, artillerie, munitions de guerre, or, argent, cuivre, plomb, métaux, ny autres choses qui puissent servir à la guerre : qui est entièrement priver la Germanie de ses libertez et franchises; et pourtant, Sire, il ne peut faire telles prohibitions sans le consentement des Estats, et que néantmoings il veult qu'elle soit gardée. Il dit l'avoir faict au sceu et consentement des Électeurs, lesquels à l'avanture n'en oultrent ocques parler; lesquelles choses ne sont mises en avant que pour vous oster les commoditez que vous pourriez avoir de ce qui vient de ce pays-là; par où, joinct les préparatifs qu'on faict en Flandres, les déclarations aussy faictes en Italie et les pratiques qu'on mène en Suisse, et ailleurs par tout le monde, j'estime, Sire, sa volonté et intention estre sy descouverte, que toutes ces particularitez ne tendent à la guerre; et partant que la célébration du concille ne soit très difficille, nonobstant que l'Empereur ayt faict escrire de nouveau, à tous les Estats de l'Empire, tant eclésiastiques qu'autres qui y ont intérest, de se trouver à Trente, devant le commencement de septembre, leur remémorant les troubles advenus en la Germanie, à cause de la religion, les peynes, dangers et despences, où il s'est mis pour les appaiser; les travaux qu'il a pris en tant d'années pour obtenir le dict concille; la promesse que les Estats ont faict de s'y trouver ; et finallement, la désobéissance qu'ilz commettront s'ilz ne s'y trouvent poinct. Par quoy, les requiert de satisfaire à leur foy, et néantmoings les menace sur peyne de perdition de tous leurs priviléges et régales, et aussy d'inobéissance et rébellion, au cas qu'ils n'y viennent ou y envoyent; mais s'il persiste à la tenue de concile, je crois qu'il y trouvera de grandes difficultez et mesmement que les Allemans s'apperçoivent que vous, Sire, n'ayez poinct proposé d'y envoyer.

« D'Auguste, le dernier jour de juin 1551. »

Lettre du Roy au duc de Guyse.

Mon cousin, depuis la dernière despesche qui vous a esté faicte sont venues les nouvelles que vous entendrez, par un extraict que je vous en envoye, de l'Empereur et de Flandres : celles que verrez par le double des lettres de mes ambassadeurs en ces quartiers là, dont je ne vous feray redite; mais je veux bien vous advertir que j'ay occasion d'entrer en grand soubçon de la façon de faire dont a usé le duc Octavio, sans en faire aucune communication à mes gens, et du peu de devoir qu'il a falet à faire la récolte et la mettre dans la ville, eu ayant eu sy bon loisir et tant de commoditez, qu'est une pure ignorance, négligence ou mauvaise volonté de ne faire sy bien que j'en avois espéré. Je suis attendant le succez de ceste affaire, dont il est impossible que par la première despesche je n'entende la claire vérité, dont je vous feray incontinent part. Au demeurant, je n'ay de quoy vous faire plus longue lettre, sinon pour vous faire sçavoir que mes gens qui sont en Escosse m'ont escrit que les députez Anglois ont accordé tous les différendz qui estoient demeurez en difficulté, selon mon intention : de sorte que le royaume d'Escosse est restitué en son entier, et tout tel qu'il estoit auparavant les guerres. Chose que la royne d'Escosse, madame ma bonne sœur et la vostre, entendit de moy en son partement, et s'en est allée avec ceste bonne nouvelle, non sans mon grand regret et de toute la compagnie, comme je m'asseure qu'elle s'en ira de vous, quant vous serez contrainct de la laisser. Priant Dieu, mon cousin, vous avoir en sa saincte garde, etc.

« Escrit à Villochier, le 4 juillet 1551. »

HENRY, et plus bas LAUBESPINE »

Et au dos : *A mon cousin le duc de Guyse, pair de France, gouverneur et mon lieutenant général en Daulphiné & Savoye.*

Lettre de l'ambassadeur du Roy près de l'Empereur, au connestable, dont le double fut envoyé au duc.

« Monseigneur, j'ai receu la despesche qu'il vous a pleu me faire de Chasteaubriant, du 13 de ce mois, à laquelle j'estime estre quasy satisfaict, par ce qui est contenu en mes précéddentes, et reste seullement le poinct contenu en icelle, touchant le mauvais traictement faict par don Ferrand aux souldarts qui se retiroient à la Mirandolle, duquel je n'ay encore voulu parler, tant par ce qu'il ne m'estoit commandé de ce faire, comme aussy par ce que je désirois avant toutes choses sçavoir de monsieur le mareschal de Brissac, en quel temps et lieu cela estoit advenu, pour en respondre après plus pertinemment, comme je luy ay pieça escrit, et suis attendant sa responce. Au reste, Monseigneur, il vous aura pleu entendre par ce que mon cousin aura porté, comme l'Empereur ne parle poinct de bouger d'icy, et crois que tout le bruict qu'on en avoit faict auparavant, estoit pour empescher que le Roy ne s'aprochast d'Italie pour entendre de plus près aux affaires de Parme. Quant à ce qu'on nous en veut icy faire à croire, les Impériaux, en substance, Monseigneur, publient que dom Ferrand faict battre au Parmezan les chasteaux de Coloure et de Prin, faisant leur comte qu'ils les auront au premier jour, et après viendront aisément à bout de Parme, où ils disent n'y avoir victuailles que pour trois ou quatre mois. En somme, ils chantent le triomphe devant la victoire, et en parlent comme sy desjà le tout estoit succeddé comme ils le désirent ; d'ailleurs ils asseurent estre venus je ne sçay combien de millions d'or du Pérou, et en attendent sy grande quantité, que c'est comme un songe d'ouyr ce qu'ils disent. Et toutesfois, Monseigneur, ils ne se vantent pas de ce qui s'est entendu par autre voye de plusieurs grandz butins que le seigneur Pierre Strssy a fraichement remenez du Boulonnois. Il ne s'entend chose digne d'estre sceu de Rome, sinon qu'on s'esmerveille que l'armée du grand seigneur, qui doit estre sortie dès le 25 de l'autre mois, n'a pas encor paru en ces mers, et s'en attendent nouvelles d'heure à autre.

« D'Auguste, ce dernier juin 1551. »

Continuation de nouvelles envoyées au Roy, par son ambassadeur de Marillac.

« Sire, avant hier, environ les deux heures après midy, arriva en ceste cour l'évesque de Montepolican, trésorier du Pape, estant venu en poste pour traiter avec l'Empereur de choses qu'on estime estre de grande importance, combien qu'on n'ayt encor peu descouvrir que c'est : car une heure après qu'il fut arrivé, il s'en alla droit parler au dit seigneur, et tout hyer il fut avec monsieur d'Arras ; joinct qu'il est estimé personnage d'esprit et d'expérience, par où tout le monde présume qu'il n'est pas venu sans quelque mistère, parce que, mesme depuis le 18 de may, le nonce qui est icy n'avoit eu lettre de son maistre. L'opinion la plus commune est qu'il est venu prandre la dernière résolution du nonce, où il est logé, lequel m'a raporté leur avoir ouy dire que monsieur d'Arras avoit esté marry qu'on n'avoit pas communiqué avec luy avant que parler à l'Empereur, parce qu'on sçauroit tout ce que le dit seigneur auroit eu sur le cœur. Davantage, Sire, ce mesme personnage asseure avoir veu une lettre escrite de la main du Pape, au vieil nunce, portant qu'il avoit faict dire au duc Octavio qu'il se retirast à l'Empereur, ou à vous, pour trouver moyen d'asseurer la ville de Parme, ou en faire comme il trouveroit à propos pour le bien de ses affaires ; mais qu'il n'entendoit pas qu'on y deust procceder de la sorte qu'on avoit faict. Il dit aussy que l'on se veult ruer sur le duché de Castres pour en despouiller le seigneur Horace, et que le duc de Florance y tenoit la main, et se monstroit fort eschauffé, lequel advertissement n'est pas sans apparence de vérité ; au demeurant, les lansquenets du baron d'Aisnée ne sont encor du tout levez, combien qu'on ayt faict sonner le tabourin ez quartiers d'Ulmes, Munich et Ratisbonne, et que d'ailleurs on ayt faict garder tous les passages de la frontière, pour empescher qu'il n'y en allast aucun pour vostre service. De quoy tout le monde s'esbahit bien fort, veu que cy-devant, sans aucun tabourin, on eust peu assembler deux fois plus grand nombre d'hommes en moins de quatre ou cinq jours. Et ne peut-on penser la cause de cela, sinon que partout le pays les prescheurs cryent contre ceux qui vont au service du Pape ; les gens d'apparence les blasment particulièrement, et les petits enfans leur vont après, les appellans valets de prestres et du diable : de sorte qu'aucuns meuvent de leurs maisons, et ceux qui vont au lieu de l'assemblée ne sont que belistres qui ne sçavent que devenir, comme à la vérité, Sire, on les traicte en coquins : car au lieu que je pensois qu'on leur eut baillé un taler pour attendre la monstre, qui se devoit faire le 8 de ce mois, j'ay sceu au vray qu'on ne leur a donné qu'un quart de taler, qui font viron neuf sols de vostre monnoye, etc.

« D'Auguste, ce 4 juillet 1551. »

Lettre du sieur Du Thier, au duc de Guyse, sur les affaires du mesme temps.

« Monseigneur, il y a trois jours qu'en ce lieu nous receusme une despesche de Rome, par homme exprès, et une autre de la Mirandolle et de Parme, par maistre Thomas d'Alvéche. Quant à celle de Rome, elle contenoit tout le discours de ce qu'avoit négocié Monluc, depuis son arrivée, avec le Pape, qui pour conclusion avoit la plus belle repentance qu'il estoit possible, d'estre entré sy avant qu'il estoit avec l'Empereur, qui le menoit et conduisoit à la guerre quasy malgré qu'il en eust aversion ; et de faict, avoit plusieurs expédiens de pacifier les choses ; mais qu'à tout propos dom Diego, ambassadeur de l'Empereur, qui est auprès de luy, s'estoit venu jetter entre deux et les avoit interrompus, de sorte qu'il n'y a remède et fault qu'il en passe par où les ministres Impériaux le conduisent, regrettant, avec les larmes aux yeux, de ce qu'il estoit sy malheureux d'estre réduict ez mains de ceux qu'il a tousjours tenus ses ennemis mortelz, et esloigné de l'amytié et bonne grace du prince qu'il a tousjours le plus aymé, et auquel il se sent entièrement obligé du lieu et de la dignité où il est constitué. C'est en substance ce que contiennent les dites lettres et quelques autres de messieurs les cardinaux de Ferrare et de Tournon, qui n'avoient encor sceu obtenir leur congé; mais le jour mesme que le Pape avoit promis de le proposer en consistoire, il advint qu'il receut lettres du cardinal de Saint-Flour, qui estoit allé vers le duc Octavio, sur lesquelles au lieu du dit congé proposa l'investiture du duché de Camerin, pour le dit duc, pour récompense de Parme: dont sur le champ en fut commandée et despeschée la bulle et envoyée en poste aux ministres du Pape au Parmezan, dont les dits sieurs cardinaux se trouvèrent fort estonnez.

Au regard de la despesche du dit maistre Thomas d'Alvéche, elle contient entr'autres choses celles-cy dessus de la résolution du duché de Camerin; ce que voyant, messieurs de Termes et de Strozzy auroient voulu sçavoir du dit duc Octavio comme il alloit de cela; mais il ne leur a faict response qu'en termes généraux, avec une asseurance qu'on le trouveroit tousjours homme de bien et de parolle, aymant son honneur, et qu'il ne voudroit pour rien faillir au Roy. Toutes fois, les dis sieurs de Termes et de Strozzy n'auroient laissé pour cela d'envoyer le dit maistre Thomas d'Alvesche au Roy, pour luy faire entendre ce que dessus; sur quoy nous avons despesché Lagarde, pour advertir les dis de Termes et Strozzy de ce qu'ils auront à faire, soit que la ditte restitution se trouve véritable ou qu'il n'en soit rien, ou bien que pour l'estat et disposition des choses du dit Parme, il soit besoing faire la ditte restitution. Et pour ce, Monseigneur, que je suis pressé d'aller présentement au lever du Roy, et que je ne voudrois retarder la despesche que l'on vous faict, je ne vous en puis mander les particularitez, les remettant à une autre fois: priant Dieu, etc.

«Escrit à Villochier, le 4 juillet 1551.

«Vostre très humble et obéissant serviteur,

Du Thier.»

Et au dos: *A monseigneur, monseigneur le duc de Guyse, pair de France.*

Lettre de monsieur de Marillac au Roy.

« Sire, ce trésorier du Pape, évesque de Montepolican, est encor icy, promettant tousjours avoir deniers pour la continuation de la guerre commancée, sans laquelle subvention l'on dit qu'il a déclaré à l'Empereur que le Pape seroit contrainct de retirer ses gens aux Boulonois, pour garder son pays; et que là dessus, il y a eu bien bonne responce, selon laquelle on attendoit prandre grosse somme d'argent des marchandz de ceste ville les plus pécunieux, à charge que l'Empereur en respondroict. Monsieur d'Arras a dit à l'ambassadeur de Venise, que sy d'avanture quelques bandes qu'on envoyoit en Italie passoient par le pays de la seigneurie, que l'Empereur prioit et requéroit qu'il ne leur fust faict aucun outrage. On nous faict icy entendre que dom Ferrand est soubz Coulouvre, ayant laissé le marquis de Marignan soubz Parme; que les gens du Pape venoient provoquer les nostres jusques aux portes de la Mirandolle, pour veoir s'ils les pourroient attirer au combat; qu'on avoit d'ailleurs envoyé gens à Castro pour en despouiller le duc Horace, faisans compte de l'avoir de premier assault : au demeurant, que le Pape faisoit dernière preuve de ce qu'il pouvoit pour faire argent, comme de prandre les gaiges des officiers de sa cour; vendre dace sur les aluns au duc de Florance; vouloir faire une légion de nouveaux cardinaux pour en tirer grosse somme de deniers de la vente des chapeaux-rouges, et de semblables intentions tyraniques et diaboliques dont il est autant blasmé par tous ceux qui en entendent parler, jusques aux Impériaux, que tout le monde confesse qu'il faict tout ce qu'il peut pour destruire et abbatre du tout la grandeur de son siége.

« J'ay présentement esté adverty que ce trésorier du Pape fut hier, tout tard, expédié, et qu'il doit partir ceste nuit, et que l'Empereur luy baille deux cens mil escus, qu'il faict porter avec luy sur mulets jusques à Trente; qu'on faisoit compte d'assiéger la Mirandolle, et y faire le plus grand effort qu'on pourroit. »

Lettre de monsieur de Laubespine à monsieur le duc de Guyse.

« Monseigneur, à l'heure que j'ay receu la lettre qu'il vous a pleu m'escrire, du 3 de ce mois, je voulois vous advertir de l'arrivée, par devers le Roy, du cousin de monsieur Marillac, lequel a esté despesché de luy pour advertir le Roy des propos assez aigres que luy avoit tenus monsieur d'Arras, ainsy qu'il vous plaira veoir par la coppie des lettres qu'il a apportées, que je vous envoye, disant outre cela pour conclusion que le dit sieur de Marillac luy a donné charge de supplier très humblement le dit seigneur ne se fier aucunement aux bonnes parolles que l'Empereur luy fera tenir: car il n'en eust jamais creu qu'il eust tant de venin qu'il en trouve en luy. Le dit cousin fut despesché en cachette par luy, et vint sur des courtaulx jusques en Suisse; ce qu'ayant descouvert, monsieur d'Arras fit deux jours après partir un courrier, qui est venu en extrême diligence trouver leur ambassadeur icy, et à ce que nous sceusmes de bon lieu, tost après son arrivée. C'estoit pour tenir au Roy les mesmes propos qu'avoit tenu le dit évesque d'Arras au dit Marillac, et pour cet effect, a, cejourd'huy, eu audience de luy, en laquelle il a parlé beaucoup plus modestement que son naturel, et moins roide que ne fut le dit évesque, concluant enfin qu'il ne désire rien tant que d'observer l'amytié et bonne paix qu'il a avec le Roy. Lequel, pour ceste cause, je voulois bien prier se déporter de ceste protection de Parme, enquérant fort exactement sy le Roy seroit pour venir à rupture pour ceste occasion, et s'il n'auroit pas aussy envye de demeurer bon amy de son maistre. Vous advisant qu'il a embrouillé ce qu'il vouloit dire, de sorte qu'il est aysé de juger qu'il ne se veult pas faire entendre clairement : et peut-on, Monseigneur, recueillir de sa négociation que son maistre n'a rien de bon dans l'entendement, toutes fois il crainct la lice et n'y entrera que le plus tart que pourra, lequel a à desmesler en Allemagne, n'allant pas selon son souhaict. M. de Brissac a receu vostre lettre de créance du capitaine Francisque Chiaramont, qui est dans Parme, par où il faict sçavoir que sy par tout le mois d'octobre le Roy n'envoye secourir la ditte ville, elle se perdra faulte de vivres, dont on a faict sy grand dégast dans la ditte ville, qu'il n'y en sçauroit avoir pour plus long-temps : ce qui est bien loing de ce que nous avions pensé. Vous serez adverty de ce que nous en aurons de nouvelles ; cependant je prie Dieu, etc.

« De Blanc, le 8 juillet 1551.

« Vostre très humble et très obéissant serviteur,

DE LAUBESPINE. »

Lettre de monsieur le connestable au dit duc, sur les affaires d'Allemagne et de Parme.

« Monsieur, par le double des lettres du sieur de Marillac, que je vous envoye, vous sçaurez les propos passez entre l'évesque d'Arras et luy, dont je ne vous feray redite ; mais je vous aviseray bien que l'ambassadeur de l'Empereur eut hier audiance du Roy, où il luy en parla beaucoupt plus doucement, faisant tout ce qu'il pouvoit pour persuader le dit seigneur croire que son maistre ne désire rien tant que la continuation de la bonne paix et amytié qu'ils ont ensemble, et l'asseurant, sur la prud'homie qui est en luy, qu'il ne luy commencera jamais la guerre, luy desplaisant infiniment de ce que les affaires de Parme sont en tels termes, dont il prioit le Roy de se déporter : et fit grande instance d'entendre du Roy s'il seroit pour innover aucune chose contre l'Empereur, à ceste occasion. Il trouva le dit seigneur aussy froid que luy, et non moins garny de bonnes et honnestes parolles ; et toutes fois il n'oublia rien pour luy faire sentir que si l'on l'attaquoit, on le trouveroit sy roide et sy disposé à s'en ressentir, qu'il y parroistroit, et qu'on lui feroit plaisir de l'en éclaircir plustost aujourd'hui que demain : vous advisant, Monsieur, qu'à ce que je peus recueillir de l'intention de ce bon ministre, son maistre n'a pas envie de remuer sy tost mesnage : car ses affaires d'Allemagne ne vont pas comme il voudroit, et sy áy opinion que son indisposition le tient en grande crainte de commencer, craignant qu'il n'ayt pas l'halaine assez longue pour achever une sy longue carrière. Notre Allemand est arrivé, qui propose chose sy grande qu'il est bien mal aisé qu'il n'en sorte quelque dommage aux affaires de l'Empereur ; de ce qui s'en résoudra vous en serez cy après adverty. Je prie Dieu, etc.

De Blanc, ce 9 juillet 1551.

« Vostre humble serviteur, »

MONTMORENCY. »

Et au dos : *A monsieur monsieur le duc de Guyse, pair de France.*

Double de la lettre escrite au Roy par monsieur le comte de Tendes, envoyé au duc.

« Sire, j'ai eu advertissement que le prince d'Espagne n'attend que l'heure de s'embarquer et ne mène avec luy, outre l'armement des galères, que six ou sept cens hommes de pied, et que la pluspart des gens qu'il avoit s'en sont retournez, et qu'il attendoit le Roy de Bohême et le prince de Piedmont, qui devoient arriver le 6 de ce mois à Gennes ; et ayant regard à ce qu'on m'en escrit, je pense qu'il sera en ces mers dans deux jours, auquel, passant par ceste coste, feray présenter quelques rafraîchissemens à l'accoustumée, pour après vous advertir de sa compagnie et des propos qu'on y aura peu tenir. Il a envoyé en Espagne, en dilligence, pour faire partir la royne de Bohême et se trouver à Barcelonne à son arrivée, en délibération que les gallères n'y séjourneront que deux jours, après pour s'embarquer, pour la crainte qu'ils ont de l'armée du Grand-Seigneur, laquelle on asseure estre arrivée deçà le far Messine, chose que je ne puis croire, sy est-ce qu'André Doné à despesché une gallère pour Cicille, affin d'avoir nouvelles seures du lieu où peut estre de présent la ditte armée. Qu'est-ce qui s'offre pour ceste heure, fors, Sire, qu'il vous plaira me commander vos bons plaisirs.

« Suppliant le Créateur vous donner, en parfaicte santé, très bonne et longue vie.

« De Marseille, ce 8 juillet 1551. »

Lettre de monsieur de Termes, du 10 dudit

mois, au Roy, sur l'estat des affaires de Parmes.

« Sire, depuis le partement de maistre Thomas d'Alvèche, estant les armées de l'Empereur et du Pape devant Parme, j'ay continuellement faict faire courses sur le Boulonnois, pour les empescher de faire leur récolte et divertir l'armée du Pape du siége du dit Parme : ce qu'elle a esté contrainte faire et vint loger à Castel-Franc, Crèvecœur et Saint-Jean, pour favoriser la récolte au dit Boullenois, lequel estoit desjà réduict en bien grande extrémité de vivres, où dom Ferrand leur a baillé cent hommes d'armes, trois compagnies de chevaux-légers et cent harquebusiers à cheval, pour renforcer l'armée du Pape, par ce qu'ils ne la sentoient forte pour résister à vostre cavallerie. Et ayant entendu que le dit dom Ferrand leur avoit envoyé la ditte cavallerie, je luy ay escrit une lettre, ainsy qu'il vous plaira voir par ce double d'icelle que je vous envoye, dont je n'ay encor responce. Le Pape et ses ministres, avec grande instance, ont requis dom Ferrand vouloir venir avec leur armée devant la Mirandole, pour vous faire débander, où bien nous assiéger. Lequel ne leur a voulu accorder, comme il plaira à Vostre Majesté voir par une despesche que le Pape et ses ministres ont envoyée à Trente et à la cour de l'Empereur, par laquelle Vostre Majesté cognoistra le bon vouloir du dit Pape et du Dandino entre ses anciens ministres. Et au partement de l'armée du Pape, dom Ferrand a laissé la moictié de la sienne devant Parme, et s'en est allé avec l'autre devant Collornyo, avec douze pièces d'artillerie. Laquelle place, le cappitaine qui y commandoit, a rendue assez pauvrement, comme m'a escrit le duc Octavio, lequel, ensemble son peuple de Parme, ne s'en est point effrayé, ainsa toujours meilleur courage : car depuis le partement du dit camp du Pape, ilz ont faict la moictié de la récolte ; et m'ayant le dit seigneur duc requis de luy envoyer quinze cent hommes de pied et de la cavallerie pour le renforcer, parce que plusieurs soldats, subjets du duc de Florance, qui estoient là dedans, furent contrainetz d'en sortir par les bans et commandemens du dict duc de Florance, j'ay advisé d'y envoyer le seigneur Pierre, avec les vielles bandes estans de quinze cens hommes, des meilleurs de vostre armée, comme aussy monsieur Dandelot, monsieur de Sipiere, sa compagnie et celles du comte de Fontanella et de Cornelio Zabolj, et tous les gentilshommes françois qui estoient icy. Lesquelles troupes de chevaux et de pied sont entrées dedans le dit Parme, le 2e jour du présent mois, sans aucun empeschement ; de sorte, Sire, que Vostre Majesté se peut bien asseurer maintenant de la ditte ville de Parme, veu qu'il y a dedans deux mil bons hommes et deux cens cinquante chevaux-légers, sans les compagnies du dit seigneur duc et ses chevaux-légers. Et les ennemis n'ont rien sur nous, sinon qu'ils bruslent tout ce qu'ilz peuvent au pays de la Mirandolle ; ce que voyant, j'ay envoyé un trompette vers le sieur Camille, le priant de me permettre de luy envoyer un gentilhomme pour parlementer avec luy : ce que m'ayant accordé, je luy ay envoyé le sieur Flaminio Ursino, pour lui faire entendre comme ce lieu de la Mirandole est à Vostre Majesté, et que ces bruslemens sont contre la coutume de la guerre ; et luy demander s'ils avoient commission du Pape pour ce faire ou s'ils le faisoient de leur authorité privée. A quoy le dit sieur Camille a respondu en être fort fasché, et qu'il y mettroit le meilleur ordre qu'il pourroit : toutes fois les dits bruslemens continuent, et a le seigneur Alexandre Vitel, général de l'infanterie, dit au seigneur Flaminio avoir commission du Pape de brusler et de faire du pis qu'il poura sur le pays de la Mirandolle : ce qu'il faict tous les jours. Et sur le partement du dit sieur Flaminio, ilz luy ont tenu un langage couvert, que sy je veux désarmer, ilz deslogeront du dict pays de la Mirandolle et désarmeront : ce que je crois qu'ils feroient volontairement pour la grande despence que faict le dit Pape, et le peu de moyen qu'il a de la continuer : car il n'y a de mois qui ne luy couste soixante et dix mil escus, sans beaucoup d'aultres despences qu'il faict pour la garde de ses pays. Sur quoy je m'aviseray de respondre à loisir, qu'en cas qu'ils veuillent désarmer et dom Ferrand aussy, je désarmeray, sauf la garde des places et l'avitaillement d'icelles. Ce que je pense que dom Ferrand ne voudra faire, parce que je suis adverty de bon lieu que les Impériaux se renforcent d'Allemans et de cavallerie. Et faict le duc de Florance quatre cens chevaux-legers : il peut néantmoins arriver que chacun désarmera.

«De la Mirandolle, ce 10 jour de juillet 1554.»

Lettre du Roy au duc de Guyse, sur certain dessein que paroistra en plusieurs lettres suivantes, lequel néantmoins n'eut point d'effet.

« Mon cousin, je vous envoye le double de deux lettres que j'ay euës de mes cousins les comtes de Tendes et le prieur de Capoüe, par où vous scaurez les nouvelles qu'ils avoient du prince d'Espagne et du retour de la royne de Boheme ; semblablement ce que je vous pourrois escrire des nouvelles de delà, vous advisant que, dedans quatre ou cinq jours, j'attens le retour d'un courrier que j'ay despêché à Marseille, en extrême diligence, par lequel je m'attens de sçavoir au vray toutes nouvelles, n'estant pas d'avis, mon cousin, que vous partiez plustost de chez vous que vous n'ayez de mes nouvelles, dont je vous feray part incontinant l'arrivée dudit courier. Je ne vous escris rien de Parme, pour n'en avoir eu une seule lettre depuis le retour de Thomas d'Elveche, dont je m'esbahis grandement. Mais je vous envoye un double des lettres ressues de Marillac, par où vous sçaurez comme les choses vont au lieu où il est; le demeurant, vous l'entendrez par la lettre de mon cousin le connestable, qui me gardera de faire ceste-cy plus longue, priant Dieu, mon cousin, etc.

« Escrit à Ingrande, le 17 juillet 1551.

« HENRY, et plus bas DE LAUBESPINE. »

Et au dos : *A mon cousin le duc de Guyse, gouverneur et mon lieutenant général en Dauphiné et Savoye.*

Lettre du sieur du Thier, audit duc de Blanc, ce 9 juillet.

« Monseigneur, depuis mes dernières lettres, il ne nous est venu rien de nouveau, sinon que monsieur le mareschal de Brissac, du 2 de ce mois, nous faict sçavoir que le colonel Francisque Charamont, qui est à Parme, luy a envoyé un homme exprès, par lequel il l'advertit que sy Parme, par tout le mois d'octobre prochain, n'est bien pourveue et munie de ce qu'il luy fault, elle est en danger très-grand, pour le mauvais ordre qui a esté donné à la conservation des vivres et munitions qui se trouvent tous perdus ou fort endommagez. Je vous laisse à penser, Monseigneur, sy cela ne sent pas son préparatif, pour faire trouver bons et véritables les articles dont maistre Thomas d'Alveche nous a apporté le double, et pour le remède, comme il vous plaist me dire par vostre lettre. Je n'y vois meilleur expédient que de nous faire aussy forts dedans ledit Parme que le duc Octavio, affin qu'il ne soit en sa puissance de rien faire sans nostre consentement. Et c'est de quoy il a esté escrit par Lagarde à monsieur de Termes, qu'il y ait à se jetter dedans ledit Parme s'il est possible, avec Sipierre et deux ou trois des meilleures bandes qu'il ayt auprès de luy. Toutes fois s'il n'y a des vivres en suffisance, et que l'on n'y en puisse mettre davantage, je tiens ceste place pour desesperée, et ay grande peur que nous n'ayons l'honneur ny réputation de la protection que nous en avons prise. Je ne faudray, Monseigneur, vous faire sçavoir ce qu'il

nous en viendra : et cependant, je vous advise que par les lettres que nous eusmes avant hier du Levant, le Bagliarlay, général du Grand-Seigneur, partit avec son armée, le lendemain de la Pentecoste, pour aller a l'Elespont, et de là, passant par la coste de la Pouille, Calabre et Cicille, s'en va droit en Barbarie, pour exécuter l'entreprise avec cent cinquante gallères, sans les fustes et grandz vaisseaux qui portent trois mil janissaires et l'artillerie, qu'il faudra mettre en terre. Le roy d'Arger avoit, sept ou huit jours auparavant, envoyé au Grand-Seigneur, sur une de ses gallères, la teste de l'un des fils du chérif roy des Maroques, qui luy estoit allé faire la guerre; et pour accompagner ceste teste y avoit plusieurs esclaves pris avec ledit chérif par ledit roy d'Argier, qui en faisoit présent au Grand-Seigneur.

« Escrit à Blanc, le 9 jour de juillet 1551.

« Vostre très humble et très obéissant serviteur,

DU THIER. »

Autre lettre du Roy, sur ce mesme subjet.

« Mon cousin, depuis le partement du dernier courrier, j'ay eu nouvelles de Marseille, comme le prince d'Espagne est passé, ainsy que vous verrez par le double des lettres que je vous envoye, par où vous sçaurez comme il estoit accompagné, et la dilligence que la royne de Bohesme faict pour son retour, ayant jà acheminé partie de son train par mon royaume, et crois avant que vous ayez ceste lettre qu'elle sera ambarquée pour sondict retour, au moyen de quoy j'ay advisé que le meilleur sera que les bandes venans de Picardie demeurent en Bourgogne et ne passent pas outre, jusques à ce que vous ayez autres nouvelles de moy : et vous envoye une lettre au sieur Despinac, que vous luy ferez tenir pour les despartir et loger devers Auxonne, Chaalons, Seurre et autres places et endroits, le long de la frontière de Bourgogne, au reste d'une que vous pourrez faire marcher jusques à Bourg-en-Bresse, pour laquelle j'escris au sieur de La Guiche une lettre que vous luy ferez aussi tenir. Quand à celle de Lignières, estimant qu'elle ne soit pas sy advancée que les autres, sy elle est encor en Champagne, vous l'envoyerez loger devers Monron; à ceste fin vous envoye aussy une lettre pour le sieur Bourdillon : toutesfois, sy elle estoit entrée au pays de Bourgogne, il faudra là l'y loger, comme les autres, sans la faire reculer en arrière, pour ne donner aucun soubçon. C'est l'occasion pour quoy je vous envoye ce courrier, en extrême dilligence, vous advisant que j'ay despeché en Dauphiné pour garder que l'on ne lève ces quatre bandes, et aussy après le cappitaine Chabert et au cappitaine Vicques, se retirer devers Aiguemorte. Qu'est tout ce que j'ay à vous dire pour le présent, priant Dieu, etc.

« Escrit à Saint-Georges le 17 juillet 1551.

« HENRY, *et plus bas* DE LAUBESPINE. »

Et au dos : *A mon cousin le duc de Guyse, gouverneur et mon lieutenant général en Savoye et Dauphiné.*

Lettre de monsieur le comte de Tendes.

« Monseigneur, depuis le 8 de ce mois, le prince d'Espagne est arrivé avec quarante gallères en ces mers et a esté contrainct à Fresjuls, pour n'avoir le temps à gré, auquel lieu, suivant ce qu'il avoit pleu au Roy et à vous me commander, a esté faict présent et rafraîchissement, où ils ont, comme on m'escrit, pris plaisir. Je m'attens qu'ils seront aujourd'huy ou demain près d'icy, où envoyeray faire le semblable par quelques gentilshommes, qui me sçauront bien dire leur équipage et les propos qu'ils auront tenus, pour après en advertir le Roy et vous. Le prince avoit avec luy, en sa gallère, le roy de Bohesme, le prince de Savoye, le fils du marquis de Gonast, et André d'Orie, vous advisant au surplus que maistre Louis Alemain arriva hier au soir, lequel j'accommoderay sy bien que son voyage sera faict seurement.

« De Marseille ce 10 juillet.

« Après la présente escrite, ay eu nouvelle comme lesdites gallères sont arrivées d'hier à Porcherolles, près les isles d'Hières, et ne fais doubte qu'ils ne passent, cejourd'huy, par ces mers de Marseille. J'en ay escrit à monsieur de Joyeuse et au cappitaine d'Aiguemortes, pour le regard de vostre gouvernement de Languedoc. »

Le cardinal de Lorraine, qui eut part en ce secret, escrivit cecy par ordre du Roy au duc de Guyse, son frère.

« Monsieur mon frère, ceste petite lettre sera pour vous advertir que le Roy m'a donné charge vous mander qu'il vous envoye ce qu'il a eu de Marseille, et qu'il vous prie que vous concluiez, avec Chatillon, à quel jour les bandes pourront estre prestes à s'ambarquer, affin qu'à ceste heure là, non plustost, vous dressiez vostre chemin pour vous y trouver. Et il a exprès despesché en Provence, affin qu'incontinant que les gallères, qui portent le prince en Espagne, seront retournées, on vous despesche droict à Joinville un courrier sans attendre de venir icy à la cour. Et en ce cas, le Roy ne veut pas que vous partiez dudit Joinville; sy la nouvelle vous en vient que vous soyez prest de vostre gouvernement, vous ferez semblant d'y voir quelques places : car sy à ceste heure, le temps n'est propre pour exécuter l'entreprise, il la fault tenir couverte pour une autre fois. Monsieur de Saint-Papoul est à Lyon qui vous attend; et là n'oubliez de le mander, vous en aurez nouvelle en la banque de Salviatz.

« Le Roy a bien voulu laisser aller les bandes à toute adventure, s'il advenoit une disgrace que les gallères ne fussent sy tost de retour; mais nous voyons bien que, pour ce coup, il n'y a poinct d'ordre et que nous avons commandé trop tard. Dieu en ordonnera pour le mieux. Le Roy entend qu'après avoir veu Chastellonnet conclud de ceste affaire, vous luy despeschiez un courrier, en extrême dilligence, pour l'advertir du jour qu'avez pris, affin qu'il fasse partir nostre frère, et qu'il donne ordre aux bandes de Piedmont, où on a encor touché; et dès que le prieur aura mandé le temps que ses vaisseaux seront prests, on vous en despeschera un pour vous en advertir, affin que, selon ce, on avance ou recule. Voilà ce que le Roy a conclud et m'a chargé de vous escrire de sa part, me commandant vous faire ses recommandations.

« D'Ingrande, ce 17 juillet 1551.

Vostre humble et obéissant frère,

« C. CARDINAL DE LORRAINE. »

Et au dos : *A monsieur mon frère monsieur le duc de Guyse.*

« Mon frère, depuis ceste lettre escrite, affin que rien ne demeure, le Roy s'est advisé de mander en Dauphiné aux cappitaines qu'ils fassent leurs bandes et s'en allent en Piedmont, sans mander aux autres qu'ils partent; bien en mandera à monsieur le Mareschal qu'il donne congé aux cinq bandes, toutes les fois que Chastillon les mandera, par ainsi concluez en ensemble, affin que tout se trouve en mesme temps où se fera l'affaire, et incontinant, en extrême dilligence, advertissez le Roy de ce que vous aurez conclud avec Chastillon : et après cela le Roy vous mandera ce qui luy semblera de vostre partement, sans quoy il vous prie ne vous poinct haster. »

Lettre de Monsieur le connestable au dit duc.

« Monsieur, j'estime que mon neveu de Chastillon vous aura trouvé avant que vous receviez ceste lettre, et vous aura dit comme les six cappitaines qu'il tire de Picardie n'ont pû croistre leurs bandes, au moyen de quoy j'ay despesché le cappitaine Chabert, pour aller, en toute dilligence, faire une bande de trois cents hommes auprès de Thoulouse, laquelle suivra celle de Vicques de bien près, et ira, par le mesme chemin, se rendre à Avignon, pour là attendre ce que vous ou luy leur ferez entendre. J'ay aussy envoyé à mondit neveu une commission en blanc pour faire lever une autre enseigne par La Mole, ou tel autre qu'il advisera, pour avec les dis deux bandes faire semblable nombre que sy les dis six bandes eussent faict la creüe qui avoit été avisée. Vous advisant aussy, monsieur, que j'ay envoyé l'argent en D'Auphiné pour faire la levée de quatre bandes, et mandé à monsieur de Maugiron les faire marcher en Piedmont, d'où toutes fois les cinq vieilles bandes ne partiront poinct que vous ou luy ne leur fassiez sçavoir. Quant à vous, monsieur, sitost que le courier sera de retour de Marseille, vous serez adverty de ce qu'aurez à faire. Cependant je m'asseure que vous aurez dict à mondit nepveu ce qu'il devra faire des sept bandes qui sont avec luy, et aurez pris une résolution s'il les devra faires marcher ensemble, ou les faire aller à la fille, et que de tout nous donnerez advis par un des couriers qui vous a esté envoyé. Au sur plus, monsieur, nous avons arresté avec les Anglois le mariage tout ainsy qu'il est contenu aux articles que vous en vistes, et est impossible de faire plus grande monstration d'estre contents qu'ils font, comme aussy en ont-ils grande occasion, leur ayant le Roy franchement accordé que sy le Roy d'Angleterre survict, le dot qu'il baille à sa fille demeure au dit Roy, qui est un poinct auquel tout nostre traité estoit accroché : toutes fois après qu'il a esté veu que les autres mariages faict en semblables endroits ont passé ainsy, le dit seigneur s'y est accordé : ce qu'ils ont receu à grande grace. Pour fin de ma lettre, je vous diray, monsieur, que le dit seigneur s'en va, aux meilleures journées qu'il peut, gaigner Bloys, où il fera peu de séjour et ne cessera qu'il ne soit à Fontainebleau, où il veut que la Royne fasse ses couches, affin d'estre tant plus prests et à propos pour pourvoir à toutes choses qui se pourront offrir du costé de Flandres. Il n'est rien venu, sinon que l'on y continue les préparatifs ja commencez ; mais il n'y a un seul homme de bout. Priant Dieu, etc.

« D'Ingrande, ce 6ᵉ jour de juillet 1551.

« Vostre humble serviteur,

« Montmorancy. »

Et au dos : *A monsieur monsieur le duc de Guyse.*

Lettre du cardinal de Lorraine au dit duc de Guyse son frère.

« Monsieur mon frère, le Roy vous faisant présentement une despesche, je n'ay voullu faillir l'accompagner de ceste lettre, et vous dire comme depuis l'arrivée de maistre Thomas de Lusche, nous n'avons aucune nouvelle de Rome, de la Mirande, de Venise, ny d'autre endroit du costé d'Italie, sinon de la part de monsieur le duc de Ferrare, qui a despesché un courier vers son ambassadeur, par lequel nous avons advis que le camp du Pape a esté forcé se retirer vers Boulogne, pour la peyne et travail que luy donnoient nos gens, qui n'est petit, le neveu du Pape ayant esté blessé d'un coup de pique et contraint d'abandonner le dit camp.

« Le seigneur Dom Ferrand n'a encores ozé attaquer Parme et est allé assiéger Colorno ; la principalle occasion de la venue de ce courier, c'est pour quelque ouverture de paix que le Roy trouve bonne et délibère entendre, selon les articles qui desjà ont esté envoyez par La Garde, dont le double vous a esté envoyé par le sieur Du Thiers ; le dit seigneur a remis ceste pratique à mon dict sieur le duc, et auquel, pour cet effet, il faut une despesche. Il ne bougera de Fontainebleau de tout l'hyvert, attendant des nouvelles suivant les quelles il prendra ses délibérations. Et sur ce, je prie Dieu, etc.

« D'Ingrande, le 17 juillet 1551.

« Vostre très humble et obéissant frère,

« C. Cardinal de Lorraine. »

Et au dos : *A monsieur mon frère, monsieur le duc de Guyse.*

Lettre du sieur Du Thiers au dict duc, sur les affaires d'Italie.

« Monseigneur, les dernières lettres que nous avons eües de la Mirandole et de Parme, sont du 17 du mois passé, de sorte que je vous puis bien asseurer que le roi en est bien fasché ; car tous les jours on nous faict ici des nouvelles qui ne sont à l'advantage et réputation des affaires du Roy ; mais je crois que c'est un artifice de l'ambassadeur de l'Empereur, lequel voyant qu'on estoit sur la conclusion et arrest du traicté d'entre nous et les Anglois, ce bruict a esté semé à l'ayde de quelques Italiens qui sont en ceste cour, comme pensant y gaigner quelque chose, ce qu'il n'a faict : car tout a esté gaillardement résolu et passé sans difficulté, ainsy que par la despesche que vous a faict presment monsieur de Laubespine vous pourrez entendre.

« Quoy qu'il en soit, monsieur de Termes ny les autres ministres qui sont par delà, ne se scauroient excuser qu'il n'y ayt de la négligence, et sy vous puis bien dire, monseigneur, qu'ils ont aujourd'hui de fonsdz, outre le payement de leur mois et toutes leurs parties inopinées, plus de cinquante huit mil escus.

« Messieurs les cardinaux de Ferrare et de Tournon sont partis de Rome, au grand et extrême regret de tous les Romains, lesquels ont faict plusieurs plaintes publiques sur leur partement; et se lèvent par le Pape de sy gros et insupportables subsides sur ses subjets pour subvenir à sa despence, qu'il y pourroit bien avoir du souslèvement populaire, ainsy que nous écrit le secrétaire Boucher, qui seroit bien employé.

« Monsieur le duc de Ferrare faict tout ce qu'il peut pour moyenner un appointement et accord, en mettant Parme en dépost entre ses mains, avec certaines conditions qui pourroient bien réussir; d'autre costé les Vénitiens s'accommoderont volontiers en une ligne deffencive, selon le langage qu'ils tiennent en termes couverts. On en a escrit à monsieur le cardinal de Tournon qui est par delà, lequel y fera dextrement ce qui sera requis et nécessaire de faire. Je prie Dieu, etc.

«Escript à Ingrande, le 17 jour de juillet 1551.

«Votre très humble et très obéissant serviteur,

« Du Thier. »

Et au dos : *A monseigneur le duc de Guyse, pair de France.*

Lettre du cardinal de Lorraine au duc de Guyse, son frère, touchant les affaires de leur maison et autres subjets; elle est aussy pour la douairière sa mère.

« Monsieur mon frère, premièrement je vous faicts mes escuses de ce que, par la dernière despesche, vous n'avez poinct receu de mes lettres; et vous diray que j'ay eu une merveilleuse joye d'entendre que madame ma sœur a esté sy heureusement accouchée. Il est vray que j'eusse bien désiré un fils, mais j'espère que vous recommancerez de sy bonne heure que bien tost vous amanderez la faulte, et ceste fille, sy Dieu plaist, nous fera une bonne alience. Et si on vous parle de son mariage où vous estes, depuis qu'elle est née, j'ay un advantage sur vous, parce qu'on m'en a parlé avant qu'elle le fut. C'est madame de Montpensier, la vieille, que je trouvé à Fontevraux qui offre son fils, qui est hors de danger d'avoir frère, sy Dieu n'y remédie, avec trente mil livres de rentes quiste et deschargé de ses sœurs; jolly, de bonne maison et bien noury. Depuis, madame la mareschalle de la Mack s'est très bien ramentue, et m'a dit qu'elle en escrit à ma sœur ; je crois que monsieur de Nevers ne s'y oubliera pas : et par ainsy, sy nous sçavons bien jouer nos roolles, nous en aurons à choisir, et sy aurons du temps pour y penser. Il me semble que vous avez très bien choisi le compère et la commère; la Royne en escrit à la Royne d'Escosse, et s'attend bien qu'elle portera leurs deux noms Catherine Marie. Croyez que sy ce souhait avoit lieu, j'y serois bien tost; mais il n'y a moyen. Vous verrez encor, par le courier, toutes nos nouvelles et que nostre maistre n'est paresseux, lequel je vous asseure ne faict rien qu'incontinent il n'ordonne vous estre envoyé. Monsieur le connestable se monstre en cela aussy fort dilligent.

« Les Anglois sont partis, et a esté passé le contract du mariage où il n'y a ny plus ny moins que ce que nous voulions; et a traicté en votre place monsieur le mareschal, qui me faict mil excuses du passé et vivons très bien ensemble; de ligue ils n'y ont jamais voulu entrer. Je me gouverne fort bien avec tout le monde, et n'y a aucune brouillerie, nostre maistre me faisant meilleure chère qu'il ne fit oncques. Voilà ce que je vous puis mander : priant Dieu, etc.

«De Bloys, ce 26 juillet.

«Vostre très humble et obéissant fils et frère,

«C. Cardinal de Lorraine. »

Lettre de M. le connestable au dict duc.

« Monsieur, je vous envoye une despesche que je receus hier de Marseille, par où vous entendrez la dilligence qu'a faict une partie des gallères, de retourner à Gennes; les autres sont allées en la coste d'Affrique, pour les nouvelles qu'ils ont de l'armée du Turc, laquelle commence fort à se faire sentir ez mers de delà. Les dis gallères ont laissé le Roy de Bohesme en Espagne, et crois que c'est chose faicte à poste affin de l'y tenir plus longuement. Toutes fois, j'ay entendu qu'André Dorye avoit mandé aux gallères de Cicille de venir droit à Barcelonne, pour lever le dit Roy et sa femme, laquelle il estoit allé trouver à Valdolid, où elle estoit allé prandre congé de sa grand-mère. Ce mistère se pouvoit bien jouer à propos, pour tousjours d'autant plus retarder le dit Roy de Bohesme par delà, lequel, à ce que j'entends, a bien bonne envie de sortir de leurs mains. Vous jugerez par tout ce que dessus, monsieur, le peu de moyen qu'il y avoit en l'exécution de vostre entreprise. Et au demeurant, sçaurez des nouvelles d'Italie par un mémoire que je vous envoye.

Du costé de Flandres, la Royne de Hongrie a faict arrester tous les navires des subjets du Roy et leurs biens, sans qu'il y en ayt aucune occasion ; mais elle feint que monsieur l'admiral a faict le semblable en Normandie, et il n'y a jamais pensé, comme il nous escrit du jour d'hier;

qui me faict croire que la ditte Royne à un commandement de son frère de se saisir des premiers, et quelque remonstrance que luy ayt faicte le sieur de Bassefontaine, elle ne laisse de continuer de mal en pis. Toutes fois, l'ambassadeur de l'Empereur est tout à ceste heure venu parler à moy, qui dit que la ditte dame fera le tout déllivrer, sy le Roy veut faire le semblable ; ce qui luy à esté accordé pour tousjours entretenir la douceur. Voilà, Monsieur, tout ce que j'ay à vous dire pour ceste heure, sinon qu'avant nostre partement de ceste ville vous aurez nouvelles du Roy, de ce que vous aurez à faire. Je prie Dieu, etc.

De Bloys ce 27 jour de juillet 1551.

Vostre humble serviteur,

MONTMORANCY. »

Et au dos : *A monsieur monsieur le duc de Guyse, pair de France.*

Lettre de M. de Bordillon au duc; de Maizières le 29 juillet.

« Monseigneur, j'ay receu les lettres qu'il vous à pleu m'éscrire, en semble celles de monsegneur le connestable, par les quelles il me mande que le Roy a ordonné la somme de quatre mil livres, pour employer aux fortifications des places qui en ont plus besoing, outre deux mil livres pour Mouzon.

Quant à la gendarmerie, vous sçavez ce que monseigneur de Nevers y a ordonné, n'estant survenu aucune chose depuis qui mérite que vous en soyez adverty, sy ce n'est de la mutination qui s'est faicte en la ville de Liége, allencontre des gens de l'Empereur, dont les aucuns ont esté tuez pour raison d'une citadelle qu'ils y veullent faire édiffier, et plusieurs grands subsides qu'il a voulu lever sur eux, qu'ils ne luy ont voulu accorder, ny permettre que leur évesque sortit de la ville. A Comines, qui est près de Maubert-la-Fontaine, ils ont faict le semblable des gens du dict Empereur, et ont emmené quelque pièces d'artillerie de Heuz à Dinan contre legré des Impériaux; du costé de Luxembourg, ils ont tous transporté leurs biens aux lieux de seureté ; les garnisons y sont tousjours à l'acoustumées ny ayant autre assemblée dans le pays. S'il survient quelque chose, je suis certain que monseigneur de Nevers ne fauldra de vous le faire entendre. Je prie le créateur, etc.

De Mézières, ce 29 juillet 1551.

Vostre très-humble et très-obéissant serviteur,

BORDILLON. »

Lettre du cardinal de Lorraine au dict duc son frère.

« Monsieur mon frère, le Roy ayant hyer eu nouvelle, comme vous verrez par ce qui vous est envoyé, de la prise des capitaines de Sipierre, Andelot, conte de Fontanella, et Corneille Lobio, et de tous nos jeunes gens françois, sans qu'il en soit demeuré, et que d'un autre costé le duc Horace avoit cuidé estre deffaict, et y avoit esté pris le comte Pallatin ; et qu'ainsy ce n'est pas assez d'estre hardy et faire le brave, mais qu'il fault estre sage et avoir de l'expériance, au reste fort marry de ce que Dom Ferrand à mandé à monsieur de Termes qu'il entend offencer la Mirande et qu'elle n'estoit comprinse au traicté. Ce qui le fasche, voyant que ce jeu se joüe sans luy, et que l'Empereur se renforce en Italye, de tous costez, montrant assez qu'il ne veut eschapper que ceste année. Ce qui faict que le Roy a voulu vous mander, qu'incontinant et en toute dilligence, vous le veniez trouver, affin qu'entendant l'estat des affaires, vous le puissiez conseiller, m'ayant exprès commandé vous escrire qu'il désire sur tout vostre venue, et qu'il vous prie ny poinct faillir ; ce que je vous prie faire. Cependant croyez que nous n'oublions nulle provision, mesme d'argent ; et pour ceste occasion, le Roi m'envoye au partir d'Orléans passer à Paris, pour donner ordre aux deniers, et où je ne seray que trois ou quatre jours, et incontinant je l'iray retrouver à Fontainebleau. Et pour ce qu'il sera bien nécessaire que je puisse avoir parlé à vous avant que vous voyez le Roy, je me trouveray à Paris jeudy ou vendredy, où je vous attendray, affin de vous rendre compte de toutes choses et que vous ayez moyen de mieux penser à vostre opinion. On à mandé le mareschal Saint-André de se haster, qui y sera en ce temps, aussy Chastillon et Estrée. Je croys que nostre voyage, pour ceste année, ne sera plus long que jusques à Lyon ; mais il est bien malaisé du commencement de l'autre on ne joue le gros jeu. Au demeurant, monsieur mon frère, j'ay une lettre touchant madame de Lorraine, laquelle j'ay bien faict entendre au Roy ; et à vous parler franchement, il aura grand plaisir pour ceste heure de laisser tous ces différends, et m'a commandé d'écrire à la Royne nostre sœur et à madame nostre mère de conduire l'affaire de question sagement, selon que vous conclurez ensemble, sans qu'au commencement on parle de luy ; mais que la Royne d'Éscosse se fasse fort auprès de la ditte dame, qu'avec nostre ayde et de nos amis, nous sommes asseurez que nous ne serons refusez. Par ce moyen, le

Roy sera fort content d'estre ainsy recherché de ceste alliance et estre asseuré que ce pays sera neutre, et que ses serviteurs et lansquenets seront tousjours favorisés et asseuré de leur passage en Lorraine. Le Roy allant à Lyon, et passant à Joinville, il faudroit que ce petit prince luy vint faire la révérence : pour Dieu, sy madame de Lorraine est encor là, donnez-y ordre, sinon qu'on la fasse plustost revenir à Bar, et que la Royne et madame fassent cela, et qu'on advise que par ce moyen on appaisera toutes querelles de la vallée et autres. Et surtout qu'ils ne moustrent point de deffiance du Roy et ne fassent difficulté de s'humilier, comme ils doivent, autrement tout est perdu. Je vous laisse le tout à conduire, priant Dieu, etc.

Ce 1er jour d'aoust 1551. »

Lettre du duc de Guyse au Cardinal de Lorraine son frère.

« Monsieur mon frère, la Royne m'a, depuis trois jours, faict une longue harangue du mareschal Strosy, me remettant en avant tout ce qu'il avoit faict, dont on l'eut peut charger; et qu'elle pensoit qu'il s'en fut sy bien justisfié envers moy, que je fusse content et satisfaict de luy, et ne restoit plus que d'en faire autant envers vous. Et s'en allant présentement par delà le dit mareschal de Strosy, elle désiroit fort que le receussiez favorablement pour l'amour d'elle et luy fissiez quelque bon accueil, dont elle vous prioit bien affectueusement. Vous pouvez maintenant sçavoir, et quasy au vray, comme toutes choses sont passées; et me semble, monsieur mon frère, pour l'honneur du lieu d'où il deppend, que devez désormais clore les yeux à cela, vous contentant de ce qui en est et de ce qu'en avez desjà dict, et ne luy donner occasion d'entrer en doubte de quelque mauvaise opinion qu'eussiez encor de luy. Depuis ce jour là, m'est venu trouver un personnage que je tiens pour certain avoir esté envoyé exprès devers moy, de la part de la ditte dame, et sans toutes fois m'en descouvrir rien, lequel après quelque propos a mis en avant le faict du dit mareschal Strosy, me faisant entendre qu'estant par delà, il pensoit bien que ne seriez sans vous enquerir de ses déportemens et comme tout estoit passé, et qu'il lui sembloit que feriez beaucoups pour l'honneur de ceux à qui il appartient, de laisser les choses en l'estat qu'elles sont. Selon mon advis, vous le devez ainsi faire et non seullement ne vous en informer en façon que ce soit, mais ne donner occasion de penser qu'en ayez jamais eu le voulloir, et que le dit mareschal Strosy puisse luy-même tesmoigner, qu'en ce voyage, vous n'avez jamais rien pourchassé allencontre de luy.

« Je vous supplie, monsieur mon frère, le voulloir laisser pour tel qu'il est; ce qui me faict vous en escrire sy avant est que la Royne démonstre vous avoir fort supporté en ceste despesche que vous avez faite. Croyez moy, monsieur mon frère, etc.

«Escoutez le sieur de Villandry, présent porteur, sur ce subjet. »

Lettre du Roi au duc de Guyse.

« Mon cousin, je remettray à respondre à la lettre que m'avez dernièrement escrite de vostre main, quant je vous verray, que je désire estre le plus tost que vous pourez, pour l'occasion que vous sçavez, à vostre arrivée par devers moy, ayant à ceste cause advisé vous despescher ce porteur; vous priant, mon cousin, partir incontinant la présente receüe pour me venir trouver, en la meilleure dilligence que vous pourrez, où vous serez le très bien venu, ayant rémis la conclusion de toutes choses lors que vous y serez : priant Dieu, mon cousin, qu'il vous ayt en sa garde.

« Escrit à Chambort, le 1er jour d'aoust 1551.

« HENRY, *et plus bas :* DE LAUBESPINE. »

Et au dos : *A mon cousin le duc de Guyse, pair de France, gouverneur et mon lieutenant général en mes pays de Dauphiné et Savoye.*

Lettre du connestable, du dict jour, au dict duc de Guise.

« Monsieur, depuis que nous avez dernièrement escrit, ils sont survenües nouvelles assez nouvelles, sur les quelles le Roy a délibéré prandre nouveau conseil : ce qu'il ne veut faire sans vous, ainsy qu'il vous escrit. Et pour ceste cause a advisé vous despescher ce courier en extresme dilligence, pour vous prier, monsieur, comme aussy fais-je de ma part, le venir trouver le plus tost que vous pourrez. Il fera mardy son entrée à Orléans; le lendemain il en partira pour aller à Court-Dieu; puis prenant son chemin par Naucré, Puiseaux et Sainct-Mathurin, ira gaigner Fontainebleau le plus tost qu'il pourra, sans séjourner; où il sera très aise que puissiez estre aussy tost que luy : là, vous sçaurez le demeurant. Cependant j'ay faict faire un petit mémoire abrégé des dis nouvelles que trouverez en dos dans ce paquet, qui me gardera vous en faire plus long discours; me recommandant humblement à vostre bonne grace, prieray Dieu, monsieur, etc.

« De Chambort le premier jour d'aoust 1551.

« Votre humble serviteur,

« MONTMORANCY. »

Et au dos : *A monsieur monsieur le duc de Guyse, pair de France.*

Lettre de sieur de Tiercelin, seigneur de la Roche du Mayenne, au dict duc, du mesme jour.

« Monseigneur, j'ay receu la lettre qu'il vous a pleu m'escrire, dont je vous remercie humblement, que dittes que puisque j'ay ceste place entre les mains, que je n'en ay poinct pris la charge, que je n'en veuille bien répondre. Vous avez esté présent quand j'en ay dict mon advis ; elle sera hors de surprise pour les deux mil francs que le Roy y met, et mettray payne qu'ils soient bien employez ; et vous sçavez de quelle importance elle est et seroit sy elle estoit perdue. Je voudrois que le Roy et ceux qui sont autour de luy le sceussent aussy bien que vous faictes, par ce qu'ils y donneroient tost meilleur ordre qu'ils ne font. Sy n'a-t-il tenu de leur dire et à propos et de bien l'escrire. Je me recommande, etc.

Escrit à Mouzon, ce premier jour d'aoust 1551.

Vostre très humble et très obéissant serviteur,

« CHARLES TIERCELIN. »

Lettre de M. le connestable au dict duc.

« Monsieur, je ne veux faillir de vous advertir des bonnes nouvelles que mon frère le comte de Tende a mandées au Roy, par un gentilhomme qu'il a envoyé devers luy : qui sont que le sieur de Carces, accompagné de 14 galléres, adverty du partement des Roy et Royne de Bohesme, s'estoit jetté en mer et avoit assailly jusques dedans le port de Villefranche 14 gros navires chargez de chevaux d'Espagne et autres meubles et bagages des dis Roy et Royne ; les quels après avoir vivement combattu il a pris et emmené à Antibe, nonobstant le bastillon qui est au dit port et autres deffences du dict Villefranche, et faillit de prande un éléphant qu'il ne faisoit que d'estre descendu à terre. Qu'est une grande faveur et réputation au Roy, et non moins de desfaveur à André Dorie, qui avec sy grande force que la sienne a receu telle perte. Au demeurant, monsieur, je vous puis asseurer que le Roy faict très bonne chère et que vous lui ferez fort grand plaisir de le venir retrouver le plus tost que vous pourrez : me recommandant, sur ce, etc.

» Vostre humble serviteur,

» MONTMORANCY. »

Et au dos : *A monsieur monsieur le duc de Guyse.*

Lettre de René de Lorraine, depuis marquis d'Elbœuf, au duc de Guyse son frère.

« Monsieur, j'ay veu la lettre qu'il a pleu au Roy escrire à messieurs le prince de Condé, de Nemours, mon frère, le grand Prieur et à moy, par la quelle il nous commande de retourner incontinant par de là, et craignant de faillir luy faict responce qui luy sera, comme je pense, agréable, veu l'affection que j'ay de veoir et aprandre icy chose pour à l'advenir avoir meilleur moyen de luy faire très humble service : à ceste cause, Monsieur, puis que les occasions ne ce sont encore offertes que j'aye peu veoir l'ennemy et faire preuve de moy, je vous supplie très humblement, pour l'espérance que j'ay tousjours eue en vous et la volonté que j'ay de faire parroistre que j'ay l'honneur de vous estre frère, m'efforçant de suivre ce que cy-devant m'avez par exemple monstré au faict des armes, il vous plaise obtenir mon congé ; vous promestant faire le devoir, sy j'ay l'heur que puissions rencontrer les Impériaux, que vous aurez plaisir d'avoir moyenné ma demeure. Et en attendant ce qu'il vous plaira me commander, me confiant aussy qu'il aura esgard à ma jeunesse et que suis cadet, mesme que pour moy son service ne peut estre retardé en rien, je me recommanderay, Monsieur, à vostre bonne grace : priant Dieu, etc.

« A Thurin, ce 12 de novembre 1551.

« Vostre très humble et très obéissant frère,

« RENÉ DE LORRAINE. »

Et au dos : *A monsieur monsieur le duc de Guyse.*

Lettre du cardinal de Lorraine au duc de Guyse son frère.

« Monsieur mon frère, pour ce que desjà j'ay commencé à m'esloigner de vous, et que je ne veux estre sy long temps sans vous rendre compte de ce que j'ay faict par le chemin, je vous advise que, cejourd'huy, ayant rencontrée mon train à la Charité, j'ay laissé les postes et suis venu coucher en ceste ville de Nevers, espérant faire sy bonne diligence, encor que les chemins soient desjà rompus, que dimanche j'arriveray à Lyon, s'il plaist à Dieu, et mardy à Avignon, pour estre, le jeudy suivant, à Marseille, d'où je partiray sy tost que l'occasion se présentera.

« Sur le chemin, passant par Sainct-Mathurin, j'ay rencontré monsieur le mareschal de Sainct-André, auquel j'ay communiqué l'occasion de mon voyage, comme vous pourrez entendre de luy. J'ay eu depuis advertissement par lettres qui venoient de Rome, que notre sainct père le

Pape, sur certaine requeste que luy a esté faicte pour la dellivrance du cardinal Camerlin, s'est relaché et a eslargy le dit cardinal, à caution de cent mil escus. On peut conjecturer par là une soudaine mutation, qu'est la maladie assez commune a gens de son aage. Il me semble que cela est bien à remarquer, estant arrivé sy tost après les nouvelles que vous avez entendues.

« Le mareschal de Sainct-André eust bien désiré, si les choses prenoient bon chemin et que vous allassiez par de là, s'il advenoit faute ou absence du mareschal de Brissac, avoir sa charge pendant la guerre. Je luy ay dit que vous mesmes y aviez pensé et luy en diriez vostre opinion, et que sy vous n'y alliez pas vous l'ayderiez à cela. Je me porte fort bien, mais je commence à avoir mauvaise opinion de nostre vieillard.

« Vostre très humble et obéissant frère,

« C. Cardinal de Lorraine.

« De Nevers, ce 5 octobre 1551. »

[1552] *Lettre de monsieur de Gonnor au dit duc, du 3 fevrier 1552, de Metz.*

« Monseigneur, je vous remercie très humblement des nouvelles que m'avez envoyées; et quant à ce que m'escrivez touchant le magistrat et création de la justice de ceste ville, je lay faict survenir soulx pretexte que les seigneurs n'estoient encor en ceste ville, attendant nouvelles du Roy; vous suppliant que ce soit le plustost quil vous sera possible. S'il vous plaisoit avoir souvenance de vouloir faire donner congé à quatre capitaines, portez au billet que vous verrez, vous les obligerez grandement à vous faire très humble sirvice. J'ay dit à tous, de vostre part, ce que m'avez mandé, et m'ont tous ensemble asseuré qu'il ny a prince soulz le ciel quils desirent tous suivre en tous lieux ou il vous plaira les employer qu'eux.

« Quant au portraict que je fais faire, le peintre y a adjousté presque tout le pays Messin, de façon quil ne peut estre parfaict de deux mois : aussy pourra-il servir d'une carte, c'est pourquoy j'ay esté contrainct de le laisser parachever.

« A ce que l'on dit par tout le monde, il est certain que tous les advantages qu'a ceste année le Roy contre l'Empereur, dependant de cette ville, l'honneur vous en demeurera : vous suppliant très humblement que par vostre moyen je puisse avoir souvenance de vous toute ma vie, comme j'y ay parfaicte fiance, suppliant le créateur qu'il vous doinct, en santé, très bonne et longue vie.

« De Metz ce 3 fevrier 1552. »
« Vostre très humble serviteur à jamais.

« Gonnor. »

Et au dos : *A monseigneur monseigneur le duc de Guyse, pair et grand chambellan de France.*

Le Roy voyant l'incommodité du temps pluvieux, et que tant sa gendarmerie que gens de pied avoient grand besoing de repos, pour le long temps qu'il y avoit qu'ils marchoient et pour les nécessités qu'ils avoient eu en aucuns lieux, ayant esté pendant un mois combatus de la pluye, en pays marescageux et quasy inaccessible, auroit bien voulu refraîchir son armée, et toute entière qu'elle est, après avoir luy-mesme assisté aux monstres, tant de la ditte gendarmerie chevaux-legers, que gens de pied (messieurs le connestable et mareschaux de France, avec aucuns princes et seigneurs, ayans servy de commissaires) la départir sur les frontières de Picardie et Champagne, affin que les bandes et compagnies fussent plus en main et plus faciles à les rassembler au besoing, pour les envoyer d'un costé ou d'autre, le dit seigneur ayant esté contrainct de donner ce refraîchissement à la ditte armée, laquelle autrement se fust grandement deffaicte à cause des pluyes.

Il est vray que sans cela il y avoit une belle occasion d'entreprandre sur l'ennemy, car tout les Pays-Bas estoient en estat que les gros marchands et gens riches, tant d'Anvers que des autres grandes villes du dit pays, avoient faict passer leurs biens et meubles en Angleterre, et s'en fuyoient tous les habitans, laissans et abandonnans les dittes villes, lesquelles se fussent rendues sy la ditte armée eut marché plus avant dans le pays, comme avoit délibéré de faire le dit seigneur, sans les empeschemens desus dit; mais vient à poinct que peut attendre : car quant il voudra recommancer le jeu, soit d'un costé ou d'autre, avec la commodité d'une belle saison, il est en sa disposition d'entamer, fascher et travailler les dits Pays-Bas, et leur faire pis que devant. Et cependant il a nettoyé les dittes frontières, pour mettre en repos et liberté ses subjets, ayants razé et bruslé les fortes villes, places et chasteaux où se retiroient les ennemis, pour les travailler durant la guerre.

« D'avantage, ceux des dis Pays-Bas qui avoient mis toute leur espérance en la récolte des bledz en Arthois et Haynault, qui sont leurs mères nourices, s'en peuvent bien tenir pour désespérez ; car ayant le Roy ses forces voisines et prestes à marcher au premier beau temps, ne leur lairra pas emporter une seulle gerbe ; au moyen de quoy il est asseuré de les avoir, comme la corde au col, à sa mercy, la famine estant desjà grande en cesdits pays, qui sont maigres et stérils. Et toute ceste année la royne de Hongrie a fait faire de tous costez de grosses assemblées de gens, tant de cheval que de pied, qui ont mangé et ruyné lesdis pays.

« Il y a trois ou quatre jours que le sieur de Beaurain, fils du sieur de Rieux, gouverneur de Flandres et d'Arthois, s'assembla avec cinq compagnies de gendarmerie et huit enseignes de gens de pied, pour empescher et prandre quelques vivres et munitions que l'on menoit à Therouenne. Dont adverty le sieur de Villebon, qui estoit à Monstreuil, il prit avec luy les compagnies de monsieur le daulphin, des sieurs de Créquy, de La Meilleraye et la sienne, avec quatre enseignes de vieilles bandes seullement, et s'en alla de nuit se mestre aux avenues du chemin que devoient prandre les ennemis; lesquels estans par luy rencontrez, près la ditte ville de Therouenne, ont esté la pluspart mis en pilles, et bien quatorze cens pris prisonniers, amenez à Montreuil, entre lesquels estoient les cappitaines et plusieurs gentils hommes Bourguignons. Et furent, hier, dernier jour de juillet, apportez au Roy cinq enseignes de gens de pied et trois cornettes de gens de cheval, estant le reste demeuré en la meslée, qui fut telle, qu'il s'est autrefois faict des batailles et journées où il n'y a pas tant eu de morts et pris, qu'en ce rencontre là.

Le Roy, considérant qu'il y a autant et plus d'honneur et réputation à conserver ce qu'on a conquis, comme à faire la conqueste, faict en toute dilligence besoingner aux fortiffications, réparations et avictuaillemens de toutes les places par luy nouvellement conquises, y ayant assez estably de garnisons affin que sy l'Empereur, comme il faict courir le bruict, vouloit pour le reste de ceste année faire quelque entreprise de ce costé là, pour en cuider reprandre quelqu'une ou s'efforcer de passer plus avant en pays, il les trouve en tel estat, avec une sy bonne teste, qu'il est asseuré de n'en rapporter que la honte avec perte, quelque force qu'il amène, attendu la saison et le peu de temps qu'il reste pour faire la guerre, et que ses provisions sont fort tardives à marcher et esloignées; et aura là montré de la peur pour le hazard de la fortune, qui demeurera entre luy et nous : car il ne sera rien oublié pour le bien recevoir.

Monsieur de Nevers, gouverneur lieutenant général pour le Roy en Champagne, est de par delà, donnant ordre à faire la récolte à la barbe des ennemis, et faire serrer les grains et fruicts dedans les dittes places fortes.

« Monsieur de Guyse partit aussi vers ce même temps pour visiter les places à la Lorraine, spécialement la ville de Metz et la mettre en tel estat, que luy mesme, le cas advenant, qu'il y voulsist entreprandre se puisse mettre et jeter dedans, pour la garder et deffendre envers et contre tous, et pour faire au demeurant ce que le devoir de la guerre lui permettra.

Les dernières lettres que nous avons reçues d'Allemagne sont du 22e jour du mois passé, par lesquelles nous apprenons que le duc Maurice estoit, le jour de devant, de retour avec son armée, pour venir trouver le marquis Albert de Brandebourg et ses frères devant Francfort, délibéré d'estreindre la ditte ville et faire tout ce qu'il pourra pour la prandre et entrer dedans, et la faire ranger et comprandre en la ligue. Et est la délibération et résolution du dit marquis, cela estant faict, d'aller à Spire, Mayence et autres villes delà le Rhin, pour sçavoir ce qu'elles voudront dire.

Toutefois la Royne ne faict pas grand fondement sur le dit duc Maurice, considérant les grandes légéretez dont il a usé jusques icy ; mais les autres princes alliez, fors le jeune Landgrave, duquel il y a un peu de doubte, tiennent bon à l'observation de la Ligue.

Cependant l'Allemagne est fort troublée en divers endroits, ce que l'Empereur ne poura pacifier de long-temps ; que s'il nous veut cependant venir chercher, il sera le très bien venu.

Du costé de Piedmont, nous avons nouvelles que depuis la prise de Verrue sur le Pau, vis-à-vis de Crescentin, place inprenable et de très grande conséquence et importance, ils ont encor pris d'assault la place de Cordey, et par composition les villes et chasteau de Saluces. Domp Montferrand s'en est allé malade à Albe, ayant remis ses gens en leurs garnisons et le prince de Piedmont à Verceil. »

Lettre du duc d'Aumale au duc de Guyse son frère.

« Monsieur mon frère, ayant sceu ce matin quil estoit venu nouvelles au Roy des pays de Hongrie, Allemagne et Italie, ay choisy l'heure a propos que monsieur le connestable n'estoit avec luy, à le suplier vous faire ce bien et honneur vous communiquer et faire part de ses dites nouvelles, ce qu'il m'a volontiers accordé, et sur l'heure a commandé au révérend de Sens et a Bourdin vous en escrire et vous en envoyer les extraicts; mais j'ay sceu qu'après qu'ils ont faict les lettres, monsieur le connestable les a voulu veoir et leur a commandé vous escrire plus sobrement de ceste affaire qu'ils ne faisoient. Toutes fois ils vous envoyent les dits extraicts par lesquels vous en pourrez amplement entendre. Quant au Roy, je l'ay trouvé en sy bon propos et desir de vous faire part desdites nouvelles, qu'il n'est possible de plus et vous devez, selon mon advis, vous contenter de sa bonne volonté. Je ne veux oublier de vous dire que la cause de la maladie de monsieur le connestable provient, à ce qu'on dit, de ce qu'estant en l'assemblée se voulut jouer à Thonin, lequel ayant esté plusieurs fois harassé, luy donna un coup de pied : dont s'estant fort courroucé, le frappa en la présence du Roy, qui le trouva sy mauvais qui luy dit plusieurs fois quil n'estoit qu'un sot et un outrecuydé; sot et audacieux d'avoir ainsy frappé ce pauvre fol et que sans l'amour quil portoit à son père il luy en feroit tout autant : dont mon dit sieur le connestable prit sy grand desplaisir, que sur l'heure il se trouva mal. Au reste, monsieur mon frère, je ne faudray vous faire entendre à toutes heures ce que je pourray apprandre de nouveau, tant de madame de Valentinois vostre sœur, que d'autres lieux où je me trouve ordinairement, car je me tiendray toute ma vie heureux faire chose qui vous soit agréable, et prie Dieu, etc.

« A Folambray ce 7 aoust 1552.

« Vostre très-humble et obeissant frère,

« Claude de Lorraine. »

Et au dos : *A monsieur mon frère, monsieur le duc de Guyse.*

Lettre de monsieur de Bayonne, dattée de Mayence, au Roy.

« Sire, je vous escrivis et vous envoyay un gentilhomme en diligence, le cinquiesme de ce mois, et vous advertissois amplement comme le duc Maurice estoit party et ce qui luy estoit advenu : quant à ses gens, lesquels de jour en jour se diminuent, le Landgrave et luy font de tous costez levées; mais Vostre Majesté peut tropt mieux juger quels hommes ils pourront avoir et que c'est bien loing de les faire monter le Danube, le 12 de ce mois, comme il avoit promis au Roy des Romains. Ils sont merveilleusement marris contre moy, et ne doute poinct qu'ils n'envoyent vous faire des plaintes, disans que cela pourra empescher la dellivrance du Landgrave. Mais Vostre Majesté jugera bien combien cela met de trouble aux affaires de l'Empereur et importe pour vostre service; et quand elle le cognoistra, je ne me soucieray pas beaucoupt en quelle part ils le prennent. J'ay usé toutes fois de toute douceur et humilité envres eux, et n'ay pas faict semblant d'y avoir touché, comme encor Vostre Majesté ne doit faire, jusques à ce qu'on voye ce quils feront. Je m'en iray devers Vostre Majesté, principallement pour éviter les soubçons et affin que les Estats de l'Empire ne disent que vous avez esté en alliance avec le marquis Albert, quant il les a traicté comme il a faict. Le duc Maurice a envoyé des lettres qu'on appelle *schelme*, brief chargeant tous les couronnaulx, cappitaines et lansquenets, les disans estre les plus meschans du monde. Je crois quil les fera imprimer, mais on a bien délibéré de luy respondre. Il faict tout cela estant marry de la honte qui luy est advenue, et se trouvant désarmé à la mercy de son ennemy; mais il tache principallement à se justifier envers l'Empereur, affin qu'il ne pense que ce soit une chose faitte à poste.

« Le 8ᵉ de ce mois, nous fusmes au Rhin et fismes jurer les lansquenets et les gens de cheval à Vostre Majesté et au marquis Albert, comme chef de l'armée; nous avons aussy resolu le chemin quil doit prandre, qui est de faire semblant d'aller vers Trèves et Luxembourg, et puis tourner tout court sur Coulogne, de peur que la garnison qui est a Mastrick, ayant advis de ceste armée, ne se jette dedans ceste ville : ayant composé qu'il entrera dans le pays de l'Empereur par les endroit qu'il verra plus dennuez de gens.

« Les ducs de Michelbourg et comte de Mansfeld s'en vont dresser l'autre armée de Saxe, pour d'escendre par l'évesché de Bresme et monter en Frize, comme je diray plus particulierement à Vostre Majesté dans peu de jours, que j'espere estre devers elle, avec les ambassadeurs de ces princes.

« J'ay faict soudainement ceste despesche, pour advertir Vostre Majesté quil est plus que besoing que vous remettiez une armée sur pied, tant pour ne perdre la réputation qu'aussy pour divertir les forces de la Royne de Hongrie, aussy pour vous faire entendre certainement que l'Empereur n'estoit passé l'Escluse samedy dernier, et que les trente trois enseignes qui meinent le frère du cardinal d'Auguste ont passé par Ravensbourg, quils ont mal traité parce quil s'estoit déclaré pour nous, et s'en vont de ces costés là, ainsy faict Nicolas d'Achstat, qui avoit les dix enseignes près Strasbourg.

« On ne se peut assez esbahir sy l'Empereur veut descendre en deça. Je porteray à Vostre Majesté l'accord de la paix comme il a esté signé du duc Maurice, que j'ay reconnue avec grandissime difficulté, et la responce que fit l'Empereur, sur les articles que j'avois envoyé au nom de Vostre Majesté aux Estats. Il parle bien à moy céans dedans, et faict semblant vouloir passer toute sa colère sur moy ; mais il ne laisse pas de toucher grandement à l'honneur de Vostre Majesté, touchant trois poincts, principallement en premier : les lettres du sieur d'Aramont que portoit le nommé le sieur de Coste, celles que le Bassa de Budes escrivoit aux princes conféderez. Pour le second poinct, l'incitation de ses princes à la guerre contre luy, a la grande ruyne et perte de l'Allemagne, de laquelle il vous dit seul autheur. Et pour le troisieme, la prise de Metz, Toul et Verdun. A tout cela il se peult remedier par un escrit publicq, comme je diray à Vostre Majesté. Il a bien offencé les Estats, leur reprochant qu'en cela ils se monstroient partiaux.

« Le duc de Clèves, le comte palatin et le duc de Vitemberg, se sont alliez plus estroictement en cas que la paix ne fust gardée, ou du costé de l'Empereur ou des princes. La cause principalle de ceste assemblée a esté que le dict duc de Clèves ne voulut entrer en ligue avec la maison de Bourgogne, et a dict ne se vouloir departir de l'alliance de l'Empire. L'évesque de Collogne, les evesques de Munster, Bresme et Paderborne ; les comtes Bensten, Melcembourg, Ridberg et Waldeck, y sont entrez. Le comte de Mansfeld les festoya en passant. Je ne vous escris, Sire, de beaucoupt de choses que j'espère bientost vous dire.

« De Mayence le 19 aoust 1552. »

Lettre du Roy au duc de Guyse.

« Mon cousin, j'ay veu la lettre que vous m'avez escrite par le sieur de La Brosse, gentilhomme ordinaire de ma chambre, présent porteur, et les instructions que vous luy avez faict bailler, bien particulièrement entendu l'Estat auquel vous avez trouvé les choses du lieu où vous estes et les propos qu'avez tenu à mon cousin le comte de Vaudemont, suivant la charge que je vous en auris baillée, qui a esté sy sagement et prudemment, que mieux ne se pouvoit faire pour le bien de mon service. Et pour ce que, outre ce que j'ay déclaré sur ce mon intention au dit sieur de La Brosse, je luy ay faict bailler amples mémoires et instructions qu'il vous monstrera, n'ayant rien à y adjouter d'avantage, je ne feray ceste-cy plus longue, sy ce n'est pour vous prier croire le dit sieur de La Brosse de ce qu'il vous dira de ma part, tout ainsy que feriez ma propre personne. Priant Dieu, etc.

« Escrit à Villers-Cotterets, le 21 aoust 1552.

« Henri, *et plus bas :* Bourdin. »

Lettre de M. le connestable au dict duc.

« Monsieur, le Roy vous renvoye le sieur de La Brosse, présent porteur, sy amplement instruict de son intention sur tout ce qu'il luy a faict entendre de vostre part, que ce ne seroit que redite sy je vous en voulois faire autre discours ; au moyen de quoy m'en remettant sur luy et sur ces instructions, il ne me reste autre chose à vous dire, sinon que j'ay faict pourvoir pour faire mener par delà l'artillerie qui sera nécessaire pour les places que le Roy y faict fortiffier, lesquelles je voudrois estre aussy tost en estat pour la recevoir que l'on sera prest de la delivrer. J'ay faict veoir au Roy le mémoire que le dit sieur de Tavannes vous a envoyé, et est bien d'avis qu'il fasse de bonne heure abbatre et ruyner l'église de Sainct-Paul, pour les occasions contenues en son dit mémoire. Et quant aux cordages soulphrés et autres choses qu'il demande avec les munitions d'artillerie, j'en advertiray le sieur d'Estrées pour y pourvoir. Au sur plus, monsieur, je ne vous veux pas céler les bonnes nouvelles que le Roy a receues ce matin : les unes, sont de la reddition que les Espagnols et Italiens, qui estoient dedans la citadelle de Sienne, jusques au nombre de 800, ont faict de la ditte place, ez mains du sieur de Lansac ; les autres, de la prise que monsieur de Brissac a faicte de Busques et Drouyer. Busques, après avoir veu l'exécution que nostre artillerie commençoit à faire, s'est rendu à la mercy et discrétion du dit sieur de Brissac ; et à Drouyer, sy tost que nos gens y eurent apperceu quelque peu de bresche, ils se mirent à suivre le jeune Morette, qui alloit pour recognoistre la ditte brèche, et y donnèrent l'assault sans qu'il feust ordonné ny commandé. Et combien qu'ils y eussent esté repoussé par deux fois, sy continuèrent-ils a faire sy bien et vaillamment, que à la fin ils l'emportèrent d'assault. Le capitaine Lichault y eut deux arquebousades, dont il est mort, et le sieur de Vassé, qui voyant le désordre au dit assault y estoit allé en pourpoinct, y eut deux ou trois coups de pierre sur la teste. Dom Ferrand est malade à Milan, qui ne prendra poinct de plaisir, je m'asseure, à toutes ces nouvelles et aussy peu son maistre, qui se trouvera encor bien empesché en Allemagne, comme nous dit et promit l'évesque de Bayonne, qui est en chemin pour venir trouver le Roy. S'il apporte chose digne de vous, je ne faudray, monsieur, à vous en donner advis, me recommandant, etc.

« De Villers-Cotterets, le 21 jour d'aoust 1552.

« Vostre humble serviteur,

« Montmorancy. »

Et au dos : *A monsieur monsieur le duc de Guyse.*

Autre lettre du dict sieur connestable au dict seigneur duc, avec extraict des nouvelles venues de Venise et envoyées au Roy.

« Monsieur, je vous fis hier sçavoir, par le sieur de La Brosse qui s'en est retourné par devers vous, tout ce que pour lors et jusqu'à son partement nous avions eu de nouveau ; et pour continuer à vous tenir adverty de toutes choses, à mesure et ainsy quelles surviendront, je vous envoye la copie d'un advis que l'ambassadeur du Roy à Venise luy a faict tenir, par courrier exprès, de toutes les nouvelles qu'un personnage advisé et accort, qu'il avoit envoyé en la cour de l'Empereur, luy a apportées, affin que vous voyez ce qu'il asseure, tant du deslogement du dict Empereur que de ses forces, et des autres particulariter contenues au dit advis. Et ne faudray, à mesure qu'il nous en viendra d'autres, de les vous faire incontinant sçavoir, et aussy, monsieur, a tenir main à vous faire secourir de toutes choses quil vous seront nécessaires, n'ayant le Roy déliberé de vous laisser avoir faulte de rien. L'évesque de Bayonne arriva hier au soir, qui n'a rien apporté que n'ayez cy-devant entendu, qui est de la retraicte du duc Maurice et de la bonne volonté en laquelle le marquis Albert et le duc de Mechelbourg sont demeurez, ce qu'ils auront mis en avant, et quelle résolution le dit seigneur aura prise ; me recommandant etc.

« De Villers-Costerets, ce 22 aoust 1552.

« Vostre humble serviteur

« MONTMORANCY. »

Et au dos : *A monsieur monsieur le duc de Guyse, pair de France.*

Rapport de nouvelles de l'envoyé par l'ambassadeur du Roy à Venise, en la cour de l'Empereur.

« Que le 8 d'aoust, l'Empereur partit après disner d'Inspruch pour aller à Halle, et de là devoit continuer son chemin jusques à Munick, où il devoit assembler ses gens et faire sa masse ; qu'en partant au dit Inspruch, il le vit descendre les degrez, avec un baston en une main et appuyé de l'autre costé d'un gentilhomme ; qu'il monta de là sur un banc et de là à cheval sur une haquenée grise, dons le harnois estoit de velours noir, et une petite harquebuse à rouet à l'arçon de la selle, estant suivy d'une litière dans laquelle il monta, incontinant qu'il fut hors de la ville.

« Que, le dimanche précedent, il l'avoit veu à la messe, qui se disoit dans une salle, le dit seigneur estant en une chambre voisine et se faisoit assez veoir, ayant soulz ses piedz une selle assez haulte en comparaison de la chaire où il estoit assis, dont il ne se bougea le long de la messe, inclinant seullement un peu la teste en l'élévation du corps de Nostre-Seigneur, ayant le visage fort maigre, attenué et desfaict, ressemblant à un homme tout à faict consommé.

« Qu'à son retour, il avoit trouvé par les chemins le prince de Piedmont, qui alloient à la ditte cour, et forces grandz chevaulx, mulets et chariots, avec tentes et pavillons ; et estoit le bruict que l'Empereur, au partir de Munich, marchoit devers Auguste, pour remettre et asseurer la ville à sa dévotion et obéissance.

« Que les principaux de la ditte cour estoient le duc de Saxe, qui a une fort belle cour ; le duc d'Albe, malade d'une jambe, se faisant porter dans une chaire ; monsieur d'Arras, monsieur de Roye, domp Ferrand de La Nogia, domp Alme d'Avila, monsieur de Carmene, le comte de Mega, domp Jean Mauriquez, chef et général de l'artillerie ; domp Francisque Guenara, commissaire des vivres ; le duc de Brunsvick, le bastard de Bavières, le prince d'Ascolj, le comte Francisque Dorie ; le comte Maximilian de Grimbara ; le comte Hannibal Viscomti, le comte Albegne de Lodion, le comte Carles Gonzaga, le sieur Scipion Venara, napolitain, le sieur de Darbez de la chambre de l'Empereur.

« A Venise ce 17 aoust 1552. »

Lettre de la douairière de Guyse au dict duc son fils.

« Mon fils, mon amy, j'ay esté bien aise de connoistre par vos lettres qu'estiez arrivé à Metz, en santé. Je crains fort d'ouyr dire que l'Empereur vous approche : s'il estoit en mon souhait, il prandroit bien un autre chemin. J'ay veu, par ce que vous nous avez envoyé, la despesche que vous avez faicte au Roy, qui me semble bien ample et bien bonne. Je ne sçay ce qu'il en dira ; je crains et ne me puis asseurer de monsieur de Vaudemont, non que pense qu'il ayt autre que bonne volonté ; mais faulte d'espérance, il se faict souvent des faultes. Je serois bien marrye qu'il en fict, et qu'il advint fortune au bien du pays de ce jeune prince. Dieu est sy bon, que j'espère qu'il ne le permettra pas. Je l'en supplie, et de vous donner, mon fils, mon amy, bonne santé, avec sa grâce et son ayde en tous vos affaires.

« Vostre bonne mère, ANTHOINETTE. »

La marche de l'Empereur, depuis le 14 aoust jusques au 22 du dict mois, et l'es-

tat des troupes qui doivent composer son armée.

Le 14 de ce mois, le duc d'Albe et le duc Jean Frédéric de Saxe, qui estoit prisonnier, arrivèrent les premiers à Munchen.

Le 15 au matin, entra monsieur d'Arras et cinq enseignes de gens de pied, soubz la charge du bastard de Bavière.

L'après disnée, trois régiments aussy de gens de pied, trente six enseignes amassées autour du lac de Constance, commandées par trois colonnels, Jean comte de Nassau, Hugues comte de Montfort et Nicolas comte de Hoin.

Boluylez demeure pour la garde de Constance, et sont campez aux villages près Munchen.

Nicolas de Hastath, avec ses gens qui s'estoit mis en chemin pour venir au dit Munchen, a eu commandement de s'arrester en Bavière, auprès de Landsperg.

Est venue après une enseigne de gens de pied Espagnols, qui s'est postée auprès du château neuf, où avoit esté faict le logis pour l'Empereur.

Les harquebusiers espagnols ont suivy, qui se sont aussy logez près du dit chasteau.

Ont suivy, par après, cinq chevaliers espagnols, bien armez et montez, qui ont passé en un village au-delà de Munchen.

Depuis, sont venues environ six cens chevaux de Bohesme, lesquels s'en sont aussy allé hors de la ditte ville, en des villages.

Finallement, ce mesme jour au soir, entre six et sept, est entré L'Empereur dans sa litière ouverte, affin qu'un chacun le vist, ayant avec luy environ cent chevaux et est allé descendre dans le château neuf.

Le lendemain 16, trois régiments de lansquenets ont marché vers Ausbourg et se sont logez à une lieue de ville. Ce jour mesme, sont arrivées treize autres enseignes, que l'on disoit avoir esté levées au comté de Tyrol et autres terres du roy des Romains.

Quarante huit pièces d'artillerie, que le roy des Romains à données à l'Empereur, le doibvent suivre avec quelques bandes de gens de cheval et vingt-trois enseignes d'Espagnols et Italiens.

On disoit aussy que le duc de Brunsvick devoit amener à l'Empereur douze cens chevaux; le duc d'Olsthein quinze cens et le marquis Jean de Brandebourg deux mil; aussy que le grand maître de l'ordre d'Allemagne estoit après pour lever gens de cheval.

Le 15, entrèrent à Munchen trente mulets chargez d'argent pour la parade ; mais on a seu des espagnols mesme que la pluspart n'estoient que grosse mounoye, comme reaux et double reaux.

Les gens de cheval, partis de Munchen, sont aussy venus d'Ausbourg et ce sont logez aux villages.

Deux mil gastadours de Bohème attendoient aussy l'Empereur près d'Ausbourg.

Le 18, l'Empereur fit crier publiquement la paix par le trompette et bourgmestre, et qu'il vouloit bénignement pardonner l'esmotion passée, et passer seulement à Ausbourg. Et desjà le mareschal des logis estoit arrivé pour faire le logis de l'Empereur qui ne devoit guères tarder à venir à Ausbourg, et disoit-on qu'il y devoit séjourner six ou sept jours, jusques à ce qu'il eut faict la monstre et le payement de sa gendarmerie, qui se plaignoit fort pour n'avoir pas receu un denier, hormis une paye seulement, et cependant en avoit mangé le bon homme, et quelque fois estoit advenu que par deux ou trois jours n'avoient pas tous de pain. Et pour cela, s'estoient jettez aux fruicts et aux herbes, dont plusieurs sont desjà malades et meurent.

Le 19, le duc d'Albe est entré à Ausbourg, et avec luy Jean comte de Nassau, menant neuf enseignes de gens de pied.

Le commung bruict est que l'Empereur, au partir d'Ausbourg, viendra à l'Esse, après par Eslinge, le duché de Wirtemberg et Spire, descendra en la Basse-Allemagne ; les autres disent qu'il veut passer son hyver en Haulsoys pour estre plus près de la Lorraine ; mais on n'en peut rien sçavoir du vray.

Les marchandz d'Ausbourg sèment le bruict qu'on a apporté des Indes, en Espagne, trois millions d'or, qui doivent être transportez à Gennes, et que l'argent ne faudra point à l'Empereur, peut estre par ce que ceux d'Ausbourg, à présent quittes de l'obligation des princes, luy ayderont aussy : car les villes de la Haulte-Allemagne, Meminguen, Cambuly, Lindau, Bibrac et Ravouspurch, auroient envoyé leur ambassadeur à Munchen, vers l'Empereur, qui ne furent sy tost receues et portoient l'obligation faicte aux princes.

L'Empereur aura cent enseignes de gens de pied, avec les dix enseignes qui sont à Ulme, et les autres qui sont à Franfrost.

On dit que le duc Maurice ne sçauroit pour le présent avoir plus de six enseignes de gens de pied, et qu'il n'ira poient en personne en Hongrie.

Que les Turcz ont pris sept chasteaux, et que la ville de Lippen s'est vendue ; car les bourgeois d'icelle, voyans le mauvais traitement qu'avoient receu ceux de Doucesthicar, s'estoient eux mesmes rendus.

L'Empereur est entré, le 20 d'aoust, dans Ausbourg et y a esté receu du senat que Maurice y a mis, envers lequel l'Empereur s'est porté fort gratieusement. Il a donné la main à deux des bourguemestres, et aux autres incliné la teste en signe de clémence, les excusant de ce qu'ilz avoient esté contrainctz servir au temps.

On tient qu'il vient droict à Spire trouver le marquis.

Le Landgrave est toujours prisonnier, la Royne Marie ne le voulant dellivrer.

Extraict de la lettre du sieur de Marcheferrière.

« Monseigneurs, ces jours passéz j'avois envoyé homme exprès vers l'Empereur pour entendre au vray toutes nouvelles, lequel vient présentement d'arriver, ayant esté jusque à Inspruck, où il a trouvé l'Empereur estre party du dict lieu et estre alle, par eau, jusque à Munich et de là s'en va à Inglestade; auquel lieu, il doit assembler ses forces, que les Imperiaux disent fort grandes et grosses, et qu'il a avec lui le viel duc de Saxe, auquel il a promis reconfirmer l'élection de l'Empire, comme auparavant, et marier son fils à la fille du Roy des Romains. Que le duc Maurice servira contre le Turcq en Hongrie, trois mois durant, à ses despens, avec quatre mil hommes de pied et trois mil chevaux, le dit Turcq y estant merveilleusement fort. L'Empereur se trouvant mieux de sa personne quil ne fit de longtemps, délibère de prendre le chemins de Bavière, et de là, sacheminer en Flandre ou Lorraine, pour dommager le Roy tant quil pourra. Ceux d'Ausbourg, Indau et autres villes d'Allemagne, ont envoyé vers l'Empereur le supplier de les vouloir prandre à mercy : ce qu'il n'a voulu faire, pensant les reduire à payer quelque somme d'argent, qu'est tout ce que le dit personnage m'a faict entendre. Et pour estre mieux adverty du nombre de gens que le dit Empereur poura avoir à la vérité, artillerie et équipage, j'ay presentement despesché un autre homme à Ingolstadt, où se fera l'amas de larmée du dit Empereur, pour m'apporter le nombre au vray, et vous en pouvoir advertir incontinant. Les soldats de la ditte armée sont mal payez et malades pour avoir mangé des fruits avant quils fussent murs; quant au marquis Albert, il continue tousjours, à ce que l'on dit, en sa volonté de faire service au Roy; on estime que l'Empereur ne fera aucune entreprise pour ceste année, les Impériaux disans que les Caldéens ne luy ont conseille, l'asseurant qu'il ne pouvoit avoir aucun heur ny prospérité; les autres, quil a voulu dissimuler, pour cognoistre lesquels en l'Empire luy seroient plus affectionnez vassaulx : et sur ce, monseigneur, je supplie le Créateur, etc.

« De Doyre, ce 22 aoust 1552. »

Lettre de Monsieur de Tavannes au duc, du 24 aoust.

« Monseigneur, j'ay receu les lettres qu'il vous a pleu m'escrire, et suis bien empesché pour mettre des vivres en ceste ville comme vous estes à Mets parce que les paysans ne peuvent battre les grains et viennent aux ramparts; aussy je n'ay poinct veu d'expédition touchant les bledz qui me devoient venir de Lorraine par la voye du bailly de Clermont, ainsy que vous aviez ordonné. Je vous prie luy en escrire un mot : au demeurant, monsieur de La Brosse répond en général de toutes choses qui sont nécessaires par deça. Vous sçavez ce que j'ay de besoing; sy on ne m'envoye rien, je vous en advertiray afflu de vous obéyr en tout, et vous dira aussy le bon traitement que lon me faict, de quoy je ne me soucye pas fort pourveu que je fasse service. Je remets à dire le surplus quand je vous verray. Cependant je prie Dieu vous donner, en santé, très bonne et longue vie.

« De Verdun le 24 d'aoust 1552.

« Vostre très hunmble et très obeissant serviteur, « TAVANNES. »

Lettre du cardinal de Ferrare au dit duc.

« Monsieur, je me suis dernièrement remis à monsieur de Lodesve pour vous faire sçavoir toutes nos occurences de deça; et estant depuis venu de Sienne M. de Lansac, porteur de ceste, s'en retournant maintenant devers le Roy, sa suffisance est telle que j'estimerois luy faire tropt grand tort sy le chargeois de tropt longue escriture, veu qu'il n'y a homme qui vous puisse mieux dire comme toutes choses y sont allées et quelle bonne disposition elles sont aussy demeurées; dont je me remettray entièrement sur luy. Et a vous dire l'honneur et la réputation que le Roy s'est acquise par deça, en la restitution de la liberté de ceste République, les grands services et commoditez que le dit seigneur s'en peut promettre, vous asseurant que monsieur de Lansac sy est, depuis le commencement jusques à la fin, sy dextrement et prudemment gouverné et conduit, comme aussy en sa commission de Rome, qu'il en est de tous tant aymé et estimé que scauroit estre gentilhomme qui soit venu de longtemps par deça; ayant laissé de soy sy bonne opinion, que de ma part j'estimeray qu'il ne puisse tousjours que bien faire en quelque charge que ce soit et qu'on luy veuille commestre. Et pour ce que vous entendrez de luy au surplus au long de noz autres nouvelles, je ne m'en estendray icy plus avant, et feray fin en cet endroit, me recommandant, monseigneur, bien humblement à votre bonne grace, priant Dieu vous donner ce que le plus desirez.

Escrit à Ferrare, ce 21ᵉ jour d'aoust 1552.

« De vostre excellentiœ humile et affectionatissimo, « Zio Hip. cardinale di Ferrara. »

Et au dos : *A monsieur le duc de Guyse.*

Lettre de monsieur le mareschal de La Marck, au dict duc de Guyse.

« Monsieur, Le Mesnil, vallet de chambre du Roy, arriva hier en ce lieu, despesché exprès par devers moy pour sçavoir de mes nouvelles; lequel me dict avoir rencontré par les chemins le sieur de Brosse, s'en allant à la cour, qui luy dict qu'estiez arrivé à Metz. De quoy adverty, je n'ay voulu faillir incontinent vous escrire la présente, pour vous dire que la Royne de Hongrie a faict assembler tous les gens de guerre qui sortirent de d'Ampvilliers, Montmédy et Yuoy, à la prise des dittes places, auxquelz elle a faict bailler nouveaux cappitaines et armes à ceux qui n'en avoient poinct, et a présent sont campez en ces Ardennes, au lieu appelle Gergos, faisant la réparation de la terre de Saint-Hubert et du pays de Liége, attendant des nouvelles de ladite Royne, faisans les ungs courir le bruit quils doibvent, avec sept ou huict mil hommes quils attendent tous les jours, aller au devant de l'Empereur qui descend à Spire; et les autres, quils sont là pour assiéger ma maison de Buillon et pour faire nouvelles courses dans le pays de France, estans desja trois mil fort bien armez et esquipez, cinq cens chevaux et cent arquebusiers à cheval, attendans, comme ils disent, l'artillerie qui leur doit venir de marche pour se saisir en passant de tous les clochers des églises fortes qui sont là à l'entour. Et de faict, sont venus pour prandre l'église d'un de mes villages deppendans de madite Duchié de Bouillon; mais j'y avois sy bien pourveu et mis de sy gens de biens dedans, et qui se deffendirent sy vaillamment contre eux, quil en demeura des leurs 43 ou 50 sans quil en soit demeuré un seul des miens, fors un qui eut un coup d'arquebuse, mais ce ne sera rien. J'ay donné ordre que s'ils se mettent en devoir de faire ce dont ils se vantent, et demeurent encore quelques jours, de leur envoyer des gens à la queüe, qui les hasteront bien d'aller. Quant à l'entreprise de monsieur de Nevers, il ne s'en parle plus et est demeurée là ; je vous assure bien que sans ma maladie je les fusse alle veoir; et despuis mon retour en ce lieu, il n'a passé un jour que ceux de ma compaguie n'ayent esté en campagne et donné allarmes au dit ennemy. Qu'est tout ce que je vous sçaurois mander, vous priant me faire ce plaisir, de me mander de vos nouvelles, qui seront receues de moy d'aussy bon cœur que de persounage à qui les sçauriez départir. Je prie le Créateur, etc.

« De Sedan, ce 24 aoust 1552.

« Vostre obéissant à vous faire service.

« Robert de la Marck. »

Lettre du connestable au dict duc.

« Monsieur, j'ai receu les deux lettres quil vous a pleu m'escrire, accompagnées de celle au Roy, lequel vous faict sy ample response sur ce que luy avez faict sçavoir, qu'il n'est poinct de besoing que je vous en fasse autre reditte, et me suffira seulement de vous advertir que j'ay faict donner quatre mil francs pour la continuation des ouvrages et fortifications de la ville de Thoul; quand aux cinq mil que vous avez advancez aux marchandz qui vous doibvent fournir de vins et autres munitions, il n'y aura point de faulte que je n'en fasse faire le remboursement. Au surplus, il ne reste autre chose à vous dire, sinon que le Roy ayant eu nouvelle, du jour d'hier, que l'armée turquesse avoit pris sept galleres de celles d'André Dorie, il en a eu ce matin la confirmation par le chevalier de Seure, qui est arrivé de la part du sieur d'Haramon, lequel asseure, comme ayant esté présent à l'exécution, que sur lesdits sept gallères a esté trouvé deux ou trois cens mil escus, grand nombre de gentilshommes espagnols, et le sur plus lansquenets, de ceux que le dit André Dorie portoit à Naples, outre lesquels s'est trouvé le cappitaine Madruche, frère du cardinal de Trente, qui estoit collonel de ses Allemands, et un autre jeune gentilhomme qui se dit nepveu du dit cardinal. Le demeurant de l'armée du dict Dorie a esté si vivement chassée et poursuivie, l'espace de cent mil, ou environ, que pour légèrement se sauver, les dittes galleres ont esté contraintes jetter en mer esquifs, barilz et leurs provisions et munitions, de sorte qu'il est bien mal aisé que de longtemps le dit Dorie les puisse mettre en estat de servir, et sans grande despense. Il s'est sauvé à Gennes, où il n'a pas esté suivy de toutes ses dictes galleres : car il y en a encor faulte de trois, qu'il croit estre perdues. De celles qui ont esté prises, il y en a trois à luy, deux de Naples, une d'Espagne et la dernière à Anthoine Dorie. Vous pouvez penser, monsieur, quel renfort de joye ceste nouvelle pourra apporter à l'Empereur, après celle de la dellivrance de Sienne, de la prise de Brusque et Drouier.

L'évesque de Bayonne est arrivé, il y a trois

jours, et despuis luy les ambassadeurs du marquis Albert et du duc de Mechelbourg ; nous sommes après pour sçavoir ce qu'ils ont à mettre en avant, affin que le Roy y puisse prandre une résolution, de laquelle je ne faudray vous donner advis.

« J'oubliois, monsieur, à vous advertir que le Bascha qui est du costé de la Transilvanie, a pris de forces Tenusvar, qui est la plus forte et importante place de tout le pays, où a esté tué quatre mil hommes des plus braves et vieux soldats que le Roy des Romains eut à son service ; et estime-on que la perte de ceste place faict le grand seigneur maistre de la Transilvanie, et luy facillite grandement les entreprises quil pourroit faire sur la Hongrie, pour y estre les places fort mal pourveues et beaucoup plus foibles que celles de Tenusvar.

« Je me recommande à vostre bonne grace, etc.

« De Villers-Costeret le 25 aoust 1552.

« Vostre humble serviteur,

« MONTMORANCY. »

Et au dos : *A monsieur monsieur le duc de Guyse.*

Lettre du Roy au dict duc, en suitte de laquelle la précédente luy avoit esté escrite par Monsieur le connestable.

« Mon cousin, j'ay reçeu les deux lettres que m'avez escrit des 18 et 22 de ce mois, par la première desqu'elles j'ay esté bien ayse d'entendre que vous avez trouvé toutes les forces que j'ay à Metz, tant de cavalerie que de gens de pied, en sy bon estat que me le faites sçavoir, et aussy ce que me mandez de l'advancement des ouvrages et fortifflcations de ladicte ville, en quoy je ne feray jamais doubte que je n'ay esté très diligeamment et soigneusement servy, de la part du sieur de Gonnor, pour la longue cognoissance que j'ay de l'affection qu'il porte à moy et à mon service. Et quant à la recherche et description que vous vouliez jà faire des munitions et vivres qui sont en toutes les maisons particulières, vous n'eussiez sçu prandre un plus sage et plus prudent advis, et me ferez bien grand plaisir, après avoir faict faire ladicte description, se puisse faire jugement de ce qui restera à y mettre, ayant veu par vostre seconde lettre que vous avez cependant faict marché avec quelques marchands de vous fournir, en ladicte ville, dedans trois semaines, jusques à mil pièces de vin et certaine quantité d'autres vivres et munitions. Surquoy vous leur avez faict advancer, de vos deniers, la somme de cinq mil livres, laquelle je feray rembourcer à celluy qui aura charge de vous de la recevoir, bien asseuré que tout ainsy que je me délibère de ne vous laisser avoir faulte de rien, vous regarderez aussy soigneusement à ne me mettre qu'en la moindre despence que vous pourez, et de vous ayder de tout ce qui se pourra recouvrer au dehors, selon le bon ordre et provision que m'avez mandez y avoir donné. J'ai faict expédier une commission en blanc pour recouvrer des pionniers, chevaux, et charrios, qui vous seront nécessaires ; en quoy il ne fault point que je vous recommande le soulagement de mon pauvre peuple, et mesmement des élections de mon pays de Champagne, que vous sçavez en avoir esté sy grandement chargez : vous userez seulement de ladite commission autant que la nécessité de mon service le requerra. J'ay donné charge à mon cousin le connestable de continuer à vous advertir de ce que, pour le jourd'huy, s'offre icy de nouveau, sur lequel m'en remettant, je prieray Dieu, etc.

« Escrit à Villers-Costeret, le 25 jour d'aoust 1552.

« HENRY, *et plus bas* BOURDIN »

Et au dos : *A Monsieur mon cousin le duc de Guyse, pair de France.*

Lettre du Mareschal de Saint-André au dict duc.

« Monsieur, je ne vous puis assez humblement remercier du bien et grand plaisir qu'il vous a pleu me faire, de me mender sy amplement de vos nouvelles et de l'Estat en quoy sont toutes choses par de là. Je vois bien que vostre présence y estoit fort nécessaire ; je vous supplie, monsieur, me vouloir faire tousjours part de ce qui vous surviendra. Je n'ay faily de monstrer vostre lettre à madame de Valentinois, qui faict ordinairement ce qu'elle peut pour vous faire fournir ce qui vous est nécessaire, et montre tousjours de mieux en mieux vous porter affection et bonne volonté, jusques à me prier de l'advertir tousjours du langage qu'elle devra tenir au Roy pour vous : à quoy vous croyez bien que je ne fais faulte, non plus qu'à moymesme. Vous avez pieça veu la despesche que vous a portée monsieur de La Brosse, et entendu ce que particulièrement je luy ay dit, qui me gardera de vous en faire redite, ny aussy de ce qui est survenu depuis : car tout à ceste heure monsieur le connestable m'a dit devant le Roy, qu'il vous envoyoit les extraicts de tout ce qu'avoit aporté monsieur de Bayonne et le chevade Seure, qui estoit avec d'Aramon à la prise des gallères de l'Empereur, faicte par l'armée turquesque, lequel asseure aussy la prise de Tenusvar, principalle ville de la Transilvanie, où il y avoit trois mil hommes qui ont esté mis en pièces. Vous me manderez, s'il vous plaist, monsieur, sy le tout vous a esté envoyé, et aussy ce qui réussira de l'entreprise que vous devez faire en laquelle je me souhaitte de bon cœur. J'ay supplié le Roy qu'il luy pleust adviser sy en quelque endroict je lui pouvoit faire service pour ne m'y espargner; à quoy il respond tousjours que je le laisse faire et qu'il me fera bien entendre quand il sera temps, et qu'il ne fault poinct que je craigne qu'il me laisse trop longement en repos. Voilà tout ce que j'en ay peu tirer : et sur ce je prie Dieu, monsieur, vous donne etc.

« De Villers-Costeret, ce 27 aoust 1552.

« Vostre très humble et plus affectionné serviteur,

« SAINT-ANDRÉ. »

Lettre du duc d'Aumale au dict duc son frère.

« Monsieur mon frère, cejourd'huy, environ les deux heures après midy, nous avons livré l'assault à ceux du chasteau de Contes, qui ont faict devoir vaillant de le bien soutenir; toutesfois à la fin nous l'avons si bien poursuivy, que nous y sommes entrez, après quils ont autant bien faict qu'il est possible. Ils estoient dedans environ quatre cens, qui tous ont esté taillez en pièces, sans qu'un seul se soit sauvé; vous pouvez penser, monsieur mon frère, que tel exploict ne s'est faict sans que n'en ayons perdu des nostres. La place est dans un marays ou nous avons tous passé à nage, pour aller à l'assault. Monsieur de Vendosme lève demain le camp pour aller trouver celluy du sieur de Rieux, qui est vers Sainct-Omer, que j'ay visité et recogneu, comme je vous ay escrit. Nous essayerons de le combattre, s'il nous attend. Je ne vous puis escrire, d'avantage pour ceste heure, sinon, monsieur mon frère, pour me recommander humblement à vostre bonne grâce et prier Dieu, etc.

« Au Camp de Contes, le 29 aoust 1552.

« Vostre humble et obéissant serviteur,

« CLAUDE DE LORRAINE. »

Et au dos : *à Monsieur mon frère, Monsieur le duc de Guyse.*

Ledict jour 29 aoust, ledit duc ayant eu nouvelles que le marquis Albert de Brandebourg estoit avec ses trouppes es environs de la ville de Trèves, qui s'étoit rendue à luy, lui escrivit cecy.

« Intellexi te cum omnibus copijs tuis ad Treviros adventasse, eorumque civitatem in tuam ditionem redegisse; qua de re mirum in modum delectatus sum, decrevique comitem Ringravium statim mittere, ut, meo nomine, et te visitaret et hortaretur, ut ab ea optima voluntate, qua continuo erga regem nostrum ostendisti, desistere nollis; nihil enim oportet ut dubij facias aut in ejus voluntate, erga te, aut in ejus valetudine, aut in suis viribus quemadmodum ipse Cesar noscet, si propius accesserit. Reliquum est ut te rogam ut ad me scribas si quid novj accidat, quod mea notitia dignum putes, quemadmodum ego te certiorem faciam de omnibus rebus quæ ad nostrum communem salutem pertinere arbitrabor. Sperans fore ut regis nostrj fortunam continuo sequuturus sis, ad quem scripsj de omnibus rebus tuis. Et statim cum rescripserit, ad te certos nuntios mittam, interim tibi plurimum commendo. »

Pendant que le Roy faict la guerre, ses miministres et officiers de justice rendent arrest pour la conservation de ses droicts au Clermontois. Sur quoy le comte de Vaudemont, oncle du jeune duc de Lorraine, escrit au duc de Guyse et le prie d'en escrire à Sa Majesté.

« Monsieur mon cousin, ce matin est arrivé monsieur Guillaume Baille, ayant charge des affaires de monsieur mon neveu, lequel m'a faict entendre la poursuitte que ceux de la vallée ont faict en cour, pour l'exécution des arrest par eux touchant le balliage de Clermont : ce que je trouve fort estrange, attendu que par cy devant il auroit pleu au Roy tenir en surcéance, pendant la minorité du dit sieur mon neveu, tous les différens et prétentions de part et d'autre, et que par les commissions patentes données pour la communication, à Sainte-Menehoult, Sa Majesté avoit déclaré qu'il ne vouloit entreprendre plus de cognoissance, authorité, ny juridiction en tous les affaires que lors étoient controversez; mais qu'il entendoit que toutes choses fussent amiablement traictées et advisées. Aussy m'avez faict entendre dernièrement au Pont, ce que Sa Majesté vous en avoit promis à vostre partement, et néantmoins je voy que toutes choses vont au contraire, comme bien le pourrez connoistre, par ce que le dit Baille vous en dira, lequel j'envoye présentement par devers vous à cet effet, et pour ce que tous telz affaires important sy grandement au bien dudit seigneur mon neveu, et à la conservation de ceste maison qui est vostre, où à la ruyne d'ycelle, je n'ay voulu faillir de vous prier bien affectueusement, monsieur mon cousin, que preniez ceste peyne d'en escrire bien amplement au Roy, et luy remonstrer le tort que j'estime m'estre faict, et aux droits du dit sieur mon neveu, en exécutant les dicts arrests; et tant faire, que le tout puisse demeurer en la surséance accordée; et le bien qui en reviendra ne sera pas seullement faict à moy, mais au dit sieur mon neveu, et pour l'entretien de la grandeur de toute sa maison, comme plus amplement vous dira le sieur de Leymont, porteur de cestes, avec autres choses dont je l'ay chargé de ma part. Sur lequel remettant le sur plus, ne vous feray plus longue lestre, mais prieray le Créateur, etc.

« De Nancy, ce 29 aoust 1552.

« Votre bien humble cousin et amy,

« NICOLAS DE LORRAINE. »

Et au dos : *A Monsieur mon cousin Monsieur de Guyse.*

Le Roy n'estant pas encor bien asseuré de ce comte, ny de la Lorraine, escrivit au duc de Guyse d'envoyer vers luy le sieur de La Brosse, à Nancy, pour le sonder et sçavoir sa dernière résolution sur la garde de ses places, où Sa Majesté appréhendoit que les trouppes de l'Empereur n'eussent entrée.

« Mon cousin, j'ay reçeu la lettre que vous m'avez escrite, du 26 de ce mois, et par ycelle entendu comme vous despeschiez le sieur de La Brosse pour s'en aller, le lendemain, par devers mon cousin le comte de Vaudemont, duquel je desire bien fort sçavoir la résolution, principallement quant à la garde des deux places que sçavez, dont le dit de La Brosse a charge de luy parler, dont je m'attends bien, suivant ce que m'escrivez, avoir nouvelles de vous sy tost que le dit sieur de La Brosse sera de retour de son voyage. Quant au faict des vivres, outre ce que je vous en ay mandé par luy, je vous en ay sy amplement respondu par ma lettre du 25 de ce mois, quil ne me reste pour ceste heure autre chose à y adjouter. Bien vous diray-je, quant au surplus de vostre ditte lettre, que je trouve très bonne l'entreprise dont elle faict mention, et l'ordre que vous avez donné pour l'exécution d'ycelle, m'asseurant tant de vostre prudence et bonne conduitte, que vous n'entreprendrez rien en cela dont vous ne rapportiez honneur et utilité et advantage en mes affaires. J'ay bien noté ce que vous me faictes sçavoir du peu d'avancement quil y a aux fortiffications de la ville de Metz, où je suis bien délibéré de faire continuer l'entretenir l'atelier, comme chose que je sçay estre plus que nécessaire; et me ferez fort grand plaisir d'y faire sy diligemment besoigner, quil ne s'y perde pas une seulle heure de temps. Vous advisant que pour garder que l'argent n'y manque, et qu'a faulte de ce il n'y puisse arriver aucun retardement, j'escris au commis du tresorier de l'extraordinaire des guerres, qui est là, à qui dès le commencement que ladite ville fut mise entre ses mains, j'avois faict dellivrer argent pour employer aux fortiffictions, lequel n'a pas encore esté employé, quil le mette ès mains du tresorier des réparations de la ditte ville, pour servir à la continuation des dis ouvrages : que s'il la employé ailleurs, me l'escrivant, j'en feray incontinant dellivrer de l'autre; vous priant, mon cousin, que jaye ordinairement nouvelles de vous, et mesmement qu'elle exécution se fera ensuivie de vostre ditte entreprise. Quant aux miennes, j'ay donné charge à mon cousin le connestable de vous en envoyer un double, et des avis que j'ay receuz ce matin, par lequel vous verrez ce qu'on me mande de l'Empereur, qu'est, mon cousin, tout ce que pour ceste heure j'ay à vous dire, etc.

« Escrit à Villiers-Costeres, le 30 aoust 1552.

« HENRY, *et plus bas* BOURDIN. »

Et au dos : *A mon cousin le duc de Guyse, pair de France.*

Lettre du Connestable.

« Monsieur, pour ce que le Roy vous faict ample response sur chacun poinct du contenu en la lettre que luy avez escrite, du 26 de ce mois, je ne vous en feray nouveau discours; mais viendray au propos que vous a tenu le sieur de La Brosse, vous ayant dit de par moy, comme vous m'escrivez, que le Roy n'entendoit poinct que vous commandassiez à Thoul, ny Verdun; en quoy, monsieur, je vous veux bien asseurer que le sieur de La Brosse a mal entendu ma conception, et s'est en cela un peu eslargy plus que je n'ay voulu, ny pensé dire : car s'il veult bien rementoier le langage que je luy tins, et sur quel propos, il luy souviendra très bien que m'ayant dict que le sieur Desclavolles vous demandoit argent pour la continuation des fortiffications de la ville de Toul, je luy respondis qu'il ne falloit pas quil s'adressat à vous pour luy en bailler et ordonner; parce que vous n'aviez aucun moyen de ce faire, ne vous en ayant poinct esté envoyé; mais qu'il advertit le Roy quant son argent viendroict a faillir, et que lors il luy en seroit envoyé d'icy : ne m'estant jamais estendu sy généralement qu'il vous a faict entendre, dont je me rapporte à son instrution et à ce que je luy en dis devant le Roy. Au demeurant, monsieur, je vous envoye le double des advis que le Roy a eu ce matin, tant de la part de son ambassadeur à Venise, que de ceux qu'il a en Suisse et en la Ligue grise, affin que les conférant avec ceux que vous avez de vostre costé, vostre prudence fasse jugement de ce qu'il y a de plus certain, ne voulant faillir a y adjouster que Gondes qui est au montdevis, a, ces jours passez, prit, en Piedmont, le chasteau de Chieuse et depuis celluy de Saint-Michel, qui incommodoit grandement le pays du gouvernement du dit Mondevis, qui est toujours croistre l'avantage et réputation du Roy. Monsieur de Vendosme est arrivé devant le chasteau de Conte, dès le 27 de ce mois, et a bien bonne opinion qu'il en aura bien tost bonne issue. Monsieur d'Aumale, vostre frère, que monsieur de Vendosme avoit envoyé pour prendre langue et sçavoir des nouvelles des ennemis, leur a dressé un sy brave escaramouche, qu'à leur veüe trente trois enseignes de leurs gens de pieds et seizes cornettes de leur cavallerie ont été pris. Il leur a faict donner coups de lances, tué de leurs gens et pris des prisonniers, et s'est retiré sans y perdre un seul homme, ny que les ennemys ayent faict effort de recouvrer leurs prisonniers, et s'il eust eu pour luy servir d'espaule deux cens hommes d'armes, il faisoit la plus brave chose qui fut faicte il y a long temps, tant les dis ennemis se trouvoient esperdus et peu expérimentz en la guerre. Je vous envoye le double de la lettre qu'il m'en a escrite; et de ce qui arrivera soit des costez de deça ou d'ailleurs, je ne faudray de vous en donner continuellement advis, me recommandant, monsieur, humblement à vostre bonne grace, et priant Dieu, etc.

« De Villiers-Costerets, le 30 jour d'aoust 1552.

« Vostre humble serviteur,

« MONTMORANCY »

Et au dos : *A monsieur, monsieur le duc de Guise.*

Lettre de monsieur de Tavannes au dit duc.

« Monseigneur, monsieur de La Brosse, passant par icy, à son retour, me dit que monsieur le Connestable luy avoit respondu en général qu'il me satisferoit à tout ce qu'il fault pour ceste ville. Le dit sieur m'a despuis escrit qu'il me remet du tout à vous, de l'artillerie et munitions d'icelle qui sera bien tost icy, comme il me mande. Je luy ay faict une recharge pour avoir argent pour les réparations, n'en ayant plus. Quant aux autres charges nécessaires, comme cordages, huille, soulphre, poix et autres telles munitions, je vous en envoyeray un mémoire sy vous le trouverez bon, comme aussy quant il sera besoing avoir les gens de guerre que j'ai demandé, s'il vous plaist, je n'auray poinct d'Allemans. Quant aux bledz, je suis toujours après messieurs du clergé pour faire retirer les leurs ceans; mais ils sont fort longs; aussy monsieur de Vaudemont ne m'a poinct secouru par la voye du bailly de Clermont, comme il m'avoit promis. Vous luy en escrirez s'il vous plaist, aussy qu'il luy plaise commander aux subjets de monsieur de Lorraine, estans icy prez de venir, besoingner aux réparations, en les bien payant : car je ne sçay où trouver gens, à cause que tous les villages sont à ceux du clergé; lesquels, comme vous sçavez, fournissent icy. Ce porteur ira jusques à Nancy, s'il vous plaist escrire; au demeurant, monseigneur, je vous envoye les deux compagnies que vous m'avez mandé, pour ce que vous dittes les vouloir envoyer soudain. Je n'ai envoyé querir que le cappitaine Boisordan, qui estoit près icy : ce gentil homme présent porteur vous dira le surplus que je vous supplie très humblement croire. Je vous envoye aussy la compagnie de monsieur de Saulx, lequel vous supplie le vouloir renvoyer en ce lieu pour sa garnison, quant vous aurez faict de luy. Je vous en prie aussy très humblement, suppliant le Créateur, monseigneur, vous donner en santé très longue et bonne vie.

« De Verdun, ce 30 jour d'aoust 1552.

« Vostre très humble et très obéissant serviteur,

TAVANNES »

Et au dois : *A monseigneur, monseigneur le duc de Guyse.*

Rapport d'un envoyé en la cour de l'Empereur, par le duc de Guyse, pour apprandre des nouvelles de son armée, sur la fin du mois d'aoust.

« L'Empereur est parti de la ville d'Ausbourg le mercredy pénultieme jour d'aoust, pour aller à Ulme, où il ne doit estre que deux ou trois jours au plus. Il est accompagné des ducs de Saxe, d'Albe, du comte de Nassau et autres grands seigneurs d'Allemagne,

« Il prandra de là son chemin droit à Spire par le Wirtemberg, ou se doivent dresser les estapes et les préparations de son armée; et ne peut on sçavoir au vray quel chemin il prandra de Spire, sinon que le bruict le plus commung est qu'il vient ez pays de Metz et Lorraine,

« Il a soixante et dix enseignes de lansquenets, que l'on estime en nombre de vingt deux mil hommes.

« Trente cinq enseignes tant Espagnols qu'Italiens, assez mal en ordre, qui peuvent faire environ dix mil hommes; qu'est en tout trente deux mil hommes de pied.

« Deux mil cinq cens chevaux hongrois et bohesmois bien montez et esquipez; quatre enseignes de gens de chevaux italiens; six mil chevaux clevois, gueldrois, dannemarquois et autres pays d'Allemagne; le tout faisant neuf ou dix mil chevaux.

« Il mène soixante et cinq pièces d'artillerie, tant grosse que moyenne, dont il y a trente double canons.

« Il marche avec cinq cens chevaux, et un régiment de lansquenets seullement, le demeurant de son armée estant en deux trouppes qui le suit.

« Le bruit commung est qu'il sçayt assez que monsieur de Guyse est un gentil prince, et ne sera pour demeurer à Metz sans bon nombre de gens; mais qu'il estime sy peu cela que toutes et quanteffois qu'il se voudra attacher au dit Metz, il la battra de façon qu'il la mettra sur la teste de mon dit seigneur de Guyse, faisant aussy peu d'estat de toutes les autres places que le Roy peut avoir par deça.

« Il a le visage fort pasle et deffaict, les yeux enfoncez en la teste, la barbe blanche, et à peu près semblable au sieur de Piépape. »

Lettre du Roy au duc de Guyse, qui estoit desja entré en quelque meffiance du marquis Albert.

« Mon cousin, le sieur Pierre est arrivé par devers moy, ainsy que j'estois sur mon partement pour venir en ce lieu, voir mes grands chevaux, d'où je me délibère partir demain pour m'en retourner à Villers-Costerets; et arrivé que j'y seray, je feray besongner à sa despesche pour vous le renvoyer amplement instruict de mon intention, sur tout ce qu'il m'apporte de vostre part. Cependant, pour ce qu'il ma dit que vous estiez en peyne de ce que le marquis Albert est venu avec son armée jusques à Trèves, craignant qu'il ne voulsist entreprandre quelque chose sur le mien, qui n'est sans grande et prudente considération à vous, j'ay bien voulu vous faire ce mot de lettre pour vous advertir que le dict marquis n'a rien faict en cela, sans premièrement m'en avoir donné advis. Je luy ay envoyé le jeune comte de Castel qu'il m'avoit premièrement envoyé, et l'ay prié de donner jusques à Coulogne pour brancater et ruyner tout ce pays, pour oster toutes commoditez à l'Empereur allant là; et pour ce que j'ay sçeu qu'il a grand nombre d'artillerie, bagage et butin, ay donné charge au dit jeune comte de Castel de luy proposer que s'il s'en trouve par tropt empesche, il vous en envoye à Metz ce qu'il voudra, et que s'il est besoing vous envoyerez gens audevant, pour l'accompagner jusques au dict Metz, où je luy feray seurement garder et conserver le tout : au moyen de quoy je vous prie ne faire difficulté de recevoir ce qu'il vous en envoyera. Qu'est, mon cousin, tout ce que vous aurez de moy pour ceste heure, en attendant ma prochaine despesche : et prie Dieu, etc.

« Escrit au Bac-à-Choisy, le 2 jour de septembre 1552.

« Henry, *et plus bas* Bourdin, »

Et au dos : *A mon cousin le duc de Guise, pair de France.*

A ceste lettre, le connestable joignit la sienne de mesme substance, y adjoustant la prise du chasteau de Contes par monsieur de Vendosme, où 450 hommes, qui estoient dedans, avoient esté tuez, et le priant au reste d'avoir l'œil aux monstres des gens de pied qui estoient à Metz, affin que le Roy ne fut pas desrobé et qu'il fut mieux accompagné.

Lettre de monsieur le duc de Bouillon à mondit sieur le duc de Guyse.

« Monsieur, j'ay receu les lettres qu'il vous a pleu m'escrire du lieu de Metz, du 29 du mois passé, desquelles je vous remercie bien humblement, pour la bonne souvenance que vous avez de moy et à me faire entendre sy amplement de vos bonnes nouvelles et de vostre arrivée au dict lieu de Metz; auquel, veu ce que me mandez des advertissemens que vous avez eu que l'Empereur estoit en délibération de tirer de vostre costé, je m'assure bien que vous sachant en ce lieu, et avec sy bonne et notable compagnie, qu'il ne se donnera ceste peyne, et ne voudra perdre son temps; pareillement, s'il envoye partie de sa force au secours du roy des Romains, et aussy l'empeschement que luy est donné par le marquis Albert, lequel est entré dans Trèves, comme vous m'escrivez, et dont je receu nouvelle le lendemain de la prise, espérant que s'il continue en sa fortune, il l'empeschera bien de vous approcher. Toutesfois, le bruict court par deça de la levée et amas que faict la royne de Hongrie, car elle faict sonner le tabourin, et faict grande dilligence de levers gens aux Pays-Bas, à ce que l'on dit, c'est pour empescher les vivres au marquis Albert, et qu'en luy ostant ceste commodité, tenant l'Empereur desja en son vouloir, le duc Maurice, avec le temps, achevera à son aise de le ruiner.

« Depuis trois jours, les garnison tant de ce lieu, Mouzon, Maizieres, Yuoy, qu'autres nos voisins, ont faict course jusques à dix lieues près de Liége, en laquelle elles n'ont trouvé aucun empeschement, les gens de la royne de Hongrie, ayant eu ordre de se retirer en la frontière de

Luxembourg, les nostres n'ayans pas laissé de faire un grand butin de meubles et bestail sur le pays ennemy.

« J'ay sceu certainement, cejourd'huy, que la royne de Hongrie n'avoit voulu mettre en liberté le Landgrave de Hesse, par ce qu'elle dit que le duc Maurice n'a tenu promesse à l'Empereur, de luy fournir le nombre de gens qu'il avoit promis, et qu'à ce moyen n'y ayant satisfaict il n'estoit tenu de tenir la sienne; de sorte que le dit Landgrave de Hesse a esté réservé plus qu'auparavant; et que la ditte royne de Hongrie faict son assemblée à Trey, en Allemagne, qui est le passage par où le dit marquis Albert poura passer pour entrer dans le Brabant. Et sur ce je supplie le Créateur, etc.

« De Sedan, ce 3 jour de septembre 1552.

« Vostre obéissant à vous faire service.

« ROBERT DE LA MARCK. »

Et au dos : *A monsieur monsieur le duc de Guyse, pair de France, gouverneur et lieutenant général pour le Roy en ses pays de Dauphiné et Savoye.*

Lettre du Roy au dict duc.

« Mon cousin, j'ay receu la lettre que vous m'avez escrite par le baron de Fontenay, qui m'a bien particulièrement discouru tous les propos qui sont passez entre le marquis Albert, le comte Ringrave et luy, et la bonne volonté en laquelle le dict marquis faict démonstration de vouloir persister en mon endroit, et pour ce, mon cousin, que l'évesque de Bayonne, que j'ay envoyé par devers luy, aura passé par vous et vous aura faict entendre les raisonnables offres que je luy ay donné charge de proposer au dit marquis de ma part, et quel est les secours que je luy veux faire, pour luy ayder à l'entretenement de son armée, tant pour ce mois que le prochain, et toutes autres particularitez de sa charge ; je ne vous en feray nouvelle redite, remettant à vous de faire jugement combien je faicts pour luy en cela, et s'il aura tenu à moy que je n'en recueille le fruict, utilité et service, que tous les discours et jugement des hommes m'en peuvent promettre pour l'avantage de mes affaires et au dommage de nostre commung ennemy.

« Je suis fort aise de l'ordre que vous avez donné pour faire retirer et emmener au dit Metz, tous les grains des villages estans ès limittes de l'évesché du dit Metz ; et ne se pouvoit mieux faire pour le bien de mon service et pour incommoder l'ennemy, s'il veut prandre son chemin par les endroits où vous avez envoyé commencer à faire le gast, vous voulant bien advertir que j'ay mandé mes pensionnaires, les deux cens gentilshommes de ma maison et les archers de ma garde pour se rendre en Champagne, sur la fin de ce mois, et faict publier que tous ceux qui sont de mes ordonnances se retirent en leurs garnisons, et de plus despesché vers mon cousin le duc de Vendosmois, pour luy faire retirer son armée en France, affin de faire acheminer mes forces du costé où vous estes, en délibération de m'y trouver moy-mesme, en personne, dedans bien peu de temps, et de ne rien espargner pour conserver ce que je m'y suis acquis, ainsy que j'ay donné charge au sieur Pierre vous dire de ma part, lequel je vous ay envoyé sy amplement instruict de mon intention sur toutes choses, qu'il ne m'est resté, ne aussy depuis survenu rien pour vous dire d'avantage. Priant Dieu, mon cousin, etc.

« Escrit à Villiers-Costeret, le 10e jour de septembre 1552.

« HENRY, et plus bas BOURDIN. »

Et au dos : *A mon cousin le duc de Guyse, pair de France.*

Lettre du connestable au dict duc.

« J'ay receu les deux lettres qu'il vous a pleu m'escrire du 5 de ce mois par le baron de Fontenay, que vous avez faict grand plaisir au Roy de luy envoyer, pour luy faire entendre ainsy particulièrement comme il a faict en quelle volonté et disposition le comte de Ringrave et luy ont trouvé le marquis Albert et ses trouppes, et quelle est sa résolution. Vous aurez sceu de l'évesque de Bayonne les offres qu'il a charge de luy faire de la part du Roy, qu'est tout le mieux qui se peut faire aux affaires où nous sommes et aux extresmes despences que le dit seigneur a à supporter. Quant à la fortiffication de Thoul, je vous asseure, monsieur, qu'il n'a pas tenu à argent que la dilligence ne s'y soit faicte telle qu'il estoit possible : car le sieur Desclavolles ne m'a pas mandé qu'il en eut faicte, que quant et quant je ne luy aye faict envoyer, et ne luy ay jamais escrit que je ne l'aye sollicité d'y faire user de toute dilligence et de n'y laisser perdre une seulle heure de temps.

« Au surplus, monsieur, quant à ce que le Roy vous avoit mandé de recevoir à Metz l'artillerie et bagage du marquis, s'il vous en vouloit envoyer, ce n'a pas esté qu'il ayt jamais pensé faire fondement là dessus, ainsy que vous avez entendu par le dit sieur Pierre et sy verrez par ce qu'il vous escrit, qu'il n'a pas envie que vous ayez faute de quelque chose, puisqu'il veut employer toutes ses forces et sa propre personne pour vous secourir.

« Cejourd'huy, ont esté despesché les commissions nécessaires pour lever les chevaux et pionniers qu'il faut pour servir à ce camp; et attens demain monsieur d'Aumale vostre frère et mon nepveu de Chastillon que le Roy a mandé pour faire approcher et marcher par delà leurs chevaux légers et gens de pied français. Qu'est monsieur tout ce que j'ay pour ceste heure à vous dire, me recommandant, etc.

« De Villers-Costeret, le 10 septembre 1552.

« Vostre humble serviteur, « MONTMORANCY. »

Et au dos : *A monsieur monsieur le duc de Guyse.*

Lettre du dict jour, du mareschal Saint-André au dict duc.

« Monsieur, vous avez pieça entendu la résolution du Roy par le sieur Pierre qui n'est en rien changée, et se délibère le dit seigneur partir bientost d'icy pour prandre le chemin de Rheims et Chaalons; et partirons devant monsieur le connestable et moy, ainsy que je vous ay dernièrement escrit, vous avisant, monsieur, que le Roy a esté merveilleusement ayse d'avoir entendu, par vostre dernière lettre, le bon ordre que vous donnez tant pour la fortiffication que pour la provision de vivres et autres choses nécessaires par delà, et cognoist fort bien que vostre présence y estoit plus que nécessaire pour son service. Je luy ay dit, présent monsieur vostre frère, ce qui m'en semble, et croyez, monsieur, que je ne faicts faulte de mettre souvent le Roy en propos de vous, et faire en vostre endroit office au plus fidelle et affectionné de tous vos serviteurs, ce que je continueray toute ma vie d'aussy grande affection que je me recommande à vostre bonne grace, priant Dieu, etc.

« De Villiers-Costerets, le 10 jour de septembre 1552.

« Vostre très humble et plus affectionné serviteur, SAINT-ANDRÉ. »

Et au dos : *A monsieur monsieur le duc de Guyse, pair et grand chambellan de France.*

Nouvelles d'Allemagne, envoyées au dict duc.

« Monseigneur, j'envoyé hier, environ le midy, un messager vers vous, avec lettres dans lesquelles je vous escrits de l'Empereur et de ce qu'il a faict proposer aux messieurs de ceste ville; le mesme jour d'hyer, arriva mon homme, lequel j'avois expressément envoyé, le 3 de ce mois, pour entendre de l'Empereur et du chemin qu'il tiendroit, et dit que, le 8 de ce mois, estant à Eslinguem, entra au dit lieu, environ le midy, le duc d'Albe, lequel ayant par quelqu'un entendu là estre un homme de Strabourg fit soudain appeller mon dit homme et le fit interroger par de ses secrétaires de ce qu'il faisoit là, et s'il estoit poinct envoyé de messieurs de Strasbourg pour espier. Et après fut aussy interrogé quel estoit le plus droict chemin vers Strasbourg, par le marquisat de Badem, et par quelles villes et villages il faudroit passer. A quoy mon homme respondit premièrement qu'il n'estoit là envoyé des seigneurs de ceste ville; mais qu'il estoit là pour négoces particuliers, et qu'il avoit quelques affaires avec le collonel Nicolas de Hatstat. Quant au chemin qu'il demandoit, il ne le sçavoit; mais qu'il y avoit là des gens du marquisat de Badem qui le pourroient enseigner : a donc le secrétaire luy demanda où estoient ceux là, et mon respondit qu'il les avoit veu tout à l'heure entrer dans la ville et ne sçavoit où ils estoient allé loger. Mais qu'il envoya aucuns de ses gens par les logis, s'enquérir d'eulx, et que luy aussy chercheroit de son costé. Ce qui fut faict. Et par ce moyen, mon homme fut par luy laissé, lequel estant retourné au logis soudain monta à cheval et sortit sur le soir; marcha toute la nuict et arriva, hier au soir, en ceste ville; et dict que les gens de l'Empereur marchent en cet ordre, sçavoir : en premier lieu, marchent quatre régiments de gens de pied allemans, desquels sont collonels le comte Jean de Nassaw, le comte de Zoin, le baron de Truchies, et Nicolas de Hatstat, lesquels suivent mil chevaux bien en poinct et en bon équipage; après viennent les Italiens et Espagnols avec aucuns Bohèmes, et l'artillerie; après marchent les derniers l'Empereur et ceux de sa maison, et deux régiments de gens de pied conduits par le comte d'Eberstein et Conrad de Bemelberg. Je vous ay, monseigneur, voulu advertir de ces choses, car venant l'Empereur, il me fault fuir d'icy.

« Ce 10 jour de septembre 1552. »

Lettre du cardinal de Lenoncourt au dit duc.

« Monseigneur, je vous puis dire que le Roy a un merveilleux contentement du service que vous luy faictes où vous estes, et a bonne envie de vous aller secourir luy mesme en personne, sy l'Empereur faict tant du brave que de vous aller assaillir. Monsieur le cardinal, vostre frère, et du tout guairy de sa flèvre; il a parlé à monsieur l'abbé de Saint-Martin, qui estoit à la cour pour les affaires de monsieur de Lorraine, pour dire à monsieur de Vaudemont le tort qu'il me faict d'empescher que je ne retire Branbervillers, et autres portions de mes terres, qui sont engaigées. Je vous mercie humblement de ce qu'il vous en a pleu escrire à monsieur de Vaudemont ; comme monsieur de Maleroy m'en a adverty ; on ne trouvera poinct que j'entreprenne chose qui ne soit sy raisonnable que sera à grand tort quant on me la refusera. Je suis venu en ce lieu pour deux ou trois jours voir ma belle sœur ; mais je m'en retourneray vendredy au matin à la cour, pour sçavoir ce qu'il plaira au Roy me commander avant son partement. En quelque lieu que je sois, je m'estimeray toujours bien heureux quant j'auray moyen de vous faire humble service. Et me recommendant bien humblement à vostre bonne grace, je supplie le créateur, etc.

« De Nantheuil ce 13 septembre 1552. »

«Vostre bien humble et affectionné serviteur,
« ROBERT CARDINAL DE LENONCOURT. »

Et au dos : *A monseigneur monseigneur le duc de Guyse.*

Lettre d'un pensionnaire du Roy au duc de Guyse, pour l'advertir de la marche de l'Empereur.

« Monseigneur, j'ay envoyé de rechef mon homme, le 10 de septembre, pour entendre de l'Empereur et de son chemin, lequel estant arrivé ce jour-là à Rastet près du Rhein, à six lieües d'Allemaigne de Strasbourg, trouva là deux commissaires de l'Empereur, lesquels avoient commandé qu'on feit provision de vivres pour dix-huit mil hommes. Par quoy despescha soudain un homme pour m'en advertir, lequel arriva à moi l'unzième de septembre. Mon dit homme passa plus outre pour aller au lieu où l'Empereur estoit, tellement qu'il retourna hier, qui estoit le douziesme de ce mois, et me conta comme le duc d'Albe avoit couché ceste nuict là au dit lieu de Rastet, et qu'aujourd'huy, qui est le treiziesme de ce mois, l'Empereur y devoit coucher. Et qu'il vient en personne pour passer le Rhin au pont de Strasbourg, avec une partie de ses gens ; le reste passera au dessus et au dessoubz du dict Rastel, sur certains ponts qui sont là, pour de là tirer vers Haguenau, avec quarante mil hommes, à ce que l'on dict. Et cependant que j'escris cecy, il est venu nouvelles qu'on a faict amas de tous costez de bateaux et radeaux, où on passe le Rhein à grande dilligence : ainsy il est certain que s'y l'Empereur ne vient demain à Strasbourg, il y viendra après demain pour le plus tard, qui sera le quinziesme de ce mois. De quoy on s'estonneroit sy on recognoissoit les astuces de l'Empereur, veu qu'il à faict prandre des logis à Spire et par tous les villages du chemin ; et estoit ja venu au premier village du Palatinat, appellé Bretin, qui n'est le droict chemin pour venir à Strasbourg, quoy que ce soit le plus beau, de sorte qu'on pensoit qu'il ne viendroit par deçà en personne. Mais il a tourné tout court vers Strasbourg, et combien qu'il en soit bien près, il n'a encores envoyé aucun de ses fouriers pour prandre les logis. Il est vray que Nicolas de Hatstat, lequel on attend ce soir en ceste ville, a escrit aux principaux du sénat que l'Empereur porte grand amour et affection à la ville de Strasbourg, et qu'il ne la veult offencer en aucune chose, et qu'il a esté contrainct de venir passer le Rhein sur le pont ; mais que de le laisser entrer dans la ville, s'il ne vient de leur propre motif et volonté, il ne pense poinct qu'il soit pour les en presser, et que s'ilz ne veullent qu'il y entre, ils l'obtiendront facillement de luy : davantage, qu'il sçayt bien que quant il y entreroit, il n'y entrera avec luy que les gens de sa cour ; et que pour sa garde et de ses gens, il ne voudra autre garde que la garde de la ville, et ne fera là aucun séjour : car il se haste pour tirer vers la Lorraine. Le nommé François Duard a escrit la mesme chose, sur ce ont esté convoquez aujourd'huy matin, les scabins, qui sont deux cens homme esleuz du peuple ; et leur ayant esté proposé ces choses, a esté conclud entr'eux qu'on envoyeroit une ambassade vers l'Empereur, non pas pour luy présenter le logis dans la ville ; mais pour l'en destourner s'il sera possible ; et s'il demandera instament d'y entrer, avec trois ou quatre cens hommes seulement. Je voudrois, monseigneur, vous pouvoir mieux asseurer qu'on ne permettra l'Empereur entrer en ceste ville. Il est vray qu'il y a entre ceux du sénat et du peuple, aucuns gens de bien qui sont d'opinion qu'on doit endurer toutes choses plus tost que de ly laisser entrer ; mais les nobles et les prestres, avec aucuns marchands aileus adhérans, tiennent pour luy ; de sorte que je crains qu'il ne fasse ses estapes à Strasbourg, pendant ceste guerre, ce qui apparoistra avec le temps. Il est certain qu'il tire vers la Lorraine ; mais sy ce sera Saverne ou autre chemin, je n'en ay peu rien apprandre jusques à présent, combien qu'il est bruict qu'on a commandé à Saverne de faire provision de pain et autres choses. La pluspart, néantmoins, tiennent qu'il s'en va droit à Metz; et j'ay entendu d'un homme de bien et digne de foy, que le commissaire qui a esté ces jours passez en ceste ville, et duquel je vous ay dernièrement escrit, a envoyé un espion vers Metz, avec charge d'y entrer à quelque prix que ce soit, pour entendre les force, provisions et munitions, et aussy les fortifications de la ditte ville. Je n'en ay peu entendre quelle response le dit espion a rapporté; l'Empereur a sy bien sçeu prandre les gens au despourveu, en Alsace, où ceste année il y a eu grande abondance de bled et de vin, que de longtemps il n'aura faulte de vivres. Il est encore bruict, et jay veu aussy une coppie de lettre de Nicolas Hatstat, où on faict aussy mention que l'Empereur aura en ceste guerre quatre mil chevaux; dont il se contente, et qu'il a refusé le grand maistre de l'ordre des Allemans, qui s'offroict de luy lever bon nombre de chevaux. Il est venu un messager de Francfort, lequel dit qu'il a veu pour certain mil cinq cens chevaux venir vers le dit Francfort, et qu'on en attend encor huit cens : et dit on aussy que Lourat de Houstein a aussy huit cens chevaux dans Francfort. On escrit de Nuremberg que les gens du Roy Ferdinand, depuis la dernière perte qu'ils ont faicte contre le Turq, ont de rechef combattu, tellement qu'ils ont bien tué douze mil Turqz et ont gaigné la victoire. On faict déjà icy provision de pain et autres choses. Je demeureray encor icy tant que je pourray, pour continuer tousjours en mon office, qui sera fin, monseigneur, prié avoir le Créateur vous donner, en santé, très longue et heureuse vie.

« Ce 13 septembre 1552. »

Lettre du Roy au dict duc, pour s'asseurer de façon ou d'autre du comte de Vaudemont, qui estoit, en ce temps là, entretenu d'espérance d'ayde et secours contre tous partis impériaux, qui avoient grand accès auprès de luy, par le moyen de Chrestienne de Dannemark, duchesse douairière de Lorraine nièce de l'Empereur.

« Mon cousin, ainsy que j'avois advisé despescher devers vous mon cousin le duc d'Aumale, vostre frère, présent porteur, est arrivé le chevaucheur que m'avez envoyé avec vostre paquet, du 13 de ce mois; par où j'ày sceu l'estat des choses de delà et ce que vous avez eu de nouvelle des ennemis, qui se conforment à celles qui m'en sont aujourd'huy venües de mesme lieu, comme j'estime, ainsy que verrez par un double de la lettre que je luy ay faict bailler. J'ay aussy sçeu ce que avez faict dire, de ma part, à mon cousin le comte de Vaudemont et la responce qu'il à faicte à mon cousin le sieur Pierre Strozzy, dont je n'ay jamais moins pensé. A ceste cause, et pour essayer de remédier à l'inconvénient que je vois préparé de ce costé là, j'ay faict bailler à mon dit cousin vostre frère une lettre de créance à luy adressante, pour luy tenir sur ce tel langage que adviserez par ensemble, et néantmoings exécuter en cet endroict, s'il luy est possible, ce que je luy ay dict qu'il vous communiquera : dont je ne vous feray autre discours, remettant le surplus sur sa suffisance, vous priant, mon cousin, le croire sur le tout comme vous feriez moy mesme. Priant Dieu, mon cousin, etc.

« HENRI, *et plus bas*, DE LAUBESPINE. »

Et au dos : *A mon cousin le duc de Guyse, pair et quand chambellan de France.*

Lettre du dict duc au Roy, où il luy rend compte de ce qui se faict à Metz (1) *pour son service, et luy tesmoigne le desplaisir qu'il a de la conduitte du comte de Vaudemont et de ce qu'il ne se rend pas à la raison et à son debvoir, après sa parolle donnée.*

« Sire, par le cappitaine Pellou j'ay bien au long entendu ce qu'il vous avoit pleu luy donner

---

(1) Une chronique contemporaine, en vers, rédigée par Jean Bauchert, greffier au village de Plappeville, nous a conservé la relation suivante du siége de Metz, en 1552. (D'après un manuscrit de la bibliotèque du Roi).

Le camp de Metz, 1552.

. . . .
Charles, grand empereur, averti de ce fait,
Dolent et bien mary il fut s'il fut jamais;
Disant en sa complainte : mes habitans de Metz
Ce n'est pas là la foy ny aussy la promesse
Que vous me promettaste au sortir de la ville,
En entrant, en sortant, en Popone et en Lisle,
Qu'à ma grand majesté, couronne impérial
Seroient toujours fidelles, bon Messein et loyal.
En oultre vous dirent ensemblement
Qu'affaires je n'y avoit d'y mettre un lieutenant,
Moi priant d'un bon cœur, qu'en liberté franchise
J'y laisse les bourgeois, la cité et la ville.
Alors tout instament assemble une armée
De quatre vingt mil hommes et grosse artillerie
Le thiers il mit en mains de la jeune Réine
Du pays de Hongrie qui estoit sa cousine.
L'évesque de Bronbourg conduisoit l'autre tiers,
Qui menoit à l'avant garde quinze mil chevalier;
L'autre tiers fut menez par un homme ygnorant,
Duc d'Albe il s'appeloit, estant lieutenant.
Du grand impérial partout il commandoit,
Dessus les trois armées partout il gouvernoit;
Les voyant toute en somme et les ayant compté
Estoient bien cent mil hommes sans chars et vivandier.
Au beau mois de septembre, celui dit Bronbourg
Vint avec illes et tantes, lundi au cinquiesme jour,
Au faubourg Saint Martin proche Lisle devant Metz,
Et ilecq establit tranchée et forteresse.
L'abbaye Saint Clément il y print son quartier,
Estant desjà en ruine et du tout exillez
Mise par les François qui estoient dedans Metz,
Se doutant de ce camp et plusieurs autres places.
Katerine de Hongrie, au jour de Nostre Dame,
Vint avec son tiers, avec seigneurs et dames;
Passant à Sainte Barbe elle y fit chanter messe
Par plusieurs prestres et moines qui suivoient sa trace.
Le jour tout instament au chasteau

charge de me dire, sur ce que je l'avois prié luy faire entendre de par moy : et entr'autres choses des affaires de ceste ville, où j'espère, Sire, que l'Empereur sy voulant adresser y sera le très bien receu des gens de bien qui y sont. J'ay aussy veu, Sire, qu'il vous a pleu me faire entendre par le dit Pelou touchant le guest qu'entendez estre faict sur le chemin que l'ennemy pouvoit tenir, venant en deçà : de quoy j'ay donné chargé aux sieurs de La Brosse, d'Entragues et de Biron ; lesquels sont de retour et ont emmené en ceste ville quelques vivres et prisonniers, non pas tant qu'ils eussent bien désiré, quelque devoir ils ayent peu faire. Et pour satisfaire à ce qu'il vous à pleu encor me mander, par le dit Pelou, touchant le gast et donner tousjours à nos gens moyen de vivre, espargnant ce que nous avons, il m'a semblé, Sire, faisant icy venir les compagnies de messieurs de Lorraine et du prince de La Roche-sur-Yon, avec la mienne et les bandes des sieurs de La Rochefoucault, de Rendan et Cursol, pour sy accommoder de logis et fourages, d'autant qu'ils ny sont encor venus, ne debvoir faillir envoyer en leur lieu pour l'exécuiton du dit gast, les compagnies de monsieur de Nemours avec celle du dict Pelou, Saint-Fargeux et Bussy d'Amboise. Ce que je faictz dès aujourd'huy, ayant donné

  De Grimont elle alla, ellevé sur un hault ;
Puis fit loger ses gens à l'environ,
Comme à Valliere, Vantoulz, Nouilly et environ.
  Le duc d'Albe, fourny d'amunition,
Son camp posa à la Horgue au Sablon,
Et ilecq apresta plusieurs bombardes
Pour au Messein donner alarmes.
  Mais l'hiver, qui estoit si froid
Et si malaisé de glace et de verglet,
Que d'Albe, Catherine, et l'évesque de Bronbourg
Y laissèrent, en trois mois, plus d'un tiers mort.
  Campèrent à la ville au mois de septembre,
Levèrent leurs camp au dernier du mois de décembre
Pourtant que l'hiver estoit si destroit
Que la plus grand partie de leurs gens mouroit.
  Le duc, lieutenant général,
Et traiste il estoit à Sa Majesté Impérial,
Promis avoit au sieur de Guise
Que nul nuisance ne feroit à la ville.
  Toute fois Guisard bien estonné
De voir tant de gens autour lui à campé
Vistement fit crier tambourin et trompette
Par tout les carefours que chacun y fut prest.
  Bien viste et promptement
Tant soldat que bourgeois et estre diligent
De monter à cheval, à cheval quant et quant,
Pour aller recognoistre en trois parties les camps.
  En la ville y avoit du vin, du bled assé ;
Mais pour l'esgard d'autres vivres, on en avoit cherté ;
La quarte de bon bled valoit cinquante gros,
Et le pot de bon vin n'estoit crié qu'un gros.
  Albe envoya dire au seigneur de Guise
Que son ami estoit et aussi de son sire,
Et qu'au plus fort du lieu il dressa un bassin
Et qu'à l'endroit d'iceux il feroit le mutin.
  Ayant Albe apperçut le bassin estendu,
Proche de Serpenoize, il prin en son conclud
Que le plus forte estoit de la cité,
Apresta ses canons, après le fit tirer.
  Il canona la ville l'espace de trois mois,
Grand proffit il n'y fit ny trop grand desaroy ;
Dix sept mil huit cent coup à la place il tira,
Esglise, tours et maison plusieurs il esbranla.
  Le cinquiesme devant Metz mit ses camps
Jour du mois de septembre ; au premier jour de l'an
Abandonna la place son train et richesse.
Pour le moins les deux parts tout à sa grand tristesse.
  Laissant la ville aussi les bons bourgeois,
En demeurant captif entre les mains des François,
Voyant que la cité avoit entre les mains
S'en rioient et gausoient d'estre maitre Messein.
  Quand le sieur de Guise vit que la jeune Reine,
Bronbourg, aussi Albe, avoient print la couline,
S'advisa en mesme temps, soy doutant de querelle,
Print masson charpentier pour faire la citadelle.
  La citadelle fit faire et fortiffia si fort
Qu'on le peut encour voir présentement, alors
Et la ville en mesme temps il fit fortifier
De rempart, et boulevard et grand fossé de terre.
  Tout deffait et refait, froisé et morfondu
Et que dedans la ville, bourgeois fussent revenu,
Lesquels s'estoient s'absenté de la peur
Du camp qu'estoit venu de Charles l'empereur.
  Lesquels furent bien dolent et aussi esbaye
De trouver la ville ruinée et le pays,
D'avoir tout perdu leur or et leur argent,
Maison et héritaiges à la ville comme aux champs,
Leur jardin et leur vigne.
  De grand regret furent mort plusieurs bestes et gens
Voyant toute en déserte rompus et mis allors
Tout les monastères tant dedans que dehors,
Comme Saint Martin et Saint Alloy,
De devant les portes Pont-des-Morts et pont Tiffroy,
Aussi Saint Arnoult et Saint Clément,
Le bourg de Saint Pierre et Notre Dame au Champ,
Saint Louis et Saint Jean au Champ,
Saint Fiacre-la-Folie, Saint Benoist et Saint Laurent,
Nostre Dame le Martir et Saint Obry,
Sainte Eutroppe, Sainte Élisabeth et Saint Genoy,
Saint Privé, Saint Ladre la Belle Croix,
Saint Binaut, Saint André, l'image Saint Laurent,
La Horgue au Sablon et Montigny les Metz,
Le Chaneu l'Évesque, le fort Maison Saint Beni,
La Paupellerie Saint Jullien et le bourg
Maison et maisonnette toute alentour,
Les deux bourgs de Mozelle aussi des Allemans
Les faulées d'iceux pareillement.
  Semblablement en la ville on avoit fait battre
Saint Hilaire, les frères Bandés et les sœurs recolettes,
Une partie des Carmes et couvent,
Plusieurs autres tour et émolument,
Et grand quantité de maison de bonne alloy
Qui estoient au dessous de Saint Ferroy
Et jusque à la porte qui va au pont Raymond,
Ruinée et abatue furent toute environ.
  Tout fut par les François ruinées et démolit
Toute à leur volonté, faisoient à leur plaisir
Et n'y avoit petit n'y grand
Qui peut empêcher ce desordre n'y résister autrement.
Ils y firent un fossé de tour, tout en revers
Qui tranchoit mal et dure au long tout au travers
Depuis les grands Bar de la graud Mozelle
En jusque le mollin en plaine de la Basse Saille.
  Saint Médard le couvent des Pucelles

charge au dict Pelou les mener le plus avant qu'il pourra, tirant vers Saverne, et toutesfois ne se joüer de recognoistre l'armée de l'Empereur et n'en approcher de plus de trois lieues, luy ayant mis en avant ce qui advint à feu monsieur de Montejan en semblable chose ; mais pour sçavoir nouvelles pourra bien envoyer quinze ou vingt chevaux pour aussy tost se retirer et faire le gast, le plus qu'il luy sera possible, de ce qui se trouvera par le plat pays, et brusler tous les moulins que je luy ay donné par mémoire, et entr'autres ceux qui se trouveront sur la rivière de Nancy. Quant à ceux qui se trouveront de là vers vostre royaume, je ny faicts toucher pour ne vous oster le moyen de vous en ayder. Venant en ces quartiers de deçà, comme le dict Pelou m'a faict entendre; et où aurez changé d'opinion, Sire, il vous plaira donner ordre de faire en cela ce que cognoistrez estre pour vostre service. Je n'ay baillé gens de pied au dict Pelou pour le peu de moyen qu'il auroit de se retirer comme pouvoit faire la cavallerie estant pressé de l'ennemy, aussy, Sire, que j'espère. Le marquis de Brandebourg voulant séjourner encore quelques jours avec sont armée au lieu où il est, fera aussy dégast par le plat pays ; et pour ne laisser nosdis gens de pied d'en faire de leur part, j'en envoye présentement deux en-

Les Chartreux, l'église Saint Jacque et Saint Sauveur,
L'église Saint Thiebault et celle de Saint Simphorien,
Le clocher Saint Martin Saint Damien et Saint Cosmien.
  Saint Vic, Sainte Glossine, Saint Pierre au Dames,
Le temple Saint Jean et Sainte Marie au Dames,
Saint Gengoul et les pères Augustins,.
Et Saint Antoine sur les Mallins.
  Aussi en plusieurs autres maisons
Et en plusieurs villaiges le toute à l'environ,
A l'entour de Metz, n'y avoit aucun villaiges
Au pays qu'il n'y eust ruine ou dommaige.
  Comme Vallicre, Vantoulx et Nouilly
Entièrement, Xicule, Malroy et Charly,
Alexy, Villélorme, et le chasteau de Grimont,
Failly, Vancy, Verny, et toute à l'environ.
  Les Bourdes, Bourny, et Crisei,
Magny, la belle Tange, Pelte et Crepy,
Lagrange au Bois, Meri, le hault Gery,
Colombé, Frontigny, Poully, et Fleury.
  Marly, Chastel Saint Blaize, Olery, Lorigny,
Fristo, Preche, Corny, Jouy et Moulin,
Le moulin Longeaux, Sey et Lescy,
Saint Quentin, Ladonchamp et Voisoy.
  Depuis Mouson tous les villaiges du Vaulx
Jusque en tirant en bas en descendant à Vaulx,
N'y avoit nul villaige allentour de Metz
Que ne fut tout ruiné autant au long que près.
  Et aussi alentour du dedans de la ville
Furent les maisons abbatues et stérille,
Qu'estoient proche des portes et aussi des murailles;
Jardin à quantité furent ruinée à merveille.
  Tout pour édifier les murs et citadelle,
Pour avoir les pierres pour bastir les murailles,
Il n'y eut nul maison tant belle qu'elle y fut
Près de la dite muraille qu'abatue ne fut.
  La ville et citadelle il firent remparer
Par boulevard et fossé, et gros monceau de terre.
Tout le durant du camp, le bourgeois maigre et gras
Hotte et pelle, et chevaux portoient tout au rempart.
  Les soldats prenoient et pilloient les bourgeois,
Justice n'y police n'y avoit à l'heure là.
Le François dessus toute avoit la maitrise
Du peuple et de leur bien ils faisoient à leur guise.
  Durant le temps et loing temps bien après
Tout estoit confus dedans la ville de Metz,
Treize, n'y conseillers, n'y prévosté d'offices,
Maistre eschevin n'y avoit, n'y avoit nul police.
Et en six parrages de la cité
Qu'on faisoit les treize d'ancienneté,
Au jour de Nostre Dame au Chandeleur
Qu'estoient ellus pour justice en grand honneur.
  Les quinze conte qu'on faisoit pareillement
Par les paroisses au plus de voix tous,
Portant chaperon rouge sur les espaules,
Chose ancienne et honorable.
  Et les vingt et un eschevins du palais,
Chose faite entre eux pour jamais
D'en prendre chacune an, un entre les vingt et un
Pour être maitre eschevin de Metz et du commun :
De tout cela rien nullement,
N'en fut plus nouvelle aucunement.
Les Fraucois osterent à tous les bourgeois
Leur franchisses et leurs priviléges et droits.
  N'y avoit qu'un prévost des maréchaux françois
Qu'estoit dedans élu de par le Roy,
Pour mettre ordre, faire raison et justice ;
Mais par outrance mettoit en son office.
Il laisoit butiner tous les soldats françois
Es maisons et grenier de tous le bon bourgeois,
N'en faisoit qu'un néan ; il n'en faisoit justice
Lui le maistre larrons estoit de la complices.
Or le Roy ordonna que justice en fut faite
Après le potence le lieutenant et maitre
Furent tout ensemblement par leurs cols estranglez,
Devant la grande église leurs jours y furent finez.
  Robert, cardinal de Lenoncourt,
Esvesque de Metz y tenant sa court,
Prince regaline du saint-empire
Laissoit le bien faisoit le pire.
Soy disant maitre et spirituel
De la cité de Metz aussi du temporel,
L'establissement des treize en la justice
Lui appartenoit adcause de son office.
La quelle donna son droit de création
Au Roy pour establir la justice à sa dévotion.
Le haut chemin, le coing de la monnoye,
Qui lui appartenoient et la ville les
Tenoient en gaiges pour le prix et sommes
De trente mille franc, et après le rachept
Les devoit encour tenir trante ans :
Mais le dit Robert de Heu trouva le moyen
D'en faire le rachept et de n'en payer rien.
  Et pour les treize en la justice restablie,
Treize bourgeois de la ville fit élire,
Ceux qui cognoissoit les plus favorable
A sa personne et à sa majesté royal.
  Fut fait maitre eschevin de Metz
Jean Soultain amant, comme bourgeois de Metz
Quatre furent élus pour être de son conseil,
Avec austre bourgeois pour estre leur pareil.
  Les quelle firent serment au Roy et à l'évesque
De lur porter obéissance et leur estre fidelle ;
Qu'estoient bien loing de leur liberté
Que les Messeins avoient toujours esté.

seignes du Pont-à-Mousson pour y manger les vivres qui y sont et des villages voisins, ayant donné charge au sieur d'Aumont d'y aller et mener quelques gens tant pour faire la description des vivres qui s'y pourront trouver, que pour envoyer en ceste ville ce qui restera.

« Au surplus, Sire, quant à ce qu'il vous a pleu me mander du marquis de Brandebourg, je prié hier le seigneur Pierre Strossy l'aller visiter pour veoir quelles estoient ses forces et ce qu'il avoit envye de faire ; ce qu'il a faict comme vous pouvez voir, Sire, par son rapport par escrist que je vous envoye, signé de sa main. Au regard de ce qu'il vous a pleu me faire sçavoir de monsieur de Vaudemont, il me desplaist bien fort que je ne vous en puisse mander ce que je désirerois bien, quoy qu'on luy puisse remonstrer que l'on luy veult donner les moyens de se deffendre contre l'ennemy, m'ayant semblé, pour ne laisser encor les choses là, donner charge audit Pelou, s'en allant vers Saverne, de passer par Lunéville où on m'a dit que monsieur de Vaudemont estoit ; et là, luy remonstrer de rechef, feignant en avoir commandement de vous, quelle est la promesse qu'il vous a faict ; le moyen qu'il a de la garder avec vos forces ou les voudroit accepter à la honte et déshonneur qu'il reçoit pour jamais, faisant ceste fault ; que celle cy dont deppend sa réputation, son bien et sa teste mesme, avec la vie de tous ceux que l'on sçayt estre autour de lui, dont ne sera jour que toute leur race ne s'en sente, en quelque lieu qu'ilz se puissent retirer. A quoy, Sire, j'espère qu'il pourra encor penser, vaincu de peur, comme je l'estime, et où il voudroit recevoir de vos forces. Il vous plaira, Sire, adviser dès à présent les lieux d'où les voulez secourir, aussy promptement que l'affaire le peut requerir ; et pour ne laisser refroidir, je me suis advisé de donner charge au dit Pelou d'offrir de se mettre dedans Nancy avec sa compagnie, et se faire fort que s'il me demande une enseigne de gens de pied, je ne luy refuseray poinct, et où il le pourra convertir. J'ay commandé au cappitaine Pierre Longué, qui est du nombre de ceux que j'envoye au Pont-à-Mousson, qu'il fasse ce que le dit Pelou luy commandera ; et s'ils font difficulté de le vouloir laisser entrer s'il ne prend l'escharpe jaune, qu'il leur accorde, sauf à lui de l'oster par après estant dedans le plus fort, et reprandre celle qu'il doit porter, suivant ce qu'il vous a pleu me mander par le sieur de La Brosse. Et pour ce, Sire, que l'affaire presse et est de besoing d'y prouvoir dedans cinq ou six jours, j'escris à monsieur de Nevers de faire approcher de là des trouppes, feignant que ce soit pour les faire passer de deça. Je ne vous asseure de rien, sinon que j'en espère quelque chose pour la peur que ceux de dedans ont desjà. Leymont l'aisné m'est venu trouver ceste asprès disnée, lequel m'a demandé des nouvelles de l'Empereur, auquel j'ay respondu que j'avois esté adverty qu'il avoit pris son chemin par Strasbourg et Saverne, pour aller droict à Nancy, et s'en saisir ; et que monsieur de Vaudemont et ceux de son conseil pouvoient bien remarquer le langage que luy aviez faict tenir par le seigneur Pierre ; qu'ils estoient tous en danger de perdre leur honneur, leur vies et biens, tout en un coup ; et qu'ils penssassent ce qu'ils pouvoient mériter de faire une sy grande faulte, et à vous, Sire, et à leur prince. Sur quoy, il est demeuré fort estonné, et m'a demandé sy je voudrois bien prester à monsieur de Vaudemont trois cens harquebusiers, s'il en avoit affaire. Je luy ay dit que je ne me voulois pas desgarnir des forces qui estoient ordonnées pour la garde de ceste ville, sy ce n'estoit pour chose de bien grande importance et qu'il me feust par vous commandé. Toutesfois, que je luy offrois une enseigne toute entière, avec un bon cappitaine : et me demandant s'ils refuseroient l'escharpe jaune, je luy ay dit que non et qu'on leur avoit jà dict. Il m'a enfin respondu qu'il estoit venu en ceste ville en délibération d'y demeurer en la charge qu'il a en la compagnie de monsieur de Lorraine. Toutesfois, ayant entendu telles nouvelles de moy, me prioit luy permettre s'en aller mettre dans Nancy, et qu'il seroit d'opinion de la tenir jusques au bout avant que d'accorder à l'Empereur, ny mesme à madame de Lorraine, d'y entrer. Ce que je luy ay accordés, pour ce qu'il me semble, Sire, qu'il ne serviroit que d'un homme en ce lieu, et pourra servir d'avantage là.

« Sire, je supplie le Créateur, etc.

« De Metz, ce 19 septembre. »

En oubliant la majesté impérial
Qu'avoit esté au bourgeois si bon et pitoyable,
Le cas pareil il n'avoit pas fait
Comme le Roy et le dit Robert ont fait.
  Quand Robert lieu lait tous ses faits accompli
Et qu'il eut fait sa maison neuf rebasti,
Condi la maison de la cour l'évesque.
En terre print semetierre tout comme un vilain traitre.
  N'estoit venu à Metz que pour autres dessein
Que pour rendre la ville au Roy et les Messseins
Et aussi il en fit tellement son devoir,
Qu'en cour présentement il est aisé à voir.
D'alors son esvêché du tout luy fut osté,
A Charles de Guise il fut donné
Voyant le dit Robert demis de ses honneurs
Mourans de regret et en triste douleur.
Prions Dieu le grand Roy du ciel et de la terre
Que de tous nos péchez il nous veuille pardonner,
Priant à jointe mains le Seigneur Jésus-Christ
Tous nous puissions régner en son saint Paradis.

Lettre du Roy, de ce mesme temps, au duc.

« Mon cousin, j'ay receu vostre lettre, du 14 de ce mois, avec les avis que m'avez envoyé, lesquels, à ce que je vois, ne s'accordent pas aux lettres que j'euz hier de Strasbourg, que je tiens pour certaines. Et encores que celluy d'où elles viennent, m'escrive vous en avoir autant faict sçavoir, sy est ce que je n'ay voulu laisser de vous envoyer le double, par où vous verrez où et comment l'ennemy marche ; de quoy j'estime que vous aurez encore depuis sceu la vérité. J'ay aussy veu la lettre de l'évesque de Bayonne, et suis attendant ce que mon cousin le sieur de Strossy aura faict avec le marquis Albert. Quant à moy, je partiray demain au matin d'icy, pour estre mercredy à Rheims, d'où mon cousin le connestable s'acheminera devant et je le suivray de bien près, et feray toute dilligence d'avancer mes forces de tous costez, et mesmement celles de Picardie, et n'obmettray rien de tout ce qui se peut faire. C'est ce que j'ay à vous dire pour le présent, n'estant rien survenue de nouveau depuis le partement de mon cousin le duc d'Aumale, vostre frère, lequel s'en est allé amplement instruit de mon intention sur les choses plus importantes à mon service par de là, qui me garde de vous faire plus longue lettre, priant Dieu, mon cousin, vous avoir en sa garde.

« Escrit à La Fère, en Tardenois, le 19 jour de septembre 1552.

« HENRY, *et plus bas* DE LAUBESPINE. »

Les nouvelles que le Roy avoit receu de Strasbourg, d'un pensionnaire qu'il y avoit, estoient celles-cy, que ce mesme amy de la France escrivit au duc le 13 septembre. (Voyez ci-dessus, p. 85).

« Monseigneur, j'ay envoyé de rechef mon homme pour entendre de l'Empereur et de son chemin, lequel estant arrivé, le 10 de ce mois, à Rastet, près du Rhein, à six lieues d'Allemagne de Strasbourg, trouva là deux commissaires de l'Empereur, lesquels avoient commandé qu'on fît provision de vivres pour 18,000 hommes, combien qu'aucuns eussent semé le bruict que c'estoit pour 40,000 ; par quoy despescha soudain un homme pour m'advertir de ce, lequel arriva à moy le 11 de septembre. Mon dit homme passa plus outre, pour aller jusque au lieu où l'Empereur estoit, tellement qu'il retourna hier, et me dit comme le duc d'Albe avoit couché ceste nuit là au suzdit lieu de Rastet ; qu'aujourd'huy, 13 de ce mois, l'Empereur y devoit coucher, et qu'il vient en personne pour passer le Rhin au pont de Strasbourg, avec une partie de ses gens, le reste passera au dessus et dessoubs de Rastet, à certains ponts, pour de là tirer vers Haguenau. Et cependant que j'escris cecy, il est venu nouvelles qu'on a faict amas de tous costez de bateaux et radeaux, pour passer en grande dilligence le Rhin ; il est donc tout certain que sy l'Empereur ne vient demain à Strasbourg, il y viendra après demain pour le plus tard ; ce qui seroit estrange, sy on ne cognoissoit les astuces de l'Empereur, veu qu'il a faict prandre les logis à Spire et part tout le chemin qui va à Spire, et estoit déjà venu au premier village du Palatinat nommé Brehem, qui n'est le droit chemin pour venir à Strasbourg, quoy que ce ne soit pas le plus beau ; de sorte que l'on pensoit qu'il viendroit par deça en personne. Mais il a tourné tout court vers Strasbourg, et combien qu'il en soit bien près, il n'a encores envoyé aucun de ses fourriers pour prandre les logis. Il est vray que Nicolas de Harstre a escrit aux principaux du sénat, que l'Empereur porte grand amour à la ville de Strasbourg, et qu'il ne la veut offencer en aucune chose, et qu'il a esté contrainct de venir passer le Rhin sur le pont ; mais qu'il ne veult entrer dans la ville, sy ce n'est de leur propre motif et volonté, et ne les pressera pas. Que s'ils le laissent entrer, il n'y entrera avec luy que les gens de sa cour, et ne voudra pour ses gardes que les gardes de la ville, où il ne fera aucun séjour, se hastant pour tirer vers la Lorraine. Le mesme a aussy escrit un nommé François Duart ; sur ce ont esté convoquez, aujourd'huy matin à neuf heures, les Soabins (que sont deux cens hommes eslevez du peuple), et leur ayant esté proposé ces choses, a esté conclud entr'eux, qu'on envoyeroit une ambasade vers l'Empereur, non pas pour luy présenter le logis dans la ville ; mais pour l'en destourner s'il sera possible ; et s'il le demendera instamment à y entrer, qu'on l'y permettre de l'y laisser entrer avec trois ou quatre cens hommes. Je voudrois, Monseigneur, vous pouvoir mieux asseurer qu'on ne permettra entrer l'Empereur en ceste ville ; il est vray qu'il y a entre ceux du senat et du peuple aucuns gens de bien qui sont d'opinion qu'on doive endurer toutes choses, plustost que de laisser entrer l'Empereur ; mais les nobles et les prestres, avec aucuns marchands à eux adhérans, tiennent pour l'Empereur ; de sorte que je crains que le dit Empereur ne fasse ses estapes à Strasbourg, durant ces guerres. Il est certain qu'il tire vers la Lorraine ; mais je n'ay peu rien aprandre par quel chemin, combien qu'on ayt commandé à Saverne de faire des provisions de pain et autres choses. La plus part tient pour certain qu'il s'enva droict à Metz ; et j'ay entendu d'un homme de bien, digne de foy, que le commissaire qui a esté ces jours passez en ceste ville, a envoyé un espion vers Metz, avec charge d'entrer en quelque manière que ce soit dans la ville, pour entendre les forces provisions munitions et fortifications. Je n'ay peu sçavoir quel rapport il avoit faict. L'Empereur a sy bien sceu prandre les gens au despourveu en ce pays d'Alsasse, où ceste année il y a grande abondance de bledz et de vins, qu'il n'aura de long temps faulte de vivres. On faict desjà icy le pain et autres choses : j'y demeureray encor tant que je pourray pour continuer tousjours en mon office, et finiray, Monseigneur, après avoir prié le Créateur vous donner, en santé, très longue et très heureuse vie.

« Ce 13 septembre 1552.

« Vostre très humble et très obéissant serviteur. »

Lettres du Roy au duc, en suitte de celles qu'il avoit receus de luy.

« Mon cousin, hier à mon arrivée en ce lieu, j'ay receu une lettre, du 18 de ce mois, avec la despesche de l'évesque de Bayonne, et ay entendu l'ordre que vous avez donné pour le gast jusques à Nancy, qui ne sçauroit estre meilleur ; semblablement de quels moyens et expédiens vous vous aydez pour venir au poinct de ceste ville de Nancy ; à quoy aura aussy, comme j'estime, servy l'arrivée par de là de mon cousin le duc d'Aumale, vostre frère ; trouvant très bon et très à propos ce que vous avez faict. Quant aux dites affaires, et affin qu'il n'y soit rien oublié, j'ay, suivant le contenu de vostre lettre, escrit au sieur Desclavolles, qu'il ne faille de vous obéyr et faire ce que luy commanderez des gens de guerre qu'il a dedans Toul, duquel lieu, et des autres enseignes que vous avez faict approcher de là, vous pourrez fournir la ditte place de Nancy, sy la porte leur est ouverte, sans respect de l'escharpe, qu'ils devront porter jusques à ce qu'ils soient les plus forts. Il a esté aussy, mon cousin, fort bon que vous avez tenu à l'aisné Leymond ce langage que m'escrivez, et que vous l'ayez envoyé dans Nancy, où il me pourra, s'il veut, faire beaucoup plus de service que là où il estoit. J'en attens bientost en sçavoir la certainete : car estant l'armée de l'Empereur ja sy-avant qu'elle doit estre, sy elle a continué à marcher, sans que vous ayez receu mes lettres et que mes gens ne soient dedans Nancy, il y aura peu d'espérance.

« Au demeurant, j'ay veu ce que le dit évesque de Bayonne m'a escrit, de ce qu'il a faict avec le marquis Albert, et par ses responses mesmes entendu ce qu'il demande ; qui est beaucoupt plus que je ne luy veux, ne puis baïller, attendu mesmement ce que mon cousin le sieur Pierre Strossy dit qu'il a de gens. A cest cause, et que je ne luy voudrois rien promettre qui ne luy soit tenu, pour éviter aux désordres que cela pourroit ammener à mon service, s'il y avoit faulte, je me suis là dessus résolu, ainsy que vous verrez par un escrit que j'en envoye au dict évesque de Bayonne, lequel après avoir sur ce bien avant communiqué avec luy, vous renvoyerez incontinant devers le dict marquis, pour luy faire sur ce entendre ma ditte intention, et y prandre une résolution finalle, sans plus remettre cela en longueur : car le temps où nous sommes doit faire oublier toutes ses belles disputes. Et est besoing, qu'en une sorte ou autre, je sache ce qu'il veut faire, pour suivant cela disposer mes affaires ; vous priant, mon cousin, que tout incontinant et plustost par un courier volant, vous m'avertissiez de ce qui aura esté conclud. C'est tout ce que je vous puis escrire pour ce présent, sinon que je fais tout ce que je puis pour haster mes forces, et feray, lundy, partir mon cousin le connestable pour acheminer toutes choses, et préparer ce qui sera à faire pour faire teste à ceste armée ; dont je vous pric mettre payne d'avoir nouvelles, le plus souvent que vous pourrez, pour m'en donner advis : priant Dieu, etc.

« Escrit à Rheims, ce 22 septembre 1552.

« HENRY, *et plus bas* DE LAUBESPINE. »

Et au dos : *A mon cousin le duc de Guyse, pair et grand chambellan de France.*

Monsieur le Connestable, qui sçavoit l'intention du Roy et les affaires les plus secretes et inportante de la France, en escrivit tout autant au duc.

« Monsieur, il est impossible de mieux avoir pourveu à ce que le Roy vous avoit mandé par le Pelou, que vous avez faict, ainssy que jay veu par la lettre que vous avez escrite au Roy, ny aussy au faict de Nancy, où vous n'avez rien oublié : de sorte que sy, par ce moyen, la chose ne réussit comme le dit seigneur désire, je y ay peu d'espérance. Quant au marquis Albert, vous sçavez comme moy, monsieur, l'estat des affaires de nostre maistre, et combien il est mal aisé de le satisfaire en ce qu'il demande, estant sy déraisonable qu'on n'a peu prandre autre résolution avec luy, que celle qu'il vous plaira voir par la despesche qui vous en est adressée, pour, après l'avoir veue, renvoyer monsieur de Bayonne devers luy, et y faire une fin : car n'ayant autre asseurance de luy que celle que nous y voyons jusques icy, il sera meilleur loing que près.

C'est tout ce que j'ay à vous dire pour le présent, sinon que monsieur d'Estrée ma escrit vous avoir encor envoyé douze canonniers. Je l'attens demain icy, où j'apprendrai et entendray de luy l'ordre qu'il aura donné à ce qui vous est nécessaire, pour s'il y reste quelque chose, y faire promptement pourvoir ; après quoy, je m'aprocheray de vous le plus avant que je pourray. Cependant il ne se perd poinct de temps à haster toutes choses : priant Dieu, monsieur, etc.

« De Rheins, ce 22 septembre 1552.

« Vostre humble serviteur,

« MONTMORANCY »

Et au dos : *A monsieur le duc de Guyse.*

Le duc, dans le temps des approches de l'Empereur, recevoit d'heure à heure des nouvelles de sa marche. Voicy ce que le sieur Desclavolles luy en escrivit, le mesme jour 22 septembre, de la ville de Toul.

« Monseigneur, présentement est arrivé en ce lieu un Allemant, qui a suyvi l'Empereur et son camp cinq ou six jours, auquel j'ay faict bailler chevaux et poste pour aller en dilligence vers monseigneur le Connestable, luy faire entendre de bouche, ce que deux personnages l'un nommé Ulrich et l'autre Levenus, bourgois de Strasbourg, luy ont donné charge ; lequel m'a asseuré que lundy dernier, environ une heure après midy, il veit entrer l'Empereur dans le dit Strasbourg, où il disna, et s'en alla souper et coucher à Peschine, qui en est à demye lieue ; de là à Haguenau, puis à Wisbourg et à Landau ; et est à présent à Spire, avec une partie de son armée, et l'autre est avec le duc d'Albe, qui tire devers Sarbruch ; et ont en semble vingt cinq mil hommes, ou environ, quinze cens chevaux avec soixante neuf pièces d'artillerie, et viennent de plus de Franquefort quinze cens autres chevaux et quinze enseignes de gens de pied, sans deux mille chevaux legers qu'un duc d'Allemagne est encor allé lever pour le tout mettre ensemble. Le dit Empereur, ainsy que ma dit icelluy Allemand, est fort cassé et chemine avec un baston en une main, s'apuyant de l'autre sur un homme qui le conduit. Je ne faudray, monseigneur, de vous advertir de ce que je pourray entendre, désirant vous faire très humble service toute ma vie : priant Dieu, etc.

« De Toul ce 22 septembre 1552.

« Vostre très humble et très obéissant serviteur, DESCLAVOLLES »

Et au dos : *A monseigneur monseigneur le duc de Guyse.*

L'esprit changeant du duc Albert ne faisant rien esperer au Roy pour son service, le desgoustoit entièrement, comme il escrivit au duc de Guyse, le 23 du dict mois de septembre.

« Mon cousin, après que j'ay oüy le sieur Pierre Strossy et veu ce qu'il a rapporté du marquis Albert, j'ay, pour reformer le mémoire que j'avois faict donner au sieur de Lansac, faict y adjouster le dernier article que vous verrez, qui est mon intention, ne voyant pas que je puisse tirer grand service de luy, puis qu'il a ceste volonté ; par ce que aussy que je ne sçauroit faire ce qu'il demandé, vous priant, mon cousin, envoyer devers luy l'évesque de Bayonne et le dit sieur de Lansac, pour luy faire entendre mon intention et y prandre une résolution, l'esloignant de vous le plus que vous pourrez, puis qu'il ne parle autre langage, et néantmoins le faire partir en la meilleure halaine qu'il sera possible, essayant, en tout cas, de retirer le régiment de Reyffemberg, avec lequel j'aurois assez de quoy empescher mon ennemy jusques au bout. Demain je vous renvoyeray le dit sieur Pierre, amplement instruict de mon intention. Sur le surplus cependant, je prie Dieu, mon cousin, etc.

« Escrit à Rheims le 23 septembre 1552.

« HENRY, *et plus bas* DE LAUBESPINE »

Et au dos : *A mon cousin le duc de Guise, pair et grand chambellan de France.*

Le Roy avoit l'affaire du marquis à cœur, comme aussy, celle de Nancy ; et le tesmoignoit au dict duc de Guyse, par sa lettre du 28 du dict mois.

« Mon cousin, j'ay receu vostre despesche par le chevaucheur que m'avez envoyé ; et depuis, l'autre par le jeune Rocquelore : à quoy je ne vous y faict aucune résponce, d'autant que par le sieur de Lansac, et depuis par mon cousin le sieur Pierre Strossy, je vous avois sur ce bien avant fait sçavoir mon intention, que je n'ay en rien changé. Pour le regard du marquis, présentement est arrivé le sieur de Cursol, par lequel j'ay entendu bien au long ce que mon cousin le duc d'Aumalle vostre frère a faict et rapporté de Nancy, qui n'est que bon ; mais encor en seroient meilleurs les effet, que je verrois volontiers, m'asseurant que vous ne laisserez perdre une seulle occasion de m'en faire avoir le contentement que j'en désire. J'ay aussy entendu les nouvelles que me faictes sçavoir de l'Empereur, qui ne sont pas sans grande considération ; et pour en mieux informer mon cousin le connestable, j'ay envoyé le dit sieur de Crussol passer par devers luy, pour luy en rendre bon compte ; et luy escrits pourvoir à Verdun pour le faict du gast de ce costés là, comme vous avez bien faict du vostre : à quoy j'estime qu'il n'obmettra rien, et par le dit sieur de Crusol, vous advertira du tout, qui me gardera de vous faire plus longue lettre, remettant le surplus sur le dit sieur de Crusol : priant Dieu, mon cousin, etc.

« Escrit à Rheins ce 28 septembre 1552.

« HENRI, *et plus bas* DE LAUBESPINE »

Le mesme jour, le cardinal de Lorraine escrivit au duc de Guyse son frère, cecy :

« Monsieur mon frère, s'en retournant devers vous le sieur de Crusol, présent porteur, je vous diray seullement que le Roy a esté très aise de ce que vous l'avez sy avant et amplement adverty de tout ce qu'il luy a dict de votsre part, dont il l'envoye rendre compte à monsieur le connestable. Et pour ce que, par mon frère monsieur le grand prieur, je vous ay ce matin amplement escrit, je ne vous feray plus longue lettre pour le présent, sinon pour prier Dieu, etc.

« Monsieur mon frère (1), j'ay montré au Roy vostre lettre, pour ce quelle me semble fort digne ; a trouvé vostre conseil fort bon. Il a incontinant envoyé ce porteur vers monsieur le connestable pour luy en donner advis ; vous voyez qu'on n'assemble poinct de camp que bien léger. Je vous supplie ne rien escrire ny faire dire au Roy pour empescher le camp, ny le voyage de monsieur le connestable : car il ne seroit à propos, comme je vous diray lors que je vous verray, vous asseurant que m'escrivant, comme vous me faictes, je me garderay bien de rien gaster.

« Vostre très humble et obéissant frere,

« C. CARDINAL DE LORRAINE »

Et au dos : *A monsieur mon frère, monsieur le duc de Guyse.*

Le dict sieur connestable continue ses soins pour attirer le marquis au service du Roy, et porter le duc de Vaudemont à recevoir de ses troupes pour la garde de Nancy ; dont il donne advis de jour à autre au duc de Guyse.

« Monsieur, je vous renvoyay hier au matin un des vos chevaucheurs seullement pour vous advertir de la despesche que j'avois remis à vous faire de ce lieu, par monsieur le Contay, par lequel j'ay réservé a vous mander mon advis sur la difficulté qui s'est offerte à l'instruc-

(1) Adjousté de la propre main du cardinal, mon frère

tion du sieur de Lansac, pour le regard de l'offre de 20000 escus qu'il a faicte au marquis Albert, sy au refus d'accepter les autres parties qu'il a charge de luy proposer, il vouloit aller au Pays-Bas de l'Empereur, ou au pays d'Aunois, affin de les travailler, et y faire la guerre ; pour laquelle entreprise l'évesque de Bayonne dict luy avoir ja offert six vingt mil escus, qui font 50000 escus pour ce mois, et semblable somme pour le prochain. Sur quoy, il ma semblé, monsieur, vous devoir escrire, que puis que l'Empereur s'advance, et que nous avons à luy faire teste, il vault beaucoup mieux essayer de tirer service du dit marquis, au lieu où l'affaire s'adresse, et le retenir avec ses forces pour les exploicter, ainsy que le Roy advisera pour le bien de son service, que de l'envoyer, pour le présent au dit pays d'Aunois, dont je ne vois pas qu'il puisse réussir grand proffit ny advantage aux affaires du dict seigneur. Pour ceste heure, et pour ceste cause, suis d'advis qu'en attendant la résolution qu'il aura pleu au Roy prandre sur ce que luy avez escrit, vous ne differiez de luy faire proposer les deux autres partis que le dit seigneur luy faict, s'il veut demeurer avec ses forces, selon qu'il est contenu en l'instruction du dict sieur de Lansac, sans luy faire aucune mention de son allée au dit pays d'Aunois, ny de ce dernier party de 30000 escus. Et en cas où il ne voudroit accepter ny l'un ny l'autre desdits deux partys, je vous prie, monsieur, que sans mettre l'affaire en longueur, vous advisiez d'y mettre une fin, et d'en faire accord avec luy, le plus pres de l'intention du dict seigneur, au plus grand advantage de son service et meilleur marché qu'il vous sera possible : dont je vous prie m'avertir incontinant, d'autant qu'en attendant cet accord, je ne sçay à quoy me résoudre, vous advisant que pour satisfaire à ce qu'il lui aura par vous esté promis, je vous envoyeray par le dit sieur de Contay le 50000 mil escus qui luy avoient esté accordez pour ce mois ; et s'il en fault d'avantage, vous m'en advertirez pour y faire incontinant pourvoir : ne voulant oublier de vous dire encor ce mot, que par toutes les offres que l'on a eu charge de luy faire, ont esté à condition qu'il payeroit le régiment de Reisfemberg de tout ce qui luy seroit deub. Je prie Dieu, etc.

« De Verdun, ce dernier jour de septembre 1552.

« Vostre humble serviteur,

« MONTMORANCY. »

Et au dos : *A monsieur monsieur le duc de Guysc.*

Celle-cy luy avoit esté escrite par le dit seigneur connestable, le mesme jour.

« Monsieur, le Roy m'a renvoyé par le sieur de Crussol toute la despesche qu'il luy avoit portée de vostre part et celle de monsieur d'Aumalle vostre frère, par laquelle et ce que le dit sieur de Crussol m'a davantage dit de bouche, j'ay entendu les propos qui sont passez entre monsieur de Vaudemont et monsieur vostre frère, sur ce qu'il avoit charge de lui mettre en avant; et la résolution où en est demeuré le dit sieur de Vaudemont. Et pource que je m'assure que le dit sieur de Crussol vous sçaura rendre très bon compte de ce que je luy ay dit là dessus, je m'en remettray à lui, pour ne faire tort à sa suffisance; me recommandant, etc.

« De Verdun, ce dernier jour de septembre 1552.

« Vostre humble serviteur.

« MONTMORANCY. »

Et au dos: *A monsieur monsieur le duc de Guyse.*

Autre lettre du dict sieur connestable, pour affaires très importantes au service du Roy.

« Monsieur, maistre Thomas d'Elvéche est tout présentement arrivé, par lequel j'ay entendu ce qu'il avoit charge de me dire de vostre part. Et encore, monsieur, que par le dit sieur de Crussol et depuis par le sieur de Contay, qui party hier, je vous aye faict sçavoir le peu de forces que j'ay, et comme le service du Roy requiert que vous m'envoyez quatre ou cinq enseignes de celles que vous avez à Metz, et monsieur d'Aumalle vostre frère avec le surplus des chevaux légers, retenant avec vous les quatre compagnies que porte le mémoire du dict sieur de Contay, d'autant que sans cela je n'auray moyen de pourvoir les places qui restent à fournir, ny mesme ceste ville, qui est de grande garde et beaucoupt plus foible que Metz, ny aussy de faire les gastz et autres factions qui ne se peuvent exécuter sans cavallerie; sy ay-je bien voulu vous despescher encor le sieur de Boisdauphin, présent porteur, pour vous faire entendre ce que dessus; et que sy vous ne m'envoyez la ditte cavallerie avec mon dit sieur d'Aumale, vostre frère, et quatre ou cinq bandes des dits gens de pied, vous me rompez le moyen de l'exécution de tout ce que j'ay à faire pour le service du dict seigneur. Qui me faict vous prier de rechef, que sy les dits forces n'estoient encor parties lors de la réception de ceste lettre, vous fassiez mettre en chemin pour se venir rendre incontinant à Saint-Michel, où je m'en vois demain coucher.

« Au sur plus, monsieur, le sieur de Dampierre est présentement retourné, ayant apporté la lettre du Roy que je vous envoye avec cellecy, m'ayant le dit seigneur mandé qu'il a trouvé bon l'advis dont je vous ay adverty, touchant le faict du marquis Albert, qui est de luy faire proposer les deux premiers partys, portez par l'instruction du sieur de Lansac, sans luy parler du dernier; toutesfois où il n'en voudroit accepter ne l'un ne l'autre, je ne suis pas d'opinion que l'on s'arreste à peu de chose davantage, ainsy que je vous ay escrit par le dit sieur de Contay, dont je m'assure que le Roy ne vous désavoüera ny moy aussy : et à tout événement, là où il ne voudroit demeurer, je suis bien d'opinion que le dit évesque de Bayonne et de Lansac essayent de retenir et retirer au service du Roy les régimens de Reffemberg et du comte d'Altembourg, ainsy que j'ay donné charge au dict sieur de Boisdauphin le vous faire entendre, et aussy plusieurs autres choses, mesmement quant au payement des bandes de gens de pied que vous avez à Metz, et l'artillerie de Rodemach, dont je vous prie le croire comme feriez moy mesme : me recommandant, monsieur, à vostre bonne grace, et priant Dieu, etc.

« De Verdun, ce 1ᵉʳ jour d'octobre 1552.

« Vostre humble serviteur,

« MONTMORANCY. »

Et au dos : *A monsieur monsieur le duc de Guyse.*

En ce mesme temps, le sieur de Soubise ayant esté envoyé à Nancy pour sonder le comte de Vaudemont et sçavoir sa résolution, sur la proposition que le Roy luy avoit fait faire de recevoir de ses troupes pour la conservation de ceste place contre l'ennemy, fit rapport de sa négociation par escrit comme s'ensuit.

« Suivant le commandement de monseigneur le connestable et les instructions qu'il luy a pleu me bailler, j'ay dit à monsieur de Vaudemont son arrivée à Verdun, et les forces qui le suivent et le temps qu'il devoit estre à Saint-Michel, où se doit faire l'assemblée de son armée; qui sera telle, que dans peu de jours elle sera suffisante, sans ce qui est dedans les villes que le Roy veut garder, de faire teste à l'Empereur. Et pour ce qu'il est apparent que le dit Empereur, sachant que les villes qu'il veut garder sont bien pourveues de tout ce qu'il y fault, mesmement que monsieur de Guyse demeure dedans Metz et monsieur le mareschal de Saint-

André dedans Verdun, que le dit Empereur cognoist estre personnages pour ne s'y estre mis sans y estre accompagnez de tous soldats choisis, et outre de toute la fleur de la noblesse de France, dressera tout son dessein et entreprise sur la ville de Nancy; laquelle prise, il aura un pied en la Lorraine, et par ce moyen la tiendra en perpétuelle guerre et travail, et la rendra en proye à tous les gens de guerre, comme a esté le Piedmond depuis seize ou dix sept ans. En ça, luy ay dit davantage, que mon dit seigneur le connestable, pour l'ancienne affection qu'il a tousjours portée et porte à la maison de Lorraine, il m'a despesché par devers luy pour luy offrir non pas deux ne trois mille hommes, mais plus ou moins selon qu'il luy plaira, pour mettre dans la ville de Nancy, avec tel chef qu'il advisera, à la charge de porter l'escharpe jaune ou autre escharpe qu'il luy plaira. Ce que mon dit seigneur le connestable, comme son affectionné serviteur, luy conseille de faire et accepter dès à présent, pour la conservation de l'Estat de monsieur de Lorraine son neveu.

« Monsieur de Vaudemont me feit responce qu'il acceptoit très volontiers la dite offre, pour quant il en auroit besoing; ce qui n'estoit point encor, et qu'il sçavoit bien que l'Empereur n'estoit point encor en Lorraine, et qu'il ne tournoit point teste de son costé.

« Je luy repliqué que mon dit sieur le connestable m'avoit commandé de luy dire qu'il le prioit de considérer, que les expériences et événemens des choses passées ont appris aux hommes saiges et prudens de ne différer jamais à pourvoir aux affaires jusques au temps de la nécessité mesmes, quant le remède en est présent, comme celluy qui présentement luy est offert; et que à telle heure le pourroit-il demander à monsieur le connestable qu'il ne sera en sa puissance de luy bailler, ne à luy de le recevoir; et pour ce qu'il ne pensoit pas estre excusé envers le Roy et monsieur de Lorraine, son fils, pour dire qu'il aura demandé le secours, sy c'est sy tard qu'il ne luy ayt sceu estre donné.

« Il me dist qu'il en auroit tousjours assez près de luy, comme à Metz et Toul.

« Je luy fis responce que l'une ne l'autre ne se voudroit dessaisir de ses hommes; et quant à monsieur le connestable, qu'il luy sera bien mal aisé, estant en la campagne, de diminuer ses forces, parce que sa délibération est, toutes les villes fournies, d'y demeurer sy fort, qu'il puisse faire teste à l'Empereur, de mesmes luy donner bataille s'il voit son advantage.

« Mon dit sieur de Vaudemont me dist lors qu'il s'estimoit bien malheureux de voir que le Roy ne vouloit recevoir ses justes excuses, et qu'il sçavoit bien qu'il avoit des ennemis qui luy nuisoient, et luy sembloit que le Roy se devoit contenter de la promesse qu'il luy avoit faicte de garder la place; qu'il se pouvoit asseurer qu'il le feroit puisqu'il y alloit de son honneur et de sa vie, qu'il aymeroit mieux estre mort que si l'Empereur y entrast, et qu'il cognoissoit bien que ce que je luy disois estoit vray, que ce seroit la ruyne de l'Estat de monsieur son neveu; mais qu'il estoit asseuré que l'Empereur n'avoit point ceste entreprise, luy ayant comme le Roy confirmé sa neutralité.

« Je luy dis que mon dit sieur le connestable m'avoit commandé de luy dire qu'il luy supplioit de ne se laisser abbuser par les promesses de l'Empereur, et qu'il pouvoit connoistre qu'il n'observoit pas sa foy lors que la rupture pouvoit servir à sa grandeur et proshit, et que ceux de Cambray, Sienne, Piombino et autres infinis, luy en pouvoient servir d'exemple, et lui faire connoistre la différance qu'il y avoit entre le Roy et le dit Empereur; lequel avoit eu moyen, et l'auroit quand il lui plairoit, de se saisir non seullement de la ditte ville de Nancy, mais de tout le duché; et toutesfois portant Sa Majesté affection de père à M. de Lorraine, il avoit esté sy respectif à tout ce qui estoit de son Estat, qu'il n'en avoit voulu prandre que la protection; et qu'ainsy il luy pleust accepter son offre. Et qu'en cas qu'il voudroit differer, mon dit sieur le connestable penseroit que ce fust à la persuasion d'aucuns siens serviteurs peu fidelles, et que s'il en advenoit inconvénient, il faudroit nécessairement que Sa Majesté, pour sa satisfaction et de monsieur de Lorraine, son gendre, s'en attachast à ceux qui en auroient esté cause et leur propre vie et personnes.

« Ceste parole sembla piquer quelque peu mon dit sieur de Vaudemont; et me fit responce, qu'il ne falloit point se prandre à ses serviteurs, et qu'ils n'avoient poinct de pouvoir de luy rien faire faire, et qu'il n'estoit en eulx de ne rien faire sinon luy obéyr, et qu'ils n'avoient serment qu'à luy seul; mais que le Roy luy faisoit grand tort de ne se vouloir fier en luy d'une chose où il y alloit de son honneur, et qu'il estoit asseuré de bien garder la place.

« A quoy je fis response, qu'il me sembloit que ceste grande asseurance ne pouvoit estre fondée que sur deux points, ou sur l'un des deux; sur ses forces, ou sur l'asseurance de l'Empereur. Sy c'estoit sur ses forces, qu'il luy pleust considérer qu'il ne mettoit en sa ville autres soldats qu'Allemans; et que les conquestes que le Roy avoit faictes ceste année luy pouvoient faire cognoistre quels gens c'estoient pour garder une place.

« Que sy c'estoit sur l'asseurance de l'Empereur, il devoit sçavoir qu'elle fiance il y devoit prandre, sy après estre entré en Lorraine il connoist qu'il serve à sa grandeur de rompre la neutralité; à ceste cause il luy pleust avoir esgard sur lequel des deux poincts il fondoit l'affaire en laquelle il disoit aller de son honneur. Je luy dit plusieurs autres raisons selon qu'il me sembla pour luy persuader et luy faire connoistre que de vostre offre dépendoit la conservation de l'Estat de monsieur son nepveu; et du contraire, le hazard et la ruyne; de sorte qu'il demeura tout court fort long-temps, et sembla estre en quelque irrésolution, et me dist enfin qu'il y penseroit et me feroit responce dans le soir. Il s'en alla de là en sa chambre, avec aucuns de son conseil. Après souper, il me fit responce qu'il ne me pouvoit dire autre chose que ce qu'il avoit desjà dict à monsieur d'Aumalle, et qu'il n'avoit autre serment au Roi sinon de garder Nancy et La Mothe et Bar, pour monsieur son nepveu, et qu'il ne prandroit pour les garder secours ny ayde des ennemis de Sa Majesté, et qu'à faire autrement il y alloit de son honneur, et aymeroit mieux estre mort que d'y faire faulte.

« Quand à ce que mon dict sieur le connestable me commanda de luy dire, qu'il avoit charge de Sa Majesté d'adviser avec luy sur les affaires dudit pays de Lorraine; et davantage, de luy dire quelque chose de sy grande importance qu'il ne s'en vouldroit fier qu'en luy mesme, et que pour ce je le suppliois d'adviser quelque lieu où ils se peussent commodement assembler pour en communiquer ensemble, et que s'il le trouvoit bon il sembloit à mon dit sieur le connestable le lieu du Pont-à-Mousson estre le plus commode pour mon dict sieur de Vaudemont, affin que sa retraite fust plus courte :

« Il me fist responce que de sortir hors de Nancy il ne le pouvoit faire, et qu'il ne vouloit aucunement abandonner sa place; mais que s'il plaisoit à mon dit sieur le connestable venir jusque là, il luy feroit la meilleure chère qu'il pourroit; toutesfois après souper il ne me fist plus ce langage. Et voyant qu'il ne m'en parloit plus, je luy dis que j'estois seur que mon dit sieur le connestable y viendroit puis qu'il ne luy plaisoit aller au Pont-à-Mousson ; à quoy il me fit responce qu'il ne voudroit qu'il prit ceste peyne, et qu'il ne voudroit souffrir qu'un connestable de France et tel personnage vint devers luy.»

Lettre de monsieur le connestable à monsieur le duc de Guyse, en suitte du rapport du sieur de Soubise et de sa négociation auprès du comte de Vaudemont.

« Monsieur, vous aurez entendu par ce que je vous ay mandé par le sieur de Contay, comme j'avois envoyé le sieur de Soubise devers monsieur de Vaudemont, pour le prier de vouloir que luy et moy nous nous vissions au Pont-à-Mousson, pour par ensemble adviser à ce qui seroit requis de faire pour la conservation de Nancy et autres places de monsieur de Lorraine. Sur quoy, persévérant en sa mauvaise volonté, il a faict de belles excuses et au reste la mesme responce qu'il vous avoit faicte et à monsieur d'Aumale, vostre frère, comme verrez plus particulièrement par le mémoire que je vous envoye, lequel j'ay faict dresser au dit Soubize, qui m'est venu trouver en mon arrivée en ceste ville. Pour le présent, monsieur, je ne vous sçaurois que dire davantage, sinon que j'ay laissé monsieur le mareschal de Saint-André dedans Verdun, avec bonnes trouppes de gens de bien, lequel y est demeuré le plus volontiers qu'il est possible, en délibération de faire telle dilligence de sy bien accousirer la ditte ville, que sy l'Empereur entreprend d'y venir, il y sera aussy bien receu qu'en lieu où il sçauroit aller. Et pour ce que j'ay icy bien peu de gens, je ne luy en puis encore bailler ce qui luy est nécessaire, par quoy je vous prie, monsieur, s'il vous est possible, m'envoyer quatre ou cinq des bandes que vous avez à Metz, faisant bien mon compte que monsieur d'Aumale vostre frère est ja en chemin pour venir en deça, avec les cinq compagnies de chevaux légers que je vous ay prié m'envoyer, sans lesquelles, pour n'avoir encor comme poinct de cavalerie, je ne puis faire ce qui seroit nécessaire pour le service du Roy; me recommandant sur ce humblement à vostre bonne grace, et supliant nostre seigneur, etc.

« De Saint-Michel, le 2 jour d'octobre 1552.

« Vostre humble serviteur,

« MONTMORANCY. »

Et au dos : *A monsieur monsieur le duc de Guyze.*

Lettre du cardinal de Lenoncour au duc, du dict jour 2 octobre.

« Monseigneur, nous avons icy ordinairement des nouvelles des allarmes que vous avez, et encor que le pauvre peuple convoisin de Metz souffre beaucoup, sy fault-il néantmoings avoir patience et imputer cela à la malignité du temps; sy vous supliraye toutesfois, monseigneur, avoir le soulagement des pauvres subjets de nostre évesché du dict Metz pour recommandés, non que je voulsisse qu'ilz fussent exemps de ce qu'ilz peuvent faire pour le service du Roy, estant certain qu'en tout le pays il ne s'en trouvera poinct de plus obéissant à vos commandemens qu'eux. Nous attendons dedans peu de jours avoir la certitude de ce que voudra faire l'Empereur, et crois que s'il vous faict cet honneur de vous aller voir à Metz, qu'il y fera aussy mal ses besoignes que fit son ayeul devant Nancy. Je vous supplie, monseigneur, sy vous cognoissez que je vous puisse faire service en quelque chose, me vouloir employer avec asseurance d'estre obéy d'aussy bonne volonté, que je me recommande humblement à vostre bonne grace, priant Dieu, monseigneur, vous donner bonne et longue vie.

« De Rheins, ce 2 octobre 1552.

« Vostre bien humble et plus affectionné serviteur,   ROBERT, CARDINAL DE LENONCOUR. »

Et au dos : *A monseigneur monseigneur le duc de Guyse.*

Suitte des nouvelles de l'approche de l'Empereur et de son armée, vers la ville de Metz, contenues dans la lettre suivante du Roy au duc de Guyse.

« Mon cousin, j'ay entendu ce que m'a dit de vostre part maistre Thomas Delveché, et la despesche que mon cousin le connestable vous avoit faicte, pour luy envoyer les quatre enseignes de gens de pied qui sont dernièrement entrez dans Metz, avec le reste des chevaux-légers. Et pour autant, mon cousin, que sans cela mon dit cousin auroit peu de moyen de prouvoir aux choses qui s'offrent pour mon service, estant l'ennemy sy advancé qu'il est, je vous prie, mon cousin, ne faillir à satisfaire à ce qu'il vous en a escrit. Bien suis-je content qu'outre cela vous retenies une compagnie de chevaux légers d'avantage, et sy luy escrit que avec les vingt enseignes qui vous demeureront il mette dedans Metz la bande qui est présentement dedans Rodemarch, bruslant la place et rompant l'artillerie, sy elle ne se peut retirer. Et qu'au demeurant, il vous accomode de tout ce qu'il pourra, vous asseurant, mon cousin, que sy l'ennemy s'attache à vous, je donneray ordre que vous serez sy bien favorisé que vous n'aurez faulte de rien et que la ditte place ne sçauroit estre sy fort bridée que vous ne sçachiez souvent de mes nouvelles. Je vous faictz ceste lettre en haste, pour le désir que j'ay que le dit Delvesche puisse avoir moyen rentrer dedans, affin que par luy vous sçachiez de mes nouvelles et le contentement que que j'ay de vostre bon et grand debvoir : vous priant, mon cousin, le croire de tout ce qu'il vous dira de ma part, tout ainsy que vous feriez moymesme. Priant Dieu, mon cousin, etc.

« Escrit à Rheins, le 3 jour d'octobre 1552.

« HENRY, *et plus bas* DE LAUBESPINE. »

Et au dos : *A mon cousin le duc de Guyse, pair et grand chambellan de France.*

Lettre du connestable au dict duc, sur le mesme subjet.

« Monsieur, s'en allant Aumont, présent porteur, devers monsieur de Nemours, je n'ay voulu faillir de vous escrire ce mot par luy, qui sera seulement pour vous advertir comme depuis le partement du sieur Strossy pour s'en retourner devers vous, où j'estime qu'il est à ceste heure arrivé, il ne m'est rien survenu, sinon que le sieur de Contay qui vient d'arriver icy m'a dit de vostre part, ce que j'ay esté très ayse d'entendre et le seray encor plus de vous pouvoir voir, pour communiquer ensemble de plusieurs choses qui me semblent très nécessaires pour le bien des affaires du Roy, ainsy qu'avez entendu du dit sieur Strossy, et n'attans sinon responce de vous sur cela, et aussy que je sois un peu mieux accompagné de cavallerie que je ne suis, car je n'ay icy que la compagnie de Givry que j'ay encor esté contrainct envoyer ce matin à Estain, avec sa ditte compagnie, pour ce que le sieur de Vieilleville, qui y estoit allé pour faire venir de ces quartier à la plus grande quantité de vivres que faire se pourroit dedans Verdun, mande que pour n'estre pas beaucoup fort, il doubtoit que les ennemis ne feussent pour l'enfermer et luy donner une venüe; mais demain, j'espère le revoir et aussy le sieur de Piennes, que j'ay mandé, vous priant, monsieur, me faire sçavoir de vos nouvelles et de ce qui aura esté faict avec le marquis Albert; et vous me ferez grand plaisir, car j'ay bonne envie de sçavoir quelle en sera la conclusion, me recommandant, etc.

« De Saint-Michiel, le 4 octobre 1552.

« Vostre humble serviteur,

« MONTMORANCY. »

Et au dos : *A monsieur monsieur le duc de Guyse.*

Lettre du duc de Guyse au Roy, sur l'estat où se trouvoient les trouppes qu'il commandoit, et la ville de Metz qu'il devoit deffendre.

« Sire, monsieur le connestable m'escrivit à son arrivée à Sainct-Michiel deux lettres; l'une par le sieur de Boisdaufin, par laquelle il me manda que vostre service requéroit de luy envoyer de ceste ville quatre ou cinq enseignes de gens de pied qui y sont, et mon frère le duc d'Aumale, avec le surplus des chevaux légers, retenant avec moy la compagnie de monsieur de Nemours, pour deux cens hommes ; celle de monsieur de Gonnor, pour cent ; et deux autres telles que je voudrois choisir entre celles qui sont icy ; et qu'autrement je luy rompois tout le moyen et exécution de tout ce qu'il avoit à faire pour vostre service. Surquoy, Sire, il m'a semblé ne devoir faillir incontinant envoyer devers luy le seigneur Pierre, pour luy remonstrer le peu de gens qui estoient icy, et que tant s'en falloit que j'en eusse tropt grand nombre, que je n'avois celluy qu'il vous a pleu m'accorder, estant mesmement les bandes sy mal garnies, qu'il n'y a deux cens hommes en chacune de celles de gens de pied.

« Là dessus, Sire, monsieur le connestable me fit responce par le dit sieur Pierre, que nécessairement il avoit affaire de cavalerie, et que je ne faillisse de luy en envoyer cinq bandes ; mais quant aux gens de pied, qu'il s'en passeroit bien pour ceste heure, et que j'envoyasse à Rodemach, pour tirer l'artillerie, vivres et munitions qui y sont ; ce que je fis hier : et pour cet effet fis partir de ceste ville, quatre enseignes de gens de pied et les bandes de monsieur de Nemours, des sieurs de Gonnort, La Rochefoucaulz, Rendan et le Pellou, avec les compagnies de messieurs de Lorraine et prince de La Roche-sur-Yon ; lesquelles, sur leur partement, je fis mettre en bataille, présent le sieur de Rode, qui m'estoit icy venu voir. Et par la reveue que nous en fismes, trouvasmes que les dit cinq bandes de cavalerie ne montoient qu'à trois cens chevaux, et les dits deux compagnies de mes dits seigneurs de Lorraine et prince de La Roche-sur-Yon à cent dix chevaux, ce que je fis entendre à M. le connestable par le dit sieur de Roole. Et hier, après avoir receu une lettre qu'il m'escrivit, par laquelle il me mandoit que j'eusse encor à luy envoyer de la cavallerie, d'autant qu'il avoit esté adverty que le marquis Albert, ayant seullement esté mandé pour conférer sur la négociation, pour laquelle il vous avoit plus envoyer le sieur de Lansac, avoit amené quant et soy toutes ses band s. Je n'ay voulu faillir de luy envoyer aussytost les sieurs de Bussy, Saint-Forgeux et Cursol, avec leurs bandes, pour faire ce qu'il leur commanderoit pour vostre service, avec celle de Lanques qui partira demain pour l'aller trouver, retournant de Rodemach où je l'avois envoyé, m'estans seullement demeuré en ceste ville les compagnies de cavallerie et infanterie dont je vous envoye le mémoire, le tout faisant cinq mil hommes seullement, qu'est le moins que j'en sçaurois avoir pour la garde de ceste ville, qui est fort grande. Et pour ce qu'envoyant à mon dit sieur le connestable le nombre des gens de pied et de cheval qu'il me demandoit, je m'asseurois, survenant affaire en ceste ville, y recevoir plustost de la honte que de vous y faire service, comme je le désirois, je donnai charge au dit sieur Pierre luy dire que je serois contrainct vous demander descharge, signée de vostre main, et sçellée de voz armes, de ce qu'il vous plairoit me commander en cela ; dont, Sire, je n'ay voulu faillir de vous advertir, vous suppliant très humblement vouloir croire que ce que je faicts en cela n'est pas pour espargner ma vie en ce lieu, ny autre où il vous plaira m'envoyer, mais par regret que j'aurois de la perte de cette ville. Je supplie le Créateur vous donner, Sire, etc.

« De Metz, le 6 octobre 1552. »

Le lendemain de ceste lettre escrite, monsieur le connestable receut des nouvelles de l'armée de l'Empereur, dont il advertit le duc de Guyse.

« Monsieur, depuis que je vous ay despesché maistre Thomas d'Elvéche, l'un de mes gens m'est venu trouver, qui m'a rapporté l'advis que vous trouverez enclos avec la présente ; et pour ce que, s'il ce qu'il contient est véritable, vous n'avez pas l'Empereur loing de vous, j'ay bien voulu vous despescher incontinant ce porteur, affin que vous voyez s'il se conforme à ce que vous en sçavez d'autre part, dont je vous supplie affectueusement me vouloir advertir, et me renvoyer les compagnies de chevaux-légers dont j'ay à me servir à faire le gast, affin que je les puisse mettre en besongne avant que l'Empereur soit plus prez de nous. Et à présent que l'exécution en est plus aysée, s'il me survient autre nouvelles, je ne faudray à vous les faires sçavoir. Au demeurant, Monsieur, monsieur le prince de Ferrare m'a dit que vous luy avez mandé qu'il vous vinst trouver, dont il m'a demandé congé, que je luy ay accordé, et le feray accompagner par mon cousin de Piennes, avec sa compagne, jusques au Pont-à-Mousson, où il m'a dit que vous luy devez envoyer autre escorte pour le recueillir et mener à Metz, et pour ce que le Roy m'a commandé de le tenir tousjours auprès de moy, vous me le renvoyerez, s'il vous plaist ; et sur ce, etc.

« Vostre humble serviteur,

« MONTMORANCY. »

Et au dos : *A Monsieur monsieur le duc de Guyse, pair de France.*

Double des nouvelles qui avoient esté envoyées au connestable, de Strasbourg.

« Monseigneur, le messager que j'avois envoyé au camp de l'Empereur m'ayant rapporté qu'il estoit sur son partement, pour aller vers deux poincts, je partis incontinant de ceste ville pour gaigner le devant et le voir passer. Et illec estant arrivé, passa, le premier de ce mois, Conrard et Bomelberg, avec son régiment de lansquenets, accompagné de deux cens chevaux. Ils envoyèrent demander des vivres dans la ville, aux commissaires y estans, qui leur en refusèrent et dirent qu'on gardoit tout pour la venue de l'Empereur. Deux jours après, le duc d'Albe passa avec les Espagnols, et le marquis de Marignan avec les Italiens, accompagnez de mil chevaux; et avec eux estoit le sieur Francisco d'Ouarte, commissaire général de toute la munition. Ce que voyant, et que l'Empereur ne passoit poinct encor, j'envoyay de là un homme avec un petit mot de lettre à monsieur de Bayonne, d'autant qu'il eust esté trop tard, quant je fusse retourné en ceste ville. Je party de là, le 3 de ce mois, et me vint à une lieue de Landau, où estoit l'Empereur, avec son camp, pour sçavoir des nouvelles de son partement. J'y allay le lendemain au matin; et illec, je le vis aller et revenir de la messe, ayant le visage en mauvais estat comme quelque peu bouffy, les jambes aussy menues qu'un baston de cottret, tremblant un peu de la teste et aux mains, allant un baston au poing. Sur l'heure, je monté à cheval et vint à Wyssembourg, où je me trouvé en la compagnie des commissaires espagnols, et entrai en quelques propos avec eux, ne me cognoissant pas et en eusse tiré quelque chose, n'eut esté que le soir arrivèrent en nostre logis deux seigneurs et deux serviteurs de la ville de Haguenau, qui me cognurent, murmurans entr'eux. Toutesfois, je ne laissay pas de souper avec eux et faire bonne mine, leur disant que j'irois le lendemain au camp avec eux; ce qui les contenta aucunement. Cependant, je donnay ordre à mon cas, et partis de grand matin avant qu'ils fussent levez et m'en vins d'une traicte en ceste ville, quoy qu'il y ayt huict grandes lieues de là icy. L'Empereur arriva le 23 de l'autre mois à Weyssinbourg, et fit partir la ville, par ce qu'il n'y avoit encor esté. Le lendemain, il partit pour aller à Landau, où il a tousjours depuis esté, et a avec luy tout le demeurant de son camp. Il faict sonner le tabourin par tout pour avoir des lansquenets, et principallement des pionniers. Il est mesme arrivé en mon logis un cappitaine qui en a levé deux mil au duché de Virtemberg. Les choses sont fort secrettes de son sy long séjour, et n'en peut-on rien penser, sinon qu'il n'a poinct d'argent. Tous les soldats sont mescontens et la plus part perdus sy le temps se remet à la pluye; tous les vivres que l'on tire de ceste ville sont menez par eau à Spire et de là à Cobelents, et dit-on qu'il envoye des gens pour prandre la ville et le chasteau, et fera aller les vivres contremont la Moselle, vers Trèves, et que les évesques du dict lieu, et Coulogne, secoureront de Cobelents jusques à Trèves, d'où il veut tirer pour certain à Metz.

« On n'a pas encor donné un seul denier de vivres qu'on a pris icy.

« Conrad de Holstein est avec son régiment à l'entour de Vormes, et Albert de Rossemberg avec les mil chevaux qui ont esté levez à Francfort; le frère au dict Holstein, y est demeuré avec cinq enseignes.

« Le comte de Bitche est toujours avec l'Empereur et se prépare à l'accompagner avec cinquante chevaux de Bohèmes, et quatre cens Napolitains.

« Le fils aisné du duc de Saxe est arrivé au camp, et y a ammené quatre cens chevaux. J'y ay laissé un homme et un autre que j'y ay envoyé, cejourd'huy. Je ne faudray vous advertir de ce qu'ils me rapporteront: cependant j'apprens que l'Empereur faict revenir son fils en Allemagne, pour essayer de le faire eslire Empereur.

« De Strasbourg, ce 7 octobre 1552. »

Lettre du duc de Guyse au Roy, touchant le mesme subjet de l'approche de l'armée de l'Empereur.

« Sire, hier je despeschay devers vous le sieur de La Brosse, tant pour vous rendre compte de l'estat des choses de deçà, que des nouvelles que j'avois eües de l'Empereur et de l'ordre que j'y avois mis pour en estre encor plus asseuré; depuis le partement duquel, le sieur de Rendan m'est venu trouver, lequel j'avois envoyé vers Sarrabruch pour cet effet. Lequel m'a rapporté avoir esté jusques à Vaudrevanges, sans avoir peu avoir nouvelles de l'armée de l'Empereur; et tirant un peu plus hault, le long de la rivière de Sare, entre le dit Vaudrevange et Sarrebruch, m'a dit avoir veu le logis de la ditte armée; dont, Sire, il m'a semblé ne devoir faillir incontinant vous advertir, par ce capitaine Monphas, lieutenant du dit sieur de Rendan, que je tiens sy homme de bien, qu'il ne faudra vous rendre bon compte de ce qu'il a veu. Et sçachant assez, Sire, que malaisément je pourrois estre secouru des choses qui m'estoient fort nécessaires, que je vous avois demandées pour la desfence de ceste place, je me suis résolu, avec les gens de bien qui sont icy, ne vous demander que vostre bonne grace que nous espérons mériter, n'espargnans nos vies pour la conservation d'icelle, ainsy que j'ay donné charge au dit cappitaine Monphas vous faire plus au long entendre : attendant que j'aye d'autres nouvelles par le sieur de Saint-Luc, que j'ay aussy envoyé vers Sarrebruch, me semblant estre le plus seur et meilleur espié que nous sçaurions avoir. Et sur ce, Sire, je supplie le Créateur, etc. »

Lettre de mesme substance, du dict duc au cardinal de Lorraine, son frère.

« Monsieur mon frère, depuis le partement du sieur de La Brosse par lequel aurez bien au long entendu l'occasion de sa despesche et ce que je luy ay donné charge de vous dire de ma part, me vint hier trouver sur les onze heures du soir le sieur de Rendan, que j'avois envoyé avec trente chevaux vers Sarrebruch pour prandre langue et avoir des nouvelles certaines de l'Empereur ; lequel m'a rapporté avoir veu entre Vaudrevange et le dit Sarrebruch le logis de son armée, ainsy que vous pourra dire plus au long le cappitaine Monphas présent porteur, qui estoit avec luy et messieurs de Martigues : à quoy je vous laisseray à penser, monsieur mon frère, sy on doit adjouster foy, estant veüe et recognue à l'œil et par de sy gens de bien que vous cognoissez ceux-cy. Je n'inportuneray plus le Roy d'artillerie, qui m'estoit nécessaire en ceste place, et n'auray l'œil à autre chose qu'à ce que je suis obligé de faire avec les gens de bien, pour le service du Roy, pour lequel le moins que nous desirons faire est de n'espargner nos vies pour la conservation de ceste ville, ainsy que j'ay donné charge au dit cappitaine Monphas vous faire plus au long entendre de par moy et du surplus de nos nouvelles, sur la suffisance duquel me remettant je me recommanderay très-humblement à vostre bonne grace, priant Dieu, etc.

« De Metz ce 8 octobre 1552. »

Autre lettre du dict duc au connestable.

« Monsieur, vous aurez entendu par maître Thomas d'Elveche, que je despeschay hyer devers vous, tout ce qui se pouvoit offrir de nouvelles que j'ay eu ces jours cy du costé de l'Empereur, et comme j'avois envoyé les sieurs de Rendean et de Saint-Luc prandre langue affin d'estre encor plus certain du lieu ou pourroit estre son armée : ce que j'ay présentement entendu par le sieur de Rendan, qui m'a rapporté avoir veu les logis de la ditte armée, entre Vaudrevanges et Sarrebruch, ainsy que vous poura plus au long desduire le sieur d'Argence, présent porteur, un peu plus hault que là, où le Roy vous vint trouver, ayant envoyé Monphas, lieutenant du sieur de Rendan, devers le Roy pour semblablement luy en rendre compte ; et parce que par l'instruction que m'a apporté Aumont me mandez ne me pouvoir secourir d'autre artillerie que de celle de Rodemach, laquelle il m'est du tout impossible avoir, sinon en pièces, pour les raisons que j'ay donné charge audit maître Thomas d'Elveche vous dire de ma part, je vous suppliray seullement, Monsieur, ne voulant d'avantage vous importuner de cecy, me vouloir, incontinant la présente receue, renvoyer la bande du Pellou que le dit sieur m'a accordé retenir des cinq que vous vouliez avoir, et je ne faudray vous envoyer celle de Lanque soudain qu'il sera de retour de Rodemarch. Je me recommande humblement à vostre bonne grace priant Dieu, Monsieur, etc.

« De Metz ce 8 octobre 1552. »

Le dixième d'octobre, monsieur de Montmorenci envoya à monsieur le duc de Guyse un extrait des nouvelles venues de Venise, par où on voyoit la fortune advenue au prieur de Cappoue et au fils du seigneur Pierre Strossy, ensemble la grande perte que la religion en ça faict.

Le duc ayant appris que monsieur le connestable s'estoit plaint du refus ou retardement qu'il luy avoit faict de luy envoyer les trouppes qu'il luy avoit demandées, escrivit au Roy, le 10, tout ce qui s'estoit passé sur ce subjet.

« Sire, je vous ay adverty par le sieur de La Brosse comme après que monsieur le connestable m'eut envoyé icy les sieurs de Boisdauphin et de Coutray pour avoir cinq enseignes de gens de pied et cinq compagnies de gens de cheval, je despeschay le sieur Pierre pour luy faire entendre au vray le nombre d'hommes à vostre solde que j'avois icy en cette ville, le priant ne me vouloir desgarnir de ce qu'il en falloit pour la conservation d'ycelle, sur quoy monsieur le connestable se contenta me laisser les vingt trois enseignes de gens de pied qui y sont et que je retinsse avec les trois compagnies de gendarmes telles que je vous ay faict entendre quelles sont, la bande de monsieur de Nemours contée pour deux compagnies, celle de monsieur de Gonnort pour une, et deux autres telles que je voudrois choisir. Là dessus, Sire, je luy renvoye incontinant le sieur de Boisdauphin pour luy faire entendre que je satisferois à sa demande et fis aussytost partir et de nuit les compagnies de Saint-Forgeu, Cursol, de Bussy, et le lendemain matin, Le Pellou avec la sienne ; et quant à Lanques qui estoit dedans Rodemach, sy tost qu'il seroit de retour dans ce lieu je ne faudrois luy envoyer, comme j'ay faict. Et d'avantage, voyant le déportement du marquis en son endroit, j'envoyai vers luy le sieur d'Antragues avec ma compagnie, laquelle je fus contrainct depuis de redemander, ayant entendu des nouvelles de l'armée de l'Empereur par le sieur de Rendan. Voilà, Sire, comme je me suis gouverné en cecy.

« Hier au soir, à portes fermantes, il me renvoya, avec l'argent de vos gens de pied, les dittes bandes de gens de cheval, me faisant entendre que c'estoit affin que j'en fisse les monstres puisque l'argent estoit icy ; incontinant après, il s'est plainct devant les capitaines et chevaliers de l'ordre, que je ne luy avois rien envoyé de ce qu'il demandoit, ayant retenu le bagage et payement desdits gens de cheval. Quant au payement, Sire, je commanday au payeur des chevaux-légers, en présence de ceux que j'avais icy, au conseil, de payer lesdites bandes. Quant au bagage, je ne sçay avoir retenu autre chose, synon en bled, vin, avoyne, paille, chair sallée, que j'ay faict mettre en main de vos commissaires des vivres, pour empescher qu'ils ne fussent dissipez et vendues : d'autant, Sire, qu'ils n'en avoient payé aucuns denier et qu'ils en voulloient faire prosfit. Quant à leurs chevaux et hardes, s'ils ne les ont ammenez, il n'a tenu qu'à eux ; et pour empescher que quelqu'un d'eux ne demeurast icy, j'ay commandé de par vous à tous les cappitaines, tant de la cavallerie, que des gens de pied qui sont icy, qu'ils n'ayent à recevoir aucun de leurs bandes sur peyne de vous désobéyr, et d'avantage, faict publier, ce jourd'huy, à leur partement, après en avoir faict la monstre, que s'il en demeuroit quelqu'un en ceste ville, je les renvoyerez à leur général pour en faire la punition. Qu'est, Sire, tout ce que j'ay faict jusques aujourd'huy, dont je n'ay voulu faillir vous advertir, n'ayant failly d'exécuter tout ce qui m'a esté ordonné. Et quoy que puisse dire et protester monsieur le connestable, je ne m'amuseray à autre chose qu'à vostre service, vous suppliant très-humblement, Sire, vouloir là dessus juger sy j'empesche que vostre service ne se fasse, ayant prié le sieur de Gonnor de l'aller veoir pour sçavoir en quoy je ne luy ay pas satisfaict et de quoy il se plaint, affin de le satisfaire en tout ce qu'il me sera possible, pourveu que j'aye de quoy vous conserver ceste place avec mon honneur.

« Je ne puis, Sire, que je ne vous fasse mes plaintes de ce qu'on me tourmente à présent que je suis empesché à remparer, ruyner murailles, apporter icy toutes choses nécessaires et requises pour me fortifier contre l'Empereur, que j'attendz icy d'heure à heure. Mais, Sire, j'espère avec l'ayde de Dieu et mon bon droict, que vous serez en la fin satisfaict de moy et que vous cognoistrez la vérité de tout. Et sur ce, je prie Dieu, etc.

« De Metz ce 10 octobre 1552. »

Le douzième dudit mois, le Roy qui n'avoit encor receu les lettres du duc, luy escrit cecy de Rheins.

« Mon cousin, je vous renvoyay hier le courier que vous m'aviez despesché et vous fis entendre mon intention sur le contenu de vostre lettre ; depuis est venues nouvelles comme l'armée des ennemis avoient assemblée auprès de Cambray, estoit partie, et à ceste nuict couché à Fervaques et Fourseusse, qui est le chemin de La Fère ; auquel lieu y ay envoyé mon cousin l'admiral, l'ayant faict pourvoir de tout ce que j'ay peu ; et encor que ce ne soit pas sy bien qu'il seroit requis et que je désirerois, sy est-ce qu'il me donne espérance qu'ayant des vivres, à quoy on travaille en toute dilligence, qu'il m'en rendra bon compte. Ceste armée est de treize ou quatorze mil hommes de pied, et de trois à quatre mil chevaux ; et crois que s'ils trouvent ceste place en estat de leur faire teste, toute leur entreprise s'en ira en fumée.

« Au demeurant, affin que vous sçahiez comme je suis avec les Angloys, je vous diray premièrement qu'il estoit fort nécessaire que je fisse en Angleterre la despesche que Villandry y porta, pour les contenter pour la prinse de leurs navires, dont ils faisoient tant de plaintes, comme vous jugerez encor mieux par ce que vous verrez cy-après : car hier au sortir de mon disner, l'ambassadeur du roy d'Angleterre me vint trouver et me dit de la part de son maître comme pour le devoir de l'entière, sincère et parfaicte amityé qu'il me porte, il avoit bien voulu me faire advertir comme depuis peu de jours le sieur de Taquelay, qui m'a dernièrement suyvi en Allemagne, s'estoit adressé à luy, luy déclarant qu'en recognoissance du bien et honneur qu'il avoit receu de luy qui luy avoit pardonné, il le vouloit bien advertir que je l'avois faict pratiquer par mes cousins les ducs de Guyse, d'Aumalle et autres, pour par son moyen essayer de surprandre Calais et me faire seigneur de tout ce qu'il tient en deçà la mer, et que je luy avois faict beaucoup promettre pour conduire ceste menée, avec autre mil meschancetez chose qui luy avoit tant despleu pour la seureté qu'il s'est imprimée de mon amityé, que jugeant bien que c'estoit un mensonge et une imposture du patient, il l'avoit sur l'heure faict mettre dans un cul de fosse, m'asseurant que, sans en faire plus grande information, il le fera sy bien chastier que je cognoistray qu'il n'y a rien au monde qui le puisse jamais démentir de madite amityé, et que tous ceux qui l'approcheront pour y cuider altérer quelque chose, le trouveront sy constant en cela, que je n'auray de ma vie occasion de penser qu'il me veille estre autre que le meilleur frère, plus obéissant fils, et certain amy, que j'aye en ce monde. Et là dessus me dit le dit ambassadeur que le dit Tuquelay la luy avoit cuidé donner bonne, car il y adjousta qu'il en avoit, estant encor icy, adverty le dit ambassadeur qui n'y eust laissé que la teste s'il eust esté vray : ce dont il m'a asseuré n'avoir jamais ouy parler. A quoy je fis responce audit ambassadeur, qu'entre toutes les occasions que j'avois eûes d'aymer le dit roi d'Angleterre comme mon propre fils, j'estimois ceste-ci la plus grande pour l'honnesteté et naïfve affection dont je cognoissois qu'il usoit envers moy, et j'en aurois perpetuellement mémoire et l'en ferois remercier par mon ambassadeur, comme je le priois qu'il fist aussy de son costé. Et que puis que j'estois sur ce propos, je leur voulois bien dire tout ce que j'avois jamais eu à desmesler avec ledit Tuquelay, qui estoit qu'au commencement qu'il vint en mon royaume, l'on me fit entendre que c'estoit pour y veoir la guerre et qu'il vouloit passer en Italie ; et lors meu de l'amityé que je porte à mon fils, que l'on me faisoit entendre avoir cestuy-cy en quelque considération, je luy fis bonne chère ; et comme ma cour est ouverte à un chacun il y demeura quelques jours. Toutesfois, je sceuz, bien peu de temps après, qu'il estoit en sa malgrace, pour quelque faulte qu'il avoit faicte, et tout incontinant luy fis dire qu'il se retirast et que si mon dit fils l'envoyoit demander, ou en escrivist, je luy ferois mener piedz et poings liez. Surquoy il s'en alla et fus longuement sans le revoir; depuis il retourna, et soudain que je le vis, luy fis commander par le sieur de Brezé, l'un des capitaines de mes gardes, qu'il se retirast ; mais il me fit supplier que je fusse content de luy permettre qu'il attendist encor icy quelques jours, d'autant qu'il espéroit des nouvelles d'heure à heure, comme le roy d'Angleterre, mon fils, luy avoit pardonné, le sieur Barnabé, qui est icy, ayant escrit en sa faveur. Et de faict, peu de jours après, me fit dire qu'il luy avoit donner sa grace et estoit prest de s'en retourner, me suppliant que je luy voulsisse donner une lettre : ce que je ne luy voulus refuser en considération de mondict fils, en faveur duquel je luy faisois toute ceste honnesteté, que le paillard avoit très meschamment recognu et que j'estimerois au plus grand honneur et plaisir que mon dit fils ne sçauroit jamais faire qu'il luy pleust, pour l'entière satisfaction de mon cœur qui s'est totallement dédié à l'aymer comme moy mesme, de me faire connoistre par l'effet de sa bonté et justice, combien luy doit desplaire une sy infame imposteure et calomnie, affin que l'exemple et la mémoire en soit portée partout ; estant croyable qu'en luy donnant ma fille, qui est mon propre sang, que j'estime fort heureuse de devoir estre sa femme, je ne le voulois pas par voyes sy esloignées du droit de Dieu et des hommes despoulier de son bien. Sortant de ceste audiance, j'ay trouvé ledit Barnabé, auquel j'ay demandé s'il avoit autrefois escrit au Roy, mon fils, en faveur du dit Turquelay; il m'a dit que non, qu'il sçavoit bien que c'estoit un paillard, et qu'il ne feroit jamais rien qui vaille en lieu où il aille : dont j'ay esté bien aise, par ce qu'estant ainsy cognu du dict ambassadeur et du dit Barnabé, ses affaires ne peuvent aller que selon qu'il mérite. J'ay entendu comme ledit de Villandry avoit esté très bien venu par de là, où on avoit receu grand contentement de sa despesche, de sorte que toutes chose y vont très bien, et n'est possible que tout y soit mieux restauré qu'il est. J'attens bientost le dit Villandry pour vous advertir de ce qu'il rapportera ; cependant je n'ay voulu faillir vous faire sçavoir ceste bonne nouvelle, que je ne tarderay d'envoyer en Italye pour éviter qu'ils ne demeurent par delà en suspendz de l'estat auquel ledit roy d'Angleterre et moy sommes de nostre amityé, et prie Dieu, mon cousin, qu'il vous ayt en sa très sainte et digne garde.

« Escrit à Reins le dixième octobre 1552.

« HENRY, *et plus bas* DE LAUBESPINE. »

Et au dos : *à mon cousin le duc de Guyse, pair et grand chambellan de France.*

Lettre de monsieur de Chastillon au duc de Guyse touchant le marquis Albert.

« Monseigneur, ce matin que je suis party de Saint-Michiel, monsieur le connestable m'a commandé de vous faire entendre la résolution que j'avois eu du marquis Albert, sur les offres que je luy faisois de la part du Roy, qui estoient de cent cinquante mil escus pour le satisfaire de toutes choses, pour les mois de septembre et d'octobre, en servant le Roy ; et qu'en cas que le Roy ne se voulsist servir de luy davantage, il luy feroit encor un présent de cinquante mil escus pour se retirer ; mais le dit marquis a trouvé ces offres sy desraisonnables, qu'il n'y a voulu aucunement entendre et s'est arresté qu'il ne pouvoit satisfaire au payement de son armée à moins de trois cens mil escus pour ce mois, outre la quelle somme il demandoit encor un autre mois pour sa retraicte. Voyant qu'il estoit sy desraisonnable sur cet offre, je luy en ay faict un autre qui a esté de luy bailler cent mil escus de présent pour se retirer par le Pays-Bas, ainsy qu'il avoit tousjours dit qu'il en avoit la volonté, et de faire tout le pire qu'il pourroit à l'Empereur. Il a accepté cet offre, mais il veut sçavoir comme il demeure avec le Roy, et s'il entend poinct l'ayder cy-après de quelque somme de deniers par chacun mois, aussy le recompenser de ses biens, et de satisfaire à certains articles qu'il luy a envoyé; et dit que cependant, et attendant la responce du Roy, il veut demeurer icy : chose que je trouve estrange et fascheuse, car auparavant il ne parloit que du tort que luy faisoit sa demeure. Par quoy il sera bon de prandre garde à luy, encor qu'il tesmoigne un grand desplaisir de n'avoir pas le moyen de demeurer au service du Roy. Voilà monseigneur, en substance, en quels termes nous sommes demeurez; il seroit par trop long de mettre par escrit les autres particularitez, car nous n'avons pas esté moins de quatre grosses heures à parler ensemble. J'espère partir demain de bon matin pour m'en retourner à Saint-Michiel, où je trouveray encor monsieur de Gonnor, ou pour le moings par les chemins, auquel j'en diray plus par le menu. Cependant, etc.

« Vostre très humble et obéissant serviteur,

« CHASTILLON. »

Et au dos : *A monseigneur le duc de Guyse.*

Lettre du connestable au dict duc, de l'onziesme du dit mois d'octobre.

« Monsieur, j'ay receu celle que vous m'avez escrite par mon cousin le sieur de Gonnor, présent porteur, et de luy entendu ce qu'il avoit charge de me dire de vostre part. Et pour ce que, s'en retournant présentement par devers vous, je l'ay prié vous dire de mes nouvelles, et tous ce que pour cejourd'huy s'offre icy qui le mérite, m'en remettant sur luy et sur sa suffisance qui vous est assez cognue, je ne vous en feray autre redite, ni ceste plus longues, sy ce n'est pour vous advertir que je vous envoye par mon dit cousin un roolle des chevaliers de l'ordre Saint-Jean de Jérusalem que Morataga a tuez et deffaict en une descente que les dits chevaliers avoient faicte à Tripoly, où ils trouvèrent le dit Morataga qui se rafraichissoit avec six cens chevaux turqz, la plus part harquebusiers, et deux mil hommes de pied; lequel s'en alloit aux gerbes pour leur certain tribut et faire les voisins tributaires à luy : et ayant recognu la descente des ditz chevaliers, leur donna dessus avec sa susditte trouppe et les deffit, non sans grand combat, qui est une bien piteuse et lamentable nouvelle; et comme vous verrez, il y a eu perte de grand nombre de chevaliers françois, gentils hommes de maison. Je vous envoye aussy la coppie d'une lettre qui m'est venue de Strasbourg, affin de continuer à vous donner advis de toutes les nouvelles que j'auray de l'ennemy, me recommandant, monsieur, humblement à vostre bonne grace.

« Du camp de Saint-Michiel, le 9 octobre 1552.

« Vostre humble serviteur,

« MONTMORANCY. »

Noms des chevaliers tuez par Morataga.

DE FRANCE.

Hericourt (l'aisné).
Hericourt (le jeune).
Fontaine de Fleury.
Beauras Estoyes.
Venain.
Devaulx.
Leviste.
Estienne de Flogny.
Bruny, mort de blessures, après son arrivée à Malthe.

DU PRIEURÉ D'AQUITAINE.

Mexellieres.
Bourdaiges.
Gourbillerie.
Pibolliere.
Moulins.
Leflef.
Puys Patrot.
La Roche Tollays.
Berthonnière.
Chieillières.

DU PRIEURÉ DE CHAMPAGNE.

Despance.
Haraucour de Chambley.

DE PROVENCE.

Lalaupye, commandeur de Vallence.
Grilhe.
Labroul.
Montbrun.
Duissac.
Les deux frères Amparé.
La Roca.
Cavital, commandeur.
Gymac.
Symiana.
Perles.
Georges de Macherez.
Briançon (l'aisné).

Briançon (le jeune).
Rochefort.
Gabriel de Torre.
La Torette.
Maillac.
Saint-Sulpice.
Chambrilham.
Truzelles.
Rons.
Fernandières.
René de Fraces.
Bioussac.

D'AUVERGNE.

Séverac, (l'aisné), commandeur.
Severac (le jeune).
Lodam.
Gybertes.
Jou.
La Mothe Morgom.
Ladouze.
Jean de Montfort.
Sarragosse, blessé à mort.
Lardich, *idem.*
Le chevalier Fontaine, *idem.*

ESPAGNOLS.

Bernardin de Mug Muguel.
Louys Verres.
Delglères.
Dom Louis de Sottenaire.
Surana.
Nyette.
Hieronimo Lispar.
Allanto.
Berigner Dons.
Molgurs.
Moncax.

D'ITALIE.

Scippion Strozzy.
Gaedy Voloms.
Val Boufile.
Preriolle.
Francisco del Mayo.
Naudica de la Torre.
Balvaspeoquel
Jac Mortillio.
Fabio Costa.
Jean Corona.
Dom Basillion Murula.

CORTES.

Diego Barientes.
Bredo.
Baguemonte.

Cousade.
Pino.
Barange.
Maizible.
Paraye
Georges Fustier.

Autre lettre du sieur de Lanssac au dict duc, après la conférance qu'il eut avec le dit marquis.

« Monseigneur, estant, cejourd'hui, de retour d'auprès monsieur le marquis Albert, monseigneur le connestable m'a commandé de vous escrire incontinant ce que nous aurions peu conclure avec luy : ainsy après que monsieur de Bayonne et moy luy avons faict entendre le contenu en mon instruction, dont je vous envoye le double, j'ay advisé de vous despescher ce porteur pour vous dire sa responce, qui est telle, qu'il estoit vray qu'il n'avoit voulu accepter les cent cinquante mil escus que nous luy avions offert pour le mois de septembre passé et du présent, et cinquante mil escus en la fin de ce mois, pour se retirer, d'autant que ce n'estoit pas somme suffisante ny raisonnable pour la solde de son armée, et que pour cela il avoit dict qu'il s'en voulloit aller au Pays-Bas. Sur quoy M. de Chastillon, à ce qu'il dit, luy offroit de la part du Roy un présent de cent mil escus, ce qu'il avoit accepté non pas pour s'obliger, et qu'il n'en voulloit rien bailler par escrit, et quant à l'offre de subvention de quarante mil escus contenu en mon instruction, durant le temps qu'il fera la guerre à l'Empereur, il m'a respondu qu'il n'obligeroit jamais son armée à prince du monde pour sy peu, et que le Roy donnoit beaucoup d'avantage au duc Maurice qui n'avoit pas plus grand nombre de gens que luy. Et quant au troisiesme point de ma ditte instruction, qui estoit que se retirant en France, le Roy luy feroit bon et honnorable traictement pour luy et pour un nombre de cappitaines, il m'a faict responce que jusques icy il avoit esté tousjours entretenu de bonnes parolles ; mais que pour cela il ne s'obligeroit à rien, accompagnant ce propos d'une cholère et très fascheuse contenance, et beaucoup de folles parolles. A quoy monsieur de Bayonne luy a fort bien repliqué ; toutesfois, nous n'en avons peu tirer autre chose : qui me donne une très mauvaise opinion de luy, attendu mesmement qu'il veult retarder son partement icy le plus qu'il pourra, et ne se veult obliger ny bailler aucune promesse par escrit. Je m'en revais vers mon dit sieur le connestable, affin qu'il y prenne telle délibération qu'il y advisera ; à tout témoings, l'argent n'est pas en hasard, estant demeuré entre les mains du sieur d'Esquilly à Dun-le-Chasteau, attendant que l'eusse mandé et que j'eusse esté d'accord avec le dict marquis ; et sur ce je prie Dieu, etc.

« Du Pont-à-Mousson, le 12 jour d'octobre 1552.

« Vostre très humble et très obéissant serviteur,

« LANSSAC. »

Et au dos : *A monseigneur monseigneur le duc de Guyse pair et grand chambellan de France.*

Instuction du sieur de Lanssac allant vers le marquis Albert, de la part de monsieur le connestable, pour l'entretenir au service du Roy.

« Monsieur de Chastillon à son retour par devers monseigneur le connestable, luy a faict entendre le reffus que monsieur le marquis Albert a faict d'accepter les cent cinquante mil escus qu'il luy a offert, pour l'entretenement de son armée du mois de septembre et le présent mois d'octobre, et cinquante mil escus pour, ce dit mois expiré et passé, s'en aller avec ses forces ez Pays-Bas, où ailleurs, ainsy qu'il adviseroit plus à propos, pour faire la guerre et endommager l'ennemy le plus qu'il pourroit.

« Et que le dit sieur marquis n'ayant trouvé le dit party assez advantageux a accepté celluy qu'il luy a offert de cent mil escus pour dès à présent aller ez Pays-Bas, où il a tousjours faict entendre aux ministres du Roy vouloir aller pour y continuer la guerre.

« Au moyen de quoy, mondit seigneur le connestable voullant aller de bonne foy en ceste affaire, et faire satisfaire au party que mon dit sieur de Chastillon luy a proposé, a incontinent despesché le sieur de Lanssac pour s'en retourner par devers luy, avec monsieur l'évesque de Bayonne, luy faire entendre la forme que mon dit seigneur le connestable entend estre gardée en la dellivrance des dits cent mil escus, qui est que mon dit sieur le marquis promettra par lettres et promesse signée de sa main et scellée du scel de ses armes, et en foy de prince, de s'en aller présentement esdis Pays-Bas, par le chemin qui a esté baillé audit sieur de Lanssac par escrit, qu'il luy fera sçavoir, pour faire esdits Pays-Bas avec les forces qu'il a, la guerre à l'Empereur et luy porter tout le dommage qu'il luy sera possible, et fera tout ce qu'on peut espérer d'un prince de foy, fort et armé comme luy. Et en dellivrant, pour mon dit sieur le marquis, sa promesse telle que dessus est dit, ledict évesque de Bayonne et le sieur de Lanssac luy feront fournir comptant quarante mil escus, qui est la somme qu'il avoit demandée à mon dit seigneur le connestable par prest, et lors qu'il sera arrivé à Rouvre prez Estain luy feront dellivrer les soixante mil faisant le parfaict de la ditte somme de cent mil escus.

« Outre cela, mondit seigneur le connestable lui envoyera un commissaire pour lui faire administrer vivres jusques sur les fins de la Lorraine seullement, d'autant qu'il ne pourroit plus avant, entrant le dit seigneur marquis de la ez Pays-Bas de l'obéissance de l'Empereur ou de ses serviteurs et amys. »

Monsieur le connestable commanda en outre à monsieur de Lanssac de mander à monsieur de Guyse tout ce qu'il feroit avec le dit marquis.

Lettre du cardinal de Lorraine au duc son frère.

« Monsieur mon frère, pour ce que je me trouvay hier un peu mal, craignant d'avoir pis, à présent que je suis seul auprès du Roy, dont j'aurois plus de regret que sy c'estoit en un autre temps, affin de n'estre icy inutil au service du dit seigneur, je m'estois délibéré de prandre médecine ce matin; mais ce porteur m'est venu trouver à mon lever, qui m'a rendu les lettres que vous m'avez escrittes, desquelles ayant faict lecture, je me suis voulu lever pour aller au lever du Roy à qui je les ay présentées et leues moy-mesme, luy ayant aussy faict veoir le contenu des miennes. Le dit seigneur a esté fort marry de veoir la peyne où vous estes de ce que vous luy mandez, sçachant bien que d'ailleurs vous estes assez travaillé pour son service. Et au regard de ce qu'a dit monsieur le connestable, il en avoit esté de mesme par deça, dont le dit seigneur ne feit autre semblant, feignant ny rien entendre, comme de mon costé je feis de mesme, et passay pardessus assez légèrement, sans en vouloir dire autre chose; et pour ce que le dit seigneur cognoist très bien combien cela peut nuire à son service, il vous a voulu incontinent renvoyer le dit porteur, et a escrit de sa main à monsieur le connestable ce qu'il luy en semble. Surquoy je ne vous diray autre chose, sinon que je vous supplie, monsieur mon frère, ne vous vouloir fascher de rien : car je vous puis asseurer que vous estes en telle opinion envers nostre maistre que vous en devez avoir contentement ; qui est l'endroit où je me recommande très humblement à vostre bonne grace, priant Dieu vous donner, monsieur mon frère, en santé, très bonne et longue vie.

« De Rheims, ce 12 octobre 1552.

« Monsieur mon frère, madame ma sœur et moy avons ouverte la lettre que le Roy vous escript, de laquelle il nous semble que devez avoir contentement.

« Vostre très humble et obéissant frère,

« C. CARDINAL DE LORRAINE. »

Monsieur de Lanssac escrivit à monsieur le connestable, par le baron d'Aguera, la lettre suivante, au sujet de monsieur le marquis Albert, dont le double fut envoyé au duc de Guyse.

« Monseigneur, en nostre arrivée en ceste ville, avons trouvé le marquis campé aux portes d'icelle, lequel l'a visittée par dehors; qui faict penser à monsieur d'Esclavolles et à nous autres qu'il a envye de s'en saisir : pourquoy vous en avons bien voullu advertir. Monsieur de Bayonne est avec luy, auquel n'avons encores parlé. Il vous escript et pensons qu'il vous fera entendre par sa lettre partye de la voullunté dudict marquis. Ma compaignye est arrivé à Foug, et ne fauldray demain de la départir pour entendre des nouvelles et les vous mander. Et quant à moy ne fauldray demain au matin d'aller à Nancy faire entendre à monsieur de Vaudemont ce que m'avez commandé. En cest endroit nous prierons le Créateur vous donner, Monseigneur, très bonne et longue vye.

« De Thoul, ce 14 jour d'octobre 1552. »

En mesme temps, et par le mesme porteur, monsieur d'Esclavolles écrivit aussi à monsieur le connestable, qui en envoya encore le double au duc de Guise :

« Monseigneur, ce jourd'huy environ deux heures après mydy, est arrivé devant ceste ville le marquis Albert, avec son armée; lequel incontinant a visité la ville par dehors tout alentour, et est logé aux faulx bourgs de Sainct-Mansuy, et ses gens auprès. Et pour autant que le contrerolleur Pequineau m'a escript que aviez ordonné de ne luy plus fournir pain ne vin, de quoy il a grand faulte en sondict camp, doubtant que en luy en resfusant il vueille faire quelque esfort : je n'ay voulu faillir de vous en advertir, affin qu'il vous plaise m'en commander vostre bon plaisir, pour y obéyr et en toutes autres choses, comme j'espère faire toute ma vye, Dieu aidant ; auquel je prie, Monseigneur, vous donner en parfaicte santé, très bonne et longue vye. »

« De Thoul, ce 14e jour d'octobre.

« Monseigneur, depuis ceste lettre escripte, j'ay entendu, par le baron Daguerre et le cappitaine Carouen, ce qu'il vous a pleu me mander. Le dict marquis faict tout ainsi que s'il voulloit assiéger ceste ville.

Le quinziesme d'octrobre, monsieur d'Estrées escrivit au sujet des canoniers que le duc de Guyse avoit demandé, ce qui suit :

« Monseigneur, monseigneur le connestable m'a demandé si je ne vous avois pas envoyé à Maitz les vingt-quatre canonniers qu'il m'avoit ordonnez : auquel j'ay respondu que ouy, et que dès le mois d'avril je y en avoys envoyé douze, et que au mois de septembre derrain je vous avois envoyé les douze autres, dont je vous envoye les noms : et quant aux douze premiers, Hurtuble qui est là pour moy, et le commis du contrerolleur, vous les monstreront et vous en rendront raison quant il vous plaira leur commander, car je leur ay tousjours depuis envoyé leur paiement par chacun mois.

« Monseigneur, vous adviserez en quoy il vous plaira m'employer, et je le feray d'aussi bon cueur, que je m'en recommande en cest endroict très humblement à vostre bonne grace, en priant Dieu vous donner, en très bonne santé, longue vie.

« Du camp de Teley, ce 15e jour d'octobre.

« Vostre humble et obéissant serviteur,

« D'ESTRÉES. »

Le dixhuictiesme du dict mois, attendant nouvelles de la marche et contenance de ce marquis, le duc de Guyse escrit cecy au Roy :

« Sire, despuis la lettre que je vous ay escrite, par laquelle je vous ay faict entendre ce que m'a rapporté le sieur Paul Baptiste, de l'armée de l'Empereur, est arrivé icy le sieur de La Rochefoucault, que j'avois hier envoyé avec vingt-cinq ou trente chevaux pour semblable effet, lequel m'a dit avoir donné jusques dans les faulbourgs du chasteau de Boulac, qui est à trois lieues d'icy, et y avoir trouvé quelques gens de l'armée du dit Empereur, et qu'il y avoit bien dans le chasteau sept ou huit cens hommes qui estoient là pour servir d'escorte aux vivres. Cet advis, Sire, est suivant celluy que m'a rapporté ledit Paul Baptiste, toutesfois pour tousjours sçavoir au vray nouvelles de la ditte armée, j'ay encor, cejourd'huy, envoyé trois petites troupes de gens de cheval pour en apprandre quelque chose, et eusse envoyé plus grandes forces n'eut esté que le pays est fort difficile pour la retraicte, et qu'en telle choses je ne sçauroit faire perte de sy peu de gens, qu'elle ne feut bien grande pour le besoing que j'en ay, l'Empereur s'approchant sy près de nous ; lequel il y a grande apparence, comme je tiens aussy quasi pour tout certain, qu'il s'adresse plustost icy qu'à nul autre endroit, veu le grand apprest qu'il faict tant de pionniers et forces qui luy sont envoyées du Pays-Bas et de tous autres endroictz où il a quelque moyen d'en recouvrer, et pense dire, que, dedans la nuit de demain, pourons veoir quelques ungs de leurs gens devant ceste ville, où il ne se pert une heure de temps à faire tout ce qui nous est possible pour vous la conserver, comme j'espère que ferons, Dieu aydant, que je prie, Sire, vous donner, etc.

« De Metz, ce 13 octobre 1552. »

Le Roy, qui estoict à Reims, pour voir d'autre costé la contenance des ennemis, escrivit au duc ce qu'il en avoit appris.

« Mon cousin, depuis ce que je vous ay dernièrement escrit de l'armée des Pays-Bas, qui venoit à La Fère, elle a tellement approché que hier ils viendrent veoir de bien près mon cousin l'admiral; mais voyant sa contenance, ils ont passé outre, ainsy que le verrez plus par le menu par ce que j'ai faict rédiger par escrit de ce que m'en a rapporté Latrousse, que je vous envoye, n'ayant pour le présent de quoy vous faire plus longue lettre, sinon que vous dire, mon cousin, que me trouvant peu accompagné, comme je suis icy, j'ay esté et suis assez empesché de donner ordre que ceste armée qui marche ne fasse tout le mal qu'elle voudroit bien. Et sy on eust voulu exécuter ce que tant et de sy longtemps j'avois commandé pour retirer les vivres dans les places fortes, laditte armée n'eust pas eu moyen de faire long chemin, n'étant de dommage qu'elle poura faire au plat pays. Priant Dieu, mon cousin, vous avoir en sa sainte garde.

Escrit à Rheims le 14 jour d'octobre 1552.

« HENRY et plus bas LAUBESPINE »

Et au dos : *A mon cousin le duc de Guyse pair et grand chambelland de France.*

Le mesme jour, le cardinal de Lorraine, estant aussy à Rheims avec le Roy, escrivit au dit duc son frère.

« Monsieur mon frère, vous verrez par la despesche qui vous est présentement envoyée en quel estat sont nos affaires en Picardie, et comme les ennemis ont laissé La Fère, voyant ce bon ordre qu'on y avoit donné, en quoy monsieur l'admiral a usé de très grande dilligence et n'a pas faict peu de service au Roy, qui en a un grand contentement, comme aussy il y a de vous, et cognoist bien maintenant, selon le succez des choses, que vous avez dit vérité. Il est présentement en peyne de ne pouvoir avoir advis certain de ce que l'Empereur veult faire; nous sommes bien d'opinion, puis qu'il a tant marchandé auprès de vous, qu'il n'a envie de vous aller veoir. Le Roy a reçeu ce matin lettres de monsieur le connestable les plus honnestes du monde, où il dit qu'il vous a tousjours offert, comme il fera tousjours, selon qu'il en sera besoing, tout ce qu'il verra estre nécessaire pour vostre deffence, voire jusques à sa propre personne : qui est, monsieur mon frère, tout ce que j'ay à vous dire, sinon que madame ma sœur se porte très bien, ainsy faict vostre petit fils, qui est le plus jolly qu'il est possible de veoir. Et sur ce, je prie nostre seigneur etc.

De Rheims ce 14 octobre 1552.

« Vostre très humble et obéissant frère,

« C. CARDINAL DE LORRAINE. »

Suitte des nouvelles de ce temps-là, en la lettre de Monsieur le connestable au dit duc, et de celle du dit duc à Monsieur le connestable.

« Monsieur, j'ay reçeu la lettre que vous avez escrite par vostre chevaucheur d'escuyrie, présent porteur, lequel est arrivé bien à propos pour vous reporter un paquet du Roy que je viens de recevoir pour vous. Je ne faudray de luy envoyer le vostre avec la despesche que j'espère luy faire aujourd'hui, vous merciant de bien bon cœur des nouvelles qu'il vous a pleu me départir de l'advancement du camp de l'Empereur, et mesme de ce qu'il tourne l'œil à Nancy, qui est bien la chose que vous et moy avons toujours le plus désiré et qui me mettoit en plus grande peyne et soucy. Et encor, monsieur, que j'estime que le Roy vous faict sçavoir ce qu'il a eu du costé de Picardye, sy ne laisseray-je, à toute avanture, de vous en dire un petit mot : qui est que monsieur de Vendosme l'a adverty que les ennemis estoient campés, l'unzieme de ce mois, en un village nommé Fervaques et Foussonne qui n'est pas loing de vous et le chemin de La Fère, où on pense qu'ils sont pour faire leur premier effort. Ils estimoient leurs forces d'environ quatre mil chevaux et douze ou treize mil hommes de pied : j'espère que dedans un jour ou deux, j'auray nouvelles du lieu où ils seront adressez, dont je vous advertiray tout aussy tost. Cependant je prie Dieu, etc.

Du camp de Saint-Michel le 14 octobre 1552.

« Ainsy que je voulois signer ceste lettre, j'ay eu advis que l'armée de l'Empereur venoit loger et camper à Morhange, qui est le droit chemin de Nancy, le marquis loge aujourd'huy à Jaillon, qui est à deux lieues de Toul. »

« Vostre humble serviteur. »

« MONTMORANCY »

Et au dos : *A Monsieur Monsieur le duc de Guyse pair de France.*

Lettre du duc au connetable.

« Monsieur, je reçeus hier la lettre que m'avez escrite par monsieur de Crenay, par lequel j'ay bien au long entendu la response que vous luy avez faicte sur ce que je luy avois donné charge vous faire entendre de ma part, estant bien marry, Monsieur, de ce que vous ne me pouvez secourir de l'artillerie, poudre et pionniers, que je vous demandois, dont je ne vous eusse voulu prier n'eut esté qu'ils me sont merveilleusement nécessaires icy, et pour les raisons que je donnay encor hier charge au sieur de Dampierre vous dire de par moy. Quant aux nouvelles de l'ennemy : ceste nuit sa cavallerie a couché en un lieu nommé les Estangs, qui est à deux lieues d'icy, où hier, sur le soir et la nuit fis donner deux allarmes, de sorte que sadite cavallerie fut contraincte se mettre en bataille ; leur armée est à une demye lieue de là, et séjourne, cejourd'huy, pour le mauvais temps qu'il faict qu'il les empesche d'emmener leur artillerie ; et à ce que je puis juger, j'espère qu'ils seront bientost devant les portes de la ville, où ils seront les très bien venus, mettant ordre partout pour les y bien recevoir, et mesmement pour les empescher d'en approcher de sy près, comme ils pensent, que j'espère n'estre sans y en faire demeurer quelqu'un. Ceste nuit, ils ont envoyé quelques harquebusiers à deux ou trois cens pas de ceste ville, près un pont de pierre du costé de la rivière, pour visiter le lieu et voir l'assiette de leur camp ; lesquels furent descouverts de la muraille, et n'eusse failly de les faire veoir de plus près n'eut esté l'incommodité du lieu où ils estoient, qui est dedans des vignes et pendant la nuit : qui est monsieur ce que je vous puis mander pour le présent, me recommandant, etc.

De Metz ce 14 octobre 1552.

Lettre de Monsieur le connetable à Monsieur le duc de Guyse.

Monsieur, suivant ce que je vous ay escript par le cappitaine Behoux, je vous envoye avecques monsieur le duc Orace, présent porteur, l'argent et munitions que vous entenderez de luy, ensemble ung pacquet du Roy à vous adressant, que j'ay reçeu ce soir, par lequel je ne faitz doubte que ledict sieur ne vous advertisse des nouvelles qu'il a eues de Picardye. Toutesfoys, je n'ay laissé pour cela de les communiquer audict sieur duc, pareillement celles que j'ay du marquis et tout ce que au reste je vous sçauroys pour ceste heure mander de nouveau, m'asseurant qu'il vous en sçaura rendre bon compte, qui me gardera vous en faire plus longue lettre, si n'est pour vous asseurer, monsieur, que sans le faict dudit marquis, je vous eusse jà myeulx secouru, comme je feray de tout ce que me sera possible, toutes et quantes foys que le moyen se pourra trouver. Me recommandant humblement à vostre bonne grâce, et priant Dieu, monsieur, qu'il vous doint bien bonne et longue vye.

Du camp de Tillay, ce 15°. jour d'octobre 1552
« Vostre humble serviteur. »

« MONTMORANCY. »

Monsieur d'Aumalle informoit exactement monsieur le connetable des nouvelles du marquis Albert, et incontinent le double m'en estoit envoyé, comme le fut celui des deux suivantes.

« Monsieur, à mon arrivée de ceste ville, je n'ay failly d'envoyer Gobion devers monsieur de Bayonne pour luy porter voz lettres et entendre de luy quant il seroit prest ; de quoy je n'ay encores eu responce. Le camp du marquis est deslogé et s'en est allé loger au dessoubz de Gotdreville, qui est à demye lieue de Thoul, et à ce que je voy, monsieur, vont prandre la vallée de Sorcy et Commercy. J'ay despesché, une heure devant le jour, le sieur de Soupet, lieutenant de Peloux, avecques douze ou quinze chevaulx pour veoir s'ilz deslogeront pour aujourd'huy et où ilz yront loger, dont je ne fauldray, suivant vostre intencion, de les suivre de plus près qu'il me sera possible. Le bruit est qu'ilz ne deslogeront poinct aujourd'huy. Je part à ceste heure et m'envoys loger à Bouque à deux lieues et demye d'eulx, en attendant j'ay responce de monsieur de Bayonne. Je vous eusse plustost mandé des nouvelles ; mais mes compaignyes n'arrivèrent icy qu'il ne feust deux heures de nuict, disans qu'il avoit d'icy cinq grandes lieues jusques au lieu d'où ils estoient partiz. J'ay parlé à ung messaiger qui dict pour tout certain n'estre demeuré ung seul homme au Pont, et que les Françoys en deslogièrent hyer : qui sera la fin, monsieur, après m'estre recommandé humblement à vostre bonne grâce.

A Bouconville, ce 15°. jour d'octobre 1552.

« Monsieur, depuis la lettre que vous ay escript ce jourdh'huy, est arrivé Gobion, qui n'a peu parler ne approcher Monsieur de Bayonne, pour les gardes du marquis, mais a laissé le mareschal des losgeis de Coursot affin de veoir ce qu'il vouldra faire, pour ce qu'il est bruict qu'il partira aujourd'huy. Je ne fauldray, monsieur, incontinant vous advertir de ce que en apprendray. Sur ce, je prye Dieu vous donner longue vye.

A Bouconville, ce 15ᵉ. d'octobre.

J'ay entendu que le marquis s'en va loger une lieue par delà Toul; mais ne sçay encores le nom du villaige.

Lettre de Monsieur le connestable, du seize octobre.

« Monsieur, depuis le partement de monsieur le duc de Castre, que j'ay faict accompagner de bonne escorte pour vous aller trouver, et la despesche que je vous ay faicte pour luy, j'ay receu les deux lettres que m'avez escriptes des 13 et 15ᵉ de ce mois; desquelles je vayz envoyer au Roy les doubles, affin de le tenir adverty de tout ce que me faictes sçavoir des nouvelles de l'ennemy, ne voullant faillir de ma part à vous donner advis que tout présentement je viens de recevoir une lettre de Monsieur de Nevers, qu'il m'a escripte par Mouy, qui m'a dict et faict entendre la prise que mondict sieur de Nevers a faicte de Vireton, où il y avoit une enseigne de gens de pié, qui est de six cens, et une cornete de gens de cheval, ayant si bien faict leur devoir qu'ilz ne se sont voulu rendre que après avoir soustenu ung assault. J'ay l'enseigne de gens de pié qu'il m'a envoyée, et quant à la cornete elle a esté bruslée, ainsi qu'il m'escript. La composition a esté leurs vies sauves seullement, encores mondict sieur de Nevers ne leur vouloit-il accorder sans l'instante prière que luy en a faicte monsieur de Jametz qui s'est trouvé à ladicte composition. Il n'a pas tenu à monsieur le prince de Ferrare qu'il ne se soit allé enfermer avec vous, si je luy eusse voulu permectre et accorder. Encores ne se tient-il pas pour du tout reffusé et esconduict, car il a envoyé vers le Roy pour essayer s'il en pourra obtenir dudict seigneur son congé. Je n'ay encores riens sceu résouldre avec le marquis, ainsi que je vous ay escript ce matin. S'il m'en vient autres nouvelles je vous en advertiray incontinent, me recommandant, monsieur, humblement à vostre bonne grâce et priant Dieu qu'il vous doint bonne et longue vie.

Du camp du Tillay ce 16ᵉ. octobre 1552.

« Il y en a encores qui veullent aller vers vous ce qui me faict vous prier que vous me mandiez le chemin qui sera le plus seur.

« Vostre humble serviteur. »

« Montmorancy. »

Lettre du duc de Guyse au Roy, en response de celle qu'il avoit receu de Sa Majesté touchant l'armée de la Royne de Hongrie et Tuquelay.

« Sire, j'ay receu la lettre qu'il vous a pleu m'escrire du douzième de ce mois, par laquelle j'ay veu les nouvelles qu'il vous a pleu me faire entendre de l'armée de la Royne de Hongrie, qui descend du costé de La Fère, où je pense, Sire, que prenant ce chemin, y seront les bien receus de monsieur l'admiral, qui ne faudra se munir de tout ce qu'il luy sera possible pour vous bien garder ceste place, et crois que sy ce temps continue ils seront bien empeschez à faire leurs tranchées. Les places de Laon, Coussy, Han, Guyse et Saint-Quantin estant aussy pourveues et les vivres ostez depuis Chauny jusques à Compiègne, vos ennemys s'ennuyront de demeurer longtemps en campagne, comme ils ont de coustume, cognoissans n'y pouvoir gaigner que du froid. J'ay aussy veu, Sire, ce qu'il vous plaist me faire entendre les propos que vous a tenu l'ambassadeur d'Angleterre et la responce que vous luy avez faicte, qui ne pourroit estre, Sire, ny plus sage ny meilleure, et mesmes que vous avez tue les meschancetez que Tuquelay vous avoit mises en avant, pour ne donner occasion à ses ministres de penser qu'ayez jamais voulu prester l'oreille à telles choses; ausquelz n'eussiez sceu aussy mieux faire, que de démontrer le désir que vous avez d'entretenir l'amitié qui est entre vous et luy, et combien vous voulez faire pour la conservation de son Estat et royaulme, d'autant que cognoissez cela vous estre nécessaire; et pour cet effet d'advertir tous vos ministres de la marine de ce costé là, se comporter avec ceux du Roy d'Angleterre, selon vostre intention. Ce que je m'asseure, Sire, ne voudrez de vostre part faillir conserver, estant en telles choses plus que nécessaire vostre exprès commandement, pour les inimitiez naturelles qu'ils ont les ungs avec les autres.

Je prie Dieu, Sire, etc.

« De Metz ce 16 octobre 1552. »

Autre lettre du dict duc au Roy touchant les mesmes nouvelles.

« Sire, par la lettre qu'il vous a pleu m'escrire du 14 de ce mois, j'ai veu comme l'armée des Pays-Bas, qui venoit à La Fère, en a tellement approché qu'elle vint veoir de bien près monsieur l'admiral, et que par ce que vous en a rapporté La Trousse, veu aussy le bon ordre que mon dit sieur l'admiral y a mis, y estant arrivé tout à propos pour vous y faire un bon service, ayant esté cause de ce que l'ennemy à failly à l'entreprise qu'il avoit faicte sur ceste place, où j'ay toujours pensé qu'il s'adresseroit plustost qu'à mille autre, veu le chemin qu'il tenoit, et voyant, Sire, qu'il n'use sur ce commancement que de feu. J'espère qu'il ny aura que le peuple qui en patira et ne sera ledit ennemy pour faire long séjour en vostre royaume, pour veu qu'il vous ayt pleu encor faire mettre quelque ordre aux vivres qui se pourront trouver le long de la vallée de Noyon et Compiègne, comme je vous ay dernierement escript, et quelques gens dans les places par où il passera, ausquelles il ne s'amusera pas longuement, mesmement à Chaulny, s'il avoit jusques à six cens hommes. Quant à nos nouvelles, Sire, je vous envoye le rapport que ma faict un Italien que se vint hier rendre à moy aux portes de ceste ville, par lequel vous pourrez cognoistre tout ce que se peut pour ceste heure de l'armée de l'Empereur, que je ne puis croire, comme je ne tiens encor pour tout certain, au chemin et contenance qu'elle demonstre, se devoir adresser à autre lieu qu'à ceste ville, et mesme que si j'en apprandray quelque chose, je ne faudray d'en advertir monsieur le connestable, pour vous le faire entendre. Au surplus, Sire, sur l'heure que j'achevois ceste lettre est arrivé icy monsieur le duc Horace, avec lequel monsieur le connestable m'a envoyé 4508 livres de poudres, 120 pionniers et 12000 escus, qui sont venus bien à propos, vous asseurant, Sire, que je ne m'en ayderay qu'au besoing et les mesnageray le mieux qu'il me sera possible.

« De Metz ce 17 octobre 1552. »

Extraict de la lettre en chiffre du connestable au dit duc.

« Monsieur, depuis la despesche que je vous ay faicte ceste après disnée, par l'un de vos chevaulcheurs d'escuyrie que je vous ay renvoyé, le sieur de Fontaines est arrivé par devers moy, de la part du Roy, pour me venir advertir que les ennemis, ayant passé devant La Fère qu'ils ont senty trop bien prouveüe pour s'y attacher, ont donné jusques à Jancrey qu'ils ont pris et bruslé, continuant de faire en ces quartiers là un sy estrange degast et bruslement, que le dit seigneur s'en trouve en grande payne, estant seul à Rheims et sans moyen d'y pouvoir remedier. C'est pourquoy je fais aujourd'huy desloger ce qu'il a icy de forces pour approcher plus près de luy et aller coucher à Saint-André, et demain à Clermont. Quant à moy, je m'en vois passer par Verdun pour adviser aux choses qui y sont nécessaires pour y pourvoir, autant que j'en auray le moyen, pour de là aller rejoindre les trouppes au dict Clermont, où après avoir disposé toutes choses au plus près de l'intention du dict seigneur, et avoir faict Monsieur de Ne- vers aux autres affaires de la frontière avec les forces que je luy laisseray, j'iray trouver ledit seigneur affin de résoudre des choses qu'il y aura à faire pour la seureté de ses places, et de tous costez empescher les ennemis d'entrer dans ses pays. Cependant je faicts approcher de luy le régiment du comte Rhingrav, afin qu'il soit toujours plus près du lieu où on le voudra envoyer.

« Et pour ce que nous sommes encor irrésolus avec le marquis Albert et incertains de son intention, ayant sceu qu'il veut tirer le long de la frontière de Champagne, vers le comté de Bourgogne, pour passer au comté de Ferrette, ainsy qu'il dit, j'ai faict pourvoir à toutes les places de la frontière de ce costé là, affin qu'il ny puisse faire de surprise, et davantage, ay envoyé gens pour faire recueillir les vivres du plat-pays et les mettre dans les villes, et luy faire rompre les moulins, et l'incommoder en sorte qu'il soit contrainct de prandre un autre chemin; et ay faict partir ce matin monsieur d'Espinac, affin qu'avec sa compagnie et celle de monsieur de La Guyche, il favorise l'exécution des choses susdites. Je feray aussy partir demain le sieur de Brezé, avec la compagnie de monsieur d'Aumalle, vostre frère, pour aller du costé de luy à Joinville et luy empescher le passage de ce costé là; chose dont je vous ay voulu advertir, affin que vous entendiez quelle est la disposition des affaires et la volonte du Roy sur mon retour par devers luy, et ne faudray, passant par Verdun, d'adviser avec monsieur le mareschal de Saint-André au moyen que nous aurons à tenir pour vous faire sçavoir de mes nouvelles et d'avoir des vostres.

« Du camp de Tilly ce 17 octobre. »

Le mesme jour le dict duc escrivit cecy au connestable.

« Monsieur, j'ay ce matin, estant avec monsieur le duc Horace, receu les pouldres qu'il vous a pleu par luy m'envoyer, lesquelles j'ay faict mettre entre les mains du commissaire octroyé, qui m'a dit y en avoir 7608 livres, tant grosse que menüe, grenée, dont je vous mercie de bien bon cœur, ensemblant dès 122 pionniers et des 12000 escus que vous m'avez aussy envoyez, lesquels sont venus bien à propos pour les causes que je vous ay fait entendre, vous asseurant, monsieur, que je les mesnageray le mieux qu'il me sera possible, et ne les employeray qu'à bien grand besoing, comme pouvez penser. Quant à nos nouvelles, vous les pouvez sçavoir par le mémoire que j'en ay envoyé, sur le rapport de l'Italien de l'armée de l'Empereur qui s'est venu rendre icy : me recommandant, etc.

Le lendemain 18 octobre, le connestable escrit au duc.

« Monsieur, je vous fis hier sçavoir bien particulièrement l'ordre que j'ay donné le long de la frontière de Champagne, tirant vers la Bourgogne, pour y tenir toutes choses en seurté et garder, sy le marquis tire de ce costé là, qu'il n'y puisse faire de surprise ne dommage, ayant donné charge au sieur de La Bresche, sy ledit marquis prenoit le chemin de Joinville, d'en advertir d'heure madame vostre mère. J'ai encore envoyé, ce matin, monsieur d'Annabeult avec sa compagnie le long de la ditte frontière, affin d'y augmenter la troupe, et y avoir plus de forces ensemble; les choses du marquis sont tousjours au mesme estat, il estoit encor hier campé près de Toul, ayant monsieur d'Aumalle, vostre frère, à sa queue, avec bon nombre de cavallerie légère, et la compagnie de monsieur d'Anguyen, et en a encor trois compagnies de gens de pied, et deux compagnies de gendarmerie, que je luy ay laissé à Saint-Michiel pour le favoriser en ce qu'il aura à faire. Je suis venu en ce lieu, suivant ce que je vous escrivis hier, pour y voir monsieur le mareschal de Saint-André, et adviser aux choses nécessaires en ceste place, que j'ay trouvée sy fort advancée depuis que j'y ay passé dernièrement, et la fortification sy bien ordonnée, que je vous puis assurer qu'elle s'en va l'une des plus belles places de France, j'ai dit à mon dit sieur le mareschal qu'il fasse ordinairement sçavoir de ses nouvelles, comme aussy je vous prie faire des vostres en son endroit, tout autant que vous ferez au Roy ou à moy.

« De Verdun ce 18 octobre 1552.

«Vostre humble serviteur,

« MONTMORANCY. »

Autre lettre du dict connestable datée de Rheims, où le Roy l'avoit mandé.

« Monsieur, ainsy que je m'en venois hier en ce lieu, je receu la despesche que vous m'avez faicte par le cappitaine Losse, que mon nepveu de Chastillon m'envoya, pour ce que j'estois party du jour de devant, et qu'à grande peyne il m'eut peu joindre avant mon arrivée auprès du Roy, auquel je présenté moy-mesme vostre paquet, et luy fis entendre ce que le dit capitaine Losse avoit charge me dire de vostre part, tant du faict du Hatton-Chasteau, dont vous estiez d'avis que je me saisisse, que des Italiens qui sont au service de l'Empereur, qu'il seroit bon d'essayer de retirer : quant au dict Hatton-Chasteau, vous aurez veu par les deux dernieres lettres que je vous ay escriptes, avant mon partement, comme j'ay, par le commandement du dit seigneur, retiré ses forces plus en ça pour les avoir plus près de luy, de sorte que vous pouvez juger combien la chose pour ceste heure seroit difficile, et s'il y avoit de nos gens dedans, le peu de temps que l'on les y laisseroit demeurer. Et au regard des dicts Italiens, s'il vous plaist en parler à André Maye, qui est avec monsieur le duc de Chastre, vous sçaurez la charge que je luy ay donnée d'en retirer; et me semble véritablement que ce sera bien faict de l'essayer et le faire, s'il est possible, soit par le moyen du dit de Maye ou d'autres gentilshommes de mon dit sieur le duc de Chastres, et s'il est besoing, de luy-mesme; lequel, comme je m'asseure, seroit très aise de s'y employer, et de faire service au Roy en cet endroit. Au demeurant, monsieur, je vous advise, qu'à mon arrivée le Roy avoit eu advis que les ennemys, ayans pris et bruslé Noyon qui s'est perdue aussy pauvrement et malheureusement que verrez par le mémoire que je vous envoye, se retirent par le chemin de Nesle et de Roye, que je pense bien qu'ils n'espargueront non plus qu'ils ont faict le demeurant. Je ne laisse de faire acheminer le régiment du comte Rhingrave Veisliesse, affin de l'avoir plus près à son service au besoing. J'attens d'heure à heure responce de monsieur d'Aumale, touchant la dernière despesche que je luy fis le jour que je partis de Clermont pour venir icy, au subjet du marquis Albert, dont j'ay grande envie que nous soyons despeschez, affin que le Roy se puisse puis après plus certainement résoudre sur ce qu'il aura affaire de ses forces, qui ne sera sans vous en advertir. Jay faict partir les payeurs des compagnies qui sont à Metz, et leur ay commandé passer par Verdun, ou monsieur le mareschal leur baillera escorte, ainsy que je luy escrist; me recommandant, etc., je prie Dieu, etc.

« De Rheims, ce 21 octobre 1552.

« Vostre humble serviteur,

« MONTMORANCY. »

Lettre du mareschal de Saint-André au dict duc, du dit jour.

« Monsieur, encor que je vous aye escrit pendant que monsieur le connestable estoit en ceste ville, et que par ma lettre je vous aye supplié me faire part des advertissements que vous aurez, sy vous feray-je encor ceste très humble requeste qu'il vous plaise vous en souvenir. Je ne vous puis rien dire d'icy, sinon de la continuelle dilligence que je faits faire en nos fortifications, ausquelles il ne se pert aucune heure de temps, attendant qu'elle sera la délibération de l'Empereur, dont je ne puis avoir plus seur advertissement que par vous, monsieur, à qui je suis sy affectionné serviteur, qu'outre le service du Roy, je m'attens, pour la bonne amytié qu'il vous a pleu toujours me porter, de recevoir de vous tout ce que vous sçaurez et pourrez entendre, que sera pour toujours augmenter la singulière et affectionnée volonté que j'ay de vous faire service, ne voulant faillir à très humblement vous remercier du bon advis et conseil qu'il vous a plus cy-devant me donner. Et sy d'avanture ceste lettre n'alloit jusque à vous, je vous en feray encore deux autres toutes semblables, affin que vous en puissiez recevoir une, me recommandant, etc.

« De Verdun ce 21 octobre 1552.

« Vostre très humble et plus affectionnée serviteur, SAINT-ANDRÉ. »

Lettre du dict jour, du Roy au duc.

« Mon cousin, mon cousin le connestable me présenta, hier en son arrivée par devers moy, une lettre de vous, et aussy le rapport des six prisonniers qui vous avoient esté envoyez du camp de l'Empereur, par lequel j'ay veu ce qu'il vous ont confessé de son armée et de son logement, avec les autres particularitez qui y sont contenues, et comme la plus commune opinion de tout son camp est que le dit Empereur a délibéré d'assiéger Metz, qu'il trouvera plain de cœurs et de volontez sy entièrement dediez à me faire service, et commandez par un sy vertueux et prudent chef, que j'en demeure en repos, et m'asseure qu'il ne fit jamais entreprise dont il rapportat plus de honte et dommage qu'il fera de celle là. Jay esté bien aise d'entendre que ce que mon cousin le connestable vous a envoyé soit arrivé en seureté, et aussy de vous faire sçavoir ce qu'aujourd'huy s'offre en mes affaires digne de vous estre escrit. Je ne vous feray conte cy plus longue, sy ce n'est pour prier Dieu, mon cousin, etc.

« Escrit à Rheims le 21 octobre 1552. »

M. de Brissac, qui estoit logé proche de Thoul, informoit M. le connestable de la tranquilité de son quartier, en même temps qu'il en envoyoit le double à M. de Guyse :

« Monseigneur, ne trovant chose qui me puisse succéder à plus grand bien, heur et singulier plaisir, que d'entendre quelquefoiz de voz novelles, quant voz affaires le pourront permecre et que la commodité me voudra d'autant favorizer, estant en grand peine du long temps qu'il y a que je demeure en l'attente d'icelles avec très humble afection, je n'ay voulu faillir, sur l'occasion de ceste depesche que je fais présentement au Roy, vous faire ce petit mot de lettre qui n'est pour ceste heure acompagné d'aucun argument pour estre toutes choses par deçà en très bon ordre, union et silence, fors quelque différent que prétend estre le sieur Domp Ferrand entre luy et moy à l'occasion de l'abaye de Barges, ainsi que par le discours que j'en fays à Sa Majesté vous pourrez mieulx voir, qui me gardera vous en tenir autre propoz, me soufisant en cest endroit vous suplier très humblement, monseigneur, me voloir, suyvant vostre acostumée grâce et bonté, gratifier de quelque peu de voz nouvelles qui seront receues à l'endroit de personne qui ne désire chose plus en ce monde que de vous faire service qui vous soit agréable, et d'estre maintenu et continué, s'il vous plaist, en vostre bonne grâce et sovenance ; à laquelle très humblement je me recommande, priant le Créateur, monseigneur, vous donner, en parfaicte santé, très longue et heureuse vie.

« De Thuom ce 21ᵉ d'octobre.

« Monseigneur, je ne veulx oblier à vous faire entendre comme j'ay esté adverty par ung banny de ce païs que j'ay faict constituer prisonnier, que quelques autres foryssuz de mesme ligne ont dessaigne et entrepriz quelque chose sur le chateau de Guerascq en Daulphiné ; ce que je vous ay bien volu faire entendre à ce que vostre plaisir soit y donner l'ordre qu'il vous semblera trop mieulx pour la seurté dudict Guerascq.

« Vostre très humble et très obeissant serviteur, « BRISSAC. »

Lettres du duc au Roy, sur le logement de l'armée de l'Empereur à une lieue de Metz.

« Sire, devant hier matin j'envoyay le sieur de La Rochefoucauld avec sa compagnie, tant pour recognoistre l'armée des ennemis, que pour brusler les villages d'icy-auprès, pour empescher leur cavallerie de sy loger ; lequel me rapporta que ladite armée estoit venue loger en un village auprès de Sainte-Barbe, qui est à une lieue et demye d'icy. Il prit quelqu'uns de leurs fourageurs, et pour encor mieulx les visiter, la nuit de ce jour là, r'envoyay le capitaine Paul Baptisté, avec quelque nombre de chevaux, qui donna jusques dedans leur corps de garde de gens de pied Italiens, et firent telle allarme partout leur camp, que tous leurs gens de pied et de cheval se mirent en bataille, menant beau bruit. Hier matin, sur les huit leures, estant tombé un grand brouillard, a esté descouvert par le campanin de ceste ville ce que mène le duc d'Abbe de la ditte armée, qui s'est venue loger à nostre veüe, sur une montagne la plus proche de la croix où vous montastes, Sire, quant vous estiez icy, d'où sont venus quelques gens de cheval donner jusques à nostre guet, à un petit pont de pierre, et se sont aussy tost retirez, voyans quelques cavallerye des nostres que j'y ay mis avec des harquebusiers, n'ayans jamais voulu s'attaquer aux nostres, se souvenans de ce qu'ils avoient esté pincéz mécredy dernier, vous pouvant asseurer, Sire, que nos gens estoient bien et seurement accommodez pour les recevoir avec la faveur de nostre artillerie qui ne leur est espargnée, selon le peu de nombre qu'en avons. Ils ont mis la leur à nostre veüe, un petit trop loing de nous pour leur y faire mal, ayans planté dessus unze enseignes de gens de pied, pour la garde, et ont esté nos gens, jusques à ce soir, à quatre cens pas l'un de l'autre, ne leur voulant abandonner la campagne que le plus tard que je pourray. Toutesfois, je pense qu'à ceste présente nuit, ils se seront approchez plus près : je m'en vois, tout à ceste heure, faire la ronde et donner ordre de travailler où il est besoing, et de ce que je verray ce matin de nouveau, je ne faudray vous advertir. Cependant, Sire, que depuis six ou sept jours se sont venus rendre à moy plusieurs soldats de la ditte armée, de toutes nations et mesmement un grand nombre d'Italiens, tant pour la famine qu'ils disent estre en leur camp, que la deffiance qu'on a d'eux, me faisant entendre que s'il vous plaist les recevoir, il y en a bien deux mil qui se retireront en vostre camp, où je les envoye ordinairement, ne les voulant retenir icy pour ces causes que vous pouvez mieux connoistre que moy, et me semble que où il vous plairoit les recevoir, comme je mande à monsieur le cardinal mon frère, cela n'apporteroit peu de desfaveur à l'Empereur, à ses forces et à la réputation qu'ils luy donneroient; m'ayant aussy dit n'avoir faulte de bledz en la ditte armée, mais nul moyen de les faires moudre, et que les chefs les entretenoient le plus quils pouvoient, leur faisant entendre qu'il leur viendroient des vivres par ceste rivière. Il y en a deux qui m'ont demandé sauf conduit pour se retirer en Italie, par la Lorraine, ce qu'il m'a

(1) Le duc d'Aumale, Claude de Lorraine, avait écrit, dans l'intervalle, la lettre suivante a son frère le duc de Guise.

« Monsieur, estant dernièrement à Saint-Mihel, me fut par aucuns bons cappitaines parlé du présent porteur et du debvoir qu'il a par cy devant faict soubz le cappitaine Salcede, au faict des vivres, et pour la requeste qui par eulx me fut faicte de le vous addresser, que je n'ay peu refuser, vous prie, Monsieur, vous en voulloir servir et l'employer. Je ne vous ay ausé mander autre chose par

semblé ne leur pouvoir refuser, ny de recevoir icy deux Provençaux qui se sont aussy venus rendre à moy, les quels estans à Parme, ne pouvoient aysément retourner en France. Je prie le Créateur, Sire, etc.

« A Metz, ce 23 octobre 1552 (1). »

Lettre du duc au cardinal de Lorraine son frère.

« Monsieur mon frère, peu après la despesche que je vous fis hier du logis qu'avoient pris nos ennemis, qui estoit à une lieüe d'icy, d'où ils partirent hier matin, s'estans venus camper vis-à-vis de nostre grande trenchée, à la portée d'une coulevrine, comme vous verrez plus au long par la lettre que j'en escris présentement audict seigneur, à la quelle ne pouvant rien adjouster de nos nouvelles, j'espère que Dieu nous aydera sy bien en ceste occasion, que nostre maistre se contentera du service que luy ferons, ne perdans une seulle heure de temps à pourvoir aux choses qui nous sont nécessaires et à faire ordinairement besoigner depuis le premier jusques au dernier, et jour et nuit, à nostre rampart, où je m'en vois encor présentement, vous advertissant que me tenant à ce coup asseuré d'estre assiégé, j'ay faict dresser une ordonnance pour faire desloger la pluspart de ceux à ceste ville, la quelle ordonnance je seray contrainct, pour les raisons que pouvez assez juger, faire exécuter fort rigoureusement. C'est, Monsieur mon frère, tout le discours que je vous puis faire pour ceste heure en telz affaires, vous suppliant me tenir pour excusé sy n'avez plus longue lettre de moy, et tousjours en vostre bonne grace, priant Dieu, etc.

« De Metz, ce 23 octobre 1552. »

Lettre du dict duc au connestable, portant les mesmes nouvelles.

« Monsieur, j'ay receu les lettres que vous m'avez escrittes ces jours passez, par un de mes chevaucheurs, suivant lesquelles je ne faudray advertir monsieur de Nevers de tout ce que ce pourra offrir de deçà, par le chiffre que luy avez baillée, comme j'ay faict dès ceste heure, monsieur le mareschal de Saint-André ayant veu ce qu'il m'a escrit de vostre chiffre. Quant à nos nouvelles, nos ennemis se sont sy bien adcedict porteur pour la peur que j'ay de sa prinse par les chemins. Pour ce vous plaira m'envoyer un chiffre par lequel je vous puisse seurement mander toutes nouvelles. Ce sera l'endroict où me recommanderay bien humblement à vostre bonne grâce, et prieray Dieu, Monsieur, vous donner en santé bonne et longue vie.

« A Tronne près Toul ce 18e d'octobre 1552.

« Vostre humble et obéissant frère.

« CLAUDE DE LORRAINE,

vancez depuis avant hier, qu'ils estoient logez près Saincte-Barbe, que hyer matin ce sont venus camper sur une montagne près d'icy, de sorte, Monsieur, que je ne doubte plus que les ayans sy proche de nous que ne voyons bien tost leur canon près nos portes, le quel est présentement dressé sur le hault de la ditte montagne, pour la mettre mieux à nostre veüe, comme pourrez voir plus au long par la lettre que j'en escris présentement au Roy, à laquelle je ne puis rien adjourser, sinon la bonne volonté que les gens de bien qui sont icy avec moy ont tous d'y faire un bon service audict seigneur, à qui j'escris sy au long des Italiens qui me viennent chacun jour de l'armée du dit Empereur, que je vous supplieray seullement vouloir mander à monsieur de Nevers, sur ce, l'intention du dit seigneur, d'autant que je ne faudray luy envoyer autant qu'il m'en viendra, pour les causes que je vous ay mandé : me recommandant, etc.

« De Metz, ce 23 octobre 1552. »

Lettre du dict duc au Roy, du jour suivant.

« Sire, peu après vous avoir envoyé les lettres que je vous escrivis hier, environ les dix heures du soir, et sur une heure après minuit, les ennemis sont venus recognoistre ceste ville, depuis la rivière de Mozelle jusques à celle de la Seille, durant une sy grande pluye, qu'à peyne ils se pouvoient recognoistre l'un l'autre, et pense qu'ils sont venus jusques sur le bord du fossé, qu'est l'endroit où nous sommes tousjours doubté qu'ils s'adresseroient le plustost, et n'a tenu à coups d'arquebuses que j'ay faict tirer, qu'ils n'ayent eu tout le loisir qu'ils eussent bien voulu de sy amuser longuement, ne les ayans néantmoins peu voir pour l'obscurité de la nuict. Cejourd'huy, est arrivé le reste des forces et artillerie de l'Empereur, lequel estant encor malade, a délibéré se retirer à Thionville, à ce que j'ay peu apprandre. Je n'attendz que l'heure de veoir quelque commencement de leurs approches, ne perdant cependant temps, quelque pluye qu'il fasse, de faire travailler à tous les endroicts où je pense qu'ils veulent faire leur baterie, qui doit estre en trois lieües, dont je ne faudray vous advertir, tant que j'en auray le moyen. Il n'est pas au reste croyable la nécessité qu'il y a de peine en leur camp, ayant d'ailleurs assez de vivres; et sy je voulois recevoir de leurs soldats en ceste ville, et pour un pain mesme, je n'en aurois que trop, leur ayant faict entendre qu'ils se retirassent en vostre camp, pour les raisons que je vous ay mandées ces jours passez. Présentement m'est venu un paysan qui m'a dit avoir veu, sur le commencement de ceste nuit, des pionniers besoignans à une trenchée qui commençoit au bas de la montagne, à la Belle Croix, et qu'il y avoit huit pièces un peu plus derrière, toutes attelées. Sire, je supplie le Créateur, etc.

« De Metz, ce 24 octobre 1552. »

Autre lettre du dict duc au mareschal de Saint-André, du dit jour.

« Monsieur le mareschal, hyer sur les dix heures du soir, je vous envoyay le double de la despesche que j'avois faicte le matin, craignant que la première ne fust perdue, depuis laquelle il n'est rien survenu que ce que aurez veu sur la fin de ma dernière lettre, et ce que je mande encor par ceste-cy au Roy, né s'estant offert grande chose pour le mauvais temps qu'il a faict despuis hier le midy, lequel je pense avoir esté cause d'empescher nos ennemis de faire plustost leurs approches, qu'ils ne tarderont pas commencer, estans ceste nuit venus jusques sur le bord de nostre fossé, ainsy que vous pourrez veoir par la lettre que j'en escris présentement au dit seigneur, sur laquelle me remettant du surplus, et sur ce porteur, du lieu où est assis le camp de nos ennemis qu'il a veu, je vous prie vouloir faire mettre en lieu seur les deniers de la compagnie de monsieur de Lorraine dont m'avez escrit, et ceux de la mienne, sy tost qu'en pourrez avoir nouvelles, lesquels on m'a dit estre à Saint-Mihiel, et que je voudrois estre icy, pour nous en ayder à la solde mesme des soldatz, selon le besoing. Je vous prie me mander des nouvelles de Picardye, dont l'on parle icy en plusieurs façons; me recommandant, sur ce, etc.

« De Metz, ce 24 octobre 1552. »

Lettre du Roy au duc.

« Mon cousin, par vostre lettre du 21 de ce mois, j'ay sceu comme l'escarmouche de mercredy passé et le bon et grand devoir que y firent les gens de bien que vous mistes de hors, de quoy il me demeure très grand contentement, et encor plus de vostre sage et prudente conduitte en toutes choses, espérant que puis qu'il a pleu à Nostre-Seigneur donner sy bon commencement qu'il ne fera la fin moins heureuse et glorieuse. Je suis attendant pour sçavoir sy ceste armée se sera du tout attachée à vous, pour aviser ce qui se poura faire, pour vous favoriser de tout ce qu'il sera possible en ce monde; en quoy je vous prie croire, mon cousin, qu'il ne sera rien espargné, et que le plus grand plaisir que je puisse recevoir en ce monde est d'avoir souvent de vos nouvelles. Et pour ce que vous sçaurez plus amplement des miennes, parce que j'ay donnée charge à mon cousin le connestable vous escrire, je ne vous feray plus longue lettre, priant Dieu, mon cousin, vous avoir en sa saincte et digne garde.

« Escrit à Rheins, ce 25 jour d'octobre 1552. »

A la fin de cela le Roy adjousta de sa main : « Mon cousin, j'ay veu ce que m'escriviez de l'arrivée du duc d'Albe; et à ce que je vois, il n'a recognu la ville de sy près qu'il pensoit ; je m'asseure tant au bon ordre que vous donnez, que j'espère qu'ils s'y morfondront. Je vous asseure que tout se porte fort bien de deça, priant Dieu qu'il vous ayt en sa garde.

« HENRY, *et plus bas* DE LAUBESPINE. »

Et au dos : *A mon cousin le duc de Guyse, pair et grand chamblellant de France.*

Lettre du cardinal de Lorraine au duc son frère, du dit jour 25 octobre.

« Monsieur mon frère, je vous escrivis hier par monsieur de Montmorancy ; aujourd'huy je ne sçay rien d'avantage, sy ce n'est que le Roy a bien entendu tout ce que Buy a rapporté, et est content jusques au bout, et croyez qu'il n'espargne veux ny prières, comme aussy toute sa cour et le peuple d'icy à l'entour, de façon que nous espérons mettre Dieu de vostre costé, et ne craindrons pas les hommes. Madame ma sœur est en santé; mais en toutes les peynes que vous pouvez penser. Je la serviray de tout mon pouvoir; et quant à vostre fils, il est impossible qu'il soit mieux. Madame et nostre petit mesnage arrivera jeudy; nos sœurs de Saint-Pierre font des merveilles pour vous. Je me recommande, etc.

« Vostre très humble et obéissant frère,

« C. CARDINAL DE LORRAINE. »

Et au dos : *A monsieur mon frère, monsieur le duc de Guyse.*

Le mareschal de Saint-André, n'ayant peu obtenir du Roy de se jetter dans Metz, escrit le desplaisir qu'il en a au duc de Guyse, et l'advertit de plusieurs choses considérables.

« Monsieur, je ne vous puis dire le desplaisir que ce m'est de ce qu'il n'a pleu au Roy me permettre de vous aller trouver à Metz, m'ayant expressément deffendu de ne bouger d'icy, comme vous poura tesmoigner monsieur le cardinal vostre frère, qui a faict ce qu'il a peu pour me faire avoir mon congé, et n'y a peu rien faire, ainsy que m'a rapporté le sieur de La Chapelle, par lequel Sa Majesté m'a faict ce commandement; or, Monsieur, puisqu'il ne m'est possible d'exécuter ce que j'avois de sy longtemps déliberé et dit au seigneur Pierre, et que je ne puis estre auprès de vous, pour le moins pouvez vous estre asseuré que sy l'Empereur s'areste à Metz, comme maintenant je le crois, asseurément que tout le secours et le service qui sera en ma puissance, je le feray d'aussy grande affection que j'eusse faict estant auprès de vous, espérant qu'en bref je seray sy fort de cavalerie, que les ennemis auront souvant nouvelles de moy. Au demeurant, Monsieur, j'ay envoyé au Roy et à monsieur le connestable les trois despesches que j'ay receues de vous : la première, par monsieur de Buy, et deux autres qui estoient semblables, par lesquelles j'ay veu premièrement le bon ordre que vostre bon sens et longue expériance vous avez donné de bien recevoir le duc d'Albe venant recognoistre vostre place, et comme le tout a esté sy sagement et bravement conduict qu'à la vérité mérite grande louange à vous, Monsieur, duquel je n'aurois jamais moins pensé et espéré, estant asseuré que le Roy aura receu grand contentement de cela. J'ay aussy veu depuis, par vos deux autres despesches, comme les ennemis estoient proche de vos murailles, et suis asseuré que vous ne les aurez aisément laissé approcher sans leur donner de vos nouvelles, qui ne leur auront pas esté plus agréables ny proffitables que le bon accueil que vous leur fistes au commencement. Je prie Dieu, Monsieur, vous donner autant d'heur et de victoire, que j'en désirerois pour moy sy j'estois en vostre place, vous suppliant que le plus souvent que vous pourez, le Roy ayt de vos nouvelles : car il ne sçauroit recevoir plus de plaisir. Je vous ay envoyé trois hommes, mais il n'en est revenu que celluy qui m'aporta vostre dernière despesche.

« Monsieur de Montmorancy partira ceste nuit ou demain, avec bonne compagnie, pour vous aller trouver ; et pour ce que ceste lettre va avec luy et que par luy vous entendrez toutes choses, je ne la feray plus longue que de mes très humbles recommandations à vostre bonne grace.

« De Verdun, ce 25 octobre 1552.

« Monsieur, depuis ma lettre escrite, messieurs d'Anguyen, prince de Condé et d'Amville sont arrivez icy, et s'en vont vous trouver. Je crois que jamais prince ne fut mieux accompagné que vous serez, et sy j'en pouvois autant faire qu'eux, j'ose bien dire qu'il n'y en va poinct qui en ayt si grande envye que moy.

« Vostre plus humble et très affectionné serviteur,

« SAINT-ANDRÉ. »

Lettre du connestable au dit duc, du dit jour 25 octobre.

« Monsieur, le sieur de Buy arriva hier avec vos lettres du 21 de ce mois, auparavant la reception desquelles le Roy avoit desjà bien sceu quelques nouvelles de ceste escarmouche, mais non au vray comme il a entendu par icelles, qui luy a esté très grand plaisir, mesmement d'avoir entendu que les choses sont sy bien et sy heureusement succeddées : ce qu'il attribue à vostre prudence et sage dextérité, de laquelle il attend encore meilleure fin de la garde de la place où vous estes, dont nous sommes attendans sy l'ennemy s'approchera, pour le travailler et incommoder autant qu'il nous sera possible. Et à ceste fin, ay laissé à Clermont l'armée, et faict fournir les autres places prochaines de Verdun du plus grand nombre de gens de cheval que j'ay peu, affin que s'offrant l'occasion, on ne les espargne point, d'autant, Monsieur, qu'il n'y a rien plus nécessaire pour le service de nostre maistre que d'avoir souvent de vos nouvelles. Je vous prie d'en chercher tous les moyens, et n'y espargner rien, m'estant peyne, sy vous estiez assiégé, de me faire sçavoir par le menu comme sont départis leurs gens, et les lieux où leurs camps sont assis, et en quel nombre, affin qu'avec ce que j'en sçauray d'ailleurs, je regarde s'il y aura moyen de dresser une venue d'aucuns de leurs camps. Sur quoy je vous ferois sçavoir la délibération qui en seroit précise, et le jour qu'elle se pourroit exécuter, affin que de vostre part vous fissiez ce que vous pouriez faire.

« Je vous envoye mon fils de Montmorancy, lequel je désirerois estre sy heureux qu'il puisse faire service au Roy soubz vostre charge et heureux commandement, et sy j'avois quelque chose de plus cher n'y seroit rien espargné, estant bien marry de ne vous pouvoir secourir d'artillerie et poudre, comme j'eusse bien faict sans l'empeschement de ce fascheux marquis Albert, duquel je ne sçaurois encor rien dire de certain : car il y a six jours passez que j'envoyay à monsieur d'Aumale, vostre frère, cent mil escus pour luy bailler, ainsy qu'il avoit accordé de les prandre, et en laissant le régiment de Reiffemberg, s'en aller faire la guerre au comte de Ferrette et au pays du roy des Romains. Je n'en ay poinct ouy de nouvelles depuis. Je vous advise, au demeurant, Monsieur, que les boutte-feux qui estoient en Picardie se sont retirez et ont repassé la rivière de Somme à Bray, n'ayans failly à brusler Nesle et Roye, et tout ce qu'ils ont trouvé sur le chemin de leur retraite, dont il faudra avoir quelque jour la revanche, que j'espère que vous commencerez à bon escient, faisant recevoir une honte à l'Empereur, s'il s'opiniastre à vostre place. Du costé de Piedmond, monsieur le mareschal de Brissac continue de faire de bien en mieux, ayant mis en l'obéissance du Roy tout le pays de Cauanes et le marquisat de Siennes, que dom Ferrand devoit secourir ; mais il fut sy mal mené par mon dit cousin le mareschal, qu'il fut contrainct, avec les forces qu'il avoit beaucoupt plus grandes que les nostres, de repasser un pont à grande haste et gaigner la montagne ; de sorte que la possession en laquelle nous sommes de les battre ne s'y est poinct perdue. Je ne vois, au demeurant, rien qui ne soit fort bien, prourveu qu'il plaise à Nostre-Seigneur vous conserver la santé, dont je le prie de bien bon cœur, etc.

« De Rheins, ce 25 octobre 1552.

« Je ne vous pensois envoyer qu'un de mes fils, mais il y vont tous deux, vous priant de les avoir pour recommandez comme vostres, car je leur ay commandé de vous obéyr comme à moy mesme. »

Lettre du Roy au dict duc, du 27 du dit mois.

« Mon cousin, ceste lettre servira pour vous dire l'aise et le plaisir que j'ay eu de deux de vos lettres du 23ᵉ jour de ce mois, par où j'ay sceu ce que les ennemis avoient faict jusques à là, qui me faict croire qu'ils s'attachent à vous, dont j'attens bientost nouvelles, pour après me résoudre sur beaucoup de choses qui demeurent en suspens pour ceste incertaineté, ne faisant doute, mon cousin, que tant vous aurez moyen vous ne perdrez une seulle occasion de me tenir adverty de tout ce qui surviendra, comme je mettray aussy ordre que vous le serez de mon costé. J'ay veu ce que m'escriviez des Italiens qui se viennent offrir à mon service, vous ne sçauriez mieux faire que de les envoyer en mon camp, où ilz trouverons mes cousins le duc de Nivernois et le sieur de Chastillon, qui ont charge de moy d'en retirer le plus qu'ils pourront. Et ja le dit sieur de Chastillon a baillé charge au cappitaine Anthoine de Poyrin, que vous cognoissez, et aussy à un autre gentilhomme italien qui est par deçà, d'employer tous moyens possibles pour cet effet. Tout ce que je vous puis dire des nouvelles qui s'offrent icy, est qu'enfin le cappitaine Reiffemberg a envoyé son régiment de lansquenetz à mon service, qui est de cinq mil bons hommes et des meilleurs qu'eust le marquis Albert, lequel s'en va droict en la Franche-Comté, et puis dedans les pays du roy des Romains faire tout le pis qu'il pourra, et de là se joindre avec le comte de Mansfeldz, lequel a desfaict le duc de Brunsvich, en espérance de bien remuer le mesnage de la Germanie. Et pour le stimuler à mieux faire son devoir, j'ay envoyé à mon cousin le duc d'Aumalle, vostre frère, cent mil escus pour luy bailler, dont j'estime qu'il ne fera pas reffus : car il s'est monstré en la fin beaucoup plus traictable et gracieux. J'espère que ce renfort du dit régiment, en mon armée, ne plaira poinct à l'Empereur. Je vous diray de plus que les ennemys se sont du tout retirez de la Picardie et passé l'eaue à Bray-sur-Somme, ainsy que je vous ay escrit : priant Dieu, etc.

« Ce 27 octobre 1552. »

Lettre du connestable, du jour suivant, au dit duc.

« Monsieur, tous les advis que nous avons des ennemis, où je vous asseure que l'on ne dort pas, se conforment à ce qu'avez escrit au Roy, du 24 de ce mois, lequel a tant de plaisir d'entendre ainsy souvent de vos nouvelles, que je vous prie, Monsieur, ne rien espargner pour luy en faire part : nous sommes attendans sçavoir au vray sy les dits ennemis se seront attachez à vous, et comme leurs gens seront despartis, pour par après prandre une résolution du mal que nous leur ferons, où il n'y aura rien d'oublié. Et desjà monsieur le duc de Buillon a commencé à leur faire rompre les vivres, auprès de Sainct-Hubert, où est une de leurs estapes des Pays-Bas, ainsy que nous avons sceu cejourd'huy, et ont ses gens emmené bon nombre de prisonniers et chevaux à Sedam, ayant gasté les vivres qu'ils menoient; et à ce que ceux qui sont venus de leur camp disent, il y a grande faulte de pain, qui ne cessera pas sy Dieu plaist. Ils disent aussy que l'Empereur s'est trouvé sy mal de sa personne, qu'il s'est retiré à Thionville. C'est tout ce qui s'offre pour le présent, ayant le Roy voulu que je vous fisse ceste petite lettre, pour vous tenir continuellement adverty de ses nouvelles qui sont très bonnes, Dieu mercy, et vous asseure qu'il n'est jour qu'il ne quitte par souhaict sa couronne de Roy pour estre saulté auprès de vous. Et sur ce, je prie Dieu, etc.

« De Rheins, ce 28 octobre. »

Lettre de la Royne, de sa main, au dict duc, sur celle qu'il luy avoit escrite.

« Mon cousin, j'ay receu vostre lettre par maistre Thomas, et suis bien marrie de ce que l'armée de l'Empereur est sy près de vous : car je me faisois acroire qu'il ne vous iroit poinct veoir. Mais puisqu'il en est sy près, j'ay grande peur qu'il n'y aille; non pas que je ne m'asseure bien que tant que vivrez, il n'y sçauroit acquérir que de la honte et vous grand honneur; mais j'ay tant de peur qu'il ne vous y arrive quelque fortune, que je ne seray bien aise que je ne sçache qu'il ne soit plus là. Vous me mandez de vous tenir en la bonne grace du Roy, sy je pensois en cela pouvoir faire quelque chose, asseurez-vous que n'avez parente qui de meilleur cœur s'y employast; mais je loue Dieu de quoy en cela, ny moy, ny personne, ne vous y peut servir, car il vous ayme comme il doit; et en récompense, je m'employeray à prier Dieu et le faire prier affin qu'ayez autant d'heur que je vous en désire. Vostre femme et vostre fils sont icy qui se portent bien.

« Vostre bonne cousine, CATHERINE. »

Et au dos : *A mon cousin monsieur le duc de Guyse.*

Lettre du duc au Roy, du 29 octobre.

« Sire, devant hier au soir, fermant la dernière despesche que je vous ay envoyée, j'ay receu en un mesme paquet les lettres qu'il vous a pleu m'escrire des 21 et 25 de ce mois, par lesquelles, Sire, j'ay esté bien aise d'entendre le contentement qu'il vous a pleu recevoir de l'escarmouche qui se fit devant les portes de ceste ville, venant le duc d'Albe pour la recognoistre, depuis laquelle il n'est rien survenu de leur costé, que ce que je vous en ay escrit, sinon qu'envoyant encor hier monsieur le vidame de Chartres, avec trente ou quarante salades, pour veoir sy les dits ennemis envoyeroient au fourage sans escorte, il a encor esté par luy, que tué, que pris, que blessé, un grand nombre de valletz et chevaux : et pour meilleure enseigne, il a eu le loisir d'ammener en ceste ville deux charriotz attelez de bons chevaux, chargés de gerbes; et par le rapport qui m'a esté par eux faict, les dits ennemis sont tousjours en extrême nécessité de vivres, tant pour les hommes que pour les chevaux. Ils sont de rechef, cejourd'huy, après disner, venus recognoistre ce lieu, où je crois qu'ils feront un de leurs logis auprès de la rivière de Seille, et au lieu, Sire, où dernièrement, venant en deçà, vous vistes vostre armée en bataille; et pense que ce sera le premier qu'ils feront, s'estans présentez du costé de la porte Mozelle douze ou quinze cens chevaux et un bataillon de gens de pied bien armez, ayant monstré qu'ils estoient là plus pour l'escorte du duc d'Albe ou des mareschaux de camp, que pour chercher quelque escarmouche : car ils ne se sont jamais voulus attaquer aux nostres, où estoit Paul Baptiste avec la moitié de la compagnie de monsieur de Nemours, jusques à midy. Et après La Rochefouoault avec une trentaine de gentilshommes, qui n'estoient de leurs bandes, et cinquante harquebusiers à leur costé, et suis marry, Sire, du peu de moyen qui m'est donné de les festoyer comme je désirerois bien à ceste arrivée, ayant desjà quatre pièces d'artillerie tant crevées qu'esventées de sept que j'ay faict tirer, estant bien déliberé de n'en faire plus tirer qu'à demye charge, et m'en servir pour leur donner plus de crainte du bruit que de l'effect, et m'ayder des fauconneaux et autres petites pièces, pour la deffence des bresches et du fossé, et plustost de pierres pour ne rien obmettre du service que nous espérons vous faire en ce lieu, etc.

« De Metz, ce 29 octobre 1552 (1). »

Lettre du mareschal de Saint-André, au dit duc.

« Monseigneur, monsieur le connestable arriva hyer en ceste ville de bon matin, où il employa tout le demeurant de la journée à visiter les ouvrages et fortiffications de ceste place, esquelles je vous puis asseurer, que depuis mon arrivée en ce lieu, il ne s'est perdu une seulle heure de temps ; et tout ce qui a esté en la puissance des hommes d'y faire, pour le nombre que j'en ay, n'y a esté espargné. Au demeurant je m'en remetz à ce que mon dit sieur le connestable vous en a escrit. Présentement il a advisé avec moy que je vous fasse ordinairement sçavoir de mes nouvelles, comme tousjours a esté telle mon intention, et que vous en userez de mesme en mon endroict et me ferez sçavoir autant de vos nouvelles qu'au Roy ou à luy, estant besoing pour le bien du service du dict seigneur que je sois ordinairement adverty du chemin que tiendra l'Empereur et de ce qui se pourra sçavoir de son dessein, que je ne sçaurois plus certainement sçavoir que de vous, Monseigneur, qui l'avez à vostre porte. Monsieur le connestable m'a faict laisser le double de l'un de vos chiffres, pour m'en servir en cela, ayant advisé qu'il valloit mieux ainsy le faire que de vous envoyer le double du mien, pour le danger des chemins. Je me recommande très humblement à vostre bonne grace, priant

(1) Une lettre de M. de Brissac portant la même date, indique aussi que les environs de Tone étaient au contraire parfaitement tranquilles.

« Monseigneur, pour ne discontinuer à mon devoir qui me commande vous escrire ordinairement, encores que il ne se présente pour ceste heure occasion digne de vous estre envoiée, je n'ay volu perdre la commodité de ceste dépêche sans vous faire ce mot de lettre, pour tant seullement vous dire comme toutes choses par deçà se retrouvent en très bon estat et disposition au service du Roy, ainsi que vous povez mieulx voyr par ce que j'en

Dieu qu'il vous doint, Monseigneur, bonne longue vie.

« De Verdun, ce 18 jour d'octobre 1552.

« Vostre très humble et plus affectionné serviteur, SAINCT-ANDRÉ. »

Lettre du dict duc au connestable, en responce des nouvelles qu'il luy avoit envoyées de Picardie et d'Italie.

« Monsieur, j'ay, en un mesme paquet que m'envoya dernièrement monsieur le mareschal de Saint-André, receu les deux lettres qu'il vous a pleu m'escrire des 21 et 25 de ce mois, par les quelles ay entre autres choses veu ce que me faictes sçavoir du Haton-Chasteau, le quel il m'avoit semblé ne devoir faillir vous ramentevoir, suivant ce que je vous en avois mandé par le sieur de La Brosse, en ma première despesche, estant le lieu le plus commode que j'aye peu trouver ez environs d'icy pour nous servir ès choses que m'avoit faict entendre de vostre part le sieur de Lesse, vous merciant, Monsieur, des nouvelles qu'il vous a pleu me départir du costé de la Picardie, et mesmement de la prinse de Noyon, que je trouve fort estrange ; et me semble que le Roy pour son service ne sçauroit faire trop exemplaire punition de ceux qui ont esté cause de telle faute, pour donner une crainte à tous autres qui se trouveront en semblables affaires, de ne penser sauver leur vie de la justice de Leurs Majestez, estans eschapez des mains des ennemis, dont j'estime le dit seigneur n'estre peu fasché de telle chose, ayant tousjours espéré que les dits ennemis, après avoir joué ce jeu, ne tarderoient guères à se retirer comme ilz ont faict. J'ay aussy veu ce que m'avez faict entendre de monsieur le mareschal de Brissac, dont j'ay esté très ayse, m'asseurant bien qu'il ne perdroit une seulle occasion de gaigner tousjours quelque pied sur l'ennemy, avec les forces qu'il a, qui ne sera peu de service au Roy en ces quartiers là.

« Quant à nos ennemis d'icy, je vous advertiray où sera assis leur camp quant ils l'auront arresté ; pour le siège que je pense estre pour

fais ordinairement entendre à Sa Majesté ; qui me garde vous en faire en cest endroict autre redite; vous supliant très humblement me voloir tousjours tenir en vostre bonne sovenance, me commandant voz bons plaisirs, pour les acomplir d'aussy bon cœur que je présente mes très humbles recommandations à vostre bonne grace ; priant le Créateur, Monseigneur, vous donner en bonne santé longue et heureuse vie.

« De Thuon ce XXIX d'octobre.

« Vostre très humble et très obéissant serviteur,

« BRISSAC. »

leur premier logis par delà la rivière de Seille, et pour ce que j'ay esté adverty qu'ils avoient encor esté, ce jourd'huy, recognoistre cet endroict là, j'ay aussy tost envoyé brusler les villages de là à l'entour, dont je vous envoye le mémoire, où ilz se pouvoient mettre à couvert : qu'est ce que je vous pourrois mander, pour ceste heure, là dessus, ne sçachant la liberté que je pourray avoir de vous advertir de telles choses par le menu, ce que j'essayeray toutesfois de faire par tous les moyens dont je me pouray adviser, m'asseurant bien que cependant monsieur le mareschal, avec les forces et cavallerie que luy avez laissées, ne perdra l'occasion d'empescher l'ennemy, lequel se délibère nous bien festoyer avec son artillerie. Au demeurant, Monsieur, il y a quatre jours que monsieur de Montmorency est arrivé icy, monsieur d'Anville aussy, pour lesquels je vous supplie penser que je ne feray jamais moins que je voudrois faire, s'ils estoient mes propres enfans, ne voulant oublier de vous dire, Monsieur, que de sept pièces d'artillerie que j'ay veu tirer, il y en a quatre qui sont desjà ou crevées ou esventées, ce qui m'est un très grand desplaisir pour le service du Roy en telle place que celluy et de sy grande importance que pouvez juger, n'ayant tenu à moy d'advertir de bonne heure de ce qui m'estoit de besoing lors qu'on avoit le moyen de m'en secourir. Toutes fois, comme c'est chose à laquelle on ne peut remédier, quelque nécessaire qu'elle soit, nous ne laisserons de nous mettre au meilleur devoir qu'il nous sera possible, avec les fauconneaux et bastardes que nous avons icy, et n'obmettray de chose que puissions pour le service du dit seigneur, estant aussy peu asseuré des autres pièces que nous avons icy, que de ces quatre, d'autant qu'elles sont d'un mesme temps et fonte.

« Quant aux Italiens du camp de l'Empereur, ce sera bien faict d'essayer de les retirer du costé de deçà, par le moyen d'André Mazé ou autres gentilshommes de monsieur le duc de Castres, et de luy mesme s'il est besoing. J'en ay parlé à mon dit seigneur le duc Horace, qui m'a dit n'avoir veu le dit Mazé depuis que vous le retintes ; mais qu'il envoye icy le cappitaine Torquato, qui avoit moyen d'en retirer et particulièrement de ceux de Pistoye, et ne restoit que de sçavoir où ils feroient l'amas, m'ayant nommé Tilly, qui m'a semblé n'estre mal à propos, non pour les y faire séjourner long temps, le lieu estant un peu dangereux, mais pour apprandre des nouvelles du dit cappitaine, qui les poura assembler trois ou quatre lieues au delà : me recommandant sur ce, etc.

« De Metz, ce 29 octobre 1552. »

Autre lettre du dict jour, du dit duc, au cardinal de Lorraine son frère.

« Monsieur mon frère, vous verrez par la despesche que je faitz présentement au Roy tout ce qui sçauroit offrir de nos nouvelles, et entr'autres choses le peu d'asseurance que j'ay de me pouvoir ayder de l'artillerie qui est en ceste ville, et qu'elle me servira plus de mine que d'effet : souviennes-vous au moings qu'il n'a pas tenu à en demander de bonne heure. Toutes fois, je ne me veux pas couvrir de cela, et dittes au Roy, puisqu'il n'y a plus de moyen de m'en secourir, que je chercheray tous les moyens pour nous desfendre jusques à faire un bel mourir, et avoir cet honneur que nous luy ayons faict un bon service : qui sera l'endroict, etc. Priant Dieu, monsieur mon frère, etc.

« De Metz, ce 29 octobre 1552. »

Lettre du Roy au dict duc, où il luy parle du marquis Albert et de son infidélité, après toutes les conférences de l'évesque de Bayonne et du sieur de Lanssac avec luy, pour l'attacher aux intérestz de la France.

« Mon cousin, ce matin j'ay eu grand plaisir d'avoir vos lettres du 27 de ce mois, pour avoir sceu par icelles comme les choses se passent au lieu où vous estes, et le peu de dilligence que font les ennemis de vous approcher ; dont je ne puis penser l'occasion, n'estant seul qui demeure en doubte s'ilz seront pour s'attacher à bon escient à vous, cognoissant bien que c'est le pis qui leur pourroit advenir et le plus grand service qu'ils me sçauroient faire, puis que vous estes là dedans sy bien accompagné que j'ay espérance en Dieu qu'ils n'y gaigneront que des coups.

Quant à l'Empereur, j'ay certain advis qu'il est dedans Thionville fort travaillé de maladie, et fais mon compte que voyant Metz sy hors de son commandement, il ne l'est moins de l'esprit que du corps. Vous avez sceu, mon cousin, comme j'ay retiré le régiment Reiffemberg à mon service, qui a esté fort à propos, car depuis deux jours ce malheureux marquis Albert a faict chère démonstrative de sa mauvaise volonté, car après s'estre laissé pratiquer de l'Empereur, comme il estoit à deux lieues de la Franche-Comté de Ferrette pour y aller bracheter, comme il disoit, il est retourné tout court vers Nancy et Pont-à-Mousson, et s'en va comme il fault penser se vendre à l'Empereur, car mon cousin le duc d'Aumalle, que j'avois mis après, a desjà troussé quelques uns de ses gens, portans l'escharpe rouge, qui ne sont pas tous retournez au logis. Il est vray que je ne suis pas encor hors d'espérance de retirer le régiment du cappitaine Bourg, et une partie des autres soldatz qui trouvent le plus mauvais du monde l'infidélité dont il use : qui est tout ce que vous aurez pour ceste heure, sinon pour vous advertir que j'ay donné ordre à vous envoyer un fondeur et un charpentier, et vous prie ne perdre une seulle occasion à me faire sçavoir de vos nouvelles, priant Dieu, mon cousin, vous avoir en sa saincte et digne garde.

« Escrit à Rheins, ce 30 octobre 1552. »

Lettre du connestable, du dict jour 30, au duc.

« Monsieur, je vous mercie de très bon cœur des nouvelles qu'il vous a pleu m'escrire de mes enfans; et loue Nostre-Seigneur de ce qu'il leur a tant faict de graces de les avoir seurement conduits jusques à là, affin qu'ils puissent faire service au Roy, soubz un sy digne et vertueux prince que vous estes, qui est le plus grand heur qui me sçauroit advenir, vous priant me faire ce bien de les avoir pour recommandez et les faire tenir prez de vous, sans souffrir qu'ils s'exposent aux escarmouches et saillies, qui ne sont pas propres à tels gens. Au demeurant, je vous diray que le Roy est le plus content et plus satisfaict prince du monde des lettres que vous luy escrivez. Et notez ce que est par articles en chiffre de la seureté, qui est en celuy qui vous doit emmener les douze Espagnols dont vous ne sçauriez faire un plus beau sacrifice que celluy que vous avez avisé, ne voulant pour ceste heure faire plus longue lettre, sinon pour me recommander humblement à vostre bonne grace, priant Dieu, etc.

De Rheins, ce 30 octobre 1552. »

Lettre du duc au Roy, du dernier jour d'octobre.

« Sire, cejourd'huy, au poinct du jour, ont commencé d'aprocher les Espagnols, Italiens et quelque régiment d'Allemandz, lesquels se sont logez derrière la belle croix, et commencent fort leurs pionniers à remuer terrez depuis ceste nuit; nous ne leur espargnons rien de nos clochers, tours murs et des endroitz d'où l'on les puisse veoir, mais ce n'est sy souvent que je voudrois de nos grosses pièces, pour les raisons qu'il vous aura pleu veoir par mes lettres; leurs harquebusiers se monstrent de plusieurs costez et ne tient qu'à moy que je ne voye beau passetemps des nostres avec eux; mais il fault que je garde ce que j'ay icy. J'ay envoyé seulement dehors trente harquebusiers, avec ceux de ma garde, qui, je vous asseure, Sire, ont triomphé et n'y en a eu qu'un des nostres blessé et poinct de tuez. Je crains fort que d'icy en avant je vous puisse que malaisément mander de nos nouvelles : car outre le bon guet que les ennemis feront pour nous engarder, tous les paysans d'icy autour sont par tous les bois les armes en main qui sont pis que maraugois.

« Sire, je supplie le Créateur, etc.

« De Metz, ce 31 octobre 1552. »

A la fin du mois d'octobre, fut dressé l'estat de la despense faicte par maistre Benoist Legrant, conseillier du Roy et l'ung des trésorier de l'extraordinaire de ses guerres, de l'ordonnance et commandement de monseigneur le duc de Guyse, gouverneur et lieutenant général du Roy en la ville et pays de Metz, tant pour le payement de vingt quatre enseignes de gens de guerre à pied, François et Gascons, et d'une aultre enseigne de harquebuziers à cheval, estans en garnison en ladicte ville de Metz et lieux circonvoisins d'icelle, que pour les taxations des commissaires et contrerolleurs qui ont faict les monstres et reveues desdicts gens de guerre; et ce pendant et durant le dit moys d'octobre. Et nous, Françoys de Lorraine, duc de Guyse, pair et grand chambellan de France et lieutenant général du Roy en la ville et pays de Metz, certifflames à messieurs les gens des comptes du Roy, nostre dict Sire, à Paris et aultres qu'il appartiendroit, que toutes et chacunes les parties et sommes de deniers contenues au dit estat, montans et revenans ensemble à la somme de cinquante cincq mil sept cens quatre livres tournois, furent, de nostre ordonnance et commandement, payées, bailliées et délivrées comptant par maistre Benoist Legrant, conseillier du Roy et l'ung des trésoriers de l'extraordinaire de ses guerres, aux gens de guerre et aultres personnes déclarées au dit estat, pour les causes et ainsy qu'il est à plain contenu et déclaré particulièrement es articles d'icellui présent estat, contenant quatre fueilles de pappier escriptz, et ce pendant et durant le présent moys d'octobre. Si priames que en rapportant par ledict maistre Benoist Legrant les rolles des monstres et reveues qui ont esté faictes desdictz gens de guerre, deuement signéez et expédiez des devantz dictz commissaires et contrerolleurs à ce par nous commis et députés et les quictances des parties où elles escherront seullement, ladicte somme de cinquante cincq mil sept cens quatre livres tournois fut passée et allouée en la despense de ses comptes et rabatue de sa recepte, sans aucune difficulté.

Lettre de monsieur de Nevers au duc, au subject du marquis Albert.

« Monsieur, je vous eusse volontiers plustost escrit, mais il ne m'a pas esté possible pour les affaires que nous a donné le marquis. Il a laissé le chemin de la Bourgogne qu'il tenoit, et estant aujourd'huy pratiqué par l'Empereur, tire vers Nancy. J'ay toutes fois retiré le régiment de Reiffemberg, qui peut estre de trois mil cinq cens hommes fort bien armez, que j'ay envoyé au Roy, après néantmoins avoir livré trente et un mil escus au marquis, pour le remboursement de deux mois qu'il leur avoit payé; laquelle somme le dit Reiffembertg porta jusques à une lieue de son camp, où il fut par le dit marquis Albert prié de parler un mot à luy, et y estant allé fut retenu avec quelques capitaines et furent néantmoins renvoyés. Je ne veux oublier que pour gaigner les cœurs d'aucuns les principaux de son armée, pour ce qu'ils s'estoient monstrez aucunement favorables au Roy, je m'advisey leur faire quelque présent au nom du dict seigneur; mais y ayant envoyé pour ce faire quelques gentils hommes, ils n'y firent rien et ne voulut le dit marquis que pas un en print, disant qu'il avoit moyen de payer ses gens jusques à ceste heure là, et que sans le Roy les payeroit bien encor. J'ay envoyé de mes gens après eux par ce qu'ils s'escartent, et en a esté faict sy bon devoir, qu'il seroit aisé de les suivres à la brisée. Je vous diray aussy que quelque bonnes gens de ce pays en ont abbatu par les chemins plus de deux ou trois cens, et continuent par tout où il est; ce qui est cause qu'ils se tiennent plus serrez. Le dit marquis a depuis deux jours escrit une lettre au Roy que je ne pense contenir autre chose qu'un mescontentement. J'arrivay hier en ce lieu, où j'espère favoriser monsieur Desclavolles et tous ceux qui sont dedans Toul. Ce faict, j'essayeray de passer l'eau pour faire la plus grande course qu'il me sera possible, pour estre souvent près de vous, priant Dieu, etc.

« A Condé, le jour de Toussaintz. »

Lettre du cardinal de Lorraine au duc son frère.

« Monsieur mon frère, j'ay reçu les lettres que vous m'avez escrittes du 29 du mois passé, par lesquelles j'ay esté merveilleusement aise d'entendre de vos nouvelles. Je ne vous feray longue déduction des nostres, me remettant du tout sur la despesche du Roy, où vous serez bien au long adverty des affaires du dit seigneur, qui sont en bon train de tous costez; sinon que nous sommes bien marris de vous voir maintenant sy mal pourvueu d'artillerie, et n'y à celluy qui ne cognoisse bien, et le Roy mesme, la faulte qu'on a faicte de ne vous en donner, et qu'il n'a pas tenu d'en demander de vostre costé. Toutes fois, quelque chose qui se présente, voyant les délations dont use l'Empereur, nous ne pouvons croire qu'il vous doive assiéger pour ceste année; peut-estre que la crainte que nous en avons nous en oste l'opinion, et d'avantage, on nous l'a faict sy malade et ses affaires en sy mauvais estat, qu'il est mal aysé de se persuader qu'il nous puisse mal faire, ny à vous aussy, pour cet hyver. Néantmoings, le Roy se délibère faire partir dedans peu de jours la Reyne et les dames de ceste ville, où il séjournera encor pour quelque temps, attendant le succès des affaires de Metz, et quelle fin prandront les desseings de nos ennemis, vous asseurant, monsieur mon frère, que le plus grand plaisir que reçoive le Roy est d'entendre de voz nouvelles, vous priant que nous en ayons le plus souvent que vous pourrez, qu'est l'endroit où je prie Dieu, etc.

« De Rheins, ce 4 jour de novembre 1552. »

Lettre du connestable au dit duc, du mesme jour.

« Monsieur, la lettre que le Roy vous escrit satisfaict à tout ce que je vous sçaurois dire pour le présent pour responce aux lettres que nous avons receues de vous du 29 du passé, et sommes attendans ce que les ennemis, après un sy long séjour devant Metz, auront faict. Ceux de Picardye se sont rassemblez, faisans courir le bruit qu'ils veuillent attaquer quelque place; mais il y a tel ordre que j'espère qu'ilz n'y gaigneront rien. L'autre jour il sortit de Corbie une partie de la compagnie de monsieur d'Estamps, autant de celle de monsieur de Rohan et environ vingt gentilshommes que monsieur de Rion menoit, qui trouvèrent quatre cens chevaux des dits ennemis et cinquante arquebusiers que les nostres chargèrent sy vivement, qu'ils les deffirent tous et furent pris ou tuez. C'est pour garder la possession de les battre par tout, comme ils s'en sont bien asperceu à l'escarmouche devant vostre place, où ils ont faict perte de beaucoup de gens de service. Priant Dieu, etc.

« De Rheins, ce 4 jour de novembre 1552.

« Vostre humble serviteur,

« Montmorancy. »

Le 5 novembre M. de Guyse escrivit au marquis Albert pour l'eschange d'aucuns prisonniers.

« Mon cousin, devant hier je receuz la lettre que m'avez escripte touchant deux de voz gens que me mandez avoir esté esgarez en l'escarmouche qui fut faicte jeudy dernier, lesquelz ont esté prins des nostres et ayant esté blessez j'ay ordonné qu'ilz feussent pensez par noz chirurgiens et traictez de façon que l'ung d'eulx commence à se très bien porter, et seray tousjours très aise non seullement à ceulx cy, mais à tous autres, user de bonne guerre comme j'ay jusques icy fait. Et pour cest effect, je vous advise que me faisant entendre au vray ce qu'ilz ont de soulde par chacun mois, je les vous renvoieray avecques le trompette qui apportera leur solde d'ung mois pour leur dite rançon, pourveu que veullez faire le semblable d'ung nommé Vignolle, homme d'armes de la compaignie de monsieur de Lorraine, et d'ung nommé Forges archer de ladicte compagnie que j'ay perduz en ceste escarmouche, desquelz je vous asseure l'homme d'arme n'avoir de sa paye par chacun mois que trente trois livres six solz huict deniers, et l'archier seize livres treize solz quatre deniers, sur quoy, je vous prie, me manderez vostre intention par ce dict trompette et au surplus croirez que n'eust esté la quallité du gentilhomme de vostre maison dont m'escripvez au commencement de vostre dicte lettre et que je désire bien m'en informer plus avant, suivant ce que j'en ay long temps a escript au Roy, je ne l'eusse tant détenu icy, où il n'aura faulte de choses qui luy soit nécessaire pour sa guérison, comme aussy ceulx qui pourroient encore tumber en noz mains des vostres.

« De Metz, ce 5ᵉ jour de novembre. »

L'emprisonnement du prince Albert de Brandebourg (1) est le subjet de plusieurs lettres qui seront cy-après rapportées, et premièrement du cardinal de Lorraine, son frère, au duc de Guyse.

« Monsieur mon frère, vous verrez ce que monsieur le Connestable vous escrit présente-

---

(1) Un extrait de l'Histoire de France de La Poplinière touchant le marquis Albert de Brandebourg, fera connaitre les motifs de cest emprisonnement et par conséquent comprendre les lettres du Roy, du connestable, du duc de Guyse, etc., sur son subjet. Il est tiré du second livre de cette Histoire.

« Or pour ce qu'Albert de Brandebourg ne voulut accorder les conditions de paix conclue à Passau, et qu'à faulte de poser les armes il fut comme banny de l'Empire, il assembla troupes de gens aussy mal contens que luy, lesquelz se désunissans de la confédération première, continuèrent la guerre contre les villes qui n'avoient voulu secourir la ligue contre l'Empereur, comme Nuremberg, dont il eut grosse somme d'argent, assiégea Ulme et forcea les évesques de Bamberg et Wissebourg à fort estranges conditions, entra dans Vorms, Spire, Mayence, Trèves et plusieurs autres places dont il receut grandz deniers, somme que faisant la guerre et soubz le nom et adveu du roy de France, duquel ses gens portoient levrs armes en leurs drapeaux et cornettes, il se faisoit renommer plus pour ses rigueurs et cruautez extrêmes que pour autres traictz de guerre, tousjours suivy de deux mil chevaux huit mil piétons et quelques pièces qu'il traisnoit pour se faire passage et forcer les places de résistance. Enfin il descendit à Trèves qu'il pilla, et comme il passoit outre vers la France, le Roy au nom duquel il guerroyoit luy envoya Jean du Fresne, évesque de Bayonne, tout frais retourné d'Allemagne, pour entendre son intention et convenir avec luy de la solde et de celle de ses gens qui continuoient leur façon de vivre soubz le titre et adveu du service de France, endommageans les ennemis en toutes sortes. Sa responce fut honneste et gratieuse, disant quant à son appoinctement n'estre venu au service du Roy pour un prosfit particulier, mais que toute sa vie il avoit eu désir d'employer sa personne et moyens pour luy rendre tout humble service, veu le bon zèle de Sa Majesté d'avoir ainsy maintenu les franchises de la Germanie, occasion qu'il s'estoit séparé du duc Maurice, estimant le Roy tant raisonnable qu'il feroit donner appoitement esgal au mérite de ses soldats, hommes élevez et prestz à mourir pour son service avec plusieurs autres gracieusetez. Mais le Roy et son conseil regardoient les choses de plus loing, et comme il se deffioit que l'Empereur ne feust après pour le pratiquer, survindrent assez tost quelques

particularitez pour faire juger que son appointement estoit desja en termes, et aucuns luy conseilloient de s'arrester aux offres du Roy, les autres de suivre la fortune du plus grand de son pays. Sur ces menées secrettes, il passa outre montant contrement la rivière de Mozelle et costoyant Thionville, vint camper à Rozanges trois lieues près de Metz, où sy tost qu'il fut arrivé envoya demander vivres au duc de Guyse que le Roy avoit jà envoyé pour gouverneur à Metz, tant pour l'opinion de sa valleur que pour la créance et réputation qu'il avoit en tous ces pays, affin d'entretenir son armée de vivres, lequel pour luy oster toute occasion de mescontentement fit tout le possible de luy en départir pour aucuns jours : ce que toutes fois estant par luy autrement considéré, ne désistoit de l'importuner de jour à autre pour en avoir en aussy grande abondance comme s'il n'eut esté question que de les prendre à son plaisir sans avoir esgard du lieu où le prince devoit garder pour temps uncertain ; ce qu'il fut contraint de luy remonstrer par Pierre Strossy etc. ; de quoy semblant se contenter, demanda un homme qui seust le pays pour le conduire et mener ; à quoy fut ordonné par le duc de Guyse Gaspard de Hue gentilhomme natif de Metz. Toutesfois il changea d'advis, car au lieu de prandre le chemin vers les salines, il s'aprocha à une lieue de Metz et fut camper en un lieu appellée Acy, où il fit quelque séjour, usant de toutes les ruses qu'il pouvoit imaginer pour gaigner la bonne grace de l'Empereur par quelque signalé service; et finallement dévala au Pont-à-Mousson sans avoir encor rien résolu avec l'évesque de Bayonne pour son appointement, combien que derechef le Roy eut envoyé Lanssac devers luy pour la mesme cause, et on entra en soubçon de luy, par quoy, le Roy qui avoit sceu les desseingtz et préparatif de l'Empereur, avoit jà mandé toutes les garnisons ban et arriereban fit assembler son camp à Saint Mihiel, petite ville de Lorraine, à six lieues dudit Pont-à-Mousson, où se trouvoient le connestable, le duc de Nevers le comte d'Anguyen, le prince de Condé, le comte d'Aumale, vicomte de Rohan, le mareschal Saint André, Chastillon général de l'infanterie françoise, et comte de Villars Bourdillon ordonné lors mareschal de camp. Le comte Rhingrave et Reivoc avec leurs régimentz de lansquenetz et plusieurs autres grandz seigneurs et cappitaines, et le duc d'Aumalle Chastillon et le comte Rhingrave luy, furent envoyez pour rément, en chiffre, à quoy je vous diray autre chose, sinon que puis qu'il a pleu à Dieu invoyer cet inconvénient à nostre frère, il la fault prandre en patience, vous asseurant qu'il a faict sy grand devoir et acte d'homme de bien, qu'on ne luy sçauroit imputer qu'il y ayt eu de sa faulte; mais il a esté mal servy. Dieu veille que soudre avec luy le dernier accord de son appointemen. Lors ilz descouvrirent ce qui n'estoit auparavant formé de luy qu'en neué, rendant une response sy ambiguë et hautaine avec un maintien d'homme dépité et mal content, qu'il demandoit presque la moutyé de la rançon du Roy pour appointement et jusques à refuser les deniers que le connestable luy envoya, de quoy on connut qu'il s'estoit réconcilié avec l'Empereur, lequel le voyant hors son pouvoir de luy malfaire et qu'il avoit faulte de gens, luy pardonna toutes ses faultes. Tellement que l'advis de beaucoup estoit de charger ce marquis, les autres persuadèrent qu'il seroit bon de soustraire la meilleure part de ses cappitaines et soldats par le moyen des Allemans venus au service du Roy, ce qui fut sy bien conduit que le collonel Reiffemberg accepta dès lors le party du Roy, de quoy le marquis eut un extrême despit; mais voyant d'ailleurs que l'armée de France qui s'enfloit tous les jours luy estre fort voisine, et que desjà on murmuroit de luy donner une carque etc. fit entendre au connestable puis qu'il ne plaisoit au Roy le retenir à son service qu'on luy donnast passage pour se retirer, protestant qu'en autres lieux, sur les terres de son ennemy, il luy pourroit faire service autant ou plus que celle part, l'asseurant sur sa foy de ne prandre party avec l'Empereur contre luy. De cecy le Roy adverty et ceste affaire débatue au conseil, fut opiné le plus expédient estre de faire pont à l'ennemy se retirant, que mettre les armes en la fournaise pour les eschauffer d'avantage etc. Pour ce faire l'évesque de Bayonne fut laissé près de luy pour luy faire donner libre passage par tous les pays du Roy; d'autre part le duc d'Aumale fut ordonné pour le cottoyer avec deux cens hommes d'armes et cinq cens chevaux légers, pour empescher qu'aucuns des siens ne se desbandassent à la ruyne des subjetz du Roy etc.

« Cependant le duc d'Aumale asseuré de toutes les menées du marquis en advertit le Roy, qui estoit à Rheins, luy faisant entendre que plus expédient estoit le deffaire plustost que le permettre se joindre à l'ennemy et le renforcer d'autant. Et pour ce faire luy faisoit entendre, qu'avec les moyens qu'il avoit, deux cens hommes d'armes battroient à la desfaicte. Le Roy luy fit responce qu'il trouveroit bonne ceste expédition pourveu qu'elle fut exécutée prudemment et sans trop grand hazard, et quant et quant manda à Bourdillon de l'aller joindre avec cent homme d'armes et luy obéyr en ce qu'il le voudroit employer pour son service etc.

« Le 28 d'octobre, estant le duc d'Aumalle informé du partement du marquis pour s'aller joindre à l'Empereur, desplace, à la diane, avec toute sa cavallerie du pont Saint-Vincent où il avoit couché, et se vint mettre en bataille sur le hault d'une montagne appelée la Croix du Moustier, au-dessus de ce marquis, pour considérer et voir ce qu'il voudroit faire, lequel aussy ordonnoit ses batailles pour suivre son chemin accordé sans avoir opinion pour ce jour combattre contre les François. Toutes fois, ces deux armées ne furent pas longtemps voisines que les escarmouches commencèrent à se dresser chaudement tant par gens du pays que d'aucuns soldats françois qui estoient accourus pensans voller et de trousser quelque butin sur la queue de ce marquis, auquel en fut faict le vous soyez mieux servy qu'il n'a esté; et pour ce qu'il est présentement malaisé de vous faire seurement tenir lettres, je ne vous feray la présente plus longue, que pour vous asseurer qu'en toute la deffaicte, hormis ce pauvre monsieur de Rohan et monsieur d'O, qui y sont demeurez mortz, il n'y a poinct eu plus de quarante personnes de tuez : qui est pour vous monstrer rapport par deux ou trois fois avant qu'il ne voulust rien croire, faisant responce que le duc d'Aumale ne le cherchoit pas. C'estoit sur le commencement de novembre que les plaintes se redoublans de toutes partz, luy mesme avec son truchement alla recognoistre comme il estoit du tout à la vérité, où il fut repoussé fort rudement, sy que d'une arquebusade son truchement fut tué près de luy. Ce qui l'esmeut tellement, qu'il retourna vers les siens et avec vives et affectionnées prières leur remonstra que le duc d'Aumalle avec grand nombre de cavallerie françoise les attendoit au passage pour les hacher en pièces, et que le moins qui leur pouvoit avenir c'estoit la mort, laquelle ils ne pouvoient éviter sans faire une extrême et grandissime hardiesse, mit toute peyne de les encourager au combat, leur proposant aussy que s'ils avoient doubté la rigueur et punition de l'Empereur qu'il ne leur falloit attendre ny espérer meilleur traictement des François : tous ses propos néantmoins ne sceurent eschauffer l'infanterie d'Albert, laquelle mutinée faulte de paye refusa d'aller avant, ouy bien la cavallerie mesmement les chefs et surtout Georges de la noble maison de Leuchtenberg, qui estoit, comme en la guerre des protestans, soulieutenant général. Lesquels teste baissées vindrent charger les compagnies du duc d'Aumalle qui estoit sur le poinct de se retirer, encor que l'évesque de Bayonne le poussast à la deffaict du marquis; c'estoit sy tard qu'ils estoient jà prest à combattre avec sy grand malheur que de première abordée rencontrèrent une troppe de valletz que l'on avoit faict demeurer en un lieu pour faire monstre, lesquels ils mirent incontinant à vauderoutte et quant et quant chargèrent sur un autre escadron de chevaux légers et harquebusiers à cheval, lesquels pareillement ils mirent en désordre, trouvans ouverture sans combattre pour donner jusques aux rangs de la gendarmerie, laquelle ils enfoncèrent et contraignirent reculer à coups de pistolletz, comme troupes et compagnies mal pourveues de lances pour les soustenir. Le duc d'Aumale voyans sa cavallerie ainsy rompue et fuir de tous costez pique de grande envie et prévoyant une malheureuse fin à ceste entreprise, manda à Brezé lieutenant de sa compagnie qui se retirast, et le mieux qu'il seroit possible sauvast sa compagnie. Depuis néantmoings voyant son feu allumé près de luy et les ennemis fort meslez avec la principale troupe de sa gendarmerie et la plus prochaine de sa personne où le combat estoit fort aspres et les ennemis vertueusement soustenus par ce petit nombre qui estoit de gentils hommes, se rallia avec peu des siens, leur criant avec un visage riant et asseuré : mes compagnons mes amys bataille bataille, puis s'abandonnant à la fortune qui l'avoit toutes fois sy mal caressé et entretenu jusques à là, sans respect de sa vie, l'espée au poing, donna dedans cette meslée et fit tous les plus grandz effortz qui luy furent possibles; mais la foulle de ses ennemis renforçoit continuellement et le nombre des siens diminuoit, tant pour estre abandonné d'aucuns qui s'enfuyrent, que pour le décedz de plus vertueux tuez et abbatus devant luy, les autres fort blessez et mis à pied pris et emmenez prisonniers : tellement qu'estant blessé de deux couptz de pistollez au corps et en la teste, son cheval tué soubz luy, finallement fut abbatu et pris. »

comme ils ont bien faict leur devoir, priant Dieu, etc.

« Vostre très humble et obéissant frère,

« C., CARDINAL DE LORRAINE.

« De Rheins, ce 8 novembre 1552. »

Et au dos : *A monsieur mon frère monsieur le duc de Guyse.*

Lettre du connestable au duc de Guyse.

« Monsieur, depuis les dernières nouvelles qu'avez eüs de nous, par lesquelles je vous faisons sçavoir les fascheux déportements du marquis Albert, il est advenu que, vendredy dernier, ainsy que monsieur d'Aumalle vostre frère, auquel le Roy avoit mandé de tenir le dit marquis de plus près qu'il pourroit, envoya recognoistre son armée, pour veoir ce qu'il faisoit. Les coureurs qu'il avoit despesché trouvèrent une ambuscade de cinq cens chevaux, que ledit marquis avoit mis sur une advenue, qui les chargea sy rudement qu'ils furent contraints eux retirer quasy jusque au lieu où estoit ledit sieur d'Aumale, et de là s'attacha l'escarmouche sy roide, qu'il ne luy fut possible retirer ses gens, ainsy qu'il avoit délibéré, et vouloit faire de manière que marchant sur luy toute la force du dit marquis, il fut contrainct de venir au combat, où il fit ce que le plus vaillant et vertueux prince du monde sçauroit faire. Et sy tous les chevaux légers, dont il avoit sept ou huit compagnies, et quatre de gens d'armes avec la sienne, eussent faict la moutié du devoir qu'il fit, la prise ne fust pas arrivée; mais ayant esté son cheval tué soubt luy, et n'estant pas bien secouru que des siens, se trouva blessé en trois endroitz. Il y est demeuré à la mercy de ses malheureux barbares, qui avoient pris quant et luy le pauvre monsieur de Rohan, lequel à ce que nous avons sceu, ils ont tué depuis. Et n'y a, à ce que nous avons peu sçavoir, autre personnage pris que le lieutenant de Pelour, et de tuez que le gros Vantou, ne se trouvant que vingt ou vingt cinq hommes mortz des deux costez, ne croyant pas que du nostre il y a en ayt plus de dix : tout le demeurant estant revenu à Thoul, ordre ayant esté donné, sur l'heure, de les recueillir. Ce que j'ay bien voulu vous faire entendre par le menu, affin que l'on ne vous fasse pas la desfaicte plus grande. Et n'estoit la perte de monsieur vostre frère, ce ne seroit pas chose dont on deust parler.

« Le lendemain, le dit marquis Albert fit le serment à l'Empereur, et à ce qu'avons sceu, s'en va en son camp, dont je crois que vous aurez bien sceu des nouvelles d'ailleurs, que le Roy receut hyer advis, que nos gens qui estoient dedans Hesdin rendirent la place sans avoir enduré aucun assault; mais nous ne sçavons pas encore pourquoy, ny comment, et nous a esté la plus estrange nouvelle qu'eussions peu avoir, veu l'asseurance que l'on pouvoit prandre aux sieurs de Rancé, Senlys, Saint-Luc, Douvers et Mouy, qui estoient dedans avec douze cens hommes de pied et la compagnie de monsieur de La Meilleraye, bien pourveue de tout ce qu'il leur falloit; de sorte qu'il fault penser que c'est un désastre. Le Roy y faict marcher une partie des forces qu'il a par deçà, pour, cependant que l'Empereur est attaché à vous, essayer d'en prandre revenche, et par adventure recouvrer la ditte place, laissant toutes fois sy bonne compagnie de gens de pied et de cheval à monsieur le mareschal de Sainct-André, et aussy à monsieur de Nevers, qu'ils auront moyen de travailler l'ennemy de vostre costé. Cependant je prie Dieu, etc.

« De Rheins, ce 8 novembre 1552. »

« Je vous envoye un advis de fort bon lieu, dont vous pouvez faire proffit, et depuis ceste lettre escrite, nous avons eu nouvelles par Cobioux, lieutenant de Crussol, qu'il y a plus de morts que je ne vous disois, comme Sainct-Forgeux, La Mothe, Du Seau, l'enseigne de Pienne et quelques autres. »

Lettre de monsieur le connestable au duc.

« Monsieur, ayant dict au porteur qui dit estre à vous, tout ce que je vous pourrois escrire, je remettray à luy de vous faire le discours de la prise de monsieur d'Aumalle, de l'estat en quoy il est, et la peyne en quoy est le Roy, ayant sceu ceste mauvaise nouvelle, et esté adverty de la prinse de Hesdin, qui s'est rendue par composition, asscavoir bagues sauves, et quatre pièces d'artillerie. C'est tout ce que l'on en sçayt pour ceste heure. Le sieur de Rance, comme vous sçavez, estoit dedans, et le sieur de Senlis, desquels on ne sçayt encor nouvelles, et ne puis penser qu'ils ne soient mortz, les estimant tant qu'il est mal aisé à croire que sans endurer assault ils ayent voulu rendre une sy bonne place, et sont nouvelles qu'il me semble n'estre besoing de publier, et mesmement la prinse du dit Hesdin. Achevant ceste lettre, est arrivé maistre Thomas d'Elveché, par lequel j'ay entendu bien amplement de vos nouvelles, qui sont bonnes, Dieu mercy, et sy advantageuses pour vous que le Roy en recevra très grand plaisir, et mesmement d'estre asseuré que l'Empereur s'attachera à Metz, où il a bonne espérance qu'il ne recevra que honte et dommage, et vous très grande louange et réputation : dont je prie Nostre Seigneur et vous donner, Monsieur, en santé, très longue et bonne vie.

« De Verdun, ce 9ᵉ jour de novembre 1552. »

Lettre du duc au mareschal de Sainct-André, en chiffre.

« Je vous renvoye ce porteur, auquel j'ay tout monstré le bien et le mal de ce lieu. Je suis d'advis que vous l'envoyez au Roy pour luy en rendre comte, auquel je ne feray longue lettre pour sa suffisance. Il vous dira, s'il eschappe, quel est le chemin par où il est venu et retourné, affin qui sy avez envie de m'envoyer homme exprès, le fassiez venir par là. Il y en a encor un autre qui ne se peut faire qu'une fois, lequel il fault réserver pour une bonne occasion, qui est de partir au soir de là où vous estes, et marcher jusques au poinct du jour ; s'arrester dans les bois de Mallatour, apporter de quoy repaistre les hommes et chevaux, et puis à l'entrée de l'autre nuit d'après, venir passer à costé de Marance, de là Donchamps, de là s'en venir par le chemin qui vient de Thionville droict au Pontifroy, où on trouvera sur le bord dix ou douze chevaux du marquis qui y font toute la nuit la garde, et crois, s'ils estoient chargez, il n'y auroit pas grand affaire à les anmener icy ; et quant vous voudrez esprouver ce chemin, je vous prie m'en advertir, affin que je fasse de mon costé ce qui est de besoing pour favoriser les vostres, donnant par l'autre pont l'alarme à leur camp : et fault noter que s'il y peut avoir moyen de me pouvoir secourir de gens ou d'autres choses nécessaires, ce ne peut estre par autre endroict ; nos ennemis commencent à réchauffer de tirer, et sçay pour certain qu'ils sont en trois ou quatre endroictz soubz terre : nous verrons que ce sera, »

Lettre du duc au Roy, où il luy donne advis de tout ce qui se passe en ce siège, et de l'estat des travaux des ennemis et de leur batterie.

« Sire, nos ennemis après avoir mis quelques pièces d'artillerie en l'une des platteformes, dont je vous avois escrit le 9 de ce mois, commencèrent encor, sur les sept heures du matin, à battre le chasteau de la Porte Champenoise, et quelque batterie qu'ils ayent sceu faire, ne peurent abbatre pour le jour deux petites tourelles, qui sont au-dessus du dict chasteau. L'unzième, sur le commencement du jour, ils recommencèrent la batterie en ce mesme endroit, et ayans abbatu l'une des dittes tourelles, ont laissé l'autre preste à tumber, et commencent a battre une tour carpée, quasy joignant laditte porte, tirant vers la platteforte verte. Ce qu'ils ont continué jusques sur la minuit, qu'ils ont veu qu'elle estoit fort ouverte par le dehors. Ils ont aussy tiré tous ces jours aux deffences de la porte Saint Tiébaut et à la platteforme où besongne monsieur d'Anguien, près des Célestins.

« Et le douziesme, en batterie, à la porte Champenoise, au boulevart, lequel encor qu'il ayt dix huit pieds despaisseur et de bonne muraille, sy n'ont-il laissé d'y faire jour. Cejourd'huy, ont continué leur batterye audit boullevart, qu'ils ont fort ruyné ; et s'ils continuent encor demain, ils y feront bresche de quarente pieds de large. Ils trouveront derrier que, durant leur batterie, nous n'y avons perdu temps, y ayans mis assez de terre pour saouler leurs doubles canons. Ils ont force artillerie preste, et se dilligentent de continuer leurs trenchées pour la loger ; nous avons démonté deux de leurs grosses pièces de nostre double canon, qui est en la platte forme Saincte-Marie ; et sy jeusse eu bien de quoy, je leur eusse bien fait connoistre qu'ilz ne s'estoient pas bien couverti. L'une des clavettes de la ditte pièce sort dehors, qui nous montre qu'il la fault espargner ; l'autre grande coullevrine s'est esclattée par le bout de devant, environ un pied et demy, que je faicts soier et m'en pourray encor servir. Vous pouvant asseurer, Sire, que la faulte ne vient pas de les tropt charger ; mais elles sont sy mal fondües, et de matière sy aigre, qu'elles ne peuvent endurer sy peu de charge quelles ne s'ouvrent ou rompent, et serois très aise, Sire, que le fondeur duquel il vous a pleu m'escrire, par vostre lettre du 24 du passé, fut jà arrivé icy pour nous ayder à les fondre. Le marquis Albert est venu ce matin loger devant nos ponts, sur une petit haulteur de vignes, près de l'abbaye de Sainct-Martin, estant présentement sur le bord de l'eaue, à l'endroict de l'escluse, devant nous, et avec toutes ses trouppes. Et ayant veu que j'avois faict advancer au bout du Pont-des-Morts, de leur costé, le cappitaine Gourdan avec quarente arquebusiers des siens, il a envoyé leur attacher l'escarmouche à deux ou trois cens Allemands, qui n'y ont rien gaigné. Toutes fois, voyant les nostres en petit nombre, je commanday au cappitaine Cantellou d'y aller avec trente des siens, choisis, ce qu'il fit ; et y estant arrivé, le dit cappitaine Gourdan retira les siens en une petite trenchée sur le bord du pont, tant pour les rafraichir que pour soustenir le dit Cantellou ; lequel s'estant mis un peu bien avant, décochèrent sur luy soixante chevaux allemans, lesquels se vindrent mesler avec les nostres, avant qu'ils peussent regaigner le dit pont, lesquelz sans perdre l'entendement et n'estans que trente à pied, contre soixante à cheval, commencèrent, en se retirant, tirer en asseurance chacun leur coup, que portèrent pour la plus part, et puis mirent la main à l'espée, se joignirent au dit Cantelou, lequel n'estant armé que d'un molon et de manches de mailles, une allebarde en main, en combatit un auquel il tua le cheval; et y eut beaucoup des dits ennemis de mortz et blessés, et n'y en eut un seul de blessé, ny tué des nostres. Sombernon y estoit avec une harquebuse, qui n'a pas moins bien faict que les autres. Il ma semblé, Sire, vous devoir déduire cela par le menu, lequel je pense de grande louange, deux mil personnes de la ville l'ayans veu comme moy. Sur les trois heures du soir, j'ay faict sortir de ce costé mesme Paul Baptiste, avec quarente chevaux, pour donner jusque à leur guet, qui estoit de six enseignes de gens de pied et de quatre cens chevaux; et ayant attaqué l'escarmourche un peu large, comme je leur avois commandé, ayant veu de dessus la muraille forces chartées de foing et de paille qu'ils ammenoient du costé de Thionville, j'ay incontinant mandé au dit Paul Baptiste qu'il continuast à les amuser, et que cependant il envoyast douze des siens avec des arquebusiers à cheval pour tuer leurs chevaux et mettre le feu au dit foing et paille, ce qu'ils ont fort bien exécuté; et cognoissant le guet des ennemis ce feu, qui se monstroit grand comme qui eust bruslé une douzaine de maisons, et leurs fourageurs battus, ils se sont descochez a bride abbatüe pour tascher de les recouvrer; mais il estoit trop tard. Voilà, Sire, comme s'est passé ceste journée. Je ne vous mande rien de plusieurs petites saillies que je faicts la nuit et le jour, de vingt hommes au plus, pour recognoistre leurs trenchées, qui se sont tousjours trouvées fort plaines d'hommes, n'y venant pas moins en garde tous les jours de douze enseignes, aucunes fois quatorze, de trois nations. Au surplus, Sire, la veille de la Toussainctz, ainsy que les ennemis commençoient leurs trenchées sur la montagne de la Belle-Croix, le marquis de Marignan sçachant que Moret, trompette de monsieur de Nemours, estoit en leur camp pour y remener un prisonnier espagnol, l'envoya querir, luy demenda des nouvelles de monsieur le duc Horace, et luy donna charge de luy dire qu'il désiroit fort parler à luy; ce que ledit Moret m'ayent faict entendre, et qu'ils se peussent seulz trouver ensemble en lieu seur; et au cas qu'il ne voudroit s'y trouver le prioit de luy envoyer quelqu'un des siens, ce que le dit Moret m'ayant faict entendre, je le dis à monsieur le duc Horace. Et estant l'ennemy sy près de nous, qu'il avoit jà mis quelques pièces d'artillerie sur sa trenchée pour battre la ville, il ne me sembloit pas que le dit duc Horace deust parlementer avec le dit marquis, nonobstant tous ses tesmoignages d'amytié, à raison de quoy rien ne fut conclud pour ceste heure. Le cappitaine Paul Baptiste romp tousjours les vivres aux ennemis en la campagne. Il trouva leur escorte, qui fit une charge à ses coureurs, desquelz Navailles ayant la charge, s'estant retiré sans rien perdre, sinon que le trompette Moret y fut retenu blessé d'un coup d'espée à la teste, ils le menèrent au camp, ez mains du général de la cavallerie légère, où il coucha la nuit, et le lendemain matin fut envoyé querir par le duc d'Albe, lequel après luy avoir demandé qui estoit celluy qui l'avoit blessé et qu'il le feroit pandre s'il le sçavoit, luy faisant au reste bonne chère, l'envoya vers le marquis de Marignan, qui est logé en l'abbaye de Sainct-Arnould, où, incontinant qu'il fut arrivé, le dit marquis fit sortir tous ceux qui estoient dedans sa chambre et demeurant seul avec le dit Moret luy demanda quelle reponse luy avoit faict mondit sieur le duc Horace, sur ce que il luy avoit donné charge de luy faire entendre de sa part, et ce qui avoit esté cause qu'il n'avoit eu responce. Sur quoy le dit Moret dit qu'il ne luy avoit esté commandé de luy en faire aucune. Ce que voyant le dit marquis, et qu'il n'en pouvoit rien tirer d'avantage de luy, le renvoya, et un quart d'heure après, le manda de rechef, et entr'autres discours luy dit en embravant, qu'il sçavoit bien que ceste ville n'estoit sy forte qu'elle ne se peut prandre de force, et voyant la perte que ce seroit estant prinse d'assault de tant de princes, cappitaines, gentilshommes et autres gens de bien qui y estoient, ne pourroient estre sauvez par les Espagnols et Italiens des mains des Allemans et Boyesmiens, voyant aussy le Roy sans moyen de nous secourir, d'ailleurs l'Empereur viel et maladif et luy gouteux, très aise de se retirer en sa vieillesse en sa maison, il desiroit trouver quelque moyen d'accorder ces deux princes, et pour cet effet prioit de rechef bien fort le duc Horace qu'ils puissent parler ensemble en lieu seur, ou bien luy envoyer quelqu'un en qui il se peut fier, et avec lequel il en peust conférer, et qu'outre cela on trouveroit quelque moyen d'accommoder les choses de Parme. Sur quoy, Sire, après en avoir communiqué avec ceux qu'il m'a semblé plus desvoués pour vostre service, avons esté d'advis de renvoyer un de ses jours le dit Moret, soubz couleur de remener des prisonniers, et dire au prince de Piedmont que monsieur de Nemours luy mande qu'il luy a faict apprester à disner et à souper, et que s'il veut venir, il amène bonne compagnie et qu'ilz y seront bien et honnorablement receuz; et ne diroit le dit Moret autre chose, sinon qu'au cas que le marquis luy demandast quelle responce luy auroit fait le duc Horace, il luy diroit ne luy en avoir parlé avant que de me le faire entendre, comme estant icy chef et vostre lieutenant en ceste ville, et que m'ayant parlé et rapporté ce qu'il luy avoit dit, j'avois respondu que je croyois que le dit marquis de Marignan ne se souvenoit pas que je fusse en ceste ville avec tant de gens de bien, puis qu'il parloit ainsy avec tant de pityé et ne sçavoit pas que tous nos soldats couchoient à couvert et en bonnes maisons jusques au moindre pionnier, n'ayant aucune faulte de vivres, d'artillerye, de munitions, d'argent et d'un bon maistre, qui nous avoit pourveu de tout, pour faire recevoir une honte à l'Empereur nous venans attaquer. Lequel estant vieil et caduc se devoit contenter de ses bonnes fortunes, plustost que de venir donner de sa teste contre des murailles qu'il trouveroit assez dures pour y consommer sa vie, avant que d'en venir au bout. Ce sont, Sire, les propos qu'il nous a semblé devoir faire tenir au dit marquis et prince de Piedmond, par le dit Moret, pour responce à leur braverie, veu aussy l'estat auquel nous en sommes avec l'ennemy, qui se pourroit servir des assemblées qui se feroient entre ledit duc Horace et le dit marquis de Marignan, estant aysé à juger telles choses ne venir d'autre que de leur maistre qui voudroit bien avoir deux cordes en son arc, comme il fit devant Saint-Dizier, et s'en ayder pour eschauffer à ceste entreprise les princes et villes de l'Empire, qui ne le sont pas jusques à présent, à mettre la main à la bourse pour souldoyer ceste armée, qui est asseurément composée de quarente cinq mil hommes de pied et de plus de huit mil chevaux. Et pour ceste heure, je ne vois rien, Sire, qui vous doive mettre en payne avec la volonté en laquelle nous sommes tous, despuis les grandz jusques aux moindres, de vous faire service, vous asseurant que ceste ville n'est sy mauvaise que nous ne la fassions bien trouver imprenable à nos ennemis, et espère que vous aurez pour agréable, sy en cas qu'ils nous prissent encor à tels parlementz, je leur coupe broche; je leur dis que je n'ay autre charge de vous que de vous rendre bon compte de ceste place; et que s'ils ont quelque party à mettre en avant, ils le fassent entendre à messieurs de Nevers ou mareschal de Saint-André, lesquelz leur respondront selon que vous leur commanderez. Ils continuent leur batterie au boullevart de la Porte Champenoise et aux desfences de la porte Sainct Thibault jusques à la platte forme Saincte Marie, et ont tiré, despuis jeudy jusques à cejourd'hui, sept cens coups de doubles canons et doubles coullevrines. Il n'y a rien survenu de plus. Priant Dieu, Sire, etc.

« Le 14 octobre 1552. »

Autre lettre du dit duc au Roy, du 17 du dit mois.

« Sire, je vous envoye le double de la lettre que je vous ay escrite du 14ᵉ de ce mois, pour la crainte que j'ay, estant enclos comme je suis de tous costez, que celluy à qui je l'avois baillée n'ayt esté pris sur le chemin depuis ce partement, duquel nos ennemis ont tousjours continué à battre le boullevart de la Porte-Champenoise, jusques à ce matin qu'après y avoir faict quarante pas de bresche, s'en sont contentez et n'y ont tiré il y a plus de cinq heures, et crois qu'ils se sont faschez d'avoir trouvé la terre que nous y avons mise derrier pendant qu'ils tiroient. S'ilz nous veuillent attaquer par là, ils peuvent bien faire provisions d'eschelles. Ils logent toutes les nuitz des pièces nouvelles sur leur troisième plate forme qu'ils ont faict, et en font encor une autre vis-à-vis de la plate forme verte. Nous mettons peyne d'y remédier et mesme de la mine, où ils employent leurs Bohémois qui s'y entendent fort bien. Hyer, sur les deux heures après midy, je manday La Rochefoucault, lequel est fort blessé à la main d'un coup d'arquebuse, qu'il fit monter le capitaine La Faye à cheval, Touchepres son enseigne, et trente des siens; et pareillement à Lanques, vingt cinq harquebusiers, et qu'ils me vinsent trouver à la porte Mozelle, et au cappitaine Fanax enir prets cinquante harquebusiers des siens à la poterne des Célestins, où besongne monsieur d'Anguyen. Et ayant veu, Sire, que entre la Seille et leur camp il y avoit plus de trois cens hommes de nos ennemis qui s'amusoient à cueillir des navetz, n'ayans autres armes que leurs espées, je commanday au dit cappitaine La Faye et Lanques de sortir, et passant sur un petit pont de la Seille, que monsieur le connestable y a faict faire, les aller charger, donnant droict à leur camp, le plus avant qu'ils pourroient, et que s'ils estoient après suivis en désordre, comme je me doubtois et avois jà veu un autre coup, ils prinsent la fuitte, feignans les craindre, et par après qu'ils retournassent à eux roidement. Dieu voulut, Sire, qu'il en advint comme je pensois, car ayans chastiez les cueilleurs de navetz comme il falloit, ils firent advencer douze ou quinze chevaux jusques à la seconde abbaye, où est la teste de leur camp, lesquelz furent aussytost suivis de plus de douze cens hommes, sans ordre ny personne qui les commandast, tous crians après les nostres qui les amenèrent jusques à nostre trouppe : laquelle faisant encor semblant de se retirer, tout à coup tourna et chargea ce nombre de gens sy vivement, qu'ils furent contraincts tourner les espaulles et desployer leurs jambes le plus villainement qu'il est possible. Et advint qu'arrivans les nostres dedans eux, ils trouvèrent un grand fossé plein d'eau qui les empescha bien de se retirer, et pouvez penser ce que devinrent les moins vistes et dispos des leurs, les Allemands particulièrement, qui ne sont pas bons saulteurs de fossez; et fut bien faict mon commandement de n'en ammener poinct de prisonniers, mon frère le marquis et monsieur de Montmorancy s'estoient desrobez de moy et ont esté de la feste, où ils ont fort bien faict, comme aussy les chefs gentilshommes et soldatz, lesquels tous estans suivis de plus de deux mil hommes, se sont retirez au pas sans rien perdre, à la faveur de Fanas que j'avois faict mettre avec ses arquebusiers et ceux de ma garde pour les recevoir à des ruynes d'une église, vis-à-vis de la poterne, où ils receurent tout ce grand nombre, avec la faveur aussy de ce qui estoit sur nostre muraille, que j'avois adverty d'heure, de sorte qu'il n'y a eu perte des nostres que du capitaine Arvet, qui a un coup d'arquebuse dedans le ventre, dont la vie est désespérée, et d'un des nostres. Et pource que je me doubtois bien que grande partie des Espagnols, qui estoient en garde aux trenchées, viendroient à ceste allarme, je fis mettre dedans le fossé de la porte Champenoise quarante corceletz, cinquante arquebusiers des bandes de Cantelou, Choqueuse et Rendan avec vingt chevaux de sa compagnie, et conclurent qu'à l'heure qu'ils seroient les plus eschauffez, ferions sortir sur le pandant de vers la grande rivière, où est leur garde des Italiens et le bout de leur trenchée, cinquante harquebusiers pour commencer à recognoistre leur mine, qui estoit assez bonne, ramenans les nostres jusques à moictié chemin de là où ils estoient au bord de nostre fossé, d'où décochèrent le demeurant de nos gens avec une vingtaine de gentilshommes, avec l'espée et la rondelle; et lorsqu'ils commencèrent à approcher, Rendan avec ses gens desocha aussy, qui avoit donné temps à nos gens de pied de s'avancer, les chargea fort vaillamment et eut son cheval deux coups d'arquebuse et un coup de hallebarde, estans partie des notres à pied, sy bien engenbez, qu'ils y arrivèrent incontinant, où ils menèrent sy bien les mains, que sans en ammener qu'un pour tesmoing ils accoustrèrent le demeurant fort mal, jusques à en tuer de leurs dagues propres, et n'ont nos gens de butin d'eux que leurs armes, mais poinct d'argent, estans fort mal payez. Après laquelle entrepinse, et estre demeuré un petit quart d'heure sur le lieu, se sont retirez les nostres au pas, sonnans le tabourin et tirans tousjours, et tournans visage à ceux qui les suivoient; et n'y avons perdu que trois soldatz, dont le jeune Herbouillé en est un, qui estoit avec Estanges. J'avois donné la charge de ceste saillie, de ce costé, au sieur Pierre Strossy qui l'a bien et sagement exécutée; du costé de la montagne entre l'armée des Pays-Bas et celle du duc d'Albe, je fis sortir monsieur de Nemours avec sa compagnie, monsieur de La Brosse avec celle de monsieur de Lorraine, le cappitaine Sainct-André et cinquante arquebusiers les ungs par l'Isle les autres par la porte Mozelle, pour les empescher de recognoistre le nombre de nos gens, et tous se vindrent rendre en un petit fondz près la Belle-Croix, et à leur faveur Navailles, avec quarente chevaux, faisant semblant d'aller battre le chemin entre leurs deux camps, soudain le marquis d'Harrambergue et toute sa cavalerie monta à cheval, prit des gens de pied avec luy et commanda à un des siens de prandre quarente pistolliers pour s'attaquer avec les nostres, affin que s'y amusans il vint à temps pour se mesler. Le dit Navailles, les voyant approcher, print la charge sy longue, feignans les craindre, qu'il les mena jusques auprès de la trouppe, puis tourna à sy bonnes enseignes, que partie ont esté pris, autres tuez et blessez, et à l'heure que ledit marquis voulut venir à la recousse, nos gens se sont retirez, laissans le dit cappitaine Sainct-André sur la queüe, qui les a bien gardé d'approcher avec ses harquebusiers. Messieurs de Nemours et prince de Condé y estoient, et aussy le duc Horace, le grand prieur d'Anville et plus de cent gentilshommes, que je n'eusse laissé sortir n'eut esté qu'on ne les pouvoit venir combattre au lieu où ils estoient, que par un lieu fort estroit, où trois mil chevaux ne sçauroient forcer cent harquebusiers, ce qui a fort aydé à ce qui a esté exécuté. Voilà, Sire, comme ceste journée s'est passée, laquelle je voudrois qu'eussiez peu veoir et qu'il m'en eust cousté de mon sang, m'asseurant qu'eussiez receu grand contentement de tous les gens de bien qui sont icy. Le marquis Albert mit tous ses gens aux champs devant nos pontz, fit séparer toutes ses enseignes et mettre chacune en rang, qui me fit croire que ce n'estoit que pour faire leur monstre. Au reste, Sire, vous pouvez estre certain que les autres places de nostre frontière, ne se sentiront de ceste armée pour cet hyvert : car il n'est en leur puissance de remuer, ny traisner leur grosse artillerie plus loing que jusques à leurs batteaux sur ceste rivière, et ne trouveront à manger. Vous suppliant de croire que, veu le nombre des gens que j'ay et les menaces de nos ennemis, je ne hazarderay rien sans bien bonne occasion.

« Sur les trois heures après midy, j'ay faict sortir quarente chevaux de la compagnie de Monsieur de Gonnor par le Pont-des-Morts, lesquels, pendant une grande pluye, ont donné jusques dedans le camp du marquis Albert, où ils ont tué quelques ungs de ses gens, pris et tué des chevaux de leurs bagages, de façon que l'allarme s'est tellement eschauffée de cela, qu'ils ont esté contrainctz se mettre tous en armes, et sont venus enseignes desployées, après les nostres, jusques au pont, qui n'a esté sans perte de quinze ou vingt des leurs, qui sont encor demeurez sur le champ, sans perte de nostre costé que de cinq ou six chevaux qui ont esté blessez.

« Ce 17 novembre 1552. »

Autre lettre au Roy, du dit jour 17 novembre, du duc Horace.

« Sire, environ le jour de la Toussainctz, Moret, trompette de monsieur de Nemours, se trouvant au camp des ennemis pour quelque prisonnier espagnol qu'il y remenoit, le marquis de Marignan l'envoya querir, et s'enquérant de moy, luy dit qu'il désiroit fort parler à moy en lieu seur, et en cas où je n'y pourrois aller, je luy envoyasse un des miens en qui je me puisse fier. Ce que le dit Moret ayant faict entendre à monsieur de Guyse, il luy a semblé le temps n'estre fort propre à telles assemblées, estans assiégez comme nous l'estions desjà, et desquelles l'Empereur se pouroit ayder, ne venans les choses à quelque bonne fin, et pour ceste raison elles sont demeurées là jusques à ce que le dit Moret, se trouvant encor au camp des dits ennemis, depuis huit jours, fut envoyé par le duc d'Albe au dit marquis. Lequel luy demandant à quoy il avoit tenu que je ne luy avois faict responce sur ce qu'il m'avoit mandé, avec plusieurs autres propos, luy dit que l'Empereur commenceoit d'estre caduc et maladif, et vous, Sire, fort denué d'argent, et qu'il me prioit bien fort trouver moyen que je le peusse voir en lieu seur, ou bien y envoyer quelqu'un des miens pour adviser d'accommoder vos affaires et ceulx du dit Empereur, de façon qu'il en peut réussir une bonne paix et mesme qu'en ce faisant, on pourroit encor trouver le moyen d'accommoder ceux de Parme. Sur quoy, Sire, mondit sieur de Guyse a esté de l'advis porté en la despesche qu'il vous a faict, laquelle il vous a pleu voir, sur laquelle me remettant, je vous suppliray très humblement croire que vous ayant pleu me faire tant d'honneur que de me permettre d'entrer en ceste place pour vostre service, je me tiendray très heureux sy jamais je puis avoir le moyen de vous y en faire qui vous puisse estre agréable, n'ayant autre chose devant les yeux que d'obéyr à mon dit sieur de Guyse, en cet endroit et tout autre, où il me commendera pour vostre service, comme tenu et obligé que je suis. Et sur ce, Sire, etc. »

Lettre du duc au cardinal son frère.

Monsieur mon frère, vous verrez ce que j'escris au Roy des propos du marquis de Marignan à Morete, trompette de monsieur de Nemours, et, à dire le vray, ce sont parolles qui viennent du maistre qui prévoit que de dans un mois il aura faict le pis qu'il aura peu contre nous, et que s'il n'en vient à bout, il voudroit bien que l'on parlast d'aspoinctement, qui luy serviroit à monstrer par tout qu'il auroit eüe la paix, les armes à la main, sy on luy accordoit ce qu'il demanderoit. Que sy on luy refusoit, ce luy seroit un subjet d'appeller à tesmoing tous les princes et villes de l'Empire du refus que le Roy feroit de restituer et remettre en son premier estat ce qu'il auroit usurpé sur eux : ce qui les obligeroit *à cracher au bassin* et entretenir son armée. Mais il vault mieux faire le sourd et attendre quelle fortune Dieu nous donnera : et pour conclusion, sy l'on veut escouter, je vous supplie d'autant que m'aymez, dire au Roy que ce ne soit poinct icy, tandis qu'ils en seront sy près ; car j'aymerois mieux estre mort qu'aucun d'icy eut commission de parlementer. Nous sommes en la veille de veoir le pis qu'il nous sçauroit arriver, et croyez quelque chose que l'on dise ou que l'on escrive, que nous serons furieusement assaillis. Il y a trois gros camps devant ceste ville ; le duc d'Albe loge où le Roy vit son armée ; Barbanson au-dessus de la Belle-Croix, et le marquis Albert devant nos pontz, sur le chemin de Verdun. Je verrois volontiers que l'on me peust secourir de ce qu'il me fault, aussy aysément que l'on l'a faict entendre au Roy. Vous me mandez qu'un de ses jours il s'en veult aller du costé de Paris ; je vous supplie luy conseiller de ne bouger encor, car s'il se retire, ce sera desfaveur à toute la frontière, et se verra dans six sepmaines sy nos ennemis se voudront résoudre à camper icy tout l'hyver ou non. S'ils le veullent faire, ledit seigneur poura s'en aller, comme me mandez, donnant bon ordre de ce costé ; et s'ils sont contrainctz de se retirer, tant pour la nécessité que pour estre hors d'espérance de nous pouvoir prandre par force, nostre maistre poura faire la mine de marcher, et dira-on qu'il aura faict lever le siége, qui sera un acte fort honorable et dont ne peult arriver inconvénient, la gloire ne pouvant appartenir à autre qu'à luy, sy Dieu nous donne ceste bonne fortune. On nous a desjà tiré huit cens coups de double canon, et quatre mil cinq cens de grande coullevrine. Et vous diray bien en frère, qu'il est bien besoing qu'il y ayt beaucoup de gens de bien en ceste ville pour la deffendre en l'estat qu'elle est. Mais j'espère qu'avant que l'Empereur parte de devant, je luy feray bien rachepter la rançon de mon frère ; et puis que la fortune luy a esté telle, je suis fort aise de ce que l'on dit qu'il a esté pris combattant jusques au bout, ne s'estant jamais rendu, qu'après avoir esté porté par terre et qu'on ne luy ayt mis le pistollet, le *coc* abbatu, sur la gorge.

« Vous ferez part, s'il vous plaist, de ceste lettre à madame nostre mère, à laquelle je présente les recommandations de ses trois enfans qui sont icy, se portans tous bien ; nostre femme en aura aussy sa part, et ditte luy qu'elle revoira son mary, ou je mouray en la peyne. »

Lettre du dit duc au mareschal de Sainct-André, du dit jour 17 novembre.

« Monsieur le mareschal; le 14 de ce mois, j'envoyay un homme vers vous, tant pour porter une despesche au Roy que pour servir de guide à maistre Thomas d'Elveche, à son retour par deçà, et aussy vous advertir que le marquis Albert ayant, le 13 de ce mois, logé ses bandes delà l'eaue, et toute sa cavalerie sur le chemin de Verdun, et print la plus part de ses vivres à Estaing, ez environs de là, vous sçavez, monsieur le mareschal, quel moyen vous avez à présent de luy ayder en cela, prenant ses ditz vivres sy près de vous comme il faict, qui me gardera de vous prier davantage de ne vous y espargner, s'offrant l'occasion. Quant au surplus de nos nouvelles, noz ennemis ont faict brèche au boullevart de la Porte-Champenoise, où ils ne sçauroient venir sans eschelles ; et cejourd'huy, ne nous ont tiré que dix ou douze coups de canon. Hier, je fis donner l'allarme en leur camp par trois endroitz, et sy vivement, que d'un costé, ils furent contrainctz d'abandonner leurs trenchées ; de l'autre costé, où estoient quarante chevaux de la bande du sieur de La Rochefoucault, ils furent repoussez sy rudement, qu'il en demeura beaucoup des leurs ; et du costé de la Belle-Croix, où estoit la compagnie de monsieur de Nemours, il y eut trente pistolliers qui pris qui deffaictz : qui est tout ce que j'escris présentement au Roy, outre le double de celle que je luy ay dernièrement faicte, que je vous prie faire encor tenir au dict seigneur.

« Ce 17 de novembre. »

Lettre du cardinal de Lorraine au duc de Guyze son frère, du 24 du dit mois.

« Monsieur mon frère, j'ay receu les lettres que vous m'avez escrittes du 17 du présent mois, et auparavant celles du 14e, par lesquelles j'ay esté merveilleusement ayse d'entendre de vos nouvelles, et aussy a esté toute ceste compagnie, et sur tous le Roy en a reçeu un extrême plaisir, voyant sy bien réussir vos entreprises par vostre moyen et bonne conduitte et de l'ordre que vous y donnez, en quoy vous avez acquis un nom et réputation inestimable; et vous puis asseurer que nostre maistre a autant de contentement de vous et de ce que vous faictes pour son service, que jamais eut maistre de son serviteur ; et croyez que toute son espérance, et la conservation de son royaume gist entièrement en vous et en vostre place, que je prie Nostre-Seigneur vous donner la grace force et vertu de bien garder de tous vos ennemis. Vous entendrez par les lettres du dict seigneur de ses nouvelles ; je vous diray seullement qu'il va à Soissons et Compiègne, pour tascher de reprendre Hesdin. J'ay veu ce que monsieur d'Antragues m'a escrit de vostre part, touchant vostre frère monsieur d'Aumalle, et ne fault pas que vous doutiez que nous nous y soyons autrement conduitz que vous mandez, ayant oublié et mis tout en arrière, et ne prenons intérêt à cette affaire comme vous à vostre honneur, et à la satisfaction de nostre maistre. Toutes nos affaires dépendent du lieu où vous estes, et pour cela, nous ne sommes pas paresseux à faire des dévotes prières et oraisons à Dieu, tous les jours, et pour la conservation de nous tous : je me recommande à vostre bonne grace, etc.

« De Rheins, ce 24e jour de novembre 1552. »

Lettre du duc au Roy, de l'estat du siége, du 25 du dit mois de novembre.

« Sire, despuis le 9 de ce mois que je despeschay devers vous maistre Thomas d'Elvesche, il vous aura pleu veoir par mes lettres du 11, 14 et 17, tout ce qui se pouvoit offrir de deçà, lesquelles je ne sçay, Sire, sy les aurez reçeues par la difficulté des passages, n'ayant eu une seulle de vous depuis celle qu'il vous pleut m'escrire du 4 de ce mois, qui me faict vous suplier très humblement qu'à tout le moins vous commandiez qu'il me soit mandé ce qu'avez receu de mes dittes lettres, affin que selon celles qui auront esté prinses, je change de chiffre, et aussy ceux qui vous les auront portées; car je n'en ay plus qu'un avec celluy-cy que j'espère faire sortir.

« Quant à noz nouvelles, Sire, l'Empereur est arrivé en son camp le 20 de ce mois, dedans une littière, et approchant son armée qu'il avoit faict mettre en bataille, pour la veoir, à la réserve de la garde des trenchées qui est de seize enseignes, monta sur un turc blanc, où il fut un quart d'heure, et de là s'en vint souper et coucher chez le duc d'Albe, en l'abbaye de Sainct-Clément, en un petit coing qui estoit eschappé du feu, où il est encor, se portant assez bien, réservé les jambes qui ne le peuvent soustenir.

« Quant à leur batterie, depuis le 17 que je vous fis une despesche jusques au 22 de ce mois, ilz n'ont tiré que quelques coups de loing à loing aux deffences, ayant employé ce temps à contenir leurs approches. Le 23, au point du jour, ils nous monstrèrent bien cinquante gabions plantez en un endroict, et 30 en un autre, et sept ou huict pièces qui tirèrent tout ce jour, avec celles des deux premiers cavalliers, en batteries, contre trois tours, et aux pans des murs qui sont despuis la Porte-Champenoise jusques au bout de la platte forme Saincte-Marie, du costé de la Mozelle. Ceste nuit passée, ils ont continué de planter des gabions, où ils ont faict des canoniers pour y loger en un endroit trentre six pièces et en l'autre quinze ; et en ont logé vingt qui ont tiré, depuis le poinct du jour jusques à 4 heures de ce soir, sept cens trente deux couptz. Ils ont desjà faict faire le sault à deux des dites tours, et la troisième est bien mallade ; mais les pans des murs, qui sont entre deux, ne sont encor guères en dommagez, et crois qu'ils en ont pour quatre ou cinq jours à ne faire autre chose avec toutes leurs pièces : car, à ce que nous pouvons juger de ce qu'ilz ont commencé de tailler de la brèche, ils n'en veullent pas moins faire de trois ou quatre cens pas de longueur, et n'ose dire d'avantage, encor qu'il soit vray, par ce qu'il est estrange à ceux mesmes qui le voyent de mettre une telle longueur en batterie, ayans encore commencé ceste après disnée de battre la grosse tour ronde, qui est au bout de la ditte courtine, qui est de seize piedz d'espaisseur. Au surplus, Sire, monsieur le prince de La Roche-sur-Yon et moy commandasmes, il y a trois jours, au sieur de Biron de prandre trente chevaux de sa bande, et d'aller donner une alarme au camp du marquis Albert ; et que, se retirant, il prist garde comme il seroit suivy et quels passages il y avoit, affin que quelque fois que verrions à propos l'on peust leur en donner d'une de ce costé là. Il fit très bien ce qui luy avoit esté commandé, et d'avantage, voyant que soixante chevaux des leurs, tous pistolliers, s'advançoient pour se mesler, jusques à trois fois il les chargea sy bien qu'il ne luy demeura, ny aux siens, lance entière ; qui est bien l'arme, à ce que j'ay peu connoistre, qu'ils craignent le plus : car ils ne tiendrent poinct devant les nostres et en fut porté par terre une bonne douzaine et pris un prisonnier, que mondit sieur le prince m'a asseuré qu'il fera bien garder, jusques à ce que vous ayez commandé ce qu'il vous plaist que l'on en fasse, estant personnage à mon advis qui le mérite. Il a deux coups à la teste et un à la main, qui ne sont poinct mortels. J'envoye la figure de ses armes, que j'ay faict tirer sur son cachet à monsieur le cardinal mon frère, pour sçavoir de monsieur de Bayonne s'il le cognoist. Il dit au commencement qu'on le fist bien penser, et qu'on ne le laisseroit pas long temps en prison pour dix mille escus ; mais à ceste heure, il fait fort du petit, j'ay aussy faict faire une saillie, maredy dernier, par Sainct-Estienne et Deschamps, lieutenant de La Bor et de Cantelou, avec soixante arquebusiers, aux trenchées du costé de la porte Sainct-Thiébault, desquelles ils gaignèrent plus de deux cens cinquante pas de longueur. Et les ayans tenus plus d'une demye heure, il ne s'y est perdu qu'un soldat. Il y a souvent quelque petite trouppe de nos gens de cheval entre leurs deux camps, où je crois qu'il leur a costé tuez plus de cinq cens chevaux, prins coffres plains d'armes et de hardes, des mulets de l'Empereur, et de ceux de sa cour.

« Sire, j'ay retenu ce paquet jusques à ce soir 25 de novembre, pour vous mander comme se seroit passée ceste journée, qu'ils ont employée à tirer de 28 ou trente pièces, aux endroictz mesmes d'hyer, et achèvent de battre le boullevart de la Porte-Champenoise. Ils besoignent tousjours à leurs trenchées devers la Seille, estans délibéré de faire une autre batterie du costé de la porte Sainct-Thiébault ; et ce qui les garde de faire les deux approches tout d'un coup, c'est qu'ils n'ont poinct de pionniers pour y pouvoir fournir, vous pouvant asseurer que nos harquebousiers à crocq les ont un peu maltraictez.

« Du 25 novembre. »

Le mesme jour, monsieur de Guyse signa une promesse de la somme de huit mil livres à Jacquemin Maillot, dont il fut remboursé, comme à plein se voit par la lettre du Roy du 30 octobre (cy après).

« Nous Françoys de Lorrayne duc de Guyze, pair et grant chambellan de France, lieutenant général pour le Roy en la ville de Metz, certiffions que ce jourd'huy Jacquemin Maillot, marchand, demourant à Sainct-Nicolas en Lorrayne, a, par nostre commandement, fourny et délivré comptant à Pierre Dupré, commis en ceste dicte ville de maistre Benoist Le Grand, trésorier de l'extraordinaire des guerres, par son récépissé qui est demouré par devers nous, la somme de huict mil livres tournois ès espèces contenues au bourdereau signé dudict Dupré, et ce pour convertir et employer pour le service du Roy ainsy qu'il luy sera par nous ordonné; de laquelle somme de huit mil livres nous promectons au dict Maillot le faire rembourser par le Roy, nostre dict sire, à la suitte de la court ou à Paris ès mains de Jehan Poingnan, demourant au dict Paris, rue de la Tabletterie, à l'enseigne du Papegault, pour en faire et disposer ainsy que luy sera dict par ung serviteur ou facteur à luy congneu, qui soit de la maison du dict Maillet; et en deffault de ce nous promectons à icelluy Maillet le payer d'icelle somme de noz propres deniers; de laquelle nous faisons dès à présent nostre propre faict et debte par la présente; laquelle en tesmoing de ce nous avons signée de nostre main et faict sceller du scel de noz armes.

« Audict Metz, le 25ᵉ jour de novembre mil cinq cens cinquante deux. »

Lettre du Roy au duc, du dit jour 25 novembre.

« J'ay bien entendu l'estat de Metz et le bon et grand ordre que vous donnez par tout. Il est impossible de mieux faire que vous faites, ny que mes affaires puissent mieux aller qu'ils vont : de quoy vous pouvez penser le grand et parfaict contentement que j'en ay, m'estant ce service tel et sy à propos que l'on ne le scauroit assez estimer, de quoy, avec la gloire et l'honneur immortel qui vous en demeurera, je vous feray, sy Dieu plaist, un jour connoistre combien il m'est agréable et me touche avant au cœur.

« A ce que j'ay veu par vos lettres, l'ennemy n'a pas encor un grand avantage, et sy je scay qu'il a faict une merveilleuse perte de gens : car outre ceux que vous scavez par de là, je vous asseure que mes gens, qui sont à Sainct-Mihiel, Verdun, Thoul et dedans quatre ou cinq petits chasteaux encor plus près de vous, tous les jours sont au carnage. Je ne scay, mon cousin, sy ceste opiniastreté durera à l'Empereur; mais ayant l'asseurance que vous me donnez de vostre place, je ne le scaurois désirer en plus beau lieu, pour se consommer et ruyner du tout, tant du bien de la vie que de l'honneur.

« J'ay trouvé très bonne la response que vous avez faicte pour le marquis de Marignan sur ceste ouverture de la paix, et vous prie, mon cousin, l'eur en couper du tout comme vous avez bien commencé, pour luy oster toute espérance de toutes ses petites menées accoustumées, et de faire venir au point les princes et Estatz de l'Empire, dont il ne faict pas ce qu'il veut; aussy n'oublieray-je rien pour luy rompre les couptz : car j'envoye gens de tous costez et escris en tant de lieu, que j'estime que l'on ne le croira tant comme on a faict par cy-devant. Il me desplaist, mon cousin, de ce que vos pièces d'artillerie se portent sy mal, et fais tout ce que je puis pour mettre le fondeur dans vostre ville; mais il est fort mal aisé, comme vous pourra dire ce porteur, qui est venu jusques-icy avec très grande difficulté, et néantmoings, je vous prie, pour le grand aise que je puis avoir, continuer à me faire scavoir ordinairement de vos nouvelles, et ce que vous pourrez entehdre des ennemis, vous advisant que j'ay faict renforcer de gens de cheval les garnisons de Toul et Saint-Mihiel, pour les tenir de plus près et les garder de s'eslargir, qui est le meilleur moyen de les ruyner bientost, veu la nécessité des vivres qu'ils ont, mesmement par les chevaux, comme je suis bien adverty aussy que l'Empereur continue tousjours se porter fort mal; et n'y a apparence qu'il soit mieux tous cet hyver, mais par advanture pis et du corps et de l'esprit, se voyant descheu de ce qu'il se promettoit : qui est l'occasion pour quoy il tarde et cherche par tous moyens d'entrer en quelque traicté. En quoy vous pouvez estre asseuré, mon cousin, que je donneray ordre qu'il ne gaignera pas davantage ne un seul point d'honneur. Cependant, désirant recouvrer Hesdin, j'y fais acheminer mes forces, et tiens prestz trente canons pour y faire une furieuse batterie; de sorte que j'espère que ce voyage me sera plus heureux que long. De tous autres costez mes affaires se portent fort bien, Dieu mercy; les Impériaux avoient faict courir quelque bruit qu'ils vouloient faire entreprinse sur Sienne; mais il ne s'en parle plus. Mon cousin le cardinal de Ferrare est dedans qui pourvoit à toutes choses, de sorte que s'il a un peu de loysir, il fera, avec la bonne volonté de ceux de la ville, que ceste seigneurie sera hors de danger. La Vigne est, depuis deux jours, retourné de Pologne, qui a rapporté les meilleurs nouvelles qu'il est possible de l'affection et bonne volonté que me porte le Roy, qui, à ma faveur, a accordé ce que je vouloiz et révoqué quelques gens qu'il avoit jà tout prestz pour prester au Roy des Romains. Il luy a donné charge de parler du mariage de madame Lucresse, vostre belle sœur, dont présentement je faictz une despesche à mon oncle le duc de Ferrare, par le cappitaine Valleron, que je renvoye au Levant, devers le cappitaine La Garde, lequel hyverne mes gallères en l'isle de Sio, pour ceste prime-vère estre plus prestes, avec les forces du Grand Seigneur, de faire ce que la saison ne leur a permis ceste année. Pour fin de ma lettre, je vous priray, mon cousin, faire très bien entendre de ma part aux princes, cappitaines et gentils hommes qui sont avec vous, le grand contentement que j'ay d'eux, et de leur bon et grand devoir, les asseurant que j'en auray perpétuelle souvenance, et que je n'oubliray à faire pour eux ce qu'un roy doit à de sy bons, dignes et vaillans serviteurs.

C'est de Rheims, ce 25 de novembre 1552. »

Lettres du connestable au dit duc, du mesmes jour 25, (et fault remarquer que la pluspart de ces lettres précedentes et suivantes touchant le siége de Metz, sont en chiffre).

« Depuis trois jours, je vous ay envoyé deux hommes et par eux escrit amplement tout ce qui s'offroit, et par le dernier, adverty de la réception de vos lettres du 17 de ce mois ; mais je n'eus loisir, Monsieur, de vous remercier comme il fautz humblement du soing qu'il vous plaist avoir de mes enfans, que j'estime heureux d'estre en sy bonne et digne compagnie que la vostre, vous advertissant au lieu de cela que vous en avez ici un le plus gentil du monde, qui est toujours pendu au col du Roy, qui partira d'icy lundy pour estre mardy à Soissons, où il doit séjourner un jour ou deux, de là à Compiègne, et quelque entreprise qu'il fasse d'aller à Hesdin, sy est-ce qu'il n'ira pas loing, que ne soyons certain de jouer jeu seur. Le fils de monsieur de Reuz est dedans le dit Hesdin, et sept ou huict enseignes de gens de pied et de cheval, qui remparent en grande dilligence ; nous sçavons, néantmoins, qu'ils ont grande peur, non seullement là dedans, mais par toute la frontière ; et sy l'Empereur ne leur envoye rien, j'espère que nous ferons bon voyage et court, vous asseurant, Monsieur, que sy le Roy cognoissoit que l'esloignement de ses trouppes vous apportast la moindre incommodité du monde, il n'y a rien qu'il ne laissast. Mais estant l'ennemy attaché comme il est, et ne pouvant entreprandre cet hyver ailleurs, il ne veut poinct perdre d'occasion, s'il est possible. Toutes les forces sont fort advancées, et s'il ne survient autre chose, j'espère que dedans le 8 ou 10 du mois prochain, nous ferons peur à nos ennemis, s'ils nous attendent. Je hazarderay tant de gens, que vous ne manquerez pas d'avoir de nos nouvelles, comme vous ferez le plus grand plaisir du monde au Roy de luy en faire sçavoir des vostres.

« Ce 25 novembre. »

Lettres du duc au cardinal de Lorraine son frère, du mesme jour 25 novembre.

« Monsieur mon frère, vous verrez par la lettre que j'escris au Roy comme nous en sommes : croyez que de ce que les ennemis tirent, ilz meinent pour le moins aussy beau bruict que nous faisions devant Yvoy, et sy ce n'est que de l'une de leurs deux batteries nous sommes peu de gens ; mais croyez moy, il y en a du bon et n'y a personne qui n'ayt bon courage. Je n'en parleray pas d'avantage, pour faire premièrement le bien de s'en vanter. Quant à nostre frère, il est en l'abbaye de Saint-Martin, au camp du marquis ; il a eu six ou sept blesseures dont il se porte bien ; son cheval quatorze. Le duc d'Albe a son harnois qui est tout en pièces de coups. Et croyez que tous les seigneurs et soldatz du camp de l'Empereur le vont voir par admiration, le tenant pour un des plus vaillantz cavalliers du monde. Puis que Dieu l'a mis où il est, je suis bien aise que ce soit à telles enseignes : quoy qu'il en soit, il a esté pris faisant ce qu'il luy avoit esté commandé pour le service de son maistre. Le marquis faict mine de le vouloir garder pour en faire son proffit, qui me donne espérance que l'aurons pour argent ; mais il n'en fault encor parler qu'il ne soit hors d'icy : car l'Empereur s'en saisiroit, ce qu'il n'ose faire, craignant de mal contenter le dit marquis. Il est venu un Basque parler à moy, qui est au duc de Vogre, lequel laissa monsieur l'admiral après la mort du feu Roy, et ne manque poinct de deux jours en deux jours de m'advertir de tout ce qu'il peut entendre en leur camp. Je luy ay donné charge d'aller parler à Sabat, que je crois estre avec nostre dit frère, pour sçavoir de ses nouvelles, quelle garde il y a, et s'il y a moyen de faire quelque entreprise où il est. Le reste de tout ce qui vous appartient icy se porte bien, aussy font tous les autres princes et seigneurs, et n'avons encor perdu de gens que vous cognoissiez que les cappitaines Moufas, Cornet, Selly, Marigny et Cambrou, une trentaine de simples gentils hommes des ordonnances, et près de deux cens cinquante soldatz. Le pauvre Du Guenon est blessé d'un esclat en la teste et le fault trépaner ; il y a néantmoins un peu d'espérance, et vous assure que c'est dommage.

Marly a esté blessé d'un coup d'arquebuse en l'espaulle; mais ce n'est rien. Nous avons un Allemant de fort bonne apparence, et à ce que j'entens est de fort bonne maison. Je supplie monsieur le prince de le bien faire garder. Je vous envoye ses armoiries que j'ay faict prandre sur son cachet. Je vous prie me mander qui il est, quant vous le sçaurez, d'autant qu'il pourroit servir à rabattre quelque chose à nostre pauvre frère.

« De Metz, ce 25 novembre. »

Lettre du dict duc au Roy, du 28 du dict mois.

« Il vous aura pleu veoir, par la despesche que je vous fis vendredy 25 de ce mois, ce qui s'estoit offert depuis mes dernières, dont je vous envoye un double. J'ay présentement receu un billet de monsieur le mareschal de Saint-André, par lequel il me mande m'avoir despesché trois ou quatre personnes, avec lettres, dont je n'ai encor rien veu: et pense, Sire, à ce que je puis juger par le dit billet, que les despesches que je vous ay envoyées des 11, 14, 17 et 25 de ce dit mois, n'avoir peu passer pour la difficulté des passages, estant en peyne de ce qu'elles seront devenues. J'escris présentement à monsieur le mareschal de Sainct-André le chemin qu'il me semble que Mre Thomas d'Elvesche doive tenir pour me venir trouver, ce que je désirerois fort estre desjà arrivé, pour avoir ce bien et heur que d'entendre de vos nouvelles. Devant hyer, Sire, les ennemis ont continué leur batterie où ilz l'avoient commencée, et firent bresche en trois endroitz. Hyer ils continuèrent tout le jour aux mesmes endroitz; aujourd'huy, ils ont achevé de battre un pan de mur et une tour au bout, de la longueur de plus de cinquante pas, et est la bresche fort rasée; et à l'heure que la muraille est tombée, y estans tous à remparer, j'ay faict tirer par la ditte bresche cent harquebusiers qui tousjours ont continué entre les volées, jusques à la nuit, et pareillement aux deux autres dont l'une est de trente pas et l'autre de vingt. Le reste des tours et des murailles est fort endommagé, et semble qu'ils veullent mettre tout ce costé, qui n'est pas moins de trois cens pas, en bresche; et à ce compte, ils auront à y despendre trois mille couptz de canon en deux bons jours: cela faict, Sire, nous verrons sy ce grand nombre d'Allemans, dont ils nous menacent, paroistra et mettrons peyne de leur donner une mauvaise curée, vous suppliant très-humblement vouloir croire ou qu'il me coustera la vie, ou vous n'aurez poinct de mauvaises nouvelles de ce lieu. J'avois oublié à vous dire qu'ils ont percé la grosse tour ronde plustost que je ne pensois, et y a desjà un grand trou comme une porte de grange. Il la fauct remparer par dedans et ay espérance que je leur feray perdre des hommes, avant qu'ils y mettent le pied. Le talu de la fausse Braye est encor entier; ils le menacent fort. Ils n'ont pas encor mis leurs pièces du costé de la porte Sainct-Thiébault, et n'y font grande garde quoy que leurs tranchées soient fort advancées. »

Lettre du dit duc au cardinal de Lorraine son frère, du dict jour 28 novembre.

« Monsieur mon frère, je ne vous feray longue lettre pource que verrez ce que j'escris au Roy. Il n'y a rien icy jusques aujourd'huy qui ne se porte bien et crois que Dieu continuera d'estre pour nous. Nos ennemis ont desjà tiré plus de sept mil coup de canon, sans conter ce que tire le marquis, et encor ceste nuit ils logent des pièces nouvelles dont serons saluez demain matin; mais qu'ils tirent ce qu'ils voudront, et vienne à l'assault toute l'Allemagne, la Flandre, l'Espagne et ce qu'ils ont d'Italiens, ils ne me feront jamais dire mauvais mot, ny autre langage, sinon de mourir ou rendre bon compte à mon maistre de ceste ville. Mon frere et moy présentons nos très humbles recommandations à madame ma mère, et puis en prandrez vostre part et nos femmes: après lesquelles se peuvent asseurer que leurs maris se portent bien.

« De Metz, ce 28 novembre. »

Lettre du duc au mareschal de Sainct-André, du dit jour.

« Monsieur le mareschal, par le bultin que m'avez envoyé par ce porteur, j'ay veu le long temps qu'il y a que n'avez eu de mes nouvelles, encor que je vous aye escrit quantfois, et les despesches que je vous ay envoyées pour le Roy des 11, 14 et 17 de ce mois, n'ayant eu des vostres ny de celles du dit seigneur depuis une despesche que m'envoyastes du 4, et désirerois fort sçavoir que sont devenus ceux qui les portoient. Quant à nos nouvelles, nos ennemis, après s'estre résolu de battre depuis la porte Champenoise jusques à une tour ronde, qui est sur la Mozelle, au bout de la platte-forme Saincte-Marie, depuis mercredy jusques à cejourd'huy au soir qu'ils y ont ordinairement tiré, ils ont faict deux bresches une de trente et l'autre de vingt pas, et semblablement à la ditte tour; sans ce qu'ils avoient faict au boulevart de la ditte porte. Et pense qu'avant qu'ils ayent abbatu ce qui reste de la ditte muraille, il leur faudra bien encor trois mil coups de canon pour la longueur de la bresche qu'ils veullent faire, qui n'est pas moings de trois cens pas : ce qui se dit icy, où nos ennemis seront les très bien receuz, s'ils se jouent dy venir comme ils nous menacent fort de leurs Allemans, me remettant du sur plus à ce que j'escris présentement, en italien, de nostre chiffre, à maistre Thomas d'Elveche, à qui je vous prie dire que je le feray attendre sur les unze heures de la minuit, à la porte du Pontifroy, le quatriesme du mois qui vient, et au surplus faire tenir au Roy la despesche que je vous envoye. Vous ne me ferez peu de plaisir de me mander comme il va de Hesdin, d'autant que je n'en ay eu autres nouvelles que celles que m'en avez mandé par vostre première despesche.

« De Metz, ce 28 novembre. »

Lettre du Roy au duc, du 30ᵉ du dit mois.

« Depuis la réception de la vostre du 17 de ce mois, je vous ay faict trois despesches : l'une, par un messager de Lorraine qui a servy de guide à mon cousin le connestable à Sainct-Mihiel ; l'autre, par un soldat de Lanques ; et l'autre, par l'un des gens de Fenuillet maistre d'hotel de mon cousin de Vaudemont, et par icelles vous ay au long adverty de la réception des vostres des 11, 14 et 17, ayant esté très aise d'avoir ainsy au long entendre de vos nouvelles et de l'estat en quoy sont toutes choses au lieu où vous estes, comme j'ay sceu, tant par les dittes lettres, que par celle du 25, par où je trouve que vous pourvoyez tousjours mieux à ce qui est nécessaire et faictes sy grand devoir, que je ne puis qu'espérer heureuse issue de ceste entreprise, ne faisant doubte que, cognoissant le desseing de l'ennemy et les batteries qu'il faict, vous ne luy fassiez recevoir une bonne honte, estant en la fin contrainct de se retirer. Je suis très marry, mon cousin, des gentilshommes et gens de bien qui sont desjà mortz et ont esté blessez ; mais puis que c'est à très bonnes enseignes et en sy honnorable lieu, le regret en doit estre moindre ; et au contraire, je me resjouis et contente des beaux et vaillans actes qu'ils font tous les jours sur les autres, et principallement du dernier qui a esté bien exécuté par le sieur de Biron, auquel fut pris le gentilhomme allemand, dont avez envoyé les armoiries, que je suis après à faire recognoistre pour vous advertir de ce que j'auray peu descouvrir. Cependant il sera bon de le faire bien garder, vous advisant que d'ailleurs je donne tout l'ordre qu'il m'est possible pour les endommager de tous costez, et n'est jour que les gens des garnisons que j'ay à Saint-Mihiel, Toul, Verdum, et dedans quatre ou cinq chasteaux prochains de là n'en tuent une infinité, et encor depuis trois jours par ceux de la compagnie de mon cousin le duc de Nivernois, et de celle du sieur de Bourdillon, les chevaux-légers du Pelou et quelques harquebusiers à cheval rencontrèrent en un village nommé Chamery six vingts chevaux du marquis Albert, lesquels ils chargèrent en sorte qu'ils demeurèrent tous sur la place, horsmis quinze qu'ils emmenèrent prisonniers, et quatre vingts chevaux dont le moindre vault quarente ou cinquante escus : et n'est possible que à ceux que vous leur tuez de la ville et qu'ils perdent d'ailleurs, que leur camp ne se diminue grandement, à quoy aussy peut servir la saison mauvaise comme elle est. Maistre Thomas d'Elvesche, que je vous renvoye, mon cousin, voyant la ville sy serrée n'ose entreprandre son retour et est demeuré à Verdun. Ce porteur, que vous dittes estre sy bon guide, s'en allant par Verdum, je luy escritz prandre l'avanture, affin qu'il vous puisse rendre compte, à bouche, des choses dont il partit fort bien instruict. Vous aurez bien sceu, sy vous avez receu aucunes de mes lettres, comme son portefeuille fut perdu en venant et est tumbé ez mains de l'Empereur, qui se vante avoir sceu les secrets de vostre place, par où et comme vous la voulez deffendre, de quoy il faict son compte son entreprise estre plus facile. A ceste cause, vous considérerez et pourvoyerez, mon cousin, à ce que par là il pourroit avoir descouvert, selon vostre sage et prudent advis et jugement. Je vous avois escrit que j'allois à l'entreprise de Hesdin, mais ayant despuis entendu qu'elle se pouvoit facillement exécuter sans moy, j'y ay envoyé ce matin mon cousin l'admiral, monsieur d'Estrée, pour, avec mon cousin de Vendosme et toutes les forces que j'y fais acheminer, en sçavoir plustost ce qu'il plaira à Dieu qu'il en réussisse, et me suis délibéré ne bouger de Compiègne, pour estre tant plus près à donner ordre à ce qu'il pourroit survenir, ayant retenu mon cousin le connestable, pour, selon le besoing, le faire marcher où il sera à propos, n'estans mes forces sy engagées où elles sont qu'en peu de temps je ne les puisse faire rendre où je voudray, vous asseurant que je n'oublieray rien à incommoder mon ennemy, pour donner faveur au lieu où vous estes. Le neveu de Jaquemin Mailot est venu icy, auquel j'ay faict rendre et payer les huit mil livres que vous aurez prises de luy. Il dit avoir encor dans la ditte ville pour trente mil francs de marchandise, desquelz il vous aydera, vous asseurant, mon cousin, qu'il ne viendra rien en ma cognoissance de quoy je vous puisse ayder dont je ne mette peyne à vous accommoder et secourir, et estime tant ce que vous faictes pour moy, qu'il n'y a rien que je ne fasse pour vous faire connoistre combien il m'est agréable. Je partiray demain, premier jour de décembre, de ceste ville de Soissons, pour estre vendredy à Compiègne; d'où je vous feray souvent sçavoir de mes nouvelles, comme je vous prie continuer à me faire sçavoir des vostres, et pensez qu'il n'y a rien en ce monde que je désire tant que vostre santé, et des gens de bien qui sont avec vous, pendant laquelle j'auray confiance en nostre seigneur qu'il m'asseurera ceste ville, et que vous n'en sortirez jamais qu'avec plus grand honneur que prince sçauroit désirer de son maistre (1). »

Lettre du mareschal de Saint-André au duc, le 3 décembre.

« Monsieur, j'ay receu par ce porteur que je vous renvoye les lettres qu'avez escrittes au Roy, à monsieur le cardinal, à monsieur le connestable et à moy, lesquelles j'ay incontinant faict deschiffrer, réservé celle de monsieur vostre frère, et incontinant après, j'ai envoyé le tout à Sa Majesté, qui recevra grande joye et plaisir d'entendre de vos nouvelles et que toutes choses, graces à Nostre-Seigneur et par vostre bonne conduitte, soient en sy bon estat en vostre ville de Metz, dont de ma part je loüe Dieu, ne recevant en cela, Monsieur, moindre plaisir que vous mesme. Au demeurant, Monsieur, j'ay veu par vostre lettre le doubte où vous estes qu'il soit perdu quelques unes de celles que cy devant vous avez escrittes au Roy, desquelles il ne fault plus que demeuriez en peyne, vous pouvant asseurer qu'il a receu toutes celles dont vous faictes mention par vostre dernière despesche, qui sont des 11, 14 et 17 de novembre. Et sy tous ceux que je vous ay depuis despesché eussent peu passer jusques à vous, je n'avois pas oublié de vous le mander, ensemble ce qui estoit survenu de nouveau et mesmement la prise de Hesdin, qui a esté rendue aux sieurs de Race et de Genlis, avec composition de sortir quatre pièces d'artillerie et enseignes desployées et bagues sauves, vous pouvant asseurer que nostre maistre en a esté grandement ennuyé, estant délibéré de bien chastier lesditz Race et Genlis qui s'excusent le mieux qu'ils peuvent, mais on n'y adjoute pas grande foy; l'intention du Roy est de la reprandre, et pour cela a faict acheminer les forces qui estoient deçà, qui peuvent estre à présent près la Picardie, et luy mesmes est party de Rheins pour y aller, Nostre-Seigneur luy en veille donner telle issue que vous et moy la désirons : de quoy j'ay fort bonne espérance. J'ay esté devers ledit seigneur jusques à Chaalons, vous pouvant asseurer que je suis party d'avec luy fort content, comme bien tost vous entendrez par maistre Thomas d'Elvesche, qui partira demain, et prandra, suivant vostre lettre, le chemin du costé des Salines, et passera la Seille au pont d'Anois, et de la à Desme pour prandre le chemin entre les deux camps, et se trouvera envoyez quelqu'un au pont d'Anois ou à Desme, pour le conduire, pour ne faillir le chemin entre les deux camps, et qu'il n'attende aux portes. Je vous ay aussy escrit la mort de monsieur l'admiral et le regret que le Roy et tout le monde y a eu, et aussy que M. de Chastillon a eu l'admirauté, monsieur le mareschal de La Marche le gouvernement de Normandie, et monsieur le prince de Ferrare les gens d'armes; vous y avez perdu un bon et seur serviteur, et moy un parfaict amy. Nostre-Seigneur soit loué du tout. Il y a deux jours que je receu, par un trompette du marquis Albert, des lettres toutes ouvertes que monsieur d'Aumalle escrivit à madame vostre mère, à monsieur le cardinal et à madame de Valentinois, par lesquelles il leur mandoit qu'il commenceoit à se bien porter de ses blessures, et pour le bon désir qu'il avoit de faire service au Roy, il avoit offert pour sa rançon audit marquis quarente mil escus, qu'il avoit refusé, menaceant de l'envoyer en l'une de ses maisons, et que jamais il ne le laisseroit à moins de cent mil escus. Il n'y a propos ni apparence à cela, estant puisné comme il est. Je vous envoye un petit paquet du Roy, qui a esté apporté deux fois par deux hommes qui n'ont jamais peu entrer à Metz, vous pouvant asseurer que deux jours ne se sont jamais passé que je ne vous aye envoyé quelqu'un; mais les ungs sont revenus, les autres possible pendus, ou bien essayans encor de faire ce que je leur ay commandé. Je vous sup-

---

(1) On trouve dans la collection Dupuy, tome 479, la lettre suivante, adressée à M. Deschenetz. Elle est relative au siége de Metz et à d'autres nouvelles :

« Monsieur Deschenetz, j'ay receu vostre lettre, ne pouvant assez vous sçavoir de gré et mercier des nouvelles que vous me faictes entendre, que je vous prie continuer, n'oubliant me faire sçavoir au retour de monsieur de Vaudemont du camp de l'Empereur ce qu'il y aura faict, veu et entendu. Quant à la gendarmerie dont m'escripvez, qui vit si désordonnément en Bassigny, je y ay envoié pour y pourvoir et les faire reserrer en leurs garnisons; à quoy je tiendray plus royde la main à ceste chose qui m'est entre toutes autres odieuse. Au surplus, je délibère séjourner icy encores pour deux ou trois jours, pour entendre ce que ce sera de l'assault de Metz et pour l'envye que j'ay d'estre souvent adverty de toutes choses. Je vous prie de rechef me faire sçavoir tout ce qui vous surviendra chacune heure de nouveau ; priant Dieu, monsieur Deschenetz, vous donner ce que plus désirez.

« Escript à Sainct Mihiel, ce deuxieme jour de décembre 1552.

« Vostre antièrement bon amy, FRANÇOYS. »

plie me renvoyer ce porteur et par luy escrire au Roy de voz nouvelles, pour le plus grand plaisir qu'il puisse recevoir et ne fut jamais plus content ny plus satisfaict de personne qu'il est de vous. C'est de Verdun, le 3 de décembre.

« Vostre très humble et très obéissant serviteur,

« SAINCT-ANDRÉ. »

« Vous aurez, comme je crois, bien entendu la mort de monsieur de Rohan qui fut tué le jour de la prinse de monsieur d'Aumale; monsieur le vicomte de Turenne a sa compagnie et monsieur de La Chappelle est lieutenant de monsieur le connestable. »

Lettre de monsieur le duc de Guyse à monsieur le cardinal de Lorraine son frère.

« Monsieur mon frère, devant hyer, faisant une saillie par nos gens il y en eut quelques uns qui prinrent un chevaucheur de Lorraine, auquel ayant faict rendre son esmail et renvoyer sans rançon, m'a promis mettre seurement le paquet de lettres entre les mains de monsieur de Vaudemont, qui n'est que le double de celles que je despeschay au Roy le 28 du mois passé, par lesquelles pourrez voir, avec celles que j'ay escrit audit seigneur, selon le moyen que j'en ay peu avoir, ce qui est survenu de jour à autre en ce lieu depuis que nous sommes assiégez. Et pour ceste heure, je n'ay rien que j'y puisse adjouster, sinon que nos ennemis n'ont, depuis lundy, continué leur batterie comme ils avoient commencé, n'ayant tiré que sept ou huit cens coups de canon depuis ce jour là, tant de jour que de nuit; mais se sont amusez à faire deux tranchées nouvelles, l'une à my chemin de leurs pièces et des fossé, et l'autre, sur le fin bout, d'où ils nous peuvent tirer jusques dessus nostre brèche de leurs harquebuses de poinct en blanc; et s'ils nous baillent des poix nous leur rendrons des fèves. Elles commencent depuis l'endroit du boullevart rond de la Porte-Champenoise, jusques au bout de l'eaue vers la Mozelle, joignant la grosse tour ronde qui est fort battüe, de façon que l'on y peut monter; mais ils ne s'y sont essayer. On m'asseure qu'ils sont soubz terre et qu'ils veullent miner avec une partie de la fausse Braye; nous sommes en beaucoupt d'entroietz attendant, et trouvons l'eau presque partout, qui sera fort contraire à leur entreprise, et vous puis asseurer que Sainct-Remy ne s'endort poinct. Ils ont retiré une partie de leurs canons qu'ils avoient mis en batterie, et ont mis en leur lieu des grandes coulleuvrines et des bastardes. Et à ce que nous pouvons juger, c'est pour remettre à la plus prochaine trenchée de nostre fossé, pour de là nous pouvoir battre plus aysément le pied de nostre muraille et nos flancs. Conclusion, nous ne dormons poinct non plus qu'eulx; plus on va en avant et plus on connoist que ce vieillard est obstiné, mais j'ay espérance en Dieu et aux gens de bien qui sont icy qu'il n'y fera non plus que devant Metz, qui est l'ancien mot du pays. Jeudy, après disner, je fis sortir monsieur de La Brosse avec près de cent chevaux de la compagnie dont il a la charge, et Sainct-Luc avec quarente de la mienne, par Lepontifroy, leur ayant commandé de donner sur les fourageurs et vivres du marquis, qui passoient à nostre veue, venans du costé de Thionville, et que s'ils sortoient quelques ungs de leurs gens en désordre, ils fissent ce qu'ils verroient à l'œil pouvoir faire sans rien hazarder. D'aborder, lesdits fourageurs et vivres furent despeschez au moins ce que pouvoit estre en nostre puissance, et puis donnèrent les courreurs jusques dedans le camp, et quelques ungs à leur abrevoir, où ils tuèrent forces gens et de beaux chevaux. Soudain furent suivis de seize ou dix-huit enseignes de gens de pied et se desbandèrent à l'escarmouche plus de sept cens harquebusiers et piquiers sans tenir ordre, mais courans après les nostres comme en une huée, et avec eux cent ou six vingtz chevaux partie pistolliers, parties lances. Et voyant le dit sieur de La Brosse qu'il avoit occasion de leur en donner d'une, dist au sieur de Sainct-Luc qu'il se jettast sur la main droicte et qu'il chargeast les gens de cheval, et qu'il donneroit aux gens de pied, ce qui fut faict et sy à propos que lesdits gens de cheval furent repoussez dans les gens de pied et tous ensemble menez, tuans jusques à la teste de leurs enseignes qui s'arrestèrent fort court où estoit le marquis, auquel le baron de Torcy faillist de donner un coup de lance et luy servit bien que son cheval fut prompt. Finablement il en est demeuré des leurs plus de quatre vingtz estendus sur la neige, huict ou dix prins, dont il y en a quatre de cheval, et des nostres un homme d'armes prins et un arccher mort. Roquefeuille fort blessé d'un coup de pistollet presque au mesme endroit que feu Destanges, mais non du tout si dangereux, Suze a un coup de pique entre le morion et la teste qui ne touche que la peau, Fovion un coup de lance au-dessus de l'œil qui ne luy perse aussy que la peau, Clermont un coup de pistollet en la main droicte qui luy romp seullement un doigt. Il y a esté tué huit ou dix chevaux; et faut que je vous dis que ledit sieur de La Brosse a vaillamment et sagement exécuté cetse entreprise, Saint-Luc l'a fort bien faict, Chastellet et tous ceux qui y estoient, dont Lanques estoit du nombre et fit triomphe avec quelques ungs des siens, et sy l'entreprise fut belle et bien exécutée, la retraite le fut encore plus, car ayans faict demeurer toutes leurs enseignes sur le cul, se retirèrent au pas jusques au bout de nostre pont : je les faisois attendre par monsieur de Campfavas avec cent harquebusiers et quelques corceletz qui gardèrent bien que nostre cavallerye ne fust suivie plus avant. Et ainsy tous les nostres se retirèrent en cette ville à la veue de tous les camps de l'Empereur et de ses tranchées, dont ils firent tirer deux pièces pour favoriser les leurs, et en fut tué sur le dit pont, en revenant, deux soldatz des nostres. Il ne tint qu'à moy que nos gens de bonne maison ne fussent de la partie, mais je leur célay et à beaucoup d'autres jusques à ce que nos gens fussent partis, après quoy il ne se trouva plus de clefz aux portes. Ledit jour je fis aussy sortir Navaille avec vingt chevaux, qui alla battre le chemin entre les deux camps, où il tua force chevaux de vivandiers; cette nuit j'ay faict sortir Quando avec douze arquebusiers de ma garde et un sergent de Glenay, lesquels ont tiré du bout de leurs trenchées dedans, et a le dit Quando long temps combattu avec les leurs, n'ayant que son espée et une rondelle. Hyer j'envoyay le cappitaine Thomas entre lesdits deux camps avec trente des miens, qui faillit à prandre Barbançon qui retournoit du camp de delà et s'en alloit ausi en avec six vingts chevaux ; il fut contrainct de haster un petit son pas, et le buttin fut de deux tonneaux plains de bottes dont nous avons grand besoing et firent tousjours carnage sur le chemin tant de chevaux que d'hommes, en quoy ne sont espargnez les Lorrains quant on les trouve portans vivres.

« Nostre fourneau pour l'artillerie sera secq la semaine qui vient et les mousles et métail prestz pour fondre une coullevrine et une bastarde; la crainte que j'ay que nos maistres ne soient pas tropt bons me garde d'en fondre d'avantage pour la première fois. Je vous supplie monstrer ceste lettre au Roy et luy présenter mes très humbles recommandations à sa bonne grace, s'il vous plaist, et à monsieur le connestable aussy que pouvez asseurer ses enfans estre en bonne santé, et que D'Anville sçayt aussy bien porter la hotte et mieux qu'escrire; Buguenon se porte bien ; je m'estois oublié de vous dire que nous avons une bresche au boullevart de Champagne, une autre à la grosse tour ronde et trois au pan de mur entre deux, et sy ne cognoissons poinct encor que les ennemis veuillent venir à l'assault, et crois qu'auparavant ils veuillent essayer de nous oster nos flancs devant que s'y présen'er. Nostre frère d'Aumale a esté mené par les gens du marquis à une de ses villes.

« Du cinquiesme jour de décembre. »

Lettre du cardinal de Lorraine au duc son frère.

« Monsieur mon frère, j'ay receu les lettres que vous m'avez escrites le 28 du mois passé, desquelles j'envoyay incontinant le double à madame nostre mère et à madame ma sœur, lesquelles sont en bonne santé comme verrez par un mot de lettre que la bonne mère vous escrit, et pouvez estre asseuré qu'on n'oublie pas de tous costez à faire dévotes prières pour vous, de sorte que j'espère que moyennant la volonté de Dieu vous nous en manderez bientost quelques bonnes nouvelles et croyez que toute l'espérance du Roy gist entièrement en vous, et sy Dieu vous faict tant de graces que de pouvoir résister et faire teste, jamais homme n'eut tel bruict et réputation que vous aurez en ce royaume qui se sent desjà infiniment obligé à vous de ce qu'avez faict jusques à présent, et mesme le Roy s'en tient le plus coutant et satisfaict du monde, vous asseurant que de vous dépend sa grandeur et le bien de ses affaires qui prospèrent de tous costez, et pourveu que les choses succeddent du vostre vous trouverez tout le demeurant en tel estat que sçauriez désirer. Au reste vous avez un frère qui ne peut estre à son aise qu'il n'en voye l'issüe telle qu'il la désire, ayant plus expérimenté cette fois ce qu'est d'ennuy que je n'avois jamais faict, dont j'espère que Dieu me mettra bientost dehors et vous de tout danger. Le Roy est en ce lieu d'où il ne bougera qu'il ne sce la fin que Dieu vous donnera ; il a esté conseillé de ne poinct aller à Hesdin pour beaucoup de raisons que vous pouvez assez penser. Il en a laissé toute la charge à monsieur de Vendosme qui est en campagne, et aujourd'huy se devoit loger devant la place qu'il estime reprandre et espérons dans trois ou quatre jours en avoir bonnes nouvelles que je vous feray entendre : cependant je vous asseureray que vostre petit fils se porte bien et prie Dieu pour vous ; je me recommande à vostre bonne grace.

« De Compiègne, ce 8ᵉ jour de décembre. »

Lettre du Roy au duc, du jour suivant.

« Mon cousin, affin que sy vous n'avez receu ma lettre du 30 du passé vous en sçachiez le contenu je vous en envoye un duplicata par où vous verrez, mon cousin, comme toutes voz lettres, excepté celle de l'unziesme, sont venues seurement, jusques à moy. Cette cy sera pour vous advertir comme j'ay receu la dernière du 28, qui m'est tel plaisir que vous le pouvez penser, m'estant le service que vous me faictes de sy grande importance qu'il est, et plus je vo.s en avant et je connois le dommage que mon ennemy en reçoit, qui est tel qu'il y a grande apparence qu'il partira bien tost de là avec très grande honte et confusion, car partous les advis que j'en ay il perd une infinité de ses gens et de chevaux, et est en moindre espérance que jamais de pouvoir rien proffiter, et fault nécessairement que son armée soit diminuée de plus d'un tiers aux gens qu'il a perdu et se sont retirez. Mon cousin de Vaudemont fut, le jour Saint-André, en son camp en bien petite compagnie et vict l'Empereur; mais ne m'a jamais rien faict sçavoir de ce qu'il y a faict et veu, dont je m'esbahis; Bassompierre a bien escrit à mon cousin le connestable qu'il luy avoit dit qu'il estoit en aussy bonne volonté qu'il fut jamais d'entendre au propos de la paix dont il a esté cy devant question, mais qu'il ne conseilleroit pas à son maistre de parler le premier, ce qui me faict plus croire que je n'ay encor faict, qu'il ne désire que d'attacher ceste pratique puisque par la dernière responce qu'il en avoit faicte au dict Bassompierre il luy dit qu'il n'en falloit plus parler; et voyant que de ce costé on n'en faisoit aucun semblant, comme au vray je ne m'en soucye guères, il ne s'est peu garder luy en jetter ce mot, à quoy ne luy sera faict aucune responce. Car s'il a envie que ceste affaire aille plus avant il se laissera autrement entendre. Encor est-il asseuré qu'il n'y gaignera et qu'il ne se fera rien qu'à bonnes enseignes. L'escuyer Christophe que vous cognoissez serviteur du dit sieur de Vaudemont dit que les dits ennemis font courre le bruict dans leur camp qu'ils feront nouvelle batterie du costé de la porte Sainct-Thiébault, rempliront le fossé de fascines et le rechausseront de terre sy avant qu'ils pourront aysément venir au combat à la bresche, que d'ailleurs ils font quantité d'eschelles et s'en veullent ayder pour l'assault; et au demeurant qu'ils font estat d'emporter la ville à la longue. Mais je cognois bien qu'on luy a faict le bec, car il les faict beaucoup plus mauvais qu'ilz ne sont. Et a oüyr son rapport, vous diriez qu'ils sont aysez, logez, traictez, nourris et payez comme s'ilz estoient dans les délices du monde. Et je m'asseure bien, mon cousin, que vous sçavez trop le contraire, ayant de bons avis qu'il est impossible d'estre en plus pitoyable estat qu'ilz sont. Et n'a l'Empereur serviteur par delà qui ne cognoisse bien qu'il a faict une très grande folie. Je crois que vous avez bien sceu le partement de mon cousin le duc d'Aumale, vostre frère, et comme les gens du marquis Albert se retirent tous les jours, et luy en meurent tant que l'on m'asseure qu'il n'a pas à ceste heure quatre mil hommes. Je n'escris encor rien de Hesdin, car mes forces ne peuvent estre là qu'aujourd'huy ou demain. J'espère que dimanche poura commencer la batterie et bien tost après en avoir de bonnes nouvelles, dont je ne faudray à vous faire part. Encor que la royne de Hongrie, comme l'on dit, fasse rassembler ses forces au comté de Sainct-Paul, les Impériaux ont faict courre le bruict qu'ils voulloient faire une entreprise sur Sienne, mais jusques à ceste heure ne s'en voit aucune apparence. Mon cousin le cardinal de Ferrare et le sieur de Termes sont dedans qui donnent l'ordre possible pour la conservation du dit Estat, aussy la seigneurie n'oubliera rien pour cela, qu'est tout ce qui s'offre jusques aujourd'huy 9 de décembre, ayant advisé renvoyer le porteur jusques à vous pour le désir que nous avons de sçavoir de voz nouvelles : c'est celluy qui plus et mieux m'a faict service en cest endroit. Il a charge de demeurer deux ou trois jours par le camp pour vous rendre compte des choses qu'il y poura apprandre, vous priant que par luy nous puissions avoir de vos nouvelles. »

Lettre du connestable audit duc, dudit jour 9 décembre.

« Monsieur, le Roy fut très aise de la venue par devers luy de maistre Thomas d'Elvesche, et l'ouyt bien au long sur toutes choses de delà, dont il n'obmit rien, de manière qu'il demeura en grand contentement du bon estat en quoy il sentit par luy qu'elles estoient, et du grand ordre qu'avez mis par tout, et après le vous renvoya amplement instruict de son intention. Toutes fois, à ce qu'avons sceu, est encore à Verdun, n'ayant osé entreprandre s'en retourner par l'arrivée autour de vostre place du marquis Albert ; par là nous nous apercevons bien que les passages sont estroitement gardez, d'autant qu'il ne nous est venu aucune nouvelle de vous et peu du camp. Et pour autant que le dit maistre Thomas perdit son vallet en venant et sa malle aussy, dans laquelle estoit le desseing et portraict de vostre place, dont l'Empereur se pourroit servir, je n'ay voulu faillir vous en advertir, affin, Monsieur, que vous donniez ordre, s'il y a quelque chose à craindre de changer vos deffences et vos desseins.

« Je vous advise aussy que la plus grande partie de sa grosse artillerie est encor entre Thionville et Metz, sy avant dedans la boue qu'elle ne se peult quasy tirer et qu'il y a grande faulte de pain parmy son camp, de sorte qu'ils sont contraintz en faire venir de la Franche-Comté.

« Le marquis Albert est logé à Sainct-Martin et

est bruict qu'il a eu un coup de fauconneau devant Metz. S'il est ainsy il n'est pas seul, car il est incroyable le nombre d'hommes qui ont esté blessez aux trenchées par vos mousquetz et faulconneaux et ne sçauriez mieux faire que de continuer à en user.

« Ils doivent faire deux batteries depuis la porte Champenoise jusqu'à celle de Sainct-Thiebault, et doit l'Empereur estre aujourd'huy ou demain en son camp, son logis estant prest en une petite maison près la ville, où dernièrement mon fils estoit logé : qu'est un assez beau lieu. Quant à nos nouvelles, je vous asseure que je vous ay envoyé les deux hommes que demandiez à Verdun. Et Verdun est au meilleur estat que l'on le sçauroit désirer et ne s'oublie rien en toutes les autres places, ny aussy à bien chastier les ennemis qui s'escartent, de sorte qu'il s'en faict un massacre infiny et plus d'Italiens que nous ne voulons, plusieurs se rendans à nous. J'espère que nous recouvrerons bientost Hesdin.

« Du costé de Piedmont, cependant que dom Ferrand s'amuisoit à prandre une petite place que mon cousin de Brissac avoit conquis et fortifiée depuis peu de temps, mon cousin a sy bien faict qu'il a surpris la ville et citadelle d'Albe, qui est place de telle importance que vous sçavez.

« Je vous prie nous faire sçavoir de vos nouvelles en essayant avec autres moyens que vous avez de faire sortir quelque garçon qui sçache bien nouer par l'isle, et passer l'eau à nage, portant ses lettres dans la cire, ce sera bien le plus grand plaisir que vous piussiez faire au Roy.

« En achevant ceste lettre, j'ay esté adverty que l'Empereur a dit avoir veu par vostre portraict les lieux que vous voulez desfendre avec artifices de feux, ceux des tables avec pointes despées et daguettes, les flancs que vous avez tant caché que vous descouvrez, et tous les secretz de vostre place tant du dedans que du dehors, à quoy, Monsieur, il vous fault bien adviser pour y remédier et les tromper au desseing qu'ils pourroient avoir faict là dessus, vous advisant que nous sçavons pour certain que les ennemis sont en une merveilleuse peyne des saillies que vous faictes, pour la grande perte de gens qu'ils font tous les jours. Je retiendray icy ledit homme pour vous le renvoyer dans trois ou quatre jours. »

Le dit jour 9 décembre, monsieur le connestable escrivit encore à monsieur de Guyse pour lui faire part des nouvelles de la cour, et d'autres, dont il n'avoit parlé dans la précédente :

« La dernière lettre que nous avons eue de vous, monsieur, estoit du 28ᵉ du passé, qui a donné très grand plaisir au Roy, pour avoir sceu par icelle comme toutes choses vont de mieulx en mieulx en vostre place ; de celles de dehors mectons peine d'en avoir souvant ; et n'est guères jour qu'il n'en vienne quelques unes, et tous concluent que les ennemys sont au bout de leur science et hors d'espoir de pouvoir rien faire de tout ce qu'ils se promectoient. Leurs gens se meurent et se retirent, et n'est l'Empereur moins travaillé de l'esprit que du corps, trouvant bien estrange le traictement que vous luy faictes. J'espère que la fin de son entreprinse sera encore plus honteuse que le commencement, au bien et grandeur du Roy, qui est de jour en jour plus content et satisfaict de vous : et vous asseure qu'il n'a aise et plaisir que quant il a de voz nouvelles. Voylà pourquoy je vous renvoye ce porteur, par lequel je vous escript bien au long tout ce qui s'offre, qui me gardera vous faire plus longue lettre après vous avoir présenté mes humbles recommandations à vostre bonne grace.

De Compiengne le neufviesme jour de décembre.

Le Roy et toute la compaignie faict très bonne chère (1). »

Lettre du duc au Roy.

« Sire, jay receu la lettre qu'il vous a pleu

(1) On trouve parmi les documents de la bibliothèque du roi l'engagement suivant, de la somme de deux mille cinq cents livres, contracté par le duc de Guise, toujours pour le siége de Metz.

« Nous, François de Lorraine duc de Guyse, pair et grant chambellan de France, lieutenant général du Roy en la ville de Metz, confessons que, ce jourd'huy, Guillaume Petit, marchant demourant à Paris, nous a presté comptant de ses deniers en ceste dicte ville de Metz, la somme de deux mil cinq cens livres tournois, en deux cens escuz sol, cent pistolletz, six cens livres en réalles, six cens livres en testons, et le reste en douzains ; laquelle somme nous avons faict mettre par ledict Petit ès mains de Pierre Dupré, commis de maistre Benoist Legrant, trésorier de l'extraordinaire des guerres, par son récépissé, qui est demouré par devers nous, pour icelle employer pour le service du Roy, ainsi qui luy sera par nous ordonné. De laquelle somme de deux mil cinq cens livres tournois nous promectons audict Petit le faire paier et rembourser par le Roy en la ville de Paris, ès mains d'iceluy Petit ou de Marie Cochet, sa femme, laquelle a procuration duditct Petit de recevoir et passer quictance de tous et chacuns les deniers deuz à iceluy Petit ; et en deffaut de ce nous promettons à iceluy Petit le paier comptant et à sa volunté d'icelle somme de noz propres deniers ; de laquelle nous faisons dès à présent nostre propre faict et debte par la présente que nous avons en tesmoing de ce signée de nostre main et faict sceller du scel de noz armes.

« Audict Metz, le deuxiesme jour de décembre l'an mil cinq cens cinquante deux.

« François, *et plus bas* Bardoulx. »

m'escrire par maistre Thomas, et entendu de luy ce que luy avez commandé de me dire, me tenant trop heureux de ce qu'il vous plaist avoir agréable le service que je vous faictz, qui ne sçauroit estre sy grand que je desire, et cognoissant comme il y va de vostre grandeur en la charge que j'ay de vous en ce lieu, je vous supplie très-humblement, Sire, vouloir croire que ma vie, et dix sy Dieu me les avoit donnés, ny seront poinct espargnées, et ozerai asseurer que tant de princes, seigneurs, cappitaines, gentilshommes et soldats qui sont en cette ville, ont volonté de vous y servir en vrays fidelz subjetz et serviteurs. Ce porteur a tout veu, et comme les ennemis, après avoir tiré depuis quelques jours assez mollement, s'amusent à leurs trenchées et mines. Ils se sont, aujourd'huy bien matin, mis à battre de douze pièces contre le boullevart rond de la Porte-Champenoise, et crois qu'il veullent achever de mettre tout en bresche, ce qu'ils pourront faire en deux jours, s'ilz continuent; mais ilz trouveront derrier un rampart qu'avons faict qui ne leur plaira poinct. Ils démonstrent aussy vouloir achever leur grande bresche, nous accoustrons nos flancs, allons au devant de leurs mines, et renforçons toujours le rampart, qu'est ce qu'il nous semble plus necessaire. Et se cognoist clairement, que l'Empereur veult demeurer obstiné en ce siège, nonobstant la perte d'hommes qu'il a faicte. Nous mettrons peyne luy faire cognoistre que le voulons estre jusques au bout. S'il vous plaist donner bonne audiance à ce porteur, il m'a promis vous rendre compte de ce que je luy ay monstré. Nous commenceons à toucher à la munition que je feray le mieux mesnager qu'il me sera possible. Aujourd'huy le cappitaine Fanaz, se promenant assez près de moy, a eu un coup d'arquebuse au ventre, qui est fort dangereux. Je vous asseure, Sire, qu'il ne nous est peu de perte pour le service qu'il vous faisoit icy, m'ayant semblé estre necessaire attendant sa guérison, commettre quelqu'un en son lieu de mareschal de camp, et ny avoir plus ancien ny suffisant que le cappitaine Cleray que j'ay commandé faire ceste charge pendant que serons icy. « Ce 12 décembre. »

Lettre du duc au cardinal de Lorraine son frère, du dit jour 12 décembre.

« Monsieur mon frère, j'ay receu par maistre Thomas les lettres qu'il vous a pleu m'escrire et aussy entendu ce qu'il m'a dit de vostre part, cognoissant bien que ne voulez oublier de me monstrer tousjours l'amytié que me portez, et vous supplie croire que n'aurez jamais un plus obéissant ny affectionné frère que je vous suis.

Quant à ce qui se faict du costé de noz ennemis et du nostre, ce porteur vous dira ce que je luy en ay monstré et que j'en scay s'il le peult retenir. Conclusion, je les tiens, à leur déportementz, fort obstiné en leur entreprise; et croyez, à vous parler privément qu'il fault que le Roy bastisse de longue main les forces qu'il voudra avoir pour nous secourir et les vivres qu'il luy faudra tant pour son armée que pour mettre céans, et ne fault pas faire les choses à demy sur peyne de s'en trouver court, et quoy qu'il y ayt retenue en vostre entendemens pour le dire quant on parlera des vivres qui sont icy. Le pain ne peut durer que jusques au mois d'aoust, qu'est ce que j'ay mandé par ledit maistre Thomas, sans rien cacher ny en avoir célé un grain, et ne faict comme beaucoup d'autres qui ne disent que le tiers ou quart de ce qu'ilz ont, ce que j'eusse faict à un lieutenant de roy, mais à mon maistre je ne luy veux rien céler, affin que selon que ses affaires se porteront il y pense d'heure : il me semble que ce n'est pas peu en un lieu où il n'entre rien que le vent, de fournir pour dix mois, n'ayant esté aydé d'un seul liart. La chair fraîche commence à nous faillir et de la sallée une partie, nous en aurons jusque au caresme prenant, le lendemain vivra avec pain et vin. Et de là en avant il faudra que je distribue le peu de ris, lard et poissons sallez et fromage que j'ay achepté, dont avez veu les marchez, le vin pouvant aller jusques à la Pentecoste ; après quoy nous serons tous de mesme livrés en belles souppes à l'eau, par ce qu'il ne se parlera par d'herbes à cause que nous avons pris toutes les terres des jardins pour les rampartz. Et néantmoings toute cette compagnie n'est délibérée de s'estonner quelque nécessité qu'il arrive et croyez que je leur montreray le chemin, ne voulant avoir plus de commodité que le moindre. Je vous prie ne monstrer ceste lettre à personne, mais souvenez vous en et la tenez aussy vraye que l'Évangile, et s'il y a mieux, ce sera par le bien mesnager, car la quantité ny est pas. Le pauvre Foujou est mort d'un coup de lance qu'il avoit eu à la teste, et pensoit-on que ce ne fust rien, mais on luy a trouvé tout le taix rompu. Il estoit cappitaine de Montreau-faux-Ionne. Je vous prie en demander la capitainerie au Roy pour Chailly mon maistre d'hostel, lequel est icy, faisant beaucoupt de services audit seigneur en ce lieu, tant au faict des vivres qu'autres choses ou je l'employe. J'ay aussy Milliet avec moy, qui prend bien grande peyne à d'eschiffrer toutes les despesches que je faict pour le service du Roy, il est dans cet estat de feu monsieur d'Orleans à deux cens livres de gaiges et demeure seul de tous ses compagnons, etc. »

Lettre du Roy au duc, du 13 décembre.

« Ce porteur est un de ceux que je vous despeschay devant mon partement de Rheins avec une lettre, dont je vous ay depuis envoyé copie par un autre n'ayant peu entrer dedans, et toutes fois a esté en danger d'y demeurer pour homme de son pays, comme il vous dira. Et pour autant qu'il a veu et entendu beaucoup de choses au camp, dont je serois bien aise qu'il vous peust rendre compte, aussy pour le désir que j'ay de vous faire sçavoir de mes nouvelles, j'ai advisé vous le renvoyer avec un duplicata d'une despesche que je vous feis par l'homme du comte Roquendolf, du 9 de ce mois, par laquelle vous saurez toutes nouvelles, et comme je suis de toutes mes affaires, qui sont, Dieu mercy, en très bon estat. Je receu hier lettres de mon cousin l'admiral qui avoit esté avec les autres cappitaines visiter le logis de mon armée devant Hesdin par où il me donne espérance de m'en faire bientost sçavoir de bonnes nouvelles, que j'attens demain par tout le jour. Car dez dimanche ils doibvent mettre leur artillerie en batterie, le fils de monsieur de Ruz est dedans la place qui servira, s'il Dieu plaist, à retirer mon cousin le duc d'Aumalle vostre frère du lieu où il est, car j'ai escrit à mon cousin le duc de Vendosme, sy la place vient a estre prise, qu'il ne fasse aucune composition, sinon que luy, les capitaines et principaux demeurant prisonniers. Au surplus toutes les nouvelles que j'ay de ceux qui reviennent du camp de devant Metz, disent, tous les advis communément, que la plus grande pitié du monde y est pour les maladies, la nécessité et faulte des vivres pour les hommes et les chevaux, et est impossible que, continuant le bon et grand devoir que vous faictes, que l'Empereur ne soit bientost contrainct s'en retirer. Je n'ay poinct eu de vos nouvelles depuis le 28 du passé, dont je suis en peyne, non que je ne sois tout asseuré que vous n'aurez failly à hazarder quelques ungs, pour me donner la joye que vous pouvez penser que j'en reçois, ainsy que je sçai que vous avez quant les miennes vont jusques à vous, dont je faict tout debvoir, car voici le sixiesme homme que je vous ay envoyé depuis un mois, dont il n'est revenu un seul et est marri et grand malheur et faschieux desplaisir sy quelqu'un pour le moins n'est allé jusques à vous, à qui je prie Dieu donner santé et ce que désirez. »

En même temps, monsieur d'Elvèche porteur de la lettre du Roy m'en donna aussi une de monsieur le connestable, ainsi qu'il suit :

« Nous faisons tout ce qu'il est possible pour vous tenir adverty de nos nouvelles, et n'espargnons le hazard d'aultant d'hommes qu'il s'en peult trouver propres à cela, comme vous entenderez par les deux despesches de ce porteur. Il y a huit jours que messire Thomas d'Elvèche est party de Verdun, pour essayer de rentrer dedans Metz. S'il a tant de faveur qu'il le puisse faire, sans empeschement, vous sçaurez beaucoup de choses de luy pour ce qu'il a longuement demeuré audict Verdun, et veu toutes les despesches que nous y avons faictes; et au demourant s'en sera allé si bien instruict de monsieur le mareschal Saint-André, que vous recevrez grand plaisir de son arrivée. Présentement, il ne s'offre rien de quoy vous faire longue lettre; car celle du Roy, de ce jourd'huy treiziesme décembre, sattisfaict à tout ce que je vous sçauroiz escripre, après vous avoir asseuré du grant et parfaict contentement que ledit seigueur a de vous; vous priant, monsieur, m'advertyr s'il y a rien en quoy je vous puisse faire service et sçavoir toujours mes enfans à la recommandation qu'il vous a pleu les tenir.

Autre du Roy au duc, 14 décembre.

Le jeune Grec, mon cousin, par lequel vous m'avez escrit des 8 et 12e de ce mois, a fort bien et dextrement faict et exécuté ce que vous luy avez commandé, m'ayant seurement apporté vos dittes lettres et rendu bon compte par le menu de tout l'estat de la place et de ce qu'il y a veu, par où je juge qu'il n'a rien obmis de la charge que vous luy avez donnée, et ay esté merveilleusement aise d'entendre que les choses soient en sy bon estat, cognoissant par là que vous continuerez à faire de bien en mieux, pourvoyant sy bien à tout, qu'il fault confesser que vous me faictes service tant que je l'ay tousjours espéré de vous. J'ay bien remarqué ce que m'escriviez de l'opiniastreté de l'Empereur, en quoy il y a grande apparence, et qu'il fonde l'issue et fin de son entreprise sur la longueur; mais j'espère que le temps et ce qui adviendra entre cy et qu'il puisse avoir moyen de vous faire mal, luy feront rabattre beaucoup de ce qu'il se promet, joinct qu'il n'y sera rien oublié du costé de decà, soyez en asseuré. Par les nouvelles que j'ay de ceux qui reviennent du camp des ennemis, ont laissé leurs mines, et ne trouvent plus personne qui veuille entrer dedans, ayans descouvert et senty que vous contreminez à l'endroit mesme, de sorte qu'ils sont hors d'espérance de rien proffiter, à l'occasion de quoy ilz ont commencé la batterie, encor qu'il soit tout commung entre eux qu'ilz ne feront que s'y morfondre; mais l'obstination et dureté de l'Empereur ne se peut vaincre, ayant sy grand regret de se voir descheu de la ditte entreprise, qu'il ne sçayt où il en est. Je m'attens, mon cousin, que son marché ira tousjours en empirant; car, à ce que je sçay pour certain, son camp est en plus grande incommodité de toutes choses qu'il n'a poinct esté, tant de vivres que d'autres nécessitez, ne s'osant plus escarter, comme il faisoit, par ce que les garnisons de Verdun, St-Mihiel et l'autre que j'ay mis aux lieux les plus propres en ont tué une infinité, principallement du marquis, des quels, depuis quatre ou cinq jours, l'enseigne du sieur de Tavannes deffit six ou sept vingtz chevaux, où il y eut tel carnage, que hors dix ou douze qu'ilz retindrent prisonniers, tous le reste demeura sur la place, et enmenèrent au dit Verdun quatre vingtz dix ou douze chevaux, tous de service. Ils ont envoyé cinq jours le comte d'Aiguemont du Pont-à-Mousson avec trois ou quatre mil hommes de pied et deux mil de cheval, qui ont esté courir jusques à une lieue de Thoul; mais elle a faict sy bonne mine, qu'ils n'ont ozé s'y attacher, et se sont retirez au dit Pont-à-Mousson. J'ay donné ordre de faire continuer la fortification du dit Thoul; et, s'il plaist à Dieu me donner quelque loisir, j'espère qu'elle sera bientost en bon estat. Je mets dedans Bordillon, et n'espargnera rien pour la mettre en seureté, sçachant de quelle importance elle est à mon service. Je ne vous puis encor rien escrire de Hesdin, et sy y a trois jours que mes gens ont commencé la batterie : car, à ce que j'entens, ils l'ont assailly par le plus fort, à la relation du sieur de Rasse, que mon cousin de Vendosme y a mené quant et luy, sy est ce qu'ilz m'en donnent tousjours bonne espérance. Ayant sceu par vostre ditte lettre, mon cousin, que vous estres mal fourny de chirurgiens, je vous envoye monsieur Ambroise (1) l'un des miens, qui est très bon et fort expérimenté, et me desplaist que je n'ay moyen de vous faire autant d'ayde et secours de toutes choses que je voudrois bien. Je luy ay donné charge porter quant et luy le plus de drogues qu'il pourra. Espérant que Nostre-Seigneur me fera tant de graces, qu'il ira seurement jusques à vous, par le bon ordre qu'y donnera mon cousin le mareschal de Sainct-André, qui ne faudra, comme j'en suis asseuré, de vous advertir de ce qu'il aura entendu. Du costé d'Italie, les Impériaux ont depuis quelques jours remis sus l'entreprise de Sienne; cependant le royaume de Naples demeurera entièrement desgarny de toutes forces, et sera aysé de faire quelque bonne entreprise dessus.

(1) Le célèbre Ambroise Paré.

« Aujourd'huy j'ay receu les lettres du sieur Daramont, mon ambassadeur en Levant, où il m'escrit que le Grand Seigneur a trouvé bon ce qui estoit passé, et faisoit tenir son armée de mer preste. Quant à la mienne, pour au premier bon temps exécuter l'entreprise qui a esté faillie l'esté passé en Piedmont, dont Ferrand faict courir bruict qu'il veult venir assiéger Albe, où est Bonnivet avec dix enseignes françoises, et a despesché cappitaines par l'Italie pour lever gens d'avantage, dont il se trouve peu; mon cousin de Brissac a départy le reste de ses forces par les places voisines, affin que s'il attache, il soit travaillé et incommodé autant que faire se pourra.

« J'oublions à vous dire, mon cousin, que j'ay certaines nouvelles que l'Empereur n'a encor rien faict demander de secours à l'Empire, aussy qu'il n'y a rien de prest ny disposé pour cela, et que le comte de Mansfeld a envoyé devers moy pour me faire offre de me faire service avec douze mil lansquenetz et deux mil cinq cens chevaux pour les employer où je voudray, selon l'utilité que je verray en pouvoir tirer. Je n'y oubliray rien. Qu'est tout ce que j'ay à vous dire pour le présent après vous avoir asseuré de l'entier et parfaict contentement de vostre maistre, que prie Dieu vous avoir en sa saincte et digne garde. »

Lettre du duc au Roy, du 17 décembre.

« Sire, par ma dernière lettre, du douziesme de ce mois, que je vous ay escritte par le Grec de la compagnie de monsieur le mareschal de Sainct-André, je vous ay mandé que nos ennemis avoient recommencé à battre de douze pièces le boullevart de la Porte-Champenoise, ce qu'ils n'ont continué qu'un jour. Ce qu'ils avoient battu estant tumbé le soir, ensorte qu'il y avoit bien cinquante pas de bresches : bien est vray qu'ils n'y peuvent monter sans eschelles. Quant à toutes les autres bresches, ils n'y tirent que de dix ou douze coups par heure, et en endroictz différendz, qui n'est que pour empescher que nos harquebusiers ne leur tirent, et aussy que ne remparions, comme nous faisons malgré qu'ilz en ayent. Tous ceux qui nous viennent de dehors ne nous chantent autre leçon, sinon qu'ils nous minent à l'endroict de nos deux flancs et de la grande bresche. Sainct-Remy dilligente tant qu'il peut pour se trouver audevant, et cejourd'huy j'ay encor continué d'aller veoir tout ce qu'il faict, et iray encor ce soir sur la minuict, qui est l'heure qu'on les entend le mieux besogner et le moins dangereux d'icy en avant. Je ne manqueray point à tenir grand nombre de gens prestz pour les recevoir quant ilz mettront le feu à leur mine. Le dit Sainct-Remy jure ses bons dieux qu'il leur fera une fricassé de bon goust. Je crois, Sire, qu'ils n'auront poinct de froid au sortir; nous n'entendons autre chose de l'Empereur, sinon qu'il est tousjours à la Horgue, assez mal de ses gouttes et tousjours obstiné à demeurer icy devant. Les trois camps sont tousjours au mesme logis et continuant à faire grande garde sur les avenues de cette ville.

« Jeudy dernier, je fis sortir le cappitaine La Faye par le pont des Morts, avec vingtz chevaux seullement, du nombre desquelz estoit le comte de Charny, Ouart, Torcy et Créquy, et sept harquebuziers à cheval de ceux de Lanques, luy ayant deffendu de n'abandonner de loing le bout de nostre poinct, et commandé d'envoyer quelqu'un des siens jusques au corps de garde du marquis, pour se faire suivre d'eux et les attirer devant le dit pont. J'avois fait porter des arquebuses à crocq pour les festoyer; le dit Lafaye voulut luy même y aller avec toute sa trouppe, et d'arrivée leur fit une charge fort belle et se retira assez loing d'eux. Cependant leur troupe commença à se renforcer; et, comme ils se virent six ou sept vingtz chevaux, ils en firent desbander cinquante pour charger les nostres, mais le dit cappitaine Lafaye estant demeuré dernier, son cheval ayant receu un coup de lance, il fut porté par terre, et puis soudain sa trouppe retourna pour le recouvrer, et fit tout ce qu'elle put combattant; mais il fut impossible, et se retira les espées sanglantes aux despens des ennemis. En mesme temps, je fis sortir Rendan par le Pontifroy avec vingt autres chevaux et dix arquebusiers de Lanques, pour cependant qu'ils s'amuseroient d'un costé battre le chemin par là où venoient leurs vivres, ce qu'il fit bien et sagement, et leur prit des chariotz de vin de Rhin qui fut ammené icy avec des prisonniers et chevaux. Hyer se vint présenter du costé de la montagne, entre les deux camps de l'Empereur, cinq cens chevaux bohesmes et espagnols, qui conduisoient domp Louis Davila, le quel fit donner ses coureurs à la portée du mousquet de nostre fossé, et de fortune estoit à heure que j'avois faict monter à cheval les cappitaines La Brosse, Rendan et Paul Baptiste, pour aller recognoistre quelque chose de ce costé là avec chacun seize chevaux des leurs, lesquelz je fis sortir accompagnez de soixante harquebusiers par la porte Mozelle, lesquelz furent logez sy à propos pour les favoriser, que messieurs les cavalliers n'en voulurent poinct manger après avoir esté longuement teste à teste. Venant l'heure qu'ils se vouloient retirer, vint l'enseigne de dom Alonze Puimentel, lequel cognoissant Navaille demanda à parler à luy, ce qui fut accordé, et devisant, luy fit offre que s'il y avoit capitaines ou soldats des nostres qui voulsussent donner un coup de lance, qu'il y en avoit là deux qui avoient licence de leur général; sur quoy le dit Navaille dit qu'il s'asseuroit que de nostre costé il ne seroit refusé, et que ce seroit avec mon congé, et qu'il me le venoit demander, ce qu'il fit, et me dist que Rendan me supplioit qu'il en fut un, ce que je luy accorday, moyennant que celluy de leur costé fut aussy cappitaine, et que s'il y en avoit un second, j'en accordois autant à Chastellet qui me faisoit semblable requeste. Le dit Navaille s'en retourna leur en porter la nouvelle, et que nos gens estoient là tous prestz avec seureté que les deux trouppes ne s'approcheroient et qu'ils seroient conduits à Mylhenim. Ilz se cuiderent repentir de leur offre, s'excusans qu'il estoit temps de se retirer, et que ce seroit pour un autre jour. Toutes fois, Sire, ayant honte, selon mon advis, qu'ils avoient esté pris au mot, s'accordèrent d'un seullement qu'il asseuroit estre cappitaine et Hidalgo, et que nostre trompette et la leur les mèneroient sur les rangs : ce qu'ilz firent. Ils coururent la première et seconde fois assez près l'un de l'autre sans se toucher par faulte de croiser. La troisième, Rendan rompit sa lance de bien droit, fit et faulsa le bras droit à l'Espagnol, qui se laissa emporter par son cheval jusques à sa troupe et tumber sa lance qui demeura aux nostres. On m'a dit que le dit Espagnol est lieutenant du général de leur cavallerie. »

Autre lettre du duc de Guyse, au cardinal son frère, et au connestable.

« Messieurs, je vous supplie m'excuser sy, pour cette fois, n'avez qu'une lettre pour tous deux : vous verrés tout ce que je puis mander par la lettre que j'escris au Roy, et me semble que, selon nos petites nécessitez, tout se porte bien icy. Nos ennemis nous ont tiré unze mil sept ou huit cens coups de canon, et tousjours dépendent de la poudre. Ils disent que leurs mines sont prestes à jour, et nous sommes à leur monstrer une bresche garnie comme il fault pour recevoir un Empereur, s'il y veut venir en personne. Il y a dix jours que, sur les sept heures du matin, commencèrent au camp où est l'Empereur à sonner tous les tabourins, qui estoit, à ce que j'ay ouy dire, pour faire monstre de demye paye, et ont envoyé deux grosses troupes, de chacune quatre mil hommes, tout au bord de leurs tranchées, derrier les murailles qui y sont, où on voit leurs piques. Et encor que je me doubtasse bien qu'ilz ne nous donneroient poinct d'assault, je fis, sans sonner allarme, rendre nos gens de pied et de cheval aux lieux que je leur avois ordonné tant aux bresches, flancs, places de secours que murailles, esquelles nous nous trouvasmes petit nombre pour une ville de sy grande garde. Mais ce qui y est, ne parle que de bien faire : nous n'avons faict autre chose jusques à cejourd'huy que de ramparer ; et à ceste heure que nous sommes couvertz, nous mettrons peyne de loger nos petites pièces seurement, et de mettre nos arquebusiers à couvert, et les arquebusiers à crocq, espérant leur faire bien baisser la teste en leurs trenchées, où ilz se descouvrent fort peu. Il n'est pas croyable la terre qu'ils ont remuée pour nous approcher. Le pauvre Fanaz est mort de sa blessure, dont par ma dernière despesche j'adverty le Roy, m'ayant faict prier sur sa fin que je voulsisse bailler sa compaignie au capitaine Cornet, ce que je luy ay aysément accordé, m'ayant faict entendre prou de fois le dit cappitaine Fanas que monsieur de Chastillon luy avoit promis la première, et aussy qu'il m'a semblé qu'il n'y a personne icy qui le mérite mieux.

« Le cappitaine Poulledre a esté tué d'un coup de canon, qui est grand dommage. Il estoit de ceux qui ont trente francs par mois. Le seigneur Pierre et mey vous supplions les demander au Roy pour le cappitaine Michel, lequel il cognoist bien, et est icy faisant service : c'est celluy qui eut un coup d'arquebuse au visage, allant recognoistre le fossé à Dampvilliers.

« Ce 17 décembre 1552. »

Lettre du duc de Guyse à M. Deschenet.

Messieurs, j'ay entendu, par ce que monsieur Dechenetz m'a escript, que vous avez faict difficulté de recevoir en garnison à Vaucouleur dix hommes d'armes et dix-huit archers de sa compaignie qu'il y avoit envoyez, craignant que cella préjudiciast à la nutralité du duché et comté de Bourgongne où vous estes compris. Et pour ce que je m'asseure que cella ne vous peult préjudicier, actendu mesmement que le Roy a tousjours eu garnisons en la duché, et le roy d'Angleterre en la Franche-Comté, et icelles tollerées tant d'un costé que d'autre, sans faire démonstration qu'il y en eust mescontantement, vous ne fauldrez à recevoir la dicte garnison sans en faire difficulté, m'asseurant que ledict sieur Dechenetz donnera charge de ladite garnison à personnaige si suffisant qu'il ne se fera courses ny autres actes préjudiciables à ladicte neutralité. A tant, Messieurs, je prye Dieu vous avoir en sa très sainte garde.

« De Saint-Germain en Laye, le XXIIe de décembre 1552.

« Vostre bon amy. FRANCOYS. »

Lettre du Roy au duc.

« Mon cousin, présentement est arrivé devers moy le sieur de Jarnac, qui m'a rapporté nouvelles comme hyer ceux qui estoient dedans Hesdin ont rendu la place en mon obéissance, laquelle ne s'est poinct trouvée sy mauvaise qu'elle n'ayt enduré quatre mil couptz de canon pour le moins, et encor n'estoit pas la bresche sans grande difficulté. Mais le bon et vaillant devoir des gens de bien qui estoient là pour mon service les estonna tellement, qu'encore qu'ils eussent deux mil hommes de pied dans la place fort bien armez et équipez et que l'armée des Pays-Bas fust aussy à Parmes, qui n'en est qu'à trois lieues, en nombre de trois mil chevaux et quarante ou cinquante enseignes de gens de pied, néantmoings ils ont eu à grande grace de s'en aller leurs bagues sauves, les enseignes prinses et deux petits fauconneaux, après y avoir perdu pour le moins deux ou trois cens hommes de couptz de canon ; et vous asseure, mon cousin, à ce que j'entens qu'ils ont faict dedans, durant la batterie qui a duré depuis le 17 de ce mois jusques à hyer matin, aussy bien que jamais firent gens : il s'est trouvé à l'endroit de la bresche par où ils l'avoient prise, qu'il y avoit encor dix pieds de muraille debout, et le rampart derrier de plus de vingt piedz de hault, grand, fort et large, par où vous pouvez cognoistre de plus en plus la meschanceté de ceux qui la rendirent. Encore qu'elle soit fort endommagée de ce dernier effort, sy est-ce que mes serviteurs qui y sont jugent qu'elle est telle que j'en pourray encor tirer du service en y mettant de plus gens de bien que ceux qui y estoient, comme j'espère faire. Il se pourra aussy trouver occasion que mon armée aura moyen de faire quelqu'autre bonne chose, et sy les ennemis les veullent attendre, Nostre Seigneur me fera s'il luy plaist, encore tant de faveur, comme j'advoue tenir de sa bonté seulle le recouvrement de la ditte place, que je vous feray encore bientost sçavoir de bonnes nouvelles de ce costé-là, n'ayant voulu vous garder ceste cy plus longuement que cejourd'huy vingt-quatriesme de décembre 1552.

« Je vous ay escrit depuis trois jours comme j'avois receu vostre lettre par le jeune Grec, et vous ay envoyé un de mes chirurgiens avec une ample response contenant nouvelles de tout ce qui s'offrit, et despuis n'est survenu que ce que dessus, attendant tousjours en bonne dévotion de vos nouvelles. »

Lettre du duc au Roy, du 25 décembre 1552.

« Sire, depuis le premier de ce mois je vous ay

escrit deux lettres l'une du 12 par le Grec de la compagnie de monsieur le mareschal de Sainct-André, et l'autre du 17, dont hyer j'envoyay le double à mon dit sieur le mareschal pour vous faire tenir, ayant ordinairement faict le semblable de toutes les despesches que je vous ay faictes despuis le commencement de ce siége ; et quoy que cela soit ainsy, sy est ce qu'ayant veu par vos lettres du 9 et 13 de ce dit mois que n'avez receu celles que je vous avois escrites du 11 du passé, je vous en envoye encores présentement un double. Quant à nos nouvelles, nos ennemis ont continué a nous tirer cinquante ou soixante coups de canon par jour et en divers endroitz, jusques au 24 de ce mois qu'ils se sont un peu reschauffez, avec sept pièces, dont ils ont tiré six cens coups en deux jours et demy contre la tour ronde du costé de la Mozelle, qui estoit jà bien malade, sy est ce Sire, que nous sommes encore dedans, et ay espérance qu'ilz ny mettront poinct le pied s'ilz n'achevent de la ruyner du tout, ce qui leur coûtera encor mil coups de canon. Ils ne peuvent donner à l'estage d'en bas que de deux pièces qui sont sur le bord du fossé, où ils peuvent bien confesser qu'ils ont eu des places de cannoniers vacantes. Le second est ramparé de terre et le troisième de balles de layne et de fumier, ce qui nous faict opiniastrer davantage à la deffendre. C'est que s'ils la gaignoient, ils trouveroient des contremines que nous avons faictes, desquelles ils se pouroient aysément ayder pour nous venir chercher bien avant. Ils font tous les jours trenchées nouvelles, et à ce que je puis juger tendent à une mesme fin, d'estre maistres de nostre fossé ; mais ils ny ont encor descendu, bien sont allez sy près du bord que leur terre coulle dedans et sont ordinairement plaines d'arquebusiers, vous pouvant asseurer, Sire, que qui se descouvre mal à propos tant de leur costé que du nostre, il n'arreste gueres à estre payé comme a esté le pauvre Camille Marin au milieu du front, le faisant regarder auprès de moy pour accommoder un flanc, dont je me suis oublié de vous advertir par ma dernière despesche. Après avoir faict cognoistre par sept ou huit fois avec petites troupes bien menées comme se souviendroient les gens du marquis des passades que les nostres leur avoient données, et qu'ilz nous a semblé qu'ils venoient aussy eschauffez après les nostres qu'au commencement, je permis à monsieur le vidame vendredy dernier, de monter à cheval avec 80 hommes telz qu'il voulut choisir, comme aussy à Lanques avec 20 de ses arquebusiers, et les fit mettre, sur les unze heures du matin, entre les deux portes du chasteau, dessus le pont des Mortz, affin qu'il n'en sortist davantage et ny eust confusion. Après je luy commanday ce qu'il auroit à faire et aussy à celuy qui menoit ses coureurs, qui se nomme Moncery, lequel incontinant avec ses cinquante chevaux alla droit au corps de garde dudit marquis, qui pouvoit estre de cinquante pistolliers, lesquels firent du commencement les froids comme ils avoient accoustumé et se mirent sur le bord d'un fossé attendant que l'alarme fut donnée à leur camp et qu'ils eussent à mon advis adverty le marquis pour sçavoir ce qu'ils auroient à faire, et ne tardèrent guères à venir par six et dix cheveux tant qu'ils pouvoient bien estre six vingt, dont y avoist environ quarante lances ; et à leur queue venoient quatre ou cinq cens hommes de pied, la plus grande partie harquebusiers, et comme ils se virent fortz commencèrent à faire advancer une trouppe de coureurs qui vindrent au galop pour charger les nostres qui prirent la charge longue, outre ledit pont des Morts et droict au Pontifroy, et faisant semblant de vouloir tourner firent incontinant assembler leurs deux trouppes et quelque trente hommes de pied, qui soudain se délibérèrent encore charger nos dits coureurs, lesquels obéirent un peu pour les mener encor plus avant, comme je leur avois dit, et alors qu'ils verroient sortir monsieur le Vidame avec sa trouppe ils donnassent dedans. J'estois sur la porte pour veoir quant il y feroit bon, et voyant qu'il estoit temps pour les nostres, je fis partir mondit sieur de Vidame accompagné de cinquante bons hommes, qui s'en alla droit pour leur couper chemin du costé de leur camp. Soudain qu'ilz l'apperceurent, ils se mirent à fuir et nos coureurs ne s'oublièrent de les charger sytost qu'ils les virent bransler, ny monsieur le Vidame de leur venir donner par flanc, de façon Sire, que tous ceux de cette ville et du camp de l'Empereur qui voullurent regarder le passetemps ne virent jamais pistolliers, lanciers et Allemans, mieux battus que ceux là, lesquels n'arrestèrent guères qu'ilz ne fussent auprès de leurs quatre cens hommes de pied, qui leur vindrent fort à propos, fuyans tous devant nos gens ; mais monsieur le Vidasme fit fort sagement de ne les vouloir rechercher pour ce qu'il falloit passer un fossé à la fille et que c'estoit près de leur camp, dont sortit seize enseignes de gens de pied pour venir à la recousse. Ils n'emmenèrent qu'un gentilhomme allemand prisonnier pour tesmoing et en laissèrent sur la place plus de vingt cinq des leurs à cheval, la pluspart du reste bien marquez eux et leurs chevaux à la mode des Françoys quant ils se meslent avec leurs espées bien tranchantes. Il y demeura aussy trente ou quarante hommes de pied de leurs gens tous estendus sur la place, qui au moins s'il y en avoit en vie n'en ozèrent faire le semblant, se laissant prandre leurs bourses et leurs armes sans se remuer; et à l'heure que ce beau mesnage fut commencé, je fis sortir les sieurs d'Auragues et La Brosse, avec chacun trente hommes d'armes, par le Pontifroy, pour favoriser les nostres et leur donner moyen de se retirer en cas qu'ils fussent suivis.

« Je commanday aussy aux cavalliers de Lanques avec vingt harquebusiers de son frère, quinze chevaux de ma compagnie menez par Pallays et autant de celle de monsieur de Lorraine avec le nommé La Réelle, d'aller battre le chemin de Thionville, où ils trouvèrent quatrevingt hommes de pied, lesquels ne portoient que leurs espées et se voulurent sauver dans une petite abbaye sur le chemin, où ilz furent sy bien suivis et chastiez qu'il n'en reschepa aucun. Ils emmenèrent aussy quelques moutons et vaches, qui fut un peu de rafraîchissement à nos pauvres blessez et malades. Le duc Horace a esté de la partie ayant fort bien faict aussy à le chef de l'entreprise et tous ceux qui y estoient. L'Empereur est toujours en son camp logé au chasteau de la Hongrie, et ne sy parle d'autre chose sinon qu'il est délibéré, quelque perte d'hommes qu'il fasse, de demeurer icy devant jusques à la fin. Avant hier je fis sortir La Rochefoucault du costé du dit marquis, qui prit des prisonniers bien avant sur le chemin de Theonville. Aujourd'huy matin la compagnie de monsieur de Gonnort en a faict autant et tout de mesme celle de monsieur de Nemours, sur les quatre heures du soir, sans que pas un des ennemis ayt ozé abandonner leur camp de cinq cent pas, à cause de l'alarme que je leur fais donner le plus souvent que je pus pour leur faire tenir le pied frais, ayant bien opinion, Sire, que sy nous n'avons à faire qu'au marquis et à sa trouppe, nous en viendrons bien à bout par le menu; mais nous en avons icy devant des plus fins qui cherchent de tous costez de trouver des nostres à leur advantage, ce qu'ils n'ont encore faict. Et ay espérance que Dieu nous aydera à garder l'avantage que nous avons eu jusques à ceste heure sur noz ennemis. Le sieur de La Palisse est mort ceste semaine passée d'une fièvre lente, et disent les médecins qu'il estoit empoisonné. Boisdauphin m'a prié vous supplier très-humblement luy vouloir donner la place de gentilhomme de vostre chambre. Au surplus Sire, j'ay receu les lettres qu'il vous a pleu m'escrire des 9 et 13 de ce mois et du dernier du passé par le vallet du sieur de Feullet; je ne faudray à vous le renvoyer demain ou après demain. »

Lettre du dit duc au cardinal de Lorraine son frère.

« Monsieur mon frère, je ne vous feray longue lettre m'asseurant que vous verrez ce que j'escris au Roy : conclusion ne me chantez plus par vos lettres que l'Empereur doive desloger d'icy et tenez pour certain que, s'il ne nous trompe bien fort, tant qu'il aura de vie il ne voudra recevoir cette honte d'en partir avant qu'il en voye la fin, sy les forces de nostre maistre ne l'y contraignent, et pensez donc de bonne heure à trouver de bons hommes car à ce coup il fault avoir courage. Je réserve à vous en escrire plus au long quant j'auray meilleur loysir. Nous avons esté saluez jusque à cejourd'huy de treize mil coups de canon et toujours continuent, m'estant advis qu'ils nous veullent monstrer qu'ilz ont toute la poudre d'Allemagne en leur commandement. Ce la néanmoins ne nous estonne pas icy. Vos trois frères se portent bien et vous supplient de les tenir en vostre bonne grâce.

« A Metz, ce 26 décembre 1552. »

Lettre de monsieur de Nevers au dit duc de Guyse, du dit jour.

« Monsieur mon compagnon, deux hommes que j'envoyay dernièrement en la comté de Bourgogne pour me faire certain d'un engin que j'avois sceu et estre dressé par l'ingénieux Degré pour mener contre vous, sont retournez ce jours d'huy par devers moy et ont rapporté ce que vou entendrez cy dessoubz; au moyen de quoy je n'ay voulu faillir de vous hazarder ce porteur, comme encor je feray deux ou trois autres pour vous en advertir, combien que je m'asseure assez que cela leur servira autant en vostre endroit comme tous les effortz qu'ils ont faictz jusques icy.

« Le dit engin est de trois cens pas de longueur et de telle largeur que dix hommes peuvent marcher de front dessus; il est monté sur deux petits rouages de bois d'un pied et demy de hault, estans les dits rouages proches l'un de l'autre en travers de vingt à vingt deux piedz pour le soustenement dudit engin; en la fin du premier pont du dit rouage est un reply faict avec charnures, et après tous les autres de mesme jusques à la fin, sinon qu'au dernier ce sont viz sans fin sy bien faictes que peu de gens font cheminer le dit engin, et là où le bout peut arriver contre une muraille, il s'y dresse tant hault soit elle avec les engins qui sont adressez pour le soustenement de la premier pointe, et sy le premier pont en fin de son reply tumbe dans la ville, tout le reste du dit pont suit après. Quant à cela, monsieur mon compagnon, encor que je sa-

10.

che bien que vous y sçaurez mettre très bon remède, sy est ce que je n'ay voulu faillir vous dire l'advis et opinion que plusieurs ont là dessus, c'est que pour autant que le dit pont est mal aisé à rompre, estant tout à faict de bois, fer et cordages qui ne se peuvent couper à cause du dit fer battu très subtillement qui l'engarde, il seroit bon de faire un tendis de grandes pièces de bois qui sortiroient à fleur de muraille de vingt à trente pieds de long, pour présenter au devant de la première pointe du dit engin et qui servira pour renverser le dit premier ply, et conséquemment le second et le troisième à mesure qu'ils commenceroient à monter, lequel tendis il faudroict conduire par vis sans fin pour approcher et reculer quant mestier seroit. Le sieur de Lessay conduit le dit engin avec quelque cavalerie et environ deux mil hommes de pied de la comté. Il pourra estre en leur camp dans sept ou huit jours. Quant à nos nouvelles, je suis venu en ce lieu pour prandre résolution sur la fortiffication d'icelluy, avec les sieurs de Vieilleville et de Bleneau, ausquelz le Roy avoit mandé de s'y trouver pour y faire continuer les ouvrages en toute dilligence. Je vous supplie, mon compagnon, sy vous cognoissez que je vous puisse servir et favoriser en quelque chose, me vouloir faire cet honneur que de m'en advertir : car je tiendray à fort grand heur d'y employer et moy et tout ce qui sera en ma puissance ; et sur ce je prie Dieu, etc.

« De Thoul, ce 26 décembre 1552. »

M. Le connestable au duc de Guyse, du mesme jour.

Monsieur, vous verrez par ce que j'escriptz au Roy comme nous vivons avec noz voisins ; lesquels continuent d'estre ostinez de ne voulloir bouger d'icy, à ce que j'en puis entendre par ceulx que nous prenons et d'aultres. Il a fallu depuis huict jours qu'ayons commancé de mettre la main à la monition que je feray filler tant que je pourray ; vous asseurant, Monsieur, que le plus cher trésor que je tienne en ceste ville c'est le bled que j'ay icy assemblé, duquel, et des gens de bien qui y sont, j'ay espérance de faire ung bon service à nostre maistre. Voz enffens se portent bien, et contera au Roy et à vous se porteur de noz nouvelles, ce qu'il pourra apprendre en passant, lequel n'a poinct voullu prendre d'argent de moy pour la doubte qu'il avoit d'estre foullé en passant par le camp des ennemys. Je vous supplie, Monsieur, le voulloir faire contenter par delà comme vous sçavez qu'il le mérite. Je n'ay receu par ce dict porteur la thérébentine de Venize dont vous m'escripvez, qui ne nous serviroit peu pour les pauvres blessez, se il vous plairoit nous en envoyer.

« De Metz, ce XXVIᵉ décembre.

Lettre du mareschal de Saint-André au dit duc, du 28 du dit mois.

« Monsieur, craignant que la despesche que je vous avois envoyée par l'homme que le sieur de Saint-Luc avoit faict sortir de Metz fust perdue en chemin, je vous ay bien voulu envoyer encor celle cy pour vous advertir du retour du Grec vers le Roy, qui s'est sy bien acquitté de la charge qu'il avoit de vous que sa Majesté en est demeurée fort satisfaite et contente et encor plus aise que je ne vous sçaurois escrire d'avoir par luy amplement entendu de voz nouvelles, comme vous verrez par les lettres que sa dite Majesté vous escrit, lesquelles je n'ay voulu hazarder par ce porteur craignant qu'il ne puisse seurement entrer à Metz et les vous envoyeray avec un chirurgien que le Roy vous envoye, lequel j'adviseray de faire conduire le mieux et plus seurement qu'il me sera possible, vous asseurant que vous aurez contentement de la despesche qu'il vous portera. Le Roy a faict resserrer le sieur de Rasse pour avoir rendu Hesdin où il y avoit encor dix pieds de muraille à la bresche et bien grande hauteur de rampars. Je croy qu'il jouera bien tost son personnage sur un eschaffault. On ne sçayt ce qu'est devenu Genlis. Je m'attens que comme voz voisins n'oublieront de vous faire bien tost entendre la prise audit Hesdin, vous les payerez en mesme monnoye. Monsieur le cardinal vostre frère est maintenant paisible possesseur de Meudon. Je me recommande à vos bonnes grâces et suis etc.

« De Verdun, le 28 décembre 1552. »

Lettre du cardinal de Lorraine au duc son frère, du dit jour 28 décembre.

« Je me doutois que pendant mon absence il pouvoit venir de voz lettres ; j'avois laissé icy expressément un de mes secrétaires qui a la charge de mes chiffres, auquel j'avois commandé s'il en venoit les deschiffrer incontinant et en monstrer le deschiffrement au Roy ; ce qu'il a faict. Vous ne devez avoir crainte qu'il ne soit satisfaict et donné bon ordre à tout ce qui sera nécessaire pour vostre secours ; c'est l'intention du Roy et d'employer pour cela sa puissance sans attendre que vous soyez à trois mois près du terme, cognoissant de quelle importance seroit une telle faulte pour le royaume, vous suppliant, monsieur mon frère, vouloir tousjours continuer à bien faire comme avez faict jusques à ceste heure, et soyez asseuré de nostre costé et croyez que sy Dieu vous faict la grâce de persévérer en l'heur qu'il luy a pleu vous donner par cy devant, jamais homme n'eut plus grande occasion d'estre contant que vous aurez, car je vous prometz que je viens d'une ville où vostre nom est immortel, et y estes tant aymé, qu'il n'y a petit ny grand qui ne vous adore et confesse desja vous estre plus obligé qu'à homme de ce monde ; et outre la louange que vous y acquerez vous rendrez merveilleusement soulagez ceux que pour vous sont en continuelle peyne, dont je pense estre le premier et celluy qui plus en endure, et n'est possible que je sois en mon aise que je ne vous voye hors de là à vostre honneur, n'oubliant de prier Dieu pour cela, comme font mesdames nostre mère et nos sœurs, ausquelles je fais ordinairement part de ce qui nous survient de vos nouvelles. Laubespine m'a asseuré que vous serez amplement satisfaict de toutes choses, qu'est l'endroict où je me recommande très-humblement à vostre bonne grâce, priant Dieu vous donner, Monsieur mon frère, etc.

« De Compiègne, le 28 décembre 1552. »

M. le connestable escrivit, le 30 du dit mois, au duc de Nivernois, une lettre dont il envoya le double à M. de Guyse. En voici la teneur :

« Monsieur, pour l'affection grande que je voy que le Roy a à la fortification de Thoul, je ne me puis garder, oultre ce qu'il vous en escript, pour le désir que j'ay qu'il ayt tousjours de plus en plus grand contentement, de vous prier tant et tant que je puis, voulloir entreprendre ceste fortification et y faire mettre la main aussi à bon essient que ont fait M. de Guyse et mareschal de Saint-André à Metz et Verdun ; chose qui vous sera aysée avec l'asseurance que pouvez avoir et vous reposer sur moy que rien ne vous manquera, estant certain aussi que vous y ferez mesnager les choses et espargner tout ce qu'il sera possible pour son service, tirant des gens de guerre que vous aurez là dedans et de par toutes ailleurs toutes les corvées que vous pourrez. De quoy je vous supplie, monsieur, croire que pour l'honneur et affection que je vous porte, j'auray plus d'ayse et de plaisir, oultre le bien du service de nostre maistre, que de choses que je sçauroys veoir advenir. J'ay veu ce que m'avez escript pour excuse des plaintes que faisoit monsieur de Vaudemont des commandements que vous avez fait faire sur les terres de monsieur de Lorraine une foiz doubte que vous n'avez jamais baillé que lettres de créance ; mais ceux que vous avez envoyez sur les lieux ont esté si mal avisez qu'ilz ont laissé veoir et communiquer leurs instructions ; car j'ay veu le double d'une que vous envoyastes à Bar par le Parc, ce qui n'est aucunement nécessaire et suffist que verballement vous leur faciez sçavoir ce que vous voudrez avoir et le faciez prandre sans riens bailler par escript, toutesfois le plus doulcement qu'il sera possible. C'est, monsieur, tout ce que j'ay à vous dire pour le présent, ayant le surplus esté mys par ung mémoire qui vous est présentement envoyé par où vous serez amplement instruit de l'intention du Roy sur toutes choses ; priant Dieu, monsieur, vous donner bonne vye et longue.

« De Compiègne, le 30ᵉ jour de décembre 1552.

« Vostre bon serviteur,

« Montmorency. »

« Veu que le baron de Fontenay m'escript ordinairement les plus plaisantes nouvelles du monde, je luy en baille de mesmes par une lettre que je luy escript.

« Monsieur, le Roy n'entend pas que vous vous engaigiez ne demouriez du tout dedans Thoul, et suffira que vous acheminiez la fortification, selon le contenu au mémoire, et puis l'avanciez avecques le soing que vous en pourrez avoir allant et venant. »

Vers ce temps, de l'ordonnance et commandement de monsieur de Guyse, le sieur de Saint-Remy dressa l'inventaire des artifices à feu et autres inventions, tant de bois que de fer, nécessaires pour la deffence de la bresche à Metz, et la remit à mon dit sieur de Guyse, ainsi qu'il suit :

Premièrement, vingt-deux pavois montez sur roues avec leurs essieux et ferrures.

Ung engin de charpenterie avec son tour garny de deux ingles de fer, servant à tirer terre de contremynes.

Quatre tazières servant aux contremynes ; l'ung d'eulx en longueur de deux piedz, l'autre de trois, l'autre de quatre et l'autre de cinq piedz.

Item treze rasteaulx vollans montez sur roues, avec chacun deux esses, desquelz en y a cinq qui ont broches de fer et les autres de bois, et vingt six manches pour les mener et pousser.

Item trente tables garnies de broches de fer grandes et moyennes et de clouz, le tout servant à chausse trappes.

Item quatre cens douze potz plains de chausse trappes pour gecter de hault en bas de la bresche.

Item trente et une lanterne de bois, de plusieurs calibres, plaines de cailloux.

Seize lanternes de fer, les unes plaines de dez de fer et autres de cailloux.

Item trente deux estuiz de bois pour servir aux fougades et trainées.

Item unze tables percées servant ausdites fougades.

Item six douzaines de cartouches de toille plaines de pouldres avec leur mouslée de bois de plusieurs calibres poisans ensemble XI^c III^{xx} VIII livres.

Item soixante unze potz à feu.

Item soixante quatre autres plus petitz potz à feu.

Item soixante deux boullets esclatans.

Item cent grenades à feu.

Item cent picques à feu.

Item trente lames à feu.

Item six vingtz ung sercles simples à feu.

Item cinquante cercles à truffle.

Item cinquante deux cercles croisez.

Item quatre vingtz douze ferynes à feu.

Item quatre barilz plaines d'artifices à feu.

Item ung monceau de tourteaulx.

Item six cuillers de fer avec leurs hampes pour gecter les grenades et boullets esclattans.

Item six fourches de fer avec leurs hampes pour gecter les sercles à feu.

Item vingt-cinq boutefeuz garniz de corde et meiche.

Item trente ung boutesfeuz qui ne sont garniz.

Item ung asfustage monté sur six roues de bois que l'on nomme orgues, où il y a vingt trois petitz quanons de fonte.

Item quatre mil cinq cens quarente livres de pouldre appropriées pour faire fougades.

Le suivant mémoire fut envoyé à monsieur de Nivernois par monsieur de Laubespine, pour luy servir d'instructions, sur ce qu'il auroit à faire pour les fortifications de Toul :

« Affin que monsieur le duc de Nivernois entende clèrement l'intention du Roy, sur le fait de la fortification de la ville de Toul, le dict seigneur l'a fait mectre et rédiger par escript ainsy qu'il s'en suit :

« Premièrement, ayant ouy ce que le chevallier de Seure lui a rapporté de la part dudict sieur de Nevers, du moyen qu'il y a de mettre ladicte place en peu de temps en l'estat qu'il désire, icelluy seigneur veult et prie ledit sieur de Nevers prendre en main le fait de ladicte fortifficasion, et se mettre et loger luy mesmes dedans ladicte ville, avec le sieur de Bordillon, et sa compaignye avec luy et les chevaulx légiers qu'il a par delà, et deppartir chacun son quartier pour, en toute dilligence et comme il a esté fait à Verdun et Mets, faire mettre la main à l'euvre, et comme il sera advisé pour le mieux par le dict sieur de Nevers et les cappitaines qu'il a avecques luy.

« Pour cest effect, ledict seigneur envoye présentement deux commissions pour lever deux mille pionniers; c'est assavoir une au sieur d'Espinat pour en faire lever mille en Bourgogne, laquelle ledict sieur de Nevers luy fera incontinant venir; et une autre au dict sieur de Nevers pour en faire lever semblable nombre en Champagne et partout où il en pourra trouver en payant.

« Davantaige, ayant le hérault Vallois escript à monsieur le connestable que le pays de Barroys a esté taxé à quatorze cens quarente hommes de corvéeï, par chacune sepmaine, pour la fortification de Clermont et qu'il luy semble qu'ils seront beaucoup mieux emploiez audict Thoul, le dict sieur de Nevers advisera d'en prandre ce que besoing sera, et à ceste fin est écript audict Vallois se retirer incontinant par devers le dict sieur de Nevers. Bien est le Roy d'advis que pour donner plus de couraige ausdicts hommes de corvée de besongner, que ledict sieur de Nevers leur face donner à chacun quelque chose par jour des deniers du Roy.

« Pour à quoy commancer à satisfaire, le Roy a présentement fait bailler au commis du trésorier des réparations qui est icy la somme de deux mille livres tournois et assignation de huit mille six cens soixante, et six livres tournois qu'il va prendre à Chaumont en Bassigny que ledict sieur de Nevers fera dispenser et ménager le mieulx et plus utillement que faire se pourra.

« Surtout ledict seigneur désire qu'il y soit fait extrême dilligence et que pour cest effect ne soit riens espargné ne en regard en personne que ce soit de Lorraine, Barroys, ne autre endroit; et regardera le dict sieur de Nevers de faire que le clergé et ceulx mesmes de la ville y aydent et s'efforcent de tout ce qu'ils pourront, attendu qu'il est question de leur conservation. Aura le dict sieur de Nevers souvenance d'employer et faire besongner à la dicte fortiffication ses souldats et vallets des gens de guerre qui seront en ladicte ville, ainsi qu'il s'est fait en celles qui ont esté fortifiées; et affin qu'il y en aist plus grand nombre et que ledict sieur de Nevers aussi y soit plus fort, pourra tirer et faire venir en ladicte ville de Thoul, des places de Dampvilliers, Ivoy, Montmedy et autres de la frontière de delà, de chacune une enseigne, estant la saison telle qu'il ne faut pas craindre que l'ennemy soit pour y povoir faire entreprise et touttesfois aura regard de ne les desgarnir pas trop.

« Le Roy trouve trop excessif l'offre que fait le marchant Bega pour le fait des vivres, ce luy semble que ladicte ville de Thoul estant en pays si habondant il n'y faut autre provision de vivre que celle que l'on y pourra faire des pays circonvoisins, ainsi qu'il s'est fait ez autres places fortes, desquels vivres il entend que l'on face ameyner et venir tant de bledz et vins qu'il sera possible ; et pour cest effect envoye le dict seigneur par delà le sieur de Borran, auquel à ceste fin ledict sieur de Nevers baillera toutes les contraintes dont il aura besoing; et affin que le peuple s'accommode plus volontiers à y mener ses vivres est nécessaire que ledit sieur de Nevers leur face bailler logeis à les retirer et les faire conserver à ce que l'on les leur puisse rendre si on n'en avoit affaire et qu'il n'y ayt aucun dommaige, comme il sera besoin leur faire entendre.

« Des autres menus vivres comme huilles, gresses, chandelles et autres petites choses nécessaires, qui ne se pourront trouver par le plat païs, ledict sieur de Borran regardera aussi d'en faire provision au meilleur marché que faire se pourra, et en envoyant ung estat sera ordonné deniers pour y satisfaire.

« Quant au sel, est présentement envoyée une lettre signée de la propre main du Roy, addressant au fermier du magazin et grenié à sel de Chaulmont en Bassigny, pour en faire deblivrer à celluy que ledict sieur de Nevers envoyra devers luy, jusques à dix muydz et au dessoubz, qui luy seront après rabattuz sur sa ferme. Ledict seigneur trouve bon aussi que ledict sieur de Nevers face faire les moullins à cheval et à bras nécessaires et le plus tost qu'il sera possible, lesquels il fera paier sur les deniers desdictes réparations.

« Au regard de l'artillerie et munitions, ledict sieur de Nevers doibt avoir souvenance qu'il y en a à Saint-Dizier bonne quantité, toute portée pour cella et attendant que la dicte ville de Thoul soit en plus grande deffence pourra y faire mener un nombre de harquebustes à croc et quelques unes des pièces légiers qui sont au dit Saint-Diziers, avec une chartée ou deux de pouldres pour servir à éviter une surprise, et à mesure qu'elle se fera plus forte y faire venir les autres, et peu à peu la faire fournir et accommoder de ce qui sera nécessaire ; à quoy le Roy ne luy épargnera riens, et cognoist que la fortification lui est tant et de si grande importance qu'il prie ledict seigneur de Nevers et après luy ledict sieur de Bordillon entreprendre et espouser de toute leur affection et autant qu'il sait qu'ilz aiment le bien de son service tenancement d'icelle, les asseurant qu'ilz auront facilité de ce qu'ilz sçauroient demander pour y satisfaire, et que le Roy les fera secourir et ayder de tout ce qui sera en sa puissance.

« Affin que ladicte fortiffication soit mieux conduite ledict seigneur escript à Fredance le père qu'il ne bouge dudict Thoul, estimant bien que monsieur le mareschal de Saint-André s'en passera bien pour le présent, estant Verdun tant avancé qu'il est.

« Pour ce que par la lettre que ledict sieur de Nevers escript à monsieur le Connestable, il dict que les villes de delà sont fort desgarnyes de marchandises, et mesmes d'apothiquairye, à cause de l'imposition forayne pour raison de laquelle les marchands différent d'y en mener ; le Roy veult qu'ils entendent qu'il y a lettres despeschées, ainsi que a asseuré le général de la Chesnaye, par lesquelles il est permis à ung chacun d'y en mener sans payer ladicte imposition en baillant caution de rapporter certiffication, aux bureaux, comme ils les ont vendues ez villes de l'obéissance du Roy; au moyen de quoy il est satisfaict à ce que ledict sieur de Nevers désire en cest endroit.

« Ledict seigneur a fait pourvoir au payement des appointez de la bande du capitaine Anthoine de Poyrin et luy suffist aussy que le capitaine André de Maye ait seullement sa compaignye entière de cent harquebuziers à cheval, sans qu'il la puisse faire de plus grand nombre.

« Fait à Complègne le 30ᵉ jour de décembre 1552. « HENRY. »

« Depuis que le Roy a signé ce mémoire, il a sceu par Borran, que ceulx de l'élection de Langres ont mis douze mille livres sur ladicte élection au lieu des corvées pour les places de Monteclere, Cressy et Montigny, et pour ce qu'il luy semble que ladicte somme avecques les troys mille livres des chevaulx d'artillerye de l'élection dudict Langres est suffisante pour mectre lesdictes trois places en toute deffence, il prie ledict seigneur de Nevers faire prendre garde que lesdictes sommes soyent bien mesnagées, et faire s'il est possible que l'on réduise le faict des fortifications des dictes places à la toyse, ou à la hottée, ainsy que fait faire le sieur de Bleneau à Yvoy. « DE L'AUBESPINE ».

[1553] Au mois de janvier, monsieur le Connestable écrivit au duc de Guyse en même temps que le Roy et les deux lettres arrivèrent ensemble. Elles étaient ainsi conçues :

« Monsieur, j'ay receu la lettre qu'il vous a pleu m'escripre du 23ᵉ du passé, en response de la myenne précédente du 18ᵉ; et me semble que à l'ordre que l'on a donné tant de vostre part que de celle de deçà, pour advertir les capitaines de Sainct-Jacomo et Montmelian, de se tenir sur leurs gardes, nous ne pouvons estre en doubte qu'ilz ne facent si bon guet en leurs places, qu'il n'en sçauroyt advenir inconvéniant. Encores ay-je escript au sieur de Maugiron qu'il jecte promptement dedans ledict Sainct-Jacomo vingt ou vingt cinq soldatz pour plus grande seureté du lieu. Quant aux quatre bendes de Picardye que l'on a ordonné pour Champaigne, dont vous me mandez que le sieur de Bourdillon estoyt en peine pour n'en avoir poinct de nouvelles, je vous advise, Monsieur, que je viens encores présentement de recevoir une lettre du sieur de Villebon du 29ᵉ du passé, qui m'asseure avoir parlé à homme qui luy a dict avoir veu auprès de Mézières les deux que le capitaine Esnart a faict partir de Sainct-Quentin; et quant aux deux Escossoises, qui estoient à Bray, il avoyt envoyé ung gentilhomme pour les conduyre audict pays de Champaigne, ainsi qu'il m'avoyt jà auparavant escript, de sorte que je ne puis croyre que ledict sieur de Bourdillon n'ayt de ceste heure et les unes et les autres. Vous verrez par l'extraict qui sera cy encloz tout ce qui nous est venu d'Angleterre depuis ce que je vous en ay dernièrement faict sçavoir; s'il survient autre chose d'importance et mérite, je ne fauldray à vous en donner advis tout aussy tost, en actendant que nous ayons ce bien de vous reveoir en ceste compaignye, où le Roy vous désire fort, ainsi que verrez par ce qu'il vous en escript. Me recommandant, Monsieur, très humblement à vostre bonne grace, et priant Dieu qu'il vous doint en santé bonne et longue vye.

« Escript à Fontainebleau, le premier jour de janvier. »

« Depuis ceste lettre escripte, j'ai faict parler au Roy ung jeune gentilhomme anglois, qui luy a dict beaucoup de choses d'importance, dont je remecteray à vous faire le discours à vostre arrivée en ceste compagnie.

« Vostre très humble serviteur,

« Montmorency. »

Lettre du Roy au duc de Guise.

« Mon cousin, ceste despesche que je vous faict sera premièrement pour vous advertir que j'ay receu la lettre que vous m'avez escrite du 23 du passé, et prandray à bien grand plaisir quant cellecy, que vous avez envoyé au duché de Luxembourg, sera de retour, de sçavoir ce qu'il vous en aura rapporté. Je vous envoye un extraict des nouvelles que j'ay eues d'Angleterre, affin que vous voyez comme les choses s'y passent de jour à autre, qui n'est pas sans grande apparence de quelque grande esmotion. Nous verrons ce que le temps en apportera, dont je vous feray tousjours tenir adverty : au demeurant, pour ce que je me délibère commencer de bonne heure à disposer des choses que j'auray à faire ceste année, et que je désire que vous y soyez, je vous prie que le plustost que vous sera possible vous partiez pour me venir trouver. Priant Dieu, mon cousin, qu'il vous ayt en sa saincte grace.

« Escrit à Fontainebleau le premier jour de janvier 1553.

« Henry, *et plus bas* Bourdin. »

Et au dos : *A mon cousin le duc de de Guyse, pair de France.*

Lettre du cardinal de Lorraine au dict duc son frère.

« Monsieur mon frère, je vous eusse plustost escrit, mais j'ai voullu dsiferer jusques à ceste heure, ayant retardé le partement de ce porteur le plus qui m'a esté possible, lequel autrement fust party incontinant après les festes : à présent suis contrainct le laisser aller, pour autant que le Roy s'est courroussé par trois ou quatre fois de ce qu'il estoit encor icy, et a voulu qu'il fust despesché tout à l'instant, voyant que le temps estoit court, et les choses qu'il a délibéré de faire et entreprandre ceste année de grand poidz et inportance; sur quoy, à ceste occasion, il désire se résoudre de bonne heure; ce qu'il ne veult faire sans vous. Et vous cognoissez aussy le naturel de nostre maistre estre tel, que depuis qu'il a quelque affaire en fantaisie, jamais n'est en repos, ny en son ayse, que les choses ne soient conclues et arrestées; qui est cause de faire haster ce porteur plus que je ne voudrois pour accélérer vostre retour, dont je suis bien marry, pour l'aise et contentement que je sçay que vous avez par delà, estant asseuré que ce peu de repos servira beaucoup à la conservation de vostre santé, que je désire plus que toutes autres choses de ce monde; et sy moy mesme estois en vostre lieu, je chercherois tous les moyens que je pourrois pour y séjourner. Mais puis que les affaires qui se présentent ne le permettent, et qu'il n'y a autre remède, je suis d'avis, suivant ce que le Roy vous mande, que vous pensiez à retourner non pas sy promptement, mais encor huit jours après l'arrivée de ce porteur, et jusques au 20 pour le plus tard; autrement on pourroit dire de vous, comme on dit de hoste estant en sa maison : m'en remettant, toutes fois, à vostre discrétion ; et des nouvelles de par deçà, sur la suffisance de ce porteur ; je vous diray seullement que le mareschal de Saint-André a esté fort malade à Vallery d'une fiebvre continue, et se porte bien maintenant, et espère que nous l'aurons icy dans quatre ou cinq jours, où il se faict ammener en litière. La cour marche selon son train accoustumé ; qu'est tout ce que je vous puis escrire pour le présent, me recommandant très humblement à vostre bonne grace, et priant Dieu, etc.

« De Fontainebleau le premier jour de janvier 1553.

« Vostre très humble et obéissant frère,

« C. CARDINAL DE LORRAINE. »

Lettre de M. de Vieilleville à M. le duc de Guyse.

« Monseigneur, pour ce que depuis mes dernières lettres, Le Couldray m'a dict que vous désiriez avoir promptement ung homme pour envoier en Allemaigne, qui m'a faict incontinant vous dépescher ce porteur qui est homme fidelle et est celluy qui mena le comte Reingrave à Meydebourg, et se tient ordinairement en ceste ville. Je croy qu'il fera fort bien et seurement ce que vous luy commanderez. J'ai obmis l'autre jour vous escrire l'essay que j'ay faict de vos deux pièces, dont la plus grosse me cuyda tuer, si est ce que je ne luy ay fait autre mal que de luy faire coupper le bout, et après la confiner au magazin de ceste ville, en commémoration de l'honneur que vous y avez acquis.

« Monseigneur, après m'estre très humblement recommandé à vostre bonne grâce, je supplie le Créateur vous donner, en très bonne santé, très longue vie.

« De Metz, le second jour de janvier 1553.

« Vostre très humble et très obéissant serviteur, « VIEILLEVILLE. »

Par un autre lettre du jour suivant, le dit sieur de Vieilleville, gouverneur de Metz, s'excuse au duc de Guyse de n'être pas allé lui faire la révérence, et l'informoit de diverses nouvelles :

« Monseigneur, je ne vous sçaurois dire combien je suis marry de n'avoir eu le moyen de vous aller faire la révérence. Je m'asseure que vous me faites bien cet honneur de croire que ce n'a point esté faulte de bonne volonté, mais bien du commandement que vous m'eussiez peu faire par vostre lettre. J'essue donné sy bon ordre par deçà, qu'il n'en fust point advenu de faulte ; et toutes fois, l'ayant faict sans ceste occasion, je crois, Monseigneur, que vous ne m'eussiez pas estimé davantage d'avoir sy légèrement abandonné le lieu.

« Monseigneur, il y a 6 ou 7 jours que je fis sortir de ceste ville partie de la compagnie de M. d'Espinal, celle de mon beau fils, et de M. de Langues, et trois cens hommes de pied conduits par les cappitaines Bonnenim et Appaste ; les quelz je fis embusquer fort près de Thionville, et sy à propos, que sy les gens de pied de la ville fussent sortis, comme ils avoient accoustumé, ils se fussent malaisément retirez ; mais il n'en sortit que la cavalerie seule, à la quelle la nostre s'attacha sy fort, qu'encore qu'ils n'eussent abandonné la faveur de leur artillerie, nos gens les chargèrent sy vivement que le gouverneur leur fit fermer les portes ; beaucoup des leurs y estant demeurez blessés, le lieutenant du vicomte de Blétanges y estant tué et le filz de celluy qui commandoit en la place au paravant celluy-cy. Martin Vandevousse est tousjours gouverneur de Luxembourg, et Thonnbourg à Thionville. Nous faisons aujourd'hui meilleure guerre que nous n'avons accoustumé. Il n'est plus nouvelle de la Diette qui se devoit tenir à Ausbourg. J'ay eu nouvelles de ce jour de M. le cardinal Farneze, que j'ay fait conduire seurement jusqu'à Strasbourg. Qu'est, Monseigneur, tout ce que je vous puis dire, sinon que toutes choses se portent bien icy pour le service du Roy, comme vous aurez peu entendre par le cappitaine Salude.

« De Metz, ce 1e janvier 1553.

« Vostre très humble et très obéissant serviteur,

VIEILLEVILLE. »

Lettre du cardinal de Lorraine au dict duc de Guyse son frère.

« Monsieur mon frère, le Roy, ce soir, se voulant mettre à table, est arrivé un courier de Rome qui nous a apporté nouvelle de la promotion de nostre frère monsieur le cardinal de Guise, de quoy j'ai bien voulu incontinent vous advertir et m'en réjouir et congratuler avec vous, estant asseuré que telle nouvelle ne vous sera nullement fascheuse. Je suis certain que, de sa part, il ne faudra de vous le faire sçavoir ; mais je me suis voulu haster pour estre le premier qui vous en donnera advis : car il n'en sçayt encore rien, estant allé à Paris depuis deux jours, où je luy ay envoyé un courier, toute nuit, pour luy faire entendre ces nouvelles demain en son lever : outre les quelles je n'ay rien à vous dire, pour le présent, sinon que je me recommande à vos bonnes graces, priant Dieu, etc.

« De Fontainebleau, le 3 jour de janvier 1553.

« Vostre très humble et obéissant frère,
« C. CARDINAL DE LORARRINE. »

Lettre du connestable au dit duc.

« Monsieur, la bonne nouvelle que nous a apporté maistre Thomas, de vostre part, nous a donné le comble et consommation de l'ayse où nous estions de savoir le camp de l'Empereur ainsy esbranslé; et ne vous sçaurois dire combien le Roy et toute la compagnie loue et estime le bon et vaillant devoir que vous y aurez faict. J'ay présentement faict pourvoir au payement, pour trois mois, des gens de guerre que vous aviez dedans Metz, que le trésorier de l'extraordinaire fera tenir par delà aussy tost que vous aurez ceste lettre, affin qu'il vous plaise en faire faire les monstres le plus tost que vous pourez, avant qu'aucun des autres se puisse mesler avec eux. Et pour vous y servir, j'escris au sieur de Borran de vous aller trouver, le plustost qu'il poura, pour faire ce qu'il vous plaira luy commander. Le demeurant, vous l'entendrez du dit maistre Thomas, que je vous prie croire de ce qu'il vous dira de ma part tout ainsy que vous feriez moy mesme : priant Dieu, Monsieur, après mes humbles recommandations à vos bonnes graces, vous donner bonne vie et longue.

« Le 7e jour de janvier 1553.

« Vostre bon serviteur, MONTMORENCY. »

Lettre du cardinal de Guyse au duc son frère, sur la nouvelle de sa promotion.

« Monsieur mon frère, nostre Saint-Père a tant et sy souvent esté sollicité et semondé de sa promesse, qu'en la fin il s'en est voulu acquitter, ainsy que vous a desjà faict sçavoir monsieur nostre frère monsieur le cardinal, mais non pas comme je crois le lieu ny la compagnie où j'estois quant j'en receus les nouvelles, qui nous pressèrent messieurs le prince de Ferrare, de Nemours, Bendam et moy, de laisser Paris un demy jour plustost que nous n'avions délibéré. Nous y estions allez, ainsy que vous pouvez bien penser, pour adviser à des grands et importans affaires, et y fismes, Dieu-merci, sy bonne diligence et devoir, qu'il n'y demeure rien à exécuter de nostre intention. A nostre retour, le Roy, dès le soir, en la présence de l'ambassadeur de Sa Sainteté que j'avois amené en poste de Paris avec ceste compagnie, me fit recevoir tant d'honneur que de me changer mon bonnet noir à un rouge, que je désire sur toutes choses du monde m'estre le moyen que je luy fasse quelque jour service agréable. Vous aurez entendu de sa délibération de desloger de ce lieu, et de nos autres nouvelles, par ce que vous a escrit M. le cardinal, plus que je ne vous en sçaurois dire : parquoy je ferai fin à la présente par mes très humbles recommandations à vostre bonne grace et de madame ma sœur. Priant Dieu qu'il vous doint, Monsieur mon frère, en continuelle santé, très bonne et longue vie.

« De Fontainebleau, ce 8 jour de janvier 1553.

« Vostre très humble et obéissant frère,

« LE CARDINAL DE GUISE. »

Lettre du duc de Guise au connestable, après la retraicte de l'Empereur et la levée du siége de devant Metz.

« Monsieur, j'envoye le sieur de Rendan présent porteur devers le Roy pour luy faire entendre la pauvre retraicte qu'ont faict nos ennemis, ce matin; les quels s'en vont fort desconfitz. Et crois, Monsieur, que de soixante mil hommes pour le moins que l'Empereur avoit amenné devant ceste ville, il n'en remmenne pas douze mil sains. Quant à moy, j'ay veu, aujourd'huy, quarente enseignes toutes en un bataillon où il n'y avoit poinct quatre mil hommes. Ils nous ont aussy monstré quinze ou seize cens chevaux, en cinq trouppes, tant Espagnols, Bohesmes, qu'Allemans, ausquelz ne manquoit cornette ne enseignes, non plus qu'ausditz gens de pied ; mais quant il s'en escartoit une seulle, elle estoit fort mal accompagnée. Je vous suplie vouloir croire ce que vous dira le dit sieur de Rendan de ma part, lequel s'est sy vaillemment et sagement conduit durant ce siège, pour le service du Roy, qu'il en mérite estre grandement loué : ne voulant pour la fin oublier à vous asseurer que vos enfans se portent bien.

« De Metz, ce 9 janvier 1553. »

Lettre du Roy au duc.

« Mon cousin, affin que les princes, seigneurs et cappitaines, qui sont dedans Metz et qui m'y ont faict service, sçachent le contentement que j'en ay, je leur escris à chacun une lettre particuliere, pour les en remercier. Je vous prie, mon cousin, la leur faire bailler, et au demeurant leur dire que j'estime et tiens sy cher ce service, qu'il me sera en perpétuelle mémoire pour en faire sy bonne recognoissance à chacun selon son mérite, qu'ils auront de plus en plus occasion de continuer en l'affectionnée volonté de me faire service : dont ils ont faict sy bonne démonstration. A ce coup, priant Dieu, mon cousin, qu'il vous ayt en sa saincte garde.

« De Paris, ce 9e jour de janvier 1553.

« HENRY, *et plus bas* DE L'AUBESPINE. »

Le double d'une lettre du Roy à monsieur le

duc de Nivernois, du 10ᵉ de janvier, fut envoyé aussi à M. le duc de Guyse, pour l'informer des ordres qui estoient donnés dans le voisinage du dit duc.

« Mon cousin, j'ay bien congneu par les advis que j'ay eüs de mon cousin le duc de Guise, depuis vous avoir escript, que vous estiez bien et véritablement adverty de ce que faisoit l'Empereur, et du deslogement de son armée, par où j'ay de plus en plus occasion de me loüer et contenter du service que vous m'avez fait par delà, en quoy vous n'avez rien obmis, comme je me suis très bien apperceu, tant au bon ordre que vous avez donné par tout, que au soing et diligence dont vous avez usé à avoir de ses nouvelles; et pour ce que j'estime, mon cousin, veu l'estat auquel il est party, et la ruyne en laquelle estoit sa dite armée, que ma frontière de delà se pourra doresnavant bien passer de si grandes forces, et la chose du monde dont j'ay plus de besoing est d'espargner argent et reposer ung peu ma bourse durant cet hyver, afin que le printemps nouveau j'aye tant mieulx de quoy satisfaire à ce que je vouldray entreprendre, je vous prie regarder à casser le plus que vous pourrez des enseignes nouvelles qui sont par delà, et aussy les harquebusiers à cheval de l'Aventure et du sieur d'Aynville, retenant seullement ceux de Saprigue et de André de Maye, et faire en cest endroit le meilleur mesnaige dont vous pourrez adviser, et le plustost qu'il sera possible, considérant les grandes et extrêmes despences que j'ay supportées, et que j'ay encores sur les bras de tous coustez, comme vous sçavez assez, dont il est besoing que je me soullaige le plus que je pourray.

« Au demourant, mon cousin, je m'assure que vous sçavez bien pourvoir à estendre et despartir les gens de guerre qui vous demoureront aux lieux plus à propos de mes frontières, après que vous aurez veu et congneu ce que les ennemis feront de leur cousté et que en tout et partout vous donnerez non moins bon ordre que vous avez fait jusque icy, dont je suis si avant satisfaict qu'il n'est possible de plus, ainsy que vous dira de ma part le sieur de Fourronne présent porteur, sur lequel me remettant je ne vous feray plus longue lettre, priant Dieu, mon cousin, vous avoir en sa garde.

« Escript à Paris, le Xᵉ jour de janvier 1553.

« HENRY, *et plus bas* L'AUBESPINE. »

Le translat d'une lettre du Sieur Celius, qui enfermoit des nouvelles d'Allemagne, fut adressé au dit duc.

« Monseigneur, il y a vingt-six jours que je vous envoyay ung homme exprès pour vous advertir de choses qui me sembloyent de grande importance, lequel n'est point encore retourné, qui me mect en grande peyne, pour la peur que j'aurois que mes lettres eussent été interceptées; ce dont vous ay bien voullu advertir, ensemble de ce qui me vint hyer de Saxes.

« Le duc de Brunsvich, après avoir deffaict ce qui se trouvoit des gens du marquis dans Liectenfelz, assiégea Culembach, et ceulx que ledict marquis y avoit mis, lesquels désespérant de pouvoir garder ladite place, meirent le feu dedans et essayèrent de se saulver; mais il en demeura beaucoup entre les mains des ennemis.

« Cela fait, ledit duc de Brunsvich se retira avecques ses gens à Bamberg, et le prince de...... (*sic*) alla mettre le siége devant Plassembourg, où il commença à faire des mynes; mais ceulx de dedans estans sortis meirent en pièces tous leurs pionniers; toutes fois depuis on pourvût mieulx à leur seureté.

« L'espérance de prendre ledit chasteau n'est fondée que sur la faulte d'eaüe qu'il y peult avoir, pource que l'on soulloit prendre l'eau de la rivière de Maine qui bat le pied de la montagne, sur quoy ledit chasteau est assis, pour l'usage de ceulx dudit chasteau, ce qui ne se peult faire maintenant, d'aultant que l'on a mis deux enseignes de gens de pied pour leur empescher le passage. Il y a bien une fontaine dans le chasteau, mais elle est fort creuse, et a grand poyne pourra elle suffire pour tant de gens qu'il y a dedans, et aussy qu'ils espèrent par leurs mines divertir ceste source.

« Il est fort malaisé en ce temps si froid et si aspre de faire si bonne garde, et tenir la place de si près qu'il n'en sorte ou n'y entre tousjours quelqu'ung, et la veille de Noël ceulx de dedans feirent une saillye, où ils tuèrent beaucoup de ceulx de dehors.

« Cependant ledit marquis voyant Culembach perdu, et ne doutant point que ses ennemis n'essayassent Schblynfelde après, depescha cappitaines de gens de pied et de cheval à qui il bailla argent pour luy faire gens et les assembler en ung lieu nommé Nebhstetlin qu'il avoit prins à l'évesque de Wirtzbourg, lesquels ont esté levez en Thuringe, la Marche, et aultres lieux, et a esté baillé aux gens de pied ung talers et demy pour homme, et à quelques ungs deux pour commencer à marcher.

« Ledit marquis pendant que le duc de Brunsvich estoit à Bamberg, il brusla huict villages et bourgs, ceulx de Britzingen où il demoura, et fit ung grant butin sur le pays de l'évesque de Wirtzboug, et puis il se retira à Schblynfelt ayant entendu que ledit duc de Brunswich estant renforcé du secours de l'évesque de Bamberg, et de ceulx de Nuremberg estoit party de Bamberg. Le huitième de décembre, comme le duc de Brunschwich feuste approché du Schblinfelt, le marquis mest deux cens arquebusiers en embuscade en des ruynes d'un villaige bruslé, non guéres loing dudit Schblinfelt, et comme ledit duc feust venu reconnoistre la place avec six compaignies de cavallerie, ledit marquis sortit avecque 1400 chevaulx qu'il a dans Schwinfort, comme l'on dit, avecques unze enseignes de gens de pied, et chargea si vifvement les ennemys qu'il les m'eist en fuyste, lesquels estans venus à ce villaige bruslés trouvèrent ses harquebuziers en teste qui les traittèrent fort mal, et sans la nuict il y fust mort beaucoup plus de gens qu'il ne feist.

« Et ayant ledit duc de Brunswich entendu que il s'assembloyt gens à Newsterlin pour ledit marquis, et qu'ils y estoyent arrivez quatre cens chevaulx et deux enseignes de gens de pied, et que l'on y en attendoict encores huict, il y alla mettre le siège, et l'ayant deux fois assailly il y perdit beaucoup des siens; finallement les gens de cheval qui y estoyent, perdans le cueur, délibérèrent se saulver au travers le camp des ennemys, ce qui réussit à quelques ungs, aux autres non, et y en eut beaucoup de pris, et entre les aultres ung capitaine nommé Georges de Lipsia. Ledit marquis voulut aulcunement recevoir ceulx qui estoient eschappez comme poltrons; les gens de pied après le partement de ceulx de cheval se rendirent à mercy, et feurent envoyés ung batton blanc au poing.

« Cela fait, ledit duc logea ses gens ez environs de Schwinfort à ung mille ou deux près, car le marquis a bruslé tous les villages, moulins, et maisons de gentilshomes de par à l'entour, affin que par ce froid temps l'on n'y puisse séjourner, et a fait porter dans la place tout ce qui s'est trouvé de vivres et munitions à six milles à l'entour, de sorte que l'on l'estime pour d'icy à ung an. Quant audit duc, ayant laissé l'armée aux évesques qui y ont aussy leurs gens, il est retourné avec deux cens chevaulx et 60 charriots à sa maison, et est à Wolfenbutel présentement.

« Le marquis feust, au... de décembre, mis au ban de l'Empire; ce néanmoings il a beaucoup d'argent, et l'on tient pour certain que l'autre jour il dépescha treze, les aultres dient six cappitaines de gens de cheval en la marche Poméranie, Schélésie et au duché de Melkelbourg, et leur bailla argent pour lever des gens de cheval, et les tenir prests pour le commencement de caresme.

« Il se dict aussy qu'il se lève gens à l'entour de Lubech, et que au duché de Holstat il s'assemble 30 enseignes de gens de pied par le comte de Oldenbourg qui a fait faire serment au marquis, comme l'on dict, combien que l'on die que le roy de Dannemarch veuille chasser Henry de Brunsvich de l'évesché de Hildesheim, et la bailler à son frère. L'on a sceu que l'électeur de Brandebourg et le marquis Jehan de Brandembourg, et le duc de Prusse avoyent envoyé leurs ambassadeurs vers les évesques, pour les prier de voulloir penser aux moyens par lesquels ceste guerre se pourroit terminer par quelque amiable composition, car s'ils ne posent les armes, ils ne pourront laisser régner leur cousin avecques lequel ils ont leurs biens commungs, et pour ceste effect s'assemblèrent à Rottembourg, mais ils en sont partis sans riens faire, comme l'on dict.

« Quant au duc Auguste, on dict qu'il est compris en la ligue de Heldehergue, laquelle est faicte en partie pour empescher et troubler la succession de l'Empire au prince d'Espagne qui semble y aspirer, et pour ceste occasion se fait de grands apprets, et l'on estime aussy que quelque bannissement que l'Empereur ait ordonné contre le marquis, qu'il le favorise et luy fournit argent, et y en a qui dient qu'il l'a faict son conseiller et son collonnel général, de quoy je ne vous puis asseurer, mais il en est quelque bruyt; et en escripvant ceste lettre est arrivé ung homme en poste, qui dict qu'il a trouvé ledict marquis avec 13 chevaulx de poste s'en allant à Bruxelles.

« Et quant à ce que vous desirez sçavoir si la ville de Brunswich a rachapté la paix du duc de Brunswich de quatre ving mille tallers, je vous asseure qu'elle n'en a pas baillé ung liard, mais que les évesques et ceux de Nuremberg promirent de donner ceste somme affin de pouvoir avoir l'armée du duc Henry, tant ils avoyent de peur de la venue du marquis en Franconie.

« L'accord n'est pas encore fait entre le duc Auguste, et le duc Jeah Frédérich, et y a eu aultre fois plus d'espérance de faire la paix entre eulx qu'il n'y en a. Toutesfois, leurs conseillers se doibvent encores assembler le quatrième jour de janvier. Voilla tout ce que contiennent les lettres de ung mien amy escriptes le troisième jour de janvier en Saxe, à quoy je ne puis rien adjouster, sinon que les Impériaulx font grande joye, et braylent fort pour le mariage d'Angleterre. La diette n'est pas encore commencée; toutefois on escript de Bruxelles que l'Empereur est fort après pour la faire faire.

« Le quatorzième jour de janvier 1553. »

Lettre de monsieur Bourdin au dit duc.

« Monseigneur, j'ai receu la lettre qu'il vous a pleu m'escrire du 5 de ce mois, et pour continuer à vous donner advis de ce que le Roy a eu d'Angleterre depuis mes dernières, je vous diray, Monseigneur, que ce ne sont que parolles généralles que la royne de ce pays tient à monsieur de Nouailles, du désir qu'elle a à la continuation de la commune amityé d'entre le Roy et elle, et aussy qu'il se peut traicter quelque bonne paix entre ledit seigneur et l'Empereur, à quoy elle désireroit bien fort s'employer ainsy qu'elle dit; mais, Monseigneur, il est aisé de juger que ce langage ne procède pas tant de dévotion qu'elle y ayt, que de l'envye qu'elle a de nous endormir de belles parolles pendant que le prince d'Espagne fera son passage devers elle. Ladicte Royne s'estoit retirée à Richemont, où elle se délibéroit faire la réception des députez que l'Empereur y envoye; mais encore qu'elle y tint cour ouverte, sy est-ce qu'elle s'y est trouvée sy mal accompagnée de sa noblesse, qu'elle a esté contrainte de se retirer à Londres, pour y faire ladite réception, et couvrir tant qu'elle pourra le mal contentement que sa dite noblesse prend de son mariage. Nous attendons d'heure à autre des nouvelles du triomphe de ladite réception, et de ce que lesdits députez pourront négocier par de là, dont le Roy n'a point encore de nouvelles: qu'est, Monseigneur, le sommaire de la dernière despesche qui en est venue. Le Roy a accordé la continuation de la neutralité de ceux de la Saidouste, suivant le premier traicté qui en fut faict. Nous sommes en quelque espérance de faire une cessation de feuz et bruslemens entre nos ennemis et nous. Le sieur de Bouflers ayant escrit à M. de Rumiers que la royne de Hongrie le veut bien accorder, pourveu que le Roy fasse le semblable de sa part et que ce soit génerallement pour toutes les frontières et pays du Roy et de l'Empereur, ce que le Roy a trouvé bon de sa part, nous en attendons la responce, de laquelle et de toutes choses que je sçauray estre digne de vous, je ne faudray de vous donner advis tout aussy tost.

« De Paris, ce 14 janvier 1553.

« Vostre très humble et très obéissant serviteur, BOURDIN. »

Lettre du Roy à monsieur le duc de Nevers, du quinze de janvier, dont le double fut envoyé au dit duc.

« Mon cousin, par vostre lettre du huitième de ce mois, j'ay seu vostre allée à Metz, dont je fuz très aise. Depuis par une autre de vos lettres du neuvième, entendu le partement du duc d'Albe, et du marquis Albert, et comme toutes les forces de l'Empereur sont retirées, ce qui m'a esté depuis confirmé par le sieur de Rendan que mon cousin le duc de Guise a envoyé devers moi, lequel m'a par le menu rendu bon compte de toutes choses, qui sont les plus honteuses et misérables que l'on sçauroit penser.

« Au demeurant, mon cousin, sçachant très bien que une des principalles choses à quoy il fault présentement pourveoir est de faire fournir de bleds la ville de Metz, dont il n'y a point de plus aisé moyen que la ville de Thoul, dont la rivière est prochaine, où il fault faire le magazin pour la nourriture de ladite ville, je vous prie regarder le moyen qu'il y aura de l'en secourir; vous avez Borran par delà qui a escript à mon cousin le connestable deux ou trois expédients, que je ne trouve point mauvais; je vous envoye ung double de sa lettre, sur laquelle vous pourrez y prendre une résolution aveques luy, pour le plus tost qu'il sera possible, y donner quelque commencement, et en m'advertissant des frais qu'il sera besoing faire pour cet effect; je y feray pourveoir incontinent. Il sera aussy besoing, mon cousin, que vous advisiez quel nombre de gens de guerre de ceulx qui sortiront de Metz l'on pourra loger et mettre en garnyson en Barroys, qui est comme vous sçavez si plein de vivres, afin de soulager d'autant la Champaigne, dont le pays n'aura de quoy se plaindre, d'autant qu'ils vivront en payant. Le surplus se départira en quelques autres endroits qui n'ont point eü de foule, comme je vous feray ci après entendre, qui est tout ce que j'ay à vous dire pour le présent, sinon que je vous prie donner ordre que la fortification dudit Thoul soit continuée en toute la dilligence qu'il sera possible. J'oublyois à vous dire, mon cousin, que mondit cousin le duc de Guise m'escript qu'ils ont grande nécessité de maçons dedans Metz : à ceste cause, je vous prie regarder d'en faire recouvrer par delà jusques à vingt ou trente, et les luy envoyer le plustot que faire se pourra. Priant Dieu, mon cousin, qu'il vous ait en sa sainte et digne garde.

Escript à Paris le quinzième jour de janvier 1553.

« HENRY, et plus bas, DE L'AUBESPINE. »

Lettre du Roy audit duc, du 15 du dit mois de janvier.

« Mon cousin, j'ay receu vostre lettre du 11 de ce mois, par où j'ay sceu ce que vous avez faict au dommage et travail de mes ennemis; en quoy ce n'est pas de ceste heure que je cognois que vous n'y avez rien oublié. Et pour ce qui me semble, s'estans retirez comme ils sont, que vostre demeure par delà n'est plus nécessaire et que je désire grandement vous veoir, je vous prie, mon cousin, après avoir advisé de ce qu'il sera besoing laisser de forces à Verdun, et bienfaict entendre au sieur de Tavannes ce qu'il aura à faire pour continuer l'ouvrage et mettre en seureté laditte place, partir et me venir trouver le plustost que vous pourrez. Je désire bien, cependant, que vostre lieutenant et vostre compagnie ne bouge, ny semblablement le sieur de Saulx et les autres forces qui y sont, jusques à ce qu'ayant entendu de vous l'estat des choses, je prenne résolution que je remetz à vostre arrivée, qui me sera très agréable, et serez le très bien venu. Priant Dieu, mon cousin, qu'il vous ayt en sa saincte garde.

« Escrit à Paris, le 15ᵉ jour de janvier 1553.

« Henry, *et plus bas*, de l'Aubespine. »

Instruction au sieur de Saint-Luc, de ce qu'il auroit à dire au Roy de ce que maistre Thomas d'Elvesche avoit faict entendre de la part de Sa Majesté à monsieur le duc de Guyse.

« Quant à ce que Sa Majesté veult, que l'Empereur ayant esloigné ses forces de ce pays et du tout rompu son armée, monseigneur le duc de Guyse retienne quelques chevaux-légers dedans Metz, et envoye le reste de la cavallerie en garnison au duché de Bar, et que des vingt-trois enseignes de gens de pied, retenant ce qui est nécessaire pour la garde de la ditte ville, il mette le surplus aussy en garnison ez lieux circonvoisins, et les plus proches, pour en estre promtement secouru survenant affaire :

« Fera le dit Saint-Luc entendre à Sa Majesté que mon dit seigneur de Guyse, estant icy monsieur le mareschal de Saint-André, en a conféré avec luy et quelques capitaines, et leur a semblé, après avoir cherché la commodité des lieux d'icy allentour, la ditte cavallerie devoir estre mise en garnison ez villes et endroitz qu'il plaira au dit seigneur voir, par le département que le dit sieur de Saint-Luc porte. Sur quoy, remonstrera à Saditte Majesté la grande perte de chevaux qu'a faict la ditte cavallerie aux factions pendant le siège, et qu'il semble à mondit seigneur de Guyse qu'il seroit bon les soulager pendant cet hyver de la ditte garnison, pour leur donner moyen de s'accomoder de plusieurs choses qui leur sont nécessaires ; n'ayant, toutesfois, pour cela voulu laisser les y envoyer, attendant qu'il ayt pleu au dit seigneur en ordonner autrement.

« Au regard des gens de pied, fera aussy entendre le dit sieur de Saint-Luc que monsieur de Gonnort ayant dit qu'il luy falloit quatorze enseignes pour la garde de la ville, estant à ceste heure sy mal complettes comme elles sont, mondit seigneur de Guyse a départy les neuf qui restoient des dits vingt trois, ez lieux circonvoisins d'icy, et les plus commodes dont il s'est peu adviser, ainsy qu'il plaira veoir au dit seigneur par le département qu'il en a faict, ensemble le nombre des chasteaux près de la ville où l'on pourra mettre quelque petit nombre de gens de pied des dits quatorze enseignes, estant très aise mon dit seigneur de Guyse de ce qu'il plaist au Roy faire user de sy bonne diligence pour le payement des dits gens de pied, qui sera cause que le peuple en sera désormais plus soullagé ; à quoy il tiendra la main tant qu'il luy sera possible.

« Outre lesquelles choses, fera aussy entendre que mon dit seigneur de Guyse n'a encor peu trouver par tout ce pays aucun marchand qui ayt voulu entreprandre mener des vivres en ceste ville, sy ce n'est un de Saint-Nicolas, qu'il a mandé pour cet effet. A quoy il plaira au dit seigneur pourvoir et considérer le long temps qu'il y a que l'on vict de ce qui est dedans la ville, sans avoir que bien peu touché aux munitions ; et le peu de moyens qu'il y a de recouvrer vivres en la Lorraine, après un sy long séjour que l'armée y a faict.

« Dira, au surplus, le dict sieur de Saint-Luc, quant à ce qui touche le faict des fortifications tant du Pont-à-Mousson que de la ditte ville de Metz que le dit seigneur y entend faire, mon dit seigneur de Guyse a bien voulu, avant le partement d'icy de monsieur le mareschal Saint-André, adviser ce qui estoit nécessaire en ceste ditte ville de Metz. Et pour cet effet, sont présentement allez ensemble et voir s'il y aura moyen d'y faire la ditte citadelle ; en quoy leur eust grandement servy un ingénieur pour en faire le desseings ; et eust mon dit sieur le mareschal, s'en retournant présentement à Verdun, envoyé Fredan à mon dit seigneur de Guyse, n'eut esté qu'il est à Thoul pour le faict des fortifications de la ditte ville, où il a esté mandé, comme aussy pour celles du Pont-à-Mousson.

« L'Empereur avoit assiégé la ville de Metz avec quatorze régiments et sept vingt et trois enseignes de lansquenets, comptées celles du marquis Albert.

« Vingt sept enseignes d'Espagnols, seize d'Italiens, et neuf à dix mil chevaux, avec douze mil de son camp, outre sa cour et la suitte de plusieurs grands seigneurs.

« Cent quatorze pièces d'artillerie, sept mil pionniers, grande quantité de boullets et de poudre.

« Les forces de la ditte armée estans plus grandes de quinze mil hommes qu'autre que l'Empereur eut jamais assemblée.

NOMS DES ÉGLISES RUINÉES EN LA DITTE VILLE DE METZ, ET HORS.

Les abbayes dans la ville.

Saint Symphorien,
Saint Pierre-aux-Dames,
Notre-Dame de Ponthefroid,
Le couvant des Pucelles,
Le couvent des frères de l'Observance,
Le couvent des sœurs de l'Ave-Maria,
Les Augustins,
Le monastère de la Trinité,
L'hospital du Saint-Esprit,
L'église collégiale de Saint-Sauveur,
L'église collégiale de Saint-Thiébault,
L'église parrochialle de Saint-Hillaire,
L'église parroissiale de Saint-Médard,
L'église parochialle de Saint-Jacques,
L'église parochiale de Saint-Vit,
La chapelle de Prez (autrement le prieuré de Saint-Nicolas du Prez),
La chapelle Saint-Jean-outre-Mozelle.

LES ÉGLISES RUINÉES HORS DE LA VILLE.

Le monastère de Saint-Clément,
Le monastère de Saint-Arnould,
Le monastère de Saint-Martin.

Paroisses ruynées, hors la ville.

La parroise Saint-Jean,
Le parroise Notre-Dame aux Martyrs,
La parroise Saint-Amand,
La parroise Saint-Eusèbe,
La parroise Saint-Béguin,
La paroise Saint-Jullien,
La parroise Saint-Prive.

Chapelles hors de la ville.

Saint-Génoys,
Saint-Laurent,
Saint-Fiacre,
Sainte-Catherine,
Saint-Louys,
Saint-Urbain,
Sainte-Élisabeth,
Saint-Quantin,
Saint-Lazare,
La chappelle du Moulin.

Prieurez, hors de la ville.

Le prieuré de Saint-Pierre aux Champs,
Le prieuré de Saint-André,
Le prieuré du Nostre-Dame aux Champs.

Lettre du mareschal Saint-André au duc de Guyse, du 19 janvier, avec l'advis qu'il avoit receu le 16, touchant l'armée de l'Empereur.

« Monseignur, hyer arrivant en ceste ville, je trouvay un chevaucheur que le Roy m'a envoyé exprès, par lequel il me commande de m'en aller incontinent devers luy, ainsy que vous envoye, et vous puis asseurer, Monsieur, mais c'est sur ma foy, qu'il me desplaist plus que je ne vous sçaurois dire, de ne vous pouvoir attendre et vous faire compagnie jusques à la cour, ainsy que ma délibération estoit. Mais encore que je pense bien que Sa Majesté ne sçauroit avoir pour ceste heure grand besoing de moy, sy est ce que je craindrois faillir sy je n'obéissois à son commandement : pourquoy je vous supplie très humblement, Monsieur, m'avoir pour excusé et croire que sans ceste occasion je n'eusse en rien failly à ce que je vous avois promis, non plus qu'à vous faire toute ma vie très humble et fidelle service, vous asseurant bien qu'à vostre retour vous entendiez que je n'auray failly de faire office du plus affectionné serviteur que vous ayez en ce monde. J'acheveray, par tout demain, d'aviser aux choses qui sont nécessaires en ceste ville et partiray vendredy au matin : et en attendant le bien de vous revoir, je vous supliray me tenir tousjours en vostre bonne grace, à laquelle je présente mes très humbles recommandations, et supplie le Créateur vous donner très bonne et longue vie.

« De Verdun, ce 19 janvier.

« Vostre très humble et plus affectionné serviteur, SAINT-ANDRÉ.

« L'Empereur est à Thionville où il n'est pas bien de ses gouttes, et en doit partir le 17 ou 18 de ce mois de janvier, pour aller à Bruxelles.

« Le quinziesme, furent licentiez beaucoup de cappitaines allemans, ausquels on n'a poinct payé, en passant le Rhein, ce qui leur estoit deub et à leurs bandes.

« Il y a encor des bas Allemans au pont de Richemont, mais bien peu, et se doibvent retirer le jour que l'Empereur partira du dit Thionville.

« Les Espagnols, tant cavallerie qu'infanterie, sont logez entre Thionville et Rodemach.

« L'infanterie va en garnison au pays de Liége, jusques au printemps, vivans à l'acoustumée.

« La cavallerie espagnolle doit accompagner l'Empereur jusques en Flandres, et de là aller en garnison en Arthois.

« Le marquis se retire en Allemagne avec ses cappitaines, ausquels l'Empereur donne quelque entretènement, ayant cassé toutes ses bandes qui estoient fort diminuées.

« Le comte d'Egmont, de qui les bandes sont cassées, demeure audit Thionville avec sa compagnie de gendarmes et quelques enseignes d'Allemans.

« Le comte Jean de Nassaw y demeure aussy pour sept ou huit jours, et s'en va de là à Bruxelles.

Despuis cet advis, Monseigneur de Guyse en a receu un autre portant que les bandes des bas Allemans sont deslogées et n'y a plus personne entre Metz et Thionville.

Advis sur l'entreprise des Espagnols sur Sienne, envoyé au duc.

« Par les derniers lettres que nous avons receues de Rome et de Sienne, on tenoit tousjours pour certain que l'entreprise de Sienne se feroit, et que Domp Garcye, fils du vice-roy, seroit, le 28 du mois passé, à Gayette, avec une partie de l'armée que l'on dit à ceste heure n'estre que de quatorze mil hommes de pied et de dix huit cens ou deux mil chevaux, combien qu'auparavant on la fist de vingt mil hommes et quatre mil chevaux.

« Le vice-Roy, avec sa femme et sa famille, un grand nombre d'amis de Naples, femmes des seigneurs et barrons de la ditte ville, qui vont à la ditte entreprise, doivent aller par mer, et se tenir à Florence, pour y résider pendant la ditte entreprise, et vont aussy les gens de pied espagnols sur les gallères.

« Plusieurs tiennent que tout cela s'en ira en fumée, ayant entendu la prise de Hesdin et la retraicte de l'Empereur devant Metz. Qu'ainsy ne soit le duc de Florance, qui faisoit compte d'estre de la partie, ayant senty le vent de ses nouvelles, commence à retirer ses cornes et parler un autre langage qu'il n'avoit faict, comme font la pluspart des Impériaux qui avoient faict feux de joye et allégresse de la prise de Metz et victoire de l'Empereur, qui ne fut néantmoings jamais en plus mauvaise réputation en Italie, et conséquemment ses affaires.

« Monsieur le cardinal de Ferrare et monsieur de Termes ont faict extresme dilligence de fortifier les places d'importance de l'Estat et maresme de Sienne qui sont imprenables; et quant à la ville, les Impériaux ne la sçauroient offencer quant ils seroient trois fois plus qu'ils ne sont.

« Le Roy y a dix mil hommes de pied braves soldats, avec six cens chevaux-légers, et outre cela, les Siennois ont leur bataille ordinaire de gens de pied; parquoy l'Empereur ny ses ministres n'y feront pas davantage que devant Metz. »

Lettre du cardinal de Lorraine au duc son frère.

« Monsieur mon frère, j'ay receu la lettre qu'il vous a pleu m'escrire par le secrétaire de nostre frère le duc d'Aumalle, par laquelle j'ay esté très ayse d'entendre les bonnes nouvelles que vous nous en avez envoyées : et affin de vous mander au vray l'ordre qui a esté mis par deça pour sa rançon, je despeschay avant hier Millet vers madame nostre mère, qui m'a rapporté que sy tost qu'elle eut receu vostre lettre, elle envoya le secrétaire de nostre dit frère vers monsieur d'Espinac et le receveur général de Bourgogne, pour recevoir d'eux les vingt mil escus qu'ils nous avoient, par plusieurs fois, asseuré estre tout prest, et que le dit secrétaire devoit user de telle dilligence à les faire porter par chevaux de poste, qu'ils seroient à Lyon entre les mains d'Albice d'Albeyne, le 20 ou 22 de ce mois au plus tard. Et davantage, qu'il s'enquist à Dijon et à la Bourgogne comme aussy du dit Albice, s'il y avoit moyen d'en trouver quelqu'autre bonne à interest ou rente constituée, affin que peussions plus promptement estre secourus en cas de besoing pour fournir les cinquante mil escus, ausquels je pense que la rançon de nostre dit frère peut monter. Toutes fois où il seroit besoing de mon ayde en cela, je vous supplie croire, Monsieur mon frère, que je veux estre le premier qui veux engager tout le bien que j'ay et n'espanger chose qui soit en ma puissance, pour ne poinct retarder ceste occasion, que je vous supplie de rechef ne laisser passer, quoy qu'il nous couste, puis que c'est pour le recouvrement de nostre frère. Nous partirons mardy prochain pour vous aller trouver, à plus grandes journées que femmes grosses et tel train que le nostre pourra permettre en ceste saison, affin que l'on ne pense que la mère, les frères et les sœurs ne veullent mettre les mains à ce qui touche de sy près nostre dit frère : et sur ce je prie Dieu, etc. »

On donna les instructions suivantes au sieur de Villers Les Saulx, de ce qu'il auroit à faire à Nancy, où il estoit envoyé, pour composer de la rançon de monsieur d'Aumalle, avec ceux qui seroient envoyez de la part du marquis Albert, pour cet effect.

« Premièrement, le dict sieur de Villers Les Saulx, partant de la cour, se retirera à Joinville, où, après avoir faict entendre à madame la duchesse de Guyse le contenu en ceste présente instruction, attendra la nouvelle de monsieur de Vaudemont, du temps qu'il se devra trouver au dict Nancy, pour traicter avec les députez de la dicte rançon. La ditte responce entendu et les dicts députez prest, le dit sieur de Villers-Les-Saulx se trouvera au dict Nancy; aux quelz après avoir faict entendre l'occasion de son voyage et tout ce qu'il cognoist à pouvoir servir au faict pour le quel il est envoyé par de là, et mesmement descouvert des ditz députez la rançon à quoy le dit marquis veut mettre le dit seigneur d'Aumalle :

Dira là dessus que ce qui a cy-dessus retardé que l'on n'ayt voulu entendre à la dite rançon, a esté que l'on a trouvé que le dit marquis en avoit escrit à monseigneur de Guyse, sy hors de raison, que non seulement le revenu du bien de mon dit seigneur d'Aumale et ses pentions de huit ou dix années ny eussent peu satisfaire, mais les deniers mesmes qui pourroient provenir de son bien sy on le voulloit vendre, n'estant chose sy caschée qu'elle ne se puisse clairement cognoistre : et toutes fois que madame de Guyse esmeue d'un amour maternel, et madame d'Aumale comme tenue et obligée qu'elle est, se voulant soubzmettre pour mon dit seigneur d'Aumale à tout ce qu'il leur semble pouvoir payer pour sa dite rançon de touts ses biens et facultez, ont bien voulu, après avoir entendu la volonté du dit marquis de mettre le dit seigneur à quelque raisonnable rançon, envoyer par de là pour cet effet le sieur de Villers Les-Saulx, gentilhomme de sa maison et luy donner charge.

Sur quoy, les dits députez demandans à combien monte, leur monstrera par le mesme, selon le mémoire qui en a esté baillé. Ceste offre bien debattue par le dit sieur de Villers-Les-Saulx, comme il sçaura bien faire par sa prudence et bonne conduite, ou les dits députez ne la voudroient accepter, leur offrira avec le revenu de mon dit seigneur d'Aumale ce qu'il a d'estat et pensions ordinaires du roy par chacun an, où, suivant le pouvoir qui luy en est présentement donné, où seront insérez ces deux articles. Où le dit sieur de Veillers-les-Saulx cognoistroit que quelque remonstrance qu'il puisse faire la dessus, il n'y eut aucun moyen de faire condescendre les dits députez aux raisons susdittes, luy est présentement expédié un autre pouvoir, où la somme est en blanc, qu'il leur pourra offrir outre le revenu des dittes terres, pensions et estat de mondit seigneur d'Aumale, et en cela se conduira sy bien et sy dextrement, offrant peu-à-peu, comme de soi-mesme, ce qu'il jugera à propos qu'il puisse faire condescendre les dits députez à la dite somme, la quelle n'excédera. Et pour ce que par trois ou quatre lettres que le dit marquis a escrittes à mon dit seigneur de Guyse, il semble s'estre obligé envers l'Empereur, deslivrant le dit sieur d'Aumale, le comte de Mansfeldz et le sieur de Prane seroient rendus, le dit sieur de Villers dira que c'est chose qui depend de Roy, et que toutes fois il s'asseure tellement de sa bonté, qu'estant tombés d'accord de la rançon de mon dit sieur d'Aumale, s'obligent faire rendre, par le dit seigneur, les dits sieurs comte de Mansfeldt et de Frane, pour la rançon à quoy ils seront mis, qu'il ne peult penser estre que raisonnable et selon le traictement qu'il aura veu avoir esté faict à mon dict seigneur d'Aumale.

De toutes lesquelles choses le dit sieur de Villers se gardera de ne rien descouvrir à personne, qu'à mesure qu'il négotiera avec les dits députez, et de ce qu'il traictera avec eux ne fauldra en advertir de jour à autre messeigneurs le cardinal et duc de Guyse.

Les lettres venant de Turme, du 17 janvier 1553, contenoient les nouvelles suivantes :

« L'on fait icy courre plusieurs bruits du marquis, et n'y a nulle espérance de paix, et pense l'on que tout ce qu'il faict c'est par le commandement de l'Empereur, et mesme à ses dépends et à ses deniers, dont il eut dernièrement une bonne somme, de façon qu'il paya les gens de guerre qu'il a à Tschinfort, où l'on dit qu'il a plus de mille chevaulx.

« Il a transporté dans ladite place tous les vivres qui estoient à six milles à l'entour, de sorte que l'on pense qu'il y a vivres pour plus de quinze mois, ayant préalablement faict brusler tous les villaiges qui estoient à troys milles à l'environ, pour empescher que l'on ne s'y puisse loger.

« L'on m'a escript qu'il a envoyé vingt cappitaines de gens à cheval en Poméranie et en Prusse pour luy assembler de la cavallerie.

« Il semble que l'Empereur fasse tout ce qu'il pourra pour assembler tant de forces en la Germanie, que le marquis ne luy puisse résister, et qu'il puisse faire la diette à sa décision, et là, faire décerner ce qui luy plaira de ladite succession de l'Empire pour son fils, et de vous faire la guerre aux despends de l'Empire, car il ne peult estre qu'il ne sçaiche la ligue que les princes ont faicte, laquelle encore qu'elle croisse de jour en jour, il dissimule de sorte qu'il semble qu'il n'en fasse compte, et veuille joindre audit marquis le duc Jean Frédérich, et le duc de Poméranie et le cousin dudit marquis, le duc de Prusse, et les deux frères de Brandebourg; et semble mesme que la paix que le Roy de Dannemarch essaye mettre entre ledit marquis et les évesques, se pratique par le conseil dudit Empereur.

« On assemble à Lubek et au pays voisin trente deux enseignes de gens de pied sous la charge du comte d'Oldembourg; les ungs estiment que c'est pour le marquis, les aultres pour le Roy de Dannemarc pour faire son frère évêque de Hildesine; ne l'ung ne l'aultre ne vault rien, car encores que ce fust pour le Roy de Dannemarc quant il en aura faict ce qu'il aura voulu, l'Empereur sera si fin qu'il pourra retirer ses gens là, et les joindre audit marquis.

« Je mesmerveille que ledit Roy de Dannemarc ne prévoit ce qui luy est à craindre de ce mariage d'Angleterre, et que les aultres princes ne l'admonestent point qu'il reserche, avant le danger, des amys comme vous, et les Ecossoys, et se fie tant à l'Empereur, lequel assemble des gens à Ratisbonne sous umbre de la diette.

« Plassembourg, un chasteau du marquis, est encore assiégé par le prince de Plano et y a dans la place grande faulte d'eaüe, n'y ayant qu'un puys dont ledit sieur veult divertir la source, et pense l'on qu'il sera bientost perdu s'il n'est secouru, mais le marquis le veult aller secourir.

« Du seize janvier 1553. »

L'extrait suivant d'une lettre de monsieur de Bayonne à M. le connestable, fut adressé à monsieur le duc de Guyse.

« Monseigneur, parce que monsieur de Fourquevaulx m'escript d'ung costé, que, en extrême diligence, je vous envoye le pacquet adressé à monsieur le duc de Parme, et de l'autre la seigneurie de Venize recommande fort le sien, je ne feray si ample response à la lettre qu'il vous a plu m'escripre du sex de ce moys que j'eusse fait, mays bientost, Dieu aydant, je vous rendray compte de beaucoup de particularitez que j'ay tousjours obmises en escripvant des advis que j'avois pour ne faire redicte, et ce que j'en ay fait a esté seullement pour conferrer les aultres advis que le Roy et vous pourriez avoir de lieu de plus de conséquence, et d'aultres plus expérimentez ministres que moy. Aussy que je sçay bien que quand on m'escript de quelque lieu que ce soyt on ne mect que ce qu'on veult, et pour en tirer davantage de moy. Mais en somme quant à ce que je congnois et entends, laissant ce qu'on dist et encores qui m'a esté escript et de bon lieu, en toute la haulte Allemagne n'y a pas un prince qui veuille (ou) ne puisse, Bavières, Wirtemberg, Palatin, Electeurs ecclésiastiques, ne les villes memes des aultres, elles sont au sac il y a longtemps, et ne demandent que à remplir leur bource; Noremberg quelque mine qu'elle fasse ne demande que la paix, et par touts ses actes ne fait que souspirer et se plaindre; les évesques encore plus. Le sieur de Blan se vouldroit bien vanger, et quant s'asseurer, mais il veoit bien que y allant ainsi lentement à la tudesque il se despendra de l'argent, et à la fin ne se fera riens de conséquence. Le Roy des Romains travaille seulement pour la réputation que ung petit prince de l'Empire luy ayt tenu teste; là, Monseigneur, quant à ce costé. De l'aultre les villes maritimes pour l'ancienne hayne qu'elles ont au duc de Brunswigh, et peur de sa prospérité, nourriront en guerre quiconque la leur vouldra faire. Le vieux duc de Saxe ayant receu ceste injure de l'argent qu'il luy a fait bailler, luy est, comme il se peult juger, ennemy mortel; *le landgrave* de longtemps; Méchelbourg, et les aultres voisins, tout ainsi. Oultre cela se confiant à ung peu de succez que avoyent fait ses entreprinses, il a recherché sur les villes cette ancienne querelle qui ne se monte pas moings à son compte que de douze cens mille florins; de tout cela, et de la partialité de relligion contre les évesques, s'est ensuyvy que on a pratiqué ez dites villes maritimes contre icelluy duc, que les villes de la haulte Allemaigne se sont refroidies de prester faveur et ayde à Noremberg, qu'il a esté contrainct d'aller penser à ses affaires. Tout cela redonde à l'avantaige du marquis, et luy ne se veult point désarmer, parce, quelque assemblée de prince et aultres moyens qu'on ayt cherché, il n'a voullu encores entendre à la paix, et veult bien qu'on pense qu'il est Françoys, et favorisé du Roy; et davantaige pour ne perdre tout le point envers l'Empereur, est bien aise qu'on pense qu'il auroyt bien envye de faire une entreprise ez bas pays, si le Roy voulloit il a faveur par le moyen que j'ay dict des princes et estats dessus nommez, en choses qui ne coustent rien que faire plaisir. D'argent il en a tiré des villes maritimes, du duc de Prusse son oncle, et quelque chose du Roy de Dannemarch, il a branschatté et pillé partout : il avoyt de reste encore deux cens mille florins et plus de l'année passée, c'est ce qui le tient en estre : aultre secours ne espérance il n'a; le Roi des *Romains* dict ne luy voulloir jamais pardonner; tout le monde luy est aultrement ennemy, tant pour ses insolences, que pour avoir dict qu'il mettroit au prince d'Espagne le sceptre à la main. Il tient Schvinfort qui est ville d'Empire, et Plassembourg; il a le chemyn encore libre de l'ung à l'aultre, il espère beaucoup du costé des villes maritimes, et pour résolution n'a garde de se désarmer, et rentrer en son pays tout ruyné; il ne veult'ne bien, ne désyre l'honneur du Roy, ce qu'il faict est par force, et qui pourroit avoir monseigneur d'Aumalle, le plus beau seroye n'avoir riens à faire à luy, sinon que dextrement on le detournast en lieu où il servist au Roy.

Tout ce qu'on peult espérer d'Allemaigne est que les princes et les estats à leur façon asinine se laissent picquer et esperonner devant que d'aller en avant et faire ce que l'Empereur vouldra. Que aultrement ils entrepreignent ou facent, il n'est nullement à espérer. Je les congnoy et leur gouvernement, et mesme quelque chose qu'on escripve et dye, je ne puis changer l'opinion que j'escrips au Roy, dez le commencement, avoir du landgrave et du duc Auguste. Quant au Roy des Romains, c'est ung prince qui estime tant la grandeur de l'Empereur et par conséquent de sa maison, que facilement il ne se ause déclairer. Sa court est partie pour cela, son fils aisnée qui a le principal intérest est plus lent qu'on ne pensoit, et l'Empereur ne manque point de mettre partiz en avant et donner bonnes paroles. J'ay peur que tout cela se lairra endormir, et que tous les bruits qu'ils font de désirer l'amityé du Roy n'est que pour avoir meilleure raison de l'aultre costé, oultre ce qu'ils sont en espérance que du costé du Turc les choses se facilitent fort et qu'ils sont encores pour s'aggrandir de ce costé là. C'est en somme, Monseigneur, ce que je voy et juge des affaires d'Allemaigne, qu'il vous plaira prendre en bonne part, et me pardonner si en telle haste je le couppe court, laissant à part tous aultres discours. De Milan on m'escript qu'il se fera une ligue défensive, entre Sa Sainteté, l'Empereur, Florence et Urbin, réservant lieu aux Vénitiens pour la conservation des Estats d'ung chascun. Aussy on m'advertit que Saint Florent est tenu à Gènes mêmes pour inexpugnable encores trois semaines, que l'Empereur est lent à le secourir. Domp Fernand est retourné à Milan; je croys que ce bruyct d'aller à Naples ira en fumée, il est après à trouver argent, et faict semblant de voulloir lever et Italiens et Allemands pour Corsicque, pour Florence et aussy pour soy mesmes. Il reste, Monseigneur, que je vous remercie très humblement de l'espérance qu'il vous plaist me donner; vous m'avez faict faire plus de bien et d'honneur que nul aultre ne feyt jamais, et bien que je sois en extrême pauvreté après avoir longuement servy, je ne lairray jamais pour cela à estre prest à tout ce qu'il vous plaira me commander, et en quelque sorte qu'il vous plaira, n'ayant heu dez ma première jeunesse aultre but que de n'espargner jamais ma vye pour faire service au Roy.

Monseigneur, je suis adverty que deux coquins assassins ministres de domp Fernande se pourmeynent par les confins de ce pays icy, et que il y en a ung en ceste ville qui faict le guet à ceulx qui passent, et qui debvront passer.

Je ne me veulx ingérer en rien; monsieur le duc de Parme se fist cognoistre à tout le monde fors que à moy en passant par icy. Ce qu'il plaira au Roy, et à vous Monseigneur me commander, je le feray et Dieu aydant n'en viendra point de faulte.

Monseigneur, je prie le Créateur vous donner etc.

Votre très humble et très obeissant serviteur.

« L'EVESQUE DE BAYONNE. »

De Coire ce 28 janvier 1553.

Monsieur le connestable respondit la lettre suivante à monsieur l'évesque de Bayonne.

« Monsieur de Bayonne, j'ai receu les deux lettres que vous m'avez escriptes des vingt huit du passé, et premier de ce moys; lesquelles j'ay faict voir au Roy; lequel a esté bien ayse de voir ainsy par le menu les particularitez dont vous me donnez advis par vos lettres, et luy ferez service fort agréable, et à mon bien grant plaisir quant vous aurez chose qui le mérite, de continuer à nous en donner advis, le plus souvent que vous pourrez; n'ayant riens à vous mander d'icy pour ceste heure, sinon que nous sommes en grande expectation des choses d'Angleterre, où le feu est bien fort allumé ainsy que je vous ay faict sçavoir par mes précédentes, et suis en grant espérance que l'Empereur n'en aura pas aisément ce qu'il s'en promettoit; le temps nous en éclaircira bientost, dont je vous tiendray adverty.

Monsieur le duc de Parme s'en retourne par de là, auquel j'ay faict entendre le danger où il s'estoit mis de ne s'être faict cognoistre à vous quant il passa par la Ligue grise, pour s'en venir icy, ce qu'il ne fera pas cette fois, et parcequ'il est personnaige tel que vous sçavez, et que le Roy a pour fort recommandé, ne faillez de luy faire bailler gens s'il en a besoing, et de le faire pourvoir et accommoder de toutes choses qui luy seront nécessaires pour la seureté de son passage ainsi que je sçay que vous le sçaurez bien faire.

Priant Dieu, Monsieur de Bayonne, vous donner etc.

Lettre de monsieur de la Vielleville à monsieur le connestable.

« Monseigneur je debvois avoir response de

Clans Dalhestat mecredy dernier; et voyant ce retardement j'ay encores envoyé devers le sieur de Chasteauvoy son parent, pour sçavoir à quoy il a tenu, lequel sera demain de retour; je ne fauldray incontinant de vous faire entendre la résolution que le dit Clans aura prinse, cependant je n'ay voullu faillir de vous faire ceste despesche et vous envoyer deux lettres; l'une que le marchand du Pont a Mouzon m'a envoyée, qu'il a receu de celuy dont je vous ay par cy devant escript : il m'a semblé à veoir sa lettre, que c'est ung grand causeur, et qui à mon advis en dict plus qu'il n'en sçait; je le feray toutes fois tousjours entretenir pour veoir si l'on en pourra tirer quelque meilleur service. L'autre est de Sturm qu'il écrit au lieutenant de Berry et à moy.

« Monseigneur, je fais tousjours continuer nos ouvrages entre la porte des Allemands et celle de Mazelle ; j'espère que dedans Pasques j'auray achevé la contrescarpe, le rempart et le fossé, qui sera bien des plus beaux que l'on voye ; et s'il y avoyt ung boulevert à ladite porte des Allemands, ce costé là ne seroit point assaillable. Vous avez aussy le retranchement où il fault besoigner à bon escient; vous adviserez, Monseigneur auquel des deux lieux il vous plaira que je fasse commancer ce mois de mars, car à l'ung et à l'auntre il fault besoigner de maçonnerie, mais je vouldrois bien premier que d'y commancer, qu'il vous pleust de m'envoyer quelque bon ingényeur pour ung moys, car vous savez très bien que je n'en ay jamais eu depuis que je suis icy.

« Monseigneur, ceulx de Strasbourg demandent quelque rente qu'ils ont sur ceste ville, pour quelque argent qu'ils ont par cy devant presté; il vous plaira me mander ce que je dois faire là dessus, ou ce que je leur doys respondre. Je ne puis trouver façon de nous défaire de nos farines gastées, et si les ay faict mettre à fort petit prix. Je feray tout ce que je pourray pour les faire débiter avant que les challeurs viennent. J'ay parlé au receveur de ceste ville, et luy ay faict faire ung petit estat abrégé de la valleur des deniers de ladite ville, et de ce qu'il en a eu en ses mains, que je vous envoye. J'espère que le fondeur que vous m'avez envoyé sera prest à mettre le feu la première sepmaine de fevrier; je vous envoye aussy, suyvant ce qu'il vous a pleu me commander, ung mémoire du nombre des officiers de l'artillerie, qui sont icy.

« Monseigneur, j'avoys ces jours passez esté adverty qu'il se faisoit grand amas de vivres aux terres du cousté de Bisch, où j'envoyay incontinant, et trouvay que c'est si peu de chose, que l'on n'en doibt riens doubter de ce cousté là. Il me semble, Monseigneur, qu'il seroit bien nécessaire d'envoyer ung homme de bien à Marsault, tant pour la police de la place, que pour tenir ung peu la bride roydde aux soldats, car j'ay tout plain de plaintes de ce cousté là. Il vous plaira aussy me mander que c'est qu'il vous plaist que je fasse de ce prisonnier Latro, duquel je vous ay cy devant escript.

Monseigneur, suyvant les lettres qu'il a pleu au Roy et à vous m'escrire, j'ay faict desloger la garnizon qui estoit au Pont-à-Mousson, et après qu'ils ont eu faict la monstre, ils s'en sont allez, et m'en est seulement demouré le quart suyvant une ordonnance que le commissaire et controlleur qui a faict ladite monstre leur a monstrée. Je m'attends d'avoir icy demain le payement des gens de pied de deça, ensemble ce qui a esté ordonné pour le faict des fortifications, dequoy je rembourceray ledit deniers que j'ay empruntez pour cest effect provenu de la vente des livres, et ce faict je vous envoyeray incontinent ung petit estat des deniers clairs qui me resteront.

Monseigneur, après m'estre très humblement recommandé à vostre bonne grace, je supplie le Créateur vous donner entres bonne santé très longue vie.

De Metz le vingt-huitième jour de janvier 1553.

Monseigneur, l'exemption des hault passaiges nous a apporté si grand habondance de vivres en cette ville, qui si ce n'estoit trop grand interets pour les deniers du Roy, je vous supplirois le vouloir faire continuer ; je vous supplie aussy Monseigneur, voulloir ordonner ung maitre de camp en ceste ville, la résidence duquel y est très requise pour le service du Roy.

« Votre très humble et très obéissant serviteur, VIEILLEVILLE. »

Lettre du grand prieur de France au dit duc de Guyse son frère.

« Monsieur, M. le marquis mon frère arriva mercredy en ce lieu sain et sauf, graces à Dieu, avec toute sa compagnie, et despuis sont arrivez les sieurs de Rancé et Mailly. Mon dit frère m'a bien amplement faict entendre les commandemens qu'il receut pour vous et pour moy de madame et de vous. Je luy ay aussy communiqué toutes les lettres que vous m'avez escrites, les quelles nous suivons le plus près que nous pouvons; mesmement au service de Dieu, qui nous sera, s'il luy plaist, aydant à nostre voyage et toutes nos nécessitez, et rendrons sy bonne obéissance aux lieutenans de roy et à ceux qui auront les principalles charges pour le service du dit seigneur, en tous lieux où nous nous trouverons, que vous cognoistrez combien nous révérons vos commandemens. Monsieur de Lagarde nous a, cejourd'huy, appelez au conseil, comme il a tousjours faict depuis que je suis par deçà, où le sieur Deschenet nous a faict entendre la volonté du Roy, et chacun se mettra en devoir pour faire son service. Le dit sieur de Lagarde faict son compte que dedans huit jours les gallères seront prestes. Il y avoit nouvelles de deux ou trois endroits de la mort d'André Doria; mais ce n'est pas encore chose asseurée. Nous ne faudrons de vous faire, le plus souvent que nous pourrons, sçavoir de nos nouvelles, mesmement de nostre arrivée en Corse, et de ce qui s'y fera en la descente. Cependant, etc.

« Vostre très humble et obéissant frère,

« F. Louis de Lorraine.

« A Marseille, ce 8 janvier 1553. »

M. de Vieilleville informe M. de Guyse, que l'homme qu'il avoit envoyé en Allemagne étoit de retour sans avoir pu arriver où on l'avoit envoyé.

« Monseigneur, l'homme que vous aviez envoyé en Allemagne est de retour en ceste ville qui n'a pu passer plus loing que Strazbourg pour des raisons que vous escrit le docteur Celvis, qui luy a remys de parachever son voiaige aux foires de Francfort qui doibvent commencer à la my caresme. Il vous plaira me mander si en ce temps là vous voulez que je le dépesche et si je luy bailleray de l'argent, car je croy que ayant faict le chemyn qu'il a faict et achepté ung cheval pour son voiaige, qu'il ne luy en soit guères demouré. J'ay aussy encore ung homme en païs, suyvant ce que m'avez mandé; incontinant qu'il me sera de retour, je ne fauldrey de vous en advertyr. Les neiges nous ont encores recommancé par deçà si grandes, que l'on ne les y a veues jamais telles. Et ne se présentant pour cest heure chose digne de vous estre escrite, je ne vous feray plus longue lettre que de mes très humbles recommandations à vostre bonne grâce. Priant Dieu, Monseigneur, vous donner en très bonne santé très longue vye.

« De Metz, ce XI de février 1553.

« Vostre très humble et très obéissant serviteur, Vieilleville. »

Et au dos : *A monseigneur le duc de Guyse, pair et grand chambellan de France.*

A Son arrivée en cour, M. le duc de Guyse trouva les nouvelles suivantes de son gouvernement de Savoye, que le sieur Prunier lui adressoit de Grenoble.

« Monseigneur, je revins ar soir de Chamberi où j'ay demeuré huict jours pour voz affaires, mesmement pour, avec messieurs les présidents de Vallentiers et de Portès et procureur général Coignet, ouyr le compte de la recepte que a faicte maistre Guillaume Langloys du revenu des biens réduictz sur les absens de vostre gouvernement de Savoye. Nous avons trouvé ledict compte bien cler et raisonnable, et vous puys assurer qu'il a esté randu par homme de bien. Vous y avez là ung serviteur fidelle; et pour le rendre plus cler et nect, il vous a faict recepte de revenu de tous lesdicts biens despuys qu'ilz furent réduictz jusques à présent, et y a comprins des termes qui ne sont pas encores de tout escheuz. Le dict compte est de grant peyne et de volume de cent fueilletz, qui me garde de le vous envoyer; joinct que j'en auray tousjours affaire pour me gouverner en vosdictes affaires, suyvant le passé. Toutesfoys, si le voullez, je le vous envoyeray par la fin d'icelluy. Il vous est demeuré débiteur de III.^{m} VI.^{c} IIII.^{xx} XVIII livres, IX sous, VII deniers; sur quoy il m'a fourny II.^{m} III.^{c} livres; le demeurant sont deniers qu'il n'a encores peu recevoir et qui luy sont ou seront deuz bien tost. Je n'ay pas doubté qu'il nous face faulte. A ce que j'ay peu congnoistre voyant ledict compte, le revenu desdicts biens saisiz dymynue ordinairement au moyen des mainlevées que le Roy donne à ceulx qui reviennent à son obéyssance, comme à monsieur de Montfalconnet duquel le bien estoit baillé à ferme à XI.^{c} XXXIII livres par an. J'ay aussi receu de revenu des seaulx dudict Savoye IX^c.LXII livres. Et comme j'ay entendu par mondit sieur le président de Valentiers et par le receveur desdits seaux, le revenu dymynue aussi par ce qu'il y a assez long temps qu'il n'a esté expédié aucunes lettres de notaire ne sergent. Ce que m'a semblé bon vous faire entendre; car les années passées je recevoys volontiers par chacun cartier desdits seaux VI.^{c} livres, et je voy maintenant qu'il m'en vient pas IIII.^{c} livres.

« Monseigneur, à mon retour j'ay icy trouvé voz lettres du 4e de ce moys et celles que escripvez au sieur Balthazar de Laraiz, que je luy feray tenir; et par son moyen j'espère recouvrer bientost la coppie du testament de madame la comtesse de Nanthueil et la vous envoyer. Monsieur de Gordes, qui naguères est venu de Provence, m'a dict qu'il ne pense pas que madicte dame la contesse soit de présent en vye, à ce qu'il en a aprins passant en Avignon. Je suys assuré que ledict de Laraiz ne fauldra à vous en advertir par la poste, comme encores présentement je luy escriptz. Quant à l'amende de monsieur de Saincte-Jalhe, monsieur Fabri conseiller de ceste court y est allé pour exécuter l'arrest

A son retour je vous feray entendre quelle espérence on en pourra prendre. La cour secrète de monsieur de Clarmont m'a dict qu'il n'a pas apporté l'acquit des deux mille neuf cents livres pour employer aux réparations d'Exilles et Briançon ; il vous plaira commender qu'il soit envoyé.

« Monseigneur, je vous mercye bien humblement du bien qu'il vous a pleu faire à mon cousin le secrétaire Darrag. On m'a dict qu'on dellibère vous divertir qu'il n'en joysse. Il vous plaira luy continuer vostre bonne volonté ; j'espère qu'il vous y fera service. Il vous plaira, Monseigneur, me tenir tousjours en vostre bonne grâce et souvenance. Je prye le Créateur qu'il vous doint santé, prospérité et très longue vye.

« De Grenoble, ce quinzième de février.

« Vostre très humble et très obéyssant serviteur, Prunier. »

Lettre de monsieur le général de Champaigne.

« Monseigneur, j'ay receu les lettres qu'il vous à pleu m'escripre faisans mention que j'aye à vous faire tenir la somme de dix mille livres sur les deniers qui vous reviennent bons de l'année passée. Et pour ce, Monseigneur, que la recepte faicte par vostre trésorier, mon fils, ne monte à si grant somme que ce qu'il a payé et débourcé; aussi que il m'est advenu une grande infortune, pendant mon dernier véage de Joinville et Esclairon, qui est que ung de mes clercs domestiques que j'avoye laissé en ma maison avoit des faulces clefz de mes coffres esquelz il a prins et desrobé telle somme, que toute ma sustance et saveur est bien fort dyminuée : à ces causes, Monseigneur, je vous supplie très-humblement me vouloir excuser et croyre que si ma puissance le povoit porter, que en cela ne en toutes aultres choses où il vous plairoit me commander, mon corps et mes biens ne défauldroient et ne défauldront jamais pour vostre service. Si Monseigneur de Nevers ne vous a encores payé des trois mille livres qu'il vous doibt, et il vous plaist, Monseigneur, faire assigner sa pension sur mon filz, à prandre sur les restes de la recepte généralle de l'année dernière passée, en envoyant le mandement du trésorier de l'espargne incontinant, ladicte somme vous sera fournie, et si emploieray tous mes amys pour parfournir au reste de ladicte somme de dix mille livres. Je vous envoye, Monseigneur, ung estat de toute la recepte et despence faicte par mon filz depuis qu'il a esté pourveu en l'estat de vostre trésorier jusques à ce jour.

Monseigneur, je supplie le Créateur donner à vous, Monseigneur, en santé très bonne et longue vie.

« Escript à Lhaval ce 15 febvrier 1553.

« Vostre très humble et très obbéissant serviteur, Hugues de Champaigne. »

M. d'Esclavolles informa le duc de Guyse de l'état de la ville de Troyes.

« Monseigneur, suivant la promesse que je vous fis à vostre partement de Troyes, quelque maulvais temps qu'il aye faict, je me suis trouvé en ceste ville le quatorziesme de ce moys, où j'ay trouvé qu'il n'y a argent pour payer les réparations de dimanche qui est demain. Par quoy n'ay voullu faillir en advertir monseigneur le connestable et vous, affin que en ordonniez pour voz bons plaisirs.

« Monseigneur, je vous supplie avoir souvenance de ce que vous prionz à Troyes de faire pour moy. Et quant il playra au roy de oster d'icy le cappitaine Sarragosse, il vous plaira tant faire que la compaignye de mon filz soyt ranforcée ; et je ne luy donnerai hommes qui ne soyt de congnoissance et pour satisfaire à la volunté du Roy. Je vous promect que de tant changer c'est la destruction et mescontentement de ceulx de la ville.

« Monseigneur, en tout ce qu'il vous playra me commender je n'y ferez point défault, Dieu aydant, que je prie vous donner en parfaicte santé très bonne, heureuze et longue vie.

« De Thoul, ce seiziesme février.

« Vostre très humble et très obéissant serviteur, d'Esclavolles. »

M. d'Antragues envoya à M. de Guyse un beau tiercelet pris à Malesherbes où on en avoit tousjours pris de très bon, avec la lettre suivante :

« Monseigneur, je vous envoye ung tiercelet de faulcon sor et ung d'une mue, lesquelz ont estez pris aux tentes du boys Malesherbes, où il s'en prent fort peu de maulvays, quant l'on veult prendre peine de les faire bien dresser. Vous commanderez, s'il vous plaist, qu'ilz soyent mis entre bonnes mains, ou bien les envoyer à monsieur de Querqui qui en avoyt sy grand envye. J'ay retenu ung faulcon sor qui a esté pris quant et eulx pour mectre pour le hayron avec mes sacres que je espère qui vous pourront donner quelque plaisir : qui sera l'endroict,

« Monseigneur, où je priray Dieu qu'il vous doinct en senté très bonne et longue vie.

« De Marcoussis, ce dix neuviesme febvrier 1553.

« Vostre très humble et très obéissant serviteur, d'Antragues. »

Lettre de la royne douairière d'Escosse, au dit duc de Guyse son frère.

« Monsieur mon frère, je ne vous sçaurois dire l'aise que j'ay receu d'avoir entendu le partement de voz ennemis, et de ce grand Empereur qui avoit tant accoustumé d'estre victorieux. Vous avez grande occasion de louer Dieu et de recognoistre les grâces qu'il vous a faict. Je suis asseurée que vous ne l'avez oublié. Je voudrois pouvoir avoir faict un sault, pour avoir ma part de la joye que votre retour a apporté ; mais ne pouvant avoir ce bien, je vous prie le penser et me dire de vos nouvelles par la première despesche qui se fera par deça. Quant aux miennes, elles ne peuvent estre que bonnes, voyant les affaires du Roy se porter sy bien, comme il a faict du passé : et à ceste occasion je despesche devers le Roy. J'en escrit bien amplement à M. le cardinal nostre frère ; je vous prie le bien considérer, et que nous ne diminuerons rien à la grandeur de nostre niepce, car on la voudroit bien faire royne de la febve. Je vous prie avoir ses affaires et les miennes pour recommandées, et supplie Nostre Seigneur vous donner très bonne et longue vie.

« Ce 20 février.

« Vostre humble et bonne sœur,

« MARIE. »

Par une lettre du cardinal de Ferrare au Roy, on fut informé des affaires d'Italie, la quelle lettre fut commiquée au duc de Guyse, dont ensuit la teneur.

« Sire, ce me seroit chose superflue de vous rien escripre, de l'estat et disposition de vos affaire de Parme, oultre et par dessus ce que vous en entendrez par la depesche de monsieur de Thermes, dont le sieur de Beaudisme sera maintenant le porteur, qui de son costé vous en pourra rendre de bouche très bon compte, comme celuy qui n'en fait que venir. Je vous accuseray seulement la reception que j'ay fait par Cambys de vostre dernière depesche du dix huitième du mois passé, où j'ay veu plus au long desduit ce que par cy devant en termes généraux vous me souliez toucher de vos desseings et délibérations, et attendu ce qui s'est ensuivy entre vous et les principaux princes et potentats, villes et communautez de la Germanie, après avoir esté par eulx recherché avec si grandes et honnorables offres et partits si advantageux pour vous, si comme Dieu mercy les choses sont passées et d'une part et d'autre accordées avec telle seureté comme je puis entendre, dont entre le nombre de tant de serviteurs que vous avez, je ne scaiche personne qui en reçoive plus de plaisir ny contentement que je fais, qui ne puis assez estimer ny louer une si haute et magnanime entreprise qui véritablement n'estoit digne d'ung moindre roy que vous estes, et laquelle, Sire, cuident donner témoignage à tout le monde de la grandeur de vostre couraige, dont je ne me puis si non promectre une très heureuse issue pour vous, qui de ma part me semble si évidente, que je n'en puis et n'en doibz faire doubte, veu aussi le bon ordre que vous avez ordonné et establi en tous les lieux et endroits, provinces et gouvernements de vostre royaume tant par mer que par terre pour la garde, seureté et conservation d'iceulx, à ce que pour vostre absence il n'y puisse survenir aucun inconvénient. Toutes fois, il y a bien quelqu'un qui vouldroit dire que vous ne deussiez point hors vostre dit Royaume tant hazarder vostre personne, et combien que vous n'ayez serviteur qui fut en plus grant peyne, ne plus travaillé desplaisant et ennuyé que je serois si mal vous en avenoit. Sire, ne puis je assez de ma part approuver et louer une telle délibération que je juge de plus en plus admirable, et me semble là dessus que pour l'exploicter est bien requise et y servira beaucoup la personne mesmes de celluy qui l'entreprent, j'ay bien espérance en Dieu que ce sera le vray remède pour bien demesler vos affaires avec l'Empereur et que vous n'en viendrez moins à bout que vous avez fait jusques icy de tout ce que vous avez voulu entreprendre ailleurs de quelque costé que ce soit, car je voy que l'on s'y est si bien conduit, si prudemment et si saigement, qu'il eust esté impossible de mieux. Par lettres que j'ay dernièrement reçues de monsieur le cardinal de Tournon, du vingt septième du mois passé, l'on ne povoit encores riens croire à Rome, et quant au fait de sa négociation, il n'en avoit encores rien sceu tirer du Pape, sinon parolles générales, et y actendoit Sa Sainteté le cappitaine *Jhérosnime du Pyze* qui y devoit bien tost après arriver. Je me suis bien douté toutes fois sur cette nouvelle que j'ay sceu de la licence de son légat, que ledit cappitaine Jhérosnime ny feroit pas grand chose, mais pour cela, il ne m'a semblé qu'il deust différer de sy rendre, affin que le Pape ne puisse avoir excuse de dire qu'il ait tenu à monsieur le duc Octavio si ces choses n'auront pris autre résolution. Sa dite Sainteté avoit desja accordé à monseigneur le cardinal, à ce qu'il ma mandé, qu'elle lui donneroit congé de se retirer devers vous et où il voudroit pour vostre servica; mais je désire bien fort de sçavoir lequelle aura voullu dire, quant elle aura entendu le partement de son dit légat, et qu'elle aura esté asseurée de la conclusion du traicté et intelligence que vous avez avec lesdits princes et potentats de ladite Germanie, car je m'asseure que cella la rendra, et beaucoup d'aultres qui n'en vouloient riens croire, bien estonnez.

« Je n'ay failly à faire faire ung extrait de tout ce discours qu'il vous a pleu m'en faire, que j'ay envoyé par le cappitaine Liccio Crotto, à messieurs les comte de Mirande et de Sansac, les assurans bien de vostre part, comme aussy ay je faict ledit sieur duc Octavio et monsieur de Thermes, que quelque grande entreprise que faciez, ny quelque despence qu'il y ayt, vous ne les lairriez avoir faulte de chose que ce soit, et que ordinairement il ne lerront pour cela d'estre secouruz d'argent, payez et entretenuz comme si vous n'aviez affaire ny respondre que à eulx, dont de ma part je ne fais point de doubte, m'asseurant, Sire, que vous en avez très bonne souvenance et que vous ne consentirez que, à faulte d'y faire les provisions nécessaires, l'on perde non seulement toute la despence que vous y avez faictes jusqu'à présent, mais encore la bonne réputation que jusques icy avez acquise, laquelle grace à Dieu ne pourroit estre meilleure.

« Vous povez estre bien seur, Sire, que de mon costé je ne fauldray de les ayder et secourir de tout le moyen et puissance qui me sera jamais donnée; ne voulant oublier à vous dire qu'il avoit desjà esté advisé par mesdits seigneurs les comtes de Mirande et de Sansac, par l'advis mesme de monsieur de Thermes, comme ils m'ont fait entendre, de faire une creue de deux cens hommes; à quoy l'on avoit desjà donné quelque commandement pour povoir tant plus aysément soustenir les assaulx que les ennemys préparoient de leur donner, comme l'on disoit; car pour cest effect ils avoient desjà fait conduire jusques à Sacques, assez près de la dite Mirande, quatre gros canons d'artillerie avec forces boullets et munitions. Néantmoingt j'ay entendu depuis, Sire, que ladite artillerie et boullets ont esté renvoyez à Mantoue, et pense que ceste délibération de battre ladite Mirande et d'y donner l'assault, ne passera point plus avant, car selon quelques advertissements que j'ay trouvé moyen d'avoir de leur camp et d'ailleurs, comme par mon homme Bendedio vous aurez peu entendre, le pape ne se veult mestre en ceste despence, parquoy l'on ne passera aussy point oultre à faire ladite levée, si l'on ne veoit qu'il en soit plus de besoing, mais l'on s'y gouvernera à la journée selon le déportement qu'il s'actendra desdits ennemys.

« L'on avoit délibéré de faire encores de nouveau deux forts à ladite Mirande, mais maintenant il ne s'en parle plus. Mondit sieur de Termes a aussi receue, comme il m'a escript avoir receue de monsieur votre ambassadeur à Venize, et m'actends qu'il aura bientost entre ses mains, la dépesche que ledit de Cambyz m'a apportée avec laquelle je l'ay adverty comme j'avoys le collier de l'ordre de monsieur le comte pour celuy faire tenir et en faire ce qu'il m'en mandera, dont j'ay semblablement adverti ledit sieur comte qui en sera, comme je suis bien asseuré, bien ayse, et se sentira merveilleusement tenu à vous, Sire, de l'honneur qu'il vous plaist de luy faire et lui accroistra cela et à tous vos serviteurs le couraige de continuer à faire tousjours de mieulx en mieulx. Et encores que je cuyde que vous avez fait à mon dit sieur vostre ambassadeur semblable dépesche à la myenne, que luy aura esté envoyée, à ce que ledit de Cambyz m'a dict, par la voye de Luna, je n'ay laissé de luy avoir aussy envoyé ung autre extraict de tout ce qu'il vous a pleu m'en escripre, affin que de son costé il veoye tousjours d'en faire pour vostre service son proffit, comme il sçaura très bien faire à ce qu'il puis de son costé tousjours tenir la main à entretenir vifves les pratiques que vous sçavez, puisqu'il vous plaist les différer et supercedder jusques à ce que l'on voye le succez de vostre dite entreprise.

« J'ay veu au surplus, Sire, le contentement et la satisfaction que vous monstrez avoir de mon service et l'asseurance que vous me dictes en avoir, qui m'est bien aussi grand plaisir que de chose qui me pourroit advenir de ma vie, m'estant tousjours efforcé et efforcé de faire en sorte que vous peussiez ordinairement cognoistre l'affection et grande obligation que je vous y porte, pour le debvoir de laquelle je ne pense jamais povoir tant faire comme j'en ay bien la volunté, mais je me sens et me répute encore trop heureux pour que vous ayez celle cognoissance qu'il vous a pleu me faire sçavoir, et estime grandement la puissance et la liberté que vous me donnez de faire adviser et commander en vos affaires selon qu'il me semblera requis et nécessaire. Si est ce que je vous advise bien que ce sera la dernière chose que je feray jamais que d'y commander sans premièrement vous en advertir, si je ne veoy que ce ne soit en temps de telle nécessité que je ne puisse faire de moings pour vostre dit service; et espère que si vous vous estes contenté jusques icy de si peu que j'ay faict, que vous aurez tousjours bonne occasion d'en demeurer cy après de plus en plus satisfait et content.

« Si je n'eusse si longuement retardé ceste dépesche, n'eust esté le désir et l'ennuye que j'avois de tirer de monsieur mon frère quelque résolution sur les grandes et honorables offres et advantageulx partits que vous luy avez faits, pour la vous faire entendre, laquelle n'a jusques icy esté autre que tout ainsy que luy mesmes l'a voulu escripre à son ambassadeur résident auprès de vous, alléguans comme vous verrez tant de difficultez, que quelque bonne inclination qu'il ayt comme il dict de vostre costé, je me doubte très bien qu'il ne tasche que à laisser couler le temps à veoir ce qu'il réussira de votre susdite entreprise, et quelques remontrances et persuasions que je luy aye veu faire, et quelque asseurance que j'aye sceu luy donner que vous ne faudriez à luy envoyer par deça, Suisses et toutes autres choses requises et nécessaires pour la tention et deffence de ses États et conservation de vostre crédit et bonne réputation, il ne m'a toutte fois esté possible d'en avoir sceu tirer autre chose ; si ne lairrai-je point en toutes les occasions qui se présenteront de luy en faire autres allarmes pour essayer d'y mieulx faire mon proffit, vous advisant, Sire, que je n'ay pas oublié de luy dire que veu qu'il n'acceptoit maintenant vos dites offres, que vous ne seriez semblablement point tenu une autre fois de les luy entretenir et qu'il pourroit survenir telle occasion que cela ne seroit raisonnable, à celle fin que sy je ne l'ay peu lyer avec vous, que pour le moings vous ne demeuriez lyé en son endroit.

« Sire, sur la clotture de la présente est arrivé le secrétaire Nicquet présent porteur avec une dépesche de monsieur le cardinal de Tournon, que vous verrez, qui désirant aussi que je la veisse, m'a mandé ouvrir vos lettres; sur le contenu desquelles et pareillement des instructions que ledit Nicquet vous porte, je ne vous repliqueray autre chose sinon que je serois quant à moy bien d'oppinion, puisque le pape commance de voulloir traitter avec vous sans la restitution de Parme, que vous ne voulsissiez point différer d'envoyer audit sieur cardinal de Tournon ample et suffisant pouvoir pour aussi traicter avec luy, ou j'estime bien que pour son bon sens et grande expérience qu'il a au maniement des affaires et la singulière affection qu'il a tousjours portée à vostre service, il ne conclurra ne passera chose qui ne soit à vostre advantage et selon vostre commandement.

« Je pense que si le pape s'est adoulcy pour avoir entendu le partement de son dit légat à la délibération de vostre entreprise, qu'il s'adoulcira encore beaucoup davantaige quant il entendra les grandes forces que vous assemblez pour l'exploict de vostre entreprise, et qui pourroit tant faire que de le venger au moings à se tenir comme ung bon père commun et neutral d'une part et d'autre. Si l'on ne peult aultrement gaigner, je pense aussi que cela ne serviroit peu en ce temps où nous sommes pour vostre dit service qui en sera tousjours tant pleu favorisé des princes et des subgetz de ce pays d'Italye, ainsy que mondit seigneur le cardinal de Tournon vous desduit plus amplement par ses dites lettres et instructions, et que j'ay bien longuement discouru avec cedit porteur, comme il vous plaira de luy entendre, remettant touttes fois le tout à vostre meilleur et plus prudent avis et conseil qui est celluy où je m'arresteray tousjours, et que j'estimeray devoir estre ordinairement ensuivy.

« Sire, me recommandant tant et si très humblement qu'il m'est possible à vostre grace, je prie Nostre Seigneur vous donner très longue et très heureuse vye.

« Escrit à Ferrare, ce neuviesme jour de mars 1553.

« Di Vostra Maesta humilitissimo et obedientissimo servitore,

« HI.. CARDINALE DI FERRARA. »

Sur le dos estoit escrit : *Au Roy mon souverain seigneur.*

M. de Brissac et d'autres personnes informèrent le duc de Guyse, par plusieurs lettres, des affaires de son gouvernement de Dauphiné et Savoye. En voici le contenu :

Monseigneur, j'ay entendu, par le sieur Francisque Bernardin, ce qu'il vous a pleu luy donner charge de me dire touchant la continuation de vostre bienveillance et affection envers moy; de laquelle je ne puis sinon très humblement vous remercier et vous dire que j'estime cela le fondement de tout mon bien et honneur ; vous suppliant très humblement me vouloir excuser, si ceste fois je ne vous en fais plus ample recongnoissance. Aussi bien quant je l'entreprendrois, je ne le sçaurois déclairer, ne exprimer telle que je la vous dois et vouldrois faire.

Monseigneur, j'ay aussi sceu dudict sieur Francisque que le Roy n'a point encores pourveu à la capitainerie du chasteau de Ravel. Et pour ce que ceste place estant en vostre gouvernement, je désirerois qu'il y eust ung de voz plus affectionnez et obéissantz serviteurs, et que Mombazin est tel ; à ceste cause, Monseigneur, je vous supplie très humblement qu'il vous plaize de le nommer au Roy et supplier Sa Majesté l'en voulloir pourveoir suivant vostre nomination. Vous congnoissez assez ledict Mombazin et sçavez s'il est homme pour s'acquitter de telle charge et y faire tel service qu'il est requiz, joinct que vous ne ignorez pas combien il est aymé dans le marquizat de Saluces, mesmement de toute la noblesse. Je vous supplie aussi, Monseigneur, vouloir tenir propoz de luy au Roy qui soient conformez à la congnoissance que vous en avez. Et nous vous en serons toutz deux très obligez.

« Monseigneur, j'ay faict tenir le pacquet qu'il vous a pleu dernièrement m'envoier de l'ambassadeur de Ferrare au maistre de la poste de ceste ville. Sur ce je me recommande très humblement à vostre bonne grâce et supplie le Créateur qu'il vous donne en parfaite santé très bonne et longue vie.

De Thurin, ce lendemain de Pasques.

« Vostre très humble et très obéissant serviteur. « Brissac. »

« Monseigneur, on pourroit par adventure alléguer que Mombazin aiant la charge qu'il a, ne pourroit pas tenir résidence au chasteau de Ravel. Mais je me assure qu'il y mectra un gentilhomme qui y fera son devoir que l'on en sera content et satisfaict. »

« Monseigneur, vous estes assez adverti que messieurs des Estatz de ce païs ont accordé la creue très nécessaire de six conseillers en ceste court ; pour ce sera vostre bon plaisir nous faire pourvoir de gens dignes de tels Estatz. Ce que je vous supplie avoir en souvenance, pour le debvoir de ma charge et nécessité, que nous en avons de telz.

« Monseigneur, je vous supplieray encores très humblement, pour me faire récompenser de plusieurs voiaiges que j'ay fais, et aussi mon homme présent pourteur, pour les affaires du Roy et de sa justice, non sans grande despence, de voulloir demander au Roy la survivance de l'estat de secrétaire et greffier emul de maistre Anthoine Morard son filz, et me faire donner, s'il vous plaict, la taxe d'icelle survivance, dont la pareille ne monte que cinq cens escus, qu'en ha esté dernièrement faicte pour François Basson, filz de l'aultre greffier et secrétaire. Ce faisant, vous m'obligerez de plus en plus à prier Dieu pour vous et me donnerez meilleur cueur de tousjours roiddement poursuyvre les affaires de justice. Ceste partie par vostre bon moien plus aisément ne peult estre accourdée par ce que n'en est faict encores estat.

« Monseigneur, je me recommande très humblement à vostre bonne grâce, et prie Dieu vous donner en très bonne santé longue vie.

« De Grenoble, ce sixiesme d'avril 1553.

« Vostre très humble et obéissant serviteur.

« Iehan de Lantier. »

« Monsieur, j'ay receu vostre lettre escripte à Amyans du 25ᵉ mars dernier, par laquelle me mandez que je vous advertisse au vray que c'est de la chappelle Sainct-Vincent fondée en l'église Nostre-Dame de Grenoble, et qu'elle peult valoyr par le menu, suyvant le mémoyre et articles que me mandez avec vostre dicte lettre.

« Autre premier article me mandez qu'elles charges y a en ladicte chappelle. Je vous advise qu'il y a d'ordinaire pour le service d'icelle chappelle quinze florins pour deux messes chacune sepmaine, et deux doubles livres à ceulx de ladicte église Nostre-Dame qui valent huit florins pour chacune année.

« Au deuxiesme article me mandez si icelle chappelle est logée et comment je vous advertiz qu'elle n'a poinct de logis ny habitation.

« Au troysiesme article me mandez quelz arpans de vigne y a apartenans à ladicte chappelle, je vous advertiz qu'il n'y a auculne vigne, terres ny prez quelz qu'ilz soient.

« Au quatriesme article me mandez en quoy consiste le revenu de ladicte chappelle et en quoy consiste le revenu et que je le vous mande par le même ; et satisfaisant audict article, je vous envoye le double de la lieve des recongnoissances de ladicte chappelle, là où vous pourrez tout veoyr par le même. Et quant vous viendrez ou envoyerez de par deçà, je vous feray monstrer les originaulx des recongnoissances.

« Au cinquiesme article me mandez qui en a esté et est titullaire et s'il en a jouy paisiblement. Je vous advertiz que ung nommé maistre André Charpillac en a esté et est paisible titullaire, qui l'a eu du filz de monsieur de Maugiron.

« Au sixiesme article me mandez qui en a esté et est fermier et rentier, je vous advertiz que ung prestre appelé maistre Gabriel Lobet en a esté et est présentement fermier, lequel en baille pour chacune année, assavoyr les deux premières années quarante livres pour année, et asteure il en paye quarante six livres, et oultre celle paye les charges ordinaires contenues audict premier article tant seullement.

« Au septiesme et dernier article, me mandez en quelle taxe est icelle chappelle aux decimes. Je vous advise quelle paye pour les quatre decimes huict escus sol moingz deux carolus, que ledict maistre Charpillac chapelier paye sur ledict revenu, et non ledict fermier quoy qu'on vous aye dict. Car j'ay veu les arrentements et aussi la cotte desdictes décimes. Et pourtant prenez vous y garde, s'il vous plaist, et vous voylà satisfaict en tout ce que m'avez mandé par vostre dicte lettre et articles.

« Monsieur, vous avez sceu qu'on a tenu dernièrement et dudict mois de mars les estatz, et qu'on a accordé au Roy ce qu'il luy a pleu de demander, et à monseigneur ont baillé huit mil francz comme l'année passée, et à vous aultres, messieurs les secrétaires, ont donné deux cens livres. Je n'en ay rien osé escripre à monseigneur nostre maistre, pour la présence de monsieur d'Avansan qui est en ceste ville a esté tousjours présent ausdits estatz, qui luy en a escript tout au long; il n'y a aultre chose en ce pays qui admérite l'escripre. Si je vous puys faire quelque service de par deçà, le feray selon mon petit pouvoyr de très bon cueur et à tous vous aultres, messieurs, de par de là tant en particullier que en général; me recommandant très humblement à voz bonnes graces, prye le Créateur vous donner en très bonne santé longue vie.

« De Grenoble ce sixiesme jour d'avril 1553.

« Vostre bien humble et obéissant serviteur.

« ANTHOINE BESSON. »

Vers ce temps là, on eut advis que les ennemis s'assembloient fort entre Arras et Saint-Omer, et qu'ils s'estoient mis en campaigne environ avec deux mil chevaulx et quatorze ou quinze enseignes de gens de pied, pensant donner quelque alarme à nos Allemands et aussy pour mettre des vivres dedans Renty; mais qu'ils s'estoient retirés attendant plus grande force.

Cest advis fut donné par monsieur de Touteville à M. d'Humières gouverneur de Péronne qui en informa M. de Guyse.

M. le duc de Guyse fut informé par de La Chaussé de l'estat de sa vennerie de Joinville, en mesme temps qu'il lui envoyoit huict de ses chiens gris.

« Monseigneur, j'ay receu la lettre qu'il vous a pleu m'escripre de Sainct-Germain-en-Laye par Bertrand vostre chevaucheur d'escuirie. Et quant à ce qu'il vous plait me mander avoir envoyé lettres du Roy au prévost Claude Lhoste, pour envoier par deçà de ses lieutenans, asfin d'y pourvoir en ce qui y est requis et nécessaire, tant pour les teneurs de champs, que pour la garde des boys dudict sieur et des vostres, aussi et semblablement pour le faict des chasseurs et tireurs de hacquebuttes; ce a esté très bien faict. Toutesfois, Monseigneur, il n'est encores venu par deçà aucun lieutenant dudict prévost; et pour ceste cause j'en escrips présentement à monsieur le général de Champaigne, par vostre secrétaire Rameru, qui s'en va à Chaalons, pour tenir la main en cela.

« Monseigneur, touchant ceulx de vostre compaignie qui ont tenu les champs en aucuns de voz villaiges de par deçà, sans payer leurs hostes, au moins que pour ce qu'ilz avoient despendu en auroient baillé leurs cédulles promectans les en paier; j'ay depuis sceu qu'ilz ont satisfaict au lieu de Moustier-en-dez à leursdicts hostes, tellement qu'il n'en est depuis venu aucunz plaintifz. Je m'en enquéreray encores pour sçavoir s'il en y a quelzques ungs qui n'aient satisfaict, affin de vous advertir et vous envoyer ce qu'en pourray recouvrer.

« Monseigneur, quant à ce qu'il vous plait me mander que je vous envoye par Patacque tous les jeunes chiens gris, je vous en envoiray huict dedans quinze jours, et en retiens sept pour qu'ilz n'ont pas encores l'aage d'un an; et avant que partir, je leur feray bailler une curée, pour ce qu'ilz n'en avoient encores eu que une. Cependant je retireray toutes les plus belles mues de par deçà, pour vous en envoyer six telles et ainsi que les demandez. Et quant aux faisans, je m'en suis enquis à beaucoup de gens, qui m'ont dict en avoir veu depuis quinze jours au Der et au Jar. Le gruyer de ceste ville m'a dict n'avoir eu nouvelles de ceulx du pré Jacques depuis qu'ilz y ont esté mis; le païs est grand et peuvent être en autre lieu. J'ay ung faisan et une faisande que je mecteray aujourd'huy derrière le chasteau. Quant aux perdrix et lyèvres, le pays en est assez bien peuplé. Les hérons ont esté bien tardiz ceste année. Madame ne veult pas faillir de donner bon ordre que l'on n'y touchera : et semblablement à voz ayres d'oiseaulx, dont en advertiray les sieurs de Grammont et Bonnebault pour y tenir la main chacun de leur part. Je n'ay encores receu les glans des chesnes vers, dont m'escripvez incontinant les avoir receu. J'en feray suivant ce qu'il vous plait me commander.

« Monseigneur, je vous remercie très humblement de la peyne qu'il vous a pleu prendre touchant le faict de mon escollier : car, à ce que m'a dict vostre argentier Le Seurre, le Roy par vostre moien en a escript au lieutenant criminel de Paris et vous aussi, qui me faict espérer que l'yssue de son faict sera telle que je désire. Vous me sentirez grandement tenu envers vous, Monseigneur, estant asseuré que, sans vostre moien, il eust receu beaucoup de peine.

« Monseigneur, je supplie le Créateur vous donner, en santé, très bonne, longue et heureuse vie.

« De Joinville, ce 7e jour d'avril 1553.

« Monseigneur, je vous feray entendre par Patacque combien d'aires aurez par deçà, par ce en chacune ayre fauldra avoir garde et ordonnance de vous de les payer.

« Vostre très humble et très obéissant serviteur, De la Chaussée. »

Le duc de Guyse receut aussi les deux lettres suivantes.

« Monseigneur, suyvant ce que dernièrement m'escripvit monsieur le général, j'ay esté à Metz pour exécuter le contenu ou mémoire que luy aviez envoyé, où n'ay trouvé le cappitaine Salcède pour recepvoir les trois cens escuz qu'il vous doibt. Toutesfois j'ay tant faict avec monsieur Androuyn que, à la promesse de monsieur de Vieilleville, qui luy a respondu desdicts trois cens escuz, il m'a délivré voz quatre pièces d'artillerie, avec tant peu d'équippaige qu'il y avoit; quinze pièces de bronze pesans quinze cens soixante cinq livres; huict bandes de fer; trente huict broches de fer et troys cable servans à remonter l'artillerie quant les roues se rompent par les champs. Lesquelles pièces ay faict desmonter et charger ensemble les fustz, bronze et aultres choses, sur cinq chariotz et le tout conduict jusques à Commercy. Et de là voyant que ma présence ne servoit plus de rien à les acompaigner, et que les charretiers qui les menoient estoient la pluspart de Chaallons et gens de congnoissance, ay ce tout envoyé audict sieur général, audict Chaallons, pour les faire mener à Guyse. Il ne m'a esté possible de povoir recouvrer ung chariot pour mener les roues desdictes pièces. J'ay donné argent et mémoire à Tartier pour les faire mener audict Chaallons, par le premier charretier qu'il pourra trouver. J'ay parlé à monsieur de Borran touchant vostre promesse de dix mille livres pour le sel; lequel m'a asseuré la vous avoir envoyée.

« Monseigneur, Michel Vermans m'a escript que pour faire apparoir des vivres qu'il a fourniz audict Metz, il a levé ung extraict de mon compte et qu'il ne trouve poinct que je me charge par icelluy de son blé, et aussi de la poix et oing viel qu'il a livrez à ceulx de l'artillerie. Je sçay bien qu'il a esté par vostre commandement solicité de mener du blé en ladicte ville et que pendant le siége son homme m'a dict qu'il en avoit quelque quantité que ledict Vermant luy avoit envoyée, pour faire délivrer à la munition du Roy, quant vous l'ordonneriez; mais, Monseigneur, je croy que vous sçavez très bien qu'il n'en a jamais fourny, ny déclairé ung seul grain ès greniers de la munition; ains est tousjours demouré entre les mains de sondict homme. Et quant il le m'eust offert, je n'eusse prins la hardiesse de le recepvoir sans vostre commandement. Il me mande que je luy envoye récépissé de ce qu'il a fourny; cela ne seroit raisonnable, Monseigneur, car je me rendroye comptable de choses dont j'ay aultant bien et loyaulment compté que feit jamais homme, comme l'on verra par le compte que j'en ay rendu. Quant à l'oing viel et poix qu'il dict avoir fournye pour l'artillerie, il doibt avoir certifficatz des commissaires de ladicte artillerie de ce qu'il leur a délivré sans s'en adresser à moy; car telles choses n'estoient de ma charge. Il m'a aussi mandé que par vostre commandement, Monseigneur, il avoit faict amatz d'une bonne quantité de boys pour envoyer audict Metz, lequel luy fut prins et bruslé par les gens du marquys de Brandebourg. Je sçay bien que estant ung jour à Sainct-Malas il m'en monstra beaucoup, disant qu'il l'avoit préparé pour satisfaire à la promesse qu'il vous avoit faicte, et que au moyen des eaues qui estoient trop basses, il ne le povoit envoyer: cependant ledict marquys arriva. Il vous plaira, Monseigneur, ne trouver mauvais la hardiesse que je prens vous escripre ce que dessus, et croyre qu'il ne se trouvera poinct de faulte ès charges qu'il vous a pleu me donner.

« Monseigneur, je supplye le Créateur vous donner, en santé, très bonne, longue et heureuse vye.

« De Joinville, ce vingt cinquiesme apvril 1553.

« Vostre très humble et très obéissant serviteur, Jehan Leseurre. »

Mon très honnoré seigneur, j'ay accepté le service de vostre maison dernièrement, le Roy estant à Sainct-Germain-en-Lay, que m'est le bien et honneur que toute ma vie ay désiré, me portant fort que monseigneur le cardinal de Lenoncourt, que de si long temps j'ay servy, le trouveroys bon, comme luy en ayant auparavant parlé. Et de vostre bénigue grâce m'avez permys de l'accompaigner et le servir jusques à Metz, me commandant que je m'eusse à trouver par devers vostre excellence aux festes de Pasques, ce que n'ay sceu faire. Mais de présent m'a respondu qu'il feroit que vostre dicte excellence se contenteroit que je demeurace en ceste ville de Marsal, commis pour la fortification d'icelle; ce que très humblement vous supplie faire entendre audict cardinal de Lenoncourt vostre vouloir et intencion, que me sera moyen de me retirer en la bonne grâce dudict seigneur cardinal, et tout le demeurant de ma vie servir vostre très haulte et puissante seigneurie, avec l'ayde du benoit Créateur, que je prie, mon très-honnoré

seigneur, qu'il vous donne bonne vie et longue.
De Marsal, ce deuxiesme jour de may 1553.
Par vostre esclave et indigne serviteur,

REGNAULT DU PEYRET.

M. le vidame de Chartres escrivit au duc de Guyse une lettre de protestation de service, en ces termes :

Monsieur, puis qu'il vous a pleu faire cest honneur à celles dont m'advés escript et à moy d'en advoir souvenance, je croy que n'aures houblié le reste de la létanie de la vile de Metz seulement; car les aultres seroist trop longue; mais, ad ce que j'ay tousjours ouy dire, ceste marchandise guardée ne vault riens, par quoy il fauldra panser pour l'advenir à en trouver d'aultres, bien que pour l'estat où je suis maintenant, l'on me guarde bien d'y panser. Mais je espère que, aiant passé la rivière, le cuer me reviendra. Monsieur, il vous à pleu aussy me mander comme le Roy vous à faict despecher trois mille livres pour vous aider à vostre fortification de Guise, là boù il vous a pleu envoier Herviel, archier de la guarde, que je advois mené advecque moy, lequel je panse vous y fera servisse quy vous sera agréable. Toutesfoys pour en estre plus certain, je espère partir demain de ce lieu et méneray ma fame à La ferté au Vidasme à sept où huict lieus d'Annet pour estre plus prest et plus commode à entendre et bobéir à vos commandemants; et dès que je y seray, vous depescheray un gentilhomme Italien, quy est à moy, lequel je advoys mené advesques moy et à fort bien entendu ma volunté pour aier voirs, sy vous plest, ce à quoy les aultres bésogneront; et en tous aultres endroites là où il vous plaira jamais me commander, ou que je pouray congnoistre vous pouvoir jamais faire service, je vous assure, Monsieur, que je m'y emploieray meilieure voulunté, après le Roy mon maistre, que pour nule aulstre personne de ce monde, comme pour celuy quy m'y à le plus hobligé, et ne faisant que atandre vos commandemants, quant congnoistrez que je doibveray partir. Je donneray sependant la meileur ordre que je pouray à mes afaires pour estre prest à faire servisse au Roy et à vous, quant il me sera commandé. Et cepandant priray nostre Seigneur, Monsieur, vous donner en santé bonne et longue vie et à moy vostre bonne grâce.

De la Rochelle ce troiziesme de may.

« Monsieur, je n'ay poinct encore veu le marié qui vous à pleu me faire luy mesme assurer des nouvelles du jour de ses nopces, qu'il fault croyre puis qu'il le dict. Je espère ne partir de ce païs sans le voirs en son mesnaige et vous dire comment il s'y trouverra en sa compaignie.

Vostre plus hobéissant et afectionné cerviteur,

DE VENDOSME.

Monsieur, ce jourduy après ma lettre escripte, j'ay repceu ungne commission, que je panse m'advoir esté depeschée soubz vostre opinion, qui est de vint et cinq harquebusiers pour ma compaignie, que je espère quy me aideront fort à exécuter ce que me commanderés; car par ma foy sans cela le pistolié auroict trop grand advantage à se venir jecter et escarmoucher contre l'home d'armes. Mais je espère vous en maictre vingt cinq en l'esquipaige que je vous ay ouy dire qu'il vous plaise.

Lettre d'Antoine de Vendosme au dit duc.

« Monsieur mon compaignon, je ne la vous feray longue, si est ce que faisant ceste despesche au Roy ay bien voullu vous escripre ce mot, tant pour vous faire entendre comme je revins hier de Hesdin veoir la place que j'ay trouvée en très bon estat, et ne reste que environ deux mil livres pour la rendre plus parfaicte, ainsi que je l'escripts audict segneur ; que pour vous dire comme noz gens de Therouenne, en des saillyes qui feirent dymenche dernier, demoura bien de trois à quatre cens hommes mors des ennemys ; aussi pour vous prier, monsieur mon compaignon, me faire part de voz nouvelles. En les actendant me recommanderay de très bon cueur en vostre bonne grâce ; priant le Créateur vous donner la sienne.

D'Auxi, ce dixneuviesme de may 1553.

« Monsieur mon compaignon, j'ay parlé à celle que m'avez prié. On m'a dit que je vous assure ardiment qu'on luy à faict tort, et que, depuis qu'elle ne vous a veu, homme ne luy a esté de riens. Sy je vous vois, je vous en dirois davantaige ; mais lettres se voient. Je vous mersie de bien bon cueur de l'avertissement que m'avez faict de vostre main. Il ne fust jamais que ne fussiez son amy, et plus ne vous en dira

Vostre bien bon compaignon et milheur amy à jamais.
ANTOINE.

Et au dos : *A monsieur mon compaignon monsieur le duc de Guyse.*

Monsieur le duc de Bouillon informe le duc de Guyse de l'état de la place du Hesdyn et lui donne des nouvelles des ennemis qui sont devant Therouenne.

« Monsieur, venant en ce lieu, je suis passé par Hesdyn et veu la place qui est en l'estat que vous entendrez par le rapport qui vous en sera faict par Laucide, présent porteur; lequel s'en va par de là pour le faire entendre et ce qui y est nécessaire d'y faire encores. J'ay délibéré de me mectre dedans incontinant que je seray adverty que les ennemys y tourneront la teste. Monsieur de Langey et le commissaire Dupont partent aujourdhuy de ce lieu pour y aller donner ordre à ce qu'ilz verront estre nécessaire. Je n'ay pas trouvé bon de m'y mectre encores, pour ce que j'ay suicte de plusieurs gentilzhommes qui n'y serviroient de rien que de manger les vivres attendant le siége. J'en suis si près que dans deux heures je me rendray dedans. Les ennemys sont tousjours, comme ils ont acoustumé, devant Thérouenne, continuant leurs tranchées, dont je ne vous puis dire autre chose pour la diversité des advertissemens que nous en avons. Messieurs Danville et vicomte de Thuraine sont aujourdhuy arrivez et m'ont dict que monsieur le comte de Villars sera bien tost par deçà et qu'ilz ont charge de monsieur le connestable de s'enfermer avecques moy en quelque lieu que ce soit, dont je suis très aise. J'ay espérance que s'il se présente quelque chose de bon, que nous ne serons pas loing les ungs des autres à l'exécution.

« Monsieur, je prie le créateur vous donner en très bonne santé longue vie.

Au camp d'Auchy-le-Chasteau, ce vingtiesme jour de may.

Vostre plus humble à vous obéyr.

« ROBERT DE LA MARK. »

Autre lettre du dit duc de Bouillon au dit duc de Guyse.

« Monsieur, encore que, par la despesche que présentement faict monsieur de Vendosme au Roy, pourrez voir les nouvelles que nous avons eues ce matin du costé de Thérouenne et autres qui se présentent maintenant par deçà, je n'ay voulu néantmoings faillyr d'accompaigner de la présente M. de la Vanleroy présent porteur; lequel s'en va de la part de monsieur de Vendosme devers le Roy pour luy en faire plus au long le discours; comme aussi il m'a promis, monsieur, suivant la prière que je luy en ay faicte. La suffisance duquel me gardera de vous en faire aulcune redicte, ne la présente plus longue, si ce n'est pour me recommander humblement à vostre bonne grâce et prier Dieu vous donner, monsieur, en bonne santé très longue vye.

« Du camp d'Ochy-le-Chasteau, ce vingt deuxiesme jour de may 1553.

« Vostre plus humble à vous obéyr,

« ROBERT DE LA MARK. »

Lettre du Roy au dit duc.

« Mon cousin, j'aye receu vostre lettre de l'onziesme de ce mois, et par icelle et celle du 9, qu'avez escrit à mon cousin le connestable, entendu ce que vous aviez sçeu du costé des ennemis, et mesmement des Espagnols qui sont à Cambray; à quoy se conforment tous les advertissemens que j'en ay eu jusques icy. Mon cousin le connestable vous envoyera le double des lettres que j'ay reçues, cejourd'huy, du sieur Dessey, par les quelles vous verrez la bonne volonté que luy et tous les gens de bien qui sont dedans Terouenne ont de me faire service, et les braves et heureuses saillies qu'ilz continuent de faire sur mes ennemis : dont j'ay grande occasion de louer et de remercier Dieu de m'en contenter. J'ay veu ce que me mandez de la deffaicte de l'une des compagnies des Anglois qui sont en mon service, et comme cela est advenu; dont je suis bien marry et mesmement de la mort de leur cappitaine, mais vous sçavez, mon cousin, que nous jouons un jeu où il est malaisé que n'advienne quelquefois de telles desfortunes. Je trouve bon de bailler la charge de la compagnie à celluy qui en estoit lieutenant, ayant considéré ce que vous m'en escrivez; vous l'en advertirez, et qu'il fasse dilligence de remettre sus la ditte compagnie ainsy qu'il vous l'a promis. Voilà tout ce que vous aurez de moy en attendant vostre retour, après avoir prié Dieu, mon cousin, qu'il vous ayt en sa saincte garde.

« Escrit à Saint-Germain en Laye, le 13 jour de may 1553.

« HENRY, *et plus bas* BOURDIN. »

A ceste lettre du Roy estoit jointe la coppie de la lettre du sieur Dessey, que le Roy avoit ordonné d'envoyer au dit duc. En suit la teneur:

« Sire, cejourd'huy est arrivé icy l'enseigne de monsieur de Montmorency avec vingt hommes, le sieur de La Chapelle-des-Ursins et Pierre Commissairi sans aucun empeschement, parce que les guides, partans d'icy, voyent les lieux où il faut qu'ilz passent: ce qui seroit autrement fort difficile. Sept enseignes de gens de pied s'estans logez de là la rivière, en lieu fossoyé, et en l'abbaye de Saint-Augustin, autres enseignes de gens de pied et de cheval, le reste de leur armée estant derrier la Saint-Jehan, je crois, Sire, que s'il ne leur vient autres gens, qu'ilz ne mettront jamais leur artillerie en batterie : car ilz ont esté sy bien battus, et par tant de fois, comme vous avez entendu, qu'ilz auroient peur de la perdre. Sire, aujourd'huy, matin, j'ay faict sortir le cappitaine Ferrières avec cent hommes dans les tranchées, les quelles il a faict abandonner aux ennemis, et s'en sont fuys tous ceux qui y estoient en garde, y laissant la pluspart leurs armes; et ne se sont présentez pour la deffendre qu'environ cinquante hommes, les quelz ont tous esté mis en pièces de coups de main; grand nombre de leur camp y est venu pour en cuider jetter les nostres, mais ilz ont esté sy bien receuz par nos harquebuziers, qu'il en est tombé grand nombre. Le dit sieur de Ferrières y ayant faict le plus vaillement qu'il est possible, entrant le premier dans la tranchée et en sortant le dernier, retirant ses soldatz devant luy, faisant souvent teste : qui a esté cause qu'il n'en a perdu un seul, n'y en ayant eu que deux blessez.

« Une heure et demye après disner, monsieur de Montmorency a faict une entreprise, est sorty d'icy avec soixante chevaux ou environ, qu'il a icy de sa compagnie, et les compagnies de messieurs de Prennes et de Losse, sçachant les ennemis en embuscade près Saint-Augustin, faisant semblant d'attraper quelques gens de pied qui s'estoient débandez de la plaine, pour les faire sortir de leur embuscade et les venir secourir ; ce qu'ilz ont faict, ne nous sçachans sy fortz de cavallerie que nous sommes, et tost ont trouvé M. de Montmorancy en teste avec ce que dessus, qui les a pressé de si près qu'ilz ont esté contrainctz se retirer devant le susdit fort, parmy les gens de pied ; mais non tous, car il en est demeuré beaucoup qui n'ont sceu gagner le dit fort, laissant leurs gens de pied derrier; et je vous laisse à penser, Sire, comme les ditz gens de pied ont esté frottez sur le lieu, et tant de prisonniers que nous avons que nous n'en sçavons que faire. Mon dit sieur de Montmorency y ayant faict aussy bien et sagement qu'il n'est moyen ès plus, monstrant que pour vostre service, Sire, il ne veut espargner sa personne non plus que le moindre soldat. La perte que nous avons faicte en la dite escarmouche a esté de Marivault, brave et honneste gentilhomme, du quel nous avons grand regret, et qui a esté tué d'une arquebusade au travers du corps.

« Sire, je vous supplie nous faire tant d'honneur et n'estre en peyne de vostre ville, car j'espère, avec l'ayde de Dieu et tant de gens de bien qui sont icy, vous en rendre content.

« De Thérouenne, le 9 may 1553. »

Antoine de Vendosme écrivit au duc de Guyse au sujet des affaires de Thérouenne le 22ᵉ de may :

« Monsieur mon compaignon, vous entendrez l'occasion du voiage du sieur de la Vauleroy que j'envoye vers le Roy, avec ung jeune homme qui vient de Thérouenne, duquel pourrez amplement entendre comme les affaires se conduisent là dedans; qui me gardera vous faire autre discours. Bien vous veulx prier tenir main que ledict La Vauleroy ne soit renvoyé incontinent, et que par luy je puisse entendre l'intencion du Roy, sur ce que m'asseure verrez ce que luy escriptz; et au demourant, monsieur mon compaignon, me faire tant de bien me despartir de voz nouvelles : car est icy la troisiesme lettre que vous ay escripte sans en avoir eu. Les attendant, je me recommanderay de très bon cueur en vostre bonne grace, priant Dieu, monsieur mon compaignon, vous donner la sienne.

« Du camp d'Auxi-le-Chasteau, le vingt deuxiesme de may 1553.

« Vostre bien bon compaignon et milleur amy,

« ANTOINE. »

Nouvelles de Sienne furent envoyées par M. de Termes, le 19 de may, ainsi qu'il suit :

Monseigneur, encores que par le cappitaine Fraujot que monsieur le cardinal de Ferrare et moy despechasmes il y a treize jours, vous avez entendu l'estat où se trouvera lors les affaires de deçà, il nous a néantmoings semblé debvoir de nouvel despecher le sieur Flavino de Stabbia présent porteur bien informé, avec ample instruction sur toutes choses, mesmes de ce que despuis que ledict cappitaine Fraujot est party, est survenu tant sur la responce qu'il a semblé à mondict sieur le cardinal et à moy debvoir faire au pape, pour le service du Roy, honneur et réputation de ses affaires, sur les articles de paix par luy proposez et faictz présenter, du traicté n'a guères par nous descouvert et mené par le duc de Florence, avec le cappitaine du peuple de ceste ville, ung de ses frères et quelques autres leurs adhérents, lesquelz nous avons faictz saisir ainsi qu'il vous plaira entendre par ledict sieur Flavigno; auquel je me remecteray à vous dire entièrement de toutes noz nouvelles. Pour ne faire tort à son entière suffisance et ne vous ennuyer de redicte, seullement vous supplieray-je, Monseigneur, me vouloir commander et tenir en la bonne grace du Roy et la vostre, pour très humblement recommandé; sur quoy je feray fin après avoir prié Dieu vous donner, Monseigneur, très bonne et très longue vie.

« De Sienne, le dixneufviesme jour de may 1553.

« Vostre très humble et très obéissant serviteur,
« DE TERMES. »

Un nouveau courrier apporta une lettre du cardinal de Lorraine, au duc son frère, dans laquelle il luy donnoit quelques nouvelles du dit lieu :

« Monsieur mon frère, combien que celluy que le Roy vous avoit envoyé m'ayt asseuré, à son retour, vous avoir laissé en bon estat, sy ay-je bien voulu vous envoyer ce porteur exprès pour entendre comme depuis vous vous serez porté, et vous supplier d'aviser sy vous aurez rien oublié à me dire pour y satisfaire, ainsy que vous me manderez. Il nous est, ce soir, venu un paquet de Picardie, au quel estoient les lettres de monsieur de Vendosme et de monsieur de Canaples, adressantes à vous, les quelles je vous envoye et où vous verrez entièrement tout ce que nous en avons de nouveau : car celles du Roy ne contiennent rien davantage; ce qui me gardera de vous en faire reditte. Le soir est aussy arrivé un courrier exprès de l'évesque de Lodesve, qui a apporté en substance que l'Empereur ne veult pas tenir l'appointement de Sienne pour parler à Ferrare, et le duc de Florance faict de pis en pis, ayant destroussé un despêche qui passoit par ce pays, soubz son sauf conduit, et a peu voir par là beaucoup de vos nécessitez qui leur font tenir leur marchandise plus chère. Le duc de Ferrare a, de nouveau, aprêté les cinquante mil escus, de façon que nos gens auront le payement de Sienne pour tout le mois de juin ; on demande secours et que l'argent ne manque pas. Vous pouvez penser sy nous sommes en peyne. Le siége est toujours devant Montalime, se portant, le chef et ceux qui sont dedans, si vaillamment, que sans la faim ilz n'en sortiront pas ; mais on les craint bien fort : ceux de Sienne empirent plus. Nous sommes logez chez Guillot le Longeur. Vous aurez nouvelles de ce que sy fera ; cependant, etc.

« De Corbeil ce 30 mars 1553.

« Vostre très humble et obéissant frère,
C. CARDINAL DE LORRAINE.

En ce temps, le comte de Mansfelt s'engagea au service du Roy après avoir presté serment ainsi qu'il suit :

« Nous Guolradt sieur et comte de Mansfelt, avons promis et juré, promettons et jurons sur nostre honneur, et sur la part que nous pretendons en paradis, que nous servirons le Roy de France très chrestien, et la couronne de France, bien et loyaulment, et ainsi qu'à homme de bien et d'honneur appartient, envers tous et contre tous ses ennemys quels qu'ils soyent, exceptez le Saint-Empire, et pareillement le duc Maurice de Saxe, électeur dudit Saint-Empire, quant à l'offension dudit Saint-Empire et duc Maurice tant seullement et non aultrement, et en toutes choses qu'ils nous seront possibles soyt en la Germanye, ou dehors, procurerons le bien, profflict, advantaige et utilité de Sadite Majesté, et de ladite couronne de France, et des droits d'icelles, sans faire ne souffrir faire chose qui y puisse préjudicier, ny aulcunement les amoindrir, et toutes et quantes fois que requis serons par Sadite Majesté de faire levée de gens de guerre à pié, lansquenets pour les amener soubz nostre charge en son service, despuis six, jusques à dix mille hommes, nous les ferons et les amencrons et conduyrons la part qu'elle nous fera sçavoir, en nous en advertissant deux moys devant et nous faisant faire les advances accoustumées pour lesdites levées, et quant nous serons entrez en service nous faisans payer et délivrer les memes estats, soldes, et appoinctemens tant pour nous, que nos capitaines particuliers, officiers et soldats qu'il se faict, et est convenu, accordé, et arresté avec les aultres colonnels des gens de ladite nation estans au service de Sadite Majesté. En tesmoing de quoy nous avons signé ces présentes de nostre main, et à icelles faict mectre et apposer nostre séel.

A Saint Germain en Laye, le vingt-unième jour de may l'an 1553. »

Lettre de la royne duairiere d'Escosse.

Monsieur mon frère, le gentilhomme présent porteur, frère du conte de Glyncarn que congnoissez, avoit esté choisy pour l'un des capitaines des gens de guerre a pied qu'il avoit pleu au Roy désirer de ce pays. Et estant ceste occasion hors de sa main, il ne laisse toutesfoys s'en aller par de là pour l'envye qu'il a de veoir la guerre et affection de faire service au Roy. Et pour autant, monsieur mon frère, que ledict conte s'est de tout temps monstré mon très affectionné serviteur, comme je vous puis aussi asseurer qu'il est en parfaicte dévotion de faire service au Roy, de quoy il a assez bon moyen par deçà quand il y sera employé, je n'ay voulu laisser partir ledit porteur sans l'accompagner de la présente, par laquelle, monsieur mon frère, je vous prie très affectueusement l'avoir en singulière recommandation, tant pour le respect du dict conte que pour l'envye que ledict gentilhomme a de veoir la guerre par de là et y apprendre pour cy après pouvoir faire meilleur service au dict sieur. Et sur ce, monsieur mon frère, je prie nostre dict seigneur vous donner bonne et longue vye.

« De Sterling ce 23 de may 1553.

« Monsieur mon frère, pour ce que je trouve le frère de ce porteur bien afectionné à mon yntension et quy me peut faire servise, je vous prie l'avoir pour recommandé; ce me fera grant pleisir.

« Vostre humble et bonne sœur « MARIE. »

M. de Vendosme assura, en ce temps, le duc de Guyse du bont traictement qu'il vouloit faire au prince de Ferrare quand il viendroit devant Thérouenne :

« Monsieur mon compaignon, vous pouvez bien estre certain qu'encores que vous ne m'heussiez rien escript pour monsieur le prince de Ferrare et sa compaignye, je l'heusse voulleu avoir en aussy grande recommandation que moy et la mienne mesmes. Et pour ce qu'il n'est pas encores arrivé et que je suys toutz les jours en bonne expectation de sa venue, je ne vous manderay aultre chose du recueil que je me délibère luy faire, attendant mays qu'il soyt icy de luy en faire toute la démonstration qui me sera possible; qui est, monsieur mon compaignon, tout ce que je vous escripray pour ceste heure, n'ayant en particulier aultres nouvelles que vous mander, sinon celles que vous pourrez entendre que j'escriptz à présent au roy, de la bapterie que je croy avoir esté ce matin commancée à Thérouenne; me recommandant bien fort affectueusement à vostre bonne grâce, et pryant Dieu, monsieur mon compaignon, vous donner bonne et longue vye.

« Escript au camp de Dampierre le vingt cinquiesme jour de may 1553.

« Vostre bien bon compaignon et meilleur amy. « ANTOINE. »

Ceste dicte lettre précède de quelques jours seulement une autre du dit sieur de Vendosme par laquelle il donnoit au duc de Guyse des nouvelles du camp de Dampierre et des ennemis.

« Monsieur mon compaignon. Depuis vostre lettre du vingt troiziesme de ce mois, et la dernière que je vous ay escripte, il ne s'est présenté occasion jusques à présent de depescher au Roy; duquel encores que vous puissiez entendre ce que je luy mande des nouvelles de ce costé, je ne laisseray pas toutesfois à vous en faire part. Les ennemys ont ces jours passez tiré devant Thérouenne beaucoup de coups que nous avons ouyz de ce lieu. Et estant en doubte en quel endroict de la ville ce pouvoit estre, j'ay sceu aujourdhuy par homme qui vient de leur camp qu'ils ont battu la platte forme du chasteau et les deffences et qu'ils n'ont encores commancé de batterie. Aussi je n'ay rien ouy ce matin comme nous faisions ces jours passez. Au demeurant, ils actendent tous les jours renfort tant de gens de cheval que de pied. Monsieur de Bouillon me manda, hier au soir, de ses nouvelles et faict fort bonne chère, et n'est pas croiable le soing qu'il prent à faire besongner à Hesdin où je suis seur que sa présence a beaucoup advancé les ouvraiges. Je vous laisse au demeurant penser comme il se traicte et le régime qu'il tient ayant auprès de luy monsieur de Rion. Voilà, monsieur mon compaignon, tout ce que je scay, vous priant me voulloir aussi de vostre costé faire entendre des nouvelles de la bonne santé du Roy et la vostre, qui ne seront jamais meilleures que je desire. Me recommandant en ceste bonne vollonté tant et si affectueusement que je puis à vostre bonne grâce; et priant Dieu, monsieur mon compaignon, qu'il vous doint bonne et longue vye. Escript au camp de Dampierre, ce vingt neuviesme may 1553.

« Vostre bien bon compaignon et milleur amy.

« ANTOINE. »

Et au dos : *A monsieur mon compaignons monsieur le duc de Guyse.*

Monsieur le vidame de Chartres écrit au dit duc du 30e jour de may :

« Monsieur, incontinant après avoir repceu vostre lettre escripte de Sainct-Germain du vingtiesme de may, j'ay incontinant envoyé quérir ce gentilhome italien, dont vous advoys escript, qui estoict à ma garnison, lequel je vous envoie, et a fort bien entendu l'opinion que je pris et ceuls quy estoist advecque moy, quant je fus à Guise. Toutesfois, monsieur, aiant entendu que y advés depuis esté, je m'en confie autant ou plus à vostre opinion que à la mienne propre, par quoy vous luy commanderés ce qu'il vous plaira, dont du tout après s'en estre bien informé et advoir veu se quy s'y est faict, luy ay donné chairge m'en advertir et faire ce qu'il vous plaira luy commander. Je ne le vous envoie pas pour ingénieur; car il ne l'est pas. Toutesffoys il est souldat quy a bon jugemant, et en cela et aultres choses de l'estat d'un souldat me samblet advoir bon jugemant et exsecutera bien et fidelemant ce quy luy sera commandé. Monsieur, je vous suplie très-humblemant vous assurer quy ny a gentilhome en France plus afectionné à faire vos commandemant que moy, et n'usse failly à me trouver à la court dès l'heure que mon home que j'ay laissé à la court pour savoir quant auriés quelque chose à me commander, m'a mandé que luy adviés commandé que je m'y trouvasse le plustost que je pouroys, et voyant que ce n'estoict par commandemant exseprès de ne failir à m'y trouver, a esté cause de me faire encore un peu demeurer pour donner ordre à de fort grandes afaires que je ne vous veuls céler que j'ay comme à l'ungne des personnes de ce monde à quy je désire le plus faire service; mais je ne veuls aussy vous céler que j'ay, Dieu mercy, les moiens d'y donner ordre et la plus pressente que j'aie est pour tout ce que j'ay enguaigé à un marchant de Paris pour quatre vints et dix mile francs et me le fault retirer dans la fin de ceste année; et ne saichant quant je pouray revenir cheus moy mais que j'en soie party, suis après pour donner ordre à ce faict d'avant mon partemant, se que j'espère faire : sy est-ce, monsieur, que cela ne me arestera ungne seule heure à monter à cheval, après en advoir repceu vostre commandemant et ne fauldray à estre à la Ferté au vidasme, le sixiesme de yuin là hoù je seray tant et sy peu qu'il vous plaira; quy me fera vous finir ceste lettre par mes très humbles recommandations à vostre bonne grasse. Priant Dieu, monsieur, vous dhonner bonne vie et longue. De vostre maison de Prully, le 30ᵉ de may.

« Monsieur, je vous envoie un aulstre gentilhomme italien de ma compaignie pour maictre ordre à advoir des armes pour les vingt-cinq arquebusiers qu'elle m'a commandé faire. Je vous suplie très humblemant le trouver mauvais quy saiche de vous en quel équipaige vous trouverrés bon que je les mette, comme seluy quy se délibère eu cela et toutes aultres chose que je pourray estre sy heureus de congnoistre, que vous trouverrés bonne en suivre vostre opinion plus que de homme de ce monde.

« Vostre hobligé et afectionné serviteur,

« DE VENDOSME. »

Lettre de madame la duchesse de Ferrare du deuxiesme jour de juing.

« Mon filz, j'ay receu vostre lettres par Hercule Trotte, et ay eu bien plaisir de veoir la satisfaction que vous avez de luy, et vous asseure, mon filz, qu'il est très affectionné à vostre service et que avecques son grand regrect il a demeuré par deçà jusques icy; et ne demandoit que de povoir retourner pour vous servir en tout ce que vous le vouldrez employer, selon l'obligation qu'il a qu'il ne celle à personne. Mais ses affaires ont esté telz et de tous ses frères à cause de la mort de son feu père qui leur est de très grand perte et domaige, qu'il n'a sceu plustost partir, quelque sollicitation qui se soict peu faire en leurs affaires qui ne sont encores achevez. Toutesfoys il s'en retourne présentement devers vous avecques bonne voulonté selon qu'il dit de vous servir et obeyr. Et après le vous avoir recommandé je foys fin, priant Dieu, mon filz, qu'il vous ait en sa saincte garde.

« De Ferrare le deuxiesme jour de juin 1553.

« Vostre bonne mère, « RENÉE DE FRANCE. »

Lettre de monsieur de Vendosme.

« Monsieur mon compaignon, depuis ma dernière lettre du troisiesme de ce mois, encores que j'aye depesché vers le Roy le sieur Danville et hier renvoié Mauvoisin, il ne s'est offert nouvelles par deçà digne de vous estre particulièrement escriptes. Mais pour ce que présentement, monsieur, de ce qui s'en va devers ledict seigneur bien informé de toutes choses et que je luy ay prié les vous faire entendre, comme à celuy que je desire rendre participant de ce qui se passe ès lieux où j'ay pouvoir, sa suffisance qui vous est assez congneue me gardera, monsieur mon compaignon, de vous en faire plus particulier discours en ceste lettre. Vous priant de bien bon cueur de vostre costé me faire ce plaisir de continuer à m'advertir de voz nouvelles, estant asseuré que je ne les adresserez jamais à personne qui les reçoipve de meilleure vollonté. Me recommandant sur ce bien affectueusement à vostre bonne grâce, et priant Dieu, monsieur mon compaignon, vous donner très bonne et longue vye.

« Escript au camp de Dompierre, ce sesptiesme jour de juing 1553.

« Vostre bien bon compaignon et meilleur amy. « ANTOINE. »

A monsieur mon coousin le duc de Guyse.

« Monsieur mon cousin, combien que j'estime vostre amytié estre sy bonne et parfaicte vers ceulx qui vous apartiennent, que ne les vous dirés esloingner de vostre bonne grace, sy est-ce que suy demeurée fort ennuyée après advoir entandu que ung jeune homme vous a présenté lettres de par moy par lesquelles vous requerois me prester vingt escus ; ce que n'ay jamès faict ne pence et sont faulces. Qui me faict vous supplier, monsieur, me advertir de son non ; et se il est possible soit prins et pugny de sa malheureuse entreprise, qui me rant en scandálle vers messieurs mes parantz, desquels a pris argent ; et puysque il se adresse à vous avecques faulces lettres, crains me fasse de rechef ennuy. Vous ne pourriés me secourir en plus grant besoing que de me délivrer d'ung si dangereulx personnage : vous suppliant ces follies ne me esloignent de vostre bonne grace, à laquelle très humblement me recommende, desirant y faire perpetuelle demeure et pour l'obtenyr veulx termyner ma vie soubs l'obéyssance de vos commandemans, requérant la bonté divyne vous donner, monsieur mon cousin, en santé très bonne et longue vie.

« Escript ce dixiesme juing.

« Vostre très humble et obeyssante cousine.

« M. De Bourbon. »

M. le duc de Guyse escrivit la suivante instruction à monsieur le cardinal de Lenoncourt et à messieurs de Vielleville, lieutenant du Roy à Metz et pays Messin, et de Marillac, évesque de Vannes, conseiller dudit seigneur, et maître des requestes ordinaire de son hostel, de ce qu'ils auront à traitter et négocier avec les ambassadeurs et députez que monsieur le duc Maurice de Saxe, électeur du Saint-Empire et autres électeurs, princes et estats de la Germanie doivent envoyer à Metz.

« Premièrement, mesdits sieurs les députez du Roy après avoir faict remonstrance aux députez des susdits, de l'affection que Sa Majesté a tousjours portée à la liberté germanique telle et si sincère qu'il n'a espargné ses forces, sa bourse et sa propre personne pour ayder et favoriser la conservation et restablissement d'icelle, et leur avoir touché de poinct à aultre combien ont différé les offices que Sadite Majesté a faictz pour eulx à ce que l'Empereur a faict et pratiqué, et faict et pratique encores aujourd'huy en la Germanye à l'entière ruyne et oppression d'eulx et de leur dite liberté, regarderont de faire parler les premiers les députez desdits électeurs, princes et estats, affin d'entendre ce qu'ils vouldront proposer et mettre en avant sur la ligue et alliance de laquelle ils recsherchent à presant Sa Majesté.

« Et pource qu'il est aysé à juger qu'ils demanderont à Sadite Majesté secours d'argent pour la conservation d'eulx et de leurs Estats, et peut estre pour l'offension de l'Empereur et aussi du marquis Albert,

« Lesdits sieurs députez s'ilz sont reserchez de ladite offension quant à l'Empereur, insisteront de leur faire déclarer quelles forces lesdits princes contraliens et alliez vouldront mettre sus, et en quelz lieux et endroitz ils entendent les exploicter, que Sadite Majesté vouldroit bien estre spécifiez les Pays-Bas dudit Empereur, et telz aultres endroitz qui seront lors de l'assemblée jugez par Sa Majesté et eulx plus commodes et adventageux à la ruyne de leur dict ennemy, et que l'armée fust de douze cens hommes de pied et quatre mille chevaux, et l'équipage d'artillerie à l'équipollent, d'aultant que estant moindre elle ne sçauroit pas faire grant effect ; ausquelz cas Sadite Majesté se contentera de contribuer pour sa part jusques à la moictié de ce qui se montera de l'entretenement de ladite armée par chacun moys, tant qu'elle sera debout, si tant est qu'il ne se puisse faire pour moings, comme du quart ou du tiers, et sera la somme envoyée en tel lieu et en tel temps qui sera arresté et convenu par les députez d'une part et d'aultre.

« Si c'est pour l'offension dudit marquis, et pour l'aller trouver et combattre, Sadite Majesté contribuera de pareille portion pour l'entretenement de l'armée qui sera mise sus pour ledict effect, laquelle portion ledit sieur entend estre de vingt à vingt-cinq mille écus.

« En cas de la deffense d'eulx et de leurs estats et pays où ils seroient invahis par lesdit Empereur et marquis, ou aultres de par ledit empereur, Sadite Majesté leur fournira la somme de vingt ou vingt cinq mille écus par chacun moys tant que ladite invasion durera, et que lesdits ennemys auront armée notable au dedans de leurs pays, pourveu que de leur part ils accordent un mutuel ayde pour Sadite Majesté si elle est envahie en ses pays par ledit Empereur ou ses adherens, soient princes de la Germanie ou aultres, de quelque qualité ou dignité qu'ils soient, et sera ledit ayde de la moyetyé de ladite somme, ou de gens de guerre de cheval et de pié, au choix et option de Sadite Majesté soldoyez et entretenus à leurs despends jusques à la concurrence de ladite moietyé aussi par chacun moys, tant que ladite invasion durera et se fera avec armée notable.

« Ledit duc Maurice, et les aultres princes, seigneurs et estats ses coalliez donneront faveur, assistance et passaige aux gens de guerre que le Roy fera passer en Germanie pour son service, et prometteront qu'il en puisse lever a ses despends au dedans de leurs dits pays s'il veoyt que sa commodité le requière, et le veüille ainsi faire, pour de là les faire marcher la part que bon luy semblera.

« Donneront faveur aux ambassadeurs, députez, héraulx et messagiers que ledit sieur envoyera aux diettes, avec seur et libre avez et passaige par leurs dits pays, et feront tous offices convenables à l'amityé et alliance qui sera entre ledit sieur et eulx.

« Seront receuz audit traitté d'alliance tous princes, et estats de la Germanie qui y vouldront entrer.

« Quant à la pension annuelle demandée par ledit sieur duc Maurice, elle se remettra jusque après la conclusion de ladite alliance, et toutesfois soit que ladite alliance se fasse ou non, le

12.

Roy sera content luy donner de pension jusques à la somme de six mille escus par an, pourveu que ledit sieur duc fasse serment qu'il demeurera fidelle et affectionné serviteur du Roy, portera et favorisera ses affaires en la Germanie, et dehors, tant ez diettes et assemblées que ailleurs, ne permettra, consentira et favorisera qu'il se fasse chose au préjudice de Sadite Majesté ne des droits de la couronne de France, mais l'empeschera en tout ce qu'il pourra, et se comportera en toutes choses qui concerneront Sa dite Majesté et le bien de ses affaires, comme amy d'icelle, et qu'il appartient à ung prince de foy, d'honneur et de vertu.

« Faict à Paris le treizième jour de juin l'an mil cinq cens cinquante et troys. »

Mon dit sieur duc joignit une instruction particulière à monsieur l'évesque de Vannes, ainsi conçue :

« Le Roy envoyant monsieur l'évesque de Vennes son conseillier et maître des requetes ordinaire de son hostel à Mets pour traitter et negotier avec les députez de monsieur le duc Maurice et d'aucuns aultres électeurs, princes, et estats de la Germanye sur le faict d'une alliance et ligue d'entre Sadite Majesté et eulx, luy a donné charge particullière des choses qui s'ensuyvent.

« Premièrement Sa Majesté ayant esté advertie que l'Empereur est mort, ou tellement affligé et exténüé de diverses malladyes qu'il est pour demourer le demourant de ses jours du tout inutille, veult que ledit sieur évesque de Vennes mecte peine estant arrivé audit Metz d'entendre par tous les moyens qu'il pourra comme les affaires de la Germanye seront disposez, et si tost qu'il aura plus grande certaineté de la mort de l'Empereur, il fera diligemment entendre aux électeurs, princes et estats de la Germanye que le Roy a délibéré d'envoyer par devers eulx ung grant personnalge des siens pour avec eulx adviser traicter et négotier des choses qui appartiendront au bien, utilité, conservation, et restablissement de leur ancienne liberté, pour lequel effect il leur demandera le saufconduit nécessaire pour la seurté du voyage dudit ambassadeur suyvant la lettre que le Roy leur en escript, qu'il emportera quant et luy.

« Ledit évesque de Vennes ayant faict ladite dépesche en advertira incontinent ledit sieur et luy mandera son advis sur les affaires de ladite Germanye selon ce qu'il en aura appris depuis son arrivée audit Metz, et mesme de celuy des électeurs qui luy semblera que l'on devra plus solliciter et favoriser pour entreprendre sa promotion en la dite dignité d'Empereur, affin que le Roy se puisse resouldre sur ce que luy en fera sçavoir, et sur ce qui sera à faire pour la depesche dudit ambassadeur, ayant bien délibéré d'empescher par tous les moyens qui luy seront possibles que ladite dignité ne parvienne ez mains du Roy des Romains, ny d'aultre de la maison d'Autriche, ce qui semble ne se pouvoir mieulx conduyre que par le moyen dessusdit. Et ores que en ce faisant lon ne pust parvenir à ce dessaing, si sera ce tousjours nourrir des divisions en ladite Germanye, et rendre celuy desdits électeurs qui aura faict cette entreprinse perpétuellement ennemy dudit Empereur, et aussy dudit Roy.

Et affin que ledit sieur évesque puisse entendre plus particulièrement et de poinct en poinct comme toutes choses passeront en ladite Germanye, sera escript à Nicolas de Labre, et à Celius qu'ils mectent plus de peine que jamais pour en estre véritablement et ordinairement informez et advertis et qu'ils donnent advis de tout audit évesque de Vennes, et luy envoyent leurs pacquets à Metz où il les verra, et puis les envoyera au Roy et fera le semblable de tous les aultres qu'il trouvera par les chemyns despuis ce lieu jusquetz audit Metz où il s'en ira le chemyn des postes et davantage luy arrivé audit Metz advisera avec monsieur le cardinal de Lenoncourt, et le sieur de Vieilleville, de quelques autres personnes fidelles qu'ils pourront envoyer en ladite Germanye pour en avoir encores plus particullier advis.

« Faict à Paris le treizième jour de juing 1553. »

Double du pouvoir commun donné par le Roy à messieurs le cardinal de Lenonconrt, Vieilleville et Marillac.

Henry, par la grâce de Dieu, Roy de France, à tous ceulx qui ces présentes lettres verront, salut. Sçavoir faisons que nous, désirans singulièrement la desfense et conservation de la liberté germanique, et de la veoir restituee et restablie en sa première grandeur et dignité, à plain confians des personnes de nostre cher et amé cousin le cardinal de Lenoncourt, et de nos amez et féaulx les sieurs de Vielleville, gentilhomme ordinaire de nostre chambre, et nostre lieutenant en la ville de Metz et pays Messin, et de Marillac, évesque de Vennes, nostre conseiller et maistre des requestes ordinaire de nostre hostel, iceulz pour ces causes et autres à ce nous mouvans, avons commis, ordonnez et députez, commetmettons, ordonnons et députons par ces présentes, et les deulx en l'absence du tiers, pour eulx trouver en ladicte ville de Metz et là assister et s'assembler avec les personnaiges qui seront députez de la part de nostre cher et amé cousin le duc Maurice de Saxe et les autres ellecteurs, princes et estats de la Germanie que s'y vouldront trouver garnis de pouvoirs suffisans, au jour qui sera pour ce préfix ou autre continué, pour audict Metz traitter, conclure et accorder par ensemble une bonne et parfaicte alliance et intelligence avec ligue offensive et deffensive entre nous et nostre dict cousin le duc Maurice de Saxe et lesdicts électeurs, princes et estats de la Germanye, tant pour la défense et conservacion de nos'royaulme, pays et estats, et de ladicte liberté germanicque, et pareillement des estats particulliers d'iceux ellecteurs, princes et estats contrahans, et autres qui seront compris en icelle ligue, que pour l'offension de nos commungs ennemys, et de toutes choses qui seront pour le prouffict et commung advantaige de nous et eulz, sous tels pactes, conventions et convenances qu'ils verront estre à faire tout ainsi que nous mesmes ferions et faire pourrions, si présens en personne y estions, jaçoit qu'il y eust chose qui requist mandement plus espécial qu'il n'est contenu en cesdites présentes; promettant en bonne foy et parolle de Roy, avoir agréable, tenir ferme et stable tout ce que par nosdicts députez aura esté faict, accomply et exécuté en ce que dessus, et le tout rattifyer, approuver et agréer dedans le temps, et ainsi qu'il sera promis et accordé, sans jamais aller ne souffrir aller au contraire : car ainsi nous plaist il estre faict. En temoing de ce nous avons signé ces présentes de nostre main, et à icelles faict mettre et apposer nostre seel. Donné à Paris le 13ᵉ jour de juing, l'an de grâce 1553, et de nostre règne le septième. « HENRY. »

Et sur le reply, « *Par le Roy*, BOURDIN. (Et scellé en cire jaune).

Nouvelles de Thérouenne.

« Monseigneur mon compaignon, ayant donné charge au sieur de Renty présent porteur de vous faire entendre l'occasion de sa depesche; et comme les choses se retiennent maintenant dedans Théroane, dont je viens présentement d'avoir nouvelles par deulx hommes qui en sont sortis, je ne vous en feray icy aultre discours; vous pryant, monsieur mon compaignon, tant et si affectueusement qui m'est possible, faire tant de bien pour l'amour de moy audict Renty que de voulloir demander au Roy pour luy la place de gentilhomme servant en sa maison que tenoyt le cappitaine Ferrieres qui est mort a cest assault de Théroane. Et je vous asseure que je ne me sentiray avoir petite part à l'obligation qu'il vous en debvra. Me recommandant sur ce de bien fort bon cueur à vostre bonne grâce, et priant Dieu, monsieur mon compaignon, vous donner bonne et longue vye.

« Escript au camp de Dompierre, le quatorziesme juing 1553,

« Vostre bien bon cousin et parfaict compaignon et amy, ANTOINE. »

Double d'une lettre de Henry II Roy de France aux ordres de l'Empire assemblez pour l'élection d'un Empereur.

« Henricus dei gratia Francorum rex, etc. Universis et singulis sacri romani Imperii ordinibus conventum nunc habentibus, consanguineis, fœderatis et amicis charissimis, salutem. Renunciatum est nobis vos comitia nunc habere, in quibus cum de romani Imperii et Germaniæ rebus gravissimis consilia inire statueritis, visum est nobis pro mutua nostra observatione ac studio in rem germanicam perpetuo, legatos aliquot a consiliis nobis proximos ac primarios deligere, ut illi mentem nostram vobis aperire, et consilia communicare facilius possint, quæ cùm omnia rationibus vestris commodent amplissimam illis pro jure gentium securitatem, ac pro mutuâ amicitiâ dicendi facultatem concedi optamus. Itaque cadmeatorem nostrum ac nuncium hunc ad vos cum his litteris permittimus, ut ille a vobis litteras in hanc rem nobis reportet, quibus vos legatis nostris eundi ac redeundi securitatem fide publica promissam intelligamus : quod ut faciatis pro nostrâ sanguinis conjunctione et amicitiâ perpetuâ ratione rogamus, Deumque optimum maximum precamur ut res vestras, dignitatemque semper conservet et adaugeat.

« Scriptum Lutetiæ, die   mensis junii 1553.

« HENRICUS. »

Monsieur Millet secrétaire de mon dit seigneur le duc de Guyse reçut la suivante lettre du sieur de La Brosse en laquelle étoit enclose une autre pour mon dit seigneur :

« Monsieur Millet, vous me dictes derrierement que c'estoit à ceste heure vostre cartier, je vous ay bien voulu escripre ce mot pour vous prier voulloir de solliciter monseigneur de me faire responce et me renvoyer ce pourteur le plus tost que faire se pourra, et faire tant pour moy de me mander des nouvelles et l'estat de la guerre et le temps que le Roy sera en camp, s'il y va. Qui sera fin me recommander à vostre bonne grâce, en priant Dieu, monsieur Millet, vous donner bonne et longue vye.

« De Moulins, ce vingt-uniesme juing.

« Vostre entièrement bon amy,

« DE LA BROSSE. »

Et au dos : *A monsieur Millet secrétaire de monseigneur le duc de Guyse.*

A monseigneur le duc de Guyse, per et grand chambellan de France.

« Monseigneur, suyvant ce que je vous dictz que je serois à Vendeuvre le premier jour de juillet pour faire la moustre des harquebuziers, je me y vois, et pensse, suyvant ce qu'il vous plaist me dire, que je y trouveray le commissaire et contreroleur avec l'argent pour les payer; et s'il y a faulte, eulx et moy serons en bien grand peyne, pour ce qu'ilz n'auront moyen de y vivre; vous supplyant très humblement y pourveoir et me mander ce qui en doibt advenir. Je y meine de ce pays ce que je puis, non sy bien sy ordre que je vouldrois; car je y suis venu après que d'aultres ont levé ce qu'ilz ont peu. J'ay mandé à messieurs de Lemont et Chastellet en faire chacun dix.

Monseigneur, estant arrivé au dict Vendeuvre, sy j'ay le temps, ne fauldray aller faire la révérence à madame à Jemville, vous supplyant très humblement m'y faire tant d'honneur que j'entende de voz nouvelles. Celles de ce pays sont sy reffreidis de la guerre que je ne voy personne qui bouge de sa maison et croy qu'ilz n'en partiront que ne c'est pour la monstre.

Monseigneur, je suppliray le Créateur vous donner en santé très longue et très heureuse vye.

« De Moulins, ce vingt uniesme juing.

« Vostre très humble et très hobéissant serviteur, « DE LA BROSSE. »

Autre à mon dit seigneur.

« Monseigneur, je vous ay escript par la poste que suyvant ce que je vous dictz derrierement que je serois à Vendeuvre le premier jour de juinct pour faire la monstre des harquebuziers à cheval, à quoy il n'y aura faulte que je ne m'y treuve. Vous supplyant très humblement, Monseigneur, me mander par ce pourteur que j'envoye exprès sy le payment se y treuvera; car s'il estoit retardé, comme l'on dict en ce pays, je contremanderois les souldatz, encoires qu'il fust bien tart, sy est ce que ce leur seroit grend desplaisir et dommaige s'ilz n'y treuvoient à quy parler; car ilz n'auroient moyen de vivre.

« Monseigneur, par vostre commandement je me suis obligé au faiseur de bardes et de plumartz pour la compaignye de monseigneur de Lorraine ; je vous supplye très humblement en solliciter monsieur de Vaudemont; car s'il ne les paye à ceste prochaine monstre, il fault que ce soit moy : qui me viendroit bien mal à propos. Que sera l'endroict où je suppliray le Créateur, Monseigneur, vous donner très bonne et très longue vye.

« De Moulins, ce vingt uniesme juing.

« Vostre très humble et très obéissant serviteur, DE LA BROSSE. »

Nouvelles des ennemis envoyées par M. de Canaples à mon dit seigneur de Guyse, du 21° jour de juing.

« Monsyegneur, ayant eu nouvelles de ceulx que je avoys envoyée au camp des ennemys qu'yl dyset ne avoyr basty qu'aux deffenches troys jours et qu'yl recommenchet leurs mygnes pour achever à fayre tomber les tours du chastyau et de chapyttre, et qu'yl achevet à voulloyr conbler les foussés, et que les deux plasteformes qu'yl avyoit commenchées à fayre plus hauttes voyent dedens les tranchées de noz gens; mays que yl ont fayct des nouvelles traverse; quy ne avyoict de jour quy donnasset l'assaut ; mays noz ennemys achevet ce quy poeuvelt pour conbler ledict foussé et à leurs mygnes et que cella achevé yl voeullet donner ungne assault ; Dyeu voeulle quy soyt paryllet de l'aultre et que les charyotz des dames quy yer y sont venues s'en ayller moquées, comme elle ont esté à Sainct Aumer. Il tiengnet quynze prysonyers du régyment du prinche pour l'enttrée de noz gens quy les a prou refroydys pour quelque jour ; mays l'hoste de l'esquyer de Theuroynne s'en est venu rendre quy leurs a dyt ceu quy savet tous les advertyscemens que je ay eux se suyvet synon que deulx dyset que les pouldres sont aryvées et que yl voeullet bastre la tour des Marres et basse Portte, et que yl y a mylle chevaulx et quattre enseignes d'Allemans quy vont Arras. Yl dyset que yl voeullet faire ungne grande couche, je le avoys escryt à monsyeur vostre compaignon yl y a troys jours. Yl y ont desya commenché à prendre du bestyal tant au ballyage et auprès de Monstroeul. Yl y a prou d'aultre pettys chozes en leurs advertyssemens et quoyque avés grand affayre là où vos estes, je les a escryt à mondyt sygneur vostre compaignon.

« Monsyegneur, le prestre, de quoy je vos avoys escryt pour ungne prébende de Péronne, m'a envoyée son cousin quy vyent de Brucelles. L'Empereur ne se voyt point sy ce n'est par la ryve, et monsieur d'Arras et quelques aultres gentyshommes; mays yl dyset là que yl ne voeult parller à personne, sy a yl parllé au légat, et que yl voeult que sa sœur achevet son entrepryse; mays que yl achevera byen syenne quy voeult fayre vers le Hénault, et que yl attenderont la battaylle devant Therouengne et que le prinche de Pymont devoys partyr le jour quy partyt.

« Monsyegneur, je prye Nostre Seigneur vous donner très bonne et longue vye. A Poys le vyngt unyesme de juymg myl cynq cens cynquante troys.

« Monsyegneur, je vous puis dyre ce que je pensse et voy pour vérytté que sy on voulloyt gaygner des gens pour sçavoyr des nouvelles que la mort de feu le sieur du Roeux en mestet quelques umgs quy servyret pour le servyche du Roy là où l'on leurs commanderet ; je dys à tyeulx personnages ; mays il y fauldroyt de laye de Sa Majesté.

« Monsyegneur, yl tyrachiet fort aux deffenches et commenchet à mestre les gabbyons depuis la Nostre Dame jusqu'à la tour des Marres. Yl dyset que yl voeullet commencher ungne basteryee et écouller l'eau du foussé.

« Vostre très humble et très obbéyssant servyteur, CANAPLES. »

Monsieur le connestable communiqua à M. le duc de Guyse le double de plusieurs lettres de monseigneur l'évesque de Vannes, relatives à ce qu'il avoit à traiter avec les princes d'Allemagne.

« Monseigneur, ce matin suis arrivé en cette ville, où j'ay sceu qu'on vous avoit faict courir quelque pacquet contenant nouvelles d'Allemaigne, lequel je n'ay aultrement rencontré, d'aultant que le postillon qui le portoit a pris une addresse à une lieüe d'icy au lieu où je tenois le grant chemyn : tant y a que monsieur d'Esclavoles m'a monstré lettre que Nicolas de l'Arbre qui est à Francfort luy escrivoit contenant, entre aultres choses que le marquis Albert estoit en pire parti qu'on n'avoit publié par deçà, car à oyr parler les Lorrains il sembloit qu'il eust volunté et forces suffisantes pour faire descente en Borgoigne, au lieu que ces advis derniers font ses affaires plus difficiles comme estant ledit marquis reduit en terme d'estre maintenant plus en peyne de se defendre que de penser à nouvel progrez, qui est, Monseigneur, l'advis aultant necessaire à la négotiation de ce cousté qui pourroit estre. A ceste cause j'ay incontinent envoyé les lettres qui s'addressent audit de Larbre, luy écrivant que surtout il me tynt adverty de ce qui succéderoit pour ce regard, sans qu'il partist encore du lieu où il est, si n'est qu'il eust spéciale instruction de vous de s'en venir, et en ce cas, qu'il eust à passer par Metz pour m'informer au long et par le menu des occurrences d'Allemagne. J'ay aussy escript à Strasbourg à Celius et luy ay fait tenir la lettre qu'il vous a pleu luy escripre, de quoy Monseigneur, il m'a semblé vous debvoir advertir sans obmettre en la présente que je trouvay en venant par deçà ung gentilhomme courant la poste, et allant en cour de la part de monsieur de Vauldemont, lequel ne se voulut faire cognoistre à moy, combien qu'il ayt souvent henté à ma maison, mais mon cousin d'advanture le recognut, et se nomme Marcasan, personnage du tout impérial, et qui confessoit publiquement du temps que j'estois auprès de l'Empereur l'affection qu'il avoit au party dudit Empereur, et au prince de Piedmont duquel il est subject, qui me faict croire qu'il est envoyé par delà pour veoir et oyr ce qui se fera et dira en France, affin d'en rapporter toute certaineté à celuy qui l'a envoyé, ce que il m'a semblé, Monseigneur, ne vous devoir taire, affin qu'il vous plaise le faire observer de près comme ministre suspect, ou bien donner ordre qu'il soit renvoyé au plus tost affin qu'il sçaiche moins des affaires du Roy qu'il sera possible, et mesmement sur ce point que l'on veult dresser un camp pour celles en Picardye.

« Monseigneur, je ne vous puis rien escripre des princes d'Allemagne jusques a ce que j'ay parlé a messieurs le cardinal de Lenoncourt et Vieilleville, ny adjouster aultre chose a la présente, si n'est que les nouvelles qu'il vous a pleu faire escripre icy de ce qui a succédé à Theroüenne ont grandement resjoüy tous les serviteurs du Roy, car à oyr parler les Lorreins, il sembloit que la place ne fust plus qu'a la mercy et disposition de l'Empereur.

« Monseigneur, je me recommande très humblement a vostre bonne grace, priant Dieu très humblement vous donner la sienne.

« De Thoul le vingt-deuxième jour de juing 1553. »

Du 24ᵉ juing.

« Monseigneur. Mes précédentes furent de Toul du vingt-deux de ce moys. Despuis estant arrivé en cette ville ung messaigier estant venu de Strasbourg à Toul, m'a esté renvoyé par monsieur Desclavoles, qui sera cause que les lettres qu'il apportoit, lesquelles je vous envoye, se trouveront de plus vieille datte qu'elles n'eussent faict, mais pour l'advenir l'on sera hors de cette poyne, daultant que les messaigiers viendront icy droitct. Tant y a monseigneur que pour ceste foys il n'y a point grant danger, daultant que sont seulement advis qui conferment ce que auparavant vous avoit esté escript de Francfort, et que d'ailleurs monsieur de Vieilleville à ce qu'il m'a dict vous avoit faict entendre touchant la diette de Francfort où le marquis Albert n'a faict ny paix, ny trefve avecques les évesques, estant au demourant en danger d'estre bientost mal traicté par l'armée que lesdits évesques, ceulx de Neuremberg, le duc Maurice, et autres ont mis ensemble. Au demourant, Monseigneur, ces lettres de Strasbourg font mention d'aultres lettres estant encloses avecques icelles, addressant au comte de Mansfelt qu'on pençoit estre encore en ce pays, et n'estoit que nous avons icy advis qu'il estoit seurement retorné, cela nous mettroit en poyne : tant y a que j'ay advisé de les retenir jusques à ce que je sçache si ledit comte a prins son chemyn pour retourner en ça, comme il pourroit estre, ou bien que j'entende s'il est allé devers vous, auquel cas je ne feray faulte de luy faire tenir sesdites lettres.

« Monseigneur, j'ay receu les lettres qu'il vous a pleu m'escripre du dix-neuf de ce mois, avec le double des lettres de l'indiction de la diette à Ulme, qui est au seiziesme du mois d'aoust, surquoy je faict compte que l'Empereur voulant monstrer bonne mine en maulvays jeu desire persuader aulx Allemands qu'il est encore en déliberacion de composer les affaires d'Allemaigne. Tant y a que le terme estant si long, et le lieu de la diette si loing d'icy, comme à une journée près d'Auguste, ce sera bien la fin de septembre avant qu'on y ait riens conclud. Cependant je ne puis voir ou penser une seulle chose par laquelle les affaires du Roy se puissent pour ce regard porter aultrement que bien. Quant aulx députez qui doibvent icy venir, nous n'en avons sceu aulcunes nouvelles, aussi le temps n'est encore passé. Cependant je communicqueray avec messieurs le cardinal de Lenoncourt et Vieilleville le faict de nostre dicte instruction, et adviserons ensemble les moyens qui seront propres pour découvrir tout ce qui se fera en la Germanye.

« Monseigneur, je me recommande très humblement à vostre bonne grace, priant Dieu vous donner la sienne.

« De Metz le 24ᵉ jour de juing.

Lettre de M. de Vaudemont.

« Monsieur mon cousin, je ne vous tiendray long propos sur le tort que j'estime m'estre faict tout recentement par monsieur le cardinal de Lenoncour, porcoie que ce porteur, le sieur de Marressan que j'envoie exprès par delà, vous fera entendre le tout. Et pourtant je vous prie les croire en ce, comme moy mesmes, et vous asseurer que je ne suis aultre que celluy que m'avez tousjours congneu, prest et appareillé faire tousjours très humble service au Roy, quelque rapport qu'on face au contraire de moy à Sa Majesté. Et en ceste confidence que j'ay de vous et que serez moien de la despeche favorable de ce-

dict porteur, m'en vois recommander bien humblement à vostre bonne grace et prie le Créateur vous donner, monsieur mon cousin, très bonne et longue vie.

« De Nancy ce vingt quatriesme jour de juin 1553.

« Vostre humble cousin et amy,

« NICOLAS DE LORRAINE. »

Et au dos : *A monsieur mon cousin monsieur le duc de Guyse.*

En ce temps, le cardinal de Lenoncourt écrivit audit duc une lettre relative aux affaires de Metz :

« Monseigneur, j'aye receu vos lettres par Le Miron, et entendu de luy sa créance, dont je vous mercie humblement, vous supliant penser que je suis un vieil bon-homme et que au maniement des affaires que j'aye icy j'use et je useray de la plus grande discrétion que je pourray, ne laissant pas, néantmoins, en arrière les choses dont il faut user selon le temps, et qu'en autre saison on ne feroit sy à propos. Le Roy et vous cognoistrez cy-après combien servira la commodité de la ville et du passage de Nommency ; monsieur de Vaudemont s'y gouvernoit de sorte que nous n'en avions ny secours que s'yl fust esté pays ennemy. Je suis honteux des lettres qu'il a escrittes et escrit journellement à monsieur de la Vieilleville. Je ne sçay quel conseil il a auprès de luy, mais on ne scauroit gueres faire plus imprudement qu'ilz font. J'escris à monseigneur le cardinal vostre frère que je ne trouve point de lieu en ceste cité où je puisse mettre l'abbaye de Saint-Clément, sinon aux grands cordeliers où est la maison de Saint-Anthoine, où vous avez mis les cordeliers appelez les frères Bandez. Ce seroit beaucoup le plus commode de prendre les dits cordeliers que nul autres lieux, parce qu'il est tout basty et n'y manque rien. Toutes fois, pour faire les choses en plus grande raison et par plus grande considération, mon advis seroit qu'on mist les deux couvents en ung au dit grand couvent, où il y a pour loger plus de relligieux qu'il n'y en a en tous les deux, sauf à ceux qui n'y voudront aller d'aller en quelqu'autre couvent, dehors : aussy est-ce une trop grande charge pour le peuple d'avoir deux maisons de ces mesmes religieux. Je vous prie nous faire sçavoir à mon dit sieur de Vieilleville et à moy l'intention du Roy sur cela, et nous la ferons bien exécuter, etc.

« De Metz ce 25 jour de juin 1553.

« Vostre bien humble et plus affectionné serviteur,

« ROBERT CARDINAL DE LENONCOURT. »

Une autre lettre du dit cardinal sur les affaires de Metz et des environs, contenant des nouvelles de l'Empereur, fut apportée au dit duc vers le mesme temps : et le dit cardinal continue aussi d'informer M. de Guyse des affaires du dit pays Messin par d'autres lettres.

« Monseigneur, je ne vous feray redite de ce que verrez par la despesche que monsieur de Vieilleville et moy faisons au Roy, seulement je vous diray que la ville de Marsal commence à se représenter pour se deffendre, et disent les gens de guerre qui sont dedans, que de ceste heure elle est plus forte que n'estoit Metz quand y fustes assailly. Je n'ay point fausté d'exercice pour les affaires que j'ay au dit Marsal et en ceste cité; je me délibère tout cet esté estre quinze jours en un lieu et quinze jours en l'autre. Monsieur de Vaudemont a trouvé raisonnable qu'au nom de monsieur de Lorraine il tienne garnison à Going, pour être fief de Lorraine, comme il maintient; mais il ne trouve pas bon qu'à ma requeste, pour le service du Roy et la seureté de ma personne et des miens, on en meste au chasteau et ville de Nommency, qui est de mes fiefs et de mon evesché. Je croy que le Roy mandera qu'on y en mette, car je vous asseure qu'il est bien nécessaire d'ainsy le faire. Le tabourin sonne fort autour de Strasbourg, et parle-on plus de la Royne de Hongrie que de l'Empereur. On verra bientost pour quel effet cela se dresse. On dit que l'Empereur ne se mesle plus de rien, et que la dite Royne faict tout.

« Je supplie le Créateur, Monseigneur, etc.

« Vostre bien humble et plus affectionné serviteur, ROBERT, CARDINAL DE LENONCOURT. »

Lettre de M. de Canaples.

« Monseygneur, je ne vos peus escryre par Fontayne de Monstroeul, car je ne faysoys que aryver. Je m'envoys coucher à Dourlens par le commandement de monsyeur vostre compagnon. Dellà je escryray à monsieur le connestable ceu que je y auray trouvé; car yl m'a esté aussy commandé, et ne fauldray de vous escryre ceu que je scaury. A ceste heure noz ennemys estoyct encoyre semady à Therouengne sans y avoyr guerres faict, ny de ruyner ou de labyller, et estoyt leurs conclusyons de aller à Ardre et estoyt resollu je croys que les Engles ont preferé leurs blays au serviche de l'Empereur et a faylle fayre ung ne aultre desein; c'est que yl ont envoyés devers ledict Empereur pour entendre son commandement de ceu qu'yl ont conclud quy est de venyr à Hesdin et à Dourlens, et ne pensset guerres demeurer devant lesdicts chastyaux, sy esse, à mon advys que monsieur de Pullen a fort bonne voullonté de se byen deffendre. Je crains plus la sappe que la mygne, comme je luy ay escryt de Monstroeul; encoyre que monsyeur de Vendosme dyce quy vient à luy, je ne le peulx croyre et en seres très marry en ceu que je ay veu là, car yl n'y a riens de faict de ceux quy dyt qu'yl avoyt commandé à Vylleroy, n'y aussy peu d'autys pour y besongner, et n'estoyt pas byen fournye de vyvres pour la troupe quy y est ; mays les vylles d'Amyens et Abbevylle le ont secouru de quelques choses. Je pensse que pour blé et vin, ung pour troys et l'aultre guerres mains aussy comme je l'ay gesté ; mays je croys fort en cela beseigner de lansquenctz à la roste. Nos ne avons ny commissayres ny cannonyers, prou de canons et des doubles, peu de pettytte pyece, pouldre quasi en aussy, et bolles de moyennes et bastardes; encoyre que ce soyt la vylle de ce pays quy en voeult aultant, mondict syegneur pensse que je ne y voeulle demeurer, j'en suys en fort grand playsir ; car je ne sçay que je luy en doys respondre. Je pensse que Sa Mayesté luy en aura fayct responche devant que ayees eu ceste lettre, me tenant prest de obbeyr à ceu qui me sera commandé; ces Espagnos sont fort ayze de aller à Hesdin pour ce que elle ne est point flanquée. Sy esse Monsyegneur que je ne peus, car, veu la grande despenche que yl ont faict de pouldre, quy puisse redoubter ungne grande basterye, yl tyenguent en leurs pays que l'Empereur fayct ung aultre armée et que ceste ycy après avoyr prys Hesdin et Dourlens aller à Corbye et marcher en pays, et delyberays de essayeer ungne battaylle. Yl ne sont pas foyble et se renforchet comme vos vos renforcees. Yl dyset que yl en feront aultant ceu quy survyendront. Si je revoys à Monstroeul je vos escryray par la poste, sy non je escryra de sus, par gens seurs, ceu que je scauray.

« Monseygneur, je prye Nostre Syegneur vous donner très bonne et longue vye.

« Abbevylle ce vyngt syxyesme de juymg myl cynq cens cynquante troys.

« Vostre très humble et très obbeyssant serviteur, « CANAPLES ».

A monsieur le duc de Guyse.

« Monsieur, j'ay esté advertie par un gentilhomme que j'ay au conté de Neufchastel, que monsieur Truchon président de Chambéry en obéissant au commandement que luy avez faict par vostre, lettre a faict prendre au corps un nommé messire Claude Collier par un advertissement qui vous en avoit esté faict par l'ambassadeur du Roy aux ligues. Et parce que l'affaire dont il est prisonnier touche grandement le faict de monsieur de Nemour et de mon filz en leur conté de Neufchastel, je vous ay escript la présente pour vous supplier bien humblement d'en escripre encores audict Truchon affin qu'il ait l'affaire pour recommandée en interrogeant ledict Collier sur quelques articles qu'il luy seront envoyez par ledict gentilhomme et les gens de mondict sieur de Nemour. Et seroit besoing monsieur qu'il vous pleust prandre ceste peine d'en escripre au procureur du Roy audict Chambéry, qu'il requiere pour ledict sieur Roy que les interrogatoires se fassent audict Collier et qu'il n'ait autre partye; car par ce moyen j'espere que beaucoup de menées et meschancetez seront descouvertes par lesquelles on veut faire perdre grande partie des prééminences et revenu audict conté. Et si me rendrés tousjours de plus en plus et mon filz vos tenuz et obligez, me recommandant très humblement à vostre bonne grâce, je suppliray le Créateur, monsieur vous donner très bonne et longue vie.

« De Paris ce vingtsixiesme juing.

« Vostre humble et obéissante,

« JAQUELINE DE ROHAN. »

Lettre de monsieur le connestable à monsieur de Vannes, dont communication fut donnée à M. de Guyse.

« Monsieur Marillac, j'envoye présentement à monsieur de Vieilleville un extrait de nouvelles que nous avons eües de Theroüenne, qui sont telles et si bonnes que je suis asseuré vous serez bien aise qu'il vous en face part : et quant je vous envoye une copie des lettres que l'Empeeur a envoyées aux princes de l'Empire pour l'indiction de la diette de Ulme, où il dit qu'il se trouvera en personne; mais si sa santé n'admende je ne veoys pas qu'il en ayt le moyen; car par tous les advis que nous avons de sa disposition, il va tousjours de pis en pis, qui est tout ce que je vous puis escripre pour le present, priant Dieu, monsieur Marillac vous donner ce que plus désirez.

« De Saint Germain en Laye le vingt neuvième jour de juin 1553.

« Vostre bon amy signé,

« MONTMORENCY. »

Lettre du capitaine La Grange du dernier jour de juing à M. le duc.

« Monseigneur, j'ay esté adverti que l'on tire dix compaignies de par deçà pour mener en Picardie, desquelles la mienne n'est de nombre et l'on m'a dict que monsieur le cardinal de Lenoncourt en est cause; dont j'ay grant regret, veu qu'il ne se presentte aucune chose ceste part pour le service du Roy et qu'il n'est nouvelle d'aucune assemblée, plus prez de cent lieues d'Allemaigne. Pour ceste cause j'ay depesché ce gentilhomme présent porteur pour m'adresser à vous comme à mon seigneur et maistre et celluy duquel depend tout le bien et advancement que j'ay reçeu et prétendz recevpoir du Roy à l'advenir, pour vous supplier très humblement d'estre occasion que j'aille la part où se présenteront les affaires; me tenant pour asseuré, Monseigneur, que ne serez esconduort de chose sy raisonnable. Sy vostre bon plaisir est me faire cest honneur d'en parler au Roy, et ne me sentiray moins obligé envers vous pour cest effect que pour m'avoir fait donner la compaignie que j'ay eu à vostre faveur et espere que la trouverez belle et bonne. Et sy je ne desloge par ce qu'il n'est eu nouvelle de guerre, elle sera toute rompue et ne demourera avec moy que ceulx qui ayment l'oisiveté. Je ne vous escrips riens de l'estat de ceste ville; ce porteur est suffisant pour le vous faire entendre; elle est hors de surprinse, ugne nouvelle compaignie y sera d'aussy grant service que la mienne, jusques qu'il y survienne quelque affaire.

« Monseigneur, je feray la fin de ma lettre en vous suppliant de rechef très humblement m'avoir en souvenance; et prie Dieu vous maintenir en prospérité très longue et très heureuse vie.

« A Marsal, ce dernier de juing 1553.

« Vostre tres humble et très obéissant serviteur, « JACQUES DE LAGRANGE. »

M. de Guyse fut informé des nouvelles du siege de Terouenne, deffendue par M. de Montmorancy, vers le même temps qu'il reçut des advis plus certains de ce qui se passoit en Saxe, par le rapport d'un messagier retournant d'Allemagne, comme cy après s'ensuit :

« Lundy 12 du présent mois de juin les ennemys estans devant Terouenne après l'avoir tenue assiégée environ trente jours et tellement battue qu'ilz n'ont guieres laissé de murailles debout, es endroits où principalement ilz avoient prétendu pouvoir faire quelque chose, ilz ont donné un assaut si brusque et furieux qu'on s'esmerveille qu'ilz ne l'ont emportée de ce coup-là qui dura dès les quatre heures au matin jusques environ midy, dont ilz ont esté tellement repoussés par la grâce de Dieu et vertu de monsieur d'Essay qui est dedans et monsieur de Montmorency, qu'il en est demeuré dans les fossés cinq cent corselets des leurs, comme porte l'avertissement que le Roy en a eu tant par les lettres de monseigneur de Vendosme comme de monsieur de Langey et d'autres. Ainsy les Espagnols qui avoient voulu avoir la pointe pour l'honeur et butin, ont esté les premiers aussy aux coups et à la honte, ilz sont en tout environ de vingt quatre mille Flamands, Allemans et Espagnols, et se renforcent tous les jours grandement. Par quoy le Roy assemble ses forces de tous costés en plus grand nombre qu'on ait encor veu armée de nostre temps. Le bruit est que monseigneur le connestable part dans peu de jours pour s'y en aller. Le Roy arriva vendredy prochain à Sainct Germain de retour de Fonteine belleau et de cette ville pour le baptesme de Madame sa troisiesme fille dimanche prochain. Mais lundy le festin et les espousailles d'une des filles de monsieur le connestable avec monsieur le comte de Ventadour. Au reste icy ne se parle que d'armes et équipages de guerre. Je croy que vous avés entendu la mort de monsieur Du Beux chef des impériaux décédé puis peu de jours en çà de maladie, deux jours après qu'il eut envoyé par un tabourin à monseigneur de Vendosme qu'il passeroit bientôt en France cinquante lieues par delà où il s'estoit campé pour l'arrêter et qu'il ne l'en sçauroit garder. Mais je vois qu'il est passé encor plus outre et plustost aussy possible qu'il ne pensoit. Monsieur le duc de Bouillon qui est dans Hesdin s'attend bien d'estre assiégé des susdits impériaux en bref; mais il s'est délibéré de les recevoir d'une autre sorte que ne fit dernièrement le jeune seigneur Du Reux nos assaillants qui comme sçavés l'emportèrent d'obstination et d'audace. Quand à nostre armée de Levant, j'ay lettres de monseigneur de La Garde général pour le Roy en icelle armée escrittes à Père-lez Constantinople du xvii d'avril, et n'y en a jusques à présent point de plus fraische, comme il avoit bailé la main au Grand Seigneur et qu'il s'en partoit dans deux jours pour la ville de Chio où ilz avoient hiberné pour là s'apprester et attendre l'armée du Grand Seigneur avec laquelle si tost qu'ilz seront joints faire voile ensemble et tascher exploiter à cette fois quelque chose de bon en cette mer ou bords de la Méditerranée.

« Noi in questo mezzo saremo a vedere quello si fara. Dieu nous doint bone issue de toutes nos entreprises à son honeur, gloire et utilité de la République. Monseigneur de Ronsard, Bayf, Du Paze, Le Conte et tout le reste de la bande apollinaire font bonne chère, comme, je pense, vous aurés entendu plus expressément par M. Muret. L'on a receu lettres à la cour escritte par monseigneur de Vendosme et monsieur de Langey qui sont à la campagne, et de monsieur de Montmorency qui est dans Terouenne lequel a averty le Roy comme, lundy xii de ce mois, fut donné le troisiesme assault des deux costés de la ville, le plus furieux et à plus grand nombre de gens allants tous à la fois par dessus des ponts volants où ilz pouvoient estre quarente de front, que l'on ait jamais veus; ce qui dura dez les quatre heures du matin jusques environ midy, d'où les ennemys ont esté bravement repoussés et d'une façon merveilleuse par la vertu et conduite du sieur d'Essay et autres vaillants homes avec lui. En sorte que des ennemys, principalement des Espagnols et autres, tous gens d'eslite y en sont demeurés seize cent corselets dans les fossés et autour, sans les blessés et ce pour tout certain. Et des nostres y sont morts iceluy sieur d'Essay qui est une grande perte, Piennes, Beaudinay, Ferrieres, Cordier tous vaillants capitaines avec deux cent braves homes et de nom aux armes, monsieur de Contay, autrement Humieres blessé à mort. Par quoy mercredy prochain le capitaine Le Breuil et un autre sy en allèrent de gayeté de cœur deux hardys capitaines avec deux enseignes fort bien en point; lesquelz y sont entrés de nuict après avoir assailly et guet et sentinelles et mis presque tous à pièces; lesquelz assurés-vous auront esté les bienvenus en ladite Terouenne; depuis encor il y est entré du vin dont ilz avoient grande faute. L'on avoit fait bruict que mon dict sieur de Montmorency estoit blessé; mais il ne l'est point, auquel on donne bien fort grande louange pour le devoir mémorable qu'on luy a veu faire à toutes occasions, principalement au combat; et après, voyant le chef et principaux capitaines y estre demeurés, comme il encourageoit le reste de paroles et de faicts, ce qu'on n'eut encor deu attendre de sa jeunesse, mais plustost de la sage expérience et vaillante sagesse de monseigneur son père; lequel on bruit qu'il s'en part dans peu de jours pour aller lever ledit siége, et que les forces du Roy, à ce que l'on dit, s'assemblent de tous costés en plus grand nombre et équipage que l'on avoit jamais veu.

Advis d'Allemagne.

« Après que les gens du duc Maurice qui sont conduits par le baron de Hayder, Diestecter et aultres furent retournez en arrière en s'arrestant à Milheuse, le marquis Albert aussy se ferma, et pour aultant que l'évesque de Virtzbourg avoit envoyé quatre cent chevaulx après ledit marquis Albert pour travailler les derniers qui seroient en sa troupe, et leur oster la commodité des vivres, le marquis les assaillit et chargea au despourvu si roiddement qu'il en tua ou prenit la plus grant part, et se dit que la pluspart d'iceulx estoient gentilshommes de Franconie. Ce faict le marquis venit à Schymfort où il asseyt son camp en le munissant d'artillerie et de vivres pour quelque tems, et y laissant douze enseignes de gens de pied et quelque nombre de chevaulx pour garder le pont de Meny, et empescher par là que les évesques ne peussent avoir les gens qui venoient à leurs secours.

« Eu ce temps là le marquis entendit par ses espies que ceulx de Neuremberg envoyoient en un ville dicte Lauffen dix enseignes de gens de pied, et troys compaignies de gens à cheval et si delibéra de leur aller couper chemyn, usant de telle diligence que dans deux jours il feit treize mille d'Allemaigne, et combien qu'il eust à consumg ses ennemys, toutesfois il ne les osa assalir, pour aultant que ses gens estoient trop las, et travaillez ; de sorte que les gens de Nuremberg viendront au lieu seur qu'ils désiroient, duquel lieu en l'absence du marquis ils ont faict plusieurs saillies, et endommaigé grandement le pays du marquis, car ils ont bruslé ung sien chasteau dict Bayerdorff, et la ville qui y estoit joignant, et aussy la ville de Neustre, et quelques aultres places.

« Cependant le marquis se monstroit maintenant çà et là pour brancheter le pays, et s'en retournant à Bambergue environ le commencement de juing, il brusla ung fort qu'on disoit le viel chasteau, et si dit qu'ayant mis le feu ez maisons de tous les chanoines du lieu, il appella les gens du pays pour saulver les aultres maisons.

« J'ay devant escript que le filz du duc Henry de Bronsvic venant à l'aide des évesques avoit esté contrainct de retourner, pour aultant que le comte de Oldembourg se ruoit sur son pays ; despuis ayant chassé ledit comte oultre la rivière d'Albis, il a reprins son chemyn, et s'est conjoinct avec les gens du duc Maurice qui sont à Milhuse, en délibération d'aller tous ensemble contre le marquis ; les gens de guerre des évesques de Nuremberg s'actendoient au mesme lieu, et aussi se disoit que le roy des Romains y debvoit envoyer quelque secours.

« De l'aultre part le marquis attendoit le comte de Oldembourg, et le duc Eriz de Brunsvic avecques quelques gentilshommes foryssus du pays ; mais voyant que les gens qui venoient à son ayde ne pouvoient commodément venir à luy, d'aultant que ceulx de Maurice et du duc de Brunsvic n'estoient que quatre mil de là, il laissa aussy quelques enseignes de gens à Colimbert et Holandsperg, et aussy renforça la garnison de Plassembourg de quatre enseignes.

«'Ce faict, ledit marquis avecques deux mille chevaulx bien en ordre, et cent harquebusiers et cent cinquante charriots, le cinquième de juing partit de Colimbac après dysner, et entra en grant dilligence dans la forest de Thiringe, laquelle il eust passée le septiesme dudit moys, de sorte qu'il venit au pays de Thiringe, à l'imporveu et estonna tout le pays, et le huitiesme il entra en la ville de Arvstat, où il séjourna ung jour pour payer ses souldarte.

« Au mesme lieu les comtes de Schwartembourg invitèrent ledit marquis à disner en leur chasteau, auquel il venit tout botté, et y demoura jusques à unze heures de nuict. Entre aultres choses, il dict qu'il voulloit mourir ennemy de ceulx de Nuremberg, et au demourant qu'ils ne scavoient pas si bien le mestier de brusler qu'il faisoit, d'aultant qu'ils avoient laissé quelques murailles au chasteau de Bayerdorff, mais là où il mettroit le feu, qu'il seroit bien ayse de nettoyer les reliques avecques le baleit.

« En ce temps Jehan Federic le vieil électeur de Saxes estoit à Gotte, duquel lieu il envoya ambassadeurs devers le marquis pour le prier de soulager et espargner ses subjects, ce que ledict marquis luy promit, et tenit, et dit aux ambassadeurs qu'il pençoit les moyens de remettre leur maitre en tout son pays.

« Le neuviesme de juing le marquis passa à la veüe de Ereffort en logea en ung village qui appartenait entre aultres à ceulx dudit Ereffort, car ils ont soixante et dix villages dont plusieurs ont esté fort travailliez par les gens dudit marquis. Cette venüe inopinée apporta beaucoup de terreurs en toute la terre du duc Morice, car cependant que ledit duc Morice leur envoyeroit secours, ceulx de Thyringe et de Mysne n'attendroient autre chose qu'estre pillez, ranconnez et bruslez. Toutes fois le marquis passa sans endommaiger les subjets dudit Morice, et le dixième dudit mois arriva à Sangershausen. Le dimanche unziesme il passa par ung pays qu'on appelle Ainhart vers Halberstat, où il faict compte d'attendre le comte de *Oldembourg*, le duc Eriz de *Bronsvic* et les nobles qui ont esté despoilliez de leurs biens par le duc Henry de *Bronsvic* : le bruyt commun est que ceulx cy adménerent avecques eulx troys mille chevaulx et cinquante enseignes de lansquenets qui ont esté levez et assemblez vers Breme, Voerde, Hambourg, Lunebourg et aultres villes, nommément qu'ils veullent plustost destruire le duc Henry de *Bronsvic*, et après assaillir le *duc Morice*. Ledit duc de *Bronsvic* a faict coupper les bleds dans son pays encores qu'ils ne feussent meurs, pour oster la commodité des vivres à son ennemy.

Le *duc Maurice* de son costé arme tous ses voisins, de sorte qu'en peu de temps il aura une armée preste, qui pourra estre, à ce qu'on dit, de cinq mille chevaulx, car l'on faict bruit que le roy des Romains luy envoye deux mille chevaulx, du pays des Husserins.

« Le baron de Haydek, et le fils du duc Henry de Bronsvic partirent d'auprès de Schirmfnor pour retourner en Saxes, venant à doz du marquis. Le quatrième de juing, ils logèrent en Isennari en Tiringe. Si ces armes viennent à choquer, il ne s'en peult attendre que une funeste et misérable yssue.

« L'on s'esmerveille que les citez maritimes se joignent au marquis, ny si peult estimer que ce soit pour aultre cause que pour exteindre du tout ledit *Henry de Brunvsic*. Voilà ce qui se peult escripre des choses de Saxes.

« Au reste, les souldars qui estoient en Hongrie pour le roy des Romains reviennent bien malcontens pour avoir esté mal payez : l'on dit que ledit sieur roy a obtenu tresves avecques le Grant Seigneur, mais c'est à très griefves conditions.

« Le duc de Virtemberg Christophle a composé ses différens avecques le roy des Romains : les lettres de l'accord sont escriptes et scéllées, et contiennent que ledit duc retient tout son pays franc, moyennant deux cens cinquante mille florins qu'il paye audit seigneur roy.

« Les coronels et cappitaines qui estoient au siége de Metz sont encores ez environs de Spire, où ils sont allez pour avoir payement. Cornelle de Clé est à Bruxelles près de Spire tenant ung régiment de lansquenetz au nom de la reyne de Hongrye, et s'y disoit qu'on fairoit les montres le jour de la Saint-Jehan.

« L'on escript d'ailleurs que les Espagnols avoyent voullu seuls Terouenne pour en avoir le butin, mais qu'ils avoyent esté repoulsez, y ayant perdu cinq cens hommes, et si dit que de huict cappitaines n'en est en vye que ung, ce que vous pouvez myeulx sçavoir d'ailleurs.

« L'on faict bruict à la court de l'Empereur que la diette d'Ulme se transporte à Vorms, ou à Ratispont.

Après la prise de Terouenne qui arriva le 20 du mois de juin de ceste présente année, et son rasement ordonné par l'Empereur, les affaires d'Allemagne continuèrent d'occuper le Roy. Messieurs de Vannes et de Vieilleville, qui résidoient à Metz, en informoient Sa Majesté, monsieur le connestable et monsieur le duc de Guyse. Le double de leurs lettres lui estoient envoyés ainsi que de celles à eux escrites par le Roy et par M. le connestable.

L'estat de la Germanie fut la principale affaire qui occupa le reste de ceste année 1553 ; on en voit le récit dans les lettres suivantes, ainsi que les ordres que le Roi y donna.

Lettre de M. de Vennes au Roy.

« Sire, hyer au seoir me furent rendeuez quelques lettres escriptes en latin par celuy qui est à Strasbourg, lesquelles j'ay translatées cette nuict, affin que ce matin j'eusse le moyen de les vous envoyer en la dilligence qu'il est requis, et mesmement, Sire, que par les advis contenuz en icelles se peult aisément comprendre l'estat auquel maintenant est réduicte la Germanie ; à quoy l'on peult d'aultant plus adjouster foy, que, les advis précédents que j'ay cy devant faict tenir, se rapportent à ces derniers, et d'ailleurs se confirment à peu près par les marchands d'Allemaigne qui sont venus à la dernière foire qui est à Strasbourg. En somme, Sire, l'on peult soubz correction de tous ces advis inférer deux maximes pour le faict de la Germanye, dont s'en peult tirer une troisième pour le regard de vos affaires. La première que l'Allemaigne est en telle combustion qu'elle fust oncques, estants les plus grands d'icelle en armez et animez les ungs contre les aultres : car ceulx de Nuremberg, les évesques, le duc Morice, le duc Henry de Bronsvic, et comme l'on faict bruict, et qu'il n'est hors de considération, le roy des Romains estant d'une partie ; et d'aultre cousté le marquis Albert, fort comme l'on sçait ; les villes maritimes, les duc Ériz de Bronsvic, et aultres mentionnez en ces advis, il y a soubz correction, Sire, beaucoup de choses à démesler puisque tant de gens sont en picque, et mesmement que les villes maritimes et Saxes doibvent donner faveur à ce marquis, qui n'est pas sans grant misère ; car ce sont républiques qui usent de conseil, et qui ne se mènent sans grande considération. L'autre maxime, Sire, est que toute cette guerre estant jectée vers les quartiers de Saxe, où les gens sont les plus belliqueux et les plus obstinez, il est vraysemblable qu'elle sera de plus de durée et plus difficile à composer qu'elle ne seroit en aultre endroict de la Germanie : et partant s'ensuit pour vostre regard, Sire, que les forces des Allemans sont le plus loing de vostre royaulme qu'elles pourroient estre. D'ailleurs que ceulx qui les conduisent sont échauffez et indignez et si irritez pour leur propre faict qu'ils n'ont loisir de penser celluy qui est à démesler entre luy et l'Empereur; et partant, Sire, sont moings à craindre pour le regard de vostre frontière. A tout le moings il n'y a riens de présent qui vous puisse mettre en doubte : car quant ores tous ces troubles comme par miracle se pourroient composer et ces forces se tourner contre vous, cette exécution au pire aller ne pourroit estre plus tost que sur la fin de l'esté ; pendant lequel temps il est en vous, Sire, de conduire l'effort qu'entendez faire du cousté de Picardie, sans estre en aulcune crainte de celuy qui pourroit venir du cousté des Allemands.

« Sire, nos députez du duc Maurice ne sont encore comparus icy, n'y avons entendu aultre particularité sur ce faict, sinon que ces advis de Strasbourg portent l'on entend le comte de Mansfelt estre retourné par deçà : comment qu'il en soit, Sire, j'estime que le *duc Maurice* se voyant au parti qu'il est contre le marquis Albert, et en quelque doubte de ses estats, recherchera vostre faveur et votre amitié plus qu'il ne feict oncques : mais pourceque ses affections pourroient empirer, à tout le moings qu'il ne sçauroit ayder aulx vostres, estant si empesché aulx siens ; et d'ailleurs s'il est vray qu'il soit aydé du roy des Romains, il sera bien requis, Sire, de considérer ce qu'on aura à traicter avec luy, et examiner ce qu'on en pourroit tirer, et quelle seureté se pourroit trouver, qui est en substance, Sire, ce que je puys escripre pour mon regard : car quant au fait de cette ville, et des forces qu'on en tire, vostre lieutenant, Sire, n'a rien obmis de ce qui touche vostre service, et en escript si amplement, que n'est à moy d'y rien adjouster.

« Sire, je supplie le Créateur vous donner, en santé, très longue vie.

« De Metz ce premier jour de juillet 1553. »

Lettre de MM. de Vannes, et de Vielleville à monsieur le connestable.

« Monseigneur, hyer au soir nous fut rendu ung pacquet de Nicolas de Larbre qui nous fut envoyé de Toul par monsieur d'Esclavoles, sans le faire courir droict en court, doubtant que la suscription s'addressoit à moy Marillac, et que le messaigier de Strasbourg n'avoit sçeu prendre le droit chemyn de Metz, qui est aussi court que l'autre qui va à Toul. Cela, Monseigneur, sera cause que les lettres se trouveront de plus vieille datte, comme aussi les advis contenuz en icelle sont desjà viels, n'estant pour la pluspart aultres que ceulx qu'il vous aura pleu entendre par nos précédentes despescheez, excepté ce qu'il dit que le marquis Albert, et duc Maurice estoient en quelques termes de s'appoincter, ce que d'ailleurs avons entendu qu'on en faisoit quelque bruits à Strasbourg, comme à la vérité, Monseigneur, ce que le comte de Mansfelt avoit faict icy entendre par la créance de celuy qui retourna du lieu où il estoit, le nous feit auculnement présumer, en ce qu'il rapporta que le vieil comte de Mansfelt et ses deux fils avoient disné et parlementé avecques ledit marquis, et qu'ils espéroient ravoir bientost monsieur d'Aumale. Laquelle chose sembloit procéder de quelque accord arresté enre eulx ; toutes fois pour aultant que cette nouvelle est vieille, et que despuis l'on n'en a eu confirmation, il s'en fault nécessairement remettre à ce qu'on orra cy après de ceulx qui sont retournez en Saxes, et mesmement que les ministres du comte Palatin ont voulu faire entendre audit Nicolas que le duc Maurice avoit esté battu et fait prisonnier par le marquis Albert, qui est ung advis aultant faulx, que le lieu d'où il vient est suspect : car si cela estoit vray, tout le monde l'eust desjà sçeu, eu esgard au temps que ledit advis a esté baillé à Strasbourg, où le bruict est au contraire que ledit duc Morice et marquis sont d'accord.

« Monseigneur, les paroles qui sont en latin en la dernière lettre de Nicolas, du cinquième de ce moys, sonnent en françoys que le docteur Held avoit escript par delà qu'il n'y avoit que six jours qu'il avoit parlé avecques l'Empereur ; il ne se portoit pas du tout bien, mais la force luy estoit de tant creüe que dans peu de jours il seroit en convalescence ; et que la fortune adverse, les tumultes de la Germanye, les entreprinses des François, et inventions qui n'estoient du tout finies, luy avoient plus aydé que sa sœur et les medecins. Au regard de la lettre de ....., il dit en substance que le collonel des gens de pied qui ont esté levez soubz le nom de la Royne de Hougrye, près de Spire, estoit le conte Philippes de Eberstein, combien que cy devant on eust teu son nom, et dit que c'estoit une corneille de Ehen, mais que l'Empereur a voullu excuser ce qu'il avoit fait à Tresve, dont il estoit note en luy baillant ceste commission nouvelle ; que ce regiment de dix enseignes partit de Bruxelles près de Spire au premier jour de ce moys, et descendoit par le Rhein au Pays-Bas pour se joindre aulx forces de l'Empereur ; que ceulx que lon avoit faict venir à Spire tant coronels que cappitaines estant des reliques du siége de Metz, pour recevoir deniers au vingt-quatrième jour du mois passé, s'en retournoient sans avoir riens faict. Le trésorier de l'Empereur dit Haller, monstre lettres où il n'y avoit riens qui respondit à propos pour eulx, car il estoit escript que les derniers estoient à Cologne, mais pour aultant qu'ils estoient en florins, et Philippus, l'on n'eust sçeu les changer si tost en aultre monnoye qui eust cours en Germanie, et portant que ces coronels et cappitaines eussent à retourner à la fin de julliet pour estre payez. Lesquels propos ouys ils criérent tous contre l'Empereur, le maudissant en toutes sortes d'execration, y adjoustant à la fin qu'il attendoit le retour de son homme qui estoit retourné en Saxes despuis treize jours, c'est du sixieme de ce moys. Le surplus des lettres qui sont au pacquet sont en françoys, et partant Monseigneur, n'en ferons aultre reditte, mesmement des nouvelles de Theroüenne que les Imperiaulx publient tant à leur adventaige; mais nous avons escript en Alemaigne la verité, et y adjousté la retraicte des gens de l'Empereur qui estoient auprès de Siene, pour les tumultes qui s'estoient de nouvel suscitez par tout le royaulme de Naples, suyvant ce qu'il vous avoit pleu, Monseigneur, nous faire entendre pas vos dernières du deuxiéme de ce moys.

« Monseigneur, pour ce que le Roy a voullu que l'abbé de Saint-Arnoult fust logé au couvent où souloient icy les jacobins, le prieur desdit jacobins procede contre luy par censures, et veult en toutes forces retourner en sa maison; dequoy il nous a semblé bien au long escripre à monseigneur le cardinal de Lorreine pour estre chose d'Eglise et de religion, affin qu'il luy pleust remonstrer le tout au Roy, et nous faire la dessus entendre son bon plaisir et voulloir; car quelque commandement qu'on fasse au prieur, il n'y veult obeyr.

« Monseigneur, les compaignies des cappitaines Lhoquenze, et Pernot Dagner qui debvoient icy venir, ne sont encore arrivées, de quoy moy Vieilleville suys esbahy bien fort, celles que j'ay faict desloger d'icy, seront aujourd'huy à Chaallons, ou bien près de là. Si j'eusse attendu à les faire partir jusques à ce que j'eusse eü nouvelles des aultres, ce eust esté ung grant retardement pour le service du Roy. Quant à nos Allemands, ils viennent de jour à aultre, encores que leur passaige soit plus difficile qu'on ne penseroit. Toutes-fois dans cette sempmaine j'espère qu'il y en aura beaucoup de passez. »

Lettre de monsieur de Vennes au Roy.

Sire, de trois hommes qui furent baillez au comte de Mansfelc quant il partit d'icy, à sçavoir deux guides pour luy monstrer le chemyn et ung gentilhomme pour luy tenir compaignie, l'ung des guides pieçà revint pour faire entendre qu'il avoit passé le Rhin, ainsy qu'il vous aura pleu entendre par autres lettres; les autres ont esté jusques à la maison dudict sieur comte. Duquel lieu avons ce matin receu par celuy qui servoit de second guide les lettres qu'il a escriptes à Vostre Majesté et à monseigneur le connestable qu'avons translaté fidellement et présentement les envoyons, affin que par icelles il vous plaise entendre, Sire, que les derniers advis de Strasbourg estoient entierement véritables, et mesmement en ce que les affaires en Allemaigne sont aussi troublez qu'ilz furent oncques, et la guerre si loing de vostre royaulme qu'elle pourroit estre, ainsi qu'il est plus au long contenu esdictes lettres, et qu'il est d'ailleurs confirmé par auttres que le gentilhomme qui est demouré avec ledict comte a escript à moy Vieilleville que pareillement nous a semblé enclorre avecques les présentes, et mesmement que ce gentilhomme escript avoir veu le duc Maurice faire monstre de neuf mille chevaulx, ce qu'il repete par deux fois, où le comte de Mansfelt n'en met que mil cinq cens, qui pourroit procéder de la faulte de celuy qui auroyt escript la lettre, car il y a grant différence et inesgalité de ce nombre à l'aultre : joint aussy que le duc Maurice pour estre duc de Saxes, et en son pays abondant en chevaulx, n'est pour mettre si petite force comme de mille cinq cens, quant il est question de faire preuve de ce qu'il peult. Au demourant, Sire, l'on demande prorogation de terme pour le regard des députez qu'on debvoit ici envoyer de quinze jours ou troys sempmaines, fondée sur les troubles inopinez venus en ces quartiers là, qui est ung point ou soubz correction l'on peult prendre beaucoup de matière de penser; car combien que le duc Maurice ait ses affaires réduits à ces termes, qu'il doibt rechercher vostre amitié plus que jamais, et qu'en toutes sortes, et quoy qu'il advienne de cette guerre, il luy soit grandement à propos d'avoir l'ayde et faveur d'ung tel prince, tant pour la seureté de ses estats que pour la repputation qu'il entend retenir en Allemaigne, et aussy que ayant si avant offencé l'Empereur il ne soit vraysemblable que jamais il se puisse fier : toutefois, Sire, ce retardement d'envoyer ses députez ne peult estre sans quelque mistere fondé peut estre sur ce qu'il a quelques pratiques avecques le Roy des Romains, duquel il espère tirer secours, comme les derniers advis portoient, ce qu'il vouldroit essayer plustost qu'on desconnoist qu'il ayt si grande intelligence avec vous, ou bien qu'il vouloist veoir comme vos affaires, Sire et les siens aussy passeront, pour selon la disposition du temps composer les partis qu'il entendroit mettre en avant. Quoy qu'il en soit, beaucoup de choses sont croyables en ung prince tel que le duc Maurice qui est subtil en espérit, subpessonneux de nature, variable en opinion, et qui n'entre jamais si avant en parti qu'il ne tasche avoir une porte ouverte pour s'encheminer en ung autre. Au fort, Sire, il vous peult beaucoup servir de remuer beaucop de choses, et mesmement touchant l'empire, pour estre personnaige inquiet et ambitieux, et vault soubz correction myeulx de le retenir suspect amy que luy donner occasion d'estre du tout ennemy, pour après user de son amitié selon la necessité du temps et comme il trouvera myeulx à propos au bien de vos affaires.

« Sire, celuy qui est revenu de ces cartiers a dit à moy Vielleville comme ayant de la part du comte de Mansfelc, que le père dudict sieur comte et deux de ses frères avoyent esté avecques le marquis Albert à une petite ville estant à une lieue de Mansfelt, nommée Elsleben, où ledict marquis soupa et coucha, où ils avoient veu monseigneur d'Aumale qui se portoit bien, et que ledict comte se faisoit fort de le ravoir bientost, et luy mesme le ramener par deçà. A cest effect il me prioit luy renvoyer le mesme personnaige affin qu'il les peust conduire pour passer plus aisément lesdicts cartiers du Rhin qui seroient les suspects ; ce que j'ay proposé de faire aujourd'huy mesme, affin que si belle entreprinse ne vienne à faulte pour si peu de chose ; à tout le moings, Sire, nous sçaurons par là comme les affaires succederont en ces cartiers là, et aurons moyen d'avoir plus aysément lettres du gentilhomme qui est demouré par delà. Le secrétaire aussi dudict comte luy sera renvoyé, et les chevaulx d'Espaigne qu'il vous a pleu ordonner estre présentez de vostre part ausdits sieurs duc et conte.

« De Metz le troisiesme jour de juillet, l'an 1553. »

Lettre de monsieur de Vennes à monsieur le connestable.

« Monseigneur, j'ay translatté le plus fidellement que j'ay peu les lettres qui sont venues de la part du comte de Mansfelt, ayant d'aultant plus d'égard à représanter les paroles au vray, que les lettres, et mesmement les vôtres, sont couchées bien fort obscurément, et en façons de parler qui ne sont guières reçues en nostre langue. Il vous plaira considérer le retardement des depputez qui doibvent venir, et aussy l'estat auquel se trouve pour le présent la Germanie, où il y a tant de choses brouillées, et tant difficilles à desmêler, que si les affaires ne se réduisent bientost en myeulx, il y a peu d'espérance qu'on puisse tirer des princes d'Allemagne grant ayde pour le Roy, comme aussy il y a peu d'apparence pour le présent qu'ils soient pour nous nuire, ainsy monseigneur, qu'il vous aura pleu entendre par mes précédantes, et mesmement celles que j'escripvis par le sieur de Brossinières, esquelles ne se peult rien adjouster, sinon que j'ay rescript à Strasbourg et à Nicolas qu'ils usent de la plus grant dilligence qu'ils pourront à découvrir et escripre ce que se fera par delà : s'il y aultre chose que je puisse faire icy en attendant la venue des députez, il vous plaira, monseigneur, le me faire entendre. De ce qui touche les compaignies qui sont sur le point de partir d'icy, et le maulvais office que ceulx qui ont les deniers qui sont encores en chemyn font au Roy, pour aultant, monseigneur, qu'en serez amplement adverty, par monsieur de Vielleville, je n'estendray plus avant la présente.

« Monseigneur, je me recommande très humélement à vostre bonne grace, priant Dieu de vous donner la sienne.

« De Metz, le troisième jour de juillet 1553. »

Translation du latin de la lettre du compte de Mansfelt au Roy.

« Très chrestien et très puissant Roy, estant retourné en Allemaigne, j'estimay qu'il n'y avoit riens plus convenable à moy que de m'enquérir de l'estat de notre République pour en escrire au vray à Votre Majesté ; mais ce qu'on en disoit estoit si incertain, et ceux qui en parloient estoient gens si peu dignes de foy, que je ne pouvoys croire la pluspart de ce qu'ils en divulgoient, tant s'en fault que je vous en puisse escripre au vray : par quoy, j'advisay d'amener avec moy ceulx que monsieur de Vielleville m'avoit baillez pour m'accompagnies jusques aux lieux desquels je peusse faire entendre, non pas les manteries du populaire, mais les choses de plus grant importance qui se mainoient pardeçà, ce qu'à la vérité je cuydois plustost faire ; mais le succez inopinez des choses m'a aulcunement troublé et diverty de mon intention ; car quant j'entray dans la terre du comte palatin, j'entendis que ledit sieur, et les aultres électeurs qui habitent le long du Rhin, estoient assemblez à Francfort avecques quelques autres princes qu'ils y avoient appelez. Donc pour sçavoir ce qu'on y faisoit je y envoyay Jonas, lequel estant entré en la ville trouva qu'il n'y avoit aultres princes que lesdits électeurs, toutesfois il parla avecques aulcuns depputez, lesquels estoient tous en cette opinion que cette assemblée de Francfort seroit bientost dissoulue, pour aultant que l'Empereur avoit faict indiction au dixiesme d'aoust d'une diette qu'il entendoit estre tenue à Ulme par tous les Estats de l'Empire. Davantaige, j'avois receu lettres par lesquelles on m'escripvoit que grant nombre de gens de guerre s'assembloit vers les villes maritimes de Saxes, et que leurs chefs tenoient leur conseil en la ville de Hambourg, ce que Jonas me rapporta aussi avoir oy dire à Francfort, par où je pus assez comprendre que c'estoit une trame de l'Empereur qui sçait user des occasions qui se présentent, et non pas les négliger; en quoy je me trouvay deçeu de mon opinion, car je n'eus pas fait deux jours de chemin, quant je receus autres lettres par lesquelles il m'estoit mandé que je m'en retournasse le plustost qu'il me seroit possible en mon pays, d'aultant que le marquis ayant laissé ses gens de pié dans les villes de Franconie, tiroit avec trois mille chevaulx au pays de Saxes, et à si grant jornées, qu'il venoit le mesme jour souper au lieu auquel j'avois disné. La cause de le faire ainsi haster estoit que le duc de Saxes, électeur de l'Empire, Maurice, avoit envoyé au secours des évesques trois mille et cinq cens chevaulx, et treize mille lansquenets, soubz la conduicte du duc Philippes de Brousvic, et que le marquis, craignant sa venue, estoit parti sans faire bruict, et taschoit, à la plus grant diligence qu'il pouvoit, de venir en Saxes pour se conjoindre avecques les gens de guerre qui y estoient. A tant il passa tout droict par le comté de Mansfelt, et s'y dit maintenant qu'il a mis son camp si près de celuy des aultres, que chacune foys qu'il sera besoing il se pourra joindre avecques eulx, quoy faisant il aura une armée de quatre mille chevaulx, et de plus de vingt mille lansquenets : doncques je me suis retiré ez lieux où j'ay entendu les forces dudit sieur Électeur estre telles qu'avec l'ayde de Dieu il pourra soustenir et repousser tout l'effort de ses gens de pied qu'il est requis, qui sont à mon advis plus de seize mille.

« Je ne doubte point, Sire, que Votre Majesté, pour la grant prudence, advis et conseil qu'il est dans vostre esperit, ne prévoit bien combien ce grant appareil soit non seulement pernitieux à nostre nation, mais aussi à toute la chrestienté, si Dieu ne descouvre les moyens par lesquels ces dessaings de l'Empereur, qui est aucteur et architecte de tous ces troubles, soient rejettez et réduicts en vain. A la vérité, j'ay confiance que par la vertu et industrie du personnage que je sçay estre congnu à Vostre Majesté, l'on pourra faire quelque chose par où le grant appareil de cette guerre prochaine succédera mieulx que plusieurs ne pensent, l'effort monstrera bientost combien est grande son affection, et combien est prompte la volunté de son cueur envers Vostre Majesté ; mais il vous supplie, Sire, de proroger le temps préfix à la négociation que sçavez, jusques à deux ou troys sempmaines. Cependant il sera donné ordre que Vostre Majesté cognoistra qu'il n'y aura point de faulte, en ce personnage, d'affection et de poine envers Vostre Majesté. Davantaige l'on essayera tous les moyens dont l'on se pourra ayder pour la délivrance de M. d'Aumale. Le marquis, à ce qu'on dit, mène ledit sieur en tous les lieulx qu'il va sans le traicter rudement, ains luy faict rendre les honneurs dignes d'un prince. Au surplus, Sire, je prie Dieu qu'il luy doinct glorieuse victoire contre tous les ennemis de la maison de France, l'estat du royaulme très florissant, très bonne santé et prospérité en toutes aultres choses ; et par mesme moyen je dédie à Vostre Majesté avecques toute affection, très humble service, mon zèle à tousjours prest, et ma foy perpétuelle et inviolable.

« Le vingt-quatriesme juin 1553. »

Translation de la lettre du comte de Mansfelt, à monsieur le connestable.

« Monseigneur, vous entendrez par les lettres que j'escripts au Roy sur le faict de nostre république en quel estat sont nos affaires, et comme toutes choses sont troublées ; toutesfois aux flocs de cette grande tempeste esmue par l'artifice de l'Empereur y a quelque espérance du beau temps qui semble promettre perpétuelle transquilité, si ceulx que Dieu a voulu gouverner le tymon en la république, dressent le cours de leur navigation là par où ils verront la splendeur des rayons du soleil. Vous connoistrez bientost plus clairement ce que je dis : cependant je vous supplie avec la révérence et respect qui est requis, qu'il vous plaise en l'affection qu'avez accoustumé, tenir le salut et santé de nostre patrie (que dis-je nostre) mais plustost de toute la chrestienté : celluy qui se faict si grant amy de la majesté du roy, comme à la vérité il l'est, donnera ordre que l'affaire dont nous sommes convenus ensemble prendra une très désirée fin, et quant au retardement qui procède non pas tant de luy que de la nécessité de la chose, vous le prendrez en bonne part, et selon vostre bonne volunté l'exécuserez envers la majesté du Roy. Je prie à Dieu qu'il vous veuille tousjours guider et garder par son Saint-Esprit.

« Le vingt-huitième jour de juing 1553. »

Lettre du Roy à messieurs de Vennes et de Vieilleville.

« Messieurs, ayant bien considéré la dépesche que m'avez envoyéez du comte de Mansfel avecques vostre lettre du troys de ce moys, encores que la prologation qu'il demande pour la venue des députez des princes soit subjecte à quelque souspecon, il me semble estans les affaires de là si troublez qu'ils sont, et le feu si avant en pays qu'il est, que les choses ne s'y sçauroient mieulx porter qu'elles font; et quoy qu'en puisse advenir, je veulx avecques honneste démonstracion faire tout ce qu'il sera possible pour faire croyre au duc Maurice que je tiens et répute son intention droicte et sincère, et son affection envers moy aussy certaine que je désire qu'il croye la mienne en son endroict, ne faisant doubte puisqu'il est si fort que portent lesdits lettres, qu'il ne sçauroit avoir que bon et heureux succez de ses affaires, et cependant tenir ceulx de la Germanye en si grande combustion qu'il n'y a poinct d'aparance que je sois de cette année pour en craindre aulcun dangier, ne que l'Empereur s'en puisse promettre grant ayde, car estant la saison si advancée qu'elle est, et les cartes si meslées, je ne vois pas que le marquis soit pour luy faire grant service. A une chose faut-il bien prendre garde, c'est d'estre bien adverty si ces princes s'accorderont point, comme il semble par quelques advis que j'en ay qu'il en estoit quelque propos, au moings y avoit-il gens qui s'en empeschoient, dont peult ameyner quelque doubte la légiéreté et variété qui est entre eulx, et pour cette cause ay trouvé très bon et à propos que ayez renvoyé audit comte de Mansfelt la guide qui vous avoit apporté les lettres soubs coulleur de servir à la délivrance de mon cousin le duc d'Aumale : encore que je n'y aye pas grant espérance, si esse que vous ne me sçauriez faire service plus grant, que de tenir mes amys advertis qu'ils ne sçauroient rien faire qui me feust plus agréable, s'ils se trouvoient à l'endroict de le pouvoir saulver, que d'y employer toutes leurs forces et moyens, et si auroient d'aultant affoibly et appouvry ledit marquis nostre ennemy commun. Or, revenant audit comte de Mansfelt, et computant le temps qu'il prolonge en la venue desdits députez, je trouve qu'ils ne sçauroient plus guères tarder, au moyen de quoy il n'y aura pas grant temps perdu pour vous, monsieur de Vennes, qui cependant entendrez parler tout ce qui peult apprendre et sçavoir d'Allemaigne servant à mes affaires pour m'en donner advis, et si ne serez que très utile à regarder, avec vous monsieur de Vieilleville, à ce qui peult servir au bien de la pollice de ma ville de Mets, et pays de delà qui est en mon obéissance, pour y prester vostre bon conseil et advis pendant vostre séjour audit lieu.

« Au demeurant, je envoye ung extraict de lettres que j'ay eues de Pietmont despuys deux jours, par où vous verrez combien mon cousin le mareschal de Brissac y a ettendu mes limites, et les places et pays qu'il a réduictes à mon obéissance : et quant aux nouvelles de Picardye, despuys le quatrième de ce moys les ennemyes sont attachés à Hesdin, où ils ont esté très bien receus à l'arrivée, y ayant perdu plus deux cens hommes en troys ou quatre saillyes que y ont faict mes gens qui sont en si bon nombre, et si bien disposez, et pourveus Dieu mercy de ce qu'il leur fault, que j'espère avoir mon armée assez tost preste pour les faire partir de là, s'ils m'y veullent attendre : priant Dieu, messieurs, vous avoir en sa garde.

« Escript à Chantilly, le neufviesme jour de juillet 1553. »

Double d'avis venus d'Allemagne.

« Monseigneur, je suis actendant d'heure en aultre mon homme, lequel me rapportera la vérité des choses de Saxes ; cependant il m'a semblé vous debvoir advertyr de ce qu'on divulgue icy, et mesmement ayant entendu qu'ung homme s'apprestoit pour aller à Metz. Ce que j'ay pu entendre est que despuys troys jours est icy venu le comte Loys de Ottingen lequel ose affermer pour chose certayne, que le duc Morice s'est réconcilié avecques le marquis Albert par le moyen du troisième fils du roy des Romains, Charles.

« Le mesme conte dit que ligue a esté faicte en la ville de Bronsvic entre le marquis Albert et les citez maritimes, la noblesse qui a esté chassée de leur terre, le duc Eriz de Bronsvic, le vieil conte de Mansfelt, Albert, et le marquis Jehan de Brandebourg, lesquels doibvent donner chacun nombre de chevaulx ou de lansquenetz audit *Albert*, de sorte qu'en peu de temps il pourra avoir sept mille chevaulx, soixante enseignes de gens de pied, ainsi qu'il appert par la liste qui est icy.

« Le mesme conte *de Ottingen* dit que ledict marquis a tellement gasté la terre du duc *Henry de Bronsvic*, qu'il ne luy a riens laissé de Volfenbustel, auquel le vieil duc Henry, à ce qu'on dit, est malade de paralisie gardant le lict; le chasteau prins; on dit que le marquis fait desseing de passer par Westphalie vers l'Empereur avecques son armée.

« En cette perplexité de choses tout le monde craint que le marquis Albert ne soit mercenaire de l'Empereur, lequel comme jadis *Catilina* Romain désire que la Germanie soit destruitte.

« J'espère que dans deux ou trois jours pour le plus j'auray mon messaigier, et lors j'escripray plus au vray : cependant je n'ay voulu taire ce qu'on disoit pour n'obmettre de faire tout office.

« C'est du onze de julliet. »

Autre advis d'Allemagne.

« Monseigneur l'on m'escript de deux lieux

que les ambassadeurs de ces princes qui estoient assemblez à Haybelbergue environ Pasques avecques quelques cappitaynes, se debvoient trouver selon les ungs au neuf, et selon les autres au quatorze de ce moys de julliet à Lendebourg qui est une ville sur le Netis distant ung mille de Heidelbergue. Le *comte Palatin* a faict appeller toute la noblesse à Haydelberg pour s'y trouver demain, qui est treize.

« L'évesque de Trèves s'appreste, pareillement celuy de Mayences, les gens de pied et de cheval pour avoir leurs souldats prests; ce sont plusieurs significations de mouvement qui se faict en la Germanie, et mesmement si le fils de l'Empereur vient.

« L'on dit que la ligue des villes maritimes est faicte avecques le marquis Albert, pour destruyre et confondre le duc *Henry de Bronsvic*, et que c'est avecques le consentement de l'Empereur, auquel les villes maritimes ont promis ayde. Cependant l'on travaille fort à faire la paix entre le *marquis Albert* et les évesques, et si elle se l'on faict, ne doubte poinct que le marquis après ne s'en aille trouver l'Empereur, car il est desjà au duché de Bronsvic, et de jour en aultre il se renforce de chevaulx et de gens de pied, et a le chemyn tout plain de là en Brabant. Il peult aussi commodément retourner aux siens qu'il a en son pays, car Chirmfurt tient encore pour luy, mais le temps nous apprendra la vérité. Or pour l'heure en ceste grande confusion de praticques, il n'y a personne qui puisse rien asseurer, ny moy escripre aulcune chose certaine des choses de Saxes, jusques à ce que mon homme soit revenu.

« C'est du douze julliet. »

Avis venus de Strasbourg.

« Monseigneur, je vous escris hyer comme le comte de Ottingen nous assuroit comme le duc Morice et le marquis Albert estoient d'accord; je suis contrainct d'escripre maintenant le contrere, ayant parlé à ung personnaige qui vient du camp dudit duc Morice.

« Celuy donc qui est venu asseure que les deux armées estoient contre Hildeston et Hannover, à ung mille loing l'ung de l'aultre, et que le marquis avoit cinquante enseignes de gens de pied, et cinq mil chevaulx, attendant encores le duc d'Holstein frère du roy de Dannemarq, qui luy admenoit de renfort deux mil chevaulx et trente-quatre enseignes de gens de pied.

« Quant à *Morice*, il avoit de huict à dix mille chevaulx et trente-deux enseignes de landsquenets, et qu'il avoit envoyé ung trompette le quatriesme de ce moys pour annoncer la guerre, et défyer le marquis Albert, lequel auroit mené ledit trompette partout son camp pour en faire son rapport audit *duc Morice*, disant qu'il estoit prests de combattre.

« Le lendemain le marquis envoye ung trompette pour défier ledit duc Morice, lequel print résolution de combattre devant que renfort du duc de Holstein venit au marquis.

« Cependant le duc de Mikelbourg, et de Pomeran s'estoient interposez pour les accorder, et avoyent obtenu trèves pour deux jours.

Ce personnaige pour estre sorty le sixiesme jour ne sçait ce que sera succédé, sinon qu'il estime que s'ils n'ont faict paix le septiesme, qu'ils auront combatu, ce que après se sçaura mieulx.

« L'on disoit que le marquis avoit surprins plus de soixante et dix mil talers que les évesques envoyoient au duc Morice.

« C'est de Strasbourg du treiziesme de julliet. »

Lettre de Nicolas de L'Arbre.

« Monseigneur, je n'ay voulu passer sans vous dire cette bonne nouvelle. Le neufviesme de ce moys entre troys ou quatre heures la bataille a esté donnée entre le duc Morice et le marquis Albert, en laquelle plusieurs grands cappitaynes et seigneurs ont esté tuez, le marquis a esté rompu, avecques grosse perte de ses gens; quand je sortoys l'on ne sçavoyt encores s'il estoit mort, et l'on le cherchoit entre les corps des morts, pour aultant qu'on avoit trouvé son manteau, et aussy le cheval allant sçà et là où il avoit monté. De l'aultre cousté les deux ducs *Morice* et Henry de Bronsvic ont esté blessez, et deux enfans du duc *Henry* tuez, Philippes et Charles. Maurice a gaigné trente enseignes et toute l'artillerye. Le baron de Hayedebert suyt ceulx qui foyent. Vous sçaurez les autres particularitez quand je repasseray. »

Lettre de monsieur le connestable aux sieurs de Vieilleville et de Vennes.

« Messieurs, hier je receus vos lettres du onze de ce moys, avecques celles de Nicolas de L'Arbre, et ce que vous estoit venu de Strasbourg qui est confirmation de tant d'autres advis semblables que nous avons eus, et y a grande apparence en ceste réconciliation du duc Maurice et marquis Albert, puisque le bruit en est tel de tous coustez, chose qui ne seroit pas trop à propos: toutesfoys il ne peult estre que bientost vous n'en entendiez la vérité par ceulx qui sont allez en Saxes, et qu'il ne vous vienne quelque nouvelle du conte de Mansfelt, dont vous m'advertirez incontinent, affin que suivant cela je regarde à ce qui se debvra faire pour le myeulx,

Quant aux nouvelles que les Impériaulx publient de leurs vailliances et si bonnes dispositions de leur maistre, je vous advise pour le premier poinct que depuys la perte de Téroüenne, tout ce qu'ils ont fait a esté de perdre trois cens hommes à l'entrée de la ville de Hesdin, qui est telle que vous sçavez et où il n'y avoit que cinquante hommes qui se retirèrent dedans le chasteau; aux approches dudit chasteau ils y en ont perdu desjà plus d'aultant, et si n'y ont encore qu'une seule pièce en batterye. Despuys deux ou troys jours cinquante chevaulx du conte Rheingrave avecques environ cent de nos chevaulx légiers alloient à la guerre, où ils trouvèrent deux cens des leurs, dont il y en eut six vingtz tuez et cinquante prisonniers. De Monstreuil et Doullens l'on m'a escript qu'ils y en ont plus de cent prisonniers, et bien cent qu'ils meirent l'autre jour en pièces, s'escartans pour chercher des vivres, dont ils ont bien peu, et pour gagner quelque escu, car il n'est nouvelles d'argent en leur camp, et semble à leur langaige qu'ils commencent fort à craindre l'armée du Roy qu'ils sentent s'approcher, et laquelle à la vérité s'approche fort, et sera preste à la fin de ce moys. Au regard de sa santé elle est telle qu'il ne se soustient en façon du monde pour la débilité qui est en luy, et si empire tous les jours quelque chose qu'ils facent publier, de manière que tous ceulx qui le voyent dient qu'il est ung peu moings que mort; ce que je sçay par homme qui l'a veu despuis huict jours, et ce qui me faict plus croyre qu'il est encore pis, c'est que despuys deux jours nous avons eu nouvelles quasi de tous les endroits de la chrestienté, qu'il se portoit mieulx qu'il n'avoit fait de deux ans, par où il fault inférer que ce sont nouvelles que l'on leur a mandées de Flandres pour publier partout. Comme je m'assure que vous sçaurez bien faire ce que dessus, qui est tout le contraire et bien véritable, et puis à cette heure vous n'estes pas à congnoistre de quelles vanitez ils sont coustumiers de repaistre le monde et advantaiger leurs affaires de mensonges; mais au lieu de cela je vous veulx advertir d'une vérité aussy, c'est que despuys deux jours nous avons eu advis de la mort du roy d'Angleterre qui a esté tel desplaisir au Roy que vous povez penser, à laquelle mort pressentant de longtemps et prévoyant ledit Empereur, je ne sçay pas s'il a des espies en l'autre monde, avoit pieçà faict de grandes praticques pour faire tomber cette couronne ez mains de sa cousine madame Marie, et la maryer à son plaisir, pour après se servir de ce royaulme comme il a faict des aultres où il met le pied; et craignant que ses menuées ne feussent pas pour venir au poinct de son dessaing, dépeschà peu devant son trespas le sieur de Courriers et deux conseillers de son conseil en Angleterre pour, soubz coulleur de visiter iceluy Roy, essayer d'achever son entreprinse: ce que congnoissans les sieurs du conseil, ne leur ont donné aulcune audiance, de sorte que ladite mort est intervenue; et suivant la résolution prinse audict conseil présent et vivant ledict feu Roy, ont appellé à ladite couronne la fille aisnée de la duchesse de Suffort mariée au second fils du duc de Northomberland, comme la plus près, et capable d'appréhander cette succession, ayant ladicte dame Marie esté cy devant et pieçà déclarée illégitime, et la seconde fille aussi bastarde, comme chacun sait. Ce que voyant lesdits Impériaulx, et qu'ils ne pouvoient atteindre à l'intention de leur maître, ont pressé et importuné ledit duc de faire que son fils aîné qui a espousé une des filles du feu duc de Sommerset, répudiast sa femme, et prinst madite dame Marye, par lequel moyen il assuroit ladicte couronne à sa maison sans aulcun contredit; mais ayant esté ce moyen trouvé aussi estrange qu'il doit estre desplaisant à Dieu et au monde, leur en a esté couppée la broche, et faict entendre que ce qui avoit esté faict de ladite fille de *Suffort* estoit chose passée du consentement du Roy et de son conseil, et comme telle a esté mise en possession dudit royaulme, et jà faict son entrée à la Tour, qui est ung des principaulx actes que ont acoustumé faire les roys d'Angleterre. De tout ce que dessus le Roy a esté adverti par homme exprès, que ceulx dudit conseil ont envoyé devers luy pour luy en faire comme une plainte, et l'asseurer que cette Reyne et royaulme veult continuer avec luy la mesme bonne et parfaitte amytié qui estoyt entre ledit feu Roy et luy, et l'estraindre encore davantaige par tous moyens, luy faisant entendre qu'il les aura à jamais les meilleurs et plus seurs amys qu'il sçauroit avoir, comme ils désirent singulièrement que il leur demoure. Et vous puis asseurer, Messieurs, aux termes auxquels je les voy, nous en pouvons aultant ou plus faire d'estat que de nuls aultres. Chose dont j'ay bien voulu vous faire le discours affin que vous voyez la purité de la conscience desdits Impériaulx, pour en faire part où vous verrez que besoing sera, estant bien d'advis que vous en escripviez bien au long en Allemaigne, affin que l'on y sçache que le Roy a aultant d'asseurance de ce cousté là qu'il eut jamais.

« J'ay au demourant faict entendre audit sieur ce que m'avez escript du prieur des jacobins qui poursuyt l'abbé de Saint-Arnoult vuider dudit couvent, ce que ledit sieur ne veult pas estant très bien informé de la vie dudit prieur, et combyen ledict couvent estoit maculé et infecté de ces nouvelles doctrines, dont ledict prieur et ceulx de sa secte ne sont pas exempts, m'ayant commandé icelluy sieur escripre à vous, monsieur de Vieilleville, que vous ne permettiez point que ledit abbé de Saint-Arnoul soit ainsi molesté par procez, et faciez dire au prieur, que ayant trouvé les choses ainsi qu'elles sont, vous n'y povez toucher. Le surplus de ma lettre sera pour vous prier de faire haster les deux bandes de lansquenets au plustost que vous pourrez, et m'advertir quant elles seront prestes, priant Dieu, Messieurs qu'il vous doint ce que désirez.

« De Compiègne ce vingt-quatre juillet 1553.

« Je vous envoye ung pacquet à Nicolas de L'Arbre, que je vous prie donner ordre de luy faire tenir le plustost et le plus seurement que vous pourrez.

« Je vous prie mettre toute la poine que vous pourrez pour sçavoir s'il se fera aulcune assemblée par delà, vous advisant que nous avons présentement sceu que d'hyer matin les ennemys ont commencé à battre Hesdyn.

« Je ne me puys garder de vous prier haster nos Allemands tant que vous pourrez, et en faire venir le plus grant nombre qu'il sera possible. »

Lettre des sieurs de Vieilleville et de Vennes à monsieur le connestable.

« Monseigneur, nous avons receu les lettres qu'il vous a pleu nous escripre du quatorze de ce moys, et entendu par icelles ce qui est succédé tant pour le regard des gens de guerre de l'Empereur, comme de sa disposition, et de la mort du roy d'Angleterre, et ce que nous ferons publier en Allemagne, et aultres lieux où nous verrons qu'il sera plus convenable pour le service du Roy, ainsi que devant avons faict bien amplement, et ce que entendrons passer par delà au siége de Théroüenne, aussy pays de Siénoys et Piedmont, de sorte qu'estimons la vérité pouvoir estre sceue, et estre plustost creue que les mensonges des Impériaulx. Au demeurant, Monseigneur, nous sommes attendant d'heure en aultre le retour du gentilhomme des miens Vieilleville qui est avecques le comte de Manfelt, lequel ferons aller incontinant qu'il sera arrivé devers le Roy, pour luy rendre compte de toutes les particularitez de la bataille entrettenue entre le duc Morice et le marquis Albert, si tant est qu'il en soit échapé, comme il est vray semblable qu'il se y sera trouvé : cependant, Monseigneur, nous adjousterons icy que le maître échevin de cette ville dit avoyr eu lettres comme ledit marquis s'estoit saulvé luy quatriesme, et retourné vers ses cartiers de Franconie, où la ville de Scherinfurt tient encores pour luy, qui est ung advis escript à la volée, et fondé seulement sur ung bruit que l'on en faict vers les cartiers du Rhin, ce que Monseigneur poura cy après mieulx entendre, et mesmement à la venue des députez du duc Morice lesquels comme il est vraysemblable ne peuvent plus guieres tarder, et mesmement que ledit duc ne vouldra perdre cette occasion de faire alliance avec le Roy la plus estroitte qu'il pourra, ayant congnu par expérience qu'en ce dernier appareil de guerre toute cette menée se dressoit contre luy pour le destruire et confondre du tout, affin que après l'Empereur jouist de la Germanie et en feist à sa volunté par le moyen du duc *Jehan Fédéric* qui est tout sien : qui sera cause que quelque victoire que le duc Morice avoit eue il taschera de s'asseurer par tous les moyens qu'il tachera d'inventer, entre lesquels il considérera de combyen l'amityé du Roy peult donner de réputation et porter de profit au bien de ses affaires. Monseigneur, nous avons eu response du colonel Clausse, qui nous a mandé que dedans lundi prochain il nous feroit entendre s'il pourra venir au service du Roy, comme il dit le désirer, faisant offre s'il y vient d'amener seize enseignes, et quatre ou cinq cens chevaulx : il demanderoit qu'on luy feist ung bon présent pour sa levée, et qu'il eust une demye paye sur les lieulx pour les gens qu'il lèveroit, et le reste au lieu où ils feroient la monstre ; que ses chevaulx seroient payé à la façon qu'on les paye en Alemaigne, et auroit pareil traittement qu'ont les aultres colonels qui sont au service du Roy, y adjoustant qu'au cas qu'on luy prist ses biens en Alemaigne pour estre venu en France, que le Roy l'asseurast de quelque bonne pension en son royaulme, offrant passer de deçà quinze jours après avoir receu ses deniers : mais pour ce qu'il nous semble qu'estant la saison si advancée il ne sçauroit estre au camp d'un moys après avoir receu l'argent et que la dépense seroit fort grande, nous n'avons voulu passer oultre sans avoir eu premièrement de vos nouvelles ; cependant nous l'entretiendrons le myeulx que nous pourrons. Quant aux enseignes moy Vieilleville espère de les faire achemyner dedans quatre ou cinq jours droit sur Ligny, où monsieur de Nevers m'a mandé avoir envoyé commissaires pour leur fournir vivres, et faire leurs monstres. Cependant, Monseigneur, il vous plaira demourer asseuré qu'il ne se faict aulcune assemblée de gens en ces quartiers, car il seroyt bien ayse de les descouvrir, d'aultant qu'il y a gens qui vont et viennent tous les jours devers les cartiers du Rhin. Quant aux dix enseignes qui furent levées aux environs de Spire, et qui s'embarquarent sur le Rhin pour descendre au Pays-Bas au commencement de ce moys, nons avons parlé à personnage venant de Cologne, lequel nous a rapporté les avoir trouvez sur l'eau auprès dudit Cologne, disant qu'ils passoient oultre le long de la rivière pour aller descendre en Brabant vers le cartiers d'Avers. C'est en substance, Monseigneur, ce que pour ceste heure se peult escrire, sinon qu'il sera faict du prieur des jacobins ainsi qu'il vous a pleu nous faire entendre estre l'intention du Roy.

« Monseigneur, nous avons receu les lettres que le Roy escript au conte de Mansfelt, qui ne se peuvent faire tenir par le moyen de Nicolas de Larbre, d'aultant qu'il est en France, mais nous les envoyons à Strasbourg, pour de là les envoyer s'il est possible où elles sont adressées, combien qu'il n'en soit pour l'heure grant besoing, d'aultant que après cette victoire du duc Morice il y a grand apparence que l'on aura bientost nouvelles dudit conte, et peult être que luy mesme retournera par deçà.

« Monseigneur, nous prions Dieu, etc. »

Lettre du comte Mansfelt au Roy, transmise vers ce temps là.

Sire, je ne fays doubte que Vostre Majesté n'aye tant par mes dernières lettres que aultrement, entendu l'estat des affaires de par deçà, et que très prudemment pourrez aussy juger ce que despuys est advenu et adviendra par cy après; et toutesfoys affin que fussiez de tout adverty, à la vérité d'une deüe obligation et d'une fidelle bonne volonté, n'ay voulu obmettre vous escripre en bref la présente. Et premièrement touchant l'amiable bonne volunté que le duc Maurice de Saxe vous porte, je vous puis dire à la vérité que en tout ce qui touche le bien, honneur, et advantaige de vous et de vostre couronne je le trouve fort affectioné, veoir jusques là qu'il ne se fascheroit d'employer son bien, sa personne, pays et subjects pour vous : car encores que pour sa personne il eust pu obtenir appointement avec le marquis, si esse toutesfois que jusques icy veu que le marquis est serviteur de l'Empereur, il n'a voullu entrer en appointement à vostre préjudice, ains parcque ledit sieur duc a tousjours entendu jusques là par les bennignes responses qu'avez faictes à ses ambassadeurs, et aux instructions qu'ils vous ont présenté, que vous désiriez sçavoir à la vérité ce que ledit sieur duc vouloit faire au regard de ce qu'il vous demandoit; et à ceste occasion qui à ceste heure s'est présenté allencontre dudit marquis, il y a mieulx aymé vous monstrer par effect ce qu'il vouloit, que le vous déclarer amplement par paroles, ne faisant doubte que vous comme prince vertueux et libéral, de bonne volunté ainsi réputé partout, ne puissiés juger et mettre en considération le prouffit et adventaige qui vous en peult advenir; et quant à moy qui vous suis obligé serviteur pour mon debvoir, je ne vous veulx celler la fidelle affection et volunté que vous porte ledit sieur duc, et encores que je me trouve trop foyble d'esperit pour vous donner conseil en ceste affaire, si esse que l'obligation que je vous doibs, après avoir le tout en considération, veult que très humblement vous fasse entendre ce que j'ay advisé estre advantageux pour vous; toutes foys il vous plaira premièrement croyre à la vérité que ledit sieur duc a pour ceste heure une force de gens de guerre à pied et à cheval telle que n'a guères esté veue en Allemaigne; et quant à la gendarmerye despuys ma dernière lettre elle est tant accrue, qu'elle est jusqu'à neuf mil et quelque cens daventaige hommes et chevaulx tous de combat, et les gens de pied sont jusques à vingt mille hommes avec lesdits gens de guerre. Ledit sieur duc marcha en campagne, et partit de ses pays le vingt-huitiesme jour de juing en délibération de combatre son ennemy, lequel avecques son armée est au lieu où j'estoys l'hyver passé avecques mon armée, sçavoir ez terres du duc de Bronsvic, lequel duc de Bronsvic, ledit marquis Nassault comme ennemy ou serviteur de l'Empereur, ains plustost comme celuy qui n'a satisfaict au mandement de l'Empereur touchant la noblesse dudit pays de Bronsvic, lequel avec le comte Vrelrodt de Mansfelc par cy-devant luy avoit fait la guerre, et despuys que l'armée dudit conte feust rompue, se retira avec ledit marquis; et combien que ledit marquis a quelque temps joué son personnaige comme s'il ne feust esté content de l'Empereur, ainsi que on estimoit, si est ce que les postes ordinaires qui vont de l'une à l'aultre font soubsçonner que l'Empereur par ses subtiles pratiques attira ledit marquis du tout à luy, dont toutes foys je n'en sçaurois pour ceste heure riens escripre à la vérité, et adviendra de ce qu'il pourra : si esse que je suis asseuré que ledit sieur duc vous est vray entier fidelle amy, et qui comme prince sage et prudent veoit comme il appert plus avant en ses affaires que ung aultre prince, lequel avecques l'esperit a les forces, ne laissant passer aulcune occasion dont en pourrez tirer service, tant pour l'eslargissement de monsieur d'Aumalle, que aultres choses.

Car de combien ledit sieur duc vous est affectionné, le pouvez suffisamment connoistre par ce qu'il fait présentement, qui n'est pas une petite entreprinse. Il y a longtems qu'il n'y a eu armée d'Allemands si complette de bons hommes de guerre que celle qu'il a présentement, et s'est fondé ledit sieur duc sur vostre escript et adhortantion publique à tous les Allemands faits, premièrement pour leur bien, et secondement pour le vostre, d'autant que ledit sieur duc a bien considéré que si à la couronne de France il n'estoit dommageable, toutes foys qu'il ne luy seroit pas fort advantageux, se reposoient, et laissasent faire ledit marquis, ou bien que par l'occasion d'un doulx appointemens qu'on eust bien pu obtenir, sçavoir en joignant toutes les forces contre vous : et puisque les choses en sont là, et que Vostre Majesté veoit que ceste guerre n'est seullement pour vous nuire et empescher présentement, ains aussy à tous vos amys, qui est la cause que vous et ledit sieur duc, par ses ambassadeurs qu'il espère avoir en brief vers vous, se déclairera plus amplement et amiablement envers Vostre Majesté, ledit sieur duc vous suppliant qu'il vous plaise vous résouldre cependant d'une certaine asseurée response de ce qu'il vous plaira faire et contribuer en cette présente guerre, affin que les ambassadeurs dudit sieur duc ne soient détenus en longueur, ains sans estre retardez puissent retourner incontinant vers ledit sieur duc ; car vous pouvez bien considérer si ceste guerre s'appointoit, ou que le marquis eust la victoire, ce que Dieu ne veuille, et que ledit sieur duc fust lors chargé du fardeau de la guerre, qu'il seroit impossible audit sieur duc de le porter à la longue, et fauldroit qu'il rompist son armée, et par là la présente despense de la guerre ne seroit seullement du tout perdue, ains elle seroit aussi faicte à l'advantage de l'ennemy, chose à laquelle on pourroit obvier pour peu, (je dis ce peu au regard de ce grand faict) ; et vous, Sire, voyant ladite fidelle volunté dont ledit sieur duc s'est résolu d'user envers vous par les efforts qui paroissent, cella doibt estre cause qu'il n'en fault plus doubter, ny autrement s'en informer, ains sans plus différer luy donner secours et ayde.

« L'intention dudit duc est de ne cesser cette guerre, que premièrement entre la couronne de France et l'Empire il n'y ait une perpétuelle et stable paix érigée, affin que par là la despence qui se faict présentement soit restablie, vous sçaichant très bien comme l'argent amassé en temps de paix se dépend plus largement en temps de guerre.

« Et quant à l'alliance dont il a esté parlé cy devant, ledit sieur duc est résolu de la conclurre amplement, mais puisque ledit sieur duc pour l'importance de ses grans affaires n'y peult sitost entendre, mesmement que les affaires de la guerre luy sont sur les bras, et que à la longue elles luy seroient insupportables ; parquoy ledit sieur duc supplye qu'il plaise à Vostre Majesté mettre le tout en considération avec l'inconvénient qui s'en ensuyvroit si ledit sieur duc estoit abandonné de secours, et que les affaires prinssent long train ; et pour obvier à tous inconvéniens, qu'il vous plaise escrire incontinent audit sieur duc ce que voulez contribuer en cette guerre, et où c'est qu'on recepvra l'argent, et cependant ledit sieur duc avec l'ayde de Dieu par le moyen de ses affaires de la guerre trouvera les moyens et voyes pour faire amplement ladite alliance qui puisse estre de persévérance. Vostre Majesté sçait assez que les affaires de si grant importance ne se font ainsi à la voulée : pour ce regard, Sire, il vous plaira continuer faire bien à la nation, et éviter la longueur si elle estoit préjudiciable ; mais si elle apportoit adventaige, comme à la conclusion de ladite alliance, lorsque vostre volunté se feit, après vous avoir faict offre de mon très humble et très obéissant service, je vous recommanderay à la protection de Notre-Seigneur.

« Donnée après le camp dudit sieur duc près d'Ember, le quatriesme jour de juillet 1553.

« Vostre très humble et très obéissant serviteur,

« WELRODT COMTE DE MANSFELC. »

Lettre des sieurs de la Vieilleville et de Vennes au Roy.

« Sire, nous avons receu cette nuit nouvelles de Strasbourg portant confirmation de la bataille qui s'est faicte en Saxe, telle qu'il vous aura pleu entendre par Nicolas de Larbre, mais c'est avec addition d'une particularité qu'on dit tenir pour certaine touchant la mort du duc Morice qui s'ensuyvyt la minuy et du jour mesme qu'il avoit combatu et gaigné la victoyre, ce que cy après se pourra plus particulièrement entendre, et mesmement si tant est, Sire, que le gentilhomme que moy Vielleville avoys par delà puisse revenir, ce qu'il fera sans doubte s'il n'y est demouré par mort ou blesseure. Quant au marquis Albert l'article de la lettre, qui est le dernier, est ung peu ambigu, car l'on ne peult bien juger des paroles latines si véritablement il demeure prisonier. Toutesfoys, Sire, monseigneur le cardinal de Lenoncourt estant présentement revenu de Marsel nous a dit avoir en quelques advis venant du secrétaire du frère du comte Rangrave, portant que ledit marquis estoit prisonier ; au regard de monsieur d'Aumalle nous n'avons pu sçavoir une seule nouvelle despuis les lettres du comte de Manfelc, par lesquelles s'entendoit qu'il estoit en la compaignye du marquis, de quoy sommes fort esmerveilliez : tant y a que ayant sceu particulièrement ceulx de nom qui sont morts, s'il estoit mésadvenu audit sieur d'Aumalle l'on en eust escript quelque chose, laquelle présomption, Sire, fait penser qu'il ayt plustost bien que mal.

« Sire, ceulx de Lorreine ayant obtenu la neutralité qu'ils vous supplièrent leur vouloir octroyer, y veullent comprendre entre aultres les villages de l'Empereur qui sont entre cy et Thionville, dont nous recepvons icy aultant de dommage que d'autre lieu qui soit, car non seulement ils recèlent les Marangiers et reçoyvent les ennemys qui peuvent venir par ce moyen à couvert jusques aux portes de ceste ville, mais encores font barrières de notre cousté pour nous empescher le passage, tirent arquebuzades à vos chevaulx légiers et souldarts quant ils vont, et incontinent font entendre leur venue à ceulx de Thionville par des feulx qu'ils allument pour les faire venir à grant trouppes, de sortes que s'ils ne sont les plus forts sont contraincts de se retirer, et de nouveau, Sire, ils ont garni quelques églises de hacquebutes à croc et mousquet pour endommaiger les vostres, s'ils s'approchent de là, et néantmoins ont fait écrire à moy Vieilleville par monsieur de Vauldemont qu'ils debvoyent joyr de la neutralité soubz prétexte qu'elle est octroyée pour les anciennes gardes de Lorreine, soubs lequel nom d'anciennes gardes ils veulent comprendre lesdits villages et soubstenir qu'ils ne peuvent estre endommagez de ce cousté ; et sur ce que nous remontrons l'hostilité évidente qu'ils commettent, ils répliquent qu'il en fault informer par deux commissaires députez l'ung de vostre part, Sire, et l'autre de celle de monsieur de Vauldemont, qui seroit en effect recevoir les Lorreins juges et partye en cest endroict, et néantmoings bailler loisir cependant ausdits villaiges de nous faire du pire qu'ils pourroient, et saulver ce qu'ils ont, pendant qu'on informeroit sur ce faict.

« Parquoy, Sire, sur les lettres dudit sieur de Vauldemont, et remonstrances qu'il nous a faict faire en cest endroict, je Vieilleville ay respondu qu'ils se retirassent si bon leur sembloit vers Vostre Majesté et son conseil, pour en avoir telle response qu'il seroit advisé, mais que cependant je n'avois cause pour laquelle je deusse traitter lesdits villages comme estant subgects héréditeres de l'Empereur, tant à cause de ce que soubz ce nom de gardes anciennes couché en la neutralité sans aultre spécification il n'estoit convenable que les subjects de l'Empereur y fussent entendus, comme aussy que quant il devroit estre comprins, ils sont indignes de joyr de la neutralité veu leurs déportemens et actes manifestes d'hostilité qu'ils commettent tous les jours, et mesmement en ce que y ayant naguères envoyé des souldarts ils en ont rapporté quelques harquebouzades ; et quant à l'information qu'ils requerroient estre préablement faicte, qu'ils la feissent si bon leur sembloit de leur cousté, car quant à nous nous tenons la chose pour notoire, et puys le temps de guerre ne requerroit point qu'on gardats toutes ces solemnitez, veu que s'ils vouloient aller sur les lieux, ils trouveroient les choses en l'estat que dessus est dit, et d'ailleurs nous estions ceulx qui estions endommagez et partant nous estoit permis de nous en ressentir. Lesquelles choses, Sire, il nous a semblé escripre, affin que s'ils se viennent plaindre à vostre conseil, comme il est vraysemblable qu'ils feront, l'on leur puisse respondre ce qui sera convenable.

« Sire, nous prions Dieu, qu'il vous ait, etc. »

Monsieur de Vendosme escrivit à M. de Guyse au sujet d'une petite victoire qu'il avoit remportée sur les Espagnols :

« Monsieur mon compaignon, j'envoye Lamothe, l'un de mes secrétaires, présent pourteur, vers le Roy tant pour le tenir averty d'aucuns affaires concernans son service par deçà, ensemble d'une petite deffaicte que j'ay ce jourd'huy faicte de six vingtz Espaignolz qui s'estoient ung peu escartez du camp de l'ennemy, que aussy de la rigueur qu'on me veult faire sur la prise qu'unne mienne Rouberge a faict puis peu de tens près de La Rochelle ; auquel j'ay par mesme moien commandé le vous faire entendre, vous priant, monsieur mon compaignon, adjouster foy à ce qu'il vous en dira de ma part, comme si c'estoyt à ma parolle, et m'y secourir de si bon amy que mon bon droit y puisse estre conservé. Qui sera pour continuer l'office qu'avez accoustummé en mes affaires, ne les aiant en moindre recommandation que les vostres propres et particulliers. Par quoy et pour ne vous tenir davantaige par ceste présente, j'y feray la fin de supplier le Créateur, après m'estre de bien fort bon cœur recommandé à vostre bonne grâce, vous donner, monsieur mon compaignon, avec santé bonne, heureuse et longue vie.

« D'Abbeville, ce unziesme jour de juillet 1553.

« Vostre bien bon compaignon et parfaict amy,

« Antoine (1). »

(1) Antoine de Bourbon, duc de Vendôme, qui succéda en 1555, à la couronne de Navarre, avec Jeanne d'Albret.

Et vers le même temps mon dit sieur le duc eut nouvelle du sieur d'Eutragues, ainsi qu'il suit :

« Monseigneur, ayant receu vostre lettre par mon lacquest, qui nous eust esté plus profitable si vous eust pleu plus tost l'avoir dépesché, pour la destresse que nous avons eue, toutesfoys demain ce que nous admenons, monsieur de Sainct-Falle et moy, arrivera en ceste ville qui peult estre au nombre de trente cinq logis; et me desplaist que le voyage que j'ay faict n'a servy davantage. Mais je vous assure, Monseigneur, qu'il y en y a qui sont bien deurs à l'esperon; sy est ce qu'il y en a quelque peu en ce lieu d'arrivez; et croy que sans la montre qui aproche encores, en eussiez vous maintz. J'ai veu monsieur le viconte d'Auchy qui a ung très beau commencement de compagne; je luy en ay admené troys ou quatre en ceste ville; mais je luy en avoys bien envoyé douze ou quatorze fort braves à noz garnisons, ainsi qu'il vous avoyt pleu nous commander. Mais il n'y ont trouvé personne; qui a esté cause qu'ilz se sont depuis promenez. Vous me commanderez, Monseigneur, ou s'il vous plaist que je vous voyse trouver à Compiègne ou que je demoure en ce lieu, attendant vostre bon volloir. Je prie Dieu, Monseigneur, qui vous doinct en senté très bonne et longue vie.

« De Crespy en Valloys, ce treiziesme juillet 1553.

« Vostre très humble es très obéissant serviteur,   D'ANTRAGUES. »

Mémoire particulier donné au sieur Bentivoille pour présenter au Roy ou à monseigneur le connestable de la part de monsieur de Thermes (1) *avec l'occasion.*

« En premier lieu, fera ledit sieur Cornélio l'amariner des gens de noz gallaires et faire tout ce qu'il estoit possible pour la rendre à Bonniface, l'ayant remorquée jusques en ladicte isle de la Planouze, où je fus venir le lieu auquel furent perdues les gallaires, et y trouvai encores quelque nombre de forscenez qui s'estoient saisiz des armes desdictes gallaires rompues, disans vouloir plustost morir en terre que d'y retourner. Et après leur avoir remonstré ce qui me sembla, tous les Français se vindrent embarquer volontairement, et ne demoura que quelques Espagnolz et Italiens; qu'a esté ce que j'ay peu exploicter, n'ayant tenu à moy faire tout l'effort que m'a esté possible pour la conservacion desdictes gallaires, et tâcher de recouvrer pour le moins l'artillerye. En sorte que beaucoup de gens craignoient que y laississe la vie et le demourant desdictes gallaires qu'estoient avec moy, d'aultant qu'il nous tourna reprendre une autre tourmente, laquelle nous contraignit habandonner ladicte nef que remorquions, encores en délibération de la conduyre audict Bonniface. Et voyant n'y avoir autre remede, je bailloy charge à ceulx qui estoient dessus se gouverner selon le temps, et s'il leur estoit propos d'essayer venir en ce pays, synon audict Bonniface ou bien au port Hercules; et estant arrivé en Corse ayant entendu qu'elle avoit capité audict port Hercules, je dépeschay incontinent ung nommé le capitaine Anthoine qui est au sieur Pierre Strossy avec charge de faire venir ladicte nef audict Bonniface; laquelle si Dieu veult qu'elle y puisse comparoir, il y a dedans bledz pour le maintien de deux ans sans ce qui y est et pour en despartir encores beaucoup à ladicte isle. J'advertiz ledict sieur Pierre Strossy de ce qu'avois peu entendre de ces capitaines espagnolz, et à ce qu'ilz disent, s'il ledict Strossy n'est secouru à bon essient, il y aura bien affaire à garder Siennes, veu les intelligences et ordre que le duc de Florence a tant de l'Empereur que du Pappe. J'escripvis aussi à monsieur de Selve ambassadeur à Venize vouloir faire tenir la dépesche que je faisois au sieur de Codgnac, le persuadant faire tout le dilligence qu'il pourra pour faire sortir l'armée turquesque, et là où il n'y avoit ordre, que pour le moins il face que nous ayons intelligence avec les corsaires pour travailler la Cécille et le royaulme de Naples. Car encores que celle d'Arger vienne, si le Roy ne donne les moyens de parachever les gallaires qui sont encommandés, nous aurons

---

(1) Le duc de Guise était exactement informé de tous les événements qui pouvaient intéresser le royaume, et l'on voit par ces Mémoires que lorsque les rapports sur les affaires extérieures ne lui étaient pas directement adressés, le connétable, par ordre du Roi, s'empressait de lui en envoyer des copies ou de lui faire voir les originaux. Ce dont il tenait soigneusement note. C'est ce qui explique sans doute l'existence dans ses papiers de la narration suivante, qui se rapporte aux affaires d'Italie. Paul de Termes s'y distingue contre les Impériaux, et avec le secours du corsaire Dragut-Raïs, il les battit dans le pays de Sienne et s'empara d'une partie de la Corse. Le document suivant contient quelques détails à ce sujet, et sert de complément au *mémoire particulier* envoyé par lui au connétable de Montmorenci :

« Le vingtiesme du moys de février dernier partirent quatre gallaires de l'Helbe pour venir à Marceille pour estre fort endommagé du temps, et le lendemain passâmes devant la forteresse de Porte-Ferrare avec six seullement que estoient demourées qui avoyent suivy, et allasmes surgir en ung port de ladicte isle, attendans que l'intempérye du temps fût appaisé pour nous en retourner à La Planouze, où nous estions séparez, n'entendant nouvelles des autres. Et temporisant en ceste sorte, travaillez d'un costé de la tourmente de mer et de la craincte des ennemys qui estoient advertiz, et nous ne laissâmes pendant huict jours que y fûmes de rompre le trafficq qui se faisoit, tant de gens que de vivres qui se voulloient aller rendre au camp du duc de Ferrare, et si eussions eu le temps propre à naviguer pour gallaires, eussions prins le demourant des Espagnolz, dont avions desjà prins quatre enseignes, et ne sceusmes faire autre chose qu'en aprocher seullement à la portée du canon pour empescher qu'ilz ne se désembarquassent à Plombin, comme ilz avoient déliberé; mais allèr à Ligorne qui leur a allongé leur voiage de quelques jours.

« Le lendemain le temps commença ung peu à s'abonnasser, et feismes tant que veinmes au port Louys qui est en ladicte isle, et nous trouvasmes une grosse nef ragousoize, chargée de quatre mil salmes de bled des Genevoys et de bonne quantité de succres et cire, que prinmes avec deux autres petitz vaisseaux où avoit dessus quelques vituailles, et soubdain donnasmes ordre à

entendre à Sa Majesté ou à mondit seigneur le connestable, la grande instance que fait monsieur le duc Octavio audit sieur de Termes de luy faire advictuailler Parme pour les dangers qui pourroient survenir, veu les forses que l'Empereur a ez environ de Parmesan, qui ordinairement s'engrossent : et combien que ledit sieur de Thermes voye bien que c'est chose juste et très raisonnable, de pourveoir à ladite place, néantmoings pour contenter et entretenir ledit sieur duc en attendant la volonté du Roy, dont pour cest effect il a escript par trois diverses fois sans en avoir oncques heu responce, il luy a tousjours fait entendre et encores que ce n'est point chose si pressée de faire ledit advitaillement et qu'il y sera bientost pourveu, car il en a escript, comme il est vray, à Sadite Majesté, à mon dit sieur le connestable, sur quoy il aura responce, aucune chose que ledit sieur de Termes ait cy devant escript pour le service du Roy, toutes fois il a bien voulu prier et donner charge expresse de faire entendre à Sadite Majesté, et mondit sieur le connestable, et leur dire de rechief qu'il est très nécessaire d'y faire ordonner quelque provision ou à tout le moings mander audit sieur de Termes ce qu'il doibt en cela faire et respondre audit sieur duc Octavio.

Aussi fera ledit sieur Cornélio entendre que ledit sieur de Termes veoit madame la duchesse de Parme en si grand nécessité et malcontente, qu'elle ne sçait comment faire ne penser de l'assignation qu'il a pleu au Roy luy faire sur les biens de la royne Éléonor, pour et au lieu d'autant que l'Empereur luy lève, actendu la grand longueur qu'elle veoit en cest affaire combien qu'elle y ait envoyé exprès Montemerle pour la poursuivre, dont il n'a peu ne peut avoir aucune expédition, ainsi que ladite dame a fait entendre audit sieur de Termes, sur quoy il plaira à Sadite Majesté voloir ordonner estre pourveu et renvoyer ledit Montmerle despesché.

Davantaige fera entendre ledit sieur Cornélio que, estant Sadite Majesté résolue de faire l'entreprise de Naples, la grand nécessité où se trouve

bien affaire à nous venir présenter devant celles de l'Empereur, estans toutes joinctes ensemble ce que pourroit faire aisément, n'estant empesché par lesdicts corsaires. Quant à la Corse, il estoit très nécessaire que je repassasse pour le désespoir en quoy s'attreuvent tous les gentilzhommes qui ont prins le party du Roy et le paouvre peuple, tant pour la réduction de Sainct-Florent que pour le bruict qu'on avoit faict courir que nous estions tous perdus ; craignant estre habandonnez toutallement, veu la nécessité et paouvreté où s'attreuve monsieur de Termes, et ce peu de gens qui sont demeurez auprès de luy. Sur quoy je n'ay failly remonstrer à ceulx qui sont venu devers moy, qu'ilz ont veu par effaict que le Roy s'est tousjours mys en son devoir pour les secourir, et qu'il n'a tenu que à la maulvaise saison que nous a gardé, sinon ce qu'il avoit commandé. Et quant au payement des gens de guerre et autres fraiz que convient faire par delà, qu'il estoit prest icy, et ne l'avois porté ne cuydant aller ailleurs que pour advitaller ledit Sainct-Florent, leur ayant donné le meilleur espérance qu'il m'a esté possible, comme faict ledict sieur de Termes de son costé. C'est ce qu'il ne peust estre qu'en bien grant peyne et hazard, ne se trouvant avec luy que peu d'hommes des vielles bendes italliennes qui sont grandement fâchées, comme j'ay sceu, de la nécessité de vivres, aussy qu'il leur est deu deux moys et entrent au troisiesme, et aux Corses encores davantaige. Touchant aux places prinses je laissay à Lajasse en m'en allant vivres et moyens d'argent pour continuer aux fortifications, n'estans avancées comme je cuydois. A Bonniface je levay les compaignyes italliennes qu'estoient dedans avec le bon devoir que fit le sieur Vincente Thédéo, sans leur bailler ung sol ; bien qui leur fut deu deux payes. Et s'embarquèrent ; et en leur place y mis troys compaignyes françaises, ausquelles en passant a fallu faire faire monstre pour ce moys de mars, afin qu'ilz se puissent mettre ung peu en ordre et qu'ilz payent la munition en la prenant. Mais ne leur a esté baillé que quatre livres à chacun, attendant l'entier payement. Et pour la fortiffication qu'est nécessaire faire très promptement, fut baillé ordre pour continuer ung moys et demy, et vivres pour plus d'un an pour la garnison ordinaire qu'est de cinq à six cents hommes de guerre. Par ainsi Sa Majesté se peult reposer de ceste place que j'ay trouvée la plus belle que soyt en tout le monde et assize en lieu que sans faire autre despense que d'entretenir quelque nombre de gallaires, elle mectra en une despence incroiable les ennemys circomvoisins, sans le dommaige qu'ilz recevront journellement aux prinses qui se feront sur eulx. De l'Ajasse je repassay aussy ayant entendu du sieur collonnel Sainct-Pierre, Corse, mandé devers moy de la part de monsieur de Termes, qu'il n'y povoit venir et qu'estoit nécessaire que je veisse encores la place et que parlasse à ceulx qui estoient la proches, me priant y vouloir laisser le plus d'argent que je pourrois et le secourir, ce que j'ay faict ainsi que le Roy verra par l'estat que luy envoye, et en quoy sont esté employez les soixante mille livres que furent apportez dernièrement, qu'il trouvera avoir esté, ce me semble, bien mesnagez et que la despense n'a point esté inutille avec tout le malheur qui est advenu, et ne fut que pour faire congnoistre à tout le monde qu'il n'a tenu qu'à temps que Sa Majesté n'eût secouru Sainct-Florent ou combattu l'armée des ennemys ; aussy que la composition a esté beaucoup plus advantageuse pour ceulx qui estoient dans ladicte place à cause de l'issue de ladicte armée, qu'elle n'eust esté ; car sans cela ne les eussent jamais acceptez que à discrétion. Ledict lieu de l'Ajasse est fourny de vivres pour la garde nécessaire y venant le siège pour huict ou dix moys ormis que de vin. Mais pour cela ilz m'ont tous promis que sy ceulx-là de Sainct-Florent ont faict leur devoir, que de leur part ilz n'en feront pas moins. Les autres chasteaux de garde ledit sieur de Termes y a faict pourveoir ainsi qu'il me mande et est aprés pour faire dresser ung estat de toute la despence qu'a esté faicte avec le général ; lequel sera envoyé au Roy plus particulier que celluy qu'il a faict dresser, ensemble les provisions des vivres qui sont encores en estre par delà ; et pour ce qu'il seroit impossible resortir si promptement comme Sa Majesté le vouldroit commander, nous avons esté d'avis, monseigneur le comte de Tende et moy renvoyer le sieur de Condé avec son instruction, estimant que s'en aller par delà pourroit plustost défavrer ses affaires que y servir, sans porter argent. »

ledit sieur de Termes, lequel encores qu'il ne soit jamais laz de faire service à Sa Majesté, ains prest à se transporter la part que luy sera commandé, néantmoings qu'il est si endebté tant à Rome, Parme, que ailleurs en ce pays, qu'il ne sçauroit comme en sortir ne satisfaire ses créditeurs sans se faire décrier ou faire mocquer de luy, s'il ne plaist à Sa Majesté luy donner le moien de y satisfaire et pouvoir faire les provisions qu'il fault pour ung tel voyage et pour renvoyer sa femme en sa maison, dont il se trouve du tout dénué, volant considérer que ledit sieur de Termes n'est point des gentilshommes et lieutenants du Roy qui ont les dix et douze mille livres de rente, pour les pouvoir despendre avec l'estat que le Roy leur donne, dont il est bien marry, car quant il en auroit bien deux foys davantaige, il est tousjours prest à le despendre pour le service du Roy, toutes et quantes fois qu'il plaira à Sa Majesté luy en donner le moyen.

« Fait à Chiosi, le dix-huitiesme jour de juillet 1553. PAULE DE TERMES. »

Suite des nouvelles de la Germanie. — Lettre du comte de Mansfelt à monseigneur le connestable.

« Illustrissime princeps ac domine. Discesseram ex castris recta in Galliam profecturus, cùm incertus subito rumor veros rei gestæ nuntios prevolaret, Electorem commisso cum marquione prælio, aut victum, aut si vicisset cruentam omninò victoriam reportasse : tantò enim utrinque ardore pugnatum fuisse ferebatur, ut difficile fuerit victorem a victo discernere ; quod quale esset ut intelligerem, substiti, reditum eorum quos cognoscenda illius rei causa, statim audito rumore, dimiseram, expectans. Qui cum reversi Marchionis exercitum cæsum, fugatumque dicerent, acquiescere non potui, antequam de Electoris de quà ambigebatur incolumitate certior essem. Jonam itaque dimisi, ut ipsum Electorem, si (quod sperabam) superstes esset, compellaret, ac simul reliqua pro præsentis rei occasione expediret. Ille verò non Electorem, sed funus Electoris, qui in prima acie fortiter pugnando ceciderat, in castris haberi intellexit. Quæ res quantum non mihi solum, sed universæ Germaniæ dolorem attulerit commemorando assequi non possum. Cùm itaque hoc tam inopinato, ac planè subito, hujus longè tristissimi casus interventu, iter illud meum moram aliquam consecuturum cernerem, has litteras præmittendas esse censui, in quibus pro meâ in celsitudinem tuam observantiâ, rei summam breviter perscribam.

« Nonâ die julii, horâ post meridiem primâ, exercitus noster, qui peditum erat circiter viginti, equitum verò plus quam decem millium, non procul ab Hildesiana urbe in agmen Marchionis incidit, qui cognito hostis adventu, intrepido prorsus animo signa convertit. Cumque et loci opportunitas, et militum ardor, acres utrinque stimulos ad committendum prælium adderent, dicto citius signis collatis pugnatum est. Marchionis equitatus primum nostrorum impetum non solùm fortiter sustinuit, sed aliquot ex nostris : signa in fugam convertit : quod cùm, qui carris præsidio relicti erant, equites conspexissent, cohortati suos citissimo cursu fugientibus accurrere, qui partim commissæ turpitudinis verecundia, partim novorum auxiliorum fiducia primo consistere ceperunt, postea resumptis animis, maximo impetu in prælium reverterunt : quo facto terga haud dubiè vertunt hostes, confusis equitum ordinibus; posteaquam acrius instabant nostri, nec sustineri impetus eorum jam poterat, Mauritius magnam equitatus partem in peditum aciem immisit, qui propter pavorem, festinationemque qua res gerebatur, nihil jam memores qua cuique proximum fuit in fugam effusi, certam nobis ac indubitatam reliquerunt victoriam, quasi salvo duce potiti essemus, aliquam doloris illius partem, quem ex præstantissimorum virorum interitu cepimus, levasset. Nunc verò cùm non solum tantò multorum sanguine, acquisita sit tristis illa victoria, sed morte præstantissimi principis, perpetuam Germania luctum pepererit : discerni vix potest, utrum victa, ac victricis partis melior sit conditio, Mauritii funus Friburgum defert, ut in eodem, quo pater sepultus est, sacello terræ mandetur. Marchio in Hanoveriana urbe novum colligit exercitum, magnas in Germaniâ, ni caveatur, turbas excitaturus. Augustus Saxoniæ dux, defuncti Electoris frater, ex Daniâ, quò paulò ante susceptam hanc fratris expeditionem, cum conjuge regis Daniæ filia, concesserat, nundum rediit.

« Exercitus Mauritii, qui in vicina Misniæ oppida distribuetur, ejus reditum avide expectat. Henricus ille Brunsvigæ dux, Mauritianarum copiarum eam partem quam suis stipendiis sustentasse dicitur, apud se retinet, ut Marchionis conatus impediat. Sed tantum est Henrici apud omnes odium, ut a propriis militibus deseratur; Marchionem verò milites turmatim undique confluant. Habes, illustrissime princeps, qualemcumque rerum nostrarum formam, quam pro tua prudentia ac singulari im rempublicam studio intueberis. Ego ipse propediem ad vos veniam, ut signa in re, vel sanguine meo regiæ majestati commodum, aut gratum facere possim, non minus in præstandis quam exequendis humillimis obsequiis promptum me esse appareat : Deus optimus maximus celsitudinem tuam perpetuò regat, ac servet.

« Ex Mansfeltio, die quindecimo julii 1553.

« VOLRADUS COMES ET DOMINUS DE MANS-FELDT. »

Lettre du Roy aux sieurs de la Vieilleville et de Vennes.

Messieurs, je vous ay dernièrement escript et faict response aux lettres que j'avoys receues de vous, semblablement adverty des nouvelles que m'avoit apportées Nicolas de l'Arbre, dont il m'a dit vous avoir escript passant par Toul : despuys et quasi au mesme instant que le dit de l'Arbre est arrivé, j'ay receu une lettre du comte de Mansfelt, dont je vous envoye ung double, par où vous verrez qu'il semble que le duc Morice seroit bien content tirer de l'argent de moy, devant que venir en aultre communication; qui ne seroit pas, comme assez vous cognoissez, le plus seur chemyn; au moyen de quoy, et sans luy faire congnoistre que j'entends riens à cela par sadite lettre, je luy fais response que vous estez pieça à Metz bien instruits de mon intention sur les choses arrestées entre luy et moy à son partement, et que les députez dudit duc ne sçauroient sitost arriver que vous ne soyez prets à y prendre une résolution, à laquelle sera tost incontinent satisfait de mon cousté, et qu'il n'y aura aulcune longueur. Madite response est aussi accompagnée des plus honnestes et gracieux propos dont je me suis pu adviser, de manière que j'estime qu'il en aura contentement, joinct l'aise et plaisir qu'il aura receu de la victoire qu'il a ainsi obtenue contre le marquis, de laquelle toutesfois je ne luy touche ung seul mot, d'autant que sa lettre est précédente ladite victoire. Cependant j'ay bien voulu vous faire cette despêche, affin que vous vous teniez tant mieulx préparez.

« Au demourant je vous advise que j'eus hyer nouvelles que mes ennemys estants devant Hesdin ont fait tel et si furieux effort de batterie, et tellement myné et sappé le rempart, que finallement ils ont contraint mes gens, lesquels le jour précédent les avoient repoulsez d'un assault où lesdits ennemys perdirent grant nombre de leurs plus braves souldats, de venir à quelque composition, mais je n'ay poinct encores entendu quelle elle est, et encores que ce fust une place qui n'est pas de grant compte, comme chacun sçait, toutesfoys y estans entrez quasi contre ma volunté, mon cousin le duc de Bouillon, mon fils, le duc de Castres et le comte de Villars, je ne puis que je n'en aye grant regret; j'espère que mon armée sera aux champs à la fin de ce moys, et que j'en auray bientost la revanche, ayant ce jourd'huy fait partir mon cousin le connestable, et avecques luy mon cousin le mareschal de Saint-André pour se mettre devant. J'ay aussy fait donner assignation de troys livres, pour continuer la fortification de Metz, que je vous prie, monsieur de Vieilleville, regarder à faire mesnager, et durer le plus longuement que vous pourrez, et aussy n'oblyer à haster les lansquenetz, et m'advertir du temps qu'ils pourront partir, priant Dieu, messieurs, qu'il vous ayt en sa garde.

« Compiègne, le vingt-deux julliet 1553. »

Lettre de monsieur le cardinal de Lorraine aux sieurs de Vieilleville et de Vennes.

« Messieurs, le Roy vous envoye ce qui luy est venu du comte de Mansfelc, par où vous sçaurez quelle attente il y a à la venue des ambassadeurs du duc Maurice, attendant laquelle ce sera moyen de vous tenir myeulx préparez suyvant ce que ledit sieur vous en escript, vous advisant que hyer au seoir nous receusmes la lettre que vous escripvez à monsieur le connestable du dix neufviesme de ce moys, auquel elle sera envoyée, et puys vous y sera faicte plus ample responce. Cependant il sera donné ordre que la première et la présente assignation qui a esté ordonnée pour la continuation des ouvraiges de Metz sera satisfaitte le plustost que faire se pourra; mais je vous diray bien aussy qu'il fault, monsieur de Vieilleville, et je vous en prie bien fort, la faire bien durer, et le plus que vous pourrez, mettant en considération les aultres grants affaires où est de présent le Roy: priant Dieu, messieurs, vous donner ce que désirez.

« De Compiègne, le vingt-deuxiesme jour de juillet 1553. »

Lettre de messieurs le cardinal de Lorraine et duc de Guyse aux sieurs de Vennes et Vieilleville, le 22 juillet 1553.

« Messieurs, par la lettre commune que le Roy vous escript vous serez amplement advertis et satisfaicts sur tous les points de vos dernières dépesches, à quoy nous ne veoyons riens à adjouster, sinon asseurer vous monsieur de Vennes, que vous ferez service très agréable au Roy de continuer par delà à vous employer au faict de la police de Metz, et aussy à sçavoir des nouvelles d'Allemaigne pour nous en faire souvent part, mectant en considération, si la mort du duc Maurice se trouve véritable, s'il seroit hors de propos d'envoyer au duc Auguste son frère, qui a tousjours fait démonstration de vertu et d'aimer le Roy, pour le conforter à suivre les erres de son frère, et en vanger l'injure, et par là tenir les choses de delà en la confusion qui nous y est utile, comme vous sçavez, et sur ce nous faire sçavoir vostre advis, que l'on y pourroit envoyer, et le moyen qu'il y fauldroit tenir; vous pouvez aussi penser, messieurs, l'ayse que ce nous sera de sçavoir nouvelles de monsieur d'Aumalle nostre frère, qu'il nous fait avecques ses longs ennuys plaindre encore de nouveau, si tant est qu'il feust à cette bataille, et sommes esbays y ayant si long-temps qu'elle fust donnée, qu'il n'en soit venu despuys de plus particulières. Quant à celles de deçà, vous en sçaurez autant que nous vous en pourrions escripre, par lesdites lettres dudit sieur, priant Dieu, messieurs, vous avoir en sa garde.

« Escript à Compiègne, le vingt-deuxiesme jour de juillet 1553. »

Lettre des sieurs de Vieilleville et de Vennes à messieurs les cardinal de Lorraine et duc de Guyse.

« Messeigneurs, nous avons receu les lettres qu'il a pleu au Roy et à vous nous escripre du vingt sept de ce moys, et quant à celles du Roy nous y faisons chacun à part response, pour aultant que cependant que l'ung translatoit et escripvoit ce que touchoit l'Alemaigne, l'autre pensoit à ce qui touchoit les lansquenetz, et autres particularitez qui sont présentement escriptes au Roy, le tout si amplement qu'il nous a semblé n'en faire icy aultre redicte, seullement reste à y adjouster que nous n'avons sceu aulcunes nouvelles de monseigneur d'Aumalle, quelque diligence dont ayons usé pour entendre ce qu'en aura esté faict, car d'avoir esté à la bataille, il y a peu d'apparence, d'aultant qu'il n'estoit pas en estat de combattre, et d'ailleurs on a sceu tous ceulx de nom qui y sont demourez, entre lesquels on n'eust pas tant teu ung prince de belle qualité; et qui nous fait croistre la cause de nous émerveiller, est que le comte Mansfelc n'a riens escript depuys, au moins qu'il soit venu jusques à nous, ny avons sceu aulcunes nouvelles du gentilhomme que moy, Vieilleville avoys envoyé avecques ledit comte, qui faict penser qu'il ait à l'avanture eu quelque empeschement s'en retornant par deçà, et que partant n'ayons entendu ce qu'il apportoit, car il n'est pas vraysemblable que le comte susdit eust tant demouré sans faire entendre le succez des affaires qui sont par delà. Au fort chacunes foys qu'escripvons en Allemaigne, sur tout prions les serviteurs du Roy de s'enquérir diligemment de mondit sieur d'Aumalle, n'ayans pour l'heure moyen d'y faire meilleur office.

« Messeigneurs, pour aultant que les depputez des électeurs du Rhin, et des ducs de Wirtemberg, Bavières et Juillers, sont assemblez à Landebourg, ville prochaine de la maison du comte palatin, nous avons advisé d'envoyer Talasius en ces cartiers là, pour estre familier dudit sieur comte, afin qu'il veoye s'il pourra découvrir quelque chose de ce qui se brasse en Allemaigne, et pour luy donner meilleur couraige, nous l'avons faict payer des gaiges que ceste couronne luy debvoit de sa pencion, avecques espérance de le faire gratifier par le Roy s'il fait service digne d'estre recogneu, et au demourant mettrons toute peyne à nous possible de découvrir du faict de la Germanie le plus avant que nous pourrons. Au demourant, messeigneurs, nous avons entendu le pouvre estat auquel sont réduictes les affaires d'Angleterre, dont ne s'en peult attendre que la ruine du pays, tant à cause des partialitez sur le faict de la succession à la couronne, comme aussy pour la division de la religion, et mesmement si le duc de Norfol et évesque de Hoyncestre peuvent estre tirez de la tour où ils sont prisonniers; car comme il est vraysemblable pour le désir qu'ils auront de se ressentir des injures qu'ils ont receues, ils feront ung monde tout nouveau, faisans mourir selon la façon du pays tous ceulx qu'ils penceront leur avoir esté ou pouvoir estre contreres, ce que ne se peult sans grande exécution de sang, et occasion de grands tumultes, lesquelz seront si mal aysez à composer, qu'avant qu'ils soient pacifiez le Roy aura eu bon loisir de mener à fin les affaires qu'il a allencontre de l'Empereur.

« Messeigneurs, nous nous recommandons très humblement à vos bonnes graces, priant Dieu de vous donner la sienne.

« De Metz, le dernier jour de juillet 1553. »

Advis d'Allemagne envoyez à monsieur le connestable.

« Monseigneur, Je vous ay n'a guières faict entendre la mort du duc Morice, et pleust à Dieu que je n'eusse pas dit vray, mais jusques à présent la chose a esté confermée par tant de lettres que je suis contrainct d'asseurer que le onze de ce moys environ huict heures du matin il mourut à la ville de Ciperhaussen du coup de harquebouzade qu'il avoit receu au cousté, et non pas la nuict que je disois ce jour auquel l'on avoit combattu. Le corps a esté porté en son pays solempnellement par ceulx de Misnen,

« Quant à la façon de la bataille l'on m'escript ainsi. Les deux armées estans environ les villages de Imbres et Bertorf au chemyn de Ildchesnem, et bien près l'une de l'autre, ils s'advisèrent d'ung lieu dict Halbendorf qu'il sembloit donner beaucoup adventaige à ceulx qui premier le gaigneroient : attant le marquis envoya ses gens pour le prendre, mais ceulx de Maurice l'avoient gaigné, et incontinant après les deux armées vindrent veoir, et s'approchèrent de près, ce que fut le neufviesme du moys environ deux heures après midy.

« Quant les deux armées furent sur le poinct de combattre, et que l'artillerye eust tiré d'une part et d'aultre sans toutes foys faire grant dommaige, le duc Morice envoya quatre compaignies de gens à cheval pour attacher l'escarmouche soubz la conduitte de Guillaume de Stacten du pays de Hez, Daniel Olfert, et Rens de Pleiren : le marquis envoya contre eulx pareil nombre, et après qui se furent entrehurtez, et qu'il y en eust plusieurs de morts d'une part et d'aultre, le duc Morice voyant que les siens estoient esbranlez en envoya d'aultres pour les secourir, dont s'ensuyvit après que les deux batailles de gens de cheval vindrent à se choquer où y il eut grant nombre de gens tuez et blessez. L'on dit que Morice avoit commandé de tuer les chevaulx, et pardonner aux hommes, et le marquis Albert au contrere, dont s'en est ensuivy que du cousté de Morice plusieurs grands personnages ont esté tuez, et de celuy du marquis plusieurs ont esté prins.

« Du cousté de Morice les gens de cheval de Misnen et Thuringe qui estoient les premiers au combat se postarent très bien ; mais ceulx qui estoient derrière les enseignes commençoient à s'esbranler, de sorte qu'on voyoit le principal estendart du duc de Bronsvic, où il y a le loup painct, céder à l'effort de ceulx du marquis.

« Quant le duc Morice veit cela, il s'advança avec tous ceulx de sa maison, et par telle reddeur que ceulx du marquis commençarent bientost après torner le doz : et mesmement qu'il y en avoit quelqu'uns d'iceulx estans derrière les enseignes, qui commençoient à se retirer et fuyr.

« Ce qu'estant apperçu par les gens de pied du marquis, qui aussy estoient chargez par deux trouppes de chevaulx du *duc Morice*, ils se mirent tous en fuyte, mais ils n'eurent pas tous si bons pieds qu'on n'en praint bien grant nombre. Les ungs disent huict mille, les aultres moings. Toutesfoys le troisiesme jour d'après, qui fut le onziesme, ils furent tous relaschez, après avoir juré que de six mois ils n'aporteroient point d'armes contre le *duc Morice*, ny ses confédérés.

« En ce conflict le duc *Morice* fut blessé à mort, les deux fils du duc Henry de Bronsvic aussy furent tuez, un duc de Hunembourg fut atteint d'une harquebouzade, et despuys fust admené à Hildesten, où l'on dict que despuys il mourut de ce coup. Aulcuns disent qu'il y eust cinq comtes aussy tuez, Beslinguen, Hissembourg et je ne scay quels aultres.

« Plusieurs aultres grands personnages y sont aussy demourez, et mesmement des gens de cheval, et s'estime qu'en poursuivant ceulx du marquis, ceulx de Morice se sont faicts de grands dommaiges ; car ceulx du marquis ayant des escharpes toutes rouges, et ceulx de Morice rouges et blanches, il advenoit souvent que le rouge apparessoit en ce movement, et que le blanc ne se povoit cognoistre à cause de l'obscurité de la nuict, d'autant que la chasse dura une bonne partie de la nuict. Quant aux gent de pied du duc *Morice*, pour ce qu'ils n'eurent pas le loysir de venir aux mains, il y en mourut bien peu.

« Au regard du marquis Albert, on dit qu'il fust aulcunement blessé, aultres afferment que sans avoir nul mal, il se retira avec bien peu de gens de cheval à Hanover, et qu'on avoit trouvé son manteau, sa chaisne, et habit de teste : cella est certain que de Hanover il envoya ung gentilhomme des siens, au duc de Juilliers, avecques lettres de créance pour s'excuser de ce que ses ennemys luy mettoient sus, qu'il eust entreprins d'opprimer la liberté de la Germanie. Cela s'est entendu despuys quatre jours, des députez du duc de Juilliers qui sont à Landebourg avec autres députez, d'autres princes de l'Empire. Le marquis ayant demouré deux jours à Hannover s'en alla à Neustat ville du duc Eriz de Bronsvic, où le bruict est tout commun, que par tous moyens à luy possibles, il veult rassembler nouvelle armée, de sorte qu'il promet douze talers par moys à l'homme de cheval ; daventaige qu'il dit estre marry de la fortune de tant de bons hommes qu'il avoit avecques luy, mais que ce n'avoit esté que jeu au pris des choses qui s'en ensuyvroient, qui seroient plus grandes et plus atroces.

« L'on a escrit que le duc Eriz de *Bronsvic* ne fut point en ceste bataille, ne aussi le conte de Oldembourg, toutes foys que de ce dernier y avoit de ses gens, entre lesquels on nomme le baron de Warberk, et que Nicolas Barnel s'en estoit enfouy avecques ledit marquis. L'on dit que ceulx de Morice prindrent seize pièces d'artillerye qui n'appartenoient pas au marquis mais à ses confédérez. Quant au nombre des enseignes qu'on y preint, aussi de morts, l'on n'en scait encore bien la vérité.

« Après la mort du duc Morice, le duc Henry de Bronsvic voulut avoir la charge de l'armée, ce qui despleut à plusieurs. L'on compte en diverses sortes ce que fut fait après. Aucuns disent que ledit duc Henry de Bronsvic, et baron de Heydeck, poursuyvoient la victoyre contre ceulx du marquis qui foyent; les autres maintiennent qu'ils ont dénoncé la guerre à la ville de Hannover, et qu'ils la tiennent assiégée, de qu'oy je n'ay riens que je puisse assurer.

« Cestes plusieurs bonnes parts se sont perdues avec le duc Morice, car il estoit prince de grant conseil, laborieux, bélicqueux, et courageux, et ne se veoyt point qui soit digne d'estre mis en son lieu. Cependant il semble que le marquis ne se reposera point, car il a plusieurs gens encore de cheval entiers, et si en a qui disent que le duc Françoys de Layrembourg luy mène sept cens chevaulx.

« L'on pense aussy que les gens du comte de Hauldembourg sont en leur entier; et davantaige que en Franconye il a encores vingt et ung enseignes de gens de pied, c'est assavoir : onze à Chirinfurt, quatre au chasteau de Placembourg, dont ceulx de Nuremberg ont levé le siége, sans l'avoir pu forcer : item quatre en Buornt, et deux à Hohenlamsperg.

« L'on dit aussy que le marquis se vante qu'il veut tenir promesse à l'Empereur, qui est de luy mener six mille chevaulx, quatre vingt enseignes de gens de pied. Il y en a d'autres qui disent avoir parlé despuys peu de jours avec des gens, qui disoient avoir apporté deniers audit marquis de la part de la reyne de Hongryo, tant pour rassembler les reliques des gens qu'il a, que pour mettre sus nouvelles troupes.

« Voilà ce que pour le présent je puis escripre des nouvelles de Saxes. Cependant lon faict courir ung bruit que la diette de Ulme est transférée en auguste, et que l'Empereur s'y doibt trouver.

Despuis peu de jours en çà les députez d'aulcuns princes se sont assemblez à Landebourg qui n'est pas loing de Haydelberck, c'est assavoir ceulx du comte Palatin, les électeurs de Mayonce, de Trèves, des ducs de Wirtemberg, de Bavières et de Juilliers, et si est certain que ces princes ont arresté des colonels qui ont dessoutz eulx des cappitaynes de gens de pied et de cheval.

C'est du vingt septiesme jour de juillet 1553. »

Lettre du Roy au sieur de Vennes.

« Monsieur de Vennes, je faictz présentement response au sieur de Vieilleville, sur ce qu'il m'a escript de la faulte commise par le prevost de Metz, et le capitaine Nicolas, dont il désire que la justice soit faicte telle qu'il appartient, et suis attendant si vous avez riens sceu de certain des affaires d'Allemaigne despuys la bataille, affin que là dessus je me puisse résouldre de ce qu'il y fauldra faire pour mon service : cependant comme je vous ay escript, j'estime que vostre séjour à Metz sera très utile à mon service et au bien de ladite ville pour y establir la pollice en la justice le mieulx que vous pourrez, en quoy je vous prie vous employer selon l'affection que je sçay que vous portez à mondit service, et que vous sçaurez bien faire; et croyre que ce sera chose que j'auray très agréable, n'ayant de quoy vous faire plus longue lettre pour le présent, priant Dieu, monsieur de Vennes, qu'il vous ayt en sa garde.

« Escript à Offemont, le deux aoust 1553.

Lettre de messieurs les cardinal de Lorraine et duc de Guyse (1) *aux sieurs de Vieilleville et de Vennes.*

« Messieurs, cette lettre sera commune pour levée audit de Belvoir de sadicte terre. Car par ladicte lettre patente il a pleu au Roy luy concéder, il est dict que sur le rapport faict par le procureur dudict sieur au lieu de Paris, lequel a déclaré qu'il estoit au service de l'Empereur, à ces raisons a enmis sa dicte terre soubz la main dudict sieur Roy et en main séquestre ; nonobstant qu'il n'en avoit donné aulcune charge à sondict procureur, comme il m'a asseuré sur sa foy et à son honneur, mesmes que depuis les charges sur luy imposées il n'est bougé du conté de Bourgoingne, sy n'est esté en venant à mon service ; par quoy vous prie vouloir poursuivre envers ledict seigneur Roy tant à la réintégration de son honneur que de sa main levée de sa dicte terre. Ce faisant où j'auray moyen m'employer pour vous, m'y trouverés bien prest, comme sçait nostre seigneur, que je prie, après m'estre de bien bon cueur recommandé à vostre bonne grâce, vous donner bonne et longue vie.

« De Nurtingue, le 26ᵉ juillet l'an 1553.

« Vostre entier bon cousin,

« Duc de Wirtemberg. »

---

(1) L'influence immense du duc de Guise sur les décisions du conseil et sur les faveurs particulières à obtenir n'était pas ignorée. On voit par la lettre suivante, trouvée dans ses papiers, et par d'autres qui ne sont pas d'un assez grand intérêt pour être publiées, combien on avait recours souvent à sa protection. La lettre suivante du duc de Wurtemberg servira de preuve :

« Monsieur mon cousin, ayant entendu par mon cousin le sieur de Belvoir le bien et plaisir que luy avés faict à ma faveur, touchant son affaire, dont par plusieurs et réitérées foys vous en ay rescript, mesmes d'une lettre patente par luy obtenue du Roy par vostre moyen, par lesquelles lettres il a faict deffence à ses officiers, tant au lieu de Paris que de Troie, de ne poursuivre plus oultre jusques aultrement en seroit ordonné par luy : dont je vous mertye de bien bon cueur, vous asseurant où j'auray moyen d'user de réciprocque envers vous, me trouverés bien enclin à ce faire. Toutesfoys, mon cousin, vous veux-je encore prier ceste fois que à ma faveur veuilliés faire tant que de treuver moyen vers le Roy de faire donner main

accompaigner celles que le Roy vous escript en particulier, encores que nous n'ayons pas grand chose à y adjouster, estans certains que vous, monsieur de Vieilleville, sçaurez bien pourveoir que la justice d'ung si malheureux cas que celluy dont avez escript audit sieur sera faitte à la satisfaction de Dieu et du Roy : bien vous voullons nous advertir que nous sommes en paine de sçavoir où sont les deux bendes de lansquenetz qui s'assembloient auprès de Metz, et si elles sont partyes ou non, vous priant les haster tant que vous pourrez, d'aultant que l'armée du Roy s'en va preste, et faisans compte que dedans le dix ou douziesme de ce moys il sera en son camp, où ne restera plus que lesdites deux bandes, car les Suisses sont desjà bien avant en pays. Quant aux ennemys ils n'ont point bougé de Hesdin depuis la prinse dudit lieu qu'ils s'amusent à faire démolir, et ne sauroit on juger ce qu'ils ont délibéré de faire, estants les advis qui en viennent fort divers, dont est cause en nostre advis l'armée du Roy qu'ils sentent si preste, que j'espérons que bientost vous en sçaurez de bonnes nouvelles, comme nous désirons avoir souvent des vostres, et mesmement sçavoir s'il se remuera riens de votre cousté, de quoy vous ne luy ferez pas peu de service mettre paine d'entendre ordinairement la vérité, et s'il se fera point d'assemblée pour passer vers l'Empereur, ou bien pour autre entreprinse, car n'ayant de forces que ce qu'il a, ce sera doresnavant à luy à se deffendre. Priant Dieu, Messieurs, vous donner ce que désirez.

« De Offemont, le deuxiesme jour d'aoust 1553. »

Mémoire envoyé de la cour, au héraut Piedmont, le six aoust 1553.

« Piémont ira devers monsieur le landgrave de Hesse, auquel il présentera les lettres que le Roy luy escript, et luy dira que pour la grande et parfaicte amityé particulière qu'il luy a tousjours portée comme successeur de la volunté du feu Roy son père, ayant sçeu la perte qu'il a faicte d'un prince si grand et si vertueulx que estoit le feu duc Maurice de Saxe son beau fils, et combien luy doibt estre griefve et ennuyeuse la mort d'ung si digne personnaige qui le touchoit de si près, a advisé de l'envoyer devers luy pour se plaindre et condeloir aveeques luy de son ennuy, en quoy icelluy sieur Roy participe grandement pour y avoir perdu ung amy si grant et si affectionné qu'il l'a tousjours congneu en son endroict, le priant estre asseuré qu'il n'en est moings fasché et dolent que s'il eust esté son propre frère, pour les vertus grandes dont Nostre-Seigneur l'avoit accomplye, et l'espérance qui estoit en luy de le veoir ung jour le plus grant prince qui ait jamais esté en sa race, en quoy l'ayde, faveur, et moyen de Sa Majesté ne luy eust esté espargnée, comme il ne sera jamais pour le bien et avancement de ceulx qu'il ayme, et congnoist dignes de si grandes choses qu'estoit le feu duc Maurice, la mort duquel doibt estre regrettée et pleurée non seulement de ses parens et amis, mais aussy de toute la Germanye, pour estre vertueusement (ainsi le peult-il dire) immolé et sacrifié pour le bien et restauration de la liberté de toute la nation opprimée comme chacun la veoit : et à ce propos luy touchera le plus avant qu'il pourra, et comme de luy mesmes, les injures et dommaiges qu'il a receus de l'Empereur, et finablement la grande playe qu'il a faitte en sa maison, luy ayant perdu et faict tuer ung tel gendre qui estoit la ressource, grandeur et exaltation d'icelle, et conséquemment le restablissement de l'ancienne et tant célébrée liberté germanique; mettant peine de sentir de luy comme il le prendra, le semblable pourra-il faire à son fils aisné qui en doibt estre poinct et piqué autant et plus avant que sondit père.

« Et s'il congnoist qu'ils mordent en ce morceau, et eussent envye de s'en ressentir, leur pourra dire de la part dudit sieur, qu'ils n'auront jamais plus de moyens d'en faire démonstration qu'ils ont à présent, estant la playe si sanglante encores; que la plus grande partye des princes qui congnoissent le danger commun qui deppend de cela, et voyent l'ambition dudit Empereur plus grande et eslevée qu'elle ne fust jamais, serons prêts comme il est vraysemblable de les y assister, comme le Roy sera content de faire de sa part, pour leur faire congnoistre que en ces troubles il ne les veult abandonner, mais plus que jamais embrasser leur protection, et leur monstrer qu'il est nécessaire n'y perdre point de temps, affin de ne donner loysir à cest ennemy commun qui fait exercer sa mauvaise volunté par le marquis Albert soubz coulleur d'une querelle particulière qu'il prétend avoir contre les évesques : mais le Roy sçait de bon lieu et certain que tout ce mystère ne se joüe que pour l'entière ruyne de la Germanye, et retorner en sa première délibération de la faire héréditaire à sa maison, ce que tous les princes doibvent bien poiser pour y pourveoir de bonne heure; en quoy ils trouveront ledit sieur Roy amy jusques au bout, pour le bien et conservation de ladicte Germanye; sentira d'eulx ce qu'ils estiment du duc Fédéric de Saxe, frère dudit feu duc Maurice, et selon qu'il pourra juger qu'il sera à propos, ira devers luy faire le mesme office de condoléance de la mort de sondit frère, et s'il le trouve disposé luy tiendra les propos dessusdits ausquels il adjoustera la grandeur de la maison de Saxe, et la générosité de ses ancestres, la mémoire desquels luy commande de ne laisser point impugni ceste injure, ne moings permettre que la vengence s'en fasse par aultres que par eulx, dont leur sang propre crye, outre ce qu'il y va du bien public et commung de toute ladite Germanye. Le surplus est remis aux sieurs de Vieilleville et de Vennes, qui le pourront plus avant instruire selon qu'ils congnoistront qu'il en sera besoing.

« Signé HENRY; *et plus bas*, DE L'AUBESPINE. »

Lettre du cardinal de Lorreine et duc de Guyse aux sieurs de Vieilleville et de Vennes.

« Messieurs, après une si ample lettre que celle que le Roy vous escript, nous ne nous estendrons plus à faire ceste-cy longue, et nous suffira vous dire que aymant le bien des affaires dudit sieur comme vous faites, vous ne sçauriez faire service plus agréable que de dépescher Anthoine le hérault le plustost que vous pourrez, bien instruit de ce que vous penserez debvoir estre adjousté au petit mémoire qui vous est présentement envoyé, oultre lequel vous luy donnerez charge s'enquérir songnieusement et mettre paine de sçavoir, comme aussi en escriprez à tous les aultres serviteurs que le Roy a par delà, et à vos amys mesmes, si le marquis Albert fait aulcunes autres assemblées de gens, le lieu où il se retrouve, et quel sont ses dessaings, aussi si l'Empereur fait aulcun amaz pour luy, où et combien, pour en donner advis audit sieur, comme de chose nécessaire qu'il entende, et n'espargniez riens pour en découvrir la vérité; qui est tout ce que vous aurez pour le présent. Priant Dieu, Messieurs, vous avoir en sa garde.

« De Offemont, le sixiesme jour d'aoust 1553. »

Lettre de monsieur de l'Aubespine au sieur de Vennes.

« Monsieur, suyvant ce que m'avez escript, j'ay fait tenir à monseigneur le connestable la lettre que luy escripviez, ainsi que vous verrez par la response qu'il vous y fait, vous advisant que j'approuve très bien ce que vous faittes, et desire que vous y continuyez dextrement : mais pour le temps où nous sommes, il a advisé qu'il vault myeulx laisser faire le personnaige dont vous vous sçaurez si bien instruire, que à vostre retour vous en rendrez très bon compte, et ferez beaucoup pour celuy qui ira par delà après vous, vous asseurant que le Roy et tous les seigneurs qui sont icy ont trouvé très bon ce qu'en avez escript.

« Au demourant, je vous advise, Monsieur, que les deux legats qui sont vers le Roy et l'Empereur s'en retournent sans riens faire, et que nous eusmes hier nouvelles que celluy qui est en Flandres a escriptes au cardinal Saint-George qui est icy, que l'Empereur luy avoit dit tout court qu'il s'en pouvoit bien retorner, d'aultant qu'il ne voulloit point de trefves, mais seroit tousjours prest d'entendre à une bonne paix quant on la luy presenteroit, et il voyoit bien que l'on n'en avoit point d'envye; aussi voyoit-il que nostre seigneur commençoit tant à favoriser sa fortune, qu'il la vouloit poulser jusques au bout, luy estant survenüe depuis ung moys ou six sepmaines, sans y avoir pensé, les plus heureuses nouvelles qu'il eust sceu desirer, la prinse de Theroüenne et Hesdyn, la couronne d'Angleterre à sa cousine qu'il estimoit comme à sa fille, et que avoyt plus besoing de bride que d'esperon en son endroit, et la mort du duc Maurice son plus fascheux ennemy, aussy la resurrection du marquis Albert le plus grand et mortel ennemy que sçauroient avoir les Francoys, comme il leur fera bientost sentir, estant après à amasser gens pour venir en Champaigne faire ung eschec plus grant que l'on ne pensa, dont ledit Empereur ne se meslera point, se dit il, et que de sa part il a envoyé en Allemaigne lever le plus qu'il pourra recouvrer de gens à pied et à cheval pour faire deux armées, et nous enfoncer en deux endroits de la Picardye, ayant les yeulx à l'Itallye et à l'Allemaigne, ne se souciant que d'aller en France; que on verra comme ceste année se passera, et puys l'on regardera de parler de paix, si les choses y sont disposées, avecques une infinité de braveryes semblables, lesquelles estant vrayes, ung homme couard comme moy en vouldroit desja estre quitte pour ung bras. Vous le congnoissez myeulx que moy, voyla pourquoy, Monsieur, il m'a semblé qu'il n'y avoit riens mal que vous sceussiez ce beau discours fait à la haste, d'ung homme assez empesché comme vous pouvez penser, pour en tirer ce que vous congnoistrez pouvoir servir aux affaires du Roy, et aussy penser à ce que en pourroit estre vray. J'oublyois à vous dire, qu'il escript davantaige qu'il, y a six ans, qu'il ne se porta si bien qu'il faict, allant à pied trois ou quatre cens pas, et demourant une ou deux heures debout à donner audiance, et qu'il se doibt trouver en personne à son camp. De nous, nous y allons devant, et verrons ce qu'il voudra dire pour le commencement, et puis Dieu nous conseillera et conduyra s'il luy plaist. Les Suisses seront à Amyens le seize de ce moys, et le Roy aussy, dont l'on commencera à marcher; c'est tout ce que s'offre, après que j'auray présenté mes bien humble recommandations à vostre bonne grace, priant Dieu, Monsieur, vous donner bonne vye et longue.

« De Offemont le septiesme jour d'aoust 1553. »

« S'il vous plaist vous ferez part à monsieur de Vielleville de ces belles nouvelles et me recommanderez bien humblement à sa bonne grace. »

Lettre des sieurs de Vennes et de Vieilleville au cardinal de Lorraine, et duc de Guyse.

« Messeigneurs, nous avons receu les lettres qu'il a pleu au Roy et à vous nous escripre du quatorze de ce moys, avec le mémoire contenant le succez des bonnes nouvelles advenues en Picardye ; sur la roupte et deffaite quatre cens chevaulx du camp de l'Empereur, où nos ennemys pour déguyser la vérité avoyent si bien joüé leur roolle, qu'ils avoient escript partout avoir prins en ce rencontre et deffait la fleur de tous les braves qui estoient en l'armée du Roy, et défaict ceulx de Thionville ; ung jour avant la réception des lettre du Roy avoient fait tirer leur artillerye en signification de bonnes nouvelles, et davantaige ils avoyent monstré à quelques souldats et prisonniers ung cahier qu'ils faisoient publier partout, où le faict estoit entièrement narré au contraire de la vérité ; à ceste cause, Messeigneurs, nous avons mis peyne de translater en latin ce qu'il a pleu au Roy nous départir, et l'avons incontinant envoyé en Allemaigne, présupposant bien qu'il n'y sera jà sitost que les Imperiaulx pour n'estre descryez, n'ayant fait leur effort de persuader le monde à croyre tout aultrement.

« Au demourant, Messeigneurs, l'argent des compaignies pour le moys de juillet seulement arriva hyer, dont les souldarts ont esté bien esbahys, attendu qu'ils debvoient beaucoup qu'il ne leur a esté payé, d'aultant que ayant cy devant vescu à credit, ce qu'ils ont emprunté leur a esté vendu beaucoup plus cherement que s'ils eussent eu argent comptant, vous suppliant, Messeigneurs, de mettre en considération ce faict à l'advenir, afin qu'il n'en viengne point d'inconvenient.

« Messeigneurs, monsieur de Sault vint hier de Marsal icy, pour dire et declairer en quel estat estoit sa place, tant pour le regard des fortifications, comme aussi des munitions qui sont dedans, et aultres choses qui y sont requises. Mais pour aultant que ce qu'il en dit est aulcunement différent de ce que monsieur de Lenoncourt en escript, à toutes occasions nous avons advisé avant que d'en escripre plus particulierement, que je Marillac, avecques le capitaine Salcede, irois demain visiter ledit sieur cardinal, et delà j'iroys voir Marsal, tant pour sçavoir la verité de tout, que pour conférer avec luy l'ordre qu'il entend donner en la seureté de cette place, qui est d'aussy grande importance après cette ville, que lieu qu'il y ait dans ce pays icy. J'ay aussy occasion d'aller parler audit sieur cardinal pour le faict de la diette d'Ulme, duquel a esté cy devant escript, pour aultant que les lettres d'indiction pour Metz, Thoul et Verdun ont esté apportées jusques à Nancy par homme exprès, mais le porteur d'icelle ne vouloit passer oultre, pour le danger des chemins qu'il disoit estre à venir esdites villes ; parquoy sera besoing recouvrer ces lettres de la chambre impérialle de Spire, et sçavoir là dessus ce qu'il sera besoing de faire, tant pour conserver cette opinion que ces villes ne sont desmembrées des corps de l'Empire, comme aussy pour n'altérer le service du Roy, dequoy je sçauray la resolution dudit sieur cardinal dedans deux jours. Messeigneurs, ledit sieur cardinal nous a faict entendre avoir eu quelques advis d'Allemaigne, que le marquis Albert avoit esté deffait par le duc Henry de Bronsvic, qui avoit assistance de l'armée des evesques, et de ceulx de Nuremberg, ce que ne pouvions bonnement croyre, car le marquis est en Saxes à Brême, ville des plus fortes qui soit entre les maritimes, et les evesques avec ceulx de Nuremberg tiennent leur armée en Franconye devant Plassembourg, qu'ils tiennent assiegé, qui sont lieux fort distans les ungs des aultres. Au fort, il pourroit estre que le marquis auroit eu quelque venüe si d'avanture il eust entrepris de retourner en Franconye, aultrement cest advis ne peult avoir lieu. Tant y a, Messeigneurs, que dedans peu de jours nous en serons éclarcis, car le hérault Pietmont peult estre desjà sur les lieux, qui ne faillira de retorner, ou d'escripre, comme aussy ceulx de Strasbourg nous en escripront de jour en aultre ce qu'ils en auront apprins.

Messeigneurs, nous sommes tousjours attendant qu'il vous plaise nous envoyer un prévost des mareschaulx, tant pour le procez à celuy que nous tenons prisonnier, comme aussi pour vacquer au faict de la justice du criminel, et mesmement estant que touche les souldarts.

« Messeigneurs, nous vous recommandons, etc.

« De Metz, le vingt aoust 1553. »

Lettre du Roy à messieurs de Vennes et de Vieilleville.

« Messieurs, ce qui a esté cause que plustost je n'ay fait response à vos lettres des sept, huit et neuf de ce moys, est que j'avoys envoyé toutes les depesches à mon cousin le connestable, affin qu'il sceust et entendist comme les choses alloient en Allemaigne, de quoy l'on ne peult avoir plus de lumières que au retour par deça du comte de Mansfelt, que j'attends en bonne devotion : cependant ce m'a esté très grant plaisir d'entendre les nouvelles que m'en avez fait sçavoir, et aussy que vous ayez fait la dépesche du herault Pietmont, et à Célius pour se trouver à Landeberg, par où l'on pourra aisément découvrir s'il se remuera rien en la Germanye, estant bien d'advis que mon cousin le cardinal de Lenoncourt ne faille à faire trouver les députez à la journée indicte à Ulme, dont je luy escripts suivant vostre advis. Quant au prévost des mareschaulx, mondit cousin le connestable qu'il est après à vous en envoyer ung qui soit digne et capable de ceste charge. Au regard des douze millyers de lyure de Mozelle, dont on a fait offre à monsieur de Vieilleville, pour sept escus le cent, je le trouve bien raisonnable, et suis d'advis que vous y employez les cinq cens écus que vous avez pour cet effect, et le surplus le fassiez payer des deniers commungs de la ville de Metz, chose qui ne pourra estre trouvée maulvaise par ceulx de ladite ville, attendu que cella concerne la défense, seureté, et conservation d'icelle et des habitans, n'y ayant aultre chose pour le présent qui requière plus longue lettre, vous ayant dernièrement fait sçavoir la belle deffaicte qui a esté faicte suir les ennemys, dont je m'attends que vous avez fait part à mon cousin le cardinal de Lenoncourt, estant merveilleusement ennuyé du désastre advenu aux deux enseignes de lansquenets qui s'assembloient près de Marsal, lesquels à dire la vérité se sont aussi mal portez qu'il est possible, et ne les puis estimer gens de guerre, sans aultre guet si près de l'ennemy si longtemps. Vous me ferez plaisir de m'advertir par le menu comme cela sera advenu, et la perte que y aura esté faicte, priant Dieu, Messieurs, vous avoir en sa garde.

« Escript à Compiegne le dix huitiesme d'aoust 1553. »

Lettre du cardinal de Lorraine et duc de Guyse, ausdits sieurs de Vennes et de Vieilleville.

« Messieurs, le Roy vous fait présentement responponse sur toutes les despesches que avons eües de vous, des sept, huit et neuf de ce moys, à quoy ne sçaurions riens adjouster. Bien voullons nous vous advertir que despuis l'estraincte que ont eü les ennemys, dont vous fut faicte dernièrement une depesche, ils sont demourez si estonnez qu'ils ont commencé à fortifier le camp où ils estoient, et ont reserrez tous leurs gens dedans sans plus permettre que nul d'eux s'avanture d'en sortir ; et portent tous les advis qui en viennent à monsieur le connestable, qu'ils sont en grant effroy, ainsi qu'il escript au Roy, ordinairement faisant son compte que, estans les Souysses joints au camp lundy prochain, comme ils seront encores moins asseurez entre cy et là, nous verrons ce qu'ils délibéreront de faire, et ne voyons pas que s'ils ne se font plus forts, qu'ils soient pour doresnavant amender leurs affaires. Lundy le Roy sera à Saint Jussien, où il résouldra ce qu'il vouldra faire, et espérons que doresnavant vous n'aurez plus que bonnes nouvelles des affaires dudit sieur, vous priant continuer à nous faire ordinairement part de celles que vous apprendrez d'Allemaigne, remettant à faire entendre à vous, monsieur de Vennes, ce que vous devrez devenir après que vous aurez trouvé mondit sieur le connestable.

« Priant Dieu, Messieurs, qu'il vous doint ce que plus désirez.

« De Oschy-le-Chastel, le vingt huitiesme jour d'aoust 1553. »

Lettre du cardinal de Lenoncourt au dit duc.

« Monseigneur, j'ay retenu ce porteur le plus que j'ay peu par deçà, pour le service qu'il me faisoit très bon, à la fortification de Marsal ; mais il m'a tant requis, par plusieurs fois, de s'en aller par devers vous, faire son devoir et vous bien servir comme il est tenu, que je ne l'ay plus voulu arrester, veu les nouvelles que nous avons que l'armée du Roy s'approchera bientost de celle de l'Empereur. J'ay receu vostre lettre que m'avez escrite du 10 de ce moi, en faveur des frères Bandez de Metz, qui ont été mis en la maison de Saint-Anthoine par vostre ordonnance et commandement, me priant de vouloir permettre qu'ilz en soient mis dehors, sans que sur cela la volonté du Roy soit bien déclarée et entendue. Vous pouvez bien penser, Monseigneur, que je n'aye garde de faire autrement. Depuis que vous estes party du dit Metz, on a desmoly le couvent de Saint-Clément, le quel devoit estre mis en grand couvent des Cordeliers ; ce que j'aye toutesfois différé de faire, encore que ce soit une grande pityé de voir les religieux du dit Saint-Clément aussy mal logez qu'ilz sont ; et puisque j'ay tant attendu je laisseray encore les choses comme elles sont, jus-

14.

qu'à ce que je me puisse trouver auprès du Roy, après que les armées se seront retirées d'une part et d'autre, estant bien nécessaire que je sçache l'intention du dit seigneur sur cela et beaucoup d'autres choses qui sont à faire audit Metz. Je ne souhaytay jamais tant l'hyver que je faits ceste année, afin que les dittes armées se departent et que je sois un peu hors des allarmes que l'on me faict par deçà. Sy j'étois aussy souvent battu que je suis menacé des ennemis, ma peau ne vaudroit guères; mais je mettray peine de la garder pour en faire service au Roy et à vous. Le dit porteur vous dira ce qui a esté faict aux fortifications du dit Marsal, qui est une belle chose; et sy elle est une fois achevée, ce sera une des belles places du monde. Mais il y fault encore dépendre de l'argent plus que je n'en ay.

Je supplie le Créateur, Monseigneur, etc.

« De Vic ce 25 août 1553.

« Vostre bien humble et plus affectionné serviteur,

« ROBERT CARDINAL DE LENONCOURT. »

Lettre de M. de Vendosme au duc de Guyse.

« Monsieur mon compaignon, arrivant en ce lieu pour m'acheminer vers le Roy mon beau père, j'y ay trouvé monsieur le marquis de Trans mon cousin, présent porteur s'en allant en dilligence vers le Roy, tant pour luy remonstrer et faire entendre les portz d'armes, rebellions et autres grandz excez faictz par le sieur de Cambes et ses complices, en la ville et chasteau d'Armet, contre l'auctorité dudict sieur, que pour luy en demander raison et justice, l'aiant à ceste cause bien voulu accompaigner de ceste lectre pour vous prier de penser combien tel faict si lourd est important et de grande conséquence pour ne debvoir estre tolleré ne suporté mesmes en ce païs, où par une convenue mal avisée sont jà advenues les esmotions que sçavez; qui me fera vous prier, autant et de si bon cœur qu'il m'est possible, monsieur mon compaignon, y vouloir tenir la main de vostre costé, que la correction et justice en soit faicte, si bonne qu'elle puisse porter le bon exemple à tous autres. Et oultre ce que ce sera pour le debvoir et l'équité, je me ressentiray autant de la peine que prendrez en cest endroict pour mondict cousin, comme si c'estoit pour moy mesmes; sur lequel, ne voulant faire tout à la suffisance, je remettray le demourant de ce que je vous pourrois escrire du costé de deçà, pour suplier le Créateur vous donner, monsieur mon compaignon, longue et heureuse vie.

Escrit à Montguion, ce vingt neuviesme jour d'octobre 1553.

« Vostre bien affectionné cousin et meilleur compaignon, « ANTOINE. »

Extrait d'une lettre de monsieur le cardinal de Loraine à monsieur le duc de Nevers.

« Monsieur mon cousin, etc : le Roy fust hier voir monsieur le connestable, au bac à Choisy, qui s'en alloit en sa maison; il est fort maigre et débile, toutesfois il se porte assez bien et a besoin de long repos pour se refaire. Mondit sieur mon frère et moy avons esté tous réjouis d'entendre que nous vous verrons cest hyver, et madame ma cousine aussy. Je luy escrips présentement bien au long touchant la belle seur du baron d'Iriel faisant response à ce qu'elle m'en a escript, vous suppliant ne trouver mauvais ce que j'en fais, car nous ne pouvons moins que pour nos serviteurs domestiques comme est celluy là le mien, que de les avoir pour recommandez ez choses de raison qui leur touchent, et en attendant que j'ay ce bien de vous veoir, je feray fin de la présente par mes humbles recommandations à vostre bonne grace, priant Nostre-Seigneur vous donner, monsieur mon cousin, très bonne et longue vie.

« De Villiers-Costerets, ce vingt-huitiesme jour d'octobre 1553.

« Monsieur, je vous supplie pardonner à ma maladie si je ne vous ai peu escripre de ma main, non à moindre affection que vous veult pour jamais porter vostre obéissant antièrement meilleur cousin.

« C. CARDINAL DE LORRAINE. »

Pasquil de ce temps.

« A très hault et puissant seigneur René de Batarnay, chevalier conte du Bouchaige, baron d'Anthon et d'Auborme, seigneur de Monthesor, du Bridore, et de Moulins en Berry, gentilhomme ordinaire de la chambre du Roy, et cappitaine du Mont-Saint-Michel : Pierre Hamelin, humble, salut.

« Monseigneur, deux ou troys jours sont que, par vostre commandement, Simon, Laurin me bailla ung petit traicté en latin, autrement appellé pasquille, pour le mectre et traduire en aultre langue vulgaire. Auquel commandement voullant satisfaire à mon pouvoir et selon la teneur et capacité de mon petit esprit; j'ay volunctiers amployé quelques heures de l'après souper à la mectre et traduire au plus approchant qu'il m'a esté possible de nostre rommung parler, tant pour mieux retenir et praticquer les graves sentences et saints propos de l'escripture illec contenus, que pour le grand plaisir que j'ay receu d'avoir le moyen de vous déclairer la bonne affection et prompte volunté que j'ay de vous faire service, à quoy les biens que j'ay receuz de vous m'ont grandement aservy. Par quoy, monseigneur, soubz la guide de vostre adveu, je me suys adventuré de vous présanter la traduction de ce petit traitté, laquelle jaçoit qu'elle soit mal agencée, et le langage assez mal orné et digeré, si est-ce, touttefois, que je me suis azardé de présenter devant vostre noble seigneurie ce que je n'eusse ozé entreprandre, n'eust esté la nécessité que j'ay de vous obéyr, ensemble la confience que vostre seul nom suffira à me donner occasion et argument ci après de m'essayer en aultre lieu de vouer mon servite, si je cognois qu'il vous soit plaisant et agréable, et joinct aussi que vostre prudence s'estendra jusques à supployer au deffault de ma présente traduction.

« Et pource que ce petit traitté contient en soy la devise des faicts belliqueux, héroicques, et vertueux des Roys, princes et grands seigneurs, en sorte que d'une chose vieille et antique selon l'escripture, on en a faict une toute nouvelle selon nostre temps ; et pour nous instruire et endoctriner : quoy considérant, vous m'avez semblé digne entre tous les hommes auquel se doibvent vouer et dédier tels faicts, comme à celluy qui a de coustume d'en user, (c'est à son poinct la chose aproprier) en telle continuation, que je croy q'uestes né pour estre protecteur et patron de vertu et des vertueulx, des lettres et lettrez. Doncques, monseigneur, le meilleur des bons, je vous voue et dédie ceste petite translation de latin en françois, non qu'elle soit digne, partant de moy, tomber en vos mains eu esgart à vostre grandeur et haultesse, et à mon ignoranue et imbécillité, mais pour estre perpétuel tesmoing que je vous doibs service et révérance ; à laquelle je me recommande très-humblement ; priant le Créateur vous donner en bonne sancté aussi longue vie comme vostre singulière vertu et bonne nature le méritent. »

S'ensuit l'interprétation françoise des mots latins contenus en pasquille.

LE ROY DE FRANCE POUR ANIMER LES GENS DE GUERRE.

O vos omnes qui laboratis, venite ad me et ego reficiam vos.

Tout ainsi que Jésus Christ promect rémunération à ceulx qui auront diligemment labouré et travaillé en la vigne de son évangile des biens célestes : aussi à semblablement le Roy promect rétribution, loyer et récompense à ceulx qui luy seront fidelles, et exposeront leur vie pour le salut de son royaume en biens temporels, disant de ceste façzon : Vous tous qui travaillez, venez à moy et je vous soulagerai.

L'ITALIE.

Ecce ancilla domini, fiat mihi secundum verbum tuum.

Voicy la chambrière du Seigneur, sa volunté soit accomplie en moy. C'est le verset du cantique de la Vierge, voulant respondre à ce que l'ange luy dist, qu'elle concepveroit le Fils de Dieu ; sa petite chambrière, dist-elle, suys à son commandement. Ainsi l'Italie veult rendre obéissance à notre bon prince, qui signe assez évident qu'il parvient aux fins de sa devise qui sont : Donec totum compleverit orbem : par ce donne à cognoistre qu'il doibt estre quelque jour monarque.

LA FRANCE COMME SI ELLE VOULLOIT DIRE :

Deposuit potentes de sede et exaltavit humiles.

Monseigneur a subjugué et mis au bas les grands de la terre, et les humbles a eslevez et mis en crédit, à l'exemple de Jésus Christ qui a exaltez les humbles de cueur et a déprimé et mis au néant les superbes et arrogans. Je serois trop long, Monseigneur, si je m'arrestois à réciter les exemples de la sainte Escripture qui font à ce propos, joinct que vous entendez trop mieulx que ma langue et ma plume ne sçauroient dire ne escripre.

LE PIEDMONT.

Attollite portas principes vestras et elevamini portæ æternales.

Eslevez vos portes grands portaulx, eslevez vos portes, affin que illecq entre le Roy de gloire, ce disoit David le bon roy prophétizant l'advénement de Jésus-Christ en Jhérusalem, qui debvoit estre roy de Syon. Aussi le Roy est destiné pour estre prince et seigneur de Piedmont : comme nous verrons plus amplement à l'exemple subséquent de monsieur de Brissac.

L'ESTAT DE MILAN.

Domine ante te omne desiderium meum, et gemitus meus a te non est absconditus.

Seigneur, en toy gist mon espérance, mes peines et travaulx ne te sont point incogneuz, mes pleurs et gémissemens non point esté mys arrière de toy ; ainsi disoit David estant en affliction, circumvenu et environné de ses ennemys.

METZ.

Venit princeps mundi hujus et in me non habuit quicquam.

Le prince de ce monde est venu pour m'assiedger, et de moy n'a sceu avoir joissance.

PARME DICT AU ROY CE QUE JADIS

Ecce refugium in tribulatione que circumdedit me,

Le bon David disoit rendant grace à notre Dieu de ce qui luy donnoit tousjours victoire contre ses ennemys: Tu es (disoit-il) mon lieu secret, tu me garde de tribulation, tu m'environne de la joye de délivrance.

SIENNE.

Vos omnes qui transitis per viam attendite et videte si est dolor sicut meus.

Vous tous qui passez par ces voyes et sentiers arrestez vous et pensez s'il y a aucune douleur semblable à la mienne.

PLAISANCE VILLE PRINSE AU PAYS DE VIENNE.

Reddite ergo quæ sunt Cæsaris Cæsari, et quæ sunt Dei Deo.

Rendez à César ce qui lui appartient, et à Dieu aussi semblablement.

ESCOSSE.

Eripuisti me Domine de manu Pharaonis et de servitute captivorum.

Tu m'a délivré, Seigneur, de la main et tyrannie de Pharaon et de la servitude moleste des Égyptiens.

FERRARE.

Si dimittis eum non es amicus Cæsaris.

Si tu le laisse eschaper tu n'es pas amy de César.

GÊNES.

Ecce tradam urbem in manu regis.

Si bientost je n'ay secours, je rendray la ville entre les mains du Roy.

ALLEMAIGNE.

Filii Abrahæ sumus et nemini servivimus unquam.

Nous sommes enfans d'Abraham père de justice, et jamais ne fusmes serfs.

VENISE.

Vidimus stellam in oriente et venimus cum muneribus adorare eum.

Nous avons veu son estoile en Orient et sommes venuz avecques dons et présent pour l'adorer. Je pense que c'est quelque présent que les Vénitiens ayent faict au Roy, sauf touteffoye votre meilleur jugement et advis, Monseigneur.

ANGLETERRE.

Adeo nos dilexit Deus ut traderet unicum filium suum ad lapidendum et crucifigendum.

Le souverain Seigneur nous a tant aimez qu'il n'a point doubté de nous bailler et délivrer son Fils unique pour estre crucifié et lapidé.

L'EMPEREUR.

Spiritus meus attenuabitur, dies mei abbreviabuntur, et solum mihi superest sepulchrum.

Mon esprit me deffault, mes jours s'avencent, il ne me reste plus qu'estre mys au tombeau.

LE ROY D'ANGLETERRE.

Pater, si possibile est transeat a me calix iste, non est mea voluntas, sed tua.

Mon père, s'il est possible que je ne gouste point ce breuvage si amer, et s'il ne se peult faire autrement, ta volonté soit faicte, non pas la mienne.

LE ROY DES ROMAINS DICT AVECQUES DAVID:

Nolite confidere in principibus terræ.

Ne vous confiez aux princes de la terre, ne aux enfans des hommes esquels n'a aulcun espoir de salut, ains seulement en Jésus-Christ qui se interprète Saulveur en notre langue.

LE DUC OCTAVIAN.

Bonum certamen certavi, cursum consumavi, fidem servavi, in reliquo posita est mihi corona justitiæ.

J'ay entreprins tousjours juste guerre, j'ay consommé et achevé le cours de ma vie, j'ay esté fidelle à mon prince, parquoy à bon droit j'actends la couronne de justice.

LE DUC DE FLORENCE.

Qui gladio ferit gladio peribit.

Qui de glaive férict et meurdrist, de glaive doibt mourir; et cela se doibt entendre que tout ainsi que nous ferons à nostre prochain il nous sera faict.

LE CARDINAL DE FARNAISE DICT JOUXTE ET SELON LA DOCTRINE DE DAVID PARLANT DE JÉSUS-CHRIST,

Annunciabo nomen tuum fratribus meis et in medio ecclesiæ laudabo te,

J'annunceray ton saint nom à mes frères, et au milieu de la congrégation des fidelles chrestiens je te loueray.

LE CARDINAL DE FERRARE.

Docebo iniquos vias tuas et impii ad te convertentur.

J'enseigneray aux transgresseurs tes voyes et les pécheurs se convertiront à toy.

DON FERRANT.

Circumdederunt me dolores mortis et pericula inferni invenerunt me.

Les cordeaux de mort m'ont environné, et les détresses du sépulchre m'ont trouvé ; j'ay trouvé angoisses et tristesses.

LE MARQUIS DE MARIGNON DICT COMME LE BON LARRON,

Domine, ne recorderis peccata mea dum veneris in regnum tuum.

Seigneur, n'aye mémoire de mes délicts et offences quand tu viendras en ton royaulme.

LE PIGNEROL GOUVEREUR DE MILAN DICT COMME SAINT PIERRE,

Aurum neque argentum habeo.

Aurum neque argentum habeo, je n'ay ne aur ne argent, partant deffendu à luy d'en bailler.

MONSIEUR DE BRISSAC.

Domine quinque talenta tradidisti mihi, ecce alia quinque superlucratus sum.

Sire, si tu m'as baillé cinq tallens, en voicy cinq aultres que j'ay gaigné d'abondant, voulant dire qu'il a beaucoup augmenté et conquesté du pays de Puymont.

MONSIEUR DE TERME.

Omnes quos tradidisti mihi non perdidi ex eis quanquam.

De toute ma compaignie je n'en ay pas perdu ung seul.

LE SEIGNEUR DE STROCE.

Vide humilitatem et laborem meum et dimitte universa delicta mea.

Voy et considère mon humilité et mon labeur, et me pardonne toutes mes offences.

MONSIEUR DE FOUGERANT PRISONNIER A FLORENCE DICT AVECQUES SAINT PAUL :

Cupio dissolvi et esse cum Christo,

Je désire estre hors de ce monde et estre avec Jésus-Christ.

MONSIEUR DE BONNIVET.

Miserere super turbam, quia jam triduum manet apud me et non habet quod manducet.

Aye pitié, Seigneur, sur ceste multitude et grande compaignie, car jà troys jours sont avecques moy et n'ont de quoy menger.

LE PAPE.

Non veni mittere pacem sed gladium.

Je ne suis point venu mectre paix en terre, ains au contraire la guerre : ce nous démonstre, Monseigneur, que les papes, cardinaulx et évesques doibvent porter le glaive de justice qui est la parolle de Jésus Christ, laquelle, ainsi que dict saint Paul, pénètre jusques à la division de l'âme et du corps. Ainsy selon que dict Isaye au cinquante neufviesme chapitre : Mon Dieu, dit-il, a mys ma langue comme ung cousteau, et tranchant pour coupper et extirper les racines de péché.

L'ARMÉE DE FRANCE.

Ergo dum tempus habemus operemur bonum.

Cependant que nous avons le tems faisons bien.

LE COMMUN DU PEUPLE.

Salus mea in manu tua est Domine ; respiciat super nos misericordia tua, et securi serviemus regi.

L'espérance de nostre salut gist en toy, mon Dieu. Parquoy nous te prions qu'il te plaise estandre sur nous ta pitié et miséricorde, affin que nous puissions plus seurement servir à nostre prince et bon Roy.

Miror cujus ordinis sunt prælati hujus temporis ; nam in sanitate habentur ut clerici, in negociis ut laici, in vexatione populi ut milites, in ornatu ut mulieres ; tamen non prædicant ut clerici, non laborant ut laici, non pugnant ut milites, non pariunt ut mulieres ; ergo nullius ordinis sunt ; quo ibunt, rogo, ubi nullus est ordo, sed sempiternus horror habitans.

Je me merveille de quel ordre sont les prélats de notre temps, ils vivent en senté comme les clercs, en traficques et marchandises comme les gens laiz, en tourment et vexation comme les gens d'armes, en ornemens et preciositez d'habits comme les femmes : touteffois ils ne nous preschent comme les clercs, ils ne travaillent comme les laiz, ils ne bataillent comme les gens d'armes, ils n'enfentent comme les femmes, par quoy ils ne sont de nul ordre. Mais où iront-ils, response, où il n'y a point d'ordre, ains au contraire ung horreur et grissement de dents perpétuel, qui est à tous les dyables en enfer.

AUTRE PASQUILLE.

LE ROY AU CONNESTABLE L'ENVOYANT A BORDEAULX.

Abi ad populum nequam, et quemcumque ligaveris super terram erit ligatus, et quemcumque solveris erit solutus.

LE CONNESTABLE AU ROY.

Judicabo gentes in justitiâ et populos in equitate, et perdam eos qui operantur iniquitatem.

LES PARENS DU CONNESTABLE.

Dominus custodiat introitum tuum et exitum tuum ex hoc nunc et usque in sæculum.

LE CONNESTABLE AUX GENDARMES.

Si quis vult venire post me abneget semetipsum et tollat crucem suam et sequatur me.

LES SOULDARS AU CONNESTABLE.

Eamus et moriamur cum eo.

LES SACCAIGEZ DE BOURDEAULX PRIANS LE CONNESTABLE.

Cum exurgerent homines in nos, forte vivos diglutissent nos.

L'ADVOCAT DU ROY LACHE.

Adversum me susurrabant omnes inimici mei, adversum me cogitabant mala mihi.

LE COURONNEL DE MARANNES AUX BOURDELLAIZ.

Estote prudentes sicut serpentes, tradent enim vos in consilium et ad reges, et presides ducemini propter nomem meum.

LES SAINXTONGEOYS AUX BOURDELOIS.

Nolite confidere in principibus, nec in filiis hominum in quibus non est salus.

LEUR COURONNAL.

Si consistant adversum me castra non timebit cor meum.

LES BOURDELOIS A MONSIEUR DE CANDALLE.

Sub umbrâ alarum tuarum protege nos.

MONSIEUR DE CANDALLES AUX BOURDELLOIS.

Ego sum paratus vobiscum mori et subire crucem.

MESSIEURS DE PARLEMENT AU PEUPLE.

Hellyas venturus est et restituet omnia.

LE ROY AUX BOURDELOIS.

Ecce ego mitto ad vos prophetas, sapientes, scribas et phariseos.

MONSIEUR DE CANDALLE.

Ecce sponsus venit obviam ei et tunc ipsi surrexerunt.

LE CONNESTABLE AUX GENDARMES.

Ite in castellum quod contra vos.

LES LANSQUENETZ ARRIVEZ DEDANS BOURDEAUX.

Bonum est hic nos esse.

LES GENTILSHOMMES DE GASCOIGNE AU CONNESTABLE.

Bene fac, domine, bonis et rectis corde.

MONSIEUR DE CANDALLE AU CONNESTABLE.

Fiant aures tuæ intendentes in vocem deprecationis meæ.

LE CONNESTABLE POUR RESPONSE.

Ego autem surdus non audiebam et sicut mutus non aperiens os suum.

LE CONSEIL PARLANT AU CONNESTABLE.

Quid faciemus domine?

LE CONNESTABLE POUR RESPONSE.

Confundantur omnes.

LES MÉDOCQUINS AU CONNESTABLE.

Nonne bene dicimus quia samaritanus es tu et demonium habes?

LE SECOND PRÉSIDENT.

Beatus vir qui non abiit in consilium impiorum.

LES COMMISSAIRES DEPPUTEZ PAR LE ROY ET CONESTABLE.

Nos legem habemus et secundum legem debet mori.

LES BOURDELOIS QUI ONT PORTÉ LES ARMES PAR LA VILLE.

Si iniquitates observaris domine, domine quis sustinebit.

LA CHASSAIGNE SE PRÉSENTANT AU CONNESTABLE.

Ave, Rabi.

LE CONNESTABLE.

Ergo rex es tu?

LA CHASSAIGNE.

Tu dicis.

LE PRÉVOST DES MARESCHAUX A LA CHASSAIGNE.

Non audis quanta adversum te dixerunt testimonia?

LA CHASSAIGNE.

Nihil respondit ad ullum verbum.

LE DIT PRÉVOST.

Nihil respondes.

LA CASSAIGNE.

Non habes potestatem adversum me ullam.

LES OFFICIERS ET AULTRES GENS SUYVANS LA BANDE DUDIT CONNESTABLE.

Si hunc dimittis non es amicus Cesaris.

LESTONNAT AU CONNESTABLE.

Pater, si possibile est, transeat a me iste calix, patientiam habe in me et omnia reddam tibi.

LE CONNESTABLE.

Ille enim voluit, sed eum tortoribus dedit.

CARLOTAIN.

Nolite timere eos qui occidunt corpus, animam autem non possunt occidere.

LE SUSDIT BRUSLÉ.

Defecerunt sicut fumus dies mei, et ossa mea sicut cremium aruerunt.

LE CAPITAINE DU SAULT.

Judica me, domine, secundum justitiam et secundum innocentiam meam super me.

LES AULTRES QUI ONT ESTÉ JUSTICIEZ.

Beati mortui qui in domino moriuntur.

LES FEMMES DES JUSTICIEZ.

Ibant et flebant.

LES CONDAMNEZ AUX GALLÈRES.

Circumdederunt nos dolores mortis et pericula inferni invenerunt nos.

MONSIEUR DE POMMIERS AU CONNESTABLE.

Miserere mei domine qui infirmus sum.

MONSIEUR DE BALES.

Parce mihi, domine, nihil enim sunt dies mei.

MONSIEUR DE CIRET.

Libera me, domine, a labiis iniquis et a lingua dolosa.

MONSIEUR DE MONCIUS CONSEILLER EN PARLEMENT A BORDEAULX.

Oculi mei semper ad dominum quoniam ipse de laqueo evellet pedes meos.

MONSIEUR DE GANS CONSEILLER EN GUYENNE.

Miserere mei domine quoniam iniquus et pauper sum ego.

MONSIEUR JEHANNOT LE SEC.

Anima mea sicut passer erepta est de laqueo venantium.

LES ABSENS QUI S'EN ESTOIENT ALLEZ ET FOUYZ DE BOURDEAULX.

Benedictus dominus qui non dedit nos in captione dentibus eorum.

GENS D'ÉGLISE VOYANT ABATRE LES CLOCHES.

Vah qui destruunt templum Dei!

LES COMMISSAIRES DÉPUTEZ POUR FAIRE ABATRE LES CLOCHERS.

Quid hic statis totâ die otiosi.

LES PRESTRES.

Quia nemo nos conducit, domine.

LES ESTRANGERS VOYANS BRUSLER LES PRIVILÉGES DE BORDEAULX.

Ut quid perdito hac.

CEUX QUI DÉSENTÉRÈRENT MONSIEUR DE MOULINS (MONEINS).

Lazare, exi foras.

MADAME DE MOULINS AUX CARMES.

Ubi posuistis eum ?

LES CARMES.

Surrexit; non est hic; ecce locus ubi posuerunt eum.

LES BAYONNOYS A LADITE DAME.

Jussit corpus reddi; et eo accepto involuit in syndone mundo et posuit in monumento.

MONSIEUR DE MOULINS GOUVERNEUR.

Ecce nunc in pulvere dormio et si mane me quæsieris non subsistam.

Super sanctis faisant le sermon à Saint-André.

Qui Lazarum resuscitasti.

LES SIX VINGT DE BORDEAUX ASSISTANS AU SERVICE.

Vide humilitatem meam et laborem meum et dimitte delicta nostra.

LE CLERC DE LA VILLL AU CONNESTABLE.

Ne reminiscaris domine delicta nostra vel parentum nostrorum, neque vindictum sumas de peccatis nostris.

LES PETITS ENFANS.

Delicta juventutis mea et ignorantias meas ne memineris, domine.

LE CONSEIL AU CONNESTABLE.

Respexit orationem humilium et non sprevit preces eorum.

LA COMMUNE APRÈS LE DÉPARTEMEMT DU CONNESTABLE.

Beati quorum remissæ sunt iniquitates et quorum tecta sunt peccata.

LE CONNESTABLE AUX GASCONS.

Habetis custodiam, illum custodite sicut scitis.

LES HABITANS DE BORDEAUX AUX SACCAIGEZ.

Ve illi per quem scandalum venit.

Manuscrit de la bibliothèque du Roy, du règne de François Ier v. 53. f. 91.

Autre pasquil

LE JEU DE PRIME ENTRE TOUS LES POTENTATS.

SUÈDE.

J'ay cinquante-cinq sur la première carthe, çà il y va de mon reste.

FRANCE.

J'ay encore cinquante-cinq et tout y va, arrive ce qu'il pourra, perte ou gain.

L'EMPIRE.

Mettez bas les carthes, jé aultant que vous et moyen de faire jouer.

VENISE.

Nous ne jourons point, espérant de gangner sans jouer.

PALLATIN.

Si en ceste première carthe je ne gangne, je veulx jetter les carthes au feu.

PARME.

Je me sauve des flux, j'ai assez bon jeu, j'attans une seulle carthe, mais elle ne vient point.

ESPAGNE.

Si je puis éviter le jeu, je vous monstreray par après peu à peu comme il fault jouer.

LE PAPE.

Asseurez vostre jeu, n'empeschez le point et que personne ne paye que je n'aye compté.

FLORANCE.

Meslez les carthes tant que vous vouldrez, vous ne descouvrirez mon jeu.

HOLLANDE.

Si je n'eusse joué avec l'Espagne, j'eusse perdu mon estat et mes enffans.

Je ne regage point lequel a le meilleur point, mais je gangneray à chaux ou à sable.

ANGLETERRE.

Puis que je voy le jeu désesperé, je ne dis mot, et en lave mes mains comme Pilate.

SAVOYE.

Qui gangnera de vous aultres, payera les carthes, car il m'a trop cousté à les fournir.

MANTOUE.

Teste bleu, laissez moy jouer, j'ai le bien d'aultruy pour espargner le mien.

LORRAINE.

Maintenant il me fault jouer comme voyez, puis que jé tout perdu, à crédy.

DANNEMARC.

Je vous ay trop long temps regardé faire, si ne quittez le jeu, je jouray aux des pens de quelqun.

SAXE.

C'est une chose estrange qu'il me fault jouer malgré moy; mais à la fin je m'osteray du jeu.

BRANDEBOURG.

J'ai gagé que je ne jourois point si je ne voy bien mon point.

BAVIÈRE.

C'est estre bien malheureux ! j'ai de bonnes carthes et ne puis jouer.

MOSCOVIE.

Pleust à Dieu que je n'eusse point joué, et que j'eusse mieulx faict ma partye.

COLLONGNE.

J'ai gangné ung beau jeu, je ne say si je gangneray encore celuy-cy.

L'INFANTE.

Je n'ay pas grande espérance de mon jeu, je n'ay que des méchantes carthes.

LE GRANDS SEIGNEUR.

Paix là, brouillons ! vous mestourdissez, vous estes cause que je n'ay point joué et faict une partye.

———

« Le grand prieur de France, frère du duc de Guyse, l'informa des nouvelles d'Italie par la lettre suivante,

« Monsieur, estant encore aux isles près Marseille, assiégé de grosse mer et vents contraires, ai receu la lettre qu'il vous a pleu m'escrire de Fontainebleau, du 24e jour de novembre, par le cappitaine Bache, et me vint trouver dedans la gallère, environ minuit. Et trois jours après se leva un maistral qui nous emmena jusques en ce lieu de Porquerolles, où nous descouvrismes en arrivant, une gallère; pensant qu'elle fust d'ennemye et qu'elle voulust traverser en Espagne, nous doubstans qu'elle ne fust pas seulle et qu'il n'y eust en embuscade, derriere ces isles d'Ières, d'autres gallères, qui fut cause que nous fismes les signals que le sieur de Lagarde nous avoit dit de faire par le chevalier de Seurre; mais ladite gallère ne respondit rien à propos, parcequ'elle n'estoit point instruite du signal. C'estoit la gallère du cappitaine Cabasolles, qui de son costé pensoit que nous fussions ennemys et faisoit compte de nous venir investir et nous de le prendre; à la fin nous envoyasmes notre frégate sy près de luy qu'elle le recogneut : et me fit entendre que monsieur de Lagarde estant arrivé en un lieu, en Corse, nommé Galleria, et voulant de là exécuter sa commission, s'esleva un ponant sy grand, qu'il sépara la dite armée, et le seigneur Pierre avec neuf gallères arriva en un petit islot, en Corse nommé Isle-Rousse, où ilz ne peuvent guères demeurer; que le mauvais temps le contraignit de demeurer; et en se levant, une gallère investit sy rudement la gallère du dit Cabasolle, qu'elle rompit en trois pièces le timon, qui fut cause qu'il perdit une heure de temps à en mettre un autre, qui ne vaut rien, avec lequel il est venu jusques ici à toutes peines. Cependant le seigneur Pierre, avec huit gallères, faisoit chemin; monsieur de Lagarde ne sceut afferer laditte isle aux trois gallères et passa assez près de Saint-Florent, où est André Dorie avec trente deux gallères et quinze navires qui attendent les gallères d'Espagne et de Cicille. Nous ne sçavons encore ce que nostre armée sera devenue : je crains que monsieur de Termes n'aura grand besoing de ce que nous luy portons, car maintenant les vents se sont mis Ponant et Maistral qui sont en poupe pour nous; mais ilz sont sy impétueux et la mer sy grosse, que nous sommes contraintz d'attendre qu'ilz soient un peu abonnassez pour partir incontinant et ne perdre un seul quart d'heure de temps. Je suis merveilleusement marry que je ne puisse estre plustost en Corse, pour obéyr à monsieur de Termes, et faire pour le service du Roy ce que m'avez commandé. Je vous supplie vouloir remercier monsieur le comte de Termes et madame la comtesse de tant d'honneurs et bonne chère qu'ilz m'ont faict. Je me recommande, etc.

« Vostre très humble et obéissant frère,

« François de Lorraine. »

« De Porquerolles ce jour 10⁰ de décembre 1553. »

Lettre de monsieur Bourdin au dit duc.

« Monseigneur, je vous ay envoyé ces jours une copie de nouvelles que le Roy avoit eues d'Allemagne; ce qui est depuis survenu est la certaineté du mariage de la royne d'Angleterre avec le prince d'Espagne, que les Anglois tiennent pour tout résolu, et a mandé monsieur de Noailles que l'on attendoit en Angleterre les sieurs de Lallain, de Courriers et de Negry et le comte d'Egmont que l'Empereur a délégué pour y aller traicter et passer avec solemnpité ledit mariage, et que ledit prince d'Espagne y sera incontinant après ce Noël : au moins le tiennent ils par de là pour tout certain. Et combien que l'on ayt toujours estimé que lesdits Anglois ne vouldroient en sorte du monde endurer qu'un prince estranger leur commandast, et que le bruit de ce mariage soit non seullement entre les grandz mais jusques au commung populaire, sy ne font-ils pas grande démonstration de se vouloir mouvoir pour cela; s'ilz en ont envie, l'heure est venue qu'il faut qu'ilz mettent la main à l'œuvre et crois que le Roy ne tardera guère à en avoir bientost des nouvelles des quelles Monseigneur, je ne faudray à vous donner advis tout aussitost. Je me recommande, etc.

« Escrit à Fontainebleau ce 14 décembre. Vostre très humble et très obéissant serviteur.

« Bourdin. »

« Les nouvelles qui furent apportées d'Angleterre furent envoyées par ordre du Roy au duc de Guyse. En voici les principales :

« Monsieur de Noailles par lettres du 12 escrit que ledit jour le traicté de mariage d'entre le prince d'Espagne et la royne d'Angleterre devoit estre accordé, passé et signé.

« Et que le dimanche en suivant le comte d'Egmont fianceroit laditte dame au nom du dit prince.

« Que toute la noblesse et le populaire ont ce mariage sy à contre cœur, qu'ilz ne se peuvent garder d'en parler mal publiquement, et se pourvoient tous d'armes secrettement en intention d'empescher au dit prince sa descente au dit royaume d'Angletterre et de le combattre s'il y met le pied.

« Leur première délibération estoit de tuer tous ceux qui conseilleroient ce dit mariage à leur royne, et d'attenter mesme à la propre personne de la ditte dame; mais cette délibération n'a pas pleu à tous qui, toutesfois, s'accordent bien à l'entreprise dont est fait mention au premier article.

« La dite dame et ceux de son conseil estant en un merveilleux soubçon de la dite entreprise, ont mandé Pietro Daro qui est des principaux autheurs et conducteurs, et l'ont envoyé querir jusques au pays de Dampoher où il est pour dresser ses pratiques et y attirer madame Elisabeth; mais on croit qu'il se gardera bien de venir à leur mandement, et que cela sera cause de luy faire mettre plustost la main aux armes et à ses compagnons, qu'ilz n'avoient délibéré.

« Les députez de l'empereur ont parlé à la dite dame Elisabeth du mariage du prince de Piedmont, avec beaucoup de belles promesses de la part de l'Empereur; mais elle s'est résolue de ne prendre aucun party qui luy soit présenté de ce costé là, voyant la bonne part et attente qu'elle a à la couronne d'Angleterre sy les choses entreprises pour elles succèdent à bonne fin.

« La royne d'Angleterre a retardé le partement de ceux qu'elle devoit envoyer en Espagne, et pense-on que ce n'est à autre intention que pour amuser un chacun soubz l'attente que le dit prince d'Espagne ne doive partir que les ditz députez ne soient arrivez vers luy, et cependant prévenir tous ceux qui le voudroient empescher en son voyage et sa descente en ce dict royaume.

« On dit que le dit prince amène avec luy cinquante cinq enseignes espagnols, et que le sieur de Buves admiral de Flandre meyne au devant de luy un grand nombre de vaissaulx jusques en Espagne ou bien jusques au cap de Cornouailles.

Lettre du cardinal de Lorraine au duc de Guyse son frère.

« Monsieur mon frère, depuis vous avoir dernièrement escrit, il ne nous est venu nouvelle importante de lieu du monde sinon qu'avec une despesche qui vint hier du mareschal de Brissac, un advis qu'il a donné de Montmeléon et Saint-Jacomo qu'on vous envoye, et s'il vient rien d'important vous en serez incontinent adverty. Le mareschal de Brissac avait peur que le Roy fut courroucé contre luy pour ce qu'il luy avoit mandé que l'on avoit trop tard pourveu par Magnolle et trop amusé à prandre des petites places, mais tout cela est bien rabillé. Le Roy m'a commandé vous faire ses recommandations et vous dire qu'il désire bien votre retour incontinant après Noel, et c'est l'occasion qu'ayant ouy parler monsieur de Serme il est en grand doubte s'il doit attaquer les Pays-Bas par Namur ou par Arras, y ayant bien des raisons des deux costez. Il désire fort vostre advis la dessus et partant informez vous en. Le mariage est arresté entre le prince d'Espagne et la Reyne d'Angleterre, il n'en fault plus doubter : elle-même le faict dire au Roy par son ambassadeur. Devinez si ces nouvelles ont esté agréables. Elle dit qu'elle ne se veult point mesler de querelles à charge que son royaume demeurera en paix, mais il n'en croit rien. Dieu en disposera comme il luy plaira. Nostre maistre se porte bien et faisons tous bonne chère. Je crois que vous ne nous en portez point d'envie où vous estes, et que vous n'en reviendrez que le plus tard que vous pourrez. J'en ferois bien de même sy j'y estois. le Roy est délibéré vous envoyer quérir exprès après Noël. Je vous envoye ce double du contrat d'acquisition du marquisat de Néelle, dont je suis desjà en possession, après en avoir faict foy et hommage entre les mains de monseigneur le garde des sceaux. Il n'en fault dire mot. Je l'ay dit au Roy, et que je ne faisois que vous prester mon nom, et m'a promis n'en faire semblant. Dieu nous faict plus de bien que nous ne méritons: aussy le recognoistrons s'il luy plaist et besognerons fort à nostre Eglise. Je prie Dieu, etc.

De Fontainebleau ce 18 décembre.

Vostre très humble et obéissant frère.

C. Cardinal de Lorraine.

Nouvelles envoyées au duc.

« De Rome sont venues nouvelles comme le pape se porte mieux que de coustume, et toutesfois les médecins jugent qu'il n'est pas pour la faire longue.

« L'on a receu une despêche de monsieur le cardinal de Ferrare, par la quelle il mande que le duc de Florance parle plus doux qu'il n'a accoustumé, et luy a escrit une lettre dont le dit sieur cardinal nous a envoyé le double, par la quelles il le prie bien fort de le vouloir advertir des moyens par les quelz il luy semble qu'il le pourra asseurer du Roy du quel il veut estre serviteur. Toutesfois il parle comme le greffier de Lorris, car il ne craint point la venue du sieur Pierre Strozzy au Siennois, pour avoir suffisamment promeu à toutes requises et nécessaires pour la conservatien de son Estat. Mais pourtant il confesse qu'il le craint, parceque beaucoup de gens penseront que s'il vient à faire et accorder quelque chose avec le Roy, ce sera de peur qu'il aura du dit seigneur Pierre, lequel on attendoit d'heure à autre à Pouthercule, où monseigneur le cardinal avoit envoyé des haquenées et autres chevaux pour l'emmener à Sienne avec ceux de sa suite.

« Monsieur le mareschal de Brissac s'est mis en la plus grande peine du monde et pense estre en la malgrâce du Roy, qu'il est possible pour avoir receu la lettre que le Roy luy escrivit, vous présent, le 20 du mois passé, ayant pris Gauthier pour Guillaume, car il a pensé que ce que le Roy luy mandoit de Domp Ferrand se deust entendre pour luy, et faict les plus belles exclamations qu'il est possible, sur quoy le Roy luy respondit de telle sorte qu'il aura occasion de se contenter et appaiser.

« De Fontainebleau, ce 18 décembre.

« Vostre très humble et obéissant serviteur,
   « Duthier. »

Lettre du sieur Bourdin au dit duc.

« Monseigneur, depuis ce que je vous ay dernièrement escrip, le Roi a receu une despesche de monsieur de Nouailles, son ambassadeur en Angleterre, qui ne mande autre chose, sinon que les préparatifs pour la célébration du mariage de la royne d'Angleterre avec le prince d'Espagne s'advancent fort, et que l'on y attend les seigneurs que l'Empereur y envoye, à cette fin ceux qui les doibvent recueillir et mener de lieu à autre, estant desjà partis pour leur aller au devant. Madame Élizabeth, sœur de la ditte Royne, s'en estoit allée en sa maison avec bonne parolle de la ditte sœur, sy ne peut on croire toutesfois qu'elle ne soit fort mescontante. Milort Courtenay est fort desfavorisé, mais non pas à l'endroict de la ditte dame Élisabeth, qu'il ayme fort et désire grandement l'espouser. Voilà, monsieur, le sommaire de l'estat au quel sont les choses du dit pays. Monsieur le baron de la Garde arma hier et ce jourd'huy matin Basche Martel, fraichement venu de Corsègue, qui a asseuré le Roy que les ennemys ne battent plus Saint-Florens, espérant l'emporter par famine, et se sont sur cette espérance fortiffiez en leur camp. Le dit sieur baron est party ceste après disnée pour s'en retourner avec commission de mener en la ditte isle quatre mil hommes de pied et force vivres, pour le refreschissement et avituaillement des places que le Roy tient par de là, et espère avec cette dernière force et ce que le Roy a desjà, monsieur de Termes aura moyen de bien battre les ennemis qui ne sont point plus de huit mil hommes, et luy, avec l'armée de mer, porter grand dommage aux Génevois le long de leur rivière. De ce que en succédera et aussy de tous autres endroits, je ne faudray, monseigneur, a vous donner advis, et sur ce je prie Dieu, etc.

« De Fontainebleau, ce 22 décembre 1553.

« Vostre très humble et très obéissant serviteur,
   « Bourdin. »

Lettre du cardinal de Lorraine au duc son frère.

« Je ne veux faillir vous advertir comme monsieur de la Garde et le cappitaine Basche Martel sont venus devers le Roy, luy ayant apporté response du sieur Pierre qui a trouvé très bons nos desseins d'envoyer cinq mil hommes en Corsègue, lesquelz arrivant par de là en prospéritez, sera le plus beau traict pour les affaires du Roy qu'il est possible, et au contraire la plus grande ruyne pour l'Empereur qu'il sauroit recevoir; et pour mettre à fin cette entreprise sont partis ce matin les dits sieurs de la Garde et cappitaine avec argent, et s'en vont à Marseilles pour faire armer trente cinq gallères et six autres vaisseaux qui seront en tout quarante, et en voile, et en délibération de combattre sur mer les ennemis, s'ils se présentent, les quelz ne sont que trente deux gallères, ou bien les combattront à terre s'ilz attendent qu'ilz y soient descendus, et a promis le dit sieur de la Garde au Roy que dedans le huitième mois qui vient pour le plus tard, il sera prest à faire voile, et que dedans la fin d'iceluy cette pratique sera mise en exécution, qui sera à mon advis une des belles choses qu'on puisse voir, ce que le Roy mesme, en devisant aujourd'huy avec luy, m'a advoué; par quoy je suis bien fort aise que nostre frère le grand prieur ne soit encore party de Marseilles, afin de faire ce voyage où toutes jeunes gens doivent souhaiter d'estre : et à cette occasion je désire la présence de nostre frère le marquis, le quel le Roy m'a permis y faire aller, m'ayant chargé toutesfois de n'en rien descouvrir à personne qu'à vous, affin de luy envoyer en dilligence, sans en rien dire aux autres de sa qualité, qui n'y voudroient faillir non plus qu'il doit faire; à ceste cause vous ay-je bien voulu envoyer ceste en dilligence, vous suppliant, monsieur mon frère, incontinent icelle receue, faire partir nostre dit frère, au quel ne sera besoing faire provision de grandes sommes de deniers pour faire ce voyage, puisqu'il ne sera pas long ny de grandz frais, car le tout pourra être exécuté dans la fin du mois de janvier, et en pourra peut-estre luy mesme porter les nouvelles au Roy. Il prendra son chemin par la Bourgogne pour se rendre à Lyon, et de là à Marseille, dans le quatrième ou cinquième de janvier. Je sçais bien que ma sœur la marquise ne trouve pas bon mon advis, mais il me semble que nous ne devons laisser perdre une sy belle occasion à son mary, la quelle peut-estre ne se présentera jamais meilleure pour sa grandeur et réputation, que nous devons désirer sur toutes choses. Les affaires du Roy sont, Dieu mercy, en bon estat de tout costez, mesme de celuy du seigneur Pierre. On espère que luy estant arrivé se fera un beau carnage. Il me semble que nostre frère ne doit faillir à suivre cet advis, car le Roy advoue que ce sera la plus belle chose qui ait esté faite depuis ces guerres, et pour certain on combattra; et si nous avons la victoire, ilz ont déliberé entrer dedans Gennes sy les gallères de l'Empereur ont du pire, et poursuivre jusques delà leur entreprise. Je me recommande très humblement à la bonne grâce de la mère de la femme et des enfants.

« De Fontainebleau, ce 22 décembre 1553.

« Vostre très humble et obéissant serviteur,

« LE CARDINAL DE LORRAINE. »

Extrait des lettres de M. de Noailles, des 18 *et* 23 *décembre* 1553.

« La royne d'Angleterre, après l'arrivée devers elle des députez de l'Empereur, a délibéré envoyer en Espagne le comte de Betfort, l'évesque de Londres et Philippe Aulbin, et de les faire accompagner de beaucoup de noblesse, mais il n'y trouve personne qui les y veuille suivre.

« L'Empereur fit instance à la ditte Royne de luy bailler quarante ou cinquante jeunes millords qui demeureront pour ostage et sureté de son filz le prince d'Espagne, durant le temps qu'il sera en Angleterre, pour le peu qu'il a d'assurance en cette nation.

« Le mescontentement que les Anglois ont de ce mariage croît de jour à autre.

« Ceux qui ont intelligence avec madame Élizabeth taschent de le faire retirer peu à peu jusques au pays de Galles Cornuaille, et d'en tirer le revenu et domaine, comme aussy de faire prisonnier tous ceux qui veullent aller en Espagne et espèrent qu'en plusieurs autres lieux du royaume il y aura de semblables révoltements. »

[1554]. Au mois de janvier de la présente année le sieur D'Oysel escrivit au duc de Guyse une lettre où estoit contenu l'estat des affaires d'Escosse, et des travaux qui y estoient exécutés pour l'amélioration du dit royaume. Il y parle aussi de la suite des négotiations pour le mariage de monseigneur le Dauphin avec la royne d'Escosse niepce du dit duc.

« Monseigneur, j'ay par ci devant escrit au Roy et à vous, fort emplement, l'estat des affaires de deça, et encore dernièrement partant d'Icy les cappitaines Lussaingnet et Sorlabos qui sont vos créatures et serviteurs, je leur donnay charge vous faire entendre, Monseigneur, bien particulièrement et par la mesme manière de vivre de tout ce monde-cy, les remèdes qui à mon advis y seroient nécessaires pour l'establissement et seureté de toutes choses à l'advenir et toutes nos autres nécessitez; de quoy je ne vous feray redite par la présente, la quelle servira pour vous dire qu'ayant mis ces jours passez en considération que l'advancement du mariage de monseigneur et de la royne d'Escosse madame vostre niepce ne sçauroit nuire aux affaires du Roy et bien du service de Sa Majesté, mais au contraire de grande utillité, j'ay pris la hardiesse, après en avoir communiqué avec la Royne madame vostre sœur, qui s'en est contentée, d'en escrire présentement au Roy, ainsy qu'il vous plaira veoir plus à plain par le contenu en la lettre de Sa Majesté, qui me gardera m'en estendre davantage par la présente. Je vous diray seulement de rechef, Monseigneur, qu'il ne se joue pas de ces peu de choses maintenant pour le bien ou dommage des affaires du Roy, ayans les voisins que nous avons, ce que j'ay veu vous estre mieux cogneu qu'à tous autres par la lettre qu'avez dernièrement escrite à la Royne madame vostre sœur, qui m'a faict l'honneur de me la communiquer, dont j'ay été plus ayse pour les bons et saiges advis y contenus, que de chose qui m'ayt arrivé de long temps, tout autant du bien des affaires de Leurs Majestés. Sur quoy, je vous diray que la ditte dame a tant d'envie de soulager le Roy et ne l'incommoder par sa despense, qu'elle se passera de plusieurs choses: elle n'est pas encore bien obéye, combien que ce soit beaucoup mieux et avec plus de respect sans comparaison que jamais n'a esté observé par deça depuis la mort du feu roy d'Escosse son mary, que Dieu absolve; et quant à la considération qui se doit prandre sur la bonne volonté de ses voisins tant vieux que nouveaux, vous comprenez bien ce que cela vault, et combien les nouveaux venus cuydront gratiffier les Anglois leur proposans la conqueste d'Escosse. Je voudrois bien que la ditte dame fust assez riche et opulente qu'au lieu de demander au Roy, elle eut moyen de l'assister en ses affaires; mais je n'en vois encore le temps. Il fault premièrement faire valloir ce royaume, en mines, pescheries et aultres commoditez, en quoy on ne peut rien advancer sans l'obéissance des subjets envers leur souveraine, qui ne sera chose beaucoup difficile ayant la verge en main, j'entens se faisant craindre des mauvais et aymer et honnorer des bons: car ce peuple ne demande et ne désire que repos et justice. Mais il y a en toutes nos frontières des chefz des races et maisons que je ne sçaurois mieux appeler que Bandoulliers, qui ne vivent que de proye, soit des Anglois ou des Escossois mesmes, de sorte qu'ilz ne vallent rien ny en guerre ny en paix, et n'en peut-on tirer service. Il y en a aussy d'autres dans le pays qui n'y voudroient jamais voir de police. Il y a de plus des isles qui belles, bonnes et grandes, lesquelles sont en très mauvais estat, à quoy il faut remédier et délibérer y aller avec le congé du Roy pour visiter ces gens de bien là, avec quelques seigneurs de ce pays et une troupe de nos arquebuziers et autres de nos soldatz armez légèrement de jaques d'Escossois, espérant y faire quelque service au Roy et aus dites dames les roynes avant revenir, car ces pays abondent en tous biens, et sans ces moyens la Royne et le royaume demeureront pauvres dont il adviendra de grands inconvéniens. Quant aux fortiffications dont vous parlez en vostre ditte lettre, je vous diray, Monseigneur, que nous n'avons encore aucune forteresse sur nos frontières où nous puissions faire arrester une heure nostre ennemy s'il y venoit, de façon qu'il peut aller de tous costez de plain pied s'il a des vivres. J'ay bien souvent escrit et dit de bouche toutes ses choses depuis que j'ai eu l'honneur de commander en ce pays; mais il n'a esté rien ordonné à cause des affaires qui sont survenues au Roy: ce qui est à faire c'est de se prendre vivement à la besongne et de ne s'espargner à l'advenir; mais on n'y peut mettre la main sans avoir gens et quant un ingénieur qui sera malaisé à recouvrer; ma ditte dame fera néantmoins ce qu'elle pourra, selon vos advis, ayant desjà faict grande provision de bois de toutes sortes et prouveu à la chaux et autres choses qui ne se trouvent en ce pays où elle trouvera des vivres. Elle vous suplie au reste, Monseigneur, ne vous lasser de luy donner de vos bons advis, car seurement vous la touchez plus vivement d'un seul mot de lettre que ses serviteurs de cent mil : ce qu'elle prend de si bonne part qu'il sert beaucoupt à ses affaires. Elle m'a commandé de vous faire ses affectueuses recommandations à vostre bonne grâce, ayant remis de vous escrire de sa main par la première despesche qu'elle fera. Je prie Dieu, Monseigneur, etc.

« De l'Islebourg, ce 11 janvier 1554. »

Une négotiation estoit commencée entre messieurs de Vannes, Bassefontaine et Saint-Laurent, ambassadeurs du Roy, avec le député du marquis Albert à Soleures; les dits députez en rendoient compte par de nonbreuses lettres à M. le connestable et à M. le cardinal de Lorraine frère du dit duc, les quelles lui estoient aussi envoyées en double. Enfin les dits ambassadeurs dressèrent un mémoire de leur dite négotiation dont le double fut également donné au duc de Guyse.

Au mois de février, messieurs de Vannes et Saint-Lorent avoient écrit à mon dit sieur le cardinal :

« Monseigneur, estant ce matin arrivé en cette ville, j'ay entendu de Mons de Bassefontaine qu'il avoit, dès hier, fait une despesche au Roy, faisant mention entre autres choses qu'il avoit convenu avecques les députez du marquis Albert, lesquels sont maintenant à Chaffuse, que nous serions à Bade aussitost qu'ils nous aurions fait entendre avoir eu nouveau pouvoir de Leurs Majestez, ou bien seroient autrement preste pour négocier, ce que m'a gardé de passer jusques là, comme j'eusse peu faire aisément, tant pour ne leur donner occasion de penser qu'on les recherchast, comme aussi qu'il n'eust esté guères convenable à l'honneur du service du Roy que ses ministres eussent prévenu ceulx dudit marquis. Outre le bruit qui en eust couru par toute la Germanie, qui peut estre eust esté cause d'empirer aucunement nos affaires, pour le moings n'y eust porté aucun advancement, et mesmement', Monseigneur, en cette négociation qui n'est sans difficulté et hazard, et où la dextérité est si requise qu'il n'y a un seul petit respect qui ne vienne en considération. Au demeurant, Monseigneur, j'ay communiqué le pouvoir et instruction que j'ay porté audit sieur de Bassefontaine et à monsieur de Saint-Laurens qui est pareillement arrivé, et avons advisé par ensemble la forme qu'avons à tenir en ce traitté dont après avoir oy ledits députez en escriporont bien amplement au Roy, ne s'estant pour l'heure offert autre chose digne de luy estre escripte.

« Monseigneur, je me recommande très humblement à vostre bonne grâce. Priant Dieu vous donner en santé très bonne vie.

« De Soleure, le vingt-neuf février 1554. »

Discours de la négociation passée entre messieurs de Vannes, Bassefontaine et Saint-Laurens, ambassadeurs du Roy, et le sieur Silvestre Baid, député de monsieur le marquis le jeune Albert de Brandebourg à Soleure, le sixiesme jour de avril 1554.

Silvestre, député du marquis, accompagné du docteur Poyer de Schafouze et d'un truchement, comparu à Bade en Suice dès le vingt deuxiesme du mois de février dernier pour traitter avecques nous, qui y estions aussy venus sur le propos ouvert de la part du dict marquis, touchant l'entreprinse qu'il promettoit exécuter contre l'Empereur, d'où dépendoit la délivrance de monseigneur le duc d'Aumale, et la subvention que le Roy à cest effect luy promettoit. Despuis ce jour là jusques à l'onziesme de mars ensuivant, nous nous assemblâmes à diverses fois pour procéder au fait de cette négociation; mais pour autant que ledict Silvestre n'avoit receu depuis deux ou trois mois nouvelles aucunes de son maistre et que d'ailleurs il ne nous sceut dire aucunes nouvelles de monseigneur d'Aumale, tant s'en fault qu'il eust fait aprocher de Chafuse pour nous estre rendu, en baillant les deniers qu'on devoit délivrer comptant, ainsi qu'il avoit promis à Paris, il fut advisé de nostre part que nous ne déclairerions pour lors à ce député le fons de nostre instruction de peur que le marquis qui estoit comme il s'est entendu en praticques avecques l'Empereur et qui avoit auparavant monstré au Pais-Bas toutes les lettres, mémoires et instructions qu'il avoit envoyez en France, avecques les réponses qu'il avoit receues des ministres du Roy, n'en fait autant de cette dernière instruction dont dépendoit la conclusion de toute la besoigne; et néantmoins pour ne donner occasion aux princes de la Germanie qui tenoient desjà le marquis serviteur du Roy et mesmement à ceulx de la ligue nouvelle qui estoient assemblés auprès de Spire, de faire quelque délibération au préjudice des affaires du Roy et bien de celles de l'Empereur, nous advisasmes de nous séparer jusques à ce que lesdits députés trouvèrent très bon, comme aussi ils nous en avoient ouvert le propos, et de faict s'en retournèrent à Chafuse dont ils estoient venuz, et nous l'ung à Saleurre et les deux autres à Basle, à la charge de nous rassembler dans un jour chacune fois qu'il en seroit besoing et que ce député auroit eu nouvelles qu'il attendoit.

Estant ainsi séparez, Silvestre dépescha son truchement devers le duc Frédéric de Cymers, beau frère du marquis, pour sçavoir et raporter certaines nouvelles de monseigneur d'Aumale, qu'on disoit estre en sa maison, et aussi mémoires et instructions de ce que seroit à faire; lequel n'est depuis retourné et ne s'actend plus qu'il revienne à ce que Silvestre nous a confessé.

D'autre part le Roy nous escripvoit, du dix neuviesme jour dudict mois de mars, qu'il avoit trouvé très bon qu'eussions négocié sans nous déclairer plus avant, nous commandant expressément de ne faire aucune déclaration de nostre instruction à ce député quand nous viendrions à nous rassembler avec eulx, sinon que fussions asseurez du lieu où le marquis avoit fait venir monseigneur d'Aumale, et sans traitter de sa délivrance à rançon.

Par autres lettres de monseigneur le connestable du vingt quatriesme jour dudit mois de mars, nous estoit commandé tirer une dernière résolution de ce député et que ferions très bien de les presser et estraindre de venir à une conclusion, afin de ne leur laisser occasion de plus longuement dissimuler ains qu'on sceut par où l'on en sortiroit; lesquelles lettres vindrent si bien à point, qu'au mesme instant qu'elles nous furent rendues nous receusmes autres lettres de Silvestre par lesquelles il disoit avoir eu lettres de son maistre, par lesquelles il désiroit traitter et faire une fin avecques nous, et qu'à cest effect il estoit délibéré venir en ce lieu de Soleurre.

Silvestre estant icy arrivé avecques le docteur Poyer seullement, au lieu de demander son langaige, nous tient propos plus haultains et moins raisonnables que auparavant; car comme d'entrée nous l'eussions interrogé de plusieurs particularitez touchant son maistre pour tirer le plus avant qu'on pourroit ce qu'il nous en déclareroit aveoir, si cela se rapportoit aux advis qu'en avons euz de divers lieux, il nous confessa que l'Empereur le recherchoit et sollicitoit fort ayant fait consigner en certain lieu les deniers qu'il lui debvoit à la charge de les luy livrer aussi tost qu'il auroit déclairé qu'il seroit de son party et renoncé à celluy du Roy; qui estoit autant à dire que s'il y avoit icy argent pour cuyder avoir son maître à bon compte, il y en avoit pareillement de consigné du cousté de l'Empereur.

En passant oultre il adjousta que le marquis avoit desjà trois mille chevaulx, tous ceulx de sa maison l'assistoient jusques à l'électeur de l'Empire Joachim, et que nonobstant tous les bans de l'Empereur, il feroit si beau feu en tous les lieux où ses ennemis seroient, qu'ils se repentiroient de l'avoir irrité; lesquelles choses confirmoient ce que d'ailleurs en avions antendu de divers lieux, que toute la maison de Brandebourg estoit en armes, dont il s'ensuivroit que cest appareil tendoit plus à poursuivre la guerre des évesques ou à quelque querelle particulière qu'à prendre celle du Roy ou de l'Empereur.

Pour venir au fait particulier de nostre négociation, Silvestre disoit avoir receu lettres du marquis de Balyn, qui est en la marche de Saxes, du seiziesme de mars, par lesquelles il l'advertissoit n'avoir receu aucunes lettres de luy combien qu'il en eust escript plusieurs et à diverses fois, et que au demeurant il persistoit en sa première résolution de servir le Roy aux conditions qu'il avoit proposées.

Après que nous l'eusmes recherchez de nous déclairer plus ouvertement ce qu'il demandoit, il vint à dire clairement et à le répéter par plusieurs fois, que son maistre vouloit estre asseuré d'avoir pour délivrance de monseigneur d'Aumale 100,000 escus, dont les 60 seroient payés lors qu'il seroit délivré, et les 40,000 restans aux termes qui seroient advisez.

Sur quoy luy ayant replicqué que nous n'estions point icy pour traitter de la délivrance dudict seigneur principalement, ains d'une bonne ligue et intelligence que il devoit exécuter contre l'Empereur : car quant il seroit question seulement de ravoir mondict seigneur d'Aumale prisonnier, cela se manieroit soubz le nom de messeigneurs ses frères, et quant aux cent mille escus dont ils faisoient mention, que nous aurions bien charge de les promettre. Mais c'estoit pour aultre respect que pour la rançon dudict seigneur puisné de la maison de Guyse, pour lequel nous ne vouldrions accorder soixante mille ny la moitié, n'estoit en considération du faict du Roy qui espère, en usant de telle libéralité, d'obliger si avant le marquis que pour l'advenir il se perpétuera en son service.

En tout événement, pour monstrer que Sa Majesté y procédoit sincèrement et avoit intention de traitter à bon essient, il en apparoissoit assez en ce que d'entrée l'on livroit soixante mille escus, lesquels nous estions prests de bailler en voyant monseigneur d'Aumale ou estans asseurez de luy ; et ce fait, l'on traiteroit du surplus, et mesmement de la promesse des quarante mille qui restoient de cent mille, ou qui seroient payez lorsque ledict marquis auroit exécuté ce qu'il auroit fait promettre au Roy, y adjoustant que de traitter plus tost bonnement ne se pouvoit faire, d'aultant que l'apareil de guerre du marquis ne pouvoit sortir effect sans avoir ces soixante mille escus, lesquels ne se pouvoient bailler sans ce que monseigneur d'Aumale fut délivré, et partant ne se pouvoit arrester le temps et le lieu du surplus qui restoit à traitter, que cette délivrance ne fut premièrement accomplie, d'autant qu'elle se pourroit à l'adventure faire si tard que la saison de mener la guerre seroit à demy passée. Davantage, le Roy estant desjà armé et prest à exécuter son desseing, les forces du marquis seroient inutiles si elles n'estoient employées en mesme saison que Sa Majesté auroit les siennes en campagne. Or, de les employer ne se pourroit faire que le marquis n'eust receu deniers, d'autant que monseigneur d'Aumale n'auroit esté délivré ainsi, et toute nostre entreprinse seroit réduite en fumée.

Lesquelles raisons et autres par nous déduites, tendans à mesme effect, nous priasmes ce député de bien considérer, et adviser qu'il estoit convenable qu'il receut la finance que nous avions icy preste en nous rendant monsieur d'Aumale, et que le surplus sans aucune difficulté s'en ensuivroit ; mais ledict député n'a oncques voulu gouster ce party, disant qu'il pourroit estre qu'après que la délivrance de monseigneur d'Aumale nous ne serions point d'accord des autres conditions ; ou bien pourroit advenir que la ligue, encores qu'elle fut conclue, ne sortit point d'effect, et partant ils perdroient les quarente mille escus qui restoient des cent mille, et se trouveroit mondict seigneur d'Aumale rendu pour soixante mille seulement, ce qu'il n'entendoit accorder en aucune manière; ains persistoit à dire que son instruction estoit d'avoir asseurance de cent mille escus, avant que accorder la délivrance du prisonnier qu'ils tenoient, ainsi que dès lors qu'ils estoient en France ils l'avoient dit et déclaré à monseigneur le connestable, en protestant qu'ils n'avoient charge de faire autrement, encores demandoit-il desjà quatre mil escus en déduction des quarente qui se promettoient.

Laquelle proposition nous semble si estrange et si loing de l'espérance qu'ils nous avoient baillé au commencement de cette négociation, que nous ne sceusmes que respondre, sinon que nostre affaire estoit publique et non pour affaires privez, et que d'accorder ce qu'ils requéroient pour affaire particulier nous ne le pouvions faire, comme aussi ce n'estoit la raison, et que si ce député ne se vouloit réduire aultrement à raison, nous serions contraincts de nous départir sans riens conclurre, et mesmement que cella estoit directement contraire aux propos que Spée avoit tenuz en France, ainsi qu'il leur feust desduit par le menu.

Le député réplicqua que puisqu'il estoit ainsi, qu'il s'en partiroit volentiers, y adjoustant, en se levant de table, que l'Empereur n'estoit pas encores mort et que son maistre n'auroit point faute de party : le disant en telle fierté et arrogance, qu'il méritoit bien d'en raporter une bien aspre responce. Toutesfois la considération du seigneur qui est prisonnier, fut cause que cela fut coulé doulcement de peur qu'il ne feust maltraitté, et luy fut respondu seulement que son maistre se raliant avecques l'Empereur, n'en raporteroit aultre fruict que une telle repentance qu'il en sentit l'an passé, où il expérimenta combien l'on pouvoit mectre d'espérance et asseurance aux promesses de l'Empereur.

Ce faict, nous nous départismes pour lors de ce député assez gratieusement, le priant à penser sur ce qu'il avoit à faire, comme aussi nous priant de nostre cousté; car combien qu'il nous donnast assez à cognoistre qu'il ne vouloit faire guères de bien, et que par là eussions juste cause de rompre la négociation, toutesfois nous avons tousjours délibéré et proposé de ne riens rompre, ains tenir plus tost les praticques en suspend pour empescher que le marquis ne veint par désespoir à se jecter entre les bras de l'Empereur; ains plus tost se rendre plus difficile, voyant que les choses seroient en leur entier pour pouvoir encores traitter avecques le Roy.

A tant voyant l'obstination de ce député et qu'il n'y avoit ordre d'avoir monseigneur d'Aumale sans traitter entièrement du tout, nous advisasmes de bailler au docteur Poyet aulcuns articles dressez selon nos instructions pour communiquer audict député, sans autrement les luy laisser, par lesquels les cent mille escus luy estoient promis, comme dit est; mais c'estoit avecques clauses telles qu'il plaira au conseil, et considérer lesquelles tournent touttes à l'honneur et bien des affaires du Roy et selon l'intention dudict seigneur.

Ce député ayant pensé de plus sérieus à son fait, après avoir veu et examiné ces articles, le lendemain nous veint déclarer qu'il les trouvoit raisonnables et justes, si n'est en trois points sur lesquels il faisoit difficulté.

Le premier estoit qu'il demandoit avoir quarante mille escus par moys lorsqu'il marcheroit contre l'Empereur, au lieu que nous ne luy en avions accordé que trente mille. L'autre qu'il vouloit son maistre estre payé pour trois mois au coup lors qu'il seroit prest de marcher contre l'Empereur, comme dict est. Le troisiesme qu'ils vouloient avoir pension de huict mille escus par an au lieu que nous n'en avons accordé que six mille. Sur quoy nous luy respondismes qu'il estoit par nécessité besoing le faire entendre au Roy, d'autant que nostre instruction ne s'estendoit pas plus avant que nous avions couché par nos articles.

Mais pour gaigner temps nous estions d'advis que ce député signat le traitté en la sorte qu'il le requerroit, et de là s'en allast à Metz ou en la maison du vieil comte Ringrave, auquel lieu l'on luy feroit entendre l'intention du Roy et par mesme moyen recepvroit le traitté signé au cas qu'il pleust à Sa Majesté luy accorder ce qu'il requerroit, et ainsi auroit ces soixante mille escus en randant monseigneur d'Aumale.

Le député ayant requis temps pour y penser veint devers nous deux heures après, ayant, comme il est vraysemblable, trop beu, ou bien estant entré en merveilleuse defflance et sans cause, et nous dit ouvertement qu'il vouloit traitter et conclurre en la sorte qu'il le requerroit, autrement qu'il vouloit dès lors et sans plus s'arrester icy monter à cheval pour s'en aller. Sur quoy luy fut remonstré par nous que s'il ne vouloit aller à Metz ou à la maison du comte Ringrave, qu'il attendist par de là la responce que le Roy nous feroit, ce qu'il nous refusa entièrement faire, disant qu'il s'estoit descouvert du lieu où monseigneur d'Aumale estoit et qu'il pourroit advenir inconvénient, pour tant qu'il y convenoit remédier d'heure et oster monsieur d'Aumale de ce lieu et le transporter ailleurs.

Voyant laquelle façon de faire estrange et barbare, nous persistasmes à luy dire qu'il feit ce que bon luy sembleroit; car quant à nous, nous ne pouvons excéder les termes de nostre instruction ny lui dire autre chose sinon que nous luy rendrions la responce dans quinze jours telle qu'il plairoit au Roy la nous faire.

A tant le député se départit de nous, et feit aprester ses chevaux, preint ses bottes, poya son hoste et feit démonstration entièrement de desloger, cuidant peult estre que nous le deussions retenir en luy accordant touttes ses demandes; mais voyant que nul de nous ne luy faisoit force demourer, il changea d'advis et prenant meilleur conseil revint à nous faire comme amande honorable, promettant d'attendre icy quinze jours, et néantmoins signer le traitté selon ce qu'il avoit requis y estre adjousté, ce qu'il a fait comme il appert.

Maintenant il plaira au Roy et à messeigneurs de son conseil considérer que, par ce traitté si tant est qu'il plaise à Sa Majesté accorder les demandes de ce député, l'on recouvrera monseigneur d'Aumale pour soixante mille escus; et quant au surplus de ce qui est promis, le marquis n'en peult riens avoir qu'il n'ait fait la paix avecques les évesques, et conséquemment que ce bien ne soit rendu à la Germanie par le moyen du Roy, et aussi qu'il ne marche contre l'Empereur, auquel cas la condition de quarante mille escus par mois n'est soubz correction trop desraisonnable, actendu qu'il promect admener trois mille chevaulx et quarante enseignes de gens de pied, qui est la première difficulté proposée sur ce qu'avions pouvoir d'accorder.

L'autre difficulté qui est sur l'advancement de trois mois au coup, dépend de la commodité des finances du Roy, actendu que le marquis offre à bailler ostaiges.

Quant à la troisiesme touchant la pension, elle est soubz correction petite, d'autant que pour deux mille escus d'advantaige de pension un tel exploict ne doit estre retardé, et aussi que telles pensions ne se poyent sinon autant qu'on veult.

En tout événement où le Roy après avoir recouvert monseigneur d'Aumale ne vouldroit entrer en telle despense pour avoir le marquis en son service, il peult reculer ou empescher la paix qui se doit faire entre luy et les évesques, et néanlmoings tenir tousjours le marquis en suspend, sans ce qu'il se puisse tourner du cousté de l'Empereur, ny que Sa Majesté soit tenue d'en fournir aucune somme de deniers, sinon quant il sera prest à marcher contre l'Empereur ; sur quoy peuvent subvenir plusieurs empeschemens, ou bien s'y peuvent donner soubz main, si tant est qu'on se veuille passer dudict marquis, pour la difficulté qui se pourroit faire sur sa foy, et mesmement qu'estant une fois armé il pourroit exécuter ses vengeances premières au lieu d'entendre à ce qui touche le service du Roy, et pour tant se pourra la fin de ceste affaire exécuter selon que le Roy se pourra passer ou aura besoing des forces que ledict marquis peult assembler.

Fait à Soleurre, le sixiesme jour du mois d'apvril, l'an 1554.

Traitté mentionné dans le précédent discours signé par Silvestre Raid conseiller et serviteur du marquis Albert, envoyé au Roy. Du mercredy quatriesme jour d'avril 1554.

Sur ce que monsieur le duc de Meckelbourg a fait entendre premièrement au Roy très chrestien de la part de monsieur le marquis Albert de Brandebourg, et depuis ledict sieur marquis par les députez et agents qui sont icy présents, Sa Majesté a, comme sçavent les dites députez, despesché les seigneurs de M. M. M. pour traitter et conclurre avecques eux en ce pays des ligues, ce qui touchera tant le bien, paix et tranquillité de l'Empire dont elle a tousjours désiré le repos et l'unyon, comme aussi le faict particulier dudict sieur marquis, où sa dicte Majesté se résoudra amyablement en la sorte que cy après s'ensuit.

Premièrement qu'il y aura extinction et obly de toutes choses avecques renonciation à toutes querelles, demandes et actions, et de tout ce qui se pourroit prétendre d'une part et d'autre.

Item pour ce que ledict sieur marquis a très bien cogneu le naturel et façons de l'Empereur, et combien soubz faulces dissimulations et déguisemens indignes de grand prince il luy a imposé et génerallement molesté et travaillé encorès tous les Estats tant de la Germanie que autres, et qu'ils'est résolu avecques l'assistance, ayde et secours qu'il recherche dudict sieur Roy et de ses amys, de s'en venger et donner à cognoistre à tout le monde sa bonne affection à l'endroit du Sainct Empire contre ce que jusques icy a esté publié par ses malveillans, à employer pour l'extirpation d'ung tel tyran tout ce que Dieu luy a donné en ce monde comme plus amplement et particulièrement est contenu en ses offres et instructions :

Le dict seigneur Roy qui tousjours ainsi que chacun sçait a préposé le bien et liberté de la Germanie aux affaires de son propre royaume, voyant cette bonne et sincère intention à l'encontre de ce commun ennemy, trouve très bon que ledict sieur marquis assemble et treuve prest dedans la fin de mars quarante enseignes de gens de pied de sa nation et trois mille chevaulx, instruits et garniz d'artillerie grousse et menue, soit pour campagne ou batterye, et généralement toutes munitions nécessaires à telle expédition, et que an ceste force sans s'amuser à aultres desseings ny particulières querelles, dedans le commencement d'apvril prochain venant, il assaille ledict seigneur Empereur, entre en ses terres et seigneuries du Pays-Bas, soit par le cousté de Gueldres ou Frize, Hollande ou aultres endroits que l'on verra estre à propos, et qu'il se pourra sur le lieu, avecq le conseil de ceulx de Sa Majesté qui l'accompagneront, comme il demande adviser et recognoistre estre le plus dommageable à l'ennemy, le tout ez despens et fraiz dudict marquis.

Item le Roy usant de sa libéralité et en considération de ce que des susdits et de ce que cy après sera spécifflé, fera bailler et dellivrer audict sieur marquis la somme de cent mille escus dont les soixante seront fournis d'entrée et comptant en la ville de Bade ou Schaffouze, affin que ledict sieur marquis au meilleur moyen de ce, promptement et sans demeure, pouvoir fournir à ses affaires, et les quarante mille restant se payeront au plustost à la fin du mois de septembre que l'on comptera 1554, qui sera lors que ledict sieur Marquis aura mis à exécution ce qu'il a entreprins sur les pays et terres de l'Empereur, pourveu toutes fois qu'en consideration de cette libéralité dont le Roy use envers ledict sieur Marquis, monseigneur le duc d'Aumale soit mené et conduit à Metz et là mis en toutte liberté pour s'en pouvoir aller franchement devers Sa Majesté, sans qu'on luy puisse demander ou quereller à l'advenir aulcune chose pour le regard de sa prinse et détention, et lors ladicte somme de soixante mille escus par mesme moyen sera délivrée sur l'heure et instant ausdits députez ou autres ayant pouvoir de la part dudict sieur marquis.

Et affin que ledict sieur marquis cognoisse d'advantaige la bonne intention du Roy envers luy, et qu'il puisse plus aisément supporter les fraiz qu'il luy conviendra faire, durant le temps de l'exécution de cette entreprnise, Sa Majesté accordera libérallement de contribuer durant

15.

l'espace de trois mois tant que la guerre durera, un chacun mois quarante mille escus et au commencement la soulde de trois mois au coup, et conséquemment tousjours faire payer pour trois mois quarante mil escus pour ung mois. Si tost que ledict sieur marquis entrera au service du dict sieur Roy, Sa Majesté luy fera payer et mettre entre ses mains ladicte somme et non plus tost, et de ce luy en baillera lettres signées et scellées en la façon accoustumée, et donnera Sa Majesté tel ordre au payement d'icelle somme qu'il n'y aura faute qu'elle ne soit livrée au lieu et temps qu'il sera advisé.

Davantage Sa Majesté accordera que ledict sieur marquis se puisse impatroner de la duché de Gueldres et qu'il en demeure seigneur comme de son vray conquest et héritage, et aussi accordera que tous branchuts, pillages et buttins faits sur l'ennemy par ledict sieur marquis luy appartiendront, pour en faire et disposer ainsi que bon luy semblera, moyennant touttes fois que les villes et pays, autre que ledict duché de Gueldres conquis sur l'ennemy, soient mis ez mains du Roy ou de ses serviteurs, comme propre à la coronne, dont néanlmoings Sa Majesté fera telle part et pourtion audict sieur marquis qu'il aura occasion de s'en contenter et louer la libéralité de Sadicte Majesté; laquelle consent aussi que sur les païs héréditaires dudict Empereur il puisse prendre soit par rançonnement, exactions et aultres moyens tels qu'il advisera, jusques à la somme de cinq cens mille escus, ainsi que l'Empereur luy avoit promis sur le pays du Roy, lorsqu'ils traittèrent ensemble devant la ville de Metz.

Et pour encores faciliter cette entreprinse et monstrer combien le Roy va en cecy de bon pied, offre et promect Sa Majesté mettre, au mesme temps que ledict marquis fera cette exécution, une bonne et grosse armée royalle en campaigne du cousté de Picardie, où s'il est besoin Sa Majesté se trouvera en personne, affin d'attacher l'ennemy par divers lieux et tellement séparer ses forces et traverser ses desseins, qu'il ne puisse empescher ledict seigneur marquis de prendre villes et païs et faire sans grande résistance d'armée telles conquestes que bon luy semblera.

Pareillement Sa Majesté n'acceptera jamais trefves, paix ny autres appointemens avec l'Empereur, que ledict marquis par le consentement du Roy et de luy ny soit compris, et que suivant sa demande il ne s'accorde ung concile libre et chrestien en la nation germanique et que l'Empire ne soit du tout remis et restitué en son ancienne dignité et liberté.

Au demeurant, Sa Majesté se confiant et asseurant de la fidélité et preudhommie dudict sieur marquis, pour encore luy monstrer par effect combien elle l'aime et estime, accordera qu'il demeure et soit son pensionnaire à huict mille escus de pension par an, l'asseurant bien Sadicte Majesté que si par fortune ou inconvénient, ce que toutesfois elle ne pense pouvoir advenir, il luy meschéoit en cette expédition, tellement qu'il fut par là constraint de habandonner et perdre sa demeure en Allemagne, il luy sera si bien pourveu d'une autre seigneurie, maison et retraite en France, qu'il pourra honnestement et selon sa condition y vivre et s'entretenir, moyennant aussi que en considération de ce que dessus, ledict sieur marquis demeurera perpétuel serviteur du Roy, sera obligé, tenu et affectionné à luy faire service et à son royaume à l'advenir, et qu'il prestera serment à cest effect tel qu'en tel cas est accoustumé.

« Mais pour autant qu'il est nécessaire pour l'exécution de cette entreprinse que la guerre qu'il a à présent à l'encontre évesques, ceux de Nueremberg, le duc de Brunchwich et autres princes ennemys dudict marquis, cesse, ainsi que Sa Majesté l'entend et présuppose pour le bien de ceste affaire de l'Empire et généralement dudict marquis mesmes, et que la paix avant qu'entrer en tout ce que dessus soit traittée et concluë ou bien quelque bonne et longue trefve de laquelle avecques le temps s'en puisse espérer pareille ou aussi bonne yssue : a cest effect, suivant la demande de ses depputez, quand les choses seront en ces termes, Sa Majesté intercédera voluntiers, soit par lettres ou aultrement envers tous les Estats de la Germanie, pour traitter de la paix et accorder le différend qui est entre ledict sieur marquis et ses ennemys, pourveu que icelluy sieur marquis se submettra, comme Sa Majesté espère, à toute raison à ce qu'il prétend par le contenu des lettres et seaulx, et qu'il aura plus de respect que sa propre vindicte à une si grande et digne entreprinse, de laquelle tout profit et honneur luy peuvent advenir, d'autant qu'il contentera généralement l'Allemagne et la rendra à sa dévotion, autant qu'il sera possible, voyant un chacun qu'au lieu de travailler et vexer le pays, il aura tourné les armes à l'encontre de leur ennemy commung, et de celluy qui depuis trente ans nourrist la Germanye en touttes divisions et guerres civiles.

Finablement que ledict sieur marquis baillera ostaiges à Sa Majesté, suivant ce qu'il a honnestement fait offrir par lesdicts depputez, lesquels hostaiges soient de telle condition et qualité que Sa Majesté ayt cause d'en demeurer contant et satisfaict.

Et seront les ostaiges Vuilhelm von Grumpach et Rochins von Strectpecg, ou le jeune comte palatin qui présentement est avecques le jeune duc de Lorreine, avecques consentement de monsieur son père

Et venant ledict marquis en la façon susdicte en perpétuel service et alliance avecques ledict sieur Roy, alors sa Majesté le maintiendra et aura sa personne, son bien, et ses terres et subjets en semblable protection et deffense le mieulx qu'il pourra.

Je Silvestre Raid, conseiller, serviteur de mon très honnoré seigneur et prince monseigneur le marquis le jeune de Brandebourg, ay résoluement accordé les dessusdictes capitulations, pourveu touttes fois que le Roy les accepte et y donne sa déclaration.

Faict le mecredy quatriesme jour du mois d'apvril mil cinq cens cinquante quatre.

Pendant le mois de juing, monsieur le duc reçut de Croissy le jeune la lettre suivante, contenant des nouvelles des armées de l'Empereur.

« Monsigneur, je ne vouller failly à vous fairre antandre commant la compagnie de monsigneur le prince ariva hier en ce lieu de Marle, où doit estre nostre garnison, vous aseurant, Monsigneur, que il y fait bien cher vivre à resson que tou a esté breullé : toucte foy, nous y demeureront. Monsigneur, hier l'on me dit que l'armée de l'Empereur s'est assamblé à Gives; et le cas avenant que il voullut mettre le siège à Guize, il me samble, Monsigneur, que vous n'y sauriés mettre une millieure compagnie que la nostre; car nous sommes comptés à dilx homes d'arme près, lesquels nous atandons d'heure à autre, estimant que là où vous nous commanderés, nous vous ferons très humble service. Il vous plaira, Monsigneur, avoier souvenance de l'office de mon beaupère et vous ferés beaucoup pour moy.

« Monsigneur, je supplie le Créateur vous donner, en prospérité, très heureuze et longue vie.

« A Marle, le cinquiesme juin.

« Vostre très humble et très aubéyssant serviteur,

« Reneau de Croissy. »

Ayant le Roy réduict en son obéissance les villes et chasteaulx de Bovynes et Dynan où l'Empereur avoit mys huict ou neuf cens hommes moictié Espaignols et moictié Allemans, vieulx souldatz, gens esleuz et choisiz parmy toutes ses forces, et tiré desdits lieux toute la commodicté de vivres, tant pour son armée que l'avitaillement de Mariebourg, qu'il a peu ; et du surplus du sac desdites places et d'infinies d'autres chasteaulx, petites villes et gros bourgs à cinq et six lieues à la ronde enrichiz ses souldatz, il a faict démolir et ruyner lesdits chasteaulx de Bovynes et Dynan, et est party avecques son armée pour venir loger une lieue ou deux plus avant tirant le chemin de Namur, où il a séjourné deux ou troys jours pour donner ordre et achever de pourveoir de vivres, forces, municions et autres choses nécessaires à sadicte ville de Mariebourg. Et là pris résolucion d'aller droict trouver son ennemy. Et encores qu'il eust advertissement certain qu'il avoit faict rompre le passaige du pont d'Annelay sur la rivière de Sembre qui est très difficile et malaisée, et qu'il estimast comme ledict Empereur faisoit courir le bruit et rapportoient toutes les espies que le duc de Brunswich feust arrivé et jouainct en son camp avecques vingt quatre enseignes de lansquenetz et trois mille chevaulx, néaulmoings il a marché avec sadicte armée droict audict passaige qu'il a forcé et passé sans difficulté, et a logé sadicte armée une lieue audessus tirant le chemin dudict Namur, et sur lequel s'estans découvertz quinze ou seize cens chevaulx des ennemys sortiz de leur camp qui est près ledict Namur, furent chargez par la cavallerye de son avant garde si rudement, qu'il y en demoura plusieurs de mortz et pris, et le reste menée battant jusques au portes dudict Namur ; et y furent noz gens tant que le jour dura pour essayer de les attirer au combat et faire sortir de leur fort ; ce qu'il a esté impossible de faire, combien que à la veue de l'Empereur, qui estoit dedans son camp et y avoiet faict venir toutes ses forces, n'estant pas en moindre nombre que vingt mille hommes de pied et six mille chevaulx, ledict seigneur ayt faict prandre et brusler la ville de Fosse et ung infinité de chasteaulx, petites villes et villages jusques aux fausbourgs dudict Namur. Et congnoissant icelluy seigneur qu'il ne le pouvoit attirer audict combat, a pris son chemin en la ville de Gossely, qui a esté prise et bruslée; de là au chasteau de Carmer; et en passant a faict prandre et brusler la ville de Fontaines et la maison de Merlarin que la royne de Hongrie avoit faict bastir, aussy sa belle maison de Mariehrout, le Ruz, Dresigny et tous les autres chasteaulx, maisons de gentilzhommes et cinq ou six autres petites villes et infiniz bourgs et villages jusques au nombre de plus de douze cens, de sorte que depuys ledict lieu de Dynan jusques aux portes de Baings ne à quatre lieux à la ronde, il n'est riens demouré, et estant son armée près dudict Baings saichant par aucuns prisonniers que ledict Empereur y avoit envoyé sept enseignes de gens de pied pour la deffendre, l'a bien voullu faire tenter en passant; ce qui a esté si furieusement exécuté par son artillerye, que, ayant commancé le matin à la battre, lesdicts sept enseignes et tout ce qui estoit dedans se sont troys heures après, craignant la fureur de ceste armée, renduz à la mercy de Sa Majesté, qui a bien voulu user de ceste clémence qu'il n'y a eu aucun saneg espandu. Et a esté ladicte ville, qui estoit très riche et oppullente, pillée et saccagée par ses souldatz, et entre autres les chasteau et maison principalle de ladicte royne, une des plus belles et sumtueuses que l'on sçauroit veoir, tant enrichie de marbres et de toutes autres choses exquises, et garnye d'infines meubles précieux de ladicte royne, et ung si grant et si riche butin qu'il ne se peult estymer; et ledict jour passa une lieue oultre, après y avoir faict mectre le feu. De là ne trouvant ledict seigneur à qui combatre, et sans ce qu'il soit jamaiz comparu ung seul homme, encores que cesdicte armée ayt passé au travers et parmy toutes les plus fortes places et grosses garnisons que ledict Empereur ayt point, et à deux ou troys lieuees de Vallenciennes, Montz, le Quesnoy, Avennes, Landressy et Cambrey, est venu en ladicte ville de Baings qui a esté semblablement prise, pillée et bruslée, celle de Maubeuge aussi et tous les lieux circonvoisins jusques dedans le Cambresis, où ledict seigneur, c'est venu rendre et retrouver avecques sadicte armée, en délibération de ne perdre point de temps, combien qu'il ayt fait et exécuté une partie de ce qu'il voulloit faire, bruslé et ruyné audict ennemy le plus beau et riche pays qu'il eust prins et passé à travers plus de trente grandes lieues.

Et pour ce que l'Empereur faict semblant de le voulloir suyvre avecques les forces qu'il a, c'est ledict seigneur aresté sur le bord et dedans les pays d'icelluy Empereur pour avoir commodité de vivres en intencion de le combatre, comme il a toujours désiré faire et y a quarante journées entières qu'il est dedans sesdits pays ne cherchant autre chose.

[1555]. Le duc d'Aumale, frère de M. de Guyse, l'informa, estant en son gouvernement de Bourgogne, des nouvelles d'Allemagne et de la trefve qui se pratiquoit avec l'Empereur par l'intermédiaire du cardinal de Lorraine.

« Monsieur, j'ay receu des deux lettres que vous a pleu m'escrire de Bloys, les 7 et 9 du présent, et ne vous sçaurez assez mercier très humblement de la bonne souvenance qu'il vous plaist avoir de moy, me faisant si souvent participant de vos nouvelles, ensemble de la bonne volonté et affection qu'il vous plaist me porter, vous pouvant asseurer, Monseigneur, que n'avez frère qui de meilleur cœur désire vous faire service que moy, en quoy il n'espargnera jamais non seulement ses biens mais sa propre vie aussi. J'ay veu, Monseigneur, ce qui est contenu en vostre dernière lettre touchant la trève, en quoy je n'ay jamais eu d'autre opinion sinon que les Impériaux ont voulu sentir en quelle volonté estoit le Roy de l'accepter, ou de penser par ceste longueur acrocher et devister la négociation de monsieur mon frère, monsieur le cardinal de Lorraine, vers le pape. Toutes fois, je crois que Sa Majesté aura si bien prouveu à tous ces affaires, qu'il ne se trouvera en rien trompé; au demeurant, Monsieur, j'ay esté adverty par M. Despinac comme le premier président de la cour de parlement de Bourgogne et ce corps d'icelle ont voulu et veuillent chacun jour entreprendre sur les choses qui touchent mon authorité, comme gouverneur du dit pays, et s'entremesler de vouloir réformer les arrêts et jugemens par moy donnés, ou par le dit sieur Despinac en mon absence, mesmement en un faict de crime de lèze-majesté, commis par un nommé Borbizet, accusé d'avoir ouvert les portes de Dijon, la nuit, à heure indue et deffendue: et d'autant que le procès est par de là pour estre veu au premier conseil, je vous supplie très humblement vouloir tenir la main à ce que mon authorité et ce qui appartient à un gouverneur de Bourgogne ne luy soit osté, car autrement je passerois pour juge subalterne sy la ditte cour de parlement prenoit cognoissance des appellations de mes jugements, lesquels sans difficulté doivent ressortir au dit premier conseil comme font celles de tous les autres gouverneurs du royaume, et semble en cela que la ditte cour veult estre gouverneur de Dijon. Je vous supplie très humblement avoir pour recommandée la vuidange de cette affaire, et supplie le Créateur, etc.

De Maulny, ce 14 janvier 1555.

Votre très humble et très obéissant frère,

CLAUDE DE LORRAINE. »

Par une lettre du cardinal de Lorraine au dit duc de Guyse son frère, de Venise le 17 du dict mois de janvier, il l'informoit du fait du traité de paix négocié avec le pape.

« Monsieur mon frère, pensez si je me trouvé bien empesché, ce jour que j'avois pris congé de nostre Saint-Père, quand le Boiteux arriva le soir avec la despesche que le Roy nous envoyoit sur le faict de la conclusion du traicté de la paix, de la quelle je seray tousjours bien ayse, pour le zèle que je porte à la tranquilité et repos de toute la crestienté ; mais je vous ose bien asseurer que jamais roy n'eut et n'aura peut-estre telle occasion par deça pour augmenter sa grandeur et réputation, comme avoit nostre maistre, ainsy qu'il cognoistra par les choses que je luy portois sy à son advantage, que quand luy-mesme les eut dressées et souhaitées, il ne les eut sceu désirer meilleures ny plus advantageuses pour luy, et vous veux bien dire que s'il eut encore eu patience pour quelque peu de temps, il se pouvoit asseurer d'avoir la paix toutes fois qu'il luy eut plus avec conditions beaucoup meilleures et advantageuses qu'il ne l'aura eue. Toutes fois ce me sera très grand plaisir qu'elle se fasse et que l'ennemy en ayt remis sur ce propos à bon escient et non pour nous amuser ny pour rompre ou dyvertir les entreprises du Roy, le quel je vous asseure a mis à ce coup sa réputation à ce pays de deça au plus grand hazard qu'il fît jamais, et c'est ce qui me tourmentoit, craignant que Sa Saincteté ne le prit en mauvaise part; mais avant partir j'abouchay sy bien monsieur le cardinal de Caraffe, que incontinent il en alla parler à Sa Saincteté, et le rendit sy capable que M. le cardinal de Tournon m'escrit comme vous verrez par ses lettres que je vous envoye, qu'estant allé veoir Sa Saincteté pour lui entonner ce propos et luy dire ce qui nous en avoit esté escrit, il le trouva très bon, dont j'ay été fort joyeux pour la crainte que j'avois du contraire : et pour tout cela je ne laissay de partir et arrivay en cette ville en très bonne santé, où cette seigneurie m'a faict un sy grand et honnorable accueil, qu'à ce que l'on me dit il y a longtemps qu'il n'arriva personne en leur ville pour la venue du quel ils ayent faict plus grande démonstration de joye et de contentement qu'ilz ont faict de la mienne. J'attends le courier que j'envoyay exprès pour le faict de monsieur le duc de Ferrare, et à la vérité ce qui m'a faict venir icy a esté pour attendre son retour avant que j'arrive au dit Ferrare. Je prendray mon chemin après avoir encore demeuré icy deux ou trois jours, et selon les nouvelles qui me seront apportées, je séjourneray trois ou quatre jours avec mon dit sieur le duc, puis m'en iray droict sans m'arrester en aucun lieu, que je ne sois en la cour ; vous asseurant que j'ai un merveilleux désir de vous voir. Je me recommande, etc.

De Venise, le 17 janvier 1555.

Vostre très humble et obéissant frère,

C. Cardinal de Lorraine. »

M. le mareschal Strozzi écrivit à la fin de janvier à monsieur de Montmorency sur le mesme sujet du traicté de paix négotié à Rome, dont le double est envoyé à mon dit sieur le duc ainsi qu'il suit :

« Monseigneur, monsieur le cardinal Caraffe et moi fumes hier en campagne pour parler ensemble suivant ce que nous avions auparavant advisé, lequel fit tout son effort pour me mener le soir à Rome pour parler avec le pape : ce que je le prié différé encores deux jours pour ma plus grande commodité. En tous les propos que nous eusmes tout le jour ensemble, je le recongneu celuy mesmes bon Charles qu'il estoit autrefois pour le service du Roy et encores en mon particulier ; il n'est aulcunement changé, et parlant de vous je luy concluds après ung long discours que toutes choses et particulièrement celles de la guerre avoient à passer par vos mains, et par tant je le conseillois de s'addresser et faire fondement dessus tout où est le sçavoir et le pouvoir, et que toute autre chose estoit fumée et vanité. Je luy dis danventaige qu'il debvroyt totalement se remettre en vostre jugement tant de la manière de faire la guerre comme du lieu et du temps, parce que enfin il falloit que tout homme feist son mestier, et ceulx qui le font le mieulx sont les plus praticquez ; et si seroit chose trop longue de vous racompter toutes les particularitez de ce propos, bien vous diray-je que je trouvai ledit cardinal enclin de luy mesmes à suivre ce conseil, et l'ay laissé en icelluy comme il me semble du tout persuadé. Il me dit entre autres choses ceste cy digne de vous estre escripte, que le cardinal de Lorraine par les capitulations faites avecq le pape avoit accordé choses ausquelles auparavant ils n'avoient jamais pensé, comme de Gayette et d'autres qu'il me nomma, adjoutant par après ces mesmes paroles qu'ils estoient délibérez par vostre moyen réordonner les conditions passées par ledit sieur cardinal de Lorraine, parce qu'ils cognoissoient qu'il leur avoit plus concédé que n'estoit le debvoir, et que eulx mesmes ne voulloient, mais que à vous seroit remise toute capitulation de qui voulloient entièrement despendre, congnoissant ung sens fondement aux choses qui passoient par vos mains ; il me dit aussi que vous avoit adverty de tout cecy par le duc de Somme, et vous asseure bien sur mon honneur que je ne change une seulle parolle de celles qu'il me dist, et par ce qu'il m'a semblé cest advis digne de vous estre escrit, je n'ay voullu faillir de le faire.

« Dedans deux jours, je iray à Rome pour mettre ordre avec les ministres de Sa Majesté, que j'aye ceulx des munitions ; et jusques à présent quelque grande instance que j'aye fait, je ne suis venu à bout d'aulcune chose, mais j'espère bientost éclaircyr cette partye et toute aultre à la satisfaction de sadite Majesté et mon honneur. Au surplus je vous ay desjà escript par cy-devant comme monsieur de Lodève ne m'a voullu payer de mes estats par deçà, combien que le Roy et vous luy eussiez mandé ; à ceste cause je vous supplie très humblement d'y voulloir pourveoir le plus promptement qu'il vous sera possible, aultrement il est impossible de m'entretenir n'aiant aultre chose en ce monde que cela qu'il plaist à Sa Majesté de me donner, vous asseurant que j'auray grande difficulté à vivre jusques à ce que j'aye de vos nouvelles : et sur ce je me recommande, etc.

« De Stubbiac, ce trentiesme jour de janvier 1555.

« Vostre très humble et obéissant serviteur,

« PIETRO STROZZI.

Lettre de madame de Fontevrault au dit duc son neveu.

« Monsieur mon neveu, si Dieu me faisoit la grâce que je vous visse en ce lieu selon le grand désir que j'en ay, ce me seroit double joye et plaisir tant pour l'asseurance de penser estre en vostre bonne grâce à laquelle de toute ma puissance me recommande, comme aussy pour avoir le moyen de vous parler et vous dire, monsieur mon neveu, la grande nécessité qu'il y a de mettre la main à la ville de Saumur la quelle pour un temps a esté la ville de la province la plus nette de toutes fausses doctrines et hérésies, et est à présent la plus affectée et un second Genève. Dieu y est tellement offencé, que si vous estiez adverty vous useriez de puissance et de justice selon le bon naturel de la vertueuse maison dont vous estes qui a tousjours soutenu l'honneur de Dieu et deffendu sa foy. Je vous supplie, monsieur mon nepveu, y faire donner ordre ; ce porteur vous dira la nécessité qu'il y a d'y prouvoir et vous le dira mieux que je ne vous saurois escrire, qui me fera finir ma lettre suppliant le Créateur vous donner, monsieur mon nepveu, bonne et longue vie.

« De Fontevrault ce 17 février 1555.

« Vostre entièrement bonne tante en nostre seigneur, etc.   DE BOURBON.

Au mois de may, le pape Marcel, qui avoit esté élu le 9 du mois d'apvril, fut saisi d'une apoplexie dont il mourut, n'ayant esté pape de vingt et ung jour. Aussitôt que la nouvelle en fut apportée à M. le cardinal de Lorraine, il escrivit ce qui suit à M. de Guyse son frère.

Lettre du cardinal de Guyse au duc son frère sur les affaires négotiées à Rome.

« Monsieur mon frère, encores que par le bon recueil qui me fit hyer nostre Saint-Père, et les honnestes propos qu'il me tint, il me sembla que l'on ne devoit attendre de Sa Saincteté que tout bien et faveur tant aux affaires du Roy qu'aux nostres particulières quand l'occasion se fust offerte et que nous en eussions eu besoin, toutes fois je regrettois fort la peyne que j'avois prise d'estre icy venu seul des cardinaux françois, et tropt tard pour aider à l'effet de la cause qui me faisoit plus courageusement venir, qui estoit le service de Sa Majesté premièrement, et après, celuy de monsieur le cardinal de Ferrare qui a esté aussy prés du but que vous avez pu entendre. Mais je ne vois en cela poinct de perte sinon que les choses qui se devoient et pouvoient dès lors faire ont esté un peu différées, et lesquelles seront dans peu de jours exécutées selon que nous sçaurions désirer. S'il plaist à Sa Majesté commander à messieurs les cardinaux françois qu'en toute diligence ilz achèvent le voyage qu'ilz avoient commencé pour venir eslire un Pape, et surtout de ne faillir de donner leurs voix à mon dit sieur le cardinal de Ferrare qui a icy la meilleure part de tous les cardinaux, et encore plus expressément commander à monsieur le cardinal du Belley que, laissant toute affection particulière et injuste, avec tous les moyens qu'il peut avoir, que pour le bien de son service et de ses affaires, que mon dit sieur le cardinal succède au pape présent lequel est en telle extrémité, que s'estant hyer trouvé en quelque apparence de cognoissance, il est aujourd'huy retombé sy griefvement qu'il a esté desjà cinq ou six heures sans parler, et n'y a espérance qu'il puisse passer demain tout le jour : parquoy il nous a semblé ne devoir aucunement différer à vous en advertir et vous envoyer Niquet, combien que ce matin nous eusssions délibéré vous escrire par Montluc. Mais il ne fault pas que messieurs les cardinaux fassent les longs ny retifs soubz ombre que celluy a esté sy promptement faict et n'y pourroient pas estre à temps ; car sy celluy que nous voulons ne l'est avant qu'ilz soient arrivez, nous ferons bien en sorte qu'ilz seront attendus et afin que je ne retarde plus long-temps le partement du porteur je vous diray en un mot, monsieur mon frère, il fault qu'à ce coup le Roy monstre de favoriser monsieur le révérendissime cardinal de Ferrare, et s'il estoit possible que monsieur nostre frère monsieur le cardinal de Lorraine fust retourné de son voyage, il feroit un grand bien à mon dit sieur le cardinal de Ferrare, mais il fault surtout que le Roy escrive à monsieur le cardinal de Farnèze de faire pour mon dit sieur cardinal et me recommandant, etc.

« De Rome ce 25 apvril 1555.

« Vostre très-humble et obéissant frère,

« Louis Cardinal de Guyse. »

« Monsieur mon frère, vous verrez la despêche commune que M. le connestable et moy faisons au Roy, et ce qu'il nous a semblé lui devoir dire sur ce qui se présente, dont je ne vous feray redite ny autre plus long discours sur les affaires de Rome dont nous estions en terme pour la venue de Montemerle, puis que ces choses ont pris fin par la mort du feu Pape. Seullement vous presseray-je, monsieur mon frère, qu'en la despesche que le Roy fera pour le faict de la création du nouveau, ne laisse oublier que le dit seigneur escrive bien expressément à tous messieurs les cardinaux qui sont à sa discrétion, qu'en cas que l'affaire de monsieur le cardinal de Ferrare fust désespérée et ne réussit selon son intention, ilz ayent à bailler leurs vœux à monsieur le cardinal d'Angletterre, car outre sa bonté et prud'hommie et tout le bien que tout le publicq en recevroit, je ne trouve point de qui les affaires du Roy receussent plus de commodité que de luy pour beaucoup de raisons que vous sçavez. J'en ai bien long-temps devisé avecq monsieur le connestable depuis que je suis arrivé en ce lieu, qui est bien en cela de mon opinion et m'a asseuré l'avoir desjà ainsy escript au Roy. Je vous prie y tenir la main et par la première despesche faire tenir une lettre cy inclose que j'escris à monsieur le cardinal de Guyse, nostre frère, me recommandant très humblement, etc.

« De Beauvais ce 11 jour de mars 1555.

« Vostre humble et obéissant frère,

« C. Cardinal de Lorraine. »

Autre lettre du dit cardinal de Lorraine au cardinal de Guyse, son frère, sur le mesme subjet.

« Monsieur mon frère, j'ay receu deux de vos lettres du 20 et dernier du mois passé et par icelle entendu vostre arrivée à Rome et ce que depuis y est survenu ; surquoy j'ay bien voulu vous faire la présente qui sera commune à monsieur le cardinal de Ferrare et à vous, laquelle je voudrais bien le trouver esleu pape quand vous la recevrez, et vous prieray monsieur mon frère puisque les choses sont ainsi succédées et que ne sommes encore hors d'espérance de ce que nous avions désiré pour luy, luy vouloir rafraichir la mémoire des propos que je vous tins à vostre partement, luy faisant ces mesmes offres que je vous avois prié luy faire, et le suppliant de ma part ne vouloir espargner tous mes biens ny choses qui soit en ma puissance pour parvenir s'il est moyen à son entretien, et n'y faisant entendre le grand regret que j'ay de passer ces deux occasions sans avoir moyen de luy pouvoir aller faire service, vous priant en tout ce que vous pourrez vous efforcer de suppléer pour moy et luy faire cognoistre l'envie que vous avez de luy obéyr et servir, en quoy je suis certain que vous ne voudrez rien oublier ; bien vous veux-je prier luy dire de ma part qu'au cas que son affaire fust hors d'espérance, que je le supplie s'employer pour l'élection du cardinal Pole ne sçachant que luy après luy de qui les affaires du Roy pensent recevoir plus de commoditez, et suis asseuré que ce seroit un très grand bien pour toute la republique chrestienne pour les raisons que je vous dis à vostre partement. Sur quoy vous luy pourrez remonstrer qu'estant les dit Pôle esleu, il auroit tout loisir avant que d'aller à Rome d'adjouster quelques bons ans à son vieil àage, et suis seur qu'il n'abandonneroit poinct ces limites de deça sans avoir donné ordre à beaucoup d'affaires qui se présentent, de façon que je ne sçais encore s'yl auroit temps d'y fournir, vous priant le faire bien entendre au dit cardinal de Ferrare lequel trouvera icy mes très humbles recommendations à sa bonne grâce : aussy feront messieurs les cardinaux Farnèze et d'Urbin.

« De Beauvais ce 11 may 1555.

« Vostre très humble serviteur et frère;

« C. Cardinal de Lorraine. »

Lettre du cardinal de Lenoncourt au duc de Guyse, sur son voyage à Rome.

« Monseigneur, depuis que je vous ai escrit de Lyon, j'ay trouvé plus de chevaux de poste qui guarissent de la sciatique et du mal de costé que ceux qui me la donnoient, de sorte que je suis arrivé ce jourd'hui en ce lieu de Bade dont je partiray encore pour aller coucher à Zurich, et espère en moins de deux jours sortir hors les pays des Grisons. Cela fait, si les forces de mon aage peuvent accompagner ma volonté, je me rendray bientost à Rome, quoy que je trouve que je ne suis plus celluy que j'estois il y a six ans, quand je fis le chemin de Lyon à Rome en cinq jours et demy, à la création du pape Jules. J'espère que monseigneur le cardinal de Vendosme, encore qu'il soit party un jour après moy, n'arrivera à Rome quatre jours après que j'y seray arrivé. Ceux qui prétendent à se faire pape n'auront garde de faire telle entreprise ; mais la volonté que j'ay de faire service au Roy et de servir de quelque chose en ce que vous m'avez dit, feront que je feray estendre les forces de ma vieillesse autant que je pourray, me recommandant bien humblement à votre bonne grâce, et suppliant le Créateur vous donner, Monseigneur, etc.

« De Bade, ce 14 may.

« Vostre bien humble et plus affectionné serviteur,

« ROBERT CARDINAL DE LENONCOURT. »

Lettre du cardinal de Lorraine au duc de Guyse son frère.

Monsieur mon frère, par monsieur de Lanzac, présent porteur, vous serez sy amplement adverty de l'estat où nous sommes de nostre négociation, que je ferois tort à sa suffisance de vous en dire davantage, sy ce n'est que je vous puys asseurer qu'en la journée d'hyer nous n'oubliasmes rien de part et d'autre de ce qu'il nous sembla à propos, chacun pour le service de son maistre, qui est le vrai but de notre négociation, de laquelle nous serons du tout résolus à l'assemblé qui se fera sabmedy comme vous entendrez du dit sieur de Lansac et que nous aurons à faire aux gens les plus obstinez de ce monde qu'est l'endroit où je me recommanderay très humblement à votre bonne grâce. Nous sommes bien attachez M. d'Arras et moy, et crois que quand nostre maistre en sçaura la vérité, il en aura contentement; pour le moins je vous puis asseurer que j'ai fort enduré, Dieu en soit lué. Quand à la fin je ne l'espère poinct bonne, et sy elle vient bien ce sera par un moyen que j'ay mis en avant que vous sçaurez assez à temps et où M. le légat a espoir et y travaille. Dieu en ordonnera pour le mieux, car tout gist en luy, surtout gardez-vous d'un eschec en campagne. Mettez deux mil-hommes d'armes à l'entour de Maubert et Maizières; ne les espargnez poinct puisque le danger est au dit Maubert, et faittes approcher nos Allemans et François près de là et toute nostre cavalerie. J'en parle d'affection, car je suis despesché s'ilz viennent là et tout sera fricassé jusques à Rheims et Laon, à Dieu Marchais. Ilz tiennent icy pour certain qu'ils veullent prandre Rocroy en passant, venir de là à Maubert et laisser trois mil-hommes pour brider Mariambourg. Pour Dieu que le Roy ne se laisse point endormir; quand tout est dist ce n'est pas mon mestier.

« Daledus, ce 30 jour de may 1555.

« Vostre très humble et obéissant frère,

« C. CARDINAL DE LORRAINE. »

Autre lettre du dit cardinal au dit duc son frère.

« Mon frère, vous entendrez de ce porteur l'occasion de son voyage et verrez par la despesche que nous faisons par luy au Roy dans quel terme est nostre négociation, qui me gardera vous en faire redite; je vous diray seullement que je parlay hier à M. d'Arras touchant la prière que je luy avois faicte d'obtenir permission de l'Empereur pour envoyer visiter M. de Bouillon, en quoy il m'avoit promis de s'employer; maintenant il dit qu'il en attend réponce, et pour ce qu'il voit bien qu'il y a peu d'espérance que la paix se fasse et que nous désirons traicter pour les prisonniers, il nous dit qu'encores que la paix ne se fasse point, ilz seront bien contens d'entendre au faict des prisonniers et les mettre tous à rançon, et desjà les parents de M. de Crequy ont tant faict, que sa rançon en quoy il fut mis avant la mort de son père, qui est de quatre mil escus, ne sera de rien augmentée; en y a aussy plusieurs autres de cette compagnie qui sont en bonne volonté de ravoir leurs parents qui sont prisonniers, et mesme M. le connestable est bien délibéré d'y faire mettre son filz sy le Roy luy permet de le retirer. Mais quant à M. de Bouillon, M. d'Arras m'a dit que l'Empereur permettra qu'il y soit mis comme les autres, pourveu qu'il rende Bouillon, et pour ce que nous leur avons proposé cette place au nombre de celles prises par le Roy, des quelles nous ne leur en voulons rendre une seule comme nous leur avons dit. Je vous prie faire entendre à madame de Valentinois et à madame de Bouillon ce que nous aurons à faire si en mettant madame veuve de Bouillon à rançon, l'on demande pour partie d'icelle Bouillon; en quoy je sçais bien qu'elles suivront la volonté du Roy; mais il fault entendre la résolution qu'elles en auront prise affin que nous sçachions si mon dit seigneur de Bouillon sera exclud du nombre de ceux qui seront mis à rançon, et que pour cela nous ne laissions à passer outre pour celle de tous les autres. Il me tarde bien que j'aye réponce sy j'auray permission de l'envoyer veoir par l'abbé de Valleroy qui est icy, mais quelque diligence que j'ai sceu faire, il m'a esté impossible de le sçavoir, dont il me desplaist pour le désir que j'ai de luy faire plaisir en cette nécessité, comme je ferois toute ma vie en tout ce qu'il me sera possible: et me remettant à la despesche et à sa suffisance, je feray fin de la présente par mes très humbles recommandations à vostre bonne grace, priant nostre Seigneur vous donner, monsieur mon frère, très bonne et longue vie.

« D'Ardres, ce 2 juin 1555.

« Vostre très humble et obéissant frère,

« C. CARDINAL DE LORRAINE. »

Lettre du duc de Guyse à monsieur le prince de Ferrare son beau-frère, au sujet des affaires de Rome.

« Monsieur mon frère, j'ai tousjours jusques icy différé de faire responce à 3 ou 4 lettres que m'avez escrites attendant quelque résolution tant sur l'élection du pape que sur le traicté de paix entre les députez du Roy et de l'Empereur, et pour cette heure les choses sont en telz termes du costé de deçà, qu'après s'estre les dits députez assemblez quelquefois d'une part et d'autre, il ne s'est peu rien accorder et sont partis d'avec eux M. le cardinal de Lorraine et M. le connestable il y a deux ou trois jours sans plus d'espérance de paix, de sorte que j'espère que cet esté ne se passera poinct sans faire quelque chose de bon et qu'on ne se batte bien, ayant jà nos ennemis ensemble dix ou douze mil hommes à Guyves, qui est le lieu où le Roy séjourna au partement de Mariambourg, et où M. de Nevers le vint trouver. Il est bruit qu'ilz veuillent fortifier la montagne qui est près de là, et croit-on que c'est pour attaquer Mézières ou Maubert Fontaine et plustot celui-cy que je ne trouve des plus fortes places qu'ayt le dit seigneur; toutes fois il se délibère la faire garder le plus que l'on pourra, et pour cet effet met un bien homme de bien dedans; nostre gendarmerie est jà toute assemblée et marche de ce costé là avec nos autres forces pour lui faire teste, et m'est advis, M. mon frère, que voicy l'heure que ne devez plus différer de partir, dont je m'asseure tellement suivant ce que m'en avez tousjours mandé, que je fais dresser tout un équipage tant de chevaux que hardes, le quel vous trouverez prest à vostre arrivé par deçà, vous asseurant que vous disposerez toujours de ce qui sera en ma puissance tout ainsy que du vostre propre, et vous supplie en vouloir faire cet estat. M. de Nemours m'a parlé par plusieurs fois des propos qu'avez ensemble touchant le mariage de madame Louise vostre sœur et de luy, et que vous luy avez promis d'en faire quelque chose envers M. le duc, dont il n'a eu aucune réponce; il semble qu'on le desdaigne, et à vous en parler franchement et sans fasche, il m'a dit que sans plus le remettre il en vouloit avoir une entière résolution. Vous sçavez quel est son honnesteté et ses vertus, et ne sçais sy en perdant cette occasion on en pourra retrouver une semblable. Je vous supplie y faire une fin, car j'en suis fort pressé. Et sur ce je prie Dieu, etc. »

D'un autre costé les nouvelles estoient données par monsieur de L'Eschelle à M. de Guyse, des fortifications qui se continuoient et des courses faites sur les ennemis, dont estoit chef M. le Ringrave.

« Monseigneur, le peu de moyen que j'ay eu m'a gardé vous escripre des nouvelles, tant de ce qui faict en vos ouvraiges, que de la guerre de deçà, et voyant ce porteur se retirer vers vous, n'ay voullu faillir vous en escripre ce mot, affin que ne me teniez en répultacion d'ung parresseux, vous asseurant, Monseigneur, que vos dicts ouvraiges se sont conduictes bien fort diligemment, mais le maulvais temps nous y a fort nuyt. Je ne vous en feray long discours, parceuque monsieur de Trenchillion, auquel j'ay le tout monstré, vous pourra dire ce qu'il en a veu : au surplus je pense qu'avez entendu la course qu'avions faict sur les ennemys dont estoyt chef monsieur le conte Ringrave, auquel ay faict entendre l'entreprise sellon que aultrefois vous l'ay dict, où avons bien fort endommagé l'ennemy, et fayt le plus grant ravaige qui ayt esté faict despuys vingt ans en la terre. Au reste vos hargoules n'ont cessé d'estre journellement à la guerre et ont assez bien faict leur prouffit sans rien perdre, Dieu mercy, et au contraire les ennemys nous ont laissé sans nous faire dommaige en ceste frontière. Au demourant, Monseigneur, je vous puis asseurer que en toutes les choses que je pourray penser vous faire service tant céans que dehors, que le feray en sorte que aurez contentement de moy; ce sçayt nostre Seigneur, auquel je supplie, Monseigneur, vous tenir en santé et longue vye.

« De vostre chasteau de Guyse, le deuxiesme jour de juing 1555.

« Vostre très humble et très obéissant serviteur,
« L'ESCHELLE. »

Lettre de monsieur de Guise à monsieur le maresohal de Saint André.

« Monsieur le mareschal, il me semble qu'il n'est pas grant besoing que je vous fasse icy reditte de ce que le Roy vous répond, tant pour le faict de la Capelle, que pour les autres choses contenües en sa despeche qui est ample, et vous satisfera sur le tout; bien vous diray-je en passant, que le Roy se contente tant du bon et grant debvoir que vous faites, et du prudent advis que vous prenez en toutes choses qui concernent et peuvent toucher son service aux lieux où vous passez, qu'il n'est possible de l'en voir plus satisfaict qu'il est. Pour ma part je vous mercye bien fort de la peine que vous avez prinse de visiter si soigneusement Guyse, et à me mander si précisément l'estat où vous l'avez trouvé, vous advisant que puisque vous m'avez condamné à y employer jusques à dix mille livres entre cy et six sepmaines, et m'asseurez que en ce temps là faisant ceste dépense, elle sera une des bonnes places de la frontière, je me suis résolu pour l'affection que j'ay de la voir en estat de pouvoir faire ung bon et utile service au Roy et à son royaulme, de mettre jusques à ma chemise, et ay déjà commencé à donner si bon ordre à l'argent, que je vous puis asseurer qu'il ne manquera point : mais il fault que là dessus je vous prie encore d'une chose, c'est que vous faittes si bien marquer et desseigner par Meliorin ce qui est à faire, que ceulx qui auront charge de la conduite de l'ouvraige n'y puissent faillir, et si vostre commodité pouvoit porter d'y faire quelque voyage, comme vous avez donné espérance, je sçay combien vostre œil serviroit à cela, et combien je vous en seroye tenu : pour le moings je vous prie que vous y laissiez ledit Meliorin le plus que vous pourrez, l'ayant tousjours congnu tant affectionné en mon endroict que je m'asseure qu'il sera bien ayse de l'y employer, et d'y faire œuvre digne de l'expérience, et du bon jugement qu'il a en semblables choses. J'escrips au sieur de la Baune qu'il preste les cinquante muids de farines que vous avez advisé envoyé à la Capelle, n'ayant rien que je n'employe tousjours pour le service du Roy ; mais parce que vous sçavez qu'elles feront faulte en madite place, je vous prie que vous les faittes remplir de celles que avez résolu de prendre à Saint Quentin, et commander à ceulx qui en auront la charge qu'ils prennent garde qu'elles soyent rendües bonnes et de garde, ainsi qu'il est raison. Nos depputez se doibvent demain assembler et estans jusques icy demeurez sur une résolution qu'ils ont prinse de ne rendre rien d'une part ny d'aultre, d'aultant que ceulx de l'Empereur avoient tousjours déclaré comme ils ont tousjours continué depuis, qu'ils ne rendront jamais le duché de Milan. Je croy que leur assemblée de demain apportera une fin et résolution à leur négociation ou de paix, ou de continuation de guerre, dont je ne fauldray à vous donner advis sitost que le Roy en aura eu des nouvelles.

« Cependant je prie Dieu, etc. »

Mémoire pour monsieur le cardinal de Guise de la part de monsieur le cardinal de Bellay au sujet du Saint-Père, etc.

Nostre Saint-Père feist en son consistoire une grande et fort belle exhortation suz ce qu'il luy sembla qu'il se deup faire pour le commencement de son pontifficat, speciallement pour continuer tant par bonnes meurs que par ordonnances les réformations acheminées par le pape Jules sur le faict de l'Église et de ce saint-siège, afin que par l'exemple que toutte la chrestienté verroit naitre de ce lieu, elle feust d'autant plus enclinée à s'accommoder à la gloire et honneur de Dieu et conséquemment au bien et repos de la chrestienté et de ce saint-siège. Prya fort Sa Sainteté et exhorta tout le colliége en général de luy estre aydant à porter le faiz de l'administration et charge qui luy estoit tombée sur les espaules en cest age si décrepit, et en la multitude d'affaires qui se présentoient, dont Sa dite Sainteté dit que plus à loisir se feroient particulières députations selon les qualitez, suffisance et force des ungs du colliéges ou des autres : mais principallement et sur tout n'estant par sa promotion au papat, le lieu du choix tombé entre les mains du cardinal du Bellay, personnage tel que si l'élection eust deu estre faicte, il ne se feust pu trouver personne plus digne de telle charge, Sadite Sainteté s'en tenoit fort consolée et allégua ladessus quelques choses en la recommandation dudit cardinal, et entre les aultres louenges qu'elle luy donna, elle feist mention des services que de si longue main, avec si grande prudence et avec tant de labeurs il avoit faits au Roy très chrestien son prince et seigneur, chose qui d'autant plus estoit digne d'estre louée, que ceste sacrée couronne de France avoit tousjours été la vraye colonne de l'Église, et que véritablement Sadite Sainteté ne pouvoit sinon louer que les grands princes, de la force desquelz dépend l'entretenement de ce saint-siége, eussent en ce colliége personnes qualifiées qui y eussent la protection de leurs affaires en main, mais estant icy si nécessaires ledit cardinal du Bellay qu'il est pour touttes raisons et principallement pour le degré dessus dit au soullagement de Sadite Sainteté et de l'estat de ce dit saint-siège, et ne y manquant au Roy très chrestien personnaige qui soit pour très-bien porter le faiz de ladite protection et tout autre grand et honorable faiz et charge, qui est le cardinal de Ferrare, es louenges duquel elle s'estendit, qui avec layde du cardinal d'Armaignac et de l'ambassadeur de Sa Majesté, estoit pour satisfaire à ladite charge, Sadite Sainteté le prioit bien fort et en tout la plus grande instance qu'elle pouvoit, qu'il feust moyen de porter le Roy très chrestien à ce qu'il se contentast de donner ledit cardinal du Bellay tout entier à Sa Sainteté, que ce seroit bien assez quant il pourroit satisfaire à cette seule charge pour grant esperit, sçavoir et expérience qui feust en luy ; et répétant Sa Sainteté ce propos pour deux ou trois fois et tousjours y augmentant quelque chose, adjousta que non seulement ledit cardinal de Ferrare eust à faire cest office envers Sa Majesté, mais qu'encores il la conjurast de ne revocquer ledit du Bellay ne aussi peu de luy donner congié de son retour quant il le luy voudroit demander, disant comme en riant qu'aussi bien quant il s'en vouldroit aller et abandonner ce saint-siège en la nécessité où il est, elle retiendroit comme son prisonnier, et ne souffriroit que l'Église feust privée de sa présence, passa aussi la dessus sur la translation de l'évesché d'Ostie laquelle translation avec les autres fut lors depeschée.

Lettre de M. d'Avanson.

« Monseigneur, vous serez, comme j'espère tellement estre satisfaict de ce que vous entendrez de monseigneur le cardinal de Guise touchant les affaires du Roy de part deçà, qu'il ne me reste à vous dire, Monseigneur, sinon que jamais homme ne s'y porta mieulx, ne avec plus grand diligence qu'il a faict. Et au surplus je vous supplieray très humblement de me conserver autant en vostre bonne grâce, comme je désire de m'y perpétuer et de vous estre toute ma vie très humble et très obéissant serviteur. Priant sur ce le Créateur vous donner, Monseigneur, en très bonne santé et prospérité heureuse et longue vie.

«De Romme ce cinquiesme juing 1555.

«Vostre très humble et très obéissant serviteur. «T. D'AVANSON. »

Nouvelles de différends pays contenus dans les lettres suivantes adressées à mondit sieur le duc de Guyse.

« Monseigneur, je ne vueulx faillir vous advertir de l'envoy qui nous a esté faict, le huictiesme de ce mois, de quatre cens soixante dix-neuf poincons farine, sept vingtz deux sacz avoine, dix sept bestes à corne, et de sept douzaines de picques, et aussi de ce que les voluntaires ont admené, qui est environ quatre vingty pièces de vin et vingt-quatre pièces pour la provision des cappitaines, ensemble de huit vingtz moutons, vous asseurant, Monseigneur que je les mesnageray si bien que le Roy et vous en aurez contantement. J'ay faict faire la monstre des gens de pied de ceste garnison, où il s'est trouvé, comprins soixante six mallades, le nombre de dix sept cens trente ung hommes, qui est soixante quatre hommes daventaige que à la reveue faicte en la présence de monsieur de Charluz. Mais l'occasion pour quoy je les ay retenuz et faict paier, a esté après avoir receu la lettre du Roy en la lettre du sixiesme de ce moys, par laquelle ledict seigneur me commande d'en retenir jusques à dix huit cens, si tant s'en peult trouver en ceste place. Et quand au reste qui fut cassé, je y fis tout ce qu'il fut possible à les retenir pour servir de pionniers, ce qu'ilz n'ont jamais voulu. Par quoy Monseigneur, je vous supplie très humblement vouloir ordonner qu'il nous en soit icy envoié; car je n'en ay à présent que six vingtz neuf, et aussi que monseigneur de Nevers m'a dit ne m'en povoir envoier, sans qu'il luy soit expressément commandé. J'ay faict paier les creues desdictes bandes de gens de pied pour le mois de may entier, encores qu'ilz ne soient arrivez que environ le meillieu du mois. Mais c'est pour donner occasion aux cappitaines d'avoir quelque contantement, et ou vous ne le trouverriez raisonnable, je vous supply, Monseigneur, le me vouloir mander affin de le leur faire desduire à la prochaine monstre.

Quand aux nouvelles de noz voisins, ilz font une extrême diligence de faire parachever leur fort, où il y a bien trois mil pionniers et trois cens massons qui y besognent et travaillent tous les jours. Ilz ont trouvé l'eau en faisant les fossez de leur place, de quoy ilz se sont fort resjouys. L'on m'a asseuré qu'il y a deux boullevartz qui sont desjà de treize ou quatorze piedz de haulteur. Il leur est arrivé ung bon nombre de cavallerie et autres gens, et pour en sçavoir la vérité je y ay envoyé ce matin expresséement; aussy m'a asseuré ce personnaige que Martin Vaudrousse est mort depuis trois jours en leur camp vendredy derrain. J'envoyai messieurs de La Roche, du Maine et La Ferté avec leurs compaignies et environ deux cens hommes de pied en ung villaige à deux lieues d'icy, où ilz trouvèrent cent ou six vingts chevaulx et une enseigne de gens de pied des ennemys des garnisons d'icy autour, qui estoient là attendant cinq ou six enseignes de Nammurois, les pistolliers et quelque autre gendarmerie pour aller courir ès environs de Mezières et de Montcornet. Mais noz gens les serrèrent de si près que les gens de cheval se meirent en fuitte et habandonnèrent leurs gens de pied, dont ilz en admenèrent environ quarante, où estoient leur tabourin et phifre et bien autant qu'ilz tuèrent sur le champ. Monseigneur de Nevers a veu icy leurs tabourins qui les sont venuz demander. Qui est tout ce que pour ceste heure je vous puis escripre, après avoir présenté mes recommandations très humblement à vostre grâce. Je supplie le Créateur, Monsigneur, vous donner en parfaicte santé très longue et heureuse vye.

«De Mariebourg, ce treiziesme jour de juin 1555.

«Vostre très humble, très obéissant conbligé serviteur. »   « DE PINNET »

« Monseigneur depuis ceste lettre escripte, l'homme que j'avois envoyé à Gives est arrivé, qui m'a asseuré la mort de Martin Vaudrousse et qu'il est arrivé audit Gives quinze cens chevaulx le jour d'hier, et quatre cens qui y arrivèrent mercredy, et encores ung grand nombre de gendarmerie; de sorte qu'il m'asseure estre à présent audit Gives trois ou quatre mil chevaulx et environ vingt mil hommes de pied, sans ce qu'ilz disent leur venir bientost force Allemans. Leur artillerie est encores toute desmontée soubz les pontz dudit Gyves; mais ne m'a sceu dire véritablement le nombre. Bien avois-je sceu pour vray, y a desja plus de huict jours, qu'il y en avoit vingt deux pièces; l'on dict qu'il y en est encores venu depuis. Il y a un grand nombre de barques qui leur admènent si bien provision de vivres qu'ilz sont à fort bon marché. Qui est tout ce que pour ceste heure j'en ay peu sçavoir. »

Et au dos : *A monseigneur, monseigneur le duc de Guyse, pair de France.*

Du cappitaine Romanesche.

« Monseigneur, combien que par sy devant j'ay escript à vostre seignorie ung paquet que j'ay envoyé par la poste, et creignant que vostre seignorie ne l'aye receu, je n'ey vollu faly de reschiep fayre entendre à vostre seignorie qui vous playse me pardonner que je ne puys estre pour la fin de ce présent moys de juing par devers vostre seignorie, pour cause des oiseaulx qui sont esté sy tardif ceste année, qui ne seront prest pour yceulx pourter à vostre seignorie, jeusque au huytiesme du moys de julliet. Et ausy, Monseigneur, je n'ay encores receu ny entendu nouvélles des oiseaulx que monsieur de Grenoble me doyt fayre tenir pour vostre seignorie. Mais yceux ayant receu, je ne feray faulte avecque tous ceux que j'aurey recouvers les pourter là part où vostre seignorie me commandera avecques moy en estant averti; car tout ce que plus je désire, c'est que je prie Dieu qui me doyn grâce que je puyse donner plaisir et contantement à vostre seignorie toutte ma vie. Monseigneur, sy vostre seignorie me commande de desparti plus tostz que les oiseaulx, je ne ferez faulte soubdayn m'adresser là part où vostre seignorie sera. Monseigneur, je suys jornellement actandant les lectres de mon lieutenant Francoys de Roynse, de la place apellé Brianson en Tarentayse, qui a pleu à vostre seignorie luy avoir donné en garde à la requeste de monsieur le compte de Clarmont, pour le désir que j'auroys le mectre en possession de ladicte place, à celle fin avant mon partemant de porvoir en sa plase dug myen parant gentilhomme homme de bien duquel je serez toutte ma vie responsable que en mon absance il fera sy bonne garde, que acsident n'aviendra, aydant Dieu, en la place qui a pleu au Roy et à vostre seignorie m'avoir donné en garde. Et pour ce que j'ay entendu que lesdictes lectres sont entre les mayns d'ung des secrétayres de vostre seignorie et croy que c'est le secrétayre Myron, qui me faict supplier très humblemant vostre seignorie qu'il vous playse commander audict secretayre nous envoyer les dictes lettres et qu'il playse à vostre seignorie commander que mondict lieutenant soyt payé du jour et dacte de l'împétration de ces lettres.

« Monseigneur, il se faict à présant dans le chasteaux quelque réparation bien fort nécessayre tant sur l'esperons près la porte dudict chasteau que aussy l'on faict les fours et la forge qui est une partie de mon retardemant, pour le désir que j'ay d'avertir vostre seignorie de ce qui sera faict et de ce que verriez qui sera besoing y fere ; qui me gardera fayre plus longue lectre à vostre seignorie qui sera pour prier le Reddenteur Jésus, Monseigneur, qui doyn à vostre seignorie très bonne santé, prosperité, longue et heureusse vie.

« De Montmillian ce treiziesme de juing 1556.

« Monseigneur, je n'oblieray de fayre pourter les ducs à Jeuville et ausy quelques beaulx esparviers.

« Vostre très humble et hobeysan serviteur,

ROMANECHE.

Du président Bailly.

« Monseigneur, estant arrivé par deçà en la plus grande dilligence et à plus grandes journées que possible m'a esté nonobstant ma malladie, et ny ayant encores esté que ung mois, ne s'est pas offert grande occasion de vous escripre et advertir de ce qui concerne le service du Roy. Et de si peu que je y ay peu apprandre, n'ay voullu faillir incontinant vous en rendre raison, comme je doy et suis tenu faire.

« Et pour y parvenir, je commanceray, Monseigneur, par ce que j'ay veu de désordre et plainctes grandes pour l'exposition des *réalles* au pris qu'il a esté permis au trésorier de Focluz. Sur quoy, Monseigneur, j'ay dressé une petite instruction et mémoire selon la vérité que je m'esforceray tousjours suivre au plus près qu'il me sera possible, avec ce qu'il me semble d'expédient et remedde y pouvoir estre donné soubz vostre corection toutes fois et meilleur advis, et ay donné charge à monsieur Frolo qui vous présentera ceste lettre, de vous en communicquer particullièrement, s'il vous plaist, l'en ayant amplement instruit par escript.

« Au surplus, Monseigneur, j'ay trouvé fort nécessaire qu'il vous plaise me faire envoier par chacun mois ung estat de l'extraordinaire de la guerre, pour le maniement et administration dudict Foclus, pareil à celluy que l'on luy envoie de la court; afin d'avoir meilleur moyen de le controller et avoir l'œil tant sur sa recepte que despence, tel que je ne puis faire sans en avoir ung estat au vray; lequel je vous supplie, Monseigneur, doresnavant me faire envoier, par ce que je n'ay peu en recouvrer certitude par deçà.

« J'ay trouvé aussi une fort grande plaincte et clameur de la part des chevaulx légiers estans deçà; lesquelz dient n'avoir esté paiez depuis dix mois qui leur sont entièrement deubz, et ainsi me l'a certiffié monseigneur le mareschal de Brissac. A quoy il est bien grand besoing donner ordre pour les raisons que trop mieux entendez; ce que je vous supplie pareillement faire pour le bien du service du Roy.

Incontinant que je suis arrivé au camp de deçà estant lors à Salussolies, dans le voisinage de Gatmarre, je me suis efforcé de persuader au colonnel des Suisses de faire faire monstre à ses soldatz comme font les autres nations, en suivant ce que leurs supérieurs leur ont escript et mandé faire, n'oubliant rien de ce qui me sembloit pertinent et propre à leur remonstrer. A quoy il s'est rendu fort difficille et contraire, me remonstrant que les lettres de leurs supérieurs ne portent que ung advis et non commandement, de mesmes que par icelluy ilz les reçoivent à faire remonstrance de leur intérêt si aulcun ilz en ont; ce qu'ils dient voulloir faire et en cotter plusieurs, se plaignans de la tardité des paiemens et qu'ilz sont tous faictz en réales à trop hault pris, perdans en leur païs six deniers sur chacune pièce. Mais enfin j'ay obtenu dudict colonnel, nommé Frolicle, que j'ay trouvé affectionné au service du Roy, qu'il fera faire monstre à toutes ses bandes, pourveu que l'on les paie par chacun mois sans aulcunement faillir. Et encores m'a accordé qu'ilz se contenteront d'estre paiez à la fin du mois, n'y ayant poinct de faulte, combien que par leurs capitulations le Roy soit tenu de les paier au commencement de chacun mois. En quoy, Monseigneur, je ne pense pas avoir moings, avec l'aide de mon dict seigneur le mareschal, acquis au Roy en espargne de neuf ou dix mil livres par mois que les capitaines gaingnoient sur ledict seigneur, ne faisans poinct monstre et vivans comme ilz ont faict jusques icy. Et espère y faire commancer dedans sept ou huict jours pour ce mois de juing, si l'argent nous vient, comme le dict trésorier m'a mandé, et les faire continuer doresnavant. Et a délibéré mondict seigneur le mareschal de y tenir la main.

Et au regard desdits réales n'a esté et n'est possible faire condessendre lesdits Suisses à les prandre à plus de quatre solz pièce, sinon soubz et avec les protestations qu'ilz font de répéter et faire querelle cy après au Roy de la tare et perte qu'ilz y font et feront. En quoy je prévoy de grands fraiz pour le Roy à l'advenir,

s'il n'y est promptement pourveu et rémédié.

Quant à l'estat de la despense qui est faicte par deçà et de la forme d'icelle, je n'en ay encores peu tirer ung certain et au vray pour l'envoier au Roy, par ce que j'ay trouvé que l'on à empruncté des assignations d'ung mois pour l'autre pour la nécessité qui se y est offerte. De sorte qu'il y a quelques invollutions, et fault attendre la fin d'aulcuns paiemens sur lesquelz ont esté faictes quelques advances, seullement pour n'envoier rien par de là qui ne soit net et liquide.

« J'ay sceu par deçà, qu'il n'y a aulcun fons ne deniers pour les réparations, ne artillerie, qui sont tant nécessaire pour la conservation de tant de belles conquestes faictes par deçà et exécution des entreprises; à quoy il vous plaira, Monseigneur, faire pourveoir.

Il vous plaira semblablement me faire envoier ung estat au vray et par le menu des places et chasteaux de Piedmont, esquelles le Roy entend avoir garnison, par ce que je n'en ay peu rien avoir par deçà. Et doresnavant faire s'il vous plaist que les assignations soient ordonnées en lieu où elles puissent promptement estre levées et recouvertes; vous asseurant, Monseigneur, que la promptitude acommodera de beaucoup les affaires et service dudict seigneur.

Depuis huict jours mondict seigneur le mareschal ne voullant perdre temps a conquis deux beaux chasteaux forts avec les villes y estans joinctes, et chassé l'ennemy de la campagne devant la ville de Vallence, et pour y avoir esté présent et si près que deux chevaulx m'y ont esté tuez d'un seul coup de canon, sans offencer mes gens estans dessus et joignant mondict seigneur le mareschal et moy, en recongnoissant le camp de l'ennemy. Je vous en envoye ung petit discours et progrès particullier que j'ay dressé au plus près de la vérité, estant bien délibéré, Monseigneur, de vous faire tousjours entendre ce qui s'offrira et pourra survenir par deçà digne de vous.

Monseigneur, après avoir présenté mes très humbles recommandations à vostre bonne grâce, je suplieray le Créateur vous conserver en toute félicité longue vie.

Du camp de Sainct-Salvadour près Vallence et Alexandrine. Ce dix septiesme jour de juing 1555.

Vostre très humble et plus obéissant pour jamais serviteur, « BAILLY. »

Du comte de Tende et de François de La Garde.

« Monseigneur, ayant tout à ceste heure par une frégatte venue de Corse receu lettres de messieurs de Termes, Jourdain, Ursin et de

Sainct Lux avec ung pacquet adressant au Roy, nous n'avons voullu différer à le luy envoier, et pour aultant que par ledict pacquet, ainsi qu'ilz nous escripvent, ilz advertissent bien au long Sa Majesté de l'estat de ses affaires audict Corse et à Portherculles. Pour l'asseurance que nous avons que vous verrez le tout, ne vous en feront aucun récit pour ne vous ennuyer de redicte, seullement vous dirons, Monseigneur, que voiant que les promotions nécessaires tant pour les gallères que armée du Grand Seigneur retardent tant à venir, nous craignons fort que ledit seigneur ne tire d'icelle armée le service qu'il prétend. Par noz précédentes vous aurez peu veoir l'ordre que de nostre cousté y avons donné. En quoy n'y avons obmis chose qui soit en nostre puissance. Par quoy vous supplions très humblement, Monseigneur, qu'il vous plaise y voulloir faire pourveoir ainsi que pouvez congnoistre estre requis pour le service de Sadicte Majesté.

« Monseigneur, nous supplions le Créateur vous donner très bonne santé, très longue et très heureuse vye.

« De Marseille, le dixhuictiesme jour de juing 1555.

« Vos très humbles et très obéissans serviteurs,
« CLAUDE DE TANDE, LA GARDE. »

De M. de Saint-Estève.

« Monseigneur, par la lettre que je vous ay escript du quatorziesme de ce moys, estes adverty de la diligence de messieurs le conte de Tende et baron de La Garde à faire équiper les cinq gallères qu'ilz me baillent et préparer toutes choses nécessaires pour mon partement. Et ne reste plus maintenant que de donner dans la mer; ce que je feray ce jourd'huy, Dieu aidant; par ce que la compaignye du cappitaine Carrière que nous attendions arriva hier en ceste ville. Mais avant que partir je vous ay bien voulu advertir, Monseigneur, que mesdits sieurs ont advisé pour le service du Roy d'escripre au sieur Jordan Ursin qu'il me baille en passant par Corsegue une compaignye complette en retenant celle du cappitaine Carrière, en laquelle n'y a plus de cent hommes ou assez de gens pour parfaire ladicte compaignye. Et combien que je ne soye expressément chargé de conduyre autre compaignie de gens de pied que celle que je prendray en ceste ville, toutes foys par ce qu'il me semble que le service du Roy en sera plus asseuré et que mesdits sieurs pour la longue expérience qu'ilz ont ne peuvent faillir en telles délibérations, je me suis résolu de leur obéyr, pençant, Monseigneur, que le Roy et vous ne le trouverez mauvais. Sur ce je prye le Créateur, Monseigneur, pour vostre prospérité et longue vie.

« A Marseille, ce vingtiesme de juing 1555.

« Vostre très humble et très obéissant serviteur,
« JEHAN DE SANCT ESTEBAN. »

De M. Tranchelion.

« Monseigneur, incontinent après avoir esté arrivé en ce lieu, suys allé à Moncornet là où ay trouvé monsieur le mareschal de Saint-André, auquel ay présenté vostre lettre, et luy ay dict de vostre part ce qu'il vous avoit pleu me commander. Lequel sieur est venu en ce lieu pour regarder à ce qu'il pourroit estre nécessaire, tant pour la garde du chasteau que des déceinctz des boulovars commencez ou de ceulx qui se doibvent commencer; mais d'aultant que Meliorin n'est poinct venu, aussi que encores ne se peult trouver assez ouvriers, a esté despechée commission pour en faire venir en payant et cependant faict besogner au boulovart que aviez commencé qui se doibt nommer Saint-André. Monseigneur, pour vous donner à entendre les vivres qui sont à présent en vostre chasteau, il n'y a non plus qu'il y avoit quant vous partistes. Mais j'espère que ceste sepmaine prochaine ferons mener les bledz que le sieur de la Baune y a aproisiez et de retirer en vostre chasteau ceulx que vostredict recepveur a à la ville, craignant que la nécessité ne puissions les retirer à nostre ayse. Quant à ceulx des habitans de la ville n'y toucherons en rien jusques à ce que serons plus pressez. Quant aux faissines et bois en ferons ceste prochaine sepmaine le plus mener qu'il nous sera possible, pour le moings ne tient à faulte que je n'en sollicite bien souvant ledict sieur de la Baune et ne crains poinct de bien souvent l'en presser d'aultant que c'est pour vostre service. Monseigneur, quant aux mil escus qu'il vous a pleu me commander luy dire qu'il advance, suyvant l'offre que par moy il vous en avoit faict, m'a dict qu'il les offre fournir en ce que je luy baille l'instruction qu'il vous a pleu me donner pour la seureté de son argent, d'aultant qu'elle est signée de vostre main, par ce que aultre lectre ne luy en avez escript. Quant à vostre recepveur m'a dict qu'il advancera tout ce qu'il pourra; mais ne m'a pas dict ce qu'il pourroit faire. Quant à trouver argent aux habitans de la ville, j'en ay parlé audict sieur de la Baune, lequel m'a dict qu'il ne se mesleroit poinct de cela. J'en ay parlé aux principaulx de voz officiers, et moy présent en parlèrent à une douzaine des principaulx de la ville, qui ont faict responce que d'argent n'en avoient poinct;

mais des vivres qui estoient dans leur maison et que tout leur bien estoit à vous obéyr à ce qu'il vous plairoit l'employer pour vostre service. Monseigneur, je vous feray entendre plus amplement leur response, mais que je sois devers vous. Monseigneur, j'escriptz ung mot de mémoire pour vous faire entendre ce que j'ay peu aprendre. Quant aux vivres qui se pourront mectre promptement dedans vostre chasteau, je croy que monsieur le mareschal et le sieur de La Baune vous en escripvent au loing, et qu'ilz vous en pourront faire plus certain. Monseigneur, il vous plaira me commander ce que j'ay affaire pour vostre service en actendant ce qu'il se pourra présenter là où je mecteray peine, et d'aussi bonne affection vous obéiz, comme je prie le Créateur vous donner bonne, longue et heureuse vie.

« De Guyse, ce vingt troiziesme jour de juing.

« Vostre très humble et houbéysant servytteur,

« TRANCHILYON. »

De M. de La Baune.

« Monseigneur, j'ay veu et bien entendu l'instruction et crédence qu'il vous a pleu donner au sieur de Tranchillon, à quoy ne fauldrais de satisfaire de poinct en poinct suyvant vostre entention, et de faict j'ay ce jourd'huy dressé ung petit estat avec monseigneur le mareschal qui est en ce lieu, des choses que sont nécessaires pour vostre place; duquel il vous en envoye la copie. Et quant aux pains et vins, suyvant l'advis de mondict sieur le mareschal, nous en avons pour quattre mois. Au reste des aultres choses nécessaires, nous y pourveoirons si bien, Dieu aydant, que le Roy et vous en aurés contentement. Quant au baulvert de la potterne, le descein n'en est encorres arresté à l'occasion que le sieur Meliorin m'est arrivé, et crains que ledict baulvert ne vous soit de plus grand coustenge ny sytost faict que l'on pensa. Pour le moins je tiendrais la main d'y faire toute la diligence qu'il me sera possible. Et ne vous deffauldront les mil escutz mentionnez en l'instruction signée de vous que m'a baillée ledict sieur de Tranchillon. Et quant à voz subjectz de Guyse, ne vous y fault attendre comme plus amplement le vous dira cy après ledict sieur de Tranchillon. Au surplus, Monseigneur, je vous mercie bien humblement des propos qu'avez faictz tenir à mondict sieur le mareschal en ma faveur; pour récompense de quoy ne vous sçaurois présenter que ma vie ou biens, qui ne vous seront espargnez pour vostre service. Quant à noz ennemys, il est bruict de quelque amas de vivres qui se faict à Cambray en délibération. Comme ilz font courre le bruict de venir faire quelque assemblée à Happe ou Marolles, lieux prochains de nous, je ne fauldrais de envoyer de jour à aultre pour vous en rendre certain, si la vérité est telle. Il y a ung capitaine de Allemans en garnison en ceste ville, appellé Ausbourc, bien fort honneste et bien conditionné, ayant sa compaignie en ce lieu, bien vivantz et grandement au contentement de voz subjectz. Advenant affaire en ceste place, si le trouvés bon, je désirerois fort qu'il demeurast en ce lieu, estant asseuré qu'il a bien grand volunté de vous y faire service. Pryant Dieu, Monseigneur, qu'il vous doint en santé bonne vie et longue.

« De vostre maison de Guyse, ce vingt quatre de juin 1555.

« Monseigneur, j'ay receu les deux commissions que m'avés envoyées, ausquelles ne fauldrais de satisfaire, en vous supplyant avoir souvenance de mes cent quarante troys escutz que monsigneur le connestable m'a faict desbourser; lesquelz pourront venir en ce lieu à propos pour vostre service.

« Vostre très humble et obéissant serviteur,

« DE LA BAUNE. »

Lettre de M. de L'Aubespine au dit duc de Guyse.

« Monseigneur, j'ay receu la lettre qui vous a pleu m'escrire du 13 de ce mois; je n'oublieray rien de ce qui touchera le service du Roy et le vostre, Monseigneur. Avant que de partir dernièrement de Thoul, je donnay ordre d'acheminer aucunement la justice de là, et mis fin à plusieurs procès et différendz que y estoient. Sy on fust entré ou en la paix ou en la trève, j'avois bien délibéré de vous faire entendre plus amplement du faict de la dite justice et de ce que le Roy a délibéré d'y faire; mais pour ne mestre le dit seigneur en despence de ce costé là durant la guerre de cet esté, j'y donneray le meilleur ordre que je pourray, m'ayant Sa Majesté donné charge pour y faire comme icy, et y mettray en mon absence un homme qui y puisse servir sincèrement et ainsy qu'il fault, et du quel je me serviray aussy icy aux occasions. Nous avons ces jours passez faict icy une nouvelle création de MM. eschevin et justice, où nous avons au plus près suyvi l'entention de Sa Majesté, qui est d'y mettre des plus gens de bien et des plus affectionnez à son service, ce que nous avons faict sans innover ou changer au faict de la ditte création, sinon de bailler aux bourgeois ce qui estoit aux parages, ce qui s'est faict au grand contentement d'un chacun; et pour autant, Monseigneur, que les ordonnances de la ditte justice ont esté imprimées ces jours icy, je vous en envoye une copie ; et adviserez s'il vous plaist en quoy je vous pourray faire très humble service, pour y obéir comme celuy qui l'estimera tousjours au plus grand heur et bien. Monseigneur, après m'estre très humblement recommandé à vostre bonne grâce, je prie Dieu vous donner une santé très bonne et heureuse vie.

« De Metz, ce 28 jour de juin 1555.

« Vostre très humble et très obéissant serviteur,
« DE L'AUBESPINE. »

Lettre du cardinal de Lorraine, au duc de Guyse son frère.

« Monsieur mon frère, voulant despescher au Roy et cuidant partir demain, j'ay eu nouvelles du marchant du quel je tireray trois cent mil escus et asseurez vous en, mais il ne veut rien bailler si le traité n'est ratiffié, et par ainsy j'ay despesché ce courier en extrême dilligence pour en advertir le Roy et luy donner le temps dans lequel je puisse estre adverty de son intention avan que j'arrive à Ferrare, et pour ce j'ay retardé mon partement de cette ville jusques après les Roys, et passeray à Venize avant que me rendre là. Et Dieu vous veuille bien inspirer, car si vous me mandez que je rompe avec le duc, le depost que nous avons promis est du tout impossible. Nous venons à manquer au Pape, le Roy pert la Toscane, pert le Pape, pert sa foy, sa réputation, stabilit la grandeur du roy d'Angleterre en Italie, faict piller Rome et subjuguer toute l'Église, et ce pauvre vieil homme qui s'est mis entre les bras du Roy, le cardinal de Tournon, délibère bien s'enfuyr et dire maudit soit le dernier. Quant à moi je seray bien loing banny pour jamais d'Italie, de quoy je n'aurois pas grand regret s'il n'y avoit autre mal, car je puis dire que nous perdons la plus grande occasion que jamais le Roy eut, et n'eusse ozé espérer faire la moistyé de ce que j'ay faict pour luy ; il est vray que le Roy y pourroit remédier envoyant de deçà en dilligence trois cens mil escus pour garder sa réputation et la promesse faicte par la ligue, et laissant faire les serviteurs qu'il a icy, puisqu'il nous a faict l'honneur de se fier en nous. Après quoy, sy luy et vous n'estiez contans vous me chastiriez et prendriez tout mon bien pour satisfaire à ce que j'aurois trop promis plus que le Roy n'aura voulu tenir, pour servir d'exemple aux autres; mais sy je vous porte asseurance du Pape pour tout ce que vous sçauriez demander d'un million comptant, de cinquante canons prests, avec douze mil boulletz et deux cens milliers de poudre et davantage s'il est besoing, et les chevaux nécessaires pour tout l'attirail, de retraicte asseurée dans les places importantes, et de trois cens mil livres de rente pour monsieur d'Anjou s'il plaist au Roy, vous n'aurez occasion de vous plaindre. Que le Roy envoye donc la rattification de ce que j'ay faict avec le duc, et sy après j'ay mal faict, que l'on ne m'espargne poinct. Je vous ay bien voulu mander tout cela affin que vous rendiez monsieur le connestable capable de mes intentions et vous deux ensemble le Roy, affin qu'il me soit commandé ce que j'auray à faire, à quoy je ne faudray poinct. Je vous supplie faire mes recommandations très-humbles à la bonne grâce du Roy et l'asseurer que je n'espargneray jamais tout mon entendement de luy faire service, et remercier aussy, s'il vous plaist, monsieur le connestable du bien qu'il m'a faict de me mander ainsy franschement son advis, et luy dire que je luy supplie de prendre aussy le mien en bonne part, car en parlant ainsy franschement le Roy sera mieux servy et noz amitiez plus fermes, et tenez moi en vos bonnes grâces et de madame de Valentinois. etc., etc.

Sommaire d'aucunes choses notables faictes à Romme au moys de juillet 1555.

Nostre sainct-père le Pappe à faict défences publiques par toutes les terres de l'Église que nul subject n'aye à aller au service d'un prince quel qui soit, sans son congé, et n'ayt à donner faveur ny ayde, faire assembler masse ou congrégation pour quelque soit, soubz grosses paines, banissemeus, confiscations et autres.

A faict gens pour envoyer sus les frontières de la marine, de paeur des invasions des Teurcs, prenans exemple à ceulx de la ville de Paula en Calabre, qui par une matinée furent surprins, et par lesdictz Turs pillés, mal traictés, le couvent de Sainct-Françoys de Paula bruslez, et plusieurs religieulx prins et mys ès gallères.

A faict ung décret sur les éveschez, que nul cardinal ne poura plus proposer aucune évesché ou archevesché pour homme qui soit de moindre aage de vingt sept ans. Et pour commancer à le faire entretenir, a refusé la résignation que faisoit monsieur l'évesque de Montauban en faveur de son nepveu, le frère de monsieur de Montpezat, nonobstant qu'il fut dit estre de vingt quatre ans, docteur-ès-droictz et lecteur publicq à Toulouse; aucuns dient que c'est pour empescher que Crémonne ne soit résignée à l'un des filz de feu cardinal de Sainct-Fondrato, qui n'a encores vingt deux ans.

A faict autre décret sur les nominations des princes, les déclarant nulles après le temps préfix par les concordatz et previlèges ; et déclarant que si les nommés ne viennent demander leurs provisions dedans leditct temps, qu'il en pourvoyra *authoritate apostolicâ* sans avoir esgard aux dictes nominations. Ce décret a esté causé sur le fait de l'église de Roussillan qui est vacante plus d'un an y a.

A faict une bulle de jubilé et plénière rémission pour jeusner troys jours et communier le dimanche ensuyvant, pour la paix et mitigation de l'ire de Dieu.

A faict une autre bulle contre les juifz de ceste ville, ordonnant qu'ilz se retireront tous en ung lieu qui sera seur comme en Avignon, porteront bonnetz jaulnes comme à Venise; et ne pouront prendre plus grande usure que douze pour cent.

A faict ung *motu proprio* révocatoire de toutes les alliénations faictes des biens de l'Eglise depuys le temps de Jules second, y comprenans les duchez, contés, villes, terres et autres dommaines.

A cassé tous les engagemens faictz par feu le pappe Jules troisième.

A faict son nepveu, conte de Popoly, gouverneur général de toutes les terres de l'Église sans faire mention du duc d'Urbin ny d'autres ayant de pareilles charges, luy assignant cincq mil escuz de pention et deux cens escuz le moys pour son plat; lesquelz deux cens escuz il luy a assigné perpétuellement sur la chambre.

On n'attend de luy que réformation, et au premier jour publiera le décret de la résidence des évesques en leurs diocèses.

La lettre suivante du cardinal Sermonette au cardinal de Ferrare, dont coppie fut envoyée au duc de Guyse, faict mention des intrigues et factions de la cour de Rome.

« Monsieur, au consistoire qui fut hier tenu Sa Saincteté assista résolue d'y faire six cardinaux contre la volonté du cardinal Caraffe et de tous les siens; les nommez furent l'archevesque de Collogne, frère Pierre, autrefois confesseur de la royne d'Angleterre, ou Pierre Picard, prescheur à Paris, frère Michel, inquisiteur, et dom Bernard prévost de Thitery, à Padoue; et combien que Sa dite Saincteté eut résolue leur création, l'effet toutes fois fut contraire, tant les cardinaux furent fermes en leurs opinions. Les raisons en sont diverses, c'est pourquoy je n'en ay rien d'asseuré sinon que le collége estimoit cette création estre faicte de personnes incognues.

« Vous aurez cy devant entendu la brusque response que nostre Sainct-Père a faicte au dit collége sur le faict de M. le cardinal de Sainte-Fiore. Vous sçaurez maintenant qu'il obtint sa liberté ce jour suivant comme vous sçaurez plus particulièrement par M. l'ambassadeur. Je vous adviseray seulement comme, soubz le prétexte de la délivrance du Carmelingue, a semblé à M. le cardinal du Bellay, comme j'ay entendu du consentement de M. Davanson, ambassadeur du Roy, de faire quelqu'office en vostre faict. Je ne sçay si cela se devoit faire en publique ou secrètement, et me parlant le dit cardinal du Bellay du dit office sans me parler du dit ambassadeur, je luy dis en présence du cardinal Saint-Ange qu'il advisât à ce qu'il faisoit et que je n'estois pas bien asseuré de ce qu'il en arriveroit ; sur quoy il me fit responce qu'il sçavoit bien sonder la volonté du Pape, et me le diroit à part; et pour ce que je crains les Grecqz et faiseurs de présens, je partis de là et m'en allay prendre advis d'un mien amy homme fort avisé ; et arrivant nostre Saint-Père au consistoire, je dis de rechef au dit cardinal du Bellay que je ne trouvois pas bon qu'il parlast de vous qu'après que vous seriez arrivé à Ferrare et que vous auriez entièrement obéy aux ordonnances de Sa Saincteté, et qu'il advisât bien quelle estoit sa volonté ; à quoy il respondit qu'il ne s'entremettroit de ce qu'il entreprenoit, sans fondement, et que je m'asseurasse qu'il ne parleroit de vos affaires en publique sans estre premièrement certain de la volonté du Pape, et qu'on le laissât faire. Entendant, cella je serray les espaules et ne seu que penser, considérant le grand tort qu'il vous faisoit venant à manquer son coup. D'autre part je considérois que son desseing pouvoit réussir, voyant Sa Saincteté portée à accommoder telles affaires et pensant que ceux qui avoient esté autheurs du bruit vouloient par advanture estre cause d'une paix. Pendant ce temps là, le cardinal du Bellay parla à nostre Saint-Père environ deux heures, où je me trouvois, devisant lors avec quelques cardinaux et l'ambassadeur de monseigneur le duc de Ferrare, les quelz furent tous d'opinion que le dit cardinal du Bellay ne devoit parler de vos affaires sans sçavoir vostre volonté ; et voyant qu'ayant achevé de parler il ne retournoit à moy comme il m'avoit promis, je m'en allay par devers luy ; et le trouvant assis auprès du cardinal d'Armagnac, luy demanday s'il avoit parlé de vostre faict, sur quoy il me respondit en ces propres termes : Ho ! ho !, comme sy les choses se passoient bien, et me dit que le Pape ne luy avoit donné permission d'en parler; et sur ce que je luy demanday ce qu'il avoit envie de faire pour vostre service, luy disant que sy Sa Saincteté me vouloit entendre là dessus je me trouverois fort empesché, et partant qu'il advisast à ce qu'il vouloit faire, il me répondit en ces termes : Que diable ! me tenez-vous pour fol; sy je n'estois certain de la volonté du Pape je n'en parlerois ; je prends sur moy tout le dommage qui en peut arriver au cardinal de Ferrare. Ce qu'entendant, je ne sceus que dire sur son opinion qui estoit fort contraire à la mienne et à celle de tous vos amys. Sy tost que le consistoire fut fermé, le Camerlingue s'estant présenté, Sa Saincteté luy dit en peu de parolles que le collège avoit parlé pour luy et qu'elle luy accordoit sa demande, à charge qu'il ne seroit pas ce qu'il avoit esté et que de là en avant il eust à se déporter des menées et factions qui l'avoient porté à faire mal penser, sans luy tenir autre propos : de quoy le dit du Bellay l'ayant remercié au nom du collège comme doyen, prit occasion de parler de vostre faict, disant que le dit collège voyant la grâce que Sadite Saincteté avoit faicte au dit Camerlingue, on pouvoit moins que de luy recommander aussy un cardinal qui sembloit estre en contumace, qu'estoit le cardinal de Ferrare, lequel encore qu'il n'eust pesché contre Sa Saincteté, toutesfois ne vouloit nier qu'il n'eust faict quelque faulte, au moins quelqu'un des siens, mais en quelque sorte que ce fust, le recommandoit au nom du dit collège à Sa Saincteté affin qu'elle le resceut en grâce : sur quoy elle fit responce qu'encore qu'elle considérast fort la prière du dit collège, mais qu'elle avoit eu grande raison de faire ce qu'elle avoit faict, que vostre faulte estoit un crime de lèze majesté au premier chef, parce que vous procuriez d'estre pape, et qu'en cela ne pouvoit estre sans désir de sa mort ou de la pourchasser, et que par voyes illicites en faisiez plusieurs menées par promesses et présentz, qu'elle s'en esbahissoit fort, et que vous eussiez voulu penser à telles choses veu qu'il y avoit tant de seigneurs en ce collège qui estoient devant vous en aage, en doctrines et mérites. En ce propos elle parla fort honorablement de M. le duc et de toute sa maison. Du Belley voulut dire quelque-chose là dessus, mais quelqu'un de nous luy fit signe qu'il se tust. Voila ce qui se passa de plus considérable ; sur quoy je crois que par faveur et amys vous devez insister à vostre justification, et pour ce que le collège sans vostre sceu à parlé pour vous, vous devez envoyer par deçà un homme exprès avec celluy qui viendra de la part de M. le duc, avec lettres à tout le collège, excepté au cardinal Carpy, remerciant tous ces seigneurs de la bonne volonté qu'ilz ont tesmoigné pour vous, et les priant de continuer à favoriser vostre innocence envers Sa Saincteté. Outre les lettres particulières, vous en escrirez une au collège de la même subtance, mais latine, avec ordre à celluy qui en sera chargé de la présenter à propos et d'y adjouster ce qu'il trouvera bon selon l'estat des affaires, et ainsy qu'il trouvera pour le mieux, et d'autant qu'il y a si grande faulte d'hommes qui ne soient tous ou malins craintifs ou mal advertys du faict. J'ay pris résolution de faire surseoir tous les offices qui se pourroient faire pour vostre service jusques à ce que vous m'ayez faict responce sur la présente. Vous ne vous ennuyerez poinct de ce que le Pape a dit au collège, parce qu'il en fait fort peu d'estime, et m'asseure que je ne suis pas exempt, et sur ce je fais fin et me recommande humblement à vostre bonne grâce.

De Rome 21 septembre 1555.

Lettre du cardinal de Ferrare, à monsieur Scipion Prououel, dont coppie fut envoyée au duc de Guyse.

« M. Scipion, après avoir longuement attendu l'occasion pour vous envoyer la présente, le jeune Roqueroc présent porteur s'est offert allant à la cour, par le quel vous entendrez les causes de son voyage : et sy par mes précédentes je vous ay dit que les affaires d'entre nostre Saint-Père et l'Empereur estoient rompues, je vous puis asseurer par la présente qu'elles le sont tout-à-faict, et est bien besoing que le Roy fortiffie cette volonté et délibération, pour ce qu'autrement en peut arriver un grand inconvénient : et encore que vous eussiez désiré le retour d'Anibal Rucelay par deçà pour asseurer davantage Sa Saincteté de la volonté du Roy, toutes-fois ses affections sont tellement augmentées qu'il n'est possible de les veoir plus ouvertes, et sy Sa Majesté le scavoit, il se mouveroit davantage à l'entretenir, ne doubtant poinct qu'elle ne soit pour grandement servir au bien et réputation de ses affaires en Italie, et au contraire d'un infiny dommage et défaveur à l'Empereur et au duc de Frorence.

« Depuis la dellivrance des seigneurs Camerlingue et Camille, il sembloit que les affaires de deçà se deussent seulement entretenir ; mais ayant Sa Saincteté entendu par les lettres de son nonce vers l'Empereur, que Sa Majesté Césarée avoit pris en très mauvaise part cette exécution faicte par deçà contre les seigneurs et les estats Colonnes, et qu'elle témoignoit en estre très mal content et attéré, Sa Saincteté a creu ne s'y devoir plus fier.

« Quant à mes affaires, vous sçaurez que continuant le cardinal du Bellay en sa très mauvaise volonté envers moy faisant quelques remonstrances en ce dernier consistoire sur la dellivrance des susdits Camerlingue et Camille, a voulu de son propre mouvement et contre l'opinion de plusieurs de mes amis qui s'efforcèrent de l'en dissuader, parler encore de moy et prier Sa Saincteté de me pardonner, voulant par là monstrer que sy je n'avois tant failly comme Sa Saincteté pensoit, j'avois néantmoins fait quelque faulte dont je demandois grâce, ce que toutes fois j'espère avoir par justice, et fut en somme la cause de ce que Sa Saincteté dit de moy. Mais par M. Rozette, le quel monsieur mon frère a voulu envoyer vers Sa Saincteté pour cette occasion, j'ay faict entendre bien amplement à Sadite Saincteté et à tous ces seigneurs, que je ne demande autre grâce que de me justiffier, ne doubtant point que je ne fasse veoir et toucher au doigt que non seullement je n'ay jamais faict aucune pratique pour le papat depuis l'élection de Sadite Saincteté, mais ny auparavant ny despuis je n'ay cherché aucune voye illicite, corrompu aucun, ny faict amy à cette intention, de dire que j'aye désiré ou procuré sa mort : je le laisse à juger à ceux qui me cognoissent sy, estant de la maison dont je suis et de la manière dont j'ay acoustumé de vivre, j'ay pu entreprandre contre Sa Saincteté, qui ne m'a jamais faict aucun tort ny desplaisir. Mais d'autant plus que mes ennemys ont cherché de me rendre couspable, tant plus ilz ont descouvert leur meschanceté et donné subjet à mes amys d'accroistre l'opinion qu'ilz avoient de mon innocence et l'amour qu'ilz me portoient ; de sorte que j'espère que je perdray moins de tout cela que je ne gagneray, ayant descouvert un plus grand nombre d'amys que je n'espérois, ce que je veux que vous fassiez entièrement entendre à monseigneur le connestable, le priant en mon nom s'asseurer que tant que cet homme sera par deçà, il travaillera tousjours de cette façon, contre moy et tous autres bons ministres de Sa Majesté ; et cognoissant que le révérendissime cardinal Caraffa se comportoit envers moy avec la meilleure affection et office que l'on sçauroit désirer, et davantage que Sa Saincteté s'adoucissoit envers moi et s'apaisoit, et craignant pour cette raison que les affaires ne rehussissent favorablement pour moy comme il ne vouloit, a en cette dernière occasion cherché de divertir Sadite Saincteté et d'imprimer aux amys du dit cardinal Caraffa cette mesme mauvaise opinion qu'il luy sembloit avoir imprimé de moy à Sadite Saincteté. Mais tout ainsy qu'il n'a rien fait envers les dits seigneurs révérendissimes, comme je vous ay cy dessus dit, ainsy j'espère que Sadite Saincteté s'esclairera de la vérité et me tiendra pour homme de bien et luy pour malain tel qu'il est, et sur ce poinct je prieray Dieu qu'il vous ayt en sa garde.

« De Ferrare, ce 4 octobre. »

Lettre du duc d'Aumale, au cardinal de Lorraine son frère.

Monsieur, je n'ay voulu faillir vous escrire la présente pour tousjours vous tenir adverty de mes nouvelles, et vous dire aussy comme Dieu m'a faict cette grâce qu'après avoir faict tirer mil ou douze cents coups de canon à cette place de Montcalve, elle s'est cejourd'hui rendue entre mes mains, vous pouvant asseurer, Monsieur, qu'elle est très forte et de grande importance, et que s'il y eust eu des gens de bien dedans nous n'estions pour la prendre de longtemps; ceste place est grandement favorable à Cazals, et rend beaucoup de liberté à tout le reste du Montferrat; j'espère bien que le Roy cognoistra et vous aussy que je luy ay faict service et que je ne me suis attaché à ce lieu que je n'aye eu le bonheur de l'emporter. J'ay escrit incontinent à monsieur le mareschal de Brissac pour entendre de luy ce qu'il veust que je fasse de cette armée, affin que suivant sa résolution je me puisse gouverner, et je crois, Monsieur, que veu ce temps et la saison où nous sommes, et aussy la faulte d'argent qu'ont tous les soldatz, qu'on ne s'en pourra plus servir, qui me faict espérer qu'en l'ayant remise entre ses mains, de me retirer après toutes fois avoir eu mon congé du Roy, comme je vous ay escrit cydevant, qu'est tout le discours que je vous feray à cette heure, priant Dieu, etc.

« Montcalve, ce 7 oct. 1555. »

« Vostre très humble et très obéissant frère,

« CLAUDE DE LORRAINE. »

Lettre du cardinal de Guyse à M. de Saint-Laurent.

« Monsieur de Sainct Laurent, la plaincte que j'ay cy devant faicte du tort que me fut faict à la poste de Burre, a esté contre celluy qui la desservoit, lequel j'ay raisonnablement deu désirer en estre chastié, et estant la poste sienne, qu'il en fust osté comme il l'avoit très bien mérité. Et ainsi en ay supplié le Roy, qui par ses lettres vous a commandé en pourvoir Morellet. Toutesfois ayant depuis entendu que ladicte poste n'estoit point à luy, mais à Robert Le Gras, cy devant secrétaire de l'abbé de Basse-Fontaine, vostre prédécesseur en ceste charge là, qui pour lors estant ailleurs occuppé au service du Roy y avoit mis l'aultre, l'estimant plus homme de bien qu'il n'est, et m'ayant ledict Le Gras faict remonstrer le desplaisir qu'il a que cela soit ainsi advenu, considérant qu'il ne seroit raisonnable que pour la faulte d'un sien commis il perdist ce bien là, qui est récompense de partye des services qu'il a faictz au Roy soubz sondict maistre, par l'espace de quinze ou seize ans, je l'ay faict entendre audict seigneur qui se contante, comme vous verrez par sa lectre, et moy aussi, que celluy qui a ainsi failly soit seullement osté hors du service de ladicte poste et privé d'ailleurs de tout bienfaict qu'il pourroit espérer du Roy, puisque aultrement il ne peut estre pugny, et néaulmoins soit ladicte poste remise ès mains dudict Le Gras pour en joyr comme il faisoit auparavant. A quoy je vous prye tenir la main et y donner ordre, de sorte que les choses soient restablies en leur premier, estat sans ce que ledict Le Gras y ait aucun dommaige; lequel aussi pour aucunement contanter ledict Morellet m'a asseuré et promis le commettre et luy laisser l'exercice de ladicte poste, ainsi qu'il faisoit à l'aultre. Priant Dieu, monsieur de Sainct Laurent, vous donner ce que désirés.

« De Roussy, le douziesme jour d'octobre 1555.

« Vostre bon amy, L. Cardinal de Guyse. »

Et au dos : *A monsieur de Saint-Laurens, conseiller du Roy en son conseil du Roy et son ambassadeur en Suisse.*

Voici la rellation de monsieur le président Séguier, des remontrances par luy faites au nom de la Cour, au roy Henry II, sur le blasme que Sa Majesté imputoit à ladite cour au sujet de l'édit de l'inquisition qu'elle vouloit estre absolument passé et vérifié contre ceux de la religion prétendue réformée, où se voyent les causes et raisons du retardement de ladicte vérification, et les grands périls et désordres que la précipitation d'icelle pouvoit occasionner dans les affaires les plus importantes de l'Estat.

Touttes les chambres de la cour et le parlement estant assemblées, monsieur le président Séguier auroit présenté les lettres du Roy et des ducs de Guise et Montmorency, et dit à la cour que suivant l'ordonnance d'icelle, maistre Adrian du Drac, conseiller en ladite cour et luy partirent de cette ville sabmedy dix-neuf de ce moys, arrivèrent à Villiers Costerets le lundy matin ensuivant, et pour ce que le Roy, ledit matin estoit allé à l'assemblée, ne le virent ce jour; ce qui arriva à propos pour eux, car ils eurent loisir de s'enquérir des choses desquelles ils estoient porteurs, et eurent advis que le Roy estoit offensé contre cette compaignie de la longueur par elle apportée de la vérification de l'édit de l'inquisition contre les hérétiques, comme temps perdu en affaire pressante pour la justice, et que ledit seigneur Roy estoit grandement scandalizé contre tous et en avoit conceu une mauvaise opinion ; qu'il accusoit cette compaignie estre mal advisée du fait de la religion, et en ce qui estoit de l'obéissance deue à l'Église, jusques à croire que s'il y failloit choisir jusques au nombre de douze, pour punir les luthérians, il ne s'y pourroit trouver, que cela pourroit avoir esté la cause de l'édit encorre qu'elle n'y fust exprimée, et leur fut dit par gent qui ayment et honorent cette cour, qu'ils se doibvent délibérer d'estre souples et simples, et avoir les oreilles grandes en cas qu'ils fussent mal receus du Roy.

Le landemain matin trouvèrent moyen au lever du Roy en sa chambre, de luy faire la révérence, où estoient messieurs de Guise, le connestable, le mareschal de Saint André, le garde des seaux, quelques évesques, les secrétaires des commandemens et quelques autres.

La révérance faite au Roy par eux en toutte humilité, présentèrent à Sa Majesté les lettres de la cour, desquelles il leut seulement la subscription, leur disant : « Vos lettres sont de créance, dittes tout ce que vous voudrez. »

Alors ils commencèrent par les lettres patantes du semestre de janvier, par lesquelles estoit autant mandé en substance que par celles presantes adressantes au présent semestre de juillet, que la cour ne pouvoit vériffier les premières lettres non plus que les secondes patentes en forme d'esdit au semestre de juillet, et encore qu'elles fussent dattées du précédant semestre de janvier, avoit esté conclud qu'elle ne pouvoit faire la vériffication desdites secondes lettres comme ceux du précédent semestre n'avoient peu les premières.

Et affin que la charge ne demeurast sur cette compaignie seulle, ledit sieur président Séguier remonstra que les deux semestres assemblez faisoient jusques au nombre de huit vingt personnages, tous ayant fait serment audit seigneur Roy et à justice, vestus de robbes d'escarlattes, qui est l'antique marques et enseigne de vérité et de justice, estimoit que ce nombre estoit composé d'hommes de conscience et de telle suffisance qu'il seroit bien difficile au Roy, encore qu'il soit le plus grand de la chrestienté, en assembler huict vingts autres pour opposer à ceulx cy, et que si Sa Majesté ne recevoit la vérité par les mains de ces huict vingts, à peine il la trouveroit ez autres, jusques à dire que si ledit sieur Drac et luy estoient condamnez par ses huict vingts, ils ne voudroient demander grâce.

Après, par forme d'excuse sur ce qu'il avoit apris que le Roy s'offençoit de la longueur du temps employé pour délibérer sur lesdites lettres de l'édit de l'inquisition contre ceulx de la nouvelle opinion, auroit ledit sieur président apporté plusieurs justifications de la brièveté et diligence par eulx apportée à cette procédure comme à une affaire de grande importance.

Et pour satisfaire à ce qui estoit de plus grande conséquence, sur ce qu'ils avoient, ledit du Drac et luy, appris que ledit seigneur Roy avoit grande déffiance de cette compaignie pour le fait de la religion, dit audit seigneur Roy que par le serment de fidellité qu'ils avoient fait à Sa Majesté, ils n'avoient jamais veu chose dont ils peussent sçavoir qu'en cette compaignie il y en eussent qui fussent alliénez de la religion et obéissance de l'Église, ne voudroit toutes fois tesmoigner qu'il n'y en eust point, parce qu'en moindre compaignie se trouvoient des hommes perdus, mais qu'aussi il ne voudroit témoigner qu'il y en eust, et ne le pourroit faire sans calomnie ; que si Sa Majesté vouloit entrer en deffiance des hommes de sa justice que luy mesmes avoit esleuz, qui avoient charge de luy, et desquels il avoit esté informé de leur foy et de leur vye, ce seroit un grand malheur en sa justice, et une grande misère pour les membres subalternes, que la cour souveraine représentant le chef fût malade et infectée de cette peste d'erreur. Suppliant le Roy de n'en rien croire.

Que si le bon plaisir de Sa Majesté estoit de faire cette grâce et cest honneur audit du Drac et à luy, d'adjouster foy à leur dire, ils cognoissoient ceux de cette compagnie tels que s'il leur falloit mourir de mort présente ou offencer Dieu de science certaine en ce qui est contre la foy et religion, et mesmement en ce qui concerne leurs affaires, ils aimeroient mieux mourir que de faillir, et que de leur part ils croiroient plustost que l'Antechrist fut nay en terre, et que la fin du monde fust venue, qu'ils ne croiroient que la suspicion qu'on leur avoit donnée contre cette compaignie fust véritable, suppliant très humblement Sa Majesté de retenir l'oppinion de ceux de cette compagnie qu'il en avoit lors qu'il les a colloquez en leurs offices.

Et pour ce qu'on leur avoit dit que ladite cour craignoit les inquisitions, luy remonstrèrent que, quant l'inquisition est prise en l'ordinaire par personnes dignes, elle peut estre bonne, combien que Trajan, bon empereur, osta l'inquisition aux chrestiens qui lors estoient persécutez comme de présent les luthériens, et fut d'advis par sa providence qu'on ne receut l'inquisition, et qu'il vailloit mieux attendre la déclaration de ceulx qui se mectroient eux mesmes dans les filets. Que néantmoins encores qu'ils n'eust charge d'en parler, tenoit pour certain que cette cour ne craignoit et ne déclinoit l'inquisition pour son innocence en laquelle elle constituoit sa seureté, que toutes fois ils supplioient Sa Majesté de se ressouvenir qu'estant au parquet de ses gens, et depuis en sa cour, elle avoit eu la cognoissance de plusieurs fautes notables commise, par les inquisiteurs, sans pour ce en nommer aucuns, tant pour ce qui estoit des formes des procès, que autres circonstances, esquels il ne vouloit charger de dol lesdits inquisiteurs, mais pour le moins y avoir ignorance grossière.

Et quand il plairoit audit seigneur user de cette voye d'inquisition, le supplioient très humblement qu'au moins lesdits inquisiteurs fussent gens approuvez sans suspition, et de telle sincérité et suffisance qu'il appartient, à la charge que ce seroit une inquisition rapportée au Roy pour en ordonner, et sans ce qu'après l'inquisition faite il demeure aux inquisiteurs aucune fonction de justice contre les loix et simples clercs subjets de Sa Majesté.

Plus luy remonstrèrent que ce que sa cour avoit délibéré ne pouvoir vériffier ledit édit d'inquisition, n'estoit ce qu'on luy avoit représenté que sadite cour avoit en horreur les inquisitions, lequel rapport procédoit d'un esprit malin ennemy d'icelle, mais que sadite cour avoit esté meüe d'une telle nécessité qu'elle ne pouvoit autrement juger, luy donnant à entendre cette vérité en luy proposant qu'il y avoit deux sortes d'hommes sujets à luy, tous naissans ses subjects et demourans en son obéissance : les ungs purs laiz et simples clercs, les autres passans aux ordres sacrez. Pour les premiers y a édit commandé par luy, vériffié en ses parlements, passé en forme et force de loy, attribuant à luy et à ses juges privativement à tous juges d'Églises, la punition des hérétiques ; et aujourd'huy, mandant la correction à autres et leur donnant la mesme jurisdiction et cognoissance, y auroit contrariété et en conséquence nulité au jugement.

De sorte que les advocats et procureur dudict seigneur auroient déclaré en plaine cour ne pouvoir conclurre en la vériffication de l'édit des inquisitions pour le regard des laiz et simples clercs, mais seullement pour les promeuz aux ordres sacrez.

Le fait estant venu en ce point que son procureur général n'en demandoit la vériffication quant aux laiz et simples clercs, qu'il estoit difficile que les juges passassent oultre sans requeste, trouvant de leur office les requestes, quant elles eussent esté faictes, contraires à l'édit précédant, fondé en grande raison ; pour le regard des promeuz aux ordres sacrez, la cour avoit advisé qu'elle en devoit laisser la cognoissance aux juges d'Église, et aussi contre tous pour les articles non décidez par l'Église ; mais laisser les purs laiz et simples clercs ez articles décidez et qu'il n'i reste que le fait pour juger à justice, ce seroit grande mutation et changement en l'estat publicq, un grand décroissement et altération de l'autorité de la justice dudict seigneur, y ayant une clause en l'édit qui ne se pouvoit dissimuler de permettre le jugement aux juges d'Église sans appel, et mander aux juges royaulx punir les condamnez selon que les cas le requéroient.

Remonstra ledict sieur président au Roy, estre souvenant qu'il n'y avoit qu'un seul roy en France, seul souverain de la justice : pour le luy faire entendre luy dist qu'il y avoit diversité de juges, les subalternes en leurs jugemens parlans, et ses cours de parlement en leurs arrests ne parlans point pour n'entammer la souveraineté à laquelle ils portent telle révérance, qu'ils ne parlent, ainsi font parler le Roy seul, et sont scellez du sceau du Roy; ainsi et au chef et en la queue est tousjours le Roy, pour monstrer que sa souveraineté est en luy cohérante comme la chair aulx os, et comme la souveraineté de la justice apartient au Roy.

Il luy remonstra aussi que l'appel de ses subjects s'addresse à luy seul et non à aultres, et pour estre l'appel le vray recours et azille d'innocence il devoit estre receu par ledict seigneur, estant seul protecteur et conservateur des innocens, et ne pouvoit le Roy abandonner ses subjects à autres juges, encore moins leur desnier la voye d'appel, parce qu'il y avoit quelque lien et obligation mutuelle entre le prince et ses sujects, qui obligeoit les sujets à leur prince au devoir de dévotion et obéissance, et le prince à ses sujets à celuy de la protection et deffanse contre l'oppression, et à cette fin payent les sujets à leur prince l'ayde, la gabelle et la taille.

Ne seroit rien de dire que les procès faits par les juges ecclésiastiques contre les condamnez d'hérésies seront receus par les juges royaulx ; car n'estant les juges royaux juges d'appel, ils ne pourroient réformer ny adnuler les sentences des juges d'Église, et qu'il y ait appel d'eux; pour lequel juger ledict seigneur Roy obtient rescript du pape à ses cours souveraines appellant avecques eulx des conseillers de l'Église en bon et suffisant nombre, ny ès aultres gens d'Eglises qualifflez et soit jugé l'appel *communi consilio*.

Seront par ce moyen les promeus aux ordres sacrez satisfaitz comme les laiz et simples cleres, et auroit supplié le Roy avoir souvenance de ces deux remèdes.

Après luy dit que sa court avoit chargé ledict du Drac et luy de supplier très humblement Sa Majesté que son bon plaisir fût de regarder plus avant que à la punition nécessaire de ce qui estoit gasté, pour ce que le souverain remède estoit aller audevant de la maladye; et pour faire fin aux hérésies, que le meilleur estoit d'observer l'estat de l'Église primitive, laquelle a esté establie non par le glaive ny par le feu, mais au contraire elle a résisté au glaive et au feu, ayant esté persécutée par longues années; néantmoins a duré et s'est accreue par la doctrine et vie exemplaire des bons prélats et de leurs curez dans la résidence de leurs charges.

Que si les prélats ont esté zellez par le passé, ont presché ou bien ont choisi de suffisans prédicateurs et n'ont souffert le peuple estre famélique de la parolle de Dieu, ny laissé envahir leurs troupeaulx de l'Église par gens desvoyez de la foy, et bref si l'Église par ces moyens pieux a esté establie dans le fort de son adversité, et au mieux qui pourroit advenir, le layc demoureroit condamné d'hérésie et infâme de droit, comme aussi le promeu aux ordres sacrez, et dégradé de fait; et néantmoins, en cas d'évocation, les juges royaux ouvrent les prisons aux condamnez, et cela estant s'en ensuivroit un grand préjudice aux subjects du Roy, tant de l'une que de l'autre condition et qualité, d'estre les uns et les autres jugés hérétiques sans appel, ce qui renverseroit tout ordre en la distribution de la justice de condamner d'une part, et en mesme cause et par mesme moyen d'un autre ouvrir les prisons.

Par ces raisons il persista en ses suplications très humbles à ce qu'il pleust au Roy trouver bon ce que sa cour avoit conclud et arresté ne pouvoir vériffier sesdictes lettres dudict édit d'inquisition, cela non dit pour favoriser ou dissimuler la punition des hérétiques, puisqu'elle est aujourd'hui plus que nécessaire. Aussi le Roy y a pourveu pour ses subjects laiz et simples clers, ayant ordonné par édits vériffiez que lesdits laiz et simples clers seroient jugés par les juges présidiaux, et que les appellations des présidiaulx viendront *rectá viâ* au parlement.

A supplié le Roy de trouver bon que ce qu'il avoit fait et commandé soit gardé sans addition de nouvelles loix, la multitude desquelles blesse les partyes, les présidiaux cognoissans de ce fait en première instance en bonne compaignie.

Que la cour ayant à voir s'ils ont failly, l'expédition n'en pourroit estre plus briefve en justice ; et quant aux promeus aux ordres sacrez, le remède n'y est encores donné.

Qu'il soit accordé que par les juges ce mesme moyen estre maintenus en sa prospérité.

Fit très humble supplication et requeste au Roy y vouloir penser et d'y tenir la main, alléguant les constitutions de l'empereur Justinian : *in autentiquâ, quomodò optimi eximios ad ordines perduci* ; et : *in autenticâ, de sanctissimis etc.*, pour luy faire entendre que cela appartient à l'office de roy ; les deux constitutions commandant aux évesques et ministres de l'Église la résidance, leur deffandant de venir en la cour impérialle sans mandement et y a peine judiciaire de suspention : *non à divinis*, mais de leur temporel; que si Justinian informé de la foy a eu ce zelle, que devons nous attandre du Roy Très Chrestien; la cour espérant que Sa Majesté y pourvoiroit pour l'advenir.

Plus luy a remonstré l'ayde qu'il avoit par la présentation et prélature de son royaume en y présentans gens qui soyent suffisants et résidans, et commandant le semblable estre fait par toutes les cours de son royaume, et fit entandre tant qu'il peult que ce moyen estoit le premier, non seulement pour la purgation des hérésies, mais aussi pour l'entretènement et confirmation de l'estat du royaume; et s'il estoit besoin abejueroit le tesmoignage de l'Écriture sainte, qui est expresse chapitres 18 des Nombres, 23 et dernier du livre des Juges et du livre des Roys, le chapitre douziesme du livre de Ezeschiel, les chapitres 3, 23 et 24.

Qu'il falloit croire l'Escriture et rendre tesmoignage de sa créance par bonnes œuvres, et qui ne la veut croire et accuse les autres estre luthériens, est plus hérétique que les mesmes luthériens; en cest endroit lui remonstrant qu'il estoit très important à Sa Majesté de mettre toutes ces circonstances en considération, la suppliant très humblement, estant ce moyen en sa main, y vouloir penser et adviser avec son conseil, affin que l'honneur et la gloire de Dieu par luy soit multipliée par l'obéissance de ses subjects, luy disant que, pour ceste heure, la remonstrance estoit pour le pauvre peuple qui ne pouvoit venir le supplier, ne sçachant s'il y a duc, comte ny pair à qui cest édit puisse toucher de près.

Luy représentant en oultre comme l'histoire est commune que les grands par foys perdent la bonne grâce du Roy par fortune, et tel par la libéralité de son prince s'en va riche eslongné de sa faveur, si que celuy qui prend sa place estant pauvre et voulant estre riche y pourvoit parvenir avec grande facilité par le moyen de l'inquisition avec deux tesmoings forgez pour le faire brusler, et par cest artifice et invention s'approprier de ses biens par la confiscation d'iceulx qu'il se feroit donner : et ne fut ce propos trouvé mauvais par les seigneurs qui estoient présens par la démonstration qu'ils en firent.

A touttes lesquelles remonstrances le Roy ayant donné audience sans avoir interrompu d'une sillabe, il parla en bon roy qu'il est, et dit chose digne d'un aussi grand contentement, qu'il estoit très ayse que sa cour prenoit ce chemin de l'advertir de ce qu'elle pensoit et jugeoit estre le meilleur et plus certain, qu'il avoit pris à gré et plaisir ce qui luy avoit esté dit et représenté de par elle, qu'il trouveroit tousjours bon qu'elle continuast, qu'il y penseroit avec son conseil et y feroit responce, dont le remercièrent très humblement.

Après, luy dit ledict sieur président qu'il y avoit un autre édit appelé des confiscations, qui est à part et scellé. Toutesfois pensoit que les deux ne fissent qu'un, par ce que celluy de l'inquisition est datté de mars vers la fin, et celluy des confiscations d'apvril ensuivant, et que c'estoit inadvertance à ceux qui en estoient autheurs de les avoir tant approchez, et qu'il failloit aviser à les mettre plus loing l'un de l'autre.

Le mercredy ensuivant demandèrent responce qu'ils ne peurent avoir pour empeschemens qui survinrent.

Le jeudy matin sur les dix heures, le Roy les manda et dist qu'il avoit pensé aux remonstrances qu'ils luy avoient faites et qu'il y convenoit encores penser pour mieux en délibérer, et leur commanda qu'ils s'en renvinssent, leur disant qu'il en ordonneroit par bon conseil sy à propos que chacun seroit contant.

Et auroit requis ledict sieur présidant, pour ledict du Drac et pour luy, la cour d'excuser les fautes de la charge qu'elle leur avoit donnée de l'effect et exécution de laquelle ils luy avoient bien voulu rendre compte.

Sur quoy a esté dit par monsieur le mareschal de Sainct André que la cour les remercioit du bon devoir et office qu'ils y avoient apportés avec les offres accoustumez.

Ensuit la teneur de la lettre du Roy à ladicte cour, portant créance sur lesdits sieurs président Séguier et du Drac, conseiller; et de deux autres de messieurs les duc de Guise et de Montmorency, sur le sujet dudict édit de l'inquisition.

De par le Roy.

« Noz amez et féaux, par noz amez et féaux maistre Pierre Séguier président et Adrian du Drac conseiller en nostre cour de parlement de Paris, vos confrères, présens porteurs, nous avons entendu ce que leur avez donné charge nous dire et remonstrer de vostre part sur le fait de l'édit de l'inquisition de la foy, dont ils se sont si bien et dignement acquittez, que nous demeurons garndement satisfaits de l'honneste debvoir qu'ils ont faict en cest endroit, et présentement les vous renvoyons instruits de nostre intention sur ce, de laquelle nous estimons qu'il vous en irons rendre aussi bon compte qu'ils ont fait à nous de la charge qu'ils avoient de vous.

Sur quoy nous vous prions, et néantmoins

mandons les croire tout ainsi que feriez nous mesmes.

« Donné à Villiers Costerets le vingt quatriesme jour d'octobre 1555.

«*Signé*: Henry» *et au dessoubz* De L'Aubespine.»

Et en la subscription est escript : *A nos amez et féaux les gens tenans nostre cour de parlement à Paris.*

Lettre de monsieur le duc de Guyse audict parlement sur le mesme sujet.

« Messieurs, j'ay receu la lettre que m'avez escripte par messieurs les président Séguier et conseillier du Drac, et d'eux bien entendu l'occasion de leur voyage par deçà duquel il leur a esté incontinent satisfaict par Sa Majesté, ainsi qu'entendrez à leur arrivée devers vous; sur la suffisance desquels me remectant, je vous prie vous asseurer qu'en tout ce que je pourray jamais pour la compagnie tant en général qu'en particulier, elle me trouvera tousjours du nombre de voz bons et plus affectionnez amys, comme j'ay prié ledict sieur Séguier vous faire entandre plus au long de ma part dont vous le croirez comme nous mesmes. Priant Dieu, Messieurs, qu'il vous donne ce que plus désirez.

« De Villiers Costerets ce vingt quatriesme octobre 1555.

« Vostre entièrement bon frère et amy,

« François de Lorraine. »

Suscritte : *A messieurs tenant la cour de parlement à Paris.*

Quant à celle de monsieur de Montmorency elle est semblable en substance et en superscription et dattée du mesme jour.

Lettre du cardinal de Lorraine, au duc de Guyse son frère, du mois d'octobre, l'informant du mauvais traité fait à Rome, ainsi qu'il suit :

« Monsieur mon frère, ce porteur nous vint hyer trouver, au soir, qui nous apporta lettre de M. Davanson, ensemble les coppies de ce qu'il a faict avec le Pape, qui est une ligue le plus au désavantage de nostre maistre, que l'on eust sceu faire, et en quoy il est aisé à voir qu'on luy a baillé escrite tout ainsy qu'elle est pour y consentir, et qu'il y a eu faulte de bonne volonté du costé de nostre Saint-Père, mais bien de bon jugement de la part du dit sieur Davanson, qui ne s'est apperceu de l'intérest que le Roy y auroit, comme vous pourrez aysément cognoistre, par ce que l'abbé de Saint Ferme luy en a porté; et quant à moy voyant cela ainsy despesché, que c'estoit la plus grande occasion pour laquelle j'allois par delà, j'estois quasy en propos de m'en retourner, avec ce qu'ayant faict tout ce qui m'a esté possible pour passer outre, et m'estant hier engolphé pour passer en Corsègue, nous trouvasme la mer sy forte et la tempéte sy grande qu'elle nous rembarra en sorte que nous fusmes contrainct de plus de soixante mil que nous estions déjà en haultemer, de retourner en ce port, et me trouvant si mal que je pensay bien mourir; toutes fois je me porte maintenant fort bien, Dieu mercy. Monsieur le cardinal de Tournon m'a tant persuadé que ce seroit la ruyne des affaires du Roy et qu'ilz demeureroient tous décousus et en désordre sy je ne continuois mon voyage, qu'à la fin je me suis délibéré de le croire et d'aller à Rome, mais non par mer, car je ne le sçaurois endurer, et n'y feray jamais voyage, si ce n'est en extrême nécessité, mais je m'en iray par terre avec ceux de mes gens qui me sont plus nécessaires, et iray en Suisse pour de là tirer à Ferrare, espérant arriver à Rome dans le 20 du mois qui vient; et s'il plaist au Roy que je m'en retourne il me pourra faire entendre de ses nouvelles sur le chemin, car autrement je n'entreprandrois de me désister de mon voyage et me semble qu'estant à Rome il y aura bien moyen de rabiller la faulte qui a esté faicte, s'il plaist à nostre maistre, sur quoy je vous prie faire qu'il me mande sa volonté et vous de vos nouvelles le plustost qu'il vous sera possible; et sur ce, etc.

« De Toulon ce vingt sixiesme octobre 1555.

« Vostre très humble et obéissant frère,

« C., Cardinal de Lorraine. »

Lettre du cardinal de Ferrare au dit duc son beau-frère, sur les affaires de Rome.

Monsieur, m'ayant faict le Roy cet honneur et tant de faveur que de m'envoyer Scipion expressément pour me faire entendre le desplaisir qu'il a receu de mon partement de Rome et la bonne opinion qu'il a de moy nonobstant tout ce qui m'est survenu, je vous laisse à penser la consolation et contentement que j'en puis avoir eu, dont je me sens luy avoir telle obligation, que je ne pense jamais avoir le moyen d'y satisfaire, vous voulant bien avec cela remercier autant affectueusement que je puis de la démonstration qu'il vous a plu faire. Vous aurez au demeurant entendu par l'abbé de Saint-Ferme la disposition en laquelle se retrouve Sa Saincteté à l'endroict de Sa Majesté, sur quoy je ne vous diray rien davantage sinon que je seray bien marry que cela fust cause d'interrompre le voyage de M. le cardinal de Lorraine pour le regard du service du Roy et de l'occasion que le dit seigneur cardinal auroit de luy en faire, dont je suis à cette cause attendant en grande dévotion ce que en sera.

Cependant je ne veux oublier de vous prier d'avoir le sieur Cornelio Bentivoglio pour recommandé tant pour la servitù qu'il vous a tousjours porté, que pour l'amour de moy, en ce que M. de Soubize remonstre la difficulté qu'il y a de pouvoir retirer le service qu'il appartient des compagnies italiennes qui sont par deçà sy elles ne sont commandées d'un chef suivy, aymé et affectionné au service de Sa Majesté comme est ledit sieur Cornelio, en ce que de vostre costé vous teniez la main que sa longue et fidelle servitù ensemble ses mérites soient recognus de cet honneur de la charge de susdites compagnies puisque l'occasion s'en présente, dont je ne vous auray moins d'obligation que sy l'affaire me touchoit, qu'est l'endroit, etc.

« De Ferrare ce 27 octobre 1555.

« Humble et affectionné,

« ZIC. HIPP., CARDINALE DY FERRARA. »

Lettre secrète du duc de Guyse au cardinal de Lorraine son frère.

« Monsieur mon frère, je me suis advisé séparer ceste despesche d'avec celle que je vous escrit présentement dedans le paquet du Roy, de crainte d'autre que vous ne voye ce que je vous mande ; celle-cy sera pour vous advertir comme deux jours apres l'arrivée par deçà de l'abbé de Saint-Ferme, j'ay receu celle qu'il vous a pleu m'escrire du 26 du passé, et estre bien marry tant de l'indisposition du temps que de la vostre, et que vous ayez esté constrainct faire ce voyage par terre; toutesfois puisqu'il n'a esté possible le faire autrement, j'ayme mieux vostre santé et seureté de vostre personne que toutes les dilligences qu'eussiez sceu faire, et craignois fort qu'après avoir entendu la despesche apportée par ledit abbé de Saint-Ferme, vous n'allassiez pas plus avant, ce que le Roy n'eust trouvé bon, et avez très bien faict de suivre en cela l'advis de M. le cardinal de Tournon et de vous résoudre ainsy qu'avez faict. Et pour vous faire entendre comme les choses sont passées de deçà à l'arrivée du dit abbé de Saint-Ferme, sa despesche fut de prime face trouvée sy bonne qu'il fut commandé à Marchaumont mettre la main à la plume pour répondre à ce qui avoit esté traicté où il ne se trouvoit rien de mauvais que l'article des Suisses, et sy vostre despesche ne fut venue nous partions tout le demeurant, et vous en devoit porter le dit abbé de Saint-Ferme les despesches ; mais après avoir veu ce que vous en aviez mis par escrit, vostre advis a esté suivy comme verrez par ce que vous en est envoyé ; je crains que le trop haster ne soit cause que s'estant sy fort advancé le Pape et les siens, et voyant que l'on veuille revenir à parler par escrit, de l'aage et naturel soudain qu'il est, il ne l'altère et veuille croire ce changement venir de vous ; toutes fois, voyant ce que le Roy luy en escrit de sa main, il cognoistra le contraire ; Sadite Majesté vous faict une si ample despesche sur le faict de cette ligue, que je ne vous en diray autre chose sinon qu'il faudroit commencer à mettre la main sur le dépost des cinq cens mil escus pour payer les forces qui sont sur les terres du Pape et au Siennois sitost que le traicté sera passé, et pour ce ne resteroit de la ditte somme que pour servir aux levées des hommes contenus au dict traicté, et pour faire le paiement de l'armée l'espace de deux mois ou environ avant que les forces de France soient jointes avec celles du Pape, et en ce faysant on ne donneroit temps de penser à de nouveaux partys, ny subjet à l'armée de tomber au bout de trois mois en mesmes nécessitez que celles de l'autre de Saint-Polt et procèdantes, et ne sçauroit-on faire moins de despôt que douze cens mil escus pour les raisons que nous avisasmes dernièrement ensemble, de la quelle somme fault faire estat que le tiers sera despencé avant que l'on commence à offenser nostre ennemy à bon escient. Quant à l'artillerie, je ne sçay si Sa Saincteté entend la fournir selon l'équipage qui se mène depuis ces guerres aux armées. Vous sçavez que pour prandre une place de réputation il ne fault parler moins de 24 canons pour faire deux batteries, et de six ou huit grandes couleuvrines pour tirer aux deffences, et de huit ou dix mil boulets et deux cens milliers de poudre en lieu propre pour y avoir recours au besoing. Je m'imagine que vous devez sçavoir s'il peut satisfaire à tout cela, et s'il y a des chevaux pour le mener ; voilà ce qu'il m'a semblé vous devoir mander, qui m'est advis estre un peu de mon mestier. Vous entendrez comme l'Empereur s'est démis de tous ses biens et de chef de l'ordre de la Toison entre les mains du roi d'Angleterre son filz, remetant ce qui concerne l'Empire au roy des Romains, s'estant résolu passer avec les Roynes ses deux sœurs en Espagne, dont toute cette compagnie est fort aise, se promettant que nous aurons bientost une paix qui nous sera advantageuse, pourveu que nous n'ayons plus affaire qu'à ce jeune roy qui continue tousjours ses coups avec l'abbé de Saint-Salut, qui assure que son maistre y a plus d'espérance que jamais quand le vieillard sera party, qui doibt s'embarquer dans le mois qui vient, mais je ne crois pas que son armée de mer soit sytost preste ny qu'elle ayt ce temps-cy à commandement. J'ay gardé à vous dire pour la bonne bouche que vous verriez ce qui a esté faict pour la dellivrance des prisonniers; mais le meilleur est que monsieur le connestable a fait trouver bon au Roy que monsieur l'admiral estant de retour en Picardie, il s'abouchast en quelque lieu qui seroit advisé avec monsieur de Begnicourt, si ceux de deçà le vouloient, pour adviser de prandre quelque conclusion touchant la rançon des dits prisonniers, disant en outre que l'on pourroit peut-estre remettre quelque chose de la paix en avant. Madame de Valentinois ne se fye en luy pour le faict de son flz, et m'a dit qu'elle suppliera le Roy y envoyer Estrée. Je luy ay dict qu'elle faict bien; et pour revenir au faict de la ditte paix, j'ay espérance qu'elle ne se pressera sy fort, que n'ayez le loysir d'achever vostre commission pour estre des députez pour la faire. Sy néantmoins je voyois que l'on la presse plus que je ne pense, je ne fauldray aussitost vous en advertir. Nous sommes bien ensemble monsieur le connestable et moy, il me monstre toujours quelque signe d'amytié comme il faisoit devant vostre partement, depuis lequel il n'y a rien eu de changé par deçà et venous à l'accoustumée.

« Je vous prie ne faire aucune démonstration au sieur Davanson de la faulte qu'il a faicte de s'estre tant hasté en ce traicté, d'autant que le Roy ne le trouveroit bon le voulant soustenir en cela, encore qu'il cognoisse très bien qu'il y ayt eu de l'inconsidération, et est madame la duchesse de Valentinois en semblable opinion. »

Lettre du cardinal de Lorraine au duc de Guyse son frère.

« Monsieur mon frère, m'asseurant que vous verrez les bien amples mémoires et instructions que j'ay baillées à ce porteur, le despeschant vers le Roy suivant l'ordre de vostre lettre en chiffre, je vous envoye la présente dans le paquet de mon secrétaire et que vous recevrez de luy, par laquelle je ne vous diray autre chose sinon que nous avons trouvé ce bon Pape en si bonne volonté envers le Roy, que j'espère que nous lui envoyerons dans dix ou douze jours par monsieur de Lansac, non pas les articles qu'il nous a envoyés par l'abbé de Saint-Ferme corrigez suivant les apostilles qui sont en marge, mais un original tout nouveau de la ligue que nous aurons faicte avec luy, dont Sa Majesté aura autant grande occasion de se contenter que de chose qui luy ayt jamais esté faicte pour le bien de ses affaires, car à la vérité ce bon homme luy est tant affectionné et a sy grande joye de nostre venue et tant de fiance en nous, que quand il nous bailleroit la carte blanche, il ne sçauroit plus faire pour nous que ce qu'il faict, et sy avons monsieur le cardinal Caraffa qui nous ayde de toute sa faveur et pouvoir, ne se monstrant pas moins désireux du Roy que nous mesmes. On dit par deçà que le Roy est sur le point de vouloir faire la paix ; mais je vous prie luy dire de ma part que s'il la faict ou qu'il envoye ses députez pour entendre au faict d'icelle que je ne sois de retour par delà, qu'il fera chose dont il se repentira, car j'espère estre vers luy le 20e jour de janvier prochain, et pour ce je le supplie qu'il temporise un peu, entretenant tousjours cette pratique sans rien rompre jusques à ce que je sois arrivé, ayant bien moyen de luy faire en cela quelque grand et notable service. Et quant à ce que m'escrivez d'argent, artillerie, poudre et tout autre équipage, cela est prest et ne manquera rien de ce costé là, de sorte que sy le Roy veult il n'eut jamais telle occasion, et qu'il luy souvienne quand l'Empereur alla à Algière, quant il passa par la France, de ce qu'il disoit du feu Roy son père, et comme il trouvoit mauvais voyant l'Empereur à demy noyé il n'eut pas ce cœur de faire la paix ; ce n'est pas que je ne sois bien ayse qu'elle se fasse, mais s'il m'entend parler avant d'y entendre, je suis sûr qu'il la fera plus à son advantage ; il pourra cependant entretenir la pratique sans rien rompre et sans y envoyer ses députez, car s'il la faisoit maintenant, le Pape le trouveroit le plus mauvais du monde, veu qu'on luy a promis de n'en rien faire ny conclure sans luy. Il me semble vous devoir faire cet advertissement affin de le faire entendre à Sa Majesté, et pour ce que vous verrez par la despesche que je luy faict ce que nous avons faict depuis notre arrivée, je ne vous en feray plus longue lettre, me recommandant très humblement à vostre bonne grâce, et priant Dieu, etc.

« De Rome, ce dernier jour de novembre 1555. »

Lettre du duc de Guyse au cardinal de Lorraine son frère, estant sur son partement de Rome, au sujet de la paix que se traite avec les Impériaux.

« Monsieur mon frère, par la despesche que je vous ay dernièrement faicte vous aurez entendu comme toutes choses sont passées entre M. l'admiral et les députez de l'Empereur, et à la fin comme ilz s'estoient séparés les ungs des autres sans rien conclure, ayant seulement lesdits Impériaux promis que s'il leur venoit plus ample pouvoir de leur maistre, ils ne faudroient d'en escrire au dit seigneur admiral, ce qu'ilz ont faict trois jours après. Le suivant cela ilz se rassemblèrent jeudi dernier, et au commencement de leur négociation les Impériaux firent les difficiles à faire la paix et vouloient que les Anglois en fussent médiateurs; mais voyant que les nostres ne vouloient poinct consentir à cela, déclarant qu'ilz avoient ordre de conclure une trefve s'ils la vouloient, demeurant à chacun ce qu'il avoit, autrement de se retirer, les dits Impériaux se sont départis tant des dits Anglois que de parler de faire une paix, s'accordant de faire une trefve communicative et marchande par tout ce que le Roy, tient pourveu que le dit seigneur leur quittast Marlenbourg et baillast au prince de Piedmont le territoire et revenu d'Ivrée et non la place laquelle le Roy retiendroit à soy; que de leur part ils rendroient pour le dit Mariembourg le fort de Mesnil : à quoy les nostres n'ayant voulu entendre en aucune façon, disant n'avoir charge de parler de rendre, ilz se sont séparez ayant sur leur département esté requis des Impériaux s'ilz n'entendoient pas, en cas qu'ilz eussent charge de rendre Mariembourg et le dit revenu d'Ivrée, que la trève fust conclue, à quoy les nostres ont répondu que ouy et s'en sont aussy allez. Le Roy a escrit là dessus à monsieur l'admiral, qu'il désiroit qu'il conclût la trève sans les deux conditions de Mariembourg et d'Ivrée, s'il estoit possible, mais en cas que le Impériaux s'opiniastrassent à cela, il estoit content pour un sy grand bien et mettre la chrestienté en repos, d'accorder le susdit eschange comprenant avec le fort de Mesnil le baillage de Hesdin, et qu'après qu'il auroit sceu au vray la valleur du revenu d'Ivrée il donneroit autant de pension au prince de Piedmont et en feroit répondre à Rome ou à Venise. Vous voyez en quel estat sont les choses que nous tenons pour conclues à l'assemblée qui se doit demain tenir entr'eux, et asseurez-vous que sy les Impériaux ont désiré une paix ou une trève, nous ne nous sommes pas monstrés paresseux à y entendre. Je vous supplye, monsieur mon frère, ne donner à cognoistre que je vous ay rien escrit de tout cecy, vous en ayant bien voulu advertir par ce porteur, attendant la despesche que le Roy vous en doit faire sur les premières nouvelles de la conclusion entre les dits députez. Monsieur le cardinal nostre frère se recommande à vostre bonne grâce et vous supplie fort bien nous advertir, incontinent la présente receue, du chemin que tiendrez de Lyon en çà, d'autant qu'il désire aller une journée au devant de vous pour beaucoup de raisons qu'il vous fera entendre, dont il voudroit bien conférer avec vous tout à loysir. Je feray très volontiers le semblable, mais je suis asseuré que m'en tiendrez pour excusé, m'asseurant qu'il satisfaira pour tous deux et vous dira comme toutes choses se sont passées; attendant que j'aye le bien de vous voir, et sur ce, etc. »

M. l'évesque de Genève à M. de Guyse.

« Monseigneur, Longtemps ha que messieurs les chanoines de mon église de Genève sont en difficulté avec les religieux de l'ordre Sainct-François du couvent d'Annessi, sur l'empeschement que les dicts religieux leur donnent au divin service qu'ilz font audict couvent, où ilz se retirarent quant ilz furent par la secte luthérienne expulsez dudict Genève. N'ayans en tout ce peu qui est resté de mon diocèse soubz l'obbéissance de l'Église, peu treuver église qui leur fût plus propre que celle du dict Annessi où ilz ont tousjours deppuis continué et faict leur divin service, et à telles heures qu'ilz n'ont empeschez les dictz religieux au leur office. Et cela a bien sceu congnoistre le parlement de Chambéry qui y a pourveu par arrest par lequel ilz pensoient estre à repoz. Mais à la grande solicitation desdits religieux, la cause est maintenant au grand conseil et preste à décider. Que me faict advancer vous en escripre et supplier avoir ceulx de mon église avec leur bon droit en souvenance, estant la chose tant pitouable et considérable comme elle est. En leur endroict, Monseigneur, je vous ay desjà tant souvent importuné du tort que l'on me faict de me détenir le bien que j'ay rière les pays et obéyssance du Roy, à la seule occasion que je suis subgect de l'Empereur, que craindrois vous en plus supplier, si ce n'estoit l'asseurance que j'ay vous ne reffusez jamais vostre favorable audience à ceulx qui demandent justice. Je vous supplieray, quant il vous viendra à propoz, me faire tant d'honneur et faveur que d'en parler au Roy; et s'il vous plaisoit luy faire remonstrance comm'il est bien vray que je suys natifz et résidant au conté de Bourgongne, pays neutre; mais que je n'y ay aulcune entremise ny maniance en façon que ce soit, des affaires de l'Empereur, et ne me mesle synon d'administrer mon abbaye de Sainct-Claude au moings mal que m'est possible ; aussi que beaucoup des subgectz du Roy, aultres que des pays comprins en la neutralité, tant du royaulme de Champaigne, Bresse que Savoye, ont de bons et notables bénéfices et revenuz en ce conté, ausquelz l'on ne mect aulcung empeschement, mais les en laisse l'on jouyr paisiblement ; et puis qu'ilz reçoipvent si gratieux traictement en ce conté, je n'ay mérité l'on me fasse pire ès pays du Roy. Cela avec vostre bonne ayde et faveur pourroit mouvoir Sa Magesté à m'en faire main levée ; et si jamais ce bonheur me pouvoit advenir de m'employer pour vous ou aultres qui vous fût en recommandation, vous me trouverés austant prest à vous faire très humble service q'homme de ce monde à qui le pourriés commander, ainsi que sçait le Créateur; que je supplie vous donner, Monseigneur, en bonne santé, très longue vie, en me recommandant très humblement à vostre bonne grâce.

« Dez Maratz, ce premier décembre 1555.

« Vostre très humble et obéissant serviteur,

« L'evesque de Génève. »

Lettre de l'abesse de Frontevau à Antoinette de Bourbon, mère du duc de Guyse sa sœur.

« Ma bonne sœur, ayant receu aujourd'huy de la part de madame de Rieux nostre sœur une lettre de vous, j'en ay esté autant ayse comme est grand le désir que j'ay d'entendre tousjours de vos bonnes nouvelles et de vostre santé ; et comme vous me dites ma sœur, ma mye, que sy nous avions la paix nous scrions en grand repos, il nous fault tant importuner nostre bon Dieu que nous la puissions avoir. Croyez que j'ay en si grande affection tout ce qui vous touche, que je n'oublie rien à demander pour eux, et que depuis que j'ay sceu ce voyage de M. le cardinal vostre filz à Rome, je l'ay faict accompagner des prières de céans, et feray davantage affin qu'il puisse faire quelque chose de bon contre les meschans hérétiques dont ce pays est tellement gasté, que les bons chrestiens en souffrent beaucoup, et dont il fault que monsieur de Guyse parle au Roy affin qu'il parle aux officiers de Saumur de faire mieux leurs devoirs. S'y passent telles choses qu'en les souffrant il est impossible que Dieu ne nous envoye des punitions : mais vous avez des enfans sy amateurs de la saincte foy, que s'ils veulent monstrer leur puissance en faisant faire bonne justice, ils en seront bien reconnuz devant Dieu, le quel je supplie, ma sœur ma mye, vous donner bonne vie et longue.

A Fontenraust ce 2 décembre.

Vostre entièrement bonne sœur et vraye amy etc.   De Bourbon.

Lettre du grand prieur de France, au duc de Guyse son frère.

« Monsieur, pour vous faire entendre le discours de mon voyage jusques à Porto-Vecchio, en Isle de Corse dont je vous escrivis bien amplement de tout ce qui m'estoit succédé depuis mon partement de Marseille, la présente sera seulement pour vous advertir qu'au partir du dit lieu de Porto-Vecchio ayant vent assez à propos je pris mon chemin en volte de la Favilasse, espérant avec la faveur de ce bon temps traverser le golphe qui estoit le plus à craindre, environ le milieu du quel se leva un sero fort impétueux qui me contraignit de retourner ; mais ayant la Sardaigne soubz vent affin de ne perdre tout le chemin que j'avois faict en deux jours, il fut advisé de gagner la Gouellastre, port assez commode en l'isle de Sardaigne où je trouvay beaucoup de courtoisie en ceux qui habitent ce lieu, les quelz me donnèrent tous les raffraîchissemens qui s'y pouvoient recouvrer, de sorte qu'estant forcé d'y séjourner l'espace de huit jours à cause des vents contraires, je fus accommodé pour argent de ce qui estoit nécessaire à mes gallères, et s'estant favorablement le temps mis au beau, je traversay en deux jours et une nuit jusques au lieu de la Faillano dont pour la suspition des corsaires qui ordinairement y repairent je partis le lendemain, encore que le temps ne fut pas fort commode pour naviguer, tellement que ne pouvant tenir la voile de Malthe que j'avois entreprise, la furie du vent qui régnoit et l'impetuosité de la mer me contraignirent non seulement de m'accoster de la Sicille mais aussy de surgir au premier redos que je trouvay le long de la coste près d'une petite ville nommée Châgre ou je fis descendre en terre un chevalier Italien qui s'estoit ambarqué à Antibe sur mes galères, avec un soldat nissart, leur donnant charge comme j'avois faict en Sardaigne d'asseurer ceux de la ville que je m'e retirois à Malthe avec les dites gallères pour le service de la religion, à ce qu'ilz n'eussent doubte qu'on leur voulusse faire desplaisir. Ce nonobstant le cappitaine qui estoit là avec une compagnie de gens de pied retint le dit chevalier italien, lequel escrivit que le dit cappitaine avoit advisé de l'envoyer à Messine pour rendre raison au viceroy de Sicile du voyage des dites gallères et de mon dessin. Quoy voyant, après avoir donné part du temps à la nuit, encore que le temps ne fût bien maniable pour naviguer, je me levay de la et costoyant la Sicille fus pareillement contraint de donner fondz près la Lecata où j'envoyay ma frégathe en terre pour leur signifier que j'estois venu la comme amy. Toutesfois, le gouverneur du lieu où il y avoit une compagnie de chevaux légers fit dire à quelqu'un des miens qu'il ne nous pouvoit pas recevoir, pour ce que le bruit estoit par toute la Sicille que j'estois parti de France avec quatorze gallères pour faire quel qu'entreprise, de sorte que j'ay sceu que la nuit en suivant, il envoya en un autre lieu quérir quarante ou cinquante chevaux : mais comme j'avois beaucoup plus de désir d'arriver à Malthe que de volonté et de puissance de leur mal faire, au commencement de la seconde garde je commanday de faire voile tant, que le lendemain qui fut le 21 du présent environ midy, j'arrivay grâces à Dieu à Saulvete en un port de cette isle bien près d'icy, d'où j'envoyay Chastaigniéres avec ma frégate vers monsieur nostre grand maistre et les seigneurs de son conseil, pour les en advertir, affin de sçavoir ce qu'il leur plairoit que je fisse : et environ l'heure de vespres avec le consentement et congratulation d'eux tous j'entray en ce port où on me fit tout l'honneste recueil et honneur qu'on sçauroit faire à autre de ma qualité, me saluant avec artillerie et toute démonstration d'allégresse et contentement; mesme les principaux de toutes les langues et nations, après m'avoir receu au desembarquer, me menèrent au chasteau vers mon dit sieur le grand maistre qui ne laissa rien en arrière de toute la bonne chère et accueil dont il se put adviser, me traictant et faisant préparer un logis au dit chasteau, où ayant passé le reste de ce jour et le lendemain qui estoit uyer en cette réjouissance et compagnie, il a aujourd'hui faict convoquer le conseil pour déterminer quel lieu je tiendrois en icelluy, et finallement ont advisé d'en user en mon endroict comme ilz avoient autrefois faict à monsieur le prieur de Castille, qui est de la maison de Toledo, m'assignant lieu pour ma session à costé senestre de mon dit sieur le grand maistre, mais que pour opiner je tiendrois le rang de prieur de France, et ce du consentement unanime de toutes les nations dont j'ay grande satisfaction pour l'honneur extraordinaire qu'ilz ont faict en cela à nostre maison et à moy, avec grande discrétion, qui me faict vous supplier très humblement, Monsieur, non seulement de les remercier par lettres, mais aussy de vous employer en tout ce qui concernera le bien et utilité de la religion et spécialement pour obtenir du Roy permission de tirer hors de son royaume et pays de son obéissance les bleds, victuailles et provisions que les agents de la dite religion pourront recouvrer, vous pouvant asseurer, Monsieur, que pour le présent elle se trouve en telle nécessité de toutes choses à cause de la stérilité advenue cette année en icielle, que sans le secours que nous espérons de France dont je vous ay desja escrit de Corse à ce qu'il vous plaist le remonstrer au Roy, nous sommes en dangers de pastir par trop : pour à quoy obvier, je retiens pour l'entreténement de ma maison et de mes deux gallères un petit galsconet chargé de quatre cens salmis de bled que Monsieur le baron de Lagarde avoit pris avec les gallères du Roy, dont je luy envoyai ma promesse et obligation pour s'en faire payer des deniers de mon prieuré, sans quoy je ne voyais moyen de pouvoir fournir à la despence de mes gallères, l'une des quelles, pour ne mettre en ce lieu plus grande famine qu'il y a, j'espère envoyer au levant soubz la conduite de Chastaygnières charcher fortune. Je regarderay avec le temps de les employer en sorte qu'elles puissent gagner sinon letout à tout le moins une partie de ce qu'elles me coustent. Au surplus, Monsieur, pour ce que je sçay que vous aurez toujours plaisir du bien et advancement de monsieur de Themtereine qui s'est toujours montré fort affectionné serviteur de nostre maison, je ne veux oublier à vous dire comme avant nostre arrivée en ce lieu et en son absence, pour les bonnes parties et vertueuses qualitez qui sont en luy, monsieur nostre grand maître l'a esleu et crée bailly du Lango, qui est une dignité en cette religion de peu de profit, mais bien fort honorable pour estre conjoincte avec la grande croix et degré à plus grand bien, dont j'ay esté merveilleusement content et satisfaict de voir les mérites d'un si bon personnage unanimment recognuz en cet endroict, de tant plus aussy qu'il y aura plus de moyen de m'ayder en mes affaires estant incorporé au conseil de la religion.

Je me recommande etc.

De Malthe ce vingtroiziesme jour de décembre 1555.

« Vostre très humble et très obéissant frère,

« F. FRANCOIS DE LORRAINE. »

Ceste année s'achève par le pouvoir donné à M. François de Lorraine duc de Guise, pair et grand chambellan de France, pour s'acheminer en Italie en qualité de lieutenant général pour le Roy, avec son armée, vers nostre sainct-père le Pape, pour obtenir de Sa Sainteté l'investiture des royaumes de Naples et de Cicile au nom de monseigneur le duc d'Orléans, second fils de Sa Majesté, comme relevant en foy et hommage du saint-siège apostolique, ainsi qu'il suit :

« Henry par la grâce de Dieu roy de France, à tous ceux qui ces présentes lettres verront salut. Comme par le dix septiesme article du traitté de la ligue d'entre nostre saint-père Paul quatriesme à présent, et nous, soit expressément dit que venant à reconquérir les royaumes de Naples et de Cicile, nostre d. Saint-Père en baillera l'investiture touttes et quantes fois qu'il en sera par nous requis à l'un de nos très cher et amez enfans, pourveu que ce soit le Dauphin, avec les conditions et réservations contenues et déclarées et autres subséquents articles dud. traitté de la ligue, et que nostre d. fils n'estant en age suffisant pour accepter lad. investiture et pretter la foy et hommage et serment de fidelité, jurera et promettera l'observation et entretènement des-

d. conditions et réservations et autres particularités d'icelle investiture; Nous comme père et administrateur de nostre d. fils feront et pretteront les foy, hommage et serment de fidelité selon la forme des autres sermens qui se sont parcydevant faicts et prestez par les roys de Naples et Cicile aux prédécesseurs papes et au s. siége apostolique, et mesmement au feu Pape, icelles mectre avec les autres promesses d'observer et entretenir lesd. conditions d'icelle investiture suivant lesd. articles du traitté de ce faisant mention. Et soit ainsy que ayant depuis despéché nostre très cher et amé cousin le duc de Guise François de Lorraine, pair et grand chambelland de France, pour et avec charge de nostre lieutenant général soubs et en l'absence de nostre très cher et amé oncle le duc de Ferrare, conduire et exploiter l'armée que nous faisons passer en Italie pour le secours de nostre s. pere le pape Paul, et le s. siége apostolique, et leur maintenir la protection que nous leur avons promise par lad. ligue, espérant que Dieu par sa grâce, bonté et justice voudra tant favoriser ces entreprises d'icelle ligue que repoussant les torts et injures que les ennemis et adversaires desd. S. Pere et s. siége leur ont faits, avec tous actes d'hostilité sur les terres et subjects de l'Église, viollant et contemnant les liberté, franchise et immunités d'icelle; pour la punition et correction que justement ils ont mérité, on pourra parvenir à la conqueste desd. royaumes de Naples et Cicile, et que puisqu'il a pleu à Sa Saincteté accorder par icelluy traitté de la ligue d'en musnir l'un de nosd. fils comme quelque fois ont esté aucuns de nos prédécesseurs qui les ont tenuz et possédez, nostre d. cousin le duc de Guise nostre lieutenant et capitaine géneralle sur les forces de lad. ligue, se tournant auprès de nostre d. S. Père, où il va avec nostre d. armée, pourra faire exécuter et accomplir en ce négoce et ce qui en dépend tout ce que comme père et légitime administrateur de nostre d. fils, nous aurions à faire si nous nous trouvions en personne par delà.

« Pour ces causes et autres justes et bonnes considérations à ce nous mouvant, nous confiant parfaitement, comme nous pourrions faire de nous mesmes, de la personne de nostre dit cousin et de ses grands sens, claires vertus, probité et dextérité, loyauté et déligence, considérant aussi la singulière affection qu'il porte au bien de nostre service, réputation et autorité de nos affaires et conséquence à ce qui nous touche, icelluy avons fait constitué, ordonné et estably, faisons, nommons, ordonnons, constituons et establissons nostre procureur général et spécial, pour en premier lieu déclarer à nostre d. s. père le pape Paul, que icelluy de nosd. enfans que nous avons entendu et entendons luy nommer et recevoir de luy les grâces, faveur et commission de lad. investiture d'iceux royaumes de Naples et Cicille, soit que la conqueste qui en sera faite ou pour la déclaration de privation qui se pourra ensuivre contre le roy Philippes d'Espagne ou autrement en quelque sorte et manière que ce soit, a esté et est nostre très cher et très amé second fils, le duc d'Orléans, pour lequel nostre d. cousin requerra Sa d. Sainteté en nostre nom et comme père et légitime administrateur dessus d., lad. investiture desd. royaumes de Naples et Cicille, et icelle acceptera avec les conditions et réservations, coutumes et articles du traitté de la ligue de ce faisant mention; fera et protestera ès noms et qualités que dessus à nostre d. S. Père et au s. siége les foy, hommage et serment de fidélité pour raisons d'iceux royaumes selon la forme du serment accoustumé en tel cas requis, et spécialement de celuy qui fut fait au feu pape Julles 3e; promettera et jurera l'entretènement et observation des conditions et réservations et autres particularités de cette investiture, ainsi que le portent lesd. articles dud. traitté de la ligue; conviendra et accordera avec nostre d. S. Père ou ses ministres de tout ce qui sera requis et nécessaire pour faire conclure, résoudre et arrester pour l'exécution et accomplissement du contenu en iceux articles, et encores pour ce qui concernera et touchera les gouvernemens, conduite et direction des affaires et Estats desd. royaumes, deppendance et circonstances d'iceux, et généralement fera, exécutera, négociera, exploitera et accomplira nostre d. cousin le duc de Guise, pour nous esd. noms et qualités de père et de légitime administrateur de nostre d. fils le duc d'Orléans, es choses dessus touchées, leurs circonstences et deppendances, tout ainsi que nous mesmes ferions et faire pourrions si présent en personne y estions, ou bien que nostre d. fils feroit et faire pourroit s'il estoit en aage suffisant pour y vacquer et entendre. Que le cas requiert mandement plus spécial qu'il n'est exprimé en ces présentes.

« Promettant en bonne foy et parolle de roy, soubs l'obligation et hipotecque de tous et chacuns nos biens présens et advenir, avoir agréable et tenir ferme et stable, rattifier de nostre chef et faire rattifier à nostre d. fils le duc d'Orléans quand il sera en aage pour ce faire, tout ce que par nostre d. cousin le duc de Guise aura esté fait, exécuté, négocié, et exploité, commencé, accordé, conclud, résolu et arresté, en tout ce que dessus, ses circonstances et deppendances, car tel est nostre plaisir. En tesmoin de quoy nous avons signé ces présentes de nostre main et à icelle fait mettre nostre scel, donné etc. »

Pouvoir à monseigneur le cardinal de Lorraine allant à Rome.

« Henry, etc. A tous ceulx qui ces présentes lettres verront salut. Comme par nostre ambassadeur et autres noz ministres résidans à Rome nous eussions esté advertis que nostre Sainct-Père le Pape Paul IV de ce nom, voullant faire punir, coriger et réprimer l'insollence et témérité d'aulcuns ses vassaulx et subjectz qui auront entreprins contre son auctorité, viollé les franchises et libertez acoustumez d'estre observés en tous les lieux et endroictz de sa diction et obéissance temporelle; ayans oultre cela faict plusieurs pratiques et menées contre la personne et estat de Sa Saincteté, ilz se seroient acostés et voullu prévalloir des impériaulx qui les soutienent et favorisent, lesquelz auroient uzé de menaces et propos audacieux ou nom de l'empereur, prétendans les délinquans vassaulx de nostre dict Sainct-Père estre en la protection dudit Empereur, et luy debvoir ressentir de la punition qui en seroit faicte; de sorte que, selon le bruict qui couroit par delà, icelluy Empereur faisoit leurs gens de guerre du costé du royaume de Naples pour engrossir ses forces et les faire selon l'opinion commune venir en la Romagne ou Toscane pour se jetter sur les terres de l'Esglise et y faire du pis qu'il pourra. Au moyen de quoy nostredict Sainct-Père, pour obvier à telz desseings et entreprises, soit qu'il y ayt du vraysemblable ou non, auroit de sa part faict assembler quelque nombre de gens de cheval et de pied pour tenir en seureté ses villes et places, oultre cela donné ordre que à un besoing il aura de quoy promptement augmenter et acroistre sa force, selon et ainsy que contienent les advis que nosdictz anbassadeurs et ministres nous ont sur ce donnez. Pour ce est-il que nous, considérant la bonne, sincère et parfaicte amityé que nous porte nostredict Sainct-Père, et que pour ne dégénérer aux très-vertueulx et louables faictz et actes de noz prédécesseurs roys qui ont esté restaurateurs, protecteurs et deffenseurs des Papes et du sainct siége apostolique quand on les a voulu assaillir et opprimer, nous ne sçaurions faire de moins que d'envoyer visiter Sa Saincteté et luy offrir tout l'ayde et secours qui sera en nostre puissance et dont il aura besoing, attendu mesmes qu'il a esté tenu quelques propos entre ses ministres et les nostres d'une ligue offensive et deffensive qui seroit bien requise et nécessaire de faire pour la liberté de l'Italye que nous avons aultant recommandée que nul aultre prince de la crestienté : à cette cause vous avons choisy et esleu pour faire telz offres en nostre nom, nostre très cher et très amé cousin Charles cardinal de Lorraine, archevesque et du duc de Reins, premier pair de France, l'un des plus prochains de nostre personne, et auquel nous avons parfaicte seureté et fiance, tant pour la proximité du lignage dont il nous atient que par les rares et louables qualitez qui sont en luy, voullant que partant présentement d'avec nous pour aller audict Rome, il prenne en chemain avec luy nostre très cher et féal cousin François cardinal de Tournon primat des Gaulles, que nous avons desja faict acheminer pour faire ce voyage; ausquelz nosdictz cousins ; et senblablement à nostre très cher et amé cousin Ypolite cardinal de Ferare, et eux d'eulx ou un d'entre eulx en l'absence du tiers ou des deulx autres par maladye ou aultre légitime empeschement, confians à plain de leurs sens, vertus, prudence, probité, intégrité, loyaulté, dextérité, dilligence et grande expériance à la conduitte, direction et maniement d'affaires d'Estat et autres grandz et importans négoces,, nous avons donné et donnons plain pouvoir, puissance, auctorité et mandement spécial, pour après avoir sceu et entendu à leur arrivée audict Rome l'estat et disposition des affaires de nostre dict Saint-Père, aller visiter Sa Saincteté de nostre part, luy faire noz offres telles que dessus et autres qu'ilz adviseront selon les occasions, présenter, sçavoir son voulloir et intention sur le faict de ladicte ligue offensive et deffensive jà proposée et mise en termes, comme dict est, entre sesdictz ministres et les nostres, et pareillement sur les qualitez, conditions et particularitez d'icelle, pour selon cela appeller par nosdictz cousins avec eulx noz amez et féaulx messire Jehan d'Avanson, sieur dudict lieu, nostre conseiller président en nostre grand conseil et ambassadeur devers nostredict Sainct-Père, Louis de Sainct-Gelays sieur de Lanssac, gentilhomme ordinaire de nostre chambre, qui desja est intervenu avec nostredict anbassadeur et lesdictz ministres de Sa Saincteté en propos dont est question ; messire Jehan de Morvillier, évesque d'Orléans, maistre des requestes de nostre hostel , et conséquemment telz autres de noz ministres estans par delà que nosdictz cousins vouldront appeller en leurs colloques, communications et assenblées ; adviser, consulter et délibérer de tout ce que sera besoing requis et nécessaire de faire quand au faict de ladicte ligue offensive et deffensive, pour icelle traiter, conclure, arester, passer et accorder avec nostredict Sainct-Père et le sainct-siége apostolique, conjointement, ou avec Sa Saincteté particuliè-

17

ment, ou ceulx de sesdicts ministres et depputez qu'il vouldra nommer, ayans de luy suffisant pouvoir en cette partye, et soubz telles qualitez, conditions et particularitez qui seront résolues et accordées entre eulx soit pour le nombre des forces tant de cheval que de pied de quelque nation que ce soit, artillerye, munitions, pionniers et tout autre équipage d'armes qu'il fauldra leur mettre sus et assembler pour l'offensive, aussy pour les contributions que chacun des contrahans respectivement debvra faire à l'entretènement desdictes forces nécessaires pour ladicte offensive, ou autre moindre sy on verroit à se réduire à la deffensive, et disposer icelles forces ès lieux et places que lesdictz contrahans vouldront garder et deffendre chacun endroict soy; semblablement pour le partage des conquestes sy aucune se faict durant l'offensive; et généralement feront, conclueront, résoudront, acorderont et passeront nosdictz cousins et depputez tous et chacuns les poinctz, clauses et articles qu'ils verront et congnoistront estres raisonnables, nécessaires et pertinans au cas et qui par le commun accord et consentement des contrahans ont accoustumé estres mis et couchez en telz et semblables traitez comme celluy qui sera dressé, faict et passé de ladicte ligue offensive et deffensive sy elle ce conclud, auquel traité sera laissé lieu et place à noz très chers et grandz amys confédérés et allyés, les ducs et seigneurs de Venize, à nostre très cher et amé oncle le duc de Ferrare et aultres princes et potentatz qui pour la liberté de l'Italye y vouldront entrer pour leur part et portion de la despence et participation, tant au fruict des conquestes de l'offensive que au bénéfice de la deffensive, et pour à ce les attirer et persuader d'y entendre, nosdictz cousins les cardinaulx de Lorraine, de Ferare et de Tournon, s'il en est besoing, leur feront et feront faire telles promesses et assurances de nostre part qu'ilz verront estre raisonnables. Voullons et nous plaist que nostre dict cousin le cardinal de Lorraine, cependant qu'il résidera et sera audict Rome, escrive, mande et face sçavoir à noz anbassadeurs et ministres estans audict pays d'Italye ce qui luy senblera qu'ilz debvront faire pour exécuter et négocier pour nostre service et la conduitte de noz affaires, ausquelz anbassadeurs et ministres, et à chacun d'eulx, nous mandons et enjoignons luy entendre et obéir en cest endroict et luy respondre du faict de leurs charges, circonstances et deppendances d'icelles. Aura soing et regard sur le faict de noz deniers et finances qui sont et seront envoyées par delà pour nos dictes affaires et service durant le temps qu'il y sera, congnoistra de la despence qui se fera de nosdictz deniers, tant audict Rome, au Syennois, à Venize, à Parme, à La Mirandolle que ailleurs, et envoyera et fera vérifier les estatz qui en seront dressez, ordonnant de nosdictz deniers en tout ce qu'il verra estre nécessaire, et sur ce en expédier les acquitz au comptable pour luy servir à la reddition de ses comptes. Pourra pareillement nostredict cousin appeller et retirer en nostredict service les personnages qu'il luy semblera y estres utilles et nécessaires, soit qu'ilz se y présentent d'eulx mesmes ou qu'il les faille pratiquer, et leur permetra telz estatz, pentions et entretenemens qu'il verra estre raisonnable, selon leurs mérites et qualitez, promettant en bonne foy et parolle de roy par ces présentes signées de nostre propre main avoir agréable, tenir ferme et stable et ratiffier sy besoing est tout ce que par nosdicts cousins les cardinaulx de Lorraine, de Ferare et de Tournon et ceulx qu'ilz auront appelez aura esté faict, négocyé, proposé, traité et acordé quand au faict de ladicte ligue, circonstances et deppendances d'icelle selon et ainsy que dict est dessus; et conséquemment aussy tout ce que nostre dict cousin le cardinal de Lorraine particulièrement aura faict, ordonné, procuré et accordé quant aulx aultres particularitez dessus couchées et mentionnés et ce qui en deppend, sans aller ne venir d'un costé ny d'aultre directement ny indirectement au contraire en quelque façon et manière que ce soit, car tel est nostre plaisir; et pour ce que de ces présentes l'on pourra avoir affaire en plusieurs et divers lieux, nous voullons que au vidimus d'icelle faict soubz seel royal, foy soit adjoustée comme à ce présent original, ouquel en tesmoing de ce que nous avons faict mettre nostre scel. Donné à , etc.

[1556] Avant de s'acheminer en Italie (1), avec son armée, monsieur le duc de Guyse reçut diverses nouvelles du dit païs, et entr'autres la lettre suivante de monseigneur le cardinal de Ferrare, dont suit la teneur :

« Monsieur, j'ay receu les lettres que vous a

(1) En même temps que des préparatifs importants occupaient le duc de Guise, il ne songeait pas moins à ses affaires de famille, comme on le voit par la lettre suivante du roi de Navarre au duc de Nevers, et qui se trouve dans les papiers du duc de Guise, sans doute parce qu'il y est question de ses propres affaires :

« Mon frère, vous pouvez penser qu'estant ce que vous et moy nous sommes l'un et l'autre d'alliance si proche et de parenté, j'estimeray tousjours le bien de vos affaires et la grandeur de vostre maison comme chose qui est si unye avec la mienne, que je ne vous doy riens moins désirer qu'à moy et pour ce m'asseurant que vous n'estes point si avant entré en propos du mariage de mon nepveu d'Orval vostre fils avec la seconde fille de madame

pleu m'escripre du vingt uniesme du mois passé, pour response à ce que Scipion vous a dict de ma part sur le faict pour lequel il estoit venu par deçà, par lesquelles j'ay esté bien fort aise d'entendre que les forces que vous menez soient telles que vous mandez, non seullement pour le regard du faict susdict, si se présentera occasion de le tenter par ceste voye là, mais encores pour toutes occasions, ne voiant point quant à l'autre voye des pratiques qu'il y aye lieu que vous ne soiez par deçà pour en faire, après que vous aurez entendu comme toutes choses passeront tout ainsi que vous adviserez. Vous aurez entendu comme je voulois mettre sur la pratique du capitaine Livio Grosso; celluy qui en est autheur m'a escript qu'il est en meilleure volonté de la faire que n'a jamais esté, et en meilleure espérance qu'elle réuscira. Dont pour ceste heure je ne vous puis dire aultre chose, n'estant encores retourné ledict Livio que j'ay envoyé vers luy pour adviser et résouldre ensemble des moiens que faudroit tenir pour l'exécuter. Mais bien vous pouvez vous asseurer qu'il ne s'y fera rien que vous n'en soiez adverty et que de deçà n'espargnera rien de tout ce qui se pourra faire pour en venir à bout, s'il sera possible. J'ay envoyé gens en Allemagne, lesquelz ne m'ont encores rien faict entendre, qui me faict penser que les choses n'y sont si eschauffées comme les ennemys vouldroient faire acroire; de ce qui en viendra je ne fauldray aussi de vous en faire part tout incontinant. Les ministres du Roy à Rome m'escripvent que nostre Sainct Père avoit certains advis que le duc d'Albe, incontinant après les festes de Noël, devoit aller à l'Abruzze avec desseing d'occuper quelques unes des principalles villes des terres de l'Église du cousté de la Marque pour les fortiffier, pensant par ce moyen mieulx s'asseurer au royaume et vous rendre plus difficile l'entrée en icelluy, et pour pareille pouvoir tant plus endommaiger les terres de l'Église, ayant à cest effect donné ordre de faire débarquer à Gayette les Allemans que vous avez entendu qui leurs venoient long temps avant. Mais quant à moy, j'ay oppinion qu'ilz sont pour plustost eslire ung ou deux lieux audict royaulme sur les frontières de l'Église qu'ilz congnoistront plus commodes à fortiffier et empescher ladicte entrée du royaulme, que de venir perdre temps à occuper les terres de ladicte Église; desquelles ilz ne prendroient que celles que l'on ne pourroit garder ny fortiffier. A quoy je ne voy meilleur remède que vous vueillez advancer le plus que vous pourrez, comme vous avez délibéré; m'asseurant que si vous estiez par deçà le vingtiesme de ce mois, comme vous me l'avez mandé, ilz ne sont pour faire chose qui leur puisse apporter grand proffit. Quant aux aultres occurrances de deçà, mesmement de Venize, je ne vous en retiendray de plus longue lettre, me remectant à ce que M. le duc vous escript : qui sera cause que je feray fin par mes bien humbles recommandations à vostre bonne grace, en priant Dieu, Monsieur, vous maintenir et conserver en la sienne.

« De Ferrare, ce 3ᵉ jour de janvier 1556. »

En mesme temps, monsieur le connestable escrivit au duc de Guyse :

« Monsieur, le Roy vous faict si ample responce à tout ce que luy avez escript par vos lettres des 27, 28 et 29 du passé et 4 du présent, qu'il ne me reste riens sur cela à vous dire, sinon que nous attendons à grande dévotion nouvelles de ce que vous et mon cousin monsieur le mareschal de Brissac aurez faict où vous scavez, ble, mesmes qu'il le vous a conseillé, j'eusse fait doubte, veu les propos où l'on m'avoit dit que vous estiez avecques monsieur de Guyse de sa fille, qui s'en fussent un peu altérez, et puisque les choses se peuvent ainsi mettre en termes et poursuyvre aveques le contentement et voulloir de tout le monde, au moings de ceulx qui y peuvent le plus, vous pouvez penser si en ma part je m'y voudrois espargner. Mais considérant qu'il n'y a encores que dueil et ennuy en la maison de ma tante, madame de Saint Pol, et que je fay mon compte de vous veoir à ce caresme prenant, comme il a pleu au Roy me mander que je l'alasse trouver, je vous prie m'excuser si je n'escripts points à madite tante, n'y à ma seur sa fille de ce propos, et actendre qu'estant ensemble nous prenions sur le tout une bonne résolution, priant Dieu mon frère, après mestre de bien bon cœur recommandé à vostre bonne grâce, vous donner ce que plus désirez.

« Escript à Bragerac, le dixiesme jour de janvier 1555.

« Vostre plus affectionné frère et meilleur amy.

« ANTOINE. »

Sur le dos est écrit : *A mon frère, monsieur le duc de Nevers.*

de Bouillon, que vous n'alez très bien considéré ce qui s'y devoit regarder, et qui d'ailleurs par les lettres qu'il a pleu au Roy et à la Royne m'en escripre comme ils avoient ceste alliance agréable, qui sont ceulx que vous deviez le plus contenter. De ma part mon frère, je n'ay à vous dire sinon que je suis bien marry que je ne me puis trouver sur le lieu pour vous tesmoigner, par ma présence, comme mon opinion en cella est conforme à la vostre. Toutesfois affin que madame de Valentinois et madame de Bouillon en soient satisfaites je leur en escripts par ce porteur le plus honnestement qu'il m'est possible que ce que j'en pense, et le désir que j'ay que ceste alliance soit un moyen de nous joindre et unir tous les ungs avec les autras de très estroite et parfaite amitié.

« A regard de l'autre mariage que vous espérez moyennant celuy cy mener à perfection entre mon neveu le conte d'Eu vostre filz et ma seur madame d'Anghien, vous pouvez penser comme j'en seroys aise, n'ayant personne en ce royaume à qui elle peult estre baillée qui me soit si proche que ce qui est à vous, et n'estoit que vous m'asseurez et escripvez que monsieur le cardinal de Lorraine la prend le mieulx en considération qu'il est possi-

désirant que les choses y soient si heureusement succédées, que vostre voiage n'en ayt guères esté retardé. Nous sommes aussi attendans de celles de ce que monsieur le cardinal Caraffe aura faict à Venize ; et si tant est que vous vous puissiez veoir et parler ensemble avant son retour à Rome, je m'asseure bien, Monsieur, que vous ne fauldrez de faire tout ce que pourrez, tant pour luy persuader de retrancher le nombre de gens de guerre entretenuz audit Rome et ès environs, pour d'aultant diminuer la despense, affin de pouvoir myeulx faire vye qui dure, que pour vuyder les difficultez par luy, et aultres ministres de nostre Sainct-Père, mises en avant sur le faict de la contribution de la despense de l'armée que vous menez, qu'ilz prétendent ne debvoir commancer que au temps que serez passé le Piedmont, combien que par le traicté il s'entende aultrement, comme vous sçavez, actendu mesmement que ladicte armée n'a jamais esté levée pour aultre effect que pour le service de la ligue ; au moyen de quoy elle doibt estre payée des deniers du dépost dès le commancement de sadicte levée, ainsi que les sieurs de Selve et de Lanssac leur ont très bien sceu remonstrer, comme pourrez veoir par ung extraict de la dépesche du sieur de Morette, que je vous envoye pour vous ayder du contenu, si voyez qu'il vienne à propos. Monsieur, me recommandant bien humblement à vostre bonne grâce, je supplye Nostre Seigneur vous donner bonne et longue vye.

« Escript à Sainct Ligier, le 13 janvier 1556.

« Vostre hobeysant servyteur,

« Montmorency »

Le partement de M. de Guyse en Italie.

L'armée de la sainte ligue, en la quelle est lieutenant général le duc de Guyse, partit de Thurin le 9° du mois de janvier, et en huit bonnes et grandes journées le camp arriva devant la ville de Valence, qui est assise sur le Pau, distant de Pavie de....., d'Alexandrie de sept milles et de Milan de 35 milles de Lombardie, dont les trois font la lieue françoise. Après que ladite ville fut bien recognue, mondit seigneur de Guise et monsieur le mareschal de Brissac leur firent entendre que, pour le passage et le rafraîchissement de ladite armée, il estoit besoing que les gens de guerre qui estoient dedans se retirassent au chasteau qui est la principale forteresse, affin de laisser la ville pour loger les nostres et y estre accommodés de vivres, et qu'à leur refus nous avions de quoi nous y faire obéir. La response fut qu'ils n'estoient délibérés nous y laisser rentrer les plus forts, et que en toutes choses ils nous feroient toutes les honnestetés et gracieusetés qu'il leur seroit possible, disant avoir telle charge de leurs supérieurs, conservant au demeurant soigneusement la trêve tant d'un costé que d'autre, sans que aucun d'eulx sortist pour nous faire dommage, ou autre effort, que se tenir sur leurs gardes pour nous empescher d'y entrer de force. Ceste response entendue, monseigneur de Guyse avec ladite armée se campa devant, qui fut le dimanche 27° dudit mois, et y coucha en personne ayant laissé tous les bagaiges et une grande partie de son train à Girolles, distant de la dite ville de quatre milles ; et pour ce dit jour et tout le lundy ensuivant, tant pour les mauvais chemins que pour autres incommodités ne fut faite aulcune batterie sinon quelques vollées de canon qu'on leur tira dès le soir ; et le mardy de grand matin fut commencée la batterie de deux costés avec sept doubles canons. Depuis le dimanche jusqu'au lundy au soir que l'on commença de les battre, nostre armée s'entretenoit avecques eulx au plaisir des escarmouches et au son des arquebusades qui pleuvoient de toutes parts ; la batterie fut telle et si furieuse, qu'en moins de cinq ou six heures fut faite brèche, laquelle encore qu'elle ne fût trop raisonnable, si est-ce que l'ardent désir de combattre pressoit si fort nos bandes françaises, que leur estant donné le premier lieu de l'assault, y entrèrent au premier abord si furieusement, que les ennemis quittèrent ladite brèche pour ne la pouvoir plus soustenir, se retirant en fuite dedans leur citadelle et si près talonnés des nostres qu'il en resta un bon nombre passés par le tranchant de l'espée. La dite ville ainsi prise de force y eust le désordre que l'on peult imaginer, fors que par la présence de monseigneur de Guise, lequel y entra par la brèche ; et des premiers les églises et monastères de femmes furent conservés sans aucune violence, le reste pillé et saccagé, pour tout ce jour qui commença environ les seize heures, qui est à la mode françoise sur les neuf ou dix heures du matin que nous y entrâmes ; le lendemain fut faite ordonnance que tous les habitans pourroient seurement retourner en leurs maisons sans estre vexés d'aucune ransson, et deffense aux soldats de leur méfaire sous peine de la vie, faisant parmi ce bon ordre les approches du chasteau où s'estoient retirés lesdits ennemis, les quels après avoir esté battus furieusement jusqu'au soir sont venus à composition, tel que le vendredy en suivant ils sont sortis avec leurs armes et bagues sauves, fors leur enseigne que M. de Guyse a retenus pour envoyer au Roy, ayant mieulx aimé l'honneur desdites enseignes que la dépouille de leurs bagues et armes dont il avoit le choix. La Raquette, qui estoit encore assez forte après que ledit chasteau nous a esté rendu de telle sorte, a voulu endurer quelques douzaines de coups de canon, espérant, pour ce qu'ils estoient dedans tous Espagnols naturels, avoir quelque meilleur et plus honorable traictement que les aultres, toute fois leur reddition a esté égale, et dès ce jourd'hui est demeuré la ville, chasteau et Raquette en la possession et obéissance du Roy. La ville est fort belle, bonne et grande, et en pays fort fertile et de grande importance pource que d'icelle on pourra faire la guerre guerroyant jusqu'aux portes de Milan, de Pavie et d'Alexandrie, et s'y pourront tenir grandes forces pour tousjours approcher d'Italie.

La force des ennemis de ladite ville et chasteau estoient de dix enseignes, les sept d'Italiens, deux de Grisons et une d'Espagnols naturels, lesdites deux de Grisons contre l'alliance qu'ils ont avec le Roy, à la suasion du cardinal de Trente, estoient venus en ladite ville au service de l'Empereur et ont heu si grande honte de la perte de leurs enseignes, que sortant de ladite place se sont rendus pour la plus part au service du Roy sous les autres enseignes de leur nation que le Roy a par deçà, de manière que nos forces sont d'autant augmentées, ayant esté la perte des nostres si petite que l'on ne s'en apperçoit comme point. Nostre armée séjournera encore icy pour un jour ou deux en délibération de prendre au partir le chemin de Florence à bonnes journées et sans s'arrester, si n'est pour combattre avenant que nos ennemis voulussent empescher le passage comme l'on dit qu'ils sont délibérés de faire, ayant desjà un bon nombre d'arquebusiers ensemble pour jetter sur les destraiz des chemins.

Si est-ce que le bon et heureux commencement que nous avons fait en ce lieu anime nos soldats de telle sorte, qu'en il faut espérer un honorable et victorieux voyage avec l'aide de Dieu, mesmes que nous militons sous l'enseigne et armes de nostre mère la sainte Église de la quelle le Roy est protecteur, et au lieu des armes de France le roy d'armes et les trois trompettes du Roy portent en leur cottes les clefs et armes du Pape entourées de cet escript : *Henricus Dei gratia Francorum Rex ac protector sanctæ matris Ecclesiæ*. La cornette de mondit seigneur de Guyse est de mesme.

Le passage de monsieur de Guyse par la Lombardie (1).

Le sabmedy 23 de janvier 1556, monsieur de qui l'estoit venu trouver audit Boulogne, et dudit Arimini partirent ensemble en poste pour aller à Rome et y entrèrent le jour de caresme prenant. Là furent menées les choses en plus grande longueur que l'on ne pensoit pour beaucoup de difficultés trop longues à réciter, jusques à ce que ayant enfin déterminé le voyage au royaume de Naples le lundi de la sepmaine sainte, mondit seigneur de Guise prenant titre de lieutenant en Italie de Sa Sainteté et du Roy très chrestien, capitaine général en l'armée de la sainte ligue, se partit de Rome en poste comme il y estoit allé, ayant quelques jours auparavant mandé à M. d'Aumale son frère, qui durant cette absence estoit tousjours demeuré aux environs du dit Arimini, chef en l'armée, qui le fist acheminer droit à la marque d'Ancône, et là mondit seigneur de Guise les vint retrouver aux environs de Nostre Dame de Lorrette ; il y séjourna pour la dévotion de la madonna jusques à la veille des Pasques qu'il vint coucher à Cività Nova, dix mils par deçà, où il feist ses pasques, et le lendemain alentour de Ferme où il séjourna quasi le reste de la sepmaine, attendant que nostre artillerie venue par mer jusqu'au port dudit Ferme se remontast. Estant sa délibération d'entrer au dit royaume par le pays de l'Abruza, il envoya devant, pour reconnoistre l'ennemi, tous nos chevaux legiers avec cent hommes d'armes en deux compagnies et trois enseignes françoises tous harquebusières, le tout conduit par les sieurs de Tavannes et Scipierre auxquels la fortune fust si favorable pour l'entrée, que à dix mils dedans le pays ils prindrent par surprise et escalade une ville et chasteau nommée Sampio, dont le butin a esté estimé à plus de deux cent mil escus. Il est vrai qu'il n'y avoit dedans que ceux de la ville et force paysans d'alentour ramassés là avec leurs biens, les quels peu de jours auparavant avoient reffusé garnison de gens de guerre, s'estimant assez forts pour se garder d'eulx mêmes, ce qui est croyable qu'ils eussent peu faire pour quelque temps, s'ils eus-

(1) On trouve dans un manuscrit du chancelier Seguier, à Londres, la relation suivante du passage du duc de Guyse par la Lombardie :

« Nostre armée après la prise de la ville et chasteau de Vallence sur le Pau passa tout le reste de son droit chemin par le Millanais, Estat de Plaisance, Parme et autres de la Lombardie, jusqu'aux terres du duc de Ferrare sans aucune résistance, et avec telle abondance et de vivres et autres choses commodes à son voyage, que partout où se dressoit le camp sembloit une foire et apport des marchands, en quoy est grandement à louer la bonne police qui se tenoit, de sorte que rien ne fut jamais pris sans payer qu'avec punition et chastiment de celuy qui l'avoit fait. Les vivres nous furent de quelque peu renchéris sur le Ferrarois, tant pour le soulagement que l'on leur vouloit faire en faveur de l'alliance avec leur prince que pour n'estre le pays si bon. Je ne vous dirai la rencontre particulière de m^rs les ducs de Ferrare et de Guise, qui fust à Rége, avec telle démonstration d'allégresse et joyeque chacun peut penser. Là après fut monstrée tout nostre armée tant des gens de pied que de cavallerie en un bataillon, comme pour combattre, audit duc de Ferrare avec une salve de nostre artillerie et harquebusiers accoutumée, lequel la trouva belle, comme à la vérité pour le chemin qu'elle avait passé durant le plus mauvais de l'hiver, il estoit quazi incroyable qu'elle se fust pu conserver si fraîche et gaillarde tant d'hommes que de chevaux. De là monseigneur de Guise s'achemina devant à Ferrare avec ledit duc et se destourna seul au droit chemin pour passer à la Mirandolle. Cependant l'armée marchoit toujours jusqu'aux portes de Boulogne où nostre dit chef la vint retrouver, et l'ayant fait séjourner trois ou quatre jours tant pour reprendre un petit allayne que pour avoir moyen de se mettre sus d'équypage et accoustrements, le fait costoyer le grand chemin jusqu'à Arimini où il arriva le premier avec le cardinal Carraffa,

Guise estant à Valence despescha monsieur d'Aumale avec l'avant-garde pour aller loger à Bassignane, à demy mille de la rivière de Tamur, affin que dès le soir et lendemain dimanche on feist un pont sur la dite rivière qu'est aussi grosse et aussi large à peu près que le Pau.

Le lundy 28, monseigneur d'Aumale passa ledit pont avec l'avant-garde. Monseigneur de Guyse avec le reste de l'armée partist de Valence pour passer aussi la rivière cedit jour et aller loger à une petite ville, cinq mille de là ledit pont, nommée Sulle; mais la pluie qu'avoit commencé dés le dimanche au soir et dura tout le lundy jusque au mardy matin, avoit tellement rompu le chemin, avec la foule de neiges qui étoit encores sur la terre, que nos gens de pied et bagaiges ne pouvoient quasi cheminer, et avoit grande quantité de torrents par le chemin aux lieux où communément il n'y a point d'eau, et pour l'heure les chevaux y estoient jusques à la selle. La rivière engrossa tellement qu'il fallut allonger le pont et le rabiller par deux fois qu'il se rompit, lesquelles choses furent causes que le tiers de nostre bagaige ne sceust passer ce jour là ny l'artillerie. Monseigneur de Guyse voiant cela, laissa Monsieur le prince de Ferrare et sa compaignie d'hommes d'armes et les suisses audit Bassignane, afin que le lendemain il puit tout passer, et Monseigneur de Guise avec sa compaignie de gensd'armes passa l'eaux quand il veilla nuit pour s'en aller audit Salle pour lendemain pourvoir aux choses nécessaires et prévenir tellement ceux des villes où il nous falloit passer, qu'avant qu'ils sceussent qu'avions la grosse artillerie ils nous heussent asseurée et baillée l'entrée desdites villes; et oultre meist un tel ordre de faire payer au commencement, que chacun où nous passions monstrait estre bien aise de nous avoir pour hostes. Le mesme jour monseigneur le mareschal de Brissac estoit party avec les forces pour venir loger à iceluy Bassignane et nous favoriser audit passage. Mais y demeurant monseigneur le prince de Ferrare, il fallut qu'il s'en retournat à Valence.

Le mardy, la rivière estant encore fort grosse, le pont se rompit deux fois, par sorte que mondit seigneur le prince de Ferrare ne sceut par tout le jour que faire passer le reste du bagaige. Monseigneur de Guyse estant à Sulle envoya Messieurs de Tavanne avec les chevaux-légers et quatre enseignes de gens de pied à trois mille delà à une ville nommée Casalnove, assez grande ville et riche, qui est au marquis de Perquière, et falloit passer la rivière de Scoinye sur le bort de laditte ville, qu'estoit tellement creue, que les grands chevaux trempoient la selle bien avant, et avant que la passer monseigneur de Tavannes appela ceulx de la ville qui envoyèrent deux hommes de cheval parler à luy, auxquels il demanda passaige et loyer dans la ville, ce qu'ils allèrent faire entendre aux habitans, et incontinent revindrent avec deux gentilshommes du marquis, qui avaient charge de ses affaires, disant que volontiers ils bailleroient leur ville, supliant Monseigneur de Guise de les vouloir préserver de sac et de forcement de femmes, et que l'on ne fist desplaisir aux serviteurs du marquis qui estoient dans laditte ville. Monsieur de Tavanne fust dans la ville et commanda aux principaux de faire cryer qu'il n'y eust homme qui eust à enchérir les vivres; ce qui fut faict soudain. Et ceste cry fust faicte au nom de Monseigneur de Guyse lieutenant de Sa Sainteté et du Roy que ung chacun à peine de la vie eust à payer ce qu'il prendroit. Puis tost après Monseigneur d'Aumale y arriva avec la gendarmerie de l'avant-garde, et pource qu'il n'y avoit que deux petites méchantes barques où à grande peine avoient passé les quatre enseignes susdites, Monseigneur de Nemours demeura sur le bort de

---

sent été bien unis, car l'on tient à merveille cette prinse sans artillerie, pour le nombre d'hommes desquels il fust rapporté pour trophées deux enseignes. Le commencement a esté une curée à nos soldats et donné tel advis et conseil à beaucoup d'autres places voisines, qu'ils sont venus de bonne heure à obéissance et furnitures de vivres, dont nous n'avons encore eu faulte ni les chevaux de verdure. Depuis, tout le reste de nostre armée est venu mettre le siége à Civitelle, trois mils plus près et à sept mils de Arcoli dernière ville du Pape, où à l'aborder des premiers en présence de monseigneur de Guise fut faite une belle et brave escarmouche sans grande perte de part ni d'autre; l'assiette de la ville est fort bigarrée et malaisée, estant sur le pendant d'une montagne qu'elle occupe quasi toute, et a du costé d'en haut un précipice de roc inaccessible, de l'autre la clôture de la muraille est si avant sur ladite montagne, que le vallon de dehors en est fort long, et faut longuement monter et bien droit devant que de venir à ladite muraille laquelle est au demeurant bien remparée et environnée de cinq ou six gros boulevards de terre qui flanquent toute cette courtine basse, de manière que les approches en sont fort difficiles, mesmes pour estre tout le pays d'alentour montueux et les vallées longues du costé de la dite ville; qui fait que l'on ne peut asseoir l'artillerie en lieu qui l'offense beaucoup, ni approcher de plus près que tout à la descouverte; outre ce ils ont la rochette tout au hault pour une dernière retraicte, leurs forces sont de huit enseignes souldoyées et deux de la commune qui se montrent bien gens de guerre; ils ont pour chef le comte de Saint-Fiore chevalier de l'ordre de l'Empereur, homme de grande espérance, parvenu par ses vertus au degré d'honneur qu'il tient. Leur siége commença dès le 24ᵉ d'apvril et fusmes renforcés devant hier de douze enseignes françaises que le sieur de Ginsil a amenées de Rome. Dieu veuille que l'issue en soit à nostre souhait. Et plus bas est escript en latin :

Civitella obsidio tandem soluta, nec ulterius processum, et mense augusto, pugna Sanquintiniana subsequuta, revocatus ex Italia Guiseus.

l'eau, logé en quelques casines avec onze de ses enseignes.

Le mercredy 27. Monsieur le prince de Ferrare passa l'eau et vint à Sulle avec les Suisses et nostre artillerie, pièces qui sont six moyennes que nous avions grande paine à passer et conduire tant la terre est bonne et forte, et Monseigneur de Guise alla diner à Castelnove pour adviser avec tous les capitaines qui estoient là, des moyens de passer plus avant, et laissa monsieur de Senly pour commander à la bataille qui demeuroit à Sulle, et envoya ce soir là le sieur de Sipierre avec les chevau légers à une autre ville qui est deux milles plus avant, petite ville esmanlellée, et envoya une trompette à Vignire demander logis à la ville, ce qu'ils accordèrent, et envoyèrent au devant de monsieur de Guise. Il fust envoyé une aultre trompette à Tortone leur faire commandement de porter des vivres au camp. Ils appellèrent le chastelain qui est espaignol pour luy en demander advis, lequel demanda au trompette s'il en demandoit comme amy ou comme ennemy. Le trompette feit response qu'il n'avait charge que de demander des vivres et qu'il ne seroit office d'autre s'il en baillait. Le chastellain envoya quérir deux notaires, et prinst acte publiquement qu'il en envoyait comme amy et non aultrement et avec ce nous en envoyèrent à force. Monsieur de Guise s'en retourna coucher à Sulle, et ce jour 6 ou 7 chevaux qui venaient pour recongnoistre le logis de monsieur de Nemours trouvant 5 ou 6 gojats qui estaient allés fourrager là alentour, auxquels ils donnèrent quelques coups de lances, et ce mesme jour ceulx de Castelnove feirent ung pont pour passer nos gens de pied le lendemain.

Le jeudy 28. Monsieur de Guise avec la batailles en vint loger à Castelnove; monsieur d'Aumale avec l'avant garde alla loger au pont courant, et monsieur de Tavanne et monsieur de la Brosse maistre de camp allèrent avec monsieur de Sipierre avec la cavalerie légère et quatre enseignes de gens de pied loger a Voguera.

Le vendredy 29. Toute nostre armée vint loger dans Voguère.

Le sahmedy pénultiesme, monsieur d'Aumale avec l'avant garde alla loger à une petite villette nommée Scyclerra et des chevaux-légers trois milles plus avant et envoyant vingt sallades à la Stradelle, parce que les gens du pays faisaient courir le bruit que les ennemis y estoient forts pour nous empescher le passaige, et n'y fut trouvé personne. Monsieur de Guise avec la bataille logea à Montabel un mille près l'avantgarde, et au sortir de Vogùere le sieur de Formes, vallet de chambre du Roy et commissaire des vivres, qui estoit demeuré derrière et estant à la porte pour s'en venir, son cheval lui fut teué et lui pris par environ 50 chevaulx des ennemis qui estoient entrés dans la ville aussitost que l'armée en fut partie, de quoi l'allarme vinst incontinent aux derniers où monsieur de Guise avoit laissé monsieur de Montpesat avec le guidon de monseigneur le prince de Ferrare la compagnie de chevaulx légers de monsieurs le marquis d'Elbeuf, et 300 arquebusiers, et renvoya incontinent quelques arquebusiers à cheval et l'enseigne de monsieur le marquis avec 50 sallades qui trouvèrent les ennemis qui estoient encores sur la porte, s'amusant auditcommissaire ; soudain ils leur firent une charge et recouvrèrent le commissaire, et ne sachant ce que pouvait estre derrière dedans la ville et pour ne s'amuser sans cause, veu que le camp marchait, ledit sieur de Montpesat fait retirer ce qu'il avait envoyé derrière et marcha vers le camp.

Le dimanche dernier dudit mois, monsieur de Guise avec la bataille alla loger à Brone et monsieur d'Aumale avec l'avant garde à l'Estradelle et les chevaulx légers, et allames tout ce jour là ayant bort à bort les montaignes du costé de main dextre, et y avoit quelques petits chasteaux sur les hauts ; on y avait des ennemis qui quelquefois sortoient et se pressaient sur les haults au costé du chemin, sans toute fois oser approcher ne donner au bagaige, et y eust quelques Suisses qui voulurent courir après et le pays estant malaysé pour les hayes et les montaignes, ils n'avancèrent riens ; c'est un capitaine des leurs nommé Clary qui eust un arquebusade à la teste, de quoi il fut trespassé le lendemain. Quelques gojats français et un soldat qui avoient esté prins fourrageant quelques jours paravant qui reviendrent ce soir, et dirent à monsieur de Guise qu'ils avoient bien 14 enseignes de gens de pied et 500 chevaux qui les suivaient et aller loger au lieu d'où il partoit, ce que je crois qu'ils mentoient comment monsieur de Guise le sceut dès le soir.

Le lundy premier febvrier monsieur de Guise avec la bataille alla loger à Castel Saint-Jehan qui est une ville la première où nous venrons de la duché de Plaisance ou nous fûmes bien venus, et vint des gentilshommes du duc au devant de monsieur de Guise. Monsieur d'Aumale avec l'avant-garde fut cagé plus avant à quatre milles de Plaisance; Monsieur de Guise pour le rapport que luy avoient fait dès le soir les soldats, et aussi que le passage de la Stradelle estait facheux et que les ennemis faisaient courir le bruit de nous venir veoir, laissa monsieur de la Brosse et monsieur de Senly derrière avec 30 chevaulx de monsieur de Monpesat, avec les guidons de mondit sieur de Guise, de monseigneur le prince de Ferrare, pour les soutenir et le capitaine Gordans avec 500 Arquebusiers, monsieur le prince de Ferrare avec sa compagnie et celle de monsieur de Guise pour commander à cette troupe de derrière, et monsieur de Guise devant luy avec sa cornette et 1000 Suisses. Il ne se présenta rien, si non ceulx qui estoient dans les chasteaux qui sortirent sur les haults et d'ung mille y tiroient des arquebusades pour dire qu'ils y estoient.

Le mardy 2, nous séjournames.

Le mercredy 3, monsieur de Guise avec la bataille vint loger à Salmira qui est 7 milles de Plaisance, et estant arrivé, quelque gens du pays le vindrent advertir que quatre barques d'Espagnols descendaient de Pâvie à Crémone, estaient debarquées de nostre costé à deux milles près; et incontinent monsieur de Guise y envoya monsieur de Genly avec 50 chevaux pour savoir s'il estait vray, et cependant fit tenir bon nombre de gens de pied prests; mais monsieur de Genly trouva qu'ils estaient passés sans descendre et ne veirent rien si non une compaignie de gensdarmes au dela du Pau qui à ce endroit à ung mille de large, et 2 compaignies d'Espagnols à pied avec eulx, et sçust à la vérité qu'il estait passé ce jour là 9 barques qui descendirent à Crémone.

Le jeudy 4 mars, M. de Guise avec la bataille alla loger à Saint-Nicolas, 3 milles près de Plaisance, toujours sur le grand chemin romain, et pour ce que nous ne pouvions passer dans la ville, l'avant-garde s'avança à costé de la ville, trois milles, deux milles plus avant que nous. Monsieur de Guise avoit demandé aux gens du duc de Plaisance qui estaient sortis de la ville pour luy faire bailler vivres et autres choses nécessaires pour le camp, si les provoyeurs du camp pourraient aller asseurément dans la ville, pour l'amour des Espagnols qui estaient dans le chasteau. Ils dirent qu'il faillait parler au chastellain, la responce duquel fust, que s'il voyait une croix blanche qu'ils ne se pourraient tenir de leur courre sur, et le sieur Paul Vitre qui est chief dans la ville pour le duc prinst le parti de nous fermer les portes, nous envoyant toujours toultes les commodités, et entre aultre choses dans une place qui estait reservée au camp, il y avait 6 boutiques de draps de soie et infinis aultres artisans. Monsieur de Guise voyant la responce du chatelain sy brave, commanda que monsieur de Montpesat, le capitaine Gordan et le capitaine Conflan d'aller recognoistre s'il y aurait quelque endroit près de la citadelle où se peut loger 500 arquebusiers à couvert et près de là 100 chevaux, afin que sy les Espagnols voulaient y quelque apparence estre sy mauvais qu'ils disaient, que l'on leur peult donner une esterette jusques dans les fossés, et encores qu'ils ne trouvassent lieu fort commode, monsieur de Guyse vouloit qu'ils y allassent dès le matin et commanda à monsieur de Montpesat de les mener.

Le vendredy 5 monsieur de Guise avec la bataille vint loger à de méchantes casines nommées Quartes, et monsieur d'Aumale avec l'avant-garde à d'autres casines plus avant, qui sont lieux escartés du grand chemin romain, qu'il nous fallut laisser à l'occasion de la ville de Plaisance, et monsieur de Montpesat des deux heures avant jour avec le capitaine Conflan 500 arquebusiers et 100 chevaulx et s'en alla en conséquence dedans les casines sur le bord de la Taillade dudit Plaisance, et quand il fust haulte heure et qu'il veit que les Espagnols ne bougeoient, il envoya 4 chevaulx et 5 ou 6 arquebusiers eulx promener daudans la Taillade assez près du fossé : mais le chastelain fut plus courtois qu'il ne disait, et au lieux de courre sus aux nostres, il leur tira seulement des canonnades; monsieur de Montpesat les envoya retirer et voyant que le camp était tout passé et les bagages, se retira et au déloger le capitaine Conflan fit faire une salve fort belle par ce peu qu'ils estaient; ceux du chasteau leur en firent une aultre de sa cannonade.

Le sabmedy 6 Monsieur de Guise alla loger avec la bataille à Pontevert qui est sur le grand chemin Romain et monsieur d'Aumale à Firenzuole plus avant avec l'avant-gurde.

Le dimanche 7 Monsieur de Guise avec la bataille vint loger audit Firenzuole assez bonne ville, et monsieur d'Aumale s'avança à deux milles plus avant, à Cadde, où ils ont séjourné 3 jours et fait les monstres de gens de pied français et suisses, et arrivèrent le lendemain matin. Monsieur le prince de Ferrare partist avant jour avec escorte pour aller trouver monsieur le duc de Ferrare à Regio, à passer près de Parme où est le duc et le cardinal Farnèse; mais ledit sieur destourna à costé pour n'entrer dedans. Nous avons passé quelques aultres torrens et rivières des quelles je ne fais mention pour ce que les avons trouvées basses.

La ville de Firenzuolo et à 23 milles de Parme sur le chemin dudit Parme à Plaisance.

Lettre du duc de Guyse à messieurs de Selve et Lanssac, escrites pendant le voyage d'Italie.

« Messieurs, j'ay receu les lettres que vous m'avez escrites aux quelles j'ay tousjours différé de répondre jusques à mon arrivée en ce lieu ou j'ay aujourd'huy receu les vostres par lesquelles j'ay veu le partement du cardinal Caraffe pour aller à Venise, et par vos preceddentes l'opinion et résolution en laquelle nostre Saint-Père estoit de n'entrer jamais en accord avec les ministres du roy d'Angleterre, que ne vienne de la propre main du Roy, ce que j'ay esté très ayse d'entendre, me semblant que n'eussiez mieux ny plus dextrement pu vous conduire que vous avez faict pendant cet abbouchement; et pour oster l'oppinion que sa ditte Saincteté pourroit avoir conceu de ne voir encore les forces de Sa Majesté sy avancées quelle pensoit par ce que je luy en avois mandé, je vous prie de luy dire de ma part comme dès le 29 je suis en cette ville où j'ay trouvé la pluspart de mes forces et attens le reste dedans quatre ou cinq jours, n'ayant esté en leur puissance de dilligenter davantage, estant quasy incroyable quelles peynes et travaux les soldats ont souffert, par les chemins, des gélées et orages qu'il a faict pendant deux mois, joinct qu'il avoit esté donné congé à une partie de la gendarmerie pour se retirer en leurs maisons pour s'y rafraîchir quelques jours, ayans pendant ces dernières guerres esté employez hyver et esté. Néantmoings je vous prie asseurer Sa Saincteté que je partiray le 15 janvier avec M. de Tavane, qui doit venir avec moy au lieu de M. de Termes qui est indisposé, pour estre sur l'Estat de l'Église le plustost qu'il me sera possible, en sorte que sadite Saincteté entendra des nouvelles telles quelle désire, avec l'ayde de monsieur le mareschal de Brissac qui a commandement non-seulement de m'y favoriser, mais de rompre et tenir la campagne quand nous serons passez, en sorte que j'espère que quelques peynes et travaux que cette armée a souffert, la mener à monsieur le duc de Ferrare et en son absence la présenter à Sa Saincteté, sy autre fortune ne nous survient au passage, autant belle pour luy faire service qu'elle sçauroit désirer, tous les soldats étant délibérez de n'espargner leur vie pour le service du saint-siége. Et d'autant que je suis adverty que le cardinal Caraffe me voudroit bien veoir avant son retour à Rome, il me semble devoir envoyer le sieur de Fourquenvaulx vers luy de ma part le visiter et le prier que je le puisse veoir en lieu où monsieur le duc de Ferrare se puisse aussy trouver pour conférer ensemble de toutes choses et l'advertir de ses menées et partialitez et l'induire à marcher d'un autre pied envers Sa Saincteté qu'il n'a faict jusques icy; et sur ce, etc. »

Lettre de l'évesque de Lodève au duc de Guyse; affaire d'Italies.

Monseigneur, je viens de recevoir tout maintenant une despesche de messieurs les ministres du Roy qui sont à Rome et vous envoye un extraict de la lettre qu'ilz m'ont escrite, par où vous verrez les motifs et préparatifs du duc d'Albe pour recommencer la guerre et se remettre en campagne expirée que sera la trève. Monsieur le cardinal Caraffe est encore icy attendant la résolution de ces seigneurs sur sa négociation, de laquelle je ne puis pour cette heure rien dire de certain, n'ayant jusques icy pu entendre la volonté de ces seigneurs; mais sy nous ne les pouvons avoir de nostre costé, pour le moins nous pouvons nous asseurer que nous ne les aurons pas contraires et on a icy opinion que sy une fois ils entendent que vous soyez passé avec vostre armée ilz seront incontinant tous nostres. Tout ce monde est icy en grande expectation de vostre progrez et d'entendre de vos bonnes nouvelles, des quelles il seroit bien nécessaire que vous nous fissiez quelquefois part pour le service du Roy. C'est de quoy je vous supplie très humblement, suppliant aussy Nostre Seigneur vous donner, Monseigneur, très-bonne et longue vie.

« De Venise ce 15 janvier 1556.

« Vostre très humble et obéissant serviteur. »

D. E. DE LODEVE.

Par une lettre du duc de Guyse et du mareschal de Brissac, le Roy estoit informé du dit voyage d'Italie, ainsi qu'il suit :

« Sire, à l'arrivée du sieur de Boval devers vous il vous aura pleu entendre en quel estat estoient toutes choses du costé de deçà depuis le partement, du quel, Sire, avons esté contrainctz de combattre et le temps et les chemins, n'ayans peu faire faire en huit jours à notre artillerie, encore que nous y missions double attirail de chevaux, ce que nous cussions bien peu en une autre saison en trois. A la fin, Sire, sommes arrivés devant cette ville où après avoir faict tirer à l'endroict que nous cognoissions le plus foible sept ou huit boulets de canons, avons faict bresche et donné l'assault par nos bandes françoises qui l'ont emporté de force, y ayans trouvé neuf enseignes de gens de pied dont les deux estoient de Grisons et les autres sept Italiens, avec environ six-vingt Espagnols; vous pouvant asseurer, Sire, les dits Grisons y avoir esté traictés comme ils méritoient. Ce jourd'huy nous faisons venir une de nos pièces qui estoient demeurées par les chemins et esperons avec sept autres que nous avons desja icy avoir aussy bon marché du chasteau que de la ville, de laquelle, Sire, combien que ne fassions doubte que ne soyez assez informé et de l'assiette et des commoditez qu'en pourrez recevoir, sy est-ce qu'il nous a semblé pour l'importance dont elle vous est, vous devoir dire que la voulant conserver, outre un grand pays que vous gagnez sur vostre ennemy avec la faveur de la rivière de Pau, et d'avoir pris pied sur le duché de Milan pour y employer vos forces toutes et quantes fois l'occasion s'en présentera, vous establissez une telle frontière à vostre Piedmont, que vous pouvez dire l'avoir rendu comme paisible et en repos pour jamais, et empesché l'ennemy d'y mettre plus le pied en fortiffiant cette ville et y mettant gens, comme aussy à Cazal, qui sont nécessaires. Le fossé en est bon et grand, et la pluspart de la courtine de terre, et ne faisons doubte qu'elle ne se puisse garder et mise bientôt en deffence, encore qu'elle soit grande et vague, pourveu qu'il vous plaise y prouvoir promptement et y employer une bonne somme de deniers; sur quoy il vous plaira faire entendre à mons. de Brissac vostre vouloir, et considérer le regret et dommage que vous recevriez y venant quelque désastre. Au surplus, Sire, nous attendons dedans deux jours le reste de nos forces, et moy de Guyse le demeurant de mes deniers, et cela arrivé et estant pourveu à nos vivres, je ne fauldray m'acheminer à mon passage ayant dès-aujourd'huy envoyé à Bassignane toute nostre cavallerie légère, une partie de nostre gendarmerie avec ses enseignes de gens de pied, pour commencer à dresser nos ponts, et moy de Brissac d'adviser de faire par deça avec ce qu'il vous a pleu m'ordonner de vos forces ce que je cognoistray pour vostre service.

« Sire, nous supplions le Créateur, etc.

« Du camp de Valence ce 20 janvier 1556.

Monsieur le duc de Ferrare fut informé du partement de Valence du dit duc et de la marche qu'il devroit suivre.

« Monsieur, sur mon partement de Vallence, je vous ay renvoié par La Longue le gentilhomme grison que vous m'aviez ces jours passez despeché pour vous advertir de mon acheminement en mon passaige; et comme j'avois séparé mes forces d'avecques celles de monsieur le mareschal de Brissac et venois coucher en ceste ville où je suis arrivé dès devant hier au soir : et fault que je vous confesse, Monsieur, que de ma vie je ne veiz pouvres soldatz et chevaulx estans dedans les fanges jusques au ventre, patir si grande pitié et pouvreté pour ung jour; n'aiant quasi esté en leur puissance de pouvoir venir gaigneur le pont que j'avois faict dresser pour nostre passaige de la rivière de Tanero, où il n'y avoit que trois mille de là où ilz estoient partiz, et estans les eaues si désesperément creues à moins d'ung demy jour et impétueuses, que par trois fois elles nous rompirent ledict pont. Il ne feut possible à monsieur le prince vostre filz, qui demeura à Bassignane aveecques sa compaignie, tous noz Suisses, sept enseignes françoises et nostre artilherie, de pouvoir faire passer pour le jour d'hier que lesdictes bandes Françoises et nostre argent; de jour d'huy il faict passer le reste qui doibt tantost arriver en ceste dicte ville, où j'ay esté contrainct séjourner ces deux jours pour ceste occasion, et vous supplie très humblement penser que, si je debvois estre enterré jusques à la moitié du corps dedans ces chemins que nous trouverons, je ne fauldray user de toutes les diligences qu'il est possible de faire à homme pour vous aller trouver. Je partirai demain pour coucher à Castelneuf où nous passons la rivière d'Escrinie, et de là nous acheminerons en nostre dict passaige. Cependant, Monsieur, il vous plaira me faire ce bien de vouloir approcher voz forces de deça pour tousjours nous favoriser, suivant la lettre que je vous en ay dernièrement escripte. Vous merciant très humblement de l'ordre qu'il vous a pleu mettre au faict de l'artilherie et vivres, desquelz il vous plaict nous secourir, comme j'ay peu veoir par la lettre que m'en a escripte le sieur de Forquevaulx par ce porteur. Et espère, Monsieur, quelques incommoditez qui nous sachent advenir en nostre dict passaige, Dieu nous fera ceste grâce, de vous veoir bientost. Me recommandant en cest endroict très humblement à vostre bonne grâce, et priant Dieu, Monsieur, qu'il vous doint ce que plus désirez.

« Du camp de Salle, le vingt septiesme jour de janvier 1556.

« Je ne veulx aussi oblier, Monsieur, à vous dire comme voulant venir en cestte ville icy, ay envoié noz mareschaulx de camp, où après avoir demandé logis et passaige et fait entendre le traictement dont l'on avoit usé à ceux de Vallence pour semblable effect, partie par belles parolles, partye par menasses m'ont accordé ledict passaige, suppliant que je ne voullisse souffrir leur estre faict aucun tort en leurs biens, famille et logis; ce qu'il a esté accordé et y faictz tenir la main le plus roide qu'il m'est possible. Ceulx de Catelneufve ont faict le semblable, et de Vauguières, où je vois après demain coucher.

M. le connestable à M. de Guyse.

« Monsieur, suivant ce que le Roy vous a dernièrement escript, il envoye présentement devers nostre Sainct Père le Pape et vous, monsieur l'archevesque de Vienne amplement instruiet de ses voulloir et intention sur toutes choses, ainsi qu'entenderez de luy. La suffisance duquel est telle comme vous sçavez, que je luy feroys tord si je vous faisoys par luy plus longue lettre. Par quoy sera la présente seullement pour me recommander bien humblement à vostre bonne grâce, et supplier Nostre Seigneur qu'il vous doint, Monsieur, bien bonne et longue vye.

« De Ennet, ce vingtiesme jour de janvier 1556.

« Vostre hobeysant servyteur,

« MONTMORENCY. »

Autre lettre de monsieur le connestable à monsieur le duc de Guyse.

« Monsieur, après avoir long-temps attendu de vos nouvelles, vous nous en avez faict sçavoir de si bonnes qu'il n'est possible de plus, dont je loue Dieu pour l'espérance que ce bon commencement nous donne d'une bonne fin et issue de vostre voyage; et ayant veu ce qu'avez escript de l'importance de Valance et Bassignane, le Roy a délibéré de ne rien espagner pour les faire fortiffier ayant envoyé en toute diligence six mil escus à mon cousin monsieur le mareschal de Brissac pour faire commencer à y besogner en attendant qu'il luy en soit envoyé davantage, et outre ce il y sera renforcé de gendarmerie et gens de pied à mesure qu'il en aura besoing. Je ne vous diray rien, monsieur, de ce que nos gens du costé de Rome ont faict, m'asseurant qu'ils n'auront failly de vous en advertir et aussy que le Roy vous mande ce qui luy en a esté escrit. Seulement vous adviseray que le dit seigneur a mandé à messieurs les prince de Salerne et duc d'Ostie qu'ilz s'aprestent pour s'en aller incontinent à Marseille et de là sur les gallères à Civitaveche pour dudit lieu vous aller trouver où vous serez. Au demeurant, monsieur, le dit seigneur va demain à Paris, où il séjournera jusques après caresme prenant. Il a donné congé à l'ambassadeur du roy d'Angleterre pour s'en retourner de vers le dit Roy et faict revenir le sien, ce qui n'est pas signe de paix comme vous pouvez bien penser. Et sur ce, Monsieur, etc.

« De Saint Germain en Laye, le 3ᵉ jour de febvrier 1556.

«Vostre obéissant serviteur, MONTMORENCY. »

Lettre du duc de Guyse au cardinal de Lorraine son frère.

« Monsieur mon frère, en toute la despesche que je faict présentement au Roy, dont hyer je vous envoyay un double, je ne l'advertis sinon de mon arrivée en ce Parmesan attendant que je sois en lieu sy ferme que je luy peusse envoyer un bon ample discours de tout ce qui m'est survenu depuis mes dernières du 28 du mois passé, et pour cette heure vous n'aurez, Monsieur mon frère, autre chose de moy que de mon partement de ce lieu, qui sera demain, pour m'en aller coucher près le bourg de St Denis le lendemain, deux ou trois mille deçà Parme, et le jour d'après au pont de l'Euse, où se doivent trouver messieurs les ducs de Ferrare et cardinal Caraffe, et assurez vous qu'il ne tiendra à leur user de toutes les persuasions et remonstrances qu'il me sera possible pour estre nos forces employées en lieu où nous puissions faire quelque bon service à nostre maistre, et plust à Dieu qu'il me fust seulement donné deux mois pour ayder monsieur le mareschal de Brissac; mais vous voyez ce que j'ay affaire, croyez qu'il ne m'ennuye pas de perdre cette belle occasion, m'ayant les principaux des villes de Salles, Castelneuf et de Vauguières faict dire en passant que toutes et quantes fois que monsieur le mareschal de Brissac ou moy yrons pour les prandre et les conserver pour le Roy, ils se fortiffieront et fourniront leur dite ville de vivres à leurs dépens, et employeront jusques à la dernière goute de leur sang pour s'y conserver. Quand il plaira à sa dite Majesté en donner le moyen, elle se peut conserver sans y dépendre poinct de poudre ou bien peu, et trouvera-t-on des assiettes de ville autant belles et aysées à fortiffier qu'il est possible, et ouvrons ce chemin par où je suis passé pour tousjours et sépare on les forteresses de la duché de Milan en deux, en sorte qu'elles ne se pourront secourir l'une l'autre qu'elles ne fassent le tour par le Plaisantin et par des montaignes fort mauvaises du costé de Ginne, qui sont au comte de Serve, lesquels, encore qu'ils soient impériaux, seront contraincts à la longue de demeurer François malgré qu'ilz en eussent, et obligez de tenir sur pied plus de trente mil hommes, pour seullement se garder. Ce sont de mes resveries que je vous mande, dont vous prendrez ce que trouverez bon pour le service de nostre maistre, remetant, Monsieur mon frère, à vous de parler plus au long de nos nouvelles dans ma première despesche quand j'auray plus de loysir que je n'ay pour cette heure. Priant Dieu, etc.

« Du camp de Fiorenzoles, le 9 février 1556. »

Nouvelles de Rome envoyées à M. de Guyse.

« Monseigneur, encore que monsieur l'ambassadeur vous escrive toutes choses de par deçà jusques à celles des finances, si est ce que pour la charge qui m'y a esté commise, je ne veulx faillir de mon devoir envers vous, Monseigneur, et chercher le moyen de vous faire entendre ce peu de service que je y faictz.

« Monseigneur, depuis le partement de monsieur de Lansac, qui fut au mesme jour que messieurs le duc de Palliane et mareschal Strossi allèrent au camp de Thioully, les ministres de nostre Sainct Père ordonnez icy pour ses finances, ont proposé à mondict sieur l'ambassadeur et à moy que nous payons pour ce moys la despence de par deçà, tout ainsi que le mois passé. Mais suivant l'advis de mondict sieur l'ambassadeur, me trouvant dimanche dernier à leur conseil, je leur proposay la despence de vostre armée, et soustint si vivement qu'ilz y devoient contribuer et d'autant diminuer nostre part de la despence d'icy, que, finablement, les choses entendues et du Pape et de messieurs qui sont au camp, ils se y sont condemnez avec quelque condicion d'empruntz. J'ay ladessus, Monseigneur, dressé trois petitz estaz et ay escript par le menu le tout à monseigneur le cardinal de Tournon et aussi l'escriptz présentement à monseigneur de Lansac par mon pacquet cy encloz, afin qu'il vous en die, s'il vous plaist, ce qui méritera vous estre dict, comme estant icelluy sieur si bien informé de telles choses que encores qu'elles soient advenues depuis son partement, il les vous fera mieulx entendre en trois parolles que je ne les sçaurois escrire de ma vie.

« Monseigneur, je ne prendz la hardiesse de vous escrire la présente seulement pour ce que dessus, mais bien et principallement pour vous supplier, comme je faictz très humblement, puisqu'il vous a pleu me faire cest honneur de me nommer au nombre de ceulx qui sont au service de vostre armée, ainsi que Sa Majesté le m'a escript, qu'il vous plaise me commander que je me rende par devers vous ou ailleurs où mon service vous sera plus agréable, et j'espère faire si bonne diligence de vous obéir et à tous vos plaisirs et commandemens, que vous congnoistrez, Dieu aidant, par mes œuvres que j'ay telle et si bonne envie de vous faire service que, si j'osois partir d'icy sans vostre congé, je n'attendrois point autre commandement, mais serois par devers vous aussi tost que la présente.

« Monseigneur, je supplie le Créateur vous donner en très parfaicte santé très heureuse et longue vie.

« Escript à Rome, ce onziesme jour de février 1556.

« Vostre très humble et très obéissant serviteur à jamais, COYFFIER. »

Pendant le voyage de M. de Guyse, la relation suivante de la résignation de l'Empire faite par l'empereur Charles et de l'élection faite par les électeurs, conformément à ladite résignation, lui fut adressée :

Mercredy dernier, nostre Saint Père proposa en consistoire la façon qui a esté tenue en l'élection de l'Empereur, disant entr'autres choses que ledit élu ne voulust qu'un docteur qu'il avoit envoyé vers luy quelque temps devant, le suivit à la diete qu'il alloit faire tenir à cest effect, de peur qu'il feust adverty de cette entreprinse, et luy bailla pour excuse que voulans tirer les protestans à l'ayde de la chrestienté, il ne seroit jà besoing qu'il se trouvast accompagné d'homme qui y fust pour le Pape. De cest acte s'estoit deslors Sa Saincteté un peu plaincte, parlant à moy ne sçaichant encores sadite Saincteté que ce feust à l'effect que dessus.

Continuant puis après sadite Saincteté dit que l'on avoit envoyé par le prince d'Orenge ung mandat ou nom de Charles naguères Empereur, pour résigner l'Empire, usant notamment de ce mot en pluriel pour ce qu'il estoit, ce disoit-il, aisé à entendre que le dit Charles n'avoit point parlé, et quant bien il auroit parlé, tout ce qu'il auroit fait estoit de nulle valeur, attendu qu'il est notoire à chacun qu'il est *impos mentis ;* dit aussi que le premier jour les électeurs ecclésiastiques ne voulurent entendre ne à cette cession ne aussi peu à l'élection de son frère, mais puis après ils consentirent à tout, comme ils sereoyt d'un temps en çà qu'à tout ce que veulent ces scismatiques et hérétiques l'Allemaigne est contrainte de y consentir, touchant ladessus ces usurpations qui se font à mettre les évesques à leur poste entreprendre toutes choses sur Dieu, sur son vicaire en terre et sur ce saint siége, voulant que tout ce qui se passe par le récés de leurs diettes soit tenu comme sacrosanct, ce que sadite Saincteté disoit pouvoir estre encores en la mémoire d'aucuns de ce colliége, qui se pourroient récorder que quand durant pape Paul tiers telles choses se faisoient, et que ces bons ministres impériaulx vouloient abuser le colliege de mensonges et tromperies manifestes, il y résistoit de tout son pouvoir ; en quoy clairement apparoissoit qu'elle vouloit dire de ceste galantise dont usa domp Diégo sur les protestes du concile de Boulogne, et à leur barbe appelloit dès lors ces recés, *recessus a fide et ab Ecclesia Christi*, comme maintenant il l'a ainsi répété, ayant donc icelle déduit ces propos en aussi grande élégance et force d'esperit que jamais je luy aye veu user, combien que la force de la voix accoustumée ne l'accompagna si bien, dit comme vicaire de Jésus Christ elle auroit estimé estre nécessaire de faire communication de ceste affaire à ceulx qui tenoient le lieu des apostres, afin que chacun selon la capacité de son esprit et sçavoir y pensast meurement à bien à loisir, interdisant néantmoings cependant avec grandes interminations de Dieu que nul n'en eust à communiquer à personne, fors que ceulx qui en vouldroient consulter secrétement avec personnes plus intelligentes, ils le peuvent faire avec injonction de taciturnité semblable, aussi permettoit à chacun dessous d'en communiquer en particulier avec messire Guillaume de la librairie, auquel il feroit commandement de nous faire veoir tout ce qui se trouveroit en ladite librairie pouvant servir à ce propos, et la dessus rémémora la translation de l'empire de Grèce faite par les Papes et le privilége d'en faire élection donné par iceulx à la Germanie, lequel privilége bien entendu en y mettant en considération beaucoup de choses qui s'y pourroient mectre il ne se trouveroit point qu'il fust en la puissance d'ung empereur de résigner l'Empire, ne aux électeurs d'accepter la résignation, et suivant icelle faire nouvelle élection *inconsulto summo pontifice*.

« A quoy ne serviroit rien de dire que Ferdinand estoit desjà au précédent *César et designatus Imperator et rex Romanorum*, car toutes belles allégations sont invalides et nulles, comme aussi est nulle et invalide ceste élection, et ne peult nul, digne d'avoir le nom de chrestien, dire ne soustenir qu'elle soit ne bonne ne valide. Voilà les termes dont elle usa, allégua aussi notre Saint-Père une raison qu'il disoit suffisante, quand elle seroit seule, à rendre ladite élection nulle, c'est que bonne partie des élisans sont manifestement hérétiques et scismatiques, et que non seulement ez choses pures spirituelles toutes les élections faites par telles personnes sont nulles, mais aussi toutes aultres élections concernantes la hiérarchie chrestienne, que quant à luy, qui ne désiroit autre chose que de se despouiller de cette pesante charge, rendant la terre à la terre, n'estoit point crainte ou aultre respect terrien estre proditeur de la cause de Jésus-Christ, ne pour laisser en derrière ceste playe faite contre son honneur, et contre l'autorité de son Église, qu'il entendoit bien qu'un de ces jours Ferdinand lui envoiroit dire de belles mocqueries en payement; mais vrayes mocqueries, comme tant d'autres que l'on a piecza veues procéder de ceste mesme source. Toutesfois qu'il ne estoit pour se y laisser tromper, estant mis par l'esprit de Dieu en ce saint siége, puisque estant *in minoribus* ne s'y estoit jamais laissé tirer ne tromper.

« J'obmets plusieurs beaulx traits que nostre dit Saint-Père donna çà et là selon les occurrences, tant pour ce que je ne sçauroie si bien ne si élégamment les représenter, que pour n'avoir sceu retenir si particulièrement toutes choses, actendu mesmement que j'avois l'entendement tendu à ce pendant penser en moy mesmes ce que j'avoys à respondre, s'il eust demandé les vœufs et votes; il feist en ces disgressions des lamentations de l'Estat ecclésiastique et des troubles du monde, ausquels il disoit ne veoir la fin ne aucune espérance de paix, lesquelles lamentations monstroient bien la grande affliction de son cueur, mesmes là où il vint à tomber sur un passage de saint Paul *ad Thessalonicences* sur ces mots : *nisi primum fuerit discessio*, interprettant cette discession aux actes que maintenant conjoinctement avec cestuy cy se font contre ce saint-siége, laissant néantmoings plus à penser là dessus à personnes de jugement qu'il n'en exprimoit; car il traitta ce passage là par clausules intercises, et comme à demy entre ses dents. De là vint tomber sur ses propos accoustumez de réformation et en espécial sur les meurs des ecclésiastiques, touchant ung peu en passant, mais aigrement, le colliège ou aucuns d'iceluy de divers âges, mais amèrement s'attacha à des vieulx, sur le faict de la luxure, et interprétant sur eux ce mot : *Ut regno cujus puer rex est*, lequel mot de *puer* ne l'accommodoit à l'aage: tout ce que dessus ay bien voullu brocher couramment et en gros, principallement ce qui concerne ce fait de l'Empire, afin que avec quelqu'un des plus sçavants de mes amys de par delà vous en coignez secretement et en tiriez ce qu'il vous sera possible pour servir à cette matière, et au plustost que pourrez et vous-mesmes cherchez de y puiser au plus profond, affin que j'en puisse donner meilleure satisfaction à notre Saint-Père, si les matières passent plus oultre; car il se pourra trouver peu delà des livres comme ce resveur Abbas Tritemius et autre d'Allemaigne qui pourront donner lumières au fait de ces élections, comme aussi en la chambre du trésor et librairie de Bloys où j'ay autrefois veu des choses au contraire de ce que le Pape prétend lui appartenir, traittées par lettres au Roy de France par l'empereur Barberousse, à quoy le greffier du Tillet vous pourra beaucoup servir. »

De M. de Montmoranci.

« Monsieur, vous verrez, par ce que le Roy vous escript et ce que vous dira à bouche le prothonetaire Manne, l'occasion de sa dépesche; qui me gardera de vous en faire autre discours par la présente pour me remectre sur sa suffisance. Si est ce, Monsieur, que je ne veulx oublier de vous dire que vous ne sçaurez mieulx faire pour le service de Sa Majesté que de restraindre et oster le plus que vous pourrez de la despence inutille qui se fait par de là; car les longueurs que vous en ferez nous serviront, à ce que je veoy bien, par deçà où noz voysins font semblant de se mectre en devoir pour nous faire du pis qu'ilz pourront. Vous entendez trop mieulx que je ne vous sçaurois dire ne escripre ce qu'il nous est besoing. Et pour ce que par ledict prothonetaire Manne vous entendrez le surplus de noz nouvelles, dont il vous sçaura rendre très bon compte, il n'est nul besoing que je vous en face la présente plus longue, me recommandant humblement à vostre bonne grâce, prie à Dieu, Monsieur, qu'il vous doinct en santé bonne et longue vie.

« Escript à Paris, le quatorziesme jour de février 1556.

« Monsyeur, nostre ambassadeur sera dedans troys ou quatre jors de retour de la cour deu roy d'Espagne. Je vous avertyré de tout ce quy nous aporte, et je vous envoye cependant le double de la lestre quy m'a escrypte ; c'est

« Vostre hobéyssant servyteur,

« Montmorancy. »

« Monsieur estant sur la closture de ceste dépesche, nous avons receu vostre lettre des 27 et 28 du passé et vous advise qu'il est impossible de plus vous plaindre que fait le Roy et toute sa compaignye, pour l'extrême peyne du travail que vous avez eu à combatre le temps. Mais l'aise que vous aurez eu de vous retrouver depuis en lieu hors de l'empeschement de l'ennemy, vous aura le tout fait passer et comporter doulcement et pasciemment, et espère cella à ung bon présaige ; car l'on ne peult bien gouster le doulx qui n'a senty de l'amer. Vous sçavez au demourant que le plus grant plaisir que vous nous sçauriez faire, c'est de nous mander de voz nouvelles le plus souvent que vous pourrez. »

Vers ce temps, M. de Guyse reçut la lettre suivante relative à son gouvernement de Dauphiné.

« Monseigneur, ces jours derrains, ung homme de Crémyeu nommé Pierre de Luans, lequel après la mort de feu Pierre Maistre, maistre particulier de la monnoye de ceste ville, fut commis par messieurs des comptes de ce païs pour ouvrer et besogner en ladicte monnoye, ainsi que on a acoustumé de faire en attendant que le Roy ou vous, Monseigneur, qui avés le pouvoir de y pourvoir et commettre y eussiez pourveu ; lequel non content a depuis prins lettres dictes de commission du Roy pour le faict de ladicte maistrise, contre vostre auctorité, qu'il a faict vériffier par messieurs les généraulx des monnoyes à Paris, d'où il a lettres dictes d'attache fort inciviles ; lequel de Luans est puis venu en ceste ville et a présenté sesdictes lettres et vériffication à messieurs de la cour pour avoir lettres dictes *de pareatis*; lesquelles elle a envoyées ausdicts sieurs des comptes. Et cejourd'huy au matin, nous sommes allés au bureau de ladicte cour pour en conférer et délibérer avecques eux ; et voyant que le procureur général du Roy auquel desjà elles avoient esté présentées avoit à y veoir pour raison d'une seconde requeste auxdictes lettres d'attache, les verroit de rechief, et que le procureur du païs par ce qu'il y estoit intéressé les verroit semblablement, et par ce, Monseigneur, qu'il m'a semblé que vostre dite auctorité est grandement en ce faict intéressée, à cause qu'il se debvoit adresser à vous, Monseigneur, pour en avoir provision, mon debvoir m'a commandé vous en advertir, à ce qu'il vous plaise donner ordre que non seullement les provisions de semblable chose, mais des aultres qui dépendent de votre auctorité, vous soyent renvoyées pour en pourvoir pour la conservation de vostre dicte auctorité, laquelle lesdicts cour et chambre se mettent en debvoir de conserver et garder de tout leur pouvoir, ainsi que ceulx qui désirent vous faire en tout très humble service.

« Monseigneur, n'ayant encores trouvé homme digne de l'office de premier président des comptes en Piedmont que je tiens de vous, Monseigneur, pour luy résigner, je m'en vois demain à Thurin pour l'exercice d'icelluy où je vous supplie très humblement me commander vous en tout vous obéyr, ainsi que celluy qui désire sur toutes choses estre par vous, Monseigneur, tenu vostre très humble, très obéyssant et très obligé serviteur ; et je supplieray le rédempteur vous donner, Monseigneur, en prospère et heureuse santé très bonne et longue vie.

« De Grenoble ce derrain jour de février 1556.

« Vostre très humble, très obéissant et très obligé serviteur. »   Ponier.

Les nouvelles du royaume estoient envoyées à mon dit sieur le duc par les lettres du connestable de Montmorency, qui le qualiffioit toujours de lieutenant et de capitaine général de la saincte ligue, et lieutenant général du Roy en Italie, en l'absence de monsieur le duc de Ferrare.

« Monsieur, pour ce que par plusieurs escritz

et propos inventez et supposez contre la vérité du faict, les impériaux et ministres du roy d'Espagne veuellent rejetter sur le Roy les causes et occasions de la rupture de la trève et ouverture de la guerre, Sa Majesté a fidellement faict mettre et rédiger par escrit le vray discours des choses passées entre l'Empereur, le roy d'Espagne son filz et luy depuis la conclusion de la trève, par le quel discours que je vous envoye présentement enclos avec la présente, toutes personnes de bon et sain jugement cognoistront occulairement à qui le tort ou le droict doit estre imputé de la dite rupture; par quoy il viendra fort à propos pour la justification de la cause du Roy et pour la conservation de sa réputation qu'il vous plaise faire part, communication et publication d'iceluy discours en tous les dits lieux et endroits que vous verrez que besoing sera, affin que nul n'en puisse prétendre cause d'ignorance, et en cet endroit après vous avoir présenté mes bien humbles recommandations à vostre bonne grâce,

Et escrit à Paris le dernier février 1556,

« Vostre obéissant serviteur,

« MONTMORANCY. »

De madame la duchesse de Ferrare.

« Mon filz, j'ay esté priée de vous escripre en faveur d'un nommé Jullian del Forno qui a esté mys en prison à Romme, sans que l'on saiche par deçà la cause; et pour ce que il avoit ung frère au service de mon filz aisné qui mourut en France despuis son partement, mondict filz est fort affectionné audict Jullian son frère, et aussi est mon filz Loys; et n'y a de présent ung autre frère du susdict avecques luy; lequel m'a instamment priée vous faire la présente. Par quoy je vous prie, mon filz, vous voulloir informer de la cause du prisonnement et voulloir favoriser ledict del Forno, qui est de bon parentaige. Quoy faisant, vous en obligerez plusieurs, particulièrement vos deux frères, et me sera grandement agréable que le dict gentilhomme soit aydé en ce qui se pourra. Qui sera pour fin, priant à Dieu, mon filz, vous donner l'heur et félicité que je vous désire.

« De Ferrare ce cinquiesme jour de mars.

« Vostre bonne mère,

RENÉE DE FRANCE. »

« Mon filz, pour la desfaveur que ce me seroit, si autres de par deçà estoient satisfaictz premier que moy de la demande de laquelle j'ay informé monsieur le cardinal de Lorraine et dont il m'avoit promis de parler au Roy à son retour devers luy, en ce temps de la trefve que chascun demandera à mondict seigneur chose qui ne sera dès longtemps promis et retins, comme à moy la pension qu'il luy plaist me promectre et accorder comme sçait mondict sieur le cardinal, lequel en est amplement informé et du grand besoing que j'ay de si petite chose, vous serez content d'en veoir quelque partie par ung double de lettre que j'ay envoyé à mondict sieur le cardinal, que je vous prie luy demander pour le veoir. Et me remectant à ce que davantaige vous en sçaura trop mieulx dire mondict sieur le cardinal que je ne pourrois escripre, et pour ne retarder ceste despesche, je foys fin à la présente par mes plus affectionnées recommandations. Priant Dieu, mon filz, vous donner bonne santé et longue vie.

« De Ferrare le dixiesme jour de mars 1556.

« Vostre bonne mère,

RENÉE DE FRANCE.

Lettre de monsieur le cardinal de Lorraine à monsieur de Montmorency.

Monseigneur, le porteur vous dira la résolution que avons prinse de aller droit à la Brusse et ce qui se peult icy offrir de nos nouvelles, et m'asseurant qu'il vous en sçaura rendre très bon compte, cela aveques la suffisance qui est en luy me gardera vous en faire plus longue lettre, si ce n'est pour vous prier le voulloir croire de ce qu'il vous dira sur ce de ma part, tout ainsi que moy mesmes, me recommandant en cest endroit bien humblement à vostre bonne grâce et priant Dieu, Monseigneur, qu'il vous doint bonne et longue vie.

« De Rome ce dix huitiesme jour de mars 1556.

« Vostre bien humble et affectionné cousin.

FRANCOYS, CARDINAL DE LORRAINE.

Lettre de M. de Lodève au dit duc.

« Monseigneur, ce jourd'huy est party d'icy monsieur le duc de Ferrare et croist que ça esté sans avoir faict chose d'importance avec ces seigneurs, pour le moins il ne m'en a dit chose quelconque, et pour ce qu'il couroit icy un bruit commung qu'il estoit mal content du Roy et qu'il se vouloit retirer de son service, et persuader ces seigneurs à une ligue entr'eux le duc de Florence et luy, il m'a asseuré que cela n'entra jamais dans sa pensée et qu'il n'a parlé du Roy ni du Pape à ces seigneurs si non bien fort honnorablement et avec la soubmission et observance que doit un leur serviteur fidèle et homme de bien comme il est; qu'il voit bien qu'il y en a qui ont envie qu'il se retire de ce service quoiqu'il y veuille demeurer; mais si on ne luy veult garder ce qu'on luy a promis, il sçayt bien ce qu'il a affaire, et ne faudra en ce cas là de se retirer du dit service, demandant là dessus argent pour son mois de mars dont jamais il ne s'estoit pu accorder avec M. Pasquier pour deux raisons, les quelles aucun ministre du Roy ne luy peut accorder sy Sa Majesté ou vous, Monseigneur, qui avez toute puissance, ne le commandez; l'une est qu'il veult que ses gens de pied et de cheval estre payés à plus grande solde que les Papalins et autres Italiens qui servent à la ligue; l'autre qu'ils ne veult les soldatz estre payés en la banque, mais qu'on luy baille l'argent en main, et faisoit en cela des fascheuses protestations, à quoy le dit sieur Pasquier et moy avons trouvé un expédient affin qu'il ne s'excusast sur nous s'il luy prenoit quelque mal fantaisie, et luy avons baillé neuf mil cinq cens escus à quoy peuvent monter ses garnisons et son estat de lieutenant pour un mois, à charge que si le Roy et vous le trouvez mauvais, la dite somme sera en diminution et payement des trente mil escus qu'il presta comptant à Sa Majesté il y a environ dix-huit mois; cependant on sçaura l'intention du Roy sur la forme et reiglement de son payement; de quoy il s'est contenté, et est party pour aller donner ordre à ses affaires, ayant eu advis que les Impériaux passoient le Pau à Cazal Major, et qu'il s'estoit descouvert une trahison en l'une des places où monsieur le prince son filz estoit allé donner ordre. On dit que les dits Impériaux passent le Pau pour aller en Toscane, qui seroit moindre mal que s'ilz s'arrestoient sur le Ferrarois, car il faudroit entrer dans une nouvelle despence pour cette protection, et je crois bien aussy par ce qu'on escrit de Rome que vous n'aurez que faire en Toscane n'ayant peu détourner le Pape de l'entreprise de Naples. C'est grand desplaisir, Monseigneur, qu'on vous tienne sy longuement à Rome sans résolution. Ces seigneurs ont nouvelle de leur bayle que le sieur de Lavigne est arrivé à Andrinople le 4 février, et qu'on faisoit grande dilligence d'armer grand nombre de gallères; ilz disent tousjours que c'est pour garder leur pays, mais je crois que le dit sieur de La Vigne l'aura aisée en leur remonstrant qu'il n'y a nullement seureté pour leur pays que de venir assaillir l'ennemy dans le sien. Aujourd'huy qui est le 17, est venue la nouvelle à monsieur le légat qui est icy de la promotion des cardinaux faicte lundy, dont il est du nombre, vous asseurant que le Roy n'a un meilleur serviteur que luy ny qui soit plus homme de bien; si j'ay quelque chose du costé du levant digne de Vostre Excellence, je ne faudray vous en donner advis. Je supplie Nostre Seigneur, etc.

« De Venize, ce 16 mars 1556.

« Vostre très humble et obéissant serviteur,

« D. E. DE LODÈVE. »

Outre la despesche que le prothonetaire porte au Roy touchant la création des cardinaux, monseigneur le duc de Guyse a commandé estre rédigé par escrit le sommaire de ce qui a esté traicté aujourd'huy au conseil après disner en la chambre de monsieur le cardinal Caraffe, où estoient mon seigneur de Guyse, le dit sieur cardinal, messieurs le duc de Palierno, mareschal Strozzy, de Montmorancy, de Monluc, l'archevêque de Sienne et l'ambassadeur du Roy, auquel ambassadeur, selon qu'il luy en souvient, semble que la principale substance de ce qui a esté traicté en cette assemblée, consiste en deux points :

Le premier, attendu l'exclusion de toute pratique de paix ou neutralité avec le duc de Florence, si la guerre devoit estre faicte en Toscane ou au royaume de Naples.

Sur lequel poinct mon dit seigneur de Guyse a demandé l'opinion à chacun des gens de guerre qui estoient là. Le sieur de Carnavalet présent, en sçaura dire les particularitez au Roy. Cependant Sa Majesté entendra s'il luy plaist que la ferme résolution du Pape et de ses ministres par ce qu'on a peu comprendre de leurs propos tenus tant en conseil qu'en un autre temps auparavant sur mesme chose, est que cette armée soit employée au royaume de Naples, et outre cela se fondent principalement sur l'obligation que le Roy a de secourir le Pape et de le défendre, et prétendent qu'il n'est vallablement ny suffisament secouru qu'il n'ayt recouvré toutes ses places perdues, ses ennemis estant encore dedans. Sur quoy mon dit seigneur de Guyse, après avoir ouy toutes les opinions, n'a rien voulu conclure, ains a remis à y penser cette nuit pour y prandre résolution demain ; mais on voit manifestement qu'il en faudra passer par la résolution de Sa Sainteté et de ses dits ministres, ayans délibéré de ne se laisser vaincre en ce poinct.

Le second poinct et proposition faicte en la dite assemblée a esté, en cas qu'on prit résolution d'aller à Naples, sy le Pape bailleroit de ses places à mon dit sieur de Guyse pour retraicte et seureté de l'armée en cas de besoing et de .... de pontifficat : dont les ministres de Sa Sainteté ont affirmé ne luy en avoir jamais parlé, offrant d'en parler qui voudroict, mais qu'ilz n'estoient poinct de cet avis, sçachant que Sa Saincteté n'accorderoit jamais cela et s'en atteroit grandement; et quant elle s'en conseilleroit à eux qu'ilz ne luy conseilleroient pas, et puisqu'ilz estoient maistres de tout l'Estat de l'Église et qu'ilz estoient gentilshommes d'honneur et serviteurs du Roy en corps et en biens, et vouloient bailler la vie propre de leurs enfans, chefs de leurs maisons, noms et armes pour seureté de leur foy, il ne falloit rien rechercher davantage d'eux, et que leur honneur ne voulloit pas qu'ilz donnassent autre seureté.

Leur a esté remonstré par monsieur de Guyse que qui seroit bien asseuré qu'ilz demeurassent tousjours maistes des dites places, le Roy s'en tiendroit pour tout certain; mais d'autant que survenant un autre pape ilz en estoient exclus, l'on vouloit penser de pourvoir à tout ce qui pouvoit arriver; davantage, que c'estoit chose dont le Roy s'asseuroit comme promise par M. le cardinal Caraffe à monsieur Davanson, ainsi que le dit sieur Davanson avoit tesmoigné tant au Roy, M. l'archevesque de Sienne présent qui en a faict foy, qu'à monsieur de Guyse par un mémoire qu'il luy bailla à Lyon, faisant expressément mention de ceste promesse, la quelle promesse le dit cardinal Caraffe a désavouée et en a en plain conseil desdit le dit sieur Davanson, disant qu'il luy avoit faict plusieurs promesses pour tirer celle-là de luy, mais qu'il ne l'avoit jamais voulu faire, comme chose trop meschante et contre le serment qu'il devoit au Pape et au Saint-Siége.

Et après le conseil a monstré à mon dit sieur de Guyse, l'ayant tiré à part, certain escrit du dit sieur Davanson de la teneur et substance qui sera mandé au Roy par le dit sieur de Carnavalet.

Par là on peut croire qu'il ne se fault attendre qu'ilz mettent aucune forteresse entre les mains du Roy, ny donnent autre seureté que d'envoyer le marquis de La Cave, filz unique du duc de Paliano, au Roy avec M. de Sienne, comme ilz asseurent qu'ilz feront.

Tous les autres poincts et provisions, tant pour les deniers que pour le reste de l'estat de la guerre, pour assaillir et pour deffendre, ont esté remis à estre vuidés demain incontinent après la certaine résolution du chemin que l'armée devra prandre.

C'est la principale substance de ce qui a esté traicté au dit conseil, tenu comme dessus à Rome, le 16 mars 1556.

Mémoire de ce qui fut négotié à Rome depuis le partement du sieur de Carnavalet, du 5 apvril 1556.

Par le sieur de Carnavalet, despesché devers le Roy le 29ᵉ jour du passé, le dit seigneur a esté amplement adverty de tout ce qui avoit esté négocié par monseigneur le duc de Guyse, tant avec le Pape que ses ministres, et de l'estat de ses affaires du costé de deçà. Depuis, mon dit seigneur de Guyse a continuellement pressé très instamment les ministres de Sa Saincteté pour tirer résolution d'eux promptement et effectuelle provision sur le faict des finances et les contributions que Sa dite Saincteté doit faire, tant pour le passé que pour le présent. Sur quoy, après infinies disputes, visitations et débats de compte, à esté accordé et résolu entr'autres choses ce qui s'en suit:

« Premièrement, nonobstant toutes les demandes et prétentions de nostre Sainct-Père pour le regard des despenses par luy faictes depuis le traicté de la ligue, lesquelles le Roy doit contribuer selon que prétend Sa Saincteté, et sans préjudice d'icelles demandes et des deffences de Sa dite Majesté au contraire, ny des demandes qu'elle peut faire de sa part au dit Sainct-Père. Sa Saincteté, dès à présent, passera obligation et recognoissance en bonne et valable forme à Sa dite Majesté de luy payer ses trois dixiesmes parties de la despence de l'armée conduite et menée de France par mon dit sieur de Guyse, depuis le premier jour de décembre passé jusques au premier jour de mars dernier, qui sont trois mois entiers, montant la part du Pape à la somme de cent cinquante mil livres ou environ, et la despence du Ferrarois dont le Pape promet aussy payer sa part.

« Et pour satisfaire à la dite obligation, Sa Saincteté n'ayant le moyen présentement d'en faire le payement en deniers comptans, mon dit sieur de Guyse recevra à bon compte de ceste debte, poudres, boullets, vivres, charrois et autres commodités pour son armée, qui luy seront fournies par les ministres de Sa Saincteté, selon leur juste valeur.

« Et quant aux autres demandes et prétentions respectives de Sa dite Saincteté et de Sa dite Majesté, elles n'ont jusqu'ici peu estre vuidées à cause que les ministres de part et d'autre sont demeurez entiers en la deffence de leurs raisons, comme le Roy pourra veoir par l'escrit qui en a esté dressé, contenant les demandes des ministres du Pape et la responce qui leur a esté faicte, à quoy Sa Majesté ajoustera s'il luy plaist ce qu'elle voudra et le fera sçavoir à mon dit sieur de Guyse et à son ambassadeur à Rome, ayant esté accordé que les dits comptes et demandes se vuideront de part et d'autre dans quatre mois.

« La chose la plus urgente estoit de faire desbourser à nostre Sainct-Père sa part de la despence tant du mois de mars que du mois d'avril, montant à deux cens quatre-vingt-treize mil livres ou environ, en quoy il a eu de très grandes longueurs de la part des ministres de Sa Saincteté, plus par faulte d'argent qu'aucune autre chose; mais enfin elle s'est chargée de satisfaire promptement à la despence qu'il fault faire pour les dits deux mois, en la Toscane, Rome et ès environs de la Romagne, et tout l'Estat de l'Église, excepté Ascoly et Fermo, dont nous nous sommes chargez, et s'est trouvée monter à 338,000, partant Sa dite Saincteté fournit plus que sa part desdits deux mois de 45,000.

« Et affin d'éviter tous inconvéniens pour le payement du mois de mars prochain, a esté vivement remonstré aux ministres de Sa Saincteté qu'il en falloit dès à présent faire un fonds sans plus attendre, et user en dilligence des moyens dont les princes qui entrent en grosse despence de guerre ont accoustumé de s'ayder pour trouver argent, Sa dite Saincteté en ayant beaucoup de bons et raisonnables qui luy sont proposez et dont elle se peult prévaloir, sy elle ne les veult trop scrupuleusement rejeter.

« Toute la despence de la ligue, selon l'estat qui en a esté dressé, ne pourra monter à moins de 537,000 livres par chacun mois, partant Sa Majesté considérera s'il luy plaist que le dépôt de cinq cent mil escus ne pourra fournir aux trois mois entiers comme on espéroit, à quoy Sa Majesté doit pourvoir s'il luy plaist et au second dépost par monsieur le duc de Ferrare et le tenir le plus content que faire se pourra pour n'entrer en aucune difficulté avec luy qui le puisse faire froid ny lent à ayder le Roy du dit second dépost, ce qui tourneroit à très grand inconvénient et dommage de Sa Majesté et de son armée.

« Le propos d'envoyer au premier jour le marquis de La Cave en France avec l'archevesque de Vienne, sur les gallères de monsieur le mareschal Strozzi, a esté de nouveau confirmé à mon dit seigneur de Guyse par le duc de Paliano, ce qui sera faict bientost à ce qu'il dit, et que dedans ce temps là la sentence de privation du royaume de Naples pourra estre faicte et publiée par Sa Saincteté, de laquelle sentence et forme de proclamation d'icelle coppie a esté envoyée au Roy par le sieur de Carnavalet. Sa dite Saincteté voulant haster ceste affaire avant que l'armée entre dedans le royaume. »

A Monseigneur.

« Monseigneur, je receuz hier au soir la lettre qu'il vous a pleu m'escripre par vostre trompete présent porteur, et soubdainement suis voulu retourner par devers vous; mais monsieur de Tavannes m'a dict qu'il estoit plus que nécessaire que je donnasse jusques à Ascoly pour sçavoir quel moien il y avoit de pouvoir nourrir quelques jours le camp et pourveoir aux aultres choses qui seront nécessaires pour le faict des vivres, et sur cella m'a commandé de suivre mon voiaige, m'asseurant que vous, Monseigneur, l'auriez agréable. Estant arrivé en ce lieu après que mondict sieur de Tavannes a eu faict le logeis, j'ay dressé les places et y faiz porter vivres pour quatre jours, où vous, Monseigneur, n'en pourrez estre moins actendant l'artillerie. J'ay oultre cella faict la discrettion des vivres de ce lieu, et mesme informé bien amplement de la commodité et incommodité que l'on pourra avoir pour fournir le camp de vivres quant il aura passé l'Otronto; aussi où l'on pourra dresser les magazins et faire faire les jours et ay le tout communiqué avecques mondit sieur de Tavannes, qui, comme il m'a dict, vous en escript amplement; quy me gardera, Monseigneur, de vous en faire redicte par la présente; seullement vous diray, Monseigneur, que le toutestentel estat qu'il est nécessaire de pourveoir en grant dilligence, comme plus amplement je vous rendray compte dedans deux jours, que j'espère estre auprès de vous.

« Monseigneur, je suplie Nostre Seigneur vous donner en parfaicte santé très bonne et longue vie.

« De Ferare, le neufviesme avril 1556.

« Vostre très humble et très obéissant serviteur, Serres. »

M. le cardinal de Lorraine à M. de Saint-Laurent.

« Monsieur de Saint-Laurent, j'ay receu les trois lettres que m'avez escriptes par cy-devant, et veu la peine que vous avez eue à contenter mes Grisons. Il n'y a remède, il en fault eschapper. Ilz ne peuvent oublier leur naturel. Ilz sont maintenant sur le chemin d'entre Lyon et Paris, et au lieu qu'ilz ne debvoient amener que deux hommes avecques eulx, ilz en ont sept ou huict. Quand vous m'aurez mandé la despense que vous aurez faicte pour la conduicte et voitture de leur marchandise et hardes jusques à Lyon, je donneray ordre incontinent à vostre remboursement, tant des cent escuz que vous leur baillastes que de la dicte despense, et bailleray les deniers par deçà à qui vous ordonnerez; vous remerciant bien fort de la peine qu'en avez prise. J'ay donné bon ordre à Lyon pour recepvoir leursdictes hardes et payer ce qu'il faudra pour la voitture, et selon que vous l'aurez escript. J'ay bien veu par une lettre que vous m'avez envoyé la diligence que vous faictes pour recouvrer l'argent de mon aulmosnier ; à ce que je veoy, il est bien esgaré. Toutes fois, s'il s'en peult retirer quelque chose, il luy viendra tousjours à poinct. J'escris ung mot à monsieur d'Asnoye que je vous prie luy faire tenir. Au demourant vous sçavez que je suis à vostre commandement, et ne vous feray pour ceste heure plus longue lettre; priant Dieu vous donner, monsieur de Saint-Laurent, entièrement ce que mieulx désirez.

« D'Amboyse, ce dixiesme jour d'apvril 1556.

« Vostre bon amy,

« C. CARDINAL DE LORRAINE. »

Lettre du duc de Guyse au Roy du 13 avril 1556.

« Sire, encore que je fusse en espérance de partir bientost de Rome pour aller trouver nostre armée, lorsque je vous despeschay Carnavalet, sy est-ce que je ne l'ay peu faire que lundy dernier, y ayant esté arrestée par des difficultez qui restoient à vuider jusques à l'heure que je montay à cheval; mais à la fin, Sire, tout s'y est passé suivant le mémoire cy enclos, que j'ay prié à messieurs de Selve et de Vienne de dresser pour nous trois. Nous nous justifierons tousjours devant Vostre Majesté qu'il n'a pas tenu à bien débattre un bon mois durant et quasy tous les jours, pour en tout ce que nous avions à négotier gaigner nostre cause, mais leur évidente pauvreté et le mauvais ordre qu'ilz avoient donné à trouver argent, les a rendus opiniastres et faict sortir assez souvent hors des termes de raison, et quelquefois quand ilz voyoient qu'ilz ne nous pouvoient pas respondre rompoient l'assemblée demy en cholère sans aucune résolution, et leur parlant d'achever le payement de nos soldatz pour mars et apvril, me remettoient tousjours à venir à bon compte du passé avant faire autre chose. Voyant ces longueurs et que je n'y pouvois plus demeurer, pour ne perdre temps de l'entreprise que je vais faire et que lesdits sieurs de Selve et de Vienne n'y mettoient jamais fin, avons esté d'advis de faire le mieux que nous pourrons pour vostre service, veu que d'argent comptant ilz ne nous en pouvoient donner, ayans esté contrainctz s'ayder de ce qui estoit dans le chasteau Saint-Ange, qui ne montoit qu'à soixante et dix ou quatre-vingt mil escus au plus, le Pape n'y ayant voulu consentir qu'en toute contraincte, dont le cardinal Caraffe a esté fort brouillé.

« Avant mon partement de Rome, il me sembla ne devoir faillir à remonstrer audit sieur cardinal l'occasion qui vous avoit esté donnée de ne vous contenter fort de cet dernière création de cardinaux, en laquelle il n'avoit esté faict que deux de ceux que vous avoit pleu nommer à Sa Saincteté, sur quoy il me fit plusieurs excuses et dit que depuis quatre jours il avoit entendu de Sadite Saincteté, qu'à la prochaine création de cardinaux, qui seroit à la Pentecoste, elle n'oublieroit ceux que vous lui avez nommé; mais quant à monsieur de Saincte-Croix elle n'y vouloit en façon quelconque entendre, et aussy peu à monsieur de Troye, et à son nonce vers Vostre Majesté; mais bien s'offrant l'occasion elle n'oublieroit monsieur de Sainct-Papoul, l'archevesque Ursin, et le sieur Amerique, archevesque d'Agde (?). Je vous ay mandé le subjet de tout cela par Carnavalet, et s'il vous plaist que le sieur de Selve fasse quelque poursuite pour ceux-là, il sera bon de luy en envoyer vos ordres. Le dit cardinal avoit envie d'y avancer l'évesque de Verceil, frère du marquis de Maceran, dès la création passée, n'eust esté que je luy dis que vous ne l'auriez pas agréable pour estre son évesché au pays du duc de Savoye et son frère assez peu sûr serviteur de Vostre Majesté; ayant veu qu'il continuoit à la fort favoriser et qu'il me recherchoit de luy faire quelque bon office, me faisant connoistre que s'il vous estoit agréable, il seroit cardinal sans difficulté, je luy ai encore redit un mot suivant les premiers propos, après quoy il m'a asseuré, après les raisons que je lui avois dittes, qu'il se garderoit bien de parler pour luy.

« Sire, je n'ay failly estant à Rome faire entendre à monsieur le cardinal Caraffe que vous désiriez que le duc de Somme fût continué en ceste entreprise général de tous les gens de pied italiens tant de Sa Saincteté que de Vostre Majesté, suivant ce qu'il luy en avoit esté accordé de tous deux, sur quoy ledit sieur cardinal respondit qu'il avoit effectivement servy, mais que depuis s'en estant desmis, Sa Saincteté avoit baillé ce qui luy appartenoit en cela au sieur Julle Ursin son beau-frère qui en avoit jouy, auquel il ne luy sembloit pas estre raisonnable de luy oster.

« Quant à la pension du sieur Camille Ursin, je vous diray que s'estant trouvé en un conseil tenu chez le dit sieur cardinal, auquel se trouvèrent ceux qui avoient coustume d'y assyster, déclara en plaine assemblée, comme nous estions sur le poinct de dresser l'estat de ce mois, ne vouloir ny estat ny pension de la ligue, et que pour estre serviteur très humble et parfait de

18.

Sa Saincteté comme il estoit, il luy feroit tout le service qui luy seroit possible à Rome et autres lieux où il luy plairoit l'employer, mais que de prendre solde ou pension, il n'estoit homme pour se bailler pour argent. Le duc de Palliano soufrit à cela et dit depuis que le dit sieur Camille leur avoit bien cousté trois mil escus en présent au temps qu'ilz avoient eu affaire de luy ; on ne scayt d'où luy venoit ceste nouvelle superstition sur laquelle je le pris au mot et en sa présence fit rayer ceste partie.

« Au demeurant, Sire, j'avois esté d'advis à mon partement de Rome que monsieur de Selve, vostre ambassadeur, meist par escrit le propos qu'il avoit eu avec monsieur le cardinal Caraffe en la présence des seigneurs duc de Palliano, mareschal Strozzy, l'archevesque de Sienne et de moy, et ce qui se passa entre le Pape et luy, le lendemain au soir, quand je luy baisay les piedz, les susdits présens et les cardinaux de de Pize, de Naples et marquis de Montbel, ce qu'il a faict depuis par une lettre qu'il m'en a envoyée. Je ne doubte point, Sire, que vous ne trouviez fort mauvais que l'on parle ainsy à vostre ambassadeur, chose, à la vérité, qui n'est pas à souffrir. J'en ai dit mon sentiment à part au cardinal Caraffe, qui ne veult advouer avoir tort et se plaint que vostre ambassadeur prenne les choses sy hautement contre luy. Quoy qu'il en soit, vous ne luy devez celer avoir trouvé mauvais qu'au lieu de le soustenir et l'honnorer en publique et en particulier, puisqu'il se dit vostre serviteur, et luy a dit des parolles qui ne vous plaisent en aucune façon que ce soit, et cela le fera plus doux à l'advenir. Quand au Pape, je crois qu'il ne sera que bon que vous le priez de n'user plus de menasse envers vostre ambassadeur et qu'il vous en réserve le chastiment qui n'appartient à autre, et que Vostre Majesté entend sy Sa Saincteté a agréable qu'elle tienne un ambassadeur à Rome, qu'il y soit recue et honnoré comme le mérite le sien qu'il y doit tenir pour vous, et l'amytié sy estroitte qui est entre vous d'eux ; et vous supplie très humblement, Sire, lui faire tenir ces propos ou telz qu'il vous plaira, sur ce faict, par personne qui ne le laisse sans estre addoucy après des honnestes parolles de vostre part, autrement ce vieux bonhomme crevera de desplaisir, et seroit pour le faire mourir, osant bien dire, Sire, que je n'oserois escrire combien il vous ayme ; la crainte seule qu'il a que l'on ne vous desguise ce qu'il faict l'ayant porté à ce qu'il a dit, car il ne prendroit moins à cœur sy quelqu'un des siens estoit accusé de ne vous estre pas serviteur, que sy on avoit parlé du sacrement; et sy je luy eusse voulu dire le procédé du dit cardinal et ses depportemens envers moy, je luy eusse faict oster le maniement de ses affaires, ce que le duc de Palliano eust fort désiré pour succéder en sa place, se monstrant fort desplaisant de ce que l'on nous faisoit ; mais sy nous eussions allumé le feu entre les frères, nous eussions mis la nouvelle création des cardinaux entre les mains des Impériaux et brouillé ce bonhomme et sa maison, de façon qu'ilz n'eussent plus pensé qu'à leurs querelles particulières, et non à l'argent, munitions et autres choses nécessaires pour nostre entreprise, en quoy ilz se trouvent assez empeschez sans s'amuser ailleurs. »

Lettre de..... (1) au duc de Guyse.

« Monseigneur, il me faudroit une main de papier pour vous dire les raisons que M. le duc m'a apportées sur ce qu'il vous a pleu me donner charge de luy faire entendre de vostre part, et suis contraint, attendant mon retour devers vous, vous faire ceste double lettre pour vous mander la vérité des choses, et fault que je vous confesse que je ne vis jamais personne non en sy grande colère, mais en une sy grande furie qu'il se myt après avoir veu vostre lettre, et sans me donner loisir de luy faire entendre de vos nouvelles ; avant que de venir à ceste demande, me dit de l'abord qu'il sçavoit assez pourquoi j'estois venu, et qu'en quatre parolles il me despescheroit : que c'estoit qu'il ne me bailleroit rien de ce que je luy demandois, et commença lors à me faire toutes les plaintes qu'il vous plaira veoir en ma première lettre. Sur quoy luy répondant quand à ce qui touchoit le mémoire qu'avoit porté M. de Lanssac à la cour, il luy estoit satisfaict, me dit ne sçavoir que c'estoit, et qu'il ne l'avoit jamais veu, et me croyoit, ny en parolle, ny en lettre de Roy, ny d'homme de ce monde, sinon en soy-mesme ; qu'il ne luy falloit plus donner de buzies en payement, et n'estoit un banquier comme on le croyoit, ne luy estant jamais parlé que de bailler argent, ayant esté faict sy peu de compte de luy que le Roy, depuis qu'il est son lieutenant général par deçà, ne luy a faict cet honneur de luy escrire que par deux fois, et qu'il avoit esté traicté de mesme du costé de Rome ; qu'il demandoit estre secouru des gens de guerre, son traicté entretenu et satisfaict de ce qu'on luy devoit ; et lui remonstrant que ledit sieur de Lanssac se fut plus advancé qu'il ne devoit, que sa faulte estoit aysée à rabiller, pourveu qu'il luy pleust me faire entendre ce qui

---

(1) Le manuscrit étant un peu déchiré en cet endroit, il nous a été impossible de lire le nom de la personne qui écrivait la lettre, non plus que la date de ce document.

manquoit dudit estat, à ce qu'il demandoit que le peu de lettres qu'il avoit eues de la cour estoit de la faulte des secrétaires des finances et non du Roy; que pour l'amour de luy vous aviez chacun jour, en vostre négociation de Rome en vostre chambre, le sieur Alexandre Fiasque une heure voire deux pour luy faire entendre le progrez de vos affaires affin de l'en advertir. Que Albin d'Albeyne vous avoit mandé, outre la lettre que le Roy vous a dernièrement escritte, qu'il s'obligeroit par ce despôt toutes et quantes fois qu'il voudroit, et qu'estans les forces qui estoient dans la Romagne plus destinées pour la conservation de son Estat que d'autres, il y pouvoit commander, et ne faudroit-on de le secourir de telles forces qu'il voudroit lorsqu'il le demanderoit; me dit qu'il n'estoit homme de mensonge mais de vérité, et se vouloit seulement asseurer des choses qu'il auroit en main et dedans son Estat et non d'autres, et que le Roy ne le secouroit ainsy qu'il estoit tenu, et qu'il sçavoit bien que les forces n'estoient que pour la Romagne et non pour luy, ayant esté faict deffense au sieur de Crenay n'employer ailleurs la compagnie de monsieur le prince son filz. Le dit seigneur prince qui là estoit seul présent en toutes nos disputes, voyant que tant plus je luy respondois doucement, tant plus il s'aigrissoit, fut d'advis que je luy laissasse passer son feu; et lors luy laissant gaigner toutes ses raisons, me dit qu'il sçavoit bien que je n'estois là venu que pour ces cent mil escus, et puisqu'ainsy estoit il m'y avoit satisfaict. Je luy dis que c'estoit une des charges qu'il vous avoit pleu me donner, et que la principalle estoit de luy monstrer la despesche que vous faisiez maintenant au Roy et luy rendre compte de toute vostre négociation de Rome, de crainte que ceux que vous aviez despesché en cour, passant par icy, ne l'eussent satisfaict ainsy qu'ils devoient. Finallement, Monseigneur, après plusieurs redittes de ses premières plaintes, mon dit seigneur le prince le supplia me vouloir donner audience l'après disnée pour lui rendre compte de toutes les autres choses, ce qu'il m'a accordé; et sur les 19 heures, après m'avoir mandé vers luy et entendre vostre despesche du Roy, trouva très bon tout ce qu'elle portoit, réservé tout ce qui touche les cent mil escus aux quelz il dit n'estre en aucune façon obligé et qu'il estoit bien loing de son compte, et s'estonnoit grandement de vous que, au lieu de luy envoyer gens pour la conservation de son Estat, ayant l'ennemi à ses portes, et d'escrire en sa faveur à Sa Majesté à ce qu'il fust satisfaict à son traicté, vous fassiez si peu de compte de luy. Je luy respondis ce qui me sembla bon estre, dont il demeura satisfact; et, venant à tomber sur le dépost des trois cens mil escus qui se doibt prandre de huit à dix pour cent, après luy avoir leu le traicté et monstrer que les marchands se devoient trouver avant les seuretez, il me dist pour résolution que les dites seuretez devoient premièrement luy estre données du général d'Albeyne, et qu'il n'en vouloit autres de luy que celle qu'il a accoustumé luy bailler, et que je n'entendois pas le dit traicté; et venant à tomber sur les trois ou trois cens cinquante mil escus qu'il devoit bailler pour ce second depost, il fist autant l'estonné que s'il fust tombé des nues, me faisant quatre ou cinq fois répéter mon propos, et m'ayant enfin faict lire deux ou trois fois le traicté, me dist qu'il ne sçavoit que c'estoit de ses trois cens mil escus, et qu'il n'en sçavoit que de ceux qui estoient portés au dit traicté. Je ne sus que luy dire ny respondre là dessus, et après avoir achevé de lire la lettre du Roy, et qu'il m'eut donné congé pour s'en aller aux ténèbres, je m'en allay trouver monseigneur le cardinal de Ferrare, à qui je fis entendre toute ma négociation du matin et de l'après disnée; et venant à parler des trois cens mil escus du second dépost, me dit que mon dit seigneur le duc se pouvoit souvenir de la promesse qu'il en avoit faicte signée de sa main, que monseigneur de Lodesve avoit, et que luy ramaintevant il ne le desniroit point, tesmoignant estre fort fasché des emportemens de mon dit seigneur le duc; et me dist qu'il luy en parleroit sy je voulois, mais qu'il gasteroit tout, et valloit mieux que les choses fussent conduittes par moy et que j'en viendrois mieux à bout que nul autre, mais qu'il ne laisseroit pas de luy en parler et de luy en dire son advis. Cejourd'huy matin j'ai veu monsieur le prince, auquel me semblant devoir faire entendre ce que je n'eusse peu faire à mon dit seigneur le duc sans le mettre en une extresme colère, je luy remonstray que vous trouveriez fort mauvais que la despesche que j'avois apportée pour le Roy fust plus longuement retardée, et que j'estois obligé d'advertir Sa Majesté et monseigneur le cardinal de Lorraine par ce courrier des propos que mon dit seigneur le duc m'avoit tenu et de la response que je luy avois faicte, que je luy montrerois avant que d'envoyer le paquet, et que les choses estant bien pezées, il y auroit sans doubte des personnes près Sa Majesté pour remarquer ce que j'escrivois, avec les bruits qui couroient que monseigneur le duc se vouloit départir de ceste ligue, qu'il y en avoit toutes les apparences, et que sy ce dépost second vous estoit refusé, Sa Majesté ne le requerroit jamais d'aucune chose; ce qu'ayant entendu le dit seigneur prince, il alla trouver mon dit seigneur le duc, au quel il n'oublia rien de dire de ce que je luy avois représenté; car une demye heure après, ayant esté appellé vers luy, je le trouvé comme en colère, et m'ayant demandé sy j'avois déliberé despescher ce courier en cour, je luy dis que vous m'aviez commandé de le supplier en vouloir envoyer incontinent un des siens avec un paquet, et tomba sur sa chanson ordinaire qu'il ne luy estoit pas satisfaict; et après l'avoir supplié, s'il ne vouloit faire ce service au Roy et à l'armée qui est plus à luy qu'à vous, qui se ruyne et se perd faulte de payement, il le veille faire à tout le moins pour l'amour de vous qui luy touchez de sy près, que vous vous obligerez à luy de ceste somme en vostre propre et privé nom, et tant de gens de bien qui se trouvent en l'armée; et que de ma part j'y mettrois mon corps tenant prison au cas qu'il ne luy fust satisfaict au temps promis, et que pour l'honneur de Dieu il considérast les peynes que vous avez souffertes jusques icy à emmener ceste armée; et maintenant qu'il est question d'exécuter quelque chose de bon, l'honneur que ce luy seroit de la laisser ruyner par faulte de la secourir de choses qu'il ne pouvoit perdre, il me remit en avant, pour la huitiesme ou dixiesme fois, les mil hommes de pied qui luy avoient esté cassez dernièrement au lieu de luy augmenter ses forces. Feignant m'en vouloir aller pour faire cette despesche au Roy, dont j'avois parlé auparavant à monseigneur le prince, mon dit seigneur le duc m'a dit qu'il ne vous bailleroit rien que premièrement vous ne vous obligeassiez à luy des choses que trouverez au mémoire qu'il en a donné pour vous envoyer. J'essayeray, attendant le retour de ce porteur, de l'adoucir le plus que je pourray, et ay un peu commencé ce soir que je me suis trouvé une heure seul avec luy, l'ayant fort contenté quand je luy ay faict entendre la lettre que vous escriviez au sieur Domp Louys pour sa promotion au cardinalat, et l'asseurance que je luy ay donnée que ce seroit pour ceste première création.

« Voilà, Monseigneur, ce que j'ay peu faire avec luy jusqu'à présent.

« A Ferrare, ce..... apvril 1556. »

On envoya à M. de Guyse le double de la responce faicte par le Roi à monsieur le duc de Ferrare, sur ce qui luy a esté dit par monsieur le prince de Ferrare, de la part dudit sieur duc. Elle estoit ainsi conçue :

« Le Roy ayant entendu ce que monsieur le prince de Ferrare luy a dict et exposé de monsieur le duc son père, suivant le contenu en une lettre que ledit sieur duc a escritte à son ambassadeur estant par deçà, sur ce qu'il a entendu que le sieur de Rambouillet, que Sa Majesté luy avoit dépesché lors de la conclusion de la trefve, s'est grandement émerveillé des malcontentement, confusion et désespération où icelluy sieur duc dict estre entré, de ce que Sadite Majesté ne luy veult comme il estime continuer et observer la capitulaton qu'il luy a pleu ratiffier par escripture publicque et autenticque signée de sa main et scellée de son scel, pour à quoy luy respondre, le Roy ne luy veult user que de raison commune sans autre artiffice de remonstrance et persuasions.

« L'on sçait bien que toutes promesses et obligations sont faites avec fondement, selon les conditions accordées entre les contractans et dont l'effect et exécution se remettent ou au présent ou au futur, avec le temps ou l'occasion, ainsi qu'il est dict et porté par les traictez qui en sont passez.

« Le principal fondement de la cappitulation faicte avec ledit sieur duc est la ligue offensive et deffensive traittée avec notre saint père le Pape, de laquelle Sa Majesté luy doibt bailler la charge et auctorité de capitaine général, et davantaige le faire son lieutenant général en Italie, hormis de Piedmont ; en considération desquelles charges et pour aucunement luy ayder à porter la despence qui luy conviendroit croistre et augmenter, pour raison d'icelles, il luy devoit estre baillé et payé par chacun moys deux mil escus de pension, luy promettant Sadite Majesté oultre cela le prendre en sa protection, ses personne Estat et pays.

« Or, si depuis ceste capitulation la trefve est intervenue entre l'Empereur, le roy d'Angleterre son fils et le roy Très Chrestien, laquel suspend l'exécution du traitté de ladite ligue quant à l'offensive, pour le temps que ladite trefve doit durer, qu'est ce qu'il se peult maintenant faire et observer quant aux points cy dessus touchez ; car pour le regard des charges de lieutenant général du Roy et de capitaine général de la ligue, encores que Sa Majesté advoue qu'elles sont affectées audit sieur duc venant à l'exécution de ladite ligue, si est ce qu'elles ne se peuvent cependant exercer, n'y ayant armée ny forces assemblées ne pareillement autres actes à exploicter deppendant de l'autorité d'ung lieutenant et capitaine général.

« Et par ainsy celluy sieur duc n'a esté et n'est aucunement contrainct de croistre et augmenter sa despence pour raison d'icelles charges, et par conséquent aussi il ne peut demander ce qui luy avoit esté accordé pour cest effect, qui sont lesdit deux mil escus par mois. Mais se retrouvant les choses au temps et avec l'occasion qu'elles pourront avoir lieu, il ne fault point qu'il face doubte que tout ce qui a esté promis par la capitulation ne luy soit inviolablement observé et entretenu.

« Reste seulement cependant le fait de la protection, laquelle dès maintenant et pour toujours le Roy veult observer audit duc ainsi qu'il lui a faict entendre par le sieur de Rambouillet, l'asseurant que au cas qu'il soit assailly ou offensé en quelque lieu et endroit de son Estat ou aultrement, par quelque prince ou potentat que ce soit, Sa Majesté avec ses forces, voire jusques à sa propre personne s'il estoit besoing de la y employer, le deffendra, maintiendra et conservera envers et contre tous. Et combien que ledit sieur duc ne doive aucunement doubter que l'on luy veuille courir suz ne entreprendre sur son Estat, si la foy des princes est inviolable, puisqu'il est comprins dedans la trefve, tant de la part de l'Empereur et du roy d'Angleterre que de celle dudit seigneur roy Très Chrestien, toutesfois Sa Majesté, pour luy maintenir sadite protection, l'asseurer de l'effect d'icelle et luy ayder à aucunement supporter la despence qu'il pourroit faire pour augmenter la garde de ses places ou aultrement s'asseurer de quelque doubte où souspecon ou il pourroit estre entré pour avoir cappitulé aveques le Roy, qui désire singulièrement recognoistre la grande démonstration que ledit sieur duc luy a faict de l'entière affection et dévotion qu'il luy porte, s'accommodant à ladite cappitulation, dont néantmoings il ne s'est encores ensuivy aucune éxécution, luy a accordé les cinquante mille livres de pension par an avec la compagnie de cent hommes d'armes, dont il doit estre chef selon ce que par ledit sieur de Rambouillet luy a fait offrir sadite Majesté, à laquelle il semble par le dire et jugement de tout homme d'expérience, raison et équité, que icelluy sieur duc a très bonne et juste cause et occasion de s'en contenter, sans pour le présent aucunement répéter les aultres particularitez de ladite capitulation, mesme ce qu'il touche l'entretènement des gens de pied et de cheval pour la garde de ses dites places. A quoy, par les raisons dessusdites et par ce que le Roy faict maintenant pour ledit sieur duc, Sa Majesté pense avoir suffisament satisfaict en actendant que le temps et l'occasion se présentent que icelluy sieur duc en puisse raisonnablement faire instance, venant à l'exécution du traitté de la ligue, ou bien au cas qu'il fust offensé ou assailly en son Estat. Et au regard de la responce que ledit sieur duc a faicte sur ce que ledit Rambouillet luy a proposé que le Roy vouloit qu'il eust doresnavant la communication et participation de tous ses affaires d'Italie, il doit entendre que ce que Sadite Majesté en a faict n'a esté que pour la parfaicte et entière confiance qu'elle a en luy et pour la grande estime qu'elle a toujours faict de ses vertuz, prudence et bon jugement, dont elle s'estoit pensée prévaloir à la conduite et direction de sesdites affaires et non point pour le faire compagnon de ses ambassadeurs et ministres, comme ledit sieur duc a voulu dire par sa lettre, car le Roy ne ignore pas sa qualité; et puis voyant que pour le temps où nous sommes, il ne pouvoit mieulx accommoder le tiltre de son lieutenant général qui demoure sans exercice durant ladite trefve, ainsi que dit est, que de bailler à icelluy sieur duc l'intelligence desdites affaires, il a bien voulu que par sesdits ambassadeurs et ministres il luy en fut rendu compte comme à un superintendant sur iceulx.

« Fait à Blois, le vingt neuviesme jour d'avril, l'an 1556. »

Lettre de monsieur de Lodève à monsieur le connestable, dont le double est envoyé à M. de Guyse.

« Monseigneur, je vous écris de l'affaire de Ferrare par une autre, accompagnée d'un mien mémoire auquel je n'ay pas dit tout ce que j'en pense pour les respects que je vois, Monseigneur, que vous avez très bien considérez à la dépesche que vous porta mon secrétaire, dont je vous mercie très humblement; mais il est force que je vous en dise franchement mon opinion par ceste cy que j'addresse à monsieur de Beauregard pour la lire à vous seul et puis la retirer à fin que aultre que vous, Monseigneur, ne la puisse voir si d'avanture vous ne pensiez qu'il fust bon de la monstrer au Roy; à ce que j'ay pu entendre, Monseigneur, monsieur le duc est pour se contenter de ce que le Roy luy a offert, s'il n'en peut, en faisant le mal content, en tirer davantage; mais il veut tascher, à ce qu'on m'a dit, que vous lui fassiez bailler le payement de cent hommes d'armes par sa quittance sans faire monstre comme l'on faisoit la garnison de Bresseil, et convertir ceste dépense en pension avec les cinquante mille livres; mais il se garde bien de m'en parler, car je luy dis fort ses véritez et ne suis plus de ses favoris; je crois certainement qu'avec ceste pension il ne mettroit pas un homme davantage à garder son Estat, mais cela seroit pour d'autant augmenter son trésor, et je vous laisse à penser si ceste libéralité est ny bien deüe, ny bien employée, et si le Roy a besoin d'entrer en une telle dépense, de laquelle Sa Majesté ne se déchargera pas après aysément si elle est une fois introduite et commencée. Je pense que Sa Majesté ne se lairra pas aller jusques là, et vous supplie, Monseigneur, excusez moy si je vous dis deux mots de mon avis sur tous ces brouillemens d'Italie; car ayant veu durant ces guerres le procédé de ces potentats et de ceste nation envers le Roy quand ils l'ont veu en grand travail pour leurs affaires propres, j'ay désiré souvent une chose que Dieu mercy et vous je vois aujourd'huy, c'est de les voir en nécessité et avoir besoin du Roy, et que Sa Majesté se peut passer d'eux pour leur rendre la pareille; vous avez en cela fait le plus fort, et m'attends que vous conduirez bien le reste. La ligue du Pape et la capitulation de Ferrare ont esté faites au temps de notre nécessitez, et est impossible qu'il n'y ait quelque chose trop désavantageux pour le Roy, car nous estions contraints de s'accommoder à toutes leurs complexions et volontez, et maintenant, Dieu mercy, c'est à eux à s'accommoder aux vostres; le Pape ne se peut plaindre de la trève faite sans son sceu, et au préjudice de la ligue, car oultre que vous l'y avez fort bien compris, vous la luy fistes entendre avant que la conclure et Sa Saincteté fit responce qu'il en estoit très content, conseilloit et persuadoit Sa Majesté d'accommoder ses affaires s'il pouvoit avoir paix ou trève; il me souvient bien que M. le cardinal de Tournon me l'écrivit, et si bien Sa Saincteté avoit autre intention en son cueur, et ses neveux, car ils eussent eu honte de dire autrement. J'entends que le Turc qui est infidèle n'a pû faire de moins que de la louer, puisqu'elle estoit à l'avantage du Roy. Maintenant le cardinal Caraffe s'en va trouver Sa Majesté, et ne sçauroit on oster de l'opinion du monde qu'il n'aille là pour essayer, par tous moyens, de vous remettre en la guerre et vous attirer à leur emprise de Naples; et monsieur le duc de Ferrare se veut en son particulier fort aider de la faveur du Pape et dudit cardinal en vostre endroit, non qu'il désire la guerre, car il n'en vouldroit jamais ouïr parler, et sçait bien aussy que vous vous y remettrez mal volontiers, mais il se voudroit ayder de pieds et de mains pour avoir un grand traitement du Roy sans rien faire. Vous devez, Monseigneur, bien honnorer et caresser monsieur le cardinal Caraffe et montrer de trouver bon tout ce qu'il proposera, mais surtout avoir vostre intention principale de rompre et mettre à néant les traitez de la ligue et de Ferrare pour les faire d'une autre façon; maintenant que c'est à eux à vous rechercher et qu'ils ont besoin de vous, et vous nul besoin d'eux, vous ferez fort aisément cela, si vous les embarquez l'un et l'autre en nouveaux partis; je vois que le Pape à procédé à la privation de l'estat d'Ascanio Colona, qui est de trente mil escus de rente et en a investy le comte de Montorio; il en veult faire autant de Julien Césarin et de beaucoup d'autres choses qui ne peuvent durer après la mort de ce Pape, si ses neveux ne sont défendus du Roy. Sa Saincteté fait fort mauvais traitement à l'ambassadeur de l'Empereur et au duc de Florence, et semble qu'il cherche toutes occasions de guerre, et est mal aisé que l'Empereur ny son fils suportent tout cela s'ils ne s'en gardent pour le respect du Roy. Les neveux de Sa Saincteté voyent bien aussi qu'ils ne peuvent fonder, ny asseurer grandeur en leur maison sans l'appuy du Roy; il ne fault aussy jamais craindre que le duc de Ferrare se meste du costé de l'Empereur, prenant exemple, comme je luy ay dit souvent, sur les ducs de Savoye et de Mantoua qui se voyent ruinez pour avoir suivy ce party là, et là où le Roy se contente de donner gros entretènement audit sieur duc, l'Empereur voudroit avoir gros tribut de luy et de son argent pour le recevoir en sa protection, ou en son service; je veux dire par là que le Pape et ses neveux, et ledit duc aussi sont réduicts à tels termes qu'ils ne se peuvent passer de la protection et faveur du Roy, et que c'est à eux maintenant de prier et rechercher, et à vous de demourer sur la réputation, et ferez beaucoup pour eux quand vous leur offrirez une ligue défensive pour les Estats de l'Église et de Ferrare et pour ceux que Sa Majesté tiendra en Italie, ou en son obéissance et protection, hors le Piémont, sans y faire aucune mention de guerre offensive; ce seroit un traité sans dépense qui pourroit estre publié et seroit honnorable et profitable, car vous sachant tous trois bien unis, il est malaisé que personne vous vueille assaillir, et entrant le cardinal Caraffe en ce nouveau marché, voilà sa première ligue oubliée et mise à néant comme non faite, qui n'est pas peu de chose; car vous, Monseigneur, qui avez longuement mainé telles marchandises pourriez faire le nouvel traité plus raisonnable et plus avantageux pour le Roy que n'estoient les premiers, et si d'avanture pour embarquer et mieux embarquer ledit cardinal Caraffe il estoit besoin de luy donner quelque espérance de l'emprise de Naples, et vous en pourriez faire articles secrets lesquels le Pape signeroit après de sa main, et par cela vous gagneriez toujours temps et tiendriez Sa Saincteté et ses neveux en bonne volonté pour vous en servir selon les occasions, entremeslant en vos marchez vos places de Toscane, au moins en apparence et en espérance si vous ne le vouliez faire en effet; car si d'avanture l'Empereur vous vouloit faire tort au fait des prisonniers, et que le Roy fust contraint de se ressentir de la mauvaise foy et des indignitez et malices dont cet Empereur use sur l'exécution de la trève, vous pouvez tirer plus de service du cardinal Caraffe, que si le papat estoit entre les mains d'un François, mais que vous luy donniez quelque espérance de sa grandeur. Et pour ceste cause je croy qu'il n'y avoit nul mal de luy donner quelque espérance de la voix de tous les cardinaux serviteurs du Roy pour le faire luy mesme pape; cela luy donneroit une grande occasion de vous faire avoir une douzaine de cardinaux françois, et vous asseurer pour l'avenir du papat; et si le Roy se vouloit servir pour quelque temps du port et citadelle de Civitavechia pour y tenir partie de ses galères, il vous sera fort aisé de l'avoir, et de toutes les autres places fortes de l'Église ce que vous en voudrez.

« Quant au duc de Ferrare, si bien, Monseigneur, il vous faisoit entendre estre content de ce qu'il plaist au Roy luy donner, il n'est pas raisonnable qu'il ayt cela sans qu'il s'oblige en quelque chose au service du Roy; et pour ce faire, il faut faire nouvel traité avec luy et qu'il entre en la ligue deffensive qui est la vraye seureté et conservation de son Estat, lui disant pour toute résolution que sa première capitulation est tenue pour non faite et entièrement abolie, n'ayant le Roy pour ceste heure aucune volonté d'entrer en guerre offensive s'il n'en est bien fort provoqué. Par cela vous viendrez à vous décharger des promesses de Crémonne et des autres conquestes où il vouloit avoir sa bonne part sans y mettre rien du sien; et s'il entre une fois en ces nouveaux partis, il y faudra beaucoup d'allées et de venues avant qu'il vienne à aucune conclusion, et vous ferez durer ce marché là si longuement que vous voudrez, qui est pour toujours gagner temps, et le conclure ou le rompre selon les occasions et le besoin qui se présenteront. Voylà, Monseigneur, mon avis, encore qu'il ne m'appartienne d'en parler si avant; mais vous en pourrez prendre ce que vous y verrez de bon et laisser le reste.

« Monseigneur, je supplie Nostre Seigneur vous donner très bonne et très longue vie.

« De Venise, ce 16 may 1556.

« De Lodève. »

Le double de la lettre suivante, de monsieur de Lodève à monseigneur le conestable, fut aussi envoyé à mondit sieur le duc.

« Monseigneur, il vous plaira voir ce que j'escrips au Roy de l'affaire de monseigneur le duc de Ferrare, lequel renvoye par de là son ambassadeur pour vous dire sa résolution qui ne pourroit estre ce me semble plus doulce ne plus honneste qu'elle est, m'ayant prié de faire particulièrement office envers vous seul et par lettre à part pour la servitude qu'il sçait que j'ay avecques vous, et vous prier de sa part que vous ne luy veuilliez reffuser vostre ayde et protection en ce négoce; car s'il acceptoit le party qui luy est offert, lequel le Roy donne à beaucoup de prince et de gentilshommes qui n'ont autre chose que la cape et la vye, il luy semble qu'il feroit grand tort à sa réputation, à la seureté de son Estat et à son repos, et que cela mesmes seroit indigne de la grandeur du Roy. Il vous plaira veoir entr'autres choses ce que j'escrips à Sa Majesté de l'ouverture qui m'a esté faite par le sieur dom Francisco, de convertir le payement des gens de pyé et de cheval qu'il luy fault pour la garde de son Estat en argent comptant; il m'a semblé que ce moyen ne seroit pas mal à propos, car par là le Roy auroit tousjours meilleur marché qu'il n'auroit de payer lesdictes garnisons, et mondict sieur le duc se pourroit contenter de quelque chose moings en argent que en luy payant la garnison promise, et les hommes d'armes, lesquels ledict sieur duc est résolu d'entretenir pour sa réputation et pour le service du Roy, si l'occasion se présente qu'il s'en faille servir. Il vous estime son amy et parle tousjours de vous, Monseigneur, avec grand respect et observance, et qu'il ne veult entrer en ce service si non par vostre main. Par quoy il se tiendra grandement obligé à vous, Monseigneur, s'il vous plaist en cela l'ayder et le favoriser, ce qu'il désire bien fort, affin que le monde ne se puisse mocquer de luy. Soudict ambassadeur sera porteur de la présente, lequel persévère tousjours à faire les meilleurs offices qu'il peult pour le service de Sa Majesté, et est bien informé de l'intention de son maistre. Vous pourrez prendre sur le tout quelque bonne résolution par delà, et je m'en retourne présentement à Venize attendre ce que me commanderez.

« Monseigneur, je supplie Nostre Seigneur vous donner très bonne vye et longue.

« De Ferrare, ce vingt septiesme de may 1556.

« Vostre très humble et obéissant serviteur,

« D. E. de Lodève. »

Les commis des Estats du Dauphiné et le sieur Prunier informèrent monsieur de Guyse de ce qui se passoit lors en son gouvernement.

« Monseigneur, pour ne retarder les paiementz des deniers tant du Roy que aultres, le procureur des estats a présenté à la court de parlement requeste, joincte à icelle la parcelle et estat de la despence par ce païs soubstenue, tendant aulx fins qu'il luy pleust mander à messieurs des comptes perecquer au sol et livre à la manière accoustumée le contenu en icelle; laquelle par décret de ladicte court a esté communiquée à messieurs les gens du Roy qui y ont formé certaines oppositions, ausquelles par ledict procureur a esté respondu. Sur quoy, par après ladicte court a ordonné que la grosse somme en icelle parcelle contenue seroict perecquée à la façon et manière accoustumée, mandant ausdictz seigneurs des comptes ce faire avec certaines modiffications et inhibitions y contenues, qui nous semblent grandement domageables et dérogeantes à noz bons us, conventions, privilliéges et libertés par plusieurs bonnes raisons, desquelles serez bien amplement informé par messieurs de Presié et Du Pras noz déléguez. A ceste cause, Monseigneur, nous vous supplions très humblement qu'il vous plaise ouyr et entendre nosdictz déléguez, et nous ayder à estre mainctenuz en nos bons us, costumes, conventions et libertez, ainsy que de vostre grâce par cy devant il vous a pleu tousjours faire. De quoy nous vous demeurerons à jamais tenuz et obligez ; et nous prierons le Créateur qui vous doint, Monseigneur, en sainoté, très bonne et longue vye.

« De Grenoble, ce douziesme juing 1556.

« Voz très humbles et très hobéissants servit.,

« Les commis des estatz en Daulphiné. »

Monseigneur, je vous ay naguères escript pour l'affaire des larudz (?) de Bresse, j'atendz d'en avoyr responce de vous et les lettres expédiées dont monsieur le président Cadenet dressa la minute pour par ung seul voyage faire vériffier le tout où il appartient.

Monseigneur, je vous ranvoye les lettres du don de l'amende de ceulx de Verzol, lesquelles monsieur le général de ce pays, messire Jacques de Beaune, m'a dict qu'il ne peult vériffier, que les clauses contenues au mémoyre qu'il a attaché ausdictes lettres n'y soient adjouxtées. Pour ceste cause, Monseigneur, il vous plaira incontinent commander qu'elles soyent refaictes ou que vous ayez dessus nouvelles lettres pour déroger à l'obmission desdictes clauses. J'ay parlé de ladicte amende, il n'y a pas ung moys, au receveur général de Saluces qui me désespéroit fort le recouvrement d'elles ; mais je viens d'estre adverty par monsieur l'advocat du Roy en ce parlement comme la court a depuys naguères donné arrest contre lesdits habitans de Verzol en vertu duquel ilz ont esté contrainctz mettre en dépôt envyron cinq cens cinquante escuz faisant partie de ladicte amende. Car, ainsi que j'entendz, il a esté cogneu que, déduict ce qu'ilz ont payé durant la vye de feu Gabriel monsieur de Saluces, ilz ne doyvent de reste que ladicte somme ; et afin qu'elle soit recouverte et non esgarée, il vous plaira ne tarder beaucoup à renvoyer le tout.

« Monseigneur, je vous ay quelque foys faict entendre que le commissaire député par ceste chambre des comptes a renovellé les recognoissances des fiefz et arrièresfiefze de la terre de la Bussière que j'ay en engaigement du Roy, m'a dict et asseuré par escript qu'il s'y trouvera de grands larudz (?) deubz audict sieur. Mais voullant procéder ausdictes recognoissances, il s'est trouvé des opposans dont le procès a esté formé et est prest à juger. Et pour ce faire, monsieur le procureur général en ce parlement, pour garder de perdre les droictz du domaine du Roy, a dressé une lettre qu'il est besoing obtenir, ainsi que j'escript à monsieur le premier président de ce pays, qui vous en pourra dire ung mot pour, s'il vous plaist, y estre aydant.

« Monseigneur, je suis tousjours attendant ce qu'il vous plaira me mander pour l'office du lieutennent au siège du vibailly de ceste ville.

« Monseigneur, il vous plaira me tenir tousjours recomandé à vostre bonne grâce et souvenence ; je prie le Créateur qu'il vous donne senité, prospérité, très longue et très heureuse vye.

« De Grenoble, ce treiziesme jour de juing.

« Je viens d'avoir advis que bientost j'auray les soixante aulnes de veloux cramoysy que Madame demande, et ne fauldray incontinant de les luy envoyer.

« Vostre très humble et très obéissant serviteur,
PRUNIER. »

A monsieur de Guyse. — Nouvelles diverses.

« Monseigneur, je dépesche ce porteur devers le Roy pour l'advertir de quelques motifs de guerre dont on menasse le Pape. Je sçay que Vostre Excellence verra ma dépesche que me gardera de vous en fère redicte. Seullement, Monseigneur, je vous suplieray très humblement d'avoir pour recommandé le sieur de Cambys, présent porteur qui vouldroit avoir quelque employement au service du Roy, et je sçay qu'il vous est affectionné serviteur. Au reste, Monseigneur, quant je vous pourray fère quelque service, je me tiendray à très heureux d'y estre employé. En me recommandant très humblement à vostre bonne grâce, et priant Nostre Seigneur vous donner bonne vie et longue.

« De Venize, ce dix huictiesme de juing 1556.

« Vostre très humble et obéissant serviteur,
« D. E. DE LODÈVE. »

« Monsieur, j'envoye ce gentilhomme exprès devers vous pour vous advertir que depuys vostre partement de ceste ville, je n'ay bougé du lict mallade. Toutes foiz, pour cella je n'ay laissé à envoyer journellement devers messieurs de vostre conseil, tant monsieur de Chaallons que aultres, pour savoir quant l'on adviseroit à mectre fin aux affaires d'entre vous et moy, et suyvre la voye amyable qu'il vous avoit pleu choisir. Mais, Monsieur, j'ay touzjours eu responce qu'ilz n'ont nulz povoir de vous; et affin que l'arbitraige que vous et moy avons avisé aict lieu, et que l'on ne vous feïst entendre que je veille m'en eslongner, je n'ay voulu faillir vous advertir en tout pour vous supplier tant humblement que je puys qu'il vous plaise me faire entendre vostre intencion, affin que je l'ensuyve, et si vous plaist ne trouverez maulvais, Monsieur, que pour me achever de guérir je m'en aille trouver l'hair de ma maison, ne partant de ceste ville sans laisser povoir et procuration spécialle pour parachever nosdictes affaires comme si je y estois présant.

« Monsieur, je ne vous feray plus longue lectre, si ce n'est pour vous supplier croyre ce porteur de ce qu'il vous dira de ma part, me tenir du nombre de voz plus affectionnez serviteurs, et qui plus désire vostre bonne grâce, à laquelle tant et si humblement que je puys me recommande, suppliant le Créateur vous donner, Monsieur, très heureuse et longue vie.

« A Paris, ce vingt-cinquiesme jour de juing,
« Vostre humbre serviteur,
« FRANÇOIS DE ROHAN. »

S'ensuit la lettre du Roy, écrite de sa main au pape Paul IV, par mon dit sieur le duc, lors de son partement pour l'Italie.

« Très Sainct Père, puisque, pour le présent, nous ne pouvons entreprendre, pour les causes que vous pouvez penser, d'aller en personne faire ce que nous désirerions de tout nostre cœur pouvoir accomplir pour vous obéir et satisfaire, vous aurez en nostre place nostre cousin le duc de Guyse, porteur de ceste lettre, qui vous représentera ung autre nous-mesmes, estant Vostre Sainteté assez informée en quelle estime, affection et recommandation nous l'avons, quelles sont ses vertus et grandes qualitez et du lien qu'il tient auprès de nous, comme vous dira monsieur le cardinal légat, vostre neveu. Par quoy nous vous supplions, autant affectueusement que faire pouvons, luy parler franchement et ouvertement de toutes choses, et conséquemment le croire et adjouster foy sur tout ce qu'il vous dira de nostre part, comme vous voudriez faire à la propre personne de celuy qui luy a faict entière ouverture de toutes ses intentions.

« C'est vostre très obéissant et dévot fils,
« HENRY. »

Le Roy à monsieur de Lodève.

« Monsieur de Lodève, mon cousin le connestable m'a faict entendre de mot à mot tout ce que vous luy avez particulièrement escript par aucunes de voz lettres; qui m'a esté plaisir, et vous sçay fort bon gré de la peine et diligence dont vous usez à nous advertir si amplement que vous faicte de ce qu'il vous semble estre à propos pour le bien de mon service et conduitte de mes affaires, la principalle partie desquelles et où il est plus que requis et nécessaire de pourvoir, consiste au bon mesnaigement et retranchement des despences inutilles et superflues que j'ay esté contraint de faire durant le temps de la guerre où il a convenu fermer les yeux.

« Mais maintenant que nous debvons jouir du bénéfice de la trefve, il faut que nous nous deschargions le plus que nous pourrons desdictes dépences inutilles, affin d'acquitter nos debtes et faire ung fons suffisant pour nous ayder et subvenir à nous et à nos amis, lorsque l'occasion se présentera. A ceste cause, ayant fait diligemment veoir et visiter les estats que vous m'avez envoyez de Parme et La Mirandolle, où se trouve beaucoup de parties inutilles et superflues, qui ont esté payées durant ledict temps de guerre, combien que par les capitulations que le duc de Parme et comte de La Mirandolle ont avec moy je n'y sois aucunement tenu, à moingt à les continuer en cedict temps de trefve où les occasions de telles despences cessent. J'ay faict dresser un estat de la réduction de ladicte despense de Parme, selon et en suivant la forme desdictes cappitulations, et ung autre desdictes partyes inutiles et superflues que je ne veulx plus estre payées ne continuées oultre ce qu'il est dit par lesdictes capitulations; et ay fait faire le semblable pour La Mirandolle. Lesquels estats j'ay signez, affin qu'ils soient entretenuz et observez doresnavant aux payemens qui se feront de moys en moys, tant audict Parme que La Mirandolle; à quoy vous vous employerez et tiendrez la main, en sorte que mes vouloir et intention soient en attendant ensuiviz, dont j'escripts présentement audict duc de Parme et comte de La Mirandolle, affin qu'ils n'en prétendent cause d'ignorance, et que en cela, pour la singulière affection et dévotion qu'ilz portent à mon service et au bien et prospérité de mesdictes affaires, de me soulaiger de ladicte despence extraordinaire au temps qu'il n'est point besoing de la faire; car ce que je pourray faire d'espargne, une partye sera pour eulx et autres mes amys et alyez que j'ay en ma protection; lesquels ont veu si, en temps de nécessité, je leur ay voullu plaindre aucune chose de tout ce qu'ils m'ont demandé.

« Et davantaige, ne fauldray aussy d'en advertir les commissaires et contrerolleurs qui feront les monstres et assisteront aux paiemens; lesquelles commissaires et contrerolleurs estants réduits au nombre de deux office, seront suffizans pour faire lesdictes monstres audict Parme et La Mirande, sans y employer trois commissaires et trois contrerolleurs, comme l'on a faict jusques icy; et sur tout prenez bien garde que de ce qui reviendra de bon à cause de ladicte réduction il soit tenu bon compte, soit en déduction de l'assignation des prochains paiemens ensuivans et subséquens ou autrement, en sorte qu'il n'en soit riens perdu ny esgaré.

« Au demourant, j'ay escript au général d'Albene sur aulcuns advertissemens qui nous sont venus de quelque remuement que veullent faire les Collonoys contre nostre Saint Père pour le recouvrement de leurs terres, que incontinent il aict à remectre et faire tenir prests jusques à vingt cinq ou trente mil escus oultre la despence ordinaire, soit à Venize ou à Romme, s'il est possible, affin que le cardinal de Tournon et le sieur d'Avanson, mon ambassadeur, s'en puissent prévaloir pour ayder et secourir nostre dict Saint Père, si tant est qu'il en aict besoing pour l'effect dessusdict, en attendant que je feray faire plus ample provision par delà; car je veulx que chacun entende que je ne suis pour aucunement habandonner nostre dict Saint Père ny les siens, mais le maintenir, conserver et deffendre envers et contre tous.

« Monsieur de Lodève, je fais présentement une dépesche en levant, par laquelle j'escrips à Rostan Bascha et le prie très instamment vouloir, pour le devoir de la bonne amytié et intelligence d'entre le Grand Seigneur et moy, pourveoir et donner ordre à ce que Cambray soit remis et restitué en liberté pour s'en venir me retrouver par deçà, et qu'il en face requeste de ma part au Grant Seigneur, s'il est besoing, d'autant qu'il se trouvera, à ce que j'entends, que le supçon auquel on a voulu mectre ledict Cambray est une pure calumpnye. Je mande aussi très expressément au sieur de Codignat que, pour le debvoir de sa charge et sur tout qu'il craint de me desplaire, il tienne la main et face tout ce qu'il sera en luy pour ladicte délivrance, ayant trouvé très mauvais que ung tel discord et différend soit intervenu entre deux de mes ministres, d'autant qu'il y va de la déréputation avec un intérest et préjudice à mondict service. A quoy j'espère pourvoir debrief, si Dieu plaist, auquel je prie, monsieur de Lodève, etc.

« Escript à Fontainebleau, le... jour de juing 1556. »

Lettre de monsieur de Bassefontaine au Roy, dont Sa Majesté fit envoyer coppie au duc de Guyse (1).

« Sire, j'euz sabmedy dernier audience du Roy d'Angleterre, où je lui fis particulièrement entendre divers chefs et articles dont Vostre Majesté m'avoit chargé, m'ayant, quant au premier qui est pour affaire de messieurs de Farneze, faict déclarer par l'évesque d'Arras fort expressément et pour résolution que ce qu'il avoit accordé à madame la duchesse de Parme n'estoit

---

(1) Les deux lettres suivantes font partie des papiers du duc de Guise :

« Monsieur mon cousin, Nycolas Chuert, présent pourteur, m'a serviz pour quelques années, bien acquittant son debvoir; et pour ce que je le vouldroye voulontiers advancer et mectre en lieu pour apprendre la langue françoise, affin de tirer service de luy à l'advenir, comme ayant besoing d'ung tel qu'il sçaiche ladicte langue et escripre; et aussi luy a grand désir pour la comprandre. Par quoy sçaichant que pour ce mesme effect il ne pourroit myeulx estre qu'en vostre service, aussi qu'il me donne espoir qu'il vous rendra deheuz et loyal service en tout ce qu'il pourra, selon sa capacité, avec la très bonne confidence que j'ay en vous, j'ay advisés le vous envoyer, vous priant bien affectueusement, monsieur mon cousin, le vouloir accepter en ma faveur ou le mectre telle part comme bien avés le moyen, affin d'excercer et apprandre, comme desjà il a assez bonne main, d'escripre en allemant. Et en ce ou semblable et en si grande honnesteté seray prest à vous faire plaisir. Priant Dieu que à vous, monsieur mon cousin, doint bonne vie et longue.

« Des Blammont, ce douziesme en julii, l'an 1556.

« Le tout vostre bien affectionné cousin,

« CH., CONTE DE WURTEMBERG. »

« Monseigneur, j'ai receu vos lettres ensemble les lettres patentes impétrées de la part de Madame aux fins y contenues, sur lesquelles j'ay donné mon atache, selon et ensuyvant le vouloir et intencion du Roy plus au long déclaré par lesdictes patentes, vous asseurant, Monseigneur, que incontinant que le recepveur général de Bresse, Beugey et Verommey, aura dressé estat au vray de la recepte et despence par luy faicte pour raison des lotz et obventions escheuz et advenuz esdicts pays, depuys la réception et institution faicte audict estat de recepveur général, comme il luy est mandé faire par madicte atache. Je seray au surplus, Monseigneur, pour le debvoir de ma charge et service que je vous doibz, ce qu'il vous plaira me commande en toutes choses.

« Monseigneur, je suppliray le Créateur vous tenir en sa saincte prospère sancté, bonne et heureuse vye.

« Escript à Paris, le quatorziesme jour de juillet 1556.

« Vostre très humble et très obéissant serviteur, le général de Bourgongne et Bresse, MARLAN. »

point en considération du traicté de la trève, ainsy de grâce spéciale et en faveur aussy de ce que Vostre Majesté avoit accordé pour la reyne Léonore, n'estant aucunement obligez l'Empereur et le dit Roy, au nom des quelz généralement mon dit sieur d'Arras parloit, leur donner la main levée que je demandois, d'autant que leurs biens n'avoient esté saisis et confisquez à l'occasion de ceste guerre, ains quelques mois auparavant, l'Empereur ayant faict appeller à Naples le duc de Parme comme rebelle pour le punir luy et son frère de leurs mauvais depportemens, la guerre n'estant pas lors commencée entre Vos Majestez ; ainsy cela ne dépend pas du dit traicté. Qu'est tout ce que luy peut faire, ayant conseillé au secrétaire de mes dits sieurs Farneze de poursuivre cependant la main levée de sa maistresse qu'il a obtenue. Quant à Crevecœur, ilz respondent contre Dieu et la vérité, car la veille, le jour de la tresve et tout ce temps là, monsieur de Chaunes, qui estoit à Vauselles avec nous, alloit et venoit au dit Crevecœur qui, sans cela, n'eust peu estre occupé, car il y avoit deux mois qu'il estoit en neutralité, et n'avoit aucun ennemy ; ce que j'ay bien remonstré au dit évesque d'Arras qui en faict l'ignorant ; pourtant je leur diray encore, à l'arrivée de ce Roy icy, qui sera dans deux ou trois jours, estant hyer au soir retournées les Roynes pour commencer la reception qu'ilz veulent faire au roy de Bohesme : et d'autant que parlant en ma dernière audience au roy d'Angleterre du pouvoir que Vostre Majesté avoit donné à monsieur le mareschal de Brissac pour accorder les limittes des frontières du Piedmont, il me sembla varier quelquement de ce qu'il m'avoit faict dire auparavant, qu'il en donneroit le pouvoir au marquis de Pescaire ; je l'en requis instamment, ensorte qu'il fut contrainct de me dire qu'il espéroit que le dit marquis s'accommoderoit de tout avec le dit mareschal, et qu'il ne serait point besoing d'arbitres, sur quoy je ne puis juger de leur desseing ; et leur parlant de la manière dont ilz ont outrageusement et contre la trève proceddé aux baulx et oustrées du comté de Chiny, ilz m'ont dit que leur ambassadeur avoit instruction pour en respondre sy besoing en estoit, et que l'intention ny le commandement que Carondelet avoit, n'estoit pas de nuire, mais de garder leur possession comme nous avions tasché de conserver la nostre, et que vos gens, Sire, des frontières les avoient menacé de leur couper bras et jambes, dont ilz se vouloient préserver sans offenser personne, attendant qu'il en fust décidé ; qu'est tout ce que j'en ay peu apprendre après avoir bien faict sonner à ce Roy combien ceste façon est estrange et esloignée de la sincérité et justice de nostre traicté. Quant aux prisonniers, je suis attendant, ce jourd'huy, monsieur de Lallain, le quel est à Louvain ; cependant je vous puis asseurer qu'il se porte fort bien, ainsy que j'ay mandé à madame de Valentinois, mais il n'est possible de faire rabattre un escu à ce Roy de la demande qu'il luy faict. Il désiroit changer d'air, et ay faict toutes poursuites pour cela ; mais monsieur de Savoye respond qu'il fault qu'il en change un bon coup, et sorte en payant sa rançon. Quant à monsieur de Montmorency, les choses en sont demeurées où le sieur de Gordes vous dira, et suivant ce que j'ay mandé à monseigneur le connestable, suppliant très humblement Vostre Majesté faire donner ordre aux deniers des pauvres gendarmes et archers de Bruxelles.

« Ce 14 juillet 1556. »

Autre lettre du dit sieur de Bassefontaine au Roy.

« Sire, par la despesche que vous a portée monsieur de Gordes, Vostre Majesté aura au long entendu l'estat des choses de deçà ; rien n'est arrivé depuis, sinon qu'au partement du roy de Bohesme de Coulogne, l'Empereur l'a tant pressé et feint d'estre nécessaire qu'il s'en allast en Espagne, et son filz en Angleterre, que contre l'inputation du duc de Clèves, ceste visite a esté remise au retour du dit Roy, qui a esté cause que ledit duc n'est pas venu icy, ayant bien senty que l'on ne l'y cherchoit pas ; aussy, par ceste cause, l'Empereur hasta son retour mercredy dernier icy au soir bien tard, où il se renferma en son petit logis, estant le roy d'Angleterre son filz allé jusques à Louvain au devant du dit Roy et de sa sœur, et sont entrez aujourd'huy matin ces deux Roys ayant ceste Royne au milieu d'eux, accompagnés de monsieur de Savoye et autres chevaliers de l'ordre, sans autre grande solemnité ; les deux Roynes douairières de France et de Hongrie les ont receuz à la dernière marche de l'escallier de la salle, où le disner estoit prêt. Leurs salutations achevées, ilz ont disné eux cinq et madame de Lorraine au bout bas sans avoir visité l'Empereur, que deux ou trois heures après le disner. Je pensois que le roy de Bohesme d'eust estre mieux accompagné ; mais outre son petit train ordinaire, il ne se voit chose qui mérite d'estre escrite ; car horsmis un ou deux riches gentilshommes bohémoys, il n'y a prince ny seigneur de l'Empire qui ayt voulu ou daigné suivre en ce lieu, où il ne doit pas faire long séjour à ce que l'on tient. De cela et de toutes les résolutions qu'ilz prendront en leurs affaires, il n'y a que le temps qui me puisse instruire, m'asseurant, ainsy que je vois les choses préparées, que s'il y a plus de dissimulation entr'eux pour un temps que de coustume, l'amytié diminuera plustôt qu'elle n'augmentera. Au mesme instant est aussy arrivé un des gens de monsiegneur le légat Motulé venant de Basle, qui a asseuré que son maistre sera dedans cinq ou six jours icy, où on lui prépare desjà son logement. Cepandant on ne travaille pas à la dellivrance des prisonniers, et envoyent secretement vers eux de lieu à autre leur dire qu'il fault qu'ilz payent leur première taxe, et ainsy les intimident de ceste nécessité, affin d'arracher d'eux ce qu'ilz en veullent contre les traictez et la légagalité qui doit estre entre vos majestés ; ce qui faict qu'il n'y a pas un d'eux, voyant ceste longueur, qui ne voulust avoir vendu jusques à sa propre maison pour avoir liberté; sy nous entrons en communication particulière le dit sieur de Lalain et moy, j'en advertiray Votre Majesté, à la quelle je supplie le Créateur etc.

« De Bruxelles le 6ᵉ jour de juillet 1556. »

Nouvelles de Dauphiné.

« Monseigneur, s'en allant devers vous le chastellain de Tharentaise, je vous ay bien voullu advertir, comme monsieur de Challon faict difficulté, je ne veulx encores dire reffus, de bailler à vostre concierge les huict livres, à quoy il seroit bien besoing que vous pourvoissiez d'ailleurs; car pendant ce beau temps et pour si peu de chose ce seroit dommage de laisser vostre pavillon imperfaict, et donner congé aux ouvriers; s'il vous plaisoit de luy envoyer vostre blanc pour ladicte somme, je m'asseure qu'il ne fera faulte de la fournir; car j'ay entendu de luy que la malladie vient de là, disant qu'il n'auroit seureté de la mectre ès mains de vostre dict concierge, et que l'on luy pourroit après demander en quoy elle auroit esté employée et tenu d'en rapporter les parties. Monseigneur le garde des sceaulx m'a dict encores cejourd'huy comme il a dépesché messieurs les présidens de Savoye et Daulphiné, et pareillement messieurs de Rouen, et qu'il fera signer au Roy tous les articles, et commander audict Petremol de faire lesdits fiefles. J'en ay desjà l'édit et la commission toute grossoyés, et n'attens que la venue du Roy, qui couche aujourd'huy à la Houlsaye. Il sera samedi à Camp, et dimanche à Paris. Je fuz mardi à Villeneufve-le-Comte, où il estoit, pour avoir l'attache du trésor de l'espargne sur le don qui a esté faict à Madame des lotz et obventions de Bresse, que le général de Bourgongne me renvoye avec son attache, que vous portera le tailleur de Madame, qui partira d'icy samedy. Il me reste, Monseigneur, à vous dire que le présent porteur est le chastellain de Tarantaise, de la part duquel je vous ay offert quatre cents solz pour le faire joyr des droictz et auctoritez appartenans à son office. Il s'en va devers vous pour vous présenter requeste, et ne demande aultre chose que le renvoy au général de la charge. Monsieur Coiffier peut sur icelle vous donner son advis, affin d'en ordonner après vostre bon plaisir. Cela viendroit bien à propos pour achever vostre pavillon sans anployer mondict sieur de Challon, si le voulloit advancer.

« Monseigneur, je vous envoye une lettre d'office de notaire à Saumur, de laquelle on présente cinquante mil livres qui est la somme à quoy elle a estée taxée, combien que les dernières ayent esté laissées pour quarante mil livres Et de laquelle monsieur de l'Estang, escuyer de madame Marguerite, avoit offert soixante mil livres, qui m'a dict n'avoir depuys veu son homme, affin que, s'il vous plaist qu'elle soit dellivrée pour lesdits cinquante mil livres, commandiez qu'elle soit scellée, et me la renvoyer pour en recevoir l'argent, et le bailler ou envoyer à qui il vous plaira ordonner.

« Monseigneur, je supplieray le Créateur vous donner en parfaicte santé très heureuse et très longue vye.

« De Paris, le seiziesme juillet.

« J'ay oublié dernièrement à vous présenter ces deux permissions que je croy que trouverez raisonnable, sur l'une desquelles a jà passé monsieur de Cleremont, et ne reste que vostre ratification; l'autre est pure et simple.

« Incontinant que mon édict et la commission seront scellez, je m'en partiray avec monsieur le président Petremol, et ne bougeray d'auprès de luy pour l'exécution des fieffes, et luy tiendray maison de commission, espérant qu'il s'y emploira ainsi qu'il vous a promis, et sans perdre une heure de temps.

« La lettre de notaire à Chambéry est pour l'un des serviteurs de monsieur le président Vallentier qui paiera comme les aultres au payer ainsi qu'on a accoustumé.

« Vostre trèshumble et très obéissant serviteur,

« RICHER. »

Nouvelles du chasteau de Guyse.

« Monseigneur, vous sçavés comme il a esté ordonnez trente hommes de pied de renfort pour la garde de vostre château, que monsieur de la Baune me faict bailler par les mains de Beaufort, et ont faict monstre depuys huyt jours pour le moys de juing. Et pour autant que par ci devant vous a pleu me dire que n'entendiez avoir pour la garde de vostre dict château aultres gens que de voz subjetz naturelz, je n'ai vollu faillir vous advertir que ungne bonne partie desditz trente hommes n'en sont, et y en a d'aussy mal cogneuz qu'il est possible; vous suppliant me mander sy entendés qu'ilz soyent moins subjetz que voz mortepayes; car ilz m'ont dit que ledict sieur de La Baune leur a mandé que en couchant chacun jour à la place, ayant faitcz leur garde chacun à son tour, qui n'est que à sept ou huyt jours, ungne foys qu'ils sont quittes qui leur seroit grande liberté de partir à toutes heures de la place sans congié. Au reste, Monseigneur, j'ay en l'absence dudict sieur de La Baune faict la monstre desdictz trente hommes. Or m'a esté ordonné par le commissaire dix francs avec ma simple paye, comme celuy qui a commandé aulx ditz trente hommes. Néanmoins j'ay depuys entendu que ledict sieur de La Baune entent faire donner leur estat à ung aultre. Toutefoys les lieutenans des places en Picardie commandant en telles choses et en ont receu la paye comme j'ay faict, comme pourés veoir par la coppie d'ung estat que je vous envoye, vous suppliant que en cela il ne m'y fasse tort, et vous prye en mander vostre volloir et intencion; car la poursuyte qu'il entent faire d'avoir ung caporal aulditz trente hommes n'est que pour me fâcher et baillier ung homme qui me contredie, veu que quant il avoit cent hommes il m'en avoit point et en pourchassoit ung n'en ayant que trente. Au surplus voz ouvraiges se portent très bien, Dieu mercy, de sorte que en bref temps nous aurons monté la devanture du boulvert de derrière l'église de vostre château. J'atens journelement nouvelles du messager par lequel vous ay faict entendre la faulte de boys que avions en voz bricquetenes, qui nous est failly aulx bricquetenes d'embas, ceste sepmainne, et ay esté contrainct en faire mener du chateau ausdits bricquetenes. Atendant la response de mes lettres, Monseigneur, je supplie Nostre Seigneur vous donner en santé très longue et très heureuse vie.

«De vostre chateau de Guyse, le dix neufviesme juillet 1556.

«Vostre très humble et très obéissant serviteur,

«Leschelle. »

Lettre du cardinal de Lorraine au duc de Guyse son frère, sur le sujet des prisonniers.

«Monsieur mon frère, depuis vous avoir dernièrement escrit, nous n'avons faict autre chose sinon continuer nostre voyage, de sorte que le Roy arriva hyer en ce lieu, et le jour précédent monsieur le connestable avoit envoyé devers Sa Majesté, Gordès, nouvellement revenu de Flandres, lequel a rapporté que monsieur de Montmorency est rançonné à cinquante mil escus, que monsieur le connestable faict ramasser pour le fournir dans la fin de ce mois, affin de le faire incontinent retourner. L'Empereur et le roy d'Angleterre sont d'accord de mettre tous les prisonniers à rançon, et les renvoyer l'un après l'autre; ilz les salleront sy bien que ilz ne crieront pas aux larrons. Vous pouvez penser que le sieur de Bouillon ne sera pas quitte à meilleur marché. Ilz s'opiniastrent à en vouloir avoir quatre vingt mil escus; toutesfois le dit de Gordes croit qu'ilz s'accorderont à soixante mil; il y a au reste de grande pauvreté et nécessité par delà à ce qu'il dit, qu'ilz ne sont pas pour se remuer ny pour faire la guerre, de façon que nous jouirons de la trefve pour le temps qu'elle a esté accordée, et davantage s'il plaist à Dieu. Monsieur le légat ne parle poinct encore de s'en retourner, et est icy où nous ne mangeons pas de bonne chère; nous en partirons dimanche pour aller à Escouen et à Paris, puis nous irons passer à Meudon et Dampierre, où je n'oublieray pas à bien festoyer mes hostes, et mettray peyne de leur faire veoir le logis bien dressé et paré. Qu'est tout ce que je vous puis escrire.

«De Chantilly, ce 21 juillet 1556.

«Vostre très humble et obéissant frère,

« C. cardinal de Lorraine. »

Lettre de monsieur de Bassefontaine, ambassadeur aux Pays-Bas, au Roy.

«Sire, depuis le partement du sieur de la Bourdaizière, l'allarme a été fort grande du partement du Castellan de Milan; et d'autant que son filz est encore au chasteau, ilz ont envoyé en Italie trois ou quatre couriers les ungs sur les autres, tant ilz ont peur que le chasteau ne se perde, et s'alamentoit hyer la royne de Hongrie à bon escyent avec la royne Léonore. D'autre part ilz continuent leurs plaintes du département du Pape, et pensent que le gentilhomme de monsieur le légat Caraffe, qui est arrivé pour aller rencontrer le légat de Pize, vienne pour autre intention, ne croyans en façon que ce soit qu'ilz ayent envye de parler de la paix, parceque ceste cour tient pour certain qu'elle est rompue en Italie, de tant plus que les ministres de Vostre Majesté ont mis la main aux armes et envoyé des forces pour s'emparer de Thiny, jusque là qu'ilz avoient faict marcher de l'artillerye; et se publie de plus, vers Metz et Lorraine, vostre cavalerie ce renforce et que l'on faict munir et avictuailler vos places, en telle dilligence et précipitation que de là on ne peut attendre que la guerre et rupture du dernier traicté; ainsy le tient-on icy, chacun s'estonnant que j'y demeure encore, d'autant que depuis deux jours on a arresté chevaux et chariotz, comme aussy en toutes les villes voisines, pour mener à Gyve, Philippeville et autres places vingt canons et autant de moyennes pouldres, piques, hallebardes, boulets, et telles munitions qui passent aujourd'huy à la veu d'un chacun à Louvain, tout ainsy que sy une armée marchoit, et se faict le semblable partout, tant ilz se hastent; aussy furent hyer renvoyés les cappitaines, et est ceste nuit party monsieur de Meyhen, gouverneur de Luxembourg, en extrême dilligence, qui n'est pas fort habile homme ny estimé par delà digne de sa charge. Il n'y a pas une heure que monsieur de Savoye m'a mandé, luy ayant faict parler de la lyberté de monsieur de Montmorency, qu'il ne se falloit pas attendre à quelque chose que monsieur de Bugnicourt eust arresté et non seulement à la liberté de celui-là, mais de mil autres, veu vos déportemens, et que sy le Roy son maistre vouiloit endurer telles bravades qu'on faisoit vers Luxembourg, que luy ne le permettroit pas, avec beaucoup de haultes paroles qui rompent pour ceste fois la négociation des prisonniers. Le sieur Rigenesme n'en dit pas moins ne parlant que de la rupture de la trefve, disant que c'est chose indigne d'un prince de jurer ce qu'il ne veut pas entretenir, et que monsieur le connestable avoit tenu des propos à leur ambassadeur depuis le retour du sieur de Gordes qui ne sembloient avoir rien de conforme à l'amytié que l'on devoit entretenir, dont j'ai bien voulu faire ce mot de despescher en hâte, afin que Vostre Majesté entendît comme nous en sommes icy et cependant donnast ordre du costé de Luxembourg où les dittes choses pourront tomber en aigreur, etc.

« A Bruxelles, ce 24 juillet 1556. »

Lettre du cardinal de Lorraine au duc de Guyse son frère.

« Monsieur mon frère, il n'est rien survenu icy depuis mes dernières, sinon que dom Jean de Luna, Castellan de Milan, est venu en ceste cour et arriva à Senlis il y a trois jours, ayant abandonné le service de l'Empereur; pour autant que pour satisfaire et appaiser dom Ferrand il luy a osté ce gouvernement, dont il a esté si fasché et mal content qu'il ne l'a peu comporter, d'autant mesme que le roy d'Angleterre luy avoit promis de luy tenir main à cela et faire que ceste authorité ne luy seroit ostée, mais il ne l'a pu empescher. L'ambassadeur du Roy nous advertit incontinent qu'on a sceu la nouvelle de son partement et dit que toute la cour et les serviteurs de l'Empereur en sont fort troublez et faschez pour la cognoissance et intelligence qu'il a des affaires du duché de Milan. Il a faict la révérence au Roy, qui lui a faict bon accueil, l'ayant receu à son service; je le trouve homme de belle apparence et promet faire chose pour le service du Roy, dont le dit seigneur aura contentement. Il n'a encore rien déclaré ny faict aucune ouverture dont je vous puisse donner advis, ce que je feray à l'occasion. Nostre dit ambassadeur ne mandoit autre chose par ses lettres, sinon que le roy de Bohesme est par delà, lequel n'est peu tomber d'accord avec le prince d'Espagne et s'en doit retourner bientost fort mal content, dont l'Empereur de son costé est bien marry, voyant combien cela importe pour l'establissement des affaires de son filz, qui luy faict désirer retourner en Espagne, dont il y a grand bruit icy, ce que a gardé jusques icy de le croire comme on faict à présent, ayant esté le peu de soing que l'on prenoit au ravictuaillement de ses navires où on travaille à présent; on verra ce qui en arrivera, mais il vaudrait mieux le voir que d'en prandre l'espérance; au surplus ilz attendoient le légat en délibération de le bien recevoir et luy faire tout l'honneur dont ilz se pourroient adviser, l'Empereur ayant ordonné que les ditz roys d'Angleterre et de Bohême luy soyent au devant. Cependant, je vous diray que l'argent de la rançon de monseigneur de Montmorency est party, et espère monsieur le connestable dedans ceste my-aoust ravoir son filz. Les deux Brosses et les deux Villeclair sont retournez et se sont sauvez, qui pourra causer que les autres seront plutost mis à rançon. La Bourdaizière est venu sur sa foy faire argent pour le payement de la sienne. J'ajouterai que le seigneur dom Alphonse reçut hyer l'ordre à Chantilly, dont nous sommes partys ce matin après y avoir faict longuement bonne chère, estans venus au gist en ce lieu où nous serons jusques à mercredy que le Roy sera à Paris, et jeudy matin dès cinq heures doivent courir aux lices huit, contre huit dont le Roy sera l'un, et rompront chacun six lances pour montrer à monsieur le légat ce que nous savons faire, et y séjourneront jusques à dimanche que le voyage se continue chez moy à Meudon et Dampierre, ainsy que je vous ay faict entendre. Je me recommande très humblement, etc., priant Dieu, etc.

« D'Escouan, ce 26 juillet 1556.

« Vostre très humble et obéissant frère,

« C. CARDINAL DE LORRAINE. »

Lettre du cardinal de Lorraine au duc de Guyse son frère (1).

«Monsieur mon frère, je vous diray que, le jour que nous nous séparasmes, je vins trouver le Roy à Fontenay, où monsieur le prince de Ferrare s'estoit blessé et desnoué un pied, et de mauvaise fortune, de sa bonne jambe, dont il a esté bien malade et se porte bien neant-moins à présent. Nous allons à Chantilly, de là à Paris, de Paris à Meudon, de là à Dampierre, puis à Saint-Leger et de là à Annet, de sorte que nostre retour à Fontainebleau ne sera que vers la fin du mois d'aoust. Au partir du dit Fontenay fut despesché l'ambassadeur de Ferrare, qui s'en alla avec les plus honnestes parolles du monde de la part du Roy qui escrivit de sa main. Mais du costé de monsieur le connestable, vous ne veistes oncques chose plus froide ny sy maigre, de façon que sans moy mon dit seigneur le prince a esté prest de tout rompre. Voyant mesme d'autre costé pour moustrer que tous ceux qui s'adressoient à luy sont favorisez, il avoit faict donner une pension de quatre mil escus au dit dom Alphonce, sous ombre qu'il faict semblant se ranger de son costé, chose que j'ay trouvé très bonne, et doit recevoir l'ordre le lendemain que nous serons arrivez à Chantilly : de quoy le dit seigneur prince sembloit estre un peu jaloux et altéré; toutesfois je l'ay remis et faict qu'il ne trouve maintenant que bon. Voilà, monsieur mon frère, quant à ce point que je quitteray pour vous dire que les choses ne sont si eschauffées du costé de Rome qu'on les faisoit, et combien qu'il y ait toujours quelque bruit d'assemblée et entreprise, sy n'y en a-il encore point d'apparence et ne s'en descouvre rien, à ce que mande monsieur le cardinal de Tournon; et se trouve Palliano sy bien fortifié et nostre Saint-Père sy bien muny, qu'il n'a nulle occasion d'estre en crainte; ce que voyant, monsieur le légat s'est résolu de ne partir encore de trois semaines ou un mois, attendant l'arrivée de l'autre légat son compagnon en Flandre, où il doit bientost arriver pour entendre quelque chose de sa négociation. Et à ce que j'ay veu par deux petites lettres de monsieur de Bassefontaine, toutes choses sont en repos du costé du Pape et ne se remue rien pour luy demander du costé de l'Empereur. Au reste, monsieur le légat commence fort à se déclarer, et est allé en poste à Paris avec Cipierre et monsieur d'Arles, qui l'ont mené loger chez Boisdauphin, dont il est retourné aujourd'huy; il va à la chasse, joue à la balle et joue avec monsieur de La Rochefoucault; il n'est possible de se mieux déclarer qu'il faict : qu'est tout ce que je vous puis escrire, etc.

« Vostre humble et obeïssant serviteur,

«C. Cardinal de Lorraine.»

« A la Saulsaye, le 27 juillet 1556. »

Coppie de la lettre envoyée au Roy par monsieur de Bassefontaine, son ambassadeur en Flandres.

« Sire, je n'ay que respondre à vostre lettre du 17, si ce n'est que depuis trois jours monsieur de Lalain, le président Viglius et de Bruxelles sont venus en mon logis pour s'excuser de la longueur dont ils ont usé au fait des prisonniers, et lors, comme encore hyer matin, nous nous abouchasmes tellement que nous y avons travaillé par ensemble l'espace de six heures en deux fois. Toutesfois, je les trouve sy entiers en tout ce qu'ilz ont demandé et estimans les leurs sy peu en comparaison des nostres, que je ne sçay qu'en dire; ilz ont voulu que tous soldatz, cappitaines, lieutenans et porte enseignes de gens de pied payassent leur année, qu'est une chose contre justice; quant aux enfans de famille, ilz veullent avoir esgard à la qualité de leur père, et veullent rapporter cela à leur conseil, et ne veullent eschanger aucun prisonnier à autre, mais bien que chacun soit taxé comme messieurs le comte de Villardz, La Rocheguion et d'Estrée. Quant à la qualité du comte de Mansfeld, ne voulant qu'elle soit autre que du dit sieur comte de Villardz, aussy celle du comte de Pontdevaux et de M. de La Roche, ilz l'ont remis à leur conseil; et voyans que le bastard de Sombraye estoit taxé à cinq mil escus, qu'est une taxe insupportable, la qualité de Silly sera esgallée avec celle d'un autre gentilhomme de la maison de l'Empereur. Je crains ne pouneur le cardinal de Guyse. Au suplus, Monseigneur, monsieur d'Amiens m'a dict qu'il a receu les lettres qu'il vous a pleu luy escripre par Boucherat, et que je vous face savoir qu'il est sollicité de par monseigneur le cardinal de Lenoncourt et ses nepveus de ce que savez, et que s'il vous plaist en ayez souvenance.

« Monseigneur, je supplie le Créateur vous donner en parfaicte santé très bonne, longue et heureuse vye.

« De Chantilly, ce vingt sixiesme jour de juillet.

« Vostre très humble et très obeïssant serviteur,

« Basdoulx. »

---

(1) La lettre suivante, qui fait partie des papiers du duc de Guise, se rapporte aussi aux nouvelles que le cardinal de Lorraine donnait à son frère :

« Monseigneur, monseigneur le cardinal a donné à monsieur de Beauregard la permission d'accepter les six cents livres de Salusses, que j'espère toucher à Paris et despartir ainsi qu'il vous a pleu m'escripre. Nous partons pour aller à Estcouen, de là jeudy à Paris, puis à Dempière, à Sainct Ligier et Annet-des-Hersoir. Monseigneur le cardinal avoit délibéré vous escripre; mais je croy qu'il a différé pour vous faire savoir nouvelles de Rome. J'ay prié monsieur de Villendry d'en escripre à monsei-

voir pas contenter tous les dits prisonniers comme je désirerois; toutesfois, ilz m'escrivent sy souvent de leur misère, que pour peu de chose il sera plus utile à vostre service et à leur santé de les retirer estans plus mal qu'entre les Turcqz. Quant à monsieur de Montmorancy, ilz n'ont voulu toucher à cette partie comme chose qu'ilz tenoient comme bien estimée, de même que la taxe de M. de Bouillon. Je verray, négociant pour la généralité, s'ilz en voudront rabattre quelque chose, louant Dieu, Sire, qu'ilz n'ont plus grand moyen pour exécuter leur mauvaise volonté. »

Lettre du cardinal de Lorraine au duc de Guyse son frère.

« Monsieur mon frère, hyer au soir, depuis mes lettres escrites, nous receusmes de bien mauvaises nouvelles de Rome : car le 13 de ce mois la ville a manqué d'être surprise par les intelligences des Impériaux qui desjà avoient faict entrer deux mil hommes gens de guerre desguisez et travestis, lesquelz s'estoient logés en divers logis des serviteurs de l'Empereur, et ce jour mesme estoient partis du costé de Naples et de Florence, environ huit mil hommes, et les gallères de l'Empereur qui estoient à Ostia pour favoriser l'entreprise ; mais Dieu a eu pitié de ce bon homme et voulu que le tout a esté descouvert par un courrier qui fut pris portant lettres et mémoires où le faict estoit contenu ; ce qu'ayant veu, le Pape les a faict prandre, et là-dessus a faict une congrégation où il voulut que tous les ambassadeurs qui sont auprès de luy assistassent pour leur faire entendre le faict, et monstrer comme il estoit traicté de l'Empereur. Je vous laisse à penser en quelle peyne peut estre Sa Saincteté de veoir la guerre ouverte par de là, où je vois un grand inconvénient et nos places du Siennois en grand danger, ne pouvant estre secourues assez à temps, veu mesme que nous n'avons pas un sol.

« Ceste armée est conduite par Marc Antoine Colonne, et disent les ministres de l'Empereur que ce n'est pas leur maistre, mais le dit Marc Antoine, qui, avec le duc de Florence, a faict ceste entreprise. Leur desseing est d'approcher les gallères de Rome le plus qu'il leur sera possible pour empescher les vivres, qui est le vray moyen de les affamer. Autres disent que l'Empereur veult faire faire deffence à ses subjets d'aller plus à Rome pour expédition, qui est se retirer de l'obeïssance du Pape. Lequel d'autre costé a mandé aux cardinaux espagnolz, qui sont à Milans et autres lieux, lieutenans et gouverneurs du dit Empereur, parce qu'il croit qu'ilz sont participans et consentans à ceste machination, de se trouver à Rome, délibéré, à deffaut de ce faire, les priver de leurs chapeaux et biens ecclésiastiques ; les quelz voyans ces remuemens avec ce qu'ilz pourroient estre trouvez coupables du faict, ne seront pour y obéir, de façon qu'on ne peut espérer qu'un schisme en l'Église et une imminente ruine en la société. De quoy je porte tel ennuy que vous pouvez pencer, tant pour la réputation du Roy nostre maistre que beaucoupt plus pour l'intérest de toute la chrestienté, car vous sçavez comme les Allemands et protestans feront là dessus de beaux discours : aussy n'en auront faulte de subjet à leur grand advantage. On attend en Flandre, ainsy que vous verrez par ma lettre, le légat de Sa Saincteté, lequel l'Empereur délibère retenir et ne le rendre que ceux qui ont esté pris par de là ne soyent remis en liberté ; vray est que le Pape ayant descouvert tout cecy luy a ordonné de retourner ; mais j'ay peur que ce soyt trop tard. D'autre costé, le Colonnois menace de se saisir des places que tient Sa Saincteté devers Naples, qui vallent beaucoup mieux que celles qu'on a pris sur eux, et les veullent fortiffier disans qu'en rendant ils rendront et non autrement.

« Monsieur le légat, qui est ici, est fort estonné de ces nouvelles et faict son compte de partir dedans deux jours, de sorte qu'il ne fera le voyage de Meudon ny d'Anet comme nous espérions. Monsieur le cardinal de Tournon voyant tous ces tumultes, s'est retiré à Venize dès le 17 de ce mois, mais avec licence du Pape, qui a monstré n'en estre pas trop marry. »

A ce que dessus est adjousté cecy de la main du dit cardinal. « Monsieur mon frère, hyer nous eusmes nouvelles du sieur de Bassefontaine, qui mande que le duc de Savoye et Rigaulme l'avoient fort bravé et luy avoient dit que monsieur de Montmorancy n'estoit pas un prisonnier et ne seroit lasché, et envoyent gens par les frontières faisant mine comme s'ils vouloient rompre, quoiqu'à ce qu'il dit ilz en ayent plus de peur que d'envye. Nous verrons comme tout se passera. Il y en a de bien empeschez. Le mareschal et moy ne faisons semblant de rien et laissons desmesler la fusée à qui l'a embrouillée. Nostre maistre est bien empesché et me faict meilleure chère qu'il ne fit jamais. Je vous supplie et mes frères de ne faire semblant de ce que je vous escris, car nos ministres de Rome escrivent que tout est si bien pourveu que l'on ne doit rien craindre, puisque les ennemys ont failly leur coup et se sont retirez, et n'y a nouvelle qu'ilz s'amassent. Le Pape a dix mille hommes et nous couste bon ceste deffencive. On se fasche bien du légat et ne le peut-on faire partir. Il est fort mal content, il voit bien comme tout va. Je ne fus jamais sy heureux que de ne m'en estre meslé. Je me recommande à vos bonnes grâces de tous trois, et vous supplie qu'elle vous soit commune, etc.

« D'Escouan, ce 27 juillet 1556.

« Vostre très humble et obéissant frère,

« C. Cardinal de Lorraine. »

Lettre de M. Bourdin au duc de Guyse.

« Monseigneur, ceste despesche sera la troisiesme que vous avez eue de moy depuis vostre partement de ceste cour, avec les quelles je vous ay ordinairement envoyé tout ce que nous avions receu de monsieur de Bassefontaine, comme je faitz encore présentement de ses deux dernières despesches, par les quelles vous verrez, Monseigneur, quelle différence il y a d'un jour à l'autre, et en quelle opinion ceux de delà demeurent d'une rupture, dont, comme je pense, la seule crainte qu'ilz ont les fait parler ainsy ouvertement. Je me remettray de tout au contenu des dites despesches, et vous diray seullement que le castellan de Milan, nommé dom Juan de Lune, arriva à Chantilly le 25 de ce mois; a offert de faire service au Roy au quel il s'est entièrement dédié, portant si impatiemment l'injure que l'Empereur luy a faicte, de l'avoir privé de son estat de castellan sans l'avoir pourveu du gouvernement de Sardaigne, comme il luy avoit promis, qu'il ne veult point mourir sans s'en estre vengé par tant de recommandables services qu'il fera au Roy, au dommage et détriment du dit Empereur, que le monde congnoistra quel il est, et s'il est homme qui veuille souffrir un tort faict à son honneur.

« Vous avez veu, Monseigneur, et beaucoupt mieux que moy entendu la suffisance et le mérite du personnage, estant, à ce que l'on dit, fort estimé de toutes les parties qui appartiennent à un prudent et vaillant cappitaine, et est la cour de l'Empereur aussi faschée et troublée qu'il est possible. Il baisa la main au Roy au dit lieu de Chantilly, et s'est depuis retiré à Paris, où il attend l'arrivée de Sa Majesté et ce que on luy voudra ordonner. Nous y allons demain disner, pour y séjourner jusques à dimanche que le Roy doit partir pour aller jusques Annet.

« Monseigneur, je me recommande, etc.

« D'Escouan ce 28 juillet 1556.

« Votre très humble et très obéissant serviteur,

« Bourdin. »

Depuis son partement de la cour, le duc de Guyse continua d'estre informé, pendant son sé-jour à son château de Joinville, des nouvelles de l'étranger. Ses secrétaires lui escrivirent aussi les lettres suivantes relatives à ses affaires particulières; et mesme le sieur Cadignac, qui avoit esté envoyé à Constantinople pour y achepter des chevaux, lui écrivit aussi.

« Monseigneur, du cappitaine Toteinx, par lequel j'ay receu vostre dernière lettre, j'ay entendu que ne vouliez les chevaulx que m'aviez demandez, sinon qu'ilz feussent choisis par le sieur de Morenger présent porteur. Ce sera cause que pour ceste heure ne serez servy que d'ung, lequel à grande difficulté avons recouvert; car luy en ayant faict veoir ung nombre que j'ay en mon logis, il ne y a trouvé chose qui l'aye contenté, faisant veoir à l'œil les deffaultz que nous qui n'avions pas si grande expérience n'avions pas congneuz. Et pour ce qu'il ne s'est pas offert l'occasion d'aller en la Natolie en achapter pour le Roy, pour n'avoir le moyen du denier, où je l'eusse prié d'en achapter quelque ung pour vous, je luy ai faict veoir tous les chevaulx de ceste ville, où il n'a trouvé chose digne pour vous, comme il vous pourra tesmoigner, que le cheval qu'il vous meyne, pour le peu de chevaulx qui se treuvent depuis les guerres de Perse, où s'en sont perdus beaucoup. Et pour ce que le Beglierbey de la Grèce en a mené grant quantité à la volte d'Hongrie, où il se treuve campé, a esté merveilleusement cher, ayant cousté de prim achapt deux cens escuz, non que j'en recherche le remboursement, Monseigneur, mais pour vous supplier de croire que je n'eusse espargné chose du monde, quant j'eusse trouvé ung segond pour l'acompaigner, à quelque pris que s'eust esté; car ne recongnoissant moy que de vous tout le bien et honneur que j'ay, je délibère de despendre pour vostre service non seullement les biens, mais le corps et la vie; laquelle je ne veulx maintenir que soubz vostre protection, désirant l'employer pour vous et les vostres en tous les endroictz que je congnoistray que sera vostre service.

« J'attends ung homme que j'ay à la court depuis neuf moys, pour avoir l'assignation d'une somme de deniers que le Roy doibt icy à ma requeste, pour, m'estant acquité envers mes créditeurs, havoir le moyen d'envoyer en Natolye achapter une douzaine de poulains que je nourriray chez moy, pour vous accommoder de ce qu'en réuscira de bon, quant ils seront de service, espérant, Monseigneur, que passé ung an ou tant j'auray tousjours le moyen de vous mectre à cheval, à vostre fantaisie, à quoy je ne veux vacquer pour le passé pour les grandes

19.

despences que en temps de guerre m'a convenu faire pour les affaires de Roy, à la peine de ne tirer rien de ses Turcqz pour son service.

« De cela et aultres des païs que pourriez désirer entendre, ledit sieur de Morenger vous donnera plaine et entière information, m'en estant remis sur luy pour ne faire tort à sa suffisance.

« Monseigneur, je suppliray le Créateur vous donner en très bonne santé, heureuse et longue vie.

« De Constantinople, ce pénultiesme de juillet 1556. »

« Monseigneur, j'ay offert argent audict sieur de Morenger pour faire la despence dudict cheval et du garçon que je luy ay baillé pour l'amener jusques en France; mais il m'a dict qu'il voulloit faire la despence luy-mesmes.

« Vostre très humble et très obéissant serviteur. « CODIGNAC. »

« Messieurs mes cousins, j'ai bien voulu vous advertir, par ce mot de lettre, que mon arrivée des Pays-Bas a esté en ce lieu ce jourd'huy, comme vous dira cest ambassadeur porteur de ceste, auquel j'ay donné charge vous faire entendre de mes nouvelles. Et pour ne faire tort à sa suffisance si grande et telle que la congnoissez, me reposeray sur icelle et vous prieray bien fort, Messieurs mes cousins, vouloir adjouxter foi ad ce qu'il vous en déclairera. Me recommaudant en cest endroict bien humblement à voz bonnes grâces, priant le Créateur vous donner, Messieurs mes cousins, en continuation de bonne santé, très longue vie.

« De Trèves, ce dernier juillet 1556.

« Vostre bien humble cousin et amy.

« NICOLAS DE VAUDEMONT. »

« Monseigneur, j'ay différé jusques icy vous envoyer ung tiercelet, par ce que ceulx que j'ay recouvert ne me sembloient assez beaulx; cependant il m'en est mort cinq. J'ai recouvert cestuy-ci d'un de mes amys qui m'a asseuré estre d'une fort bonne ayre. Je vous supplye très humblement, Monseigneur, la prendre de bonne part. Il ne se présente riens du costé de noz voisins digne de vous; si j'entendz quelque chose ne fauldray vous en advertir.

« Monseigneur, je prye notre seigneur Dieu vous donner, en parfaicte santé, heureuze prospérité, très bonne et longue vye.

« De Moyce, premier jour d'aoust 1556.

« Vostre très humble et très obéissant serviteur. « ROBERT D'AULCOURT. »

« Monseigneur, suivant la lettre qu'il vous a pleu m'escripre du vingt deuxiesme du passé, j'ay baillé à la femme de mon compagnon Millet les cinquante escuz d'or sols, receuz de l'office de notaire à Saulmur; et quant aux huit cens livres que avez escript à monsieur de Challon fournir, il ne luy en a esté depuis parlé.

« Vous savez, Monseigneur, que la lettre du Roy que m'avez à vostre partement commendé faire dépescher, pour bailler à ferme le greffe du Mans, appartenant à Pierre Auroy, afin de veoir l'intérest que le Roy pourroit avoir à l'occasion de l'érection de vostre marquisat, et la récompense que vous luy en debveriez faire, ne l'aiant trouvé bonne ledict Auroy, il en a esté dépesché une autre dont je vous ay bien voullu envoier la coppie. J'ay depuis entendu que vous avez autre récompense à faire où je crois que n'avez encores pensé, qui est pour la diminucion du greffe des appeaulx, au siège présidial du Mans, dont est pourveu monsieur le secrétaire Burgensis. Je m'asseure que vous en ferez avec luy tout ainsi qu'il vous plaira. J'ay, cejourd'hui, parlé à monsieur le Camus, lequel faict quelque doubte de partir encores pour vous aller trouver à Joinville, combien que monsieur Boucherat luy ayt faict entendre vostre intention, et attendroit voulontiers responce du pacquet que je vous ay envoié où estoit la minute de son povoir. La cause principalle pour quoy il le fait, est pour ce qu'il ne sçait comme voulez qu'il informe à Guise contre voz officiers. Il m'a prié de vous escripre encore de rechef que, si entendez qu'il instruise les procès jusques à sentence deffinitive exclusivement, qu'il sera besoing qu'il meine ung clerc expérimenté; mais si vous voullez qu'il informe tout simplement pour après vous estre par luy le faict rapporté, qu'il ne sera besoing que du sien; si la responce de vostre intention luy povoit venir à temps, il donneroit mieulx ordre à cela et aux vostres affaires et siennes. C'est ce qu'il m'a prié vous en escripre. Messieurs de Rouen n'ont esté encore dépeschez et sont remis à Annet, où le Roy sera dans huit jours. Je les suivray, et nostre édict publié, il ne tiendra à moy ne à argent que monsieur le président Petremol n'entre en besogne et vous en recepte.

« Monseigneur, je supplieray le Créateur vous donner, en très bonne santé, très heureuse et très longue vie.

« De Paris, ce deuxiesme aoust 1556.

« Vostre très humble et très obéissant serviteur, « RICHER. »

« Monseigneur, hier soir je receu le pacquet

qu'il vous a pleu m'adresser, dans lequel estoient les lettrs que j'envoye à monsieur Bourdin, qui est avec monsieur le connestable à Escouen. Je porteray demain à monsieur de Beauregard les siennes à Sainct-Ligier, où le Roy va, au partir de Dempierre, où il est allé après avoir disné à Memby. J'ay laissé à vostre concierge, présent le frère de Millet, le blanc des six cents livres de Salusses, qu'ilz prendront du trésorier de Bourg, dans trois jours, comme il nous a promis.

« Au surplus, Monseigneur, je me suis enquis particulièrement à messieurs de Challon, Doyen, Boucherat, Camus et Pestelle, de vos affaires, et pryé qu'ilz vous en escripvissent; mais ilz disent qu'ilz ne savent de quoy.... *(sic)* mondict sieur de Challon. A ce que je puis entendre, l'arrest contre monsieur de Gyé n'est encores levé à faulte de deniers, au moyen de quoy on n'a point besogné à l'arbitraige, et me doubte, si vous ne commendez, que ceste matière sera longue, estant les arbitres gens de pallaiz qui ne s'assemblent guères ailleurs que ès festes, et si ne besongnent que deux ou trois heures et par adventure quelques ungs vouldroient estre payez à leur mode. Je vous supplye très humblement, Monseigneur, ne trouver mauvaiz ce que je vous en escry icy, car il me semble que je le doy faire.

« Je suis allé voir Duvivier pour sçavoir quant il seroit prest d'aller à l'exécution de l'arrest du réglement de voz forestz. Il me dict qu'il ne tient pas à luy. A ce que je puis entendre, on n'a pas payé les espices dudict arrest, combien qu'il ait esté levé soubz la parolle dudict Duvivier de les faire payer. Messieurs de Challon et Boucherat m'ont dict qu'ils ont communicqué aux gens du Roy la lettre qu'on m'avoit envoyé pour monstrer à vostre conseil et qu'ils treuvent qu'il n'est besoing qu'elle soit expédiée. Le contenu de la lettre est de faire partaige entre le Roy et vous de certaine terre de l'enclave de vostre principaulté.

« Monseigneur, je supplie le Créateur vous donner en perfaicte santé très bonne, longue et heureuse vye.

« De Paris, ce troisiesme aoust.

« Vostre très humble et très obéissant serviteur, « BASDOULX. »

« Monseigneur, j'ay receu la lettre qu'il vous a pleu m'envoyer du vingt huictiesme juillet, par laquelle me faictes menction de la mauvaise diligence que font les postes de Champagne à vous porter vos paquetz de la court à Joinville et ailleurs, que je trouve bien fort estrange, vous asseurant, Monseigneur, que je leur en rescripvry ung brevet bien amplement pour sçavoir d'où est venue la faulte, et de les si bien chastier, que celluy qui aura faict la faulte servira d'exemple aux autres. Quant à l'assignation de la demye année deue aux chevaucheurs de Champaigne et d'ailleurs, monsieur le trésorier de l'espargne en a donné assignation au comis de monsieur Millet despuys six jours en çà. Monseigneur, présentement je viens de recepvoir ung paquet à vous addresser de la part de monsieur Basdoulx, vostre secrétaire, ainsi que il vous plaira veoir.

« Monseigneur, le Roy arrive cejourd'huy à Anuet en très bonne sancté, gens à nostre seigneur et toute sa noble compaignie; priant le Créateur, Monseigneur, vous donner en très bonne santé heureuse et longue vie.

« De Paris, je en vostre maison malade d'une fiebvre qui m'a dellaisé, Dieu mercy, ce cinquiesme jour d'aoust 1556.

« Vostre très humble et très obéyssant serviteur, « DUMAS. »

« Monseigneur, j'ay receu la lettre qu'il vous a pleu m'escripre par mon frère le protho-notaire, et par luy entendu vostre volloir, ensemble par les mémoires que monsieur Lemegue d'Amyens m'a envoyé; vous suppliant, Monseigneur, ne trouver maulvays sy je ne vous ay faict plus tostz responce, d'aultant que je prétendoys de jour en jour me mectre en chemin pour vous aller trouver; ce que je heusse faict, n'eust esté ung flus de sang qui me tient en telle subjection que je n'ozeroys partir d'ycy sans me mectre en grand danger, qui me vient fort mal à propos pour l'envye que j'ay vous faire entendre la grande incommodité et préjudice que me seroyt d'accorder le contenu aux mémoires que mondict seigneur d'Amyens m'a envoyé, attendu le peu de proffit que j'en ay heu, lequel je n'espargneray jamais pour vous en faire très humble service, et que, en ce faisant, il vous plaise moyenner avecques monsieur de Vigneroy de y concentir et s'en contenter, et aussy que les contractz se passent en telle seureté myene que je trouveray par conseil, à ce que par aulcung moyen personne ne me puysse quereller ny demander aulcune chose concernant les biens de feu madame la contesse de Nantheul, et que je soye hors de tout moyen de procès; qui est comme mondict frère m'a dict selon vostre intention, et en ce faisant, Monseigneur, je avoys plus de commodité à vous faire très humble service quant il vous plaira m'employer, qui est bien la chose de ce monde que plus je désire. Il vous plaira me faire entendre vostre volunté en laquelle je mectray peyne toute ma vie de satisfaire : qui sera pour fin, Monseigneur, avoir prié Dieu vous donner, en toute prospérité et santé, très bonne et heureuse vie.

« De Venterol, ce cinquiesme aoust 1556.

« Vostre très humble et très obéyssant serviteur, « De Ventrol. »

« Monseigneur, le pacquet estoit jà à la poste quant j'ay receu une lettre qu'il a pleu à Madame signer, par laquelle me mendez que j'envoye à vostre concierge unes cédulle et lettres de vous à monsieur de Challon, pour recepvoir de luy huit cents livres, les baillant audict concyerge. Il m'a dict que peu après vostre partement il en pria, et que franchement luy respondit qu'il ne les bailleroit point, dont il vous avoit adverty par homme exprès, duquel il atendoit de jour à autre le retour. Et pour ce, Monseigneur, que vostre varlet de chambre Jehan de Paris, qui a porté lesdictes lettres et cédulle, a dit qu'il a trouvé ledict homme allant vers vous, nous avons bien congneu que n'aviez encores entendu ce refus. Parquoy avons advisé que ledict concierge ne retournera vers ledict sieur de Challon, qu'on ne ait entendu vostre vouloir sur cela, et que si cependant Dubourg fournist les six cens livres, que le comis de Millet et ledict concierge les prendront sans les employer, et ou vostre plaisir seroit qu'on retourne, et que ledict sieur de Challon baille lesdicts huit cents livres; ledict concierge rendra audict commis les trois cents livres qu'il aura pris. J'ay veu les ouvriers fort presser le concyerge.

« Monsieur Robertet me vient d'envoyer son pacquet adressé à monseigneur le cardinal.

« Monseigneur, j'ay fait veoir à monseigneur le cardinal la lettre de monsieur de Grignan et le double de celle de monsieur le cardinal de Tournon. Mondict seigneur le cardinal a demandé et a eue l'abbaye de Aiguanne par le trespas du feu évesque d'Orange, pour la mectre au nom de tel personnaige qu'il vous plaira; monsieur de Suze a eu l'autre. On n'a encores pourveu à l'évesché. A ce que j'ay entendu, l'abbaye d'Aiguanne vault deux mil escuz ou quatre mille francs pour le moins.

« Au surplus, Monseigneur, je croy que monseigneur le cardinal vous a fait savoir comme monseigneur le prince vostre filz a eu, en ce lieu, quelque acès de fièvre, à cause de ces extresmes challeurs. On luy a donné ung clistère qui luy a fort aydé, de sorte qu'on espère, Dieu aydant, qu'il n'en aura plus. Monsieur d'Arches ne le pert point de veue.

« Monseigneur, je supplye le Créateur qu'il vous donne en perfaicte santé très bonne vye et longue.

« D'Annet, ce sixiesme jour d'aoust.

« Vostre très humble et très obéissant serviteur, « Basdoulx. »

« Monseigneur, j'ay présenté voz lettres à messieurs mes compaignons du bureau de la ville, et avons regardé tout le moyen par lequel pourryons satisfaire la partye de troys mil livres deue, vous asseurant que jamais la ville ne feust plus chargée qu'elle est à présent, au moyen de quinze mil livres qui feurent baillez au Roy l'an passé, et douze mil livres ceste année pour les réparations des villes frontières, et dont nous avons esté contrainctz jusques à estre menez prisonniers. Il nous a couvenu engaiger le domaine de la ville et constituer rente, et aussy en prendre à noz bourses pour satisfaire au Roy, vous asseurant, Monseigneur, que descouvrant le moyen pour satisfaire à ladicte partie vous en donneray advis, espérant ce sera de brief.

« Cependant, Monseigneur, me recommanderay bien humblement à vostre bonne grâce, et prye Dieu vous donner, en parfaicte santé, très longue et heureuse vie.

« De Paris, ce sixiesme jour d'aoust 1556.

« Vostre très humble et obéissant,

« Germain Boursier. »

« Monseigneur, si j'eusse eu dès hier les lettres de monsieur de Beauregard qui estoit fort empesché, comme j'eu celles de messieurs les maréchal de Saint-André et Bourdin, je les vous eusse envoyés. Je croy que l'on vous fera savoir par homme exprès ce qui est venu de Flandres, et la dépesche de monsieur Legot. J'ay veu ce matin monseigneur le prince vostre filz, faisant bonne chère, Dieu mercy; que je supplye, Monseigneur, vous donner en perfaicte santé très bonne vye et longue.

« D'Annet, ce huitiesme aoust.

« J'ay entendu que le sieur de Lemont de monsieur de Lorraine est habandonné des médecins à Paris, et qu'il n'a uriné depuis huit jours.

« Vostre très humble et très obéissant serviteur, « Basdoulx. »

Extrait d'une lettre de monsieur de Montmorency à monsieur d'Humières, envoyé à M. de Guyse.

« Je viens de recevoir une lettre de nostre ambassadeur le sieur de Bassefontaine, qui m'a donné l'espérance de veoir bientost mon fils en liberté; s'il vient à Peronne, je croy que vous ne refuserez pas de luy prester une hacquenée, pour le m'amener jusques à Chantilly.

« Escript à Ennet, le huitiesme jour d'aoust 1556.

« Vostre bon cousin et amy,
« Montmorency. »

« Monseigneur, pour ce qu'il y a deux ou troys jours que l'on disoit qu'on vous envoyroit quelqu'un, et que cela me sembloit long, je vous envoyay dès hier matin les lettres que j'avoye retirées de messieurs les maréchal de Sainct-André, Sirepière, Beauregard et Bourdin. Depuis il n'est riens survenu que ce dont estes adverty par ceste dépesche que vous porte le sieur de Bizion, aussi que monseigneur de Lorraine s'est trouvé ung peu mal ceste nuit.

« Au surplus, Monseigneur, voyant que l'oportunité n'avoit permys à monsieur le garde des seaulx de faire commender par le Roy à monsieur le président Petremol de besongner ès fieffes, j'ay supplyé monseigneur le cardinal qui l'a faict bien voluntiers; de quoy ledict sieur président est fort contant.

« Monseigneur, je supplye le Créateur vous donner, en perfaicte santé, très bonne, longue et prospère vye.

« D'Annet, ce neufviesme aoust.

« Vostre très humble et très obéissant serviteur,   « Basdoulx. »

« Monseigneur, je croy que vous aiez bien entendu comme le lieutenant Duvivier a faict bailler les arrestz donnez pour la refformation de vostre forest du Mayenne. Encores que les espices n'en eussent esté paiées, l'assignation pour l'exécution dudict arrest est donnée et signifiée aux parties au vingtiesme de ce mois, où il est plus que nécessaire qu'il soit par delà à ce jour. Il faisoit quelque difficulté de partir sans mener avec luy ung arpenteur du Roy, pour remuserer vostre dicte forest; chose qui m'a dict avoir esté ainsi advisée avec monsieur le Maistre de Hangest. Pour ce que les arpenteurs de delà ne sont seurs, et que à la première mesure ilz en avoient trouvé moins de six cens arpens; et pour ce que aucuns de vostre conseil voulloient remectre à faire partir ledict mesureur, craignant de vous mectre en fraiz et jusques a ce que eussions eu nouvelles et commendement de vous de ce faire, voiant qu'il ne tenoit que à argent, et que cela vous eust peu apporter grande perte, j'ay par l'advis dudict lieutenant Duvivier et avec luy faict pris tant pour les sallaires, journées que despences dudict mesureur, pour aller seullement jusques là à quarante solz par jour, que je luy advanceray de mon ar-gent. Quant il sera sur les lieux il fera pris, et tous fraiz aussi sur les cinq cens livres que vostre juge Peschart a receuz pour emploier aux fraiz de ladicte refformation, et par vostre receveur ainsi que luy avez mandé si ceulx là ne suffisent, desquelz cinq cens livres ledict Peschart n'a desboursé par deçà aucune chose, ainsi comme m'a dict ledict lieutenant Duvivier pour le faict de ladicte refformation. Et quant aux cinq cens livres qu'avoit receuz monsieur Le Doien de Paris, aussi pour cest faict, il dict qu'il n'en peult avoir baillé pour ladicte reffor mation que cent escuz au plus.

« Monseigneur, je me suis encores dépesché de nostre édict et suis remis à la venue du Roy qui sera icy jeudi de retour de Annet. Si tost qu'il sera scellé, je yray touver monsieur le président Petremol, qui s'en est allé, pour le faire publier et commencer à besongner. Monseigneur le garde des sceaulx n'a bougé d'icy depuis que le Roy est parti de Fontainebleau, qui est la cause qui m'a faict tenir icy auprès de luy.

« Monseigneur, je suppliray le Créateur vous donner en santé bonne et longue vie.

« De Paris, ce neufviesme aoust 1556.

« Vostre très humble et très obéissant serviteur,   « Richer. »

Autre lettre du sieur Bourdin audit duc, contenant les nouvelles arrivées de Gand, c'est à sçavoir le départ de l'Empereur de ladite ville et les nouvelles du roy d'Angleterre, du roy de Bohesme, et de monsieur de Bouillon.

« Monseigneur, j'ay receu la lettre qu'il vous a pleu m'escrire du 16 de ce mois et vous mercie très humblement de la grâce que me faictes de vouloir oublier faulte que je fis, oublyant de vous envoyer la lettre de monseigneur le connestable, dont je fus aussy marry que de chose qui m'advint jamais. M. Badoux m'a dit le contentement qu'il vous plaist avoir de moy, et m'a faict veoir l'article de vostre lettre qui en fait mention; dont je me sents infiniment obligé à votre bonne grâce, vous suppliant très humblement croire que n'avez serviteur en ceste cour qui avec plus de bonne et prompte volonté désire vous faire plus de service que je feray toute ma vie, et qui se sente plus honoré d'y estre employé que moy.

« Monseigneur, nous avons veu par les dernières lettres qui nous sont venues de Flandres, dont Dardoys a esté porteur, que l'Empereur s'en est allé à Gand avec les deux roynes, ses sœurs, où ilz se sont logez fort à propos sur le canal, pour, au premier bon vent, gaigner leurs vaisseaux qui sont en mer et faire voile pour leur voyage d'Espagne; et tient-on leur partement dans ce mois sy certain, que personne n'en doubte plus; et à ce que dit le dit Dardois, il est impossible de voir sans grande pitié et compassion ce département là : les officiers de l'Empereur ayans esté cassez sans payement de leurs gaiges, et par ce moyen demeurez sans maistre et sans argent. On dit que quelques marchandz se sont obligez de les payer petit-à-petit, mais cela ne leur oste pas l'occasion de crier et de pleurer et faire pityé à tous ceux qui voyent un si désolé spectacle. Je pense que le roy d'Angleterre sera de ceste heure au dit Gand ; le roy de Bohesme a eu, avant s'en retourner en son pays, soixante six mil escus de rente qui luy sont assignez sur l'Espagne et sur le royaume de Naples, tant pour luy, sa femme, que pour leurs enfans, et cinquante mil escus que le roy d'Angleterre leur donne davantage de pension ; ce que ledit roy de Bohesme a accepté, quoique selon le bruit commun il sorte bien malcontent et satisfait, prétendant qu'il luy en est bien deub davantage du partage de sa femme. Le roy d'Angleterre doit aller voir la royne sa femme, mais on ne sçait pas quant : quoiqu'il en soit, monsieur de Savoye demeurera comme il est lieutenant et gouverneur des Pays-Bas et aura M. Darras auprès de luy pour le conseil.

« Je m'asseure, Monseigneur, que vous aurez entendu le partement de monsieur le légat Caraffe et aurez sceu les particularitez de sa despesche par monsieur de Beauregard. Monsieur de Montmorancy est retourné de prison et monsieur de Bouillon retombé malade de sa fiebvre tierce.

« Monseigneur, je me recommande, etc.

« De Paris, ce 18 aoust 1556.

« Vostre très humble et très obéissant serviteur.   « BOURDIN. »

AFFAIRES DE ROME ET DE NAPLES.

Le cardinal Caraffe ayant descidé le roy de France à rompre la trefve et à envoyer une armée en Italie et une autre en Flandres, les hostillités continuèrent avec ceux de Naples de la part du Saint-Père. Ce qui donna lieu au duc d'Albe d'escrire à Sa Sainteté la lettre suivante :

« Très Sainct Seigneur, j'ay receu le brief que Dominique du Nero m'a apporté, et entendu ce que au surplus il m'a dit de la part de Vostre Sainteté, ce que ne tend à autres fins qu'à une justification des torts et griefs faits à Sa Majesté, que je vous envoyay remonstrer par le conte de Saint-Valentin. Mais pour ce que les responces ne sont telles qui puissent satisfaire et servir d'excusation à ce que jà est fait, il m'a semblé n'estre nécessaire d'user d'autre réplicque, mesmes ayant Vostre dicte Sainteté du depuis procédé à certaines choses de plus grand déplaisir, tort et préjudice à Sa dicte Majesté, et ausquelles on peut clairement appercevoir l'intention et volonté de Vostre dicte Sainteté estre du tout conforme ; et pour ce que Vostre dicte Sainteté me veult persuader que je laisse les armes sans offrir de son costé aucune asseurance pour les affaires, estats et seigneuries de Sa dicte Majesté, qu'est tout ce que nous prétendons, je me suis advisé de vous envoyer pour une finale justification et excuse Pyrrhus de Lofredo, gentilhomme Napolitain, avec la présente pour faire entendre à Vostre dicte Sainteté ce mesmes que jà quelques fois, par mes autres lettres, je vous ay fait sçavoir, qu'est que la Césarée Majesté et le Roy Phelippes, mes souverains seigneurs, comme très obéissans et vrays protecteurs du saint Siége apostolicque, ont jusques à présent passé par dissimulation et enduré plusieurs offences à eulx faites de vostre part ; chacune desquelles a peu donner juste occasion de s'en ressentir et en faire telle démonstration qu'il eust bien convenu, considéré mesmes que Vostre dicte Sainteté, dès l'assomption à son pontificat, a commencé d'opprimer, poursuivre et maltraitter par emprisonnement et privation de leurs biens les serviteurs et nourrissons affectionnez de Leurs dictes Majestez, et despuis recherché avec importunité les princes, potentats et seigneurs de la chrestienté, les invitant d'entrer en ligue avec vous offensive des royaumes, estats et seigneuries de Leurs dictes Majestez, et envoyé prendre les courriers tant d'eux que de leurs ministres, leur ostant et ouvrant les pacquets qu'ils portoient ; ce que les seuls ennemis ont accoustumé de faire ; et dadvantage a Vostre dicte Sainteté donné faveur et secours aux rebelles et ayants commis plusieurs fautes envers Leurs dictes Majestez, leur donnant offices et gouvernement, et se servant d'eulx en telles charges et endroits qu'ils ont grand moyen d'esmouvoir et mettre en trouble leurs dits estats et seigneuries, et a acconduit et fait venir ez terres de l'Église nations estranges, non en autre intention, comme il est à conjecturer, que celle qui est du tout à reprouver, c'est de surprendre ce royaume.

« En laquelle opinion nous sommes confirmez, d'autant plus que nous voyons que Vostre dicte Sainteté a fait levée de gens de pied et à cheval, à cachete envoye grande partie d'iceulx sur ces confins et limites, et, n'abandonnant ung seul point de son desseing, a faict constituer prisonnier et tormenter aspremennt Jehan de Tassis, maistre des postes ; entreprenant par ce moyen sur la charge qui a de tout temps appartenu à Leurs dictes Majestez et à leurs prédécesseurs en la ville de Rome.

« Et non satisfaite de ce, a Vostredicte Saincteté faict emprisonner et maltraitter Garcilasso de la Vega, serviteur de Sadicte Majesté, qui avoit esté envoyé par devers Vostredicte Saincteté pour les fins et raisons que bien sçavez, et maintes fois tenuz en publiques propos si ennuyeux et intéressables à Leurs dictes Majestez, qu'ils discordent du tout à ce que bien sied à un souverain pontife et à l'amour paternel qui luy est propre; lesquelles choses et autres plusieurs, comme dict est, ont esté tollérées plus pour le respect qu'on a eu au Saint-Siége apostolique et au bien public que pour autres quelconques, espérant tousjours que Vostredite Saincteté se remectroit en meilleur chemin et recognoissance pour n'estre aucun qui se peult persuader que Vostredicte Saincteté, pour entendre au bien et grandeur de ses parents, voulust détourner le repos de la chrestienté et de ce saint-siége, en ce temps mesmement si plain d'hérésies et mauvaises opinions qu'il seroit beaucoup plus à propos de mettre peine à les desraciner et corriger, que de penser agréver sans occasion Leurs Majestez.

« Par quoy, voyant les affaires tenir telle route et aller si avant, et que Vostredicte Saincteté a bien permis qu'en sa présence le procureur et advocat fiscal ont requis et conclut à ce que le Roy mon seigneur feust devestu et privé du royaume, prestant à Vostredicte Saincteté son voeu et consentement pour avoir à ce respondu qu'il y seroit pourveu, l'opportunité se offrant, et voyant que par le monitoire expédié contre Ascanio de la Corna, Vostredicte Saincteté a publié sadicte Majesté pour ennemy dudict Saint-Siége, et parlant audict conte de Saint-Valentin a usé de paroles deshonnestes et mal sonnantes contre les personnes mesmes de Leurs dictes Majestez, donnant clairement à cognoistre le peu de plaisir qu'elle prend à la trefve tant nécessaire et advantageuse à l'universelle chrestienté, et qui ne se contente de procurer l'advancement et grandeur des siens par le moyen et avec la bonne grâce de Sadicte Majesté qui s'en est offert le faire sans y espargner son propre patrimoine. Quoy faisant, il ne se peult déguiser que son dessaing soyt autre que de nuyre à Sadicte Majesté, ce qui a donné à cognoistre aussi avant son pontificat incitant feu pape Paul III à s'emparer dudict royaume pendant les rumeurs et émotions de la ville de Naples, et lui remonstrant à toute heure l'importance de la perte de telle occasion. Voyant doncques l'estat desdictes choses qui se passent estre tel, et cognoissant clairement qu'il ne s'en peult espérer que la perte de la réputation, estats et royaumes de Sa dicte Majesté, et veu qu'on use à l'endroict de Vostredicte Saincteté de toutes les honnestetez qu'on a peu voir, et que néantmoins Vostredicte Saincteté a finablement réduit Sadicte Majesté en nécessité si extrême que, si ung fils tant obéissant et obséquieux soit-il estoit en telle façon vexé et maltraité par son propre père, il ne se pourroit commander de ne luy faire teste et lui oster les armes des poings avec lesquelles il le veult offendre, ne pouvant faillir à l'obligation que je hay à Sadicte Majesté comme ministre, en la charge duquel sont ses estats au pays d'Italie, je seray contraint me munir pour les deffendre et procurer, avec l'ayde et faveur de Dieu et par telle meilleure manière dont je me pourray adviser, de vous oster la puissance et moyen de les offendre.

« Je pouvois bien me déporter de ces justifications et excuses mesmes, les ayant si souvent faictes en vostre endroict; ce néantmoins, estant désireux du repos de la chrestienté, et que l'Italie jamais tant travaillée reçoyve quelque allégement, et pour le respect et révérence que Leursdictes Majestez hont à ce saint-siége, j'ay bien voulu, à ce coup et finablement, me jetter aux pieds de Vostredicte Saincteté pour la supplier ou importuner qu'il lui plaise avoir esgard aulx travaulx infinis et escorgées dont Nostre Seigneur a permis que la chrestienté ayt esté affligée, aux innumérables misères, calamitez et extrême nécessité où, non sans doubte de pestilence, elle est rédigée, aux dommages incroyables, aux gastes et ruynes qui ne se peuvent souffrir, aux cruels meurdres suyvis de manifeste danger de la perte des âmes mesmes, et au surplus aux sacs, feuz et despeuplements à quoy les citez et contrées ont esté mises, aux forces, violemens et adultères, et aultres maulx sans nombre que les guerres nécessairement nous admènent. Et à ce que, comme bon pasteur, trouviez bon de mettre en arrierre la hayne et cœur animé que avez de nuire à Leursdictes Majestez en leurs royaumes et seigneuries, et qu'il vous plaise de admettre et recepvoir entre vos bras, avec charité et amour paternelle, le Roy mondict sieur; lequel suivant les traces de son père ha tousjours faict offre, comme faict encores à présent, de sa propre personne et de toutes ses forces pour le service de ce saint-siége, et considère que le Tout-Puissant et souverain Dieu, après si longs travaulx, surmontant de sa bonté et miséricorde l'infinité de nos péchez et démérites, nous a voulu donner l'allégement et remède nécessaire et repos de la trève, que vous ne veuillez pour aucun désir qu'ayez de faire grands les vostres; à quoy toutesfois vous pouvez aiséement parvenir, voir en cedict royaume, au contentement de Sadicte Majesté qui vous en fait offre et repos perpétuel, mettre aucun trouble ou empeschement au bien que Dieu a octroyé à la chrestienté; ains plustost comme vray pasteur commis à paistre et non à laisser dévorer les brebis estans soubz vostre charge, laissiez et souffriez le peuple, jà allangoury par tant et de si continuels travaulx, jouir de ceste benoiste grâce, recouvrant son haleine et se séjournant par le moyen de ladicte trève et de l'espérance où quoy il est de la paix perpétuelle.

« Et si Vostredicte Sainteté, comme la raison veult et je m'y attends, est contente d'ainsi le faire, je la supplie très humblement qu'elle envoye assurer Sadicte Majesté, par telles seuretés que au cas appartiennent, qu'elle ne le grèvera ne fera grèver audict royaume ne ses autres estats et seigneuries, ce qu'en particulier satisfaict à tous et obvie aux maulx qui en pourroient issir. Et de ma part, au nom de Sadicte Majesté, je m'offre tout à l'instant d'en faire de mesmes, vous certiffiant et asseurant que Sadicte Majesté ne prétend aucun advantage ne chose aucune de Vostredicte Sainteté, et n'a intention de diminuer d'ung seul poids l'estat et seigneurie dudict saint-siége apostolique, et que tant luy que ses serviteurs et dévotionnez ne désirent autre chose qu'estre asseurez que Vostre Sainteté ne le travaillera ne molestera en sesdits royaumes et estats.

« Et ainsi je proteste à Dieu, et à Vostre Sainteté, et à l'universel monde, que si Vostredicte Sainteté, sans plus attendre, ne veult faire et mettre à exécution ce que dit est, je me mettray en debvoir de deffendre ce royaume et Sadicte Majesté, le mieulx dont je me pourray adviser; les maulx et calamitez qui en proviendront soyent sur vostre âme et conscience. Ce me seroit un bien singulier, s'il plaisoit à Vostredicte Sainteté communiquer les choses cy-dessus au sacrosaint collége, permettant à icelluy d'en dire librement ce que luy semblera; car suis asseuré que non seulement les gens d'icelluy ne vous détourneront du chemin de la paix et tranquillité que Sadicte Majesté et ses ministres désirent sur toutes choses, ains comme piliers et appuis de la sainte Eglise vous ayderont à la moyenner, en faveur de laquelle je supplieray Dieu très humblement ceste part qu'il mette en l'entendement de Vostredicte Sainteté de la acconduire et admener, de sorte qu'avec tranquillité et bénivolence vous puissiez à tretous commander, et nous, comme il est raisonnable, servir en toute obéissance à vostre béatissime personne, que Dieu veuille conserver à si longues années que la chrestienté en a besoing.

De Naples, ce vingt-uniesme aoust 1556.

Lettre de messieurs le mareschal Strozzi, d'Avanson et Lansac, au Roy, au sujet de ce qui se passoit alors à Rome.

« Sire, il y a deux jours que nous avions résolu vous dépescher monsieur de Saint-Ferme, présent porteur, comme celluy tenant le lieu qu'il tient icy, qui est ordinairement intervenu en tous les conseils et assemblées que nous avons faictes avec les ministres du Pape, et comme personnaige qui peut à la vérité vous rendre raison de toutes particularitez pour la bonne cognoissance qu'il a de toutes choses qui concernent le bien de vos affaires et service par deçà; mais depuis, voyant le peu de temps que pouvoyent durer les congrégations qui estoient à faire par les depputez de Sa Sainteté et ceulx du duc d'Albe, nous avons advisé de le retenir jusques à ce jourd'huy, afin de vous faire entendre, par mesme moyen, ce qu'il en pourroit succéder comme nous faisons par la présente.

« Et premièrement, comme lesdits députez qui sont sept en nombre, à sçavoir : les cardinaux Saint-Jacques, Carpy, Moron, Pacecco, Motula, Trany, tous impériaux, et Caraffe, se sont assemblez par trois fois, les deux premières au logis dudit cardinal Saint-Jacques, et les derniers devant nostre Saint-Père, ayant à la première Francesco Pacecco envoyé de la part dudit duc d'Albe, et le secrétaire dudit duc présent, les articles qu'il a proposez à Sa Sainteté, et desquels il demande l'observance et seureté avant que venir à aulcun traitté de paix ou d'accord, qui est tout ce qui feut fait pour ce jour là.

« Le lendemain 21, ledit sieur cardinal Caraffe nous pria nous trouver au matin en sa chambre, où il nous communica lesdits articles, desquels, Sire, nous vous envoyons présentement le double, nous priant de luy vouloir dire nostre advis et ce qu'il avoit à faire sur iceulx : et après que nous eusmes longtems débatu sur ce qu'ils contenoient, nous résolûmes enfin d'en dresser quelque chose par escript, par manière de responce, comme il vous plaira veoir par le double que nous vous en envoyons, que nous communicâmes à messieurs les cardinaux Du Bellay et d'Armagnac, ensemble tout ce que nous avoit esté dit par ledit sieur cardinal Caraffe.

« Ce mesme jour 21e, lesdits sept cardinaulx s'assemblèrent de rechef au logis dudit cardinal Saint-Jacques, où il fut advisé que sur la difficulté que le cardinal Caraffe avoit faite, en ce qui concerne l'eslargissement des prisonniers vassaulx du Pape, deschargement des cantons du cardinal Saint-Fior et de Camille Collonne, restitution des Estats et biens d'Ascanio et Marc Anthonio Colonne et Ascanio de la Corgue, il ne se pouvoit rien décider sans qu'il y eust abouchement entre ledit cardinal Caraffe et le duc d'Albe, ce qui a esté ce jourd'huy arresté en la dernière congrégation desdits sept cardinaux, fait en présence de nostre dit Saint-Père, si tant est toutefois que ledit duc se veüille, à petite compagnie, approcher plus prez de ceste ville, en endroit où ledit sieur cardinal et luy respectivement puissent faire ledit abouchement en asseurance, chose qui nous semble tirer une telle conséquence à soy, voyant l'estat où les affaires sont réduites, que nous ne pourions prendre ce commencement à bon augure pour la fin qui s'en pourra succéder, actendu mesmement que ceulx qui s'en meslent sont tous Impériaulx, et que, nonobstant les remonstrances que nous avons faites audit cardinal Caraffe de n'y vouloir consentir, tant pour la seureté de sa personne que pour l'oppinion que chacun pourra avoir qu'il ait approuvé ce qui pourroit estre fait en cest abouchement au désavantage de Vostre Majesté, il a esté finablement arresté que ledit cardinal Saint-Jacques et luy iroient ensemble audit abouchement, ayant eu la charge le cardinal Carpi de dépescher son secrétaire vers icelluy duc d'Albe pour regarder les moyens de s'en aller pour ledit cardinal Caraffe, vous voulant bien advertir, Sire, que quelque instance et poursuites que nous eussions faites envers ledit sieur cardinal Caraffe à monsieur le duc de Palliant de faire en façon que quelqu'un d'entre nous assistast auxdites congrégations, leur remonstrant que ce n'estoit que pour leur ayder à obtenir quelques plus doulces et raisonnables conditions que celles qui estoient proposées; néantmoins, il ne nous y ont jamais fait appeller, bien qu'ils nous eussent asseuré que nous y pourrions intervenir. Il est certain que ledit sieur Camille a voulu et nous a très instamment prié de faire entendre à Vostre Majesté, par ledit abbé de Saint-Ferme, que l'intention du Pape est de n'accorder aucunement la restitution de l'Estat de Marc-Anthoine Colonne, ne pareillement que l'Empereur ne le roy d'Angleterre s'empeschent en ce que Sa Sainteté fait ou pourra faire cy-après avec ses vassaulx, disant, quant aux autres articles, qu'il y a moyen de s'y povoir accommoder; mais là où ledit duc d'Albe vouldroit incister sur la restitution dudit estat, Sadite Sainteté et les siens sont délibérez de se deffendre jusques au bout, nous ayant pareillement prié de vous faire entendre, que là où Vostre Majesté (ce qu'ils ne cuydent) les abandonneroit ou leur deffauldroit du secours, protection et deffence qu'elle leur a promis, qu'en ce cas ils seront contraints de prendre tout appointement à la discrétion desdits Impériaulx, et que, à ces fins, il plaise à Vostre Majesté d'y vouloir adviser.

« Quant au propos que Sa Sainteté a tenu audit abbé de Saint-Ferme, et ce que luy en a dit et baillé par escript ledit sieur cardinal Caraffe, Vostre Majesté l'entendra s'il luy plaist de luy, qui nous gardera de faire autre discours en la présente, si ce n'est pour vous advertir, Sire, que ledit sieur cardinal nous a monstré plusieurs lettres interceptées du cardinal Burgos, par le deschiffrement des quelles que nous vous envoyons présentement, il se trouve trois choses, à sçavoir, que le conte de Petillan, qui recherchoit tant naguères estre employé au service du Pape, est en grand traitté pour entrer en celluy du roy d'Angleterre, en estant desjà les choses fort avancées ; et à ce que nous voyons, ledit comte luy a fait demander le comté de Role, en lequel il prétend quelque droit, sur quoy ledit cardinal Burgos sollicitoit grandement ledit seigneur roy d'Angleterre de luy faire responce, vous advisant, Sire, que nous luy avons escript qu'il s'en vienne icy pour exercer la charge de la cavallerie légière que nostre Saint-Père luy a donnée, suivant ce que nous vous escripvons par le dernier article de nostre première lettre. Ès point qu'il ne vouloit partir de sa maison sans que nous luy accordassions cent hommes davantage qu'il n'a pour la garde de ses places, nous avons advisé par ensemble de luy satisfaire en cest endroit, affin d'avoir meilleur moyen de l'attirer et le faire venir icy, nous semblant, Sire, qu'il seroit très bien fait de l'arrester et le faire mettre dedans le château Saint-Ange, suivant ce que moy, mareschal Strossi, praticquay au marquis de Saluces, comme Vostre Majesté sçait, car en ce faisant, on le peult garder de faire mal et s'asseurer mieux de ses places et de la commodité qu'on en peult espérer, sur quoy Vostre Majesté nous ordonnera, s'il luy plaist, ce que nous aurons à faire le plustost qu'il luy sera possible.

« Dans lesdites lettres déchiffrées s'est découvert pareillement ung traitté que ledit cardinal Burgos a sur la ville de Grosset, par le moyen d'un porte enseigne d'Asdrubal de Médicis, dont nous avons adverty incontinent monsieur de Soubize pour s'en saisir, afin de mettre ceste trahison en lumière, aussi que celle du médecin de Montaleine, et coupper chemin à la mauvaise issue qu'elle pourroit prendre : estant le troisiesme point contenu dans lesdites lettres, que ledit cardinal Burgos et autres ministres du roy d'Angleterre sont résoluz de nous empezcher en la fortiffication de Talamon, comme Vostre Majesté pourra veoir plus particulièrement par le double desdites lettres interceptées, que nous luy envoyons par ledit abbé de Saint-Ferme.

« Au surplus, Sire, par ce que monsieur de Soubize nous a fait entendre que les habitans de Montaleine demeurent grandement effrayez et la mesme place en quelque danger, à cause du partement des lansquenets que nous avons envoyé querir, nous avons advisé, pour éviter à tous inconvénients, suyvant ce que ledit sieur de Soubize nous a escript, de luy envoyer encores, outre les deux enseignes italyennes que nous luy avons envoyées, qui sont desjà arrivées à Montaleine, la compagnie du capitaine Alons, qui est icy soubz le régiment de monsieur de la Molle.

« Sire, nous supplions le Créateur vous donner, etc.

« De Rome, ce 24 septembre 1556.

« Vos très humbles et très obéissans serviteurs et subjets,

« PIETRO STROZZI, J. D'AVANSON, LANSAC. »

Lettre de messieurs de Strozzi, d'Avanson et Lansac au Roy, sur le mesme sujet.

« Sire, s'en allant le sieur Cézare Arancazze, cy devant gouverneur de Rome, pour résider nunce du Pape près de Vostre Majesté, nous ne l'avons voullu laisser partir sans l'accompaigner de la présente, pour vous rendre raison de ce qui est survenu en ce lieu, depuis le vingt quatriesme de ce mois, qui fut le jour du partement de monsieur l'abbé de Saint-Ferme, par lequel nous vous avons fait amplement entendre l'estat de toutes choses de par deçà jusques audict jour, vous advisant, Sire, que l'abouchement qui se debvoit faire le lendemain entre messieurs les cardinaulx Caraffe et Sainct-Jacques et le duc d'Albe ne se fit point, par ce que, estant venu ledit duc à Grotte-Ferrate, qui est une abbaye à dix mille de ceste ville, avec la plus grand part de sa cavalerye, et neuf cens ou mille arquebuziers; et y ayant entre cy et ledict lieu des bois à passer, où se feust peu trouver quelque danger, Sa Saincteté et ledit cardinal Caraffe feurent d'opinion qu'ilz n'y debvoient point aller ; ce que depuis on a trouvé fort bien faict pour les advis qu'on a euz du bruict qui couroit au camp dudict duc, qui estoit de retenir lesdits sieurs cardinaux. Néantmoings, nostre Saint-Père offrit là où le duc se vouldroit trouver en plaine campagne, à quattre ou cinq mille d'icy, avec compagnie pareille, que ledict sieur cardinal s'y trouveroit ; mais despuis ceste pratique est cessée et ne s'en parle plus. Cependant, Sire, moy d'Avanson ay receu par ung courrier de Lyon, envoyé exprès par monsieur le général d'Elbène, la dépesche qu'il a pleu à Vostre Majesté me faire, du treiziesme de cedict mois ; laquelle nous avons veue par ensemble, et communiqué le contenu audict sieur cardinal Carafe, qui nous dit qu'il ne désireroit rien plus que de veoir les choses en tels termes qu'il s'en peult ensuivre ung bon accord ; touttesfois que voyant le progrez desdicts Impériaulx, qui marchoient tousjours avec, il ne luy sembloit point qu'ilz voulussent entendre à paciffier les choses, nous asseurant que quand on luy présenteroit partiz raisonnables, il ne fauldroit de les accepter et s'accommoder tousjours à l'intention de Vostre Majesté.

« En ces entrefaictes, et sur l'advis qu'on avoit que le camp dudict duc s'en venoit à Tyvoly, on envoya monsieur de Montluc avec cinq ou six cens arquebuziers et trois cens chevaulx légiers, tant pour tirer dehors dudict lieu les souldatz qui y estoient en garnison, n'estant point placé pour se deffendre, que pour faire rompre les molins qui y estoient en grande quantité, dont l'ennemy pouvoit tirer des commoditez pour ceulx de son camp. Toutesfois ledict sieur de Montluc n'y fust presque plustost descendu de cheval, que lesdits ennemys y arrivèrent avec toutes leurs forces, tellement qu'il fut contraint de se retirer, emmenant ceulx qui estoient dans ledict Tivoly, comme il feit, sans riens perdre après qu'il eust faict rompre huict desdicts moulins, en restant encores cinq ou six autres qu'il n'a esté possible de rompre pour le peu de temps et de loisir qu'il en eust. Mais le pis est que lesdicts ennemis auront trouvé une grande quantité de vivres dans ladicte place, dont ils se seront grandement soullagez, estant certain qu'ils en avoient grandissime faulte, vous pouvant asseurer, Sire, pour en parler ouvertement à Vostre Majesté, que ce a esté une fort petite prévoyance à ceulx qui manyent ces affaires, que de n'avoir fait consumer ou mener les vivres qui estoient en ceste ville.

« Et pour autant que l'on doubte que lesdicts ennemys veullent passer le Tybre audessus de ceste ville, ledict sieur de Montluc a prins la charge d'aller demain matin recognoistre la rivière, et veoir les endroits où ils pourroient passer pour les empescher avec quinze cens ou deux mille hommes et trois ou quatre cens chevaux qu'il pourra tirer de ceste ville, avec cinq ou six pièces d'artillerye de campagne et des pionniers pour se fortiffier où il advisera. Le comte Petillan est arrivé en ce lieu, lequel nous mettrons peyne d'entretenyr en attendant ce qu'il vous plaira nous commander, sur ce que nous vous en avons escript par ledict abbé de Sainct-Ferme, vous suppliant très humblement, Sire, que ce soit vostre plaisir de nous en faire entendre vostre intention le plustost qu'il sera possible.

« Nostre Sainct-Père tiut hier ung consistoire auquel il feit lire la lettre que Vostre Majesté luy avoit escripte par monsieur le cardinal Caraffe; à sçavoir, l'original en françois par monsieur le cardinal Du Bellay, doyen du collége, et la translation par le cardinal Saincte-Flor, pour lors doyen des diacres, s'estandant Sa Saincteté en une infinité de louanges de Vostre Majesté et sur ladicte lettre touchant la paix, le concille et autres choses spirituelles, comme vous entendrez plus particulièrement par monsieur d'Angoulesme qui partyra dans trois ou quatre jours bien instruict et résolu de tous les affaires de deçà; n'ayant voulu faillir de vous faire, cependant, ceste petite dépesche, pour la fin de laquelle il nous a semblé, Sire, vous debvoir faire entendre les plaintes que nous font ordinairement tous les capitaines qui sont icy du peu de moyen que leurs souldats ont de vivre, ayant seulement la paye que Vostre Majesté leur a ordonnée par le dernier règlement, laquelle véritablement, Sire, nous voyons estre telle, qu'ils ne sçauroient eschapper, s'il ne vous plaist leur faire ordonner quelque chose oultre l'estat ordinaire, attendu mesmement que les vivres sont extrêmement chers en ceste ville et qu'ils n'y ont aucune subvention, ny vont dehors en endroit où ils puissent riens proffiter, joint que pour entretenir la réputation, nous leur tenons la plus courte bride qu'il nous est possible, afin de les faire bien porter à ceste première fois qu'ilz sont venuz par deçà. Sur quoy il vous plaira nous faire entendre vostre volonté.

« Sire, nous supplions le Créateur vous donner, en parfaite santé et prospérité, heureuse et longue vie.

« De Rome, ce vingt neufviesme jour de septembre 1556.

« Vos très humbles et très obéissans subjects et serviteurs,

« PIETRO STROZZI, D'AVANSON, LANSAC. »

Monsieur le cardinal de Guyse annonça à monsieur de Nevers, par la lettre suivante, l'armée que l'on préparoit pour envoyer en Italie :

« Monsieur, par la dernière lettre que je vous ay escripts, je réservois à vous parler du voyage qui se préparoit en Italie, d'autant que le Pape, en faveur et pour le secours duquel il se fera, estoit en quelques termes d'accord avec le duc d'Albe, et ne sçavoit-on pas comme il en réussiroit ; mais estans les choses demourées au trouble qu'elles estoient sans ce qu'il se soit peu rien traitter, ce voyage d'Italie continue et commence fort monsieur mon frère de Guyse à pourveoir et donner ordre à tout ce qu'il luy sera nécessaire. Il menera avec soy, ainsi qu'il avoit délibéré dès l'année passée quant on en parloit, mon frère, monsieur d'Aumalle, qui menera l'avant garde, monsieur de Nemours, collonel de l'infanterie, et mon frère, monsieur le marquis.... (sic) des Suisses, qui seront les princippalles charges de l'armée. Les autres se départiront à divers capitaines, et le plustost qu'il sera possible on s'acheminera, pour ne perdre point de temps, et pour ce que vous avez assez de fois oy deviser quel chemyn et quel ordre on tiendra pour le passage par la duché de Milan, jusques à celle de Ferrare, et que maintenant il ne se change ne innove aucune chose de ce que l'on en délibéroit l'année passée, je ne vous en rediray rien ; mais se survient quelques autres nouvelles, je ne fauldray ordinairement à vous en advertir, me recommandant humblement à vostre bonne grâce et priant Dieu qu'il vous donne, Monsieur, très bonne et longue vie.

« De Paris, le vingt d'octobre 1556.

« Vostre humble et obéissant cousin,

« LOYS, CARDINAL DE GUYSE. »

Par une lettre considérable de monsieur l'évesque de Troyes au duc de Guyse, on fut informé de l'ouverture et proposition faicte par le Pape, d'investir monsieur le duc d'Orléans du royaume de Naples.

« Monseigneur, notre Saint-Père m'a, cejourd'huy, après disner, tiré à part, et faict un long discours, duquel il m'a commandé escrire sa substance au Roy, ce que je n'eusse failly à faire entendre à Sa Majesté et à vous, encore qu'il ne me l'eust commandé, cognoissant de quelle importance il est pour son service et le vostre.

« Sa Saincteté prie le Roy de tout son cœur et avec la plus grande affection qu'il est possible, qu'il s'assure qu'il n'y eut, ny sera jamais pape au saint-siège, plus ny tant affectionné à sa couronne, à sa personne et à sa maison qu'il est, et qu'en cela il ne cède point aux François, mesmes aux plus favoritz de Sa Majesté ; mais se voyant en un aage auquel briefve mort se doit craindre et longue vie ne se peust espérer, il désireroit, pendant que Dieu luy donne le temps, et que le temps luy présente les occasions, que Sa Majesté ne les refusast poinct, et n'ostast à Sa Saincteté les moyens de luy faire service, lesquelz par le passé se sont présentez et de nouveau se présentent, tellement que s'il ne tient qu'à elle, et qu'il veuille comme il appartient ambrasser ceste entreprise pour la seureté de son royaume, pour sa grandeur et réputation, et pour commancer à accommoder ses enfans, il s'asseure et promet de luy mettre le royaume de Naples entre ses mains, et en couronner roy monsieur d'Orléans; et pour autant qu'il connoit l'astuce et la ruse des Espagnolz, lesquelz, quand leurs affaires vont mal, pour éviter la ruyne dont ilz sont menassez usent de douces parolles, et offrent party de paix fort raisonnable en apparence, il prie Sa Majesté et l'admoneste à ne poinct se laisser gaigner par leurs feintes et cauteleuses parolles, et ne perdre ceste occasion de s'investir dudit royaume, lequel facilement et asseurement il conquestera en envoyant par deçà une bonne et forte armée, et affin que les choses viennent bien à propos, il prie Sa Majesté qu'il envoye par deçà tous seigneurs Napolitains, lesquelz, moyennant le crédit qu'ilz ont avec la noblesse, le peuple et leurs vassaulz, estant espandus en mesme temps en divers lieux dudit royaume, feront un tel bruit que les ennemys se trouveront fort estourdys et sans conseil, et Dieu mercy, les choses sont tant bien disposées qu'avec l'ayde de sa divine bonté, elles sortiront sans aucun doubte leur effet selon qu'elles sont espérées : qui sera l'endroit, etc.

« De Rome, ce 6 de novembre 1556.

« Vostre très humble et obéissant serviteur,

« A. ÉVESQUE DE TROYES. »

Le Roy, ensuitte des prières et sollicitations du Pape, luy envoye des forces soubz la conduitte du duc de Guyse, et le faict son lieutenant en Italie, pour les commander en l'absence du duc de Ferrare, par une patente dont suit la teneur :

« Henry, par la grâce de Dieu, roy de France, à tous ceux qui ces présentes lettres verront salut : Par la capitulation de nostre très cher et amé oncle Hercule d'Est, duc de Ferrare, avec nous, il luy a esté par nous accordé qu'il sera nostre lieutenant général en Italie, et aura la suprême authorité de commander à nos armées et aux ministres et serviteurs d'icelles en toute l'Italie, horsmis le Piedmont, et que au demeurant pour estre par nous entré en ligue avec nostre Saint Père le pape Paul IV, nous luy ferons bailler la charge et authorité de cappitaine général de ladite ligue, avec tous les pouvoirs et facultez en telz cas requis et nécessaires; parquoy, considérant l'estat des affaires qui s'offrent à présent audit pays d'Italie, où les ministres du roy d'Espagne ayant assemblé ses forces de gens de cheval et de pied avec artillerie, ont couru sus aux villes, terres et subjets de l'Église, faict et exploité tous actes hostilles de guerre, pour empescher notre Saint-Père de chastier et punir aucuns ses vassaulx rebelles estans ses serviteurs et en sa protection, encore que luy-mesmes soit vassal de nostre Saint-Père, qui de son costé a aussy assemblé quelques forces, pour résister à celles dudit roi d'Espagne, à quoy nous luy avons aydé d'un certain nombre de gens de pied françois, chevaux légers, et quelques lansquenetz que nous avons au Siennois. Mais voyant Sa Saincteté que ledit roy d'Espagne s'y renforce, pour faire du pis qu'il pourra, ainsy qu'il se vante partout, elle nous a faict requerrir luy voulloir donner secours ; ce que très volontiers nous luy avons accordé, tant pour satisfaire à nostre devoir et à ce que nous lui avons promis par le traicté de laditte ligue d'entre nous, que aussy pour imiter et ensuivre les louables et mémorables faicts et actes de nos prédécesseurs roys très chrestiens, qui ont de tout temps esté protecteurs, deffenseurs et restaurateurs du Saint-Siège apostolique et des Sainctz Pères : à ceste cause nous faisons assembler audit Piedmont une suffisante armée d'un bon nombre de gendarmerie, chevaux légers, gens de pied françois, suisses et italiens, accompagnez de l'artillerie et munitions et provisions qu'il leur fault, pour, avec la conduitte de nostre très cher et amé cousin le duc de Ferrare, son beau père, qui l'aura comme nous estimons fort agréable, voulons faire nostre lieutenant général, à ceste fin passer outre et aller joindre les forces de nostre dit Sainct-Père, affin de luy maintenir la protection que nous lui avons promise, et d'autant que depuis la capitulation faicte avec nostre dit oncle, il ne luy a pas encore esté envoyé nos lettres patentes en forme, touchant les pouvoirs et facultez dont nous voulons qu'il use à l'exercice de ceste charge, pour ce que les occasions ne se sont aussy présentées, qu'il ayt à faire de s'en ayder, comme il a maintenant, pour ces causes et autres, bonnes, justes, raisonnables considérations à ce nous mouvans, l'ayant par la dite capitulation d'entre nous desjà faict, créé et ordonné, constitué et establi, comme encore par ces présentes nous le créons, ordonnons, instituons et establissons notre lieutenant général, représentant nostre personne en et par toute l'Italie, hormis le Piedmont ; nous lui avons par ces mesmes présentes donné et donnons plain pouvoir, aucthorité, commission et mandement spécial de commander tant à nostre dicte armée nouvellement mise sus, qu'aux autres que nous pourrions faire marcher au dit pays pour le service de la dite Saincteté, ligue et autres entreprises qui se pourroient offrir; de laquelle ligue, pour ce que par le traicté d'icelle nous est réservé le commandement sur les armes avec la disposition du chef et superintendant général d'icelles, nous avons faict et faisons le dit sieur duc capitaine général, pour faire assembler en tous lieux et quant bon lui semblera, tant nos gens de guerre que nous avons au dit pays d'Italie, que ceux que nous y faisons marcher pour le service de la dite ligue, et les employer contre les ennemys d'icelles, leur adhérans et tenans leur party, qui ont voulu et voudront courir sus à nostre dit Saint-Père, au saint-siége, terres et subjets de l'Eglise, et les opprimer ou endommager en quelque sorte et manière que ce soit; d'ordonner et disposer de la gendarmerie et autres gens de cheval et de pied de quelque nation qu'ilz soient, ensemble de l'artillerie, et conséquemment de toutes les forces de la ville, selon et ainsi qu'il verra et cognoistra estre à faire pour le mieux et pour le service d'icelle, bien proffit et honneur des alliez; commander et ordonner à tous capitaines et lieutenans, gens de guerre et autres estans en la dite armée et au service de la ditte ligue, ensemble aux autres armées que nous pourrions assembler et faire aller par delà, ainsi que dit est, ce qu'ilz devront faire pour la satisfaction de leur devoir et service; d'assurer et faire assurer villes et chasteaux et y donner assaut, ou assaultx, les prendre par force ou composition ainsy qu'il pourra; livrer journées, batailles, rencontres, escarmouches et autres forts actes et exploits de guerre; mettre à rançon prisonniers et autres ennemys et rebelles, et les faire exécuter s'il trouve qu'il l'ayt mérité, et tout ce que faire se doive, leur pardonner, quitter les cas et crimes dont ilz seront chargez; de faire abattre et desmolir, s'il voit que bon soit, toutes forteresses et places contraires et désobéissantes à nostre dit Saint-Père et à nous et semblablement à luy, estant nostre lieutenant et cappitaine général de la ligue ou des autres, ou celles-là mesme faire réparer, fortiffier et advituailler; commettre et députer telz personnages qu'il advisera pour la garde, conservation, gouvernement et administration des villes, chasteaux, places, forteresses et pays qu'il aura nouvellement réduit et mis soubz l'obéissance de la ditte ligue; de changer et muer, quand bon luy semblera, lesdits personnages qu'il aura commis à ladite garde, et gouvernement des places et pays nouvellement conquis, leur donnant pouvoir, puissance et authorité de faire faire fortifications, rempards, munitions, advituaillemens et autres provisions nécessaires selon et ainsy qu'il verra estre à faire; ordonner de nos deniers et finances à ce nécessaires tout ainsy que s'il y estoit présent; semblablement commestra et establira en iceux pays nouvellement conquis toutes manières d'offices, tant de justice qu'autres, pour les régir et gouverner, entretenir et conserver en obéissance et fidélité qu'ilz auront prestée et jurée à la ditte ligue et autres alliez d'icelle, en la personne de nostre dit oncle ou de ses commis ou députez, ou bien les punir des rebellions et désobeïssances par eux commises selon leurs mérites et exigence des cas; de pourvoir et donner ordre à toutes choses requises et nécessaires pour la conservation, seureté et deffence des villes, places et pays que nous aurons pris et pourrons cy après prandre et recevoir en nostre protection; commander à ceux qui y sont et seront de par nous establis, soit en titre et qualité de nostre lieutenant général ou cappitaine, ensemble aux soldats y estant en nostre solde, ce qu'ilz auront à faire pour nostre service et celluy de la ligue s'il voit qu'il en soit besoing et ainsy que nostre dit Saint-Père l'ordonne, telles nouvelles bandes et compagnies de gens de guerre à cheval et à pied qu'il verra estre de service, ou bien, sy la nécessité le requiert, en faire livrer d'autres la part où il verra bon estre, et leur ordonner leurs gaiges et souldes selon nostre estat, et autrement ainsy qu'il advisera, dont il leur faira faire payement durant le temps de leur service ainsi qu'il appartiendra, le tout, jusques à ce que par nous en ayt esté ordonné; faire faire les monstres et reveues des gens de guerre, tant de nos ordonnances, chevaux légers qu'autres gens à pied et à cheval, et pour faire faire les dites monstres commettre et député commissaires et controlleurs ordinaires de nos guerres, toutes fois que bon lui semble, iceux casser, corriger, punir selon l'exigence des cas et ainsy qu'il verra estre à faire; de faire vivre en bon ordre, justice et pollice lesdits gens de guerre sans leur souffrir faire aucuns maulx, pilleries, rançonnements et insolences, et sy aulcuns ilz en font, en faire faire la justice, punition et correction telle et sy briefve que les cas le requerront et que ce soit exemple à tous autres, ou bien les leur remettre, quitter et pardonner s'il luy semble bon, et des grâces et rémissions qu'il en accordera, en faire expédier ses lettres patentes à ce requises et convenables; de révoquer et appeller tous bannys et enhillez et les remettre en leurs biens, terres et possessions, en se rendant à nostre service comme dit est, s'il voit que bon soit; d'ouyr et entendre ou faire ouyr et entendre les complaintes de ceux qui se voudront adresser à luy, et sur icelles, leur pourvoir par justice ou autrement comme il appartiendra; de recevoir et ouyr toutes manières d'ambassade de princes, villes, communautez, seigneuries, potentatz et autres telz qu'ilz soient, et avec eux capituler, traicter et composer des choses dont il leur aura baillé ou baillera mémoires et instructions selon et ainsy qu'il verra bon estre pour nostre dit service, et sur ce passer et expédier telles lettres et actes que besoing sera, promettant icelles faire ratiffier et faire confirmer par nous et nos lettres quand requis en seront; d'essayer, accroistre ou diminuer, muer ou changer les garnisons des gens de guerre, tant de cheval que de pied, estans à la soulde de la ligue, selon le temps et que l'affaire le requerra; de donner et faire donner taux aux vivres et munitions et les faire ammener, vendre et délivrer seurement, sans pilleries, rançonnemens et désordres, et les édits, ordonnances, deffences et commendemens qu'il fera là dessus faire publier à son de trompe et cris publique où besoing sera, les faire estroictement garder et observer, punir et faire punir les transgresseurs selon l'existence des cas; voulons en outre et à nostre dit oncle le duc de Ferrare avons donné et donnons plain pouvoir, puissance, authorité et mandement special de retirer et recevoir en nostre service, celuy de la ligue et en la compréhension d'ycelle, telles personnes, communautés, seigneuries et potentats qu'il verra estre à faire, ou qui s'y voudront offrir ou présenter et retirer, et en ce faisant leur promettre telz estats, pensions ou appointemens soit en temps de guerre ou de paix, et seigneuries à tousjours ou à tel temps, charge et conditions que bon leur semblera, et au surplus d'ordonner pour quelque cause, considération et entreprise que ce soit, ainsi qu'il verra estre à faire pour le bien, direction et conduitte des affaires de sa charge, sur le faict des deniers et finances qui ont esté et seront ordonnez et mis en despôt par nostre Sainct-Père le Pape et par nous, pour subvenir à la despence de la ligue selon les traittez et capitulations d'icelle, ensemble de tous autres deniers qui seront ordonnez, remis et assignez par de là pour nos affaires et service, tant qu'il sera nostre lieutenant général; et quant à tout ce que payé aura esté par ses ordonnances et mendements, nous voullons, entendons et nous plaist estre passé et associé ez compte, ou compté et rabatu de la recepte de celluy et ceux qui auront faict les dits payementz par nos amez et féaux les gens de nos comptes et partout ailleurs où besoing sera, leur mandons ainsy le faire sans difficulté, en rapportant sur iceux compte ou comptes le vidimus de ces présentes faictes soubz scel, les quittances des parties où elles escherront, avec les mandemens et ordonnances dudit sieur duc de Ferrare, ou ses cahiers desdits frais et despences duement de luy signez, verriffiez et approuvez, les quelz mandemens, ordonnances ou cahiers nous avons comme pour lors validé et authorizé, validons et authorizons par les dites présentes signées de nostre main, comme s'ilz avoient esté faict et expédiez de nous; voullans en outre que nos embassadeurs et ministres estans à Rome, Venise, Levant et autres lieux et endroits de l'Italie, luy fassent sçavoir ordinairement le faict de leurs négociations pour l'en rendre capable, affin que selon sa prudence, dextérité et expérience il leur puisse mander ce qu'il lui semblera qu'ilz pourront et devront faire pour nostre service et le bien de nos affaires, à quoy ilz ne fauldront de satisfaire soigneusement et en dilligence; et généralement fera le dit sieur duc de Ferrare, mon oncle, en ceste présente charge de nostre lieutenant et cappitaine général de la dite saincte ligue, tout ce qu'un lieutenant général, bon chef et conducteur d'armes, peut, doit et est tenu faire, et tout ainsy que nous-mesmes ferions et faire pourrions, si présent en personne y estions, jaçoit que la chose requist mandement plus spécial; promettant par ces présentes, en la foy et parolle de roy, avoir agréable, tenir ferme et stable tout ce que nostre dit oncle le duc de Ferrare aura faict, besongné et mis en exécution, ez choses susdites, circonstances et despences, et le tout confirmer, ratifier et approuver toutes et quantes fois requis en serons; néantmoings pource que nostre dit Sainct-Père le Pape se trouvera prochain des lieux où l'affaire se pourra offrir et présenter, nous voulons, entendons et nous plaist que nostre dit oncle le duc de Ferrare, comme la raison le veult, luy réfers toutes choses et qu'avec sa participation et communication il fasse et exécute les entreprises et exploits de guerre avec les autres actes d'importance deppendans de sa dite charge, sy tant est que Sa Sainteté soit en lieu sy a propos que nostre dit oncle le puisse advertir et luy communiquer commodément, ainsy que dit est, sans pour ce perdre l'occasion. Sy donnons en mandement par ces présentes à tous nos lieutenants généraux, gouverneurs, maréchaux, cappitaines, chefs et conducteurs de nos gens de guerre, tant de cheval que de pied, et de nostre artillerye, et à tous nos autres justiciers et leurs lieutenans, gouverneurs particuliers, potestatz, magistratz, consulz et administrateurs de villes, et chacun d'eux en droict soy, sy comme à luy appartiendra, que à nostre oncle le dit sieur duc de Ferrare ez choses dessus dites, leurs circonstances et deppendances, ilz obéissent et entendent et fassent obeyr et entendre de tous ceux et ainsy qu'il appartiendra, tout ainsy qu'à nostre propre personne, sans y contrevenir directement ou indirectement en quelque manière que ce soit, car tel est nostre plaisir; en tesmoing de ce nous avons signé ces présentes de nostre main et à icelles faict mettre nostre seel.

« Donné à Saint-Germain en Laye, le 14e jour de novembre l'an de grâce 1556, et de nostre règne le dixième. »

Monsieur de Guyse fut informé, vers ce temps-là, du départ de Ferrare de monsieur d'Avanson, par les deux lettres suivantes.

« Mon filz, ayant si suffisant et bon moyen que celluy de monsieur d'Avanson, qui en laisse mémoire trop congneue et manifeste par decà, laquelle je sçay ne l'estre moings du Roy et de tous de pardelà, parquoy ne fault que je vous en dye davantaige ne pour luy pourter plus de créance de celle que je sçay que vous avez en luy; mais seulement me resjouys d'avoir si bon moyen de vous faire sçavoir de mes nouvelles, attendant que Dieu me donne la grâce de vous en povoir dire moy mesmes et de nous donner tous celles que vous désirez pour le service du Roy et la grandeur de vostre cueur. Et me remectant entièrement audict sieur d'Avanson, je fais fin par mes affectionnées recommandations à vostre bonne souvenance; priant Dieu vous maintenir en bonne santé et longue vie.

« De Ferrare, le treiziesme jour de novembre 1556.

« Vostre bonne mère,

« Renée de France. »

« Monsieur, venant monsieur d'Avenson d'ung lieu où il estoit si bien veu comme vous sçavés qu'il y estoit, accompaigné de la charge qu'il y avoit, j'estimerois luy faire tort si je ne m'en remectois entièrement sur luy de tout ce qui se présente de ce cousté là, et entre aultre de la bonne volonté et résolution en laquelle il a laissé Sa Sainteté et monsieur le cardinal Caraffe à l'endroit du service du Roy. En quoy il les a sçeuz si bien entretenir qu'il en est digne de la bonne grâce de Sa Majesté, laquelle ne peult faire qu'elle ne luy en use de quelque favorable démonstration, s'estant encores au demourant du fait de sa charge si bien acquité, comme vous verrés qu'il en sçaura rendre très bon compte. Dont quant à moy je ne reçois moings de plaisir que si c'estoit chose qui me touchast, comme aussi je suis certain que vous en receveres tout aultant de vostre cousté, saichant la bonne protection que vous avés de tout ce qui luy apertient; laquelle, si je pensois que pour l'amour et affection que je luy porte vous la deussiez augmenter, je ne fauldrois de vous en prier avec toute telle fasson que si c'estoit pour moy-mesmes; comme aussi je vous en auray toute telle obligation. Et me recommandant bien humblement à vostre bonne grâce, je priray Dieu, Monsieur, vous donner en parfaicte santé très longue vye.

« De Ferrare, ce treiziesme jour de novembre 1556.

« Di V. E.

« Humil. et affettionatissimo,

« Hip. Cardinale di Ferrara. »

Le bruit du partement de monseigneur de Guyse pour l'Italie, s'estant répandu, monsieur de Brissac lui écrivit ainsi qu'il suit:

« Monseigneur, aiant cejourd'huy entendu vostre partement de la court, je vous escritz ceste lettre pour vous supplier me vouloir faire sçavoir le temps que vous pourrez estre à Lyon, et si vous séjournerez, affin que je puisse làdessus considérer quant vous pourriez estre en Piémont, où je continue de m'acheminer à petites journées, et les meilleures que je puis toutefois, selon le temps et les mauvais chemins que je trouve.

« Monseigneur, je me recommande très humblement à vostre bonne grâce, et prye nostre Seigneur vous donner très longue et très heureuse vye.

« De la Pacaudière, le vingtiesme jour de novembre 1556.

« Vostre très humble et très hobéissant serviteur,

« Brissac. »

Continuation des nouvelles de Rome, envoyées par les lettres des sieurs de Selve et Lanssac au Roy, en date du 21e dudit mois.

« Sire, nous vous escrivismes avant hyer par Le Sueur, que nous despeschasmes en dilligence par le court chemin, lequel ne put partir qu'hier avant le disner, après quoy monsieur de Montmorancy et nous deux ensemble allasmes veoir monsieur le cardinal Caraffe, où nous trouvasmes monsieur le mareschal Strossy, qui arrivoit de nostre camp; ledit sieur cardinal, après nous avoir demandé sy nostre courier estoit party, et que nous luy eusmes respondu qu'ouy, nous monstra certaines lettres du roy d'Angletterre, à luy adressées d'assez vieille datte, qu'il nous asseura n'avoir receues, néantmoings que le jour précédent, par les mains du cardinal Pascheco, lesquelles lettres contiennent en substance le plaisir que le roi d'Angletterre a eu d'entendre, par ses ministres et serviteurs de deçà, la bonne volonté et disposition dudit cardinal à s'employer pour la pacifilcation des differendz entre nostre Saint Père et luy, le priant vouloir estre bon moyen envers Sa Saincteté, de composer les choses en telle façon, qu'il puisse servir et révérer Sadite Saincteté, comme il a toujours faict et désire faire pour l'advenir, et que pour ceste affaire il a donné ample pouvoir au duc d'Albe pour en traicter avec ledit sieur cardinal, toutes les fois qu'il voudra, disant outre que sy ledit sieur cardinal le va veoir, comme ses ministres luy on faict entendre qu'il en a bonne volonté, il luy fera grand plaisir ; et qu'il luy fera connoistre combien il ayme et estime luy et toute sa maison : de quoy il a donné charge à ses dits ministres de par deçà lui faire entendre sa volonté, se remettant en créance sur eux. Or, dit ledit sieur cardinal Caraffe, que la créance que luy a exposée ledit cardinal Pascheco, en luy baillant lesdites lettres, conciste en trois points : le premier est qu'il le prie de faire bons offices vers le Pape, et se vouloir employer pour accorder les differendz qui sont entre Sadite Saincteté et ledit roy d'Angleterre, et estre moyen d'une bonne paix entr'eux. Le deuxiesme, est d'aller veoir ledit roy d'Angleterre après l'accord faict par deçà, luy donnant asseurance que s'il est demeuré quelque chose en traictant ledit accord, ledit roi d'Angleterre mettra peyne, quand il sera près de luy, de le rendre si content et satisfaict en tout ce qu'il sçauroit désirer pour le particulier de luy et de sa maison, qu'il cognoistra n'avoir pas perdu sa peyne et son voyage, et que ledit roy d'Angleterre l'ayme grandement et estyme. Le troisiesme et dernier poinct, que sy pour le particulier de sadite maison et de luy-mesme, il vouloit entrer en capitulation, ledit duc d'Albe avoit chargée expresse et toute puissance d'y entendre et d'en accorder avec luy, avec tel honneur et advantage pour luy, qu'il auroit cause de s'en contenter. A laquelle créance ledit cardinal Caraffe nous dit avoir respondu qu'il avoit faict et ne cesseroit jamais de faire tous bons offices pour moyenner une bonne et sainte paix, et qu'il ne tiendroit à luy que pour cet effect il ne se trouvast avec le duc d'Albe quant besoing seroit; secondement, que sy laditte paix et accord se pouvoit faire, il espéroit bien avec le temps qu'il se pourroit présenter occasion d'aller veoir ledit roy d'Angleterre, et luy faire la révérence, ce qu'il feroit volontiers ; quand au particulier de luy et de sa maison, qu'il avoit assez de tesmoignages par le passé, que cela ne l'avoit jamais gueres meu ne mouveroit, et qu'il n'avoit oncques cherché que l'honneur en toutes choses, selon lequel il chemineroit toujours en toutes ses actions, sans avoir pour mire ni pour but aucune sienne particularité : et s'estendit là-dessus en plusieurs bonnes parolles pour nous asseurer, Sire, que nous le trouverions jamais autre que homme de bien et vostre serviteur, nous priant luy donner nostre advis et conseil de ce qu'il devoit faire pour prolonger et delayer tant qu'il pourroit ceste suspension d'armes, ou bien quant il faudroit venir au poinct, et qu'on verroit que ledit duc d'Albe présenteroit condition telle qu'il ne seroit pas honneste ny raisonnable de les despriser, ce qu'il nous sembleroit qu'il faudroit faire en ce cas et quel langage il auroit à parler audit duc d'Albe : surquoy messieurs le mareschal Strossy, de Montmorancy et nous luy avons respondu que la sincérité et fidélité de sa volonté et de ses actions envers Vostre Majesté estoit sy bien cognue de vous, Sire, que quant tout le monde vous en voudroit faire doubter on y auroit bien affaire.

« Davantage, que quant vous seriez pour y faire quelque doubte, ce que Dieu mercy vous n'avez jamais faict, que les deportemens et les asseurances qu'il nous donnoit, estoient pour oster et lever tous soubçons ; par ainsy qu'il ne falloit se mettre en peyne de vous donner plus d'asseurance que vous avez de sa bonne volonté et de la fidélité de son service. Quant au conseil qu'il nous demandoit, qu'il estoit sy prudent et advisé qu'il se pouvoit bien conseiller luy-mesme : toutes fois pour luy en dire ce qu'il nous en sembloit, puisqu'il n'estoit question que de gaigner temps, que c'estoient aux ennemys à proposer, attendu qu'ilz estoient demandeurs et assaillans, et le Pape deffendant en ceste querelle, et qu'il falloit, s'il estoit possible, comme la raison voulloit, qu'ilz parlassent les premiers, et que par après on leur respondroit. A quoy il répliqua que le duc d'Albe, comme il estoit vraysemblable, mettroit en avant les sept articles par luy proposez en sa première demande, et que là dessus ce qu'il auroit à respondre estoit de se tenir à la responce qu'il avoit desjà faicte, sur laquelle il nous avoit par cy-devant faict entendre les propos que le cardinal camerlingue luy avoit tenus, lesquelz venoient sy près du poinct, qu'il n'y avoit presque difficulté à accorder que celle de la seureté que demandoit ledit duc d'Albe, que les Estats de son maistre ne seroient pas offensez par le pape, et de l'estat de Paliano, sur lequel poinct il estoit bon qu'il se préparast pour sçavoir ce qu'il auroit à dire audit duc d'Albe. A cela nous luy dismes que pour la première assemblée il ne seroit jamais sy pressé de se résoudre qu'il ne peust prandre quelque journée d'advis et de conseil, et luy mismes devant les yeux que le roy d'Angleterre et ses ministres voyans bien que l'union du Pape et de Vostre Majesté est leur grand désavantage, soit qu'on traicte ou qu'on continue la guerre, ne manqueroient d'user de tous les artifices qu'il leur seroient possible pour désunir Sa Sainctetè et les siens d'avec Vostre Majesté, et leur faire faire quelque marché à part, pour par après venir à bout d'eux plus facilement; mais qu'en se tenans en bonne union et intelligence ensemble avec Vostre Majesté, ilz se pouvoient assurer que, la guerre continuant, ilz seroient les plus forts, et la paix se faisant ilz la feroient sans comparaison plus advantageuse, et donneroient la loy aux autres, au lieu qu'ilz seroient obligez de la recevoir en faisant le contraire; que de vostre part, moy, de Selve, pouvois et voulois bien asseurer que la résolution de Vostre Majesté, comme je l'avois recueillie de sa bouche propre, estoit de persévérer tousjours en bonne union avec Sa Saincteté, et de la faire arbitre et de la paix et de la guerre, et que tenant par deçà le mesme chemin, il estoit impossible que les choses ne se portassent fort bien, et pour Sa Saincteté et pour Vostre Majesté, de laquelle nous aurons bien-tost des nouvelles certaines et resolues de l'assemblée de son armée du Piedmont. Cependant qu'il se falloit ayder des dix jours de la suspension d'armes et parachever les fortifications des places qu'on veult tenir, vuider les vivres des lieux foibles et les remettre dans les plus forts, fortifier de plus en plus le passage de Fiumentino, et reunir par delà la pluspart de la cavallerie et infanterie qui est avec le marquis de Montebello, laquelle ne faict pas grand effet là, affin de s'en pouvoir prévalloir icy en cas que les ennemys passassent ledit Fiumentino et voulussent entrer dans le patrimoine de l'Église, auquel cas on ne sçauroit mettre une sy petite armée aux champs qu'elle ne fut suffisante pour faire mourir de faim la leur, et la mettre en extresme nécessité. Après lesquelz propos ledit sieur cardinal nous mena tous en la chambre du duc de Paliano son frère, auquel il dit les causes qui l'avoient meu à entendre à la suspension d'armes, et que c'estoit pour tousjours gaigner temps, et de l'abouchement qui se debvoit faire entre luy et le duc d'Albe; surquoy ledit duc tesmoigna n'approuver pas beaucoup ladite trève de dix jours, ni ledit abouchement, disant qu'il falloit que ledit cardinal regardast bien ce qu'il faisoit, et qu'il n'y avoit pas grande fiance audit duc d'Albe, et qu'il ne taschoit qu'à donner des parolles, et que s'il estoit creu, on assembleroit toutes les forces du marquis Montebello et autres, pour l'aller combattre et chasser du lieu où il estoit. Surquoy luy fut remonstré que ceste entreprise estoit trop hazardeuse, parceque ledit duc ny hazarderoit que des hommes, et le Pape y hazarderoit ses hommes et l'Estat. Sur lequel propos fut discouru quelque temps par monsieur le cardinal Caraffe, et après fort amplement et sagement par monsieur le mareschal Strossy, monstrant par plusieurs bonnes raisons que ledit duc d'Albe estoit presque forcé de s'arrêter à Ostia, sans passer plus outre, parceque s'il se hazardoit de passer la rivière et s'esloignoit de la mer, il se mettroit en très grand et évident danger d'affamer son armée; davantage, qu'avant que la trève de dix jours fust finie, le pays seroit en tel estat qu'il seroit bien difficile à forcer. Et après les discours, la dernière résolution fut qu'aujourdhuy le dit sieur cardinal iroit disner à part, et que peut-estre ilz se pourroient veoir luy et le dit duc d'Albe, et pria le dit sieur cardinal monsieur le mareschal d'aller avec luy, et qu'il ne feroit rien sans luy; et finallement que quand il verroit qu'il ne pouroit plus reculer, il diroit au dit duc d'Albe que ses déportemens envers le Pape ont esté telz qu'ils l'ont contrainct d'implorer l'ayde des forces de Vostre Majesté, à la quelle il estoit bien raisonnable, avant conclure aucune chose, que l'on fist entendre l'estat des affaires qui se traictoient et d'avoir son bon advis; laquelle résolution fut approuvée de chacun de nous, et ce matin il a monstré à monsieur de Lanssac la minute de la responce qu'il a faicte à la lettre que luy a écrit le roy d'Angleterre, contenant en substance qu'il a reçu la ditte lettre du 15 octobre, pleine de tant de gracieusetez et faveurs qu'il ne l'en sçauroit assez humblement remercier et dont il se sentoit merveilleusement tenu à luy, et mesmement de ce qu'il l'avoit prévenu en escrivant le premier; que ce que le dit seigneur avoit entendu de la volonté du dit cardinal à la paix, se trouveroit véritable par ses effetz, quoiqu'on ayt peu dire au contraire. Quant à la créance qui luy avoit esté exposée par le dit cardinal Paschéco et le sieur Ferrand de Sanguini, qu'il luy avoit faict la responce telle qu'il luy sembloit devoir faire.

« Sire, nous vous dépeignons les choses comme elles se passent et les mesmes propos que l'on nous tint, qui ne sçauroient estre meilleurs, ni plus plains d'assurance de continuation de bonne union et intelligence avec Vostre Majesté; de quoy, sy M. le cardinal Caraffe et monseigneur le duc de Palliano nous assurent de leur costé, croyez, Sire, que le Pape monstre y estre encore plus ferme et résolu du sien, sy est ce que les pratiques que les dits impériaux ont faict avec le dit cardinal, longues et secrettes depuis quelques jours en çà avec le cardinal camerlingues et Ferrand de Sanguini, qu'on dit devoir estre en cet abouchement, font croire à plusieurs discoureurs que les matières doivent estre sy bien esbauchées que c'est comme un marché faict, et que chacune des parties doit à peu près estre assurée de la conclusion. De quoy, Sire, nous ne vous sçaurions rien dire de certain, car les discours ne sont pas sans quelque apparence; néantmoins les promesses et asseurances que l'on nous donne du contraire, nous gardent de nous y arrester. En tous cas Vostre Majesté doit se renforcer en Piedmont, car c'est le seul moyen de se faire respecter, aymer et redouter aux amys et aux ennemys, et empescher qu'il ne se fasse aucun marché où elle n'ayt la part qui luy appartient.

« Sire, nous prions le Créateur vous donner en parfaicte santé et prospérité, très longue et très heureuse vie.

« De Rome, ce 21 novembre 1556. »

La dite lettre de monsieur de Selve estoit accompagnée de la suivante de monseigneur de Montmorency adressante aussi à mon dit seigneur de Guyse.

« Monsieur, j'ay receu la lettre qu'il vous a pleu m'escripre, et vous advise que le jour mesmes que le Roy partit de ce lieu, qui fut jeudy, le chevaulcheur que vous avez envoyé au sieur de Beauregard pour querir voz povoirs et autres patentes des charges de l'armée, s'en retourna devers vous en poste, disant qu'il vous trouveroit à Milli, où vous deviez aller coucher ce jour là, et vous porta, suivant ce que j'avois donné charge au dict Beauregard, tout le sommaire du contenu es dépesches que nous avions receues, tant par le courrier Gobyo, qui arriva au soir, le jour de devant le partement de vostre dict chevaulcheur, que aussi par monsieur d'Angolesme. Et m'a dit icelluy Beauregard qu'il vous mect tous les poinctz principaulx des dictes dépesches dedans une sienne lettre qu'il vous escripvit. Il est vray que la pluspart desdictes dépesches ne sont que discours fort longs des propoz tenuz par monsieur de Selve à nostre Sainct-Père et les responces de Sa Saincteté là dessus, avec quelsques autres particularitez que vous aviez peu veoir, ausquelles l'on fait présentement responce par ce mesme courrier Gobyo, selon l'extraict que je vous en envoye, n'ayant pour ceste heure autre chose à vous dire, sinon que l'ambassadeur de Ferrare vint trouver le Roy hier matin avant son partement de Paris. Et pour ce que le dict seigneur estoit prest à monter à cheval, je n'eus loysir de l'achever de l'oyr, au moyen de quoy il le remist à luy venir parfournir le reste de sa charge en ce lieu, qui sera ce jourd'hui. Vous advisant, Monsieur, que le Roy a esté grandement contant et satisfait de ce qu'il en a desjà oy pour le commencement. Qui est tout ce que j'ay à vous dire pour ceste heure. Me recommandant humblement à vostre bonne grâce, je prie à Dieu, Monsieur, vous donner, en santé, bonne et longue vye.

« Escript à Sainct-Germain en Laye, le vingt-troisième jour de novembre 1556.

« Je vous supplie, Monsieur, me vouloir envoyer vostre baneret que a Sablonières, pour accompagner les deux que monsieur vostre frère, monseigneur d'Aubmalle, m'a donnez; lesquelz se trouvent les meilleurs qu'il est possible, et vous me ferez fort grand plaisir.

« Vostre hobeysant servyteur,

« MONTMORENCY. »

Lettre de monsieur de Montmorency.

« Monsieur, je vous ay ordinairement faict responce à tout ce que vous m'avez escript, et adverty bien au long de tout ce qui s'offroyt, mesmement par le dernier courrier venu de Rome, que je vous ay envoyé aveques ample despesche aux lieux où il s'en retourne, comme vous aurez veu. Depuis nous en avons receu une du sieur Bassefontaine, de laquelle je vous envoye la coppie, affin que vous sachiez tant mieulx comme toutes choses vont de tous costez, n'estant riens survenu davantaige depuis ma dernière qui mérite plus longue lettre. Me recommandant humblement à vostre bonne grâce, priant Dieu, Monsieur, vous donner bonne et longue vye.

« De Sainct-Germain en Laye, le vingt-quatriesme jour de novembre 1556.

« Je vous prie après que vous aurez veu la despesche du dict sieur de Bassefontaine, l'envoyer à mon cousin monsieur le maréchal de Brissac aveques la lettre que présentement je luy escriptz, vous advisant, Monsieur, que je viens de recevoir vostre lettre de Noyon, et que j'ay tout souldain mandé le trésorier Bourg pour le haster de tout ce que sera possible.

« Vostre humble servyteur,

« MONTMORENCY. »

De monsieur de Brissac.

« Monseigneur, j'ay ce matin receu lettres de

Piedmont esquelles on m'escrit l'arrivée de Carrières, et que pour fournir à l'achapt du charroy de voz vivres et pontz à basteaulx, il se veult ayder des dix mil francs ordonnez pour employer en vivres. Je vous envoye les estatz que le dict Carrières a dressez beaucoup plus amples, ce m'est advis, que ce que nous avions projecté. Il vous plaira, Monseigneur, les veoir, et pour le supplément que veult icelluy Carrières, en escrire à Sa Majesté, affin qu'elle y pourvoie par de nouvelles assignations, et que ce qui est défectueux pour le regard du charroy ne soit récompensé en diminution de vivres.

« Monseigneur, je me recommande très humblement à vostre bonne grâce et prie Nostre-Seigneur vous donner en sancté bonne et longue vye.

« De Lyon, ce vingt-troisiesme jour de novembre 1556.

« Vostre très humble et très hobéissant serviteur, « Brissac. »

Autre du dit sieur de Brissac.

« Monseigneur, depuis les lettres que je vous escrivyz hier, j'ay receu celle qu'il vous a pleu m'escrire, ensemble l'extraict des nouvelles envoiées de la cour, dont je vous remercie bien humblement. Je pensois en partir demain pour aller en Piémont, mais il m'est survenu quelque peu de mal au genou, qui m'en gardera. Toutefois, j'espère que ce ne sera rien. Aussi tost que je me pourray mettre en littière je m'achemineray. Cependant j'escritz, oultre mes précédentes lettres, à monsieur de Termes pour loger la cavallerie. Je m'asseure qu'il y aura très bien pourveu. Mais aussi je vous supplie, Monseigneur, vouloir dépescher lettres pour faire que la dicte cavallerie vive régléement selon l'intention du Roy et vostre; aultrement le païs sera bien tost ruyné.

« Monseigneur, je me recommande très humblement à vostre bonne grâce et prie Nostre-Seigneur qu'il vous donne, en santé, bonne et longue vie.

« De Lyon, ce vingt-sixiesme novembre 1556.

« Vostre très humble et très hobéissant serviteur. « Brissac. »

Lettre de monsieur de Montmorency à mondit sieur le duc de Guyse.

« Monsieur, vous verrez ce que le Roy vous escript présentement, pour responce à ce que vous nous avez fait sçavoir par voz dernières lettres; et me semble que vous n'eussiez sceu choisir personnaige plus à propoz que monsieur de Burye pour l'employer en la charge que devoit avoir monsieur de Termes, si tant est que vous estant en Piedmont, vous voyez et congnoissez que vous ne le puissiez mener avec vous. A ceste cause, le Roy escript présentement audict sieur de Burye qu'il aict à incontinant vous aller trouver avec sa compaignie, luy donnant povoir que ès places des hommes d'armes et archers qu'il trouvera absens lorsqu'il arrivera à Thurin, il en puisse faire enroller d'autres; et au regard de ce que vous nous avez escript des Suisses, il a esté satisfaict au remplissement de l'assignation pour leurs paiemens, et n'ay oublié à de rechef commander bien estroictement au trésorier Bourg de ne leur envoyer aucuns realles pour ce commancement. A quoy il m'a asseuré ne faire faulte, autrement je luy ay bien promis que je l'en feray chastyer. Qui est tout ce que j'ay à vous dire pour ceste heure, sinon ce que vous verrez par un extraict que j'ay donné charge à l'Aubespine vous faire de ce qui est venu d'Angleterre et de Flandres. Et au demourant mon pauvre cousin, monsieur de Bonnyvet, est ce matin allé à Dieu, autant regretté du maistre et de tout le reste de la compaignye que personnaige qui mourût il y a long temps. Le Roy a pourveu en son lieu de l'estat de collonnel des bandes françoises mon cousin, monsieur le Vidame. Me recommandant humblement à vostre bonne grâce, je prie à Dieu, Monsieur, qu'il vous doint en santé bonne et longue vye. Escript à Saint-Germain-en-Laye, le vingt neufviesme jour de novembre 1556.

« Monsieur, si vous avez nouvelles certaines que monsieur de Termes ne puisse aller avec vous, il fauldra, s'il vous plaist, que vous dépeschiez ung courrier exprès en dilligence devers monsieur de Burye, pour luy porter la lettre que je vous envoye, que le Roy luy escript selon l'advis de monsieur le cardinal vostre frère; et, au demourant, l'Aubespine m'a dict qu'il vous auroit depuis deux jours envoyé ce qu'il nous estoit venu d'Angleterre et de la court du roy d'Espagne.

« Vostre hobéyssant serviteur,

« Montmorency. »

Nouvelle de la suspension d'armes entre le Pape et le duc d'Albe, apportée par la suivante lettre de monsieur de Strozzi à monsieur de Montmorency.

« Monseigneur, tout présentement je suys arrivé avec le cardinal Caraffe du lieu auquel le duc d'Albe et luy se sont assemblez, et trouvant à mon arrivée que monsieur l'ambassadeur faisoit partir un courrier, je n'ay le loysir de vous faire plus longue lettre, et pour ceste heure je vous advertiray seulement comme lesdits cardinal et duc d'Albe ont conclud une suspension d'armes pour quarante jours, et ce qui la faict accorder à ceux-cy, ce a esté, comme il me semble, qu'ils venoient que le secours dudit duc estoit arrivé à Porto-Santo-Stéphano, qui, à l'occasion d'icelluy, povoit endommager et gaster tout ce pays, et que du leur il y avoit longtemps qu'ils n'en avoient aucunes nouvelles : et, quant audit duc, je pense que ce qui luy a faict condescendre, ce a esté seullement l'espérance qu'il a de gaigner ceulx-cy durant ledit temps. Ledit cardinal m'a dict qu'il vouloit dépescher quelqu'ung vers le Roy pour luy faire entendre les raisons pour lesquelles il a voulu faire suspensions, et un aultre vers le roy d'Angleterre pour sçavoir de luy la dernière résolution qu'il vouldra prendre en ceste guerre.

« De Rome, ce vingt neuviesme jour de novembre 1556.

« Vostre très humble et très obéissant serviteur, « PIETRO STROZZI. »

Lettre de monsieur le mareschal de Brissac audit duc, au sujet du passage de son armée par le Piémont.

« Monseigneur, j'ay receu la lettre qu'il vous a pleu m'escrire par le sieur de Bruilly et entendu de luy l'occasion de sa dépesche. Il trouvera à son arrivée en Piémont les choses assez bien acheminées, comme je vous ay escrit par mes précédentes, quant à la construction des pontz et basteaux et commencement de bonne provision de vivres, encores que la partie de dix mil livres ordonnée pour ladicte provision ne soit encores, de ceste heure, rendue audict Piémont, ainsi que m'a escrit monsieur le président de Birague. Mais il reste, monseigneur, à faire pourvoir de l'argent pour l'achapt des beufz et charrétes nécessaires pour le port de vostre pont et vivres, affin que cela ne se prenne sur ladicte partie de dix mil livres tournois, dédiée expressément, comme vous sçavez, pour l'achapt d'iceulx vivres; de quoy, j'espère, vous aurez escrit à Sa Majesté. Le commis en ceste ville de Dubourg, trésorier de l'extraordinaire, m'a dict que les deniers dont on l'a assigné pour payer les douze compaignies nouvelles ne se peuvent recevoir, ne toucher plustost que la fin de décembre, et lesdictes compaignies sont assignées à faire monstre à la fin de cestuy-cy, dont il ne peult advenir que désordre et retardement, s'il n'y est pourveu d'ailleurs, ainsi que je l'escritz à monsieur le connestable présentement. Vous avez sceu, monseigneur, comme j'ay esté contrainct de demeurer en ce lieu pour le mal qui me prins à ung genoul, duquel je me trouve si extresmement travaillé qu'il y a quatre jours et autant de nuictz qu'il ne me laisse prendre tant soit peu de repos. Je pensois au commencement qu'il ne deust estre tel ne pour si longtemps que je me doubte qu'il sera, dont je suis désespéré. Je prends toutefois toute la peine et dilligence que je puis à me bien gouverner pour en estre bientost guéry, et n'ay laissé pour cela d'escrire par ledict sieur de Bruilly à monsieur de Termes et audict sieur président Birague pour accélérer, cependant, toutes choses, de quoy je les solliciteray tousjours.

« Monseigneur, je vous remercye très humblement de l'extraict des nouvelles de Flandres et d'Angleterre qu'il vous a pleu m'envoyer, vous suppliant me faire tousjours part, s'il vous plaist, de celles qui vous surviendront cy-après, et je vous tiendray à toutes heures adverty de ce que j'entendray de Piémont et d'ailleurs; me recommandant très humblement à vostre bonne grâce, je prie Nostre-Seigneur, Monseigneur, qu'il vous donne très bonne et très longue vye.

« De Lyon, ce vingt huictiesme novembre 1556.

« Monseigneur, voulant signer la présente, j'ay receu celle qu'il vous a pleu m'escrire de Nevers, du vingt sixiesme du présent, ensemble les advis de l'ambassadeur du Roy vers le roy d'Angleterre que monsieur le connestable vous a envoyez, dont je vous remercye très humblement, estant bien de vostre oppinion, Monseigneur, que vcoiant ce que contiennent lesdicts advis, il fault penser de ne plus perdre temps. J'avois bien sceu que les Suisses ne partoient de leur pais que le cinquiesme du prochain, et que partant ilz ne pourroient pas arriver à Suze avant le dix-huictiesme ou vingtiesme, bientost après lequel temps il s'en fauldra servir pour ne consommer leur paye inutillement. Cependant, s'il s'offre quelque chose que l'on puisse faire avec les forces qui sont par-delà, on n'en laissera passer l'occasion. Il est vray que de l'entreprise dont je parlay au Roy à Paris, on m'escrit qu'on a renforcé la garnison pour quelque jalouzie qu'ilz ont prise, non de nous, mais de quelque autre que je vous diray, tellement qu'il n'y a espérance pour ceste heure de la faire. Il y en a encores deux ou trois autres en termes, et est-on après de regarder ce qu'il s'en pourra faire, sinon nous aurons l'honneur avec les canons d'en faire exécuter quelqu'une. Je renvoye présentement le sieur Franscisque Bernardin en Piémont pour haster toutes choses, et pareillement tous les autres gentilzhommes qui estoient avecques moy, de sorte que je reste icy tout seul, affin que pour eulx rien ne demeure du service du Roy. Mon mal commence et monstre de vouloir dyminuer depuis ceste nuict. Mais je ne veoy pas toutesfois qu'il me permette de si tost travailler mesmement par ces grands froids. Si est-ce que je renderay peine et m'efforceray pour ne faire faulte en service de Sa Majesté de m'en faire quiete le plustost que je pourray. C'est du vingt-neufviesme jour de novembre 1556.

« Vostre très humble et très obéissant serviteur, « BRISSAC. »

Bref du Pape au duc de Guyse pendant ceste guerre.

« Dilecte fili, nobilis vir, salutem et apostolicam benedictionem. Cum pacis authores effectoresque totis viribus conaremur esse, maximis gravissimisque impiorum hominum in nos atque in hanc sedem injuriis coacti sumus ut de nostra salute ac dignitate, armis ac viribus repellenda, Deo ac Domino nostro volente, cogitaremus, ut eorum qui nos tanquam parentes summa pietate revereri et colere debuerant, inveteratam audaciam atque insolentiam, in nos quoque ipsos nefarie irruentem, timore saltem compescere valeremus. Quando ad nostram vero authoritatem ita uti æquum erat, nobis non liquit, sperantes divina benignitate freti fore id, quod plerumque accidere solet, ut bello pacem pararemus, quod compositis tandem rebus, atque omni insidiarum suspicione remota, spatium nobis otiumque sit cæteris christianæ reipublicæ vulneribus sanandis; neque enim aliud justissimis nostris armis querimus aut precibus a Deo et optimo maximo contendimus, nisi ut improborum licentia et contumacia repressa, nostram atque hujus sanctæ sedis authoritatem salvam atque incolumem retinere possimus. Quod ut commodius efficeremus, fœdus quod tibi non ignotum est cum charissimo nobis filio Henrico rege christianissimo inivimus, memoria repetente Francorum reges pientissimos homines bellicisque laudibus florentissimos, perpetuos sedis apostolicæ authoritatis defensores, libertatisque semper fuisse vindices: sed quoniam, quamvis magnæ firmæque copiæ adveniunt sine capite ac duce, re cum eodem rege communicata, dilectum nobis filium Herculem Estensem Ferrariæ ducem prædicti fœderis capitaneum generalem delegimus, constituimus et declaravimus, eique confederationis copiarum, equitum, peditum, fabrum, tormentorum cæterarumque rerum ad usum militarem pertinentium omnium curam atque imperium demandavimus. Cum vero in tua erga nos atque hanc sanctam sedem pietate clarissimaque rei militaris scientia, magnam præterea spem secundarum rerum nostrarum reponamus, in ipsius Ferrariæ ducis absentia, ejus te potestatem gerere capitaneique generalis personam sustinere volumus, statuimus et declaravimus, atque omnes ipsius fœderis exercitus, militaresque copias cum terrestres, tum maritimas, cum presentes, tum futuras, tuo imperio subjicimus, mandantes omnibus et singulis nostris confœderationis militibus cujuscumque generis, tam equestribus quam pedestribus, tam futuris quam presentibus, tam iis qui stipendia merentur quam qui sine stipendiis militare munus exercere, cum occasio postulat, tenentur, eorumque item capitaneis, tribunis, ductoribus, ac præterea navium triremiumque præfectis, ut summo studio, obsequio, observantia nobilitati tuæ præsto sint, mandatisque tuis obtemperent ac sine exceptione, aut ulla omnino mora, omnia faciant quæ sibi abste, quovis loco, quovis modo, quovis tempore, jussa atque imperata fuerint, sub pœnis tuo arbitrio ac voluntate imponendis; decernentes præterea harum vigore, ut omnibus provinciis, oppidis, vicis, feudatariis vassalisque sedis apostolicæ tuo arbitrio imperare valeas, stationes, diversoria, frumenta, commeatus, molita cibaria cæteraque omnia quæ ad bellum gerendum pertinent, imperioque tuo omnes dominii nostri homines in muniendis oppidis, aggeribus vallisque faciendis, cæterisque ejusmodi rebus, obsequentes esse præcipimus, non secus ac si nos ipsi juberemus; ac demum quantum authoritatis ac potestatis ipsi Ferrariæ duci cappitaneo generali concessimus, tantumdem in ejus absentia tibi tradimus atque condonamus, cum omnibus honoribus, dignitatibus, privilegiis, titulis, insignibus, quibus antehac cæterorum similium fœderum capitanei generales uti, frui et potiri de jure vel de consuetudine soliti sunt. Hortamur autem te pro nostra paterna authoritate et pro ea pietate ac religione quæ maxime propria est generis ac familiæ vestræ, ut in tuenda hujus sanctæ sedis dignitate summum decus tibi constitutum esse putes, et cum majorum tuorum illustrissimorum fortissimorumque hominum gloriam jampridem virtute ac rebus gestis adæquaveris, nunc in tam pia justaque causa omnibus antecellas. Is enim actiones tuas ad optatum finem perducet, qui pro fidelium piorumque salute mortem non dubitavit appetere, a nobis certe omnia quæ ad tuam laudem atque amplitudinem augendam pertinent, cumulata poteris expectare.

« Datum Romæ apud Sanctum-Petrum, sub annulo piscatoris, die IIIª decembris M D L V I. Pontificatus nostri anno secundo, Fr. Spinius. *Et au dos :* Dilecto filio nobili viro Francisco de Lotharingia duci Guisiæ.

Autre bref de Saditte Saincteté au duc de Parme, au subjet de celluy qu'il avoit envoyé au duc de Guyse.

Paulus Papa IIII.

« Dilecte fili, nobilis vir, salutem et apostolicam benedictionem. Cum gravissimo injustissimoque bello quotidie magis urgeamur, impliquehomines statum apostolicæ sedis nefariis armis conentur evertere, necessario ac justo dolore coacti sumus ut charissimi nobis in Christo filii Henrici Francorum regis auxilium atque opes imploraremus, eumque ad tam grave incendium restinguendum excitaremus, ut improborum insolentia atque contumelia christianissimi regis viribus repressa, nostram atque hujus sanctæ sedis dignitatem salvam atque incolumem retinere in Domino valeamus. Qui quidem Rex, summa pietate præditus ac veræ solidæque laudis amantissimus, statim ad fines nostros defendendos exercitum rebus omnibus instructum in Italiam mittere decrevit, majorum suorum pientissimorum hominum gloriam reminiscens, qui hujus sanctæ sedis libertatis perpetui defensores ac vindices extitere. Cum igitur prædictus exercitus ductu atque auspicio dilecti nobis filii Francisci de Lotharingia ducis Guysæ per tuos fines sine ullo maleficio iter facere debeat, omni a te contentione petimus, et tanquam vassalo ac feudatorio sedis apostolicæ præcipimus atque mandamus ut sine ulla omnino mora itinera omnino tuta, facilia et expedita præbeas, frumento commeatu, molitisque cibariis juves, tecto, diversoriis, stationibusque amice recipias, ac demum ipsum ducem atque omnem exercitum consilio, authoritate opibusque tuis confirmes. Hoc si feceris, tam nobis id erit gratum ut ex omnibus officiis quæ abste huic sanctæ sedi debentur, nullum gratius esse possit ; si vero pravis consiliis inductus, quod a tua virtute nequaquam expectare debemus, a nostra atque apostolicæ sedis authoritate recesseris, atque justissima nostra postulata neglexeris, præterquam quod ingrati hominis officio functus fueris, nostram ac Dei omnipotentis indignationem subibis atque in ea præjudicia eas pœnas incurres quas tam urgens necessitas, tantarumque rerum pondus repetent a vassallo ac feudatorio sedis apostolicæ. Eas ut diligenter caveas teque dignum majoribus tuis præbeas, te etiam atque etiam hortamur. Datum Romæ apud Sanctum-Petrum, sub annulo piscatoris, die III^a decembris M D LVI.

« A tergo : Dilecto filio nobili viro Octavio Farnesio Parmæ et Placentiæ duci. »

La cause du pape estoit si favorable qu'elle touchoit tous ceux qui la pouvoient soustenir : deux des frères du duc de Guyse entr'autres, dont Sa Saincteté luy tesmoigne sa satisfaction en son bref de l'onziesme du dit mois de décembre.

Paulus Papa IIII.

Dilecte fili, nobilis vir, salutem et apostolicam benedictionem. Cum carissimi in Christo filii nostri regis christianissimi pietas et studium in comparandis quas nobis et huic sanctæ sedi auxilio mittat copiis, gratum per se est, ut debet, tum quod earum huc adducendarum negotium nobilitati tuæ potissimum dedit, in eo quoque rem gratam admodum nobis et prudentia sua dignam fecit. Quod vero tecum una veniunt duo fratres tui agnoscimus, familiæ vestræ perpetuam erga sedem hanc devotionem atque observantiam magnamque spem tuendarum rerum nostrarum imprimis in Dei omnipotentis auxilio, tum in præstanti virtute tua reponimus ac fratrum tuorum opera quos tui similes fore ac potius esse jam persuasum habemus. Quare nobilitatem tuam et illos simul paterno animo et eo quo decet honore excepturi sumus, de cæteris rebus quid constitutum fuerit ex litteris dilecti filii Caroli cardinalis Caraffæ, nostri secundum carnem nepotis, tua nobilitas cognoscet. Datum Romæ apud Sanctum-Petrum sub annulo piscatoris die XI decembris MDLVI, pontificatus nostri anno secunda.

« *Et au dos :* Dilecto filio nobili viro Francisco de Lotharingia, duci Guisiæ. »

Sur ces belles protestations de Sa Saincteté, les sieurs de Lanssac et de Selve qui estoient attachez à Rome et ordinairement à ses costez et des siens, pour observer sa contenance, continuèrent d'escrire pour rendre compte de sa conduite.

Les nouvelles de Rome arrivèrent fréquemment, et monsieur de Guyse en étoit informé aussitôt par les soins de monsieur le connestable. Les ordres avoient esté donnés à monsieur d'Aumalle, frère de mon dit sieur le duc, de hâter son partement; il étoit porteur d'un mémoire contenant les instructions du Roi. Les lettres suivantes de monsieur le connestable au dit duc, de monsieur de Lansac, de monsieur de Sèlve, de monsieur de Lodève, du cardinal de Ferrare et de monsieur de Guyse au Roy, contiennent la relation du différend du Pape avec le duc d'Albe, pour lequel le Roy envoyoit une armée en Italie et jusqu'à la fin du mois de décembre de la dite année 1556, ainsi que le pouvoir donné par Sa Majesté au maréchal Strozzi, d'Avanson et sieur de Lansac touchant le dépôt de l'argent pour les frais de la ligue à l'encontre du dit différend.

Lettres de M. le connestable.

« Monsieur, le Roy, après avoir présentement veu la dépesche de Romme et ce que vous luy avez escript du vingt-neufviesme du mois passé, a advisé d'advancer le partement de monsieur le duc d'Aumalle et le vous envoyer avec ung mémoire signé de sa main, contenant son vouloir et intention, que vous demandez sçavoir, sur les affaires qui se offrent. Au moien de quoy me remettant là dessus, et sur ce qu'il vous sçaura très bien dire et exposer de la part de Sa Majesté, il n'est nul besoing que je vous face la présente plus longue ; seulement vous diray que, pour le regard des payemens des Suysses, nous y avons donné l'ordre que je vous ay faict sçavoir par ma dernière lettre ; et est le trésorier Bourg allé à Paris pour faire porter en diligence le plus que l'on pourra d'escuz, affin de ne bailler des réalles ausdictz Suysses pour ce commencement. L'on a aussi commandé de fournir et envoier promptement les parties qui restoient à assigner selon l'estat que vous nous avez envoyé avec vostre précédente dépesche, et de ce qu'il vous fauldra davantaige. Oultre tout cela, vous en serez entièrement satisfaict en la meilleur diligence que faire se pourra ; me recommandant humblement à vostre bonne grâce, je prie Dieu, Monsieur, qu'il vous doinct en parfaicte santé bonne et longue vye.

« Escript à Sainct-Germain-en-Laye, le troisiesme jour de décembre 1556.

« Je vous envoye, Monsieur, le double du deschiffrement de la dépesche de Romme que vous nous demandez, et ne vous mande poinct autrement des nouvelles que nous avons eues d'Angleterre et de Flandres, pour ce que le Roy en a bien longuement devisé et tenu propoz à monsieur d'Aubmalle, vostre frère, en son cabynet, dont il vous sçaura rendre très bon compte. Je vous envoye aussi une lectre d'ung personnage que vous congnoistrez à la lecture de son stille.

« Vostre hobéysant servyteur,

« MONTMORENCY. »

« Monsieur, par une aultre lettre vous sera respondu à ce que avez escript par l'homme venant de Romme des affaires d'Ytallye. Mais avecques ceste dépesche que j'envoye présentement en Suysse, vous ay bien voullu advertir que j'ay donné tel ordre avecques le trésorier Bourg, qu'il n'y aura point de faulte que les bandes desdictz Suysses ne soient payées en aultres espèces que réalles, et que l'argent ne soit là à poinct nommé : dont j'advertiz les sieurs de Sainct-Laurens et de Mendosse. N'ayant de quoy vous faire plus longue lettre pour le présent, je prieray Dieu, Monsieur, vous donner bonne vye et longue.

« De Sainct-Germain-en-Laye le troisiesme jour de décembre 1556.

« Je vous envoie une lettre que vous escript ledict trésorier Bourg, affin que vous, Monsieur, preniez de luy autant de seuretté qu'il nous en promet.

« Vostre hobeysant servyteur,

« MONTMORENCY. »

« Monsieur, j'ay veu ce que vous m'avez escript, du premier de ce mois, du paiement des Suisses, montant trente mille escuz, pour la première levée ; à quoy il avoit jà esté pourveu passé a dix jours, si es-ce que ne me voullant pas encore trop fyer à ma mémoire, j'en ay voullou revoir l'estat, où je trouve que le trésorier Bourg a eu l'assignation entière deladicte somme. Et m'a asseuré, comme jà je vous ay escript, qu'il n'y aura point de faulte que la somme ne soit à Suze en autres espèces que réalles dès le vingtiesme de ce mois. De sorte que vous vous trouverrez satisfaict en cet endroit. Et si bien il fault quelque chose de plus pour le paiement des estats des officiers, il aura de quoy y fournir ; car ilz ne se montent guères. J'ay envoyé quérir ledict Bourg à Paris pour luy communiquer le mémoire que vous a envoié mon cousin le mareschal de Brissac, pour rabiller la faulte que y sera ; et incontinent en serez adverty. Cependant, affin que vous sachiez des nouvelles que avons eues d'Angleterre, je vous envoie le double d'une despesche que en vint hier. Et me recommande humblement à vostre bonne grâce, priant Dieu, Monsieur, vous donner bonne vie et longue.

De Sainct-Germain-en-Laie, le cinquiesme décembre 1556.

« Vostre hobéysant servyteur,

« MONTMORENCY. »

« Monsieur, il a esté pourveu au contenu du mémoire que mon cousin, monsieur le mareschal de Brissac, m'a envoyé avecques ses lettres du vingt neufviesme du passé et à tout ce qui restoit pour vous, comme jà je le vous ay escript ; vous advisant que survenant aultre chose à quoy il faille pourveoir, il y sera tout aussitost satisfaict que j'en seray adverty. Pour le moins vous povez estre asseuré qu'il ne tiendra à y faire de ma part tout ce qui me sera possible. Au demourant, Monsieur, vous trouverez avec la présente le double de la depesche que le Roy faict à Rome par le secrétaire du sieur de Lanssac qu'il renvoye présentement par delà, par le chemyn de Suysse, pour evicter à tout inconvénient. Au moyen de quoy il ne vous pourra veoir, si avant son arrivée à Lion vous en estes party; mais il n'y aura pas grant danger, pour ce qu'il ne vous sçauroit riens dire qui importe, oultre ce que verrez par ledict double de sa depesche. Me recommandant sur ce humblement à vostre bonne grâce, je supplye Nostre-Seigneur vous donner, Monsieur, bien bonne et longue vye.

« De Sainct-Germain-en-Laye, ce septiesme jour de décembre 1556. »

« Monsieur, voullant signer la présente, j'ay receu la vostre de Rouenne, le deuxiesme de ce moys, avecques une de mon cousin, monsieur le mareschal de Brissac, auquel je faiz responce, et ne fauldray de donner ordre de faire dilligenter de marcher les compaignyes de gendarmerye ordonnées pour aller en Piedmont pour y demourer. Et quant à celles qui vous doibvent suyvre, à ce que j'ay peu entendre, vous les aurez toutes assez à temps; car celle de mon filz, qui estoit des plus loingtaines, peult estre de ceste heure à Lion ou bien près. Au regard des troys vieilles bandes de gens de pied qui estoient en Picardye et Champaigne, elles en sont partyes, il y a jà quatorze ou quinze jours. N'étant au reste riens plus vray que ce qui vous a esté dict du second filz de monsieur le duc de Ferrare, ainsi que j'ay veu par lettres de monsieur le cardinal de Ferrare; mais nous n'en avons riens entendu d'ailleurs, mesmes de l'ambassadeur dudict sieur duc. Vous verrez ce qui nous veint hyer de Flandres par les doubles qui vous en sont envoyez; qui me gardera vous dire aultre chose.

« Vostre hobéysant servyteur,

« Montmorency. »

« Monsieur, hier au soir je receuz ensemble deux lettres de vous du quatriesme de ce mois, l'une de Sainct-Simphorin et l'autre de Ferrare, et avecques la première le double de celles des sieurs de Sainct-Laurens et de Mandosse, touchant le payement des Suysses. A quoy par deux autres précédentes despesches je vous ay si avant respondu, et d'ailleurs tant commandé et recommandé ledict payement en bonnes espèces au trésorier Bourg, qui m'a promis qu'il n'y aura point de faulte, que, j'espère, vous en trouverez satisfaict. Je lui avois aussi ordonné qu'il tînt quelque argent à Chambéry pour leur prester en passant; dont il m'avoit pareillement asseuré; ou s'il n'a pourveu il m'auroyt ja commancé à trompper. Toutesfois c'est peu de chose. A quoy vous ferez bien s'il vous plaist donner ordre, et néanmoins ay incontinent envoyé le querir à Paris pour sçavoir de luy encores plus au vray comme il va tant dudict payement desdicts Suysses, prest dudict Chambéry, que des autres choses, dont mon cousin le mareschal de Brissac m'escript, affin d'y donner tout l'ordre que je pourray; et aussi au faict des pouldres qui n'ont pas toutes esté envoyées d'Aussonne, où j'ay escript incontinent; car quant à celles de Tours, je sçay bien qu'elles sont jà fort avant en chemyn, et ne peuvent tarder d'arriver par delà. J'ay aussi envoyé querir le trésorier de l'artillerye pour sçavoir à quoy il tient qu'il n'est ou ayt envoyé à Lyon pour le payement des chevaulx et pyonniers, dont, à ce que j'ay veu par l'estat du trésorier de l'espargne, l'assignation luy fut baillée dès le quatorziesme du passé, et vous asseure, Monsieur, que s'il y a de sa faulte, je le feray très bien chastier. J'oublyoys à respondre à l'appostille de vostre première lettre sur le faict desdict Suysses, savoir comme les traictez que nous avons avecques eulx nous obligent à les payer. Je vous ay envoyé la coppie d'iceulx traictez, où il est seulement dict qu'ils le seront à tant pour homme sans dire en quelles espèces; et tout le mal qui y est sont les protestations qu'ils doyvent avoir faictes ausdicts sieurs de Laurens et Mandosse, avant que partir, de ne prendre point les réales et autres espèces à plus hault pris que celluy auquel ils ont cours par deçà, et croy que pour le second payement, il le fauldra faire ainsi. Mais après vous en ferez pour le myeulx, me recommandant humblement à vostre bonne grâce, priant Dieu, Monsieur, vous donner bonne vye et longue.

« De Sainct-Germain en Laye le neufviesme jour de décembre 1556.

« Je ne deiz pas, Monsieur, quant les Suisses auront passé la barrière qu'il ne soit aisé et raisonnable leur faire prandre les monnoies au pris qui se despendront au lieu où vous serez. Estant encores forcé, Monsieur, de vous dire que je suis incroyablement ennuyé de veoir telle longueur et si peu d'asseurance en noz deniers. Mais vous prendrez pour excuse l'extreme dilligence qui se fera à haster les escuz que je ne laisse point dormir, je vous asseure.

« Vostre hobeysant serviteur,

« Montmorency. »

« Monsieur, hier depuis vous avoir escript et faict responce à voz dernières lettres, nous receusmes une dépesche de Romme dedans ung pacquet de l'évesque de Lodesve, de laquelle je vous envoye le double, par où vous pourrez veoir que tout y va selon que le sçaurions désirer, mesmes quant à ce que le cardinal Carraffe avoit délibéré de traicter à l'abouchement qu'il debvoit faire aveccques le duc d'Albe, au moings si ce qu'il promet et asseure est suivy. De quoy nous pourrons avoir de brief plus certaines nouvelles. Et quant ad ce que nous escript le dict évesque de Lodesve, il n'y a riens qui mérite vous estre mandé, pour ce qu'il ne parle que du faict de monsieur le duc de Ferrare ; sur quoy depuis qu'il a esté vers luy a esté résolu et arresté ce qu'avez peu entendre. J'ay aussi advisé de vous envoier le double d'une lettre que m'a escripte le conte de la Mirande, aveccques celluy de la certiffication par luy baillée de l'artillerie et municions d'icelle, tirées de Parme, qui luy ont esté baillées en garde, ensemble le double d'un article d'une lettre que m'a escripte le général Coiffier, affin que puissiez estre amplement adverty de tout ce qui nous vient de par de là.

« Au surplus, Monsieur, je vous envoie pareillement ung estat dressé par les sieurs du Mortier, de Rocquencourt, de Voisinlieu et trésorier de l'espargne, après avoir veu ce que le trésorier Bourg vous avoit escript et à moy aussy touchant ses assignations, par le quel estat pourrez veoir ce qui luy a esté fourny de comptant, et ce dont il a esté assigné et en quel temps il pourra recevoir les deniers des dictes assignations, qui est pour le plus tard partye dedans cinq ou six jours, et le reste dedans la fin de ce moys. Je luy ay mandé qu'il vienne ycy incontinant pour vériffier aveccques luy icelluy estat. Cela faict, s'il se treuve rester aucune chose à luy fournir, il y sera promptement satisfaict ; mais si le dict estat contient vérité, il ne luy fault plus riens pour tout ce moys. Vous suppliant croire, Monsieur, qu'il ne tiendra à moy qu'il ne soit usé de toute dilligence possible pour vous secourir et satisfaire de tout ce qui vous fera besoing, ainsi que congnoistrez par effect ; me recommandant sur ce humblement à vostre bonne grâce, et suppliant Nostre-Seigneur vous donner, Monsieur, en santé longue vie.

« De Sainct-Germain en Laye, ce dixiesme jour de décembre 1556.

« Monsieur, je viens de recepvoir une lettre de l'évesque d'Allet, dont je vous envoie ung extraict, par où vous verrez que pour le présent, il ne passe poinct d'Espaignolz d'Espaigne en Ytallie, si ce n'est deux bandes de celles qui sont à Parpignan pour accompagner l'argent qui est envoyé pardella. De quoy j'escriptz présentement au dict évesque mectre peine de sçavoir, s'il peult, certaines nouvelles pour m'en advertir, ensemble de tout ce qu'il pourra aprendre de nouveau de tout ce costé là méritant l'escripre. Ce que aiant faict, je vous en donneray advis.

« Voullant signer la présente le conte Ringrave est arrivé, lequel est agressé de trois doigtz et dit qu'on luy a fait fort grande chère et beaucoup d'honneur d'où il vient.

« Vostre hobeyssant servyteur,

« MONTMORENCY. »

Lettre de messieurs de Lanssac et de Selve au cardinal de Ferrare, du 11 décembre 1556.

« Monseigneur, nous faisons présentement au Roy une despesche pour respondre à celle que le courier Gobbé nous a apportée de Sa Majesté, et par mesme moyen n'avons voulu faillir de respondre aux lettres qu'il nous a apportées de vous, du 5ᵉ de ce mois, desquelles nous vous remercions très humblement, vous advisant, Monseigneur, que nostre Saint-Père et M. le cardinal Caraffe, ausquelz moy de Selve ay faict entendre le contenu en la ditte despesche du Roy, en ont esté fort aises, et seront encore plus quand je pourray porter nouvelles de l'armée de monseigneur de Guyse en Piedmont et de l'acheminement de son armée, car il n'est rien que tant ils désirent, m'ayant encore hyer commandé nostre Saint-Père d'escrire de sa part au Roy, qu'il s'asseure de trouver tousjours Sa Saincteté très constante et ferme en son accoustumée estroite amytié et confédération, et quelques propos d'accord que le roy d'Angleterre et ses ministres luy fassent tenir, quant ils luy présenteront tous les partis du monde, il n'en trouvera jamais un bon s'il ne vient de la propre main du Roy : et nous pouvons bien dire, Monseigneur, que si Sa Saincteté a veyne que tende à accord avec le roy d'Angleterre, il y a beaucoup de gens trompez, et sommes de ce nombre, car nous ne pensons pas qu'il y entende à tout le moins quand il verra qu'il sera en moyen ou espérance d'avoir raison de ses ennemis par les armes; pour le moins s'il fault croire à la foy d'un pape et à bons sermentz, moy de Sèlve vous puis asseurer, Monseigneur, qu'il m'en renouvella encore hyer de belles et grandes promesses, me priant fort de solliciter et le Roy et monseigneur de Guyse de dilligenter le passage de l'armée en Italie, qu'il désireroit estre, s'il estoit possible, sur cet Estat de l'Église avant la fin de la trefve de quarante jours, qui viendra à expirer environ le 7 ou 8 du mois prochain. Nous vous avons amplement adverty par M. de Morette de la ditte trève et de tout autres choses de de ça. Le duc d'Albe s'est depuis la trefve retiré à Naples avec les principaux seigneurs et barons et grande partie de la cavallerie, laquelle a grandement souffert et fait perte de plus de sept cent chevaux ; il a laissé quatre enseignes d'Espagnols, qui sont environ quatre cens hommes à la garde d'Ostye et des fortz qu'il a faict à la bouche de ceste rivière. Le Pape dit hyer à moy de Selve, que les gallères et les Allemans qui estoient dessus pour se venir joindre au duc d'Albe, s'en estoient retournés devers Gennes, et que les Allemans s'en alloient servir en Lombardie et en Piedmont; ce que nous croyons véritable par l'advis conforme que nous en avons de monsieur de Monluc. Monseigneur, nous prions le Créateur, etc.

« De Rome, ce 10ᵉ décembre 1556. »

Lettres de monsieur le cardinal de Ferrare.

« Monsieur, vous aurez entendu par le sieur de Morette tout ce qui se passe par deçà, de façon que renvoyant Scipion pour continuer auprès du Roy sa résidence pour mes affaires, je n'auray rien à vous dire sinon que si bien vous pouvez assez imaginer le plaisir que j'eusse receu de vous veoir, comme j'espéroys de faire, continuant ces troubles par deçà en l'estat qu'ilz faisoient auparavant ceste trefve qui a esté faicte.

« Toutesfoys, si cest accord réuscira à l'honneur et satisfaction de Sa Saincteté et repoz de toute la chrestienté, comme il semble que l'on en soit plus tost en ceste espérance que aultrement, l'aise que j'en recepvray, veu mesmement qu'il se pourra dire que les forces du Roy et vostre venue par deçà en aura esté cause, compensera assez le plaisir que j'en perdray de l'autre part de ne vous veoir. Cependant je vous priray vouloir me continuer en la mesme protection que vous avez toujours eue de mesdictes affaires, dont je me sentz vous avoir l'obligation que vous dira ledict Scipion, sur lequel me remettant pour n'avoir pour le présent aultre chose digne de vous ; après m'estre bien humblement recommandé à vostre bonne grâce, je prieray Dieu, Monsieur, vous donner en parfaite santé très longue vye.

« De Ferrare, ce douziesme jour de décembre 1556.

« Di Vostra Eccellenza,

« Humil. et affettionatissimo zio,

« Hip. cardinale di Ferrara. »

« Monsieur, encores que je ne face doubte que vous ne soiez adverty d'heure en aultre de l'estat des affaires de Milan, je vous ay ce néantmoins bien voulu faire part de ce que j'en ay eu par l'extrait que je vous envoie, et aussy de ce que j'ay eu de Rome par ung courrier qui n'en faict que venir, qui sera porteur de la présente jusques à Lyon. Vous envoyant à cest effect la coppie de la lettre que messieurs de Selve et de Lanssac m'en ont escript, combien que pareillement je veuille présupposer qu'ilz ne faillent de vous escrire par ledict courrier, mesmes tout aultant ou beaucoup plus qu'ilz n'ont faict à moy. J'ay envoyé, suivant ce que Scipion vous aura dict que j'avois délibéré de faire, ung cappitaine en Allemaigne avec ung Allemant, par lequel j'espère que nous entendrons à la vérité tout ce qui s'y fera, dont je ne fauldray de vous advertir quant j'en auray quelque chose ; et sy ay trouvé deux autres hommes qui pourront aller et venir vers vous et moy par le droict chemin, quant j'auray quelque chose qui me semblera digne de vous. Me recommandant bien humblement à vostre bonne grâce, je prie Dieu, Monsieur, vous donner en parfaite santé très longue vye.

« Di Vostra Eccellenza.

« Humil. et affettionatissimo zio,

« Hip. cardinale di Ferrara. »

« Monsieur, le sieur Julio Ursin sera porteur de la présente jusque au lieu duquel il vous dépeschera ung courrier pour vous faire entendre la cause de son voyage, de laquelle je n'ay voulu laisser pour cela de vous dire ce que il m'en a dict ; qui est qu'il est envoyé vers le Roy, tant pour luy faire entendre la bonne volonté en laquelle Sa Sainteté et toute sa maison continue plus que jamais envers Sa Majesté et la prospérité de ses affaires ; que aussi pour lever l'umbre et soubson que l'on pourroit avoir pris de la résolution de ceste trefve et propoz d'accord qui ont esté et sont encores, remonstrant que ce qui a esté faict n'a esté que par l'advis de Sadicte Majesté et de ses ministres, pour donner temps et loysir à l'armée que vous conduisés; laquelle Sadicte Saincteté attend avec la plus grande dévotion que l'on sçauroit estimer. Il a semblé à monsieur le duc, mon frère, avoir trouvé ledict sieur Julio ung peu froid et quasi plus inclinant à la paix que à la guerre. Mais quant à moy, je ne suis que demouré contant de ce qu'il m'a dict. Il s'est bien laissé entendre avec moy que les Impériaulx tenoient la paix pour faicte pour ce qu'ilz estoient délibérés d'accorder à nostre Sainct-Père tout ce qu'il vouldra, ne parlant plus de la restitution de Paliano, des prisonniers, fortifications ny d'aultres choses, ains que Sadicte Saincteté et les siens advisent seullement ce que le roy d'Angleterre pourra faire pour eulx tant au temporel que au spirituel, faisant déjà leur compte de les attirer tellement de leur costé, que si le Roy n'a sceu congnoistre et se prévaloir de l'occasion qu'il a maintenant, que quant à eulx, ils sont bien délibérez de ne la perdre ; dont se peult aisément congnoistre estre véritable, ce que j'ay tousjours pensé, que ce que lesdicts Impériaulx font n'est point tant pour appaiser ceste guerre, que pour ce qu'ils ont faict leur compte d'avoir par ce moyen Sadicte Saincteté de la leur, comme ilz s'en assurent si une foys ilz la peuvent faire condescendre à quelque accord. Au quel toutesfoys le sieur Julio m'a bien dict que en effect Sadicte Saincteté n'est aucunement délibéré d'entendre, tant elle se sent offencée d'eulx. Et ne veoyant point qu'elle s'en puisse fyer, ayant mitz toute sa confiance au secours de Sadicte Majesté, à l'arrivée duquel par deçà ledict sieur Julio s'est laissé entendre que monsieur le cardinal Caraffe est en propoz de s'en venir à Boulogne pour avec mondict sieur le duc, vous et moy, résouldre entièrement tout ce qui se debvra faire en ceste guerre, et que le Fantuccio qui sera despesché vers ledict roy d'Angleterre n'a commission que d'entendre ce que ledict roy d'Angleterre vouldra alléguer pour sa justification d'avoir commencé la guerre, et escouter seullement ce que au demourant il vouldra proposer pour la paix, sans qu'il puisse rien accepter ny respondre. Mais que bien il a commandement très exprès d'advertir en toute dilligence le nonce de Sadicte Saincteté, qui est auprès du Roy, de tout ce que luy sera dict et mitz en avant ; qui sont choses qui ne me peuvent que satisfaire, pourveu que aussi de l'aultre cousté Sadicte Majesté advance sondict secours le plus qu'elle pourra, me semblant n'estre que à craindre que si au mesmes temps que ledict Fantuccio advertira Sadicte Saincteté de tant beaulx et larges partiz que le roi d'Angleterre luy pourra faire, tant sur le général que sur le particulier, ledict secours de Sadicte Majesté ne se trouvast si avant que Sadicte Saincteté désireroit bien, elle n'en print occasion de penser ad ce que jusques à ceste heure elle n'a faict et n'est pour faire toutes et quantes foys que vous trouverrés par deçà. Qui est aussi, quant tout est dict, le plus seur moyen que l'on puisse avoir pour tronquer et lever ses soubsons et jalouzies qui sont et peuvent naistre d'une chose plus que d'une aultre entre Sadicte Saincteté et le Roy. J'eusse bien esté d'advis que ledict sieur Julio eust passé par le droict chemin, tant pour la commodité qu'il eust eu de vous veoir que pour myeulx endormir les ennemis et les rendre plus lentz en leurs provisions, et aussi affin que le veoyant passer par le long ilz n'en entrent eu telle deffiance que cella soyt cause de leurs faire faire tout le contraire.

A quoy il se laissoit aller si mondict sieur le duc l'eust trouvé bon. Qui est tout ce que j'ay pour ceste heure à vous dire, me remectant du surplus sur ce que vous entendrez, tant par la despesche que vous enverra ledict sieur Julio, que par ce que vous escript mondict sieur le duc. Ne me restant, pour ceste cause, pour le présent rien plus que de me recommander bien humblement à vostre bonne grâce, et prier Dieu, Monsieur, vous donner en parfaicte santé très longue vye.

« De Ferrare, ce seiziesme jour de décembre 1556.

« Di Vostra Eccellenza,

« Humil. et affectionatissimo zio,

« HIP. CARDINALE DI FERRARA. »

Monsieur le connestable à mondit sieur le duc.

« Monsieur, le Roy voiant qu'il n'est encores nouvelles de l'arrivée du sieur de Morette et sçaichant le service que luy peult faire le sieur Charles de Birague ès entreprises qu'il désire et veult estre tentées et exécutées si tost que vous et mon cousin, monsieur le mareschal de Brissac, serez arrivez en Piedmont, il luy a semblé le vous debvoir incontinant renvoyer sans plus le retenir. Et pour ce qu'il vous sçaura rendre bon compte de toutes choses, pour ne faire tord à sa suffisance, je ne vous feray par luy plus longue lettre, si ce n'est pour me recommander bien humblement à vostre bonne grâce, et supplier Nostre-Seigneur vous donner, Monsieur, en santé bonne et longue vye.

« De Sainct-Germain en Laye, le dix-huictiesme jour de décembre 1556.

« Vostre hobéysant servyteur,

« MONTMORENCY. »

M. le cardinal de Ferrare au mesme.

« Monsieur, j'ay receu par la voye de Venize la lettre qu'il vous a pleu m'escrire de Lyon du huictiesme de ce moys. Ayant esté bien fort ayse d'avoir entendu le contenu en icelle et encores plus ce que maintenant monsieur de Lodève m'en a faict sçavoir, mesmement de la résolution que vous avez prinse de vous acheminer par deçà le plustost que vous pourrez, nonobstant ceste dernière trefve dont ledict sieur de Lodève n'a faillyt de donner incontinant advis à Rome, saichant le plaisir et satisfaction grande que Sa Saincteté en recepvroit, comme de la chose que plus elle désire en ce monde. Vous pouvant bien asseurer que ceste recharge du Sueur n'empirera de rien la feste, de façon que quelque diligence que vous faciez de venir vous n'arriverez jamais sitost que plus tost vous ne soiez attendu et désiré. Je vous envoye ung petit extrait de ce qui s'est peu sçavoir par homme qui a esté sur les lieux, que vous pourrez entendre par le contenu audit extraict, lequel je vous ay voulu envoier, me semblant ne pouvoir qu'estre que bon que vous soyez informé de toutes choses de deçà, desquelles selon que je verray qu'il sera besoing, je ne fauldray de vous advertir de main en main; cependant pour n'avoir chose digne de vous retenir de plus longue lettre, après m'estre bien humblement recommandé à votre bonne grâce, je priray Dieu, Monsieur, vous donner en parfaicte santé bonne vye et longue.

« De Ferrare, ce dix-neuviesme jour de décembre 1556.

« Di Vostra Eccellenza,

« Humil. et affettionatissimo zio,

« HIP. CARDINALE DI FERRARA. »

« Monsieur, je ne faictz aucun doubte que vous ne vous esbahyssiez bien fort de l'allée si à l'improviste de monsieur le cardinal Caraffe à Venize, de laquelle je présupose que les ministres du Roy, qui sont à Rome, vous advertissent avec l'occasion du courrier qu'ilz despeschent à Sa Majesté pour cest effect, lequel sera porteur de la présente jusques à Lyon, me esbahyssant d'aultant plus de ceste entreprinse, tant de ce qu'elle a esté faicte sans le communicquer ausdicts ministres de Sadicte Majesté, que aussi de ce qu'il m'a faict entendre par le sieur Torquato, que ce n'est que pour justiffier la cause du Pape et essaier de descouvrir avec quel party l'on pourra tirer les Vénitiens de la ligue, la coustume desquelz toutteffois n'est d'estre les premiers à s'offrir. Mais encores qu'il y ait bien peu d'apparence de croire que aultres choses ne l'ayent meu à faire ce voiaige, si-est ce que oultre que ledict Torquato qui est bien des myens le m'a ainsi asseuré, et mesmes que ledict sieur cardinal est plus loing que jamais de l'accord, je m'induictz avec cella à tant plus facilement le croire de ce que quant bien il inclineroit audict accord, il ne seroit jà besoing pour cella d'aller audict Venize, j'ay envoyé vers luy l'un de mes secrétaires pour veoir sy soubz le prétexte de visite il pourra entendre quelque chose davantaige de cedict voiaige, luy faisant offrir par mesme moyen d'estre prest d'aller audict Venize, incongneu, luy faire compaignie privément, si peu de jours qu'il y sera, au temps qu'il sera hors d'affaires, plus pour le tenir en foy où l'on en pourroit doubter que pour penser en rien pouvoir ayder sa négociation, que j'eusse désiré estre revisé à vostre arrivée pardeçà. Laquelle il m'a semblé que vous ne pourriez myeulz faire que de l'advancer tousjours le plus que vous pourrez, m'ayant faict entendre ledict sieur cardinal Caraffe que s'il pensoit que vous deussiez estre passé dedans trente jours qu'il ne fauldroict de s'entretenir tant audict Venize que icy, pour vous veoir. Vous ayant bien voulu donner ce peu de compte de cest affaire, actendant que l'on entendit ce qui en sera et réuscira, dont je ne fauldray de vous en advertir de main en main, et de tout ce qui surviendra. Cependant je me recommanderay bien humblement à vostre bonne grâce, et prie Dieu, Monsieur, vous maintenir et conserver en la sienne.

« De Ferrare, ce vingtiesme jour de décembre 1556.

« Di Vostra Eccellenza,

« Humil. et affettionatissimo zio,

« HIP. CARDINALE DI FERRARA. »

Lettre du Roy à monsieur de Selve.

Monsieur de Selve, depuis le partement du Sueur que je vous ay renvoyé dès le 7 de ce mois avec ample réponce à tout ce qu'il m'avoit apporté et déclaration de mon intention sur toutes choses de delà, les sieurs de Soubize et de la Couldray sont arrivez par lesquelz et par ce que j'ay veu par les mémoires et instructions d'icelluy la Couldré, j'ai entendu la peyne en laquelle vous et tous mes autres ministres estant à Rome estiez du long-temps qu'il y avoit que n'aviez eu lettres de moy, pour ne sçavoir bonnement que respondre aux plaintes que nostre Sainct-Père vous faisoit des nouvelles que les Impériaux publioient tant de la paix qu'ils disoient estre sur le poinct d'estre conclue entre le roy d'Angleterre et moy, et autres choses controuvées pour mettre Sa Saincteté et les siens en soupçon, comme véritablement elle estoit, et en telle collère qu'elle ne s'estoit peu tenir de vous user de grandes menaces dont m'avez adverty, de quoy je ne luy feray aucun semblant, m'asseurant qu'après avoir entendu ce que je vous ay escrit tant par le chevaucheur Dupuy que depuis par la Gobbio et aussy par ledit Lesueur et autres despesches que j'ai faict adresser au général Albisse d'Albeyne pour vous faire tenir, elle aura esté très contente et satisfaicte, et suis bien esbahy que ledit Dupuy n'estoit arrivé par delà avant le partement d'icelluy Lesueur et aussy de ce que vous avez bien remonstré à Sadite Saincteté qu'elle pouvoit assez cognoistre que je la secourrois d'autres choses que de parolles et promesses, employant pour sa conservation et deffence quatre vingt et tant de mil escus par mois, outre le service qu'elle tire des gens de guerre françois et autres que j'ay par delà, et de mes gallères et de la dilligence dont j'use pour luy envoyer mon cousin le duc de Guyse avec les forces qu'il conduit et sont desjà en Piedmont, n'ayant pas esté possible à cause de la saison de les rassembler plustost. Davantage, par ce que vous avez escrit à mon cousin le connestable, vous dites qu'avez esté adverty que son nonce avoit escrit au cardinal Caraffe, dès le 27 d'octobre, comme m'ayant faict entendre le commandement qu'il avoit de retourner devers Sa Saincteté, en cas que le propos de la pratique susdit de paix continuast, je lui avois répondu que j'avois déclaré à l'ambassadeur du roy d'Angleterre pour le faire sçavoir à son maistre, que jamais je n'entendrois à aucun accord avec luy que le duc d'Albe ne se fust avec ses forces levé et relevé de l'Estat de l'Eglise et qu'il n'eust restitué ce qu'il avoit pris, par où Sa Saincteté pouvoit assez certainement juger que ladite paix n'estoit sy preste à faire que les Impériaux luy voulloient faire croire; outre cela je vous ay il y a long-temps mandé comme me faisant, ledit ambassadeur dudit roy d'Angleterre, instance pour sçavoir sy les forces que je faisois assembler estoient pour faire la guerre à son maistre, je luy avois ouvertement dit que c'estoit pour secourir nostre Sainct-Père, pour lequel effect je n'oublierois ny espargnerois chose que j'eusse, ainsy que je ne fais comme chacun peut voir.

« Au demeurant, M. de Selve, j'ay il y a jà quelques jours receu les lettres que m'avez escrittes du 28 du mois passé tant par la voye de Venize que par courrier exprès jusques à Lyon d'ou elles m'ont esté envoyées par la poste, par lesquelles j'ay entendu la prorogation de la trefve conclue entre le cardinal Caraffe et le duc d'Albe ensemble, ce que vous avez remonstré audit cardinal quand il est party pour aller à l'abouchement qui se devoit faire, auxquelles j'attendois de vous faire réponce jusques après l'arrivée du sieur de Morette, par lequel, ainsy que m'escrivez, me devez faire sçavoir les particularitez du traité de ladite prorogation; mais voyant qu'il tarde tant à venir, j'ay bien voulu vous faire ceste despesche pour vous advertir de tout ce que dessus et pareillement comme mon cousin le mareschal de Brissac a commandement de moy de rompre dedans cinq ou six jours du costé de Piedmont, et ce pour satisfaire à la très instante prière que m'en a faict faire plusieurs fois nostredit Sainct-Père, comme vous sçavez ; ce que plutost j'eusse faict, n'eut esté qu'il me sembloit estre meilleur d'attendre que j'eusse le baston en main pour estre aussytost prest à frapper qu'à menacer, et combien que je ne veuille croire que nostredit Sainct-Père ny aussy le cardinal Caraffe traictent jamais d'aucune paix sans moy, comme de ma part je ne l'ay voulu faire ny feray sans eulx, sy est ce que je trouve fort estrange qu'ilz fassent tant de choses sans vous les communiquer, veu que je suis des plus avants en la partie et mesme en la despence, et qu'il seroit bien raisonnable que pour mon argent j'en seusse des nouvelles avant que les choses fussent faictes, ce que vous leur remonstrerez dextrement ainsy que sçaurez bien faire encore que j'en aye presque dit autant au nonce de Saditte Saincteté qui comme je m'asseure leur a escrit.

« Quand à la prière que me faict Sadite Saincteté d'envoyer par-delà le sieur de La Garde avec le reste de mes gallères, c'est chose que je ne faudray de faire et d'en croistre le nombre ; à l'effet de quoy je l'ay mandé, et sera icy dedans un jour ou deux. Au surplus, je vous envoyeray avec ma première despesche le pouvoir qui vous est nécessaire pour ordonner de mes deniers et autres mes affaires par-delà avec mon cousin le mareschal Strossy et le sieur de Lanssac, comme faisoit le sieur d'Avanson. Au reste, je suis adverty que dedans les papiers saisis d'Ascamo de La Carno, lorsqu'il se retira vers le duc d'Albe, s'est trouvé une promesse de mon cousin le cardinal de Ferrare, portant dix mil escus soleil pour les grains par luy fournis pour l'avictuaillement de quelques places en Toscane. C'est pourquoy, comme cela a esté déclaré confisqué à Sa Saincteté, aussy bien que le reste de ses meubles, il me semble que Saditte Saincteté ne me refusera de me faire don de ladite promesse sy je lui demande, ce que vous ferez de ma part quant vous en verrez l'occasion, et ce tant pour ma décharge que de mondit cousin le cardinal de Ferrare. Vous communiquerez la présente à mon cousin le mareschal Strossy et au sieur de Lanssac. Je prieray Dieu, M. de Selve, etc.

« Escrict à Saint-Germain-en-Laye, le 20 décembre 1556. »

Lettre du Roy à M. de Lodesve, son ambassadeur à Venize.

« Monsieur de Lodesve, j'ay veu ce que m'avez escrit du 23 du passé, et quant à ce qui concerne le faict de mon oncle le duc de Ferrare, il n'est besoing que je vous fasse autre responce que ce que vous avez veu par mes dernières, avec lesquelles je vous ay envoyé les expéditions de l'accord que j'ay faict avec luy, sy ce n'est pour vous donner advis que je donneray ordre pour le faire payer et satisfaire doresnavant suivant icelluy traicté, et quant de tout ce qui se trouvera luy estre deub du passé, quand j'auray veu l'estat qu'il vous en doit envoyer. Au demeurant, mon cousin le duc de Guyse, qui, de ceste heure, est bien près de Piedmont avec les forces que j'envoye quant et lui pour le secours de nostre Saint-Père, vous a, ainsy qu'il m'a escrit, adverty de la dilligence qu'il faict, par où chacun peut connoistre ce que je faicts pour Sa Saincteté, et comme je veux estre observateur de ma promesse, m'asseurant que Sadite Saincteté fera le semblable de sa part, sçachant assez quelle fiance elle doit avoir en ceux avec lesquelz elle a à faire, et ne faict doubte que la seigneurie très prudente et advisée qu'elle est, considérant que la ruyne de Sadite Saincteté peut causer la sienne, elle ne luy preste ayde et secours, et seroit, ce me semble, beaucoup meilleur pour eux qu'ilz ne fussent en cela sy froidz et sy tardifs qu'ilz ont accoustumé d'estre en semblable cas, comme je suis seur que ne faudrez de leur bien remonstrer; vous me ferez en ce faisant un très agréable service, priant Dieu, etc.

« Escrit à Saint-Germain-en-Laye, le 20 décembre 1556. »

Lettre du duc de Guyse au Roy.

« Sire, j'ay reçeu la lettre qu'il vous a pleu me faire tant d'honneur de m'escrire de vostre main, de quoy je ne vous sçaurois assez très humblement remercier, et ne m'esbahys pas, Sire, de la peyne où vous avez estez des déportemens et familiaritez dont avoit usé le cardinal Caraffe avec le duc d'Albe, en leur abouchement par trois diverses fois, et ne pouvant croire qu'ilz n'y allassent tous deux d'un mesme pied pour vous laisser en arrière, n'eust esté la ferme résolution du Pape qui ne s'y est voulu laisser aller. Moretto, Sire, vous aura rendu bon compte de tout ce qui s'est passé de là jusques à son partement, et m'est advis que les choses y vont bien pour vostre service. J'espère qu'elles n'empireront poinct quant j'auray le bien d'y arriver. Il vous plaira voir par les doubles lettres que je vous envoye, les provisions que font les ministres du roy d'Angleterre en la duché de Milan pour empêcher mon passage. Quand ilz n'auront qu'une partie de ce que l'on demande, sy seront-ilz forts? Je crois, Sire, que le meilleur sera de les prévenir, et que je passe plustost qu'ilz ne pensent, ce qui ne peut estre devant 18 ou 20 jours, attendant les troupes et l'argent de vostre armée.

« Cependant, j'ay mandé à monsieur le mareschal de Brissac qu'il advise que nous puissions employer ce temps-là en quelqu'endroit aux dépens de vos ennemis, ce qui se fera à ce qu'il me mande, et qu'en mon arrivée à Thurin tout sera prest à nous mettre aux champs. Je seray bien aise que l'entreprise pour laquelle le sieur Carle de Biragne vous a esté envoyé se puisse exécuter, et crois qu'il fault surprendre la place avant qu'il y ayt des forces pour la garder, car sy les ennemys s'en doubtant, y mettent des hommes, elle nous tiendra longtemps, et par là, Sire, vous voyez le dommage que vous en recevriez. Il vous plaira me faire cet honneur, me croire que je ne perdray une seule occasion sy je puis où je connoisse vous pouvoir faire service avec les moyens qu'il vous a pleu m'en donner, etc.

« De Laumbourg, ce 24 décembre 1556. »

Lettre du connestable audit duc de Guyse.

« Monsieur, le Roy vous envoye Marseille présent porteur avec des lettres contenues au mémoire que vous nous avez envoyé par luy, et le bref de nostre Saint-Père, par lequel il vous faict capitaine général de la ligue, en l'absence de M. le duc de Ferrare, accompagné d'un autre adressant au duc de Parme pour vous donner passage libre, vivres et autres commoditez requises par ses terres, un autre responsif aux lettres que luy avez cy-devant escrites, avec le double de celle que Sa Saincteté a envoyé à M. le duc de Ferrare. Il vous envoye aussy le double de la despesche que Le Puy a apportée de Rome, par où vous verrez, Monsieur, combien il est requis que vous continuyez la dilligence que vous avez commencée, et que je m'asseure que vous avez eu sy grande recommandation qu'il n'est besoing autrement vous en solliciter. Nous avons eu lettres de mon frère le comte de Tendes, qui nous asseure avoir donné sy bon ordre à Marseille que l'on en doit estre en doubte, vous advisant au surplus, Monsieur, que par les nouvelles que j'ay de mon gouvernement, les bandes qui sont soubz la charge de M. de Nemours, levées en Gascogne, estoient fort avancées le 12 de ce mois, de façon que j'espère qu'on n'attendra poinct après elles. Ceux de la frontière de Rossillon voyants ces levées ont retiré leur bestail plus avant dans le pays, monstrans appréhender la rupture de la trève, car ilz ont sy grande nécessité de bledz par-delà que, s'ilz n'en sont secourus d'ailleurs, ilz sont en danger d'une grande famine avant que les nouveaux soient venus. Je n'ay failly à faire escrire aux sieurs de Saint-Laurent et Dasnois de faire toute l'instance qu'ilz pourront envers les seigneurs des ligues pour faire rappeller les Grisons que Scipion dit avoir trouvez en Lombardie, allans au service du roy d'Angleterre. Monsieur, le Roy ce send un peu des matines de Noël, cela est cause qu'il n'a peu escrire de sa main au Pape, ce pourra estre pour ce soir ou demain, et incontinant après, elles vous seront envoyées : me recommandant cepandant à vostre bonne grâce, priant Dieu, etc.

« Escrit à Sainct-Germain-en-Laye, le 26 décembre 1556.

« Vostre obéissant serviteur,

« MONTMORENCY. »

Monsieur de Guyse à monsieur de Sainct-Laurens.

« Monsieur de Sainct-Laurens, j'ay jusques icy différé vous faire responce à la lettre que m'avez escripte du douziesme de ce moys, parce que je l'avois baillée au maistre des requestes qui estoit demouré derrière; aussy qu'il n'y avoit chose, sinon les raisons dont les Souysses nous veullent payer pour n'estre payez en réalles; à quoy sera satisfaict, de sorte qu'ilz n'auront occasion de s'en pleindre : mais je veulx bien vous advertyr, monsieur de Sainct-Laurens, que j'attendz en bonne dévocion la responce que vous auront fait messieurs des ligues, sur l'instance que je vous ay escript leur faire pour la levée des Grisons qui sont allez au service de l'Empereur ; comme aussy ay-je fait ensemblement (pareillement) au sieur Danoys, pour m'advertyr de ce qu'il aura entendu de son costé. Je me délibère passer demain la montaigne et aller coucher à Suze, où les Souysses ont jà fait moustre, qui sont, à ce l'on m'a rapporté, les plus beaulx hommes que l'on sçauroit choisyr, dont je me sens grandement satisfait. Je les verray à mon arrivée en Piemont. Cependant je vous prieray me faire tousjours part de voz nouvelles, comme je continueray des miennes. Priant Dieu, monsieur de Sainct-Laurens, vous donner ce que plus désirez.

« De Lavebourg, ce vingt-sixiesme jour de décembre 1556.

« Vostre bien bon amy, FRANÇOYS. »

Pouvoir à messieurs les mareschals Strozzi, ambassadeurs d'Avanson, et sieur de Lansac, touchant le dépost de l'argent pour les fraiz de la ligue.

« Henry, etc., etc., à tous, etc., salut. Comme nostre Saint-Père le Pape Paul IIII, pour bonnes, justes et raisonnables causes et occasions duement prouvées et vérifiées, eut confisqué tous et chacuns les biens et estats d'aucuns ses subjetcs ayant commis envers luy rebellion et félonnie avec aultres cas et crimes contenuz et déclarez par les sentences et jugemens consistoriaux qui se sont ensuiviz à l'encontre d'eulx, et soit ainsi que pour empescher par lesdits rebelles l'effect et exécution desdits jugemens, condamnations et confiscations ils ayent jusques à présent fait plusieurs menées et pratiques avec ceulx dont ils peussent avoir faveur, ayde et secours, pour lever et mettre sus quelque force de gens de cheval et de pied, accompaguez d'artillerie pour entreprendre, non-seulement de recouvrer leursdits biens et estats confisquez, mais d'advantaige pour courir suz à nostredit Saint-Père et au Saint-Siége, et jusques à menacer publiquement de voulloir donner un sac à Rome, ainsiz que de tout nostre Saint-Père nous a adverty bien amplement, nous faisant requeste et instance, suivant les traittez et capitulations entre nous, de luy maintenir la protection telle que nous luy avons promise, et, à ceste fin, pourveoir et donner ordre, tant au fournissement de gens de guerre que nous devons avoir et joindre avec les siens, pour faire teste et mettre et deppartir ez lieux et endroits que besoing sera, affin de s'opposer aux desseings et entreprinses desdits rebelles, leurs alliez et adhérans, que aussi pareillement à ce qui est nécessaire de faire de nostre part pour cest establissement et consignation du dépost que nostre Saint-Père et nous devons faire à Rome ou à Venize, pour subvenir et satisfaire aux communs fraiz et despences de la ligue deffensive, à laquelle nous nous sommes, pour le présent, arrestez et résoluz; en ensuivant laquelle instance, nous avons déjà envoyé par-delà sur nos gallaires un bon nombre de gens de pied qui seront bien prez suiviz d'une autre bonne troupe, en attendant que l'on puisse veoir et cognoistre plus clairement ce que voudront faire et entreprendre lesdits rebelles et alliez, pour selon cela augmenter nos forces et faire nos provisions, telles que le besoin le requerra, pour satisfaire à ce que nous devons par lesdits traittez et capitulation. Et au regard dudit dépost qui doit estre pour nostre part de trois cens cinquante mille escus, pour ce que d'adventure il se pourroit trouver quelque longueur ou difficulté à le faire et consigner, sitost qu'il seroit besoing, par la voye et moyen du général messire Albisse d'Elbéne, ayant la charge de nos payemens qui se font hors de nostre royaume.

« Nous, confians a plain des sens, vertus, suffisance, intégrité, loyaulté et bonne diligence de nostre amé et féal cousin, le sieur Pierre Strozzy, chevalier de nostre ordre, mareschal de France, et de nos amez et féaulx conseillers, mareschal Jehan, sieur d'Avanson, président en nostre grand conseil, et nostre ambassadeur devers nostre Saint-Père le Pape, et

Lois de Saint-Gelais, chevalier, sieur de Lanssac, gentilhomme ordinaire de nostre chambre, iceulx et les deux d'entr'eux en l'absence, malladie, ou autres légitimes empeschements du tiers, par ces présentes, faits, nommez et constituez, faisons, nommons et constituons nos procureurs généraulx et certains messagiers spéciaulx, leur donnant plain pouvoir, commission et mandement spécial pour et en nostre nom, convenir et accorder avec marchands bancquiers de Rome et autres dudit dépost, que nous entendons estre faicte à Venise, montant pour nostre part et portion, à ladite somme de trois cens cinquante mil escus, moyennant les intérest et dons gratuits avec les seuretez et assignations des remboursemens tels et semblables que nous avons accoustumez de bailler à ceulx à qui nous avons prins et prenons argent pour prest en nostre ville de Lyon, ou bien avec autres meilleures et plus advantageuses conditions et de moindre despense pour nous, sy faire se peult, et si lesdits marchans sy veullent accommoder; ausquels marchans bancquiers, qui entreprendront et auront promis faire ladite consignation, d'iceluy despost pour nous audit Venize, nosdits procureurs dessus nommez feront et passeront, tant en nostre dit nom qu'en leurs propres et privez noms, telles promesses et obligations que besoing sera, et que iceulx marchans bancquiers leur requerront, tant pour les payemens qui se feront aux termes pour ce préfixé desdits intérêts et dons gratuits qui leur auront esté promis et accordez comme dessus, que aussy pour les assignations et seuretez qu'ils debvront avoir telles et semblables que nous avons accoustumé de les bailler pour nos emprunts dudit Lyon, dont il est envoyé mémoyre contenant la forme à nosdits procureurs dessus nommez; et néantmoings si, pour plus grande seureté lesdits marchans vouloient avoir les promesses et obligations des gens de nostre dit conseil, prins en la manière accoustumée, nosdits procureurs les leur accorderont et promettront d'en fournir dedans tel temps qu'il sera advisé, moyennant lesquelles promesses, seuretez et obligations, iceulx marchands bancquiers seront tenuz de faire audit Venize l'effectuelle consignation de trois cens cinquante mil escus pour ledit dépost, au mesme instant que nostre dit Saint-Père fera pareillement consigner la somme qu'il doibt ensemble déposiler au prorata, selon ledict traitté, et ce en la présence de nostre amé et féal conseiller et ambassadeur devers La Seigneurerie de Venize, messire Dominique du Gabre évesque de Lodève, lequel, ou un autre qui pourroit estre cy-après en son lieu nostre ambassadeur audit Venize, ou autre qu'il plaira à Sa Sainteté sur ce commettre et depputer avec ceulx qui en auront la garde, affin que quant ce viendra à toucher ausdits deniers dicelluy dépost, selon le besoing et la nécessité des affaires, cela ne se puisse faire sans le sceu et commune participation des ministres d'une part et d'autre, et à mesure que ledit mareschal Strozzy et lesdits sieur d'Avanson, nostre ambassadeur, et de Lanssac, estant audit Rome auprès de nostre dit Saint-Père, verront et cognoistront estre requis et nécessaire de prendre et tirer quelque somme d'iceulx deniers du dépost, après toutesfois que la despense qu'il fault faire pour maintenir la deffensive seullement aura esté deuement réglée, pour ce qu'elle debvra monter par chacun mois d'une part et d'autre, ils le prendront et feront sçavoir audit évesque de Lodève, nostre ambassadeur, lequel, suivant le commandement qu'il a de nous par le pouvoir que nous luy avons fait expédier, pour recevvoir iceluy dépost et en faire faire, pour nous, les distributions, et envoyer par le menu par les ordonnances et mandement des dessus nommez nos procureurs et ministres, ne faudra d'y satisfaire selon lesdits ordonnances, mandemens et réglemens de ladite despence, mesmes quant il se trouvera que les autres provisions de deniers que nous avons accoustumé de faire mettre chacun mois audit Venize, pour satisfaire à nos despences de delà, seront tardives et n'auront peu venir au temps, ny à propos pour s'en ayder; et pour ce qu'il y a desjà d'advance par nous faite soixante mil escus que nous avons puis naguères fait fournir en deux parties, à Rome, par commission du général d'Elbène, oultre aultre dix mil escus qui auparavant avoient esté délivrez par nos ministres dudit Rome à la requeste et instance de nostre dit Saint-Père, qui font en tout soixante-dix mil escus, ledit sieur mareschal Strozzy, d'Avanson, nostre ambassadeur, et de Lanssac en viendront à compté avec nostre dit Saint-Père et sesdits ministres, ensemble de la part et portion que Sa Saincteté doibt porter, selon le traitté, de la despense que nous faisons par chacun mois au Siennois, Parme, la Mirandole et ailleurs en Italie, hormis le Piedmont, à commancer du jour mesmes que nous commancerons d'entrer en contribution de la ligue deffensive, affin que toutes ces parties comptées, précomptées et deffalquées ou compensées, l'on puisse venir à bon compte les ungs avec les autres, comme il est très requis et raisonnable entre amis. Et pource que nostre vouloir et intention est résolutivement de maintenir la protection et deffension de nostre dit Saint-Père et des siens avec leurs estats, selon que porte ledit traitté, lesdits sieurs mareschal Strozzy, d'Avanson, nostre ambassadeur, et de Lanssac feront entendre, avec commandement très exprès de par nous, à tous capitaines qui sont et seront par-delà avec charge de nos gens de guerre, tant de cheval que de pied, estant à nostre solde pour l'aide et secours de nostre dit Saint-Père, qu'ils ayent à obéir et faire ce qui leur sera commandé et ordonné de la part de Sa Sainteté pour le service d'icelle, seureté, conservation et deffences des places ou estats où elle vouldra faire mettre et départir nosdits gens de guerre, avec l'advis et conseil dudit sieur mareschal Strozzy et autres ministres d'une part et d'autre expérimentez au fait de la guerre; voulons en outre et nous plaist que iceluy sieur mareschal et lesdits sieurs d'Avanson et de Lanssac puissent, toutes et quantes fois que besoing sera et le service de nostre dit Saint-Père le requerra, mander et faire sçavoir au baron de La Garde, capitaine général de nos gallaires, ce qu'ils verront et cognoistront estre requis et nécessaire qu'il face et exécute avec nosdites gallaires, ou parties d'icelles, pour accommoder et favoriser les affaires de nostre dit Saint-Père, à quoy ledit baron ne fauldra de satisfaire et obéir, selon le commandement très exprès qu'il a de nous à ceste fin.

« Ordonneront aussy les dessus nommez du fait de nos finances, selon les estats et réglemens qui seront faits et passez de la despense, sur quoy ils expédieront aux trésoriers de l'extraordinaire de nos guerres, ou leurs commis ou aultres nos comptables qu'il appartiendra, leurs ordonnances et mandemens, lesquels dès à présent comme pour lors, nous vallidons et autorisons et voulons qu'en iceulx rapportans avec les quittances des parties où elles escherront les sommes y contenues soient passées et allouées aux comptes desdits trésoriers et comptables, partout où il appartiendra sans aucune difficulté, promettant en bonne foy et parolle de Roy par cesdites présentes signées de nostre propre main, et soubz l'obligation et hypothèque de tous chacuns nos biens, meubles et immeubles présens et advenir, avoir agréable, tenir ferme et stable, ce que par nosdits procureurs dessus nommez, et les deux d'entre eux en l'absence du tiers, aura esté fait, exploicté, négotié, passé, accordé, promis et asseuré, et spéciallement ausdits marchans banquiers, qui, pour nous, auront fait ledit dépost, ainsi que dit est, sans aller, ne souffrir, aller ne venir directement ou indirectement au contraire, en quelque manière que ce soit. Et quant aux obligations qu'ils auront faites pour nous, ainsi que dit est en leurs propres et privez noms, les en rendrent quittes, indamnés et déchargez partout où il appartiendra et besoing sera, selon droit, raison et équité, car tel est nostre plaisir : et pour ce que de ces présentes l'on pourra avoir affaire en plusieurs et divers lieux, nous voulons que, au vidimus d'icelles, fait soubz seel royal, et deuement collationné, foy soit adjoustée comme au présent original, auquel, en tesmoing de ce, nous avons faict mettre nostre seel. »

[1557] *Mémoire du voyage de monsieur le duc de Guyse en Italie, son retour, la prinse de Callais et de Thionville* (1).

Le Roy, pour satisfaire au traité de la ligue fait et conclu avec nostre sainct père le Pape Paul IVe, et respectivement ratiffié d'une part et d'autre, en l'an 1555, par lequel il estoit tenu et obligé, toutes et quantes fois qu'il seroit assailly dans ses pays, de le secourir avec une armée de dix mille hommes de pied, moitié Suisses, moitié François, cinq cents hommes d'armes, et six cents chevaulx-légers; avoit, au mois de novembre mil-cinq-cent-cinquante-six, en l'instante sollicitation que le dit Pape luy faisoit de le secourir contre l'armée que le duc d'Albe tenoit aux portes de Rome, envoyé monsieur le duc de Guyse, son lieutenant général en Italie, à son secours, avec quatre mille François, soubz vingt-quatre enseignes; six mille Suisses, soubz vingt-quatre enseignes, que conduisoit le cappitaine Frulich ; cinq cents hommes d'armes, soubz sept compagnies : c'est à sçavoir, la sienne de cent lances ; celles de messieurs les princes de Ferrare, des duc de Nemours, de cinquante; duc d'Aumalle, de cent, et prince de Sallerne, de cinquante ; celles de messieurs de Montmorency et de Thavanne chacune de cinquante ; six cents chevaux légers, soubz quatre compagnies, qui estoient celles de monsieur le marquis d'Elboeuf, de deux cents; celles des sieurs de Sipierre, de deux cents; de Biron et de La Roche-Posay de chacune cent; lui ayant baillé pour l'accompagner et soulager monsieur le duc d'Aumalle

(1) Le fragment qui est compris sous ce titre ne fait point partie des manuscrits des Mémoires du duc de Guise; mais comme il résume tous les événements dont le journal de ce duc contient les détails, nous avons cru utile de le placer en tête de l'année 1557. Ce fragment, cité par Fontette dans sa *Bibliothèque historique*, n° 17697, fait partie du manuscrit n° 9710 de la Bibliothèque du Roi. Il a déjà été imprimé dans une ancienne édition du journal de Henri III ; mais nous l'avons supprimé dans la nôtre, bien persuadé qu'il serait plus convenablement placé dans les Mémoires de Guise.

son frère, qui menoit l'avant-garde, Monsieur de Nemours, qui estoit colonel des bandes françoises, et monsieur le marquis d'Elboeuf des Suisses; le sieur de Thavannes, chevalier de l'ordre, qui estoit maréchal de camp de l'armée, et monsieur de Sipierre, maréchal de camp de la cavallerye légère, qu'il conduisoit en l'absence de mondit sieur d'Aumalle, qui estoit occuppé à l'avant-garde. Et oultre ce, ung bon nombre de seigneurs, gentilz hommes de la chambre et aultres de la noblesse, qui estoient accourus au voyage, tant pour l'espérance d'y voir et apprendre quelque chose, comme le François est naturellement curieux, que pour estre, monsieur de Guyse, merveilleusement aimé et suivi de toute la noblesse.

Le quel, après avoir traversé toute l'Itallye avec infinies incommodités, et conduit son armée jusques aux confins du royaulme de Naples, au lieu où le Pape le vouloit employer, avoit trouvé la foy de ceulx qui luy debvoient assister et luy donner les moiens d'exécuter l'entreprinse commune, suspecte, incertaine, leurs actions et déportemens sy estranges, qu'il ne s'y pouvoit rien promettre de bon; et finablement toutes choses dont il espéroit tirer quelque faveur, entièrement défavorables; de façon qu'ayant une armée en teste et de gens de pied et de cheval deux fois plus grande que la sienne, après avoir tanté tous les moyens possibles pour l'attirer à la bataille, et l'estre allé chercher mesme jusques dans son fort, luy défaillant toutes choses nécessaires pour mener et conduire la guerre, avoit esté contraint, pour ne perdre les hommes qui commençoient à advenir mallades de la grande chaleur et intempérie de l'air, de se retirer et déppartir ses forces par les garnisons, sur la terre de l'Itallye, où il avoit esté tellement travaillé, que sy sa vertu, dextérité et prudence, et grande patiance, n'eust vaincu les nécessités dont il estoit combattu, il ne se pouvoit espérer de ceste petite armée autre issue qu'une pareille ruyne qu'avoit eue celle de monsieur de Laultrec et de tous les autres chefs qui avoient été d'avant luy en Itallye. De quoy il avoit conçu tant d'ennuy et de desplaisir, qu'avec la saison fort fascheuse, une fiebvre le surprit, qui le mit en grand danger de sa vie; et de pareille malladye tous les princes, seigneurs, gentilzhommes et quasy soldatz, particulièrement estant en son armée, s'en sentirent et furent persécuttez.

Du costé du Piedmont, monsieur le maréchal de Brissac, qui avoit esté si longuement favorisé de la fortune en toutes les guerres passées, et qui de fresche mémoire luy avoit, s'il ce peut dire, de sa franche et pure faveur, lui avoit mis Valfresnier et Guerasse, deux places quasi imprenables, entre ses mains, se trouvoit avoir esté contraint, après avoir très heureusement assailly Conis et y avoir perdu ung grand nombre de ses meilleurs hommes, de se retirer; et depuis, tenant le marquis de Pesquière dans Fossano, avec une partie des forces de l'Estat de Millan, assiégé et réduit en telle extrémité ou qu'il luy falloit combattre avec désavantage ou bien d'y mourir de faim, l'avoit, par une pure défaveur de la fortune, contre toutes les raisons qui se pouvoient imaginer, perdu, estant luy marquis saulvé inopinément par des chemains incognus; de façon qu'il ne pouvoit clairement voir en ce quartier là une face de la fortune entièrement tournée et dissemblable à celle de deux mois auparavant.

En ce mesme temps, estant le Roy à Compiégne, malfortuné de tous ces deux costez, se trouve avoir son armée, qui estoit en Picardie, en laquelle estoit toute son espérance, estre deffaite, son lieutenant général, monsieur le connestable, personnaige de grande expérience et de saige conduite, comme tout le monde sçait, et auquel estoit toute l'assurance de nostre salut, prisonnier, et avec luy messieurs les ducz de Montpensier et de Longueville, le sieur Ludovicq de Gonzague, monsieur le maréchal de Saint-André, le comte Ringrave, colonel des lansquenets et infinis chevaliers de l'ordre et cappitaines; monsieur le duc de Touteville et monsieur le vicomte de Thuraine mortz avec une infinité d'autres gentilz hommes; ses ennemis avec plus grande armée que jamais n'eust son père victorieux en son royaulme, luy sans nulles forces de pied ni de cheval, pour avoir esté en ceste rencontre toute sa gendarmerye, qui estoit déjà ruinée et deffaite, ses places de frontière près Saint-Quantin despourvues entièrement de chefs, d'hommes et de vivres; ses peuples sy estonnez et esperdus qu'il n'y avoit homme qui sceust ce qu'il debvoit faire, et les gens de guerre sy estonnez qu'on ne les pouvoit rassurer.

Voilà l'estat au quel se trouvoient lors les affaires du Roy, le mercredy unzyesme jour d'aoust mil cinq cent cinquante-sept, qu'il eust la malheureuse nouvelle de la plus grande playe que ce royaulme ayt receu, il y a plus de deux cents ans, advenue le jour précédent feste de saint Laurent, d'avant lequel deux jours auparavant, comme s'il eut prévu le malheur qu'il luy debvoit advenir, avoit envoyé la royne, avec messieurs de son conseil privé, à Paris, pour voir s'il y avoit moiens de trouver quelque denier et l'esloigner d'autant plus du péril qu'il le sentoit voisin, auroit despéché monsieur du Mortier, conseiller en son conseil privé, à Senlis et Paris pour recouvrer deux cents muydz de bleds pour les achemyner droit à Compiégne, affin de là les envoyer à celles de ses villes qui en auroient le plus besoing.

Monsieur l'évesque d'Amiens estoit allé pour le mesme effect à Reims, affin d'en pouvoir recouvrer de là et des environs pareil nombre pour envoyer à Guyse, qui estoit fort menacée ; et le sieur de Voulzay, maistre des requestes dudit seigneurs estoient semblablement allé à Soissons, pour de là et des lieux circonvoisins, en envoyer à la Fère la plus grande quantité qu'il pouvoit ; et affin que rien ne demourast en arière, l'on avoit envoyé faire une levée de six mil lansquenets, soubz le colonel Rocqueroch : toutes lesquelles choses servirent plus en la nécessité où l'on se trouva par après, que quand elles furent commandées on pouvoit penser qu'elle puissent faire, comme l'on verra par le discours de ces mémoires.

Incontinant doncq après ceste mauvaise nouvelle annoncée au Roy à son lever, par le sieur Descars, au mesme instant, au lieu de perdre et consommer le temps en regretz et plaintes inutilles et avoir appellé Dieu à son ayde, comme celui de qui il recognoissoit ceste verge luy estre envoyé, et pour ses peschez et pour ceux de son peuple, desquels avec eulx il lui falloit esgallement porter la pénitence, il prit une vertueuse résolution de donner tout l'ordre possible pour remédier à l'inconvénient présent, espérant qu'après avoir fait tout ce que les hommes peuvent faire, Dieu feroit le reste, et l'ayant aupparavant tant favorisé ne l'habandonneroit en ceste nécessité, comme bien tost il en monstra de grands et évidans signes.

La première chose qu'il fist fut de bailler à monsieur le cardinal de Laurraine, lors estant seul auprès de luy, la charge et le maniement de ses affaires, pour l'expérience qu'il sçavoit estre en luy, pour longtemps qu'il y avoit esté nourri et pour l'assurance qu'il avoit de sa suffisance et fidélité.

Et d'autant que la principalle chose qu'il luy deffailloit et dont il avoit le plus de besoing, estoit d'un chef qui eust le sens, l'expérience et la vaillance pour conduire le fait de la guerre soubz luy, et manier ung si grand faict comme est la marche de ceste monarchie, où le plus habille homme se trouve empesché s'il ne l'a accoustumé, et sur le quel il se peust reposer comme il faisoit sur monsieur le connestable, il dépescha le sieur Scipion, son escuyer d'écurie, pour aller querir monsieur de Guyse, comme celui en qui il sçavoit très bien estre toutes les parties qu'un bon, grand et digne cappitaine peut avoir, l'advertissant du désastre qui luy estoit advenu, et le priant de donner tout l'ordre qui luy seroit possible aux affaires de par delà, affin de le venir trouver en bonne dilligence et amener avec luy le plus de princes, cappitaines et gentilz-hommes qu'il seroit possible qui estoient en son armée. Et pour cest effect, despécha un courier vollant devers le baron de La Garde, par lequel il luy mandoit qu'il eust à faire partir du port de Marseille dix ou douze gallaires, pour aller querir monsieur de Guyse et la trouppe qu'il amencroit avec luy. Il dépescha aussy le sieur de Vyneuf, Piedmontois, de vers monsieur le maréchal de Brissac, pour faire venir monsieur de Termes avec sa compagnie et monsieur d'Anville avec la sienne de chevaux-légers, et dire au sieur maréchal qu'il advisast de se mectre en la deffensive et departir les forces dans les places, et luy amener quatre mil Suisses de ceulx qu'il avoit en Piedmont ; fut mandé au sieur de Saint-Laurent, ambassadeur en Suisse, qu'il eust à faire acheminer du costé de deçà les six mil Suisses qui avoient esté levez, et de bonne fortune estoient prets pour marcher en Itallye au secours de monsieur de Guyse. Fut pareillement envoyé de vers la Royne, qui arrivoit à Paris, le sieur de Fresne-Robertot, pour luy dire ce qu'il sembloit au Roy quel debvoit faire pour contenir le peuple en obéissance, et en attendant sa venue, commença à donner ordre au recouvrement de deniers, comme la chose la plus importante et la plus nécessaire en telle nécessité. La quelle, après avoir entendu ce que dessus, tant s'en faut qu'elle se fust laissé vaincre à la juste douleur qu'elle portoit, tant de l'ennuy qu'elle sentoit souffrir au Roy, que du malheur qu'elle jugeoit debvoir advenir aux dict seigneurs et au royaulme de ceste perte, que se résolvant avec ung cœur viril et magnanime, elle assembla le conseil du Roy son seigneur, qui estoit avec elle, et envoya quérir au mesme instant les principaux de la ville, lesquels elle pria tous vouloir, en la nécessité présente, montrer le service qu'ils vouloient faire au Roy et rendre preuve de leur affection et fidellité, et le landemain se trouva à l'Hostel de la Ville en pleine assemblée de peuple, où elle leur parla avec tant de constance et d'ellocquance, et leur fist sy bien et sy dignement entendre le malheur qui se présentoit, commung aultant à eulx comme au Roy, et le grand besoing qu'il avoit de l'ayde et secours des bons et féaux serviteurs, qu'ilz lui accordèrent trois cents mille francs, pour soldoyer dix mille hommes de pied, trois mois durant.

Fut aussy dépesché en Allemagne, pour advancer les levées que le colonel Rocqueroch estoit allé faire, et escript à Reiffleberg pour essayer de recouvrir deux ou trois mille pistolles. Sy l'on avoit usé de toutes les dilligences possibles pour estre secouru des forces qui estoient les plus loingtaines, et à escripre par tous les endroitz de la chrestienté, aux provinces amies et alliées du Roy, la fortune qui luy estoit survenue, l'on n'en fist pas moings à tous les cappitaines, ministres et officiers du Roy, qui estoient en quelque lieu d'importance; tellement qu'avant deux jours on eut satisfait à tout ce que dessus, et furent faites plus de deux cents dépesches différentes.

Cependant l'ennemy ayant une telle et si inespérée victoire, se contenta de poursuivre le siége de Saint-Quantin, sans passer plus oultre, où le Roy d'Espagne voyant le jeu sy sur qu'il n'y avoit plus de danger, s'en vint trouver son camp et fist faire, quinze ou seize jours durant, tous les efforts qu'il fut possible pour la forcer. Et le Roy ne perdit point de temps de son costé de se rendre aux lieux où estoit le feu vosmi, qui avoit le plus besoing de secours. Car s'estant monsieur de Nevers de bonheur saulvé de ceste rencontre, et retiré à Laon pour rassembler ce qu'il pouroit d'estrangers et de François, tant de pied que de cheval, et monsieur le prince de Condé avec luy, qui avoit la charge de la cavallerie légère, monsieur de Monmorency à Soissons, monsieur de Bourdillon à la Fère et monsieur le comte de Sancere à Guise; et estant monsieur de Humières demouré dans Péronne, le Roy envoya à monsieur de Nevers ung pouvoir de lieutenant-général pour commander à toutes ses frontières de delà, luy semblant qu'il ne pouvoit faire une meilleure eslection ni plus digne, semblablement plus utile pour saulver les places qui luy restoient, y commettre de plus dignes personnes que les sieurs dessus dits, qui de bonne fortune, s'estoient retirez de la routte de la bataille; lesquelles places demourant à sa puissance, il y avoit apparence que le mal ne eust pas esté si grand comme il avoit peu et que l'on craignoit, comme par effet il s'est depuis peu voir.

Mais pour ce qu'il n'y avoit pas en une des dictes places ny forces ny vivres, hormis à Péronne, où il y avoit assez bonne quantité, il se fist une extresme dilligence d'y mettre telle abondance de vin et de bleds de ceulx qu'on avoit peu auparavant commencer d'assembler, qu'en moings de dix jours elles en furent bien et suffisamment pourvues. Et cependant l'on donna ordre d'y mener tant ceulx qu'on avoit recueilliz de ceste deffaite que d'aultres bandes qui se trouvoient, de bonne fortune, marchant au camp, que d'autres qu'on fist venir des places de Champaigne, et si bon nombre d'hommes, que le dit seigneur en demoura fort asseuré.

Le Roy estant à Paris, où il vint le lendemain qu'il eust eu advis de ceste deffaicte, pour estre le lieu de Compiégne sy voisin de l'ennemy, que sa personne n'estoit en seureté, il se trouva grandement travaillé, d'aultant qu'il luy fallut non seulement faire l'office de Roy, mais de cappitaine et de conseiller, ayant au près de luy peu d'hommes de guerre et nul de qui il se peust servir en sy grande chose; de façon qu'estant monsieur le cardinal de Lorraine grand et digne et pourveu d'une grande cognoissance des affaires d'Estat, sy est ce qu'honnestement il pouvoit ignorer beaucoup de chose qui n'estoit de son gibier, où il falloit que le Roy print de luy mesme l'expédient et la résolution. L'on procedda à la cotisation pour lever les trois cents mil livres octroyés par la ville, où il se trouva de grandes difficultez : car ayant esté besoigné par suputation et ne pouvant le plus riche paier plus de cent vingt livres, et le plus pauvre moing de vingt livres, il y eut infinies réclamations, les ungs pour estre trop cottisez, et les aultres pour voir ceulx qui avoient cent fois mieux de quoi qu'ils n'avoient ne payer non plus qu'eulx, ce qui amena une telle longueur, qu'encore que promptement il s'en tira une très bonne et notable somme, il se vit par expérance que qui vouldra promptement recouvrer deniers d'une ville, il n'y fault nullement suivre ce chemin, comme plain de grande longueur et beaucoup de difficultez ; aussi ne fut-ce de l'oppinion de monsieur le cardinal et de quelques gens des plus advisés.

Et fut escript à toutes les villes du royaume de France, et envoyé gens pour les solliciter de vouloir ayder Sa Majesté et suivre l'exemple des secours que ceux de Paris luy avoient fait en l'affaire présente : en quoy les peuples se montrèrent si affectionnez qu'il se tira une bonne quantité de deniers qui vindrent bien à propos, d'aultant que si avec ceste infortune l'argent fut failli, il n'y avoit nulle espérance de resource.

L'on fist levée d'un grand nombre de gens de pied François, oultre ce qu'il y fut employé des hommes qui, en aultre temps, n'eussent esté réalisez, sy est-ce que pour la nécessité il s'en falloit servir ; pour les quels armer et semblablement ceux qui estoit eschappez de ceste deffaite, qui estoient demourez nuds et sans armes, il fist faire ung grand nombre de corceletz, maurions et harquebusiers, qui furent deppartis par les compagnies ; de façon qu'en peu de temps elles commancèrent à se rhabiller et armer. Et pour ce qu'il y avoit grand besoing de cavallerye, le Roy fist dix compagnies nouvelles de gendarmerye, chacune de cinquante lances, faisant toutes le nombre de cinq cents hommes d'armes, pour avoir esté sa gendarmerye à la bataille desvalisée et n'avoit espérance d'avoir celle qui estoit en Itallye à temps. Les cappitaines qui eurent les dictes compagnies furent monsieur le marquis d'Elbœuf, monsieur d'Ampville, monsieur de Randan, monsieur de La Trémouille, monsieur d'Eschevetz, monsieur de Beauvois Nangis, monsieur le comte de Charny, messieurs de Humières, de Chaulne et Morvillers.

Après toutes ces provisions données et pourveu à ce qui ce pouvoit, il me semble n'estre hors de propos de dire qu'en ce temps là, le Roy tint un conseil, où il assembla tous ceux qui estoient près de luy de quelque expérience, pour sçavoir d'eux leurs oppinions et ce qui leur sembloit qu'il avoit à faire : où il y en eust qui furent d'oppinion qu'il se debvoit retirer à Orléans, d'autant que sy l'ennemy marchoit, il luy fauldroit avoir ceste honte d'habandonner Paris; le quel conseil comme prince vertueux et magnanime il rejecta, délibéré de mourir plustost que de suivre ce parti plain de honte et d'infamye, estimant sa demeure en ladite ville aultant honorable et plain de seureté pour la conservation de tout l'Estat, comme il se congnut par expérience qu'elle estoit, en la quelle résolution il fut grandement fortiffié par le cardinal, qui n'estoit d'oppinion qu'on habandonnast Paris.

Monsieur l'admiral et ceux qui estoient dans Saint-Quantin, encore qu'ils eussent veus la victoire que les ennemys avoient eu, et qu'ilz n'eussent de présents secours et nulle espérance d'en avoir, sy est-ce qu'ilz ne perdirent le courage pour tant de malheur, d'aultant qu'ils voyoient en eulx reposer le seul but de l'espérance de la conservation du royaulme. Mais comme ung digne et vaillant cappitaine qu'il est, donna si bon courage à un chacun, que tous d'une voix se délibérèrent d'y mourir avant que de parler de composition. Et environs le xx du mois d'aoust, monsieur de Bourdillon y fist entrer par dedans les marais cent vingt harquebusiers de deux cents, qui estoient distingués François. Le reste fut thué ou noyé, et avec cela et ce qu'ils peurent faire depuis la deffaite de monsieur le connestable, tindrent encore la place pendant dix sept jours.

Cela donna ung peu d'espérance au Roy, y ayant apparance que pendant que le dit Saint-Quantin tiendroit, l'ennemy ne passeroit oultre, et cependant il auroit loisir d'assembler les grandes forces qu'il préparoit ; mais ceste espérance ne luy dura guère, car le 27 du mois d'aoust Saint-Quantin fut forcé et emporté d'assaut, pour ce qu'estant les ennemys maistres du fossé, pour estre ladite ville bastie à la vieille mode, de laquelle encore que le fossé soit proffond et le rampart grand, sy est-ce que n'y ayant nulz flancz pour le deffendre, il leur fut aysé de le gaigner comme ils firent. Où estant logez, ils se mirent à saper et miner le pied du rampart, où ils besoignèrent si bien dix-huit jours durant, qu'ilz le démolirent avant qu'ilz eussent commancé leur batterye, quelque loizir et peu d'empeschement qu'ilz eussent, qu'avec l'extresme sécheresse, que, durant sept jours continuelz, ils firent neuf breschessi grandes, qu'estant deffendue avec si peu d'hommes, comme de huit cents en tout et mesmement d'arquebusiers, dont il n'y en avoit pas deux cents, que ne pouvant tout ensemble, estant arrangez les ungs près des autres, border lesdites bresches, et estant combattus d'un grand nombre d'hommes, cy furent aisément forcez. Monsieur l'admiral fut pris, messieurs Dandelot et de Jarnac thué, et beaucoup de cappitaines, qui y estoient entrez avec monsieur Dandelot, comme Saint-Romain, Gordes, Brimo, et plusieurs aultres; le sieur Dandelot, la nuit mesme qu'il fut pris, les saulva pour parler bon espagnol et passa au travers le marais, dans l'eau jusques à la gorge, où il pensa se noyer, et vint trouver le Roy ainsi comme il venoit d'avoir nouvelle de la perte de la ditte ville.

Le 29e jour d'aoust 1557, le Roy reçut encore ceste mauvaise nouvelle, qui empiroit grandement la première ; car jusque là nous n'avions point senti la conséquence d'une battaylle perdue; sy ainsi se doit nommer la deffaite du jour Saint-Laurans, d'autant qu'estant lors l'ennemy maistre de la ville, ses forces gaillardes et victorieuses, il pouvoit et debvoit passer oultre droit à Paris. Mais Dieu ne lui fist pas la grace de prendre si bon congé, voulant, comme sa bonté l'a toujours démontré, conserver la France et s'opposer à sa ruyne. Je diray par paranthèse comme le sieur de La Roche Du Maine, vieil et expérimenté cappitaine, ayant esté pris à la bataille, bien recongnu comme il l'estoit de tout les vielz cappitaines espagnolz, allemands et italiens, pour s'estre toujours trouvé à toutes les batailles, rencontres, sièges de villes, qui se sont faits de son temps, l'on fist récit au Roy Catholique de son mérite, et comme en ses discours il estoit prompt et hardi, Sa Majesté Catholique le voulut voir, et luy demanda entre autres choses combien il pouvoit avoir encores de journées de Saint-Quantin jusques à Paris. Ledit sieur de La Roche luy feist response que l'on appeloit les batailles bien souvent journées, et que s'il l'entendoit comme cela, il en trouveroit pour le moings trois, la France n'estant point sy despeuplée d'hommes, mesme de noblesse, que le Roy son maistre avoit encore peu mectre ensemble de plus grandes forces que celles qui avoient esté deffaictes.

Pour toutes les provisions susdites, que l'on faisoit en toute dilligence, mesme monsieur de Guyse qui s'advança devant les forces qu'il ramenoit arriva près du Roy, qui en receut ung extrème plaisir et allegresse. Sa Majesté se deschargea sur ce prince de toute la paisanteur et fardeau de la guerre, de façon que le sieur duc de Guyse et le cardinal son frère commandoient tout, l'un aux affaires et finances, l'autre aux gens de guerre. Et comme il estoit très prudent, brave et heureux, bien aymé des gens de guerre, chacun prist espérance de revoir les affaires en bon estat, et ce prince, pour ne frustrer la bonne oppinion qu'on avoit de luy, il ne faisoit qu'ymaginer en son esprit toutes sortes de moyen de pouvoir faire quelque acte remarquable, qui peut rabattre l'orgeueil de ceste superbe nation espagnolle, et relever le courage aux siens, et estima que les choses que les ennemys tenoient les plus assurées seroient les moins gardées. Il est vray que quelques années auparavant le sieur de Senerpont avoit donné quelque advis à monsieur le connestable que l'on pouvoit faire entreprise sur Callais, assez négligemment gardée, et la place n'estant d'elle pas bonne, ayant beaucoup d'incommodités qui empeschoient la fortification; le dit sieur de Guyse donc mit cest entreprince en avant, le faict entendre au Roy, suppliant Sa Majesté n'en communiquer à nul aultre, et la supplia luy permettre de tenter ceste entreprise : ce que le Roy trouva bon.

Le dit sieur de Guyse donc accompagné de tous les princes et noblesse de France qui restoient de la bataille, avec quelque trouppe ralliée fresche et de bons hommes, tant cappitaines que soldats, fait semblant de rassembler l'armée plutost pour entreprendre sur la coste de Champagne ou ailleurs, et tout à ung coup, tourne vers Callais : ce que les ennemys n'eussent jamais pensé, tenant ceste place inprenable et prest d'estre secourue par la mer. Touteffois la dilligence du sieur de Guyse fut telle que marchant le (premier) jour de (janvier 1558) droit au pont de Nyeullé, qui est frontière du païs d'Oye et le passage de la rivière pour venir à Callais, la place fut prise et forcé avec peu de résistance, le cappitaine Gourdan y eust la jambe emporté d'un coup de canon. Ce passage pris, l'armée marcha droit aux dunes, le long de la mer, où elle se logea ; le lendemain, force le Risban, qui est la forteresse du Havre de Callais; cela fait, entre le dit Risban et le chasteau, dans la mer mesme, fut mis douze canons qui battoient le dit chasteau, lorsque la mer estoit basse, et quant elle estoit en plaine marrée, il falloit quitter et habandonner l'artillerye et les gabions qui estoient sy bien liez, attachez et retenus d'ancres et pieux, que la mer ne les esbranloit nullement; et lorsque la mer estoit retirée l'on retournoit à la batterye. Mais cela ne dura guère; car y ayant quelque bien petite bresche au chasteau, la bresche fut recogneue, et bien que non jugée raisonnable, la hardiesse françoise, pour le désir que un chacun, tant les grandz que les petits, avoient d'effectuer quelque coup notable jugèrent y debvoir donner, et que sy l'on attendoit au landemain la dicte bresche seroit renforcée et mise en estat plus forte que d'avant.

Tous les cappitaines supplioient le dit sieur de Guyse de les y laisser donner. Le dit sieur jugeant quelque aparance à leur dire, se fiant aussi en la grace de Dieu et en sa bonne fortune, consent et donne charge à monsieur d'Aumalle, son frère, d'y conduire ses trouppes, qui estoient d'environ trois mille soldats, mais de bons et choisys, et grande quantité de noblesse qui se mit parmi eux. Le dit sieur de Guyse donna charge à monsieur d'Aumalle, son frère, qu'ayant gagné la dicte bresche, s'il la trouvoit trop difficile, il s'y logeast seulement et empeschast que les ennemys ne ramparassent. Mais le tout succéda sy heureusement, qu'après peu de danger et moings de résistance, la dicte bresche fut forcée et toute ceste trouppe se rendit maistre et logea dans le chasteau, qui est celui où est maintenant la citadelle.

Le millord (Wentworth) qui commandoit dans la dicte ville de Callais, sçachant la perte du chasteau par le bruit qu'il entend, et le tesmoignage de ceux qui s'estoient saulvez dans la ville, se résolut la nuit, comme homme désespéré et qui se voyoit ainsy qu'ainsy perdu, de faire à la faveur de la nuit une batterye de six canons à la porte qui entre de la ville au dict chasteau, le fossé n'estant guère bon, et aussy que de secours de l'armée il ne falloit point que ceux du chasteau en espérassent, qu'après que la mer seroit retirée. Le dit millord donc fist sa batterye forte et furieuse, perçoit de chacun coup la muraille non ramparée de ce costé-là, et fist tous efforts de tirer à force ceux qui estoient dedans; mais estant une trouppe aussy mal aysée à forcer, comme de s'estonner, et laquelle en plaine campagne dust combattre deux fois autant d'hommes comme icy estoient, de façon que le pauvre millord voyant ceste brave résistance, eut recours à demander s'il debvoit espérer une composition, qui luy fut accordée telle que s'est veu. Et la ville deux cens ans après sa perte, retourna françoise pas l'astuce, dilligence et bonne conduite du duc de Guyse, qui fist ceste heureuse exécution en huit jours.

Ce bel exploit exécuté remict toute la France en bon espoir ; le Roy mesme en fut extresmement resjouy, en rendit grâce à Dieu, tant en particulier qu'en procession et action de grâce publique.

Son lieutenant, le duc de Guyse, ne voulant pas demourer en si beau chemin, pence et repence de faire encores quelque coup mémorable, et d'une extrémité en l'autre conduit son armée à Thionville, place que l'on tenoit comme imprenable, à cinq ou six lieues de Metz, et qui incommodoit fort la ville de Metz et la tenoit subjecte. Ayant donc planté le siége devant Thionville, il se trouva plusieurs difficultez à cause d'une rivière qui bat les rives des courtines de la dicte ville d'un costé, et néantmoings la prise d'une tour, qui fut emportée en plain jour, non sans la perte de plusieurs bons cappitaines et soldats, et la mort du maréchal Strozzi, parlant dans les tranchées audit sieur de Guyse, qui luy tenoit lors la main sur l'espaule, qui fut dommage et perte pour le service du Roy, car il estoit bon cappitaine et vaillant de sa personne.

Ceste tour donc prise et forcée, nonobstant toutes les difficultez qui s'y trouvèrent, les ennemys voyant qu'elle commandoit fort à la courtyne et de près, et qu'il se préparoit une bresche qui estoit fort en veue de la dicte tour, commançoit à perdre courage et demandat appointement. Ce qui leur fut accordé, et se rendirent laissant la place entre les mains du lieutenant du Roy.

Ces deux exploits faitz sur une armée et prince victorieux d'une bataille, où toutes les forces qu'avoit le Roy avoient esté perdues et dissipées, tant par la mort de la pluspart de l'infanterye, que de la noblesse et de chefz estant morts ou retenus prisonniers.

En ce mesme temps, un peu auparavant, le maréchal de Termes, de tout temps estimé pour estre fort saige et prudant, bien advisé et expérimenté au fait de la guerre, l'on luy avoit donné une petite armée à commander pour asseurer le païs conquis et environs de Callais, que l'on repeuploit et rabilloit-on les bresches de la ville, la fortiffiant au mieux que l'on pouvoit, s'advança jusques à Dunquerque qu'il prist, força la pilla, et saccagea la ville, puis fit sa retraite ou la pansoit faire à Callais, sentant le comte d'Aiguemont s'approcher avec beaucoup plus de forces qu'il n'avoit ; mais à cause de la mer, qui remplit de douze en douze heures le canal qui est entre le dit Dunquerque et Callais, ses trouppes ayant commencé de s'acheminer, les ung passant de bonne heure le dit canal, et se sauvant, les autres ne le pouvant, les autres combattant mal et par nécessité, furent deffaits, l'infanterye taillée en pièce et la cavallerye les ungs pris et les autres mortz sur la place, et le dit maréchal mesme fut pris. Il pouvoit avoir en son armée de cinq à six mil hommes de pied et huit cent chevaux de la gendarmerye du Roy, la plus part furent thuez ou dévallisez comme l'infanterye presque tout. L'hiver survenant, fallut retirer les armées tant de part que d'autre aux garnisons ; le roy d'Espaigne à Bruxelles, le Roy à Paris, et de l'ung à l'autre on commença à traicter d'une paix générale, laquelle enfin se conclud par les nopces du Roy Philippes à la fille aînée du Roy, madame Élisabeth, et de madame Marguerite, sœur de Sa Majesté, avec le duc de Savoye, avec la reddition de monsieur le connestable et aultres personnes payant leur rançon ; et lors ne fut plus qu'allées et venues de tous les princes françois et les grandz de ce royaulme et de toute la jeunesse de la cour a aller voir le roy d'Espaigne à Bruxelles, où chacun estoit reçu, bien traicté, festoyé, comme aussy estoient ceux de ce costé là, qui venoient à Paris, où enfin les nopces promises parasechevèrent, arriva le malheureux coup pour la France de la mort du meilleur Roy, plus doux, affable et gracieux, qu'elle ayt jamais eu, et qui a causé tous les malheurs que nous avons depuis veu en France, par les guerres civiles qui y sont arrivées.

J'apporteray icy par parantaise un acte qui arriva à ung des frères du sieur de La Bourdaysières, lors maistre de la garderobbe du Roy, qui se nommoit le sieur de Vouillon, lequel avoit esté pris à Saint-Quantin, et commandoit une compagnie de gens de pied françois. La faveur de son frère le faisoit estimer plus grand seigneur qu'il n'estoit, et luy demandoit-on une grosse rançon ; luy escripvoit et disoit qu'il estoit cadet et ne pouvoit tant paier. Enfin il promist de sa rançon au Roy jusques à deux mil escus, avec une clause que s'il ne pouvoit trouver parmy tous ses moiens et ses amys moien de fournir la dite somme, il se viendroit rendre prisonnier entre les mains de monsieur de Savoye, lequel à ces conditions luy donna congé sur sa foy à tel terme qu'il luy plust l'inviter de se représenter. Le dit sieur de Vouillon vint à Paris parler à ses amys, pour ne faillir au temps qui luy estoit ordonné, print des chevaux de poste et feist telle dilligence, mesurant le temps à son desseing, qu'il arriva à Bruxelles, ainsy comme le duc traitoit festoioit à disner une trouppe de seigneurs françois qui s'y estoit ascheminée. Vous pouvez pencer que lors le dit sieur de Savoye, la paix estant résolue, son mariage arresté, ne pensant qu'à l'événement d'ycelluy et à son restablissement dans ses pays, se souvenoit peu de ce qui s'estoit convenu entre luy et le dit sieur de Vouillon, qui se présente à luy comme il estoit a table; il fut bénignement reçeu, et ayant fait entendre audit duc qu'il n'avoit peu trouver pour le rachapt de sa liberté les deux mil escus par luy promis, et pour ne manquer à sa foy, il s'estoit venu remettre entre ses mains pour recepvoir de luy ce qu'il luy plairoit ordonner, en s'acquittant de la foy promise. Le dict duc respondit qu'après disner il en ordonneroit, et, sans plus en parler s'amusa à boire d'aultant à la compagnie et faire bonne chère. Cependant le dit sieur de Vouillon, qui avoit aultre desseing et qui pensoit s'estre honnestement acquité de sa foy, se démesle de la presse, et sortant, trouva ses chevaux de poste à la porte, comme ses gens estoient bien instruitz, monte dessus et s'en retourna à Paris, et prestendre s'est bien aquitté de sa foy, estre quite de sa rançon. L'affaire est mise en délibération devant les cappitaines, tant françois qu'espagnolz à ce appellez, par lesquels ceste subtilité fust approuvée et jugée que tout prisonnier gardé comme l'avoit toujours esté le dit de Vouillon jusques à ce qu'il eust la licence de monsieur de Savoye, comme dict est sur sa foy de se représenter, comme il fist dextrement, il fut tenu quite de sa rançon que monsieur de Savoye paya à son maistre. Et pour ce qu'il fut dict que le sieur de Vouillon s'estant acquité de sa foy et représenté devant luy, en estat de subir la prison du garde, il n'avoit fait que ce que chacun peult faire, de rechercher sa liberté, ceci pourra servir à la postérité.

Dès le mois de janvier, le Roy escrivit à monsieur de Guyse pour tenir la main à ce que nostre Saint-Père donnast le chapeau de cardinal au garde de ses seaulx, et aussi à ce qu'il eut à pourveoir et donner ordre aux excessives despences de son estat de par delà.

« Mon cousin, j'ay présentement dépesché le prothonotaire Manne, porteur de ceste, tant pour vous aller trouver et vous dire de mes nouvelles, que aussi pour advertir mon ambassadeur, le sieur de Sèlve, d'aucunes particularitez que je luy mande solliciter et moyenner envers nostre Saint-Père le Pape, et mesmes pour le faict du chapeau de cardinal que je désire estre par Sa Sainteté accordé et octroyé au garde de mes seaulx, à ceste première création de cardinaulx qu'elle fera, selon ce que par autre mienne lettre particulière je vous escripvis y tenir la main. Et pour ce que, sur le tout, ledict prothonotaire Manne vous sçaura rendre très bon compte, et qu'il vous communiquera le double de la dépesche que je faiz à mondit ambassadeur, je ne vous en diray autre chose par la présente.

« Au demourant, mon cousin, j'ay fait veoir en mon conseil l'estat que le général a envoyé pardeçà de la despense que je fais par delà chacun mois; laquelle, pour une grande partie, me semble si excessive et de peu de utilité, que je ne me puis tenir de vous dire que l'une des choses où vous devez premièrement regarder, estant arrivé sur les lieux, où vous pourrez mieulx veoir et cognoistre comme il en va, ce sera d'y pourveoir et donner ordre avec ung bon reiglement, car soit que l'ennemy aict ses forces entières ou non, il est nécessaire que leur faictes une description de celles que nostredict Sainct-Père et moy entretenons à la soulde de la ligue, tant à Rome que autres terres et places de l'Église et de la Tuscane, pour selon ce que vous verrez qu'il y aura de garnisons inutilles ou de plus grant nombre d'hommes qu'il n'est besoing, casser et licencier ce que vous trouverez de superflus et inutille; d'autant que selon les lieux où vous serez avec vostre armée, vous pouvez couvrir et mettre hors de danger de l'ennemy la pluspart desdites terres et places. Et quant tout sera bien espeluché selon la raison de la guerre, il se trouvera qu'il y a plus de dix mille payes entretenues, qui ne sont qu'autant d'argent perdu. Vous en pourrez communiquer au cardinal Caraffe quant vous serez ensemble; et sur ce que vous en arresterez, il fauldra que vous dressiez ung estat de la réduction et réglement qui auront esté par vous faits pour le m'envoyer, affin que selon cela il soit pourveu aux assignations du trésorier de l'extraordinaire, sur ces deniers du despost, pour mettre ung but certain à ladicte despence, remettant le surplus sur ledict prothonotaire Manne, lequel je vous prie croire de ce que vous dira, comme vous vouldriez faire moy-mesmes. »

Monsieur de Lansac continua d'informer M. de Montmorency de la marche de l'armée d'Italie, en mesme temps qu'il en instruisoit aussi monsieur de Guyse, à qui le double de ces lettres estoit tousjours adressé.

« Monseigneur, je partiz hier cinquesme de ce moys de Rome, d'où ung peu auparavant moy estoient partiz messieurs de Montmorency et mareschal Strossy, avec tous les gens de cheval et de pied estant audit Rome, excepté quelques enseignes qui sont demeurez pour la garde du pape, pour s'en aller à Tivoli, d'où, le jour auparavant, le conte de Populo estoit parti avec cinq ou six enseignes d'espaignols et troys cens chevaulx pour se retirer dans Viconare, où mesdits seigneurs sont déliberez de l'aller assaillir, s'ils trouvent que ce soit chose raisonable d'entreprendre, et poursuivront de chasser les ennemys hors des places qu'ils tiennent encore sur l'estat de l'Eglise le mieux qu'ils pourront, attendant la venue de monseigneur de Guyse, lequel je m'en vois trouver à Régio, où j'espère qu'il sera, avec monseigneur le duc de Ferrare, aussytot que je y pourrois estre. Mais s'il ne y est, après l'avoir attendu ung jour ou deux, je continueray mon voyage en la meilleure dilligence que je pourray, laissant toutesfois bien amples mémoires à mesdits seigneurs ducs de l'estat et disposition en quoy j'ay laissé les affaires au lieu d'où je viens, et de toutes autres choses que j'estime qu'il est requis qu'ils entendent pour le service du Roy, affin que selon qu'ilz jugeront au tout, ils puissent faire fondement et prendre résolution de leurs entreprises; vous advisant, monseigneur, que j'ai laissé nostre Sainct-Père en très bonne santé et volonté de persévérer en la grande et affectionnée amytié qu'il porte à Sa Majesté.

« Monseigneur, suivant vostre commandement mondit sieur de Montmorency vous envoye le sieur de La Porte avec les lettres que vous mandiez qu'il escripvist à mademoiselle de Piennes, lesquelles j'espère vous satisferont, estant conformes à ce que vous désiriez, et ma ledit sieur de Montmorency chargé de vous asseurer avec très grant sermens que jamais il ne révéla la faulte qu'il avoit faicte audit sieur de Laporte ne auctre de ses serviteurs, et que le premier à qui il en parla jamais fut monseigneur le cardinal de Chastillon, dernièrement à Paris. Par quoy il vous supplie très humblement, puisqu'il vous a pleu luy faire ceste grace de luy pardonner, qu'il vous plaise aussy n'avoir point de souppeçon ny malcontentement de ceulx qui n'ont eu ne part ne coulpe en son offense.

« Il sera attendant de vos bonnes nouvelles en grande dévotion, et d'aultant que quant il partit le Roy lui commanda très expressement, prenant sa foy et promesse pour cest effet, de ne retourner point en France sans son congé, si vous le trouvez bon il désireroit avec vostre commandement recepvoir aussi une lettre de Sa Majesté pour le rappeller.

« De Nocéve le 6ᵉ jour de febvrier 1557.

« Vostre très humble, très obéissant et très obligé serviteur   « LANSSAC. »

Monsieur le duc de Guyse, après avoir connu ce qui se passoit à Rome, depescha le sieur de Carnavalet auprès de Sa Saincteté, avec des instructions sur ce qu'il auroit à lui représenter. Elles estoient ainsi :

« Après avoir, de la part de monseigneur de Guyse, baisé les piedz de Sa Saincteté et présenté les lettres qu'il luy escrit, lui dira avoir esté envoyé devers elle pour deux raisons; l'une pour l'avertir de l'arrivée des forces qu'il a pleu à Sa Majesté donner en charge à mon dit seigneur de Guyse ammener par deça et les luy présenter en l'absence de monseigneur le duc de Ferrare, les quels dès le premier jour de ce mois arrivèrent des costes Sainct-Jean, et le subjet de leur retardement.

L'autre, pour justifier la cause de Sa dite Majesté sur certaines parolles dittes en plusieurs lieus, que Sa ditte Majesté voulloit feindre d'envoyer ceste armée pour le secours de Sa Saincteté, mais qu'en effet elle seroit employée pour son particulier au duché de Millan, et lors luy fera entendre les difficultez qui se sont rencontrées en la levée des compagnies nouvelles, qui sont venus en ce voyage, tant de cheval que de pied, attendu la mauvaise saison.

« Et voyant mon dit seigneur de Guyse, combien ce retardement pouvoit desplaire à Sa Majesté et apporter d'incommodité à Sa ditte Saincteté, voyant le jour de la rupture de la paix d'entr'elle et le duc d'Albe quasy venu, sans plus attendre à Thurin le reste de ses forces et deniers, en partit avec monsieur le mareschal de Brissac pour s'acheminer à son passage et venir à Valence, où après lui avoir esté refusé l'entrée et le logis, et voyant l'incommodité qu'il en pouvoit recevoir, la laissant derriere, à cause des forces des ennemis,......(sic) que pour prandre les villes par où il alloit passer comme celuy-cy, luy sembla, attendant aussy le reste de ses dittes trouppes et deniers, devoir l'assiéger avec M. le mareschal de Brissac par certain endroit qu'ilz cognoissoient sy faible, que sans doute ilz s'asseuroient l'emporter dedans deux jours après leur arrivée, comme ilz ont faict.

« Et sur ce poinct pourra venir sur les prétendues parolles dittes par Sa Majesté, et dire là dessus qu'encore que la ditte ville de Valence importast grandement à Sa Majesté pour son Piedmont, que Sa Saincteté toutesfois se peut asseurer que sy mon dit seigneur de Guyse eust aussytost voulu prester l'oreille aux occasions qui se présentoient et offres qui lui estoient faictes, comme d'acheminer ses dittes forces par deça, son séjour au dit duché eust apporté à Sa ditte Saincteté autant de fruit et commodité et à sa ditte Majesté, comme le plaisir et contentement qu'elle pourra dès ceste heure recevoir de son arrivée sur ces estats, et n'ayant autre chose devant les yeux que d'obeyr à ce qui lui avoit esté commandé par Sa ditte Majesté, s'est acheminé à son dit passage, ce qui a esté faict à Valence, luy ayant beaucoup aydé à ce qu'il a faict et pour servir d'exemple aux autres villes, les quelles partye de crainte partie par douceur et bon traitement se sont venues offrir ouvrir leurs portes, donner des vivres et les autres choses nécessaires pour le dit passage, joincts aussy le bon ordre qui a esté mis par mon dit seigneur de Guyse, tout en y faisant vivre les soldats gracieusement et en payant, que pour ne souffrir estre rien pillé, transporté ny faict aucuns torts aux habitants.

« Ce propos parachevé, suppliera très humblement Sa dite Saincteté, de la part de mon dit seigneur de Guyse, considérer quant au dit retardement et longueur dont il a esté usé à l'achévement des dites forces par deçà les choses dont nous faisons estat et tenons comme en nostre main, les incommoditez et empeschemens qui y surviennent et telz qu'il n'est pas de dilligence ny en la puissance des hommes mesmes de pouvoir forcer, ce que toutesfois mon dit seigneur de Guyse a faict ceste fois, contre le temps et les incommoditez sy grandes qu'il n'est possible de plus. Mais Dieu a voulu luy tant ayder qu'il soit passé sans perdre qu'un soldat, lequel encores luy a esté rendu et avec le nombre d'hommes qu'il a en son armée bien sains et en délibération de n'espargner goutte de sang qu'ilz ayent pour le service de Sa Saincteté, espérant les présenter dans trois ou quatre jours à monsieur le duc de Ferrare, suivant le commandement qu'il en a de Sa Majesté, pour luy porter toute obéissance selon les pouvoirs qu'il en a de Sa ditte Majesté et de Sa ditte Saincteté, se tenant bien heureux de ce que M. le cardinal Caraffe luy a mandé le vouloir voir avant son retour à Rome, à qui il espère rendre compte de toutes choses, et s'offrir à luy faire service de bien bon cœur. Finallement se congratullera avec Sa ditte Saincteté de la part de mon dit seigneur de Guyse de la reprinse d'Ostie et du bon et heureux succès qu'il a eu en ce commencement, qui ne sçauroit encore estre tel comme je le désire pour le bien, prospérité et advancement de ses affaires.

« Voilà, en substance, ce que le dit sieur de Carnavalet luy fera entendre de la part de mon dit seigneur de Guyse, à son arrivée vers elle, luy remettant toutes particularitez du voyage des dittes trouppes, depuis Thurin jusqu'icy, ce qui s'y est passé, les princes, seigneurs et cappitaines qui y sont et en faire un bien ample discours à Sa Saincteté, quand elle voudra prendre la peyne et le temps de l'entendre, après, néantmoins, que le tout aura esté communiqué à M. de Sèlve, ambassadeur de Sa Majesté, pour suivre son advis, déportant aux autres ministres ce qu'il verra bou estre, et surtout n'oubliera de prendre du dit sieur mareschal Strossy un mémoire des chemins qu'il est d'advis que l'armée suive pour aller à Rome, en quoy et où elle pourra estre employée lorsqu'elle y sera arrivée.

« Faict à Ponteneuve, le 7e jour de février 1557.   FRANÇOIS ; *et plus bas*, MILLET. »

Les négociations entamées par monseigneur l'archevesque de Vienne, pour faire entrer le duc de Florence dans la ligue d'entre le Roy et le Pape, estoient continuées; et par le double des lettres du dit archevesque de Vienne, le Roy estoit informé des résolutions du dit duc, et de ce qui s'estoit dict au passage de mon dit sieur de Guyse à Regio avec le cardinal Caraffe, ainsi que de l'audience obtenue du Pape par le dit archevesque, après son arrivée à Rome, et le propos d'entre luy et le Saint Père.

« Sire, ayant tenu les propos au duc de Ferrare et cardinal Caraffe, qu'il vous aura pleu entendre par mes précédentes de Regio, du 16 de ce mois, et continuant mon voyage, je passay par Bolongne, où le dit cardinal aussi estoit venu, lequel, reprenant le mesme propos sur le fait du duc de Florence, me confessa, en substance, qu'il voyoit cest affaire par nécessité se debvoir réduire à ces termes, que ce duc entra en ligue ou fust tenu du tout pour ennemy, à tout le moins où l'on se contenteroit de sa neutralité, qu'on en devoit estre assuré par bons ostages, puisque on avoit trouvé, par expérience, que cy devant il n'avoit eu grand esgard aux promesses qu'il avoit baillées par escript; et pour ce que j'y adjoustay que c'estoit maintenant le vray temps auquel ce duc se devoit entièrement déclarer, voyant nostre armée acheminée et s'approcher de ses pays, ou la crainte de son Estat qu'il pouvoit estimer estre en grand bransle, le pouvoit mouvoir à faire quelque chose de bon s'il en avoit la volonté,

« La réplique du dit sieur cardinal fust que s'il s'oublioit de tant qu'il ne print party amyable, qu'à la vérité les premiers efforts de ceste armée devoient tomber sur luy; car sans estre ou bien assuré de luy ou qu'il fust rabaissé en sorte qu'il ne peust nuyre, l'entreprinse de Naples estoit de grand hazard et de difficile exécution. Finalement, Sire, il me confirma qu'il avoit dit à Regio à monseigneur de Guyse qu'il avoit envoyé homme exprès au Pape pour le supplier d'encheminer et enfoncer si avant ceste pratique, qu'à mon arrivée en ceste ville j'en peusse tirer une briève résolution.

« Atant, Sire, ayant prins congé du dit sieur cardinal et continuant mon chemin, je passay à Castel Durand et communiquay le faict de ma charge à monsieur le cardinal de Tournon, selon que mon instruction portoit; lequel, en substance, je trouvay conforme à cest opinion que l'entreprinse de Naples seroit par trop difficile et hazardeuse sans qu'on feust assuré du duc de Florence, pour les moyens qu'il avoit d'y donner empeschement et autres considérations qui sont notoires, en cas qu'il advint quelque désastre en ceste armée, ou quelque mutation au papal; y adjoutant que ceste pratique estant ouverte par le Pape, il estoit convenable que sans instruction d'autres ministres ce fait fut conduit par Sa Saincteté seule : et que sur toutes choses l'on debvoit faire instance d'en tirer résolution, et avant que l'armée fust passée et que ce duc de Florence se vist hors de danger, au demeurant que s'il pouvoit descouvrir quelque chose qui servit à ce propos qu'il m'en advisoit de jour à aultre, et le feroit selon la fience qu'il vous plaisoit avoir en luy.

« Sire, estant arrivé en ceste ville, le 26 de ce mois, et fait instance d'avoir audience, j'obtins de parler hier au Pape, en la présence de monseigneur de Sèlve, vostre ambassadeur, où, en substance, il me sembla pour la première fois de luy toucher en trois points, comme les principaux de mon instruction, remectant à me déclarer sur aucunes autres particularitez, après que j'aurois à peu près entendu ce qu'on pouvoit espérer sur ce qui estoit le plus important.

« En premier lieu, Sire, je vins au faict de Florence, pour lequel j'avois esté dépesché, selon les propos que Sa Saincteté en avoit tenu à M. d'Avançon, et depuis, à diverses fois, à M. de Sèlve, pour sçavoir à quelles conditions l'on pourroit entendre à la réconciliation de ce duc, qui vous avoit tant offensé, Sire, tenoit si grand tort à la Royne et avoit tant aydé aux Impériaulx, lesquelles injures néantmoins, selon le conseil de Sa Saincteté, vous, Sire, vouliez oublier, pour parvenir plus aisément au but de l'entreprinse de Naples; je y adjoutay aussi ce que le cardinal Caraffe m'avoit dit à Régio et à Bolongne de ce duc, pour sçavoir si nous l'aurions pour amy ou ennemy, ou bien pour neutre, avecques telle seureté qu'on peust estre asseuré de sa foy, le suppliant, puisque par sa seule exhortation et conseil vous, Sire, aviez condescendu à oublyer toutes injures receues de ce duc de Florence, en cas qu'il revint à meilleur sens, Sa Saincteté y voulust procéder, en sorte que vous, Sire, seussiez au vray ce qu'en pourriez attendre, et mesmement que le cardinal Caraffe m'avoit asseuré d'avoir envoyé homme exprès de Régio pour l'advertir de ce fait et le supplier, comme dit est, enfoncer si avant ce propos que, arrivant à Rome, je trouvasse les choses disposées à prendre quelque conclusion.

« A quoy le Sainct-Père, après une grande démonstration d'estre merveilleusement content et satisfait de vostre bonté, Sire, qui estoit de vouloir encore pardonner à ce duc en cas qu'il se voulsist sauver, et aussi que ma venue estoit fort à propos pour estre arrivé justement à temps, d'autant que venant plus tost je n'eusse guères avancé, et venant plus tard, cest office n'eust du tout rien servy, et autre infinité de langage plain de doulceur et d'affection envers vous, Sire.

« Finalement, veint à dire que l'homme qui estoit venu de la part du cardinal Caraffe, n'avoit point fait cest office de parler du duc de Florence, et que depuis quinze jours en ça qu'il en avoit tenu propos à monsieur de Sèlve, il n'avoit point oy parler de ce fait, auquel néantmoins il désiroit bien pencer pour le conduire en sorte que vostre réputation, Sire, y estant surtout gardée, ce duc de Florence cogneust que tout cecy provenoit de sa part; qu'il l'exhorteroit comme père spirituel de ce qu'il avoit à faire pour le bien et conservation de son Estat : au demeurant, pour ce qu'on ne pouvoit différer pour les raisons que j'avois déduites, que si nous le trouvions bon il envoyeroit homme exprès en toute diligence devers le dit duc pour sçavoir le fons de son intention, pour après prendre advis de ce qui seroit à faire selon vostre intention, Sire, consistant qu'à l'avenir il falloit avoir le dit duc pour amy du tout ou ennemy; et quant à la neutralité qu'il pourroit promettre, qu'on ne s'y devoit arrester qu'avec bonne seureté et gaige, pour la preuve qu'il avoit donné au passé du peu de foy qu'il avoit, et partant qu'il convenoit avoir son fils pour ostage. Qui est en substance, Sire, ce que le Sainct-Père nous a dict, avecque ung long et grand discours duquel ne se peult recueillir autre chose, si ce n'est qu'il sembloit, par les propos qu'il entremettoit par fois, qu'il eust bien désiré que vostre armée passast oultre au royaume de Naples, et qu'on seroit tousjours à temps de chastier le duc de Florence en cas qu'il ne se recogneust et qu'il voulsist empescher vos desseings; pour à quoy rendre taisiblement, M. de Sèlve veint à dire que les Impériaulx vouloient faire de la Toscane, comme vous, Sire, du Piedmont, et y assembler leurs forces pour après les disperser et envoyer vers Milan et Naples, ou donner sur l'estat de l'Église, selon qu'il leur tourneroit le plus à propos, et partant qu'il y convenoit d'heure remédier, et cependant que l'armée de la ligue estoit encores à ses cartiers. Ce que Sa Saincteté monstra de prendre en bonne part : venant à reprendre les propos d'envoyer de sa part homme exprès devers le dit duc de Florence, qui est le myeulx, Sire, que nous avons peu obtenir et à quoy il nous a semblé debvoir faire instance, toutesfois pour ce que le cardinal Caraffe s'actend icy dans deux jours et que d'ailleurs le Pape nous a requis d'en conférer avec le duc de Paliene, ce que le jour mesme fut faict, nous pouvons estimer, Sire, qu'on attendra la venue du dit sieur cardinal, toutesfois nous ferons toute instance que cest homme de Sa Saincteté parte.

« Sire, il vous plaira de ce que dessus est dit cognoistre et mectre en considération deux choses : l'une que j'ay trouvé ceste pratique de Florence sans autre fondement que des propos que le Saint-Père avoit tenus à vos ambassadeurs, lesquels encores, à ce qu'il se veoit, semblent estre plus froids maintenant qu'ils n'estoient au commencement, qui est cause qu'il nous a semblé, pour vostre service, faire instance de faire parler ce duc, car s'il ne le faict maintenant que vostre armée s'approche de luy, il pourroit après tenir aultres termes quant il se verroit hors de danger et que vos forces seroient occupées à Naples. Mais quoy qu'il responde, la résolution de ce qui se debvra faire en ce fait se prendra lorsque monseigneur de Guyse se trouvera icy, qui sera dedans deux ou trois jours, à ce que le Saint-Père nous a dict.

« L'autre point, Sire, qu'il vous plaira considérer, est que nous trouvons par tout ce qui se peult discourir et juger pour l'heure qu'il y a peu d'apparence que ce duc se rallye à vostre party et mesmement que ses principales forteresses, comme la Roquile de Florence et Ligorne sont entre les mains des Espagnols, desquels il conviendroit se desvelopper plus tost qu'entrer en party contraire, qu'il se sent obligé à l'Empereur, pour avoir esté seul autheur d'avoir l'estat qu'il tient et qu'il ne doibt laisser aisément sans encourir ung blasme de grande et extresme ingratitude, qu'il est aussi possédé par sa femme autant impériale qu'on sçauroit pencer et qui est d'ailleurs audacieuse à merveilles, ayant trouvé subjet propre à se faire croire comme d'ung mary qui luy diffère tant d'avantaige qu'il sçait vous avoir offencé, Sire, et partant seroit difficile qui s'y peult tant fier qu'il se départist de l'Empereur, lequel il pence, comme à la vérité, il a grandement obligé. A quoy se peut ajouster ce qu'on veoit par de hors qui fait juger l'intention qu'il a par dedans, c'est que pendant ces propos ce duc s'arme très bien, fait venir quatre mille hommes et cinq cens chevaux d'Allemagne, et de nouveau a envoyé grand quantité de vivres dans Syennes avecques renfort d'une grosse garnison, lesquelles considérations jointes ensemble nous font à peu près estimer, Sire, que ce duc n'est pour se départir aisément de l'Empereur et Roy Philippes, et que le plus qu'on pourroit tirer de luy seroit une neutralité, si tant est qu'on la peust avoir asseurée. Et quant à ces propos qui ont esté mis en avant sur ceste pratique, il est vraysemblable, s'ils ne sont procédez du tout du Pape seul, que ce duc les a faits entamer pour se garentir de vostre armée, la voyant approcher de son Estat, ou bien pour avoir plus aysé moyen de tirer secours des Impériaulx, faisant publier par tout, soubz main, qu'il estoit recherché de vostre costé, Sire, et qu'il pourroit prendre vostre party avecques honnestes et grandes conditions, comme à la vérité par lettres de marchans de Paris, de Lyon, de Venize et autres lieux, s'est divulgué partout que je venois par de ça pour le fait du duc de Florence et pour traitter mariage d'une de Mesdames avec son fils ; du quel bruit j'estime que ce duc a voulu faire son proffit, ne fust qu'à estonner et aliéner les cœurs des foryssuz Florentins, lesquels vouloient contribuer, en cas que l'entreprise de Toscane se feist, et conduire ses affaires avecques les Impériaulx plus advantageusement.

« Sire, le second point qui fut touché au Pape, fut le propos du mariage de monsieur d'Orléans avecques sa nièce, lorsqu'avecques son moyen le dit Seigneur seroit roy de Naples, affin aussi que la Royne fut de la maison de Carraffe et partant que l'amytié qui est entre Sa Saincteté et Vostre Majesté fust perpétuée, Sire, a vos postéritez, sans y obmettre la bonne volonté qu'aurez, Sire, de recevoir le fils aisné du duc de Paliene, que le père désiroit envoyer en France pour estre nourry avecques monseigneur le Dauphin, lequel avez proposé d'honnorer d'une dame de vostre sang quant il seroit temps qu'il print party de mariage, et y adjoutant l'espérance qu'avez de son autre nepveu Domp Pietro, qui estoit par delà et des advantages que sa maison pouvoit attendre, la conqueste de Naples venant à succéder, sans toutes fois les spécifier autrement pour l'heure, me réservant à les déduire une autre fois, le quel propos, Sire, fut si agréable à Sa Saincteté que le bon vieillart perdit quasi contenance, levant souvent les mains au ciel, les larmes lui venans par fois aux yeulx, s'estendant en une infinité de remerciemens, remectant sa personne, les siens et tout ce qu'il avoit en vostre mercy ; disant qu'il ne désiroit que le bien de vostre service et qu'il vous pleust disposer entièrement de luy, avecques semblables propos qui seroient longs à coucher par lettre et dont la fin tendoit qu'il ne souhetoit rien en ce monde que ce qu'il vous plairoit.

« Sire, le dernier article de ma proposition fut touchant ung point et lieu dont vous désiriez estre asseuré, de peur qu'avenant mutation, vostre armée de mer ne vint à recevoir quelque désastre, et partant que l'expédition du royaume de Naples ne fut ou retardée ou demeurast sans effet, comme il advint de la défection d'André Dorie, qui fut cause que le dict royaume, qui estoit desjà conquis par le feu Roy, fut entièrement perdu, et partant qu'en toutes sortes il convenoit prévoir aux fortunes qui sont humaines et mesmement à la sûreté de vostre armée, Sire, qui seroit de quarante gallaires bonnes et bien équippées.

« Sur quoy, pour le faire court, Sire, le Sainct-Père respondit que tout estoit vostre, et de luy mesme il venoit à nommer Civita-Vecchia, disant qu'ayant mis sa personne entre les mains des vostres, car il avoit baillé la garde du bourg Saint Pierre aux Gascons, comment il vous pourroit reffuser Civita-Vecchia et les forts de l'Eglise dont estiez protecteur, par conclusion que nous examinions la capacité du lieu pour sçavoir s'il estoit assez ample pour vostre armée, ne faisant point de doubte qu'il ne voulust mettre ce lieu et tous les autres entre vos mains : qui est en substance, Sire, la plus belle responce qui se peult attendre, pourveu que l'exécution ne soit différée ou empeschée par autres, car certes le Sainct-Père fait toutes démonstrations d'avoir toute fiance en vous, prenant pour maxime que la conservation du Saint-Siége dépend entièrement de vostre seule protection.

« Sire, voyant les choses en si bons termes et la volonté du Pape si ouverte, je n'ay point voulu parler du fait du Syenois, tant parce que j'ay entendu icy qu'on n'en faisoit plus d'instance, comme aussy qu'il y a apparence à ce que j'ay entendu de monsieur de Selve la demande qu'on a fait en France estre procédé dailleurs que du bon homme, qui pence que les siens ne seront jamais pauvres quant les vostres, Sire, seront grands en Italye, joint que l'oyant discourir sur le faict de Naples et sur les accidens qui peuvent advenir, il disoit souvent que vostre armée, Sire, en son événement avoit bonne retraitte au Syenois, où vous teniez encores de bons forts, sans faire jamais mention qu'il voulust avoir ce pays pour les syens, ny qu'il dust sortir de vos mains : à ceste cause j'avisay, Sire, de n'entamer point ce propos et me réserver d'en parler quant j'y serois recherché, et mesmement que je sçay vostre intention, Sire, estre que ce fait de Syenois soit remis au temps qu'il conviendra partir ce butin des conquestes qui sont à faire.

« Sire, je supplie au Créateur vous donner, en santé, très longue vie.

« De Rome, ce 26° jour de febvrier 1557.

« Sire, comme je voulois clore la présente, le Pape m'a envoyé quérir pour me dire que ce soir mesme il dépeschoit ung homme qui estoit moyne, devers le duc de Florence, lequel estoit fort dextre et accord, sçauroit très bien faire l'office comme il appartenoit; y adjoustant que les propos venant en avant, il asseureroit ledit duc de faire ung sien fils cardinal. Au demeurant, m'ayant aussy dit que ce duc vouldroit, à ce qu'il avoit sceu, estre asseuré du mariage d'une de Mesdames pour son fils, j'ay respondu que vous, Sire, si Sa Sainteté le vous conseilloit et le trouvoit bon, y condescendriez, et qu'à cest effect j'avois apporté bon pouvoir ; de quoy il a fait merveilleuse démonstration estre bien aise, entrant par là en bonne espérance que ceste pratique prendra quelque bonne fin, ce qui se déclarera dans peu de jours. »

Le premier soin de mondit sieur de Guyse à son arrivée dans les Estats de l'Église, fut de retrancher toutes despences supperflues de son armée, et de continuer les négotiations pour s'asseurer du duc de Florence, pour le grand regret que mondit sieur auroit de faire l'entreprise de Naples en laissant quelque empeschement par derrière lui ; de toutes les quelles choses le Roy estoit informé par la lettre du cardinal de Tournon, et monsieur le connestable aussi.

Lettre du cardinal de Tournon au Roy.

« Sire, m'ayant plusieurs fois escript monseigneur de Guyse qu'il désiroit me veoir pour parler avecques moy des affaires dont il a charge de vous, jusques à me dire qu'il me viendroit chercher en quelque part que je feusse, je suis, incontinent que j'ay entendu qu'il s'approchoit, party de Castel Durant avec ung temps de neige et bien fort froid, pour le venir attendre sur le grand chemin en ce lieu où monsieur le cardinal Caraffe et luy sont arrivez aujourd'hui ; et m'ont fait c'est honneur et leur compagnye de venir disner avecques moy, et après nous nous sommes nous trois retirez en une chambre, là où monsieur de Guyse a voulu commencer par me dire l'affection qu'il avoit jusques ici congneu et qu'il trouvoit tous les jours plus grande en mon dit sieur le cardinal, en tout ce qui touchoit vostre service et le bien de vos affaires, et qu'il en auroit prises une telle seureté qu'il n'en sçauroit jamais faire doubte. Il m'a dit aussi qu'ils avoient parlé ensemble du faict de la despence, et que comme aux choses nécessaires ils ne vouloient rien espargner, aussi qu'il falloit retrancher toutes des pences superflues et regarder à faire le meilleur mesnage qu'il seroit possible, et que le sieur cardinal estoit bien délibéré d'y tenir la main et de suivre et exécuter cela de tout son pouvoir.

« Pareillement, il a voulu toucher ung mot des disputes qui ont esté entre vos ministres de Rome et ceulx du Pape, touchant la contribution qu'il doit faire, et que ledit sieur cardinal les assure qu'il trouvera toutes choses à son arrivée à Rome si bien disposées et en si bons termes, qu'il n'en sera point en peyne ; ce que le dit sieur cardinal a advoué et confirmé et tout ce que dessus, qui estoit, comme vous pouvez penser, ce que le dit seigneur de Guyse désiroit. Ils ont après entrés au discours du voyage de mondit seigneur de Guyse et de l'entreprinse qui se debvra faire, et mesmement des difficultez qu'il y pourra avoir en celle du royaume de Naples, si l'on ne s'asseure premièrement du duc de Florence, suivant la despesche que vous avez faite par monsieur de Vienne, et que si l'on ne pouvoit rien faire avec le dit duc, qu'il seroit plus raisonnable de commancer la guerre à luy et à son Estat, mesme qu'il ne feust jamais si despourveu de toutes choses comme il est, ce que aussi le dict cardinal a confirmé et confessé estre très véritable, encore qu'il deust plus désirer la dicte entreprise de Naples que toute autre, et pour cet effect, ne sçaichant ce qui succédera de ceste pratique du dit duc, ou faire se sjourner, ou faire si petites journées à vostre armée, qu'on sera toujours à temps de luy faire prendre tel chemin qu'on voudra, sans que le dict duc s'en puisse appercevoir, d'autant qu'il aura occasion de croyre, ayant veu que vostre dicte armée avance vers Bologne et s'en vient par la Romagne, qu'elle doive aller droit à la marque et à l'Abruzze, comme le commung bruit est, et faire le mesme chemyn que feist M. de Lautrec. Et toutes fois il y a ung endroit par où l'on peult, s'il est ainsi advisé, faire tourner tout court vostre dite armée et entrer au cueur des pays du dit duc, par Castramariano, qui est le chemin que feist monsieur de Bourbon quant il alla à Rome.

« Sire, je ne faillis de louer grandement et approuver, comme je debvois, leurs dictes délibérations et si prudents advis, tant en ce qui concernoit le faict du mesnaige et de l'espargne et règlement des despences, que pour résoudre et vuyder toutes les disputes qui peuvent avoir esté entre vosdits ministres et ceulx de Sadicte Sainteté : et sçavoir ce que chacun doit porter et faire, affin que cela bien accordé, on n'aye plus rien à pencer que au bien de l'entreprinse. Et quant au voyage dudict seigneur de Guyse et où l'on debvra commencer à employer vos forces au royaume de Naples ou de Toscane, j'avoie quelques jours auparavant envoyé à mondit seigneur de Guyse ung recueil des disputes et raisons qui en furent débatues d'une part et d'autre, dernièrement, que monsieur le cardinal de Lorraine et moi estions à Rome, au moyen de ce qu'il me peust souvenir, dont il aura meilleure souvenance que moy, et vous en sçaura trop mieux représenter tout le discours, qui me gardera de vous en dire autre chose, comme aussi je me vouldrois remettre en telles choses à ceulx qui les entendent mieux que moy, mais je lui ay bien voulu dire que toute la crainte que j'avois eu cecy, estoit que ledit sieur de Florence ne voulust tenir l'affaire en longueur et dissimulation, pour cependant laisser passer vostre armée et affin (après qu'il la verra esloignée et empeschée au royaume de Naples) d'estre en liberté de faire ce qu'il vouldra, et comme il est à doubter le pire qu'il pourra; de sorte qu'il me semble très nécessaire de sollicier le plus qu'il sera possible d'avoir prompte résolution et plustost de luy protester de tenir pour refux et exclusion toute responce de longueur et remise, ce que lesdits sieurs ont trouvé bon, et m'ont confessé que c'estoit plus la seureté du Pape et son service que le vostre.

« J'en avois auparavant dit autant à M. de Vienne quant il passa devers moy, lequel me dit que vous luy aviez ainsi commandé et tenu ung si honneste langaige de la fiance que vous aviez en moy, que cela m'a donné tant de contentement que ma santé en est, il me semble, amandée. J'ay aussi fait entendre auxdicts sieurs Caraffe et de Guyse comme j'avois envoyé ces jours passez à monsieur de Sèlve le double de la capitulation que j'avois faict avec ledict duc, et escript que qui ne pourroit le rendre du tout vostre amy et allyé, à tout le moings on gaigne ce point de s'asseurer de luy qu'il ne nous face point de mal, comme il estoit obligé par ladicte capitulation. Il est vray que je ne voy pas maintenant, veu ce qu'il nous a fait par le passé, qu'on s'y puisse bonnement fyer, sans bons hostaiges et grandes seuretez. Ce que je ne peus pas faire lors, car on n'avoit rien de quoy luy faire peur, et me suffiroit qu'il ne nous gastast point l'entreprinse de Sienne.

« Sire, quelque résolution que le susdict duc prenne avec mondict seigneur de Guyse, il est bien de besoing qu'il vous plaise pencer de bonne heure de rafraîchir et renforcer ledict seigneur de Guyse d'ung bon nombre de Françoys et Allemans, car encores que son armée soit belle, si n'est-elle pas grande, et comme vous sçavez elle ne ira pas en augmentant, et diminuera toujours davantage quand on sera en pays d'ennemis et qu'on la mettra en besongne, et mesmement s'il fait le voyage de Naples, et qu'il prenne quelque lieu d'importance où il faille laisser garnison en qui on se fye, sans le dangier des maladyes qui peuvent survenir en ce pays-là. Je luy dys, Sire, pour la crainte et regret que j'aurois, oultre la perte de vostre réputation et service, de veoir tomber ledict seigneur de Guyse et ceste bonne compaignie qu'il menne, aux inconvéniens qui sont advenus à ceulx qui ont eu semblables charges, encores que Angleterre, Milan, les Vénitiens et la plus part de toute l'Italie feust alliée avec vous, et ne vous veulx point celler, Sire, que le seigneur de Guyse m'a dit franchement qu'il fera à grand regret ceste entreprinse de Naples sans estre asseuré du costé de Florence, comme il le fera de bon cœur s'il ne laisse point cet empeschement derrière : et ce qu'il en dit n'est pas pour crainte qu'il ayt du danger de sa personne et vye, mais pour le desplaisir qu'il auroit de ne vous en veoir l'honneur et l'effect qu'il désire, et de vray, Sire, je ne le trouve pas estrange, car sans la condition que dessus je ne veis jamais chose (encores que ce ne soit pas de mon mestier) si dangereuse ny plus mal fondée, et me suis grandement resjouy de veoir que le cardinal Caraffe eut ceste mesme opinion, comme il a dit en ma présence.

« Sire, je vous asseure bien que ledict seigneur de Guyse est en bonne santé, grâces à Nostre-Seigneur, et espère que s'il est bien secouru rien ne périra entre ses mains. Il court si bien la poste que je m'en esbahis, et a fait trouver bon audict cardinal Caraffe qu'il demeurast après luy pour parler plus privéement à moy, ce qu'il a fait, et avons demeuré deux bonnes heures ensemble, où à mon advis nous n'avons rien oublyé de dire l'un à l'autre de ce qu'il nous a semblé estre nécessaire pour vostre service; et quant à moy je suys demeuré grandement consolé de l'avoir veu, et il m'a fait cest honneur de me monstrer que de son costé il n'en estoit pas marry.

« Sire, j'envoye ceste dépesche à monsieur de Lodève, et le prie que s'il n'a moyen de vous la faire tenir bientost qu'il la face courir au plustost par ung courrier, et me semble que ce ne vous fera point un desplaisir d'entendre ce que dessus.

« Sire, je supplie Nostre-Seigneur vous donner, en parfaicte santé, très bonne et très longue vie.

« De Fossembrun, ce 27ᵉ de febvrier 1557.

« Vostre très humble et très obéyssant serviteurs et subject. F. CARDINAL DE TOURNON. »

Lettre du cardinal de Tournon au connestable.

« Monsieur, je ne vous feray point de redicte de ce que j'escripts au Roy, auquel j'escripts nayvement et tout ainsy que je l'entends pour le service dudict seigneur, je suis seur que s'il y a quelque erreur, vous, comme mon bon serviteur et amy, m'en excuserez : de quoy je vous supplie humblement.

« Monsieur, voyant que le cardinal Caraffe est venu disner avecques moy et avecques fort bon visaige, je ne me suis peu garder de luy parler de l'affaire de monsieur de Montmorency vostre fils, et dit qu'il me sembloyt qu'il devoyt avoir cet honneur à son arrivée à Rome de faire despescher la dispense qui estoit si raysonnable, qu'on n'y debvoit point faire de difficulté, pour les raisons que je luy en ay dit, et que tant plustost et libéralement on vous la accorderoit, tant plus on vous obligeroit, et que la longueur ne servoit que de diminuer le gré qu'on en auroit, ce qu'il m'a asseuré et promys de fort bon cœur. Ce me semble qu'il le fera, et monseigneur de Guyse a voulu prendre la charge de les solliciter et faire souvenir quant il sera audit Rome, et avec un langaige qu'il semble bien qu'il ayt envye de faire quelque bonne chose pour vous, comme il espère bien que vous ferez autant pour luy quant il en sera besoing.

« Monsieur, je partiray demain, s'il plaist à Dieu, pour prendre mon chemyn à Pezaro, où j'espère arriver mardy prochain, qui sera le dernier jour de caresme prenant, et faiz mon compte de y séjourner quelques temps, dont j'ai bien besoing, car je me trouve fort travaillé de m'estre mys en chemyn par ce mauvais temps. Cependant vous adviserez ce qu'on voudra que je face, et si ma santé le peult permettre, je mectray peine d'y satisfaire : mais je vous asseure qu'elle n'est pas encore très bonne, dont j'ay grand regret, et plus pour me veoir inutile que pour mal que j'en sens. J'auray moyen au dict Pezaro de sçavoir de vos nouvelles ; car je croy que le duc Urbin fera dresser les postes de ce chemyn là, et ceux qui voudront éviter bien mauvais pays seront plus ayses de passer par là que par ailheurs, et auront plustost fait troys postes de ce costé de çà, qu'ils n'auront fait deux de l'autre.

« Monsieur, après m'estre recommandé bien humblement à vostre bonne grâce, je prie Nostre-

Seigneur de vous donner bonne vye et longue.

« De Fossembrun, ce penultiesme febvrier 1557.

« Vostre meilleur serviteur.

« F. CARDINAL DE TOURNON. »

Lettre du Roy à M. de Sèlve pour solliciter du Pape le bref appostolique de l'introduction dans son royaume de l'inquisition, à l'effet de détruire l'hérésie et faulces doctrines.

« Monsieur de Sèlve, voyant les hérésies et faulces doctrines, qui à mon très grant regret, ennuy et desplaisir, pululent en mes royaume et pays de mon obéissance, j'avoys despiéca advisé, selon les advis que le cardinal Caraffe estant dernièrement pardeça m'en a donné de la part de nostre Saint-Père, de mettre sus et introduire l'inquisition selon la forme de droict, pour estre le vray moien d'extirper la racine de telles erreurs, pugnir et corriger ceulx qui les font et commettent avec leurs imitateurs : toutes-fois pour ce que en cela se sont trouvez quelques difficultez, alléguant ceulx des estats de mon royaume, lesquels ne veulent recevoir, approuver, ne observer ladicte inquisition, les troubles, divisions et aultres inconveniens qu'elle pourroit apporter avec soy, et mesmes, en ce temps de guerre, il m'a semblé pour le mieulx de y parvenir par aultre voye, et supplier nostre Saint-Père le Pape, comme je veulx que vous faictes très instamment de ma part, à ce qu'il vueille estre content d'octroier et décerner son bref appostolique à tels de messieurs les cardinaulx et autres grands et notables personnaiges ecclésiasticques estant pardeça que Sa Saincteté advisera, contenant ledict bref povoir de subdéleguer et substituer par eulx tels autres bons et vertueulx prélats, soient évesques ou autres constituez en dignité ecclésiasticque, ou pour le moing à suffisans docteurs èn la faculté de théologie, qui pourront choisir et élire, cogneuz et approuvez zélateurs de nostre saincte foy et religion, pour par eulx et lesdicts substituez et subdéleguez estre procédé à l'introduction et observation de ladicte inquisition en la forme et manière accoustumée de droict, soubz l'authorité du sainct siége appostolique, avec l'invocation du bras séculier et jurisdiction temporelle, à quoy de ma part je ne fauldray à tenir la main et m'emploier vivement, comme celluy qui ne désire autre chose en ce monde, que veoir mon peuple nect et exempt d'une telle dangereuse peste et vermyne que sont lesdictes hérésies et faulces et reprouvées doctrines ; et ledict bref ainsi expédié vous ne fauldrez à le me faire tenir et envoyer le plus tost que vous pourrez, car ceste affaire requiert diligence.

« Vous entendrez par le protonotaire Manne l'occasion de sa dépesche, tant devers monsieur de Guyse que pardevers vous, oultre ce que j'escriptz par luy à nostre Sainct-Père en faveur du garde de mes seaux touchant le chapeau de cardinal dont mention est faicte par une autre lettre ; aussi vous sçavez le temps qu'il y a que je suys après à faire poursuivre l'unyon de la Saincte-Chapelle du Vivier en Brie et du prieuré des Bons-Hommes du boys de Vincennes au collège de la Saincte-Chapelle du boys de Vincennes, que j'ay nouvellement establye pour le lieu des assemblées et congrégations de mon ordre, et pour y dire et célébrer le service divin ordonné par l'institution dudict ordre, vous priant tenir la main et vous employer partout où le besoing sera à ce que les bulles de ladicte unyon, avec ce qu'il reste pour le regard de la fondation, dotation et augmentation dudict collesge, soient expédiées selon les mémoires qui ont pieça esté envoyez escriptz par delà par l'abbé de Saint-Ferme ; et me semble qu'il n'y a aucun propos ne apparence à la longueur dont l'on y a usé jusques icy.

« Au demourant, j'ay fait commencer par certains bons et notables personnaiges, pour ce par moy depputez, à dresser certains articles pour le faict de la réformation de l'université de Paris comme chose très nécessaire, pour l'utilité publicque de la chrestienté, et pour ce que je désire singulièrement que ladicte réformation ait lieu et porte effect. A ceste cause, vous ferez instance envers nostre Sainct-Père, à ce qu'il luy plaise décerner un autre bref appostolique à tel desdicts sieurs cardinaulx estant par deça qu'il advisera, pour appeller avec luy aucuns bons et vertueulx personnaiges de la qualité requise, procéder à l'exécution de ladicte réformation, selon lesdicts articles qui en seront dressez et arrestez en bonne et notable compaignie, que je feray pour ce assembler ; et en cest endroict, je prie Dieu, monsieur de Sèlve, qu'il vous aict en sa sainte garde.

« Escript à Paris, le...jour de février 1557. »

Lettres de monsieur le cardinal de Ferrare à monseigneur le duc de Guyse, pair et grand chambellan de France, cappitaine général de la saincte ligue et lieutenant pour le Roy en Italie, relatives aux affaires de ladicte ligue.

« Monsieur, je ne puis rien adjouster à ce que je vous escripvitz hier de ma main par vostre secrétaire Millet, que je n'aye plus particulièrement entendu l'estat de voz affaires. Cependant je me congratulleray avec vous de la bonne volunté en laquelle j'ay entendu, par monsieur de Seuze, que est le Roy envers vous, encores qu'elle ne soit secondée par d'aultres, comme je le désirerois bien. Je ne puis croire que les effectz du roy d'Angleterre, du costé de France, soient pour réuscir telz que l'on les presche, ny qu'il soyt pour tirer des Allemantz les forces que l'on dict qu'il desire d'en avoir, veu les sublévations que j'entendz estre entre eulx. De sorte que Sa Majesté aura tant meilleur moyen de vous secourir et de tenir ce qu'elle vous promect par ledict sieur de Seuze. Et si cependant que les Allemantz que l'on vous doibt maintenant envoyer arriveront, vous pourrez durer et respondre au duc d'Albe, j'espererois que à la fin voz affaires ne pourroient que bien passer, et suis d'adviz que vous continuez tousjours à faire la plus grande instance que vous pourrez, que la compaignye de monsieur le prince vous soyt envoyée, estimant quant à moy que de deçà l'on s'en pourra passer, veu la foiblesse qu'il me semble que les ennemys y ont monstré, s'estant contantez de mectre dedans Corrège ung demy canon, demye couleuvrine et deux sacres avec quelques pouldrez, boulletz et farines, sans faire aucun domaige à l'estat de monsieur le duc, vous pouvant asseurer que de ma part je feray bien tout ce que je pourray pour entretenir icy les choses le plus paisiblement qu'il sera possible. Et je veulx croyre que monsieur le mareschal de Brissac, qui est encores devant Cony, empeschera assez le marquis de Pescure de ce costé là, de façon que en ce lieu l'on pourra avoir tant moings d'occasion de vous reffuzer ce dont l'on vous pourra secourir; qui est tout ce que vous aurez de moy pour ceste heure, actendant d'heure en aultre de voz nouvelles, pour incontinant vous envoyer Nicquet, suivant ce que j'en ay desjà dict à monsieur le duc, qui ne le trouve que très bon, bien informé tant des occurrances de deçà que sur les vostres, après que j'en auray eu quelques nouvelles. Priant Dieu, Monsieur, vous donner en santé longue vye.

« De Ferrare, ce vingt-troisiesme jour de mars (1).

« Di vostra eccellenza humillissimo et affettionatissimo zio,

« HIP. CARDINALE DI FERRARA. »

« Monsieur, au mesme temps que a passé par cy l'abbé de Sainct-Ferme, est passé le sieur Hermes Paluezin pour s'en aller en vostre camp, lequel je n'ay voullu laisser partir sans vous faire ce petit mot pour vous dire que je n'ay failly, s'en présentant l'occasion, de dire librement et faire entendre au Roy, à monsieur le connestable et mesmement à monsieur le cardinal vostre frère mon adviz sur les affaires de deçà, qui est que j'attribue toute la longueur que je veoys que Sa Saincteté meet à procedder à la privation et investiture du royaulme, et aux autres choses que l'on désireroit d'elle, au peu de forces qu'elle vous veoyt, et aux grandez provisions que au contraire les ennemys font à l'encontre de vous, et qu'il ne se fault point tant esbayr si elle va retenue aux choses susdictes. De sorte que qui fera compte de s'en voulloir prévalloir et de la maintenir en amityé et ligue avec Sadicte Majesté, il se fault aussi résouldre de vous tenir si fort que vous aiez moyen d'entreprendre sur les ennemys, au lieu que depuis quelque temps en çà vous avez assez eu affaire de penser à vous conserver, qui ne vouldra que Sadicte Saincteté par volunté ou par force entende à s'accorder avec les ennemys, lesquelz l'on ne peult nyer estre de tous costez les plus fortz en Italye, de façon qu'il ne se falloit esbair du peu de progretz que vous avez faict. Pouvant bien faire estat Sadicte Majesté que du succèz que prendra vostre armée, tout le reste de ses affaires et ce qu'elle a en Italye en prendront la loy, remonstrant particulièrement audict sieur cardinal qu'il doibve tenir la main surtout à la provision d'argent et renfort de gens, consistant toute l'espérance de voz entreprises en ces deux choses là. J'atendz en bien grand dévotion le particulier tesmoignage de sa bonne grâce, que je me tiens aujourd'huy en repos et satisfait de ce que plus affectueusement je pouvois désirer en ce monde.

« Je ne doubte pas que vous ne me secondiez en ceste opinion à voulloir, et que vous considériez le bien et l'honneur que nous en pouvons tous recueillir, ou vous debvez estimer avoir part comme moy mesmes, en me recommandant de tout mon cœur à vostre grâce je prie Dieu, ma sœur, vous donner ce que plus desirez.

« Escript à Chantilly le 26ᵉ jour de mars 1557.

« Vostre très affectionné et meilleur amy,

« ANTOINE. »

Sur le dos est écrit : *A ma sœur, madame la duchesse de Nevers.*

---

(1) La lettre suivante du roi de Navarre à la duchesse de Nivernois se trouve parmi les papiers du duc de Guise.

Ma sœur, on dit qu'il ne fault rien celler à ses amys, et n'en pensant avoir de plus proche ny de meilleurs que vous, pour le lien que nous tenons l'ung à l'autre, je serois marry faire part de nouvelle qui ne fust agréable à personne dont vous ne feussiez aussi des premieres advertyes, cela est cause qu'envoyant devers monseigneur le cardinal, mon frère, le capitaine Beauvais, présent porteur, je luy ai aussy donné charge vous faire entendre le bien et faveur qu'il a pleu au roy me démonstrer par l'accord entre nous du mariage de madame Marguerite, sa fille, avecques mon fils aisné, chose que je prens à si

premier que vous envoirez vers le Roy, pour, après avoir plus particulièrement entendu l'estat auquel vous trouvez, vous envoyer Niquet tout incontinant pour par luy vous faire aussi plus particulièrement sur le tout entendre mon adviz, et tout ce que je cognoistray concerner le service de Sadicte Majesté, vostredict honneur et réputation, laquelle je n'auray jamais en moindre recommandation que la myenne propre. Et à tant je prye Dieu, Monsieur, après m'estre bien humblement recommandé à vostre bonne grâce, vous donner en la syenne tout prospérité et longue vye.

« De Ferrare, ce vingt-sixiesme jour de may 1557.

« Di vostra eccellenza humillissimo et affettionatissimo zio,

« HIP. CARDINALE DI FERRARA. »

« Monsieur, je suis tant asseuré de la volunté que vous avez de ne me rien celler de voz affaires, qu'il fault bien que je vous dye qu'il n'estoit jà besoing que vous usissiez de l'excuse de laquelle vous avez usé par la lettre qu'il vous a pleu m'escripre, du vingt-uniesme de ce mois, touchant la dépesche de Marceille. Et ayant oppinion que ceulx que vous dépescheriez en France seroient pour passer à Venise, y estant monsieur le duc mon frère, cella ayda bien à me faire suivre l'envye que j'avois d'aller prendre ung peu d'air aux champs. Je ne faitz doubte, au demourant, qu'il ne vous surviennent assez d'occasions pour vous faire devenir le poil gris, quant je ne ferois que vous mesurer de moymesmes que prévoyant assez les difficultés ausquelles vous vous trouvez, je ne puis faire que je n'aye part à l'ennuy que je sçay que vous avez. Mais comme j'ay tousjours estimé que vous vous armeriez de vostre accoustumée patience, avec laquelle par vostre prudence vous seriez pour à la parfin réduire les choses en meilleur estat, maintenant que je veoys que vous le faictes, j'en ay le plaisir que vous pouvez penser. Dont je ne puis faire que je ne vous exhorte de y voulloir continuer de plus en plus, me semblant que ce soyt le meilleur moyen que vous puissiez tenir pour parvenir tant plus facillement où vous désirez pour le service du Roy. Dont je suis actendant la résolution par le sieur Carnavalet, lequel d'aultant plus je veoys demourer à arriver, tant plus me semble qu'il se pert de temps qu'il seroit bon d'avancer. Et me remectant au demourant de tout ce que je vous pourrois escripre sur ce que vous dira de ma part Le Prévost, je feray fin à la présente par mes bien humbles recommandations à vostre bonne grâce, en priant Dieu, Monsieur, vous donner en parfaicte santé très longue vye.

« De Ferrare, ce vingt-neufviesme jour de mars 1557.

« Di vostra eccellenza humillissimo et affettionatissimo zio,

« HIP. CARDINALE DI FERRARA. »

Lettres du duc de Guyse au Roy, sur les affaires d'Italie.

« Sire, par le sieur de La Chapelle, présent porteur, Vostre Majesté entendra ce qui se pourra espérer du Pape sur la résolution qu'il aura prise es choses que j'ay prié monsieur le maréchal Strozzi luy faire entendre de ma part, tant pour la conservation de l'estat de l'Eglise que pour ne laisser ceste armée inutile, et pour ce, Sire, je suis ces deux points : le discours est fort long des moyens que je cherche pour contenter le Pape et ses neveux et suivre ce qu'il vous a plû me commander; il ne me semble devoir faire ce tort audit sieur de La Chapelle, lequel en est si bien instruit de vous en rien escrire, il a aussi veu le camp et grande partie des forces du duc d'Albe, lequel a dix huict mille hommes de pied et moy je n'en ay que dix mille, il a trois mille chevaux et moy je n'en ay que dix huict cens ou près de deux mille au plus comptant ma cornette, et si ne se vantra pas le dit duc avoir osé reconnoistre seulement mon camp comme j'ay fait le sien, si ce n'a esté avec dix ou douze Albanois qui se sont quelque fois montrez un mille loing de nous, sans y faire de séjour; il est vray, Sire, que le jour de ma retraiste il voulut faire du brave, s'assurant comme il disoit de nous donner sur la queue et nous contraindre de combattre à nostre désavantage; pour cet effet, il avoit fait marcher toutes ses forces et de furie attaché bien proche des nostres que j'avois envoyé retirer ceux que j'avois dedans Sorsorelle, mais ils furent fort bien soutenus par monsieur d'Aumale, mon frère, qui me ramena tout sans rien perdre au lieu que j'avois fait reconnoistre, où je commençay à arriver avec six canons, six moyennes, nos Suisses et François et la gendarmerie et ma cornette, mettant incontinent toutes nos troupes en lieu à propos pour combattre à la veüe des ennemis et de leur chef, qui ne trouva rien de si à propos pour luy comme il pensoit, car autant que je cherchois à les attacher avec nos chevaux légers ils se montroient froids de leur costé, de façon, Sire, que en nostre veüe, estant suivis des nostres, ils commancèrent à nous laisser la place et à marcher droit à leur camp fortiffié avant que nous fissions rien bouger d'où nous estions; de là nous eusmes nostre retraitte fort aysée jusqu'à nostre logis. Il ny a eu chef, n'y autre jusqu'au moindre soldat, qui ne se soit montré fort résolu de n'épargner sa vie pour vous faire un bon service. Les sieurs de Tavannes et de La Brosse, qui estoient allez faire nostre logis, me vindrent en poste retrouver, mais le duc de Paliane et le mareschal Strozzi qui y estoient aussi allez, ne se voulurent point donner ceste peine, se doutant bien, comme ils me dirent, que nous ne combattrions point. Sire, j'ay espérance en Dieu que si le Pape se veut contenter de raison, qu'il vous demourera tel qu'il est, sinon se découvrira leur venin, et que Vostre Majesté aura plus fait qu'elle ne doit pour la conservation de Sa Saincteté, du saint siége, l'honneur et avantage de sa maison, et si ay espérance que si l'on me veut empescher de passer sur mon chemin il y aura du débat, et cependant que je tyens ces forces du duc d'Albe attachées, se trouvant monsieur le mareschal de Brissac le plus fort en campagne, je m'assure qu'il se sert bien de ceste belle occasion.

« Sire, je prie Nostre-Seigneur qu'il vous doint en santé heureuse et longue vie.

« De vostre camp au port d'Ascoly, ce pénultiesme de may.

« Vostre très humble et très obeissant subjet et serviteur,

« FRANÇOYS DE LORRAINE. »

« Sire, il vous aura pleu entendre par le sieur de Viven l'allée de monsieur le mareschal Strossi, à Romme, ce que je luy avois prié dire au Pape de ma part, tant de l'ordre qu'il me sambloit devoir donner pour la conservasion de son Estat que de mon partement avec ceste armée pour l'aler amployer au lieu où elle luy feroit servisse et à Vostre Majesté, comme vous aura dict plus au long ledict sieur Viven, pour venir à suivre vostre intansion, et auroit ung coup Sa dicte Saincteté trouvé le meilleur du monde ce que j'avois delliberé de fayre; mais il ne luy dura guères; et ne se trouverra, comme l'on m'a dict, que personne l'aye plus avant eschauffé de ne consantir mon partement comme le cardinal Pachèque ou aultre.

« Par le bon conseil qu'il luy en fust incontinant donné, et à ce que j'entends, monsieur le doien y fist son office plus en cardinal fort espouvanté ou qu'y a quelque choze de mauvais dedans le cueur, plustost que de vostre subject et par trop obligé serviteur. Il n'a pancé peult estre se attaicher qu'a moy pour ce qu'il ne trouve bon que je ne luy communique tout ce que je sçay de voz affaires, qui seroit aultant que sy je fazois de mesme au Pape, et au cardinal Caraffe; et y avez estez sy bien servy, Sire, que Sa Saincteté m'a faict par ledict sieur cardinal, une responce fort courte et de telle conséquance que Vostre Majesté aura peu antandre par La Chapelle aux Ursins, et pour ce, Sire, que en désemparant ce costé à l'heure mesmes, Sadicte Saincteté vous devenoit ennemye acceptant les partis qui luy estoient présenttés par les ministres du roy Phelippe, consantoit le passaige du duc d'Albe avec son armée par l'estat de l'Église, au quel il deffandoit de vous donner vivre ne aultre commodité; et par ce moyen je vous pouvois faire aultre servisse, sinon avec la faveur de monsieur le mareschal de Brissac repasser, s'il n'eust esté possible, de son costé et sans m'arester à rien ny pouvoir mener guères d'artillerie pour me faire craindre, estant sur mes tallons une armée plus forte que la mienne. Il ne m'a samblé, pour ne vous faire une playe inréparable, devoir faillir vous représenter au vray par le sieur de Navaille, présent porteur, l'estat en quoy sont voz affaires de ce costé, de quel pois est de rompre avec ce pape, ce quy adviendra sans doubte sy je pars d'icy, non pour son respet et de ses parans, mais pour la ruyne de l'estat de l'Église et la belle victoyre que vous baillez à vostre ennemy. Des quatre pars.... les trois où je voy de l'aparance qu'il ne vous y demeuroit ung seul prince ou potantat amy ny serviteur, et fauldroit après ne penser plus au Piémont et qu'a vous deffendre, vous suppliant très humblement, Sire, considérer sy j'ay occasion d'attandre encore en ce costé ung nouveau commandement de Vostre Majesté de son intantion, après avoir bien considéré ce que vous dira de ma part ledict sieur de Navailles. Et pour ne perdre ceste ocazion, et cependent faire ce que je puys pour vostre servisse, il m'a samblé prier ledict sieur maréchal Strossi retourner devers Sa Sainteté luy déclarer franchemant que quelque choze que l'on luy eust dict de mon partement, je ne faizois rien qu'il ne vous eust pleu me commander, ce qu'elle ne devoit trouver estrange et ne luy voulois celer puis que sy franchement elle me faizoit déclarer sa volunté, que vous estiez à bon ocazion mal contant de ce qu'il n'avoit esté rien observé de tout ce qu'il se devoit faire pour vous. De quoy je luy ay baillé ung mémoyre des poins que je demende que vous fussiés incontinant satisfaict, déclarant que en ce faizant j'atandrois le retour dudict sieur maréchal Strossi quy vous doit aller randre compte de toute ceste négotiation et de beaucoup de chozes qui sont d'importance pour vostre servisse; et en cas que je soye remis en longueur, spéciallement des poins principaux luy déclarer mon retour sans plus rien attandre; ce que le Pape, à ce qu'il a monstré, craint le plus du monde. De fasson, Sire, que sy j'obtiens partie de ce que je demende, il seront mieux liez qu'il ne sont, et sy Dieu me faict ceste grasse de conduire les choses à la conclusion que je poursuis depuis le mois passé, j'espère que ceste armée sera plus libre de vous aller faire servisse, suivant ce qu'il vous plaira m'en commander par ledict Navaille, après avoir entendu, s'il vous plest, ce que ledict sieur maréchal vous dira, et sy conserverez le Pape, son estat, et mettrez bien loing de leur compte les ministres de vostre ennemy qui sont de ce costé.

Lettre de monsieur de Lodève, ambassadeur du Roy à Venise, au duc de Guyse.

« Monseigneur, je reçus hyer au soir un paquet de monsieur le duc de Ferrare où il y avoit un paquet du Roy et une lettre vostre de Rome, du 20 mars, en laquelle il y a quelque mention de m'avoir donné quelque advis de vos négociations à Rome, par les despesches de Marseille et de monsieur de Manne; mais je n'en ay rien veu, et s'il y a eu des lettres de Vostre Excellence pour moy, elles ont esté portées en France, et voyant que M. de Carnavalet ne vient poinct et que je n'ay aucun estat ny nouvelle de ce qu'il vous fault pour l'assignation d'avril, je feray demain partir pour Anconne un tiers de nostre depost, à la réserve de vingt mille escus qu'il fault pour payer un quartier des hommes d'armes de M. le duc de Ferrare, et le reste de la garnison ordinaire pour le mois d'avril, ensemble aussy la garnison de la Mirandolle et le reste montant à quatre-vingt-seize mille escus vous sera envoyé entièrement pour le distribuer à vostre armée en la Romaignie et en Toscane, ce qui est nécessaire.

« Au reste, le Roy me mande d'aller trouver le duc de Ferrare pour terminer toutes les difficultez qu'on a avec luy, mais j'ay nécessairement affaire icy pour recouvrer et envoyer toute vostre assignation, et pour la venue de M. de Montmorency qui vient loger chez moy, de sorte que je me suis excusé à mon dit sieur le duc de ne pouvoir pour ceste heure aller devers luy, et pour en parler franchement aussy iray-je malvolontiers, estant las de n'ouyr parler de son particulier et rien d'aucun ayde au service du Roy, et d'autant plus que Sa Majesté nous laisse en mesmes termes que nous estions pour le temps de guerre, ne mettant aucun règlement sinon au temps de paix et de trève, et monsieur le duc veut en tout temps avoir l'argent de sa garnison entre ses mains et payer ses gens comme il l'entend. Je luy escris qu'aucun ministre du Roy ne peut changer les loix et ordonnances et la police observée de tout temps en semblables choses, s'il n'y a dispence et commandement exprès du Roy, et je ne sçay sy vous mesmes qui avez toute authorité le voudriez entreprendre; par ainsy qu'il luy plaise se résoudre à laisser faire les monstres et payemens aux ministres du Roy comme on a accoustumé, autrement que sa garnison ne sera poinct payée. Je luy envoye un homme exprès pour cet effet et ne sçay ce qu'il y fera. Il se dit icy, et vous m'escrivez aussy un mot de vostre voyage de Naples. On parle encore d'une révolte d'Atrye; sy cela estoit ce seroit un grand advancement et grande espérance pour vostre armée, laquelle pourroit trouver là beaucoup de vivres et de commoditez. Quant aux autres choses que Vostre Excellence avoit à faire à Rome, ceste longueur qu'on vous y a tenue est grandement fascheuse et préjudiciable au Roy et à eux-mesmes, et à l'avenir je louerois fort que vous prinsiez conseil et résolution de vous mesme, autrement vous mettrez vostre réputation et les affaires du Roy, avec son armée, en grand danger. Je vous envoye, monseigneur, une lettre de monsieur de Lavigne qui a despesché un homme du Roy du 22 février, et depuis en est encore venu un autre du 1er mars, et en effet les nouvelles de la poste sont que l'armée sortira plus forte qu'elle n'a encore faict, mais que c'est pour estre employée en leurs affaires d'Affrique et de Horan, en quoy elle fera la même faveur aux affaires du Roy que sy elle venoit pour nous, tenant les forces de l'ennemy occupées à la marine de Naples et de Sicille, et la mer seure pour nous et suspecte à l'ennemy, et disent davantage qu'elle sortira de bonne heure, tous les gens de Rome estant déjà commandez. Qu'est tout ce que je vous sçaurois dire pour ceste heure, suppliant Nostre-Seigneur, etc.

« De Venize ce 29 mars 1557.

« Vostre humble et obéissant serviteur,

« D. ÉVESQUE DE LODÈVE. »

Lettre de monsieur le mareschal de Brissac au Roy.

« Sire, depuis ma despesche du dernier de mars, ceux que j'ay nommez pour se trouver avec les depputez de monsieur le marquis de Pescare se sont rassemblez avec eux suivant que je vous en escrivois, et ont commencé d'une part et d'autre à faire leurs propositions et demandes, lesquelles ils se sont accordez de mettre par escript, affin qu'il y soit respondu de mesmes et que les matières se débattent plus certainement et aysément; lorsqu'ils se sont deppartiz les uns d'avec les autres, les Impériaulx ont demandé quatre ou cinq jours de terme pour se rassembler affin d'avoir, à ce qu'ils disent, commodité de faire leurs pasques.

Pour leurs dictes propositions et demandes, il est aisé à juger qu'ils ont plustost envye, procédant si lentement qu'ils font, de tirer les choses en longueur, que venir à aucun bon effect et résolution, ainsi que j'ay desjà fait sçavoir à Vostre Majesté, qui présumant par la dernière dépesche que j'ay receue partye de ceste longueur, me commande que je face dresser un bien ample mémoire de toutes les innovations, dommaiges et autres procédures par eux faites, depuis le cinquiesme febvrier, pour icelluy envoyer à vostre ambassadeur qui doit résider près de l'Empereur. Là dessus j'ay fait assembler toutes les plaintes et mémoires particuliers que nous avons commencé à recouvrer, mais je trouve qu'il y en a desjà tant qu'il fauldroit beaucoup de temps pour les assembler et desduire aussi minutement que le désirez. Néantmoins, affin que cependant Vostre Majesté en demeure aucunement satisfaite j'en ay fait dresser ung mémoire que je vous envoye, contenant les plus principaulx et importants points soubz lesquels les autres plus particuliers sont compris. Il y en a ung de plus grande conséquence que tous les autres. C'est que par l'abouchement susdict les Impériaulx ont évidemment démontré qu'ils prétendent tout le Piedmont, Montferrat et autres pays leur estre contribuables, soubz prétexte de ce que durant la guerre leurs garnisons couroient dans lesdits pays, prenant prisonniers et bestail, et faisant plusieurs autres saccaigemens, pour raison de quoy les pauvres paysans estoient contraints leur donner de l'argent pour avoir des saufs conduits et sauves gardes, affin d'éviter par ce moyen auxdits saccaigemens qu'ordinairement ils enduroient; voylà la contribution dont ils disent apertement voulloir aujourd'huy maintenir la possession, chose que Vostre Majesté trouvera, comme aussi nous faisons, estrange et desraisonnable, et à laquelle je vous supplie très humblement voulloir remédier selon que vous adviserez estre plus à propos, car quant à eulx ils ne veulent pour quelque remontrance qu'on leur sçaiche faire, se depporter de ceste si mal fondée prétention.

« Sire, messieurs de Mantoue et madame la marquise de Montferrat envoyèrent avant-hier un gentilhomme vers moy, pour me prier qu'avenant le cas que Vostre Majesté me permist de luy aller faire la révérence, je voulusse estre aydant à ce que les propositions que leur ambassadeur vous a faites, puissent réussir selon qu'ils désirent. Je luy respondiz que je ne fauldrois jamais de leur faire tout le service qu'il me seroit possible, excepté ez choses qui seroient préjudiciables au vostre; davantage, m'alléguant l'affection qu'ils portoient à Vostre Majesté, je luy dis que je ne m'en estois point encore apperceu comme j'avois bien fait de celle qu'ils portoient à l'Empereur, amoins que du costé de deçà ils vous eussent fait aucun service, ainsi qu'ils avoient fait et faisoient tous les jours par divers effects audit Empereur, luy donnant tout le secours, ayde et faveur qu'ils pouvoient, et nommément de vivres, contributions, logis et autres choses, et qu'à ce moyen ils avoient toujours tenu depuis les prinses de Casal et de Mont-Calve et tenoient encores de présens les Impériaulx des commissaires, qui en leur nom et soubz leur autorité faisoient des commandemens dans ledit Montferrat, et plusieurs autres déportemens contraires à ce qu'ils me remontroient et à ce qu'ils devoient faire, voullants mériter de Vostre Majesté. Ledit gentilhomme est là-dessus demouré si court et estonné qu'il a esté long-temps avant qu'il sceust que me respondre; enfin il m'a confessé qu'il estoit véritable, mais qu'ils n'avoient pu faire de moins parce qu'ils sont vassaux de l'Empereur.

« Après, il m'a fait instance de rendre leur artillerie qui demeura au chasteau de ceste ville, lorsqu'il fut rendu; je luy ay respondu que je ne pouvois faillir de tenir ce que je leur avois promis si tost que je verrois les affaires estre un peu plus paisibles qu'elles n'estoient encores. Pour ceste raison, je vous supplie très humblement, Sire, en voulloir accorder avec eux, comme j'estimois que vous eussiez desjà fait, attendu que Vostre Majesté ne m'en avoit rien mandé depuis la dernière fois que je vous en escrivis, car autrement je ne pourray moins que la leur rendre, suivant maditte promesse. Il y en a bon nombre, et s'il la fault restituer, il sera nécessaire que vostre plaisir soit en faire faire d'autre pour remettre dans ledit chasteau. Je pense bien que s'il plaist à Vostredite Majesté en parler à leur ambassadeur, qu'ils se contenteront la vous laisser en payant toutes fois; si ainsi est qu'il la faille payer, il me semble qu'il seroit beaucoup meilleur d'en faire faire de nouvelle, attendu que ceste cy est comme celle des Impériaulx, qui crefve et s'esvente bien souvent, et qu'aujourd'huy nous avons le loisir d'y entendre.

« Je ne veulx oublier de dire à Vostre Majesté que les habitants de ceste ville et de tout le Montferrat en particulier et en général sont en la plus grande peine du monde pour la crainte qu'ils ont que Vostre Majesté ne les habandonne, dysant qu'ils aymeroient mieux manger leurs femmes et enfans que retourner soubz la juridiction de ceste maison de Mantoue et Montferrat. Je fais tout ce que je puis pour leur oster ceste opinion et les asseurer : de ma part je trouve (soubz vostre correction toutes fois) que la grandeur de Vostre Majesté, son service et affaires, ne requiérent qu'en quelque sorte que ce soit, vous les habandonniez, et qu'il vault mieux que Vostredite Majesté les récompense en quelqu'autre endroit.

« Au reste, tant plus je vais pensant sur la résolution en laquelle Vostredite Majesté persiste de ne me vouloir laisser les gens que je demandois pour la conservation de ce pais, et tant plus je trouve impossible de le pouvoir autrement garder, attendu le grand nombre des places qu'il y a et aussy de chasteaulx qu'il faut outre cela nécessairement garder, parquoy je vous supplie très-humblement vouloir sur ce prendre quelque bonne résolution, si desjà ne l'avez fait avant le partement du sieur Ludovic Birague, qui aura baillé à Vostredite Majesté le rôle des plus importantes places. Je vous advise au demeurant que du côté des Impériaulx il ne se parle plus si fort qu'ils faisoient d'aller au voyage de Ungrye, et que par certain la nouvelle levée qu'ils auroient fait des quatre mille Italiens ne soit à autre intention que pour s'impatroniser de la plus grande estendue de pays qu'ils pourroient.

« J'adjoutteray encores ce mot à ceste présente, c'est que l'impression qu'ont ceux de ceste ville et du Montferrat, que Vostre Majesté doive rendre cest estat ausdits sieurs de Mantoue et Montferrat, ne procedde d'autre lieu que de la part de leurs ambassadeurs résidants près icelle vostredite Majesté, lesquels escrivent tous les jours à leurs amys chose qui sy confirme, pour les entretenir en espérance, et garder que les peuples et particuliers ne se démonstrent si apertement qu'ils feroient voulontiers vous estre singulièrement affectionnez. Lorsque j'estois sur la closture de ceste présente, le sieur de Rambouillet, porteur d'icelle, est arrivé retournant de son voyage. Je luy ay communiqué ce qu'il plaira à Vostre Majesté entendre de luy, que je vous supplie croire comme moy mesme.

« Sire, je supplie le Créateur vous donner en très parfaicte santé, très bonne, très longue et très heureuse vye.

« De Casal, ce cinquiesme d'avril 1557.

« Vostre très humble et très hobéissant, très obligé sujet et serviteur.   « BRISSAC. »

« Et au dos se lit : *Au Roy, mon souverain seigneur.* »

Lettre escrite au Roy par monsieur de La Vigne, ambassadeur du Roy en Turquie, dont le double fut envoyé à monsieur de Guyse en Italie.

« Sire, depuis ma dépesche du 22 febvrier, le Seigneur a demeuré à la chasse jusques au 20 de mars, où je n'ay pas laissé de tenir tousjours un homme auprès du bassa, pour le souvent solliciter par mes escrits de me faire une meilleure responce que celle que je vous ay envoyée, attendant de jour en jour que Vostre Majesté m'envoyast quelques nouvelles de la rupture de la trefve, qui eust esté bien à propos après que Sa Haultesse a esté receue en ceste ville, et que par M. de Lodève j'ay esté averty que monseigneur de Guyse estoit bien avant en Italie, et que vous aviez rompu de toutes choses.

« J'ay recommencé à négocier plus vivement que jamais, pour obtenir vostre intention, démonstrant de bouche audit bassa, et par escrit au grand seigneur, que lorsque je partis de France, vos affaires estoient en tel estat, que facillement et fort honnorablement vous pouviez jouir de la trefve pour autant de temps qui vous eust pleu, mais en considération du regret et desplaisir que Sa Haultesse avoit eu qu'une treve eust esté faicte, et du désir que vous aviez entendu qu'elle se peust rompre, vous ayant donné le roy Phillypes de justes occasions de ce faire, sans que personne vous en peust rien imputer, me deppeschat Vostre Majesté vers luy pour sçavoir sa volonté et résolution en tous évenemens, vous estiez entré sy avant aux despences et préparations de guerre, que voyant le Pape en danger de perdre Rome et tous ses estats, et l'ennemy sy fort en Italie qu'il seroit par après malaysé de l'en chasser, qu'aviez esté contrainct de rompre et vous mettre en campagne avant qu'avoir la responce de Sadite Haultesse, espérant qu'en un sy grand besoing elle ne vous faudroit poinct ny de son armée ny d'autre secours que vous luy pourriez demander, vœu qu'elle faict autant pour la conservation de ses estats et grandeur que pour vous mesme. Mesurant son affection envers vous à celle que luy portez, qui est telle que vous ne voudriez faillir de seconder ses entreprises, quant bien vos affaires ne le porteroient poinct comme bien luy avez faict connoistre lorsqu'il estoit en personne en Perse et autrefois en Hongrie, et que vous estiez sollicité et prié par tous les potentats de la chrestienté pour avec eux joindre vos forces contre luy, ou pour le moins ne faire pas la guerre à l'Empereur, afin qu'il peust seurement entreprendre contre Sa Haultesse, ce que jamais Vostre Majesté ne voulut accorder, ains a tousjours tenu empesché ledit Empereur en divers endroits, affin que Sa Haultesse eut mieux moyen d'exécuter ses entreprises, et que toutes les fois que les chrestiens ont voulu faire assembler pour conclure la guerre contre les Turcs, vous avez tousjours faict en sorte que jamais rien ne s'en estoit ensuivy, et que maintenant vous estant entré en ladite guerre plus pour nécessité des affaires de vos amys confédérez que pour les vostres propres, il me sembloit que ce seroit grandement faire tort à l'ancienne et grande amytié qui est entre vos deux Majestez, de vous abandonner maintenant et ne vous poinct accorder l'armée, veu qu'elle est toute preste, sans l'espérance de laquelle vous eussiez tasché d'ayder le Pape par quelques autres moyens que de vous mettre en sy grande despence et d'entreprandre la guerre en Italie, et fussiez demeuré en la treve dont estiez tant prié par le roy Phillypes et autres potentats, et qu'une sy grande amytié comme celle qui est entre la maison de France et celle des Ottomans, laquelle a duré sy longuement, et durera au regard de vous perpétuellement, veuille qu'un amy secourre l'autre en ses nécessitez.

« Sy est ce que pour un tel plaisir faict si à propos, comme seroit s'il vous bailloit l'armée, Vostre Majesté luy demeureroit bien fort obligée et chercheroit l'occasion de s'en revancher par semblables offices. Et que combien que vos ennemis se soient tousjours efforcez de mettre quelque doubte entre vous deux, je le pouvois bien assurer que jamais vostre amytié ne diminueroit pour accroissement des Etats ou autres événements de fortune, ains croistroit de jour en jour jusques à l'extrémité de vostre vie. Par une infinité de semblables raisons d'honnesteté, utilité et dommages qui leur en peut arriver, j'ay tasché de leur faire accorder ladite armée, et que sy d'avanture ils ne la pouvoient accorder pour l'esté et l'hiver, je l'eusse au moings l'esté.

« Ayant esté refusé et de l'un et de l'autre, j'ay encore faict instance que Sa Haultesse m'accordast vingt-cinq gallères, avec lesquelles les corsaires et les nostres quarante nous eussions peu faire une petite armée suffisante pour vous faire service, garder l'Affrique et l'Archipelague contre l'ennemy, lequel Sa Haultesse ne veut ny peut mettre hors que quarante gallères pour la garde de ses pays ; à ce que je pus cognoistre Sa Haultesse fut fort faschée et entra en grand soubçon, lorsque la sollicitant par deux ou trois despesches de vous bailler l'armée, vous fistes la tresve sans l'advertir, et après l'avoir faicte jamais, jusques à ma venue que vous avez eu besoing de son ayde, vous ne vous estes souvenu de luy escrire ny moins responder à quatre ou cinq lettres qu'il vous a envoyées, se tenant fort desdaigné de cela, m'ayant dépesché ici sans luy apporter des présents, comme c'est la coustume de tous nouvaux ambassadeurs, et il n'est pas aysé de luy oster l'opinion qu'on luy a premièrement donnée, car il est barbarement opiniastre comme sont communément tous les ignorans, et ce qu'il dit une fois soit raisonnable ou non, il le révoque fort rarement ; il est aagé de soixante-neuf ans, caduc et gouteux ; ce qui le rend difficil et fort craintif ; et faut que ses ministres n'esloignent ses forces d'auprès de luy, car ils ont à craindre les ennemys de tous costez, les esclaves et leurs propres enfans, et ce bassa, sa femme et la mère craignans que Sa Haultesse meure ailleurs qu'à Constantinople, taschant par tous moyens d'avoir la paix tant en Hongrie qu'ailleurs, et que ledit seigneur ne soit contrainct d'aller en personne à la guerre, où on ne faict rien qui vaille sans luy, et désireroient que Vostre Majesté l'eust aussy ou qu'elle se peust passer de leur armée, qui est la plus grande force qu'ils ayent : d'autre costé, ils sont entrez depuis un an en ça en plus grand doubte de vostre grandeur que jamais n'eurent de l'Empereur, vous voyant ainsy prospérer et tousjours victorieux, et appréhendent qu'en vous baillant leur armée aysément ne vous fissiez maistre de l'Italie, et de trop près leur voisin ; ce qu'ils ne voudront aucunement, car leurs propheties et livres ne leur chantent autre chose sinon leur certaine ruyne, lorsque les terres de France leur seront frontières. Et fault croire, Sire, qu'ils ne vous aiment ny aymeront jamais que pour leur proffit, et que lorsqu'ils commencèrent amytié avec le feu roy, après sa prise devant Pavie, ce ne fut que pour ayder le plus foible, et de peur que l'Empereur ne se fist trop puissant, la mesme crainte leur donnent de vous journellement ceux qui ne vous désirent grand en Italie, voilà pourquoy je pense estre venu en mauvais temps, et que je feray peu de choses icy pour vostre service tant que le seigneur vivra ; s'il vient à mourir, comme je pense qu'il fera bientost, les choses yront autrement, comme j'espère vous faire entendre par la première dépesche, ensemble l'utilité que vous pouvez tirer de ceste intelligence et des moyens de l'entretenir et conserver, mieux que par cy devant. Que s'il est vray, comme nous entendons icy par les Venetiens et Ragonziens, que monseigneur de Guyse soit passé à Anconne pour aller au royaume de Naples, comme ceste guerre durera plus d'un an, j'ay pensé que ce ne seroit pas mal advisé sy je demandois deux commendemens à ce seigneur, l'un à Dragut et l'autre au roy d'Alger, affin que sy davanture

Vostre Majesté se pouvoit servir d'eux avec leurs gallères, ils soient prest à vous obéir : et cela estant vous seriez plus fort que l'ennemi, y joignant vos quarente gallères; et ne devez faire difficulté à cause qu'ils sont larrons et qu'ils prennent où ils peuvent, car l'armée du Grand Seigneur n'en faict pas moins, ils sont tous corsaires. Et afin de ne perdre point de temps, j'ay demandé icy une galliotte audit Dragut et roy d'Alger, et un gentilhomme avec ledit commandement nommé le cappitaine Totens que bien cognoissez, Sire, pour les disposer et faire assembler pour vous venir faire service, ce qu'il sçaura fort bien faire, car il est dilligent et sage, et selon qu'il aura faict avec eux il vous en portera les nouvelles.

« Sire, les roys et seigneurs ont accoustumé d'envoyer ambassadeurs gens de qui ils se fient, aux lieux où ils ne peuvent aller eux-mesmes, pour par eux faire leurs affaires et estre advertis de tout ce qu'il faut qu'ils sachent, partant m'ayant faict Vostre Majesté tant d'honneur que de se fier en moy, je ne sçaurois luy céler que depuis ce jour que je suis arrivé en ce pays, je n'ai ouy que plaintes et querelles de ceux qui ont eu charge par deçà, et des debtes qu'ils y ont faict fort mal à propos et au préjudice du service de Vostre Majesté, qu'est une des principalles causes que je n'ai peu obtenir vostre intention, ce qui a rendu le maniement de vos affaires fort difficile et donné sy mauvaise réputation au nom françois, qu'ils nous estiment vains, menteurs et *forfans*. Il semble que ceux qui sont venus icy devant moy ayent voulu faire leur dernière main en empruntant et ne laissant rien après eux, se souciant peu de laisser les difficultez où ils mettroient les affaires de Vostre Majesté et de la peyne qu'ils donneroient à ceux qui viendroient après eux. Dieu leur veuille pardonner. Ce n'est pas de monsieur de Gottignac qu'on entend parler, s'estant gouverné si sagement qu'il n'y a aucune plainte contre luy, au contraire ledit bassa m'a prié cinq ou six fois de vous advertir, Sire, du grand contentement que Sa Haultesse a eu de luy, et qu'aucun ambassadeur devant luy ne luy a esté plus agréable, estant fort homme de bien et bon serviteur de Vostre Majesté, et que sy quelqu'un la voulu mettre en vostre mal grâce par quelques fausses accusations, que vous ne leur veillez adjouster foy, ains le récompenser des services qu'il vous a faict par deçà, dont il vous en supplie, Sire, car le pauvre gentilhomme a beaucoup travaillé; et à dire la vérité, je n'ay pas jusques icy veu chose en quoy on le puisse reprendre d'avoir failly pour vostre service, sinon que vous trouviez mauvais, Sire, qu'il espouse une damoiselle qui le faict souverain seigneur de deux isles et luy porte près de deux mille escus de rente, dont il espère un jour avoir plus de moyen de vous faire service, que s'il estoit ambassadeur, pauvre et engagé jusques aux dents. Vostre Majesté verra ce qu'il luy en escrit, du reste j'ay trouvé ceste charge d'ambassadeur de Vostre Majesté en sy grand désordre et sy peu de réputation, qu'il faudra du temps pour la remettre en la dignité et honneur qu'il fault qu'elle soit pour en tirer proffit et contentement, et pour la conservation et augmentation de ceste amityé et intelligence, laquelle Vostre Majesté doit entretenir et garder tant qu'il luy sera possible, pour les profits et utilitez qu'on en peult tirer, quant ce ne seroit que pour descouvrir les desseings, conseils et volontez des Venitiens envers Vostre Majesté, car icy plus qu'ailleurs ils se descouvrent, aussy pour le respect de toute la chrestienté, pour le repos de laquelle vos ambassadeurs peuvent beaucoup faire.

« Le bassa m'a dit de la part du Seigneur, deux fois, et demandé sy vous ne tiendrez pas la promesse que vous avez faicte au petit roy de Hongrie, de luy bailler une de vos filles en mariage ; je luy ay respondu que les roys de France ne promettent jamais rien, quant ce seroit à leur desadventage, qu'ilz ne veuillent maintenir ; mais que je pensois que Vostre Majesté n'avoit jamais promis ceste chose, car vos filles, Sire, sont encore petites, et que la coustume de France n'estoit pas de marier les filles sy loing, toutesfois que je vous l'escrirois puisque Sa Haultesse me le commandoit. Je ne sçay que sont ces gens là qui marient ainsy les filles et sœurs du Roy.

« A Andrinople, le 20 apvril 1557. »

Despesche du duc de Guyse au Roy sur tout ce qu'il avoit négotié à Rome, consistant en plusieurs poinctz de grande conséquence, entre autres pour la guerre et l'investiture du royaume de Naples, en faveur du second fils de France, et la création de cardinaux.

« Par le sieur de Fourquevaux il aura plu à Sa Majesté entendre mon partement de Bologne, et de monsieur le cardinal Caraffe pour venir par deçà vers Sa Saincteté, affin de prendre quelque bonne résolution sur les choses que nous aurions désormais à faire, pour son service et celuy de Sa Majesté, et par la lettre que je priay monsieur le cardinal de Tournon faire tant en son nom qu'au mien à Sa ditte Majesté aura entendu ma négociation avec monsieur le cardinal Caraffa.

« Depuis lesquelles despesches, j'arrivay en ceste ville, le jour du carnaval, sur les sept heures, ayant Sa Saincteté pour l'honneur de Sa ditte Majesté, et le lieu et charge qu'il luy a pleu me donner, envoyé à un mil au devant de moy messieurs les ducs de Palliano, marquis de Montebello, grand nombre de gentils-hommes romains, évesques, la justice de la ville et toute sa maison qui me vindrent congratuler de mon arrivée par deça, des forces qu'il avoit pleu à Sa ditte Majesté y envoyer pour le secours de Sa ditte Saincteté et du saint siége et d'une sy bonne et juste entreprise.

« Ce jour là, je ne fis que baiser les piedz à Sa ditte Saincteté, et le lendemain, après avoir assisté à une messe solemnelle que on a accoustumé dire le dit jour en certaines cérémonies, et en laquelle Sa ditte Saincteté commandast que je la servisse, j'eu le soir audiance en sa chambre, où après luy avoir présenté les lettres qu'il a pleu à Sa ditte Majesté luy escrire, luy fis entendre la justification de la cause qui l'avoit meue de prendre les armes en main, le long temps qu'elle avoit attendu avant que de vouloir entrer en guerre, quelque occasion qu'on luy en donnast, la patience qu'elle avoit eu en cela, postposant toutes choses au bien et repos de la chrestienté, les remonstrances dont elle avoit usé envers le roy Phillipes pour l'induire à quelque bonne paix et accord avec Sa ditte Saincteté, et finallement la voyant couiver en ceste obstination, et les subterfuges et dilations dont il usoit par les propos qu'il faisoit tenir par ses ministres à Sa ditte Majesté, et que cela ne tendoit qu'à avoir plus de temps et loysir d'incommoder Sa ditte Saincteté avant que Sa Majesté se fust déclarée allencontre de luy, plustost que par envye qu'il eust d'entrer en quelque bon accord. Sa ditte Majesté comme Roy très chrestien, pour les obligations dont elle est tenue envers Sa ditte Saincteté, et pour l'amour fillialle qu'elle luy doit et porte, voulant en cela ensuivre le chemin et actions de ses prédécesseurs, auroit esté poussée à prendre les armes, non seullement pour le secourir des forces qu'elle a envoyées du costé de deça, mais encore ouvertement se déclarer ennemy de son ennemy, n'ayant esgard aux incommoditez, charges et foulles que son peuple en peut porter, et pour cet effet avoit faict lever l'armée qu'il luy avoit pleu me donner charge emmener par deça, laquelle j'avois conduitte jusques icy, avec les peynes et travaux que Sa ditte Saincteté avoit peu entendre par le sieur de Carnavalet, et que pour ceste heure estant en la Romaigne, qu'estoit le lieu où je les devois avoir conduittes affin de les faire acheminer en tel endroit qu'il seroit advisé, estoit venu vers elle pour en l'absence de M. le duc de Ferrare, les luy présenter et prendre une résolution du lieu où elles seroient employées, l'assurant les avoir laissées en estat, sauté et volonté que leurs vies ne seront jamais espargnées à luy faire service.

« Ce propos finy, après m'avoir Sa ditte Saincteté tenu une bonne demy heure sur les congratulations de mon arrivée, la confiance qu'elle avoit en Sa seule Majesté, et l'amour et l'affection qu'elle luy portoit, je tombay sur les trois principaux poincts que m'avoient meu à venir vers elle.

« Le premier pour l'investiture du royaume de Naples, la remerciant tant et sy affectueusement que je pouvois de la part de Sa ditte Majesté du bien qu'elle luy vouloit en cela et aux siens, pour les remettre en leurs possessions et royaumes desquels injustement leurs prédécesseurs avoient esté spoliez. Et que pour y parvenir estoit besoing d'oster les obstacles et empeschemens qui s'y pouvoient présenter, dont le principal estoit le duc de Florance, lequel, nous demeurant pour ennemy, ne seroit non seulement pour nous grandement incommoder de ce costé là lors que nous serons entrez dans le pays, mais voyant nos forces esloignées d'icy, entreprendre sur l'estat de Sa Saincteté, et en ce faisant la mettre en nouvelle peyne.

« A cela, Sa Saincteté me dist avoir bien au long entendu par M. l'archevesque de Vienne ce que Sa Majesté luy avoit donné charge luy dire touchant le faict du dit duc, et que pour cet effet elle avoit envoyé devers luy, depuis cinq jours, le sieur Francisco Villo affin de rapporter une résolution de sa volonté, suivant laquelle adviserions les lieux où se pouvoient employer nos forces, voulant en ce qui touche le faict de la ditte injustice gratiffier Sa ditte Majesté en tout ce qu'elle pourroit pour monseigneur d'Orléans, fils de Sa Majesté, sur quoy toutesfois elle vouloit bien prendre l'advis de quelques uns de son conseil, lesquels pour cet effet elle assembleroit le lendemain, avec tels autres que je luy nommerois de la part de Sa Majesté, délibérée d'user de toutes les censures et excommuniements non seullement contre les usurpateurs dudit royaume, mais encore contre les subjets et seigneurs d'yceluy tenans leur party.

« Le second poinct, a esté du despost et mesnage qui se pourroit désormais faire des forces qui sont présentement icy, y estant maintenant avec celles de Sa Majesté arrivées.

« Sur quoy Sa dicte Saincteté m'ayant faict entendre combien il avoit esté nécessaire entretenir jusques icy celles que l'on avoit par deça, l'ennemy estant ordinairement fort en toutes ses places et voisin de celles de Sa Saincteté, où il avoit tousjours esté besoing tenir des garnisons fortes, estoit d'advis que faisant pour deux ou trois mois quelque bonne despence et augmantant celle du jourd'huy pour l'exécution de ceste entreprise, on la rendroit beaucoup plus facille, ce qu'elle trouvera fort bon, disant qu'elle remettoit le tout à moy seul, désirant néantmoins que la résolution s'en prît en sa présence, et que non seullement il en voulloit entendre mon advis, mais l'approuveroit jusques à y obéir mesme.

« Le dernier poinct, fut de la création des cardinaulx dont je luy leus la liste que Sa Majesté en avoit envoyée à monsieur son ambassadeur par deça, desquels elle me dit avoir délibéré à ceste création faire quelque bon nombre, pourveu que ce fussent gens de bien, lettrez, et ne se trouvassent attainct d'aucun crime, et que sy toutesfois ils n'estoient fort affectionnez au service de Sa Majesté, quelques suffisantes et louables qualitez ilz eussent elle ne les promueroit pas, et voyant qu'elle ne désiroit rien plus que d'estre priée pour le sieur domp Alphonse, son petit neveu, fils du marquis de Montebelo, je commençay par luy comme par la chose que je pensois luy plaire le plus, et l'en ayant supplié, me dist qu'encore que le dit sieur domp Alphonse ne luy appartint de sy près comme il faisoit et ne fust en aage comptant pour obtenir tel degré, et qu'outre ce, il eut esté assez longtemps esloigné de Sa Saincteté, toutesfois les bonnes natures, mœurs et conditions, le rendoient digne d'estre receu en ce nombre.

« Le second fut monsieur de Béziers, les grandes vertus duquel, dont il me dist estre doué, mériter bien cet honneur, outre les particulières obligations dont Saditte Saincteté se sentoit tenue envers M. le mareschal Strossy pour les services qu'il luy avoit faictz et au saint siége, et encore ressentement, en considérations desquels seullement il eut bien voulu gratifier en cela.

« Le troisième fut monsieur l'archevesque des Ursins, au subjet duquel je luy représentay que de tous temps ses prédécesseurs avoient esté fort affectionnez au saint siége, en quoy ils n'avoient espargné leur vie ny leur puissance, méritant bien qu'il en demeurast quelque marque aux leurs par quelque honorable degré et dignité, que les vertus du dit archevesque sembloient outre cela mériter ceste grace, avec l'affectionnée requeste que luy en faisoit Sa Majesté, ce que Sa Saincteté tesmoigna avoir pour agréable, me priant néantmoins de n'en faire aucune démonstration.

« C'est ce qui s'est passé en la négociation de ma première audience, qui a duré depuis la première heure de la nuit jusques aux six. »

Le jeudi 4e du dit mois d'avril, environ deux heures de nuit, le Pape ayant appelé et fait venir en sa chambre le duc de Guyse, les cardinaulx de Pize, de Mirepoix, Caraffe, duc de Palliano, mareschal Strossy, l'archevesque de Vienne, et M. Bartholomeo Benevento, leur dit et exposa en substance ce qui suit :

Premièrement racompta la grace que Dieu et le Roy luy avoient faicte de luy avoir envoyé mon dit seigneur de Guyse avec son armée si heureusement, sans aucun danger ny inconvénient, ny rencontre de personne qui leur eust osé demander où ilz alloient, qu'estoit presque un miracle de Dieu.

Qu'il confessoit, veu le rude temps de l'hyver et les mauvais chemins et autres grandes difficultez qu'il y avoit fallu vaincre et surmonter en ce passage, qu'il n'estoit possible de désirer plus de prudence, d'industrie et de dilligence pour le passage de ceste armée, ny plus grande célérité qu'il avoit esté usé.

Que jusques à présent la nécessité où il s'estoit trouvé et la condition de ses affaires l'avoient contrainct de dissimuler beaucoup de choses et user de patience et silence, voyant ses ennemis avec une armée de campagne, et jusques aux portes de Rome, ce qui avoit obligé Sa Saincteté à se gouverner comme elle avoit faict, et de venir aux trèves et suspensions d'armes pour pousser le temps avec l'espaule et attendre la venue de mondit seigneur de Guyse, et de son armée, à quoy Sa Saincteté s'estoit d'autant plus volontier accommodée qu'elle avoit tousjours esté conseillée du Roy, tant par son ambassadeur que par l'abbé de Saint-Ferme, de se gouverner de ceste façon, lequel conseil venant de son très cher fils, et se trouvant aussy conforme à la raison, Sa Saincteté n'avoit peu qu'approuver le suivre.

Et que sy elle en eust autrement usé, on eust attribué à peu de prudence et discrétions d'user de menaces et bravades, de parolles et d'escritures contre ses ennemis plus puissantz, sans avoir la force ny le moyen de leur mal faire et de les chastier. Et que s'il eust voulu lors user de procès ou de privations ou censures, comme elle pouvoit justement faire, chacun s'en fust moqué et avec raison comme de chose de peu de dignité et générosité, abboyer ainsy par escrit contre ses ennemis pendant qu'il estoit le plus foible.

Mais qu'à présent il n'estoit plus temps de faire autrement, qu'on pourroit attribuer à tropt grande timidité ce qui avoit auparavant esté faict par prudence et bon conseil, à raison de quoy il estoit temps de prendre quelque forme et manière de procedder à l'encontre des ennemis de Dieu et de son Église, selon le droict et raison et avec toutes les solemnitez requises et accoutumées en semblables cas.

A quoy il falloit bien regarder et adviser de faire les choses avec toute seureté, et avec telle justification que les procès en puissent aller par tout le monde et en toutes langues, affin que l'on n'y puisse rien opposer ny calumnier; et affin que l'investiture que Sadicte Saincteté entendoit faire du royaume de Naples en la personne de l'un de messeigneurs les enfans du Roi, fust ferme et stable à jamais pour toute la postérité, laquelle investiture elle se sentoit obligée de faire pour recognoissance et rémunérations des grandes démonstrations que le Roy luy faisoit de la bonne et filliale affection et dévotion que Sa Majesté luy porte, il falloit premièrement parler de la privation.

Pour ce que, comme on dit, la corruption doit precedder la génération, partant il estoit nécessaire avant que venir à ladite investiture faire bien légitimement et justement la ditte privation dudit royaume de Naples, de laquelle privation les clauses estoient sy grandes, sy justes et notoires de toute notoriété de faict et de droit, qu'il n'estoit rien plus clair au monde, et n'en falloit preuve aucune ayant esté l'hostilité et invasion du roy d'Angleterre et de son armée contre l'estat de l'Eglise, chose si publique et manifeste qu'elle n'estoit ignorée de personne, et qu'il ne falloit pas dire qu'il n'y eust qu'une cause de laditte privation, mais qu'il y en avoit sy grand nombre qu'on seroit plustost empesché d'en obmettre et d'en apporter les raisons que d'en chercher pour les repporter.

Qu'il falloit en la narration qui se feroit des démérites, félonnies et rebellions, justification de ladicte privation, se restraindre aux poinctz principaux et substanciaux sans y employer trop de parolles, ce qui ne convenoit à la gravité du Saint-Siége, ni du négoce qui se traictoit, lequel demandoit d'estre gravement, substantiellement et briefvement traicté, et, qu'après avoir mis d'un costé les démérites du roy d'Angleterre et laditte privation fondée sur iceux, il falloit à l'oposite mettre les mérites du Roy et de ses prédécesseurs envers le Saint-Siége et venir finallement à l'investiture faicte pour gratitude et rémunération d'iceux.

Que pour procedder plus meurement et seurement il falloit revoir toutes les investitures et privations faictes le temps passé, adressant là dessus sa parolle aux cardinaux de Pize et de Mirepoix, leur demandant s'ilz les avoient point veues et visitées comme il leur avoit commandé, et leur donnant charge de nouveau de les revoir diligemment et d'appeler avec eux conseil de notables et savans personnages, telz et en tel nombre qu'ilz verroient bon estre, au nombre desquels et pour un d'iceux Sa Saincteté nomma M. Bartholomeo Benevento là présent, le louant de sa doctrine et parfaicte cognoissance qu'il a des affaires du royaume de Naples; et qu'après que la chose seroit bien digérée et entendue entre eux il falloit dresser la minutte en la meilleure forme que faire se pourroit, et par après monstrer le tout à Sa Saincteté affin qu'elle y peust adjouster ou diminuer ce qu'elle verroit bon estre.

Que quant au principal de ladite privation, la chose estant sans aucune difficulté et bien claire, mais que le plus grand doubte et malaysé seroit l'observation de la formalité et de sçavoir sy elle se pouvoit faire sans citter ni adjourner la partie, ou sy l'adjourneur estoit requis, sur quoy il falloit prendre une bonne résolution.

Après cela Sa Saincteté parla des censures et excommunication qu'il falloit faire, non seulement allencontre du roy d'Angleterre, de tous ses vassaux et autres qui luy seroient adhérans ou qui luy prestreroient ayde, en quelque sorte que ce soit contre l'Église, sur quoy fut remonstré à Sa Saincteté par monseigneur de Guyse qu'il n'estoit pas bon ny utille de désespérer les peuples et les pays en général, et qu'il sembloit que lesdittes censures ne se devoient point estendre jusques aux peuples, pour le regard de l'Alemagne, Flandres et Angleterre, et qu'il suffisoit qu'elles s'estendissent sur les vassaux et subjects portans faveur et ayde ez pays et estats que ledit roy d'Angleterre a en Italie seulement: ce que Sa Saincteté monstra approuver, disans que jusques à là elle n'avoit usé que de grâce et humanité envers lesdits peuples, tant d'Allemagne, Angleterre, que d'Espagne, les favorisans en ce qu'elle avoit peu et ayant faict en leur faveur suspendre auxdits pays d'Espagne l'exaction de deniers de la croisade, dont le roy d'Espagne et ses ministres avoient tellement foullé les peuples, qu'ils estoient prest de se souslever; et quant à l'Angleterre, qu'elle avoit dit à l'ambassadeur que pourveu que la Royne sa maistresse ne se déclarast poinct adhérante à son mary contre l'Église ou contre le Roy confédéré et allyé de ce Saint-Siége, elle luy seroit tousjours bon père; mais que sy elle se laissoit gaigner jusques à participer aux malignitez de son mary, sy mary se devoit appeler, elle useroit contre elle des mesmes censures que contre luy, répétant en ceste endroit ce que par plusieurs fois il a dit à l'ambassadeur de Sèlve, qu'il falloit qu'il fust bien adverty de jour à autre de ce que la royne d'Angleterre feroit, affin que selon cela Sa Saincteté advisast de se gouverner envers elle.

Dont ledit seigneur de Guyse promit l'advertir, selon les nouvelles qu'il auroit de la cour, luy faisant entendre celles qu'il avoit receues par le prothonotaire Manne, et aussi du sieur de Saint-Laurent des menées du cardinal de Trente avec les Suisses qu'il tasche d'alliener du Roy, au grand préjudice de ses affaires et du service de Sa Saincteté, et que luy et tels autres cardinaux se déclarans directement ennemys du Saint-Siége méritoient bien d'estre chastiez.

Pourquoy Sa Saincteté dit clairement que quant audit cardinal de Trente et aux cardinaux de Burgos, qui est à Sienne, et la Cueva qui est à Naples, ils estoient manifestes fauteurs et serviteurs des hérétiques, et ennemys de Dieu et de l'Église, et avoient encouru indubitablement les peynes de leurs dignitez et autres de droit, lesquelles il falloit déclarer et publier, et quant cela ne leur feroit autre mal et qu'à l'advenir ils disputeroient s'ilz estoient bien et juridiquement privez ou non, ilz demeureroient cependant exclus d'entrer au conclave, sa mort arrivant, et d'avoir voix en la création et ellection du Pape; mais que la difficulté estoit sy on les pouvoit condemner absens et résidens en France, l'absence desquelz pouvoit aucunement colorer et excuser celle desdits Impériaux, sur quoy il falloit adviser comme on pouvoit procedder; là-dessus fust remonstré par mondict seigneur de Guyse que l'absence des cardinaux françois estoit bien légitime et excusable, d'autant qu'ilz résidoient au pays où ilz ont leurs bénéfices, églises et peuples dont ilz ont la charge et administration, à quoy ilz sont obligez de vaquer et entendre, mais que les cardinaux impériaux dessus nommez se meslans de servir le roy d'Angleterre en faict de guerre contre le Pape n'avoient aucune excuse pour eux.

Finallement, Sa Saincteté commit toute ceste affaire de délibérer sur la privation et investiture du royaume de Naples et privation des cardinaux ennemis du Saint-Siége aux cardinaux de Pize et de Mirepoix, appeller avec eux M. l'archevesque de Vienne, M. Bartholomeo Benevento, et autres gens de sçavoir et de lettres qu'ilz jugeroient les plus capables, leur déclarant, en substance, que son intention estoit d'investir solemnellement du dit royaume de Naples un fils du Roy autre que monseigneur le Dauphin, pour luy et sa postérité, aux charges et conditions contenues aux anciennes investitures faictes auparavant celle qui fut faicte par le pape Léon, lequel il blasma grandement d'avoir consenty que le dit royaume se peust tenir avec l'Empire, contre la teneur des anciennes investitures, et que son intention estoit, en cas que le fils du roy couronné roy de Naples, ou ses descendans, mourussent sans lignée, que le roy de France, qui pour lors seroit, peust nommer un des princes de son sang, ou autre prince de son royaume pour estre roy de Naples, et comme tel venir régir et gouverner le dit pays, sans que le dit royaume peust jamais estre tenu ny possédé par celuy qui seroit roy en France, qu'il vouloit estre tenu d'en vuider ses mains en la manière que dessus.

Voilà, en substance, les propos qui furent tenus par Sa Saincteté plus diffusément, de sorte qu'ilz durèrent jusques à cinq heures de nuit, en comptant une digression qu'elle fit de quelques parolles de réprimende et de courroux qu'elle eschappa premièrement contre messer Bartholomeo Benevento et contre le cardinal Caraffe, qu'elle taxa et blasma par plusieurs fois de tenir quelqu'un sans le nommer infâme et attaint de plusieurs vices et meschancetez, et qui portoit déshonneur à sa maison, luy disant qu'il le chassast de sa maison, sinon qu'il chastieroit non seullement le dit personnage qu'il ne voulut nommer, mais quiconque ne l'auroit voulu obéyr ny servir à sa mode, et qu'il vouloit estre le maître et seigneur, et que ce qu'il commanderoit fut faict, et que bien en prandroit à celluy qui auroit faict ses volontez et mal à ceux qui feroient le contraire, et n'auroit esgard ny à neveux, ny à fils, ny à cardinal, ny à chose du monde, mais seullement à son devoir et à son honneur, et que Dieu ne l'avoit pas mis au lieu où il estoit pour endurer le vice et l'infamie en sa maison, alléguant la parolle de Jésus-Christ: Quiconque a son père ou son fils par dessus moy n'est pas digne de moy.

L'occasion de ceste altération vint de ce que messer Bartholomeo Benevento avoit dit qu'il avoit veu certains mémoires et investitures du royaume de Naples en un livre du cardinal Mignanello, voulant tesmoigner qu'il sçavoit quelque chose de ceste matière, ce qui fut soudain mal pris par le Pape, qui luy demanda de qui il avoit ordre d'en parler avant qu'il luy en eust donné charge, luy disant que ceste diligence ne luy plaisoit poinct, et qu'il luy donneroit sy bien sur les doigts, et à tous ceux qui en voudroient parlèr, qu'il les feroit bien retirer en arrière; et s'estant excusé le dit Benevento sur la charge qu'il disoit en avoir eue du cardinal Caraffe, et faisant mention à ce propos d'Aldobrandin, Sa

Saincteté tourna sa parolle contre le dit cardinal et luy parla aussy aigrement et plus qu'elle avoit faict au dit Benevento; et, à ce qui se peut conjecturer, celluy dont Saditte Saincteté parloit de chasser de sa maison esto't le dit Aldobrandin, secrétaire au lieu du feu sieur de la Caze, envers lequel toutesfois le dit cardinal Caraffe a depuis dit à monseigneur de Guyse qu'il avoit adouci et appaisé Sa Saincteté dès le mesme soir et tout à l'instant que le dit seigneur duc de Guyse et les autres qui estoient là assemblez furent sortis, après avoir ouy tout le dit discours, laissans le dit cardinal Caraffe en la chambre de Saditte Saincteté, à qui il rendit de sy bonnes raisons de ce qu'il avoit faict et le dit Aldobrandin, qu'elle demeura bien contente de l'un et de l'autre.

Négociation du prothonotaire Manne, envoyé par le Roy en cour de Rome.

Samedy 6ᵉ de ce mois, sur le soir, le prothonotaire Manne, qui estoit arrivé deux jours auparavant, fut conduict devers nostre Saint-Père par l'ambassadeur du Roy, lequel ensemble avec le dit Manne, après avoir présenté les lettres du Roy adressantes à Sa Saincteté, luy parlèrent de la promotion de M. le garde-des-sceaux, luy exposant ce que Sa Majesté lui avoit commandé, tant des bonnes et dignes qualitez du dit personnage que du désir que le Roy avoit pour ses dits mérites, et comme chef de la justice de son royaume, de l'honneur de ceste dignité, ce qui devoit estre très agréable à Saditte Saincteté, tant pour ce qu'elle employeroit une personne qui la méritoit, que pour ce que ce seroit tousjours plus de faveur aux affaires de ce Saint-Siége et de Sa Saincteté d'avoir, près la personne du Roy, un cardinal chef de la justice du royaume de France, et duquel Sa Majesté se trouvoit jusques icy si bien servie qu'elle désiroit merveilleusement qu'en luy accordant ceste grâce, il luy pleust octroyer un fief pour continuer l'exercice du dict office de garde des sceaux, affin que Saditte Majesté ne demeurast privée ny frustrée d'un tel personnage.

A quoy le Pape respondit qu'il portoit tant d'amour au Roy qu'il ne luy pouvoit refuser chose qui luy demandast, et qu'il expérimentoit en effet que l'amour estoit une puissante chose, et pour conclusion qu'il accordoit le chappeau de cardinal à M. le garde-des-sceaux, fort gracieusement et promptement, mais quant au bref pour pouvoir exercer son office de garde des sceaux, il y fict grande difficulté, alléguant que la dignité est sy grande qu'elle n'admet en compagnie aucun office séculier, et qu'un cardinal ne devoit poinct accepter un royaume, ny estimer plus grande dignité que la sienne, sy ce n'estoit le pontificat, et que tout ce qu'il pouvoit accorder au Roy estoit le cardinalat, qu'il accorde très volontiers, mais que pour le dit bref il ne le pouvoit.

Luy fut respondu que ce n'estoit chose nouvelle que les cardinaux se meslassent des affaires des roys et des princes, et que le Roy en avoit plusieurs de son conseil privé qui n'avoient pas moins de voix en l'administration de la justice du royaume de France qu'avoit un chancelier, parce qu'il se traictoit tous les jours au conseil du Roy des matières sur lesquelles les dits seigneurs cardinaux disoient leurs opinions, et que du temps du feu roy François, nous avons eu un chancelier qui avoit esté faict non seullement cardinal, mais légat, et qu'en Angleterre le cardinal d'Yorc avoit pareille dignité avec le dit garde-des-sceaux du Roy, et que souvent en France la ditte garderie des sceaux avoit esté commise aux évesques et personnes ecclésiastiques, la ditte garde à le bien prendre estant plus tost une commission qu'un office, davantage que l'administration de la justice et en avoir la souveraine authorité en France estoit un œuvre de saincteté, qui ne pouvoit estre contraire à la dignité de cardinal, et que ce désir que le Roy avoit n'estoit pas de rien oster au garde-des-sceaux de sa dignité et authorité, mais bien en retenant l'exercice de sa ditte charge le faire honorer par nostre Saint-Père, sy c'estoit son bon plaisir, de ceste dignité par voye d'augmentation d'honneur et non de diminution de celuy qu'il possédoit auparavant.

A cela Sa Saincteté répliqua que ses prédécesseurs papes avoient concédé pareils choses, mais qu'elle ne pensoit pas qu'ilz eussent bien faict, et qu'elle ne feroit pas volontiers ce semblable, et que des évesques qui ont leur évesché dans le royaume, elle ne feroit pas sy grande difficulté que des cardinaux, lesquels estoient successeurs des apostres.

Mais qu'il falloit, s'il étoit possible, trouver quelque expédient pour contenter le Roy, comme seroit un commis qui eust l'exercise du dit office, demeurant la principalle authorité et direction au dit garde-des-sceaux, et dit au dit ambassadeur d'en communiquer avec le cardinal du Bellaye pour sçavoir comme cela se pouvoit faire.

Sa Saincteté continuant ces propos, survint monseigneur le duc de Guyse, auquel elle dist les mesmes choses en présence de l'ambassadeur du Roy, auxquelles fut respondu par mon dit seigneur en la mesme sorte que jà avoit esté respondu par l'ambassadeur, y adjoustant qu'il ne falloit poinct parler de donner un commis ou conducteur au garde des sceaux, parceque c'estoit un lieu de sy grande authorité et dignité qu'il ne falloit poinct luy donner de compagnon, et que le Roy ne le feroit jamais, parceque la conséquence en estoit dangereuse, luy représentant le serment que faict ledit garde des sceaux en sa création, la grande intégrité et saincteté requise en l'exercisse du dit office pour monstrer que celuy qui avoit une fois esté éleu par le Roy pour le porter ne pouvoit facillement estre changé, et que s'ilz en communiquoient avec autre qu'avec Sa Saincteté, tant luy que l'ambassadeur, en seroient mal voulus du Roy, qui sçavoit qu'elle estoit plus capable de juger de ceste affaire qu'aucun autre, la suppliant partant voulloir gratiffier Sa Majesté qui ne luy avoit pensé demander en cela chose qui ne fust raisonnable, nonobstant quoy le pape voulut prendre conseil sur ce qu'il avoit à faire là dessus.

Après fut parlé à Sa Saincteté par l'ambassadeur, en présence de mon dit seigneur de Guyse, tant de l'inquisition que de la réformation de l'université de Paris, et expédition des bulles et de l'union et dotation du collége de la Sainte-Chapelle du bois de Vincennes, conformément à ce qui a esté commandé par le Roy en ses lettres du 14 febvrier aux deux premiers poinctz desquelz Sa Saincteté a accordé ces brefs demandez, qui seront adressez à monseigneur le cardinal de Lorraine, qui sçaura bien s'en acquitter pour son grand sçavoir et rares vertus ; mais quant au troisième poinct concernant l'union de la chapelle de Vivier en Brye, et de la chapelle des Bons-Hommes à la ditte Saincte-Chapelle de Vincennes, Sa Saincteté dit qu'estant question en cela du droict d'un tiers et d'abolir et estandre deux églises, les parties devoient estre appellées, et advertit ledit ambassadeur de produire les pièces et mémoires qu'il avoit pour cela.

« Fut aussy parlé à Sa Saincteté de se vouloir résoudre à faire la création et promotion des cardinaux dont la liste luy avoit esté donnée, sur quoy après avoir usé d'infinies gracieuses parolles, nonobstant qu'elle ne demandast que de contenter le Roy en tout ce qui luy estoit possible, déclara qu'elle ne se pouvoit résoudre à la ditte promotion devant la Pentecoste prochaine, et qu'il la falloit différer jusques à ce temps-là, tant pour ce qu'il n'y avoit assez de cardinaux pour la faire, estant besoing d'assembler un consistoire pour en conférer avec eux, qu'à cause qu'elle n'avoit pas le loisir de le faire entre les quatres temps, mais que le temps n'estoit pas long.

Luy fut remonstré là-dessus par monseigneur le duc de Guyse qu'il pleust à Sa Saincteté considérer de quelle conséquence estoit la ditte création de cardinaux, qu'il prioit à Dieu de luy donner cinquante ans de vie, mais que sy, par disgrace, sa mort advenoit sans avoir faict ceste promotion, les Impériaux, comme les plus forts, feront dès le lendemain un pape à leur dévotion, et par conséquent le dit sieur duc de Guyse et son armée se trouveroient au plus grand danger d'estre perdus et ruinez que l'on sçauroit penser, et le Roy et son bon fils, au lieu de conquérir le royaume de Naples, se trouveroient avoir perdu de grandes forces et beaucoup de gens de bien, pour ainsy qu'il supplioit très humblement Sa Saincteté de ne plus différer, et de faire aujourd'huy, plutost que demain, la ditte promotion comme chose plus que nécessaire et très importante : et sur ce mesme propos fut représenté à Sa Saincteté par l'ambassadeur, qu'elle luy avoit tousjours dit qu'au retour de monsieur le cardinal Caraffe, et incontinent que monsieur de Guyse seroit passé avec son armée, elle feroit la ditte création des cardinaux, et puisqu'il avoit nécessité d'en créer, qu'estoit le principal poinct, elle ne devoit poinct laisser passer ces quatres temps, attendu la présence de mon dit sieur de Guyse, sans déclarer tous ceux qu'il avoit volonté de promouvoir, et que cela n'empescheroit pas qu'elle ne fist par après une seconde promotion, ce qu'elle monstra ne trouver mauvais, disant pour conclusion qu'elle sçavoit bien que la création des cardinaux ne dépendoit que de son authorité et volonté, et qu'elle avoit grand subjet de ne laisser partir mon dit sieur de Guyse sans luy donner contentement et satisfaction.

Mondit sieur de Guyse sollicita de nouveau Sa Saincteté de luy vouloir donner seureté de quelques places, tant en mer comme en terre, où il peust retirer et sauver son armée en cas de quelque disgrâce, sur quoy elle luy dit d'en conférer avec le dit sieur cardinal Caraffe, l'asseurant qu'elle ne vouloit pas seullement accommoder le Roy de ses places, mais de tout ce qui est en sa puissance.

Lettre de monsieur le cardinal de Tournon au duc de Guyse.

« Monsieur, j'ay veu la lettre que vous m'avez escrite en chiffres, où je n'ay rien veu que je ne pensasse de vous, et ne sçauriez croire combien je me resjouyrai quant j'ouyrai dire que vous serez de retour, tant pour ce que toutes choses en iront mieux que pour vous voir hors des mains des gens à qui vous avez eu affaire, lesquelz ne sont pas pour faire ce qu'ilz vous ont promis, comme je dis quant nous partismes de Fossembrun; mais il en fault faire comme on fait de mauvais payeurs, et veux espérer que Dieu vous aydera et conduira pour faire le service au Pape et au Roy, tel que vous et moy le désirons; il est vray que je suis en peyne d'avoir entendu que le cardinal Caraffe a pris la charge de payer les forces qui demeurent à Rome, et dedans les terres de l'Église, et en la Toscane, ce que je trouve fort dangereux, craignant qu'elles ne soient bien payées, et qu'il n'en arrive quelque inconvénient, à quoy, Monsieur, il me semble que devez bien penser.

« Monsieur de Sèlve m'a fait entendre les propos qu'on vous a tenu de moy, qui sont meilleurs en ces affaires-là que je ne les désire, mais je pense et n'en suis pas marry, que leurs parolles en mon endroit ne sont semblables à leur volonté, et quoy qu'on vous ayt dit, ilz n'ont poinct d'ennui de me veoir si près d'eux, et je vous jure, Monsieur, que j'en ay encore moins, vous suppliant croire que sy ma personne à Rome pouvoit servir au Roy, je n'attendrois pas qu'on me commandast d'y aller, mais ayant affaire à ceux que vous savez, il m'est impossible de luy estre utile, au contraire, il est certain que je gasterois tout, car de la complexion dont je suis et que je pense que tous les gens de bien sont, je ne sçaurois endurer ce que je verrois desraisonnable constre mon maistre, et c'est un crime capital en ce pays-là, où on ne veut ouyr parler de ce qui est raisonnable, outre qu'ils ne sont pas chiches d'injures, et que je ne suis pas assez sage pour les endurer : de sorte que je serois en danger (quelque belle parolle qu'on vous ayt ditte) d'aller bientost au chasteau Saint-Ange, ce que je vous veux bien dire, Monsieur, parce que je veois que vous désirez pour le service du Roy que je retourne à Rome, et pour ce mesme service je désire et me semble que je n'y dois poinct retourner, n'ayant poinct d'envie d'oster le décanat à monsieur le cardinal du Bellay; au reste, je n'ay pas moins d'envie que vous que nous puissions estre quelque temps ensemble, tant pour ouyr ce qu'il vous plaira me dire, que pour vous faire le mesme de ce que j'ay sur le cœur, comme à un des seigneurs de ce monde que j'aime et estime le plus.

« De Pesaro, ce 9 apvril 1557. »

Le faict de certains propos de querelle passez entre l'archevesque de Vienne Marillac et de Sèlve, ambassadeur du roy à Rome, est prétendu tel que s'ensuit, de la part dudit de Sèlve.

Fault premièrement entendre que le dit arcevesque de Vienne arriva à Rome le XXV⁵ de février au logis dudit ambassadeur où il a demouré jusqu'au VI⁵ de may en suivant, y aiant receu tous les honneurs, honnestes et gratieulx traitemens de bonne chaire que ledit ambassadeur luy a peu faire, dont prou de grands et dignes personnages peuvent porter foy et tesmoignages sans en faire particulière commémoration.

Le XXVII⁵ ou XXVIII⁵ apvril advenu, que M. le baron de la Garde estant venu visiter le dit ambassadeur avec bon nombre de gentilshommes, capitaines et soldats, tellement que la salle en estoit presque plaine, le dit arcevesque de Vienne tenant les mains derrière et avec ung geste et ung visaige d'homme indigné et qui vouloit faire démonstration de quelque puissance ou auctorité sur le dit ambassadeur, l'interrogea pourquoy il ne faisoit payer deux pouvres cannoniers de Civita-Veche là présents qui attendoient leur argent il y avoit plus de six jours et que c'estoit grande honte. L'ambassadeur, se voyant ainsi indignement traitté de parolles en si bonne compagnie, luy demanda en soubzriant s'il luy vouloit faire son procès là dessus, pour ce qu'il ne bailloit pas l'argent du Roy aulx premiers qui le demandoient. Ledit arcevesque repliqua : Je les despescherois donc si je ne leur en voullois bailler et leur dirois qu'ils n'en auroient point. L'ambassadeur deist la dessus : Il fault que je vous en rende compte puisque vous me le demandez et que vous me voulez faire mon procès en leur présence. Ils demandent leur payement pour le mois de janvier, febvrier, mars et apvril ; de mars et apvril, vous sçavez que c'est monsieur le cardinal Caraffe qui en doibt faire le payement par accord faiet avec M. de Guyse. — Moy, dict le dit arcevesque de Vienne, je ne sçay pas. — Vous le sçavez, respond l'ambassadeur, comme moy, car vous y estiez présent. — Après, dit le dit arcevesque, des autres deux moys que ne les paye-ton ! Respond l'ambassadeur : Pour ce que le trésorier monstre par quittance d'ung contrerolleur qu'ils ont esté payés au mois de janvier, combien que eulx disent le contraire, et je suis après à vérifier lequel d'eux dict vérité, et ne veulx pas les faire payer deux fois pour ung mesme mois. Et quant à febvrier, s'il le fault payer, c'est semblablement au cardinal Caraffe à le payer, car il s'en est chargé pour la despence de Civita-Veche tout ainsi que monsieur de Guyse s'est chargé de la despence de la marque pour le dit mois; mais a esté advisé entre eulx de ne payer les dicts arréraiges de febvrier et de les faire perdre tant au dit Civita-Veche qu'en la marque. — Que ne le dites-vous doncques aux dits cannoniers ! dict le dit arcevesque. — Pource, dict l'ambassadeur, que je ferois ce me semble une sottise d'aller declairer aux soldats et à ceux qui ont servy, qu'on leur veult faire perdre ce qu'on leur doibt. Et voylà comme passa ce propos, auquel le dit arcevesque, comme se void, se déporta comme s'il avoit authorité de se faire rendre compte de toutes choses par l'ambassadeur du Roy et de le faire redarguer ou reprendre ; et quant il debvroit encores prendre telle authorité, si en debvoit-il user en plus juste occasion, plus modestement et en aultre lieu qu'en public, et en telle assemblée et devant les parties intéressées.

Le premier jour de may 1557, arriva à Rome le sieur de La Chapelle aulx Ursins, gentilhomme de la chambre du Roy, au logis du dit de Sèlve, venant en poste du camp de monseigneur de Guyse et en la chambre du dit ambassadeur conféra du faict de sa charge et commission qu'il avoit tant du Roy que de monseigneur de Guyse entièrement, tant au dit ambassadeur qu'au dit arcevesque de Vienne, lequel prenant la parolle se mict à dire qu'il vouloit, dès le lendemain, aller demander son congé au Pape et parler du faict de la privation, et quant et quant luy dire que si le marquis de la Cave estoit prest à partir, que le Roy lui auroit commandé de luy faire bonne compagnie, disant au dict sieur de La Chapelle : Vous et moy irons demain tous deux au Pape ; ce qu'il répéta par deux fois. L'ambassadeur voyant qu'on le comptoit pour o en chiffre et pour néant, se meit à dire au dict arcevesque qu'il luy feroit compagnie, il respondit ces paroles : Y voulez-vous venir, c'est bien dict, il ne sera que bon ; nous irons donc tous troys.

Le lendemain matin feurent tous troys parler à M. le maréchal Strozzy, en son logis, et après à monsieur le cardinal Caraffe.

Et retournèrent disner ensemble chez le dit ambassadeur ; incontinent après disner, s'estant levez de table, ledit arcevesque de Vienne publiquement en pleine salle, devant chacun dict tout hault au dit ambassadeur comme si c'estoit à luy à ordonner, qu'il falloit qu'ils se retyrassent tous troys en une chambre, ce qui feust faict sans dilation ni réplique du dit ambassadeur. En la chambre duquel s'estant tous troys assiz, le dit arcevesque continuant les entreprinses de prééminence va départir à chacun sa charge et commission sur laquelle il auroit à négotier devers le Pape, disant au dit sieur de La Chapelle : Vous parlerez du faict des cardinaulx, je parleray du faict de la privation du royaume et du voiage du marquis de la Cave et de mon congé. Vous, dict-il à l'ambassadeur, vous parlerez du faict de la promotion de M. de Sainct Papoul suivant ce que la Royne vous en a escript. Soudain après va dire au dit ambassadeur : Vous oublyez une chose.—Moy, dict l'ambassadeur, je n'oublye rien que je sçaiche, car je n'ay encores de rien parlé : qu'est-ce que j'oublye?— Vous oublyez, dict l'aultre, de parler de ce dont vous avez parlé le matin à M. de La Chapelle et à moy. Respond l'ambassadeur :— Si je vous en ay parlé ce matin, ce n'est pas signe que j'ay oublyé, et ne s'ensuit pas que je soye tenu de vous en parler l'après disnée s'il ne me plaist, avec ce que vous ne m'en donnez le loisir ; davantage, monsieur de La Chapelle sçait bien que je n'ay rien oublyé là dessus, car nous en avons depuis parlé ensemble. Mais quand je y pense, Monsieur, vous me traictez d'une estrange façon, car il semble que je soye vostre clerc ou votre disciple, et que vous me veuillez icy régenter comme si vous estiez mon pédagogue ; je le trouve bien estrange, car je ne l'ay pas accoustumé, et y a long temps que je sçay aller tout seul, et n'ay point veu que le Roy entende que vous preniez aucune authorité sur moy au faict de ma charge ; j'en ay trop enduré et faut que je vous dye après que tout le monde s'en apperçoit et s'en mocque de moy, que je ne le puis plus souffrir sans me plaindre. Ledit arcevesque va dire là dessus au dit ambassadeur qu'il ne luy faisoit point de tort de luy parler comme il avoit parlé et qu'il ne l'avoit point dict pour luy desplaire et qu'il avoit tort de s'en couroucer et de s'en mectre en cholère.

L'ambassadeur respond qu'il ne se courouçoit point, mais qu'il seroit bien indigne du lieu qu'il plaisoit au roy qu'il tinst, si l'on le vouloit traicter en enfant ou en disciple et qu'il ne le senteist, et que ce qu'il en disoit n'estoit pas seulement pour ce qui estoit advenu à l'heure, mais pour d'autres semblables actes qu'on luy avoit faict endurer au préjudice de son honneur, ce qui advenoit trop souvent, et que de fraiche datte, présent M. le baron de La Garde, et tous les capitaines des galères et plusieurs gentilhommes et soldats, il luy auroit naguères faict une honte et reprimande de ce qu'il n'avoit fait bailler argent à deux cannoniers de Civita-Veche, et que plusieurs gents avoient notté et observé et estimé moins ledit ambassadeur de s'estre, sans propos, laissé rabrouer de ceste sorte, et que cela advenoit trop souvent et qu'à la fin il n'y avoit patience qui n'eschappât. Ledit arcevesque, sur ce propos, dict qu'il ne l'avoit point faict à maulvaise intention, usant ces parolles : Je ne le disois que pour bien, mais je suis ainsy mal gratieux. Respond l'ambassadeur : Voylà de quoy je me plains, car je n'ay pas mérité envers vous que vous le soyez en mon endroit. Je ne le suis pas au vostre et ne vous en ay point donné occasion. Dict le dit arcevesque : Si vous connoissiez mon cœur, vous trouveriez que je vous ayme et vous vénère. Respond l'ambassadeur : Si vous voyiez le mien, vous trouveriez le semblable. Dict davantage le dit arcevesque : J'ay négotié avec vous aussi sincèrement et nettement que homme sçauroit faire. Respond l'ambassadeur : Et moy avec vous aussi sincèrement et nettement que vous avec moy, pour le moins. Réplique le dit arcevesque en cholère et eslevant sa voix et repétant ceste parole : Pour le moins ! Vous voulez donc dire qu'il y a quelque chose de plus ; vous ne sçauriez avoir négotié plus sincèrement que moy. Dict l'ambassadeur : Je ne veulx point dire plus, je veulx dire ce que j'ay dict et vous redits encores : Vous me reprochez que vous avez négotié sincèrement et nectement avec moy, je dis que j'en ay faict autant avec vous pour le moins. Là dessus, sans autre raison ne propos, le dit arcevesque luy va donner un démentye. Le dit ambassadeur fust si troublé qu'il confesse, recevant ceste injure, avoir esté tout prest de le saisir à la barbe et à la gorge, et ne scait comme Dieu l'en garda. Toutefois, toute la revanche qu'il en prist feut de luy dire : Maître fol, maître sot, vous m'avez indiscrètement et insolentement et sans propos démenty et oultragé en ma maison, tenant le lieu que je tiens ; souvenez vous en, si je n'avois respect au mestre que nous servons, et au lieu où je me trouve et plus de discrétion que vous, je vous ferois saulter par les fenestres et n'y auroit point de faulte, et vous apprendrois comme il fault parler aulx gens de bien, mais j'espère que je vous le feray sentir. Le dit arcevesque continuant ses indiscrettes et bravades parolles, entre autre luy deist qu'ils se trouveroient ailleurs. Le dit ambassadeur respondist : Quand vous voudrez, pleust à Dieu que ce peust estre tout à ceste heure. L'arcevesque deist : Je ne suis pas homme d'espée.—Nemoy, dist l'ambassadeur, non plus que vous, mais je ne suis poinct homme pour endurer oultraige ; et puisque vous n'avez respect à moy ne à mon honneur, et que vous me traistez en vallet, j'en auray aussy peu à vous que à ung laquay. Le dit arcevesque suivant son stille d'injures, hors de propos, va dire : Je vous serviray de laquay, je feray vos fiebvres quartaines. L'ambassadeur respond : Voylà ung honnette langage, c'est le langage d'ung vray bélistre, vous monstrez l'honnetteté qui est en vous ; je vous prie, ne tentez plus ma patience, car j'ay peur qu'à la fin elle n'eschappe. Continuant ses coups, il va menasser ledit ambassadeur du conseil privé du Roy, disant que leur querelle se vuyderoit là. Il luy respond que les siens et luy estoient connus des roy et de leur conseil avant qu'on

sçeust qu'il feust au monde, et quand le Roy entendroit le faict, Sa Majesté jugeroit que le dit ambassadeur avoit usé de grande patience et de grande discrétion, veu le lieu qu'il tenoit, l'oultraige qui luy estoit faict et le moyen qu'il avoit de s'en ressentir. Et au contraire, seroit jugé que le dit arcevesque avoit sottement, témérairement et insolentement parlé, et seroit conneu à l'adventure que ce n'estoit pas la première fois qu'il n'avoit parlé avec toute la discrétion et le respect qu'il debvoit avoir.—Vous voulez donc dire, dict l'arcevesque, que j'ay esté jugé indiscret du conseil privé.—Je ne deist poinct cella, deist l'ambassadeur, mais je dicts que le conseil connoistra que ce n'est pas la première follie que vous avez faicte, et qu'il ne fault point que vous me menassiez du conseil du Roy, car je y seray ouy comme vous et n'ay point peur là de vous, tout évesque que vous estes, car vostre diocèse ne s'étend point jusques là, et je ne suis vostre brebis ne vostre mouton, et n'avez nulle authorité sur moy.

Ceste mesme après dinée allèrent tous troys devers le Pape, où ledict arcevesque de Vienne persévérant de se magnifier et de primer l'authorité appartenante à l'ambassadeur à cause de sa charge tant en public qu'ailleurs, après avoir dict au Pape qu'il falloit qu'il s'en retournast en France suivant le commandement qu'il en avoit receu du Roy, luy dict que si la privation ne pouvoit estre si tost faicte, qu'il laisseroit icy un sien parent qu'il appella chambrier du Roy, pour porter ladicte privation, comme si l'ambassadeur en toutes choses ne debvoit estre pour rien compté et que ce fust à luy de disposer et ordonner des dépesches et de ceulx qui les doibvent porter, non seulement durant le temps de sa résidence par deçà, mais encore après. A quoy ledit ambassadeur, par modestie, ne vouleust aulcune chose respondre ou replicquer, combien que ce feust une notable arrogance et une nouvelle bastonnade qu'il luy donnoit en bonne compagnie, où ses termes furent bien nottez.

Voilà les parolles advenues après que ledict ambassadeur a recueilly, honoré et le mieulx traisté qu'il luy a esté possible ledict arcevesque de Vienne, plus de deux mois. Faict et rédigé par escript, audict Rome, le 5ᵉ dudict mois de may 1557.

Et suit l'atestation du secrétaire de l'ambassade.

« Cejourd'huy 13ᵉ jour de may 1557, le présent escript contenant quatre feuillets a esté par moy souscript secrétaire du Roy à Rome, monstré et leu parole pour parole au sieur de La Chapelle, qui a dict et respondu que ce qui a passé en sa présence est bien et deuement narré selon la vérité du faict. En foy de quoy j'ay signé la présente certiffication ou attestation ledict an et jour dessusdict, à la requeste de mondict sieur de Selve ambassadeur.

« Signé BOUCHER. »

Double d'une dépesche apportée de Rome par Nicquet.

« A l'arrivée de Nicquet à Rome, le Pape veit le pouvoir envoyé par le Roy à monsieur le cardinal de Tournon pour négotier, conclurre et arrester quelque réconciliation entre Sa Saincteté et Majesté Christianissime, ne se pouvant pour ceste heure conclure une bonne et parfaicte paix, après plusieurs partis mis en avant, finalement Sadicte Saincteté, tant en son nom que au nom de l'Empereur, et ledict sieur cardinal au nom de Sadicte Majesté Christianissime, se sont résoluz à une suspension d'armes, tant à Parme que à la Mirandole, pour l'espace de deux ans, pendant laquelle Sadicte Saincteté, au nom que dessus, promet qu'il ne sera fait guerre ni aucune entreprinse directement ou indirectement entre lesdicts Parme et la Mirandole, et de ne les offencer par eulx, leurs gens ou estats, ny autrement, en quelque manière que ce soit, et réciproquement ledict sieur cardinal au nom que dessus promet que Sadicte Saincteté ny ledict Empereur ne seront aucunement du costé desdits Parme et la Myrandolle molestez, troublez et offensez, et sont passez les choses de telle sorte que ne trouvant bon et ne voullant ratiffier ledict Empereur ce que dessus en ce qui luy touche, que Sadicte Saincteté ne déclara se retirer en tout et partout de la guerre, sans prester audict Empereur son autorité ne luy donner ayde et faveur de gens, de deniers, de vivres ny autrement en quelque manière que ce soit, et que tout ce qui seroit mis au traité d'entre Sadicte Saincteté et Sadicte Majesté Christianissime, mesmes que Sadicte Saincteté a promis s'efforcer de donner tous les moyens qu'il sera possible de refreschir la Myrandolle, et donner temps d'abattre les forts qui sont devant ladicte Myrandolle avant que les Impériaulx y mectent le pied, après que Sadicte Saincteté en aura levé ses gens.

« Que moyennant ledict accord, les biens et mesmement la cité de Castres seront rendus au duc Horace, et tous les biens restituez aux serviteurs du Roy comme aux sieurs Strossy, Paule Ursin, Aurelio Fregoze et autres auxquels ils auroient esté ostez.

« Que Sadicte Saincteté a esté si dextrement maniée, que le vendredi-saint en congrégation génerale elle se déclara amy du Roy, et suspendit le concille de Trente sans en attendre ny de l'ung ni de l'autre la volonté ny consentement dudict Empereur, au grand regret des cardinaux impériaulx qui se trouvèrent en ladicte congrégation, avec plusieurs honnestes propos que Sadicte Saincteté tint de Sadicte Majesté, tant de la relligion qui est en elle que de ses bons déportemens envers l'Église et le Saint-Siége, disant qu'elle aimeroit mieulx avoir perdu cent Parme que la bonne grâce de Sadicte Majesté, et que si ceste réconciliation ne s'appelloit que suspention d'armes, que quant à elle ce seroit une paix, ayant résolu de ne prendre jamais les armes contre Sadicte Majesté Christianissime.

« Que pour la nouvelle que Sadicte Saincteté eut de la mort de son nepveu le sieur Jean-Baptiste, depuis les choses cy-dessus accordées elle n'a rien empiré en sa bonne volonté, mais plustost amandé, espérant d'avoir plus d'obéissance en ceulx qui ont maintenant la supresme intendance en son camp devant la Myrandolle, pour l'exécution de ce qu'elle a promis quant aux forts et refreschissemens de ladicte Myrandolle comme dessus est deist, qu'elle n'eust eu audit sieur Jean-Baptiste. »

« Nostre armée, après la prinse de la ville et chasteau de Vallence sur le Pau, passa tout le reste de son droit chemin par le Milanoys, estat de Plaisance, de Parmes et aultres de la Lombardye jusques aux terres du duc de Ferrare, sans aulcune résistance et avec telle abondance et de vivres et aultres choses commodes à son voyage, que partout où se dressoit le camp sembloit une foire et apport de marchans. En quoy est grandement à louer la bonne police qui se tenoit, de sorte que rien ne fut jamais pris sans paier qu'avec punition et chastiment de celluy qui l'avoit faict. Les vivres nous furent de quelque peu rencheris par les Ferraroys, tant pour le soulagement que l'on leur vouloit faire en faveur de l'alliance avec leur prince que pour n'estre le pays si bon. Je ne diray la rencontre particulière de messeigneurs les ducs de Ferrare et de Guyse, qui fût à Rege avec telle démonstration d'allégresse et joie que chacun peult penser ; là auprès fut monstrée toutte nostre dite armée tant de gens de pied que de cavallerye en ung bataillon, comme pour combatre, audit duc de Ferrare avec une salve de nostre artillerye et harquebuziers accoustumée, lequel la trouva fort belle, comme à la vérité elle estoit, pour le chemin qu'elle avoit passé durant le plus mauvais de l'hyver, il estoit quasi incroyable qu'elle se fust peu conserver si fresche et gaillarde tant d'hommes que de chevaulx. De là monseigneur de Guyse s'achemina droict à Ferrare avec ledit duc et se destourna seul du droict chemin pour passer à la Myrandole. Cependant l'armée marchat tousjours, jusques aux portes de Bollongue, où nostredit chef la vint retrouver; et l'ayant faict séjourner en ce lieu par trois ou quatre jours, tant pour reprendre ung petit alayne que pour avoir moyen de remettre ses équippaige et acoustrementz, la feit costoier le grand chemin jusques à Arimini où il arriva le premier avec le cardinal Caraffe, qui l'estoit venu trouver audict Bollongue. Et dudit Arimini partirent ensemble en poste pour aller à Rome, et y entrèrent le jour de caresme prenant. Là furent menées les choses en plus grande longueur que l'on ne pensoit, pour beaucoup de difficultez trop longues à réciter, jusques à ce que ayant enfin déterminé le voyage au royaulme de Naples, le lundy de la sepmaine saincte, mondit seigneur de Guyse avec tittre de lieutenant en Itallye de Sa Saincteté et du Roy Très-Chrestien, cappitaine général en l'armée de la saincte ligue, se partit de Rome en poste comme il y estoit allé, ayant quelques jours auparavant mandé à monsieur d'Aumalle son frère qui, durant ceste absence estoit tousjours demeuré aux environs dudit Arimini, chef en l'armée, qui la feist acheminer droict à la marcque d'Ancône, et là mondit seigneur de Guyse la vint retrouver aux environs de Nostre Dame de Lorette. Il y séjourna pour la dévotion de la madone jusques à la veille de Pasques, qu'il vint coucher à Civita-Nova, dix mil par deçà, où il feist ses Pasques. Et le lendemain, à l'entour de Ferme, où il séjourna quasi le reste de la sepmaine, attendant que nostredite artillerye venue par mer jusques au port dudit Ferme se remontast. Cependant estant sa délibération d'entrer audit royaulme par ce pays de l'Abruzze, il envoya devant, pour recognoistre l'ennemy, tous nos chevaulx légers avec cent hommes d'armes en deux compaignies, et trois enseignes françoyses, tous harquebuziers, le tout conduict par les héritiers de Tavannes et Scipierre, ausquelz la fortune fut si favorable sur l'entrée, que à dix mil dedans le pays ilz prindrent, par surprinse et escallade, une ville et chasteau nommée Sampio, dont le butin a esté estimé à plus de deux mille escus. Il est vray qu'il n'y avoit dedans que ceulx de la ville, et force paisans d'alentour ramassez là avec leurs biens; lesquelz peu de jours auparavant avoient refusez garnisons de gens de guerre, s'estimans assez fortz pour se garder d'eux-mesmes; ce qui est croyable qu'ilz eussent peu faire pour quelque temps s'ilz eussent estez bien uniz, car l'on tient à merveilles ceste prinse sans artillerye, pour le nombre d'hommes, desquelz il fut rapporté pour trophée deux enseignes. Ce commencement a esté une curée à nos soldatz, et donne tel advis et tel conseil à beaucoup d'autres places voisines, qu'elles sont venuez de bonne heure à obéissance et fournitures de vivres dont nous n'avons encore eu faulte, ny les chevaulx de verdure. Depuis, tout le reste de nostre armée est venu mettre le siége à Civitelle, trois mil plus près, et à sept mil de Ascoli, dernière ville du Pape, où à l'abords des premiers, en présence de monseigneur de Guyse, fut faicte une belle et vraie escharmouche, sans grande perte d'une part ny d'aultre. L'assiette de la ville est fort bizarre et malaisée, estant sur le pendant d'une montaigne qu'elle occupe quasi toute, et a, du costé d'en hault, ung précipice de roc inaccessible; de l'aultre, la closture de la muraille est si avant sur ladite montaigne, que le vallon de dehors en est fort long, et fault longuement monter et bien droict devant que de venir jusques à ladite muraille, laquelle au demourant est bien remparée et environnée de cinq ou six gros boullevers de terre qui flanquent toutte ceste cortine basse, de manière que les approches en sont fort difficiles, mesmes pour estre tout le pays d'alentour montueulx et les vallées longues du costé de la dite ville, qui fait que l'on ne peult asseoir l'artillerye en lieu qui l'offense beaulcoup ny approcher de plus près que tout à descouverte. Oultre ce ilz ont la Rochette tout au hault pour une dernière retraicte. Leurs forces sont de huict enseignes souldoyées et deulx de la commune qui se moustrent bien gens de guerre. Ilz ont pour chef le comte de Saincte-Fiore, chevalier de l'ordre de l'Empereur, homme de grande espérance, parvenu par ses vertuz au degré d'honneur qu'il tient. Leur siége commença dès le 24e d'avril, et fusmes renforcez devant hier de douze enseignes françoyses que le sieur de Givry a amenées de Rome; Dieu veille que l'issue en soit à notre souhait. »

Lettre de monsieur de Lodève au dit duc de Guyse.

« Monseigneur, j'ay reçeu ce matin la lettre qu'il vous a pleu m'escrire, du 15, et entendu de monsieur le cardinal de Tournon l'estat de vos affaires, dont j'ay parlé à la Seigneurie, pour dire comment vous vous estiez levé de devant Civetelle pour aller combattre le duc d'Albe et l'aller chercher le plus avant que vous pourriez, et que desjà vos deux armées estoient bien voisines. Je vous jure, Monseigneur, que vous avez esté plus loué de ceste action et belle résolution que sy vous eussiez pris Civetelle, et n'y a personne par-deçà qui ait opinion que le dit duc d'Albe veuille venir au combat, encore qu'il ayt plus grand nombre d'hommes que vous n'avez, et luy ayant ainsy moustré le visage vous pouvez tourner honnorablement vos entreprises en tous les endroits où vous verrez un advantage. Je vous escrivis hier par un homme de monsieur de Nemours, la venue d'un secrétaire de monseigneur le connestable icy, pour le passage des lansquenets que le Roy vous veult envoyer pour renfort, ne vous voullant abandonner ny laisser en nécessité de ce que vous aurez besoing. Je vous supplie très humblement ne penser qu'à conserver une petite trouppe avec laquelle vous pouvez faire grand service au Roy et acquérir grande réputation.

« La Seigneurie m'a dit aujourd'huy que M. de Brissac estoit encore devant Coni, et la prise qu'on avoit icy publiée de Fossan s'est trouvé véritable ; qu'est, Monseigneur, tout ce que je vous puis escrire pour ceste heure, suppliant le Créateur, etc.

« Venise, ce 22 may 1557.

« Votre très humble et obéissant serviteur,

« D. Évesque de Lodève. »

Monsieur le duc de Guyse continuant son logement entre Norette et Coropoly, où il séjourna dix jours entiers pour voir la contenance de l'ennemy, et essayer tous les moyens de l'attaquer, après avoir considéré la façon de faire de son dit ennemy, avoir esté bien informé de toutes ses forces et bien regardé la situation du pays, délibéra de proposer à M. le duc de Palliano d'employer ceste armée sans la laisser plus longuement perdre temps, puisqu'elle avoit desjà essayé tous les moyens possibles pour venir au combat, et qu'ensemble on donnast sy bon ordre que les pays du Pape ne peussent estre aucunement endommagez, ce que considérant plus particulièrement, le tenoit plus retenu en toutes ses résolutions, dont finalement le 25° jour de may, après disner, s'estant trouvé un peu indisposé, envoya à M. le duc de Palliano pour le prier de prendre la peyne de le venir voir pour communiquer avec luy des affaires communes, et estant le dit duc arrivé, luy dit qu'il avoit bien voulu luy en parler en particulier avant que de rien proposer au conseil, pour faire quelque bon projet et adviser à prendre une bonne résolution.

Luy remonstra qu'ayant esté contrainct pour éviter que l'ennemy ne se vinst mectre entre luy et ses vivres, durant qu'il tenoit Civitelle assiégée et qu'il ne courust les terres de l'Église, il avoit esté obligé de se poster au lieu où il estoit pour couvrir ses vivres et se tenir à la teste de l'ennemy, pour voir s'il y aura moyen de luy présenter bataille, où il ne l'avoit néantmoins peu attirer, s'en esloignant autant qu'il pouvoit, l'ayant bien témoigné en ce qu'il n'avoit voulu entreprandre de se faire maistre de la ville de Tortorette, qui est sur la colline, où il pouvoit prendre grand advantage pour ce faire, ayant en outre choisy un camp le plus fort qu'il estoit possible, environné de la mer d'un costé, et de la rivière de l'autre, et non content de cela, il s'y fortifiloit tousjours, s'y tenant à couvert, en sorte qu'il n'y avoit aucune apparence de l'aller assaillir par la teste, à moins que de se vouloir rompre, ce qui pouvoit estre imputé à peu de prudence, à un chef de guerre ; que sy on le voulloit attaquer par derrière, se logeant entre luy et ses vivres, il n'estoit assez fort pour ce faire, pour ce que les vivres luy pouvoient tousjours venir par la mer dont il estoit maistre, qu'ainsy de demeurer plus longtemps devant les ennemys avec l'armée, où il y avoit desjà beaucoup de malades et perdre le temps sans rien faire, c'estoit aussy faire perdre le cœur aux siens, et qu'il seroit beaucoup plus à propos pour le service de Sa Saincteté et de Sa Majesté de tascher d'endommager l'ennemy, et que pour cela en falloit advertir Sadicte Saincteté comme estant plus voisine, et ce par monsieur le mareschal Strossy pour la suffisance et confiance que Sadicte Saincteté et Sa Majesté avoient en luy, et cependant que l'armée pourroit changer de logis pour respirer un peu ; ce qui fust assez approuvé par le duc de Palliano après quelque résistance à la proposition d'envoyer le dit sieur mareschal Strossy, parce qu'en effet il estoit malade de fiebvre.

Lettre de monsieur le connestable à monsieur le duc de Guyse.

« Monsieur, ayant receu vostre lettre du 9 de ce mois, je n'ay failly, après l'avoir faict déchiffrer, de la faire lire au Roy, de mot à mot, qui m'a commandé de vous faire responce par vostre secrétaire Marseille, que nous vous renvoyons présentement, ne voulant en premier lieu oublier de vous asseurer que le dit seigneur ne sçauroit estre plus content et satisfaict de vous, qu'il est avec bonne et juste occasion, ainsy qu'il estoit, et a esté fort aise que vous soyez d'opinion conforme à la sienne, avec résolution de suivre ce qu'il vous a mandé par le sieur de La Chapelle aux Ursins, au moyen de quoy vous n'avez qu'à vous disposer au plustost que vous pourrez et retourner sur vos brisées, ainsy que le dit seigneur vous escrit et que vous avez très bien et sagement délibéré, donnant le meilleur ordre que vous pourrez aux choses que vous proposez par vostre lettre, comme estant très nécessaires; au demeurant les lieux par où vous passerez et les occasions vous pourront apprendre ce que vous aurez à faire, sans que nous vous en instruisions de long. Il est vray, Monsieur, que une des choses qui sont plus à faire, est que nos places du Siennois et de la Toscane soient bien pourvéues, parce que ce doit estre là où les ennemys doibvent jetter leur venin, à quoy ils eussent esté empeschez sy l'entreprise sur Porto-Hercule eust peu réussir; que sy vous pouviez en passant donner quelque estreinte à ce bon duc de Florence, je m'asseure bien que vous le ferez et ne vous y espargnerez poinct, mais surtout il vous souviendra, s'il vous plaist, de vous garder de repasser par Rome, quelque semonce et sollicitation que l'on vous puisse faire, soubz quelque prétexte ou occasion qu'on vous puisse alléguer, vous suppliant de croire que vous tenant joinct à une armée sans l'abandonner, vous donnerez la loy partout où vous passerez. Le Roy renvoye mon fils Damville, qui estoit venu par deçà pour les nopces de son frère; nous advertirons par luy M. le mareschal de Brissac de vostre retour, affin que vous favorisiez l'un et l'autre à entreprendre quelque chose dans le Millanois. Le dit sieur mareschal a pris d'assault Valfenyères et Querasque, et est avec son armée fort gaillarde devant Conys, où les ennemys sont fort obstinez, nonosbstant la furieuse batterie des nostres. Cela néantmoins n'empeschera pas qu'elle ne soit emportée comme les autres. Monsieur, je vous advyse que le Roy a esté très aise d'entendre l'ordre que vous avez donné de payer nos pauvres gens de guerre de la Toscane, car il avoit esté adverty des longueurs et dissimulations du cardinal Caraffe et autres ministres du Pape à leur envoyer de l'argent, et du dessein qu'ils avoient de leur retrancher un moys de paye, ce qui les faisoit desbander; vous ne sçauriez aussy croire combien le dit seigneur a trouvé mauvais la braverie et insolence dont ce marquis de Montebello a voulu user en vostre endroit, et trouve bon que vous luy ayez sy bien rendu son change comme vous avez faict. Il faut que je vous die que je m'esbays bien fort, veu que vous avez une aussy bonne teste qu'il y en eust en Champagne, que vous ayez peu souffrir cela sy patiemment, car c'estoit bien s'oublier en ce beau seigneur de se vouloir comparer à vous, non seullement pour le lieu que vous tenez, représentant les personnes du Pape et du Roy, mais aussy pour toutes autres qualitez qui sont sy dissemblables entre vous et luy. Quant tout est dit, on ne peult trouver en un homme que ce qui y est, et sur ce je feray fin à la présente, avec laquelle je vous envoye celle que le Roy vous escrit de sa main, et un extraict des nouvelles que nous avons receues, ne me pouvant empescher de vous dire sur les autres particularitez de vostre lettre, où il ne gist poinct de responce, qu'il est impossible de s'aquitter mieux et plus dextrement de la charge que vous avez que vous faicte, me recommandant humblement à vos bonnes grâces, et priant Dieu, etc.

« Escrit à Ferre en Tardenoys, le 28 may 1557.

« Je ne veux oublier de vous dire, Monsieur, que nous sommes après à retirer M. le duc d'Urbain au service du Roy, suivant ce qu'il nous en a faict rechercher par homme exprès que nous a despéché monseigneur le cardinal de Tournon, auquel le Roy a fait entendre là-dessus son vouloir, vous pouviez sçavoir de quelle importance le dit duc et son estat peut estre à la seureté et conduite de nos affaires par delà.

« Vostre obéissant serviteur,

« MONTMORENCY. »

Copie du pouvoir du herault d'Angleterre d'intimer la guerre au Roy, du 1er de juin 1557, dont le double fut envoyé au duc de Guyse.

« Maria Dei gratia Regina Angliæ, Hispaniarum, Franciæ, ustriusque Siciliæ, Jerusalem et Hiberniæ, fidei defensor, Archiducissa Austriæ, Ducissa Burgundiæ, Mediolani, et Brabantiæ, Comes Habspurgi, Flandriæ et Tirolis, omnibus ad quos presentes Litteræ pervenerint, salutem. Notum facimus quod nos de fide, probitate, et industriá dilecti nobis Wilelmi Horrey principalis regis armorum pro partibus nostris borealibus plurimum confidentes, eidem mandavimus et commissimus illustrissimum principem Henricum regem christianissimum adire, et nomine nostro quædam mandata et commissionem aperire, proponere, et declarare, et ad belli denunciationem et intimationem hostilitatis procedere, juxta formam in eâ re de consilio et assensu consiliariorum nostrorum in quibusdam instructionibus scriptam, et manu nostrâ signatam. Promittentes bona fide, et in verbo regio, nos ratum, gratum, et firmum habituros quicquid dictus heraldus noster fecerit de præmissis, et in aliquo præmissorum. In cujus rei testimonium his litteris, manu nostrâ signatis, sigillum nostrum apponi fecimus. Datum in palatio nostro de Westimònasterio, primo die mensis Junii, anno Domini millesimo quingentesimo quinquagesimo septimo et regnorum nostrorum tertio et quarto. »

Lettre du duc de Guyse à M. de Nivernois.

« Monsieur mon compaignon, le discours que je fais présentement à Sa Majesté tant de la guerre que du fait de nostre négociation, est si long, que je ne m'estandray vous en faire redit, sçachant bien que en sçavez ce qui en est, et me suffira seulement vous dire, monsieur mon compaignon, que le duc d'Albe, comme sage qu'il est, ne s'est jamais voulu hazarder de combatre, encore qu'il fust plus fort que nous de bien huict mille hommes et quinze cens ou deux mille chevaux, mais m'asseure bien que ses gens ne sont plus resolus de combattre que les myens, lesquels, Dieu mercy, j'ay jusques à ceste heure conservez, et ne paroît pas beaucoup que j'en aye perdu. Nous sommes retirez de l'entreprise de l'Abruzze pour tourner où nous verrons qu'il sera plus à propos d'offenser le commung ennemy.

« Je ne veux faillir, monsieur mon compaignon, à vous dire que vous devez bien aymer et estimer monsieur vostre fils, lequel m'a fait si bonne compaignie en tous lieux où j'ay esté, qu'il ne a pas tenu en luy qu'il n'ayt mis la main aux armes et se soit trouvé où les gens de bien se montrent. Il fait fort bonne chère et mectray peine de la luy conserver et garder, comme s'il estoit mien propre, pour vous le rendre ainsi que vous ne le désavouerez point. Cependant, monsieur mon compaignon, je me recommanderay bien humblement à vostre bonne grâce, priant Dieu vous donner en santé longue vie.

« Du camp de la Saincte Ligue, près le port d'Ascoly, ce 11e jour de juin 1557. »

« Monsieur mon compaignon, il fault que je vous dye que monsieur vostre fils estant devant Civitelle m'oüit ung jour dire que je voulois le lendemain faire donner l'assault; il n'en fist semblant jusques à l'heure qu'il pensoit que les François devoient marcher, qu'il envoya ung sien page querir son corselet et morion, et le fist cacher derrier un arbre en attendant l'heure qu'il le deust prendre. Son entreprinse fust découverte; de quoy je ne fis semblant sinon de prendre garde à luy. Sy vous le désavouez pour cela, je diray que je vous porte envie d'avoir ung tel fils. J'ay plus de peur qu'il aye mal que moy.

« Ceste lettre sera s'il vous plaist pour madame vostre fame aussi bien qu'à vous, à laquelle je présente mes humbles recommandations à sa bonne grace.

« Vostre bien humble compaignon cousin et bon amy, « FRANÇOIS DE LORRAINE. »

Le dessein du duc de Guyse n'ayant pas esté tout à faict caché, voicy ce que monsieur de Sèlve, ambassadeur du Roy à Rome, luy en escrit.

« Monseigneur, environ les deux heures après midy, après le partement du courrier Gobe, M. le cardinal Sermonette m'est venu trouver, envoyé par M. le cardinal Caraffe, pour me faire entendre que Le Franquin, secrétaire de M. le cardinal Saint-Ange, l'estoit ce jourd'huy venu trouver pour luy faire entendre de la part de son maistre comme il estoit adverty par lettres de M. le cardinal Farneze, son frère, outre le bruit qui en estoit commung partout, que vous vous en retourniez avec une armée laissant l'estat de l'Église; de quoy il ne voulloit faillir comme cardinal et vassal de Sa Saincteté, tant luy que le duc de Parme, son frère, d'advertir Sa ditte Saincteté; et de plus que vous deviez et que certainement vous estiez délibéré, partant de l'estat de l'Église, d'aller attaquer Parme et les terres de l'estat du dit duc, son frère, qui avoit tousjours esté et seroit tousjours bon et fidelle vassal de l'Église, laquelle sy vous veniez à abandonner pour luy aller courir sus avec les forces d'un sy grand roy comme estoit le roy de France et celles d'un autre grand prince voisin dudit duc de Parme, qui pour son intérest pourroit bien estre cause principalle de ceste entreprise, qu'il pleust à Sa Saincteté l'advertir de ce quelle en sçavoit et ne trouver poinct mauvais que pour y obvier il s'aydast des forces qui luy seroient plus à propos et voisines; surquoy le dit cardinal Caraffe dist avoir respondu qu'il ne sçavoit rien de vostre départ et retraicte, et ne le pouvoit croire, et qu'il ne falloit parler de semblables choses, et quant bien vous vous en iriez par délibération commune de Sa Saincteté et du Roy pour attaquer le Parmezan, il seroit mauvais ministre de tous les deux d'en receler quelque chose; mais qu'en vérité il ne sçavoit rien de ceste entreprise et n'en avoit jamais ouy parler.

« Le dict Franquin, au contraire, a dict qu'il n'y avoit rien de sy vray et qu'il en avoit lettres du dict cardinal Farnèze en sa main, lesquelles contenoient un autre second chef, à sçavoir qu'un secrétaire du dict duc de Parme, nommé Dominique, estoit dernièrement revenu de la cour du roy d'Angleterre, et en avoit rapporté beaucoup de bonnes parolles à son maistre et au cardinal Farnèze, touchant la bonne affection d'iceluy roy à la réconciliation du Pape, qu'il monstroit désirer infiniment, jusques à là qu'il luy dit que combien que le duc de Florence le fist fort rechercher de luy bailler Sienne et ce qu'il tient du Siennois, il le bailleroit plus volontiers au Pape et à l'Eglise pour faire la paix avec luy, et estoit prest à le faire sy Sa Saincteté y vouloit entendre, pour preuve de quoy le dit Franquin a monstré au dict cardinal Caraffe les lettres du dit cardinal Farnèze contenant ce que dessus; et pour ce que le dit cardinal Sainct-Ange sollicitoit d'avoir audience du Pape pour sçavoir sa volonté, et que le dit sieur cardinal Caraffe craignoit que le Pape ne trouvast mauvais qu'il ne luy eust pas parlé, attendu que le dit cardinal Sainct-Ange l'avoit prié d'en advertir Sa Saincteté, il désiroit sçavoir de moy, avant luy en faire aucune ouverture, ce qu'il ne pourroit éviter, de la façon que j'en devois parler, ou pour rompre ce négoce, ou pour l'entretenir; que s'il estoit bien asseuré que vous demeurassiez avec une armée, il romproit ceste pratique, mais que je considérasse aussy quelle ruyne ce seroit au Pape, si vous vous en alliez ayant une armée puissante des ennemis sur les bras, après avoir refusé des propositions sy advantageuses, ajoustant le dit sieur cardinal Sermonette, qu'il luy sembloit, avant que donner aucun conseil là dessus au dit cardinal Caraffe, que je m'en pouvois conseiller aux autres ministres que le Roy a icy. Je luy ay respondu que de chose de sy grande importance que celle là je n'en voulois prandre conseil d'homme du monde que du Roy mesme, sy le temps permettoit que j'en puisse sçavoir la volonté, ou bien de vous, Monseigneur, qui représentez la personne de Sa Majesté en tous les affaires d'Italie, et qu'il falloit avant toutes choses avoir un conseil là dessus; cependant que je luy voulois bien dire qu'il me sembloit que mon dit sieur cardinal Caraffe devoit considérer que la grande union et estroicte confédération qui estoit entre le Pape et le Roy, estoit son ouvrage et qu'il estoit obligé par tous offices de le maintenir et empescher ce qui la pouvoit rompre, et que le roy d'Espagne avoit aussy peu d'envye de bailler Sienne au Pape comme au duc de Florance, et que ce n'estoit que des parolles que l'on pouvoit escouter sans néantmoins se laisser persuader : et pour conclusion j'ay dit au dit cardinal Sermonette que je vous donnerois advis de tout par un courier exprès ; j'ay sceu d'ailleurs que sabmedy au soir arriva un courier de Parme au cardinal Sainct-Ange qui alla soudain vers le Pape et négotia avec Sa Saincteté et le cardinal Caraffe un fort long temps, et je crois que c'estoit sur le mesme marché et qu'ilz en sont plus avant que le cardinal Caraffe me dict, et y a danger qu'il me demande conseil après avoir pris la résolution de luy-mesme.

« Je prie le Créateur, etc.

« De Rome, le 8 juin 1557.

« Vostre très humble et très obéissant serviteur, « ODET DE SELVE. »

Lettre du duc de Guyse au cardinal de Lorraine son frère.

« Monsieur mon frère, il me semble que ce seroit faire tort à la suffisance de M. le mareschal Strossy présent porteur, sy je vous faisois une longue lettre des occasions de son voyage vers le Roy, qui est de telle importance que je supplie très humblement Sa Majesté avant que se résouldre sur le partement de son armée d'icy, bien considérer ce que le dit sieur mareschal luy dira, et ce qui en peut arriver de mal à son service, ayant esté forcé de séjourner encore par deçà pour tout ce moys, sy je n'eusse voulu mettre en danger les affaires du Roy par deçà, voir du jour au lendemain de mon partement Sa Saincteté jointe avec le Roy Phillipes, comme elle m'a faict franchement entendre, toutes les villes de l'estat de l'Église opposées à mon passage, et une grosse armée des ennemis à ma queue: j'attends responce là dessus de Sa Majesté, laquelle je vous supplie très humblement me faire envoyer au plutost, et au surplus croire le dit sieur mareschal de ce que je l'ay prié de vous dire, tout ainsy que vous voudriez faire ma propre personne. Je n'ignore poinct, M. mon frère, le commandement exprès que Sa Majesté me faict de m'en retourner et employer ceste année pour son service que je désire surtout, et avois le tout conduit comme je l'avois escrit au dit seigneur, le Pape trouvant bon mon partement d'abord, mais beaucoup de personnes l'ayant sceu à Rome, commencèrent à s'en estonner, et ceux mesme de qui je devois estre soutenu furent les premiers. Dieu sçayt sy le cardinal du Bellay en voulut faire la première harangue au Pape, laquelle, comme je crois, il avoit estudiée avec le cardinal Paschéco, disant qu'il sçavoit bien ce que le Roy m'avoit escrit, et que je prenois la résolution de partir de moy mesme, protestant contre Sa Saincteté, que sy elle me laissoit partir, il falloit qu'il s'en allast hors de Rome, et tous les cardinaux qui se sont affectionnez au roy Phillipes, ou se mestre dedans le chasteau Saint-Ange, veoir saccager la ville et endurer le martir, à quoy il n'y avoit autre remède que de se jetter du tout entre les bras du dit roy Phillipes et recevoir telles conditions de paix qu'il luy voudroit. Voilà le beau langage de vostre doyen subjet du Roy; j'en sçay une demi-douzaine qui ne sont pas plus affectionnez que luy. Je ne vous dis rien de tout cela que le Pape n'ayt dit au dit sieur mareschal auquel je vous prie faire bon accueil, car il faict tout ce qu'il peut pour le service du Roy, et pour mon particulier. Si le Roy luy commande luy dire toutes les brouilleries, il cognoistra comme ses subjets s'oublient de leur devoir pour suivre leurs passions. Le cardinal d'Armagnac a un peu moins mal faict, sy est ce que s'en est meslé, ne vous donnez poinct de peyne, mon cher frère, et asseurez-vous que je me sçays desmêler d'un mauvais passage et monstre à mon maistre qu'il m'a nourri et faict tel que je suis, j'essaye cependant que le fer est chaud de tirer du Pape ce que je puis, comme vous verrez par un mémoire de mes demandes, me recommandant, etc.

« Ce 9 juin 1557. »

Instruction au sieur de Navaille envoyé de la part du duc de Guyse au Roy, pour luy rendre compte de tous ses affaires d'Italie, attendant la résolution que le sieur mareschal de Strossy doit apporter de Sa Majesté.

« Premièrement, dira que le dit seigneur de Guyse estant sur le poinct d'exécuter ce qu'il avoit pleu à Sa Majesté luy commander par le sieur de La Chappelle des Ursins pour le retour de ceste armée, que Sa Saincteté avoit semblé approuver en la première audiance, que le sieur mareschal Strossy avoit eu d'elle en sa négociation de Rome en luy laissant les forces nécessaires pour la conservation de son estat, a en mesme instant d'un costé receu les lettres qu'il a pleu à Sadite Majesté luy escrire du 28 du passé, confirmatives de son intention sur le partement de sa ditte armée et de l'autre par le dit sieur mareschal entendu l'obstinée et finale résolution de Sadicte Saincteté là dessus, qui estoit que partant d'icy ceste armée, Sa dicte Saincteté ne faudroit le mesme jour se jetter entre les bras du Roy Phillipes et empescher partout l'estat et villes de l'Église le passage du dit sieur de Guyse, leur commandant qu'ils ne le recogneussent plus ny son armée que pour ennemy, et au contraire ayder le duc d'Albe de ce qui luy seroit nécessaire pour l'exécution de ses entreprises, qui est en substance ce que le dit sieur mareschal a rapporté de Sadicte Saincteté, usant toutesfois de prières que le dict seigneur de Guyse vous fist, attendu que Sa Majesté eust esté advertie de l'estat en quoy Sadicte Saincteté se trouvoit, ceste armée s'esloignant d'elle.

« Ce que le seigneur de Guyse ayant bien voulu pezer avant autrement se résoudre de ce qu'il avoit à faire pour l'importance dont ceste résolution est au service du Roy, estant contrainct de deux choses en choisir une, ou de séjourner par deçà jusques à la fin de ce mois, attendant là dessus nouvelle de Sa Majesté, et cependant employer ceste armée à la conservation de cet Estat, et pour le moins rendre au lieu où est celle de l'ennemy inutille, ou bien la retirer suivant le commandement de Saditte Majesté, et en ce faisant rompre entièrement avec le Pape, et n'avoir la commodité des vivres et passages qu'il pourroit autrement trouver à son retour, et perdre aussy la Toscanne où la récolte n'est pas faicte, et finallement se faire suivre par le duc d'Albe, victorieux de toute l'Italie, avec une armée qui grossiroit en passant et se renforceroit des forces de Sa Saincteté et des trois mille lansquenets du duc de Florence, s'il n'en vouloit laisser une partie pour empescher la récolte de la Toscane, et pourroit suivre la nostre jusques aux frontières et mesme jusqu'au Piedmont, où se joignant avec les forces du duché de Milan, avoir une armée de quarante mille hommes, entre lesquels il y avoit bien dix-huit mille estrangers.

« A pour cet effet le dit seigneur de Guyse assemblé messieurs les ducs d'Aumalle, mareschal Strossy, de Tavannes et La Brosse, et après avoir eu sur ce leur opinion, et pour prendre de ces deux partis le moins dangereux, veu aussy les lettrez qui luy ont esté escrites par les ministres de Sa Majesté, et par quelques princes de deçà, lesquelz voyantz l'armée partir, au lieu d'estre amis, se déclareroient contre; a trouvé pour les considérations susdittes, attendant la résolution finalle de Sa Majesté, ne devoir encore partir d'icy, pourveu aussy qu'il luy feust par Sa ditte Saincteté satisfaict au contenu du mémoire baillé au dit sieur mareschal Strossy, ayant conclu en cas qu'on luy refusast, ou que l'on voulust l'entretenir de parolles, de revenir par deçà en toute dilligence.

« N'oubliera le dit sieur de Navailles monstrer à Sa Majesté le double de la lettre que le seigneur de Guyse a présentement receu de monsieur de Sèlve, et là dessus la suplier vouloir considérer qu'en abandonnant entièrement Sa Saincteté, non seullement le duc de Parme se poura aysément accommoder des forces du roy Philippes pour la seureté de son Estat, mais encore de celle de Sa dicte Saincteté, et par ce moyen le passage estant entièrement clos à l'armée, elle ne pouvoit faire aucune chose.

« Tout cela bien au long déduit par le dit sieur de Navaille, comme le dit seigneur de Guyse luy a faict bien entendre, il supliera très humblement Sa Majesté, après avoir considéré ce qui peult survenir de la rupture avec le Pape, et ce qu'elle peut après cela espérer des princes d'Italie, outre les dangers et incommoditez où peut tomber ceste armée en sa retraicte, vouloir en toute dilligence faire entendre audit sieur de

Guyse son entière et finalle resolution, laquelle sera par luy suivye de poinct en poinct.

« Faict au camp, ce 11 juin 1557. »

L'envoyé de monsieur le duc de Guyse à Rome, lui rendit compte de sa conversation d'entre luy et le cardinal Caraffe ainsi qu'il suit :

« Monseigneur, je n'ay failly de faire entendre et remonstrer à monseigneur le cardinal Caraffe et aultres qu'il vous a pleu me commander la bonne volonté que vous avés d'obeyr et faire service à Sa Saincteté, non seullement pour le bien de l'Esglise et de l'estat d'icelle, mais encores en tout ce que vous cognoistrez luy pouvoir estre aggréable, cherchant de leur lever l'oppinion qu'ilz pourroient avoir eue que vostre retraicte fust venue de vous, ce qu'il me semble que personne ne croye plus. Toutesfoys qu'il estoit nécessaire qu'ilz aydassent et favorissent vostre dicte bonne volonté, par les moyens qu'ilz ont de satisfaire le Roy, suyvant ce que plus au long je leurs desduictz. Sur quoy ledict sieur cardinal Caraffe, après plusieurs justifications qu'il me fist des soubsons qu'il dict que à tort et sans cause l'on a eu de luy, m'a faict responce que Sa Majesté sera satisfaicte, non seullement de tout ce qu'elle pourra demander, mais de ce que seullement elle pourroit penser et songer, pourveu que l'on s'en puisse apercevoir. Dont il reste de prier Dieu d'en faire veoir les effetz. Vous entendrés par la lettre de monsieur le maréchal l'occasion pour laquelle il a esté d'advis que monsieur l'ambassadeur vous dépeschast ce courrier. Quant au demourant, il semble à l'ouyr parler qu'il tienne pour résolu que vous serés satisfaict selon ce que vous pourriés myeulx désirer, et aultre chose n'en ay peu tyrer, me remectant tousjours à quant je partiray. Si luy ai-je bien voulu recorder qu'il ne pourroit estre que bon que des choses qui ne se pourroient maintenant effectuer, il essaye d'en tyrer promesse et escripture de la main du Pape. Sur quoy il m'a dict que l'on l'en pouvoit bien laisser faire, estant chose qui luy touchoit de si près, et que déjà il a dict à Sadicte Saincteté que ce que il portera de sa part à Sadicte Majesté qu'il le fera et l'en assurera sur sa teste, affin que Sadicte Saincteté eust tout meilleure occasion d'y penser. Le retardement de son partement procède, ad ce qu'il m'a dict, du temps qu'il a fallu employer à mettre en ordre le marquis, pour lequel effect il m'a assuré qu'il aye mis du sien. Avant que je parte, je verray et l'ung et l'aultre à cheval, affin que si je partois plustost, il ne survint après quelque changement en ce que je vous aurois porté.

« Monseigneur, je prye Dieu vous donner, en toute parfaite santé et prospérité, très longue vie.

« De Rome, ce douziesme jour de juing 1557, à vingt-quatre heures.

« Vostre très humble, très obéissant serviteur, « Oncquet. »

Monsieur de Guyse informa son frère, le cardinal de Lorraine, des affaires d'Italie par la lettre suivante :

« Monsieur mon frère, vous verrés ce que j'escris au Roy, et je ne vous feray aucune reditte et vous abrégeré ceste lettre pour ce que monsieur d'Aumalle ne vient d'escripre que le camp des ennemis a marché et est logé près Tortorette, qui est à mon avis pour assaillir ung chasteau que nous avons de là le Trente apellé Auquaranne. Je seray aujourd'huy au camp pour voir comme nous les pourrons favoriser; sy noz chevaux d'artillerie, que j'avois anvoyez à Ancône mener des pieces rompues, peuvent ariver à temps, il y pourroit bien avoir du débat. Je vous diray davantaige de l'entreprinze du duc de Ferare que je n'escris au Roy, n'ozant en parler sy avant que je n'y voye plus d'apparence de ce quy en doit sucéder. Ledict duc n'a à la teste que Guastalle, quy luy demange jusques au vif et non sans cause; car s'il la prant ce ne luy est pas peu guaigné, et sy bridera Corége quy ne luy porra eschapper, n'aura plus de voyzin quy le mette en doutte, et ira de pied en pied jusques à Bresel, quy est lieu d'importance. Les ennemis ont Quazal Major a veu six mille de là sur le païs du costé mesme de Crémone, et sépare le Crémonnès et le Mantouan sur le chemin par où peult estre secourue Parme. J'ay dépesché Sainct-Luc devers monsieur le duc pour l'acompaigner à sa première guerre, où je vouldrois qu'il eust bonne curée, et en cas qu'il presgne ledict Guastalle luy supplier vouloir anvoyer ses forces et les nostres audict Quazal Major, les y fayzant conduirre par les sieurs Cornélie et de Sainct-Luc quy savent mon intansion, lezquelz m'ont assuré que s'il y sont ungne fois, ils l'auront bientost mis en deffence et ne seroit ung commancement de pied : et ne vous diray poinct pour ceste fois quelque choze davantaige pour ce que vous ne selériés à nostre maistre, sy est ce que je vouldrois bien n'en parlassiez poinct que vous ne entendissiez ce quy sucédra de ceste entreprinze. Cuar sy l'on ne faict rien à la première, il y aura plus de difficulté et ai peur qu'il y aie plus de mine que d'effect; j'attens d'en voir ce qu'il en aviendra. Monsieur le mareschal vous propozera bien chaudement l'entreprinze de Tusquane ; à quoy il y a apparance d'y guagner ung bon morceau, mais je ne me rend encore pour la Lombardie. Ne dittes point, s'il vous plaist, quelle en est mon avis; cuar selon ce qu'il peult survenir, j'en pourois changer. Mais bien vous puis-je assurer que sy Sa Majesté s'en remet en moy, comme m'en doubte bien, je mettray peine, avec le conseil de beaucoup de gens de bien, ne choyzir point le pire; pour le moins ne dira-t-on point que j'aye rien faict sur ma seulle oppinion. Je voudrois que le Roy flatast ung peu ledit mareschal, lequel se jettroit dedens ung feu pour rabiller les faultes qu'il connoist bien qu'il a faictes, et luy faire goûter deux choses : que faizant l'autreprinze de Tusquane, il fault qu'il s'en mesle comme nous l'avons conclu ensemble. Mais voicy le point : que sy je vais en Lombardie, nostre maistre lui fasse promettre qu'il trouverra bon pour son servisse de demorer chef, en l'absence du duc de Ferare et de moy, de nos forces quy demoreront en l'estat du Pape, pour le conserver; quy ne luy sera peu d'honneur, et sy vous puis assurer qu'il aura moyen de soy aquitter mieux que ung aultre pour la sureté que Sa Saincteté et les siens ont en luy; et sy vous luy donnés encore autorité en apparance seulement sur la Tusquane, vous le mettés au ciel, et n'en peult venir inconvénient, car nous n'avons à y rien remuer, et y est le sieur de Monluc quy saura bien se conduire comme il doit. En ce faizant, vous me releverés de beaucoup d'alarmes qui me seront faicte de ce costé pour m'y faire retournez et m'y feront tant de protestations que sera ungne pitié qu'à la fin nous cauzerions quelque rupture, quy ne nous seroit encore à propos pour les raizons qu'avés veu par d'autres dépesches. »

Lettre de monsieur de Guyse à l'ambassadeur du Roy à Rome.

« Monsieur l'ambassadeur, j'ay receu la lettre que m'avez ces jours passez escripte, par laquelle ay veu l'advis que l'on vous a donné que vos ennemys avoient deffect une partie de noz chevaulx légiers en Tuscane, prins deulx places et sur le poinct de vous assiéger Montalcin, que j'ay trouvé fort estrange, n'estant en rien conforme à ce que je venois à l'heure mesmes de recevoir de monsieur de Montluc, comme avez depuis peu veoir par les effectz qui s'en sont ensuivy, si ce n'est de quelque escarmouche qui s'est faicte par le sieur Mario de Saincte-Fiore avecques lesdits ennemis, où ilz n'ont moins perdu des leurs que nous des nostres, et pouvez penser, monsieur l'ambassadeur, comme je vous ay ces jours passez escript, saichant assez le désir que Sa Majesté a de vous conserver et en voz biens et en voz personnes de tout ce qui sera en sa puissance. Je n'ay failly, il y a assez longtemps, pourveoir ledict sieur de Montluc des forces qui luy sont nécessaires pour cet effect, et encores qu'elles ne feussent telles que j'eusse bien désiré pour ceste récolte, si est ce qu'elles estoient suffizantes à la favorizer, que vous savés à ceste heure, comme moy, estre toutte faictte, de fasson que monsieur de Montluc me mande n'avoir plus besoing de forses, plustost m'en veult-il renvoyer. Asseurez-vous, monsieur l'ambassadeur, que je n'obmectray jamais rien des choses que je doibve pour le devoir de la charge qu'il a pleu à Sa Majesté me donner, et la conservation de ceste Républicque que j'auray tousjours devant les yeulx, aultant quel chose qui concerne le service de Sadicte Majesté, vous priant en cela vous en fier en moy ne m'uzans plus de persuazions en chozes qu'il fault s'y gouverner par rézolutions bien fermes sellon le pouvoir que l'on en a; priant Dieu, monsieur l'ambassadeur, qu'il vous doinct ce que plus désirez.

« Du camp de Marane, ce 29ᵉ jour de juing 1557. »

En attendant les résolutions de ce qu'il auroit à faire sur ces choses qu'il avoit proposées, monsieur de Guyse écrit la lettre suivante au Roy.

« Sire, attendant l'entière et résolution finalle qui vous plaira prandre sur ce que vous porte M. le mareschal Strossy, de tous vos affaires de deçà et de la négociation vers Sa Saincteté, j'ay ces jours icy visité toutes les places de ceste frontière avec M. le duc de Palliano, et entr'autres Ascoly que je trouve de la grandeur de vostre ville de Reims, laquelle ayant veue partout, n'est à fortiffier que d'un costé, estant au reste fort aisée à mettre en deffense; j'y ay laissé pour la garder le sieur Anthonio Toralde, gouverneur, avec deux mille gentilshommes de la ville, qu'autres personnes tous soldat et gens de guerre, et quatre à cinq mille autres hommes qui se pouront en un moment lever sur le territoire du dit lieu, tous gens bien aguerris, outre quinze centz ou deux mille hommes que nous y laisserons des bandes entretenues.

« L'autre est Offide que l'on ne peut assaillir que d'un costé, et sy aisée à fortiffier qu'en quinze jours elle peut estre mise en deffence par quinze cents pionniers, dans laquelle j'ay laissé le collonel Chairemont; la dernière est la Rupe Trossone, de semblable assiette, et non moins aysée à fortiffier que l'autre, où j'ay laissé le comte de Garasse Saint-Seuryn, et luy sera baillé douze ou quinze cents hommes quant il en aura besoing, ayant donné la charge des fortifications de toutes ces places au Pellou pour y travailler en la plus grande dilligence que faire se pourra, avec douze cents pionniers que le dict duc de Palliano faict lever pour départir en toutes les dittes places. Au surplus, Sire, par le sieur de Navailles, il vous aura pleu entendre les advis que j'ay eu de la fortification de Gastalde, depuis le partement duquel M. le duc de Ferrare a encores expressément despesché devers moy le sieur Cornelio Bentevoglio, et auparavant le comte Thophille, me priant considérer l'évidente ruyne de son Estat, laissant davantage fortiffier ceste place avec Corrége, qui sont assises au milieu de ses terres, et que pour obvier je le voulusse ayder de douze ou quinze cents de nos Suisses, avec lesquelz les huit enseignes françoises qui sont en la Romagne, la compagnie de M. le prince de Ferrare, les chevaux légers de la Miraude, les forces de sa protection, et trois ou quatre mille hommes qu'il feroit lever, il auroit moyen, selon l'advis de monsieur le cardinal de Ferrare et de domp Francisque, la fortiffication au dit Guastalde avant qu'elle soit en deffence; et pour ce, Sire, voyant l'armée du duc d'Albe diminuée de quelques Italiens qui se sont desbandez, et de huit enseignes de chevaux légers qui sont allez du costé d'Anagny, avec le sieur Marc Anthoine Colonne, je me pourrois bien maintenant passer du dict nombre de Suisses, j'ay délibéré en parler au colonel Forlicq, lequel a trouvé bon y conduire luy-mesme six enseignes des siennes, affin qu'il n'en fissent poinct de difficulté, lesquelles j'ay faict partir il y a quatre jours, considérant qu'en satisfaisant en cela M. le duc, elles seroient outre cela en lieu d'où elles pourroient s'acheminer à un des deux partis que vous ordonneriez sur la proposition du dict sieur mareschal, et venant le dit sieur about de son entreprise serez relevé d'une grande despence que vous estes obligé de faire pour la conservation de ses Estats.

« Au demeurant, Sire, M. le cardinal de Tournon voyant la commodité qui se présentoit de conférer avec moi de vos affaires est venu en ce lieu, où je n'ay failly de luy faire entendre tout ce qui s'estoit offert jusques à présent : sur quoy après avoir bien pensé, il nous a semblé n'y pouvoir rien conclure qu'après vostre résolution sur ce que vous porte le dit sieur mareschal Strossy. Je ne veux aussy oublier de vous dire avoir trouvé M. le duc de Palliano selon ces honnestes et gracieux propos qu'il nous a tenus à M. le cardinal de Tournon et à moy, et en tous ses déportemens depuis quelque temps, autant affectionné à vostre service qu'il est possible, disant que quelque chose qu'il arrive, il ne manquera jamais du service qu'il vous doit, offrant de vous envoyer son fils, héritier unique de sa maison, pour gaige le plus cher et meilleur qu'il ayt de sa parolle, ou d'y aller luy mesme plustost que l'on doubtast de luy. S'il continue, j'auray grande occasion de m'en louer et de changer d'opinion ; que s'il me donne des parolles sans effect, je ne m'y endormiray pas ; et là où il yra de bon pied, comme le dit sieur mareschal a ordre de vous dire de sa part, sur une lettre de créance qu'il vous porte, j'espère, Sire, avoir plus de moyen et commodité de vous faire service. J'envoye le sieur de Saint-Luc avec quatre de mes cappitaines entretenus pour accompagner monsieur le duc Ferrare à son entreprise, et me mander la vérité de tout ce qui s'y fera. C'est, Sire, tout ce qui s'est peu offrir en vos affaires de deçà depuis le partement du dict sieur de Navailles, et que j'ay creu vous devoir escrire. »

Le dict duc de Guyse continuant ses desseings pour son retour, en donne advis au Roy.

« Sire, il vous aura pleu entendre, par ma lettre du 24 de ce mois, que j'ay escrit à M. le connestable l'avis que j'avois eu du deslogement de nos ennemys du lieu où ils estoient ; depuis, j'ay esté adverty qu'ils estoient venus loger au dessoubz de Tortorette, et qu'ilz avoient quelque desseing d'assiéger Ancherano ; et voyant que la place n'estoit pas pour endurer quatre coups de canon, je délibéray de donner ordre que sy les ennemys y venoient avec leur camp, d'en retirer un capitaine et cent soldats que nous avions mis dedans, et lesquels y sont encore, faisants bien leur devoir. Le duc d'Albe a en son camp, les Allemants et Espagnols désembarquez les derniers à Naples, et n'a moins de 7000 Allemants, de 5000 Espagnols, comme le sieur Litenaye vous sçaura bien dire, et de toutes autres choses de vostre armée, qui me gardera de vous en faire autre redite. Sire, pour préparer mon retour, ayant prié M. le duc de Palliano d'aller luy mesme devers le Pape pour luy faire entendre deux choses : l'une, ce que nous faisons de ce costé, tant à fortiffier les places les plus importantes qu'à favoriser la récolte qui est fort advancée ; la seconde, pour luy mettre en considération mon partement avec ceste armée pour l'aller employer, puisque il s'en est remis à moy, au lieu où je cognoistray pouvoir plus offenser nostre ennemy. Le dit duc m'a aussy promis de me rapporter de l'argent, tant pour le payemment de la gendarmerie, pour le mois prochain, que pour leur part de nostre dépence, ne doubtant poinct qu'il y fasse ce qu'il pourra; mais le cardinal Caraffe a une teste pour ruyner tout le monde, et néantmoins il m'a promis d'en parler franchement au Pape. Cependant, Sire, nostre récolte se faict, en restant peu de chose qui se fera à la faveur de nostre cavallerie. Et ayant esté adverty que ceux d'Ascoly ne se conduisoient avec telle résolution qu'ils devoient, j'y ay incontinent despêché le collonel Chairamont, pour y servir selon sa charge à unze enseignes qui sont dedans, et les sieurs de la Rochepozay et de Biron avec leurs compagnies, et deux cents arquebusiers françois, et Pograne, trois mille près du dict Ascoly, pour leur garder non seulement leur récolte, mais encores leurs melonnières et fruitz, leur semblant que, pour estre en guerre, ils ne doibvent rien perdre; mais sy le temps dure, ils s'accoutusmeront mieux aux maulx. Je mets aussy à la Rippe Trossonne les deux enseignes de Rocroq, et délibère de les mettre dans trois ou quatre jours en un logis plus advantageux, pour commencer à m'acheminer peu à peu sans estonner le pays à mon partement, et faire venir après moy ce que je laisse derrière de nostre nation. Au surplus, M. le duc de Ferrare m'ayant mandé avoir besoing de quelques personnes des nostres pour l'exécution de ses entreprises, je luy ay envoyé ces jours passés le sieur Paul Ursin, outre lequel m'ayant aussy prié luy prester le sieur Tavannes, il m'a semblé ne faillir à vostre service, Sire, sy, à nostre deslogement, et que je verray n'en avoir pas tant de besoing, je luy envoyois pour la nécessité qu'il en a; car sy mon dit sieur le duc prend Guastalde, comme j'en ay bonne espérance, pour aller de là fortifier Cazal Major, comme se seroit un grand advantage pour entreprandre ce que j'ay pensé pour vostre service, et surtout quelque beau filz qu'il y ayt, j'ay donné charge au dict sieur de Tavannes, qui aura le mot avec les Suisses et François, de ne permettre que les dittes forces soient employées ailleurs, et de le vaincre par raison, estant certain qu'il sera suyvi en cela des susdits sieurs Paul Ursin, Cornelio Bentivoglio, Saint-Luc, collonel Forlicq et Saint-Vidal, qui a charge de huit enseignes françoises qui y sont.

« Ainsy que je commençois ceste deppesche, j'ay receu la lettre qu'il vous a pleu m'escrire du 12 de ce mois, par laquelle j'ay veu la dénonciation de la guerre que vous a faicte la royne d'Angleterre, la façon dont a usé le hérault qu'elle a envoyé pour cet effet, et la saige et prudente responce que vous luy avez faicte, qui sera trouvée partout bonne, juste et sainte, et crois que de ceste injuste querelle, que ceste royne s'est tant oubliée de voulloir entreprendre contre Vostre Majesté, pour l'amour de son seul mary, ses pauvres subjects en souffriront autant qu'ils ont jà faict en semblables causes

« Monsieur le prince de Salerne est icy depuis dix jours, lequel je vous puis asseurer, Sire, se comporter autant sagement et gratieusement, en tout ce quy se peut offrir par deçà pour vostre service, qu'il est possible, ne nous aydant de peu envers monsieur de Palliano, et choses que nous avons à desmesler ensemble, de quoy je vous prie luy escrire et le contentement que vous en avez. »

Au sujet de la déclaration de guerre faite au Roy par la roine d'Angleterre, et cy dessus rapportée (*page* 359), M. de Selve, ambassadeur du Roy à Rome, escrivit ainsy qu'il suit à mon dit sieur de Guyse.

« Monseigneur, je vous escrivis hyer par l'homme de Carrières, et ce jourd'huy ay reçu les lettres qu'il vous a pleu m'escrire du 29 du passé avec l'acte de déclaration de la guerre faicte par le hérault d'Angleterre, lequel j'ay esté bien ayse de recevoir pour avoir occasion de parler à bon escient à nostre Saint-Père, et essayer de l'en faire ressentir contre la ditte Royne aussy vivement, comme il a tousjours monstré et dit le voulloir faire, lequel office j'eusse faict plustost envers Sa Saincteté, n'eust esté qu'il me sembloit que ceste occasion estoit plus à propos que nulle autre pour le faire déclarer et aygrir contre le roy et la royne d'Angleterre; et quoy que ce bruict de ceste déclaration courust par deçà, sy est ce que j'en attendois la certitude du Roy ou de vous pour en parler avec plus de fondement, avec ce qu'en l'audience dernière, dont je vous manday les propos, je cognu très bien que sans formelle occasion Sa Saincteté n'estoit pas délibérée de passer plus outre à aucune rigoureuse déclaration contre le roy Philippe, nonobstant ce quy avoit esté dit et opiné contre luy en le monitoire; que premièrement elle n'eut eu responce du Roy sur la dépesche portée par monsieur le mareschal Strossy, me montrant très bien que delà dépendoit toute sa résolution, et que cependant elle voulloit éviter l'imputation qu'on luy donnoit de s'obstiner à la guerre et de fuir la paix, jusques à daigner, pour éviter ceste calomnie, faire responce aux lettres du dict roy Philippe, qui est bien loing de le voulloir aigrir et irriter plus avant qu'il n'est.

« Mais maintenant je suis délibéré avec ceste dénonciation de la royne d'Angleterre, luy aller parler franchement du faict d'elle et de son mary, et de ce qu'il me semble que Sa Saincteté doit faire contre l'un et l'autre, et n'eust esté la congrégation qui se faict aujourd'huy pour l'inquisition, j'eusse tasché d'avoir mon audiance. Cependant, M. le duc de Palliano, par lequel je vous envoye ceste lettre, vous rendra compte de l'estat de toutes choses de deçà, et de tout ce qu'il a faict et négotié.

« Et sur ce, Monseigneur, je prie le Créateur, etc.

« De Rome, le premier jour de juillet 1557.

« Vostre très humble et très obéissant serviteur. ODET DE SELVE. »

Autre lettre du dict ambassadeur au dit duc, du mesme jour, premier juillet.

« Monseigneur, depuis mon autre lettre escrite, est venu icy M. le cardinal Sermonette me dire que M. le cardinal Caraffe l'avoit prié me faire entendre en passant, pour s'en retourner en son logis, que le Pape vous renvoye ceste nuict M. le duc de Palliano, pour vous faire sçavoir l'estat des choses de deçà, le progrès que les ennemys y font, et le péril qu'il y a qu'ilz n'y fassent piz sy l'on n'y obvie, pour lequel effect sembleroit nécessaire à Sa Saincteté que vous pleust prendre la peyne de venir par deçà en personne, avec telle partie de vos forces que vous y jugeriez nécessaires, laissant monseigneur le duc d'Aumale par delà en vostre lieu, ou bien que le dit seigneur vint icy, vous demeurant par delà, ainsy que vous adviserez estre pour le mieux : de quoy M. le cardinal Caraffe m'a mandé que le Pape désiroit que je vous escrivisse en conformité de ce qu'il vous en a faict sçavoir, et pour ce, Monseigneur, que je sçay de quelle affection vous avez accoustumé de vous employer sans rien espargner, en tout ce qui se tourne à service à Sa Saincteté, avec ce qu'il ne m'appartient que de vous servir et obéyr, et non vous conseiller mesmement aux choses de la guerre, il me sembleroit superflu de vous en escrire en autre façon, sachant bien que tout ce qu'il est possible et que la raison et le devoir veulent que vous fassiez pour la seureté de la personne de Sa Saincteté, et des lieux voisins d'icy, dont la perte ne peut estre que très importante, vous ne faudrez de le faire, et les sçavez mieux penser et considérer que nul autre que vous ne le sçauroit dire. Au reste, je vous diray que je viens avoir de bonnes nouvelles de monsieur de Montluc, qui a repris Piecère par force, où il y avoit une compagnie de cavallerie, une enseigne d'Espagnols et deux d'Italiens, comme vous verrez par les lettres que je vous envoye.

« Et sur ce, je prie Dieu, Monseigneur, etc.

« De Rome, ce premier juillet 1557.

« Vostre très humble et très obéissant serviteur. ODET DE SELVE. »

Et au dos : *A monseigneur, monseigneur le duc de Guyse, pair et grand chambellan de France, et lieutenant général du Roy et de la sainte ligue en Italie.*

Lettre du Pape au duc de Guyse.

« Dilecte fili, nobilis vir, salutem et apostolicam benedictionem. Delectus filius, nobilis vir Joannes dux Paliani, noster secundum carnem nepos, nobilitatis tuæ mandata nobis diligenter exposuit, verum cum ille abste discederet nobilitas tua nimirum hujus sanctæ sedis necessitatem ignorabat. Si enim eam satis novisset, non dubitamus quin pro eximia carissimi in Christo filii nostri regis christianissimi pietate, et pro sua ipsius virtute, nihil ei majori curæ futurum fuerit quam ut ad hujus sedis pericula depellenda accurreret : etiam si longè abesset, nedum cum adsit aliud consilium capiat, quomodo autem res nostræ se habeant in hoc tempore ipse Paliani dux tibi referet, et cætera quæ sibi in mandatis dedimus exponet, nobilitatem tuam hortamur vehementer in Domino, et rogamus ut cognita melius gravi hujus sanctæ sedis necessitate ad ejus deffensionem omni studio, cura et opera incumbat. Maximam ex hac re hominibus laudem et a Deo mercedem adeptura, quemadmodum eam facturam esse confidimus.

Datum Romæ apud Sanctum-Petrum, sub annulo piscatoris, die prima julii M.D.LVII, pontif. nostri anno tertio. »

« Et au dos : *Dilecto filio nobili viro Francisco duci Guisiæ.* »

Lettre du sieur de Sèlve au Roy.

« Sire, je receu avant hier une lettre de monseigneur de Guyse, du 29 du passé, avec l'acte de la dénonciation de la guerre faicte à Vostre Majesté par le héraut d'Angleterre, sur ce je ne voulu faillir d'aller hyer visiter nostre Saint-Père pour entendre comme Sa Saincteté avoit pris la ditte déclaration, et luy mettre en mémoire comme de moy mesme ce qu'elle m'a souvent dit, que sy la royne d'Angleterre venoit à aucune ouverture de déclaration d'hostilité contre Sa Saincteté ou Vostre Majesté, dont les affaires luy estoient à cœur comme les siens propres, et se rendoit en façon quelconque favorable et participante aux mauvaises actions du roy Phillipes son mary, Sa Saincteté la tiendroit pour hérétique et procedderoit contre elle par censures et privations ny plus ny moins que contre son dit mary, ce que je ne manquay hyer de représenter à Sa Saincteté, et comme elle m'avoit souventes fois tenu ce propos et n'avoit failly de vous l'escrire, je désirois fort sçavoir quelle estoit à présent sa résolution là dessus, pour vous en advertir. Sa Saincteté me répondit qu'elle se souvenoit bien de m'avoir tenu ce langage et que j'avois bien faict de vous le mander, et qu'elle ne m'avoit rien dit en cela qu'elle n'eut envye d'exécuter, et avoit entendu ceste nouvelle de déclaration de guerre avec le plus grand desplaisir qu'il estoit possible, et que sy elle avoit les forces et le moyen comme la volonté, elle monstreroit prendre ce fait plus à cœur que s'il touchoit à elle mesme, et qu'elle voulloit penser quel remède et provision elle y pourroit donner et quel ressentiment en monstrer, ne voullant pas pour certain dissimuler ce mal contentement qu'elle en avoit, et ce repentant d'avoir escrit au dit Roy et Royne, et envoyeroit querir un de ces jours l'ambassadeur d'Angleterre pour luy en dire ce qu'elle avoit sur le cœur, et peut estre luy donner son congé, me demandant ce que Vostre Majesté luy conseilloit là dessus, et qu'elle en voulloit bien entendre vostre advis. Je luy responds, Sire, que vous ne m'en aviez encore rien mandé, et que j'espérois en entendre quelque chose par vostre première despêche, cependant que je n'avois voulu faillir de demander à Sa Saincteté sy il luy souvenoit pas des propos qu'elle m'avoit autrefois tenu pour ce que je vous les avois mandé, et que j'estois bien aise qu'elle s'en souvenoit; et ce que la royne d'Angleterre avoit faict, en cela n'avoit esté qu'à l'importune prière de son dit mary, qui monstroit bien par là et par ce qu'il avoit fait à Valmontone et Palestrine, quelle envie il avoit de la paix générale, faisoit sy instamment proposer par tant de voyes à Sa Saincteté, qui devoit bien juger par là que ce n'estoit qu'à elle qu'ilz en voulloient principallement, et que la guerre où vous entriez avec les Anglois n'estoit que pour avoir pris et ambrassé la deffense de Sa Saincteté contre eulx, et vous estre opposé aux dommages qu'ilz luy voulloient faire, et puis qu'ilz nuisoient à Sa Saincteté par tous moyens possibles, qu'il me sembloit qu'elle ne devoit pas différer de leur en faire autant que son authorité et puissance luy permettoit. Elle me répliquat qu'elle avoit très bonne volonté de ce faire et de ne s'y pas espargner, mais que depuis trois ou quatre jours elle s'estoit trouvée en sy grande perplexité sy monseigneur de Guyse se fust retiré avec ses forces, que cela la faisoit plus réservée et retenue jusques à ce qu'elle eust des nouvelles de ce que M. le mareschal Strossy auroit négotié avec Vostre Majesté, et de la résolution que vous auriez prise pour pourvoir à sa seureté et indempnité, laquelle elle ne pouvoit penser que Vostre Majesté voulust jamais abandonner, luy estant sy fidelle et constante en amytié comme Sa Saincteté et toute sa maison vous sera à jamais, parlant nommément de tous ses neveux l'un après l'autre et spécialement de M. le cardinal Caraffe, en quy Sa Saincteté promest et asseure que Vostre Majesté trouvera pour toujours la plus grande et la plus fidelle servitude qu'elle sçauroit désirer, quoy que plusieur malins vous ayent voulu donner à entendre par leurs faux rapports qu'il estoit homme de sang et de guerre, et n'aymant pas la paix encor qu'il la désirast fort, pourvu qu'elle fut bonne et sincère et du consentement de Vostre Majesté et non aultrement. Voilà, Sire, le sommaire de ce quy se passat en ceste audience d'hyer, et tout ce que je vous puis dire de nouveau, sinon que j'ay esté adverty, que jeudy premier de ce mois, en la congrégation des députés en l'inquisition de la foy, M. le Nonce, résident près Vostre Majesté, a esté absoult et déclarré innocent des choses qui luy avoient esté imputées, laquelle absolution non seullement le restituera en sa bonne renommée, mais encore en la voye où il estoit de parvenir au cardinalat sans les dittes accusations, dont je sçay que Vostre Majesté se réjouïra, comme aussy de la belle exécution faicte à Pieuze par monsieur de Montluc, qui me semble, Sire, vous avoir en cest endroit faict un notable service, comme il a toujours faict ailleurs.

« De Rome, ce 3 juillet 1557. »

Lettre de M. de Sèlve au duc de Guyse.

« Monseigneur, pour ne vous rien celler de ce que j'entens, ce prevost Troly me vient de dire qu'il a ce jourd'huy entendu de fort bon lieu que ces jours passez fut envoyé un homme au duc d'Albe par le cardinal Sainct-Fior, à l'instance du cardinal Caraffe, pour la négociation de la paix, lequel envoyé est depuis de retour avec responce du dict duc, par laquelle il dit des merveilles de ses forces qu'il faict monter à plus de dix sept mille hommes de pied estrangers, et se vante d'avoir force argent, et qu'il n'a tenu qu'à luy qu'il n'ayt faict beaucoup de mal en l'estat de l'Eglise, et dit qu'encore qu'il ayt grande raison de se deffier du Pape veu l'intelligence qu'il entretient avec le Roy, ayant dernièrement envoyé vers luy le marquis de Cany et le mareschal de Strossy, sachant néantmoins la bonne volonté que son maistre a à la paix, il ne laisseroit d'offrir de nouveaux au Pape les mesmes conditions qui avoient esté offertes et accordées à Astie avec M. le cardinal Caraffe, selon lesquelles, sy Sa Saincteté vouloit venir à conclusion, il avoit pouvoir de son maistre de la faire et non autrement, bien s'offroit-il en cas que Sa dicte Saincteté demandast davantage de luy en escrire en toute dilligence, et luy en faire bon office en cela envers son dit maistre, et que Sa dicte Saincteté se pouvoit assurer qu'il estoit aussy bien pourveu lors d'armes temporelles qu'il confessoit que Sa Saincteté l'estoit de puissance spirituelle, à laquelle il avoit eu respect et reverence, et qu'il n'avoit tenu qu'à luy de prendre, et il y avoit desjà long-temps, une bonne partie de l'estat de l'Eglise; ce que Sa Saincteté ayant entendu dit qu'il falloit passer plus avant. On ne sçayt ce que s'en est ensuivy, ou qui en arrivera, mais ce personnage dessus dit m'a assuré que tout ce que dessus estoit véritable, et que la nouvelle venoit de la source. Je ne sçay sy M. le cardinal Caraffe vous faict part de toutes ces allées et venues, mais je sçay qu'il ne m'en dict rien. J'ay esté adverty que nonobstant les honnestes propos que le duc de Palliano a tenu de vous en publique et en parlant à moy, qu'il a néantmoins fort mal parlé au Pape de vostre armée, la blasmant du peu d'hommes qu'il y avoit, et des désordres quy s'y commetoient. Je tiens tout cela pour véritable.

« Vostre très humble et très obéissant serviteur, « ODET DE SELVE. »

L'abbé de Sainct-Ferme allant à Rome de par le Roy, fut chargé d'une instruction particuliere ainsi conçue :

« L'abbé de Sainct-Ferme est présentement dépesché pour retourner à Rome, où arrivé qu'il sera, il communiquera au sieur de Selve, ambassadeur pour le Roy devers nostre sainct-père le Pape, ce présent mémoire, qui lui a esté baillé sur les particularités cy après déclarées, pour avec le dit sieur ambassadeur en parler à Sa Saincteté et sy besoing est à ses ministres.

« Premièrement, fault remercier nostre Sainct-Père très affectueusement et cordialement de la part du Roy des tant honnestes et gratieux propos que Sa Saincteté luy a faict tenir par M. le mareschal Strossy, quant à la parfaicte amityé paternelle qu'elle porte à Sa Majesté, dont le dit Seigneur n'a jamais doubté, aussy n'a-t-il jamais diminué d'un seul poinct de l'entière affection, dévotion et obeissance filiale que réciproquement il a jusques icy observée et observera tant qu'il vivra envers Sadicte Saincteté, laquelle il a bien voulu esclaircir par le dit sieur de Sainct-Ferme des causes et raisons qui l'ont meu de vouloir rappeller M. le duc de Guyse avec l'armée, sur quoy le dit sieur de Sainct-Ferme luy dira que les dittes causes et raisons sont :

« En premier lieu, que le Roy voyant et considérant comme toutes choses estoient passées depuis l'arrivée de son armée en ces quartiers de delà, le temporisement qu'elle avoit faict assez inutilement avant que marcher en l'Abbreuzze où elle s'estoit mise en devoir de faire ce qu'il luy a esté possible, jusques à ce que le duc d'Albe se soit approché avec ses forces, pour lesquelle attirer au combat le dit sieur de Guyse estoit allé au devant, et levé le siége de Civitelle, au moyen de quoy et attendu aussy par la contenance du dict duc d'Albe, il faisoit assez cognoistre qu'il n'avoit aucune volonté de combattre, mais seullement travailler nostre ditte armée, la mettre en nécessité de vivres, cherchant les lieux advantageux pour se loger et opposer aux entreprises du dict sieur de Guyse, et l'empescher en tout ce qu'il pouvoit, Sa Majesté auroit esté d'advis qu'il estoit impossible de plus rien tenter de ce costé là, et d'y séjourner plus longuement n'estoit que perdre le temps et la réputation, joinct la mauvaise provision que se donnoit à toutes choses, et sembloit à Sa Majesté que faisant retourner le dit sieur de Guyse avec la ditte armée il n'en pouvoit arriver aucun inconvénient à nostre Sainct-Père, laissant bonne garnison pour la seureté de son estat, la protection duquel Sadicte Majesté n'a jamais entendu laisser par le rappel de la dite armée, car il ne voudroit pour choses de ce monde dégénérer de ses prédécesseurs roys, qui ont toujours esté protecteurs et deffenseurs des saincts pères et du sainct-siége apostolique ; davantage, le dit Seigneur considérant que venant le dit sieur de Guyse avec la ditte armée en Lombardie, ayant de l'austre costé sur la frontière du Milanais M. le mareschal de Brissac avec grosses et suffisantes forces, il y avoit moyen de sy bien empescher l'ennemy en ces quartiers là, que le duc d'Albe, quelque bien accompagné qu'il fust, n'eust osé entreprendre de s'attacher à nostre dict Sainct-Père ny à son estat, mais au contraire d'abandonner toutes choses pour se conserver, qui sont les principalles raisons que Sa Majesté a eues pour rappeller son armée.

« Toutesfois, ayant depuis ledit Seigneur entendu ce que nostre Sainct-Père luy a faict remonstrer par le dict mareschal Strossy, encore qu'il ayt sur les bras tous les plus grandes affaires qu'un prince quelque grand qu'il soit pourroit avoir de tous costez, ainsy que chacun peut veoir et connoistre, Sa Majesté n'a voulu considérer tout cela pour contenter nostre Sainct-Père, ayant mandé présentement par le sieur de Navailles au dict sieur duc de Guyse, qu'il ayt à demeurer par delà avec la ditte armée, selon le désir et vouloir de Sa Saincteté, laquelle il a bien voulu advertir par ledit abbé de Sainct-Ferme, attendant l'arrivée par devers elle au dict sieur mareschal Strossy, par lequel elle entendra amplement l'advis et opinion de Sa Majesté sur ce quy luy semble devoir estre faict pour proffiter des forces de la ligue, pour l'observation de laquelle et de la parfaite amytié paternelle qu'elle porte au Roy, son meilleur et plus obéissant fils, le dict Seigneur s'asseure qu'elle fera de son costé toutes les démonstrations et bons offices qu'elle verra estre requis et nécessaires, affin que rien ne demeure qui puisse aucunement changer ny altérer ceste bonne et entière amytié, qui est entre eux.

« Faict à Compiègne, le 8ᵉ jour de juillet 1557. »

Lettre du duc de Guyse.

« Monsieur de Sainct-Laurens, le sieur de Broully, présent porteur, vous dira l'occasion de la depesche que je faictz présentement au Roy, et tout ce qui se sçauroit icy offrir de noz nouvelles; ausquelle je ne puis rien adjouter, ny à la lettre que je vous ai dernièrement escripte pour nostre levée de Suisses, si ce n'est pour vous prier la haster, d'autant qu'en cela geist l'exécution de toutes noz entreprinses et l'espérance qu'il y a de pouvoir faire quelque service à Sa Majesté par deçà, pour le reste de ceste année; et où vous verriez que si l'on vous y feist encores quelque difficulté, vous me ferez plaisir m'en advertir en toute dilligence par courrier exprès, avant que vous en soyez du tout refuzé, d'autant que les cappitaines qui sont icy m'ont faict entendre avoir moyen de remplir leurs compaignies, chacune de deux cens hommes. Toutesfois où ladicte levée se pourroit faire, je l'aymerois beaucoup mieulx. Priant Dieu, monsieur de Sainct-Laurens, que vous donne ce que plus vous désirez.

« Du camp de la saincte ligue, le quatorziesme jour de juillet 1557.

« Je m'estois oublié à vous dire que quelque deffence que j'aye sceu faire, j'ay esté adverty que plusieurs de noz soldatz se retirent en France; je vous prie me faire ce plaisir de donner ordre au lieu où vous estes que tant qui s'en trouvera sans congié signé de ma main, l'on ne face faulte de les desvalizer entièrement.

« Vostre bon amy, FRANÇOIS. »

Lettre de monseigneur le cardinal de Lorraine à monseigneur le duc de Nivernois.

« Monsieur, j'ay reçeu les lettres que m'avez escrites et veu celles que vous avez envoyéez, et vous asseure que je n'ay point failly à bien remonstrer tout ce que j'ay deu suivant que vous le desirez et sur tout le bon debvoir que vous faites, et croy que vous aurez desja veu par deux ou trois dépesches que le Roy ne veult point que l'on enferme les lansquenets. Il vous baille les trois enseignes que vous avez faictes et deux que monsieur le connestable vous a envoyées depuis deux ou troys jours, entre lesquelles est celle de M. de Charlus. Je vous prie, au nom de madame de Valentinois et de moy, de mettre ledict sieur de Charlus à Maisières avecques vous, ou bien le mectre à Maubert, et surtout que ne le mectiez point à Raucroy, et vous prie qu'il ne sçache que nous vous en avons fait requeste; et pour ce que par la dépesche du Roy vous entendrez plus amplement toutes choses, je ne vous feray plus longue lettre, me recommandant humblement à vostre bonne grâce, et priant Nostre-Seigneur vous donner, Monsieur, très bonne et longue vie.

« De Compiègne, ce seiziesme juillet 1557 (1).

« Monsieur, quant à vos lansquenets, il ne veult point ouir parler que l'on les enferme; car c'est la principalle force du camp, et à ne vous rien celer, on dit que vous n'avez jamais adverty le Roy que les boullevarts de Rocroy fussent creus, et que le Roy pensoyt, selon que vous luy avez dit, qu'elle fut en estat de se deffendre, hormis le boullevart de Bourdillon, et qui eust sceu qu'elle n'eust rien valu, comme l'a dict S. Eran, on l'eust ruinée, car elle sera cause de perdre Mariambourg, et dient que vous ne devriez mander artillerie, ni telles munitions, ni les vivres, car elle ne se peut deffendre, et que jamais on n'oui parler de ne ramplir point

(1) Parmi les papiers du duc de Guyse figure la lettre suivante, qui donne une idée de l'état de l'armée de ce prince pendant son expédition en Italie. C'est ce qui nous détermine à l'insérer ici en note.

Lettre de monsieur de Genly à monsieur de Nemours.

« Monseigneur, le présent porteur, nepveu d'ung homme d'armes de la compaignie de monsieur de Guyse, m'a demandé congé pour aller voir son oncle qui est malade, et n'ay voulu faillir vous escripre ce petit mot pour vous advertir comment touts nos soldats tombent malades d'heure à autre, de sorte que je craings qu'au

partir de ce lieu la pluspart n'y demeure, sy par vostre moyen ne vous plaist parler à Monseigneur de Guyse d'envoyer quelques mullets pour pourter leurs armes, et chevaulx pour les faire pourter. Je pense, monseigneur, que aurez entendu comment l'ambassadeur du Pape s'en est retourné du duc d'Albe, et aussi comment ledict duc a renvoyé partye desdictes enseignes et cavalerie; et ce dit icy que le Pape et luy sont d'accord.

« D'Ascoly, ce deiziesme juillet 1557.

« Vostre très humble et obéissant serviteur,

« GENLY. »

les boullevarts. Voylà ce qu'on en dit et dont le Roy est en grand peine. On fait toute diligence à assembler nostre camp, et dans trois ou quatre jours monsieur le connestable partira. Monsieur, je vous supplie, comme fait madame de Valentinois, que Charlus ne soit point de ceux qui seront enfermez à Rocroy.

« Vostre entièrement plus affectionné cousin à vous obéir. C. Cardinal de Lorraine.

« Sur le dos est écrit: *A monsieur mon cousin, monsieur le duc de Nivernois.* »

Lettre du cardinal de Lorraine.

« Monsieur Boucherat, maintenant que le Roy de Navarre est à Paris et monsieur de Mende auprès de luy, je vous ay faict ceste dépesche expressément pour vous dire que j'ay conclud avec ledict sieur roy de Navarre que vous vous retirerez vers luy, par le moyen de mondict sieur de Mende, auquel vous communicquerez le contract de mariage de madame ma mère, où ilz congnoistront clèrement qu'elle n'a point renoncé à la succession collateralle, et que, prenant la recompense en deniers, il fault qu'elle s'adresse en premier lieu au roy de Navarre ; et lequel, s'il vouloit recognoistre la debte, il fauldroit demander assignation qui seroit bonne et seure sur la recepte de Tours, sur laquelle il est assigné de sa pension, s'ilz la vouloient bailler, sinon en quelque aultre lieu bien asseuré. Vous avez procuration de madame ma mère, estes bien instruict de tout le faict ; et quant à l'autre poinct vous leur déduirez toutes les raisons de madicte dame, affin de sçavoir l'intention dudict roy de Navarre et la forme qu'il veult qu'on y tienne ; affin que devant que l'année soit expirée, madicte dame se puisse pourvoir, et ne faillez de me faire entendre incontinent quelle résolution ilz auront prinse, afin que de nostre costé nous nous puissions résouldre. Je sçay bien que vous savez ceste affaire assez pour respondre ; qui me gardera vous en faire plus long discours, aussi que monsieur d'Amyens vous en escript plus au long. Priant le Créateur vous donner entièrement, monsieur Boucherat, ce que désirez.

« De Compiègne, ce vingtroiziesme juillet 1557.

« Le bien vostre,

« C. Cardinal de Lorraine. »

Instruction donnée à Marseille, secretaire du duc de Guyse, allant à Rome pour les affaires du Roy, le 23 juillet 1557, et ce qui s'en suivit.

« Le secrétaire Marseille estant arrivé devers l'ambassadeur du Roy à Rome, le 22 juillet 1557 au matin, envoyé de la part de monseigneur le duc de Guyse avec instruction et lettres dudict seigneur du 17 du dict mois, le dict ambassadeur dès l'après disnée fit dilligence de parler au Pape pour luy faire entendre les choses contenues es dittes instructions et lettres, selon le voulloir et intention dudict sieur duc.

« De la part duquel, après avoir présenté à Sa Saincteté le baiser des pieds accoutumé, luy fit entendre que le Roy avoit escrit à mon dict seigneur le duc de Guyse que nonobstant les grands affaires que Sa Majesté avoit contre un ennemy très puissant de tous costez de son royaume, il n'avoit voullu faillir de complaire et satisfaire entièrement Sa Saincteté de la demeure et séjour par deça dudict sieur duc et de son armée pour la seureté et deffence de l'estat de l'Église, pour laquelle Sa Majesté n'avoit jamais rien oublié de faire, comme elle n'oublieroit jamais à l'advenir.

« Que voyant ceste armée dédiée du tout au service de Sa Saincteté, il estoit bien raisonnable d'accomplir maintenant les choses promises et surtout très nécessaires : qu'il luy plust bien promptement faire pourvoir à tout ce qui estoit deub de sa part pour l'entretenement de ladicte armée, tant pour le passé que pour le présent et advenir, selon que monsieur le duc de Paliano avoit promis de sa part tant à Ancone que depuis en son dernier retour, disant qu'il seroit bientost satisfaict à tout ce qui estoit deub de l'ordinaire et à la somme de 36,000 escus pour la part que doibt Sa Saincteté du payement de la gendarmerie, et que Hyeronime Grosse seroit incontinent envoyé pour cet effet, et néantmoins on n'avoit encore receu un seul denier de tout cela, que de la faulte d'argent arrivoit deux inconvéniens : l'un que les soldats se perdoient et desbandoient, qui estoit perte inestimable et irréparable quant c'estoient des hommes choisis et bons soldats estrangers, fort malaysé à recouvrer, comme ceux de l'armée de mon dict sieur de Guyse. L'autre qu'il estoit fort difficile de les contenir en la discipline militaire et empescher d'offenser le peuple pour vivre, au lieu de le conserver et garder, à quoy mon dict sieur de Guyse usoit néantmoins de la plus sévère et rigoureuse punition qu'il luy estoit possible ; par ainsy que le bon plaisir de Sa Saincteté fust ne permettre plus qu'il fut usé en cela de dilation, car elle estoit par trop préjudiciable, outre ce que le dilay de payer ce qui estoit deub et promis seroit bien esloigné de ce que Sa Saincteté avoit veu par la despesche de l'abbé de Saint-Ferme, que le Roy se promettoit que son armée seroit aydée et accomodée de prest et advance de deniers s'il en estoit besoing, pour après venir en contribution à bon compte, en attendant les provisions de Sa Majesté.

24.

« Qu'il y avoit une autre chose qui ne pouvoit estre que de grand dommage et préjudice au service commung de Sa Saincteté et de Sa Majesté, à sçavoir un certain bruit qui courroit à Rome, à Venise et partout l'Italie et qui pis est en l'armée, que Sa Saincteté et ses ministres traictoient ordinairement de la paix avec les cardinaux Pacheco et Sainct-Fior, et qu'il y avoit gens qui alloient ordinairement vers le duc d'Albe pour cet effet. Et combien que tels traits ne peussent en rien mouvoir mon dict sieur de Guyse, qui cognoissoit assez le ferme et sainct propos de Sa Saincteté et l'assurance qu'on en devoit prandre, toutesfois telz bruits de paix à Rome, pendant que la guerre se faisoit à la campagne, ne pouvoient que grandement descourager les gentils hommes, cappitaines et soldats qui avoient laissés leurs maisons et familles pour venir sy loing secourir Sa Saincteté, et sembloit estre expedient d'empescher ces bruits là par tous moyens possibles, et que les meilleurs estoient, puis que Sa Saincteté estoit du tout asseurée du Roy et de ses forces, de rompre toutes les pratiques que luy mettoient en avant les ministres du Philippes et esloigner de soy et des siens les dicts ministres, qui semoient tels bruicts d'estre d'accord avec Sa Saincteté pour luy nuire et donner soubçon au Roy et à ses ministres, et que pour en parler franchement c'estoit une chose bien estrange que le dict cardinal Sainct-Fior, qui estoit eslargy de prison soubz caution, depuis trois jours seullement, pour crime de lèze-majesté et pour avoir attenté à la propre vie de Sa Saincteté, ou pour avoir participé aux conjurations faictes contre elle, fust à présent tous les jours fort familièrement avec le cardinal Caraffe, au veu et sceu d'un chacun, à quoy il estoit bon de remedier, et à toutes ces allées et venues des gens que le dict cardinal Sainct-Fior envoyoit avec sauf conduit de Sa Saincteté devers le duc d'Albe, ce que nous n'avons jusques icy voulu explicquer en mal, nous arrestant du tout à la parolle et foy donnée par Sa Saincteté au Roy, en pensant que tout cela avoit été faict pour endormir le dict Roy Philippe et les siens par semblables artifices.

« Sa Saincteté répondit avec les plus belles parolles qu'on sçauroit desirer ny penser de l'amitié qu'elle a portée, porte et portera au Roy jusques au dernier soupir de sa vie.

« Que quant à l'argent, elle commanderoit très estroictement que tout ce qui estoit deub de sa part fut payé promptement et sans aucun délay, sçachant très bien les très grands inconvéniens qu'y pouvoient arriver faulte de payement des gens de guerre, et quant elle ne devroit rien, qu'elle ne voulloit en aucune manière espargner au Roy sa bourse ny quelque bien qu'elle eust, et qu'elle se voulloit ouvrir jusques au cœur pour secourir et servir Sa Majesté, et de son sang s'il en estoit besoing.

« Au regard des pratiques de paix, qu'il n'en falloit entrer en scoubçon par le Roy et ses ministres, car il n'y avoit que de belles parolles en général, finement et malignement mises en avant par le roy Philippes et ses ministres, pour en faire leur proffit et s'en servir envers le monde sans volonté d'en venir à quelque bonne fin, ce que Sa Saincteté cognoissant et considérant très bien, pour les payer de mesme monnoye, les escoutoit doucement, et quand ilz alloient criants et disants partout à Venise et ailleurs : Nous ne voulons que la paix, nous voullons donner la carte blanche au Pape, faire ce qu'il voudra, il faict et veult la guerre sans raison, Sa Saincteté ne pouvoit moins faire pour éviter une sy grande calomnie pour un Pape, que de dire où est ceste paix, quelles sont les conditions, où est ceste repentance du roy Philippes, la restitution de ce qu'il m'a injustement pris, qui a faict la guerre sinon luy, qui est plus prest d'embrasser la paix que moy quand je la pourray faire avec l'honneur de Dieu et le mien, et semblables propos qu'elle ne pouvoit honnestement tenir autres, au langage fin et artifficieux desdicts Espagnols, mais que tout ainsy qu'ils ne parloient que de paix et cependant luy prenoient et brusloient ses places, tuoient ses pauvres subjects et gastoient les campagnes, Sa Saincteté leur respondoit de paix, en belles parolles généralles selon les leurs, faisoit venir des Suisses et leur vouloit faire la guerre la plus rude qu'elle pourroit, et quant elle les tiendroit prest à leur faire trancher la teste, s'ils luy crioient paix, elle leur respondroit paix, et néantmoins ne laisseroit de faire exécuter ce que la justice et leurs mérites voulloient, et qu'il n'y avoit mal qu'elle ne leur fist, nonobstant les pratiques de paix, qu'elle confessoit que Pacheco luy venoit parler tous les jours, et disoit que Sa Saincteté avoit la paix en la main et que son Roy ne demandoit autre chose ; le mesme disoient Caspy et Sainct-Fior, et le cardinal Sainct-Jacques qui parloit par la bouche des autres, à cause qu'il se trouvoit mal et gardoit le logis, et demandoient par fois s'il plaisoit pas à Sa Saincteté qu'ilz envoyassent au duc d'Albe pour la paix, à quoy elle consentoit, et cependant elle n'avoit laissé nonobstant toutes ces belles pratiques d'envoyer au plus fort d'icelles son petit marquis de Cruy en France, qui estoit son plus cher gaige et héritier, par où elle avoit bien monstré à ceux qui luy parloient de paix, comme ils la devoient espérer, et où ils la devoient aller chercher, outre qu'elle leur avoit tousjours dict publiquement et en particulier qu'ils ne s'attendissent jamais que pour se reconcilier avec le Roy Phillippes, Sa Saincteté voulust faire au Roy le moindre desplaisir du monde, ny chose aucune sans son consentement, et qu'il estoit et seroit tousjours son fils bien aimé et aisné, et auquel elle se sentoit infiniment obligée, et que personne ne cuidast désunir ceste amityé, et qu'encore le jour préceddant, Sa Saincteté faisant un festin pour honnorer les Suisses venus en son service, où estoient tous les cardinaux tant espagnols qu'autres, elle avoit dict tout hault : On va disant que je ne veux point la paix, et que je fais amas de gens de guerre; qui la veult plus que moy, et les gens de guerre que j'ay faict venir et dont j'acroistray encor le nombre sy besoing est, pourquoy est-ce sinon pour faire la paix. Je vois bien que je n'auray aultre moyen de l'espérer et de l'avoir que quant il sera en ma puissance de chasser mon ennemy, luy donner la loy et le contraindre à la recevoir.

« Par tous lesquels propos, Sa Saincteté venoit à inferer que l'on pouvoit bien croire qu'elle estoit bien loing des termes de paix avec ledict roy d'Angleterre, et que quand elle verroit quelque apparence de la faire bonne et honnorable pour la chrestienté qu'elle ne l'a voudroit pas refuser, mais que ce ne seroit jamais que par l'advis et consentement du Roy, selon lequel elle se conduiroit en paix et en guerre et partout, comme estant son très cher fils, et qu'on ne prist ombre ny soubçon de ses actions pour l'honneur de Dieu, mais qu'on regardast aux effets, et que, s'il ne faisoit contre le Roy Phillippes ce qu'il pourroit bien faire par censures et privations, que ce n'estoit pas par fault de bonne volonté, mais pour ce qu'il luy sembloit de peu d'honneur et de dignité pour luy abboyer de parolles sans mordre ; et puis que le Roy ne vouloit entreprendre la conqueste du royaume de Naples, comme à la vérité il n'y avoit apparance, sans les forces de la mer, qu'elle ne sçavoit à quoy serviroient toutes ces privations, et néantmoins qu'après que le mareschal Strossy seroit venu et que par luy elle auroit entendu la volonté du Roy, elle le satisfairoit entièrement.

« Après fut parlé à Sa Saincteté, par l'ambassadeur, du departement faict par monseigneur de Guyse de l'armée pour obvier aux maladies, de la faction de nos gens près Ascoly que Sa Saincteté n'avoit entendu à la vérité, et de la prise de seize barques faicte par nos gens, et du bruit que le duc d'Albe vouloit venir assiéger Ascoly, et de la ferme volonté qu'avoit monsieur de Guyse, le dict cas arrivant, d'assembler toutes les forces tant du Ferrarois que d'ailleurs, et ne faillir de bon et promp secours à la dicte place, et à monsieur le duc de Palliano qui estoit dedans.

« De toutes lesquelles choses Sa Saincteté prit grand plaisir et contentement, se louant en toutes choses autant qu'il est possible de la vertu, valeur et prudence de mon dict sieur duc de Guyse et de sa bonne et droicte intention et affection au bien de ses affaires, disant là-dessus qu'elle s'attendit qu'il n'avoit pas failly suivant sa promesse de luy envoyer les gens de guerre promis par le sieur de Rendam, qu'elle attendoit en grande dévotion, affin qu'estant unis avec ses Suisses de donner quelque bonne venue au sieur Marc Anthonio Colonne qui avoit desjà receu un bon scorne ces jours passez, et qu'elle faisoit le jour mesme sortir ses dicts Suisses avec cinq ou six pièces d'artillerie et sa cavalerie et infanterie italienne, soubz la charge du marquis de Montebello, qui estoit homme de guerre et d'exécution, pour donner une estreinte au dict Colonne, s'il estoit possible ; sur quoy le dict ambassadeur voulut bien repliquer à Sa Saincteté qu'il estoit à craindre que ce qui estoit nouvellement succédé ces jours derniers contre le dict Colonne ne donnast cœur aux gens de Sa Saincteté d'entreprandre trop légèrement quelque chose qui ne reussiroit pas sy bien, et que s'il arrivoit par malheur qu'ils fussent deffaicts, elle seroit en danger de n'estre pas asseurée vingt quatre heures après dedans Rome ny dedans sa propre chaire, et qu'elle devoit, sy elle cognoissoit le dict marquis ainsy désireux de combattre, luy deffendre de ne se poinct hazarder qu'avec jeu fort asseuré en la main, ce que Sa Saincteté monstra trouver bon, et tout ce qui avoit esté representé sur cela.

« Le lendemain au matin, le dict ambassadeur fit entendre au cardinal Caraffe tout autant qu'il en avoit dict le jour préceddant au Pape, luy faisant très grande instance d'envoyer sans plus tarder les deniers deubz et promis par monsieur le duc de Paliano, lequel promit et asseura qu'il feroit dedans deux jours, disant qu'il n'eut pas tant demeuré à le faire n'eust été la maladie survenue au trésorier Tronchi, qui estoit celluy qui entendoit et avoit tous les comptes de ce qui estoit deub par Sa Saincteté.

« Quant aux pratiques de paix, il en parle comme Sa Saincteté, disant outre que monseigneur le duc de Guyse luy manda dernièrement par monsieur le mareschal Strossy, qu'il estoit d'advis que le Pape entretinst le duc de Florence le mieux qu'il pourroit, et qu'il fist s'il pouvoit une trefve et suspension d'armes avec luy, ce qui avoit esté cause que l'on auroit pressé l'oreille aux ministres du dict duc, qui estoient entrés en termes de vouloir parler de paix entre le Pape et le roy Phillippes et que pour ne le desesperer encore, bien que l'on veid qu'il n'y avoit aucune atteinte à la dicte paix, l'on avoit tousjours doucement entretenu de bons propos et de bonnes parolles semblables aux siennes, et qu'on avoit aussy repondu de mesme à Pacheco qui s'estoit voullu mesler d'en bailler; quant au cardinal Sainct-Fior, qu'il estoit vray qu'on avoit depuis peu donné un sauf conduit à un nommé Placidi, qu'il avoit voullu envoyer devers le comte de Sainct-Fior son frère, pour se rallegrer avec luy de l'ordre du roy d'Angleterre, qui luy avoit esté solemnellement donné, et qu'au retour le dict Placidi avoit indiscrettement divulgué en ceste ville parmy ses amys que la paix estoit en bons termes, et que le duc d'Albe la voulloit et tous les seigneurs de son camp. Ce qu'estant rapporté au dict seigneur cardinal Caraffe, il avoit envoyé querir le dict Placidi et avoit bien parlé à Sa Révérence, luy demandant pourquoy il tenoit tels propos veu qu'il ne luy en avoit rien dict, et s'il avoit en commission du duc d'Albe de luy en porter quelque parolle; à quoy il avoit respondu que non, mais que c'estoit le commung bruit du camp que la paix y estoit desirée tant du roy Phillippes que de ses ministres, et qu'à son retour il en avoit ainsy devisé entre ses amys sans cuyder mal faire, dont il dict luy avoir donné une bonne reprimande, menassant de le chastier, et tous autres qui se mesleroient de tenir de semblables propos, aux quels il dict qu'il ne falloit poinct prendre garde, ainsi aux effects de Sa Saincteté et de ses ministres, que l'on trouvera tousjours constantz en l'entretenement de l'amytié du Roy, et que ce que le Pape monstre entendre à la paix, n'est que pour éviter les calomnies qu'on luy a mises sus; il est vray que Sa Saincteté ne nie pas, quant elle verroit quelque bon moyen de remettre ces deux grands princes ses enfants en bonne et fraternelle paix ensemble, qu'elle ne fust bien ayse d'y faire ce qu'elle pourroit, et le tout par le consentement et bonne intelligence du Roy et non autrement.

« Voilà tout ce qui a esté négotié avec le Pape et le dict sieur cardinal Caraffe sur le contenu en l'instruction du dict Marseille.

« A Rome, ce 23 juillet 1557.

« ODET DE SELVE. »

Bref du Pape au duc de Guyse, du 28 du dit mois.

« PAULUS P. P. IV.

«Dilecte fili, nobilis vir, salutem et apostolicam benedictionem. Quæ acta ad Palianum fuerint nobilitas tua cognoscet, ex dilecto filio, nobili viro comite Aliphæ, quem ad te misimus ; quibus cognitis, intelligis quantopere hujus sanctæ sedis necessitas, ut rei magnitudo, adventum in has partes tuum, eumque quam celerrimum, postulet ac requirat. Confidemus autem te vel pro tua in nos et hanc sedem devotione prestantique virtute ac fide, vel quod charissimi in Christo filii nostri regis christianissimi mandatis et voluntati testas vel maxime obsecuturum esse, intelligis nullam moram interpositurum, et summo animi studio statim iter ingressurum, cum res, ut pro tua prudentia intelligis, celeritatem maximam exigeat. Quod si propter adversam, quod absit, valetudinem, ipse minimè venire potueris, hortamur te ut eos quos tibi videbitur una cum dilecto filio nobili viro Joanne duce Paliani, nostro secundum carnem nepote, mittas : cui ipsi quoque mandavimus ut ad nos se conferat, quibus de rebus ipsi comiti Aliphæ mandata nostra tibi exponenti eamdem quam nobis haberes fidem : ut habeas nobilitatem tuam in Domino hortamur ac rogamus.

« Datum Romæ apud Sanctum-Petrum, sub annulo piscatoris, die 28 julii M.D.LVII, pontif. nostri anno tertio. »

Par une longue lettre de monsieur de Guyse au Roy, Sa Majesté fut informée de l'état de ses affaires en Italie; elle fut quelque temps après suivie d'une autre de son ambassadeur monsieur de Sèlve.

« Sire, par la dépesche que je vous ay faicte par le sieur de Broully, vous aurez esté si au long informé de l'estat de vos affaires de par deçà, que je ne voy qu'à présent j'aye grande chose à vous dire, y estant depuis succedé bien peu de choses desquelles vous n'avez esté desjà adverty, mesmement par le sieur de Sèlve vostre ambassadeur à Rome, et le sieur de Randans qui à son retour de devers Sa Saincteté vers laquelle je l'avois envoyé pour les causes et raisons qu'il vous aura pleu entendre par ladicte dépesche dudict sieur de Broully, ne m'en a rapporté que toute la plus grande satisfaction que j'eusse peu desirer. Ayant fort bien cogneu Sadicte Saincteté par les offres et remonstrances que vous avez entendu que je luy faisois, le debvoir auquel je me mettois beaucoup plus grand que lors que les affaires qui se présentoient de deçà ne le comportoient et que celles du costé de Sadicte Saincteté ne le requéroient, selon que la fin en a donné bon tesmongnage. Ne s'estant Sadicte Saincteté trouvée, Dieu mercy, si pressée de ses ennemys, qu'elle n'ait prins le loisir d'attendre monsieur le mareschal Strossy pour s'en servir, pour l'effect pour lequel elle me prioit si instamment de l'aller trouver ou de luy envoier quelque autre en mon lieu. Cependant, Sire, la dépesche qu'il vous a pleu me faire par le sieur de Navailles, du sixiesme de ce mois, contenant la résolution qu'il vous a pleu prendre que ceste armée demeure encores par deçà pour le service et conservation, tant de Sadicte Saincteté que de son estat, ne me pouvoit venir plus à propoz de ce qu'il me semble qu'elle a faict, tant pour m'en aider tousjours à ne laisser aucune occasion à Sadicte Saincteté ny aux siens de prester l'oreille ny entendre aux menées et grandes praticques d'accord qui se faisoient audict Rome, selon ce que ledict sieur de Sèlve me faisoit ordinairement entendre. Desquelles si bien je ne voulois croire ny me persuader qu'il feust rien, pour l'asseurance laquelle je congnoissois bien que je pouvois mettre en la parolle de Sadicte Saincteté, qui avoit tousjours dict qu'elle ne le feroit jamais sans le consentement de Vostre Majesté, qui de plus en plus par ladicte résolution que vous avez prinse sur la dépesche de monsieur le mareschal Strozzy faisiez assez congnoistre l'amour et affection que vous aviez tousjours porté à Sadicte Saincteté et aux siens estre plus grande que jamais. Je leur voullois ce néantmoins bien faire entendre le bruict qui en estoit si grand partout le monde et entre lesdictz ennemis, mesmes qu'il n'y avoit celluy qui ne le tint pour faict au grand préjudice des affaires communs d'entre Sadicte Saincteté et Vostre Majesté, qui n'en pouvoient recevoir que deffaveur, selon que vous pourrez le tout veoir plus amplement par les instructions que j'en baillay à Marseille mon secrétaire, lequel je depeschay tant incontinent après l'arrivée dudict sieur de Navailles audict sieur de Sèlve, affin qu'il voulust remonstrer et faire instance de tout ce que dessus tant à Sadicte Saincteté que audict sieur cardinal Caraffe, dont il m'en a rapporté la responce qu'il vous aura pleu veoir par la copie des instructions que luy en a baillées ledict sieur de Sèlve, qui sera cause que je ne vous en diray autre chose. Quant au demourant, Sire, du lieu et endroict où je vois par la dépesche dudict sieur de Navailles qu'il vous plaise que ceste armée soit employée, je m'y vois préparant le plus que je puis de tout ce que je congnois qui nous y est nécessaire, attendant le retour dudict sieur mareschal Strozzy, sans lequel je ne veoy poinct comme je me puisse résoudre plus particullièrement de ce que j'auray à faire, veu qu'encores par luy je m'attendz d'estre plus amplement informé de vostre intention, que aussi j'ay bon besoing de luy pour me demesler de plusieurs choses desquelles je me trouverois autrement plus empesché à en sortir; joingnez que les forces desquelles Vostredicte Majesté faict compte de me renforcer, comme il est plus que nécessaire à qui vouldra penser à quelque chose d'importance, ne sont pour estre sitost prestes, que l'on n'ait encores plus de loisir à bien penser et examiner ce que l'on aura à faire; ce qui est cause que pour le présent je ne vous puis dire autre chose, sinon que cependant j'ay esté plus que forcé de despartir ceste armée et la mectre à couvert ès lieux qu'il m'a semblé plus à propoz et voisins du chemin que nous aurons à tenir. Pour ce que nous avons affaire, voiant les grandes maladies qui y estoient entrées, lesquelles d'heure à autre croissoient tellement que qui n'y eust prins cet expédient ne s'en pouvoit qu'en suivre sa totalle ruyne, n'y en aiant cependant eu pas ung depuis le plus petit jusques au plus grand qui en ait esté exempté, ormis monsieur de La Brosse qui s'est toujours bien porté. Il est vray qu'il y a eu cela de bon, Dieu mercy, que comme lesdictes maladies facillement survenoient, aussi facillement elles s'en alloient; commençant ung chacun à se remectre si bien que j'espère, Sire, que le temps ne se présentera point plustost de vous faire service que cestedicte armée pour ce regard n'en soit en aussi bon estat qu'elle a jamais esté. Il ne me reste plus, Sire, que à vous respondre quant à la provision d'argent, de laquelle je puis faire estat pour la despence de cestedicte armée, selon le mémoire qu'il vous a pleu m'en envoier. Sur quoy je vous diray que en ce qui touche les deux cens mille escus qui se pourroient recouvrer du deppost qui se doibt faire à Ferrare pour la protection de monsieur le duc, de cela il n'en fault faire aucun estat, veu qu'il n'y en a encores ung seul denier ensemble, et que moins se doibt espérer que ledict sieur duc soit pour le faire, veu la responce que le général d'Elbène a faicte premièrement à monsieur le ....., et depuis audict sieur duc et à moy touchant les seuretez que ledict sieur duc prétend d'avoir avant que d'y mettre la main, qui est la promesse des biens dudict général et de ses compaignons; laquelle ne voulant ..... donner ledict général. Aussi ay-je oppinion qu'il ne fault faire estat d'ung seul denier de ce costé là, combien que je n'aye voulu délaisser d'envoier M. Thomas d'Elvecchio pour veoir ce que s'en pourra espérer, selon qu'il vous plaira veoir par l'instruction que je luy en ay baillée, laquelle je vous envoye; ce qui fera que je ne vous en diray autre chose, sinon ce que j'ay ordonné audict messire Thomas, de incontinent vous advertir de ce qu'il aura faict ou sera pour faire, et aussi que cependant j'ay escript audict général qu'il vueille envoier sa promesse tant pour les trente mille escus de l'intérest de l'entier deppost desdits trois cens mille, que pour lesdits deux cens mille desquelz Vostredicte Majesté faict estat que je me prévalle, affin que si ledict sieur duc la vouldra accepter, je l'aye toute preste, comme aussi Vostredicte Majesté se peult bien asseurer que si je ne touche lesdits deux cens mille escus, je ne donnerois ny l'une ny l'autre promesse. Quant à l'autre partie de deux cens mille escus contenue au susdict mémoire, laquelle vous faictes compte que ledict général doibve remettre pour tout ce mois entre les mains de monsieur de Lodesve, je n'ay jamais veu que ledict général m'en ait rien escript, de sorte que tant du costé dudict seigneur duc que du costé dudict sieur général, je ne pourrois sinon me trouver en blanc, si ce n'estoit que je retiendray les 95 mille que ledict général a envoié par deçà pour rembourser de semblable somme ledict sieur duc, attendant ou qu'il y pourvoye autrement et aussi Vostredicte Majesté, laquelle cependant j'ay bien voulu advertir de la peine et des termes ausquelz je me trouve, affin que vostre bon plaisir soit y donner l'ordre que vous pouvez aussi bien que nul autre congnoistre estre nécessaire, veu mesmement que ledict sieur duc, depuis l'arrivée vers luy de messire Alexandre Fiasque, par lequel il a esté adverty du reffuz dudict général d'Elbene, s'est retiré d'ung autre party à Venize de cent mille escus à douze pour cent, qu'il m'avoit escript estre après de faire, duquel je me pensois aider tant pour paier les Suisses qu'il plaist à Vostre Majesté m'envoier, que pour faire les autres despences qu'il conviendroit faire, attendant que l'on eust donné ordre au surplus, suivant le mémoire que j'en ay faict dresser responsif à celluy qu'il vous a pleu m'envoier, lequel je vous envoye actendant ledict sieur mareschal, par lequel j'entendray les autres moiens qu'il doibt apporter de recouvrer argent; sur quoy aussi lors je vous escripray ce qu'il me semblera.

« Sire, par trois ou quatre lettres que j'ay receues en deux ou trois jours l'une sur l'autre de monsieur Caraffe, il me semond avec toute la plus grande instance qu'il est possible de luy envoier le secours que j'envoiay offrir à Sadicte Saincteté par ledict sieur de Rendan, pour s'estre lesdits ennemis du costé de Paliane si engrossiz, tant de huict enseignes vieilles espaignolz que le duc d'Albe y avoit envoyé, que des villains du pais, qu'il ne veoit poinct que sans ledict secours il se peust pourveoir à l'envitaillement et autres choses nécessaires audict Paliane. Sur ces mesmes alarmes, il a dépesché courrier exprès à monsieur le duc dudict Paliane, le priant que pour se trouver mal disposé et estre le marquis de Montebello leur frère dehors, ne sçachant pour ceste cause à qui commettre auprès de Sadicte Saincteté la charge des grands affaires qui se présentoient, il ne deust faillir de tout incontinent, et le plustost qu'il pourroit, s'en aller à Rome, et faire avecques moy que, suivant aussi ce qu'il m'en escripvoit, je l'accompaignasse dudict secours, sans lequel ledict Paliane estoit réduict en mauvais termes. Mais pour ce que par la mesme dépesche ledit sieur duc de Paliane receut lettres d'ung sien serviteur qui l'advertissoit que le Pape se trouvoit mal, lequel il disoit estre tellement dégousté qu'il ne prenoit rien, et que au demourant il estoit si altéré qu'il ne faisoit autre chose que boire, de sorte que tous ses serviteurs le conseilloient qu'il ne deust faillir de incontinent s'en aller audict Rome. Nous prinsmes oppinion que cela feust plustost la cause pour laquelle ledict sieur cardinal l'appelloit, avecques si fort grande instance, que pour aultre chose dont nous arrestasmes qu'il s'y en iroit, comme il feit tant incontinent, et que cependant je tiendrois ledict secours prest pour le luy envoier ou non, selon ce qu'il m'escriproit tout incontinent qu'il seroit arrivé audict Rome, comme il me promist de faire quand ce ne seroit que pour me mectre hors de peine, feust pour le regard desdites affaires dudict Paliane ou bien pour la maladie de Sadicte Saincteté, avec l'occasion de laquelle j'ay bien voulu sonder le guay de la volunté en laquelle seroit ledict sieur duc de Palliane, mesadvenant de Sadicte Saincteté, qui ne feust que la meilleure que j'eusse sceu désirer, de faire tout ce qu'il luy seroit possible à l'avantaige et service de Vostre Majesté, et ny plus ny moins que j'adviserois. Je faictz au demeurant tenir prestes au sieur de Givry huict enseignes françoises, pour tout incontinent les faire marcher quand en sera besoing, et ay escript au sieur de Montluc d'en faire autant de quatre des sienues et de deux cornettes de sa cavallerie, espérant bien, Sire, que pour cela je ne perdray une seulle heure de temps, auquel j'ay désir en moy-mesmes désigné de me trouver au lieu qu'il vous a pleu me commander, si ce n'estoit que je feusse contrainct par la trop grande instance que m'en pourroit faire Sadicte Saincteté d'aller au secours dudict Paliane, qui ne sera jamais que à mon corps deffendant, envoiant pour ceste cause Niquet vers ledict sieur mareschal Strossy, pour le prier de faire de sorte, ou comme de soy-mesmes, ou selon que l'occasion s'en présentera, qu'il me desveloppe et exempte dudict voiage, pour ce que autrement je ne me pourrois sinon veoir perdre toute l'espérance de faire rien de bon du costé qu'il sçait, pour les raisons et considérations que plus amplement luy desduira de ma part ledict Niquet. Combien, Sire, que je me vueille bien laisser entendre au contraire, et me servir de ceste occasion pour aider à endormir et retarder tousjours davantaige les provisions de celluy où nous voulons donner, qui autrement me voiant rappeller mes forces de Lombardie, et s'appercevant de quelques autres provisions que je faictz, se pourroit quelque peu plus doubter du bien que l'on lui prépare.

« Cependant est arrivé Le Tronce avec les comptes desquelz de si long temps se faict instance; combien que je me doubte qu'ilz seront plus accompaignez de belles parolles que d'argent. Il partit de Rome le jour mesmes qu'en estoit party le susdit courrier qui avoit apporté audict sieur de Paliane les susdites nouvelles, qui m'a asseuré que le Pape se portoit fort bien; mais qu'il estoit vray que ledict sieur cardinal estoit ung peu mal disposé. Dont toutesfois je ne sçay que penser et ne pourray qu'en estre en peine jusques à ce que j'en aye des nouvelles par ledict sieur duc de Palliane, desquelles tout à l'heure je ne fauldray vous advertir si elles le méritent. Sire, ainsi que j'achevois ceste despesche est arrivé icy le comte d'Aliffe, envoyé devers moy de la part de Sa Saincteté avec lettres d'elle et de messieurs les cardinal Caraffe et duc de Paliane, et présentement me vient encores de venir trouver ung camariste dudit sieur cardinal pour semblable effect, ainsi qu'il vous plaira veoir par le double des lettres et instructions qu'ilz m'en ont apportées. Et voiant, Sire, que je ne pouvois plus différer de secourir Sadicte Saincteté de ce que je luy avois faict offrir par le sieur de Randan, et que faisant semer ce bruict d'y aller moy-mesmes en personne avec toute ceste armée, suivant la requeste qu'elle m'en faisoit par sa lettre, seroit mettre en doubte l'ennemy de nostre entreprinse de Tuscane, dont il pourroit jà avoir senty quelque vent, et par aventure le divertir d'y faire acheminer les forces que j'ay entendu qu'il se délibéroit y envoier, je me suis advisé, Sire, oultre les quatre enseignes de gens de pied et deux compaignies de chevaulx légiers de la Tuscane, dépescher encores le sieur de La Brosse, avec tout ce que nous avons icy de cavallerie légière, et le sieur de Givry avecques neuf enseignes françoises, et les envoier vers Sadicte Saincteté pour la secourir en ce qu'elle aura affaire par delà, et cependant lever des garnisons de ce que j'avois départy du reste de noz forces, et les faire acheminer droict à Folligny, qui est ung lieu pour prendre le chemin de Rome ou de la Tuscane, et entre cy et là, après avoir entendu quel party aura prins l'armée desdits ennemis, si ainsi estoit qu'ilz n'eussent renforcé ce qui est du costé de Paliane, et que les forces que j'envoye présentement avec ledict sieur de La Brosse feussent suffizantes avec ce qui est de delà, pour l'effect que Sadicte Saincteté demande, je ne fauldray, Sire, avec ce que j'ay mandé et tout ce que nous en avons au Ferrarois, aussitost les emploier en ladicte Tuscane suivant ce qu'il vous a pleu m'en commander; et où il adviendroit autrement et que lesdits ennemis tirassent toutes leurs forces du costé dudict Paliane, et il ne me semble, Sire, aiant pleu à Vostre Majesté si ouvertement mander comme elle a faict à Sadicte Saincteté, vostre voulloir estre ceste armée demeurer par deça pour sa conservacion, ne luy pouvoir plus reffuzer le secours qu'elle demande en une si pressée nécessité; et de l'aller secourir avec cestedite armée, où je feray le moins de séjour qu'il me sera possible, pour aussitost après retourner en la Tuscane, l'emploier ès choses qui se y pourront offrir pour vostre service. Et pour ce que présentement je viens d'estre adverty que monsieur le maréchal de Strozzy estoit arrivé à Civita-Vecchia, j'ay donné charge audict sieur de La Brosse sçavoir de luy s'il y aura moien de mettre quelques vivres dedans ledict Paliane avecques les forces que je y envoie avec ledict sieur de La Brosse, pour exempter le reste de ceste armée d'y aller, sinon qu'il me mande franchement son advis de ce que j'auray affaire dessus.

« Sire, je supplie le Créateur vous donner en parfaicte santé très longue et très heureuse vie.

« De Mactrate, ce premier jour d'aoust.

« Vostre très humble et très obéissant subjet et serviteur, Françoys de Lorraine. »

Lettre de monsieur de Selve.

« Sire, je reçeuz le XVIIe de ce mois les lettres qu'il vous a pleu m'escripre du derrain du passé, avec les adviz de l'estat de vos affaires du costé de Picardie, dont j'allay faire part au Pape dez le lendemain, qui en feust merveilleusement aise, ne pouvant croire, veu le bon ordre que Vostre Majesté a donné aulx choses nécessaires pour la deffence de toutes voz places fortes dudict costé de Picardie, que les ennemys soient pour prendre par force Sainct-Quentin, comme ilz s'en ventent par deçà, disantz avoir lettres du V⁵ de ce mois du roy d'Angleterre, que son armée estoit devant avec quatre-vingt canons, et qu'il n'y avoit que 4 cents hommes dedans pour la deffence de gentz nouvellement levés, de sorte qu'ilz se permectent et veulent faire accroire par deçà qu'ilz s'en feront maistres, et bravent oultre cela d'une aultre grosse armée avec laquelle ils disent qu'ilz veulent assaillir vostre royaume de l'aultre costé de la Picardie, devers la mer, avec la faveur de plusieurs navires et vaisseaulx qu'ilz se ventent de mectre sur ladicte mer, pour favoriser et secunder ladicte armée de terre. A quoy j'espère que Dieu remédiera par la Providence et les forces de Vostre Majesté, lesquelles n'ont pas accoustumé de cedder aux leurs.

« Sire, j'ay trouvé nostre Sainct-Père en son accoustumée bonne santé, mais avec le visaige ung peu triste, ce me semble, pour les nouvelles que l'on avoit icy que le duc d'Albe estoit avec toutes ses forces venu à Valmontone, qui n'est qu'à XXV ou XXVI mil d'icy, et à XII ou XIIIᵐ de Thivoli, dont l'on estoit en quelque craincte, par ce qu'il n'y avoit que six enseignes italiennes dedans, soubz la charge du sieur Francesco Colonne, et que c'est le lieu où l'on desseignoit faire l'amaz et réunion de vostre armée, et qu'il y avoit desjà bonne provision de vivres; qui feust cause que l'on y envoya, dèz le mesme jour du XVIIIᵉ, troys enseignes de gentz de pied françois, et deux italiennes, avec deux compagnies de chevaulx légers, arrivez de Tuscane le jour précédent, soubz la conduicte du sieur Mario de Saincte-Fior, en actendant que monsieur de Sipierre, avec la cavalerie légière, et monsieur de Givry, avec son régiment de Françoys, qui sont les trouppes plus prochaines et advancées de vostre arivee, s'y peussent rendre, ce que l'on pense debvoir estre aujourd'huy. Et si monsieur de Tavanes n'y arrive aussitost que eulx, je croy qu'il y pourra estre un jour après, et tout le reste de voz forces les unes après les autres, à mesure qu'elles viennent; de sorte que puisque les ennemys ont tant temporisé, il n'y a pas apparence qu'ilz peussent maintenant plus nuyre audict Thivoli ny en ceste ville. Mais s'ilz eussent esté bien conseillez, et gentz de prompte résolution depuis la prinse de Segno, il est tout certain, Sire, et n'y a homme de guerre ne de discours qu'il ne l'advoue, qu'ilz avoient le choix de venir prendre Thivoli ou ceste ville, sans empeschement, et mesmes venir à bout de tous les deux. Car dedans ledict Thivoli, qui est grand lieu non tenable ne deffensable qu'à force de gentz de bien, il n'y avoit que les six enseignes italiennes soubz ledict sieur Francesco Colonne, fils du feu sieur Stephano Colonne, que Vostre Majesté peult aultresfois avoir veu en vostre royaume, qui est ung jeune homme de bon cueur; mais il n'a pas plus de vingt ans.

« Et en ceste ville, il n'y avoit que le reste des Suisses du Pape, quy naguères ont esté battuz et en sont encores effraiez, et environ trois cents chevaulx légers italiens. Je vous laisse juger, Sire, comme cela eust deffendu ceste grande ville contre l'arrivée du duc d'Albe, beaulcoup plus forte qu'elle n'estoit cest hyver, durant lequel nous avions en cestedicte ville deux régimentz de François, deux enseignes d'Allemans, et XXXV ou XL enseignes italiennes, et plus de VIᶜ chevaulx légers italiens, et encores ne se tenoit-l'on pas fort asseuré. En somme, ilz ont perdu une belle et seure occasion de finir la guerre du costé de deçà. Car il estoit impossible aux forces de monseigneur de Guise, qui ne peuvent encores de huict jours estre bien assemblées, d'y remédier. Et y a pis, c'est que toute la noblesse et le menu peuple de cestedicte ville sont si las de ceste guerre, et si mal contans du gouvernement de ce pontificat, que je croy qu'ilz eussent esté les premiers à forcer le Pape à quelque vitupérable composition, pour mectre fin au jeu. L'on pense que, grâces à Dieu, nous sommes hors de cest inconvénient, puisque voz forces commencent à comparoistre. Et peult bien faire estat Sa Saincteté que vous l'avez ostée par deux fois ceste année, avec sa ville de Rome, hors des mains de ses ennemys. Reste de secourir et pourvoir de vivres Paliano, ce qu'aulcuns pensent que les ennemys vouldront empescher et qu'ilz combattront, se fundantz sur la contenance qu'ilz ont faicte d'en vouloir manger, veu qu'ilz se sont approchez, attendantz la venue de vostre armée, et sur ce que le pays d'autour Paliano est pays de montaigne et mal aisé, et où la cavallerie qui est nostre principale force, ne peult jouer son jeu, avec ce que ung train de vivres est tousjours plain d'empeschement et d'embarassement, et que ceulx qui l'assaillent ont tousjours plus d'avantaige que ceulx qui les advisent et deffendent; dont je ne sçay qu'il adviendra. Mais quoyque ce soit, quand bien ilz auroient à se retyrer, ilz auroient tousjours eu cest advantage d'estre venuz nourrir leur armée bien avant sur les terres du Pape, espargnants cependant les vivres plus prochains d'eulx, et mectant nostre armée en plus grande difficulté de les suivre sur leur retraicte. Ce matin messieurs le cardinal Caraffe, duc de Paliano et maréchal Strozzy sont allez audict Thivoli pour revoir le lieu, et doibvent estre ce soir de retour en ceste ville. Tous ces jours passez nous avons esté chaque matin, monsieur le mareschal Strozzy et moy, avec monsieur le cardinal Caraffe pour la provision des vivres nécessaires tant pour ledict advictuaillement de Paliano que pour nourrir l'armée, et des charrettes et bestes de somme requises pour le port desdites vivres. En quoy je vous puis bien asseurer, Sire, que monsieur le mareschal n'oublye rien de la diligente et urgente sollicitation qui y est requise. Et si les choses se trouvent en l'effect et en l'exécution telles qu'elles sont là ordonnées, qu'on nous asseure de les avoir toutes promptes et appareillées, il n'y aura à mon advis point de désordre par faulte de vivres.

« Mais pour ne mentir point, j'en oy faire promesse en telles matières par deçà que je voulsisse garantir, ne dont je osasse respondre. Je ne vous veulx céler, Sire, qu'en ladite dernière audience que j'ay eue du Pape, il m'adveint sans y penser de lui dire une nouvelle concernant ses affaires, qu'il ne sçavoit pas, qui est la prinse de Segno dont il ne sçavoit rien. Et me parlant dudit lieu je lui en teins propoz comme d'une place perdue, et venue en mains des ennemys, cuydant qu'il sceust devant moy ce qui en estoit advenu, comme il me semble que la raison le vouloit bien. Il trouva fort estrange ceste perte et encores plus que je lui en disois les premières nouvelles, combien qu'elle feust advenue plusieurs jours auparavant. Je m'excusay de lui avoir parlé, lui disant que je pensois que Sa Saincteté en feust très bien informée, et que je sçavois que Sa Saincteté qui estoit constante et prudente n'est pas pour s'estonner de la perte d'une bicoque comme ceste là ; qu'il falloit que les grandz princes entendeissent toutes leurs affaires et se préparassent aulx bonnes et aulx maulvaises nouvelles ; car la guerre leur apportoit des unes et des aultres. Sa Saincteté me remercya de le luy avoir dict, me pryant de continuer à l'advertir tousjours de la vérité de ce que je sçauroys, et qu'elle voioit bien qu'on le lui avoit voulu céler de peur de l'ennuyer, et qu'on lui avoit faict plus de mal et de desplaisir que de le luy dire. Je croy bien, Sire, que ceulx qui le lui ont célé ont crainct de l'ennuyer; mais je croy que cela ne les a pas tant retenuz de luy en parler, que la honte qu'ilz ont d'avoir à luy dire tous les jours nouvelles de quelque perte advenue par leur désordre et mauvais gouvernement, contre l'asseurance qu'ilz luy donnent de pourvoir fort bien à tout, dont le bon homme se repose sur leurs belles paroles, et Dieu sçait comme il y est servy et quel soing on en a, et peult bien louer Dieu de la venue de monseigneur de Guise, sans lequel, au gouvernement qui est icy, je croy que les ennemys auroient bon marché de toutes leurs entreprinses. Vostre Majesté peult prendre cela pour ung argument qu'il y a prou d'autres choses qu'on luy céle, qu'il seroit bien expédient que Sa Saincteté sceust pour y mectre ordre, et croy bien que cest office que j'ay fait de luy révéler ce qu'on luy avoit célé, ne me mectra pas plus avant en la bonne grâce de monsieur le cardinal Caraffe que je soulloys estre, duquel toutesfois je n'ay jamais voullu parler que le plus honnorablement qu'il est possible. Je croy que Vostre Majesté aura sceu d'ailleurs les parolles passées naguères entre ledit sieur cardinal et le duc de Palliano son frère, qui furent presque à venyr aux mains, si monsieur le maréchal Strozzy, qui estoyt présent, ne les en eust gardez, et pour les plainctes que ledit duc faisoyt de la manière de vivre et de gouverner dudit cardinal.

« Sire, hyer matin monsieur le cardinal Caraffe me deist que l'ambassadeur de Florence lui estoit venu dire d'avoir nouvelles de son maistre, par lesquelles il lui donne charge de déclarer au Pape qu'il estoit adverty que Sa Saincteté avoit entreprins avec Vostre Majesté de lui faire la guerre et de l'assaillir en son estat, et que c'estoit chose toute résolue et arrestée entre vous deux ; et que le voiage de monsieur le maréchal Strozzy, dernièrement, devers Vostre Majesté, n'avoit esté à aultre fin, et que la hayne qu'il luy portoit luy rendoit plus vraysemblable cest advertissement ; que de luy il s'estoit tousjours déporté avec tant de respect envers Sa Saincteté, qu'il ne luy avoit pas donné cause de le traicter de ceste sorte. Mais, s'il en failloit venir là, et qu'on le voulsist aller chercher pour l'offenser, on le trouveroit bien pourveu pour se deffendre. A quoy ledit sieur cardinal dict avoir respondu qu'il n'avoit poinct ouy parler de telle entreprinse, ne que Sa Saincteté et Vostre Majesté eussent aulcune délibération de l'assaillir, et quand il en sçauroit quelque chose, il ne le diroit pas pour l'obligation qu'il avoit au service de Sa Saincteté et au vostre, et que ledit duc estoit sy tenu au Pape qu'il le debvoit bien recognoistre, car il avoit esté cause que non seulement vostre armée ne l'avoit en rien offensé, mais encores que vous l'aviez recherché d'alliance. De quoy au lieu de sçavoir quelque gré et y entendre, il s'estoit voulu servir et prévaloir pour gaigner Sienne, et qu'il pourroit bien avoir esté si friant et convoiteux de ce morceau là qu'il luy pourroit couster plus cher qu'il ne vault et s'en repentir, et qu'il sembloit que ce que ledit ambassadeur disoit feust une protestation pour faire connoistre une maulvaise voulenté dudit duc contre le Pape, et la vouloir coulourer sur quelque chose, et que s'il se gouvernoit saigement et doulcement avec Sa Saincteté, il feroit bien, et que s'il faisoit aultrement il s'en pourroit repentir. De laquelle responce, Sire, je laisseray le jugement à Vostre Majesté; mais si me semble-il qu'il y a du verd et du sec et qu'il y a aucunes choses qui eussent esté aussi bonnes teues et non touchées que dites.

« Le Pape ne sçavoit encores rien de ceste harengue quand je le veitz ; bien me dict-il qu'il se doubtoit que le duc de Florence n'avoit rien de bon au cueur, et qu'il feroit quelque déclaration contre luy ; et qu'il ne debvoit pas avoir eu Sienne pour néant en ce temps icy, ne sans s'obliger à quelque chose au roy d'Angleterre pour la subvention de ceste guerre. Qui est, Sire, tout ce que j'ay à vous faire entendre ; si ce n'est que messer Bartholomeo de Benevento continue à user grand soing, diligence et industrie en la provision des vivres et toutes choses nécessaires pour la provision et le service de vostre armée, et jusques à emprunter argent là où il peust, et bailler ce qu'il en a pour prester à monseigneur de Guise qui m'a commandé en emprunter jusques à dix ou douze mille escus, en attendant celluy qu'on luy doibt envoyer de Venise, laquelle somme je suis esmerveillé, Sire, qu'il n'a jamais esté possible de trouver sur l'obligation de monsieur le mareschal, du sieur Robert et de moy qui en ay autreffois trouvé à prester en ceste ville les trente mille escus tout seul. Ceste bonne affection dudit Benevento, Sire, mérite bien qu'il vous plust de le traicter bien favorablement en toutes choses et mesmement au payement de sa pension, dont il luy est deu sept ou huit mois et n'en est encores satisfaict.

« Sire, je prye le Créateur vous donner en parfaicte santé et prospérité très longue et très heureuse vye.

« De Rome, ce XXIe aoust 1557.

« Vostre très humble et très obéissant serviteur et subject.   ODET DE SELVE. »

Monsieur le cardinal de Lorraine, lors résidant à Paris, escrivit au général d'Elbene l'estat des affaires du temps, ainsi qu'il suit :

« Monsieur le général, mon compère, j'ay faict voir au Roy de mot à mot le contenu en la lettre que vous m'avez escripte du 14 de ce mois, à la lecture de laquelle je vous puis asseurer qu'il s'est grandement consolé pour les saiges et prudens récis qu'il y a trouvé, mais avec ceste consolation vous luy avez voulu donner quant et quant l'espérance et asseurance du remède pour pourvoir au mal et désastre qui luy est advenu, dont il se sent infiniment tenu et obligé à vous, et ne vous sçauroit dire ny escrire le grand contentement qu'il en a avec bonne raison, ainsy qu'il faict sçavoir à M. l'évesque d'Orléans, ne voulant oublier de vous advertir, qu'outre que nostre armée se rassemble de jour à autre, de sorte que la perte ne paroistra tantost plus, le Roy a faict venir douze mil Suisses comme vous sçavez et dix mil lansquenets qui sont tous prêts, outre ceux que nous avons desjà par deçà pour s'en servir au besoing ; il faict aussy venir d'Allemagne deux mil chevaux pistoliers, ayant de plus dix-huit cents hommes d'armes avec les creues et compagnies nouvelles de sa gendarmerie et un bon nombre de harquebusiers à cheval : de sorte que devant peu de temps Sa Majesté aura non seullement forces égalles à celles de son ennemy, mais plus grosses pour luy résister fortement sy Dieu plaist et le combatre s'il en veut venir là, se trouvant plus empesché qu'il ne pensoit devant Saint-Quentin, où il faict chacun jour grande perte de ses gens, tant à cause de la nécessité de vivres que de coups d'artillerie dont ils sont saluez en toutes heures de ceux de ladicte ville, qui ont le meilleur cœur qu'il est possible, y ayant un grand nombre de cappitaines et gentils hommes aussi vaillautz qu'il y en ayt poinct en la chrestienté, nous donnans espérance de faire en sorte que nous aurons le loisir de les aller secourir, à quoy nous ne perdrons heure ny temps, vous advisant que pour le regard de l'Italie ledit seigneur a escrit à monsieur mon frère qu'emmenant avec luy les princes et quelques seigneurs et gentils hommes, ilz pourront prandre la poste et venir par mer avec quatre ou cinq enseignes de François harquebusiers ; il laisse tout le reste pour la garde, seureté et deffense de nostre Sainct-Père et des places de son estat ; qu'est tout ce qu'on sçauroit faire, ce me semble, priant Dieu, monsieur le général mon compère, qu'il vous ayt en sa saincte et digne garde.

« Escrit à Paris, le 21 aoust 1557. »

Lettre de l'évesque de Lodève au duc de Guyse, escripte de Venise.

« Monseigneur, vous avez entendu le malheur advenu à monsieur le connestable, et à nostre pauvre France ; j'ay grand peur que la seconde nouvelle que nous en aurons ne soit encore pire que la première, de sorte que le Roy a bon besoing d'aide, de bons conseils et de bons ministres, car si la gendarmerie est deffaicte et tous les Allemans, comme on dit, je ne vois pas que

Sa Majesté puisse rassembler promptement forces ny forme de camp pour empescher les courses des ennemys et leur venue à Paris, le malheur voulant qu'il ne luy soit resté un seul chef de guerre auprès de luy, et que vous estes sy loing et malade que je compte de venir sans l'armée. Je ne sçay quelle résolution Dieu vous fera prandre là dessus.

« Je fus hier en Seigneurie, deviser avec ces seigneurs de ce malheureux accident, et ayant eu audiance secrette, je leur voulu bien dire que le Roy avoit faict une très grande perte et fort mal à propos, estant l'ennemy dedans le royaume sy grossement armé, mais que j'espérois que Dieu qui sçavoit la justice de la querelle de Sa Majesté ne l'abandonneroit ny son royaume en ceste adversité, et qu'en peu de temps, avec son ayde, Sa Majesté remédieroit à ce grand mouvement; que le Roy avoit durant son règne aydé tous les affligez de la chrestienté, et obligé beaucoup de princes en ceste Italie, et néantmoins qu'il voyoit bien peu d'apparance que Sa Majesté peut avoir aucun ayde de personne à ce grand besoing, et que bien luy serviroit à mon advis sy de luy mesme il y pouvoit remédier; que pour ceste cause Sa Majesté seroit contraincte de clore pour quelque temps l'oreille et la bourse à toutes despences d'Italie, et recommander à ceste Seigneurie la protection de la personne et de l'Estat du Pape et du duc de Ferrare leurs prochains voisins, d'autant que la chemise vous touchoit de plus près que le pourpoinct, et qu'il falloit avant toutes choses conserver le royaume, assailly des plus formidables forces qu'il ayt jamais esté, qu'ils devoient bien considérer de quelle importance estoit à eux et à toute l'Italie d'empescher la grandeur du roy d'Espagne, puisqu'il suivoit déjà le party de son père et son naturel. Ils m'ont à cela respondu que de leur vie ils n'ont receu nouvelle qui les faschat davantage, ce que leurs visages tesmoignent clairement, mais ils n'ont rien dit que généralement et honnestement, ne s'estant expliquez davantage. Monsieur de La Vigne partit hyer pour la cour, et porte au Roy plusieurs bonnes parolles de la part du Grand Seigneur et grandes offres des secours pour l'année prochaine, d'argent, de munitions, de gallères, et d'une armée en Allemagne, la plus grosse que jamais homme ayt veu; mais j'ay peur que ce ne soit après la mort le médecin. Nostre-Seigneur veuille regarder en pitié nostre Roy et nostre pauvre France, et vous doint très bonne et longue vie.

« De Venise le 22 aoust 1557.

« Vostre très humble et très obéissant serviteur.   « D. Evesque de Lodève. »

Et au dos : *A Monseigneur Monseigneur le duc de Guyse, pair de France et lieutenant général du Pape et du Roy en Italie.*

Le 10ᵉ du mois d'aoust avoit eu lieu devant la ville de Saint-Quentin le désastre et perte entière de l'armée du Roy, et monsieur le connestable y avoit esté fait prisonnier. Le Roy en entendit la nouvelle par une lettre que lui escrivit monsieur d'Humières, en response de laquelle Sadicte Majesté donnoit avis à monsieur d'Humières de la dilligence qu'il faisoit pour lever une puissante armée, et lui ordonnoit, si l'ennemi s'avançoit en son dit païs, de faire le gast par tous les sortes de moyens qu'il sauroit adviser.

« Monsieur de Humières, j'ay entendu par la lettre que m'avez escript, du jour d'hier, le désastre qui est venu à ma ville de Saint-Quentin, dont je receoy ung ennuy et desplaisir tel que vous pouvez bien penser; mais pour ce que en telle adversité il faut que tous mes bons serviteurs et moy semblablement nous nous évertuyons à tout ce qui se doit faire pour nous opposer si vivement aux entreprises de mondict ennemy, que nous le gardions de passer outre et de porter plus grand dommaige à moy et à mon royaume, ainsi que peut-estre il se promect et propose, je faits, pour mon regard, toute la dilligence qu'il est possible d'assembler mon armée, que je faits compte d'avoir preste dedans le 20 ou 25ᵉ du mois prochain, et qui sera telle et si puissante que j'espère bien, avec la grâce de Dieu, non seulement deffendre mondict royaume du surplus de l'effort de mondict ennemy, mais aussi le chasser du tout hors de mes limites, et reconquérir sur luy ce qu'il a injustement gaigné et usurpé sur moy, de sorte qu'il ne manquera riens quant à ceste provision là dedans le temps que dessus. Et quant à mes places fortes, je pense, monsieur de Humières, que vous et les autres cappitaines, sur lesquels je me repose de la garde de mesdictes places, avez jà si soigneusement et diligemment pourveu, chacun pour vostre regard, à tout ce qui appartient à la garde, conservation et deffense de vostre place, et n'y a celluy qui n'ait si bonne volonté d'exposer sa vye pour me faire le service que j'ay toujours espéré de luy, qu'il me semble que je n'en dois nullement doubter, mais plustost en demeurer en repos. Toutesfois je vous recommande cela d'autant que vous m'aymez et le bien de mon service et de mondict royaume; mais pour ce que voullant mondict ennemy entrer en pays sans s'attacher à pas une de mesdictes places forces, j'ay estimé qu'il n'y a nul meilleur moyen, et actendant l'assemblée de madicte armée, de l'en empescher que de ruyner tous les moulins tant à vent que à eaue, dont il se pourroit accommoder sur son chemin, et faire faire tellement le gast devant luy qu'il ne treuve riens dont il se puisse avantager pour donner à manger à son armée, chose dont il me semble que je ne sçaurois donner charge plus à propos que aux gouverneurs de mesdictes places fortes, pour le faire faire chacun en son regard et destroit.

« Je vous prie, monsieur d'Humières, que voullant mondict ennemy marcher en pays, comme dessus est dict, vous ne failiez d'envoyer ruiner tous lesdicts moulins, si jà vous ne l'avez faict, et ce plus avant en pays qu'il vous sera possible, et par gens qui vous soient cogneuz et que vous serez asseuré ne debvoir faire faulte en l'exécution de ce que vous leur en ordonnerez, lesquels vous ferez si bien accompaigner, que avec cela ils puissent faire le gast devant mondict ennemy par toutes les sortes dont ils sçauront adviser, et sans espargner le feu en quelque lieu et endroit, ny pour le respect de qui que ce soit, car je le veulx et entends que ainsi ils le facent, et le vous commande et ordonne sur peine de m'en prendre à vous et à eulx par la présente, que j'ay pour ce signée de ma propre main, laquelle vous garderez et retiendrez pour servir de décharge par tout où il appartiendra, réservant de la vous faire encores expédier plus ample et expresse après l'affaire passée s'il en est besoing.

« Et affin que vous entendiez comme vous aurez à faire la ruyne et démolition desdits moulins, faites cyer par le pié ceulx qui seront à vent pour les jetter par terre, et en faites enlever les fers, et semblablement de ceulx qui seront à eaue, desquels vous ferez davantaige jetter les meules en l'eaue, et rompre et briser les roues et rouaiges pour les rendre du tout inutiles et oster le moyen à mon dict ennemy de les pouvoir remettre sus pour en tirer commodités.

« Mandez moy quelles forces vous avez pour la garde de ma dicte ville de Péronne, et comme vous vous trouvez pourveu de vivres, et principalement de blez et aussi d'artillerie, pouldre, boulez et monicions, et jusques aux outils, pour ce que ce me fera plaisir que ce soit si bien que je le désire.

« Priant Dieu, monsieur de Humières, qu'il vous ayt en sa saincte garde.

« Escript à Paris, le 29e jour d'aoust 1557.

« HENRY, *et plus bas*, BOURDIN. »

Monsieur d'Humières continue d'estre informé de l'estat des ennemis, et comme les dits ennemis se disposoient à l'aller envelopper, monsieur de Nevers l'en advertit en mesme temps qu'il lui envoyoit plusieurs compaignies.

« Monsieur d'Humières, ung peu après que celluy qui m'a apporté vos lettres est arrivé, je vous avoys fait responce par luy, comme je vous avoys envoyé six enseignes de gens de pied, et que demain je vous envoyeroys six moiennes aveques quelques boullets, toutes fois que de pouldre je n'en avoys point. Depuis, j'ay eu advis par monsieur de Bordillon, et d'aultres endroicts, comme les ennemis doivent partir ceste nuict pour vous aller envelloper, au moyen de quoy j'ay incontinent dépesché en toute dilligence après les bandes du sieur de Grammont pour les faire haster et estre devers vous ceste nuict s'il est possible. Au demourant, l'advis du dict sieur Bourdillon porte qu'il est sorty du dict Péronne un Itallien et un soldat de la bande du capitaine Vieques, qui ont fait entendre au roi d'Angleterre l'endroit où il devoit assaillir la ville, qui est depuis la porte devers Bourgogne jusques à une tour qui est pendente, et depuis le chasteau jusques à un flanc où le terrouer ne vault rien et où les maisons touchent au derrière : de quoy je vous ay bien voulu advertir, vous priant, monsieur d'Humières, trouver moyen de me faire souvent sçavoir de vos nouvelles, à celle fin que, suivant cela, je regarde tout ce qu'il me sera possible pour vous secourir et accommoder, en quoy je n'obmettray chose qui soit en ma puissance.

« Escript à Laon, le 30e jour d'aoust.

« Vostre entièrement bon amy, FRANÇOYS. »

Lettre de M. l'évesque de Lodève au duc de Ferrare, du 31 dudict mois.

« Monseigneur, j'ay veu ce qu'il vous a pleu m'escrire par M. le secrétaire Miron, présent porteur, et loue Dieu de ce qu'on n'a pas encore mauvaises nouvelles de Saint-Quentin, ny que les ennemys ayent poursuyvys leur victoire; s'ils manquent à prendre ceste place dans le 15 du mois prochain, je tiens leur ruyne toute certaine; car le Roy a desjà de fort bonnes troupes, et nos Suisses seront arrivez, les pluyes et les longues nuicts auront abattu le cœur à la braveure des ennemys; les difficultés des charrois et des vivres seront plus grandes, de sorte qu'ils n'auront plus beau party que de se retirer; que sy le malheur vouloit que la place se perdist, le Roy ayant son camp frais, il luy sera facile de la recouvrer avant que les ennemys ayent réparé ce qu'ils en auront abbattu. Quant aux choses d'Italie, s'il m'est permis, Monseigneur, d'en dire mon opinion, il est aysé de les conserver en l'estat qu'elles sont aujourd'huy. Le pis qui peut arriver du costé de Rome, est la perte de Paliano, chose que le Pape et ses neveux ont bien mérité, puisqu'ils la pouvoient avictuailler à leur aise, pendant que monseigneur de Guyse estoit devant Civitelle et que toutes les forces du duc d'Albe estoient occupées de ce costé-là; et si le Pape ne fait la paix, qui est tant sollicitée de ses seigneurs, laquelle il semble aussy estre désirée de Sa Saincteté, de ses neveux et du roy Phillipes, sy faudroit-il que Sa Saincteté se contentast de se mettre tout du tout sur la deffensive, et de conserver Rome et ses principales places, à l'effet de quoy on a moyen de luy laisser partie des forces de M. de Guyse, lesquelles, selon mon jugement, on ne doit point penser à ramener en France de cet hyver, mais les départir en trois lieux, une partie au Pape, une à nos places de Toscane, et l'autre à la deffense de vostre estat; car de les mener pour le secours du Roy en France, il est certain qu'elles n'y arriveroient jamais à temps, parce qu'il y a de grandes difficultez en leur passage, et seront combattues et consommées par le mauvais temps avant qu'elles soient à moitié chemin. Mais il faut, Monseigneur, que je vous die, avec toute la soubmission et révérence que je vous dois, que vous faites une grande ruyne en nos affaires, aux vostres et à ceux du Pape, refusant l'argent que le général d'Elbène a envoyé à Ferrare, avec commission à Nuzé de le nous dellivrer pour en payer l'armée du Roy; c'est l'intention dudit d'Elbène, et le Roy l'escrit ainsy et commande très expressément, et sçay, Monseigneur, comment vous n'avez quelque respect à user de ceste retention violente à l'endroit du Roy et en un besoing de sy grande importance, comme est la conservation d'une armée, et vous supplie très humblement, Monseigneur, y bien penser, là encore que le Roy vous soit débiteur de ceste somme et de plus grande, vous ne pouvez la retenir justement contre sa volonté, et offenser grandement Sa Majesté et le Pape. Monseigneur de Guyse s'excusera et deschargera sur vous de n'avoir pu secourir Paliano, parceque vous aviez retenu le payement de l'armée; nos places de Toscane seront perdues parcequ'ils leur sont deubz trois mois, qui leur estoient assignez sur le dict argent que vous retenez; je suis sceur, Monseigneur, que de tels reproches vous fascheroient. Vostre Excellence a faict sy volontiers plus grand secours à l'un ou à l'autre en temps où on en avoit moins de besoing, et je la supplie que ce peu ne luy fasse pas perdre beaucoup d'avantages, d'autant plus que les cent mille escus que vous faisiez chercher en ceste ville seront tous prets aussytost que vous envoyerez l'obligation de vos marchandz, lesquels cent mille escus vous pourrez prendre, et cependant secourir mon dict seigneur de Guyse, de ceux là qui sont prets et comptant. Je sçay bien, Monseigneur, que vous dittes avoir besoing du vostre, et que vous n'attendez que l'heure que vostre ennemy vous viendra assaillir; j'avoue que vous le devez craindre et vous bien pourvoir; mais je vous veux bien dire qu'il n'y a aucune apparence de cela, car vos récoltes sont faictes, vos places bien munies d'hommes et ne peuvent estre prises que par de longs siéges, outre que l'ennemy ayant tant de guerre et d'armée ailleurs, il n'y a poinct d'apparence qu'en l'entrée de l'hyver et sur la fin de son argent, il veuille lever une autre armée contre vous, sçachant bien que vous estes le prince d'Italie qui peut mieux se deffendre. Il vous plaira, Monseigneur, m'excuser sy je vous en dis franchement ce qu'il m'en semble; car sy le monde tournoit sans dessus dessoubz, je ne veux point faillir de vous estre véritable et fidel serviteur, etc.

« De Venise, ce dernier aoust 1557. »

Le Roy continuoit toute diligence à ceste fin d'assembler une formidable armée pour repousser l'ennemi hors des limites de son royaulme, et ne cessoit d'inviter ses généraux et gouverneurs de ses places à assembler le plus d'hommes qu'ils pourroient. Sa dicte Majesté escrivoit à monsieur d'Humières, de Paris, le dernier jour du dit mois d'août :

« Monsieur d'Humières, j'ay receu vostre lettre du jour d'hier, et quant à ce qui touche la provision de vostre place, j'ay entendu que vous y avez les compaignies du mareschal Strossy, Pierre de Sansac, et de Langey et la vostre qui s'enva preste, de sorte que vous pouvez faire estat de ces quatre compaignies pour la garde de vostre dicte place; avec cela, j'ay tousjours pensé que vous n'avez point eu moings de quatre bandes françoyses sans la vostre, dont je vous ay dernièrement escript bailler la charge à vostre lieutenant, et les quatre du sieur de Gramont, que mon cousin, le duc de Nyvernois, me vient d'escripre vous avoir envoyées, qui seroient par ce moyen neuf bandes françoises, et force, comme il me semble, suffisante avec la dicte gendarmerie pour me faire un bon service à la deffence de vostre dicte place, et pour faire recevoir une honte et confusion à mon dict ennemy, s'il sy attache. Avecques ce que je n'estime pas vostre dicte place si mal pourveue d'habitans que vous ny en puissiez trouver ung bon nombre près à porter les armes, qui s'employeront vertueusement à la défense de leur ville et de leurs propres maisons et facultez. Et si vous veoyez qu'il y ait moyen d'en recouvrer encore des villaiges circonvoisins, faictes, je vous prie, tout ce qui sera possible pour vous pourveoir si grandement que vous en ayez plustost trop, que trop peu.

« Quant à moy, je faits toute la diligence qu'il est au monde possible de mettre mon armée ensemble, que j'espère avoir preste dedans le XXe ou XXVe du moys prochain, si grosse et furieuse, que j'auray moyen de repoulser mon ennemy hors de mes limites, et de regaigner l'avantaige qu'il a acquis sur moy pour ce coup. Et pour ce que la plus part des advis que j'ay du camp de mes dicts ennemys, portent qu'ils seront plus tost pour s'atacher à Corbye que à vostre place, si d'avanture vous veoyez que les dicts ennemys, au partir de St-Quentin, descendent plus bas que vous pour tirer vers le dit Corbye, et que seurement vous y puissiez envoyer quelques unes de vos bandes françoises, faictes les incontinant partir pour s'aller jecter dedans le dit Corbie, et le sieur de Villebon qui est là fera le semblable s'ils passent plus bas que luy, affin de secourir Abbeville; ou pour n'estre encores prestes, la plus part des bandes nouvelles que je fais lever, je ne puis si bien pourveoir que je le désire, et mon dict cousin, le duc de Nyvernois, en fera venir des places les plus esloignées pour vous remplir, et que vous et le dict sieur de Villebon en aurez ainsi. Si vous pouvez entendre quelque chose du chemin que mes dicts ennemys auront résolu de prendre au partir du dict St. Quentin, vous me ferez service de m'en advertir incontinant, car selon cela, il me sera beaucoup plus aysé de pourvoir aux lieux qui en auront besoing.

« Priant Dieu, monsieur d'Humières, qu'il vous ait en sa garde.

« Escript à Paris, le dernier jour d'aoust 1557.

« HENRY, *et plus bas*, BOURDIN. »

Lettre du Roy à monsieur d'Humières.

« Monsieur de Humières, je viens de recevoir vostre lettre du jour d'hyer, par laquelle j'ay entendu ce que me faictes sçavoir de la reddition que a faicte le baron de Solignac ez mains de mon ennemy, de ma place du Castellet, qui est bien au contraire de ce qu'il m'en avoit mandé et fait asseurer par Ricourt, son cousin, que je redepeschay hier pour l'aller retrouver et passer par vous, et ne pouvant trouver ceste reddition là que bien fort estrange, je veulx et vous ordonne, que si, lors de la réception de ceste lettre, le dict baron est encores à Peronne, vous le faites prendre prisonnier avec les autres chefs et capitaines qui estoient dedans le dict Castellet, et les faictes mettre en lieu seur jusques à ce que je vous en aye aultrement fait entendre mon intention, et quant aux soldats, vous les envoyerez devers mon cousin le duc de Nyvernois, qui leur fera entendre ce qu'ils auront à faire.

« Le sieur d'Estrée me vient de faire monstrer une lettre par laquelle l'on l'advertit que les deux cens pionniers que je vous ay ordonnez, partirent le 5e de ce mois de Soissons pour s'en aller à Peronne, qui me fait croire qu'ils vous seront arrivez plus tost que ceste dicte lettre. Et quant à l'artillerie, pouldres et boullets que vous demandez encores, ayant veu l'estat de ce que vous en avez, je ne treuve pas que vous n'en soyez bien suffisamment et raisonnablement pourveu, de sorte que avec la bonne volonté que je sçay que vous avez de me faire ung bon service, il me semble que j'ay grande occasion de demeurer en repos de vostre place, et de m'asseurer, si mes ennemys s'y attachent, qu'ils n'en raporteront que honte et confusion. Je vous envoie une lettre pour le sieur de Ligondez, et vous prie, monsieur de Humières, que vous mettez toute la peine qu'il vous sera possible de sçavoir bien à la vérité quelle part mes ennemys vouldront dresser leur entreprise à ceste heure que le Castellet est à eulx, pour me donner ordinairement advis de tout ce que vous en pourrez entendre.

« Priant Dieu, monsieur de Humières, qu'il vous ayt en sa garde.

« Escript à Paris, le VIIe de septembre 1557.

« HENRY, *et plus bas*, BOURDIN. »

Lettre de madame la duchesse de Ferrare.

« Mon fils, je viens de recevoir vostre lettre par Nicquet, et loue Dieu de vostre bonne santé; et combien que ce me soit grand regrect de ne vous povoir veoir et remémorer moy et mes affaires à vostre bonne grâce et souvenance plus particullièrement que ne puis faire par la présente, toutefois, mon filz, je me fye et asseure tant de vostre bonne volunté, que de vous mesmes vous en aurez souvenance, et estant entrevenu ce qui est arryvé en France, je vous y souhaicte souvent et le plustost qu'il sera possible avecques vostre santé. C'est raison que chacun s'en contente, et de ma part, je le désire pour la satisfaction du Roy et son service et pour la vostre mesmes et de tous ceulx qui se réjouyront de vous y veoir, comme j'ay dit plus au long au sieur Alexandre Frasquet, qui me fera faire fin pour la haste de son partement, me remectant à luy de vous dire le reste de ma part, suppliant le Créateur de vous conduyre en la bonne santé et longue vie que je vous désire, avecques tout l'heur et contentement que se peult souhaicter.

« De Ferrare, le derrain jour d'aoust 1557.

« Vostre bonne mère, RENÉE DE FRANCE. »

Et au dos : *A mon filz, monsieur le duc de Guise, per de France.*

Mémoire de l'évesque de Lodève au duc de Guyse, sur les affaires de ce temps là.

« Ayant entendu l'évesque de Lodève, ambassadeur pour le roy à Venise, que Sa Majesté avoit mandé à monseigneur de Guyse s'en retourner en France avec son armée, le plus dilligemment qu'il luy seroit possible, laissant les places et l'estat du Pape fournis de garnisons pour les deffendre, soubz la charge de M. le mareschal Strossy, ledict évesque a bien voulu prandre la hardiesse de dire son advis des choses qui luy semblent nécessaires aux affaires de Sa Majesté en Italie, et l'envoyer par escrit à mondict seigneur de Guyse par le secrétaire Myron, affin qu'après avoir entendu par ledict sieur diverses et peut-estre diverses opinions des ministres de Sa Majesté, son excellence avec sa prudence et son jugement se puisse mieux résoudre de ce qu'il aura à faire.

« Premièrement, il est vraysemblable que le Roy n'a mandé venir la personne de mondict sieur de Guyse, que pour avoir auprès de Sa Majesté un grand chef de guerre, tel qu'il est, pour gouverner et commander à la grosse armée que Sa Majesté est contraincte préparer pour conserver la France, et ne révoque l'armée d'Italie sinon pour espérance qu'elle vienne secourir son royaume sur ceste grande infortune qui est advenue devant Sainct-Quentin.

« Il est certain que laditte armée, laquelle se trouve desjà à Rome, ne peut aller en France promptement et dilligemment, sinon par mer, auquel cas faudroit attendre bien longuement, avant que l'armée de Marseille la feust venue trouver, et maintenant qu'on entre sur l'hyver la navigation pour les gallères sera assez fascheuse et mal seure, joinct aussy que l'armée impérialle nous est tousjours supérieure, et que c'est mettre nos gallères et gens de guerre en danger de la mer et de l'ennemy.

« Sy on veult faire repasser l'armée par le chemin de Lombardie comme elle vint, sy elle marche en trouppes elle sera combatue et rompue des ennemys, parcequ'elle est petite, sans artillerie ny suitte de vivres; s'ilz vont desbandez, ilz seront deffaicts et desvalisez en beaucoup de lieux des ennemys où ilz passeront, et peut-estre envoyez en gallère.

« Sy on les veult casser et renvoyer desbandez par la Suisse, le voyage est sy long et fâcheux qu'ils seront combatus et ruynez du long du voyage, des neiges et difficultez des montagnes, et n'y aura ny homme ny cheval qui puisse servir estant arrivé à Lyon, joinct que quant ilz seroient bien payez avant partir, encore faudroit-il que la pluspart des soldats demandassent l'aumosne en chemin.

« Ainsy quelque voye qu'on leur fasse prandre pour retourner sur le commencement de l'hyver en France, ce ne sera que perte d'hommes et de chevaux, de réputation et d'argent, et semble qu'il seroit meilleur se résoudre à éviter tous ces inconvéniens et maintenir encore pour quelques mois la réputation et les affaires de l'Italie en l'estat qu'ils sont, en attendant que l'on voye le progrès de l'ennemy en France, et n'abandonner tout d'un coup pour une petite adversité l'Italie, et les amys que le Roy y a sy chèrement acheptez et pour lesquels il a faict tant de despences.

« On voit que le cardinal Trivulse qui est icy pour le Pape, a esté depuis deux jours avec ces seigneurs, et leur a faict grande instance qu'ilz voulussent procurer et solliciter l'accord avec le roy d'Angleterre. La Seigneurie a envoyé querir l'ambassadeur Vargner qui est icy pour ledict roy d'Angleterre, lequel a un pouvoir bien ample de traicter et remettre tous les différents du Pape et dudict Roy, au jugement et arbitrage desdicts seigneurs, et en sont les choses sy avant que la Seigneurie a despéché en dilligence un de leurs principaux secrétaires vers le Pape et vers le duc d'Albe, reprenant les conditions quasy arrestées à Ostie, entre le cardinal Caraffe et ledict duc.

« De sorte qu'il y a apparence que l'accord se fera, veu que les deux parties le désirent, et que ces seigneurs icy y mettront de leur authorité ce qu'ilz pourront pour le faire réussir, et aussy que le Pape et ses neveux voyans l'adversité advenue au Roy, craignent d'estre abandonnez de Sa Majesté.

« Sy ledict accord se faict, le Pape aura esté conservé des forces du Roy, et le Roy se trouvera deschargé d'un grand fais, et de gens de qui on ne peult espérer aucun ayde ny aucun office d'amytié, ayant veu par expérience qu'ilz ont faict tout le contraire de ce qu'ils avoient promis et qu'on espéroit d'eux.

« Et en cas dudict accord, mondict seigneur de Guyse peut retirer toute son armée des environs de Rome avec satisfaction et contentement de Sa Saincteté, laquelle aura grand subject de se tenir obligée au Roy, et Sa Majesté pourra dire n'avoir guère amandé ses affaires pour s'estre allié avec Sadite Saincteté, mais encore est-il meilleur de s'en retirer tard que jamais.

« Que sy ledict accord ne se faict poinct et que le Pape demeure tousjours en guerre, je serois d'advis que l'on laissast plustost perdre Paliano que de hazarder une bataille désavantageuse pour nous, comme elle seroit sans doubte, le duc d'Albe ayant plus d'Allemans et d'Espagnols que nous n'avons de Suisses et de François, car quant à nos Italiens on sçayt qu'ilz ne servent que de nombre et non pour le combat, cela ayant esté veu sy souvent qu'on n'en doubte plus ; que s'il nous arrivoit un second malheur, nous serions perdus d'honneur et de réputation par tout le monde, et sy nous estions victorieux, nous n'aurions le moyen le Pape ny nous de poursuivre la victoire, de sorte que à mon advis nous devons fuir l'occasion de venir à ceste extrémité, mais faire résoudre Sa Saincteté qu'elle se contente, sur l'hyver, de demeurer sur la deffencive avec des garnisons raisonnables.

« Davantage, ledict évesque ne seroit pas d'advis qu'on luy laissast aucun François ny de pied ny de cheval, car on sçayt le mauvais traictement qu'ils firent aux régimens de M. de Givry et de La Motte au temps qu'ils avoient plus besoing ; on sçayt aussy comment ils traversèrent à Bologne ceux de M. de Sainct-Vidal, que le cardinal Caraffe s'estoit obligé de payer ; faulte de quoy faire, ils alloient demander l'aumosne de porte en porte, après avoir vendu toutes leurs armes au grand déshonneur de la nation françoise, outre qu'il est impossible que ceste année on ne voye à Rome et ez environs une cherté incroyable, et peut estre une famine, sy de Provence on n'y porte des bleds et des vins.

« On voit de plus qu'il est deub desjà trois mois à nos places de Toscane, de sorte qu'elles se vont perdre pour n'y avoir en la pluspart que d'Italiens non payez, lesquels n'ont aucune affection ny fidélité qu'autant qu'ilz sont bien payez ; M. de Montluc y a faict ses récoltes de bledz et de vins abondamment, et ne peuvent ces places que le Roy y tient estre en nécessité de vivres de ceste année.

« Donc pour conserver ce pays conquis, qui est aujourd'huy au Roy comme son patrimoine, il semble qu'on y devroit envoyer tous les gens de piedz et chevaux légers françois, quant bien ils seroient quatre mil, qui sont avec mondict seigneur de Guyse, avec bons chefs, car en ce faisant on conservera ces bonnes trouppes fidèles au Roy, et les chevaux qui seront ruynez avant qu'ils fussent à demy chemin de France ; on tient aussy les places du Roy en seureté, et le duc de Florance en crainte et despence continuelle, qui est le vray moyen de le consommer comme on dit à petits feux.

« La despence ne sera que de vingt mil escus par mois, sy elle est bien réglée, que le Roy pourra porter pour cet hyver ; ces forces donneroient quelque réputation au Pape, et l'hyver estant passé, pourroient estre rafraichies et secourues par mer, faisant cepandant fortiffier le port de Talamon pour y avoir quelque descente seure, pouvans estre secourus par l'estat de l'Église sy le Pape nous demeure amy, ou par le duché d'Urbain qui demeurera en neutralité comme il est aujoud'huy.

« Que sy au printemps le Roy a besoing de faire quelque entreprise en Italie, pour favoriser l'armée turquesque, sy elle vient, ou pour autre chose, Sa Majesté aura là des forces de gens de sa nation aguéris, Italienez, fidèles et cognoissans le pays.

« Quant aux Italiens qui sont en la Toscane, je les envoyerois au Pape et à M. le mareschal Strossy pour s'en servir, et les payer sy Sa Saincteté en avoit besoing, ou pour les casser sy elle n'en avoit que faire.

« Quant à nos Suisses ammenez par mondict sieur de Guyse, ils ont sy bien servy qu'on ne les doit pas mécontenter, et leur doit on donner le choix, ou de leur retour en leur maison, ou d'une bonne garnison sur l'estat du duc de Ferrare, qui les doit payer pour cet hyver, puisqu'il a sy grande peur d'estre attaqué, ce qui ne luy sçauroit couster cent mil escus, moyennant que ses pays seroient en seureté, et auroit grande réputation partout ; que sy aucuns desdicts Suisses voulloient aller passer l'hyver en leurs poiles, ils en auroient le moyen et d'aller et venir par le Venitien, sans passer sur le pays ennemy.

« Quant aux hommes d'armes qui sont avec mondict seigneur de Guyse, attendu qu'ils ne se peuvent retirer en France que par le chemin des Grisons, qu'est une despence incroyable et la ruyne des chevaulx, je leur donnerois garnison à Ferrare, où le duc les recevra, comme je crois, attendu sa crainte, et leur laisseroit pour chef ou M. de Tavannes ou M. de Brosses, et sy l'hyver estant passé il fault continuer la guerre, ce sont des trouppes portées en Italie, suffisantes pour attaquer et se deffendre, et qui tiendront tousjours l'ennemy en crainte et despence, et les affaires du Roy en réputation, et les amys et alliez contens et asseurez, et fera-on valloir cela auprès du Grand Seigneur pour le porter à se remuer à bon escient l'année prochaine.

« Et ayant mondict sieur de Guyse ce département aisé à faire, dans peu de jours il se peult embarquer avec sept ou huit gallères pour Marseille, et mener avec luy tous les princes, seigneurs et gentilshommes qui l'ont suivy, non obligez par les ordonnances, et qui sont venus par honneur et pour plaisir, et aller trouver le Roy pour luy faire service, laissans les chevaux qu'ils auront de prix avec les trouppes d'hommes d'armes dans le Ferrarois, pour ne les perdre en sy long voyage.

« Il est mal sceant à un prebstre de parler de ces choses sy avant, qui ne sont de sa profession, mais la qualité qu'il plaist au Roy que j'aye en son service, et l'affection que je dois au bien de ses affaires, et celle que j'ay aussy à vous en particulier, Monseigneur, m'excuseront s'il vous plaist de présomption et de tout reproche.

« Fait à Venise, le premier jour de septembre 1557. »

Lettre dudict évesque de Lodève dudict jour premier septembre 1557.

« Monseigneur, depuis mon autre lettre escrite, est venu un courier de Lyon, avec lettres du 24, lequel a apporté dix mil escus sur la paye des cent mil livres de la gendarmerie, je vous envoye la coppie de la lettre escrite par M. le cardinal de Lorraine au général d'Elbéne, par laquelle on voit les affaires du Roy en assez bons termes; il semble par laditte lettre qu'on entend que vous laissiez l'armée en Italie, mais encore fault-il voir que ce soit en lieu où elle puisse gaigner le pain du Roy et luy faire service, et je vois les affaires de Rome tellement conduittes que vous devez croire perdu tout ce que vous y laisserez, et sy vous laissez nostre Toscane ez mains des Italiens non payez, vous en entendrez dire quelque désordre avant peut-être que vous soyez en France; que sy vous faictes le département de l'armée selon mon mémoire, vous conservez la Toscane et le duc de Ferrare. J'ay veu, Monseigneur, les lettres de Rome, la bravade des ennemys venus jusques aux murailles; il est impossible que vous puissiez honnorablement abandonner le Pape, que vous ne les ayez faict un peu retirer, affin que soubz la faveur de vostre armée, Sa Saincteté puisse avoir meilleure condition en l'accord, et vault mieux pour cela que vous différiez vostre partement pour sept ou huit jours, que de partir en haste, et laisser les choses en confusion. Je prie Nostre-Seigneur, etc.

« A Venise, le 1er septembre 1557.

« Vostre très humble et très obéissant serviteur, « D. ÉVESQUE DE LODEVE. »

Monsieur de Guyse ayant esté rappelé par Sa Majesté de son commandement d'Italie, et Sa Majesté estant informée de son prochain embarquement, envoyait ses ordres ainsi qu'il suit:

Lettre du Roy à monsieur de Nemours.

« Mon cousin, ayant entendu par Nicquet la résolution prinse par mon cousin le duc de Guyse touchant son embarquement, et le retour de l'armée par terre, passant par le Ferrarois, où vous et mon cousin le duc d'Aumalle debvez prendre la poste pour vous en venir me trouver, j'ay bien voulu dépescher ce courier exprès devers mon dit cousin le duc d'Aumalle, affin qu'il face diligence d'exécuter ce que mon dict cousin de Guyse luy en aura donné charge, suyvant sa dite résolution et délibération, à ce que vous et luy soyez le plus tost que vous pourrez par deçà où j'ay bien affaire de tous mes bons serviteurs et chefs de guerre, pour exploicter les grosses forces que j'assemble, non seulement pour résister à mon ennemy, mais le repousser vifvement sur ses limites, et en cest endroict, je prie Dieu, mon cousin, qu'il vous ayt en sa saincte garde.

« Escript à Paris, le 8e jour de septembre 1557.

« HENRY, *et plus bas:* DU THIER. »

En mesme temps le Roy proclama mon dit sieur le duc de Guyse son lieutenant-général en son royaume, et en fit délivrer les pouvoirs ainsi qu'il suit, dès avant son arrivée en son royaume.

Pouvoir de lieutenant-général du royaume, pour Sa Majesté, donné par le Roy à monsieur le duc de Guyse.

« Henry, par la grâce de Dieu, etc., à tous ceux qui ces présentes verront, salut. Chacun sçait avec quelles forces le roy d'Espagne, nostre ennemi et adversaire, est entré en nostre royaume, ce qu'il y a fait et les désastres et infortunes qui nous sont succeddez à la déroute de nostre armée, où sont morts avec nos très grands regrets, ennuys et déplaisirs, aucuns princes, seigneurs et capitaines, gentils-hommes et autres faicts prisonniers, entre lesquels est nostre très cher et amé cousin le duc de Montmorency, connestable de France, estant mesme à cause de son estat et office nostre lieutenant géneral représentant nostre personne par tout nostre royaume, et sur lequel nous nous sommes tousjours entièrement reposez du principal maniement de tous nos plus grands, ardutz et principaux affaires, que depuis sont tellement augmentez à cause de la guerre, qu'il est plus que requis et nécessaire que nous soyons soullagez à la conduite, dévotion et administration où jusqu'ici depuis la dicte déroupte de nostre armée intervenue, nous nous sommes évertuez de faire ce que nous avons pu avec le soing, la diligence et le travail qu'il a esté besoing d'y user, en quoy nous nous trouvons autant bien que jamais disposez de continuer, persévérer jusqu'au bout; mais pour ce que en tel et sy pesant fait, mérite bien que en l'absence du dict connestable nous appellions pour nous soullager un personnage d'auctorité, choisy en icelle et entre ceux dont nous avons plus de seureté et confiance, par le tesmoignage et certitude que nous pouvons avoir de ses rares vertus, prudence, vaillance, grande expériance au fait des armes, en matière d'estat, intégrité, dextérité, bonne conduite et dilligence : à ceste cause, sçachant et cognoissant touttes ces vertueuses et convenables qualitez estre en la personne de nostre cher et amé cousin François de Lorraine, duc de Guyse, pair et grand chambellan de France, pour lesquelles nous l'estimons digne d'estre appelé et employé en ceste charge, et non moins capable de l'exercer pour y faire continuer le devoir qu'il a ordinairement fait en toutes les autres grandes, honorables et importantes charges que nous luy avons commises, où il s'est si prudemment et vertueusement porté, conduit et acquité à nostre très grand contentement et satisfaction, pour le singulier zèle et affection qu'il a toujours eu à nostre service, que nous avons tout juste occasion de le faire particiiper avec nous aux labeurs, soings en ce et dilligences nécessaires à la conduite de nos affaires. Pour ce est-il que nous, pour les considérations dessus et autres, à ce nous mouvans, avons fait, ordonné, institué et establi, faisons, ordonnons, instituons et establissons nostre dict cousin François de Lorraine, duc de Guyse, par ces présentes, nostre lieutenant général, représentant nostre personne et par tout nostre dit royaume, et les pays de nostre obéissance, en l'absence de nostre cousin le connestable, avec plains pouvoirs, auctoritéz, facultés et mandement spécial de faire vivre en bon ordre, justice et police nos gens de guerre, tant de cheval que de pied, de quelques nations qu'ils soient, sans leur souffrir faire aucune extortion, outrage, pillerie, ni mollestation à nostre peuple, leur faisant bailler et administrer vivres et victuailles, en payant selon les prix et taux qu'il aura mis ou faict mettre par ceux qui à ce il commettera et depputra, fera entretenir, garder et observer estroictement et inviolablement nos ordonnances, tant sur le faict de nostre gendarmerie que aultres nos dits gens de guerre, ordonnera de leurs monstres et remonstres et payement, desquelles monstres ou remonstres il fera faire toutes et quantes fois que bon luy semblera et verra estre requis et nécessaire pour nostre service, par les commissaires et controlleurs ordinaires de nos guerres, et en l'absence d'iceux et du secrétaire et controlleur général de nos guerres pour bailler des controlleurs, nostre dict cousin commettra d'autres commissaires et controlleurs loyaux et expérimantez qu'il advisera, les faisant payer de leurs gaiges et taxations par eulx et ainsy qu'il appartiendra; commandera aux compagnies et les conducteurs de nostre dite gendarmerie, chevaux légiers, ban et arrier ban et autres nos gens de cheval et de pieds et de notre artillerie, tout ce qu'ils auront à faire pour nostre service et le bien de nos affaires, les fera marcher en lieux et endroits où l'occasion et affaire se présenteront; et sy aucun d'eux ou autres de quelques qualités et condition qu'ilz soient, présume d'enfraindre et contrevenir à ses commandemens, droits et ordonnances, en ce qui concernera nostre service et le faict de sa charge, Nous voulons, entendons et nous plait qu'il les fasse chatier et punir corporellement, ainsy qu'il trouvera qu'ils l'auront méritez, et autrement, selon l'exigence des cas, de sorte que ce soit exemple perpétuel à tous autres ; advertira ordinairement nos oficiers et les gouverneurs, magistratz, maires, maior, eschevins, bourgeois, manans et habitans de nos villes et bourgs, et les cappitaines de nos places et chasteaux, de ce qu'ilz respectivement et chacun d'iceux auront à faire selon les occurrances. C'est assavoir nos dits officiers et magistraz pour satisfaire à l'exécution de nos voulloirs et intentions, selon le debvoir de leurs estats, charges et offices, les dits gouverneurs, maires, maior, eschevins, manans et habitans des dites villes pour recevoir et loger garnisons, fournir de vivres, munitions, provisions et autres choses nécessaires pour la guerre, et les dits cappitaines de nos places, chasteaux et forteresses, pour avoir leur œuil ouvert à la garde, seureté et consommation des dites places, chasteaux et forteresses, et pourvoir aux choses pour ce requises et nécessaires, ce à quoy nostre dict cousin le duc de Guyse tiendra la main envers eux et chacun, dira et ordonnera et commandera tout ce qu'il sera besoing de faire pour les effets dessus dits et la satisfaction à nos dits voulloirs et intentions, affin d'y estre obéi promptement et sans aucune dissimulation, longueur ni difficulté, contiendra nostre dit peuple par toutes les voies et moiens qu'il verra estre plus à propos en la loiale fidélité, obéissance et dévotion qu'il nous doit et à faire son devoir en toutes choses concernant nostre service, le bien de la chose publique et nostre roiaume et la seureté et conservation de nostre estat ; conduira et exploitera nos forces et armées joinctes et unies qu'elles seront es lieux, endroits et pour l'exécution des entreprises qu'il aura esté advisé, soit dedans ou dehors nostre roiaume, et avec icelles assiégera et fera assiéger villes et chasteaux, y donnera assaulx ou assault, et les prendra par force ou composition, ainsy qu'il pourra se livrer à continelles journées, escarmouches et autres faicts, actes et exploits de guerre, mettra à rançon prisonniers et autres ennemys rebelles ou fera exécuter, s'il trouve qu'ils l'aient mérité, ou bien s'il voit que faire ce doive leur pardonnera, remestra, acquitera les cas et crimes dont ils seront chargez, fera abattre et desmollir s'il voit que bon soit touttes forteresses et places à nous contraires et désobéissantes, et les aultres ou celles-là mesmes ; fera réparer, fortiffier artillerie et avitalliés, commettra et depputra les personnages ydoynes et suffisans qu'il advisera pour la garde, conservation, gouvernement et administration tant des villes, chasteaux et forteresses et pays que nouvellement il aura réduit et mis sous nostre obéissance, que autres que nous tenons en possessions, s'il voit que besoing soit pour le bien de nostre service, changera et renverra, quand bon luy semblera, et verra que faire ce doibt les dictz personnages par luy commis à la dicte garde, gouvernement, administration des dictes places et pays, leur donnent pouvoir de faire faire fortifications, rempartz, munitions, advitaillement et autres provisions nécessaires ; ensemble d'ordonner de nos deniers et finances, que pour ce il fauldra employer, ainsi que s'il y estoit présent, semblablement comettra et establira es dictz pays par luy nouvellement conquis, touttes manières d'officiers, tant de justice que autres, pour les régir et gouverner, entretenir et conserver, et pareillement les subjets, manans et habitans d'iceulx pays en l'obeyssance et fidélitté qui nous auront esté par eulx promis et jurez en la dicte personne de nostre dict cousin, ou de ses commis et depputez ; ou bien les fera punir de ces rébellions et désobéyssance par eulx commises, selon les mérite et exigence des cas ; de révocquer et rappeller tous bannis et exilés, et les remettra en leurs biens, titres et pocessions, en se rendant à nostre service, s'il voit que bon soit de faire ouyr et entendre ou faire ouyr et entendre les complainctes de ceulx qui se voudront addresser à luy, et sur iceulx faire poursuivre par justice ou aultrement, comme il appartiendra, pourra recepvoir et ouir touttes manières d'ambassades de princes, villes, communantés, seigneurs, potentatz et aultres quelz qu'ilz soient, et avecque eulx, en nostre absence, traicter et capituler pour et au nom de nous, des matières qui s'offriront ainsy que nous pourrions faire. Semblablement pourra obliger et depputer autres ambassades de par nous, devers telz autres princes, seigneurs, villes et communautez, potentatz ou particulier qu'il advisera ; aussy pouvoir, puissance et autorité et commission de traicter, cappituller et composer des choses dont nostre cousin leur baillera mémoires, instructions, selon et ainsy qu'il verra bon, et sur ce passer et expédier tels actes et acte que besoing sera, promettant iceulx ratiffier et faire confirmer par nous et nos lettres, dedans les temps où touttefois et quand que requis en seront. Pourra pareillement, nostre dict cousin, asseoir, croistre ou diminuer ou changer les garnisons des gens de guerre, tant de cheval que de pieds, estant enquis secours à nostre service, selon que le temps et les affaires le requerreront ; fera amener en nos dictes armées, vivres et munitions, pour les y vendre et délivrer sévèrement, sans aucune pillerie, rançonnement, ni désordre, et les esditz et ordonnances, deffenses, injonctions et commandements, qui sur ce auront esté par luy faict : fera proclamer et publier à son de trompes et cry publics par tout où besoing sera, les faisant estroictement garder et observer, punir et corriger les transgresseurs, selon les mérites et exigences des cas. Voullons en outre que à nostre dict cousin le duc de Guyse, nostre lieutenant général, avons donné et donnons pouvoir, auctorité et mandement spécial d'ordonner pour quelques causes, entreprise et considération que ce soit, ainsy qu'il verra estre à faire pour le bien, direction et conduite des affaires de sa charge, sur le faict des deniers et finances qui ont esté et seront ordonnés et assignez pour le faict de la guerre, et ce tant et sy avant qu'elle durera, et qu'il sera avec nostre armée lieutenant général ; voullons, entendons, et nous plaist que tout ce que paié, baillé et délivré aura esté par son ordonnance et mandement, soit passé et alloué es comptes ou compte et rabattu de la recepte de icelluy ou ceux qui auront fait les dicts payemens, par nos amez et féaux les gens de nos comptes et par tout ailleurs où besoing sera, leur mandant aussy de faire sans difficulté en rapportant sur iceulx comptes ou compte le *vidimus* des présentes faict, soubs seél roial, les quittances des parties où elles eschéront, avec les mandemens et ordonnances de nostre dict cousin, ou les cahiers des frais et dépenses duement de luy signez, certiffiez et approuvez; lesquels mandemens et ordonnances ou les dicts cahiers, nous avons dès à présent connu pour lors vallidez et authorisez, vallidons et aucthorisons par ces présentes, comme s'ilz avoient esté ou estoient faicts et expédiez de nous; et génerallement fera nostre dict cousin, le duc de Guyse, en ceste présente charge de nostre lieutenant général, circonstance et deppendance d'icelle, tout ce que nous mesmes ferions et faire pourrions en touttes et chacunes les choses susdites, sy présent en personne y étions, ou bien nostre dict connestable pour nous; promectant par ces présentes, signées de nostre main propre, en bonne foy et parolle de Roy, avoir agréable, tenir ferme et stable tout ce que par nostre dict cousin le duc de Guyse, en ceste présente charge de nostre lieutenant général, sera faict, besoingné et mis à exécution, selon et ainsy que doit estre, et le tout confirmé, ratifflé et approuvé touttes et quantes fois que requis en serons : ce donnons en mandement à nos amez et féaux les gens de nos cours et parlemens et aultres nos cours souveraines, que à nostre dict cousin ils facent obéyr et entendre de tous ceulx et ainsy qu'il appartiendra, et à tous nos lieutenans, gouverneurs, mareschaux, admiraux, baillifs, sénéchaulx, prévostz, cappitaines, chefs et conducteurs de nos gens de guerre, maistre de nostre artillerie, cappitaines et gouverneurs des villes et chasteaux et forteresses, et à tous noz justiciers, officiers et subjects qu'ils et chacun d'eulx luy obéyssent et entendent, et facent obéyr et entendre diligemment en toutes les particularitez dessus dites et autres concernant nostre dict service et le bien de nos affaires : car tel est nostre plaisir.

« En tesmoings de ce, nous avons faict mettre nostre scel à ces dictes présentes, au vidimus desquelles, faict soubz scel roial, ou collationné de l'un de noz amez et féaulx notaire et secretaire, nous voullons estre foy adjoustée, comme à ce présent original. »

Dans les lettres suivantes de monsieur de Villebon, de Sa Majesté, du sieur Viallar, ambassadeur du Roy à Ferrare, et de monsieur le duc d'Aumalle à monsieur de Nemours sont contenues les nouvelles des événements qui arrivèrent pendant la fin du présent mois de septembre, en France et en Italie.

Lettre de monsieur Villebon d'Estouteville, signée de sa main, à monsieur de Humières, gouverneur de Péronne.

« Monsieur de Humières, je ne feray faulte que si l'ennemy va de vostre cousté, comme ils en font courir le bruit, de vous secourir de ce que je pourray; mais il me semble, en l'estat là où est vostre place, l'entreprinse ne leur sera aisée à exécuter, veue la saison là où nous sommes, et croirois plustost qu'ils feissent ce que l'homme qui a accoustumé de servir monsieur l'amyral vous a dict, car je ne fais doubte qu'ils ne sçachent bien la diligence que le Roy faict d'assembler son armée; toutes fois, il ne fault pas laisser de se tenir bien sur ses gardes. J'ay receu le chiffre que vous m'avez envoyé, et ay escript au mayeur d'Amyens de vous laisser passer les vins que vous luy avez donné charge d'achapter; j'espère que le chasteau de Han tiendra plus longuement que l'on ne pensoit, car il y a trois enseignes de gens de pied, de quoy les capitaines sont gens de bien, et le bon homme monsieur de Helly qui y est entray, qui ne parlera pas des premiers. Je n'ay point donné charge au capitaine Bazas de brusler les villes de Bred, mais bien de rompre tous les moulins qui sont du cousté des ennemys, parce que le Roy m'a escript que si je ne le fais faire, qu'il s'en prendra à moy. Il me semble que le peuple de ce pays icy est trop opiniastre, car ils ne vuellent faire chose que l'on leur commande. Les Écossois m'envoyèrent yer sept hommes de cheval ennemys qu'ils avoient pris yer auprès de Nesle, qui disent que, sur leur vie, qu'il leur doibt arriver dedans le quinzième de ce mois encores trente enseignes d'Allemands et quatre mil chevaulx, qui est chose fort malaisée à croire; s'il estoit ainsy, ils ne vouldroient pas estre les plus foibles à la campagne. J'ay entendu que monsieur de Guyse estoit embarqué, et qu'il sera dans la fin de ceste semaine à la court. Il a laissé monsieur de Nemours lieutenant pour le Roy en l'armée.

« Je me recommande bien fort à vostre bonne grace, et supplie le Créateur, monsieur d'Humières, vous donner ce que désirez.

« De Corbie, ce 12ᵉ jour de septembre 1557.

« S'il vous plaist, vous baillerez la lettre que le Roy escript à celuy qui a la charge de la compaignie de monsieur le mareschal Strossi. Je viens de recepvoir les lettres de monsieur l'amyral, je luy fais ung mot de response que je vous prye bailler au trompette, quand vous luy donnerez congé de s'en retourner.

« Vostre entièrement bon et plus sûr amy,

« D'ESTOUTEVILLE. »

A monsieur de Humières, capitaine de cinquante hommes d'armes et gouverneur de Péronne.

« Monsieur de Humières, j'ay envoyé mes

gens de cheval ceste nuict à la guerre, qui ont deffait quelques Angloys et en ont amené deux prisonniers, pour sçavoir des nouvelles des ennemys; qui dient que pour certain ils partent pour vous aller clorre ceste nuict, je ne sçay s'ils diront vray, mais je n'ay voullu faillir à le vous faire entendre. Ils dient davantage, que le chasteau de Han a esté rendu ce matin par composition. Je me recommande à vostre bonne grâce, et prie Dieu, monsieur d'Humières, vous donner ce que désirez.

« De Corbie, ce XIIe jour de septembre 1557.

« Vostre entièrement bon et plus sûr amy,

« D'ESTOUTEVILLE. »

Lettre du Roy à monsieur de Humières.

« Monsieur de Humières, j'ay receu vostre lettre du 21 de ce mois, et auparavant celle du dix huitiesme, par lesquelles j'ay veu toutes les nouvelles que me faites sçavoir de mes ennemys, et vous advise que continuant ainsi que vous en aurez chose qui le mérite, vous ne me ferez peu de service pour le désire que j'ay d'en estre souvent adverty, et mesmes si vous pouvez entendre où ils veulent addresser leur grande course, affin d'y faire pourvoir d'heure en ce qui me sera possible; j'ay donné si bon ordre au fait du payement de toutes les garnisons de mes places de Picardye, que aujourd'huy mon cousin le duc de Nivernois a de quoy faire payer partout, et pense bien qu'il aura envoyé pour faire faire monstre à celle de vostre place, ainsy que je luy avoye escript, et suis bien aise, au demeurant, que vous ayez faict mettre l'endroict de la porte de France, dont je vous avoye donné advis, en si bon estat, que vous n'ayez plus occasion de le craindre; priant Dieu, monsieur de Humières, qu'il vous ayt en sa garde.

« Escript à Boulongne les Paris, le 25e jour de septembre 1557.

« Depuis ceste lettre escripte, j'ay eu nouvelle de l'arrivée de mon cousin le duc de Guyse à Marseilles, qui a esté le 20e de ce mois, avec messieurs mes cousins les grand prieur et marquis d'Elbeuf, bonne et grande compaignie de seigneurs et gentilshommes et sept bandes de harquebuziers françois, le demeurant des forces viennent par terre, et mon cousin le duc d'Aumalle sera bien tost par deça.

« HENRY, *et plus bas :* BOURDIN. »

Lettre du sieur Vialar, ambassadeur du Roy à Ferrare, au duc de Guyse, après son partement de Rome.

« Monseigneur, à l'instant de votre partement de la ville de Rome survint une sy grande inondation et débordement du Tibre que j'y fus assiégé trois jours durant sans en pouvoir partir, qui a esté cause de la longueur que j'ay apporté à l'exécution de vos commandemens, estant arrivé seullement le 22 de ce mois à Pesaro, où se trouve monsieur le cardinal de Tournon prest à faire voile pour Venise; je luy communiquai les articles du traicté de la paix entre Sa Saincteté et les ministres du Roy Phillippes, qu'il n'avoit encore peu recouvrer; il loua grandement vostre prudence et bon advis de ce qu'aviez faict séjour à Rome jusques à la conclusion finalle de la ditte paix, disant que cela vous donneroit grande réputation par toute la chrestienté, et feroit dire que sur l'appuy et faveur de vostre arrivée, le Pape avoit moyenné ceste paix, et que vostre retour ne pouvoit estre qu'honorable après avoir exécuté l'intention principalle qui vous avoit amené par deça, semblablement je luy fis entendre ce que vous m'aviez donné charge de proposer à la seigneurie de Venise, qu'il trouva fort à propos pour les affaires de monsieur le duc de Ferrare, pour les esmouvoir à résister aux entreprises qui se dressent contre luy, lesquelles à la vérité les doivent toucher d'aussy près que le feu allumé en la maison de leur voisin : et sur ce point, il me communiqua les lettres qui luy avoient esté escrittes par le cardinal Farnèse, portant la descouverte de la malheureuse et ingrate volonté de son frère fort contraire aux propos qu'ils me tinrent lorsque je les visitay à Parme par vostre commandement. Je ne me puis persuader que Dieu veuille souffrir que l'événement de ceste entreprise tumbe que sur ce desloyal duc de Parme, feudataire de l'Église, commençant la guerre contre un autre vassal compris au traicté de la paix soubz termes généraux, et espère pour chose certaine qu'avec le temps le Roy, qui l'a maintenu et conservé en son estat, luy monstrera qu'il a puissance de le ruyner. J'arrivay le 24 en ceste ville, ou ayant eu l'honneur de voir et saluer monsieur le duc, il me dit, avec contenance et visage d'homme fort passioné, que c'estoit une chose fort estrange que le Roy eut entrepris de faire la guerre en Italie sans avoir pourveu aux finances, rejettant sur luy tous les frais et despences de l'armée, que c'estoit une grande vergogne de ruyner ainsy un pauvre prince, et après luy avoir tiré toute sa substance luy demander encore de l'argent, au temps que son ennemy estoit à ses portes, et que sa ruyne estoit prochaine s'il n'estoit secouru d'hommes et d'argent, adjoustant qu'on ne luy avoit tenu un seul article de son traicté, qu'il sembloit qu'on ne l'eut faict entrer en ligne avec le Roy que pour servir de banquier, qu'on luy devoit cinq cent mil escus dont il n'avoit aucune seureté ny obligation des Gadagne, comme on luy avoit promis. Oyant cela plein d'aigreur, je luy dis que s'il me vouloit entendre je luy montrerois clairement qu'il n'avoit matière de ce douloir : premièrement, en ce qu'il disoit que le Roy voulant faire la guerre en Italie n'avoit pourveu à ses finances, mais avoit rejetté toute la despence de l'armée sur luy, ayant manié la charge qu'il vous avoit pleu me commetre, d'avoir l'intendance sur les finances, j'avois cognu qu'il estoit impossible de mieux asseurer le payement d'une armée que vous aviez faict, ayant d'entrée, avant vostre partement, les deniers nécessaires pour la despence des mois de novembre, décembre, janvier et février, en sorte que toutes parties solues et acquitées il y avoit resté de bon dix-sept mil livres, et pour la despence de mars, avril, may, aviez mes ordres et remis à Venize trois cent cinquante mil escus qui avoient esté employés en l'armée, avec cent mil livres envoyées de France pour un quartier de la gendarmerie; quant à la despence des mois de juin, juillet et septembre, l'armée estant sy avant entrée en pays qu'elle ne pouvoit facilement tirer argent de France pour son payement, il n'y avoit moyen plus grand que de prandre les trois cent mil escus que Son Excellence avoit promis rester au Roy, par l'entremise et prières de messieurs les cardinaux de Lorraine et Tournon, qu'ainsy on ne luy avoit rien demandé que l'accomplissement de sa promesse pour faire subsister l'armée, outre lesquels trois cent mil escus le Roy a envoyé par la banque de Nazy cent cinquante mil escus, dont on en a employé cinquante mil, les autres cent mil ont été par luy arresté en sa douane dont est arrivé la disette de l'armée et des troupes de Toscane, et non par faulte du Roy ; je luy remonstray que la requeste que je luy avois faicte, n'estoit de prester argent qu'il n'eust poinct, mais de consentir la délivrance des deniers du Roy qu'il avoit arresté en sa douane, et le suppliay sur ce poinct d'envoyer querir deux docteurs de son conseil pour avoir leur opinion, et sçavoir sy en termes de droict les deniers envoyez par un débiteur à son créancier peuvent appartenir au créancier avant la dellivrance et tradition réelle d'iceux, recognoissant la vérité estre telle que les deniers avoient esté premièrement destinés à son remboursement, mais depuis destinés au payement de l'armée, luy soustenant qu'avant la dellivrance d'iceux qui ne luy a jamais été faicte, ils n'avoient changé leur nature de deniers royaux, remettant à son sage et prudent jugement, sy le Roy auroit subject de se contenter quant il sera adverty que Son Excellence luy voudra imposer une loi nouvelle, contre la disposition de droict commun, et user envers luy d'une voye de faict qui ne seroit trouvée raisonnable entre deux personnes égalles, devant bien penser en quel réputation il seroit envers vingt mil hommes retournans en France, qui feroient plainte de leur ruyne de ce que ces deniers du Roy avoient esté arrestés à Ferrare, et sy cela donneroit cœur aux François de venir à son secours s'il estoit attaqué comme il croit devoir estre.

« Et pour respondre à sa dernière plainte qu'on ne luy avoit gardé aucun article de sa capitulation, je luy remonstray que ceste plainte devoit estre considérée en deux façons, ou pour le regard de sa protection que le Roy avoit prise, ou pour les deniers qu'il avoit desboursez ; quant à la protection, sy le Roy luy avoit manqué en la moindre chose du monde, il seroit le premier seigneur d'Italie qu'auroit occasion de s'en plaindre, et sçavoit bien comme Sa Majesté s'estoit comportée envers le duc de Parme et les Siennois ; depuis qu'il estoit en sa protection, Sa Majesté l'avoit secouru non seulement des forces ordinaires qui luy avoient esté promises pour sa deffence, mais d'extraordinaires pour attaquer son ennemy, ayant conquis Saint-Martin avec les armes du Roy, assiégé Gastalde, Corrège, tiré cent mils escus des seigneurs de ceste dernière ville, lesquelz luy ont pour ce obligé les biens qu'ils ont en ses estats, et le priay m'excuser sy je disois qu'il avoit esté mieux secouru que le Roy ny le Pape, d'autant qu'à leur mandement vous n'aviez jamais voulu désunir et séparer vos forces, et que néantmoins en sa faveur vous avez essayé huit enseignes de François et six de Suisses en son estat, au temps que vous en aviez le plus affaire, l'ennemy estant près de vous. Je luy dis plusieurs autres raisons trop longues à desduire, sur lesquelles il commença de changer de volonté.

« Le dimanche 26, il me donna de rechef audience, et après nouveaux discours de l'estat de ses affaires, il me remit à la venue du duc d'Aumale et Alexandre Fiasque, disant qu'il estoit bien juste, avant se dessaysir de ses deniers, qu'il sceust du dict Fiasque comme se portoient ses affaires, et de M. d'Aumalle quelles forces il luy vouloit laisser pour sa protection ; enfin il se laissa vaincre et m'accorda cinquante mil écus, à la charge que les François et Suisses qu'on luy laisseroit seroient payez du mois de septembre.

« Voilà, Monseigneur, ce que j'ay peu faire auprès de mon dict sieur le duc de Ferrare, lequel se monstre en bonne volonté de se deffendre contre ses ennemys avec l'ayde du Roy, et sur ce je prieray le Créateur, etc.

« De Ferrare, ce lundy matin 27 septembre 1557.

« Vostre très humble et très obéissant serviteur, « VIALARD. »

Lettre de monsieur d'Aumalle à M. le duc de Nemours.

« Monsieur, je n'ay voulu laisser partir le présent porteur qui est frère de monsieur de la Rochepot, lequel s'en va par delà, sans vous faire ce petit mot de lettre pour vous advertir que je suis arrivé en ce lieu, où j'ay trouvé toute ceste compagnie faisant bonne chère, et mesme madame Lucresse. Je luy ay dit de vos nouvelles et de vostre santé, et vous puis asseurer qu'elle n'a peu estre si constante qu'elle n'ayt monstré estre fort fachée de vostre maladie. Quant au reste, l'ambassadeur du Roy est arrivé icy, qui est venu exprès pour en parler à monsieur le duc de la part de Sa Majesté. Incontinant qu'il aura fait et eu responce, je ne fauldray de vous en advertir, ensemble de toutes nos nouvelles, vous priant en attendant que j'aye cest heur de vous reveoir, me faire part des vostres; et sur ce, je me recommanderay humblement à vostre bonne grâce, et prieray Nostre-Seigneur vous donner, Monsieur, en très bonne santé, longue vye.

« De Ferrare, 29ᵉ de septembre 1557.

« Monsieur, je vous puis asseurer que quand vous arriverez icy que vous y serez le très bien venu, et est-on délibéré vous y faire bonne chère.

« Vostre très humble et obéissant à vous faire service, « CLAUDE DE LORRAINE. »

Pendant les mois d'octobre, novembre et décembre, les préparatifs se continuèrent, et monsieur de Guyse chassa de Bresse le baron de Pollevelle, et fict eschouer ses projets sur la ville de Lyon. Lors fut public un discours contenant au long les nouvelles de la téméraire entreprise faicte contre la noble couronne de France, par Emmanuel-Philibert de Savoie. Les autres faits sont contenus en les lettres suivantes pour le temps passé, depuis le dit mois de septembre jusqu'à la fin de décembre de la présente année 1557. Elles sont telles:

Lettre du Roy à monsieur d'Humières.

« Monsieur de Humières, j'ay receu la despeche que m'avez faite par le sieur de Ligondez, et entendu de luy et par le contenu au mémoire qu'il m'a apporté de vostre part, tout ce que m'avez faict remonstrer touchant le fait de vostre place; et pour ce que j'ay advisé d'envoyer mon cousin le duc de Guyse à Compiègne, où il se rendra samedy prochain pour adviser avec mon cousin le duc de Nivernois et les sieurs capitaines qu'il a auprès de luy sur les affaires de delà, et la provision qui s'y devra donner, au moyen de quoy vous l'advertirez au dict Compiègne de tout ce qui vous fera besoin. Cependant, je vous veulx bien dire que je trouve merveilleusement estrange que s'estant trouvé à la monstre que mon cousin le sieur Dandelot a faicte des bandes de gens de pié françois que vous avez dedans vostre place jusques au nombre de deux mil trois cens hommes, ainsi qu'il m'a asseuré et fait apparoir par les extraits qu'il m'en a monstrez, vous n'ayez trouvé à la revue que vous avez faict faire des dictes bandes, en la présence d'Octavian, mon varlet de chambre, que de treize à quatorze cens hommes, ne pouvant penser d'où en si peu de temps peut estre procédée une si soudaine et grande diminution, et me ferez plaisir de vous en informer, pour m'en advertir affin d'y donner la provision que je verray estre nécessaire pour le bien de mon service, et là dessus, je voys prier Dieu, monsieur d'Humières, qu'il vous ait en sa garde.

« Escript à Sainct-Germain en Laye, le 11ᵉ jour d'octobre 1557.

« HENRY, *et plus bas :* BOURDIN. »

Lettre de monsieur le cardinal de Lorraine à monsieur d'Humières.

« Monsieur de Humières, la nouvelle que vous avez fait sçavoir au Roy du partement du roy d'Espagne pour se retirer à Bruxelles, ne nous sçauroit estre que bien fort agréable, pour l'espérance que nous avons que s'il est ainsy, nous verrons bientost son armée dispersée et rompue, et au contraire la nostre ensemble, grosse et puissante, pour faire quelque bon effet; mais pour ce que cest advis là est de telle importance que l'on n'en sçauroit estre trop seurement adverty, je vous prie que vous donnez ordres d'en sçavoir encores des nouvelles, et des autres particularitez mentionnées en la lettre du Roy, suivant ce que le dict sieur vous en escript; en quoy faisant, je vous puis bien asseurer que vous luy ferez ung service fort agréable, pour le désir qu'il a de sçavoir la vérité de ce deslogement : et sur cela je voys prier Dieu, monsieur de Humières, qu'il vous doint ce que plus désirez.

« Escript à Sainct-Germain en Laye, le 15ᵉ jour d'octobre 1557.

« Ainsi que ceste dépesche se signoit, la vostre du XIIIᵉ nous est arrivée, par laquelle le Roy a esté bien ayse d'entendre la confirmation du partement du roy d'Espagne ; mais pour ce que son armée demeure encores ensemble, il n'est pas d'advis que vous désempariez vostre place pour venir à Compiègne trouver monsieur mon frère, mais bien le pourrez-vous advertir de tout ce que vous semblera importer au service du dict seigneur et au faict de vostre place.

« Vostre bon amy,

« C. CARDINAL DE LORRAINE. »

« Monseigneur, suyvant ce qui vous pleust dire dernyèrement à Boyvin, je le renvoie devers Sa Majesté et vous, pour, après vous avoir communiqué toutes choses, s'y gouverner ainsi que luy commanderez; et puisqu'il est personne seure, je remetrai sus luy ce que j'escrirois en faisant ceste lettre bien longue. Seullemant je vous remerciré très humblement de ce qu'il m'a dit et asseuré de vostre part, chose de quoy je m'asseurois tousjours, veu l'aucienne amitié que de temps il vous a pleu me porter. Je vous suplie, Monseigneur, qu'elle dure toutes nos vies et que ne lessiez jamais entrer en vostre entendemant aultre chose de moy, sinon ce qu'il y doit entrer d'ung vray bon serviteur, qui vous présente ses très humbles recommandations à vostre bonne grâce; priant Dieu, Monseigneur, vous donner très bonne et longue vie.

« De Quiers, ce seiziesme octobre 1557.

« Vostre très humble et très obéissant serviteur, « BRISSAC. »

« Et au dos : *A monseigneur, monseigneur le duc de Guyse.*

Lettre du Roy à monsieur d'Humières.

« Monsieur d'Humières, mon cousin le duc de Guyse, retournant de Compiègne, m'a fait veoir ung mémoire que luy avez envoyé, contenant plusieurs points, par lequel j'ay bien cogneu le soing que vous avez de vostre place, et loue en cest endroit la démonstration que vous faittes, comme tousjours, en ce qui touche le bien de mon service; sur quoy je vous diray, quant au fait des réparations, que je regarderay à vous faire cy après accommoder de ce que je pourray pour continuer ez choses qui seront plus nécessaires, aussi de munitions, cognoissant très bien que, pour ceste heure, vostre dicte place a plus de besoing d'estre soigneusement considérée qu'elle n'a eu par le passé; mais quant aux vivres, si ce que l'on m'a dit de la grande quantité qui y a esté mise est véritable, j'auray temps et loisir d'y pourveoir. Reste seulement à vous advertir que je trouve bon et vous accorde, pour les considérations portées par vostre dict mémoire, que vous reteniez soubz vostre charge, oultre les gens d'armes que vous avez, vostre compagnie de trois cens hommes, ainsi que vous aviez, pour l'employer tant au chasteau de vostre dicte place que ez autres forts et villages que vous aviserez pour le bien de mon dict service, estant asseuré que vous y mectrez ung si bon lieutenant que, quant il sera besoing qu'elle serve où vous ne serez pour cela, n'empeschera pas que je n'en tire autant de service. Quant aux femmes et paysans qui se sont retirez ez villages voysins de Saint-Quentin, Han et le Castellet, où les ennemys les cuydent allécher et donner moyen d'attirer leurs marrys et familles, le sieur de Villebon sçayt qu'il a esté advisé que l'on feroit faire une description de troys lieues à la ronde des dicts lieux, dedans lesquelles, si aucun paysant se trouvoit habitué et retiré pour accommoder l'ennemy, il seroit de bonne prinse, et en doit dresser la déclaration et ordonnance pour la faire publier par delà, ainsi que vous entendrez de luy, qui doibt estre de ceste heure dedans Péronne, voullant que, suivant cela, vous vous conduisiez et donniez tel ordre pour l'incommodité de l'ennemy, que l'on n'espargne personne de ceulx qui se trouveront dedans la dicte limite, mais soient courus, pillés, prins et encores mieux chastiés que mes propres ennemys, empeschant par ce moyen qu'ils ne servent riens, et n'en puissent mes dicts ennemys retirer aucune commodité : qui est la chose du monde qu'il fault le plus considérer pour l'impossibilité qu'ils auront sans cela d'avitailler les dictes places.

« Au demeurant, je trouve bon vostre advis sur le parachévement de la porte commencée, tirant vers Han et Saint-Quentin, et sçay de quelle utilité elle sera à la seureté de vostre dicte place et conservation du pays de Vermandoys, ayant bien délibéré à ceste cause d'envoyer deniers pour cest effect; mais pour ce que le principal est d'accommoder la chaussée du passage, il me semble que le meilleur sera que vous y faites mectre la main premièrement. J'ay aussi entendu vostre indisposition, laquelle continuant vous pourrez, estant le dict sieur de Villebon là, changer d'air quant vous vouldrez, désirant que vous pourveoyez à vostre santé avecques tout soing et diligence, pour après continuer à me faire service.

« Présentement, je viens de recevoir la lettre que vous m'avez escripte du 21 de ce mois, par laquelle j'ay entendu de quels hommes vous avez faict vostre compagnye, ce que j'ay agréable, et trouve bon qu'ils soient receus et passez en la monstre qui s'en fera, comme il en sera donné charge au commissaire qui y sera ordonné. Priant Dieu, monsieur d'Humières, vous avoir en sa garde.

« Escript à Saint-Germain en Laye, le XXIII° jour d'octobre 1557.

« Quant au lieutenant du baron de Solignac que vous tenez prisonnier, envoyez le soubz bonne et seure garde par devers monsieur le cardinal de Sens, garde des sceaulx, qui est ordonné à faire faire le procès du dict baron.

« Henry, *et plus bas :* de Laubespine. »

Lettre de monsieur le duc de Guyse à monsieur d'Humières.

« Monsieur d'Humières, ayant receu vostre lettre du jour d'hier, que ce porteur m'a présentée de vostre part, je l'ai faict appeller au conseil que j'ay assemblé en ce lieu, pour estre oy en ses remonstrances, et sur les autres particularitez contenües en vostre dicte lettre, et le tout débattu, je luy ay ordonné de faire entendre au major et eschevins de Péronne qu'ils ayent à faire incontinent démolir et abattre le faulx bourg qui est du costé de l'ennemy, et qu'ils surceoyent encores la démolition de l'autre où se tiennent les pescheurs, pour ce que le sieur de Villebon m'a faict entendre que, en l'estat qu'il est, il se peut deffendre, et quand l'on y vouldra faire quelque dépense, tellement fortiffier qu'il y aura moyen de le rendre imprenable en peu de temps. Le dict porteur m'a parlé de faire ordonner quelque argent pour la continuation de la fortiffication de la dicte ville de Péronne, dont j'ay remis d'advertir le Roy pour n'avoir moyen d'y riens bailler d'icy, et au demeurant l'ay asseuré que je soulageray et deschargeray bien tost la dicte ville d'une partie de la garnison qui y est de ceste heure, qui sera sitost que je verray les ennemys retirez, et que cela se pourra faire sans aucun souspeçon de péril n'y d'inconvénient.

« A Compiègne, le 21ᵉ jour de novembre 1557.
« Vostre entièrement amy. »

Lettre de monsieur le duc de Guyse à monsieur de Humières.

« Monsieur de Humières, je suis adverty de plusieurs lieux que nos ennemys sont fort travaillez de maladies et de nécessitez dedans Han, et que ce qui nous couste troys deniers, leur revient bien à troys patards, de sorte que on a esté contraint d'y envoyer un charroy de vivres depuis peu de jours en ça, et pource que si vous envoyez souvent la cavallerye qui a esté laissée dedans vostre place, en intention principallement de courre le pays pour les travailler, et incommoder en leurs vivres, là et à Saint-Quentin, comme feront de leur part les garnisons de Guyse, La Fère et Ribemont, et quelques foys par une commune intelligence vous vous assemblez ensemble pour faire une grosse cavalcade, je ne fais point de doubte que vous ne les faites grandement souffrir en l'une et en l'autre place, qui est bien le plus grand et utile service que le Roy sçauroyt désirer de vous en cest endroit. Je vous prie que vous vueillez prendre cela à cœur, pour y faire tout le possible, et faire cognoistre au dict seigneur en quelle recommandation vous avez ce qui touche son service si avant, et si vous me voulez de foys à autre avertir comme telles choses passeront, vous me ferez plaisir et si ne le céleray pas au dict seigneur pour vous en sçavoir le gré. »

Affaires d'Allemagne.

[1558]. Le duc de Guyse de retour en France, avec son pouvoir de lieutenant général, après s'estre emparé de Calais, donna aussi toute son attention aux autres affaires du royaume, et notament aux négociations avec les souverains et princes d'Allemagne.

Le sieur de Bourdillon et l'archevesque de Vienne furent chargés d'aller en Allemagne à cest effet; et les lettres et instructions suivantes rendent compte des dittes affaires importantes pour le service du Roy. Toutes furent communiquées à mon dit sieur de Guyse conformément aux ordres du Roy.

Instruction au sieur de Bordillon, chevalier de l'ordre du Roy, son lieutenant général au gouvernement de Champagne; en l'absence de monsieur le duc de Nyvernois, et à l'archevesque de Vienne, conseiller du dict sieur en son conseil privé, de ce qu'ils auront à faire en Allemagne, où le Roy les envoye présentement.

« Premièrement, entend le Roy qu'ils s'acheminent droit à Auguste, où la journée est assignée et se doibt tenir, et si avant que d'y arriver ils peuvent veoir messieurs les comtes Palatin, duc de Wirtemberg, landgrave de Hessen, et le duc Jehan Fridéric de Saxe, les visiteront particulièrement de la part de Sa Majesté, et leur diront le grant contentement et satisfaction qu'il a de la bonne et affectionnée démonstration qu'ils ont toujours faicte envers luy, et le bien de ses affaires, et mesmes ceste dernière année par l'ayde et bon secours que chacun d'eulx luy a faict, dont ils les remercieront, leur asseurant qu'il ne sera jamais qu'il n'en ayt mémoire, pour le recognoistre envers eulx et la grandeur de leurs maisons, par tous les bons offices d'amytié dont il se pourra adviser.

« Après cela leur pourront faire entendre l'occasion de leur voyage par delà, et comme suivant leurs bons advis, et pour renouveller, rafraischir et confirmer de plus en plus l'ancienne et parfaitte amytié qui a esté de tout temps entre le Sainct-Empire et la maison et couronne de France, il les a bien voulu dépescher devers le nouveau Empereur et les princes et Estats d'yceluy, pour user envers luy de l'honnesteté qui s'est toujours gardée par ses prédécesseurs à l'endroit des princes qui ont tenu ce lieu là; en quoy il leur a donné charge se conduire et porter selon leur bon conseil, duquel ils s'instruiront, et sçauront des dicts princes, ou de ceulx qu'ils trouveront myeulx disposez d'entre eulx envers le Roy et le bien de ses affaires, le moyen et chemyn qu'ils auront à tenir en cest endroit, et quel langaige il leur semblera qu'ils debvront parler tant au dict Empereur que aux princes et Estats assemblés, pour s'y accomoder autant que le dict sieur de Bourdillon et archevesque de Vienne verront qu'il sera à propos, selon la fin et intention du dict seigneur qui est telle qu'il s'ensuyt :

« Sadite Majesté considérant l'estat en quoy sont de présent les choses de la Germanie, où il pense avoir de grans amys et beaucoup de bons serviteurs, désireroit bien, avec l'occasion qui s'offre, trouver moyen de pouvoir tellement y accommoder ses affaires, que l'ancienne liberté que lui et ses prédécesseurs y avoient, et qui s'est altérée et aulcunement interrompüe du temps de l'Empereur dernier mort, se peust restablir par bons offices, tant envers le dict Empereur que les princes et Estats du dict Sainct-Empire; et à ceste fin veult que le dict sieur de Bordillon et archevesque de Vienne visitent de sa part le dict seigneur Empereur, et après luy avoir présenté les lettres de créance que Sa Majesté luy escript, luy fassent entendre que sitost que l'occasion et la commodité luy a esté donnée, il n'a voullu faillir d'envoyer devers luy pour faire le debvoir d'amy et bon frère en son endroict, et se resjoüyr avecques eulx de son advénement à la dignité impériale, comme prince qu'il en estime digne, et qu'il a toujours cognu amateur du repos, et conservateur de la liberté germanicque, et du bien des princes et membres d'yceluy, et de leurs bons amys et alliez, des principaux desquels Sadicte Majesté a toujours esté, et de ceulx qui ont plus désiré de bien, d'honneur et de grandeur à la diete Germanye, accompaignant ceste visitation des plus honnestes propos dont ils se pourront adviser, pour concilier l'amytié et bonne intelligence qu'il désire doresnavent avoir avecques le dict seigneur Empereur, et luy faire trouver bon qu'il puisse tenir auprès de luy ung ambassadeur ordinaire comme il pourra aussy avoir par deçà, pour maintenir entre Leurs Majestez ceste bonne intelligence.

« Après feront instance d'estre oys, en l'assemblée de la diette, et là le dict archevesque de Vienne dira, et fera publiquement entendre aux dicts princes et Estats sur les lettres de créance qui leur sont présentement baillées, l'ennuy et regret que Sa Majesté a eu cy devant, de n'avoir eu plutost moyen de les envoyer visiter, pour refreschir avecques eulx la bonne, parfaitte et entière amytié, alliance et confédération qui a de tout temps esté entre le dict Sainct-Empire et ses prédécesseurs roys, dont il a esté empesché par les occasions qu'ils sçavent assez. De présent estant les choses en l'estat qu'elles sont, il n'a voullu faillir pour son debvoir les dépescher devers eulx pour faire ce bon office, et renouveller ceste leur amytié, pour fortification de laquelle ils le trouveront à toute heure prest de le gratifier en toutes choses qu'ils congnoistront appartenir au debvoir du meilleur et plus parfaict amy qu'ils auront jamais, les priant estre assurez que si la dicte Germanye a trouvé en ses dicts prédécesseurs et ancestres faveur, amytié et bienveillance ez choses qui ont touché et regardé la grandeur d'eulx et de leurs Estats, défension et conservation de leurs libertez, il ne sera pas moins prest ne disposé d'y employer toutes ses forces qu'ils ont esté ; qu'il les prie et en particulier et en général regarder en quoy ils voudront expérimenter les effects de sa bonne volonté, et croire que Sa Majesté aura à grant plaisir les gratifier de tout ce qui sera en sa puissance.

« A ceste publique visitation se pourront adjouter les honnestes et convenables propos que l'on jugera dignes du temps, et des occasions qui se présenteront pour rendre les dicts princes plus capables de la bonne volonté et intention du dict seigneur envers eulx et le bien de leurs Estats, leur remémorant ce que les roys de France ont cy devant mérité du Saint-Empire, et comme ceste affection s'est continuée jusques en la personne du dict seigneur Roy, par les bons et grands offices qu'il s'est efforcé faire depuis son advancement à ceste couronne, pour le bien et grandeur du dict Sainct-Empire et entretènement de leurs dictes libertez, ou comme ils sçavent, il n'a espargné ne sa personne ne ses facultez, qu'il est bien prest d'employer encores quant il en sera besoin, pour leur faire cognoistre qu'il leur est amy de nom et d'effect le plus seur qu'ils auront jamais, estimant qu'ils voudront bien user aussy de semblable bonne volonté envers luy, et des mesmes bons et agréables déportemens de commune et mutuelle intelligence que requiert leur dicte amytié, pour de tant plus corroborer et confirmer de leur part ceste réciproque bienveillance, par bons et privez offices et sincère démonstration en toutes choses envers Sa dicte Majesté, et biens de ses affaires, taschans par là les dicts sieurs de Bordillon et archevesque de Vienne à disposer les dicts Estats de s'accommoder que le dict seigneur ayt cy après en la dicte Germanye la mesme seure et plaine liberté pour luy et les siens qu'ils ont eue par cy-devant, sans aucunement toucher aulcune particularité, sinon aultant qu'ils auront sceu et apprins desdits princes, comte Palatin, duc de Wirtemberg, landgrave de Saxe, et aultres bons et fidèles serviteurs du Roy, qu'il sera à propos, ou que le Roy remecte à leur discrétion, n'estant jà besoing comme il luy semble de mettre postes par le pays, d'autant que la liberté y est ouverte pour le Roy et les siens, il en sortira toute la commodité que l'on sçauroit désirer.

« Visiteront particulièrement les autres princes et Estats qui se trouveront à la dicte assemblée pour les asseurer de la bonne volunté de Sa Majesté, et du désir et affection qu'il a de leur demourer amy, les asseurant que s'il s'offroit quelque chose en son endroict en quoy il les peult gratifier, il leur fera toujours cognoistre qu'ils n'en ont point de meilleur que luy.

« L'on a cogneu par cy devant que le duc Auguste de Saxe, électeur, a eu quelque jalousie et soupçon de ce que le Roy a retenu et appellé à son service les deux princes de Saxe ses cousins, craignant que le moyen qu'ils auroient du Roy fust cause de leur faire entreprendre quelque chose à son préjudice, dont toutesfois le dict seigneur luy a fait donner toute asseurance, et aussy a bien veu que les choses sont jusques icy doulcement passées; et affin que le dict électeur puisse encores d'aultant plus estre confirmé en ceste opinion, veult le Roy, qu'en luy présentant les lettres particulières qui leur ont esté baillées par luy, ils luy en touchent encores quelque mot, luy remémorant la grande amytié qu'il a portée au feu duc Maurice son frère, laquelle est toujours demourée envers luy semblable, bien que les occasions de luy en faire sentir le fruict ne soient pas encores présentées, et que l'estimant si digne prince qu'il est, il l'asseure qu'il aura en son cueur la mesme affection que ont cy devant eu ses prédécesseurs envers luy et sa couronne, le priant tenir pour chose certaine qu'il pourchassera toujours plus sa grandeur et son contantement, qu'il ne sera pour luy donner occasion d'en doubter, car il est prince d'honneur et de vertu qui ayme le repos et contantement de ses amys, et quant il luy plaira faire preuve de la bonne volonté que Sa Majesté luy porte, il en aura plus d'asseurance. Le Roy a plusieurs princes, seigneurs, collonels et capitaines ses pensionnaires par de là qui se trouveront à la dicte diette, desquels le dict sieur de Bourdillon et archevesque de Vienne auront faveur, advis, conseils et service pour les affaires du Roy, en ce qui se présentera par delà, et à ceste fin leur escript les lettres qui leur ont esté baillées pour les faire tenir; et davantaige est envoyé quant à eulx ung clerc et de l'argent pour les payer de demy année de leurs pensions, lesquelles ils leur feront distribuer selon le roolle et estat qui leur a esté baillé, pour toujours les tenir enclins à s'employer selon les occasions, ayant Sa Majesté délibéré les faire doresnavant payer par delà de leurs dictes pensions, à mesure que les termes écherront, affin qu'ils soient relevez de la peine qu'ils auroient d'envoyer querir icy leurs dictes pensions.

« Pour ce que le plus grand moyen qui soit d'entretenir les dicts princes et de gaigner leurs principaulx conseillers, chancelliers, et secrétaires qui sont ceulx qui les gouvernent, le Roy veult que les dicts sieurs de Bourdillon et archevesque de Vienne voyent et s'enquièrent par delà de ceulx qui seront pour luy faire plus de service, et essayent de les pratiquer et retenir à son service, leur accordant telles pensions qu'ils jugeront particulièrement mériter, jusques à deux cens escus pour la plus haute; et jusques à 20 ou 25 hommes s'ils en congnoissent tant dignes, et pour luy faire service. Il y a aussy ung accesseur à la chambre impériale qui a esté autresfois truchement du dict archevesque de Vienne, lequel ledict comte Palatin a retiré à son service pour sa suffisance et grande intelligence qu'il a des affaires de la Germanie, dont ils pourront tirer service, et veult le Roy que pour mieulx le y disposer, ils luy fassent entendre que Sa Majesté luy a accordé telle pension qu'ils adviseront.

« Si le roy de Bohème est par delà, ils le visiteront aussi de la part du Roy, duquel ils luy présenteront ses lettres, luy faisant ses très affectueuses et cordiales recommandations, le priant estre asseuré de la continuation de la bonne et affectionnée volunté qu'il luy a fait toujours entendre qu'il luy porte, dont il cognoistra les effects quant il luy plaira l'expérimenter, et qu'il n'y a point au monde plus aymant son contentement et sa grandeur que luy, sans entrer en aulcune particularité, sinon qu'il se déclarast premièrement. Se fera semblable visitation à l'endroict de l'archiduc d'Austriche.

« Aussi, si les dicts princes et Estats entrent en aucun propos de ligue particulière aveecques Sa Majesté, pourront respondre que c'est chose qu'elle oira très volontiers, et les aymant comme il faict il ne sçauroit rien mieulx désirer, que par tous bons moyens augmenter et fortifier leur bonne amytié, intelligence et ancienne confédération.

« Il y a grande apparence que à ceste diette les dicts princes et Estats menez de l'Empereur et de ceulx de sa ligue et faction, pourront faire instance aux dits sieurs de Bourdillon et archevesque de Vienne des villes de Metz, Thoul et Verdun, et remonstrer beaucoup de choses tendant à en voulloir dessaisir le Roy : à quoy ils pourront respondre qu'ils n'en ont aulcune charge, mais qu'ils sont assurez que, quant l'Empereur en vouldra parler au Roy, ils le trouveront en cela si raisonnable, qu'ils auront occasion de demourer contans, et cognoistront qu'ils n'ont amy ny allié plus observateur des biens, libertez et grandeur du dict Sainct-Empire que luy; qu'il n'y a moindre affection que y ont eue ses prédécesseurs, lesquels en ont tant mérité, que chacun sait ; et au pis aller, essayeront de trouver moyen de remettre ceste affaire à la prochaine diette.

« HENRY, *et plus bas :* DE L'AUBESPINE. »

Discours envoyé au Roy par Rascalon, trouvé à Meaulx le jour des Rois.

« L'archevesque de Vienne s'estant encheminé pour le voyage d'Allemaigne, et ayant entendu du porteur de la présente, l'estat auquel estoient les affaires du quartier dont il venoit, dict et remonstre par forme de discours seullement, que comme il ne seroit chose seure de passer en Allemaigne sans sauf conduit, veu mesmement qu'on l'a desjà demandé particulièrement, et qu'on attendoit de l'obtenir en l'assemblée de Foulla, qu'on prétend estre rompue, ainsi de retourner arrière si tost, pourroit tourner à défaveur des affaires du Roy, car tout le monde ayant entendu ceste dépesche, si maintenant le dict archevesque retournoit si court, cela donneroit matière à tous les ambassadeurs de l'escripre à leurs seigneurs, et interpréter tout ce faict plus tost à mal qu'à bien. Davantaige, le propos de la paix estant en termes d'estre repris bien tost, ce seroit donner à pencer aux députez du roy Philippes que les affaires du Roy seroient beaucoup défavorisées du costé de l'Allemaigne, et partant se rendroient plus difficiles aux conditions d'accord, ou bien, s'ils avoient volonté de continuer la guerre, de faire leurs menées en Allemaigne pour empescher le fruict que le Roy attend des serviteurs et intelligences qu'il a. Parquoy considéré que le retour du dict archevesque de Vienne devers Sa Majesté ne pourroit proffiter, et de continuer son chemyn à petites journées, ne pourroit nuyre, il a advisé d'aller en deux journées jusques à Chasteau-Thierry, où il attendra nouvelles du dict seigneur, beaucoup plus aisément que demourant tout court en ceste ville de Meaux, trop prochaine de Paris, et où il seroit trop aisement éclairé, affin que s'il plaist au Roy qu'il passe oultre, feignant d'aller jusques à Metz, où il attendroit des nouvelles d'Allemaigne, il ayt gaigné d'aultant plus de chemin, ou bien qu'il fasse ainsi que aultrement luy sera ordonné.

« Fust escript à monsieur le connestable qu'il luy pleust faire response sur ce que dessus, affin que l'archevesque de Vienne sceust ce qu'il auroit à faire ; sur quoy estant en la ville de Dormans il eust pacquet du Roy apporté par Bonnet, auquel y avoit lettres du Roy et du dict sieur connestable. »

Lettre sur copie du Roy à monsieur l'archevesque de Vienne.

« Monsieur de Vienne, si tost que Rascalon a esté arrivé, mon cousin le connestable vous a fait responsce, et adverty suivant ce dont je lui avois donné charge, que je trouvois bon que vous continuassiez vostre voyage. Depuys j'ay pensé que pour avoir le sauf conduit nécessaire à la seureté de vostre dict voyage, le meilleur est d'envoyer devers l'Empereur et les princes le hérault Piedmont, qui est auprès de vous, lequel je vous prie faire partir incontinent la présente receue, pour aller en toute dilligence à Auguste, où jà est arrivé le dict Empereur, luy porter la lettre que je luy en escripts en particulier, et celle qui s'addresse aux princes et Estats du Sainct-Empire pour avoir le dict saufconduict, l'instruisant de ce qu'il aura à faire pour présenter les dictes lettres et en avoir response, avec charge d'aller et revenir en la meilleure dilligence que faire se pourra pour vous apporter le dict saufconduict, s'il est accordé, sinon vous advertir de ce que vous aurez affaire : cependant vous ferez bien de vous acheminer à petites journées jusques à Thoul, et là sçaurez ce que vous aurez affaire, selon les moyens et occasions qui se présenteront. Priant Dieu, Monsieur de Vienne, vous avoir en sa garde.

« Escript à Paris le 8° jour de janvier 1558.

« HENRY, *et plus bas :* DE L'AUBESPINE. »

Lettre sur copie de monsieur le connestable à monsieur l'archevesque de Vienne.

« Monsieur de Vienne, depuis la lettre que je

vous escripvis hyer, et sur la résolution qu'il a pleu au Roy prendre de ce que Rascalon a rapporté de là où il vient, le dict seigneur a voulu que le hérault Piedmont aille porter à Auguste, les lettres dont il vous escript, où il est besoing que vous le dépeschez incontinent, affin que le plustost qu'il sera possible vous en puissiez avoir response, et que nous veoyons ce que nous pouvons espérer de ce voyage, qui est tout ce que je vous diray pour le présent, priant Dieu, Monsieur de Vienne, vous donner ce que désirez.

« De Paris ce 8ᵉ jour de janvier 1558.

« Vostre bon amy MONTMORENCY. »

Double d'une lettre du Roy à l'Empereur.

« Très hault, très excellent et très puissant prince, nostre très cher et très amé bon frère et cousin, salut. Ayant délibéré d'envoyer aucuns bons personnaiges nos ambassadeurs devers vous pour vous visiter de nostre part, et nous congratuler avec vous de vostre advencement à la dignité impériale, comme de chose qui nous a esté très agréable, et désirant que nos dicts ambassadeurs puissent faire et accomplir le dict voyage tant plus seurement, nous avons advisé dépescher ce porteur, l'ung de nos héraults d'armes, par devers vous, vous priant, très hault, très excellent et très puissant prince, nostre très cher et très amé bon frère et cousin, estre content de nous octroyer et accorder à nos dicts ambassadeurs vostre saufconduict à ceste fin, et le nous envoyer par ce dict porteur. Cependant nous ne laisserons de faire acheminer nos dicts ambassadeurs sur nos frontières, affin que tant plus tost ayant la dicte seureté, ils puissent estre devers vous pour faire cest office, que nous n'eussions tant retardez si la commodité y eust esté, priant à tant Dieu, très hault, très excellent et très puissant prince, nostre très cher et très amé bon frère et cousin, vous avoir en sa saincte et digne garde.

« Escript à Paris le 8ᵉ jour de janvier 1558. »

Double d'une lettre du Roy à l'Empereur et aux Estats de l'Empire.

« Gratissimum nobis fuit de conventu quem Augustæ Vindelicorum mense hoc Januario indixistis certiores fieri, quando quidem occasionem ille præbebit vos per legatos nostros, quemadmodum jam pridem optavimus, visitandi, et sinceram illam et antiquam amicitiam quæ inter nos et sacri Imperii ordines perpetuo fuit renovandi. Quod ut celerius et commodius præstum possit, itineri jussimus se committere legatos nostros, qui ut tutius, et minori vel potius nullo cum detrimento iter conficere possint, rogatos per hunc nuntium ferialem vos voluimus, serenissime ac potentissime Imperator semper Auguste etc., Reverendissimi, etc., etc., ut velitis salvum conductum illis, ut vocant, concedere, uti liber eis pateat ad vos eundi ac redeundi aditus, quo possint munere isto amicitia nostra dignissimo absque ullo impedimento fungi. Deum opt. max. rogamus, serenissime etc. etc. »

Double d'une lettre de messieurs de Bordillon et archevesque de Vienne, au Roy.

« Sire, estans arrivez en ceste ville, et y séjournans jusques à ce que le hérault Piedmont, qui est allé quérir le saufconduict de l'Empereur, soit de retour, nous avons receu deux lettres encloses dans ce paquet, l'une venant de Montanus, par laquelle entre aultres choses il fait mention de la rençon du Debitis de Calais, que son secrétaire, estant à Strasbourg, requiert estre modérée comme trop excessive et dont en tout événement il requiert que les cautions soient baillées au dict Strasbourg, plustost qu'en la ville d'Anvers, nous priant le dict Montanus intercéder pour cest effect, comme de chose qui peult tourner au bien de vos affaires, et donner ouverture à des propos qui par là se pourroient mettre en avant, en quoy, Sire, il vous plaira en ordonner vostre bon plaisir et vouloir; cependant il nous a semblé debvoir escripre au dict Montanus que nous intercéderons envers vous pour le faict du dict Debitis, pour ne le laisser en mauvaist goust, ains plus tost de disposer en bonne volonté de faire quelque service. L'aultre est du président de Metz, Seneton, qui fait mention de ce qu'on prétend la religion debvoir estre librement preschée à Metz, comme ville de l'Empire, dont vous, Sire, portez le nom de protecteur; en quoy, Sire, il nous semble, soubz correction, qu'il n'est besoing d'entrer en ce propos, si tant est qu'en soyons recherchez, et mesmement que la solution alléguée par le dict président n'est fort recepvable en ce qu'il advienne ce qui a esté faict du temps de l'empereur Charles V; car, depuis, les décrets de l'Empire sont aultres, et mesmement ceulx qui concernent le faict de la dicte religion. Parquoy le plus expédient sera d'entrer en ce propos le plus tard qu'on pourra, et cependant gaigner temps à tout le moings jusques à ce que ceste entrée première soit faicte en la négociation qui nous est commise, laquelle n'estant sans quelque difficulté, il est requis de s'y porter dextrement, et sans se haster à respondre chose qui peult porter préjudice.

« Sire, nous supplions le Créateur vous donner en santé très longue vie.

« De Thoul, ce 18 janvier 1558. »

Double d'une lettre des sieurs de Bourdillon et archevesque de Vienne, à monsieur le connestable.

« Monseigneur, nous envoyons deux lettres lesquelles nous ont esté présentement rendües de Metz et de Strasbourg ; quant à la première, elle contient ung propos qu'il ne conviendra toucher que le plus tard qu'on pourra, et gaigner temps le plus dextrement qu'il sera possible. Quant à l'aultre lettre touchant la rançon du Debitis de Calais, pour aultant que c'est chose dont n'avons oy parler, et qui excède les termes de nostre charge, nous ne nous ingererons d'en parler plus avant ; cependant avons escript au dict Montanus, en sorte que ceulx de qui il faict mention puissent demourer en goust de faire service au Roy.

« Monseigneur, nous nous recommandons, etc.

« De Thoul, le 18e de janvier 1558. »

Lettre sur copie des dicts sieurs de Bourdillon et archevesque de Vienne, au sieur de Montanus.

« Monsieur Montanus, vos lettres du 16e de ce mois envoyées par ce porteur ont esté présentement rendues à moy, archevesque de Vienne, qui les ay incontinent communiquées à monsieur de Bourdillon, lequel et moy avons esté d'advis de vous respondre que n'avions auparavant oy parler du faict du sieur Debitis, dont son secrétaire fait instance, comme de chose qui estoit aliénée de nostre négociation et mesme du faict de ceste légation. Bien nous semble que pour les causes contenües en vos lettres, le Roy aura égard à ce qui est requis, et quant à nous, nous avons advisé d'en escripre incontinant à Sa Majesté, estimant que oultre les raisons mentionnées par vous, nostre intercession y pourra aulcunement aider, et mesmement que ceste office se fera avecques démonstration de la bonne volunté et affection pour obtenir ce à quoy l'on prétend. Au reste, nous attendons le retour d'Anthoine pour après nous enchemyner droict vers l'endroict où nous penserons trouver l'Empereur, qui ne sera sans passer au lieu où vous estes, et conférer ensemble de tout ce qui sera propre au service du maistre que nous servons, qui nous gardera pour l'heure de vous faire plus longue lettre. Cependant, s'il se présente chose digne d'estre sçeue, nous vous prions n'espargner messaigiers pour nous en donner advis, et nous donnerons ordre de satisfaire à tout. A tant, monsieur Montanus, nous prions Dieu vous donner sa grâce, après nous estre recommandez de bien bon cueur à la vostre.

« De Thoul, ce 18e janvier 1558. »

Lettre de messieurs de Bourdillon et archevesque de Vienne au comte Palatin.

« Monseigneur, combien que la suffisance de ce porteur vostre serviteur peult suffire à vous déclarer tout ce que la présente en substance contiendra ; si est ce que pour le commandement du Roy qu'avons de vous visiter de sa part avant que passer oultre, nous ferons cest office par les lettres, puisque ne le pouvons accomplir de bouche, vous suppliant, Monseigneur, vouloir entendre que le fons de nostre charge en ceste ambassade estoit fondé sur le bon conseil que nous donneriez en ce qui seroit à négocier envers l'Empereur et les Estats du Sainct-Empire ; car comme le Roy a parfaitte fiance en l'amytié que luy portez, aussi il nous a dépeschez selon vostre conseil pour faire ce voyage, duquel la principale instruction s'attendoit de vostre prudence et sage advis ; mais les affaires estant disposées en sorte qu'il n'est expédient que vous fassions la révérence avant que avoir visité l'Empereur, nous vous supplierons, Monseigneur, pour l'affection que portez au bien des affaires du Roy, nous vouloir souvent faire advertir, par vos ministres ou par tels autres moyens qui seront trouvez propres, de ce qui succédera, et qui vous semblera debvoir estre négotié par nous et de nostre part, nous nous mettrons en tout debvoir de vous tenir adverty de jour en aultre de tout ce qui sera digne d'estre sceu, faisant estat que n'ayant cest heur de vous voir en allant à la diette, nous mettrons peine de suppléer ce défaut à nostre retour, pour vous communiquer tout ce que y avons fait et entendre de vous ce qu'il vous plaira nous commander.

« Monseigneur, après nous estre très humblement recommandez à vostre bonne grâce, nous prions Dieu vous conserver en santé et prospérité.

« De Thoul, ce 20e de janvier 1558. »

Double d'une lettre de monsieur le président de Metz à monsieur l'archevesque de Vienne.

« Monsieur, le duc Jehan Frédéric de Saxe et marquis de Brandebourg, électeur, ont envoyé ung messaigier avec lettres de leur part à ceulx de ceste ville, pour avoir icy Église pour ceulx qui suivent la confession d'Ausbourg et de leur religion ; ils se fondent sur ce que par accord faict en 1543, entre eulx et aucuns autres princes d'Allemaigne, et les villes de Strasbourg et de Metz, a esté permis y avoir Église, et que chacun librement vivroit selon la religion de l'Église romaine ou la leur. Je m'en suys voulu informer de ceulx qui y estoient de ce temps là, et trouve que la vérité est telle, et qu'il y eut prédicans envoyez en ceste ville qui y furent quelque temps; et depuys par le commandement de l'empereur Charles et ordonnances de messieurs de la justice qui y gouvernoient lors ceste ville, furent lesdits prédicans chassez comme je vous ay escript, et n'y estoient lorsque le Roy y entra, et les a jusques icy conservez dans l'estat qu'il les a trouvez. Il m'a semblé bon vous donner ce petit mot d'advertissement pour veoir s'il y a moyen de découvrir ceulx de ceste ville qui font telles poursuyttes, pour la crainte que nous avons que soubz prétexte de la religion ne se brasse quelque autre chose.

« Monsieur, après m'estre très humblement recommandé à vostre bonne grâce, je prieray le Créateur vous donner en santé bonne et longue vie.

« De Metz, ce 20ᵉ jour de janvier 1558.

« Vostre très humble serviteur,

« ANT. SENNETON. »

Lettre sur copie de monsieur de Bourdillon et archevesque de Vienne à monsieur le connestable.

« Monseigneur, après avoir séjourné icy 8 jours entiers, en attendant que le hérault Piedmont qui doit apporter le sauf conduict de l'Empereur fust de retour, et voyant que la disposition du temps s'empiroit pour rendre les chemyns plus malaisez, ayant d'ailleurs advertissement que l'Empereur, avecques le duc Auguste, sont desjà arrivez à Augsbourg, nous avons advisé de déloger demain de ceste ville, et nous approcher d'Allemagne en tirant jusques à Nancy, Saint-Nicolas et Ravon, qui est à monsieur de Rhingrave, dans lequel temps le dict hérault nous pourra trouver, ayant desjà gaigné aultant de chemyn, et estant émerveillez qu'il demeure tant.

« Au demourant, Monseigneur, pour aultant qu'avez fait estat de payer les dicts pensionnaires du Roy en la dicte ville d'Ausbourg, si tant estoit que celuy qui s'y doibt trouver avecques deniers requis au dict payement n'estoit délogé de la court, il vous plaira commander et tenir la main qu'il parte en toute diligence, car, s'il n'y est aussitost que lesdicts pensionnaires y arriveront, cela pourroit reculer d'aultant le service du Roy.

« Monseigneur, nous nous recommandons, etc., etc.

« De Thoul, ce 22 janvier 1558. »

Lettre de monsieur de Bourdillon et archevesque de Vienne au sieur Montanus.

« Monsieur Montanus, nous avons présentement receu vos lettres du 24ᵉ de ce mois par ce porteur, qui nous a trouvez icy actendant le retour du hérault Piedmont, et nous a esté grant plaisir entendre nouvelles de vos cartiers, qui nous seroit encores sans comparaison plus grant si vous nous advertissiez ung peu plus au long et par le menu de ce que pourrez apprendre, et mesmement de ce qui se faict et dit dans la ville d'Auguste, quels princes sont avecques l'Empereur, quels ambassadeurs, combien pourra durer l'assemblée ou diette, et ce qu'on présume qu'on y traittera : pareillement ce qu'on peult attendre d'Angleterre du mariage de la nouvelle royne, si le roy Philippes y prétend encores, ou s'il y a apparence du contraire, vous priant bien fort ne nous ennuyer de faire ce bon office, et nous renvoyer incontinent ce porteur ou autre qui nous trouvera icy.

« Au demourant, si avant la réception de la présente, Anthoine le hérault n'estoit de retour, nous vous prions d'envoyer incontinent quelqu'un en la ville d'Auguste pour luy dire qu'il se contente du saufconduit de l'Empereur s'il voit qu'il y eust longueur à obtenir autre sauf-conduit des électeurs et Estats de l'Empire, car le premier nous servira jusques à ce que nous soyons dans la ville d'Auguste. Et si celuy que vous envoyerez ne trouve le dict Anthoine pour aultant qu'il pourroit estre parti, il rapportera nouvelles de ce qu'on faict en la ditte ville. Quant à ce que luy aurez baillé ou promis bailler, nous le vous envoyerons incontinent par ce porteur, lequel nous contenterons aussi tout ainsi que l'escriprez; et quant à ce que ne luy baillasmes que trois escus, ce n'estoit pas pour payement de son voyage, ains seullement en attendant que sceussions de vous combien il luy convenoit bailler, et aussi qu'il n'avoit demandé que deux escus jusques à ce que vous feissiez entendre combien luy aviez promis, qui est tout ce que pour l'heure vous dirons en nous recommandant de bien bon cueur à vous, priant Dieu, M. Montanus, de vous avoir en sa garde.

« De Raon, ce 27 de janvier 1558. »

Lettre de messieurs de Bourdillon et archevesque de Vienne au Roy.

« Sire, hyer vostre hérault Piedmont arriva icy bien tard, estant de retour d'Ausbourg avec le saufconduit que nous attendions, et lettres que l'Empereur vous escript. La cause d'avoir tant demouré, à ce qu'il nous rapporte, a esté qu'on l'a détenu onze jours entiers, combien que d'arrivée il eust parlé au dict seigneur, pendant lequel temps l'on consultoit sur le faict de ce saufconduit ; en quoy les ambassadeurs du roy Philippes, qui sont par de là comme il est vraysemblable, y peussent avoir esté appelez et oys, ou bien, Sire, telle dilation pouvoit estre fondée sur ce que les princes de l'Empire n'y sont encores arrivez, et semble bien par les lettres de l'Empereur qu'ils n'y arriveront si tost, en ce mesmement qu'il dict que vos ambassadeurs ne se doibvent haster de peur d'attendre trop longtemps la venüe des dicts princes : tant y a, Sire, que pour le debvoir de vostre service nous avons résolu de partir demain d'icy et tirer droit à la ditte ville d'Ausbourg, tant pour monstrer à l'Empereur que sommes principalement venuz pour faire l'office de bénévolence, et desclaration de bonne amytié que luy portez, Sire, comme aussy pour estant d'heure sur les lieux nous enquérir de toutes choses, et encheminer ce qui se tournera ou bien de vos affaires avant que toute la compaignie soit arrivée, présupposant qu'estant jointe ensemble, elle pourroit avoir digéré beaucoup de choses, et icelles réduit en termes de conclure avant qu'eussions eü le loisir et inventé les moyens de pouvoir y remédier.

« Sire, ceste assemblée des Estats de l'Empire n'estant si hastée qu'on faisoit courir le bruit par le monde, nous fait aucunement espérer que cela reviendra à l'avantage de vos affaires, car d'autant plus l'on différera, les délibérations en seront plus longues, et l'exécution plus tardive, de sorte que pendant ces longueurs ung bon temps coulera, duquel on pourra attendre les commoditez qui en pourront procéder. Il pourroit estre, Sire, que ces dilations ne se feroient sans mystère, et que l'on voudroit veoir le succez des affaires de la paix, pour selon la conclusion qu'on y prendroit se gouverner en ceste diette, qui n'est chose, soubz correction, Sire, hors de considération ; par quoy il vous plaira considérer s'il seroit à propos que messeigneurs vos députez, qui sont retournez à Cercamp, ne fussent si prompts à prendre les conclusions de leur négociation pour gaigner aultant de temps sur ce qui se brassera en Allemagne, et en tout événement en reculer l'exécution : au demourant, Sire, il n'y a aulcun prince de l'Empire qui soit encores arrivé en la dicte ville d'Ausbourg, l'on y attendoit les roys de Bohême et de Pologne, le duc Auguste des premiers, et après dit on que les autres suivront. Aultres nous donnent à entendre que les princes se veullent trouver à Gôtte, qui est en Saxe, avant que venir en la diette, mais il n'y a rien de certain en telle diversité d'advis, comme aussi les dicts princes changent souvent d'opinion, ainsy que l'on a veu de l'assemblée qui se debvoit faire à Folla, dont le propos fut incontinent changé. Aussy il y a des advertissemens qui bien souvent s'escripvent sans grand fondement, car naguères les lettres de Strasbourg portoient que l'Empereur estoit en bien povre estat de sa santé, et que les princes de l'Empire ne vouloient venir à la diette s'il ne mourroit ; qui est bien loin, Sire, de ce que vostre hérault nous a rapporté, c'est que le dict seigneur se trouve aussy bien de sa personne qu'il feit il y a longtemps et qu'il va tous les jours à la chasse ; au fons, Sire, nous serons bien tost sur les lieux, et mettrons peine de vous advertir de toutes choses au vray.

« Sire, le hérault nous a rapporté que Sturme et ung docteur de Strasbourg, nommé Crampius, sont mandez pour venir à la diette, et qu'ils partiront dans douze jours, et au demeurant qu'il a entendu que la proposition que l'Empereur fera, touchera principalement le faict de la religion, et de Metz, de quoy nous serons cy après éclaircis, et donnerons amples advertissemens du tout par la voye de Souysse, que nous semble pour l'heure la plus aisée, d'aultant que d'Ausbourg jusques à Schafouze, en Suysse, il n'y a que trois journées, duquel lieu, Sire, vos postes feront courir de main en main les pacquez.

« Sire, nous prions Dieu vous donner en santé très longue vye.

« De Raon, ce dernier jour de janvier 1558.

« Sire, le hérault rapporte pour chose asseurée que le roy Philippes a fait délivrer en Allemaigne deniers d'attente pour six mille chevaux, ce que d'ailleurs nous a esté escript par Montanus. »

Lettre de messieurs de Bourdillon et archevesque de Vienne à monsieur le duc de Guyse.

« Monseigneur, nous vous envoyons les lettres que l'Empereur escript au Roy, après les avoir ouvertes, pour sçavoir s'il y avoit quelque chose qui pust servir à nostre négociation, et en retenir une copie ; comme aussy le Roy nous avoit envoyé le double de celles qu'il escrivoit audict seigneur, dont il a présentement la response. Il vous plaira aussy voir le double du saufconduit, et noter une limitation y contenüe, en ce qu'il porte seureté pour nous, pourveu que nous nous rendions conformes audict saufconduit, par où il semble qu'on ayt doubté que soubz coulleur d'icelluy fussions pour dresser pratique en Allemaigne préjudiciable à l'Empire; tant y a que ces paroles se peuvent aussy interpréter à ce qu'en usions sans fraulde, comme le plus souvent on met telles choses aux saufconduits; au demourant, Monseigneur, pour ce que le hérault qui est revenu n'a entendu en la ville d'Ausbourg aucunes nouvelles de celuy qui s'y doibt trouver pour le faict des pensions, et que Rouvet est parti de là pour y faire venir les pensionnaires, selon qu'il fut advisé quand nostre dépesche fut faite, si tant estoit que ce payeur des pensions n'estoit encores deslogé de la court avecques les provisions qui sont nécessaires, il vous plaira, Monseigneur, le faire partir incontinent, de peur que cela ne porte reculement aux affaires du Roy, en considérant quelles crieryes il y auroit si lesdicts pensionnaires arrivoient audict Ausbourg, et qu'ils ne trouvassent leurs deniers prêts.

« Monseigneur, l'on nous faisoit icy l'Empereur bien malade, et toutes fois il va tous les jours à la chasse. Autres disoient que le duc de Virtemberg estoit décédé, dequoy il n'en est riens. Quant au roy de Danemarc les lettres de nostre ambassadeur d'Auzay, qui a naguères escript, en pourront myeulx parler, tant y a que les advis de Strasbourg le font mort.

« Monseigneur, nous nous recommandons très humblement à vostre bonne grâce.

« De Raon, ce dernier janvier 1558. »

Lettre sur copie des mesmes à monsieur le connestable.

« Monseigneur, pour ce que nous avons esté advertis par la voye de Metz qu'estes retourné à Cercamp, pour le traitté de la paix, nous ne vous ferons plus longue lettre pour l'heure, si ce n'est à vous supplier très humblement que si celuy qui doibt payer les pensions n'estoit délogé de la court, tenir la main qu'il parte au plustost pour nous venir trouver par la voye de Suysse en la ville d'Ausbourg, où nous pourrons estre dans douze jours. Le surplus de ce qui se peult escripre, pour estre contenu en la lettre du Roy, qu'il vous plaira veoir, ne mérite, Monseigneur, qu'il soit icy redict.

« Monseigneur, nous nous recommandons très humblement, etc., etc.

« De Raon, ce dernier de janvier 1558. »

Lettre sur copie desdicts sieurs de Bourdillon et archevesque de Vienne à monsieur le cardinal de Lorraine.

« Monseigneur, nostre saufconduit ayant esté apporté par le hérault Piedmont, lequel arriva hyer bien tard, nous avons pris résolution de suyvre nostre chemyn, pour estre d'heure à la ville d'Ausbourg, et monstrer à l'Empereur que sommes venuz principalement pour l'office d'amytié que le Roy entend faire en son endroict, le surplus qui se peult escripre quant aux advis d'Allemagne, est contenu en la lettre qu'escripvons au Roy présentement, où il n'y a chose qui soit grandement digne d'estre sceüe, si ce n'est que la diette n'est si pressée que l'on cuydoit, laquelle chose, Monseigneur, peult servir au bien des affaires du Roy.

« Monseigneur, Montanus nous a faict entendre par le hérault, que ung nommé Bernard, provençal, homme de grandes lettres, que vous avez dépesché pour aller devers le comte de Altembourg, estoit décédé de peste, en la ville de Emden, appartenant à la comté de la Frise Orientale, avant que d'avoir exposé sa créance audict seigneur comte; bien est vray qu'il avoit dict à son hoste, qui est un docteur nommé Mettemanus, conseiller du comte de Frise, fils de ladicte dame, tout le contenu en sa charge; mais nous ne sçavons que c'est, n'ayant jamais oy dudict Bernard, ny de ce qu'il avoit à négocier; à ceste cause, Monseigneur, il vous plaira y pourvoir, ou bien nous faire entendre ce qu'il faudra qu'y fassions.

« Monseigneur, nous nous recommandons très humblement à vostre bonne grâce, priant Dieu, etc., etc.

« De Raon, ce dernier janvier 1558. »

Lettre de l'empereur Ferdinand au Roy.

« Très hault, très excellent et très puissant prince, nostre très cher et très amé bon frère et cousin, salut. Nous avons par vostre hérault d'armes receües vos lettres, de main de secrétaire, du huitième de ce présent moys, et par le contenu d'icelles entendu le plaisir que ce vous a esté d'apprendre nostre advenement à la dignité impériale, ensemble la bonne affection que monstrez nous porter, pour laquelle vous remercions de bien bon cueur, et que à cest effet estes délibérez envoyer devers nous ambassadeurs, pour nous congratuler icelle dignité, moyennant que nous voulsissions accorder nos lettres de saufconduit, et vous les renvoyer par vostre hérault d'armes à ceste fin. Parquoy très hault, très excellent et très puissant prince, nostre très cher et très amé bon frère et cousin, vous voulant à ce complaire, nous vous envoyons suivant vostre réquisition par vostredict hérault d'armes, le saufconduit que désirez à l'effect que dessus, bien que à nostre advis ne vous deb-

26.

vez haster d'envoyer vosdicts ambassadeurs à ceste diette impériale, jusques à la venue de la pluspart des princes électeurs, aultres princes et Estats du Sainct-Empire, que alors nous leur proposerons les lettres que jointement nous avez escriptes, et vous puyssions tant mieulx respondre, affin que vosdicts ambassadeurs ne perdissent temps, et fussent icy plus longuement détenus. A tant, très hault, très excellent et très puissant prince, nostre très cher et très amé bon frère et cousin, nous prions le Créateur vous donner sa saincte grâce.

« Escript en nostre citté impériale d'Ausbourg, le 26° jour de janvier 1558. »

Lettre du Roy à messieurs de Bourdillon et archevesque de Vienne.

« Messieurs, j'ai receu la lettre que m'avez escripte du 18 de ce mois, par laquelle j'ay entendu vostre arrivée à Thoul, et le séjour que vous estes contrains d'y faire en attendant le saufconduict de l'Empereur, dont j'estime que ne pouvez plus guères tarder à avoir des nouvelles, estant le hérault Piedmont passé il y a longtemps vers Auguste pour cest effect, ainsy que j'ay sceu par ce qui m'en a esté mandé de divers lieux d'Allemagne, qui se sont trouvez tous conformes en cela. Au demourant, quant au faict de la rançon du Debitis de Calais, dont vous a escript Montanus, et faict mention vostredicte lettre, je croy que vous n'ignorez point quel traittement ont receu jusques icy, et reçoivent journellement encore tous les prisonniers françois que ont eü en main mes ennemys depuis le plus grand jusques au plus petit, et s'ils ont oublyé d'en tirer plus que leur pouvoir et facultez ne debvoient porter raisonnablement ; de sorte que l'on ne doit point trouver estrange que si mes subjects taschent d'avoir le plus qu'ils peuvent de proffit et d'utilité de ceulx qu'ils tiennent ; et quant tout est dict, ledict Debitis a esté donné au sieur de Tavannes, avec lequel il a à composer de sa rançon, et du lieu où il aura à bailler ses cautions, et fault, s'il y recherche quelque grâce, que ce soit de luy et non pas de moy, qui ne m'en veux mesler aucunement, joint aussy qu'à vous en parler franchement, je n'ay pas opinion qu'il ait tant de faveur en Angleterre, que la grâce que l'on luy auroit faicte ne sceust apporter aucun fruit ny utilité, qui est ce qui m'a semblé vous debvoir respondre sur ce point ; et quant à celuy dont vous a escript le président Seneton, je trouve vostre advis bien fort bon d'entrer en ce propos là le plus tard que vous pourrez ; mais quand vous y serez contraints, il me semble qu'il n'y aura point de mal de respondre, que quand je suis entré en la protection de Metz, j'ay promis et juré de ne rien innover de l'estat auquel je y ay trouvé toutes choses ; à quoy il ne me seroit honneste, comme aussy je n'ay jamais pensé de contrevenir, et moins en ce faict qui concerne la religion, qu'en nul autre, attendu mesmement que c'est chose qui appartient à l'évesque de ladicte ville, auquel seul il s'en fault addresser, et non pas à moy, qui ne veux attribuer aultre chose en ladicte ville que le soing de la protection. Toutesfois je remetz à vos prudences de vous conduire en cela selon que vous, estant sur les lieux, cognoistrez estre plus à propos pour le bien de mon service, priant Dieu, Messieurs, qu'il vous ait en sa saincte et digne garde.

« Escript à Paris, le 26 janvier 1558,

« HENRY, *et plus bas :* BOURDIN. »

Double d'une lettre de monsieur le connestable, aux mesmes.

« Messieurs, le Roy vous faict si ample responsesur le contenu en la depesche qu'il a de vous receu du 18 de ce moys, que je ne me mettray point à vous en faire une aultre redicte par ce petit mot de lettre, mais seullement vous advertiray que nostre assemblée avec les députés du Roy Catholique pour la continuation de nostre première négociation, qui estoit assignée à ce jour d'huy 26 de ce dict moys, a esté remise au Chasteau Cambresis pour le 5° du moys de février prochain, sur ce que nous en avons escript, monsieur le cardinal et moy, à madame de Lorraine, et la remonstrance que luy avons faicte de ne nous pouvoir trouver au dict lieu si précisément que nous l'avons promis à nostre département, qui faict espérer, puisqu'ils se sont si facilement accommodez à cela, et d'eulx mesmes envoyé une prorogation de la dernière suspension d'armes jusques à la mynuict entre le 10 et le 11° du dict moys de février prochain, que nous pourrons faire, aveecques la grâce de Dieu, quelque chose bon à nostre prochaine assemblée, au bien et repos de toute la chrétienté, dont et de ce qui s'y advancera de jour à aultre, j'auray le soing de vous faire advertir ordinairement ; priant Dieu, Messieurs, qu'il vous doint bonne et longue vie.

« Escript à Paris, le 26° jour de janvier 1558.

« Vostre bien bon amy. MONTMORENCY. »

Lettre sur copie de monsieur le connestable à messieurs de Bourdillon et archevesque de Vienne.

« Messieurs, ce mot de lettre que je vous fais ne sera seullement que pour vous advertir de la réception de celle que m'avez escripte du 22ᵉ de ce mois, et que l'ayant faict voir au Roy, il a trouvé bon que pour les raisons touchées et mentionnées par vostre dicte lettre, vous soyez partiz de Thoul pour vous approcher d'Allemaigne, en attendant le saufconduit que vous doibt apporter le hérault Piedmont, que je ne trouve pas moins estrange que vous de voir tarder si longuement, et me ferez plaisir, si tost qu'il vous sera arrivé, de me donner advis de la dépesche qu'il vous aura apportée, de la façon dont il aura esté receu, des occasions qui l'auront retardé ung si longtemps, et mesme s'il n'aura rien appris par de là qui appartienne au service du Roy, et qu'il soit besoing qu'il entende, dont vous le sçaurez bien enquerir soigneusement. Je fais donner ordre pour le payement des pensionnaires allemands suyvant cequi en fut résolu à vostre partement, et pouvez bien estre asseurez qu'il n'y aura point de faulte que l'argent ne soit par de là quasi au mesme temps que vous. Nous partirons, monsieur le cardinal de Lorraine et moy, mercredy prochain de ce lieu pour nous en aller au Chasteau Cambresis, où nous nous debvons tous assembler le 5ᵉ de ce mois prochain précisement, pour continuer nostre première négociation de la paix, ainsy que je le vous ay mandé par ma dernière lettre, n'ayans rien plus à vous dire par ceste cy, si ce n'est que je prie Dieu, Messieurs, qu'il vous donne bonne et longue vie.

« Escript à Chantilly, le 29ᵉ jour de janvier 1558.

« Vostre bien bon amy, MONTMORENCY. »

Lettre de monsieur de Bourdillon et archevesque de Vienne au Roy.

« Sire, après vous avoir escript de Raon en Lorraine, du dernier jour du mois passé, et faict entendre la réception du saufconduit de l'Empereur, ensemblement tout ce que le hérault Piedmont nous avoit rapporté, nous nous sommes encheminez en ces cartiers, et venus à petites journées jusques en ceste ville, où il nous a semblé nous arrêter ung jour ou deux, tant pour attendre que nostre logis fust faict en la ville d'Auguste qui n'est qu'à dix lieues d'icy, que pour avoir le loisir de vous escripre, Sire, ce qu'avons pû entendre du faict de ceste diette, et qu'avons appris en passant pays, et mesmement du duc de Virtemberg, ayant rédigé le tout par escript en ung cahier à part, enclos avecques la présente, qu'il vous plaira, Sire, commander vous estre leû.

« Sire, ces jours passez nous sommes allez trouver le duc de Virtemberg en la ville et chasteau de Stocar, qui n'est qu'à demye lieue du grand chemin, auquel lieu il nous receut et traitta magnifiquement, pour la façon du pays, sans toutes fois s'estendre fort avant en propos que communs et généraux, si n'est à faire démonstration de trouver bon que luy feissions entendre de jour en aultre ce qui toucheroit vos affaires, Sire, et de nous communiquer de sa part tout ce qu'il apprendroit : nous y fusmes seullement la matinée, et dinasmes avecques luy, combien qu'il nous voulsist retenir davantage ; mais nous voyons qu'il estoit occupé à festoyer les deux marquis de Bade, et quelques autres qui estoient avecques luy, et à quelques tournois qu'il faisoit le jour mesme ; et d'ailleurs puisque nostre charge principalle estoit d'aller veoire l'Empereur, il nous sembla ne debvoir point faire grand séjour en visitations pour décliner toute envye, veu mesmement que le dict seigneur duc, à ce qu'il nous disoit, faisoit estat d'estre bientost en l'assemblée des princes en Auguste, où nous aurions occasions meilleures et plus grand loisir de le visiter et communiquer avec luy.

Ce duc de Virtemberg semble par les propos esquels il est fort réservé et à la façon de vivre qu'il tient d'ailleurs, estre homme timide, qui ne désire que vivre en tranquillité sans se mesler d'aucunes négociations, ains seullement procurer ce qui convient à sa seureté, tant pour avoir veu les hazards et la fortune que son feu père a passé, comme aussy qu'il peult craindre ceulx de la maison d'Austriche, qui ont toujours envye sur son Estat, l'ayant autres fois tenu bien longtemps en leurs mains. Les deux marquis de Bade feirent démonstration d'estre affectionnez à vostre service, Sire, et mesmement celuy qui estoit à la journée de St-Laurens pour le roy Philippes, jusques à dire à monsieur de Bourgmoyen, qu'il n'estoit allé servir le dict seigneur que pour se faire cognoistre, voyant que de vostre costé il n'avoit jamais esté recherché de prendre aucun party. Quant à l'autre, qui est l'aisné de la maison et plus grand seigneur, il dict pareillement que quand on le rechercheroit, il seroit toujours prest de prendre party en vostre service.

« Sire, nous supplions le Créateur, etc., etc.

« D'Ulme, ce 14 février 1558. »

Double de la lettre des mesmes à monsieur le connétable.

« Monseigneur, depuis nostre partement de Raon, qui fut aussitost qu'eusmes receu le saufconduit de l'Empereur, nous avons receu les lettres qu'il pleut au Roy et à vous nous escripre du 25 et 29ᵉ jour du mois passé, lesquelles ne nous a semblé cy devant advertir avoir reçeues, pour n'y échoir aultre response ny aussy nous escripre plutost ce qu'on disoit ez lieux où nous avons passé, pour aultant qu'on parloit du faict de ceste diette en tant de sortes, que désirions plutost entendre ce qui seroit vray, ou plus vraysemblable, comme maintenant avons apprins de monsieur le duc de Virtemberg, et qui se confirme et vérifie tous les jours par aultres; par où, Monseigneur, il résulte que ces affaires passeront en quelque longueur, et que la diette pourra durer trois ou quatre mois, pour aultant que sur ce nouvel empire, il y a assez de choses à démesler qui concernent la tranquillité du pays, sans en chercher de nouvelles, comme nous espérons esclaircir bientost, et en advertir le Roy de jour en aultre; cependant, Monseigneur, il vous plaira avoir souvenance de nous faire entendre en quels termes seront les affaires de la paix, pour selon cest advis nous régler par deçà, et aussy tenir la main que si le payeur des pensions n'estoit dépesché, qu'il le soit incontinent, car si les pensionnaires que Rouvet est allé quérir, venoient plutost que ce dict payement, ils demanderoient de grandes récompenses, et seroit une grande défaveur aux affaires du Roy.

« Monseigneur, Montanus en passant par Strasbourg nous a fait dire qu'on luy avoit promis mille livres de pension, et que de cela il en avoit lettres du Roy, désirant en estre payé, ou sçavoir quand il le seroit. Et pour ce que ne l'avons trouvé au roolle des autres pensionnaires, pour aultant qu'à l'adventure c'est ung fait à part, il nous a semblé plustost que de luy faire aultre response de vous en advertir, affin que par ce qu'il vous plaira nous rescripre, nous sçaichions ce que nous aurions à luy dire, etc. »

Advis venant d'Allemagne.

« L'on tient pour certain que le roy de Danemarc est mort, et que son fils ayant esté auparavant couroné est demouré paisible, et pour aultant qu'il est homme remuant, et aymant les armes, l'on estime qu'il attemptera quelque chose contre les Anglois à cause du royaume d'Yslande, qu'il prétend luy appartenir.

« L'Empereur est en la ville d'Auguste dez le dernier jour de décembre, pour ce que la diette estoit assignée pour le 1er jour de janvier.

« Le roy de Bohême son fils se porte maintenant bien, et se trouve en Austriche, où il a quelques forces, pour empescher une fortification que les Turcs entendent faire ez frontières de ce cartier là, qui porteroit grand dommaige à Vienne, et laquelle ayant esté une fois défaitte par les chrétiens, les Turcs veullent maintenant reprendre et parachever.

« L'archiduc Ferdinand est en Bohême, en la ville de Prague, où il entend aux affaires du Pape, après estre revenu d'une grande malladye en convalescence. Ainsy l'Empereur n'a de ses fils que le plus jeune, Charles, qui luy tient compaignie, le dict seigneur a encores six filles qui luy restent à marier, de dix qu'il en avoit, dont les quatre ont esté pourveues, deux en Pologne, la tierce en Bavières, et la 4e avecques le duc de Clèves.

« Les princes de l'Empire se trouveront tous en la diette, excepté le comte Palatin qui est mal disposé, et aussy le lantgrave de Hez, et ne sont encores comparuz en la ville d'Auguste, y ayant toutesfois leurs ambassadeurs, délibérez de les suivre bientost, comme dans quinze jours d'icy.

« Le duc Auguste ayant proposé de se mettre en chemyn a différé, soit pour la mort qui est advenue au roy de Danemarc son beau père, pour ne laisser sa femme désolée, ou bien pour une levée qui se faict en Saxe par le duc de Lambourg, avecques le colonel Fisberg qui ne se laissent entendre où ils la veulent employer : toutesfois par ce que le dict seigneur Auguste a escript à aucuns princes de l'Empire, il debvoit partir le 7e de ce mois pour venir à la diette.

« L'électeur de Magonce debvoit aussy partir dans le 8e ou 10e de ce mois, ayant desjà envoyé gens à Ausbourg devant, qui luy font ses provisions.

« De Triêves et Cologne ne s'entendent encores certaines nouvelles, quant ils y pourront estre. Tant y a que on parle de quinze ou vingt jours, dans lequel temps le duc de Virtemberg s'y doibt aussy trouver, s'estant à cest effect préparé de tout ce qui luy est nécessaire, n'attendant au demourant que la venue d'aucuns des électeurs.

« La proposition de la diette se pourra faire avant la fin de ce mois, encore que les princes n'y soient arrivez, veu que les ambassadeurs depputez y sont desjà. La proposition sera touchant le règlement en la religion, la subvention contre le Turc, et autres affaires politiques, comme de la monnoye, et tranquillité du pays.

« L'on ne peult au vray juger combien durera la diette, tant y a qu'on estime qu'elle ne pourra durer moins de trois ou quatre mois.

« La royne de Pologne fille de l'Empereur n'est pas morte, comme l'on avoit dit, mais l'on estime que le Roy son mary ne peult guères durer, pour estre éthique et thiesique.

« Et pour ce qu'il n'a nuls enfans, l'on tient que le roy de Bohême fait pratique pour luy succéder, comme aussy font le jeune roy de Danemarc, et le fils de l'électeur de Brandebourg.

« Le duc Henry de Brousvicq n'est encores mort, mais bien demeure malade au lict, sans espérance de venir à convalescence, tant à cause de son grand aage, qui est de soixante douze ans, comme d'une paralipsie qui luy tient la moytié du corps sans qu'il s'en puisse ayder.

« Le 16ᵉ jour du mois passé il feit ung grand tremblement de terre en la ville de Strasbourg, avecques une inflammation du ciel fort estrange.

« Quand aux nouvelles estrangères, par lettres de Bruxelles il s'entendoit qu'on estoit en bonne espérance de la paix, si ce n'est que le faict de Caletz y meist empeschement.

« La royne Isabel avoit esté couronnée le 16ᵉ jour du mois passé et avoit despesché ung comte devers le roy Philippes, qui faisoit penser à beaucoup de gens que les choses du mariage entre les dicts sieur et dame fussent fort avancées et en terme de sortir effect.

« Cela n'a point empesché que l'Empereur n'y prétende aussy pour l'archiduc Ferdinand son fils, ayant pour cest effect despesché le comte Ladron pour aller en Angleterre pour y conduire ceste pratique.

« Le roy Philippes fait venir à la diette le comte Haremberg Brabanson, oultre l'ambassadeur ordinaire qu'il tient auprès de l'Empereur, soit qu'il ait sceu nouvelles de ceulx que le Roy y a envoyez, ou pour conduire et dresser quelque pratique ; car tel personnage n'a pas esté despesché sans cause.

« D'Italie s'entend, par advis du 29 du mois passé, que les enfans du Turc qui s'estoient mis en campagne, avoient esté appaisez par le père, et renvoyez chacun dans leur gouvernement.

« Que le Pape estoit bien fort mal avec ses neveux les Caraffe.

« Tous les jours passent icy gentilshommes du roy Philippes, et mesmement Espagnols, qui vont et viennent d'Italie au Pays-Bas. »

Lettre du Roy à messieurs de Bourdillon et de Vienne.

« Messieurs, mon cousin le connestable me vient d'envoyer le double d'une lettre que l'evesque d'Orléans et l'Aubespine, qui s'estoient acheminez devant à Guyse, luy ont envoyé sur le chemin, par laquelle ils l'advertissent que au Chasteau Cambresis, l'on a réservé l'une des principales hostelleryes pour y loger les seigneurs de l'Empire qui s'y doibvent trouver, sans aultrement dire l'occasion qui les peult amener là, laquelle toutesfois s'il est ainsy il est bien aisé de conjecturer, et qu'elle ne peult estre aultre que pour y faire instance de la restitution des villes de Metz, Toul, et Verdun ; et pour ce que je trouverois merveilleusement estrange si ceste despesche là avoit esté par la délibération et consentement des princes électeurs et Estats de l'Empire, que les amys et serviteurs que j'ay en la Germanye en bon nombre se fussent tant endormys que de ne m'avoir donné advis d'une si importante chose, avant qu'elle eust esté résolue, et que d'aultre part je ne sçay point qu'il ait esté tenu diette de longtemps, où telle pratique se soit pu manier, je demeure en grant incertitude de ce que j'en dois croire, et ay grande occasion de désirer d'en estre esclaircy, et pour ceste cause je vous prie que incontinent ceste lettre receue vous donniez tout l'ordre qu'il vous sera possible par le moyen de mes dicts amis et serviteurs, de sçavoir que c'est de la despesche des dicts seigneurs de l'Empire, par quels moyens elle s'est faicte et à la poursuitte et instance de qui, qui sont ceulx qui y ont consenty, et à quelle fin, pour en la plus grande diligence qu'il vous sera possible, me mander tout ce que en aurez pû descouvrir, et de toutes aultres particularitez que vous estimerez appartenir à mon service ; et mesmes si le dict roy Philippes a envoyé faire des recreues en la ditte Germanie, de quel nombre d'hommes elles se feront, et pour quel temps. Et là dessus, Messieurs, je veoys prier Dieu qu'il vous ayt en sa sainte garde.

« Escript à Paris le 6ᵉ jour de février 1558.

« HENRY, *et plus bas :* BOURDIN. »

Double d'une lettre de monsieur le duc de Guyse aux mesmes, du dict jour.

« Messieurs, vous sçavez l'occasion de ceste despesche par ce que le Roy vous escript présentement, à quoy je n'adjousteray aultre chose, sinon que vous ferez ung agréable service à Sa Majesté, si vous mettez peine de l'esclaircir sur le contenu en sa lettre le plus tost qu'il vous sera possible, pour le désir qu'il a de sçavoir comme il en va, et pour ce que vous n'ignorez qui sont les amys et serviteurs qu'il a en Allemaigne, de qui vous pourrez tirer plus de certitude sur tout cela ; il n'est nul besoing que je vous les nomme, et aussy peu que je vous dye comme vous aurez à vous y gouverner, et n'ayant d'aultre part de quoy vous faire la présente plus longue, je veois prier Dieu, Messieurs, qu'il vous doint bonne et longue vie.

« Escript à Paris le 6ᵉ février 1558.

« Vostre entièrement bon amy.

« FRANÇOIS DE LORRAINE. »

Lettre de messieurs de Bourdillon et archevesque de Vienne au Roy.

« Sire, hier au soir arrivasmes en ceste ville ayant temporiséez environs quelque peu de jours, en attendant que nos logis fussent faits, lesquels cependant nous ont estez baillez fort honorables, avec démonstration de l'Empereur de nous faire mieux loger, si tant estoit que nous ne le feussions à nostre gré. Estans icy arrivez, Sire, avons trouvé le frère du trésorier des ligues, Marmagne, instruit, à ce qu'il nous a dit, de ce qu'est requis, dont cy après, Sire, vous ferons entendre les particularitez. Cependant encores que soyons fraîchement venuz, et que n'ayons eu commodité de communiquer avec beaucoup de gens, nous avons sceu les aprests qu'on a faits pour le service et obsèques du feu Empereur, où on usera à ce qu'on voit de grand magnificence, et telle solemnité qu'il est convenable à un Empereur, et tel que le deffunct a esté : cela faict, Sire, on tient que on commencera la diette, encores que nul des électeurs soit encores venu, excepté l'archevesque de Magonce, ny des aultres princes de l'Empire, que le duc de Bavyères, gendre de l'Empereur, pour avoir ses terres qui confinent quasi aux portes de ceste ville : aultres disent que l'Empereur ne se hastera point de faire la proposition de la diette que les princes ne soient arrivez ; car combien que leurs depputez y soient, pour aultant qu'ils ont communément pouvoir et instruction limitée, le dict seigneur désireroit plustost négocier avecque les maîtres, et à ceste cause il pourroit attendre leur venue. Il y en a, Sire, qui adjoustent que la mort du comte Palatin sera cause que l'on ne pourra procéder à entamer la diette, que son successeur, le duc de Cymber, n'ayt prins possession du Palatinat et aultres Estats du deffunct.

« Sire, ce seroit témérité à nous de vouloir si tost juger quelle yssue les affaires de ceste diette pourront prendre ; tant y a que pour les advis que nous avons d'aucuns serviteurs que nous avons attiré à vostre service, et ce que pour le peu de temps qu'avons esté en ces quartiers nous pouvons imaginer, il y a grande apparence qu'ils se présenteront de grandes difficultez à démesler en ceste assemblée, lesquelles pourront estre tenues en quelque longueur, ou peult estre remises à une aultre diette ; entre lesquelles, Sire, il y en a deux qui sont grandement à considérer. La première est le règlement sur le faict de la religion tant d'une part que de l'aultre ; car les princes protestans n'estant bien d'accord avecques les jeunes princes de Saxe, fils du feu électeur Frédéricq, qui ont grand support et faveur des villes maritimes sur quelques opinions de leurs prescheurs, qu'on avoit accordées, et mesmement touchant le Saint Sacrement, et la diette de Foulla qui avoit esté assignée pour composer tels différends, n'ayant esté tenue, si l'on veult démesler telle matière en ceste diette, ainsy que l'affaire a esté remis, il y en a pour ung bien long temps. Davantage, s'il est vray ce qu'on dit communément, que aucuns princes catholiques se veullent faire protestans, pourveu qu'ils joyssent du revenu de leurs bénéfices, ils trouveront une partie des protestans qui leur ayderont et promouvreront ceste besoigne. Autres qui prétendent s'appliquer la plus grande partie du revenu des dicts bénéfices, et le tenir en fief de l'Empire, y pourront entendre, parquoy il se trouvera d'estranges contradictions selon la diversité des opinions et des consciences, et pourtant l'altercation ne pourra estre si tost résolue, encores l'exécution en sera plus difficile en cas que telle innovation se feist. L'aultre difficulté, Sire, pourra estre sur la contribution que l'Empereur requerra contre le Turq, où l'on peult prévoir de grands obstacles, car les protestans, à ce qu'on dit, n'entendent riens accorder, s'il n'est permis à ceulx de leur secte de vivre comme ils sentent en la rellgion, encores qu'ils soyent en l'obéyssance du prince catholique, qui seroit une merveilleuse façon de faire, comme de voir un prince estre constraint endurer ses sujets vivre aultrement que luy. Autres allèguent que devant que contribuer aulcune chose, l'on doit faire rendre compte des deniers qui ont esté cy devant contribuez pour repousser les affaires du dict Turcq, et néantmoins employez aux affaires de la maison d'Austriche, comme au rachat des terres qui estoient engagées aux comte Pallatin, duc de Virtemberg et aultres ; tant y a, Sire, que oultre les difficultez susdites, le faict de la monnoye, de la chambre impérialle, et aultres constitutions qui regardent l'estat politique estant adjoutéz aux précédens articles, nous font estimer que ce mistère ne peult passer sans longueur, et partant que les conclusions de ceste ligue ne pourront avoir exécution de ceste année, à tout le moings en chose que peult porter préjudice à vos affaires, qui est ung des plus grands points que mettrons toujours peine d'éclaircir plus avant.

« Sire, Rascalon nous vint hier trouver estans encores à trois lieues d'icy, pour nous dire la mort du comte Pallatin son maître, advenue le 12ᵉ de ce mois, dont estimons, Sire, que en avez esté adverty, adjoustant qu'il y avoit grande apparence de pouvoir aisément attirer son successeur le duc de Cymber à pareille intelligence et traitté que le deffunt avoit avecques Vostre Majesté, tant pour estre homme plutost simple que malicieux, et qui se gouverne par conseil, lequel ne pouvoit estre composé d'autres ministres que de ceulx que le deffunct avoit, qui sont, Sire, affectionnez à vostre service, comme aussy que le dict seigneur peult avoir affaire contre le duc de Bavyère apuyé par l'Empereur, où il désirera avoir support d'autre prince qui le contrepoise, lequel ne peult estre autre que vous; pour y parvenir il dit que le vray moyen seroit qu'il vous pleust, Sire, envoyer homme vers le duc de Cymber pour s'esjouir avecques luy de l'accroissement de tels honneurs et biens à luy advenus, et où le dict seigneur feroit difficulté d'admettre homme des vostres à négocier pour la suspicion qui en pourroit naistre sur ce commencement d'estat, de faire escripre ung mot de lettre au dit Rascalon qui s'y suppléroit, et useroit de sorte, Sire, que au traitté il n'y auroit à changer que le nom du deffunct à celuy qui luy a succédé. Au demourant, Sire, il nous a grandement exaulcé la bonne volonté des ministres du dict seigneur deffunct, qui a esté cause qu'il nous a semblé bon leur debvoir escripre une lettre de la teneur qu'il vous plaira veoir par le double d'icelle, et que par mesme moyen avons adjousté une autre lettre au nouveau électeur, pour l'entretenir en bonne dévocion, en attendant, Sire, qu'il vous ait pleu ou luy escripre, ou nous faire entendre ce que nous aurons à faire en cest endroict.

« Sire, nous ne pouvions obmettre que Rascalon nous a fort parlé du comte de Erbac comme ministre affectionné au feu comte Pallatin et qui est personnaige de bon sens, de probité, et d'authorité, lequel maniera tous les affaires du nouveau électeur Pallatin, estant bien d'advis que s'il vous plaisoit luy escripre ung mot en faisant visiter le duc de Cymber, que cela pourroit grandement enchemyner la besoigne.

« Sire, nous avons advertissement de divers lieux que le roy Philippes faict bailler deniers d'attente pour une grosse levée de chevaulx: aucuns parlent de six mille, les aultres de quatre. Le duc Henry de Brunsvic, encores qu'il garde le lict avec peu d'espérance de sa santé, s'y employe le plus avant qu'il peult, aussy le duc Erneste son cousin en doit estre le colonnel. Au demourant, Sire, le comte de Haremberg Brabanson depuis quatre jours en ça est arrivé en ceste court, y estant venu en poste; Polviller aussy y est, qu'on dict avoir charge de faire lever un régiment de lansquenets. Dailleurs,

Sire, hier viendrent icy nouvelles que les Turcs en nombre d'environ douze mille, avoient pris ung fort chasteau sur l'Empereur, au pays de Tirol, qu'aucun nomment Croya, et qu'ils alloient vers une ville nommé Labac, qui confine avecques les pays des Vénitiens, lesquels peult estre par là se sentiront des coups.

« Sire, ce matin sont icy venues nouvelles que le duc de Olsten, frère du feu roy de Dannemarc, s'estoit mis en armes avec grosse trouppe de gens de guerre, contre le jeune roy son nepveu, qu'il prétend déposséder du royaume, soubz coulleur de vouloir restituer le roy Christierne jadis prisonnier, soit qu'il ait intelligence avecques luy de partir le gasteau ensemble, ou que par là il cuyde avoir meilleure entrée dans le pays. On y adjouste que le duc Auguste se prépare pour ayder le jeune roy son beau frère, qui pourroit estre la cause pour la quelle il ne s'est enchemyné pour venir en la diette. Cet advis se peult rapporter, Sire, à ce que par nos dernières lettres il vous aura pleu entendre qu'il se faisoit une levée de gens ez quartiers de Saxes par le duc de Lambourg, lesquels pourront estre employez en ceste entreprinsce par le duc d'Olsten : tant y a qu'il est vraisemblable que ceste succession du royaume de Danemarc qui souloit estre électif, ne passera sans quelque remuement ou nouvelleté qui seroit tousjours trouble par l'Allemagne, et retardation aux affaires de la diette, veu mesmement que le duc Auguste qui n'y pourroit estre est un de ceulx à qui l'Empereur a plus de confiance. En escripvant la présente, Rouvet est arrivé de là part où il avoit esté envoyé, lequel nous a confermé cest advis de Dannemarc, et qu'estant à Trezin, lieu principal du duc Auguste, il avoit apprins que les capitaines du dict seigneur avoient esté mandez, sans manifester pourquoy. Bien se disoit qu'on avoit si bien pourveu aux forteresses du Dannemarc qu'on ne craignoit point les entreprises du duc d'Olsten. Au demourant, Sire, le dict Rouvet rapportant les lettres et nouvelles du pays d'où il vient, il ne nous a semblé le debvoir plus retenir, ny en faire aultre redite icy, vous suppliant très humblement, Sire, nous faire entendre la résolution de ce qu'entendez estre faict ceste année pour le regard de ceulx qui viennent par deça, car ils s'attendent bien de sçavoir de nous à quoy on a conclu de les employer.

« Sire, nous supplions le Créateur, etc.

« D'Auguste, le 21 février 1558. »

Ce qui suit estoit en chiffres :

« Codignac qui estoit en Levant pour vous, Sire, est passé depuis deux jours par ce pays, estant dépesché par le duc de Sées, lequel l'envoye en poste devers le roy Philippes, au service duquel il est retenu ; ung sien homme nous est venu descouvrir tout ce qu'il a pu entendre de son maistre, duquel avons tiré mémoire, et d'ailleurs advisé de vous envoyer le mesme personnaige pour vous rendre compte, Sire, des particularitez sur lesquelles il sera enquis, comme la chose qui est d'importance le requiert bien : cependant, Sire, nous escriprons à Venise et en Levant, affin qu'on se garde des menées de ce galland ; il vous plaira, Sire, en faire auitant en Provence, affin qu'il n'y ayt aulcune surprinsce, et mesmement vos ennemis n'espargnent riens pour moyenner que vos serviteurs fassent quelque bonne trahison. »

Mémoire de l'entreprinse de Codignac envoyé au Roy.

« Premièrement a entrepris, estant en guerre, aller prendre ou faire prendre Sisteron ; secondement a envoyé lettres par son neveu à monsieur de Carses pour le faire détourner du service de Sa Majesté, du quoy il n'a point eu de response ; tiercement a envoyé homme exprès, en France, nommé Gilles, autrement M. de Santiers, pour faire détourner monsieur de La Garde, disant, s'il se sent mal satisfait de Sa Majesté, qu'il se vienne retirer à luy, et il luy fera tel party que celluy qu'il a en France, et luy fera donner l'ordre de la Toison d'or.

« Quatrement, estant délibéré, si la paix se faict, de négocier avec le grand Turcq et ses bachats en faveur du roy Philippes, pour la leur faire trouver maulvaise, affin de faire déchasser l'ambassadeur de Sa Majesté. »

Lettre de monsieur de Bourdillon et archevesque de Vienne à monsieur de Guyse.

« Monseigneur, nous avons escript au Roy et à vous, d'Ulme, du 14ᵉ jour de ce moys, tout ce que pour lors avions appris en passant pays : depuis nous a esté envoyé par la voye de Thoul ung pacquet contenant lettre du Roy et de vous du 6ᵉ, faisant mention d'une hostellerie retenüe au Chasteau Cambresis pour aulcuns seigneurs de l'Empire, qu'on inféroit par là se debvoir trouver à l'assemblée et négociation de la paix, et combien, Monseigneur, que nous estimons que vous puissiez desjà estre éclarcis sur ce point, toutes fois pour satisfaire à ce qui nous estoit commandé, nous nous sommes enquis quel fondement cest advis qui vous fut baillé pourroit avoir prins de ce cousté, en quoy pour le faire court, nous ne trouvons point que ce mistère peult procéder des Estats de l'Empire, pour aultant qu'ils n'ont encores esté assemblez, et partant n'y peult avoir esté prinse conclusion, qui présuppose proposition, premièrement, et après consultation. Davantage, nous n'avons advis de quelque lieu qu'il soit qu'on ait dépesché aucuns ambassadeurs en l'Empire ; seullement se dit partout que l'Empereur voulant négocier avec les princes électeurs, et non avec leurs députez, a envoyé devers eulx le comte de Levistain pour les solliciter et rechercher de se trouver à ceste diette. Aussi c'est entendu que si de l'assemblée qui se debvoit faire à Folla entre les princes protestans eust sorty effect, que l'on proposoit envoyer ambassadeurs devers la royne d'Angleterre, pour la conforter sur le faict de la religion, affin qu'elle suive la façon de vivre des protestans, veu mesmement que la dicte dame avoit envoyé par deça ung homme docte, pour les prier de luy conseiller les moyens par lesquels elle pust restituer l'Église d'Angleterre en bon estat, les requérant de faire prier Dieu par toutes leurs églises, affin que Dieu la pust bien inspirer, qui estoit taisiblement se insinuer en leur amitié, et leur déclairer qu'elle désiroit la reigle des protestans ; toutes fois puisqu'il n'y avait eü aulcune assemblée au dict Folla, l'on ne parloit plus d'envoyer ambassadeurs en Angleterre. Une chose, Monseigneur, pourroit estre, c'est que l'empereur de soy et sans décret précédent des estats de l'Empire, pour gratifier le roy Philippes, pourroit avoir secrettement dépesché gens qui fussent allez avec les députez de la paix pour parler des villes de l'Empire qui sont sous la protection du Roy ; mais, messeigneurs les députez du Roy sont si advisez qu'ils pourront congnoitre leur pouvoir, et le seau qui ne peult estre de l'Empire, puisque ce n'est pas par délibération des dicts Estats, qui est en substance, Monseigneur, ce que nous en pouvons dire, ne voyans pour l'heure chose qui puisse empescher que le Roy doibve traitter la paix moings à son advantage, pour le respect de ce que peult procéder de ce costé »

Double d'une lettre des mesmes à monsieur le connestable, du dict jour.

« Monseigneur, il vous plaira veoir ce qu'est discouru en la lettre du Roy touchant le nouvel électeur Pallatin : Rascalon faict, à ce que nous pouvons veoir, tous les bons offices dont il se peult adviser, non toutesfois sans se douloir aulcunement du peu de recompense qu'on luy a fait jusques à présent, disant qu'il y a deux ans qu'il a quasi toujours esté à cheval, et que néantmoins son maître venant à mourir, il ne s'est trouvé quinze escus à la bourse, de quoy il nous a semblé vous debvoir toucher ung mot, affin que si le Roy propose de s'en servir, et de l'employer, qu'il vous plaise tenir la main qu'il soit gratifié de sorte qu'il ne perde pas la volonté de bien faire; quant à nous, il nous semble personnaige de jugement et de bonne volunté, qui conduit assez sagement ce qu'il entreprend, et d'ailleurs subject du Roy, et partant plus digne qu'on s'y fie qu'à ung aultre. C'est en substance, Monseigneur, ce que nous pouvons dire pour l'heure, faisant compte de vous faire bien tost une aultre dépesche, qui sera aussi tost que nous aurons parlé à l'Empereur, car nous ne faisons que d'arriver.

« Monseigneur, nous supplions le Créateur vous donner bonne vie et longue.

« D'Auguste, ce 22ᵉ jour de février. »

Lettre sur copie de messieurs de Bourdillon et archevesque de Vienne à M. le comte Palatin, électeur.

« Monseigneur, le décèds despuis naguères advenu de feu monseigneur le comte Pallatin, électeur du Saint-Empire, nous a porté grand deuil, pour le regret que sçavons que le Roy sentira d'avoir perdu ung si bon, syncère et entier amy. Mais ayant entendu comme avez à succéder en toutes les dignitez et grandeurs qu'il tenoit, nous ne pouvons qu'estre grandement aises, espérans que tiendrez mesme lieu en l'amytié qu'il portoit au Roy, comme aussy nous vous pouvons asseurer, Monseigneur, que ne trouverez amy en ce monde qui désire plus la conservation et augmentation de vostre grandeur que Sa Majesté, et laquelle en toutes les occasions qui se présenteront pour le bien de vos affaires se monstrera tousjours telle que vous la pourrez désirer, comme espérons entendrez bien tost plus amplement et particulièrement d'elle, qui nous gardera de vous en faire plus long discours, si n'est d'adjouster à la présente, qu'en tout ce qu'il vous plaira nous commander par deçà et ailleurs, vous nous trouverez entièrement disposez à vous faire tout service à nous possible, estimans qu'en ce faisant, nous ferons tousjours office convenable au lieu que nous tenons icy, et d'ailleurs très agréable au maistre que nous servons.

« Monseigneur, nous nous recommandons très humblement à vostre bonne grâce, priant le Créateur vous donner une bonne et longue vie.

« D'Auguste, 21 février 1558. »

Double d'une lettre des mesmes au comte Erbac, et à MM. les ministres de M. le comte Palatin.

« Messieurs, ayant entendu par ce porteur le sieur Rascalon, comme il a pleu à Dieu d'appeller à soy feu monseigneur le comte Pallatin, et néantmoins vous laisser tousjours affectionnés envers les affaires du Roy, selon l'honneste déclaration qu'il nous en a fait de vostre part; il nous a semblé ne debvoir passer cette occasion sans vous faire la présente, tant pour nous condoloir avecques vous de la perte que vous avez faitte d'un si bon prince, comme du regret que le Roy nostre maistre sentira d'avoir aussy perdu ung des meilleurs amys, et des plus syncères qu'il eust, et auquel il avoit autant de fiance qu'à seigneur qui fust dans la Germanye; comme aussy pour vous remercier de la bonne volonté que portez ez affaires de Sa Majesté, et vous assurer que vous la trouverrez bien disposée en tout ce qui touchera le bien des affaires de mon seigneur le duc de Cymber, qui doibt succéder au dict seigneur deffunct, que vous aurez cause d'estimer avoir à faire à prince qui n'oblye ny les amys, qu'il désire tousjours conserver et gratifier, ny ceulx qui s'employent pour luy, envers lesquels il reconnoît toute démonstration de bonne volonté, aultant et plus que prince qui soit en la chrétienté, ainsi que nous estimons entendrez bientost plus amplement de luy. Cependant nous n'oblyerons de faire tel office qui est convenable au lieu que tenons, et que nous sommes certains sera agréable à Sadicte Majesté, espérans vous en faire entendre bientost telles nouvelles que pourrez désirer.

« Messieurs, nous nous recommandons très affectueusement à vostre bonne grâce.

« D'Auguste, ce 21ᵉ jour de février 1558. »

Lettre de messieurs de Bourdillon et archevesque de Vienne à monsieur Dacqs, ambassadeur pour le Roy à Venise.

« Monsieur, le 22 de ce mois nous arrivasmes en ceste ville, ayant esté despeschez par le Roy pour venir visiter l'Empereur de sa part, comme nous estimons avez entendu d'ailleurs, et par mesme moyen faire déclaration envers les Estats de l'Empire de la bonne amytié que le Roy leur a tousjours portée et désire de continuer, ainsy que plus au long vous ferons cy après entendre, car encore n'avons nous eu audience de l'Empereur qui nous est assignée à ce matin; ny pareillement sont arrivez les électeurs et aultres princes de l'Empire pour aucuns accidens survenus en la Germanie, comme entre aultres la mort du roy de Dannemarc, et du comte Pallatin Otto-Henry, la maladie du marquis de Brandebourg, électeur, et du duc de Clèves, qu'on dit estre réduit en extrémité de malladie, avecques peu d'espérances de convalescence. Cependant,

Monsieur, nous n'avons voulu faillir à vous faire entendre nostre arrivée, par mesme moyen y adjouster ung advis qui est d'importance pour les affaires du Roy, et dont l'en avons adverty en dilligence. C'est que Codignac, jadis ambassadeur en Levant, et maintenant retenu au service du roy Philippes, a passé despuis 4 jours en ce pays allant en poste au Pays-Bas devers le dict seigneur roy, dépesché à Milan par le duc de Séez, duquel il a reçeu cinq cens escus : ses desseings sont, si la guerre continüe et que des propos de paix ne sortent aultre effect, de faire surprendre quelque place des nostres en Provence, et à cest effect se faict fort de gaigner gens et capitaines en ces cartiers là pour les induire à commettre une trahison, et où la paix se feroit, il doibt retourner en toute dilligence au pays de Levant pour faire entendre au Grand Seigneur par le moyen des bassats et aultres intelligences qu'il dit avoir par de là, que le Roy ne désire que se reconcilier avecques le dit roy Philippes, pour après d'ung accord dresser tous deux leurs forces contre le Grand Seigneur, pour causes qu'il inventera propres pour faire qu'on luy adjouste foy, et qu'on chasse par là l'ambassadeur du Roy, comme de prince suspect, et qui ne désire que la ruine des Turcs. Vous sçavez, Monsieur, que toutes choses sont faisables et croyables en Levant, où les corruptions ont lieu avecques le mescontentement que peult estre ils présupposeront estre demouré au cueur du Roy du peu d'effect que leur armée de mer feit l'an passé, au plus grand besoing que nous en pouvions avoir : au fort il ne peult nuire, ains servir grandement d'en estre adverty de bonne heure pour y remédier. A ceste cause, nous vous prions bien fort de faire entendre tout ce mystère à l'ambassadeur du Roy qui est en Levant, le requérant d'y faire tel office qu'il verra estre requis, avecques telle dextérité que nous soyons creus, et que Codignac, pour estre prévenu, se trouve desceu et descheu de toutes ses entreprinses, et affin que vous soyez plus certain que cet advis procède d'un bon lieu, ung de ses gens qui l'accompagnoit, l'ayant laissé en ces quartiers, soubz coulleur d'avoir perdu un estuy de bonnet plein de papier, nous est venu trouver, qui nous a déclaré tout ce mystère, et pour justification de son dire nous a exhibé plusieurs papiers, qu'avons envoyez au Roy, en ayant retenu un enclos avecques la présente, par lequel vous pourrez à l'aventure recognoistre quelque chose que ce galland faisoit à Venise, qui est tout ce que pour l'heure vous dirons, sinon que nous avons escript au Roy, comme nous vous avons adverty de tout cecy, affin de l'escripre en Levant, et y envoyer la présente, ou le double d'icelle.

« Monsieur, nous nous recommandons, etc., etc.

« D'Auguste, ce 22e jour de février 1558.

« Monsieur, nous avons obmis à vous dire que Codignac a demouré quelque temps caché à Venise, ayant fait deux voyages à Mantoüe; il se nommoit le chevalier d'Avignon; une fois entre autres il estoit au logis du sieur Russelay où vous estiez à ce que son homme dit, et vous oyoit parler avecques le dict Russelay. »

Lettre de monsieur de Bourdillon et archevesque de Vienne au Roy.

« Sire, l'Empereur envoya hyer devers nous le baron de Strocsix du comté de Ferrette et le docteur Selt son vice chancellier, nous faisant entendre par eulx qu'il estoit bien aise de nostre venüe, que fussions arrivez en santé, y adjoustant qu'il estoit prest de nous oyr, suivant ce que l'en avions fait requérir, et nous laisser le choix d'avoir audience en la présence de tous les conseillers de l'Empire, ou des siens particuliers, ou de luy seul : sur quoy après avoir faict des remerciemens convenables, remonstrasmes que nostre ambassade estoit spécialement fondée pour visiter Sa Majesté et se conjoyer, et congratuler avec luy, Sire, comme son bon frère, parent et amy ancien, de la dignité à luy advenüe, et partant que nostre charge pour ce regard n'avoit riens de commun avecques les Estats de l'Empire, pourquoy nous sembloit, sous sa correction, n'estre besoing d'autre présence ou assistance d'iceulx, et, quant aux siens, qu'il estoit en luy d'en ordonner comme son bon plaisir seroit, et nous suivrions ce qu'il commanderoit. Suivant ce propos, Sire, le baron susdict avecques ung aultre seigneur nous ont conduit ce matin de nos logis à celuy de l'Empereur, où avons trouvé grand nombre d'archiers et gentilshommes, et autres, le tout disposé en grant ordre, comme ces seigneurs en sont amateurs et accoustumez de garder telles solemnitez : l'Empereur estoit en sa chambre retiré en ung coing, et l'archiduc Charles avecques le duc de Bavières, et aultres de son conseil, rangez le long de la muraille, debout et descouvertz. Le dict seigneur nous voyant venir à luy s'est avancé la teste nue pour nous recueillir, ce qu'il a fait fort gracieusement; pour le faire court, Sire, après luy avoir présenté vos très cordiales recommandations, et baillé les lettres que luy escripviez, nous avons exposé le fait de nostre charge de la congratulation que luy faisiez pour la dignité impériale, à laquelle il estoit dignement parvenu, l'espérance que conceviez, Sire, du bien qu'il procureroit tant à la Germanie, amys et alliez d'icelle, que de toute la chrestienté, et semblables aultres termes d'amytié, usitez en telles visitations et déclarations d'amytié, sans y obmettre l'excuse de ce que plustost tel office n'avoit esté fait pour les infélicitez de ce temps remply de telles guerres, que tout le monde avoit veu et senty; surquoy avons eu pour response qu'il recevoit en bien bonne part ceste visitation, vous en remerciant, Sire, de très bon cueur; et quant à la charge de l'empire qu'il avoit eü, dont l'en estimiez digne, qu'il voudroit bien cela estre vray, et mesmement en ce temps si plein de troubles et d'affliction pour la chrestienté, pour lesquels composer, il convenoit avoir recours principalement à Dieu, qui en estoit le souverain et seul auteur, et néantmoings que les hommes de leur part en attendant et implorant son secours s'y debvoient employer et faire tout ce qui seroit en eulx. Delà, Sire, après avoir esté par nous répliqué de propos conformes, qu'il n'est besoing de spécifier aultrement, ledict seigneur est venu faire mention de l'assemblée du Chasteau Cambresis sur le faict de la paix, disant que vos députez, Sire, y estoient arrivez ung jour après ceux du roy Philippes, et qu'ils estoient tousjours à traitter, désirant que leur négociation pust produire quelque bonne chose, et mettre la chrestienté en repos; à quoy luy avons seullement adjousté qu'il ne tiendroit à vous, Sire, que toutes choses n'allassent bien, sans spécifier aulcune particularité de ce qui estoit en dispute, comme aussy il ne nous en avoit enquis.

« Sire, ces propos parachevez, nous sommes venus à luy parler de trouver bon qu'il y eust ambassadeur ordinaire de vostre part, Sire, qui résidast auprès de Sa Majesté, et aultre de sa part auprès de la vostre, à quoy n'avons obtenu response qui puisse porter résolution, comme à la vérité hors les responses communes et générales, ny luy ny le feu Empereur son frère, ne furent oncques coustumiers de respondre à demande qui leur fust proposée, sans la communiquer à leur conseil, ainsy que moy Marillac, archevesque de Vienne, ay tousjours expérimenté; parquoy pour gaigner temps ledict seigneur a dict, que puisque nous avons à faire séjour par deçà, et mesmement que vous, Sire, aviez fait demander saufconduit pour nous aux Estats de l'Empire, par les lettres que le hérault avoit apportées, lesquelles il avoit ouvertes en l'absence des princes, comme il faisoit ordinairement toutes, qu'on adviseroit là dessus ce qui seroit à faire, et que tout se passeroit bien, sans se laisser entendre plus avant; comme aussy il ne nous a semblé pour ceste première entrée en debvoir, faire plus grant instance, ains monstrer de prendre tout en bonne part, en y adjoustant seullement pour aultant qu'il faisoit mention desdits Estats de l'Empire, que vous, Sire, voyant le temps à-propos de le faire visiter, aviez proposé de nous dépescher pour user de l'office qu'avons présentement fait, et pour aultant qu'on disoit partout que la diette se debvoit tenir, si tant estoit que les princes de l'Empire veinssent à s'assembler, nous avions charge de les saluer de vostre part, Sire, et leur faire la déclaration d'amitié et bonne intelligence, qu'avez tousjours désiré estre cognüe, pour le regard du Sainct-Empire; mais fust qu'il y eust diette ou non, vous aviez tousjours résolu, Sire, de nous envoyer pour l'office que dessus est dit; et pour aultant, Sire, que ledict seigneur adjoustoit que la diette commenceroit lundy prochain, dernier jour de ce mois, qu'il feroit la proposition selon la coutume, par où cy-après nous nous pourrons acquitter de tel office que nostre charge portoit, nous avons respondu qu'en cela nous n'entendions faire chose qui ne procédast de son bon gré et permission, et qu'après la venüe d'aucuns princes, nous adviserions d'exécuter ce qu'il nous estoit commandé, qui ne seroit sans l'en advertir plutost, et d'entendre là-dessus son bon plaisir; et sur cela, Sire, après plusieurs propos honnestes, tenus par ledict seigneur, où toutesfois il n'y a aultre particularité, et de nostre part l'avoir très humblement remercié de la gracieuseté dont usoit en nostre endroit, en signification de l'amytié qu'il vous portoit, l'assurant qu'il trouveroit tousjours correspondant en vostre endroit, sommes départiz de luy, estant accompagnez jusques à nos logis, par les mesmes seigneurs qui nous y estoient venus querir.

« Sire, pour aultant que ceste assemblée est nouvelle envers prince qui n'en avoit point eu de semblable de vostre part, et d'ailleurs qu'on eust pu à l'adventure estimer qu'il la recepvroit mal volontiers à cause du roy Philippes son nepveu, il nous a semblé debvoir spécifier ainsy au long comme nous avons esté logez, receuz, oys et visitez, qui est en toute gracieuseté et honnesteté. De ce qui sera à faire cy après, le temps et les cocasions nous conseilleront, et mesmement d'après les nouvelles qui s'entendront du faict de la paix, dont l'on fait icy l'espérance bien petite; quoy qu'il en soit, nous tenons de divers lieux, que le roy Philippes faict bailler deniers d'actente aux reytres pour deux mois, et d'ailleurs qu'on faict lever quatre ou cinq cens chevaux en Bohême, pour faire descente au premier jour au Pays-Bas ; ce qu'il vous plaira, Sire, vouloir considérer, veu mesmement les forces qu'il tient desjà audict Pays-Bas, qui sont de cinq régimens de lausquenetz, de cinq à six mille Espagnols, et deux mille chevaulx allemands, avecques lequel nombre joinct avecques aultre renfort qu'il auroit de ce costé, il pourroit advenir qu'il tascheroit de forcer quelque place de vos frontières, avant que fussiez armé, ou en estat de l'empescher : ce que pour la fidélité que debvons en vostre service nous a semblé, Sire, vous escripre, pour ce qu'on ne fait point de doubte icy qu'il n'y ait guerre, et que d'ailleurs, Sire, une belle occasion vous leur pourroit donner matière et volunté de vous surprendre, soubz coulleur des propos de la paix.

« Sire, les advis de l'effort que les Turcs ont faict, se continuent, et dict-on qu'ils estoient bien quinze ou vingt mille hommes, qui ont couru jusques au Friol vers Trieste, en ayant rapporté ung grand butin, et faict ung dommaige fort grand, mais que le chasteau qu'ils ont prins n'estoit chose dont l'on doibve tenir grant compte ; tant y a, Sire, que soubz ceste nouvelle on pourroit haster la proposition de la diette, car l'Empereur ayant entre aultres choses à requérir contribution contre le Turc, l'occasion de l'advis susdict viendroit bien à propos : quoy qu'il en soit, l'on tient que les électeurs aultres que les ecclésiastiques ne pourront estre icy d'ung bon mois, tant à cause des mouvemens de Dannemarc, où le duc Auguste a envoyé les forces de son pays, et partant ne s'en esloignera guères, comme pour la mort du comte Pallatin, et malladye de l'électeur de Brandebourg qui a la fiebvre quarte ; il y en a d'aultres qui s'excusent pour en avoir peu de volunté, aultres qui ne peuvent, mesmes le duc de Cleves qu'on tient pour déploré de sa santé, et n'en attend-on d'heure à aultre que la mort ; le surplus, Sire, qui se pourroit escripre de ce costé, il vous aura pleu entendre par la dépesche de Rouvet, à laquelle bientost nous adjousterons le contenu en la proposition qui se doibt faire, et ce que après se pourra descouvrir. »

Double d'une lettre de messieurs de Bourdillon et archevesque de Vienne à monsieur de Guyse.

« Monseigneur, nous escripvons au long et par le menu le recueil que l'Empereur nous a faict avecques les propos, en quoy n'y pouvons cognoistre que toute gracieuseté. Vray est qu'il n'y a encores termes généraux sans aucune particularité, et mesmement sur le propos de leur ambassadeur ordinaire près de luy, ou nous ferons cy après office pour en tirer résolution, selon que par les nouvelles qui viendront de France, nous pourrons prendre conseil de presser ou dextrement temporiser. Au reste, Monseigneur, il vous plaira poiser ce qu'est contenu en la lettre du Roy, touchant l'argent d'actente, qui se baille par deçà de la part du roy Philippes, et la levée des chevaulx de Bohême, et mettre cest advis qu'on tient partout certain avecques la considération des forces que ledict seigneur Roy peult avoir au Pays-Bas, luy estant bien aysé cependant qu'on dispute des conditions de la paix, faire une bonne armée, et nous rendre, s'il n'y estoit pourveu par vostre bon soing et vigilance, ce que l'an passé vous leur feistes, qui est d'emporter quelques places de nostre frontière. C'est, Monseigneur, tout ce qui se peult adjouster à ce que Rouvet aura apporté, dont avons envoyé ung duplicata par la voye de Suysse, pour ce que la dépesche nous sembloit estre de conséquence.

« Monseigneur, en attendant argument à vous faire aultre dépesche, nous nous recommandons, etc., etc.

« D'Auguste, le 24 février 1558.

« Monseigneur, nous attendons ceulx qui doibvent venir devers nous, dont aulcuns promettent y estre bientost, et les aultres s'en excusent. »

Lettre sur copie de messieurs de Bourdillon et archevesque de Vienne au Roy.

« Sire, l'Empereur ayant délibéré de faire la proposition de la diette dez le dernier jour du mois passé, a différé jusques au 4ᵉ de ce mois, tant pour estre occupé au service qu'il a fait pour le feu Empereur son frère, et despuy pour la reyne de Hongrie sa sœur, et celle d'Angleterre sa cousine, comme aussy pour attendre l'électeur de Triefves, lequel estoit en chemyn, et arriva icy ung jour seullement avant la dicte proposition, celuy de Collogne s'y attend bientost, et estime l'ou que le duc de Virtemberg y sera dans huict jours. Quant aux aultres électeurs et princes séculiers, nous n'avons nouvelles qu'ils soient encores partis de leurs maisons, mesmement le duc Auguste de Saxe, ce que affirment ses députez, et que les choses de Danemarc passeront gratieusement, pour estre tombé d'accord le Roy qui est à présent avecques le duc de Olstain son oncle, moyennant 20 ou 25 mille tallers, qu'il luy baille tous les ans.

« Sire, nous vous envoyons la proposition qui a esté faite, laquelle nous n'avons pu faire traduire promptement pour la haste de ce porteur ;

elle contient principallement cinq articles : le premier, touchant la relligion ; le second pour la contribution contre le Turc ; le troisième touchant la monnoye ; le 4ᵉ de la paix et seureté du pays ; et le cinquième, de la réformation de la chambre impérialle, comme il vous plaira veoir plus amplement par la dicte proposition.

« Sire, nous avons visité l'archiduc Charles, fils de l'Empereur, estans absens les roys de Bohême et l'archiduc Ferdinand ses frères, lequel aux recommandations que luy feismes de vostre part, Sire, et de la bonne affection et amytié que luy portez, feit response qu'il vous remercioit bien humblement, et qu'il désiroit bien vous faire service. Demain nous avons délibéré d'aller visiter l'électeur de Magonce, et après celuy de Triefves et aussy les aultres princes de l'Empire, à quoy il nous a semblé cy devant ne se debvoir haster, tant pour ce que la proposition n'estoit faicte, comme aussy pour gaigner temps, pour ce que les aultres princes et électeurs n'estoient arrivez, affin que ce que leur avons à dire en général de la part de Vostre dicte Majesté se face en plus grant nombre et assemblée. L'on a faict, Sire, ces jours icy, le roy de Pologne mort, l'électeur de Brandebourg, et le vieil duc de Bronsvic : il est venu depuis certaines nouvelles qu'ils ne le sont point, estans toutes fois tousjours travaillez de maladye, comme en semblable est le duc de Clèves.

« Sire, depuis deux jours il est arrivé ung homme de la part du colonnel Grombach, tant pour s'excuser de ne venir icy pour beaucoup de raisons qu'il allègue, que aussy pour se tenir près du nouveau comte Pallatin pour le maintenir par la mesme affection et volunté envers Vostre Majesté, qu'estoit son prédécesseur ; et pour avoir trouvé, Sire, son excuse bien raisonnable, nous luy avons escript qu'il ne sçauroit myeulx faire que de se tenir près du dict comte, et de faire tout son pouvoir en ce que dessus. Il s'est présenté icy, Sire, ung gentilhomme nommé Sixce de Hedstat, qui a autres fois eue ung régiment sous les Genevoys, et qui s'est présenté par cy devant en vostre service, lequel dict estre cognu par monseigneur de Guyse ; il nous a prié de le ramentevoir envers Vostre Majesté, affin que s'il se présente occasion, il ne soit point oublyé, et assure de faire son debvoir ; aussy y a t'il trois ou quatre capitaines en ceste ville, qui aultres fois ont esté au service du feu Roy et au vostre, qui désirent bien cest heur que d'y retourner.

« Sire, nous supplions le Créateur vous donner en santé très longue vye.

« D'Auguste, ce 6ᵉ mars 1558. »

« Despuis ces lettres escriptes, nous avons faict veoir la dicte proposition, en laquelle n'avons trouvé aulcune chose qui vous touche pour le présent. »

Lettre sur copie de Pierre Le Clair à monseigneur de Guyse.

« Monseigneur, despuys mon partement d'avecques vous j'ay faict mon debvoir envers Guillaume de Grombach, et luy ay communiqué l'affaire dont m'avez donné charge, et parce que c'estoit hors de saison, et qu'il falloit premièrement faire dépescher l'intelligence avec le marquis Jehan Georges de Brandebourg, comme avez congnu et entendu par la lettre de Grombach, et, comme j'espère, Courtary vous auroit donné plus amplement à entendre la conclusion de l'entreprinse de ce costé là, laquelle le dict Grombach et Zitwiz par moy vous avoyent donné par escript devant Amyens, et pour l'exécution de laquelle j'ay esté envoyé par devers luy, a esté différée jusques au douzième jour de février, auquel les personnages que sçavez se sont trouvez en la ville de Magdebourg, et après longue consultation par eulx faicte, tant pour le bien et proffit de Sa Majesté, qu'aussy pour leur honneur, ils ont rédigé leur résolution par escript, signée de leurs mains et scellées de leurs armoyries, par laquelle ils montrent le chemyn comment ceste menée ne doibt point seullement estre bien entreprinse, mais encores myeulx exécutée, estant conclud le nombre des gens tant de pied que de cheval, et le chomyn qu'il fault prendre pour le joindre avecques les vostres, faict aussy provision des pouldres et artillerie sans l'intelligence des gens de bien du costé mesme, à quoy le comte de Volrat de Mansfelt, et le comte Christophle ne servent pas peu de choses, espérant, Monseigneur, quand aurez veu leur résolution sur le dict faict, et ce qu'ils ont charge de vous dire de bouche, que jugerez estre le seul et souverain moyen de dompter et ruyner vostre ennemy. Et parce que l'ennemy, ceste année cy, s'est le premier advancé avecques ses gens, il fault user d'une aultre ruse pour luy obvier ailleurs, et là où il ne pense pas.

« Monseigneur, ayant dépesché ceste affaire, nous sommes partis le 5ᵉ du dict moys pour aller à Coberg, au quel lieu se debvoit trouver le personnage que sçavez, et parce que le dict personnaige estoit desjà en la ville d'Ausbourg pour faire vuyder ung différend entre luy et son frère, il manda à Grombach qu'il ne peut comparoistre si présentement en la dite ville de Coberg, tant par les raisons susdites, que aultres par luy alléguez en sa lettre, luy mandant encores qu'on n'eust jamais pensé qu'on deust estre si négligent pour advancer un tel et si grand bien pour la couronne de France, lequel ne s'estoit jamais offert tel ; et parce que l'importance de l'affaire requiert qu'il soit gardé estroitement, et bien secrettement, il l'offre au dict de Grombach qu'il le mande en quelque aultre lieu, où il se puisse trouver avecques luy, et après avoir dépesché les affaires, qu'il luy communiquera ceste dite entreprinse à luy tout seul, et à qui il luy plaira après ; au moyen de quoy le dict de Grombach m'a dépesché devers le dict personnage en la ville de Heidelberg où il l'attendra ; quoy suyvant, je me suys trouvé le troisième jour de mars avecques luy, et luy ayant monstré tout au long l'intention de Grombach, avecque le bien, honneur et proffict qu'il en aura en faisant service au Roy, qui est seigneur pour le recognoistre tousjours et pour le soustenir contre tous ennemys, et nonobstant toutes les difficultez et inconvéniens par luy alléguez, lesquels j'ay donné à entendre à messeigneurs les ambassadeurs, si est-ce qu'à la fin il m'a accordé de vouloir prendre la poste avecques moy ceste sepmaine pour nous trouver au dit lieu le plustost qu'il sera possible, ce qu'estant faict, et l'intelligence des princes et des villes descouverte avecques leur résolution là dessus, qui sera prinse par escript, je ne fauldray de me trouver en brief avecques vous, Monseigneur, pour vous communiquer toutes les deux entreprinses, et j'ay esté de cest advis de vous envoyer la première délibération, si est-ce que Grombach me l'a refusé, disant ne se vouloir point fier en ceste affaire à personne qu'à moy, comme à celuy qui luy a faict le serment de le vouloir traitter loyaulement et fidèlement, comme je feray Dieu aydant. Monseigneur, pour vous donner à cognoistre le zèle de Grombach, qu'il a pour faire service à Sa Majesté, il a bien voulu choisir le lieu de Heidelberg pour avoir plus ample occasion de parler audit Friderich, le nouveau électeur, pour le faire d'ung mesmes vouloir de son prédécesseur qu'il a eu envers la couronne de France, ce qu'il espère de faire, sçachant bien que c'est l'appuy des évesques, et que sans luy il n'y a point d'attente à eulx ; il s'est aussy de tant plus diligenté, puisqu'il a esté adverty que le Roy d'Espagne estoit fort après pour le tirer de son costé.

« Monseigneur, me souvenant d'ung advertissement que Grombach vous feit auprès d'Amyens par Ernst de Mandesloc de l'ennemy, lequel estoit qu'ils s'estoient vantez de l'advantage qu'ils auront ceste année, et qu'ils seront les premiers en la campagne, nous trouvons en effect que toute l'intention de l'ennemy n'a prétendu à aultre chose, sinon d'estre mis le premier sur les pieds, car sans deux mille chevaulx et les quatre régimens de lansquenetz qu'il a réservé cest hyver au Pays-Bas, il faict d'aultres levées, comme j'ay esté adverty au vray, car Moriz Friz, ung de ses colonnels, a charge de mil chevaulx, lesquels il léve en la ville de Brunsvic, et ez environs, et le duc Ernst de Brunsvic aultres mil chevaulx, desquels ils en font la levée en toute diligence, pour les faire marcher le plustost qu'ils pourront, sans les aultres que le duc de Lunebourg faict lever, qui naguères s'est advoué serviteur du roy d'Espagne. Doncques, Monseigneur, il est bien temps d'y envoyer l'argent d'attente, affin qu'on ne laisse point hors des mains les meilleures gens de guerre, car je vous puis bien assurer, Monseigneur, que tous les collonels et cappitaines ont si grande dévotion de faire service à Sa Majesté, et à vous aussy, Monseigneur, qu'ils ne demandent aultre chose sinon d'estre employez pour le service de Sa Majesté en quelque endroit que ce soit. D'aultre part, Monseigneur, je vous veulx bien advertir que le seigneur de Warberg m'a dit qu'il a entendu des gens du roy d'Espagne, que l'ennemy a pour ce retenu les deux mil chevaulx pour empescher et fermer les passages du costé du Rhin, ce qu'est vraysemblable ; mais ayant retiré ce présent comte Pallatin du costé du Roy, et suyvant la résolution par Grombach et les aultres faicts, l'on y mettra bon remède Dieu aydant ; oultre ce, ung personnage digne de foy m'a escript que le duc de Lunenbourg, Herbort de Languen et Fritz Berger font levée de gens aux villes maritimes, comme à Bremen, et à Lubec, ne sçachant encores au nom de qui, ny là où ils doibvent estre menez. Estant doncques assuré que la dite levée soit desjà faicte, et celle du Roy trop longtemps retardée, s'il plaist à Sa Majesté de faire traitter avecques eulx, j'espère trouver le moyen avec Herbort de Languen, qui m'a aussy bien desjà communiqué tout son secret de ceste mesme entreprinse, de faire tourner toute ceste armée du costé du Roy, avecques des capitaines des navires qui se présenteront aussy pour le service de Sa Majesté.

« Monseigneur, je supplie, etc.

« D'Ausbourg, le 6ᵉ mars 1558.

« PIERRE LECLAIR. »

Lettre de monsieur de Bourdillon et archevesque de Vienne au Roy.

« Sire, nos dernières, du 6ᵉ de ce mois, faisoient mention de la proposition faite par l'Empereur aux Estats de l'Empire, laquelle depuis, selon la coustume, a esté envoyée par les députez des princes et des villes à leurs maistres et supérieurs, de sorte que Pasques pourront estre passez avant que la response y soit rendüe; cependant, Sire, il nous a semblé visiter les deux électeurs de Magonce et de Trieves, qui sont seuls en ceste diette, celluy de Cologne n'y estant encores arrivé, et les aultres électeurs séculiers estant encores en leurs maisons, sans qu'on voye encores grande apparence, pour l'heure, qu'ils soyent pour y bientost venir. Nous avons aussy visité le duc de Bavières, beau fils de l'Empereur, et de tous rapporté paroles gracieuses et honnestes, et singulièrement de monsieur de Trieves qui s'est plus ouvert et déclaré que les aultres. Tant y a, Sire, que les lettres qu'il vous a pleu escripre aux dicts électeurs, faisans mention que désiriez que fussions oys aux Estats, combien que de première arrivée nous leur eussions déclaré que nous désirions attendre la venue des aultres électeurs et princes, toutes fois ayans entendu que les Estats ne faisoient guières, qu'ils souhestoient d'entendre ce qu'avions à leur dire, qu'ils y en avoient lesquels soubz main vouloient empescher ceste audience jusques à la fin de la diette, ou bien qu'on nous eust à prescripre certain jour pour leur oster et lever tout scrupule, et connoissans qu'il ne pourroit nuire de leur déclairer l'honneste démonstration qu'avons à leur faire de vostre part, Sire, nous avons remis à eulx de nous oyr lorsque ce seroit leur commodité, combien qu'à la vérité nous eussions pu encores différer de quelque peu de jours, de sorte qu'on estime que demain, ou le jour en suyvant, nous ferons nostre proposition en latin, de laquelle incontinent après, Sire, vous envoyerons la translation en françois aveques la response, ou propos qu'on nous aura tenus.

« Sire, en attendant nostre audience, les cappitaines vos serviteurs et pensionnaires qui estoient mandez pour se trouver en ceste diette sont pour la plus part arrivez, partie en ces environs, partie en ceste ville, faisans grande instance d'entendre de nous ce qu'ils auroient ceste année à faire pour vostre service, comme ceulx qui estoient venuz à cest effect, et que par nos précédentes vous avions supplié, Sire, nous faire entendre ce qu'aurions à leur dire : mais pour aultant que despuys le partement de messeigneurs vos députez pour retourner au traitté de la paix n'avons eu une seule lettre, et que d'ailleurs nous avons considéré que le Roy Catholique qui faisoit ses apprêts, sans obmettre chose qui fust duysante à ce but; que le bruit de la guerre estant grant par deçà, et l'opinion de la paix aultant petite, retenir par deçà vos colonnels et aultres ayans charge, estoit leur oster le moyen de faire promptement leurs levées où le besoing seroit, et partant vostre ennemy pourroit estre le premier arrivé, davantaige que nostre principale instruction estoit de fonder une bonne confiance aveques ces Estats, sans les effaroucher comme l'on eust faict voyant tous vos pensionnaires à nostre queüe, et mesmement l'Empereur qui n'a encores résolu s'il y aura auprès de sa personne ambassadeur ordinaire y résidant de vostre part, Sire, et aussy qu'il ne se traittoit choses que puissions voir pour l'heure tourner au préjudice de vos affaires. Il nous a semblé, Sire, pour éviter tous ces inconvéniens, estre expédient de renvoyer les dicts capitaines pensionnaires pour se retirer en leurs cartiers, affin que, selon le succez des affaires de la guerre ou de la paix, l'on leur puisse faire entendre, Sire, vostre intention, et que par mesme moyen l'on s'exempte d'une grande récompense qu'ils eussent demandez des frais par eulx faits pour venir icy, et dont ils ont touché ung mot par l'escript qu'ils nous ont baillé enclos aveques la présente, désirans sur tous les points y contenus avoir response de vous, Sire, mais en telle célérité qu'ils ayent temps et moyen de vous pouvoir servir. Ce qu'il vous plaira, Sire, mettre en considération, et nous faire entendre au plus tost ce qu'on leur respondra, si mieulx il ne vous plaist, Sire, leur envoyer homme exprès, car ils sont bien loing de nous; ayant esgard qu'en tels affaires il n'y a riens si requis et nécessaire qu'estre résolu d'heure, affin qu'on ne soit surpris.

« Sire, toutes aultres choses par deçà sont au mesme estat qu'il vous aura pleu entendre par nos précédentes, excepté que par advis des marchands escripvans de Constantinoble l'on a publié que la trefve estoit accordée pour trois ans entre l'Empereur et le Grand Seigneur, moyennant la somme de trente mille ducats qui se doibt payer par an audit Grand Seigneur ; aultres disent que la dite trefve n'est faite, ains seullement qu'il y a espérance qu'elle se fera. Quoy qu'il en soit, cest advis est venu mal à propos pour la contribution que l'Empereur requiert par le second point de sa proposition, et où il tend le plus, encores que ceulx cy semblent s'en reculer le plus qu'ils peuvent : ce qui s'éclarcira cy après plus avant, car pour l'heure ne s'en peult riens écrire de certain.

« Sire, nous supplions le Créateur, etc.

« D'Auguste, ce 16ᵉ jour de mars 1558. »

Addition à la lettre cy-dessus.

« Sire, en voulant clorre ceste dépesche nous fusmes advertiz de l'Empereur que ce matin nous serions oys, ce que présentement a esté faict en la présence de l'Empereur et des électeurs, et aultres princes qui sont à la diette. Nostre proposition a esté telle en latin qu'il vous plaira veoir en la translation françoyse. Sur laquelle avons eu pour response que l'Empereur et les Estats prenoient en bonne part ceste tant amyable déclaration de bonne volunté que leur faisions de vostre part, Sire, et dont il vous remercioit bien affectueusement, et que au demourant après qu'ils auroient veu nostre proposition qui leur fut baillée sur-le-champ signée de nous, ils adviseroient de nous faire plus ample responce. Qui est en substance, Sire, ce que pour l'heure se peult dire, sinon qu'ils ont usé de toute honnesteté et gratieuseté envers nous, tant à nous envoyer querir en nos logis, nous y faire ramener, par seigneurs députez de la part de l'Empereur, des électeurs et des Estats, qu'en tous aultres respects qui concernoient l'office qu'avions à faire.

« Sire, nous prions le Créateur qu'il vous donne bonne vie et longue.

« D'Auguste, ce 16ᵉ jour de mars 1558. »

Lettre de messieurs de Bourdillon et archevesque de Vienne à monsieur de Guyse.

« Monseigneur, par ce qu'il vous plaira veoir en la lettre que nous escripvons au Roy, nous attendons d'estre oys demain, ou le jour en suyvant, des Estats de l'Empire; cependant ayant icy tous les cappitaines sur les bras qui ne peuvent servir qu'à leur ouvrir la porte à demander des grandes récompenses, et néantmoins leur oster le moyen de s'appresler où le besoing y seroit, nous avons advisé de les laisser retourner pour les raisons susdittes, et pour n'effaroucher à ce commencement cest Empereur, et mesmement que sans leur présence les choses se peuvent conduire assez gratieusement, n'ayant veu encores chose qui nous doibve faire doubter; toutes fois, Monseigneur, en peu de jours le Roy sera esclarcy plus au vray de tout; cependant il vous plaira avoir souvenance de nous faire escripre, et respondre à ce que nos lettres portent, et mesmement sur le mémoire baillé par nos cappitaines pensionnaires, considérant quel bien ou mal peult advenir d'estre advertys tost ou tard.

« Monseigneur, nous nous recommandons, etc., etc.

« D'Auguste, le 16ᵉ jour de mars 1558. »

« Monseigneur, après ceste proposition faite qui doibt estre demain ou l'aultre, nous ne sçavons plus que debvoir faire par deçà, s'il ne vous plaist tenir la main que soyons mieulx advertis pour l'advenir, que n'avons esté par le passé, n'ayans eü une seule lettre depuis le cinquiesme février. Cependant nous voyons par deçà que le Roy Catholique se prépare, qu'on ne parle pas de guerre, qui a esté cause avecques les raisons contenües en nos lettres escriptes au Roy, qu'il nous a semblé ne debvoir retenir icy nos cappitaines, estimans qu'il ne pourroit de riens nuire à les renvoyer, et ne pouvoit aulcunement servir de les retenir; vous suppliant, Monseigneur, tenir la main que responce soit faitte au plustost sur ce que lesdits cappitaines demandent, et mesmement sur les deux mille escus que Stanbitz demande, ainsi qu'il est contenu par l'escript enclos en ce pacquet.

« Monseigneur, nous nous recommandons, etc., etc.

« D'Auguste, ce 16ᵉ mars 1558. »

Double d'une lettre de monsieur de Vienne à monsieur le cardinal de Lorraine.

« Monseigneur, ce matin a esté prononcé par moy la proposition en latin que j'avois auparavant dressée, et dont la copie est en latin avecques la présente, et la translation en françois dans le pacquet du Roy; Dieu m'a faict ceste grâce non seulement de la dire par cueur et sans prothocolle, comme nos ambassadeurs cy-devant avoient accoustumé user, mais aussy d'avoir eü merveilleuse silence avecques démonstration de les avoir laissez tous satisfaits. Quant à la response, puisqu'ils veullent selon leur coustume consulter plutost sur ce qu'ils ont à nous dire, je me remettray alhors à escripre ce qu'il en sera, et qu'il nous en semblera; cependant, Monseigneur, je vous supplie avoir pityé de nous, et tenir la main qu'on nous fasse responce à tant de lettres que nous avons escript depuis nostre arrivée, et mesmement sur le mémoire baillé par les cappitaines et pensionnaires du Roy, affin qu'ils sçachent ce qu'ils auront à faire pour le service dudict seigneur. Quant à ceste diette, les choses ne s'échauffent guères, et me semble, si je ne suis pas trop déceu, qu'on ne touchera point au faict de la relligion; et quant à la contribution que l'Empereur demande contre le Turcq, qu'on luy fera le moings de bien que l'on pourra.

« Monseigneur, je me recommande, etc., etc.

« D'Auguste, le 17ᵉ jour de mars 1558. »

Instruction baillée à Bonnet, allant en Allemagne.

« Le Roy ayant entendu tout ce que Bonnet luy a rapporté de la part de monsieur de Mandosse, touchant l'accord par luy faict avec les depputez des princes et collonels, avec lesquels il avoit à traitter au nom de Sa Majesté, et veu d'aultre part le contenu ezdicts traittez et accords, a advisé de redepescher ledict Bonnet pour l'effect qui sera cy après déclaré.

« Qui est que passant en premier lieu la part que sera ledict sieur de Mandosse, luy dira le desplaisir que le Roy a receu de son indisposition, pour l'aisse que celuy eust esté qu'il eust peu achever son voyage, affin d'oyr par sa bouche tout le succez de sa négociation, encores que ce soit chose dont il a esté bien particulièrement adverty par ledict Bonnet, qui luy en a rendu si bon compte à son arrivée, que ledict seigneur est demeuré fort content et satisfait du service que ledict sieur de Mandosse luy a fait en cest endroit, et désire qu'il ne se donne autre soing que de se guérir bien parfaitement, affin que sa santé recouverte, et assez confirmée pour porter le travail du chemin, il le vienne trouver la part que sera le plustost qu'il pourra.

« Et au demourant luy fera entendre ledict Bonnet tout le fait de sa charge, et luy communiquera tout le contenu en ce présent mémoire et autres ses dépesches, affin que s'il estime qu'il s'y doive aucune chose changer ou immuer pour le bien du service de Sa Majesté, il luy en donne tout ce qu'il verra se devoir faire d'instruction.

« Ledict Bonnet ayant satisfait à ce que dessus passera la part que sera le collonnel Riffemberg, et après luy avoir présenté les lettres de créance que le Roy et messeigneurs les cardinal de Lorraine et duc de Guise luy escripvent, luy dira que ledit seigneur se trouvant asseuré de quatre mille trois cens chevaulx pistolliers, qu'il doit avoir le premier jour du mois de may prochain, là incontinant dépesché pour aller porter ceste nouvelle, et luy faire entendre que ledit seigneur s'est résolu de ne faire lever pour ce moment que trois mil chevaulx de ceux que ledit collonnel a retenuz en son service, pour avec les autres quatre mil trois cens susdicts, faire jusques à sept mil trois cens chevaulx, qui est le nombre dont ledict seigneur a fait estat se servir du costé de deçà pour ce commencement, affin que ledict collonnel, selon la bonne et grande affection qu'il a tousjours monstré porter au service dudict seigneur, et au bien de ses affaires, advise d'arrester la levée desdicts trois mil chevaulx, et non plus soubz les plus traictables et aggueris cappitaines de tous ceulx qu'il a retenus.

« Et les advertisse de partir si à propos qu'ils ne faillent de se rendre à Valdevrenge, qui est le lieu assigné pour leur monstre dedant le premier jour dudict mois de may prochain, auquel lieu ils trouveront les commissaires controlleurs et trésorier pour faire la monstre et premier payement de ce premier mois, ayant le Roy fait donner si bon ordre aux huict escus qu'il leur fault pour la levée de chacun cheval, qu'il n'y aura point de faulte que ledict collonnel ne les treuve à Saint-Guever en Allemagne ou à Francfort, suivant ce que luy en dira ledict Bonnet, dedans le huict ou dixiesme du mois d'avril prochain, affin qu'il ayt loisir d'en faire faire la distribution ausdicts cappitaines, et lesdicts cappitaines à leurs soldats avant le 15e dudict mois, qui est le temps auquel ledict argent leur doibt estre fourny pour commencer à marcher.

« Il y trouvera aussy 15 cens escus pour la levée de ses cinq enseignes de gens de pied, ayant le Roy advisé de ne faire faire lesdictes enseignes que de trois cens hommes chacune, et néantmoins de luy laisser les mesmes estats et appointemens que si lesdicts cinq enseignes estoient chacune du nombre de cinq cens; affin qu'il ayt moyen de se pourvoir de meilleurs hommes et qu'il n'y ait rien de rebut en ce qu'il amènera.

« Et quant aux autres capitaines de chevaulx pistolliers retenuz qui ne seroient point employez pour ce commencement, leur pension leur sera continuée suivant l'accord qui en a esté faict avec eulx, en actendant que l'occasion s'offre de les employer, se réservant le Roy de leur faire bailler aucun argent pour l'attente de leurs hommes, lorsque celuy qu'ils ont jà receu pour semblable effect viendra à faillir, s'il voit que faire se doibve, et que son service le requière ainsy.

« Et pour ce que ledict collonnel ne fauldra d'enquérir ledict Bonnet sur la retenue des susdicts quatre mille trois cens chevaulx pour sçavoir qui sont ceulx qui les doibvent amener au service du Roy, et descouvrir s'il peult les particularitez de leurs traittez et accords, et que le prince qui en a la principalle charge a prié que cela ne soit point sceu ni descouvert avant le temps, le Roy veult que ledict Bonnet en preigne l'advis du dict sieur Mandosse, pour sçavoir s'il luy en debvra dire quelque chose ou non. Et ores qu'il trouve bon qu'il s'en ouvre à luy en quelques poincts, il le fera dextrement, comme personne privée qui n'en a rien sceu de particulier ny de certain, et qu'il ne luy peult faire aulcune déclaration des conditions desdits traittez, de peur que cela ne renchérist davantage la marchandise de son costé.

« Et au demeurant, priera ledit collonnel de faire une bien ample despesche au Roy de tout ce qu'il aura faict et accordé en la charge qui luy a esté accordée, affin que ledict seigneur qui a esté longtemps sans sçavoir de ses nouvelles saiche ce qu'il debvra espérer de la négociation. Ce que dessus exécuté, ledict Bonnet passera devers les deux princes qu'il sçait, et leur fera entendre le contantement que ledit seigneur a receu de la démonstration qu'ils luy ont faite de leur bonne volonté, par le renouvellement qui s'est fait puis naguères avec leurs ambassadeurs de l'ancienne amitié d'entre la couronne de France et leurs maisons, les asseurant qu'ils n'eussent sceu addresser leur amitié et affection à l'endroit de prince de ce monde qui ait toute sa vye plus désiré la grandeur et accroissement de leurs maisons que fait ledit seigneur, ainsy qu'ils connoistront par bons effects, s'en offrant les occasions, et que au demeurant ayant ledit seigneur bien fort agréable l'accord qui a esté fait puis naguères entre l'ambassadeur de Sa Majesté et les leurs, il a incontinant dépesché ledit Bonnet pour leur faire entendre qu'il a agréé et accepté ledict accord.

« Et pour en retirer leur ratiffication et acceptation soubz leurs grands seaux, laquelle ils ne doivent faire difficulté de luy envoyer de crainte qu'elle soyt découverte, car il ne permettra qu'elle soit veüe de personne, et la ferra resserer et garder avec ses plus secrets et importants papiers, ayant donné charge audit Bonnet de faire fournir à l'aisné desdits princes une demye année de sa pension, remectant de faire fournir à l'autre ce qui luy sera deu de la sienne, jusques au jour qu'il entrera au service avec les chevaulx lors de son arrivée en France, ou ce qui sera eschu de ladicte pension luy sera fourny avec le payement de luy et de ses gens.

« Et là-dessus requerra lesdits princes qu'ils donnent ordre d'avoir les deux mil cent chevaulx que le jeune d'eulx doibt amener au service de Sadicte Majesté prests à partir avant la fin du mois prochain, affin de les rendre audict lieu de Valdevrange dedans le premier jour dudit mois de may en suivant, ou bien le 15ᵉ dudit mois pour le plus tard, leur faisant bien entendre que l'argent de la levée est à Francfort, où ledict Bonnet leur fera délivrer à la mesme heure que ceulx qu'ils envoyront avec pouvoir de le recepvoir y seront arrivez. Et semblablement les deux mil cent escus qui restent de l'argent d'actente qu'il leur fera fournir par mesme moyen, avec une demye année de la pension de leurs lieutenants et cappitaines, affin que lesdicts lieutenants et cappitaines ayent meilleur moyen de se mectre en équippaige, et cognoissent ce que ledit seigneur leur veult faire de bon traittement, s'asseurant ledit seigneur que au faict de ceste levée, les ungs et les autres donneront ordre à se pourveoir de si bons hommes que l'oppinion que ledit seigneur s'est imprimée de leur affection et dévotion, n'aura point esté à tort, et sans grande et juste occasion. Et pour ce que l'aisné desdits princes n'est intervenu audit accord, et qu'il est à craindre qu'il ne veuille estre nommé en la susdicte rattification, auquel cas l'on auroit autre seureté de luy que de parolles, ledict Bonnet regardera de tirer de luy pour le moings une lettre qu'il escripra audit seigneur pour tesmoignage de sa bonne volonté, et la confirmation de ce que leursdicts ambassadeurs ont promis qu'il doibt faire pour le bien de son service, laquelle lectre sera si bien gardée et conservée, qu'elle ne sera jamais veue d'autre que de Sa Majesté.

« Ledit Bonnet exécutant ce que dessus, et selon que son chemin s'adonnera, verra le collonnel Grombach s'il luy est possible, et luy fera entendre que ledit seigneur l'a bien volontairement accepté en son service, pour l'estime qu'il a de sa vertu, et l'asseurance que l'on luy a donné de l'affection qu'il a tousjours portée au bien de son service, et que pour luy donner à cognoistre ce que ledit seigneur luy veult faire de bon traittement, il luy envoye une demye année de sa pension et de celle de ses lieutenants et cappitaines, avec les deniers de la levée de ses 12 cens chevaulx, qui seront délivrez avec les pensions susdictes au lieu de Francfort à celluy qu'il envoyera là avec pouvoir pour les recevoir. Au moyen de quoy il fera diligence de mectre suz et acheminer sesdits chevaulx pour les rendre audit lieu de Valdevrange au temps que dessus est dit, et surtout se pourvoira de si bons hommes et luy si bon équipaige que ledit seigneur ait occasion de s'en louer et contenter.

« Le semblable fera entendre ledit Bonnet au collonnel Jacob Ausboug, affin qu'il envoye semblablement quérir audit lieu de Francfort l'argent de la levée, et en ce faisant n'oubliera de luy mander que s'il ne fait ses dix enseignes que de 300 hommes chacune, le Roy l'aura bien agréable, pour ce qu'il accorde à ses autres collonnels de ne les faire de plus grand nombre, et néantmoins ne laisse de leur bailler les mesmes estats et appointemens comme si chacune de leurs enseignes estoient de cinq cens, affin de leur donner moyen de se pourvoir de meilleurs hommes, qui est suyvant ce qu'ils l'en ont fait prier et requérir. Au moyen de quoy, si ledit collonnel Jacob accorde de ne faire ses enseignes que au nombre susdit, il ne luy fauldra faire délivrer que trois mil escus pour sadicte levée des quatre mil qui sont envoyez à toutes adventures pour ce mesme effect, en quoy ledit Bonnet regardera de faire tout ce qu'il pourra de bon mesnaige. Et surtout n'oubliera, en passant par Lion, d'aller vers le sieur Georges Aubret pour sçavoir quel ordre il aura donné pour le fournissement de toutes les sommes susdictes, suyvant ce que mondict seigneur le cardinal de Lorraine luy en a escript, et principallement dedans quel jour l'argent sera èsdicts lieux de Francfort à Saint-Guenet, affin que sur la parolle que luy en aura donné le sieur Aubret il en puisse asseurer les dessusdicts princes, collonnels et cappitaines, et qu'il ne sy treuve faulte d'un seul jour s'il est possible.

« Oultre toutes les lettres deppendantes de ceste dépesche l'on en baille audit Bonnet addressantes à messieurs les comte Pallatin, duc de Vuirtemberg et Lantgrave de Hez pour favoriser lesdits collonnels et cappitaines et leurs gens en leurs passaiges, selon que ledit Bonnet l'a requis de leur part.

« Et davantage, luy est baillé ung petit estat de toutes les sommes et de ceulx à qui elles doivent estre délivrées, affin que cela le reigle en la distribution qu'il aura à faire dudit argent. »

Affaires diverses.

Les affaires diverses des royaumes, qui arrivèrent pendant les précédentes négociations, sont contenues dans les pièces qui vont suivre, et indiquent assez les grandes occupations de mon dit sieur le duc.

Du Mardy onzième jour de janvier 1557.

Ce jour, les gens du Roy ont présenté à la cour les lettres de la légation du cardinal Trivulse à présent légat en France, où ils ne trouvent rien de dissemblable aux précédentes légations, leurs conclusions sont ordinaires et semblables à celles par eulx prises sur les lettres de la légation du cardinal Caraffe, au mois de juin mil cinq cens cinquante six. Supplie la cour adjouter foy à la vérification qui se fera de la présente légation pour esviter aux abbus que font les dattaires de la légation qu'il y ait un condataire françois, plus qu'à son départ il soit tenu laisser les registres des expéditions de la dicte légation dans ceste ville ez mains de quelqu'un des conseillers du Roy en ceste cour, autrement que l'on n'aura sgard à ses dictes expéditions.

Ce dictjour, monsieur Antoine Minard, président en la cour de parlement a dit à la cour que ce matin monsieur Pierre Séguier, aussy président, maistre Bernard Prevost, président ez enquestes, et luy estant ce matin au Louvre, le cardinal de Lorraine leur a dit que le Roy avoit délibéré venir demain en sa cour et fera apporter quelques édits, aussy il veult estre et assister à la plaidoirie, et outre leur a donné charge de dire que le dict seigneur veut et entend que tous les présidens et conseillers des deux semestres ayent à s'y trouver.

Sur quoy luy a esté dit par maistre René Baillet pareillement président, que le jour d'hyer, en l'audience, sur la requeste des advocats et procureurs, ordonna qu'elle vacquera jeudy prochain en la manière accoustumée.

A quoy ont dit les gens du Roy présents, par maistre René Du Mesnil, advocat du dict seigneur, qu'il y avoit bon expédient, qui est que puisqu'il plaist ainsy au Roy l'on pourra ce matin en la plaidoirie dire que la cour entrera jeudy nonobstant le dict arrest, ce qui a esté arresté, et outre que l'on advertira les présidens et conseillers de l'autre semestre, de la volonté du Roy.

A monsieur le duc de Guyse.

« Monsieur, monsieur le cardinal de Lorraine vostre frère m'a envoyé ung pacquet pour vous faire tenir sûrement, lequel j'ay addressé à monsieur de Forquevaulx pour le mettre entre voz propres mains, comme je m'assure qu'il fera. Il y a si longtemps que nous n'avons rien eu de vostre cousté, que j'estime qu'il ne peult guières tarder qu'il n'en vienne quelque chose, voulant espérer toutesfois que, si vous aurés retardé plus que vous ne pensiés, ce n'aura esté que pour quelque bonne occasion et que vous n'aurés perdu temps, de sorte que je suis attendant en bien grand dévotion ce que vous aurés faict depuis la prise de Valence, et aussi de vos nouvelles. Monsieur le duc, mon frère m'a laissé icy pour s'en aller audevant de vous; lequel, je m'assure, ne fauldra de vous tenir adverty de toutes occurrances de deçà. Qui sera cause que je ne vous en diray aultre chose, me réservant du surplus à quant j'auray la commodité de vous veoir, que, j'espère, sera bientost, avec la meilleure et plus prompte volonté que je pourrois avoir de vous faire tous les services qui seront en ma puissance. Cependant je me recommande bien humblement à vostre bonne grâce et prye Dieu, Monsieur, vous donner, en parfaicte santé très longue vye.

« De Ferrare, ce vingt neufviesme jour de janvier 1558.

« Di Vostra Eccellenza humillissimo et affectionatissimo zio. HIP. CARDINALE DI FERRARA. »

Du mardy 15 février.

Ce jourd'huy, les gens du Roy par maistre Batiste du Mesnil, advocat du dict seigneur, a dit que présentement ils ont veu des lettres patentes octroyées par le Roy à mons. le duc de Guyse présentées de sa part à la cour, et par ordonnance d'icelle à eux communiquée pour prendre leurs conclusions. Ces lettres sont données à Callais, signées Henri, et plus bas : par le Roy de l'Aubespine, et contiennent que le Roy fait don au dict duc de Guyse d'une maison assise en la dicte ville de Callais, appellée la maison des marchands. Est mandé les entériner et faire registrer au registre de la cour. Quant à eux ils ont bien voulu, non seullement tesmoigner par escript, mais dire de bouche en ceste compagnie que ces lettres les ont mis, non pas en doubte de la validité d'icelles, *Quis enim in eâ re potest esse dubitationis locus*, mais en double admiration, l'une de la bonté du Roy, qui néantmoins que tout très humble service luy soit deub par les siens, toutes fois veult monstrer par effect se ressentir aucunement touché, sinon de la nécessité, à tout le moins de la pointe louable des obligations, rémunérations et antidotalles desquelles nous lisons en droit les pères estre souvent excitez envers leurs enfans.

L'autre est la modeste grandeur du dict seigneur duc, qui contant de sa gloire respandue maintenant par l'univers, d'avoir expugné une place et conquis un pays que depuis deux cens ans homme n'avoit non seulement entrepris de faict mais ne compris en l'esprit, ne demande pour toute trophée et pour toute marque qu'une maison dedans ladicte ville, laquelle par luy est faite entièrement nostre, tellement qu'il peut dire que par son moyen est faict que le don mesmes luy puisse estre fait, *ut propterea suum magis quam alienum recipere quodam modo videri possit*; partant ont dit que non seulement ils n'empeschoient l'entérinement et registrement des lettres susdites, mais le consentoient. Eux retirez la matière délibérée :

La dicte cour a ordonné et ordonne que sur le reply desdictes lettres de don sera mis : Registrata, audito et consentiente procuratore generali regis pro gaudendo per impetrantem effectu presentium.

Du mardy 22 février.

Veues par la cour les lettres pattentes du Roy données à Paris le dix septiesme jour de janvier dernier, signées Henry et plus bas par le Roy monsieur le cardinal de Lorraine, présent du Thier, par lesquelles et pour les causes contenues le dict seigneur permet et octroye avec privilège spécial à maistre Christophe Prudhomme, truchement du Roy en la langue germanique, d'aller ou envoyer par les villes, bourgades et lieux du Royaume et pays de l'obéissance du Roy, communiquer l'invention puis naguières découverte par le dict Prudhomme pour l'espargne et gaing de la troisième partie pour le moins du bois à chauffer et battir, que feront non seulement les fondeurs d'artillerie, mais aussy les teinturiers, boulangers, paticiers et autres qui ont ordinairement à exploiter grande quantité de bois, comme plus au long le contiennent les dictes lettres. Les conclusions du procureur général du Roy, et tout considéré, la cour a permis et permet au dict suppliant de faire assembler les maîtres des mestiers et artifices mentionnées es dittes lettres pour communiquer de l'expérience dont mention est faite par icelles, et leur rapport veu, pourvoir au dict suppliant comme de raison.

A monsieur le duc de Guyse.

« Monsieur, enquorez je vous aye amplement escript depuys troys ou quatre jours, et que à cest heure il ne me reste pas beaucoup de choses à vous dire, si est ce que pour ne faillir à faire mon devoir en vostre endroit, et trouvant ceste commodité au sieur de Sainct-Jehan, présent porteur qui s'en va devers vous, je n'ay voulu faillir de vous faire par luy ce mot de lettre, tant pour vous offrir tout ce qui est en ma puyssance à vous faire service, que pour toujours me rementevoir en vostre bonne grâce comme celluy de touz voz plus affectionnez serviteurs qui de meilheure volunté la désire. Et pour ce, Monsieur, que ledit sieur de Sainct-Jehan vous sçaura rendre bon compte de toutes les particularitez de ceste compaignie, je m'en remettrey à sa suffisance, et vous supplierey très humblement, Monsieur, me vouloir tant faire de bien et d'honneur de croyre et estre assuré qu'en tous les endroits où j'auray moyen de m'employer pour vostre service, je n'y espargnerey la vie ny chose qui soit en ma puyssance. Mays c'est d'aussi grande affection, Monsieur, qu'après avoir présenté mes très humbles recommandations à vostre bonne grâce, je supplie le Créateur vous donner très heureuse et longue vie.

« De Paris, le premier jour de mars.

« Vostre très humble et perpétuel serviteur.

« SAINCT ANDRÉ. »

Au mesme.

« Monsieur mon frère, vous verrez par nostre dépesche commune, que nous faisons présentement au Roy, l'estat des affaires de par deçà, dont je ne vous feray redicte par la présente. Bien vous diray-je que ce m'a esté très grand plaisir d'entendre qu'avez recouvert vostre santé, en laquelle je prie Dieu vous vouloir maintenir et garder. Et me semble que vous vous estiez bien oublyé de ne vouloir croyre aux médecins et ne faire ce qu'ilz ordonnoient, comme vous dira Lugerye que j'ay ce matin despesché par delà. Au reste je vous envoie ung discours du voyage de monsieur de Lorraine qu'il vous plaira veoir et le monstrer au Roy; me recommandant en cest endroit très humblement à vostre bonne grâce, en priant Dieu vous donner, Monsieur mon frère, très bonne et longue vie.

« De Casteau Cambrésis, ce troisiesme jour de mars 1558.

« Je vous feray demain response aux lettres que mon courrier m'apporta hier avant l'arrivée de monsieur le connestable. Je vous supplie baiser les mains de la Royne, car je n'ay loisir lui escripre.

« Vostre très humble et obéissant frère.

« C. Cardinal de Lorraine. »

Au mesme.

« Monseigneur, je vous ay escript cy devant de ce qui se présentoit par deçà, et sommes attendant la voluuté de Sa Majesté et la vostre, et mesmement pour le payement des soldatz de ceste ysle ausquelz sont deubz neuf mois. Et comme je vous ai mandé, Monseigneur, me semble que le trouvez bon que plus aisément on leur feroit perdre quelque mois de l'année passée, s'il vous plaisoit faire bailler assignation pour deux ou trois mois de ceste année; car ce qui pourront recevoir de ladicte année passée ne sera suffisant pour les acquitter de ce qu'ils doibvent, et ce qu'ils recepvront de la présente année suffira pour les accomoder avec belles parolles qu'on leur bailleroit, comme on a tousjours faict.

« Monseigneur, le grand prieur vostre frère a print.... (*sic*) veoir touttes choses et a veu une grande pityé vers lesdicts ... (*sic*) touttes aultres nécessitez qui sont par deçà. Qui m'a commandé dresser ung petit estat pour le vous envoyer, ce que j'ay faict. Auquel grand prieur je me remettray de touttes choses, et seullement vous diray que.... (*sic*) à vostre passage venant d'Itallye, avez asseuré la Corse pour Sa Majesté.... (*sic*) des bledz et aultres munitions, estans réduictz par deçà en toutte extresmité. Maintenant mondict seigneur, le grand prieur à son arrivée avec ses gallaires a parachevé de rendre ung chascun asseuré et à la dévotion du service de Sa Majesté, ayant commancé à garnyr les villes de ce qui leur est besoing; mais pour les fournir comme il appartient, et exécuter les entreprinses qui se présentent ordinairement, s'il vous plaist, ferez envoyer le contenu audict estat. Ce que vous en escriptz, Monseigneur, n'est pour aultre chose que pour vous advertir des affaires telz que sont pour en ordonner comme adviserez. Et attendant ce qu'il vous plaira me commander, me recommanderay tousjours, Monseigneur, très humblement à vostre bonne grâce et souvenance. Priant à Dieu, Monseigneur, vous donner en très parfaicte santé, très bonne et très longue vye.

« De l'Ajasse, ce septiesme jour de mars 1558.

« Vostre très humble et très obéissant serviteur,   Ro....»

« Monsieur, vous serez par ceste myenne adverty commant monsieur le Mareschal est allé en France trouver le Roy pour aucunes particullières affaires de ce costé; en l'absence duquel Sa Majesté m'a commandé de demeurer en ce pais pour pourvoir à touttes choses qui concerneront son service, dont je vous ay bien voulu advertir, à celle fin que si de vostre costé il survient chose pour son service qui mérite advertissement, il vous plaise m'en advertir, ensemble de toutes les autres occurrances que vous apprendrez mesmes du costé de l'Allemaigne, pour de ma part y donner l'ordre qui sera requise pour le service de Sadicte Majesté et deu de ma charge. Je vous envoye une lettre que le coulonnel Apro m'a prié mettre dans mon pacquet. Actend, je prie Nostre Seigneur, Monsieur, après mes recommandations à vostre bonne grâce, vous donner en santé bonne vie et longue.

« De Guiers, le septiesme mars 1558.

« Vostre milheur et pleus perfet amy à jamais,

« Gonnort. »

« Monseigneur, combien que les gentilz hommes et subjectz de vostre seigneurie de Saumur ayent deuement obéy et comparu, en vostre ville de Saumur, au ban et arrière ban à la première convocation et assemblée qui en a par nous esté faicte, suivant deux lettres patentes du Roy qu'il vous a pleu nous faire avoir, toutes fois les officiers d'Angiers veulent de rechef faire comparoir les gentilzhommes et subjects audict ban et arrière ban de vostredicte seigneurie en leur ville d'Angiers; qui seroit, en ce faisant, les vexer grandement et les consommer en fraiz au retardement du service du Roy, et leur cousteroit plus deux fois en fraiz que ne montent leurs .... et cottisations de leurs fiefs. A ces causes nous vous supplions nous faire avoir lettres du Roy confirmatives des premières, et de ce que nous avons faict en vertu d'icelles. Les officiers de la ville de Vendosme (qui d'anciennété est des anciens enclaves d'Anjou), ont eu commission particulière pour faire la convocation et assemblée des nobles et subjectz audict ban et arrière ban du duché de Vendosme; et les officiers de la ville et ressort de Lodun ont eu semblable commission particulière pour faire la convocation dudict ban et arrière ban des nobles et subjectz de ladicte ville et ressort, que ceux de l'ung des siéges particuliers qui ressort........au siége présidial de Tours. Nous avons esté de tout temps aussi accoustumé d'en user : il vous plaira nous faire conserver en noz droictz et possessions accoustumez, et ne souffrir que de vostre temps lesdicts officiers veullent de rechef contraindre lesdictz nobles et subjectz pour les consommer en fraiz.... s'il vous plaist, nous vous ... le roolle que nous avons dressé des nobles et subjectz de vostredicte seigneurie qui ont ... contribuer à deniers, pour monstrer en ce que le Roy est servy au désir de son cueur; et sur ce nous prions Dieu, Monseigneur, vous donner en parfaite santé, heureuse et longue vie.

« A Saumur, ce douzième de mars 1558.

« Voz très humbles et très obéissans serviteurs et subjectz, les lieutenant et procureur du Roy. »

« Mon fils, estant en extrémité de mort ung vieil homme des quarente de Bolongne nommé Maestro Bartolomeo di Bolognini, je vous prie que vous soyez contant de faire, envers monsieur le cardinal Caraffe ou envers nostre Sainct-Père mesmes, que M..... Inocent Ringuier, gentilhomme Bolognoys, duquel le père et autres ses parens et prédécesseurs ont esté au nombre des quarente dudict Bologne, ayt promesse d'entrer après le trespas dudict Bologni; lequel pour estre si viel ne peult plus guères vivre. Vous ferez pour ung homme de bien duquel l'on pourra tirer du service pour le Roy et me sera plaisir bien grand que à ma prière il ayt esté satisfait d'un advantage qui luy est si convenable et raisonnable. Par quoy je vous prie, mon filz, tant que je puis, que vous vueillez employer en sorte qu'il obtiegne ceste faveur, chose que j'auray pour très agréable. Et en cest endroit je feray fin; priant à Dieu, mon filz, vous avoir en sa saincte garde. De Ferrare, le douziesme jour de mars 1558.

« J'escriptz encores de cest affaire à l'ambassadeur du Roy, lequel vous pourrez employer à parler et solliciter l'expédicion du susdict affaire.

« Vostre bonne mère, « Renée de France. »

Du mardy 15 mars 1557.

Ce jour, le seigneur de Lezigny, maître d'hostel ordinaire du Roy, a présenté à la cour lettres missives du Roy, desquelles la teneur en suit.

De par le Roy.

Nos amez et féaux, nous envoyons de par delà nostre amé et féal conseiller et maître d'hostel ordinaire, le sieur de Lezigny présent porteur, affin de faire approprier et accommoder nostre pallais, pour y faire tenir incontinant, après ces Pasques prochaines, les nopces de nostre très cher et très amé fils le Dauphin, avec nostre très chère et très amée fille la royne d'Écosse, en quoy il est besoing user de dilligence, et que, pour ce faire, vous deslogez du dict palais pour aller tenir nostre cour de parlement aux Augustins, ou autre lieu que verrez plus appropos, ainsy qu'avez accoustumé faire en tel cas, et que avons donné charge audict sieur de Lezigny vous dire plus au long de nostre part, dont vous le croirez, tout ainsy que vous vouldriez faire nous mesmes, sans y faire faute. Donné à Fontainebleau, le 9ᵉ jour de mars 1557. Ainsy signé Henry, et sur la suscription, à nos amez et féaux les gens tenans nostre cour de parlement à Paris.

Après lecture desquelles lettres, présent ledict sieur de Lezigny, a dit qu'il n'y avoit pas à tarder à faire ce qui avoit esté commandé du Roy, principallement en la grande salle de ce pallais. Luy retiré, la matière mise en délibération, ladicte cour a délibéré et arresté qu'elle ira seoir vendredy prochain aux Augustins.

Lettre du duc de Guyse à monsieur d'Humières.

« Monsieur de Humières, j'ay envoyé par delà certain personnage qui est assez accord et advisé pour nous en rapporter de fort bons et seurs advis; et pour ce que à son retour il pourra prendre son chemin par Péronne, je vous prie que s'il s'addresse à vous vous le recevez et le faictes incontinant amener et conduire là part que je seray. Il est homme de petite stature et assez forte taille, portant barbe blonde et espoisse, et pour plus ample remarque se doit nommer à vous Jacques, dont vous aurez mémoire, affin que se présentant à vous, il vous souvienne de ce que je vous en escripts. Priant Dieu, monsieur d'Humières, qu'il vous doinct bonne et longue vie. De Paris, ce troisiesme jour de may 1558.

« Vostre bien bon amy, Le duc de Guise. »

Lettre de monsieur le cardinal de Lorraine à monsieur d'Humières.

« Monsieur d'Humières, je trouve fort estrange et suis en grande peine de n'avoir point encore eu de nouvelles de la venue de madame de Lorraine à Cambray, veu que c'est aujourd'hui le jour qu'elle y devoit arriver; parquoy et aussi que monsieur de Lorraine et monsieur de Vaudemont partirent dès avant hier pour s'acheminer à Péronne ; en attendant desdites nouvelles j'ay bien voulu dépescher ce porteur en toute diligence devers vous pour vous prier de me mander par luy ce que vous en avez peu sçavoir, lequel vous me renvoyerez en pareille diligence , de sorte qu'il puisse estre icy de retour demain de bonne heure, pour, selon ce que manderez, partir incontinant ou retarder mon partement.

« De Paris, ce troisiesme jour de may 1558.

« Vostre bon amy,

« C. Cardinal de Lorraine. »

Lettre de monsieur le cardinal de Lorraine à monsieur d'Humières. Extrait.

« Monsieur d'Humières, j'ay à ce matin receu la lettre que m'escripvistes hier et veu ce que me mandez comme madame de Lorraine sera demain à Cambray. Et quant au commissaire Pasquier, je vous advertis que dès hier il est party de Pont Saint-Mixant en poste pour aller faire la monstre des reistres, ainsi que m'a escript monsieur de l'Aubespine qui est là. Je ne veulx faillir à vous dire que ceux de Linons où j'avois envoyé loger les Escossois ne les y ont voulu recepvoir, quelque chose que je leur aye seu escripre , ne quelque commission que je leur ay faict despescher ; il est plus que nécessaire qu'il soit faict justice d'une telle désobéissance , car cela tireroit à conséquence pour une autre fois; je vous prye , pour ce qu'on m'a dict qu'il aïst vostre gouvernement, d'y donner ung bon ordre et qu'il soyt exemplaire à tous autres.

« De Montdidier, ce quatriesme may 1558.

« Vostre entièrement bien bon amy,

« C. Cardinal de Lorraine. »

Lettre sur copie d'Estienne l'Allemant, envoyée à monseigneur le cardinal de Lorraine sur le sujet de Thionville, le dix-septiesme de juin 1558.

« Monseigneur, je feray ceste lettre sepparée, pour vous advertir en premier lieu, que monseigneur vostre frère est en très bonne santé, grâces à Dieu, et poursuit en telle dilligence son entreprise sur Thionville, qui ne se perd une seule heure de jour et de nuict sans travailler l'ennemy. Luy mesmes est ordinairement aux tranchées despuis les quatre heures du matin jusques aux dix heures du soir, et a tant faict que lesdictes tranchées sont achevées, l'estat et façon desquelles le sieur de Rochevert vous pourra faire entendre pour les avoir veües à ce matin. J'estime que si tout le tour et circuit estoit en longueur, qu'elle contiendroit une bonne lieüe. Je ne vous puis escripre ce qui s'y faict à l'approche de la tour sur laquelle aboutissent lesdites tranchées parceque n'y ay point esté , mais à ce que je vois de loing, et que j'ay entendu de ceulx qui y vont ordinairement, c'est la plus hardye entreprise qui feust jamais faite, car il a mené les sappeurs jusques au pied au dépit de cent mille arquebouzades et trente mil coups de canons; car pour ung coup qui a esté tiré des nostres, ils en ont tiré six. Les sappeurs ont desjà sappé ledit tourillon en deux endroits environ cinq pieds de profond, six de large et sept ou huict de haulteur; au-dessus de ceste sappe, par escallade, premièrement, il a fait monter des soldats en bon nombre sur la muraille de la tour, sur laquelle y a ung parapet qui les défend de la plate forme qui est à main gauche de ladite tour, tellement qu'ils n'en peuvent estre offensez, ne pareillement du ravelin qui est à main droite, parceque n'y peut battre, ce que vous pourrez entendre sur la forme de ladite ville que vous porta le sieur d'Allvye , et sont les soldats nostres et les ennemys seullement divisez là dessus de quelques sacs pleins de terre que les nostres y ont mys pour eulx garder d'arquebouzades, pour ce que les autres sont en plus grand nombre; et toutesfois lesdits sacs n'empeschent qu'ils ne viennent quelquesfois jusques aux mains : or est ladite tour creuse du dedans, laquelle par-dessus le parapet qui est sur les environs de la muraille, les ennemys jettent à coups perdus forces pierres qui descendent jusques au pied, mays elles ne peuvent avoir grand force : il y en a peu de tous ceux qui y ont esté qui n'ayent esté frappez desdites pierres, et mondit sieur mesmes par plusieurs fois, mays elles blessent peu, sinon qu'elles rencontrassent le nud. On dict que les ennemys percent de leur costé : si les trous se rencontrent il y a apparence qu'il y aura beau jeu. Ladite tour percée servira pour rencontrer la terre du rempart pour le sapper ou myner, qui sera la prise de la ville. On eust bien faict voller ladite tour, mays elle nous couvre de la plate forme qui nous endommageroit par trop. S'ils se sont bien assaillys, ils se défendent aussy bien dedans, car des vingt-quatre heures du jour et nuict il n'y a point demye heure à tout prendre sans travail, et n'y a histoire ny chronique qui ayt jamais parlé de telle furye et entreprise sy chaudement suivye d'une part et d'autre. Ils font quelque saillye, mays peu, et de peu d'effect, car ils sont assez empeschez au dedans ; il n'y a eü que une allarme encore faulce qui feut sur les dix heures du soir au camp des reistres. Sitost que mondit seigneur l'eust oüye, il y feut le premyer, et la descouvrit telle qu'elle estoit. Le camp est si bien assis qu'il ne fault rien craindre, les vivres en abondance, la scituation belle et plaisante, ils ont de belles prairies (?) alorées de boys taillis, et par le millieu le fleuve de Mozelle avec une infinité de fontaines à cinquante pas l'une de l'autre. Je n'y voids inconvénient, synon la portée du canon qui exécute souvent, tout est en la garde de Dieu. Il se perd des hommes, mays peu de nous, partout bon visaige et meilleur qu'en lieu où j'aye jamais esté : car à l'exemple du prince, chacun se veult monstrer qu'il est sans peur, et par coustume ainsy se fera, les effects le démonstrent, et ne peult ce commencement qu'apporter une bonne et heureuse fin. Quant à luy, il sçait et entend sy bien qu'il se doibt faire et l'exécute avec telle grâce et vertu, que le grant et le petit le void en admiration ; car la providence, le commandement et l'exécution s'entresuyvent toujours avec ung mesme visaige, qui est son vray naturel, quy me faict croire, Monseigneur, que le contenu en vostre lettre par luy entendu, servira de peu pour vostre intention. Je ne faulderay toutesfois de faire ce qu'il vous a pleu me commander, lorsque je le verray mieulx à propos. Vous avez entendu le nombre des gens qui est dedans, le nom du capitaine, la scituation de la ville, qui me gardera vous en escripre davantaige, aussy que le sieur de Rochevert monte à cheval pour son retour. Monseigneur, je prye Dieu vous donner très bonne et très longue vye.

« Du camp de Thyonville, le dix-septiesme jour de juing 1558.

« Vostre très humble et très obéissant serviteur,   « ESTIENNE L'ALLEMANT. »

Ce sont les articles de la cappitulation accordée entre monseigneur le duc de Guyse, pair et grand chambellan de France et lieutenant général du Roy, d'une part, et le sieur de Caderébe, gouverneur de Thionville, et les capitaines estans de présent à la garde et deffense de ladite ville, d'autre, sur la reddition de ladite ville.

« Premièrement que lesdits sieurs de Caderébe et capitaines mestront et délivreront présentement en l'obéissance dudit sieur Roy, et ez mains de mondit sieur le duc de Guyse la susdite ville de Thionville, avec toutes ses forteresses au mesme estat qu'elles se retrouvent pour ceste heure sans y riens ruyner, gaster ne démolir.

« Laisseront en ladite ville toute l'artillerie, pouldres, boullets et munitions tant de ladite artillerie que de guerre sans plus en consommer, gaster, cacher, ny enterrer aucunes choses ne ez choses susdites procedder de male foy.

« Laisseront pareillement les armes avec les enseignes tant de la cavallerie que infanterie, de quelque langue et nation qu'elle soit, sans en riens gaster comme dessus.

« Et en ce faisant mondit sieur le duc de Guyse promettra audit gouverneur et capitaines et semblablement aux gens de cheval estant de présent en ladite place d'en sortir aveques leurs armes et aus soldats aveques leurs espées et dagues pour toutes armes, et les uns et les autres aveques ce qu'ils auront d'habillemens et argent sans qu'ils soient fouillez ne qu'il soit fait aucun desplaisir.

« Sortiront pareillement les doyens et gens d'Église, gentilshommes et bourgeois avec tout ce qu'ils pourront emporter d'argent et autres leurs meubles.

« Et leur sera baillé au sortir de ladite ville bonne et suffisante conduite, sans qu'il leur soit fait tort en leurs personnes et biens, meubles, or ny argent, ny touché à l'honneur des femmes et des filles que mondit sieur le duc de Guyse promect sur sa foy et parolle de prince faire conserver de tout son pouvoir.

« Et seront semblablement accommodez de batteaulx ou chariots pour emporter leurs malades, la part que bon leur semblera.

« Et dès à présent recepvront en ladite ville tels personnages qu'il leur voudra envoyer jusques au nombre de quatre, et en envoyeront lesdits gouverneurs et capitaines quatre autres devers mondit sieur de Guyse, des principaulx d'entr'eulx, pour seureté de l'accomplissement de la présente capitulation, laquelle a esté signée de la main de mondit sieur le duc de Guyse et d'iceulx gouverneur et capitaines.

« Le vingt-deuxiesme jour de juing 1558. »

Lettre de monsieur le cardinal de Lorraine à monsieur d'Humyères.

« Monsieur d'Humyères, tout à ceste heure est arrivé le sieur de Carnavallet portant la nouvelle de la prise de Thionville, qui se rendit mercredy dernier soubz la capitulation que vous verrez par le double de la composition que je vous en envoye, et à ce qu'il nous a conté est impossible de prendre place mieulx deffendue et pourveue qu'elle estoit, et si est trouvé huict ou neuf cens hommes que morts que blessez, et plus de treize à quatorze cens qui en sont sortiz sains et saulves ; de sorte que sans le grand devoir de monsieur mon frère et des gens de bien qu'il avoyt avecques luy, accompagné de la grâce de Dieu, il y avoit peu d'apparence d'en espérer riens de bon : il faisoit son compte de partir de là dedans ung jour ou deux pour marcher avecques son armée où il verra le jeu plus beau, et de ce que nous en apprendrons cy après je ne fauldray à vous advertir, priant Dieu, monsieur d'Humyères, vous donner ce que désirez.

« De Villiers-Costerets, le vingt-quatriesme jour de juing 1558.

« Vostre bon amy,

« C. Cardinal de Lorraine. »

Lettre du duc de Guyse à monsieur d'Humyères.

« Monsieur d'Humyères, le Roy me vient d'envoyer monsieur le grand escuyer, pour me dire que vous l'avez adverty que vous avez eu advis de certains endroits que vous tenez assez seurs que les ennemys sont en délibération de marcher à vous pour assiéger vostre place, et que j'advisasse de vous renforcer pour vous garder d'une surprise, qui est cause que je vous ay bien voulu dépescher le sieur d'Authevil, lieutenant de vostre compagnie, présent porteur, pour vous advestir que j'escripts au baron de Ape, qui a une enseigne de légionnaires à trois ou quatre lieues d'icy, que incontinant il s'achemine à Roye pour la faire entrer là dedans, et je manderay au sieur de Feuquières que à la mesme heure qu'elle sera preste à entrer dedans ledit Roye, il en face sortir les deux enseignes qui y sont, qui sont celles des capitaines Trouville et Brion, ci les envoye dedans vostredite place pour le renfort de vostre garnison, ci affin que si d'adventure les ennemis faisoient telle diligence de vous voulloir aller fermer que vous veissiez que les deux enseignes vous feussent nécessaires avant que la bande dudit baron de Ape soit arrivée à Roye, vous ne demeurerez point despourveu.

« Je vous envoye une autre lettre audit sieur de Feuquières pour vous envoyer lesdites deux enseignes à la mesme heure que vous les demanderez, mais je vous prie que ce ne soit que au besoing et à l'extrémité, affin de ne laisser ledit Roye dépourveu et abandonné sans occasion. Vous regarderez aussi de retirer dedans vostredite place le plus que vous pourrez des soldats qui sont départiz ez forts circonvoysins de vous, sans toutes fois les faire abandonner avant le temps. Comme je m'asseure que vous estes homme de guerre, ce sçaurez bien faire avec les respects et considérations qui y appartiennent. Cependant faites moy sçavoir le plus souvent que vous pourrez de vos nouvelles, et vous asseurez que j'ay icy avec moy de quoi bien garder l'ennemy de faire grant effort devant vostredite place et d'y croupir longuement ; priant, etc.

« Escript au camp de Pierrepons, le dix aoust 1558.

« Vostre antièrement amy,

« Le duc de Guyse. »

Du samedy vingt-cinq juin 1558.

Ce jour, les chambres estans assemblées, la cour a receu les lettres missives du Roy, ensemble du cardinal de Lorraine, desquelles la teneur ensuit :

De par le Roy.

« Nos amez et féaux, il a pleu à Nostre-Seigneur, par sa grande bonté, tant favoriser la vaillance et sage conduite de nostre cher et très amé cousin le duc de Guyse, pair de France, et nostre lieutenant général, que mercredy dernier il mist en nostre obéissance la ville de Thionville, dont nous avons bien voulu vous donner incontinant advis comme à nos plus chers et spéciaux subjects, sçachant combien vous sera agréable une si bonne et heureuse nouvelle, pour en remercier et louer Dieu avecques nous, affin qu'il luy plaise nous continuer la faveur de sa sainte grâce et embrasser nostre juste querelle pour en faire sortir le nécessaire repos que nous cherchons à la chrestienté, ainsy que plus amplement vous entendrez de Longue, l'un de nos secrétaires présent porteur, que nous vous prions croire sur ce, tout ainsy que vous feriez nous mesmes. Donné à Villiers Cotterets, ce quatorziesme jour de juin 1558. *Signé*, Henry, *et plus bas :* De l'Aubespine, et sur lesdites lettres estoit escript : A nos amez et féaux les gens tenans nostre cour de parlement à Paris. »

« *Item...* « Messieurs, si tost que ceste bonne nouvelle est arrivée et sçachant le plaisir que vous en aurez, le Roy a voulu que vous en fussiez des premiers advertis, afin que vous participiez en tout ce que Nostre-Seigneur luy envoye de prospère pour l'en louer et remercier avecque luy, vous advisant que je ne fauldray à mesme qu'il en viendra d'autres à vous en faire semblable part, priant Dieu, Messieurs, vous avoir en sa sainte et digne garde. A Villiers Cotterets, le vingt-quatriesme jour de juin 1558. Au dessoubz est escript : Vostre bon frère et amy C. cardinal de Lorraine, et sur lesdites lettres est escript : A messieurs de la cour de parlement de Paris. »

Après lecture desquelles la cour a délibéré et arresté que pour rendre action de grâces à Dieu de la victoire obtenue de ladite ville de Thionville, ladite cour se levera à neuf heures et ira en l'église Nostre-Dame de Paris faire chanter le *Te Deum*, et pour faire signiffication de ladite victoire a envoyé présentement l'un des huissiers d'icelle faire sonner entre huit et neuf heures les cloches de ladite église Nostre-Dame, affin d'induire le peuple à prier Dieu de trois choses :

La première de la victoire obtenue de ladite ville. La seconde, de ce que la ville a esté gaignée sans effusion de sang au fil de l'espée et riguzur de la guerre.

La tierce et dernière qu'il plaise à Dieu que la prise de ladite ville soit occasion de paix entre les princes.

Lettre du duc de Guyse à monsieur d'Humières.

« Monsieur d'Humières, j'ay receu les lettres que m'avez escriptes des seiziesme, dix-septiesme et dix-huictiesme de ce mois, que j'ay toutes faict veoir au Roy, et vous advise qu'il demeure tousjours de plus en plus satisfaict du soing que vous vous donnez à nous tenir ainsi continuellement advertiz de tout ce que vous pouvez entendre du costé de l'ennemy. Je luy ay aussy faict entendre le contenu en la lettre qui a esté interceptée et faict parler à Sa Majesté le sieur de Bassompierre, qui luy a rendu fort bon compte de ce qu'il a veu au lieu d'où il venoit. Je mène demain coucher ceste armée à deux lieues près de Corbye pour après, selon les nouvelles que nous aurons des ennemys, prendre party ; et s'il s'offre chose qui importe, vous en aurez des premiers la meilleure part des nouvelles. Priant, etc.

« Du camp près Roye, le vingtiesme jour d'aoust 1558. Signé, vostre entièrement amy,

« LE DUC DE GUYSE. »

Lettre du duc de Guyse à monsieur d'Humyères.

« Monsieur d'Humyères, j'ay reçeu la lettre que m'avez escripte du vingt-septiesme de ce mois, par laquelle ay veu les nouvelles que me départez, tant de l'artillerie qui s'achemine au camp des ennemys, que de la mortalité et du nombre des gens de guerre qui sont présentement à Sainct-Quentin ; ce que j'ay faict entendre au Roy, ensemble ce que me faites sçavoir de la munition qu'avez départye aux soldats suivant ce qui vous avoit esté mandé par Sa Majesté, estant d'advis que vous faictes le semblable à ceulx qui sont ez forts de delà ; et n'ayant pour ceste heure autre chose que je vous puisse mander, je feray fin à la présente. Priant, etc.

« Du camp près Amyens, le trentiesme jour d'aoust 1558. Vostre bien bon amy,

« LE DUC DE GUYSE. »

Lettre du duc de Guyse à monsieur d'Humières.

« Monsieur d'Humières, ayant veu la responce que le sieur de Famas a faite aux lettres que vous luy aviez escript pour la restitution de ce qui avoit esté prins par ses gens sur aucuns subjets du Roy au préjudice de l'abstinence de la guerre, laquelle vostre lieutenant m'a envoyée en vostre absence, je fis tout exprès une dépesche à messieurs les députez pour entendre à la vérité si ladite abstinence se devoit pratiquer et prendre pied sur le jour de la conclusion et arrest qui en avoit esté par eux faict ou sur le jour de la publication, affin de vous le faire sçavoir, et à plusieurs autres qui en sont tombez comme vous sur pareils différents que vous en avez avecques ledit de Famas, lequel fait son fondement, à ce que j'ay veu par sadite responce, sur ladite publication qu'il dit n'avoir esté faicte de son costé avant la prinse et course faite par ceux de son party ; mais d'autant que vous maintenez que ladite publication avoit esté faite de vostre costé avant ladicte course, et qu'il semble que ledit sieur de Famas usant de mauvaise foy l'ayt tenue en longueur et en suspens pour donner moyen à ses hommes de faire ce butin, il est indubitable que telle entreprinse ainsi faicte ne sera jamais trouvée raisonnable, ne recevable au préjudice de ceulx qui auront esté les plus diligens de suivre l'intention et volonté de leur prince sur l'exécution de ladite publication ; et pour ceste cause vous ne différerez de poursuivre vostre raison pour la restitution des choses qui auront esté prinses, faisant entendre à vos voisins qui sont tombez en pareille peine de suivre ce chemyn là pour le meilleur et plus asseuré qu'ils sçauroient tenir, car véritablement ce seroit chose fort dure et estrange que ceulx qui ont fait diligence de faire faire ladite publication fussent grevez et travaillez pour la bonne foy dont ils ont usé, estant bien à croyre que sans cela ils eussent esté plus diligens et songneulx de se garder de leurs ennemys, et en cest endroit, monsieur de Humières, je vous prie, etc. De Beauvais, ce 30ᵉ jour d'octobre 1558.

« Vostre bien bon amy,

« LE DUC DE GUYSE. »

Lettre du prince de Condé à monsieur le duc de Guyse.

« Monsieur, voyant de ceste heure ma compaignie de retour par deçà et estant auprès d'Auxerre autant lassé et travaillé que vous pouvez estimer la fatigue d'ung tel voiage, sans l'incommodité que les gentilshommes et soldats peuvent avoir eu, je me suis advisé vous en escrire ceste lettre pour vous supplier bien humblement, Monsieur, me faire ce bien que de me donner advis si je les dois faire marcher plus avant la part où vous serez, ou ce qu'il vous plaira qu'ils facent, encores que pour cela ils ne cessent de gaigner tousjours pais aux plus justes journées qu'il est possible, attendant vostre résolution, laquelle sitost que l'auray entendue de vous, je feray aussi tost accomplir de ceste mesme bonne volonté que après m'estre humblement recommandé à vostre bonne grâce, je supplie le Créateur vous donner, Monsieur, en parfaicte santé très longue vie.

« De la Ferté, ce dix-huictiesme jour de septembre 1558.

« Vostre plus humble et obéissant cousin à vous faire service,

« LOUIS DE BOURBON. »

L'adresse est : *A monsieur, monsieur le duc de Guyse.*

Lettre du vidasme de Chartres à monsieur de Guyse.

« Monsieur, j'envoye ce présent porteur exprès et en diligence envers le Roy pour les occasions qu'il vous plaira veoir par la lettre que je luy escripts, à laquelle je vous supplie très humblement, Monsieur, me vouloir faire faire responce dedans vendredy prochain, et me faire bien entendre sur cela la volonté de Sa Majesté et la vostre, pour y obéir et faire tout le service qu'il me sera possible. N'ayant autre chose à vous escripre pour le présent, je feray fin à la présente par mes très humbles recommandations à vostre bonne grâce, suppliant le Créateur vous donner, Monsieur, en parfaicte santé, très heureuse et très longue vye. De Calais, ce vingt-uniesme jour de septembre 1558.

« Monsieur, après cest éfect qui sera faict ou failly selon le vouloir du Roy dans sapmedy, je vous envoyeray incontinant le capitaine Corvet et forces avecques les aultres, selon la dépesche que le Roy m'en a faicte par Carondelet, et espère vous les envoyer tous pour petit nombre assez bien réquipé pour gens que j'ay trouvé tous dévalisez, principalement de corselets et de morions; quant aux harquebuses que m'avez envoyées elles sont fort meschantes, il en est jà crevé ung quart. J'en ay icy un cent de belles et bonnes que je fis apporter de Paris comme vous escripvis. Je ne les ay encores livré. Mandez moy si vous semble milieur que je les délivre à ceulx que je vous envoyeray, ou si je les guarderay pour ceulx qui demouront en ceste ville, elles sont fort belles, il m'en demeura peu icy si ceulx que envoiés par deçà n'en sont bien fournis. Monsieur, quant à l'efect dont j'escrips au Roy, je vous supplie très humblement vous asseurer sur moy que je l'entreprandray sans azart et eust-il six mille homes dans Gravelines et me retiray et mon artillerie sauve, maugrés eulz; et sy vous assure, Monsieur, que ce sera randre toute la terre doie seure au Roy, ce quy n'est pour le jourd'huy à cause de ses petits forts qui nous tourmentent fort et sont tous les jours sur nos chemains que ne les pouvons trouver dans les foussez qui sont leur enbuscade.

« *Signé :* Vostre hobligé et afectioné serviteur,

« F. DE VENDOSME. »

De par le Roy.

A nostre très cher et très amé cousin le duc de Guise, pair et grant chambellan de France, nostre lieutenant général, et autres nos lieutenans généraux, capitaines, chefs et conducteurs de nos gens de guerre tant de cheval que de pied, de quelque nation qu'ils soient, et autres nos justiciers, officiers et subjects, salut et dilection. Comme pour trouver moyen de faire cesser la présente guerre et mettre la chrestienté en repos ayt ces jours passez esté commancé quelque communication entre aucuns bons, grands et notables personnages, ministres de très hault, très excellent et très puissant prince le roy d'Espagne et les nostres en la ville de l'Isle en Flandres, et sur les ouvertures y faictes entre ledit sieur Roy et nous, que pour veoir si douit commancement de négociation se pourra tirer le fruit nécessaire à la chrestienté. Nous ferons trouver en l'abbaye de Cercamp nos députez d'une part et d'autre en plus grand nombre avecques pouvoir, et ayant à cet effect choisy de nostre part nos très chers et très amez cousins les cardinal de Lorraine, archevesque et duc de Reims, premier pair de France, ledit sieur de Saint-André, marquis de Fronssac et mareschal de France, messire Jean de Morvilliers, évesque d'Orléans, conseiller et secrétaire d'estat et des finances, et de la part dudit seigneur roy d'Espagne, les ducs d'Albe, grand maître de son hostel, messire Guillaume de Nassau, prince d'Orenges, Ruygomes, comte de Mélita, messire Anthoine Perrenot, évesque d'Arras, et Viglino Zwychen, chevalier président et chef de son conseil, tous de son conseil d'estat, et affin que les dessusdits le puissent trouver audit lieu de Cercamp avecques leur suitte et vacquer à ladite négociation en la tranquilité, repos et seureté requise, et de mesme avoir la commodité pour y faire amener vivres et autres choses dont ils auront besoing, et que les messaigers et lettres que de temps à autre leur seront envoyez et qu'ils dépescheront ailleurs seurement.

« Nous, à ces causes et pour y satisfaire de nostre part, nous donnons par ces présentes toute seureté et sauf conduit ausdits députez dudit sieur roy d'Espagne et à ceulx de la royne d'Angleterre, si tant est qu'elle y en veille faire trouver en ladite assemblée, ensemble à leur train, famille, courriers, marchands, vivandiers, serviteurs et quelsconques autres personnes pour venir séjourner et retourner librement depuis la ville d'Arras jusques au camp dès le jour et datte des présentes, tant et si longuement que ladite assemblée et négociation durera, et deux jours après la séparation d'icelle, et sera suspendu l'exploict des armes, sans que de nostre part soit usé directement ne indirectement d'hostilité quelconque durant ledit temps, sur le grand chemin, dès ladite ville d'Arras jusques audit camp, et dudit camp en ladite abbaye de Cercamp, et une lieue d'un costé et d'autre desdits grands chemins, pourveu toutesfois que dès lesdites lieux comprins en ladite suspension d'armes l'on ne puisse partir pour exercer aucune hostilité à l'encontre de nous, nosdits subjects, gens de guerre, serviteurs et ministres, et si aucune innovation s'y faict ledit seigneur roy d'Espaigne la fera incontinant réparer, comme nous ferons de nostre part si aucune chose se faisoit par les nostres à l'encontre de nostre présente sauvegarde, promettant par cesdites présentes, signées de nostre main propre, en bonne foy et parolle de roy, ainsi l'observer inviolablement; si voulons et vous mandons et à chacun de vous en droit soy et si comme celuy appartiendra, que le contenu cy dessus vous gardez, observez et effectuez et faites garder, observer et continuer sans enfraindre; car tel est nostre plaisir.

« Donné en nostre camp près Amiens, soubz le scel de notre secret, le huictiesme jour d'octobre 1558. »

Lettre du duc de Guyse à monsieur d'Humières.

« Monsieur de Humières, vous m'avez fait plaisir d'avoir faict arrester au Bourget les Espaignols qui ont passé par Péronne pour s'en retourner en Espagne; car il ne les fault accoustumer de venir là où sera le Roy, ny les entretenir en opinion que nous leur veillions faire bailler argent pour leurs voyages, et réparer le deffault de leur payement; je vous envoye un saufconduit pour ceulx cy que je vous prie leur faire tenir incontinant et leur mander que de là où ils sont ils preignent et poursuivent leur voyage en Espaigne, sans venir passer par ceste court, ny faire plus long séjour en ce royaume qu'il est porté par ledict saufconduit. Et me semble que vous ferez bien de mander à l'enseigne de vostre compaignie qu'il laisse passer tous ceulx qui viendront vers luy pour s'en retourner en Espaigne, mais qu'il se garde bien de leur riens bailler, affin qu'ils ne fassent leur fondement là dessus, et que avant que partir de Flandres ils apportent l'argent qui sera nécessaire pour la despense de leur voyage. Je commanderay au trésorier de l'extraordinaire le remboursement de ce que vous avez payé pour le duc de Lunebourg, dont il sera besoing que vous luy envoyez les parties, affin qu'il le rabatte sur ses estats, ainsi que vous sçavez que l'on a accoustumé faire en semblable cas.

« Escript à Sainct Germain en Laye, ce neufviesme jour de décembre 1558.

« Vostre bon amy, LE DUC DE GUISE. »

« Monsieur mon oncle, j'ay recouvertz quelques faulcons du Rhin dont je vous en envoye quatre par ce porteur qui m'ont semblez les plus beaux. Je suis après pour avoir des gerfaulx; incontinent que je les auray je ne faudray vous en faire part. Je vous prie, si vous est possible de me recouvrer de quelques sacres pour le héron, m'en envoyer par ce mesme porteur, et me vouloir mander au surplus de voz nouvelles, desquelles j'espère bien tost entendre par le sieur de Melay, que j'ay despêché ces jours passez vers le Roy et vous. Cependant je me recommanderay bien humblement à vostre bonne grâce, et supplieray le Créateur qui vous doint en santé, Monsieur mon oncle, bonne et longue vie.

« De Nancy, ce sixiesme jour de novembre 1558.

« Vostre bien humble neveu,

« CHARLES DE LORRAINE. »

« Monseigneur, ces jours passez monseigneur vostre neveu ayant recouvert quelque nombre de faulcons du Rhin, j'en ay faict choisir quatre des plus beaux qu'il vous envoye par ce porteur. Il espère avoir bien tost des gerfaux. Je tiendray encores la main que les plus beaux vous seront envoyez. Depuis le partement de

qu'il vous plaisoit de m'escripre que je fisse pour le faict desdites bandes, tant pour les prest ou paiements que autres choses, luy aléguant ce que m'aviez mandé et l'autorité de ma charge, à quoy il me respondoit que ce que en adviez par deçà ordonné estoit pour agrandir vos nepveuls, et que ne vous estions pas nepveuls; et ung jour pour un grand malcontantement que heurent les soldatz qui s'en vouloient aller la pluspart pour un prest qu'il leur vouloit faire faire d'ugne......, je luy alegé et monstrés, advecque plusieurs raisons, ungne lettre que vous m'adviez escripte tout au contraire de son opinion, à quoy il me respondit sous parolles : « ces délibérations là se sont faictes en ungne chambre, je voudroys qu'ils fussent icy pour en délibérer » ; d'où je cogneus bien qu'il n'avoit esté contant que luy alléguasse les ordonnances et commandemens que m'aviez faict. Depuis, Monsieur, ayant entendu les fortunes qui estoient advenus par deçà et vostre prise, dont je fus aussi fasché que quel homme de France pour la grande obligation que je vous doibs, alors je mandés un gentilhomme vers le Roy, comme vous pourra dire monsieur de Danville auquel je m'en conseillé, pour le faire souvenir de la volonté que j'advoys toujours eu de luy faire service, et saschant que l'ennemy, après la prinse de Saint-Quentin, comme l'on disoit, vouloit marcher en advant, entrepris de luy remontrer que à mon opinion le plus grand advantage que j'ay jamais congneu que eut eu l'enemy sur nous, a esté de son harquebuzerie, principallement espaignolle, et voyant que de picquiers il s'en levoit en Allemaigne et en France, mais arquebuziers peu, me offris, se luy plaisoit, de luy mener deux mille bons arquebuziers sans en tirer que six cens de ses forces du Piedmont, dont j'advois la charge : ce que le Roy trouvoit bon, et par son commandement pris quatre compaignies françoises des miennes, chascune de cent-cinquante hommes, et quatre cens hommes envoyez davant faire à Lyon, et les mille arquebuziers italiens à pied et deux cens à cheval, aussi beaux et bons qu'il en feust levé il y a longtemps, en si peu de temps, dout il y en avoit pas cens de ceuls là qui feussent à la paye du Roy quand je les fis, et n'y eut capitaine qui demeurist dix jours à la garnison à faire la compagnie, encore que je heusse tout l'empeschement du monde du dit sieur mareschal qui estoit mal content de quoy je avoys faict cest offre au Roy sans son congé, lequel estant ung jour au conseil, tout hault devant tout ceulx du conseil, me dist que je voulois faire comme vous azarder tout le Piedmont en ung coup de dés, comme aviez fait le royaulme de France, et le jour mesme me dist encores, à luy et à moy, que j'avois voulu faire comme le président Bailly, qui advoit faict quelque offre de piquiers au roy du Piémont dont il n'estoit aussy contant; et alors je luy respond comme mon faict n'estoit finances comme celuy du président, mais que quand à vous dont il m'avoit parlé, je aurois beaucoup plus agréable la comparaison sur vous que sur le président, et que j'estois asseuré que si adviez failly ce seroit en pansant et voulant bien faire, comme aussi avoit cest intention, et si je failloy, c'estoit le Roy qui me faisoit faillir.

« Et après plusieurs propos qu'il me tint, me dist que j'avois tant fait que luy ou moy sortirions du Piémond, à quoy je luy respondis que quant il plairoit au Roy me faire cognoistre avoir aussy agréable que je en sorte comme il a faict que je y vinse, je serois aussy prest de en sortir comme je avois esté d'y aller. Depuys je admenoys les dits deux mille arquebuziers à pied et les deux cens de cheval jusques à Lyon sans avoir eu ung seul escu du Roy d'aide, et ainsy les entretins bien troys moys sans piller personne, et me trouvis à temps à Lyon, que je ne vouldrois pour beaucoup pour le servisse de mon maistre avoir failly de m'y estre trouvé, qui fut au temps que aurez peu entendre que un Pol Miler vint en Brée, encores que huict ou neuf cens arquebuziers que admena d'Italie sur les galères de monsieur de Guyse fussent entrez dans Bourg de fortune, mais aussy tost furent les miens prests à y entrer, et y eussent esté bien ung moys plustost, comme ung chacun sçait, sans les empeschements susdits; puis allai à la court sçavoir du Roy qui luy plaisoit que je fisse, et me fust dist par monsieur de Guyse, que le dict sieur mareschal avoit mandé au Roy le mesme propos qu'il m'avoit dict : qu'il falloit qu'il l'ostat luy ou moy du Piémont. Vous suppliant très humblement, Monsieur, me tenir pour excusé si j'ay entrepris vous faire ce long discours, et donné cest ennuy, comme à celuy seul en quy j'ay mys toute mon espérance, et n'ay voulu rechercher ny espérer aultre raison de personne que de vous, et juger sy en cela ay faict acte qui méritast que il me cherchast une telle rigueur. Monsieur, vous me cognoissez mieux que ne vous sçaurois le dire. Je vous supplie aussy vouloir considérer si je suis de si petite qualité, ny la charge qu'il avoit pleu au Roy me donner, ayant autant ou plus employé ma vie et mon bien pour chercher le moyen de faire service au Roy que luy, encores qu'il soit plus vieux que moy; il en a plus faict, mais aussy luy en a t'on donné plus de moyens que à moy; et si la fortune me devoit faire faire ceste honte, encores que je l'aye soufferte du mieulx et le plus patiemment que j'ay peu et fait semblant de le prendre comme l'on a voulu, sans avoir en rien failly ny offensé comme suis tout prest à me justifier, mais j'ay servy mon mestre non comme je estois tenu, mais de bien vouloir, comme je remets au moindre soldatz de delà à en dire la vérité, et me semble que je en avois pris bonne pocession, comme vous ayt dict cy devant.

« Il me semble que non à moy, mais au moindre home d'armes de France, l'on ne luy peult par raison oster sa place sans qu'il ayt failly; je ne pence avoir jamais faict faulte ny chose quy luy deust desplaire, si ce n'est d'avoir heu le service du Roy, à vostre commandement, plus davant moy que son fait particulier. Despuis, Monsieur, le Roy me fist ma dépesche et me paia deus moys pour mon arquebuzerie, mais pour les deux cens arquebuziers à cheval encores que je heusse ses commissions, toutes fois pour lors, selon le temps, ne le voulus presser et me contentois de ce que luy pleust ordonner et satisfis ung chacun, comme tout le monde sçait, puis fus renvoyé en Piémont en ma charge où je demeuris encore deux ou trois mois, et à mon arrivée trouvay que le dit sieur mareschal m'avoit entièrement osté le commandement sur le magazin des armes et pouldre de mes compaignies, et semblablement sur l'infirmerie et hospital, que tous aultres couronnels et mestres de camp ont comme davant moy, et, ad ce que j'ay peu entendre, estoit toujours en voulonté de son proumier propos, mesme me faisant dire qu'il ne vouloit plus avoir que ung mestre de camp et point de couronnel, puis s'en allant à la court me fust escript une lettre par le Roy, par laquelle il me commande l'aller trouver et m'en aller par devers luy instruit et informé de l'estat de ses affaires de par delà, pour luy en rendre bon compte estant par deça.

« Voilà la substance de la lettre que j'ay encore, suivant laquelle je m'enquis le plus que je peus de l'estat et affaires de par delà, et comme s'y passoient toutes choses, et entre aultres en sceut possible quelques ungnes dont il peut estre adverty que je l'advoys sceu, dont il ne fut possible contant, encores que je ne les ay dites ny faites entendre au Roy, comme je les eusse bien peu dire sy je usse voulu, à la grande chairge ce me semble du dit mareschal, comme remettrai à vous dire quand il vous plaira, et en quelques unes ne vouldrai autre tesmoing que vous mesme qui sçavez les choses comment elles sont passées, et maintenant vous veus faire entendre et cognoistre ce quy en est, toutefois, Monsieur, au Roy, je coulai tout cela et luy dis quelque chose de ses affaires de delà, quant il me commanda, dont depuis il peult avoir quelque cognoissance si je luy ay dict verité ou non, et le congnoistra encore plus en ses affaires de par delà, s'il n'y remédie y donnant autre ordre, dont vous rendray bon compte quant il vous plaira, et ne vous diray que chose véritable à peine de ma vie.

« Je croy, Monsieur, que avez souvenance et le Roy aussi en quelle affection et voulonté je eulz de delà de hobéir le dit sieur mareschal et le satisfaire en ce que je usse peu; tout autres lieutenans de Roy, soubse qui j'ay jamais esté ne se mal contantirent onques de moy, et au contraire m'ont fait cognoistre en avoir esté fort satisfaits et contants; par quoy ne puis juger pourquoy il m'a voulu premièrement mal, si ce n'est pour avoir cogneu ma trop grande affection à regarder de près au servisse du Roy, ou pour la grande confiance que je advois en vous, dont je espérois qui me fust plus favorable ayant cest honneur comme moy de estre advoué vostre parant; aussy, Monsieur, ne puis pencer que le Roy me aye voulu oster ma charge, si ne luy a dit quelque mal de moy ou donné à entendre quelque mienne insuffisance en la charge qu'il luy avoit pleu me donner, comme je sçay que à moy mesme et à plusieurs il a dict quelquefois de mon prédécesseur quand il ne s'accordoit avec luy.

« Par quoy, Monsieur, comme celuy en qui j'ay toute mon espérance, je vous supplie très humblement en ce fait où il vous advoit pleu me départir vostre faveur et me acheminer en honneur, et où, soubz vostre protection, je me voulois efforcer de servir sy bien mon mestre, que vous et luy en ussiez contentement de moy, et pence, Monsieur, qui vous souviendra des commandements qu'il vous en pleust me faire pregnant congé de vous à Saint-Germain, mesme ce qu'il vous en a pleu m'escrire, ce que j'ay voullu suyvre au mieulx que j'ay peu, il vous plaise m'estre aidant en raison qu'elle me soit gardée et que ung chacun aye congnoissance si j'ay failly ou non, et sy j'ay faict chose qui aye mérité que l'on m'aye osté ma charge comme l'on a fait, encores, Monsieur, que l'on vous puisse dire que c'estoit en intention de me advancer en plus grand honneur et m'envoyer en Escosse lieutenant du Roy, dont ne ay sy peu de jugement que je n'aye bien cogneu que il m'ont faict, comme dict ung vieulx proverbe, convier ung homme d'asler disner où il n'y advoit pot au feu ny esquelle lavée, car il n'y advoit encore nulle chose aprestée ny délibérée non plus qu'il n'y a maintenant ; et oultre m'avoit'on promis, quand je acceptay faire le bon vouloir du Roy, que ma cherge ne me seroit ostée que je ne fusse prest à me embarquer pour aller en Escosse, et que moy mesme ne la quitasse entre les mains du Roy, et estant à la court ma cherge fut laissée à monsieur le prince de Condé, sans jamais m'en dire ung mot, lequel, Monsieur, mérite trop mieulx que cela, mais je n'ad vois pour cela ny aultre raison, ny, si me semble, mérité que ce tour me fût fait. Cela sera bel exemple à beaucoup d'aultres serviteurs dont j'ay desjà esté de plusieurs alégué.

« Or, Monsieur, entre plusieurs aultres bons serviteurs que le Roy a, je vous assure qu'il n'en a ung seul qui l'ayt plus servy pour l'honneur que moy, ny ayant jamais pencé de prestendre acquérir aultre chose et sa bonne grâce, puisque comme celuy qui me semble doibt estre nostre protecteur et conservateur de tout nous aultres qui dépandons de vous et sommes souz vous, il voubs plaira, si cognoissez que j'aye droit, me despartir vostre faveur comme à celuy qui a tousjours, attentendant vostre retour, comme il a pleu à Dieu vous donner, guardé ceste mesme plainte dans mon cœur, espérant tousjours vous la dire moy mesme ; mais puisqu'il n'a pleu à Dieu m'en donner le moyen, sy tost que l'ay désiré, craignant de trop retarder, ay entrepris de vous importuner de ce long discours, que je vous promets estre véritable, dont il vous plaira me tenir pour escusé, et avoir s'il vous plaist esgard à ma passion, que vous ay tousjours gardée dans le cœur, sans l'advoir jamais voulu dire ny faire cognoistre à personne que à vous seul, en me recommandant, Monsieur, très humblement à vostre bonne grace.

« De Calais, le 8ᵉ jour de février 1559.

« Par vostre très humble et très obéissant à vous faire servisse ,

« Fʀ. ᴅᴇ Vᴇɴᴅᴏꜱᴍᴇ. »

Au mois de mars, par une longue lettre de Sa Majesté adressante à monsieur de Bourdillon et à monsieur l'archevesque de Vienne, les dits sieurs furent informés des intentions du Roy relativement aux princes et seigneurs d'Allemagne, ainsi qu'il suit. Et à la dicte lettre estoit joint un mémoire des choses qu'ils auroient à exécuter, selon le commandement du dit Roy.

« Messieurs, j'ay esté très aise d'avoir veu, par vos lettres du 14 du passé, le discours de ce que vous aviez pû apprendre depuis qu'estiez entrez en pays, tant de ce qui se devoit traitter à la diette que des aultres particularitez de l'Allemaigne, que j'ay trouvé se conformer aux aultres advis qui d'ailleurs m'en sont venuz. Ce m'a esté aussy grand plaisir d'avoir entendu, par vos lettres du 22, que Rouvet m'apporta en extresme dilligence , ce que vous aviez depuis entendu de la ditte diette, et la dépesche que par l'advis de Rascalon vous aviez faitte au comte Palatin qui est de présent, devers lequel, de bonne fortune, quasi au mesme temps, j'avois dépesché l'ung de mes varletz de chambre seullement pour le visiter et sentir, tant du dit Rascalon que des autres serviteurs du feu comte, ce que je me pouvoye promettre de son amityé, affin que si tant estoit que je trouvasse disposé à l'entretènement de celle qui estoit entre son prédécesseur et moy, et qu'il fust pour renouveller le traitté que nous avions ensemble, s'ils trouvoient qu'il fust bon et à propos, je vous feisse à vostre retour passer par là, faisant semblant de le visiter, affin de traicter et conclure, ou bien s'il ne se voulloit déclairer, suyvre le chemin qu'ils adviseroient le meilleur, dont despuis je n'ay eu aucunes nouvelles ; aussy y a-t'il peu de temps que le dit varlet de chambre sera arrivé par devers luy. Bien ay-je receu du dit Rascalon qui m'assure d'aultant d'amytié du dit comte et de faveur pour mes affaires et serviteurs, comme j'en ay desjà eu de son prédécesseur, et semblablement de la continuation de la dévotion des principaulx serviteurs dudit feu conte, qui tiennent encore le mesme lieu de celuy qui l'est à présent, comme ils soulloient auprès de son dit prédécesseur, lesquels il sera bon que vous mectiez peine d'entretenir par lettres, quand l'occasion s'y présentera ; et si les ambassadeurs du dit conte arrivent à la diette, vous comporter de façon avecques eulx, et user de telle démonstration d'amytié en leur endroict, qu'ils congnoissent par là le cas que je fais de celle de leur maistre.

« Je ne veulx aussi oublyer à vous dire que j'ay receu encores vos dernières lettres du 24ᵉ, très ayse du bon et honorable recueil que l'Empereur vous a faict ; en quoy il me semble que vous vous estes comportez si bien et si saigement, tant en ce que luy avez dict et repliqué, que j'en demoure entièrement contant et satisfait ; qui est, à mon oppinion, ung bon commencement, pour estans si solemnellement admis à ceste diette en la présence de tous les princes, establir l'amytié et intelligence que je désire perpétuer, et inviolablement observer avec le Saint-Empire, et les princes d'icelluy, laquelle ayant esté si longuement intermise, j'auray ung merveilleux contentement de veoir si bien renouvellée et confirmée, qu'il ne puisse jamais

28.

rien survenir qui ayt puissance de l'interrompre. J'ay aussi bien notté et considéré les bons et sages records contenus en vos dittes lettres des préparatifs que faict le roy d'Espaigne, et deniers d'attente qui se baillent pour la retenue de cinq ou six mille chevaulx; ce qui m'a esté confirmé par tous les advis que j'ay eus d'une infinité d'endroits, et qui me faisoit croire que je ne me debvois rien promettre que bien à poinct de son amytié, en quelques bons termes que fussent dès lors mes députez avec les siens, sur le faict de leur négociation; et là dessus j'avois fait tenir une dépesche toute prette que je pensoye vous envoyer, pour faire entendre à tous mes collonnels et cappitaines qu'ils s'en veinssent à Basle, sur la fin de ce mois, où j'ay faict achemyner le sieur de Mandosse, avecques charge de leur dire ce qu'ils auroient à faire pour mon servisse, et s'il falloit encore continuer la guerre pour ceste année, leur faire bailler les deniers de leurs levées; ainsi, si nous venions à la conclusion de la paix, leur faire donner l'aultre demye année de leurs pensions, affin qu'ils n'eussent point perdu leur temps d'estre venu jusques là, et les renvoyer les plus contents et satisfaits qu'il eust été possible; qui estoit le sommaire de la ditte dépesche, laquelle, selon ce que j'ay veu croistre d'espérance au faict de la ditte paix, j'ay esté contrainct de retarder jour après l'autre, et jusques à présent, qu'estant tombé d'accord avecques les Angloys, ausquels j'ay accordé de restituer Calais avec tout le territoire que j'ay conquis sur eulx, après en avoir joy huict années, et cepandant de leur bailler des marchands étrangers qui s'obligeront de leur payer cinq-cens-mille escus de peine, au cas que je sois refusant et délayant de faire la dite restitution, le dit temps expiré, et passé. En attendant que je leur aye fourni de leurs obligations, de leur bailler des ostages aultres que princes, et ceulx de grandes et illustres maisons de mon royaume : et considérant d'aultre part que mes députez sont jà d'accord avecques ceulx du roy Catholique sur la plupart des articles du traitté, comme du mariage de ma fille aisnée avec le prince d'Espagne, et de la restitution réciproque des places patrimonialles que nous avons conquises les ungs sur les aultres, je n'ay plus voulu différer à vous faire ceste dépesche pour vous donner advis de tout ce que dessus, et quant et quant vous envoyer ung mémoire de quelques particularitez que j'ay fait mettre à part, pour n'estendre la présente en si long discours, ne voulant oblyer à vous dire, qu'encores que je voye les choses de la dite paix si proche d'une bonne et prompte résolution que je n'en puisse espérer aultre chose que celle qui est nécessaire pour le bien et repos de la chrétienté, si suis-je bien d'advis, pour ne me desnuer tout d'un coup de tout ce qui me seroit nécessaire, si par malheur il falloit continuer la guerre, que vous entreteniez encores quelque peu de temps les collonels et cappitaines qui vous sont venus trouver, attendant que je vous fasse sçavoir ce qu'ils auront à faire, qui sera bientost après la réception de celle-cy, et selon la conclusion qu'aura pris laditte négociation.

« Au demourant, Messieurs, ainsy que ceste dépesche s'en alloit preste pour vous estre envoyée, j'ay receu la vostre du 7ᵉ de ce mois, par laquelle j'ay entendu ce que me faittes sçavoir des nouvelles du lieu où vous estes, de la visitation que vous avez esté faire de l'archiduc Charles, fils de l'Empereur, de l'honneste response que vous avez rapportée de luy, et de ce que vous estes délibéré faire pour la visitation des électeurs et princes de l'Empire, que vous avez, avecques grandes raisons, différée jusqu'après la proposition que j'ay baillée pour estre traduitte, et en veoir le contenu, s'il y a chose qui requière response, de la vous faire avecques ma première dépesche qui suivra ceste-cy de bien près.

« Ayant trouvé bon, au demourant, que le colonnel Grombach demeure auprès du nouveau conte Palatin pour l'effect que m'escripvez : et quant aux cappitaines qui se sont présentez à vous pour entrer en mon service, je n'ay nul besoing de croistre en cela mes despencez, et toutesfois suys bien d'advis que vous les remerciez de la démonstration qu'ils font de leur bonne volonté, de laquelle vous leur direz que j'auray bonne mémoire pour le reconnoistre envers eulx si l'occasion s'en offre cy après, sans vous eslargir aultrement de leur rien promettre qu'ils puissent tirer en obligation. Et pour le regard des deux marquis de Bade, il m'a semblé que je ne m'en doibs résouldre sans premièrement veoir quelle yssue prendra le faict de la susditte négociation de paix, car selon cela il fauldra que je me gouverne en toutes mes retenues, et que voulant faire dépense durant la paix à l'entretènement de quelque nombre de princes, collonels et cappitaines allemands, je regarde d'en faire une si bonne élection, que je ne me charge que de ceulx desquels je pourray tirer plus de service au besoing, et recueillir plus d'utilité de la dépense que j'auray faicte à les entretenir si longuement.

« Priant Dieu, Messieurs, qu'il vous ayt en sa sainte garde.

« Escript à Villiers-Costeretz, ce 21ᵉ jour de mars 1559. »

Mémoire du Roy envoyé dans la lettre du Roy cy dessus transcripte.

« Le Roy ayant entendu ce que messieurs de Bourdillon et archevesque de Vienne luy ont par cy devant mandé de ce qu'ils avoient découvert du faict de Codignac, qu'ils ont détourné de son chemyn pour le faire venir de deçà, lequel à son arrivée a donné telle intelligence de toutes ses pratiques que le dit sieur en est demouré bien fort esclaircy.

« Et pour ce qu'estant si meschant et malheureux qu'il est non seulement d'avoir quitté et habandonné le service de son prince et naturel seigneur, pour servir son ennemy contre luy, mais, qui pis est, changé la foy et la religion chrétiesne pour prendre celle des Turcs, comme plusieurs fois il en a esté chargé, on ne le peut trop cruellement punir ; le plus beau remède qu'il semble à Sa Majesté pour empescher l'effet de sa meschante volunté, et remédier à ses malheureux desseins, est d'en dépescher le pays, s'il est au monde possible, et en son endroict praticquer un chemyn extraordinaire.

« Pour lequel effect, estant ez lieux où sont les dits sieurs de Bourdillon et de Vienne, avecques des gens qui n'ont pas la conscience moins large que le dit Codignac, le Roy les prie d'adviser s'ils ne pourroient trouver quelques ungs qui voulussent entreprendre, passant par là, comme il fault qu'il passe de brief pour s'en retourner en Italie, de luy mettre un chaperon à gorge, et l'amener mort ou vif, promettant à celuy qui le pourra faire, que le Roy luy donnera mille escus comptant, laquelle taille il veult qu'on luy mette sur sa teste, et que surtout lesdits sieurs regardent de n'employer à cela personnes qui ne soyent secrettes, et pour faire exécuter un tel faict, en sorte qu'une si meschante et malheureuse créature soit exterminée comme elle le mérite ; estimant Sa Majesté que le dit sieur archevesque de Vienne l'a tant de foys veu, qu'il en donnera de si bons indices, que ceux qui feront la dite entreprise ne pourront faillir de le recognoistre, et attraper à poinct.

« Que semblablement Courtelary est arrivé revenant de devers Grombach et Sitznitz où il avoit été envoyé, par lequel ils luy font entendre qu'ils estoient, suivant la charge qu'ils en avoient de Sa Majesté, fort avant entrez en propos avecques le marquis Jehan de Brandebourg, fils de l'électeur, pour l'attirer à son service, duquel il avoit eu si bonne response, qu'il avoit envoyé ung gentilhomme devers le roy d'Espagne pour quitter son service, délibère, incontinent qu'il seroit de retour, de leur faire entendre sa dernière résolution, laquelle ils espéroient estre grandement à la dévotion et satisfaction de Sa dite Majesté ; au moyen de quoy les dits sieurs de Bourdillon, et de Vienne, si les dits colonnels se trouvent à la diette, et leur parlent de ce que dessus, les conforteront en cela avec les plus honnestes paroles, et si générales toutefois, qu'elles ne puissent obliger à rien Sa dite Majesté, en attendant que sur ce elle ait pris plus ample résolution, dont elle les advertira ; et pour ce qu'ils parlent aussy de quelques conseillers du dit marquis qui ont grande part avec luy, avecque entière congnoissance des affaires d'Allemaigne, qu'ils désirent estre approuvez de Sa Majesté, lesdits sieurs de Bourdillon et de Vienne mettront peine de sçavoir quels gens ce sont, et s'ils mériteront que le Roy les retienne, et à quelle pension, pour l'en advertir, et leur en mander après son intention comme du demourant.

« Il ne veult aussy faillir de leur faire entendre comme ung homme qu'il avoit envoyé devers le duc Auguste, est retourné despuis 4 ou 5 jours, par lequel il a reçu lettres du dit duc Jehan Guillaume de Saxe, qui est en France, pour la crainte qu'il avoit que le Roy avec les troupes qui revenoient de son service, le voulust favoriser pour le recouvrement de ses pays, mais qu'il luy avoit levé ce soupçon, par l'assurance qu'il luy avoit donnée que Sa Majesté ne seroit jamais pour se laisser conduire pour prester faveur ou ayde à personne vivante qui luy voulust courre-sus, pour l'amytié qu'il luy avoit tousjours portée, et à feu son frère, de façon que, s'il vient à la diette, il sera bon que les dits sieurs de Bourdillon et de Vienne, en les visitant, s'il luy en estoit demouré aucune scintille en l'opinion, mettent peine dextrement de la luy oster, et l'assurer, aultant qu'il sera possible, de l'amytié et bonne volunté dudit sieur, tant envers luy que tous les siens.

« Au surplus, M. le cardinal de Tournon a escript au Roy du 10 du moys passé, que l'abbé de St.-Salut, retournant de la court du roy d'Espagne, est passé par l'Allemaigne, où le duc Auguste luy a tenu certains propos pour faire entendre au dit sieur cardinal de Tournon ; qui est, que l'Empereur estant de présent à Auguste, voyant la difficulté que le Pape fait à sa confirmation, se plaint grandement de luy, non tant pour l'intérest particulier qu'il y peult avoir, que pour la peur qu'il a que ce peu qui est resté de bon audit pays d'Allemagne, quant à l'obéissance de l'Église, ne soit contraint de changer d'opinion, ou endurer beaucoup de mal des protestans qui leur vouldront courir sus à son très grand regret et desplaisir, à quoy il ne sçauroit toutes fois remédier, ne luy en estant pas donné le moyen ne l'authorité. Sur quoy le dit duc Auguste avoit donné charge au dit abbé de Saint-Salut d'aller trouver le dit sieur cardinal de Tournon, et de sçavoir de luy si le Roy seroit content d'en escripre au Pape, pour, avecques la faveur de Sa Majesté, essayer de rabiller cela, et que, si le dit duc Auguste pensoit que le Roy ne le trouvast mauvais, il essayeroit de faire que le dit Empereur envoyeroit par deça ung personnage de qualité devers Sa Majesté pour l'en prier, et en faire ouverture à l'archevesque de Vienne, et au seigneur de Bourdillon, ses ambassadeurs et députez à la diette du dit Auguste. A quoy le dit cardinal de Tournon fit response au dit abbé de Saint-Salut, qu'il ne sçauroit juger de si loing qu'il estoit si le Roy le trouveroit bon, ou mauvais, mais qu'il ne fauldroit d'en escripre à Sa Majesté, comme il a faict, ainsy que dict est.

« Et encores que iceluy abbé de Saint-Salut soit personnage qui avec sa lentitude cherche ordinairement de mener quelque praticque pour se faire de feste, et que, suivant cela, il a par aventure pu forger ce discours de luy mesme, si est ce que ledit sieur n'a pu trouver que très bon l'advis que sur ce luy a donné iceluy sieur cardinal de Tournon, c'est à sçavoir de faire entendre ce propos audit sieur archevesque de Vienne et sieur de Bourdillon; car c'est chose qui ne peult tourner qu'à l'honneur et réputation de Sa Majesté, si le dit Empereur vouloit envoyer devers elle pour l'effect dont est question. Toutesfoys, lesdits sieurs de Vienne et Bourdillon se donneront bien garde de faire en riens du monde sentir, ne mesme donner opinion au dit duc Auguste, que iceluy sieur recherche aulcunement à se voulloir mesler de ceste affaire, mais bien s'il en estoit prié et requis, il y fera tout office digne de l'amytié qu'il porte du dit Empereur, et qu'il désire perpétuer entre leurs deux majestés, ayant mandé au dit sieur cardinal de Tournon qu'il n'y aura point de mal qu'il en escripve un mot audit abbé de Saint-Salut, comme de luy mesme, affin qu'il sçache par la response qu'il a reçue de Sa Majesté sur ce qu'il luy avoit faict entendre du dit propos, si on le trouvera prest à s'employer, et de bon cœur, en ce qui touche la ditte affaire, si tant est que Sa ditte Majesté en soit recherchée, et non aultrement, et pourront faire les dits sieurs de Bourdillon et de Vienne regarder et adviser là dessus s'il sera bon que en prenant couleur d'aller visiter ledit duc Auguste ils taschent, sans faire semblant de rien, et toutesfois avec la dextérité et industrie dont ils sçauront user en cest endroit, de le faire tomber sur ce propos, affin que si ledit duc Auguste se trouve en la mesme disposition que le dit abbé de Saint-Salut a rapporté au dit sieur cardinal de Tournon, il ayt occasion d'en faire ouverture aux dits sieurs de Vienne et de Bourdillon, et eulx de luy en responder, suyvant les contenus cy dessus. »

Lettre sur copie de M. le connestable à messieurs de Bourdillon et archevesque de Vienne.

« Messieurs, vostre dépesche du 7 de ce moys m'a esté icy envoyée par le Roy, par laquelle j'ai entendu tout ce qui se passe par delà, et la proposition que y a faitte l'Empereur, n'y voyant riens que ne soit bien pour le présent, estant bien esbahy que, depuis mon partement de la court, vous n'en ayez point oy de nouvelles, ne eu lettres de ce qui se fait icy, dont j'escripts au Roy et aux secrétaires qui sont là pour mieulx vous y satisfaire à l'advenir, jugeant assez que telles négligences peuvent nuyre aux affaires de Nostre Majesté, mesmement estant attachés à l'affaire qui se traite icy, de l'estat duquel j'estimois qu'on vous feist ordinairement part, vous advisant que finalement nous avons accordé avec les Anglois, par où Calais demoure au Roy pendant huit ans, et après le doibt rendre en l'estat qu'il sera, avecques aultres certaines conditions qui seroient longues à vous escripvre; mais tant y a que les choses sont bien de ce costé là, et jà avons aussy accordé avecques les Espagnols la plus grande partie de ce qu'avions à desmesler ensemble. Ne reste plus qu'au fait de M. de Savoye, sur lequel nous sommes, et estimons que ceste négociation n'a point passé si avant qu'il n'en reste quelque fruict. Toutesfois, comme les choses du monde sont incertaines, de rien ne vous veulx-je assurer, seullement vous advertis de l'estat de nostre négociation jusques à aujourd'hui; par ainsi vous ne sçauriez mieulx faire pour le service du Roy d'avoir l'œil ouvert, affin qu'il ne se remue ou practique par delà aulcune chose à son préjudice, dont ne soyons de bon' heure advertis, et sur tout s'il se commencera par delà aucune levée près ou loing de vous, dont les serviteurs du Roy, qui seront là, debvront bien avoir nouvelles; de ma part je ne fauldray aussi à vous advertir de ce qui succédera de ceste assemblée : cependant je prieray Dieu, Messieurs, vous donner, etc.

« De Chasteau Cambresis, le 23 jour de mars 1559.

« Vostre bon amy,   « MONTMORENCY. »

Monsieur de Guyse qui estoit resté auprès du

Roy pendant que la paix se préparoit à Château Cambresis, escripvit la lettre suivante à monsieur le duc de Nivernois, pendant ledit mois de mars.

« Monsieur mon compagnon, pour ce que vous verrez par la lettre que le Roy vous escript, tout le discours du voiage que a faict icy monsieur mon frère, monsieur le cardinal de Lorraine, et avec quelle résolution il est party ce matin dès le point du jour, je ne vous en feray point de nouveau discours par ce petit mot de lettre qui sera seullement pour vous reconfirmer que j'espère qu'il ne sera besoing que vous faites le voyage pour lequel Sa Majesté vous avoit depesché Coucault ; car, ce dernier point de Verseil a esté accordé, nous ne voyons qu'il reste aucune chose qui empesche que, dès le lendemain, ils ne mectent la main au traitté pour le signer, dont si tost que nous en aurons eu les nouvelles, je n'oublieray à vous faire part des premiers. Cependant je continueray à me recommander tousjours bien affectueusement à vostre bonne grâce, en priant Dieu, Monsieur mon compagnon, qu'il vous doint bonne et longue vie.

« De Villiers-Costerets, ce vingt-sixiesme jour de mars 1559.

« Vostre bien humble compaignon, cousin et amy, « François de Lorraine. »

Sur le dos est écrit : *A monsieur mon compaignon, monsieur le duc de Nivernois, gouverneur et lieutenant général pour le Roy ez pays de Champaigne et Brye.*

Monsieur le duc de Guyse, en l'absence du connestable, envoyoit aussi des instructions en Allemagne, comme on le voit par la lettre suivante dudit duc, à messieurs de Bourdillon et de Vienne.

« Messieurs, vous avez esté longuement sans avoir eu nouvelles de nous, aussy jusques icy sommes demourez si irrésolus de ce que nous devions espérer ou de paix ou de continuation de la guerre, que nous ne sçavions à quoy nous résoudre de ce qui seroit à faire de vostre costé, et mesmement, pour le regard des collonnels et cappitaines qui ont esté mandez et qui vous sont venuz trouver ; car, d'entrer en une si grande despense que de les charger de faire leurs levées, et de leur bailler l'argent nécessaire, pour, au mesme instant, venir à une conclusion de paix, ce eust esté une despense infinie et si inutile qu'il n'eust pas esté possible de plus ; aussy de les renvoyer aussy absolument que si nous eussions déjà eüe ladite paix pour toute résolüe et assurée, il y eust eü danger de nous tromper, et de reculer tellement les préparatifs requis pour le soustenement de la guerre, qu'il eust esté bien aysé de nous prendre au despourveu : et voyla comme remettant la dépesche qui vous avoit esté faicte là dessus de jour à aultre, le temps s'est coullé, pendant lequel vous n'avez eu aucunes nouvelles de nous : encores verrez-vous par ceste cy que nous ne nous pouvons résouldre si absolument de la chose, qu'il ne faille attendre quelques journées dedans lesquelles nous espérons estre du tout dedans, ou dehors de ce traitté, et lors vous advertirons résolument de ce que vous aurez à faire : ayans cependant faict acheminer le sieur de Mandosse à Basle, qui a l'argent à la main pour lesdictes levées, si par malheur il en falloit encore venir là, sinon il l'employera au payement de l'aultre demye année de la pension desdits collonnels et cappitaines, et aux aultres affaires, selon ce que le Roy luy en fera sçavoir ; cependant il est force que vous entreteniez encores pour quelque peu de temps lesdits collonnels et cappitaines, suivant ce que ledit sieur vous en escript, lequel demoure si satisfaict qu'il n'est possible de plus des sages déportemens que vous avez à le tenir aussi souvent adverty de ce que vous y connoissez digne de luy, à quoy vous luy ferez fort agréable service de continuer ordinairement, priant Dieu, Messieurs, vous donner ce que plus désirez.

« Escript à Villiers-Costerets, du vingt-unicsme jour de mars 1559. »

Lettre de monsieur de Guyse à messieurs de Bourdillon et archevesque de Vienne.

« Messieurs, vous verrez par ceste dépesche, ce qui est à la fin succédé de la négociation de la paix, et ce que le Roy a advisé pour le congé de ses collonels et cappitaines de reistres, qu'il désire estre renvoyez avecques le plus que l'on pourra de contentement, et c'est pourquoy il a esté d'advis de leur faire bailler par advance la seconde demye année de leurs pensions, aussy pour leur fermer la bouche de ne demander récompense de la dépense qu'ils vouldroient dire avoir faicte à la diette, en attendant le commandement de Sa Majesté, chose à quoy il sera bien besoing que vous pourvoyez le plus dextrement qu'il vous sera possible pour vous sauver de ceste querelle, où ces gens là entrent assez souvent avecques aussy légière occasion. Si tost que le discours de ladite paix auroit esté dressé, je vous en feray envoyer une copie, considérant combien il est nécessaire que vous en sçachiez les particularitez pour infinies occasions.

« J'ay receu vostre lettre du huict de ce mois, avecques l'incluse qui estoit en chiffre, à laquelle je n'ay pour ceste heure aultre response à faire, ny d'ailleurs de quoy estendre la présente.

« Si ce n'est de prier Dieu, Messieurs, qu'il vous doint bonne et longue vie.

« Escript à Villiers-Costerets, ce vingt-neuviesme jour de mars 1559.

« Nous avons receu vostre dépesche du quinze et seize de ce mois, ainsy que ceste cy estoit preste à signer, pour laquelle ne retarder plus longuement l'on ne vous a pû faire response que sur le faict des cappitaines pensionnaires, remettant à vous la faire entière sur le demourant d'icy à ung jour ou deux, que je vous feray par mesme moyen envoyer le discours de la négociation de la paix, dont je vous escritps cy dessus.

« Vostre entièrement bon amy.

« FRANÇOYS DE LORRAINE. »

Lettre de messieurs de Bourdillon et archevesque de Vienne, au Roy, en response d'une précédente dépesche de Sa Majesté.

« Sire, entre plusieurs causes qui nous ont meu à dépescher ce porteur exprès, les principales sont que ayant entendu de bon lieu que les Estats de l'Empire sont disposez de nous faire bientost response sur ce que leur avons cy-devant proposé de vostre part, laquelle response eüe il ne nous restera rien à plus négocier pour vostre service, et partant, Sire, ne pourrions honnestement faire plus long séjour icy, s'il ne vous plaisoit avant que laditte response fust rendue nous commander quelque autre chose, et ainsy que plus amplement il vous aura pleu entendre, Sire, par nos précédentes du 26ᵉ jour du mois passé, par quoy il est nécessaire que sur ce point il vous plaise d'heure nous en faire advertir. L'autre cause est, Sire, que n'ayant eu depuis que sommes arrivez par deçà aucune response à neuf ou dix despêches qu'avons faites, il ne peult estre que ne soyons en peine non tant de la réception de tous nos pacquets, car à ce qu'entendons ils ont esté portez seurement, et rendus fidellement en Suysse, comme de plusieurs particularitez contenues en noś lettres, où nous supplions, Sire, entendre vostre bon plaisir et vouloir, et surtout si ceste négociation a passé selon vostre gré et intention. Davantaiges, les nouvelles estant icy communes que la paix est arrêtée et concluë entre vous, Sire, et le roy Catholique, ce que non seulement tous les ambassadeurs asseurent par lettres qu'ils ont receus de Bruxelles du 29 du passé, mais aussy l'Empereur mesme à la relation seulle du comte d'Aremberg qui le luy a ainsy dict, a faict remercier Dieu ez églises de ceste ville; et néantmoings voyant que ledit sieur Empereur n'a eu lettres de ce faict, ny nous aussy, ny l'ambassadeur du roy Catholique, combien qu'il y ayt sept jours que ce bruit est icy tout commun, nous désirerions, Sire, pour le bien de vostre service en sçavoir la vérité, tant pour satisfaire à vos cappitaines et collonnels, qui demandent de jour en aultre sçavoir ce qu'ils auront à faire, comme aussy pour respondre à ceulx qui publient par toute l'Allemaigne les conditions de ceste paix estre fort désavantageuses et inesgales pour vostre regard. La tierce cause est, qu'ayant pleu à Dieu de visiter moy Bourdillon, et de prendre ma femme, il me seroit bien fort expédient, s'il vous plaisoit, Sire, me faire ceste grâce de m'en retourner au plustost en France, pour composer mes affaires domestiques, qui ne peuvent estre que bien endommagées par une telle mutation, vous suppliant très-humblement, Sire, me vouloir accorder congé pour mon retour, et mesmement que n'ayant rien plus à faire par deça, que d'attendre la responce desdits États de l'Empire, et vous tenir cependant adverty de ce qui succédera, mon collègue en ceste charge y pourra bien suffire, et vous rapporter à son retour la responce que maintenant nous attendons, et rendre compte de ce que depuys mon partement sera icy advenu. Cependant, Sire, en quelque sorte que vos affaires soient disposez, nous vous supplions de croire que nous ne voyons par deça chose qui soit pour vous debvoir faire changer ce que auriez résolu, soit pour entrer en paix, si tant est qu'elle ne soit encore concluë, ou pour continuation de la guerre, mesmement veu la pluralité des poincts qui se traictent en la diette, où le faict de la religion entre aultres qui est sur le bureau, ne peult être vuidé sans longueur, veu aussy la division qui est entre ces princes, et la saison qui est desja tant advancée, que ny résolution qui sçauroient prendre, ny exécution qui s'en pourroit ensuyvre, vous pourroient apporter aulcun dommage, ou préjudice, ainsy que par nos précédentes il vous aura pleu entendre, Sire, et qu'il nous semble debvoir encores icy répéter, pour estre le poinct auquel prenons plus de garde, et le neu de ceste négociation.

« Sire, pour estre toutes choses au mesme estat qu'il vous aura pleu entendre par nos précédentes du deuxième de ce moys, nous n'estendrons plus avant la présente, ains prierons Dieu, Sire, vous donner en santé trèz longue vie.

« D'Auguste, le 7ᵉ jour d'april 1559. »

Lettre sur copie de MM. de Bourdillon et archevesque de Vienne à M. le connestable.

« Monseigneur, pour aultant qu'on estime que nous aurons bientost responce sur ce qu'avons proposé, et que partirons à regret d'icy sans avoir une seulle lettre du Roy sur tant de dépesches qu'avons faictes, et mesmement pour sçavoir s'il luy plaist nous commander aultre chose cependant que sommes sur les lieux, il nous a semblé estre plus que nécessaire de dépescher ce pourteur exprès, affin qu'en toute dilligence il nous puisse rapporter ce qu'il plaira au Roy en ordonner, et mesmement sur le retour de moy, Bourdillon, pour le besoin que j'ay de donner ordre à mes affaires domestiques, qui sont tous descousus par une telle mutation advenue en mon absence, comme la perte de ma femme, joint le peu d'affaires qui restent par deça, à quoy il sera bien aysé à ceulx qui demoureront prendre garde, vous suppliant, Monseigneur, tenir la main à ce que responce sur ceste dépesche nous soit faicte au plutost, et considérer que la saison estant si advancée qu'elle est, et les divisions estant telles qu'on veoyt par deça, il n'y a chose qui puisse advenir ceste année, laquelle soit suffisante pour altérer le cours des affaires du Roy. Au demourant, Monseigneur, il vous plaira pourvoir à l'estat du cartier où nous sommes entrez, ainsy que devant nous avons escript, soit pour avoir moyen de retourner en France, ou pour subvenir à la nourriture de celuy qui demourera icy, si tant est que l'on diffère à nous bailler la dite responce.

« Monseigneur, pour estre toutes choses au mesme estat qu'il vous aura pleu entendre par nos précédentes, nous mettrons fin à la présente, après nous estre recommandez très-humblement à vostre bonne grâce, priant Dieu de vous donner la sienne.

« D'Auguste, le 7e jour d'april 1559. »

Double d'une lettre de M. l'archevesque de Vienne à M. le cardinal de Lorraine.

« Monseigneur, le pauvre monsieur de Bourdillon ayant entendu la mort de sa femme demoure sy désolé et marry qu'il n'aura jamais bon temps qu'il n'ayt congé de retourner en France; quant à moy j'en désirerois bien autant, veu qu'il n'y a rien plus à faire, n'estoit qu'il est nécessaire d'attendre la réponce des Estats de l'Empire sur ce qu'avons proposé, ce qu'on nous faict entendre sera bientost, et partant nous est bien besoing de sçavoir d'heure du Roy s'il luy plaist nous commander quelque autre chose avant que desloger d'icy ; ceste diette est pour estre longue, veu le faict de la religion qu'on a entamé. Tant y a que je ne puis veoir chose par deça laquelle nous doibve faire altérer le cours de nos affaires en quelques sortes que les vueillions disposer, soit à la paix, ou à la guerre : qui est en substance, Monseigneur, tout ce qui se peult escripvre, sinon que je vous envoye ung discours que j'ay faict de l'estat auquel la religion se trouve maintenant en Allemagne, lequel j'eusse plustost envoyé, n'eust esté que je ne sçay que deviennent toutes nos dépesches, car à neuf ou dix pacquets qu'avons envoyé n'avons eu responce à ung seul, en quoy j'ay eu un peu plus d'assurance en ce porteur, qui est expressement dépesché, affin qu'il nous vienne trouver aveq quelque response.

« Monseigneur, je me recommande à vostre bonne grâce, priant Dieu vous donner la sienne.

« D'Auguste, le 7e avril 1559. »

Les affaires d'Allemagne continuoient d'occuper monsieur le connestable et monsieur de Guyse, en mesme temps que le traité de paix alloit se signer au dit Chasteau Cambrésis; les ordres se succédèrent rappidement.

Lettre sur copie de monsieur le connestable à messieurs de Bourdillon et archevesque de Vienne.

« Messieurs, j'ay trouvé à mon arrivée en ceste court que vous aviez jà esté satisfaits sur la pluspart du contenu en vostre lettre du quinze du mois passé, mesmement quant au licentiement que vous avez fait des collonels et cappitaines pensionnaires qui avoient esté mandez pour vous venir trouver, que le Roy a eu fort agréable, pour s'estre trouvé ce que vous en avez fait conforme à ce qu'il vous en escripvoit. Il a aussy esté pourveu pour vous faire bailler encore deux mois de vos estats; et par deux ou trois dépesches consécutives qui vous ont esté faictes, il vous a esté respondu sur les vostres précédentes, et mandé à ce que j'ay sceu, tout ce qui se pouvoit escripre des choses de deça. Présentement l'on vous envoye un petit sommaire du traitté de paix où vous verrez comme toutes choses y sont passées, vous tenant si sages et advisez que vous ne vous estendrez à en dire à l'Empereur, ny aux électeurs et princes de la Germanie que vous congnoissez affectionnez au party du Roy, ce que vous sçaurez bien juger estre à faire pour leur donner quelque contentement de l'estime que Sa Majesté fait d'eux de leur vouloir faire part d'une si bonne nouvelle, le demourant demourra secret entre vous pour en responre si l'on vous en parle le plus à l'advantage du service dudit sieur, et de sa repputation qu'il vous sera possible, priant Dieu, Messieurs, qu'il vous doint bonne et longue vie.

« Escript à Soissons le huict apvril 1559.

« Vostre bien bon amy. Montmorency. »

Lettre de M. de Guyse aux mesmes.

« Messieurs, j'estime que de ceste heure vous aurez receu les dépesches qui vous ont esté faites responsives à toutes celles que nous avons eues de vous par cy devant, et pouvez bien croire que l'incertitude et longueur qui s'est trouvé en la conclusion de la paix qui sembloit de jour à aultre si proche, et par conséquent le doubte où nous estions si l'on feroit faire nos levées ou non, a esté cause du long temps que vous avez esté sans avoir de nos nouvelles; de ceste heure vous pourrés avoir entendu le bon mot de la conclusion de ladicte paix, et avecques ceste dépesche vous aurez le discours des choses comme elles y sont passées, qui vous sera grant plaisir comme je m'assure, m'ayant esté impossible de le vous faire envoyer plustost, parce que messieurs nos députez avoient réservé plusieurs choses dudict traitté à faire entendre au Roy jusques à leur arrivée qu'il a fallu attendre pour le sçavoir et vous advertyr de toutes particularitez par ung mesme moyen. J'ay fait pourveoir comme je vous ay mandez à vous faire fournir encores deux mille livres pour chacun de vous, et ne veulx finir ceste lettre sans vous dire que le Roy reçoit ung si grant contantement des saiges et prudens déportemens que vous usez en toutes choses qui s'offrent au lieu où vous estes, et a trouvé vostre proposition si saige et si bien et prudemment digérée qu'il en est demeuré entièrement satisfaict; et là dessus je veois prier Dieu qui vous doint, Messieurs, bonne et longue vie.

« Escript à Soissons le huict apvril 1559.

« Vostre entièrement bon amy.

« François de Lorraine. »

Ordre du duc d'Albe espousant Elisabeth de France, fille aisnée du roy Henry II, comme procureur de Philippes II, roy d'Espagne, en l'église Nostre-Dame de Paris, l'an 1559, au mois de juin.

Le Roy ayant entendu par ses ministres que le duc d'Albe, sujet du roy d'Espagne, devoit venir en sa capitale ville de Paris, pour prendre, comme procureur, à espouse sa première fille au nom dudict roy d'Espagne, et sçachant qu'il estoit fort près de Paris, envoya aucuns princes de sa cour parer à l'avantage pour luy faire le recueil, comme appartenoit à la bien-séance, lesquels princes estoient : monseigneur le prince de Condé, les révérendissimes cardinaulx de Lorraine et de Guyse, le duc de Lorraine, le duc de Nivernois, monsieur de Guyse, monsieur d'Aumale, le duc de Bouillon, monsieur de Nemours, le prince de Ferrare et plusieurs autres qui estoient suivis de leurs pages, habillez comme à tels princes appartenoit et portans leurs livrées enrichies de broderies d'or mises sur soye de veloux de couleurs; allans ainsi d'ordre en tel équipage d'ordre, ils parvindrent jusques au lieu de rencontre, où les révérences là faites comme il convenoit bien de faire à tels princes d'un costé et d'autre, lesquels princes l'accompagnèrent jusques au Louvre, où le Roy l'attendoit. Or, l'entretenant quasi tousjours le duc de Lorraine, gendre du Roy, ils parvindrent jusques audict Louvre, les gens allant deux à deux, qui estoient en grand nombre, comme pages en nombre de cent cinquante portans habillemens entremeslez de trois couleurs, laquais et autres suivans aux princes, tous si bien équipez et si braves qu'ils donnoient de l'admiration aux spectateurs. Après lesquels marchoient les princes tant d'Espagne que de France, les uns devant, les autres derrière; entre lesquels le duc de Lorraine l'entretenoit par paroles jusques à ce qu'ils arrivèrent au Louvre. Or, le Roy avoit gagné la dernière porte du Louvre, et les deux cens gentils hommes qui ont accoustumé de l'accompagner marchoient par ordonnance, devant lesquels marchoient les Suisses, autrement appelez la garde du Roy; lesquels au nombre de trois cens s'entresuivoient, après lesquels, monsieur le connestable marchoit devant le Roy, donnant le signal et l'ordre nécessaire. Le Roy bien tost après suivit, lequel de près s'entretenoit avec monseigneur le roy d'Escosse, dauphin de France, son fils aisné, et aucuns des plus grands de sa cour, lequel, estant apperceu du duc d'Albe, fut incontinent d'iceluy caressé; lequel s'efforça par trois diverses fois de baiser les pieds de Sa Majesté, monstrant la soumission espagnolle à ses princes. Au contraire le Roy par autant de fois le souslevant l'embrassa, ne voulant permettre qu'il s'humiliast tant envers luy, mais comme à la propre personne du roy d'Espagne, duquel il estoit le procureur, luy faisant cet honneur de le faire marcher coste à coste de luy, le mena à la salle de son beau chasteau du Louvre, où il luy fit voir la Reyne son espouse, à laquelle ayant fait la révérence et luy ayant baisé les mains, il vint à madame Elisabeth, fille de France; à laquelle ayant présenté les recommandations du roy d'Espagne son maistre, et luy ayant délivré un présent de par luy, la laissa pour aller faire la révérence à madame Marguerite seur unique du roy et fille du roy François premier, l'asseurant de la briève demeure que feroit encore le prince de Piémont, pour venir jouyr du plaisir qui luy estoit préparé, lequel desjà estoit hors de son pays pour s'acheminer vers la France; ce qui aporta beaucoup de joye à ladite dame.

Cependant les sermens de la paix estans faits pendant quelques jours, enfin les lettres de pouvoir furent recogneüs pour faire ceste action célèbre de procureur du roy d'Espagne, et le jour des noces estant arrivé, et chacun ayant mis ordre à son affaire, le duc d'Albe, procureur pour ledit roy d'Espagne, qui avoit accoustumé de se tenir simplement, ce jour mit une couronne close à l'impériale ornée de pierreries entortillées et se revestit d'accoustremens de draps d'or, ausquels estoient enlassés de menues pierreries: sa livrée estoit de trois couleurs, noire, jaune et rouge, à laquelle estoit attaché du passement d'or et force broderie, les chausses rouges dont la nerveure estoit enrichie de passement d'or, le pourpoint de satin jaune avec force broderie, chacun ayant la tocque de velours noir, et les plumars pendans de rouge et de noir : d'un autre rang estoient plusieurs pages ainsi acoustrez marchans à pied : après lesquels pages ceux du prince d'Orenge marchoient, tous ayans livrée jaune, sur lesquels estoit force broderie de fil d'or, en aussi grand nombre, ou peu s'en falloit, que les autres, luy ayant un manteau tout battu d'or, des mesmes chausses, et le chapeau de guères différent : après lesquels autres messires Espagnols, accoustrez tous de la livrée des maistres ausquels ils estoient soumis, marchoient d'ordre quatre à quatre. Ledit duc d'Albe ainsi accompagné partit de son logis qui estoit à l'evesché de Paris, où avoit couché madame Elisabeth, la vint saluer, laquelle estoit ornée d'une robbe toute batüe en pierreries précieuses, tant qu'on n'eust sceu voir sur quoy elles estoient mises, et avoit une couronne sur la teste pareillement close à l'impériale, aussi enrichie de plusieurs pierres précieuses ou trois vergettes d'or, sur lesquelles estoient assises ces pierreries, au haut desquelles pendoit entre les trois cercles un gros diamant; suivoit la reyne de France, sa mère, en pareil équipage, horsmis la couronne, qui estoit accompagnée des reynes d'Escosse et de Navarre en pareils habits, hormis les livrées qui estoient entremeslées, les damoiselles desquelles marchans après elles d'ordre, avoient robbes de satin violet bordées à chaque bord de fil d'or, et pierreries en grand nombre. Les autres princesses et dames, ayans leurs damoiselles toutes habillées de leurs livrées, arrivèrent ainsi accoustrées sur un théatre couvert de velours violet, entresemé des armoiries de France et d'Espagne, entre lesquelles la devise du Roy estoit escrite en or et estoit mise en ce lieu; et furent espousez par l'évesque de Paris revestu d'ornemens à luy propres. Cela fait, fut la reyne catholique proclamée femme du roy d'Espagne par le duc de Guyse en jettant la largesse accoustumée au peuple qui estoit là en grande abondance. Ces cérémonies achevées, on fut au disner qui estoit préparé à l'evesché avec telle solemnité qu'il n'en fut jamais faite de plus grande. Après vespres toute ceste compagnie royale s'en alla au palais, qui aussi estoit préparé pour ledit jour, là où fut fait le souper royal : on ne sçauroit qu'à peine décrire les bravades et magnificences des princes et grands seigneurs qui furent faites les jours suivans, suffit de dire que c'estoient choses admirables.

Projet de l'ordre qui se devoit tenir aux fiançailles dudit roy d'Espagne.

Pour les fiançailles qui se feront à la haute salle du Louvre, du Roy catholique et de Madame fille aisnée du Roy, le duc d'Albe sera conduit devers le Roy par les princes à qui tout sera ordonné.

Après le contract de mariage, leu dans la chambre du Roy, le Roy et la Reyne entreront en la salle.

Les ambassadeurs seront assistans en ladite salle.

Les fiançailles se feront par un cardinal.

Les fiançailles faites, se commencera un bal.

Ledit bal finy, le Roy et la Reyne se pourront retirer en leur chambre ou antichambre, cependant que l'on dressera les tables.

L'assiette de la table du Roy sera sur le haut des deux tables joignans en potence à celle du Roy.

Les princes, princesses et autres seront assis en ladite table ainsi qu'il a esté ordonné.

Après le souper, il se dansera un bal, et après le Roy et la Reyne iront en leur logement de Nostre-Dame.

Au festin qui sera fait le jour desdites fiançailles.

Le Roy et la Reyne seront assis au milieu de la table.

A la main droite seront assis ceux qui s'en suivent :

La Reyne Catholique, le duc d'Albe, monseigneur le duc d'Orléans, madame de Lorraine, madame la princesse de Condé, un cardinal, monsieur de Montpensier, madame la douairière de Guyse, madame la princesse de la Roche-sur-Yon, madame de Guyse.

Un cardinal, madame de Vaudemont, un cardinal, madame de Nevers, un cardinal, l'ambassadeur du Pape, l'ambassadeur de Portugal, l'ambassadeur de Venise, l'ambassadeur de Ferrare, l'ambassadeur de Mantoue.

A la main gauche de la Reyne ceux-cy s'ensuivent:

Le Roy dauphin, la Reyne dauphine, monseigneur d'Angoulesme, madame Marguerite, madame de Savoye, madame d'Estouteville, madame de Saint-Paul, un prince, mademoiselle la princesse de la Roche-sur-Yon, madame de Vaudemont, mademoiselle de Montpensier, un prince, madame de Rotelin, mademoiselle de Longueville, madame la marquise d'Isle, un prince, madame d'Elbeuf de Nevers, madame de Valentinois, mademoiselle d'Aumale, la mareschale de Saint-André.

Continuation à droite.

Un cardinal, madame de Montmorency, un cardinal, la duchesse de Bouillon.

Continuation à gauche.

Un prince, mademoiselle de Bouillon, un prince, la duchesse de Boulloy (sic).

La table dessusdite aura deux potences, esquelles après les seigneurs et dames dessus nommez, les autres apparentes dames, damoiselles et filles de la reyne d'Escosse et de la reyne de Navarre, seront assises sans rang; et seront aussi assis esdites potences, entre les susdites princesses, dames, damoiselles et filles, messieurs les princes cardinaulx et chevaliers de l'ordre, et autres sans rang.

Les prévots des marchands et eschevins seront pour se trouver à la célébration du mariage de ladite Élisabeth avec le susnommé roy d'Espagne, l'an 1559, le vingt-un juin.

Le mercredi vingt-un juin, environ les huict heures du matin, monsieur de Lézigny, maistre d'hostel du Roy, vint en l'hostel de la ville semondre messires pour eulx trouver, le lendemain jeudy vingt-deux jour dudit mois, vestus de leurs robbes de soye, en l'église de Paris à la célébration du mariage de madame Élisabeth, première fille du Roy, et du Roy catholique, Philippes II, roy d'Espagne, en vertu de la procuration passée au duc d'Albe; et au souper, en la salle du palais : ce que messires promirent faire, et firent dresser mandement à messieurs les conseillers qui ne sont point des cours, et au seize quarteniers seulement, mais il ne s'en trouva guères.

La célébration du mariage de ladite Élisabeth, l'an 1559, au mois de juin.

Messieurs de la ville, accompagnez d'aucuns des conseillers en peu de nombre, et des quarteniers, archers, arbalestriers, haquebutiers et sergens estans vestus de leurs robbes de soye my parties de satin cramoisy et tanné, sortirent tous ensemble et allèrent au cloistre Sainct Germain de l'Auxérois où estoient leurs mules, et là se mirent en ordre et s'en allèrent droit à Nostre-Dame de Paris pour assister à la célébration du mariage de madame Élisabeth : entrèrent dedans le chœur, où ils trouvèrent messieurs de la cour au costé dextre, messieurs des comptes et les généraux au costé senestre, et y avoit bien peu de place pour messieurs de la ville, et furent la pluspart d'entre eux debout sans se pouvoir asseoir.

Environ le midy, après que le dernier coup de la messe de l'espousée fut sonné, monsieur l'évesque de Paris alla à la porte de l'église pour faire ledit mariage, selon la coustume de nostre mère sainte Église. Ce fait vindrent dedans le chœur et marchoient premièrement les évesques, après eux les archevesques.

Suivoient messieurs les cardinaux de Lorraine, de Guyse, de Sens, de Lénoncourt, Strossy et autres.

Après suivoient les cent gentilshommes de la maison du Roy.

Après eux, les chevaliers de l'ordre.

Après, marchoit monsieur le grand escuyer vestu d'une robbe de drap d'or

Après, monsieur le connestable vestu d'une robbe de drap d'or fourré de lubernes blanches.

Après, monsieur le duc de Guyse et autres grands princes et seigneurs.

Après, monsieur le duc de Lorraine.

Après luy, le roy d'Escosse, dauphin de France.

Après, vint le Roy qui menoit l'espousée, si richement vestue et accoustrée tant en sa couronne impériale qu'elle avoit sur la teste, que en son accoustrement de corps, que ce seroit prolixité de l'écrire par le menu.

Suivoit la Reyne avec la reyne d'Escosse, madame Marguerite et toutes les princesses vestues de tant de riches habits garnis de pierreries qu'elles faisoient étinceler les yeux des assistans de leur lueur.

Pendant que l'on disoit la messe solemnelle, les hérauts d'armes du Roy, l'un estant sur le théâtre, devant le portail Nostre-Dame, et l'autre sur le pont de bois fait emmy la nef, jettoient au peuple grande quantité d'or et d'argent en criant *largesse*. La messe dite, le Roy, la

Reyne et les princes s'en retournèrent au logis de l'Evesché, et messieurs de la ville s'en revindrent disner en l'hostel de la ville, et après disner, sur les quatre heures, s'en allèrent au palais pour y souper; aucuns y entrèrent à grande force, les autres n'y sceurent entrer, ny plusieurs de messieurs de la cour, qui furent contraints eux en retourner en leurs maisons et encore ceux qui y estoient entrez eussent voulu en estre hors pour la grande confusion qui y estoit.

Mémoire des meubles pour Madame sœur du Roy, qui devoit espouser le roy d'Espagne.

Deux accoustremens de pierreryes.
Six robbes de toille d'or frizé et six cottes.
Deux robbes de broderye et deux cottes.
Quatre robbes de toille d'or et de toille d'argent plaine et quatre cottes.
Une robbe de veloux cramoisy avec du passement d'argent large, et une cotte de mesme.
Une robbe de veloux jaulne doré avec du passement d'argent, et une cotte de mesme.
Une robbe de veloux noir avec du passement d'or et d'argent, la cotte de mesme.
Une de veloux noir avec du passement d'argent, la cotte de mesme.
Une robbe de satin blanc avec du passement d'or, une cotte de mesme.
Une robbe de damas blanc avec du passement d'argent, une cotte de mesme.
Une robbe de satin cramoisy avec du passement d'or, la cotte de mesme.
Une robbe de damas cramoisy avec du passement d'or et d'argent, et une cotte de mesme.
Une robbe de satin jaulne paille avec du passement d'argent, la cotte de mesme.
Une robbe de satin blanc avec de l'or et de l'argent, et une cotte de mesme.
Une robbe de satin violet avec du passement d'or et d'argent, la cotte de mesme.
Une robbe de damas gris avec de l'or, et la cotte de satin gris avec de l'or.
Des cottes sans or et argent de satin cramoisy, de satin blanc, de satin jaulne doré, de satin jaulne paille, de damas blanc, de satin columbien, de veloux cramoisy, de haute couleur, de veloux jaulne paille, de veloux jaulne doré, de veloux violet, de veloux noir, de satin noir.

Pour le jour de ses nopces.

Un manteau à la royalle, ung bort de broderye d'ung pied, une cotte dessoubz de drap d'or corps et manches.
Ung manteau de nuict de toille d'argent plaine, fourrée de loups serviers.
Une vasquine de satin jaulne doré passementée toute d'argent avec le corps et les manches.
Une juppe fourrée de satin jaulne doré avec du passement d'argent à l'entour.
Une tapisserie pour la chambre, de toille d'or damassée par laizes et de veloux cramoisy de hault couleur.
Le lict et le daiz de veloux cramoisy de haulte couleur, passementé de demy pied, et demy pied de grand passement large d'or.
Pour la salle une tapysserie aussy de toille d'or et veloux cramoisy de haulte couleur par laizes, et le daiz de mesmes.
Pour la garde-robbe, salle et chambre, des tapisseries de haute lisse, et la vaisselle d'argent pour sa chambre.
De la vaisselle d'argent pour la servir à sa table et sa maison.
Le linge tant pour sa personne que pour sa maison.
Une lictière acoustrée comme il les fault.
Six hacquenées et ung chariot.
Cinq mullets de coffre avec les couvertures.
Une hacquené acoustrée de toille d'argent frisée.
Pour la Royne Daulphine et Mesdames des robbes de toille d'argent frisée et des cottes de mesmes.

Mémoire de ce qu'il faut pour Madame.

Premièrement: une tapisserie de veloux cramoisy violet par layses de toille d'or frisée toute jaune, qui sera pour sa chambre, avec le lict grand ciel et daiz de mesmes chayses et tabourets.
Pour la salle, une tapisserye de veloux cramoisy violet par layses de toille d'or damassée toute jaulne, avec le daiz de mesme et une chayse pour s'assoir à table.
Ung tappis de veloux violet avec ung passement et une frange d'or à l'entour pour sa table de nuict.
Ung coffre de nuict de veloux violet aux quatre coings acoustré d'argent doré avec l'ense au milieu doré.
Ung mirouer acoustré d'or, le vallet pour le tenir de mesme, une pellotte de veloux violet acoustré d'argent doré à l'entour.
Une poche de veloux violet à mectre ses peignes, avec du passement d'or à l'entour: des petites époussettes, le manche de veloux violet acoustré et doré pour nettoyer ses peignes.
Des vergettes pour nettoyer ses besongnes de veloux, le manche de veloux violet acoustré d'or.
Ung bougier doré, ung poinçon et une longue esguille doré, deux petites chaufferettes d'argent ainsy qu'on en montrera le patron.

Deux tappiz veluz pour mettre à l'entour de son lict, ung tappis de veloux violet avec ung passement et frange d'or à l'entour pour mectre sur le buffet.

Ung grand tappis velu pour mettre soubz ses pieds en la salle.

Une tapisserie de haute lisse pour sa salle, une pour sa chambre et une pour sa garderobe.

Ung lict de veloux violet avec des passements d'or et le daiz de mesme, douze linceux, douze chemises de jour, douze chemises de nuict ouvrez, et une douzaine de rouailles ouvrées d'or et d'argent, et une douzaine de souilles dorilléz ouvrées d'or et d'argent, et de la toille de Hollande pour faire le demourant du linge qui luy est nécessaire, la quantité que l'on monstrera en estre besoing.

Ung petit lict avec ung pavillon de damas violet, frange d'or, pour celle qui couchera en sa chambre, une paillasse pour ses femmes de chambre, avec ung pavillon de camelot violet, frange de soye violette.

Six coffres de bahu pour porter ses besongnes.

Quatre flambeaux d'argent doré.

Quatre chandeliers à mectre contre les murailles, d'argent doré, comme ceulx qui sont en la chambre de la Royne.

Ung valet d'argent doré pour tenir le flambeau, comme celluy qui sert devant la Royne.

Ung bassin pour se laver les mains, et une esguierre, le tout doré.

Une couppe dorée, ung essay doré.

Ung petit bassin doré pour laver la bouche.

Ung vaze doré pour jetter la lescive sur la teste.

Une petite cuvette à mectre le mortier, qui soit dorée.

Une petite chaufferette dorée de la façon qu'on monstrera.

Une buye dorée et deux petits flacons dorez.

Une bassinoire d'argent.

Ung bassin à laver la teste.

Une cuvette à laver les jambes.

Ung grand coquemart et ung petit.

Ung pot à pisser.

Une petite cuvette à mectre la chandelle.

Ung bassin pour son bourlet, et ung pour sa chaize persée.

De la vaisselle d'argent pour la servir à table et pour toute sa maison, et du linge pareillement.

Quatre licts pour ses huict filles, avec des pavillons de damas violet frangéz de soye violette, pour les quatre licts, douze paires de linceulx de toille de lin, ung lict de damas noir pour la gouvernante, et troys paires de linceulx de lin, une paillasse pour leurs femmes avec ung pavillon de sarge violette, et trois paires de draps, et six aultres paires pour les deux licts de la chambre de Madame.

Un entour de lict pour Madame, qui soit d'escarlatte violette avec des passementz d'or et soye violette.

Une lictière.

Pour l'escurie.

Une lictière couverte de veloux violet, frange d'or, et le dedans de satin violet pourfillée d'or, comme celle de madame de Lorraine, les harnois de mullets de mesme, au mulletier une saye de veloux violet et ung manteau de violet tout bendé de veloux jaune.

Quatre pages abillez de veloux violet avec de l'or, et des manteaux de drap violet bendez de veloux.

Quatre laquais abillez de veloux violet et jaulne, et les manteaux de violet bandez de veloux.

Une planchette de veloux violet frangée d'or.

Une hacquenée pour sa personne enharnachée de veloux violet acoustré d'or, et ung manteau de drap violet acoustré d'or, et ung taffetas violet acoustré d'or avec les davantieres de mesme, et ung de veloux violet acoustré d'or.

Ung harnois de drap d'or pour le lendemain de ses nopces, une malle de veloux violet frangée d'or, à porter ses manteaux. Ung manteau de veloux violet frangé d'or, doublé de taffetas pour mectre en sa lictière.

Huict hacquenées pour ses filles, enharnachées de veloux violet avec des franges d'or, huict manteaux avec les davantiers de drap violet bendez de veloux violet avec des bizettes d'or dessus, et une tresse d'or au bout, huict chappeaux de veloux violet avec une tresse d'or autour et des plumes violettes acoustrées d'or.

Quatre lacquais pour les filles abillez de satin violet, et jaulne, et des manteaux de drap violet bandez de veloux jaulne.

Quatre hacquenées pour les femmes qui vont avec elle, enharnachées de veloux noir, quatre manteaux avec les davantiers de drap noir bandés de veloux noir, et des chappeaux de veloux noir.

Deux palfreniers abillez de drap violet bandé de veloux jaulne et deux aydes.

Deux chariots branslans, doublés de drap violet, les deux chartiers et les deux lacquais abillez de drap violet et jaulne.

Troys mullets pour sa lictière, six mullets pour son lict et ses coffres, six couvertures de drap violet et jaulne en broderie.

Une grande garderobbe pour mectre les abillemens de Madame.

Une autre garderobbe pour mectre les

abillemens des filles et leur gouvernante.

Neuf coffres de bahu pour les huict filles et leur gouvernante, quatre coffres de bahu pour les femmes de chambre.

Une chayère persée de veloux violet frangée, ung bourlet de mesme et ung pavillon de damas violet frangé d'or pour mectre sur ladite chayère.

Ung manteau à la royalle, de veloux violet fourré d'hermines tout dyapré d'or et la cotte et manche de mesme.

Quatre robbes et quatre cottes de drap d'or et d'argent frisé.

Quatre robbes et quatre cottes de toille d'or et toille d'argent plaines et damassées.

Une robbe et une cotte de satin blanc pourfilée d'or.

Une robbe et une cotte de damas blanc pourfilée d'or.

Une robbe de taffetas blanc avec du passement d'or à jour, de quatre doits de large, pour mectre à l'entour, et la cotte de mesme.

Une robbe de satin cramoysi, pourfillée d'argent, et la cotte de mesme.

Une robbe et une cotte de damas cramoysi, pourfillée d'or et d'argent.

Une robbe de veloux cramoysi de haulte couleur, avec du passement d'or et d'argent à l'entour de demy pied de large, et la cotte de mesme.

Une robbe et une cotte de veloux violet, pourfillée d'or.

Une robbe et une cotte de satin violet, pourfillée d'or et d'argent.

Une robbe et une cotte de veloux noir, avec du passement large à jour d'or et d'argent.

Une robbe et une cotte de satin noir, avec du passement d'argent large à jour.

Une robbe et une cotte de damas noir, avec du passement d'or large à jour.

Une robbe et une cotte de taffetas noir, avec des passemens larges à jour d'or et d'argent.

Une robbe et une cotte de damas violet, avec du passement d'or à jour large.

Une robbe et une cotte de satin jaulne paille, couverte de passement d'argent.

Une robbe et une cotte de veloux jaulne paille, avec un passement d'argent large à jour.

Une verdugade couverte de camelot d'or violet.

Une juppe dessoubz de mesme, de la tresse d'or au bout.

Un manteau de nuict de toille d'or violette, doublé de mesme, brodé de tresse d'or.

Un manteau de nuict pour tous les jours, de damas violet avec du passement d'or large à jour.

Une couverture de verdugade, pour tous les jours, de damas violet avec du passement autour, large, à jour.

Enfin les despences qui ensuivent furent encore ordonnées pour les dictes noces que le Roy voulut estre magnifiques.

A Gilles de Suramont, orfèvre du Roy, 288 livres, sur son payement de l'or et façon de deux couronnes que ledit sieur luy a commandez pour servir aux noces de mesdames Élisabet et Marguerite, fille et sœur du Roy.... 288 livres.

A Jean Bonneau, marchand muletier, demeurant à Lyon, 500 livres, pour deux mulets poil bay, vendus et livrez au dit seigneur, qui en a luy mesme fait le prix, et à l'instant fait don à madame Élisabet, sa fille...... 500 livres.

A Me Oudart le mercier, trésorier des offrandes et aumosnes dudit sieur, 36 livres, qu'il a fournie es mains de monsieur le duc d'Albe; sçavoir, 13 escus pour offrir à la messe, le jeudy 22e juin 1559, célébrant comme procureur le mariage du roy des Espagnes et de madame Élisabet, fille du Roy, et deux autres escus pour les offrandes des dits seigneurs et dames...................... 36 livres.

A Antoine du Bois, sieur de Bergeris, grand prevost de la connestablie de France, 138 livres, que ledit sieur a ordonné pour aider aux frais à faire conduire l'argent que le Roy a envoyé en Flandre, pour partie du mariage du roy d'Espagne...................... 138 livres.

A Claude Bobie, mercier, demeurant à Paris, 178 livres 166 deniers pour 10 aulnes 1/3 de volant à 7 fr. l'aulne, pour des manchettes ouvrées d'or, d'argent, et de soye, pour 39 aulnes de toille de Lyon, 1 once de fil de Florence, etc., desquelles choses le Roy a fait don à la Reyne Catolique, sa sœur............ 178 livres.

A François Daniel, marchand, demeurant à Paris, 210 livres pour 4 collets à l'espagnolle d'or et d'argent, 20 aulnes 1/3 ouvrage blanc de Florence, que le dit sieur a donnez à la Reyne Catolique, sa sœur.......... 210 livres.

A Jacques Daner, marchand de soye, demeurant à Paris, 281 livres pour six livres de soye noire déliée et perlée, pour 17 livres de soye de plusieurs sortes, dont le dit seigneur a fait don à la Reyne Catholique sa sœur.... 281 livres.

A Pierre Grassent, dit de Provence, marchand, demeurant à Paris, 203 livres 13 deniers, pour 160 aulnes de passement et bisette de fil blanc de Florence; pour 1 livre de fil de Florence, 12 crespes de fisle, 36 aulnes ouvrages blancs, fil de Florence estroit, demie aulne ouvrage large, fil de Florence, et du tout fait don à la dite Reyne, sa sœur....... 203 livres.

A Noël Pins, mercier à Paris, pour 20 aulnes de ruban large de soye blanche, pour trois grosses d'éguillettes de soye, pour deux grosses d'esguillettes de fil blanc, le tout donné à la dite Reyne Catolique....... (*sic.*)

A Nicolas l'Évesque, faiseur de peignes, demeurant à Paris, 21 livres pour deux douzaines de peignes de beine; pour une douzaine de peignes de bouy dont le Roy a fait don à la dite Reyne...................... 21 livres.

A André Thomas, joailler au dit Paris, 32 livres 10 sols pour trois milliers de grenats dont le Roy a fait don à la Reyne Catolique sa sœur................. 32 livres 10 sols.

A Pierre Plancon, épinglier de la Reyne, 58 livres pour 116 milliers d'espingles grosses, moyennes et petites, qui en a fait don à la Reyne Catolique.

A Richard Toustain, orfèvre, 6 livres 10 sols pour un poinçon à accoustrer tresses et six grosses coneilles à lasser, le tout d'argent, donné à la dite Reyne............ 6 livres 10 sols.

A Françoise Poteau, jardinière, 9 livres pour dix-huit douzaines de chapeaux d'œuillets blancs, et deux douzaines bouquets longs, huit douzaines communs et deux douzaines bouquets blancs à 6 sols la douzaine, l'un portant l'autre, pour le jour des noces de la dite Reyne dont le Roy luy a fait don............. 9 livres.

A Jeanne Godefroy, lingère, 94 livres 19 sols pour plusieurs ouvrages, dont le dit Seigneur a fait don à la dite Reyne. 94 livres 19 sols.

A Caterine Saiot pour plusieurs ouvrages de son métier, donnés à la dite Reyne..... (*sic.*)

A Thomas Ecouffier, passementier de la Reyne, 336 livres 8 sols 9 deniers pour vingt-deux aulnes et demie de bisette et passement d'or, d'argent et de soye, huit aulnes deux tiers bisette dentelle et paillette, quatre aulnes deux douzièmes bisette d'or, d'argent et de soye, 6 aulnes 1/2 bisette de mesme dentelée, neuf onces six gros cordons rons or, argent, soye, donnez à la dite Reyne... 336 livres 8 sols 15 deniers.

A Jean Jehannet dit Herpin, marchand de chevaux, 1467 livres 10 sols pour XI courtaux vendus au Roy, qu'il a donnez à sa sœur, sçavoir 8 pour ses charriots et trois pour ses pages et muletiers........ 1467 livres 10 sols.

A Yuon Mascot, marchand de chevaux, 280 livres pour trois haquenées, données par le Roy à la Reyne Catolique...... 280 livres.

A Guillaume le Fieu, receveur de l'escurie de la Reyne mère, 100 livres pour une haquenée donnée par le Roy à la dite Reyne, sa sœur. 100 livres.

A Guillaume la Beau, marchand de chevaux, 362 livres 10 sols pour trois haquenées, dont le Roy a fait don à la dite Reyne... 362 l. 10 s.

A Nicolas Chariot, 62 livres pour une autre haquenée que le Roy a donnée à la dite Reyne, sa sœur...................... 62 livres

A Bonnaut Frette, aussy marchand de chevaux, 100 livres pour un courtaut donné à la dite Reyne................. 100 livres.

A Robert de Nogent, marchand de chevaux, 500 livres pour chevaux donnez à la dite Reyne. 500 livres.

A Jean Pierre et Robert de la Noüe, brodeurs, 1000 livres sur ce qui leur est deu pour la fourniture et façon d'une littière que le Roy a commandée pour la dite Reyne.... 1000 livres.

A Mathurin Bruneau, orfèvre de monseigneur d'Orléans, 1000 livres pour façon et fourniture des hoquetons des fourriers et couverture des mulets de la dite Reyne Catolique. 1000 liv.

A Estienne Croquet, brodeur, 250 livres pour partie de la broderie d'un manteau que le Roy luy a commandé pour la dite Reyne... 250 l.

A Annibal Foussard, mercier de la Reyne mère, 250 livres pour partie de ce qui luy est deu pour chapeaux et bonnets des demoiselles, pages et laquais de la dite Reyne..... 250 l.

A Sébastien le Gaigneux, sellier de la Reyne mère, 400 livres pour selles et harnois de l'équipage de la dite Reyne...... 400 livres.

A Richard Calais, bosselier, 250 livres pour partie des dorures des harnois de l'escurie de la dite Reyne................... 250 livres.

A Gratien Pibaleau, chaussetier, 50 livres pour les façons des chausses des pages et laquais de la Reyne Catolique......... 50 livres.

A Antoine Spire, tailleur de la Reyne mère, 100 livres pour les façons et acoutremens de la Reyne Catolique............. 100 livres.

A Jean Bruslé, cler de M. Guillaume de Marillac, maître des comptes, 1500 livres pour son remboursement de l'argent employé à 51 pièces d'or et 1250 d'argent, portant la figure du roy Philippe et de madame Élisabeth, son espouse: 50 pièces d'or et 877 d'argent pour estre jettées (par les hérauts) par forme de largesse les jours des noces desdits seigneurs, sçavoir le jour de celles du Roy Catolique XII cents IIII^{xx} I pièces, sçavoir 21 d'or et XII$^{c.}$ d'argent, XL. d'icelles d'or, 20 de chacune figure, qui ont esté mises ès mains de monseigneur le connestable pour en faire la distribution, et le reste mis ès mains du Roy...................... 1500 liv.

A François du Jardin, orfèvre du Roy, 1626 livres, faisant partie de 2346 livres, pour plusieurs ouvrages commandez par le dit seigneur, sçavoir 153 livres 12 sols pour plusieurs chatons d'or, pour l'acoutrement de 43 chapeaux de triomphes, 508 livres pour l'or et façon d'une ceinture contenant 60 pièces et 68 chaisnons émaillié de blanc, 132 livres pour un carcan contenant 67 pièces, 14 fleurs et 26 petites fleurs, 398 livres 8 sols pour une autre ceinture contenant 45 pièces et 45 fleurs, compris la couppe, 247 livres 46 sols pour la coutoire contenant 65 fleurs et 65 pièces, 856 livres pour 48 boutons, garnis de 18 tables de rubis et d'une fleur émaillée de blanc et 48 autres boutons aussy garnis de 48 tables de diamans émailléz de rouge et vert, et 49 livres 4 sols pour avoir accoustré plusieurs chaisnes et patenostre et autres vaisselles d'argent que le Roy a donné à la Reyne.................. 1626 livres.

A Jean Dallemart, maître charpentier à Paris, 2500 livres pour un perron de charpenterie au bout des Licès de la rue Saint-Antoine, près les Tournelles, et un grand eschaffaud, depuis le perron jusqu'à l'hostel de Graville, pour le tournoix qui y a esté fait à l'occasion des susdits mariages.................. 2500 livres.

A Guyon le Doux, maître peintre, demeurant à Paris, 3003 livres pour avoir fait l'enfoncement du palais, la grande salle du palais et frise estant autour, fourny bouy, lière, chandeliers et autre chose.............. 3003 livres.

A M. Charles le Comte, charpentier demeurant à Paris, 4250 livres pour ouvrages de charpenterie en la grande salle du palais et ailleurs comme en l'église Nostre-Dame et maison épiscopalle.................. 4250 livres.

A Jean Richardeau et Jean de Beaucousin, orfèvres demeurant à Paris, 30 livres pour voyages à Fontainebleau pour estimer bagues et joyaux pour les dits mariages.... 30 livres.

A Jean Picard, imagier, 512 livres pour avoir fait tous les personnages de moulleure qu'il falloit au dit perron, jusqu'au nombre de 16, et quatre à la salle des tenans et 18 pièces de moulleures pour les chandeliers de la grande salle du palais, garnis de roulleaux... 512 livres.

A Guillaume Maumier, tapissier et garde des meubles de Fontainebleau, 542 livres pour la voiture du dit seigneur, depuis Fontainebleau jusqu'à Paris, et pour autres ouvrages. 542 l.

A Jean Dhierce, garde des meubles du chasteau d'Amboise, 492 livres 15 sols pour la voiture desdits meubles et autres parties.
492 livres 15 sols.

Idem, 70 livres pour faire amener la tapisserie de 20 chambres d'Amboise à Fontainebleau, à Paris.

A M. Francisque Sabet, maître menuisier à Paris, 110 livres pour un portail qu'il a fait devant l'hostel de Graville, où estoit la salle des tenans................ 110 livres.

A Josse Queldra, menuisier à Paris, 225 liv. pour la menuiserie qu'il a fait pour mettre devant le grand perron de l'église Nostre Dame de Paris...................... 225 livres.

Au mesme, 65 livres 10 sols pour l'enrichissement de 32 loges, dans la grande salle du palais, garnies de cartouches... 65 liv. 10 sols.

A Pierre Clément, marchand potier de terre, demeurant près Beauvais, 21 livres 12 sols pour 36 grandes cruches de terre de Beauvais, pour mettre de l'eau pour le service des tenans.
21 livres 12 sols.

A Christophe de Levas, maître menuisier à Paris, 42 livres pour 6 chaises ferrées, prestes à couvrir de velours, pour servir aux chambres et garderobes des députez des Roys Catolique et duc de Savoye................ 42 livres.

Au mesme, 37 livres pour 12 chaises et 12 escabelles de bois de noyer qu'il a fournies et livrées pour le service du duc d'Albe, prince d'Orenge, comte d'Egmont, députez du Roy Catolique.
37 livres.

Au mesme, 70 livres pour 36 chandeliers à croisées et des tables pour servir au palais le jour des noces................ 70 livres.

A Françoise Revase, 150 livres pour deux tapis de Turquie pour servir au logis des députez du Roy Catolique et du duc de Savoye, et après estre mis aux meubles du Roy. 150 l.

A Marie le Riche, 180 livres pour 12 petits tapis de Turquie, pour servir au logis des dits députez, et ensuite estre mis aux meubles du Roy...................... 180 livres.

A Estienne Piquebeuf, natier, 141 liv. 9 sols pour 353 chaises à natte, tant à la salle de l'évesque de Paris, salle des tenans, qu'ailleurs.
141 livres 9 sols.

A Marin le Vasseur, vitrier, 12 livres pour 6 panneaux de vitre de verre mis à l'hostel de Graville dans la salle où le Roy et les tenans s'armoient................ 12 livres.

Ensuite sont rapportez plusieurs articles pour la despense des meubles et autre chose pour le tournoy et pour les autres cérémonies.

Puis encore est la despense pour la salle qui fut faite dans le parc des Tournelles pour les festins des noces du Roy Catolique et de madame Élisabet, fille du Roy Henry, de M. de Savoye et de madame Marguerite, sœur du feu roy Henry, de mesme que pour le triomphe du tournoy fait à cause desdites noces.

Le compte de l'argenterie de l'année 1559 n'a pu estre trouvé à la chambre.

Il doit contenir plusieurs parties concernant les despenses et présents pour le mariage d'Elisabet de France avec Philippe II, roy d'Espagne.

Instruction donnée par le seigneur de Montluc à monsieur de La Tour qu'il envoioit au duc de Guyse, pour l'informer des dispositions du roy de Navarre à l'égard de ce duc.

« Remonstrera M. de La Tour de la part du seigneur de Montluc à monseigneur le duc de Guyse, comment le roy de Navarre s'en va par de-là, avec délibération d'estre entièrement ung en amitié avec luy et monseigneur le cardinal de Lorraine, non seulement comme cousin, mais comme frère, et que depuis le camp il n'a jamais cogneu que ledict seigneur roy de Navarre ayt eu autre volonté. Encores que M. le connestable luy ayt escript plusieurs lettres, néantmoins il m'a tousjours dict qu'il ne se fieroit jamais de luy, ayant bien cogneu que ce semblant d'amitié qu'il luy portoit n'estoit que pour l'attirer de son costé, affin de ruiner ses cousins : aussi que le peu de compte qu'il avoit fait de ses affaires à Cercamp, luy avoit assez monstré le peu d'amitié qu'il luy portoit.

« Et à ce que a peu entendre ledict sieur de Montluc, ce que ledict seigneur roy de Navarre désire le plus, est qu'à son arrivée, les Espagnols, et autres estrangers subjects du roy d'Espagne, cognoissent que le Roy et son conseil luy facent si bon raccueil, qu'ilz puissent faire rapport par tout, qu'il n'est point petit compagnon en France, et principalement par la faveur du Roy et le recueil qu'il fera, et puis de toute la cour : car cela pourroit estre cause que le roy d'Espagne condescenderoit à luy faire quelque jour raison du tort qu'il luy tient.

« Fait à Verteül, le 22ᵉ jour de juillet 1559.

« *Signé*, BLAISE DE MONTLUC. »

Arrest du parlement de Paris, qui ordonne aux propriétaires et principaux locataires des maisons de ceste ville, de s'informer exactement des vie, mœurs et religion de ceux qui y demeurent, pour en rendre compte aux commissaires et aux quarteniers.

« Sur la remonstrance et requeste ce jourd'huy faicte par nostre procureur général du Roy, la court a ordonné et enjoinct à tous propriétaires et locatifz des maisons de ceste ville et faulxbourgs de Paris, s'enquerir diligemment de la conversation, bonne vie et chrestienne de ceulx qui habitent et logent esdictes maisons; faire diligences sçavoir si esdictes maisons se font aucunes assemblées et conventicules, pour les révéler à justice; et où ils seroient négligens ou dissimulans, sera procédé à l'encontre d'eulx par punition corporelle et exemplaire, et confiscation des dictes maisons. Pareillement enjoinct à ceulx qui sont chefz et habitans des dictes maisons, faire diligence entendre et sçavoir si ceulx qu'ilz logent vont aux églises oyr le service divin, mesmes les jours de festes, et s'ilz vivent catholiquement. Aussi enjoinct à tous hosteliers, cabaretiers et toutes personnes qui louent chambres, prendre les noms, surnoms et qualitez de ceulx qui logent esdictes maisons, et en faire roolles, pour les bailler aux commissaires et quarteniers du quartier; et ce, sur peine d'amende arbitraire. Oultre, enjoinct aux commissaires du Chastelet de Paris, et aux quarteniers, dixainiers et cinquanteniers de ceste dicte ville, garder les ordonnances et arrestz cy-devant faictz et donnez, sur peine de privation de leurs estats et charges, et de plus grande, si elle y eschet. Et sera la présente ordonnance publiée par les carrefours de ceste dicte ville et faulxbourgs d'icelle, à ce que nul n'en puisse prétendre cause d'ignorance.

Arrest d'enregistrement des déclarations du Roy, du 4 de septembre, du mois de novembre, et du 14 de ce mesme mois 1559.

« Ce jour, après avoir veu par la court, les grand'chambre, chambre du conseil, et l'un des présidens de la Tournelle, assemblées; après avoir veu par la court les troys lettres patentes du Roy; les premières données à Villiers-Costeretz, le quatriesme septembre dernier, signées : Par le Roy estant en son conseil, BOURDIN; par lesquelles et pour les causes y contenues ledict seigneur statue et ordonne que les maisons où l'on trouvera et vérifiera y avoir eu assemblées illicites et conventicules nocturnes, où les assistans profanent et célèbrent l'usage de la céne et du Sainct Sacrement, contre celluy qui est receu et observé de toute l'Église catholique, soyent razées, démolyes et abbatues à perpétuelle mémoire, sans qu'elles puissent plus estre rebasties à l'avenir; soyt que les dictes maisons appartiennent à gens d'église, ou aultres de quelque estat ou condition qu'ilz soient, et que les propriétaires y soient demourans, ou qu'ilz ayent baillées à louage et soient tenues par des locatifz : les secondes données à Bloys, ou présent-moys de novembre, en forme d'édict, par lesquelles icelluy seigneur veult par édict perpétuel et irrévocable, statue et ordonne ce qu'il a ordonné par les dictes premières lettres, que tous ceux qui feront conventicules et assemblées illicites, soit pour le faict de la religion ou pour quelque autre cause et occasion que ce soit, et soit de nuict ou de jour, et semblablement ceulx qui se y trouveront ou assisteront, soient doresnavant puniz de supplice de mort, sans aucune espérance de grâce et modération de peine, et les maisons où se feront les dictes assemblées et conventicules, rasées et démolyes sans pouvoir estre rebasties et réédifiées : et les troisièmes données à Bloys, le xiiij⁰ dudict moys de novembre, contenans commission dudict seigneur au premier des conseillers de sa court de parlement de Paris, et prévost dudict lieu ou son lieutenant, pour à la requeste de son procureur, informer diligemment, secrettement et bien par eulx et chacun d'eulx, des faveurs, menaces, injures et intimidation des accusez d'estre sacramentaires ou entachez d'autre crime d'hérésie, comme plus au long le contiennent les dictes lettres. Les conclusions et réquisitoires du procureur général du Roy; la matière mise en délibération; ladicte court a ordonné que sur le reply des dictes lettres sera mis : *Lecta, publicata et registrata, audito et requirente procuratore generali regis, et sub modificationis in registro curie contentis*, pour le regard des deux premières tant seullement, qui sont que la court ne fera procéder au rasement et démolition des maisons, sinon que quand les propriétaires seront trouvez sciemment ou consentans, ou qu'ilz seront en faulte et négligence inexcusable.

Double de la lettre que monsieur de Guyse a escript à monsieur le connestable, le 25 octobre 1559.

« Monsieur, j'ay receu la lettre que m'avez escripte par le recepveur Jehan Gaultier, présent porteur, par laquelle ay veu le retour du Roy de son voiage de Saint-Germain, ensemble le bon estat auquel il y a laissé monseigneur le Dauphin, où je pense que sa bonne présence a plus servy pour la santé de mondict seigneur et à le faire obéyr à prendre ce qui luy estoit nécessaire que chose de ce monde. Qui me faict esperer que aiant pleu à la Royne y demourer encores quelque temps aura à son retour à la court apporté nouvelles de son entière convalescence, dont je ne veulx oublier de ma part à mercier et louer Dieu du bien et grâce qui luy plaist nous faire en cela et bon estat auquel il continue d'acheminer les affaires dudict sieur, lesquelz, à ce que je puis veoir par l'extraict qu'il luy a pleu m'envoier de ce qui est survenu depuis mon partement, et ce que me faictes semblablement entendre par vostredicte lettre, sont en très bon train mesmement du costé d'Escosse où je voy qu'il y a grande apparance que Hadviton soict des ceste heure rendu, à ce que l'on en peult juger par les propoz que en tiennent les clesnoys qui ont esté prins de noz gallères, lesquelz je m'attendz bien estre traictez de ceulx qui les ont maintenant en main comme personnes qui le méritent, vous merciant bien humblement, Monsieur, de la bonne souvenance que avez eue à me despartir de voz nouvelles, que je vous prie voulloir continuer encores qu'il ne s'offre chose pardeçà, dont je me peusse revencher que de mesnage et femme grosse, délibère après avoir icy faict quelque temps mon debvoir envers père et mère, aller retrouver ledict sieur, si tost que luy aura pleu me commander.

« Monsieur, me tenant asseuré que verrez ce que je respondz au Roy à la lettre qui luy a pleu m'escripre et envoyer par extraict ce qui est survenu depuis mon partement je ne vous en feray point de redite. Et encores que je sache bien que en toutes choses il y sont très bien pourveu si m'a semblé ne debvoir laisser pour cela d'en faire ce mot audict sieur pour l'affection que je porte aux biens de ses affaires. »

Lettre sur minutte du Roy et de la Reyne à la reyne d'Escosse leur mère, en forme de déclaration contre l'assemblée des rebelles dans le royaume d'Escosse.

« François et Marie par la grace de Dieu Roy et Reyne de France, et d'Escosse, d'Angleterre et d'Irlande, à nostre très-chère et très-amée dame et mère, la Reyne douairière, régente dudit Escosse, salut et dilection. Comme après avoir entendu qu'il s'estoit commencé quelque mouvement en nosdits pays et royaume d'Escosse, par la malice de quelques ungs, lesquelz soubz le nom et le manteau de religion s'esforçoient d'attirer à leur party plusieurs de nos subgectz dudit royaume, en intention, comme il s'est descouvert depuis par leurs actions, d'opprimer du tout nostre authorité pour se l'attribuer et appropprier, nous eussions, oultre ce que nostre dite dame et belle-mère s'estoyt efforcé d'y donner d'ordre et gratieuse provision, député deux grands et notables personnaiges, qui sont les sieurs de la Brosse, chevalier de nostre ordre, et messire Pelevé, évesque d'Amyens, pour se trouver à la journée du parlement assignée audit pays, et là essayer de terminer et deffinir gratieusement les choses qui leur donnoient occasion dudit mouvement, qui estoyt le chemin que nous aurions voullu tenter le premier, estimant tant de la bonne voulunté, fidélité et obeyssance de tous nos subgects dudit royaume d'Escosse, tant grands que petits, pour les infiniz biens qu'ils ont receus de nos prédécesseurs, et de nous en la conservation et défense d'eulx, leurs femmes, enffans, biens, liberté et patrie, et pour les garder de tomber en la misérable servitude de leurs ennemys et leur acquerir le repos dont ils pouvoient si heureusement joyr, qu'il nous sembloit qu'il seroit bien aysé de ramener ceulx d'entre eulx qui s'estoyent ainsy oublyez au bon chemyn dont ils s'estoyent dévoyez et distraits si légiérement, mais estant nosdits députez arrivez par delà, tant s'en est fallu qu'ils se soyent voulu laisser persuader à ce qui estoit de leur debvoir et de leur salut, que adjoustant mal sur mal, impiété sur impiété, et rebellion sur rebellion, après avoir ruyné églises, temples et monastères et cruellement déchassez les ministres d'iceux, avoir pris les coings de nos monnayes, s'estre emparez de nos palais et maisons et fait infinis aultres actes de félonnye et crime de lèze majesté divine et humaine, ils ont couru aux armes, et ayant les chefs de ceste conspiration mis jusques à un grand nombre de gens de guerre ensemble, se sont saysys de la ville de l'Islebourg de laquelle vous avez esté contrainte de vous retirer avec ce que vous aviez avec vous de seigneurs escossoys et françoys favorisant nostre party, ... (sic) sont lesdits rebelles tous les jours après à couryr sus aux Françoys que nous avons là, la pluspart desquels ont mille foys exposé et hazardé leur propre vye, à infinis périls pour leur salut et conservation, et à ceste heure pour toute récompense ils leur font guerre ouverte et tous actes de déclarez ennemys ; et pour en brief dire, n'oublions riens de ce qu'ils peuvent faire pour entièrement abolir et opprimer nostre authorité et se faire souverains de nostredit royaume et pays d'Escosse, à quoy nous sommes bien résolus de nous opposer et pourveoir à une si audacieuse et téméraire entreprise, avec tous les moyens qu'il a pleu à Dieu nous en mettre entre les mains : touttesfoys, désirans n'en venyr à l'effect que le plus tard que nous pourrons, et que premièrement nous n'ayons encore ouvert quelque moyen à ceulx qui désirent nous demeurer fidelles et obeyssans subgects de se séparer desdits rebelles et que par ceste séparation nous puissions congnoistre qui sera digne de grace, faveur et récompense, et au contraire de la rigueur et sévérité de nostre ire et juste indignation et punition ; à ceste cause nous vous prions et mandons, que vous faites publier de par nous à son de trompe et cris publics, et affiches ez portes des villes, egglises et aultres lieux publicques et convenables que tous nos subjets, à cause dudit royaume d'Escosse, qui naguières ont print les armes, et qui se sont mis aux champs portant lesdites armes sans nostre authorité et contre nostre estat, et pour vous priver de vostre régence, et expulser nos soldats françoys dudit pays, et signamment des lieux et forteresses es quelles ils sont établis et ordonnez, et conséquemment d'abolir l'authorité royale de nous et nostredite compaigne, ayent à eux départir, délaisser et déposer lesdites armes, et se retirer en leurs maisons et lieux de leur demeure paisiblement et sans faire aucune molestation, injure, ny oppression à nos subgects dudit royaume, et à vous obeyr comme celle que nous avons institué, et que nous voulons demeurer régente dudit pays, et ce dedans .... (sic) soubs peine d'estre déclarez rebelles et criminels de lèze majesté, le temps passé en cas qu'ils demeurent en leur obstination, rebelliou et désobéissance, et n'ayent obéy audit commandement, et tous lesquels de quelque dignité ou qualité qu'ils soient, nous avons, au cas que dessus, dès à présent comme lors, et pour lors comme dez maintenant déclarez et déclarons rebelles et criminels de lèze majesté, et voulons que comme tels ils soyent punis du supplice de mort, leurs fiefs et terres nobles réunis à la couronne d'Escosse perpétuellement et inséparablement, et tous autres leurs biens tant meubles et immeubles déclarez confisquez, et leurs enfans et postéritez infames et incapables de tous honneurs, estats et dignitez, ayant au surplus relaxez tous et chacuns les sujets desdits rebelles, des serments de fidélité qu'ils leur doibvent, et permis et enjoint de les prendre quelque part qu'ils soyent, soyt en lieu saint ou dehors, pour les constituer prisonniers soubz bonne et seure garde, ou bien les amener par devers vous, si faire le peuvent seurement, pour après en estre faicte telle punition que dessus ; et là où ils ne les pourroyent prendre, leur courront sus comme à nos ennemys, et de nostre dit royaulme d'Escosse : et quant aux prélats, et gens d'église au cas dessusdit et par faulte d'obeyr dedans ledit temps ausdit commandement et proclamations, nous avons ensemblable permis et enjoint à tous subgects, soit officiers ou personnes privées, de les prendre et constituer prisonniers en bonnes et seures prisons, pour estre procédé allencontre d'eulx par tels juges et ainsy qu'il appartiendra, et les subgects desditz prélats et ecclésiastiques nous avons relaxé des serments de fidélité qu'ils leur doivent à cause de leur temporel, et leur faisons défenses soubz les peines que dessus de leur payer à cause de ce aulcun droict ny debvoir, et ordonnons tous et chacuns leurs biens, meubles et immeubles, chasteaux et forteresses estre mis en nostre main comme souverain, faisans, au demourant, expresses inhibitions et deffenses à tous nos subgects dudit royaume d'Escosse, et pareillement à tous Françoys, soubz peine d'estre déclarez criminels de lèze majesté, et comme tels punis des peines que dessus, de porter aulcuns vivres, armes, harquebutz, artillerye, municions de guerre, ny aultres provisions et commoditez quelconques ausdits rebelles estans en armes et assemblés contre nostre authorité, et où il s'en trouvera, soit desdits Escossois ou Françoys, qui après la publication de ces présentes fassent le contraire, faictes procéder allencontre d'eulx par lesdicts peines, de sorte que chacun y puisse prendre exemple, et se garde de faire semblable faute, au préjudice de nostre service, et à la faveur desdits rebelles nos ennemys. En tesmoing de toutes lesquelles choses nous avons signé ces présentes de nostre main, et à icelles faict mettre et apposer nostre séel.

« Donné à Blois, le..... jour de novembre l'an de grace 1559, et de nos règnes, assavoir de France le premier, etc. »

Du 16 décembre 1559 :

« Sur la remonstrance faicte ce jourd'hui à la court de céans, par le procureur général du Roy, que aulcuns prédicateurs de ceste ville et faulxbourgs, abusans de l'autorité de la chaize au lieu de contenir le peuple en la craincte de Dieu et obéissance du Roy et de ses magistratz, tenoient plusieurs propos scandaleux, tendans plus à sédition et émotion populaire, que à aulcune édification ; requérant à ceste cause qu'il pleust à icelle court y pourveoir.

« Ladicte court a exhorté et exhorte l'évesque de Paris et ses vicaires, de faire informer dedans huictaine des dictz propos scandaleux et séditieux tenuz et preschez publicquement ; et ce faict, y pourveoir le plus sommairement que faire ce pourra, et de ce en certifier ladicte court. Et néantmoins pour obvier à l'advenir à telz scandales et inconvéniens qui s'en pourroient ensuivir, ladicte court a ordonné que les curez, au cas qu'ilz ne vouldroient eulx-mesmes prescher en leurs paroisses en ceste ville, fauxbourgs et diocèse, seront tenuz avec les marguilliers ensemblément, présenter ou nommer audict évesque ou ses dictz vicaires, celluy qu'ilz vouldront prendre pour prédicateur, soit docteur en théologie, religieux, mendiant, estudiant, ou aultre quelconque, pour soy enquérir au vray de la doctrine et suffisance du personnaige ainsi présenté ; et ce faict, luy bailler licence de prescher. Et a ladicte court fait défense à tous prédicateurs, de monter en chaize sans ladicte permission, sur peine de suspension de leurs priviléges, degrez et aultres peines arbitraires; et sur l'opposition cy-devant formée, tant par la faculté de théologie, curez, que autres mendians de ceste dicte ville et faulxbourgs, portée par le procès-verbal de la signification à eulx faicte de l'arrest de ladicte court du dix-septiesme janvier dernier, à la requeste du procureur général du Roy, a ordonné que sans préjudice des dictes oppositions, sur lesquelles les dictz opposans viendront dire leurs dictes causes au premier jour, les arrests cy-devant donnez sur le faict des dictz prédicateurs, auront lieu et seront exécutez. »

Arrest qui porte qu'il sera publié un monitoire sur le meurtre de M. le président Minard.

La court, après avoir veu la requeste à elle présentée par le procureur général du Roy, luy a permis et permect obtenir monition, *nemine dempto*, contre toutes personnes de quelque estat et qualité qu'ilz soient, qui sçavent et ont aulcune congnoissance de ceulx qui ont meurtry cruellement et inhumainement, mardy dernier, environ les cinq heures du soir, feu Me Anthoine Minard en son vivant conseiller et l'un des présidens de ladicte court, en revenant de tenir la justice, et s'en retournant en son logis, d'un coup de pistolet, conspiration et entreprinse pour l'exécution de cas si malheureux ; et laquelle monition sera publiée par les paroisses de ceste dicte ville et forsbourgs, le plus promptement que se pourra.

Arresté de la cour du parlement dans lequel sont insérées trois lettres de cachet du Roy, adressées à ceste cour, et une de monsieur de Guyse.

« Ce jour, la court a receu les lettres missives du Roy, cy-après insérées ; ensemble celles de M. le cardinal de Lorraine, aussi cy-après insérées ; et se sont toutes les chambres d'icelle court assemblées, pour se départir en six tournelles, pour juger les procès des mal-sentans de la religion ; en sont les arrestez au greffe criminel ; et est demourée la seconde chambre des enquestes, pour ce pendant juger les procès civilz ; en laquelle sont entrés les gens d'église. « De par le Roy. Nos amez et féaulx. Nous avons receu vostre lettre du dix-neufiesme de ce moys, par Des Croisettes présent porteur, par laquelle avons entendu l'advertissement qui vous fut donné samedy dernier, de l'entreprise qui se dressoit pour forcer nostre palais, la conciergerie et autres prisons, et en mesme instant mectre le feu en aucuns endroictz de nostre ville de Paris ; à la vérification duquel advertissement, vous avez procédé jusques et tout le jour de la date de vostre dicte lettre ; et tellement que, à ce que nous a dict ledict Des Croisettes, le faict se trouve bien prouvé contre (1) le prisonnier escossoys que avez faict arrester, par troys divers témoings qui luy ont esté recollez et confrontez, et par luy non reprochez; chose qui nous sembloit requérir si prompte et sommaire provision et remède, que nous sommes grandement esbahiz que vous ayez tant différé d'y mectre la main plus roidde et à bon essient, pour l'importance grande dont est le faict; d'autant que le retardement en est très-dangereux, se pouvant cependant ladicte entreprinse mectre à exécution, ou les coupables et complices d'icelle eulx retirer et évader. A ceste cause, et que nous désirons singulièrement que ce faict soyt diligemment et vifvement cherché et descouvert jusques au fondz et à la source du mal, nous vous mandons, commandons et ordonnons très-expressément, que vous ayez à y procéder toutes choses cessans, y usant de tous moyens et voyes de justice nécessaires pour en attaindre la vérité; ce qui ne se pourra mieulx faire que par la question, à quoy le faict tel qu'il est est assez subject; estans les dictes preuves telles et suffisantes, de manière que l'on puisse parvenir à la cognoissance de ladicte entreprinse, et sçavoir qui sont les autheurs et complices de ladicte conspiration, y employant toute diligence, à ce que par faulte d'icelle, l'on ne tombe point en ung inconvénient irréparable tel qu'il en dépend. Et affin que plus seurement vous puissiez pourveoir aux choses nécessaires pour estre obéyz, nous escrivons présentement à nostre cousin le mareschal de Montmorancy nostre lieutenant général et gouverneur de l'Isle de France, qu'il ayt à se retirer à Paris, pour entendre de vous le besoing qu'il sera d'y mectre la main forte. Et d'aventaige, vous permectons pour cest effect vous servir et employer tant des gens du guet, archers de la ville, sergens et autres ministres de justice, que verrez bon estre, et leur faire telle taxation qu'ilz mériteront pour y vacquer plus voluntiers, et que riens de ce que y est requis, ne demeure en arrière, pour l'obéissance qui nous est deue, et seureté de voz personnes, si vous entrez en quelque doubte; ainsi que l'avons avant déclairé audict Des Croisettes, sur lequel nous remectons le surplus. Donné à Chambort, le 22me jour de décembre 1559.

(1) Il se nommoit Robert Stuart, et il se disoit parent de la reine Marie Stuart, qui ne voulut pas le reconnoître. Il fut mis à la question; mais il n'avoua rien.
On croit que ce fut ce Robert Stuart, qui, à la bataille de Saint-Denis, tira le coup de pistolet qui donna la mort au connétable de Montmorency. Robert Stuart ayant été pris au combat de Jarnac, fut tué à coups de poignard.

Estant cest affaire de l'importance qu'elle est, nous avons depuis pensé que entendant par le menu le faict et discours du procès commancé contre ledict Escossoys, tel qu'il est, nous pourrions par aventure en le voyant, descouvrir et nous adviser de beaucoup de chose que vous ne congnoissez. A ceste cause, nous voulons et vous mandons, que incontinant la présente receue, vous ayez à nous envoyer la coppie signée de vostre greffier, de tout ce que vous en avez desjà, pour icelle veue, y donner de nostre cousté les remèdes que penserons encores y estre nécessaires. Signées François. *Et plus bas :* DE L'AUBESPINE. Et sur la superscription : A noz amez et féaulx présidentz en nostre court de parlement à Paris, advocatz et procureurs audict lieu. » — « De par le Roy. Nos amez et féaulx. Nous avons grande occasion de mal contentement de veoir telle longueur en la vuydange et expédition des procès pendans en nostre court de parlement, contre les conseillers détenuz pour le faict de la religion; et mesmement en celluy du conseiller Du Bourg (1). Et pour ce que nous désirons qu'il y soit mis une prompte fin, à ceste cause nous vous mandons et enjoignons très-expressément, que tous aultres affaires cessans et postposez, vous ayez à procéder, vacquer et entendre au jugement de leurs dictz procès, au nombre de juges qu'il a esté et sera advisé par nostre dicte court, sans souffrir ne permecter qu'ilz tirent en plus grande longueur; de manière que nous en puissions avoir autre et plus grande occasion de satisfaction que n'avons eu jusques icy. Donné à Chambort, le 22me jour de décembre 1559. Signées, François. Et plus bas : DE L'AUBESPINE.» Et sur la superscription : « A noz amez et féaulx les gens tenans nostre court de parlement à Paris. »

De par le Roy.

« Nos amez et féaulx. Nous avons présentement esté advertiz que ung paouvre homme qui se disoit sergent de l'inquisition, venant icy portant lettres de vous et de l'inquisiteur, à noz oncles les cardinal de Lorraine et duc de Guyse, a esté tué et meurdry assez prés de ce lieu, et ses pacquetz et lettres prises et remportées par ceulx qui ont faict le meurdre; dont nous sommes après à faire faire la diligence pour en actaindre la vérité. Et pour ce que nous désirons sçavoir ce que contenoient les dictes dépesches, nous voulons et vous mandons que incontinant la présente receue, vous ayez à les faire reffaire, et les nous

(1) Le 23 de décembre, le lendemain de la date de ces lettres du Roi, Du Bourg fut condamné à mort et exécuté.

envoyer le plustost et le plus diligemment que vous pourrez. Advertissez ledict inquisiteur de ceste fortune, affin que de sa part il vous baille mesme depesche pour la mectre avec la vostre; laquelle vous mectrez entre les mains du poste de Paris, pour la nous faire tenir seurement et en toute diligence. Donné à Chambort, le 23ᵉ jour de décembre 1559. *Signées*. FRANÇOIS. Et plus bas. DE L'AUPESPINE. » Et sur la superscription. « A nos amez et féaulx les gens tenans nostre court de parlement à Paris.» — «Messieurs, vous entendrez par ce que le Roy vous escript, l'inconvénient advenu au paouvre homme qui apportoit icy vos lettres et celles de l'inquisiteur, dont nous sommes après à descouvrir les coulpables. Et affin que nous puissions sçavoir ce que contenoient les dictes lettres, pour pourveoir à ce qui sera nécessaire, ledict seigneur a voulu vous estre faicte ceste depesche en toute diligence; suyvant laquelle vous ne fauldrez à nous en renvoyer les doubles le plustost que faire se pourra. Et si de-là on peult prendre quelque conjecture de soupeçon de ceulx qui peuvent avoir faict ce meschant cas, ce nous sera grand plaisir d'en estre advertiz. Priant Dieu, Messieurs, vous donner ce que plus désirez. De Chambort, le 23ᵉ jour de décembre 1559. Vostre bon frère et amy FRANÇOIS DE LORRAINE. » Et sur la superscription. « A messieurs les gens tenans la court de parlement à Paris. »

Vers ce temps là fut divulgué l'escrit suivant sorti de la main d'un huguenot hérétique ennemi de la maison de Guyse.

Les Estats de France opprimez par la tyrannie de Guyse, au Roy leur souverain seigneur.

Sire, nous apercevons assez que ceste nouvelle assemblée a esté trouvée estrange de Vostre Majesté, pour n'avoir cognoissance de l'extresme nécessité qui nous a contraincts d'essayer un extresme remède pour la préservation de vostre personne, de vostre grandeur, et de tout le peuple que Dieu a soubmis à vostre obéissance.

A ceste cause, Sire, nous présentons à Vostre Majesté ceste remonstrance par laquelle la cause de ce faict estant sommairement déclarée et bien entendue, nous espérons de non seulement effacer le souppeçon de sédition et mutinerie, mais aussi estre recogneus pour tels que nous sommes : à sçavoir vos très-humbles et très fidèles subjects et serviteurs.

En premier lieu donc, Sire, nous protestons, devant la Majesté de Dieu et la vostre, que nous n'avons voulu, et ne voulons attenter aucune chose contre Vostre dicte Majesté : ainsi voulons vivre et mourir en l'hommage, servitude, et très-humble obéissance que nous vous debvons. Et que les hommes et les forces qui vous sont apparues, n'ont esté que pour vostre service : lequel nous a armez pour nous opposer à la tyrannie de ceux de Guyse, qui n'ont jamais tasché en toute leur vie, qu'à s'agrandir au pris de vostre ruine, et de tous ceulx qui vous appartiennent.

Et combien, Sire, que la façon dont avons usé puisse sembler de prime face estre nouvelle et violente : néantmoins nous supplions très-humblement Vostre Majesté de considérer, que n'ayans autre moyen pour oster le péril qui vous est prochain, et à tout vostre royaume, pour ce que nous craignons la cruauté accoustumée de ceux qui sont auprès de vostre personne : nous avons pensé qu'on ne trouve jamais nouveau, n'estrange, ce que les subjects font pour la conservation de leur prince, et que c'est plustost justice que violence de repousser la violence des ennemis d'un roy, et d'un royaume, comme sont ceux contre lesquels nous sommes assemblez. Ce qu'avons cogneu par les démonstrations qu'ils en ont faites : desquelles nous toucherons en brief quelques-unes des principales, s'il plaist à Vostre Majesté les entendre.

Premièrement, Sire, ils n'ont jamais dissimulé qu'ils prétendent droict sur deux des principales provinces de vostre royaume, assavoir, le duché d'Anjou et la comté de Provence : déclarant ouvertement assez de fois, que ce n'estoit que par force qu'ils estoyent privez de la possession de ces deux païs : tellement, Sire, que du tems du feu Roy vostre père, en son advénement à la couronne, ils voulurent par leurs cautelles et ménées luy soubstraire ladicte comté de Provence pour la mettre entre leurs mains. Et combien que leur entreprise ne soit parvenue à son but, si a-elle esté tellement acheminée, qu'il en est demeuré quelque chose par escrit.

D'avantage, leur ambition a bien esté telle, que de mettre en peine quelques gens doctes pour rechercher leur race ès vieilles croniques : se voulans dire estre descendus de la droicte ligne de Charlemaigne, espérans si quelque jour l'occasion se présentoit, débattre vostre royaume : comme si vous, Sire, et vos prédécesseurs n'en estiez qu'usurpateurs. Et encores qu'ils ayent longuement tasché de dissimuler leur mauvaise et pernitieuse affection, si en ont-ils tousjours murmuré quelque chose : et sur tout depuis le temps qu'il a pleu à Dieu vous appeller à la couronne.

Au surplus, Sire, leur audace a esté du tout intolérable à vos sujects, quand ils se sont comme saisis de vostre personne, et du gouvernement de vostre royaume, incontinent après le decez du feu Roy : espérans par ce moyen se faire si grands que de pouvoir abaisser et vous, Sire, et les vostres, quand il leur plaira : lequel acte seul est très-suffisant pour descouvrir leur ambition extresme : attendu qu'il n'y a loy, coustume, n'exemple, qui les ait appellez au lieu qu'ils tiennent près de Vostre Majesté. Mais au contraire, les ordonnances de vos prédécesseurs, Sire, la coustume et la résolution des Estats de vostre royaume, les empeschent assez, s'ils y eussent voulu prendre garde : veu mesmes que les Estats tenus à Tours au commencement du règne de Charles huictième, ne donnent aucun lieu aux princes estrangers auprès du Roy estant en bas aage, mais plustost aux princes de son sang, par le conseil desquels il puisse gouverner son royaume : à quoy ces ambitieux n'ayans aucun esgard, ont empesché la convocation de vos Estats, Sire, sachans bien que ceux qui sont affectionnez à vostre service, n'approuvent jamais qu'eux qui sont estrangers, qui prétendent quéreler vostre couronne, et qui ont tasché d'en desmembrer aucunes des principales parties, eussent le maniement de ce qu'ils vous veulent ravir. Joinct aussi qu'on se souvenoit assez des grandes pertes qu'ils ont causées en ce royaume du vivant du feu Roy vostre père : et mesmes par le dernier voyage d'Italie, par lequel l'un prétendoit se faire pape, l'autre roy de Sicile et de Naples, retirans pour ce faire les principales forces de la France, dont les grandes pertes desquelles nous nous résentons encores, sont ensuyvies. Ayans donc senti tant de dommages par leur ambition, vos Estats, Sire, n'eussent jamais estimé leur présence auprès de Vostre Majesté vous pouvoir estre profitable. Mais ceux dont nous parlons, n'ont point eu crainte d'offenser Vostre Majesté, ne violer vos Estats, et renverser les loix et coustumes de vostre royaume. Davantage ils ont bien monstré qu'ils vouloyent tenir par force le lieu qu'ils avoyent usurpé par leur audace, faisant jurer quelques-uns des estrangers entretenus néantmoins des deniers de France, de marcher au mandement du seigneur de Guyse. En après, Sire, il vous peut apparoir de quelle affection ils ont esté poussez pour prendre le maniement de vos affaires, en ce que dernièrement ils ont voulu soustraire de la couronne de France la souveraineté du païs des Barrois, pour en enrichir le duc de Lorraine, ne tendans à autre fin, qu'à affoiblir vos forces, pour puis après faire ce dont quelqu'un des leurs s'est osé vanter, assavoir, qu'il ne tenoit qu'à monsieur de Guyse son frère, qu'il ne se faisoit roy de France.

Et de faict, Sire, le changement qu'ils ont commencé à faire des gouverneurs de vos villes frontières, et autres places fortes, pour y en remettre d'autres faicts de leur main, a bien fait penser à vos subjects, que de longue main ils se vouloyent préparer le chemin pour parvenir à leur intention : mesmes quant les charges de plus grande importance, tant par mer que par terre, ont esté mises entre les mains d'eux-mesmes, ou de leurs serviteurs : ce qu'on peut plus aisément cognoistre par le grand amas d'argent qu'ils ont faict, et qu'ils ne peuvent nier avoir desrobé de vos deniers, car depuis qu'ils manient vos affaires, Sire, les tailles ont esté redoublées, les impositions et gabelles extraordinaires sur le sel, blez et vins, les emprunts plus grands qu'ils ne furent oncques, mesme du temps des plus grands affaires. Tellement que vos pauvres subjects qui avoyent tant souhaitté la paix, pour l'espérance du repos qu'elle leur devroit apporter, la trouvent aujourd'huy plus intollérable que la guerre; et mesmes on sçait que beaucoup de villages, sur tout en la Normandie, demeurent inhabitez, par ce qu'hommes, femmes et enfans ont esté contraints d'abandonner leurs maisons, à cause des exactions si grandes. Néantmoins on voit le nombre d'argent infini, qui a esté recueilli, n'estre employé pour vostre service, et le soulagement de vos affaires : veu que, tant vostre gendarmerie, infanterie, cavallerie légiere, qu'officiers de vostre justice, et autres, ont demeuré long-temps, et demeurent encores, pour la pluspart, sans estre payez, et vos debtes sans estre acquitées. Pour autant, Sire, s'il plaist à Vostre Majesté de faire ouir tous les contables, qui ont eu et ont encores le maniement de vos finances, vous pourrez appercevoir les larrecins innumérables que lesdits de Guyse journellement commettent en l'estat de la superintendance d'icelles.

Et parce qu'ils n'estimoyent rien tant contraire à leur ambition, qu'une bonne justice observée en France, ils se sont du tout estudiez à renverser l'authorité des cours de parlement, et mesme celle de Paris : laquelle néantmoins a esté de tout temps honnorée et entretenue par les rois vos prédécesseurs, comme le principal lien de leur domination. Tellement qu'eux voulans avoir tous les officiers de vostre justice à loage, pour ne faire ne dire que ce qu'il leur plairoit, ordonnans commissaires à leur fantasie çà et là, et leur donnans cognoissance de telles causes qu'ils veulent, brief renversans tout l'ordre jusques icy observé : il y a grand danger, Sire, qu'à l'endroict des estrangers, et de tous ceux qui ne cognoissent vostre bonté naturelle, ils ne vous acquiérent quelque notte de cruauté.

D'avantage, Sire, ne se contentans d'avoir mis une telle confusion en France, l'ont voulu estendre plus loing. Se faisant causes de tous les troubles qui sont à présent en vostre royaume d'Escosse, par leur audace intollérable : et rejettans toute occasion de bon accord et tranquilité, ont aliéné de Vostre Majesté les cœurs de plusieurs princes estrangers : chose qui pourroit à l'advenir apporter grand dommage à vostre royaume.

En somme, Sire, on a tousjours veu et expérimenté, que leur ambition a produict une extresme avarice, laquelle a esté cause des injustices et oppressions dont ils ont affligé vostre povre peuple : ce que le feu Roy commençant à cognoistre sur la fin de ses jours, estoit prest de les déchasser d'auprès de sa personne, si la mort luy en eust donné loisir.

Et nous, Sire, n'ayans peu jusques ici faire entendre ces choses à Vostre Majesté, eussions grandement désiré d'avoir maintenant le moyen non seulement de faire ample preuve de ce qui est ici contenu, mais aussi produire autres choses concernantes ce mesme faict : nous estimans très-heureux, si par la présente remonstrance nous obtenions audience et permission de déclarer au long ce que nous avons à en dire. Mais puisque nous voyons que leur cruauté contre nous, et principalement contre ceux qui sont prisonniers pour ce faict, s'en aigrit de plus en plus, et qu'ils ne permettent aucunement que ceste cause parvienne jusques à vos oreilles, s'en voulant faire juges et parties, nous ne pouvons faire autre chose, sinon déclarer à Vostre Majesté, que nous les tenons pour vos ennemis, et de tout vostre peuple. Vous suppliant très-humblement, Sire, n'avoir opinion que ce qui a esté fait, et se fera par ci-après, contre leur tyrannie, s'adresse contre Vostre dicte Majesté, quoy qu'ils taschent à le vous persuader, et vous faire accroire, que tous ceux qui s'en meslent, ne prétendent à autre fin, qu'à introduire quelque nouvelle religion. Car combien qu'entre ceux qui se sont eslevez contre eux, il y en ait qui désirent vivre selon la réformation de l'Évangile, comme mesmes aucuns vous en ont requis, estans amenez devant Vostre dicte Majesté, néantmoins ceste seule cause ne leur eust fait jamais prendre les armes, s'il n'y eut eu une cause civile et politique, qui est l'oppression faicte par eux de Vostredicte Majesté, Estats, loix et coustumes de France. Et de faict, comme Dieu recommande la patience au faict de la religion, aussi veut-il que les sujets prennent peine de conserver la grandeur de leurs princes, et maintenir les loix et coustumes de leurs païs. Sur quoy, Sire, réïterans ce que nous avons protesté dès le commencement, déclarons que nous voulons demeurer perpétuellement vos très-humbles et très-obéissans sujets et serviteurs, n'ayans prétendu autre en ce faict ici, sinon que ce fust une preuve perpétuelle à toutes les nations de la terre, combien les François sont affectionnez à leur naturel prince, et combien ils craignent de tomber ès mains des estrangers.

Pouvoir obtenu par le duc de Guyse, du roy François II. A Amboise.

François par la grace de Dieu roy de France : à tous ceux qui ces présentes lettres verront, salut. Chacun sçait et cognoist combien nos prédécesseurs rois de bonne mémoire, et mesmement nostre très-honoré seigneur et père (que Dieu absolve) ont porté d'amitié et faict bon traictement à leurs subjects, et comme ils ont tousjours esté trop plus faciles et indulgens à leur pardonner leurs faultes, que de les punir à la rigueur de la voye de leurs ordonnances : au moyen de quoy il soit advenu, comme bien souvent advient, de bonnes, sainctes et louables intentions, l'effet vient au contraire, que pour les avoir veus si aisez et facilles à leur pardonner, le cœur leur soit quelquefois creu de telle sorte que qui n'y eust pourveu, incontinent il en fust peu advenir de bien grands et dangereux inconvéniens. Ainsi que au commencement du règne de feu nostre seigneur et père, il luy advint en ses païs et duché de Guyenne ; où il sçeut si sagement et dextrement pourvoir, que l'honneur et la force demeurèrent de son costé, et si bien que depuis ce temps-là, il n'auroit jamais esté nouvelles d'aucun trouble, esmotion ou sédition advenüe dedans nostre royaume : ains auroyent si bien recogneu l'obéissance et fidélité qu'ils doyvent d'eux-mesmes à leur prince, que véritablement ils auroyent donné grand occasion de se contenter d'eux : voire de telle sorte que nostredit seigneur et père à son décez ne nous auroit rien tant recommandé que d'user à nosdits subjets de toutes les gracieusetez et douceurs à nous possibles. En quoy, pour la singulière amitié que leur portons, suyvant les bons et saincts advis de nostredit seigneur et père, et le sage et prudent conseil de nostre très-honorée dame et mère et des princes et seigneurs estans près de nous, il s'est veu depuis nostre advénement à la couronne, combien nous y sommes employez, tant par la diminution des tailles et subsides à eux imposez que tous autres moyens dont nous serions peu adviser : espérans par cela acquérir leur amour, et nous acquiter de la charge que Dieu nous auroit donnée d'eux, à leur contentement, et à la descharge et repos de nostre conscience. Mais puis peu de temps en çà, il est bien advenu autrement, avons esté fort deçeus et trompez de nostre espérance, s'estans ces jours passez en plusieurs et divers endroicts de nostre royaume eslevez en armes, et mis ensemble aucuns de nos sujects, meschans et malheureux, sans avoir esgard à l'honneur, révérence et fidélité que ils nous doyvent et sont tenus porter, lesquels désirans esmouvoir une si grande et damnable entreprise, sur le prétexte de la religion : ainsi que par la déposition d'eux-mesmes a esté descouvert, auroyent délibéré de nous venir trouver en ce lieu d'Amboise, comme de faict ils ont fait en intention de se saisir de nostre personne et de la Roine nostre espouse, de nos très-honorée dame et mère la Roine, de nos très-chers et très-amez frères et sœur, et d'aucuns des princes et seigneurs estans près de nous : ayans opinion que cela fait, ils pourroyent faire toutes choses indifféramment à leur volonté, disposer de nostre royaume, le mettant en proye de tous costez, et nous oster et priver de la couronne de nos antécesseurs, chose qui nous a tant despleu d'entendre qu'il n'est possible de plus : et non tant pour y voir aucun évident danger qui soit à craindre, que pour nous voir en nostre jeune aage, et au commencement de nostre règne, réduicts et contrains de mettre la main aux armes, et espandre le sang de aucuns de nos sujects, que tant nous aimons, et désirons bien traicter. Toutesfois puisque l'on voit que ni par les admonestemens que leur en avons fait faire, pardonnant à ceux qui ont esté permis (sic), ne par la correction qu'ont receuë aucuns d'eux, il n'y a eu ordre ne moyen de les retirer de leur folie, et désunir d'ensemble : estans plus que d'avant obstinez et animez contre nous : il nous a semblé, et à nostredicte dame et mère la Roine, oui sur ce l'advis de nostre conseil, qu'il ne falloit plus user de dissimulation contre ceux mesmes qui ouvertement s'estoyent déclarez contre nous, et qu'il estoit besoin de prendre les armes pour y obvier, et de tout nostre pouvoir leur faire si vivement sentir leur erreur, et les en corriger si asprement, que ci-après ils ne soyent plus pour y retourner.

A ceste cause, et qu'il est bien nécessaire de commettre aucun bon, grand et notable personnage, ayant le crédit et authorité requis en telles affaires, pour commander, pourvoir, et ordonner de toutes choses qui sont à faire pour le bien de nostre service, et la seureté et conservation de nos personnes et Estats, durant l'affaire et les occasions qui se présentent.

Sçavoir faisons, que nous conservans que pour cest effect nous ne sçaurions faire meilleure ne plus convenable eslection, que de la personne de nostre très-cher et très-aimé oncle François de Lorraine, duc de Guyse, pair, grand maistre, et grand chambelan de France, tant pour la parfaicte et entière confiance que nous avons en luy (attendu la proximité de lignage dont il nous attient) que pour les claires vertus, vaillance, grande expérience au faict des armes et de la guerre, et bonne diligence dont il a faict jusques yci telle preuve en tant de notables lieux et endroicts où il s'est trouvé du temps de nostredict seigneur et père, commandant en ses armes, que chacun en est suffisamment informé; iceluy pour ces causes et autres à ce nous mouvans, avons, pendant et durant les mouvemens et affaires qui s'offrent, faict, ordonné, et estably, faisons et establissons par ces présentes, nostre lieutenant général, représentant nostre personne absente et présente en ceste nostre ville d'Amboise et autres lieux et endroicts de nostre royaume que besoing sera, avec plein pouvoir, authorité, commission et mandement spécial d'assembler toutes et quantes fois que besoin sera et l'affaire le requerra, tous les princes, seigneurs, capitaines, gentilshommes et autres de quelque estat, qualité et condition qu'ils soyent ayans charge et conduite de nos gens de guerre, tant de cheval que de pied, toutes et quantes fois qu'il advisera : pour leur dire, ordonner et commander de par nous ce qu'ils auront à faire pour nostre service, la seureté et conservation de nosdites personnes et Estat, et la répression et correction de la présente sédition; regarder, adviser, et délibérer avec quelles forces pourront et sont nécessaires de faire promptement lever et mettre sus en ceste dite ville tant à cheval qu'à pied, et avecques quelles armes et équipage ils pourront servir : iceux faire assembler à son de tabourin, et en faire les monstres et revues, faire punir, corriger et chastier ceux desdits séditieux et rebelles contre nous eslevez, et qui pourront estre prins, par les peines et rigueurs accoustumées en tel cas et sans forme ne figure de procès; et généralement commander, ordonner, pourvoir et disposer de toutes choses requises et nécessaires à l'effect dessusdict, tant pour l'artillerie et munition, réparremens et fortifications de ceste nostre dite ville d'Amboise et autres que besoing sera, que des fraiz qu'il conviendra sur ce faire, tout ainsi que nous-mesmes ferions et faire pourrions : promettant en bonne foy et parole de Roy avoir agréable tout ce que par nostredit oncle sera fait, ordonné, et exécuté en ceste présente charge de nostre lieutenant général, et le tout approuver quand requis en serons.

Si donnons en mandement à tous nos lieutenans, gouverneurs, mareschaulx, baillifs, séneschaulx, prévosts, juges, ou leurs lieutenans, capitaines de nos gens de guerre tant de cheval que de pied, maires, eschevins, consuls, et gardes de bonnes villes, citez, chasteaux, et forteresses, portes, ponts, passages, destroicts et jurisdictions : et à tous nos justiciers et officiers, et à chacun d'eux endroit soy, et si comme à luy appartiendra : qu'ils et chacun d'eux, obéissent et entendent, et facent obéir et entendre à nostredict oncle le duc de Guyse en tout ce qui leur sera par luy ordonné et commandé pour nostre service, et la seureté et conservation de nosdictes personne et Estats, et la répression et correction de la présente sédition, et tant qu'elle durera seulement : car tel est nostre plaisir. En tesmoin de ce nous avons fait mettre nostre séel à cesdites présentes : et pour ce que d'icelles l'on pourra avoir affaire en plusieurs et divers lieux, nous voulons que au *vidimus* qui en sera fait sous séel royal, ou deüement collationné par l'un de nos amez et féaux notaires et secrétaires, foy soit adjoustée comme à ce présent original. Donné à Amboise le dix-septième jour de mars, l'an de grâce mil cinq cens cinquante-neuf, et de nostre règne, le premier.

Signé : FRANÇOIS. Sur le repli est escrit : Par le Roy, Robertet : et séelé sur double queue de cire jaulne.

[1560]. Au mois de janvier, Elisabeth de France, femme du roi d'Espagne, fut conduite au dit Espagne, et les cérémonies du mariage y furent observées ainsi qu'il suit :

Cérémonies faites en Espagne au mariage de madame Elizabeth de France et du roy Philippe second.

La Reyne entra le dimanche 28 de janvier 1559 en Gadalajara, et le Roy le mardy sur les dix heures du soir, petitement accompagné, nonobstant le bruit divulgué qu'il ne viendroit que le lendemain du matin.

Le mercredy ensuivant se célébrèrent les noces, à la veüe d'un chacun en la manière qui s'ensuit :

Premièrement, vers les six heures du matin, le Roy sortit de sa chambre accoustré de pourpoinct et chausses fort bien brodez et semez de perles et pierreries, la robbe de velours cramoisy violet, brodée à l'avenant si moult qu'à peine pouvoit-on juger de quelle couleur estoit le dit velours, la dite robbe doublée d'ouvrages d'argent, et estoit Sa Majesté assistée de la plus grande noblesse d'Espagne, qui estoient tous fort bravement et merveilleusement en ordre, et entr'aultres du duc Éric de Brunsvich, du duc de l'Infantasgo, du duc d'Albe, grand maistre d'hostel, duc d'Estalona, duc de Nagera, duc de Villafranca, admiral de Castille, don Antoine de Toledo, tous deux grands prieurs de l'ordre de Rodes, du comte d'Alua, frère de la duchesse d'Alua, qui sera le grand maistre d'hostel de la Royne, du comte de Oringna, du marquis de Genette, marquis de Soria, et du jadis grand maistre d'hostel de feue la Reyne, mère de l'Empereur, et un autre nombre infiny de princes, marquis, comtes et autres seigneurs attendans Sa Majesté en son quartier. Le prince de la Roche-sur-Yon, frère du duc de Montpensier, qui est tenu conduire la Reyne, lequel vint baiser les mains de La Majesté du Roy avec l'ambassadeur de France, évesque de Limoges, et après avoir dit à Sa Majesté ce qu'il pouvoit avoir eu en charge du Roy de France son maistre, Sadite Majesté sortit accompagnée du cousté droit du dit duc de Brunsvich et au gauche du duc de l'Infantasgo, et assisté du surplus de la dite compagnie, et passant par une longue gualerie alla trouver la Reyne en son quartier en une grande salle où elle estoit assise dessous un dossier accoutrée d'un chaperon à la mode de France, orné de brodures pleines de grosses perles et pierres précieuses mises en forme de couronne, et d'une robe de toile d'argent plaine de ventres de loups cerviers, semelée de semblables perles, de pierreries avec un carquant au col, et au bout d'iceluy une bague correspondante à sa grandeur, et à la main droite d'elle estoit la princesse de Portugal sœur du Roy, à la gauche de la dite dame princesse, plus bas et non au mesme rang, estoit à demy tourné le cardinal de Burgos, et le dit sieur prince de La Roche-sur-Yon, comme il arrivoit entre les premiers du train du Roy, se mit à la droite de la Reyne en la mesme façon et à l'opposite du dit cardinal.

Ainsy que lesdits seigneurs grands et aucuns autres principaux, comme le prince de Salmona et autres seigneurs, baisèrent les mains à la Reyne.

Ceux qui estoient assis près disent que le duc d'Albe dist au Roy que la Dame qu'il veoit, dénotant la Reyne, estoit celle qu'il avoit espousée par sa charge, et incontinant Sa Majesté l'embrassa, et de rechef les dits seigneurs principaux se mirent à baiser les mains du Roy, et tost après de la Reyne.

Le sieur de Lansac qui est venu avec les autres de la part du roy de France appella les dames de la Reyne pour pareillement baiser les mains du Roy, et pendant toutes les cérémonies le dit sieur cardinal se retira vers une autre salle où l'on avoit préparé ce qui concernoit les épouzailles et services de la messe.

Ceste première passée, le Roy se mit en chemin avec la compagnie que dessus allant seul devant, et incontinant après la Royne accostée à la main gauche de la princesse qui la menoit par la main.

A l'entrée de la dite seconde salle vint le cardinal la mitre sur la teste les recevoir, et à l'entrée d'icelle se firent les fiançailles et devant l'autel les épouzailles.

Les filles d'honneur des dites dames et princesse suivans chacune respectivement leurs dites maistresses.

La messe se disoit par le cardinal; et les dits seigneurs Roy et Royne observèrent toutes les solemnitez accoutumées en ces royaumes d'Espagne.

Après la dite messe achevée ils se retirèrent par quelque peu de temps, et revenus se mirent à table et disnèrent ensemble, le Roy au milieu, la Reyne au costé droit, et la princesse à gauche, et pour ce que la dite dame princesse faisoit le festin comme l'hostesse au lieu des gentils hommes de la bouche dont le Roy a accoutumé se servir, aucunes jeunes dames servoient à la table selon la coutume d'Espagne.

Vers le soir se tindrent les dames où le Roy se trouva en personne avec les dites dames Royne et princesse et dansa, et les danses achevées ils soupèrent ensemble comme ils avoient disné; toutefois en autre salle et non publiquement, combien que l'entrée y fust permise, et la retraite se fit vers les dix heures.

Le jeudy lendemain des noces, environ les trois heures après midy, le dict seigneur prince de La Roche-sur-Yon vint accompagné du dit sieur évesque de Limoges, ambassadeur de France, et du prévost de l'ordre de France, et présenta l'ordre du Roy Très Chrestien son maistre au Roy avec lettres et propos y servant, et le dit ambassadeur comme substitut ou commis du chancelier de l'ordre fit une harangue à l'accoustumée en matière semblable, et après l'acceptation du dit ordre et le serment fait avec proteste, dont l'on use quand l'ordre se donne d'un prince souverain à autre, le Roy ordonna à la réquisition des présentateurs que l'on en fist un acte.

Avec cet accoutrement le Roy alla ouïr les vespres de Nostre-Dame, comme estoit la nuit de la Chandeleur.

Force jeux de cannes et de tauraux coustumiers en Espagne aux grands festins se firent le jeudy, et tenoit'on que toute la compagnie retourneroit de bref à Madrid, et de là à Toledo, où l'on a fait beaucoup plus d'appareil. Dieu doint que le tout succède et redonde au bien de toute la chrétienté, comme chacun espère et désire.

Monsieur de Chastillon informe monsieur le connestable des projets de la Reine d'Angleterre par la lettre suivante, dont le double fut envoyé aussi au duc de Guyse.

« Monseigneur, j'ay receu les deux lettres qu'il vous a pleu m'escripre, l'une du Pin, que M. le cardinal de Chastillon avoit envoyé vers vous, l'autre par mon laquais, que je vous avoys aussi dépesché ces jours passés, et à son retour vers moy, il me trouva sur le point de m'acheminer pour m'en venir trouver ceste compagnie en lieu que je faisois mon compte de m'en aller faire mon caresme-prenant avec M. Dandelot, à sa maison de Toulay. Et pour ce que je me doute bien, Monsieur, que vous désirerez sçavoir l'occasion par la quelle il m'a fallu retourner sitost en ceste dite compaignye, et mesme que j'aye été entièrement pressé de ce faire, je ne veulx faillir à vous en esclaircir, vous advisant que pour ce que l'on a eu nouvelles que la Reyne d'Angleterre tenoit quelques vessaux armez jusques au nombre de quatorze ou quinze sur le far d'Escosse, comme pour empescher le passage du secours que l'on veult envoyer en ce pays là; le Roy voulant pourvoir à cela, desorte que sy le dit secours n'a le passage libre, par amytié, je le puisse prendre par force, s'est délibéré d'équiper de ses vaisseaux qui pourroient servir à cest effet, afin de pouvoir secourir ceulx qui tiennent son party audit pays d'Escosse, la quelle a esté l'occasion de me mander pour retourner si soubdainement en ceste compaignye, et fais bien mon compte qu'elle me fera aussy rompre le voyage que j'avois projetté d'aller faire en Bretagne sur ces Pasques, et qu'il me faudra plutôt tirer en Normandie, ce qui ne sera sans vous aller veoir. Mais parcequ'il n'a encore icy rien conclu de ce que dessus, je remets à vous escripre plus certainement devant que je parte de ceste compaignye, ce que j'espère debvoir estre dedans peu de jours; au moins ferais-je tout ce qu'il me sera possible pour estre dépesché au plustost.

« D'Amboyse, ce 24ᵉ jour de février 1560.

« Vostre très humble et très obéissant nepveu,

« CHASTILLON. »

Deux jours après, le frère de monsieur de Chastillon escrivoit au mesme connestable sur diverses nouvelles.

« Monseigueur, pour me mettre en devoir de vous faire entendre ce que j'apprends en ceste compaignye pendant le séjour que j'y fais, je n'ay voullu faillir de vous faire ceste lettre et vous dire qu'ayant les troubles et esmotions survenuz estre appaisez près et alentour de ceste court, et aucuns exécutez pour ceste occasion, il est venu nouvelles que en plusieurs provinces de ce royaume l'on commence à se révolter, entre autres au pays de Languedoc et Provence, où deux ou trois mille hommes se sont assemblez près la ville d'Aix, qui disent vouloir retirer ung personnage que ceulx de la justice y tiennent prisonnier, et, soubz ceste couleur, sont tousiours ensemble, se renforceant de jour à aultre de grandes troupes. Ceulx de la Gyenne, à ce qu'on dit, font myne de prendre tel chemin, aussy ceulx de Berry qui desjà ont commencé une esmotion et tout pour mesme subject. Je crois, Monsieur, que vous avez bien sceu que à Rouen ils se mettent en ce dangier et sont encores en troubles, tellement que nous ne pouvons rien attendre de bon, si Dieu ne nous conserve et renverse les mauvaises volontez. Ils sont à près de deça pour essayer à y donner le meilleur ordre qu'il leur est et sera possible pour assoupir toutes ces menées, ce que j'espère qu'ils feront avec le temps ; c'est, Monseigneur, ce que j'ay appris de ceste part. Quant aux autres nouvelles, depuis trois jours est arrivé un courier venant d'Escosse qui en est party il y a quinze, lequel a rapporté par ce qu'en escript M. de la Brosse et les ministres du Roy de delà, que nos gens sont encore bien asseurés des places qu'ils tiennent et ne sont foibles, aussy qu'ils espèrent les bien garder, si les Anglois ne se mettent de la meslée ; toutefois ils ont grand besoing d'argent et vivres qui ne sera aisé leur envoyer, si ces dits Anglois se déclarent, comme est en bien grand doubte ; et pour avoir moyen de secourir nos gens, il a esté délibéré de faire embarquer ce mois de may toutes les compaignyes de gens de pied avec de la gendarmerie ; toutefois il n'en a été encore résolu aucunes choses au vray que premièrement on n'en saiche nouvelles plus asseurées et du dessin des Anglois, et ce pour ce que je m'attends de m'embarquer pour seulement y conduire les bandes, si elles y sont envoyées, de crainte que je fusse surpris sans avoir mis ordre à mes affaires, je me délibère prendre mon chemin en Bretagne dans quatre ou cinq jours, pour ne faillir d'estre en Normandie au temps qu'il faudra faire le dit embarquement. Si pendant le séjour que je feray de deçà, survient ou se passe chose digne de vous faire entendre, je ne failliray vous en tenir adverty.

« D'Amboise, le 26ᵉ jour de mars.

« Monsieur de Guyse me dit qu'il est venu nouvelles de la part du roy d'Espaigne qui s'offre à favoriser le Roy de ce qu'il pourra, et mande que si on a besoing de ses vaisseaux et Espaignols qui sont en Flandres que l'on s'en serve : ce que je croy sera fait pour d'autant l'animer contre les Anglois contre les quels on ne fait plus de doubte que nous n'ayons à faire.

« Vostre très humble et très obéissant neveu,
« ANDELOT. »

Du mesme.

« Monseigneur, estant hier arrivé ung courrier qui puis neuf jours est party d'Escosse, je ne voulus faillir de vous en advertir et vous faire entendre qu'il a rapporté que les Anglois sont en délibération d'entrer audit pays, comme desjà ils ont espié plusieurs fois, et qu'il pense que de ceste heure ils ayent mis huit enseignes en terre à Montsulebourg, qui est près de Dumbarre, afin de favoriser la descente du reste de leur armée de mer, aussy font leur compte de mettre en terre au plustost plus de cent pièces d'artillerie pour faire batterie, ayant délibéré de s'adresser au petit lit, lequel, à ce que dit le courrier, est bien fortifié, et nos gens qui sont dedans bien résolus de leur résister ; mais ils ont grandement faute d'argent et peu de vivres, qui est cause que M. de Guyse avance en toute diligence nos forces pour leur secours, et délibère faire embarquer douze vieilles bandes des treize qui sont de deça, et au lieu des sept cents hommes d'armes qui avoient esté ordonnez pour le voyage, se faict levée d'autant d'hommes de pied, et pour la garde des villes frontières des quelles on tire les dites vieilles bandes, se fera levée de légionnaires qui y entreront ainsy que les autres en sortiront ; et pour ce, Monseigneur, qu'il ne restera qu'une de mes compaignies, je me délibère de me trouver au dit embarquement, qui se fera vers la fin de may, et moy mesme faire le voyage pour les conduire, non point pour demourer au pays, car il n'y doibt entrer que quatre enseignes, et les huit autres ont ordre de retourner de deça, les quelles je rameneray, afin de plustost faire mes affaires pour m'y trouver ; je prends dès demain mon chemin pour aller en Bretagne, et là attendray le mandement de mon dit sieur de Guyse. Qui est, Monseigneur, ce qui m'eschet pour le présent à vous dire, si non que tous les jours se faict l'exécution de ceulx qui cy devant ont esté pris par ceste émotion dernière; non pourtant plusieurs ne laissent de s'eslever en diverses provinces, et en a l'on advertissement d'un jour à l'autre. Dieu veuille par sa grace corriger toutes ces mauvaises et pernicieuses volontez, et vous donner, Monseigneur, en très bonne santé heureuse et longue vie, me recommandant très humblement à vostre bonne grace. D'Amboise, le 29ᵉ jour de mars 1559.

« Monseigneur, je n'oublyeray à vous dire que le bruit d'émotion de ceulx de Provence et Dauphiné continue tousiours; pour ce a-t-il esté advisé de prendre cinq ou six cents hommes d'armes du costé de Bourgogne pour y envoyer, et les menera monsieur d'Aumalle dans peu de jours, afin de faire cesser les dits troubles.

« Vostre très humble et très obéissant serviteur,

« ANDELOT. »

Et l'adresse est ainsy : « A Monseigneur, Monseigneur le duc de Montmorency, connestable et pair de France. »

Monsieur le cardinal de Lorraine au duc de Nivernois.

Monseigneur, je n'eusse si longuement différé de vous escripre et faire participant des occurrences de ceste court, si j'en eusse eu quelque bonne occasion; mais je vous promets que depuis vostre absence, de quelqu'endroict que ce soit, ny d'Angleterre qui est le costé duquel nous attendons nouvelles en plus grande dévotion, ne nous est survenue chose dont je vous puisse faire discours. Au regard de ceste compaignie, il n'y a rien changé depuis vostre partement et y sont toutes choses au mesme estat que les avez laissées. Le Roy part demain pour aller à Pointgoint dont je ne faudray vous tenir adverti et de tout ce que d'ailleurs nous surviendra. Cependant je vous veulx bien dire comme Vigenaire m'a fait entendre le propos que luy avez donné charge me dire, lequel je trouve très bon et loue en cela vostre délibération, laquelle ne pouvoit, ce me semble, estre meilleure et ne sçauriez mieulx faire ne choisir que de vous venger et entendre à ce party, où je vous ayderay, favoriseray et serviray en tout ce qu'il me sera possible, comme aussy je feray avec ce que vous commanderez, en autre endroit; je vous en eusse dès hier mandé mon advis et escript de ma main, n'eust esté qu'il y a deux jours que ne suys esté à mon ayse, néantmoingts je me porte bien maintenant, ainsy que le docteur Vigenaire vous pourra dire, sur lequel me remettant du demourant ne vous feray la présente plus longue, si non pour vous prier d'entendre et prendre soigneusement que de vostre santé en laquelle je prie Nostre-Seigneur, après m'estre bien recommandé à vostre bonne grâce, vous conserver et donner, Monsieur, très bonne et longue vye.

« De Chasteaudun, ce 10ᵉ jour de juing 1560.

« Vostre très humble et très affectionné cousin. C. CARDINAL DE LORRAINE. »

« Monsieur, on dit que les huguenots veullent faire pis que jamais, je n'en crois rien, mais de ce qui en surviendra, vous le sçaurez; tenez moi en vostre bonne grâce. »

Nouvelles de Rome.

« Monseigneur, je reçus dès le 13ᵉ du mois passé la lettre qu'il vous a pleu m'escripre du précédent par le chevaucheur présent porteur, lequel aussy me baille de vostre part deux petits mémoires desquels je vous renvoye la coppie, à celle fin que vous, Monseigneur, puissiez mieux voir à quoy il a tenu que la dépesche que vous m'aviez chargé de poursuivre, ne vous ait esté envoyée avecques la présente, vous advisant, Monseigneur, que incontinant que j'eus vos deux mémoires je fis venir vers moy ung personnage entendu au faict de telles expéditions pour en avoir son advis et le charger de la sollicitation, et trouvay que le faict estoit si facile, que cela passoit par l'ordinaire sans en parler au Pape, estant une dispense que l'on ne refuse jamais à personne de quelque basse qualité qu'elle soit; bien trouvoit-on peu estrange comme celuy qui avoit dressé les dits mémoires voulloit que cella passa par simple pénitencerie, de laquelle les expéditions sont aulcunement doubteuses et en font les cours de parlement aucunes fois difficultés : et pour ceste cause n'y a si petit gentilhomme qui ne pregne telle dispense de la chancellerie du Pape, attendu quelles n'y coustent que quelque vingtaine d'escus d'avantage, et si sont seures sans contredit; vray est qu'il faut tousjours payer, soit par chancellerie ou pénitencerie, cent escus pour le moindre, et de cinquante escus pour personnes basses et pauvres; cent escus pour le moindre gentilhomme et deux cents escus pour les princes, si le Pape n'en fait grâce.

« Or, Monseigneur, je me délibéray pour les raisons susdites de la faire passer par chancellerie et en fut la bulle toute dressée, et n'estoit plus question que de payer la dite composition, ou bien de la demander au Pape; je demanday au chevaulcheur s'il avoit apporté argent pour satisfaire à tout, il me dit que non et qu'il n'avoit argent que pour son voyage : au demourant que vous, Monseigneur, me mandiez que je payasse tout et puis vous envoyasse mes partyes;

vous, Monseigneur, ne donniez par vostre lettre aucune créance audit chevaulcheur, et toutefois ne voullant que vostre affaire demourast, par fault de denier, je commanday, comme dit est, que l'expédition en fut faicte dressée, faisant compte d'en dire un mot au Pape pour voir s'il ordonneroit de luy-mesme que cela se passast gratis, si non luy payer plustost que de luy en faire requeste, ne pensant pas que vous, Monseigneur, luy voulussiez demander si peu de choses. Le Pape estoit lors hors de Rome, et n'attendois pour luy en parler que son retour, qui fut à trois ou quatre jours de là; cependant, je m'advisay, Monseigneur, que les mémoires que m'avez envoyés ne valoient rien, et que, si on eust sur iceulx dressé vostre dispense, les enfans que vous, Monseigneur, eussiez pu avoir de ce mariage, n'eussent été légitimes parceque vous, Monseigneur, et madame d'Anghien, estes bien plus proches en affinité qu'il n'est porté par les dits mémoires, qui disent que vous, Monseigneur, et la dite dame, estes au quart et cinquième dégrés d'affinité, et toutefois vous, Monseigneur, estes au deux ou troisième, ainsy que porte l'arbre mesme de consanguinité que vous m'avez envoyé, dont je vous renvoye la coppie, car, comme vous, Monseigneur, sçavez madame d'Anghien, que prétendez espouser, est cousine germaine de feu madame la duchesse, vostre femme, et vous, Monseigneur, estes cousin issu de germain de feu monseigneur d'Anghien, son mary, et ne sais comme celluy qui a dressé vostre mémoire a faict ceste erreur, duquel, m'estant advisé, je feis venir vers moy Duconseil et trouvay que vostre dispense estoit bien plus difficile à obtenir, et qu'elle ne passoit pas par l'ordinaire; mais falloit que le Pape le commandast de sa bouche et vous feist grâce spéciale, et si, attendu vostre qualité, il y eschet deux mil ducats pour le moins de composition; voyant tout cela, j'en feis, Monseigneur, dresser une supplique, laquelle je présentay au Pape, qui m'ordonna de la bailler au dataire pour en faire rapport à Sa Sainteté; devant que le dit rapport fust faict, il passa sept ou huit bonnes journées, quelques sollicitations que je sceusse faire; et, mestant depuis réitéré par plusieurs fois devers Nostre Saint Père, je n'eus autre response de Sa dite Sainteté, sinon que pour Dieu je luy donnasse ung peu de loisir d'y penser.

« A la fin, Monseigneur, Nostre Saint Père, pressé de me donner quelque résolution, me demanda si le Roy m'avoit escript de faire ceste poursuite; je dis que je savois bien que je faisois chose agréable à Sa Majesté, encore que je n'en eusse rien par escript, et que je n'avois garde de m'en ingérer autrement, sachant bien que si je luy eusse dit avoir des lettres, il les eust voulu voir, et ne m'eust jamais cru s'il m'eust trouvé menteur; par quoy je fus contrainct d'uzer de ce langage avecque toute fois toutes les raisons et remontrances que je sceus pour l'induire à vous concéder ce que demandez, en quoy je ne proffitay rien, me remectant toujours Sa dite Sainteté à quant elle verroit des lettres du Roy, et premièrement elle n'octroyeroit la dite grâce, ne sçachant certainement, attendu les brouilleries qui estoient en France, si ceste alliance seroit à plaisir ou desplaisir à Sa Majesté, ce qu'elle en vouloit estre certifiée par ses lettres, ce qu'il m'a semblé, Monseigneur, vous devoir descouvrir au long, à celle fin que si estes toujours en l'opinion de contracter ledit mariage, vous m'envoyiez, s'il vous plaist, des lettres du Roy pour présenter au Pape, à qui il me semble que vous, Monseigneur, feriez bien semblablement d'en escrire, et, au surplus, vous recommander à celluy qui dressera les mémoires nécessaires pour vostre dispense, qu'il les fasse si bons et amples qu'on n'y puisse rien désirer, et qu'on n'oublie d'envoyer lettre de banque pour fournir à la composition, au cas que le Pape n'en feist grâce, comme j'espère qu'il fera, et tiendray tous les moyens que je pourray pour luy faire venir de luy mesme; toutes fois meilleure, c'est d'estre à toutes adventures garny de ce qu'il faict besoing.

« Il y a aussy quelques droits des officiers qu'il faudra payer, je ne sçay que cela pourra monter, ny de quelle libéralité voudrez user; mais à toutes adventures, Monseigneur, vous ne pouvez faillir d'envoyer lettres de banque jusqu'à 2500 escus, vous assurant que je ne laisseray de faire tout ce que je pourray honnestement et avecques vostre réputation, à ce que vous soyez servi à bon marché, et pour rien s'il est possible; ne désirant rien plus, Monseigneur, que de vous faire service, estant bien déplaisant de ce que vostre chevaulcheur a esté tenu si longuement sans résolutions, ou pour le moings qu'il n'a emporté à la fin ce qu'il y estoit venu querir. Je pense, Monseigneur, que l'y renvoyant une autre fois avec lettre du Roy, suivant ce que dessus, et de vous Monseigneur, il ne sauroit séjourner plus de six ou huict jours tout au plus. Monseigneur, je prie Dieu, etc.

« De Rome, ce 17 novembre 1560.

« Vostre très humble et très obeyssant serviteur,   E. D'ANGOULESME. »

Sur le dos est escript : *A Monseigneur, Monseigneur le duc de Nivernois, pair de France.*

[1561] *Sommaire des choses premièrement accordées entre les ducs de Montmorency connestable, et de Guyse grand maistre, pairs de France, et le mureschal Sainct André, pour la conspiration du triumvirat, et depuis mises en délibération à l'entrée du sacré et sainct concile de Trente, et arrestée entre les parties, en leur privé conseil faict contre les hérétiques, et contre le roy de Navarre, en tant qu'il gouverne et conduit mal les affaires de Charles neufiesme roy de France, mineur; lequel est autheur de continuel accroissement de la nouvelle secte qui pullule en France.*

Premièrement, afin que la chose soit conduite par plus grande authorité, on est d'avis de bailler la superintendance de tout l'affaire, au roy Philippe Catholique ; et à ceste fin, d'un commun consentement le tout chef et conducteur de toute l'entreprise. Ont estimé bon de procéder en ceste façon, que le roy Philippe aborde le roy de Navarre par plaintes et quérelles, à raison que contre l'institution de ses prédécesseurs, et au grand danger du Roy pupille, duquel il a la charge, nourrit et entretient une nouvelle religion ; et si en cela se monstre difficile, le Roy Catholique par belles promesses, aissera de le retirer de sa meschanceté et malheureuse délibération, luy descouvrant quelque espoir de récouvrer son royaume de Navarre, ou bien de quelque autre grand profit et émolument, en récompence dudit royaume : l'adoucira et ployra, s'il est possible, pour le retenir de costé, et conspirer avecques luy contre les autres autheurs de ceste secte pernicieuse ; ce que succedant à souhait, seront lors faciles et abregez les moyens de la guerre future : mais poursuivant et demeurant iceluy tousjours obstiné, néantmoins le roy Philippe, à qui, tant par l'authorité à luy donnée par le sainct concile, que par le voisinage et proximité, la chose touche de plus près, par lettres gracieuses et douces l'admonestera de son devoir, entremeslant en ses promesses et blandices, quelques menaces : cependant, tant secrétement et occultement que faire se pourra, se fera sur l'hyver quelque levée et amas de gens deslite au royaume d'Espaigne : puis ayant ses forces prestes, déclairera en public ce qu'il brasse ; et ainsi le roy de Navarre sans armes et pris à l'impourveu, facilement sera opprimé; encores que d'aventure avecques troupe tulmultuaire et ramassée, s'efforçast aller à l'encontre, ou voulust empescher son ennemi d'entrer en païs.

Or s'il céde, sera aisément chassé hors son royaume, et avecques luy sa femme et ses enfans ; mais s'il luy fait teste, et plusieurs volontaires gendarmes et sans soulde, le deffendent (car plusieurs des conjurez d'icelle secte se pourroyent avancer pour retarder la victoire), alors le duc de Guyse se déclarera chef de la confession catholique, et fera amas de gens d'armes, vaillants, et de tous ceux de sa suitte. Aussi d'un autre part, pressera le Navarrois; en sorte qu'estant poursuyvi d'un costé et d'autre, tombera en proye : car certainement un tel roy ne peut faire teste à deux chefs, ni à deux exercites si puissants.

L'Empereur, et les autres princes allemans qui sont encores catholiques, mettront peine de boucher les passages qui vont en France, pendant que la guerre s'y fera; de peur que les princes protestans ne facent passer quelque force, et envoyent secours audit roy de Navarre: de peur aussi que les cantons de Souysse ne luy prestent ayde, faut que les cantons qui suivent encor l'authorité de l'Église romaine, dénoncent la guerre aux autres; et que le Pape aide de tant de forces qu'il pourra, lesdicts cantons de sa religion, et baille soubs mains argent et autres choses nécessaires au soustenement des frais de la guerre.

Durant ce, le Roy Catholique baillera part de son exercite au duc de Savoye, qui de son costé fera levée de gens si grande que commodément faire se pourra en ses terres. Le Pape et les autres princes d'Italie déclareront chef de leur armée le duc de Ferrare qui se viendra joindre au duc de Savoye; et pour augmenter leurs forces, l'empereur Ferdinand donnera ordre d'envoyer quelques compagnies de gens de pied et de cheval allemans.

Le duc de Savoye, pendant que la guerre troublera ainsi la France et les Souysses, avec toutes ses forces, se ruëra à l'imporveu sur la ville de Genéve, sur le lac de Lozane, la forcera, et plustost ne se départira ses gens, qu'il ne soit maistre et joüissant de ladicte ville ; mettant au fil de l'épée, ou jettant dedans le lac tous les vivans qui y seront trouvez, sans aucune discrétion de sexe ou aage, pour donner à congnoistre à tous, qu'enfin la divine puissance a compensé le retardement de la peine, par la griefve grandeur de tel supplice; et qu'ainsi souvent faict résentir les enfans et porter la peine, par exemple mémorable à tout jamais, de la meschanceté de leurs pères, et mesmes de celle qu'ils ont commise contre la religion ; en quoy faisant, ne faut doubter que les voisins touchez de ceste cruauté et tremeur, ne puissent estre ramenez à santé; et principalement ceux qui, à raison de l'aage ou de l'ignorance, sont plus rudes ou grossiers, et par conséquent plus aisez à mener; ausquels il faut pardonner.

Mais en France, pour bonnes et justes raisons, il fait bon suivre autre chemin, et ne pardonner en façon quelconque à la vie d'aucun qui autrefois ait fait profession de ceste secte; et sera baillée ceste commission d'extirper tous ceux de la nouvelle religion, au duc de Guyse, qui aura en charge d'effacer entièrement le nom de la famille et race des Bourbons; de peur qu'enfin ne sorte d'eux quelqu'un qui poursuive la vengeance de ces choses, ou remette sus ceste nouvelle religion.

Ainsi les choses ordonnées par la France, et le royaume remis en son entier, ancien et pristin estat, ayant amassé gens de tous costez, il est bésoing envahir l'Allemagne, et avec l'aide de l'Empereur et des évesques, la rendre et restituer au Sainct-Siège apostolique : et où ceste guerre seroit plus forte et plus longue que l'on ne pense et désire, afin que, par faute d'argent ne soit conduite plus laschement ou plus incommodément, le duc de Guyse, pour obvier à cest inconvénient, prestera à l'Empereur et aux autres princes d'Allemagne et seigneurs ecclésiastiques, tout l'argent qu'ils auront amassé de la confiscation et despoüille de tant de nobles bourgois et riches, qui auront esté tuez en France, à cause de la nouvelle religion; qui se monte à grande somme; prenant par ledit seigneur de Guyse suffisante caution et respondant, par le moyen desquelles, après la confection de la guerre, sera remboursé de tous les deniers employez à cest effect, sur les despouilles des Luthériens et autres, qui pour le faict de la religion seront tuez en Allemaigne. De la part des Saincts Pères, pour ne défaillir, et n'estre veus négligens à porter aide à tant saincte affaire de guerre, ou vouloir espargner leur revenu et propres deniers, ont adjousté que les cardinaux se devoyent contenter pour revenu annuel, de cinq ou six mille escus; les évesques plus riches, de deux ou trois mille au plus; et le reste dudit revenu, le donner de franche volonté, à l'entretenement de la guerre qui se conduit pour extirper la secte des Luthériens et Calvinistes, et restablir l'Église romaine, jusqu'à ce que la chose soit conduite à heureuse fin.

Que si quelque ecclésiastique ou clerc a vouloir de suivre les armes en guerre si saincte, les Pères ont d'un commun consentement conclu et arresté qu'il se peut faire et s'enrouller en ceste guerre seulement, et ce sans aucun scrupule de conscience.

Par ces moyens, France et Allemaigne ainsi chastiées, rabaissées et conduites à l'obéissance de la saincte Église romaine, les Pères ne font doubte que le temps ne pourvoye de conseil et commoditez propres à faire que les aultres royaumes prochains soyent ramenez au troupeau et sous un gouverneur et pasteur apostolique, mais qu'il plaise à Dieu ayder et favoriser leurs présents desseings saincts et pleins de piété.

Lettre de monsieur Bourdin à monsieur le connestable.

« Monseigneur, mon homme m'a apporté la lettre qu'il vous a pleu m'escripre du 21ᵉ du passé, de laquelle j'ay leu le contenu à la Royne de mot à autre, et vous asseure qu'elle a esté bien ayse d'entendre l'ordre que vous avez disposé et permis pour passer doulcement les deux jours esquels il pouvoit survenir quelque garbouille, et mesme d'avoir sceu depuis que l'un des deux s'estoit escoullé sans aulcun scandale ni sédition, ou bien avec si peu de chose qu'il ne s'en estoyt rien ensuivy de mauvais; elle espère que l'octave se fera encore mieulx portée, dont elle ne peult tarder qu'elle n'ayt bientot la certaineté. Nous avons mis fin à tous nos triomphes et festoyemens qui ont esté somptueux et magnifiques s'il en fut jamais; les particularitez s'en sçauront parce que la Royne en a faict mettre par escript qu'elle veult faire imprimer ainsy que j'entends. Leurs Majestez amenèrent hier coucher en ce lieu la royne d'Espagne, et ce jourd'huy l'accompaignent jusques sur le bord de la frontière au mesme lieu où le Roy l'a receu, lequel viendra coucher en ce lieu et la Royne passera la rivière et ira coucher à .... avec ladicte dame royne d'Espagne, pour avec plus de loisir et moindre presse prendre congé d'elle, et dès demain venir retrouver ceste compaignye. Nous serons contraincts de séjourner quatre ou cinq jours à Bayonne, où l'on a encore donné ordre à aucun officier de la ville ny du pays, et si vous asseure que le Roy y a ung gouverneur peu advisé et qui a beaucoup de querelles avec les habitans, qui ne sont pas de peu d'importance à la seureté de la ville et au bien du service de Sa Majesté. Dieu nous ouvre l'entendement pour y prendre ung bon et salutaire conseil et résolution.

« De Saint-Jean de Luz, le 3ᵉ juillet.

« Vostre très humble et très obéissant serviteur,   « BOURDIN. »

(1) *Instruction baillée à messieurs les ducz de*

---

(1) Le colloque de Poissy ne fut pas toujours occupé du fait de la religion. On y traita aussi des affaires temporelles.

Guyse et de Montmorency, connestable, que le Roy a envoyé à Poissy, devers messieurs les prélats y assemblez.

« Le Roy ayant entendu l'offre que messieurs les prélats du clergé de ce royaume luy ont fait faire pour le secours et subvention de ses affaires ; qui est de le remettre dès le premier jour de janvier prochain, en jouissance de tout le domaine, aides et gabelles, alliénez hors la ville de Paris, montans de six à sept cens mille livres de revenu par chacun an ; desquelz domaine, aydes et gabelles, lesdictz du clergé se chargent payer l'intérest, et faire le rachapt du sort principal dedans six ans prochains après ensuivans ; et à la fin des dictz six ans, remettre Sa Majesté en pareille jouissance du surplus de son dict domaine, aides et gabelles, faisant pareil payement des intéretz et remboursement du sort principal dedans dix ans lors ensuivant, à commancer de l'expiration des dictes premières six années ; qui est tout ce que ceulx dudict clergé ont trouvé pouvoir faire après les aultres grandes charges par eulx supportées, tant pour la subvention des affaires de Sadicte Majesté et des roys ses ayeul, père et frère, que pour autres occasions qu'ilz ont amplement faict déduire par leurs depputez. Sadicte Majesté, avant que rien arrester ny résouldre sur l'acceptation ou reffus dudict offre, a bien voullu le faire veoir, digérer et consulter par la Royne sa mère, le roy de Navarre, et les aultres princes de son sang, et gens de son conseil privé, estans lez sa personne ; lesquelz, après avoir bien soigneusement espluché le faict dudict offre, l'ont jugé tel que Sadicte Majesté a juste occasion de se louer de l'honneste démonstration que les dicts du clergé continuent de faire, de l'entière et perfaicte affection et dévotion qu'ilz portent au bien et subvention de ses dictes affaires, et d'estimer qu'ilz ont mesuré leur dict offre, selon leur possibilité ; mais venant à penser au moyen requis pour l'exécution dudict offre, il s'y est enfin trouvé une impossibilité, ou bien telle incommodité, que satisfaisans lesdictz du clergé à leur dicte promesse, Sa Majesté pourtant n'en seroit cy avant accommodée que le requiert le bien de son service.

« La principalle cause de ladicte impossibilité, est que l'on ne pense pas que ceulx qui sont aujourd'huy possesseurs des dictz domaines, aides et gabelles, par les aliénations qui leur en ont esté bien et deuement faictes, consentent jamais d'estre dépossedez de ce qu'ilz ont justement acquis, que en les remboursant au préalable du sort principal par eulx fourny, et de leurs loyaux-coustz, selon les condicions apposées en leurs contractz ; et de dire que l'on les y contreigne par force, il n'y a personne qui le peust ny voulsist conseiller à Sadicte Majesté ; d'aultant que oultre que ce ne seroit pas leur faire justice, l'on alliéneroit entièrement les volontez de ses subjectz d'entendre jamais à telles acquisitions ; et la priveroit-l'on par conséquent du secours que en la nécessité de ses affaires, elle trouvera tousjours en eux, leur observant et faisant inviolablement observer la foy promise par leurs dictz contracts ; et quant à l'incommodité, c'est que encores que les dictz possesseurs s'accordassent de se départir de la jouissance des choses ainsy par eux acquises, il est tout certain qu'ilz ne se vouldront contanter de la seulle obligation de ceux dudict clergé, soit pour le payement de leurs rentes annuelles, soit pour le remboursement de leur principal ; mais incisteront que les choses par eux délaissées ne laissent de leur demeurer affectées et ipotéquées, en cas qu'il y ait faulte de payement de la part desdictz du clergé ; ce qui ne leur sçauroit estre refusé ne dénié aucunement ; et ainsy le faisant, il est tout certain que venant Sa Majesté à tomber en telle nécessité d'affaires durant les dictes premieres six années ensuivantes, qu'il fust contrainct faire revente des dictz domaines, aides et gabelles, pour y subvenir, il n'y auroit personne qui à l'occasion desdictz ipoteques et recours de garentye, il voulsist entendre ; et par ce moyen, demeureroit Sadicte Majesté privée pour ledict temps, de la principale commodité qu'il en espère tirer en un besoing :

« Qui sont choses, lesquelles après avoir esté bien meurement digérées et délibérées, Sa Majesté a voulu que messeigneurs les ducs de Guyse, et de Montmorency connestable de France, voysent rémonstrer ausdictz prélatz et clergé, les ayant choisiz à ceste fin, pour leur dignité et suffisance, et pource qu'estans si bien instruictz de ses affaires qu'il n'est possible de plus, ilz en sçauront faire toute la vifve et persuasive rémonstrance ausdictz du clergé, que requiert le bien de son service ; et après cela, leur proposeront ce que Sadicte Majesté désiroit d'eux pour la subvention de ses dictes affaires, avec plus d'utilité pour elle, et comme il luy semble, avecq moindre charge ausdictz du clergé ;

« Qui est, que en se départant dudict premier offre, ilz luy veillent accorder quinze millions de livres, payables en six années, qui sont deux millions cinq cens mille livres par chacun an ; et quant tout est dict, moindre somme que ne porte leur dict premier offre ; il est vray que Sadicte Majesté désire qu'elle soit payable en moindre temps.

« Et affin qu'ilz ne pensent que ce que l'on leur demande, soyt à aultre effect que pour le rachapt des dictz domaine, aydes et gabelles, Sa Majesté leur accorde, veult et consent qu'ilz facent recepvoir les dictes sommes par leurs commis et depputez, sans que ses recepveurs et officiers comptables s'en empeschent en quelque sorte que ce soit. Bien commettra-elle seullement certains bons personnaiges pour assister à l'employ que les dictz du clergé feront des dictes sommes, au rachapt des dictz domaine, aydes et gabelles, par chacun an, et jusques à la concurance des dictz quinze millions; affin que à mesure que ledict rachapt se fera, ilz retirent les contractz des alliénations, et facent faire recepte des dictes choses retirées, au proffict de Sadicte Majesté.

« C'est en peu de parolles, la requeste et proposition que Sa Majesté donne charge à mesdictz seigneurs les ducs de Guyse et de Montmorency connestable, de faire à mesdictz sieurs les prélatz et clergé assemblez à Poissy : remettant toutesfois à leur prudence, de s'y gouverner selon qu'ilz adviseront sur le lieu, estre pour le mieulx; assavoir, de faire seullement ladicte requeste et proposition en l'assemblée des dictz prélatz, sans y appeller le demeurant du clergé, ou bien en présence de tous; estans si saiges et prudens, et si suffisament instruictz de l'estat, disposition et nécessité de ses dictes affaires, qu'ilz sçauront bien employer toutes les vifves raisons et rémonstrances qu'ilz congnoistront nécessaires pour persuader les ungs et les autres, à l'accord de ce que Sadicte Majesté désire d'eulx en cest endroit.

« Faict à Sainct-Germain-en-Laye, le xj^e jour de septembre 1561. »

Lettre de monsieur de Joyeuse au connestable, dont le double est envoyé à M. de Guyse.

« Monseigneur, depuis vous avoir ces jours passés escript et faict entendre comme messieurs de nos assemblées de ce pays usoient de représailles à l'endroit de ceulx qui les veullent empescher en icelles assemblées, lesquels actes estonnent et intimident grandement les gens de bien, j'ay eu advis comme ceulx de Castres, Lavaur et Réaulmont, qui sont villes de vostre gouvernement, ont saisi ces villes parrochialles et aulcunes des mandians à force d'armes, et font là prescher leurs prédicans, empeschant que esdites esglises l'on n'y célèbre plus de messe ny autre office divin, les gens du roy de Thoulouse m'ont adverty aujourd'hui comme ung bon nombre de ces séditieux s'estant mis en campagne pour venir surprendre une petite ville auprès du dict Thoulouse, à laquelle ils trouvèrent résistance des gens de la ville, les dicts séditieux firent le gast des vignes de la dicte ville : et voilà leur religion. Je crois qu'ils commencent à tenir les champs puis qu'ils se sentent fortifiiez et ayant les armes en main. Hier, Monseigneur, je fus adverty que à deux lieues d'icy l'on y avoit descouvert quelque nombre d'arquebuziers en campagne; incontinant je despeschay ung gentilhomme avec une troupe d'iceulx que j'ay avec moy pour descouvrir que c'estoit; le dict gentilhomme trouva en une petite ville, à deux lieues près de ceste cy, quasi des moindres de ce pays, cent arquebuziers à la porte en bon esquipaige, et cent autres qui estoient à la place qui tenoient le corps de garde, et cent autres autour d'ung ministre qu'ils avoient là mené ce jour mesme. Ce gentilhomme, par moy là envoyé, fut bien aise, se trouvant dépétré de ceste troupe, qui fut le plus doulcement qu'il peut. Vous pouvez voir par là, Monseigneur, comme es grandes villes ils sont pourvuz, puisque en ces petites ils sont si bien assemblés. A ce que j'ay entendu, à Montpellier, il y a deux mille hommes et bien armez, et léverons jamais les armes sans en estre bien contraincts et forcés par bonnes forces; aulx petites villes, elles se sont ralliez les unes avec les autres en ung faict, ung monopole et une ligue ensemble, pour au premier signal se devoir rendre tel nombre de gens qu'ils ont advisé pour se secourir les ung aux autres; vous pouvez penser par là, Monseigneur, si sans bonnes forces l'on les domptera jamais; desjà à Montpellier disent publiquement que si l'on ne leur baille autres forces que le quart des compaignies qui y doibvent venir, qu'ilz les contraindront de faire comme eulx : il y a, en tant de lieux de ce pays, de ces assemblées et toutes en armes que sans levée de gens de pied il est impossible de les garder de faire leurs entreprinses; je les vois avoir si peu de respect à leur Roy, et les vois tous les jours tant fortiffiés et d'hommes et d'armes, que s'il n'y est promptement pourveu, je me doubte qu'il ne sera guères aysé quand l'on voudra, Monseigneur, d'aultant que je croys que Sa Majesté veut tanter tous les bons expédiens pour retirer ces gens de leurs insolences avant que de venir au dernier, qui est de les faire dompter par la vigueur de ses forces. J'avois advisé, Monseigneur, que d'aultant que la ville de Monpellier et Nysmes sont les plus séditieuses de vostre gouvernement, où toutes les autres prennent exemple, veu que sont composées de plusieurs magistrats qui s'acquittent assez mal de leur debvoir en ces troubles, s'il plaisoit à Sa Majesté ordonner, actendu que audict Montpellier n'ont

30.

tenu compte de voulloir observer son édict, et au contraire continué en leurs follies de plus en plus, que à ceste cause et par manière de provisions toutes les courts qui sont audict Monpellier seroient suspendues, assavoir : la chambre des généraulx, le présidial, la chambre des comptes, la justice ordinaire que les consulz de la ville ont en leurs mains, et l'attribuer au gouverneur par provision, et en l'université suspendre les gages aux docteurs régens, et crois, Monseigneur, que si Sa Majesté ordonnoit cela il y auroit si grande contention entre eulx, qu'ils iroient crier incontinant au Roy et à vous miséricorde, et capituleriez avec eulx tous ainsy qu'il vous plairoit : et à Nisme autant du siége présidial, feignant le voulloir mettre à Baucaire qui n'y a point eu de sédition, et les cours de Monpellier aussy es villes où il n'y a point eu de sédition. Et ce, Monseigneur, qui m'en faict vous escripre cecy, c'est d'autant que toutes ces assemblées sont composées ou sousteneues des parens et amys de tous ces magistrats, et m'asseure que eulx voyant que Sa Majesté les voullant translater ailleurs, je m'assure qu'ils aimeront mieulx quitter leurs presches que leurs biens et maisons, et crois véritablement que cela les fera appaiser, joinct aussi que eulx mesme impriment au pauvre peuple que les édits et instructions que l'on fait pour rompre ces assemblées ce sont choses controuvées, et ils verroient par là que c'est à bonne fin : et aulx petites villes et les terres des gentilshommes, l'on pourroit adviser quelqu'autre expédient, et si par ce moyen ce appaisoient en ces quartiers, je m'achemineray es environs de Thoulouse où l'on dit qu'ils commencent à tenir les champs, et là essaier par tous les moyens de les faire retirer. Il s'agit, Monseigneur, du faict du Roy et de l'obéyssance que ses subjets luy doivent ; je vois au dessein de ceste canaille et à leurs succez, qu'ils tendent ailleurs que à la religion : car, à ce que je puis voir, s'il y en a trois esdites assemblées qui n'excèdent point la relligion, assurez-vous qu'il y en a douze qui font aultres desseins quoy qu'ils en disent, et je en vois tous les jours tant d'exemples, qu'ils m'en font vous en parler ainsi franchement ; et en cest endroit je supplie, etc.

« Escript à Pezenas, le 16ᵉ jour de septembre 1561.

« Vostre très humble et très obéyssant serviteur, « Joyeuse. »

« Monseigneur, je ne puis pour ceste heure escrire autres choses que malheurs qui viennent journellement en vostre gouvernement ; après vous avoir escript l'ordre que je donnay à Bésiers pour la pacification de la dicte ville, je m'en vins en ceste cy de Narbonne pour pourvoir aussy, parceque l'on commençoit à s'y remuer, le tout estant maintenant en bon estat, Dieu mercy. Présentement, Monseigneur, la ville de Monpellier m'a envoyé deux gentilzhommes qu'ilz ont député de leur part pour venir vers moy me faire entendre, comme lundy dernier, estant assemblez en la dite ville environs deux mille hommes armez, voulant ad ce que les uns disent saisir l'église Saint-Pierre principalle de la dicte ville, et s'en impatroniser, et les autres pour faire oster dix ou douze soldats qui estoient en la dicte église, là mis par les chanoines pour la garde d'icelle de peur d'ung pillaige, veu le nombre d'estrangiers qu'estoient dans la dicte ville ; l'exécution a esté que les dicts estrangiers sont entrez par forces dans la dicte église, et après l'avoir pillée ont tué environ vingt cinq ou trente personnes dans la dicte église, et entre autres quelques chanoines et deux prescheurs qui preschoient tous les jours ; et ayant faict cela ils sont allez piller les couvents jusques à tirer hors de la religion les religieuses réformées ; les soldatz se sont mis dans les maisons des principaulx de la ville, n'estant de leur secte, et y ont vescu à discrétion, le tout, Monseigneur, y est réduit en grande extrémité ; tous les prestres sont hors de la ville, les magistrats se retirent ; à ce j'entends, chacun y vit à sa porte et comme l'on se trouve le plus fort. Et voilà, Monseigneur, la religion que nous tenons en ce pays. Les dicts députez m'ont faict entendre comme hier sortant de la dicte ville, ils trouvèrent trois cents soldats armez qui leur dirent qu'ils alloient pillier quelques monastères et maisons de gentilzhommes là autour ; je veois ce pays icy aux armes et aux plus grandes guerres civiles que l'on aye jamais entendu, si Dieu et nostre Roy n'y pourvoient. J'ay mandé venir vers moy en diligence les consulz de la ville, et partie des magistratz et bourgeois d'icelle pour entendre mieux le tout, et résoudre tous ensemble quelques bons règlemens pour l'advenir : ce que sera à mon advis malaisé, estant les partialitez dans la dicte ville entre toutes espèces de gens et mesmement entre ceux qui doivent donner le règlement et la police. Je me doubte que nos voisins vouldront faire leur profit de ces désordres qu'ilz voyent faire en plusieurs villes, ils ne trafiquent point si librement en ces dictes frontières comme souloient, depuis peu de jours en çà. Monseigneur, tout cecy ne peult tomber qu'à un grand désastre ; je voys partie de la noblesse et le menu peuple prestes à mettre les armes en main, et si animez les ungs contre les autres que je n'espère que malheur encore plus grand par cy après; je en voys autant advenir à toutes les principales villes du Languedoc. Il vous plaira, Monseigneur, me faire entendre le commandement que plaira au Roy et à vous me faire pour pourvoir aux dicts désordres. Et à tout je supplie le Créateur, Monseigneur, vous donner en très heureux estat de santé longue et très heureuse vye.

« Escript à Narbonne, le 24ᵉ jour d'octobre 1561.

« Monseigneur, je ne veulx oublier à vous dire comme la pluspart du peuple de ce pays est si désespéré d'estre contrainct, par forces d'armes, à se réduire à vivre selon la religion nouvelle, que je sçay qu'il y en a qui se retirent en Espaigne, pour essayer si le roy d'Espaigne les vouldroit mettre en sa protection, et je sçay à la vérité que le gouverneur de Catalogne en a esté sollicité, estant bien asseuré que s'il se assemble bien peu de gens en Espaigne sous prétexte de venir en France, beaucoup de peuple se rendroit à eulx comme désespérés, et c'est une des principalles choses qui me fasche aujourd'hui le plus.

« Monseigneur, despuis la présente escripte les consulz de Montpellier m'ont envoyé les procédures par eulx faites et le lieutenant criminel, non à autres fins que pour couvrir les excès qu'on a commis en la dicte ville, et qu'ilz continuent faire journellement; il vous plaira ne vous endormir aux dictes procédures, ne les faire entendre au Roy, car la vérité est ainsy que je vous escripts par ma dicte lettre, comme m'ont assuré messieurs les délégués du dict Montpellier, et tous ceulx qui ont faict les dictes procédures sont suspects et principaux autheurs de la sédition, qui se sont bien gardez de faire mention du saccagement des églises, et comme ils font vivre à discrétion les soldatz, et tiennent garnisons dans les deux principalles églises du dit Monpellier, chose piteuse et misérable de voir, et requérant prompte provision.

« Vostre très humble et très affectionné serviteur.   JOYEUSE. »

« Monseigneur, vous avez esté adverty des malheureux désordres et grandes cruautez qui se sont commises en la ville de Montpellier et ailleurs, à l'endroit des personnes de plusieurs bons subjects du Roy, soubs prétexte de religion. Les affaires prennent tel cours, et vont si en empirant, que, ad ce que je veoye et oye, il n'y a personne d'assuré que ceulx qui ont moyen de se retirer en quelque lieu fort. Je voys plusieurs gens de bien habandonner leurs propres maisons, et se retirant avecq leurs familles, pour n'avoir seureté de leurs dites propres vies, que en estant bien loing retirez des séditieux. Sa Majesté m'a escript par ses lettres du 7 de ce mois, comme ceulx de la nouvelle religion de ce pays luy ont présenté requeste, déclairans qu'ilz désirent vivre en paix, et le veullent sans molester personne, s'il y a quelqu'ung d'entre eulx qui fasse choses dignes de punitions ils veullent à leurs propres contes et despens les mettre entre les mains de ses officiers pour en estre faictes les punitions requises, et estant asseuré de leur bonne volonté, Sadicte Majesté me commande contremander les compaignies du sieur don Francisque d'Est et de M. le prince de Salerne, en leurs premières garnisons; le Roy de Navarre m'en escript de mesme; je ne sçay ce que je dois faire : car les gens d'armes ne font que d'arriver à ceste heure, et de les renvoyer ce leur seroit grand désespoir. J'attendray s'il vous plaira me faire entendre ce que j'auray sur ce à faire; si vous assure-je, Monseigneur, qu'il n'y a rien si vray que ceulx de la religion ont mis en leurs églises par deçà si grande quantité de meschants et gens sans aveu, qui n'ont nulle religion, qu'à présent ils n'en sont pas maistres, et sont bien aises d'avoir paix avecq eulx, et ad ce que je croye et voye ils en sont bien empeschez, et vouldroient bien trouver le moyen de les renvoyer s'ilz pouvoient. Toutefois, pour estre entretenus en leurs formes de vivre, ils sont contraincts de dissimuler, et de endurer d'eulx mesmes beaucoup de choses insupportables. Je vous supplie très humblement, Monseigneur, que nous ayons quelque règlement en ce pays, car les affaires estant en l'estat qu'ils sont, il n'y a nul magistrat obéy, et chacun vit à sa porte; et quand à moy, si les choses sont ainsy tolérées, je me trouve fort inutile pour le service du Roy; tout le peuple recourt à moy, me demandant ayde, justice et protection; je ne sçay ce que je leur ay à respondre : le feu est allumé en tant de lieux, et puis je vois que remonstrations n'ont point de lieu à l'endroit de ces gens cy, qui sont si opiniastres qu'il n'est possible de plus. Au reste, Monseigneur, je vous veulx bien advertir que je n'ay point eu de vos lettres depuis le 22ᵉ du passé, je ne sçay s'il vous a pleu m'en escrire.

« Monseigneur, je supplie le Créateur vous donner en très bonne santé très longue et heureuse vie.

« Escrit à Narbonne, le 28ᵉ jour d'octobre 1561.

« Vostre très humble et très obéissant serviteur.   « JOYEUSE. »

« Monseigneur, je vous ay autrefois adverty que entre autres villes de ce gouvernement de Languedoc qui se sont maintenues en l'obéisance du Roy, et à l'observation de ses édits, les habitans de la ville de Beaucaire y ont fort bien faict leur debvoir, et aiant quelques-uns de la dicte ville entrepris d'introduire dans icelle ung ministre y ont résisté, pour raison de quoy on a formalisé contre eulx ung procez criminel, les chargeant d'estre séditieux, et aujourd'huy en sont venus vers le présidial de Nymes qu'ils ont pour suspect, et n'ont voullu obtempérer au parlement de Thoulouse. Ils se sont venus retirer à moy pour leur pourvoir; mais voiant la controverse qu'est entre les officiers du Roy et les divisions qui sont entre eulx, les ungs soubstenant ung party et les autres l'autre, ay advisé de les renvoyer à Sa Majesté et à vous, Monseigneur, vous suppliant très humblement y pourvoir et à tant de désordres qui sont aujourd'huy par ce pais, et desquels vous ay par cy devant informé, et qui proviennent par la diversité des mandemens qui sont envoyez, et que ne savons à quoy nous en tenir.

« De Narbonne, ce 28ᵉ jour d'octobre 1561.

« Vostre très humble et très obéissant serviteur,

« JOYEUSE. »

« Monseigneur, combien vous aye adverty de l'état pitoyable de vostre gouvernement et le beau mesnage et massacre que ont faict les céditieux à Montpellier contre les gens de l'église et aultres gens de bien de la ville, ils ont si bien continué et continuent encores, qu'ils ont chassé, tué la plus grande partye des presches et autres n'estant pas de leur secte, qui estoient es environs de Nisme et Monpellier. Dans ladite ville de Montpellier ne se célèbre aujourd'huy auculne messe non plus que à Genève; la plus part des gens de bien s'en sont fuys aux lieux forts: à cest'heure, en la dite ville de Montpellier et Nisme, les céditieus ont osté les clefs des villes aus consuls et se sont faict cappitaines, tellement que les portes sont aujourd'huy guidées comme si elles actendoient un siége; il y a jour et nuict es environs des dictes villes centinelles d'une vintène d'arquebuziers aux avenues de la ville, et quand j'en escripts de ces affaires à la court il y en a qui le trouvent mauvais, comme si estoit actes que l'on doibvent endurer, et comme si n'estoit d'aulcunes conséquences; je vous veux bien advertir aussy, Monseigneur, comme aulcuns de la court ont conseillé ces cédicieux, affin qu'ils n'ayent aulcune résistance d'autre qui comande et qu'ils puissent avoir le lieutenant de Roy à leur porte, comme ailleurs de trouver moyens de faire faire des cendicats à plusieurs gens interposez, et supposer les noms de quelques villes pour supplyer le Roy me commander de ne me mesler plus des affaires de vostre gouvernement, ou pour le moins sy ne m'en peuvent priver, ils me veulent faire commander de ne me mesler point de leurs assemblées; il y en a desjà qui vont par les villaiges dresser leurs syndicats, ils disent qu'ils ne sçavent estre si mal faycts qu'ils ne soyent trouvés bons, et me doibt estre commandé, comme ils disent, que je n'entre pas aux estats, j'entends qu'ilz veulent demander beaucoup de choses que je ne permettray ny accorderay : nous verrons ce qui en sera. J'aime mieulx en estre privé à la persuasion de ces cédicieus ennemys du Roy que pour nul autre fayt; aussy vous assure que je ne sers pas beaucoup au Roy, aussy n'y a il aulcun magistrat obey ny moy, et toutes ces belles religions n'ont faict autre fruit que apprendre au peuple à ne obeyr point au Roy ny à ses ministres, et je ne doubte fort que ne les pourront ravoir comme ils voudront; l'on leur a donné trop de liberté et ont osté le cœur et la volonté aux bons serviteurs du Roy. Je vous supplye très humblement, Mousieur, voulloir trouver bon que, après les estats, je m'en aille à ma maison, où je n'ay esté il y a un an, combien que je les aye en Languedoc; car comme je vous y ai mandé, je ne sçay de quoy je sers icy; il y a six ou sept ans que j'ay cest honneur d'avoir eu la charge de vostre gouvernement, et cuide bien entendre les affaires, je vous promets, Monseigneur, que je me trouve aussi nouveau à mener à ceste heure les affaires du Roy que si estois venu au plus estrange gouvernement de France : nous ne pouvons sçavoir ce que nous faut faire pour faire nostre debvoir et faire le service du Roy, chacun est en confusion.

« A Narbonne, le 2ᵉ novembre 1561.

« Monseigneur, le cartyer de mes arquebuziers finira à la fin de ce moys; s'il vous plaist, Monsieur, qu'ils soient entretenus, il vous plaira commander leur payement; ils ne sont point inutiles en ce pays; il vous a pleu me mander qu'aviez faict ordonner pour moy soixante livres, ce moys; je vous avise, Monseigneur, que ne m'en a esté rien baillé, le trésorier ne m'avoit pas mis en l'estat.

« Vostre très humble et très obéissant serviteur, « JOYEUSE. »

« Monseigneur, je vous ay escript par le sieur de Rieux et le syndic de ce pays, naguères, les quels vous auront fait entendre les occurrances des affaires de ce pays; nous y sommes tousjours aux troubles accoutumez, d'autant que les édits ny sont aulcunement observez; incontinant après que je fus party de Béziers après ces estats, les séditieux ont commencé à remuer mesnage, et ont dressé leurs assemblées où se font beaucoup d'insolences; à Carcasonne se sont très bien conduits jusques à ceste heure; il y a deux jours qu'il y est venu une grande sédition à cause que quelques bélistres de la ville avoient prise une image Nostre-Dame d'une église et la traînoient par ladite ville, attachée par le col d'une corde et puis la laissèrent dans la boue; la populasse voyant que les principaulx de la ville ne faisoient grand compte de pourveoir à cest excès, ils se mutinèrent si fort qu'ils coupèrent la gorge et mirent en pièces une douzaine de ceux là que l'on soubçonnoit qui avoient faict ceste belle entreprise, et y avoit des bourgeois de la ville, estimez fort riches; l'on m'a dit que ung ministre, qui y estoit arrivé seulement ce jour là, fut traicté comme les autres; la dite populace ayant perdu la bride et faict ceste exécution, commença à saccaiger les maisons de ceulx qu'ils soupçonnoient; en sommes, il y a eu ung grand désordre, et ce sont les nouvelles que j'entends tous les jours venir en plusieurs lieux de vostre gouvernement, et après avoir disputés de la religion, et les ungs et les autres s'accordent très bien à venir au pillaige. Les magistrats s'en sont assez mal acquitez jusques icy; l'impunité des délinquans les convie à persévérer; soubz prétexte des assemblées pour la religion, j'y vois tant faire de choses qui ne tendent à rien de bien, que je suis contrainct d'habandonner ceste ville de Narbonne, où peu d'occasion mectroit ses gens à faire comme les autres; j'espère que tant que j'y seray, il ne s'y fera rien au préjudice du service du Roy. Je voudrois que M. de Fourquevaulx y fust, et de bon cœur que Sa Majesté trouve bon, et vous, que aux villes de Narbonne, Béziers et Carcassonne, ne s'y feissent aulcunes de ses assemblées, d'autant qu'elles sont en frontières; mais qui auroyt envye d'ouyr des presches allast ez autres lieux de vostre gouvernement, où ils en pourroient ouyr, et que cela fust commandé estroictement; car les gens des frontières d'Espaignes ne sont point comme les autres de France : ce pays se remplit de tant de volleurs et d'aultres meschans, qu'il n'y a homme qui puisse aller seurement par les champs. Les Espaignols qui passent reçoivent si mauvais traictement, par tout ce gouvernement, de ceste canaille, que eulx estant arrivés en ceste ville, j'ay assez à faire à les appaiser; et sommes desjà si descriez que peu de gens estrangers passent que avecq une grande crainte; je me doubte qu'ils ne se vueillent revancher, et que cela nous engendre une guerre; j'en ay escript souvent, et j'escripts tous les jours aux magistratz des villes : à ce que j'entends, ils n'en sont point maîtres.

« Escript à Narbonne, ce 19ᵉ décembre.

« Vostre très humble et très obéissant serviteur, « JOYEUSE. »

« Monseigneur, le juge de Montpellier est icy avecq moy, qui vous faict entendre comme messieurs de la ville le veullent traicter pour ce qu'il n'est point de leur ligue; je vous assure bien, Monseigneur, que je l'ay toujours trouvé bon serviteur du Roy. »

[1562]. *Relation de l'occision faite par le duc de Guyse, à Vassy en Champaigne, composée par un huguenot, l'an 1562* (1).

Le samedy dernier jour de febvrier, le duc de Guyse coucha à Dammartin-le-Franc, où il y a deux lieuës de Joinville; et dudict Dammartin à Vassy, y a deux autres lieuës, qui sont quattre lieuës de distance dudict Joinville, qui est la maison et séjour dudict duc, jusques audict Vassy.

Le dimanche premier jour de mars, ycelluy duc partit dudict Dammartin, accompaigné de deux cens chevaulx, pour le moings, ayant, chacun homme monté sur iceulx, deux ou troys pistoletz, et plusieurs d'eulx portans grandes haquebutes.

Et faignit ledict duc de Guyse qu'il vouloit aller droit à Esclaron, sans passer à Vassy, et en fut faict grand bruict avant que desloger, et passe par Broussel, villaige prochain dudict Vassy de ung quart de lieue. On sonnoit lors le presche de l'Église réformée audict Vassy, à quoy ledict duc et sa troupe prindrent occasion de parler et demander que c'estoit que l'on sonnoit.

Il leur fut respondu, mesmes par plusieurs de la mesme compaignie dudict de Guyse, et aulcuns aultres dudict Vassy, que c'estoit le presche des Huguenots : surquoy il ne fut possible user de si grande dissimulation et feintise, qu'il ne eschapast de la bouche de ceulx qui y estoient

---

(1) Les Mémoires du duc de Guyse contiennent, sur les massacres de Vassy, les relations publiées par les huguenots. Elles sont suivies des réfutations que le duc fit publier pour se justifier de ce déplorable événement, dont le jugement fut déféré au parlement. On aura donc ainsi sous les yeux les relations des partis opposés.

plus grandement respectez et honnorez, et encores de aultres moyndres en qualité aussi, ces motz : Par la mort-Dieu l'on les huguenotera bien tantost d'une aultre sorte.

Aultres ; assavoir, leurs inférieurs et les pages, varletz et lacquays, en jurant la mort de Dieu, disoient : Ne nous baillera-on pas le pillaige ?

Et si-tost que cela fut achevé, ledict duc aveq sa trouppe, tira droict audict Vassy, et ainsy armez et équipez entra au lieu du moustier, faisant tenir de luy et des plus apparens les chevaulx tous bridez, sans riens mectre en l'estable.

Estans dans ledict moustier avec plusieurs, accompaigné et suyvi du prieur dudict Vassy, nommé De Salles, et après eulx, force pages et lacquais avec leurs hacquebutes longues et leurs ganteletz et pistoletz, y séjourna ung bien peu, pour ce qu'il ne se pouvoit contenir, et que le temps luy tardoit trop d'exécuter ses desseings de long-temps délibérés, comme il a esté aisé à véoir et facille à juger ; et y estant pour faire le dévot et bon chrestien, print de l'eau béniste seullement, puis sortit avec sa grande compaignie.

Dans la halle dudict Vassy estoient quarante hommes d'armes et archiers de sa compaignie, qui a accoustumée de y tenir garnison ; lesquels se y estoient mys et se y pourmenoyent bien armez et équippez, en actendantz la venue dudict duc, dès le matin.

S'adjoignirent semblablement à luy lesdictz hommes d'armes et archiers, mesme le chef d'icelle compaignie, et le jeusne Brosse, filz du sieur De La Brosse, marchant tous en ordre pour combattre, et allarent droict au lieu où ceulx de ladicte Eglise et religion reformée faisoient le presche, qui est en une grange qu'ilz avoient cy-devant pour ce faire appropriée, laquelle est loing dudict moustier, envyron ung traict de hacquebute, en tirant de visée.

Harrivantz, trouvarent la petite porte ouverte ; quoy voyant, ledict duc y fit entrer ledict Brosse le jeune le premier, avec sept hommes d'armes.

Et ayant considéré le ministre et le peuple assemblé, qui estoit d'environ de 200 personnes, leur fut dict par quelcuns d'eux : Messieurs, s'il vous plaist, prennez place : à quoy pour responce du premier mot, usarent de ces termes : Mort-Dieu, il fault tout tuer.

Et ce disantz, vouloyent sortir, et de faict en sortirent quelqu'uns, et les aultres demourarent dedans, d'aultant que le peuple sur ceste oultrageuse menasse, envoyarent à la porte pour la penser fermer sur eulx, cognoissant qu'il y avoit entreprise, et plusieurs dehors ; et à ce moyen, qu'ilz estoyent en grand danger ; et lors apperceurent ledict duc de Guyse, en armes..

Quoy voyant ledict de Guyse avec tout son nombre, présentarent hacquebutes et pistolets, et en tirarent à travers ledict guychet de la grange, ouvert, contre les plus proches dudict huys, qui furent tuez et blessez ; et par ce moyen ledict huys fut abandonné, et conséquemment l'assemblée mise en proye.

Lors entra ledict duc et plusieurs aultres, tyrans force coups au-dedans de l'espesseur du peuple de ladicte assemblée, et en tuarent et blessarent grand nombre.

Cela faict, à grands coups de coustelatz, cymettèrez et espées, chassarent hors les pauvres hommes, femmes et petitz enffans ; et en sortant, leur convenoit passer par deux rengs tant de gens d'armes que des aultres de sa compaignie, et par le milieu d'entre eulx, comme par une allée et passaige de grande longueur ; et en passant, chacun d'eulx frappoit à grands coups d'espées et coustelats sur eulx, de telle façon que une grande partie n'alloit pas loing sans tomber morts.

Toutesfois par la grace de Dieu, quelquesungz eschappoient, estans aucuns blessez et aultres non ; mais incontinent estoient remontez par une aultre trouppe de la compaignie, lesquelz en tuoient et blessoient en aussi grande cruaulté que les aultres, et plus qu'ilz pouvoient.

Ceulx qui montoient sur les toitz de ladicte grange, cherchans moyens d'eulx sauver, estoient poursuyvis et tirez à coups de hacquebutes, dont plusieurs estoient blessez et tomboient morts sur la terre.

Et dura ce spectacle tant horrible et espouventable, avant que cesser, une heure et demye.

Puis après cela furent sonnées les trompettes en signe de triumphe et victoire ; combien que après ledict son, ne se retirarent encores de demye heure.

Ilz mourrurent dans ladicte grange, 12 que hommes que femmes et enffans, et plusieurs aultres, tant par les rengs et rues, que en leurs maisons où ilz se retiroient avec leurs playes, navrures et blesseures ; et en meurt de jour en jour.

La maison de ung nommé Champignon, qui est prochaine dudict temple, fut saccagée et pillée jusques à la dernière serviette ; et prenoyent occasion pour le faire, que l'on disoit qu'il y avoit léans des armes.

Ledict de Guyse print, serra et emmena le ministre fort navré et blessé, et aussi le capitaine dudict Vassy, et quelques aultres de la ville, pour prisonniers; et après alla disner à ung villaige nommé Alancourt, et coucher à Esclaron.

Et pour ce que ledict ministre ne se pouvoit tenir à cheval à cause des playes qu'il avoit, qui n'avoient point esté médicamentées, fut porté jusques audict Esclaron, sur une eschelle, par quatre hommes.

Et paravant le partement dudict duc, sortit dudict temple la femme d'ung nommé Nicolas La Vausse bon marchand, fort blessé; et se voulant retirer en sa maison, veid son filz dans la halle, auquel on bailloit un coup d'espée au travers du corps, qui la meut de y courir, pensant y servir pour remède et pitié; mais tant s'en fallut, que ung descendit du cheval et luy passa semblablement l'espée au travers du corps, et luy osta ceinture, bourse, et aultres choses qu'elle avoit, et puis remonta à cheval.

Le mardy suyvant, 3ᵉ jour dudict mois, y avoit ja 45 personnes mortes et inhuméez, et y restoient encores 80 ou 100 de blessez, dont plusieurs sont en fort grand dangier de mort.

S'ensuivent les noms d'aucuns de ceulx qui furent tuez et morurent ledict jour de dimenche, à raison des coups à culx donnez, tant en ladicte grange que ès ruës et maisons, sont: Robert de Portilles, Fehan de Mongrot, Claude Guychart, Nicolas Bassonet, Jehan Colin, Le Grand Gollas dict de Provins, Nicolas Monyssier, Guillaume Trouet, Claude Le Fevre, auquel on print la bourse où y avoit 45 livres, Jehan de la Loge, Jehan Boucher, Simon Chignée, Jehan Poussiennes, Nicolas Maillard, Denis Jacquenart, Guillaume Bruyart, Mʳᵉ Daniel Thomas, Jacques Joullin, Claude Le Jeune, Lanotte, femme de Nicolas Foinet en la Messe, Jehan Baudesson, Claude Maillars, Pierre Arnoult.

Le lundy et mardy ensuyvant, est augmenté le nombre des morts, jusques à 45 comme dit est.

Voyla à peu près l'entier discours de ceste inhumanité, tyrannie et cruaulté.

Discours au vray et en abbregé, de ce qui est dernièrement advenu à Vassi, y passant monseigneur le duc de Guise.

Les langues des malings sont aujourd'hui si finement aguisées pour mesdire, et les oreilles si chatouilleüses pour volontiers ouïr les détractions, et les esprits si disposez pour incontinent croire aux mensonges: mesmement ceulx qui sèment ces faulx bruits, pour troubler et esmouvoir le peuple, sont si cauteleux et ingénieux pour desguiser les matières, qu'est besoing quelquefois de respondre à ces faulsaires, et descouvrir leurs embusches, pour maintenir la vérité, et deffendre l'honneur de ceulx qui sont ainsi oultragez: aussi pour n'endurer pas tousjours que le monde soit abusé par ces calomniateurs.

Il est vray que les princes et grands seigneurs peuvent hardiment mespriser tout le babil de ces menteurs: et un cœur fondé sur une bonne conscience, se contente bien que la vérité avecq le temps soit congnuë d'elle-mesme, sans autrement cependant se soulcier beaucoup de calomnies populaires.

Toutesfois comme Dieu commande de ne porter faulx tesmoignage, aussi il veult que chacun en son endroict, aidant à la vérité, tasche à descouvrir et rembarrer la faulseté; et qu'à ces fins l'on en advertisse ceulx qui en sont mal informez; principalement quand le mensonge est masqué du tiltre de religion: car c'est bien cest'hypocrisie, laquelle est la plus à craindre, et qui trompe le plus.

Il est notoire combien de faulx bruits, et de libelles diffamatoires, depuis quelques années ont esté semez par quelques malheureux, contre l'honneur d'un prince, duquel autrement la vertu estonne tous ses adversaires. Iceluy a tousjours mesprisé toutes ces détractions, par une brave magnanimité, et ne les a jamais estimées dignes de response; comme aussi leur vanité et impudence s'est rompuë de soy-mesme. Et de faict, comme jadis il fut bien dict, que c'estoit une condition royale que d'estre blasmé des mesdisans, pour la rescompense de tous bienfaicts; aussi est-ce une deffence vertueuse et excellente, en bien faisant les desmentir et leur fermer la bouche. Et c'est ainsi que jadis se sont portez tous les preux et vaillans princes et seigneurs, combatans contre l'ingratitude de leur peuple.

J'allegueroye la modération et patience qui fut jadis en un Periclès, poursuivy par un importun mesdisant: mais ceste est la plus propre et ordinaire vertu d'un cœur hault et généreux. Il est vray que c'est une chose misérable, d'entendre comme jadis après tant et si grands services faicts à la République, furent traictez et rescompensez deux Scipions à Rome, ou bien un Miltiades, ou un Themistocles, en leur ville d'Athènes. Mais comme nous nous estonnons d'une telle ingratitude, aussi avons-nous en admiration un Camillus, ou ses semblables, qui ne se sont pas pourtant despitez contre leur

République, et n'ont pas laissé d'aider et bien faire aux ingrats.

Au reste les anciens aussi ont eu en révérence la magnanimité de ce Scipion, qui estant accusé par je ne sçay quels envieux, pour toute responce racompta ses victoires et services faicts à la République, sans autrement faire mention de ce dont il estoit accusé : et fut oui en sa louange, avec tel contentement, que jamais homme ne fut loué par autruy avec plus grande louange. Puis estant derechef pressé par ses accusateurs, de respondre à ce qu'on luy objectoit, desdaignant derechef de ce faire, comme estant chose par trop indigne, il se leva en plein jugement, et dist au peuple, que c'estoit le jour auquel il avoit vaincu Annibal et les Carthaginois, et que pour cela il s'en alloit au Capitole rendre graces à Dieu. Incontinent il fut suivy de tout le peuple qui, estonné de la mémoire de telle victoire, ne le tenoit plus pour accusé, mais l'honoroit comme en son triomphe africain.

Or si aujourd'hui le prince et seigneur, dont il est maintenant question, vouloit faire le mesme, il ne feroit que son debvoir, et n'auroit pas moins d'argument et de raison. Au reste, si une telle bravade de ce Scipion a esté louée, lors qu'aultrement il y avoit un accusateur grand et légitime, et comme une partie formée, combien plus pourra un aultre Scipion mespriser un tas de libelles fameux qui ne sont pas soubscripts, et les détracteurs tels qui n'oseroient se présenter en jugement ?

Il est vray qu'il a quelquefois espéré que leur malice en la fin se lasseroit, et auroit quelque jour honte de cest' impudence ; mais il expérimente de plus en plus qu'elle est autant effrontée qu'insatiable, voire mesmes incurable, d'autant que c'est une passion transportée de despit et d'envie, et une faction qui n'a aucune bride n'honnesteté, ni de raison, ni de religion ; et qui poursuivant ses vengeances, et servant à ses affections, en attendant qu'elle ait le glaive à commandement, desploie le tranchant de sa langue meurtrière ; ou bien, fait comme les chiens affamez, qui n'aians que mordre, se vengent et se repaissent d'aboier. Tant y a que ces jours derniers, elle a bien pensé avoir rencontré une belle occasion de crier alarme, et se tempester, aiant ouy quelque bruit odieux, qu'ils ont accoustré à leur mode, touchant un carnage (comme ils parlent) faict en la ville de Vassi : et sur cela incontinent s'est mise aux champs avec toute sa rhétorique, pour desguiser le faict et aigrir le compte, et abreuver le peuple d'un faulx rapport, pour l'enflamber avec ses trompettes, et le poulser à l'estourdi contre ce prince, duquel ils se vantent avoir juré la mort : de sorte qu'ils semblent, à ces fins, estre aussi joïeux de cest inconvénient advenu audict Vassi, comme le seigneur qu'ils accusent, en est marri et desplaisant ; encores que ce n'ait esté par sa faulte. Il est vray que c'est un accident misérable ; et ne peult estre autrement où il y a effusion de sang. Et pleust à Dieu que ceux qui ont faict si grand bruit soubs couleur de la religion, eussent apprins les principes de la religion ; c'est-à-dire, de haïr la cruauté, et laisser le glaive et les armes au magistrat.

Mais quant au faict dont il est question, celuy qui regardera toutes les circonstances, s'il est juge raisonnable, il jugera incontinent que ceulx qui avec une telle impétuosité en chargent le seigneur dont nous parlons, sont faulx et meschans calomniateurs exercitez à mentir et mesdire. C'estoit pour le moins, que de donner quelque audience aux loix, ou bien aux premières reigles de droict, qui ordonnent qu'il fault ouyr partie, et s'informer diligemment du faict, devant qu'en juger. Or ce prince que ces malings veulent charger, s'offre et se présente d'en dire ce qui en est à la vérité, et d'en rendre raison ; et de faict, voiant qu'iceulx par une malheureuse anticipation, faisoient courir aux quatre coings du monde leur mensonge sur ce faict, pour avec tel discours abuser les ignorans et les attirer à leur passion, pour après s'en servir à ung plus malheureux dessein, il a bien voulu advertir un prince son ami, de toute la vérité du faict, cependant que le tout se jugera et déclarera par arrest de la court de parlement.

Or pour ce qu'il en escript comme un prince véritable à un prince ennemy de faulseté, et qu'il en escript simplement et rondement, et avec les conditions les plus raisonnables qu'il est possible, et sans rien desguiser ou dissimuler ; et que moy-mesme aiant sur les lieux veu qu'il en dict ouvertement ce qui en est, plustost moins que plus de ce qui pourroit estre à son advantage, il m'a semblé que c'estoit le plus court de vous envoier un extrait de sadicte lettre, puisque m'avez prié de vous advertir à la vérité sans aucune couleur de rhétorique, comme les choses se sont passées ; et croy pareillement que cest advertissement aiant satisfaict et contenté ce prince, auquel premièrement il a esté envoié, pourra d'autant plus estre receu de tous ceulx qui en vouldront juger sans passion, ou qu'il pourra pour le moins arrester le cours de la calomnie, et faire surseoir les jugemens téméraires jusques à pleine congnoissance de cause ; et sera pour le mieux à mon advis, que vous oyez les propres mots que le susdict prince en a escripts, par sadicte lettre, après autres propos qui sont telz.

« Il fault que, cependant, je vous face entendre un accident qui m'est survenu par les chemins, ainsi que je hastoye mon voiage, qui est, que partant de Janville qui est à moy, pour aller à une autre de mes maisons nommée Esclarron, et s'adonnant mon chemin de passer par une petite ville qui est entre-deux, appartenant au Roy, appellée Vassi, il y est advenu chose que je n'eusse jamais pensé, et dont je ne me feusse jamais doubté, de voisins si proches que ceulx-là, et dont la pluspart sont mes subjects, qui me pouvoient fort bien cognoistre. Il est vray, que sachant il y a long-temps, que la pluspart d'entre eulx estoient gens scandaleux, arrogans et fort téméraires, combien qu'ils feussent calvinistes, faisant profession de suivre l'Eglise qu'ils appellent entre eulx Réformée, je ne voulu souffrir que l'on dressast ma disnée audict Vassi; mais j'ordonné qu'elle fust à un petit village plus avant, à demie lieuë, expressément pour éviter ce que depuis est advenu audict Vassi, pour raison de ma suitte; voulant fuir les occasions que quelques-uns des miens ne peussent agasser ne dire mot à ceulx de ladicte ville, et qu'ils n'entrassent ne les uns ne les autres en dispute de religion, ce que j'avoie expressément défendu aux miens. Si est-ce que passant par là, qui fut un jour de dimenche premier jour de ce mois de mars, et y estant descendu au-devant de l'église, seulement pour y ouyr la messe (comme est ma coustume), il me fut bien-tost après rapporté, comme j'estoye en ladicte église où s'estoit desjà commencé le service divin, que guères loing de là, en une grange qui est en partie à moy, se faisoit un presche, où s'estoit faicte assemblée de plus de cinq cens personnes : et m'avoit-l'on desjà faict plaincte, qu'à la suasion de quelques ministres, qui peu auparavant s'y estoient trouvez, venus de Génève, il se monstroient desjà fort refroidis et esloignez de porter au Roy l'obéissance qu'ils debvoient : parquoy estant ladicte ville de l'assignat du doüaire de la royne d'Escosse, doüairière de France, madame ma niepce ; et sachant le commandement que j'y avoye, tant à cause de l'auctorité et superintendence générale que ladicte dame m'a laissée par deçà sur tout son doüaire, qu'aussi pour estre bonne partie de l'assemblée de mes propres subjects, il me sembloit estre trop près d'eulx, qu'ils n'estoient qu'à la veuë de la porte de ladicte église, n'y aiant que la ruë à traverser entre deux, pour ne leur debvoir faire telles rémonstrances que je cognoistroie plus à propos, à ce qu'ils congneussent combien ils se forvoient du debvoir auquel ils estoient tenus, et le peu de respect qu'ils avoient à l'obéissance qu'ils debvoient porter au Roy, pour les rébellions, séditions et insolences, dont encores peu auparavant ils avoient usé envers aucuns prélats de ce royaulme, sans me vouloir autrement empescher du faict de leurdicte religion, sinon en ce qui eust esté seulement aussi contraire aux ordonnances et commandements de Sa Majesté ; et esmeu par les considérations dessusdictes, de ce faire, comme je pensoie en forme d'un admonestement gracieux et honneste, sans que je sceusse qu'ils fussent saisis d'armes, comme ils furent depuis trouvez avec harquebuzes, pistolets, et autres munitions, qui estoit contrevenir davantage aux édicts et ordonnances de Sa Majesté, j'envoiay devers eulx deux ou trois de mes gentilshommes, pour leur signifier le désir que j'avoie de parler à eulx, lesquelz je suivoye de bien près ; et ne leur fut si-tost la porte où estoit ladicte assemblée, entre-ouverte, que tout soubdain par une impétueuse résistence, ceulx de dedans ne vinsent à la refermer, et à repousser ceulx que je leur avoie envoiez, si rudement à grands coups de pierre dont ils avoient une bonne provision, et des plus grosses, sur un hault eschaffault qu'ils avoient dressé à l'entrée du portail de ladicte grange ; tellement que les uns jectans d'en-hault lesdictes pierres, et autres tirans leurs harquebuses et pistolets sur moy et les miens, qui pouvions estre environ trente personnes, n'aiants que noz espées à noz costez, ilz firent tout debvoir de me choysir, et de nous assommer, si-bien que quinze ou seize de mes gentilshommes furent à mes pieds lourdement offensez et oultragez. J'en receus moy-mesme trois coups, qui toutesfois n'eurent pas grand'portée (Dieu merci), car je ne m'en suis qu'un peu senti en un bras, qui n'a esté chose d'importance. J'ay eu fort grand regret d'y veoir blessé entre autres, le seigneur de La Brosse, chevalier de l'ordre du Roy, qui y fut fort navré en la teste, avec une grande effusion de sang : le tout par l'insolence et aggression de ceulx de ladicte ville, qui avec leurs susdictes harquebuses et pistolets, dont plusieurs ont esté trouvez saisis, firent tout effort de faire contre moy et les miens, le pis qu'ils peurent ; et faillirent à gaigner une maison, joignant de-là, où se trouva une grande table toute couverte d'autres harquebuses et pistolets tous chargez, estant ladite maison percée, qui flanquoit l'entrée de leurdicte grange, et dont je n'avoie rien encores entendu. Néanmoins ledict effort ne peut estre si grand, que je ne vinsse avec ma petite troupe à estre maistre de leurdicte porte; mais ce ne peut estre (dont j'ay un merveilleux regret) que de l'autre part il n'en soit demeuré vingt-cinq ou trente de tuez, et plus grand nombre de blessez; combien que pour chose qui m'ait esté faicte, je n'aye jamais voulu frapper personne, et le deffendisse aux miens tant qu'il m'estoit possible, admonnestant les autres aussi de cesser de leur costé : bien marri que leur résistence ne permettoit plustost de les faire délivrer entre les mains de la justice, comme j'eusse bien désiré. Ceci ne fust jamais advenu sans l'aggression de ceulx de ladicte ville; et s'est faicte la plus grande partie de ceste exécution, par aucuns de nos valets qui estoient à nostre suite, trouvans ainsi qu'ils arrivoient, leurs maistres tous blessez et offensez, et qui avoient aussi ouy le bruict des harquebuses et pistolets deslaschez, nous estans dans ladicte grange. Si est-ce que m'appercevant de ceste insolence, encores qu'on continuast tousjours de ruer sur moy, et sur ceulx qui estoient autour de moy, je ne laissay de donner incontinent ordre, et le plustost que je peu, de faire le tout cesser; et sans cela, il fust beaucoup pis advenu. Je feis soubdain aussi mettre prisonniers tous ceulx dont je me peu saisir coulpables et autheurs de tel inconvénient, où je m'attendoye aussi peu qu'à chose de ce monde; vous asseurant que si j'y eusse pensé, j'eusse bien pourveu que les miens n'eussent esté désarmez, ne blessez comme ils furent, et me fusse fort bien gardé de m'accompagner, comme je faisoie, de monsieur le cardinal de Guise mon frère, ne de mener quant et moy mon fils aisné, ne ma femme qui estoit à ma queuë en sa litière, avec un de ses enfans aagé de sept ans seulement. Le magistrat aiant recognu la vérité du faict tel que dessus, j'en donnay tout soubdain advis au Roy, à la Royne, et au roy de Navarre, qui ont peu considérer depuis, si telles gents que ceulx-là, et de mes subjects mesmes, ont eu ceste hardiesse d'oser entreprendre à l'encontre de moy, ce que l'on doibt espérer d'eulx en autres choses, et jusques où ils sont desjà parvenus par la tollérance qu'on a faicte par deçà de ces nouveaulx calvinistes, qui ne preschent, en la pluspart, qu'une liberté toute pleine de sédition. Il vous peult souvenir, Monsieur, de ce que nous en disions dernièrement ensemble. Or ay-je désiré comme je fay encores, que bonne et deuë information en soit faicte, non pour en requérir autre vengeance ni réparation, ainsi que Dieu m'en est bon tesmoing (car la recognoissance desjà qu'ils ont faicte de leur péché, m'est suffisante satisfaction : et ne trouvera-t-on jamais en moy, en ce qui me touche, que toute la doulceur et humanité qu'on sçauroit espérer de prince que ce soit, et qui en ce que je peux, et de bien bon cueur, leur pardonne); mais je dois bien souhaiter que la vérité de ce faict soit entièrement entenduë, et non desguisée; comme je sçay que par la malice et imposture dont sont pleins plusieurs qui leurs adhérent, elle pourroit estre en vostre endroict et ailleurs, veu qu'ils se sont desjà efforcez de faire entendre à leurs susdictes Majestez le rebours de la vérité, et ne prenants que ce qui est à leur advantage; et combien que je pense bien, Monsieur, que vous m'estimiez véritable, si vous prieray-je de leur surseoir l'opinion que vous en pourriez prendre, jusques à ce qu'il vous soit apparu du jugement qu'en aura faict le principal sénat de tout ce royaulme; et me tenir tousjours en vostre bonne grace, à laquelle bien humblement et le plus affectueusement que je peux, me recommande. »

Mémoire dressé par un huguenot, au sujet du tumulte de Vassy.

Oppidum est in Campania, vicinum Janvillæ, nomine Wassei, ubi Christus mediocrem ecclesiam collegerat ad mille et quingentos, qui regis edicto freti, securè suos conventus agebant. Quùm sciret Guysianus inermes, et nihil sibi metuentes, subito impetu facile posse opprimi, copias suas tanquam alio tendens, armavit. Quosdam præmisit qui pistoletis terrorem incuterent : ipse mox subsecutus est. Accidit quod speraverat, ut inermes et imparatos deprehenderet : tantum enim ad doctrinam et preces attenti erant : quare nihil fuit negotii in strage edenda. Occisi sunt in ipso conventu plures centum et 50 : 200 fermè vulnerati : reliqui se fuga eripuerunt : mox ad prædam concursum est : expilatæ sunt domus, tanquam parta de hostibus victoria. Qui elapsi erant, statim venerunt Lutetiam, et à Beza ad regem deducti sunt : qui conquestus de tam atroci et barbara sævitia, suppliciter omnium nomine postulavit, ne rex pateretur innoxium sanguinem fundi. Rex Navarræ Guysiani patrocinium suscepit. Decreta est tamen inquisitio; sed in reliquo itinere non destitit Guysianus quascunque potuit exhibere molestias ecclesiis; nisi quod per cædes grassari non ausus est. Nunc fidem illustrissimorum principum implorant gallicæ ecclesiæ, et quicunque in regno purè Deum invocant, ut maturè remedium aliquod adhibere studeant, antequam ventum sit ad extrema. Hæc autem videtur optima auxiliandi ratio; si legatis ad regem missis, mansuetudinem ejus et clementiam laudent, quod edicto suo tutos et immunes esse voluerit ab

le party de monsieur le prince contre le Roy, voyant qu'il avoit refusé les belles offres que le Roy leur avoit faict, sçachant que elles estoient plus que raisonnables, se retira du camp des ennemis avec quelques capitaines, et se mist soubs la miséricorde du Roy.

Ce mesme jour, arrivèrent à Paris trois mille Gascons et quatre mil Espagnols, pour la deffence du Roy; dont les ennemis advertis, craignant d'avoir le mecredy suivant la bataille, descampèrent et s'enfuirent sans trompette, et laissèrent beaucoup de butin dedans le lieu où s'estoit assis leur camp; et nos gens leur donnèrent sur la queüe, où il y en eust beaucoup de deffaicts; et faut icy noter que despuis leur partement, nos gens mesmes mis pour la deffence du Roy, pillèrent touts les villages circonvoisins de la ville de Paris, jusques à vendre huits, fenestres, contrefenestres, serrures, vitres, et toutes autres choses, encores qu'elles tinssent à fer et à cloud.

Le unsiesme du présent mois, partist l'armée du Roy avec ses forces, pour aller trouver ses ennemis qui faisoient contenance de vouloir aller assiéger la ville de Chartres; mais c'estoit pour tirer vers Dreux, pour se joindre vers les Anglois en la Normandie.

En la place de feu M. le premier président Le Maistre, succéda M. de Thou, auparavant président du nombre des quatre; et fust receu le quatriesme dudit mois en ladite court.

En ce mesme-temps, vindrent nouvelles de la descente des Anglois en France, par le moyen des ennemis du Roy; et voulurent lesdits Anglois surprendre Onfleur, auquel lieu ils furent bien frottés.

Le mecredy seisiesme dudit mois, vindrent nouvelles que l'armée du Roy avoit deffaict quatre cent reistres de l'armée du prince.

Le vendredy dix-huitiesme dudit mois, messieurs de la court de parlement firent une procession à la Sainte Chapelle, là où ils assistèrent touts, et y fust portée la vraye croix, affin d'apaiser l'ire de Dieu, et de donner victoire au Roy des ennemis de Dieu et de son royaume et du repos public, contre lesquels on estimoit avoir en brief la bataille.

Brief discours de ce qui est advenu en la bataille donnée près la ville de Dreux, le samedy dix-neufiesme de ce mois de décembre mil cinq cens soixante-deux.

Monseigneur le prince, après avoir présenté aux ennemis de Dieu et du Roy, tous honnestes moyens et convenables au lieu et dégré qu'il tient en ce royaume, pour faire une bonne et saincte paix, ou bien pour définir tous ces troubles par l'issue d'une bataille, en laquelle il a toujours espéré que Dieu luy aideroit pour une si juste quérelle; finalement, ce jourd'huy, voyant que nos ennemis avec toutes leurs forces, estoyent campez à deux petites lieues françoises près de luy, à fin de l'empescher de se joindre aux Anglois, résolut de les assaillir et combatre, combien qu'ils fussent de beaucoup les plus forts d'infanterie recueillie d'Allemaigne, de Suysse, d'Espagne, et de divers lieux de ce royaume, avec trente pièces d'artillerie, et qu'ils eussent pour leur prochaine retraicte, la ville de Dreux, et le village de Tryon, avec une rivière à leur dos, et un bois en flanc, pour leur défense.

Ainsi donques sur ceste délibération, estant parti de son camp environ les huit heures du matin, après avoir choisi ses ennemis le mieux à propos que le lieu le permettoit, donna dedans si courageusement, que de la première charge, gaigna six pièces d'artillerie, rompit leur infanterie et cavallerie, et print prisonnier monsieur le connestable, après avoir tué une grande partie des Suysses.

La deuxiesme charge ne fut moins furieuse; et est certain, que si l'infanterie françoise et allemande eust aussi bien faict son devoir, comme elle s'y porta laschement; et si les reistres eussent peu mieux entendre ce qu'on ne leur pouvoit dire que par truchement (qui ne se présentoit tousjours à la nécessité), l'entière victoire estoit entre les mains dudit seigneur prince : mais au lieu d'un si grand bien, la volonté de Dieu (qui dispose de toutes choses selon sa sagesse incompréhensible) fut telle, que ledit seigneur prince très-vaillant et très-magnanime, ne peut estre secouru d'un cheval frais, au lieu du sien blessé en une espaule, d'une harquebouzade; et par ce moyen tomba entre les mains des ennemis qui le prindrent captif, sain et sauf au demeurant, graces à Dieu, hors mis en un petit coup d'espée sur le visage.

Cela estoit bien pour non seulement empescher le cours de la victoire, mais aussi pour la tourner en une pitoyable desconfiture (comme de faict l'armée en fut esbranlée, qui fut cause que l'artillerie conquise ne se peut garder) : mais ce nonobstant, par une singulière grace de Dieu, suyvant la charge que ledit seigneur prince m'a donnée, de commander en ceste armée en son absence, je ralliay soubdain tant de cavallerie françoise et allemande, que voyant approcher pour la troisiesme charge, trois gros bastaillons que ledit connestable avoit dès le commencement réservez expressément pour le dernier effort de ceste bataille, je leur allay au-devant de telle sorte, qu'après avoir longuement combattu, les ennemis furent rechassez bien avant; et là (avec plusieurs autres gentilshommes) fut tué, et puis despouillé le mareschal Sainct André, l'un des chefs du Triumvirat, et monsieur de Momberon fils dudit sieur connestable, pareillement occis, à ce qu'on nous a affermé. Davantage, le sieur de Guyse, fort blessé en deux endroicts, qu'aucuns le tiennent pour mort; dont toutesfois je ne suis encores asseuré. Outre cela, le sieur d'Aumale son frère y a eu le bras rompu d'un coup de pistolle, et monsieur de Nevers, la cuisse rompue d'un pareil coup au-dessus du genouil; lesquels on tient estre en danger de leurs personnes. Le grand prieur aussi frère dudit sieur de Guyse, le comte de Charny, et le sieur de Piennes, y sont ou morts, ou bien blessez.

Les sieurs de Beauvais et de Roche-fort, chevaliers de l'ordre, avec plusieurs autres chefs, lieutenans et hommes d'armes, jusques au nombre de cent ou environ, prisonniers; de sorte que pour vérité il leur estoit malaisé de souffrir une plus grande perte, si leur armée n'eust esté entièrement ruynée.

De nostre costé, la captivité dudit seigneur prince nous est un grand meschef; combien qu'il soit en la puissance de Dieu, comme nous espérons, d'en tirer occasion de quelque grand bien, estans maintenant les autheurs de ces troubles, ou morts, ou autrement esloignez de Sa Majesté.

Outre cela, nous avons perdu quelques capitaines d'infanterie, et quelques gentilshommes; mais en petit nombre, Dieu mercy; et de soldats, sans comparaison, beaucoup moins que nos ennemis; et nul de nos principaux chefs n'a esté seulement navré, hors mis le sieur de Mouy, que nous pensons estre mort ou prins.

Sur cela, estant la nuict presque close, nous nous contentasmes de ce que dessus; et par ce moyen nous retirasmes à leur veue, et en bataille, au son de la trompette, avec trois canons que nous y avions amenez. Par ainsi leur est demeuré le camp (auquel nous les allasmes assaillir), comme aussi à nous le nostre, duquel nous estions partis : et s'ils ont prins nostre principal chef d'armes, aussi tenons-nous le leur prisonnier.

Il y a davantage ce seul point pour eux, que nous leur avons laissé (à cause de la nuict, et par faute de chevaux) quatre pièces d'artillerie de campagne; mais nous estimons cela trop bien récompensé par la perte qu'ils ont faite de tant de grans seigneurs et capitaines; de sorte qu'il faut confesser que le Seigneur a gouverné l'issue de ceste bataille, ainsi comme toutes autres choses, avec une équalité et proportion très-admirable, à fin que ce royaume ne soit du tout ruyné par soy-mesme.

Voylà le discours de ceste journée. Depuis, c'est assavoir, le vingtiesme dudit présent moys de décembre, nous sommes départis pour tirer vers Orléans, voyans la saison de l'hyver fort advancée, et le passage de la Normandie rendu beaucoup plus difficile : et combien que soyons partis en bataille devant leurs yeux, avec délibération de les combattre, s'ils s'approchoyent, si n'ont ils trouvé bon de faire seulement semblant de nous charger jusques à présent; et là nous espérons, moyennant la grace de Dieu, et le secours des princes fidelles et vrais alliez de la couronne de France, non seulement ne perdre courage, mais aussi nous conduire tellement, qu'en brief ces troupes prendront quelle heureuse fin à la ruine des ennemis de Dieu et soulagement de tout l'estat de ce royaume.

Le dimanche 20 du dit mois fuct faitte procession générale qui fust fort solemnel; et alla laditte procession à madame Saincte Geneviéve qui est *Parisiorum patrona*, aux mesmes fins que dessus.

Le dimanche mesme jour après-disné environ midy, vindrent nouvelles que l'armée du Roy avoit perdu la bataille, dont le peuple parisien et françois estoit fort estonné et fasché, et non sans cause; d'autant que de ceste bataille despendoit tout l'estat de la religion chrestienne et du royaume; ce qui fust cause de ce bruict, fust à l'occasion que les ennemis de Dieu, du Roy et du repos publicq, faisants contenance de assaillir l'avantgarde où estoit monsieur de Guyse en grande force, ledit sieur de Guyse ne bouge et regarde leur contenance, cependant ils vont par derrière charger la bataille où estoient les Suisses et M^r le connestable, lesquels Suisses firent grand debvoir; toutteffois furent forcés et non soustenus par les hommes d'armes, la pluspart desquels se mirent en fuitte, et y fust pris monsieur le connestable par les reistres. Quoy voiant quelques-uns des nostres qui se enfouirent, vindrent en diligence à Paris dire que la bataille estoit perdue. Cependant les adversaires se amusants au pillage, monsieur de Guyse avec toutes ses forces et l'infanterie françoise et des Espagnols et Gascons, donne dedans de telle sorte, qu'il deffaict l'armée et prent le prince de Condé, sans luy faire aucun mal n'y l'offencer; et par ce moyen toute leur infanterie fust deffaicte, et leurs chevaux deffaicts, à la réserve de sept cent qui se retirèrent en un petit taillis près d'eux; et disoit-on, qu'ils avoient emmené avec eux monsieur le connestable; toutteffois l'on ne s'en donnoit pas grande peine, parceque l'armée du Roy les tenoit si bien environnés, que eux-mesmes estoient prisonniers de monsieur de Guyse. Cette deffaicte fust le samedy et dimanche, ainsi que l'on dict.

Le lundy matin jour de Sainct Thomas, vindrent nouvelles en la ville de Paris, de la bataille gagnée; et à l'instant le Roy accompagné de la Royne sa mère, de messieurs le cardinal de Bourbon, et princes du sang, de Montpensier, de la Rochesuryon, et de plusieurs seigneurs et chevaliers, entre autres de monsieur d'Estampes et du comte de Villars, vint du bois de Vincennes descendre en l'église de Paris, pour rendre graces à Dieu de la victoire qu'il luy avoit pleu donner de ses ennemis. Les particularités des seigneurs deffaicts en la bataille, ne se disoient pas encores, ni d'une part ni d'autre.

Le mardy vingt-deuxiesme, fut faicte procession par le Roy, pour remercier Dieu, en laquelle furent portées les sainctes reliques; et y assista le Roy avec la Royne sa mère, monsieur le duc d'Orléans, les princes du sang, monsieur le cardinal de Bourbon, messieurs de Montpensier et de la Rochesuryon, monsieur le cardinal de Guyse, le légat cardinal de Ferrare, et plusieurs chevaliers de l'ordre, et autres seigneurs.

Lettres du Roy, par lesquelles il charge le mareschal de Dampville, de la garde du prince de Condé, fait prisonnier à la bataille de Dreux.

Charles par la grace de Dieu Roy de France. A tous ceulx qui ces présentes lettres verront : salut. Comme en la dernière bataille donnée prez de Dreuz, nostre très-cher et très-amé cousin Loys de Bourbon prince de Condé, ayt esté faict et arresté prisonnier; au moyen dequoy soit beisoing pour l'importance de sa personne, establir à la garde d'iceluy quelque bon, digne et grand personnaige, sur lequel nous puissions nous en asseurer et reposer : sçavoir faisons que nous, congnoissans les sens, vertu et fidélité de nostre cher et amé cousin Henry de Montmorency sieur de Dampville, admiral de France, et l'affection et vraye dévotion qu'il nous porte, et à tout ce qui deppend du bien de nostre service et affaires; considérant aussy que nostre dit cousin le prince de Condé a par luy esté pris et arresté en ladite bataille : pour ces causes, et aultres bonnes grandes et raisonnables considérations à ce nous mouvans; après avoir sur ce pris l'advis de nostre très-honorée dame et mère la Royne, des princes de nostre sang, gens de nostre conseil privé, et de plusieurs notables personnaiges et chevaliers estans auprès de nous; avons à icelluy sieur de Dampville donné et donnons par ces présentes, la charge et garde de la personne de nostredit cousin le prince de Condé; luy commandans et ordonnans très-expressément par cesdites présentes, qu'il ayt à le garder si soigneusement et seurement, avec ceulx qui luy seront par nous baillez pour ladite garde, qu'il n'en advienne aulcun inconvénient; faisant par luy en ce que dessus et ce qui en deppend, tout ce qu'il verra et cognoistra estre requis et nécessaire, selon la parfaicte et entière fiance que nous avons en luy; encores qu'il y eust chose qui requist mandement plus espécial qu'il n'est contenu par ces présentes; par lesquelles donnons en mandement à tous gentilzhommes, et aultres estans auprès de nostredit cousin le prince de Condé, ordonnez pour la garde de sa personne, et aultres noz officiers et subjectz qu'il appartiendra, que és choses dessus dictes et deppendances d'icelles, ilz obéissent et entendent audict sieur de Dampville, tout ainsi que à nostre propre personne : car tel est nostre plaisir. En tesmoing de ce, nous avons signé ces présentes de nostre main; et à icelles faict mectre nostre séel. Donné à Paris, le XXIe jour de décembre, l'an de grace mil cinq cens soixante et deux, et de nostre règne, le troisiesme. CHARLES.

Est escrit sur le replis : Par le Roy; la Royne sa mère, messieurs les cardinal de Bourbon, duc de Montpensier, cardinal de Guyse, duc d'Estempes, le grant escuyer, estans présens. DE L'AUBESPINE.

C'est la forme qui a esté observée, pour le traictement de monsieur le prince de Condé.

Le Roy veult et entend que les compagnies d'hommes d'armes de monsieur le connestable, de monsieur l'amiral de Dampville et du sieur de Thoré; ensemble celles de gens de pied du cappitaine Nancey et cappitaine Goard, seront establies pour la garde dudict sieur prince.

Que la garde se fera tant jour que nuict en sa chambre, d'un des membres des dictes compagnies de gens d'armes, d'un cappitaine de gens de pied, ou son lieutenant, de deux hommes d'armes, et quelquefoys quatre, selon la nécessité des lieux.

Qu'il couchera en la chambre dudit sieur prince, deux de ses valletz de chambre; ausquelz avec le reste de ses gens, il pourra communiquer et parler en l'oreille.

Que ledit sieur prince pourra aller en sa garde-robbe, sans qu'aucun desdits gardes y entrent.

Que la garde se fera devant le logis des domestiques dudit sieur prince seulement, sans qu'ils puissent estre veuz en leur chambre ne en leur cuisine; ausquelz, gardes seront baillez, quant allant et venant ilz seront employez pour le service dudit sieur prince.

Faisant au reste si bonne garde tout autour le logis dudit sieur prince, qu'il n'en puisse arriver aucun inconvénient.

CHARLES. CATERINE.

Le mecredy xxiij, fust faicte. semblablement procession générale pour remercier Dieu de ce qu'il avoit donné victoire à l'armée du Roy. Laditte victoire ne fust sans grande perte de gens de bien, et tenants de grands lieux.

Le dimanche xxvij^e dudit mois, partist la Royne-mère accompagnée de monsieur le cardinal de Bourbon, prince du sang, et de monsieur de Montpensier, pour aller trouver monsieur le duc de Guyse à Rambouillet, pour adviser s'il y auroit quelque moyen d'accord.

Le lundy vingt-huitiesme, furent en l'église de Paris célébrées vigilles solemnelles pour ceux qui estoient morts en la bataille, pour la querelle de Dieu; et le mardy suivant, fut célébrée la messe et fait le service comme l'on faict pour les chanoines, avec toute telle pompe et sonnerie.

[1563] Le dimanche troisiesme de janvier 1563, partirent de cette ville quatre de messieurs de la court, par le commandement de la Royne-mère, pour l'aller trouver à Chartres; sçavoir, monsieur le président Picot, messieurs d'Egremont, d'Espesse et Grassin, conseillers en la court, avec M. le greffier du Tillet.

Lettre de la Reine-mère, à l'amiral de Damville, par laquelle elle le prie de garder lui-méme en personne, monsieur le prince de Condé.

Mon cousin. Depuys vostre partement de ce lieu, j'ay advisé qu'il est plus que nécessaire que vous demeuriez auprès de mon cousin le prince de Condé, pour le garder seurement. Je vous prye doncques en voulloyr prendre la charge que le Roy monsieur mon filz et moy, vous en donnons; et de croyre que ung plus grand service en ceste sayson, ne nous sçauryez vous faire que de le bien garder, et de vous résoudre à demeurer auprès de luy, suyvant ce que je vous mande cy-dessus: priant Dieu, mon cousin, qu'il vous doint ce que désirez. De Chartres, ce iij^e jour de janvier 1563.

Mon cousin. Je vous prie ne vous fâcher d'i demeurer, et aveque vous les sieurs d'Oysel et de Cheameau, continuant come avez jeuques ysi fayst; et j'espère qui se metra tant à la rayson, qui ne vous donnera pas longuement sete pouine; dequoy je sayré byen ayse; et en setpendent que neul ne le voye ni parle à luy, de quelque qualité qui souit, si ne vous aporte letre ayscripte de ma mayn. CATERINE.

Est écrit au dos de la lettre: *A mon cousin monsieur l'admiral Danville.*

Lettre de la Reine-mère, au parlement de Paris, par laquelle elle lui fait part des suites heureuses de la victoire remportée à Dreux.

Ce jour 5 janvier, la court a receu les lectres missives de la Royne mère du Roy, desquelles la teneur ensuit.— Messieurs, estant venue jusques icy pour voir et entendre aux choses nécessaires au bien de ce royaume et repos d'icelluy, et pour essayer de tirer tout le fruict qu'il seroit possible de la victoire, qu'il a pleu à Dieu nous donner, j'ay trouvé qu'elle a porté desjà tant d'utilité, que tout le pays deça la rivière de Loyre, se trouve quasi nectoyé de ceulx qui la troublent; lesquelz ont passé ladicte rivière où ilz sont de présent. Davantaige, je trouve mon cousin le prince de Condé tellement disposé de s'accomoder à la volunté du Roy monsieur mon filz, et luy faire service, que j'ay pensé, pour ne perdre ceste occasion, que le meilleur seroit faire approcher d'icy le Roy mondict filz, afin qu'il puisse donner plus de faveur à son armée; laquelle je fais cependant marcher et acheminer après les aultres; et aussi d'autant mieulx fortiffier l'intention dudict prince, à leur confusion: dequoy je n'ay voullu faillir vous advertir, et vous faire part de mes bonnes intentions dispensées avecques le conseil des princes et seigneurs que j'ay icy auprès de moy, et de l'espérance grande que j'ay que Nostre-Seigneur ne nous a pas donné ce bon commancement, qu'il ne nous veulle encores mieulx faire: vous pryant, Messieurs, suyvant le zèle et fervente affection que j'ay tousjours congneue en vous, tant envers l'honneur de Dieu, que le bien du service du Roy mondict filz, vous veuillez continuer aussi à tenir main de vostre part, à ce que toutes choses de de-là soient contenues en la tranquilité et obéissance accoustumée, avecques espérance que nous ne tarderons guères à retourner vous veoir, selon le singulier désir que nous avons d'estre souvent auprès de vous, comme de meilleurs et plus fidelles et affectionnez subjectz, que nous ayons point: priant Dieu, Messieurs, vous donner ce que plus désirez. De Chartres, le iiie de janvier 1563. Ainsi signé. CATERINE.

Et plus bas. DE L'AUBESPINE.

Le mardy cinquiesme dudit mois, le Roi partist de ceste ville pour s'en aller à Chartres; et faut noter que en ce temps icy le prince de Condé qui estoit prisonnier à Dreux, fust mené près de Chartres en lieu appartenant à M. Bersaine conseiller en la court, nommé Leneville, qui est un chasteau près de Chartres, distant de cinq quarts de lieuës de laditte ville.

Le samedy sixiesme de ce mois, sur la cause qui avoit esté plaidée, et requeste présentée par les capitaines de Paris le vendredy précédent, la court ordonna par son arrest, que lesdits capitaines assembleroient les plus gens de bien de leurs quartiers, pour sçavoir et entendre d'eux ceux qui sont suspects de la nouvelle secte, et les raisons de la suspition; ce qui est entendu de toutes personnes de quelque qualité qu'ils soient. Puis après lesdits capitaines en feroient leur rapport à la court.

Oultre, par laditte court le mesme jour fust ordonné, que monsieur le procureur général iroit faire remonstrance au corps de la chancellerie, à ce qu'ils eussent à faire touts profession de foy, tant les secrétaires que rapporteurs, et autres officiers de laditte chancellerie; et où ils ne voudroient faire laditte profession, déclaroit laditte court leurs estats vacquants et confisqués au Roy; et deffense au procureur du collége de ne donner bourses à ceux qui ne feroient laditte profession.

Oultre ce, fust encores advisé par laditte court, que à touts huguenots qui poursuivroient quelques parties en demandant, toute audiance leur seroit desniée; et au contraire ceux qui les poursuivroient en demandant, seroient oüis.

Le vingt huitiesme du présent mois, jour de Saint Charlemagne, le feu fust mis aux poudres en la maison où elles se faisoient. On ne sçavoit par quel moyen. Les ungs disoient que c'estoit par inconvénient; les autres que les huguenots avoient dressé telle partie; et de ce en advint grande sédition en laditte ville, parce qu'il y eust plusieurs personnes noyés, tués et massacrés par la commune incitée et irritée du désastre advenu; disant que c'estoient huguenots. Le désastre fust si grand des poudres bruslées, que une grande partie des maisons voisines dudit lieu et près de la Bastille et Arsenac, furent toutes ruinées et mises par terre; et les gens qui y estoient, tués. L'offence ne fust seulement esdittes maisons, mais en la pluspart des églises de la ville; mesmes en l'église de Saint-Paul et des Célestins, esquelles y eust dommage de bien douse mil livres. La tempeste qui advint desdites pouldres, s'estendit jusques au cloistre de Paris, où il y eust grand dommage en plusieurs maisons; spécialement aux vitres de l'église de Paris.

Février, M. D. LXIII. En ce mois icy, furent aportées par monsieur de Gonnor, superintendant des finances, et chevalier de l'ordre, lettres patentes du Roy, par lesquelles vouloit ledit seigneur estre alliéné sur toutes les églises du royaume en tresfond, cent mil livres de rente, selon les rooles et despartements, qui à ceste fin cy-après envoiés seroient; et contenoient lesdites lettres deux clauses manifestement iniques; sçavoir est, que deffenses estoient faites à touts juges de ne recevoir à opposition ou appellation pour ce faict les personnes ecclésiastiques, sur peine d'estre privés de leurs estats et offices de judicature : outre que les requestes ou libelles présentés à ceste fin par lesdits gens d'église, seroient en leur présence lacérés, et avec ce condamnés à lx livres parisis d'amende.

En ce mesme temps, le Roy se remu de Chartres, pour s'en aller à Blois; et fist-on partir le prince de Condé du chasteau de Leneville, pour ainsi que l'on disoit, le mener à Loches.

En ce mesme temps, vindrent nouvelles que les huguenots avoient entré par surprise en la ville de Bar-sur-Seine, auquel lieu avoient tué touts les catholiques, et pillé ladite ville, dont indignés ceux de la ville de Troyes prochaine dudit Bar-sur-Seyne, tuèrent touts ceux qui estoient soupçonnés estre de la nouvelle secte; et par tel moyen y eust de grandissimes meurtres, tant d'une part que d'autre.

Le septiesme jour du présent mois, vindrent nouvelles que le v précédent, le portereau d'Orléans avoit esté pris par force, où il y eust bien huict cent des huguenots que tués que noyés. Peu de temps après, la tour du port fust prise.

En ce mesme temps, on fist courir un faulx bruict, que d'Andelot avoit esté tué par un soldat d'un coup d'arquebouse. Despuis on dit que c'avoit esté quelque grand seigneur qui ne se nommoit point.

Au mesme temps, les reystres conduits par l'admiral, coururent fort le royaume; spécialement vers la Normandie, pour penser se joindre avec les Anglois anciens ennemis de France, et firent lesdits reistres par où ils passèrent, plusieurs massacres et saccagements et impiétés incroiables.

Le xiij du présent mois, fust donné un arrest en la cour de parlement, pour la saisie, vente et adjudication des biens meubles, immeubles, estats et offices, et saisie du revenu des bénéfices de touts ceux qui se sont desvoyés de la religion chrestienne, et qui ont porté les armes contre la Majesté du Roy.

Le dimanche xiiij de febvrier, vindrent nouvelles que plusieurs huguenots qui se estoient assemblés à la Ferté-sur-Jouare près Meaux, prindrent le marché de Meaux, et pensèrent surprendre la ville dudit Meaux ; mais à l'instant que la ville de Paris en eust les nouvelles, sachant de quelle conséquence leur estoit ceste ville, despéchèrent forces et capitaines, qui dès le xv ensuivant, heure de cinq heures après-disner, reprirent par force ledit marché, et chassèrent lesdits huguenots.

La court, despuis le lundy quinziesme de ce présent mois jusques au vendredy dix-neufviesme, toutes les chambres assemblées, procédast à la vérification de l'édict portant la vente du temporel de l'Église jusques à la somme de cent mille livres de rente : finalement fust résolu que le bien de l'Église est inaliénable ; et que à ceste fin seroient faictes remonstrances au Roy ; mais parce que la nécessité du temps et les affaires du royaume requièrent qu'il soit secouru, l'on accorderoit au Roy l'engagement de deux cent mil livres de la subvention qui luy a esté accordée à Poissy, plustost que de venir à ceste vile et misérable distraction du bien de l'Église, en laquelle ses prédécesseurs roys, pour quelque nécessité qu'ils ayent eu, soit de guerres ou d'emprisonnemens de leurs personnes, ne sont jamais entré.

Mémoire de l'amiral de Coligny sur les conventions qu'il conviendra faire, par rapport à l'entrevue que doivent avoir le prince de Condé et le connestable, pour traiter de la paix.

Sur ce que la Royne a mandé par les sieurs du Plessis et de La Rivière, qu'elle trouve bon que monseigneur le prince de Condé et monsieur le connestable se peussent veoir pour aucuns jours, au lieu qui sera trouvé le plus à propos, pour par ensemble adviser de quelques bons moiens de pacifier les troubles de ce royaume ; ce qui a semblé bon à ceulx qui sont avec monsieur l'amiral.

Premièrement. Veu que tous deux sont prisonniers, et par mesme qualité se peuvent obliger, qu'il suffira que ung chacun desdits seigneurs envoye sa foy par escript l'un à l'autre ; promettans, après avoir avisé à toutes choses qu'ilz penseront nécessaires pour cest affaire, chacun retourner au lieu d'où il sera party.

Et pour oster toute occasion à ceulx qui vouldroient interrompre une si bonne entreprise, pour faire tort à l'un desdits seigneurs, qu'un chacun d'eulx, avant partir dudit lieu où il est de présent, donne sa foy aux principaulx de la compagnie de laquelle il départira, que nulle ré-course, quelle qu'elle soit, ne le gardera de se venir remettre au mesme estat qu'il estoit avant son partement ; et que la foy qui sera donnée, soit signée de sa main et séellée, pour s'en servir si bésoing est.

Que, pour le temps qui sera avisé entre eulx pouvoir estre requis, tant pour aller et venir, que pour avoir loisir de mûrement considérer aux affaires de telle importance, sera faict suspension d'armes, et ne se pourra pas une des deux armées approcher ny remuer, si ce n'est cherchant la commodité des vivres, ou reculer, ou, pour le moins, ne pouvoir nullement s'avancer.

Quant à la compagnie que pourront avoir lesditz seigneurs, la principale sera de ceulx qu'ilz ont de présent près d'eulx pour leur service ; et pour ce qu'elle est par trop petite selon leurs qualitez, ilz accorderont par ensemble, quel nombre de gentilzhommes ilz auront agréable qui les accompagnent.

Il a aussi esté dict par ledit sieur du Plessis, qu'accordant de l'entreveue desditz seigneurs, monsieur de Danville pourroit amener monseigneur le prince, et monsieur d'Andelot faire le semblable de monsieur le connestable.

Il faudra demander seureté de la part de monsieur de Guyse, s'accordant l'abouchement desditz seigneurs, que durant ledict temps, nul de son armée n'entreprendra de faire tort à la partie contraire ; comme le semblable se fera de la part de monsieur l'amiral.

Articles envoyez par le Roy à monsieur le prince.

Le Roy et la Roine désirent que monsieur le prince croye qu'estant du lieu et du sang dont il est, ils ne feront jamais doute qu'il soit pour faillir à sa foy, ni manquer à promesse qu'il ait faite : mais les choses estans aux termes esquels elles sont, luy accompagné de gens estrangers, dont on ne sçait quelle obéissance il peut tirer ; ayant d'ailleurs leurs Majestez à contenter leur peuple tant affligé qu'il est et fort irrité pour la douleur du mal qu'ils ont senty et sentent tous les jours, et beaucoup d'autres raisons et considérations, ils trouvent, par l'advis et conseil des princes, seigneurs et gens de son conseil, qu'il ne seroit à propos mettre mondit seigneur le prince, sur sa foy, en liberté, tant que l'on voye la pacification de ce royaume en si bon chemin, qu'il en falle espérer une certaine tranquillité à cedit royaume, et repos des subjects, à l'honneur de Dieu, et bien du service du Roy.

Pour ce faire, semble raisonnable que monsieur le prince doit se contenter de venir à l'abouchement qu'il désire faire avec monsieur le connestable, sous la foy et garde du Roy et de ladite dame Roine sa mère, y appellant tels de sa part que bon luy semblera.

Monsieur le connestable y viendra aussi, et s'y trouvera avec tels autres que par mondit seigneur le prince sera advisé; pour le retour duquel, au lieu et en l'estat qu'il est, seront envoyéez à Orléans, telles seuretez que l'on voudra demander; et le semblable pour les autres qui viendront de-là.

Leursdites Majestez prendront les uns et les autres (qui y viendront privément et aveecques leur train limité) en leur garde et protection; nommeront le lieu, non suspect des armes et de tout autre dangier, et y mettront la seureté fortifiée de la parole et promesse de leurs Majestez.

Pour lever tout scrupule, et afin que l'on ne pense qu'il y ait aucune surprise cachée pour le présent ni pour l'advenir, tant pour l'honneur, que pour l'argument de penser que les subjects traictent avec leur prince, leurs Majestez s'accommoderont de commander et ordonner à toute ceste assemblée et conférence, pour, comme bons subjects, et ses principaux conseillers et plus dignes serviteurs, adviser aux moyens pour mettre ce royaume en repos, ayant délibéré y suivre leur advis et bon conseil.

Si mondit seigneur le prince trouve bon, pour encheminer cest affaire, faire venir à luy deux de ceux de-là, pour y adviser avec eux et prendre leur advis, sera baillé seureté pour les faire venir; moyennant qu'il en allent deux autres d'ici vers monsieur le connestable, pour l'informer aussi de tout ce que dessus, et leur faire entendre sur ce l'intention de leursdites Majestez, afin que d'un costé ou d'autre, chacun regarde par où on pourra prendre pied pour forger une si nécessaire et utile paix.

Pour faire entendre tout ce que dessus à mondit seigneur le prince, et le rendre d'autant plus capable de la sincère, bonne volonté et intention de leurs Majestez, ils ont prié et donné charge à messieurs le cardinal de Bourbon son frère, duc de Monpencier, duc de Guyse, et cardinal de Guyse son frère, ses plus proches parens, aller devers luy; espérant que ces choses par luy bien considérées, nostre seigneur voudra qu'il s'accommodera à ce qui se peut faire, et qui est sans dangier d'une part et d'autre.

Si tous les moyens dessusdicts ne se peuvent recevoir, et qu'il y ait de la difficulté, leursdictes Majestez trouveront bon que ceste négotiation se traicte par escrits qui se envoyeront d'une part et d'autre, ou par gens et députez qui y iront, et seront envoyez des deux costez.

Le mémoire est double sur celuy que Sa Majesté m'avoit envoyé, lequel j'ay voulu signer de ma main.   Loys de Bourbon.

Le jeudy gras, dix-huitiesme du présent mois, monsieur le duc de Gyuse fust frappé proditoirement, estant lieutenant pour le Roy au camp devant Orléans, d'un coup d'harquebouse, en laquelle y avoit trois balles, par un homme attiré pour le tuer, qui estoit dedans une haye; duquel coup le mecredy suivant xxiiij dudit mois, décéda au grand regret des gens de bien, et au dommage de tout l'estat du royaume. Ledit seigneur fust fort ploré. Celuy qu'il avoit opinion avoir faict le coup, fust constitué prisonnier; mais pour cela la plaïe ne fust guarie. Les huguenots se pouvoient hardiment vanter avoir tué le plus vertueux, héroïque et magnanime prince qui fust en Europe, et lequel estoit redoubté par toutes les nations estrangères, pour la vertu qui estoit en luy.

Lettre de la Reine-mère à monsieur de Gonnor sur la négociation de la paix, etc.

Je vous prie envoyé-nous de l'argent; car aultrement vous fayré désespérer vostre frère qui sera demayn icy, et moy aussi, car nous n'avons pas heun sul; et tous les soldats se qui ne ay pargne poynt pour fayre servise, sont en très-grande nésesité. Au reste, je vous veulx byen avertir que nous soumes au milieu du pont, et que yncontinent que l'artillerie sera arivé, si n'avons le pays que j'espère, entreron dans la ville. Dieu aydant, elle arrivera samedy; et dimanche mon cousin le prinse de Condé et conestable doivent parler ensemble au desebuz du portereau, dans heun bateau, au milieu de l'eau; et le fayst venir ysi, où il arrivera semedy, bien guardé, et le loge à Saint Memin, acompagné de dix ensegne de suise. Set qui susédera, je ne fauldré vous en avertir. Enn atendent que mon cousin le cardinat de Bourben alle à Paris, pour fayre entendre le tout à la court et à la vile, en setpendent, disposé touttes chause, de fason que l'on trove bon set que avons le plus de bésouin d'avoyr, qui ayst la pays. Le prince de la Roche-sur-Yon ha esté voyr, par l'aupinion de nous tous, le prince de Condé à Amboyse; lequel m'a mandé qu'il a tiré de luy, qui se contenteron, pourveu que les jeantishommes ayst liberté de leur consience en leur mayson, et seurté de leur vie et byen, et du pasé et de l'avenir. Si sela est ynsi, je croy que Paris et tout le reaume sera contans. Mandé m'ent vostre aupinion.

    Caterine.

Du camp de St. Mesmin, ce iij^e mars 1563.

Le dimanche, septiesme du présent mois, l'on commencea vigilles solemnelles pour le service de monsieur de Guyse, lequel, le lundy huitiesme, fust solemnellement faict ; et y assista la court de parlement et messieurs de la ville ; et fust célébré ledit service en l'église de Paris, et par toutes les autres églises de la ville, tant collégialles, abbatiales, que paroissiales.

Le mesme jour du lundy, fust faict un eschange du prince de Condé avec monsieur le connestable, et furent touts deux mis en liberté ; sçavoir est, le prince retourna en la ville d'Orléans, et monsieur le connestable au camp du Roy.

En ce temps icy vindrent nouvelles que monsieur l'admiral avoit pris la ville et chasteau de Caen en Normandie, dedans lequel estoit monsieur le marquis d'Elbeuf, lequel se sauva ; et fust rendu ledit chasteau par composition, faulte de vivres.

Le vendredy xix du présent mois, le corps de monsieur le duc de Guyse fust, en grande pompe funèbre, aporté des Chartreux en la grande église de Paris, où son cœur fust enterré, et les vespres des morts solemnellement dittes ; les obsèques et fraiz faictz aux dépens de la ville. Le samedy suivant xx dudit mois, fust ditte la grande messe de Requiem pour son service ; et y assistèrent messieurs de la court de parlement et touts messieurs de la ville ; et fust faicte une oraison funèbre par monsieur Le Hongre, de l'ordre des jacobins, docteur en théologie.

Le jeudy précédent les obsèques de monsieur de Guyse, qui estoit le 18 du mois, par arrest de la court, un nommé Jean Poltrot, soy disant escuyer, seigneur de Meré, fust condamné à estre tenaillé devant l'hôtel de ville de Paris, et puis après tiré à quatre chevaux, ce qui fust faict ; et ce pour estre atteinct et convaincu du meurtre malheureux faict en la personne de monsieur de Guyse, le tout par sa confession ; et enquis qui lui avoit fait faire, a tous jours persisté, et avant l'arrêt prononcé et après la pronuntiation, *ante tormenta, in tormentis, tum demum in executione rei judicatæ*, a toujours persisté que l'admiral, d'Andelot et Soubise luy ont faict faire ; et à ceste fin avoit receu la somme de six vingt escus dudit sieur admiral.

Le lundy xxij de ce présent mois, fust aporté un édict à la court de parlement, par lequel le Roy approuvoit tout ce qui s'estoit faict par les huguenots, et déclaroit que c'estoit pour son service ; et par ce moyen toutes impiétés, indignités et meschancetés, sont approuvées ; et les bons et fidels serviteurs du Roy, déclarés infidelles ; et força-on la court de passer ce bel édict ; ou autrement ne rendoient au Roy les villes et lieux qu'ils détiennent ; et fault noter que furent envoiées plusieurs lettres particulières à de messieurs les conseillers pour consentir à tel édit.

Cet édict fust présenté en la court de parlement et trouvé fort mauvais ; toutteffois, pour la nécessité du temps, passa *de expresso Regis mandato iteratis vicibus facto*; et à ceste fin furent députés messieurs le cardinal de Bourbon et de Montpensier, princes du sang, lesquels assistèrent à la publication faicte en la court, le sabmedy xxvij° jour de mars.

Avril. Le premier jour d'avril, la Royne mère entra dedans la ville d'Orléans ; et par ce moyen fust ladite ville remise en l'obéissance du Roy ; auquel lieu mist six enseignes de Suisses pour la garde de la ville, et y laissa pour gouverneur monsieur Cypierre, chevalier de l'ordre.

Le lundy xxvj dudit mois, le Roy fist son entrée en ladite ville d'Orléans, sans aucune solemnité. Peu de temps après, le Roy alla à St. Germain en Laye, et monsieur le prince de Condé l'y accompagna.

En ce temps icy, le bruict courut que ceux de Lyon ne vouloient rendre la ville au Roy, sinon que au cas que il n'y eust aucun exercice de la religion ancienne et romaine en ladite ville, et que les magistrats establis par ceux de la prétenduë nouvelle religion demeurassent et jugeassent en dernier ressort.

May M. D. LXIII. Arrest de la court sur une requeste présentée par le chapitre de Paris.

« Sur la requeste présentée à la court par les
« chanoines et chapitre de Paris, par laquelle,
« attendu que, par l'édict de pacification publié
« et enregistré en ladite court, a esté expressé-
« ment convenu qu'il ne se feroit aucun presche
« ni exercice de la nouvelle secte et opinion ès
« terres des hauts-justiciers, sans leur gré et
« consentement ; et que lesdits du chapitre, à
« cause de la fondation de leur Église, ont plu-
« sieurs petites villes, bourgades et villages es-
« quels ils ont toute justice et droit de seigneurie,
« requéroient iceux du chapitre à ce que eux et
« leurs hostes, subjects et justiciables, à leur
« exemple et imitation, puissent, soubs l'obéis-
« sance et auctorité du Roy, servir à Dieu en
« toute crainete, honneur et révérance, selon
« leur estat et profession, suivant les saintes tra-
« ditions, commandemens, louables coustumes
« et observances de l'Église catholique et ro-
« maine, sans aucune novation ou immutation de
« l'ancienne et vraye religion, et conformément
« audit édit, et à l'intention du Roy portée en

« iceluy, qu'il leur fust par laditte court permis
« faire à son de trompe et cry publicq, faire def-
« fences, en leurs terres et seigneuries, à touts
« officiers, hostes, subjects, justiciables et fer-
« miers, de faire presche ni exercice de laditte
« nouvelle religion et secte, ne d'y assister en
« leurs dites terres, à peine d'estre déclarés in-
« fracteurs dudit édict, et comme tels punis cor-
« porellement, suivant iceluy. Ouy sur ladite
« requeste le procureur général du roy, tout
« considéré, la court ayant esgard à icelle re-
« queste, a permis et permet ausdits chanoines
« et chapitre de faire faire à son de trompe et cry
« public en toutes leurs terres et seigneuries as-
« sises et situées en la prévosté et vicomté de
« Paris, et autres, esquelles ils ont haute-justice,
« inhibitions et deffenses expresses à touts leurs
« officiers, hostes, subjects, justiciables et fer-
« miers, et autres personnes quelconques, esdites
« terres et lieux, de faire aucune presche ou as-
« semblée, ne exercice de ladite secte nouvelle,
« ne d'y assister en leurs dites terres et seigneu-
« ries, sur les peines indites et contenües par le-
« dict édict, en cas de contravention à iceluy. »

Le dimanche 9 du mois de may, fust résolu au conseil du Roy, que les officiers du Roy, mesmes les conseillers des cours souverainnes, ne seroient receus à revenir à l'exercice de leurs estats, sans préalablement avoir faict profession de leur foy; ce qui fust pratiqué en la personne de plusieurs conseillers, mesme de la court de parlement de Paris, lesquels s'estoient absentés pour la religion.

Le samedy 15 du mois de may, messieurs de la court, par le commandement du Roy, toutes affaires cessantes, procédèrent à la vérification de certaines lettres patentes du Roy, portants l'aliénation de cent mil escus d'or de rente en fonds de terre, du temporel et domaine de l'Église, pour subvenir aux affaires et nécessités du Roy et du royaume : monsieur de Montmorency présent, lequel ainsi que l'on disoit, voiant que messieurs de la court, et spécialement la plus grand part des conseillers de la grand'chambre, ne pouvoient consentir à la vérification desdites lettres, estants le bien de l'Église inaliénable, se fist appeler par un huissier, puis après aporta lettres du Roy, par lesquelles le Roy lui mandoit que si messieurs de la court n'avoient encores terminé et décidé dudit affaire, ils eussent à supercéder et différer cet affaire. La court qui ouist la lecture desdittes lettres, désista de opiner en ceste matière.

Le dimanche 16, le Roy, messieurs les princes, et ceux de son conseil privé, vindrent à Paris, de propos délibéré de faire publier par le Roy ledit édict.

Le dix-septiesme suivant, qui estoit le lundy, le Roy accompagné de la Royne mère, de messieurs les princes, de monsieur le chancelier de l'Hospital, et plusieurs seigneurs du conseil privé et chevaliers de l'ordre, vint à sa court de parlement, et après avoir recommandé l'état de la justice, et exposé à messieurs de la court les nécessités de ses affaires, monsieur le chancelier prit la parolle, lequel ainsi que l'on disoit, harengua assés mal, puis après monsieur le premier président de Thou harengua. Après, le chancelier fist ouvrir les portes de la grand'chambre, où la pluspart des advocats entrèrent, et lors fist faire lecture des lettres patentes ; après laquelle monsieur l'advocat du Mesnil plaida pour le procureur général du roy, et consentist à l'aliénation, soubs les modifications qui seroient déclarées. Après le plaidoier de l'advocat du Mesnil, ledit sieur chancelier allast au conseil; sçavoir, est en premier lieu de la Royne mère et des princes qui y estoient, et aux quatre présidents de la court, avec quelques maistres des requestes; et sans autrement prendre l'advis de la court, publia l'édict selon sa forme et teneur, et sans aucunes modifications ; et combien que les sindics des clergés du royaume de France eussent présenté requeste pour estre ouis, portant opposition à laditte aliénation, si est-ce que sans les ouir, ne laissast-ont de passer outre.

Juin, M. D. LXIII. Le jour de la Feste-Dieu, le Roy vint à Paris faire sa procession, magnifiquement accompagné, de la grand'église, et alla tout le long du pont Nostre-Dame, puis par la Cité, dedans le cloistre, accompagné des princes et grands seigneurs en grand nombre. Le mesme jour, le Roy retourna au bois de Vincennes, et pour l'accompagner y avoit bien huict cents chevaux en armes, touts arrangés vers Sainct Anthoine des Champs. Et peu de temps auparavant que le Roy partist, estoit partie madame la princesse de Condé, qui estoit suivie de plusieurs personnes mal notées ; entre autres, d'un nommé le cappitaine Couppe-Rufian de Heulen, lequel passant par à travers les chevaux rangés audit lieu de Sainct Anthoine des Champs, irrita et injuria ceux de sa compagnie, de faict qu'il tira le premier un coup de pistolet, dont il tua un fort beau cheval, pensant tuer l'homme qui estoit dessus. Lors à l'instant il fut tué et massacré sur le lieu ; dont monsieur le prince de Condé fist grande instance ; toutesfois sachant la faulte première estre venuë dudit Couppe, il s'appaisa.

Au mesme mois, fut faicte une déclaration du Roy, par laquelle il n'entendoit qu'aucun presche se fist en sa court ni au lieu où il seroit, ni semblablement aucun exercice de la prétenduë nouvelle religion ; et vouloit estre faict le semblable dix lieuës à la ronde, à l'entour du lieu où sera sa court.

Le mecredy xxiij dudit mois, messieurs du chapitre de Paris accompagnés de quelques autres clergés du royaume, allèrent en court pour faire quelques remonstrances au Roy et à son conseil, pour empescher et obvier, si faire se pouvoit, à la vendition et distraction du domaine de l'Église ; et pour rédimer telle vexation, offrir au Roy la somme de soixante mil livres pour une fois, aux conditions qui seront présentées au Roy par ledit clergé de Paris, parlants seulement pour ledit clergé, et ne se faisants fort pour les autres clergés ; touteffois lesdits offres pour lors ne furent receuës ; obstant que messieurs de Gonnor et Chausne, surintendants des finances, désirants avoir des terres des églises, souls umbre d'une prétenduë rétardation des affaires du Roy et du royaume, l'empeschèrent.

Le lundy xxviij dudit mois, avoient esté condamnés à estre pendus deux hommes, par le prévost de Paris, pour avoir despendu un homme qui avoit esté exécuté par justice, et l'avoir traisné, puis mis en la rivière ; lequel jour, les menant exécuter, furent recourus par le commun populaire, et ostés hors des mains de justice ; quoy faisant, il y eust le clerc d'un notaire, jeune homme qui se trouva à l'esmeute, tué d'un coup de pistolle.

Juillet. En ce mois, on procéda à l'aliénation du temporel de l'Église, nonobstant opposition ou appellation quelsconques.

En ce temps icy, furent faictes assemblées du clergé de Paris, pour adviser à faire des offres au Roy, pour empescher ladite aliénation ; et à ceste fin, y eust des députés vers le Roy.

En ce mois icy, le Havre fust assiégé par le Roy, y estant conducteur de l'armée monsieur le mareschal de Brissac, lequel s'y conduisist si vertueusement, qu'il contrainct les Anglois rendre ledit Havre en l'obéissance du Roy, le xxixe du présent mois, combien que plusieurs luy voulurent desrober l'honneur, et l'attribuer à monsieur le connestable, qui y arriva quand toutes les approches furent faites.

Aoust M. D. LXIII. Le dix-septiesme jour dudit mois, le Roy se déclara majeur, tenant son lict de justice en sa court de parlement de Rouen ; et fist une ordonnance par laquelle il vouloit en premier lieu que, sur peine de confiscation de corps et de biens, tous ses sujets eussent à garder la déclaration par luy faite le dixneuviesme jour de mars dernier, sur la pacification des troubles, en tous ses poincts et articles ; enjoignant pour cet effect à touts bourgeois, manans et habitans des villes de son royaume, que vingt-quatre heures après la publication de son ordonnance, ils ayent à laisser et déposer les armes, sans plus en porter par lesdites villes, ne s'entremettre de faire aulcun guet ne garde aux portes, ne par lesdites villes, de jour ne de nuit, faire sonner tabourin, lever ne porter enseignes par icelles villes, sans congé, commandement et commission expresse dudit seigneur, et séellé de son séel ; et eussent à porter lesdites armes dedans semblable temps entre les mains des lieutenants généraux et gouverneurs des lieux, ou ceux qui par eux seront à ce députés, qui les recepvront par inventaire, pour estre mises en bonne et seure garde dedans les maisons et chasteaux desdites villes, et là conservées à ceux ausquels elles appartiendront, pour leur estre renduës quand par le Roy sera ordonné, ainsi qu'il promet qu'il a délibéré faire aux bons et notables bourgeois, et ceux que il congnoistra amateurs du repos publique et zélateurs de nostre service et bien de son rouyaume. Ceste ditte ordonnance fust imprimée, contenant plusieurs autres articles plus à plain contenus en laditte ordonnance.

Conclusions du procureur général du parlement de Paris, sur les lettres d'attribution au grand conseil, de tous les procès de M. le prince de Condé et de ses domestiques.

Ce jour 21 aoust, avant que les chambres fussent assemblées, les gens du Roy par la voix de maistre Baptiste Dumesnil advocat dudict seigneur, ont dict avoir eu communication de l'ordonnance de ladicte court, d'unes lettres patentes du Roy, données à Gaillon, le quatorze^{me} juillet dernier, contenant évocation à luy et à sa personne, de tous et chacuns les procès civilz et criminelz, que messire Loys de Bourbon chevalier de l'ordre, prince de Condé, et ses domesticques ont à présent pendans en ladicte court, respectivement, contre quelques personnes, et pour raison de quelque chose que ce soyt, tant en demandant que en défendant ; et les renvoye en son grand conseil, pour en décider et terminer ; ensemble de tous autres procès civilz et criminelz que ledict messire Loys de Bourbon et ses domesticques pourront cy-après avoir, tant en demandant qu'en défendant, pardevant les gens des requestes du palays, juges ordinaires, bailliz, séneschaulx, et autres où les dictz procès sont instruictz ; et les appellations qui de leur nature doibvent ressortir ès cours souveraines, ressortiront et seront rellevées oudit grand conseil ; inhibe à ladicte court et tous autres, d'en prandre cognoissance ; l'entérinement desquelles lettres, quant à eulx, ilz empeschent formellement, et requièrent estre retenues, comme périlleuses et de grande conséquence; et supplient la court en délibérer, toutes les chambres d'icelle assemblées.

Acte par lequel monsieur le prince de Condé déclare que tout ce que M. l'amiral de Coligny et M. d'Andelot son frère, ont fait pendant les troubles, ils l'ont fait à sa réquisition et par ses ordres.

Nous Loys de Bourbon prince de Condé, suffisamment records, instruit et adverty de tout ce qui s'est fait et passé ès entreprises et expéditions dressées et conduittes en ce royaume et ailleurs, durant les guerres civiles, et à l'occasion d'icelles, qui ont eu cours en ce dit royaume, depuis le commencement de l'année 1562, jusques à la fin d'icelle ou environ, certifions, déclarons et reconnoissons que tout ce qui a esté fait, géré, manié et négocié en ce regard, par nos chers et bien-aimés oncles le sieur de Chastillon amiral de France, et le sieur d'Andelot, frères, chevalier de l'ordre du Roy monseigneur; et jusques après que le traitté de paix a esté publié en ce dit royaume, a esté à nostre prière et réquisition, et pour la manutention de nostre dignité, authorité et conservation de nostre maison; et en tant que besoin seroit, ainsin le maintenons et advouons par ces présentes escrites et signées de nostre main, et scellées du séel de nos armes. A Falaize, le 30ᵉ jour d'aoust 1563. *Signé :* Loys de Bourbon.

En ce mois fust fort procédé à la vente du temporel, ordinairement et extraordinairement; et les clergés du royaume assemblés pour adviser à faire quelques offres au Roy, pour éviter laditte aliénation.

Septembre, m. d. lxiii. En ce mois icy, l'ordonnance faicte à Rouen, fust envoiée par la Majesté du Roy à la court de parlement de Paris, par le sieur de Lanssac, chevalier de son ordre et conseiller en son conseil privé, avec lettres par lesquelles leur estoit mandé icelles faire publier; résolurent faire sur ce aucunes remonstrances audit seigneur; et pour cet effect députèrent et vindrent devers luy en sa ville de Mantes, messire Christofle de Thou, chevalier, premier président, Mʳᵉˢ Nicole Prevost, président aux enquestes, et Guillaume Viole, conseiller de ladite court; lesquels furent de Saditte Majesté bien au long et benignement ouis en leurs dites remonstrances; sur quoy après les avoir bien et meurement considérées en sondit conseil, leur fit responce telle que s'ensuit.

« J'ay entendu vos remonstrances, et comme « ont accoustumé mes prédécesseurs roys de les « prendre de bonne part, et après les avoir en-« tenduës, vous commander leur volonté. J'en « fay de mesmes; m'asseurant que ne fauldrés à « m'obéir aussi-bien comme vous aviez acous-« tumé faire les roys mes père et grands-père; « car je ne suis moins vostre Roy qu'ils estoient, « encores que je sois plus jeune et moins expéri-« menté. Avec le conseil de la Royne ma mère « qui me faict ce bien de prendre la peine de « manier mes affaires, j'ay espérance que Dieu « me fera la grace que je ne feray rien contre son « honneur ni contre ce que je désire pour la con-« servation de mon royaume; et affin que voiez « que je ne fais rien de si grande importance « sans mon conseil, je veux que vous les oyés « touts opiner, et qu'ils vous dient si ce n'a esté « par leur advis que je l'ay faict. Quant à la dé-« claration de ma majorité, je l'ay faict ainsi « que j'ay cogneu que mes affaires le requé-« roient, n'estant obligé de faire ceste déclara-« tion que où il me plaist, comme ont faict les « autres roys. Je vous prie, Messieurs, dire de-« vant eux comme touts m'avés conseillé ce que « j'en ay faict, non pour introduire deux reli-« gions; car quant le vouldriés, je n'ay ceste « volonté; mais voiant la nécessité aussi grande « comme le jour mesmes que la paix fust faicte, « de entretenir et establir par ce moyen si bien « mon obéissance, que quand le concile général « ou national aura faict une bonne réformation, « ou que je cognoistray que pour mon service je « doibve autrement ordonner, que je le puisse « faire au contentement d'un chacun, et qui ne « rapporte plus de trouble en mon royaume, ni « occasion à mes subjects de prendre les armes, « d'autant que je veux que à ceste heure touts « les posent pour nostre service, ainsi que « pour nostre service les ont prises. Voilà l'oc-« casion pourquoy je veux que la publica-« tion de cet édict soit faicte; et l'ayant faict « publier en ma présence, n'entends qu'il y « soit rien réformé; car je ne le réconfirme que « conditionnellement, puisque conditionnel est, « comme vous dites, celuy de la paix. Pour ce « n'en faictes plus de difficulté; car je le veux « ainsi. Mon cousin, commencés à dire comme « l'avez trouvé, et vous prie n'avoir respect à « moy ny autre chose, que ne disiés la vérité, « si me l'avés conseillé ou non; » adressant ledit seigneur ces parolles à monsieur le cardinal de Bourbon, premier prince du sang, lequel et après luy les autres princes du sang, et autres seigneurs du conseil dudit seigneur, là présents en bon nombre, dirent, présents lesdits députés, que laditte ordonnance avoit esté faicte par leur conseil et advis, comme très-nécessaire et utile au bien de ce royaume ; déclarants les causes et raisons qui les avoient à ce meüz. Et là-dessus le Roy commença à dire derechef ausdits députés :

« Vous avez entendu ma volonté, et comme
« je n'ay faict ceste ordonnance de mon opinion
« seulle, ny de celle de la Royne ma mère, enco-
« res que je n'eusse que faire à vous en rendre
« compte, pour estre vostre Roy, et chose que
« les autres n'ont accoustumé ; mais pour ce
« coup, je l'ay voulu faire ; aussi je vous veux
« dire, affin que ne continuiés plus à faire
« comme avés acoustumé en ma minorité, de
« vous mesler de ce qui ne vous appartient et ne
« debvés, et que à ceste heure que je suis en ma
« majorité, je ne veux plus que vous vous mes-
« liés que de faire bonne et briesve justice à mes
« subjects ; car les roys mes prédécesseurs ne
« vous ont mis au lieu où vous estes touts, que
« pour cet effect, affin que leur conscience en
« fust deschargée devant Dieu, et que leurs sub-
« jects en vescussent en plus de seureté soubs
« leur obéissance, et non pour vous faire ny mes
« tuteurs ny protecteurs du royaume, ny con-
« servateurs de ma ville de Paris ; car vous vous
« estes faict accroire jusques icy qu'estes tout
« cela ; et je ne vous veux plus laisser en cet er-
« reur, mais vous commande, qu'ainsi que du
« temps des roys mes père et grand-père, n'aviés
« accoustumé de vous mesler que de la justice,
« que doresnavant ne vous mesliés d'autre chose ;
« et quant je vous commanderay quelque chose,
« si y trouvés aucune difficulté pour ne l'enten-
« dre, je trouveray tousjours bon que m'en faciés
« remonstrance, comme souliés faire aux roys
« mes prédécesseurs, et non comme mes gouver-
« neurs ; et après me les avoir faictes, ayants
« ouy ma volonté sans plus de réplicque, y
« obéir ; et si faictes ainsi, vous me trouverés
« aussi bon et doux icy en vos endroicts, que
« en eustes jamais ; et usans comme avés faict
« despuis que vous vous estes faict accroire
« qu'estiés mes tuteurs, vous trouverés que je
« vous feray cognoistre que ne l'estes point ;
« mais mes serviteurs et subjects, que je veux
« qui m'obéissent à ce que je vous commanderay. »

Ces paroles là sont venües de la boutique de monsieur le chancelier et non du Roy, ainsi qu'estoit le bruict commun, parce que l'aage du Roy ne permettoit que il peust tenir tels propos ; nonobstant lesquels, la court députa derechef messieurs le président Seguier et le président Dormy pour aller faire itératives remonstrances ; lesquelles ils firent en court, et fort mal receus ; et receurent grosses parolles et comminatoires, dont ils firent rapport à la court.

Et le lundy xxvij du présent mois, ledit selgneur Roy envoya lettres addressants à la court, par lesquelles il vouloit et entendoit que toutes affaires cessantes, toutes les chambres assemblées, laditte ordonnance fust publiée, sur peine de privation de leurs estats.

Le mardy suivant xxviij laditte ordonnance fust publiée, toutes les chambres assemblées, selon l'exprès commandement du Roy. Vray est que combien que le Roy eust mandé à messieurs de la court qui avoient esté partis en leurs opinions sur le faict de la publication de laditte ordonnance, qu'ils eussent à lacérer, rayer et biffer du registre de la court ledit partage en la publication de laditte ordonnance, ne fust biffé ny rayé du registre de la court pour lors.

Le trentiesme dudit mois, madame de Guyse la douairière, nommée de Bourbon, accompagnée de monsieur de Guyse son petit-fils, et de madame de Guyse la veufve, ensemble de monsieur de Nemours, de M. d'Aumalle, M. le marquis d'Elbeuf, firent requeste par leur advocat Versoris, en plaine court, tendant affin qu'il pleust à la court permettre d'informer des complices de la mort de feu M. de Guyse ; et à ceste fin, leur décerner commission ; et combien que la requeste fust en termes généraux, sans spécifier ceux que l'on avoit opinion estre des complices, si est-ce que de la part de monsieur l'admiral de Chastillon fust présentée une évocation de la matière, dattée deux jours après que le Roy eust accordé à messieurs de Guyse de pouvoir poursuivre lesdits complices en sa court de parlement ; en quoy fault noter que le xxvij^e auparavant, le Roy après avoir communiqué à la Royne mère et à son conseil, la requeste qui luy avoit esté présentée de la part de ma ditte dame de Guyse, accompagnée des seigneurs cy-dessus nommés et de monsieur de Vauldemont, leur accorda que justice leur fust ouverte ; mesmes ès lieux où les causes des pairs de France ont accoustumé estre traictées.

La dessusditte évocation présentée à la court le xxx, et mesme jour ; nonobstant laquelle, la court ordonne que la requeste de messieurs de Guyse sera enregistrée ès registres de la court ; et permis à eux d'nformer contre les complices, et de compulser touts registres qu'ils verront pour la preuve du faict estre nécessaires ; et à ceste fin, leur a décerné commission pour informer des dessusdits complices.

Le dimanche troisième du mois d'octobre, le Roy vint disner du bois de Madry aux faulxbourg St. Germain, en la maison de monsieur le prince de la Rochesurion. Et là y estant monsieur le premier président se voulut enqué-

omni molestia, qui religionem sequuntur à Papatu diversam; sed odiosos rumores volitare dicant, quod nonnulli spreto edicto, vi et manu armata, tumultus moveant, et occidant quietos homines, cœtus fidelium hostiliter oppugnent, ac si vellent omnia pessundare : ideò se regem summoperè rogare, ut pergat in sancta illa moderatione, qua ad fovendam pacem nihil utilius est : et quoniam vident tantum esse in quibusdam audaciæ et temeritatis, imò amentiæ, promittant, si opus sit, se fore auxilio, si quid paratum regni statum turbare moliatur, vel ejus auctoritatem labefactare : neque enim aliud postulatur, quam ut vigeat edictum, et sub regis protectione, liberè et tutò conveniant fideles : verùm, celeritate opus erit; quia nisi maturè occurratur, fortè quorumdam importunitas eo prosiliet, ut difficile sit rebus confusis et perditis mederi. Poterunt etiam illustrissimi principes, si ita pro sua prudentia censuerint, consilium dando, qua sint erga reges observantia, et quanto studio et solicitudine cupiant res ejus salvas et integras stare, testari : precipuum tamen erit, ut rogando, promittant non defore sua officia, quoad facultas dabitur et feret occasio.

Discours entier de la persécution et cruauté exercée en la ville de Vassy, par le duc de Guyse, le 1 de mars 1562.

Depuis que le Seigneur par une bonté et miséricorde admirable, a redressé les enseignes de sa vérité évangélique au pays de France, pour recueillir ce qui estoit esgaré en sa bergerie, le petit troupeau de Vassy a esté comme au premier rang proposé en ces derniers temps à toute la France, pour un miroir auquel on contemple les merveilles du Seigneur. C'est une petite ville appartenante au roy de France, des plus anciennes du comté de Champagne, assise sur les limites du duché de Barrois, en lieu plaisant et fertile, et de commodité. Il y a prévosté et siége royal ; du ressort duquel sont plusieurs villes, bourgs et villages, mesme de toute ancienneté la ville de Jouinville (de laquelle cy-après sera faite mention) et plusieurs villages dépendants d'icelle, ont esté justiciables et tenus respondre audit Vassy ; et pour ceste cause, elle a esté de long-temps enviée par la maison de Guyse; tellement que du vivant des rois Henry, et François derniers décédez, François de Lorraine, duc de Guyse, et Charles, cardinal de Lorraine son frère, firent tant que pour augmenter leur maison et famille, du consentement desdits rois, la terre dudit Jouinville, où ils ont esté nés, fut érigée en titre de principauté, estant auparavant une simple baronie tenue en fief du Roy ; et qui avoit esté donnée en mariage à feu Claude de Lorraine, père d'iceluy François duc, par un évesque de Mets en Lorraine, oncle dudit feu Claude. Et pour orner ceste principauté nouvelle, environ trente-trois ou trente-quatre villes que villages, furent distraits de la prévosté dudit Vassy, et joints à icelle principauté de Jouinville.

Advint le douziesme d'octobre, M. D. LXI. après le colloque de Poissy, qu'un des ministres de l'église de Troye en Champagne, ayant esté esleu pour visiter ceux de Vassy, et dresser quelque forme d'église selon la parole de Dieu ; y estant arrivé pour exécuter sa charge, aucuns des principaux de Vassy l'advertirent qu'il n'y avoit lors aucun moyen de rien dresser, pour crainte de ceux de Guyse qui s'assembloient à Jouinville au retour dudit colloque. Et de faict, le duc d'Aumalle suyvy de près de ses frères, arriva audit Jouinville en ce mesme temps. Ce nonobstant, le ministre ne doutant point que le Seigneur ne l'eust là envoyé, délibéra avec ceux qui monstroyent avoir plus grand faim de la parole de Dieu, d'essayer premièrement s'il pourroit rien bastir en secret, pour puis après annoncer Jésus-Christ aux assemblées, comme il avoit fait à Ronay. A la première exhortation qu'il feit en la maison d'un marchant drapier, ne pensant y avoir que bien petit nombre de personnes des plus fermes et mieux instruits, il se trouva, tant hommes que femmes, fidèles que papistes, qui avoyent senty la fumée de ceste assemblée, environ six vingts personnes, demandans d'estre repeus de la pasture de vie. Le sermon faict, on éleut quatre surveillans et deux diacres. Le jour suyvant 16 dudit mois, l'assemblée qui se trouva à la prédication, fut de cinq à six cens personnes, et croissoit de jour en jour, tellement qu'ils furent contraints de prescher en la court de l'Hostel-Dieu, au descouvert ; où plusieurs ignorans s'y trouvans, furent si bien réduits, que maints vieilles gens, tant hommes que femmes, disoyent à la sortie des sermons: Loüé soit Dieu qui nous a faict ceste grace d'avoir cogneu sa saincte vérité devant que mourir.

Le 20 dudit mois, le ministre partit de Vassy pour s'en retourner à Troyes, l'église estant dressée, les diacres advertis d'avoir tel soin des pauvres que leur charge requeroit, les anciens tenir la main à ce que nul ne se polluast au baptesme de la papauté, de lire aussi quelques sermons faciles en l'assemblée, en commençant par les sermons qui sont imprimez sur les commandemens, jusques à ce qu'il pleust au Seigneur de les pourvoir de quelque fidèle pasteur.

Ce qu'aussi ils firent soigneusement et heureusement : car le povre peuple fut tellement retenu en son devoir par ceste lecture, que le diable mettant en teste au duc de Guyse d'envoyer quelques gens d'armes, environ le commencement du mois de novembre, pour estouffer ceste petite église en sa naissance, ne perdit que ses peines. Voilà en somme comment l'église de Vassy a esté plantée. Reste de traiter de l'accroissement, et des assauts qu'elle a soustenus.

Le 13 de décembre, le ministre duquel mention a esté faicte cy-dessus, partit de Troyes pour visiter de rechef les fidèles de Vassy, à raison de quelques baptesmes qu'il falloit faire d'aucuns enfans par eux gardez à ceste fin-là. Aussitost qu'il fut arrivé, il fallut prescher, tant estoit le povre peuple ardans après la pasture.

Le 17 dudit mois, il advint une chose mémorable, qui ne doit estre obmise, tant pour ce qu'elle a esté une des principales causes du carnage qui sera cy-après descrit, que pour ce qu'on peut cognoistre par icelle, combien le Seigneur besongne puissamment, quand bon luy semble, par les choses infirmes.

L'évesque de Chaalons, nommé Hiérome Burgensis, fut envoyé du duc de Guyse, suyvant le conseil du cardinal de Lorraine son frère, à Vassy, diocèse de Chaalons, accompagné d'un moine fort estimé entre les papistes, pour estre conflit en toute la théologie de la papauté, afin que par le moyen d'iceluy, il renversast la foy (si faire se pouvoit) des simples gens de Vassy. Iceluy estant arrivé avec sa troupe garnie de pistoles, le 16 dudit mois, sur les trois heures après midy, appella aucuns des plus apparens de l'église, à ce que par leur moyen il peust tant faire envers le peuple, qu'il vinst le lendemain au sermon du moine qu'il avoit amené. Ceux qui furent par luy appelez, respondirent en toute modestie, que quant à eux, ils ne voudroyent ny ne pourroyent en bonne conscience ouyr un faux prophète : et quant au peuple, qu'ils ne pensoyent pas qu'on le peust amener à ce point-là : que s'il plaisoit à monsieur l'évesque venir ouyr leur ministre, ils se faisoyent forts qu'on ne luy feroit ne mal ne desplaisir, ny aux siens : et outre-plus, qu'il trouveroit que la doctrine de laquelle on repaissoit le povre peuple, n'estoit autre que celle des prophètes et apostres. L'évesque ayant ouy une telle responce, fut bien esbahy, et se meit à leur faire quelques remonstrances tendantes à ceste fin, qu'ils suyvissent le train de leurs pères, qui avoyent esté si gens de bien, sans s'embrouiller en opinions nouvelles, qui ne pourroyent estre cause que de leur totale ruyne, s'ils y persistoyent, ne tenans conte de rentrer en grace avec nostre Mère Saincte Église, de l'obéissance de laquelle ils s'estoyent révoltez, à l'appétit de quelques affronteurs de Genève. Voylà en effect ce qu'il leur disoit, adjoustant qu'il estoit bien marry qu'il ne sçavoit prescher ; mais que le moine qu'il avoit amené, suppleeroit à son défaut. Voyant qu'ils demeuroyent fermes et arrestez en leur première response, il leur promit qu'il se trouveroit le lendemain au sermon ; et ainsi se départirent tout joyeux de luy, espérans que le sermon ne seroit sans un grand fruict.

Au sortir du logis de l'évesque, ils vindrent droit en la maison du ministre, environ les cinq heures, pour l'advertir de tout : et nommément de la promesse qui leur avoit esté faicte par l'évesque de venir ouyr le sermon. Iceluy loüa le Seigneur, espérant que l'évesque seroit suyvy de beaucoup de pauvres ignorans de Vassy, ausquels il pourroit profiter ; encore que la doctrine qui seroit annoncée fust rejettée par l'évesque et par les siens.

Et afin qu'il peust profiter davantage, délibéra après avoir eu sur ce l'advis des frères, de faire confession de sa foy ; laissant pour une autre fois le second commandement qu'il devoit exposer.

L'heure du sermon venuë, l'évesque empescha qu'on ne le sonnast ; mais le peuple ne s'esmeut aucunement pour cela, donnant ordre qu'un chacun fust adverty de main en main, de venir ouyr la parole de Dieu, comme de coustume, encores que le sermon ne fust pas sonné.

Le peuple estant assemblé, on vient querir le ministre, lequel ne voulut partir du logis, que premièrement il n'eust prié le Seigneur de luy donner de quoy respondre à ce moine qu'on luy faisoit si terrible. Après la prière il s'achemina vers le temple, s'asseurant de l'assistence de celuy qui a promis aux siens bouche à laquelle leurs ennemis ne pourroyent résister. Comme on chantoit les commandemens de Dieu d'entrée, l'évesque arrivé, estant suyvy du prévost, homme qui s'estoit révolté de la cognoissance qu'il avoit euë de la vérité de l'Évangile, du procureur du Roy, du prieur dudit Vassy, de son moine, et de douze ou quinze personnes qui estoient de sa suite ordinaire. Après qu'on eut fait fin de chanter les commandemens, on se mit à prier Dieu pour demander la grace du Sainct-Esprit ; mais l'évesque interrompit la prière, disant : Messieurs, je viens icy comme évesque de Chaalons, et par conséquent de ce lieu. Le ministre ne le voulant laisser passer plus outre, rompit son propos, et luy dit : Monsieur, puisque je suis le premier en chaire, c'est raison que je parle le premier. Que si vous trouvez chose digne de réprehension en ma doctrine, il vous sera libre de parler puis après. Ceste responce ouye, le peuple commença à faire quelque bruit, lequel estant appaisé, l'évesque rentra en son propos, usant de mesmes termes que dessus : Messieurs, dit-il, je viens icy et ce qui s'ensuyt.

Le ministre l'empescha derechef de poursuivre disant : Monsieur, je m'esbahy comment vous nous voulez empescher d'invoquer Dieu en ce lieu, veu que le Roy le nous permet, et monsieur le gouverneur. Or disoit-il cela, estant seur qu'ainsi estoit : car il n'y avoit rien que le gouverneur de Champaigne estant à Troyes, leur avoit permis d'invoquer Dieu à la façon des églises réformées ; se disant avoir charge d'exposer les édicts du Roy : fermer la bouche aux prestres, requérans instamment l'observation d'iceux. L'évesque ne luy voulut rien respondre, retournant encore un coup à son premier propos.

Quand le ministre vit qu'il n'en pouvoit autrement chevir : Bien, dit-il, puisque vous avez si grand envye de parler, faites-le ; non pas en qualité d'évesque, ains d'homme particulier seulement : car nous ne vous congnoissons point pour tel.— Pourquoy, dit-il, si est-ce que j'ay l'imposition des mains.— Pourquoy, respondit le ministre, pour ce qu'il faut que l'évesque presche la parole de Dieu en vérité : qu'il administre les sacremens, et ait soin jour et nuict du Seigneur. Mais vous, quand avez-vous repeu vostre troupeau de la pasture de vie ? Quand avez-vous administré les sacremens, ou fait la moindre chose de ce qui est requis en vostre charge ?

—Comment sçavez-vous que je ne presche point, dit l'évesque. — Vous dites hier vous-mesmes, respondit le ministre, à ceux de nostre église, que vous appellastes pour parler à vous, que vous ne saviez prescher, et que vous en estiez bien marry. — Et où trouvez-vous, dit-il, qu'il falle qu'un évesque presche ?—Je le trouve, respondit le ministre, au sixiesme des Actes. Item au quatriesme chapitre de la première à Timothée.

Or ne faut-il pas oublier en passant, que le ministre estudiant au matin son sermon, estoit tombé par la providence de Dieu, sur ces deux passages-là, comme il cherchoit autre chose : par ainsy il luy fut facile de respondre ainsi promptement à l'évesque, ayant la mémoire de ces passages toute fresche. L'évesque voyant qu'il estoit pris :—O, dit-il, je presche par mes vicaires. Le ministre respondant de grande affection, luy dit : Ce sont toutes moqueries, les apostres et anciens évesques preschoyent-ils par vicaires ? L'évesque ne pouvant contredire : Et vous, dit-il, estes-vous ministre ? avez-vous l'imposition des mains ?—Je le suis, dit le ministre, et ay ce qu'il faut que j'aye.—L. Si est-ce que vous n'avez pas l'imposition des mains de quelque évesque, dont je me puis asseurer.—Vous avez, respondit le ministre, l'imposition des mains de faux prophètes. L'évesque dit : Nous sommes les vrays bergers de l'Église, successeurs des apostres.—Et comment le seriez-vous, dit le ministre, veu que vous estes excommuniez par vos canons mesmes, en tant que vous entrez en la bergerie par la fenestre ? Veu que vous vous estes ingérez de vous-mesmes ? Veu que le peuple n'a point approuvé vostre élection ? — Alors l'évesque dit, regardant derrière luy : Monsieur le prévost, j'en demande acte. Le ministre respondit, et dit : Ouy, c'est raison, mettez-là, que je m'offre à monstrer, mesme par les canons du Pape, que celuy qui se dit évesque de Chaalons, est excommunié et indigne d'estre évesque. Le ministre estant pressé par quelques risées de l'évesque, fut contraint de dire haut et clair, qu'il avoit plusieurs fois exposé sa vie pour le nom du Seigneur Jésus, et qu'il estoit prest de la quitter à toutes heures. — Je suis prest, dit-il, de séeler de mon sang la doctrine que j'annonce à ce pauvre peuple, duquel vous vous osez bien dire pasteur, sous ombre que vous avez l'imposition des mains, comme vous dites, de trois ou quatre de vos évesques. La pasture que vous pouvez alléguer, est que vous avez mis peine de repaistre vostre insatiable convoitise, et non point les ames qui ont esté rachetées si chèrement du sang du fils éternel de Dieu. Puis s'addressant au peuple, dit : Voyez-vous, pauvre peuple, ce qu'il vous dit : il vous veut faire accroire en somme, que cestuy-là est le berger qui se contente d'avoir une panneterie et houlette, pour vivre à son plaisir en la maison, sans mener les brebis aux champs pour repaistre ? L'évesque desgarni de replique, ne pouvant plus dissimuler la cause de sa venuë, dit : Si est-ce que vous délogerez. Le ministre respondit, et luy dit : Je prescheray l'Évangile du Seigneur Jésus : si vous le voulez escouter paisiblement, escoutez-le ; si non, ne nous troublez point.—Je voy bien, dit l'évesque, que tout se gouverne icy par furie.—Non, non, respondit le ministre, tout se gouverne de nostre costé par un sainct zèle qui a esmeu jadis les apostres à dire à vos semblables : Il vaut mieux obéir à Dieu qu'aux hommes. Cela dit, l'évesque se retira avec sa honte, n'estant si bien accompagné que quand il estoit entré : car le prévost et les autres qui devoyent former le procès-verbal que l'évesque vouloit faire, s'estoient ja retirez de crainte, sans coucher un seul mot par escrit de tout ce qui avoit esté dit.

Le peuple voyant que l'évesque se retiroit

avec son moine, qui jamais n'avoit osé sonner mot pour aider aux responses impertinentes de son évesque, commença à loüer Dieu, levans les mains au ciel. Aucuns leur crièrent à haute voix : Au loup, au renard, à l'asne, à l'escole, devant devant.

Voylà à la vérité ce qu'on fit à l'évesque, lequel de ce pas s'en alla faire prescher son moine au moustier de la papauté, n'estant suyvy que de son train : car les pauvres ignorans qui estoyent venus quand et luy en la grange, pour veoir le débat du ministre et du moine, ayant ouy l'offre que le ministre de première arrivée avoit faite, de satisfaire, après le sermon, à tout ce qu'on voudroit amener contre la doctrine qu'il annonçoit, ayans aussy ouy comment il avoit respondu à l'évesque, et que rien n'avoit esté repliqué qui fust pertinent, demeurèrent au sermon du ministre, et l'ouyrent de bout en bout, non sans fruict. Entre ceux qui furent gaignez au Seigneur, il y eut un vieillard tout gris, auquel à l'issuë du sermon on dit : Et bien, père, qui vous en semble? Ha, mon enfant, respondit-il, je voy bien que nous avons esté abusez.

Comme le peuple sortoit paisiblement, et se retiroit un chacun en sa maison, le moine preschoit encores : mais oyant quelque petit bruit du peuple devisant au sortir, de ce qui estoit advenu, fut saisi de telle frayeur, pensant qu'on luy en voulust, qu'il quitta la chaire abillement, sans dire ny pourquoy ny comment, y laissant une de ses pantoufles. L'évesque aussi pensant estre poursuyvy, se sauva en grand'haste, par une petite porte de la maison du prieur, qui est tout joignant le moustier : mais ils cognerent incontinent, qu'ils s'estoyent espouvantez de leur ombre.

Lendemain au matin, l'évesque, sans autre bruit, s'en alla droit à Jouinville, pour dire des nouvelles de son voyage; mais aussi tost qu'il fut arrivé, il se sentit tellement picqué des brocards du duc d'Aumale (comme on a sceu des serviteurs domestiques de la maison) qu'incontinent à sa relation, on dressa un procès-verbal pour envoyer à la cour; lequel estant fait à leur poste, touchant l'injure qu'ils disoyent avoir esté faite à l'évesque, tendoyent à ceste fin que commission fust donnée au duc de Guyse, pour estre exécutée sur les délinquans de Vassy; lesquels en estans advertis par aucuns serviteurs domestiques du duc d'Aumale, envoyèrent gens de leur costé à la cour, garnis du procès-verbal, par lequel le conseil privé du Roy informé de la vérité du faict, ne voulut permettre qu'aucune chose par voye de faict, fust attentée contre ceux de Vassy. Cependant on sert tousjours Dieu à Vassy; mesmes le 25 du mois de décembre, au jour de Noël qu'on appelle, la Céne fut administrée, nonobstant qu'aucuns eussent mandé par homme exprès, de Bar-le-Duc, qu'on se gardast bien de la faire, se disans sçavoir de bonne part que le duc de Guyse avoit délibéré de tout saccager ce jour-là.

Il y eut environ neuf cens personnes (de trois mille qui y pouvoyent estre tant de la ville que des environs) qui la receurent après avoir rendu raison de leur foy.

Le lendemain, vingt et sixième jour dudit mois de décembre, le ministre voyant que le temps estoit expiré qu'il devoit estre à Vassy, retourna à Troyes, après avoir tant fait envers les frères, qu'ils envoyassent à Genève et à Paris, gens, pour avoir ministres qui résidassent sur le lieu. Celuy qui fut envoyé à Paris n'emmena personne : mais celuy qui fut envoyé à Genève emmena à la fin un bon homme craignant Dieu, nommé Léonard Morel.

Or d'autant qu'il mettoit beaucoup à venir, et qu'il y avoit huit ou neuf baptesmes à faire, depuis que le ministre de Troyes estoit party, estant requis ledit ministre pour la troisiesme fois, de les venir visiter, arriva à Vassy le vingt-septième de janvier.

Ayant fait ce qu'il avoit à faire à Vassy, et illec demeuré autant qu'on luy avoit permis, s'en alla à Bar-sur-Seine, suyvant ce qui luy avoit esté enjoint par les frères de Troyes, devant qu'il partist, pour la faire le semblable, consolant et fortifiant l'Église au Seigneur. Or après y avoir demeuré quelques jours, deux ministres arrivèrent, l'un pour Bar-sur-Seine, et l'autre pour Vassy. En ce mesme temps, aussi arrivèrent aucuns des frères de Vassy, avec lettres de l'Église de Troyes, par lesquelles elle mandoit à son ministre qu'il retournast à Vassy avec les porteurs desdites lettres, pour y demeurer le temps de caresme, qu'ils appellent, à cause d'un caphard que l'évesque de Chaalons devoit envoyer pour prescher audit temps; à quoy ceux de Bar s'opposèrent, d'autant qu'on leur avoit promis ledit ministre pour quelque temps, qui n'estoit encores expiré : accordans toutesfois à ceux de Vassy de l'avoir pour quatre ou cinq jours, à fin qu'ayant introduit leur ministre, et mis toutes choses en bon ordre, il retournast faire le semblable à Bar. Ainsi donc il retourna pour la quatriesme fois à Vassy, et y arriva le 20 de febvrier; et si tost qu'il fut arrivé, on le solicita de prescher selon la coustume. Le pauvre peuple de la ville, et ceux qui estoyent occupez à la bésongne des champs, quittoyent tout au son de la cloche, pour venir ouyr la parole de Dieu,

Cependant Antoinette de Bourbon, douairière de Guyse, mère desdits duc et cardinal, portoit fort impatiemment ce qui se faisoit audit Vassy, prochain dudit Jouinville (où elle fait sa résidence) de trois lieuës, cherchant tous les moyens à elle possibles de les divertir et empescher, estant à ce faire sollicitée par le prévost et prieur dudit Vassy. Et de faict, elle fit faire défenses sur grandes peines à tous ses subjetz et ceux de ses enfans, de n'aller ny assister ès presches qui se faisoyent audit Vassy et ailleurs, et ne tenir aucuns propos contre l'Église catholique romaine; leur enjoignant d'aller à la messe et vivre comme leurs prédécesseurs : escrit aux gouverneurs et principaux dudit Vassy lettres comminatoires; leur remonstrant que Marie, royne d'Escosse, sa petite-fille, estoit dame usufructière dudit Vassy, et que ce qui se faisoit audit Vassy, touchant l'exercice de la religion, luy desplaisoit grandement; et que ses enfans (qui estoyent allez aux Allemaignes) à leur retour ne seroyent contens de ce, et en pourroyent bien faire repentir ceux dudit Vassy, s'ils ne se désistoyent de leurs assemblées, lesquelles menaces auroyent depuis sorty effect.

Car retournant le duc de Guyse, audit moys de febvrier, des frontières d'Allemaigne, après que par son moyen et sa poursuite un espinglier du bourg de Sainct-Nicolas en Lorraine, fut pendu et estranglé à un poteau près la halle dudit lieu, pour avoir fait baptiser son enfant en la forme et manière qui se fait ès églises réformées; après aussi comme environ soixante mesnagers de la ville de Vyc en Lorraine (appartenant au cardinal de Lorraine son frère, à cause de son évesché de Metz), furent à sa persuasion déchassez et mis en fuite : luy arrivé audit Jouinville, demanda à sa mère et autres ses plus familiers, si ceux de Vassy faisoyent tousjours presches, et avoyent ministres. On luy respond qu'ouy, et qu'ils s'augmentoyent de jour en jour et de plus en plus. Lors commença à marmonner et s'animer en son courage, mordant sa barbe, comme il avoit de coustume faire quand il estoit courroucé et fort irrité, ou qu'il avoit vouloir de se venger.

Le samedy dernier jour dudit moys de febvrier 1562, ledit duc de Guyse, pour plus secrettement exécuter sa vengeance contre les fidéles dudit Vassy, partit dudit Jouinville, accompagné du cardinal de Guyse son frère et de leur suite, et vindrent loger au village de Dammartin-le-Franc (désirant les trouver assemblez), distant de Jouinville de deux lieuës et demye, et dudit Vassy d'une lieuë et demye françoise.

Et le lendemain qui estoit le dimanche, premier jour de mars, après qu'il eut ouy messe du grand matin audit Dammartin, accompagné des dessusdits et d'environ deux cents hommes de sa suite, garnis de haquebutes, pistolles et coustellaces, partirent dudit Dammartin, et s'acheminèrent droit audit Vassy; et passans par le village de Bronzeval, prochain dudit Vassy d'un petit quart de lieuë, comme on sonnoit hautement la cloche audit Vassy, à la manière accoustumée, pour aller au presche, ledit duc, oyant icelle cloche, demanda à aucuns qu'ils rencontra par le chemin que c'estoit qu'on sonnoit audit Vassy si hautement; lesquels firent responce que c'estoit pour aller à la prédication du ministre. Lors fut dit par un nommé La Montagne, maistre d'hostel du duc d'Aumale (qui avec La Brosse l'aisné marchoit à costé d'iceluy duc), que c'estoit pour assembler les huguenots, et qu'il y en avoit beaucoup audit Bronzeval qui fréquentoyent les presches audit Vassy, et que ce seroit bien fait de commencer audit lieu, et leur bailler une charge : à quoy fut dit par iceluy duc ces mots : Marchons, marchons, il les faut aller voir cependant qu'ils sont assemblés. Plusieurs de ceste suitte, comme les laquays, se resjouissans de ceste entreprise, disoyent que le pillage seroit pour eux, juroyent la mort et le sang qu'il y en auroit qui seroyent bien huguenotez.

Or il y avoit audit Vassy environ soixante hommes d'armes et les archiers de la compagnie dudit duc de Guyse, qui n'aguères avoyent fait leurs monstres au lieu de Monthiérender (comme auparavant ils avoyent accoustumé de faire), les uns estans logez audit Vassy, les autres audit Monthiérender, Vignori et autres lieux circonvoisins; lesquels, si-tost que la monstre estoit faite et leurs gages receus, s'en retournoyent chacun d'eux en leur maison; ce que toutesfois ne fut fait ny observé en ce temps.

Car au lieu de loger ès lieux accoustumez, ils se retirèrent tous à Vassy, et se logèrent la pluspart d'eux ès maisons des papistes. Et le samedy précédent le carnage, on les veoit préparer leurs armes, hacquebutes et pistoles. Toutesfois les fidèles ne se doutoyent aucunement de ceste conjuration, et avoyent opinion que ledit duc ne leur voudroit point meffaire, attendu qu'ils estoyent subjets du Roy, et qu'environ deux mois auparavant, ledit duc et ses frères avoyent passé assez près dudit Vassy sans leur porter mauvais visage; sinon que ledit cardinal avoit envoyé l'évesque de Chaallons audit Vassy, pour les penser divertir et séduire, comme il a esté déduit cy-devant.

Arrivant ledit duc de Guyse audit Vassy avec la troupe, un jeune homme, cordonnier de son mestier, sortant de sa maison près de la porte, fut monstré au doigt par ledit La Montaigne, disant audit duc que c'estoit l'un des ministres. Ce cordonnier fut appelé par ledit duc, et interrogé s'il estoit ministre et où il avoit estudié : lequel fit response qu'il n'estoit point ministre et n'avoit jamais esté aux escoles, ce qui estoit vray; et par ce moyen, eschappa hors de ceste troupe qui l'avoit environné; et luy fut dit par l'un de la compagnie que son cas estoit bien sale s'il eust esté ministre.

De-là, ledit duc de Guyse ayant quelque peu conféré en secret avec lesdits cardinal de Guyse, La Montaigne, et autres ses familiers, passa outre en ladite ville avec sa trouppe, comme voulans prendre le chemin pour aller droit au village d'Esclaron, où on disoit qu'il alloit disner; mais passant par devant la halle dudit Vassy, qui est assise vis-à-vis et prochaine du moustier, au lieu de suyvre le chemin audit Esclaron, se destourna et alla descendre en ladite halle, puis entra audit moustier; et ayant appelé à soy un nommé Dessalles, prieur dudit Vassy, un autre nommé Claude Le Sain, prévost dudit Vassy, le fils duquel est pourveu de la cure dudit Vassy, et du prieuré des Hermites, près Vassy, dont la maison dudit prévost estoit retenue. Ayant un peu communiqué avec eux, il sortit hors dudit moustier (comme fort irrité), et fut suyvi de beaucoup de gens de sa troupe.

Et comme il en sortoit, fut commandé aux papistes de se tenir audit moustier, et se garder bien de se trouver par les ruës; ou autrement, ils pourroyent estre en danger de leur vie.

Estant donc le duc hors de ce moustier, apperceut austres de sa compagnie qui l'attendoyent, se proumenans sous ladite halle, et à l'entour du cymetière, et leur commanda de marcher droit où le presche se faisoit, qui estoit en une grange distant dudit moustier d'environ cent passées, tout au contraire et à l'opposite de la ruë et chemin que ledit duc devoit prendre pour aller à Esclaron.

Suyvant lequel commandement, ceux de ladite compagnie estant de pied, marchèrent droit à ladite grange ; et pour le premier, marchoit le guidon d'icelle compagnie, nommé La Brosse ; et à costière desdits gens de pied y avoit des gens de cheval ; après lesquels gens de pied, ledit duc de Guyse marchoit accompagné de La Brosse l'aisné, et de plusieurs autres, tant de sa suitte que de celle dudit cardinal de Guyse : et pour lors le ministre avoit jà commencé sa prédication, et fait les premières prières à ceux de ladite assemblée, qui pouvoyt estre d'environ douze cens personnes, tant hommes que femmes, qu'enfans.

D'arrivée, ceux qui estoyent à cheval, approchans de ladite grange environ vingt-cinq passées, tirèrent deux coups de hacquebutes droit à ceux qui là estoyent sur les eschaffauts, à l'endroit des fenestres; quoy voyant ceux qui estoyent en icelle grange près la porte, la voulurent fermer ; mais ils furent furieusement forcez et empeschez de ce faire par ceux de ladite compagnie, lesquels incontinent commencèrent trestous à desgainer leurs espées, crians : Tuë, tuë, mort dieu, tuë ces huguenots.

Le premier qui fut par eux rencontré estoit un pauvre crieur de vin, qui estoit au-devant la porte de la grange, auquel ils demandèrent s'il n'estoit pas huguenot, et en qui il croyoit; et ayant respondu qu'il croyoit en Jésus-Christ, luy donnèrent deux grands coups d'espées à travers du corps, dont il fut atterré ; et s'estant relevé pour se sauver, luy en furent derechef baillez d'autres; tellement que chargé de playes de toutes parts, il tomba par terre, et mourut tout soudain.

Deux autres hommes au mesme instant furent tuez et abatus à l'entrée de ladite porte, comme ils pensoyent sortir et eschapper d'icelle grange, voyans le désarroy.

Et alors, ledit de Guyse et ses gens entrèrent à grande foulle en icelle grange, avecques grande furie, touchans et frappans asprement à grands coups d'espées, et dragues et coustelaces, sur ces pauvres fidèles, sans aucunement avoir esgard ny au sexe, ny à l'aage ; et estoyent là dedans tellement esperdus, qu'ils ne sçavoyent que faire ; couroyent çà et là tombans les uns sur les autres, fuyans comme pauvres brebis devant une troupe de loups entrez en la bergerie.

Aucuns des massacreux tirèrent plusieurs coups de hacquebutes et pistoles au travers de ceux qui estoyent sur les eschaffauts ; les autres d'une grande furie fauchoyent à grands coups d'estocs à travers les corps de ceux qu'ils rencontroyent; autres leurs fendoyent les testes, leur coupoyent les jarrets, les bras et mains, et taschoyent à les mettre tous en pièces ; tellement que plusieurs furent tuez, et moururent sur la place. Les murailles et eschaffauts d'icelle grange estoyent taintes et arrousées du sang de ces pauvres gens, en plusieurs et divers endroits d'icelle.

La furie estoit si très-grande, que ceux qui estoyent dans icelle grange furent contraints pour la pluspart de rompre et percer le toict pour se sauver par dessus iceluy : et estans sur ledit toict, craignans de tomber derechef en leurs mains, sautoyent par dessus les murailles de la ville, qui lors estoient de grande hauteur, et s'enfuyoient droit aux bois et aux vignes, où ils pouvoyent mieux, les uns estans blessez aux bras, les autres à la teste, et autres parties de leurs corps.

Le duc estoit luy-mesme en la grange, avecques son espée que en la main, commandant à ses gens de tuer, et nommément les jeunes gens : et sur la fin, dit qu'on laissast les femmes grosses ; criant après ceux qui estoyent sur les eschaffaux, qui efforçoient de se sauver par ledit toict : En bas canailles, en bas ; et usant de grandes menaces.

Ce qui le meut lors d'ordonner qu'on laissast des femmes grosses, fut par le moyen de la duchesse sa femme, laquelle passant auprès des murailles dudit Vassy, et oyant un si grand bruit et clameur de ces pauvres gens, et le son des hacquebutes et pistolets, envoya en diligence vers le duc son mary le supplier de cesser sa persécution, de peur des femmes grosses.

Pendant ce massacre, le cardinal de Guyse estoit devant le temple dudit Vassy, appuyé sur les murailles du cymitière, regardant vers ladite grange, où estoyent ceux de sa suitte, tuans et massacrans.

Plusieurs de ladite assemblée estans ainsi pressez, se sauvèrent par dessus ledit toict, sans que l'on s'en apperceust de dehors d'icelle grange ; sinon que sur la fin qu'aucuns de ladite suitte estans assez près dudit temple, en apperceurent qui estoyent sur ledit toict, et tirèrent sur eux avec longues hacquebutes ; dont il y en eut plusieurs de tuez et blessez, mesmes par les serviteurs domestiques dudit Dessalles, prieur dudit Vassy, lesquels tirans sur ces pauvres gens, les faisoyent tomber en bas dudit toict, comme on feroit des pigeons estans sur un toict. Et fut l'un des serviteurs dudit Dessalles bien si effronté, qu'il se vanta depuis ledit massacre, en présence de plusieurs personnes, que de sa part il en avoit fait tomber à bas dudit toict une demie douzaine pour le moins : disant que si les autres eussent fait comme luy, il n'en fust pas tant eschappé.

Le ministre nommé Léonard Morel, pour le commencement de la persécution et massacre, ne cessa de prescher, et tint bon jusques à ce que l'on tira un coup de hacquebute droit à la chaire où il estoit : quoy voyant, il se mit à deux genoux en la chaire, priant le Seigneur d'avoir pitié, non seulement de luy, mais sur tout du pauvre troupeau ; et après la prière, pensant de se sauver, quitta sa robbe, afin de n'estre cognu ; mais ainsi qu'il passoit par la porte, il tomba tout effrayé sur un qui estoit mort, et là receut un coup d'espée en l'espaule dextre : s'estant relevé, et pensent se sauver, il fut appréhendé et frappé derechef à grans coups d'espées sur la teste, dont il tomba tout plat à terre, et se sentant mortellement navré, s'escria : O Seigneur, mon ame en tes bras je veux rendre, car tu m'as racheté, ô Dieu de vérité : en faisant sa prière, il y accourut un de la troupe sanglante, pour luy couper les jarrets ; mais Dieu voulut que l'espée de cestuy-là se rompit à l'endroit de la garde ; et pour monstrer comment il fut délivré de cest instant de mort, voicy deux gentils-hommes, se trouvans à l'endroit qu'on le vouloit achever de tuer, dirent : C'est le ministre, il le faut mener à monsieur de Guyse. Ceux-cy le prindrent par dessous le bras, et l'emmenèrent jusques devant la porte du moustier ; d'où le duc sortant avec son frère le cardinal, demanda audit ministre : Vien-çà, es-tu le ministre d'icy ? qui te fait si hardi de séduire ce peuple ? — Monsieur, dit le ministre, je ne suis point séditieux, mais j'ay presché l'Évangile de Jésus-Christ. Le duc sentant que ceste simple et brève response le condamnoit du tout, commença à maugréer, en disant : Mort dieu, l'Évangile presche-il sédition ? Tu es cause de la mort de toutes ces gens ; tu seras pendu tout maintenant : çà, prévost, qu'on dresse une potance pour pendre ce bougre. Cela dit, le ministre fut livré entre les mains des laquais, qui l'outragèrent de toutes façons.

Les femmes de la ville qui estoient ignorantes et papistes luy vindrent jetter la fange au visage : avec cris et voix de lamentations, disoyent : Tuez, tuez, le meschant : car il est cause de la mort de tous ces gens icy ; de manière qu'on avoit assez à faire de garder ledit ministre de la rage des femmes.

Cependant que lesdits laquais eurent en gouvernement ledit ministre, le duc rentra en ladite grange, où on luy apporta une grande bible dont on usoit ès prédications ; et le duc la tenant entre ses mains, appela son frère le cardinal, et luy dit : Tenez, mon frère, voyez le titre des livres de ces huguenots. Le cardinal le voyant, dit : Il n'y a point de mal en cecy : car c'est la Bible et la saincte Escripture. Le duc se sentant confus de ceste parole, entra en plus grand'rage que paravant, et dit : Comment, sang-dieu, la saincte Escriture ? Il y a mille et cinq cens ans que Jésus-Christ a souffert mort et passion, et il n'y a qu'un an que ces livres sont imprimez : comment dites-vous que c'est l'Évangile ? par la mort dieu, tout n'en vaut rien. Ceste fureur si extresme despleut au cardinal ; tellement qu'on luy ouyt dire : Mon frère a tort : et le duc se pourmenoit en la grange, et escumoit sa fureur, et tiroit sa barbe pour toute contenance.

Pour revenir à la troupe des pauvres affligez, ceux qui n'eurent moyen et loisir de monter et gaigner le toict de la grange, s'enfuyans, estoyent rencontrez et suyvis par lesdits massacreux qui frapoyent sur eux très-raidement avec leurs espées et coustelaces. Et ores qu'ils fussent sortis et eschappez hors de la grange, néantmoins pour cela n'estoyent mis en seureté : car estans hors d'icelle, ils estoyent contraints et pressez de passer parmi deux autres rangs desdits ennemis qui tenoyent le destroit de toutes les ruës, tant à pied qu'à cheval, et les poursuyvoyent très-furieusement, frapans sur eux ; de manière qu'une grande partie n'alloit pas sans tomber, ou estre morts, fort navrez et mutilez en leurs membres : et y eut lors un grand massacre et une grande tuerie : touteffois, par la grace de Dieu, plusieurs desdits fidèles eschappèrent tant par dessus ledict toict qu'autrement, sans estre blessez.

Ce massacre dura une grande heure, et pendant laquelle les trompettes dudit duc sonnèrent par deux diverses fois.

Quand aucuns desdits fidèles demandoyent miséricorde au nom de Dieu et de Jésus-Christ qu'ils imploroyent à leur aide, les meurtriers, se mocquans d'eux, leur disoyent en ceste manière : Vous appelez vostre Christ, où est-il maintenant qu'il ne vous sauve ? Et quand les pauvres gens disoyent : Seigneur Dieu ; eux, par grande dérision, leur disoyent : Seigneur le diable.

Il mourut lors dans ladite grange et hors d'icelle, parmi les ruës, et environ quinze jours et un mois après, de cinquante à soixante personnes, hommes que femmes, au moyen dudit massacre. Et entre autres moururent maistre Jacques de Moniot, recteur des escolles dudit Vassy; Jan Le Poix, procureur sindicq des habitans dudit Vassy.

Anthoine de Bordes, sergeant royal en la prévosté dudit Vassy.

Jeannette, femme de Nicolas Tiellement.

Claude Le Febvre, drapier, auquel fut prins, après qu'il fut tué, une bourse dans laquelle y avoit bonne somme d'argent, que les meurtriers emportèrent.

Nicolas Caillot, Quentin Jacquart, Daniel Thomas, Jacques Joly, tous drapiers; Jean Vencienne, Claude Maillart, Claude Richart, Nicolas Robin, Claude Brachot, Nicolas Couvertpuis, Didier Jacquemart, Claude Le Jeune, Simon Geoffroy, Jean de Moniot, Simon Chaignet, Jean Jacquot, Denis Marisot, Nicolas Brissonnet, Jean Collesson, Jean Bouchier, Guillaume Drouet, Nicolas Menissier, Jean Jacquemart, Claude Thevenin, Pierre Girard, Jean Baudesson, Claude Simon, Jean de La Loge, Pierre Deschets, Jean du Bois, Girard Dauzamilliers, Benjamin, son fils, Jean Le Febvre, Jean de Moisi, Guillaume Briel, Pierre Arnaud, Nicolas Maillart, Didier La Magdeleine, Didier Johart.

Marguerite, femme de Girard Lucot.

Nicoles de Bordes, vefve de feu Jean Robin, demeurans audit Vassy.

Jean Pataut, marchant, demeurant à Trois-Fontaines-la-Ville, qui est un village près Vassy.

Robert de Portille de Hauteville, et autres dont on n'a encores cognoissance.

Outre les personnes ci-dessus nommées, il y en eut encores plus de deux cens cinquante autres personnes, tant hommes que femmes, qui furent fort navrez et mutilez ; dont aucuns en sont morts, les autres sont manchots et estropiez de leurs membres, ayans aucuns d'eux les bras, jarrets et doigts des mains coupez et emportez.

Ladite Jeannette, femme de Nicolas Tiellement, fut tuée en la halle dudit Vassy, par deux laquaits qui luy ostèrent son demi cein et agrappes d'argent ; et son fils la voulant secourir et aider, eut un coup d'espée dans le ventre, et fut en grand danger de mort. Les autres morts et abatus, tant en ladite grange que parmi les ruës, pour la pluspart pillez : mesme jusques à deschausser leurs souliers, les manteaux, bonnets, chappeaux, ceintures et gibecières des hommes : les chapperons, les coiffes, et les cœuvrechefs des femmes, prins et emportez par les massacreux et pillars.

Le tronc des pauvres, attaché avec un crampon de fer à l'entrée de la porte du temple, fut rompu, et environ douze livres tournois, qui estoyent dedans, prins et emporté par les meurtriers : la chaire du ministre rompue et mise en pièces : la Bible, où on avoit leu un chapitre avant la prédication, fut emportée.

La maison d'un nommé Pierre Changuyon, boucher, prochaine de ladite grange, fut totalement pillée, jusques à la dernière serviette.

On ne voyoit parmi les ruës, sinon femmes descoiffées et deschevelées, couvertes de sang sur le visage, ayans plusieurs coups d'espées et dagues, et faisans grans pleurs et gémissemens.

Les barbiers et chirurgiens eurent tant de prattiques, qu'il y en avoit aucuns d'entre eux qui avoyent soixante ou quatre-vingts personnes à panser; et mesmes y en eut plusieurs qui moururent par faute d'estre pansez.

Plusieurs nouveaux testamens, pseaumes et catéchismes, prins et ostez par lesdits volleurs, à ceux de ladite assemblée, furent rompus et mis en pièces par la voye.

Ledit Claude Le Sain, prévost, l'un des autheurs et solliciteurs dudit massacre, et qui auparavant (avec La Montagne) avoit sollicité la doüairière de Guyse, mère dudit duc et cardinal, et icelle animé à l'encontre desdits fidèles, au sortir du temple papal, voyant ledit duc aller à ladite grange, accourut incontinent à l'hostel du Cigne, où y voyant quinze ou seize lacquaits desdits duc et cardinal de Guyse, il leur dit qu'ils perdoyent bien leur temps, qu'ils n'estoyent avec le duc et ses gens, qui accoustroyent bien les huguenots de la grange : lesquels oyant ces paroles, partirent du logis, et couroyent avec les autres, aucuns d'eux garnis de longues hacquebutes, les autres de leurs espées et dagues nuës, firent grans meurtres et excès.

Ledit ministre ayant plusieurs coups d'espée sur la teste et autres parties de son corps, fut prins hors dudit temple, comme il pensoit se sauver avec un nommé Estienne Gallois et ledit Nicolas Tielement, eschevins dudit Vassy, qui furent liez et garrotez de l'ordonnance dudit duc, lequel demanda à Claude Le Sain, prévost, s'il avoit point de maistre des hautes-œuvres; il luy fit response que non; mais qu'il en auroit tost trouvé, si luy en plaisoit.

Et au mesme instant, ledit duc manda Claude Tondeur, capitaine dudit Vassy, qui estoit en sa maison au chastel dudit lieu, lequel vint audit mandement; et après avoir esté par iceluy duc asprement reprins, et de ce qu'il avoit souffert faire assemblée audit Vassy et d'y prescher, luy commanda de le suyvre, et dit à ses gens qu'on le menast prisonnier où il alloit : ce qu'ils firent.

Furent lesdits ministre et Gallois liez et menez en traicts et cordes de charruës, et traînez comme chiens parmi les fanges et bouës, depuis ledit Vassy jusques au village d'Ettancourt, tirant droit à Esclaron, distant dudit Vassy d'une demie lieuë.

Et quant audit Nicolas Thielemant, il fut eslargi à caution, pour aller faire inhumer ladite Jeannette sa femme, et panser son fils qui avoit un coup d'espée des mesmes lacquaits qui tuèrent sa mère en ladite halle, en voulant icelle secourir; sous promesse toutesfois qu'iceluy Thielemant se deust représenter audit duc le lendemain matin à Esclaron.

Et alors ledit duc monta à cheval et partit dudit Vassy avec le cardinal de Guyse son frère, la duchesse sa femme, et plusieurs autres de leurs plus familiers, et s'en allèrent disner audit Ettancourt, en la maison d'un nommé Jean Collesson. Et après disner, fit ledit duc venir devant luy lesdits capitaine et Gallois, auquel il fit plusieurs remonstrances; usant toutesfois de parolles fort sévères et rigoureuses, les menaçant de les faire pendre, et ruiner ladite ville de Vassy, si jamais ils entreprenoyent de s'assembler et avoir ministre, comme ils avoyent fait : leur commanda de vivre comme leurs ancestres, et aller à la messe : ce que par contrainte et crainte ils promirent faire. Nonobstant laquelle promesse, ne délaissa ledit duc, à l'instigation desdits prévost de Vassy et de La Montaigne, leurs plus grands ennemis, de les faire mener audit lieu d'Esclaron, où iceluy duc et sa compagnie allèrent au giste : auquel lieu ledit ministre fut porté sur une eschelle par trois ou quatres hommes depuis ledit Ettancourt; et sur le chemin, outre ce que le ministre enduroit grand'-peine et froidure, il fut battu et outragé par les laquaits et autres de ladite suite.

Furent lesdits ministre, capitaine et Gallois, gardez toute la nuict audit Esclaron, comme criminels.

Le lendemain lundi, deuxiesme dudit mois, lesdits Gallois et capitaine, avecques ledit Thielement (qui s'estoit venu représenter suyvant le commandement dudit duc), estans audit Esclaron, furent menez en une gallerie où ledit duc devoit passer; et y estans, on les fit mettre à genoux pour crier mercy au duc, lequel (peu de temps après qu'ils furent en icelle gallerie) passa tout auprès d'eux; et comme il passoit, luy fut dit par aucuns de sa suitte, que ceux de Vassy avoyent envoyé vers le Roy : à quoy iceluy duc fit response : Qu'ils y aillent, ils ne trouveront pas leur admiral ne chancelier; ne daignant quasi regarder vers les dessusdits estans à genoux.

Le lendemain suyvant, après que cesdits eurent baillé caution, furent eslargis et renvoyez audit Vassy.

Et quant au ministre, fut le jour mené prisonnier, de l'ordonnance du duc de Guyse, au chasteau de Sainct-Dizier, sous la garde d'un nommé François des Bosves, dit Dumesnil, capitaine dudit Sainct-Dizier, maistre d'hostel, et ayant la super-intendance des affaires d'iceluy duc, audit païs. Iceluy Dumesnil auroit depuis ledit jour détenu ledit ministre prisonnier en une prison fort estroitte, misérablement et inhumainement, sans de sa part luy administrer vivres n'autres nécessitez; mesmes ne voulant souffrir qu'aucun de ceux qui luy portoient à boire et à manger de la ville, entrast dans ledit chasteau, pour voir ledit ministre, et sçavoir s'il avoit quelque nécessité. A esté ledit ministre, durant ce temps par quelquesfois plus de vingt et quatre heures, sans boire ne manger : a aussi par plusieurs fois esté menassé, des gens dudit Dumesnil, d'estre jetté dans un sac à l'eau.

On voulut contraindre ledit ministre à faire ses pasques à la manière des papistes, sous promesses de l'eslargir : toutesfois ne voulut aucunement obéir à ce, et est demeuré ferme, estant prisonnier audit Sainct-Dizier, en la garde dudit Dumesnil, jusques au huitiesme de may 1563, qu'il sortit.

Pendant le temps que ledit duc estoit audit Esclaron, l'on envoya audit Vassy un nommé maistre Alexandre de Gruyer, ancien advocat du Roy à Chaulmont en Bassigny, pensionnaire de la maison dudit duc de Guyse; lequel estant arrivé audit Vassy, ledit Claude Le Sain et luy commencèrent à faire une information du tout à la descharge du duc, pour le fait de ce massacre; en laquelle information furent ouïs et examinez cinq ou six tesmoins, mesmes qui avoyent assisté audit massacre, et aidé à commettre lesdits meurtres et excès faits au moyen d'iceluy. Mesmement ledit La Montaigne qui a son fils pourveu d'un prieuré vallant mille ou douze cens livres de rente, à une lieuë près dudit Vassy, autheur et solliciteur dudit massacre, avecques ledit prévost, et lequel entre autres aida à tuer et massacrer Jean Pataut, diacre de l'église : semblablement furent ouïs, Claude Digoine, mareschal des logis dudit duc, La Brosse l'aisné et autres apostats de la vérité; et leur déposition mise et rédigée par escrit.

Durant ce temps que ledit duc de Guyse estoit audit Esclaron, les laquaits et plusieurs autres de sa suitte, vendoyent et exposoyent en vente, à qui plus en bailleroit, les manteaux, bonnets, chappeaux, ceintures, coiffes, cœuvrechefs et autres choses par eux prins et butinez audit massacre, les criant à haute voix, comme feroit un sergent ayant prins des meubles par exécution.

Environ huict jours après l'exécution dudit massacre, la doüairière, mère dudit duc de Guyse, envoya audit Vassy le seigneur de Thou, nommé Duchastellet, grand ennemy à ceux de la religion; lequel à son arrivée, pour empescher que le reste des pauvres fidèles ne se rassemblast audit Vassy, fit par le conseil dudit prévost prendre du bois de ladite grange où on preschoit, mesmes de celuy servant à faire siéges, en fit faire et dresser deux potences, usant de grandes menaces à l'encontre desdits fidèles.

Et fit aussi aller ses gens par les maisons de Vassy voir s'il y avoit des armes; et leur fit commandement sur peine de la hart, d'aller à la messe, et vivre comme leurs ancestres : et en contraignit aucuns qui avoyent leurs parens morts, à les enterrer à la manière des papistes.

Et environ autres huit jours après l'arrivée d'iceluy de Thou, arriva audit Vassy un autre nommé le seigneur Despots, lequel disoit estre envoyé pour s'informer de la vérité dudit massacre : ce que toutefois il ne fit; ains au contraire, ayant fait venir un nommé Goudrecour, lieutenant particulier du bailly de Chaulmont, et quelques autres officiers pensionnaires d'iceluy duc de Guyse et ses frères, pour procéder au faict de ladite information, ledit lieutenant reprint seulement la déposition desdits premiers tesmoins oüis par ledit Le Sain, avec quelques autres qui estoyent au faict dudit massacre, et n'en voulut jamais recevoir d'autres, jaçoit qu'il luy en fut présenté estans des villages circonvoisins dudit Vassy, et qui estoyent audit lieu, lors dudit massacre, non suyvans l'église réformée dudit lieu : et ladite déposition ainsi reprise, ledit lieutenant et autres susdits s'en retournèrent dudit Vassy.

Paravant ledit massacre, les habitans de Vassy souloyent vendre et distribuer leurs denrées et marchandises, tant à Saint-Dizier, Joinville, qu'autres lieux; mais depuis iceluy massacre, furent empeschez de ce faire, signamment à Saint-Dizier et Joinville, où il estoit estroittement deffendu, comme il est encore de présent, de ne les laisser entrer ny trafiquer, nommément à ceux de la religion : mesmes ledit Dumesnil, capitaine dudit Sainct-Dizier, deffendit à ses gens et morte-payes de ne souffrir entrer en icelle ville ceux dudit Vassy, surtout lesdits de la religion qu'ils appellent huguenots : et que ceux qu'on sauroit venir tant dudit Vassy que Victri, estant de ceste secte, qu'on se gardast bien d'en laisser entrer un seul audit Saint-Dizier; et le plus souvent parlant de ceux dudit Vassy, et de ceux qui avoyent suivi leurs presches et assemblées, disoit qu'il les chastieroit quand il les pourroit tenir.

Et de faict, pour mieux exécuter sa volonté, incontinent que ledit duc fut arrivé à la cour du Roy, iceluy Dumesnil obtint une commission pour lever gens au plus grand nombre qu'il pourroit, des villages circonvoisins dudit Saint-Dizier, laquelle depuis il mit à exécution, et leva grand nombre de soldats, lesquels il fit payer et soudoyer par les habitans desdits villages, ce que toutesfois n'estoit de sa charge; et furent lesdits villageois, au moyen de ce, grandement foulez et travaillez par les menées dudit Dumesnil; mesmes les habitans dudit Vassy et villages circonvoisins : et ne servoyent les gens levez par ledit Dumesnil, sinon à piller, à gaster et molester le pauvre peuple, de troubler et empescher ceux de la religion, conduire et faire escorte à tous ceux qui alloyent ou venoyent de Joinville, et qui estoyent du party dudit duc de Guyse et de ladite doüairière.

Le dimanche premier jour d'aoust 1562, Dumesnil ne se contentant de ce grand nombre de gens, qu'il avoit fait venir audict Sainct-Dizier, fit sonner le toxin ès villages circonvoisins, et fit tellement qu'au son d'iceluy il assembla grand nombre de gens, tant dudit Sainct-Dizier, Esclaron, Vallecourt, Humbescourt, Allichamps, Loupuemont, et autres circonvoisins, qu'il contraignoit le suyvre, avec grandes menaces et coups de baston : et iceux assemblez, les fit marcher au lieu du Buisson, distant d'une petite lieuë dudit Vassy : avoyent intention de prendre un gentil-homme nommé La Chapelle, demourant audit Buisson, qui auparavant souloit fréquenter les assemblées et presches qui se faisoyent audit Vassy ; lequel toutesfois ne fut pour lors rencontré des dessusdits. Et voyant par iceluy Dumesnil, qu'il estoit frustré de son entreprise, fit entrée en la maison d'iceluy La Chapelle, prendre et emporter ce que bon leur sembloit : et estoit à ce faire présent le prévost dudit Vassy, sollicitant ledit Dumesnil pour aller avec ses gens audit Vassy, suyvant la conclusion qui avoit esté par eux faite.

Du Buisson, ledit prévost mena ledit Dumesnil et ses gens à un grangeage assez près dudit lieu, appelé communément la grange Collart, en la maison d'un nommé Jehan Marisot ; en laquelle maison ceux de ladite suitte prindrent grande somme d'argent dans un coffre, et autres meubles appartenans audit Marisot.

Au partir duquel grangeage, ledit Dumesnil fit marcher ses gens droit à Voille-conte, à costière dudit Vassy, à une lieue de distance, pensant illec rencontrer un nommé Mombelart et son gendre Monthiérander, grans ennemis et adversaires à ceux de l'Eglise réformée, lesquels avoyent pareillement fait assembler grand nombre de gens des villages, à son de toxin, tant de Sommenoire, Rozières, Robert-Magny, qu'autres lieux voisins, à intention d'aller avec ledit Dumesnil au lieu de Vassy, pour surprendre et massacrer le reste de ceux qui avoyent recommencé à se r'assembler, et faisoyent prières les jours des dimanches et festes, soir et matin : toutesfois ledit Dumesnil, Mombelart et leurs gens, ne se peurent joindre ensemble, parce qu'environ les quatre heures après midy dudit jour, survint une gresle et tempeste tant impétueuse et véhémente, que les pauvres païsans qui suyvoyent ledit Dumesnil, estoyent contraints de se mettre le visage par terre : au moyen de laquelle tempeste, plusieurs graines estans encores sur la terre, furent perdues et gastées : mesmes les chaumes furent coupez de terre. Il y eust une perte merveilleuse au moyen d'icelle tempeste ; et estimoit-on que c'estoit une juste vengeance de Dieu, advenuë à cause d'une telle conjuration, signamment sur les finages dont les habitans estoyent à ceste suite, comme Sainct-Dizier, Esclaron, Vallecourt, Humbescourt, Voille-conte, Sommenoire, Monthiérander, et autres lieux.

S'en retourna ledit Dumesnil, voyant icelle tempeste, droit audit Sainct-Dizier, avec ses gens, et renvoya les païsans chacun en leur lieu, et mena prisonnier un nommé Guillaume Nobis, pour autant qu'il fréquentoit avec ledit La Chapelle ; et l'ayant tenu quelques jours, il le renvoya, ne trouvant aucune chose qui méritast détention de sa personne.

Cedit jour premier d'aoust, ledit prévost et le procureur du Roy de Vassy firent monter les sonneurs dudit Vassy au clochier, et leur commendèrent de lier les batans des cloches, pour sonner le toxin sur les quatre heures du soir, lorsqu'on seroit aux prières, afin d'assembler les villageoys voysins dudit Vassy (ausquels eux-mesmes avoyent les jours précédens fait commandement d'eux trouver audit Vassy, incontinent qu'ils oyroyent sonner la cloche) pour se ruer sur ceux qui se trouveroyent aux prières qui se faisoyent environ les quatre et cinq heures du soir : dont advertis, ceux de l'Eglise réformée dudit Vassy se mirent en armes, afin de résister aux paysans, si tant estoit qu'ils voussissent exécuter leur entreprise ; laquelle toutesfois, par le vouloir de Dieu, ne fut exécutée au moyen de ladite tempeste.

Depuis cedit jour, les habitans dudit Vassy, nommément ceux de la religion, ont esté errans çà et là, mis et exposez en proye aux volleurs et brigans, dont aucuns estans rencontrez par leurs ennemis, furent pillez, leurs chevaux, armes et argent perdus, et les hommes contrains à payer telle rançon que bon sembloit aux adversaires.

Advint qu'en ce temps les informations (desquelles cy-devant est fait mention) estans mises par devers la cour de parlement à Paris, le procureur général d'icelle, à l'instigation dudit duc, obtint, au moyen d'icelles informations ainsi faites que dit est, arrest par lequel, entre autres choses, fut dit et ordonné que ladite ville de Vassy seroit démantelée, et les diacres, anciens et surveillans d'icelle église seroyent prins aux corps, sinon adjournez à trois briefs jours avec saisie et annotation de leurs biens : suyvant lequel arrest, les murailles de ladite ville ont esté depuis ruinées, rasées et abbatuës pour la pluspart, et les diacres, anciens et surveillans d'icelle église, adjournez à trois briefs jours, avec saisie et annotation de leurs biens.

M. Denys de Raynel, natif de Jouinville, l'un des diacres de ladite église de Vassy, fut prins, pendu et estranglé à la poursuyte et diligence de ladite doüairière de Guyse, sous couleur que ledit de Raynel avoit prins et porté les armes sous le prince de Condé.

Un nommé Pierre Gallois, marchant dudit Vassy, estant rencontré, fut prins et mené prisonnier audit Dumesnil à Sainct-Dizier; lequel le détint par l'espace de six sepmaines ou deux mois comme un criminel, en une prison humide et aquatique : et après luy avoir faict payer certaine somme d'escus de rançon, fut renvoyé audit Vassy.

Depuis le mois de septembre dudit an 1562, et jusques au mois d'avril en suyvant, les habitans dudit Vassy ont tousjours eu garnison en leurs logis, mesmes ceux de la religion; lesquels les ont pillez, voire batus et outragez, leurs maisons rompues, froissées et desmolies, huis, fenestres, serrures et barreaux de fer, prins, robez et emportez par les soldats, tant de la compagnie d'un nommé Dernepont, que d'un autre nommé Aspremont, et autres estans soubs la conduite dudit Claude Le Sain, prévost de Vassy : en somme, les choses y furent autant desbordées, que de long-temps on a ouï estre advenu; et le tout aux despens des povres fidèles subjets du Roy.

Plusieurs exécrables meurtres, voleries et saccagemens ont esté faits durant ce temps, par lesdits soldats, envers ceux de la religion, au veu et sceu desdits Dernepont, d'Aspremont, et dudit prévost.

En ce mesme temps, furent tuez et inhumainement massacrez Pierre Have dudit Vassy, estant au-devant la maison du Paveux, où pend pour enseigne la ville de Calais.

Un autre appellé Moniot, sergeant royal, fils de Jacques Moniot, estant aux champs, fut tué et jetté dans la rivière.

Nicolas Le Cler, dit Le Bleat, chapelier.

Un autre menuisier fut tué de nuict en sa maison.

Un surnommé Claudin Centfrancs, chantant des pseaumes, le nez luy fut coupé par les satellites dudit prevost.

Trois autres, revenans du camp du prince de Condé, passans à Troyes en Champaigne, furent prins, pendus et estranglez.

Conclusion de ceste histoire.

Voilà en brief l'histoire de l'église de Vassy, son commencement et advancement, et comment les gens y sont entrez d'une rage désespérée, et du tout desbordée. Les débonnaires du Seigneur y ont esté exposez à tout outrage, jusques à leurs corps jettez aux bestes de ceste terre. Jamais la publication de la loy n'a ainsi esmeu la terre, comme la prédication de l'Evangile du Fils de Dieu l'esbranle maintenant; lequel, comme il a esté de tout temps odeur de mort à tous ceux desquels Sathan a ensorcelé les entendemens, aussi est-il odeur de vie à tous ceux qui en espérance et patience possèdent leurs ames, et qui par tels exemples, estans deuëment enseignez, renoncent à toutes impiétez et désirs charnels, vivans en ce monde sobrement et justement, en attendant la pleine venuë de la gloire de nostre seul Seigneur et Sauveur Jésus-Christ.

Discours faits dans le parlement de Paris, par le duc de Guyse et le connestable de Montmorency, sur l'enregistrement de la déclaration du 11 d'avril 1562, sur le tumulte de Vassy, et sur ce qui est arrivé depuis.

Ce jourd'huy, messieurs les duc de Guyse, grand chambellan et grand maistre, duc de Montmorency, connestable, tous deux pairs de France, et mareschal de Montmorency, gouverneur de Paris et Isle de France, filz aisné dudit sieur connestable, sont venuz en la court, toutes les chambres assemblées; et après s'estre lesdictz sieurs ducz convyés en grande honesteté et amitié, qui parleroit le premier, combien que ledict sieur duc de Guyse précédast en séance, ledict sieur connestable a dict que, puysque ledict sieur de Guyse vouloit honnorer son vieil aage, il diroit (luy voulant céder et suivre sa volunté en toutes choses) la charge que eulx deux ont euë des Roy et Royne, de venir céans apporter unes lettres patentes; laquelle dame, comme princesse très-vertueuse, par sa bonté, en gardant l'honneur de Dieu et service du Roy, essaye tous moiens pour faire vivre les subjectz en paix, et cesser les troubles commencés; y faict oultre son devoir et puissance qu'elle a sur ceulx qui les font, affin de les réduire à unyon. Pour ce ont esté lesdictes lettres patentes advisées; et pour les veoir, furent mandez le jour d'hyer messieurs les présidens et gens du Roy de ceste court, qui s'y trouvèrent, fors messieurs les présidens Séguier et de Harlay, excusés; lesquelz avec la compaignée en orront la lecture; pour ce, les a présentées avec le mémoire duquel la teneur ensuyt : « Mémoire à messeigneurs les ducs de Guyse, pair et grand chambellan, et de Montmorancy, aussi pair et connestable de France, de dire à messieurs de la court de parlement, que encores que par la déclaration qu'ilz sont allé porter à ladicte court de parlement, pour en faire faire la lecture, publication et enrégistrement, il ne soit parlé que de l'édict du moys de janvier dernier, ce néantmoins Sa Majesté entend que la déclaration faicte sur ledict édict, y soit entenduë et comprise; que en faisant la publication et enregistrement de ladicte déclaration, il en soit mention. Faict à Paris, le XIIIme avril 1562, après Pasques. Ainsi signé, CHARLES. Et contresigné, BOURDIN. »

Monsieur le président de Sainct-André a dict que ce matin, par l'huissier David, a esté présenté ung pacquet de lettres à monsieur le président de Thou; la première couverture duquel pacquet contenoit lettres à messeigneurs de la court de parlement de Paris, pour les très-exprès affaires du Roy, de la part de messieurs du parlement de Toulouze; et quant celle couverture a esté levée, en est apparuë une autre, contenant lettres de monseigneur le prince de Condé, gouverneur et lieutenant général pour le Roy en Picardye, pour les très-exprès affaires de Sa Majesté, à messeigneurs les gens tenans la court de parlement à Paris; et dedans, une lettre missive et une déclaration et protestation, chacune signée, LOYS DE BOURBON. Après qu'elles ont esté leuës, ladicte court a député le greffier civil d'icelle pour les porter au Roy et Royne, affin qu'il leur plaise commander à ladicte court ce qu'ilz adviseront qu'elle devra faire. Ledict huissier a esté enquis par serment qui luy avoit baillé ledict pacquet : il a respondu que au soir, à la servante de sa maison qui alloit fermer l'huys, fut baillé par homme incogneu, lequel se retira sans que ledict huissier, prest à se coucher, parlast à luy ne le veist. Par ladicte déclaration, y a plusieurs plainctes; entre autres que l'on a pris les armes (comme lesdictz sieurs ducz verront ceste après dinée).

A dict mondict sieur le connestable, que nul d'eux y a pensé: sçavent qu'il n'appartient à aulcun les prendre sans permission du Roy; n'en ont aucune. Vray est que l'on avoit voulu oultrager ledict sieur de Guyse, comme chacun a sçeu; et y ayant failly, on a usé de fortes menasses; qui luy a donné occasion pour se garder de ses ennemys, s'acompaigner d'aucuns gentilzhommes ses amys; la pluspart desquelz sont de la maison, ou ont charge au service du Roy. En estant adverty luy qui parle, alla au-devant dudict sieur de Guyse à Nanteüil, pour luy faire honneur et service : s'en vindrent ensemble en ceste ville, sachans que monsieur le prince de Condé y estoit. Ledict sieur de Guyse envoya devers luy le sieur de Givoy, luy dire qu'il n'estoit acompaigné que pour se garder : luy et ses amys estoient à son commandement, et qu'il ne les espargnast pour son service. Luy y envoya son filz, pour luy faire pareil offre et déclaration. N'y a eu querelle ne plaincte entre eulx ne les leurs; allèrent parler à monsieur le cardinal de Bourbon, qui les recuëillit : offrirent luy obéyr comme à lieutenant général du Roy en ceste dicte ville; et pour ce qu'il fut d'advis qu'ilz sortissent la ville d'une part et d'autre, et que ledict sieur prince déclaira qu'il sortiroit demye heure après qu'ils s'en seroient allés, ilz offrirent partir à mesme heure. Despuis, les habitans, mesmement les marchans, se craignans, parce qu'il y avoit suyte de quatre ou cinq cens hommes, et ne sçavoit-on qu'ilz vouloyent, les vindrent requérir n'abandonner ladicte ville. Les roys, longues années a, luy ont faict cest honneur de luy commettre leur espée, pour en user pour leur service; au moyen dequoy il a quelque pouvoir sur les armes, et pour garder la ville capitale. Après la venuë du roy de Navarre, qui est le premier prince du royaulme après messieurs frères du Roy, il manda audict sieur prince son frère, qui est bon prince, venir devers luy : fut diverty : n'y vint, et envoya madame sa femme, laquelle est petite niepce de luy connestable. Fut faicte la procession à Saincte-Genefiefve, où ledict roy de Navarre assista, et eulx avecques luy, et aultres plusieurs chevaliers de l'ordre, sans armes que leurs espées qu'ilz portent ordinairement; puys se retirèrent devers le Roy et la Royne. Sçayt la court ce qui c'est despuis faict : n'ont querelle ne dissention à personne, ne portent envye à aultruy; n'ont forces ne armes, sinon pour servir le Roy : ne se sont saisys de ville ne chasteau : le veult bien dire pour la descharge dudict sieur de Guyse et de luy, si l'on en a faict aultre rapport.

A dict mondict sieur de Guyse que, oultre le tesmoignaige que monsieur le connestable a rendu véritable, affin que nul pense mettre ès oreilles d'aultruy, qu'il ayt faict acte autre que de bon chrestien, fidèle subject et serviteur du Roy, ores qu'il ne s'attendist entrer en ce propos, et ne feust venu céans que pour la présentation desdictes lettres patentes, il en parlera le moingz qu'il pourra, pour n'offenser personne : vouldroict que les choses feussent restablyes en aultre estat qui ne les voit; et semble que l'on face avoir des bruitz pour se couvrir ; mais ne vouldroit que l'on touchast à luy, qui n'a jamais voulu alumer le feu ny amener aucuns troubles en ce royaulme, au quel il a désiré tousjours entretenir la paix et le repos : aussi en est-il subject fidèle. Estant dernièrement en sa maison où plusieurs sieurs ses amys luy faisoient cest honneur de le vésiter, voulant venir trouver le Roy son souverain seigneur, il passa à Vassy, ayant avec luy monsieur le cardinal de Guyse son frère, son filz aisné, sa femme grosse, et ung aultre sien filz de sept ans : n'avoit volunté ne compaignée pour offenser personne : ne veult que de sa bouche la court entende l'insolence qui luy fut faicte : en a parlé au Roy et à la Royne, et requis que les informations faictes par les officiers soient renvoyées céans : ce qui a esté ordonné par le conseil, après le rapport faict d'icelle : aussi en ladicte court sent ses vrays juges : n'a failly par ignorance ne par malice : ce qu'il a faict a esté pour sauver ses honneur et vye, et de ses femme et enffans : voyoit le sang tumber jusques aux piedz des chevaliers de l'ordre, gentilzhommes de la chambre du Roy, et autres personnaiges d'honneur : ne les a deu ne peu abandonner ; et encores qu'il ayt esté offensé, n'a offensé personne : sont si bons juges qu'ilz luy feront justice : ne demande vengence, laquelle il remet à Dieu à qui elle appartient. Ilz estoient plus de cinq cens hommes, la pluspart armés. Ce mesme jour s'en alla à Esclaron où il séjourna ung jour ou deux : cependant sceut qu'il y avoit à Vitry ung homme qui faisoit profession de la nouvelle opinion, et aux despens et par charge de leurs esglises qu'ilz appellent réformées, avoit levé cinq ou six cens hommes de pied contre luy ; qui aussi fut adverty d'une querelle de deux gentilzhommes, lesquelz il manda et appoincta, et les pria de l'acompaigner : ne voulut passer audict Vitry, pour éviter trouble ; à Chaalons, où a VII ou VIII^m personnes, et seullement IX^{xx} ou deux cens gastés, lesquelz tiennent le cousteau sur la gorge à tous les autres, par la connivence d'aucuns officiers du Roy ; mesmes sont irrévérens à leur évesque, ne voulut loger : alla en ung villaige hors ladicte ville, passant près Fère qui est à mondict sieur le connestable. Quelque nombre de gens de cheval armez le menassèrent : ne voulut qu'on les chargeast : avoit lors IIII^{xx} ou cent gentilzhommes, et quelques chevaliers de l'ordre. En cest équipaige arriva à Nanteuil, où mondict sieur le connestable et monsieur le mareschal de Sainct-André le vindrent visiter : leur compta ce qui luy estoit advenu despuys qu'il estoit party de sa maison de Joinville, et qu'il ne s'estoit acompaigné ne armé que pour se garder : remonstra audict sieur connestable qu'il tenoit le premier lieu pour la guerre : pour ce luy mettroit entre ses mains, tant de ceulx qu'il avoit amené, que sa personne, avecques leurs armes, pour en disposer. Quelques jours après vint en ceste ville en la compaignée des sieurs dessusdictz, et de plusieurs autres gens de bien. Dès l'entrée, despescha le sieur de Givoy, gentilhomme de la chambre du Roy, devers monsieur le prince de Condé, pour luy tenir le lengaige récité par mondict sieur le connestable ; et que luy ne aulcun des siens avoient volunté offenser aucun pour le faict de la religion, qui luy estoit humble serviteur et cousin. Despuys qu'il feut en ceste ville y eut plusieurs propos tenuz contre luy, et menasses rapportées ; aucuns disans qu'ilz vouldroient estre mortz, et que le cousteau qu'ilz monstroient feust au ventre du duc de Guyse ; et assés d'autres parolles et façons de désespoir et vengence, qui font souvenir de la paillasse que l'on dict avoir esté dressée au duc de Milan : en parla aux gens du Roy, et les pria en faire informer d'office : eut advis d'un homme d'église venant de Bloys, qu'ilz avoient despesché xxx hommes, et baillé à chacun argent pour le venir tuer en une presse, et que cela s'exécuteroit à la Saincte-Chappelle, ou autre église : a bien sçeu ceulx qui l'ont menassé, et faict praticquer contre luy : les a euz en ses mains et puissance : ne les a seullement voulu nommer : a remis toute la vengence à Dieu : le prie pardonner à ceulx qui sont ses ennemys : n'a abusé de la force qu'il a eue : n'en a plus : est ès mains du Roy ; sçayt ce qui appartient à Dieu et à son Église, au Roy et à sa justice, pour les rendre : n'espère partir de ce chemin : monsieur le prince de Condé est du sang du Roy ; estant si bien né, on ne le peult ne doit blasmer : d'aucuns qui sont près sa personne ne parlera plus avant, sinon qu'il voudroit bien que Dieu les inspirast de prendre le jou et obéissance qu'ilz doivent au Roy, prévoir et obvier aux calamités dont ilz pourroient estre cause. A bien voulu déclarer l'obéissance et honneur qu'il porte au Roy et à sa justice, et supplier que foy ne soit adjoustée à ce que l'on dict, sans avoir la connoissance de la vérité : s'offre passer par ladicte justice ; et se soubzmettre à estre prisonnier, s'il est ordonné ; et s'il est trouvé qu'il ayt failly, qu'il soit puguy de tel chastiment exemplaire qu'il sera advisé.

Mondict sieur le président de Sainct-André luy a respondu que la court sçayt les grandz services que luy et sa maison ont faictz à la couronne : qu'elle ne croyt légièrement et de tel prince qu'il est : fera tout debvoir de luy administrer bonne et briefve justice.

Ce faict, les gens du Roy présens, a esté faicte lecture des dictes lettres patentes, et du mémoire dessus inséré; et après, les dicts gens du Roy se sont retirez pour en conférer ensemble. Cependant les dictz sieurs ducs ont dict que la déclaration qu'ilz ont présentée ne parle que pour le présent : car le Roy n'entend se lyer les mains, et n'a résolu qu'il ne puisse changer cy-après l'édict de janvier, selon qu'il verra estre nécessaire ou utile : en a exceptée la ville de Paris et la banlieuë, parce que c'est la ville capitale, exemple et mirouer des aultres, et que les séditions y seroient plus dangereuses; ce qui m'a esté commandé aller dire ausdicts gens du Roy, et je l'ay faict.

Les dictz gens du Roy revenuz, ont dict par l'organe de maistre Baptiste Dumesnil, advocat dudict seigneur, qu'ilz ont veu les dictes lettres patentes et mémoires envoyés en ladicte court, par les deux sieurs ducz, lesquelles sont plaines du tesmoignaige de la bonne volunté de la majesté du Roy, prudence de la Royne, et sage advys des sieurs de leur conseil, et du regret qu'ilz ont de veoir les subjectz du Roy en troubles et divisions, et cherchent les moïens pour les remectre en bonne et parfaite unyon, qui est œuvre de Dieu. Lesdites lettres contiennent deux chiefs. Le premier concerne la religion ; et en ce regard, déclaire le Roy qu'il n'a entendu mettre aucunement en doubte ne révoquer l'ordonnance de janvier dernier. Le second chief est l'offre de clémence, en posant les armes. Quant au premier, n'ont empesché que ladicte ordonnance jà publiée, ne l'ayt esté avecques les déclarations et modifications qui y ont esté mises. De pareil, ne veulent empescher la publication des dites lettres patentes, avec la déclaration portée par le mémoire concernant les officiers, et que ce soit par provision, attendüe la nécessité plus grande qu'elle n'estoit lors, et avecques semblables modifications. Au second chief, ceulx qui ont pris les armes de leur auctorité, sont sans excuse; ne leur doyt estre grief les poser. Le Roy use envers eulx de clémence, et monstre sa miséricorde. Est rare, pendant qu'ils ont encore les armes, la leur offrir : n'en empeschent la publication.

Eulx retirés, les dicts sieurs ducz ont demandé s'ils se retireroient de la délibération, pour ce qu'ilz avoient présenté les dictes lettres patentes; et leur a esté respondu, que s'ilz vouloient estre à la dicte délibération, la présentation ne les en excluoit, et qu'ils estoient pairs de France; au moien de quoy, ilz y sont démourés : et la matière mise en délibération a esté..... (*sic*).

Copie d'une lettre du duc de Guyse, escript au duc de Wirtemberg.

« Monsieur mon cousin, j'ai différé comme je fais encores de vous dépescher Rascallon, que j'ay long-temps-a proposé de vous renvoyer, pour l'envye que j'ay tousjours heu de vous représenter au vray comme toutes choses sont passées par dechà ; mesmement en ces troubles et divisions où nous sommes, vous congnoissant prince tant amateur de vérité, de laquelle j'ay aussi toute ma vye faict profession, que j'auray tousjours faict grand plaisir que riens ne vous en soit desguisé, pour remectre à vostre bon jugement de pouvoir après considérer et cognoistre là-dessus la très-dangereuse et pernicieuse conséquence qui résulte des entreprises et obstinations de quelques-ungs, qui à la poursuyte de leurs desseings se sont tousjours voullu servir de manteau de religion, combien qu'ilz en soyent totalement si esloingnez, qu'il ne se cognoist en eulx chose qui en approche, ainsi qu'il vous sera à mon advis bien fort aisé d'entendre au retour dudict Rascallon. Je vous prie me vouloir tousjours continuer en vostre bonne amitié, pour estre celle que je désire aultant, et vous asseurer que de ma part je ne souhaite rien plus que la perfection d'ung si sainct et louable œuvre que celluy où vous avez déjà donné si bon commencement, auquel je penserois que aisément nous pourrions parvenir, si Dieu nous avoit fait la grace que nous puissions veoir tous ces dictz troubles appaisés et assoupis. Je luy en faictz très-dévote prierre et requeste, et me recommandant tousjours bien humblement à vostre bonne grace ; je la supplie aussi vous donner, monsieur mon cousin, très-bonne et très-longue vie. Escript à Paris, le XXII° jour de may 1562.

« Monsieur mon cousin, j'espère bien-tost vous renvoyer Rascallon, qui vous rendra compte comme les choses se passent en ce royaulme tant afiligé ; et vouldrois qu'il m'eust cousté de mon sang, et qu'eussiez veu la désolation et dérision du bon et notable nombre de noz églises, la ruyne qui est en aucunes de nos principales villes et bourgs, la cruaulté dont est usé contre des prestres et aultres personnes de nostre ancienne religion. Je m'asseure qu'estez si vertueulx et bon prince, que les grosses larmes vous en tomberoient des yeulx ; et quand il vous plaira m'envoyer quelque vostre fidèle serviteur, lequel sans passion vous en rapportera la vérité, j'espère luy faire veoir et entendre à la vérité plus que je ne vous en mande ; laissant encore appart ce qui s'est entreprins en aultre chose contre nostre prince, comme de chasser et tuer des lieutenans de Sa Majesté, de chasser et offencer sa justice et retenir ses finances ; estans toutes choses qu'il ne semble ne pouvoir estre excusées ny couvertes soubz le prétexte et manteau de leur religion ; choses fort esloingnez des commandemens de Dieu. »

Copie d'une lettre du cardinal de Lorraine audict duc de Wirtemberg.

« Monsieur, estant à Reins, apprès Pasques, je receus vos lettres par Rascalon, auquel je conseillé d'aller trouver monsieur de Guyse mon frère qui estoit desjà arrivé en ceste court, où ung quinzes jours après la Royne et le Roy de Navarre me mandèrent venir. Il a esté tousjours près de nous cuydant le vous renvoyer avecq la résolution telle quelle se prandroit aux troubles que nous voyons en ce désolé royaulme, où jusques en ce temps présent nous n'avons de rien profité, encores que de jour en jour on envoye vers noz rebelles pour essayer d'accorder avecq eulx ; et encores le XVIe de ce mois, furent despeschés devers eulx le conte de Villars et le sieur De Vielleville, toux deux chevaliers de l'ordre, qui leur portent asseurance que pour la religion, nul ne seroit puni ny en corps ny en biens, pourveu qu'ilz remissent les villes entre les mains du Roy, et qu'ilz rendissent entière obéissance : car sur mon honneur, Monsieur, et comme je m'en oblige par ceste lettre escripte de ma main, jamais nul des seigneurs du conseil n'a pensé ne voulu aultre chose que donner ordre à la police et ès choses politicques ; de telle façon que toutes causes de querelles et sédition cessassent, et que le ministre de la prédication ne fût entrepris par personne sans l'authorité du Roy : car nous avons jusques à ceste heure, trop à nostre grand domaige, expérimenté la force que les mauvais ministres ont heu de soullever les peuples, se saisir des deniers du Roy, abbattre les temples, piller tous les trésors, chasser les évesques et prestres, avecques infinis saccagemens et pilleries, avecq ung lieutenant du Roy, chevallier de l'ordre, en mectre deux prisonniers, et en chasser trois aultres de leur charge, desquelz les deux sont princes du sang, monsieur de Montpensier et monsieur le prince son frère, et monsieur de Bouillon, de Normandie ; et ne pardonner aux femmes ny petitz enfans ès lieux où ilz ont heu puissance ; qui nous contraindra, s'ilz abusent de la patience du Roy, de ne riens espargner à faire obéyr et recongnoistre Sa Majesté, et nous délivrer de telle tirannie : mais, Monsieur, encores que Dieu nous permecte quelque repoz, ce sera pour peu, et sera tousjours à recommencer si nous ne venons à quelque bonne assemblée, saincte réunion des dictes églises et fructueuse réformation ; et vous supplie, Monsieur, croire que je le sens et pense ainsi, et depuis mon despart d'auprès de vous, j'en suis tousjours entré en grand'espérance, et désir de vous y servir ; et si j'en cognois quelque chemin, je m'y employeray sans y espargner ma propre vie ; et désire de tout mon cœur pouvoir estre si heureux, que quelque occasion de voyaige vers la Majesté Impériale me fût donnée. S'il se tenoict quelque diette ou assemblée de princes en Allemaigne, j'espère y estre accompaigné de quelques personnes des plus sçavans et désireux du repoz public, et réconciliation des Eglises, telle que l'on sçauroit souhaitter de nostre costé. Cependant l'on m'a mandé que à Trente il ne se dressera rien ès controverses des dogmes, et que l'on actendra l'hiver. Je y ay faict de mon cousté tout mon pouvoir, de craincte que cela ne amène nouveaulx troubles. Je ne sçay toutesfois que en asseurer. L'ambassadeur de France a charge tenir le chemin, et prendre bonne intelligence avecq les ambassadeurs de Sa Majesté Impériale. Monsieur, il est icy grand bruict que le prince d'Espaigne estoit sans espoir de vye, le xe de ce mois ; dont nous avons lettres de nostre ambassadeur qui le tenoit pour mort. Ce sont tousjours advertissemens pour nous faire cognoistre le juste couroux de nostre bon Dieu, et le besoing qui nous est d'appaiser son ire, et nous changer en mieulx ; dont je luy supplie nous donner la grace. Monsieur, je vous supplie me tenir en vostre bonne grace, et prendre en bonne part ce que je vous escriptz familiairement ; et congnoissant que comme les œuvres de noz adversaires sont sans Dieu, qu'il vous plaise n'adjouster foy à leurs escriptz diffamatoires, ny à ce qui est mandé de leur part ; ains seullement à la vérité ; et ay maintesfois souhaité veoir en ce lieu quelque personne qui vous fût fidelle, et qui vous en peult escripre la vérité sans passion : car du costé de messieurs mes frères et de moy, il ne sortira riens indigne du sang dont nous sommes issus, ny du nom de chrestiens que nous voulons porter en tout ce qui nous sera possible, jusques à la mort : vous offrant tout service, quand il vous plaira commander, et désirant tousjours vos sages advis en toutes choses. Monsieur, je me recommande très-humblement à vostre bonne grace, et prie Dieu vous donner bonne vie et longue. De Parys, ce 22e de may 1562. »

Double d'une lettre du duc de Wirtemberg, à monsieur le duc de Guyse, en response d'une sienne.

« Monsieur mon cousin, j'ay entendu par vos lettres dattées de Paris, l'une du 17 de mars, et l'autre du 10ᵉ jour d'avril dernier passé, le bon recueil que vous fireut dernièrement, à vostre arrivée à Nantueil, messieurs les connestable et autres seigneurs de France, et l'occasion pourquoy avez long-temps différé de me faire response sur la lettre que vous avoye envoyée par Rascalon, et l'un de mes serviteurs que luy avoye enjoint pour me rapporter de vos nouvelles : ce que, et aussi le retour de mondit homme, me tarde bien. Et quant est à ce qui vous est survenu à Vassy, je vous asseure que je suis esté fort marri d'avoir entendu ledit piteux accident; et d'autant plus que l'on ne le vous interprète pour cas fortuit ; ains l'on dit et escrit par tous costez en Allemagne, que ce a esté commis à vostre bon escient. A quoy aussi donne plus grande vigueur et corroboration, ce que depuis vostre advènement en cour a esté fait à Paris, où une maison devant ladite ville, en laquelle les chrestiens se souloyent assembler pour ouyr la parole de Dieu, a esté bruslée, les povres fidèles emprisonnez, leurs maisons pillées, aucuns de eux misérablement tuez et cruellement traittez, avec expresse défense de ne jamais prescher en la ville de Paris, ni à l'entour d'icelle. Aussi l'on charge monsieur le cardinal de Guyse vostre frère, estre cause de l'effusion du sang de plusieurs chrestiens, tant d'hommes, femmes que enfans, qui fut dernièrement faite à Sens. L'on dit aussi pour certain par-deça que auriez donné commission au seigneur de La Motthe Gondryn, d'aussi pareillement traitter et persécuter les povres fidèles à Valence et Lyon ; ainsi comme aussi depuis vostre venue en cour, pareille effusion de sang a esté faite à Amiens et à Abbeville, et plusieurs autres endroits : vous asseurant, monsieur mon cousin, que ce que je vous en escri, est pour cause que je suis fort marri d'ouyr tels rapports de vous et des vostres, et auroye encore plus grand regret, s'il estoit ainsi : et me seroit bien grand plaisir d'entendre de vous ce qu'il vous plairoit que je responde à ce que dessus. J'ay depuis entendu, selon le contenu de vos autres lettres, la détermination que doit faire le sénat du Roy, touchant ledit faict de Vassy. Et quant à vostre autre lettre du dixiesme d'avril, je vous asseure que la venue dudict Rascalon me tarde beaucoup : et pour la cause que je n'ay à respondre aux pensées et objections des princes d'Allemagne, sur la conversation que monsieur le cardinal de Lorraine et moy avons eue par ensemble dernièrement au lieu de Saverne, de laquelle j'ay adverty lesdits princes. Et quant au piteux estat auquel est maintenant réduit le royaume de France, je vous asseure que j'en suis très-fort marri : pourtant aussi ne me suis espargné avec toute diligence pourchasser afin que aucuns princes de la Germanie envoyassent de leur part en France, et se meslassent pour moyenner et appaiser lesdits troubles et séditions, ainsi qu'en bref se fera : vous priant, monsieur mon cousin, bien affectueusement, que préférant la conservation du Roy et la tranquillité dudit royaume à toutes affections et passions particulières, vous mettiez peine de vostre costé, que les armes soyent déposées de toutes pars, et lesdits troubles pacifiez ; et par ainsi tout le royaume maintenu en bonne paix et concorde ; permettant aux povres fidèles et chrestiens le presche et ouye de la parole de Dieu, et ne souffrir qu'ils soyent d'oresnavant, comme jusques à présent, mis en proye et pillage d'un chacun. Ce faisant, ferez œuvre charitable et agréable à Dieu, qui vous tournera à louange, et à l'augmentation du repos et tranquillité du royaume : vous asseurant que par contrainte, persécution et effusion du sang innocent, l'on ne fera autre chose que d'augmenter de plus en plus l'ire de nostre bon Dieu, duquel en ensuivra temporelle et éternelle veangeance et punition. Monsieur mon cousin, le truchement du Roy nommé Courtelary me bailla naguères, estant par-deçà, un petit sommaire, touchant le fait de Vassy, auquel est réduite et inserée de mot à mot la lettre que m'en aviez escrite du 17 de mars dernier passé ; auquel ay leu et trouvé qu'en icelle sont comprins les mots suyvans ; assavoir (il vous peut souvenir de ce que nous en disions dernièrement ensemble), lesquels mots, il en y a aucuns qui les veulent interpréter jusques-là, comme si j'avoye ci-devant parlé avec vous dudit faict, et que j'auroye bien sçeu ce que depuis est advenu : combien toutesfois je ne pense aucunement que le veüilliez entendre ou interpréter de telle sorte : car vous estes encore bien souvenant de ce que je vous dict et à monsieur le cardinal vostre frère, vous exhortant avec grandes prières ne vous vouloir faire participans ou maculer du sang des innocents. Vous savez aussi avec quelle asseurance vous m'avez respondu que l'on vous faisoit grand tort de ce que l'on vous vouloit imposer estre cause et autheur de la mort de tant de povres chrestiens qui ont espandu leur sang par ci-devant, vous priant me vouloir tenir et avoir pour excusé de tout cela. Semblablement vous avez aussi en bonne mémoire mon simple et petit advis que je vous en ay fait dire à vostre demande, par Rascalon, lorsque vous avez esté mandé du Roy et de la Royne-mère, d'aller sur vostre gouvernement du Daulphiné, comment vous vous pourriez gouverner illec. Ce que, monsieur mon cousin, vous ay bien voulu réciter; non pas que ce je vous veuille rien imputer, ains pour vous monstrer la bonne affection que je vous porte, afin que ne tombiez en disgrace de nostre bon Dieu, et à la conservation, repos et tranquillité du royaume ; de laquelle vous prie le vouloir recevoir en aussi bonne part comme je le vous escri, qui sera l'endroit, où après mes bien affectueuses recommendations à vostre bonne grace, je prieray le Créateur qu'il vous doint très-heureuse, etc. »

Extrait d'une lettre du duc de Guyse, escrite de sa main, à monsieur le cardinal de Lorraine.

« Je vous envoye ce porteur en diligence, pour vous advertir que tout fut hier accordé, et puis vous dire que le commencement est à l'honneur de Dieu, service du Roy et repos du royaume. Ce dit porteur est suffisant, et n'auront la nouvelle nos chers cardinaux que par ceste lettre; comme aussi nostre mareschal de Brissac qui cognoistra qu'il y en a qui sont bien loing de leurs desseins : nostre mère et son frère ne jurent que par la foy qu'ils nous doivent, et qu'ils ne veulent plus de conseil que de ceux que sçavez qui vont le bon chemin. Conclusion, la religion réformée, en nous conduisant et tenant bon, comme nous ferons jusques au bout, s'en va aval l'eau, et les admiraux, mal ce qui est possible : toutes nos forces entièrement demeurent, les leurs rompues, les villes rendues sans parler d'édits ne de presche et administration de sacremens à leur mode. Ces bons seigneurs croiront si leur plaist cedit porteur de ce qu'il leur dira de la part des trois de leurs amis, et baise la main.

« De Baugency, ce jeudy vingt et cinquiesme de juin 1562. »

Lettre de M. le duc de Montpensier à M. le connestable, par laquelle il luy mande ce qu'il a fait contre les huguenots, dans la ville de Champigny.

« Monsieur, affin de vous faire part de ce qui m'est survenu depuys les dernières lettres que j'ay escriptes à la Royne, je ne veulx vous céler comme par ceste despesche je luy donne advertissement qu'ayant à mon arrivée à Champigny, receu beaucoup de nouvelles et plainctes des scandalles et insolences que ceulx de ceste ville ont faict et continué jusques icy, contre l'honneur de Dieu, l'auctorité de la majesté du Roy, révérence des magistratz, et le repos public ; que pour satisfaire à la requeste que les gens de bien m'en ont faicte, et eslongner de la maison de madame ma mère, telle malheureté, j'ay amassé quelque troupe de gentilzhommes mes voisins, avec lesquelz je me suis mis ce matin en ceste ville, et saisy de tout plain de personnes qui estoient cause des follies qui s'y commettoient, que j'ay faict constituer prisonniers au chasteau de ce lieu; contre lesquelz ayant promptement faict faire information, j'ay trouvé que publiquement, quatre foys la sepmaine, il s'y est faict des assemblées et prédications par ministres qui se disent envoyez de Dieu et des cantons de Suisse, tenant la pure vérité de l'Évangile; esquelles assemblées ce sont célébrez mariages et baptesmes, à la façon de Genèfve, avec telle liberté, que mesmes ilz ont prins par force ung enfant nouvellement né, et contre le voulloir de ses père et mère, baptisé de ceste sorte. Quant au langaige que tiennent ceulx qui y assistent, il est si témairère, qu'ilz osent bien dire qu'ilz ne cesseront de continuer pour le Roy ne pour moy, ne pour mon lieutenant ; et mettant leurs folles parolles à exécution, ilz se trouvent avoir en grande compaignye et armez à blanc, avec arquebuzes et pistoletz, assailly la maison d'un conseiller de ceste ville, homme de bien, sur les dix ou unze heures du soir, rompu sa porte, tiré desdictes arquebuzes, et faict tout plain d'insolences, soubz prétexte seullement qu'il avoit retiré ung cordelier qui avoit presché l'Évangile aultrement que leurs ministres; et affin qu'il ne demourast aulcune irrévérance et malice dont ilz ne se monstrassent entachez, encores hier ayant à quelques-ungs d'entre eulx esté faict commandement, par le lieutenant de ceste ville, de se depporter des armes, au lieu d'y obéyr, ilz meisrent la main aux espées, et donné commencement à une grande scédition, s'il n'y eust esté pourveu. Par là, Monsieur, vous pouvez aisément juger de quel esperit ilz sont conduictz, et combien leurs actes sont différantes des obéissances et humilitez qu'ilz promettent, tant par les requestes et escriptz qui publient par tout : car combien qu'ilz blasment noz évesques et curez de vendre les sacremens, leursdictz ministres ne laissent pourtant de prendre argent des baptesmes, mariages et cènes qui font, et lever si gros gaiges des lieux où ilz sont, que je m'estonne comme ceulx qui y contribuent ne congnoissent leur imposture ; et qui est plus à noter, pour estre de dangereuse conséquence à tout ce royaulme, ilz ont icy ung trésorier de leur communauté, qui m'a confessé avoir envoyé l'argent qu'il a amassé de leurs fidèles, à Genèfve; et ce, par le commandement du ministre. Je ne fays point de doubte que les autres n'en facent de mesme, et que ce ne soit ung moyen (s'il n'y est mys ordre) pour tyrer l'argent de ce royaume, comme ilz ont osté la foy et la religion, qui l'ont tenu jusques icy en telle et si louable grandeur. Voilà, Monsieur, ce que j'ay faict icy, où je n'ay point si peu apris des affaires de ces folz, que s'il plaist au Roy me souldoyer deux ou troys cens harquebuziers à cheval, ou me donner commission d'en lever la soulde et entretien sur ceulx de mon gouvernement qui vouldront voluntairement y contribuer, cela se fera sans aucune foulle du peuple ; et espère de ceste force, avecques troys compaignyes qui sont en mondict gouvernement, y faire révérer le Roy, comme il appartient, et cesser toutes ces malheureuses assemblées qui s'y font ; sans que la venterye de ceulx qui tiennent ce party m'en puisse empescher ; et d'aultant, Monsieur, que telle exécution regarde l'honneur de Dieu, conservation de la couronne, de la majesté dudict Seigneur, et le repoz des personnes et consciences des gens de bien, qui sont choses que je sçay vous avez en singulière recommandation, je vous supplye y penser songneusement et à loisir, et tenir la main à ce qu'il plaise à Sadicte Majesté m'y faire response qui tourne à la diminution et extirpation des hérésies, et dangier où ce royaulme s'en va peu à peu, et serve d'exemple aux aultres gouverneurs d'entreprendre le semblable ; des mains desquelz lesdictz arquebuziers appoinctez se retireront aisément et promptement, s'il se présente guerre et affaires ailleurs. Je vous en discourerois davantaige, sinon que je m'asseure vous le comprendrez assez, et le sçaurez trop mieulx dire et remonstrer partout où besoing sera : ceste asseurance, et que je sçay la nécessité de retrancher promptement ce mal, si l'on ne le veult veoir bientost incurable, me fera fyner ce propoz, pour me recommander humblement à vostre bonne grace, et supplier nostre Seigneur vous donner, Monsieur, bonne vye et longue. De Chinon, ce XXXIe jour de juing 1562.

« Monsieur, depuys ma lettre escripte, j'ay advisé l'envoyer par ce porteur, l'un de mes secrétaires, affin de solliciter la résolution qui m'est nécessaire.

« Vostre plus obéissant à vous faire service,
« LOYS DE BOURBON. »

Est écrit au dos de ceste lettre : *A monsieur, monsieur le connestable.*

Acte par lequel la Reine-mère et le roy de Navarre déclarent que la retraite volontaire que font de la cour le duc de Guyse, le connestable et le mareschal de Saint-André, ne pourra porter préjudice à leur honneur.

Afin que le departement et retraicte de messieurs le duc de Guyse, pair, grant maistre et grant chambellan, le duc de Montmorency, aussi pair et connestable, et du sieur de Saint-André, mareschal de France, ne puisse pour le présent n'y à l'avenir donner occasion de penser ou dire chose au préjudice de leur honneur, estime et réputation, et que nul en ladicte retraicte ne puisse ymaginer cause ny motif proceddent de leur coulpe.

Nous déclairons et certifions à tous à qu'il appartiendra, que eux meuz du seul respect et affection qu'ilz portent au service du Roy, conservation de sa couronne et repoz de ses subjectz, et sans aucune autre cause dont on leur puisse donner blasme ne faire reproche, se sont retirés et departiz de l'armée du Roy de leur bon gré et franche volunté, afin de lever tout umbre d'excuse à ceulx qui en eussent voullu fonder sur leur présence ; en quoy comme en toutes leurs œuvres et desportemens du passé, nous recognoissons leur singulière affection au service du Roy, et que pour le veoir obéy en ses villes et païs, et ses subjectz en repoz, postposant toute consideration de particullier intérest, ilz se sont voluntairement submis à ceste condicion et party. Pour faire foy desquelles choses, avons fait expédier ce présent acte, pour leur servir et valloir où et ainsi qu'il appartiendra : promectant oultre du contenu cy-dessus, et de tout ce qui peult toucher la justification de leur faict, comme bien informez de la véritable chose, leur faire bailler déclaration du Roy et de son conseil, en telle forme qu'il appartiendra.

Fait à Baugenci, le 28e jour de juing 1562.

CATHERINE, ANTOINE, DE L'AUBESPINE.

Lettre du cardinal de Lorraine.

« Monsieur de Gonnor, la despesche que vous recevrez par ce porteur est si ample, comme vous verrez, qu'il ne me semble estre besoing de vous en faire redicte. Cedict porteur vous dira de nos nouvelles, et comme nous partons pour nous en aller devant Bourges, où le sieur Dinoy a faictz ce qu'il est possible pour tenir la ville.

Mais nous espérons que dans deux jours il cognoistra la faulte qu'il a faicte ; ayant pris la ville nous irons droict à Orléans, d'où je partiray incontinent que le Roy y sera pour m'en aller par Paris, qui ne sera sans vous y veoir, et cependant, après mes bonnes recommandations, je prie Nostre-Seigneur vous donner, monsieur de Gonnor, entièrement ce que mieulx désirez.

« De Mun, ce vingtiesme jour d'aoust 1562.

« Je vous prie que monsieur le maréchal reçoyve mes recommandations à sa bonne grâce.

« Vostre meilleur amy,

« CHARLES CARDINAL DE LORRAINE. »

Lettre de monsieur de Guyse au mesme.

« Monsieur de Gonnor, j'ay veu ce que vous m'avez escript et le mémoire que vous m'avez envoyé de l'homme du gouverneur d'Abbeville, touchant l'advertissement qu'il nous donne des Angloys, chose dont nous ne sommes plus en doubte pour en avoir desjà veu d'ailleurs aultres advertissements conformes que le Roy et la Royne en ont receuz. Cela est bien cause de nous faire haster, comme nous faisons, d'aller veoir Rouen, que nous tiendrons, Dieu aydant, dès demain asiégé, affin que cela serve; et quant aux pouldres dont vous me faictes mention, c'est chose où l'on a aussi desjà pourveu, comme semblablement vous entendrez avoir esté faictz pour la jussion que vous demandez sur la publication du contraict, au recouvrement des deniers qui nous font plus que de besoing, ainsi que vous pouvez pencer. Je vous prye y user toutte dilligence à vous possible, comme je m'asseure bien que vous faictes, et en sorte que je n'aurois jamais deffiance que noz affaires n'allassent bien si nous en estions aussi promptement secouruz, que je sçay que vous en avez bien bonne affection ; priant Dieu vous donner, monsieur de Gonnor, ce que plus désirez.

« Escript à Rouville, ce vingt-huictiesme de septembre.

« Il a esté pourveu à ce que avizames ensemble et que m'écrivés ; c'est choze certaine de la venue des Anglois et ne dormons point de ce costé. Si je ne me trompe, ce monsieur Sainte-Quaterine sera prins, et de la ville je n'en crains que l'opignastreté folle de ceux qui y commandent. J'avons besoin, je diz sans manterie, de vous voir en ceste compaignye, et sur tout faicte remercier à ce party de Gondy, et me semble qu'il ne s'en doit refuzer d'autres.

« C'est du camp devant Rouen, le deux de septembre.

« Vostre bien affectionné amy,

« FRANÇOYS DE LORRAINE. »

Bataille de Dreux.

Estant, monsieur le prince de Condé, sorty d'Orléans, avec ce qu'il avoit de gens de guerre, pour aller recueillir les reïstres et lansquesnetz que le sieur d'Andelot amenoit d'Allemaigne, après qu'il se fût joint à eux, s'estimant assez fort de pouvoir tenir la campagne, il s'achemina avec son armée vers Paris : de quoy la Reyne advertie, qui estoit encores en la ville de Rouen naguères prinse et réduitte par force, délibéra de s'aller jetter elle et le Roy son fils dedans ceste grande et principale ville, pour la conserver; et fait advancer monsieur de Guyse et monsieur le connestable, pour y aller dresser un camp fortifié aux faubourgs Saint-Jacques, afin d'y pouvoir loger l'armée, et en asseurant et gardant d'effroy le peuple de ceste ville, arrester par mesme moyen, sans mettre rien en hasard, les entreprinses du prince ; lequel, ayant cependant prins en passant Pluviers et Estampes, estoit venu avec toutes ses forces pour prendre aussi Corbeil, afin de se prévaloir de la commodité de ce lieu et du pont et passage qu'il y a sur la rivière de Seine : ce qu'ayant esté auparavant bien préveu, monsieur le mareschal de Sainct-André avoit esté de bonne heure envoyé dedans, avec d'autres si bonnes forces, qu'il leur feit bientost cognoistre qu'ils ne feroient aucunement là leurs besoignes. Donc laissans ceste entreprise, marchèrent droit à Paris, se venant loger à Ville-Juifve qui n'en est qu'à une petite lieue loing; et de là marchèrent encores plus avant le 18 de décembre (*novembre*), pour venir prendre logis plus près, vis à vis des tranchées de nostre camp : ce qui ne fut sans grosse escarmouche, et sans que l'artillerie qu'on avoit mise sur les deux plateformes que de long-temps le feu roy François premier avoit en cest endroit fait dresser, leur fît beaucoup de dommage ; mais se présentant de leur costé de trois à quatre mil chevaux en campagne, ils donnèrent occasion à ceux qui estoient sortis en trop moindre nombre de nostre tranchée, de se retirer et de laisser loger sans plus grand empeschement leurs gens de pied quasi à la portée du canon, sur le grand chemin du Bourg-la-Royne, servant le pavé de rue au milieu de leur camp ; et leurs gens de cheval à Mont-Rouge, Gentilly soubs Bicestre, et autres villages d'alentour ; d'où se firent chacun jour divers combats et escarmouches, qui donnèrent apparence d'y debvoir avoir bientost une bataille ; mais envoyant monsieur le prince supplier la Royne qu'il eust ce bien de la voir, et qu'il feroit toutes choses à luy possibles pour la contenter, ladite dame considérant le péril où s'alloit exposer le Roy, son fils, et son Estat, par le hasard d'une bataille, par l'advis de tous les saiges seigneurs qui estoient auprès d'elle, accorda de le voir; et estant accompagné de messieurs le cardinal de Bourbon, prince de la Roche-sur-Yon et connestable, se trouva avec luy en une maison entre les deux armées : où, sur la pacification des choses, furent mis en avant plusieurs partis, desquels encores que aucuns semblassent durs, furent-ils néantmoins approuvez et conseillez des dits seigneurs, avec l'universel consentement de tous les gens de bien qui estoyent lors en ceste ville de Paris, qui pour parvenir à un plus grand bien, jurèrent estre grandement besoing de céder à la présente nécessité du temps ; et comme l'on fut sur le point de conclure là dessus un accord, par le moyen duquel l'entière obéissance des villes et subjets du Roy estoit recouverte, et les armes généralement ostées à toutes, ormis à ceux que le Roy et la royne l'ordonneroient, et le faict de la religion aucunement accommodé, demeurant toutes autres choses paisibles dedans le royaume, l'on vint enfin sur les seuretés, en demandant monsieur le prince aucunes que la Royne estima ne pouvoir ny devoir bailler, et luy en proposant elle avec l'honneur et advantage du Roy son fils, d'autres qu'on jugeoit bien raisonnables. La chose se prolongea par plusieurs allées et venues, en bonne espérance ; néantmoins tousjours d'accord jusques au septiesme jour, que demourant le tout interrompu et non accepté de monsieur le prince, il se leva avec son armée de devant Paris, le huictiesme ensuyvant, y ayant assez mal faict ses besongnes ; mesme que le jour précédant, estant les trefves faillies, et les Espagnols desjà arrivez en nostre camp, l'on estoit allé assaillir ses gens de cheval jusques dedans leurs logis ; et s'entendant qu'il s'acheminoit vers un quartier d'où il pouvoit choisir son chemin, ou à Orléans, ou à Chartres, ou bien en Normandie, la Royne, avec infiny regret de voir ainsy continuer ceste guerre, ne voulant toutes fois luy laisser exécuter ses entreprinses, dépescha incontinent messieurs de Guyse, connestable et mareschal de Sainct-André, avec tout ce qui estoit lors de gens de guerre assemblez à Paris, pour le suivre : ayant premièrement remonstré à ces seigneurs que pour la conduite des grands et importans affaires qui se présentoient, elle ne pensoit pouvoir faire aucune meilleure ny plus certaine élection que d'eux, lesquels le feu roy Henry, son mary, avoit tousjours tant approuvez, et lesquelz elle cognoissoit prudentz et de grande expérience, et au demeurant bien affectionnez et autant fidéles à ceste couronne, comme ils y avoyent d'obligation ; en confiance de quoy, elle ne faisoit aucune difficulté de mettre franchement toutes les forces du Roy son fils, et tout le pouvoir et moyen qu'elle avoit de soustenir maintenant son Estat, entre leurs mains, pour poursuivre et parachever diligemment ceste guerre, comme il estoit très nécessaire que par un bout ou par autre elle se terminast bientost, estant certain que tant plus on l'iroit prolongeant, plus verroit-on de jour en jour sortir de nouvelles et très dommageables incommoditez, à la totalle ruine du royaume : ce qui luy feroit continuer, de sa part, encores tous les jours, de pourchasser la paix pour y mettre fin ; que à ce mesme effect, eux de leur costé exécutassent et employassent les armes, sans laisser passer l'occasion de combattre et de donner la bataille, quand temps et le lieu le requerroient ; se reposant tant sur leur accoustumée prudence et vertu, qu'ils ne hazarderoient rien que bien à propos ; et que s'ils en venoient là, qu'ilz en rapporteroient une certaine victoire : ce qu'ayant ces seigneurs accepté, et donné toute bonne espérance du succès de l'entreprise, ilz pourveurent diligemment à toutes choses qu'ils estimèrent leur estre pour ce nécessaires ; et ainsi partirent de Paris le neufiesme du mois, avec leur armée qui se trouva d'environ seize mil hommes de pied, et deux mil chevaux seulement ; et ayant advis que monsieur le prince de Condé prenoit le chemin de Normandie, pour se joindre à un bon nombre d'Anglois qui luy venoyent de renfort de ce costé là, ils délibérèrent de l'empescher ; et s'estans bien assurez du chemin qu'il leur failloit tenir pour luy aller au devant, et pour couvrir la Normandie, afin qu'il n'y peust entrer, ils arrivèrent le dix-huictiesme du mois au lieu de Mézières, sur la rivière de Eure, et se trouvèrent avoir devancé monsieur le Prince, lequel pour s'estre amusé quelques jours à sommer la ville de Chartres, ou pour autre empeschement, n'estoit venu que le mesme jour loger à Néron, trois lieues en derrière de nostre camp ; en lieu toutesfois assés commode pour pouvoir le lendemain gaigner le devant, si, laissant à main droicte la ville de Dreux, il s'acheminoit à gauche vers Chasteau-Neuf : ce que considérans, ces seigneurs voulurent dès le soir mesme passer la rivière, pour luy estre encore mieux au devant ; mais d'autant que l'on avoit desjà cheminé trois lieues, et qu'il eust esté trop tard avant que toute l'armée eust esté de l'autre part, par deux petits et estroits passages qu'il y avoit seulement en cest endroit sur ceste rivière, aussy que monsieur le connestable se trouvoit pressé de la colique, il fut advisé qu'on logeroit là pour le soir; mais incontinent après minuict, l'on commença de passer sans aucun trouble, et sans faire bruit de tambourins ny de trompettes, afin que les ennemys n'en sentissent rien, avec tant de diligence, que mesmes l'artillerie fut au delà de l'eau avant le jour, et fut incontinent gaigné le dessus du cousteau, non guères loing de Dreux, qui se trouva un lieu plein de vignes par le costé droict, et par le devant, il y avoit une pleine unie et bien espacieuse, qui s'estandoit en baissant un bien fort peu vers la venue de monsieur le Prince; et là fut prins place de bataille et logis en attendant le bagage. Mais ainsi que sur une heure du jour du XIX du dit mois, les tambourins de l'armée du Prince commencèrent s'ouyr, comme par les champs, les coureurs rapportèrent bien tost après qu'elle marchoit: qui fut cause que les seigneurs entrèrent en délibération de ce qu'ils avoient à faire: de quoy s'estant bientost résolus, et ayant commandé à chacun capitaine l'ordre qu'ils avoient à tenir, ils marchèrent aussi par la plaine campaigne vers l'armée du dit Prince; de laquelle, pour avoir plus certaine notice et estre bien advertis de l'estat d'icelle, envoyèrent le sieur de Biron la recongnoistre, du plus prest qu'il luy seroit possible; lequel ne tarda guères à mander qu'il l'avoit trouvée tenant le chemin de Normandie, droict à Chasteau-Neuf; dont jugeans les seigneurs, si le Prince gaignoit l'advantage de deux heures de chemin, qu'il leur seroit fort mal aisé, d'autant qu'il estoit plus fort de gens de cheval qu'eux, de luy pouvoir de là en avant empescher plus l'entrée du dit pays; et que y entrant et se joignant aux Anglois, son armée demoureroit par après supérieure à la leur, aussi bien de gens de pied, comme elle l'estoit desjà de gens de cheval, et s'accommodoit davantage de deniers qu'on disoit que la royne d'Angleterre lui envoyoit; qui estoient toutes choses grandement importantes au fait de ceste guerre, ils se résolurent en toutes façons de les empescher; et à ceste cause, marchèrent plus avant vers le Prince, lequel sentant alors une telle force en campaigne, et si voisine de luy, qu'il ne pourroit tant diligenter de luy gaigner le devant, qu'elle ne luy fust sur la queue en danger de le rompre, il délibéra de s'arrêter, et commença de faire toute aultre contenance que faire chemin; dont le dit sieur de Biron advertit incontinent les seigneurs, que si monsieur le Prince ne logeoit sur le lieu où il estoit, à quoy il ne voyoit grande apparance, que dedans une heure ils auroyent la bataille: sur quoy ordonnans promptement, selon la grande expérience, toutes choses pour le combat, ils meirent les trouppes de l'advant-garde et de la bataille de mesmes front, aussi advancées vers les ennemis, les uns que les autres, et la gendarmerie, pour n'estre en grand nombre, entremeslée par régiment avec les bataillons de gens de pied, estendans les uns et les autres depuis un village qui les flanquoit par main gauche, et furent les bandes espagnoles au bout de la main droicte, lesquelles se joignirent aux murailles du village qui leur estoit prochain, pour n'avoir gens de cheval qui les couvrist; de ce costé, ilz meirent quelque nombre de charettes devant eux; puis tout joignant à la gauche, furent les régiments de gendarmerie de monsieur de Guyse et du sieur de La Brosse; après estoyent les bandes de François gascons, puis le régiment de monsieur le mareschal de Saint-André; après le bataillon de lansquenets; et après, autres deux régiments que monsieur d'Aumalle et monsieur Damville conduysoient, où s'achevoyent les trouppes de l'avant-garde: et tout joignant furent les Suisses, qui estoient la première trouppe de bataille; puis monsieur le connestable avec son régiment de gendarmerie, et le seigneur de Beauvais avec un autre; après un bataillon de François qu'on appelloit Bretons; et après, le sieur de Sanssac avec autre régiment de gendarmerie, qui faisoit le bout de la bataille, et la fin des trouppes joignant le village de main gauche, avec deux bandes d'artillerie, l'une devant l'avant-garde et l'autre devant la bataille; et en cest estat attendoient leurs ennemis, lesquelz faisans du commencement marcher bien ferme leurs trouppes de gens de cheval, et suivre après leurs gens de pied, sembloit qu'ilz estimassent pouvoir surprendre nostre camp à demy passé la rivière; car autrement l'on ne pense qu'ils eussent rien hazardé avant de s'estre renforcez des Anglois, ausquels ils estoient si près de se joindre; mais trouvant les nostres en bon ordre et en lieux advantageux, ils tinrent bon, se délibérant néantmoins de combattre; dont ayans reparty leurs trouppes en deux bataillons de gens de pied, l'un de François et l'autre d'Allemans, tous bien armez, et faict trois principaux escadrons de cavalerie, chacun de douze à quinze cens chevaux, tant de Reïtres que de François, avec pistolletz ou lances, ils en feirent advancer un autre moindre par le costé droict des nostres, pour les recognoistre; auquel fut incontinent tiré quelques volées de nostre artillerie; et se présenta alors, tant d'un costé que d'autre, qu'il y avoit journée entre ces deux armées, estans desormais si près l'une de l'autre, qu'elles ne se pourroient plus départir sans un général combat, dont ne voulans aussi ces seigneurs en laisser aucunement passer l'occasion, à cause de l'importance des Anglois, ils commencèrent par donner cueur et d'animer par leurs parolles et par leur présence et vertu, toutes leurs trouppes, et les confirmer si bien, que toutes d'un cry et d'une voix demandèrent bataille ; dont faisant deux ou trois fois crocheter plus en avant leur artillerie, pour tirer de plus près aux ennemis, ils les contraignirent se haster davantage de venir aus mains : et de fait, marchans lors leurs trois principaux escadrons de cavalerie, vers nostre avant-garde, passèrent, sans s'y arrester, droit à la bataille, se débandans environ 60 chevaux des leurs, qui vindrent premier de grande resolution donner dedans les Suisses, sy avant qu'ilz allèrent jusques aux enseignes : ce que voyant monsieur le connestable, et que tout leur fort de cavalerie le venoit charger, il s'advancea avec grande hardiesse et asseurance de les recevoir et soustenir ; mais la charge fut si grosse et furieuse, et de si grand nombre de chevaux passant et rapassant, à coups de pistolet, de lance et d'espée, dedans ses trouppes, que nonobstant le grand debvoir de capitaine et vaillant chef de guerre qu'il y feit, son cheval luy fut tué entre ses jambes, luy blessé, et finalement prins, ensemble le sieur de Beauvais avec luy, et le sieur de Montberon, son quatriesme fils, et le sieur de Givry tuez, monsieur d'Aumalle porté par terre et fort froissé, avec plusieurs autres prins et morts, son artillerie saisie, et toutes les trouppes de la bataille, tant de cheval que de pied, et les deux régimens de monsieur d'Aumalle et de monsieur d'Amville, qui estoient de l'avant-garde, rompus, hors-mis le bataillon des Suisses, qui estoient d'environ cinq mille hommes, lequel se rallia promptement ; et eux, avec cest heureux commencement, outrepassèrent nos trouppes, dont les aucuns furent poursuivans ce qui estoit rompu, et qui s'en alloit devant eux jusques au premier lieu de bataille et logis que les autres avoient prins le matin, et y pillèrent plusieurs bagages, mesmes celuy de monsieur de Guyse, et sa vaisselle d'argent ; mais s'estans leur plus grand nombre rallié et remis en ordre, feirent semblant de venir par derrière, charger nostre avant-garde, ce que appercevant, monsieur de Guyse et monsieur le mareschal de Saint-André commandèrent au sieur de Biron, lequel ils avoient ordonné derrière eux avec trois guidons pour les soustenir, qu'il leur feist quelque teste ; mettans eux au reste bonne peine de leur faire veoir un sy bon ordre en toutes les trouppes de l'avant-garde, qu'ils congneurent n'y pouvoir rien gaigner de les attaquer ; dont laissant ceste entreprinse, s'en retournèrent charger les Suisses, lesquels estoyent desjà en bataillon, et qui encore que de rechef ils fussent en grande partie deux et trois fois portez par terre, et leurs rengs traversez, se refeirent-ils néantmoins tousjours : de façon qu'ayant soutenu l'effort de leurs gens de cheval, ils s'advisèrent encores de faire si bonne teste à leur bataillon de gens de pied Allemans, lesquelz les venoient affronter, qu'ils l'esbranlèrent bien fort. Lors monsieur de Guyse et monsieur le mareschal de Sainct-André, qui encores en ce temps ne s'estoient bougez nullement, mais pour garder d'estonnement leurs lansquenets jusques ausquels la furie de la première charge estoit approchée, avoyent jetté le régiment de gendarmerie de monsieur le mareschal d'entre les Gascons et eux, et faict des deux un seul bataillon, pour en monstrer une plus grand' teste ; voyans ceste charge que leurs ennemis avoient faicte aux Suisses, et que leur bataillon de François, qui estoit de plus de quatre mil hommes, s'estoit approché jusques au devant d'eux, et leurs lansquenetz encores assez entiers, commencèrent de marcher avec toute leur avant-garde, s'adressant premièrement à leur bataillon de François, auquel cognoissant que nos gens de pied n'y pourroient advenir sans quelque perte de temps, leur feirent la charge avec la gendarmerie, où ne leur fut faict grande résistance ; et de là, donnans dans leurs lansquenetz, les meirent aussi en routte, suivans les aucuns de nos gens de pied François et les Espagnols, ceste exécution avec grand meurtre et boucherie des ennemis ; et de ce pas, s'adressa monsieur de Guyse et monsieur le mareschal, ensemble monsieur Damville qui s'estoit raillié avec eux, droit à leurs gens de cheval, tant à ceux qui n'avoient encores combattu, qu'à ceux qui avoient fait les susdites charges, lesquels commencèrent à se retirer, et monsieur le Prince, de qui le cheval se trouva lors blessé en la jambe, demoura prins. La victoire fut cependant poursuivie sur leurs gens de pied, et sur quelques trouppes de leurs gens de cheval escartées, et principalement sur sept enseignes de leurs lansquenetz, d'environ deux mille hommes, qui s'estoient retirez en une court fermée de muraille, joignant le village de main gauche ; lesquels se sentans enfin forcer, se rendirent à monsieur de Guyse qui les print à mercy : en quoy alla tant de temps, que les gens de cheval ennemis eurent quelque loisir de se rassembler, et de recharger encores leurs pistolets, dedans un petit vallon couvert d'un petit bois taillis, qui estoit auprès, et fut dit à

32.

monsieur de Guyse qu'ils pouvoient estre environ de quatre cens chevaux seulement, lesquels, avec ce peu de trouppes qu'il avoit près de luy, de laquelle estoit monsieur le mareschal de Sainct-André, qui avoit laissé son régiment avec les autres bataillons, il délibéra aller rompre, afin qu'incontinent apres il peust envoyer suivre ceux qui admenoient monsieur le connestable, pour le leur recourre; mais comme ils marchoient vers le dit vallon, il en veit sortir beaucoup plus grand nombre d'ennemis qu'on ne luy avoit dit, environ quinze ou seize cents chevaux en deux trouppes, au rencontre desquels, qui furent vivement soustenus, luy et les siens furent tous couverts de fumée de pistollets; mais s'estant lors nos harquebuziers françois advancez, ils arrivèrent tout à temps pour le recueillir; et fut tué en ceste charge beaucoup de leurs gens, mesmes aucuns capitaines de Reïtres. Nous y perdismes des nostres, monsieur le mareschal de Sainct-André qui y fut prins et depuis tué; le sieur de La Brosse, et autres des nostres aussi morts et plusieurs blessez; et peu auparavant, monsieur de Nevers avoit receu un coup de pistollet dans la cuisse, par l'inadvertance (comme l'on dit) de quelqu'un des nostres. L'obstination du combat avoit duré par diverses charges et recharges, avec variable et douloureux événement, depuis midy jusques à ceste heure là fort prochaine de la nuict; quand les ennemis quittant du tout la campaigne, avec la perte de leur chef et de leur artillerie, et laissant plus de huit mille de leurs morts, prins ou blessez sur la place, ceux qui estoient de reste, se retirèrent à deux lieues de là, ne permettant l'obscurité que monsieur de Guyse les peust poursuivre du tout pour achever de les rompre; et fut rapporté que monsieur l'amiral de Chastillon avoit, le lendemain matin, mis en avant de retourner au combat; mais que les Reïstres, se sentant du travail du jour précédent, et recognoissant leur perte encores plus grande qu'ils n'avoient pensé, tant de morts, de prisonniers, que blessez, et la pluspart de leurs chevaux déferrez, et leurs armes et fournimens rompus, luy remonstrèrent qu'ils n'estoient en état pour ce faire; dont prenant leur chemin vers Orléans, abandonnoient deux canons qu'ils avoient encores de reste, lesquelz ils n'avoient conduit à la bataille, qui furent depuis amenez en nostre camp.

Lettres du duc de Guyse escriptes après la victoire de Dreux.

« Monsieur de Gonnort, pour responce à la lettre que escriviez à monsieur le connestable et que j'ay receue pour son absence, puis que ne pouvez si promptement recouvrer argent pour ceste armée qu'il est requis, je trouve très bien que nous faictes secourir des cinquante mil livres de Bretaigne qui sont au Mans, assignant la chambre aux deniers et autres qui devoient prendre ladicte somme de cinquante mille livres sur la ville de Paris; par quoy je vous prie de faire dépescher le trésorier de l'extraordinaire et luy commander qu'il m'envoye incontinant ses clerez avec les mandements du trésorier de l'espargne rescoivant les treize mille livres, pour les bandes de monsieur le conte Ringrave, affin que tout incontinant que lesdicts clercz seront arrivez je les envoye audict Mans avec si bonne escorte qu'il m'y aviendra aucun inconvénient avec l'aide de Dieu, lequel je prie qu'il vous doinct, monsieur de Gonnort, en bonne santé, longue vie.

« Du camp de Nuysement, ce vingtiesme décembre 1562.

« J'ay depuis advisé de faire venir toute ladicte somme en ce camp, affin de faire plus facilement et seurement porter les deniers audict sieur le conte Ringraf.

« Je vouldrois, pour le service du Roy, vous avoir veu demie heure pour faire entendre à la Royne baucoup de chozes que j'ay en la teste, qui me semble d'importance pour bien jouir de ceste victoire.

« Vostre entièrement bon amy,

« Francoys de Lorraine. »

« Monsieur de Gonnor, ayant voulu veoir l'estat des deux cents vingt mille livres ordonnez au trésorier de l'extraordinaire, son commis qui est icy m'en a présenté ung que j'ay faict mectre en autre forme pour le rendre ung peu plus clair, affin que vous faictes veoir si toutes les parties qui sont couchées par ledict trésorier en sondict estat et par luy acquictées avant que l'armée partist de Paris, doivent estre allouées en sondict estat. Et si vous trouvez qu'il doive avoir du fondz en ses mains, luy commander de l'envoier à sondict commis en la plus grande diligence qu'il pourra; car vous verrez, par l'estat de sondict commis que je vous envoye aussi, qu'il ne luy reste aucuns deniers que ce qu'il attend de l'assignation du Mans, qui ne pourra pas si tost arriver, comme il se présente des parties pressées dont je me trouve souvent en grande peine. Et en cest endroict, monsieur de Gonnor, je prie Nostre Seigneur vous conserver en bonne et parfaite santé.

« Du camp de Nuysement, ce vingt cinquiesme jour de décembre 1562.

« Quant à nostre entreveue, j'ay espérance que ce sera pour samedi à Rambouillet, puisqu'il a pleu à la Royne de me mander de la y aller trouver, par sa lettre que j'ay présentement receue.

« Vostre bien affectionné amy,

« FRANCOYS DE LORRAINE. »

[1563]. Monsieur de Guyse ne quitte plus l'armée et continue de suivre les ennemis, et se prépara bientost aux siéges d'Orléans, qu'il entreprit au mois de février. Dans cet entre temps, monsieur de Guyse s'informa des différentes affaires propres à ses projets, de l'état des finances du Roy et autres choses contenus dans ses suivantes lettres escrites de son camp proche Orléans.

« Monsieur de Gonnor, j'ai receu vostre lettre du quatriesme de ce mois où vous m'escrivez bien particulièrement de tout ce que vous pensez estre à faire pour réduire à bon mesnage toutes les despenses extraordinaires de ce royaume, eu esgard au peu de moien que l'on peult prévoeir que l'on aura doresnavant pour y pouvoir satisfaire, selon les advertissements que vous avez eu de divers endroictz de la part des trésoriers et génêraulx des finances de cedict royaume ; j'ay esté bien aise, car il n'y a personne qui désire plus que moy de veoir toutes lesdictes despences si bien reiglées que l'on ne puisse dire qu'il y en ait une seulle qui soit inutille ou superflue. Mais quand j'ay voullu commencer par ceste armée et meettre la main à réduyre nos compaignyes françoises à certain nombre bien complettes, comme j'avois deliberé, j'ay trouvé que de tous deniers il n'y avoit ès mains du commis du trésor de l'extraordinaire que les trente sept mille livres venuz du Mans, qui n'est pas pour bailler à chacune desdictes compaignyes que nous avons, comprins celles de Chevalières, huit cents livres en leur rabatant encores tout ce qu'ilz doivent des vivres et des armes que l'on leur a baillées à crédit, sans les autres despenses qui se peuvent présenter par chacun jour, tant pour l'artillerie et lesdicts vivres qui ne se peuvent différer, comme vous sçavez, que pour les harquebuziers à chacunes parties inopinées et chevaulx légiers ; et pour faire ladicte réduction, comme je le désire, il est nécessaire que l'on me donne le moien de pouvoir payer lesdictes compaignyes pour deux mois pour le moings (1), et que l'on considère que en la saison où nous sommes, et aux journées qu'il nous fault faire pour rattaindre ceulx qui marchent devant, nous ne sçaurions éviter que nous n'ayons ordinairement des demandeurs d'argent pour se remectre en équippaige du grand dégast qu'ilz font, principallement de chausses et de soulliers, et desjà les Suisses m'ont commencé ceste querelle, pour laquelle appaiser, il fault que j'empruncte six mille livres pour faire bailler cent escus par compaignye. Et pour ce je vous prie, monsieur de Gonnor, de regarder, par tous les moyens qu'il sera possible, de m'en faire accommoder le mieulx que vous pourrez en cestedicte armée, de l'exploict de laquelle l'on doibt espérer le principal soulaigement et repos de cedict royaume. Je croy que vous avez bien sceu, pour le regard de Normandye, comme la Royne a mandé monsieur le maréchal de Brissac, pour l'envoyer là ; et quand il y sera, je ne doubte poinct qu'il ne regarde de bonne grâce à faire ung bel estat de tout ce qu'il pensera estre nécessaire pour la seureté dudict pais, et qu'il ne face ung si bon reiglement de toutes les despenses, tant pour les reistres que gens de pied Allemands et François, qu'il n'y aura que redire. Je croy aussi que monsieur de Nemoux du costé de Lyonnois, et monsieur de Mont-Luc du costé de Guyenne, feront le semblable, quand ilz en seront advertiz. Du costé de Champaigne, je suis d'advis qu'il n'y soit riens laissé que les garnisons ordinaires tant seullement, sans autres despenses quelzconques extraordinaires. Monsieur de Montpensier, pour le regard de ce qui est de sa charge, a baillé ses mémoires, sur lesquelz il fauldra encores retrancher tout ce que l'on pourra adviser dont l'on se pourra passer. Et quant à monsieur de Tavannes, il luy a esté mandé de faire venir les forces qu'il peult avoir du costé de Bourbonnois, pour empescher que celles que a le baron des Adretz ne se puissent joindre avec ce qui reste de celles de monsieur le prince de Condé, comme l'on peult juger qu'ilz ont eu volunté de faire par le chemin qu'ilz tiennent ; car, il n'est pas possible que ce que nous avons en cestedicte armée, puisse estandre ses aisles si avant, et se départir en tant de divers endroictz où il est besoing de pourvoir, sans demourer trop foible et mancquer pour les entreprinses qu'elle a à exécuter, affin de ne perdre une seulle occasion ne une seulle heure de temps en ce qui se présentera, dont il puisse réussir quelque advantaige pour nous contre les desseings de nosdicts ennemis. Et en cest endroict, monsieur de Gonnor, je prie Nostre Seigneur vous conserver en bonne et parfaicte santé.

« Du camp de Messas, ce dixiesme jour de janvier 1563.

« Si l'on m'envoiait l'estat des lieux où sont

---

(1) Il s'entent avec ce qu'il ont receu despuis Paris jusques à aujourd'huy desdictes vivres. (*Ces lignes sont à la marge du manuscrit.*)

toutes ces forces hors celles de Normandie, qui sera pour Bosède, j'en manderois mon avis de ce qui s'en pouroit retrencher. J'ay guagné le pont de Boigensy que je fais racoustrer pour voir après ce qu'aurons affaire. Noz soldas sont tous nus par ce froit, qui est pitié. Je n'ay oblié vos dix hommes d'armes. Baize la main.

« Vostre bien affectionné amy,

« FRANCOYS DE LORRAINE. »

« Monsieur de Gonnor, j'ay présentement receu vostre lettre du onziesme de ce mois, par le commis qu'a icy envoié le trésorier Fayet, et veu par icelle comme vous aviez receu la mienne précédente, depuis laquelle j'ay receu lettres de la Royne et du trésorier Brochet, pour m'advertir de retenir pour ceste armée la partie dont ledict Brochet avoit esté assigné à Tours pour les garnisons de Champaigne et Picardye, et encores depuis m'a ladicte dame adverty que ladicte partie estoit arrivée à Chasteaudun où je l'envoiay hier querir, ayant espérance qu'elle sera icy à ce soir ou demain au plus tard ; je vouldrois bien que les assignations qui ont esté baillées audict commis de Fayet sur les décimes de Tours et de Nantes, montant soixante mille livres, feussent aussi près de moy que ladicte partie ; car j'aurois moien de faire meilleur mesnage sur le paiement de nos compaignyes, estant tousjours contrainct de mectre ès mains desdicts cappitaines les prestz qu'il leur fault faire, que j'estime estre au désavantage des souldatz que je ferois contenter à la bancque, si j'avois de quoy leur parfaire leur paiement pour deux mois, comme je vous ay escript, et rendrois les compaignyes beaucoup meilleurs et en moindre nombre, par la réduction que j'en ferois par mesme moyen. Et pour sçavoir au vray ce qu'il nous fault de reste pour lesdicts deux mois pour noz compaignyes françoises, j'en faiz dresser ung estat au vray sur les certifficationsque je faiz tirer des cappitaines, signées de leur main, du nombre des hommes qu'ilz peuvent avoir, attendant que je leur puisse faire faire monstre, en marchant, ou bien les emprisonner au logis pour garder leurs abus, faisant rabatre audict estat tout ce qui leur a esté par cy devant fourny en vivres, armes ou argent comptant, pour nous servir de tout à leur paiement, jusques à ce que nous ayons moien de rembourser lesdicts vivres et armes. Et quant aux Suisses, il sera deu deux mois au vingtiesme de cestuy aux quatorze premiers enseignes, et ung mois aux huict autres, qui est escheu le huictiesme de cedict mois, dont le paiement monte ensemble, comprins leurs justice et estatz particuliers, six vingts neuf mille six cens livres.

Sur quoy je leur ay faict prester seullement cinq mille cinq cens livres, et s'ilz nous demandent ung mois de la bataille, ce nous sera autant de surcrestz. J'ay pensé aux estametz dont vous dictes que vous nous pourriez ayder jusques à quinze mille livres. Mais si vous vous en pouviez servir aux garnisons, argent comptant nous viendroit plus à propos pour les fraiz qu'il y auroit à les faire venir, et pour nous suivre où nous pourrons aller, selon les occasions qui se présenteront. Je seray bien aise que monsieur le maréchal de Brissac puisse estre bien tost en Normandye, pour l'asseurance que j'ay du bon mesnage qu'il y fera faire. A quoy les trente mille livres que luy faictes délivrer, luy donneront bon moien, et aussi je croy que sa présence y est bien requise pour les affaires qui s'y augmentent de jour en jour, selon les advertissemens que j'en ay peu avoir. Si vous tenez la vendition du domaine de l'église à si hault pris que j'ay veu par vostre dicte, je crains que l'argent que vous en espérez ne se recouvrera pas si tost, et mesmement en aucunes provinces où les terres sont à si bon marché. Quant aux vingt cinq mille escus des Espaignols qui sont à Bayonne, et des deniers qui sont à Bordeaulx de la recepte générale d'Agen, j'escriz à la Royne le chemin et la seureté qu'il semble que l'on y devroit tenir. Mais pour n'y avoir trop grande fiance, je remectz à Sa Majesté d'en ordonner ce qu'il luy plaira. Et cependant je désirerois bien que nous feussions si accommodez d'ailleurs que j'eusse moien de secourir lesdicts Espaignolz à la nécessité qu'ilz ont, qui les contrainct prandre plus grande licence sur le pauvre peuple, dont toutesfois je ne laisse de les faire bien chastier. Si quelque marchant ou bancquier avoit affaire de leurs deniers où ilz sont, pour les faire rendre en lieu plus convenable pour eulx, cela viendroit bien à poinct, et pour fin de ma lettre, je vous prie affectueusement, monsieur de Gonnor, de faire tout le secours et faveur que vous pourrez à cestedicte armée. Et je prieray Dieu vous donner en bonne santé heureuse et longue vye.

« Du camp de Messas, ce dix septiesme jour de janvier 1563.

« J'ay faict une despeche pour les escortes qui sont nécessaires pour les deniers que l'on va recouvrer à Nantes et à Tours des subventions de l'église.

« Je m'asseure qu'estes aussi bien averty que moy de ce quy se passe à Chartres sur les disputes de cest abouchement, et voy apparance qu'il se fera, et sy plest à Dieu nous apportera quelques repos. Quant à noz nouvelles, monsieur de Chastillon et ces diables noirs sont à Jerjuau et aux environs, où s'y racoustre le pont pour leur passaige, et doutte qu'ils se veullent mettre en lieu lybre avec la commodité pour leur pouvoir retirer, s'il en ont envie, soit par accort ou aultrement, sinon pour resevoir des forses fraiches de leur nation, de quoy il s'en dict quelque choze; et encore qu'il n'y aie pas grande apparance qu'on doive tourner du costé de Chartres, si esse que je ne lesse pour cela d'y envoier demain monsieur de Sipierre assès bien accompaigné, pour garder ce que nous avons de si pressieux, attandant noz forses entières. Il faict ung estresme mauvès tamps, et partout ce n'est que eaue, sans cela je fusse plus avant : et aussi que nous sommes issi bien mal accommodez qui ne..... noz pauvres soldas extresmement pauvres et si mal vetus qu'il ne pouroïent porter deux de ses mauvaizes journées, lezquelles je lesse ung peu passer. Si nostre Bosséde est là, faictes lui part de ceste lettre avec mes affectionnées recommandassions à sa bonne grasse, et baize la main.

« Vostre bien affectionné amy,

« LE DUC DE GUYSE. »

« Monsieur de Gonnor, j'ay receu vostre lettre du vingt-quatriesme faisant response à la mienne du dix-septiesme, et veu ce que monsieur le maréchal de Brissac et vous avez escript à la Royne pour les despenses de Normandye. A quoy Sa Majesté m'a escript vous avoir lasché la bride pour le paiement d'un mois des gens de guerre qui y sont, dont je suis bien aise, affin que mondict sieur le maréchal se puisse acheminer plus voluntiers si desjà il n'est party comme vous m'en donnez espérance par vostredicte lettre; car comme je vous ay ce matin mandé, sa présence y estre fort requise, mesmement si les ennemis en prennent le chemin, comme l'on le tient pour certain. Quant aux parties contenues en l'estat que vous avez envoyé à Sadicte Majesté de ce que nous devons avoir eu pour ceste armée depuis la bataille, il s'en fault les quatre-vingt mille livres de Poictiers et les trente-cinq mille livres de Bretaigne que nous ne les ayons toutes receues, et faictz mon compte que lesdictes deux parties nous mectront hors de ce qui est deu aux Suisses jusques au vingtiesme de ce mois, affin que j'aye moyen de leur faire faire monstre et espargner ce que nous perdons sur leurs vieilz roolles. Et quant à nos François ausquelz j'ay faict ce jourd'huy faire monstre pour les réduire à trente enseignes si je puis pour ceste armée et les faire paier pour deux mois, il nous fauldroit bien encores cent mille livres, tant pour achever de les contenter pour lesdictz deux mois, que pour les autres despenses dont nous sommes bien en arrière, ainsi que je faictz entendre à Sadicte Majesté; et cela faict j'estime que nostre despense de cestedicte armée ne sera que de deux cens milles livres ou environ par mois, dont je feray faire ung estat au vray pour le vous envoyer par la première dépesche. Je suis aussi bien aise que l'on retienne vingt-cinq mille escus en Flandres de la partie du Pape, affin que, s'il nous fault lever des Allemens, cela nous y puisse servir. Et pour la fiance que j'ay, monsieur de Gonnor, que vous emploierez toutes voz forces pour nous accommoder de mois en mois le mieulx que vous pourrez, je ne vous feray la présente plus longue, priant Nostre Seigneur vous conserver en bonne santé.

« Du camp de Messas, ce trentiesme jour de janvier 1563.

« J'auray souvenance de vostre homme d'armes et de voz quatre archers.

« J'ay faict aujourd'huy la montre de noz François où je cuide avoir ung peu ménagé.

« Vostre entièrement bon et affectionné amy,

« FRANÇOYS DE LORRAINE. »

« Monsieur de Gonnor, suivant ce que je vous ay escript ces jours passez, j'ay faict dresser par le commis du trésorier de l'extraordinaire de la guerre, Fayet estant près de nous, ung estat de tout ce que se monte la despence de ce camp et armée, ensemble des compagnyes estans ès villes des environs de cedict camp suivant la réduction que j'ay faict des bandes françoises, ensemble de l'artillerie et vivres qui m'a semblé estre la moindre que j'eusse peu faire ainsi que pourrez veoir par ledict estat que j'ay commandé au commis dudict Fayet luy envoier pour le vous présenter et que je croy que trouverez fort bien. Mais ce n'est pas le tout, car ledict estat ne sert de riens sans argent : qui me faict vous prier que en toute dilligence vous nous veillez secourir de la somme de deux cens six mille huit cens quatre vingts livres huict sols tournois, à quoy monte ledict estat pour le mois de janvier, congnoissant que nous sommes jà au mois de février. Aussy que nous n'avons plus d'argent à cause que j'ay faict paier les vingt-deux enseignes de Suisses de ce qui leur est deu de toute l'année passée, comme j'ay faict commancer aux bandes françoises. Vous voulant bien dire qu'il est plus que besoing pour le service de Sa Majesté de payer lesdicts Suisses ce qui leur est deu de cedict mois; et sera encores pour l'advenir, jusques à ce que ayez envoyé argent, affin de leur faire faire monstre, pour ce que je sçay que le Roy y aura profict en ce faisant de bien de vingt mille livres, qui serviroient bien à paier partie des bandes estans ès garnisons des environs dudict camp, dont il fauldra aussi que faciez estat de leur trouver argent; mais surtout que vous me teniez la promesse que m'avez faicte par vostre dernière lettre, qui est tout ce que j'ay à vous dire pour le présent, sinon que de mes recommandations à vostre bonne grâce, après avoir prié le Créateur, monsieur de Gonnor, qu'il vous tienne en santé heureuse et longue vye.

« Du camp de Messas, ce troiziesme février 1563.

« Vostre bien affectionné amy,

« FRANÇOYS de LORRAINE. »

« Francoys de Lorraine duc de Guize, pair de France et lieutenant général du Roy en tout son royaume et pais, à Jehan de la Chastre sieur de Bruillebault, home d'armes de la compagnie de monsieur le conte de Charny, salut. Comme nous avons advizé pour le service de Sa Majesté d'envoier ladicte compagnie en garnison ès lieux de Chastillon sur Indre, Palnau et Saint-Genou, et pour la conduite d'icelle jusques esdicts lieux soit besoing commectre quelque bon et suffisant personnage, sçavoir faisons que, à plain confiant de vos sens, suffisance, bonne conduicte et diligence, vous avons par ces présentes commis et député, commectons et députons pour mener ladicte compagnie jusques esdicts lieux de Chastillon sur Indre, Palnau et Sainct-Genou à bonnes et ressonnables journées, selon le département de logis qui par vous en sera faict et avisé que verrez bon estre, les faisant venir tant par le chemin comme au lieu de la garnison, en paiant de gré à gré selon et en ensuivant les ordonnances de Sa Majesté, jusques à ce que en ait esté autrement ordonné. Priant et néantmoings mandant en vertu de nostre povoir aux maires, eschevins, manans et habitans desdits lieux de faire ouverture des portes à ladicte compagnie et faire bailler et administrer logis, vivres, ustancilles et autres chozes nécessaires en paiant de gré à tous selon et en ensuivant lesdictes ordonnances, comme dessus, et en ce que leur sera par vous ordonné pour l'effet que dict est, ilz vous obéissent et entendent dilligement. De ce faire vous avons donné et donnons plain povoir, auctorité, commission et mandement spécial.

« Donné à Calais, le cinquiesme jour de février l'an 1563, « FRANCOYS.

« Par monseigneur le duc pair et lieutenant général, « FOURNYER. »

Lettre du duc de Guise, au mareschal de Montmorency, par laquelle il luy mande qu'il s'est emparé du portereau de la ville d'Orléans.

« Monsieur le mareschal, je vous ay bien voulu faire ce mot de lettre, pour vous dire comme vendredy dernier, avec environ quinze centz harquebusiers tant françoys que espaignols, et douze centz corcelletz, je forcé le portereau où il y avoit deux mille hommes soubz douze enseignes; desquelz j'en defflctz un bon nombre; les aucuns se voulans saulver, se sont naiez, et le reste s'est retiré dans la ville; et encorez qu'ilz se fussent retranchez et fortiffiez beaucoup mieulx que nous n'estions aux faulxbourgs de Paris, ilz ont esté assailliz si vivement, que je leur ay faict abandonner leur fort; qui aportera, comme j'espére, beaucoup de bien au service du Roy; estant maintenant délibéré de donner tel ordre à tout ce costé, et barrer si bien la ryviére, que tout ce pays jusques-en Guyenne, demeurera sûr et libre; et si nous pouvons bien asseurer les riviéres de Seyne et Marne jusques à Troyes, nous pourrons aisément faire venir et assembler toutes noz forces, et les présenter telles et si grandes à noz ennemis, qu'avec l'aide de Dieu, nous meetrons quelque bonne pacification à ce reaulme : vous priant de vostre costé, avoir l'œuil et donner ordre à toutes les choses qui seront nécessaires pour cest effect. Ce sera l'endroit où je me recommanderay d'aussi bon cueur à vostre bonne grâce, que je prie Dieu, Monsieur le mareschal, vous donner ce que plus désirez. Du camp devant Orléans, ce 7e jour de février 1563.

« Vostre entièrement bon et affectioné amy.

« FRANÇOYS DE LORRAINE. »

Est écrit au dos de ceste lettre : *A monsieur de Montmorency, mareschal de France.*

« Monsieur de Gonnort, j'arrive jeudy en ce lieu, et le landemain avec environ quinze centz harquebusiers françois et espagnolz et douze centz corcelletz je force le portereau où il y avoit deux mille hommes soubz douze enseignes; desquelz je desflctz ung bon nombre, aucuns se voulans saulver se nayèrent et le reste s'est retiré dans la ville; et encores qu'ilz se fussent retranchez et fortifiez beaucoup mieulx que nous n'estions aus faulxbourg de Paris ilz ont esté assaillz si vivement que je les ay contrainctz debandonner leur fort. Et si j'eusse esté promptement secouru d'artillerie, jusse dès lors faict chose dont tout ce royaulme eust receu ung grand bien. Toutes fois là, grâce à Dieu, nous avons beaucoup faict, et espére donner tel ordre à tout le costé de deçà que tout le pays jusques en Guyenne demeurera en seureté; dont je vous ay bien voulu advertir, pour le plaisir que je m'asseure que vous en recevrez. Je ne vous feray plus longue lettre que pour me recommander à vostre bonne grâce; priant Dieu, monsieur de Gonnort, vous donner ce que plus désirez.

« Du camp devant Orléans, ce septiesme jour de février 1563.

« Mon bon homme, je me mange les dois de panser que si j'eusse heu six quanons et pour en tirer deux mille coups, ceste ville estoit à nous. Il n'y avoint ung seul parapet qui vaille et ne les ont guarni que de tonneaux. Il n'ont pas quatre cens soldas bons, le démourant jens de la ville et cinq anseignes d'Allemans qui ont sortis jusques hors de la ville pour le venir randre ung effroy dézéspéré parmi eux. Je ne puis faire mieux que de essaier de guagner le pont qu'ils couppent, ce qui n'est mallezé; mais je amployeray le peuple à fortiffier le portereau pour y laisser quinze cents hommes de garnison, rompant le pont de Perquan il ne le velle de ce costé; si l'on me donne loizir, je le feray, sinon je serai contrainct prendre aultre party : mandez-moy vostre oppinion, mon bon homme.

« Vostre bien affectionné amy,

« FRANÇOIS DE LORRAINE (1). »

« Monsieur de Gonnor, monsieur de Caillac, présent porteur vous fera si bien entendre l'occasion pour laquelle il s'en va présentemant à Paris que je ne vous en diray rien par ceste lettre, si ce n'est vous prier le croyre de ce qu'il vous dira dé ma part, vous advisant que nous sommes si manqués et despourveus de l'équipage qui nous est nécessaire, que vous prieray qu'il y soit si promptement pourveu que bien tost nous en soient secourus. Je m'asseure que vous y tiendrez si bien la main qu'il n'est besoing que je vous face plus longue lettre que pour me recommander à vostre bonne grâce. Priant Dieu, monsieur de Gonnor, vous donner ce que plus désirez.

« Du camp prez Orléans, ce treiziesme jour de février 1563.

« Je vous prie que incontinant que les cappitaines Suysses seront arrivez à vous de les faire promptemant dépeschez; car ilz ont promis que, dans ung moys après le jour de leur partemant, qu'ilz seront à Dijon. Vous sçavez de qu'elle importance est ce faict, qui est la cause que je vous prie l'avoir pour bien recommandé.

« Vostre bien affectionné amy,

« FRANÇOYS DE LORRAINE. »

(1) Le dernier paragraphe de cette lettre a été imprimé dans les Mémoires de Condé.

« Madame, le trésorier de l'extraordinaire de la guerre Fayet a cy devant esté assigné sur les deniers du clergé de Bourges de la somme de quinze mille livres, laquelle le receveur des tailles de Paris, son commis en ce camp, avoit envoyée recouvrez par un clerc pensant que ce feussent deniers tous pretz, comme à dire la vérité ilz eussent, n'eust esté que le chappitre dudict Bourges a faict responce par la sommation que ledict clerc a faict faire à leur receveur que la majesté du Roy et la vostre la leur ont remise et donnée en considération des pertes qu'ilz ont eues et souffertz, ainsi qu'il vous plaira faire veoir par ladicte sommation; sur laquelle somme il a esté seullement receu quatre mille huit cens treize livres huict sous sept deniers. Et pour ce, Madame, que je m'asseurois que toute ladicte somme seroit receue, de laquelle je faisois estat m'ayder pour la fortification et réparation du portereau, pour le paiement des pauvres veignerons que j'ay faict lever ès environs dudict portereau, lesquelz pour leur nécessité il fault faire paier journellement, avec ce que icelle fortiffication ne peult moings couster que de pareille somme, j'ay advisé vous envoeier exprès ledict receveur pour oultre ce que je vous en escrips en parler à Messieurs de voz finances. Mais, Madame, ce n'est pas tout ce que j'ay à vous dire : et je m'asseure suivant la réduction que j'ay faict faire des bandes Françoises estans en ce camp, comme Vostre Majesté a peu veoir par ung estat qui vous a esté envoyé, comme il a esté faict à monseigneur de Gonnor, luy faisant entendre la nécessité d'argent qui est en vostre camp pour estre promptement secouru de la somme portée par icellui, luy mectant en considération que nous sommes jà près du mois de mars, auquel temps il sera deu trois mois ausdictes bandes Françoises, le debvoir desquelles je vous le laisse penser, et davantaige que pour faire un bien grand service à Sadicte Majesté, il seroit besoing de paier les Suisses de deux mois qui leur sont deulz, affin de leur faire faire monstre (ce qu'ilz n'ont faict il y a six mois) et où Sadicte Majesté auroit proffict de quinze ou vingt mille livres par mois, sinon ilz seront tousjours paicz sur les vieilz roolles. A quoy ledict sieur de Gonnor m'a faict fort maigre responce, dont je vous ay bien voullu advertir, pareillement des despences extraordinaires comme pour les vivres, artillerye et voyages, où il fault trouver de jour argent (chose plus que nécessaire), et qui montent bien trente mille livres par mois, suivant mesmes le retranchement que en ay faict porté par les Estats. Et néantmoings pour y satisfaire, le commis dudict

Fayet n'a encores receu, comprins lesdicts quatre mille huit cens livres, qu'environ dix mille livres, parce que j'ay esté contrainct faire mectre le reste des soixante mille livres qui luy sont venuz en ce camp ès mains des trésoriers, Brochet, (chevaulx légiers et artillerie) pour paier les deux mois de l'année passée ; encores y a-t-il sept bandes Françoises à paier, dont je suis ordinairement cryé ainsi que je vous ay faict entendre depuis deux jours, vous suppliant très humblement, Madame, y voulloir pourveoir, comme à tout le contenu de la présente, et que cedict porteur ne retourne sans quelque bonne responce et asseurance de Vostre dicte Majesté, affin que je face le semblable à ceulx qui ont besoing de pardeçà de vostre ayde, mesmement envers nosdits Suisses ; lesquelz je m'asseure qu'ilz demanderont ce jourd'huy argent (chose plus que raisonnable) pour aultant qu'ilz paient parties de ce qu'ilz prenent de vostre peuple. Vous suppliant d'avantaige, Madame, pour la craincte que j'ay que ledict sieur de Gonnort ne tienne en longueur les cappitaines desdits Suisses encores à Paris pour prendre argent, affin d'aller faire leur creue, laquelle ilz m'ont promis rendre dedans ung mois après qu'ilz seront depeschez en la ville de Dijon (ce qui retarderoit grandement le service de Sa Majesté.) Aussi qu'il n'est besoing d'envoier en Normandie la somme que demandoit monsieur le maréchal de Brissac pour l'entreprise de Dieppe, soit pour l'artillerie, vivres et autres choses portées par l'estat qu'il vous en envoya, et qui serviront bien à présent pour ceste armée, obstant que les forces de gens de cheval et partie de celle à pied se doivent joindre (estant ladicte entreprise de Dieppe rompue) avec celle de cedict camp; dont il vous plaira incontinent faire advertir ledict sieur de Gonnort pour satisfaire à ce que dessus, cognoissant de combien cela importe le service de Sa Majesté et le vostre. Qui me gardera, pour l'asseurance que j'ay qu'elle y mectra la main, vous ennoyer de plus longue lettre, sinon que de supplier, Madame, nostre bon Dieu qu'il vous tienne en santé heureuse et longue vie, et accroissement de grandeur à Vostre Majesté.

« De vostre camp, près d'Orléans, le seiziesme février 1563.

« Madame, je n'entens pas par ma lettre que vous aidiés des denyers de ce costé qui sont ordonnez au maréchal de Brissac pour la Normandie, sinon de cestes parties pour l'artillerie, et me veux taire de celle des vivres, aiant antendu ce que m'en a dict Mauvissière, que j'espère vous ranvoier aujourd'hui avec monsieur de Bostin pour répondre à sa dépesche.

« Vostre très humble et très obéissant subjet et serviteur, « FRANÇOYS DE LORRAINE. »

DOCUMENTS RELATIFS A L'ASSASSINAT DU DUC DE GUYSE DEVANT ORLÉANS, LE 18 FÉVRIER 1563, ET A SA MORT ARRIVÉE LE 24 DU MÊME MOIS, SERVANT DE COMPLÉMENT A SES MÉMOIRES.

Relation de la blessure et de la mort du duc de Guyse.

Le jeudy XVIII de février, M. D. LXIII. messire François de Lorrayne duc de Guyse, chevalier de l'ordre, pair de France, et lieutenant général pour le Roy, comme vers le soir il visitoit les tranchées du camp, dressées devant et alentour de la ville d'Orléans, occupées puys un an en ça par le prince de Condé et associés, ayant laissé son harnois pour se refraischir, mesmement son corps de cuyrasse qu'il avoit porté tout le jour, ainsi qu'il retournoit du Portereau, après estre descendu du bateau où il avoit passé la rivière du Loiret, allant doucement le petit pas, et acompaigné de deux gentilshommes seulement, dont l'un estoit le seigneur de Rostin, monté sur un petit mulet, avec lequel il parloit; l'autre le jeune Villecomblin, marchant devant à cheval, fut ledit seigneur de Guyse suyvy par derrière par Jean Poltrot, soy-disant seigneur de Merey, nourry en la maison du seigneur de Soubize, lequel Poltrot avoit despieça proposé le tuer; et comme il approchoit de son logis, en un carrefour où il y a plusieurs chemins tournans de costé et d'autre, ledit Poltrot tira contre luy sa pistolle chargée de trois boulets, de la longueur de six à sept pas; et le frappa à l'espaule, cuydant qu'il fut encores armé par le corps ; et à l'instant qu'il l'eut frappé, il picqua son cheval d'Espagne, sur lequel il estoit monté, et se saulva de vistesse, passant par plusieurs bois et taillis; durant laquelle nuyct, il feit environ dix lieues, pensant tousjours s'esloigner d'Orléans; mais à l'obscurité, il se destourna de son chemin, et vint jusques au village d'Olivet, et picqua jusques au lendemain huit ou neuf heures de matin, qu'il cogneust son cheval estre las ; parquoy, il se logea en une cense, où il reposa jusques au sabmedy XX, qu'il y fut trouvé fortuitement par aucuns soldats ne le cognoissans point, ny sachans qu'il eust commis ledit cas; mais par subson, le voians seul, et de contenance aucunnement effrayée, espérans si c'estoit il, en avoir bonne récompense, par ce que le Roy avoit faict crier par son camp, que quiconques en trouveroit l'autheur et le représenteroit, il luy donneroit mille escus ; qui fut cause de mettre plusieurs en besoigne. Ceulx donc qui le descouvrirent en ladite cense, le trouvans en une chambre où il acoustroit sa pistole, et reinezchans son cheval, l'admenèrent au camp vers la Royne; ausquels par le chemin il déclara l'affaire; promettant un bon présent, s'ils le vouloient sauver. Or fut-il admené, le dimenche xxi, en la présence de la Royne, qui le feit interroguer par maistre Jean Viellart M^e des requestes; où il feit une longue déposition de tout le cas, ainsi qu'il avoit entrepris et exécuté; laquelle fut rédigée par escrit; et parce qu'en icelle, se trouvoit entr'autres chargé le sieur de Chastillon, admiral de France, luy fut incontinent envoyée par aucuns de ses amys, estans lors à Caen avec ses reïtres; à laquelle il respondit le deuxiesme jour après l'avoir receue, et feit imprimer et publier en diligence ses responses, avec les dépositions dudit Poltrot; et quant et quant, escrit une lettre à la Royne, priant qu'elle feit sursoir son supplice, et le garder en quelque lieu seur, où il ne peult estre suborné ne intimidé; afin que la paix faitte, il fust confronté audict sieur admiral, pour en sçavoir myeulx la vérité. Toutefois le lendemain de sadite déposition, il fut mené de nuyst avec quatre chevaux de poste, à Paris, et mis en la tour carrée de la conciergerie du Palais, où il démoura jusques à jeudy xviii de mars, le jour de devant que le corps du feu duc de Guyse entrast à Paris; et lors fut condamné par arrest de la court de parlement à estre tenaillé, et tiré à quatre chevaux en la place de Grève, où il souffrit beaucoup avant que mourir : car d'autant qu'il avoit varié en sa déposition, après avoir enduré les tenailles ardentes et la dure sécousse des chevaulx, il fut détaché, et relevé pour l'examiner derechef. A donc, estant admonesté de dire vérité, sur le point de la mort, l'on dict qu'il en deschargea sa conscience, confessant le tout, et ceux qui luy avoient fait faire. Or pour retourner audict seigneur de Guyse, après qu'il fut blessé en la travée susditte, sitost que la Royne le sceut, vint vers luy au camp, et ne l'abandonna jusques à son trespas. Le cardinal de Guyse estant lors à Paris, n'en fut adverti jusques au samedy ensuyvant; mais incontinent qu'il l'entendit, s'y en alla; et ne peult faire si grande diligence, qu'il ne trouvast son frère très-mallade : car le lundy il tomba en une fièvre continue, par sa playe que les chirurgiens avoient dilatée et cautérisée avec un ferment d'argent tout ardant, cuydans par ce moyen oster la poison qu'ils pensoient estre aux boulets et à la pouldre. Toutefois, tant s'en fallut que cela servist de rien, que plustost il luy avança sa mort, causant ladite fièvre dont il décéda le mécredy des Cendres xxiv. de février, sur les dix heures du matin, après avoir fait plusieurs remonstrances à madame sa femme et à son fils aisné, qui ont esté rédigées par escrit et publiées. Son corps démoura quelque temps au lict mortuaire; puys fut mis en un lieu où chacun pouvoit passer pour le voir. Ceux de la ville et du païs à l'entour y vindrent à trouppes; mesmement grandes compaignies de capitaines, gens-d'armes et soldatz; et dedans le camp, y eut de grandes plaintes. Les enseignes furent mises bas, et les tabourins sonnèrent le desconfort. Puys il fut posé en un coffre de plomb, et porté le vendredy xxvii, par la rivière de Loire, à Blois, conduit par les bandes françoises, suysses et espaignoles, jusques au bateau.

Lettre de l'évesque de Riez, au Roy, contenant les actions et propos de monsieur de Guyse, depuis sa blessure, jusques à son trespas.

AU ROY TRÈS-CHRESTIEN, CHARLES NEUVIESME DE CE NOM.

SIRE, pource que les exemples des vertueuses actions se doivent (quand l'occasion s'y offre) représenter devant les yeux des princes, mesmement quand ils viennent des personnes aymées, de qui l'on reçoit aisément l'imitation, j'ay bien voulu vous rendre compte des dernières œuvres et propos de monsieur de Guyse, ayant receu de luy cest honneur, lorsque je vins au camp avec la Royne, qu'il m'appela pour luy assister en son extrême maladie, et veiller les nuicts avecques luy. Ce qui m'a faict résouldre de prendre ceste hardiesse, a esté le commandement de madite Dame, qui a désiré qu'une si saincte et exemplaire fin d'un tel prince fust par mes escripts cognue à Vostre Majesté, et tesmoignée à tout le monde. Et encores, Sire, que l'amour que vous luy avez portée, vous ne pourrez lire cecy sans quelque tristesse, je m'asseure toutesfois que vous en trouverez moins de contentement d'esprit en la saincteté de sa fin, que de douleur en une si grande perte, et jugerez que les louables et chrestiennes actions de sa mort sont bien respondantes aux illustres effects de sa vie. J'y ay esté présent, et luy ay rendu le plus fidélement et le mieux que j'ay peu, le dernier debvoir qu'il désiroit de moy : dont je n'estime rien toutes les autres instructions que j'ay jamais receues, au pris de celles que ses divines parolles m'ont imprimées dedans le cœur; et semble, Sire, que véritablement on luy feroit tort d'estre marry d'une mort si heureuse pour luy, de *laquelle* luy-mesme se rejouissoit, et qui, après tant d'honorables trophées, a adjousté, par la victoire de ce monde et de soy-mesme, une immortelle couronne à ses précédens honneurs : car ses rares et tant excellentes louanges, qui pour l'instabilité des choses pouvoient recevoir quelque mutation, sont séellées et confirmées par sa magnanimité au mespris de ce siècle, par sa douceur à pardonner à ses ennemis, par sa prudence de pourvoir à sa maison, et finablement par un ardent zéle de charité et d'affection envers Dieu. Si je pouvois entièrement rédiger par escript ses derniéres parolles, vous cognoistriez, Sire, que je vous dy bien peu, au pris de ce qui en est; mais je crains (comme je doibs) que mon imbécillité diminue par trop tant de perfections; combien qu'une partie exprimée suffira tousjours à ceux qui les liront, pour se former un vray exemple et miroir des vertuz qui, au passage extrême de ceste vie, se peuvent attendre d'un homme chrestien : en quoy je ne doubte point, que vous, Sire, ne m'adjoustiez foy, qui sçavez sa suffisance; et espére que les autres ne me souspeçonneront point de mensonge en choses testifiées par la majesté de la Royne, par messeigneurs les princes, et plusieurs autres seigneurs et personnages d'authorité, de qui j'en ay entendu l'une partie, et l'autre je l'ay veue et ouye moy-mesmes.

Avant que d'entrer au récit de ceste triste désaventure, je reprendray le propos un peu plus hault, pour vous faire entendre, Sire, que monsieur de Guyse voyant l'évidente ruyne qui adviendroit à ce royaume, pour la continuation de la guerre qui attiroit les estrangers de tous costez, et que luy et les siens y mettoient les biens et la vie; aussi pour effacer l'opinion qu'aucuns avoient conceue, qu'il voulust par les armes maintenir sa grandeur, il s'advisa de despêcher par plusieurs fois hommes exprès, avec mémoire, vers la Royne, mesmement le seigneur de Crenay, pour l'inciter de plus en plus à la paix, suivant les propos qu'il en avoit mis en avant, tant au camp après la bataille, qu'à Chartres, et dernièrement à Blois; mesme parlant à monsieur le Prince de Condé, lorsqu'il le fut visiter; et conseilloit à madicte dame, de choisir quelques personnages propres, pour aller à Orléans vers monsieur le connestable, négocier ceste affaire : surquoy elle s'advisa de despêcher messieurs de Lymoges et d'Oysel, leur commandant de passer au camp, pour en communiquer avec ledict seigneur de Guyse; ce qu'ilz firent le sabmedy treziesme de febvrier, et après qu'ilz eurent receu son advis ils s'en allérent ce mesme jour à Orléans, où ils parlérent à mondict seigneur le connestable, à madame la princesse de Condé, à monsieur d'Andelot, et autres qui avoient là le maniement des affaires. Cependant que la paix se traictoit, monsieur de Guyse estoit ententif à la guerre, pour se garder de surprise, et pour ceste occasion estoit allé, le jeudy ensuyvant, au porterneau, où il s'arresta longuement, espérant au retour trouver en chemin lesdits sieurs revenants d'Orléans; mais voyant qu'ilz tardoient trop à venir, il se délibéra d'aller devant les attendre à son logis, et de passer la rivière de Loyret dans un bateau, à cause que le pont, dont ceux de la religion qu'ils disent réformée avoient rompu une arche, n'estoit encore refaict. Lors le seigneur de Crenay qui l'accompagnoit et couchoit ordinairement en sa chambre, s'avança d'aller trouver madame de Guyse, pour l'oster de la peine où elle pouvoit estre, à cause du tardif retour de monsieur son mary, et luy dire qu'il arriveroit incontinent. Il advint qu'ayant passé la rivière de Loyret, le meurtrier, qui ne mérite qu'on le nomme, s'estant longuement promené le long du rivage, attendant son occasion, l'apperceut, et luy demanda quand Monsieur viendroit : ledict Crenay luy respondit qu'il estoit bien près, et continua son voyage. Le traistre voyant le temps à propos pour exécuter l'entreprise qu'il avoit faicte de tuer monsieur de Guyse, et ne voulant plus différer, pour l'opinion qu'il print, comme il dist depuis, que s'il vivoit davantage il mettroit en brief à exécution le dessein de la prise d'Orléans, l'attendit jusqu'à la descente du bateau, puis gaigna le devant, monté sur un cheval d'Espagne, que pour cest effect, peu de jours auparavant, il avoit acheté d'un des gens mesmes dudict seigneur ; et le voyant au droit d'un chemin croisé, entre deux grands noyers, sur le destour de main gauche qui conduit à son logis, estant jà demie heure de nuit (ne le voulant regarder à la face, de peur, à ce qu'il confessa après, qu'en le regardant il ne perdist la volonté de luy malfaire, comme il avoit faict plusieurs fois), il s'advança et luy tira, par derrière, de fort près, un coup de pistole chargée de trois balles, qui l'attaignit soubs l'espaule droicte, et passa tout oultre, dont la violence fut si grande, qu'il courba et baissa la teste jusques sur le col de son cheval, puis se dressant et voulant mettre la main à l'espée, trouva la force de son bras perdue. Lors il luy sembla que l'espaule luy estoit emportée de ce coup, et se jugea estre mortellement atteint. Après qu'il fut venu à son logis, et entré dans sa chambre, il trouva madame de Guyse qui n'attendoit rien moins que de le voir arriver en tel estat; et la voyant effrayée d'un si soudain et inopiné accident, après l'avoir baisée, il la consola, et luy dist qu'il luy portoit une piteuse nouvelle; mais telle qu'elle estoit, il la failloit recevoir de la main de Dieu, et s'accorder à sa volunté : que l'on l'avoit tué auprès de son logis, en trahison, parlant de la paix avec monsieur de Roustain, et s'esbahissoit qu'il y eust tant de malice aux hommes : qu'il n'avoit nul regret de mourir, mais bien qu'un de sa nation eust commis un tel acte; et quand madame de Guyse pleurant, dist qu'elle en demandoit vengence à Dieu, il la reprint, disant qu'il ne failloit point irriter Dieu qui nous commandoit de pardonner à noz malfaicteurs, et luy laisser la vengence, comme estant le présent plus agréable que l'homme chrestien luy sçauroit faire : qu'il estoit très-heureux de mourir pour son honneur, et pour le service du Roy : bien avoit-elle occasion de se douloir, car il l'aimoit et l'avoit tousjours tant aymée; mais que Dieu la consoleroit, qui, aux tribulations ne délaisse jamais les siens, au nombre desquels elle estoit; et voyant monsieur le prince de Ginville pleurant, il le baisa aussi, et luy dist : Dieu te face la grace (mon fils) d'estre homme de bien; puis se souvenant de vous, Sire, et de la Royne, il dist que vous seriez bien marryz de son inconvénient, et que vous perdiez un bon serviteur qui ne vous avoit jamais faict faulte. En parlant de madame sa mère, de monsieur le cardinal de Lorraine, et de messieurs ses frères et du desplaisir que tous ceux qui l'aymoient recevroient de son triste accident, il leur souhaitta pouvoir prendre la résolution en son mal, qu'il prenoit luy-mesmes. Après que sa playe fut veue par les chirurgiens, qui trouvèrent que le coup n'entroit dans le corps, il conceut meilleure espérance de sa vie, et dist qu'il estoit disposé pour vivre ou mourir, ainsi qu'il plairoit à Dieu; le priant que s'il le cognoissoit estre utile pour son service et honneur, et pour le bien public, il le laissast en ce monde; sinon, qu'il le print bientost; remettant toutesfois le tout à son ordonnance. Je ne veulx oublier à vous dire que le traistre meurtrier ne fut suyvi que par monsieur de Roustain, qui naguéres estoit venu vers monsieur de Guyse de la part de la Royne, et luy faisoit lors compagnie; mais pource qu'il estoit sur un mulet, et empesché par l'obscurité de la nuit, il ne luy peut faire longue poursuyte, et aussi que celuy qui fuyoit, tenoit l'espée en la main, et s'escriant, faisoit luy-mesmes semblant de poursuyvre celuy qui avoit donné le coup ; mais le juste jugement de Dieu ne permit que pour course ny diligence qu'il sceust faire toute la nuict, et le lendemain tout le jour et encores l'autre nuict, il se peust guéres esloigner du lieu de son maléfice ; de sorte qu'entre Gergeau et Olivet, il fut prins (comme par miracle) de ceux mesmes qui ne le congnoissoient point; et après avoir esté ouy en la présence de la Royne et de messieurs les princes et seigneurs de vostre conseil, il a esté mené à Paris, pour estre jugé par la court de parlement, selon son démérite. Je vous diray seulement, Sire, qu'entre autres choses, il confessa qu'il estoit venu à Messas, vers ledict seigneur, faignant se répentir d'avoir porté les armes avec ceux de la religion qu'ils disent réformée, et les vouloir d'oresnavant porter soubz sa charge, pour vostre service, et qu'il avoit quelque temps conversé en sa maison, à fin de trouver plus aysément le moyen de le tuer; mais la grande bonté et gracieuseté qu'il voyoit en luy, l'avoit tousjours gardé de exécuter sa mauvaise intention.

Messieurs de Lymoges et d'Oysel passoient la rivière quand le coup fut donné; de sorte qu'ils l'ouyrent clérement; et venuz au logis dudit seigneur, ils le trouvèrent prest à se mettre au lict, et s'estans condoluz avecques luy de ceste infortune, il leur dist qu'on l'avoit assez maltraicté pour une fois; mais qu'il ne se trouveroit point qu'il eust jamais faict de telles despêches : qu'il aymeroit beaucoup mieulx mourir qu'en faire de pareilles, et n'eust jamais pensé qu'il y eust eu tant de cruauté en France. Lors ayant loué Dieu de ce qu'il n'estoit en danger, comme luy-mesmes l'estimoit, il luy rendirent compte sommairement, pour ne l'ennuyer de leur négociation, dont il se resjouit, voyant les affaires si bien acheminez à la paix. Il est vray que sur le propos des ostaiges, il dist qu'il estoit bien d'advis que monsieur d'Estampes et monsieur Danville allassent à Orléans; mais quant à monsieur le prince son fils, il doubtoit que madame sa femme et ses amys y feissent quelque difficulté, pour le mauvais estat où il estoit : toutesfois si la Royne congnoissoit estre nécessaire qu'il y allast pour le bien de la paix, et qu'il luy pleust luy commander, non seulement il l'y voudroit envoyer, mais aussi tous ses autres enfans ensemble. Peu après les capitaines de l'armée le vindrent visiter, portants au cueur et au visage une incroyable tristesse, ausquels il dist qu'ils voyoient en quelle façon estoient traictez les gens de bien et les bons serviteurs de Vostre Majesté : que l'on frappoit ainsi par derrière, quand on n'osoit frapper par devant : qu'il les pryoit de parachever les despêches qu'il avoit commencées, et de pourvoir aux affaires de la guerre, sans que pour sa blessure vostre service fust retardé; et que ses sécrétaires obéyroient à leurs commandemens, en attendant des nouvelles de la Royne. Puis quand il la veit arrivée au camp, le samedy vers le soir, expressément pour le voir, il se resjouyt grandement de sa présence, et de l'honneur qu'elle luy faisoit de luy tenir plusieurs favorables propos, se monstrant très-soigneuse de sa guérison, comme celle qui vouloit chercher tous les moyens qu'il luy seroit possible de la luy faire recouvrer, sçachant assez combien elle importoit pour le bien de ce royaume et pour vostre service; de quoy il la remercia très-humblement; et luy ayant rendu compte de ses actions et entreprises, et communiqué tous ses desseins, il sembla estre de beaucoup allégé, et plus content que de coustume; mais le mal croissant tousjours de plus en plus, et ses forces se diminuants pour le sang qu'il avoit perdu, il se trouva entre le doubte et l'espérance de sa vie, sans toutesfois laisser le soing de voz affaires, desquels il conferoit souvent et longuement avec la Royne qui le visitoit tous les jours deux fois. Monsieur le cardinal de Guyse y arriva le lundy sur le soir, qui luy fut un redoublement de consolation, et un grand soulagement à madame de Guyse, qui estoit si affligée qu'elle avoit bien besoing d'un tel secours, pour pourvoir aux choses nécessaires; et quand la Royne y revint le mardy, après qu'elle luy eut demandé comme il se portoit, il luy tint le propos qui s'ensuyt, en la présence de messieurs les princes, et des seigneurs de vostre conseil.

A la Royne.

« Madame, vous voyez l'estat où je suis réduict par le coup que j'ay receu pour maintenir l'honneur de Dieu et le service du Roy, dont le plus grand desplaisir que je sente, c'est de ne pouvoir continuer à le servir et vous, comme j'ay de coustume : car oultre les anciens grands bienfaits que j'ay euz des roys et de vous, Madame, vous me faictes encores de présent tant de bien et d'honneur de me visiter ainsi souvent, et me consoler par voz sages propos et offres honorables, que j'en sens une obligation passant tous les biens qui se peuvent recepvoir de prince ny de princesse du monde. Je me trouve en un combat où il fault nécessairement que je vainque ou que je sois vaincu. Si je demeure le vainqueur, et la vie m'est conservée, je ne l'espargneray jamais en rien pour le très-humble service du Roy et le vostre, et l'employray autant que je feis onques, et plus s'il m'est possible, en toutes les occasions qui se pourront offrir; mais si Dieu veult que la force du mal ayt la victoire sur moy, et que je sois venu à la fin de mes jours, je commande à mes enfans de toute la puissance que j'ay sur eulx, de succéder à mes voluntez en cest endroict, et les tenir comme mes biens, pour un certain héritage, affin de se dédier continuellement eux et leurs vies, pour vostre humble service. Je m'asseure que vostre bonté, sans mes parolles, les vous recommandera tousjours assez, et que les longs services que j'ay faicts aux Roys mes bons maistres, et à vous, ne seront jamais effacez de vostre mémoire : si ne veulx-je laisser à vous en faire une très-humble et affectueuse recommandation, et vous supplier, Madame, de tenir leur mère et eulx en vostre souvenance. Je ne vous veulx point parler de mes facultez; mais je vous veulx asseurer qu'ilz auront bien besoing de vostre faveur et ayde. Je m'en iray, s'il plaist ainsi à Dieu, sans aucun regret de laisser ceste vie ; et combien que le Roy et vous feissiez perte d'un très-affectionné et fidèle serviteur, si est-ce que puisque Dieu vous laisse monsieur le cardinal de Bourbon et messieurs les princes du sang pour vous assister, avecques plusieurs autres seigneurs, je ne vous feray pas grand' faulte, et m'estimeray heureux d'estre mis hors des extrêmes misères et malheurs qui en ce temps régnent au monde, mesmement en ce royaume, où je nous voy en telle disposition d'esprits, que nous ne pouvons aucunement souffrir le repos n'y estre en patience : parquoy il fault, Madame, et je vous en supplie très-humblement, que vous pourchassiez une bonne paix, et metiez une fin au bon commencement que vous y avez donné, comme vous congnoissez estre nécessaire : ce que je désire pour les autres plus que pour moy, qui ne suis asseuré de jouyr d'un tel bien, veu le danger où je me trouve d'une mort prochaine, dont toutesfois la peur ne me trouble point : car comme faisant profession des armes, je m'en suis de long-temps résolu; et comme chrestien, Dieu me faict la grace de me donner une asseurée espérance de mon salut : il me présente sa clémence et sa bonté : il met devant mes yeulx sa miséricorde, et encore que par la rigueur de sa loy, je me sente subject à la condamnation de mes faultes, toutesfois par sa douceur paternelle, et par ce grand mérite du sacrifice de son Filz, je voy pour moy une plénière rémission préparée : je me tiens asseuré de ce qu'il m'a promis : je sçay que le créateur ne veult point perdre sa créature qui met sa fiance en luy ; et encores que mes iniquitez soient venues par dessus ma teste, si ay-je certaine espérance que l'abisme de la miséricorde surmontera l'abisme de mes pechez, et que l'ayant pour moy, l'enfer ny la mort ne me pourront faire nuisance. Soit doncques de moy ce qu'il plaira à Dieu en ordonner : je ne demande ny désire rien outre sa volunté que je me propose en tout pour mon but et résolution, pour la suyvre d'un cueur content et humilié, me soubzmettant à l'obéissance que doibt la facture à son facteur, l'enfant à son éternel Père, et le captif à celuy qui a faict sa rédemption. Je concluray mon propos en ces deux poinctz ; que si la vie me demeure, je la recognoistray de Dieu, comme j'ay tousjours faict toutes choses, et la despendray très-voluntiers pour son honneur, et pour le service du Roy et le vostre : si je la pers, j'espére que je mourray en luy, et que par sa grace il me fera participant de son royaume céleste. »

Ces propos, Sire, qui furent plus diffusément et mieulz par luy poursuiviz, attirèrent abondamment les larmes des yeulx de la Royne, et de tous les seigneurs assistans : à quoy toutesfois elle s'esvertua de respondre, qu'elle espéroit que Dieu luy feroit ceste grace, de le laisser encores en ce monde pour le besoing qu'en avoit ce royaume, pour conserver la religion, et pour vostre service ; de sorte qu'il luy seroit luy-même aydant à faire pour sa maison et pour les siens, ce qu'il désiroit ; mais si Dieu (ce qu'elle ne pensoit) en ordonnoit autrement, elle ne fauldroit d'employer son pouvoir envers vous, Sire, pour leur bien et grandeur, et feroit ny plus ny moins pour eux, qu'elle avoit délibéré de faire pour luy-mesmes, sans jamais oublier ses tant importans services, qui ne sçauroient estre assez dignement récompensez ; et luy vouloit dire plusieurs autres propos, mais se trouvant empeschée par la douleur qui l'avoit saisie, elle fut contraincte de se retirer. Sur le soir, l'ardeur de la fiebvre augmenta avec une sueur froide, non sans quelque débilitation de son entendement. Lors je luy parlay de Dieu, de la consolation qu'il devoit prendre en luy, et de la patience de son mal, comme venant de luy ; ce qu'ayant un temps escouté, il me respondit qu'il estoit très-bien adverty qu'il failloit recognoistre Dieu aux adversitez comme aux prospéritez, comme monsieur le cardinal son frère qui estoit la présent, luy avoit bien sceu dire ; et pour ce qu'il se sentoit grandement travaillé de la fiebvre et de la sueur, il pria qu'on le laissast prendre son repos. Un peu après, estant advisé par monsieur le cardinal son frère, que le temps estoit venu où il luy failloit penser à sa conscience, recevoir les saincts sacremens, et disposer de ses derniers affaires ; après avoir esté quelque temps en cogitation, il me feit appeler, n'estans lors que mondit seigneur le cardinal son frère, et monsieur de Roustain avecques luy ; et adressant sa parolle à moy, dist qu'il avoit délibéré de faire trois choses. Premièrement de remémorer ses faultes passées, pour se réconcilier avecques son Dieu ; les dire en confession particulière à son aulmosnier, et déclarer par une confession publique devant tous, ce qu'il pensoit debvoir venir à nostre congnoissance. Secondement, de se présenter au sainct sacrement de l'Eucharistie, invoquer la faveur divine en son secours, pour luy faire la grace de le pouvoir dignement recepvoir ; et finablement, après qu'il auroit deschargé son esprit du faix de sa conscience, pourvoir à ses affaires domestiques, et faire son testament. Et sur ce propos, avecques une grande élévation d'esprit, il se mit à parler de Dieu, du sacrement du corps de Jésus-Christ, et de la seureté de ses promesses, si sainctement, qu'il ne laissoit aucun lieu à nous qui estions présens, de luy pouvoir dire chose pour son édification, qu'il ne se la dict soy-mesmes ; de sorte que nous n'avions pas tant à faire à le conseiller, qu'à luy conforter ses bonnes intentions. Après qu'il se fut confessé à son aulmosnier, la minuict passée, il voulut que la messe fut dicte devant luy ; et particulièrement m'appela, pour me tenir près de son chevet ; et estant la messe achevée, il feit tourner le prebstre devers luy, et ayant faict approcher madame de Guyse et monsieur le prince son filz, il commença de parler à elle, qui misérablement esplorée, se composoit le mieulx qu'il luy estoit possible, pour ne luy monstrer l'extrême ennuy qu'elle portoit : puis adressa son propos à mondict sieur le prince son fils, et le continua comme vous pourrez veoir en ce qui s'ensuit.

A madame de Guyse.

« Ma chère et bien aymée compagne, puisque Dieu veult que je m'en aille le premier, c'est bien raison, cependant que j'ay encores le loisir, qu'à vous la première j'adresse mon propos, vous communiquant de mes derniers affaires. Nous avons longuement esté conjoincts ensemble par le sainct lien de foy et d'amitié, avecques une entière communion de toutes choses. Vous sçavez que je vous ay tousjours aymée et estimée, autant que femme peult estre, sans que nostre mutuelle amitié ait receu aucune diminution en tout le temps de nostre mariage, comme je me suis tousjours mis en mon debvoir de le vous faire cognoistre, et vous à moy, nous donnans tous les contentemens que nous avons peu. Je ne veulx pas nier, que les conseils et fragilitez de la jeunesse ne m'ayent quelquefois conduict à choses dont vous avez peu estre offensée : je vous prie m'en vouloir excuser et me les pardonner : si veulx-je bien dire que je ne suis pas en cest endroict des plus grands pécheurs, ny aussi des moindres ; combien qu'envers Dieu je sois en tout des plus coulpables : mais depuis quelques années, vous sçavez bien avecques quel respect j'ay conversé avecques vous, vous ostant toutes occasions de recevoir le moindre mescontentement du monde.

« Dieu m'a donné des biens : je vous en laisse la part que vous en voudrez prendre. Je vous laisse les enfans que Dieu nous a donnez, qui sont assez bien heureusement nez et nourriz jusques icy. Je vous prie, par l'inviolable amytié d'entre nous deux, que vous leur soyez tousjours bonne mère : que vous leur rendiez les prudens et songneux offices que vous leur debvez, les nourrissant sur toutes choses en l'amour et en la crainte de Dieu, pour obéir à ses commandemens, et suyvre le chemin de vertu : que vous les entreteniez en l'obéissance du Roy et de la Royne ma bonne maistresse, et de messieurs ses enfans, sans recongoistre que Leurs Majestez et mesdicts seigneurs : que vous leur donniez de bons précepteurs qui les instituent aux bonnes lettres ; j'entens les lettres qui ne sont subjectes à aucune repréhension, et que vous leur donniez de sages gouverneurs, qui les puissent dresser au chemin des gens de bien et d'honneur, pour estre tels que je les désire. Les plus chers thrésors que vous leur puissiez faire acquérir, sont les vertus, qui leur feront une seconde obligation envers vous, non moindre que la naissance. Je vous prie de tout mon cueur, les avoir tous pour recommandez, et principalement mon fils icy présent, qui estant le plus advancé d'aage, pourra servir de guyde et d'exemple aux autres. Je vous donne la puissance de leur faire les partages de mes biens, et d'oster à celuy qui vous sera désobéissant, la tierce partie des biens qui luy escherra, et la donner à celuy de ses frères que vous vouldrez choisir ; en quoy je m'asseure que vous gouvernerez par l'advis et conseil de madame ma mère, et de messieurs les cardinaulx mes frères, et s'il advient que vous vous oubliez en ce dont je vous prie, vous rendant trop rigoureuse ou nonchalante à vostre devoir envers eux, je prie mon Dieu qu'il vous en donne une forte punition, pour vous faire congnoistre vostre faulte. Je ne dis pas cecy, ma mye, pour aucune défiance que j'aye de vous : car je vous tiens en trop bonne estime ; mais l'amour paternelle, et le grand désir que j'aye que vous suyviez ma volunté, me faict parler en ceste sorte. Or je vous prie mettre si bien en vostre mémoire ce mien dernier propos, qu'il n'en puisse jamais sortir. »

A monsieur le prince de Ginville.

« Mon fils, tu as oy ce que j'ay dit à ta mère, que Dieu te laisse pour tenir ma place, et t'estre une bonne et sage conduicte, tant qu'elle demeurera en ce monde : je te commande de luy estre obéissant, et de luy rendre honneur et révérence, suyvant les bons conseils et prudentes instructions qu'elle te donnera : aye, mon mignon, mon amy, l'amour et la craincte de Dieu principalement devant tes yeulx et dedans ton cœur : chemine selon ses voyes par le sentier droict et estroict, laissant le large et oblique qui conduit à perdition : garde ses saincts commandemens tant qu'il te sera possible : demande luy en la grace, et il te la donnera : dresse toutes tes actions et desseins au chemin de la vertu, pour laquelle avoir, il te fault enquérir que c'est que vertu ; et l'ayant aprins, t'enquérir où sont les hommes vertueux, et après les avoir trouvez, hante-les, fréquente-les, et te les propose pour imiter : lors Dieu te fera la grâce de devenir vertueux : ne te laisse aucunement attirer aux compagnies vitieuses : car la fragilité de la jeunesse s'attache aysément à l'exemple de mal, et pour petit commencement que tu en ayes, tu ne te donneras garde que peu à peu te laissant vaincre au vice, tu y viendras jusques au plus hault degré : garde toy, mon fils, d'y entrer, pour n'obscurcir par tes coulpes l'heur de ta naissance : évite toutes les occasions qui t'y pourroient conduire ; ny mesme au jeu, ne commence à tromper pour quelque petite occasion que ce soit : car du peu tu viendrois au beaucoup, et acquerrois avec le temps une coustume vitieuse : mesprise la conversation des femmes mal sages : car il ne s'en peult acquérir que malheur et damnation : ne cherche aucun avancement par voyes mauvaises, comme par une vaillance de court, une fortune vitieuse, ou une faveur de femmes : car ce sont tous incertains appuiz, sur lesquels ne se peult fonder aucune chose stable ; mais attens les honneurs de la libéralité de ton prince, par tes services et labeurs, et ne désire les grandes charges : car elle sont très-difficiles à exécuter ; mais en celles où Dieu t'appellera, employe entièrement ton pouvoir et ta vie, pour t'en acquiter selon ton devoir, à l'honneur de Dieu, et au contentement de ton Roy, lequel tu doibs recongnoistre (après Dieu) pour souverain maistre et seigneur, et la Royne ma bonne maistresse, pour ta souveraine dame, du tout leur dédiant tes services, et honnorant Messieurs, comme frères et enfans de tes Roys ; et si la bonté de la Royne te faict participer en mes Estats, n'estime point que ce soit pour tes mérites, mais seulement en faveur de moy et de mes laborieux services; et regarde quand tu seras venu à l'aage d'en pouvoir prendre le maniement, de t'y porter avec modération, faisant à un chacun tous les raisonnables plaisirs que tu pourras, sans jamais faire injuste desplaisir à personne. Les grandeurs ne sont rien, si elles ne sont accompagnées de la vertu; et d'autant qu'eslevé en plus hault dégré tu seras, d'autant seront tes faultes plus apparentes; mais quelque bien qu'il te puisse advenir, garde toy d'y mettre ta confiance : car ce monde est trompeur, et n'y peult estre asseurance aucune : ce que tu vois clairement en moy-mesmes, qui estant un grand capitaine, suis tué par un petit soldart. Je ne dis pas cecy pour ma louange : car je la rends du tout à Dieu, mais pour t'enseigner le mespris du monde; estimant que grand capitaine se peult dire celuy qui est chef de tant de vaillans hommes combatans pour l'honneur de Dieu, et pour le service de leur prince. Or, mon cher fils, pour la fin de mon propos, je te recommande ta mère : que tu l'honnores et la serves, ainsi que Dieu et nature te le commandent : que tu ne luy desplaises, ny ne la mécontentes jamais en rien : que tu aymes tes frères comme tes enfans, estimant leur bien comme le tien propre : que tu gardes l'union avec eux : car c'est le vouloir de Dieu, et le nœud de ta force; et je prie mon Dieu qu'il te donne sa saincte bénédiction, comme je te donne présentement la mienne. »

A messieurs les cardinaulx de Lorraine et de Guyse.

« Et vous messieurs les cardinaulx mes frères, qui m'avez tousjours tant aymé, j'ay receu de grands biens de vous, lesquels je désire que les miens puissent recongnoistre, en vous obéissant, et vous faisant service : je vous prie les avoir en vostre recommandation, et leur estre pères, et vous rendre protecteurs de ma femme et de ma maison. Je m'asseure que mon frère, monsieur d'Aumalle, fera tousjours envers eulx office de bon oncle, et que mes autres frères vous obéiront comme voz enfans. Vous, monsieur le cardinal mon frère, qui estes esloigné pour une si bonne occasion, je vous prie quand vous entendrez ceste nouvelle, prendre la consolation avecques Dieu, que vous sçauriez très bien donner aux autres; et vous monsieur le cardinal mon frère, que Dieu a voulu faire assister à ma fin, et qui avez prins la peine de me venir trouver à ce besoing nécessaire, vous m'avez grandement obligé de ce bien et tant d'autres que j'ay receuz de vous, mais surtout de ce qu'en ceste extrémité vous m'avez advisé de penser à Dieu et à ma conscience, et de recevoir les sacremens selon la saincte et louable coutume de l'Eglise. »

Aux assistans.

« Et vous, Messieurs, qui estes icy présens, que Dieu m'a envoyez pour ma consolation, je vous prie ne vous lassez point de continuer jusques à ma fin les bons et charitables offices que vous avez commencez. Je ne cuidois pas estre si près de mon but, et sentois mes forces assez grandes pour aller plus oultre; mais puisque mon heure est prochaine, il est temps que je pourvoye à mes derniers affaires. Je vous prie, Messieurs, quand Dieu m'aura appellé à l'autre vie, souviennez-vous d'avoir toute ma famille pour recommandée envers la Royne, et luy ramentevoir mes longs et fidelles services, qui ont esté les meilleurs que j'ay peu envers les roys mes bons maistres, et envers elle; et luy dire que s'il luy plaist départir à mon fils mes Estats, j'espère qu'elle en sera bien et fidellement servie. Quant à messieurs les cardinaux mes frères, je croy qu'ils se contentent des biens qu'ils ont. Il fault que je die de monsieur d'Aumalle, mon frère, que c'est un bon et vaillant capitaine qui a bien et longuement servy, et qui mérite qu'on le recongnoisse. Quant à moy, vous voyez l'estat où je suis réduit par la blessure d'un homme qui ne sçavoit pas bien ce qu'il faisoit. Je vous prie faire très-humble requeste à la Royne, qu'en l'honneur de Dieu, et pour l'amour de moy, elle luy pardonne. S'il est trouvé avoir offensé le public, je n'y touche point; mais en ce qui concerne l'intérest particulier de ma vie, suppliez-la affectueusement de ma part, qu'il ne reçoyve aucun dommage; et vous qui en estes la cause, je vous suis grandement obligé : je serois bien ingrat si je ne vous remercioys, puisque, par vostre moyen, je suis voisin de l'heure où j'espère asseurément m'approcher de mon Dieu, et jouyr de sa présence. Les roys ont de belles maisons, les princes en ont, j'en ay de belles; mais ce ne sont que ténébreuses prisons, au pris de la saincte cité et de la haulte habitation où je m'advance. C'est le temps où je doibs penser aux offences que j'ay faictes, et recueillir les faultes de ma vie. Vous sçavez que j'ay eu de grandes et difficiles charges, et ce a esté sans les chercher. J'ay esté lieutenant des roys en grandes armées, dedans et dehors ce royaume, ayant commandement sur les finances dont je signois les roolles, et expédioys les acquits; qui n'estoit soing de petite importance; mais je ne les ay employéez que pour le service du Roy, sans jamais en appliquer rien au proffit de moy ny des miens. J'ay esté quelquefois contrainct d'user d'aspres sévéritez ; comme en Lombardie, de faire mourir des hommes pour peu d'occasion, pour avoir seulement prins un pain, ou un morceau de lard ; qui estoient rigueurs nécessaires pour la guerre; toutesfois désagréables à Dieu, dont je sens un fort grand desplaisir, comme d'autres semblables offences. J'ay esté aussi d'avis qu'on print des biens de l'Eglise, et qu'on vendist du temporel des bénéfices; mais ce a esté à bonne intention, pour la nécessité du temps et l'utilité publique; et ay tousjours désiré une bonne réformation en l'Église, affin que Dieu y fust mieulx honnoré et servy. J'espère que ce bien adviendra en la chrestienté, lorsqu'on verra ceulx qui l'entreprendront porter la marque de vrays et fidelles serviteurs de Dieu. Quant aux dernières armes que j'ay prinses, j'invoque la bonté divine en tesmoignage que je ny ay esté conduit par aucun intérest particulier, par ambition, ny par vengeance, mais seulement pour le zéle de l'honneur de Dieu; pour la vraye religion que j'ay tenue sans fléchir, et le service de mon prince ; qui sont cause que je meurs présentement; dont je me tiens heureux, et remercie de très-bon cueur mon Dieu de m'avoir faict tant de grace. Je vous prie croire que l'inconvénient advenu à ceux de Vassy, est advenu contre ma volunté : car je n'y allay onques avecques intention de leur faire aucune offence. J'ay esté deffendeur, non aggresseur; et quand l'ardeur de ceux qui estoient avec moy, me voyans blessé, leur fit prendre les armes, je fey tout ce que je peu pour parer leurs coups, et garder que ce peuple ne receust aucun outrage. J'ay désiré et pourchassé, par tous les moyens qu'il m'a esté possible, une bonne paix; et qui ne la désire, n'est point homme de bien ny amateur du service du Roy, et honny soit qui ne la veult. Je vous prie remonstrer à la Royne, qu'elle la face, pour la conservation de son royaume qui est tant affligé, que s'il demeure quelque temps en ce misérable estat, l'enfant ne pourra hériter aux biens de son père, ny le seigneur soutenir ce qui est sien. Il vaudroit mieulx estre ailleurs beschant la terre; tellement que si Dieu ny remédie, j'ay pitié de ceulx qui demeurent après moy. Il est vray que le moyen de la paix est hors de la puissance des hommes, pour les voluntez exorbitantes et les cueurs trop endurciz; de sorte qu'il fault que ce bien advienne à ce pauvre royaume seulement par la bonté de Dieu. Il nous la donnera quand il en sera temps, et quand nous aurons appaisé son ire par nostre conversion de vie. Il est notre père, et nous sommes ses enfans. Il sçait mieux que nous mesmes ce qui nous est proufitable. C'est luy de qui il fault attendre toutes bonnes choses : car le monde n'est plain que de tout mal, de misère et de calamité. Il luy plaist qu'il soit ainsi pour exciter nostre foy, et nous garder de mettre icy nostre fiance. Et vous mes amys et serviteurs, qui avez prins pour moy tant de peines, je n'ay pas faict beaucoup pour vous ; si ay-je faict ce que j'ay peu, et si mieulx je pouvois, je le feroys voluntiers. Je vous prie, si la colère ma quelquesfois incité à vous dire ou faire chose qui vous ayt dépleu, me le vouloir pardonner; et si à quelqu'un d'entre vous ou à d'autres, je me trouvois redevable d'aucune debte, dont il ne me souvienne, j'entends que à la première demande, il y soit promptement satisfaict. »

Oraison à Dieu.

« O mon Dieu, que grande est ta clémence et bénignité envers ta créature, envers ton pauvre serviteur : tu m'as départy en ma vie plusieurs grands bienfaits, tant d'honneurs et de prospéritez et tant de faveurs; mais, mon Dieu, toutes ne sont rien au pris de celle que tu me fais de m'appeler à toy. O heureuse la playe qui en si peu de temps me délivre de ceste prison terrestre, et me mène en la céleste habitation vers toy, mon Dieu, qui est le salut, le bien seul et asseuré où nous debvons prétendre, où j'aspire de tout mon cueur, et espère de parvenir ; non point par mes mérites, ny par mes œuvres qui sont trop imparfaictes : car je ne suis que péché; mais par ton infinie bonté et miséricorde, par le mérite du sang espandu de ton Filz mon saulveur. Je mets tous mes pechez sur mes espaules, et les jette à tes pieds, afin que tu les recoyves et me laves dans le sang de ton Fils Jésus-Christ. O Trinité divine et incompréhensible, trois personnes en une déité, soyes-moy aujourd'huy secourable : ne permettez point que pour mes faultes, l'ennemy use de sa puissance sur moy. Tu m'as promis, mon Dieu, que tu recepvras la conversion du pécheur toutes les foys qu'il se repentira de ses faultes. Regarde mon humilité, mon desplaisir et ma ferme espérance ; espérance qui n'abuse point et ne confond jamais : car elle est appuyée sur la roche de la vérité, sur tes sainctes promesses qui ne furent oncques vaines et ne peuvent faillir. N'entre point en jugement avec ton serviteur. Je demande ta miséricorde, mon Dieu, ta saincte miséricorde qui est infinie, qui surmonte l'infinité de mes pechez. Fais moy participant de la mort de ton Fils Jésus-Christ, qui a vaincu la mort et le péché du monde. Confirme moy de ton Sainct-Esprit : mets dedans mon cueur avec ton doigt divin, la foy et confiance en ton souverain ayde, jusqu'au dernier souspir de ma vye. Embrase mon esprit de ta charité, affin qu'il ne pense qu'en toy, qu'il ne désire que toy; et ne permets que mes tentations soyent par-dessus mes forces. Or, mon Dieu, je sens desjà ta promesse accomplye : je me sens estre au nombre de tes esleuz, dont je te rends infinies grâces. Je voy tes saincts bras ouverts pour me recevoir aux félicitez éternelles, pour me faire vivre entre tes bienheureux. O mon Dieu, je n'ay plus aucun doubte de mon salut : il n'y a plus qu'un peu d'espace qui me garde d'aller à toy. Je suis venu au bout de mon voyage : je n'ay que le travers d'une rue à passer : abrége moy, mon Dieu, ce passage, non point pour me délivrer de la peine : car je me contente de ce qu'il te plaist, sçachant bien qu'il n'y a tribulation qui soit digne de la future gloire; mais je désire ce partement, pour bientost voir ta divine face. Or, mon rédempteur Jésus-Christ, je me voys présenter au sainct-sacrement de ton précieux corps, où tu es présent réalement et en essence, ainsi que tu l'as dit, pour le recevoir en toute humilité, et me nourrir de ceste divine pasture, pour me fortifier en l'imbécilité de ma chair, par ta chair, et me conjoindre et unir inséparablement avecques toy; combien que je soys du tout indigne d'une telle grace. »

Ces oraisons, beaucoup mieux et plus copieusement récitées qu'elles ne sont escriptes, furent accompagnées d'une si merveilleuse véhémence, venant d'un tel personnage, qui parmi les mortelles afflictions retenoit encores en son action et en son visage l'accoustumée dignité, que nous ne sçavions ce que nous devions le plus faire, ou nous douloir d'une pitié si lamentable, ou nous resjouyr d'une ame si heureuse, ou engraver ses saincts préceptes en noz entendemens, ou admirer son infinie éloquence. Après que son aulmosnier luy eut faict une briefve exhortation convenable au sainct-sacrement qu'il luy administroit, il le receut avec une grande humilité et révérence, puis se monstrant encores plus consolé qu'auparavant, se resjouissoit en Dieu, le priant sans cesse de demeurer avecques luy, et estre sa force et deffence contre toutes les cautelles et embuches de l'ennemy duquel il n'avoit aucune craincte; et souvent se remettoit sur la seureté des divines promesses, et sur le mérite du sang espandu pour nous en la croix, de sorte qu'en ses tant eslevez propos, il n'employa moins de trois heures; dont pour le relever de la peine qu'il avoit de parler trop longuement, je prins souvent la parolle, pour luy dire ce que je jugeois estre le plus convenable aux termes où il estoit; et quelques fois, je luy lisois de la Saincte Escripture, mesmement des Epistres sainct Jacques; à quoy il prenoit un grand plaisir, disant avoir regret qu'il n'y avoit employé le temps despendu inutilement en choses vaines, et que la jeunesse feroit bien de se nourrir en si sainctes lectures. Après, il pria monsieur le cardinal, n'oublier de luy faire administrer l'extreme-unction; et quand l'on allégua l'incommodité du camp et des églises ruinées, il dit qu'il seroit marry s'il ne l'avoit. Je ne parleray point de ses ordonnances touchant ses affaires domestiques, ses funérailles et obséques, que je remetz à son testament, et les autres particularitez d'importance au propos qu'il tint à monsieur de l'Aubespine, pour les rapporter à la Royne, de sa part, l'ayant envoyé quérir expressément pour cest effect.

C'est, Sire, ce que j'ay peu recueillir des principalles et dernières actions de monsieur de Guyse. Il rendit l'ame à Dieu, le mécredy 24e febvrier, et le sixieme de sa blessure, entre dix et unze heures avant midy; en quoy l'on peult voir les singulières graces que Dieu luy a faictes, de l'avoir advisé de mener monsieur le prince son filz au camp, pour lui donner les premières instructions militaires, luy monstrer le chemin d'honneur et de vertu, et de faire venir madame sa femme, comme prévoyant ce qui luy debvoit advenir, afin que la mère et le filz fussent près de luy en ses dernières nécessitez, pour le secourir et recevoir ses commandemens; puis de voir avant sa fin la Royne, monsieur le cardinal de Guyse son frère, et la pluspart de ses bons amys et serviteurs; et si je doibs estre mis en quelque compte, que je me y sois trouvé, pour réduyre en mémoyre ses dernières paroles qui ne sont à mon advis point périssables; et finablement, que sa maladie n'ait pas esté si longue, qu'il en puisse avoir receu beaucoup de torment, ny si briefve, qu'il n'ayt eu le loysir de donner ordre aux affaires de sa maison, de pourvoir à sa conscience; et qu'encores après sa mort, nous recueillions les fruits de ses bons conseils, par la paix qui a esté bastie sur les mesmes fondemens qu'il avoit faits. Ainsi se départit de nous ce grand personnage, laissant à nos yeulx les abondantes larmes de douleur, et à noz esprits, la douceur de consolation infinie pour l'heureuse récordation de ses tant rares graces et vertus, si excellentes, qu'elles seront célébrées au monde avec immortelle louange.

Lettre du cardinal de Bourbon à la duchesse de Guyse, écrite après la nouvelle de la blessure de son mari.

« Madame, ayant entendu la blessure de monsieur vostre mari, je ne voulu faillre vous despescher ce présent porteur, pour l'envoyer visiter et vous pareillemant pour vous supplier de croire que Dieu le préservera pour son service et pour la nécessité de ce pauvre réaulme; encores que l'acte a esté mescant et malheureux, je me fie tant en Dieu qu'il guérira bien tost, en despis de ses ennemys. Si ma présence luy pouvoyt servyr, je ne fauldroys d'y aller, et luy faire aussy voulantiers service que parent et amy qu'il est en ce monde, me recommendant, Madame, très humblemant à vostre bonne grâce, prieray le Créateur vous donner bonne vie et longue.

« Vostre très humble cousin à vous faire service. « Charles cardinal de Lorraine. »

A monsieur de Gonnor, même sujet.

« Monsieur de Gonnor, je vous faiz ce petit mot en haste pour vous dire que passant par ceste ville de Chartres, j'y ay rencontré ce courrier, qui est à monsieur mon frère, monsieur le cardinal de Lorraine, par lequel j'ay receu advis certain que, grâces à Dieu, la bléceure de monsieur mon frère, monsieur de Guyse, n'est si dangereuse que nous craignions au commencement, et que les chirurgiens qui sont près de luy promettent de le remettre bientost en santé avecq l'ayde de Dieu ; dont je vous ay bien voulu faire part pour l'aise que je m'asseure en recevrez, vous priant de la communicquer au prévost des marchandz et aultres qu'adviserez ; et afin qu'ilz n'en facent doubte, je vous envoye la lettre que m'en a escripte monsieur Dalluyt pour la leur monstrer. Me recommandant en cet endroict de très bon cueur à vostre bonne grâce, et priant Dieu, monsieur de Gonnor, vous donner bonne vie et longue.

« De Chartres ce vingtuniesme février 1563.

« Vostre entièrement bien bon amy,

« Loys cardinal de Guyse. »

Articles de la paix faicte avec Louis de Bourbon, prince de Condé, au siège d'Orléans, après la mort de François duc de Guyse, général de l'armée quy l'assiégeoit.

« Tous seigneurs, gentilhommes, chastelains et hault justiciers pourront vivre en leurs maisons en liberté de leurs consciences et exercices de leur religion avec leurs familles et subjects quy librement s'y voudront trouver et les autres gentilhommes ayant fiefs aussi en leurs maisons pour eux et leurs familles, tant seullement moyennant qu'ils ne soient demeurans aux villes, bourgs et villages d'autres seigneurs hault justiciers, auquel cas ils ne pourront esdicts lieux faire aucun exercice de leur ditte religion, sinon par exprès commandement de leurdicts hault justiçiers et non aultrement.

« En chacun bajlliage ou sénéchaussée, le Roy ordonnera à la requeste des évangélistes, villes ou faubourgs esquels l'exercice de la religion se fera de tous ceux du ressort quy y voudront aller, et néantmoins chacun pourra vivre en sa maison sans pouvoir estre recherché pour le faict de sa conscience.

« En toutes les villes où ladite religion est aujourd'hui purement exercée, outre celles quy seront particulièrement spécifiées des bailliages et sénéchaussées, le mesme exercice sera continué en un lieu ou deux dedans lesdittes villes tel qu'il sera advisé, sans qu'ils puissent prendre ne retenir aucun temple des gens d'église quy seront remis en la jouissance de leurs biens.

« Toutes villes seront remises en leur premier estat et les estrangers hors du royaume.

« Chacun retournera et sera conservé en ses estats, biens et honneurs, et tous jugemens donnez au contraire seront de nul effect et valleur.

« La ville et ressort de la prévosté de Paris sera et demeurera exempte de l'exercice de ladite religion. »

S'ensuit le sainct et pitoyable discours, comme ce bon prince Françoys de Lorraine, duc de Guyse, se disposa à recevoir le Sainct-Sacrement de l'autel, et l'extrême-onction, et des regretz et complainctes que feirent les capitaines et soudars, après qu'il fut décédé.

Ce bon prince duc de Guyse, ayant une fièvre continue avecques sa playe, par les doctes et bien expérimentez médecins, qui la estoyent, fut faicte consultation pour chercher le moyen de luy donner guérison, et trouvarent qu'il y avoit peu d'espoir à sa convalescence; laquelle chose oyant monsieur le cardinal de Guyse, se transporta vers son frère, et luy feit entendre l'opinion des médecins, l'admonestant de se disposer pour chrestiennement recevoir les Sainctes-Sacremens de l'Eglise. Quand ce bon prince eut ouy l'avertissement de son frère, au lieu de se troubler, au lieu de se fascher, au lieu de se tormenter, regarda son frère d'un œil doux et benin, et luy dict : Ha ! mon frère, je vous ay aymé grandement pour le passé, mais je vous ayme encore plus que je ne feis oncques, veu le bon vouloir que vous me portez : je congnois maintenant que vous m'aymez : car me faictes un vray tour de frère, dont grandement je vous suis tenu, et de cueur vous en remercie : vous ne me pouviez annoncer chose qui me fust plus agréable, que de m'inciter à prendre les remèdes ordonnez de l'Église, pour avoir vie et salut lassus avecques Dieu, où j'aspire d'un désir perfaict. Et incontinant ce prince bien né se mit dévotement en oraison, et pria Dieu long-temps, estant comme ravy au ciel; puis après, demanda un confesseur, et vint un personnage docte et honorable homme d'église, qui l'ouïst en confession; et s'accusa avec grand dévotion et contrition, devant Dieu et son confesseur; puis après, estant confessé, ayant perfaicte contrition de ses faultes, se remit à faire dévotes prières à Dieu, avec propos plus céliques que terrestres, et continua ainsi jusques environ la minuict; puis on prépara un autel pour célébrer la saincte messe devant luy, laquelle il ouit avecques pleurs, larmes, oraisons, et grande dévotion; et après que la messe fut acchevée, premier que recevoir son Créateur, apella toute la companie au tour de luy, et pria qu'on luy donna audiance. Lors, en présence de tous les assistans, feit une confession générale de toutes ses fautes, commenceant à sa jeunesse, jusques à l'heure présente; et parloit d'une telle façon, avecques telle dévotion, qu'on pensoit plus ouïr parler un ange du ciel, qu'un homme terrestre : cela faict, apella madame de Guyse son épouse, et luy dit plusieurs propos à secret, en luy recommandant messieurs ses enfans; l'exhortant aussi à prendre patience, puisque c'estoit le vouloir de Dieu : madame toute esplorée se retira un peu, et feit venir monsieur le prince de Jainville son fils, et se présenta devant son père qui luy donna sa bénédiction, et luy feit de grandes remonstrances, comme un vray père; et après feit son testament et ordonna de sa dernière voulonté. Quand il eut faict comme un Zachée, et fidèlement disposé de sa maison, se meit à prier Dieu, et avecques larmes et dévotes oraisons, receut le Sainct-Sacrement de l'autel, et puis rendit grâces à Dieu. Là estoit un vertueux et notable prélat, monsieur l'évesque de Rieux, qui se meit à lire le sainct Évangile et les épistres de sainct Pierre et sainct Jacques, devant luy, jusques à son trespas; la leçon desquelles ce bon prince escoutoit en grande affection, et disoit à tous propos : O mon Dieu! que voylà bien dict : ô mon Dieu! que ces parolles me consolent. Quand fut au matin qui estoit le mercredy des Cendres, jour Sainct Matthias, on le voulu faire manger, et luy présentèrent des restaurans et viandes exquises, pour soustenir un peu le corps débilité : Ostez, dict-il, ostez, car j'ay pris la viande céleste, la manne du ciel, par laquelle je me sens si consolé, qu'il m'est advis que je suis desjà en paradis : ha! me voulez-vous donner ces aliments terrestres, pour me retenir encorre icy? Ce corps n'a plus nécescité de nouriture, j'ay esté frappé à la mort pour soustenir l'Église et la querelle de mon Dieu, lequel je prie affectueusement qu'il veille pardonner à celluy qui m'a blessé et donné le coup mortel, de bon cueur je luy pardonne, et ne veux qu'il luy en soit faict aucune chose : toutesfois, s'il y a quelque intérest public, je ne le puis garentir de cela; mais de ma part n'aura aucun intérest. Monsieur le révérendissime cardinal de Ferrare, légat du Sainct-Siége apostolic, arriva au logis, et, voyant que ce prince s'approchoit de la fin, se disposa, et avec révérence et dévotion luy donna la saincte et extrême-onction. Cependant l'esprit de ce bon prince se retiroit des extrémitez du corps, dont il perdit la parole; mais monstroit par signe qu'il approuvoit les sainctes Escritures qu'on récitoit devant luy; et sur les dix heures du matin, ou environ, leva les yeux en haut, feit un soupir vers le ciel, et rendit l'âme au sein d'Abraham. O que ce n'est pas la fin d'un tyran : ô que ce n'est pas la fin d'un Catiline perturbateur d'une république : ô que ce n'est pas la fin d'un Scilla, comme vous l'avez escrit et estimé, ô aveugles hérétiques, en voz paroles menteuses, et invectives injurieuses! C'est, c'est la fin d'un prince chrestien : c'est la fin d'un Roland : c'est la fin d'un roy sainct Loys, de la race duquel il est descendu, à cause de sa propre mère qui est yssue de la noble maison de Vendosme. Le corps dudit prince fut mis en un lieu où chacun pouvoit passer pour le voir. Ceux de la court et du païs à l'entour, venoient à troupes pour le voir; mesmes grandes compaignies de capitaines, gendarmes et soudars, vindrent aussi pour le voir; et tous ceux qui passoient au lieu où il estoit, estoient si esplorez, et avoient le cueur tant saisi de regret, que l'un ne pouvoit parler à l'autre, et se fondoient tous en larmes. Dedans le camp, on n'oyoit que plaintes, regrets, soupirs et lamentations : on mettoit les enseignes bas, on traînoit les picques, les tabourins sonnoient le pitoyable desconfort, tous ceux du camp fondoient en larmes, voyants qu'ils avoient perdu leur Achille, leur Hannibal, leur César; et chacun en son endroit, faisoit mémoire des prouesses du prince trespassé; le corps duquel a esté avec honeur transporté à Blois; et après quarante jours, sera posé et mis au tombeau, attendant le jour de la résurrection universelle, en laquelle plaise au Tout-Puissant et grand Père de famille, nous faire participer et jouir du banquet et convi éternel, qu'il a préparé à tous ses esleus qui auront obéi à ses commandemens, et faict sa saincte voulonté.

Lettre de la Reine-mère, au cardinal de Guyse, par laquelle elle lui mande que le duc son frère a été blessé.

« Mon cousin, tout à ceste heure je viens d'estre advertye comme hier au soir environ six heures, retournant mon cousin le duc de Guyse vostre frère des tranchées, et ayans desjà repassé la petite riviére de Loyret pour se retirer en son logeis, à cent pas de-là, luy estant seullement accompaigné du sieur de Rostaing, ung paillard estant derrière une haie, bien monté, luy donna ung coup de pistolle au hault de l'espaulle du cousté droit, qui a passé tout à travers; qui m'est l'extresme et desplaisant ennuy que vous povez penser. Ayant néantmoins sceu quant et quant que la balle est passée oultre, et pour ce premier appareil, jugent les chirurgiens que le coup n'est pas mortel; qui me donne quelque confort; d'autant mesmement qu'il ne touche point aux oz, n'y entre dedans le coffre; dequoy il a fallu que je vous aye adverty, pour m'en condoloir avecques vous, et prier, mon cousin, advertir le mareschal de Montmorency et le sieur de Gonnor, aussi tous les bons serviteurs du Roy monsieur mon fils, à ce que pour cest inconvénient, il n'advienne là aucun désordre; et de vostre cousté, envoier là en toute dilligence, tout le secours de chirurgiens, et autres aydes que vous luy pourrez faire : priant Dieu, mon cousin, vous donner ce que désirez. De Blois, le XIX° février 1563.

« Mon cousin, encore que l'on m'aye aseuré que le coup de vostre frèren'est mortel, si est ce que je suis si troublée, que je ne sçai que je souis; mes je vous aseure byen que je meteré tout ce que j'ai au monde et de crédist et de puisanse, pour m'en vanger; et suis seure que Dieu me le pardonnera. Vostre bonne cousine,

« CATERINE. »

Lettre de la Reine - mère au connétable de Montmorency, par laquelle elle lui fait part du dessein que le Roy a de donner la charge de grand maître de France, au fils du duc de Guyse, en cas que celui-ci meure de sa blessure.

« Mon cônpère, je vous renvoy La Coudre, pour l'amour de ma cousine madame de Guyse, qui m'a priée, suivant la requête que m'a fayste son mari, de volouyr donner la grant-mestrise ha son fils; set que ne voleu faire, que premièrement ne le vous ay fayst entendre; d'aultent que à ma requête, vous en désistés; m'aseurant que aymés trop monsieur de Guyse, pour ne trover bon que je fase tout set que je pouré pour ses enfens; veu encore le méchant hacte que l'ons ha fayst an son endroyt, aytant blessé de la fason, et an faysant servise au Roy mon fils. S'il ann avenet forteune, y me semble byen résonable de reconestre en ses enfans ses servises, et sela sera aysample pour seulx qui serviront byen le Roy mon fils, et qui haunt byen servi ses pères et grand-pères. Je luy ay donné cherge de vous en parler. Je désire byen que se souit san témoyn; set que je m'aseure vous acordera madame la princese pour l'amour de vostre bonne coumère et amye,

« CATERINE. »

Est écrit au dos de cette lettre : *A mon compère, monsieur le connestable.*

Response à l'interrogatoire qu'on dit avoir esté fait à un nommé Jean Poltrot, soy disant seigneur de Merey, sur la mort du feu duc de Guyse; par monsieur de Chastillon, admiral de France, et autres nommez audit interrogatoire.

EPISTRE.

Peu de jours après que le feu seigneur de Guyse eut esté blessé à la despourveue, devant la ville d'Orléans, le dix-huitième jour du mois de febvrier dernier, il s'esleva un bruit qu'un nommé Merey avoit fait le coup, à la suggestion de monsieur l'admiral, qui pour lors estoit, et est encores de présent en la ville de Caen en Normandie, lieutenant en l'armée du Roy, sous la charge de monseigneur le prince de Condé : dequoy ledit seigneur admiral ne s'esmeut pas beaucoup; d'autant qu'il estimoit que ceste calomnie, ainsi que plusieurs autres, s'esvanouiroit d'elle-mesme. Mais depuis, par la solicitation d'un nommé la Valette (1) maistre de camp de la cavallerie légère, sous ledit sieur de Guyse, taschant à désunir les Allemans, et mettre l'armée dudit seigneur admiral en trouble, estant semée en ladicte armée une coppie de confession, attribuée à un nommé Jean Poltrot, soy disant seigneur de Merey, et signée de la main d'un nommé Maluaut greffier, par laquelle il appert que ledit de Poltrot estant examiné par la Royne mère du Roy, en personne, et en la présence d'aucuns seigneurs, conseillers et chevalliers de l'ordre de Sa Majesté, auroit grandement chargé ledit seigneur admiral, et quel-

---

(1) Jean de Nogaret, baron de la Vallette, père du duc d'Espernon, qui a joué un si grand rôle sous les règnes d'Henry III, d'Henry IV et de Louis XIII.

ques autres seigneurs, et pareillement aucuns ministres de la parole de Dieu, d'avoir induit et attiré par paroles et argent, ledit Poltrot à faire ce que dessus; ledit seigneur admiral ayant esgard à la vérité et à son honneur, et ne pouvans attribuer telle controuvée accusation qu'aux ennemis du repos de ce royaume, continuans en leur mauvaise volonté, qui est de ruiner entièrement ledit seigneur admiral avec tous ceux qui font profession de l'Evangile, en les rendant odieux à tout le monde par tels artifices et pratiques, n'a voulu faillir d'y remédier promptement; et pour ceste cause, sans avoir esgard aux ruses et fallaces des dessusdits, et se confiant en Dieu et en sa bonne conscience, n'a fait difficulté de publier la susdite confession de mot à mot, en y adjoustant ses responces sur chacun article comprins en icelle. Protestant devant Dieu d'en respondre devant tous juges de la chrestienté, non suspects; et s'offrant de maintenir son innocence, en toutes sortes raisonnables et convenables au lieu et dégré qu'il tient en ce royaume, à fin que telle calomnie estant descouverte, et vérité ayant surmonté mensonge, les coulpables soyent punis, comme le fait le requerra.

Du XXIe jour de febvrier mil cinq cens soixante-trois au camp de Sainct-Hilaire près de Sainct-Mesmin.

Par devant la Royne mère du Roy, messieurs le cardinal de Bourbon, duc d'Estampes, prince de Mantoue (1), comte de Gruyères, seigneurs de Martigues, de Sansac, de Sipierre, de Losse, et l'évesque de Limoges, respectivement conseillers du conseil privé du Roy, et chevaliers de son ordre, présens : A esté amené Jehan Poltrot, soy disant sieur de Merey, natif du pays d'Angoumois, en la seigneurie d'Aubeterre, aagé de xxvj ans ou environ; lequel admonnesté par ladite dame de déclarer au vray la cause de son emprisonnement; qui l'a suscité de donner le coup de pistole, dont monsieur le duc de Guyse fut attaint et frappé jeudy dernier; quel estoit son but et intention, ou de ceux qui l'avoyent induit à ce faire, et quels deniers il en a pour ce faire receuz, et espère en recevoir; a dict et confessé (se mettant à genoux devant ladite dame, et luy demandant pardon) ce que s'ensuit.

Déposition ou confession.

C'est asçavoir, qu'environ le mois de juing ou juillet dernier, le prince de Condé estant à Orléans, et le seigneur de Soubize en sa compagnie, duquel il est serviteur, il s'en alla audit Orléans.

Response.

Monsieur l'admiral respond en vérité et comme devant Dieu, qu'il ne sçait quand ledit Poltrot arriva audit Orléans, ne quand il en partit; et n'a souvenance de jamais l'avoir veu, ni en avoir ouy parler en sorte quelconque, jusques au mois de janvier dernier, par l'occasion qui sera dite cy-après.

Déposition.

Auquel lieu le seigneur de Feuquéres le jeune, gouverneur de Roye, et le capitaine Brion, s'adressérent à luy, et luy dirent, qu'autresfois ils l'avoyent cogneu homme d'exécution et entreprise; et que s'il vouloit entendre à faire une bonne entreprise qui tourneroit au service de Dieu, à l'honneur du Roy, et soulagement de son peuple, il en seroit grandement loué et estimé; et les ayant iceluy confessant requis de se descouvrir davantage, et luy faire ouverture de quelle entreprise ils entendoyent parler, les asseurans que de sa part il seroit tousjours prest de faire un bon service au Roy; cognoissans sa bonne volonté, ils le remirent à monsieur l'admiral, et luy dirent qu'il luy feroit plus amplement entendre le propos qu'ils luy avoyent touché.

Response.

Quant au capitaine Brion, ledit seigneur admiral déclare que jamais il ne l'ouit parler dudit Poltrot; et n'est vray-semblable, que si ledit Brion eust sceu quelque telle pratique, il s'en fust teu depuis, quand il a esté au service dudit sieur de Guyse, où il est mort; et quant au seigneur de Feuquéres, ledit seigneur admiral a bien souvenance qu'environ la fin de janvier dernier, et non jamais auparavant, il luy dict, en parlant dudit Poltrot freschement arrivé de Lion, qu'autresfois l'avoit cogneu homme de service, durant la guerre de Picardie; qui fut cause que ledit seigneur admiral, peu après le raport dudit Feuquéres, l'employa, comme tantost il sera dit; et quant au surplus, ledit seigneur admiral ne doute point que ledit Feuquéres ne sache très-bien respondre de ce qui est de son fait.

Déposition.

Et de faict, deux ou trois jours après, lesdits Feuquéres et Brion le présentérent audit seigneur de Chastillon admiral, estant logé audit Orléans, près la maison du prince de Condé; et estoit pour lors ledit seigneur de Chastillon en une salle basse dessous ledit logis; et après que

(1) Ludovic de Gonzagues, depuis duc de Nevers.

lesdits Feuquéres et Brion l'eurent présenté audit seigneur de Chastillon, il commanda à tous ceux qui estoyent en sa salle, de se retirer : ce qu'ils feirent; et mesmes lesdits Feuquéres et Brion s'en allérent, et demeura seul avec ledit seigneur de Chastillon, qui luy demanda en telles parolles ou semblables, s'il vouloit prendre la hardiesse d'aller au camp de monsieur de Guyse (estant lors le camp du Roy, que ledit sieur de Chastillon appelloit le camp de monsieur de Guyse, près de Baugency); et que s'il entreprenoit d'aller audit camp pour l'effet qu'il luy déclareroit, il feroit un grand service à Dieu, au Roy, et à la république; et luy ayant iceluy confessant demandé de quelle entreprise il entendoit parler, il luy dict que s'il vouloit entreprendre d'aller audit camp pour tuer ledit sieur de Guyse qui persécutoit les fidèles, il feroit un œuvre méritoire envers Dieu et envers les hommes : oyant lesquels propos, qui luy sembloyent passer outre ses forces et puissances, il dist audit seigneur de Chastillon qu'il n'eust osé entreprendre si grande charge : ouye laquelle responce, ledit seigneur de Chastillon ne l'en pressa davantage; mais le pria de tenir ce propos secret, et n'en parler à personne.

Response.

Le contenu de cest article est entièrement faux et controuvé; sur lequel ledit seigneur admiral remonstre en premier lieu, qu'en toute ceste confession il n'est appelé que seigneur de Chastillon, qui est un nom qu'il ne desdaigne point; mais tant y a, que cela monstre clairement de quelle boutique est sortie ceste confession; attendu qu'il n'est ainsi appelé en pas un lieu de ce royaume, ni ailleurs, sinon par ceux qui prétendent par tels artifices le despouiller de l'estat et dégré qui luy appartient. En second lieu, ces mots, « estant lors le camp du Roy, que ledit seigneur de Chastillon apelle le camp de monsieur de Guyse, près Baugency, » monstrent assez que quiconques a dicté ceste déposition à ce pauvre confessant, a esté par trop passionné pour bien sçavoir faire son mestier; et n'a tasché à autre chose, qu'à ne rien obmettre qui peut charger ledit seigneur admiral, soit qu'il fust à propos, ou non. Finalement, quand il est dit que ledit seigneur admiral, pour induire ledit Poltrot, luy alléguoit qu'il feroit un œuvre méritoire envers Dieu et envers les hommes, qui est-ce qui ne voye clairement, que tout ce propos a esté forgé par quelqu'un du tout ignorant de la vraye religion, de laquelle ledit seigneur admiral fait profession? Il devoit doncques pour le moins entendre que c'est de la doctrine de l'E-vangile, et combien elle condamne ces mots de mériter et œuvres méritoires, devant qu'entreprendre de contrefaire le langage d'un évangélique : mais voilà comme il en prend aux faux tesmoins, par un juste jugement de Dieu, afin que par leur propre bouche ils soyent convaincus.

Déposition.

Et depuis ledit seigneur de Soubize partant de ladite ville d'Orléans pour s'en aller à Lyon, iceluy confessant l'accompagna et y demeura continuellement avec luy, jusques environ quinze jours après que la bataille fut donnée près Dreux.

Response.

Ledit seigneur admiral ne sait rien de tout cela.

Déposition.

Que ledit seigneur de Chastillon escrivit audit seigneur de Soubize estant audit lieu de Lyon, qu'il eust à luy envoyer iceluy confessant.

Response.

Ledit seigneur admiral a escrit en ce temps-là plusieurs fois à Lyon au seigneur de Soubize; mais sur sa vie et sur son honneur, il ne se trouvera que jamais il ait escrit qu'on luy envoyast ledit Poltrot, lequel il ne sache avoir jamais veu ni cogneu auparavant, et ne pensoit aucunement à luy.

Déposition.

Et de fait, iceluy seigneur de Soubize le dépescha pour aller par devers ledit seigneur de Chastillon, et luy bailla un paquet à porter, sans luy communiquer ce qu'il escrivoit audit seigneur de Chastillon; et estant arrivé près la ville de Celles en Berry, en lieu nommé Ville-franche, il y trouva ledit seigneur de Chastillon, auquel il présenta ledit paquet.

Response.

Le seigneur admiral est mémoratif qu'il est ainsi; mais tant s'en faut que ce fust pour employer ledit Poltrot au fait dont il est question, qu'au contraire ledit seigneur de Soubize mandoit qu'on le luy renvoyast, pour ce qu'il estoit homme de service, comme les lettres en feront foy.

Déposition.

Et après l'avoir veu, il luy commanda de l'aller attendre audit Orléans, ce qu'il feit.

Response.

Ledit seigneur admiral ne le renvoya point à

Orléans, mais luy donna congé d'y aller, pour ce qu'il disoit y avoir affaire.

Déposition.

Et quelque temps après le retour dudit seigneur de Chastillon audit Orléans, s'estant présenté audit seigneur de Chastillon, pour entendre sa volonté, il luy demanda s'il lui souvenoit du propos qu'il luy avoit tenu l'esté précédant; et luy ayant fait responce qu'il s'en souvenoit très-bien, mais que c'estoit une chose trop hazardeuse, ledict seigneur de Chastillon luy dist que s'il vouloit exécuter ladite entreprise, il feroit la chose la plus belle et la plus honorable pour le service de Dieu et le bien de la république, qui fut onques faite, et s'efforça de luy donner courage et hardiesse pour exécuter ladite entreprise, dont de rechef il se voulut excuser : mais à l'instant survint Théodore de Besze et un autre ministre de petite stature, assez puissant, portant barbe noire; lesquels luy firent plusieurs remonstrances, luy demandans s'il seroit pas bien-heureux de porter sa croix en ce monde, comme le Seigneur l'avoit portée pour nous; et après plusieurs autres discours et paroles, luy dirent qu'il seroit le plus heureux homme de ce monde, s'il vouloit exécuter l'entreprise dont monsieur l'admiral luy avoit tenu propos; parce qu'il osteroit un tyran de ce monde, par lequel acte il gaigneroit paradis et s'en iroit avec les bien-heureux, s'il mouroit pour une si juste quérelle. Desquelles remonstrances iceluy confessant se laisse persuader, et dist au seigneur de Chastillon qui estoit présent et assistant à tous lesdits propos desdits ministres, qu'il feroit donc la volonté de Dieu, et s'en iroit au camp dudit seigneur de Guyse, pour s'efforcer de mettre ladicte entreprise à exécution; dont il fut fort loué et estimé, tant par ledit seigneur de Chastillon que lesdits ministres; et luy dirent qu'il n'estoit pas seul qui avoit fait de telles entreprises, parce qu'il y en avoit plusieurs autres qui avoyent entrepris semblables charges; et mesme ledit seigneur de Chastillon luy dist qu'il y avoit plus de cinquante autres gentils-hommes de bon lieu qui luy avoyent promis de mettre à effect autres semblables entreprises; et luy feit à l'instant bailler vingt escus par son argentier, pour venir au camp de Messas, où lors estoit ledit seigneur duc de Guyse, à fin de penser et adviser les moyens comme il pourroit venir à bout de ladicte entreprise.

Response.

Ledit seigneur admiral respond en vérité devant Dieu et devant les hommes, que le susdit propos est faussement et malheureusement controuvé; et d'abondant, à fin que tout le monde sache comme il s'est porté envers ledit seigneur de Guyse, il déclare franchement que devant ces derniers tumultes il en a sceu qui estoyent délibérez de tuer ledit seigneur de Guyse, pour le mescontentement qu'ils en avoyent; mais tant s'en faut qu'il les y ait induits ni approuvez, qu'au contraire il les a desmeuz et destournez, comme peut mesme savoir madame de Guyse, laquelle il en a suffisamment advertie en temps et lieu. Vray est que depuis le faict de Vassy, après les armes prinses pour maintenir l'authorité des édits du Roy, et défendre les povres oppressez contre la violence dudit de Guyse et de ses adhérans, il les a tenus et poursuyvis comme ennemis publics de Dieu, du Roy, et du repos de ce royaume; mais sur sa vie et sur son honneur, ne se trouvera qu'il ait approuvé qu'on attentast en ceste façon sur la personne d'iceluy, jusques à tant qu'il a esté duement adverti que ledit de Guyse et le mareschal de Sainct André avoyent attitré certaines personnes pour tuer monsieur le prince de Condé, luy et le seigneur d'Andelot son frère; comme ledit seigneur admiral l'a naguéres amplement déclaré à la Royne, devant Paris, et depuis à monsieur le connestable, à Orléans : quoy voyant, il confesse que depuis ce temps-là, quand il a ouy dire à quelqu'un que, s'il pouvoit, il tueroit ledit seigneur de Guyse jusques en son camp, il ne l'en a destourné; mais sur sa vie et sur son honneur, il ne se trouvera que jamais il ait recherché, induit ni solicité quelqu'un à ce faire, ni de paroles, ni d'argent, ni par promesses, par soy, ni par autruy, directement ni indirectement; et quand aux vingt escuz dont il est fait mention au précédent article, il recognoist estre vray qu'à son dernier retour à Orléans, environ la fin de janvier dernier, après que le seigneur de Feuquéres luy eut dit qu'il avoit cogneu ledit Poltrot pour homme de service, il délibéra l'employer à sçavoir des nouvelles du camp des susdits ennemis; et pour cet effect, luy feit délivrer vingt escus, sans luy tenir autre langage ni propos, et sans jamais luy faire mention de tuer ou ne tuer pas ledit seigneur de Guyse : car mesme tant s'en faut que si ledit seigneur admiral eust eu quelque telle entreprise, il ne s'en fust voulu fier audit Poltrot, que mesmes quand il l'envoya au camp dudit de Guyse, pour ce que dessus, ce ne fut sans se deffier de luy; d'autant qu'il luy sembloit qu'il faisoit les moyens d'entrer audit camp par trop faciles; comme ledit seigneur admiral le déclara au seigneur de Grammont, qui pour lors se trouva présent; et toutesfois ne laissa de l'envoyer pour sçavoir des nouvelles dudit camp, en disant ces propres mots : qu'il seroit plustost essayé que nourri.

Sur ce mesme article, Théodore de Besze déclare en toute vérité ce que s'ensuit, pour sa descharge, devant toute la chrétienté ; c'est à sçavoir que, voyant plusieurs animez contre ledit sieur de Guyse pour le meurtre perpétré à Vassy, il n'a toutesfois jamais esté d'advis pour lors de procéder contre ledit sieur de Guyse, que par voye de justice ordinaire; dont il appele à tesmoings ceux qui l'ont veu et ouy parler en ce temps-là : qui fut aussi la cause pour laquelle il fut à Monceaux en la compagnie d'autres députez par l'Église réformée de Paris, pour demander justice dudit meurtre à la Majesté du Roy, à la Royne sa mère, et au feu Roy de Navarre; les supplians très-humblement de pourvoir en toute diligence aux troubles qui desjà menaçoyent le royaume, et qui du depuis en sont survenus. Et de faict, la response qu'il pleut à la Royne luy faire, fut telle que ceux de ladicte Église réformée en furent satisfaits, pour l'espérance qu'on leur donnoit qu'on feroit bonne et briefve justice des coupables; mais tost après, ledit seigneur de Guyse et les siens, ayans pris les armes, et les choses estant réduites en tel estat, que droict et justice n'avoyent plus de lieu ; et qui plus est, les personnes du Roy et de la Roine estans traittez comme chacun sçait, il confesse avoir dès lors, tant en public en ses prédications, que par lettres, et de paroles, adverti de leur devoir, tant monseigneur le prince de Condé, que monsieur l'admiral, et tous autres seigneurs et gens de toute qualitez, faisans profession de l'Évangile, pour les induire à maintenir par tous moyens à eux possibles, l'authorité des édits du Roy, et l'innocence des povres opressez; et depuis, il a tousjours continué et continue encores en ceste mesme volonté; exhortant toutesfois un chacun d'user des armes en la plus grande modestie qu'il est possible, et de chercher après l'honneur de Dieu, la paix sur toutes choses, pourveu qu'on ne se laisse tromper ni décevoir; desquelles choses il prend à tesmoings tous ceux qui l'ont ouy en public et particulier, et qui en voudront dire la vérité. Et au surplus, quand au seigneur de Guyse, pource qu'il l'a tousjours tenu pour le principal autheur et fauteur de ces troubles, il confesse avoir infinies fois désiré et prié Dieu, ou qu'il changeast le cœur dudit seigneur de Guyse (ce que toutesfois il n'a jamais peu espérer), ou qu'il en délivrast ce royaume : de quoy il appele à tesmoings tous ceux qui ont ouy ses prédications et prières; et nommément madame de Ferrare sçait ce qu'il luy en a dit de bouche et de cœur, et qu'il luy en a souvent escrit : mais il ne se trouvera que jamais il ait parlé audit Poltrot en personne, ni par autruy, ne qu'il l'ait jamais cogneu, ni eu affaire à luy de chose quelconque, tant s'en faut qu'il l'ait induit à ce faire. Dit davantage ledit de Besze, qu'il ne se trouvera que jamais il ait attitré aucun autre pour ce faict; auquel toutesfois il recognoist un juste jugement de Dieu, menaçant de semblable ou plus grande punition, tous les ennemis jurez de son saint Évangile, et qui sont causes de tant de misères et calamitez en ce royaume. Et pour vérification de sa response, outre ce que dessus, il prend droit sur les propres termes attribuez audit Poltrot confessant : car Dieu merci, il n'est point si mal appris en sa charge, de si mal apppliquer l'escriture en ce qui est là dit, de porter sa croix : et moins encor de dire que les hommes gaignent paradis ; et pourtant, renvoye tout ceste confession en la boutique dont elle est sortie; estant prest au surplus à se submettre en général et en particulier, touchant ce qu'il a fait et dit en ceste présente guerre, à la cognoissance de tous juges non suspects, tant en ce royaume qu'ailleurs; en peine d'estre puny comme le meschant de la terre, s'il est trouvé menteur ni coulpable en ceste responce.

Déposition.

Lesquels vingt escus il receut, et s'en vint audit camp de Messas, où il se présenta audit sieur duc de Guyse ; et luy dist qu'il se repentoit d'avoir porté les armes contre le Roy, et qu'il se vouloit doresnavant rendre à luy : ce que ledit seigneur de Guyse print en bonne part, et luy dist, qu'il estoit le bien venu ; et quand ledit seigneur duc de Guyse partit dudit Messas, pour s'en aller à Blois, iceluy confessant y alla, et retourna avec luy.

Response.

Ledit seigneur admiral croit qu'il est ainsi, d'autant que ledit Poltrot luy feit ce mesme raport, non pas à Orléans, là où il ne le vit onques, puisqu'il l'envoya audit camp pour en sçavoir des nouvelles, mais en un lieu appelé Neufville, comme il sera dit ci-après ; et se souvient ledit seigneur admiral, que ledit Poltrot luy rapportant ce qu'il avoit veu et cognu audit camp, luy dist qu'il s'estoit adressé près de Meung, à un qu'il nommoit le seigneur de l'Estang, qui l'avoit présenté au feu seigneur de Guyse.

Déposition.

Et quelques jours après, il retourna audit Orléans par devers ledit seigneur de Chastillon ; et s'efforça de s'excuser envers luy d'entreprendre une si grande charge, parce que ledit seigneur duc de Guyse n'avoit accoustumé de sortir de sa maison, sans estre bien accompagné : mais ledit seigneur de Chastillon luy renforça le courage plus que devant, et luy dist qu'il sçavoit bien ce qu'il luy avoit promis; et qu'il ne falloit point qu'il usast d'aucune excuse : et d'abondant, luy fist faire plusieurs remonstrances par ledit de Besze et l'autre ministre qui luy en avoit premièrement parlé, qui luy troublèrent tellement l'esprit et l'entendement, qu'il s'accorda à faire ce qu'ils voudroyent; et pour le confirmer en ceste mauvaise opinion, ledit seigneur de Chastillon luy bailla luy-mesme cent escus sol dedans un papier, pour acheter un cheval, si le sien n'estoit assez bon pour se sauver après avoir fait le coup; lesquels cent escus iceluy confessant receut, et s'en vint audit camp de Messas, pour adviser les moyens de mettre à fin ladite entreprise.

Response.

Il est certain que ledit Poltrot revenant à Orléans, pour faire son rapport, n'y trouva plus ledit seigneur admiral, qui desjà s'estoit acheminé au voiage de Normandie : ce qui est suffisant pour monstrer que le reste du précédent article n'est pas moins faux et controuvé. Bien est vray que le seigneur d'Andelot ayant ouy son rapport à Orléans, l'envoya audit seigneur admiral son frère, pour lors arrivé au village de Neufville, à six à sept lieues d'Orléans, sur sondit voiage de Normandie; et l'accompagna expressément du seigneur de Traves, par lequel il luy mandoit qu'il estoit en quelque délibération de mettre en arrest iceluy Poltrot, pource qu'il luy sembloit faire un rapport assez douteux et incertain. Toutesfois ledit seigneur admiral l'ayant ouy, jugea qu'on s'en pouvoit servir pour entendre certaines nouvelles dudit camp; et pour cest effect, luy délivra les cent escus dont est question, tant pour se mieux monter, que pour faire les diligences requises en tels advertissemens, et luy commanda de s'adresser en son absence, audit seigneur d'Andelot son frère. Davantage ledit seigneur admiral est bien recors maintenant, que ledit Poltrot s'advança, luy faisant son rapport, jusques à luy dire qu'il seroit aisé de tuer ledit seigneur de Guyse; mais ledit seigneur admiral n'insista jamais sur ce propos, d'autant qu'il l'estimoit pour chose du tout frivole; et sur sa vie et son honneur, n'ouvrit jamais la bouche pour l'inciter à l'entreprendre.

Sur ce mesme article, Théodore de Besze respond qu'il n'a souvenance d'avoir jamais veu ledit Poltrot, et ne l'a jamais cogneu, ni ne cognoist encores, tant s'en faut qu'il luy ait jamais parlé de telle entreprise.

Déposition.

Et depuis, ledit sieur de Guyse estant venu avec l'armée en ce lieu de Sainct-Hilaire près Sainct-Mesmin, il le suivit, ayant acheté du seigneur de La Mauvoysinière, un cheval d'Espaigne, audit lieu de Messas, moiennant la somme de cent escus qu'il luy bailla, avec le courtaut sur lequel il estoit monté auparavant; et fut par quelques jours logé au chasteau de Corneil, distant de deux ou trois lieues dudit camp de Sainct-Hilaire, différant d'exécuter ladite entreprise, jusques à ce qu'il vid qu'on pressoit fort ladite ville d'Orléans, et qu'on faisait tous efforts de la prendre; et craignant lors que plusieurs gens de bien qui y estoyent fussent tuez et saccagez, il résolut en son esprit de tenir sa promesse : et pour ce faire, jeudi dernier dix-huitiesme de ce présent mois, après avoir disné en une métairie distant de demie lieue de la maison où est logé ledit seigneur duc de Guyse, il luy vint en intention d'exécuter ledit jour ladite entreprise; et de fait ledit sieur de Guyse passant la rivière de Loiret, pour s'en aller au Portereau, il l'accompagna et suivit jusques audit Portereau; puis s'en retourna par le pont et vilage d'Olivet, où sont logez les Suisses, et vint attendre ledit sieur de Guyse au passage de ladite rivière de Loiret, en intention, soit qu'il fust bien ou mal accompagné, d'exécuter son entreprise, comme il feit; et oyant une trompette qui sonnoit au retour dudit sieur de Guyse, quand il voulut entrer dedans le basteau pour passer l'eau, il s'approcha de la rivière : et après que ledit sieur de Guyse fut descendu en terre, estant seulement accompagné d'un gentilhomme qui marchoit devant luy, et d'un autre qui parloit à luy, monté sur un petit mulet, il le suivit par derrière, et approchant de sondit logis, en un carrefour où il y a plusieurs chemins tournans de costé et d'autre, il tira contre luy sa pistole chargée de trois balles, de la longueur de six à sept pas, s'efforçant de le frapper à l'espaule, parce qu'il pensoit qu'il fust armé par le corps : et à l'instant picqua ledit cheval d'Espagne sur lequel il estoit monté, et se sauva de vistesse, passant par plusieurs bois taillliz; et feit ceste nuit, environ dix lieues de païs, pensant s'eslongner de la ville d'Orléans : mais Dieu voulut qu'à l'obscurité de la nuit, il se destourna de son chemin, et se vint rendre jusques au village d'Olivet, dedans le corps de garde des Suisses, où il luy fut dit par l'un desdits Suisses, ces mots : HO, WER DO? Entendant lesquels mots, il cogneut que c'estoit la garde des Suisses, et se retira en arrière, picquant jusques au lendemain huit à neuf heures du matin ; et cognoissant que son cheval estoit las et travaillé, il se logea en une cense, où il se reposa jusques au lendemain, qu'il y fut trouvé et amené prisonnier.

Response.

Cest article appartient particulièrement audit Poltrot; et pourtant on s'en rapporte à luy; louant Dieu cependant de tous ces justes jugements.

Déposition.

Et sur ce que ladicte dame l'a enquis, si autres estoyent consentans à ladicte entreprise, que ledit seigneur de Chastillon et lesdits ministres : a dit qu'il ne luy en avoit esté parlé par autres personnes que par ledit seigneur de Chastillon, ledit de Besze et son compagnon ; mais qu'il estime bien que le seigneur de La Rochefoucault en sçavoit quelque chose; d'autant que quand il arriva audit lieu de Villefranche, près la ville de Celle, ledit seigneur de La Rochefoucault luy faisoit bon visage, et luy dist qu'il estoit le bien venu.

Response.

Ceste confession est notoirement contraire à ce qu'il a par ci-devant déclaré contre le seigneur de Feuquères et le capitaine Brion ; à tort toutesfois, et sans cause, comme estime ledit seigneur admiral : et quant à ce qui concerne monsieur le conte de La Rochefoucault, il respond en vérité, et que s'il avoit sceu quelque chose d'une telle entreprise, il ne le voudroit point dénier ; mais que jamais il n'ouit parler de telle chose avant qu'elle ait esté faite ; et laisse aussi à juger à tous hommes équitables, si la conjecture dudit confessant est bien fondée ou non : et s'il n'appert pas que ledit Poltrot ait esté plutost induit à charger ledit seigneur de La Rochefoucault en quelque manière que ce fust, qu'à tesmoigner la pure vérité.

Déposition.

Et quant au prince de Condé, estant sur ce enquis, a dit qu'il n'a jamais cogneu qu'il fust participant de ladite entreprise, ne qu'il en sceust aucune chose; et pense en sa conscience qu'il n'en sceut jamais rien; mais au contraire, la première fois que ledit seigneur de Chastillon luy parla de ladite entreprise, luy demandant si c'estoit monsieur le prince qui la faisoit faire, ledit seigneur de Chastillon luy feit response qu'il n'avoit que faire de s'enquérir dudit seigneur prince de Condé.

Response.

Ledit seigneur admiral recognoist par cest article, l'artifice de ses ennemis, taschans par tous moyens à le séparer et toute ceste armée, d'avec monseigneur le prince de Condé, lieutenant général pour le Roy en icelle ; mais il s'asseure que telles entreprises, moyennant la grace de Dieu, retourneront sur la teste de tels calomniateurs. Au surplus, il ne doute nullement et portera tousjours tesmoignage de l'intégrité et innocence dudit seigneur prince, non seulement en ce fait, mais aussi en tout ce qui s'est entrepris, fait, dit ou escrit par iceluy au faict de ceste guerre ; et nie expressément la fin du susdit article; se rapportant à ce qu'il en a respondu ci-dessus.

Déposition.

Pareillement a déclaré qu'il ne luy en fut jamais parlé par le seigneur d'Andelot, ni le seigneur de Soubize ; ains au contraire, ayant iceluy confessant fait entendre audit seigneur de Soubize les premiers propos qui luy furent tenus par ledit seigneur de Chastillon, desquels il a ci-dessus parlé, il luy dist qu'il n'y falloit aller par tel moyen ; et que si Dieu vouloit punir ledit seigneur de Guyse, il le puniroit bien par autre voye, sans user de telle manière de faire.

Response.

Ledit seigneur admiral estime que jamais ledit Poltrot ne tint tel propos audit seigneur de Soubize, duquel jamais il ne en a rien entendu; et ne doute aussi nullement de l'innocence du seigneur d'Andelot son frère, ni de celle dudit seigneur de Soubize.

Déposition.

Et a ledit confessant adverti ladite dame de se tenir sur ses gardes ; parce que depuis que la bataille a esté donnée près la ville de Dreux, ledit seigneur de Chastillon, ensemble tous les capitaines et soldats estans avec luy, luy portent mauvaise volonté ; disans qu'elle les a trahis, parce qu'elle leur avoit promis devant Paris, beaucoup de choses qu'elle ne leur avoit pas tenus.

Response.

Ledit seigneur admiral dit que cest advertissement ne peut estre parti que d'un esprit maling, qui ne désire autre chose que la continuation des présentes misères et calamitez de ce royaume : et pour preuve de sa fidélité, il ne peut alléguer meilleurs tesmoings, que la Royne mesmes, avec les services qu'il a faits par ci-devant ; protestant devant Dieu, que moyennant la grace d'iceluy, nul mauvais traictement ne luy a jamais fait, ni ne fera oublier le devoir qu'il a à Leurs Majestez et à sa patrie ; et ne doute nullement que l'intention des seigneurs, capitaines et autres de ceste armée, ne soit semblable.

Déposition.

Adjoustant qu'il y avoit plusieurs personnages, tant à la suitte de la cour, qu'à la suitte de ce camp, qui estoyent envoyez par ledit seigneur de Chastillon, pour exécuter pareilles et semblables entreprises : toutesfois n'a ouy nommer les personnages que ledit seigneur de Chastillon vouloit faire tuer ; mais seulement en général, luy a ouy dire qu'après que ledit seigneur duc de Guyse seroit tué, il feroit faire le semblable à tous ceux qui voudroyent successivement commander à l'armée ; et aussi qu'il falloit faire mourir six ou sept chevaliers de l'ordre, sans autrement les nommer, sinon qu'il a entendu tout communément des capitaines et soldats estans audit Orléans, qu'ils hayoyent fort monseigneur le duc de Montpensier et le sieur de Sansac ; et que si ledit sieur de Guyse estoit tué, ensemble lesdits chevaliers ausquels ils portoyent mauvaise volonté, ils viendroyent puis après se soubmettre sous la bonne grace du Roy, et feroyent ce qu'il leur commanderoit.

Response.

Ledit seigneur admiral respond à cest article, comme au précédent ; laissant à juger à toutes personnes qui le cognoissent, s'il est vray que semblable cas advenant qu'il eust fait telles entreprises, il les eust descouvertes à un homme de telle qualité que ledit Poltrot : et quant à ce qu'il dit avoir ouy des capitaines et soldats, ledit seigneur admiral n'en doit respondre, et n'en croit rien aussi ; veu mesmement qu'il n'y a si grande occasion ni apparence de hayne contre ceux qui sont nommez audit article.

Déposition.

A dit davantage, qu'estant en ladite ville de Blois, avec ledit seigneur de Guyse, pendant que le camp estoit audit Messas, il trouva dedans les jardins dudit Blois, près le Roy qui lors jouoit au palemaille, un homme de moyenne taille, ayant barbe rousse, portant chausses rouges, et un colet de cuir déchiqueté, qui avoit la pistole bandée en la main, lequel autresfois il avoit veu audit Orléans, en la salle dudit seigneur de Chastillon.

Response.

Ledit seigneur admiral ne sçait ce que ledit Poltrot a peu voir à Blois, et n'en doit aussi respondre ; mais il sçait très-bien que luy et toute son armée portent selon leur devoir une singulière affection, obéissance et révérence à Sa Majesté, comme ses vrais et loyaux subjets et serviteurs, et qu'ils n'ont chose de ce monde en si grande recommandation que la prospérité et grandeur d'icelle.

Déposition.

Et outre, qu'il a veu en ce camp, quatre personnages bien montez, qu'il n'a peu autrement nommer ; mais en les voyant il les recognoistra ; lesquels estoyent en la salle dudit seigneur de Chastillon, quand il parla à luy la dernière fois, et luy demanda iceluy seigneur de Chastillon, s'il vouloit se faire cognoistre ausdits personnages, lesquels luy avoient promis d'exécuter d'autres entreprises ; mais iceluy confessant craignant d'estre découvert, pria iceluy de Chastillon de ne le descouvrir envers eux : et a dit qu'en luy donnant liberté de se pourmener par ce camp, il espère les monstrer et enseigner.

Response.

Ledit seigneur admiral dit que ceste calomnie et fausseté a esté forgée en une mesme boutique que les autres ; et que pour en avoir cognoissance certaine, il falloit laisser pourmener ledit Poltrot avec bonne et seure garde.

Déposition.

Enquis ce que ledit seigneur de Chastillon partant d'Orléans pour aller au païs de Normandie, avoit entrepris de faire et exécuter : a dit qu'il avoit entrepris de s'aller joindre avec les Anglois, et les amener audit lieu d'Orléans : et qu'il promit à son partement, audit seigneur d'Andelot son frère, que si ledit seigneur duc de Guyse s'efforçoit de venir assiéger ladite ville d'Orléans, il viendroit à son secours, et s'efforceroit de luy donner une bataille.

Response.

Ledit seigneur admiral respond, que ses ennemis cherchans si curieusement tous moyens de le ruiner, soubs couleur et prétexte de justice, devoient plustost s'enquérir de ces choses par quelques autres de son conseil, que par ledit Poltrot, ou par autres de telle qualité ; joint que ledit Poltrot n'estoit à Orléans, quand ledit seigneur admiral en partit, au moins qu'il l'ait sceu, et pourtant ne sçauroit tesmoigner que par ouï-dire de ce qu'il avoit promis au seigneur d'Andelot son frère : et dit davantage ledit seigneur admiral, qu'il ne se trouvera qu'il ait jamais fait, et aimeroit mieux mourir, que de vouloir penser à faire entreprise contraire au devoir d'un vray et loyal suject et serviteur de Sa Majesté; comme il le monstrera toutesfois et quantes qu'il sera besoing.

Déposition.

Davantage, enquis de la forme de la mort du feu mareschal de Sainct-André, et en quelle manière il avoit esté tué, a dit, qu'il ouit dire audit Orléans, à plusieurs gentils-hommes, que d'autant que ledit seigneur mareschal de Sainct-André avoit premièrement donné sa foy à un jeune gentil-homme qui est de haute stature, portant une petite barbe blonde ou rousse; et depuis pour la seconde fois il avoit donné sadite foy au prince de Portian, ledit gentil-homme auquel il avoit premièrement donné sa foy, le tua, et lui donna un coup de pistolet; et plus n'a dit ; et a signé à la minutte.

Le vingt-deusiesme desdits mois et an, ces présente sconfessions le jour d'hier faites par ledit Jehan Poltrot, par devant la Royne et les seigneurs du conseil et chevalliers de l'ordre du Roy, ont esté releues et répétées audit Poltrot, ausquelles ses confessions, après serment par luy fait, il a persisté, disant qu'elles contiennent vérité ; et en tesmoing de ce, a signé en chacun fueillet, à la minutte. Ainsi signé, P. *Maluaut*.

Response.

Si ledit Poltrot, ou pour crainte de la mort, ou par autre subordination, a persisté en ses confessions fausses et controuvées, à plus forte raison ledit seigneur admiral, et ceux qui par icelles sont chargez avec luy, persistent en leurs responses, qui contiennent la pure et simple vérité : et d'autant que la vérification de tout ce fait dépend de la confrontation dudit Poltrot, ledit seigneur admiral, avec les dessusdits, après avoir recusé les cours de parlemens, et tous autres juges qui se sont manifestement déclarez leurs ennemis en ses présens tumultes, supplient très-humblement Sa Majesté, ordonner que ledit Poltrot soit bien et seurement gardé, en lieu où il ne puisse estre intimidé ni suborné, jusques à tant que Dieu ottroye la paix tant désirée et nécessaire en ce royaume ; et que par ce moyen, le tout puisse estre vérifié et vuidé par-devant juges non suspects ; et cas advenant qu'aucuns desdits juges de parlemens ou autres, vueillent dès maintenant procéder au jugement et exécution dudit Poltrot, et par ce moyen oster audit seigneur admiral et à tous autres, le vray moyen de se justifier des susdictes fausses accusations, ils protestent de leur intégrité, innocence et bonne réputation, contre les dessusdits juges, et contre tous ceux qu'il appartiendra.

Fait à Caen en Normandie, ce douziesme de mars, l'an mil cinq cens soixante et trois. Ainsi signé, CHASTILLON. LA ROCHEFOUCAUT. TH. DE BESZE.

Copie des lettres envoyées à la Royne, par ledit seigneur admiral, avec la susdite response.

« Madame, depuis deux jours, j'ay veu un interrogatoire qui a esté faict à un nommé Jean Poltrot, soy disant seigneur de Merey, du XXI iesme du mois passé, lequel confesse avoir blessé monsieur de Guyse; par lequel aussi il me charge de l'avoir sollicité, ou plustost pressé de faire ce qu'il a fait ; et pour ce que la chose du monde que je craindroye autant, ce seroit que ledit Poltrot fust exécuté que premièrement la vérité de ce fait ne fust bien cogneue, je supplie très-humblement Vostre Majesté, commander qu'il soit bien gardé ; et cependant, j'ay dressé quelques articles sur chacun des siens, qui me semblent mériter responce, que j'envoye à Vostre Majesté par ce trompette ; par lesquels toutes personnes de bon jugement pourront à plus près estre esclaircis de ce qui en est ; et outre cela, je dis qu'il ne se trouvera point que j'aye jamais recherché cestuy-là, ny autre pour faire un tel acte ; au contraire, j'ay toujours empesché de tout mon pouvoir que telles entreprises ne se missent à exécution ; et de cela en ay-je plusieurs fois tenu propos à monsieur le cardinal de Lorraine, et à madame de Guyse, et mesmes à Vostre Majesté ; laquelle se peut souvenir combien j'ai esté contrariant à cela ; réservé depuis cinq ou six mois en ça, que je n'ay pas fort contesté contre ceux qui monstroyent avoir telle volonté, et ce a esté depuis qu'il est venu des personnes que je nommeray quand il sera temps, qui disoyent avoir esté praticquez pour me venir tuer, comme il plaira à Vostredicte Majesté se souvenir que je luy dits à Paris, en sortant du Moulin où je se faisoit le parlement, ce que j'ay aussi dit à monsieur le connestable ; et néantmoins puis-je dire avecques vérité, que de moy-mesme je n'ay jamais recherché, sollicité ni praticqué pour tel effet, et m'en rapporteroye bien à tous ceux qui ont veu mettre telles entreprises en avant devant moy, combien je m'en suis mocqué ; et pour n'ennuyer Vostre Majesté de plus longue lettre, je la suplieray encores un coup très-humblement, commander que ledit Poltrot soit bien songneusement gardé, pour vérifier de ce faict ce qui en en est ; aussi qu'estant mené à Paris, comme l'on m'a dit, je craindroye que ceux de la cour de parlement le vousissent faire exécuter, pour me laisser ceste calomnie et imposture, ou bien qu'ils vousissent procéder à l'encontre de moy pour ce faict ; ce qu'ils ne peuvent faire, estant mes parties, et recusez comme ils sont ; et cependant ne pensez pas que ce que j'en di, soit pour regret que j'aye à la mort de monsieur de Guyse : car j'estime que ce soit le plus grand bien qui pouvoit advenir à ce royaume et à l'Église de Dieu, et particulièrement à moi et à toute ma maison ; et aussi, que s'il plaist à Vostre Majesté, ce sera le moyen pour mettre ce royaume en repos ; ce que tous ceux de ceste armée désirons bien vous faire entendre, s'il vous plaist nous donner seureté de ce faire, suyvant ce que nous vous avons fait requérir aussitost que nous avons esté advertis de la mort dudit sieur de Guyse. Madame, je prie Dieu vous donner en très-parfaite santé, très-heureuse et très-longue vie. De Caen, ce douzlesme de mars 1563.

Histoire comprenant en brief ce qui est advenu depuis le département des sieurs de Guyse, connestable, et autres, de la court estant à Sainct Germain, jusques à ce temps présent.

La Royne ayant par sa bonté accoustumée, accepté la charge du gouvernement de ce royaume, à elle offerte par les estats, du consentement et offre du roy de Navarre, et messeigneurs ses frères et cousins, princes du sang ; faisant en cela office de mère, tant envers le Roy que envers ses subjets, a bien monstré qu'elle n'a rien eu plus en recommandation que de donner ordre aux troubles et tumultes procédans à cause de la religion : n'ayant cessé par sa prudence et vigilance, de rechercher tous les remèdes et moyens que l'on a estimé pouvoir servir à ceste fin. Et après avoir cogneu par l'exemple du passé, que la sévérité des loix et les exécutions rigoureuses n'y pouvoit rien profiter, et qu'au contraire les cendres d'un qui a esté bruslé en suscitoyent infinis autres de mesme opinion et pareille constance ; que ce n'estoit aussi chose convenable à l'aage ne au naturel d'un jeune prince, de commencer son règne par effusion de sang, et après mesme avoir suyvy et exécuté les desseins faits du temps du feu roy François dernier, au lieu de Fontainebleau, qui estoit d'assembler tous ceux qui voudroyent venir pour remonstrer quelque chose appartenant au faict de la religion, et adviser si par quelque moyen de conférence on pourroit mettre fin ausdits troubles et émotions ; et n'ayant finalement rien laissé arrière qui peust appartenir au repos et tranquilité publique, elle a esté enfin contrainte, pour appaiser ces tumultes, de prendre le remède de l'édict de janvier dernier, attendant l'issuë du concile, et satisfaisant par ce moyen (à tout le moins en patrie) à la très-instante plainte et requeste des états de ce royaume.

Et combien que par ce moyen d'iceluy, la Royne eust donné grand' occasion de contentement à tous, ayant suyvi l'advis de la plus notable et mieux choisie assemblée de toutes les cours des parlemens de ce royaume, et y ayant gardé toute la solennité que l'on y eust peu désirer ; ce néantmoins, aucuns (dont nous parlerons cy-après, comme il est mal-aisé de contenter un chascun) se sont proposez d'empescher l'exécution de l'édict par tous moyens à eux possibles ; et en ceste délibération, ayans prins les armes en mains, se soyent venus joindre près la personne du Roy et de la Royne, s'authorisans de leur présence, et abusans de l'authorité du roy de Navarre, à l'encontre de monsieur le prince de Condé ; lequel voulant au contraire maintenir ce qui a esté ottroyé aux estats, s'est aussi armé pour empescher leur violence, et y donner résistance de son pouvoir. Et d'autant que plusieurs peuvent ignorer le discours particulier de ce tumulte, et mesme les causes et raisons qui ont peu et peuvent faire mouvoir l'une et l'autre partie, il m'a semblé que je ferois chose non moins agréable que prouffitable, de les exposer et donner à entendre au vray à tous, et à ceux mesmement qui ont intention de servir et combatre pour l'une ou l'autre partie, à celle fin que la simple vérité du faict cogneuë de tous, chacun puisse mieux juger quel est celuy des deux lequel est assisté de meilleure raison, et mieux fondé pour avoir prins les armes.

Ils doyvent donc sçavoir que la Royne estant sur le poinct d'assembler un bon et notable nombre de présidens et conseillers de tous les parlemens de ce royaume, pour adviser quelque remède profitable pour faire cesser les troubles, et faire response à la requeste des estats requérans très-instamment des temples ; les sieurs de Guyse commencèrent à murmurer, et dire qu'ils voyoyent bien que l'on vouloit parvenir à un *interim*, et par ce moyen abolir la religion de l'Église romaine ; et que ce n'estoit le moyen d'assoupir les troubles, lesquels ne procédoyent sinon de la facilité de ceux qui avoyent donné l'entrée si aisée aux hérétiques, pour y planter les hérésies, et de la paresse et connivence des magistrats et ministres de la justice; et passans plus outre, venoyent à taxer, en termes couverts, la Royne de trop de douceur, et couvertement accuser le roy de Navarre (lequel véritablement a esté celuy qui a autant aydé à planter et avancer la religion en ce royaume, comme maintenant soubs son authorité, l'on tasche à la reculer et supplanter) et messeigneurs ses frères, et autres princes du sang; blasmans la manière de gouverner, et rejettans sur eux toute la faute; tout ainsi que si les troubles n'eussent esté suscitez que de ce règne, adjoustant que si les moyens d'extirper les hérésies, tenus par les prédécesseurs Roys, eussent esté suyvis, que l'on ne fust tombé en ces fautes, et que le seul remède estoit de les reprendre, et de garder l'édict de juillet précédent, chasser tous les ministres, et ne permettre plus d'assemblées; qu'il seroit très-facile par ce moyen de faire garder l'ancienne religion en son entier, que partant, voyans toutes choses aller au rebours de leur désir, ils aimoyent mieux s'en aller, comme de fait ils partirent de la cour sur la fin du mois de novembre dernier, donnans bien appertement à cognoistre leur mescontentement, lequel peu de jours après augmenta encores à cause des procédures faites contre monsieur de Nemours (1), suscité par eux pour ravir et mener avec luy monsieur d'Orléans, et l'ayant à leur dévotion, le faire chef de leur entreprinse, dont ne sera icy parlé plus avant.

Or ledit seigneur de Guyse et ses frères estans partis de la cour, commencérent tout aussi-tost à pratiquer tous les moyens qu'il leur fut possible pour parvenir à leurs desseins, qui estoyent de revenir avec plus grand faveur et auctorité qu'il leur sembloit bien n'en estre sortis, et prenans le titre de la religion, taschent de gaigner et attirer de leur part (avec l'ayde du légat, oncle de madame de Guyse) le roy de Navarre et monsieur le connestable : ce qu'ils feirent à la parfin facilement; à sçavoir, le roy de Navarre, par l'induction d'une vaine espérance de le remettre en son royaume de Navarre, et que le pape récompenseroit le roy d'Espaigne, pourveu qu'iceluy roi de Navarre vousist maintenir l'Église romaine ; et ledit seigneur connestable, par le moyen d'un traitté qu'ils feirent de quelque différent qu'ils avoyent ensemble pour la terre de Dammartin : aussi qu'il luy fut mis en avant, que si ceste religion (qu'ils appellent nouvelle)

avoit lieu, que ce seroit une planche pour faire droict à la requeste faite par les estats, qui estoit à ce que lesdits seigneurs de Guyse, luy et le mareschal Sainct-André et autres, eussent à rendre compte des immenses largesses par eux receuës des deniers du royaume, pour servir à acquitter le Roy de ses debtes; ce qui servit bien à induire aussi le mareschal de S. André, attiré d'ailleurs par le cardinal de Tournon, lequel estoit aussi du parti; avec autres causes que le temps pourra descouvrir.

Ayans ainsi fait leur complot, ils ne cessérent de solliciter le roy de Navarre de monstrer qu'il estoit pour le pape. Le roy de Navarre tout aussitost commence à déclarer appertement et devant tous, qu'il vouloit maintenir la religion romaine; chasse les ministres d'entour de soy, va à la messe aux plus apparentes églises de Paris, veut contraindre par toutes voyes la royne de Navarre et monsieur le prince son fils d'y aller; brief il n'a rien qu'il n'exécute; et combien qu'il eust assisté à l'édict de janvier, et mesme esté d'advis d'iceluy, toutesfois, il est tellement sollicité et pratiqué, qu'estant question d'en parler à la court de parlement pour le vérifier, estant venu à Paris pour ceste fin, il n'en fait rien; et au contraire, soubs main l'évesque d'Auxerre (2), sien serviteur domestique, fait tant par brigues et menées, donnant advertissement aux présidens et aucuns des conseillers dudit parlement, des délibérations du seigneur de Guyse, que l'édict est empesché par ce moyen d'estre vérifié : le prévost des marchans, d'austre costé, suscité de mesme endroit, avec quelques marchans partiaux, fait tant par oppositions, clameurs et voyages sur voyages, qu'il empesche pour la seconde fois ladite vérification, y aydant beaucoup le nombre des gens d'église, faisant la tierce partie de ladite cour du parlement, formalisé (3) presque du tout pour le pape; de manière que l'édict ne peut estre enfin vérifié, sinon moyennant l'assistance de monsieur le prince de la Roche-sur-Yon, envoyé par le Roy à ladite cour pour cest effect; la présence et révérence duquel feit honte à la partialité trop manifeste, estant en ladite cour, qui lors se dissipa et s'esvanouit à la grande confusion des partiaux.

Cependant le seigneur de Guyse ne cessoit, d'autre part, de faire ses pratiques à Saverne, ville d'Allemaigne, où il estoit, s'asseurant de gens pour les tenir prests au besoing, voyant bien que ceste entreprise ne se pouvoit mettre à fin sans la violence des armes ; tellement que

---

(1) On peut consulter sur ce fait les additions aux Mémoires de Castelnau. On accusait le duc de Nemours d'avoir voulu emmener le duc d'Orléans en Lorraine ou en Savoye. Brantôme (voy. ibid.) a tenté de justifier le duc de Nemours de cet attentat.

(2) Philippe de Lemoncour, depuis cardinal et archevêque de Reims.

(3) *Formalisé* : attaché aux intérêts.

voyans lesdits seigneurs de Guyse, connestable et mareschal Sainct André, cest édict estre ainsi vérifié, à leur bien grand regret, ils adjoustent à leur première intention et délibération de venir forts et armez en la ville de Paris, et de-là à la cour du Roy, pour, s'estans asseurez de la ville, ensemble des personnes du Roy et Royne, exécuter plus facilement leur entreprise. Et pour bailler le seigneur de Guyse plus honneste couleur à son retour, se fait mander par le roy de Navarre, et au deceu toutesfois de la Royne. Ledit seigneur connestable, en mesme temps, voulant prendre occasion de partir de la cour avec mescontentement, estant en peu de jours sorty de la cour par deux fois, à la dernière entra en telle contestation de parole avec la Royne, qu'elle porta bon tesmoignage du peu de respect, de l'honneur et révérence qu'il luy portoit. Et quant au mareschal de St. André, non content d'avoir arrogamment refusé d'aller à son gouvernement, soubs l'asseurance de la ligue de laquelle il se sentoit porté, il s'attache à ladite dame en plein conseil, avec contenance et parolles de peu d'obéissance.

Estant doncques leur desseing ainsi acheminé, le seigneur de Guyse retournant de son voyage d'Allemagne, pour donner à cognoistre, le premier de tous, l'inimitié hostile qu'il portoit à la religion, laquelle il entendoit persécuter, et à tous ceux aussi qui la veulent favoriser, print délibérément son chemin par une ville de Champaigne nommée Vassy, estant adverty qu'audit lieu y avoit une église réformée; et y estant arrivé accompagné de nombre de gens de guerre, y feit un tel et si cruel carnage de pauvres gens subjets du Roy, qu'il n'y fut occis moins de quatrevingt personnes, et autant ou plus de blessez: entre lesquels y avoit femmes et petits enfans, tous assemblez sans armes, pour ouyr la prédication et prier Dieu à leur manière accoustumée.

Ceste crainte rapportée à Paris, tous d'une part et d'autre furent grandement esmeus, s'attendant bien que ce n'estoit qu'un commencement d'un plus grand mal; et soudain fut par tout le bruit espandu que le seigneur de Guyse venoit en armes en grande compagnie, avec délibération d'exterminer toutes les églises réformées, lesquelles aussi de leur part, en considération que l'édict du Roy sembloit ne les pouvoir maintenir contre la violence et fureur de leurs ennemis, se tenoyent sur leurs gardes, après avoir envoyé à la Royne certains personnages de toutes qualitez, pour luy demander justice des meurtres perpétrez audit lieu de Vassy. La Royne estant lors arrivée à Monceaux avec le Roy presque seul; le roy de Navarre, le mareschal Sainct André, le mareschal de Brissac, et autres estans à Paris, où tost après arriva monsieur le connestable, lequel venant de sa maison audit lieu avec tout l'arrièreban de ses amis et serviteurs, rencontra près de Sainct Denis le Roy, la Royne, qui alloyent à Monceaux, et, sans les saluer, se hastant pour gaigner Paris, passa tout ainsi que s'il eust donné à travers une troupe de gens incognus; combien que le seigneur de Sanssac l'eust adverty de s'arrester, luy disant: Voilà le Roy, le seigneur connestable respondant: Je le scay bien.

Environ ce temps, monsieur le prince de Condé ayant pris congé du Roy et de la Royne pour s'en aller à sa maison; et arrivé à Paris, désirant remédier aux inconvéniens qui ménacoyent la ville, s'en alla au mandement de la Royne trouver le Roy et elle à Monceaux, où il leur dit ce qu'il craignoit; que pour éviter les troubles, il seroit bon que ledit seigneur de Guyse (que l'on disoit venir à grande puissance et main armée, en contrevenant aux ordonnances du Roy) pour le moins ne passast par la ville de Paris; lequel conseil fut trouvé bon par la Royne et le roy de Navarre; et suyvant iceluy, en escrivit bien expressément ladite dame au seigneur de Guyse, estant lors en sa maison de Nanteüil, le priant de venir trouver le Roy à Monceaux, luy démonstrant l'envie qu'elle avoit de le veoir et de le festoyer en sa maison. Ledit seigneur de Guyse manda pour response qu'il ne pouvoit aller vers elle pource qu'il estoit empesché à festoyer ses amis qui l'estoyent venu voir. Depuis la Royne en ayant encores escrit audit seigneur de Guyse à mesmes fin, une lettre, ne luy fut donné aucune response; ains après avoir receu ses amis, suyvant la conclusion de l'entreprise, print son chemin à Paris; combien qu'il fust trop plus loing de luy que d'aller trouver le Roy et la Royne à Monceaux, qui estoit plus près.

Ainsi le seigneur de Guyse, accompagné du connestable, duc d'Aumalle, mareschal de Sainct André, et autres du conseil de l'entreprise, vint à Paris par la porte Sainct Denis, combien que son droit chemin fut d'entrer par la porte Sainct Martin, faisant son entrée en armes descouvertes, qui estoit l'estat auquel véritablement le seigneur de Guyse avoit tousjours esté depuis la journée de Vassy; et à ceste entrée mesme y assista le prévost des marchans et trois des eschevins, contre toute coustume, lequel (comme il est homme léger et factieux) l'alla recueillir en bien grand'compagnie, avec grandes acclamations de gens attitrez, comme si le Roy mesme y fust en personne, jusques à crier à haute voix: monsieur de Guyse; sans toutesfois que ledit gneur ne autres de sa compagnie monstrassent que cela leur despleust aucunement; et incontinent après que ledit seigneur de Guyse fut ainsi arrivé et receu en la ville de Paris, ledit seigneur connestable, le mareschal de St. André et mareschal de Brissac, commencèrent à tenir tous les jours conseil particulier entr'eux, sans y appeler monsieur le prince de Condé, estant audit lieu.

Sur ces entrefaites, le Roy, la Royne et le roy de Navarre, estant encores à Monceaux, la Royne ayant eu advertissement de trois lieux; à sçavoir, de Portugal, d'Espagne et de Savoye, de l'entreprise de ceux de Guyse, se voulans saisir de la personne du Roy et d'elle, et de toutes les choses qu'elle expérimente aujourd'huy, se délibéra de haster son partement, et se retirer en quelque lieu de seureté; et ayant communiqué ses lettres au roy de Navarre, partirent dudit lieu, et arrivèrent à Melun, en délibération de gagner Orléans. Voicy arriver le prévost des marchans aposté à propos, criant après la Royne, que si elle se reculoit de Paris, tout estoit perdu, monsieur le prince de Condé y estant avec grand nombre d'hommes; protestant que tout le mal qui en adviendroit seroit sur elle, et non sur luy; avec plusieurs autres semblables propos fols et téméraires, tenus lors par luy; de sorte que combien que ladite dame soit dame d'une singulière vertu et constance, estant toutesfois intimidée de toutes parts, s'accorde d'aller à Fontainebleau; et ayant le prévost des marchans gaigné ce poinct, commença à faire entendre que les citoyens de la ville de Paris estoient désarmez, et monsieur le prince de Condé armé en icelle; que lesdits citoyens estoyent en grand nombre; fait tant qu'il obtient que leurs armes leur soyent rendues; lesquelles véritablement leur avoyent esté auparavant ostées, et mis dans l'hostel de la ville, pour obvier aux troubles et émotions qui estoyent auparavant en ladite ville, et recommencèrent depuis qu'icelles furent rendues. Mais aussi l'intention dudit prévost des marchans n'estoit autre que pour tousjours fortifier le seigneur de Guyse dans la ville, sachant bien qu'il s'y vouloit venir retirer, s'estant une fois saisi des personnes du Roy et de la Royne.

Monsieur le prince de Condé estoit cependant dans la ville de Paris, avec aucuns qui pour lors se trouvèrent auprès de luy, retenu à la prière de plusieurs de la religion réformée, redoutans grandement la violente armée du seigneur de Guyse; et de faict, sa présence empescha bien qu'il n'y eust aucun trouble et que le populaire qui jà commençoit à s'enfler d'une vaine espérance pour la venuë dudit seigneur de Guyse, n'osast exécuter ny commencer une folle entreprise. La ville ayant esté pendant tout son séjour en grand repos et tranquilité, ceux qui estoyent venus avec mauvaise volonté, ne l'osans pour lors descouvrir, comme ils feirent bien après quand ils se virent seuls, et n'estre plus retenus de ceste bride, au moyen de laquelle voyans qu'ils ne peuvent bien exécuter leur entreprise ne à Paris ne ailleurs, feirent tant à la parfin, qu'ils feirent venir le roy de Navarre à eux, tousjours aidez de leur prévost des marchans qui alloit crier que sa présence estoit nécessaire à Paris, pour le danger des tumultes.

Le roy de Navarre donc arrivé, le seigneur de Guyse et toute sa suitte furent très-aises, et commençans à tenir leur conseil comme devant, et faisant venir vers eux les gens du Roy, présidens, conseillers et officiers de la ville, donnèrent à entendre que c'estoit le vray conseil du Roy, comme tenu par les principaux officiers du royaume; et faisoyent ainsi leurs délibérations ensemble, sans y appeller mondit sieur le prince de Condé, non plus qu'auparavant : tous lesquels conseils estoyent grandement suspects, mesmes à gens d'honneur et de qualité, ne pouvans comprendre qu'il ne fust besoin ne licite de les faire ainsi à part et séparez de celuy qui estoit près du Roy et de la Royne; et mesme présent mondit sieur le prince, et sans rien luy en communiquer; jugeans bien ceux qui tant peu avoyent cognoissance des affaires, que ce n'estoit qu'une continuation d'une menée qui avoit esté tissuë long-temps auparavant; et ce qui confermoit encores plus ceste opinion, estoit le mescontentement qu'on sçavoit bien de messieurs de Guyse, connestable, et mareschal Sainct André, dont a esté parlé cy-dessus.

La principale fin de tous ces conseils, fut de bien s'asseurer de la ville de Paris, et chasser hors d'icelle monsieur le prince, comme celuy qui nuisoit beaucoup à leur entreprise; de s'aller saisir des personnes du Roy et de la Royne, et puis les mener en ladite ville, pour, ayant l'un et l'autre à leur commandement, y mieux parachever l'exécution de leur desseing; et pourtant comme la présence dudit seigneur prince desplaisoit grandement audit seigneur de Guyse, ne voulant partir de la ville tant que ledit seigneur prince y seroit, combien que venant à Paris, il feit dire qu'il n'y vouloit coucher qu'une nuict, s'avisa de faire dire que ledit sieur prince estoit à Paris, accompagné de grand nombre de gentilshommes; la ville craignant d'estre saccagée, l'avoit prié de demeurer pour la défendre : quoy ayant entendu le seigneur prince, pour oster toute occasion de maligne suspition faussement controuvée, offrit tout aussi-tost à monsieur le cardinal de Bourbon, député gouverneur lors de la ville de Paris, qu'il estoit prest de sortir par une porte, quand le seigneur de Guyse sortiroit par l'autre ; monsieur le mareschal de Montmorency, vray gouverneur de ladite ville, révoqué lors à la suscitation du prévost des marchans, comme celuy qu'il estimoit estre trop sage et advisé, pour ne vouloir endurer ces factions et séditions apostées.

Mais le seigneur de Guyse n'ayant voulu accepter cest offre, ledit sieur prince estant adverti que la Royne désiroit qu'on se départist d'un costé et d'autre, et que pour cest effect le roy de Navarre estoit venu à Paris, fut si prompt et si volontaire d'obéir à ce commandement, qu'encores qu'il eust esté malade au lict par l'espace de deux jours, il ne laissa toutesfois de se retirer promptement avec toute sa compagnie, tirant droit à sa maison de La Ferté, à l'intention de renvoyer incontinent tous les siens, si ledit seigneur de Guyse eust fait le semblable.

Mais ayant le seigneur de Guyse ce qu'il demandoit, s'en alla en l'équipage d'armes qu'il estoit, trouver notre jeune Roy et la Royne sa mère, à Fontainebleau, où se voyant de toutes parts environnée d'armes et de force, contre sa volonté et mandement exprès, se trouva grandement intimidée.

Cependant le prévost des marchans voulans bien asseurer la ville de Paris à la dévotion des sieurs de Guyse, meit aussitost le nombre de quinze cens hommes sus, pour la garde d'icelle, sans aucune assemblée ou délibération de ville précédente, où c'est qu'auparavant il avoit fait tout le refus à luy possible d'en recevoir trois cens, ordonnez par le Roy audit seigneur mareschal de Montmorency, gouverneur ; et ledit refus fait, après plusieurs assemblées de ville faites à ceste fin, disant lors que c'estoit contre les priviléges et franchises d'icelle, n'ayant accoustumé d'avoir autre garde que celle des bourgeois ; et avec le nombre de quinze cens hommes ainsi par luy establis, donna toute licence aux citoyens de s'aider de leurs armes qui leur avoyent esté renduës ; ce qui fut exécuté avec une telle insolence populaire, qu'il sembloit que ce fust ville frontière en temps d'hostilité, pour ne voir autre chose qu'armes et artillerie sonner de tous costez, avec maintes volleries et outrages ; mesme sur ceux qui estoyent de la religion (qu'ils appellent nouvelle) allans ou venans de l'assemblée, pour prier Dieu et oüir sa parole ; de façon que le seigneur mareschal de Termes voulant un jour empescher telles forces, y fut luy-mesme en bien grand danger de sa personne, et ne sçeut tant faire, que cinq ou six meurtres n'y fussent promptement faits en sa présence ; ses gens mesmes outragez ; sans toutesfois qu'aucune justice en ait esté faite, non plus que des autres violences faites par la furie du peuple : car mesme les seigneurs de Guyse et connestable, depuis venus à Paris, mandèrent le prévost dudit seigneur mareschal, et puis le lieutenant criminel d'icelle ville, ausquels, avec grandes menaces et intimidations, feirent très-exprès commandement de supprimer les informations qu'ils en avoyent par devers eux, et mettre hors ceux qu'ils avoyent emprisonnez.

Advint que ledit seigneur prince ayant esté en sa maison, reprit son chemin pour s'en retourner à la cour, ainsi qu'il avoit promis de faire incontinent après la feste de Pasques : ce que ayans entendu les seigneurs de Guyse, mandèrent incontinent au prévost des marchans de se tenir sur ses gardes, et empescher surtout que ledit seigneur n'entrast en la ville : en quoy fut faite telle diligence par ledit prévost, qu'incontinent et sans faire autre assemblée de ville (comme il est accoustumé de faire), il mande à tous les quarteniers de la ville, d'aller dire par toutes les maisons d'icelle, que chacun eust à se tenir prest ; puis ayant fait tendre les chaînes de la ville (ce que l'on n'a accoustumé ne veu faire qu'en temps d'hostilité et grand péril, et lorsque l'ennemy approche), il s'arme, et accompaigné de tous les archiers et harquebousiers, et plusieurs marchans de la ville de Paris, fait sa monstre par icelle ; et ainsi que ledit seigneur prince passoit près de Paris, avec ceux qui l'accompagnoyent, allant à Sainct Cloud, et ne pensant rien moins que de vouloir entrer en ladite ville, faisoit tirer coups d'artillerie sans cesse ; de manière qu'il n'est mémoire d'avoir veu en ladite ville une telle émotion y a cent ans et plus, quelque danger de guerre qui soit survenu en ce royaume.

Si tost que lesdits seigneurs de Guyse entendirent que ledit seigneur prince tiroit droit à la cour, voyans bien que sa présence ne leur seroit propice audit lieu, et les empescheroit d'amener le Roy et la Royne en la ville de Paris, pour avoir l'un et l'autre en leur puissance, suyvant leur premier desseing, tout aussi-tost, abusans de l'authorité du roy de Navarre, lequel ils avoyent et ont encores du tout de leur part, feirent tant qu'il vint aussi-tost dire à la Royne qu'il falloit qu'elle partist de Fontainebleau, pour la seureté de la personne du Roy ; rejettans calomnieusement sur ledit seigneur prince, qu'il vouloit venir se saisir de sa personne : ce que la Royne d'entrée voulut oster hors de l'opinion du roy de Navarre, luy remonstrant que cela n'estoit aucune-

34.

ment croyable, estant bien esbahie de ces propos ; disant que le Roy aussi ne vouloit partir de Fontainebleau : mais ledit roy de Navarre poussé desdits seigneurs de Guyse, voyans que leur desseing estoit autrement rompu, vint derechef dire à ladite dame, qu'il falloit par nécessité partir, et qu'il alloit prendre le Roy, et qu'elle vint après, si elle vouloit. Venans doncques ainsi à la personne du Roy plorant avec la Royne sa mère, se hastèrent si bien, qu'en peu d'heures ils l'amenèrent dans la ville de Melun, auquel lieu le logèrent dans le chasteau, où il y a cent ans que roy ne logea, ne autres que ceux qu'on a accoustumé d'y envoyer prisonniers.

Le seigneur prince ayant entendu ceste nouvelle, voyant que l'intention desdits seigneurs de Guyse estoit assez appertement déclarée à tous, auparavant encores en doute envers plusieurs, considérant qu'il estoit prince du sang, et à qui appartenoit de droict naturel de défendre les subjects du Roy, et mesmes résister à ceux qui les voudroyent opprimer par force et violence, advisa de se retirer pour sa seureté à Orléans, pour dudit lieu faire entendre à tous les subjets du Roy, son intention et désir de pourvoir à l'urgent péril qui se présentoit à tous, pour luy estre aidans à remettre la personne du Roy, de la Royne, et de monsieur d'Orléans, en liberté, et maintenir les édicts du Roy en leur force et vertu.

Les seigneurs de Guyse cependant, voyans ledit sieur prince estre reculé d'eux, non toutesfois en tel lieu qu'ils l'eussent bien désiré, pour mieux pouvoir jouïr de luy, commençant à plus appertement exécuter leur entreprise, faisant dire à la Royne par le roy de Navarre, qu'il falloit aller à Paris ; combien que le Roy ne parlast que de retourner à Fontainebleau, ne cessant de plorer avec la Royne, cognoissans bien leur captivité ; et la Royne mesme, que ce qu'il luy avoit esté dit de luy, estoit advenu au grand desplaisir de ses obéissans subjets et serviteurs ; et tant fut fait avec l'aide du prévost des marchans, qui derechef continuoit à mander que la présence du Roy estoit nécessaire à Paris, qu'estant résolu le matin d'aller à Fontainebleau, tout aussi-tost le propos fut changé après disner, pour aller à Paris.

Monsieur le connestable ayant entendu ceste résolution, entreprit de venir le premier à Paris, pour commencer à exécuter l'entreprise délibérée pour toutes les villes de ce royaume, ainsi que depuis les effets qui s'en sont ensuyvis, l'ont ordonné à cognoistre ; et ce avec plus grand effroy et intimidation à un chacun qu'il pourroit ; en manière que partant de Melun à une heure après midy, accompagné de deux cens chevaux ou plus, tous garnis de deux ou trois pistoles, arriva en ladite ville sur les huit heures du soir ; et le lendemain de grand matin s'en alla sans aucune charge ne commission, prendre monsieur Ruzé, advocat en la cour de parlement ; lequel luy ayant demandé en vertu dequoy il le faisoit prisonnier, et à quelle occasion, n'eut pour response, sinon ces mots : Suffise vous que je suis connestable : car à la vérité il prétend que sans autre commission ne mandement, il a puissance de commander en l'absence du Roy et du roy de Navarre, ce qu'il adviseroit estre bon, ainsi qu'il disoit tout haut à un chacun, faisant toutes choses avec telle furie, qu'elle est incroyable à plusieurs.

Ayant esté ainsi pris ledit Ruzé, et envoyé prisonnier en la Bastille, dans une cage bien estroitte, dont chacun est encores à en sçavoir la raison (sinon qu'il est l'un de ceux qui plus fréquentoit et favorisoit appertement la religion réformée), soudain commença d'aller hors la ville en une maison nommée le Temple de Jérusalem, près la porte Sainct Jacques (auquel lieu se faisoit l'assemblée et prédication), où il fit abattre et mettre par terre la chaise où l'on preschoit, et quelques bancs et siéges qui y estoient ; et le tout assemblé en un monceau, meit le feu dedans, assisté d'une infinité de menu peuple, qui le bénissoit et loüoit infiniment, de luy voir faire un acte si vertueux et digne d'un connestable de France ; disant publiquement iceluy connestable, qu'il ne falloit plus que telles assemblées se fissent en ce royaume, et qu'il falloit que les prédicans se retirassent hors iceluy ; qu'il y auroit un édict à ceste fin, qui seroit publié. De-là en vint autant faire après disner, en une autre maison où se faisoyent aussi les assemblées, nommée Popincourt, qui est hors la porte Sainct Antoine ; et là, suyvi encores plus que devant du menu populaire, après avoir fait abatre et assembler la chaise et les siéges ensemble, fit tout ainsi qu'il avoit fait à l'autre maison ; de sorte que le peuple se voyant ainsi caressé d'un connestable de France, comme s'il eust esté presque son compagnon, s'eschauffa si bien, que non content d'avoir veu le feu mis à la chaise et aux siéges, prit ceste hardiesse tout aussi-tost, et ledit seigneur connestable présent et consentant, de mettre le feu dedans la maison qui estoit grande et spacieuse ; de sorte qu'elle est maintenant razée jusques au pied en terre.

Et non-content, ce menu peuple fol et insensé, par le moyen de ceste privauté receuë dudit seigneur connestable, et par la permission générale faite à tous de prendre les armes, à la diligence et rémonstrance du prévost des marchans, que par quatre ou cinq jours durant, l'on n'oyoit parler que de meurtres, brigandages, voleries, et voyes de fait entreprises par le peuple, sur le premier de quelque qualité qu'il fust, s'il luy eust esté en suspition de la religion; et n'y avoit si homme de bien qui passant par les ruës, pourveu qu'il fust en la moindre suspicion vraye ou supposée d'icelle religion, qui ne fust injurié et outragé, chacun ayant pleine liberté de porter pistoles par les ruës ; si bien que l'on n'oyoit de toutes parts que coups tirer sans cesse.

Tost après la venuë dudit seigneur connestable, le Roy et la Royne furent amenez au bois de Vincenne ; et dès le lendemain, craignans lesdits sieurs de Guyse que le lieu ne fust assez fort pour leur intention, précipitèrent l'entrée du Roy, pour le loger au chasteau du Louvre, comme au lieu qu'ils estimoyent estre le plus asseuré pour eux. Telle entrée faite en façon non accoustumée, et avec diminution de la grandeur du Roy, jusques vers les nations estranges ; et le tout pour cuider abolir la cognoissance de l'indigente captivité en laquelle ils détiennent misérablement la Majesté du Roy, et le tenir en lieu plus asseuré à leur dévotion ; et tout aussitost qu'ils furent ainsi arrivez, commencèrent à délibérer de faire guerre ouverte audit seigneur prince; et voulans en prendre conseil ensemble, fut dit par ledit seigneur connestable à monsieur le chancelier, qui lors estoit présent à la chambre du Roy, que cest affaire n'appartenoit qu'à gens qui manient les armes : à quoy mondit seigneur le chancelier dit, que jaçoit que luy et ceux de sa robbe ne se cogneussent à manier les armes, qu'ils ne laissoyent toutesfois à bien cognoistre quand il en falloit user ou non : toutesfois, d'autant que tout se traittoit lors (comme encores de présent) avecques armes et manifestes violences, il en fut forclos, comme tousjours il a esté depuis ; et pour s'asseurer d'avantage en toutes choses, mesme pour avoir le conseil du Roy à leur commandement, y meirent de leur authorité privée ceux desquels ils pensoyent bien s'asseurer, comme le seigneur de Boisy grand escuyer, le comte de Villars, parens et alliez dudit seigneur connestable, le seigneur de Sensac, serviteur intime desdits sieurs de Guyse et connestable, le seigneur Descars, et évesque d'Auxerre, serviteurs domestiques du roy de Navarre, et desquels les sieurs de Guyse s'aident principalement pour faire toutes leurs menées, et en reculèrent ceux qu'ils voyoyent préférer le bien public à leurs passions privées.

Mais pour revenir à leurs conseils et exécution d'iceux, ayans entendu les sieurs de Guyse la protestation et déclaration faite de la part dudit seigneur prince, et envoyée au Roy; qui estoit en somme, que n'estant meu d'aucune particulière affection, ains du devoir et amour seul qu'il avoit particulièrement à la coronne, soubs le gouvernement de la Royne, il auroit esté contraint de prendre les armes, pour remettre en pleine liberté la personne du Roy et de la Royne, et maintenir l'observation des édicts et ordonnances de Sa Majesté, et nommément le dernier sur le faict de la religion ; offrant de se retirer en sa maison, faisant ledit seigneur de Guyse le semblable. Ayant donques entendu ceste déclaration, et voyans qu'il y avoit deux points, lesquels il falloit subtilement couvrir ; à sçavoir, la captivité du Roy, et la contravention de l'édict de janvier, procurèrent à toute diligence l'expédition d'unes lettres du huitiesme d'avril dernier, par lesquelles le Roy déclare, que le bruit de sa captivité est une fausse et mensongère calomnie controuvée par ledit seigneur prince, pour s'excuser de ce qu'il faisoit ; déclarant que la Royne et luy estoient en telle liberté que jamais ils furent et qu'ils pouvoyent désirer ; et luy et ladite dame estoyent venus volontairement en ladite ville de Paris, pour pourvoir et remédier aux troubles survenus ; et estoit mandé à la cour de parlement de lire et publier lesdittes lettres ; ce qui fut fait si promptement, ou pour mieux dire, précipitamment, et contre toute coustume, que estant portées à la chambre du plaidoyer, et pendant qu'on y plaidoit, incontinent furent baillées aux gens du Roy, et après en avoir tout aussi-tost esté requise la publication par eux, fut ordonné qu'elles seroyent leuës, publiées et enregistrées : puis après s'advisans tout aussi-tost d'une plus subtile cautelle, faisans dresser autres lettres du dix-huitiesme ensuyvant, par lesquelles est déclaré que ledit seigneur prince, soubs une fausse et simulée couleur de religion, estoit saisi en sa personne, par aucuns séditieux qui le tenoyent en leur puissance.

Et pour obvier à l'autre et second poinct porté par la déclaration faite par ledit seigneur prince concernant le faict de la religion, font expédier autres lettres de l'onzième dudit moys, par lesquelles le Roy donne à entendre, qu'il est adverty que plusieurs se sont retirez à Orléans (assemblez en grand nombre) et ailleurs, sous prétexte d'une crainte qu'ils disent avoir, qu'on les vueille rechercher en leurs consciences, et empescher qu'ils ne joüissent des édicts et ordonnances par luy faites, mesme au moys de janvier dernier, sur le faict de la religion, et les véxer et travailler pour l'opinion qu'ils ont; déclare par icelles, que pour oster ceste crainte et scrupule, il n'a entendu mettre en doute ledit édict, ne que pour raison du faict de la religion l'on soit molesté; sauf et excepté sa ville de Paris, fauxbourgs et banlieuë d'icelle, en laquelle ledit seigneur déclare qu'il ne veut qu'il se face aucunes assemblées publiques ne privées, n'aucune administration de sacremens, en autre forme que celle qui est receuë et observée en l'église romaine: lesquelles lettres présentées en ladite cour par lesdits seigneurs de Guyse et connestable, combien qu'elles soyent du tout contraires à l'édict de janvier, général pour toutes villes, sont néantmoins leuës, publiées et enregistrées; adjoustant ladite cour, que ladite lecture et publication par elle faite, est, ayant esgard à la présente nécessité du temps, et par manière de provision seulement, et jusques à ce que autrement y fust pourveu; qui descouvre assez l'intention de ladite cour, conforme à celle des seigneurs de Guyse; à sçavoir, d'anéantir le dernier édict de janvier, retenant pour eux la principale ville, ainsi que ledit seigneur de Guyse déclara lors bien expressément à ladite cour; et ainsi que mieux encores fut donné à cognoistre par autres lettres expédiées en mesme temps, par lesquelles le Roy déclare qu'il n'entend qu'iceluy édict ayt lieu, que pour les villes où les prédicans avoyent jà esté establis, et non pour autres; lesquelles furent ainsi données, partie pour donner occasion de faire le carnage cruel et horrible qui bien-tost s'ensuivit en la ville de Sens, où il y eut grand nombre de personnes inhumainement occises, avec grandes briganderies et saccagemens; lesquels durèrent par deux jours, non sans véhément suspition à l'encontre (et de ses ministres et serviteurs) du cardinal de Guyse archevesque dudit lieu: qui est en somme tout ce que j'ay peu recueillir de ce qui est advenu jusques à maintenant, appartenant au présent trouble et différent estant en ce royaume, et pour lequel chacun s'est eslevé en armes en iceluy.

Reste maintenant de faire entendre par le menu, toutes les raisons dont les uns et les autres se peuvent aider, pour mieux faire cognoistre à un chacun, lequel des deux est mieux fondé, et peut estre dit avoir pris les armes à meilleur tiltre. Nous avons donc veu comment les seigneurs de Guyse, connestable et mareschal Sainct André, se retirèrent de la cour, les uns après les autres, et le peu de respect qu'ils ont eu à la Royne, depuis qu'ils se sentirent estre appuyez du roy de Navarre, et comment leur première et principale couverture a tousjours esté qu'ils se arment pour maintenir la religion catholique, prenans occasion de blasmer la manière de gouverner le royaume, en taxant la Royne de trop grande douceur et facilité; le conseil du Roy, de connivence, et les magistrats, de négligence; sur tout se complaignans de l'édict dernier de janvier. Nous avons aussi veu le commencement, le progrez et la suite de leur entreprise, tousjours conduite par violence et force d'armes, par meurtres et effusion de sang, et par désobéissance aux exprès commandemens de la Royne; puis leurs conseils séparez de celuy du roy; les brigues, émotions et tumultes suscitez en la ville de Paris, par gens apostez, et par caresses populaires faites tout à propos; et finalement, le saisissement des personnes du Roy et de la Royne, l'oppression faite au conseil du Roy et à sa justice, jusques à avoir violentement extorqué et faict vérifier lettres sur lettres, insolites et contraires aux édicts.

De la part de monsieur le prince, nous voyons au contraire, son partement de la cour fait avec le contentement de la Royne, et avec promesse de retourner incontinent. Nous voyons sa présence en la ville de Paris, tranquille, et servant d'empescher les émotions qui s'y préparoyent; puis l'obéissance prompte au mandement de la Royne; encores que ce fust au seigneur de Guyse de premier y obéir; l'outrage et injure audit seigneur faite par le prévost des marchans, tout ainsi qu'à un ennemy de la couronne, patiemment néantmoins portée par iceluy; sa retraite à Orléans, pour la seureté de sa personne et des siens, après estre la captivité du Roy et Royne assez apertement descouverte; et finalement, la déclaration de la cause qui l'avoit meu de recourir aux armes, envoyée au Roy; offrant de se retirer et laisser les armes; mais que les seigneurs de Guyse feissent le semblable; demeurans les édicts du Roy en leur entier.

Tellement qu'il n'y a celuy qui d'une part, ne voye clairement toute obéissance à la Royne, et d'autre part, toute désobéissance à icelle; les armes prises d'un costé, pour offenser, et de l'autre, pour défendre; la violence en l'un, et en l'autre la résistance; l'un voulant renverser la loy du roy par voye de faict, et de son auctorité privée; l'autre, comme prince du sang, et l'un des protecteurs des loix de France, les voulant maintenir; ainsi l'un retenu en son devoir, et l'autre mis en son tort: car, quel si grand intérest est-ce que les seigneurs de Guyse peuvent prétendre de se retirer, et de laisser les armes, puisque monsieur le prince se sousmet de le faire? Quelle raison peuvent-ils avoir pour eux, de vouloir empescher d'eux-mesmes, ce que les estats ont si instamment requis, et le Roy a par si grande maturité de conseil ottroyé? S'ils disent qu'ils veulent maintenir l'Église romaine, qui est celuy qui leur y donne empeschement? Voit-on les évesques et curez chassez de leurs églises, les voit-on estre empeschez de prescher, et faire ce que bons et fidèles ministres doyvent faire? N'est-ce point qu'ils portent envie à ceux de la religion (qu'ils appellent nouvelle) de les voir si bien, que d'estre chassez hors les villes comme gens lépreux ou pestiférez, exposez à la pluye et au vent, et à l'opprobre d'un chacun? Il y a assez de nations chrestiennes qui endurent les juifs dans leurs villes, et mesmes la saincteté du pape les endure en sa principale ville, et ailleurs; et ceux qui confessent le nom de Jésus-Christ, comme celuy auquel seul ils croyent estre le salut, croyent et souffrent pour son Évangile, ne trouveront point de lieu en France pour se retirer?

Voire mais, disent-ils, est-ce le faict d'une bonne religion, que de s'emparer des villes et places du Roy; de prendre les armes sans son congé et permission, et de retenir les deniers de ses receptes? Je leur demanderois volontiers auparavant que leur respondre, est-ce le faict d'une bonne religion, de s'emparer des personnes du Roy et de la Royne, et de la principale ville de son royaume, de toutes ses forces, auctorité et chevances, pour l'employer à rompre ses édicts, opprimer ses subjects, et subvertir son Estat, et pour ce faire, s'aider des estrangers, voyans que les subjects ne veulent consentir à une si manifeste tyrannie? Voyez donc, je vous prie, comment nous sommes aigus au faict d'autruy, et aveuglez au nostre propre.

Je dy doncques maintenant pour leur respondre, que c'est à monsieur le prince, comme à prince du sang, conseiller né et l'un des protecteurs de la coronne, voire à qui de droict naturel appartient de défendre les subjets, quand l'on veut les opprimer par violence, d'y résister par la force du glaive que Dieu luy a mis en mains à ceste fin; et par mesme moyen, de conserver les loix et édicts du royaume: et quant aux villes et places dont ils se plaignent que ledit seigneur prince s'est emparé, le Roy a-il laissé d'y estre servi et obéi autrement qu'au précédent; et y a l'on rien apperceu de changement, sinon qu'elles s'arment, ne se voulans sousmettre à l'oppression violente des sieurs de Guyse? Au regard des deniers retenus, je voudrois bien sçavoir en quoy l'on voudroit blasmer celuy qui auroit osté le cousteau hors la main du furieux?

Si doncques monsieur le prince a voulu empescher que ceux de Guyse n'abusent de la finance du Roy, pour faire entrer des estrangers en son royaume, et opprimer ses sujets, en quoy est-il à reprendre?

Mais pour discourir un peu plus avant et par le menu leurs raisons, désirant n'en obmettre une seule, s'il m'est possible, je leur demanderois volontiers par quel moyen c'est qu'ils entendent maintenir la religion romaine, pour laquelle ils se monstrent tant affectionnez? C'est par la force, disent-ils, chassant les ministres hors ce royaume, ostant les assemblées, et faisant mourir les principaux de la religion contraire, à l'exemple de la sédition de Xaintonge et de Bordeaux, sans toutesfois rechercher les consciences des personnes, pourveu qu'elles se contiennent dans leurs maisons, et n'en facent démonstration par dehors. Je ne puis assez m'esmerveiller d'un tel advis, du tout contraire à celuy qu'eux-mesmes, di-je, les sieurs de Guyse (ayans pour lors la totale administration du royaume entre leurs mains, du temps du roy François dernier) feirent publier par lettres et édicts, et lorsque le nombre de ceux qu'ils persécutent et persécutoyent auparavant, estoit en beaucoup moindre nombre, et trop plus aisé d'opprimer par force, que maintenant: car ils furent d'avis que toute rigueur cessast (comme non convenable à l'aage d'un jeune Roy, et indigne, dont son advénement à la coronne de France fust marqué par la postérité d'estre sanglant), tels troubles et divisions fussent terminées par assemblées du clergé de ce royaume, y appeller et recevoir toute manière de gens qui y voudroyent venir proposer quelque chose pour le faict de la religion: ce que ayant esté interrompu par la mort dudit feu Roy dernier, a esté exécuté de ce règne, en continuant ce que par eux-mesmes avoit esté advisé, et depuis confirmé par l'advis de tous les princes du sang, cardinaux, et plusieurs autres du conseil privé, assemblez en la cour de parlement.

Ayant doncques veu les sieurs de Guyse, que ceste voye n'a sceu rien profiter (et sçait-on pourquoy), et ayant eux-mesmes entendu les requestes tant de fois faites et représentées par les estats, à fin d'avoir des temples, et cogneu que la Royne n'ayant rien laissé arrière pour trouver quelque bon remède, a esté enfin contrainte de venir à celuy de l'édict de janvier dernier, par l'advis des plus suffisans de ce royaume, comme le plus prouffitable de tous; c'est chose admirable qu'ils sont encores néantmoins venus à mettre en avant la voye des armes, et de faict l'ont entreprise, comme s'ils avoyent desjà oublié ce qu'elle leur proufita quand ils marchèrent de

Paris à Orléans, environnez de gens de guerre, tout ainsi que s'ils eussent esté en terre d'ennemis, et soubs le prétexte d'une conspiration faite à l'encontre dudit feu Roy dernier, qui pour l'aage et son bon naturel, n'avoit jamais offensé personne.

Et si ainsi est que les exemples du passé, et mesme du temps des Arriens, Novatiens et Macédoniens (ausquels pour mesmes raisons furent baillez temples, quelques fois hors les villes, quelquesfois dedans), ne peuvent rien servir pour nous esmouvoir à tollérer le semblable; qu'à tout le moins ceux que nous avons veu devant noz yeux, ayent ce pouvoir de nous faire plus sages pour l'advenir. N'avons-nous pas veu l'Allemaigne autant troublée pour le mesme faict de la religion, et plus que nous ne sommes? Et sçauroit-on rien désirer de vigilance, prudence et force à l'empereur Charles V : empereur certes digne d'estre mis au ranc des plus grands; et toutesfois il n'y a celuy de nous qui n'ait veu devant ses yeux, que tout cela n'a rien sçeu profiter pour apaiser les troubles de la religion, jusques à ce qu'il soit venu accorder un interim, depuis lequel le païs d'Allemaigne ne fut oncques veu en plus grande paix et repos. Au royaume d'Angleterre, la voye des armes et de rigueur y a-elle non plus servi? Et pour venir à celuy d'Escosse, en quel danger l'avons-nous veu, pour y cuider faire par les sieurs de Guyse mesmes régnans lors en France, ce que maintenant ils ont encores commencé? Quel propos y a-il doncques de dire que c'est par force qu'il faut maintenir la religion catholique, en chassant les ministres (disent-ils) hors du royaume, comme si entre ceux qui les escoutent, il n'y en a pas un million (s'il faut ainsi dire) suffisans pour faire l'office et charge de ministre?

Mais leur ignorance et témérité se descouvre bien encores plus par l'autre poinct qu'ils mettent en avant, faisant comparaison du trouble de la religion, au fait d'une sédition populaire, en laquelle ceux qui se rébellent et prennent les armes contre leur prince, au temps mesme qu'ils sont plus séditieux, cognoissent bien leur faute en leur conscience; et ceux qui pour le faict de la religion s'esmeuvent, tant s'en faut qu'ils pensent mal-faire, qu'ils ne voudroyent pour rien offenser, n'y contredire au devoir de bons et fidèles subjets contre leur Roy et naturel seigneur; tellement qu'il appert que c'est une très-folle et inconsidérée opinion à l'estimer, que quand les chefs seroyent morts, il seroit aisé de ramener les autres qui se monstrent souvent aussi fermes et constans que leurs chefs et conducteurs. Moins de sens et de raison y a-il encores de dire ce qu'ils adjoustent, comme par une grande prudence meslée de douceur, qu'ils ne veulent rechercher les consciences, pourveu que chacun se contienne en sa maison : car avec ce que c'est chose impossible de faire, comme ceux qui mieux l'entendent qu'eux ne le cognoissent, il n'y auroit pas un meilleur moyen pour oster toute discipline et révérence de Dieu d'entre les hommes, et les abandonner enfin à toute liberté de vice; estant nécessaire que la religion d'un chacun soit policée, et tesmoignée en public. Voyre mais, disent-ils, un mesme royaume ne peut souffrir deux religions? Nous voyons le contraire en la pluspart de l'Europe ; ceste maladie n'estant particulière pour ce royaume, pourquoy donques n'y pourra-l'on souffrir le semblable?

Il n'y a celuy des deux religions, qui véritablement ne désire qu'il n'y ait qu'une seule : mais puis qu'ainsi est advenu, encores faut-il adviser le meilleur moyen, et devenir à tout le moins sages par l'exemple des autres. Ouy mais, répliquent-ils, si cela a lieu, la religion nouvelle croistra tous les jours, et enfin viendra à perdre la nostre. Voilà un grand commencement de deffiance de la bonté de leur religion : car si elle est de Dieu, il ne faut douter qu'elle ne surmonte l'autre, et qu'elle ne demeure. Mais ce qui leur fait dire cela, est l'exemple qu'ils ont devant leurs yeux, de la force de ceste religion (qu'ils appellent nouvelle), laquelle quoy qu'elle soit pauvre, abjecte, et mesprisée de tous, n'a laissé pourtant en peu d'années de gaigner presque toute l'Europe, à vaincre et surmonter les armes, la force et la violence des empereurs et roys, la pompe, la richesse, l'orgueil et la hautesse du pape, des cardinaux, et toute leur séquelle. Je voudrois bien sçavoir à ce propos, si la religion des juifs, pour avoir esté tollérée en la chrestienté, y a mille ans et plus, a pourtant perdu et gaigné la religion chrestienne.

Ainsi le tout bien discouru et meurement considéré, il y a grande apparence que ce n'est le zèle de la conscience, qui pousse ceux qui se monstrent si affectionnez pour la religion romaine, ayans ce principal but proposé devant leurs yeux, de s'emparer du gouvernement du royaume, et s'ils pouvoyent, de la coronne mesme; le tout soubs le masque et couverture du roy de Navarre, pour s'estans servis de luy, l'opprimer puis après, et entrer en sa place : s'aydans pour parvenir à ceste fin, du manteau de la religion, pour sous couleur d'icelle maintenir l'auctorité du pape à eux du tout favorable; et rien moins que de regarder à la paix des consciences, et repos des subjets; de manière que celuy qui voudroit dire en un mot, que ceste guerre est la guerre du pape, ne sortiroit par avanture loin de la vérité; ayant tousjours esté le stile et manière de procéder de la Saincteté, pour le faict de la religion, et de tous ses ministres par luy attirez, de susciter guerres pour contraindre les personnes de se ranger par force à son Eglise ; tout ainsi qu'au contraire, la voye de l'Evangile a esté de volontairement ramener les hommes par la prédication de la parolle de Dieu; et nous verrons à la parfin, laquelle voye des deux sera trouvée la meilleure. Ils verront combien ceux à qui ils ont affaire, sont liez, joints et unis ensemble, fermes et constans en leur opinion ; combien nul d'entr'eux ne fait difficulté de perdre ses biens ; voire de mourir plustost que de changer et se départir aucunement de la doctrine qu'ils ont reçeuë, et recognoistront que pour les avoir par force, il faut qu'ils les fassent tous mourir ; que autrement celuy qui restera en vie, avec les cendres des morts, en fera resusciter d'autres.

Mémoire présenté à la Reine mère, pour empécher que la maison de Guyse n'allât demander justice au parlement de Paris, de l'assassinat de François duc de Guyse.

Pour rompre et empescher que la délibération prinse de donner audiance publicque en plain parlement, à ceulx qu'il veulent faire leur plaincte, et demander ouverture de justice contre, etc.

Sera remonstré à la Royne, que ceste audiance pourroit faire tel esclandre, qu'on ne le sçauroit aisément réparer, et que si ceste entreprinse est suyvie, c'est un vray moyen pour destruire et gaster en une heure, tout le fondement de ce qu'elle a prins grand'peine de bastir depuis six mois :

Qu'elle a faict avec grand labeur et vigilance ung accord de pacification (1), lequel elle a faict publier avec peine; et depuis pour le faire entretenir, a envoyé avec grand soing commissaires par les provinces; que aujourd'huy après la déclaration de la majorité du Roy, elle insiste encores de nouvel à faire confirmer par autre édit cest accord de pacification, cognoissant le fruict et repos qu'il apporte en tout ce royaulme :

Qu'à présent donnant ceste audience publicque pour ung faict particullier, elle renverse tout ce qu'elle a faict : car ceste audience est formellement contraire et à l'accord de pacification, et à ce que les commissaires sont allez faire par les provinces pour l'observation d'icelluy, et à l'édict de confirmation dernièrement faict :

Qu'il s'ensuit encores inconvénient plus grand;

(1) L'édit de pacification, du 19 de mars 1562.

c'est que ouvrant la porte aux plainctes et quérimonies pour ce faict particullier, il fault qu'elle la tienne ouverte pour toutes autres quelconques deppendans de la première et principalle quérelle ; et si elle veult dire qu'elle tiendra la porte ouverte aux plainctes pour ce faict particullier, et close pour tous autres, ce seroit injustice notoire, qui luy apporteroit perte du bon nom et estime qu'elle a au faict de la justice, qui n'est autre chose que une égualité gardée envers ung chascun ;

Et si elle l'ouvre à tous, ce sera occasion de nouvelle et publicque quérelle : et encores ne l'ouvrant que pour ce seul faict particullier, outre la perte qu'elle fera de son bon nom et estime en la justice, il s'ensuivra tant de défiance et malcontentement envers elle, de tous ceulx qui ne sont pareillement ouyz en leurs plainctes, et tant de dévotion des autres envers celluy qu'on veult rechercher, et tant de recharges sur ceulx qui se veulent plaindre, que à bon conseil prendre, du jour que cest audience sera donnée, il faudra que chacun se tienne sur ses gardes, et pense à ses affaires, et mette son repoz non en justice, mais en la force ; qui sera à recommencer la guerre civile comme devant ; et lors ne sera plus temps d'aller veoir les villes et provinces pour les pacifiier, comme on a délibéré. Parquoy, avant que d'exécuter une chose de si grand poids et de telle conséquence, il eschet que Sa Majesté y pense plus d'une fois, et qu'elle en preigne l'advis et conseil de ses plus fidelles et loyaulx serviteurs, affin qu'elle ne tumbe en occasion de s'en repentir, et peult estre en danger de ne pouvoir réparer la faulte.

Arrêt du conseil du Roy, par lequel il évoque à sa personne, le procès meu entre les maisons de Guyse et de Chastillon, à l'occasion du meurtre du feu duc de Guyse; et en suspend le jugement pendant trois ans.

« Veu par le Roy estant en son conseil, la requeste à luy présentée par dame Anne d'Est, veuve de Mre François de Lorraine en son vivant duc de Guyse, pair et grand maistre de France, et lieutenant général du Roy en son armée, lors de son trespas, en l'absence de M. le connestable; tendant afin que son bon plaisir fust lever et oster l'interdiction de sa court de parlement de Paris, en vertu de l'évocation obtenue par le sieur de Chastillon, admiral de France, et ses frères, de leurs causes et procès, au grand conseil qu'elle avoit suspect; à ce que ladicte court de parlement en vertu du renvoy qu'il avoit pleu à Sa Majesté faire en icelle court de la cognoissance de la justice qu'elle demandoit de l'homicide commis en la personne du feu seigneur de Guyse son mary, y peust proceddcr; ou bien la renvoier à l'une de celles de Toulouse, Bourdeaux, Dijon ou Rouen; la response sur ce faicte par ledict seigneur admiral insistant que ladicte évocation demeure en son entier, avec les remonstrances par luy faictes des causes de suspicion contre les cours de parlement, récusations proposées par l'une et l'autre des parties, à l'encontre de la plus grande part des princes et seigneurs du conseil privé dudict seigneur; proposition et ouverture à elles faictes par Sadicte Majesté, de s'accommoder à prendre pour juges une desdictes cours et ledict grand conseil par ensemble; ce qui ne s'est peu accorder pour les causes de suspition alleguées d'une part et d'autre; autre requeste présentée au Roy par ledict seigneur admiral du 28ᵉ jour de décembre dernier passé, concluant à ce qu'il ne soit distrait de ladict jurisdiction du grand conseil, où il prétend, entre autres choses, qu'il doit estre préalablement jugé, si ladicte dame de Guyse est recevable en sa prétendue accusation; attendu l'ouverture préjudiciable que ce seroit faire à l'édit de la pacification des troubles de ce royaume, et conséquemment au bien et repos public d'iceluy; la responce faicte à ladicte requeste par ladicte dame de Guyse, le 4ᵉ jour de ce présent mois de janvier, par laquelle elle conclud à ce qu'il plaise au Roy et à la Reine seuls, juger et décider promptement la fin de non-recevoir qu'elle prétend avoir esté mise en avant par ledict seigneur admiral, de la conséquence dudict édit de pacification, persistant au surplus en ses requestes du 26 octobre et 8 de décembre, par elle cy-devant présentées; et tout ce que par lesdictes parties a esté sur ce dit, proposé et remonstré d'une part et d'autre : considéré aussi par ledict seigneur les récusations par icelles parties proposées tant contre lesdictes cours de parlement et grandconseil, que gens de sondict conseil privé, et de cela l'impossibilité de trouver juges non suspectz pour cognoistre dudict affaire, et le bon et grand devoir faict par Sadicte Majesté, pour leur faire sentir le fruit de la justice qui leur auroit ouverte, et qu'il désire singulièrement leur estre faicte; se voiant seul avec la Reine sa mère pour décider dudict affaire, qui est de tel poids et importance qu'il requiert le sage conseil d'un prince plus expérimenté et de plus grand âge que le sien; voulant obvier aux inconvéniens que la poursuite dudict affaire faicte en temps si mal-à-propos, pourroit apporter au repos et tranquillité de sondict royaume; et le tout bien considéré par luy, a de son propre mouvement déclaré qu'il a retenu et retient à luy et sa personne, la cognoissance dudict procès; lequel de sa pleine puissance et authorité royale pour les causes et considérations dessusdictes, et autres grandes et pertinentes à ce le mouvans, il a tenu et tient en estat, suspens et surséance pour le temps et terme de trois ans prochains venans, à compter du jour et datte de ce présent arrest, ou tel autre temps qu'il plaira au Roy, selon que ses affaires le pourront porter; pendant lequel il deffend très-expressément ausdictes parties, de par Sa Majesté, de n'attenter ni entreprendre l'une à l'encontre de l'autre par voye de faict aucune chose : leur est défendu de nouveau suivant les dictes premières défenses, offenser et travailler l'une l'autre directement ou indirectement durant ledict temps, sur peine d'encourir son indignation, et d'estre punis comme contempteurs de ses ordonnances et commandemens, espérant que ledict temps luy aportera ce qu'il désire, et attend de la bonté et grâce de Nostre Seigneur et plus du moyen de rendre sur ce auxdictes parties l'équitable justice requise et nécessaire à la descharge de sa conscience.

« Donné à Paris le 5ᵉ jour de janvier 1563.

« CHARLES, *et plus bas* DE L'AUBESPINE. »

Copie de la requeste présentée au Roy très-chrestien, par ceulx de la mayson de Guyse, pour leur faire administrer justice, à cause du meurtre commis en la personne du feu duc de Guyse; avec la response du Roy.

AU ROY NOSTRE SOUVERAIN SEIGNEUR.

Supplient très-humblement Anthonnette de Bourbon, vefve de feu Claude de Lorrayne, en son vivant duc de Guyse, pair de France, mère de deffunct François de Lorrayne, en son vivant duc de Guyse, pair, grand-maistre et grand-chambrelain de France; Anne d'Este, duchesse de Guyse, vefve; les enffans, frères, parens et amys soubsigntez de feu François de Lorrayne, que comme à Vostre Majesté et à toute la chrétienté, le meurtre proditoire et inhumain, cruel et malheureux assasin dudict deffunct, soit publicque et notoire, commis lorsqu'il avoit cest honneur d'estre vostre lieutenant général en l'armée qu'il vous avoit pleu mectre sus, à laquelle charge, comme il debvoit, s'estoit tousjours employé sans espargner sa vye ny biens, pour vostre service, en faisant et s'employant; auquel par conjurations, conspirations et machinations, il a esté tué dez le moys de febvrier dernier; néantmoings les suppliantz pour l'obéissance qu'ilz vous doibvent et veullent tousjours porter à Vostre Majesté, ayantz entendu que voulliez la poursuitte qu'ilz proposoient et entendoient après le cas advenu, faire par voye de justice, la réparation d'icelluy cas, estre surcise, pour quelques grandes occasions, l'ont différé par vostre commandement jusques à présent ; et pour ce que les occasions cessent à présent, et leur seroit chose trop honteuse et ignominieuse à eulx et à leur postérité, et pourroient estre tenuz deffaillans au debvoir que nature, la loy de Dieu, tant des hommes chrétiens que infidelles, mesme le sang commung et naturel leur commande, s'ilz faisoient plus longue demeurée à faire ceste poursuitte ; et aussy qu'ilz seroient arguez d'ingratitude et de deffaillance de debvoir et de bonne volonté : pour ces considérations, et que les dictz suppliantz ont cest honneur de vous appartenir, Sire, de parenté, que le deffunct, son filz aisné et deux desdictz frères sont pairs de France, que Vostre Majesté a de droict la protection des vefves et pupilles oultraigés et affligez, et devez justice à tous voz subjectz, il vous plaise en administrant justice, permectre à iceulx suppliants faire poursuytte dès maintenant de la réparation dudict faict, aux lieux et devant les juges qu'il appartiendra, et mander et ordonner estre procédé tant à l'instruction que diffinition contre ceulx qu'ilz s'en trouveront chargez et coulpables ; et les suppliantz seront plus obligez et inclins à prier Dieu pour Vostre Majesté.

Signé : CHARLES, cardinal de Bourbon ; FRANÇOIS DE BOURBON ; LOYS DE BOURBON, duc de Montpencier ; ANNE D'ESTE ; LÉONARD D'ORLÉANS, duc de Longueville ; HENRY DE LORRAYNE, duc de Guyse ; LOYS, cardinal de Guyse ; CLAUDE DE LORRAINE, duc d'Aumale ; JACQUES DE SAVOYE, duc de Nemours ; RENÉ DE LORRAYNE, marquis d'Elbeuf.

Le décret apposé par commandement du Roy, au dessoubz de ladicte requeste.

Le Roy a permis et permect aux suppliantz, poursuyvre en justice pour le faict mentionné en la présente requeste, pardevant les juges des pairs de France, lieutenans généraulx de Sa Majesté, où la cognoissance de ladicte cause en appartient. Faict au conseil privé dudict seigneur tenu à Nullain, le XXVI⁰ jour de septembre, l'an mil cinq cens soixante-trois.

Signé : DE L'AUBESPINE.

Responce verballe faicte par le Roy aux suppliants.

Il me semble avoir ouy dire que Dieu faisoit régner les roys par la justice : c'est pourquoy je vous ay cy-devant dict, ma cousine, que je vous la ferois faire quand vous m'en requeriez. Le cas me semble si malheureux, faict à ung prince tant recommandé de ses services, et qui tenoit le lieu en l'armée que j'avois lorsqu'il fut ainsi malheureusement tué, que moi-mesme la poursuiverois : pour ce vœulx-je qu'elle soit ouverte et faicte si bonne, que Dieu et le monde en demeurent satisfaict, et que ma conscience en soit deschargée.

FIN DES MÉMOIRES DU DUC DE GUISE.

MÉMOIRES

DE

LOUIS DE BOURBON,

PRINCE DE CONDÉ,

CONTENANT CE QUI S'EST PASSÉ DE PLUS MÉMORABLE EN FRANCE PENDANT LES ANNÉES 1559 A 1564.

NOTICE

SUR

LE PRINCE DE CONDÉ

ET SUR SES MÉMOIRES.

Le septième fils de Charles de Bourbon, duc de Vendôme, est la souche des princes de Condé. Il se nomma Louis de Bourbon, né à Vendôme le 7 mai 1530, et se signala d'abord par des services rendus au roi Henri II, comme gentilhomme de sa chambre : ses premiers exploits guerriers datent de l'expédition faite contre les Anglais pour le recouvrement de Boulogne. Enfermé dans Metz avec le duc de Guise, le prince de Condé participa vaillamment à la défense de cette ville assiégée par Charles-Quint (1552), qui fut obligé d'en lever le siège. Après avoir assisté aux expéditions militaires exécutées en Piémont, le prince de Condé se retrouve encore parmi les héros de la journée de Saint-Quentin (1557), et aux siéges mémorables de Calais et de Thionville (1558); mais là s'arrêtent les services rendus par la maison de Condé à la couronne royale de France.

Soupçonné d'avoir favorisé la conjuration d'Amboise, Louis de Bourbon fut mis en prison, à Orléans, par les ordres de la faction des Guise, qui occupa toutes les avenues du pouvoir pendant le règne de François II; et sans la mort de ce monarque, le prince courait risque de perdre la vie. L'avénement de Charles IX changea entièrement la face des affaires. Un arrêt du parlement, du 18 décembre 1560, reconnut et proclama l'innocence du prince de Condé.

Mais la haine profonde que la persécution des Guise avait inspirée à ce prince, et plus encore sa jalousie de leur trop grande influence dans le gouvernement, le déterminèrent à se mettre à la tête du parti des huguenots. Le 11 avril 1562 il en fut déclaré le chef. Des monnaies à son effigie, avec la légende de *Louis XIII premier roy chrestien des François*, en consacrèrent la mémoire.

Ses armes furent assez malheureuses dès ce moment : il perdit la bataille de Dreux (1562), où il fut blessé et fait prisonnier. Le duc de Guise le reçut avec une grande affabilité; ils soupèrent ensemble, et, n'ayant qu'un seul lit, ils le partagèrent comme s'ils n'eussent pas cessé d'être les meilleurs amis du monde. La paix conclue en 1563 rendit à Condé sa liberté. La reine n'épargna rien pour le fixer à la cour : les caresses, les distinctions et des sommes énormes lui furent prodiguées. Dans cette intention, Catherine de Médicis, qui avait souvent recours à des moyens peu scrupuleux, parut favoriser les relations du prince de Condé avec Isabeau de La Tour, demoiselle de Vimeuil, l'une de ses filles d'honneur. De ce commerce naquit à Lyon, en 1564, dans la garderobe même de la reine, un enfant qui mourut peu de temps après. Le père Anselme a consigné dans son grand ouvrage ces souvenirs historiques, et il existe encore d'autres documents authentiques qui ne laissent aucun doute sur cette intrigue à la fois galante et politique.

En 1567, Condé disputa la victoire à la bataille de Saint-Denis. En 1569, le 13 mars, au combat de Jarnac, il se rendit prisonnier, et le sieur de Montesquiou, capitaine des gardes du duc d'Anjou (plus tard Henri III), l'assassina de sang-froid. Lestoile a raconté cette action infâme avec une juste émotion (1).

L'esprit d'opposition à la couronne de France que le premier prince de la branche de Condé affecta, dès la fin du règne de Henri II, paraît avoir passé comme un héritage à tous ceux qui en portèrent le nom et les armes jusque vers la fin du règne de Louis XIV. Tous se signalèrent en combattant contre les armées royales; et quand les forces qui étaient au service du parti des Condé ne suffisaient pas pour ébranler dans ses racines les plus profondes la monarchie française, les princes protestants d'Allemagne et d'Angleterre même étaient alors appelés à leur secours. C'est ce que fit l'héritier de Louis de Condé, Henri, second prince de cette branche. Le troisième ne fut pas moins audacieux contre la reine mère et régente de Louis XIII. Enfin jusqu'où ne furent pas portés les projets du grand Condé (Louis II de Bourbon), qui, après avoir rendu les plus grands services à la monarchie française, tint en échec toutes les armées de Louis XIV pendant huit ans?

Après cette époque l'esprit d'opposition s'affaiblit et disparut dans la maison de Bourbon-Condé, mais, chose remarquable, en même temps s'affaiblirent et disparurent les éminentes qualités

(1) Journal de Lestoile, tome 1ᵉʳ, page 21, 2ᵉ série de la Collection de Mémoires.

qui la distinguèrent, et cette brillante bravoure dont le souvenir excite encore l'admiration.

Le prince Louis de Condé, comme les autres chefs des partis qui s'agitaient en France, écrivit des proclamations, rédigea les relations des combats et des batailles livrés sous ses ordres, dressa des mémoires justificatifs de ses actions, fit des professions de foi, et adressa de nombreuses lettres au roi, à la reine, aux princes du sang, et aux ministres du roi. Ce sont ces documents, liés entre eux par de courtes narrations, qui forment les *Mémoires de Condé*. Ils comprennent les années 1559 à 1564. Ils ont été publiés et réimprimés plusieurs fois, la meilleure édition en a été donnée par Secousse en 5 volumes in-4°; mais cet éditeur y a ajouté un grand nombre de pièces et beaucoup de notices historiques qui ont considérablement augmenté cet ouvrage. Dans le nombre des pièces il y en a même qui appartiennent au parti opposé à celui de Condé et dont la véritable place est dans les *Mémoires du duc de Guise* : tels sont : la relation de la bataille de Dreux, les documents relatifs au *Triumvirat*, etc. Nous avons donc supprimé dans notre édition tout ce qui se trouve dans les écrits de Guise et de ses partisans : comme ces écrits sont pour la plupart insérés dans la Collection de MM. Michaud et Poujoulat, toutes les additions de Secousse devenaient inutiles, et si les cinq volumes de cet éditeur sont réduits à quelques-unes de nos feuilles, c'est parce qu'en effet les Mémoires du prince de Condé n'ont pas une plus grande étendue.

A. C.

MÉMOIRES

DU

PRINCE DE CONDÉ.

RECUEIL DES CHOSES MÉMORABLES FAITES ET PASSÉES POUR LE FAICT DE LA RELIGION ET ESTAT DE CE ROYAUME, DEPUIS LA MORT DU ROY HENRI II JUSQU'EN L'ANNÉE 1564.

Discours de la mort du roy Henry II.

[1559] On sçait assez comme du règne de Henry deuxième de ce nom, les feux estans allumez par toute la France, la persécution menaçoit griefvement tous ceux qui faisoyent profession de l'Evangile, voire de quelque part que les pauvres fidèles vinssent ; en quelque lieu qu'ils tirassent, ce n'estoit point sans trainer mille et mille dangers avec eux, assaillis à toute outrance, et poursuivis de façon qu'on n'a point accoustumé d'aller autrement après les bestes enragées : mais (comme nous verrons en tout ce grand et pitoyable discours) que la poursuitte en a tousjours esté sans comparaison, moins furieuse. En ce temps aussi lamentable et fâcheux, on voit entre les autres lieux, les places dedans Paris si flambantes, que les nations les plus eslongnées se ressentoyent des maux extremes qu'on faisoit souffrir à tous pauvres gens pour la confession seule du nom de Dieu : à la grande playe desquels ils eussent remédié, s'ils l'eussent peu faire par leur diligence. Or combien que les Romanisques (1) ayent été de tout temps ennemis jurez de la pureté de la parole de Dieu, et que c'est aussi pour ceste cause qu'ils ont combattu de tout leur pouvoir, à fin qu'elle fust ensevelie. Toutes-fois si est-ce que les pauvres François, à la cent-milliéme partie n'eussent enduré tant de misères, si la perversité cuisante de ceste haïsable engence des Guisians eust ouvert la terre pour l'engloutir aussitost que l'air fut infecté de leur naissance. Entre lesquels ces deux François et Charles de Lorreine, cestui-cy cardinal, et l'autre duc de Guise, se sont portez si cruellement et desloyaument endroict l'estat du royaume,

que tous (sans dire autre chose) grands et petits cognoissent assez que c'est de traistres estrangers, quand ils approchent ainsi près de nos rois. Or ce cardinal de Lorreine, duquel mention vient d'estre faite, s'estant seul emparé de la personne du roy Henry, et l'ayant ensorcelé de son hypocrisie, fit que ce prince, autrement fort débonnaire, se laissoit aisément mener par son conseil, qui tendoit du tout à l'extermination des luthériens. Ainsi donc à la sollicitation de ce cardinal, le roy Henry alla le dixiesme de juin 1559 au couvent des Augustins de Paris, où pour lors s'assembloit la cour, pource que le Palais avoit esté pris pour y faire les festins du mariage du roy d'Espagne et d'Elizabet, fille aisnée de France. Le Roy estant accompagné du susdict cardinal, et d'autres ses semblables, mais suyvi de bon nombre de chevaliers de l'ordre, se trouva audict lieu des Augustins le jour de la Mercuriale (Mercuriale estoit une assemblée de toutes les chambres qui convenoyent pour adviser de grandes affaires qui ne se peuvent bonnement traicter qu'en bonne compagnie : en laquelle assistence chacun disoit librement son opinion). Là arrivé il leur feit sçavoir la cause de sa présence, à sçavoir pour entendre de ladicte cour l'occasion qui l'avoit meuë de mettre hors des prisons les criminels sans punition, ainsi qu'il avoit entendu qu'elle s'estoit portée envers quatre luthériens, lesquels néantmoins avoyent tousjours persisté en leur hérésie. Item, qu'ils eussent à respondre pourquoy de tant long-temps qu'il leur avoit esté mandé, ils n'avoyent point encores inhérité en un édit qu'ils avoyent receu de sa part contre lesdits luthériens. (C'est édict estoit sorti de l'oracle dudict cardinal de Lorreine.) Là-dessus le Roy escouta fort patiemment ceux qui estoyent demourez à opiner, comme du Faur, Fumée, de Foix, de

(1) Ceux qui font profession de la religion catholique, apostolique et romaine. (A. E.)

la Porte, et du Bourg. Entre lesquels du Bourg ne laissa rien arriere qu'il ne dit tout ce qu'il sentoit en sa conscience de la religion, pour laquelle on faisoit mourir les personnes sans examiner à bon escient leur cause. Et quant à l'édict, il ne pouvoit conseiller son roy qu'il fust inthériné : ains qu'il estoit de cet advis qu'on surceast les peines y contenuës, jusques à tant que les opinions que tenoyent ceux qu'on envoyoit si-tost au supplice, eussent passé par un bon concile, et fussent poisées mûrement, comme il estoit requis en une affaire de si grande importance.

Le Roy pour ces propos fut grandement irrité, et poussé par ledit cardinal de Lorraine à ce faire, commanda de prendre lesdicts conseillers, prisonniers : et les bailla en charge à Lois, conte de Mongommery, sieur de Lorges, fils aisné du vieil chevalier de l'ordre et capitaine de la garde escossoise, lequel les rendit prisonniers en la Bastille ledict jour : et le seigneur de Chavigni, capitaine des gardes, prit au corps les trois autres sus nommez, et les emprisonna en ladicte Bastille le jour mesme. Puis pour esgayer le mariage de madame Elisabeth son aisnée, avec le roy d'Espagne, comme il est dit cy-dessus, où le duc d'Albe estoit venu comme son procureur la prendre, le jeudi vingt et uniesme jour de juin mil cinq cens cinquante-neuf, le Roy se délibéra faire tournois et joustes à toutes sortes d'armes : dont luy le premier tenant, accompagné de François de Lorraine duc de Guise, Alphonse (d'Est) d'Aest prince de Ferrare, Jacques de Savoye duc de Nemours.

Le mécrédi xxviij dudict mois ouvrirent le pas, et continuèrent le jeudi et vendredi : auquel jour à quatre ou cinq heures du soir fut blessé d'un contre-coup de lance en l'œil droict par ledict sieur de Lorges, qui avoit mené lesdits Bourg et du Faur prisonniers en la Bastille, parroisse de S. Paul : duquel lieu tous les prisonniers de léans pouvoyent ouïr les clairons, hault-bois et trompettes dudict tournoy. Ledict jour du vendredy estoit feste en ladicte parroisse à cause de la conversion Sainct Paul. Et ledit jour au matin le Roy avoit baillé commission audit de Lorges, pour aller au pays de Caux contre les luthériens, incontinent les tournois finis : par laquelle il authorisoit ledit de Lorges de mettre au fil de l'espée tous ceux qui luy feroyent résistance, et ceux qui seroient attaints et convaincus, ou confessans, leur faire donner la question extraordinaire, couper la langue, et brusler après à petit feu. Et à ceux qui seroyent souspeçonnez, leur faire crever les deux yeux.

Or le Roy blessé, se sentant grièvement malade, le dimanche ix jour de juillet fit faire le mariage du duc de Savoye avec madame Marguerite sa sœur aux Tournelles, sans aucune pompe : (lequel mariage ne se devoit célébrer que le dimanche d'après.) Auquel lieu des Tournelles ledit sieur Roy rendit l'ame entre midi et une heure : (pareille heure que quand il fit emprisonner les susdits conseillers de sa cour de parlement, le dixième jour de juin paravant comme il mourut) le dixième jour de juillet. Et fut environ quinze jours en parade mortuaire en une grande salle dressée dans les Tournelles (lieu destiné pour faire festins et danses.) Puis l'onzième jour d'aoust en pompe funèbre, fut apporté desdites Tournelles au grand temple de Paris : et le lendemain reporté de-là à Sainct Denis en France : et le dimanche ensuyvant enterré en la manière accoustumée.

Pendant ledit temps on publia deux vers françois qui contiennent tous les surnoms desdicts conseillers :

Par Foix, de la Porte, du Faur,
J'apperçoy du Bourg, la Fumée.

[1560]. *Tumulte d'Amboise.*

Il y a une loy en France, establie tant par l'ancienne coustume, que par le commun accord et détermination des trois estats assemblés en la ville de Tours, l'an 1484, que si la couronne de France échet par succession à celui qui seroit en bas aage, alors les susdits trois états, assavoir, des nobles, des ecclésiastiques et du peuple, soyent assemblés, et par iceux le Roy soit pourveu d'un conseil, pour le gouvernement et administration de son royaume, pendant son bas aage. Tellement que toutes choses soyent au nom et en l'authorité du Roy, avec ceste clause : à la relation du conseil. En l'ellection de ce conseil, deux choses ont toujours esté observées : l'une est que les princes du sang y ayent le premier lieu : l'autre que les estrangers n'y soient aucunement admis. Or, comme l'an 1559, Henri, second de ce nom, roy de France, eust laissé par sa mort, le royaume entre les mains de François, second fils, aagé de quinze à seize ans, tout le peuple attendoit que, par la convocation légitime des susdits trois estats, on observast l'ancienne ordonnance. Mais les princes de Guise, assavoir, François, duc de Guise, et Charles, cardinal de Lorreine, qui ne sont du sang de France mais estrangers, et issus de la maison de Lorreine, ayans gaigné l'oreille de ce jeune prince, se saisirent du gouvernement du royaume, esloignans d'auprès du Roy, ceux qui auparavant avoyent eu le maniement des affaires de France, comme le connestable, l'admiral et autres; et craignant que si l'assemblée des estats se tenoit, ils fussent, selon la loy, démis de l'authorité qu'ils s'estoyent eux-mesmes usurpée, et rabaissez en leur dégré, ils taschèrent par tous moyens de l'empescher. Et donnèrent à entendre au Roy, que celuy qui parleroit d'assembler les estats, luy seroit ennemi et coulpable de lèse-majesté : et que s'il donnoit une fois congé à son peuple de luy eslire un conseil, il le voudroit doresnavant tenir comme sous la verge, tellement qu'il ne luy demoureroit rien d'un roy, sinon le seul tiltre : bref, que cela feroit faire injure à la prudence, qu'il avoit desja assez grande et suffisante pour gouverner et soy et son peuple. Quant à eux, ils luy promettent leur aide pour le garder de ce danger, et de faict ils y mirent si bon ordre, que avant que le roy de Navarre fust arrivé à la cour, le duc de Guise avoit desja gouvernement de ce qui concerne le faict et estat de la guerre, et le cardinal de Lorraine la superintendence sur la justice et les finances.

Chose qui revint au grand mescontentement des principaux de France, et mesmes de la pluspart du peuple, tant pour voir un gouvernement du royaume trop desraisonnable et illégitime, que pour sentir le joug insupportable de ces nouveaux gouverneurs, à cause des emprunts et exactions dont il estoit surchargé. Ce que cognoissans ceux de Guise, et voulans pourvoir à l'entretenement de leur grandeur, trouvent le moyen de retirer de la cour les autres princes, sous couleur de quelque honnorable charge, comme d'aller vers le roy Philippe, pour la confirmation de la paix, de conduire en Espagne la sœur du roy de France et autres telles commissions. D'avantage ils cassent les capitaines qu'ils pensent estre moins favorables à leur entreprinse, mettent en leur lieu ceux qui estoyent faits à leur dévotion, et craignans que de tant de gens offensez il s'en levast un qui attentast quelque chose contre eux, ils défendent sous estroicte peine le port d'armes, et sur tout de pistolets. Comme donc ils estimoyent leur authorité estre fort bien asseurée et establie sur tels fondemens, cependant on oit par tout beaucoup de murmures, et de plainctes à l'encontre d'eux, on poise ce qu'autresfois ils avoient dit, et commençoient à remettre en avant que la couronne de France avoit esté transférée de la lignée de Charlemagne (dont ils se disent estre descendus) à Hugue Capet, duquel le Roy et ses prédécesseurs sont venus : on estime que mal aisément ils laisseront escouler une si belle occasion de faire ce qu'ils prétendoyent, veu mesmement que l'on les cognoissoit autant ambitieux, et d'aussi grande menée, que princes qui soyent en l'Europe. On mesloit avec cela les disputes des gens sçavans et bien entendus aux affaires politiques, qui débatoyent l'administration du royaume estre illégitime, veu que le Roy n'estoit d'aage pour gouverner sans conseil légitimement ordonné selon la loy susdite; et que tous ceux qui usurpoyent le lieu de son conseil, s'y estoyent ingerez sans légitime vocation, contre les status et coustumes du royaume : et que on ne devoit avoir esgard à ce qu'on alléguoit ordinairement, que tel estoit le plaisir du Roy. Car, en premier lieu, c'est contre tout droict, que le pupile se constitue luy-mesme un tuteur, ou que le mineur se donne luy-mesme un curateur à sa volonté, d'autant qu'ils doyvent estre donnez légitimement, selon la coustume des lieux où on est; et que si cela est observé entre personnes privées, à plus forte raison doibt avoir lieu en un roy, veu qu'en sa personne il est question du bien commun, et de la tranquillité publique, et que mesmes les rois de France en ont tousjours ainsi usé en tel aage, recognoissans de leur bon gré les loix et statuts de leur royaume, de peur que la monarchie qui est appellée très-chrestienne, ne s'abbastardist, et se changeast en quelque espèce de tyrannie. D'avantage qu'on entendoit assez, que si le Roy usoit quelque-fois de tel langage, c'estoit seulement à la suasion et importunité desdicts de Guise, lesquels le tenoyent tellement enveloppé de leurs personnes (ce que le cardinal signifie par sa devise du lierre embrassant une pyramide) que personne ne pouvoit avoir accez à luy, sinon par leur congé. Outreplus on disputoit que selon les constitutions du droict civil (lequel a tousjours esté maintenu, et approuvé par les rois de France) celuy qui a affecté ou s'est ingéré à quelque tutelle, ou curatelle, en doit estre rejetté comme suspect, et que celuy qui prétend quelque droict ès biens d'un pupille ou mineur, n'en doit avoir aucunement l'administration : au moyen de quoi lesdicts de Guise sont du tout incapables du gouvernement de France, puisqu'ils prétendent y avoir droict, comme estans de la race de Charlemaigne, ainsi qu'il a esté dit, et que s'ils veulent desguiser leur intention en cest endroict, toutesfois ils querellent manifestement la conté de Provence, duché d'Anjou, et autres menbres de la couronne de France, lesquels ils prétendent leur appartenir : comme de faict ils en entretiennent l'opinion par quelques formalitez de justice, comme retenans tousjours la possession dudict duché d'Anjou. Sur cela on alléguoit les exemples de ceux qui, sous couleur de tutelle ou cu-

35.

ratelle, avoyent autresfois usurpé meschamment les royaumes et principautez, comme Tarquin le Superbe et autres, entre lesquels on en produisoit un mémorable, qui est récité par Tite-Live en son xxIIII Livre, assavoir : d'un Andronodore, lequel Hiero, roy de Sicile, laissa, avec quatorze autres, pour gouverner Hierosme fils de son fils (ja décédé) aagé de quinze ans ; et voulant ledict Andronodore s'emparer du royaume, persuada au jeune prince de retirer d'avec soy les quatorze gouverneurs establis par son ayeul, luy remonstrant qu'il estoit desja assez suffisant pour gouverner seul son royaume. Ce qu'estant fait par Hierosme, lors Andronodore qui estoit demeuré auprès de luy, parce qu'il estoit son oncle (comme aussi ceux de Guise se nomment oncles du Roy), tascha d'opprimer Hierosme, pour occuper le royaume, et fut empesché de ce faire par la noblesse du païs.

Ces choses et plusieurs autres telles estoyent proposées et débatuës ordinairement ; cependant que lesdicts de Guise ayans fait absenter de la cour tous ceux qui n'estoyent de leur faction, eux seuls possédoyent le Roy paisiblement. Comme doncques les affaires de France estoyent en tel estat, plusieurs gentilshommes ne pouvans plus longuement porter une telle oppression et outrage fait aux estats de France, se ralièrent ensemble sous un certain chef, lequel, deument authorisé, se peut légitimement au nom des estats opposer à l'outrage qui estoit fait à tout le peuple, et mesmes au Roy, qui par son jeune aage ne le pouvoit cognoistre, et moins y donner ordre. Leur but estoit de desposséder lesdicts de Guise de l'authorité qu'ils avoyent usurpée par cautelle et audace, et qu'ils retenoyent par force et violence, afin que leur procès estant faict, il peust estre notoire à tous, que lesdicts de Guise estoyent ennemis du Roy, et que ceux qui leur avoyent résisté estoyent ses fidèles subjects et amateurs du bien public. Le chef authorisé estoit un gentilhomme nommé La Renaudie, homme, comme l'on dit, de grand esprit, et de diligence presque incroyable, lequel eut pour son conseil environ trente capitaines, bien expérimentez au faict des armes ; par l'advis desquels il devoit conduire toute son entreprise, sans passer ce qui estoit arresté en ce conseil. Mais sur tout on donnoit ordre avec serment de ne rien attenter ni entreprendre qui fust préjudiciable au Roy ni à son estat, comme par après il a esté cogneu en la cour, par le moyen d'un papier auquel le tout estoit escrit, d'une façon cogneuë seulement à celui qui l'avoit escrit, nommé La Bigne, qui estoit ancien serviteur dudict de La Renaudie. Car estant prins après la mort de son maistre, promit pour sauver sa vie, de déclarer ce qui estoit contenu audict papier. Ce qu'il fit, et trouva-on que le premier article estoit couché en ces termes :

« Protestation faicte par le chef, et tous ceux du conseil, de n'attenter aucune chose contre la majesté du Roy, et les princes de son sang. » Ce qui monstre ouvertement, que le blasme de sédition qui leur a esté imposé, est forgé seulement par la ruse et cautelle de ceux de Guise, qui par ceste ouverture ont employé les forces du Roy pour empescher ceste entreprise, laquelle ne tendoit à autre fin qu'à les démettre du gouvernement du royaume, et faire observer l'ancienne coustume de France, par une légitime assemblée des estats, comme il est aisé à juger par la remoustrance qui a esté présentée au Roy de la part desdicts estats.

D'avantage ceux de ceste entreprinse, il y en avoit plusieurs tenans la doctrine de l'Évangile, qui s'y estoyent adjoincts volontiers, parce que c'estoit une cause civile et politique, et qui concernoit seulement les lois et statuts du royaume : le tout au profit et service du Roy, contre lequel s'il y eust eu la moindre chose du monde, ceux-là ne s'en fussent jamais meslez ; d'autant qu'ils ont déclaré ouvertement ce qu'ils sentent de l'obéissance deuë aux roys et autres principautez, par le dernier article de leur confession de foy imprimée, où il est contenu qu'on doit franchement, et de bonne volonté, porter le joug des rois et princes, encores qu'ils fussent infidèles. Sur quoy aussi ils condamnent et rejettent les séditieux et perturbateurs de l'ordre de justice.

Or combien qu'ils ne fussent point en armes pour la religion, si est-il vraysemblable qu'ils espéroyent, si les estats estoyent une fois assemblez légitimement, présenter leur profession de foy, afin d'obtenir quelque relasche des extrêmes persécutions et violences qu'ils souffrent tous les jours par la cruauté de ceux de Guise. Et ce qui leur donnoit espérance de bonne issuë en cest endroict, estoit qu'en l'an 1559, au mois de juin, sous Henri II, en la cour de parlement à Paris, par une commune assemblée qu'ils appellent Mercuriale, il fut presque résolu de ne persécuter plus pour la religion avant la détermination d'un concile, quand cela fut interrompu par le cardinal de Lorreine, à la suasion duquel plusieurs conseillers de ladite cour furent emprisonnez pour ceste seule cause, et le seigneur du Bourg bruslé. Il estoit doncques à présumer que ledict cardinal et son frère estans hors de leur authorité, la sentence libre des estats eust peu esteindre les feux qui sont encores allumez en France contre ceux qui ne veulent obéir au pape de Rome. Voilà doncques quel a esté le but de ceste entreprise, pour l'exécution de laquelle ledit La Renaudie ayant ralié grand nombre de gens, en eust jusques au nombre de 500 chevaux et quelques gens de pied, lesquels il fit approcher de la ville d'Amboise, où ceux de Guise faisoyent séjourner le Roy, parce que la petitesse de la ville et la force du chasteau leur sembloit estre commode pour la défense et la seureté de leurs personnes. Or il y a un chasteau près d'Amboise nommé Noyze, auquel s'estoyent assemblez les principaux de l'entreprise, attendans ledict de La Renaudie.

La nouvelle en vint à ceux de Guise, qui ne laissoyent rien en arrière pour persuader au Roy que c'estoit des luthériens qui le vouloyent mettre à mort, pour se vanger de ce qu'il en avoit tant faict mourir. A ceste cause, le Roy envoya vers le chasteau le duc de Nemours (ami familier et proche desdits de Guise) avec quelques chevaux, pour recognoistre la vérité du rapport qui luy avoit esté faict. Estant donc parvenu au lieu, il parlementa avec eux; et avec grande douceur s'enquist pour quelle raison ils sont en armes, et s'ils veulent faire perdre aux François la loüange qu'ils ont tousjours eüe d'être fidèles et loyaux à leur prince.

Ils respondent qu'ils ne veulent attenter aucune chose contre la majesté du Roy; mais, au contraire, qu'ils sont armez pour maintenir sa personne et la police de son royaume; qu'ils veulent remonstrer à sa dicte Majesté les machinations secrettes de ceux de Guise contre sa grandeur, leur violence manifeste contre ses subjects, l'oppression faite par eux de sa justice, de ses estats, des lois et coustumes de son royaume; qu'en telle nécessité ils veulent entretenir le nom de fidéles subjects qu'ils ont acquis de si long-temps; et pourtant qu'ils se sentent obligez de faire ce qui est convenable pour la conservation de leur prince. Surquoy ledict de Nemours leur remonstre que ce n'est pas la façon d'un subject de présenter quelque remonstrance à son prince avecques armes et force ouverte, mais qu'il y faut venir avec révérence et humilité. A quoy ils respondent que leurs armes ne s'adressent aucunement contre le Roy, mais contre lesdicts de Guise qui luy sont ennemis, lesquels empeschent avec violence qu'aucun ait accès au Roy, sinon celuy qui leur plaist. Qu'ils se sont donc armez afin que si besoin est ils puissent, maugré lesdits Guise, se faire voye jusques à la majesté du Roy; là où estant ils sçavent bien l'honneur et révérence qu'ils luy doyvent porter. Après ce propos et plusieurs prières dudict de Nemours de laisser les armes et venir sous sa foy parler au Roy, s'obligeant par foy de prince que il ne leur en reviendroit aucun mal ni danger. Eux s'asseurant, comme il appartient, sur la parole d'un prince, et ne se doutant aucunement de tromperie, obéirent audit sieur de Nemours; prenant cela pour grand avantage d'avoir accès libre au Roy, sans qu'il fust besoing de l'acquérir par armes ne par force. Mais estans arrivez à Amboise, furent incontinent reserrez en prison, tormentez par tortures et géhennes, condamnez comme coupables du crime de lèze-majesté; et eux avec d'autres qui furent aussi prins par les champs, exécutez par diverses manières de mort, les uns décapitez publiquement, les autres pendus aux fenestres dudit chasteau d'Amboise. Or, entre ceux qui s'estoyent mis entre les mains de monsieur de Nemours sur sa parole, estoit le baron de Castelnau, gentilhomme de grande maison et loüable entre les hommes pour les vertus desquelles il estoit doué. Iceluy oyant sa condamnation comme de lèze-majesté, remonstra qu'il n'estoit aucunement apparu qu'il eust rien entrepris contre le Roy, mais seulement qu'il s'estoit voulu opposer, avec une grande partie de la noblesse de France, à l'injustice de ceux de Guise; et que si une entreprise faite contre eux estoit un crime de lèze-majesté, il les falloit prononcer rois de France avant que le condamner de crime. Finalement que ne pouvant appeler devant les hommes d'une sentence tant injuste, il en appeloit devant Dieu, lequel en bref feroit une vengeance exemplaire du sang innocent qui estoit respandu. De semblables propos usèrent plusieurs autres, lesquels ayant prié Dieu à haute voix et appelé pour juge de leur cause, moururent avec telle constance, que leurs ennemis mesmes estoyent contraints de plorer. Et est mémorable ce qu'on dit avoir esté fait par l'un d'eux, lequel ayant trempé ses mains au sang de ses compagnons, qui avoyent esté sur l'heure décapitez, les esleva en haut au Ciel tant qu'il peut, s'escriant en semblables paroles: Seigneur, voici le sang de tes enfans; tu en feras vengeance. En ce mesme temps il y advint une chose que plusieurs estiment avoir esté envoyée de Dieu pour advertissement à ceux de Guise de ne poursuyvre leur cruauté: à sçavoir une griève maladie qui saisit soudainement le susdit chancelier Olivier, comme punition de sa desloyauté; parce que cognoissant la cause desdits prisonniers estre juste, et estant chef de la justice, se laissoit néantmoins mener à l'appétit et ambition desdits de Guise. Or estant soudain picqué d'un vif remors de conscience, tomba en maladie d'une extrême milancholie, par laquelle il jettoit des souspirs sans cesse, murmurant misérablement contre

Dieu, et affligeant sa personne d'une façon estrange et épouvantable; et en ce torment fut visité par le cardinal de Lorreine, lequel ledict Olivier ne peut voir; mais le sentant eslongné, il s'escria en ces mots : Ha! cardinal, tu nous faits tous damner. Il regrettoit aussi fort souvent la mort d'un conseillier de Paris nommé du Bourg, qui avoit, par la sollicitation dudict cardinal, esté bruslé pour la religion, comme il a esté dit cy-dessus. En après s'estre ainsi tormenté quelques temps, il mourut.

Comme ces choses que nous avons dictes se faisoyent, La Renaudie, taschant par tous moyens de s'adjoindre à sa troupe, fut rencontré par un gentilhomme nommé Pardillan, qui avec plusieurs autres couroyent çà et là pour descouvrir quelque chose. En voyant que La Renaudie luy faisoit teste et s'apprestoit au combat, il luy pensa tirer un coup de pistolet; mais il ne print pas feu, et à ceste cause, ledict de La Renaudie, luy donnant deux coups d'espée au costé droict, le tua, et fut quant et quant frappé d'un coup d'arquebouze par le serviteur dudict Pardillan, dont il mourut sur le champ; et puis son corps fut porté à Amboise, et deux de ses serviteurs menez prisonniers, dont l'un estoit la Bigne, duquel avons parlé cy-dessus, et là son corps demoura pendant quelque temps, et depuis fut mis en quatre quartiers, pendus en divers lieux, et fut attaché un escriteau avec sa teste, contenant ces mots : La Renaudie dit La Forest, chef des rebelles. Qui fut cause que le reste s'escarta.

Voilà comment ceste entreprinse ne parvint pas à son but, ce que plusieurs ont trouvé estrange, attendu la prudence par laquelle elle avoit esté conduite jusques au poinct de son exécution, et que les cinq cens chevaux estoyent tellement disposez, qu'ils avoyent peu venir jusques près d'Amboise de toutes les provinces de France sans estre descouvers. Mais on sçait assez qu'il y a eu des traistres qui, contre leur foy, et préférans le salaire qu'ils attendent de ceux de Guise au devoir qu'ils avoyent, et au Roy et à leur païs, descouvrirent ce qu'ils sçavoyent de l'entreprinse. Nous cacherons sous silence le nom de quelques-uns, pour leur honneur; seulement nous en nommerons un, qui n'a point faict de difficulté de s'en vanter ouvertement, à sçavoir un nommé des Avenelles, suivant le Palais de Paris comme advocat, au demourant altéré, et prest de se donner à loüage au premier offrant; lequel ayant senti le vent de ceste entreprinse, ne cessa jamais qu'il n'en eust quelque cognoissance, et estant ambitieux et nécessiteux tout ensemble, il pensa avoir trouvé le moyen pour se rendre riche et mémorable à jamais. A ceste cause, il se retire vers le cardinal de Lorreine, lequel, pour avoir desjà eu beaucoup d'advertissemens de quelques-uns, se tenoit sur ses gardes avec une frayeur incroyable. Et cela fut cause que du premier coup il tint pour suspect ledict des Avenelles, le faisant tenir en prison quelque temps. Mais à la fin, l'ayant bien sondé et cogneu, il l'escouta paisiblement, et entendit assez obscurément de luy ce qu'il sçavoit bien clairement d'ailleurs. Cependant il juge ledict des Avenelles propre pour son service, et pourtant luy donna quelque somme d'argent, et luy feit de grandes promesses, le tout à fin de se servir de luy pour mettre en exécution une chose qu'il avoit conceue en son entendement. Car sachant qu'il y avoit en l'entreprinse grand nombre de ceux que l'on appelle luthériens ou évangélistes, il délibéra de rejetter le tout sur l'Évangile. Et fait publier partout que ceux qui se sont eslevez en France sont luthériens; que leur but a esté de tuer le Roy, la Roine, messieurs ses frères, et tous les princes, de mettre en avant leur religion à coups d'espée, d'abatre la monarchie de France et la réduire en forme de république. Brief, de piller, de saccager et tout perdre, taschant, par ce moyen, de rendre l'Évangile tant odieux, qu'il en peust dégouster le peuple de France, lequel néantmoins (cognoissant à veuë d'œil que ces blasmes ne sont qu'autant de mensonges) si affectionne de plus en plus, et semble, au jugement de plusieurs, qu'il sera impossible de luy persuader le contraire de la vérité, dequoy nous nous raporterons à la providence de Dieu, qui sçait et cognoist ce qui est expédient, tant au royaume de France qu'ailleurs, pour le salut et entretènement de son Église.

Lettre du Roy au connestable de Montmorency par laquelle il luy mande de luy envoyer le sieur de Soucelles et le vicomte de St. Aignan, prisonniers au bois de Vincennes, et Robert Stuart, Escossois, prisonniers à la Conciergerie du Palais, soubsçonnez d'être complices de la conspiration d'Amboise.

« Mon cousin, il s'est descouvert une très-meschante et malheureuse conspiration, où n'alloyt de riens moins que d'attenter à la personne de la Royne ma mère, la mienne propre, celles de mes frères, et des principaulx de ceulx qui sont auprès de moy, et de-là venir à toute la subversion de l'estat de mon royaume; et pour ce que le sieur de Soucelles et ung nommé le vicomte de St. Aignan, à présens prisonniers en mon chasteau du bois de Vincennes, en doyvent sçavoir quelque chose, et qu'il est besoing pour mieulx le vérifier et d'avantage esclaircir, oyr les dictz deux personnages, je vous prye, mon cousin, les faire mectre et délivrer entre les mains de mon cousin, le mareschal de Montmorency vostre filz, auquel j'escris les m'envoyer, et ung autre gentilhomme escossoys, qu'il prendra à la Conciergerye aussi, avecques telle et si seure garde qu'il n'en puisse advenir inconvénient. Et pour cest effect, me ferez service agréable de luy bailler des forces de vostre prévost, ou telles autres dont il aura besoing, avecques celles qu'il y commectra de sa part; et le plustost sera le meilleur; priant Dieu, mon cousin, vous avoir en sa saincte et digne garde. Escript à Amboyse, le xxve jour de février 1560. Françoys. De l'Aubespine. »

Est écrit sur le dos de la lettre : *A mon cousin le duc de Montmorency, pair et connestable de France.*

Arrest du parlement sur l'enregistrement de la déclaration du Roy du mois de mars 1559, portant abolition et pardon général pour le crime d'hérésie, etc.

Ce jour, Me Jaques de Moroge, conseiller et secrétaire des finances du Roy, a apporté à la court les lettres missives du Roy, à la court addressantes; desquelles la teneur ensuyt.

De par le Roy,

« Noz amez et féaulx. Nous vous envoyons présentement nos lettres d'édict par lequel nous pardonnons à ceulx qui ont failly et se sont obliez au faict de la religion, ainsi que vous verrez; à la vérification et publication duquel nous vous pryons et néantmoins mandons très-expressément, que vous ayez à procéder incontinant et le plustost que faire ce pourra, sans remectre à envoyer par devers vous pour nous en faire mesme remonstrance; et garderez d'y faire faulte ny difficulté, sur tant que vous avez cher et aymez le bien de nostre service et la conservation de nostre Estat. Et afin que chacun n'en puisse prétendre cause d'ignorance, donnerez ordre tost après ladicte vérification, de le faire mectre ès mains de nostre prévost de Paris ou son lieutenant; luy enjoignant que tout incontinant et dedans le mesme jour, il ayt à le faire publier à son de trompe, par tous les carrefours de nostre dicte ville de Paris. Et néantmoings, si aucuns des prisonniers detenuz pour raison de la religion, présentoient requeste, pour en vertu d'iceluy édict, estre mis en liberté, vous sureeoyrez et supercederez d'y toucher, jusques à ce que par nous aultrement en soit ordonné : croyant au demeurant ce que sur ce vous dira de nostre part nostre amé et féal conseiller et secrétaire de noz finances, le sieur de Lande présent porteur, comme vous feriez nous mesmes. Donné à Amboyse, le huictième jour de mars 1560. *Signées,* Françoys, *et plus bas,* de l'Aubespine. » Et sur la superscription. *A nos amez et féaulx les gens tenans nostre court de parlement à Paris.* Ensemble les lettres patentes du Roy, dont cy-après sera faicte mention. Et pour ce que les dictes lettres missives portent créance sur ledict de Morogues, et que les dictes lettres d'édict ne se peuvent vériffier que les chambre assemblées, ont esté à l'instant toutes les chambres assemblées. Ce faict, ledict de Morogues assisté de l'évesque de Châlon, auquel il a apporté lettres missives dudict seigneur, a dict après lecture faicte des dictes lettres patentes, en présence des gens du Roy, que ledict seigneur luy avoit commandé d'apporter et présenter les dictes lettres à sa court de parlement, et luy faire entendre que son désir et intention sont que les dictes lettres soient publiées et vérifiées promptement et diligemment, pour la conséquence que cela luy importe pour son service, et qu'il veult bien faire cognoistre à ses subjectz la clémence dont il veult user envers ceulx qui l'ont offensé, espérant qu'ilz s'amenderont pour l'advenir; et quant à ceulx qui sont prisonniers pour le faict de la religion, veult ledict seigneur que l'on supersède jusques à huict jours, qu'il envoyera le reiglement qu'il désire y estre gardé, et que cependant l'on ne touche à leurs procès. Au surplus, que le douzième jour du moys passé, Sa Majesté eut advertissement d'une conspiration faicte tant contre luy que ses frères et ses principaulx ministres estans auprès de luy; à quoy il espère donner bon ordre et remède.

Et afin que de cest advertissement l'on rende graces à Dieu, luy a commandé monsieur le cardinal de Lorraine de dire à ladicte court, que le Roy, la royne sa mère et ceulx qui sont auprès de luy, trouveront très-bon que icelle court face une procession à Nostre-Dame de Paris; et pour cest effect prendre un jour au plustost qu'elle advisera. Quand à monsieur le président de Sainct André, luy a ledict seigneur commandé dire à sa court, qu'elle supersède jusques à quatre jours, qu'il envoyera évocation de ce qui s'est faict en ceste matière. Et oultre cela, il a eu commandement exprès de la Royne mère, pour dire à la court de sa part, qu'elle procède le plus promptement qu'elle pourra à la vérification des dictes lettres. Et après les lettres missives dudict seigneur, addressées audict évesque de Châlon, leues, et luy sur ce oy; eulx retirez; et tost après les dictes gens du Roy revenuz, ont dict par maistre Baptiste Dumesnil, advocat dudict seigneur, qu'ils ont veu les dictes lettres patentes du Roy, et ses lettres closes envoyées à ladicte court, et entendu la créance dudict Morogues, secrétaire des finances; en quoy ilz ne voyent chose qui ne soit subjecte à rendre louange et action de graces à Dieu, et au Roy, qui par imitation et inspiration de Dieu, faict congnoistre comme de tous moyens et façons il désire rappeller et révocquer à l'union de l'Église ceulx qui ont esté desvoyez; et signamment par miséricorde, pardon et abolition générale des offenses passées et commises en ce regard, comme au semblable il se trouve avoir esté faict par Gracian et Theodosian le premier, et depuis par Justinian, *cujus extat edictum de fide*, dont sembloit que la teneur des dictes lettres estoit prinse et dérivée; et de vérité, n'y avoit riens *quod magis principem deceret quam clementiæ;* mesmement quant elle ne s'escartoit pas du tout de la sévérité, ains la coustoyoit et accompagnoit, afin que l'une des voyes fust aydée de l'aultre: *Severitate enim opus erat in reipublicæ administratione, et nihil erat quod magis vulgum in officio contineret, quam severitas; maximè in causa religionis.* C'est pourquoy en telles abolitions générales pour le faict de la religion, *magna cautio olim adhiberi solebat,* comme de les charger de jeûnes, pénitences, oraisons, confession et abjuration publicque, profession et déclaration de sa foy, *et ceteræ hujusmodi;* et certes combien que l'abolition générale portée par les dictes lettres, soit couchée en telz termes, qu'elles se doibvent entendre avoir esté seulement faictes et dressées, et avoir lieu et effect pour ceulx qui de présent sont pénitens et réduictz en l'union de l'Église et qui y veulent demeurer, si est-ce qu'ilz remectent à la discrétion de la court d'aviser et délibérer s'il sera bon d'abondant déclairer cela par la publication qui s'en fera; assavoir, que ledict bénéfice du prince aura lieu pour les vraiz et non simulez pénitens, et pour les faultes advenues avant la dernière prohibition des conventicules, faicte n'aguères par le Roy, et à la charge que l'on pourra reprendre les anciennes charges contre ceulx qui se trouveront cy-après récidiver et retourner à telles faultes; aussi qu'elles ne s'extenderont aux prisonniers de présent retenuz pour le faict de la religion; pour le regard desquelz le Roy doibt dedans peu de temps envoyer déclaration de sa volonté. Au surplus consentent et requièrent la vérification, registre et publication des dictes lettres, selon le bon plaisir, vouloir et commandement du Roy. Surquoy eulx retirez, et la matière mis en délibération, a esté arresté que les dictes lettres seront ce matin leues et publiées sans aucune modification ne restriction. Et ce faict, qu'elles seront envoyées au prévost de Paris ou son lieutenant, pour les faire publier dedans cejourd'huy par les carrefours de ceste ville, à son de trompe et cri publicq, en la manière accoustumée.

Arrest du parlement de Paris, contre les assemblées illicites.

« La court, sur le réquisitoire faict par le procureur général du Roy, faict inhibitions et deffences à toutes personnes de quelque qualité, estat ou condition que ce soit, de faire assemblées ou monopolles; et permect icelle court aux lieutenants civil, criminel, conseillers, commissaires, et sergens, tant dudict Chastellet, connestablye, que officiers du guet et archers de ceste ville, les prendre et appréhender au corps sans commission ne permission, ou cas qu'ilz trouvent gens assemblez en armes en plus grand nombre que de troys : enjoignant icelle court ausdictz lieutenantz civil et criminel, et commissaires dudict Chastellet, d'en informer promptement et en certifier la court le jour mesmes, ou au plus tard le lendemain, sur peine de privation de leurs estatz. Enjoinct aussi aux hostelliers de ceste ville et forsbourgs, et autres personnes logeans en chambres garnies, d'advertir incontinant ledict lieutenant criminel des assemblées, s'aucunes en sçavent, sur peine de confiscation de corps et de biens. Et sera le présent arrest leu et publié à son de trompe et cry public, par la ville et faulxbourgs. »

Lettres du Roy au parlement de Paris, sur la conjuration d'Amboise.

Ce jour, la court a receu les deux lettres missives du Roy, dont les teneurs ensuyvent. « De par le Roy. Nos amez et féaulx. Encores que le faict de la conspiration n'aguères descouverte, et par la bonté de Dieu soubdennement rompuë, soit notoire à ung chacun, et que le seul bruict ait deu causer horreur à tous ceulx qui par le monde peuvent avoir entendu qu'un peuple soit venu en armes devers son prince, pour luy proposer aucune chose pour bonne qu'on la puisse désigner, et qu'il n'y ait ny religion instituée de Dieu ny loy receue par les hommes, qui puisse excuser le subject de s'estre armé sans le commandement de son souverain, auquel seul Dieu a réservé l'austorité et le pouvoir du glaive : toutesfois ayans entendu qu'entre ceulx qui ont conspiré ou qui favorisent telle entreprinse, il y en a qui osent bien encores déguiser le faict en diverses sortes, et qui taschent à donner couleur ou de justice ou d'excuse à si damnable et détestable rebellion, pour tousjours induire les simples à penser qu'ilz ont eu quelque cause de se mouvoir, et confirmer les réfractaires à suyvre leurs inventions; nous avons advisé vous escripre la vérité des choses qui sont passées, et les moyens qu'avons proposé de tenir pour empescher à l'advenir que les mouvemens des mauvais ne puissent empescher ou altérer le repos et tranquilité des bons, affin que à la charge qui vous est par nous départie, vous saichez les offices dont vous debvez user pour contenir noz subjectz en l'obéissance qu'il nous doibvent, puysqu'il a plu à Dieu nous constituer et establir leur roy ; et divertir ceulx qui auroient cy-devant fourvoyé du chemin qu'ilz suyvoient, qui les conduisoit à perdition et malheureuse fin. A tant vous serez adverty comme par la grace de Dieu auquel seul en debvons l'honneur et en rendons graces, nous avons descouvert et vériffié tant par déclarations que les complices mesmes de la conjuration nous ont faict, comme par lettres des conjurez, informations envoyées de divers lieulx, confession de ceulx qui ont esté appréhendez, et toute autre sorte de preuve, comme depuis quelque temps ençà, aucuns de noz subgectz qui avoient esté prévenuz en justice de plusieurs crimes, condamnez et bannyz de ce royaume, et qui autrement n'y oseroient converser pour les délicts par eulx commis, dont la conscience leur représentoit la peine qu'ilz eussent eu à porter, s'ilz feussent tombez ès mains de nos juges, ont à la fin osé machiner une abominable trahison qui tendoit à l'entière subversion de nostre Estat; ce qui ne povoit estre sans que nous, nostre très-honorée dame et mère, nostre très-chère et très-amée compaigne la Royne, noz frères et autres princes ayans le principal manyement de noz affaires, ne feussent du tout estainctz, ou bien que à tout le moins nous ne feussions réduictz à tel party que l'auctorité du Roy fust rabaissée à la mercy du subject qui donnast la loy à celluy duquel il la doibt prendre. Or comme il leur semblast que telle œuvre ne se peust bonnement exploicter sans assistance de grand nombre de personnes et sans venir aux armes, ce qu'ilz désespéroient de pouvoir impétrer envers noz subjectz pour la naturelle obéissance et dévotion qu'ilz portent à leur Roy, n'ayant jamais donné exemple par lequel on peust révocquer en aucun doubte leur loyaulté, ils s'advisèrent de s'aider d'aucuns prédicans de nouvelle doctrine, dispersez en nostre royaulme, lesquelz après avoir dogmatisé en assemblées secrettes et conventiculles réprouvez par toutes loyx, voyans beaucoup de gens estre imbuz de leur doctrine et désirer mutation touchant la religion, feirent à la longue par leurs persuasions, qu'ilz induirent ceulx qui les escoutoient, à s'eslever de divers endroictz de nostre obéissance, en intention de venir en gros nombre nous présenter une requeste, tendant à ce que sans les rechercher sur les doctrines qu'ilz tenoient, ilz peussent seurement vivre selon la nouvelle institution de leur secte, encores qu'elle feust contraire à l'ancienne observance de saincte Église ; laquelle exhortation voyans estre receue, ilz obstindrent après que ceulx qui viendroient devers nous seroient armez, leur ayant faict entendre que sans les armes il n'y avoit seur accès envers nous, ny pour le regard de ceulx qui présenteroient telle requeste, ny des autres qui les accompaigneroient. Ainsi la chose ayant esté délibérée soubz le masque de relligion, et par la persuasion de ceulx que les simples avoient en estime, et comme ministres de la parolle de Dieu, et soubz l'asseurance qu'on leur avoit faulcement imprimée que aucuns princes embrasseroient leur desseing et se constitueroient chefz et conducteurs de leur menée, combien que la preuve du contraire les ait exemptez de toute soupson, les aulteurs de la trahison se voyans asseurez de l'assistance des pauvres gens ainsi séduictz, et d'ailleurs s'étans renforcez d'aucuns autres nos subjectz, personnaiges factieux, dont les uns ayans suivy les guerres et vescu comme la licence du temps et l'impugnité leur avoit tolleré, voyans les moyens de piller durant la paix leur estre du tout ostez, les autres après avoir malheureusement consumé leurs biens, voulloient vivre de ceulx d'aultruy ; aucuns turbulentz de leur nature, désiroient toujours changement de temps; et tous ensemble séduictz, les uns de mauvais conseil, les autres de mauvaise volunté, accentèrent si avant en ce qu'ilz avoient désigné, que sans la bonté de Dieu, lequel comme par miracle feist descouvrir peu auparavant la conspiration, et sur l'instant de l'exécution, livra entre noz mains les principaulx aulteurs et conducteurs de l'entreprinse, les plus malheureux d'entre eulx eussent exploicté quelque piteux effect avant que nous en feussions apperçu ou eu temps à y remédier ; et mesmement les trouppes de gens qui les suyvoient, approchans de toutes partz en ce lieu ; autres des plus furieux ayans couru jusques à noz portes qu'ilz cuydoient trouver ouvertes ; aucuns soubz divers prétextes s'estans logez dans la ville, ayans intelligence avec ceulx qui estoient dehors, pour après s'estre réuniz ensemble, procéder à si damnable exécution, dont ne se pouvoit ensuyvre que désolation et subversion de l'estat institué de Dieu, et tant nécessaire pour la conservation des bons et cohertion des iniques ; lesquelles choses nous avons ordonné vous estre escriptes ainsi au long, affin que les ayans au vray entenduës, vous en tenez advertiz ceulx qui sont soubz vostre ressort ; et que si ceulx de la conjuration qui n'ont encores esté appréhendez, taschoient le peuple divertir du vray chemyn, qu'ilz ayent premièrement à considérer le péril auquel ilz mectroient eulx, leur famille et leurs biens, de prester l'oreille à telz séducteurs qui les vouldroient induire à se soubstraire de la fidélité et entière obéissance qu'ilz doibvent à leur Roy ; qu'ilz se représentent devant les yeulx les fruictz qui peuvent procedder de la diversité de sectes, qui ne peuvent estre autres que division, et de la division ne se peult attendre que désolation, dont les premiers malheurs auroient à tomber sur eux ; combien ilz doibvent détester une telle faulte, comme à vouloir proposer en arme chose à leur prince qui reçoipt et donne accès sans acception de personne à tous ceulx qui sont affligez, et preste l'oreille aux plus pauvres qui ont recours à la justice que Dieu a mis en sa main pour la leur distribuer ; combien telle faulte qu'ilz estiment petite, doibt estre estimée grande, ne pouvant estre que capitalle ; veu que les armes sans commandement du prince qui en est dispensateur, ne se peuvent ne doibvent prendre ; qu'ilz considèrent les maulx qui de-là s'en son par dégrez ensuivy, comme à la fin de donner ouverture et moyen aux parricides, de mectre la main au sang, rompre l'ordonnance de Dieu, abolir les loix, et dissouldre les liens de toute société humaine, pour introduire toute licence aux meschans, pour opprimer les bons et mectre toutes choses en confusion ; et finablement qu'ilz n'abusent de la clémence dont avons usé envers les simples, leur remectant la peine qu'ilz avoient méritée, pour avoir congneu qu'ilz avoient esté séduictz soubz le nom de relligion, par ceulx qui doibvent entendre que nulle sédition peut estre conforme ny approuvée par relligion ; que telle clémence n'a pas esté pour leur promectre impugnité s'ils reprenoient tel chemin, mais pour leur déclarer par effect que nous n'avons rien si cher que leur repos et conservation, ny tant en horreur que l'effusion de leur sang ; laquelle touteffois en seroit nécessaire, si le malheur les conduisoit jusques-là comme de rencheoir en mesmes crimes que nous avons aboliz et oubliez ; et surtout se gardent de ces conventicules et assemblées illicites où s'est commis tout le mal, qui après s'est si avant respandu, tant pour le regard de la conscience, puysque toutes loix les réprouvent (laquelle chose doibt bien mouvoir les bons), que pour la peyne qui doibt estonner les maulvais, et telle que les loix contre les attainctz de crime de lese-magesté ordonnent ; lesquelles nous proposons contre ceulx qui rencherront, estre exécutées en toute sévérité et rigueur, comme contre gens dignes d'estre du tout exterminez et indignes de toute miséricorde et pardon ; et pour aultant que en la diversité des doctrines, les perverses menées des ministres de la relligion donnent souvent occasion de scandalle ; et mesmement que par le mespris de l'ancienne discipline ecclésiastique, l'intermission des conciles et négligence des prélatz, s'en est ensuivye grande corruption, et que en l'église de Dieu se sont par temps engendrez et accumulez plusieurs choses maulvaises qui ont besoing d'estre retranchées ou refformées, nous tiendrons la main et donnerons si bien ordre par les exhortations qui s'y feront de nostre part, que tous les prélatz et membres de l'Église gallicane s'assembleront dedans six mois au lieu qui sera advisé, pour conférer de toutes choses, ensemble refformer l'estat ecclésiastique, et le réduire en son ancienne splandeur et intégrité, affin que ceulx qui seroient offencez de la corruption de ce siècle, se puissent doulcement réconcilier et revenir à ceste unyon de l'Église, tant amyable, tant désirable et tant nécessaire, puysque hors de la communion et société d'icelle, il n'y a ny rémission de péchez ny espérance de salut. Cependant nous donnerons tel ordre que les gouverneurs des pays de nostre obéissance, se retireront chacun pour leur regard, et résideront ès provinces de leurs gouvernemens, accompaignez de telle force, que l'audace des meschans ne pourra altérer ne troubler la seureté et repos des bons. Donné à Amboise, le dernier jour de mars 1560, avant Pasques. Signées. Françoys. Et contresignées. Robertet. « Et sur superscription. A noz amez et féaulx les gens de nostre court de parlement à Paris.

Lettre du roy François II au roy de Navarre, escrites après le tumulte d'Amboise.

« Mon oncle, pource qu'avant et depuis le retour du secrétaire Deslandes, j'ay tousjours esté infiniment empesché à pourvoir aux séditions que ces mal-heureux hérétiques et rebelles avoyent suscitées contre moy ces jours passez, ainsi que je m'asseure vous aurez peu entendre, cela a empesché que vous n'avez eu plus souvent de mes nouvelles. Ayant bien voulu, ayant que de vous en mander, voir comme toutes choses passeroyent, et quelle fin prendroit leur damnable desseing. A quoy je vous puis dire à ceste heure qu'il a pleu à Dieu par sa sainte grâce et bonté, congnoissant leur mauvaise intention et de quel pied ils marchoyent, se couvrans néantmoins du manteau de religion, me secourir et assister de telle façon qu'il a bien monstré que je soustenoye justement sa querelle, ayant mis entre ces pauvres gens telle peur et irrésolution, que toutes leurs entreprises sont tournées en fumée. Et ayans esté à leur arrivée la plus part d'iceux, mesmes les principaux autheurs, conducteurs et chefz, prins et arrestez : desquels, mon oncle, encores qu'à bonne et juste occasion, comme d'avoir porté les armes contre leur prince et souverain seigneur, il me fust permis de faire la démonstration en leur endroit telle et si grande que leur péché et offence le requerroit : toutesfois considérant que beaucoup d'entr'eux avoyent esté trompez et déceuz par leurs prédicans et ministres, j'ay bien voulu avoir d'eux plus de pitié et compassion qu'ils ne méritoient, pardonnant à la plus part d'entre ceux qui ne se sont par leurs informations trouvez chargez de s'estre assemblez pour autre raison que pour le faict de la religion, et qui se sont voulus recongnoistre abjurans et renonçans à leurs mauvaises doctrines et opinions. Mais quant à Castelnau, Reunay, Mazères, Damynes et Briquemault, avecques quelques autres ausquels ils avoyent communiqué et délibéré plus secrettement de ce qu'ils avoyent à faire, il s'est avéré par leurs dépositions que le desseing qu'ils faisoyent de me venir trouver, tendoit bien à une autre fin, que pour venir me parler du faict de la religion. Et n'estoit autre leur entreprinse que de se saisir de ma personne, ensemble de celles des roynes mes mère et femme, et de mes frères et sœur, pour puis après avoir fait cela, et tué quelques-uns des seigneurs estans auprès de moy, subvertir tout l'estat de mon royaume, et le mettre de tous les costez en perte et division. Chose, mon oncle, que j'eusse bien mal-aisément peu croire, si je ne l'eusse veu à l'œil, et touché au doigt, et que d'eux-mesmes à la mort ne l'eussent tous advoué. Et voilà comme j'ay esté contraint à mon grand regret et desplaisir de commencer par eux à commencer de rigueur, leur faisant recevoir beaucoup plus doux chastiement que je n'estoye conseillé de faire, et dequoy eux-mesmes confessoyent n'estre dignes : dont l'exemple et pugnition qui en ont esté faits, a servi de beaucoup pour appaiser toutes les esmotions, qu'ils avoyent donné ordre, au mesme temps qu'ils arriveroyent vers moy, s'eslever en plusieurs endroits de mon royaume. Là où depuis ayans entendu le chastiement que leurs chefs et autheurs avoyent receu, toutes leurs assemblées se sont départies, et Dieu mercy, il n'en est plus de nouvelles, estans toutes choses bien remises et appaisées pour ceste heure. Dequoy, mon oncle, j'ay bien voulu vous advertir, sachant combien ceste nouvelle vous sera agréable, m'aimant comme vous faites, et par mesme moyen vous remercier des offres que m'avez faits par Deslandes, de me venir aider et secourir. Ce que aussi pour ne vous donner ceste peine, j'ay voulu réserver jusques à plus grand besoing, considérant combien vostre présence a servi en vostre gouvernement à contenir mes subjetz en repos, desquels, vous estant absent, je ne me fusse peu tenir asseuré comme j'ay fait, et que par expérience ils m'ont fait congnoistre. Dont je ne puis, mon oncle (sachant que vous seul en avez esté cause), assez vous remercier, ny vous exprimer le contentement que j'en ay, vous priant les vouloir tousjours conforter en leur bonne volonté. Et s'il y en avoit quelques-uns qui voulussent faire les séditieux, les faire promptement empoigner, et chastier suyvant le pouvoir que vous avez de moy ; mesmes s'il est possible, je vous prie, mon oncle, vous saisir d'aucuns prédicans et ministres de Genève, que l'on m'a dit aller souvent par de-là, et entre autres ung nommé Bois-Normant, et l'autre maistre David, qui sont, à ce que les prisonniers ont confessé, deux des principaux séducteurs, et qui les avoyent suscitez à ceste belle entreprise, leur donnant à entendre que par leur nouvelle loy, il estoit permis s'eslever contre son prince, et mettre la main aux armes. Je m'asseure que s'ils sont en ce quartier là, vous ferez toute diligence pour les recouvrer, afin que cy-après ils n'abusent plus tant des povres simples personnes. Au demeurant, mon oncle, en instruisant les procez de tous ces rebelles, il y a eu quelques-uns d'entre eux qui ont déposé devant les juges que mon cousin le prince de Condé, vostre frère, estoit de la partie, et qu'il avoit de long-temps sceu toute leur entreprinse, leur ayant promis de présenter leur requeste quand ils me viendroyent trouver. Et pource que je me doubtay incontinent que ou ces belistres le disoyent telles choses, pensans prolonger leur vie, ou bien que cela leur avoit donné à entendre par Malligny, qui n'est pas plus homme de bien qu'eux, ne me pouvant entrer en l'entendement que mondit cousin me touchant de si près comme il fait, m'ayant tant d'obligations comme il a, y deust jamais avoir pensé : je ne failli incontinent à l'envoyer quérir en ma chambre en la présence de la Royne ma mère, auquel je fei entendre ce que ces mal-heureux prisonniers avoyent dit de luy : qui m'asseura tant qu'il n'en estoit rien, et me confirma si fort en l'opinion que j'avoye que Malligny et d'autres ses compaignons luy avoyent presté ceste charité, pensans soubs ce nom se prévaloir entre leurs troupes. Et davantage sur les rémonstrances que je luy fei, me donna tant de congnoissance combien une si meschante calomnie luy pesoit sur le cœur, que je m'asseurai, comme encores je fay, que tous ces pendus avoyent menti. Et pour vous dire la fin de nos propos, je demeuray très-content et satisfaict de luy. Ce que j'ay bien voulu vous escrire à la vérité, à fin, mon oncle, que si on le vous avoit donné à entendre d'autre façon, vous n'en soyez en peine, et n'adjoustez foy qu'à ce que je vous en mande. Aussi je vous envoye la coppie d'une lettre que j'ay avisé d'escrire à tous les parlemens et bailliages de mon royaume touchant les choses passées : dequoy je seray bien aise par la première dépesche que me ferez, d'avoir vostre advis, ensemble de savoir de vos nouvelles : priant Dieu, mon oncle, qu'il vous ait en sa très-saincte et digne garde. Escrit à Marmonstier, le ix jour d'avril, mil cinq cens soixante. »

Et au dessoubz est escript de la main du Roy.

« Je m'asseure, mon oncle, que vous ne congnoissez pas Boys-Normand, et maistre David si meschans qu'ils sont. Je vous prie d'autant que vous avez envie de me faire service, les faire prendre et mettre en lieu si seur que je les puisse cy-après recouvrer, pour leur faire recevoir la punition qu'ils ont bien méritée. Signé : Françoys. Et au bas : Robertet. » Et à la subscription : *A mon oncle le roy de Navarre.*

En juillet 1560 fust publié en la court un édict du Roy sur le règlement des maisons-Dieu, hospitaux, maladeries, aumosneries, léproseries, et autres lieux pitoiables.

En aoust 1560 furent publiés plusieurs édits du Roy; et premièrement un édict pour la résidence personnelle des évesques et preslats en leur diocèse.

Autre édict sur la résidence personnelle des gouverneurs, séneschaux, baillifs, prévosts, et leurs lieutenants, sur les lieux de leurs offices.

Autre édict prohibitif à touts gouverneurs, leurs lieutenants, présidents, trésoriers généraux et autres officiers royaux, de ne prendre ni exiger du peuple aucuns deniers sans la permission expresse dudit seigneur Roy.

Autre édict(1) du Roy, deffendant à toutes personnes venants à secondes nopces, de n'avancer leurs personnes ou leurs enfants l'un plus que l'autre, ni les enfants de leurs enfans.

Combien que M. du Fort, conseiller en la court, par arrest de ladite court, pour quelque opinion qu'il avoit tenu, sçavoir, qu'il falloit faire concile, *et interim suspenderentur judicia capitalia contra hereticos,* en la présence du feu roy Henry, auroit esté condamné en grosses amandes envers le Roy et les pauvres, et par arrest de ladite court, suspendu de son estat jusques à cinq ans; si est-ce que ledit du Fort ayant obtenu lettres du Roy adressantes en ladite court, de révision, toutes les chambres assemblées, a proposé nullité contre ledit arrest, auquel estoit séant le président de Saint-André, et autres notables gens de bien de ladite cour, jusques au nombre de trente juges; en la révision *verò* du procès, ils étoient soixante et quatorse juges, entre lesquels estoit séant le président Baillet, de Thou, Seguier et de Harlay. Finalement par arrest de ladite court, donné le pénultiesme jour d'aoust, a esté le premier prétendu arrest déclaré nul et cassé, et ordonné que les amendes lui seront renduës, et que ledit arrest auparavant donné, seroit rayé du registre de la court. Cet arrest donna occasion à beaucoup de parler, *et ansam prebuit* à messieurs de la court de division entre eux. *Magna enim debet esse rerum judicatarum auctoritas.*

Le vingt-neuviesme d'aoust 1560, monsieur le vidame de Chartres (2) fust par commandement du Roy envoié prisonnier en la Bastille, et mené audit lieu par l'écuyer Poton, sénéschal d'Agenais. L'occasion ne se disoit pour lors, ou estoit si diverse en opinion, que l'on ne pouvoit rien asseurer de la vérité. Touttes-fois on estimoit que ce estoit pour le faict de l'entreprise d'Amboise.

Au mois de septembre, fust assemblé conseil à Fontainebleau ; là où assistèrent plusieurs grands personnages ; et dit-on que audit conseil furent présentées deux requestes par monsieur l'admiral, ainsi intitulées.

---

(1) C'est l'édit des secondes noces du mois de juillet de cette année. La disposition en est assez mal rapportée ici. (A. E.)

(2) François de Vendôme. Il fut le dernier mâle de la maison des anciens comtes de Vendôme, dont la branche aînée se fondit dans celle de Bourbon, par le mariage de Jean de Bourbon 1er du nom, comte de la Marche, qui épousa Catherine de Vendôme, seule héritière de Jean VI comte de Vendôme, son père, sous le règne de Henri II. Le vidame de Chartres étoit fort attaché aux Guises ; et par cette raison il vécut fort mal avec le maréchal de Brissac, sous qui il servoit en Piémont, et avec qui les Guises étoient ouvertement brouillés. Il fit en 1557 une action qui le déshonora. Le maréchal de Brissac assiégeant Cony, et ayant disposé ses troupes pour l'assaut, et donné la première attaque au baron de Chepy, et la seconde au Vidame, celui-ci, qui fut piqué de la préférence donnée au baron, le fit tuer par derrière, et marcha très-lentement au secours des troupes de la première attaque, qui étoient vivement repoussées par les assiégés.

(A. E.)

Le quinsiesme dudit mois, un nommé M. de La Haye, conseiller du Roy en sa court de parlement, fust mené par le prévost de l'hostel vers le Roy à Saint-Germain en Laye; là où fust retenu prisonnier par le commandement du Roy.

Harangue faicte devant le roy François second, à l'assemblée des trois Estats faicte à Fontainebleau, par monsieur l'évesque de Valence.

Sire, de ce qu'il vous a pleu nous faire dire par monseigneur le cardinal de Lorraine, monseigneur de Guise, et monsieur vostre chancelier, nous avons à nostre grand regret entendu l'estat de vos affaires, et principalement les poincts sur lesquels vous voulez qu'il soit délibéré; qui sont de la religion, de vos finances, des moyens pour vous faire obéir. Ces trois articles, Sire, sont de telle importance, et nous présentent tant de difficultez et si mal aisées à desmeller, que si je ne suis déceu, tous les cerveaux de France seroyent bien empeschez à y remédier, et s'il y a quelque peu d'espérance, je ne puis de ma part la voir ny comprendre qu'en la bonté de Dieu, qui ne monstre jamais tant de nécessitez en une main, qu'il ne présente aussi avec l'autre quelque prompt remède et secours. Et de fait nous l'avons expérimenté ceste année : car s'il a permis que les malins séditieux ayent voulu exécuter leurs fols et téméraires desseings, aussi a-t-il descouvert le mal avant qu'il eust pris racine : et a miraculeusement anéanti le conseil des conducteurs, tellement que à peyne avoyent-ils commencé de consulter leur entreprinse, que en mesme temps Vostre Majesté en fut à plain advertie. En quoy comme en toutes autres choses avez-vous esté bien et diligemment et fidèlement servi, d'autant qu'on ne vous a rien celé. On vous a fait promptement entendre le mal, et les moyens qu'il falloit pour y pourvoir. Diocletian souloit dire que la condition des princes est misérable et dangereuse, et pour la pluspart du temps sont trompez de ceux en qui ils se fient le plus. Il ne leur est permis d'aller par les rues, parmi les places, pour entendre des nouvelles : ils sont quasi tousjours enfermez en leurs chambres, et n'entendent leurs affaires, sinon autant que leurs ministres leur en veulent communiquer : lesquels ministres pour couvrir leurs faultes et de ceux qui sont employez, consultent le plus souvent comme ils pourront desguiser à leurs maistres les advertissements et estat de ses affaires. Et ainsi le bon empereur sachant et consentant, est vendu par les siens. Voilà ce que disoit Diocletian de la manière de vivre des princes de son temps, qui fut un grand empereur sage et advisé, horsmis au faict de la religion. Cela n'est pas advenu en vostre cour, Sire, ny adviendra jamais, car au premier inconvénient qui est advenu de vostre règne, la Royne vostre mère avec sa prudence accoustumée, et messeigneurs de Guyse, soubs son authorité, ont usé de telle diligence, que des souspeçons qui sembloyent légers et de nulle apparence, ils descouvrirent toute l'entreprise, et soudainement vous en advertirent, et advisèrent aux moyens pour y remédier. Les remèdes furent promptement exécutez, non tant avec la force que avec la douceur. Et combien que fussiez grandement irrité, ne voulutes pourtant commencer vostre règne avec une grande effusion de sang de vos subjects, pour ne tomber en un inconvénient qui a esté autresfois noté par un bon et ancien personnage, qui disoit que tout ainsi que le médecin, ores qu'il soit bien sçavant, ne peult estre que blasmé, si plusieurs malades luy meurent en ses mains : aussi est-ce grand malheur à un prince, si de son temps adviennent des inconvéniens qui le contraignent à mettre la main au sang.

Ceste sédition appaisée, vous avez voulu pourvoir à l'advenir, et pour cest effect avez faict appeler ceste grande et notable compagnie, où il y a tant de gens de bien et affectionnez à vostre service, qu'il est mal aisé qu'estans assemblez à bonne fin, comme ils sont, et ayans la crainte de Dieu, ils ne satisfacent par leurs opinions au bon désir de Vostre Majesté. Parmy lesquels pour suyvre l'ordre accoustumée, il vous a pleu me commander de faire l'ouverture des opinions. Ce m'est une grande incommodité et désadvantage qu'il fault que je parle le premier devant vous, Sire, et devant tant de graves personnages, que j'eusse désiré ouïr pour m'instruire de ce que doibs dire, d'autant que je suis nouveau, qui n'ay peu et n'ay eu intelligence des affaires de ce royaume, et que le temps m'a esté donné court pour me préparer à y penser. Toutesfois le commandement qu'il vous a pleu me faire, me servira d'excuse tant envers Vostre Majesté, qu'envers tous ceux qui ne seroyent satisfaicts de mon opinion.

Et premièrement, par l'obéissance, Sire, et la religion, qui sont deux articles qu'on ne peult à présent séparer l'un de l'autre : je voy bien et suis bien marry que cela soit divulgué ailleurs qu'en vostre royaume. Comme parmy vos subjects, il y en a grand nombre qui sont desreiglez, et pour diverses opinions, se sont distraits de l'amour, de l'honneur et révérence qu'ils doyvent à vos ministres de justice et de l'église, et pareillement de tous supérieurs quels qu'ils soyent ; la confusion y est si grande qu'elle me ramène au temps qu'Esaye prophétisoit la ruine du royaume de Jérusalem et de Juda : En ce temps (dit-il) sera le prebstre comme le peuple, le maistre comme le serviteur, la chambrière comme la maistresse, le debteur comme le créancier : voulant dire que tous ordres seront pervertis et confondus. Ce que nous voyons d'un jour à autre advenir parmi nous : car vos officiers souloyent estre par tout craincts et honnorez, et vostre seul nom apportoit plus de terreur aux malfaicteurs, que toute la force de vostre royaume. En peu de temps nous avons veu un si grand changement, qu'on n'oit parler que de séditions et rébellions, de contredire ouvertement à vos édicts, et repousser avec les armes ceux qui les veulent publier et faire entretenir. D'autre costé, l'ordre ecclésiastique est tombé en si grand mespris, que l'homme d'église à peine ose-il confesser de quel estat il est. Pour remédier à ce grand désordre, il fault discourir d'où cela procède, et si j'en veux parler, comme je doy, selon le jugement des plus clairs voyans et plus advisez, je diray que la religion n'en est pas cause, mais bien a servi d'occasion parmi ceux qui en ont voulu abuser. Sur quoy, Sire, je suis contrainct d'estre un peu longuet, parce que la matière est de telle importance, qu'il est mal aisé d'en discourir avec peu de parolles. Et aussi que celuy qui opine le premier, doit esbaucher tous les poincts principaux, afin que les plus expérimentez n'ayent la peine que de résouldre les doutes proposez, et arrester une bonne conclusion.

La doctrine, Sire, qui amuse vos subjects, a esté semée en trente ans, non pas en un ou deux ou trois jours, a esté apportée par trois ou quatre cens ministres diligens et exercez aux lettres, avec une grande modestie, gravité et apparence de saincteté, faisans profession de détester tous vices, et principalement l'avarice, sans aucune crainte de perdre la vie pour confirmer leur prédication, ayans tousjours Jésus-Christ en la bouche, qui est une parolle si douce, qu'elle fait ouverture des oreilles qui sont les plus serrées, et découle facilement dans le cœur des plus endurcis. Et ayans lesdicts prédicans trouvé le peuple sans conduicte de pasteur ni de berger, ni personne qui print charge de les instruire ou enseigner, ils ont esté facilement receus, volontiers ouys et escoutez. Tellement qu'il ne se faut point esbahir s'il y a grand nombre de gens qui ayent embrassé ceste nouvelle doctrine, qui a esté par tant de prescheurs et par tant de livres si diligemment publiée. Or il fault discourir des moyens qu'on a tenus pour empescher et pour y contredire, et commençant par le Pape (je proteste que je ne veux parler de ce siége qu'avec l'honneur et la révérence que je luy doibs), toutesfois ma conscience me fait déplorer la misère de nostre temps, qui avons veu la chrestienté combatre par dehors, troublée par dedans, et divisée par diversitez d'opinions, et les papes y donner si peu d'ordre, qu'ils ne se sont amusez qu'à la guerre, et entretenir l'inimitié et dissention entre les princes. Les rois vos prédécesseurs meus de bon zèle, ont ordonné de grandes peines, par ce moyen cuidans desraciner ces opinions, et réunir vostre peuple en une mesme religion. Mais ils ont esté déceus de leur espérance, et frustrez de leurs desseings. Les ministres de justice ont grandement abusé de ces ordonnances, et les ont le plus souvent exécutées par un mauvais zèle, pour complaire à ceux qui par leur advertissement mesme avoyent demandé la confiscation des prévenus. Et est advenu depuis quatre ans, qu'un personnage d'authorité a fait demander pour un qui luy touchoit de près, les biens d'un accusé, et au jugement duquel il vouloit assister. Et pour le dire en un mot, s'il y a eu quelque meschant président, conseiller ou autre officier de justice, pour couvrir ses faultes passées, il a moyenné de se faire adresser telles commissions, et s'il a abusé de la charge qui luy avoit esté baillée, tout cela a esté couvert sous prétexte du zèle de la loy, comme si la religion avoit besoin d'estre soustenue par mensonges et meschancetez. Et ne faut point s'esbahir si Dieu a permis que de telles exécutions l'issuë ait esté mauvaise, et si le peuple est irrité voyant que ceux qui vouloyent faire du mal, se couvroyent du manteau de justice. Les évesques (j'entends pour la pluspart) ont esté paresseux, n'ayans devant les yeux aucune craincte de rendre compte à Dieu du troupeau qu'ils avoyent en charge, et leur plus grand soulci a esté de conserver leur revenu, en abuser en folles despences et scandaleuses : tellement qu'on en a veu quarante résider à Paris, pendant que le feu s'allumoit en leurs diocèses. Et en mesme temps l'on voit bailler les éveschez aux enfans, et à personnes ignorantes, et qui n'avoyent le savoir ni la volonté de faire leur estat. Et enfin les yeux de l'Église, qui sont les évesques, ont esté bandez : les colonnes ont fleschi, et sont tombées à terre sans se relever. Les ministres de ceste secte n'ont pas failli de le rémonstrer à ceux qui les ont voulu escouter : usans de telle façon de parler : Vous voyez que ceux qui se disent vos conducteurs, ne tiennent conte de vous instruire, ils ne cherchent que vos biens, et pour se faire dire bons pasteurs et bons évesques, ils ne désirent que la mort de vostre corps et non pas le salut de vos ames. Les curez avares, ignorans, occupez à toute autre chose qu'à leur charge, et pour la pluspart estans pourveus de leurs bénéfices par moyens illicites : et en ce temps qu'il falloit appeler à nostre secours les gens de savoir, de vertu et de bon zèle, autant de deux escus que les banquiers ont envoyé à Rome, autant de curez nous ont-ils envoyez. Les cardinaulx et les évesques n'ont fait difficulté de bailler les bénéfices à leurs maistres d'hostels, et qui plus est, à leurs vallets de chambre, cuisiniers, barbiers et lacquais. Les menus prebstres par leur avarice, ignorance et vie dissolue, se sont rendus odieux et contemptibles à tout le monde. Voilà les bons remèdes dont l'on a usé pour procurer la paix et l'union de l'Église. Voilà l'occasion que le peuple a prins de se distraire de l'obéissance des magistrats temporels et spirituels. Reste donc à trouver les moyens qu'il falloit tenir pour relever la religion, et ramener tous vos subjects à l'obéissance, à l'honneur et révérence qu'ils doyvent porter à vostre nom : en quoy je me trouve grandement empesché pour la peur que j'ay de faillir à faulte de jugement, et non de bonne volonté. Toutesfois puisqu'il vous a pleu me commander de parler librement, j'espère que vous prendrez en bonne part, si pour vous obéir, je dis ce que selon ma conscience peult le plus profiter à la cause de Dieu, la conservation de vostre grandeur, et soulagement de vostre povre peuple.

Le premier remède, Sire, et sans lequel tous autres qu'on y voudra appliquer ne serviront de rien, c'est de recourir à Dieu, qui nous a par plusieurs fois monstré combien il est courroucé et irrité contre nous, et semble qu'il ait ja préparé nostre dernière ruine par les mesmes moyens dont il usa quand il voulut renverser la grandeur du royaume des Juifs, et les remettre soubs la servitude et tyrannie des princes estrangers, les ayant auparavant fait menasser par ses prophétes : Je vous osteray, dit-il, la force du pain et de l'eaue, je vous osteray le fort homme de guerre, le capitaine, le conseiller, le juge, l'homme honnorable, l'architecte, et autres personnes de service. Je feray lever le voisin contre le voisin, le frère contre le frère, le jeune contre l'homme aagé, l'innoble contre le noble. Ces trois punitions avons-nous dépuis quelque temps : la terre n'a plus rendu comme elle avoit accoustumé, la famine a esté quelquefois universelle en toutes les années en une ou autre de vos provinces : la mort violente, repentine et inopinée qui a saisi dépuis vingt-cinq ans les plus grands, non tant pour leurs péchez que pour les fautes d'autruy : les villes prinses, les batailles perdues sous la conduicte des plus sages capitaines, des plus advisez et expérimentez, rendent certain tesmoignage de l'ire de Dieu. Et toutesfois tous ces inconvéniens ne nous ont sçeu faire lever les yeux au ciel pour regarder ceste main de vengeance estendue sur nous. Qui a esté cause d'une grande submission à leur prince. Sont advenus séditieux, et se sont eslevez les uns contre les autres, sans aucun respect de l'amitié qui souloit estre entre eux, de la conjonction paternelle, et qui plus est, de l'honneur et de la révérence qu'ils souloyent porter à leurs supérieurs. Tout ceci me fait vous supplier, Sire, de recognoistre et confesser que Dieu est courroucé, de suyvre en cela l'exemple de ce bon roy David, qui est le miroir de tous les rois, et de qui vous devez apprendre comment il se faut gouverner, lequel fut persécuté d'une partie de son peuple, de ses propres enfans, jusques à estre contrainct d'abandonner sa maison et sa ville, et estant en chemin, outragé et injurié par un des séditieux, ne voulut pourtant que ses serviteurs en fissent aucune vengeance, usant de telles paroles : Laissez-le, car Dieu luy a commandé de me maudire. Il vous fault donc humilier, Sire, devant Dieu, et recognoistre que les punitions viennent de luy et de son juste et certain jugement. Il fault mettre peine de l'appaiser, avec continuelles prières et changement de vie.

Il faut appeler de toutes les provinces un nombre de gens de bien, pour entendre quels vices et abus abondent le plus en vostre royaume, et quel moyen il fauldroit tenir à les desraciner, et rendre vos subjects mieux vivans qu'ils n'ont esté par le passé. Il faut que vous qui le représentez en vostre royaume, preniez garde que son nom ne soit prophané, comme il a esté par ci-devant.

Que son Escripture soit publiée et interprétée sincèrement et purement, et qu'elle ne soit d'ici en avant deschirée d'un costé par les hérétiques, ni usurpée sans propos par ceux qui s'en aident à couvrir leur avarice, abus et superstitions, et qu'en vostre maison il y ait sermon tous les jours, qui servira à clorre la bouche de ceux qui disent qu'on ne parle jamais de Dieu à l'entour de vous.

Et vous, mesdames les Roines, pardonnez-moy s'il vous plaist, si j'ose entreprendre vous supplier qu'il vous plaise ordonner qu'au lieu des chansons folles, vos filles et toute voste suitte ne chantent que les psaumes de David, et les chansons spirituelles qui contiennent louange de Dieu. Et souviennez-vous que l'œil de Dieu passe sur tous les lieux et hommes de ce monde, et ne s'arreste sinon là où son nom est mentionné, loué et exalté.

Et sur ce je ne me puis tenir de dire que je trouve extrémement estrange l'opinion de ceux qui veulent qu'on défende le chant des Pseaumes, et donnent occasion aux séditieux de dire qu'on ne fait plus la guerre aux hommes, mais à Dieu, puis qu'on veult empescher que ses louanges soyent publiées et entendues d'un chacun. Si l'on veut dire qu'il ne les faut traduire en nostre langue, il fault donc qu'on nous rende raison pourquoy David les composa en la langue hébraïque, qui estoit la langue commune et vulgaire à tout le païs. Il faut qu'ils dient pourquoy l'Eglise les a fait traduire en la langue grecque et latine : et ce, au temps que ces deux langues estoyent vulgaires et communes, la grecque en la Grèce, la latine en l'Italie, et en autres pays où les Romains avoyent authorité. S'ils maintiennent qu'ils sont mal traduicts, il vaudroit mieux marquer les fautes pour les corriger, que de contemner tout l'œuvre qui ne peut estre que bon, sainct et louable. S'ils disent qu'on ne les peut chanter ailleurs que en l'Eglise sans les prophaner, Moyse ne sera jamais de leur opinion, qui fist chanter son cantique en dansant par les hommes d'un costé et les femmes de l'autre, avec tabourins et instrumens musiciens. Les titres de pseaumes leur contredisent aussi, par lesquels il appert que David après les avoir composez, les bailloit aux musiciens pour les faire chanter et les mettre en musique. Sainct Paul admonneste les Ephesiens et Collossiens, sans faire distinction de sexe ni de personne, de chanter les psalmes, les hymnes et cantiques spirituels. Sainct Jacques exhorte un chacun qui est triste, de prier, et à celuy qui a l'esprit en repos, de chanter. Et ne fault pas penser que ce bon apostre ait entendu des chansons du monde ni d'autres que celles que Sainct Paul avoit recommandées. Tertulian, docteur ancien et prochain du temps des apostres, au second livre qu'il a dressé à sa femme, tesmoigne que le mari et la femme chrestiens en leur maison s'efforçoyent à qui mieux et plus doucement chanteroit les Pseaumes. Et David dit, qu'il ne pouvoit estre que tel mesnage ne fust sous la bénédiction et protection de Dieu. Le mesme auteur en son apologetique dict, que les chrétiens sur la fin de leurs convis chantoyent les Pseaumes. Clément Alexandrin qui fut peu s'en faut en mesme temps, homme sçavant et de grande auctorité parmi les docteurs de l'Eglise, en son livre de la pédagogie, admonneste tous les chrestiens de laisser les chansons du monde, et en leur convis rendre louange à Dieu, et chanter les pseaumes de David. Sainct Hiérosme escrivant à une dame, pour l'enseigner comment elle debvoit bien et chrestiennement nourrir une petite fille appellée Placatula, l'admonneste et exhorte de luy bailler quelque verset de Pseaumes, pour les premiers mots qu'elle apprendra de parler, et en la mignardant et carressant, les luy faire apprendre par cœur. Le mesme autheur en l'épistre qu'il a faicte soubs le nom de Marcella, des louanges de Bethléem, reprent la ville de Rome qu'il appelle la Putaine purpurée, pour les chansons impudicques et lassives que l'on y chante : et au contraire loüe sur toutes choses Bethléem, de ce que le vigneron accoustrant sa vigne, le laboureur après sa charrue, le moissonneur après sa moisson, le berger gardant son troupeau, ne chantent que les Pseaumes. Sainct Chrisostome, Sainct Ambroise, et plusieurs autres docteurs de l'Eglise, ont pareillement de leur temps approuvé et recommandé au peuple le chant des Pseaumes. L'auctorité de l'Escriture, Sire, et de ces grands personnages, empesche que je ne puis estre de l'opinion de ceux qui les défendent, et principalement quand ils sont chantez avec honneur et révérence, et aux maisons privées, non ès lieux illicites et défendus.

Pour le second remède, Sire, je vous supplie de vouloir promettre un concile général, qui est le moyen que nos anciens ont suyvy pour mettre en paix la chrestienté, qui a esté à plusieurs fois divisée par les hérésies plus pernicieuses que ne sont celles du jourd'huy. Et encores qu'il s'y présente plus de difficultez, j'espère que avec l'aide de Dieu, on les pourra surmonter. Et que le Pape non seulement l'accordera, mais solicitera les autres pour y venir : et faut que je confesse que je ne sçay comment sa conscience peut estre en repos, je ne sçay comment il peut dormir un seul moment d'heure, quand il luy souvient que tant de pauvres âmes périssent tous les jours pour ceste diversité d'opinion. Toutesfois s'il advenoit qu'il y eust empeschement au concile général, vous deschargerez vostre conscience, s'il vous plaisoit en faire un national, à l'exemple de vos prédécesseurs le roy Gontlran, Charlemaigne roy, roy Loys III, lesquels, à moindre nécessité que ceste cy, ont faict convoquer tous les évesques de ce royaume. Et pour préparer ce concile national, à fin qu'il nous apporte tel fruit que nous devons désirer, je serois d'advis, me remettant toutesfois au jugement de ceux qui sçavent plus que moy, qu'on fist appeller les plus sçavans de ceste sorte, et leur bailler seureté, lieu et commoditez, et personnages à ce députez, pour disputer et conférer ensemble, s'il y avoit moyen de nous accorder. Et s'il plaisoit à Dieu d'estre l'autheur de cest accord, ou bien que leurs ministres demourassent convaincus, le peuple ne feroit puis après plus de difficulté de se réunir à une mesme religion, ou pour le moins ceux qui viendroyent au concile national, trouveroyent les matières préparées à y mettre une bonne fin.

Cecy semblera nouveau et estrange à beaucoup de gens, mais l'exemple et auctorité des anciens excusera ma faulte, si aucune y en a. Théodose empereur sage, bon, et diligent à repurger la chrestienté de toutes les erreurs qui furent de son temps, voyant que nombre d'Arriens augmentoit tous les jours, combien que par le concile de Nicéne et plusieurs autres, ils eussent esté justement condamnez, il assembla un concile à Constantinople, fist aussi appeler les évesques des Arriens, des Macédoniens et des Novaciens, qui estoyent trois hérésies ja condamnées, et feit par après publier la dispute qui avoit esté faicte en sa présence, pour monstrer que les Arriens avoyent esté convaincus par les catholiques; qui fut cause (comme tesmoigne Socrates et Sozomenus en leur histoire) qu'une infinité de personnes séduits de ces meschantes erreurs, revindrent à la cognoissance de la vérité. Les Donatistes qui troublèrent si long-temps l'Affrique, non seulement avec la mauvaise doctrine, mais avec toute espèce de cruauté contre les catholiques; et toutesfois les bons évesques estans assemblez en grand nombre, députèrent certain d'entre eux pour aller devers les évesques hérétiques, pour les prier de leur vouloir donner lieu et temps pour disputer, et essayer à oster les causes de leur division. Sainct Ambroise voyant que les Arriens ja plusieurs fois condamnez, estoyent escoutez de plusieurs en la France et en Italie, se trouva en une assemblée d'évesques faicte à Aquilée, et disputa contre Paladino et son compaignon, fauteurs et deffenseurs de ceste meschante doctrine.

Par ces exemples me semble (que avec grande raison) pouvoir dire, puisque nous sommes en pareille cause, nous deussions user de semblables remèdes, semblable zéle et charité. Et quant aux peines ordonnées contre les prévenus, je sçay bien que ce lieu est glissant, et qu'il est mal aisé de se y arrester sans broncher d'uncosté ou d'autre. Toutesfois par la confiance que j'ay en vostre bonté, et au commandement qu'il vous a pleu me faire de parler librement, j'en diray ce que je sens en ma conscience, sans rien desguiser n'y dissimuler. Je trouve, Sire, que ceste doctrine ès lieux où elle a esté receue, a faict diverses opérations et contraires effects, les uns l'ont trouvé bonne soudain qu'ils en ont ouy parler, et sans l'examiner plus avant, se sont contentez de sçavoir qu'il ne falloit point aller à la messe, qu'ils pouvoyent manger chair en caresme, qu'ils n'estoyent tenus d'aller à confesse, et pouvoyent mesdire des prestres; et toutes les fois qu'on les a voulu remener au chemin d'où ils s'estoyent départis, ils ont voulu deffendre leur façon de vivre avec les armes, et soubs le prétexte et manteau de la religion, sont ennemis séditieux et rébelles, et pourtant ne doivent estre aucunement escoutez. Car s'ils sont chrestiens ou évangélistes, comme ils disent, il leur doibt souvenir que Sainct Pierre et Sainct Paul nous commandent de prier Dieu pour les bons, de leur rendre toute subjection et obéissance, et à leurs ministres, ores qu'ils fussent iniques et rigoureux. Il est certain que aux douze persécutions que l'Eglise endura, il y a eu effusion de sang de cinq cens mil hommes, et toutesfois ne s'en trouve pas un qui avec les armes se soit voulu revencher. Ce grand Tertullian au livre qu'il escript au président de Carthage, le reprenant de la trop grande sévérité qu'il exerçoit contre les chrestiens, luy fait telles rémonstrations : Tu nous fais brusler, tu nous fais mourir, tu nous persécutes de toute espèce de tourmens, et toutesfois il n'y en a poinct un seul de nous qui soit autre que bon subject à l'empereur, nous prions Dieu pour luy, nous l'aymons, nous l'honorons comme la seconde personne après Dieu. Prens garde que tu ne trouveras poinct qu'aucun de nous ait esté assez incrémez et abysmez, comme furent trois compagnies qui se rebellèrent à l'empire. Melitus qui de son temps a esté dict la lumière de l'Asie, et pour la doctrine et saincteté de la vie, escrivant à l'empereur Anthonin, use de telles paroles : Tu nous as icy envoyé des édicts rigoureux pour nous faire tous mettre à mort, cuydant par là abolir tout le nom de chrestien, sans qu'aucun de nous ait jamais offensé ta Majesté. Nous désirons sçavoir si ces édicts procèdent de ton intention et de ta volonté, et en ce cas, nous obéirons, estimans qu'il ne peult rien venir de toy, qui ne soit bon : mais nous te supplions entendre que plusieurs calomniateurs abusent de tes ordonnances, et cherchent nostre mort, pour s'enrichir de nos biens. Voilà comment les chrestiens par leur patience, et non pas avec les armes, ont vaincu la sévérité des empereurs. Il ne fault point donc que tels téméraires couvrent leur meschant desseing d'aucun zéle de la religion;

car il n'y en a point de réprouvée qui leur puisse servir d'excuse, ny de bonne qui leur puisse favoriser. Qui me faict d'autant plus détester leurs folles entreprinses qu'ils ont faictes, et désirer que par tous moyens on garde que tels inconvéniens n'adviennent plus en ce royaume. Et en cela avez-vous bien pourveu, tant par vos édicts, que par le commandement que vous avez faict à tous gouverneurs des pays, baillifs et sénéchaulx, et se retirer ès lieux où ils sont, et y exercer leurs estats. Et pour autant qu'en toutes provinces, il y a des gentilshommes qui ont moyen en peu d'heure de fortifier les ministres de vostre justice, il me semble que s'il plaisoit à Vostre Majesté leur faire escrire à chacun une bonne lettre, et leur faire entendre le désir que vous avez que vos subjects s'employent à réprimer la témérité des séditieux, il n'y a celuy d'entre eux qui n'y employast sa personne, ses biens et l'aide de ses amys, et voylà quant aux séditieux.

Il y en a d'autres, Sire, qui ont receu ceste doctrine, et la retiennent avec telle crainte de Dieu, et vous portent telle révérence, qu'ils ne vouldroyent pour rien vous offenser. Et par leur vie et par leur mort, on congnoist bien qu'ils ne sont meuz que d'un bon zèle et ardent désir de cercher le seul chemin de leur salut ; et cuidans l'avoir trouvé, ils ne s'en veulent départir, ne tiennent compte de la perte des biens, ny de la mort, et de tous les tourments qu'on leur veut présenter. Et faut que je confesse que toutes les fois qu'il me souvient de ceux-là qui meurent si constamment, les cheveux me dressent en la teste, et suis contrainct de desplorer la misère de nous qui ne sommes touchez d'aucun zèle de Dieu ny de la religion. Ceux-là, Sire, méritent (me semble) d'estre distinguez et séparez des autres qui abusent du nom et de la doctrine qu'ils disent avoir receüe. Ceux-là ne doyvent estre nombrez, ny punis comme séditieux. Et oultre que mon estat et la profession que je fais de desnier l'effusion de sang, d'oppiner aux peines corporelles, je vous supplie très-humblement prendre deux poincts qui confirment mon opinion : qui sont l'expérience de ce que nous avons veu, et l'exemple et auctorité des anciens. Pour l'expérience, tout le monde a veu et congneu, que les peines n'ont de rien proffité, ains au contraire, la patience de ceux qui les ont endurées, a incité plusieurs à favoriser leur cause, et de-là est advenu que ceux qui n'en avoyent jamais ouy parler, ont voulu entendre si ceste doctrine estoit bonne ou mauvaise, et en peu de temps ont esté gaignez et prests à mourir, et suyvre le chemin des autres. Telle et semblable considération révoqua quelques temps l'empereur Anthonin de la persécution qu'il avoit commencée contre les chrestiens, lequel respondant à ceux d'Asie, qui l'avoyent solicité d'user de toute rigueur et sévérité, à ce que parmi les subjects de l'empire il n'y eust division ny diversité de religion, usa de telles paroles : Ceux que vous cuidez vaincre par menaces et par tourmens, tant plus ils sont persécutez, tant plus ils demourent victorieux sur vous, d'autant que sans aucune crainte ils présentent leur vie et leur sang pour confirmation de leur doctrine. Tertulian usa de mesme argument au livre qu'il escript à Scapula, président de Carthaige : Tu t'abuses grandement, dict-il, de penser par la mort et cruauté esteindre le nom que nous portons. Car ceux qui voyent nostre constance, se persuadent facilement que nostre doctrine ne peut estre mauvaise, pour l'auctorité et pour l'exemple. Sire, je me propose devant les yeux trois cens dix-huict évesques qui furent au concile de Constantinoble, deux cens au concile d'Ephése, six cens trente au concile de Calcédoine, lesquels ne voulurent user d'autres armes que de la parole de Dieu, contre Arius, Macedonius, Nestorius, Eutichès, hérétiques condamnez d'hérésies et de blasphémes contre la saincte Trinité. Constantin, Valentinian, Théodose, Martian, empereurs chrestiens, catholiques, et qui sont de saincte et recommandable mémoire parmi tous les princes qui depuis ont esté, et qui seront par ci-après, toutesfois ne voulurent user de plus grande sévérité envers les autheurs desdites hérésies, qu'à les envoyer en exil, et leur oster les moyens de séduire les bons. Léon premier, nombré (et avecques grande raison) parmi les grands papes, pour le lieu qu'il tenoit, et pour la saincteté de vie, ayant entendu qu'Eutichès en son exil continuoit plus que jamais à espandre son venin parmi ceux qui le vouloyent escouter, en advertit l'Empereur, et le punit, non pas de le faire mourir, mais seulement de le renvoyer encores plus loin. Tous ces exemples bons ay-je voulu ramener, Sire, pour vous remonstrer combien nous sommes esloignez du zèle de la charité, et de l'opinion des bons et anciens Pères. Et quand ausdictes assemblées, elles furent de tout temps défendues, pour le danger qui en peut advenir. Et de vostre part aussi, vous y avez bien pourveu par vos édicts et ordonnances. A quoy je ne puis rien adjouster que (me remettant toutesfois à vostre bon jugement) il seroit raisonnable qu'en la punition des transgresseurs, il y eust distinction des peines, qu'on eust esgard à l'heure, au nombre, l'intention et la façon qu'ils se seroyent assemblez.

Lettre de François II au roi de Navarre pour luy faire amener à Orléans monsieur le prince de Condé son frère.

« Mon oncle, je crois que vous estes bien mémoratif des lettres que je vous escrivi d'Amboise, quand ceste dernière esmotion survint, et de ce que je vous manday de mon cousin le prince de Condé vostre frère, qu'une infinité de prisonniers chargeoyent merveilleusement : chose qui ne me pouvoit entrer en l'entendement pour l'honneur du sang dont il est, et l'amour que je porte aux miens, espérant que le temps, et ces déportemens feroyent cognoistre la menterie de tels malheureux, et me donneroyent parfaite asseurance de son innocence ; mais j'ay eu depuis continuellement tant d'advertissemens conformes de tous les endroits du royaume, des pratiques et menées que on le charge avoir faicts, et fait faire au préjudice de mon service et seureté de mon Estat, que je n'ay néantmoins jamais voulu croire jusques à ce que de fresche mémoire j'en ay veu si grande apparence, je me suis résolu m'en esclaircir et sçavoir ce qui en est, n'estant pas délibéré pour la folie d'aucun de mes subjets, vivre toute ma vie en peine. Et pource, mon oncle, que je me suis tousjours asseuré de l'amitié et fidélité que me portez, et que vous m'en avez tant fait d'offres et de preuves, que je n'en puis ni ne veux doubter aucunement, je n'ai voulu faillir de vous avertir incontinent et escrire la présente, par laquelle je vous prie sur tout le service que désirez jamais me faire, et ordonne sur tant que vous avez chère ma bonne grace, de me l'amener vous-mesme, dont je n'ay voulu charger autre que vous, non pour autre intention que pour se justifier en votre présence de ce dont il est chargé : vous pouvant asseurer que je seray aussi aise et aussi content qu'il se trouve innocent et net d'une si infâme conspiration, comme je seroye très-déplaisant que au cœur d'une personne de si bonne race, et qui me touche de si près, sa mal-heureuse volonté fust entrée : vous pouvant asseurer que là où il refusera m'obéyr, je sauray fort bien faire congnoistre que je suis roy, ainsi que j'ay donné charge à M. de Cursol, vous faire entendre de ma part, ensemble plusieurs autres choses dont je vous prie le croire comme vous voudriez faire moy-mesme. Priant Dieu, mon oncle, vous avoir en sa très-sainte et digne garde. Donné à Fontainebleau, ce xxx jour d'aoust mil cinq cens soixante.

« *Signé* FRANÇOYS. *Et au dessoubz,*
« ROBERTET. »

En ce temps-là on disoit qu'il y avoit quelques factions et intelligences avec le prince de Condé ; lequel prince de Condé on soupçonnoit estre cause des divisions qu'il y avoit au gouvernement du royaume.

Le septiesme jour de septembre fust publié un édict du Roy sur le faict des appointemens et jugemens des arbitres entre parties litigantes.

Ledit jour, fut publié autre édict du Roy sur les deffences faictes par ledit seigneur aux mareschaux de ses logis, fourriers et autres officiers, de ne marquer ou loger aucunes personnes ès maisons des présidens, maistres des requestes, conseillers et autres officiers de la court de parlement.

Ordonnance dudit seigneur Roy du mesme jour, publiée en la court, sur la suppression des offices royaux nouvellement érigés, et jusques au nombre ancien et accoustumé.

Le jour Saint-Michel, le Roy fist son ordre en l'abbaye de Poissy ; là où furent faits chevaliers ceux qui ensuivent.

Le seigneur de Terrides, Beauvais, Martigues, Candalle, Mothe Gondrin, Gondrin, Jenlis, vicomte Gourdon, Crevecœur, Cypierre, Jarnac, Lansac, Humières, la Trimouille, Mesières, Randan, monsieur d'Anglure, seigneur de Jours, Bentivogle Italien, Rabodanges ; lesquels ne sont mis icy selon leur ordre ou dignité, ni de maison, mais en l'ordre qu'on les a pu sçavoir.

Lettre du connétable de Montmorency au roy de Navarre, pour se justifier de ce qu'on lui avoit imputé par rapport à La Sague que ce roy et le prince de Condé lui avoient envoyé.

« Sire, il y a environ quinze jours que je partis de Fontainebleau pour m'en venir en ma maison ; et quatre ou cinq jours auparavant, le Roy et la Royne mère vous avoient dépesché monsieur de Cursol ; et ung jour ou deux après mon partement, ledict seigneur et dame, comme m'a dict ladicte Royne mère, dépeschèrent ung courrier audict sieur de Cursol, et lui mandèrent que j'avois faict prendre La Sague(1), et que je leur avois déclaré ce que vous m'aviez mandé, et ce qu'avoit fait ledict La Sague par deçà. Vous pouvez bien penser, Sire, à quelle fin cela se faisoit. Elle m'a compté ce que dessus depuis que je suis arrivé à Saint-Germain en Laye ; de quoy j'ay esté et suis en très-grand peine, de pœur que vous eussiez quelque oppinion contre moy ; vous

(1) Le prince de Condé étant en Guyenne auprès du roi de Navarre son frère, envoya La Sague, gentilhomme gascon, à la princesse sa femme, et le chargea de voir le connétable de Montmorency. La Sague retournant en Guyenne, fut arrêté par l'ordre des Guises ; il était porteur de plusieurs lettres écrites au roi de Navarre et au prince de Condé. Il en avait des Montmorency ; mais elles ne contenaient que de simples complimens. (A. E.)

suppliant de creoyre en estre seur, que oncques en jour de ma vie, je ne tins propos de vous, ny ne me mandastes jamais chose qui ne fut pour le service du Roy, honneur et grandeur de sa couronne, et que vous estes le principal dudict royaulme après messeigneurs ses enffans; qui me faict vous supplier très-humblement, de ne creoyre chose que l'on vous ayt mandé par cy-devant, ny que l'on vous mande cy-après, qui ne soit pour votre honneur et grandeur; et vous ayant tousjours congneuz si affectionné au service du Roy, que vous ne désiré que son bien et sa grandeur. Si ce fût esté autres personnes que le Roy et la Royne mère qui eussent escript, je parlerois le langaige qu'un homme de bien et d'honneur doibt tenir quand on le charge d'une chose où il n'a jamais pensé : ce que je vous supplie très-humblement de creoyre, et que je ne sceu oncques la prinse dudict La Sague, qu'un jour après qu'il fut prins; et vous escripvois par luy, pour vous rendre response à l'honneste lettre qu'il vous a pleu m'escripre.

« Sire, en me recommandant très-humblement à vostre bonne grace, je supplie le Créateur vous donner en parfaicte santé, longue et très-heureuse vie. De Paris, ce XXVIe septembre. »

Est écrit au dos : Coppie de lettre missive envoyée au roy de Navarre, de la part de monseigneur le connestable, le XXVIe septembre 1560.

Au mois d'octobre, au commencement, vindrent nouvelles que un nommé Montbrun, lequel avoit espousé la propre nièce de monsieur le cardinal de Tournon, avoit faict piller la ville de Nismes et avoit pillé tous les joyaux de l'église et choses appartenants au ministère d'icelle, et que luy et ses adhérants avoient retenu les deniers du Roy de sa recepte génerale en la ville de Montpellier; et ce, soubz prétexte, ainsi que l'on dit, de je ne sçay quelle religion, ou bien d'une division au royaume de France, et d'une jalousie du gouvernement.

Le septiesme d'octobre audit an, furent expédiées lettres de par le Roy, envoyées au chapitre de Paris, de la teneur suivante :

« Chers et bien amés, vous sçavez les troubles
« qui sont aujourd'huy au faict de la religion
« entre les subjects de nostre royaume, pays,
« terres et seigneuries; et comme soubs umbre
« d'icelle, aucuns se sont jà eslevés à l'encontre
« de nous, contrevenants et enfraignants nos or-
« donnances et injonctions; à quoy désirants par
« touts moyens pourvoir, et mesme à pacifier
« lesdits troubles, et oster aux desvoyés leur
« mauvaise volonté et opinion, nous avons pour
« pouvoir résister à leur entreprise, esté con-
« traints faire lever et mettre certain nombre de
« gens de guerre, et requérir non seulement vos-
« tres évesques, mais vous en particulier, que
« pour partie du payement et solde desdits gens
« de guerre, vous vous veuilliez de nostre part,
« comme ceux à qui le faict touche autant que à
« nuls autres, aider de vos facultés, et jusques à
« y employer par engagement, s'il en est be-
« soing, et ne pouvés par autre moyen recouvrer
« plus promptement deniers, vos vaisselles et
« autres précieux meubles, mesmes les reli-
« quiaires et joyaux de votre église, de la somme
« de quatre mille livres tournois; et pour vous
« faire ceste requeste, avons commis notre amé
« et féal conseiller en nostre conseil privé, le sei-
« gneur d'Avanson, présent porteur, vous priants
« et exhortants à cette cause, que mettant par
« vous en considération ce que dessus, vous nous
« veuilliez octroier et accorder laditte somme, et
« icelle promptement fournir ès mains du trésorier
« de notre espargne, ou du commis à l'extraordi-
« naire des guerres du costé de Picardie et Cham-
« pagne, ou des commis de l'un d'eux, par leurs
« quittances, représentant lesquelles, vous ferons
« rendre et restituer icelle ditte somme, sitost
« qu'elle aura esté levée et recouverte, comme en-
« tendons estre faict, sur les biens de ceux qui au-
« ront esté et seront trouvés rébelles, sur lesquels
« avons ordonné assiette, cottisation et levée en
« estre faicte; et où seriés de ce faire refusants
« ou délayans, attendu qu'il est question du sous-
« tenement de la religion et conservation des
« ministres d'icelle, voulons et entendons estre
« procédé à l'encontre de vous en vos biens, se-
« lon le pouvoir et instructions que avons à cette
« fin baillés audit sieur d'Avanson. Si ni faictes
« faulte ; car tel est nostre plaisir. Donné à Saint-
« Germain en Laye, le VIIe jour d'octobre 1560.
« Signé FRANÇOIS. *Et au bas*, BURGENSIS. »

Mémoires et instructions au seigneur d'Avanson, conseiller du Roy en son conseil privé, de ce qu'il aura à dire et faire à Paris, où il est présentement envoié pour les affaires et service dudit Seigneur.

« Présentera les lettres que le Roy escript à l'évesque de Paris ou à ses vicaires, et aux doyen, chanoines et chapitre de l'église Nostre-Dame dudit lieu, aux religieux et prieur Saint-Martin des Champs, aux couvents et chapitre des Chartreux, des Célestins, et aux religieux, abbé et couvens Ste. Genevièfve, St. Victor, St. Germain des Prés, et S. Denis en France; et leur fera particulièrement entendre, outre le contenu en icelles, qu'estant adverty ledit seigneur des troubles qui sont aujourd'huy en la religion, pour laquelle aucuns de ses subjects se sont ja eslevés en intention, comme il est à présumer, d'exécuter quelque mauvaise volonté; pour y obvier, auroit ordonné certain nombre de gens de guerre à pied, estre levés, le payement desquels ledit seigneur, d'autant que ses affaires ne le peuvent porter, veult et entend icelui estre fourny par manière de prest et avance, par les prélats de son royaume, attendu que c'est pour le faict de la religion qui leur touche de plus que à nuls autres, et que ledit seigneur Roy a ces prochains estats assignés au mois de décembre, où il leur a mandé et mande encores de rechef se trouver, pourvoyera au remboursement de ce qu'ils auront fourny et advencé pour l'effect que dessus; et cependant faire icelle somme cottiser et imposer sur les biens de ceux qui se trouveront avoir esté rebelles et coulpables desdites émotions, pour servir audit remboursement; que à cette cause lesdits évesque, chapitres et couvens, ayent à fournir dans six jours après la présentation desdites lettres, ce à quoi ils auront esté cottisés, qui est; c'est à sçavoir, pour ledit évesque, cinq mille livres; pour ledit chapitre Nostre-Dame, quatre mille livres; pour St.-Martin, mille livres; pour les Chartreux, pareille somme de mille livres; pour les Célestins, mille livres; pour Ste Geneviefve, mille livres; pour St. Victor, semblable somme de mille livres; pour St. Germain des Prés, autres mille livres, et pour St. Denis, cinq mille livres; dont sera besoing que aucuns d'eux facent advance, sans en attendre la levée et cuillette particulière sur eux, parceque audit payement ledit seigneur veult lesdits évesque, chapitres et couvens, estre tenus ensemblement, et un seul pour le tout.

« Leur remonstrera en outre, qu'estant l'affaire de telle conséquence que chacun le peut voir, qu'ils ne doibvent faire aucuns reffus; mais plustost que d'y faillir, qu'ils doibvent vendre leurs meubles, grains, vins et autres biens, et mesmes à ce besoing si grand, engager leurs vaisselles, joyaux et reliquaires de leurs églises, pour y satisfaire, et constituer rentes sur iceux et sur tout le revenu de leurs bénéfices; ce que ledit seigneur veult et entend qu'ils facent, là où ils n'auroient autres moyens; les asseurants de leur en faire obtenir, de nostre St. Père le Pape, tel bref ou autres provisions et expéditions qui leur seront pour ce requises et nécessaires.

« Et d'autant qu'il est besoing que lesdites sommes soient incontinent receuës, où lesdits évesque, chapitres et couvens seroient refusants de fournir leurs cottisés dedans lesdits jours à eux préfix, après avoir fait saisir le revenu de leur temporel, fera aussi saisir par les officiers dudit seigneur, particulièrement ès maisons de chacun desdits évesque, chapitres et couvents, tous leurs deniers, joyaux, meubles, bleds, vins, et autres choses estants en leurs maisons et domiciles; et s'enquerra diligemment et sécrettement, s'il y en a aucuns en autres maisons que celles où ils font leurs demourances, soit ès mains de leurs recepveurs, fermiers ou autres ayants charge et administration soubs iceux, lesquels il fera aussi prendre et saisir, et iceux exploicter et vendre sommairement, sans aulcune solemnité de justice y garder, et le plus promptement que faire se pourra, au plus offrant et dernier enchérisseur, jusques à la concurrence de ladite somme.

« Et pour ce qu'il pourroit estre que aucuns desdits recepveurs, fermiers et autres de la qualité susdite, n'auroient payé ce qu'ils sont tenus et doibvent faire, et qui néantmoins voudroient dire l'avoir faict; ledit seigneur D'Avanson les fera contraindre par lesdits officiers dudit seigneur, à eux en purger par serment, et à en monstrer les quittances.

« Et fera au surplus en ce négoce, tout ce qui lui sera possible, à ce que laditte somme soit le plus promptement que faire se pourra recouverte, et mise ès mains du trésorier de l'espargne ou de son commis, par ses quittances; et ce dedans lesdits six jours pour le plus tard.

« Déclarera aussi ausdits évesque, chapitres et couvents, que le séjour et frais qu'il faira attendant lesdits deniers, seront à leurs despens.

« Et enfin, s'il cognoist que les dessusdits usent de trop grande longueur à payer la dessusditte somme, amenera avec luy en toute diligence ledit évesque, abbés, ou leurs vicaires, et quatre des plus apparents de chacun desdits chapitres, devers ledit seigneur, la part où il sera, pour estre et demeurer à sa suitte jusques à ce que laditte somme ayt esté entièrement fournie; et le tout à leurs propres cousts et dépends.

« Et de tout ce qui y aura esté et en sera faict, en advertira de jour en autre ledit seigneur D'Avanson, ledit seigneur et nos seigneurs de son conseil privé. Fait à St. Germain en Laye, le septième jour d'octobre, l'an 1560. Ainsi signé : FRANÇOIS, *et plus bas :* BURGENSIS. »

Ledit neufiesme jour, la matière fust mise en délibération au chapitre de Paris; là où monsieur l'évesque de Paris assista; et fust résolu que l'on engageroit ses meubles précieux; mais de vendre, *nullum verbum ;* et despuis ne se trouva personne qui voulut prendre en engagement lesdits reliquaires, qui fut cause que quelqu'un du chapitre, que l'on ne veut nommer pour son honneur, tenant le party de l'évesque, et le voulant descharger de la somme de cinq mille francs, à laquelle il estoit cottisé pour sa part, fist ouverture de vendre le chef St. Philippe, duquel on offroit neuf mille trois cent vingt livres; mais cette opinion ne fust trouvée bonne par la compagnie; et fust advisé que l'on chercheroit argent à rente; et à cette fin messieurs du chapitre me prièrent de leur en faire trouver à prester par madamoiselle ma mère; ce que je fis très-volontiers, et leur fis bailler à rente la somme de quatre mille livres, pour trois cent trente trois livres six sols huit deniers. Bien vray est que le chapitre accorda à monsieur de Paris, de se obliger réciproquement l'un pour l'autre, et que ils prendroient quittances séparées. Ce qui fust faict.

Le dousiesme de ce mois, le Roy partist avec son armée pour aller à Orléans, pour ainsi que l'on disoit, punir les rebelles contre Sa Majesté.

Le jeudy dernier jour du mois, arriva à Orléans monsieur le roy de Navarre, accompagné de monsieur le prince de Condé, lesquels, à ce que l'on disoit, ne furent fort bien receus.

Le jour de la Toussainct premier jour du mois de novembre, vindrent nouvelles que le Roy avoit faict constituer prisonnier le prince de Condé, en la ville d'Orléans, à la garde du sénéchal d'Agénois et de Mr. Saviny, capitaine des gardes; et disoit-on qu'il estoit chargé des rébellions faictes contre le Roy et esmotions en plusieurs pays de son royaume.

Peu de temps après le Roy manda monsieur le président de Thou et monsieur le procureur général du roy, et autres de messieurs de la cour, pour le procès, ainsi que l'on disoit, de monsieur le Vidame de Chartres.

Peu de temps après, fust constitué prisonnier monsieur le bailly d'Orléans, le lieutenant général, le procureur et advocat du roy de ladite ville.

Le troisième jour de novembre, furent assemblés les trois Estats, suivant le commandement du Roy. L'assemblée se fist en l'évesché de Paris, chacun estat en salle séparée; là où fust rémontré des doléances et plainctes du peuple, et furent dressés mémoires et instructions pour estre moustrées et portées en l'assemblée générale de tous les Estats de ce royaume, au dousiesme de décembre, en la ville d'Orléans.

(1) Les commissaires nommés par le Roi pour faire le procès au prince de Condé, étaient le chancelier de l'Hôpital, monsieur de Thou, président au parlement de Paris, et messieurs de Faye et Viole, conseillers au même parlement. Le 13 de novembre, dit M. de Thou, ils se rendirent dans le lieu où il était détenu prisonnier, pour l'interroger. Ce prince soutint qu'il ne devait pas être jugé

En ce mois ici, fust constituée prisonnière par commandement du roy, madame de Roye belle-mère de monsieur le prince de Condé; et fust mise au chasteau de Saint-Germain-en-Laye.

Arrêt signé par François II, portant que nonobstant l'appel interjetté par le prince de Condé, des commissaires nommez pour lui faire son procès, ce prince sera tenu de donner le jour même ses moyens de récusation contre ces commissaires; à faute de quoi, ils procéderont au jugement de son procès.

Veu par le Roy en son conseil, la procédure faicte par les commissaires (1) députez par ledict seigneur, pour l'instruction du procès de messire Loys de Bourbon prince de Condé, chevalier de l'ordre dudict seigneur, du dixseptiesme de ce mois, contenant que ledict de Bourbon prince de Condé se seroit porté pour appellant desdictz commissaires, et les auroit tous en termes généraulx récusez, sans vouloir bailler causes particulières de récusation; disant qu'il les déclareroit devant ledict seigneur, assisté et accompaigné comme il avoit auparavant requis; les arrestz d'icelluy seigneur donnez les tréze et quinzième de ce mois; la matière mise en délibération en sondict conseil, et tout considéré:

Ledict seigneur a ordonné et ordonne, que nonobstant ladicte appellation interjectée des dictz commissaires, laquelle il a déclaré et déclare pure, frivole et non recevpable, et chose dicte et alléguée par ledict de Bourbon prince de Condé par devant les dictz commissaires, que dedans huy, pour toutes préfixions et délaiz, il sera tenu bailler causes de récusation particulières contre iceulx commissaires, si aucunes en a; autrement et à faulte de ce faire dedans ledict temps, et icelluy passé, sera par les dictz commissaires passé oultre à l'instruction dudict procès, suivant les dictz arrestz, ainsi qu'il apartiendra par raison. Et sera ce présent arrest signifié audict de Bourbon, par Me Florimond Robertet, secrétaire de ses finances; lequel ledict seigneur a commis et commect pour ce faire. Faict à Orléans, le vingtiesme jour de novembre l'an mil cinq cens soixante. FRANÇOYS.

Le cinquiesme jour de décembre décéda le roy François second de ce nom, en la ville d'Orléans, à une heure du matin.

Peu de temps après son corps fut transporté par des commissaires, mais par le Roi, par les pairs, et par toutes les chambres du parlement assemblées. Il appela des procédures qu'on faisait contre lui, au Roi, et ensuite au conseil privé, qui déclara ses appels nuls et frivoles. Ayant interjeté plusieurs appellations semblables, il en fut toujours débouté. (A. E.)

à Sainct-Denis en France, sans aucune solemnité.

Au roy François second de ce nom succéda à la couronne Charles, frère du roy François, nommé Charles neuviesme, âgé de dix ans ou environ.

En ce temps ici, monsieur le prince de Condé qui avoit esté constitué prisonnier par commandement du roy François, fust eslargy et envoyé en sa maison de Ham.

En ce temps, furent tenus les estats en la ville d'Orléans ; portant la parolle pour l'Eglise monsieur Quintin, docteur en la faculté de Décret ; monsieur de Rochefort, pour la noblesse ; et pour le tiers-estat, un nommé monsieur Lange, advocat.

Peu après les estats tenus, monsieur le cardinal de Lorraine se retira de la cour, et s'en alla prescher en son archevesché de Reims.

Aux dessusdits estats ne fust aucunement parlé du gouvernement, demeurant ledit gouvernement à la Royne mère, ayant pour son conseil le roy de Navarre et autres princes du sang, et seigneurs et chevaliers de l'ordre.

Au mois de mars furent assemblés les estats en cette ville de Paris, ceux seulement de la prévosté, en la salle de monsieur de Paris, là où assista monsieur l'évesque de Paris, monsieur le lieutenant civil, et autres notables personnages ; et pour l'Église mesme, l'archidiacre de Brie ; l'abbé d'Amiens; messieurs de Thou, conseiller en la court et trésorier de Beauvais ; monsieur le chancelier du Vivier, chanoine en l'église de Paris ; monsieur Le Coq, aussi chanoine; messieurs Machecau et monsieur Brulart, abbé de Mallinois, aussi chanoine ; et la résolution et proposition oüie de la demande et subvention que le Roy demandoit ; c'est à sçavoir, qu'il falloit que l'Église racheptast dedans certain temps le domaine du roi du tout aliéné, montant à la somme de quatorse millions de francs ; et outre, un impost et nouveau subside que le Roy désiroit estre faict et mis sur le sel et vin, duquel personne ne seroit exempt ; fust advisé par le clergé, que parce que la cause estoit commune entre la noblesse et le tiers-estat, suivant l'ancienne observance, nous prendrions advis d'eux, pour avec eux d'un commun accord faire une résolution pour contenter le Roy ; et à celle fin furent députés monsieur l'archidiacre de Brie en l'église de Paris, et conseiller du roy en sa cour de parlement, et monsieur Griveau, chanoine de la Sainte-Chapelle et doyen d'Amiens, pour en porter parolle à la noblesse et tiers-estat ; lesquels estants de retour, firent réponse que la noblesse en adviseroit, et qu'elle rendroit response à messieurs du clergé. Peu après vindrent de la part de laditte noblesse, ung nommé Martine, et un autre nommé Lusarche, lesquels remonstrèrent au clergé que en vertu des lettres du Roy, l'on ne pouvoit procéder ausdits estats, attendu que *morte mandantis, expiratum erat mandatum.* Au contraire leur fust remonstré par monseigneur l'évesque de Paris qu'il ne failloit entrer-là, et que les estats combien qu'ils ussent esté publiés par le roy François, et que, *morte preventus*, ils n'eussent pu estre tenuz, si est-ce que le roy Charles, en continuant le mandement de feu son frère, les avoit continués soubs le même mandement ; et pour ce qu'il ne falloit révocquer cela en doubte. Ceux de la part de la noblesse firent response, que s'ils estoient contraincts de passer outre, ils avoient charge de dire que d'autant que le Roy estoit mineur et en bas âge, et à cette cause, ils ne sçauroient seurement contracter avec lui, ils estoient d'advis de n'accorder aucune subvention au Roy, que premièrement il ne fust arresté d'un gouverneur et régent de France; et pour ce faire il eslisoit le roy de Navarre ; et si il ne vouloit accepter ledit gouvernement, il le donnoit au plus proche d'après lui. Messieurs du clergé ne leur firent aucune response. Je ne veux obmettre comme au tiers-estat il y eust grandes altercations pour le gouvernement, jusques à nommer du conseil pour le roy, sans que aucunement fust mandé par ledict seigneur Roi de entrer au gouvernement ; de sorte que l'insolence grande fust cause de remettre les estats *in aliud tempus opportunius.*

Le clergé, *inter tot et tam varias opiniones et altercationes,* ne se voulant mesler, advisa de faire remonstrances au roy, qu'il estoit près de luy subvenir en sa grande et urgente nécessité, *indefinitè et indeterminatè,* et que l'on le prieroit de se contenter de quatre decimes, entendu que lesdites decimes n'avoient jamais esté introduites sinon pour la nécessité des guerres ; laquelle raison ne pourroit cejourd'huy militer, entendu que nous sommes en paix avec nos ennemis.

En ce temps ici, fust grand bruict de faulx prédicateurs qui preschoient en la cour, et lesquels monsieur l'admiral, nepveu de monsieur le conestable, faisoit prescher ; qui estoit un grand scandalle pour la religion chrestienne. *Catholica Ecclesia multos hoc tempore adversarios habuit et habitura est, nisi Deus optimus maximus suorum misereatur, et exurgat et judicet causam suam.* La division et contrariété aux ministres de justice, a causé une grande augmentation et division en la religion chrestienne;

et crois à la vérité qu'il y en a plus de contraire religion que d'autres.

Relation de ce qui se passa à Orléans, le lendemain de la mort du roy François II, au commencement du règne du roy Charles IX, le 6ᵉ jour de décembre 1560.

Extrait du registre de monsieur de l'Aubespine, secrétaire d'estat.

Le cinquième jour de décembre l'an 1560, le roy François II de ce nom estant en sa ville d'Orléans, rendit l'ame à Dieu ; et luy succéda à cette courone, Charles IX, son frère, à présent nostre souverain seigneur, en l'aage de onze ans ou environ.

Et pour ce qu'il n'est encore en aage pour administrer luy-mesmes, et manyer les affaires d'un tel royaume, ont esté mises en considération les grandes vertus, prudence et sage conduicte de très-haulte princesse la royne Catherine sa mère, et l'affection grande qu'elle a toujours démonstrée au byen et utilité de ce dict royaume, et combien elle ayme l'honneur, grandeur, conservation et augmentation d'icelluy ; et sur cela esté conclud et advisé par le roy de Navarre et aucuns princes, et gens du conseil privé dellaissez par ledict feu seigneur Roy, que ledict royaume ne sçauroit estre manyé de plus digne main, ne sage administration, que celle de ladicte dame, soubz le nom et auctorité dudict seigneur Roy son filz ; en espérance que Nostre Seigneur favorisera par sa bonté et clémence, les actions de ladicte dame, congnoissant la sincérité de son cœur ; de sorte que tout redondera à son honneur, et gloire de Dieu, et au bien, repos et consolation de son peuple et de ses subjectz.

Cela ainsy résolu et arresté, ladicte dame s'estant retirée auprès dudict seigneur Roy, le 6ᵉ dudict mois, vindrent par devers Leurs Majestez ledict sieur roy de Navarre, messieurs les cardinaulx de Bourbon, Lorraine, Tournon, Guyse et Chastillon, le prince de la Rochesuryon, ducz de Guyse, d'Aumalle et d'Estampes, le chancellier, les sieurs de Saint-André et de Brissac, mareschaulx, le sieur de Chastillon, amiral de France, le sieur du Mortier, évesques d'Orléans, de Valence, d'Amyens, et sieur d'Avanson, tous dudict conseil privé, qui furent bénignement receus dudict seigneur Roy, lequel les remercia des grands services qu'ilz avoient faictz au feu Roy son frère, et de l'affection qu'ils démontroient envers luy, laquelle il les pria continuer ; et au démourant, obéyr et faire ce que leur commanderoit ladicte dame Royne sa mère estant accompagnée de tant de grands et notables personnages de son conseil, duquel elle entendoit user : qu'il espéroit que toutes choses passeroient au byen de son royaume et de son service.

Vindrent aussy devers Leurs Majestez, les cinq cappitaines des gardes, et celuy des Suisses, faire le semblable ; ausquels le Roy feit pareil commandement. Furent mandez et appellez les sieurs de l'Aubespine, Bourdin, de Fresne et Robertet, secretaires d'estat, ausquelz ledict seigneur commanda que doresnavant ils se tinssent près ladicte dame et la suivissent, et non autres, pour recevoir d'elle ses bons commandements, et ne faire aucunes expéditions des affaires de ce dict royaume, que celles qu'il leur seroient par elle ordonnées.

Le semblable fut aussy commandé aux intendans des finances.

Vindrent aussi devers ledit seigneur Roy et ladicte dame sa mère, tous les chevaliers de l'ordre et gentilzhommes de la chambre dudict seigneur, qui se trouvèrent lors en ce lieu, faire le semblable devoir.

Peu de temps après, ce mesme jour, mondict sieur le cardinal de Lorraine vint rapporter à Leurs Majestez, le cachet du feu Roy, qui fut rompu en leur présence ; et ordonné en faire un autre soubz le nom du Roy qui est à présent ; lequel demourera entre les mains de laditte dame.

Lettre de Charles IX au parlement de Paris, par laquelle il lui mande la mort de François II, avec la response du parlement au roi, et une lettre à la reine-mère.

Ce jour, toute la court a receu les lettres missives du roy Charles neufiesme à présent régnant ; desquelles la teneur ensuyt. DE PAR LE ROY. Noz amez et féaulx. Nous estimons qu'avez jà entendu la grande perte que a faict ce royaume, de la personne du feu Roy nostre très-cher frère qu'il a pleu à Nostre Seigneur tirer à sa part ; la longue vie duquel promectoit, pour ses dignes vertuz, beaucoup de bien, de repos et de consolation à ses paouvres subject ; dont nous asseurons que vous avez le doloreux régret qu'en doibvent porter bons et affectionnez subjectz, ainsi que nous faisons de nostre part. Toutesfois puysque telle a esté sa volunté, il s'y fault conformer, et la remercier de tout ; n'ayant de rien tant de régret, sinon que nous laissant successeur de sa couronne, ce n'ayt esté en aage et estat digne d'une si poisante charge. Mais nous confiant en sa bonté qui conduict et dresse le cueur et l'esprit des princes, et en la vertu et prudence de la Royne nostre très-chère et très-amée dame et mère, laquelle nous avons supplié prendre en main l'administration de cestuy nostre royaume, et suppléer ce que noz jeunes ans ne peuvent encore faire; nous espérons que les choses y seront si bien conduictes par elle, avec le sage conseil et advis de nostre très-cher et très-amé oncle le roy de Navarre, et des notables et grands personnages que ledict feu Roy nostre frère nous a laissé de son conseil, que l'utilité en tournera à la grandeur et splendeur de ce royaume, et au bien et contentement de nos subjectz. Et pour ce que nous sçavons que la justice est une des principales, par laquelle les royaumes ont esté maintenuz, nous vous prions continuer à y faire le bon debvoir que vous avez (comme avons entendu) faict jusquesicy à l'honneur de Dieu, descharge de nostre conscience et bien de nostre peuple ; et vous asseure que vous ne ferez jamais riens qui plus nous soit agréable. Donné à Orléans, le vIII^e jour de décembre 1560. Signées. CHARLES. Et au dessoubz. DE L'AUBESPINE. Et à la superscription. A nos amez et féaulx les gens tenans nostre court de parlement à Paris.

Et ce fait, ont esté les chambres assemblées ; et les dictes lettres missives leuës, a esté arresté, la matière mise en délibération, que Mes Réné Baillet président, Adrian Dudrac conseiller, Arnault du Ferrier aussi conseiller et président ès enquestes, et François Briçonnet conseiller en ladicte court, qu'elle a commis et commect pour cest effect, yront au plustost qu'il sera possible, par devers le Roy estant à Orléans, luy faire la révérence, et luy rendre l'obéissance de la part de sa court de parlement, ainsi qu'il est accoustumé faire ; et que par eulx, avec occasion telle qu'ilz la pourront prendre, sera parlé audict seigneur Roy et à messieurs de son conseil, pour le faict des gages des gens de son parlement...... Ensuyt la teneur de la lettre escripte par la court, à la Royne-mère.

Lettre du parlement à la Roine-mère.

Nostre souveraine dame. Tant et si très-humblement que possible nous est, à vostre bonne grâce nous recommandons. Nostre souveraine dame, le Roy nous a escript, que pour ses jeunes ans, il vous a supplié prendre en main l'administration de son royaume, pour le gouverner avecques le sage conseil et advis du roy de Navarre, et les notables et grands personnages estans du conseil du feu Roy que Dieu absolve ; qui nous a esté la plus grande consolation en la perte publicque advenuë, que nous eussions peu recevoir, et n'en pouvons assez rendre de grâces à nostre Créateur, qui n'a jamais délaissé la France sans bonne conduicte; et nous faict congnoistre qu'il a mis au cueur du Roy jeune, le sens de tous ses meilleurs et plus anciens et expérimentez subjectz, qui n'eussent peu conseiller ne désirer aultre élection que celle que ledict seigneur a faicte. Nous avons député ung président et trois conseillers de ceste court, noz frères, pour aller bien-tost rendre l'obéissance que debvons à Sa Majesté et à la Vostre, et continuerons faire noz debvoirs en sa justice. Nostre souveraine dame, il ne nous reste plus que à supplier nostre Rédempteur, qu'il luy plaise vous conserver et vous donner en trèsbonne santé, très-longue vie. Escript à Paris en parlement, soubz le signet d'iceluy, le xij^e jour de décembre 1560. Et au dessoubz est escript : *Voz très-humbles et très-obéissans subjectz et serviteurs, les gens tenans le parlement du Roy. Et sur la superscription : A la Royne mère du Roy, nostre souveraine dame.*

[1561] *Lettres du Roy au parlement de Paris, par lesquelles il luy mande de faire punir ceux qui depuis peu se sont assemblés tumultuairement à Paris, et ont brisés des images.*

Ce jour, la court a receu les lettres missives du Roy, desquelles la teneur ensuyt. « De par le Roy. Noz amez et féaulx. Nous avons esté advertiz qu'il s'est faict ces jours passez en nostre ville de Paris, certaines assemblées en armes, avec lesquelles aucuns poulsez de malings et séditieux espritz, ont en grand mespris, contemnement et irrévérence de nostre foy et religion chrestienne, abbatu, brisé et rompu des images, et faict plusieurs aultres actes grandement scandaleux, et tous tendans à troubles, tumultes et séditions ; chose qui nous a despleu et desplaist aultant qu'il est possible ; et mesmes de ce que abusans de la doulceur et bénignité avec laquelle nous désirons faire traicter les choses de nostre royaume, pour une commune et générale union et tranquillité, ilz ne serchent que de troubler le repos de nostre Estat, et par telles assemblées illicites, excès et scandales réprouvez de Dieu et des hommes, le précipiter en une calamiteuse confusion. Au moien de quoy, désirans estre pourveu à une si effrénée licence, ainsi que l'importance de la chose le requiert, vous mandons et enjoignons par l'advis de la Royne nostre très-chère et très-amée dame et mère, que vous ayez à faire de nouveau défendre à son de trompe et cry publicq, en nostre dicte ville de Paris, par tous les lieux d'icelle accoustumez à faire criz et publications, que aucuns de quelque qualité ou condition qu'ilz soient, n'ayent à faire assemblées et conventicules illicites, et défenduz par les édictz et ordonnances faictz à ceste fin; et soubz les peines contenuës en iceulx, que vous ferez de nouveau exprimer et déclarer par ladicte publication, si veoyez que besoing soit. Et au demeurant, ferez diligemment informer de ceulx qui ont faict les susdictes assemblées et brisement d'images, pour estre procédé à l'encontre d'eulx, ainsi que de raison. Donné à Orléans, le xiij^e. jour de janvier 1561. Ainsi signé : CHARLES. *Et au dessoubz :* BOURDIN. » Et à la superscription : *A nos amez et féaulx les gens tenans notre court de parlement de Paris.*

Lettre du Roy, par laquelle est mandé que tous ceulx qui seront détenuz prisonniers pour le faict de la religion, soyent mis hors des prisons. Car tel est le bon vouloir dudict sieur.

De par le Roy.

Nostre amé et féal. Regardant aux affaires de nostre royaume, principallement aux choses plus nécessaires pour y maintenir la tranquillité publicque, et conférans du moyen pour y pourveoir, avecques la Royne nostre très-honorée dame et mère, nostre oncle le roy de Navarre, prince de nostre sang, et autres princes et gens de nostre conseil privé : ils nous ont mis devant les yeux les singulières vertuz des roys noz très-honorez seigneurs, ayeul, père et frère, et entre autres, la charité qu'ilz ont tousjours exercée envers leurs peuples et subjectz, et la clémence dont ilz ont usé à l'endroict de ceulx qui en ont eu besoin : et considérant que à leur exemple, et pour estre chose fort descente et convenable à nostre jeune aage. Nous ne pourrions mieux faire à cestuy nostre nouvel advénement à la couronne, que de l'estendre sur ceulx noz subjects qui se treuvent travaillez et emprisonnez pour le faict de la religion, soubs l'espérance que nous avons au bien qui en pourra sortir : ayant de ce prins le bon et prudent advis, et conseil de nostre-dicte dame et mère, de nostre-dict oncle, princes et gens de nostredict conseil ; et suyvant iceluy, nous voulons, vous mandons et ordonnons très-expressément que vous ayez à cesser et supercéder toutes poursuites, procédeures, recherches, adjournemens, deffaux et jugemens qui se pourroient faire et donner par vous à l'encontre de toutes personnes, de quelque qualité qu'elles soient, pour le faict de la religion, encores qu'elles eussent assisté aux assemblées, avecques armes, pour la seureté de leurs personnes, fourny argent ou autrement. Semblablement que vous ayez à mettre en plaine et entière liberté et faire ouvrir vos prisons à tous ceulx et celles qui à ceste occasion y seroient détenuz, les admonestant de vivre cy-après catholicquement, et sans faire aucun acte scandaleux ne séditieux, sur peine d'estre puniz ; sans pour le passé plus avant les enquérir, inquiéter, ne molester en quelque sorte que se soit : ce que nous voullons demeurer comme oublié et ensepvely, pour le bien que se peult espérer de ceste nostre douceur envers eux : n'entendant toutefois que au nombre d'iceulx, soyent compris les aucteurs et chefs des séditions, qui ont conspiré et pris les armes contre nostre propre personne, et l'estat de nostre royaume ; lesquelz seulement et non autres, voullons estre exclus de ceste nostre grace. Et quant à l'advenir, entendons et nous plaist que l'édict faict dernièrement à Romorentin par le feu Roy nostre frère, ayt lieu, et soit par vous et ceulx ausquelz il touche, observé et entretenu de point en point, au bien et repos de nostre peuple, soulagement des bons, et chastiment des mauvais : vous mandant et ordonnant de rechef très-expressément, que vous ayez à suyvre et effectuer le contenu en ces présentes, tout ainsi que si elles estoyent par lettres patentes esmanées de nous; lesquelles nous avons, pour aucunes bonnes causes et considérations, différé faire expédier. Si ny faictes faute. Car tel est nostre plaisir. Donné à Orléans, le vingt et huictième jour de janvier, l'an mil cinq cens soixante et un. Ainsi signé, CHARLES. *Et au dessoubs:* DE L'AUBESPINE.

Lettre du Roy et de la Reine-mère, au parlement de Paris, au sujet des prisonniers détenus dans la conciergerie du Palais, pour cause de religion.

Ce jour, maistre Bourdin sieur de Villaines, conseiller du Roy et son secrétaire d'estat, a apporté et présenté à la court les lettres missives du Roy et de la Royne sa mère, cy-après insérées. Et pour ce que les dictes lettres contiennent créance; et luy interpellé de dire sa créance, a dict, que les Majestez du Roy et de la Royne sa mère, ayans entendu qu'elle faisoit quelque difficulté ou longueur de procéder à la vérification et régistrement des lettres patentes, et lettres closes à elle envoyées, afin de faire ouvrir les coffres des prisons, et mectre en liberté les prisonniers détenuz pour le faict de la religion, et faire cesser les poursuictes contre eulx; il avoit eu commandement cy-après de dire à ladicte court, que à l'instante prière et requeste des trois estats, et afin de pourveoir et obvier aux troubles et divisions, attendant la décision du concile général accordé par le sainct Père, ledict seigneur avoit envoyé les dictes lettres; lequel avec son conseil, ayant considéré que ce qui seroit expédié céans pour ce regard, feroit loy par tout le royaume; et d'aultant que ces jours passez l'on a faict bruict de quelque remuement, il est chargé de dire à ladicte court, que toutes choses cessans, elle ayt à procéder à ladicte vérification des dictes lettres. Ce faict, luy a esté respondu par monsieur le président de Sainct André, que en la conciergerie il n'y a pour le présent aucuns prisonniers pour le faict de la religion; et quant à ceulx qui sont prisonniers ès aultres prisons de ceste ville, ladicte court n'y peult toucher; d'aultant que par les dictes lettres missives, est mandé de tenir secret le contenu en icelles; et s'il plaist au Roy que l'on y face quelque chose, il fauldroit que Sa Majesté envoyast lettres patentes à ceste fin. A quoy a respondu ledict Bourdin, que les dictes lettres ne sont que pour le regard des prisonniers estans en la Conciergerie ou ailleurs, par ordonnance de la court, et que l'on en a enscript de semblables aux aultres courtz de parlemens et juges ordinaires de ce royaume. Ensuyvent les teneurs des dictes lettres missives.

De par le Roy.

Noz amez et féaulx. Ayant entendu la difficulté que vous faictes de suyvre et exécuter ce que vous avons dernièrement escript d'Orléans, pour le regard de ceulx qui sont accusez et détenuz pour le faict de la religion, et désirans que cela sorte effect; nous avons commandé au sieur de Villaines nostre conseiller et secrétaire d'estat, présent porteur, vous dire et déclarer sur ce nostre intention; dont nous vous prions le croire tout ainsi que vous feriez nous-mesmes. Donné à Fontainebleau, le xiiij^e jour de février 1561. Signées. CHARLES. Et au dessoubz. DE L'AUBESPINE. Et à la superscription. *A nos amez et féaulx les gens tenans nostre court de parlement à Paris. Registrata xv^a. februarii* 1561.

Messieurs, vous entendrez du sieur de Villaines présent porteur, quelle est l'intention du Roy monsieur mon filz, sur l'exécution des lettres qu'il vous escripvit d'Orléans; laquelle je vous prie suyvre, et cesser toute difficulté; qui est le plus aggréable service que vous luy scauriez faire; ainsi que j'ay donné charge à ce dict porteur vous dire encores de ma part; dont je vous prie le croire; priant Dieu, Messieurs, vous donner ce que désirez. De Fontainebleau, le xiiij^e jour de février 1561. Signée. CATHERINE. *Et au dessoubz.* DE L'AUBESPINE. Et sur la superscription. *A messieurs les gens tenans la court de parlement à Paris. Registrata xv^a. februarii* 1561.

Lettres patentes sur l'exécution de la lettre de cachet du 28 de janvier 1561, concernant les prisonniers détenuz pour fait de religion.

Charles par la grace de Dieu, roy de France. A noz amez et féaulx conseillers les gens tenans nostre court de parlement à Paris : salut et dilection. Comme par nos lettres closes du vingt-huictiesme jour de janvier dernier passé, nous vous aions, par l'advis de nostre très-honorée dame et mère, de nostre très-cher et très-amé oncle le roy de Navarre, princes de nostre sang et gens de nostre conseil privé, déclairé et faict entendre nostre intention pour le regard de ceulx qui sont détenuz prisonniers, prévenuz ou accusez pour le faict de la religion; lesquelles pour certaines et grandes considérations, nous voulons sortir effect : nous à ces causes, vous mandons, commandons et enjoignons très-expressément, que le contenu en nos dictes lectres vous entretenez, gardez et observez, et faictes entretenir, garder et observer, selon qu'il vous est plus amplement mandé par icelles; et d'autant que nous sommes advertiz qu'il y a plusieurs des dictz prisonniers, lesquelz contre l'intention de nostre grace et faveur, monstrent et déclairent ouvertement une obstinée volunté et pertinacité de vivre après ladicte délivrance, et se comporter au faict de ladicte religion autrement que nous ne désirons, et que leur demeure en nostre dict royaume y seroit dommageable et préjudiciable, nous par l'advis dessus dict, vous ordonnons de rechef, que en les mectant en liberté, suyvant le contenu en nos dictes lettres, vous enjoignez à tous ceulx et celles qui vous déclaireront vouloir demeurer en ceste opiniastreté, et ne vouldront vivre catholiquement, qu'ilz aient dedans tel temps que vous adviserez et leur sera par vous préfix, à se retirer après ladicte délivrance, hors cestuy nostre royaume, sur peine de la hart ; et afin que le semblable se face par tous les bailliz et séneschaulx de vostre ressort, qui ont eu de nous pareilles lettres dudict vingt-huictiesme janvier, vous leur envoyerez la copie de ces présentes, signée de vostre greffier, et leur enjoindrez de suivre aussi le contenu : car tel est nostre plaisir. Donné à Fontainebleau, le vingt-deuxiesme jour de février, l'an de grace mil cinq cens soixante et un, et de nostre régne le premier. Ainsi signé. Par le Roy en son conseil. DE L'AUBESPINE. *Registrata, audito procuratore generali regis, Parisüs in parlamento, prima die martii, anno Domini millesimo quingentesimo sexagesimo primo. Sic signatum.* Du Tillet. Collation est faict à l'original. Du Tillet.

Lettres du Roy, à la court de parlement de Paris, au sujet des prisonniers détenus pour fait de religion.

Ce jour, les chambres assemblées, les gens du Roy ont présenté à la court les lettres missives, dont la teneur ensuyt.

De par le Roy.

Noz amez et féaulx. Pour faire cesser toutes les difficultez qui se pourroient faire à l'exécution des lettres missives que vous escripvismes d'Orléans, le xxviij° jour de janvier, touchant les prisonniers prévenuz et accusez du faict de la religion ; nous avons faict expédier noz lettres patentes que présentement vous envoyons; suyvant les quelles nous voulons et vous mandons, que vous procédiez à l'effect et exécution de l'une et de l'autre de poinct en poinct, selon nostre intention contenuë par icelles, et faciez faire le semblable par tous les juges estans de vostre ressort : car tel est nostre plaisir. Donné à Fontainebleau, le xxiij° jour de février 1561. *Signées.* Charles. De l'Aubespine. Et au doz. *A noz amez et féaulx les gens tenans nostre cour de parlement à Paris avec les lettres patentes dont en icelles missives est faict mention ; qui ont dict quant à eulx ne pouvoir empescher l'entérinement des dictes lettres, puysque la volonté du Roy est.*

Arrét du parlement de Paris, qui porte que celui du 5 de mars précédent, sur les assemblées et conventicules, et sur l'impression des livres sur les matières de la religion, sera publié dans les villes de Baugé, Saumur, etc.

La court ayant égard à la requeste du procureur général du roy, pour obvier aux scandalles, assemblées illicites et séditions qui s'en pourroient ensuyvre, a ordonné, comme en cas semblable elle a jà faict le viij° jour de ce présent mois de mars, pour les villes d'Angiers, Tours, le Mans et Poictiers, que l'ordonnance par ladicte court faicte le cinquiesme jour dudict présent moys, sur le faict des dictes assemblées et impression de livres réprouvez et censurez, publiez par la ville de Paris et forsbourgs d'icelle, le lendemain vj° jour d'icelluy moys, sera semblablement publiée à son de trompe et cry publicq par les carrefours et endroictz accoustumez à faire criz et proclamations, ès villes de Baugé, Saulmur, la Flesche et Chasteaugontier, Laval, Sablé et Mayenne la Jenhes : enjoinct ladicte court aux juges et officiers des dictes villes, chascun endroict soy, faire faire la publication de ladicte ordonnance, entretenir, garder et observer estroictement le contenu d'icelle selon sa forme et teneur, et sur les peines portées et indictes par icelle; et aux substitutz dudit procureur général ès dictz lieux, faire les diligences requises, et en certifier icelle court dedans ung moys, sur peine de s'en prendre à eulx en leurs propres et privez noms.

Lettres du Roy, de la Reine-Mère et du roy de Navarre, au parlement de Paris, par lesquelles en lui envoyant les lettres du Roy, pour indiquer une assemblée d'estats généraux à Tours, ils lui mandent qu'il s'est fait sur l'administration du royaume, un accord entre la Reine-Mère, le roy de Navarre et les princes du sang.

Ce dict jour, la court a receu les lettres missives du Roy, de la Royne-Mère et du roy de Navarre, avec la copie des lettres dont ès missives du Roy est faicte mention. De par le Roy. Noz amez et féaux. S'estant congneu en nostre conseil, que en l'assemblée des estats dernièrement tenuz en nostre ville de Paris, la résolution n'a pas esté prise telle qu'il seroit besoing pour le secours que noz si grands affaires et la nécessité d'iceulx le requièrent; aussi que plusieurs de ceulx qui se y sont trouvés se sont amusez à disputer sur le faict du gouvernement et administration (1) de ce royaulme ; il a esté advisé en nostre dict conseil, faire nouvelle convocation et assemblée des dictz estats, au temps et ainsi que vous verrés par la copie de la commission que en avons faict expédier partout, que présentement vous envoyons; vous voulans faire participans du contenu, pour l'asseurance que nous avons que vous aurés à grand plaisir d'entendre aussi par ladicte commission, l'union, accord et parfaicte intelligence bien signée (2) et arrestée, pour le faict de ladicte administration, entre la Royne nostre tréshonnorée dame et mère, nostre oncle le roy de Navarre, et noz cousins les princes de Condey, duc de Montpencier, et prince de La Rochesuryon, qui tournera avec l'ayde de Dieu, à son honneur, au bien de nostre service, et repoz de nostre peuple ; chose que nous désirons et cherchons plus que nulle autre chose de ce monde : vous priant de vostre

(1) Les états particuliers de Paris demandaient que le roi de Navarre fût déclaré régent. (A. E.)
(2) Par cet écrit signé, il fut convenu que la Reine mère aurait l'administration des affaires, et que le roi de Navarre serait déclaré lieutenant général du Roi par tout le royaume. (A. E.)

part tenir la main et vous emploier en tout ce que vous congnoistrez et verrez y appartenir, et pouvoir apporter utilité, selon la parfaicte fiance que nous avons en voz prudences, et au zèle grand que vostre compaignie a tousjours porté à nostre service et à la tranquilité publique. Donné à Fontainebleau, le xxx° jour de mars 1561. Ainsi signé : CHARLES. Et contresigné : DE L'AUBESPINE. Et sur la superscription : *A noz amez et féaulx les gens tenants nostre court de parlement à Paris.* Messieurs, vous entendrez par ceste dépesche l'occasion pourquoy il a esté advisé faire faire nouvelle assemblée et convocation des estats, et la bonne disposition, union et intelligence qui est icy pour toutes choses concernans le bien de ce royaulme, et le service du Roy monseigneur mon filz, dont j'ay d'autant plus de contentement, que c'est ce que je désire le plus en ce monde ; n'ayant voulu faillir à vous en advertir, et prier que en ce qui se présentera par de-là, que vous jugerez appartenir à ung si grand bien, vous y emploiez de vostre part, aultant que je suis seure que vous aimez les choses bonnes, et le bien de son service et de son peuple : priant Dieu, Messieurs, vous donner ce que plus désirez. De Fontainebleau, le trenteiesme jour de mars 1561. Signée : CATERINE. Et contresignée : DE L'AUBESPINE. Et sur la superscription : *A messieurs les gens tenans la court de parlement à Paris.* Messieurs, vous sçaurez par ceste dépesche l'occasion pourquoy il a esté advisé faire faire nouvelle assemblée des estats ; et l'union, accord et bonne intelligence qui est entre la Royne et moy, pour le faict du gouvernement et administration de ce royaulme, dont, pour le plaisir que je m'asseure vous en aurez, j'ay bien voulu encores particulièrement vous advertir, ad ce que vous entendiez sur ce plus avant mon intention, qui ne tend que au bien de son dict service et le repos publicq, et que, en cela, ladicte dame Royne et moy n'avons que ung mesme zèle et volunté, qui sera suivant des effectz dont l'exemple servira à tous les bons subjectz, de faire le semblable, ainsi que je vous prie faire de vostre part : priant Dieu, Messieurs, vous donner ce que plus désirez. De Fontainebleau, le xxx° jour de mars 1561. Et au dessoubz : Vostre bien bon amy, ANTHOINE. Et sur la superscription : *A messieurs les gens tenants la court de parlement à Paris.*

Charles, par la grâce de Dieu, roy de France, au.... *sic* salut. Nous avons ces jours passez, sur la résolution prise dernièrement au département des estats d'Orléans, mandé à vous, et à tous les autres bailliffz et sénéchaulx de nostre royaume, faire nouvelle convocation et assemblée des dictz estatz, chascun en sa jurisdiction ; pour là adviser et résouldre des moyens de nous ayder en noz si grandz affaires, sur les ouvertures qui leur en avoient esté faictes, et après convenir tous ensemble en la principale ville du gouvernement, duquel seroient les dictes villes et sénéchaulcées, le xx° de ce présent mois, en la présence de nostre lieutenant général et gouverneur, ou son lieutenant ; et là faire élection de trois personnes, une de chascun estat, pour tout ledict gouvernement, pour rapporter en l'assemblée générale des estats de nostre dict royaume par nous indicte et assignée en nostre ville de Meleun, le premier jour de may prochain venant, la résolution de tous les dictz estatz, sur ledict secours et ayde ; ce qui a esté faict par tous les bailliaiges, sénéchaulcées et provinces de nostredict royaume, ainsi que avons entendu ; et non touteffois aux fins de nostre intention : car ou lieu de regarder et adviser sur ledict secours, aucuns des dicts estats se sont amusez à disputer sur le faict du gouvernement et administration de cestuy nostre royaume, laissans en arrière l'occasion pour laquelle les faisons rassembler ; qui est chose sur quoy nous avons bien plus affaire d'eulx et de leur ayde et conseil, que sur le faict dudict gouvernement ; de sorte que se trouvans à ladicte assemblée de Meleun, ainsi irrésoluz, nous ne serions de rien mieulx instruictz ny satisfaictz de l'ayde que nous en attendons : en quoy nous désirons bien les remectre et redresser, en leur faisant congnoistre et entendre l'estat ouquel est le faict de nostredict gouvernement et de noz affaires. Pour ce est-il que nous vous mandons et ordonnons très-expressément, que vous ayés à faire entendre et sçavoir par tout vostre ressort et jurisdiction, à son de trompe et cry publicq, ad ce que aucun n'en prétende cause d'ignorance, qu'il y a union, accord et parfaicte intelligence entre la Royne nostre très-honorée dame et mère, nostre très-cher et très-amé oncle le roy de Navarre, de présent nostre lieutenant-général, représentant nostre personne par tout noz royaume et pays de nostre obéissance, et noz très-chers et très-amez cousins les cardinal de Bourbon, prince de Condé, duc de Montpencier, et prince de La Rochesuryon, tous princes de nostre sang, pour le regard dudict gouvernement et administration de cestuy nostre royaume ; lesquelz tous ensemble ne regardans que au bien de nostre service et utilité de nostre dict royaume, comme ceulx à qui et non autres, ledict affaire touche, y ont prins le meilleur et plus certain expédient que l'on sçauroit penser; de manière qu'il n'est besoing à ceulx des estats de nostredict royaume, aucunement s'en empescher; ce que leur défendons très-estroictement par ces présentes, sur tant qu'ilz craignent nous désobéir et desplaire : ordonnant et commandant très-expressément aux gens des dictz trois estatz de vostre jurisdiction, que pour adviser sur ledict secours, ilz ayent de nouveau à se rassembler et trouver en la ville principale de vostredict ressort, ainsi qu'ilz ont faict dernièrement, le vingt-cinquiesme jour du mois de may prochain, pour résoudre d'icelluy secours et ayde, sur les dictes ouvertures, ou autres expédiens qu'ilz jugeront plus convenables et faciles à nous mectre hors des grandes deptes où nous sommes; et là, choisir et disputer trois personnages, ung de chacun estat, pour se rendre et trouver au lieu mesme où s'est faict la dernière assemblée du gouvernement où vous estes, le xe jour de juing ensuivant; et là estans tous les bailliaiges et sénéchaulcées d'iceluy gouvernement, prendre résolution sur ledict affaire, et en ladicte assemblée députer trois personnaiges, ung de chascun estat, pour tout ledict gouvernement, pour venir en ladicte assemblée de Meleun (1), et se y trouver le premier jour d'aoust après ensuivant; jusques auquel jour nous avons remis et prolongé, remectons et prolongeons l'assignation que nous y avons donnée audict premier jour de may, affinque entre-cy et là, les dictz estatz sçachans ledict accord, ayent plus de moyen de penser au faict dudict secours, et aux autres choses dont ilz nous vouldront faire remonstrances et requestes; ce que nous entendons qu'ilz puissent faire librement. Davantage, voulons qu'ilz entendent que congnoissans combien de troubles et scrupules meet parmy noz subjectz le faict de la religion, pour la diversité d'opinions qui ont cours, nous avons par le bon, sage et prudent conseil de nostre dicte dame et mère, de nostre dict oncle le roy de Navarre, et princes de nostre dict sang, advisé mander et faire venir devers nous certain bon nombre des grandz, dignes et vertueux personnaiges de nostre dict royaume, gens de saincte vie, doctrine et sçavoir, pour prendre d'eulx advis sur ce qui se debvra faire au faict de ladicte religion; attendant le fruict d'ung bon et sainct concile; par lequel moyen nous espérons avec l'ayde et immense bonté de Nostre-Seigneur, qu'il sera en brief pourveu au mal et inconvénient qui y pend, à son honneur et gloire, et au repoz de nostre peuple; qui est la chose du monde que avons plus à cueur : désirant que cependant ung chascun de nos dictz subjectz se contienne doulcement et vive catholicquement, sans faire aucun scandale ne sédition; le tout selon noz ordonnances et édictz : ce que nous leur défendons très-expressément, sur peine d'estre puniz rigoureusement. De ce faire, vous avons donné et donnons plain pouvoir, puissance, auctorité, commission et mandement espécial : mandons et commandons, etc. Donné à Fontainebleau, le xxve jour de mars, l'an de grace mil cinq cens soixante et un, et de nostre règne, le premier.

Arrêt du parlement de Paris, qui renouvelle les défenses de faire des assemblées et conventicules.

La court deuement advertie de ce que au contempt et mespris des ordonnances et constitutions de nostre mère saincte Eglise, édictz du Roy prohibitifz de faire congrégations et assemblées illicites, arrestz sur ce ensuiviz, et défenses faictes et réitérées en vertu d'iceulx, aucuns mal-sentans de la foy et religion chrestienne, séditieux et scismatiques, se sont efforcez, et de faict ont presché en plusieurs et diverses maisons de ceste ville et forsbourgs, où se sont trouvez plusieurs des habitans de cestre ville et aultres, en grand nombre; et après avoir veu par ladicte court les lettres du Roy à elle envoyées; oy sur ce le procureur général du roy en ses conclusions; a ordonné et ordonne, pour obvier à tout scandale, sédition et commotion populaire qui s'en pourroient ensuivyr, s'il n'y estoit promptement pourveu, que inhibitions et défences seront faictes à son de trompe et cry publicq, par les carrefours de ceste dicte ville et forsbourgs, à toutes personnes de quelque estat, qualité et condition qu'ilz soient, de faire prédications et sermons, ne aultres assemblées et conventicules, et de n'y assister; ains leur enjoinct aller aux sermons, prédications et service divin, ès paroisses, églises publiques et lieux pour ce faire accoustumez, sur peine d'estre déclarez criminelx de léze-majesté, et d'estre puniz comme rébelles et désoboïssans au Roy et à sa justice souveraine, confiscations des maisons où se feront les dictes prédications, conventicules et assemblées, suyvant les dictz édictz. Enjoinct à tous les voisins des dictes maisons, et aultres, qui sçauront quelque chose de telles conventicules et prédications, d'en advertir ladicte court, sans y procéder par voye de faict en aucune maniere, sur peine de la hart; et au surplus, ordonne qu'il sera informé par les commissaires du Chastelet, tous aultres affaires postposez, contre ceulx qui ont faict les dictes pré-

(1) Cette assemblée ne se tint point à Melun, mais à Pontoise.

dications et assemblées, et qui y ont assisté, sur peine de privation des estatz des dictz commissaires, et aultres plus grands; pour les dictes informations rapportées et veuës par ladicte court, y estre pourveu ainsi qu'il appartiendra par raison.

Lettre de monsieur l'évéque du Mans, à la Reine mère, sur une émeute des habitans de cette ville, contre les huguenots.

Madame. Encores qu'il soit de la charge de monsieur de Chavigny, de vous donner particulier advis de ce qui est advenu en ceste ville le jour de la Nostre-Dame dernière, et de l'estat où elle se retrouve à présent; je n'ay toutesfoys voulu obmettre d'en escripre à Vostre Majesté, ce qui me semble appartenir à l'excuse de ce pauvre peuple, et à la tranquilité publicque de ce pays, comme à celle de qui, pour la grandeur et authorité, et pour le désir que toutes choses se manient en union et concorde, on en doibt le plus espérer, et qui y peult le mieux pourvoir; m'asseurant bien que par la dépesche que en faict mondict sieur de Chavigny, vous congnoistrez à l'œil que la premiere impression qui a esté donnée au Roy de ce faict icy, s'est conduicte par personnes qui voulans aigrir la Majesté du Roy et Vostre, ont desguisé ce faict tout à leur advantage, le faignant d'aultre nature et qualité qu'il n'est, calumniant ce peuple comme séditieux et réfractaire; auquel depuys que j'en ay la charge et congnoissance, je n'y ay veu que toute obéissance et doulceur, avec fort grande révérence au Roy et à ses magistratz, et grande dévotion en ce qui touche l'honneur de Dieu et nostre religion. Vray est qu'en ce grand nombre de bon peuple, il y en a de la mauvaise semence, ennemys du repos public, qui ne pouvant ganguer le reste par persuasion, le veulent forcer par oultrage et violence; en quoy ilz se sont par tant de foys et si insolemment portez contre l'honneur de Dieu et de l'Eglise, et au mespris des ordonnances de la Majesté du Roy, soit de leur témérité et folie, ou pour avoir congneu qu'ilz estoient supportez d'aulcuns des juges, que la meilleure partie du peuple qui aussy est la plus grande, ne y peult endurer davantaige, pour le peu d'ordre qu'il veoit estre mis par la justice à telz scandales; de sorte que voyans en ung faulxbourg de ceste ville, nommé Sainct Jehan, où est réduicte la pluspart des artisans, que ung conventicule s'y faisoit en plain jour contre les ordonnances du Roy, à l'yssue duquel voyans aussy quelques-ungs qui en sortoient avoir les armes au poing et courir sus à leurs voisins, s'assemblérent pour leur deffence, tant qu'il en feut tué ung du party de ces turbulens hommes, et quelques-ungs blécez d'une part et d'aultre; chose, Madame, qui véritablement est à plaindre et ne se peult en tout excuser de témérité; mais si le meurtre est à plaindre pour la valeur de celuy qui est tué, cestuy-cy ne peult estre grandement blasmé, estant advenu à la personne d'ung qui oultre les mauvaises oppinions qu'il soustenoit, estoit de vie abominable, batant et oultrageant souventesfoys sa mère, qui pour ceste considération n'a jamais voulu faire complaincte de la mort de son filz, ne se rendre partie. Davantaige, ce pauvre peuple en ceste faulte qu'il a faict, ne peult à mon jugement estre repris de mauvaise intention, s'estant ainsy soudainement esmeu pour si justes causes que pour leur deffence, et pour maintenir la religion catholique qu'ilz sçavent estre sainctement observée de la Majesté du Roy et Vostre, et de tous les plus grands de ce royaulme, qui sont passions qui triumphent de bien plus solides cerveaulx que ceulx d'ung vulgaire d'artisans, et les transportent à faire ce qu'ilz ne debvroient, et de tant plus les excusent et rendent dignes de miséricorde, et non de rigueur de justice. Pour ces considérations, Madame, et que je veoy tout ce peuple en extrême affliction, et crainte pour la sévérité de la commission que le Roy a décernée contre eulx, et la procédure du commissaire, je vous supplie très-humblement en l'honneur de Dieu, en vouloir avoir pitié et compassion, et faire que le Roy leur pardonne ceste premiere faulte, qui leur est advenuë plus par malheur que par malice; laquelle toutesfoys ilz récongnoissent pour faulte, et en demandent pardon à Sa Majesté. Ce seul moyen me semble le plus propre pour retenir ceste ville en paix et union; parce que ceulx qui auront senty après la crainte de la peine, ce bien de la miséricorde du Roy, se garderont de retumber en ceste fosse; et les adversaires de l'Eglise qui n'en désirent que le sang, se voyans descheuz de leur espoir, et le Roy ne venger leur injure, se porteront moins insolemment qu'ilz n'ont faict: aultrement ce seroient personnes trop eslevées et insurportables; dont seront à craindre une périlleuse inclination, tant pour la religion que pour le service du Roy et vostre, qui par ceste voye se fera doulcement; et tirera Sa Majesté du peuple tout le secours et ayde qu'elle peult désirer de bons et fidéles subjets.

Madame, je prie Dieu vous donner en parfaite santé, très-longue et très-heureuse vie. Du Mans, ce xxiij[e] jour d'apvril 1561.

Vostre très-humble et très-obéissant serviteur et subjet, CHARLES E. DU MANS.

Est écrit au dos: *A la Royne mère du Roy.*

Arrêt du parlement de Paris, portant qu'il sera informé de la sédition arrivée dans cette ville, au Pré-aux-Clercs, dans la maison du sieur de Long-jumeau.

Ce jour, les gens du Roy, par maître Baptiste Dumesnil, advocat dudict seigneur, ont dict avoir veu la requeste présentée à la court par le sieur de Long-jumeau, par laquelle il réquéroit qu'il feust informé de ce qui s'estoit faict en la maison où il est logé au Pré-aux-Clercz. Quant à eulx, réquièrent trois choses; la première, que l'information qui a esté faicte, soit parachevée d'office, et à la requeste du procureur général du roy, tant des occasions de la sédition, que aultrement, et de la sédition en soy. Secundo, que cela soit faict entendre au Roy. Tercio, parce que la maison est diffamée des assemblées qui se y sont faictes, le sieur de Long-jumeau soit mandé, pour luy faire les défences que la court sçaura trop mieulx luy faire; et soient faictes défences à toutes personnes, de ne faire assemblée à port-d'armes, ne autrement, audict Pré-aux-Clercz, ne ailleurs; sur peine de la hart. Eulx retirez; la matière délibérée; a esté arresté qu'il sera parachevé informer d'office, à la requeste du procureur général du roy, tant sur les occasions des séditions, que séditions en soy; pour les informations veues, en estre ordonné; et oultre, que lundy matin, le sieur de Long-jumeau sera mandé, pour luy oy, en ordonner.

Arrêt du parlement de Paris, qui fait défenses de faire des assemblées et conventicules, de porter des armes, et d'exciter du tumulte au Pré-aux-Clercs, et dans les autres endroits de cette ville.

La court, oy le procureur général du roy en ses conclusions, pour obvier à tous scandales, séditions et commotions populaires, a faict et faict inhibitions et défences à toutes personnes, de quelque qualité ou condition qu'ilz soient, de faire conventicules et assemblées, ou porter armes, ou procéder par voye de faict, au Pré-aux-Clercs, ou aultres lieux et endroitz de ceste ville et faulxbourgs; sur peine d'estre déclarez criminetix de léze-majesté, et estre puniz comme rebelles et désobéissans à sa justice souveraine, et aultres peines portées par les édictz. Et sera la présente ordonnance leue et publiée à son de trompe et cry publicq, par ceste ville et faulxbourgs de Paris, à ce que aucun n'en prétende cause d'ignorance.

Arrêt du Parlement de Paris, contenant différents points concernans la sédition arrivée dans cette ville au Pré-aux-Clercs.

Ce jour, toutes les chambres assemblées, les gens du Roy, par Me Baptiste Dumesnil advocat dudit seigneur, ont dict que la sédition qui se commença jeudy dernier au Pré-aux-Clercs, s'estoit continuée jusques au jour d'hier la nuict; et que ceulx qui sont cause du commancement de ceste sédition, sont plus punissables. Réquirent samedy dernier que le Sr de Long-jumeau feust mandé et admonesté de se retirer, afin d'éviter aux meurtres qu'ilz prévoyoyent debvoir advenir; que dès long-temps y avoit eu des plainctes du peuple, pour les assemblées qui s'estoient faictes en la maison du sieur Long-jumeau; *licuerat illi aufferre res suas*, veoyant l'émeutte du peuple; mais de garnir sa maison de gens et d'armes, faire des saillies sur le peuple à course de cheval, n'y avoit apparence, moins de faire faire les homicides qui en advindrent hier, de quatre ou cinq personnes et d'une pauvre femme qui n'y pensoit en riens, passant par là. A ceste cause, *rebus omnibus omissis*, ont supplié la court de considérer la nécessité publique; et réquièrent que le sieur de Long-jumeau soit mandé pour recevoir les commandemens et injunctions que la court sçaura trop mieulx luy faire; et s'il n'y obéist, la court avoit les moyens pour le rendre obéissant; et que ceste maison là, et une autre maison que l'on appelle la maison du Pavanier, soient mises en la main du Roy, et gardées par la force de la justice; et à l'instant, le lieutenant-civil de la prévosté de Paris, et quelques conseilliers du Châtelet, sont venus supplier la court de leur bailler advis sur unes lettres-patentes du Roy, reçeues par les mains du sieur de Long-jumeau, qu'ilz estoient pressez faire publier; contenans défences à toutes personnes de ne s'entre-reprocher le faict de religion, et déclarer ceulx qui sont injurieux, qui s'entre-injurient par ces motz de papistes et huguenotz; et rappelle ceulx qui se sont retirez, à la charge de vivre catholiquement: ce qu'ilz n'ont voulu faire sans en avoir l'advis de ladicte court : ausquelz par monsieur le premier président a esté respondu, que la court avoit receu ce matin de semblables lettres, et qu'elle en délibéreroit; et leur a esté enjoinct, ensemble au lieutenant-criminel, de tenir la main de leur part, à ce que les séditions ne se facent; et mesmes de s'enquérir des placartz qui ont esté affichez aux Jacobins, et autres lieux; et se sont les dictz officiers retirez; et à l'instant, maîtres Jehan Burdelot et Estienne Charlet, conseilliers du Roy en ladicte court, ont esté députez aller vers le sieur de Long-jumeau, luy enjoindre de la part de ladicte court, se desloger de ladicte maison, pour donner occasion de faire cesser la sédition; ains se loger en la ville, ou faire sa résidence à Long-jumeau; et sont les dictz Burdelot et Charlet, partiz pour y aller. Ce faict, le recteur de l'université estant entre les deux portes, attendant une audience pour l'université, a esté mandé, et luy a esté enjoinct par ladicte court, de faire assembler les officiers de l'université, docteurs, régens, pédagogues et principaulx des colléges, et les admonester de contenir les escoliers, et faire ensorte qu'ilz ne se assemblent en armes, ne aultrement, et ne voisent au Pré-aux-Clercs faire séditions ou tumultes; lequel a respondu avoir faict tout debvoir d'admonester les suppostz, régens et pédagogues, mesmes les lecteurs publicqs, et fera ce qui luy sera possible d'obéir aux commandemens de la court; et peu après, Jehan Aubert huissier en icelle court, a dict avoir, de l'ordonnance d'icelle, esté à St. Germain-des-Prés, devers le sieur de Long-jumeau, pour luy dire venir en ceste court; qu'il a supplié l'excuser, parce qu'il estoit avec des gentilzhommes qui faisoient escorte à des maçons qui réparoient les bresches que l'on feit hier aux murailles de sa maison; et sur l'heure, ledict huissier retiré, sont retournez les dictz maîtres Jehan Burdelot et Estienne Charlet, qui ont dict avoir parlé au sieur de Long-jumeau, et à lui faict les rémonstrances de déloger de ladicte maison, pour éviter aux séditions; qui leur a dict, et l'ont veu, qu'il a faict déloger ses meubles, ses gens et famille, hors mis une douzaine de gentilzhommes qui luy tenoient compaignye pour seurté de sa personne; d'autant que l'on luy avoit forcé toutes ses portes, rompu verrières, et autres infiniz désordres et insolences; et mesmes on luy avoit tué ung homme, qui estoit tout mort en son jardin, couvert de paille; et ayant faict emporter si peu qui restoit de ses hardes, se retireroit et obéiroit; et n'ont veu guet ne demy, audict Pré-aux-Clercs, fors force gens qui estoient spectateurs; et en revenant, ont commandé aux sergens de la barrière du pont Sainct Michel, se tenir aux advenues de Sainct Germain-des-Prés et porte de Nesle, pour obvier à ce que nul, en assemblée, allast audict Pré-aux-Clercs; et enjoinct à ung Jehan de la Mothe sergent, en dire aultant à ses compaignons de la barrière de Petit-Pont, et obvier qu'il n'y ayt incursion par les escoliers de la descente de l'université; et à l'instant, le sieur de Lansac, chevalier de l'ordre, mandé et venu en ladicte court, luy a esté dict par mondict sieur le premier président, que ladicte court l'avoit mandé, pour l'advertir que ayant la court commancé à opiner sur les lettres qu'il avoit apportées samedy dernier, l'affaire auroit esté interrompu pour la nécessité publique des séditions qui estoient advenues ces jours-cy, ensemble pour les lettres-patentes de déclaration du faict de la religion; et ce faict, la court continueroit l'opinion sur les dictes lettres, et a esté prié s'en retournant vers le Roy, de l'advertir des séditions, et le supplier pour ladicte court, que son plaisir soit y pourveoir.

Arrêt du parlement de Paris, du 28 avril, portant défenses de s'assembler au Pré-aux-Clercs, etc.

La court, toutes les chambres d'icelle assemblées, a ordonné et enjoinct au prévost de Paris et son lieutenant criminel, en personnes, faire publier à son de trompe et cry publicq, de par le Roy et ladicte court, que inhibitions et défences sont faictes à toutes personnes, de quelque qualité et condition qu'elles soyent, d'aller ou venir au Pré-aux-Clercs, ne y faire assemblées en armes, sans armes, ou aultrement; déclarer au peuple, que le Roy a prins et mis en sa main la maison en laquelle n'aguères estoit démourant le sieur de Long-jumeau; de laquelle il est vuidé, luy, sa femme, famille et biens; et en tesmoing de ladicte saisie et main-mise, y fera apposer les armes du Roy et panonceaux, avec défences audict peuple, sur peine de la hart, de faire force, ne faire assemblée, pour faire force ou rupture en ladicte maison, en quelque manière que ce soit. Pour satisfaire à ce que dessus, enjoinct aux gens du guet et archers de la ville, obéir aux ordonnances et mandemens qui leur seront faictz par les dictz prévost de Paris et son lieutenant criminel, sur peine de privation de leurs estatz; et que le Roy sera par ladicte court adverty de tout ce qui a esté et sera faict cy-après, pour par luy en estre ordonné.

Lettres du Roy au parlement de Paris, du 29 avril, sur les conventicules et assemblées qui se font dans cette ville, et sur la sédition qui y est arrivée au Pré-aux-Clercs, et la réponse du parlement.

Ce jour, les grand'chambre du conseil et Tournelle, assemblées, le sieur d'Auzances, gentilhomme ordinaire de la chambre du Roy, a présenté à la court les lettres missives dudict seigneur, desquelles la teneur ensuict.—De par le Roy. Noz amez et féaulx. Nous avons esté advertiz qu'il s'est faict des émotions au Pré-aux-Clercs de nostre ville de Paris, et que les choses sont passées cy-avant, que les séditieux se sont mis en effort d'y forcer des maisons ; et encores que nous nous asseurions que vous y aurez donné et faict donner tout l'ordre et provision que vous y aurez congneu estre nécessaire, et pour faire appréhender les chefz et aucteurs des dictes émotions, si n'avons laissé d'escrire et mander à nostre cousin le mareschal de Montmorency, qu'il s'en voise incontinent et en toute diligence en nostre dicte ville, pour se y employer de sa part, et y faire le devoir tel que le péril et danger d'un tel mal le requiert ; et désirant sçavoir comme il va à la vérité du faict des dictes émotions, et ce qui y aura esté donné d'ordre et de provision de vostre part, nous vous envoyons le sieur d'Auzances, gentilhomme de nostre chambre, présent porteur, pour l'entendre de vous, et le nous venir redire incontinent, afin que si la chose a besoing de plus grand remède que celluy qui est en vostre pouvoir, nous le y facions donner incontinent ; vous mandant et enjoignant, que de ceulx qui seront prins pour le faict des dictes émotions, vous faictes faire telle punition que les aultres y prennent exemple ; et ordonnez à la chambre de la Tournelle qu'elle postpose tous aultres affaires, pour vacquer à la vuidange de leurs procès, et faire si bien chastier telz mutins, sans avoir esgard à leur qualité, condition et religion, que les aultres craignent de faire plus semblables folies, dont à la fin il ne se pourroit ensuivre que ung dommage irréparable en nostre dicte ville, au danger d'une ruyne et subversion : croyans ledict sieur d'Auzance comme vous feriez nous-mesmes. Donné à Fontainebleau, le xxviij° avril M. V°. LXI. Signé CHARLES. Et contresigné BOURDIN. Et sur la superscription. A noz amez et féaulx les gens tenants nostre court de parlement à Paris.—Et a dict que sa créance, oultre ladicte lettre missive, estoit que le plus grand désir du Roy, et le plus grand service que ceste sa court luy pourroit faire, estoit de fonder d'où procédoit la cause de la sédition, et quelz gens s'estoient qui provoquoient le peuple de Paris à faire les séditions ; et avoit esté adverty que par les coleiges et monastères y avoit des personnes desguisées, et d'autres personnes habillées en cordeliers et moines, qui se délibéroient de faire des séditions ; et que pour ceste raison, pour estre plus près d'icy, il ne bougeroit encores de Fontainebleau, et viendroit luy-mesmes icy en personne, s'il en estoit besoing ; et luy mandant, envoyera toutes les forces qu'il sera besoing pour contenir ses subjectz en paix, et éviter aux séditions ; et a dict estre chargé d'entendre au long ce qui s'est faict par ladicte court. Auquel sieur d'Auzances, par M° René Baillet, conseiller du Roy et président en ladicte court, a esté, et par M° Baptiste Dumesnil, advocat dudict seigneur, déclaré au long ce qui s'est faict, pour en advertir le Roy : et luy et les gens du Roy retirez, a esté arresté et ordonné, que response sera faicte au Roy par ledict sieur d'Auzances. Ensuict la teneur des dictes lettres de response. — Nostre Souverain Seigneur, tant et si très-humblement que possible nous est, à vostre bonne grace nous recommandons. Nostre Souverain Seigneur, nous avons receu ce matin par le sieur d'Auzances, gentilhomme ordinaire de vostre chambre, la lettre qu'il a pleu à Vostre Majesté nous escrire, et oy sa créance. Encores que luy ayons faict entendre bien au long le devoir que avons faict contre la sédition esmeue ces derniers jours au Pré-aux-Clercs de ceste vostre ville capitale pour en faire rapport à Vostre dicte Majesté, nous ferions faulte à l'obéissance et service que vous debvons plus que vos subjectz commungs, estans honorez d'estre voz officiers en ceste vostre court, obligez par serment faict à Dieu et à vous, de vous céler aucune chose de ce qui appartient à Vostre dicte Majesté, et au repoz de tous vos subjectz, pour ce, Nostre Souverain Seigneur, nous sommes contrainctz vous rémonstrer que les conventicules, assemblées, presches que l'on faict maintenant ordinairement contre voz sainctz édictz et de vos prédécesseurs roys, vérifiez en voz cours souveraines et subalternes, engendrent les troubles et séditions ; et est à craindre que, si Vostre dicte Majesté ne faict roidement observer les dictz édictz, la cause principale des dictes séditions démourant entière, quelques aultres remèdes que l'on puisse adviser contre icelles, ilz soient plus dommageables que utiles : car, de toutes les choses, la plus incompatible en ung estat, ce sont deux religions contraires ; et n'y a préparatif de plus grande ruyne des royaumes et potentatz que cestui-là. Nostre Souverain Seigneur, nous avons tousjours faict comme nous debvons, et ferons ce qui nous sera possible à contenir par vostre justice, la tranquillité de voz subjectz en ceste dicte ville ; mais si ung peuple irrité des conventicules, assemblées et presches fréquentes et licentieuses trop plus que devant se desborde, et possible la plus grand part qui est pauvre et insolente, ne prenant le faict de la religion que pour couleur, afin de tout perdre, assemble en ung moment, comme quand Dieu l'a permis, il est advenu, la force de vostre dicte justice sera foible pour contenir ces trop dangereux inconvéniens. Vostre Majesté faict beaucoup d'envoyer icy le sieur de Montmorency mareschal de France, gouverneur de ceste province, pour y tenir la main forte : néantmoins, il n'y pourroit advenir par la force et rigueur, remède que temporel, tant qu'elle durcroit, et seroit souvent à recommancer. Il nous semble pour le mieulx vous debvoir supplier très-humblement, avec cest ayde, pour guérir la maladie, tant en ceste dicte ville que par tout ailleurs ès païs de vostre obéissance, que vous debvez oster la cause d'icelle, et en coupper la racine, faisant cesser les dictes conventicules et assemblées illicites. En ce faisant, Dieu conservera la tranquilité de vostre royaume, et l'obéissance qui vous est deue. Nostre Souverain Seigneur, nous supplions le benoist Créateur vous donner, en très-bonne santé, très-longue vie, et l'entier accomplissement de voz très-haultz et très-nobles désirs. Escript à Paris, en vostre parlement, soubz le signet d'icelluy, le XXIXᵉ jour d'avril mil vᶜ. LXI.

Arrét du parlement de Paris, du 29 avril, qui porte que le seigneur de Long-jumeau et sa famille sortiront de cette ville, et que les informations faites au sujet de la sédition qui y est arrivée au Pré-aux-Clercs seront décrétées.

La court, les grand'chambre du conseil et Tournelle assemblées, oy le procureur général du roy en ses conclusions, a ordonné et ordonne que commandement sera faict au seigneur de Long-jumeau, sa femme et famille, de vuider ceste ville et faulxbourgs de Paris dans huy, sur peine d'estre déclaré rébelle au Roy et à justice ; et néantmoins, que toutes les charges et informations faictes pour le faict de la sédition du Pré-aux-Clercs, tant par les officiers du Châtelet de Paris que autres, seront veues pour décréter contre ceulx qui se trouveront chargez.

Lettre du Roy au parlement de Paris, par laquelle il lui mande que la sédition arrivée dans cette ville, au Pré-aux-Clercs, l'a engagé à y envoyer le roy de Navarre.

Ce jour, la court a receu les lettres missives du Roy, desquelles la teneur ensuict.—De par le Roy. Noz amez et féaulx, le regret et le desplaisir que nous ressentons de la sédition qui est puis n'aguères advenues à Paris, est cause que nous y envoyons nostre très-cher et très-amé oncle le roy de Navarre, nostre lieutenant général, représentant nostre personne par tous noz royaumes et pays, pour, entre aultres choses, entendre de vous quel ordre a esté donné au faict de la dicte sédition, et vous déclarer sur ce nostre intention, dont nous vous prions le croire comme vous feriez nostre propre personne. Donné à Fontainebleau, le dernier jour d'avril 1561. Ainsi signé :

CHARLES. *Et contresigné*, BOURDIN. Et sur la superscription : *A noz amez et féaulx les gens tenans nostre court de parlement à Paris.*

Au mois d'avril se firent plusieurs conventicules à Paris, sans que l'on y donnast aucun ordre.

Le vingt-septiesme du présent mois, grande multitude de toute sorte de commun peuple allèrent en la maison là où estoit logé un nommé Long-jumeau, laquelle estoit soupçonnée d'y faire conventicules et presches illicites contre la religion chrestienne, ladite maison assise au Prey au Clers ; et se mist ledit Longemeau en deffense, accompagné de plus de trois cents hommes aiants pistolets et armes, et y furent tués de la commune plusieurs personnes.

En cette compagnie-là étoit un nommé Rusé (1), advocat en la court, qui, pour cause qu'il estoit du conseil dudit Long-jumeau, se trouva en armes en l'assemblée, pour deffendre la nouvelle religion, revestu d'un manteau d'escarlatte violette, frappant, ainsi que l'on disoit, d'une espée bien tranchante, sur la pauvre commune, dont il y en eust de fort navrés jusques à la mort ; *et ob eam causam*, fust par ordonnance de messieurs de la cour envoié prisonnier en la Conciergerie, le neufiesme jour de may ensuivant.

En ce mesme temps, monsieur le chancelier de l'Hospital fist faire ès villes et bailliages de ce royaume, plusieurs publications de lettres patentes et édits, sans qu'ils eussent aucunement esté reçeus ny vériffiés en la cour de parlement, contre toute forme de justice et les anciennes observances et ordonnances ; de sorte que furent en propos en la court de parlement de Paris, de lui faire donner adjournement personnel pour respondre de la publication desdittes patentes et édits sans avoir esté vérifiés, comme dit est, en la court de parlement.

Au mesme mois d'avril, advint une grande esmeute et sédition en la ville de Beauvais, accause d'un faux prédicateur et séminateur de mauvaise doctrine, lequel fust tué et massacré en sa maison, et puis après bruslé et ars par la commune au milieu du marchef de ladite ville ; et ce ne pust jamais empescher le cardinal de Chastillon, évesque de ladite ville de Beauvais ; mesme il fust en grand dangier de sa personne.

Peu de villes en ce royaume, en ce temps, se sont trouvées exemptes d'esmeutes et séditions pour la nouvelle religion.

Le troisiesme jour de may 1561, furent envoyées lettres du Roy à monsieur l'évesque de Paris, par lesquelles il lui faisoit entendre que

(1) Le président de Thou le nomme Pierre Ruzé, et parle de lui dans son Histoire.

sur les plainctes et doléances qui lui avoient esté faictes par plusieurs des subjects de son royaume, de l'inégalité de la taxe des décimes, pour y donner ordre, il vouloit que ledit sieur évesque de Paris baillast par déclaration touts les bénéfices qui sont cures dessoubs son diocèse, et la valeur et vray revenu d'iceux, ensemble les charges.

Autre mandement au prévost de Paris de bailler au Roy par déclaration le revenu de l'évesché de Paris, des abbaies, et priorés et chapitres et communautés qui sont dedans la prévosté et diocèse; ledit mandement de la mesme datte que celuy de monsieur de Paris.

Les fins des dessusdits mandements sont pour prendre la plus grande partie du revenu de l'Église, qui n'a esté donné par les fondateurs à telle fin. Voilà les incommodités de la nouvelle religion, qui tousjours aporte cela de mal, outre les autres misères, que l'on veult approprier et attribuer ce qui est à l'Église à toutes choses profanes et aux gens laiz; ne considérant de là où il vient, et à quelle intention il a été donné à l'Église.

La lecture desdites lettres fust faicte au chapitre de Paris, et fut advisé que l'on prieroit monsieur l'évesque de Paris que ce fust son plaisir de temporiser et laisser couler le temps des deux mois préfix par lesdites lettres, pour bailler la déclaration dessusditte; et que en attendant, Dieu nous ayderoit, et pourroit survenir quelque autre chose. Et au regard des communautés, nous laisserions faire le prévost de Paris, lequel, par nos instructions, ne sçauroit aucune chose de nostre revenu; et si besoing estoit, nous nous porterions pour appelans de l'exécution desdites lettres à luy addressantes, pour plusieurs raisons qui seroient déduittes en temps et lieu.

Le jeudy, huitiesme de ce présent mois, fust faict commandement de par le Roy, monsieur le mareschal de Termes (1) exécutant ledit commandement, à monsieur Fumée, conseiller en la court, et à Martine (2), procureur du roy en Chastelet, à son frère, soy disant gentilhomme, de vuider la ville de Paris dedans vingt-quatre heures; ou autrement il avoit charge de se saisir de leurs personnes, sans en dire les raisons ny l'occasion.

En ce mois de may furent envoyées lettres patentes du Roy par toutes les villes et bailliages de ce royaume, pour contraindre touts bénéficiers de bailler par déclaration tout et chacun le revenu de leurs bénéfices, de quelque qualité qu'ils soient; et à faulte de ce faire, seroit procédé contre eux par cession de tout leur revenu de leurs bénéfices. Cette ouverture fust de pernitieuse conséquence; et fust advisé par l'évesque de Paris et chapitre d'en escripre à monsieur le cardinal de Lorraine.

En ce mois de may, furent assemblés les estats; et le 28ᵉ dudit mois, en présence de ladite assemblée, furent les remonstrances qui s'ensuivent, arrestées par l'estat ecclésiastique.

REMONSTRANCES AU ROY.

« Très-humbles remonstrances et prières que font au Roy leur souverain seigneur, en toute humilité, révérence et obéissance, les évesques, chapitres, curés, abbés, prieurs, religieux et clergé de sa ville, prévosté et vicomté de Paris, ses très-humbles, très-obéissants, très-fidelles et très-affectionnés subjects et orateurs (3), sur la demande et proposition faicte aux estats, affin de luy subvenir en l'acquist de ses debtes.

« En premier lieu, plaise à Sa Majesté maintenir et garder lesdits suppliants en sa bonne grace, et les prendre en sa protection, à l'exemple de ses ancestres qui, pour leur très-fervente religion et faveur qu'ils ont porté à l'Église ont obtenu le tiltre de très-chrestiens, sur touts autres princes.

« Qu'il ne souffre leurs estre faict tort, travail et moleste en leurs personnes et biens, par ceux qui, soubs prétexte de religion et piété, veullent évertir l'estat public, et s'emparer du patrimoine de l'Église, pour l'employer à leurs désirs désordonnés contre l'intention des fondateurs qui l'ont destiné au service divin.

« Que ceste description odieuse que l'on demande du bien de l'Église, contre les franchises et liberté du royaume, que Sa Majesté en son sacre recentement a juré et promis garder à ses subjects, cesse conformément à la disposition du droict commun, qui l'a estimée dure et pleine d'inhumanité ès républiques libres, esquelles chacun esgallement joyst du sien en pleine liberté, pour ne descouvrir la vilité des uns, et attirer à envie les facultés des autres, qui n'ont jamais esté esgallés non plus que les doigts de la main, encors qu'ils soyent membres d'un mesme corps; et à ceste fin, soyent commandées lettres de déclaration de Sa Majesté, et enjoint aux officiers de ce ressort, ne user de saisies et contrainctes, et révocquer les commissions expédiées pour ce faict.

« Soient composés les troubles advenus pour le faict et estat de la religion qui avoit cy-devant esté la plus stable et paisible, pour le bon exemple que les roys et princes ont toûjours donné

(1) Paul de la Barthe, maréchal de Thermes.
(2) Jean Martine. Son frère était Pierre Louis Martine, qui se qualifiait en 1556, écuyer seigneur du Pereux.
(3) Ce mot a quelquefois été employé pour supplians.

aux subjects de ce royaume, qui a eu ce lods sur touts autres, qu'il ne s'y est jamais trouvé monstre ny hérésie aucune.

« Que pour la diversité et contrariété des opinions de ceux qui abusants des graces du Saint-Esprit, dépravent et accommodent à leurs passions les sainctes Escriptures, la foy, la religion, les bonnes mœurs et la tranquillité publicque, ne soient offensés, si Sa Majesté veult régner long-temps et laisser son sceptre à sa postérité.

« Que l'ancienne religion et doctrine soient constamment tenuës, ainsi que par ses prédécesseurs et successivement par soixante roys qui ont commandé en France, a esté soigneusement gardée comme la plus certaine et approuvée, despuis la naissance de l'Église, par le consentement universel et continuel de la chrestienté, sans blasme, reproche, soupçon de doubte et variation en quelque point et article que ce fust.

« Toutes nouvelles en ce faict soient rejectées comme de soy odieuses à cause des troubles, ores qu'elles semblassent tendre à bonne fin, et amandement de ce que l'on prétendoit estre corrompu et vitié.

« A ceste fin, soient prohibés touts conventicules, presches et assemblées illicites, contre la coustume et usance de l'Église catholique romaine, pour ne desvoyer les bons et fidelles, et obvier aux périls et dangers qui en peuvent advenir au public. Si l'on doibt s'esmouvoir par exemple et les mutations advenuës en pays circumvoisins, dont les pauvres gentilshommes et autres naturels seigneurs ont été deschassés, en changeant la religion, par le moyen de laquelle le peuple estoit contenu en la crainte de Dieu et obéissance des supérieurs par lui ordonnés, mieux et plus seurement que à port et force d'armes.

« Et comme ès républiques bien ordonnées, les bons princes et magistrats n'ont tant multiplié les loix et ordonnances, qu'ils ne se soient prudemment estudiés à les faire justes, équitables et de durée, pour l'utilité et repos public, soient les édicts des roys de bonne mémoire François et Henry, que Dieu absolve, sur le faict de la religion, curieusement gardés. Où Sa Majesté sera conseillée user de miséricorde, et rappeler les desvoyés pour les pratiquer et attirer au gyron de l'Église, soient tenus pour l'exemple et confirmations des bons et fidelles, faire profession expresse de leur foy ès mains de l'évesque, et la signer avant que de pouvoir joüir de cette grace, suivant l'édict du roy François I.

« S'il plaist aussi à Sa Majesté procurer la réformation de ce que par la malice du temps et trop grande licence, a peu estre déreglé ès mœurs,

ordre et discipline ecclésiastique, ainsi que ce qui est de l'homme est peu stable et de durée, qui n'est curieux de le conseyer, il a soit maturément pourveü par ceux qu'il a pleü à Dieu authoriser pour ce faire, et ausquels il en a commis la charge et direction en son lieu, sans rien immuer de la doctrine receuë en l'Église catholique et romaine, de laquelle la chrestienté tient ses rudiments et institution en la foy.

« Ce que sera par eux à ceste fin déterminé au concil général pour ne se séparer de l'unité de l'Église; ainsi se conformer au chef, et avoir mesmes sentiments avec tous ceux qui sont appellés au mesme fort et vaccation, soit inviolablement gardé et exécuté soubs les peines indictes de droict et par les édicts et ordonnances, sans dissimulation et espargne de personne ; cependant soit mis fin et imposé silence à toutes otieuses contensions et curieuses disputes ; soient les sacrements administrés, les prières, cérémonies et prédications publiques faictes et continuées en la manière accoutumée ; laquelle ne se peut autrement délaisser sans l'erreur et injure des saincts décrets, lesquels ont toûjours esté par l'antiquité grandement révérés.

« Que les dixmes et droits deubs à l'Église pour le ministère du service divin, tant pour la disposition de la loy divine, naturelle et positive, que par toutes louables coustumes, soient fidellement payés, à ce que dignement les sacrements soient administrés, et le peuple satisfaict et sainement endoctriné ; et à ceste fin, soient les édicts sur ce faicts renouvellés.

« Ce faisant, lesdits suppliants qui ne désirent que voir Sa Majesté hors d'affaire, croistre avec l'aage, en toutes vertus, proüesse et perfection, pour la naturelle affection qu'ils luy portent, encores qu'ils soient grandement affoiblis et diminués en biens, tant par l'injure des guerres, nouvelles impositions qu'ils ont porté par le passé, que par les presches des faux prophètes qui divertissent le peuple de payer leurs droicts, se mettront en tout debvoir de le servir d'esprit, corps et biens, et de tout ce que par puissance humaine et raisonnable se pourra faire.

« Mais parce que l'affaire est commune et touche en général et particulier le clergé universel du royaume, supplient très-humblement d'avoir permission d'assembler les députés dudit clergé, à tel jour et lieu qu'il plaira à Sa Majesté l'ordonner, pour adviser ensemble le moyen le plus prompt et facile de le secourir, à ce que ainsi que touts ayent en volonté de luy faire ayde, de mesme accord et consentement se puissent touts résoudre en la forme et manière de lever le subside qu'il conviendra imposer sur eux à cet effect, et au temps dedans lequel se pourront acquitter de la promesse qu'ils feront à Sa Majesté.

« Et parceque la demande que l'on leur faict, semble incertaine et confuse, sans déclarer les debtes que l'on veult qu'ils acquittent, ni à quelles sommes de deniers elles se montent, ni dedans quel temps se pourra faire l'acquist, requièrent en estre sommairement informés, et en voir un brief estat, selon la promesse faicte aux estats tenus à Orléans, à ce qu'ils entendent à quoi ils se soubsmettront, et de bonne foy essayent s'en acquitter au contentement de Sa Majesté.

« Et à ce que les deniers soient employés en l'acquit des debtes, sans frais, abus ni fraudes des financiers, controlleurs et autres menus officiers, soit délaissé la charge d'en faire les payements et acquists aux commis et députés dudit clergé, et par leurs mains, sans que nuls autres qui ne sont de l'estat et profession s'en empêchent.

« Supplie aussi très-humblement que en mémoire de ce debvoir et des services du passé, toutes décimes, angaries et autres compositions cessent, et se puisse ledit clergé ressentir du fruict de ceste paix tant désirée, et avoir enfin quelque relâche esgallement avec touts les autres subjects de Sa Majesté.

« Ce sont les remonstrances arrestées par le clergé du diocèse de Paris, lesquelles furent suivies par la pluspart des autres clergés de France. »

En ce mois furent faictes plusieurs esmeutes et divisions pour le fait de la religion, en toutes les villes du royaume de France.

Arresté de la cour du parlement de Paris, par lequel, en conséquence de la lettre du Roy, elle nomme des députez pour assister à l'assemblée des estats particuliers de Paris.

Ce jour 31 mai, la court a receu les lettres missives du Roy, par les mains de Me Nicole Luillier lieutenant civil de la prévosté de Paris; desquelles la teneur ensuict. — De par le Roy. Noz amez et féaulx, ayant sceu les menées qui furent faictes aux estatz dernièrement tenuz en nostre ville de Paris, qui ne tendoient que à remuer et troubler beaucoup de choses, au dommaige du publicq et du bien de nostre service, nous feusmes meuz par bon et meur advis et conseil, d'indire de nouveau l'assemblée desdictz estatz, au xxve de ce mois; qui depuis a esté remise au xxviij^e, et pour ce que nous venons d'estre advertis que pour la contention et différend qui est entre le prévost dudict Paris et le prévost des marchans de ladicte ville, sur l'auctorité et prééminence de faire ladicte assemblée, plusieurs notables personnages du Tiers-Estat feroient difficulté de s'y trouver, en danger de y veoir le mesme désordre et confusion qui a esté en la première assemblée : à ceste cause, désirans y pourveoir au myeulx qu'il nous sera possible, nous voulons et vous mandons, que vous ayez à députer deux des présidens de nostre court de parlement, pour se trouver en la maison épiscopale de nostre dicte ville de Paris, au jour assigné pour ladicte assemblée, et là, faire par eulx la proposition, recueillir les voix et opinions de l'assistance, et en faire et retirer la conclusion; oultre lesquelz deux présidens, vous députerez encores ung bon et notable nombre de conseillers de nostre dicte court, pour comparoistre à ladicte assemblée, et tenir main avec les autres notables personnages que nous y ferons semblablement trouver, à ce que nous puissions estre aydez et secouruz en noz affaires, ainsi que la nécessité qui en est assez congneue d'un chacun le requiert nécessairement; sans permectre que pour certaines particulières passions de gens de petite condition et basse qualité, et par brigues et menées, nous soyons traversez et empeschez en choses si raisonnable, que celle dont nous faisons requérir noz bons et loyaulx subjectz; et ayans donné charge à nostre amé et féal conseillier et lieutenant civil de nostre prévosté de Paris, porteur de la présente, de vous dire sur ce aucunes choses de nostre part, vous nous ferez service de le croire tout ainsi que vous feriez nostre propre personne. Donné à Fère en Tardenois, le xie jour de may 1561. Ainsi signé, CHARLES; et contresigné, BOURDIN. Et sur la superscription, A noz amez et féaulx les gens tenans nostre court de parlement à Paris. —Et a dict pour sa créance, que la Majesté du Roy luy auroit commandé dire à ceste sa court, qu'il vouloit que lesdictes lettres feussent mises à exécution; désirant que Mes Christophe de Thou et Pierre Séguier, ses conseillers et présidens en icelle, feussent nommez pour présider ès ditz estatz. Ledict Luillier retiré ; la matière délibérée : ladicte court, suivant la volonté du Roy, a député les dictz de Thou et Séguier, présidens ; et que de la grand'chambre d'icelle, quatre des plus anciens conseillers assisteront, quatre des plus anciens conseilliers de la chambre du conseil, et de chascune chambre des enquestes, ung président et ung des plus anciens conseilliers ; et ont esté nommez pour ladicte grand'chambre maistres Jacques Verjus, Guillaume Viole, Loys Gayant et Robert Bouéte.

Vers ce temps fut connu l'arrest suivant du parlement de Paris :

La cour a ordonné que pour faire les remontrances ordonnées dernièrement estre faictes au Roy et à son conseil privé, tant pour raison des lettres patentes dudit seigneur sur le faict de religion, que édict d'icelluy seigneur prohibitif à tous présidens, conseillers et autres officiers des courts souveraines, de prendre pension ne autres bienfaits des princes, archevesques, évesques et autres communautés, seront faictes audit seigneur par les gens du Roy ou deux ou l'un d'eulx; et que cellui ou ceulx qui les ira faire, partira promptement; et sera par celluy ou ceulx qui iront faire remonstrance, parlé des lettres missives envoyées le dernier jour à la dicte cour, « pour nommer au Roy dix personnes pour leur demander advis sur l'estat présent des affaires, » affin de sçavoir si l'on entend qu'ilz soyent du corps de la dicte court ; de la requeste présentée par le dict procureur général du roy de ce que au contemps de l'arrest du dernier jour de mars et des édicts du Roy, on faict ordinairement en plusieurs villes et endroicts de ce royaume conventicules et presches à heures indues et lieux prohibés ; et aussi des informations estans devers les dictes gens du Roy sur ce qui a esté faict en la ville d'Orléans, ces jours passées.

M. Robertet, secrétaire d'estat, vient dire au parlement de Paris, que le Roy lui ordonne de surceoir l'exécution d'un arrêt portant qu'il sera fait un cry public, par rapport au procès du prince de Condé.

Ce jour, les chambres estant assemblées pour le faict du procès du prince de Condé, le sieur d'Alluye, secrétaire d'estat, est venu de la part du Roy, dire à la court, que le Roy avoit entendu que sa dicte court avoit ordonné de faire un cry ordonné par arrest du samedy dernier ; à laquelle il mandoit ne passer oultre à faire faire ladicte proclamation et cry ; qu'il arriveroit ce soir icy, et luy-mesmes mectroit ordre aux affaires ; que ceste sa court ne pouvoit ignorer qu'il feust dict dernièrement aux députez d'icelle, estans allez vers luy à Fontainebleau, que l'on ne feist riens pour le faict de la religion que premièrement Sa Majesté n'en feust advertie.

Arrêté du parlement de Paris, sur l'ordre du Roy à lui porté le 2 de juin 1561, par M. Robertet, secrétaire d'estat.

Ce jour, la matière mise en délibération, a esté arresté, que sur la surséance de la publication de l'arrest donné samedy dernier, suivant la créance du sieur d'Alluye, secrétaire d'estat, remonstrances seront faictes au Roy par ses advocatz et procureurs généraulx : eulx mandez, leur a esté faict entendre ce que dessus ; qui ont dict qu'ilz avoient délibéré ce matin en parler à la court, et la supplier de députer ceulx des conseilliers qui estoient présents à la délibération de l'arrest.

M. le chancelier fait avertir le parlement de Paris, de deffendre aux petits enfans de marcher dans les ruës de cette ville, avec des croix de bois et des images.

Ce jour, le lieutenant criminel de la prévosté de Paris, a dict que M. le chancelier luy avoit commandé dire à icelle court, de donner ordre que les petitz garçons ne voisent par les ruës, portans des croix de boys et images, pour éviter aux séditions.

En juin 1561, messieurs du chapitre de Paris, pour obvier à l'odieuse description et déclaration du bien de l'Église, envoyèrent vers monsieur le cardinal de Lorraine à Rheims, lettres, desquelles la teneur s'ensuit.

« Monseigneur, nous avons receu lettres du Roy, pour bailler par déclaration le revenu des bénéfices en ce diocèse, soubs couleur de l'inégalité que l'on prétend estre ès taxes des décimes qui se lèvent sur le clergé ; nous n'avons entendu que l'on en ait faict plaincte depuis l'an 1516 que l'Église a esté asservie à ces impositions, si ce n'a esté de ce qu'elles estoient tournées en ordinaire, contre toute disposition de droict divin et positif, et contre les franchises et libertés de ce royaume, où les roys ont esté de toute ancienneté si religieux et amateurs du clergé, qu'ils ne l'ont jamais chargé de subsides sans urgentissime nécessité, laquelle cessant, mettoient fin à touts octrois et aydes ; et par ordonnance expresse, ont déclaré les vouloir incorporer en leur domaine, ny qu'ilz durassent à perpétuité, comme l'on doute que l'on veult faire à présent, pour le long-tems qu'ils continuent sans intermission, à la grande foule et oppression des subjects dudict sieur, qui espéroient enfin quelque relâche, et se ressentir de cette paix tant desirée. Vous sçavés trop mieux, Monseigneur, pour le maniement qu'avés eu des affaires publiques, quel secours le clergé a toûjours faict au Roy quant il en a esté besoing, jusques à faire avance sur les fruicts des bénéfices, avant que la terre fut ensemencée, n'y que l'on fust en espoir d'en faire la cuillette ; et que l'on s'est accommodé à toutes autres inventions pour recouvrer argent, affin de secourir ledit seigneur en ses affaires, sans y espargner les reliquaires ni les vaisseaux destinés au ministère du service divin ; et toutesfois nous n'en avons en rien despuis esté mieux traictés ; ains sommes en voye d'estre indignement travaillés, si l'on use des saisies et contrainctes que l'on ménace faire, pour avoir la déclaration de ce que nous reste des guerres et du mauvais temps, que pensions avoir eschappé par le moyen de la paix.

« Nous ne pouvons en ces afflictions nous adresser à autre que à vous, Monseigneur, qui tenés par deçà le premier lieu en l'Église, estant légat né du St. Siége Apostolique en ce royaume, pour embrasser les affaires communes du clergé, et y pourvoir selon l'exigence, ainsi que les SS. Pères s'en sont cy-devant reposés sur vous et vos prédécesseurs. Il vous plaira donc pour le zèle qu'avés à l'Église, nous recepvoir sous vostre protection ; et en prenant en main nostre faict qui est commun à tout le clergé, remonstrer au conseil qu'il n'est besoin de bailler cette déclaration que l'on demande, puisqu'il n'y a plaincte de la taxe des décimes ; et quant il y en auroit, sommes touts prests de faire raison de nous-mesmes à ceux qui se trouveroient surtaxés, et rejetter esgallement les surtaux sur nous, sans perte ni diminution de l'octroy qui se fera au Roy, et sans que nuls autres que ceux de nostre estat et profession s'en empeschent ; et aussi que pour les compositions des années 1522 et pour les amortissements avec les roys de bonne mémoire François et Henry, que Dieu absolve, avons esté rélevés de bailler à jamais aucune déclaration de nostre revenu, par contracts vérifiés en la cour de parlement, à l'entérinement desquels ont obligé la foy de leurs successeurs, qui a accoustumé de se garder inviolablement de prince à subjects, pour la manutention du repos publicq et société civille ; joint que cette déclaration ne se peut faire sans excessive et vaine despence, qui sera mieux employée en acquists des débets du Roy que l'on procure, que ès notaires, financiers, sergens et autres menus officiers, qui ne cherchent l'occasion que de contracter l'autruy et nous molester, pour faire leur profit. Et à ce, Monseigneur, que entendiés apertement la cause de notre plaincte, le commun bruict est que l'on tend à autre fin qu'à réformer laditte taxe des décimes, de laquelle jusques à huy les roys se sont contentés, pour avoir tousjours promptement et au gré du clergé et sans frais, ce qui leur est accordé ; mais que l'on veult sçavoir au vray quel bien tient l'Église pour retrancher et en appliquer la meilleure part au fisque, contre l'intention des fondateurs, qui l'ont destinés à autres usages. Cette nouvelle practique nous faict doubter, si elle est vraye, de la ruine dont nous sommes menacés par les malveillans de l'ancienne religion, qui ne peuvent par autre moyen nous exterminer, sachans que le spirituel ne peut subsister sans l'aide du bien temporel, qui est l'instrument, nerfs et force de toutes vertueuses actions. Les autres estiment que cette contraincte se faict affin de nous intimider, et faire condescendre à quelque offre, pour satisfaire aux demandes faictes aux estats d'Orléans, sur l'acquist des debtes du Roy ; toutesfois n'est besoing de ce faire, à l'endroict de ceux qui ont tousjours eu bonne volonté ; et ne pouvons croire que le Roy et messieurs de son conseil entendent que soyons traittés de cette façon, et pirement que les autres subjects dudit seigneur qui joüissent en toute liberté de leurs biens, sans contraincte de faire cette vile et odieuse description, qui ne peust servir, sinon que à nous tirer à envie les uns contre les autres, et descouvrir aux ennemis les forces du royaume, pour se prévaloir contre le Roy, aux premières affaires qui se présenteront. La peine et la nécessité en laquelle ledit seigneur se trouve à présent, donne assés ample tesmoignage que la vraye richesse du prince gist en l'aisance du peuple, ès mains duquel les biens plus seurement se conservent pour le secours et ayde que l'on en peust avoir au besoing : qui deffaudroit maintenant, si par le passé on eust du tout desnüé ses subjects, comme il semble que l'on veüille faire de nostre part, pour nous achever à le secourir et ayder en ce que pourrons pour son service.

« Vous supplions très-humblement vouloir faire donner permission d'assembler à certain jour et lieu les députés de tout le clergé de ce royaume, pour adviser au moyen au plus prompt et facile pour le tirer hors d'affaires, à ce que joüissant de son domayne, soyons deschargés des décimes, angaries et impositions pour l'advenir ; car, puisque ce faict communément touche en général et particulier toutes les communautés ecclésiastiques, sera bien séant, ainsi que convenons en volonté, d'entendre au secours et ayde qu'on nous demande, de mesme accord nous advisions à la forme et manière de lever sur nous le subside qu'il conviendra prendre à cet effect, et au temps dedans lequel nous nous pourrons acquitter de la promesse que ferons à Sa Majesté, s'il ne vous plaisoit, et à nos seigneurs les illustrissimes cardinaux de Bourbon, Guise, Tournon, Chastillon, faire quelque ouverture honnête pour le clergé, dont le Roy peust avoir contentement et satisfaction, ce que vouldrions très-humblement vous supplier faire, nous remettant entièrement à ce qu'il vous plaira en résoudre ; et ayants ouy nos députés, les envoirons vers vous avec mémoires et instructions, quand il vous plaira le commander, et vos affaires le permettront. Nous avons plusieurs autres doléances que remettrons au voyage de nosdits députés, tant sur les édicts de rappel que l'on a faict des desvoyés de la religion, à la grande confusion des bons et fidelles, que de la rigoureuse résidance enjointe aux prélats et curés, ausquels on ne donne un seul jour en l'an pour vacquer à leurs affaires, ce qui n'est praticqué aux officiers du Roy, qui ont, en toutes saisons, leurs vaccations à cette fin, encores qu'ils doivent continuer l'exercice en leurs estats. Nous ne voulons refuser faire ce qui est de notre debvoir et charge, et veiller sur les trouppeaux qui nous sont commis; mais il n'y a celuy qui se puisse exempter de maladies et affaires, pendant lesquelles, lorsque plus est de besoing, seront saisis au mercy d'un recepveur qui coustera plus à entretenir, sans les frais de la saisie, qui ne vauldra le reste des fruicts; et ne pouvons aussi dissimuler l'injure que l'on nous faict par lettres adressantes aux baillys de ce ressort, pour nommer ceux qui doibvent donner avis au Roy sur le faict de la réformation de l'état ecclésiastique, comme si de notre ordre, auquel la décision de telles affaires a toujours esté remise, ne se trouveroient gens suffisants pour satisfaire au désir dudit seigneur; et en ce, nous craignons passer par leurs loix non exercitées en la discipline ecclésiastique, et que ils establissent nouvelle doctrine contraire à l'Église romaine, de laquelle toutes les autres ont pris leur estre, institution et accroissement; et parce que, Monseigneur, en estes des membres principaux, vous plaira tenir la main à ce que toute nouvelleté rejectée, qui ne peut estre que grandement périlleuse au faict de la religion, l'unité de l'Église tenuë constamment despuys quinze cens ans, soit gardée en son intégrité; et où se trouveroit par l'advis et conseil des supérieurs que on voulust immuer aucune chose de ce qui concerne l'ordre, police et réglement de l'Église, comme il se faict avec le temps en toutes constitutions humaines, qu'il y soit pourveü par ceux ausquels appartient en statuer, et ausquels il a pleü à Dieu en commettre la charge, sans en rien desvoyer de la doctrine receüe en cette Église, hors laquelle ne pouvons espérer salut; et que ce que par eux sera arresté, soit inviolablement gardé, en façon que, comme en la chrétienté il n'y a qu'un Dieu, une loi, une foy, une espérance, un baptême, ung espoir, ainsi soit une seule voix et consentement de tout le peuple en la possession de la religion; et pour n'y avoir en vain travaillé, et ne retomber aux premières faultes et erreurs, soient les désobéissants, comme perturbateurs du repos publicq, schismatiques et criminels de lèze-majesté, punis à la rigueur des édicts et ordonnances, et ainsi que membres desnués et immédicables, resequés pour ne infecter les autres parties saines et entières, à l'imitation du peuple d'Israël, qui punissoit sans égard de personne ceux qui apostasioient de la loy, au pouvoir duquel n'est moindre l'authorité en l'Église des princes chrestiens sur leurs subjects; et de nostre part, nous essaierons si bien nous acquitter de nostre charge, que nostre vie et conservation servira de toute édification au peuple et aux infirmes qui s'en seroient peut-estre légèrement scandalisés, au plaisir et ayde du Créateur, que supplions vous donner, Monseigneur, en très-bonne santé, très-heureuse vie, avec le vouloir de retourner en brief par deçà, pour donner le secours tel que nous attendons de vous en toute dévotion. »

Ensuit la response dudit sieur cardinal de Lorraine à la lettre cy-dessus de l'évesque et chapitre de Paris.

« Messieurs, j'ay receu les lettres que m'avés escriptes en datte du XXIXe jour de may, et par icelles bien entendu le discours de vos affaires, et la peine en quoy vous estes pour y donner ordre, me priant, pour le lieu que je tiens, vouloir ayder et favoriser cette cause qui m'est commune avec vous, comme elle est aussi à tout le clergé de ce royaume, lequel se doibt sentir esgalement intéressé es choses dont vous me faites vos doléances. Je ne vous feray longue response. Vous sçavés, Messieurs, l'amour et affection que j'ay toujours eu à l'honneur de Dieu, n'ayant jamais rien oublié de ce qui m'a semblé nécessaire pour conserver la religion en son entier, et pour maintenir ce royaume en l'obéissance de la saincte Église catholique romaine, et suis toûjours en mesme volonté. Mais je connois bien maintenant que ces troubles et choses qu'on nous demande nous doibvent assés admonester de nostre debvoir, et qu'il est temps que chacun de nostre profession s'employe pour pourvoir à tant d'affaires et de si grande importance que ceux que nous avons aujourd'buy. Je partiray de ce lieu vendredy prochain, pour aller trouver le Roy et la Royne, suivant le commandement qu'il leur a pleü m'en faire; et si je puis, je m'en iray tout droict à Paris, où je serai bien aise de vous voir, et de communicquer avec vous sur tous les poincts discourus par vos lettres, pour adviser et résouldre ensemble de ce que nous avons à faire pour le bien de l'Église et conservation de nostre estat, estant bien délibéré d'employer touts les moyens que Dieu m'a donné pour y faire et à tout le clergé de ce royaume toute l'ayde, faveur et secours qu'il me sera possible, tant pour l'obligation que j'y ay, que pour la bonne opinion et fyance que vous avez en moy, dont je mettray peine que ne vous decepvrés. Cependant je prieray le Créateur vous donner entièrement, Messieurs, ce que désirerés. De Rheims, ce 3 jour de juing. »

En ce mois icy, le jour de la Feste-Dieu, le Roy estant logé à l'abbaie St. Germain des Preys, assista à une procession qu'il fist faire, qui fust fort solemnelle, et y portoient les gentils-hommes, ceux de la garde, touts des torches en la main; et monsieur l'abbé de Ste. Geneviesve porta le corps de Nostre Seigneur. Plusieurs des princes et grands seigneurs furent distribués par les paroisses de la ville, et assistèrent aux processions, pour monstrer bon exemple au peuple de Paris.

Le jour St. Barnabé, fust présentée une requeste par un nommé d'Esternan, gentilhomme, accompagné d'autres gentilshommes, à messieurs du conseil privé, par laquelle ils demandoient un temple pour faire leurs presches et conventicules illicites, et plus facilement prescher leur nouvelle doctrine et religion.

Le jeudy en suivant, jour des octaves de la Feste-Dieu, la procession du Roy fust encores plus excellente et vénérante que la première; et y porta le précieux corps de Nostre Seigneur, monsieur le cardinal de Lorraine; et chanta la grande messe en l'abbaie St. Germain des Preys.

Le vendredy ensuivant, treiziesme du présent mois, fust prononcé l'arrest de monsieur le prince de Condé, en robbe rouge, présent le roy de Navarre, le prince de Montpensier, le prince de La Rochesuryon, le cardinal de Bourbon, le cardinal de Lorraine, le cardinal de Guyse, et le cardinal de Chastillon, monsieur de Guyse, monsieur le connestable, monsieur de Nevers, monsieur de Montmorency, et autres grands seigneurs; par lequel arrest prononcé par le président Baillet, fust ledit prince de Condé absouls à pur et à plein des cas à luy imposés, et son recours pour ses dommages et intérests, contre qui il appartiendra, et à eux leurs deffences au contraire; et sera publié ledit arrest en toutes les cours souveraines de ce royaume.

Le dimanche ensuivant, furent envoiées lettres par touts les bailliages de ce royaume, de surséance jusques à trois mois, pour le regard des déclarations que le Roy demandoit du bien et revenu de l'Église.

Le dix-septiesme du présent mois, monsieur le chancelier alla à la court de parlement, pour faire entendre de la part du Roy et son conseil privé, les troubles qui sont au royaume pour le faict de la religion, jusques là et si avant que plusieurs en estoient tombés en athéisme, qui faisoit qu'ils ne recognoissoient en rien leurs supérieurs, ne voulant payer les dixmes; et qui pis est ne vouloient payer au Roy en plusieurs villes de son royaume, les tributs, tailles et subsides accoustumés, ne le voulant recognoistre à seigneur; et parceque les troubles qui estoient en la religion, sont cause en partie desdites rebellions, le Roy vouloit avoir advis de messieurs de la court, pour voir quelle forme il y faudroit garder, pour obvier à tels scandales, et chacun sur ledict faict de la religion, *deposito omni timore*, et toutes affections et passions ostées, eussent à en dire en leur conscience pour y donner ordre, et à cette fin viendroit le roy de Navarre et touts les princes et autres seigneurs du conseil privé, pour oüir leur advis, lequel seroit pris par l'ordre du tableau de la court, et selon leur ordre.

Le lundy xxiij du présent mois, commencèrent le roy de Navarre et les autres princes et seigneurs du conseil à aller en la court de parlement, pour entendre l'advis de messieurs de laditte court, pour appaiser les troubles qui sont aujourd'huy sur le faict de la religion.

Sommaire récit de la calomnieuse accusation de M. le prince de Condé : avec l'arrest de la cour, contenant la déclaration de son innocence.

Depuis le commencement de ceste florissante monarchie, le très-humble et très-obéissant peuple françois n'a seul porté honneur et révérence aux princes du sang de son Roy, comme à ceux qui pouvoyent un jour parvenir à la mesme couronne; mais encores les nations estranges, jusques aux plus grans rois, princes et seigneurs de la chrestienté, ont prins de leur part beaucoup de peine à n'oublier aucunes espèces des honneurs et du respect qu'ils estimoyent appartenir, et octroyent très-volontiers à la grandeur et à l'antiquité du sang royal de France; nos princes ayans par longues années et qui surpassent de fort long-temps la mémoire des hommes, gagné et gardé ceste singulière réputation en toutes les parties du monde où leur renommée s'estoit estenduë. Chacun peut juger quel fut l'esbahissement, ou à mieux dire, l'estonnement qu'engendrèrent par toute la chrestienté les nouvelles de l'emprisonnement fait de la personne de monsieur le prince de Condé en la ville d'Orléans, le dernier d'octobre M. D. LX. Et fut la frayeur du peuple d'autant plus grande, parce que ceste injure s'adressoit à un prince généreux et magnanime, craignant Dieu, bien voulu et bien aimé d'un chacun : et lequel toutes les années précédentes n'avoit cessé de faire preuve et démonstration entière de plusieurs rares et singulières vertus, très-bien séantes au lieu qu'il tenoit, et qui par raison le devoyent rendre très-agréable aux plus estrangères personnes de la terre. Et parce que les occasions de son accusation, la manière de son emprisonnement, la forme de sa justification, et la preuve de son innocence, se pourroyent réciter çà et là avec incertitude : et que je voy non seulement les François, mais encores les estrangers très-curieux d'entendre comme les choses se sont passées à la vérité, j'ay bien voulu recueillir sommairement en ce petit traicté ce que j'en ay peu entendre, comme ayant assisté à la conduite de la plus grand part de tout le négoce, et appris le surplus de très-bon lieu.

Le feu Roy François deuxième estant à Fontainebleau, au mois d'aoust M. D. LX. un gentilhomme béarnois nommé Jacques de La Sague fut surpris en la Beausse, et par ce moyen destourné du voyage qu'il pensoit faire en Gascogne vers le roy de Navarre, qui estoit lors au mesme païs, accompagné de M. le prince de Condé son frère. Ce gentil-homme fut trouvé saisy de quelques missives, et entre autres d'une qu'escrivoit le feu seigneur Vidasme de Chartres à monsieur le prince de Condé : et ne portoit ceste lettre, sinon quelques honnestes et gracieuses paroles de recommandation. Néantmoins le porteur interrogué en la présence du feu Roy et de ceux qui avoyent lors les affaires du royaume entre les mains, ne se contenta de respondre véritablement à ce qu'on luy demandoit, ains supposa plusieurs choses faulces contre le roy de Navarre, monsieur le prince de Condé, madame de Roye, le seigneur Vidasme de Chartres, M. Amaulri Bouchard chancelier, M. Robert de la Haye conseiller, et plusieurs autres seigneurs très-affectionnez au service du Roy et de son royaume. Par mesme moyen furent aussi chargez les seigneurs de Burie, Montluc, Senarpont, les contes de la Rochefoucault, de Tende, de Rohan, de Grammont, Bochavanes, La Milleraye, le jeune Cani et autres. En ces entrefaites, s'esleva presques par tous les endroicts du royaume, un bruit de nouvelles contraires : les uns asseurans la vérité, et les autres le mensonge. Car les gens de bien affirmoyent que le roy de Navarre et monsieur le prince de Condé son frère n'avoient pensé à entreprendre chose qui fust contre l'estat du Roy et de son royaume ; veu qu'ils estoyent de la maison de France : à la deffence de laquelle ils avoyent perpétuellement employé et destiné leurs personnes et leurs biens : et que les confessions de La Sague avoyent esté tirées de luy par promesses, impressions et violences. Les autres publioyent que ce qu'il en avoit dit, estoit pour complaire, et donner de luy une opinion de bon et fidèle serviteur du Roy, pensant tirer par ce moyen quelques estats ou autres bien-faicts. Mais ceux qui estoyent de cerveau plus léger, et qui peut-estre estoyent apostez pour semer faulces nouvelles, disoyent qu'il ne y avoit point de feu sans fumée : et que La Sague n'avoit point dit tant de choses qu'il n'y en eust quelcune véritable. Bref chacun en parloit selon son affection. Ce dernier bruit accompagné de l'opinion de quelques seigneurs, s'accreut si fort en peu de temps, que par une vaine persuasion l'on disoit que le roy de Navarre et monsieur le prince son frère s'en venoyent par devers le Roy, accompagnez de grand nombre de gens de pied et de cheval ; et eut ceste faulce renommée jointe avec la déposition de La Sague, telle puissance sur les gouverneurs du royaume, qu'ils commencèrent à prendre soupeçon des lettres qu'escrivoit le seigneur Vidasme à monsieur le prince de Condé, et qu'il y avoit quelque chose couverte et desguisée. A raison de quoy le seigneur Vidasme fut incontinent constitué prisonnier en la Bastille à Paris, ayant esté prins, par ordonnance du Roy et de son conseil privé, par le sénéschal d'Agenois, capitaine des gardes : et là tantost après fut interrogé par deux conseillers du mesme conseil privé. La Sague ayant aussi confessé ce que maistre Robert de la Haye, conseiller en la cour, luy avoit déclaré de l'entreprise du roy de Navarre et de monsieur le prince : iceluy seigneur de la Haye fut par mesme soupçon envoyé quérir, et mené prisonnier par le prévost de l'hostel à Sainct-Germain-en-Laye, où lors le feu Roy estoit. Cependant y eut commission donnée à M. Christophle de Thou, Barthelemi Faye et Jaques Viole, conseillers, Gilles Bourdin procureur général, et Jean du Tillet greffier, tous de la cour de parlement de Paris : par laquelle commission estoit mandé à ces commissaires de procéder à l'instruction des procès du seigneur Vidasme et autres accusez. A quoy ils s'employèrent par commandement du Roy. Et ayant fait amener lesdicts seigneurs Vidasme et de la Haye à Saint-

Germain, les recollèrent et confrontèrent à La Sague. Le feu Roy et les seigneurs de son royaume estans troublez de ces faux rapports, il fut advisé que le roy de Navarre et monsieur le prince de Condé en seroyent advertys. Et pour ce faire, monsieur le cardinal de Bourbon les alla trouver en Gascogne. Autres furent encores envoyez vers eux par le commandement du feu Roy, pour les advertir des propos qui avoyent couru d'eux par tout le royaume. Ayans au long entendu les mensonges qui estoyent desjà publiés de toutes parts, ils n'en furent point si estonnez, se sentans innocens, comme ils furent esbahis de ce qu'on avoit presté l'oreille à La Sague, et aux confessions duquel on avoit adjousté foy, jusques à emprisonner le seigneur Vidasme et le seigneur de la Haye. Pour purger ces calomnies, le roy de Navarre et monsieur le prince son frère ne peurent trouver meilleur expédient que de s'acheminer vers la Majesté du feu Roy, pour luy rendre eux-mesmes ample tesmoignage de leur innocence. Et de fait, quelque temps après, ils se mirent en chemin. En ces entrefaites, un nouveau bruit augmenta grandement les suspicions précédentes : car l'on disoit que quelques-uns se vouloyent emparer de la ville de Lyon, et que monsieur le prince de Condé estant lors en Gascogne, s'entremesloit de l'entreprise. Et combien qu'il n'y eust aucune apparence en ceste faulce nouvelle, et que l'on n'en eust preuve quelconque, ni seulement indice qui peust servir d'aucune conjecture, l'on ne laissa pourtant à bailler la torture à quelques prisonniers en la ville de Lyon, pour essayer à leur faire dire contre vérité, ce qu'ils ne sçavoyent point. Entre les autres qui furent très-maltraitez, un jeune gentilhomme nommé La Borde, d'autant qu'il avoit autrefois servi de page monsieur le prince de Condé, encores qu'il n'y eust aucunes informations contre luy, et qu'il eust interjeté plusieurs et diverses appellations : il èut néantmoins par deux fois en un jour, une forme de torture que l'on appelle en Italie l'astrappade : et huit jours après, l'on luy donna les escarpins avec le feu, que l'on dit estre l'un des plus cruelz torments qui se peut appliquer sur l'homme : lesquelles cruautez luy estoient aussi souvent réitérées, pour essaïer, comme l'on disoit, à tirer du pauvre prisonnier quelque confession contre le roy de Navarre et monsieur le prince de Condé : contre lesquels néantmoins il ne dist chose qui les chargeast en manière quelconque. Depuis peu de temps, le procès-verbal des géhennes et tortures ayant esté envoyé par-devers la cour, l'on trouva que la constance de ce jeune homme avoit esté telle, qu'au milieu de ses grands tormens, il n'avoit fait chose que invoquer avec grande douceur la miséricorde de Dieu à son secours, le suppliant de pardonner à ceux qui le faisoyent ainsi travailler et tiranniser. Ce que j'ay bien voulu réciter en passant, afin que par ces inhumanitez et cruautez, chacun cognoisse de quelle façon l'on a voulu rechercher monsieur le Prince en son honneur : et combien il est dangereux et pernicieux en ceux qui manient l'estat publicq, et en la main desquels Dieu a commis la distribution de la justice, de prester trop favorablement l'oreille aux délateurs et accusateurs, sans leur bailler à entendre qu'ils sont aussi prests à escouter les accusez en leur justification, comme les accusateurs en leur accusation. Car si les supérieurs se descouvrent pour gens tant commodes et opportuns aux faux rapports que chacun leur voudra faire, et qu'ils se monstrent si endormis à entendre l'innocence des accusez, il se trouvera une infinité de mauvais serviteurs, lesquels soubs prétexte de justice, et sans attendre le commandement des grands, ausquels ils pensent complaire, exerceront infinies cruautez et indignitez, espérans par telles voyes gaigner le vent de la faveur, parvenir aux grands estats, ou pour le moins se tirer eux-mesmes d'ennuy soubs l'espérance qu'ils bailleront de charger ceux lesquels on veult convaincre contre vérité et contre raison. Ce que l'on a peu voir pratiquer au présent négoce, auquel l'on s'est principalement aidé d'un financier nommé Cappolette, receveur pour le roy en Agenois. Cestuy-cy estant détenu prisonnier en la conciergerie du Palais, pour grande somme de deniers dont il estoit demeuré redevable envers le Roy par la closture de ses comptes, et voyant que ces impostures seroyent très-favorablement receuës, promet, comme l'on disoit, trouver preuves merveilleuses contre le roy de Navarre et monsieur le Prince son frère. Et avec ceste belle promesse, le misérable saffraunier fut mis en liberté : ainsi que le commun bruit couroit, qu'on s'est aussi aydé d'un nommé Boriane, autrement le chanoyne botté, lequel avoit esté dégradé de sa prestrise, et convaincu de plusieurs faucetez par luy commises contre madame la contesse Senigan, et fait amende honnorable publiquement en pleine cour, puis jetté ès prisons de la Conciergerie, par faute de payer la réparation pécuniaire adjugée à sa partie adverse. Ce pauvre malheureux ayant perdu ses biens et son honneur, et sentant sa conscience chargée de plusieurs malheuretez, dont il n'estoit encores convaincu, et ne sachant par quel moyen il pourroit eschapper des prisons, et se sauver la vie qui luy restoit de toutes autres choses, se présenta très-volontiers pour trouver preuves contre monsieur le prince de Condé, desquelles néantmoins il disoit ne pouvoir autrement fournir, sinon que premièrement il fust mis en liberté. Avec ce beau prétexte, il s'esvada et abusa de la justice et ceux qui l'avoyent tiré des prisons. Toutesfois il est vray-semblable que Cappolette et autres qui le ressemblent, n'ayent espargné leur artifice pour suborner tesmoins, déposer eux-mesmes faulsement, et falcifier le sein de monsieur le prince, comme la cour a peu cognoistre. Ce qui seroit principalement advenu pour n'avoir usé de celle singulière prudence dont usoit le roy Philippes Macédon, lequel en escoutant un accusateur, l'oyoit seulement d'une oreille, tenant l'autre close, pour la réserver entièrement, afin d'entendre mieux l'innocence et justification de l'accusé. Or le roy de Navarre, et monsieur le prince son frère, s'estant mis en chemin avec leur train seulement, pour venir par devers le Roy, le bruit cependant couroit qu'ils venoyent avec grande puissance; ce que plusieurs croyoyent, tant estoit leur opinion corrompue et désvoyée de la vérité. L'on dit que ce fut l'une des principales occasions pour lesquelles le feu Roy assembla ses forces en la ville d'Orléans, où il s'en alla bien accompaigné au mois d'octobre dernier : et fut Sa Majesté logée en la maison du bailly, lequel avec plusieurs officiers, fut pour quelques suspitions constitué prisonnier, et bien-tost après déclaré innocent par arrest de la cour. Mais si un faux bruit avoit couru, la vérité se pouvoit montrer manifeste, le dernier jour du mesme mois d'octobre, que le roy de Navarre et monsieur le prince, contre l'opinion de plusieurs, arrivèrent en la ville d'Orléans, sans autre suitte que des gentilshommes qu'ils avoyent accoustumé d'avoir ordinairement à l'entour de eux pour leur service. Ayant fait la révérence au Roy et à la Roine sa mère, et salué les autres seigneurs de la cour, monseigneur le prince de Condé, auquel on s'attachoit le plus, remonstra au Roy en très-bons termes, et résantans son prince plein de bon cœur et de vertu, que ce qu'on avoit dit contre son honneur, et donné à entendre à Sa Majesté, estoit faulx et controuvé calomnieusement; et au jugement de toute la compagnie, l'on pensa qu'il eut donné ample preuve de son intégrité, tellement que dès-lors un chacun croyoit que les mauvaises opinions qu'on avoit conceuës à l'encontre de luy, fussent entièrement changées. Ce néantmoins, contre l'opinion, et au grand regret des hommes de vertu, il fut arrêté prisonnier, et mis en la charge des seigneurs de Chavigny et Brezay, capitaines des gardes, pour tenir prison en une maison qui luy fust destinée près les Jacobins, et joignant laquelle l'on avoit nouvellement levé un bastion, pour la retraicte de gens de guerre à pied. Environ ce mesme temps, madame de Roye, belle-mère de monsieur le prince, sans charges ni informations quelconques, et par suspicion seulement, fut constituée prisonnière à Sainct-Germain-en-Laye, en vertu d'une commission pleine de scandale. Un peu auparavant, le seigneur de Cany avoit aussi été arrêté prisonnier dans sa maison; et d'une autre part, l'on avoit envoyé au seigneur de Jarnac, une commission du Roi, en vertu de laquelle il se saisit de la personne de M. Amaulri Bouchart, chancelier du roi de Navarre. Cependant autre commission fut décernée aux seigneurs de Thou, Faye, Violle, Bourdin et du Tillet, lesquels furent mandez pour procéder à l'instruction du procez extraordinaire de monsieur le prince de Condé. Et à ceste fin, sur le commencement du mois de novembre, se trouvèrent en la ville d'Orléans. Le 13e jour du mesme mois, monsieur le chancelier, accompagné de ses commissaires, se transporta vers monsieur le prince au logis où il tenoit prison, le pensans interroguer sur aucuns articles que ils disoyent leur avoir esté baillez; mais monsieur le prince sçachant très-bien que tout ce qu'on vouloit faire, procédoit de la seule authorité du conseil privé, qui n'avoit aucune puissance sur luy ; et s'asseurant que le feu roy François en bas aage où il estoit, ne faisoit et ne vouloit rien faire de soy-mesmes, il ne voulut respondre devant iceluy seigneur chancelier et autres commissaires : et parce qu'ils voulurent passer outre, il interjetta en premier lieu un appel de son emprisonnement pardevant le Roy, séant en sa cour de parlement de Paris, suffisamment garnie des pairs de France, et les chambres assemblées, parce qu'en ceste seule manière le procez se devoit faire à un prince du sang, et non autrement. Mais cest appel fut dès le lendemain déclaré non recevable par messieurs du conseil privé, qui n'estoyent et ne pouvoyent estre juges de la matière; et en faisant droict sur l'appel, fut ordonné que monsieur le prince respondroit; suyvant lequel jugement, les commissaires retournèrent par devers luy pour l'interroguer, ce qu'il ne voulut souffrir ; ains appela d'eux, en adhérant à son premier appel. Mais ce second appel fut encores déclaré non recevable par autre jugement du conseil privé, sans ouïr ni appeler ledit seigneur prince, lequel néantmoins appela autant de fois comme l'on s'efforça de le faire parler : et autant de fois qu'il appela autant de jugemens furent donnez au conseil privé de la mesme forme que les précédens. Et entre autres, en fut donné un par lequel ce réquérant le procureur général du roy, il fut ordonné que monsieur le prince respondroit devant les commissaires, sur peine de crime de lèze-majesté, et néantmoins que les tesmoins lui seroyent recolez et confrontez. Cependant madame la princesse de Condé, affligée en toutes extrémitez pour les calomnies imposées aux deux personnes qu'elle tenoit autant chères que la sienne propre, ne succomba en ceste adversité, ains accompagnée d'une vertu et d'un courage surpassant de beaucoup le naturel de son sexe, et conseillée par le roy de Navarre, monsieur le cardinal de Bourbon son frère et monsieur le prince de la Roche-sur-Yon, se délibéra secourir à son pouvoir l'innocence de ceux lesquels néantmoins estoyent assez secourus par la divine Providence, estans en la protection et sauvegarde de Dieu. Ainsi ceste bonne et vertueuse princesse, se resouvenant que Dieu nous commande, après avoir mis nostre première et entière espérance en luy, de chercher aide et secours entre les hommes, se délibéra de ne laisser plus condamner son seigneur mari sans estre ouy ni défendu, comme il avoit esté par les jugemens précédens, par lesquels les appellations interjettées des commissaires avoyent esté vuidées avant qu'estre relevées, et sans avoir esté plaidées, et mesmes sans avoir ouy l'appellant en ses causes d'appel, ce qui estoit fait contre toute forme et figure de justice ; suivant laquelle résolution, madame la princesse présenta requeste au Roy, le suppliant distribuer pour conseil à monsieur le prince son mari, tels personnages qu'il adviseroit. A quoy inclinant Sa Majesté, luy ordonna pour conseil messieurs Anne de Terrières, seigneur de Chappes, Pierre Robert, François de Marillac et Claude Mango, tous advocats en la cour de parlement de Paris, de laquelle ordonnance et distribution du conseil, y eut brevet expédié, signé de la main du Roy, et par de l'Aubespine, l'un de ses secrétaires d'estat ; et portoit ce brevet injonction très-expresse aux advocats dessus nommez de se transporter incontinent en la ville d'Orléans, pour conseiller monsieur le prince, ainsi qu'ils verroyent estre nécessaire pour la défense de sa cause. Suyvant ce mandement, de Chappes et Mango estans absens de leurs maisons, Robert et Marillac vindrent à Orléans. Et après avoir délibéré entre eux des affaires de monsieur le prince, ils requirent en premier lieu avoir communication du procès-verbal des commissaires, pour entendre ce que monsieur le prince par sa seule prudence, et sans aucune aide de conseil avoit fait, dit, ou respondu en la matière. Ce qui leur fut octroyé par le Roy. Et leur fut leu le procès-verbal par le greffier du Tillet, en la présence des commissaires et du procureur général du roy. Après ceste lecture, ils supplièrent encores le Roy leur permettre de communiquer avec monsieur le prince, pour estre par luy instruicts de la vérité de son faict. Ce qu'il leur fut permis avec difficulté. Car on leur limita les propos dont ils useroient envers luy. Et si fut expressément ordonné que Robertet sécraittaire d'estat, et le greffier du Tillet, seroyent présens à leur communication. Avec ce congé, les advocats allèrent faire la révérence à monsieur le prince, lequel déclara qu'encores qu'il cogneust Robert pour avoir esté à son conseil de longtemps, et qu'il s'asseurast bien de Marillac pour la bonne opinion qu'il avoit de luy, toutesfois il supplioit le Roy de permettre de prendre plus grande asseurance d'eux par le moyen du roy de Navarre, monsieur le cardinal de Bourbon, ses frères, et de madame la princesse sa femme. Et pour cest effect luy permettre de communiquer avec eux en telle compagnie et en telle distance qu'il plairoit à Sa Majesté adviser : ce qu'il réquéroit principalement pour l'obéissance qu'il vouloit garder au roy de Navarre, sans lequel il ne vouloit rien faire. Sur ces propos, la compagnie se départit. Et après que Robert et du Tillet eurent récité au Roy la requeste que luy faisoit monsieur le prince, la communication qu'il réquéroit luy estre octroyée avec monsieur le roy de Navarre, et monsieur le cardinal de Bourbon, ses frères, luy fut refusée tout à plat, et permis seulement à madame la princesse de l'asseurer par lettres que Robert et de Marillac luy estoyent distribuez pour conseil, et qu'il pouvoit communiquer avec eux en asseurance : de laquelle response, madame la princesse advertit monsieur le prince par lettres qui luy furent présentées le mesme jour après le disner, par Robertet et du Tillet. Et là se trouvèrent Robert et Marillac pour communiquer avec luy en la présence du mesme sécrétaire et du mesme greffier, accompagnez du seigneur de Brezay, capitaine des gardes. Adonc monsieur le prince commença à déduire sommairement, et néantmoins très-disertement, que l'affliction qu'il souffroit, ne luy estoit point envoyée de Dieu pour l'offense qu'il eust faite contre la Majesté du Roy, mais bien pour l'esprouver en son adversité : et quant à luy ayant l'esprit libre, et la conscience entière, il ne pensoit estre prisonnier, encores que sa personne fust arrestée, mais beaucoup plus estimoit-il ceux-là prisonniers, lesquels avec la liberté du corps, sentoyent leur conscience asservie et affligée d'une perpétuelle souvenance de leurs vices et de leurs forfaicts,

Et à ce propos, il alléguoit plusieurs mémorables histoires, en très-bons termes, et avec visage constant et asseuré : ce qui ne se peut rencontrer en ceux qui sentent leur conscience chargée de quelque meffait, et qui ont l'esprit troublé de confusion et de suspicion que leurs offenses ne soyent descouvertes. Puis il donna à ses advocats bons mémoires et instructions pour la défense de sa cause, et escrivit une lettre consolatoire à madame la princesse sa femme : et au département, pria Robertet présenter ses humbles recommandations à la Majesté du Roy et de la Royne sa mère, et enchargea à Robert et Marillac ses advocats, de faire le semblable envers le roy de Navarre, et monsieur le cardinal son frère. Alors le Roy estoit desjà fort malade, et commençoit-on à désespérer de sa santé. Et de fait, il mourut le 5ᵉ jour de décembre ensuyvant. Quelque-temps après, le seigneur Vidasme de Chartres décéda pareillement aux Tournelles, où il avoit esté transporté de la Bastille, à raison de sa maladie. Or après le trespas du Roy, monsieur le prince fut mis en plus grande liberté ; et pour prison luy fut ordonné la ville de Han, et depuis la ville de la Fère en Picardie, où il demoura jusques à ce que le Roy à présent régnant le manda à Fontainebleau, pour luy rendre tesmoignage de son innocence : à quoy il obéit. Et après longues rémonstrances faites par Robert à la Reine mère, assistée de messeigneurs du conseil privé, il n'y eut celuy qui ne tinst monsieur le prince pour suffisamment purgé de ce qu'on luy avoit voulu mettre sus, tellement que le 13ᵉ jour de mars subséquent, le Roy assisté de la Roine sa mère, du roy de Navarre, des cardinaux de Tournon et de Chastillon, de monsieur le duc de Montpensier, de monsieur le prince de La Roche-sur Yon, de monsieur de Guyse, de monsieur le connestable, de monsieur de l'Hospital, chancelier, de monsieur le mareschal de Saint-André, de monsieur l'amiral de Chastillon, et de plusieurs autres, donna son jugement, par lequel monsieur le prince de Condé fut déclaré pur et innocent des cas dont on l'avoit voulu charger : et en tant que besoin estoit, le Roy le délaissoit en son conseil en tel degré, et le remettoit aux prérogatives qui luy estoyent deuës, comme à prince du sang et de la maison de France ; et néantmoins, afin que son innocence fust cogneuë, tant par les princes et potentats estrangers, que par toutes les cours souveraines de ce royaume, il fut ordonné que ce jugement seroit publié et enregistré esdictes cours : et les doubles et copies d'iceluy envoyées par devers les embassadeurs de Sa Majesté qui estoyent près des personnes des princes estrangers ; le tout, afin que l'innocence dudict seigneur prince fust aussi notoire, comme sa calomnieuse accusation l'avoit esté auparavant. Encores que le tesmoignage du Roy et de son conseil semblast estre suffisant pour contenter ledict seigneur prince, toutefois il supplia le Roy luy permettre, pour plus grande asseurance de son honneur, de poursuyvre en la cour de parlement de Paris une autre déclaration de son innocence, sous telle forme qu'il adviseroit luy estre convenable : ce qui luy fut accordé avec unes lettres patentes, expédiées le mesme jour à ceste fin, selon lesquelles le 20ᵉ jour de mars subséquent, monsieur le prince, en la compagnie de monsieur le cardinal de Bourbon son frère, se présenta à la cour de parlement, à laquelle toutes les chambres assemblées, il remonstra que si son emprisonnement pratiqué par ses adversaires, sous un faulx prétexte, avoit esté trouvé estrange, d'autant les hommes devoyent entrer en plus grande admiration de la Providence de Dieu tout-puissant, par la seule clémence duquel il avoit esté préservé des aguets de ses ennemis, et fait cognoistre son innocence, avec un exemple perpétuel à tous calomniateurs que les artifices de leurs calomnies profitent bien peu à l'encontre de ceux qui ont mis leur espérance en luy, et qui l'ont invoqué à leur secours pour leur invincible protecteur. Puis il adjousta que, au milieu de ses adversitez, il avoit tousjours désiré que sa cause fust cogneüe et jugée par la cour de parlement, qui estoit le vray temple de la justice françoise, et du corps de laquelle il estoit, comme prince du sang de France, et qu'il penseroit se faire grand tort s'il n'y représentoit, comme au plus célèbre théâtre du monde, le droict et l'équité de sa cause, avec la calomnie de ses ennemis, afin que le tout y fust jugé et décidé par un honnorable arrest, digne de l'accoustumée gravité et saincteté de la cour, laquelle il supplioit de toute son affection luy garder son honneur, qu'il avoit tousjours estimé beaucoup plus cher que sa propre vie. Puis se retirant, il requist que Robert, assisté des autres advocats de son conseil, fust ouy en ses remonstrances, afin que la cour peust estre amplement informée de l'entière vérité du faict : ce qui luy fut accordé, et son conseil mandé. Alors Robert print la parole, et remonstra comme il avoit pleu à Dieu essayer monsieur le prince avec le mesme essay dont sa divinité avoit souvent voulu user envers ses plus loyaux et fidèles serviteurs, c'est assavoir, par affliction, laquelle il envoyoit souventesfois à ses bien-aimez, mesmes à ceux qui estoyent élevez en hault lieu, pour deux principales raisons, l'une, afin que les rois et illustres princes qui tiennent les grands gouvernemens de ce monde, recognoissent n'avoir puissance ne grandeur d'ailleurs que de la grandeur et puissance de Dieu, de la seule grâce duquel dépend leur entière ruine ou la conservation de leur estat : l'autre, afin que l'innocence de ceux ausquels sa divine Majesté a fait la grâce de les prendre en sa protection, apparoisse et se monstre d'autant plus belle et plus luisante par l'espreuve de son contraire, tout ainsi qu'on voit faire la vraye espreuve de l'or, lors qu'il est essayé dans la fournaise. Après ce discours, lequel est plus au long recueilli ès registres de la cour, Robert récita ce qui avoit esté fait en la ville d'Orléans par monsieur le chancelier, et par les premiers commissaires, et mesmes les appellations que monsieur le prince avoit interjectées d'eux, et comme elles avoyent esté jugées sans estre ni révélées ni plaidées, et sans qu'il eust esté oui en ses causes d'appel, ni par sa bouche, ni par conseil ; brief, après longues altercations qui furent débattues avec les gens du Roy, la conclusion de Robert fut qu'il pleust à la cour ordonner au procureur général délay compétent pour fournir de toutes les charges et informations qui pouvoyent avoir esté faites à l'encontre de monsieur le prince; et si par les informations qui seroyent mises par devers la cour, il ne se trouvoit chargé de chose qui méritast une procédure extraordinaire, qu'en ce cas, sans faire plus long procès par interrogatoires et recollemens, il fust procédé sur le champ à la déclaration de son innocence : mais au contraire, si la cour trouvoit quelques charges par les informations qui luy pourroient estre présentées, qu'il luy pleust avant qu'y adjouster aucune foy, ordonner que les tesmoins seroyent répétez par son authorité, sans laquelle toutes les procédures qui avoyent esté faites contre monsieur le prince, devoyent demeurer nulles, comme faites par juges incompétens, et ne ayans pouvoir de ce faire, d'autant qu'à la seule cour, qui est le siége des rois et des pairs de France, appartient d'instruire et juger les procès criminels des princes du sang, lors que leur honneur est révoqué en controverse. Sur lesquelles nullitez Robert insista longuement, afin de faire entendre que si monsieur le prince n'avoit voulu respondre devant les premiers commissaires, ce n'avoit esté pour se ressentir d'offense quelconque en sa conscience : car ceux qui sont appuyez sur l'asseurance qu'ils ont en eux-mêmes de leur intégrité et de leur preud'homie, n'ont accoustumé de craindre la face des juges : encores moins, en refusant l'interrogatoire des commissaires, avoit-il entendu désobéir à la Majesté du Roy, veu qu'il luy avoit tousjours rendu telle obéissance, qu'il avoit occasion d'en estre content : mais bien n'avoit-il voulu respondre devant tels commissaires, pour ne faire tort aux princes du sang de France, qui de long-temps ont ce droict acquis, de ne pouvoir estre jugez en ce qui touche leur honneur, ailleurs qu'en la cour de parlement, en laquelle seule, comme il a esté dit, est le siége du Roy et de ses pairs. Sur le débat de ces nullitez, les gens du Roy prièrent monsieur le prince se contenter du jugement qu'il avoit obtenu au conseil privé du 13ᵉ jour mars précédent, disans qu'ils n'en accordoyent pas seulement la publication et émologation, mais encores qu'ils la requéroyent très-justement ; ne fust-ce que pour les oster d'une difficulté en laquelle ils se disoyent estre tombez, pour ne sçavoir quelle qualité ils devoyent prendre, ou de demandeurs ou de défendeurs. Après longue dispute sur ces qualitez, il fut finablement résolu, puis que monsieur le prince avoit esté jugé innocent par le Roy et son conseil privé, et qu'il ne désiroit sinon une plus ample déclaration de son innocence par le jugement de la cour, pour un tesmoignage de son honneur, la qualité de demandeur en déclaration d'innocence luy demeureroit, et la qualité de défendeur, aux gens du Roy : et au surplus que la cour, les chambres assemblées, verroit toutes les informations qui se trouveroyent contre monsieur le prince, afin que s'il ne se trouvoit par icelles aucune charge à l'encontre de luy, il fust promptement déclaré innocent : mais au contraire, s'il y avoit charge, qu'il seroit procédé suyvant les ordonnances : et en ce cas, les qualitez changées, selon que la cour verroit estre équitable. En continuant ses premières poursuittes, le 22ᵉ jour de mars ensuyvant, la cour ordonna que toutes les charges et informations, et autres procédures faites à l'encontre de monsieur le prince, et qui se trouveroient en ceste ville de Paris, soit ès mains du greffier du Tillet ou d'autres, seroyent dans trois jours mises par devers maistres Robert Bouette, Claude Anjorrant, Adrian Dudrac, et Eustace Chambom, conseillers, des plus anciens de la grand'chambre : et quant aux autres informations que l'on disoit estre à Lion, Melun, et par devers le prévost de l'hostel, et ailleurs, que commission seroit délivrée au procureur général du roy, pour les faire apporter dans le lendemain de Quasimodo, pour le tout veu par la cour, faire droict aux parties, ainsi qu'il appartiendroit. Quelque-temps après, monsieur le prince fut adverti pour certain qu'aucuns tesmoins apostez avoient déposé faulsement à l'encontre de luy, jusques à falsifier et remplir des blancs qui estoient signez de son nom. Et pour advertir ces faulcetez, fit supplier la cour de luy octroyer commissaires pour en informer : ce que les gens du Roy empeschèrent ; tellement que sur ce débat intervint arrest donné avecques grande cognoissance de cause ; par lequel il fut permis à monsieur le prince informer de ces faulcetez par les commissaires nommez par la cour ; suyvant lequel arrest les commissaires informèrent ; et se trouva par les informations, au moins à ce que l'on en pouvoit entendre par le commun bruit, que quelques-uns avoyent déposé faulx à l'encontre de monsieur le prince, et les autres avoyent libéralement recogneu leur faulte et s'estoyent départis de leur première déposition : et mesme La Sague, duquel a esté parlé ci-dessus, et un autre appellé Gilles Triou, dit Le Gaultier. Cependant que ces choses se faisoyent, les gens du Roy obéissans à l'arrest du 22ᵉ jour de mars contenant le délay à eux donné de fournir dans le lendemain de Quasimodo des charges et informations dont ils se voudroyent aider contre monsieur le prince, fournirent de tout ce qui estoit par devers du Tillet, lequel dès le commencement avoit esté ordonné greffier en ce négoce. Ils firent aussi apporter tout ce qui estoit à Lion et ès autres endroits dont ils peurent avoir advertissement, et firent en cest endroit comme en tous autres, entier devoir de chercher fidèlement et curieusement tout ce qui pouvoit servir à la charge et à la descharge de monsieur le prince : et encores que ce délay passé, son procès se peust juger, toutesfois son conseil en différa la poursuitte, depuis le 14 avril que le délay estoit escheu, jusques au 19 de mai ensuyvant : auquel jour il fut mis sur le bureau au rapport de maistre Robert Bouette ; ensemble les autres procès, de madame de Roye, de maistre Robert de La Haye, du feu seigneur Vidasme de Chartres, et du seigneur de Cani. Et pour procéder au jugement, après que les parties et mesmes les héritiers de feu monsieur le Vidasme eurent pris leurs conclusions, toutes chambres de la cour furent assemblées : mais le procès de monsieur le prince estant fort avancé, la cour le demanda pour entendre plus amplement de luy la vérité du faict par sa propre bouche. En quoy il contenta merveilleusement ceste grande compagnie, et lui feit cognoistre évidemment, tant par ses paroles pleines de vertu et d'intégrité, que par son constant et asseuré visage, que la seule calomnie de ses adversaires l'avoit mis en peine de poursuyvre la déclaration de son innocence, affirmant par le serment qu'il devoit à Dieu, que jamais une telle meschanceté que celle qui luy avoit esté faussement imposée, ne luy estoit entrée au cœur, comme aussi n'y avoit-il aucune vérisimilitude : et que tant s'en faloit qu'il eust cherché la diminution de la couronne de France, ayant l'honneur d'y appartenir, que au contraire il avoit tousjours désiré, comme il avoit assez fait cognoistre par ses actes passez, la conservation et augmentation d'icelle, avec telle et si franche volonté, que si ses propres enfans l'avoyent autre, il en feroit de ses mains une punition si cruelle, qu'elle serviroit d'exemple mémorable à jamais. Après luy, furent ouys la dame de Roye, les seigneurs de La Haye et de Cani, qui rendirent tous très-bon tesmoignage de leur fidélité et de leur preud'hommie. Finablement après que tous les susdicts procès eurent esté bien veus et entendus en pleine assemblée de la cour, les arrests furent conclus par grande et meure délibération, tant à la conservation de l'honneur de monsieur le prince, que au profit des autres accusez. En quoy se doit remarquer une autre chose très-notable, c'est que monsieur le prince ni les autres seigneurs accusez ne voulurent récuser aucun de leurs juges ni des gens du Roy, encores qu'ils semblassent en avoir très-bonne occasion, tant ils se tenoyent asseurez de leur innocence.

Lettres de monsieur le prince, pendant qu'il estoit prisonnier à Orléans, au roy de Navarre (1).

« Monsieur, quelques tribulations et afflictions grandes que j'aye eu, lesquelles j'ay toutes poisées comme de la main de celuy lequel je croy par ce moyen avoir voulu humilier mes affections, et exercer ma pacience, je les oublie presque toutes, voyant, ce que m'avez fait entendre, que la bonté de la Roine s'est tant déclarée, que la cognoissance de ma cause et ma justification est renvoyée à la cour de parlement de Paris : ce que dès le commencement j'avoye tousjours demandé, et qui ne m'eust pas esté, comme je m'asseure, dénié, si la puissance et le crédit de ceux qui m'estoyent ennemis et parties, ne s'y fussent opposez, ne m'ayans pas seulement voulu faire recevoir une honte d'emprisonnement, sans conduire leur entreprise plus avant, sçachant bien qu'ils ne pourroyent eslever leur maison à la grandeur qu'ils s'ymaginoyent, que par la ruine de la nostre. Et pour ce faire, avec la force dont ils s'estoyent desja appropriez, il y faloit encores joindre quelque apparence de jus-

---

(1) Il paraît par la lecture de cette lettre et de la suivante, qu'elles ont été écrites peu de temps après la mort de François II.

tice, afin qu'il y eust moins de la malice qui estoit dessous cachée : en quoy s'ils se sont bien seu aider de tous les moyens, qu'il faut que je m'en rapporte à ce qu'en pensez, qui avez peu voir la précipitation dont on m'a au commencement traicté, à laquelle si Dieu ne m'eust fait la grace résister, et mis en la bouche les responses que j'ay faites, je ne doubte point que à tors et à travers ils ne eussent fait leur possible de me ruiner d'honneur, de vie et de biens : ce que n'ayans jamais eu moyen de vous faire savoir jusques à maintenant que m'en estant venu en ce lieu, délivré de toutes mes gardes, et en liberté de vous escrire franchement, dont il ne sera jamais que moy et les miens ne soyent justement obligez à la Roine. Je vous supplie, Monsieur, autant et très-humblement qu'il m'est possible, après avoir pris la peine pour moy de luy rendre très-humbles graces de l'aide et faveur que elle m'a donnée pour la vérification de mon innocence, qu'il luy plaise aussi, suyvant ce que je luy escris, commander à ceux de Guyse, pendant la décision de mon affaire, se retirer de la cour, les tenant si capitaux ennemys de ma justification, qu'il n'y a invention ne artifice dont ils ne s'aydent pour l'empescher. Et pour ce qu'il leur doit, ce me semble, suffire de ce que avez expérimenté leur bonne volonté et quels cousins ce sont, faites-moi, je vous supplie, ceste grace employer toute la puissance que vous avez, que comme je luy priay devant le feu Roy, quand je fus arresté, qu'ils intercédassent pour moy, qu'ils ne soyent point aussi en lieu où ils me puissent nuire; et penser que les moiens qu'ils avoyent practiquez de nous abbattre, estoyent tellement fondez, que ceux dont ils avoyent disposé la volonté à leur intention, qui sont peut-estre meslez parmi mes juges, tesmoings et autres personnes dont ils s'efforçoyent de s'aider à ma condamnation, ne sont si dépouillez de leur mauvaise opinion, qu'ils ne leur prestassent bien encores une fois la conscience, les voyant autant que jamais au milieu des honneurs et faveurs, ils ne se laissassent sous main fort aisémenent séduire et corrompre : ce que je vous supplie encores un coup, Monsieur, faire entendre à la Roine, à laquelle j'espère en ce faisant, comme à tout le monde, tellement donner à cognoistre mon innocence, et après luy faire tant de grands et bons services, que mes œuvres me déclareront autre que ne m'ont jusques icy dépeinct mes ennemis, desquels je m'asseure que avez tel sentiment pour l'amitié que me portez, que vous ne vous attendez pas qu'ils me procurent jamais plus de bien qu'ils ont commencé. Qui sera l'endroit, Monsieur, où je finiray ma lettre, par mes très-humbles recommandations à vostre bonne grace; suppliant Dieu vous donner très-heureuse et longue vie. »

Lettre de monsieur le prince prisonnier à Orléans, à la Roine.

« Madame, vous ne me sçauriez jamais avoir tant départi de graces et de bien que je n'en aye encores plus tousjours espéré de vostre bonté : de façon que quand je viens penser le traictement que j'ay receu au commencement de mon adversité, lors que la persuasion de mes accusateurs pouvoit tout ce qu'ils vouloyent, et que maintenant je voy et entens qu'il vous a pleu, Madame, prenant les choses équitablement, tellement testifier que vous n'avez dedans le cœur rien moins qu'une passion d'indignation contre moy, mais au contraire toute bonne volonté que mon innocence fust manifestée, ayant agréable que ceux en décidassent ausquels en appartient la cognoissance, je ne sçay comme assez très-humblement je vous pourray rendre graces de tant d'heur et de bien que je reçoy aujourd'huy, me voyant la justice ouverte, dont après Dieu, qui dispose du cœur des rois et princes, comme il luy plaist, je ne pense estre tenu ne obligé qu'à vous : dequoy, Madame, ce me sera, tant que je vivray, un sentiment dedans le cœur de vous rendre très-humble obéissance, service et honneur, comme je n'eus jamais autre affection : mais parce que je ne me puis veincre ne résouldre de mespriser la puissance de ceux qui ont eu force de me nuire, et que de les avoir suspects, ne me peut estre attribué que à prudence, la playe que je ay receuë d'eux, estant encores trop fresche pour ne m'en ressentir, je vous supplie très-humblement, Madame, que messieurs de Guyse, qui sont ceux-là que j'entens, et que je tiens pour mes accusateurs et parties, n'ayent pas cest honneur pendant que je me soubmés à justice, d'estre auprès du Roi et de vous, pour desfavoriser ma cause, à quoi je m'asseure qu'ils n'auront jamais faute de moyen, s'ils veulent ; et commander qu'ils se retirent hors de la cour, afin que toutes choses soient conduictes à l'honneur de Dieu, à vostre gloire, et à la cognoissance de mon innocence, et au bien de l'estat et tranquilité des affaires du Roi; pour lequel et vostre service, toutes mes intentions ont tousjours esté dirigées, ainsi que j'espère vous faire cognoistre, moyennant l'aide de celui qui fait luire la vérité quand il luy plaist : lequel je supplie, Madame, après avoir présenté mes très-humbles recommandations à vostre bonne grace, vous donner en parfaicte santé, très-heureuse et longue vie. »

Arrest de monsieur le prince de Condé.

Extrait des registres de parlement.

Entre messire Loys de Bourbon, prince de Condé, demandeur en déclaration d'innocence, pour raison des cas et charges à lui imposez d'une part; et le procureur général du roy, défendeur, d'autre :

Veu par la cour, les chambres assemblées, les pièces et procédures concernans le faict dudict de Bourbon : l'instruction commencée à faire du procès à l'encontre de luy, tant en la présence du Roy deffunct, que aucuns de son conseil privé, et autres commissaires par ledict seigneur commis et députez : arrest ou jugemens donnez par ledict seigneur, les treize, quinze, vingt et vingt-sixième jours de novembre dernier passé : interrogatoires et responses de Jaques de La Sague, et Gilles Triou, dit Le Gautier, prisonniers examinez et répétez les vingt-six et vingt-neufième aoust, deuxième, septième, vingt-septième et vingt-huictième septembre aussi dernier passé : autres interrogatoires et responses de deffunct messire François de Vendosme, chevalier de l'ordre dudit seigneur Roy, vidasme de Chartres : dépositions, mémoires ou advertissemens de Jacque de La Bigne, Jean Landier, Florent Boulanger, Jean du Point, Jean de La Borde, un nommé Calandrin, Jean Coderc prisonnier au chasteau de Nismes, et du seigneur Bellines; et lettres missives escrites par ledict de Vendosme audict de Bourbon : les lettres en forme de déclaration d'innocence, du treizième jour de mars dernier, par lesquelles le Roy après avoir mandé ledict de Bourbon, en la présence de la Roine sa mère, et des princes de son sang, et gens de son conseil, desnommez esdictes lettres, et que ledict de Bourbon luy auroit rendu tesmoignage et faict preuve de sadicte innocence, dont ledict seigneur auroit déclaré estre suffisamment informé : autres lettres d'innocence des jours et an dessusdicts, addressantes à ladicte cour, à laquelle auroit esté mandé le recevoir à faire et poursuyvre en icelle cour, autre déclaration plus ample et tesmoignage de sadicte innocence : le plaidoyé fait en icelle cour, lesdites chambres assemblées, les vingt, vingt-un et vingt-deuxième mars dernier, sur lequel ladicte cour auroit ordonné entre autres choses, que tous les charges et informations, procès et procédures faites à l'encontre dudit de Bourbon, estans tant en ceste ville de Paris, ès mains de maistre du Tillet, greffier civil de ladicte cour, que autres, seroyent dedans trois jours ensuyvans mises ès mains des commissaires commis par ladicte cour, desnommez audict arrest; et que audict procureur général seroit décernée commission pour faire apporter toutes les autres pièces concernans ledict faict; et pour ce faire, contraindre tous ceux qu'il appartiendroit : ladicte commission en forme de compulsoire octroyée audict procureur général, pour satisfaire au contenu dudict arrest : autres arrests donnez les vingt-huitième dudict mars, et unzième avril aussi dernier, par lesquels icelle cour auroit permis audict de Bourbon, suivant la requeste par luy faicte à ceste fin, de faire ouir par lesdicts commissaires les tesmoins qu'il voudroit produire sur les faicts des inductions, forces et menaces par luy prétendues avoir esté faites à aucuns tesmoings, et pour examiner autres tesmoins sur plusieurs prétendues falsifications de blancs signez dudict de Bourbon : auditions et examen de tesmoins faicts par lesdicts commissaires de Jaques de La Sague et Gilles Triou, dit Le Gautier : autres dépositions dudict de La Borde, de François et Ymbert du Fay, frères, seigneurs de Changy, Pierre Vincent, François Le Camus, Estienne Thibaudier, Anthoine Bonyn, et Guichard l'Advocat : trois lettres missives signées Godail, trouvées en la pocession dudict Thibaudier : autres procédures faites par le prévost de l'hostel ou son lieutenant, de dépositions dudict Coderc et autres tesmoins, apportées et mises par devers ladicte cour : requeste présentée de la part dudict de Bourbon, le dernier jour d'avril mil cinq cens soixante-un dernier, par laquelle il auroit requis que le procureur général du roy eust à déclarer s'il avoit ou vouloit produire autre chose que ce qui avoit esté jà par luy produict par devers ladicte cour : l'arrest donné en icelle le troisième jour de may dernier, par lequel elle auroit ordonné que toutes les pièces et procédures faites audit procès dudict de Bourbon, seroyent communiquées audict procureur général, pour dire, déclarer et requérir ce qu'il verroit estre à faire : actes des diligences faites à plusieurs fois par ledict procureur général, tant à Lion, Mascon, Forest, parlement du Daulphiné que de Provence, et aultres lieux, avec la déclaration par luy faite, tant par escrit que verballement, lesdictes chambres assemblées, qu'il n'avoit peu recouvrer autres pièces ne procédures concernans la charge dudict de Bourbon, que ce qu'il auroit mis par devers lesdicts commissaires de ladicte cour : autre arrest donné le vingt-deuxième jour de may dernier, par lequel icelle cour, lesdictes chambres assemblées, en voyant ledict procez dudict de Bourbon, auroit ordonné, ouy sur ce ledict procureur général, que commandement seroit fait à maistre Jean Fournel, lieutenant général de Lion, et à maistre Nery Torveou, lieutenant criminel, d'apporter par-devers ledict greffe d'icelle cour, toutes et chacunes les minutes et grosses, estans tant par devers eux, que ès greffes dudict lieu, concernans ledict procès, mesmement les minutes des procès-verbaux des questions, si aucunes y avoit; ensemble, la commission en vertu de laquelle il avoit besongné audict procès; et ce dedans le délay à eux préfix par ledict arrest, sur peine d'amende arbitraire et suspension de leurs offices : les procès-verbaux des questions et tortures baillées et répétées audict de La Borde, envoyés par lesdicts lieutenants, par devers ladicte cour; et tout ce qui a esté mis et produict en icelle : les conclusions tant dudict procureur général, que celles dudict de Bourbon; après que luy pour ce mandé, a esté oui en ladicte cour; et tout considéré :

Dict a esté, que ladicte cour a déclaré et déclare ledict de Bourbon, pur et innocent des cas à luy imposez, et luy a réservé et réserve son recours contre qu'il appartiendra, pour telle réparation que la qualité de sa personne le requiert; et à eux leurs défenses au contraire : et a ordonné et ordonne ladicte cour, que ce présent arrest sera leu et enregistré ès cours souveraines de ce royaume. Prononcé à huis ouvers, toutes les chambres de ladicte cour assemblées, le treizième jour de juin, l'an mil cinq cens soixante-un. *Signé* MALON.

Le treizième juing mil cinq cens soixante-un, toutes les chambres assemblées en la grand'chambre du plaidoyé, l'arrest de monsieur le prince de Condé fut solennellement prononcé en robes rouges, par la bouche de messire René Baillet, président en la cour, assisté de maistre Pierre Séguier, aussi président en icelle. A la prononciation, furent présens le roy de Navarre, monsieur le cardinal de Bourbon, monsieur le duc de Montpensier, monsieur le prince de la Roche-sur-Yon, monsieur de Guyse, monsieur de Nevers, monsieur le connestable, monsieur le mareschal de Sainct André, monsieur le mareschal de Montmorency, monsieur l'évesque d'Auxerre, et monsieur l'évesque d'Uzez; tous séans selon ce mesme ordre, du costé des laics; du costé des présidens et au-dessous d'eux, qui est le rang des conseillers clercs, estoyent assis monsieur le cardinal de Lorraine, monsieur le cardinal de Chastillon, et monsieur le cardinal de Guyse. Incontinent après la pronontiation solennelle de ces deux arrests, maistre Claude Malon, greffier de la cour, leut à haute voix trois autres arrests; l'un au profit de la dame de Roye; l'autre pour la mémoire du feu seigneur Vidasme de Chartres, et le troisième, est pour le seigneur de Cani (1).

Conclusion de ce traicté.

Ces arrests bien conferez avec les desseins des adversaires, qui s'attendoyent de faire perdre à monsieur le prince et aux autres seigneurs accusez, leur vie et leur honneur, et qui par avanture espioyent encores la confiscation de leurs estats, et de tous leurs biens, peuvent assez tesmoigner de combien la sapience divine surpasse la ruse des hommes, et combien leurs entreprises sont fragiles, si elles ne sont appuyées sur la faveur et sur la grace de Dieu tout-puissant, duquel seul despend l'événement de tous nos affaires, et sans la volonté duquel les plus ingénieuses délibérations et les plus excellentes résolutions qui se puissent conclurre au conseil des sages mondains, trouvent une yssuë pareille au désespoir des misérables alchimistes, lesquels après une longue perte de temps et de despense, se trouvent fort estonnez sur la fin, lorsqu'ils voyent tous leurs desseings estre convertis en fumées : mais les calomniateurs et faux accusateurs, outre la douloureuse repentance de s'estre pour néant déclarez tels qu'ils estoyent, et outre

---

(1) L'arrêt de la déclaration de l'innocence de monsieur le prince de Condé se trouve dans la collection de Brienne, et après cet arrêt, on lit ce qui suit:

« *Mémoire des parolles proférées par M. de Guyse et M. le prince de Condé, en faisant leur accord à Saint-Germain-en-Laye, en mois d'aoust ou septembre* 1561.

« Sire, puisqu'il vous plaist que j'esclaircisse M. le prince de Condé, de l'opinion qu'il a, je luy diray ce qui en est. Je n'ay ny ne vouldrois, Monsieur, avoir mis en avant aucune chose qui fust contre vostre honneur, et n'ay esté autheur, motif ne instigateur de vostre prison.

« M. le prince respondra : Monsieur, je tiens pour meschant et malheureux celluy ou ceulx qui en ont été la cause.

« M. de Guyse respondra : Je le croy ainsy : cela ne me taxe en rien. »

Il n'y a point d'apparence que ces discours ayent été faits ny au mois d'août ny au mois de septembre ; et je croy qu'ils furent tenus avant l'arrêt.

L'arrêt de la déclaration de l'innocence de M. le prince de Condé se trouve aussi dans le vol. 333, des manuscrits de Dupuy, et après cet arrêt, on lit ce qui suit :

« Encores la déclaration et le serment que feirent les princes et seigneurs du conseil privé cy-dessoubz nommés, le unzième jour du mesme mois de juin, mil vc. LXI, qui fut deux jours auparavant la prononciation des susdits arrestz ; mais parce que les secrétaires d'estat en feirent acte, il sera plus aisé d'en entendre la teneur qui fut telle : Pareille déclaration feit le seigneur de Laubespine, secrétaire d'estat ; mais parce qu'il estoit absent, il l'envoya quelque temps après, signée de sa main. Et ainsi avec toutes les solemnitez qu'il fut possible de garder, l'innocence de monsieur le prince fut advérée et publiée. »

les mortelles angoisses et furieuses lamentations dont ils se persécutent en eux mesmes, pour n'avoir peu exécuter leur mauvaise volonté, ils ont encores à tout jamais un triste remors de conscience, lequel par la fascheuse recordation de leurs malheuretez et meschancetez, les tourmente perpétuellement en secret et en public : la confusion, la honte et la vergongne leur demeurent tousjours painctes au visage, vivant au surplus en perpétuelle suspicion que ceux qu'ils ont osé offenser injustement, ne veulent avoir une juste réparation du tort qui a esté fait à leur innocence.

Fragmens du discours fait par M. le chancelier de l'Hospital, dans une assemblée du parlement de Paris, pour lui annoncer que le Roy lui envoyera les princes du sang et les gens de son conseil, afin de délibérer avec la cour, sur les moyens que l'on doit prendre pour appaiser les troubles de la religion.

Ce jourd'huy 18 juin, monsieur messire Michel de l'Hospital, chevalier, chancellier de France, entre huict et neuf heures, est venu en la court, accompagné de maistres Martin Fumée, Etienne Potier, François de l'Aubespine et Martin de Beaulne, maistres des requestes de l'hostel du Roy ; et a dict, toutes les chambres assemblées, que ledict seigneur l'avoit envoyé céans, pour prendre conseil et leur advis, sur certaines choses qu'ilz orroient de luy ; estimant qu'ilz luy sont conseilliers, non seulement pour juger les procès, mais aussi pour les plus grandz affaires de son estat, quant il luy plaist les en requérir : ne leur fera long discours, pour les propoz qu'il a à leur déclarer, parce qu'ilz sont assez congneux, et que la court les entendra cy-après, par les princes et autres seigneurs du conseil privé, qui viendront la visiter : sçavent le mal qui a régné en ce royaume puis trente ou trente-cinq ans, à cause de la religion ; auquel mal a esté difficile donner bonne médecine, parce que ainsi que dient les médecins, *inveteratus morbus non facile curatur :* on a long-temps attendu à y remédier : le mal a gaigné sur nous, et sur le royaume ; tellement qu'il est maintenant mal-aysé à y pourveoir : entendent très-bien que on dira y avoir esté faict ce qu'on a peu du temps des trois derniers roys de bonne mémoire : car dès le commencement, le feu roy François premier, puis le roy Henry second, après son filz aisné le roy François second, et cestuy-cy, ont faict des édictz et ordonnances, estably pour l'exécution d'icelles, juges ordinaires et extraordinaires : touteffois, cela n'a empesché que le mal n'ayt passé oultre : peult-estre qu'il l'a retardé : a faict comme le chancre, qui gaigne tousjours ; jusques à ce que tout à un coup, il nous est venu presque accabler en temps mal-à-propos, soubz le régne d'ung jeune roy, qui n'a encores l'aage de povoir commander, comme l'affaire le requiert : il y a princes et seigneurs de bonne volunté : touteffois ne se peuvent en tel faict bien ayder : sentent ung mal accreu par l'imprudence, et non malice des prédécesseurs : fault dire et recognoistre la vérité, que les dictz prédécesseurs l'ont cuydé chasser, curer, et pugnir ceulx qui estoient tumbez en erreurs, par remédes humains ; et néantmoins, il fault confesser que c'est punition et maladie, que Dieu nous a envoyé pour nos faultes et péchez, et qu'il y falloit user de remédes divins et spiritueIz : tous juges chrestiens et ceulx de ceste assemblée, qui ont ceste honneur d'estre tenuz pour les premiers juges du monde, congnoissent assez que les faultes qui sont en l'Église et entre les laiz, ainsi que ont dict les anciens, que les hérésies que Dieu a permises, sont pour le faire recognoistre, ont esté cause que ce mal a esté envoyé de Dieu : au lieu de le prendre pour médecine, nous n'avons voulu nous défendre, mais assaillir, sans penser que Dieu le nous envoyoit pour nous amander et corriger : ainsi peu de gens se sont amendez et reformez : l'Église n'y a voulu entendre : on a faict comme ceulx qui assaillent leurs ennemys au loing, sans laisser provisions et garnisons en leur maison : n'ont que la dextre et non la sénestre : n'a tenu aux roys qui ont faict grande instance envers les papes pour avoir ung concile universel, comme le vray remède duquel les anciens prudens et sages ont usé pour mectre fin aux hérésies ; lesquelz nous debvons imiter : les papes n'y ont voulu entendre, ou pour avoir esté empeschez ailleurs pour leurs affaires, ou qu'ilz ont estimé que ce mal se dissouldroit aisément comme autreffois : y a eu depuis tel pourchas par les princes, que le concile a esté commancé et assemblé, sans résolution : après, est tourné en fumée, sans avoir rendu fruict : depuis, le mal pressant, le dernier pape et cestuy-cy, ont à la fin les roys et princes chrestiens pour le concile ; et semble qu'ilz en soient en bonne volunté, ainsi qu'ilz voyent par la dernière despesche qu'ilz ont receue de Rome : pour ce, le Roy a faict appeler et sémondre tous les évesques de son royaume, au xxe jour de juillet prochain, pour se préparer et tenir prestz au voyage du concile ; et où ces choses ne seroient prestes, pour prendre leur advis sur la réformation de l'Église ; et est cela résolu en son conseil. Quant au faict de la réformation et religion, il se traictera en l'assemblée des prélatz :

s'ilz y sont en bonne intention, Dieu y assistera, et les inspirera : fault espérer qu'il en sortira quelque bon fruict. Au demourant, comme l'on veoid souvent que en ung corps malade, les accidens sont plus crainctz que la maladie principale, et prédisent les médecins que si la fiebvre survient, le malade est mort; ainsi est-il en ceste maladie de religion, que les accidens sont plus périlleux que le mal principal. Ceste opinion de nouvelle religion est entrée si avant ès espritz des hommes, qu'ilz ne veullent attendre qu'il en soit décidé par le concile. Parmy eulx, plusieurs personnes se gectent soubz le manteau de religion; combien qu'ilz n'ayent poinct de Dieu, et sont plus atteistes, que religieux : mettans la main aux armes, abbatent, non les églises, mais ce qui est dedans : menassent ne payer dixmes aux églises, ne les droictz du Roy. Il y en a de deux sortes : les ungs y vont de zèle et affection, pensans que ce soit le salut de leurs ames : mesprisent leurs vies et leurs biens ; ce qu'ilz ne feroient, s'ilz cuydoient mal faire. Entre eulx, y a des gens perduz, qui ont tout mangé et despendu le leur : ne peuvent vivre que de trouble qui est parmi le royaume, et du bien d'autruy : ce sont soldatz et autres gens de mauvaise condition, qui se sont gectez parmy la religion : soubz prétexte d'icelle, y a très-grand danger que cela amène ung plus grand mal : ne réciera ce que le Roy et son conseil en ont entendu par les advis qu'ilz ont euz de toutes partz : veoid la court ce qui est icy, qui est le moins mauvais : l'on a distribué aux maistres des requestes les dictz advis, pour en faire leur rapport céans, si la court le trouve bon. Au conseil privé, l'on s'est trouvé en grand doubte de quel remède on peult user, attendant le concile; et est ce que le Roy veult que ceste compaignie advise, aveeques les princes et gens de son conseil, quel moyen on doibt tenir; c'est assavoir, si les édictz cy-devant faictz pour les assemblées illicites et conventicules ès maisons privées, se doyvent garder, ou y changer, adoulcir ou aigrir les peines; ou si sur le tout, on fera nouveaulx édictz : scet bien que aucuns diront, et a jà entendu des parolles venues non seulement du peuple ignorant, mais des bien sages, comment on change ainsi les édictz : quant ilz considereront que les édictz sont faictz sur choses incertaines, journellement, ilz ne trouveront mauvais que l'on les change, selon le temps, à l'exemple du gouverneur d'un navire, lequel calle la voille et la tourne cà et là, selon que le vent est : aussi les loix humaines et politiques ne peuvent tousjours demeurer en ung estat ; mais les fault changer quelqueffois, selon que le peuple est. La comparaison du peuple et de la mer est propre, pour l'inconstance de l'un et de l'autre : quelquefois la loy sévère est bonne : quelquefois la doulce; et quelquefoys la médiocre. Y a ung an que à Romorantin fut faict l'édict qui n'a rendu grand prouffict : par aventure, on dira qu'il n'a esté gardé : c'est aux juges à le faire garder : aucuns s'en pourroient descharger, qu'il leur a esté mal-aysé de le faire observer. Si l'on dict qu'il fault oster les juges, et semble à aucuns que cela soit aussi facile que tourner un gand , touteffois il est notoire que ce n'est chose prompte; et que *nostris institutis*, ung officier royal n'est destituable que en certains cas : luy fault faire son procès : d'un an, on n'en sçauroit avoir la raison : ne scet si les juges ont tousjours le tort : quelzqueffois ilz ne sont les plus fortz : ilz ne peuvent avec leurs cornettes et chaperons, remédier à la force et assemblée de gens; et fault que le Roy donne la force : les roys ont les mains longues; qui s'entend par les gouverneurs, baillifz et seneschaulx des lieux, qui font les piedz et les mains des roys; lesquelz on ne peult faire résider, non plus que les évesques, quelques édictz que l'on en face. Le juge informe, gratte le papier, et décrete, sans que ses décretz soient exécutez : sans doubte, il fault excuser partie des dictz juges. Diront aucuns que le Roy, la Royne, et ceulx qui gouvernent, en sont cause ; excusent ceulx qui faillent, et se trouvent ès assemblées et conventicules défendues; estans prins, les mectent hors de prison. Le vray office d'un roy et des gouverneurs, est de regarder le temps, aigrir ou adoulcir les loix. Le Roy au commencement a usé de doulceur et miséricorde envers tous, fors les principaulx que l'édict a exemptez : se sont depuis aucuns pauvres gens assemblez, seulement pour prier Dieu, sans faire autre mal : le Roy leur a donné grace : n'y a roy ny juge équitable qui puisse trouver cela mauvais : car ce n'est permission de faire les dictes assemblées; et n'a cette grace faict que le mal est si grand : n'est possible que tout à un coup il feust ainsi accru : *Nemo repente fit turpissimus :* fault confesser qu'ilz estoient cachez de long-temps, et depuis, se sont descouvertz parmy eulx : à l'issue des guerres, se y est meslée une tierce espèce, comme il a dict cy-devant. Du costé des nostres qui sont catholiques, s'en trouvent qui font émotions : crocheteurs et menu peuple, qui se desbauchent de leurs maisons les festes, et ne demandent que à remuer, pour piller et saccager. Le diable s'est mis parmy la contention de religion : cela est venu de ce que nul a pensé à s'amender et réformer : est à craindre, si on ne faict autrement, que chacun soit puny ; et est la main de Dieu haulte et forte : ont beau fuyr; tout à ung coup, ilz seront ruinez par pires qu'eux : espère que bientost, quant au principal, sera mis ordre par l'assemblée des prélatz, qui se fera au nom de Dieu. S'ilz vont au concile universel, y aura de la longueur : fault cependant regarder et adviser reméde, que le mal ne prengne plus long traict, soit pour faire exécuter les édictz, modérer, augmenter ou les changer : en ce faisant, espère quelque repoz : est temps s'ayder; et ne fault faire comme le pasteur de Virgile, qui tenoit les mains joinctes. Les Roys, Roynes, princes et conseil, luy ont commandé leur dire qu'ils prient ceste compaignie, en ceste affaire, oster toutes passions et affections, si aucunes y a; et que chascun regarde à l'honneur de Dieu, et service du Roy : se recommandant à Dieu, de bonne volunté, pour estre inspiré de conseiller le Roy de ce qui sera nécessaire : à ceste fiance en ladicte court : aussi luy ont commandé leur dire, qu'ilz n'ayent aucune craincte, parce que aucuns par eulx ou par autres, ont faict entendre qu'ilz craignoient de parler et opiner librement : estime qu'il ne sortira de la bouche d'aucun, parole qui ne soit modeste et digne de ceste compaignie, comme la principale court, non seulement de ce royaume, mais de tout le monde : c'est ce qu'il a eu charge de dire ; et que les princes et seigneurs du conseil viendront céans demain, à sept heures du matin, pour commancer. Reste une chose qu'ilz sçavent bien, que les dictz princes et conseil ont plusieurs aultres grandz affaires : aussi à la court : prie que chascun soit brief en son opinion, sans répéter ce que aura esté dict; ains en parler seulement selon leurs consciences : *Brevitas in sententia senatoria laudem habet :* désire entendre de ladicte court, si elle trouve bon que dès ledict jour de demain, à ladicte heure, on commance, affin qu'il en face rapport.

A quoi monsieur le premier président a respondu, que messieurs penseront en cest affaire entre cy et demain ; et puisqu'il plaist ausdictz sieurs princes et conseil venir céans, ilz y seront les très-bien venuz ; et a parlé du paiement des gaiges qui sont deubz de XVII mois. A monsieur le président Seguier faict récit de ce qui avoit esté dernièrement accordé à Fontainebleau pour le faict des dictz gaiges ; et mondict sieur le chancellier a respondu qu'il ne se mesloit plus d'ordonner des finances, et ne s'en estoit guères meslé. Et a prié que demain et les jours ensuivans, que l'on vacquera en l'affaire qu'il a proposé, tous viennent, et nul s'absente sans nécessité, veue l'importance ; et que tous les matins, on lira le tableau, pour sçavoir les absens.

Le XIVe jour du mois de juillet, la résolution fust prise par la court en l'assemblée, après que messieurs du conseil eurent opiné, que édict seroit faict, tendant à fin que l'ancienne religion fust gardée sous les peines contenües audit édict.

En ce temps icy furent décernées lettres patentes à touts messieurs les archevesques et évesques de ce royaume, pour se assembler en la ville de Poissy, sur le faict de la religion, et subvention que le Roy demande à tous les clergés de ce royaume. L'assemblée fust destinée au XXVII du mois.

Peu de temps après, furent publiées lettres du Roy, par lesquelles il estoit permis à touts ses subjects, de venir en l'assemblée de Poissy, et d'y faire telles remonstrances que bon leur sembleroit. Elles estoient de ceste teneur :

« CHARLES par la grace de Dieu Roy de
« France. A tous nos baillifs, séneschaux, pre-
« vosts, juges, ou leurs lieutenants, et autres
« nos justiciers et officiers, où il appartiendra :
« salut. Pour ce que en l'assemblée générale
« que nous faisons présentement des prélats de
« nostre royaume, pour les causes contenües ès
« lettres que nous leur avons par cy-devant es-
« criptes, il nous a semblé estre bien requis, que
« tous ceux de nos subjects qui auront sur icel-
« les à faire aucunes remonstrances, ou qui vou-
« dront estre oüis en icelle assemblée, s'y puis-
« sent trouver et comparoir en toute seureté,
« pour l'espérance que nous avons de prendre
« par ce moyen une bonne et saincte résolution :
« A ces causes, nous par l'advis de nostre très-
« honorée dame et mère la Royne, de nostre
« très-cher et très-amé oncle le roy de Navarre,
« des princes de nostre sang et autres seigneurs
« de nostre conseil, avons permis et permettons
« par ces présentes à tous nosdits subjects de
« quelque estat, qualité et condition qu'ils soyent,
« qui auront, comme dit est cy-dessus, à re-
« monstrer quelques choses, qu'ils puissent seu-
« rement, franchement et sans aucune craincte,
« venir, se trouver et estre oüis en laditte as-
« semblée que nous faisons tenir ici près, en nos-
« tre ville de Poissy, et là demeurer et séjourner
« tant et si longuement qu'elle durera, et après
« eux en retourner et se retirer en semblable
« seureté et liberté, où et ainsi que bon leur
« semblera ; et à ceste fin, leur avons par ces
« présentes baillés et baillons bonne et loyalle
« seureté, en deffendant très-expressément à
« toutes personnes quelconques, soient nos sub-
« jects ou autres, de ne meffaire ni mesdire de
« faict ne de parolles en quelque sorte que ce
« soit, à ceux qui viendront, comme dit est, en
« laditte assemblée, sur peine de la hart ; enjoi-

« gnant pareillement à ceux de nosdits subjects « qui viendront pour cet effect, qu'ils ayent sur « les mesmes peines, à eux comporter et conte- « nir doucement et modestement, et sans exciter « aucuns troubles ne séditions. Et affin que nos- « tre présente permission, vouloir et intention « soit patente et manifeste à un chacun, nous « voulons, et vous mandons par ces présentes, « que icelles receuës, vous ayés à les faire lire et « publier par tous les lieux et endroicts de vos « ressorts, accoustumés à faire cris et proclama- « tions, à ce que aucun n'en prétende cause d'i- « gnorance ; et que ceux qui auront à se trouver « en laditte assemblée, y puissent venir et com- « paroistre à temps. Donné à Saint-Germain en « Laye, le 25 de juillet, l'an de grace 1561, et « de nostre régne le premier. Signé. Par le Roy. Et plus bas. Robertet.

Le dernier jour du présent mois, fust publié édict du Roy en la cour de parlement, sur le faict de la religion, duquel la teneur s'ensuit :

« CHARLES par la grace de Dieu Roy de France. « A tous présents et à venir : salut. Comme pour « donner remède et pourvoir aux troubles et es- « motions que l'on voit pulluler et multiplier de « jour en jour en ce royaume, à cause de la di- « versité des opinions concernant le faict de la « religion, nous ayons faict assembler en nostre « court de parlement de Paris, nostre très-cher « et très-amé oncle le roy de Navarre, les prin- « ces de nostre sang, pairs de France, et autres « princes et seigneurs de nostre conseil privé, « lesquels avec les gens de nostre ditte cour, au- « roient par plusieurs et diverses journées, vac- « qué audit affaire : finalement après avoir veu « et entendu ce qui auroit par eux esté délibéré « en laditte assemblée, nous pour parvenir à l'ef- « fect de nostre principal désir, qui est de faire « vivre et maintenir nos subjects en tranquillité « et repos, avons par ce présent édict enjoingt « et enjoignons à toutes personnes de quelque « qualité ou condition qu'ils soient, vivre en « union et amitié, et ne se provocquer par inju- « res ou convices, ne esmouvoir, ne estre cause « d'avoir trouble ne sédition, ne aggression l'un « l'autre, de faict ou de paroles, ne faire force « ou violence les uns aux autres, dans les mai- « sons ne ailleurs, soubs quelque pretexte ou cou- « leur de religion ou autre, et ce sur peine de la « hart. Avons aussi deffendus et deffendons sur « mesmes peines, à toutes personnes, ne faire « aucuns enroollements, signatures ou autres « choses tendans, invitants et provocquants à « factions, conspirations ou partialités ; et pa- « reillement à touts prescheurs, de n'user en

« leurs sermons ou ailleurs de paroles scanda- « leuses ou tendantes à exciter le peuple à émo- « tion ; ains leur avons enjoinct et enjoignons se « conduire et contenir modestement, ne dire rien « qui ne soit à l'instruction et édification du peu- « ple, et à le maintenir en tranquillité et repos, « sur icelles mesmes peines ; et desdites séditions « et cas dessusdits, nous avons attribué la co- « gnoissance en souveraineté à nos juges, con- « seillers et magistrats, establis par les siéges « présidiaux de nos païs, terres et seigneuries, « respectivement chacun en son ressort, sans « qu'ils puissent toutesfois juger deffinitivement « ou à la torture ou question, s'ils ne sont au « nombre de dix pour le moins ; et néantmoins « si aucuns prétendent avoir occasion de se dou- « loir ou plaindre, ils se pourront adresser à nos- « dits juges, sans qu'il leur soit loysible d'entre- « prendre aucune chose de leur autorité privée ; « aussi avons deffendu et deffendons sur peine « de confiscation de corps et de biens, touts con- « venticules et assemblées publicques avec armes « ou sans armes, ensemble les prises où se fe- « roient presches et administration de sacrements « en autre forme que selon l'usage receu et obser- « vé en l'Église catholique dès et despuis la foy « chrestienne receuë par les roys de France nos « prédécesseurs, et par les évesques et prélats, « curés, leurs vicaires et députés : et pour le re- « gard de la simple hérésie, ordonnons et nous « plaist que l'édit faict à Romorantin, par le feu « Roy François dernier, nostre très-cher seigneur « et frère, au mois de may 1560, soit observé et « gardé en ce qui concerne la cognoissance dudit « crime d'hérésie délaissée aux gens de l'Église ; et « au cas que le prévenu ou accusé dudit crime, « fust par lesdits juges d'Église délivré au bras « séculier, en ce cas voulons, entendons et nous « plaist, que nos juges séculiers procèdent contre « luy, sans luy pouvoir imposer plus grande et « griefve peine que de luy interdire la demeure « et habitation en nos païs, terres et seigneuries « seulement ; le tout par manière de provision, et « jusques à la détermination du concile géné- « ral, ou de l'assemblée des prélats de nostre « royaume. Et suivant ce qui a esté par nous « faict dès l'avénement à la couronne, et conti- « nuants nostre mesme clémence et miséricorde, « avons faict et octroyé, faisons et octroyons « grace, pardon et abolition à toutes personnes « de quelque qualité ou condition qu'ils soient, « et sans nuls excepter, de toutes les faultes « passées procédantes du faict de la religion, ou « sédition prouvée à cause d'icelle, despuis le dé- « cès du feu Roy nostre très-honoré seigneur et « père, en mettant au néant toutes procédures

« contre eux faictes, et jugements contre eux « donnés, leurs enjoignant doresnavant de vivre « paisiblement, catholiquement et selon l'Église « catholique, et observation accoustumée par « nosdits prédécesseurs roys de France. Et affin « que nos bons subjects ne soyent travaillés ny « inquiétés sans cause, enjoignons à touts nos « juges, procureurs, advocats et autres officiers, « ne rechercher ou molester indiscrétement nos- « dits subjects, n'abuser de l'exécution du con- « tenu en ces présentes, et punir les faux déla- « teurs et calumniateurs de telles et pareilles « peines que seroient pugnis les accusés, s'ils « estoient convaincus des crimes dont ils auroient « esté chargés. Avons pareillement prohibé et « deffendu, prohibons et deffendons à toutes per- « sonnes de quelque qualité ou condition qu'ils « soient, sur peine de la hart, toutes voyes de « faics et port d'armes ; deffendant pareillement « sur la mesme peine, le port des arquebuses et « pistolets ; fors et excepté aux archers de nos « gardes, et ceux de nos ordonnances, allants et « venants en nos garnisons, les prevosts des ma- « reschaux, leurs lieutenants et archers, les mi- « nistres de la justice, autant qu'il sera requis « pour l'exercice d'icelle, les conducteurs de nos « deniers pour la seureté d'iceux seulement, en- « semble aux gardes des forests et buissons, « ausquels permettons porter pistolets ; deffen- « dons aussi à toutes personnes autres que les « cy-dessus, excepté les gentilshommes, les ser- « viteurs des princes, seigneurs et des gentils- « hommes, et lorsqu'ils sont à leur suitte tant « seulement, de porter aux villes et bourgades « épées, dagues, grands cousteaux et autres ar- « mes offensives ; si ce n'est en allant par païs « pour la seureté et deffense de leurs personnes, « sur peine de cinquante escus d'or sol, pour « chacune fois qu'ils y auront contrevenu, sans « que par nos juges laditte peine puisse estre mo- « derée; et au cas de modération ou contraven- « tion à nostre présente ordonnance, sera prise et « levée laditte amande sur lesdits juges ; et si les « condamnés en laditte amende ne la peuvent ou « veuillent payer, seront punis de peine corporelle « et arbitraire. Si donnons, etc. Donné à Saint- « Germain en Laye, au mois de juillet, l'an de « grace 1561, et de nostre règne le premier.

« *Lecta, publicata et registrata, audito « procuratore generali regio, per modum « provisionis dumtaxat, et donec aliter fuerit « ordinatum.*

« Et sur la requeste faicte par le procureur « général, concernant la résidence des évesques « et des gouverneurs des provinces, pour faire « exécuter et garder ce présent édict, la court « ordonne que l'édict cy-devant publié et regis- « tré en icelle, sera gardé selon sa forme et « teneur. *Parisiis, in parlamento, ultima die « julii, anno Domini millesimo quingentesimo « sexagesimo primo.* »

Le lundy dix-huitiesme du mois d'aoust, monsieur le premier président le Maistre fust interdict de par le Roy de ne plus entrer en la court de parlement, jusques autrement par luy en eust esté ordonné; et ce pour avoir dit en son opinion en la présence du roy de Navarre, séant en la court de parlement, que il sembloit que l'on eust gardé les cayers des estats de dessein faict, et que l'on vouloit surprendre la court, d'autant que l'on les avoit envoié sur la fin du parlement, et que ce n'estoit chose qui se deust précipiter ; et que le premier article concernant l'élection des évesques, estoit schismatique.

Le vingt-septième dudit mois, furent publiées à son de trompe les lettres patentes du Roy sur le faict de la religion, desquelles la teneur s'ensuit :

« CHARLES par la grace de Dieu Roy de « France. A nostre cher et bien amé cousin le « seigneur de Montmorency, chevalier de nostre « ordre, mareschal de France, gouverneur et « nostre lieutenant général en l'Isle de France, « ou à son lieutenant audit gouvernement : salut. « Encores que par nos prédécesseurs roys et « nous, ayent cy-devant esté faictes plusieurs « ordonnances et édicts pour faire vivre nos sub- « jects en repos, et maintenir parmy eux la « tranquillité et union qui est nécessaire, obvier « aux injures, offenses, forces et violences qui « se peuvent commettre les uns envers les autres ; « néantmoins nous sommes advertis que en divers « endroits de nostre royaume, mesmes en vostre « gouvernement, plusieurs personnes séditieuses « et qui ne désirent rien moins que le repos pu- « blicq, font journellement amas de gens et d'ar- « mes, et en grand nombre, les uns pour venger « leurs inimitiés privées, et exercer leurs pas- « sions, et les autres soubs certain prétexte de « religion, entrent ès églises et maisons où ils « font avec la force et les armes, infinis maux, « pilleries, outrages, meurtres et autres choses « estranges, qui requièrent prompte et roide pro- « vision, telle que nous desirons y estre mise « pour le bien de la justice, repos de nosdits « subjects, et de l'obéissance qui nous est deüe ; « nous à ces causes, considérants combien il est « nécessaire d'y mettre la main à bon escient, « encores que nous soions assés asseurés que de « vostre part vous employerés tout debvoir pour « maintenir nosdits subjects en repos, et chastier

« les perturbateurs et séditieux, selon que il ap-
« partient à la fiance que nous avons en vous,
« voulons, vous mandons, commettons et ordon-
« nons par ces présentes, que vous ayez de rechef
« à faire publier à son de trompe par tout vostre
« dit gouvernement, les deffences à toutes per-
« sonnes de quelques qualités qu'elles soient, de
« s'injurier, provocquer, irriter, ne outrager l'un
« l'autre, de faict ne de parolles, faire assemblée
« en armes, courir sus les uns aux autres, ne
« autrement troubler ne offenser en quelque sorte
« que ce soit la tranquillité publique, sous cou-
« leur de quelque religion que ce soit, ne autre-
« ment; et si après icelles deffences, vous trouvés
« aucuns qui s'oublient tant que d'y contrevenir,
« ou qui s'ingèrent de s'assembler en armes, et
« faire insulte, outrage ne offense à qui que ce
« soit, entrent, forcent et pillent les églises,
« abbatent images, croix, ou facent aucun dé-
« sordre qui nous offense, le privé et le public,
« en ce cas faittes les prendre et saisir au corps,
« pour en estre faict la justice et punition si ri-
« goureuse que l'exemple serve à contenir les
« autres, et affin que l'obéissance nous y soit
« renduë telle qu'il apartient, et que ayés mieux
« de quoy satisfaire en cet endroict à nostre in-
« tention, au cas que autrement ny pourriés
« pourvoir, et seriés contrainct venir à ce der-
« nier et nécessaire remède, faites venir à vous
« touts les gens de nos ordonnances qui seront
« en vostre dit gouvernement, et si besoing est,
« mettre sus et lever le ban et arrière-ban d'ice-
« luy, convocquer et assembler la noblesse, et
« toutes les autres forces qu'estimerés nécessai-
« res, pour courir sus à telles manières de gens,
« et les chastier comme infracteurs de nos ordon-
« nances, et ennemis de nous et du repos pu-
« blicq de nostre dit royaume, en manière
« que la force et l'authorité nous en demeure. De
« ce faire vous avons donné et donnons plein
« pouvoir, authorité, commission et mandement
« spécial. Mandons et commandons à touts nos
« justiciers, officiers et subjects, que à vous en
« ce faisant, obéissent et entendent diligemment,
« prestent et donnent conseil, confort, ayde et
« prisons, si mestier est et requis en sont. Don-
« né à Saint-Germain en Laye, le 16ᵉ jour
« d'aoust, l'an de grace mil cinq cent soixante-
« un, et de nostre règne le premier. Signées. Par
« le Roy en son conseil. De l'Aubespine ; et scel-
« lées en simple queuhe de cire jaulne, du grand
« seel. »

*Arrêt du parlement de Paris, rendu en con-
séquence des lettres de cachet du Roy, portant défense d'imprimer aucun ouvrage
sans la permission du Roy ou du parlement.*

Ce jour, la court ayant receu les lettres missives du Roy et de la Royne sa mère cy-après
insérées ; les gens du Roy pour ce mandez, leur
a esté ordonné de faire venir et mander en leur
parquet, les recteur et université de Paris ; mesmes la faculté de théologie, pour adviser ensemble du moyen plus expédient et prompt,
afin de satisfaire en cela au bon vouloir dudict
seigneur. Ensuict la teneur des dictes lettres. —
De par le Roy. Noz amez et féaulx, l'on apporte
chacun jour icy, et se distribue en divers autres
lieux de nostre royaume, infiniz livres et divers
autres petitz œuvres plains de scandales, opprobres et contumélies, contre l'honneur de Dieu et
les plus grandz et dignes personnaiges de ce dict
royaume ; lesquelz (à ce que nous entendons)
sont imprimez à Paris ; choses à quoy nous désirons pourvoir et remédier. A ceste cause,
nous voulons, vous mandons et ordonnons très-
expressément, que incontinent après la présente
receue, vous faciez faire défense à son de trompe
et cry publicq, à tous libraires-imprimeurs, sur
peine de la hart et autres, qu'ilz n'ayent à imprimer ne faire imprimer aucuns livres, épistres
ne autres œuvres ne compositions quelzconques,
de qui que ce soit, sans qu'elle ayt premièrement par eulx esté présentée en vostre compaignie, et d'icelle eu congé et permission de vous
de les imprimer ; sinon qu'il y en eust de nous
à ceste fin ; et de ceulx que vous trouverez avoir
contrevenu à ceste défense, faictes en faire si
bonne et si roide justice, que ce soit exemple
aux autres. Donné à Sainct-Germain-en-Laye,
le XVIᵉ jour d'aoust 1561. *Signé :* CHARLES. Et
plus bas : DE L'AUBESPINE. Et sur la superscription. *A noz amez et féaulx les gens tenans nostre
court de parlement à Paris.* — Messieurs. Vous
verrez parce que le Roy monsieur mon filz vous
escript, combien il trouve, avec raison, mauvais
que l'on imprime ainsi indifféremment toutes
choses, dont on veoid icy ordinairement beaucoup de livres et œuvres diffammatoires. Ce à
quoy je vous prie, suivant son intention, pourvoir et donner tel ordre que ceste licentieuse et
téméraire audace de ceulx qui sont si folz, soit
contenuë et réprimée comme il appartient, et
que vous jugerez assés qu'il est raisonnable :
priant Dieu, Messieurs, vous avoir en sa garde.
De Sainct-Germàin-en-Laye, le VXIᵉ aoust 1561.
Ainsi signé : CATERINE. Et plus bas : DE L'AU-
BESPINE. Et sur la superscription. *A messieurs
les gens tenans la court de parlement à Paris.*
.... sic

La court advertie de ce que au contempt et mespris des édictz du Roy et arrestz d'icelle sur ce intervenuz, l'on imprime ordinairement en ceste ville, plusieurs et divers livres plains de scandales, opprobres et contumélies, contre l'honneur de Dieu et les plus grandz personnaiges de ce royaume; et aussi suivant les lettres escriptes par le Roy à ladicte court, pour y pourveoir; et oy le procureur général dudict seigneur; a ordonné et ordonne, que itératives défenses seront faictes de par le Roy et ladicte court, à tous imprimeurs et libraires, porte-paniers, et autres sans aucun excepter, d'imprimer ou faire imprimer et exposer en vente aucunes œuvres, livres, épistres, compositions ou traictez, sans permission et congé du Roy ou de ladicte court, après avoir veu les dictz livres, traictez et choses que l'on vouldra faire imprimer, et ce sur peine de la hart. Et sera le présent arrest leu et publié à son de trompe et cry publicq, par les carrefours de ceste ville et forsbourgs, et autres lieux accoustumez à faire criz et proclamations publiques, à ce que aucun n'en puisse prétendre cause d'ignorance : enjoinct aux commissaires du Chastelet de Paris, de s'enquérir contre les contrevenans à ceste présente ordonnance; et au bailly du Palais, d'icelle faire garder et observer pour le regard des libraires, vendeurs, porte-paniers et autres qui viennent au Palais, en sorte que la cour n'en ayt aucune plaincte.

En l'assemblée de Poissy, fut proposé (1) pour la subvention que demandoit le Roy à l'estat ecclesiastique, duquel il désiroit qu'il racquittast son domaine et ses aides et gabelles en si peu de temps, qu'il s'y trouva de grandes difficultés; ledit domaine et aydes montant à la somme de seise millions.

En ce mesme temps, furent leües en l'assemblée dudit Poissy, plusieurs lettres venans de toutes les parts du royaume, portans de grands troubles, séditions et injures faictes aux personnes ecclesiastiques et subjects de ce royaume, les ungs aux autres; le tout pour le faict de la religion; entre autres furent leües lettres de monsieur l'archevesque de Bourges pour le faict de son diocèse. La lecture oüye, monsieur le cardinal de Lorraine fust prié par monsieur le cardinal de Tournon qui comme plus ancien présidoit en ladicte assemblée, de en aller faire les remonstrances au Roy et au conseil; et lors répondist qu'il ne refuseroit jamais telles charges qui concernent le bien publicq et la tran-

(1) Ce mot est inutile et brouille le sens de cette phrase, dans laquelle d'ailleurs il manque peut-être quelques mots.

quillité universelle de toutes les églises de ce royaume; mais qu'il estoit contrainct de dire, *duodecim sumus, sed unus ex nobis Diabolus est;* et passant plus outre, qu'il y avoit ung évesque de la compagnie, lequel il ne nommeroit point, mais que Dieu permettroit que il seroit cogneu pour tel qu'il est, avant que l'assemblée fust départie, qui avoit révélé ce qui se faisoit en ladite assemblée, et avoit voulu faire trouver mauvais à la Royne mère et à son conseil plusieurs propos tenus par ledit sieur cardinal de Lorraine, dont touttesfois la Royne mère ni son conseil ne croioient rien, et l'avoit en meilleure estime et réputation. Lors monsieur le cardinal de Tournon luy fist responce, *quod habebat multos testes* en la compagnie, et qu'il n'avoit rien dit qui ne fust bon et sainct. Monsieur le cardinal de Lorraine alla faire les remonstrances, tant sur le faict des séditions, que sur le faict de la subvention, pour parvenir à laquelle il offrist *nomine totius cleri*, seise millions; remonstrant à messieurs des finances, que s'ils avoient quelque meilleur moyen, ils vinssent à Poissy les proposer, et que les ecclésiastiques se efforceroient de faire et obéir au Roy en tout ce qui leur seroit possible. Suivant ce, furent envoiés de messieurs des finances audit Poissy, comme il sera dit cy-après.

En ce temps ici, fust commencé à besongner aux cayers des estats, par messieurs de la court de parlement, et continué jusques à la fin de la publication d'iceux.

Le quatriesme de septembre 1561, furent envoiés en l'assemblée de Poissy, de messieurs des finances, pour faire des ouvertures pour trouver moyen de subvenir au Roy; entre lesquels estoit monsieur de Beauvoir, chevalier de l'ordre, Mr. du Mortier, Mr. de Voesinlieu, Mr. le trésorier de l'espargne, et monsieur de Granville. Le sieur de Gonnor proposa un moyen le plus expédient, ce luy sembloit, pour acquitter le Roy; ce estoit de aliéner du bien de l'Eglise, cinq cent mille livres de rente; laquelle ouverture ne fust trouvée bonne, pour la conséquence; joinct que les ecclésiastiques n'estants qu'usufructiers des biens d'Eglise, ne doibvent et ne peuvent consentir à l'aliénation d'icelle. Proposèrent encores plusieurs autres moyens, lesquels seroient longs à réciter.

Le neufiesme jour du présent mois, les protestans et adversaires de nostre religion chrestienne, furent ouis en l'assemblée de Poissy, le Roy présent, la Royne mère, et touts messieurs de son conseil, et princes du sang. Desdits protestans qui estoient en nombre de vingt-huit, le conducteur et chef estoit un nommé Théodore de Béze, lequel porta la parole et proposa ce que bon luy sembla, et fust oui assés attentivement, jusques à ce que parlant sinistrement du sacrement de l'autel et du précieux corps de Nostre Seigneur, quelqu'un se levast qui criast blasphème, et fust interrompu et perdist son premier propos, sans facilement y pouvoir rentrer ; d'où vint que pour cette occasion il fist imprimer une sommaire déclaration sur certains poincts par luy proposés en l'assemblée des cardinaux et évesques de France et des ministres de l'Eglise à Poissy, le IX de septembre mil cinq cens soixante et ung ; et fust pareillement imprimée la proposition de Béze ainsi intitulée.

« Harangue de Théodore de Béze, ministre « du sainct Evangile, prononcée au nom des « Eglises réformées, et ministres d'icelles, en « l'assemblée des cardinaux, évesques et prélats « de France, tenans concile national à Poissy, « le IX de septembre 1561. »

Le cinquiesme du présent mois, fust publiée une ordonnance du Roy prohibitive de porter habillemens de drap de soie et autres superfluités ; par laquelle entre autres choses est dit que touts gens d'églises se vestiront doresnavant d'habits modestes, décens et convenans à leur profession, sans qu'ils puissent porter aucuns draps de soie, soit en robbes, sayes, pourpoints ou chausses, ni lesdites chausses aucunement descoupées ; et si porteront les sayes longs.

Le seisième du présent mois, monsieur le cardinal de Lorraine fist responce à la harangue proposée par Béze accompagné des protestans, en pareille et encores plus grande assemblée que n'estoit celle des protestans, en si bons et élégans termes, et d'une si bonne grace et asseurance, que nos adversaires mesmes l'admiroient. Laditte harangue et responce ne fust si-tost imprimée que celle des huguenots.

En ce temps ici, monsieur le Chancellier décerna lettres patentes du Roy, pour faire bailler par déclaration à touts les bénéficiers de ce royaume, tous et chacun leur revenu, et ce sur peine de saisie de leur temporel, dedans le premier jour d'octobre ; ce qui fust en plusieurs lieux exécuté à grands frais et préjudice des bénéficiers.

Le XXIV, les protestans poursuivirent fort pour estre de rechef oüis, et entendre les passages allégués par monsieur le cardinal en sa responce, et en conférer avec luy et les douze députés ; et importunèrent fort la Royne mère et le conseil du Roy pour estre oüis. La matière fust mise en délibération entre les prélats assemblés à Poissy, et résolu par eux que *non erat congrediendum cum his qui principia et fundamentum totius nostræ fidei et religionis christianæ negant ;* et pour ce protestèrent touts de ne les ouir, disants que ceux qui conféreroient avec eux, seroient excommuniés.

Monsieur le cardinal de Lorraine voiant qu'il passoit à la pluralité, qu'ils ne seroient ouis, pour le désir qu'il avoit de les gagner, et aussi de satisfaire au vouloir de la Royne mère, leur accorda d'estre oüis en une chambre privée à Poissy, là où il assembla le nombre de gens doctes qu'il voulust ; et eux venus, leur dit qu'il estoit d'accord de conférer avec eux de tous les poincts proposés par Théodore de Béze, moyennant que premièrement ils accordassent et le signassent, que *sub specie panis, sacratissimum corpus Christi inest, et sub specie vini, sanguis Christi inest.* En cette ditte chambre, cela estant ainsi proposé par monsieur le cardinal, en la présence de la Royne mère, et de la royne de Navarre, et de plusieurs princes et notables personnages, les protestans firent de grandes altercations sur ce poinct ; *tamdem* ils demandèrent délay de deux jours pour en venir responde.

Le vingt-cinquiesme en suivant, monsieur le cardinal de Chastillon alla par devers la Royne mère, pour lui faire remonstrances de ce que tout son clergé du royaume pouvoit faire pour la subvention ; et luy dit que il accorderoit par contract avec le Roy seise millions de francs, à payer dedans douze ans par esgalle portion ; laquelle offre fust acceptée ; et par ce moyen les lettres patentes du Roy, pour bailler par déclaration, furent révocquées ; et commandement de bailler main levée à ceux qui à faulte d'avoir baillé par déclaration, auroient esté saisis ; ce qui fust faict. L'exécution du payement se trouva fort difficile ; et faillust la lever et esgaler par forme de décimes. Ce qui fust accordé ; à la charge que le Roy maintiendroit l'Eglise en sa liberté et en ses priviléges ; et aussi que les chanoines des églises cathédrales, en résidant *in cathedrali*, seroient excusés de la résidence en leurs autres bénéfices ; ce qui fust accordé.

En ce temps icy, le cardinal de Ferrare vint légat en France, ayant plusieurs choses à dire de la part du Pape et du Roy catholique ; le tout pour le faict de la religion.

Le jour de Sainct-Michel, fust marié le jeune de Rohan cousin du roy de Navarre, avec une damoiselle nommée Brabançon, niepce de madame d'Estampes ; et furent espousés, comme le bruict commun courut, en la mode de Genesve, par Théodore de Béze ; *idque*, au village d'Argenteuil, près Sainct-Denis en France; là où assista le prince de Condé et la royne de Navarre; qui fust un grand scandale, et contre la religion chrestienne.

Au commencement du mois d'octobre, fust veüe une confession faicte en la conférence qui a esté faicte à Sainct-Germain, où estoient assemblés de la part des évesques, messieurs de Valence, Seés, Despences, Salignac et Bouteller; et de la part des ministres, messieurs Martyr, Béze, de Saules, Marlorat et de Spina; desquels furent escripts les vers françois qui ensuivent, par les malveillans de la religion ancienne.

« Messieurs de Valence et de Seés
« Mettent les papistes aux septs.
« Sallignac, Bouteiller et Despence,
« Pour servir Dieu quittent la pance.
« Marlorat, Beze et Martyr
« Font mourir le pape martyr.
« Saules, Merlin et de Spina
« Sont merris qu'encores pis n'a.

Le unsiesme jour du présent mois, vindrent nouvelles que pour despartir par esgallement sur les diocèses, et fournir à la subvention du Roy, les évesques, abbés, chapitres, prieurés non cures, payeroient cinq décimes, et les cures, quatre; encores ne sçavoit-on si cela y pourroit fournir.

Le dimanche dousiesme du présent mois, se fist une assemblée près Sainct-Anthoine des Champs, qui estoit bien de six mille personnes; là où fust faicte une presche, dont avint une grande sédition à Paris : car voyant la multitude si grande, les portes de la ville furent fermées. Touttesfois les huguenots forcèrent la porte du temple, de telle sorte qu'elle fust par eux rompue. Sur ce faict la commune se ruast sur eux ; et y en eust d'un costé et d'autre plusieurs tués.

Le Roy et son conseil estant adverty de cela, envoièrent monsieur le prince de La Rochesuryon gouverneur à Paris, accompagné de monsieur de Montmorency, mareschal de France, et de monsieur de Termes, pour éviter et donner ordre à telles séditions; lesquelles assemblèrent les forces de la ville.

Le quinsiesme dudit mois, monsieur le président Pirot et le président Prevost, avec le selleur, furent députés par le chapitre de Paris, pour aller congratuler à monsieur le prince, et lui faire les remonstrances requises en telles affaires. *Inter cætera autem quæ illi proposita fuere*, c'estoit que le principal moyen d'appaiser les troubles, c'estoit suivant les édits et ordonnances royaux, de empescher les presches et conventicules. Lors il fit responce qu'il n'avoit aucune charge de cela; mais seullement d'appaiser et empescher les séditions; qui fust une responce, soubs sa correction, qui déclaroit assez évidemment le support que l'on donnoit aux huguenots et nouveaux évangélistes.

Le seisiesme jour en suivant, fust publié à son de trompe et affiché par les coings des rues de Paris, ce qui s'ensuit :

« De par le roy, et M. le prince de La Roche-
« suryon, lieutenant général de Sa Majesté en
« la ville de Paris. Il est enjoinct à touts chefs
« d'hostels, propriétaires ou locataires de cette
« ditte ville de Paris et faulbourgs, de quelque
« qualité ou condition qu'ils soient, soient saisis
« dedans le jour d'hui des armes de leurs domes-
« tiques et serviteurs, tant espées, dagues, pis-
« tolets, que autres armes défensives ; et icelles
« tenir soubs bonne et seure garde, de manière
« qu'ils en puissent respondre, et n'en adviennent
« aucun inconvénient ; et que leurs dits servi-
« teurs et domestiques n'en portent en manière
« que ce soit ; n'estoit que les maistres allassent
« pour leurs affaires par les champs ; auquel cas
« lesdits maistres en seront responsables sur
« peine de la hart; desquelles armes qui seront
« en leurs maisons, ils seront tenus de bailler
« déclaration au vray au commissaire du quar-
« tier dedans vingt et quatre heures, sur peine
« de confiscation desdites armes, au cas qu'il
« s'en trouvast d'avantage en leur possession, et
« de mil livres d'amende; pour icelle déclaration
« estre portée à mondit seigneur le prince, lieu-
« tenant général ; lesquelles armes ils ne pourront
« vendre ou prester sans son congé et permis-
« sion. Et pour faire cesser ce que pourroient
« prétendre lesdits habitans chefs d'hostel, de
« n'estre obéis par leurs serviteurs ou domesti-
« ques, est enjoinct ausdits chefs d'hostel d'en
« advertir le commissaire de quartier, pour in-
« continent prendre et appréhender lesdits déso-
« béissants, et en faire faire la justice. Aussi est
« enjoinct sur les mesmes peines ausdits chefs
« d'hostel, de ne souffrir vaguer leurs dits servi-
« teurs ou domestiques par ladite ville; ains soy
« contenir en leurs maisons et vacquer à leurs
« affaires paisiblement, sans meffaire ni mesdire
« en manière que ce soit, à leurs voisins ou au-
« tres personnes passans ou repassans, de quel-
« que religion que l'on se prétende estre ; et de
« ne jetter ou souffrir d'estre jetté de leurs mai-
« sons par leurs enfans, serviteurs et domesti-
« ques, aucunes pierres ou autres choses offen-
« sibles, sur quelque personne que ce soit ;
« mesmement n'user ne appeller par ces mots de
« papiste ou huguenots, sur peine d'en respondre

« eux-mesmes corporellement, et sus la peine
« susdite ; et de mesmes seront tenus les pères et
« mères et ayants charge d'enfans, de respondre
« d'iceux, et les maistres et maistresses, de leurs
« serviteurs. Et affin que le tort et injure, si au-
« cun se faict ausdits chefs d'hostel, leurs ser-
« viteurs et domestiques, soit réparé, et justice
« exemplaire en soit faicte promptement, est en-
« joinct en ce cas ausdits chefs d'hostel, aller
« promptement faire plaincte au commissaire du
« quartier, du tort ou injure qui leur aura esté
« faicte, sans en prendre ou faire vengeance de
« soy-mesme, par injure ou autrement ; auquel
« commissaire est enjoinct y pourvoir, et faire
« pourvoir par justice promptement et sans aucun
« délay, selon que le cas le requerra, sur peine
« de punition corporelle ; et de laquelle plaincte
« ils prendront acte par devant deux notaires,
« à ce que lesdits commissaires ne facent faulte
« de leur en faire faire la raison. Aussi est en-
« joinct au procureur du roy en Chastelet, si-tost
« que laditte plaincte sera venuë à sa cognois-
« sance, en faire la poursuitte, sans attendre ne
« se reposer aucunement sur la partie civile.
« Sont aussi faictes deffences à toutes personnes
« de quelque estat ou condition qu'ils soient, de
« soy trouver, aller ne venir sur le rampart sans
« urgente affaire, sur peine de la hart. Pareille-
« ment est enjoinct à touts hostelliers et autres
« personnes qui logent gens, tenir registre du
« jour qu'ils seront arrivés et partis de leurs lo-
« gis, et iceluy registre aporter chacune semaine
« deux fois ; à sçavoir, le samedy et mardy, au
« prévost de Paris ou son lieutenant, pour iceux
« estre mis ès mains dudit sieur lieutenant. Aussi
« est enjoinct ausdits chefs d'hostel mettre lan-
« ternes et lumières à leurs fenestres despuis sept
« heures du soir, suivant les ordonnances cy-
« devant faictes et peines indittes. Est pareille-
« ment enjoinct à touts vagabonds et gens non
« ayants maistres ou adveü, de sortir dedans
« ving-quatre heures de laditte ville et faulx-
« bourg, et soy retirer en leurs pays et maisons,
« sur peine de la hart. Est faicte deffence à
« touts armuriers, fourbisseurs, et autres fai-
« sants estat de vendre armes, ne prester soubs
« quelque couleur que ce soit, aucunes espèces
« d'armes, sans le congé ou permission dudit
« sieur lieutenant ; et s'ils en ont vendu en quan-
« tité depuis un mois en ça, qu'ils ayent à l'en
« advertir fidellement. Pareillement sont faictes
« deffences à toutes personnes de quelque estat
« ou condition qu'ils soyent, de ne tirer ou per-
« mettre tirer de nuit aucunes harquebuses ou
« pistolets, sur peine de la hart ; et en cas de
« contravention, enjoinct aux voisins en adver-
« tir les commissaires du quartier, sans autre-
« ment s'en pourvoir. Est deffendu à touts parti-
« culiers très-expressément, de n'entreprendre
« ne soy ingérer aucunnement d'aller aux mai-
« sons les ungs des autres, pour soy enquérir que
« l'on y faict, ou d'inciter noise, querelle ou sé-
« dition, encores qu'ils fussent soupçonnés ; mais
« ayent à s'en plaindre et pourvoir au commis-
« saire du quartier ; et ce sur peine de la hart.
« Et ce qu'aucun n'en prétende cause d'igno-
« rance de ce que dessus, est ordonné qu'il sera
« publié à son de trompe par cette ville, etc. »

Samedy dixneufiesme du présent mois, fust terminé et achevé le colloque de messieurs les évesques et prélasts qui estoient assemblés à Poissy ; et furent portés les canons faicts par eux au conseil du Roy, pour y prester consentement.

Le dimanche vingtiesme du présent mois, monsieur le prince de La Rochesuryon, lieutenant pour le Roy en sa ville de Paris, accompagné de monsieur le mareschal de Montmorency et de Termes, du prévost de Paris et prévost des marchands et eschevins de laditte ville, firent une reveüe par la ville, pour voir s'il s'y faisoit aucunes assemblées ; et ne s'en trouva aucune. Furent en ce mesme-temps réïtérées les deffences de ne porter aucunes armes ; et ceux qui en auroient de les porter en l'hostel de la ville.

Le premier et second jours du mois de novembre, se firent plusieurs grandes assemblées et conventicules en la ville de Paris, jusques au nombre de deux ou trois mille personnes, en plusieurs et divers lieux ; *quod non fuit sine magno incommodo reipublicæ christianæ;* et le pis est, que combien que monsieur le prince fust à Paris lieutenant pour le Roy, ce néanmoins ny donna aucun ordre, disant qu'il avoit charge de appaiser et empescher la sédition ; mais de empescher les presches et conventicules, cela n'estoit de sa charge, n'ayant la force, ainsi qu'il disoit, pour ce faire.

En ce temps icy, vindrent nouvelles du pillage de la grande église de Montpellier et du prédicateur tué, et des chanoines, jusques au nombre de huit ; l'évesque dudit lieu estant contrainct d'abandonner son évesché en habit dissimulé, de peur que l'on ne luy en fist autant comme aux chanoines. Les nouveaux évangélistes firent ce beau mesnage là : *Videndum quæ traditio apostolorum et religio Christi.* Au mesme-temps fust bruict qu'ils en vouloient autant faire en la ville de Carcassonne.

En ce temps icy, les évesques furent nommés

par le Roy pour aller au concile qui estoit ouvert ; desquels le catalogue s'ensuit :

Messieurs les évesques d'Avranges, de Chaalons sur Saone, de Chaalons en Champagne, de Lavaur, d'Evreux, de Sées, d'Amiens ; et douze théologiens de la Sorbonne.

En ce temps icy, continuèrent fort les assemblées et conventicules illicites, sans que aucun ordre y fust donné ; et se tenoient lesdites assemblées en plusieurs lieux de la ville et faulbourgs.

En ce temps icy, monsieur le prince de La Rochesuryon et monsieur le chancelier firent plaincte à messieurs de la court de parlement, de ce qu'il s'estoit tenu une proposition par un théologien qui demeuroit au collége de Harecourt, que *papa potest reges et imperatores hereticos deponere*, remontrants que cette proposition seroit trouvée mauvaise et séditieuse, attendu la qualité du temps, et la minorité de nostre Roy, et autres raisons plus amplement par eux déduictes.

Le samedy quinziesme de novembre, sur la proposition faicte au chapitre général de Paris, fust advisé en la compagnie, que chacun des chanoines, chappelains, habitués et subjects de ladite église, seroient tenus de faire audit chapitre en publique, profession de foy, attendu la qualité du temps ; et semblablement les chanoines et habitués et subjects, qui cy-après y seroient receus ; et si feroient le semblable envers ceux qui sont détenteurs des maisons et locataires d'icelles, qui despendent dudit chapitre.

Le dix-septiesme du présent, la cour, toutes les chambres assemblées, manda messieurs de la Sorbonne, qui estoient en fort bon nombre ; ausquels fist les remonstrances en icelle monsieur le président de Saint-André, sur le dessus ditte plaincte, telles qui se pouvoient adapter en la matière ; et après les conclusions de monsieur le procureur général du Roy, fust dit par arrest, que celuy qui avoit tenu la proposition dessus mentionnée, seroit tenu de comparoir dedans trois jours ; et à faulte de ce faire, seroit pris au corps ; et quant à celuy qui avoit présidé à l'acte, auroit son collége pour prison ; *Seniores vero*, qui avoient veü et accordé lesdites propositions, seroient interrogés par monsieur des Dormans et Faie, conseillers en la grand'chambre.

Le vingt-troisiesme jour de novembre qui estoit dimanche, heure de sept heures du matin, pour parvenir à l'exécution de l'ordonnance qui avoit esté faicte au chapitre général cy-dessus mentionné, touts messieurs de nostre compagnie se trouvèrent au chapitre, auquel fust prié monsieur de Paris d'assister, ce qu'il fist ; auquel lieu les articles de la foy furent leus, et puis après jurés par la compagnie ; fors par maistre Jacques Rouillard, et maistre Adrian de Thou, chanoines de ladite église et conseillers en la court. Ledit Rouillard remonstra, combien qu'il aprouvast la matière et contenu esdits articles, et dont il avoit esté faict profession par la pluspart desdits du chapitre, touttesfois pour autant que l'on n'avoit pas obtenu congé et permission du Roy pour faire ladicte assemblée, il cuideroit la faisant d'offenser ledit sieur Roy. M. de Thou fust de mesme opinion, néanmoins les autres suivants ne laissèrent pour leurs remonstrances de passer outre. Ledit Rouillard ce voyant, menassa la compagnie de en advertir monsieur le chancelier. Tant y a que ledit affaire alla jusques aux oreilles du Roy et de son conseil, et le voulust-on faire trouver mauvais non seulement audit conseil, mais aussi à monsieur le prince de La Rochesuryon, lieutenant pour le Roy en la ville de Paris ; dont estants advertis messieurs du chapitre de Paris, députèrent quatre de leur compagnie ; sçavoir est, monsieur le chancelier du Vivier, monsieur Marca (1), M. Machecau et moy, pour aller faire les remonstrances que s'ensuivent, et lui donner par icelles à cognoistre la vérité du faict.

Remonstrances faictes à monsieur le prince de La Rochesuryon, pour en faire de pareilles au Roy, et à messieurs de son conseil.

« Plaira à monsieur le prince de La Roche« suryon, remonstrer au Roy et à messeigneurs
« de son conseil, que le chapitre de l'Église de
« Paris, assemblé au dernier chapitre général et
« ordinaire d'après la Saint-Martin d'hyver,
« pour traitter des affaires qui concernent la ré« formation et correction de laditte Église et mi« nistres d'icelle.

« Fust mis en délibération, que pour les trou« bles qui sont de présent sur le faict de la reli« gion, et pour la conservation, intégrité et union
« d'entre eux et leurs subjects ecclésiastiques,
« il seroit bon faire un statut, par lequel touts
« chanoines, officiers, bénéficiers et habitués de
« laditte Église, les Églises subjectes d'icelle, se« roient à l'advenir tenus faire déclaration et
« profession de leur foy en leur dit chapitre, au« paravant que d'y estre receus.

« Et affin que ceux qui par cy-après s'y pré« senteront pour estre receus, ne fissent diffi« culté de prester ledit serment, ou faire laditte

(1) Monsieur de Marca ne se trouve point dans la liste des chanoines de l'Église de Paris de cette époque.

« déclaration et profession, et qu'ils n'alléguas-
« sent que l'on leur feroit faire chose insolite et
« non faicte par cy-devant, fust advisé et con-
« clud audit chapitre général, que touts les cha-
« noines et dignités ja receüs en ladicte Église,
« feroient semblable profession de leur foy, se-
« lon le contenu ès articles arrestés par la faculté
« de théologie de Paris, le dixiesme jour de
« mars, l'an 1542, et comme entièrement con-
« formes à la doctrine et observance catholique,
« définitions et déterminations de l'Église, au-
« thorisés du feu roy François I de ce nom, que
« Dieu absolve, par ses lettres patentes données
« à Paris, le xxiij jour de juillet mil cinq cent
« quarente-trois, leües, publiées et enregistrées en
« sa court de parlement, ouï et requérant son pro-
« cureur général, le dernier jour dudit mois et
« an, et publiées à son de trompe par les carre-
« fours de ladicte ville, de l'ordonnance de la-
« ditte court, le premier jour d'aoust audit an ;
« avec injonction dudit sieur aux prélats et au-
« tres ecclésiastiques, d'observer entièrement le
« contenu esdits articles, en deffendant très-ex-
« pressément d'y contrevenir, et souffrir pres-
« cher ès églises aucune chose contraire, ré-
« pugnante ou dissonante au contenu desdits
« articles, directement ou indirectement, aper-
« tement ou par mots couverts ; et faire faire
« lecture du contenu esdits articles aux prédica-
« teurs, affin que s'ils y contrevenoient, ils n'en
« puissent prétendre cause d'ignorance ou ex-
« cuse ; et pour autant que plusieurs des conseil-
« lers et présidents de ladite cour de parlement,
« estants chanoines et du corps dudit chapitre,
« ne s'y pouvoient trouver à jour ouvrier, pour
« leur occupation en leurs estats au service du
« Roy, fust arresté par lesdits du chapitre lors
« délibérants, que au premier dimanche suivant,
« seroit faicte sur ce spécialle convocation à
« chacun, pour eux trouver audit chapitre ledit
« jour à sept heures du matin, et assister avant
« le service divin pour faire la profession des
« articles.

« Ce qui auroict esté faict par lesdits du cha-
« pitre, en présence de monsieur l'évesque de
« Paris, lequel ils auroient prié de s'y trouver,
« pour entendre la forme dudit serment et dé-
« claration ordonnés estre faictes ès réceptions
« desdites prébendes, desquelles la collation lui
« apartient ; et pour conférer aussi des affaires
« communes de ladicte église, avant son parte-
« ment pour aller au concile de Trente, où il
« s'acheminoit par le commandement du Roy,
« pour le deub de sa charge et office, et lui dire
« adieu en commun.

« Vray est que quant ce vint au tour de déli-
« bérer de maistre Jacques Rouillard, conseiller
« en ladicte cour et chanoine de ladicte Église,
« ledit Rouillard remonstra, combien que il ap-
« prouva la matière et contenu esdits articles,
« dont il auroit esté faict profession par la plus-
« part desdits du chapitre ; toutefois pour autant
« que l'on n'avoit pas obtenu congé et permis-
« sion du Roy, pour faire ladicte assemblée et
« profession, il craignoit de la faire et offenser
« ledit sieur Roy ; et de faict ne l'auroit faicte.

« Auquel fust remonstré que lesdits du chapitre
« n'avoient jamais entendu, pensé ni voulu faire
« chose qui pust en rien desplaire à Sa Majesté,
« et ni commenceroient encores ; ains par tout
« se conformeroient à sa volonté, pour luy ren-
« dre en toute fidélité, entière obéissance, hon-
« neur et révérence ; et ne s'estoient assemblés
« à autre fin que pour convenir en unité de foy
« et de doctrine, pour obvier aux divisions qui
« pouvoient souldre entre eux au moyen de la di-
« versité et contrariété d'opinions ayant cours à
« présent au faict de la religion, en la profession
« de laquelle avoient touts conformément con-
« senty suivant les édicts du roi, à l'honneur de
« Dieu, édification du peuple, repos de leur
« conscience, et accroissement du service qu'ils
« entendent continuer et faire à jamais à Sa Ma-
« jesté, de laquelle leur collége estoit approuvé
« pour faire status et ordonnances entre eux, à
« la décoration et direction de leurs Églises, et
« observations de leurs louables coustumes, sans
« en obtenir pour ce autre spéciale permission et
« congé, dont jusques à présent n'estoient venües
« plainctes, scandale ni inconvéniens aucuns,
« grâces à Dieu, à l'aide duquel ils espèrent si
« vertueusement se comporter, que Sa Majesté
« en auroit entière satisfaction et contentement. »

En ce mois icy, fust baptisé l'enfant d'un
nommé Berthe, advocat en la court, en l'assemblée de Copeaux (1) à la mode de Genefve,
dont advint que la femme dudit Berthe pensant
bien faire, le fist en sa paroisse de Saint-Germain rebaptiser par son curé dudit Saint-Germain de l'Auxerrois.

En ce mesme temps, fust mariée une nommée
la Valecourt, autrement Boucher, sœur du président d'Orçay, président du conseil, à un nommé
Haultement, greffier des monnoies ; et ce pareillement à la mode de Genesve. Semblables sacrements assés souvent se ministroient de cette
façon, au veu et sceu de la court de parlement,
sans que touteffois on en fist aucune punition ni
instance.

(1) C'est sans doute l'endroit où est la rue Coupeaux
ou Coupeau, qui est dans le faubourg Saint-Marceau,
et qui aboutit à la rue Saint-Victor.

La Royne-mère en son conseil vist les remonstrances de messieurs du chapitre de Paris, lesquelles elle trouva bonnes, et osta l'opinion de la sédition que l'on luy vouloit donner; approuvant le zèle de messieurs du chapitre; estimant que d'une telle compagnie il ne pouvoit sortir que toutes bonnes choses.

Le neufiesme du mois de décembre 1561, Monsieur le premier président Le Maistre, par commandement du Roy, rentra en la court de parlement, à l'exercice de son estat; dont beaucoup de gens de bien furent bien édifiés.

Le mecredy dixiesme dudit mois, le minime prédicateur pour les advents en l'église Saint-Barthelemy à Paris, fust le matin, heure de dix heures, par quarante hommes en armes, mené à la court du Roy; dont la commune de la ville de Paris fust fort émeüe, ne sachant à quelle fin ledit minime avoit esté mené; touteffois depuis on eust nouvelles que ce estoit par commandement du Roy, parce que l'on le chargeoit d'avoir parlé des princes; et estoient les tesmoings des huguenots indignés de ce qu'il avoit presché que leurs ministres estoient séducteurs du peuple et faux prophètes; lequel minime le dix-septième ensuivant, fust absouls et renvoié à pur et à plain, pour prescher et annoncer la parole de Dieu comme devant; et à son retour, l'accompagnast grand nombre de marchands de Paris.

Le dixiesme dudit mois, ès assemblées ordinaires à Coipeaux et Popyncourt, fust publiée une police et ordre gardés en la distribution des deniers aux monnés aux pauvres de l'Église prétendue réformée en la ville de Paris, secondés au consistoire establi en ladicte ville par les ministres, diacres et députés de l'Église, publiés et annoncés en plaine assemblée des fidelles, le xe jour de décembre 1561 au lieu de Poupincourt; et l'onzième consécutif au lieu nommé le Patriarche, faulxbourg Saint-Marcel. Ladicte police fust imprimée; de laquelle le tiltre s'ensuit.

« *Police et ordre gardés en la distribution des deniers aulmonés aux pauvres de l'Église réformée en la ville de Paris.* »

Voilà ce qu'ils firent imprimer; et parce que cela fust trouvé mauvais, comme tendant à grande sédition, mesme d'autant que différentes personnes y estoient nommées, ils en firent imprimer un autre, là où ils ne mirent les noms desdites personnes, semblable au reste, avec l'addition qui s'ensuit, *his verbis :* « Advertissement à ceux qui veullent communiquer à la saincte Cène de Nostre Seigneur, pour le commencement de ce mois de janvier. »

Ces mesmes jours, fust semblablement signifié par le ministre à toute l'assistance, que la saincte Cène de Nostre Seigneur Jésus-Christ se célébreroit au commencement du mois de janvier prochain; que ceux qui auroient vouloir d'y particiner, s'y disposassent d'heure, et s'adressassent un chacun au surveillant de son quartier, pour se faire enrooller, affin de pouvoir discerner ceux qui y debvroient estre admis; que touts ni seroient pas receus pesle mesle; ains seulement ceux qui par saincte conversation feroient preuve de leur foy et répentance, et qui auroient une saine et passable cognoissance de ce sainct mistère; bref qu'on ne donneroit point choses si sainctes aux chiens, ni telles perles aux pourceaux; et affin que on sceut à qui se retirer pour se faire enregistrer, sur l'heure furent nommés touts les surveillants de l'église, ung chacun par nom et surnom, et quel quartier.

Ne faut oublier que depuis la conférance faite à Poissy avec les ministres, le chancelier de l'Hospital fist permettre par tollérance ausdits ministres de faire presches publiques, et leur furent ordonnés deux lieux; l'un près la porte Saint Anthoine, nommé Poupincourt, et l'autre lieu près Saint Médard à la porte Saint Marceau, nommé le Patriarche, et menoient leursdits ministres en armes ausdits lieux, tenants presque toute la ville en subjection.

Ensuite la coppie de l'arrest contre messieurs de la Sorbonne, pour la proposition qui avoit esté tenüe, que le Pape pouvoit déposer un prince hérétique.

« La cour a ordonné et ordonne que, suivant la
« déclaration baillée par Me Jehan Tanquerel, si-
« gnée de sa main, et pour son absence et au lieu
« de luy, le bédeau de la faculté de théologie dé-
« clarera en pleine Sorbonne, en présence du
« doyen et de tous les docteurs de ladicte faculté
« de théologie, mesmes de Me Jacques Bouyn,
« docteur en ladicte faculté, et des bacheliers de
« ceste prochaine licence, qui seront, pour cet
« effect, congregés et assemblés, sur peine d'estre
« privés des privilèges à eux octroyés par le Roy
« et ses prédécesseurs, assistant l'ung des prési-
« dents, deux conseillers du Roy en icelle cour,
« et le procureur général dudit seigneur, qu'il
« desplaist audit Tanquerel d'avoir tenu telle pro-
« position qui sera leüe, que indiscrètement et
« inconsidérément ladicte proposition a esté tenüe
« et disputée, et qu'il est certain du contraire;
« suppliera très-humblement au Roy luy par-

« donner l'offense qu'il a faicte, pour avoir tenu
« laditte proposition, et icelle avoir mis en dis-
« pute; et ce faict, leur seroit par laditte cour
« faictes deffenses à l'advenir de tenir telles pro-
« positions, et d'abondant que deux d'entre eux
« seront députés pour aller devers le Roy, affin
« de le supplier très-humblement qu'il leur veuille
« pardonner l'offense en laquelle ils peuvent estre
« encourus, pour avoir permis laditte dispute,
« et les tenir en sa bonne grace, en laquelle ils
« désirent demourer, comme ses humbles et
« obéissants subjects et serviteurs. Du II⁰ dé-
« cembre 1561. »

Lettres du Roy et de la Reine-mère au parlement de Paris, par lesquels il lui est ordonné de procéder incessamment à l'enregistrement des lettres patentes portant abolition du faict de la conspiration d'Amboise.

Ce jour 14 décembre, la court a receu les lettres missives du Roy et de la Royne sa mère, desquelles les teneurs ensuivent. — De par le Roy. Noz amez et féaulx, nous avons, dès le moys de septembre dernier, pour bonnes et grandes considérations et par meure délibération, accordé et fait expédier noz lettres patentes de pardon et abolition générale du faict, entreprises et assemblées faictes près nostre ville d'Amboise, et autres mentionnées ès dictes lettres qui vous ont esté jà présentées, dont la vérification a esté par vous remise et différée jusques à présent ; qui est cause que sur ce avons faict expédier noz lettres de jussion, que présentement nous envoyons; et pour ce que nostre vouloir et intention est que nostre dicte grace ayt lieu et effect, à ceste cause, nous vous mandons et ordonnons très-expressément que les chambres assemblées, vous ayez à vacquer et procéder à l'entérinement et vérification d'icelle le plustost que faire se pourra, sans plus remettre la chose en longueur, ne y faire aucune restriction ne difficulté, car tel est nostre plaisir. Donné à Sainct Germain-en-Laye, le xiiij⁰ jour de décembre 1561. Signées, CHARLES. Et contresignées, DE L'AUBESPINE. Et sur la superscription : *A noz amez et féaulx les gens tenans nostre court de parlement à Paris.*

Messieurs, vous verrez ce que le Roy, monsieur mon filz, vous escript pour l'expédition de l'abolition générale qu'il a octroyé pour le faict des assemblées d'Amboise et aultres, où il désire et moy aussy, qu'il soit mise une bonne fin ; qui me faict vous prier vaquer et procéder à l'entérinement et vérification d'icelles en la meilleure et plus briefve expédition que faire se pourra, sans permettre que la chose soit tenüe en plus grande longueur ; priant Dieu, Messieurs, vous avoir en sa garde. Escript à Sainct Germain-en-Laye, le xiiij⁰ jour de décembre 1561. Signées, CATERINE. Et contresignées, DE L'AUBESPINE. Et sur la superscription : *A messieurs les gens tenans la court de parlement à Paris.*

Lettre de la Reine-mère au connétable de Montmorency, sur différents libelles imprimez.

Mon compère, avant que je receusse vostre lettre, j'avoys desjà bien sceu ceste police imprimée dont vous m'avez escript, et sur cella escript à mon frère le roy de Navarre qui estoyt encore à Paris, faire bien sçavoir d'où cella estoyt venu, pour en faire faire la démonstration telle qu'elle mérite : ce qu'il feist; et l'imprimeur pris que l'on trouve l'avoir faict de sa pure authorité et sans charge aucune ; de sorte que la réparation en sera faicte, comme aussi de ceulx qui se trouveront avoir faictz et mis les placardz dont vous m'escrivez, de quoy jusques icy il ne s'est riens congneu que j'ay entendu ; vous advisant que telles choses me desplaisent tant, que je ne sçauroys assez désirer que l'on les pugnisse fort griefvement ; priant Dieu, mon compère, vous avoir en sa sainte et digne garde. De Sainct Germain-en-Laye, le xxiij⁰ jour de décembre 1561.

Vostre bonne coumère et amie, CATERINE.

Est écrit au dos de ceste lettre : *A mon compère le duc de Montmorency, pair et conestable de France.*

Histoire véritable de la mutinerie, tumulte et sédition faite par les prebstres Sainct Médard contre les fidèles, le samedy xxvij jour de décembre. M. D. LXI.

Le bruit commun, dès sa naissance, et quand il vient premièrement à sortir en évidence, est ordinairement accompagné de tant de mensonges, qu'en son accroissement elles multiplient de telle sorte, qu'avant qu'estre espandu jusques aux lieux où il prend fin, se trouve tant perverti, déguisé et corrompu, qu'il n'a plus rien de conforme à la vérité ; et ce advient principalement pour deux occasions, l'une pour estre mal affecté à la cause, l'autre pour se faire savant des choses que l'on n'a veuës. Dont la première induist à enrichir le compte de ce qui sert à la cause exposée, et taire ou déguiser ce qui est au contraire ; la seconde fait rapporter tout ce qu'on imagine de vray-semblable pour très-certain et véritable, par un désir de satisfaire à la curiosité de ceux qui s'en enquièrent. Or les choses où les hommes se monstrent plus curieux et se rendent plus affectz, sont celles de la religion, qui en rend la vérité si peu cogneuë, qu'à grand'-

peine se peut-elle savoir que bien obscurcie et masquée de quelque fiction mensongère. Ce que ayant considéré, j'ay entrepris de garantir une esmotion advenue ces derniers jours de l'injure des faux rapports et déguisemens de vérité, à ce que tel événement qui est de petite importance, bien entendu au vray, retourne à la confusion et lieux de la part que l'on jugera avoir le tort; promettant de m'employer du tout à dire vérité, et ne réciter que les choses dont je suis tesmoing occulaire; me sumettant aux reproches de tous ceux qui y ont assisté, qui en voudront parler sans affection.

L'an M. D. LXI, le samedi d'après Noël, feste de Sainct Jean, vingt-septième jour de décembre, les fidèles faisoyent, ainsi qu'il leur est permis, assemblée publique aux fauxbourgs Sainct Marceau, en un lieu dit le Patriarche; et faisoit l'exhortation monsieur Mallot, ministre, qui, après les prières faites et le psalme chanté, commença d'interpréter ce passage de sainct Matthieu : Venez à moy, vous tous qui estes chargez, etc. Lequel avoit pris comme lieu de grande doctrine et édification, à ce que la compagnie (qui estoit plus grande que de coustume pour n'estre ce jour ouvrable) en peust, à son contentement, rapporter plus grand fruict. Ayant discuté environ un quart d'heure, commencèrent ceux de Sainct Médard, paroisse dudit faulbourg, sur les trois heures (jà leurs vespres dites), de malice délibérée, à sonner toutes leurs cloches ensemble, d'un tel bransle, qu'aussi, pour n'y avoir qu'une ruelle de distance entre les deux lieux, retentissoit le son si grand dans ledit Patriarche, qu'il estoit du tout impossible d'entendre en ladicte exhortation : ce que voyans ceux de l'assemblée, deux d'entr'eux s'en allèrent sans aucunes armes prier que l'on désistast de sonner, à ce que si bonne compagnie ne fust empeschée d'ouïr la parole de Dieu. A ceste prière et humble requeste, s'esleva une voix de prebstres et quelques autres mutins, criant que, en despit d'eux, l'on sonneroit; et sur ces entrefaites, s'essayent à donner plus grand bransle à leurs cloches; et à l'instant fort mutinez, fermèrent la grande porte de leur église, enfermans l'un des deux dessusdicts ; l'autre se sauva de vistesse, et se retira vers les siens, et comme ainsi fust qu'il n'avoit que un petit couteau, le massacrèrent de sept coups, tant de long-bois que d'espée, quasi tous mortels, selon le récit des chyrurgiens; aussi soudain furent closes deux autres portes, l'une grande, du presbitaire, l'une plus petite, du cymetière, issantes en la ruelle joignant le Patriarche. Et commencèrent à jetter pierres et tirer traits d'arbalestres, dont avoyent fait bonne munition. Le cri de ceux qui demandoyent secours donna l'alarme à toute la compagnie, qui pour lors ne présumoit rien moins que telle esmeute, en grand effroy et confusion, et qui la redoubla plus chaude, sur le ton du toxin, que les prebstres sonnèrent aussi-tost. Or furent ces trois portes susdictes fermées, la batterie de pierres et arbalestres commencée, et le toxin sonné en moment si subit, qu'il est à présumer qu'en tous ces lieux estoyent gens disposez dès auparavant la semonce de cesser la sonnerie. Toutesfois, en une chose si subite et inespérée, fut mis si bon et prompt ordre par les évangélistes, qu'ayans tiré hors de l'assemblée tous les hommes qui se trouvèrent en estat de défense, qui estoyent fort peu pour une si grande troupe, non moindre (à mon jugement) que de douze à treize mille personnes, asseurèrent si bien les autres, qu'après un pseaume chanté, se continua l'exhortation. Cependant se sonnoit tousjours le toxin, avec furieuse baterie de pierres et traits d'arbalestres. Or il y avoit en l'assemblée monsieur le prévôt des mareschaux, Rouge-oreille, commis de monseigneur le gouverneur, pour la garde et seureté d'icelle, et estoit accompagné de cinq ou de six de ses archers, desquels en envoya un pour parlementer avec le curé, et faire défense de par le Roy de plus sonner le toxin et jetter pierres : puis il y voulut aller luy-mesme; mais la gresle des pierres et traits d'arbalestres le contraignirent de se retirer bien viste et sans apporter autre response. Tel refus et rébellion faite à justice se délibérèrent les évangélistes de ne laisser bransler plus longuement cest espouvantail de peuple et appeau de sédition, discourans fort bien en quel danger évident estoit toute leur compagnie. Adonc mieux armez de bon cœur et ardant zèle qui les incitoit à la tuition de ceste troupe de leur frère, qui se reposoit sur leur défense et main forte du seigneur, que d'armes défensives à repousser l'injure de leurs ennemis, ou offensives pour les endommager, tous d'un courage firent tel effort, qu'ils enfoncèrent les portes de l'église, qui ne fut exécuté sans estre plusieurs d'entre eux blessez, qui leur augmenta la colère, estans outre plus excitez et encouragez à vengeance par la compassion dont furent saisis, quand ils trouvèrent au bas du seuil de l'église leur povre frère si outrageusement assaisiné et meurtri, selon que ci-dessus avons récité. En ceste première furie se présentèrent nombre de prebstres et autres mutins enbastonnez d'espées, rondelles, longs-bois, gros pavez et arbalestres, faisans armes à toute outrance, et cruelle résistance, qui dura toutesfois fort peu contre le courageux effort des autres; si que furent tantost espris de

39.

frayeur et crainte, dont une grande partie d'eux se sauvèrent dans le cloché, abandonnans laschement leur troupeau qu'ils avoyent conduit et exposé à la tuerie et boucherie. Et entre autres prebstres, y avoit monsieur le curé, chef, conducteur et entrepreneur de la mutinerie, gaigne le plus haut du cloché, dont avec ses complices ne cessa d'endommager les évangélistes, tant que les munitions qu'il avoit faites de longue main luy durèrent. Je ne puis passer sous silence une furie prodigieuse de certains prebstres enflammez de telle rage, que leur deffaillant leur amas de pierres faits dans l'église, montèrent sur les austels, et de leurs propres mains brisans les images qu'auparavant souloyent tant révéremment adorer, s'en servoyent de pièces à jetter contre leurs ennemis ; chose toutesfois moins esmerveillable qu'il ne semble, veu que ceste furie leur est tournée en nature ; car il seroit mal-aisé à juger s'ils estoyent plus furieux et maniaques, lors qu'ainsi irréligieusement brisoyent la chose par eux tant honnorée, ou quand ils adoroyent choses si insensibles. Or en ce conflit, qui dura une bonne demie heure, furent blessez des mutins environs 30 ou 40, dont en furent pris prisonniers quatorze ou quinze des principaux chefs et plus apparens : plusieurs se sauvèrent ; et fut pardonné à la témérité du séditieux populasse; bien qu'il n'y eust vieille qui ne eust rendu devoir à amasser et jetter pierres, ne se sçachans aider d'armes plus nuisibles ; et fut chose digne d'une louable admiration, de voir des cœurs si esmeus et enflambez, si soudain convertis à pitoyable miséricorde ; car chacun s'efforçoit de conserver et guarantir d'estre outragez ces povres idiots populaires, ne donnant aucun lieu à cruauté ou vengeance. Ce néantmoins, ceux qui s'estoyent renfermez dans le cloché, dont estoit chef le moine curé, persistoyent en leurs entreprises de bransler tant le toxin, espérans qu'auroyent secours d'autres mutins, pour mettre en pièces toute ceste innocente troupe qui persistoit à ouir la parole de Dieu qui s'advançoit ; et n'y eut autre remède pour la confiance qu'ils avoyent en la forteresse de leur cloché, de les faire cesser, que par menace de mettre le feu au pied. Et ainsi print fin ladicte esmotion ; environ lequel temps survint Guabaston, chevalier du guet, accompagné de sept ou huict chevaux. Il restoit, l'exhortation finie, de conduire ce grand peuple sans défense, et rendre chacun en sa demeure en la plus grande seureté que faire se pourroit, chose qui sembloit fort difficile, et requéroit un grand ordre et prévoyance, veu l'apparente présomption qu'il y avoit en ce grand fauxbourg et mesme en la ville, qu'il ne s'esmeut quelque chose, oyant ce toxin, appeau de sédition, sonné par si longue espace de temps. Or se trouvèrent pour la conduite environ cinquante ou soixante chevaux, et près de deux cens hommes de pied, ayans espées et dagues, dont le tout fut ainsi disposé : une moitié des chevaux se mist avec Guabaston pour l'avantgarde ; l'autre demeura avec monsieur le prévost Rouge-oreille, pour l'arrière-garde et conduite des prisonniers, qui estoyent liez deux à deux d'une longue corde, dont y avoit d'entr'eux quelques prebstres qui portoyent fort triste chère. Les gens de pied avoyent deux capitaines, et estoyent divisez en deux bandes, et marchoyent à la file, tenans un costé de la rue, et le peuple l'autre, qui s'escouloit sous leur garde. En ceste ordonnance, fut le tout conduit fort paisiblement et sans aucune confusion. Près la porte St.-Marceau, fut donnée une fausse alarme par aucuns qui se mirent en fuitte à vauderoute, pour avoir veu jetter quelques pierres en une ruelle, et accourir grande troupe de populasse qui s'amassoit à les voir passer en ceste nouvelle ordonnance, comme le peuple parisien s'amasse aisément à la moindre nouveauté qui se présente ; mais le tout soudainement rappaisé, fut chacun, par la grace de Dieu, rendu en sa maison, et les prisonniers conduis au petit Chastelet. Voilà le faict de toute la sédition, à la pure vérité, selon que il m'est passé devant les yeux. Mais je ne me puis contenter d'avoir si nuement narré une chose tant mémorable, bien que j'aye quasi desjà assez attaint au but que je m'estoye proposé, comme ainsi soit que desjà assez évidemment apparoist de quelle part tourne le tort, et qu'on ne peut plus douter qui sont les premiers moteurs de la sédition. Je me licenciray donc plus outre de faire un brief discours de certaines circonstances bien dignes d'estre remarquées, par le moyen desquelles se descouvrira la source, première cause motive, et origine de toute la sédition, et se descouvrira que c'estoit une entreprise brassée de plus longue main que beaucoup ne pensent : et apparoissant au vray le danger plus grand que n'en a l'apparence, aurons plus grande occasion de rendre graces à l'Éternel, qui, par sa bonne et seure veille sur le troupeau, l'a délivré de la gueule gloutte des loups ravissans qui avoyent tendu leurs lacs pour le ruiner et dévorer, et a fait tourner leurs machinations sur leur chef, en grande confusion. Il est donc à sçavoir que, trois ou quatre jours avant l'esmeutte advenue, se faisant assemblée au mesme lieu du Patriarche, avoyent, comme de présent, sonné leurs cloches les prebstres Sainct Médard à tout bransle, en mesme intention d'empescher d'ouir la parole de Dieu ; et furent dès-lors sémons par plusieurs d'apparence de cesser un tel son extraordinaire, empeschement trop insupportable ; ce que leur fut force de faire, pour la crainte qu'ils eurent, se voyant les plus foibles, d'estre contrains de ce faire par autre voye, le refusant par amitié ; qui leur fut de si dure digestion, qu'ils en conceurent tel crève-cœur, que dès-lors conspirèrent, curé et prebstres, d'un monopole, la première fois que là on s'assembleroit, de sonner tant que cordes pourroient tirer et cloches bransler ; et, pour festoyer ceux qui les en voudroyent empescher, se fortifièrent et munirent de pierres, arbalestres, espées, rondelles et long-bois, s'adjoignans bon nombre des plus mutins et séditieux de toute la paroisse : estoit chef de l'entreprise monsieur le curé, moine de S. Geneviefve, lequel, avec ses prebstres, demanda secours de gens et d'armes à son abbé, comme luy-mesme a confessé ; mais pour estre chose de grand advis et délibération, en consultèrent avec messieurs le Premier et S. André, présidens, ensemble le procureur général Bourdin, desquels eurent bon confort et aide, avec asseurance de les garantir de tout événement ; et de ceste promesse fortifioit au jour de la sédition le curé, ses complices prebstres et mutins en ces termes : Ruez, frappez, tuez, n'espargnez personne ; nous avons bons garans et des plus graus de la ville. Estans donc fortifiez de tels appuis, plus hardiment divulgoyent leur conseil envers ceux que cognoissoyent plus enclins à mutinerie, les solicitans de s'adjoindre à leur entreprise ; et par ce moyen, de l'un à l'autre fut communiqué à tant de sortes de gens, que furent advertis aucuns de ceux qui fréquentent les assemblées de ne s'y trouver ce jour de samedy ; et mesmes aucuns des conspirateurs, jà s'esgayans comme de ville gaignée, se vantoyent dès le matin qu'il se feroit beau carnage de huguenots. Or les principaux nerfs de la sédition estoyent au toxin, au son duquel devoit venir secours de Nostre-Dame des Champs (1), S. Victor et S. Geneviefve ; et pour l'attendre en seureté, s'estoyent reserrez et remparez les mutins dedans leur église, munis et fortifiez de toutes armes nécessaires à soustenir le siége. De faict, au premier son, s'achemina grande troupe embastonnée, venant du costé des champs, au-devant desquels s'advança une troupe de chevaux ; mais aussi-tost que les eurent apperceus, se retira à la fuitte toute ceste canaille ; et est chose seure que telle diligence faite par les gentilshommes de cheval les intimida de telle crainte, que ceux des autres quartiers, en oyant le vent, n'osèrent s'esbranler. Aussi furent jettées force pierres de quelques maisons voisines de l'église, et faites saillies avec long-bois ; mais le tout fut rembarré de si près et tindrent si peu ceux de l'église, que tous ensemble perdirent cœur ; dont les prebstres et aucuns autres prisonniers, pendant qu'on les menoit, et depuis en la prison, ont fait maintes complaintes, disans que trop laschement leur avoit esté rompue la foy par ceux qui leur avoyent promis secours, et qu'ils s'asseuroyent bien s'ils n'eussent manqué de promesse qu'ils n'eussent pas esté les plus foibles. Tels regrets plusieurs gens de foy leur ont ouy faire. Outre plus, est assez confirmée telle conspiration, parce que, dès le matin, avoyent les prebstres retiré de l'église, en maisons voisines de leurs plus féables, tous leurs reliques, calices, platine, chasuble et ornemens de pris, pour estre plus seurement en tout événement. Assez d'autres conjectures pourrois-je amener, si je n'estimois ceux-ci assez vallables et de suffisante attestation et preuve ; laissant désormais au jugement de tous bons cerveaux à prononcer qui a le tort, qui sont les assaillans rebelles aux édicts du Roy et séditieux ; et selon iceux, quelles peines méritent les autheurs, moteurs et complices d'une mutinerie de telle conséquence en la ville capitale de ce royaume, que toutes les croniques françoises tesmoignent avoir de tous temps esté fort encline à toutes sortes d'esmotions et mutineries : dont tous fidèles ont bonne occasion de glorifier le Tout-Puissant, protecteur de son Eglise, qui par sa main forte a préservé les siens, environnant son troupeau des légions de ses anges pour seur rempart au milieu de ses ennemis, et a tellement amoli le cœur du peuple parisien et contenu en tel devoir, qui ne monstra aucune apparence de s'esmouvoir. Or le lendemain de l'esmeute, qui estoit jour de dimanche, se fit le matin, au mesme lieu du Patriarche, l'exhortation accoustumée, à laquelle se trouvèrent les évangélistes en bon équipage d'armes accoustumées à porter, et belle ordonnance ; et y avoit tel nombre de bons hommes de deffense qu'ils avoyent assez moyen de se ressentir des coups et outrages qu'avoyent receu le jour précédant, et de chastier les séditieux mutins qui leur avoyent couru sus et brassé telle menée pour leur faire à tous perdre la vie : toutesfois, monstrans que vouloyent oublier toutes choses pour le désir qu'avoyent de vivre en paix, se comportèrent en telle patience et modestie, qu'il n'y a aucun qui se puisse plaindre d'avoir seulement esté outragé de parole ; et ainsi en grande paix se retirèrent en leurs maisons après l'exhortation

(1) C'étoit autrefois un prieuré considérable, situé dans la rue du fauxbourg Saint-Jacques, à l'endroit où a été aussi le couvent des Carmélites. Ce prieuré fut plus tard au séminaire d'Orléans.

finie. Mais l'après-dînée, quelques prebstres qui s'estoyent sauvez de la mutinerie le jour précédant, sachans bien que de tout le jour on ne se rassembleroit plus audit lieu du Patriarche, voulant, en revenge du passé, mettre à fin ce que pourroyent de leur première entreprise, rassemblèrent grand nombre de populasse séditieux du faulxbourg, sur les quatre heures, à ce que la nuict qui estoit prosche leur donnast plus seure retraitte, qui d'impétuosité brutale rompirent les portes du Patriarche, et amas de bois fait, mirent le feu dans toutes les chambres d'un grand corps d'hostel accompagné d'un petit; brisèrent en pièces la chaire du ministre, rompirent tuilles, firent brèche aux murailles d'un grand pourpris de deux jardins, avec tel dégast et débris dont se peurent adviser: dont le bruict espars par la ville parvint aux évangélistes. Quelques gentilshommes advertis montèrent à cheval, et à la course donnèrent jusques audict lieu, où n'arrivèrent que dix ou douze chevaux du commencement, qui mirent toute ceste canaille en fuitte; survenoyent tousjours chevaux à la file, qui se trouvèrent à la fin en nombre de quarante ou cinquante; survint aussi le procureur du roy en Chastelet, avec cinq ou six sergeans; luy furent livrez six ou sept prisonniers; puis, le feu esteint en toute diligence, chacun se retira. Ainsi desgorgèrent le reste de leur venin, et furent, enragés, sur les maisons, que n'avoyent peu exécuter sur les personnes.

Le vingt-septiesme du mois de décembre 1561, avint une grande sédition en l'église St. Médard, par ceux qui se disent l'Église réformée. Avint que le jour St. Jehan après Noël, les paroissiens de St. Médard firent sonner les dernières vespres en leur église, auprès de laquelle estoit un lieu nommé le Patriarche, où se faisoit ordinairement la presche des huguenots, lesquels, indignés que tel son de cloche empeschoit que leur prédicateur ne fust bien entendu, allèrent en grand nombre en ladite église de St. Médard, laquelle ils pillèrent, blessèrent et navrèrent jusques à mort plusieurs personnes paroissiens de ladite église, rompans et abbatans les images de ladite église; et advint que un pauvre boulangier de la paroisse, chargé de douze enfans, voyant le massacre qu'ils faisoient à l'église, prist entre ses bras le ciboire où estoit le précieux corps de Nostre-Seigneur, leur disant: *Messieurs, ne touchés là pour l'honneur de celui qui repose en ce lieu.* Lors un meschant luy donna un coup de pertuisane au travers du corps, et plusieurs autres coups, desquels il mourut à l'instant près le grand autel de ladite église, et luy disoit: *Est-ce ton Dieu de paste qui te délivre maintenant des peines de la mort?* et foullèrent aux pieds le précieux corps de Nostre-Seigneur, et le lieu là où il reposoit mirent en cent mille pièces. Les pauvres gens se voyants ainsi mutilés et traittés, se retirèrent au clocher, et sonnèrent au toxin, au son duquel ne furent aucunement secourus, à raison que ils estoient bien trois ou quatre mil en armes, qui tenoient en subjection toutes les ruës delà à l'entour. Furent aussi tués deux autres personnes en ladite église, et plusieurs autres blessés et navrés : ce néanmoins menés en prison liés de gros cables, comme gallériens, sans aucune information, ne qu'ils eussent rien faict : le peuple de Paris fust fort esmeu; mesmement que le guet qui assistoit auxdits huguenots avec le lieutenant de robbe courte, nommé Desjardins, souffrirent estre faict telle indignité à ceste pauvre église, sans que un seul des exécuteurs de telle entreprise fust constitué prisonnier; qui estoit une évidente injustice.

Le vingt et huitiesme ensuivant qui estoit le jour des Innocens, messieurs les gens du Roy, accompagnés de monsieur le prévost des marchands et eschevins de la ville de Paris, furent faire remonstrance au Roy et à son conseil, sur le piteux et calamiteux acte cy-devant récité. Tout ce qu'ils en purent rapporter, ce fust des prises de corps; en premier lieu, contre Desjardins, lieutenant de robbe courte, et ceux que l'on sçauroit avoir esté autheurs de ladite sédition.

Fust remonstré à monsieur le connestable sur ce faict par l'état ecclésiastique, que quand telles séditions estoient advenües avec le scandalle faict à l'Église, il falloit faire une expiation publique audit lieu de Sainct Médard, pour appaiser l'ire de Dieu; lequel fist responce que c'estoit la chose la plus raisonnable du monde; mais d'autant que le Roy estoit près de la ville de Paris, il seroit bon l'en advertir, pour préalablement entendre sur ce son vouloir, pour suivant iceluy se conformer.

Le vingt-huitiesme dudit mois, les huguenots allèrent de sang-froid achever d'abatre et rompre les images qui restoient en ladite église, à raison que la commune avoit mis le feu en la maison du Patriarche, lequel fust soudainement esteint par ceux qui se disoient de l'Église réformée.

En ce mois icy, y eust plusieurs troubles en diverses contrées et villes de ce royaume; le tout pour le faict de la religion, et soubs prétexte de la querelle de Dieu. Je ne sçay pas comme le bon Dieu s'en contentera et en sera servy; mais je sçay bien que le Roy ne s'en trouvera guères bien, et que le royaume sera en grand dangier, si les choses continuent comme elles sont commencées.

[1562]. Au commencement du mois de janvier 1562, furent assemblés de toutes les cours de parlements de ce royaume, deux, tant présidents que conseillers, pour se trouver à Saint-Germain en Laye, pour déterminer sur le faict de la religion et des temples, que les nouveaux évangélistes demandoient; la pluspart desquels avoient esté éleus et choisis par monsieur le chancelier de l'Hospital qui n'estoit sans grande suspition; furent assemblés au conseil privé avec messieurs dudit conseil; auquel fust après longues journées déterminé qu'ils n'auroient des temples. Mais ce n'estoit assez; il falloit continuer; car pour ceste détermination, il en sortit un édit (1) si pernitieux pour la république et pour le repos publiq et pour la manutention du royaume, qu'il n'est possible de plus; par lequel édit le Roy deffend les presches dedans les villes, ny en publique ni en privé, qui est de soy chose bonne; mais ès presches que les nouveaux évangélistes feront ès fauxbourgs des villes, ne veult que on leur coure sus, et deffend aux magistrats de ne les empescher; ains permet ausdits magistrats d'y aller: et pareillement permet aux ministres tout exercice de leur religion, comme plus à plein est déclaré par ledit édict, qui est une sommaire aprobation de ceste malheureuse secte calviniste, soubs le seel du Roy, ce que auparavant se permettoit par tollérance seullement.

Cet édict fust envoié au mesme mois de janvier à messieurs de la court de parlement de Paris, après que jà avoit esté envoié aux autres parlements du royaume, contre toute forme de justice et l'ancienne observance. Laditte court du parlement de Paris ne voulust publier ledit édict, et arresta *his verbis* : *Non possumus nec debemus;* et ordonna messieurs le président de Thou et de Guerimante, conseiller en la grand'chambre, pour en aller faire remonstrances au conseil privé.

Discours et procédures faites dans le parlement de Paris, au sujet des tumultes arrivés à Saint Médard, et dans quelques autres endroits de ceste ville.

Ce jourd'huy, monsieur le connestable accompaigné de monsieur le mareschal de Montmorency son fils, gouverneur de ceste ville et Isle de France, est venu en la court, et a dict que — allant devers le Roy et Royne sa mère, à Sainct-Germain en Laye, il n'a voulu faillir suivant

(1) C'est le fameux édit donné le 17 de janvier 1561, et que l'on nomme ordinairement l'édit de janvier. C'est le premier de ceux qui ont été accordés aux huguenots.

sa coustume et debvoir, de venir saluer ladicte court, pour lui offrir et continuer la volunté qu'il a, comme il doibt, à faire plaisir et service; aussi pour entendre comme les choses passent icy, affin d'en faire rapport ausdictz Roy et Royne, et d'advertir ladicte court des nouvelles qu'il a des assemblées qui se font en divers lieux et endroictz de ce royaulme, mesmes près de luy, y en a eu de cinq à six cens hommes chez des gentilzhommes; ausquelz il a mandé qu'il les iroit veoir, s'ilz ne cessoient : car on ne sçayt pas bien ce qu'ilz veulent faire; et sont choses de mauvays exemples, et dangereuses. Les troys Roys derniers luy ont baillé les armes, et le Roy qui est à présent, luy faict l'honneur de les luy laisser. Est délibéré par le commandement desdictz Roy et Roynes, les en servir. Y a des officiers de la justice qui favorisent lesdictes assemblées. En a parlé à ceulx de Senlys. Nostre Roy jeune doibt plus estre obéy que s'il estoit majeur. Lors il se feroit obéyr : maintenant ses bons subjectz et serviteurs doibvent garder son obéissance, les repos et tranquilités publiques; et pour ce faire, auctoriser la justice. Ledict mareschal son filz a eu lectre du Roy, pour venir icy tenir la main forte. Prendra conseil de ladicte court, qui est la plus notable compaignée de la justice souveraine du royaume. Ne fauldra poinct avec tel conseil, ayant la volunté bonne. Quant à luy, dira de rechief qu'il y employra sa vye, ses enffans, ses parens et amys. A entendu qu'un nommé Desjardins qu'il ne cognoist, sinon qu'il a mauvais nom, assomma hyer une paouvre femme sur le pont Nostre-Dame; et à Saint Médard, y a eu ung prestre tué. Fera bon rapport de tout ce dont il a esté et sera informé; mesmement par ladicte court, afin qu'il y soit pourveu : car ce sont choses de trop grande conséquence. — A quoy monsieur le premier président a faict response, que — la court mercyoit ledit sieur connestable de ce qu'il estoit venu visiter, et de la bonne volunté en laquelle elle le voyoit persévérer au bien du royaulme : que les affaires estoient en si grandz troubles, que s'il n'y estoit pourveu, le peuple ne pourroit estre contenu. Lorsque les derniers sont advenuz, et que ladicte court y a regardé, il estoit malade. Monsieur le président de Sainct André en pourra parler. — Lors ledit sieur président de Sainct André a dict que lundy dernier il meyt en délibération ce qui avoit esté faict à Saint-Médard, où y avoit eu blasphèmes et impiétés contre le sainct sacrement de l'autel, les images du Crucifix, de la vierge Marie et sainctz. Survint mondict sieur le mareschal. En sa présence furent mandez les prévost de Paris et ses officiers, les chevaliers du guet, prévost Rouge-oreille, et autres : le lieutenant-criminel s'excusa de maladie : de Thou advocat, et Martine procureur du roy, vindrent et furent oyz. Apportèrent une information par laquelle entre autres choses, apparoissoit des insolences, blasphèmes et excez faictz audict Sainct Médard; entre autres par un qui avoit ung nez d'argent. Cependant maistre Robert Boette rapporta une requeste de trente-ung prisonniers, desquelz l'un estoit le prescheur dudict Sainct Médard, auquel estant à genolz en oraison, on vouloit couper la teste, et parce qu'il se baissa, il n'y fut que blessé. A luy et autres blessez, estans prisonniers où Chastellet, furent déniés curez et médicamens. Les dictz chevaliers du guet et prévost Rougeoreille furent enquis s'ils avoient faict quelque information contre les dictz prisonniers : respondirent que non, et que Desjardins en pourroit parler; aussi qu'il y avoit des gardes de l'assemblée. Ladicte court ce veoyant, ordonna que les dictz prisonniers seroient eslargiz; et pour informer plus amplement qui avoit esté cause de la sédition, commist maistre Loys Gayant et Anthoine Fumée, conseillers céans. Depuis on luy a baillé ung mémoire pour advertir ladicte court de ce qui est advenu à la porte Sainct Marceau, par laquelle plusieurs gens à cheval et en armes, sont sortiz ; et que celluy qui a la garde des clefz de ladicte porte, en diroit la vérité. A esté par ladicte court ordonné qu'il seroit mandé et enquis; et pour informer de l'excès faict à la porte Sainct Anthoine, a esté commis maistre Eustache Chambon aussi conseiller céans ; et a dict ledict sieur mareschal qu'il baillera main forte à l'huissier pour exécuter le décret de prinse de corps contre Desjardins. Peu après sont survenuz les prévost des marchans et aucuns eschevins de ladicte ville, pour le faict des lettres patentes de l'aliénation des plus valuës des aydes, jusques à dix mil livres tournois de rente; qui ont dict et enquis que l'excès faict à ladicte porte Sainct Anthoine, ilz ont faict informer par le lieutenant Brajelonne; que où greffe on grossoye l'information : la feront apporter devers ladicte court, afin qu'elle y pourvoye pour la conséquence : car combien que la couleur soit prinse comme ung nommé Berthrand déclaira au portier qu'il voulut forcer, estant accompaigné de quatre-vingtz ou cent hommes à cheval bien armez, que c'estoit pour garder le temple de Poupincourt, et pour ce qu'il en devoit venir après d'autres, il luy donna le mot du guet, c'est force publicque faicte à ceste ville capitale.

Lettre du Roy et de la Reine-mère au parlement de Paris, au sujet du tumulte arrivé à la porte Saint Antoine de ceste ville; et arrêts donnez par ceste cour, par rapport à ce tumulte et à celui arrivé à Saint Médard.

Ce jour 2 janvier, la court, pour informer de ce que la nuict passée plusieurs gens en armes et à cheval ont faict tenir la porte Sainct Marceau ouverte, a commis et député maistres Eustache Chambon et Jaques de Varade, conseillers du Roy en icelle; et pour informer concurremment avec maistres Loys Gayant et Anthoine Fumée, aussi conseillers, a commis et député chacun en leur regard, maistres Loys Derquinvillier et Guillaume Maulenault, aussi conseillers du Roy.

Cedict jour, les gens du Roy par maistre Baptiste Dumesnil, advocat dudict seigneur, ont présenté à la court les deux lettres missives du Roy et de la Royne sa mère ; desquelles la teneur ensuict. — De par le Roy. Nos amez et féaulx, nous avons entendu que la nuict passée, ung nommé Bertrand sieur de Popincourt, seroit allé à main armée, accompaigné de grand nombre d'hommes en armes et garniz de harquebuzes, ont contraint celuy qui a la garde des clefz de la porte Sainct Anthoine d'ouvrir ladicte porte, et laisser toute la nuict ouverte, pour faire sortir autre nombre de gens armez, comme il feist, à deux trouppes, environ la minuyt et les troys heures du matin ; qui est chose pour l'importance dont elle est, que ne voulons démourer impugnye. A ceste cause, nous vous mandons et ordonnons très-expressément, que vous ayez à en faire diligemment et exactement informer, et contre ledict Bertrand, et autres qui se trouverront chargez et coulpables d'une telle faulte, procédez à faire et parfaire leur procès, de sorte que la justice et punition exemplaire s'en ensuyve, telle que le cas le réquerra. Donné à St. Germain-en-Laye, le xxxe jour de décembre 1561. *Signées.* CHARLES. *Et contresignées.* DE L'AUBESPINE. Et sur la superscription. *A nos amez et féaulx les gens tenans nostre court de parlement à Paris.* — Messieurs. Le Roy monsieur mon filz et moy, ayans entendu la téméraire entreprise faicte par ceulx dont il vous escript, de forcer ainsi le portier de la porte St. Anthoine, veult, et je le désire aussi singulièrement, que la vérité en soit seuë, et que luy et sa justice en ayent la réparation telle qu'il appartient ; qui me donne occasion de vous en escripre aussi, et prier y mettre la main si à bon escient, qu'il en puisse avoir contentement, et vous asseurer que encores qu'il soit jeune, il aura perpétuellement mémoire d'une telle faulte, et du devoir que vous, tenans le lieu que vous faictes en sa justice, ferez à chastier chose de tel poix et de si grande importance, que vous la povez assez juger, priant Dieu, Messieurs, vous avoir en sa garde. Escript à St. Germain-en Laye, le xxxe jour de décembre 1561. *Signées.* CATERINE. *Et contresignées.* DE L'AUBESPINE. Et sur la superscription. *A messieurs de la court de parlement de Paris.* — Ce faict, et à l'instant le mareschal de Montmorency, gouverneur de l'Isle de France, ayant esté mandé, venu et assis, ont dict qu'il leur desplaist grandement de veoir aujourd'huy une si grande consternation au peuple de Paris, qu'elle y est : ont oy dire, estans ces jours passés en court, en ceste ville depuis qu'ilz sont arrivez, que ung chacun pense que *agitur hodiè de capite et fortunis omnium :* tellement que chacun se veult retirer de son office pour crainte de sa personne. Aux églises de ceste ville y a infinies plainctes. Les unes demandent de la force pour se deffendre, ny estans asseurez ; mesmes ceulx de St. Pol demandent avoir de l'artillerie. Ceulx de Nostre-Dame de Paris demandent gens pour la défendre. Plus, ilz remonstrent que pour expier l'excès qui a esté faict en l'église de Sainct Médard durant les vespres de sabmedy dernier, il y fauldra avoir de la force. De ceste pertubation ne s'en peult donner blasme au simple peuple qui n'est prest de vouloir assaillir, mais seulement se défendre. Bien peult y avoir parmy eulx quelzques gens malins qui ne demandent que des troubles. Or quant à eulx, ils ne se doibvent ny peuvent entremettre de la doctrine et de la religion ; encores aussi peu parler des armes. Ceulx qui en ont la charge par la providence du Roy et advis de la court, y sçauront très-bien pourveoir pour leur office et debvoir. Supplient estre advisé promptement à l'asseurance du peuple, et luy oster ceste craincte, affin qu'il puisse servir et prier Dieu en liberté. Les occasions de son trouble sont les exemples des choses advenuës ces festes de Noël, qui sont recens. Cella est aydé de la veuë ordinaire de ceulx qui vont aux presches hors ceste ville, qui y vont armez. Ne parlent pour la noblesse : est raisonnable qu'ilz ayent leurs espées, ainsi qu'ilz ont accoustumé ; mais pour tout le reste, ne le fault permettre. Et certes, aller aux presches avec armes et espées, c'estoit contre la profession de l'Évangile qui ne veult que toute humilité et doulceur ; et ne se doigt l'Évangile prescher, ny le royaulme de Dieu acquérir par le sang des hommes ; qu'elle est suffisamment fondée sur le sang de Jésus-Christ respandu pour nous. Ne sert de dire par ceulx de la religion prétenduë refformée, que l'on se veult ruer sur eulx : car ilz n'en ont jamais veu aucunes informations. Bien y a eu quelques petites injures, dont y en a eu de prisonniers ; et mesmes ung a esté fustigé par les carrefours, pour avoir appellé ung aultre, huguenot ; dont touteffois l'on n'a faict aucun bruyt. Davantaige, ce n'est pas occasion d'y aller par force ; mais de se retirer au magistrat pour faire la justice du séditieux. Touteffoys ilz vont aux presches à main armée ; et peult tesmoigner *ex visu*, en avoir rencontré allans en forme d'hostilité douze à cheval, accompaignez de vingt hommes à pied, marchans en bataille. *Accedit* que le guet, les prévostz des mareschaulx, leurs archers et aultres, leur assistent et les gardent, et ne font également telle garde et support aux aultres. L'excès faict en l'église de Sainct Médard ces festes de Noël, en faict tesmoignage récent, que estant le peuple à oyr vespres après le sermon, fut l'église forcée ; aucuns tuez ; les autres blessez, et bien trente-deux prins et menez prisonniers, dont la pluspart fort blessez : mais quant à ceulx de l'aultre partie, n'y en a aucun appréhendé ne prins. De cecy ils en ont adverty le Roy, la Royne sa mère, et le Roy de Navarre, et autres princes et seigneurs du conseil, qui ont advisé sur ce quelques provisions ; l'une pour mettre hors les blessez ; et quant aux assemblées que l'on faict, ilz sont après pour y pourveoir ; et ont entendu de la Royne, que sans approuver les assemblées que l'on faict hors ceste ville, la volunté du Roy et la syenne est, que l'on face aulcunes assemblées en ceste ville : signamment ont eu regret et déplaisir que ès jours de festes dernières, ilz se soyent assemblez hors la ville, pour les dangiers et inconvéniens advenuz et qui en peuvent advenir. Quoyqu'il en soyt, il est fort apparant que les ministres de la justice, qui sont les prévosts des mareschaulx, leurs archers et le guet, se y portent fort mal, ne faisans leur debvoir en la charge où ilz sont appellez, qui est de comprimer les séditieux : car au contraire, ils assistent et supportent les ungs et foulent les autres. Est telle inégalité mère et nourrice de la sédition. Hyer en trouvèrent à la suytte de monsieur le connestable, quelques-ungs qui possible estoient présens au faict desdictz excès et captures, ausquelz ayans demandé comment ilz s'en pouvoient excuser, ilz faisoient response qu'ilz ne les cognoissoient ; et leur ayans demandé pourquoy on prenoit plustost les ungs et laissoit-on aller les aultres, respondirent que telz ne se pregnent pas sans mouffles. Partant, pour arrester en ce regard leurs conclusions, supplient que les défenses de porter armes de toutes parts, tant en la ville que faulxbourgs, soient de rechef publiées, et commandées sur peines ; et qu'il plaise à monsieur le gouverneur de tenir la main à l'exécution de l'édict : pour ce regard aussi, qu'il ne se face plus d'assemblées à Paris ; et qu'il commande aux prévosts des mareschaulx, leurs lieutenans et ministres de la justice, de contenir songneusement et comprimer les séditieux d'une part et d'aultre, sans acception de personne, sur peine de s'en prendre à eulx. Au surplus, entre les ministres susdictz de la justice, y a ung nommé Desjardins, lequel cy-devant par arrest a esté interdict de son office. Vérité est que pour quelque promesse qu'il avoit faict pour advérer quelques grandz cas secretz, l'interdition fut levée ; et aussi-tost après fut trouvé couché, buvant et mangeant avec ceulx qu'il debvoit amener prisonniers. Il y a plus ; est que chacun crye par ceste ville, de ce que inhumainement il a oultraigé, batu et excédé une femme d'un marchant de ceste ville, du bout du pont Nostre-Dame, de bonne et honneste famille ; et l'ayant ainsi batuë et oultraigée, l'a faict traîner par les cheveux et par les bouës ès prisons du petit Chastellet : au moyen duquel excès, elle a esté en péril de sa personne et en danger de mort ; qui est une grande pityé, et contre toute forme de justice. Au moyen de quoy estant desjà prévenu de plusieurs cas, et actendu l'arrest, n'est plus raisonnable qu'il exerce ; et requièrent qu'il soit interdict, et défense à ses archers de luy obéyr, et qu'il soit prins au corps suyvant les décretz contre luy faictz et ordonnez par la court. Au regard des autres ministres, qu'ilz soient admonestez, et à eulx enjoinct de faire leur debvoir, pour appaiser et garder les séditions, et suivre le train ordinaire, sans acception de personnes. Il y a une autre chose ; c'est pour la contention de la justice d'entre les juges ordinaires, et les prévosts des mareschaulx. L'un dict que le prévost des mareschaulx n'a en ceste ville que la capture et le décret, et non pas instruire et juger ung procès : l'autre soustient au contraire, et qu'il a lettres patentes du Roy à ceste fin : et certes, il semble n'estre raisonnable que les dicts prévostz facent, instruisent ou jugent un procès contre ung citoyen en faict de sédition et religion, dont la cognoissance en appartient par l'édict au juge présidial et ordinaire. Cependant il y a ès prisons du petit Chastellet et du Fort-l'Évesque, plusieurs prisonniers, et de long-temps, qui demeurent sans justice. S'il plaisoit à la court les reygler et leur donner audience au premier jour, elle fera certes ung grand bien. Au surplus, ont dict que le Roy et la Royne leur ont donné charge de dire à ladicte court, qu'elle ayt à faire bonne et briefve justice de l'excès faict à la porte Sainct Anthoine. Sur ce, a dict monsieur le mareschal, que par son ordonnance, deux commissaires du Chastellet ont informé de ce faict : a les informations devers luy qu'il baillera ce matin aux gens du Roy.

A dict maistre Eustache Chambon conseiller céans, que par ordonnance de la court, il avoit commencé à informer, et oy deux tesmoings, et prins leurs dépositions qu'il a rédigées par escript de sa main.

Luy a esté dict qu'il parachève, et qu'il baille le tout ausdictes gens du Roy.

Plus, a dict ledict sieur mareschal, qu'il a receu lettres missives de la Royne, qu'il monstrera à la court si elle les veult veoir, par lesquelles ladicte dame luy mande qu'il face venir devers luy les ministres, diacres et surveillans, et leur face entendre qu'ilz se doibvent contenter de l'honnesteté que l'on leur avoit faicte, leur permectant de prescher hors la ville : qu'il a faict défense sur leur vye, qu'ilz n'ayent à prescher ne s'assembler en ceste ville en quelque maison que ce soit ; et a dict au ministre que s'il presche en ceste ville sa teste luy en respondra, et qu'il fera desmolir la maison.

Maistre Loys Gayant conseiller céans, a dict que pour cella on ne laisse de prescher parmy les maisons mesmes en son quartier ; ainsi que ses voysins et aultres luy ont rapporté, et est chez un officier du Roy ; et luy dirent ceulx qui se plaignoient, que si on leur vouloit permettre, ilz les mettroient bien-tost en pièces ; ausquelz il fit response qu'il s'en falloit bien garder : bien pouvoient observer ceulx qui y vont pour les recognoistre, affin d'en informer par après, et qu'il en feroit récit à ladicte court.

Luy a esté ordonné qu'il en informe au plustost qu'il pourra. Dumesnil, pour le Roy, a adjousté qu'il seroit besoing leur interdire le presche ès jours de feste, mesmes le jour de demain, qu'il y aura grand peuple à Saincte Geneviefve pour la feste ; et si l'on preschoit au quartier de Sainct Marcel, y auroit danger qu'il n'en advienne comme il feyt sabmedy dernier à Sainct Médard ; et supplie y estre pourveu.

A dict ledict sieur mareschal, qu'il n'a charge de leur défendre les presches hors la ville : fera touteffoys ce qui sera advisé par la court.

La matière mise en délibération ; a esté aresté que ledict sieur mareschal de Montmorency parlera à eulx ; et le tout remis à sa prudence et discrétion, à ce qu'il n'y ayt presche le jour de demain audict quartier ; qui a dict qu'il fera de sorte, Dieu aydant, qu'il n'y aura sédition ne tumulte ; et obéyra tousjours à ladicte court. Et quant aux conclusions des dictes gens du Roy contre ledict Desjardins, ainsi que on y délibéroit, l'abbé de saincte Généviefve est venu en la court, et dict que ceulx qui sont contraires à nostre religion, comme il a esté adverty, veulent après disner aller faire leur presche aux Patriarches, ce qu'ilz n'avoient accoustumé faire à tel jour; et pource que dès aujourd'huy qui est la veille de la feste de saincte Généviefve, le peuple, suyvant sa dévotion, commence à aller en ladicte église faire ses oraisons, et que c'est ung mesme chemin, est à craindre qu'il n'y ayt du tumulte et sédition, s'il n'y est sur ce pourveu par ladicte court, avec l'ayde dudict sieur mareschal, gouverneur; dont il les a supplié et requis. A quoy a dict Boucherat, advocat du Roy, que véritablement cela feroit chercher occasion de sédition et querelle, parce que ce jour de vendredy, ilz n'ont accoustumé aller à leurs presches de ce costé, mais à Poupincourt. A esté respondu audict abbé, que ladicte court y fera ce qu'elle pourra; et luy a dict icelluy sieur mareschal, qu'il gardera qu'il n'y ayt presches n'y séditions, n'y empeschement baillé au peuple à faire ses dévotions. Ce faict, parce que l'heure a sonné, n'a esté parachevé d'opiner sur les conclusions des gens du Roy contre ledict Desjardins.

Lettre du parlement de Bordeaux au Roy, par laquelle il lui mande les désordres que les huguenots commettent dans ceste ville et dans la Guienne, et lui rend compte des mesures qu'il prend pour les arrester.

Nostre souverain seigneur. Tant et si très-humblement que possible nous est, à vostre bonne grace nous recommandons.

Nostre souverain seigneur, nous vous avons cy-devant adverty des infinies insolences qui se dressent et qui se font journelement en cestuy vostre ressort, et du peu de profit que le rèmede que vous y avez voulu tant de fois mettre, y a porté; et puis huict jours en avons esté amplement adverty par le maire de Libourne; et de peur de vous ennuïer de vous ramentevoir tant de fois les exécrables excès qui se font de jour à autre, sans aucune punition, soit par justice ou par armes, vous supplions très-humblement entendre que vos subjectz en ce païs sont réduictz en ceste extrémité de guerre, qui a prins a prins, qui a bruslé a bruslé, et qui a pillé a pillé, sans espoir pour les affligés de répétition, et sans crainete aux mauvais et séditieux, de punition. Nous avons gardé ceste ville jusques sur la fin du mois d'aoust dernier, assez nettement, à ce que les effectz et apparences démonstroient, jusques en ceste saison-là que arrivèrent deux ministres en ceste ville, lesquelz se logèrent aux deux quarres de la ville, commençans à dogmatiser et dresser presches; là où (comme en toutes choses nouvelles advient) y eust affluance de menu peuple avecques peu de gens d'auctorité. Nous voians la tollérance des dictes presches estre contre l'intention de Vostre Majesté, amplement déclarée en l'édict par vous ordonné estre publié ou mois de janvier dernier, arrestames entre nous de inhiber les dictz presches. Lors le seigneur de Burie, vostre lieutenant-général en ce gouvernement, en l'absence du roy de Navarre, ne le trouva pas bon; et nous remonstra que ce seroit esmouvoir une sédition en ceste ville, pour laquelle empescher, luy non aiant forces suffisantes, n'y sçauroit pourveoir, et que le meilleur estoit de laisser prescher; lesquelz presches nous avons dissimulez, faisant semblant ne les veoir: mais voïons à présent assez ouvertement les inconvéniens qui arrivent des dictz presches, desquelz sont venuz les consistoires qui se dressent en chacune ville pour la distribution de leur conseil; des consistoires, sont venuz les synodes, qui est ung souverain conseil qui se tient èz villes qui sont esleuës par les ministres, là où se traitent toutes grandes choses. Et pource que par le moïen de celuy qui a esté tenu à Saincte Foy puis ung mois, nous nous sommes trouvez grandement empeschez de l'exécution qui s'en est ensuivie. En celuy-là, comme il a esté rapporté, fust arresté qu'il se feroit le dimenche après la feste de Noël, en ceste capitale ville de vostre duché de Guienne, une congrégation de tous ceulx de leur ligue; laquelle congrégation nous ne pouvons appeller autrement que une vraie récognoissance de leurs forces, pour engendrer une hayne mortelle entre ceulx des deux religions, pour après venir à l'entière sédition, à laquelle touteffois pour bailler prétexte et couverture, ilz baillèrent nom de Cène, pour, soubz le manteau de religion, couvrir une si lourde entreprinse: car aïans la liberté qu'ilz ont en ce ressort, auquel homme vivant ne leur demande une seulle chose, il leur estoit assez aysé, chacun en sa famille, faire leur cène, sans qu'il falust en vostre capitale ville (accompagnée par le faict de vostre justice, d'ung parlement; et pour le faict de la religion, d'une église primitiale, en laquelle ilz n'ont peu encores gaigner la cinquiesme partie du peuple) assembler une si grande compagnie; de quoy advertie ceste vostre court, a prié ledict seigneur de Burie prendre la peine de venir en icelle; en laquelle luy a faict entendre tout ce que dessus: à quoy il nous auroit faict response, qu'il failloit seulement regarder si ladicte assemblée ainsi délibérée soubz le prétexte de cène, estoit dangereuse; et que si elle l'estoit, il l'empescheroit bien. Vostre court délibéra sur ledict affaire, et trouva le tout très-pernicieux : est ordonné que deux des présidens de ceste vostre court, deux présidens d'enquestes, et l'ung des plus anciens conseillers, vostre procureur général, et le grefier de vostre dicte court, présens, luy sera communiquée la délibération d'icelle vostre court : il la treuve pour ceste heure-là bonne; faict responce qu'il empeschera ladicte assemblée. Sur l'empeschement de laquelle assemblée, a esté procédé par vostre dicte court, ainsi qu'il plaira à Vostre Majesté veoir par les registres que vous envoïons par vostre procureur général.

Nostre souverain seigneur, nous avons trouvé ladicte assemblée qui a esté faicte dimenche dernier soubz le prétexte de cène, de très-mauvaise et périlleuse ouverture; et pource que nous n'avons autre soing ne volunté que exécuter entièrement voz commandemens, et faire entretenir voz édictz, vous avons voulu envoïer vostre procureur général, pour vous suplier très-humblement l'oyr sur ce et autres choses qui en deppendent, et nous faire entendre vostre volunté, à celle fin que cependant que nous tâchons à l'observance de vostre volunté, et à vous rendre par nous, et faire rendre par voz subjectz, l'obéissance que vous devons, n'advienne inconvénient à vostre république, et que vostre peuple (lequel est certainement en trop plus grand nombre que celuy qui faict telles assemblées illicites) ne preigne domage : vous pouvant bien asseurer que ladicte assemblée luy a si estrangéement déplu, que n'eust esté la grande obéissance qu'ilz vous portent, y eust heu dangier d'advénement d'ung grand scandale; et est à craindre que ceste ouverture ne porte mauvaise suite et conséquence pour l'advenir entre les sectateurs des deux religions : vous supplians très-humblement nous croire, quelques advertissemens qui pourroient venir à Vostre Majesté d'autre part, contraires à la présente.

Nostre souverain seigneur, nous suplions le benoist Rédempteur, vous donner en toute prospérité et santé, l'accomplissement de voz très-haultz et très-nobles désirs, très-longue et heureuse vie. Escript à Bourdeaulx, en vostre parlement et soubz le seing d'iceluy, le deuxième de janvier 1562.

Voz très-humbles et très-obéissans serviteurs et subjectz, les gens tenans vostre parlement à Bourdeaulx. De Pontac.

Est écrit au dos : *Au Roy nostre souverain seigneur.*

En ce mois advint de grands troubles et esmeutes en plusieurs lieux du royaume. Entre autres choses, vindrent nouvelles que la ville d'Agen avoit esté pillée, et une maison appartenant au roy de Navarre au pays de Guienne, nommée Montmaisault; et ce par les huguenots, et soubs le prétexte de la religion.

Le mécredy des Cendres en février, monsieur le président de Thou et Guerimante, nommé Me Guillaume Viole, conseiller de la grand'-chambre, suivant la charge qu'ils avoient receu de messieurs de la court de parlement, allèrent en court pour faire les remonstrances sur l'édit mentionné cy-dessus, et ne profitèrent grandement, sinon qu'ils aportèrent une modification, par laquelle le Roy deffendoit à ses officiers, de n'aller ausdits presches et assemblées, avec une jussion de le publier; et néanmoins la cour, toutes les chambres assemblées, détermina le dix-huitiesme du présent mois de février : *Non possumus nec debemus pro conscientia.* En quoy messieurs de la court receurent un grandissime honneur.

En ce temps icy, fust faicte prohibition de ne vendre aucunement de la chair, sur peine de la vie, sinon à celuy qui seroit député par la court pour distribuer la chair à ceux qui avoient congé d'en manger par nécessité de maladie.

Le jeudy dix-neufiesme du présent mois, la Royne mère et le roy de Navarre arrivèrent en ceste ville; et lors firent courir un bruict les nouveaux évangélistes, qu'ils estoient venus pour faire publier l'édict, ce qui toutteffois ne se trouva véritable par les actes subséquents.

Le vendredy xxe, la Roine manda messieurs les présidents de la court, pour entendre d'eux que c'est qui les mouvoit de ne vouloir publier l'édict, attendu les modifications qui estoient faictes. Après avoir entendu leurs raisons, leur fit response, que puisque ils ne le trouvoient bon, qu'ils se assemblassent, et advisassent touts les moyens pour appaiser les troubles qui s'excitoient au faict de la religion ; et à ceste fin, le lundy en suivant, qui estoit le xxij^e dudit mois, furent toutes les chambres de la cour assemblées.

En ce temps icy, monsieur l'admiral et monsieur d'Andelot se retirèrent de la court en leurs maisons; qui ne fust grand perte pour la république, parce qu'ils estoient les plus fauteurs des hérétiques.

Ne fault icy obmettre chose mémorable pour l'imposture des nouveaux évangélistes, et pour descouvrir leurs hypocrisies; c'est que le vendredy vingtiesme dudit mois, on leur avoit donné à entendre que la Royne mère les debvoit aller voir passer en la ruë St. Anthoine, pour aller à leur presche. Eux advertis de cela, convièrent toutes sortes de gens à aller à la presche, revestus de leurs beaux habillements avec cornettes, afin de donner à entendre à la Royne, que en leurs assemblées se sont touts gens de respect et de réputation, et de faict portèrent la pluspart d'eux des cornettes; mesmes du Moulin et Rusé, advocats en la court, qui jamais ny avoient auparavant esté en tel équipage; et fault noter que les frippiers firent fort bien leur proffit ce jour-là, parce que ceux qui n'avoient de bons habillemens, en louèrent à la fripperie, affin d'estre estimés de réputation. Les frais de ces louages se faisoient aux despens de la bourse commune. Toutteffois la Roine mère ne les vist passer.

La court fust assemblée par deux jours entiers suivant le commandement de la Royne, pour luy donner advis sur les troubles qui sont en ce royaume sur le faict de la religion. Finallement le mécredy xxv de ce mois de février 1562, arrestèrent qu'il pleust au Roy faire de rechef publier l'édit de juillet dernier passé, selon sa forme et teneur; auquel seroit adjousté que les ministres et prédicants seroient tenus de vuider hors le royaume; et si bon leur sembloit, se treuveroient au concile général; et pour ce faire, leur seroit baillé sauf-conduit; et pendant le temps dudit concile, on seroit tenu de vivre selon l'Eglise catholique et ancienne; et si pendant ledit temps aucuns baptesmes se faisoient en autre sorte que celle qui est receue en l'église ancienne, seroient les enfans ainsi baptisés déclarés illégitimes. Ces moyens et advis de la court de parlement furent envoiés au conseil du Roy, et non toutteffois bien receus, comme il sera aisé de juger cy-après. Qui fust cause et moyen aux adversaires de l'Eglise, d'estre plus orgueilleux et audacieux qu'ils n'estoient auparavant, et de continuer à aller tousjours en leurs presches, assemblées et conventicules du Patriarche et de Poupincourt, garnis de pistolets et autres armes deffensibles et offensibles.

Le premier jour du mois de mars, fust faict au diocèse de Paris un jubilé pour l'extirpation des hérésies, et pour l'ouverture du concile général de Trente.

Le mesme jour, combien que suivant le commandement de la Royne mère, messieurs de la court se fussent assemblés pour adviser les moyens de composer les troubles qui sont au faict de la religion, et que ils eussent envoié au conseil du Roy sur ce leur advis, fust arresté au conseil privé, que nonobstant leur advis, l'édit seroit publié avec les modifications qui y sont; sçavoir, que les officiers du Roy n'iront au presche, sinon ceux qui y seront envoyés pour la police; et que c'est sans approbation de la nouvelle religion.

Le lundy ensuivant qui estoit le second jour, monsieur le prince de La Rochesuryon qui avoit receu le commandement de venir par deça faire publier l'édit, arriva en ceste ville; lequel fist assembler toutes les chambres le mardy ensuivant, pour en délibérer.

Fault icy singulièrement noter que se firent plusieurs pratiques et menaces à plusieurs, tant présidents que conseillers, pour les faire condescendre à la publication; et la force fust si grande, que non seulement ils furent menassés de leur faire perdre leurs estats, mais encores suscitèrent les escholiers pour les intimider et menasser, affin de la publication de l'édit, qui est grand force faicte à justice : qui fust cause que plusieurs gens de bien voiants la force que l'on faisoit à justice, s'abstindrent de se trouver en l'assemblée des chambres, ne voulants consentir à un si meschant et malheureux édit, contre leurs consciences.

Le mardy estants assemblées, fust mis en délibération, sçavoir, si ceux qui estoient du corps de la court, qui avoient esté appellés en nombre de xliij à la confection de l'édict, pourroient opiner sur la publication de l'édit; et combien que auparavant par arrest de ladite court, eust esté dit qu'ils ny pourroient assister, toutteffois par autre arrest fust dit qu'ils donneroient leur opinion sur le faict de la publication; qui fust un mauvais préjugé pour les bons catholiques.

Le mardy, advint un acte merveilleux à ung lieu nommé Vassy en la principauté de Jainville. Monsieur de Guyse ayant envoié son chappelain pour célébrer la messe en l'église dudit Vassy, estant entré en l'église pour oüir la messe, ouist plusieurs qui estoient assemblés en une grange devant ladite église, qui faisoient leurs presches et prières comme ils appellent, faisants un fort grand bruict. Monsieur de Guyse oyant cela, leur manda par le jeune Bresé gentilhomme, qu'il les prioit de surceoir et supercéder leur assemblée jusques à ce que la messe fust célébrée. Bresé y estant allé, le ministre luy fist responce que monsieur de Guyse n'estoit qu'un homme, et qu'ils estoient en ce lieu là plusieurs assemblés pour oüir la pure parolle de Dieu, et faire prière à Dieu, et qu'ils ne le recognoissoient en rien, et qu'ils ne cesseroient; et à l'instant fut jetté quelque pierre sur ledit Bresé, et à ceux qui l'avoient accompagné. Lors Mr de Guyse estant adverty de ce, acheve d'oüir la messe;

et quant elle fust célébrée, il heurte à la porte de la grange où ils estoient assemblés, pour leur remonstrer que ès Allemagnes et autres lieux, ils luy ont bien faict cet honneur de lui laisser faire son service sans l'empêcher, et que eux qui sont ses subjects, luy tiennent plus grande rigueur que les estrangers. Le ministre fist quelque response assés audacieuse comme la première; et dit-on que en mesmes instant on lâcha un pistolet pour tuer monsieur de Guyse, et force pierres sur luy, desquelles il fust blessé. Luy voyant cela, mist la main à l'espée, et touts ses gentilshommes après, de sorte qu'il en fust fait si grand carnage, que ils furent tant tués que fort navrés, jusques au nombre de huict à neuf vingt, comme le bruict couroit.

Le dix-septiesme ensuivant, arriva en ceste ville de Paris monsieur le cardinal de Bourbon, pour y estre gouverneur; et en ceste qualité estoit logé au Louvre; et pour la force luy fust donné monsieur le maréchal de Brissac et de Termes; avec monsieur d'Avanson et de Sélve, pour le conseil; touts deux du conseil privé, avec lesquels il pourroit appeller tels de messieurs les présidens de la court que bon lui sembleroit. Son pouvoir fut receu et publié en la cour de parlement à Paris, le xviij ensuivant, lequel estoit grand, jusques à pouvoir faire mener le canon si besoing estoit. Du gouvernement par ce moyen fust osté monsieur de Montmorency fils aisné de monsieur le connestable, lequel favorisoit fort le party des nouveaux évangélistes, et fouloit fort les catholiques. Ce gouvernement de monsieur le cardinal de Bourbon fust fort agréable au peuple; car despuis iceluy, il n'avint que bien en la ville.

Fault icy noter que le prince de Condé, frère du roy de Navarre, favorisant le party des huguenots, les mena en armes à la presche au faulxbourg Sainct-Jacques, en un lieu dit Hierusalem; et avoit avec luy grande compagnie de chevaux. Ceux pourtant qui estoient dessus, n'estoient que des belistres, se disans soubs son aveu gentilshommes. Vray est qu'il y avoit avec luy deux chevaliers de l'ordre; sçavoir est, Janlis et Jarnac. Il ne receut grand honneur à faire cet acte-là, et eust mieux faist de ne se déclarer si fort.

Le vingt-uniesme, le roy de Navarre qui s'estoit formellement déclaré pour l'ancienne religion, arriva à Paris avec grande compagnie; au-devant duquel alla monsieur de Guyse et monsieur le connestable, et la plus grande partie des marchands de Paris. Sa venuë n'aporta que toutes choses bonnes pour l'ancienne religion, comme nous verrons cy-après.

Le vingt-deuxiesme, jour des Rameaux, auquel suivant la coustume, l'église de Paris alla faire la bénédiction du bouïs en l'église Saincte-Geneviefve, et y faire la procession. Quant la compagnie de l'église de Paris fust assemblée audit lieu de Saincte-Geneviefve, le roy de Navarre en un mesme instant envoia coup sur coup deux gentilshommes, pour dire aux chanoines qu'ils n'eussent à partir, et qu'il les vouloit venir prendre pour les accompagner dudit lieu jusques à l'église de Paris. Peu après, le roy de Navarre accompagné de monsieur de Guyse, le connestable, Mr. d'Aumalle, le mareschal de Sainct-André, de Beauvais, de Brissac, de Sansac, de Randan, de Gonnor, de Créveceur, de Bresé, d'Anville, du marquis d'Elbeuf, du comte de Villars, du comte de Groniéres; touts lesquels vindrent à cheval, accompagnés pour le moins de deux mille gentilshommes; et estoient lesdits chevaliers de l'ordre, revestus de leur grand collier de l'ordre; et estans arrivés du logis de monsieur le conestable en l'église Saincte-Geneviefve, mirent pied à terre, et conduisirent à pied la procession jusques en l'église de Paris; excepté que monsieur le conestable, à raison de son âge et de ses gouttes, estoit monté sur un mulet; auquel lieu ils oüirent la grande messe en grand honneur et révérence.

Le mesme jour fut ordonné en la ville, que il n'y auroit plus que six portes ouvertes, et que on mettroit gardes ausdites portes, ce qui fust faict; et ce pour les factions et entreprise du prince de Condé, de l'admiral, de d'Andelot, et plusieurs autres.

Le mardy vingt-quatriesme dudit mois, monsieur le prince de Condé, par le commandement du roy de Navarre son frère, fust contrainct se retirer de la ville de Paris, et madame la princesse sa femme, laquelle par effroy accoucha de deux enfans masles, avant terme, en s'en allant, pour la folie d'ung de ses gentilshommes qui l'accompagnoit, lequel voulut charger sus de pauvres gens de village qui estoient en procession sur les chemins; et touttefois il fust luy-mesme chargé, et elle en grand dangier.

M. D. LXII.

Le dimanche ensuivant, jour de Pasques, les huguenots avoient préparé leur lieu de Poupincourt pour y faire la céne; dont adverty monsieur le cardinal de Bourbon gouverneur de Paris pour lors, manda querir Malon, la Rivière, ministres, et leur fist deffences de par le Roy de ne faire laditte céne, sur leurs vies, et que autrement y seroient chargés et mis en piéce; et de faict ne firent point la céne.

Le lundy ensuivant xxx, monsieur le prince de Condé, avec l'admiral et d'Andelot, vint, accompagné pour le moins de huit cent chevaux, pour entrer en la ville de Paris, et se présentèrent à la porte Sainct-Honoré. Ledit prince de Condé fust recogneu par monsieur de Termes, chevalier de l'ordre; auquel fust faict response que il entreroit bien luy dousiesme en la ville, mais que sa compagnie n'y entreroit point. Au mesme instant Bussy, accompagné de six cent chevaux, voulust forcer la porte Sainct-Jacques; mais Dieu ne permist qu'ils entrassent en la ville. Voiants qu'ils ne pouvoient entrer en la ville de Paris, s'acheminèrent peu après pour s'en aller à Paleseau pour prendre le chemin d'Orléans, et s'emparer des villes qui sont sur la rivière de Loyre, le tout sous prétexte et manteau de religion.

Lettre de la cour de parlement de Bourdeaux au Roy, par laquelle elle lui fait des représentations sur des lettres patentes, portant nomination de commissaires pour faire le procès aux huguenots dans la Guyenne.

Nostre souverain seigneur. Tant et si très-humblement que possible nous est, à vostre bonne grâce nous recommandons.

Nostre souverain seigneur, ce jourd'huy avons receu en ceste compagnie, les lettres patentes qu'il a pleu à Vostre Majesté commander estre expédiées, contenans le mandement qu'il vous a pleu faire à maistres Jehan Alesme et Arnauld de Ferron, conseillers en ceste vostre court, par lesquelles leur commandez cognoistre des cruelles et inhumaines entreprinses, forces, viollances, meurtres, homicides, crimes et délicts commis et perpétrez soubz umbre de la religion et autrement, en divers lieux et endroictz de vostre païs de Guyenne, contre et au préjudice de vos édictz et ordonnances, et ce, en l'absence de maistres Nicolas Compaing, conseiller en vostre grand conseil, et Girard, lieutenant en la prévosté de vostre hostel; et pour ce faire, eulx transporter sur les lieux et endroictz de voz pays de Guyenne que besoing sera, où icelles choses sont adveuës; et que reprins par devers eulx toutes charges et informations, procès et procédures qui ont esté commancez et faictz par auctorité de voz cours souveraines, et autres voz juges et officiers, contre les auteurs, fauteurs, récellateurs et coulpables, de quelque estat, qualité, condition et dignité qu'ilz puissent estre, ecclésiastiques ou laiz, tant pour le faict des séditions, assemblées illicites avec port d'armes, esmotions, homicides, que autres crimes et délictz, par eulx et chacun d'eulx, leurs aliez et complices, commis et perpétrez; les chargez desquels, avecques les procès et procédures en quelque estat qu'ilz soient ou puissent estre, par vos dictes lettres évoquez à vous, et iceulx renvoiez ausdictz d'Alesme et Ferron, en absence toutesfois des dictz Compaing et Girard; comme plus à plain est contenu par vos dictes lettres patentes, desquelles vous envoions un vidimus signé.

Nostre souverain seigneur, pour ce que estans sur les lieux, assiduz et continuelz à l'exercice de vostre justice, exécution de voz édictz, repoz et soulagement de vos subjectz, lequel nous sommes certainement asseurez vous estre en singullière récommandation, nous veoians et prévoians la police, maniement et dextérité que escheoit à l'exécution de vostre très-bonne, saincte et très-louable volunté, nous a semblé advis vos dictes lettres requérir quelque interprétation, laquelle nous a véritablement semblé estre assez conforme à vostre intention; mais pour l'asseurance des affaires publiques, à celle fin que les parolles se joignent à l'exécution de vostre saincte et louable volunté, qui n'est autre sinon que telz séditieux soient exemplairement pugnis, vous avons bien voulu supplier très-humblement nous en faire déclaration : car les forces que conduisent les sieurs de Burie et de Montluc sont pour le jourd'huy bien avant en Agennois; les dictz d'Alesme et de Ferron, suyvant le commandement contenu en vos dictes lettres, partent promptement pour les aller trouver. L'expérience nous aprend assez que l'espoir de tous hommes séditieux et mutins, et estans de la qualité contenuë en vos dictes lettres, consiste principallement en la fuyte. Estant doneques vos dictes forces et les députez de vostre justice en Agennois, ou aux autres endroictz de ce gouvernement, esquelz l'exécution de leur commission se dressera, toutes ces malignes personnes se retireront en ceste ville, ou autres endroictz de ce ressort, comme nous commenceons desjà nous apercevoir; et si voz lettres patentes estoient entenduës si près de la lettre, laissant la claire interprétation de vostre volunté, portant qu'avez évoqué à vous les dictes causes, ceste dicte compagnie n'auroit moïen de pourvoir à l'exécution de vostre tant désirée volunté, qui est de mectre fin à ce que telles voïes inacoustumées par cy-devant en cestuy vostre royaulme, ne pullulent et n'ayent cours; et cependant que voz forces et les depputez de vostre justice mectroient ordre au plat pays, voz principalles et capitales villes de vostre duché de Guyenne seroient en danger de tumber en grand inconvéniant; chose que nous appert assez n'estre de vostre intention. Davantage, nous veoions journellement en ceste ville cappitalle de vostre duché de Guyenne, et métropolitaine pour le faict de la religion, et autres lieux circonvoisins et du ressort de ladicte court, grandement esloignez des lieux esquelz sont voz forces et commissaires de la justice, arriver inconvénient de la quallité et espèce portée en vos dictes lettres patentes; ausquelz si ceste dicte vostre court n'avoit moïen y pourvoir, proviendroit accroissement de maulx, esclandres et infinies calamitez, qui renforceroient les mauvaises voluntez des malins, qui ne sont empeschez que pour la continuelle et soigneuse diligence de vostre justice ordinaire. Aussi si ceulx mesmes du païs d'Agennois, contre lesquelz nous avons cy-devant donné plusieurs décretz, fuyans la sévérité de vostre justice acompaignée de voz forces estans à présens sur les lieux, se retirans en ceste ville pour dresser et esmouvoir pareilz scandalles et séditions qu'ilz ont faict audict pays, et que, obstant lesdictes lettres patentes, nous n'eussions moïen d'en cognoistre, nous estimons que cela leur apporteroit une vraye impunité, grand dommaige à vostre service, et foulle à tous vos bons subjectz, avec une corruption de meurs, qui se pourroit engendrer entre les bons qui se sont jusques-icy très-bien maintenuz en l'obéissance de voz édictz et ordonnances, par la communication et fréquentation que impunéement ilz pouroient prendre avecques lesdictz malins et séditieux.

Nostre souverain seigneur, nous ne vous rementerons pas les par trop plus grandz fraiz et despense en laquelle il vous conviendroit entrer, s'il failloit conduire avec grandes forces devers lesdictz commissaires, tous les prisonniers qui seroient arrestez en ceste ville et autres lieux circonvoisins d'icelle, ou autres esloignez des lieux de voz forces. Aussi sera le plaisir de Vostre Majesté, considérer que là où la justice de telz séditieux et mutins se peult rendre par une telle compagnie qu'il a pleu aux roys voz prédécesseurs assembler en ce parlement, avec peu de despence, il n'est pas grandement besoing que soit rendué par aucuns particulliers. Parquoy, ce jourd'huy, délibérans sur vos dictes lettres patentes, avions trouvé très-bon que pour l'extermination entière de ces séditieux, les commissaires par vous depputez acompaignez de voz forces, bésoignassent en tout ce qu'ilz pourront trouver et viendra par devant eulx, estant des deppendances de vostre commandement; et que en ce lieu vostre dicte court de l'autre cousté bésoignast en ce qui est de sa charge à l'extermination des gens de semblable quallité, avec telle prudence que l'une jurisdiction n'empeschast l'autre; mais que toutes deux tendans à mesme fin qui est l'entier acomplissement de vostre volunté, sans intermission vacquent à ladicte extermination.

Nostre souverain seigneur, les roys très-chrestiens voz ayeul, père et frère, et vous, voulans mectre fin, et entièrement empescher l'accroissement de ces séditions, provenans, comme voz lettres le portent, soubz le prétexte de la nouvelle religion, ont après plusieurs commutations d'édictz et de loix, assemblé cumulativement toutes les puissances de leurs cours souveraines, juges présidiaulx, séneschaulx et juges inférieurs, et voulu que tous ensemble endroit soy, en fussent juges; lesquelles loix, ordonnances et édictz tant réitérez, lesquelz vous leur avez enjoinct garder, nous n'avons pas cuydé que vous aïez entendu abolir par le moïen de vos dictes lettres du vingtiesme du dernier mois; mais au contraire plustost esveiller, et sommer chacun de voz officiers d'y faire le devoir de leur charge. Surquoy supplions très-humblement Vostre Majesté nous en bailler interprétation, et considérer le grand dommaige que cela pourroit porter à vostre service, diminution en l'auctorité de vostre justice, trouble à tout vostre Estat, foulle à tous vos bons subjectz, audace et témérité aux séditieux.

Nostre souverain seigneur, nous supplions le benoist Rédempteur en bonne santé vous donner très-longue et heureuse vie, et l'accomplissement de voz très-haultz et très-nobles désirs. Escript à Bourdeaulx, en vostre parlement et soubz le seing d'icelluy, le VIIe mars 1562.

Voz très-humbles et très-obéissans serviteurs et subjects, les gens tenans vostre parlement à Bordeaulx. De Pontac.

Arrêt du conseil du Roy, sur l'innocence de monsieur le prince de Condé.

Après que messire Louis de Bourdon, chevalier de l'Ordre du Roy, prince de Condé, a rendu tesmoignage à Sa Majesté, n'avoir jamais entrepris, pensé ne eu volunté d'entreprendre aucune chose contre la puissance et authorité du feu roy François dernier mort; mais luy avoir toujours rendu telle obéissance et sujection que le vassal doit à son prince et souverain seigneur; et que maistre Gilles Bourdin, procureur général du roy en la cour de parlement de Paris, en laquelle ledit prince estoit renvoyé, au dixiesme de ce présent mois de mars, a déclaré n'avoir eu ne veu, et n'avoir par devers luy, aucunes charges ne informations, ne autres pièces concernans l'accusation sur laquelle ledit prince fut constitué prisonnier en la ville d'Orléans; et que

Mre Michel de l'Hospital, chancelier de France, a aussi dit qu'il n'avoit par devers luy veu ne ouy faire rapport au conseil, ne en présence dudit feu roy François, d'aucunes informations ne autres charges contre ledit prince; et que la Reine mère du Roy, messieurs le cardinal de Tournon, prince de La Roche-sur-Yon, duc de Guyse, mareschal de Saint-André et le seigneur du Mortier, qui estoient du conseil du feu roy François, lors dudit emprisonnement, ont fait pareilles et semblables déclarations;

Ledit seigneur, par l'advis de ladite dame et seigneurs de son conseil, a déclaré et déclare ledit prince absous et innocent des faitz et cas dessus ditz; a ordonné et ordonne que ce présent jugement sera publié et enregistré en toutes les cours souveraines de ce royaume, et envoyé par Sa Majesté et ses ambassadeurs vers les empereurs, roys, princes et potentats et républicques de la chrestienté, qui peuvent avoir esté advertis dudit emprisonnement et accusation d'icelluy, afin de leur faire entendre l'innocence dudit prince, et les desmouvoir de l'oppinion qu'ils peuvent avoir conceuë contre luy, pour raison de ladite accusation.

Du huictiesme jour de mars, l'an mil cinq cens soixante et deux.

Coppie des lettres (1) *envoyées par la Royne, à Monsieur le prince de Condé, par lesquelles elle le prie d'avoir en recommendation l'estat de ce royaume, la vie du Roy et la sienne, et entreprendre la deffence contre ses ennemis.*

Mon cousin. J'ay entendu par le baron de la Garde ce que luy avez dit, et mon cousin j'en ay esté et suis si asseurée, que je ne m'asseure pas plus de moy-mesme; et que je n'oublieray jamais ce que ferez pour le Roy mon fils : et pour ce qu'il s'en retourne, pour l'occasion qu'il vous dira, je ne vous feray plus longue lettre; et vous prieray seulement le croire de ce qu'il vous dira de la part de celle de qui vous vous pouvez asseurer, comme de vostre propre mère; qui est vostre bonne cousine, Caterine. Et à la superscription, est escrit : A mon cousin, monsieur le prince de Condé.

Autre.

Mon cousin. J'ay parlé à Yvoy aussi librement que si c'estoit à vous-mesme, m'asseurant de sa fidélité, et qu'il ne dira rien qu'à vous-mesme, et que vous ne m'alleguerez point, et aurez seulement souvenance de conserver les enfans et la mère, et le royaume, comme celuy à qui il touche, et qui se peut asseurer qu'il ne sera jamais oublié. De brusler cette lettre incontinent. Signé, vostre bonne cousine, Caterine. Et à la superscription : A mon cousin, monsieur le prince de Condé.

Autre.

Mon cousin. Je vous remercie de la peine que prenez de si souvent me mander de vos nouvelles, et pour espérer vous voir bien-tost, je ne vous feray plus longue lettre; et vous prie seulement vous asseurer que n'oublieray jamais ce que faites pour moy; et si je meurs avant avoir le moyen de le pouvoir recognoistre, comme j'en ay la volonté, j'en lairray une instruction à mes enfans. Je dis à ce porteur aucune chose pour vous dire, que je vous prie croire; et m'asseure que cognoistrez que tout ce que je fays, c'est pour remettre tout en paix et en repos : ce que je sçay que désirez autant que vostre bonne cousine, Caterine. Et à costé est escrit : S'il vous plaist, vostre femme et belle-mère et oncle, trouveront icy mes recommandations. Et à la superscription : A mon cousin, monsieur le prince de Condé.

Autre.

Mon cousin. Je vois tant de choses qui me desplaisent, que si ce n'estoit la fiance que j'ay en Dieu et asseurance en vous que m'aiderez à conserver ce royaume et le service du Roy mon fils, en despit de ceux qui veulent tout perdre, je seroye encores plus faschée : mais j'espère que nous remédierons bien à tout avecques vostre bon conseil et aide; et pour en avoir dit à ce porteur mon avis bien au long, je ne vous en feray redite par la présente, et vous prieray le croire de ce qu'il vous en dira à tous deux de la part de vostre bonne cousine, Caterine. Et à la superscription : A mon cousin, monsieur le prince de Condé.

---

(1) Ces lettres sont très-importantes pour l'histoire de la première guerre de religion. Le prince de Condé pour se justifier de ce qu'il avoit pris les armes, disoit qu'il l'avoit fait par l'exprès commandement de Catherine de Médicis, qui l'avoit conjuré très-instamment par plusieurs lettres, de ne point abandonner son fils et elle, qui étoient retenus en captivité par le roy de Navarre, ligué avec les Guises et le connétable de Montmorency. Le prince de Condé ayant envoyé Jaques Spifame qui avoit été évêque de Nevers, et qui étoit alors ministre de la parole de Dieu, à la diète impériale qui se tenoit à Francfort, dans le mois de novembre 1562; Spifame y présenta les lettres de la Reine-mère, écrites au prince de Condé, et requit que le sceau de la chancellerie de l'Empire y fût apposé; et ces lettres ayant été leuës, on en fit une copie qui fut collationnée sur l'original, et à laquelle on mit le sceau de l'Empire.

Au lecteur.

Monsieur le prince de Condé avoit receu de la Royne sept lettres à ces mesmes fins ; mais pource que les trois d'avantage ne portent rien qui ne soit à celles-cy, nous avons seulement mis ces quatre, par lesquelles tout homme qui voudra juger sainement, pourra cognoistre quelle occasion ledit seigneur prince a eu de prendre les armes pour la deffence de la coronne de France, de laquelle il est naturel et légitime protecteur contre les entreprises de ceux qui se sont tellement portez contre l'estat de la France, que pour leur aggrandissement, ils ont pourchassé la totale ruine du royaume.

Lettre de la Reine-mère, au cardinal de Chastillon, par laquelle, après s'estre justifiée sur ce qu'on lui imputoit que c'étoit par son ordre que le prince de Condé avoit pris les armes, elle le prie d'engager ce prince à les quitter.

Mon cousin. Encore que j'euse déliberé de ne rien plus mender à mon cousin monsieur le prince de Condé, voyent que y m'avest mendé par Bouchavane, le landemayn qui sortit de sete ville de Paris, que je ne trovise mauvès, si pour sa seureté, luy aytent à la Ferté, yl estoyt armés; et que se n'estoyt que pour le servise du Roy mon fils, et le mien ; et que yncontinent que je luy menderés, qui se désarmeret ; et me fiant en luy, je lui mandis que ne le trove mauvès, pourveu que y ne faillit à set désarmer quant je luy manderés ; et depuis que le roy de Navarre et tous ses aultres signeurs feuret arrivés au Fontaynebleau, je luy envoïs heun mien valet de chambre, et luy escrivis que luy pryés qui set désarmat, et que les aultres en fayré le sanblable ; chause qui ne volcut, disant que yl avest ayté le premier ha obéir au comendement du Roy mon fils, de sortir de Parys; et que y li yrroyt et de l'haunneur et répeutation, si encore y feut le premier à se désarmer; et voyent sela et qui me mandet ausi qui volet guarder ses forces, afin que l'on ne me diminuat rien de mon autorité, et que l'on ne me aultat mes enfans, qu'il avest entendeu qui n'atandet que d'estre le plus fors pour luy fayre ; et pour lui mender la vérité de set que je désirés, et qui n'eut aucasion de panser que se feut par forse, je luy ranvoys Serlan, auquel je comendis lui dire que je lui priés, d'aultent que je m'aseure qui me aymest, qui se voleut désarmer, et que y ne print poynt sete ayscence de dyre que se lui seret honte d'estre le premier à leser les armes ; veu que ast'eure tous avés remis le leurs entre le mayns du roy de Navarre qui aytoyt lyeutenant du Roy mon fils; et que l'on pouret dire avec bonne rayson, qui ni avest personne armés que le Roy; et que quant à mon respet, que je luy priés de ne le volouir retenir plus pour sela : car je aytoys contente ; et qui n'étoyt rien de tout set que l'ons avest dist; et que si ne se désarmet, que je serés contreynte d'estre contre heulx. Je m'aseure que Serlan ne faillit pas de lui dire ; et an setpendant, yl m'anvoye Bouchavane, par lequel me manda que je luy mandise set que je volés qu'il fist ; et quant je lui demandis de ses novelles, il me dist qu'il étoyt à Clay, et venet coucher à Livri ; chause que je trovis si aystrange, et aylongnée de la promese qu'il m'avest fayste, que je luy dis audist Bouchavanne, que se n'étoyt pas set que y m'avest dist l'aultre fouys, et promis de par monsieur le prinse; que en lieu de se désarmer, come y m'avest asseuré quant je lui menderés, qui marchet : que je le trovés bien mauvés, et que je lui priés de s'en retourner incontinent, pour luy dyre de ma part, que s'il avest jeamès envye de fayre ryen pour l'amour de moy, qui set désarmat incontinent qui seret de retour ver luy, et ranvoyat tout le monde cheulx eulx ; et en lyeu de set fayre, Serlan revynt, qui me dist le mesme que mon valet de chambre, que jamès ne le fayret d'estre le premier; et depuis, pour chause que le Roy mon fils ni moy luy ayyons mendé par quelque personne que set aysté, yl a tousjours continueé son antreprinse, et ne se pas contanté de navoyr voleu me tenir promese de se désarmer, quant je luy ay mandé et prié ; més par tout set royaume, en son nom me font set tort de dire que set moy qui l'ay fayst armer, et que veulx que l'on pregne le villes que l'on prant en son non. Vous pouvés panser set set aveques jeuste cause que je me deulx, et que suis fâchée de voyr que le nom yra par toutte la crétienté, que moy qui ay tent reseu de haunneur de set royaume, en set cause de la royne : car je croy que aveque vérité et à mon grant régret, je puis dire que seus qui conselle monsieur le prinse de fayre set qu'il fayst, seront cause de rouyner set royaume ; et tout le monde dist que monsieur l'amiral ayst son seul consel. Il me sanble que je luy ay trop fayst conestre coment je l'ay tousjours porté et favorisé en set que je ay peu, pour s'ayder de mon non pour une tele aucasion, et pour heune si évidente rouyne come heun chequeun la voyt ; que j'emerés mieulx aytre morte de san mile mors, que non pas d'an estre consantente, mes que me feust jearnès entré en la paseé de vivre tent que de voyr heun si grant malheur ; et pansés, mon cousin, que je an suys si troublaye deu mal que je voy préparé et du tort que l'on me fayst, et an si grant colère, que je n'ay plus délybéré de tanter neule voye, sinon de ranforser si fort le Roy mon fils, qui souit le mestre, et se fase aubéyr, comme la réson le veult ; et set n'eut aisté que m'a sanblé par vostre letre, qu'il y auré encore quelque moyen pour apéser ses troubles, et que j'e tent reseu de hauneur de set royaume, et ayme tent mes enfans, que je aublyré tousjour mon intérêt et ynjeure, pour la conservation de set royaume ; je n'euse jeamès envoyé ver neul d'antre heulx ; et me suis byen volcuë décharger de tout set que je sans qui me aufansc jeuques au cour, avant vous dire que je vous prie de considérer set que l'on dyst et pourra-l'on dire par si après de monsieur l'amiral qui ayst vostre frère : car l'on ne panse pas que san luy, monsieur le prinse ne se feust déjea désarmé, et moy je lay croy, puisque y me l'avest ynsin promis. Vela pourquoy je vous prie reguarder tous les moyens que vous pourés trover à fayre d'apéser sesi ; et parse que j'e entendeu que monsieur le prince dyst quy veult aystre parant et amis de monsieur de Guise, et qui n'a neule querele aveque luy, y me sanble qu'yl est aysé acomoder tout : car quant à l'édyst, neul ni veult toucher. Quant à monsieur de Guise et vostre frère, je ne luy en n'é heuy parler en neule mauvese fason ; et set vous voyés qui feut bésouyn que je y fise quelque chause en sela, je désire tant le repos et du royaume et de sete court, que je mi employré de bon cour ; et de dyre que l'on leur fayré déplaisir à seus qui sont à Orléans, neul ne leu veult mal ; mes qu'il aubéise et qui se désarmet. Quant à dire que sosi se désarmet et qui s'annallet, y ne fault plus parler de sela : car le chause sont en termes que y soyt ysi. Y n'i a plus armés que le roy mon fils, qui ne veult pas aultres armes que l'amour et l'aubéisanse de ses seugés ; mes qui ne soyt poynt armés, y n'annaré poynt d'aultre qui l'a acoteumé. Je vous ay voleu tout mander, afin que consyderiés si avés moyen de le faire désarmer, et d'apéser set feu qui s'alcume aveque tele violanse, que je ne sé quant l'on le voldré apéser, set l'on poura : car quant à nous, je vous aseure que avons mandé par tout, sous pène de crime de lèse-magesté, d'aler à Orléans, et de neul seuget, jeantishommes et auttres, de prandre les armes, sans aysprès comendement du Roy mon fils et de moy, et du roy de Navarre ; et tout set que poveois pour nous fayr fors, ascurré vous que n'an n'oblyons ryen. Pour se, je désirerés que set pouvés quelque chause, que le feysiés le plustôt que pourés ; et je le désire infiniment, et y voldrés mestre ma vie, pour voyr tout en tel repos que le désyre ; et prie à Dieu nous le donner. Vostre bonne cousine, CATERINE.

Depuis sete letre ayscripte, monsieur de Gonnort ayst arrivé, lequel n'a raporté que set que les auttres ont tousjours dist : par ansin, je ni voy pas grant ayspéranse : car set y veulet demeuré ostinay, je voy la perte manifeste de toutte sete monarchie. Pour se, vous qui avés tousjour fayst profesion de bon patre, monstré à set coup que vous et vos frères ne volés pas aytre cause de la rouine de nostre patrie ; mes au contrére, de la conservation ; come vos ferés, si vous trovés fason de fayre désostiner monsieur le prince, et lui dyre que se né pas à heun souget, de voulouyr monstrer tant de forse à son prinse, come il a dist qui monstreré à seus que lons y anvoyré : car je m'aseure que aystant de sete mayson, y n'an veult pas la rouyne : et que set qu'il ayst suyvi, set que l'on panse que set qui fayst, souit par comendement du Roy mon fils et de mon seu ; mes je m'aseure, veu set qui m'a dist d'auttre fouys, que tout sela yra en feumée, mes que l'on sache la vérité que le Roy mon fils ne veult ni moy ausi, que neul s'asanble ; et que se n'é pas por son servise ; et que ne veult poynt rien toucher au fayst de la relygion : par ansi je luy conselle de s'an venyr fayre bonne chère aveques nous ; au aultrement y ne se troveré pas si byen aconpagné qui panse ; et je désire son byen et contentement, encore qui m'aye fayst tort de ne m'avoyr tyns set qui m'avest promis ; et ne me puis guarder de dyre, que set yl y ana y a qui ayst donné quelque aucasion de trouble, que y ne douit pas prandre là son aysample : car yl a plus d'aucasion de yder à conserver set royaume, que les autres, pour aystre set qu'il ayst ; et si set feut désarmé la seméne saynte, come je luy avés mandé, déjea la plus grant part de seus qui aytoyt veneu, s'annaloyent, et avest mis de son couté le droyt, au ast'eure, si ne se désarme, il y meteré le tort ; chause de quoy je serés ynfiniment marrie.

Extraict d'une lettre d'ung huguenot de Paris, du ij^e de avril, l'an 1562.

Je vous envoye ici la rélation du carnage du duc de Guyse, faict en la ville de Vassy ; et regarderay ce que se fera encores de nouveau, lequel vous envoyeray par le premier.

Je vous escripvoye par ma dernière lettre, en partie des nouvelles que estoyent en ceste ville ; et pour le présent, le Roy est à Meltun près Fontaine-bleau ; et dit-on qu'il viendra par-deçà.

Le premier de ce moys, revenant de presche,

y eut quelque 60 que mariniers que bouchiers, bien armés, garnis de long-boys, haqueboutez et pistoletz, qui vindrent d'une furye se gecter sur ceulx qui en retournoient ; et pour ce qu'il est deffendu de porter armes au presche, il ne se trouvarent pas xx personnes ayans armes, de nostre costé ; ensorte qu'il y eut quelque deux ou troys de tuez ; entre aultres, ung jeune homme alleman, et ung drappier, et ung chaussetier qui fut prins pour ung mynistre, lequel est fort blessé, et v ou vi aultres aussy. On est après pour en avoir la raison ; mais nous avons pour gouverneur le cardinal de Bourbon ; parquoy on n'y a pas grand espoir. Ledict jour, les marchans papistes firent leur monstre, pour ce que le jour précédent, on veid passer près de ceste ville, quelque quantité de chevallerye et infanterye, qui alloient trouver Monsr le prince de Condé ; tellement que les papistes furent si esmeuz, qu'ilz tendirent les chaînes des coings des ruës, et abatirent les ovans ; tellement que vous eussiez dict que la ville eust esté perduë : toutesfois, monsieur le prince est bien fort, et a avecq luy 10 ou 12 chevaliers de l'ordre, comme monsieur l'admiral en est ung, Mons. d'Andelot, Mons. de Nevers, La Rochefoucault, Monsr de Rohan, le conte de Montgomery, qui est celluy qui tua en joustant le roy Henry, et beaucoup de seigneurs et gentilzhommes, avec grands forces ; tellement qu'il y a quelque grand entreprise que ne se dict point ; mais ayant sceu du tout, vous en escripveray la vérité. Ce jourd'huy, les souldartz qui sont en ceste ville, font leur monstre. Il n'y a aultre chose qui mérite vous escripre pour le présent ; par quoy faiz fin à ma lettre.

Le second jour d'avril 1562 après Pasques, monsieur le prince de Condé entra en la ville d'Orléans, accompagné de mille ou douze cent chevaux, de laquelle il s'empara pour y tenir fort contre le Roy ; et avoit avec luy l'admiral et d'Andelot, et plusieurs chevaliers de l'ordre ; entre autres un nommé Jaulis et Pianne, et grand nombre de gentilshommes. Ils s'emparèrent aussi par intelligence de Tours, Angers, le Mans, Blois, et quelques autres villes. Voilà la religion qui les mouvoit.

Tost après, le Roy faisant plus que il ne debvoit, allant chercher son vassal pour le réunir avec luy, envoia monsieur de Gonnor, chevalier de l'ordre, pour tâcher à le retirer de son entreprise ; lequel fist response que on leur bailla pour ostages le fils du roy de Navarre, et qu'ils viendroient parler au Roy. Quant le Roy et son conseil eust entendu ceste response, fust renvoié après monsieur Pot, maistre des cérémonies de l'ordre, vers ledit prince et rebelles, ayant charge de leur dire que si ils ne vouloient laisser les armes, que ils renonceassent leur ordre au Roy ; firent response qu'ils n'en feroient rien, et que ce qu'ils faisoient, c'estoit pour mettre le Roy en liberté et la Royne mère, qui comme prisonniers estoient détenus par ceux qui gouvernoient.

Fust pour la troisiesme fois renvoié monsieur l'évesque de Vallence vers ledit prince, et ne proffita rien.

Pour la quatriesme et dernière fois, le septiesme du présent mois, fust renvoié vers ledit prince monsieur de Gonnor, chevalier de l'ordre, accompagné des deux Robertet, secrétaires d'Estat, lesquels revindrent le vendredy ensuivant x du présent mois, et rapportèrent au Roy response que ils ne déposeroient les armes, si monsieur de Guise ne se retiroit de la court, et n'estoit puny de l'acte de Vassy, et ne rendoit compte de l'administration du royaume qu'il avoit eu du vivant du roy François II ; si monsieur le connestable et mareschal de Saint-André ne s'en alloient à leurs gouvernements, et que l'édit de janvier dernier sur le faict de la religion ne fust entretenu selon sa forme et teneur ; auquel seroit adjouté, qu'ils pourroient édifier des temples. Ceste response oüie, on se prépare pour les aller combattre, et faire de sorte que le Roy soit le plus fort en son royaulme ; et de toutes parts on lève gens de guerre.

Le lundy sixiesme du mesme mois, le Roy sans aucune solemnité fist son entrée à Paris ; au-devant duquel allèrent le prévost des marchands et eschevins, et les marchands de la ville de Paris, bien montés, touts revestus de noir ; et ne vint le Roy en l'église de Paris comme il avoit accoustumé ; ains seulement de la porte Saint-Denis, passa par la rüe de la Ferronerie, pour s'en aller au Louvre. A costé de luy estoit le roy de Navarre ; de l'autre costé la Royne mère ; et près de la Royne monsieur le duc d'Orléans frère du Roy ; et ne fust cecy pris pour entrée, laquelle fust réservée en autre temps.

Le samedy quatriesme jour du mois d'avril, monsieur le conestable s'en alla à Poupincourt, auquel lieu il mit le feu ; et les armes qu'il y trouva, les donna aux soldats ; et de-là s'en alla en un lieu nommé Hyerusalem, où semblablement se faisoit la presche et conventicule des huguenots, là où il fist le semblable, et rompist les selles, et bailla les bancs qui y estoient ; fors et excepté qu'il ne mist le feu en la maison de peur d'endommager les maisons voisines.

Lettre de monsieur le prince de Condé, aux églises réformées de France.

Messieurs et bons amis. D'autant qu'il est requis à présent de résister aux violences et efforts que les ennemis de la religion chrestienne, et qui tiennent nostre Roy et la Royne captifs, s'efforcent de faire pour empescher la délivrance de leurs Majestez, et exécuter leurs desseings qui ne tendent qu'à la ruine des fidèles, et conséquemment de ce royaume, je vous envoye ce gentilhomme présent porteur, pour entendre de vous quels moyens vous avez de fournir promptement d'hommes aguerris et armez, pour incontinent les envoyer en ce lieu. A ceste cause, suyvant ce qu'il vous dira, je vous prie à ce coup vous esvertuer de toutes vos facultez, sur tant que désirez vous faire cognoistre affectionnez au service de Dieu, et à celuy du Roy et de la Royne : et où vous n'aurez gens prests, pour le moins mettez-vous en devoir de subvenir d'argent, pour en soudoyer, ainsi que ce gentilhomme plus particulièrement vous déclarera de ma part; auquel partant, vous adjousterez foy comme à moy-mesme : priant Dieu, Messieurs et bons amis, qu'il vous tienne en sa saincte et digne garde. Escrit à Orléans, ce 7ᵉ jour d'avril 1562.

Lettre des ministres estans à Orléans, aux églises réformées de ce royaume.

Messieurs. Si le désir et l'affection qu'il a pleu à Dieu nous donner avec toute ceste compagnie, pour servir à sa gloire et honneur, et maintenir la justice de nostre cause, estoyent accompagnez des choses nécessaires pour acheminer et mettre à fin (moyennant la grâce de Dieu) ce que si heureusement nous avons commencé, nous ne voudrions vous recercher d'autre chose, sinon que comme nous sommes tous membres de Jésus-Christ, aussi tous d'un mesme accord luy feissions oraisons et gémissemens, pour la conservation de sa propre Église : et serons fort joyeux de n'avoir que ce seul argument, pour vous escrire : mais ayans besoin d'estre secourus d'argent, pour supporter les frais qu'il nous convient faire, nous ne pouvons sinon recourir à ceux ausquels la cause est commune avecques nous, et qui seront participans du bien et du mal qu'il plaira à Dieu nous envoyer. A ceste cause, nous supplions au nom de Dieu, sur tant que désirez vous faire cognoistre affectionnez à son service, vous esvertuer chacun en son endroit, de vous cottiser à quelque somme d'argent, pour employer au payement des hommes d'armes qui sont en ceste compagnie, et autres choses requises et nécessaires; laquelle somme vous envoyerez le plustost qu'il vous sera possible.

Déclaration faicte par monsieur le prince de Condé, pour monstrer les raisons qui l'ont contraint d'entreprendre la défense de l'authorité du Roy, du gouvernement de la Royne, et du repos de ce royaume.

Avec la protestation sur ce requise.

Combien que soit à ceux qui s'arment les premiers, par leur authorité privée, de rendre raison de leur faict; si est-ce que monsieur le prince de Condé, considérant combien la présente émotion, à cause de plusieurs circonstances, est subjete à beaucoup de divers jugemens, avec ce que l'intérest public requiert un certain et prompt remède, a bien voulu, pour prévenir toutes calomnies, déclarer ainsi que s'ensuit, les raisons qui l'ont esmeu de s'accompaigner de ses parens, amis et serviteurs, pour faire service au Roy, à la Royne, et à tout ce royaume, en leur grand besoing.

Chacun sçait qu'après les grans troubles advenus pour le faict de la religion, desquels il est tout notoire que plusieurs, en abusant de la bonté naturelle de nos rois, se sont servis pour fonder et entretenir leur grandeur, finalement au mois de janvier dernier, a esté dressé un édict par Sa Majesté, pour reigler les deux parties, avec l'advis de la plus notable et mieux choisie assemblée que le Roy ait peu eslire en tous ses parlemens.

Cest édict ayant esté tost après publié en la pluspart des parlemens de ce royaume, donnoit un fort grand espoir de repos, comme l'effect l'a monstré : et ne faut douter que si le parlement de Paris n'eust usé de telle longueur, la tranquillité eust esté et fust encores aujourd'huy trop plus grande que l'on ne la voit.

L'empeschement de ceste publication a engendré, à bonne et juste cause, plusieurs soupçons que cela ne se faisoit sans grandes pratiques qui tendoyent plus loing : ce qui estoit conferré par les allées, venuës et menées du prévost des marchans de Paris, avec les partialitez que chacun sçavoit estre entre les présidens et conseillers de ladite cour : joinct que nul n'ignoroit comme le connestable solicité de quelques marchans trop partiaux, les avoit emplis de certaine espérance, que ceste ordonnance touchant la religion n'auroit point de durée : toutefois, cela n'a aucunement esmeu ledit seigneur prince, ny autres des églises réformées, à dire ou faire chose qui troublast le public repos de ce royaume; ainçois, au milieu d'infinies violences et outrages, dont jamais ils n'ont peu avoir justice, ils ont attendu l'yssuë de la publication, avec la plus grande modestie et patience qu'ils ont peu.

Ceste publication estant faite à Paris, avec très-grande importunité, et plustost à la prière qu'au commandement du Roy et de la Royne, ledit seigneur prince après une griefve maladie, print congé du Roy et de la Royne, en espérance de se reposer quelque temps en sa maison.

Sur ces entrefaites, furent apportées les nouvelles du cruel et horrible carnage commis à Vassy, en la présence et compagnie de monsieur de Guyse, là où ont esté très-inhumainement occis plusieurs des subjets du Roy, tant hommes que femmes et enfans, qui s'estoyent assemblez sans armes, à leur manière accoustumée, pour oüir la prédication, et prier Dieu suyvant la religion et pure parolle de Dieu, que ledit seigneur prince maintient avec eux, et espère maintenir jusques à la mort, par tous moyens licites.

Ceste cruauté ainsi rapportée à Paris, esmeut diversement l'une et l'autre des parties; de sorte qu'il y avoit dès lors fort grande apparence que quelque grand mal en pourroit advenir, estant bruit espandu que ledit seigneur de Guyse venoit en armes et en grand'compagnie, avec délibération d'exterminer toutes les églises qu'ils appellent de la nouvelle religion; lesquelles aussi de leur part, en considération que l'édict du Roy sembloit ne les pouvoir maintenir contre la violence et fureur de leurs ennemis, se tenoyent sur leurs gardes, après avoir envoyé à la Royne certains personnages de toutes qualitez, pour luy demander justice des meurtres perpétrez audit lieu de Vassy. Cela fut cause que ledit seigneur prince estant pour lors à la bonne-heure arrivé à Paris, pour aller à sa maison, et désirant remédier aux inconvéniens qui menaçoyent la ville de Paris, s'en alla, au commandement de la Royne, trouver le Roy et elle à Monceaux, où il leur dit ce qu'il craignoit, et les advertit que pour éviter les troubles, il seroit bon que ledit sieur de Guyse, qu'on disoit venir à grande puissance, et à main armée (contrevenant aux ordonnances du Roy), pour le moins ne passast par la ville de Paris; et fut ce conseil trouvé bon par la Royne et par le Roy de Navarre.

Or espéroit ledit seigneur prince que ledit sieur de Guyse obéiroit au commandement de la Royne; qu'il ne passeroit à Paris, et qu'il viendroit trouver le Roy et elle à Monceaux : car ladite dame luy en avoit escrit expressément, et l'avoit prié d'y venir; monstrant l'envie qu'elle avoit de le veoir et de le festoyer en sa maison : mais il advint tout le contraire : car la response qu'il feit à unes des lettres, contenoit qu'il ne pouvoit aller vers elle, pour ce qu'il estoit empesché à festoyer ses amis qui l'estoient venus veoir : de l'autre lettre ne tint-il conte, et ne feit aucune response; ains après avoir receu ses amis, il aima mieux prendre le chemin de Paris, qui estoit trop plus loing de luy, que d'aller trouver le Roy et la Royne, qui estoyent plus près; et accompagné du connestable, duc d'Aumale, mareschal de Saint-André, et autres de leur estroit conseil, feit son entrée en ladite ville, en armes descouvertes; et ne faut point qu'il s'excuse d'avoir pris les armes et faict un tel amas, pour crainte qu'il eust de ceux des églises réformées, qu'ils appellent huguenots : car on sait assez en quel équipage estoyent ceux qui exécutèrent la cruauté de Vassy, et comme ceux qui depuis se sont joints avec luy, s'estoyent long-temps auparavant assemblez et munits de toutes sortes d'armes; voire jusques à ce poinct, que mesmes le prévost des marchans de Paris, contre toute coustume, l'est allé recuëillir avec grande compagnie, et a esté faicte ceste entrée avec grand'acclamation de gens atiltrez, comme si le Roy mesme y fust entré en personne, sans que ledict sieur de Guyse ny autres de sa compagnie monstrassent que cela leur desplust aucunement.

Estant ledit sieur prince revenu de Monceaux, le jour précédent (comme dit a esté) en certaine délibération de poursuivre son voyage en sa maison, et alors adverti de la venuë dudit sieur de Guyse, avec telle compagnie et main armée, se délibéra, comme prince du sang, et à qui appartient de droit naturel de défendre les subjects du Roy contre ceux qui voudroyent les opprimer par force et violence; et advisa de démourer audit lieu, et y séjourner avec ceux qui pour lors estoyent avec luy; en se tenant bien asseuré que sa présence empescheroit qu'il n'y eust aucun trouble, et que le populaire de Paris (qui jà commençoit à s'enfler d'une folle espérance pour la venuë dudit sieur de Guyse) n'oseroit exécuter ni commencer une folle entreprinse : et de faict, on ne peut nier, que durant son séjour, ladite ville n'ait esté en grand repos et tranquillité, et que pour le moins ceux qui avoyent mauvaise volonté, n'osèrent la descouvrir.

Si est-ce que ladite venue, et autres façons de faire, les ont assez incitez à s'esmouvoir : car depuis que les susdits furent arrivez, ils tindrent tous les jours conseil, faisans venir vers eux les gens du Roy, présidens, conseillers et officiers de la ville; faisans entendre que c'estoit le vray conseil du Roy; veu qu'il estoit tenu par les principaux officiers de ce royaume. Or ne pouvoit ce conseil estre autre que suspect audit seigneur prince, et autres grands personnages, gens d'honneur et de qualité : car outre ce qu'il ne pouvoit comprendre qu'il fust besoin ni licite de faire un conseil à part et séparé de celuy qui estoit près du Roy et de la Royne, et ne pouvoit aussi trouver bon que cela se feist en sa présence, sans luy en rien communiquer; et ce d'autant plus, qu'on voyoit à l'œil que ce n'estoit que la continuation d'une menée qui avoit esté commencée long-temps auparavant. Bref, il ne pouvoit attendre dudit conseil, que très-mauvais effects et préjudiciables à l'authorité du Roy et de la Royne, et au repos public, auquel estoit pour lors tout le royaume : car il se tenoit certain que si audit conseil on n'eust pris des délibérations contraires à l'authorité du Roy et gouvernement de la Royne, ils ne se fussent départis d'elle pour consulter ailleurs en son absence, et sans advertir ni elle ni autres du conseil du Roy. A ceste opinion condescendoit-il d'autant plus facilement, que ceux dudit conseil estoyent mal-contens de ladite dame : car quant audit sieur de Guyse, à son département de la cour, il n'avoit celé son mescontentement, lequel il avoit depuis augmenté, à cause des procédures faites contre monsieur de Nemours en se donnant à entendre qu'il y avoit esté meslé; et quant au connestable, il estoit en peu de temps par deux fois parti de la cour, et à la dernière, entra en telle contestation de parolles avec la Royne, que cela doit servir de perpétuel tesmoignage du peu de respect, honneur et révérence qu'il porte à ladite dame. Et de fait, il en a depuis monstré bonnes enseignes : car venant à Paris avec tout l'arriereban de ses amis et serviteurs, il rencontra près Saint-Denis le Roy et la Royne, qui alloyent à Monceaux; et sans les saluer, passa aussi irrévéremment que s'il eust donné à travers une troupe de gens de village; combien que le sieur de Sansac l'advertist de s'arrester, luy disant : Voilà le Roy et la Roine; et finalement, quant au mareschal Sainct André, il ne peut nier que un peu auparavant, non content d'avoir refusé d'aller à son gouvernement, il s'attacha à la Roine en plein conseil, avec contenance et parolles si peu convenables, qu'il fit bien cognoistre à la compagnie, qu'il se tenoit asseuré d'ailleurs, pour plus ne luy rendre obéissance.

De ce conseil donc tenu à Paris, par mal-contens, et séparé du conseil privé du Roy, et qui se faisoit sans en communiquer à aucuns autres qu'à ceux de leur intelligence, et avec les armes en main, ledit seigneur prince de Condé ne pouvoit aucunement attendre qu'une très-mauvaise et dangereuse issuë.

Outre ce que dessus, ledit sieur de Guyse, dès le commencement de sa venuë à Paris, au lieu d'aller à la cour, a employé tous amis et tous moyens pour retenir la Roine à Fontainebleau, de peur qu'elle n'allast à Orléans : toutesfois, ayant obtenu ce qu'il avoit très-instamment requis, n'a pourtant bougé de Paris; qui monstre assez que son dessein n'estoit que d'avoir la personne du Roy et la ville de Paris tout ensemble à son commandement, ce qui ne se pouvoit faire, si le Roy se fust esloigné; estant ledit sieur de Guyse contraint par ce moyen de quitter l'un d'eux, ou bien de perdre l'un et l'autre, en escartant ses forces. Mais le meilleur est que, pour demeurer à Paris, il s'est aidé d'une nouvelle excuse, disant que ledit seigneur prince y estoit aussi accompagné de grand nombre de gentilshommes, et que ladite ville, craignant d'estre saccagée, l'avoit prié d'y demeurer pour la défendre. En quoy faisant, ledit seigneur prince a esté tacitement et contre vérité taxé d'une intention par trop vilaine et dangereuse. Mais le contraire s'est tantost déclaré, car ledit seigneur prince, pour luy oster tout prétexte, et pour faire entendre qu'il n'avoit rien si cher que le repos de ce royaulme, offrit incontinent à monsieur le cardinal de Bourbon son frère et gouverneur de Paris, de sortir par une porte, quand ledit sieur de Guyse sortiroit par l'autre. Et depuis, estant adverti que la Roine désiroit qu'on se partist d'un costé et d'autre, et que pour cest effect, le roy de Navarre estoit arrivé en ladicte ville de Paris, il fut si prompt et volontaire à obéir à ce commandement (encores qu'il eust esté malade au lict par l'espace de deux jours), qu'il se retira promptement avec toute sa compagnie, tirant droit à sa maison de La Ferté; duquel lieu il espéroit renvoyer incontinent tous les siens, si ledit sieur de Guyse eust fait le semblable, et luy en eust montré le chemin, selon son devoir.

Ledit sieur de Guyse, tout au rebours, monstrant par effect avec les siens, que par le département volontaire dudit seigneur prince, il estoit parvenu à ce qu'il prétendoit, est allé trouver nostre jeune Roy et la Roine sa mère, avec main armée, comme en temps de guerre et contre ses plus grans ennemis; chose non accoustumée et nullement recevable, veu le bas aage du Roy, et que la Roine sa mère, encores qu'elle soit douée d'une singulière vertu et constance, ne peut toutesfois faillir d'estre intimidée, se voyant environnée de telles forces contre sa volonté et commandement exprès.

Et de cela peuvent faire suffisante preuve les larmes que nostre Roy a jettées de ses yeux et les propos qu'il tint à la Roine sa mère, estant forcé de se laisser mener à Melun ces jours passez ; de quoy il plaira se souvenir à ceux qui y estoyent présens. Pourquoy une telle venue dudit sieur de Guyse, connestable et mareschal Sainct André, eu armes descouvertes, avec saisissement des personnes du Roy, de la Roine-mère et de monsieur d'Orléans, en conjoignant avec cela toutes les choses dessusdites, ne peuvent ni doivent estre estimées qu'une captivité d'iceux, la plus dommageable, misérable et honteuse que jamais advint en ce royaume. Et sur ce poinct, il plaira à la Roine se ramentevoir l'advertissement à elle fait, tant par un certain Portugais que par un autre venu d'Espaigne, et par un tiers envoyé de Savoye, touchant les choses qu'elle expérimente aujourd'huy, au grand et extresme regret de ses très-obéissans subjets et serviteurs.

Et pource que ledit sieur de Guyse, comme grand-maistre et grand-chambellant, avec le connestable et mareschal Sainct-André, font bouclier des estats et charges qu'ils tiennent en ce royaume, disans qu'à eux appartient de prendre les armes toutes et quantesfois qu'ils jugent que la nécessité le requiert ; joint aussi que pour cest effect ils abusent de l'authorité du roy de Navarre, et tels autres moyens qu'ils ont de long-temps pratiquez.

A ces causes, ledit seigneur prince déclaire que les dessusdits ne sçauroyent mieux monstrer combien ils se sont eslongnez du devoir qu'ils ont à maintenir l'authorité du Roy et de la Royne sa mère ; car, en premier lieu, il faudroit que l'authorité de la Royne eust précédé, attendu qu'à elle appartient le gouvernement de ce royaume, par l'accord des princes du sang, adveu des estats et consentement des parlemens. Or est-il ainsi que jamais tel faict duquel une guerre civile dépend n'a esté préalablement communiqué à la Royne, ni à son conseil ; mais, qui plus est, quand elle en a veu les conjectures, elle a expressément déclaré tousjours combien telles choses estoyent désaggréables. Il faut donc que les dessusdits monstrent qu'ils sont en ce royaume par dessus la Royne, voire par dessus le Roy mesme (veu que les rois n'ont jamais accoustumé de faire guerre sans communication de leur conseil), ou bien il faut qu'ils recognoissent qu'à grand tort ils tournent contre le fils l'authorité en laquelle ils ont esté eslevez par les feux rois son ayeul et père, et abusent de la charge qui leur a esté baillée pour s'employer, non point à leur appétit, mais selon qu'il leur seroit commandé ; non point pour forcer le Roy, mais pour le servir ; non point pour troubler son royaume en transgressant les édits, mais pour aider à le conserver et maintenir en repos et tranquillité. Et n'est pas temps d'alléguer que depuis leur arrivée à la cour ils ont communiqué et arresté de cest affaire avec la Roine : car il faut considérer que ce n'est pas de maintenant qu'ils ont pris les armes, ains qu'ils ont commencé ceste guerre dès-lors que ledit sieur de Guyse, au partir de Jouinville, se trouva en la cruauté exécutée à Vassy ; et que depuis ils ont tousjours persévéré, jusques à prendre l'authorité de faire armer et venir des compagnies d'hommes d'armes, comme en pleine guerre, dès-lors qu'ils estoyent en armes à Paris contre la volonté et déclaration de la Royne. Que s'ils veulent maintenant se fortifier de l'authorité du Roy et de la Royne et du conseil, ou de quelque parlement, pour ratifier ce qu'ils ont fait auparavant, et collorer ce que maintenant ils entreprennent à la ruine de tout le royaume, encores en cela déclarent-ils mieux que tout juste fondement leur défaut ; veu qu'ils tiennent notoirement en captivité la volonté de la Royne, et n'y a nulle liberté d'opiner au conseil, auquel ils gouvernent tout avec armes et manifestes violences, après en avoir forclos ceux qui sont les principaux d'iceluy.

Finalement, pour couper chemin à toutes telles frivolles allégations, et afin que tous fidèles et loyaux subjets, serviteurs, alliez et conféderez de ce royaume, entendent laquelle des deux parties est coupable, ledit seigneur prince afferme ce qui s'ensuit, et que nul ne peut ignorer ; c'est assavoir qu'auparavant la venue dudit sieur de Guyse, les choses estoyent tellement réglées et composées par l'édict du mois de janvier, que desjà les troubles survenus pour la religion estoyent appaisez pour la pluspart, et quant à ceux qui restoyent, il se trouvera qu'ils n'estoient tels qu'il en falust esmouvoir une guerre civile ; et qui plus est, se prouvera qu'ils ne procédoyent d'ailleurs, sinon de ce que certains juges et magistrats, tant de Paris que d'ailleurs, s'attendans à ce qui s'est maintenant descouvert, ne chastioyent les séditieux, selon le contenu de l'édict ; de sorte qu'il a fallu qu'en Provence, monsieur de Cursol, pour chastier quelques rebelles, ait esté secouru de gens et d'argent par ceux des églises réformées ; monstrans assez par ce devoir combien ils sont eslongnés de toute sédition et affectionnez à maintenir l'authorité de leur Roy.

Davantage, ledit seigneur prince désire que chacun soit adverti des entreprises qu'il est très-facile de conjecturer que les dessusdits prétendent exécuter; afin que si elles sont mises en effect par eux, nul ne puisse douter qu'ils ne pourchassent la ruine du Roy et de sa couronne; et que, d'autre part aussi, s'ils sont autres, qu'ils le monstrent par effect, en s'abstenant de telles choses par trop dommageables à l'estat de ce royaume. C'est qu'en ayant environné de leurs armes, et puis pourmené le Roy, la Royne et monsieur d'Orléans, à Meleun, à Paris et au bois de Vincennes, à Sainct Denis, et par tout où bon leur a semblé, et luy ayant fait faire des entrées non accoustumées et conjointes avec diminution de la grandeur du Roy, jusques vers les nations estrangères (et le tout pour cuider abolir la cognoissance de l'indigne captivité en laquelle ils détiennent Sa Majesté), tous leurs desseings tendent à se servir de leur nom et authorité contre ledit seigneur prince et contre tous autres qui résistent à leurs entreprises, et les déclairer coulpables de ce qu'eux-mesmes ont desjà exécuté en partie : et dont ledit seigneur prince ne doit prendre la peine de s'excuser, veu que l'expérience monstre que tout le temps de sa vie il a mesprisé ce qu'ont cherché et pourchassé ceux qui ne peuvent jamais avoir assez de richesses et d'honneur; encores qu'ils soyent creus si-tost en telle grandeur, qu'il n'y a nul qui ne juge, avec tous les estats de ce royaume, qu'il est beaucoup plus raisonnable de leur demander raison de leur faict, qu'il ne leur seroit aisé de la rendre. Que si les dessusdits se sentent nets en cest endroit, ils feront trop mieux de le monstrer, suyvant la réquisition que les estats en ont faite, que de troubler le ciel et la terre.

Puis, quant au faict de la religion, d'autant que les dessusdits donneroyent volontiers à entendre que ce n'est pas ce qui les meine, et que ledit seigneur prince poursuit quelques querelles particulières, ledit seigneur prince, au contraire, afin que personne ne soit trompé, déclaire à un chacun que l'une de leurs intentions principalles est d'exterminer entièrement la religion qu'ils appellent nouvelle, soit par manifeste force et violences, soit par changement d'édicts et renouvellement des plus cruelles persécutions qui jamais ayent esté exercées au monde; et s'ils nient qu'ainsi soit, la veuë en descouvrira le faict. Et faut, pour le moins, que le connestable rende compte des meurtres, brigandages, voleries, emprisonnemens tortionnaires, bruslemens et rasemens de maisons, faits et exécutez à Paris depuis huit jours en çà, sinon en tout ou en partie, pour le moins au veu et sçeu, et (qui plus est) par son commandement et privée authorité. Desquels outrages et cruautez trop barbares et directement contraires à la volonté et ordonnance du Roy et de la Royne sa mère, ledit seigneur prince espère obtenir quelque jour justice, et qu'à faute des hommes, Dieu en fera condigne vengeance.

L'occasion de ces conseils et entreprises, desquelles on ne peut attendre que tout mal, est toute évidente : car tels personnages monstrent assez qu'ils ne prétendent qu'à disposer tout le royaume à leur plaisir; et pourtant n'ont-ils peu endurer que la Royne gouvernast sans force ny violence, contenant un chacun en paix et mettant bon ordre à ce que le Roy fust acquité; et pourtant ont-ils pratiqué longuement ce conseil, dont il ne peut advenir qu'une subversion d'estat, mescontentement universel, désespoir des pauvres serviteurs, division de la noblesse de ce royaume, avec telle inimitié, que long-temps après les uns essayeront de se venger des autres: car voylà les fruits de ce conseil tenu par les sages testes de ce royaume, comme ils se disent; et pourtant, prévoyans qu'un chacun les remarquera par cy-après comme autheurs de la calamité publique, et voulans se servir de quelque couverture, ils publient que leur intention n'est que de conserver la religion catholique romaine; et quand on leur demande à qui ils s'en prennent, et de quoy ils se veulent plaindre, ils ne sçavent que respondre à propos : car (graces à Dieu) il n'y a aujourd'huy homme en ce royaume qui voulust entreprendre d'empescher les ecclésiastiques en leur estat, et se contentent, ceux de l'Église réformée, de vivre sous l'obéissance et protection du Roy, selon le dernier édict de janvier; encores que par iceluy ils soyent déjettez des villes comme gens pestiférez. Qu'il se trouve quelques rebelles et séditieux (comme il n'est possible de bien retenir tous les hommes en leur devoir), tant s'en faut qu'ils les veulent soustenir, qu'au contraire, ils présentent toute faveur et assistance à la justice du Roy : mais les dessusdits ne se contentans de cela, et (qui plus est) faisans beaucoup pis que ceux qu'ils reprenent, comme il appert par le massacre de Vassy, et autres invasions toutes publiques et ordinaires, prétendent notoirement à exterminer tous ceux de la religion réformée, commençans par les chefs et personnes plus notables, comme leur naturel est de se prendre plustost aux riches qu'aux povres; et pourtant, leurs défaillans aujourd'huy les occasions accoustumées des confiscations, il ne faut douter qu'ils ne soyent en queste de quelque nouveau moyen; et pourveu qu'ils se vengent des uns, et qu'ils atrapent ceux qui, par miracle, leur sont eschappez des mains durant leurs règnes, ils ne se soucient de veoir nostre jeune Roy en nécessité, et ses pauvres subjects consumez; ne faisans difficulté de commencer une guerre civile, en donnant à entendre que ceux qui veulent (comme ils doyvent) contredire à leurs desseins, sont rebelles et ennemis de ce royaume.

PROTESTATION.

Ces choses considérées, avec plusieurs autres que le temps descouvrira, ledit seigneur prince proteste ce que s'ensuit devant le Roy et la Royne, et désire aussi que tous les rois, princes, potentats, amis et alliez de ceste couronne, avec toute la chrestienté, soyent advertis du faict tel qu'il est.

Premièrement donc, il proteste que ce n'est nulle passion particulière qui le meine, ains que la seule considération de ce qu'il doit à Dieu, avec le devoir qu'il a particulièrement à la couronne de France, sous le gouvernement de la Royne, et finalement l'affection qu'il porte à ce royaume, le contraignent à chercher tous moyens licites selon Dieu et les hommes, et selon le rang et degré qu'il tient en ce royaume, pour remettre en pleine liberté la personne du Roy, la Royne et messieurs ses enfans, et maintenir l'observation des édicts et ordonnances de Sa Majesté, et nommément le dernier édict entrevenu sur le faict de la religion, avec l'advis des princes du sang, seigneurs du conseil, présidens et conseillers des parlemens de ce royaume; priant affectueusement tous bons et loyaux subjets de Sa Majesté vouloir songneusement peser les choses susdites, afin de luy prester toute ayde, faveur et assistance en une deffense tant bonne, juste et saincte.

Et pour autant que le Roy, à l'advénement de sa couronne, s'est trouvé chargé d'une infinité de debtes, avec peu de moyens de contenter la moindre partie de ses créditeurs, et que ses bons et fidèles subjets ont volontairement accordé une grande infinité de deniers, tant pour s'acquiter que pour racheter son domaine, et que ceux qui commencent de gayeté de cœur ceste guerre, n'y feront difficulté de mettre la main et à les employer en autres usages qu'ils ne sont destinez; dequoy le pauvre peuple aura juste cause de se plaindre, luy estant tollué l'espérance que la Royne et le roy de Navarre leur ont donnée, qui est de convertir tous les subsides et autre argent qu'on poufroit espargner à payer ce qui est deu, et recouvrer ce qui est aliéné, pour puis après soulager ce royaume, et le remettre en l'estat qu'il estoit du temps du roy Loys douziesme. A ces causes, ledit seigneur prince proteste contre ceux qui oseront mettre la main à quelque somme que ce soit des deniers du Roy, lesquels il faudra qu'ils facent bons, quoyqu'il tarde, et en serout comptables; et de sa part, ne luy ne sa compagnie n'entend s'aider que de leur bien, sans fouler personne, ny faire oppressions ny violences. Proteste aussi que la clameur du pauvre peuple, quand il se verra oppressé, soit présentée devant Dieu contre ceux qui en sont causé, et qui refusent toutes conditions raisonnables, pour contraindre tant de gens de bien jusques au dernier poinct.

Et pour ce aussi que l'on sçait bien que le Roy et la Royne sont environnez d'armes et de personnes qui forçent leurs volontez, et que la pluspart de ceux du conseil sont intimidez, tellement qu'il n'y a personne qui ose contredire à ceux qui ne pensent qu'à se venger, et exécuter ce qu'ils ont de long-temps pourpensé; ledit seigneur prince proteste et déclare dès à présent, que comme il ne voudroit céder à homme vivant en l'obéissance qu'il doit et veut rendre à Sa Majesté, et à la Royne sa mère; aussi ne veut-il pas se laisser mettre le pied sur la gorge, sous prétexte de quelques mandemens, lettres patentes, ou autres dépesches des dessusdits, sous le nom et sceau de leur Majesté, jusques à ce que lesdits Roy et Royne, et son légitime conseil, soyent en tel lieu et telle liberté qu'il appartient à un roy et à une royne, révérez, honorez, et uniquement aimez de tous leurs subjets.

Au surplus, ledit seigneur prince proteste quant au roy de Navarre son frère, que avec l'obligation d'amour fraternelle, et le respect particulier qu'il luy doit et veut rendre, il entend le récognoistre selon le rang et degré qu'il tient en ce royaume, avec toute obéissance après le Roy et la Royne : comme aussi s'asseure que ledit seigneur Roy, considérant ce que dessus, y aura tel esgard que la raison et la présente nécessité le requerront, dont aussi ledit seigneur prince le supplie très-humblement et très-instamment.

Finalement, ledit seigneur prince, avec grande et honorable compagnie des seigneurs chevaliers de l'ordre, capitaines, gentilshommes, gens de guerre et plusieurs bons personnages de tous estats, de sçavoir, de bien et de vertu, pour monstrer qu'ils parlent en vérité, et qu'ils n'ont rien si cher, après l'honneur de Dieu, que le repos et grandeur du Roy, requièrent très-humblement la Royne, que pour la crainte de ceux qui l'environnent d'armes, et tout autrement qu'il ne fut jamais veu en ce royaume, elle ne laisse pourtant à juger librement, selon son opinion, laquelle des deux parties aura tort, et que pour ce faire il ne luy vienne à desplaisir de s'en aller en telle ville de ce royaume qu'il luy plaira, pour de ce lieu-là commander par le moindre de sa maison (si elle veut) à toutes les deux parties de se désarmer, et luy rendre l'obéissance telle que doyvent les subjets à leur Roy et souverain seigneur, et s'assujectissant les uns et les autres à rendre compte de leur faict, selon raison et ordre de justice : promettant ledit seigneur prince, que de sa part il obéira à tout ce qui luy sera ainsi commandé, pourveu que les dessusdits luy en monstrent le chemin : car là où ils voudroyent faire autrement, il mettra toujours sa vie et celle de cinquante mil hommes qui sont de pareille volonté, pour soustenir l'authorité du Roy et de la Royne; et si ladite dame n'estoit d'avis de partir du lieu où elle est, ledit seigneur prince et autres de sa part, la supplient très-humblement qu'il luy plaise au moins renvoyer en leurs maisons, tous ceux qui la sont venus trouver avec leurs armes, qu'ils ont prises de leur authorité ; c'est à sçavoir, ledit duc de Guyse et ses frères, avec le connestable et mareschal de Sainct André; et encores que ledit seigneur prince ne soit de ce rang, pour estre renvoyé en sa maison (d'autant qu'il a cest honneur d'appartenir au Roy, et estre prince de son sang), ce néantmoins il offre de s'y retirer volontiers, et faire désarmer toute la compagnie qui est avec luy, aux conditions que dessus : y adjoustant que le conseil du Roy ne soit doreenavant intimidé ne par menaces ne par forces ; et que les édicts du Roy, et nommément celuy de janvier, sur le faict de la religion, soyent inviolablement gardez et maintenus, jusques à ce qu'il soit en aage pour en juger luy-mesmes, et chastier ceux qui auront abusé de son authorité. Et là où ces conditions ne seroyent acceptées, et qu'en refusant de remettre le Roy et la Royne en leur liberté accoustumée, avec leur conseil, ils continueront d'abuser de leur nom, et fouler leurs subjets; ledit seigneur prince proteste que de sa part, il ne veut ny ne peut l'endurer; et que de tous les maux, misères et calamitez qui en adviendront, le tort ne luy pourra jamais estre imputé, mais bien à ceux qui en sont les autheurs et la seule cause. Donné à Orléans, le huitiesme d'avril, l'an de Nostre-Seigneur, mil cinq cens soixante-deux. Ainsi signé. LOYS DE BOURBON.

Response à la déclaration que faict le prince de Condé, pour son excuse d'avoir prins les armes de son authorité privée contre le Roy, soubz le prétexte de son service, envoyée au dit prince.

Ceux qui par légière oultrecuydance ont rompu l'union de la divine religion à nous laissée par noz sages et vertueux ancestres, ceux, di-je, qui ont faict secte pour confondre l'ordre et paix du gouvernement public, cuydans par impostures fardées de langage artificiel, attraper les simples gens qui sont mal proveuz de bonnes et fermes raisons à descouvrir la vanité des controuvées doctrines, font mestier de semer et publier libelles diffamatoires, desquelz la fin se descouvre n'estre, sinon de rendre odieux les bons et sainctz protecteurs de la grandeur du royaume, en la paix et concorde, où par l'excellence de leur sagesse et vertu, ilz l'auroyent constitué, après si longue et dure vexation de guerre continuelle ; et nouvellement ont faict un livre au nom de monsieur le prince de Condé, espérans après que soubz umbre et masque de religion, se seront renduz favorables au peuple esbloüy par leur langage et hypocrisie, par iceluy parvenir à un desseing duquel nous parlerons tantost. Ce livre est d'une déclaration pour monstrer les raisons par lesquelles ledict sieur prince s'efforce excuser d'avoir prins les armes de son authorité privée, contre la couronne de France, au préjudice de l'honneur et révérence qu'il doit au roy de Navarre son frère, légitime régent, lieutenant-général et gouverneur en France pendant la minorité du Roy nostre sire et souverain seigneur.

Le but doncques de ceste élaborée déclaration, tend à se descharger du nom de tumultueux et séditieux, pour en infamer ceux qui sans espargner leurs corps et biens, n'estudient à autre chose, qu'à conserver le royaume, comme vives colones et propugnacles d'iceluy, en la religion patriotte ; en quoy ces imposteurs descouvrent une merveilleuse ignorance, voulans principalement faire accroire au Roy et à la Roine sa mère, que luy et elle sont prisonniers, violez en leurs droictz et franchises par ceux qui ne se délectent d'autre chose qu'à leur complaire et servir, ainsi que luy et elle en sentent les effectz, et ont rendu tesmoignage par lettres patentes, et par la court de parlement; de laquelle imposture et malice, ces séditieux ont prins occasion de s'armer, pour ce qu'ilz détiennent ledict sieur prince si estroictement, qu'il n'a liberté ne loysir de parler à homme quel qu'il soit, sinon en la présence des surveillans à luy ordonnez pour gardes et spéculateurs.

Ce supposé emprisonnement du Roy est le fondement de l'édifice de la déclaration des séparez de l'obéissance du Roy, et de l'ardent zèle qu'ilz feignent avoir d'exposer leurs biens et amis, au service d'iceluy.

Pour circonvenir le peuple, et les induire à ceste crédulité, ilz ordissent une longue narration, commençans aux grands troubles de la religion, comme s'ilz estoyent venuz de nostre costé ; pour pacification desquelz auroit esté pratiqué l'édict de janvier dernier, duquel ilz se complaignent n'avoir veu venir la déclaration selon leur affection ; puis blasment et condamnent les conseillers du Roy, comme violateurs des édicts : ils se pleignent au pardessus, de la longueur usée à la publication de cest édict, comme si cela soit advenu par entreprinse et intelligence du prévost des marchands avec monseigneur le connestable (lequel je nomme par honneur); taisans cependant le décret de juillet, faict en telle diligence et solennité, que depuis l'advénement des François ès Gaules, ne se trouvera exemple de si célèbre assemblée ; ayans esté les mesmes suspectz receuz à opiner, pour l'establissement de la police contenue en iceluy : lequel édict de juillet obsistant et répugnant par exprès à celuy de janvier, qui tend à la confusion et trouble de la paix, faisoit que les gens du Roy (leur conscience sauve) n'y peussent donner consentement ; qui auroit esté cause de la longueur. Je mettray icy les paroles de ces impostures : « Nul n'ignoroit comme le connestable solicité « de quelques marchands trop partiaux, les avoit « emplis de certaine espérance que ceste ordon-« nance touchant la religion n'auroit point de « durée. »

Puisque ces gens n'ont autre vertu qu'à parler, c'est grande merveille qu'ilz ne donnent telle couleur à leurs langages, qu'avec quelque apparence, l'on y puisse attacher consentement : ilz commencent leurs plaintes par le trouble de la religion, et concluent la raison de leur despit, sur l'espérance de laquelle l'illustrissime et très-religieux seigneur le connestable « emplis-« soit les pacifiques marchands, que l'ordonnance « de la religion contraire au sainct édict de juil-« let, n'auroit durée. »

Puisqu'ilz taisent à quelle fin tendoit ceste intelligence que le bon connestable avoit avec les marchands (s'il est vray qu'il y en eust), regardons si pour néant elle se faisoit. Il n'est à présumer que les actions de telz personnaiges ne regardent quelque fin : le but et devoir des marchands est de proveoir et estudier à leurs intéreztz et accroyssement de facultez : de cela, le repos et tranquilité est le moyen principal. Ce trouble donques de religion duquel se prévallent noz ennemis, vient-il du costé des paysibles marchands ?

« Pource que le royaume estoit en trouble « pour le faict (disent-ilz) de la religion, l'on a « procuré l'édict de janvier, pour appaiser ice-« luy trouble; ce que le connestable a voulu em-« pescher. » Quand l'on parle de trouble, l'on monstre qu'auparavant il y avoit tranquilité. De par qui donques est venu ce trouble ? Est-ce des marchands, avec lesquelz cest antien chevalier d'insigne et entière renommée, s'entende, pour faire sédition, empeschant la pacification des troubles ?

Il est certain que ceux qui font les troubles, sont les perturbateurs et turbulens, et que les troubles viennent de l'interruption de la paisible possession de la religion invéterée. Quelle est elle ? Est-ce celle que l'édict de janvier favorise, pour laquelle maintenir, l'on a par séditions occupé les villes et chasteaux du Roy ? Si ce n'est-elle, les marchands à icelle contraires ne sont les tumultueux ne perturbateurs; et l'intelligence de ce bon chevalier avec eux, tend au contraire des troubles et des travaux de la république : il tend à la conservation de la tranquilité. C'est donques une mocquerie manifeste, de dire que « les Églises difformées n'entendent faire chose « qui trouble le repos publicq du royaume, » qui ne vouldroit dire que trouble soit repos; et violence, bon ordre; lumière soit les ténèbres ; et au contraire :

Veu que l'on apperçoit les marchans estre esloignez de souspeçon de la perturbation, obstant la commodité de leurs traffiques, soit considéré quel bien peult recevoir la vieillesse du bon connestable, à favoriser le sainct édict de juillet, contre celuy de janvier, voire si cela tend à la ruine du royaume et à la sédition ? Est-ce que ce bon et vertueux chevalier se délecte de veoir le royaume exposé aux dangers où les séditions l'amènent, lesquelles prévoit son antienne, meure et divine sagacité, prudence et sagesse ? Seroit-il possible qu'en cest aage, il changeast de nature, l'ayant emploié entièrement au bien et grandeur du royaume; pour se délecter maintenant d'en veoir la certaine désolation ? S'il est ainsi, où est l'honneur de sa vie passée, où est le soing de la grandeur et haultesse de sa maison? Est-il à présumer qu'avec certaine perte de biens et d'honneurs, il voulust empescher le bien et repos publicq, l'immortalité de sa mémoire, avec la perte de son âme et salut ?

Pour vray, l'aveuglement a conduict ces paures mal-advisez à faire le bastiment de leurs raisons sur telz fondementz, pour descouvrir la corruption de leur intention et entreprinses.

Après avoir attempté à l'honneur de ce bon chevalier, ilz s'arment et instruisent contre le preux François duc de Guyse, par les heureuses entreprinses et conquestes duquel reluist la perpétuelle bénédiction de Dieu sur luy et sur les siens : ils s'efforcent de maculer de cruauté sa bénigne et saincte indole et nature, et luy imposant ce que sans aucune controverse, appartient aux frères de sédition ; lesquelz estans en armes contre non seulement le propre édict de juillet, mais de janvier, preschans à Wassy ville close, l'assaillirent désarmé, sinon de son espée, le blessèrent, le cuydant tuer, estant avec bien petite compaignie de honorables chevaliers et gentilz-hommes d'honneur de sa suitte, venant en court au mandement du Roy : puis luy imputent à grand crime de ne s'estre laissé tuer, et monstrent que le salut qu'il obtint par la divine protection quasi miraculeusement, auroit tant offencé les séditieux ses ennemis, que ce auroit esté cause de tout le mescontentement du prince de Condé, cousin germain dudict sieur. Et après, luy tournent à blasme que les bons chrestiens et subjectz du Roy, s'esjoissans d'une divine communion et confirmation d'amitié du roy de Navarre, des seigneurs connestable, mareschal de Sainct-André et de luy et des siens, seroyent allez de leur propre mouvement au-devant de luy, jusques à Nantueil, pour se congratuler de son heureux retour, et de l'espérance que l'on avoit de la resurse des choses affligées et abbaissées par les séditions de l'Église difformée ; laquelle au pardessus envieuse et adolorie du recueil faict audict seigneur, par le dévot peuple de Paris, s'efforcent de luy tourner à blasme ceste démonstration d'amytié, qui luy fut faicte en une singulière joye. De-là viennent à calomnier un peu le séjour qu'il feit à sa maison, à festoier ses amis et serviteurs, desquelz il expérimentoit une si fervente et singulière dévotion au bien publicq : puis, pource que cest illustrissime seigneur fut recueilly à Paris en joye indicible, et compaignie, disent « que le « prince de Condé, comme prince du sang, et à « qui appartient de droict naturel défendre les « subjectz du Roy, non toutesfois assaillis, op« pressez, ne violez ; mais qui avec tant d'accla« mations et joyes, avoyent receu ledict seigneur « son bon et fidèle cousin, s'avisa de demourer « à Paris, et y séjourner, se tenant bien asseuré, « qu'en sa présence n'y auroit aucun trouble : » mais si autre intention ne détenoit à Paris le prince, que la crainte du trouble qui pouvoit advenir contre le bon peuple, elle n'estoit fort légitime : veüe l'affection du peuple envers ledict seigneur duc, qu'avez oye : la présence dudict seigneur prince et de sa compaignie, dont pouvoit venir le trouble, eust plustost faict la commotion.

Ces langageurs attribuent le droict naturel de défendre les subjectz du Roy, au prince de Condé, comme si le Roy son frère, et révérendissime cardinal, estoyent pour rien comptez, ou qu'ilz luy fussent suspectz de consentir aux tumultes et séditions ; ou comme si le prince présumant oultre mesure et raison, vouloit entreprendre sur eux ceste dignité. Quelz signes ont veu les religieux difformez de mauvais office et sinistre affection ausdictz seigneurs Roy et cardinal (lesquelz estoyent à Paris, pour donner ordre aux tumultes), que le prince doyve entreprendre sur eux ce qui ne luy touche en rien ? Le veulent-ilz ainsi servir, après qu'ilz l'ont esbloüy par superfluité de langages, qu'ilz le mettent en hayne de ses frères, et concitent jalousie entre eux pour le gouvernement? Je supplie ce bon seigneur prince, de voir en quelle seureté il est, et entre quelles gens. Comment sera-il possible, si ses deux aisnez prennent garde à ces folement escriptes paroles, qu'ilz ne se deffient de leurdict frère ; lequel sans avoir égard à son aage et dégré (ce disent les séditieux), s'attribue l'authorité des affaires du royaume, par dessus eux ?

Ces séditieux se plaignent, « que le roy de « Navarre estant arrivé à Paris, s'estant joinct « avec les susdictz seigneurs cardinal de Bour« bon, duc de Guyse, connestable, mareschal de « Sainct-André, de Brissac, de Termes, et le « seigneur d'Avauson, tint tous les jours con« seil : les présidens, gens du roy, conseillers et « principaux officiers de la ville, tenoyent tous « les jours conseil ; faisant entendre que le con« seil du roy de Navarre estoit le vray conseil « du Roy. » Or s'ilz eussent autrement faict entendre, qu'auroyent-ilz faict ? Si cestuy n'est le principal conseil, où le trouvera-l'on ? Sera-ce aux tumultueux et perturbateurs ? « Le conseil « du roy de Navarre avec les principaux du « royaume, estoit (ce disent) suspect au prince, « lequel ne pouvoit trouver bon que cela se fist « en sa présence. » S'il y estoit présent, il le devoit dire, et en parler au Roy son frère. Si estant à Paris, il desdigna tant ledict seigneur son frère, qu'il ne voulust estre et assister au conseil, dequoy se plaint-il ? « D'autant, disent« ilz, qu'il veoit bien à l'œil, que ce n'estoit que « la continuation d'une menée qui avoit com« mencé longtemps auparavant, préjudiciable à « l'authorité du Roy. » Doncques le roy de Navarre, avec les principaux du royaume, l'Église, la justice et les marchans, auroyent conjuré contre le Roy et son service. En quoy conjuré? De résister aux perturbateurs, aux séditieux et difformateurs de l'Église ? Sera-ce donc contre le service du Roy ? Ce pourroit estre au préjudice des conjurez contre le Roy. Voicy en après ce qu'en apprendrons.

« Oultre ce que dessus, ledit seigneur de Guyse

« dès le commencement de sa venue à Paris, au
« lieu d'aller en court, a employé tous ses amys
« et tous moyens, pour retenir la Royne à Fon-
« tainebleau, de peur qu'elle n'allast à Orléans. »
Voilà la somme des maléfices du seigneur duc
de Guyse, c'est qu'il a empesché et détenu la
Royne d'aller à Orléans. Que faisoit cependant
le roy de Navarre? Se laissoit-il circonvenir par
paroles, comme les Aignos (1) s'efforcent circonvenir le prince de Condé? N'estoient-ils pas d'un
mesme conseil, d'un mesme avis? S'ilz en estoyent
et d'un accord, pourquoy sera plus ceste coulpe
de l'un que des autres seigneurs du conseil?
Mais quel si grand crime y a-il, que l'on eust
(le cas posé, non accordé) détenu la Royne
d'aller à Orléans? La perdition du royaume gist-
elle en ce voyage? Je veux dire icy, ce que ledit seigneur de Guyse sceut par advertissement
d'un de ses frères Aignos, lequel s'estant venu
à répentir, non pouvant assentir aux trahi-
sons insignes (comme il disoit) de ses frères, di-
vulgua le secret, en demandant à Dieu pardon.

Le premier article des advertissemens estoit,
que ce prédicant ayant eu opinion que les Aignos
suyvissent la vérité de l'Évangile, ainsi qu'ilz se
vantoyent, auroit esté plus de sept ans à leur
escole; mais qu'enfin il auroit cogneu, que leur
religion tend à s'exempter de la subjection des
hommes, pour vivre en la liberté des Suisses, et
se faire cantons :

Que pour ce faire, ilz avoyent par moyens
gaigné grande partie de la justice et noblesse,
sans lesquelz il n'y avoit espérance de mettre le
populaire aux armes, pour se vendiquer en liberté, et qu'il ne sembloit possible, sinon soubz
prétexte de religion, de prendre et gaigner les
deux estats susdictz :

Que le seigneur de Guyse se gardast d'aller à
Orléans, n'y laisser aller la Royne, pource que
bonne et grande part de la ville estoit conjurée
avec les prédictz Aignos :

Que sans sa venue à Paris, il fust arrivé vers
les Pasques, plus de quinze centz chevaulx de
tous costez du royaume, pour saccager la ville,
avec ceux qui jà estoyent là :

Qu'il y survenoit infinité de peuple, prenans
habit d'escoliers, et se portans pour telz, attendoyent ceste occasion.

Autres à ce propos, remonstrèrent audict seigneur, que le nom d'Aignos que les Églises difformées avoyent usurpé, donnoit grande odeur
à l'avertissement : car ceux de Génesve, dont

(1) L'auteur de cette pièce nomme toujours Aignos, ceux que dans ce tems l'on commençoit à appeler Hugue-
pots; et il paroît que ce mot venoit de Genève.

les séditieux d'Amboise sont yssuz, se voulans ré-
beller du duc de Savoye, intromirent en leur ville
bon nombre d'Aygnos, et se voyantz par ainsi
fortifiez contre les fidèles, ordonnèrent que ceux
qui voudroyent vivre en l'Aignossen, levassent
les mains, et se trouvans surmonter le nombre
des fidèles, les chassèrent, et occupèrent leurs
biens et maisons, les nommant Mammellus, dont
fut la chanson : « Tes Aignos sont au-dessus : tes
« Mammellus sont ruez jus. »

Ces advertissemens joinctz avec autres, auroyent peu mouvoir les seigneurs du conseil, le
roy de Navarre, cardinal son frère, le connestable, mareschaux de France et autres, à destourner le chemin de la Royne; dont les frères
conjurez se voyantz prévenuz et excludz, seroyent entrez en ceste passion.

Ilz rémonstrent de la venue du roy de Navarre à Paris, qu'elle estoit pour faire despartir
les uns et les autres; « au moyen dequoy, le prince
« se seroit voluntairement absenté de Paris, avec
« sa compaignie; duquel lieu il espéroit incon-
« tinent renvoyer les siens, si ledict seigneur de
« Guyse eust faict le semblable. » En quoy ilz
n'ont honte de faire ledict seigneur prince chef
d'entreprinse contraire au Roy son frère, et à
ses très-intimes amis et serviteurs, tous dévotz
au service du Roy, ainsi que l'on peut sçavoir
par les actes des cours de parlement, faictz et
divulguez à ce propos : mais comme s'il y avoit
différence entre ledict seigneur Roy, et duc de
Guyse, qu'iceluy duc tint un ranc à part contre
la volunté dudict seigneur roy de Navarre, et
seigneurs du conseil du Roy nostre sire, disent
« que ledict seigneur de Guyse, tout au rebours,
« monstroit par effect avec les siens, que par le
« département voluntaire dudict seigneur prince,
« il estoit parvenu à ce qu'il prétendoit, est allé
« trouver nostre jeune Roy et la Royne sa mère,
« avec main armée, comme en temps de guerre. »
Ilz ne s'apperçoyvent, tant sont enduciz et pos-
sedez de passion, qu'ilz accusent le roy de Navarre, cuidantz condemner le duc de Guyse, lequel duc ne s'est avancé, meu ne ingéré de faire
chose contre l'exprès conseil et consentement du
roy de Navarre, et en sa compagnie, et ne s'est
armé n'accompagné, sinon entant qu'il a semblé
bon au Roy, en telle concorde et amitié entre
eux, que l'on n'auroit peu distinguer les serviteurs les uns des autres.

Non seulement ilz se débordent en controuvées impostures; mais accusent soubz le nom
des seigneurs de Guyse, connestable, et mareschal de Sainct-André, ledict seigneur roy de
Navarre, disantz « qu'en armes descouvertes,
« ceux-là se seroient saisiz des personnes du

« Roy, et de la Royne sa mère, et de monsieur
« d'Orléans. »

Leur demandant, où cependant estoit le roy de Navarre, comment il consentoit telle violence et injure luy estre faicte, qu'en sa présence l'on forceast ce qu'il a receu en récommendation et protection ; que pourront-ilz respondre ? Le roy de Navarre auroit-il bien esté aussi forcé sans en avoir sentiment ou cognoissance ? S'il est autrement, que n'en feit-il démonstration ?

Ce n'est merveille de voir les malins maligner, et se forvoyer : mais c'est merveille de voir gens se maintenir pour sages et bien avisez, de tomber en telle et si lourde ignorance que celle-cy. Le prince voudroit-il bien accuser le Roy son frère, de récréance, ou d'avoir desloyaument conjuré contre son seigneur, pour le prendre prisonnier ? Si ainsi estoit, de quelle espérance auroit-il repeu et appasté les seigneurs susdicts, tous ayans vescu sans reproche jusques à présent, pour le servir en telle lascheté ? Quelz biens leur auroit-il promis plus qu'ilz n'en ont ?

Les ennemis poursuyvans leur desraison, s'embroillent tousjours plus fort, faisans comme les chiens prins par le col d'un fort laz, lesquelz plus se sécouent pour eschapper, plus fort s'estranglent : ilz disent « que pource que lesdicts « seigneurs de Guyse comme grand-maistre, et « grand chambellan, avec le connestable et ma-« reschal de Sainct-André, font bouclier des es-« tatz et charges qu'ilz ont en ce royaume, di-« sans qu'à eux appartient de prendre les armes « toutes et quantesfois qu'ilz jugent que la né-« cessité le requiert; joinct aussi que pour cest « effect, ilz abusent de l'autorité du roy de Na-« varre, et de telz autres moyens qu'ilz ont de « longtemps pratiquez. »

Voudront-ilz bien maintenir, qu'ilz ayent corrumpu et pratiqué le roy de Navarre, au préjudice du Roy et de sa corone ? Est cecy la récognoissance de l'amitié fraternelle du Roy envers son frère, que pour récompence, ilz s'efforcent de le rendre suspect d'avoir conjuré contre le Roy ? Je ne veux pour le présent disputer de l'auctorité et puissance du connestable qui est maistre de la gendarmerie de France, et lieutenant-général du Roy en ses guerres et gens d'armes : mais si ces frères Aygnos estoyent bien avertiz, ilz sçauroient lesdictz seigneurs ne s'esmouvoir, n'attempter aucune chose de par eux, sans le décret de la Royne et du sénat de Paris, avec toutes les solemnitez requises en ces choses ; tellement que plustost seront-ilz dictz exécuteurs des délibérations de la Royne, et estatz de souveraines courtz, qu'entrepreneurs de la guerre.

Après tant de vanitez, ilz adjoustent, « qu'à ces « causes, le seigneur prince déclare, que ces des-« susdictz ne sçauroient mieux monstrer combien « ilz sont esloignez du devoir qu'ilz ont à mainte-« nir l'autorité du Roy. »

C'est une déclaration bien cruë, quand elle est fondée sur causes de choses controuvées et imposées : puis la raison de leur dire, est « qu'il « faudroit que l'autorité de la Royne eust pré-« cédé, attendu qu'à elle appartient le gouverne-« ment du royaume. »

Il est possible qu'ilz n'avoient sceu encores le décret de la Royne, ne la déclaration qu'elle a faicte en la court de parlement, sur le faict de la rébellion de ceux qui sont armez contre le Roy : toutesfois comme en se corrigeans par préoccupation, ilz parlent comme par proteste, contre tout « ce qui se fera d'ores en avant, « quoyqu'il soit fortifié de l'autorité du Roy, et « de la Royne, ou des parlementz. » En quoy ilz voudroyent monstrer ne vouloir aucune chose estre approuvée, ne bien faicte, sinon ce qui passe par leur fantaisie et entreprinse domination, contre tout le devoir de fidèles subjectz et serviteurs, se déclarans forclos de son conseil ; et s'ilz s'en sont de leur propre mouvement despartiz : et là-dessus afferment, « que toutes cho-« ses avant la venue du seigneur de Guyse, « estoient tellement réglées et composées par « l'édict de janvier, que desjà les troubles sur-« venuz par la religion, estoyent appaisez : et « quant à ceux qui restoyent, il se trouvera qu'ilz « n'estoyent telz, qu'il en faillust esmouvoir « guerre : et qui plus est, qu'il se prouvera qu'ilz « ne procedoyent d'ailleurs, sinon de certains « juges de Paris et d'ailleurs, dissimulans de ne « chastier les séditieux selon les édictz. »

Ces langagers ressemblent les enfans, lesquelz de paour d'estre chastiez, ayantz battu leurs compaignons, se plaignent comme s'ilz avoyent receu le mal. Auront-ilz raison de se plaindre, ayant eu tant de faveur qu'il leur ait esté loysible, contre l'édict de juillet, faire assemblées illicites et à main armée, blasphémer Dieu par leurs faulces traditions et presches, tant en court (malgré le prince, qu'ilz feignent vouloir honorer) qu'ailleurs, impunément tuer, forcer, saccager églises, maisons, et faire tous actes hostiles à leur plaisir ? Qui a ouy parler d'acte plus bestial, que le vol et meurtre du baron de Fumel ? Où sont tant de monastères et religions de Guyenne, violez ? Que dira-l'on de Sainct Médard de Paris ? Tant de portz d'armes, desquelz le conseil du Roy et de la Royne ont eu infinies plainctes ? Et puis, l'on ne faict, disent-ilz, justice des séditieux ; n'est-ce à dire, des pauvres qui demandent justice ; car le temps estoit, que se plaindre des malins, estoit estre séditieux; malfaire et gréver la saincte Eglise, estoit mérite. Si la venue du duc de Guyse, et union des seigneurs du conseil, a mis fin à cecy, est-ce troubler les choses composées ? Si les entreprinses des Aygnos, c'est-à-dire des conjurez à mal-faire, sont compositions, il seroit vray que la béniste communion de noz bons princes à l'advénement du seigneur de Guyse, auroit dissipé les compositions des Aygnos ; mais ce seroit nommer les ténèbres, clarté, et le bien, mal.

Ilz parlent fort des hommes d'armes que l'on assemble. Cela les cuist fort, voyans leur prochaine punition et coërtion s'apprester : ils veulent prétendre que ce soit contre la volunté et intention de la Royne, comme si elle estoit consentante à leur implacable male volunté, erreur et ignorance, au préjudice du Roy son fils ; mais ilz s'en apperçevront en bref, s'ilz ne reviennent à santé de leurs passionnez espritz et entendementz travaillez.

Ilz reprochent aussi quelque argent donné par eux au seigneur de Cursol, pour chastier aucuns qu'ilz nomment rébelles aux Eglises difformées ; et disent que par là, l'on voit combien ilz sont esloignez de sédition, et affectionnez de la majesté du Roy. Ilz s'en gaudissent par parolles transposées ; mais ilz pourront cognoistre avec le temps qu'il n'est eschappé, qui trayne son lyen.

Davantage, ilz veulent advertir des conjectures que faict le prince, des entreprinses où prétendent les susdictz seigneurs ; c'est une chose en vain : il n'est bésoing de conjectures : elles sont vaines et superflues, quand l'effect se présente, et parle manifestement. Ilz sentiront par iceluy, ce que (peut-estre) ilz ne pourroyent bien conjecturer, qui ne tournera à la ruyne, mais au grand bien du royaulme et de la coronne ; et auront cause de se répentir tout à loysir, de ce que si légèrement et en haste, ilz auront commis, et cognoistront que le Roy voirement est environné d'armes ; mais que c'est pour les chastier, et leur faire sentir combien sont autres qu'eux, ceux qui pour conservation de Sa Majesté, l'accompaignent, persévérantz en la dévotion que le fidèle vassal doibt à son seigneur naturel, contre ce que ces jangleurs, par leurs irrévérentes et mal digérées paroles, s'efforcent de persuader au populaire ; sans toutesfois diminution de la grandeur du Roy ; et que toutes ces harangues et affectées puérilitez de paroles, plus scolastiques que de gens d'estat et de jugement, s'esvanouyssent au lire d'icelles, et retournent contre leur auteur.

Ilz ramentoyvent au Roy, ses entrées non accoustumées ; les luy imputant à diminution de sa grandeur, jusques vers les nations estranges : s'il n'y eust eu des rébelles si transportez, et insignement téméraires séditieux, que de s'emparer des villes et forteresses, usurper domination royale, cela ne fust advenu : c'est un vérin en leur conscience, qui ne se pourra jamais esteindre. Toutesfois qu'ilz auront mémoire de cestre entrée précipitée, faicte avant le temps, il leur pourra tout ensemble souvenir de l'injure qu'aura reçeu le Roy, par ses infidèles subjectz, luy ayantz faict faire (comme ilz disent) entrée avec diminution de sa grandeur, jusques vers les nations estranges : c'est un signacle perpétuellement mis au-devant de leur conscience, de juste indignation du Roy leur maistre, contre eux qui résistent à l'entreprinse des bons et fidèles vassaulx qui environnent leurdict seigneur de leurs personnes et armes, à la craincte et estonnement de ses ennemis : cecy sera enregistré ès archives des courtz de parlementz, vengeresses et juges des rébelles, au deshonneur des lignées desdictz rébelles.

Si le prince de Condé, comme ilz escrivent, ne doibt prendre la peine de s'en excuser, veu que l'expérience monstre que tout le temps de sa vie, il a mesprisé ce qu'ont cherché et pourchassé ceux ausquelz ilz imposent ne pouvoir avoir assez de richesses, il auroit tort : car l'expérience monstre et a monstré de ceux-ci que l'on s'efforce de calomnier, que ce qu'ilz ont principalement pourchassé, a esté de faire trésor d'honneur, ayantz constitué leur principalle richesse et réputation, d'avoir si bien et si fidèlement, si grandement gouverné ce royaume, que jusques à ce qu'il y soit venu des hérétiques, il a esté tenu pour le plus beau, félice et excellent du monde, mettant terreur à tous les autres, dont la mémoire sera immortelle, quoyque abbayent au contraire leurs ennemis ; et si ce faisant, les sages gouverneurs ont augmenté leurs familles, de biens, honneurs et richesses, c'est tesmoignage de leur bel entendement, providence et œconomie, et de la libéralité de leur maistre, en félicité du temps auquel ilz ont si sagement administré les affaires du royaume ; et ayantz par ainsi vescu en splendeur, sans donner odeur de bassesse de cueur, ny de prodigalité, se sont mesurez de sorte, que les debtes ny engagementz de leurs biens et honneurs, ne les contraignent de faire chose de gens désespérez et perduz, comme aucuns de leurs ennemis : mais ont dequoy despendre pour la conservation de leur maistre le Roy, en récognoissance des bénéfices receuz par les pères d'iceluy ; lesquelz roys ses pères, maintenant reposantz avec Dieu, voyans l'injure qu'autres ingratz par leur desréglée légiéreté, pourchassent à leur filz, ont desplaisir incroyable, et s'esjouyssent au contraire de veoir ces bons chevaliers exposer ce qu'ilz ont espargné au temps prospère, pour soustenir la couronne et sémence royale, estans prests de donner raison de leurs faictz, vie et maintien, mieux que les ennemis du bien public ne leur pourroyent demander; lesquelz ennemis ont fait de sorte, qu'en tous leurs dictz, faictz et actions, seront tenuz pour passionnez, suspectz et illégitimes accusateurs, ayans tous besoing de pardon et abolition, pour les réintégrer à leur première fame et renommée; ne leur estant resté autre faculté ny force, que de mesdire et affliger les bons, pour troubler (s'ilz peuvent) le ciel et la terre.

Puis quant au faict de la religion dont ils parlent, l'on voit bien qu'icelle leur religion est et a esté la couleur de l'Aignossen, et qu'elle en a esté le commencement, sans que ce bon prince de Condé, qu'ilz ont induict, en ayt esté informé; et ne croit-l'on, qu'estant bien adverty du poison que les moynes réniez, et autres gens las de leur condition, tiennent caché soubz ceste hypocrisie et faulx semblant, il ne les quitte s'il peut eschapper de leurs liens, et se rende autant leur contraire, que maintenant est contreinct dissimuler leur estre affectionné. Y a-il homme qui ignore que quand ceux de Généve firent l'Aignossen contre leur prince, chassantz les fidèles et loyaux subjectz du duc de Savoye, qu'ilz nommèrent Mammelus, le firent soubz couleur de religion? Ne voit-l'on que toute ceste quérelle qui s'offre aujourd'huy, n'est que de moines réniez; lesquelz après avoir apostasié par leur légèreté, pour excuser leur faulte, se mettans à papelarder, voulurent monstrer qu'il ne se pouvoit faire aucuns vœuz; et que c'estoyent inventions d'hommes simples et lourdaux? Puis de-là, voulans destourner le monde de la primitive religion, afin de l'esloigner de l'enqueste s'il se pouvoit faire vœu ou non, pour cacher l'ignominie d'iceux réniez, affectans avec ce domination, sachans qu'ilz ne pourroyent innover les choses ne subvertir sans l'œuvre des grands, les voulurent gaigner, leur proposant liberté de conscience, et leur justification par foy seule; donnant chemin de vivre en seureté en ce monde, et en toute liberté, sans porter autre croix, que des afflictions que le temps apporte, monstrans que le reste estoit invention des diables; en espérance que quand ilz auroyent subvertie l'invétérée religion, et que le monde ne pourroit vivre qu'il n'en eust une, la feroyent telle, qu'ilz pourroyent amener les choses à leur desseing; tellement qu'aujourd'huy ceste guerre n'est que pour l'honneur des moynes réniez et pour leurs passions, en confusion du gouvernement populaire.

Il est croyable que le seigneur prince estant de si bon et notable sang, ne peut avoir desseing de guerres particulières, quant à soy, comme il dict; mais les effectz et expérience monstrent le contraire en grande partie de sa suitte : car il n'est possible qu'estans nourriz en l'Aignossen de Généve, y ayant promis fidélité, maintenant ilz se veulent remettre à l'obéissance politique de l'Estat de la couronne, sinon qu'ilz fussent perjures. Et quand l'intention du Roy seroit (dont je ne peulx ne veulx parler, n'estant de son conseil) d'exterminer ceste sotte umbre de religion qu'ilz défendent, et d'assopir l'édict de janvier, pour revivifier celuy de juillet, il ne sçauroit à mon advis mieux faire : toutesfois veu qu'il a esté réplublié depuis un peu, il est croyable que ce n'a esté pour l'abolir, quoyque ces passionnez fondent là-dessus l'occasion de leurs tumultes, en faisant leur reffrin, mettans avant les conjectures du seigneur prince, desquelles il auroit esté esmeu à prendre les armes, pour résister aux entreprinses, ausquelles à son opinion et soupçon, les seigneurs roy de Navarre et conseil du Roy, aspiroyent.

Or si à eux a esté loysible de tumultuer pour conjectures, je les prieray de m'excuser, déduisant la cause de leur sédition, par semblables conjectures. L'on a veu Jehan Calvin, un petit pédagogue, si pauvre et nécessiteux, qu'il fallut que par tel moyen il s'entretint aux estudes; et de ceste misère, par son hypocrisie et controuvée religion, monter si hault, qu'à son plaisir il commande une infinité de gens, en sa religion; s'en estant faict un pape.

Cestuy feroit-il faulte, qui conjectureroit qu'autres qui ont beaucoup meilleure condition, ayans esté nourriz en grandeur et en administration de la chose militaire, accoustumez à commander, se faschans d'obéir à l'advenir, se seroient empliz d'espérance, à l'exemple de Calvin, de parvenir, sous prétexte de saincteté, au souverain degré de leur estat en ce royaume, cuidans la saison de la minorité du Roy à ce les inviter; et pour cacher et couvrir ceste gygantale entreprinse, s'armer si fort de l'édict de janvier?

Mais les choses sont réduictes à telz termes, qu'il ne fault plus de conjectures : la conjuration faicte dernièrement à Orléans, baptisée Association en françois, et en génévois, Aignossen, a trop descouvert le faict : car par elle s'est trop manifestée la glorieuse ambition de ceux qui ont espérance de se faire subroguer en la place du prince, ayans faict jurer tous les confédérez devant Dieu et ses anges, de persister en ceste leur entreprise, guerre et querelle, jusques à la mort; et venant le prince à faillir, d'obéir à celuy qui par luy sera nommé; chose qui doit estre très-espouventable audit seigneur prince, en certitude de courte et briefve vie; induisant par-là aucuns de sa suytte, à se défaire de luy par tous moyens.

A raison de quoy, ne fault-il plus ouïr parler de ce masque de l'édict; veu que leur ayans esté accordé, ont proposé que les seigneurs qui couvrent le Roy de leurs armes et personnes en Sa Majesté, s'en absentent et désarment, pour après faire comme le loup, ayant persuadé aux brebis par sa capitulation, qu'elles ostassent ces fascheux chiens qu'elles avoyent tousjours à l'entour d'elles, lesquelz ne servoyent qu'à donner peine et peur aux autres bestes, par leurs aboys: dequoy ces bestelettes par leur simplicité, ne se prenans garde, s'estans séparées des chiens, incontinent furent faictes proyes du loup?

La preud'hommie, haultesse et loyaulté de si long-temps expérimentée du roy de Navarre, des princes et seigneurs du conseil du Roy, tesmoignent assez de leur syncérité, et que leurs actions sont fondées sur la charité, amour et recognoissance de l'obligation qu'ilz ont à la couronne. En oultre, il est assez cogneu par leur sagesse et tesmoignage de leur vie passée, qu'ilz ne vouldroyent mesler ne confondre leurs affections privées ou querelles, parmy leur devoir au service du Roy, n'ayant rien de commun ensemble; et par le chemin qu'ilz ont prins et qu'ilz tiennent constamment, l'on voit assez qu'ilz préposent le bien public à leur intérest; veu que les tumultes, s'ilz en faisoyent, ne tendroyent qu'à leurs pertes et dommages; estans au pardessus si advisez et consumez au maniement des affaires, si sages, sagaces et tant expérimentez par la continuelle practique des mœurs et actions des hommes qu'ilz manient et traictent tous les jours, que si en aucun particulier estoit aucune sinistre affection, elle seroit incontinent par les autres descouverte et esteincte.

J'adjousteray encores quant à ce faict, qu'il est certain qu'en ceste division et discorde où nous sommes, que les deux parties ne s'y doivent ne peuvent maintenir estre les sages et les fidèles; qu'il fault que l'une ayt commis rébellion: sera-ce celle qui vit et persévère soubz le joug des loix et constitutions de l'Estat de la cou-

ronne? Si noz ennemis ne le croyent, ilz doivent monstrer que par devers eux soit la juste obéissance et administration des loix et police. S'elle y est, eux estans en la contraire opinion qu'ilz ont au conseil du Roy, de tout le temps passé, avant leur dissession et refuyte à Orléans, les choses n'auroyent-elles esté illégitimement gouvernées, comme par abus et usurpation? Les parlemens, chancellerie, et tous autres estatz n'auroyent-ilz esté abusifz, autant qu'iceux noz contraires prétendent, qu'eux estans la vraye Église, ilz rendent tous les ecclésiastiques du temps passé jusques à eux, illégitimes et abuseurs? Mais je croy qu'ilz ne maintiendront ceste si fantastique resverie: car selon la disposition des loix et gouverneurs qu'avons de nostre costé (qui les condamnent), ilz sont parvenuz aux biens, estatz et honneurs où ilz ont esté élevez, qu'ilz se maintiennent bien posséder: et puisqu'ainsi est, n'est-il nécessaire de confesser que ceux que les ministres de la loy, police et justice, tiennent pour les loyaux et fidèles subjectz, soyent ceux-là, et que les autres soyent les rébelles?

Eux doncques estans tenus rébelles par les ministres de la loy du royaume, ont-ilz raison d'impropérer au roy de Navarre, cardinal son frère, duc de Guyse, conestable, et seigneurs du conseil, leurs contraires, qu'ilz ayent conspiré contre le Roy et la Royne, pour les tenir prisonniers? Ne cognoissent-ilz qu'ilz ne se peuvent excuser de crime, et qu'il fault, ou que les loix soyent subverties, et l'estat du royaume aboly, ou qu'ilz soyent asseurez de certaine punition digne de leur mesfaict? Mais comment se peuvent-ilz asseurer de la totale subversion du royaume, pour s'asseurer de leur impunité, sans conjurer contre le Roy, et en poursuyvre la ruyne? Voilà le désespoir où les moynes réniez les ont voulu attirer et enfanger, afin que se voyans coulpables et contaminez de leur péché, ne reviennent à santé, et ne se retournent; ains persévèrent à tout gaster, confondre et broüiller; dont j'espère que se sçauront bien prendre garde les moins aveuglez et passionnez, et se réuniront avec les bons et constans en leur devoir et loyauté.

L'on cognoissoit assez que ces harangueurs sont hérétiques, sans le faire si fort à cognoistre par l'abus de leur privilége, en parlant des bons et vertueux religieux leurs contraires, comme ilz font de monsieur le conestable, chevalier que l'on ne peult nommer sans tout l'honneur que peut en ce monde mériter chevalier de vertu; duquel toutefois ilz parlent si goffement et goullardement, qu'homme, s'il n'estoit extrêmement hérétique, n'en auseroit avoir approché. Il est bien évident que ces gens sont sans honneur, et qu'ilz ont comme dit Hiéremie : front de paillarde eshontée. « Il faut pour le moins, disent-ilz, que le conestable rende compte des meurtres, brigandages, voleries, emprisonnemens tortionnaires, bruslements, rasemens de maisons, faictz et exécutez à Paris, depuis huict jours en çà, sinon le tout, en partie, pour le moins à son veu et à son sçeu. »

Il est vray que les hérétiques peuvent alléguer prescription de mal dire et mal faire : car estans accoustumez à blasphémer Dieu, et armer leur langue contre son nom et son Église, il n'est estrange qu'ilz vomissent quelques ordes paroles contre ses serviteurs : mais il y en a qui sçavent user de leur privilége, moins deshonnestement les uns que les autres. Cestuy-cy est passe-borne. C'est merveille qu'il n'a crainte de se trouver à Orléans, veu tant de gens qui ont particulière obligation et servitude à cest insigne chevalier. Or le paillard, qui qu'il soit, tant bestial injurieur, cuidant faire tort à si grand personnage, luy a faict honneur ; monstrant qu'endure ce bon seigneur pour la gloire et honneur de Dieu, et de la dévotion qu'il a au Roy son maistre : ilz devoyent avoir souvenance, s'ilz n'ont du tout renié Dieu, de ce qui est escript : *non maledices*, et cohiber leur nature, parlant d'un lieutenant du Roy si digne chevalier : ilz appellent les chastimens faictz par sentence de la court souveraine, meurtres et voleries, excusant toutes les illicites entreprinses des Aygnos.

Après avoir ainsi parlé de luy, viennent à l'occasion de ses conseilz, desquelz, disent-ilz, l'on ne peult attendre que tout mal : car telz personnages monstrent assez qu'ilz ne prétendent qu'à disposer de tout le royaume à leur plaisir.

Maistre Aygnos, de quel conseiller attendra-l'on bien, sinon de celuy qui par son conseil a faict florir le royaume ? Et s'il entreprend contre le roy de Navarre réputant la personne du Roy en France, à qui en appartient la querelle ? Avez-vous procuration de luy, pour vous en plaindre, que ledit seigneur Roy de luy-mesme, ne l'ausast ou peust avoir faict ? Vous adjoustez qu'ilz n'ont voulu endurer que la Royne gouvernast : s'en est-elle plaincte aux rébelles ? Le roy de Navarre et elle, sont-ilz en différence du gouvernement ? L'illustrissime conestable a-il mis discorde ? Mais il ne souvient à cest Aygnos qu'aux Estatz, ses frères demandèrent et feirent instance, que l'on ostast le gouvernement à la Royne ; ce qu'ilz eussent faict, sans ce que les catholiques leur y résistèrent ; pourquoy maintenant changent-ilz de langage ? Veulent-ilz par là faire acroire qu'ilz sont répentiz, pource qu'ilz font des catholiques en cest endroict ?

Qu'ilz n'ayent soucy du gouvernement : la Royne avec le roy de Navarre et conseil du Roy, gouverneront si bien, si sainctement et sagement, que l'on verra restituer et reflorir ce que les hérétiques ont dissipé, et pourvoiront au désespoir qu'ilz disent des pauvres créditeurs, division de la noblesse du royaume ; et se fera que les auteurs de la calamité publique seront cogneuz et chastiez ; et feront veoir noz bons conseillers, que leur intention n'est que de confirmer la religion catholique, en accroissement du royaume de Dieu, et qu'ilz ne se plaignent mal-à-propos des séditieux, que l'on tiendra, Dieu aydant, de si court, qu'ilz n'oseront entreprendre contre les ecclésiastiques en leur estat, et que les hérétiques comme gens pestiférés, s'ils ne changent, ne feront scandales aux villes, par leurs illégitimes assemblées ; et quoy-qu'ilz ne vueillent, l'on les contiendra en office, sans avoir besoing de leur assistance, et leur fera-l'on entendre que vault commencer une guerre civile, et que ceux qui contreviennent au dessin du Roy, sont ses ennemis.

Ilz font, considérées les choses qu'ilz ont dictes, protester le seigneur prince de Condé, pour le faire tenir coupable de chose qu'il ne peult ne doibt avoir pensée ; afin que contaminé en sa conscience, par la mémoire du protest, il ne puisse avoir espérance du retour ; et que par ce moyen tousjours ils se servent de luy en leurs folles entreprinses : mais ils perdent temps ; veu la force évidente qui luy est faicte, estant tenu si de court, qu'il ne pourroit avoir parlé, sinon tout hault et publiquement, à homme qui aille à luy de par le Roy, n'a autre, duquel les conjurez ayent opinion qu'iceluy seigneur ayt certaine confiance. Parquoy prenant le protest, tout au contraire de ce qu'il sonne, l'on croyra que le prince ne consentira jamais à la rage de telz conseilz, desquelz ces protestes l'accusent, et fera-l'on de sorte, qu'estant tiré de la captivité où il est, pourra librement expliquer et interpréter lesdictz protestes, et se revanger de l'indigne violence où il est détenu.

Lettre de mondit sieur le prince, aux princes d'Allemaigne.

Monsieur mon bon cousin. Puisqu'il a pleu à Dieu réduire les affaires de ce royaume à ce but, que les ennemis de la religion chrestienne, et du repos d'iceluy, se sont violentement emparez de la personne de nostre Roy et de la Royne sa mère, pour plus facilement par après exécuter sur les pauvres fidèles, leurs furieux desseings, et poursuivre le piteux commencement de la tragédie de Vassy ; j'ay estimé que ce seroit chose par trop indigne, et de la profession que je fay, et du rang auquel il a pleu à Dieu me faire naistre, si à ce besoin vivement je ne m'opposoye; ayant pour cest effect requis et appelé avec moy au subside tous les principaux et plus grans seigneurs de France, à prendre les armes, et recourir Leurs Majestez de la captivité où ils sont détenus : chose que j'ay pensé ne vous devoir estre celée, comme à celuy qui l'entendant, n'en recevra moins de desplaisir, qu'il participera à l'aise, quant Nostre-Seigneur nous aura fait la grâce d'en venir au-dessus. Et pour ce que je crain qu'ils vous ayent desjà fait entendre le rebours de la vérité, pour cuider esbranler vostre vertueuse constance à maintenir le Sainct Évangile et ceux qui l'ensuivent, desguisans néantmoins leurs mauvaises intentions, suivant leur accoustumée façon de faire, les cognoissans plus prompts à mal dire, qu'à bien faire, je vous ay bien voulu envoyer la déclaration et protestation que j'en ay faite, pour vous rendre juge de l'équité de ma cause, laquelle estant maintenant commune à ce royaume, le mal en est si contagieux, qu'il y a danger qu'il ne s'espande plus avant par toute la chrestienté. A ceste cause, Monsieur mon bon cousin, d'autant que je sçay qu'elle vous est favorable, je vous supplie autant affectueusement qu'il m'est possible, vouloir à ce coup démonstrer au Roy, à la Royne, et à tous les fidèles de ce royaume, l'effect de vos bonnes intentions, suivant ce que chacun s'est tousjours promis et asseuré de vous; ainsi que plus particulièrement et amplement ce mien gentilhomme présent porteur, vous fera entendre, tant de ma part que de celle de mon nepveu monsieur le prince de Portien; lequel, s'il vous plaist, vous tiendrez pour excusé, si luy-mesme ne vous escrit, estant pour ceste heure détenu par maladie. Me remettant doncques sur la suffisance de ce porteur, lequel je vous prie croire comme à ma propre parole, après m'estre bien affectueusement recommandé à vostre bonne grace, je prieray Dieu vous tenir en sa saincte garde. Escrit à Orléans, ce 10ᵉ jour d'avril 1562.

Ordre donné par le Roy et la Reine-Mère, au parlement de Paris, d'expédier le procès de ceux qui étoient prisonniers à l'occasion du tumulte arrivé à St. Médard.

Ce jourd'huy 10 avril, la court advertye que les Roy et Royne sa mère venoient oyr la messe à la Saincte Chapelle, m'a envoyé (M. Du Tillet) devers monsieur le duc de Guyse ou aultres des seigneurs estans de ses affaires, qui je rencontrerois le premier, pour sçavoir si lesdictz Roy et Royne trouveroient bon qu'elle envoyast aucuns de messieurs les présidens et conseillers d'icelle leur faire la révérence et entendre leurs commandemens; ne voulant ladicte court faillir à son debvoir, et pour donner exemple à tous les aultres subjectz, de leur rendre l'obéissance deuë, ce que j'ay faict, et a esté fort agréable ausdictz seigneurs et dame, que les depputez vinssent à l'yssuë de la messe ; ce que j'ay rapporté ; et suyvant ce, messieurs les Premier et de Sainct André, présidens, accompaignez de Mᵉˢ Loys Gayant, Claude Anjorrant, Guillaume Viole et Jehan Jacqueslot, conseillers en ladicte court, y sont allez, et Mᵉ Robert de Sainct Germain, notaire et secrétaire du Roy, l'un des quatre notaires d'icelle court, et moy avecques eulx ; et après la proposition faicte par mondict sieur le premier président, ledict seigneur a dict que l'obéissance que sa court rendroit à la Royne sa mère seroit à luy, et le voulloit ainsi : puis a esté commandé expédier le procès des prisonniers du faict de Sainct Médard, et m'a esté ordonné l'aller dire à la Tournelle, où ledict procès est sur le bureau.

Dernière déclaration du Roy sur l'édict du dix-septiesme jour du mois de janvier, l'an de grace mil cinq cens soixante-un, concernant le faict de la religion.

Charles, par la grace de Dieu, Roy de France. A tous nos baillifs, séneschaux ou leurs lieutenans, et à chascun d'eux, si comme à luy appartiendra, salut. Estant assez notoire combien les subjects de cestuy nostre royaume se sont tousjours monstrez loyaux, fidèles et très-affectionnez envers les rois nos prédécesseurs, et jusques à nous avoir fait en cela tel devoir, qu'il ne se peut dire que nul autre royaume ait, par la grace de Dieu, trouvé plus d'obéissance de ses peuples, que celle que nous avons euë; tellement que tant plus estrange est-il, qu'à présent aucuns d'iceux se soyent eslevez, mis en armes et assemblez en grand nombre, comme nous les voyons en divers endroicts d'iceluy, mesmes en nostre ville d'Orléans, soubs prétexte d'une crainte qu'ils disent avoir que l'on les vueille recercher en leurs consciences, et empescher qu'ils ne joüissent des édicts et ordonnances par nous faictes, mesmes au mois de janvier dernier, sur le faict de la religion, les vexer et travailler pour l'opinion qu'ils en ont ; et soubs ceste couleur attirent à eux aucuns de nos subjets ausquels ils ont fait prendre les armes ; et d'autant que c'est chose trop esloignée de nostre intention, et à quoy nous n'avons jamais pensé toucher, ne que pour cela ils soyent inquietez ne molestez, et à fin que nul ne prétende cause d'ignorance de nostre dicte intention, lever et oster à tous nosdicts subjets le scrupule et crainte qu'ils en pourroyent avoir, et se puissent discerner ceux qui seront meuz d'autre desseing et passion, que du repos de leurs consciences et zèle de la religion, troublans cestuy nostre royaume, et offensans nous et nostre authorité; avons, par l'advis et délibération de la Royne, nostre trèschère et très-honorée dame et mère, de nostre très-cher et très-amé oncle le roy de Navarre, nostre lieutenant général, représentant nostre personne par tous nos royaume et pays, de nos cousins les cardinaux de Bourbon et de Guyse, ducs de Guyse, de Montmorency, connestable, et d'Aumalle, chancelier, seigneurs de Sainct-André, de Brissac et de Montmorency, mareschaux de France, et autres bons notables et grands personnages de nostredict conseil, dit et déclaré, disons et déclarons, que nous n'avons mis, ne mettons en doubte ledit édict du mois de janvier, ne au préjudice d'iceluy, entendu ne entendons que aucuns de nos subjets soyent pour ceste occasion, ne aussi pour avoir prins et porté les armes pour ledit fait, aucunement recherchez, molestez ne travaillez en leurs personnes et biens; ce que nous défendons très-expressément à vous et à chascun de vous; à la charge aussi de se contenir par eux et vivre pacifiquement sans y contrevenir en quelque sorte que ce soit, sur les peines y contenues; sauf et excepté toutesfois en ceste nostre bonne ville et cité de Paris, faux-bourgs et banlieue d'icelle, en laquelle nous n'entendons ne voulons qu'il soit fait aucunes assemblées publicques et privées, ne aucune administration de sacremens en autre forme que celle qui est receuë et observée en nostre Église; et pource que nous craignons qu'il y ait aucunes opinions ou crainte de simultez et inimitiez entre plusieurs de nos subjets, qui les pourroyent entretenir en desfiance les uns des autres, et troubler le repos de nostre royaume et tranquillité de nosdits subjects, nous avons défendu et défendons à tous nosdits subjects, de quelque qualité ou condition qu'ils soyent, qu'ils n'ayent, à peine de la vie, à s'entrequereller, provoquer ne offenser, les mettans en nostre sauve garde, et baillans en garde les uns aux autres, pour vivre doresennavant en telle paix, amitié et union sous nostredite obéissance, qu'en nostredit royaume tous ports d'armes cessez, demeure en repos et tranquillité. Si voulons et vous mandons que ceste nostre présente déclaration vous faites lire et enregistrer en vos greffes, publier par vos jurisdictions, et du contenu jouir et user pleinement tous ceux qu'il appartiendra; cessans et faisans cesser tous troubles et empeschemens au contraire. Donné à Paris, l'onzieme jour d'avril, l'an de grace mil cinq cens soixante-deux, et de nostre règne, le deuxiesme.

Ainsi signé. Par le Roy, la Royne sa mère, le roi de Navarre, messieurs les cardinaux de Bourbon et de Guyse, duc de Guyse, de Montmorency, connestable, et d'Aumalle; le chancelier, les sieurs de Sainct André, de Brissac et de Montmorency; mareschaux de France et autres, présens. De L'Aubespine. Et séellée de cire jaune sur simple queuë.

Traicté d'association faicte par monseigneur le prince de Condé avec les princes, chevaliers de l'ordre, seigneurs, capitaines, gentilshommes et autres, de tous estats, qui sont entrez ou entreront en ladicte association, pour maintenir l'honneur de Dieu, le repos de ce royaume, et l'estat et liberté du Roy, soubs le gouvernement de la Royne sa mère.

Pseau. 139.

Seigneur, n'auray-je point en haine tes haineux, et ne débatray-je point avec ceux qui s'eslèvent contre toy?

M. D. LXII.

Nous soubsignez, n'ayans rien en plus grande recommandation après l'honneur de Dieu que le service de nostre Roy et la conservation de sa couronne pendant sa minorité, soubs le gouvernement de la Royne sa mère, establie et authorisée par les Estats; voyans l'audace, témérité et ambition d'aucuns des subjets dudict seigneur mesprisans sa jeunesse, avoir esté si grande, qu'ils ont bien osé non seulement s'assembler et prendre les armes contre ses édicts, pour avec icelles mettre à mort un bon nombre de ses povres subjects, en n'espargnant ny aage ny sexe, sans aucune autre occasion, sinon qu'ils estoyent assemblez pour prier et servir Dieu suivant la permission des édicts; mais aussi ne pouvans estre retenus par aucunes lois divines ou humaines, avec lesdictes armes, se sont saisis de la personne du Roy et de la Royne, et de monseigneur d'Orléans; et ne pouvans par telle et si téméraire entreprise autre chose conjecturer, sinon une certaine délibération de ruiner, soubs l'authorité du Roy détenu et captif, avec la vraye religion, la plus grande part de ceux de l'estat de noblesse et du tiers estat, et généralement tous ceux qui en font profession, qui sont des plus fidèles et obéissans subjets du Roy; qui seroit un vray moyen de mettre la couronne de France en proye: nous à ces causes, désirans à nostre pouvoir remettre Sa Majesté et sa couronne en seureté, et la Royne en son authorité, et aussi conserver les pauvres fidèles de ce royaume en la liberté de conscience qu'il a pleu au Roy leur permettre par ses édits faits par l'advis des princes du sang, des seigneurs du conseil du Roy, et des plus notables de toutes les cours des parlemens de ce royaume assemblez, et par la délibération de la pluspart des Estats, laquelle doibt demeurer inviolable pendant la minorité dudict seigneur, avons esté, comme bons et loyaux subjects, forcez et contrains de prendre les armes, qui est le moyen que Dieu nous a mis en main contre telle violence; et dès maintenant, après avoir invoqué le nom de Dieu, comme bien advisez et conseillez par bonne et meure délibération, nous avons, d'un commun accord et consentement libre et volontaire, promis et juré, par le nom de Dieu vivant, une association et saincte compagnie mutuelle, aux conditions suivantes, que nous jurons et promettons devant Dieu et ses anges garder inviolablement et de poinct en poinct, comme s'en suit, moyennant la grace et miséricorde de Dieu, nostre seule espérance.

Premièrement. Nous protestons que nous n'apportons en ceste saincte alliance aucune passion particulière, ni respect de nos personnes, biens et honneurs; mais qu'entièrement nous n'avons devant les yeux que l'honneur de Dieu, la délivrance des Majestez du Roy et de la Royne, la conservation des édictz et ordonnances faictes par eux, et finalement la juste punition et correction des contempteurs d'icelles; et à ces fins et non autres, nous jurons et promettons chacun en son esgard, d'employer corps et biens, et tout ce qui nous sera possible, jusques à la dernière goutte de nostre sang; et durera ceste présente association et alliance inviolable jusques à la majorité du Roy; c'est assavoir, jusques à ce que Sa Majesté estant en aage, ait pris en personne le gouvernement de son royaume, pour lors nous soubmettre à l'entière obéissance et subjection de sa simple volonté; auquel temps nous espérons luy rendre si bon compte de ladicte association (comme aussi nous ferons toutes et quantesfois qu'il plaira à la Royne, elle estant en liberté), qu'on cognoistra que ce n'est point une ligue ou monopole défendu, mais une fidèle et droicte obéissance pour l'urgent service et conservation de Leurs Majestez.

Secondement. Affin que chacun entende ladicte présente association estre faicte avec telle intention susdicte, et en toute pureté de conscience et crainte du nom de Dieu, lequel nous prenons pour chef et protecteur d'icelle, nous entendons et jurons qu'en nostre compagnie nous ne souffrirons qu'il soit faict chose qui déroge aux commandemens de Dieu et du Roy, comme idolâtries et superstitions, blasphèmes, paillardises, violences, ravissemens, pilleries, brisemens d'images et saccagemens des temples, par authorité privée; et en général, autres telles choses défenduës de Dieu, ou par l'édict dernier de janvier; desquelles au contraire nous pourchasserons que punition et justice soit faicte. Et pour estre conduits soubs l'obéissance de la parolle de Dieu, nous entendons avoir en nos compagnies de bons et fidèles ministres de la gloire de nostre Dieu, qui nous enseigneront sa volonté, et ausquels nous presterons audience telle qu'il apartient.

Tiercement. Nous nommons pour chef et conducteur de toute la compagnie monseigneur le prince de Condé, prince du sang, et partant conseiller né, et l'un des protecteurs de la couronne de France; lequel nous jurons et promettons acompagner et luy rendre toute prompte obéissance en ce qui concerne le fait de ceste présente association; nous soubmettans, en cas de rébellion ou négligence, à son chastiment et correction telle qu'il advisera; et cas advenant que ledict seigneur prince, par son indisposition ou autrement, ne peust exécuter ladicte charge, celuy qui sera par luy nommé sera obéy et suivy entièrement comme sa propre personne; et ledict seigneur prince, moustrans le zèle qu'il a à la gloire de Dieu et au service du Roy, a accepté ce que dessus; promettant à toute la compagnie, qu'en toute diligence et promptitude, moyennant l'aide de Dieu, il fera vray office de chef et conducteur, suivant la teneur de toutes les conditions de la susdicte association.

En quatriesme lieu. Nous avons compris et associé en ce présent traicté d'alliance toutes les personnes du conseil du Roy, exceptez ceux qui portent armes contre leur devoir, pour asservir la volonté du Roy et de la Royne; lesquelles armes s'ils ne posent, et s'ils ne se retirent et rendent raison de leur faict en toute subjection et obéissance, quand il plaira à la Royne les appeller, nous les tenons avec juste occasion, pour coulpables de lése-majesté, et perturbateurs du repos public de ce royaume.

Et pour parvenir à la fin et accomplissement de ceste dicte association (que nous protestons derechef n'estre faicte que pour maintenir l'honneur de Dieu, le repos de ce royaume, et l'estat et liberté du Roy, soubs le gouvernement de la Royne sa mère), un chacun de nous en son esgard, depuis le plus petit jusques au plus grand, jurons et promettons devant Dieu et ses anges, nous tenir prests de tout ce qui sera en nostre pouvoir, comme d'argent, d'armes, chevaux de service, et toutes autres choses requises, pour nous trouver au premier mandement dudict seigneur prince, ou autre ayant charge de luy, équippez, pour l'accompagner par tout où il luy plaira nous commander, et fidèlement luy faire service pour les fins susdictes, et rendre tout devoir de corps et de biens jusques au dernier souspir; et cas advenant qu'en quelque lieu ou endroit de ce royaume, entendions qu'aucun compris en ceste présente association, reçoive outrage ou violence par les dessusdicts ou autres, contre l'édict du Roy du moys de janvier dernier, nous jurons et promettons tous le secourir promptement, et nous employer à ce que tel tort soit réparé, comme si le dommage estoit particulier à un chacun de nous, et le tout selon qu'il nous sera commandé par ledict seigneur prince, ou autre ayant charge de luy.

Davantage, s'il advient (ce que Dieu ne vueille) qu'aucun de nous, ayant oublié son devoir et son serment, eust quelque intelligence avec les ennemis, ou commis acte de lascheté, ou trahison, en sorte ou manière quelconque, ou se monstrast rébelle à ce que dessus, nous jurons et promettons sur la part que nous prétendons avoir en paradis, le révéler incontinent audict seigneur prince, ou autre qu'il appartiendra, et le tenir et traicter comme ennemy traistre et desloyal : car ainsi a-il esté accordé d'un franc et irrévocable consentement. Fait, arresté et publié, à Orléans, l'an de Nostre-Seigneur mil cinq cens soixante-deux, l'onziesme jour d'avril. Ainsi signé :

Loys de Bourbon, (avec autres, princes, chevaliers de l'ordre, seigneurs, capitaines, gentilshommes, et plusieurs autres de tous les estats et de toutes les contrées de ce royaume, en grand nombre, comme il appert par le registre estant par devers ledict seigneur).

Instruction pour l'ambassadeur du prince de Condé, dépesché devers aulcungs Princes d'Allemaigne.

Sera remonstré le piteux estat auquel est à présent ce royaulme, estants le Roy et la Royne sa mère, captifz; laquelle captivité et aultres causes amplement narrées en la protestation cy présentée, ont esmeu et contrainct messeigneurs les princes de Condé et de Porcian, messieurs l'admiral, d'Andelot, Soubise, Genly, Piennes et Rohan, à prendre les armes, avec plusieurs, tant chevaliers de l'ordre, capitaines, gentilzhommes, que aultres de touttes qualités, pour rendre au besoing le debvoir que bons et loyaulx subjectz doibvent à leur prince naturel, duquel la cause et calamité se rend d'aultant plus recommandable, qu'il est en fort bas aage, qui le rend incapable de pouvoir donner ordre luy-mesme. Ont esté advertiz lesdictz seigneurs, que leurs ennemys sentans leur entreprinse estre condamnée par la pluspart de ce dict royaulme, ont soubz le nom et authorité du Roy, envoyé lever gens de guerre en Allemaigne, pour se maintenir en leur tyrannie : parquoy cognoissans bien de quelle importance pourroit estre la venuë des estrangiers en ce dict royaulme, avec force et main armée, ilz supplient l'excellence de messeigneurs les princes d'Allemaigne, anciens amys et confédérez de la couronne de France, vouloir empescher par touttes voyes et manières deuës, que telle chose ne se face au grand préjudice du Roy leur voysin et bon amy, qui pourra recognoistre le secours et bienfaict quelque jour, estant venu en aage. Et si lesdictz seigneurs princes de la Germanie trouvent bon d'envoyer ambassadeurs notables à la court, pour pacifier les grands troubles qui sont en ce royaume, mesdictz seigneurs princes de Condé et de Portian, messieurs l'admiral, d'Andelot, Soubise, Genly, Piennes, Rohan et aultres, en seront très-aises; et supplient leurs excellences de ce faire; comme ceulx qui ne désirent rien tant après l'honneur de Dieu et la liberté du Roy et de la Royne, que le repos public d'iceluy.

Loys de Bourbon, Chastillon, Andelot, Piennes, Jehan de Rohan, Soubise, Genly, Mauvillier.

Lettre de Wolphgang comte Palatin, au prince de Condé.

Très-illustre prince. Nous estimons que n'ignorez ce que la noble mère du Roy très-chrestien a traité et conféré avec nous, et le reste des électeurs et princes de l'Empire, qui font profession d'une mesme religion, par son ambassadeur M. de Ramboüillet, touchant la célébration du concile de Trente; et d'autre part, ce que nous avons aussi respondu aux demandes du Roy; de laquelle responce je vous envoye une copie avec les présentes, pour l'honneur et affection que je vous porte, et principalement pour ce regard, afin que puissiez veoir et cognoistre le désir que j'ay de faire service à l'Église de France. Or comme ainsi soit que nous ayons fort bonne espérance de vous, et que de vostre bon gré vous vous employez de tout pouvoir à dresser et avancer une saincte réformation ès églises françoises, tant pour le commandement exprès qui nous est fait de Dieu, d'avoir seulement son Fils, et de croire à l'Évangile, et aussi que la nature humaine a esté créée, et puis après rachetée du Fils de Dieu, à celle fin qu'elle honore et magnifie Dieu, et aussi qu'elle espère en toute asseurance le loyer et récompense de luy; toutesfois, pour l'honneur et la gloire de Dieu, nous vous prions et advertissons que vous ne laissiez en arrière une si belle occasion de procurer le bien et proffit, non seulement de la France, mais aussi de toute la chrestienté; ayant souvenance que cela sur tout est du devoir de vostre office, et aggréable à Dieu; c'est que d'un courage prompte et alaigre vous entrepreniez le soin et défense de l'Église de Jésus-Christ, qui est pour le jourd'huy tant affligée et vient comme en décadence : ce que nous nous tenons du tout asseurez que ferez soigneusement selon vostre piété et prudence, et ne doubtons nullement que Dieu par sa miséricorde infinie et mémorable assistera à vos sainctes et justes entreprises : ce que nous souhaitons de tout nostre cœur et vous offrons tout plaisir et confort.

Bien vous soit.

Escript à Neubourg sur le Danube, le 12 avril 1562. Vostre très-affectionné,

WOLPHGANG COMTE PALATIN DU RIN.

Arrêts de la cour de parlement de Paris, par rapport à une lettre envoyée à ceste cour par le prince de Condé, et la réponse qu'elle lui fit.

Ce jourd'huy 14 avril, j'ay (Du Tillet) rapporté à la court, que suyvant le commandement qu'elle m'avoit faict le jourd'huyer, j'allay après disner devers le Roy et Royne, avec que je trouvay avec leur conseil des affaires; et aussitost que je feuz entré, ledict seigneur Roy se retira; et je deys à ladicte dame et au roy de Navarre, présens les autres princes et seigneurs dudict conseil, que le matin, l'huissier David avoit présenté à monsieur le président de Thou ung pacquet ayant deux couvertures; la première, de lettres du parlement de Thoulouze à ladicte court : la seconde, de lettres de monsieur le prince de Condé, à elle; et que ayant cogneu par la lecture, que les escriptz concernoient l'Estat, non la justice, m'avoit esté commandé les leur apporter, pour en estre ordonné ce qu'ilz verroient pour le mieulx ; et leur feys voir les dictes deux couvertures : les lettres missives et déclaration signée Loys de Bourbon, furent leuës, et la signature plusieurs foys regardée; et pource que l'on doubtoit qu'elle feust de la main de mondict sieur le prince, me fût ordonné les faire doubler à toute dilligence, signer les doubles, et les bailler au sieur d'Alluye secrétaire d'Estat et des finances du Roy, lequel devoit partir le soir dudict jourd'hyer, pour aller à Orléans devers ledict sieur prince, affin de les luy monstrer, pour veoir s'il les advoueroit.

Je feis hastifvement faire les dictz doubles; mais ledit sieur d'Alluye me manda que la Royne luy en avoit baillé aultant. Oultre, me fut commandé dire à messieurs les présidens de ladicte court, qu'ilz feissent constituer prisonnier en la Conciergerie ledict huissier David, dès ladicte après-disnée, pour luy faire dire de qui il avoit eu ledict pacquet; et s'il estoit possible, recognoistre la main de celuy qui avoit escript la première couverture d'icelluy pacquet; duquel commandement j'en advertys aussitost messieurs les présidens de Sainct-André, Baillet et de Thou; lesquelz, appellez messieurs Gayant conseiller, et le procureur général du roy, en ladicte court, advisèrent d'arrester ledict David prisonnier en la maison du premier huissier............(sic).

Ce jour 15 avril, j'ay dict à la court que hier au soir, la Royne me manda; et entre autres choses me commanda, le roy de Navarre présent, dire à ladicte court, qu'elle eslargist Jehan David huissier en icelle, en faisant les soubmissions de se représenter toutesfoys et quantes qu'il sera ordonné. Sur ce, la matière mise en délibération, a esté arresté que ledict David huissier, sera eslargy, en faisant les submissions accoustumées de se représenter en l'estat, lorsqu'il sera ordonné, *sub penâ convicti;* suivant lequel arrest, est ledict Jean David huissier dessus nommé, comparu au greffe de ladicte court, et a faict les submissions acoustumées, et promet se représenter en l'estat, toutesfois et quantes qu'il sera ordonné, sur peine d'estre attainct et convaincu des cas à luy imposez.

Ce dict jour, j'ay dict à la court que hier matin, j'avois par commandement de la Royne, baillé à monsieur de l'Aubespine secrétaire d'Estat et des finances du roy, les doubles des lettres et déclaration estans au pacquet présenté par l'huissier David, lundy dernier, signés de moy, par commandement verbal qui m'en avoit esté faict ledict jour de lundy après disner; et hier au soir ladicte dame m'avoit mandé et commandé, présent le roy de Navarre, entre autres choses, dire à ladicte court, qu'elle élargist ledict David, en faisant les submissions de se représenter toutesfoys et quantes. Sur ledict rapport, ladicte court a ordonné ledict élargissement.

Lettres du Roy et de la Reine mère au duc de Wirtemberg, sur ce que les huguenots publioient qu'on vouloit opprimer leur religion, et que le Roy et sa mère étoient dans une espèce de captivité.

Mon cousin. Je m'asseure que vous avez bien entendu de ceste heure, les troubles et divisions qui sont en mon royaume, pour la particulière passion d'aulcungs de mes subgectz, lesquelz ont esté si hardis et téméraires que de prendre les armes, et s'impatronir d'aulcunes de mes villes, contre mes édictz et ordonnances et contre mon vouloir et intention; et pource que après les avoir à diverses fois faict rechercher par touts les doux et gracieulx moyens qui m'ont esté possibles, de déposer les dictes armes, ilz n'en ont faict compte; mais au contraire, pour nourrir et augmenter lesdicts troubles, et attirer le plus qu'ilz peuvent de mes subjectz à leur part, ont cherché défendre leur maulvaise volunté et réprouvée entreprinse, sur deux causes principales, qu'ilz ont pensé selon la disposition du temps, pouvoir plus servir à leur intention; l'une, que ce qu'ilz font, est pour la conservation de leur religion que l'on veult opprimer; et l'aultre, pour la délivrance de la Royne madame ma mère, et de ma personne, qu'ilz chergent calomnieusement estre en la disposition des princes et seigneurs qui nous accompaignent, jusques à oser bien dire qu'ilz nous tiennent prisonniers; ne pouvant endurer que ces bruicts parviennent aux oreilles des princes mes amys et voisins, sans leur faire bien particulièrement entendre de ma part quelle est la vérité de toutes les particularitez susdictes; j'ay bien voulu vous dépêcher Courtelary mon trouchement en langue germanicque, et qui est de ma chambre, présent porteur, pour vous dire, mon cousin, que pour impugner le premier poinct de leur calumnie, je n'aurois à leur proposer et mectre au-devant aultre meilleur deffence, que l'édict qui a esté faict au moys de janvier dernier, qui leur tollère de servir à Dieu en telle liberté de conscience, qu'il me semble qu'ilz ne la peuvent pas désirer plus grande d'ung prince politicque qui en la diversité des oppinions qui règnent pour le jourd'huy en ce royaulme au faict de la religion, à conserver son estat en repos et tranquillité; mais leur ayant d'aboundant faict déclarer par diverses fois, qu'il n'y a personne qui ait jamais pensé de forcer leurs consciences, et de nouveau faict expédier la déclaration que vous monstrera ce porteur, il me semble que c'estoient choses qui devoient suffire à leur lever ceste opinion; et font bien cognoistre à tout le monde, puisque après telles déclarations et seuretés, ilz ne me obéissent et ne se despartent des armes, que leur témérité a aultre carine et fondement que celluy dont ilz se sont voulu couvrir jusques à présent. Quant au faict de la délivrance de la personne de la Royne, ma dicte dame et mère, et de la mienne, qu'ilz alléguent pour leur seconde excuse et occasion; tant s'en fault que l'on ait faict chose qui ait forcé noz voluntez, ou en riens préjudicié à l'authorité, pouvoir et liberté qui nous est deue, et en laquelle j'ay tousjours vescu depuis mon advénement à ceste couronne, que je vous veux bien asseurer du contraire; et que je suis venu de ma franche volunté en ceste ville principale et capitale de mon royaume, pour pourvoyer et donner ordre librement à mes affaires, par l'advis de la Royne ma dicte dame et mère, de mon oncle le roy de Navarre, et des autres princes et seigneurs, que j'ay près et à l'entour de ma personne, pour m'accompagner et conseiller, selon le debvoir de la fidélité qu'ilz me doibvent, et l'acquit des grandes charges et estatz qu'ilz tiennent de leur temps en ce royaume, esquelz ilz se sont continuellement acquittés avec telle sincérité, prudence, vaillance et assiduité, à la conservation de la grandeur de ceste couronne, qu'ilz en ont mérité une perpétuelle louange et très-singulière recommandation en mon endroict : vous priant, mon cousin, que d'aultant que vous désirés donner foy à ma parolle, vous ne vous laissés persuader de telles impostures, et qu'il y ait aultre occasion qui ait conduict telles personnes à prendre les dictes armes, et s'impatronir de mes dictes villes, que leurs particulières passions; ce que je m'asseure que vous vouldriez aussy peu louer, favoriser et approuver en mes subgectz, que vous qui estes prince commandant à ung tel Estat, vouldriez mal-aisément endurer une telle faulte en aulcuns de vostres, pour la passer légièrement; et pource, je vous prie encores un coup, que en cela comme en toutes aultres choses qui me pourront jamais concerner, vous me faictes cognoistre combien vous me estes bon et seur amy; croyant ce dict porteur de ce qu'il vous dira de ma part, sur toutes les particularitez susdictes, comme vous feriez à ma propre personne : priant Dieu, mon cousin, qu'il vous ayt en sa très-saincte et digne garde. Escript à Paris, le 17 d'apvril 1562.

CHARLES.

Et plus bas : BOURDIN.

A mon cousin le duc de Wirtemberg.

Mon cousin. Vous verrés par la lettre que vous escript le Roy monsieur mon filz, comme les choses se passent par deçà; qui est bien au plus grand regret et ennuye que je sçauroye recepvoir en ce monde, pour avoir toute ma vie travaillé, comme chascung sçait, à contenir les subgectz du Roy mondict seigneur et filz, en son obéissance, union, repos et tranquillité; et encores que je m'asseure que en ce faict comme en toutes aultres choses qui le pourront toucher, il ne recepvra jamais de vous que tous offices et démonstrations d'amitié telle que vous luy avés tousjours promise; si ne laisseray-je de vous en prier de tout l'affection qu'il m'est possible, et de croyer que c'est chose qu'il récognoistra avec telle correspondence d'amityé et bénévolence, que vous pouvez espérer de vostre meilleur et plus seur amy; et après vous avoir promis le semblable de ma part, je prieray Dieu, mon cousin, qu'il vous ayt en sa très-saincte et digne garde. Escript à Paris, le xviie jour d'apvril 1562.

Vostre bonne cousine,   CATERINE.
Et plus bas : BOURDIN.

A mon cousin, monsieur le duc de Wirtemberg,

Lettre de monsieur le prince de Condé, à la Roine-mère, sur le massacre fait à Sens.

Madame. Je pensoye, veu les troubles qui depuis peu de jours ont commencé à s'esmouvoir en ce royaume, à cause de la religion, que la déclaration qu'il a pleu à Vostre Majesté faire dernièrement publier, pour l'observation et entretenement de l'édict du mois de janvier, deust servir de bride aux perturbateurs du repos public; et qu'y voyans le feu desjà trop allumé, chacun se mettroit plustost en peine d'apporter les remèdes pour l'amortir, que de rechercher les occasions de l'enflammer davantage; mais, à ce que je puis cognoistre, la malice des hommes est tellement accreuë, qu'il semble qu'ils soyent maintenant parvenus au comble de leur malheur, pour en recevoir une condigne vengeance et juste punition de Dieu. Et de faict, Madame, quand vous aurez entendu le piteux massacre naguères commis en la ville de Sens, sur une grande quantité de pauvres gens faisans profession de l'Evangile, dont la cruauté n'est moins horrible à escouter, que le faict est inhumain et barbare, ainsi que plus amplement Vostre Majesté verra s'il luy plaist, par le discours cy-enclos, lequel je vous envoye; je m'ose bien tant promettre de la bonté de vostre naturel, qu'outre le desplaisir que vous en résentirez, et remémorant les autres actes précédens, cela vous fera bien juger quelle seureté chacun doit attendre des doulces et emmiellées paroles que l'on nous donne; tellement, Madame, que ne pouvant moins faire que de très-humblement vous en présenter les plaintes, et en requérir une équitable justice, je suis contraint et à mon très-grand regret, de vous dire qu'il est à craindre, si elle nous est déniée et du Roy et de vous, à cause des obstacles qui vous empeschent d'y prester la main vive et forte, que la clameur du sang innocent ne pénétre si avant jusques au ciel, que Dieu en son courroux, ne face tomber sur ce pauvre royaume la calamité et désastre dont tous les jours il est menacé. A ceste cause, Madame, je vous supplie très-humblement, après avoir représenté devant les yeux tant d'advertissemens de tels misérables spectacles, et considéré la patience que jusques-icy l'on a euë pour le respect et obéissance que nous devons et voulons porter à Vos Majestez, et de laquelle il a tousjours esté abusé, vostre plaisir soit en cest endroit faire paroistre que vous voulez voz édicts avoir lieu et estre rigoureusement exécutez sur voz subjects infracteurs d'iceux; si que la conspiration de la ruine de vostre Estat, qui soubs ce prétexte se brasse, ne trouve point tant de complices et fauteurs, que par la justice d'une cause tant favorable, vous ne puissiez avoir des protecteurs; et faisant réparer et corriger des meurtres si exécrables et énormes, préparer le chemin que la licence ne soit point baillée en France de faire surmonter la raison par la force; qui sera un moyen de dompter tels esprits furieux, rendre Vos Majestez obéies, et remettre vostre peuple en paix: autrement, Madame, la chose tire une telle conséquence après soy, que la fin n'en peut estre que déplorable; et espérant que Vostre Majesté y fera pourvoir et donner ordre. Escrit à Orléans, ce 19 jour d'avril 1562.

Lettre de monsieur le prince, envoyée à messieurs de la cour de parlement de Rouen, avec la première déclaration et protestation.

Messieurs. Veu les troubles qui sont de présent, et à mon grand regret, par trop avant espandus sur la face de ce royaume, tant à cause du faict de la religion, que pour la conservation de la liberté et authorité du Roy et de la Royne, je ne doute point qu'une si bonne et grande compagnie que la vostre, assemblée de tant de gens de bien douez de la perfection du jugement et sçavoir, dont il faut poiser les choses de ce monde, n'ait desjà assez clairement cogneu chacun en particulier, les raisons qui m'ont meu d'entreprendre pour le service de Leurs Majestez, ce qui est maintenant notoire à tout le monde : mais comme les opinions des hommes sont diverses, et que je sçay que diversement on pourroit discourir de mes actions, les uns surmontez de passions particulières, les autres pour n'en avoir claire intelligence; d'autant, qu'après la gloire de Dieu, j'ay toute ma vie désiré rapporter le fruict de la vertu de mes ancestres qui m'y ont acquis la marque et titre de prince, telle que vous sçavez; je me suis advisé de vous faire entendre au vray le fonds de mes intentions ; à fin que si par cy-après aucuns les vouloyent reprendre, vous soyez tousjours prest, non seulement d'équitablement en juger, mais aussi de véritablement en respondre. Et pour ceste occasion, je vous envoye le double de ma déclaration et protestation (v. ci-dessus) que généralement j'en ay faite, et en laquelle je persiste et continue, pour couper, s'il m'est possible, le chemin à tous calomniateurs, et rendre les personnes libres et de net et sain jugement, satisfaites et contentes, principalement quand ils y verront les gratieux et honnestes offres ausquels si franchement je me submets ; voire jusques à me despouiller des dégrez ausquels il a pleu à Dieu m'appeller, pour m'esgaller aux conditions que je réquier de ceux qui ne peuvent prendre aucun poinct où je suis parvenu dès ma naissance. A ceste cause, Messieurs, je vous prie, suyvant ceste bonne volonté, laquelle je veux croire ne vous manquer oncques en mon endroit, vouloir faire lire et publier ma dicte déclaration et protestation, pour lever toutes les excuses qu'un peuple mal adverty pourroit prétendre, quand il parleroit à mon désavantage ; ne désirant rien plus singulièrement, que tous peuples et nations sachent combien la fidélité et servitude premièrement de mon Dieu, et la pureté de son Evangile, et puis l'obéissance qui est deuë à leurs maistres, me sont chers et recommandables : et m'asseurant qu'y ferez pour l'amour de moy tous et vertueux offices, je prieray le Créateur vous donner, Messieurs, avec sa saincte grace, ce que plus désirez. Escrit à Orléans, ce 20ᵉ jour d'avril 1562.

Lettre de monsieur le prince de Condé, à l'empereur Ferdinand.

Très-puissant et invincible césar. Combien que l'affaire présente de laquelle j'escri à Vostre Majesté, soit de telle importance, qu'elle requiert un ambassade exprès vous estre envoyé de ma part, touteffois j'espère qu'ayant entendu l'estat auquel sont nos affaires, et la grandeur des dangers qui sont éminens à tout homme de bien de ce royaume, recevrez aiséement selon vostre singulière clémence et douceur, nos excuses. Or en partie ceste indicible bénévolence que si souvent et par tant de lettres et ambassades avez démonstré à nostre Roy mon souverain et très-humain seigneur, partie aussi la singulière admiration que j'ay de vostre sagesse, ont fait que n'ay trouve mauvais advertir Vostre Majesté des affaires naguères survenus en ce Royaume ; veu mesme que cela est de mon office et devoir, pour l'authorité que Dieu et nature m'y ont donné, ou que mal-aiséement, et non sans mauvaise conscience, me semble n'en pouvoir faillir. Ces jours passez doncques comme nous semblions par tout ce royaume jouir en toutes choses d'une heureuse paix et repos commun, subit s'est manifestée une conspiration de ceux desquels je ne faits doute que l'insatiable convoitise et désir de régner, lequel des longues années a troublé toute la chrestienté, ne vous soit cogneuë. Après que ce nouveau conseil duquel j'estime Vostre Majesté avoir esté bien informée, de secrètement ravir et enlever le duc d'Orléans pour le transporter en païs estrange, print une issuë, par le bénéfice de Dieu, bien autre et contraire à celle que noz ennemis eussent souhaité, lors les Guisars qui ne haissent rien plus et ne portent plus impatiemment qu'une paix et repos, ont prins nouveau conseil de se saisir de la personne du Roy ; et pour ce faire ont admis en leur conseil et entreprise, le connestable, le mareschal Sainct André, lesquels peu de jours auparavant, tansez de la Royne, s'estoyent retirez de la cour, non sans bruit et paroles pleines de ménaces ; et à fin que plus couvertement ils peussent brasser et exécuter leur entreprinse, se sont transportez secrettement en Lorraine, et vers les limites de vostre Allemaigne, pendant que par certains espions ayans communication, et exécuteurs et ministres de leurs conseils, ils sollicitoyent la noblesse françoise, à fin qu'au plus grand nombre qu'il seroit possible, avec leurs amis et familiers, ils fussent tous prests en armes à Paris, sur le commencement du printemps ; à savoir, au mois de mars, temps par eux préfix. La Royne commençant à descouvrir telles menées et prattique (à laquelle vous sçavez le gouvernement de ce royaume, jusques à ce que le Roy seroit parvenu en aage, par le consentement des princes de tous estats, et des parlemens, avoir esté defféré), promptement leur mande venir en cour les armes posées, avec honneste et moyen train, leur commandant cela de son authorité, mesmes à peine d'estre déclairez rébelles : mais eux, tous mandemens mesprisez et mis au néant, ont pris leur chemin droit à Fontainebleau, maison, comme j'estime que sçavez, seulement de plaisir, et pour la chasse, sans aucune forteresse, avec toutes leurs forces, et se sont emparez en telle sorte du Roy, de la Royne sa mère, et du duc d'Orléans, que le Roy enfant de bonne nature et grande espérance, tesmoignoit non seulement par paroles, mais aussi avec abondance de larmes, extrême dueil et tristesse ; et souventesfois s'escriant, déploroit sa condition par telles paroles : Pourquoy ne me laissez-vous ? Pour quelle raison me voy-je circuy et environné de gens armez? Pourquoy contre ma volonté me tirez-vous du lieu où je prenoye mon plaisir? Pourquoy deschirez-vous ainsi mon Estat en ce mien aage? Mais la Royne, après avoir par plusieurs paroles, et assez courageusement résisté à leurs efforts, et tesmoigné violence et injure luy estre faite, n'a eu d'eux autre response que ceste-cy : Ou il faut que venez avec nous, ou nous emmenerons le Roy sans vous; lesquelles paroles, invincible césar, s'il semble avoir esté proférées par ceux qui seroyent libres, et non plus-tost par ceux qui contre leur gré, et estant captifs, seroyent enlevez par force, nous ne contredisons point que nous qui nous sommes alliez et associez, pour esteindre ce feu commun à toute la patrie, ne soyons estimez pour séditieux et perturbateurs du repos et tranquilité publique ; mais si elles démonstrent apertement ceste indigne et inhumaine captivité, de laquelle j'appelle Dieu et les hommes à tesmoings, et fait cognoistre ouvertement nostre Roy très-chrestien, contre son vueil et ses efforts, estre tombé ès mains cruelles et violentes, je vous supplie, que si vous requerez quelque fidélité et obéissance à l'endroit de vos subjets, pour la conservation de Vostre Majesté Impérialle ; et nous la rendons telle à nostre très-bénin et souverain seigneur; vous estimez ceste notre affection ou plustost piété, digne de quelque faveur vostre, et ne permettez que à l'advenir on puisse dire et réciter, que sous l'empire de césar Ferdinand, on ayt entreprins et attenté contre la Majesté de nostre Roy un tel et si audacieux forfait, avec impunité ; et ne voulons pour le présent dire autre chose, ny présager plus sinistrement à la couronne de France; mais retorquons un détestable présage sur la teste de ceux desquels ceste trop ardente convoitise et avidité de régner, non seulement ennuieuse, mais aussi entièrement intollérable à toute la noblesse françoyse, doit à bon droit estre haye et réputée abominable de tous roys et princes estrangers, pour l'infamie d'un tel exemple. Et pour ce que nous déclarons un peu plus exactement dans ce livre que nous envoyons à Vostre Majesté, avec ce pacquet, les causes qui m'ont induit avec mes bons amis et oncles l'admiral et d'Andelot, et autres plusieurs princes et seigneurs de ce royaume, à prendre les armes, je supplie Vostre Majesté ne trouver ennuyeuse la lecture d'iceluy, et selon vostre sagesse poiser et balancer chacune d'icelles selon son pois; afin que si (comme nous espérons) elles vous semblent assez justes et graves, pour entreprendre une saincte et juste guerre contre les autheurs et compagnons de ceste conspiration, que maintenant que l'aage du Roy le requiert, le temps en demande, vous monstrez par effect vostre affection à l'endroit de luy, de la Royne sa mère, du duc d'Orléans, et finallement à l'endroit de la couronne de France, pour l'asseurer en la maison de Vallois : ce que faisant, vous ferez chose digne de Vostre Majesté Impériale, et de la très-célèbre illustre famille d'Austriche, par un tant singulier et immortel bien et faveur. Adieu invincible césar Ferdinand, empereur très-puissant. Le Dieu Tout-puissant par sa singulière et unique bonté, vueille embrasser Vostre Majesté. A Orléans, ce 20 apvril 1562.

Lettre du seigneur comte Palatin à monseigneur le prince de Condé.

Monsieur mon cousin. Ce présent porteur m'a rendu fidèlement conte de vos nouvelles, et de tout ce que l'aviez encharge ; et m'a informé assez amplement de l'estat de France, pour le faict de la religion. Il me desplaist grandement que ceux desquels nous espérions beaucoup de par deça, se soyent ainsi esbranlez; mais le seigneur Dieu vivant auquel seul appartient l'honneur et la gloire de cest œuvre excellent qui est advenu en France, sçaura bien luy seul parachever ce que tant heureusement il y a commencé ; et le prie, que de plus en plus il se veuille servir de vous en ce sainct œuvre, et vous donner toute force et constance contre toutes factions et menées des adversaires; et pource qu'en bonne conscience, on peut user des moyens qu'il nous donne, j'ay trouvé bon (selon vostre advis) que ce porteur se transporte vers le duc de Wirtemberg, puis au lantgrave de Hesse. Pour ce faire, je leur ay escrit, et prié d'avoir en ceste cause commune, souvenance de vous et de tous les fidèles de France. Il vous sçaura bien réciter la response qu'ils luy ont faite, et ce que vous pouvez espérer d'eux, touchant les deux principaux poincts de vostre demande ; auquel aussi je me remettray entièrement, pour vous discourir bien à plein tout ce que je luy ay communiqué ; vous priant de l'escouter et croire, et estimer qu'il n'y en a point en Allemagne, qui de meilleure volonté désire l'advancement de l'Évangile en France, et la protection et asseurance de vostre personne, avec la paix et tranquillité des églises reformées en France : qui sera l'endroit, Monsieur mon bon cousin, ou après vous avoir présenté mes bien affectueuses recommandations, je prieray ce grand Dieu de vous conserver et fortifier de plus en plus, et vous maintenir en sa grace et faveur. De Heyldeberg, ce 20° jour d'avril 1562.

Vostre bon et affectionné cousin,
FRÉDÉRIC COMTE PALATIN, PRINCE ÉLECTEUR.

Lettre de la cour de parlement de Paris, à monsieur le prince de Condé, sur sa déclaration et protestation à elle envoyée.

Ce jourd'huy 21 avril, j'ay dict à la court, les chambres du plaidoyé et conseil assemblées, avecques tous messieurs les six présidens d'icelle court, que huict jours a, la Royne, présent le roy de Navarre, me (M. Du Tillet) commanda dresser response ou nom de ladicte court, aux lettres et déclaration à elle envoyées par monsieur le prince de Condé; et me deffendit qu'elle ne feust envoyée, sans qu'elle eust esté veuë au conseil du Roy, parce qu'elle concerne son estat, non la justice : obéissant auquel commandement, dès l'après-disnée je minuttay une lettre de ladicte court audict sieur prince, laquelle le lendemain matin je monstray à messieurs les présidens de Saint André, Baillet et de Thou, lesquelz furent d'advis qu'elle feust en quelques termes et endroictz adoulcye; au moiens dequoy, suivant leur intention, j'en dressay une autre, et les baillay toutes deux le soir au sieur de l'Aubespine, secrétaire d'estat et des finances du Roy, pour les faire veoir à ladicte dame, ausdictz roy de Navarre, et conseil. Sabmedy dernier après disner, il les me renvoya par ung de ses clercs, et me manda qu'ilz avoient choisy la première et plus grande, au marge de laquelle il avoit escript de sa main ce mot, *Bonne*, et qu'ilz vouloient que ladicte court l'envoyast par ung huissier exprès, qui feist procès-verbal de son voyage. Le soir dudict sabmedy, j'allay devers ledict sieur de l'Aubespine, qui me le confirma; et le lendemain, ainsi que ladicte dame alloit à vespres, je luy en parlay, et elle m'en commanda autant. Sur ce, mondict sieur le président de Sainct André a récité que les dictz sieur présidens Baillet, de Thou et luy, mercredy dernier au matin, avoient entendu de moy la charge que j'avoys, oy la lecture de la première minutte, et leur avoit semblé qu'il estoit meilleur la changer en quelques motz et endroitz; et les dictes deux minuttes leuës, la matière mise en délibération, a esté ordonné que la première, laquelle le conseil du Roy a choisie, sera despeschée; et pour le porter en diligence audict sieur prince, Jehan Acarie, huissier de ladicte court, a esté commis; auquel j'ay baillé le pacquet; et de ladicte lettre la teneur ensuyt :

« Nostre très-honnoré seigneur, humblement à vostre bonne grace nous recommandons.

« Nostre très-honnoré seigneur. Nous avons receu la lettre qu'il vous a pleu nous escrire de l'onziesme de ce mois, avec vostre déclaration et protestation dattée du jour précédent, laquelle n'avons peu ouyr lire sans grande douleur, parce que vous estes prince du sang, et maison de France la plus ancienne et éminente de toutes celles qui portent couronne en toute la terre; et ne faisons doute que vostre bon naturel n'y convienne, s'il n'estoit forcé et destourné de mauvais conseil, comme il advient quelquefois aux bons princes; et combien que nostre charge ne soit que d'administrer la justice souveraine du Roy, puisque nous avez fait entendre vos plaintes, ne voulons faillir de vous respondre en liberté par vérité, selon le devoir et dignité de ceste cour, afin que cognoissiez quel respect et affection elle vous porte, pour le grand lieu que vous tenez.

« Nostre très-honnoré seigneur, nous voyons que vos dites plaintes sont fondées sur deux poincts : le principal est que l'on vous a rapporté que les Roy et Roine sont en captivité, et plusieurs du conseil intimidez. Nous vous supplions n'adjouster plus foy à tels mauvais rapports, qui tant plus seront publiez, tant moins seront creus; puisque non seulement les subjets du Roy, mais tous ses voisins, sçavent que le roy de Navarre vostre frère aisné, tant vertueux et sage, qu'il a tant par évidence monstré l'amour et obéissance qu'il porte aux magistrats, et à la conservation de ce royaume, est avec elle, ne permettroit qu'il leur fust fait tort tant petit fust-il, estant oncle et lieutenant général, représentant la personne dudit seigneur en tous les pays de son obéissance, a le moyen d'y résister, quiconque fust si osé de l'entreprendre; et que monsieur le cardinal de Bourbon vostre autre frère l'accompagne, très-prudent, et non moins affectionné à la couronne que vous, duquel ils adjousteroyent les forces aux leurs, s'il en estoit besoin : et qu'ils sont très-contens du gouvernement, vous désirent uni avec eux et les autres princes et seigneurs dudit conseil, vous doit estre preuve certaine de la malice desdits rapports, lesquels si les magnanimité et fidélité desdits roy de Navarre, et mondit seigneur cardinal de Bourbon, n'estoyent cogneuës, les offenseroyent : car ce seroit blasme infini d'endurer que Leurs dites Majestez ne feussent en leur liberté accoustumée, et qui leur appartient. S'il vous plaist y penser, tels rapporteurs vous font tort, comme à eux, puis qu'estes frères : et par vostre protestation, faites déclaration et requeste fraternelle audit roy de Navarre : adjoustez-y l'effect, vous ne sauriez mieux faire, et ne trouver meilleur conseil que le leur.

« Aussi nous voulons bien vous aviser que n'avons publié la déclaration de la liberté desdites Majestez, le 8 de ce mois, sans avoir veu et sçeu la vérité, afin que ladite déclaration ne soit mesprisée; et désirons que chacun entende qu'en nous n'y a crainte d'aucun, ne regard qu'aux dites Majestez, quand il est question de leur service, pour lequel, comme nous devons, seront tousjours prests d'exposer nos vies et nos biens. Y a plus, que lesdites Majestez sont toutes obéies en ce dit royaume, et bien vouluës hors iceluy, qu'elles n'auront jamais faute de forces à soy maintenir. Pource, nostre très-honnoré seigneur, rejettez lesdits rapports. Voyans davantage qu'en vostre dite déclaration, aucuns de nous sont touchez ès conseils tenus en ceste ville, lesdites Majestez absentes ; pour oster tout soupçon, nous vous affermons que nul de nous y est allé sans avoir esté mandé par mondit seigneur le cardinal, lieutenant général du Roy en icelle, ou par l'édit du roy de Navarre, le jour de Pasques fleuries ; et n'y a veu traicter autres choses que le service desdictes Majestez.

« Nostre très-honnoré seigneur. Le second poinct de vosdites plaintes touche la division de la religion ; et le trouvons plus estrange que le premier, auquel pouvez estre mal adverty. Pour cestuy-cy, vous sçavez que les édicts faits de ce règne, quant à ladicte religion, n'ont eu autre but ou intention que pour contenir les subjets du Roy, et éviter séditions durans les jeunes ans de Sa Majesté : pource, ont tous esté provisionnaux, à fin qu'on les peust changer, si par l'expérience estoit expédient. Celuy de juillet dernier arresté en très-grande et honorable assemblée où vous estiez, a aussi-tost esté rompu que publié, et toutesfois on n'a prins les armes pour le maintenir. Celuy de janvier a depuis esté fait : craignans qu'au lieu de repos il apportast plus grand trouble, nous fismes quelque temps des difficiles à le passer, nos remonstrances manifestans nos intentions et motifs. Après, sur l'asseurance qu'on nous donna de la tranquilité publique, nous le publiasmes ; et ne l'eussions autrement fait. En celle espérance, le 14 de cedit mois, vérifiasmes la déclaration conforme, fors en l'exception de ceste ville capitale ; et n'est sans cause qu'elle en a esté excluse, parce que la sédition que l'on a veu, n'y pouvoit estre empeschée, et y estoit plus dangereuse qu'ailleurs. La fin desdits édicts n'a esté pour innover la religion en cedit royaume, ains comme dit est, pour appaiser les subjets, et les faire vivre en paix. S'il y a eu désobéissance au dernier, comme il y a eu au premier, la conservation ou changement de loix du Roy luy appartient, non aux subjets de leur authorité, et par armes : ce que ne pouvons vous dissimuler, nostre très-honoré seigneur, ayans leu en vostre dite déclaration, que vous exposerez vostre vie et celle de 50 mil hommes de pareille volonté à vous : s'il vous plaist, ferez vostre profit de nostre remonstrance, et regarderez que l'honneur que vous avez d'estre du sang et maison du Roy, vous oblige, plus que ceux qui ne sont de ce rang, à conserver les couronne et Estat. Si par vostre faute il est troublé, les coulpe et blasmes en seront plus grans. Vous avez aperceu que nous avons gardé et déclaré vostre innocence : mais vous admonnestons user de sage conseil, et vostre droit ne faire vostre tort. Meilleur tesmoignage ne pouvez avoir de la bonne volonté à vous faire service que chascun de nous vous porte, et continuerons tant que ferez office de bon parent, subjet et serviteur du Roy et de la Royne. Les autres choses contenues en vostre dite déclaration ne dépendent de nostre charge, mais de Leurs Majestez, ausquelles en avez autant envoyé qu'à nous : parquoy nous vous remettons à ce qu'il leur plaira vous en mander ; et n'adjousterons sinon qu'ayans entendu du faict de Vassy, la cognoissance nous est renvoyée : quand nous aurons les pièces, nous chercherons la vérité, et ferons justice, sans acception de personne, de ce faict, et tous autres qui viendront devant nous, selon nos devoir et coustume.

« Nostre très-honnoré seigneur, nous prions le Créateur qu'il vous donne très-bonne vie et longue. Escrit à Paris en parlement, sous le signet d'iceluy, le 21ᵉ jour d'avril 1562, après Pasques.

« Les gens tenans le parlement du Roy, bien vostres, « DU TILLET. »

Arrêt du parlement de Paris, qui nomme deux conseillers commissaires, pour informer de la sédition arrivée dans la ville de Sens.

Ce jour 21 avril, après avoir oy maistre Yves Rubey, conseiller du Roy, et maistre des requestes ordinaires de son hostel, qui a dict avoir eu charge au conseil privé dudict seigneur, de dire à ladicte court qu'elle eust à depputer promptement deux des conseillers d'icelle, pour aller informer en la ville de Sens des excès et séditions advenuz naguères en ladicte ville ; et la matière mise en délibération, ont esté commis maistre Nicollas Favier et Gabriel Myron, conseillers en icelle court.

Seconde déclaration de monsieur le prince de Condé, pour faire cognoistre les autheurs des troubles qui sont aujourd'huy en ce royaume, et le devoir en quoy il s'est mis et se met encores à présent, pour les pacifier.

M. D. LXII.

Combien que monsieur le prince de Condé ait assez démonstré par plusieurs bons effects, non seulement le grand zèle et dévotion qu'il a au service du Roy et de la Royne, et l'entière obéissance qu'il porte à Leurs Majestez, mais aussi la singulière affection qu'il a au bien et repos de ce royaume, en ce mesmement que puis naguères il a différé jusques à l'extrêmité et nécessité de prendre les armes, pour s'opposer à la violence de ceulx lesquels estans encores pleins de sang et de menaces, et ayans mandé et assemblé des gens de toutes parts, s'estoyent armez contre la défense de Leurs Majestez, et estoyent entrez avec leurs forces à Paris, où lors ledict seigneur prince estoit, encores qu'il eust esté long-temps auparavant bien adverti de leurs desseins et entreprinses : et par après, sans avoir aucun esgard ny au degré qu'il tient en ce royaume, ny à ce qu'il n'avoit pas pris les armes le premier, au simple mandement de la Royne est le premier sorti de Paris avec sa compagnie, pour s'en aller en sa maison, en intention de renvoyer incontinent tous les siens; espérant que les dessusdicts feroyent le semblable; lesquels au contraire sont démourez quelques jours audict Paris, à se renforcer : et après y avoir faict plusieurs actes de souveraineté, sont allez trouver Leursdictes Majestez avec leurs armes et forces, desquelles ils les tiennent encores environnez, et réduicts en captivité de leurs personnes et volontez; et néantmoins ledict seigneur prince n'ayant rien en plus grande récommendation que la tranquillité publique, s'est tousjours voulu soubmettre à telles et si raisonnables conditions de poser les armes, (qu'il a esté contraint de prendre avec si justes et nécessaires occasions) que tous ceux-mesmes que les dessusdicts ont faict despescher vers luy de la part du Roy et de la Royne, ont tousjours dict que ceux qui refuseroyent lesdictes conditions, se mettroyent en leur tort; desquelles ledict seigneur prince ne faict à présent autre mention ni redite, parce qu'elles sont portées par sa première déclaration. Mais craignant que ses raisons et les responses que (depuis avoir offert lesdites conditions) il a faictes, sur ce qui luy a esté mandé et remonstré de la part de la Royne, à l'appétit des dessusdicts, n'ayent pas esté fidélement raportées à Sa Majesté, ou que ceux qui ont la force auprès d'elle, usans de leurs artifices accoustumez (pour faire entendre que la raison est aussi pour eux), ne les luy ayent desguisées, afin de tousjours nourrir et entretenir ce trouble, préférans leurs passions particulières à la conservation et repos de cest Estat; ledict seigneur prince n'a voulu faillir de les faire rédiger par escrit, pour estre au vray entenduës de Leursdictes Majestez, publiées par toute la chrestienté, et congneuës de tous les princes, potentats, alliez, amis et confédérez de ceste couronne, et de toutes les cours des parlemens de ce royaume; lesquelles ledict seigneur prince requiert, et mesme la cour de parlement de Paris (à laquelle il a naguères envoyé sa première déclaration, de vouloir icelle faire enregistrer, ensemble ceste seconde,) afin qu'il puisse cy-après rendre plus certain et perpétuel tesmoignage de ses présentes actions à son prince, quand il aura attaint l'aage de juger du service ou de la faute qu'on luy aura faicte durant sa minorité; s'asseurant tant ledict seigneur prince de l'intégrité d'une si rare et notable compagnie, et tant réputée par tout le monde, qu'elle examinera et pésera toutes choses avec la balance de justice, et avec toute raison et équité, sans incliner à aucune passion ny affection de particuliers.

En premier lieu, on ne peut ny doit imputer audict seigneur prince, ny d'avoir commencé le trouble qui se voit aujourd'huy en ce royaume, ny d'estre cause de le continuer et entretenir; veu qu'il est certain qu'il n'a pas commencé de prendre les armes, et quand il les a prises après ceux qui s'estoyent armez contre la volonté du Roy et de la Royne, il en a eu juste occasion, luy appartenant de droict naturel de garder à son pouvoir le Roy, les subjects de Sa Majesté, et soy-mesmes, de violence; veu aussi que depuis il s'est tousjours soubmis de les poser soubs conditions raisonnables, et ne tendans qu'à une bonne et paisible seureté de part et d'autre, et à la liberté du Roy et de la Royne qui peuvent par-là assez évidemment congnoistre que ceux-là en sont la cause, qui rejectent lesdictes conditions, et lesquels n'ayans peu endurer que la Royne continuast de gouverner sans force et violence (en contenant un chacun en paix, et regardant songneusement d'acquiter les debtes du Roy son fils), se sont armez, sont venus à la cour, et entrez au logis du Roy avec leurs forces, contre sa deffence, pour disposer de ce royaume à leur plaisir; ont faict des carnages des subjects de Sa Majesté, qui vivoyent soubs la permission de ses édits; et par conséquent, ont mis toute la France en trouble, lorsqu'elle commençoit à jouir d'un bon repos, mesmes pour le regard de la religion chrestienne, chacune des deux parties estimant avoir de quoy se contenter.

Et (sans s'arrester seulement à ce qu'on voit à présent) si on veut entrer un peu plus avant, et mettre en considération l'humeur et les déportemens passez d'un chacun, et regarder de plus loing qui sont ceux qui ont cy-devant suscité et entretenu les troubles en ce royaume, on trouvera que ceux qui ont naguères commencé de prendre les armes, et esmeu ceste guerre civile, ont presque dès leur naissance conjuré de troubler la tranquillité de cedict royaume, et le repos dont ils sont ennemis, parce qu'il est contraire à leurs desseins, et couppe le chemin à leur ambition, qui ne leur semble jamais estre assez ouvert n'y bien préparé ; sinon quand il y a des occasions de remuëment et entreprises nouvelles. Et sans, sur ce propos, faire mention du jugement que fit d'eux un si grand roy et de tel entendement comme François premier estoit, n'y de plusieurs estranges particularitez de leurs actions ; chacun sçait que ceux-là mesme, ne pouvans endurer le bien d'un repos public, furent cause de rompre la trefve si honnorable et avantageuse, qui avoit esté faicte entre le feu roy Henry et l'empereur Charles et le Roy Catholic (dequoy non seulement nous ressentons encores, mais toute la postérité se ressentira), mettans par ce moyen toute l'Europe en trouble et confusion, et toute la France en ruine, pour parvenir à leurs fins et intentions assez cognuës ; et que depuis qu'ils eurent embrassé le maniement des affaires et finances, après la journée de Sainct Laurens, et plusieurs désastres sur désastres advenus à cause de ladicte rupture, ils commencèrent incontinent à mettre les troubles en cedict royaume ; de sorte que le feu roy Henry ne pouvant plus supporter auprès de luy de si violens esprits, avoit délibéré de les envoyer en leur maison, si la mort ne l'eust prévenu. Par après, durant le règne du roy François second, ayans ces gouverneurs estrangers usurpé, contre tout droict, et mesmes contre les loix et coustumes de France, l'entier gouvernement, ce pauvre royaume n'a-il pas toujours esté en trouble et en armes ? N'ont-ils pas à la veuë d'un chacun essayé d'acharner ce jeune Roy sur ses propres subjects, qui estoit autrement bon et vertueux, et duquel ils ont fait ce qu'ils ont peu, pour souiller la mémoire et chronicque, par leurs cruautez ? Ne l'ont-ils pas fait armer et tenir camp au milieu de son royaume, contre les siens, avec une telle et si espouvantable face de misère et tristesse par tout cedict royaume, que chacun a horreur d'en parler et le ramentevoir ? Et (pour achever leur tragédie) n'a l'on pas veu par la mort dudict roy François, leur violent gouvernement estant cessé, la Royne et roy de Navarre, ayans une bonne union et correspondence ensemble, avoir gouverné tout cest Estat environ treize mois, paisiblement, avec toute douceur et justice, jusques à ce que leur ambition (qui ne leur permettra jamais de se contenir et vivre en repos) les a resveillez et poussez eux et leurs bons agens et ministres, à troubler ciel et terre (comme chacun voit) au très-grand regret dudict seigneur prince, qui ne doute point que toutes personnes de bon et sain jugement, ne cognoissent bien ceux qui sont cause d'avoir commencé, entretenu et continué de troubler ce royaume : dont on ne peut sans calomnie charger ceux qui ont tousjours démonstré par effect n'avoir jamais suivy ne recerché tels moyens, et aussi peu les honneurs et richesses, qu'au contraire ils ont pourchassé par les belles voyes que lon a veu.

Secondement. Tant s'en faut qu'on doive trouver estrange si ledict seigneur prince regarde à besongner seurement en ce faict, avec tous ceux qui tiennent aujourd'huy le Roy et la Royne en leur puissance, que plustost l'on luy devroit imputer à grande faute, s'il en usoit autrement, et qu'il s'oubliast tant que de se mettre à leur mercy ; veu la trop estrange façon dont il a esté traité par eux par le passé, quand ils ont pris l'authorité de commander en ce royaume ; aussi qu'il est certain que leur dessein ne tend à autre fin qu'à l'entière ruine de la plus grand'part de la noblesse, et de tous ceux des autres Estats qui font profession de la religion réformée, et principalement dudict seigneur prince et de toute sa compagnie : ce qui se peut évidemment tesmoigner par la bouche mesme des sieurs de Guyse, et conestable, et par les propos qu'ils ont tenus en pleine cour de parlement à Paris, usans de ces termes : qu'il faut commencer par Paris, et que par après on reiglera bien le reste, et fera-on en sorte que l'on cognoistra dequelle religion est un chacun, et principalement ceux qui ont charge ; et que la principale intention du Roy est de départir la compagnie qui est à Orléans, et que puis après il n'aura pas les mains liées. Or puisqu'il a esté en la puissance d'aucuns, par leurs affections particulières, de rompre un édict si solennellement fait comme est celui du mois de janvier dernier, avec lequel tout ce royaume s'en alloit en repos ; et qu'en outre ce qui avoit esté résolu l'onzième jour de ce mois en plein conseil (qui estoit de faire publier l'édict dessusdict sans l'exception et restriction de Paris et de la banlieuë), le jour ensuivant, par leurs praticques et par l'authorité qu'ils entreprennent, a esté rompu et violé, et ladicte restriction passée par après en la cour de parlement, on cognoist par cela clairement comme la Royne est obéye, combien elle a de puissance, et que leurs volontez, passions et affections particulières, sont par-dessus sa volonté et la détermination du conseil ; et est pareillement aisé à juger par leursdicts propos, et par toutes leurs actions, qu'aussi-tost qu'ils pourront, ils voudront faire observer par tout ce royaume ce qu'ils font pour le regard de Paris et de la banlieuë ; et que par conséquent, il n'y a point de fiance ny asseurance aux lettres de leur édict qu'ils ont naguères fait publier ; tesmoin le cry qui depuis a esté fait par les carrefours de la ville de Paris, le vingtiesme de cedict mois, afin de convoquer tous les gentils-hommes de ce royaume, pour combattre et punir les séditieux et nouveaux chrestiens ; et n'y a point d'apparence d'alléguer que le peuple dudict Paris ne pourroit jamais endurer l'édict du mois de janvier, ne s'y soubmettre : car on a veu que par l'espace d'environ trois mois, monsieur le prince de la Roche-sur-Yon, et depuis monsieur le mareschal de Montmorency, avec dix ou douze harquebuziers, ont tellement contenu ledict peuple, qu'il n'estoit nouvelles de se quéreller les uns les autres : ce qui a duré paisiblement jusques à la venuë dudit sieur de Guyse à Paris. Surquoy il est bien à noter, qu'ayant esté sur la fin ledict sieur mareschal renforcé de quelques gens de pied et de cheval, pour empescher des monopoles qu'on voyoit se dresser de jour à autre, pour esmouvoir le peuple, il fut remonstré par le prévost des marchans et par ceux de la ville qu'il n'estoit besoin d'y tenir une telle force, qui ne serviroit que d'incommoder le peuple ; et qu'il estoit aisé sans cela, de le faire vivre paisiblement ; et, néantmoins, après la venuë dudict sieur de Guyse, ledict peuple a si-tost changé d'humeur, et a esté si malaisé de le contenir (ainsi qu'ils veulent faire croire), qu'il a esté besoin de lever le nombre d'enseignes de gens de pied que chacun a veu, premier qu'en parler à la Royne, contre sa volonté. Au reste, ledict seigneur prince cognoist bien que c'est une œuvre de Dieu, que lesdits sieurs de Guyse et conestable n'ayent peu dissimuler leur dessein publicquement et en si grande compagnie, et qu'ils ont dit davantage qu'ils ne pensoyent : chose qui est pour confirmer ce que leurs plus familiers et domestiques serviteurs disent ordinairement, et ce qu'on voit par infinies lettres qui ont esté surprises, qu'on ne demande qu'à dissoudre la compagnie qui est à Orléans, pour puis après faire l'exécution (tant sur les grands que sur les petits) que de long temps ils ont projectée. Dequoy font assez de foy les saccagemens et cruautez qui naguères ont esté commises à Paris, tant en présence dudict conestable, que soubs son authorité privée, et qui tous les jours se commettent en divers lieux contre ceux de la religion réformée ; et mesmement l'horrible et détestable massacre faict à Sens, archevesché appartenant au cardinal de Guyse, qui ne fust advenu sans leur nouvelle entreprise, et l'exemple et adveu qu'ils en ont donné. De quoy et de toutes autres désolations et calamités qui ménacent la France, la faute n'en doit estre attribuée qu'à eux seuls.

Et quant à ce que la Royne mande audit seigneur prince, de se désarmer soubs sa fiance et parolle, et s'en venir à la cour, où il sera bien receu, et qu'elle luy fera bailler toutes telles seuretez par escript qu'il voudra ; ledict seigneur prince n'a autre désir que d'obéir à la volonté de ladicte dame, et voir chacun vivre en repos ; mais il entend bien que ces despesches-là et toutes choses se font aujourd'huy à l'appétit des dessusdicts ; et ne voit point au reste que Sa Majesté, quelque bonne volonté qu'elle en ait, luy puisse bailler aucune seureté, pendant qu'elle sera en la puissance des dessusdicts, et qu'ils seront autour du Roy et d'elle ; car quel moyen a-elle de leur résister, ny à tout ce qu'ils voudront entreprendre, estant environnée de leurs armes et forces, qu'ils ont eux-mesmes levées et assemblées, et qu'ils ont bien osé amener jusques en la maison et chambre du Roy, contre sa volonté et défense expresse? Aussi peu de seureté y a-il de dire que le Roi de Navarre (lequel ledict seigneur prince et tous ceux de sa compagnie recognoissent après le Roy et la Royne) tiendra seul la force, comme lieutenant général du Roy ; atendu mesmement la façon dont ils entreprennent de le posséder, et abuser de sa bonté : joinct qu'il n'y a poinct de doute que leurs gens et les forces qu'ils ont assemblées, ne soyent à leur dévotion (en quelque autre main qu'elles puissent estre) et qu'elles n'obéissent à leurs volontez et intentions, et qu'ils ne s'en puissent ayder contre le vouloir de la Royne et du Roy de Navarre, et contre eux-mesmes, quand ils voudront ; comme ils ont assez faict cognoistre par le passé ce qu'ils sçavent faire, à ladicte dame, et mesmes audit seigneur Roy, quand ils ont eu la force, le commandement et le moyen de nuire, entre leurs mains, desquelles (s'il leur plaist s'en laisser souvenir) ils trouveront que la seule bonté de Dieu les a préservez. Bref, ledict seigneur prince ne peut voir avec raison autre seureté, que leur retraicte de la cour et la première et pleine liberté de la Royne ; et s'asseure bien que toutes les fois qu'il restera en ceste saison (et mesmes en temps d'une si universelle paix) autres forces en ce royaume que la garde ordinaire du Roy, et celles des places frontières, qui est accoustumée, ce ne pourra estre (veu leurs déportemens et conseils assez descouverts) que pour faire quelque exécution par force et violence; et ne doute point, puisqu'ils ont bien osé assembler lesdites forces de telle façon, qu'ils ne craindront non plus de les employer pour mectre à fin ce qu'ils ont résolu : qui fait que ceux qui ont à se garder de telles surprises, ne croyent pas aisément aux parolles, si ce n'est d'autant que les effets s'en ensuyvent, qui sont évidemment contraires : car il appert que les dessusdicts font toutes les démonstrations d'animosité et d'ostilité dont ils se peuvent adviser, contre ledict seigneur prince, et contre ceux de sa compagnie; lesquels ils publient partout le monde pour rébelles et ennemis du Roy; ils font pourvoir à leurs estats; ils ne les ménacent de moins que de la vie; ils font sémer plusieurs faux bruits et calomnies contre les actions dudict seigneur prince; ils font davantage faire levées de gens de pied, dedans et dehors le royaume, contre ce qui a esté respondu et accordé aux estats. Ils font pratiques avec les ambassadeurs et avec les estrangers, partie soubs le nom et authorité du Roy et de la Royne, et partie sans le sçeu de leu s Majestez. Ils ne font point de difficulté de faire armer le Roy contre ceux de ses subjects desquels il estoit, auparavant leur belle entreprise et arrivée, fidèlement et de bonne volonté obéy, et sera tousjours jusques au dernier soupir. Ils font, pour cest effect, entrer Sa Majesté en dépense mal-à-propos; ils trouvent bon d'employer les deniers qui estoyent destinez pour aquiter ses debtes (qui sont telles que chacun sçait), à exterminer et destruire la plus grande part de sa noblesse et de tous les autres estats; qui est comme luy faire couper à soy-mesmes les bras et les jambes, et vouloir achever de ruiner ce royaume, qui par leur beau conseil, conduicte et gouvernement, est réduict en l'estat que chacun voit; et finalement, ces sages testes de ce royaume ne se soucient point d'exposer tout cest estat en proye, estant après pour mettre dedans les estrangers, et retirer les compagnies et bons soldats des places les plus importantes; assavoir, de Calais et de Mets (sur lesquelles on ne doute point que nos voisins n'ayent l'œil de bien près), le tout pour servir à leurs passions particulières, ayans en plus grande recommandation de suyvre le cours de leur ambition, et parvenir au but de leurs desseins (à quelque pris que ce soit, fust avec la ruyne de ce royaume) que d'y faillir. Quelle seureté donques voudroit-on que ledict seigneur prince trouvast avec telles démonstrations et effects de très-mauvaises volontez et intentions?

Quant à ce qu'on remonstre audict seigneur prince, qu'il doit oublier le particulier pour le public, il luy semble que ceste remonstrance seroit mieux employée à ceux qui ayans premièrement et grandement failly, continuent si bien, qu'ils aiment mieux voir périr une grande partie de ce royaume, que (pour la couservation d'iceluy, et pour donner seureté à ceux qui ont occasion de la cercher) se départir de la cour; combien qu'il n'y a bon subject, qui n'aimast mieux s'absenter pour toute sa vie, pour rachepter un tel inconvénient, que de voir (pour estre présent) sa patrie en danger, et son Roy ennuyé. Mais pour colorer leur obstinée volonté de démourer à la cour, ils allèguent leur charge et estats, et qu'estans officiers de la couronne, on ne les peut ny doibt faire retirer d'auprès de la personne du Roy, estant en minorité. Encores ont-ils esté si insolens, qu'ils ont bien osé dire que le Roy estant mineur, n'avoit pas puissance de les en faire départir; comme si la Royne ne suppléoit pas au bas aage du Roy, et qu'il fust plus raisonnable qu'à cause de leurs estats, ils démourassent à la cour, pour désobéir et troubler l'Estat, que d'en départir, pour laisser bon exemple, authoriser le commandement du Roy, et approuver le gouvernement de la Royne : en quoy tout bon et juste fondement leur défaut; veu mesmement l'occasion et nécessité présente; car il est bien clair qu'ils n'ont pas esté eslevez aux charges pour s'y employer à leur appétit, ny pour troubler le royaume (en transgressant les édicts, s'armans non seulement sans commandement ou réquisition du Roy ny de la Royne, mais contre leur volonté, et faisant plusieurs violences) ains pour le maintenir en repos et tranquilité, comme il estoit auparavant leur venue, et devant qu'ils prinssent ainsi les armes d'eux-mesmes, abusans de leurs charges, et entreprenans plus que n'ont de tout temps fait les propres frères des roys; lesquels encores qu'ils retournassent d'une bataille, n'ont jamais osé venir à la cour, sinon désarmez. Or pour le moins, puisqu'à cause de leur arrivée et présence à la cour, ensemble de leur beaux déportemens, ils voyent avoir fait un tel remuement que d'avoir mis toute la France en trouble et combustion, et esmeu une guerre civile, et qu'au contraire une pacification et tranquillité dépend de leur retraite (d'autant que ledict seigneur prince ne voit aucun moyen pour la seureté commune ny pour la liberté du Roy et de la Royne, et que de sa part il a résolu de ne se mettre jamais à leur mercy, comme chacun jugera n'estre raisonnable), il est certain que s'ils sont bons et affectionnez officiers et serviteurs de ceste couronne, ils doivent en ce cas oublier leur particulier ; attendu que ledit seigneur prince qui n'en est pas seulement officier et serviteur, mais a cest honneur d'en estre parent et yssu de la maison et du sang, et qui pour ceste occasion a plus de droict et privilége qu'eux de demourer auprès de Sa Majesté, outre la considération de ce qu'il ne s'est pas armé le premier, et que les dessusdicts n'ont aucunement satisfait à la réquisition des estats (comme ils sont tenus premier que d'estre admis au conseil du Roy), offre toutesfois de se retirer en sa maison et gouvernement, et faire à tous les autres seigneurs et officiers de la couronne, qui sont en sa compagnie, faire le semblable ; à quoy si les dessusdicts ne condescendent, ledict seigneur prince s'asseure qu'il n'y a personne non passionnée qui ne juge que ce n'est point luy, mais eux seuls qui préfèrent leur particulier au public.

Que si ces bons officiers de la couronne ne se contentent de raison, et demandent des exemples, il faudra malgré eux qu'ils confessent ce moyen et expédient estre raisonnable et accoustumé, puisque c'est la voye qu'on sçait assez par plusieurs exemples du passé, les prédécesseurs roys avoir suyvie ; lesquels, quand il est advenu différent entre les princes leurs subjects, jusques à prendre les armes d'eux-mesmes, les ont faict poser d'une part et d'autre, et eux retirer en leurs maisons, pour après les faire venir rendre compte de leurs faicts, et ouyr leurs différens et raisons, quand ils seroyent appelez. Pour le moins, si on a délibéré de souffrir à la cour (contre toute raison et coustume) ceux qui ne sont qu'officiers de la courone, avec les forces qu'ils ont assemblées de leur authorité privée, on ne sçauroit nyer qu'on ne fist un tort évident audict seigneur prince (qui a cest honneur d'appartenir au Roy, et qui n'a pris les armes qu'après eux, non à autre fin que pour garder le Roy et la Royne et soy mesme, de violence), s'il n'avoit pareil privilége de estre à la cour avec ceux de sa compagnie, qui ont aussi bien le serment au Roy comme les autres, et lesquels il asseurera sur son honneur et sur sa vie, estre des plus fidèles et obéissans subjects et serviteurs de Sa Majesté, comme ils ont faict et feront bien encores aparoistre ; et lors estans là, ils pourront recevoir les commandemens du roy de Navarre, lieutenant général du Roy, et luy assister comme les autres ; ensemble ayder de tout leur pouvoir à maintenir la liberté et authorité du Roy et de la Royne, pour le service desquels ils sont prests d'employer corps et biens, jusques au dernier denier et dernier souspir. Que si les dessusdicts ne permettent que la Royne use de ceste équalité trop raisonnable, sans faire cognoistre qu'il y ait plus d'affection d'une part que d'autre (encores que s'il y avoit lieu d'incliner, la raison voudroit que ce fust de la part dudict seigneur, qui a cest honneur d'estre prince du sang), et que pour obvier à une si prochaine désolation, ladicte dame n'interpose, avec si juste cause, son authorité, autrement qu'elle n'a encores faict jusques icy ; l'on ne pourra pas dire qu'elle n'ait eu désir de ce faire, estant si sage et vertueuse comme elle est, et aimant tellement la grandeur du Roy son fils, et la conservation de son Estat, et sa seureté, qu'elle ne voudroit espargner personne en chose de telle importance, et qui ménace d'une si grande ruine : mais on ne doubtera point que ce ne soit la crainte qu'elle a de ceux qui tiennent leurs forces auprès d'elle, qui l'auront empeschée de faire ce qui est si nécessaire, suyvant les preuves assez suffisantes que on a que Sa Majesté est réduicte en tel estat, qu'elle délaisse de faire beaucoup de choses, et en passe d'autres contre sa volonté : tesmoin l'eslection nouvelle de ceux qui ont esté appellez au privé conseil ; lesquels on congnoist bien avoir esté choisis pour servir de nombre, et pour la tenir en subjection, soubs prétexte d'un conseil : car on sçait assez combien autrement et sans la crainte des dessusdicts, ladicte dame estoit difficile à admettre des personnes audict conseil. On sçait aussi le peu de respect que luy portent maintenant ceux qui font tous les jours des conseils à part, puis luy font passer ce qu'ils ont arresté : font des dépesches, puis les luy communiquent ; et font davantage, faire et passer à une cour de parlement ce qui leur semble bon, et qu'ils ont entrepris ; et monstrent bien y avoir plus de crédit et authorité que le Roy et la Royne n'y en ont peu avoir. Bref, qui est celuy qui ne confessera estre à présent plus que nécessaire que ladicte dame reprenne son authorité accoustumée, sans estre plus environnée de gens de guerre, et que les dessusdicts se retirent avec leurs forces, pour lever la crainte et souspeçon qu'ils ont, non sans occasion, donné à tant de gens, et pour obvier aux calamitez dont cest Estat est ménacé ; et mesmement parce que ledict seigneur prince et tous ceux de sa compagnie (qui font des meilleurs serviteurs de ceste couronne) et autres de tous estats, sont résolus une fois pour toutes, d'esprouver toute fortune, et employer leurs vies jusques à la dernière goutte de leur sang, plustost que de voir la force en ce royaume entre les mains de ceux à qui il n'appartient, qui en ont abusé par le passé avec si grande ruine des subjects du Roy, et de nouveau ont faict tels carnages et violences contre ceux de la religion que tient ledict seigneur prince, sans avoir esgard aux édicts du Roy, que pour le moins il se gardera bien, tant qu'il vivra et pourra, de se mettre en leur puissance et mercy ; dont il s'est par cy-devant trop mal trouvé?

Et pour ne laisser lieu aux calomnies et plaintes que les dessusdicts font faire contre ledict seigneur prince, et mesmes à ce qu'ils mettent en avant, que luy et ceux de sa compagnie arrestent et ouvrent les pacquets du Roy, il désire bien qu'on entende qu'il a toujours porté telle révérence à ce qui appartient à Sa Majesté, et portera toute sa vie, qu'il a dès le commencement très-expressément défendu de ne toucher aux pacquets du Roy, de la Royne ny du roy de Navarre. Il est bien vray que ce respect n'a esté gardé (comme il n'est pas raisonnable) aux lettres de plusieurs particuliers, qui ont esté arrestées et ouvertes ; par lesquelles on a veu une infinité de malédicences, calomnies, faux bruits, praticques, desseins et entreprises incroyables, contraires aux propos de seureté qu'on fait tous les jours tenir audict seigneur prince, qui ne se répent point de ce qu'il en a fait, et ne voudroit pour ceste occasion en avoir usé autrement ; ayant par là cogneu plus avant leurs mauvaises volontez.

Des brisemens d'images faits à Tours et à Bloys, ledict seigneur prince et ceux de sa compagnie, en ont receu un très-grand desplaisir ; de sorte qu'il a mandé aux officiers du Roy ausdictes villes, qu'il leur ayderoit et tiendroit la main forte pour faire chastier exemplairement ceux qui ont commis telz actes. La façon dont il s'est comporté en ceste ville d'Orléans, en rend bon et suffisant tesmoignage, les louanges que luy en donnent les ecclésiastiques, les remerciemens publiques qu'ils luy ont faits, et ceux des autres estats, pour le reglement, douceur et modération de vie, dont luy et tous ceux de sa compagnie usent, sans blasphème et sans faire rigueur, ny un seul tort ou violence à aucun, ny transgresser l'édict de janvier dernier. Encores puis naguères, s'estant trouvé quelque image brisée, il a fait mettre ceux qui s'en trouvent chargez, entre les mains de la justice, pour les punir au premier jour.

Et pour le regard de ce qu'on se plaint des villes, lesquelles les habitans mesmes gardent, et dont ils se sont saisis et asseurez, ce n'a esté en autre intention que pour faire service au Roy et à la Royne, et pour empescher que ceux qui abusent du nom et authorité de leurs Majestez, et qui les tiennent environnez de leurs armes, s'en puissent ayder et les faire servir à leurs passions particulières : car aussi-tost que ladicte dame sera en sa première liberté, ainsi qu'elle estoit il y a deux mois, elle cognoistra que lesdictes villes sont en pareille obéissance et subjection qu'elles ont toujours esté, et veulent demeurer à jamais, et ne voudroyent céder à quelzconques autres villes de ce royaume de fidélité vers leursdictes Majestez, et moins à celles qu'on sçait avoir de long-temps comploté de commencer et entretenir soubs prétexte de religion, ceste guerre civile, jusques à promettre et fournir à des particuliers argent pour cest effect.

Au demeurant, tant s'en faut que ledict seigneur prince et ceux de sa compagnie puissent mettre soubs le pied ce qui s'est passé en ce faict, et n'en parler jamais (comme on luy a remonstré qu'il faloit qu'il fist), que plustost ils veulent s'en ressouvenir à jamais, peindre en tableaux, escrire en lettres d'or, faire publier et sonner hautement par toute la chrestienté, le bon devoir de fidélité qu'ils ont rendu si à propos à leur Roy exposé en cest aage à injure et violence, pour servir d'exemple et perpétuel tesmoignage de la façon dont ledict seigneur prince et la noblesse de France se sont si promptement, en si bon nombre et si unanimement assemblez, pour la seureté et la liberté de leur prince, et pour la conservation de sa personne et de son Estat. Et ne pense point ledict seigneur prince que cy-après il se puisse jamais présenter devant luy une plus belle ny plus mémorable occasion de luy faire service, ny un plus beau et digne moyen d'acquérir un vray honneur et louange ; pour le moins, qu'il espère d'avoir la grace de Dieu et celle de son prince pour ce faict, quand il sera parvenu en aage d'en faire jugement, et de cognoistre et estimer cest acte de vraye et fidèle affection que ses subjects luy ont rendu en telle saison.

Ces choses considérées, ledict seigneur prince s'estant mis en tout devoir de pacifier ce trouble, qui ne semble tendre qu'à une manifeste ruine et subversion d'Estat, et s'estant soubmis à toutes les conditions raisonnables qu'il a peu, de poser les armes d'une part et d'autre (sans avoir esgard, sinon à la liberté du Roy et de la Royne, et à la seureté commune, laquelle il a occasion de chercher), proteste de rechef devant le Roy et la Royne, et toutes les cours de parlemens, et tous les estats de ce royaume, que des maux, calamitez et désolations qui pourront cy-après survenir, la faute en doit estre imputée à ceux qui en sont autheurs et la seule cause, et qui ont résolu de plustost troubler tout cest Estat, en demeurant à la cour et au conseil du Roy (où mesmes ils ne peuvent ny doivent à présent demeurer, n'y estre admis, suyvant la réquisition des estats, et jusques à ce qu'ils y ayent satisfaict), que s'en départant, y laisser un commun repos et tranquillité.

Requiert toutes lesdictes cours des parlemens, villes et communautez de cedict royaume, de soigneusement péser les choses susdictes, et de faire tous les bons offices qu'ils doivent et qui leur sera possible, pour le service du Roy et seureté de sa personne et de son Estat, et pour maintenir l'authorité et gouvernement de la Royne, à ce que cy-après ils puissent rendre si bon compte et suffisant tesmoignage de leurs actions en ceste présente nécessité (comme ledict seigneur prince entend faire des siennes), au Roy estant parvenu en aage de commander soy-mesmes, que Sa Majesté ait plustost occasion de les en louer, estimer et remercier, que de les blasmer de peu de devoir, ou d'avoir plus suyvi leurs passions, craint ou gratifié quelques particuliers (qui veulent à présent colorer, authoriser et faire ratiffier leurs fautes), que regardé à la conservation de son Estat.

Prie ledict seigneur prince affectueusement tous les bons et loyaux subjects de ceste couronne, de lui prester aide, faveur et assistance en une cause si juste et saincte : appellant Dieu à tesmoin, que seulement le desplaisir de voir le Roy et la Royne traictez par les dessusdicts leurs subjects, si indignement, et environnez de leurs armes et forces (tout autrement qu'il n'avoit jamais esté veu en ce royaume), et le désir de maintenir l'honneur de Dieu et le gouvernement de ladicte dame, ensemble de conserver à son pouvoir cest Estat, et la plus grand' part des bons subjects du Roy, l'a contrainct de s'opposer à leur violence : ce qui a pour le moins tellement profité jusques icy, qu'ils n'ont encores osé exercer leurs entreprises assez descouvertes, qui eussent certainement réduict Sadicte Majesté en telle extrémité et servitude que Royne ait de long-temps esté veuë, et la pluspart desdicts subjects du Roy en très-piteux estat, et grande oppression. Il louë Dieu grandement de ce qu'il a pleu à son infinie bonté et providence, luy mettre en main le moyen de leur résister jusques à présent, lequel il espère et s'asseure qu'il luy fera la grace de méner à une bonne et heureuse fin, pour son service, et pour celuy de Leursdictes Majestez. Donné à Orléans, le vingt-cinquiesme jour d'avril, l'an de Nostre-Seigneur, mil cinq cens soixante-deux. Ainsi signé.

LOYS DE BOURBON.

Lettre de monseigneur le prince de Condé, envoyée à Paris avec la seconde déclaration.

Messieurs. Si ceux qui se sont armez pour vindiquer la liberté du Roy, et conserver l'authorité de la Royne, méritent autant de louange et rémunération, comme ceux qui ont prins les armes les premiers, pour oppugner l'un, et contemner l'autre, sont dignes de condemnation et honte, il n'estoit jà besoin que je feisse plus ample justification de mon faict, que ce qui est contenu au discours que dernièrement je vous envoyay ; toutesfois, pource qu'après le Roy et la Royne, je désire singulièrement que vous soyez bien esclairciz de toutes choses, j'ay faict dresser une seconde déclaration, laquelle (comme je croy) vous satisfera par le menu, sur tous les poincts qui peuvent tomber en dispute, entre ceux qui me contraignent à traicter ce piteux argument et moy : vous priant de ne juger de mon intention que ce qui par les effects vous en sera bientost descouvert ; lesquels je rendray (Dieu aidant) conformes au langage de ma protestation ; dont encore que je soye très-certain qu'il en demeure meilleure opinion en vos jugemens, que vous ne l'avez voulu (pour plusieurs bons respectz) faire paroistre par escripture ; si veux-je bien de bon cœur vous remercier de vos honnestes lettres, desquelles j'ay pour le moins recueilly ceste espérance ; c'est, que m'exortant, comme vous faictes (selon vostre accoustumée prudence), de laisser les armes, je m'asseure que vous avez desjà faict, et ferez encores cy-après, semblable ou plus vive instance à l'endroict de ceux qui par force, et à mon grand regret, m'ont mis en ceste peine : à quoy il ne vous faut point de plus fort argument pour les esmouvoir, que l'offre que j'ay tousjours faicte et fay encore ; qui est, que se départans de la cour, messieurs de Guyse, conestable et mareschal Sainct André pour eux retirer en leurs maisons et gouvernement, et par mesme moyen restituer au Roy, à la Royne, et à monseigneur d'Orléans, leur première liberté, je feray à l'heure mesmes le semblable de moy et de tous les seigneurs et gentilzhommes de toute ma trouppe. Ceste seule condition, Messieurs, fera bien-tost voir à tout le monde, qu'il n'y a rébelles, séditieux ny désobéissans en tout ce royaume, que ceux qui en seront refusans ; et ne faut non plus de justification à ceux qui proposent si peu de chose, pour la tranquillité publique, que d'excuse à ceux qui n'en veullent ouyr parler : veu mesmement que Leurs Majestez n'ont pas si grand' faute (Dieu mercy) de bons et fidèles serviteurs en leur conseil, qu'ils ne se puissent bien passer et d'eux et de nous, jusques à ce que le Roy ait aage pour cognoistre les fautes et les services que les uns et les autres luy auront faictz durant sa minorité. Et pour ce que c'est le plus singulier et entier désir que j'aye en ce monde, je prie Dieu nous faire bien-tost voir ce temps-là ; et vous doint, Messieurs, avecques sa très-saincte et digne grace, ce que plus désirez. Escript à Orléans, ce vingt-septiesme jour d'avril, mil cinq cens soixante-deux. Et au dessoubz est escript : Vostre bien affectionné amy. Loys de Bourbon.

Arrêt du parlement de Paris, sur un second pacquet de lettres envoyé à ceste court, par le prince de Condé.

Ce jour 27 avril, les grant-chambre, du conseil et de la tournelle assemblées, pour délibérer sur le pacquet de monsieur le prince de Condé, présentement apporté par Acarie huissier ; assavoir si ledict pacquet seroit ouvert par la court, ou s'il seroit porté au Roy et à la Royne, auparavant que l'ouvrir, a esté arresté que ledict pacquet seroit ouvert, ensemble les lettres closes y estans ; ce qui a esté faict ; et les dictes lettres closes y estans ouvertes et leues, d'aultant qu'il s'est trouvé audict pacquet ung pacquet plyé non cloz, a esté arresté qu'il ne sera veu, ains porté présentement audict seigneur Roy et à la Royne, par l'un des présidenz de ladicte court, afin d'entendre sur ce leur vouloir ; et a esté pour cest effect ledict pacquet, ensemble les dictes lettres closes et la couverture d'icelluy, baillez et mis ès mains de maistre René Baillet, conseiller et président en ladicte court ; lequel à l'instant est party pour aller le tout porter au Roy, suivant ce que dessus ; et avec luy pour l'acompaigner, sont allez maistres Loys Gayant et Guillaume Viole, conseillers en ladicte court.

Procès-verbal fait par l'huissier envoyé par le parlement de Paris au prince de Condé, pour luy porter la réponse de ceste cour à la première lettre qu'il luy avoit écrite ; avec une autre pièce concernant la seconde lettre écrite par ce prince au parlement.

Ce jour 28 avril, la cour, grand'chambre du conseil et tournelle assemblées, ayant commandé à Jehan Acarie, huissier en icelle court, cy-devant envoyé porter quelque pacquet à Orléans, à messire Loys de Bourbon prince de Condé, faire son procès-verbal de diligences par luy faictes, l'a faict et signé tel qu'il s'en suict :

L'an mil cinq cens soixante-deux, le mardy vingt-uniesme jour d'avril, après Pasques, suivant l'ordonnance et injunction verballe faicte de nosseigneurs de la court de parlement, séant en la grande-chambre de ladicte court, à moy Jehan Acarie, huissier d'icelle, pour la part du pacquet de ladicte court, à monseigneur le prince de Condé, estant en la ville d'Orléans, ledict jour acompaigné de Michel Hucher, huissier en la court des aydes, suis parti en poste de la ville de Paris, garny d'un brevet de passeport, signé Dumas, controlleur général des postes, portant addresse et mandement aux postes depuis la court jusques à Orléans, ne faire faulte de me bailler trois chevaulx, pour aller pour les affaires du Roy audict Orléans ; lequel brevet, arrivant à Estampes, j'ay présenté à Symon-le-Long, poste dudict lieu, affin de me fournir chevaulx, suivant ledit mandement ; ce qu'il m'a resfusé, sinon que premièrement je luy eusse fourni mandement ou permission de monsieur de Monstreul, lequel il m'a dict estre lieutenant pour le Roy audict Estampes, et qu'il luy estoit commandé de par ledit sieur Monstreul, de faire parler à luy tous courriers passans ; au moyen de quoy, me suis en sa compaigniée transporté par devers ledict sieur Monstreul, auquel j'ay monstré le brevet cy-dessus, et icelluy supplié commander audict poste, me fournir promptement chevaulx ; à quoy il m'a dict qu'il avoit charge expresse du Roy, laquelle du jourd'huy luy avoit esté réytérée, de ne laisser passer aulcun, si ne luy monstroit mandement exprès du Roy, et qu'il failloit qu'il sceust ma charge, et veist mon pacquet : luy ay remonstré que mon pacquet estoit de ladite court, addressant audict seigneur prince, scellé du seel d'icelle court, et soubzscript de monsieur du Tillet, greffier d'icelle ; et que ayant le brevet de passeport à luy ci-dessus exhibé, il n'avoit que veoir ne cognoistre sur ledit pacquet, ne ce qui estoit des affaires d'entre ledict sieur prince et ladicte court ; le suppliant de ne riens entreprendre sur ladicte court, et de se déporter de cognoistre plus avant du contenu ou dict pacquet, pour éviter que le secret de la court ne soit divulgué, et au mescontantement qui pourroit advenir, tant de la part de ladicte court, que dudict seigneur prince, s'il en faisoit ouverture ; à quoy il a dict que ladicte charge luy estoit expresse et commandée du Roy ; et sur ce, a ouvert ledict pacquet, et d'icelluy fait lecture, puis me l'a rendu, et commandé audict poste me fournir chevaulx ; ce que ayant fait, ay continué chemin ; et le lendemain vingt-deux^{me} dudict moys, huit heures du matin, présenté ledict pacquet avecques les recommendations de la compaignie, selon qu'il m'estoit commandé, audict seigneur prince, trouvé en ladicte ville d'Orléans ; et sur la cause de l'ouverture de mon pacquet par luy demandée, luy ay dict que ledit sieur de Monstreul avoit ce fait audict Estampes, nonobstant mes remonstrances dont ledict seigneur prince me commanda faire procès-verbal, et en advertir ladicte court. Depuis ayant ledict seigneur faict lecture de la lettre estant audict pacquet, sur ma supplication de donner responce ou descharge de ladicte réception, ou s'il luy plaisoit me dire que eusse à retourner, m'a dict qu'il vouloit faire responce à ladicte court, et que ladicte court avoit délibéré sur ce qui estoit escript, et qu'il y vouloit penser de sa part, me commandant retourner vers luy le lendemain matin : ce que voulant faire entendre à ladicte court, me suis transporté par devers Jehan le Roy, manyant la poste soubz Philippes Levesque chevaulcheur, son beau-père, pour luy bailler lectres, et les faire tenir en dilligence à ladicte court ; à quoy il m'a dict, comme aussi a fait la femme dudict Levesque, qu'il n'y avoit plus de poste assise audict Orléans, et qu'elle estoit à Sainct Pere-Avy, sur le chemin de Chateaudun ; et ne se vouldroient charger de faire tenir aucun pacquetz pour les recherches, arrestz et ouvertures qui se font de tous pacquetz ; et le jeudy vingt-troisiesme en suivant, me suis retiré par devers ledit seigneur prince et monsieur l'admiral, et sieur d'Andelot, et iceux sollicitez et suppliez de ladicte responce, descharge ou congé ; leur rémonstrant que la court vacquoit samedy prochain, à cause de la feste Sainct-Marc, et que pour le debvoir, il me failloit estre à Paris demain huict heures, sur peine d'estre blasmé ; lequel seigneur prince m'a dict qu'il ne me pouvoit expédier que dedans huy pour tout le jour, et que demain matin, il me bailleroit sa responce, et vouloit qu'elle feust par moi portée à ladicte court, laquelle il advertiroit de mon séjour ; et ledict jour de lendemain vingt-quatreiesme jour dudict moys me suis addressé audict seigneur prince, lequel m'a dict avoir faict sa responce, et que dedans ce jour il me la feroit délivrer par Houllier son secrétaire ; et peu après, me suis retiré par devers ledict secrétaire Houllier, lequel m'a dict qu'il dressoit sadicte responce, et eusse à me trouver au logis dudict seigneur prince, à l'heure de troys heures, pour luy faire signer ; à laquelle heure, me suis transporté audict logis, où il m'a esté dict par ledict secrétaire, qu'il falloit attendre le retour de monsieur l'admiral, lequel estoit allé disner à deux lieuës d'Orléans, au lieu de l'Isle, et qu'il seroit au soupper dudict seigneur prince, et que je me y trouvasse à sept heures ; ce que j'ay faict, et y ayant attendu jusques à heures de dix à unze heures du soir, m'a esté dict par lesdictz seigneur prince et admiral, qu'ilz me expédiroient le lendemain matin ; et ledict lendemain vingt-cinquiesme, me suis aussi addressé ausdictz seigneurs prince et admiral, estans au conseil, et iceulx suppliez de madicte expédition, descharge ou congé, et bailler hommes pour me faire sortir hors ladicte ville ; à quoy ledict seigneur prince m'a dict qu'il falloit que demourasse jusques à la rellevée dudict jour, et qu'il me feroit bailler ma responce, et ung sien gentilhomme pour me conduire hors icelle ville ; et ledict jour de rellevée, me suis suivant que dessus, retiré par devers ledict seigneur prince, lequel sur les six heures du soir, m'a baillé sa responce et pacquet, et chargé icelluy présenter à ladicte court, avecques recommandations ; et de ce faire, demandé recepicé, et promesse signée de ma main ; ce que luy ay accordé ; et icelluy pacquet et recommandations présentez à ladicte court, le lundy vingt-septiesme jour dudict moys d'avril, environ l'heure de sept heures du matin : tesmoin mon seing manuel cy-mis, les an et jour dessusdictz.

Cedict jour, les grand'chambre, du conseil et tournele, assemblées, maistre René Baillet, président en ladicte court, a dict que de l'ordonnance d'icelle, maistres Guillaume Viole et Loys Gayant, conseillers en icelle court, et luy, furent devers le Roy et la Royne, ausquelz ilz feirent entendre le retour de l'huissier Acarie, ayant apporté la responce du pacquet envoyé à messire Loys de Bourbon, prince de Condé, et la délibération de ladicte court, du jour d'hier ; ausquelz ladicte dame Royne feyt responce que la dicte court avoit bien faict ; et à l'instant commanda à maistre Jacques Bourdin, secrétaire d'estat dudict seigneur Roy, lire les lectres dudict seigneur prince de Condé, et la seconde déclaration mentionnée ès dictes lectres ; et ce faict, ladicte dame Royne dist qu'elle avoit oy la lecture d'icelles ; mais qu'elle désireroit qu'on les laissast ès mains dudict Bourdin, pour les faire lire au conseil, et par après les renvoyroit à ladite court, pour en faire lecture céans, et a dict ledict Me René Baillet, président, que la court n'avoit oncques obmys et n'obmectroit chose qui appartienne au service de Leurs Majestez, estant ladicte court, et en général et particulier, tousjours preste à recevoir les commandemens du Roy et de ladicte dame, pour y obéyr en tout et par tout ; et sur ce ladicte dame leur a faict responce que le Roy recevoit ung grand contentement de ceste compaignie, et pourroit redemander les dessus dictz Viole et Gayant, et luy, pour leur faire entendre quelque chose de la part du Roy et de la sienne ; et hier au soir, sur les cinq heures, le dict Bourdin, secrétaire, luy renvoya par Brulard, secretaire du Roy, les dictes lectres et seconde déclaration dudict seigneur prince de Condé, qui luy feyt entendre avoir esté leües au conseil, hier après disner, où n'en fus rien résolu ; mais que la volunté du Roy et de la Royne estoit que les dictes lectres et déclaration leües en la dicte court, fussent baillées à maistre Jéhan du Tillet, prothonotaire secrétaire du Roy, greffier de la dicte court, pour les serrer soubz clef.

Ce dict jour, les grand'chambre, du conseil et tournelle assemblées, a esté leu la seconde déclaration contenuë ou pacquet de monsieur le prince de Condé, reçeu le jour d'hier ; et a esté la dicte seconde déclaration mise ès mains de maistre Jehan du Tillet, prothonotaire et sécretaire du Roy, et greffier d'icelle court, pour la garder avec la lectre missive dudict sieur prince de Condé donnée à Orléans, le vingt-cinquiesme de ce moys, suivant le commandement de la Royne.

Responses du duc de Wirtemberg, aux lettres précédentes du Roy et de la Reine mère.

Sire. J'ay receu voz lettres que m'avez envoyé par Courtelary, vostre trouchement, et par icelles entendu les troubles et divisions qui sont de présent en vostre royaulme, dequoy en suis fort esbahy et marry ; et d'aultant plus, que ne peux encores bonnement entendre quelle est la vraye cause des dictz troubles et émotions : et combien, Sire, que je ne veulx excuser personne, si est-ce que le commun bruict a couru par deçà, que combien que l'édict que avez dernièrement au moys de janvier faict publier par tout vostre royaume, permect que ung chascun puisse vivre selon sa conscience et la religion qu'il tient ; toutesfois au contraire d'icelluy, en plusieurs endroictz de vostre dict royaume, et mesmes en vostre ville capitale de Paris, sont advenu batteries, pilleries, meurtres et aultres effusions de sang, ce que peut estre cause des dictes divisions ; et me semble, Sire, à vostre bonne supportation, quand monsieur le prince de Conde, ensemble aultres princes et seigneurs de vostre ordre, et aulcungs vos subjectz, faisant pareille profession de foy, seront advertis de la déclaration qu'avez faict depuis sur ledict édict, et que vous metrés tel ordre que bonne et briefve justice soit faicte et administrée aux contrevenans dudict vostre édict et déclaration, tellement que ung chascun de quelle religion qu'il soit, selon vostre dict édict au janvier passé, puisse vivre auprès de l'aultre seurement et paisiblement, et aussi avec ce, toutes les partialitez qui peuvent estre encore entre aulcungs voz princes et aultres seigneurs, soyent du tout par bons moyens appaisez et abolis, et par ainsi réconciliez les ungs avec les aultres ; je ne fais aulcune doubte, Sire, que lesdictz princes et seigneurs monstreront non seulement plus que très-humble fidélité et obéyssance ; ains aussy, si en aulcune chose ilz vous pourront avoir offensé, vous supplieront de leur pardonner : et quant au bruict, Sire, que l'on a faict de vous et de madame la Royne vostre mère, comme si vous estiez détenus par aulcungs de voz princes, je vous advise que le bruict en est couru pour certain par-deçà ; de sorte que je suis esté fort joyeulx d'avoir entendu le contraire par vos dictes lettres : et combien, Sire, que je sçache bien que n'avez besoing d'aulcung conseil ou admonestement, si vous supplie-je bien humblement prendre en bonne part ce mien petit et simple advis. L'on trouve en toutes les anciennes histoires, et est certain que nostre bon Dieu donne et ordonne tous royaulmes et monarchies selon sa volunté ; et que par plusieursfois, pour les péchez et ingratitude, les charge. L'on tient aussi encores en fresche mémoire, que non seulement en France du temps du roy Françoys vostre grand-père, du roy Henry vostre père, et dernièrement du roy Françoys vostre frère, mais aussi en Allemaigne et Bas-Païs, Italie, Espaigne, et aultres endroicts, ceux qui ont suivy la vérité en l'Evangile que l'on appelle nouvelle doctrine, par aulcung zèle, en pensant faire service à Dieu, ilz sont esté persécutez, tellement que non seulement aulcuns milliers, mais aussi aulcungs cent mille personnes, ont pour l'amour d'icelle espandu leur sang, et enduré et souffert martirs ; laquelle persécution a esté faicte à ceste intention, pour espouvanter et distraire le monde de ladicte religion, et les réduire soubs l'obéyssance de l'Église romaine que l'on nomme Catholicque, combien que en icelle y aye plusieurs idolâtries et abuz, et par ainsi du tout abolir et exterminer la vérité du sainct Evangile ; néantmoins l'on voit de présent, et est tout clair devant nos yeulx, graces à Dieu, ce que par telle persécution l'on expédie, et que véritablement cest ung certain miracle et œuvre de Dieu, lequel en ces derniers jours, à nous ses pauvres créatures, par sa saincte miséricorde, faict luyre la lumière de son sainct Evangile, et par icelle révéler et annoncer sa saincte volunté purement et clairement ; et cela est si notoire, que nous voyons aujourd'huy que au lieu et pour ung de ceulx qui par cy-devant ont souffert et enduré martir et mort, il y en a maintenant dix qui se sont distraict de la papaulté, et adjoinct à la pure parolle de Dieu : ce que vous ay bien voulu sommairement réciter ; vous priant, Sire, encore une fois bien humblement le vouloir recepvoir d'aussi bonne part que je l'ay faict d'un vray zéle chrestien, et pour l'amour que je porte à vostre couronne ; et le prendre tellement à cueur, que ne vous vouliez persuader à vouloir mettre fin à un si grand affaire, par effusion de sang ; mais plustost par tous bons, bénings et raisonnables moyens ; et ne vous layssez esmouvoir contre voz subjectz, lesquels ne désirent aultre chose que de vivre soubz vostre obéyssance, selon la parolle de Dieu contenue ès escriptures sainctes des prophétes et apostres, au Vieuil et Nouveau Testament, les ayans en mesme protection et récommandation, que aultres voz subjectz : ce faisant, faictes œuvre aggréable à Dieu, pour laquelle en recepvrez de luy bonne récompense en ceste vie, présentement, et en l'aultre, éternellement. Au demeurant, Sire, j'ay encharge audict Courtelary, vous dire choses de ma part, comme plus amplement entendrés de luy ; que sera cause que je ne vous feray pour le présent plus longue lettre. Ainsi après m'avoir recommandé bien humblement à vostre bonne grace, je prieray le Créateur, Sire, vous maintenir en sa très-saincte et digne garde. De Tubinge, le 15 de may 1562.

Madame, j'ai reçeu vos lectres que m'avez envoyé par le Courtelary, et entendu les grandes enuys et fascheries qui sont puis le temps ençà advenus au Roy vostre fils et à vous ; dequoy suis esté fort esbahy et marry ; priant nostre bon Dieu et Père Céleste, qu'il vous veuille octroyer la grace de son Sainct-Esprit, affin que par l'invocation de son sainct nom, vous puissiez patientement endurer et porter ledict enuy et fascheries. J'ay respondu au Roy vostre filz, sur la lettre qu'il m'a escript touchant la division, comme voyrez par madicte responce.

Puis doncqs, Madame, que j'ay entendu que demeurés permanente en la confession chrestienne de la saincte doctrine de l'Évangile, je vous prie bien humblement que vous, ny mon seigneur le Roy vostre filz, ne veillez, autant que possible, entreprendre chose dommageable contre ceux qui confessent la vraye religion chrestienne, et ont abandonnez les superstitions et idolâtries du pape, ains que eux puissent vivre en paix et repos avecq les aultres, et que les transgresseurs des éditz du Roy soient chastiez selon leurs démérites.

Madame, je vous prie aussi ne prendre en male part, si je ne me puis persuader que monsieur le prince de Condé avec tant des nobles seigneurs et chevaliers de l'ordre, et aultres leurs adhérens, se soient par l'absentation de la court, mis en rébellion ou désobéyssance du Roy ; ains que plustost de ce pourroient estre causé les meurtres, pilleries, basteries et effusion de sang, qui ont esté faictes depuis peu de temps ençà, tant en la ville capitale de Paris, que en aultres endroictz et divers lieux dudict royaulme, contre l'édict qui a esté publié, et pour aulcunes affections privées. Ses choses qui sont advenuz, et entre aulcuns princes et seigneurs dudict royaulme ; ce que, Madame, sçaurez avecq l'aide de Dieu, par la grace de son Sainct-Esprit et à votre sage conseil, tellement moyenner, que les couraiges des princes seront mitigués, et aussi par ensemble réconciliez ; laquelle chose, Madame, vous redondera à éternelle loüange, et ferez en ce chose plaisante et aggréable service à Dieu, de quoy il ne fauldra vous richement remunerer : priant, Madame, recepvoir ce mien escript, procédant d'un vray zéle chrestien, en bonne part ; qui sera endroict où priéray le Roy des Roys, vous, Madame, donner vray accomplissement de ses graces et bénédictions, avecq prospérité bonne et longue vie ; me recommande humblement à vostre bonne grace. De Tubinge, ce 16 de may 1562.

Placards qui avoient esté affichez par les carrefours de la ville de Paris, par ceux de la religion réformée, le xviij jour d'avril M. D. LXII.

Les habitans Paris, qui sous la protection du Roy, suyvant son édict publié en la cour de parlement, le vj mars M. D. LXI. désirent estre maintenus ès exercices de la religion réformée selon l'Évangile, prient tous leurs concitoyens, parens, voisins, hostes et amis, qu'ils advisent de près à la ruse très-pernicieuse de quelques séditieux et ennemis du repos et du bien public ; lesquel meuz de quelques passions privées, et pour mener à fin leurs mauvaises entreprises, voulans tirer grande somme de déniers de tous les bourgeois et habitans de ladicte ville de Paris, feignent malicieusement, et veulent contre vérité donner à entendre que les fidèles de l'Église réformée (qu'ils nomment Huguenots) sont armez pour piller et saccager les maisons de ceux qui sont de religion contraire à la leur, leur ravir leurs biens, et les meurtrir et massacrer : ce qu'ils mettent en avant faussement et contre leur propre conscience, seulement pour intimider un chacun, à ce que tous, comme pour racheter leur vie et leurs biens de la main de l'ennemi, baillent sans refus l'argent que lesdits mutins veulent emprunter, pour mettre fin à ce qu'ils conspirent et couvent de longue main, sous conducteurs de plus grande authorité, contre l'Estat du royaulme et repos et tranquillité d'iceluy. A ceste cause, il est besoin que tous les citoyens de ceste ville soyent advertis de ne bailler à tels mutins leurs ennemis le moyen de continuer et exécuter leurs entreprises, en les accommodant d'argent, et remboursant ce qu'ils ont pour très-mauvaise fin presté à quelques seigneurs; attendu mesmes que ceux, lesquels on charge à tort de vouloir faire invasions, meurtres et saccagemens desdicts citoyens, peuvent protester, et de fait protestent devant Dieu, qu'ils n'ont eu et n'ont de présent intention ne vouloir mesdire ne meffaire à aucuns d'entre eux, de quelque qualité qu'ils soyent; comme de faict, il ne se trouvera ni en ceste ville, ni mesmes ès autres, où sans difficulté ceux de l'Église réformée sont les plus forts, qu'ils ayent assailli aucun, ne fait violence quelconque; ains tousjours cerché tous moyens d'éviter toutes séditions, contentions et débats, vivans avec un chacun en bonne concorde et amitié; et à ce que personne ne doubte que telle soit la volonté de tous ceux de l'Église réformée, ils publient cest escrit, pour leur servir d'acte et tesmoignage perpétuel, afin que s'il advenoit dommage et inconvénient au bien public de ladicte ville, par les menées et conspirations des mutins, les susdicts, s'ils sont contrains de se mettre en défense, soyent trouvez innocens et nets devant Dieu premièrement (auquel ils servent par Jésus-Christ) et devant le Roi nostre souverain seigneur, et tous magistrats par luy ordonnez.

Les moyens de pacifier le trouble qui est en ce royaume, envoyez à la Roine par monsieur le prince de Condé.

Ce sont les moyens qui semblent à monsieur le prince de Condé, estre nécessaires (sous l'advis et bon plaisir du Roy et de la Royne) pour pacifier le trouble qui se voit aujourd'huy en ce royaume; lesquels ces jours passez il avoit donné charge à l'abbé de Sainct Jean de Laon, de faire entendre à la Royne, qu'il a bien voulu faire mettre par escript, et signer de sa main, pour en esclaircir plus au vray Sa Majesté.

En premier lieu, ledict seigneur prince rémonstre à Leurs Majestez, qu'auparavant l'entreprise de ceux qui ont commencé à prendre les armes, et tiennent encores à présent Leursdictes Majestez environnées de leurs forces, tout ce royaume commençoit à jouir d'un bon repos, pour le regard de la religion : chacune des deux parties estimant avoir aucunement de quoy se contenter, par le moyen de l'édict qui a esté faict en janvier dernier, avecques l'advis des princes du sang, seigneurs du conseil, et de la plus notable compagnie des présidens et conseillers de toutes les cours des parlemens, esquelles mesmement depuis il a esté publié : et que sans l'observation d'iceluy, il est impossible de maintenir une tranquillité entre les subjects du Roy, comme l'on voit par l'expérience. A ceste cause, requiert ledict seigneur prince Leurs Majestez, qu'il soit observé, sans restriction ne modification aucune, jusques à la détermination d'un bon concile libre, ou jusques à ce que le Roy ait attaint l'aage de commander soy-mesme, pour lors se soubmettre à sa volonté, et recevoir son commandement (auquel ledict seigneur prince, et ceux de sa compagnie aimeroyent mieux mourir que d'avoir failli d'obéir), et où lors Sa Majesté ne trouveroit bon les laisser vivre selon la religion réformée qu'ils tiennent, pour luy demander congé en toute humilité et subjetion de se pouvoir retirer autre part.

Que les violences et outrages faits à ceux qui vivoyent sous la permission des édicts du Roy, depuis que les dessusdits ont commencé à prendre les armes, soyent réparez d'une part et d'autre, et que justice en soit faite; ensemble que tout ce qui a esté depuis ledit temps innové, soit cassé et annullé, parce que le Roy et la Roine ne pouvoyent estre en liberté de leurs personnes et volontez, ayans à l'entour d'eux des armes et forces, non seulement sans leur réquisition, mais contre leurs volontez et deffenses expresses.

Et parce que tout ainsi que l'arrivée et présence à la court en la façon susdicte, des sieurs de Guyse et des connestable et mareschal Sainct André, et la crainte et soupçon qu'ils ont donné à un chacun par leurs déportemens et transgressions des édicts du Roy, ont esté la seule cause du trouble que l'on voit aujourd'huy par toute la France; aussi ledit seigneur prince ne voit aucun autre moyen de pacification et tranquillité, que par leur retraicte; à laquelle ledit seigneur prince insiste, non pour estre meu d'aucune hayne ou passion particulière, ains seulement pour la liberté du Roy et de la Royne, pour maintenir l'authorité du gouvernement de ladite dame, et l'observation des édicts, et pour la seureté tant de luy que de ceux qui sont en sa compagnie, ensemble de tous autres qui font profession de la religion réformée, qui autrement seroyent tousjours au mesme souspeçon et danger où ils sont de présent. Et à ceste occasion, requiert ledict seigneur prince, que les dessusdits sieur de Guyse, ses frères, connestable et mareschal Sainct André, posent les armes, et se retirent en leurs maisons et gouvernemens, jusques à ce que le Roy estant hors de minorité, puisse juger qui l'aura plus fidèlement servi : s'offrant de sa part (pour obvier à ce que tels inconvéniens n'arrivent durant ledit temps) faire le semblable, et faire retirer tous ceux de sa compagnie, aussi-tost qu'il aura entendu que les dessusdits se seront mis en devoir de leur en monstrer le chemin ; sans avoir esgard au dégré qu'il tient en ce royaume ; ayant si grand désir de le voir en repos et hors de trouble, qu'il préférera tousjours la conservation d'iceluy, à ses affections particuliaires, et à toutes autres choses, et mesmement jusques à sa vie propre.

Et afin que tout ce que dessus s'exécute et accomplisse de bonne foy, avec pareille seureté d'une part et d'autre, ledit seigneur prince, quant à luy, présente non seulement monsieur le marquis de Conty son fils aisné, mais tous ses enfans entièrement, comme les plus précieux gages qui après sa foy et sa parolle, le sçauroyent plus seurement pléger ; à la charge d'en recevoir de leur part, réciproque et mutuelle asseurance ; pour lesdites seuretez estre et demeurer sous le bon plaisir desdites Majestez du Roy et de la Royne ; qui sont les plus douces et raisonnables conditions qu'iceluy seigneur prince peut proposer ; n'ayant aucune partialité et division à démesler avec ledit sieur de Guyse et ses frères, les connestable et mareschal Sainct André, qu'il ne rejette et mette sous le pied, pour entendre à la conservation de l'Estat, bien et repos de ce royaume, et authorité de leurs Majestez. Et où il sçauroit d'autres moyens, pour avec la seureté du Roy, de la Royne, de soy-mesme, et de toute compagnie, pacifier ce trouble (qui tend à une manifeste ruine et subversion d'Estat), il n'eust voulu faillir à les faire entendre à Leurs Majestez, et s'y submettre de sa part.

Protestant, comme il a ordinairement protesté, que là où ils refuseront tels offres si raisonnables, la faute ne luy peut ne doit estre imputée, ni des maux et désolations qui en pourroyent ci-après à ceste occasion survenir ; mais à eux seuls, comme pères et autheurs de telles calamitez, qui seront sans excuse devant Dieu et devant les hommes, d'avoir mieux aimé exposer ce royaume en proye, que rien quitter de leur passion et affection particulière ; encores qu'ils cognoissent bien que par telles guerres civiles, la ruine des plus grandes monarchies du monde s'en est ensuyvie : et s'asseure bien ledit seigneur prince, que la Roine est si vertueuse, et aime tant la conservation de cest Estat, et la seureté et grandeur du Roy son fils, que si elle estoit en vraye et pleine liberté, elle auroit desjà fait les dessusdits obéir au commandement réitéré que Sa Majesté leur a falct, auparavant qu'ils eussent pris les armes, et encores depuis, d'eux retirer en leurs gouvernemens, pour obvier aux maux qui nous menaçent ; lesquels, s'ils rejettent des moyens si raisonnables et nécessaires, démonstrent assez n'avoir autre but que de parvenir à leurs desseins, à quelque pris que ce soit, fust avec la ruine de tout ce royaume. Et a bien voulu ledit seigneur prince signer de sa main cesdits articles, tant à ce que l'on cognoisse qu'il se met en tel devoir de pacifier ces troubles, mettre un repos en ce royaume, que toute personne non passionnée jugera qu'il préfère le public au particulier, que aussi pour le rendre inexcusable, s'il contrevenoit à ce qui y est contenu. Donné à Orléans, le 2ᵉ jour de may, l'an de Nostre-Seigneur 1562. Ainsi signé. LOYS DE BOURBON.

Lettre de monseigneur le prince de Condé, à la Roine mère du Roy, luy envoyant les moyens de pacifier le trouble qui est en ce royaume.

Madame. La chose de ce monde qui plus me tourmente, c'est de ne vous voir de toutes pars rendre l'obéissance que vous veux toute ma vie porter ; et qu'il faille qu'il y en ait qui regardent plustost d'obéir et satisfaire à leurs voluntez, qu'à accommoder leurs bons moyens, pour mettre la paix en ce royaume qui est en très-grande nécessité d'un bon repos ; et qu'il faille que nous voyons qu'il tient à si peu que vos Majestez ne soyent contentes, et vostre Estat en seureté.

Il faut, Madame, que tous cognoissent à qui il tient que ne soyez à vostre aise, et hors de ces troubles qui tourmentent infiniment vos bons serviteurs, qui ne s'attendoyent de leur temps de voir telle chose.

Et pour vous faire paroistre que ce que j'ay fait jusques icy, n'a esté pour autre occasion que la fidélité que je vous doy, et que nulle particulière haine ne me l'a fait faire, je vous envoye un mémoire signé de ma main, où je mets les moyens que je cognoy estre les plus propres pour vous rendre la paix que Vostre Majesté désire tant ; et par là, chasser la guerre de vostre royaume, et toute hayne particulière mise bas ; qui sera la cause que ne vous feray ma lettre plus longue, pour supplier Dieu qui a les cœurs des rois et de tout le monde en ses mains, qu'il luy plaise vous faire si bien rendre l'obéissance qui vous est deue par vos subjects, que nous luy puissions en brief rendre grace de vous voir, Madame, fort contente, comme je le désire. Escrit à Orléans, ce premier jour de may, mil cinq cens soixante et deux.

Requeste présentée au Roy et à la Royne, par le Triumvirat ; avec la response faicte par monseigneur le prince de Condé.

M. D. LXII.

Requeste présentée au Roy et à la Royne, par le Triumvirat.

Nous duc de Guyse, pair, grand-maistre et grand-chambellan de France, duc de Montmorency, pair et conestable de France, de Sainct André, mareschal de France : à ce qu'il soit notoire à vos Majestez et à tout le monde, que nos cœurs et intentions assez cogneus et déclarez par toutes nos actions passées, et tout le cours de nos aages et vies employées et despendues, non ailleurs qu'au loyal et fidèle service des Majestez de nos bons deffuncts roys (que Dieu absolve), à la conservation et augmentation de leur honneur, grandeur, estat et couronne, ne furent jamais, ne sont aujourd'huy, et ne seront (Dieu aydant) de nos vies, autres que tendans à la mesme bonne et loyalle fin que dessus, et par moyens justes, raisonnables, légitimes et louables : à quoy nous avons voué (après le service de Dieu) le demeurant de nosdictes vies, biens et fortunes ;

Supplions très-humblement les Majestez de vous, Sire, et de vous, Madame, entendre le fonds de nos intentions et pensées, que nous vous descouvrons et manifestons en toute syncérité, par cest escrit ; ensemble les causes de nostre venue et séjour près de vos Majestez ; et pour lesquelles nous estimons en nos loyautez et consciences (veu les estats et charges que nous avons), ne nous en pouvoir ne devoir aucunement départir, sans encourir note et reproche perpétuelle pour nous et nostre postérité, d'estre infidèles serviteurs et officiers, déserteurs de l'honneur de Dieu et du bien de son Église, de l'honneur, bien, salut et incolumité du Roy et de nostre patrie, et de la paix et repos de l'estat d'icelle, que nous voyons sur le poinct d'évidente et inévitable ruine, s'il n'y est promptement et sans aucun délay pourveu, par le seul remède des ordonnances que nous estimons devoir par vos Majestez estre faites, séellées, émologuées et approuvées tant en vostre grand conseil, qu'en la cour de parlement de Paris, et autres cours de vostre royaume, telles qu'elles sont contenues aux articles suyvans qu'en toute révérence et humilité nous proposons.

PREMIÈREMENT. Nous estimons nécessaire, non seulement pour l'acquit de nos consciences, mais pour l'acquit de la conscience du Roy, et du serment par luy fait à son sacre, pour le repos, union de ses subjects, et pour ne confondre tout ordre divin, humain et politique ; de laquelle confusion dépend et s'ensuit nécessairement l'éversion de tous empires, monarchies et républiques, que le Roy par édict perpétuel déclare qu'il ne veut et entend authoriser, approuver ne souffrir en son royaume aucune diversité de religion ny d'église, prédications, administrations de sacremens, assemblées, ministères ne ministres ecclésiastiques ; ains veut et entend la seule Église catholique, apostolique et romaine, receue, tenue et approuvée de Sa Majesté, et de tous ses prédécesseurs, les prélats et ministres d'icelle, prédications, administrations de sacremens d'eux et de leurs commis, avoir lieu en tout son royaume et pays de son obéissance ; toutes autres assemblées pour tel effect, rejettées et réprouvées.

Que tous officiers de France, domestiques de Sa Majesté, et de messeigneurs ses frères et seur, tous officiers, tant de judicature que de la milice, comptes et finances de ce royaume, et autres ayans charge, administrations ou commissions de Sa Majesté, tiendront et observeront la mesme religion, et en feront expresse déclaration ; et les refusans, délayans ou contrevenans, seront privez de leurs estats et offices, gages, charges et administrations ou commissions : sans pour ce toucher à leurs biens ny à leurs personnes, sinon qu'ils fissent tumulte, sédition, monopole ou assemblées illicites.

Que tous les prélats, bénéficiers et personnes ecclésiastiques de ce royaume, feront semblable confession ; et les refusans et contrevenans seront privez du temporel de leurs bénéfices, qui sera regy soubs la main du Roy ; et gens de bien et de bonne religion, commis à l'administration d'iceux par les supérieurs et ceux à qui il appartient y pourvoir ; lesquels, selon qu'ils verront estre à faire, les priveront du tiltre, et pourvoiront d'autres en leur lieu, par les voyes deues et légitimes.

Que toutes les églises violées, desmolies et spoliées en ce royaume, au grand mespris de Dieu et de son Église, du Roy, ses ordonnances et édicts, tant anciens que modernes (qui tous ont prohibé tels sacriléges sur peine de la vie), soyent réintégrez, réparez et restituez entièrement en leur premier estat et deu, et les intérests satisfaits de tous les dommages soufferts ; et les délinquans infracteurs des édictz violez, et spoliateurs, punis comme il appartient.

Que les armes prinses en ce royaume par quelque personne que ce soit, pour quelque couleur, raison ou occasion que ce puisse estre, soyent laissées et ostées par ceux qui les ont prinses, sans exprès commandement du roy de Navarre, lieutenant général de Sa Majesté, et représentant sa personne en tous ses royaumes, et pays de son obéissance ; et ceux qui se sont ainsi armez, et persévèrent encores à présent, déclarez rébelles et ennemis du Roy et du royaume.

Qu'audict roy de Navarre seul (comme lieutenant général de Sa Majesté, et représentant sa personne), et à qui de par luy sera ordonné et commis, soit loisible avoir et assembler forces en cedict royaume, pour l'exécution et observation des choses dessusdictes, et autres qui pourront estre advisées, pour le bien du Roy et de son royaume.

Que les forces jà commencées à assembler par ledict seigneur roy de Navarre, pour le service de Sa dicte Majesté, pour les effects que dessus, soyent maintenues et entretenues soubz son authorité pour quelques mois ; dedans lequel temps on espère, si c'est le bon plaisir de voz Majestez, voir le fruict des remèdes que dessus, et le repos de ce royaume.

Les autres provisions nécessaires et requises tendans au bien et repos de ce royaume, qui pourroyent estre ici par nous obmis, soyent prinses et suppléées du conseil et advis qui fut donné par la cour de parlement à Paris, lorsque dernièrement vous envoyastes vers elle le sieur d'Avanson, pour avoir son avis sur les remèdes qui luy sembloyent convenables, pour pourvoir aux troubles de ce royaume, et sur ce que ladicte cour y pourra présentement adjouster.

Ces choses faictes et accomplies entièrement, comme dessus (sans lesquelles nous tenons ce royaume ruiné), nous sommes prests de nous en aller, chacun non seulement en nos maisons, s'il nous est commandé et ordonné, mais au bout du monde (si besoin est) en exil perpétuel ; après avoir eu contentement en nostre ame, d'avoir rendu à Dieu, à nostre Roy, à nostre patrie et à nos consciences, l'honneur et service, l'amour et charité ; et tout autre fidèle office que nous leur devons, en si grand et évident, si important et notable péril et nécessité ; pour ausquels obvier, nous sommes prests de sacrifier et vouer nos vies, et tout ce que nous avons de cher et précieux en ce monde : ce que nous signifions à Vos dictes Majestez, et au roy de Navarre, tant pour nous en estre tesmoins et juges, que pour mettre aux inconvéniens que vous voyez, les remèdes dessusdits, que nous estimons estre très-nécessaires et seuls convenables ; afin qu'il vous plaise en déclarer vostre volonté et résolution.

Protestans devant Dieu et Vos Majestez, que la nostre telle que dessus, ne tend qu'au bien et salut du Roy et de son royaume ; et que nous estimons que ceux qui l'auront en recommandation, ne se pourront esloigner des choses cy-dessus recordées et remonstrées en cest escript que nous avons signé de nos mains, pour l'acquist de nos consciences, et nostre descharge envers Dieu, Vos Majestez et tout le monde à l'advenir. Faict à Paris, ce quatriesme jour de may, l'an mil cinq cens soixante-deux. Signé : FRANÇOIS DE LORRAINE ; DE MONTMORENCY ; SAINCT ANDRÉ.

Autre requeste présentée à la Roine ledict jour, par ledit Triumvirat.

Madame. Outre le contenu en l'escript que nous avons ce jourd'huy présenté à Vostre Majesté, et lequel nous entendons et espérons (avecques vostre congé et bonne licence) faire manifester et publier par toute la chrestienté, afin de donner plus d'occasion à Vos Majestez de s'asseurer que nous désirons soubmettre nos opinions au jugement de Vostre Majesté et du roy de Navarre, et chercher toute pacification pour ce royaume ; après qu'il vous a pleu nous déclarer que le Roy, ne vous, ne nous commanderiez jamais de nous retirer de vostre cour ;

Moyennant que ceux d'Orléans se désarment, et que les pays, villes et places de ce royaume, rendent entière obéissance à Vos Majestez, et que tous facent serment d'obéir au Roy (comme à leur souverain et naturel seigneur), et à tous les édicts et ordonnances qui sont jà et pourront cy-après estre faicts par Sa Majesté, par l'advis de son conseil, et émologuez par sa cour de parlement de Paris, démourans les forces entre les mains du roy de Navarre, lieutenant général du Roy, et représentant sa personne, en tel nombre, telles et pour tel temps qu'il sera advisé estre nécessaire, sans et auparavant l'accomplissement desquelles choses, nous estimons en nos loyautez et consciences (pour les estatz et charges que nous avons) ne nous pouvoir ne devoir départir de vostre cour et suitte, sans encourir note et reproche perpétuelle pour nous et nostre postérité, d'estre infidèles serviteurs et officiers, déserteurs de l'honneur, bien, incolumité et salut du Roy et de son royaume, de nostre patrie et de la paix et repos de tous les estatz d'icelle, que nous voyons sur le poinct d'évidente et inévitable ruine, s'il n'y est promptement et sans aucun délay pourveu ;

Nous offrons de nous retirer chacun en l'une de nos maisons, pour obéir au roy de Navarre, en tout ce qu'il nous sera commandé ; durant laquelle nostre absence, tant s'en faut (Madame) que nous désirons ne requérons de monsieur le prince de Condé semblable retraicte, en l'une de ses maisons, que nous souhaittons sa présence près de Vos Majestez; et vous supplions l'en vouloir au plustost approcher, et retirer hors du lieu et compagnie où il est : ne pouvans ne voulans espérer d'un tel prince que chose digne du sang d'où il est yssu. Faict à Paris, le quatrième de may, l'an mil cinq cens soixante-deux. Signé : FRANÇOIS DE LORRAINE; DE MONTMORENCY; SAINCT ANDRÉ.

Response de la Royne.

Le Roy ayant veu le Mémoire qu'a envoyé Monsieur le prince de Condé, par l'abbé de Saint Jehan de Laon, datté du ij. de ce mois, loue grandement que Monsieur le prince remette le contenu audit mémoire soubs le bon plaisir et advis de Sa Majesté, et de la Royne sa mère: comme a tousjours aussi esté leur asseurance, que pour le sang dont il est yssu, il ne s'oubliera jamais, n'y ne sortira de son devoir. Et pour luy faire entendre clairement et de bonne-foy l'intention de Sa Majesté, sur ce qu'il requiert par Mémoire:

Premièrement. Quant à l'observation de l'édict du mois de janvier dernier, iceluy seigneur pour lever tout scrupule, déclare qu'il veult et entend que ledit édict demeure en son entier, et soit observé selon la forme et teneur; fors toutesfois et excepté dedans sa ville et banlieuë de Paris, où ledit seigneur meu de bonnes et grandes considérations, par l'advis de ladite dame sa mère, a jà déclaré, comme encores veut et déclare que ledict édict n'ait lieu, et ne s'y feront aucunes assemblées. Et néantmoins là et partout ailleurs en ce royaume, chacun en ce que touche la religion, pourra vivre en repos de sa conscience, sans estre recherché de sa vie, inquiété en sa personne, ne en ses biens, tant pour le passé que pour l'advenir.

Au regard des violences, oppressions, meurtres et excès commis depuis ledit édict, et au préjudice d'iceluy, d'une part et d'autre, Sa Majesté en fera faire telle justice et réparation que les cas le réquerront, à la satisfaction publique et particulière de ceux ausquels auroit esté fait l'injure.

Quant à ce qui concerne le partement de la cour de messieurs de Guyse, connestable et mareschal S. André, requis par monsieur le prince, pour les causes touchées en sondit mémoire; le Roy et ladite dame Royne sa mère ont tousjours déclaré, comme ils déclarent encores, n'estre leur intention qu'ils en partent, et n'ont délibéré leur faire ce commandement; mais comme ceux qui, après l'honneur de Dieu, ont le service du Roy et de la Royne, et le bien et le repos de ce royaume en plus chère recommandation que chose de ce monde, ont eux-mesmes fait sur ce offres à Leurs Majestez, qui leur semblent si raisonnables, qu'ils estiment que mondit seigneur le prince, ayant entière et parfaite volonté au bien de cedit royaume, comme il a tousjours démonstré, aura occasion de les juger telles, et s'en contenter :

Qui sont, que moyennant que la troupe qui est à Orléans se désarme, que les pays, villes et places de ce royaume rendent entière obéissance au Roy et à la Royne; que tous facent serment d'obéir au Roy comme à leur souverain et naturel seigneur, et à tous les édicts et ordonnances qui ont esté jà et pourront cy-après estre faicts par Sa Majesté, par gens de son conseil, émologuez en son parlement de Paris, démourans les forces ès mains du roy de Navarre, lieutenant général du Roy, représentant sa personne, en tel nombre, telles et pour tel temps qu'il sera advisé estre nécessaire;

Ils offrent et sont prests eux retirer chacun en l'une de ses maisons, pour obéir au roy de Navarre en tout ce qui leur sera commandé; et tant s'en faut qu'ils désirent, durant leur absence, que mondit seigneur le prince face semblablement retraitte chez luy, qu'ils souhaitent et supplient très-humblement Leurs Majestez le vouloir au plustost approcher du Roy, où ils ne peuvent et ne veulent penser n'espérer d'un tel prince que chose digne du sang dont il est sorty : estimans aussi en leurs consciences, et pour le devoir des estats et charges qu'ils ont, ne pouvoir, ne devoir auparavant, et sans l'accomplissement des choses dessusdictes, départir de la cour et suite du Roy, sans encourir notte et reproche perpétuel à eux et à leur postérité, pour plusieurs raisons et considérables concernans l'honneur de Dieu, le service du Roy, et le bien de son royaume, lequel est, sur le point d'évidente et inévitable ruine, s'il n'y est promptement pourveu, comme de leur part ils désirent et cherchent le faire de tout leur pouvoir.

Fait à Paris, le 4 de may 1562.

Signé : CHARLES, CATHERINE, ANTHOINE, DE L'AUBESPINE.

Nota. Que Sa Majesté Catholique escripvit sur les troys escriptures précédentes, de sa propre main, ce que s'ensuit.

Gonçalo Perez. Estas doz escritturas de mosur de Guisa, conestable y maréchal de Sant Andrés, son tant honrradas y tan buenas, que merein ser vistas por todoz; y assi sacad copias dellas en

Castellano, y las moztrad à todoz loz que os pareciere.

Response faicte par monseigneur le prince de Condé à la requeste présentée par le Triumvirat.

Encores que par plusieurs escripts qui ont esté publiez, et autres moyens, j'aye assez amplement déduict les causes qui m'ont meu à prendre les armes, et avecques quelles conditions j'estoye prest à les laisser et me retirer en ma maison; toutesfois il n'a esté possible de retirer de ceux qui tiennent le Roy et la Royne en leur puissance, autres parolles que comminatoires, pleines de reproches et de menaces; et mesmes, du commencement que je fus à Orléans, avant qu'avoir entendu ce que je vouloye dire, envoyèrent icy des lettres et des commandemens si rigoureux, et en termes si outrageux, comme s'ils eussent eu affaire à des larrons de campagne et voleurs publiques; et ayans cogneu que je ne tenois compte de leur indiscrète façon de faire, et que leurs cholères et artifices ne me pouvoyent divertir du chemin que j'avoye commencé de tenir (qui estoit de continuer en ma demande juste et raisonnable, et qui n'est fondée sur ma passion, sur mon proffit, ny sur mon ambition, ains sur le zèle que j'ay et doy avoir à la liberté du Roy et de la Royne, et au bien et au repos de ses subjets), ils se sont advisez de présenter à leurs Majestez un escript qu'ils appellent une requeste, en toute humilité et révérence; mais sans la regarder de près, et ne faire que passer par dessus, l'on jugera que c'est un arrest, et non pas une requeste. C'est une délibération conclue et arrestée par les trois requérans, qui sont le duc de Guyse, connestable, et le mareschal Sainct André, avec le légat, le nunce du pape, et l'ambassadeur des estrangers; et ceux qui, depuis six mois, ont prins garde à leurs practiques et menées, pourront tesmoigner, et avecques vérité, que ceste conclusion a esté fondée, non pas sur le zèle de la foy et de la religion, mais sur la finesse, artifice et ambition desdits trois requérans; lesquels se voyans hors de la cour, non pour desplaisir qu'ils y eussent receu, mais parce que de tout temps ils n'ont pu endurer un prince du sang auprès des roys, et aussi qu'ils voyoyent bien que la Royne tendoit plus au proffit du Roy et soulagement du peuple qu'à les contenter, ou (pour mieux dire) à saouler leur avarice jà connue et détestée d'un chacun; ils se rallièrent ensemble, et cherchèrent un moyen de revenir en leur grandeur, et reprendre l'authorité de commander, plus grande qu'ils n'eurent jamais; et sçachans bien qu'ils ne pouvoyent attendre aucuns secours ny du peuple ny de la noblesse, et que tout honneste prétexte, tous moyens, toutes faveurs et assistence des subjects du Roy, leur défaudroyent (tant ils se sont bien portez du temps qu'ils ont gouverné), ils fondèrent leur dessein sur la religion, espérans que les prebstres et ceux qui en dépendent et ont quelque intérest avec cest ordre, leur donneroyent secours de gens et d'argent; et pour s'asseurer de la victoire, appellèrent à leur practique les estrangers (et cela se verra, et sera quelque jour jugé, à fin que ceux qui viennent après nous y prennent exemple); et ainsi préparez et appuyez sur folles et vaines espérances, conclurent d'appeler tous leurs amis, comme ils ont faict, de tous les endroits de ce royaume, qui toutesfois ne se sont pas trouvez en grand nombre; conclurent de venir trouver le Roy et la Royne, en tel équipage, qu'il n'y avroit personne qui osast contredire à leurs commandemens; et pour mieux s'asseurer de pouvoir longuement régner, feirent un roolle de ceux qui devoyent mourir, et de ceux qui devoyent estre bannis, et d'une infinité d'autres qui devoyent estre démis de leurs estats, et privez de leurs biens. Au premier rang estoit monsieur le chancelier, et plusieurs bons personnages du conseil privé, et autres tenans lieux honorables auprès de Leurs Majestez. Les hommes estoyent jà choisis et esleus pour tenir la place de ceux qui seroyent ou meurtris ou exilez; et Dieu a voulu qu'ils ont montré leur bon jugement par les six qu'ils ont esleu du conseil privé, en lieu des six qu'ils vouloyent chasser. La comparaison des uns aux autres est telle, que les enfans sont contraincts d'en faire des chansons. La Royne devoit estre envoyée à Chenonceau, s'occuper à faire des jardins. Monsieur le prince de la Roche-sur-Yon, prince du sang, sage et vertueux, devoit estre esloigné du Roy, et le lieu qu'il tient, donné et assigné à autres qui instruiroyent la jeunesse de Sa Majesté à n'oyr jamais parler de Dieu, ny de ce qui peut nourrir son esprit, qui de soy est enclin à toutes choses bonnes, sainctes et louables; et encores moins l'instruiroit-on d'entendre luy-mesmes à ses affaires, et se servir des hommes pour ministres, et non pas pour maistres; donner audience à un chacun, honorer sa noblesse, aymer les armes pour la nécessité, tenir la main à la justice, soulager son peuple, et singulièrement favoriser les povres, et les garder de toute oppression et violence; et sur tout de n'admettre jamais près de luy une idole; c'est assavoir, homme qui face le roy, et qui, soubs prétexte ou d'amitié ou de longue servitude, usurpe son authorité sur ses subjets. C'est la nourriture que la Royne a baillée à nostre Roy, et qui desplaist à ces seigneurs, qui désirent le former à leur façon, et en faire un roy qui sçache bien baller, picquer un cheval, porter bien la lance, faire l'amour, aymer (comme l'on dit) plus la femme de son voisin que la sienne ; et au reste, qu'il soit ignorant : car il n'appartient pas à un roy (ce disent-ils) de sçavoir quelque chose : qu'il tienne sa réputation avec une grande gravité, à l'endroit des povres gens qui ont affaire à luy; qu'il agrandisse ses serviteurs, et remette sur eux tous ses affaires et le gouvernement de son royaume ; qu'il ne donne audience à personne ; qu'il ne voye jamais lettres, ne qu'il en signe aucune de sa main, afin qu'il ne puisse descouvrir les tromperies qui se font soubs son cachet; qu'il ne tienne compte que de trois ou quatre choisis par luy, qui s'entrebatent à qui sera le premier, et qui aura plus de moyen de piller : qu'il soit prodigue pour ses favoris, chiche et méchanique pour tous les autres ; qu'il soit cruel envers son peuple, qu'il le despouille de toute sa substance; que les estats de judicature soyent vendus à deniers comptans, et à leur profit, et qu'ils soyent baillez ès mains d'hommes ignorans, avares, et ennemis de la justice; et enfin, que la maison du Roy soit triomphante en vanité et superfluité d'habillemens, de doreures, et un réceptacle de gens de mauvaise vie. Je ne dy point cecy sans cause; et chacun peut entendre ce que je veux dire, et la Royne en sçait des nouvelles. Ces seigneurs donc qui présentent ceste requeste, ont fait ceste belle ligue plus dommageable et pernicieuse à ce royaume, et plus sanguinaire que ne fut celle de Sylla, celle de Cæsar, et depuis, celle du Triumvirat de Rome ; et l'auroyent desjà exécutée, n'eust esté la grace que Dieu m'a faite à leur résister ; et m'esbahy qu'ils soyent tant asseurez en leurs visages, de tenir devant la Royne le propos qu'ils tiennent : encores plus suis-je esbahy de ladicte dame, qui a patience de les escouter; attendu que dès qu'ils commencèrent à faire leurs menées, elle en fut advertie, et a sçeu jour par jour ce qu'ils ont fait et ont voulu faire; et à ceste heure, elle prend leurs bonnes parolles, tout ainsi comme si elle n'avoit esté informée de leur intention ; en quoy elle monstre bien qu'elle est vraiment prisonnière, et plus que prisonnière : car d'un acte si malheureux, et qui mériteroit une vengeance publique, et duquel elle a esté pleinement informée, elle faict semblant de ne l'avoir jamais sçeu ny pensé ; et sans la peur qu'elle a d'estre estranglée en son lict (comme l'on la fait menacer tous les jours, et de ce je m'en rapporte à son serment), elle n'eust pas failly de rejetter leur requeste, et leur reprocher, que pour leur avarice et ambition, ils sont cause de tout le trouble ; et puisque le danger où elle est présentement empesche qu'elle ne peut ny ose recognoistre le faict comme il est, et respondre à ceux qui, par de belles parolles, luy veulent desguiser les matières, je suis contraint, pour soutenir l'authorité du Roy et la sienne, respondre à leur demande, et au nom de leurs Majestez, de la liberté desquels je me suis rendu l'un des défenseurs ; espérant que si lesdicts requérans ne veulent recognoistre leur faute, Dieu m'assistera, et favorisera la bonne intention qu'il m'a donnée ; et que tous les bons sujets du Roy se joindront avec moy, pour délivrer ce povre royaume des mains de ceux qui le veulent tyranniser.

Au commencement de leur escrit, pour donner lustre, et auctoriser leur dire, ils mettent leurs qualitez : ils mentionnent fort honorablement leurs grands et loyaux services, et veulent que de leurs actions passées, l'on puisse juger de leur cœur et de leur intention.

Mais il n'estoit besoin de faire un si beau commencement (selon leur advis) pour faire une si mauvaise fin : car quand ils seroyent encores plus grans qu'ils ne sont, quand leurs services seroyent dignes de plus grande récommandation qu'ils ne disent, encores ne s'ensuyvroit-il pas que leur faute qui est présente et si grande et si apparente, deust estre couverte, et encores moins acceptée pour œuvre bonne et raisonnable. Et si quelques-uns d'entre eux ont fait des services (comme certes je confesseray tousjours), si ne faut-il pas que s'ils n'en ont esté récompensez, ils le veulent estre à présent par la ruyne du Roy et de tout son royaume. Mais graces à Dieu, ils sont si bons pères de famille tous trois, et aymans tant leur profit, qu'ils n'ont si longuement attendu à demander, et en prendre la récompense : tesmoing deux cens cinquante mille livres de rente, et un million d'or en meubles, qu'ils possèdent aujourd'huy, plus de ce que leurs pères leur ont délaissé ; outre, trois cens mille livres de rente que les leurs tiennent du bien de l'Église ; et s'ils ne se contentent des biens et des honneurs qu'ils ont receu des prédécesseurs roys, et que pour respondre à leur naturel il faille nombrer parmy les droicts de récompense, quelques vengeances particulières, en cest endroict ont-ils esté assez satisfaicts; et qu'il leur souvienne de tant de bons et notables personnages qui furent emprisonnez sans charges ny informations, à leur requeste; tant de charitez qu'ils ont prestée à plusieurs bons serviteurs du Roy ; tant de maisons perdues, et honorables familles apovries durant les règnes des roys François premier,

Henry, et François second; de sorte qu'ils se sont aydez de la faveur de Leurs Majestez, non seulement à s'agrandir et enrichir, mais à appovrir les autres, et se venger de leurs haines parculières; et s'ils veulent que leur intention soit (comme ils disent) cogneue de leurs actions passées, il sera facile de juger que leur dessein est tel, que tous les bons subjects et serviteurs du Roy s'y doivent opposer, et avecques toutes leurs forces y résister.

Ils disent par après, qu'il faut craindre une évidente et inévitable ruine, si par eux n'y est promptement remédié; et à ces fins, présentent des articles avec toute humilité et révérence. Mais qui leur demanderoit qui est cause de ceste ruine, et qui l'a cerchée et procurée : s'ils vouloyent dire la vérité, ils seroyent contraints de rejetter la coulpe sur eux-mesmes : car après la publication de l'édict de janvier, il y avoit paix et union universelle par tout ce royaume; et ne sauroyent nier les deux (c'est assavoir le conestable et le mareschal Sainct André) que tant qu'ils eurent opinion que ceux de la religion réformée ne se contenteroyent de l'ordonnance qui avoit esté faite, ils firent semblant de la trouver bonne, et de l'approuver : jurèrent entre les mains de la Royne (aussi fit le roy de Navarre, et tous les autres du conseil) de la faire maintenir en leurs gouvernemens, et de ne parler d'y dispenser, ou faire contrevenir, pour une part ou pour l'autre : mais quand ils virent que ceux de ladicte religion avoyent promptement obéy aux commandemens du Roy, ils essayèrent de susciter l'autre partie ; et toutesfois ils eurent si peu de suitte, qu'ils ne trouvèrent personne pour leur servir de ministres, que le prévost des marchans, Marcel, et dix ou douze crocheteurs : tellement que le duc de Guyse fut contraint d'y mettre la main luy-mesmes à Vassy et tailler en pièces ce povre peuple faisant leurs prières. Le conestable n'ayant peu surprendre l'église de Paris, espandit sa cholère sur les chaires des prédicants, et sur les maisons où les assemblées se faisoyent, qu'il fit brusler, et voler quelques maisons de ceux de ladicte religion ; et ne se faut esbahir si l'on a prins la revanche sur les images en plusieurs endroits de ce royaume : parquoy s'ils estiment que la division du peuple soit la ruine qu'ils disent estre si évidente, ils en sont les autheurs, et pour tels doivent estre cogneus et blasmez; et quant à l'humilité et la révérence qu'ils présentent au Roy et à la Royne, encores n'ay-je point veu qu'ils ayent obéy à commandement qui leur ait esté fait de la part de ladicte dame; mais je sçay bien qu'ils ont tous trois refusé d'aller en leurs gouvernemens : je sçay bien qu'ils n'ont voulu venir à Monceaux, comme je fey moy, quand la Royne le nous commanda.

Ils sont venus armez à Paris, contre son commandement : ils n'en ont voulu sortir, quelque prière qui leur en ait esté faicte; et j'en suis sorty pour obéyr à la volonté de Leurs Majestez : ils sont allez trouver le Roy et la Royne en compagnie armée, combien que cela leur eust esté expressément défendu : ils les ont tiré de Fontainebleau, et les ont menez à Melun, et de Melun à Paris ; et le tout par force ; et de ce je m'en rapporte à la conscience de la Royne, et à son serment, ou à sa parolle, quand elle sera en sa liberté d'en pouvoir dire ce qui en est : ils ayment mieux veoir une guerre civile en ce royaume, voire jusques à y faire venir les estrangers, plustost que de consentir qu'ils se retirent en leurs maisons, sans diminution de leurs biens ny de leurs estats : voilà la révérence et humilité de ceux qui présentent ladicte requeste : voilà le zèle qu'ils ont à l'incolumité du Roy, comme ils disent, lequel ils ayment tant et honorent, que plustost que d'aller en leurs maisons, ils ayment mieux veoir son royaume en danger d'une ruine qu'ils disent évidente et inévitable : voilà l'amour qu'ils portent à leur patrie, en laquelle ils appellent les armes estrangères pour la piller, et (si Dieu n'y met la main) l'assubjectir et la ruiner du tout.

Ils demandent puis après un édict perpétuel sur le faict de la religion; et quand nous avons demandé l'entretènement de celuy qui a esté faict, jusques à la majorité du Roy, ils ont dict que c'estoit une demande incivile et desraisonnable : que c'est au Roy, quand bon luy semble, de changer, limiter, amplier et restreindre ses édicts ; et qu'en luy demandant que ce qui jà est ordonné par luy et son conseil, soit gardé et entretenu pendant sa minorité, nous voulons tenir Sa Majesté en prison et captivité ; et toutesfois ils veulent que l'édict qu'ils ont faict eux trois, soit perpétuel et irrévocable ; et si la raison qu'ils allèguent contre nous doit estre receue, par icelle mesme nous conclurons aussi qu'ils veulent eux-mesmes tenir le Roy prisonnier en sa minorité et en sa majorité ; et faut bien dire qu'ils estiment pouvoir maistriser et commander non seulement à la personne du Roy, mais entièrement à tout le royaume, puisqu'en chose de si grande importance, et qui attire avecques soy tant d'inconvéniens, ils osent présenter une ordonnance qui n'est authorisée que de trois. Que feirent jamais davantage Auguste, Marc-Antoine et Lépide, quand par leur triumvirat meschant et infâme, ils subvertirent les loix et la republique romaine ? S'ils eussent esté meus de bon zèle, (comme ils disent) pacifique, et non séditieux, d'un zèle de religion, et non d'ambition, ils n'eussent pas commencé par l'exécution, comme ils ont faict : ils fussent venus sans armes : ils se fussent présentez avec humilité et révérence : ils eussent remonstré les causes qui les mouvoyent à ne trouver bon l'édict de janvier : ils eussent supplié très-humblement le Roy et la Royne de regarder avecques leur conseil, avecques l'advis des parlements, et des autres estats, si par autre moyen on pourroit remédier aux troubles, à la conservation de l'honneur de Dieu, et de la seureté et grandeur du Roy et de ce royaume : parlans ainsi, ils eussent monstré qu'ils n'estoyent guidez d'autre passion, que du zèle de leurs consciences ; mais leur façon de faire descouvre assez que la religion leur sert pour avoir suyte, et mettre divorce entre les subjets du Roy ; et avec une part, conjoincte avec les estrangers, se rendre maistres et seigneurs de tout; ausquels je suis contrainct de dire que les princes du sang (desquels ils ont esté de tout temps ennemis, et les ont reculez autant qu'ils ont peu) n'endureront point que les estrangers, et ceux qui ne sont appelez au gouvernement, se meslent de faire des édicts et des ordonnances en ce royaume. Or ils veullent et demandent que l'Église romaine (qu'ils appellent catholique et apostolique) ait lieu, et soit seulement recogneue en France ; et à ceux de la religion réformée soyent deffendus les presches et les sacremens. C'est un duc de Guyse, prince estranger, un sieur de Montmorency, et un sieur de Sainct André, qui font une ordonnance contre l'édict de janvier, accordé par le Roy et la Royne sa mère, le roy de Navarre, les princes du sang, avecques le conseil du Roy, et quarante des plus grands et notables personnages de tous les parlemens : ce sont trois qui font une ordonnance contre la requeste présentée par les estats; c'est assavoir, la noblesse et le tiers-estat, à Orléans, et depuis, à Sainct Germain; lesquels deux estats requirent qu'il pleut au Roy bailler temples à ceux de ladicte religion réformée : ce sont trois qui font une ordonnance qui ne peut estre exécutée sans une guerre civile, sans mettre le royaume en danger d'une évidente ruine ; et eux-mesmes le voyent et le confessent : et voilà comment ce royaume leur est obligé, et quel fruict apporte leur sçavoir et leur bon zèle, ou pour mieux dire leurs practiques, leurs menées, et ambition de commander.

Le duc de Guyse et ses frères, faisans ceste entreprinse de déchasser ceux de la religion réformée, quelque bon zèle qu'ils prétendent avoir, ne sçauroyent nier que volontairement ils ne cerchent troubler et mettre en danger ce royaume; ayans veu ce que pour semblable dessein, leur succéda si malheureusement en Escosse ; auquel pays, l'une part et l'autre vivoyent en paix, soubz l'obéyssance de ceste bonne et vertueuse princesse la royne douairière, jusques à ce que par l'authorité desdicts de Guyse, fut publié que le Roy n'entendoit permettre que autre religion fust receue audict pays, que celle de l'Église romaine; qui fut cause que quelque petit nombre de gens de basse condition s'eslevèrent, et prindrent les armes; qui furent en peu d'heure séparez par la prudence de ladicte dame, et l'ayde de la noblesse; et devoit ce commencement servir d'admonnestement audict de Guyse, du danger qu'il y avoit de plus grands troubles, s'ils ne se désistoyent de leur entreprinse : à quoy toutesfois ils ne voulurent entendre ; ains (au contraire) plus eschauffez que jamais, escrivirent à ladicte dame des lettres fort rigoureuses, en la taxant d'avoir usé de trop de douleceur, et principalement en la cause de la religion; et que pour corriger les fautes passées, il estoit nécessaire de mettre la main au sang, et sur les principaux ; et pour ce faict envoyèrent devers elle l'évesque d'Amyens, et le sieur de La Brosse; lesquels pour se monstrer à leur arrivée bons catholiques romains, voulurent contraindre un chascun d'aller à la messe; reprochoyent souvent à ladicte dame, et au sieur d'Oysel, qu'ils avoyent tout gasté : publièrent leur dessein qui estoit d'user de la force. L'évesque d'Amyens, comme légat du pape, attendant les bulles de sa légation, promettoit de réduire la pluspart de ceux qu'il disoit forvoyez : le sieur de La Brosse promettoit en un mois exterminer ceux qui ne voudroyent revenir; et pour autant que l'avarice est tousjours accompagnée de la cruauté, ils regardèrent de bon œil les terres et possessions de la noblesse : escrivirent à ceux qui les avoyent envoyez, qu'en rendant le peuple taillable, et faisant mourir les gentilzhommes qui avoyent suyvi la religion réformée, il y avoit moyen d'augmenter le revenu du Roy de deux cens mil escuz par an, et de pourvoir mil gentilzhommes françois, et de maisons et de biens, pour y demourer continuellement, et y servir comme pour une gendarmerie ordinaire. Ceste condition fut volontiers receue et embrassée avec grandes louanges de ceux qui en estoyent les autheurs; et quelque remonstrance que ladicte dame et le sieur d'Oysel sceussent faire, que les Escossois n'estoyent pas aysez à dompter : que si l'on les vouloit contraindre pour le faict de la religion, ils se mettroyent ès mains des estrangers, avecques l'ayde desquels, pour s'asseurer du tout, ils déchasseroyent entièrement le nom et obéissance de l'Eglise romaine ; et que de-là on mettroit en danger l'Estat et ce qui appartenoit à l'autorité du Roy et de la Royne : tout cela fut rejetté : la Royne estoit une bonne femme; mais elle avoit tout gasté : le sieur d'Oysel estoit un sot, et n'avoit point d'entendement, parce qu'il ne vouloit perdre ce qu'il avoit par son labeur et par sa diligence, si longuement et fidèlement gardé : enfin, ces messieurs (qui sont si clairvoyans) bésongnèrent si bien par leurs discours, que les plus grans et la pluspart de la noblesse s'eslevèrent et prindrent les armes, s'accompagnèrent de leurs anciens, et (comme par manière de dire) naturels ennemis, et en peu de temps déchassèrent tous les prestres, qui toutesfois eussent vescu et continué leur estat s'ils se fussent voulu contenter d'une paix commune entre les uns et les autres : tellement que et le nom de Guyse et le nom de l'Église romaine fut renvoyé deçà la mer ; et ainsi ceux-là qui avoyent voulu tout avoir, perdirent le tout. De cest exemple se devoyent servir le duc de Guyse et ses frères, et recognoistre la faute qu'ils avoyent faite de mettre en danger ce royaume d'Escosse : devoyent s'abstenir de ces paroles qu'ils ont si souvent redites et publiées : qu'il faut que l'une des deux religions soit déchassée de ce royaume, et que les uns cèdent aux autres. Ce ne sont point paroles de subjects ou serviteurs ; ce sont paroles d'un roy en sa majorité, et qui fust conseillé non seulement de son conseil ordinaire, mais des plus sages et des plus advisez des trois estats de ce royaume : car là où il est question de diminuer la force d'un roy, et de la moitié (pour le moins) de sa noblesse et du peuple qui est de service, il ne faut pas y aller si sommairement ; tant parce qu'il n'y a roy qui ne sentist aussi vivement telle perte, comme si l'on luy tailloit la moitié des membres de son propre corps, qu'aussi pour le danger qu'il y auroit (au moins en ce temps) que nostre Roy pour sa jeunesse ne commande qu'à l'opinion et à l'appétit d'autruy : que ceste moitié se voyant persécutée, en lieu de s'en aller, ne voulust chasser l'autre; et quant à ce qui concerne le faict de la religion romaine, ceux qui veulent avec les armes la rendre seule en ce royaume, la mettent en danger de la faire diminuer tous les jours, puisqu'ils la remettent à la force et à la protection des armes ; et eust mieux valu contenir les uns et les autres en paix et union, et ne disputer de ces matières qu'avec le papier et le parchemin, et non avec les meurtres et effusion de sang, qui (peut-estre) auront tellement irrité Dieu et appelé sa vengeance, que les prestres et ceux de leur ordre (qui pouvoyent vivre en repos en leurs charges et jouissance de leurs biens) seront les premiers à porter le hazard et le danger de l'indiscrétion, et (qui pis est) de la fureur du peuple ; et quoiqu'il en soit, la protection de ces messieurs les requérans ne leur peut apporter qu'une certaine perte et le danger d'une grande ruine : car puisqu'ils estoyent asseurez de n'estre molestez de leurs vies, en leurs charges ny en leurs biens, ils ne pourroyent dire qu'ils eussent occasion aucune de se plaindre, s'ils ne veulent faire semblant d'avoir eu pitié de la perte de nos ames : mais qui les en auroit rendus si soigneux depuis quelque temps, attendu qu'il n'y a évesque ny curé qui puisse monstrer en avoir tenu aucun compte par cy-devant ? Puis donc que de nostre part estoit résolu qu'on ne leur donneroit aucun empeschement, quel besoin estoit-il de les nommer en ceste querelle, et se couvrir de leur nom et de l'Église romaine ? N'est-ce pas pour irriter et acharner les uns contre les autres ? N'est-ce pas le moyen de rendre odieux cest ordre à tout le peuple, qui en estoit jà par trop offensé ? N'est-ce pas pour attirer, si Dieu n'y met la main, parmi ceux qui vivoyent en paix, une mesme haine enragée comme celle d'Escosse ? Et quelque chose qui en advienne, puisqu'il faut que l'une des deux parts soit exterminée, et que les requérans le veulent ainsi, advint-il jamais en ce royaume un si piteux spectacle que cestuy-là ? Y a-il profit, y a-il commodité, y a-il grandeur (quand ce seroit pour le Roy mesmes) qu'on deust achepter si chèrement et avec une si grande ruine et désolation ? Quels pardons, quelles indulgences, quelles bulles du Pape, pourront jamais réparer la perte du sang qui sera respandu pour ceste querelle ? Ces trois requérans pourront dire au Roy quelque jour, que pour défendre ce que personne ne vouloit impugner, pour conserver la religion romaine (à laquelle personne ne vouloit donner empeschement) ils ont fait ou voulu faire perdre la moitié de sa noblesse et des meilleurs subjects de Sa Majesté : l'on leur pourra, et avec la vérité, reprocher que tout ainsi que par leurs opinions feintes et simulées, ils mirent le royaume d'Escosse en danger d'une évidente ruine, et furent cause d'une grande et piteuse effusion de sang : avec la mesme opinion, le mesme dessein, et les mesmes ministres, ils ont espandu la pomme de discorde parmy ce royaume, et tellement incité les uns contre les autres, que ces trois requérans et leurs ministres seront remarquez à la postérité, pour seuls autheurs de tous les maux et inconvéniens qui adviendront à ceux de la religion réformée et de l'Église romaine.

Or de peur de n'exciter assez de troubles, ils demandent que tous officiers soyent domestiques, soyent d'ordonnance de judicature, de finances, et autres ayans administration ou commission, et pareillement les prélats et ecclésiastiques feront confession de leur foy; et les dilayans ou refusans, seront privez de leurs estats et de leurs pensions, et les gens de l'église, de leurs bénéfices. Ce sont trois personnes privées qui font une loi contre les loix de ce royaume : car il ne fut jamais veu ny entendu que les roys prédécesseurs ayent contrainct leurs subjects à faire confession de foy autre que celle du symbole. C'est une loy contre les loix ecclésiastiques; j'entends les loix ecclésiastiques à leur façon, prinses des conciles et de ceux qu'ils appellent anciens pères ; et ce monsieur qui leur a dicté la requeste et qui est si sçavant pour pallier son mauvais dessein, en devoit amener quelque exemple ; ce qu'il ne sçauroit faire, s'il ne veut apporter en ce royaume l'inquisition d'Espagne, laquelle a esté jugée si inique de toutes les autres nations, qu'il n'en y a pas une qui l'ait voulu accepter; et pour en dire ce qu'il en est, ceste loy est la ratoire qu'ils avoyent renduë à Orléans, peu avant la mort du roy François dernier décédé, et laquelle ne peut tendre qu'à la ruine et entière subversion de tous les subjects du Roy : car lesdicts requérans sçavent bien qu'il y a dix mil gentilshommes et cent mil hommes aptes à porter les armes, qui n'abandonneront ny par authorité, ny par force, la religion qu'ils ont prinse, n'endureront qu'on leur oste les presches, ny l'administration des sacremens. Et estant le Roy mineur, comme il est, il n'appartient à personne de leur commander à vuyder le royaume; et se deffendront avecques les armes contre ceux qui en cest endroict voudront abuser de l'authorité de Sa Majesté. Ceste grande et notable compagnie ne peut estre vaincuë ny deffaite, quand bien il adviendroit (ce que Dieu ne veuille) sans la ruine de ceux qui les auroyent assaillis : tellement que les estrangers que jà ils ont appellez (qui est crime capital et de léze-majesté), rapporteront le fruict de ceste guerre civile; et pour conclusion, parlant comme je fay et pour moy et pour beaucoup de grans seigneurs de ce royaume, et pour dix mille gentilshommes, et autres de nostre suytte, qui voulons vivre et mourir sur ceste querelle, je dy que ladicte ordonnance a esté faicte par trois personnes privées, qui de leur authorité ont cassé celles qui ont esté faictes par le Roy et son conseil; et pour l'exécuter, avant que la consulter, ont prins les armes, et se sont saisiz de la personne du Roy. Je dy davantage, que ladicte ordonnance est contre les loix de ce royaume, la coustume de toute la chrestienté, contre l'édict de janvier, contre la requeste des estats, contre le repos et la seureté des subjects du Roy, et contre la conscience, l'honneur, la vie et les biens d'un grand et infiny nombre de gens de bien, et lesquels ont a tasché de ruiner, de faire mourir les uns et déchasser les autres, soubs le manteau et la couverture de la conscience et de la religion. Ceste ordonnance aussi est faicte contre la liberté d'aller au concile ; et de ce, se devoit adviser celuy qui les a conseillez : car s'il est dict qu'en ce royaume on face confession de foy telle qu'ils demandent, et déclaration de retenir et conserver et la doctrine et les cérémonies de l'Église romaine, c'est une sentence donnée contre ceux de l'église réformée ; et ne faut plus que nos ministres ny ceux des autres nations aillent au concile, puisqu'ils sont condamnez sans les avoir oys ; et avant que ledict duc de Guyse et le cardinal son frère puissent mettre en avant ceste ordonnance de faire confession de foy, il faut qu'ils renoncent à plusieurs articles de la confession d'Auguste, qu'ils ont accordez à Saverne, et promis à un grand prince d'Allemagne, de les faire observer en France; et s'ils disent le contraire, qu'ils le mettent par escript, et leur sera respondu par ceux à qui ils ont faict la promesse. Il faut aussi que ledict cardinal déclare par escript qui soit veu et publié, s'il persiste en ce qu'il a autresfois dict à la Royne, en présence de beaucoup de gens de bien, touchant les articles de la transubstantiation, de garder et porter le sainct-sacrement, de la justification, de l'invocation des saincts, du purgatoire et des images ; desquels articles il en parloit contre l'opinion de son église catholique, apostolique, romaine.

En la requeste est peu après faicte mention de la rupture des images ; et est requis par ceux qui l'ont présentée, que les dommages soyent restaurez, et les délinquans chastiez : surquoy je respondray ce mot, que le sang de ceux qui ont rompu lesdictes images, et qui a esté espandu par quelques-uns des nostres qui les ont voulu réprimer, et depuis par authorité de justice, en ce mesme lieu d'Orléans, tesmoignera tousjours devant Dieu et devant les hommes, combien ces exécutions faictes par une populace, m'ont esté desplaisantes pour beaucoup de respects ; et singulièrement parce que c'estoit contrevenir à l'édict de janvier, et aussi à l'association que nous avions faict publier quelques jours devant ; mais si la rupture des images mérite punition, comme j'en suis bien d'advis (d'autant qu'elle est faicte contre l'ordonnance du Roy), quelle punition se promettent ceux qui s'accoustrent si bien du nom du Roy, des meurtres qui par eux-mesmes et à leurs exemple et sollicitation ont esté faicts à Vassy, à Sens, à Castel-nau-d'Arry, et à Angers, esquels lieux on sçait bien qu'il y en a eu cinq cens hommes ou femmes tuez, non pour autre occasion que pour la religion? Celuy qui a dicté la requeste, devoit examiner sa conscience, et reconnoistre qu'il ne se trouve pas que l'image morte ait jamais crié vengeance; mais le sang de l'homme (qui est l'image vive de Dieu) la demande au Ciel, et l'attire et faict venir, quoyqu'il tarde.

Requièrent puis après les requérans, ou (pour mieux dire) les commandeurs, que les armes soyent ostées à ceux qui ne les ont prises par exprès commandement du roy de Navarre; et que ceux qui se sont ainsi armez, soyent déclarez rébelles et ennemis du Roy et du royaume. Or je demanderoye volontiers à ces seigneurs qui se disent si sages, et tant amis du repos public, si leur requeste ne tendoit pas à tailler toute espérance d'accord, puisqu'ils requièrent que moy et ceux qui sont avecques moy, soyent déclarez rébelles et ennemis du Roy et du royaume : car ils ne disent pas que ceux qui ne voudront laisser les armes; mais ils disent, ceux qui se sont ainsi armez soyent déclarez rébelles : qui est un article qui mérite autre response que par escript; et j'espère dans peu de jours de les aller trouver, et disputer par les armes avecques eux, s'il appartient à un estranger et à deux petits compagnons tels que ceux-là, juger un prince du sang et les deux parts de la noblesse de ce royaume, rébelles et ennemis du Roy. Et ne faut poinct qu'ils mettent en avant le nom du roy de Navarre, duquel ils ont esté à tout jamais ennemis capitaux, du temps des autres roys : ils l'ont reculé et tenu en arrière autant qu'il leur a esté possible, voire jusques à ne vouloir faire mention de luy ny de ses droicts, quand il a esté question de faire quelque traicté de paix. Ils ne sçauroyent dire qu'il ait eu jamais chose qu'il ait demandée, soit pour luy ou pour autruy. Ils ne sçauroyent dire qu'on ne luy ait osté en toutes occasions le lieu qui luy appartenoit à commander, soit en temps de guerre ou en temps de paix; et pour l'achever du tout, du temps du roy François dernier décédé, ils l'ont tenu en moindre rang, que s'il eust esté le plus pauvre gentilhomme de ce royaume; et puis le feirent venir par menaces : empeschèrent qu'homme n'osast sortir d'Orléans, pour aller au-devant de luy : deffendirent à tous chevaliers de l'ordre et autres gentilshommes de le visiter, ne communiquer aucunement avecques luy : envoyèrent un mareschal de France avecques cavallerie et gens de pied, pour saisir tous ses pays, et appellèrent au butin les estrangers, comme tout le monde sçait bien; et voyans leur dessein interrompu par la mort dudict feu roy François, l'on sçait quels conseils furent tenus pour s'en deffaire du tout : résistérent tousjours à ce qu'il n'eust aucune authorité de commander. Ledict de Guyse, par le conseil du conestable, dist il y a un an, que à la prière ny au commandement du roy de Navarre, il ne se retireroit de la cour : le mareschal de Sainct-André en plein conseil luy dist : J'obéiray au Roy et à la Royne, et non à autre; et à ceste heure ils se veullent aider du nom du roy de Navarre qu'ils ont si malheureusement traicté par le passé, et veullent se servir de son nom pour ruyner son propre frère; et d'autant que ledict seigneur roy de Navarre estoit autant aimé que il en fut jamais, ils mettent peine de le faire haïr à la plus grande part de la noblesse et du peuple, espérans que s'ils peuvent du tout le distraire de l'amour de ceux qui si longuement et si fidèlement l'ont aimé, ils auront moyen de le mespriser et mal-traicter, comme ils ont faict par cy-devant : mais la tromperie avecques laquelle ils ont cuidé parvenir à leur dessein, a esté cognue et descouverte, et sera bien-tost publiée par toute la chestienté, à la honte et confusion de ceux qui en ont esté les ministres.

Sur ce qu'ils demandent que le roy de Navarre assemble des forces pour exécuter les choses susdictes, ils monstrent assez ou une grande imprudence, ou un grand désir qu'il n'y ait point d'accord entre nous : car puisqu'ils ont délibéré avecques les armes contraindre ceux de la religion réformée, à ce qu'ils demandent, ils ne devoyent pas le dire jusques à ce que nous eussions esté désarmez; et puisqu'ils nous ont si ouvertement faict entendre leur dessein, nous nous garderons d'estre trompez, et de laisser les armes qu'avecques bonnes enseignes.

Requièrent davantage, que l'on prenne quelques autres articles qui serons baillez par la cour de parlement de Paris; et en cela ils monstrent le peu de compte qu'ils tiennent et de la Royne et du roy de Navarre, et du conseil du Roy; et m'esbahy qu'au moins ils n'ont eu respect aux six grans et sçavans personnages qu'ils ont mis au conseil, desquels l'on pourroit bien tirer quelque bon et notable advertissement; et ne fay aucun doubte qu'audict parlement n'y ait beaucoup de gens de bien, et qui en vertu, en sçavoir et en preudhommie, représentent l'ancienne intégrité de ce sénat; mais les trois requérans y ont donné si bon ordre, que par bénéfices, par offices vendus, et autres à demy donnez, et par autres moyens illicites et indignes d'estre endurez en ce royaume, ils en ont acquis un tel nombre à leur dévotion, que les bons sont bien souvent surmontez par les mauvais; et de ce suffira alléguer que la légation a esté reffusée par deux fois, suyvant l'édict faict et arresté à la requeste des estats, publié et émologué par toutes les cours de ce royaume; et (qui plus est) leur refus estoit fondé sur le devoir de leurs consciences, et de la conscience du Roy; et toutesfois, sans attendre autre jussion que d'une simple lettre de cachet, ils l'ont approuvée et receue par la sollicitation et menées de ces trois, et de leurs ministres. Voilà l'espérance que nous avons d'y trouver un bon advis.

Par un mémoire présenté avecques la requeste, ils requièrent que les villes soyent remises entre les mains du Roy, avecques nouveau serment de fidélité; et voudroyent volontiers (comme ils ont faict du temps du roy François dernier décédé) persuader au monde, que ceux qui ne veullent porter leur tyrannie, sont ennemis du Roy. Il devoit suffire au duc de Guyse et à ses frères, qu'ils se soyent une fois aydez de ceste finesse, au grand desplaisir de beaucoup de gens de bien, quand pour se défendre de ceux qui leur vouloyent mal, ils couvroyent leur querelle de celle du Roy. Si quelcun par injure particulière ou publicque, estoit seulement souspeçonné d'avoir mal parlé d'aucun d'eux, il estoit emprisonné, persécuté, et par lettres patentes déclaré ennemy du Roy et de l'Estat; et pour autant que ceste belle invention leur a succédé une fois, et s'en fussent bien mieux aidé, si Dieu n'y eust mis la main, ils y voudroyent encores revenir. Et combien qu'il n'y ait aujourd'huy homme en ce royaume (au moins de ceux qui sont de nostre part) qui ne soit prest d'exposer et la vie et les biens pour le service de nostre Roy; et toutesfois ils nous disent rebelles. Il n'y en a point de nostre part (et Dieu en est tesmoin) qui ne hazardast volontiers sa vie, pour préserver de mal et d'inconvénient celle de nostre prince que nous aimons uniquement, et honorons comme pour un singulier et précieux don que Dieu nous a fait. Il n'en y a point d'entre nous qui ait prins les armes pour demander quelque chose que ce soit au Roy ny à la Royne sa mère, ny au roy de Navarre. Nous ne demandons point autre roy, autre prince que celuy qui est nostre naturel seigneur. Nous ne demandons point avoir sa personne en main, ny l'authorité de le gouverner. Nous ne luy demandons point diminution de tailles, de subsides, et des droits qui luy appartiennent; mais au contraire, les nostres n'ont jamais murmuré, quelque charge qui leur ait esté imposée; et ont offert et offrent encore d'accorder libéralement tout ce qui luy plaira leur demander, autant que leurs biens et leurs facultez se pourront estendre. Les villes qu'on dit estre rébelles, n'ont point changé de maistre ny de seigneur : récognoissent plus que jamais l'obéissance qu'elles doivent à nostre Roy; et que l'on voye la response qu'elles ont fait, l'on trouvera que les armes ne sont pas levées contre le Roy : plustost mourir que d'y avoir pensé : l'on trouvera que nous n'avons requis chose qui concerne la personne, l'authorité, le gouvernement ny la vie de Sa Majesté : l'on trouvera que les armes sont prises contre la maison de Guyse, conestable et mareschal Sainct-André; et encores c'est avec telle modestie, que nous ne demandons leurs biens, leurs vies, ny leurs estats. Parquoy celuy qui voudra dire que nous portons les armes contre le Roy (comme ils voudroyent faire entendre), il faudra qu'il confesse qu'il est calomniateur, ou bien qu'il voudroit les ayder à usurper ce royaume, et prendre le nom et les effects de roy; et ceux qui conseilleront au Roy de prendre leur protection, et de leur prester le nom, les gens et l'argent, tout ainsi que si nous faisions la guerre à Sa Majesté, tels conseillers seront (quoy qu'il tarde) quelque jour appelez en jugement; et faudra qu'ils rendent raison comment ils ont peu conjoindre la querelle de trois particuliers, avec celle de Sa Majesté, et de tout le royaume : il faudra qu'ils rendent compte de l'argent qui aura esté despendu en ceste guerre, contre les ordonnances des estats du conseil du Roy, pour défendre le bon plaisir de ces trois particuliers. Autre chose ne se peut dire que le bon plaisir; c'est asçavoir, d'estre à la cour ou en leurs maisons; et si tels conseillers ont des biens pour en respondre, j'espère qu'enfin la guerre aura esté faite à leurs despens, et des principaux autheurs, sur les biens desquels je prétends prendre ce qui aura esté despendu, et le remettre au thrésor du Roy, au soulagement du povre peuple.

Pour la fin et conclusion de la requeste, ils protestent que si l'on exécute entièrement ce qu'ils veulent, ils sont prests de se retirer en leurs maisons, voire (si besoin est) d'aller à la fin du monde; tellement que nous sçavons à présent à quel temps nous pouvons espérer qu'ils se retireront : ce sera (disent-ils) quand ces choses susdites seront faites, accomplies et exécutées; c'est-à-dire, quand l'édict de janvier sera par leur authorité cassé : quand par leur ordonnance tous les ministres seront déchassez : quand ceux de la religion réformée ne pourront ouyr sermon, ny prendre sacrement que de ceux de l'Église romaine : quand tous ceux de ladicte religion seront privez de leurs estats, de leurs charges et de leurs offices, et ainsi despouillez, et renvoyez en leurs maisons, exposez à la fureur de ceux qui les voudront manger; et avec la liberté de leur faire perdre la vie, s'ils font aucun scaudale : entendant scandale (comme ils ont fait par le passé, et ainsi a esté jugé) n'aller point à la messe, s'assembler les voisins les uns avec les autres, pour prier Dieu : voilà ce qu'ils appellent scandale. Quand nous serons déclarez rébelles et ennemis du Roy et de son royaume, pour avoir prins les armes, et quand on les nous aura ostées, et que personne n'en pourra avoir que pour exécuter leur ordonnance : voilà les conditions que nous pouvons attendre de ces messieurs : voilà le plus honneste dessein où ils tendent; et se gardent bien de dire à quel poinct ils cuident par après parvenir. Or soit ma demande rapportée et mise en parragon avec la leur. Je demande l'entreténement de l'édict de janvier; et ils veulent de leur authorité le casser et abolir. Ils demandent la ruine d'une infinité de maisons, tant de la noblesse que du Tiers Estats : je demande et désire que tous les subjets du Roy de quelque qualité qu'ils soyent, soyent maintenus et gardez en leurs estats, en leurs biens, et préservez de toute injure et violence. Ils veulent exterminer tous ceux de la religion réformée; et je désire que nous soyons réservez au temps que le Roy sera en sa majorité, auquel temps nous obéirons à ce qu'il luy plaira nous commander; et cependant que ceux de l'Eglise romaine ne soyent troublez, molestez ny empeschez en leurs biens ny en l'exercice de leurs charges. Ils demandent une force d'armes pour exécuter ce qu'ils ont entreprins; et ne regardent pas qu'ils contraindront une infinité de gens de bien à se défendre. Ils ne regardent pas le peu de moyen qu'on a de despendre, ne les incommoditez et ruines que la guerre civile apporte; et (qui pis est) ils ont appelé, et se sont signez, à faire venir les armes estrangères; qui est à dire en bon langage mettre en proye ce royaume : au contraire, je ne demande point que les armes me demeurent en main : je n'employe point l'argent du Roy : je n'appelle point les estrangers pour venir en ce royaume, et en ay refusé de ceux qui m'ont esté présentez; et Dieu en est tesmoin, je les ay priez de n'y venir point, et d'empescher qu'autres n'y vinsent pour moy ou contre moy, et demande et requier (comme j'ay fait par cy-devant) que les armes soyent posées tant d'un costé que d'autre, me faisant fort que de nostre costé il n'y aura ny rébellion ny désobéissance, et que les armes n'auront jamais tant de force ny de vigueur en nostre endroit, que l'amour, la fidélité et obéissance que nous devons à nostre Roy, pour lequel nous ne ferons jamais difficulté d'exposer nos biens et nos vies; et avons fait cognoistre que nous ne sommes pas des gueux, comme l'on disoit, et que nous avons plus de moyen et de force en main pour luy faire service à son besoin, que n'ont avec toute leur suitte et praticques, ceux qui nous veulent exterminer. Ils demandent que nous soyons déclarez rébelles; demandent nos vies, nos honneurs et nos consciences : nous ne demandons rien qui soit de leur vie, de leur honneur, de leur bien, ny de leurs consciences, ny leur souhaitons autre mal, sinon celuy auquel nous voulons nous-mesmes nous obliger; qui est qu'eux et nous, nous nous retirions en nos maisons; le tout suivant les conditions plus amplement déduites en nos déclarations et protestations cy-devant faites et envoyées au Roy et à la Royne; et ne faut point qu'ils dient que leur honneur y seroit intéressé : car puisque nous acceptons la mesme condition, il n'y a point de lieu de se plaindre ny douloir. Nostre demande est juste, d'autant qu'ils sont venus (comme plusieurs fois a esté dit) vers leur Roy, autrement qu'ils ne devoyent, et avec des desseins qui ont esté cause des troubles que nous voyons à présent; et ont demandé et requis la ruine de tant de gens de bien, que quand bien nostre demande ne seroit si bien fondée comme nous l'estimons, encores faudroit-il plustost desplaire à cinq ou six qu'ils sont, que de mal-contenter les deux parts de ce royaume, et qui sont de telle qualité et de telle force, que ceux-là mesmes qui les vouloyent déchasser, recognoissent et confessent aujourd'huy qu'il n'y a ordre de les assaillir, encores moins de les vaincre, sans l'ayde des estrangers.

Or encores qu'il n'y ait aucune comparaison de l'une à l'autre requeste, d'autant que l'une est pleine de justice et d'équité, l'autre d'injustice, de tyranie et de cruauté, et que ceux qui présentent celle qui est sanguinaire et violente, veulent, pour leur plaisir, et pour parvenir à leurs desseins, troubler ce royaume : les autres ne demandent qu'un commun repos et tranquillité, et ne prenent les armes que par contrainte et pour défendre leurs vies, leur honneur, leur conscience. La Royne peut juger laquelle des deux requestes doit estre accordée ou rejettée; et là où pour n'estre en liberté (comme elle n'est à présent) ou bien pour quelque autre respect, elle n'en pourroit décider, et ne voudroit mal-contenter ceux qui les ont présentées, il luy plaira, pour mettre fin à ces troubles, ordonner que lesdites deux requestes soyent enregistrées en la cour de parlement de Paris; que l'édict de janvier soit entretenu, et que les uns et autres posent les armes, se retirent en leurs maisons, jusques au temps que le Roy sera en sa majorité, pour juger qui a bien faict ou mal faict; ou bien que la Royne en vueille décider avec l'avis des Estats, qui à ces fins seront convoquez. Ce remède est commun à tous, et personne ne s'en peut plaindre ni douloir; et est d'exécution si prompte et facile, que celuy qui ne voudra s'y accorder, ne pourra nier qu'il ne soit ennemy du Roy et de son royaume; et ne doit-on point penser qu'il y ait homme au monde (s'il n'est mené de quelque affection particulière) qui ne condamne tous ceux qui avecque si peu de chose ont peu, et n'ont voulu esteindre ce feu et la flamme qui nous ménace de tant de maux et inconvéniens. Pourra aussi juger un chacun qui est le rébelle et ennemy du Roy, ou celuy qui offre laisser les armes et se retirer en sa maison, ou celuy qui veut tout perdre plustost que de lascher la proye qu'il a faicte, de la personne du Roy; et pour autant que de toute guerre civile, l'on ne peut attendre qu'une fin calamiteuse, et qu'il est malaisé de contenir les mains et la volonté des soldats qui sont irritez contre ceux qui les veullent tyranniser, je proteste devant Dieu et devant tous les hommes, que c'est à mon grand regret que je prends les armes, et conduy ceux qui les portent, et qu'avec mon sang je voudroye pouvoir empescher les misérables effects dont la guerre nous ménace; mais puisque l'on n'a tenu compte de ma demande, puisque mes parties veullent estre mes juges, et commandent aujourd'huy soubz le nom et authorité du Roy, je proteste doncques que mon intention ne tend sinon à mettre le Roy en telle liberté qu'il estoit il y a six mois, à remettre le gouvernement ès mains de la Royne, avecque l'assistance du roy de Navarre, comme il a esté dict par les Estats, et contenir et préserver la noblesse et le peuple de toute tyrannie et oppression de ceux qui ne sont appelez à leur commander; et que de tout ceste entreprinse, je n'atten ni veux attendre (et plustost mourir) aucun proffit particulier, ni aucun dessein qui tende à l'avarice et ambition; mais veux rapporter toutes mes actions, et la grace que Dieu me fera, à l'honneur de Dieu, au service du Roy, et au repos et soulagement de tous ses subjectz. Faict à Orléans, le dix-neufième jour de may mil cinq cens soixante-deux. Ainsi signé. LOYS DE BOURBON.

Lettre de monsieur le prince de Condé, envoyée à la Royne, avec la response par luy faite à la requeste du Triumvirat.

Madame. Il faut que je vous die, que ayant longuement discouru sur la requeste que messieurs de Guyse, conestable et mareschal Sainct-André, vous ont présenté, je m'en suis senty tellement offensé, pour les aigres propos qui y sont contenus, qu'il m'a semblé que je me fusse fait grand tort de faillir à y respondre, ainsi que par ma dernière despesche je le vous avois escrit. Pourquoy, Madame, je vous suppliray très-humblement me faire tant d'honneur et de faveur, qu'après avoir receu la response laquelle présentement je vous envoye, prendre la patience de la faire attentivement lire devant Vostre Majesté, et l'escoutant, vouloir si bien balancer mes raisons que j'y allègue, au contrepoix de ce qu'ils proposent, que vous y puissiez asseoir vostre clair et sain jugement. J'adjousteray encore, Madame, une autre requeste à ma tres-humble prière, c'est, qu'il plaise à Vostre Majesté faire si bien garder et leur requeste et ma response, que elles puissent quelque jour estre représentées devant mon Roy, lorsqu'avec l'aage, Dieu luy fera la grace de se resouvenir de ses fidelles et loyaux serviteurs et subjets, à celle fin que Vos Majestez cognoissent l'équité et justice des actions des uns et des autres, et de quel pied et affection chacun aura marché et se sera comporté en son devoir. Me remettant donc sur ce que plus amplement il plaira à Vostre Majesté d'en voir, Madame, je supplieray le Créateur vous maintenir en sa saincte garde. Escrit à Orléans, ce 20ᵉ jour de may 1562.

Lettre sur ce mesme fait, dudit seigneur prince, à la cour de parlement à Paris.

Messieurs, vous sçavez, et chacun ne l'ignore point, que de tant plus tous ceux de nostre maison et moy nous sommes rendus bénins et traittables, voire jusques à nous humilier à l'endroit des hommes qui ne peuvent et ne doivent en rien s'esgaler à nous, d'autant plus aucuns personnages se sont voulu efforcer de nous abbaisser: en quoy nostre nature (exempte de toute ambition et cupidité) les a tousjours doucement supportez: estimant bien que leur petitesse par faveur eslevée, ne sauroit effacer la grandeur en laquelle il a pleu à Dieu nous appeller et faire naistre. Mais puisqu'il y en a qui ont voulu tenter ma patience, jusques-là que d'en vouloir abuser, cuidans que ma jeune expérience ne descouvriroit leurs vieilles finesses, qui ne ont point craint de s'attacher à la chose de ce monde que je tien la plus chère et précieuse, qui est mon honneur (et de faict, je croy qu'avez bien entendu la belle requeste que messieurs de Guyse, conestable et mareschal Sainct-André, ont bien osé présenter au Roy et à la Royne, non moins pleine de calomnies, qu'elle est indiscrétement dressée et escrite), il faut que je confesse, je m'en suis senti tellement scandalizé et offensé, que combien que ma profession soit en tels actes, respondre plustost par armes que de langage, si m'a-il semblé que l'on m'eust réputé tout paralitique de sens et entendement, si je me fusse oublié en cest endroit ; qui est occasion, Messieurs, que y ayant fait response la plus modeste et simple qu'il m'a esté possible, je n'ay pas voulu oublier de vous en envoyer une copie signée de ma main, comme à ceux ausquels je ne veux rien cacher de mes actions et déportemens, et qui à l'advenir seront pour tesmoins à la Majesté de nostre Roy, le devoir et fidélité des uns et des autres. A ceste cause, je vous prie, après l'avoir receue et distinctement leue, pesée et considérée, la vouloir faire soigneusement conserver, pour estre représentée quand l'opportunité et le temps le requerront, et ainsi que bien avez accoustumé de faire es choses d'importance et qui le méritent. Et m'asseurant qu'aurez esgard à ma prière, pour vous estre ce que je suis, je ne vous en diray davantage : priant Dieu, Messieurs, vous donner ce qu'en luy désirez. Escrit à Orléans, ce 20ᵉ jour de may 1562.

Arrest du parlement de Paris, sur une lettre écrite à ceste cour par le prince de Condé.

Ce jour 26 may, maistre René Baillet, président en la court de céans, a dict à icelle, que je (M. du Tillet) l'avois adverty que ce matin maistre Pierre de Masparaulte, conseiller céans, sortant après la plaidoirie, a aperçeu que aulcuns procureurs, clercs et solliciteurs, tenoient un pacquet que aulcuns d'eulx disoient avoir esté placqué à la grand'porte de la chambre du plaidoyé ; et pour veoir que c'estoit, l'a demandé, a leu la couverture, contenant lettres de monseigneur le prince de Condé à messieurs de la court de parlement. Estoit ledict pacquet cloz par derrière, et ès deux costez y avoit cyre rouge pour le placquer ; l'a présenté à messieurs les présidens, oyans la messe, qui l'ont chargé de le me bailler, pour l'après-disnée le présenter à ladicte court ; ce que j'ay faict : et la grant-chambre dudit parlement, celles du conseil et de la tournelle, assemblées, a esté mis en délibération si ledict pacquet seroit ouvert ; a esté arresté qu'il le seroit. Après ont esté les lettres missives desquelles la teneur est insérée à la fin de ce régistre, leues, et la coppie y mentionnée, signée Loys de Bourbon. Ce faict, la matière mise en délibération ; a esté ordonné que, actandu que les Roy et Royne doibvent estre bien-tost en ceste ville, je garderois lesdictes lettres et coppie, et qu'il seroit escript ausdictz Roy et Royne, que l'on a différé leur envoyer, pour le prochain retour, et de la façon comme ledict pacquet a esté trouvé.

En ce temps icy, Ruse, qui se faisoit nommer chancellier des huguenots, fust constitué prisonnier en la Bastille, par mondit sieur le connestable.

Au mois d'avril dernier, il y eust de grands troubles en la ville de Tours, du Mans et Angers, ausquelles villes les huguenots pillèrent les églises cathédralles, rompants images, et desmollissants les églises et pillants les maisons des chanoines.

En ce mesme temps, la commune catholique de la ville de Sens tua plusieurs huguenots, et pilla leurs maisons ; et furent jettés dedans la rivière.

Le unsiesme du mois d'avril, avoit esté publiée une déclaration du Roy, sur le faict et police de la religion, portant deffenses de faire presches et conventicules en la ville et faulxbourgs et banlieue de Paris ; de laquelle la teneur s'ensuit :

« Charles par la grace de Dieu Roy de France.
« A nos amés et féaux les gens tehants nos courts
« de parlement, baillifs, séneschaux, ou leurs
« lieutenants, et à chacun d'eux, si comme à luy
« apartiendra : salut. Estant assés notoire com-
« bien les subjects de cettuy nostre royaume, se sont
« tousjours montrés loyaux, fidelles et très-affec-
« tionnés envers les roys nos prédécesseurs, et
« jusques à nous avoir faict en cela tel debvoir,
« qu'il ne se peult dire que nul autre royaume ait
« par la grace de Dieu trouvé plus d'obéissance
« de ses peuples, que celle que nous avons eüe ;
« tellement que tant plus estrange est-il qu'à pré-
« sent aucuns d'iceux se soient eslevés et mis en
« armes, et assemblés en grand nombre, comme
« nous les voions en divers endroicts d'iceluy ; mes-
« mement en nostre ville d'Orléans, soubs prétexte
« d'une crainte qu'ils disent avoir que l'on les
« veuille rechercher en leurs consciences, et em-
« pêcher qu'ils ne jouissent des édits et ordonnan-
« ces par nous faictes, mesmement au mois de
« janvier dernier sur le faict de la religion, les
« vexer et travailler pour l'opinion qu'ils en ont ;
« et soubs ceste couleur, attirent à eux aucuns de
« nosdits subjects, ausquels ils ont faict prendre
« les armes ; et d'autant que c'est chose trop éloi-
« gnée de nostre intention, et à quoy nous n'avons
« jamais pensé toucher, ne que pour cela ils soyent
« inquiétés ne molestés, affin que nul n'en pré-
« tende cause d'ignorance de nostre ditte in-
« tention, lever et oster à touts nosdits subjects
« le scrupule et crainte qu'ils en pourroient avoir ;
« et se puissent discerner ceux qui seront mehus
« d'autre desseing et passion que du repos de
« leur conscience et zèle de la religion, troublants

« cestuy nostre royaume, et offensans nous et nos-
« tre auctorité; avons par l'advis et délibération
« de la Royne, nostre très-chère et très-honorée
« dame et mère, de nostre très-cher et très-amé
« oncle le Roy de Navarre, nostre lieutenant gé-
« néral, représentant nostre personne par touts nos
« royaumes et pays, de nos cousins les cardinaux
« de Bourbon et de Guyse, ducs de Guyse, Mont-
« morency, connestable, et d'Aumalle, chance-
« lier, seigneurs de Sainct-André, de Brissac et
« de Montmorency, mareschaux de France, et
« autres bons, grands et notables personnages de
« nostredit conseil, dit et déclaré, disons et dé-
« clarons, que nous n'avons mis ni mettons en
« doubte ledit édict du mois de janvier, ne au
« préjudice d'iceluy entendu et n'entendons que
« aucuns de nos subjects soyent pour ceste occa-
« sion, ne aussi pour avoir pris et porté les armes
« pour ledit faict, aucunement recherchés, mo-
« lestés ny travaillés en leurs personnes et biens;
« ce que nous deffendons très-expressément à
« vous et à chacun de vous ; à la charge aussi de
« se contenir par eux, et vivre pacifiquement,
« sans y contrevenir en quelque sorte que ce
« soit, sur les peines y contenües ; sauf et excepté
« toutteffois en ceste nostre bonne ville et cité de
« Paris, faulxbourgs et banlieüe d'icelle, en
« laquelle nous n'entendons, ne voulons qu'il soit
« faict aucunes assemblées publicques et privées,
« ne aucune administration de sacrements en au-
« tre forme que celle qui est receüe et observée
« en nostre Église; et pour ce que nous craignons
« qu'il y ait aucunes opinions ou crainte de simul-
« tes et inimitiés entre plusieurs de nos subjects
« qui les pourroient entretenir en deffiances les
« uns des autres, et troubler le repos de nostre
« royaume et tranquillité de nosdits subjects,
« nous avons défendu et défendons à touts nosdits
« subjets, de quelque qualité et condition qu'ils
« soient, qu'ils n'ayent, à peine de la vie, à s'en-
« trequereller, provoquer ny offenser ; les met-
« tants à notre sauve-garde, et baillants en garde
« les uns aux autres, pour vivre dorénavant en
« telle paix, amitié et union soubs nostre obéis-
« sance, qu'en nostredit royaume, tout port d'ar-
« mes cessés, demeure en repos et tranquillité. Si
« voulons et vous mandons, etc. Donné à Paris,
« le 11e jour d'avril, l'an de grace 1562, et
« de nostre règne le deuxième. Ainsi signé :
« DE L'AUBESPINE. »

En ce temps icy, fust envoyé de la part du Roy par plusieurs fois monsieur de Gonnor, chevalier de l'ordre, et autres, vers monsieur le prince de Condé et ses complices, à Orléans, pour voir s'ils vouldroient laisser les armes. Et encores, le xxvije jour du présent mois, monsieur l'évesque d'Orléans, nommé Morvillier, conseiller du conseil privé, et monsieur de l'Aubespine, secrétaire d'estat et des finances, furent envoiés vers ledit prince, de la part du Roy.

Le dimanche xxvi dudit mois, plusieurs gens ramassés furent en la rue Saint-Denis, près le pillier vert, pour voler des maisons, où ils disoient que l'on faisoit presches et conventicules; dont adverty monsieur de Montmorency, par le commandement du Roy, accompagné de monsieur le prévost de l'hostel, y fust pour y donner ordre ; et trouvant un homme saisy de quelques meubles, le fist sur le champ pendre et estrangler à la croisée des fenestres de la maison où la pillerie se faisoit; les autres qui en estoient coulpables, furent constitués prisonniers.

En ce temps icy, le Roy leva sur ses subjects de la ville de Paris, par forme d'emprunt, la somme de deux cent mille escus, pour fournir aux frais de la guerre contre les séditieux.

En ce mois de may, fust exécuté par monsieur le prévost de l'hostel un homme que l'on trouva volant une maison, et saisy de meubles, auprès le Ponseau à la ruë Saint-Denis, et ce soubs prétexte de dire qu'elle appartenoit à ung huguenot. Ledit homme saisy de meubles fust pendu sur le champ, sans figure ni forme de procès, aux lucarnes de la maison où il avoit faict le pillage ; et peu après y en eust un autre pour le mesme faict exécuté, et quelques femmes qui eurent le foüet.

Le lundy, quatriesme de ce mois, vindrent nouvelles au Roy et à son conseil, comme toutes les églises de la ville de Rouen avoient esté pillées par les nouveaux évangélistes, et les images rompües et abbatües, les titres et ornements bruslés, touts les livres, manuels, messels et psaultiers servants à l'usage du service, touts bruslés, le précieux corps de Dieu foulé aux pieds, portants des hosties au bout d'une lance où il y avoit un dragon, disants en dérision que le dragon avoit mangé la messe ; ceux du parlement dudit lieu chassés, et le parlement cessast; et escripvoient en ceste façon au Roy : « Les « biens vostres humbles et obéissants serviteurs « et subjects de vostre court de parlement de « Rouen, qui a esté et qui n'est plus. »

En ce mesme-temps, les églises d'Orléans furent toutes pillées ; nonobstant que le prince de Condé y fust, l'admiral et d'Andelot, qui avoient néanmoins promis par leur association de ne desmolir croix, ni abbattre images, ni piller les églises. Le semblable fust faict ès églises de Tours et villages circumvoisins. Le semblable ès églises de la Guienne, en la pluspart d'icelles.

Le jeudy vingt et uniesme du présent mois,

vindrent nouvelles au roy de Navarre, que en la ville de Vandosme en laquelle estoit sa femme, toutes les églises avoient esté pillées; mesme l'église du chasteau en laquelle estoient les ancestres, ayeuls et père du roy de Navarre, desquels ils avoient, en dedain de luy, destruist, brisé et rompu les monuments.

Furent envoyés, en ce mesme temps, monsieur le comte de Villars et monsieur de Vieilleville vers monsieur le prince de Condé, pour voir s'il y avoit moyen d'accorder. Estant de retour, rapportèrent qu'il ne vouloit aucun accord, sinon que les églises desquelles ils s'étoient emparés et les villes, demeurassent en liberté de vivre selon leur religion.

Le dimanche vingt et quatriesme, vindrent nouvelles que les catholiques avoient deffaict grand nombre de huguenots en la ville de Toulouse, et que les capitouls de laditte ville avoient faict pendre jusques au nombre de dix-sept ministres. Vindrent en ce mesme-temps nouvelles que les gentilshommes de Provence avoient deffaict beaucoup de huguenots.

En ce temps icy, monsieur le cardinal de Lorraine prescha le jour de la Pentecoste, et au matin et après-disner, et emporta l'honneur d'estre le premier de l'Europe tant en doctrine, érudition, que facundité de langue et de biendire. A son sermon assistèrent le roy de Navarre, monsieur le connestable, monsieur de Guyse, monsieur le mareschal de Saint-André, et plusieurs autres gentilshommes et chevaliers de l'ordre. Ledit sieur cardinal continua ledit sermon à Saint-Germain, le jour de la Trinité, et soir et matin; et au mesme lieu prescha le jour du saint Sacrement, et le lendemain ensuivant, accompagné de grands, princes et seigneurs qui assistèrent à sa prédication.

Le dernier jour du mois, vindrent nouvelles que ceux qui avoient pillé les églises à Vandosme avoient retenu sur la récepte dudit Vandosme, et pillé la somme de vingt-cinq mille livres apartenantes au Roy de sa récepte générale.

Le premier jour du mois de juing, partist l'armée du Roy, en laquelle estoit lieutenant-général pour le Roy, le roy de Navarre: monsieur de Guyse y allast, et monsieur le connestable de France nommé Montmorency, et monsieur le mareschal de Saint-André, avec plusieurs chevaliers de l'ordre; lesquels partirent touts d'une mesme volonté, accompagnés de grande noblesse de France, pour aller contre les rebelles qui s'estoient emparés des villes du royaume, et avoient pillé les églises.

Le mardy second dudit mois, la Royne-Mère partyst du bois de Vincennes, pour aller entre les deux camps, au lieu nommé Toury, pour parlementer avec le prince de Condé. Touttefois ledit prince de Condé ne s'y trouvast pas; dont le peuple de Paris ne fust malcontent, d'autant que l'on se doubtoit que elle faisoit ce à l'intention de moyenner quelque accord que l'on craignoit estre plus au désavantage de la religion chrestienne que autrement.

Peu de temps après, laditte Royne-mère retourna à un lieu nommé Janville, pour parlementer avec le prince de Condé; et le roy de Navarre l'accompagnoit.

Le mardy neufiesme dudit mois, touts messieurs de la court du parlement de Paris, unanimement et d'une mesme volonté, firent profession de leur foy, conformément aux articles arrestés par la Sorbonne, contenus en l'édit faict par le roy François Ier, sur le faict de la religion, en l'an 1543, et jurèrent de garder et observer lesdits articles, et qu'ils croyent lesdits articles. Et parceque il y en avoit plusieurs absents suspects de la nouvelle religion, fust ordonné que ils ne seroient receus à l'exercice de leur estat à leur retour, que premièrement ils ne fissent semblable profession de foy. Fust pareillement ordonné que les avocats et procureurs feroient le semblable, sur peine d'estre dématriculés et interdits de jamais ne postuler.

Le mercredy ensuivant, dixiesme du mesme mois, les advocats firent profession de leur foy en pleine audiance, l'un après l'autre; puis après allèrent au greffe de la court la signer.

Le vendredy dousiesme, les procureurs de la court firent le semblable; ausquels fust enjoinct de se trouver touts à la procession ordonnée par laditte court, pour l'expiation de saint Médard.

Le dimanche quatorziesme fust faicte une procession par l'Eglise de Paris, accompagnée des quatre mandiants et de leurs filles, et furent en l'église de Sainte-Geneviève prendre le corps de Dieu, lequel fust porté à Saint-Médard en grande révérence et dévotion; et estoient tendües les rues. Les religieux de laditte abbaie estoient au costé gauche, et messieurs de l'Eglise de Paris tenoient le costé droict. Messieurs de la court de parlement accompagnèrent, touts en robbe rouge, laditte procession jusques audit lieu de Saint-Médard; lesquels estoient suivis par la pluspart des avocats et procureurs de laditte court; messieurs les cardinaux de Bourbon, d'Armagnac, de Lorraine et de Guyse, assistèrent à laditte procession, revêtus de leurs rochets, et accompagnés de dix évesques semblablement revestus de leurs rochets et camails; monsieur le mareschal de Brissac, gouverneur à

Paris, s'y trouvast. La messe fust célébrée par monsieur l'évesque d'Avranges, doyen de l'Eglise de Paris, et fist le diacre l'abbé de Sainte-Geneviève, et le sousdiacre monsieur Bénédicti, abbé du Val, chef d'ordre de Sainte-Catherine des Escolliers. La prédication publicque fust faicte par un nommé Hungarius, jacobin, au mesme lieu où les ministres de Calvin faisoient leurs presches, nommé le Patriarche.

Le samedy précédant la procession, monsieur le cardinal de Lorraine fust en la court de parlement, leur faire quelques remonstrances ; mesmement pour subvenir au Roy en une telle nécessité qui se présentoit pour le faict de la religion, leur faisant entendre que la Royne-mère avoit essayé touts les moyens pour parvenir à quelque accord ; mais que il n'y avoit point de moyen du costé des adversaires qui sont de la religion nouvelle.

La Royne mère partist le mecredy xvij du présent mois pour aller trouver le prince de Condé à Sainct Symon près Orléans, pour voir s'il y auroit moyen de faire aucun accord ; et ce à la requeste dudit prince.

Le dix-neufiesme jour de juin, il fust proclamé pour la seconde fois que touts soupçonnés de la nouvelle religion eussent à se retirer hors la ville de Paris, et dans vingt-quatre heures, à peine de la hart, s'ils ne venoient à pénitence.

Le dimanche xxi, fust faicte procession généralle, et fust descenduë la chasse de madame Ste. Genevieve et de monsieur St. Marceau ; et à laditte procession assista la court de parlement en robbe rouge, et la maison de ville accompagnée des eschevins et archers, et des lieutenans capitaines érigés de nouveau en laditte ville.

Le lundy xxij, le lieutenant de Bar-sur-Seine fust condamné par arrest de la court, à faire amende honorable en chemise en la grand-chambre, et devant la pierre de marbre, et de mettre le feu aux libelles diffamatoires dont il avoit esté treuvé saisy, et fust condamné à estre envoyé à cinq ans aux galères, et banny après les cinq ans, à perpétuité du royaume, et déclaré inhabile de jamais tenir estat. Et au cas qu'il fust trouvé n'ayant rappel de ban, sera pendu par ledit arrest, sans autre forme ni figure de procès.

Le mecredy xxiiij de juin, y eust paix et articles accordés entre les deux armées estants une lieuë l'une de l'autre, par le moyen de la Royne mère estant lors à St. Simon, où elle estoit allée pour moyenner laditte paix. Le jeudy xxv subséquent, le Roy estant au bois de Vincennes, eust nouvelles de ceste paix, et partist dudit lieu pour aller à Fontainebleau.

Le vendredy vingt-sixiesme, toutes les églises et monastères de la ville de Meaux et des environs, furent pillés et saccagés ; et les catholiques chassés et mis hors de ladite ville par ceux de la nouvelle religion.

Le samedy xxvij, au matin, messieurs de la ville de Paris se assemblèrent aux Bernardins ; et après disner, fust crié que tous ceux de laditte nouvelle religion jusques aux soupçonnés, qui avoient esté déférés par leurs dixeniers, eussent à sortir hors de la ville et banlieuë, dedans vingt-quatre heures, à peine de la hart ; encores qu'ils eussent baillé confession de leur foy.

Le mardy dernier jour de juin, il fust publié un arrest de la court, par lequel tous ceux qui ont pillé et saccagé les églises et maisons, tant de Meaux que autres lieux, sont déclarés rebelles au Roy, crimineux de lèze-majesté divine et humaine ; permettant au peuple de leur courir sus, et tuer ceux qu'ils trouveroient faisants tels saccagements et pilleries.

Ledit jour, le Roy estant à Fontainebleau, eust nouvelles, à dix heures du soir, de la rupture de laditte paix ; et le lendemain matin partist dudit lieu pour aller à Melun.

Le mecredy premier de juillet à quatre heures du soir, fust crié que touts gendarmes qui seroient retirés en la ville de Paris, soubs prétexte de laditte paix ou autrement, eussent à aller au camp en toute diligence, et partir de laditte ville incontinent, sur peine de la hart ; et parceque l'arrest publié le mardy précédent, fust si mal entendu par le peuple, que despuis laditte publication jusques au jeudy après-disné il fust tué, saccagé et jetté en la rivière plus de soixante que hommes que femmes, il fust ledit jour de jeudy après-diné, cryé et deffendu sur peine de la hart, de ne tuer personne ; mais rendre à justice ceux qu'ils prendroient ; si ce n'estoit qu'ils fussent trouvés en flagrant délict, comme il est contenu par ledit arrest ; ce qui modéra la fureur du peuple.

Le septiesme jour dudit mois, fust donné arrest de la court de parlement contre touts bénéficiers qui ont pris les armes contre le Roy. Par ledit arrest laditte court en ayant esgard à la requeste de monsieur le procureur général du Roy, et enterinant icelle, a ordonné et ordonne, etc.

Le troisiesme de juillet, fust publié arrest et ordonnance en la court de parlement, par lequel est enjoinct à touts officiers royaux et autres, de faire profession de leur foy et religion catholique.

Le mesme jour, avoit esté publié arrest en la court de parlement, par lequel fust permis aux communes, tant des villes que villages, de prendre les armes contre les pilleurs des églises et maisons, et faiseurs de conventicules et assemblées illicites.

Le dix-septiesme de juillet, fust donné arrest de la court de parlement, sur l'emprisonnement et punition de tous prédicants, ministres et autres officiers de la nouvelle secte; et deffenses à toutes personnes de les receller.

Le vingtiesme du mois de juillet, le lieutenant général de Pontoise nommé Bauchenu, fust exécuté par justice et arrest de la court, et fust pendu en Grève, pour avoir faict prescher soubs le nom du Roy dedans la ville de Pontoise et lieux circonvoisins, en autre forme que l'Église ancienne.

En ce mois icy, il y eust plusieurs huguenots noyés et tués par le populaire, en la ville de Paris.

Lettre de monsieur le prince, au roy de Navarre son frère, sur les violences et efforts qu'il soufrit faire en la ville de Bloys, après la prinse d'icelle.

Monsieur. Plusieurs personnages de l'Église réformée de Bloys, lesquels se sont retirez en ce lieu, m'ont fait entendre comment ils ont esté advertis que depuis que vous estes-là, il s'y fait de grandes persécutions et cruautez contre tous ceux de ladite Église, que l'on y a peu appréhender, combien qu'ils ne puissent estre chargez que d'avoir fait profession en ladite Église, ou s'estre employez aux affaires d'icelle, au reste ayans tousjours esté congneus pour gens de bien en leurs estats; tellement que tout ce qu'on leur fait souffrir, ne peut estre que pour exercer la vengeance d'aucuns de contraire opinion; pour laquelle occasion, ceux-cy qui m'en ont parlé, m'ont requis et supplié de vouloir avoir pitié de leurs frères et amis, et leur ayder du moyen que je puis avoir, pour faire cesser telles cruautez, comme je désirerois bien pouvoir faire : et à ceste cause, je vous ay bien voulu escrire la présente, pour vous supplier très-humblement, Monsieur, qu'il vous plaise tenir la main à ce que telles pauvres personnes qui ont jà souffert beaucoup d'affliction, ne soyent traitées si inhumainement ; ains se resentent de vostre bonté et clémence : car je m'asseure bien que telles cruautez procèdent principalement de la poursuite des dessusdits de ladite ville, pleins de vindication ; et lesquelles vous y incitent tant qu'ils peuvent; ne considérans pas que si telles cruautez continuent, j'en prendray occasion (comme est mon intention) de traicter d'une mesme façon, ceux de vostre costé qui sont entre mes mains, ou y tumberont par cy-après ; mais devant que d'en venir à ces termes, je vous ay bien voulu advertir, d'autant que vous avez tout pouvoir d'obvier à cela : me recommandant sur ce très-humblement à vostre bonne grace, et suppliant le Créateur, Monsieur, qu'il vous doint très-bonne et longue vie. D'Orléans, ce 23 jour de juillet, 1562.

En ce mois icy, fust publié en la court un *arrest contre les rebelles et séditieux*, qui en forme d'hostilité ont pris les armes contre le Roy en son royaume, et pillé les églises et maisons des catholiques ; duquel arrest la teneur s'ensuit.

« Veu par la court, toutes les chambres as-
« semblées, les lettres patentes du Roy, du hui-
« tiesme jour d'avril dernier passé, vérifiées et
« enregistrées en icelle le neufviesme jour dudit
« mois ; autres lettres patentes dudit seigneur,
« du cinquiesme jour de may ensuivant, signées,
« Bourdin, et seellées ; du vingtiesme jour de ce
« mois, aussi signées Bourdin ; concernans les
« rebelles et séditieux qui ont pris les armes
« contre le Roy, desmoly et pillé les églises et
« maisons des catholiques ; les conclusions du
« procureur général du Roy, et sur le tout la
« matière mise en délibération ; la cour ayant
« esgard aux conclusions dudit procureur général
« du roy, et lettres patentes dudit huitiesme jour
« d'avril, et suivant icelles, a déclaré et déclare
« rebelles et ennemis du roy et de la couronne
« de France, séditieux et perturbateurs du repos
« publicq, criminels de lèze-majesté divine et hu-
« maine, tous ceux qui en forme d'hostilité ont
« pris les armes contre le Roy en son royaume,
« tant ès villes d'Orléans, Lion, Rouen, Meaux,
« Bourges, Poietiers, Angers, Angoulesme, Mans,
« Bloys, Tours, Vendosme, Beaumont, et autres
« villes, chasteaux, bourgades et villages de ce
« dit royaume, pillé, saccagé, volé et desmoly
« les églises et monastères, atténté contre les
« saincts sacrements, bruslé les reliques et osse-
« mens des corps saints, abbatu les croix et ima-
« ges, ravy et desrobé les croix, calices, orne-
« ments, joiaux et meubles précieux desdites
« églises et monastères, violé les sépulchres des
« prédécesseurs roys, princes, ducs, comtes et
« seigneurs, pillé et saccagé villes, chasteaux,
« villages et maisons des gentilshommes et autres
« bons et loyaux subjects du Roy, saisy et pris
« les deniers et finances dudit seigneur ; ensem-
« ble leurs faulteurs, complices et adhérents,
« qui leur ont donné confort et ayde, soit de
« vivres, armes et argent ; déclare ladite cour
« tous les héritages féodaux apartenants à ceux
« de la qualité dessusditte, tenus et mouvants

« immédiatement du Roy, réunis et incorporés
« au domaine et couronne de France ; et touts et
« chacuns leurs autres fiefs, héritages et biens,
« tant meubles que immeubles, acquis et confis-
« qués au Roy ; et comme tels les a privés et
« prive de touts les estats, offices et charges,
« qu'ils et chacun d'eux peuvent avoir en ce
« royaume ; lesquels dès à présent laditte cour
« a déclaré et déclare supprimés, quant à ceux
« qui par les édicts du Roy sont subjects à sup-
« pression ; et les autres vacans et impétrables ;
« sur touts lesdits biens les églises pillées et
« parties intéressées, préalablement récompen-
« sées. Faict icelle court inhibitions et deffences
« à toutes personnes de quelque qualité et condi-
« tion qu'ils soient, de porter ou envoyer vivres,
« argent, armes ne autres choses quelsconques,
« au camp et villes dont lesdits rebelles se sont
« emparés, sur les peines cy-dessus contenües ;
« et pour s'enquerir qui sont ceux de la qualité
« dessusditte, sera baillée au procureur général
« du roy commission de laditte court, adres-
« sante à certains des conseillers d'icelle, juges
« royaux, commissaires et enquesteurs des lieux,
« sur ce requis, pour l'information faicte et rap-
« portée devers elle, y estre pourveü ainsi qu'il
« appartiendra par raison. Faict en parlement,
« le xxvij^e jour de juillet, l'an 1562. Ainsi signé.

« BERRUYER. »

« La cour a déclaré et déclare, que par l'ar-
« rest par elle donné ce jourd'huy contre les re-
« belles et désobéissants à Dieu, au Roy et à
« son royaume, elle n'a entendu et n'entend y
« comprendre messire Loys de Bourbon prince
« de Condé, pour les causes et raisons contenües
« ès lettres patentes dudit seigneur Roy, du hui-
« tiesme jour d'avril dernier passé, et en celles
« du vingtiesme jour de ce mois, portants qu'il
« a esté contrainct à force de faire ce qu'il a faict.
« Faict en parlement, le vingt-septiesme jour de
« juillet, l'an 1562. Signé. »   « BERRUYER. »

Le pénultiesme jour du présent mois de juillet, passèrent par le milieu de la ville de Paris, six mille lansquenets, pour aller au service du Roy, et entrèrent par la porte Saint-Anthoine, et sortirent par la porte Saint-Jacques, et fault noter que toutes les dixaines de Paris estoient en armes, faisants hayes des deux costés et des champs et de la ville, despuis le petit Saint-Antoine jusques au rempart qui estoit au faulxbourg Saint-Jacques, sur lequel y avoit quatre mil hommes en armes, et autant sur le rampart de la porte St. Anthoine.

Extrait de l'instruction du prince de Condé, pour traicter aveq le duc de Wirtemberg.

Pour ce que la Royne mère a veu que nous avyons espérance de secours en plusieurs endroictz, et que les choses succèdent plus mal qu'ilz n'estimèrent, et que mesmes ilz ne se pouvoient asseurer des estrangiers qu'ilz ont faict venir, dont le plus grande part dict qu'ilz ne combatront point contre la religion ; s'estans desjà une cornette de Réistres rendu à nous ; cela, aveq la doubte qu'ilz ont de la part d'Angleterre, a esté cause que Ramboillet a esté dépesché icy vers monsieur le prince, où il arriva le xxvij de ce mois, ayant charge de nous parler de moyenner de la pacification, d'en faire ouverture, et d'en demander de telles seuretez que nous pensions estre nécessaires pour cest effect, sans offenser personne ; lequel est retourné dès le lendemain, sans remporter choses de nous dont il puisse grandement faire son prouffit; mais pour ce que nos ennemys sont artificielz, ilz ne fauldront de faire courir ung bruict de paix, et mesmes supposer lettres escriptes en nostre nom, et comme venants de nostre costé, pour eslongner ou divertir noz forces, et divertir ceulx qui veullent favoriser une sy juste querelle; nous avons bien voulu vous envoyer ce porteur, pour vous advertir de diligenter nostre secours. Depuis que Dieu nous a mys ceste occasion en main d'advancer sa gloire et planter son Évangile en ce royaulme, n'adjoustés foy à nouvelle ou escrit quelconque, parlant de paix, laquelle ne se fera point sans que les messieurs les princes protestans ny interviennent, ny que leur ayons le tout premièrement communiqué, et sur ce eu leurs bons advis.

Autre lettre de monsieur le prince, à monsieur le duc des deux Ponts.

Monsieur mon bon cousin. Afin que tout le monde cognoisse avec quelle sincérité et ouverture de cœur, j'ay tousjours voulu conduire mes actions et déportemens en la querelle que maintenant je soustiens, il faut que je vous die, que l'un des plus grans plaisirs que j'eusse peu recevoir, a esté celuy, quand pour cest effect, les plus clairs esprits et meilleurs jugemens de ceux qui sont venus à la suscitation et prattique de Rockendolph, à leur arrivée par deçà, ont voulu entendre les causes et raisons qui ont meu les perturbateurs du repos public de ce royaume, conjurez à la ruine de l'Évangile d'un costé, et moy à la deffendre de l'autre, et prendre les armes pour se ranger avec ceux qui estoyent les mieux fondez, et soustenoyent le plus saint et équitable parti; entre lesquels s'estant retrouvé le seigneur Gaspar présent porteur; après avoir esté bien amplement informé et au vray, de l'origine, de l'occurrence et du succès des choses, et s'estant retiré du mien, je l'ay prié vouloir prendre ceste peine de s'acheminer par devers vous, non seulement pour vous rapporter fidèlement ce qui est digne d'en estre creu (d'autant que la subtilité et artifice de nos adversaires n'est qu'à sémer mensonges et calomnies), mais aussi pour vous prier de n'adjouster foy à ce que par eux vous sera ci-après mandé : et cependant pour ce que la nécessité nous presse de haster le secours que nous espérons et attendons de vous et de tous nos bons amis, donnez ordre, s'il vous plaist, qu'il soit chaudement poursuyvi, et non moins vivement conduit et envoyé. Je ne vous diray point combien la diligence sera grandement utile et profitable, parce qu'avec la considération que vous en pourpenserez en vous-mesmes, la suffisance d'iceluy seigneur Gaspar vous en sçaura très-bien rafraichir la mémoire. M'en remettant doncques sur la dextérité de son bon entendement, après m'estre bien affectueusement récommandé à vostre bonne grace, je prieray le Créateur, Monseigneur mon bon cousin, vous donner en parfaite santé, très-heureuse et longue vie.

Escrit à Orléans, ce dernier juillet 1562.

Le premier jour d'aoust, la Royne mère alla en l'Hostel-de-Ville, pour remonstrer la nécessité du temps, et prier messieurs de la ville de vouloir secourir le Roy son fils, et que les deniers qui lui seroient baillés, seroient rendus à Noël prochain; ou bien que l'on en feroit rente à ceux qui les voudroient mettre à rente.

Le lundy ensuivant qui estoit le troisième jour dudit mois, fust faicte assemblée de ville de toutes gens, en laquelle se trouva monsieur le cardinal de Lorraine qui proposa l'intention du Roy et de la Royne sa mère; et ce faict, plusieurs offrirent deniers au Roy volontairement. La subvention qu'on demandoit estoit de cinq cent mille livres.

Le quatriesme jour qui estoit le mardy, quatre furent exécutés pour le fait de St. Médard, dont y en eust deux qui eurent le poingt couppé devant l'église, et l'un d'eux la langue percée; et furent touts quatre pendus et estanglés dedans le lieu du Patriarche, qui estoit le lieu où les ministres de la nouvelle secte faisoient leurs synagogues et presches; et puis après leurs corps mis en cendres.

Le mesme jour, le Roy s'achemina pour aller à son camp avec toute sa maison, et arriva à Blois le xie jour d'aoust.

En ce mesme temps, se respendit la nouvelle que les huguenots qui s'estoient emparés de la ville d'Orléans, avoient perdu en ladite ville une grande partie des munitions de poudre, par inconvénient du feu; et que le couvent des cordeliers de ladite ville en avoit esté ruiné, avec plusieurs maisons circonvoisines, et vingt hommes qui y moururent.

En ce mesme temps, vindrent nouvelles que monsieur le mareschal de St. André avec monsieur le comte de Villars, et toute leur gendarmerie, entrèrent de force pour le Roy dedans la ville de Poictiers, où ils firent grandes exécutions; et y eust beaucoup de gens tués. En mesme temps vinrent nouvelles que dedans la ville d'Angoulesme, ceux qui y estoient allés pour le Roy, avoient faict le semblable, et avoient esté les plus forts.

Le vendredi veille de la Nostre-Dame d'aoust, fust exécuté le lieutenant de Senlis, pour avoir faict la Cène à la mode de Genesve.

Le dimanche xvi d'aoust, furent à la requeste de monsieur le procureur général du roy, jettées monitions, *ad finem revelationis*, de ceux qui sçavent et cognoissent les officiers du Roy qui ont esté à la presche, et faict la Cène ou exercice des sacrements en autre forme que l'Église catholique a receu, comme baptesmes, mariages et autres. Ce mesme jour, vindrent nouvelles que en la ville d'Orléans, il avoit esté faict commandement de par le prince à touts papistes, de vuider la ville dedans deux heures, sur peine de punition corporelle; et de n'emporter avec soy que douze livres dix sols.

En ce temps icy, la mortalité de peste fust grande; mesmes en la ville de Paris, et en la plus grande partie des villes du royaume.

Le vingt et uniesme du présent mois, par arrest de la court du parlement, un nommé Babaston, chevalier du guet, fust exécuté devant l'hostel de la ville, et eust la teste tranchée; et ordonné que son corps seroit mis en cendre, et la teste portée à la porte Saint-Marceau; et ce pour le faict de la sédition de Saint-Médard; et est à noter que combien que ledit Babaston fust mort bon chrestien et repentant des faultes qu'il avoit commises, si est-ce que l'insolence du peuple après sa mort fust telle, que le corps estant au feu, le tirèrent hors du feu, et le traisnèrent depuis ledit Hostel-de-Ville jusques au logis dudit chevalier du guet, baillants des coups de bastons sur ledit corps; qui estoit chose pitoïable à voir.

Lettre de monseigneur le prince au Roy, sur le mandement des eschevins d'Orléans, pour aller trouver Sa Majesté à Bloys.

Sire. J'ay receu la lettre qu'il a pleu à Vostre Majesté de m'escrire, à ce qu'il ne soit donné aucun empeschement aux eschevins de ceste ville de vous aller trouver, pour leur faire entendre aucunes choses concernans vostre service : à quoy Vostre Majesté, s'il luy plaist, me permettra de librement dire que ceste façon m'a autant contristé et serré le cœur, que autre nouvelle que d'ailleurs l'on m'eust sçeu rapporter ; m'estant advisé, Sire, que si ceux qui sont auprès de vous, eussent bien voulu considérer l'honneur que j'ay de vous estre ce que je suis, et consciencieusement ballancer avecques ma géniture, l'inclination de mon cœur, ensemble la fidèle dévotion que j'ay au bien de vos affaires, et que le bandeau de leurs animositez et mauvaises affections qu'ils me portent n'eust voylé et obscurcy les yeux de leurs entendemens, tant s'en faut qu'ils eussent poursuyvi une telle despesche, que plustost ils vous eussent conseillé me recommander vostre bon plaisir en ce que voudriez requérir de vos subjets en ce lieu, afin de vous y faire rendre la très-humble obéissance qui par devoir et par naturelle obligation vous est deue d'un chacun ; mais puisque par tous apparens tesmoignages, ils taschent de démonstrer l'envie qu'ils ont de continuer à faire toutes les tristes offices dont ils se pourront adviser à l'encontre de moy, et vous imprimer toutes sinistres opinions de mes actions, il me suffira pour ceste heure, de très-humblement vous remonstrer, Sire, que combien que j'aye assez et trop d'occasion et d'argument pour justement me complaindre de tant d'indignitez que l'on s'efforce me faire ordinairement souffrir, toutesfois mon intégrité et ma loyauté, desquelles je ne veux céder à créature vivante en ce monde, rendent ma conscience si nette et repurgée de tout soupçon et doute, que toutes calomnies et impostures ne la sçauroyent aucunement maculer ; tellement que j'espère que Dieu me fera la grace que la vérité (sa fille aisnée) avecques le temps, vous descouvrira clairement et la sincérité de mes intentions, et le mal talent de mes ennemis ; ne me pouvant derechef contenir de me complaindre à vous et non de vous, Sire, du tort qui m'a esté fait de ne me commander ce qui est icy nécessaire pour vostre service, et de la mesfiance en quoy l'on vous veut faire entrer en mon endroit.

Sire, je supplie le Créateur vous continuer en toutes vertueuses prospéritez, très-longue et très-heureuse vie. Escrit à Orléans, le 13 d'aoust 1562.

Autre lettre du mesme subjet, à la Roine.

Madame. Entre tous les malheurs dont je me suis jamais senty assailly, je répute celuy par trop grand, qu'il faille que les effects de mes sincères affections soyent récompensés par les indignitez que l'on me fait ordinairement souffrir, et que pour avoir rendu une très-humble et dévote obéissance à vos commandemens, pour la conservation de l'authorité et vie de vos Majestez, qui est l'une des principalles occasions de m'avoir fait prendre les armes, je voye vos ennemis secrets et les miens, les seuls manifestes perturbateurs du repos public, vouloir tant entreprendre, que de commander à vos volontez, si que par ces moyens vous déclairiez une ouverte mesfiance de ceux dont la fidélité ne donna jamais un simple argument de scrupule ou doute, et vous confier maintenant en leurs conseils et persuasions, quoyque Vostre Majesté sçache assez qu'ils n'ont espargné aucuns artifices pour vous faire perdre ce qui si sollennellement vous a esté desféré et acquis. Je le dy, Madame, suyvant la dépesche qui a esté envoyée aux eschevins de ceste ville, par laquelle il leur est mandé aller trouver vos Majestez, pour leur faire entendre aucunes choses qui importent au bien de vostre service ; de quoy je ne me puis contenir de me plaindre, n'ayant eu cest honneur de leur commander de vostre part, estant sur le lieu comme je suis, le bon plaisir de vos Majestez : me faisant par là cognoistre le peu de gré que l'on me sçait de mes passez services, et la défaveur que je reçoy d'estre privé de vos bonnes graces. Si est-ce que encores qu'avecques extresme regret je sois contraint d'en remascher à part moy la patience, je ne délaisseray pourtant à persévérer en mon premier et ancien devoir, lequel continuera jusques au dernier souspir de ma vie, avecques l'aide de mon Dieu ; lequel, Madame, je supplie vous donner en parfaite santé, très-longue et heureuse vie. Escrit à Orléans, ce 13ᵉ jour d'aoust 1562.

Lettre dudit seigneur prince, au lantgrave de Hessen, le remerciant de ce qu'il a fait pour l'acheminement des Allemans.

Monsieur mon bon cousin. Encores que vos Vertueuses actions ayent cy-devant assez fait cognoistre la singulière et dévote affection que vous portez à la gloire de Dieu et la pureté de son service, n'y ayant jamais espargné facultez ne moyens qui fussent en vostre puissance, mais comme tout le monde sçait, pour cest effect très-libéralement exposé jusques à vostre propre personne ; et que d'autre part, l'affinité et conjonction dont vous estes naturellement lié en amitié avecques ceste couronne, vous rendent tant enclin à désirer la grandeur et conservation d'icelle, que vous estes ; toutesfois, quoyque ces louables offices soyent dignes d'une grande récognoissance et gratification, si est-ce que le tesmoignage et démonstration de la continuation en un tel et si sainct zèle en l'une et en l'autre cause, que vous avez faites pour le regard de la France maintenant affligée, sont tellement remarquables et dignes d'un prince véritablement chrestien, que je veux bien croire qu'elles outrepassent les précédentes, et penseroye faire trop de tort et à la réputation de ce royaume et à moy-mesme, si j'en cachois le mérite : car m'ayant mon oncle monsieur d'Andelot, bien amplement fait entendre avecques quelle ouverture de cœur vous vous estes franchement présenté au secours dont il vous a requis en la querelle que maintenant accompagné de la meilleure et plus saine partie, tant de la noblesse que des autres estats de deçà, justement je soustien, qui ne tend qu'à défendre nostre religion, et faire rendre à nostre Roy et à la Royne sa mère, non seulement leur pleine et entière liberté, mais aussi l'authorité et le devoir qui leur appartient, je ressen en moy-mesme tant grand, tant avantageux et offert si à propos, que véritablement j'en récognois et advoue en tenir après Dieu la seule obligation de vostre bon moyen, comme la seconde cause et premier motif de suader aux autres princes de de-là, d'y entendre et nous aider ; aussi vous prieray-je, Monsieur mon bon cousin, estre certain que ce bien-fait me tiendra de telle souvenance, qu'après qu'il aura pleu à Dieu réduire toutes choses en bon estat, je rendray telle peine et devoir de le faire entendre à Leurs Majestez, et à tous les plus grands, pour en sçavoir gré, que je suis certain que n'aurez point de regret de vous y estre employé et l'avoir imparti. Cependant vous en recevrez, s'il vous plaist, pour arres, l'humble et affectionné remerciement que je vous présente ; et au demeurant, penser que j'estimeray tousjours à bien grand heur et contentement, quand par une bonne occasion, je vous pourray faire paroistre ce que je sen beaucoup mieux dans le cœur, que je ne le vous puis déclarer par lettre : et sur ce, me récommandant très affectueusement à vostre bonne grace, je supplieray le Créateur, Monsieur mon bon cousin, vous continuer en toute prospérité, le cours encommencé de vostre heureuse vieillesse.

Escrit à Orléans, ce vingt et sixième jour d'aoust 1562.

Lettre du prince de Condé, au duc de Wirtemberg.

Monsieur mon bon cousin. Quant encores le désir que j'ay de souvent me ramentevoir en vostre bonne souvenance, cesseroit, touteffois l'infinité des plaisirs aveq lesquelz vouz vous efforcés testifier l'affection que vous portés à la gloire de Dieu, subvenant comme vous faictes de voz moyens, à ceux qui en deffendent la querelle ; et la particulière amytié que vous avez en mon endroict, me contrainderoient à la satisfaction de mon debvoir : car ayant clairement cogneu par ce que m'a mandé mon oncle monsieur d'Andelot, les honnestes propos que luy avés tenu, dont je ne vous sçaurois assés à mon gré affectueusement remercier, cela m'a confirmé ceste bonne opinion, de laquelle je m'estois tousjours promis et asseuré de vous, et que s'il vous plaist, vous ne vous laisserez de poursuivre et continuer ; ne voulant au demeurant, Monsieur mon cousin, oublier de vous faire la déclaration de bonne volonté que nous a faicte la royne d'Angleterre, princesse véritablement chrestienne, nous favorisant et de gens et d'argent : et au contraire, les indignes actes que le Ringraff, contre ses promesses, a exécutés à son pouvoir, allencontre de nous, dissimulant néantmoings estre de nostre partie ; n'ayant cessé jusques à ce qu'il ayt conduit celuy qui commandoit dedans Bourges, rendre la place entre les mains de nos ennemys ; chose qui luy cause telle réputation envers ceulx-là mesme qu'il tasche de gratiffier, que par toutes ses menées il faict assaillir la religion en France, par ceux qui en leurs pays font profession de la deffendre ; ainsy que plus amplement vous sçaura bien faire entendre mondit oncle monsieur d'Andelot ; sur la despesche duquel je me remectray ; et sur ce, après m'estre bien affectueusement récommandé à vostre bonne grace, je prieray le Créateur vous donner, Monsieur mon cousin, en parfaicte santé, très-longue et heureuse vie. Escript à Orléans, ce 13ᵉ de septembre 1562. Dessoubz est escript : Vostre humble et affectionné cousin et parfaict amy. Et plus bas. LOYS DE BOURBON.

En ce temps icy, vindrent nouvelles de la prise de Mascon par monsieur de Tavanes, contre les nouveaux évangélistes, laquelle ville fut remise en l'obéissance du Roy.

Le second jour du mois de septembre, estoient venu de maulvaises nouvelles, que le premier jour dudit mois les munitions de pouldre avoient esté prises et bruslées près Chasteaudun par les ennemis du Roy. Toutefois l'artillerie ne fut prise par eulx, mais remenée dedans Chasteaudun,

Le jeudy au soir, troisième du mois, vindrent nouvelles de la prise de Bourges, laquelle ne fust prise d'assault, mais par composition. Les articles de la composition ne se disoient point au vray le jour que les nouvelles vindrent.

Depuis, le Roy repassa à Montargis, où il réduisit la ville en son obéissance; de-là on laissa près d'Orléans huit mille hommes; et partyst le camp du Roy pour aller à Rouen assiéger la ville.

Le sixième du présent mois, fust donné arrest de la cour en la chambre des vacations, portant permission aux capitaines de Paris de constituer prisonniers ceux qui sont revenus de Poictiers, Bourges, et autres lieux rebelles au Roy ; ensemble ceux ausquels a esté faict commandement de vuider la ville de Paris, encores qu'ils ayent faict profession de leur foy.

En ce temps icy, monsieur de Boissy, grand escuier, fust envoié, par le commandement du Roy, en la ville de Meaux, où le vingt-huitiesme ensuivant, pour les rebellions et indignités commises par les huguenots, par le commandement dudit seigneur Roy, fist desmanteler le marché dudit Meaux, qui estoit le plus fort et principal lieu de laditte ville, et là où touts les huguenots se retiroient.

Au commencement du mois d'octobre, la ville de Rouen fust assiégée, en laquelle estoit Montgommery, celui qui tuast le roy Henry second du coup de lance; et disoit-on, qu'il portoit en ses armes un heaume percé d'une lance, qui estoit chose fort dure à croire.

Le mardy, sixiesme dudit mois, le fort Ste. Catherine, près la ville de Rouen, fust pris d'assault, où il y eust grand nombre de gens tués ; auquel assault fust monsieur de Guyse vaillamment et hardiment.

En ce mesme-temps, monsieur de Selve, conseiller du conseil privé, accompagné de Mr. Sapin, conseiller de la court, et du fils de feu monsieur le président Riant, furent pris par ceux d'Orléans, estant envoiés en ambassade par le Roy de France vers le Roy Catholique en Espagne.

En ce temps icy, ceux d'Orléans firent de grandes incursions par tout le pays de la Beauce prochaine d'Orléans, jusques à deux lieues près de Chartres ; et firent grands dégats, dévastations et pilleries sur les pauvres gens.

Dans ce mesme-temps, un gentilhomme nommé Maligny, visdame de Chartres, vendist aux Anglois un lieu et place nommé le Havre de grace, qui appartenoit au Roy, et se retira en Angleterre ; et par ce moyen introduisit les Anglois, anciens ennemis de la France, dedans le royaume.

En ce mesme-temps fust grand bruict que d'Andelot amenoit grand nombre d'Allemands contre le Roy, et estoient jà en la Lorraine.

En ce mesme-temps, vindrent nouvelles que le roy de Navarre, estant devant Rouen à la tranchée, pour donner courage aux soldats d'aller à l'assault, fust fort blessé d'un coup d'arquebouse.

Le lundy, vingt-sixiesme d'octobre, fust prise la ville de Rouen d'assault, à l'heure de deux heures après le disner ; et il y eust peu de gens du Roy tués ; entre lesquels y eust deux grands personnages occis, dont l'un estoit chevalier de l'ordre, nommé Mr. Gedoyn ; et l'autre Castelpers, gentilhomme et unicque fils d'une maison de vingt-cinq mille livres de rente. Audit assault et à l'entrée et furie, y eust beaucoup de gens tués en laditte ville de Rouen ; et ne fust possible d'empescher que la meilleure partie de la ville ne fust pillée. La ville estant ainsi prise, les principaux facteurs et entrepreneurs de la sédition, comme un nommé Cotton, riche marchand de laditte ville, et un nommé Mandreville, président des monnoyes à Rouen, se retirèrent avec quatre cent hommes dedans le vieux palais, pensants tenir fort ; mais ils furent contraincts le mardy ensuivant de se rendre à la mercy du Roy.

Le comte de Montgommery se sauva au Havre de grace ; mais en la ville de Rouen fust pris un nommé Mandreville, président des généraux audit Rouen, lequel le vendredy suivant fust mis à mort, traisné sur une claye, et puis après eust la tête tranchée, parce qu'il étoit des principaux auteurs de la sédition. Marlorat, qui étoit le principal ministre de leur secte, et qui les avoit confirmés en leur religion et troubles, fust pendu et estranglé. Fust octroyé pardon à touts ceux de la ville, fors et excepté à un nommé Cotton, eschevin de laditte ville ; à un nommé Chocausse, et à nommé de Croisie ; et deux autres, lesquels estants fabricateurs et instigateurs de la sédition, furent pendus et estranglés.

La veille St. Simon et St. Jude, furent publiées lettres en la court de parlement, séant la chambre des vacations, requérant le procureur général du roy, par lesquelles le Roy vouloit que l'on aliesnast, sur les biens immeubles des églises du royaume, cent mil livres de rente, pour la somme de douse cent mil livres, soit par aliénation perpétuelle, soit par engagement. Cette ouverture fust trouvée de périlleuse conséquence.

Le sixiesme jour de novembre, vindrent nouvelles que ceux d'Orléans, indignés de l'exécution que le Roy et son conseil avoit faict faire en la ville de Rouen, firent pendre et estrangler Mr. Sapin, conseiller en la court de parlement, beau-frère du premier président Magistri, et avec luy son clerc, et Mr. l'abbé de Gastines, homme plus que sexagénaire. Cette façon de faire estonna beaucoup de gens, et non sans cause; car ledit Sapin estoit fort homme de bien, *et in quo non erat dolus*.

Le septiesme jour de ce mois, fust pourveu sur les lettres patentes du Roy, qui auparavant avoient esté publiées pour l'aliénation des cent mil livres de rente, et autres lettres de déclaration du Roy, par lesquelles il entendoit ladite aliénation estre faicte seulement sur les archeveschés de Sens et Rheims, dont le département par mesmes lettres fust faict sur les communautés et gras bénéfices, selon la volonté du Roy.

Mandement fait au nom du prince de Condé, pour engager les François à se joindre à lui; sur peine d'être traités comme adhérans aux perturbateurs du repos public.

DE PAR LE ROY ET MONSEIGNEUR LE PRINCE DE CONDÉ, protecteur de la maison et couronne de France.

On faict à sçavoir à tous en général, que la paix est présentée de la part dudict sieur prince, à tous ceux qui voudront entrer en alliance et ayde, soit de leurs personnes, biens, conseil ou aultrement, selon leur commodité, pour la conservation de la couronne de France et de la patrie, à l'encontre des perturbateurs et ennemys d'icelle, et leurs adhérans : à ceste occasion, pour éviter à tout erreur, et à ce que les bons et loyaulx soyent distinguez des aultres, est enjoinct à toutes personnes qui voudront entrer en ladicte alliance, et se faire cognoistre vrays vassaux de la couronne et amis de la patrie, rendre et monstrer par effect prompt tesmoignage de leur volonté, et ce dedans six jours; à faute de quoy faire, leur est déclarez au nom et en l'authorité dudict seigneur prince, qu'ilz seront tenuz et réputez desloyaulx et adhérans desdictz ennemys et perturbateurs, et en ceste qualité, chastiez comme de rayson; et que pour ce faire, ilz ayent à se retirer dans ledict temps, vers la personne de monsieur le comte de Montgomery, chief et conducteur de l'armée mise sus en ce pays-bas, sous l'authorité dudict seigneur prince de Condé, et ce feisant on les asseure de n'estre troublez en leurs personnes, familles et les biens, en aulcune façon que ce soit.

Lettre de M. le prince de Condé, à M. de Gonnort, pour servir de sauf-conduit à celui-ci, qui devoit se rendre au camp des huguenots, pour y conférer avec l'amiral de Coligny.

Monsieur de Gonnort. Parce que mon oncle monseigneur l'amiral m'a faict entendre que vous estiés prest de partir de Paris, afin de le venir trouver, et communiquer vous deux ensemble, suyvant ce que auparavant luy aviez escript; mais que vous désiriez avoir une seureté de moy, laquelle vous actendriez à Estampes, premier que d'en partir; j'ay à ceste cause bien voulu vous envoyer la présente par ce porteur, laquelle vous servira de toute seureté pour vostre voyage, tant pour l'aller et retour, que pour le séjour que vous ferez en nostre camp, avec vingt-cinq ou trente chevaux de vostre train et suyte : sur ce, priant Dieu vous tenir, Monsieur de Gonnort, en sa très-saincte et digne garde. D'Orléans, ce 8e novembre 1562.

Vostre bien bon cousin et mylieur amy.

LOYS DE BOURBON.

Est écrit au dos de ceste lettre : *A Monsieur de Gonnort, chevalier de l'ordre du Roy et conseiller en son privé conseil.*

Le dousiesme jour de ce mois, vindrent nouvelles que la ville d'Estampes avoit esté prise et pillée par les ennemis du Roy et de la religion; et de-là allèrent à la ville de Dordan laquelle ils bruslèrent, parce qu'elle estoit à monsieur de Guyse. En ce mesme temps, se firent plusieurs pilleries ès villes et bourgades de la Beausse.

Le quinziesme du premier mois, le camp des adversaires de nostre religion s'en alla près Corbeil, pour l'assiéger. Touttesfois voiants qu'ils n'estoient assés forts, et que il y avoit beaucoup de forces dans ledit Corbeil, se retira et tourna visage, et prit le chemin de la rivière, par lequel chemin il estendit son armée sur touts les villages de ces quartiers-là, esquels ils pillèrent les églises et abbatirent les images, et ruinèrent plusieurs maisons; et vinrent jusques à Gentilly, et avoient leurs corps de garde jusques au chasteau de Bicestre; dont la ville de Paris fust fort esmeuë; non toutteffois pour s'en fuir, ni faire transporter aucuns biens de ladite ville, mais parce que l'armée du Roy n'estoit preste. En ce temps-là, on fist faire par dessus les faulxbourgs des tranchées, là où l'artillerie fust assise, pour saulver les faulxbourgs et la ville; car si les ennemis se fussent emparés des faulxbourgs, ils eussent fort estonné la ville. Cependant par touttes les villes du royaume, couroient ambassadeurs de la nouvelle religion, asseurants que Paris estoit en leur puissance et possession.

L'armée des ennemis fust au village de Gen-

44.

tilly et ès environs à une petite lieüe près de Paris, l'espace de quinze jours ; pendant lequel temps il y eust pourparler de paix ; mais ne fust possible d'accorder pour plusieurs raisons que il faut laisser discourir à ceux qui estoient du temps, maniants les affaires du royaume, et lesquelles *non esset tutum scribere.*

Le mecredy dix-septiesme, par ordonnance de la court, fust faict un service solemnel en l'église de Paris, pour l'âme de deffunct monsieur Sapin, conseiller en laditte court, malheureusement occis et mis à mort par les adversaires et ennemis de nostre religion ; et à son dict service, assista toute la court de parlement.

Le dix-septième du présent mois, vindrent nouvelles certaines de la mort du roy de Navarre.

Lettre de monseigneur le prince de Condé, à la roine de Navarre.

Madame. Quand encores la mesme douleur que le sang et la nature me font justement ressentir, n'auroit telle vigueur sur moy, que de me condouloir avec vous, l'argument d'un semblable ennuy de la perte qu'en affliction commune et en regrets particuliers, j'ay premièrement receue, et que je ne doubte point ne vous ait pareillement saisie et possédée ; si est-ce que j'eusse pour beaucoup de raisons fait très-grande difficulté d'estre le premier annonciateur d'une nouvelle non moins amère en vostre endroit, que grandement difficile à comporter au mien, sans que je considère que Nostre-Seigneur qui vous a assez fait gouter la faveur des fruicts de ce monde, vous a quant et quant fortifiée de sa vertu et constance en luy, et en long cours d'adversité et prospérité, pour maintenant vous savoir reigler et conformer soubs le bon plaisir de sa saincte volonté : ce que je di, Madame, pour le renouvellement du deuil que ceste lettre vous apportera, sans que mon peu de moyen puisse appliquer grand remède à un mal si pregnant, quand vous entendrez ce qu'il a pleu à Dieu ordonner du feu Roy vostre mary et mon frère très-regretté. Mais tout ainsi que la condition de nostre nature est à tous esgalement bastie avec subjection du naistre et du mourir ; aussi cest accident estant commun à tous ceux qui restent, je ne m'efforceray davantage à vous alléguer ni ce qui se doibt faire, ne ce que debvons laisser ; sachant bien que n'ignorez point le chemin que l'on doibt tenir aux choses irrécouvrables ; et pour ceste cause, Madame, à fin de ne m'esgarer par trop en ce discours, je tourneray tout court pour vous supplier très-humblement me faire cest honneur de croire que l'estroicte obligation que j'ay à vous faire très-humble service, accompaignée d'une naïfve et sincère affection, me font franchement à ce coup vous offrir ce que vous sçauriez désirer et attendre d'un très-fidel et plus affectionné frère et serviteur, pour en disposer en tous endroits que me voudrez employer, selon que vous jugerez mes moyens se pouvoir estendre : et au demeurant, pensez que si la mort vous a osté et à moy aussi, un support qui appuyoit et fortifioit vos affaires, si vous a-il encore réservé en moy une recongnoissance de vous porter la mesme obéissance, l'amour et la révérence que par sa présence vous eussiez peu désirer et attendre de tous ceux qui vous eussent voulu pour ce mesme effect gratifier ; et au démourant, Madame, d'autant que suyvant ce qu'il vous a pleu naguères m'escrire pour le regard de monsieur le prince vostre fils, je craindrois la calomnie et imposture de ceux qui ne sont que trop prompts à mal parler ; je vous suppliray très-humblement vouloir faire entendre à la Roine, sur ce, la fondation de vostre intention, pour puis après me commander ce qu'il vous plaira, à fin que chascun congnoisse ce que pour ce regard je sens dedans mon cœur ; et que pour ceste occasion, les choses passent avec la dignité et la douceur que chose si grave et précieuse le mérite : n'ayant autre plus grande affection, si non de me maintenir et continuer en vostre bonne grâce, à laquelle, Madame, je présente mes très-humbles recommandations : priant Dieu vous continuer en toute consolation, tres-heureuse et très-longue vie.

Escrit au camp devant Corbeil, le xxij° jour de novembre 1562.

Vostre très-humble et très-obéissant frère et fidelle serviteur,   Loys de Bourbon.

Le dimanche second jour de l'Advent sixiesme du mois de décembre, décéda heure de trois heures du matin, monsieur le premier président Le Maistre, lequel peu de temps auparavant avoit résigné ès mains du Roy purement et simplement son estat ; et lors la Royne Mère lui fist promesse de faire récompense à ce qui despendoit de luy. Il fust inhumé le septiesme dudit mois, en grande pompe, en l'église et couvent des cordeliers à Paris.

En ce temps icy, il y eust pourparler d'accorder ; mais il ne fust possible d'accorder au moyen que les ennemys du Roy demandoient pour leur seureté des ostages ; entre autres un fils de France, un des enfans de monsieur de Guyse, et un de monsieur le connestable.

Le lundy septiesme dudit mois, monsieur de Janlys, chevalier de l'ordre, qui avoit tenu

rir de la Royne mère, quand messieurs de la court luy pourroient aller faire la révérence; auquel fust respondu que le Roy ne les vouloit voir, que premièrement ils n'eussent biffé et lacéré de leur registre le partage de l'édict de sa majorité; ce que le quatriesme jour d'après, qui estoit jour St. François, fust faict, les chambres assemblées.

En ce mesme temps, les armes furent mises bas en la ville, selon la volonté et commandement du Roy; et les pauvres gens les portèrent à l'Arsenac, auquel lieu leur estoit rendu l'argent de ce que leurs armes estoient prisées; et les armes des marchands et bourgeois de la ville estoient envoiées à l'Hostel-de-Ville, sur lesquelles estoit mise une estiquette et marque, pour les rendre à ceux à qui elles appartenoient, quant par le commandement du Roy elles seroient rendües. Les sentinelles pareillement et gardes des portes furent par mesme moyen ostés. En ce mesme temps, nonobstant les remonstrances faictes par les clergés du royaume, l'on procéda tousjours à la vente et aliénation du temporel de l'Église, fort sommairement et sans grande cognoissance de cause.

Novembre M. D. LXIII. Au commencement du présent mois, le bruict fust que l'on démanteloit la ville d'Orléans, par le commandement du Roy; dont ceux de la religion réformée estoient fort estonnés. Par là le service qu'ils avoient faict au Roy, estoit manifeste.

Le samedy XX du présent mois, l'admiral et d'Andelot avec le cardinal de Chastillon leur frère, arrivèrent au Louvre en ceste ville de Paris; et lors messieurs de Guyse se retirèrent en l'hostel de Guyse, et semblablement monsieur le duc de Nemours; la venüe desquels Chastillons mist la ville en grand danger d'avoir de grands troubles, au moyen que lesdits Chastillons avoient amené avec eux quatre ou cinq cents chevaux; joint qu'il faschoit beaucoup aux bons citoyens de la ville de voir dedans la ville autour de la personne du Roy, ceux qui l'an passé estoient devant ladicte ville pour y entrer de force et la piller. Pendant le temps que lesdits Chastillons furent logés au Louvre, le logis du Louvre estoit ordinairement fermé, et bien difficilement on y entroit; de sorte qu'ils tenoient le Roy en subjection.

Décembre M. D. LXIII. En ce mois, fust publiée une déclaration du Roy sur le faict de la religion, qui sembloit estre une approbation toùjours de la nouvelle religion; mais par ladicte déclaration, il n'y avoit chose qui fust fort à l'advantage des nouveaux évangélistes; sinon que il estoit permis les enterrer de nuict aux cemetières des catholiques.

Le vingt-deuxiesme de ce mois, advint un malheureux acte en l'église Ste. Geneviesve. Un malheureux hérétique, comme le prestre tenoit le précieux corps de Dieu pour le monstrer au peuple, luy osta des mains, et le conculca aux pieds, tenant une dague nüe pour tuer le prestre. Il fust pris à l'instant, et soubdain condamné par le lieutenant criminel, et le mesme jour exécuté et bruslé en la place Maubert; à laquelle exécution, par le commandement du Roy, assista monsieur le mareschal de Montmorency avec sa compagnie.

Faut noter que le iij de ce mois, fust publiée en la cour une ordonnance du Roy, mise en avant pour l'abréviation des procès; mais le but estoit pour certaine consignation de deniers par ceux qui plaideront en toutes jurisdictions. Laditte ordonnance fust publiée après plusieurs remonstrances faictes par messieurs de la court, pour la conséquence de l'édict, et combien il seroit à la foulle du peuple.

Le vingt-septiesme du présent mois, le Roy partist de la Saincte Chapelle pour aller en procession à Saincte Geneviesve du Mont, accompagné de la Royne sa mère, et des princes et chevaliers de l'ordre, catholiques, en fort bon ordre; et en laditte procession le précieux corps de Dieu y fust porté, et pris en l'église de Paris, par monsieur le cardinal d'Armagnac qui le porta de l'église de Paris, accompagné de toutes les églises de la ville, jusques à la Ste. Chapelle; et du lieu de la Ste. Chapelle, jusques au lieu de l'église de Ste. Geneviesve; auquel lieu fust faicte l'expiation publique de l'exécrable et énorme cas advenu le xxij dudit mois auparavant.

Le dernier jour du présent mois, fust commis un meurtre et assassinat de guet-à-pend, par un nommé Chastellier, guidon de monsieur l'admiral Chastillon, avec ses complices, en la personne d'un nommé le capitaine Charry, coronel d'un régiment de dix enseignes, et d'un nommé le capitaine Agorrette et d'un autre soldat, lesquels accompagnoient ledit Charry, pour s'en aller au Louvre où le Roy estoit, pour luy faire service: et ce meurtre exécrable fust commis au bout du pont St. Michel, entre huict et neuf du matin, au veu et sceu de tout le monde; dont le Roy et la Royne portèrent un grand ennuy, parce qu'il leur estoit fidelle serviteur, qui fust la cause de sa mort. Ledit Charry avoit esté faict de la main de feu monsieur de Guyse, qui luy causa l'envie que l'on avoit sur luy, parce que il aimoit la maison de Guyse et en estoit serviteur; ledit Charry fust massacré et tué sans avoir jamais loisir de mettre la main aux armes.

FIN DES MÉMOIRES DU PRINCE DE CONDÉ.

MÉMOIRES
INÉDITS
D'ANTOINE DU PUGET,

SIEUR DE SAINT-MARC,

CONCERNANT LES TROUBLES DE RELIGION DANS LE MIDI DE LA FRANCE, DEPUIS L'ANNÉE 1561 JUSQU'A 1597.

PUBLIÉS SUR LE MANUSCRIT ORIGINAL

PAR MM. CHAMPOLLION-FIGEAC ET AIMÉ CHAMPOLLION FILS.

NOTICE

SUR

ANTOINE DU PUGET,

SIEUR DE SAINT-MARC,

ET SUR SES MÉMOIRES.

On lit dans la *Bibliothèque historique de la France*, par Fontette, à l'occasion de l'ouvrage indiqué sous le n° 38084, ce qui suit :
« Antoine Du Puget, sieur de Saint-Marc, gen-
« tilhomme de Provence, a servi sous quatre de
« nos rois; il est mort en 1625. Ses Mémoires,
« qui sont écrits dans le goût de ceux de Brantos-
« me, contiennent tout ce qui s'est passé de son
« temps, soit en Provence, soit dans le reste du
« royaume (depuis l'an 1561 jusques et y compris
« 1596). *L'original s'est perdu, et il ne s'en trouve
« aucune copie.* »

Cette perte a été longuement déplorée par les historiens de la Provence, et l'on avait cherché vainement jusqu'à ce jour les Mémoires de Du Puget. La date précise de l'année à laquelle ils commencent, et celle à laquelle ils s'arrêtent, devaient être cependant un indice utile à leur recherche, et propre à les faire reconnaître facilement. La Bibliothèque historique constate, du moins, qu'en 1771 ils étaient complétement ignorés et considérés comme perdus.

Mais durant le siècle précédent, il s'était trouvé de savants collecteurs de documents historiques, et il faut placer au premier rang les frères Dupuy, qui ont sauvé de la destruction un grand nombre de papiers importants pour l'histoire. Les relations qu'ils entretenaient avec les hommes instruits de toutes les provinces, et les présents qu'ils recevaient à Paris, leur procurèrent beaucoup de pièces sur des sujets très-variés. Ils les faisaient cartonner dès qu'ils en avaient assez pour en former un volume : méthode excellente qui préserve d'abord le document des dangers de l'isolement. Ceci explique aussi le peu d'analogie qui existe en général entre les sujets des pièces réunies dans le même volume.

La Provence a toujours occupé une place importante dans les révolutions politiques et littéraires de la France, aux temps des guerres de religion comme aux époques antérieures, et il paraît aussi que son histoire attira particulièrement l'attention des frères Dupuy. Des scènes sanglantes attristèrent cette province pendant près d'un siècle; les relations qui en étaient faites avaient la couleur du parti que suivait l'auteur, et la vérité ne s'y montrait pas toujours. La réunion d'un très-grand nombre de documents de toute origine était le seul moyen efficace de parvenir à la discerner, et de connaître à fond des troubles que plusieurs grands personnages s'efforcèrent en vain d'apaiser.

Les Pièces et les Mémoires historiques sur la Provence occupent une place considérable dans la Collection des frères Dupuy. On y trouve presque tout ce que l'ouvrage de Fontette indique comme curieux à consulter sur l'histoire de cette partie de la France, surtout pendant les guerres de religion.

Parmi les Mémoires de la Collection Dupuy, il en est un qui commence à l'année 1561. Il a pour sujet les troubles qui bouleversèrent le midi de la France. Saint-Marc y est désigné par son nom comme tout autre personnage, et la narration y est écrite à la troisième personne. Cependant, comme les moindres actions, les conseils et les opinions de Saint-Marc y sont attentivement rapportés, que souvent même l'auteur des Mémoires s'applique à rappeler que si l'on avait suivi l'avis de Saint-Marc dans telle occurrence, un siège, un combat dont l'issue avait été malheureuse, n'auraient pas eu lieu ; ce soin de faire ressortir un personnage et de le montrer avec affectation dans l'action et dans le conseil, nous a porté à présumer que ces Mémoires avaient pour auteur Saint-Marc lui-même.

Certains indices nous ont entraîné vers cette opinion, et nous les avons trouvés dans la Bibliothèque historique même, dont l'auteur avait connu le petit-fils du sieur de Saint-Marc. L'on trouve en effet dans le Mémoire manuscrit « les événements principaux qui se sont passés de son temps, soit en Provence, soit dans le reste du royaume »; et ces Mémoires finissent réellement avec l'année 1596. Enfin les frères Dupuy eux-mêmes ont coupé court à tous les doutes à ce sujet; en insérant ces Mémoires dans leur riche collection, ils ont écrit au titre le nom de Saint-Marc comme étant bien celui de l'auteur. L'on doit remarquer aussi que les frères Dupuy possédèrent ce document à une époque à peu près contemporaine de l'écrivain, qui mourut en 1625, puisque ce fut en 1657 qu'ils cédèrent au roi leur précieuse Collection, commencée depuis longues années, et Ce Mémoire en faisait partie. C'est donc à tous ces indices que nous avons dû reconnaître les Mémoires inédits sur les guerres de religion dans le midi de la France, depuis l'année 1561 jusques et y compris l'année 1596, comme étant l'ouvrage de Du Puget, sieur de Saint-Marc.

La famille Du Puget (*Pugeti*) est fort ancienne en Provence; elle tirait son origine de la ville de Saint-Maximin. La suite chronologique de ses générations n'existe pas pour les époques reculées; quelques-unes d'entre elles figurent cependant pendant le XIII° et le XIV° siècle, dans l'histoire de Provence; mais à partir du commencement du XV°, l'on peut en suivre et en justifier la descendance. Jean Du Puget, seigneur de Brénon, Chastueil et Aures-Frédes, en est le chef connu dès cette époque. Il avait acheté cette dernière seigneurerie de la princesse femme du roi René, comte de Provence. Il eut de dame Clapier, qu'il avait épousée en 1414, sept enfants. Deux moururent sans postérité; un troisième fut chanoine de l'église de Saint-Sauveur d'Aix; un quatrième s'engagea dans l'ordre de Saint-Jean de Jérusalem, et les trois autres furent les chefs d'autant de tiges distinctes. La tige paternelle fut continuée par le second des fils de Jean Du Puget; un autre forma la branche des seigneurs de Prats, Blegiers et Chanolles, et enfin le troisième, celle des barons de Saint-Marc.

Bertrand Du Puget, cinquième fils de Jean, a donné commencement à la branche des barons de Saint-Marc. Il fut légataire de la plus grande partie des biens de son frère, situés dans la ville de Saint-Maximin. Il épousa en secondes noces Dauphine de Garde, fille d'Honoré Garde, seigneur de Vins, qui lui apporta la terre de Saint-Marc; et de ce mariage naquit André, qui s'allia à Honorade d'Agoult, fille d'Honoré d'Agoult. De cette alliance naquit Antoine, l'auteur des Mémoires que nous publions.

Antoine Du Puget, seigneur de Saint-Marc, co-seigneur de Chastuel et de Merveilles, embrassa la carrière des armes, et étant encore fort jeune, fut capitaine d'infanterie. Il assista à la bataille de Bazac, et obtint, quelque temps après, le gouvernement de Saint-Maximin et de Forcalquier. Lorsque la Provence eut pour gouverneur M. de La Valette, Saint-Marc fut chargé par lui de former un régiment d'infanterie, et eut ensuite une commission pour commander l'artillerie sous le gouvernement du duc d'Épernon. Élevé au grade de maréchal de camp, il mourut bientôt après, en 1625. Le fils aîné qu'il eut de son mariage avec Philippe de Renaud de Grasse, dame d'Escragnole, avait obtenu du roi Henri IV l'érection de la terre de Saint-Marc en baronnie. Le roi avait accédé facilement à la demande de César Du Puget pour qui il avait une grande estime; cette érection date de l'année 1603.

Ces notions biographiques sur Antoine de Saint-Marc et sur sa famille, quoique peu étendues, ne laissent pas de prouver qu'il était très-bien placé pour recueillir et retracer, d'une manière authentique et fidèle, les événements sanglants survenus en Provence, pendant le temps où il prit lui-même une part active dans ces luttes, soit pour aider à les réprimer, soit pour défendre les seigneurs de son parti dont l'existence était menacée. Proche parent de la famille de Vins, qui a toujours joué un rôle important dans les troubles de la Provence, il était aussi allié aux d'Agoult, dont l'intervention puissante en Dauphiné fut souvent invoquée par les différents partis qui, sous le prétexte du bien de la religion et de l'État, se disputaient la prépondérance et l'autorité. Antoine Du Puget avait débuté dans la carrière des armes sous le comte de Tende, et depuis cette époque il avait toujours eu des commandements importants, des expéditions périlleuses à diriger.

Dans ses Mémoires, il se contente de tracer méthodiquement le récit des événements dont il fut le témoin; son esprit tout préoccupé de l'état militaire ne le porte pas à rechercher les causes de ces événements, ni à considérer leurs effets. A propos de la mort du roi, il dit tout simplement: « Lors l'on sceut la mort du roy Henry troiziesme. » Il ne s'en émeut pas plus qu'il ne le fait des massacres qui suivent la prise d'une ville. « La ville de « Barjaulx fut saccagée et l'église violée; on y ges-« toit les hommes par les fenestres, qui estoient « resceus sur les pointes des albardes. » Et ces meurtres où l'on s'exerçait souvent à des raffinements de cruauté, il les rappelle par des termes fort peu en rapport avec l'action même. « *Ce furent*, dit-il, *des insolences, de grands et épouvantables désordres*; » « *On rembarroit*, ajoute-t-il, *tantost l'un tantost l'autre.* » La rudesse du soldat se montre à chaque instant dans les récits des combats auxquels il a assisté. « On fut assiéger « telle ville, on y amena du canon et on la battit. « Les habitans se retirèrent dans le château, l'on « mit le feu aux maisons et l'on continua de battre « le château, qui fut obligé de se rendre. Il fut « pendu un très-grand nombre d'habitans et les « autres furent rançonnés. »

Dans d'autres circonstances, il ne fait que mentionner un événement, « à cause que plusieurs en onst escrit. » Le ton général de son récit est un grand calme, un grand sang-froid; il raconte un assassinat avec autant d'impassibilité que s'il s'agissait d'un événement ordinaire. « Monseigneur, dit-il, s'alla lo-« ger à Châteauneuf. Le propre jour, l'armée du « prince de Condé vint passer au delà la rivière vis-« à-vis du dit Châteauneuf. Il fut tiré quelque har-« quebusade le long de la dite rivière; le prince de « Condé vint loger à Bassac et à Gernac. Aussitôt que « le château dudit Châteauneuf fut rendu à monsei-« gneur, il fit redresser le pont et celui des bat-« teaux en telle diligence, qu'en une heure de jour

« toute l'armée eut passé l'eau. *Le prince fut at-
« trapé et tué ; mais à cause que plusieurs en
« onst escrit nous laisserons ce discours pour
« dire que le sieur conte de Tande se remaria à
« ce voyage, et print la sœur du viconte de Tu-
« raine; c'estoit en l'an mille cinq cens soixante
« et neuf.* »

Saint-Marc s'empressa cependant de constater « qu'après la journée de la Saint-Barthelemy, le « sieur de La Molle vint de la part du Roi, mandé « à monseigneur le conte de Carces, pour faire « l'exécution des huguenots de Provence, comme « on avait fait à Paris et ailleurs. Ledit sieur conte « ne le mist pas en exécution, ains fit si bien qu'il « ramena tous ces messieurs les huguenots, mesme « la noblesse, au service du Roy, qui estoient pour « la pluspart de ceste religion, qui ne fut pas ung « petit service au Roy. »

Le style des Mémoires de Saint-Marc est donc empreint de cette froide austérité du soldat accoutumé à vivre au milieu des désordres et des massacres de la guerre civile; et si on l'a comparé à Brantôme, on peut présumer que la même profession et des rapports essentiels dans leur caractère établirent entre ces deux hommes des ressemblances, qui ne se bornèrent pas au style de leurs écrits.

Le manuscrit autographe d'Antoine Du Puget, sieur de Saint-Marc, est un cahier in-4°, dont la plus grande partie est d'une écriture fort difficile à déchiffrer. On le trouve dans le tome 455 de la Collection Dupuy, avec plusieurs autres mémoires sur la Provence. On remarque deux écritures bien distinctes dans ce cahier. La première est évidemment la mise au net du manuscrit de l'auteur, par une main étrangère, et cette portion du manuscrit en occupe environ la première moitié; la seconde, qui offre souvent des difficultés réelles de lecture, paraît être de la main de l'auteur même des Mémoires, et celle-ci se continue jusqu'à la fin de l'ouvrage. Cette distinction entre la partie autographe et la partie transcrite par un copiste est fondée sur l'état même du manuscrit, et sur cette circonstance que la première partie transcrite par une plume étrangère est surchargée de corrections qui sont précisément de la même écriture que la partie considérée comme autographe; c'est de la main même d'Antoine Du Puget.

En examinant, sous le rapport de la rédaction, les deux parties de ces Mémoires, on remarque facilement que la partie copiée est plus méthodiquement arrangée que la partie autographe, et que les mêmes mots s'y trouvent moins souvent répétés que dans la seconde, et on pourrait penser, d'après ces circonstances, que la personne qui a mis au net la première partie des Mémoires, n'a pas été absolument étrangère à sa rédaction. Deux passages des Mémoires paraissent confirmer cette conjecture : une note de la main du copiste, écrite sur un feuillet volant placé dans le corps du manuscrit, porte en effet ce qui suit :

« Monsieur de Saint-Marc m'a du depuis dit la « ruse de laquelle il usoit pour changer les corps « de gardes, etc. »

Une autre note sur la marge du 37e feuillet du manuscrit, et également de la main du copiste, contient ces mots : « Il ne s'est peu ressouvenir du « nom de ce cappitaine. » Mais l'auteur des Mémoires en revoyant ce travail a effacé cette seconde note, et a écrit le nom propre d'abord oublié.

Du reste, le contenu de l'ouvrage est inexactement indiqué dans son ancien titre manuscrit en ces termes : « Mons. de Saint-Marc, depuis l'an « 1561 jusques en 1595; » ce n'est véritablement qu'à la fin de l'année 1596 que s'arrête la rédaction historique d'Antoine du Puget, comme l'indique plus exactement l'ouvrage de Fontette.

Les deux derniers alinéa de son travail sont consacrés au portrait des deux principaux gouverneurs de la Provence, « le seigneur de La Vallette « et le duc d'Espernon. » Il ne manque pas, en terminant, de faire des vœux pour que « Dieu veuille que la paix qui fut criée au grand contentement du peuple, soit pour longues années. »

En publiant aujourd'hui ce document inédit, relatif à l'histoire de France, nous nous sommes appliqué à reproduire fidèlement le texte. Les noms propres d'hommes et de lieux y sont d'ordinaire inexactement orthographiés; mais ils ne nous ont pas paru assez défigurés pour qu'il ne fût pas possible de les reconnaître à l'aide de quelque attention. Nous n'avons donc pas cru nécessaire de les rectifier dans des notes spéciales, moins encore à l'égard des noms des personnages qui figurent dans cette relation historique, et qui, se trouvant déjà mentionnés dans d'autres Mémoires de la Collection de MM. Michaud et Poujoulat, sont suffisamment connus du lecteur au moyen des notes biographiques dont ils sont le sujet.

C'est une chose bien digne de remarque, que le grand nombre de guerriers qui, au XVIe siècle, furent en même temps historiens. Le sieur de Saint-Marc, qui avait guerroyé, voulut aussi écrire ; il céda à l'exemple que lui donnaient tant d'autres chefs militaires de son temps, de son pays et de sa religion.

A. C.

MÉMOIRES

D'ANTOINE DU PUGET

SIEUR DE SAINT-MARC,

RELATIFS AUX TROUBLES DE PROVENCE.

1561—1596.

L'an mille cinq cens soisante et ung, après que monsieur le conte de Tande, nommé Claude, qui estoit gouverneur pour le Roy en ce pais, eut rembarré le sieur de Mauvans, qui avoit dressé quelques troupes appellées les Luthériens, les sieurs de Flassans, de Baudimant, et plusieurs autres prindrent les armes, et se levèrent pour courir contre les Luthériens, et s'armèrent d'ung religieux cordelier, auquel ilz faisoient porter ung crucifix qui leur servoit d'enseigne, et commencèrent à ramasser forces gens de touttes pars. Quoy voiant, le seigneur gouverneur leur manda quelques seigneurs et gentilzhommes du pais, pour sçavoir d'iceux l'occasion de ceste levée et leur remonstrer qu'ilz eussent à se contenir en leur debvoir; et dès l'heure il manda à touttes les villes de se prendre garde, et tenir en estat pour ce garder desdictes troupes, ne leur donner ayde, assistance et autre faveur.

Depuis avoir eu responce ledict seigneur gouverneur, et voiant que ces dictes troupes et ellevéz ne luy vouloient pas obéir, ains commençoient à ravager et piller par tout où elles passoient, il commença à lever des troupes et donner des commissions pour dresser des gens de pied, et manda quérir les compagnies de gendarmes (outre la siene) des contes de Crusol, de Roussilon, de Clermont et celle du prince de Salerne; et fut le rendez-vous pour l'amas desdites troupes à la ville de Sainct-Maximin, s'estant logé ledict sieur de Flaçans, et ses bandes dans la ville de Bariaux (1).

Ledict seigneur conte part de Sainct-Maximin, fait conduire le canon et va audict Bariaux; l'assiége, le bat; ceux de dedans ne

(1) Barjols.

rendirent pas grand combat, se laissèrent forcer; là fouit qui peut: et les chefs des fuians, et quelques autres des leurs s'assemblèrent par les montagnes des environs; la plus part y furent tués et beaucoup de pendus. La ville fut saccagée et l'églisse violée, mesme les reliques de Sainct-Marcel n'y furent pas espargnées: car après avoir pris l'agentrie et orfeuverie, tout fut jesté et perdu. On y gestoit les hommes par les fenestres, qui estoient resceus sur les pointes des albardes. De là, ledict seigneur gouverneur alla à Aix. Se fut la première esmute et sédition qui fut en ce pais, et puis après la guere s'eschauffa de tous costés: et furent les premiers troubles l'an mille cinq cens soisante et deux.

[1562]. Le dict seigneur conte avoit espousé en première nopce la fille du sieur de Lapalice, de laquelle il eut ung filz, qui pour lors des troubles pouvoit avoir vingt et tant d'années. Il se nommoit Honnoré, conte de Sommerive; il receut lettres du Roy et de la Royne mère pour le gouverneur (*sic*) de ceste province, en l'absence du sieur conte de Tande, son père. En seconde nopce, ledict seigneur conte de Tande espousa la dame de Fois; et d'elle il eut ung filz nommé le sieur de Sipière, très gentil seigneur, qui touttes fois après avoir suivi monsieur son père une espace de temps, print enfin le party des heugnotz (1). Or le seigneur conte des Sommerive aiant obtenu ladicte charge de lieutenant de Roy, s'en vint à Aix accompagné

(1) Une note complémentaire de l'auteur et relative au comte de Tande et à ses fils, se trouve à la fin de ses mémoires écrite entièrement de sa main; la rédaction est semblable sur plusieurs points à ce que l'on trouve dans les Mémoires sur ces personnages. Elle contient cependant quelques détails particuliers. Nous l'avons insérée à la page 719 de notre volume.

des sieurs de Carces, Flaçans, Mondragon, Mérargues et plusieurs autres gentilzhommes. Peu auparavent, son père le conte de Tande estoit party dudict Aix, aiant pris le chemin de Salon : et aussy tost, les troupes heuguotez allèrent assiéger la ville de Pertuis, sans canon touttes fois. Ledict seigneur conte de Sommerive, apprès avoir faict vérifier ses lettres à messieurs de la cour de parlement, distribua cens ou six vingt compaigniees de gens de pied, de trois cens hommes chacunnes, qui furent mises en dilligence par toute la province ; puis partit pour aller secourir lesdictes villes susnommés. Il donna aussy à forces commissions pour faire levée d'harquebuziés à cheval.

Il faut noster que le sieur de Flaçans et ceux qui l'avoient assisté dans Bariaux, se resouvenant du mauvais traictement qui leur fut faict audict Bariaux par les huguenots, pour revenché, auttant qu'ilz en pouvoient attraper dans Aix, estoient conduictz sans forme ny figure de procès hors la ville, à ung pin qui estoit vis-à-vis la porte de Sainct-Jehan, là où ilz estoient pendus et estranglés ; de manière qu'ilz commettoient ung grand et espouvantable desordre. Il y fut ausy pendu ung conseiller de la cour nommé Salomon. Le seigneur conte de Sommerive rappella une grande partie des troupes qu'il avoit distribué par la province et le rendévous se fit à Malemort. Ledict seigneur conte avoit dressé une compaignie de gendarmes et fait son lieutenant le sieur de Mondragon, le sieur Dupui Sainct-Martin enseigne.

Ceux qui assiégoient Pertuis, craignant ceste grosse armée, abbendonnèrent le siège (aussy n'avoient-ilz point de canon), et se retirèrent vers Manosque, Folcauquier. Le sieur baron de Montaigu, gendre du comte de Carces, fut fait coronnel des compaigniees qui estoient demourées dans le pais vers Riés, et ce rendit à Quinçon, où estoict le sieur de Sainct-Marc avec une compaigniee de gens de pied. Pendant l'arrivée dudict sieur de Montaigu au dict Quinçon, le capitaine Léon, frère du sieur Mirabeau, ayant advis que le sieur de Mirabeau, son frère aisné, estoit engagé audict Mirabeau, voulant y aller pour luy aider, pria le dict sieur de Sainct-Marc luy vouloir prester cinquante harquebuziés à cheval, ce qu'il fit : et davantage, y alla luy-mesme, passant soubz Riés, à travers la campaigne, et allèrent repaistre à Sainct-Julian. Le sieur de Tournon, Dubard, qui estoient dans Riés, eurent advis que nous avions passé ; aussy tost montèrent à cheval pour nous venir surprendre audict Sainct-Julian. Et estoient les dictz sieurs accompaignés de plusieurs gens de pied ; mais ilz ne nous y trouvairent pas ; car, en aiant esté advertis, nous deslogames prontement, et bien nous servit, car autrement nous eussions esté tous mis en pièces. Et partant dudict Sainct-Julian, nous allames à Courbons, où le sieur de Mirabeau et Chastueil, que nous allions secourir, s'y rendirent avec quelques harquebuziés, qui estoient au nombre de cinquante ou soixante. Ces dictes troupes de Riés y vindrent, et aussy celles de Digne, qui se joinèrent toutes ensemble, et estoient conduictes par le lieutenant de Digne.

Nous avions propozé aux sieurs de Mirabeau de ne nous pas arrester à Courbons ; mais la jalouzie de sa maison fut cause qu'on y séjourna trop ; car s'ilz eussent vouleu partir, nous avions le temps pour en sortir honnorablement. Mais il n'y eut pas moien de les y faire mordre, jusques à ce que nous nous vismes assaillir de tous cottés de ennemis, qui nous y assiégèrent fort inpétueuzement. Le combat dura tout le jour, qui estoit le propre jour de la Feste-Dieu. Ilz mirent le feu à la grand porte qui fut toute bruslée. Mais nous nous servismes fort de ce qu'ilz pensoient nous nuire beaucoup : car ilz espéroient qu'après que la dicte porte seroit bruslée entrer tout aussy tost ; mais se fut ung vray moien pour les en empescher ; car nous y jestions sans cesse du bois et autre chose pour y maintenir le feu, et par ce moien ilz n'y peurent entrer pour la grande abondance du feu. Voiant que leur invention leur tournoit à mespris, ilz commencèrent à sapper et miner de tous costés ; si bien, qu'en ce faisant, ilz rencontrèrent quelques trous qui respondoient dans des estables, où ilz mirent le feu, de telle façon que la fumée nous estouffoit. Et voiant le peu de pouvoir qu'on avoit pour défendre ung sy missérable lieu que celuy là, fut cause que le sieur de Sainct-Marc (par le conseil de quelques vieux souldars) print résolution de desloger : et pour ce faire, l'alla proposer à ces messieurs de Mirabeau, qui firent beaucoup de difficulté à se résoudre. Enfin ilz prindrent nostre advis et se déliberèrent sortir. Et pour ce, le sieur de Mirabeau pria le sieur de Sainct-Marc de descendre à la porte pour voir s'il y avoit beaucoup de feu ; lequel sieur de Sainct-Marc n'y en trouva plus personne, dont il fut fort effrayé ; car si les ennemis s'en fussent apperçus, sans doute il nous eussent tous esgorgés. Mais parceque ilz y avoient veu continuellement le feu, ilz crurent que nous le dussions tousjours continuer et ne faisoient pas grand garde de ce costé là. Enfin nous nous mismes tous en ordre, car il nous failloit rompre ung corps de garde, et sortimes tous, ormis nos chevaulx que nous y laissâmes tous. Ces meschantes troupes huguenotes, lorsqu'elles nous venoient faire la chamade, ils nous crioient : « A Bariauz ! à Bariauz ! avec trois pans « de corde ! » Voulant dire par là que si nous ne nous rendions, qu'ilz nous feroient comme ilz avoient faict à ceux du dict Bariau. Le sieur de Sainct-Marc se trouva à pied, avec vingt ou trante de ses souldars, et print le chemin de Senes, et de là, audict Quinçon, où estoit sa compaigniee. Ledict sieur de Mirabeau, pour estre du païs, la nuict ne luy fut point fascheuse : car il se trouva bien tost à couvert, et nous laissa parmy l'obscurité de la nuict, et par le plus meschant païs du monde, et sans conduicte.

Cependant, l'armée du conte de Sommerive passa la Durance à Cavaillon, et va investir la ville d'Orrange, où se trouvèrent les forces du Conta et prou du Daulphiné. Ils la battèrent et la prindrent de force : il s'y fit beaucoup de dessordre, et tout ce qu'une mauvaisse guerre, comme estoit celle là, peut permettre. L'on y mint le feu, et plussieurs autres insolences s'y commirent. De là l'armée repassa en Provence et vint le long de la Durance, campant à Pertuis, Manosque et ainsy partout où elle passoit. Ceux qui estoient dans Riès, voiant que l'armée prenoit ceste route, et se ressouvenant du mauvais traictement qu'elle avoit fait à ceux d'Orrange, deslogèrent promptement, gaignant la montaigne, pour se rendre dans Cisteron, comme ilz firent.

Le sieur de Montaigu, qui estoit à Quinçon, s'en va jecter dans Riès, qui luy ouvrirent les portes, et ne bouga de là jusques à ce qu'il eut ramassé ses compaignies ; puis alla camper à Bosset, vis-à-vis de Manosque, où la Durance est entre deux. Et là se trouvèrent les deux armées, sçavoir : celle du conte de Sommerive et celle du sieur de Montaigu ; l'une de çà et l'autre de là. Là firent montre tous les deux camps audict Manosque et Bosset, puis poursuivirent le chemin de Cisteron et marchèrent ainsy les deux armées le long de la rivière ; sçavoir l'une de çà, l'autre de là, jusques à ce qu'on arrivast au dict Cisteron, où les deux armées se joignèrent ensemble dans la plaine qui est entre le chemin de Cisteron et de Pépin. La cavallerie fut logée dans les vignes ; il fut aussy mis quelques compaignies sur la montaigne. Quoy que ce soit, ceux de Cisteron pouvoient sortir librement des deux costés, sans danger, comme ilz faisoient ordinairement. Cependant on commença à travailler aux tranchées près l'église des cordeliers, où l'on y fit conduire le canon. Le sieur conte de Suze se trouva audict camp avec une belle troupe de gens de cheval. L'armée eut advis que le sieur de Monbrun venoit avec quelques troupes pour secourir la ville ; elle desputa ledict conte de Suze pour luy aller ampescher le passage. De fait, il y alla et les rencontra et défit près la Gran, sans défence ; car l'effroy fut si grand parmy eux, qu'ilz saultoient la pluspar sur les arbres, d'où ilz furent presque tous tués. Estant donc le canon placé, où dict a esté, la ville fut batue du costé de la Durance et brèche y fut faicte, par laquelle on alla à l'assault, sans toutesfois s'approcher de guères près ; aussy n'estoit la dicte brèche raisonnable.

Monsieur le conte de Sommerive avoit fait faire ung fort sur la montaigne et y avoit mis deux compaigniees, estant ledict lieu en part qui descouvroit toute la dicte ville, et rien ne pouvoit sortir de dedans qu'il ne fut veu de la dicte montaigne. Ceux de dedans se délibérèrent de l'oster. Et de fait une nuict viennent l'attaquer. L'alarme se donne au camp et y fut envoyé secours ; le combat dura longuement ; ledict fort fut quitté, et quant se vint le point du jour, le combat recommença plus fort qu'aparavant ; car il dura longtemps, et tantost l'un estoit rembaré, et tantost l'autre : on vint jusques aux coups de pierres. Sur les huict heures du matin, chacun se restira et il y eut forces tués et forces blessés. Nouveau secours vint du costé de Daulphiné, dans la ville, de manière qu'il fallut parler de se retirer, comme l'on fit ; et le camp vint toute la nuict passer la Durance à Chasteau-Arnoul et de là aux Mées, campant aux coins de la Durance, audelà la rivière d'Asse, dans les prairies, où tout aussy tost on se retrencha fort, et le canon fut bien accommodé.

Faut noster que l'effroy se mit si grand parmy nos souldars, que dans vingt et quatre heures le camp s'affoiblit de dix à douze mille hommes, de manière qu'il y avoit telle compaigniee de gens de pied où il n'estoit demouré que les officiers.

Le conte de Tande, qui avoit amené ledict secours dans la ville, nous suivit le lendemain et se vint camper à Lescalle ; et dès lors, il se fit de grands combats, et venoient ordinèrement jusques dans les tranchées ; et en ung combat qui s'y donna, le sieur de La Verdière y fut tué avec plussieurs autres ; et pour parler sans passion et à la vérité, si ledict sieur conte de Tande n'eust arrêté la chaleur des siens, estant le camp si affoibli (comme dict a esté), il y eust eu danger de quelque grand inconvénient. Mais les choses s'allongeant, nostre camp se renforça plus que jamais ; ce qu'aiant esté recogneu par le conte de Tande, il se restira dans la ville de Sisteron avec ses troupes ; et nostre armée tourna la teste droit à Cisteron recommencer les tranchées du costé de la montaigne, tirant vers le bords de la rivière. Lesquelles achevées, on y conduit le canon, non sans grande difficulté pour les sorties que faisoient ceux de la ville. Enfin la batterie se fit au plus hault coin de la ville qui regarde le Daulphiné, et y fut fait fort grande brèche. Il faut noter qu'il y avoit deux couleuvrines logées à la plaine vis-à-vis de l'hospital, qui bastoient ceux qui défendoient la brèche tout à descouvert. L'assaut fut donné et dura six ou sept heures. Les Italiens voulurent estre des premiers; le combat fut grand, mais on ne le seut forcer. La nuict vint : ceux de dedans aiant veu l'advantage qu'on avoit sur eux, par le moien desdictes couleuvrines, tel qu'à peine y auroit-il moien de soustenir ung pareil assaut que celuy qui avoit esté donné, se résolurent abandonner ladicte ville, laissant une compaigniee à la brèche, comme ilz firent, sçavoir ceux de Mirindol; puis commencèrent à se retirer, passant sur le pont et furent tous passés avant jour.

Le lendemain de matin, le camp aiant recogneu ce deslogement, il fut impossible d'enpescher les souldars de n'aller à l'assaut, et tout sans ordre ny conduicte, bien qu'ilz vissent ceux qu'on avoit laissé à la brèche. Ils tuèrent et forcèrent tout ce qui leur faisoit résistence, la ville fut sacagée et pillée. Le sieur de Montaigu fut laissé pour gouverneur audit Cisteron, avec ung régiment. L'armée se retira par garnisons; peu après la paix se fit l'an mille cinq cens soixante sept.

A la Sainct-Michel, les huguenots prindrent les armes et marchèrent à grands troupes vers les montaignes, sans offencer personne. Aussy nul ne leur faisoit déplaisir, tout le monde estoit esbahy de ceste levée et ne sçavoit-on que c'estoit. Le conte de Tande estoit mort en sa maison de Cadrache. Monsieur son filz (qu'on appellera d'issy en la conté de Tande) avoit eu le gouvernement de ce païs et ne se pouvoit immaginer que signifioit ceste levée, estant à Aix, bien accompaignée de noblesse, où arriva le sieur du Vallon mandé au Roy, qui dict au sieur conte que le Roy avoit failly d'estre pris par les huguenots. Lequel conte de Tande donna des commissions pour dresser des forces, affin de chasser iceux huguenots qui s'estoient desjà saisis de Cisteron (1).

Quoy exéqutés, il dressa son armée et fit courir le bruit qu'il alloit au Conta, à Orange; et fit dresser estape à Cavaillon et se rendit avec toute la chavallerie à Apt.

Le sieur conte de Carces amassa toute l'infanterie et marcha avecque icelle, conduisant le canon du long de la Durance, pour se rendre à Cisteron. Le sieur conte de Tande se rendit à Pépin, sans que ceux de Cisteron en seussent rien, de manière qu'ilz furent surpris. Le sieur de Sainct-Martin commendoit audict Cisteron et avoit fort peu de gens avec luy. Cependant tout le camp arrivé, la ville fut aussy tost assiégée. Les troupes des Gapances vindrent au secours. Cependant il fut parlé de quelque accord, et le sieur de Sainct-Marc y fit deux ou trois voiage, pour cest effait, dans ladicte ville, et parla audict sieur de Sainct-Martin, de Sénes, Montclair et autres gentilzhommes de ceste province. Les choses estoient en bon chemin pour ceux du païs; mais les Gapances destournairent tout, de manière qu'on commença à battre fort la ville, du costé de l'hospital. Le sieur de Cipières, frère du sieur conte de Tande, avoit esté fait chef de cesdictes troupes huguenotes, et pour ce vint au secours dudict Cisteron, ayant avec lui une bonne troupe de gens de cheval et de pied; où arrivant, le pourparler desjà commencé se continua, et fut dict que le seigneur conte et son frère parleroient ensemble avec toute asseurance. Le soir, après avoir mis ordre à toute sureté, le sieur de Cipières, accompaigné de dix à douze gentilzhommes, sortit de la ville, et parlèrent les deux frère longuement ensemble, à la veue du camp et de la ville. Quoy que s'en soit, la nuict le canon fut retiré et le camp deslogea prenant le chemin de Manosque. Il faisoit ung extresme froid; nous estions en plain hyver.

Touteffois, ceste deslogé ne se peut si bien faire que ceux de la ville n'en entendissent le bruit; ce qui les fit entrer en conseil pour veoir s'ilz devoient sortir après nous. Ceux qui avoient traicté n'estoient pas de cest advis, et estant en ce différant, il y en eut plusieurs, tant de pied que de cheval, qui sortirent sans ordre. Nous avions desjà passé la rivière de Livron, où fut mis le sieur de Mométié du Dauphiné avec sa troupe de gens de pied, le long de l'eau, pour favoriser les derniers qui passoient à la file. Le canon faisoit tousjours chemin; le conte de

---

(1) L'auteur des Mémoires donne à la fin de son manuscrit, une autre relation du même événement en termes à peu près semblables : c'est ce qui nous a déterminé à l'insérer comme note.

[1567] A Saint-Michel, les uguenotz prirent les armes et aloint à grandes trouppes vers Digne sans fère nul mal, payoint les vivres. Personne aussi ne lheur disoit rien. Le compte de Tande Honoré estoit tout estoy, comme nous l'étions tous, ne sachant pourcoy, jusques que le sieur de Vallon vint de la part du Roy avec letres, où il escrivoit qu'il avoit failli d'estre prins et qu'on fit la guerre aux uguenotz, qui estoient saizies de Sisteron; auquel lieu ilz feurent asiégés en plein jour et batus, secorus du sieur de Sipières, qui nous fit retirer pour celle fois de nuict, renmenant le canon à Manosque.

Tande se parqua avec quarante ou cinquante chevaux, cens pas près de ladicte rivière, et laissa le sieur Du Puis Sainct-Martin avec vingt ou trante chevaulx sur le passage de la dicte rivière, avec commandement de charger tout ce qui entreprendroit de passer; car desjà l'on avoit ouy le bruit de leur sortie. Ce quy fut cause qu'ung bon nombre des nostre prindrent si fort l'effroy (et non pas des plus petis) qu'ils se trouvèrent à Manosque devant jour.

Donc l'ennemy estant sorty donne sur les dernières et les fit passer l'eau bien viste, et quelque gens de cheval de l'ennemy passèrent aussy l'eau. Le sieur Du Puis Sainct-Martin que ledict conte de Tande avoit laissé pour garder le passage, bien qu'il fut du tout brave gentilzhomme, toutefois au lieu de charger ces passants, vint au grand gallop luy-mesme dire au sieur conte que l'ennemy passoit. Il pouvoit librement exécuter ce que le dict sieur luy avoit commandé; car il faisoit aussy clair que de jour pour estre la lune belle et nette. Tout aussy-tost le dict conte part de la main avec sa troupe, et donne sur ceux qui avoient jà passé la rivière. Ilz furent renversés et aucuns tués. Le sieur d'Espernont y fut recogneu par le sieur de Sainct-Marc, qui luy sauva la vie et demoura prisonnier.

Ceste charge fut de grand importance, car, à la vérité, il estoit dangereux de sordre n'estant pas demeuray, comme dict a esté, auprès dudict seigneur conte, cens chevaux de quatre à cinq cens qu'il y avoit en sa compaigniee. Du depuis nous n'ume point de troubles, et continuames nostre chemin de Manosque.

Il est apparant que le pourparler servit, car s'ilz eussent esté tous d'acord dans la ville, ilz avoient de quoy faire effait. Peu après, le sieur de Sainct-Martin quitta la ville et se retira à Digne, avec la pluspart de la noblesse du païs; et le sieur de Sainct-Marc fut mandé à Espinouze estant fait traité, et puis le sieur de Sainct-Martin sortit de Digne et se retira à sa maison de Sainct-Martin, où l'accompaigna le sieur de Sainct-Marc, et la dame de Sénas à Varages.

Peu de jours aprais, le sieur de Montclair vint à Manosque avec le sieur de Beaujeu parler à monsieur le conte de Tande : et n'ayant pas bien capitulé leur voiage, ilz furent retenus et envoiés à Marigrane, où ilz furent jusques à la paix, y ayant receu toutes les courtoisies et bon traitement qu'ilz eussent sceu désirer. Le dict sieur gouverneur permint à touplein desdictes troupes heugnotes la retraicte de leurs maisons.

Le conte de Suze et le seigneur Fabrice, qui commendoient pour nostre Sainct Père ès forces du Conta, prièrent le sieur conte de Tande de les vouloir assister de ses forces, pour desnicher quelques heugnots qui s'estoient saisis de quelque place; ce qu'il leurs accorda et y alla luy mesme. De manière qu'estant toutes leurs troupes assemblées, elles allèrent assiéger Tullete, petite ville à la principauté d'Orange, qui fut battue, et brèche faite on alla à l'assaut; mais il ne fut point forcé. Le capitène Fayllon, qui avoit une compaigniee de gens de pied, y mourut au dict assaut, et plusieurs austres. La nuict sépara le combat; le lendemain au matin on y entra sans deffence, s'estant les heuguenots effraiez et caschez la plus grand part dans des caves, habillez d'abis des paissans; et par ce moien, ilz espéroient estre eschapés du danger de la mort, mais tout fut tué et la ville saccagée.

De là, le camp marcha à Mornas, où le sieur du Bart y estoit arrivé avec quelques gens de cheval, et si dressa une grand escarmouche, où mourut le sieur d'Entragues et plusieurs autres. Le dict du Bart en délogea tout aussytost. Le canon fut approché du costé où l'on va du dict Mornas à Lion, et fut fait batterie et brèche là où le régiment du sieur de Sarlebous fut commendé de donner. Mais arrivant sur la brèche, ilz se trouvèrent qu'il failloit saulter en bas environ deux canes : ce qui ne se pouvoit faire sans grand péril. Cependant, l'on fit dresser des eschelles de charettes au droit de la porte, et y montèrent quelques advanturiés sans grande résistance; ceux de dedans s'enfuirent et se restirent au chasteau qui est sur ung grand roc.

C'estoit en hyver, la neige visita le camp; le chasteau fut tout aussy tost bloqué de tous costés. Ilz tindrent peu de jours, n'ayant pas bien pourvu à leur fait; et en se voulant sauver de nuict, la pluspar se perdirent et furent presque tous tués : et aussy estoient-ilz tous des brigans et gens de mauvaise vie. Il y mourut le sieur de Venterol, de Rousset et plusieurs autres honnestes hommes, par la plus part des pierres qui furent jettées du dict chasteau.

Ceste exécution achevée, le camp marcha au pont Saint-Esprit, logeant du costé de Dauphiné; car la ville tenoit pour les heuguenots. Le dict pont fut attaqué; il s'y fit d'aussy beaux et braves combats qu'il est possible de voir. Enfin, à l'ayde du canon, la tour Saint-Nicolas assise sur le dict pont fut emportée de force; le pont fut coupé de toute une arquade. Il y fut mis des estançons de bois, cuidant que les brullant le dict pont tomberoit; mais il advint tout autrement : car estant les dicts estançons brullés, le dict pont se rejoignit et demeura comme il est encores. L'on laissa une compaignie à ladicte tour, laquelle a une vissete qui va jusques au Rhosne. On y laissa ung batteau attaché, et le camp reprint le chemin d'Avignon, estant les hugneots du Dauphiné venus bloquer le dict pont; le capiteine qu'on y avoit laissé s'embarqua et abandonna le dict pont.

Estant en Avignon, le cardinal d'Armeignac, le conte de Tande, sieur de Joyeuze, de Suse, délibérèrent d'aller attaquer Aramon, qui est au long du Rhosne, du costé de Langued'hoc. Le canon y fut conduit par eau et placé à une ille vis-à-vis du dict Aramon, d'où la batteriee fut faite, et le camp estoit logé autour de la ville. Brèche fut faite, et y fut donné ung assault, qui fut soustenu. La nuict ceux dedans s'effraièrent et se rendirent le matin, vie sauve, quoy que leur secours fut à Tessieus, que leurs amenoit le sieur de Baudins, frère du duc d'Asses. Tessieus est en vue une pettite lieues loing d'Aramon. Lequel secours les seigneurs délibérèrent aller combatre; on y alla.

L'ennemy fit comme mine de vouloir combatre; mais, quant ce vint à donner le choc, ilz tournèrent tout aussy tost la teste et ce débandèrent. La chasse leur fut donnée, il en fut attrappé plussieurs, mesme de l'infanterie, qui furent pris et tués. Ils avoient Monfrein, Thessiées tout auprès, où ilz se sauvèrent; nostre camp se retira d'où il estoit party.

Il y avoit deux compaigniees du sieur de Sarlebous, logées à Saint-Lorens-de-Aubres, entre Avignon et Baygnolez; le dict sieur craignoit de perdre ses compaigniees à cause que toutes les forces des hugneots estoient assemblées au Saint-Esprit et à Baygnolz. Il fut donc arresté que pour aller desgager ces deux compaignies qui estoient audict Saint-Lorens, que la chavallerie iroit avec quelques gens de pied s'embuscher au bois qui est entre Baygnolz et Saint-Lorens, où estoit le seigneur mareschal d'Anville, conte de Tande, de Suse, de Joyeuse, et fut pour cest effect, mandé au seigneur Scipion, logé à Rocquemaure, de se rendre au dict bois avec chevaux légers, cuidant nous autres y estre devant jour. Mais la plus part de la noblesse d'Avignon, qui fut si longue à partir, fut cause qu'on demeura plus qu'on ne debvoit. Ouy bien le seigneur Scipion, qui se rendit au dict bois, comme on luy avoit mandé, et cuidant nous y trouver, il y trouva les huguenots qui s'y estoient logés, de manière que le dict Scipion fut merveilleusement chargé de quatre ou cinq cens chevaux qu'ilz estoient, et le poussèrent jusques aux portes de Rocquemaure. Il y perdit des siens qui furent tués, et de prins prisonniers. Ung cheval qui fut tué sur le chemin joignant le Rhosne ayda fort à leur retraicte, parce que il servit de baricade contre les hugneots.

Cependant, toute ceste belle troupe marchoit; et comme nous arivasmes à ces grands sables, qui sont en veue de la porte de Saint-Lorens, nous descouvrismes toute ceste chavalerie huguenote espenduee parmy la plaine, venue de chascher le dict Scipion. Nous fumes tous ébahys, ne pouvant imaginer que c'estoit. Le soleil estoit jà haut : car nous demeurames trop de partir; et comme nous faissions alte sur ces sables, il y en eut quelques-uns qui descendirent à la dicte plaine, où il fut tiré quelques coups de pistollet, et non pas beaucoup. Le seigneur de Cipières, qui estoit leur conducteur, parla aux nostres tant ilz s'approchèrent de près. Le sieur de Sarlebous, présent, insistoit de toute sa puissance ces messieurs à parfaire ce que nous avions délibéré, qui estoit d'aller secourir ses deux compaigniees qui estoient dans Saint-Lorens, à nostre veue. Mais il luy fut impossible, de sorte que tout s'en restourna : les huguenots vers Baygnolez, et les catolliques vers Avignon.

Le sieur conte deTande se retira en Provence, et aussy tost qu'il y fut, il eut commendement du Roy de luy mander en France trois mille harquebuziers, et tant de gens de cheval qu'il pourroit ramasser. Peu auparavant, la dame contesse de Tande, qui estoit fille du feu mareschal Astrocy, estoit décédée. Le dict conte se résolut d'aller luy mesme treuver le Roy et y conduire les gens de guerre qu'il avoit levé. C'estoit en l'année mille cinq cens soixante et huit, environ le mois de novembre; il fit coronnel des gens de pied le conte de Grignan; plusieurs gentilzhommes accompagnèrent le dict conte de Tande, comme les sieurs d'Aubres, Caumons, d'Oyse, Baumettes, Saint-Marc, Saint-Martin, Beaudimant, Mirebeau, Maiastre, Mazan, Le Pellous chevalier de Cryllon, d'Aups et quelques autres. Il partit d'Orgon. Le conte de Carce demeura au païs pour y commender.

Le voyage fut fort aspre, pour l'extreme hyver qu'il fit, ayant eu tout au long la glace et la neige. L'ordre fut mal gardée en chemin pour les gens de pied, qui faisoient ung million de désordre partout où ilz passoient. L'on passa à Saint-Serre, qui estoit assiégé par le conte de Martinenc. De là l'armée print le chemin de Xainctonges pour se rendre au camp du Roy, et le sieur conte alla vers Paris, et l'accompagnèrent les sieurs Du Puis Saint-Martin, Baumettes, Saint-Marc, Saint-Martin : et de Paris, après avoir baisé les mains au Roy, s'alla rendre à l'armée, traversant toute la Beauce, la Touraine, payant partout comme marchans.

Estans arrivés au camp de Monseigneur frère du Roy, ledict conte fut prié de remettre ses gens de pied au conte de Brissac, qui estoit coronnel de France. Le jour que Monseigneur devoit venir voir les troupes du conte de Tande estoit fort sombre et couvert; il eut quelques empeschemens, et manda vingt-cinq ou trente seigneurs gentilzhommes audict sieur conte, qui avoit mis tous ses gens en bataille, s'excuser de ce qu'il n'y estoit point venu. Ces seigneurs vindrent au grand gallop, je ne sçay qui en fut la cause; mais tandis qu'ilz parloient au dict sieur conte, tous ses gens de pied, ormis les capitaines, se prindrent à courir en grand désordre; et nous qui estions à cheval eusmes prou peine à les arrester. Du depuis Monseigneur ne les vit point en troupe, on ne sçait pourquoy. Or n'ayant le dict conte de Tande voulu remettre ses gens de pied au dict coronnel de Brissac, comme il avoit esté prié, estant logé le dict conte près de Vertueil qui appartient au conte de La Rochefouquaut, Giroar et Caucene, tous deux maistres-de-camp du conte de Brissac, vindrent appeler le dict conte de Tande avec espée et dague pour s'aller couper la gorge avec le dict de Brissac.

Ilz trouvèrent le dict conte de Tande dans son logis, où il n'y avoit que le sieur de Mondragon et de Mirebeau. Le dict conte de Tande n'y alla point; il en fut fait plusieurs discours. Monseigneur estoit logé dans Vertueil; l'armée demeura tousjours en son estat.

Monseigneur partit de Vertueil, et va marchant le long de la rivière de Charante. Le camp des huguenots conduit par le prince de Condé, au partir d'icelluy, vint loger à Congniac, mesme le sieur admiral de Chastillon. Monseigneur en estant adverty, fit monter à cheval toute sa chavallerie, qui estoit de cinq à six mille maistres, y compris les raistres, et va se présenter devant Congniac. Il fut tiré quelques coups de canon de la ville et sortit ung jeune gentilzhomme portant casaque blanche, ung capitaine et quelques harquebuziers, tous à pied, sortirent de la dicte ville à la faveur de quelques murailles rompues et pallis qu'il y avoit. Tout auprès se trouvèrent les sieurs d'Aubres Caumont, Bonfilz, Baumettes, Saint-Mare, lesquelz sans marchander donnèrent à toute bride sur ces sortans. Bonfilz, toute-fois, comme le premier de six ou sept, passa à la mercy des harquebuzades de ceux qui estoient sur la muraille de la ville. Ce jeune gentilzhomme fut prins et le demeurant tué; et estant ce jeune homme conduit vers Monseigneur, il fut recogneu; c'estoit Chasteauneuf, de fort grosse maison. Il y eut de ses parens qui luy firent une grande bravade devant mon dict seigneur, à cause qu'il portoit les armes contre luy. Monseigneur le retint et le donna en garde à ses parens, et il n'y eut rien de blessé en ceste charge que le cheval du sieur de Caumons, qui eut le col percé d'une harquebuzade.

Quelques jours après, Monseigneur s'alla loger à Chasteauneuf sur la mesme rivière. Le propre jour, l'armée du prince de Condé vint passer au-delà de la rivière, vis-à-vis dudit Chasteauneuf. Il fut tiré quelques harquebuzades le long de la dicte rivière; le prince de Condé vint loger à Bassac et Gernac. Aussy tost que le chasteau du dict Chasteauneuf fut rendu à Monseigneur, il fit redresser le pont et celuy des batteaux, en telle diligence, qu'en une heure de jour toute l'armée eut passé l'eau. Le prince fut attaqué et tué. Mais à cause que plusieurs en onst escrits, nous laisserons ce discours, pour dire que le sieur conte de Tande se remaria à ce voyage et print la sœur du viconte de Turaine; c'estoit en l'an mille cinq cens soixante et neuf.

Le sieur de Cipières, après la paix, se restiroit et logeoit ordinairement à Besse. Il avoit ung testament de feu son père, le conte Claude, qu'il vouloit faire ouvrir. Cependant il luy print envie d'aller à Nice voir le duc de Savoye, et en s'en restournant il logea à Fréjuls, où de malheur, ou à propos, s'y trouva le baron des Arcs et quelques autres, qui commencèrent incontinent à faire rumeur et esmouvoir le peuple; ce que entendant le dict sieur de Cipières, qui avoit avecque luy environ quarante chevaux, dict à ceux de sa trouppe: « Messieurs, je ne crains pas pour moy; s'il y a quelques-uns de vous qui soit prévenu de justice, je vous conseille vous en aller. » Et quoy que tous le priassent instament de vouloir monter à cheval et de desloger, il n'en vouleut rien faire, disant qu'il n'avoit rien à desmêler avec le baron des Arcs. Cependant la rumeur croissoit et s'eschaufoit encontre ledit seigneur et ses gens, qui furent tous tués et esgorgés; et le sieur de Cipières se fiant à ung qui luy promist le sauver, fut tué comme les autres. Ce fut grand domage; car hors la religion, c'estoit ung des gentils seigneurs qui furent en France (1).

Après la paix, le conte de Tande s'en revint

---

(1) La note suivante, recueillie par l'auteur des Mémoires, se lit à la fin de son manuscrit. Nous la rapportons ici, quoiqu'elle soit à peu près semblable au texte même des Mémoires.

« Le compte Claude de Tande estoit filz de monseigneur le bastard de Savoye et de la fille du conestable de Monmoranti. Ledict Claude, en premières nobces, espouza madamoizelle de La Pallice, de laquele il eust le compte de Sommerive nommé Honoré et deux filles. Ledict Honoré fut lieutenant du Roy, vivant son père, aux en Provence, et se préparoit pour recevoir la dame sa femme, et voulut aller en Avignon à son rencontre, là où le dict seigneur tomba malade et y mourut n'ayant laissé aucun enfans.

En l'an mille cinq cens septante et trois, le conte de Carces estant lieutenant de Roy, la guerre se releva; il despescha quatre compaignies de gens de pied de deux cens hommes chascune, et en donna la charge au sieur de Saint-Martin, baron de Cereste, sieur de Saint-Marc et autres dignes de ceste charge. La guerre n'estoit pas fort eschauffée; les huguenots faisoient la guerre au conte et y desrobboient fort et y ravagoient partout.

Après la journée de Saint-Barthelemy, le sieur de la Molle vint, de la part du Roy, mandé à monsieur le conte de Carces pour faire l'exécution des huguenots de Provence, comme on avoit fait à Paris et ailleurs. Le dict sieur conte ne le mint pas en exécution; ains fit si bien qu'il ramena tous ces messieurs les huguenots, mesmes la noblesse, au service du Roy, quitant pour la pluspart ceste religion, qui ne fut pas ung petit service au Roy. Monsieur de Tavannes, après la mort du conte de Tande, eut le gouvernement de ceste province, sans toutesfois qu'il y vint jamais; et peu après le mareschal de Rays en fut pourveu.

Sur ces entrefaictes, Riés, où commendoit le sieur de Tournon, fut surprins par le sieur d'Estoublon et autres huguenots, qui fut cause que le sieur conte de Carces despescha à force compaignies de gens de pied, faisant ses régimens, sçavoir, le sieur commandeur de Briançon, le

premiers troubles, estant bon chatolique. Du second mariage, espoza madamoizelle de Fois, de laquelle il eust le sieur de Sipières, qui tint le parti uguenot, se tenoit à Besse. Il eust envie d'aler voir ledict de Savoye, son parent, à Nice, et menoit trante et tant de chevaux tous de la religion. A son retour logeant à Fréjus, où estoit le baron Des Arcz, soit de fortuit ou de propos déliberé, peu après l'arrivée de Sipières, il se fit de la ruheumeur; coy oyant ceux qui l'acompagnoit lui vindrent dire et persuader de desloger de là, ce qu'il ne volut fère, disant qu'il n'avoit rien à démêler avec les Arcz; que s'il y avoit quelqu'un d'eux préveneux de justice qu'ilz se sauvassent. Tousjours la ruhmeur croisoit, tant qu'on comança d'enfonser portes des logis où estoint logés ses gens. Là il y eust quilcun qui ala trover ledict Sipières lui promectant le sçauver; ce que enfin fuégnant de fère, il le mena en parti qu'il fut esgourgé. Tous ses gens feurent tués; presque peu s'en sauva; à la vérité c'estoit un brauve seigneur s'il y en eut de son temps, acompagné de beaucoup de belles vertus, et grand daulmage. Le compte de Tande, son frère, n'en fit pas le cas qu'on cuidoit, car le père estoit mort. L'on disoit que c'estoit à cause que ledict Sipières avoit un testament solannel qui le fesoit hériétier. Ceste race a prins fin au père; car le comte Hororé morut sans enfans et tout revint au marquis de Vilarz, qui n'a eu que des filles.

sieur du Bart, marquis de Trans, Saint-Marc, la Verdière, Saint-Martin. C'estoit en l'an mille cinq cens septante et quatre.

Monseigneur le mareschal de Rays vint en Provence, et amena quant à luy des troupes de gens de cheval, où estoit sa compagnie de gendarmes, conduitte par le sieur de Monperons, et amena aussy deux ou trois mille Souisses. Il délibéra d'aller assiéger le dict Riés, comme il fit le vingtiesme de novembre; et y ayant conduit le canon, après y avoir campé quelques jours, le dict Riés se rendit vie et bague sauve. L'armée estoit extresmement belle et y avoit d'aussy bons régimens qu'il y en eust en France. Le sieur de la Verdière demeura à Riés pour y commander.

Au party de Riés, le camp marcha à Piedmoisson; le sieur de Saint-Marc fut commandé d'aller, avec son régiment, investir le dict Piedmoisson, ce qu'il fit et en plain jour; après quelques résistances, ledit lieu se rendit. Le camp se rompit et fut distribué par garnisons. Le seigneur mareschal s'en retourna en France et ramena les Suisses.

L'an mille cinq cens septante et cinq, le conte de Carces recouvra trois cens raistres du Languedoc, conduis par le coronnel Stobi; et, aiant dressé son armée, alla attacquer Espinouze, maison d'ung sien nepveu germain; lequel se rendit vie sauve. Il fit démollir le chasteau, et de là il alla assiéger Gauber, qui se fit battre, et soustint ung assaut. La nuict venant, ilz proposèrent de se sauver et abandonner la place; mais il y en eut qui n'eurent pas le courage, à cause du grand effroy qui se mint parmie eux; si bien qu'une bonne partie demeuroient mussés dans les maisons et les autres sortirent; mais ils furent presque tous tués, tant ceux qui demeurèrent que ceux qui se cachèrent.

Au party de là, l'on alla attaquer Monfort, où estoit Verdelet. Il se laissa battre. Durant la batterie, il y eut quelque traicté d'accord, et tant fut mené qu'ils se rendirent moyennant qu'ilz fussent conduies en sauveté, et que cependant on mettroit dans le chasteau quelques personnages telz qu'il plairoit au dict conte, attandant l'effait de la dicte composition. Le sieur de Saint-Estienne fut nommé et de fait y alla, et pour ce que la porte estoit barriquée, ilz descendirent une eschelle pour le monter. Et tout aussy tost que ledit sieur fut sur le rempart, les huguenots tirairent promptement l'eschelle et commencèrent à tirer d'harquebuzades, qui blessèrent et tuèrent quelques-uns. Ilz n'avoient garde de manquer: car la plus par de l'armée estoit venue voir ce spectacle. Monsieur le conte fut extresmement marys de recepvoir ceste escorne; aussy commanda-t-il de redoubler la batterie, quoy que ceux de dedans menaçassent de mettre en butte ledict sieur de Saint-Estienne, qui se trouva dedans, comme nous avons dit.

Le chasteau ne valloit guerres et fut incontinant tout fraquassé; les soldarts donnoient de tous costés pour y entrer. Verdelet tenoit une grosse bource à la main, appelloit le sieur de Vine, qui enfin s'y approcha et print ledict Verdelet, et n'oublia pas la bource, le mena au sieur conte, qui le fit aussy tost pendre à ung arbre et quelques autres ses compaignons. Or les souldarts en fouillant ledict chasteau, par mauvaise fortune mirent le feu à la poudre, la violence de laquelle renversa une tour, où furent accablés beaucoup de braves hommes.

Au party de Montfort, le camp marcha vers Montjustin, qui fut pris et abattu.

De là on alla à Lourmarin qui fut abandonné de ceux de dedans. Les raystres furent congédiés et la plus par des compaigniees cassées.

Le seigneur Alphonce estoit au païs avec quelques siennes compaigniees, le sieur conte avec la siene et celle du sieur de Montdragon, et force noblesse allèrent à Lavaldaignes attaquer la tour Saint-Martin, qui se laissa battre; ilz furent forcés et tous taillés en pieces. De là on alla à Apt.

Les huguenots qui estoient dans Gignac l'abandonnèrent. De là l'on marcha à Cisteron. Le pont qui est tout auprès dudict Cisteron estoit tenu par le sieur de Gouvernet; estant donc nous autres logés dans Cisteron, le soir le dict sieur conte fit allumer à forces flambeaux et fit provision de forces fouets de chartiers, et puis se mint au chemin dudit pont, qui voit jusques dans les portes de Cisteron; et faisoit faire ledict conte grand bruit, comme si l'on eust conduit le canon. N'estant ledict lieu du pont tenable, le sieur de Gouvernet l'abandonna; il fut abattu, et Thèse aussy.

Au retour, le sieur de Vine attrappa Sainte-Croix à Gignac; mais il trouva moyen de se sauver. La trève se fit environ le mois de décembre.

Le lieu de Salerne fut saisy par quelques huguenots, et voulant monsieur le conte y remédier, manda le sieur de Saint-Marc, vers Brignole, Lorques, Draguignan, Fréjuls, Grasse, avec tout pouvoir et commission pour faire levée de douze cens hommes.

La ligue des Razats commençoit à se former; le baron des Arcs estant ung des promoteurs fit sy bien avec ses adhérans, qu'ils empeschèrent que partout le païs il ne se leva pas ung seul homme; et si le dict sieur conte de Carces eut voulu croire le sieur de Saint-Marc, au retour qu'il fit, qu'estoit que le sieur conte s'allast parquer dans Draguignan avec sa compaignie et la noblesse qui le suivoit, les choses eussent pris autre chemin. C'estoit en l'an septante et quatre, au mois de juillet, avant la venue du sieur mareschal.

La paix se fit mille cinq cens septante et six, et lors le dict sieur mareschal revint en Provence, au mois de septembre, et ammena le président des Arches avec pouvoir de prendre des conseillers de la court de parlement, tel nombre et telz qu'il adviseroit pour faire justice. C'estoit à la requeste des Razats, qui avoient mandé des députés au Roy, et obtenu de Sa Majesté ceste depesche. Le lieutenant Bonfilz estoit le principal autheur et proumoteur de ceste affaire.

Le sieur conte de Carces assembla ses amys à Salon. Ilz se trouvèrent environ quatre ou cinq cens chevaulx pour aller au rencontre du dict seigneur mareschal. Mais ledict seigneur en estant adverty, manda au sieur conte de ne bouger dudict Salon et luy vouloir attendre. Toutes fois ledict sieur conte n'en fit rien; ains l'alla trouver à Tarascon où il estoit pour lors, où il ne fut trouvé guères bon par le sieur de Torretes. Les Razats envoièrent dire au sieur mareschal que s'yl avoit agréable, ilz iroient vers luy avec cinq cens chevaulx et mille harquebuziers : ce qu'il refusa, leur mandant de ne bouger sans mandement, et pareillement renvoia ledict sieur conte. Puis le seigneur mareschal print son chemin pour Aix, passant par Alguières, et lors manda à ces Razats, qui estoient desjà à Saint-Maximin, de venir à Gardane, où ledict seigneur se rendit avec le sieur président des Arches.

Au dict lieu de Gardane, les Razats, noblesse commune, formèrent leur plainte, demandant justice; auquelz fut respondu que le Roy les avoit envoiés pour cest effect qu'ilz y travailleoient de sorte qu'un chacun seroit content, leur disant qu'ilz vinsent à Aix pour y proposer leur requeste; et ayant séjourné lesdicts Razatz six jours audict Aix, on leur donna congé le dix d'octobre pour y admettre le conte de Carces, qui y vint soudain.

Les Estats furent mandés, et à tous les gentilzhommes Razats le seigneur mareschal manda particulièrement d'y venir sur sa parolle; ce qu'ilz ne voulurent faire : pour cela les Estats ne furent pas moins tenus dans Aix. Le clergé desputa monsieur l'évesque de Toulon, le sieur de Porrières pour la noblesse, et le sieur de Rouille premier consul d'Aix pour le païs. Le président des Arches se tint toujours à Aix; le seigneur mareschal alla visiter le païs de Provence, puis retourna audict Aix.

Peu avant Noel, le conte de Carces qui n'avoit bougé d'Aix du depuis les Estats, s'empartit pour aller à sa maison de Carces. Puis le sieur mareschal alla passer les festes à Marseille. C'estoit l'an mille cinq cens septante et six.

Il sembloit que la Provence se fut my partie pour se plustost mettre en ruine; car pour en parler avec vérité, il n'y avoit pas beaucoup d'occasion de se département. Les huguenots qui avoient esté sauvez par la bonté et discrétion du conte de Carces s'en devoient resouvenir, car s'il eut voulu effectuer la créance que le sieur de La Molle luy apporta de la par du Roy, ilz estoient tous mors et leurs biens couroient fortune; pour le moins eussent-ilz eu leurs maisons saccagées : au contraire, comme dit a esté, il s'aprochoit d'eux, les caressant et traitant fort amiablement. Pour les communes, elles en avoient encore moins d'occasion et n'eussent sceu, comme ilz ne sceurent faire voir chose d'importance ny qui fut de valeur. Mais l'on recogneut bien tost que ce n'estoit que certaines gens mescontans et trops dificilles à contenter, et tout plein d'autres qui cuidoient avoir fait de grands et signalés services, desquelz ilz n'avoient pas esté (à leur advis) récompensés : si bien que par leurs artifices et menées ilz incitèrent les communes à faire ceste rumeur.

Les principaux autheurs estoient les sieurs d'Oraison, du Bart des Arcs, Torrettes, Cabriès, Sénas, Flaçans, Entrequasteaux, La Molle. Pour les communotés, c'estoient : Grassé, Fréjuls, Fayansè, Draguignan, Hières, Toulon, Barjau, Brignole, Saint-Maximin, Antibe, Castelane, Lorgues. Il y eut une entreprise dans Arles, conduite par Arbant Spiar; tous ses complices estoient de ladite ville; le sieur mareschal de Retz y alla tout aussi tost; et du dict Arles manda par toute la province de prendre les armes et se garder. Pour luy il print le chemin de Nice, passant par Carces, où il luy fut fait la plus grand chère qui se peut dire, et continuant son chemin, passa par Canes, où arrivé il cheut de son cheval et demeura assés de temps comme mort; estant revenu, ledict seigneur se treuva en paralyse de tout le costé droit.

Le huict janvier 1577, il fut tenu une assemblée à Brignole, où estoit présent le président des Arches, audevant duquel fut fait l'union de ceux de la religion qui promirent de servir le Roy et les communes, et fut mis ung homme pour feu. Le sieur de Saincte-Croix se saisit du lieu de Vians, où tout aussi tost il y fut assiégé et contrainct capituler pour la rédicion d'yceluy, comme il fit.

En ce mesme temps, le conte de Carces eut déclaration du Roy que ce qu'il avoit fait, il l'avoit comme chose faite pour son service, ne voulent qu'il en fust recherché. Il vint à Aix, et de là avecque le sieur président des Arches allèrent en Arles pour faire le procès à ces entrepreneurs. Le seigneur de Sainct-Andiol prissonnier pour ce fait mourut en la prinson; le bruit est que ce fut par poison. Monsieur le mareschal alla à Luques en Italie. Le lieu de la Saincte-Baume fut saisi par ung nommé le capitaine Raberry serviteur du sieur de Vins. Les Razatz tindrent une assemblée aux Arcs, où fut fait levée d'hommes et de vivres; lesdicts Razatz députèrent vers le Roy le baron d'Orraison, sieur de Carbries, et la commune d'Antibe contre le conte de Carces, auquel conte de Carces le Roy manda peu après que le plus grand service qu'il luy désiroit rendre, c'est qu'il accommodast les choses de façon que Sa Majesté n'en entendit plus parler.

Le capitaine Férier, huguenot, qui estoit logé dans Menerbe, commença à courir en Provence. Le conte de Carces estant en Arles, quelques troupes du Languedoc vindrent courir au Baron une lieux près d'Arles, dans la Camargue, qui fut cause que ledict conte commanda à quelques gens de cheval, qui estoient auprès de luy, qu'ilz passassent au Languedoc pour revenche. Ledict conte s'en revint à Aix, où arriva le sieur des Bouriques, l'un des maistres d'ostel de Sa Majesté, par lequel Sadicte Majesté mandoit d'obéir au conte de Carces, et fist ledict Bouriques plusieurs remonstrances aux Razatz sur se subject; mais tout fut en vain. Monsieur de Paris vint aussi en mesme temps et fit de son costé tout son pouvoir pour ledict accord sans effect.

Le mareschal de Bellegarde vint en Avignon; le conte de Carces l'alla voir et le sieur cardinal d'Armeignac aussy. Sur les entrefaictes, le sieur Stoublon se vint loger à Courbon avecque des troupes huguenotes. Les sieurs de Vins, de la Verdière, Sainct-Martin se minrent aux champs dressant des gens de pied; d'ailleurs les Razatz s'esmurent faisant des troupes. Cependant revint le sieur mareschal de Retz à Toulon, et manda à tous ces élevés qu'ilz n'eussent à bousger, et manda au sieur de Sainct-Martin commission pour lever quatre compaignies de gens de pied; manda ledit sieur mareschal à toutes les villes ne laisser entrer gens de guerre sans son exprès commandement, et print le chemin d'Arles. Le comte de Carces alla à Tarasquon.

Le Roy avoit donné une compaignie de gendarmes au comte de Sault, laquelle il dressoit à Salon. Or est-il que voyant le Roy ces inimitiés de Provence si endurcies, pour avoir temps d'y remédier, il despescha ledit seigneur grand prieur de France pour commander en Provence durant la maladie du mareschal de Retz, et arriva en Avignon au mois d'ost; où l'ala visiter ledit sieur mareschal de Retz, qui s'aresta audit Avignon, et le grand prieur vint à Aix faire vérifier son pouvoir.

En Avignon, cependant, fut résolu d'aller assiéger Menerbe. Les troupes de Provence y allèrent en septembre; ladite place fut assaillie et batue de quinze canons, et y fut traicté accord, et accordé qu'ilz rendroient la place vies, armes et bagues sauves, en recevant une somme d'argent.

L'accord fait, ceux du camp alloient librement dans la ville, et ceux de dedans sortoient à son plaisir. Mais y arrivant le sieur de Sainct-Aubin à l'improviste et s'estant glisé dedans ledict Menerbe, il troubla bien l'acor; car d'abor il poignarda le capitaine Férier qui y commandoit ; plussieurs du camp, que ledict Sainct-Aubin y trouva dans la ville, furent retenus prisonniers. La baterie recommensa plus fort que jamais. Il fut faict de grands combats. Le sieur de Sénas y fut tué et plussicurs autres. Enfin il fallut bloquer ledict lieu, ne pouvant estre forcé, et y fiton trois fors, dans l'un desquelz estoient logés les François, aux autres deux les Corces et Italiens.

Cela fait, le sieur grand-prieur vint à Aix en novembre, et fist publier la paix.

Je ne veux pas oublier de dire que le comte de Monttalier, qui estoit venu avecque le grand prieur, s'estant départi du camp de Ménerbe pour aller à Aix, il loga au logis de la cloche dudit Aix. Il fut suivi peu après par le sieur de Sainct-Martin, qui alla audict logis accompaigné de Siguirany, Bastier, Bovions et ung laquay, lequel portoit une pistole en sa main, et entra dans la salle où disnoit ledict comte; et iceluy laquay gaigna le derrière de la chèze, où il estoit asis, et luy délascha sa pistole, qui luy brisa ce grand os de l'échine, de manière que ce pauvre seigneur ne peut bousger de la place. Le sieur de Sainct-Martin entre dans ladicte salle l'espée au poing, de laquelle il donna ung grand coup sur la teste dudict comte; et se voulant sauver, passant davant la porte de la cuizine, il receut ung coup de broche au travers du corps, qui le porta par terre. Il fust aussitost porté à ladicte salle par les gens du conte, lequel voyant rendre l'esprit audict Sainct-Martin, luy dist : « Pauvre gentilzhomme que t'avois-je faict qu'autant d'honneur qu'à un prince. » Il en fut parlé diversement; mais il ne faut pas tout dire ce qu'on sçait. Ledict conte mourut de ce coup.

Le mareschal de Retz s'en retourna en France, et fist avecque le Roy que le comte de Suze eut le gouvernement de Provence; de quoy advertit, le comte de Carces délibéra de l'empescher et y résister de tout son pouvoir : et de faict il manda à tous ses parens et amis de venir à Salon où il estoict. D'autre part, monsieur le grand-prieur, qui commençoit à s'aymer fort en Provence, donna ordre que messieurs de la cour du parlement et la noblesse du pais mandèrent en apvril au Roy pour suplier Sa Majesté laisser ledict sieur grand-prieur au gouvernement; ce que le Roy ne voulut accorder. Ains, continua ledict de Suze. Le baron de La Garde mourut, et le sieur grand prieur fut pourveu de l'estat de général des galères.

Le sieur du Bart, qui estoit gouverneur d'Entibe, fut tué par un sien serviteur domestique, dans sa maison du Bart. Le baron d'Oraison fut pourveu dudict Entibe.

Le comte de Suze ayant sa despesche du gouvernement de Provence s'en vint à Suze, ce que sceu par ledict grand-prieur, qui estoit à Marseille, ce manda descharges à messieurs du parlement du commendement de Provence, et quelques prières que tout le pays luy en peult faire, il ne s'en voulut plus mesler; ains monta sur ses galères et s'en alla à Toulon.

Le sieur de Baudiment, disant vouloir mener des troupes à monseigneur le duc, frère du Roy, en Irlande, se saisit du lieu de Sainct-Pol-de-Durence, et y asembla tant de gens de guerre qu'il peut. Messieurs de la court du parlement fisrent ung arrest enjoignant audict Baudiment de marcher sans s'arrester, ny audict Sainct-Pol, ny autres lieux du pais, sur grosse peinne. Or ledict Baudiment ayant amassé trois cens et tant d'hommes de pied, et trante à quarante de cheval, partit dudict Saint-Pol avecque une partie d'icelles troupes, pour aller au Canet secourir ung sien frère, que les Razatz avoient assiégé; et passant par Besse, se saisit du chasteau.

Messieurs de la cour mandèrent d'abondant à tous les deux partis de se retirer et poser les armes; ce que ne fut fait. Le baron d'Allemaigne et les troupes des Razats se logèrent au Luc, et se fortifient de leur costés. Et les sieurs de Vins, de Biost, d'Oize, Le Gant et plusieurs autres, avecque forces gens de pied et de cheval, se logèrent à Contignac et aux environs. La ville de Brignole appella le sieur de Pontèves pour son gouverneur; tout branloit pour la guerre.

Le vingt huit septembre en l'an mille cinq cens septante huit, fut tenu une assemblée à

46.

Aix, où fut délibéré advertir le Roy de ces désordres, et de prier le conte de Suze, qui estoit en Avignon, de retarder sa venue, attendant la voulunté du Roy. Et ung peu auparavant ladite assemblée, le conte de Suze avoit envoié à messieurs de la cour sçavoir s'il entreroit dans Aix avecque son train seullement, ou avec forces; et par le mesme envoia interriner ces lettres du gouvernement (et ce fut par le sieur d'Alain). Et envoia aussy ledict sieur conte, le jeune La Coste aux sieurs d'Allemaigne et Beaudiment, desquelz il n'eut réponce qu'anbigue.

Le sieur de Vins envoia dire à messieurs de la cour qu'il avoit esté contraint avec ses parens et amis prendre les armes pour se défendre du conte de Suze, son ennemy capital; ayant esté adverty que le mareschal de Retz n'ayant peu effectuer son mauvais dessein contre le conte de Carces, il avoit pratticqué ledict de Suze, et l'avoit fait pourvoir du gouvernement à fin de mieux exécuter son entreprize; et pour luy, qu'il en estoit marry; délibéré toute fois de défandre ledict conte de Carces de tout son pouvoir. La dicte assemblée sy dessus mentionné députèrent pour aller parler au dict conte de Suze le sieur président Quariollis et les sieurs conseillers de Chasteauneuf, d'Aurribeau, de Masarques, et deux consuls d'Aix, sçavoir : Saincte-Croix, de Nas, pour l'effaict que desus est dict, sçavoir, pour arrester la venue dudict conte en Provence.

Ledict conte de Suze après avoir ouy ces messieurs, il se mint en colère et usa de paroles rudes. Enfin il dit qu'il atenderoit enquore huict jours pour veoir que voudroient faire ces eslevés en arme : et pour responce de l'advis qu'il avoit demandé à la cour de venir fort ou peu accompaigné, la cour le remint à sa volonté, l'asurant que venant de la part du Roy, comme il faisoit, il seroit tousjours le bien venu. Les députés revindrent à Aix ormis le président Quariollis, qui demeura en Avignon.

Arivé à Aix, le sieur de Saincte-Croix et autres furent despeschés vers le sieur de Vins, pour le prier au nom de messieurs de la cour et du païs, atendu que s'estoit la volunté du Roy, que le comte de Suze eust le gouvernement, de pozer les armes et se rettirer à leurs maissons. Leur responce fut qu'ils estoient advertis que du Dauffiné descendoient des troupes huguenotes pour se joindre avecques leurs ennemis, et qu'ilz estoient sur leur défensive. Aussi estoient-il alors bien renforcés, ayant plus de quatre cens chevaux et douze à quinze cens hommes de pied. Le comte de Suze en estant adverty despescha forces commissions qu'il manda en Provence, pour fére lever des gens de pied.

Le seigneur Alfonse estoit logé dans la ville d'Aix avecque des compaigniees de Corces, et n'estoient guère bien avecque la ville, qui voulut avoir la garde de la porte Sainct-Jan; et le sieur Alfonce se logea dans les Augustins à la tour desdict Augustins, du costé des jardrins. Il y eut quelque reumeur à laquelle moururent quelques hommes, entre autres de ceux de la ville le capitaine Michel Brienson.

Quoy voyant, messieurs du parlement fermairent la cour et fisrent sortir tous les estrangers indiféremment, et donna la garde des Prêcheurs et maison-de-ville au sieur Alfonce; le palaix aux marchands.

Après que le sieur de Vins eut recouvert des forces novelles, tant de gens de pied que de cheval, que luy amena le sieur baron de La Roche et autres du Conta et du Dauphiné, il s'ataqua premièrement à Draguignan.

Le sieur de Suze mande le sieur d'Allain à Aix, et peu après luy mesme monte à cheval sans mot dire et avecque sa compaignie de gandarmes, tout d'une traicte, se vint jetter dans Aix, commensa à dreser tant de forces qu'il peut. Il y trouva ledict sieur Alfonce et quelque noblesse qui le vindrent veoir. Le baron des Arcs, Le Muys et prou d'autres estoient dans Draguignan, et le sieur de Vins à Trans, Baudiment à Flayos-au-Val, et se faisoient la guerre.

Peu de jours après, voyant que le conte de Suze ne bousjoit d'Aix, vindrent les dittes troupes carsistes à Tourves. Le baron des Arcs despescha La Barlière avecque traize enseignes pour aller à Brignolle : où estant, ilz démollirent tous ces beaux bastimens du sieur de Vins. Ilz luy compairent tous ses arbres et dicipairent tout. De Brignole vont loger à Courrans.

Le sieur de Vins y despescha les sieurs de Buoux et Du Buisson, qui allèrent assiéger ledict Courrans. Ceux de dedans sortirent la nuict en effroy; il en fut tué trois ou quatre cens, presque sans défance, par lesdictes troupes de Buoux et Du Buisson, aydées pour le sieur de Vins, qui par cas fortuit revenoit passer chemin. Le sieur de La Verdière surprint le lieu du Puis, près d'Aix, par escallade. Il fut fait aussy une embuscade près de Brignole; ceux de Brignole sortirent et furent attrapés. Il y en mourut à force et furent menés batant jusques aux portes.

Le conte de Suze, qui estoit à Aix, oyant toutes ces nouvelles et se voyant mal accompaigné et mal servy, estoit en grand peine et craignoit de recevoir quelque honte; et de faict, ung soir monte à cheval avecque le sieur de Glandage, a peu de troupes, part dudict Aix et s'en va rendre à Cadenet et de là s'en retourna; son filz le suivit avec le reste de ses gens et print le mesme chemin.

Le chevaillier de Clavaison venoit pour ledict sieur de Suze avecque des troupes. Il fut rencontré à la plaine de Senés par le baron de La Roche; et estant ledict Clavoison plus foible, promit s'en retourner et ne revenir plus en Provence, comme il fit. Le sieur de Solies, revenant de la cour, trouvant le sieur de Vins si fort comme il estoit, print envie de faire la guerre à ses subjects de Solies et print les troupes du sieur Du Buisson pour cet effait, et se fisrent fort la guerre. La fin fut que la gallerie de Solies fut abatue et tout ce qui estoit de beau discipé.

Beaudiment alla attacquer Congolin qu'il print. De là, faisant la guerre à ceux de Sainct-Tropes et Grimault, tomba dans une embusquade où il fut atteind d'une arquebuzade, duquel coup il mourut lors mesme (c'estoit ung bien brave et honneste gentilz homme).

L'an mille cinq cens septante neuf, le sieur d'Estoublon descendit avec des forces huguenotes et alla trouver le sieur de Pontèves à Brignole, et le sieur de Muy et Tanneron se joignèrent avec eux et allèrent faire tous ensemble une enbuscade à Cabasse, où estoient logés les troupes du Buisson qui estoient sur son départ, ayant mins tout son bagage dehors, sur lequel se rua la dicte enbuscade. Tout fut prins et ravagé; Le Buisson sort et y eut quelque combat, auquel le sieur Du Muy resut une arquebuzade en ung bras; il n'i eut pas autre grand effait.

Le sieur d'Espinouze venant de la gallerie de Solies avecque sa compaignie, logeant à Sainct-Martin, il fut surprins par le sieur de Pontèves et fait son prisonnier, et le mena à Barjau où commandoit ledict de Pontèves. Peu après il conjédia ledict Espinouze, qui fut cause que la ditte ville de Barjau s'esleva et faillirent à tuer ledit de Pontèves et le minrent dehors et tous les gens de guerre qui y estoient logés.

Fut tenu une assemblée à Lambesc des communes, où il fut deslibéré mander au Roy; et cependant fournirent des vivres aux trouppes du sieur de Vins et point aux autres. La cour de parlement ne voulant octorizer laditte assemblée, fit une déclaration, le dix de mars, par laquelle elle desclaroit tous ellevés en armes criminels de lès-majesté, permettant qu'on leur courast sus et les mint-on en pièces.

Le vingt sept mars audit an, le conte de Grignan et le sieur des Taillade vinrent de la cour apportant lettres du Roy, par lesquelles Sa Majesté mandoit qu'il avoit remins le gouvernement au mareschal de Rets et qu'il estoit de vollonté de remettre le conte de Carces, pourveu qu'il mint le païs an paix. Il ne fut guerre bien reseu à Aix. Toutte la cavallerie du sieur de Vins estoit logée à Cuers; le sieur d'Oize y commandoit. Il s'i laissa surprendre. Il y eut quelques hommes tués et de chevaux prins; sans l'arrivée du sieur de Vins il fut allé plus mal. Mais y arrivant à propos, comme il fit, il rembara ces gens là et recouvra la plus part des chevaux prins.

Le sieur de Bargème estant à son chasteau de Callas, il fut assaily par ses sugets, tué, estant aagé de plus de quatre vingtz ans, sa femme blessée, ses enfans tués et la maison rassée, sans avoir fait la guerre. Pareillement fut abbattue Saincte-Maxime et le chasteau de Cuers qui appartenoit au sieur de Baudiment.

Le quinze apvril audit an, le seigneur cardinal d'Armaignac vint à Aix. Il y fut receu avecque beaucoup d'honneur; le Roy le mandoit pour commender. Les Razats se mettent aux champs. Plussieurs villes qui n'avoient encore bougé s'en meslèrent; disant qu'elles ne vouloient point de paix tant que le conte de Carces aura commandement.

Le sieur de Mérargues, consul, sortit d'Aix, et tous ceux qui dépendoient du conte de Carces furent maltraittés et plussieurs enprissonnés. Le sieur d'Estoublon, estant à Brignolle, dresse ung piége à ceux du Val, qui, voullant sortir, furent bien battus et tués. Le sieur de Vins, avecque ses troupes, logeoit à Varages Tavernes, où il receut lettres du sieur cardinal, le priant de ne s'approcher point d'Aix, affin de leur donner moien d'accommoder touttes ces affaires suivant l'intention du Roy.

Il vint ung segrétaire du Roy qui trouva ledit de Vins en campagne avecque sept cens chevaux, fist response qu'il ne désiroit rien que d'obéir au Roy, offrant pour ce faire toutte choze, despescha le sieur d'Oize vers ledit cardinal pour le prier luy ferre fournir vivres, affin qu'il n'eust occassion de courir pour en avoir. Cependant deffaillant vivres, il faillut changer de logis, et vinrent à La Roque et Sainct-Zacarie.

Le premier jour de may audit an, passant le sieur de Vins auprès de Très, ceux de dedans sortirent à l'escarmouche de gayeté de cœur, qui fut cause qu'on leur fit une charge, où moururent quelques uns; et y fut bruslé quelques moulins.

Le sieur cardinal manda incontinant le porte notaire du Renest au sieur de Vins, se pleignant qui s'aprochoit d'Aix, s'estoit la faute des vivres qui en estoit cause. Touttefois il reboursa chemin et print le chemin de Besse le troiziesme jour de may.

Le quinziesme, la paix fut publiée par arrest, portant abollission de tout le passé, laissant aux

Razatz à se pourveoir par la vois de justice, enjoint à tous de posser les armes, rendre les lieux occuppés dans six jours, à faute de quoy sont déclarés criminelz de lès majesté et désobéissans.

Le seigneur cardinal s'asambla à Sainct-Canart avecque le comte de Carces, quelques présidens et gentilz hommes, et résollurent qu'attandant ce que voudroient dire les Razatz, le sieur de Biost et de Mont-Dragon seroient mins, l'un au Puis et l'autre à Sainct-Paol, pour garder les cources, et que on leur fourniroit des vivres. Ceux d'Aix ravirent les vivres qu'on portoit au Puis. Cependant la Royne mère, qui estoit en Languedoc, mande un gentilz homme à la cour de parlemens d'Aix leur dire qu'elle arrivera audict Aix dans dix ou douze jours. Après cependant on donnoit ordre que toutte chose allasse bien, par quelque traive ou autrement.

Les Razats cependant attacquèrent Congolin, où estoit le sieur de Gien et quelques autres, qui furent forcés et tous tués.

Le quinze may, entrant le sieur président Des Arches dans le pallaix, comme il avoit accoustumé, il se dressa une si grande rumeur contre luy, que sans le seigneur Alphonce, il estoit mort sans respir. Ce jour mesme, fut fait ung arrest que puis que les ellevés en armes n'avoient satiffait et rendu les places, qu'il seroit procédé contre eux par main millitaire, pour avoir les dittes places occupées, et permins au peuple leur courir sus et mettre en pièce; et sera requis ledit cardinal de commander au Puis pour le Roy bailler main forte aux demandeurs.

Aussitost le viconte de Cadenet fut despesché pour commander jusques que le Roy y auroit pourveu, et commensa d'enprinsonner ceux qui s'estoient retirés des troupes. Il se fit une ligue à Aix, et dans Marseille plusieurs levées d'hommes se faisoient de tous costés, et toute chose se disposoient à la guerre.

Quoy voyant le sieur cardinal, le dix huictiesme may party d'Aix pour s'en retourner en Avignon, et le sieur Des Arches le suivit, le landemain, partant de nuict. Ceux de Draguignian vont assiéger Trans, où estoit le baron dudit Trans, sa femme et enfans, de mauvaise fortune. Les soldarts estoient dans le villaige, qui y furent pour la pluspart attrappés et tués: de manière que ledit baron se trouvant mal accompaigné, manda au sieur de Vins pour avoir secours. Il y alla tout aussi tost; mais à cause de la rivierre qui touche ledict chasteau, il ni peut mettre personne. Il y retourna encores pour la seconde fois et y mint ung capitaine avecque quinze soldarts. Ceux du siège voulant enpescher ledict secours et s'esloignant ung peu trop furent chargés et bien battus.

De là le sieur de Vins se retira à Salcone. Le sieur de La Molle, nepveu germain du conte de Carces, alla vers la Royne au Languedoc, menant quelques communes avecque luy pour demander justice. La Royne le tensa fort, manda le sieur de Vérac, avecque une ordonnance, faisant commandement à tous ellevés en armes qu'ilz eussent à les posser, dans le quatorziesme de juin, et dans ledit an rendre les places, eslargir les prinssonniers, à peine d'estres déclarés rebelles à Sa Majesté, quassant tous arrests et ordonnance précédentes.

Le dit sieur de Vérac alla à Trans; mais les Razatz ne voullurent quitter le siège, durant lequel le sieur d'Estoublon, qui y commandoit, estant derrière la porte d'un jardin, fut atteint d'une arquebuzade, duquel coup il mourut. Peu après ceux du chasteau se rendirent contre la vollonté de la damme dudit lieu; ilz furent tous tués, la maison rassée, laditte damme et ses enfans furent détenus prisonniers. Le dit Vérac qui estoit présant audit siège, dist après à la Royne, que s'il y eust eu seullement six hommes dans ledit chasteau de la vollonté de ceste damme, qu'il n'auroit point esté prins. La Royne manda enquore de rechef l'abbé de Gassaine et le sieur de Montmorin pour commander à ces ellevés de quiter les armes. Le comte de Carces offrit d'obéir pourveu que les Razatz en fisent de mesme.

Cependant la Reine part du Languedoc, et s'en vint en Provance par Arles, et arriva à Marseille le cinq jour de juin. Il lui fut faict une belle antrée. Les cartiers sortirent hors en armes; l'artillerie joua et tout de ce quoy ilz se peurent aviser. Elle avoit son conseill, manda incontinent le baron de Curton, le sieur de Maligni, Grignan, Vérac au compte de Carce, qu'il eut à randre le Pui audict Maligni, et Saint-Pol à Vérac; ce qui fut faict; et de là Curton ala vers les Razatz, manda ladite dame quérir une chambre, ausquelz elle bailla le pouvoir du sieur Grand Prieur et le governemant de Provance, lheur commandant le vérifier.

Les Razatz prirent Pierrefeu et tuairent tout ce qui y fut trouvé.

Le pouvoir du Grand-Prieur fut vérifié le 12 juin audit an; et places randues, les armes posées.

Le cappitaine Piard détenu dès lont-temps prisonnier à Arles, évada; il y eust une grande reuthmeur à laquelle Letalisier dudict Arles fut pandu, et quoy qu'en le jetant la corde se rompit, il fut relié et pandu. La fureur du peuple fit cela.

La Reine manda venir le compte de Carces à Marseille, le baron Des Arcz.

Le cappitaine Boyn arriva aussi en Marseille, accompaigné de carante hommes, portans tous chapeaus bleus, bravant fort; le compte de Carces fut averti et s'embarqua; prit le chemin de Scalon le 13 juin. La Reine vint à Marignane, où le compte de Carces la vint trover; de là ala à Aix le 25 juin, et le darnier du mois se randit à Mannezin près Aix, tousjours acompagnée du cardinal de Bourbon, Miosens et de Monmoranti sieur le Liévre, là où le compt de Carce la vint trover avec sinq cens chevaux; estoient encores avec la Reine, le Grand Prieur, Lansac, de Foix, Des Arches. Le sieur de Vins parla à la Reine et lui fit une belle remontrance. La Reine y prit plézir, commanda audit de Carces revenir le landemain.

Landemain, premier juillet, la Reine y amena le viscompt de Cadenet, le sieur de Faulion, baron d'Oraison, Des Arcz, Pontèves, Terrettes, Vantabron, Cabrier, La Barblne, d'Allons, Le Mui, Thaneron.

Le compt de Carces y mena Vins, La Verdière, Croze, Oize, Saint-Audiet, Saint-Marc, Bezandin, de Vilar, Bargenes, Biosen, Le Cardinal, Saint-Janet, Buoulz et d'Aux.

Tous arrivé dans la chambre la Reine, elle fit une belle remontrance, voulant que tout le passé fut oblié, et que tout se rangeat pour le service du Roy, le Roy n'estant pas moins qu'avoint esté ses prédéseurs; ce quelle vouloit; et nous amonestoit de vivre tout aultrement, et amplifia fort ce discours en bons termes, fit lire une ordonnance par laquelle y promettoit ne prandre les armes sans l'exprès commandemant du Roy et voulut que le signisions tous. Le compte Carces refusa, disant qu'il estoit lieutenant de Roy. La Reine replique : « Signés, si-« gnés, nous sçavons bien que vous avez tenu la « main à tout ce que est fet. » Il signa et parafa. Il y avoit prou quéréles particulières.

La Reine command au sieur mareschal et Grand Prieur d'acomoder le tout, comme il fut fet. Quoy fait, la Reine ala à Aix et le compte à Saint-Pons, où il congédia la pluspart de la trouppe; et le landemain se randit à Aix, où fut travaillé pour afermir la paix entièrement. Les prisoniers furent relachés.

La Reine partit pour son retour le 6 juillet. Le sieur Grand Prieur l'accompaigna, et revenant, il fut fort malade à Arles.

Le 11ᵉ jour d'aoust, il y eut une grande reuthmeur à Aix la ville, contre les Corces;

l'arrivée du Grand Prieur et collonel Alphonse y remédia, et firent lequels Corces mis dehors moyennant quelque argent qui lheur fut baillé.

Le filz du sieur de Bargenne, estant à son chasteau de Bargenne, fut cruellemant asasiné par ses sugets et ses frères aussi.

Le Grand Prieur fit sa visite et fit abattre barricades et tant fit exécuter quelques mauvais guarnemens.

[1580]. Furent mandés les Estatz à Saint-Maximin le 3 janvier; fut député le sieur de Vauclauze et Guanteri pour aler en court.

Le baron d'Oraison, logeant au chateau de Manosque, la vile s'esmeut et l'asiégèrent. Le Grand Prieur y ala; le président de Moncal conseilla sursis; et tout fut apaisé.

Le combat du sieur de Mazas, de Vaucluze et du frère du recteur de Carpantras se fit lhors. Il y avoit cent chevaux entre les deux parties, et y mourut d'un et d'autre d'onnestes hommes. Se fut la ruyne de la méson de Vaucluze.

Monrond du Dauphiné, logé à Saint-Vincent, commença à courir par la province et à faire contribuer en avrill.

Le seigneur Grand Prieur asambla à Aix afforce noblesse et comunes pour achever à pasifier tout, et manda au compte de Carces; maitz qu'il n'amenat point avec lui de ceux qui s'estoient trovés au combat du Contat.

Peu après, arriva le sieur de Baux de la court, qui avoit commandement du Roy de travailler à pasifier toutes choses.

Le sieur de Vins eut alhors mil escus de rante pour l'afère de Pignans.

Le sieur Alphons fut dépêché de là la Durance pour s'oposer à ceux de Saint-Vincens, avec pouvoir de commander; et furent drésées catre compagnies commandées par le Revest de Brousse, Triboleti de Forcalquier, Constans de Sisteron et Boisoni d'Aix, contenant de pou près soixante homes par compagnies.

Le compte de Carces vint à Aix le 16 may audit an. Ceux qui s'estoient trovés au combat du Contat feurent refusés à la porte, et landemain appelés; tout s'acomoda.

Le 16 y eut un axès de peste audit Aix, qui si eschaufa après, exterminant et tout presque feuit.

Le sieur Patris d'Avignon fut tué, et ceux qui le tuèrent ne bougèrent d'Avignon. Il apartenoit au cardinal d'Armagnac.

Corut la coceluche tout partout, qui offensa fort un chascun, corut par tout le pais.

Le Grand Prieur manda secorir Tulard asiégé des uguenotz. Y ala le sieur de Saint-Maximin, lieutenant de la compagnie des gensdarmes du Grand Prieur, et les Corces qui y firent bon debvoir et y mirent du secours.

Les uguenotz vindrent geter une embuche près Cisteron. Les Corces voulurent sortir ; il en fut tué quinze ou sèze.

La chambre tenant les vacations ala d'Aix à Cucuron, causant la peste, à la fin de septembre, et delà à Pertuis, et venant la Saint-Rémi, le président de Tetz vint establir la grand chambre à Saint-Maximin au nombre de vint conseillers et le cart et quint président.

Le sieur de Lauriz second président s'areta à Pertuis avec une chambre. Le sieur Cariolis à Sçalon.

Les uguenotz en nombre de catre à cinq cens chevaux vindrent ravager jusques à Oreson, et ceux d'Orange vers le Bourmarin ; fut cauze que le Grand Prieur dressa des forces qui ne durarent que vint jours.

[1581]. Gourvernet se saizit du chateau de Coipin près Cisteron.

La paix fut publiée à Saint-Maximin le 17ᵉ mars audit an par la court y estant.

Pour recovré Poipin et Saint-Vincens, l'on paya trente trois mil livres.

La vile d'Aix eut entrée le jour Saint-Roc 16 aoust.

Le duc de Savoye se maria à la fille d'Espaigne.

Mille cinq cens huicttante deux, aparut en may une grande comette ayant longue queue.

Le conte de Carces mourut en ceste année là en sa maison de Flassans. Et au mesme an le pape leva dix jours du mois de décembre.

Le capitaine Enselme fut prins au bourg de Sainct Jehan d'Aix, par le sieur Alphonce, qui le fit conduire au chasteau Dié de Marseille, ou peu de jours après il mourut (1).

L'occasion de la prinze du cappitaine Anselme, fut que le Roy eut avis que ledict Anselme entreprenoit sur ceste province, et manda au seigneur Grand-Prieur de s'en saizir, ce que fut exécuté par le sieur Alphonse, collonel des Corces, y mandant le cappitaine Guis d'Aix, avec ses soldartz, qui l'ataquèrent au fauxbourc Saint-Jehan d'Aix, au logis de la Madaleine. Ledict Enselme ce mit en défance, où ledict Guiz fut blessé. Enfin demanda la vie ; ce que le sieur Alphons lui acorda : et sortant de la chambre où il estoit, commansa à dire qu'il trovoit es-

(1) L'auteur des Mémoires a lui-même, au moyen d'un renvoi dont nous avons placé le texte après cette première relation, expliqué plus au long les causes de l'arrestation et de la mort du capitaine Anselme. Ceci peut faire excuser l'espèce de répétition dont cet événement est le sujet.

trange qu'on l'asaillit ; car puis la grâce qu'il avoit pleu au Roy lui fere, il n'avoit rien entreprins. Sodain ledict Alphonse lui sortit une letre de sa poche et la lui fit lire, qui l'estonna du tout, et demanda miséricorde. Ses ardes feurent inventiorisés et fut trouvé des billés qu'Espiard lui mandoit et prou aultres baguatelles. Il fut estranglé au chateau d'If par deux esclaves turcz.

Le capitaine Cartier et autres se saisirent de la ville de Caumars ; et en octobre, le sieur Grand Prieur fit levée de deux mille hommes pour aller assiéger ledict Cartier ; et comme il se préparoit, la ville se rendit et fut démantelée.

L'an mille cinq cens quatre vingt, et le cinq d'avril le conte de Sault, sieur de Vins, sieur de Saint-André, sieur de Mairargues, de Rosset, de Mons, de Griouls, de Salernes et autres prindrent les armes pour le prince, et amassèrent environ deux mille harquebuziés et cinq cens chevaulx, sans tenir toutesfois aucunes villes. Que si monsieur le Grand Prieur fut monté tout aussy tost à cheval qu'il en eut le vent, à la vérité ilz n'eussent pas eu le loisir de faire cest amas. Car le sieur de Vins, qui se jetta le premier à Romolles, fut plus de dix ou douze jours sans avoir cinquante hommes. Le sieur Grand Prieur leva des forces et donna des régimens aux sieurs de Pontèves, de Tournes, de Sainct-Janet ; et avoit le sieur Grand Prieur, outre ces dictes forces, le sieur Alphonce avec son régiment de Corces.

Le sieur Grand Prieur part sur la my may et va loger, avec toutes ces dictes troupes, à Barjaux, estant accompaigné du conte de Grinan, du baron d'Oraison et des sieurs de Beaujeu, de Sainct-Marc, de Jançon, de Buouls et plusieurs autres ; et du dict Barjaux alla à Aups, et de là à Riés et à Cisteron, poursuivant tousjours ces messieurs, qui gaignoient desjà le Daulphiné.

Or, estant dans Cisteron, nous eusmes advis que l'ennemy estoit logé à Valence. Le sieur de Sainct-Marc proposa audict sieur Grand Prieur, dans sa chambre (après soupé), que s'il vouloit desfaire ses ennemys, qu'il en avoit l'occasion en main s'il l'a vouloit prendre ; c'est qu'il faloit partir sur la minuict avec la compaignie des Corces et toute la chevalerie et aller droit à eux ; l'asseurant sur son honneur qu'il les desferoit et metteroit tous en pièces.

Le sieur Grand Prieur avoit aucunement ledict sieur de Sainct-Marc pour suspect, à cause de la proximité et amitié de luy et du sieur de Vins : de sorte qu'il ne voulut entendre à ceste faction sans advis, et pour ce manda appeller ces messieurs de sa compaignie, auquelz il proposa l'advis du sieur de Sainct-Marc, qui se retira ; et cependant s'entretint avec le secrétaire dudict seigneur. Ces messieurs approuvèrent l'advis du sieur de Sainct-Marc, et de fait conclurent que le sieur Alphonce monteroit à cheval avec trente ou quarante pour avoir nouvelles certaines de l'estat des ennemys : ce qu'il fit. Et à son retour dict librement au sieur Grand Prieur que s'il eut eu avec luy jusques à cens chevaulx, qu'il avoit rencontré l'ennemy en tel estat qu'il y eut esté plus facile de le desfaire que le dire. Davantage, audict Cisteron fut proposé au sieur Grand Prieur de se joindre avec les huguenots, quoy que ledict seigneur eut des forces pour battre les susdictes troupes et les huguenots, quant ilz eussent esté tous ensemble : aussy ce conseil fut rejetté.

De là, l'armée s'en revint sans aucun effect, ayant l'ennemy gaigné le Daulphiné. En s'en retournant, le sieur Grand Prieur se trouva malade, et arrivé à Aix, il demeura quelques jours au lict : et estant retourné en convalesance, et, aiant recoumandé le gouvernement à messieurs de la cour, s'en alla à Salon, où il séjourna quelque temps.

Cependant le conte de Sault avec ses troupes descendirent et s'allèrent loger à la Tourdaigues, Ansois et Sainct Paol. Messieurs de la cour appellèrent le sieur Alphonse à Aix ; les dictes troupes provençales se cassèrent. Les huguenots surprindrent Sault; mais les habitans les en chascèrent bravement. Le cadet de Pontèves, s'en allant avec ung nommé Delfin d'Aix, le quinze de juillet, fut rencontré par le chevalier Du Revest, son ennemy, qui le tua et le dict Delfin aussy.

La paix fut faite, qui ne dura guère ; car le baron d'Allemaigne et de Cereste reprindrent les armes et se logèrent à Seine, où ilz firent une entreprinse sur Apt, et de fait la mirent en excéqution. Ilz allairent donc audict Apt et firent jouer le pétard et enfoncèrent la porte. Le sieur de Buouls, qui y commandoit, à l'ayde des habitans défendit vaillamment la dicte porte et repoussa les ennemys. A ce combat fut prins le sieur d'Aramon; lequel, conduit à Aix, fut condanné d'avoir la teste tranchée. Le dict sieur de Buouls non content d'avoir repoussé l'ennemy, comme tout plain de courage, monte à cheval, sort. Mais tout aussy tost fut fort chargé et eut ung bras brisé d'un coup de pistolet et eut prou à faire à se retirer.

Le sieur de Lesdiguières, pour ne perdre pas temps, alla attaquer la ville de Castellane, d'où il fut repoussé avecque perte ; comme fut aussy en mesme temps le sieur de Mombrun à Grandboys.

Le sieur d'Espinouze ayant ramassé des troupes audict Espinouze couroit et ravageoit toute la montaigne. Allemaigne et le Luc tenoient pour les huguenots. Le sieur Grand Prieur dressa des forces et alla attaquer le Luc, qui luy fut rendu par composition. Il y lessa le baron du Bart pour commander, qui estoit beaufrère dudict sieur d'Allemaigne, à qui apartenoit le Luc. Le sieur du Muy, qui avoit une compaignie sous le sieur Grand Prieur, luy remit sa compaignie et s'en alla au Muy et dressa des troupes pour les huguenots ; auquel lieu se rendit le sieur d'Allemaigne pour aller exéquter une entreprise qu'ilz avoient sur Draguignan. Mais y allant ilz furent descouvers et par ainsy leur entreprinse fut rompue.

Le sieur mareschal de Montmorancy avoit une entreprinse sur Arles, et comme il eut passé le Rhosne avec ses troupes, prenant le chemin de ladicte ville, quelque souldar fugitif de la ville d'Arles, voyant prendre ce chemin et se doutant bien que c'estoit pour surprendre la ville, se déroba et alla advertir ceux d'Arles quy n'en sçavoient du tout rien. Le sieur Grand Prieur y alla et mena une chambre, et furent exéqutés quelques uns qui estoient de la dicte entreprinse et mesme de la ville, où entre aultres estoit le chevalier d'Esguières. Le sieur de Vins, qui n'avoit bougé de sa maison du depuis son retour, et s'il n'y estoit pas bien asseuré, estant furieusement poursuivy à cause de la mort du cadet de Pontèves, que le chevalier Du Revest avoit tué, qui pour lors suivoit le sieur de Vins, et aussy que le sieur Grand Prieur employoit tout son crédit contre luy.

Ledict seigneur en ce temps là tint une assemblée à Aix, où durant laquelle on fit tant de rapports à ce seigneur qu'ilz le mirent en furie contre Artivity de Marseille ; de sorte que ledict seigneur alla luy mesme au logis dudict Artivity, qui estoit près les carmes dudict Aix, et monta dans la chambre d'Artivity, qu'il trouva assis sur son lict, auquel il montra une lettre, luy demandant s'il ne l'avoit pas escripte. Soudain ledict Artivity luy demanda pardon ; le sieur Grand Prieur luy saulte dessus et s'embrassèrent de telle façon qu'il tombèrent tous deux. Ledict Artivity foura au petit ventre du sieur Grand Prieur une courte dague qu'il portoit. Chacun y accourut, mesme le chevalier de Mairargues, qui entra premier. On releva le sieur Grand Prieur, et Artivity n'eut pas faulte de coups, car après l'avoir tué on le jecta par les fenestres (1).

(1) Lestoile rapporte d'une manière différente cet événement (page 203 de notre édition de Lestoile, t. 1ᵉʳ, 11ᵉ

Le sieur d'Arènes de Marseille estoit par cas fortuit en ce logis, où il fut aussy tué par ceux de la garde du Grand Prieur. Le sieur Grand Prieur mourut le lendemain. Ceux de la ville de Marseille envoyèrent demander les corps d'Artivity et d'Arènes, quy leurs furent refusés ; et aussytost renvoyèrent les demander disant que sy on ne les leurs donnoit, qu'ilz les viendroient quérir si bien accompaignés qu'ilz en seroient les maistres. Pour obvier à plus grand mal, ils leurs furent délivrés et les portèrent à Marseille, où ilz leurs firent ung magnifique convoy.

Il faut noter que, le jour que le sieur Grand Prieur fut blessé, il arriva une si grande et extravagante rumeur meslée d'esfroy, que toute la ville, en général et en particulier, fut troublée ; chacun fuioit, qui deçà, qui delà, avec ung confus désordre et sans sçavoir pourquoy : comme aussy à la mesme heure, le landemain, lorsqu'il rendit l'esprit, il y eut une pareille ou plus grande confusion (1). Messieurs de la court de parlement prindrent le gouvernement en main. Le sieur de Sainct-Marc commensa à parler pour le sieur de Vins au sieur président Cariolis et à quelques autres de la cour, qui furent d'advis qu'il vint à Aix ; ce qu'il fit. Et après avoir visité messieurs, il offrit avec ses parens et amys qu'il feroit teste aux huguenots. Cela fut remontré par messieurs de l'assemblée à messieurs de la cour, et tant fut conduit que le sieur de Vins fut nommé chef des troupes ; et luy fut despesché commission landemain, sixième jour de juin mille cinq cens octante six, pour commander l'armée avec le sieur de Castelars, conseiller de la cour de parlement. Le baron d'Allemaigne avec trois cens chevaulx vint loger à Peilobier, où il coucha.

Le bruit en vint tout aussy tost à Aix. Le sieur de Saint-Marc estoit en sa maison d'Aix ; messieurs les consuls luy allèrent trouver et le prièrent, de la part de messieurs de la court et d'eux aussy, de vouloir monter à cheval pour aller sçavoir que vouloient dire ces troupes huguenotes. Après que ledict sieur eut parlé à messieurs de la court, il monta à cheval et print le chemin dudict Peilobier. Il n'eut pas fait une bonne lieue de chemin qu'il rencontra ces huguenots, qui venoient ravageant toutes les granges et alloient fort mal pour gens de guerres ; et fut esté fort aisé de les rompre, et crut ledict sieur qu'avec cinquante chevaulx on eut peu faire éfait. Ilz passèrent tout auprès d'Aix ; il leur fut tiré quelque coups de canon de la ville. Le dict sieur de Saint-Marc print ung de ces huguenots, nommé Disdier, de la ville d'Embrun ; et pour le sçauver il passa par sa maison de Saint-Marc, où il le laissa et s'en retourna à Aix, et par ung autre chemin que celuy où ledict sieur passoit. Le prévost des mareschaulx alla audict Saint-Marc et y print ledict Disdier et son cheval et ses armes ; l'ayant ainsy la court commandé. Ce pauvre diable fut gardé six mois en prison et après fut pendu.

Tous ces messieurs qui estoient malveillans à monsieur de Vins prindrent les armes, sçavoir : le vicomte de Cadenet, les barons d'Oraison, de Sénas, de Vance, les sieurs de Jançon, Pontèves, Tournes, Bormes, Souleilac, et dressairent leurs troupes à Sénas et autres lieux, et commencèrent à courir de tous costés. Le sieur de Vins se rendit dans Péroles bien accompaigné, et envoya à messieurs de la court, s'ilz luy vouloient envoyer quelques harquebuziés, qu'il garderoit le passage de la Durance du costé de Cadenet ; ce que la court trouva fort bon, et despechèrent le sieur de Saint-Marc avec huit cens harquebuziés, partie de la ville d'Aix ; et allèrent à Lambesc et au Vernégue, et le sieur de Vins à Allen pour empescher le passage aux ennemis. Mais ilz eurent gaigné Sénas et prins le chemin de Borbon, avant que fussions arivés aux passages. De là ilz firent passer quelques troupes au Languedoc qui ravageoient partout. Le sieur de Vins ramassa ses troupes qui estoient les régimens du sieur de Sainct-Canat, Ventabren, La Malle, Ampus, Gréouls, Mirebeau, Saint-Marc qui commandoit l'estat de mareschal de camp, et marchèrent toutes vers Salon, Pélissans et aux environs, parceque ces messieurs faisoient bruit de venir

---

série de la collection de MM. Michaud et Poujoulat. Voici sa relation :

« Au commencement du mois de juin, à Aix en Provence, le bastard d'Angoulesme, grand prieur de France, adverti qu'Altoviti..... contre lequel il avoit dès pièçà conceu quelque haine et inimitié, avoit escrit de Marseilles à la court une lettre contenant quelques mesdits et blasmes, taxant l'honneur du dit grand prieur, se rencontrant un jour avec le dit Altoviti, et ne pouvant dissimuler une telle supercherie, lui demanda qui l'avoit meu d'ainsi le blasmer par ceste lettre. A quoi ledit Altoviti fist response qu'il n'y avoit jamais pensé : et soustenant le dit grand prieur que si, et qu'il en avoit eu advis de fort bonne part, persiste le dit Altoviti en sa dénégation, mesme tant osa que de dire au grand prieur qu'il en estoit rien. De quoi le dit seigneur grand prieur irrité et prenant ceste parole pour un démenti, vint l'espée au poing et en donna un roide coup au travers du corps du dit Altoviti, lequel oultré dudit coup tumba à genoux aux pieds du dit grand prieur, et se ressentant du coup mortel qu'il avoit receu, tira un daguet qu'il portoit, et en donna dans le ventre du dit grand prieur, lequel sept ou huit heures après mourut du dit coup, et Altoviti du coup d'espée qu'il avoyt receu, demeura mort sur la place. »

(1) Lestoile, si empressé à recueillir et à rappeler les interprétations des sinistres présages qui accompagnaient les grands événements de son temps, paraît avoir aussi ignoré cette circonstance.

à Aix. De là, nous allasmes à Tarascon, où l'armée fut logée entre la chaussée qui vient du chemin d'Avignon et le Rhosne; la chavalerie estoit logée dans ladicte ville.

Nous nous escharmouschions for avec ceux de Beaucaire. Nous demandames quelques canons au sieur collonel Alphonce pour effectuer quelque entreprinse sur nos ennemys; ce qu'il nous accorda. Et estants montés et prest à marcher, ledict sieur manda à ses gens de ne les laisser sortir du chasteau; et de fait, ilz ne nous les voulurent laisser sortir. Ce que voiant, nous nous en retournasmes à Salon, où trouvasmes que le capitène Cartier s'estoit saisy du vieux chasteau de la Manon, et avoit destroussé vingt ou trente mulets chargés de draps. Nous l'assiégeasmes environ quinze jours, au bout desquelz il se rendit à discrétion. Il fut conduit à Aix par le provost des mareschaux avec le capitène Salon et dix autres, ses complices. Ilz furent tous exécutés audict Aix. Le reste des souldars se mint parmy nos troupes.

Au party de là nous allasmes assiéger le chasteau d'Allemaigne, où estoit l'aesné d'Espinouze, quy y commandoit. L'on y fut quinze jours ou tant; le sieur de Sainct-Marc fut malade et se retira à Ries, là où il eut nouvelles que le sieur de Lesdiguières venoit au secours d'Allemaigne avec dix sept cens chevaulx qu'on avoit contés sur ung pont. Aussy tost ledict Sainct-Marc despécha le sieur Scimon, secrétaire de la cour sous le sieur conseiller de Castelars, pour advertir le sieur de Vins et luy dire de s'en venir audict Ries; et fit promettre audict Scimon qu'en cas que le sieur de Vins ne se voulust restirer, de parler à tous ses capitaines et gentilzhommes, et leur dire sa charge pour les induire à ceste retraicte.

Ledict messagier arriva en Allemaigne à onze heures de nuict, et la deffaicte ne se fit que le landemain à dix ou onze heures. Ledict Scimon rapporta audict sieur de Sainct-Marc qu'après prou de difficulté, le sieur de Vins luy dict qu'il retournast à Ries luy faire apprester le boire. Toutesfois il n'en fit rien.

Ains voulut attendre l'ennemy à son grand domaige; car il laissa perdre sept à huict cens hommes qui furent tous tués sans se deffendre. Dieu voulut qu'au commencement furent tirées quelques vingt ou trente harquebuzades; l'une desquelles tua le baron d'Allemaigne. Tout ce qui se peut sauver se jeta dans Ries, et le sieur de Lesdiguière se alla loger dans Romolles; et à ce que vesritablement en ai sceut, ledict sieur de Lesdiguières ne fut pas contant de ceste desfaicte, ains montroit à son discours en estre desplaisant.

Le landemain vint ung trompette audict Ries apportant ung cartel au sieur de Vins, de la part du sieur de Jançon, pour s'aller couper la gorge avec luy, lequel cartel ledict sieur de Vins ne voulut pas recevoir.

Le landemain le sieur de Lesdiguières se retira. Il mourut à ceste misérable desfaicte dix sept gentilzhommes, entre autres le sieur de Ventabren, du Touret, du Cartier, Chasteaufort, Fonteniile. Le sieur de Vins arriva fort tart audict Ries, et eut tout plain de repentir. Sans la mort du baron d'Allemaigne, nous n'eussions pas esté bons à donner aux chiens; cela accoustra quelque peu nostre faict.

Huict jours après, la cour manda de casser les troupes; aussy personne ne nous vouloit plus. La cour nous fit, je croy, ce commandement à cause de la venue du duc d'Espernon, qui estoit pourveu du gouvernement de ce païs. Nous allasmes à son rencontre vers Salon et logeasmes à Pélissane. Le sieur de Vins alla seul audict Salon; parceque il fut treuvé bon qu'il n'y allast pas accompaigné; il y trouva le sieur d'Espernon arrivé, lequel le receut et caressa fort.

Le landemain, nous baisames les mains audict seigneur, sur le grand chemin de Salon à Aix. Il estoit fort accompaigné de gens de cheval et de pied, mesme les régimens des gardes du Roy. Audict chemin fut dict au sieur de Vins de se retirer à sa maison, sans venir à Aix; ce qu'il fit: et la plus part des nostres le suivirent, hormis le sieur de Sainct-Marc qui alla audict Aix.

Le conte de Sault accompaignoit ledict seigneur, et la pluye aussy de son costé, qui fust si grosse et avec telle impétuosité, qu'il est impossible de plus, et le conduict jusques dans Aix. Ledict seigneur alla décandre à l'églize de Sainct-Sauveur, où il fut receu du clergé; et de là alla loger au palais; il y séjourna quinze jours avec toutes ses troupes. Il y avoit plus de cens grands seigneurs auprès de luy.

Au partir d'Aix il s'en alla assiéger Seines, qui se rendit à discrétion; de là il alla batre Bréoule, en novembre mille cinq cens octante six, qui se rendit par composition. Le capitaine Bourgecy qui y commandoit et dix des siens furent menés à Sainct-Maximin, où la cour de parlement estoit à cause de la contagion. Ilz y furent tous pendus, et le ministre fut pendu au camp; ledict lieu de Breoule fut desmentelé.

De là, le camp marcha à Chorges en Daulphiné, où le sieur de Lavalette y vint, qui commandoit audicte Daulphiné, avec son armée et commencairent à battre ledict lieu, qui se desfendit furieusement et n'y avoit guère à gaigner que des coups. C'estoit en plain hyver; il y mourut à forces souldars du grand froid : le sieur de Termes et le comte de Sault y moururent. Le sieur de Lesdiguières se tenoit à Vantavon pour secourir ladicte place; et tout ce que l'on peut gaigner fut de compositer qu'ilz sortiroient à cheval et à pied, et l'enseigne desployée, tambour battant, et tout ce qu'ilz voulurent. Le lieu de Corges fut desmentelé et à Seine fut laissé le sieur de Tournabon avec garnison.

Cela fait, le sieur d'Espernon s'en revint à Aix ayant passé par Toulon ; c'estoit l'an mille cinq cens octante sept.

Les Estas furent teneus à Salon, après lesquelz ledict seigneur s'en revint à Aix, où il fit son charesme prenant; l'amour y jouoit fort bien son rolle. Il y eut forces combats, courses de bagues, de faquin et tout autres choses servant à ce mestier, et durairent ces jeux l'espace de vingt et tant de jours.

Ledict seigneur fît faire les obsèques du sieur Grand Prieur, et y assista, comme firent tous messieurs, marchant en corps de cour. Le Roy envoya des provisions au sieur de La Valette pour commander en Provence à l'absence du sieur d'Espernon. Elles furent vérifiées par la cour de parlement, et ledict seigneur d'Espernon s'en alla à Arles, où l'accompagna une grande partie de la noblesse contraire au sieur de Vins.

Le sieur de La Valette vint à Aix et y fit son entrée en mars. Il estoit bien accompagné et il n'y arrésta pas longtemps; car il s'en restourna bien tost en Daulphiné, à cause que environ deux ou trois mille Suisses y estoient entrés. Le sieur Alphonce et autres forces du Daulphiné les combattirent et desfirent tous ensemble, avec peu de peine, et iceux Suisses ne rendirent pas grand combat; toutes leurs enseignes furent portées au Roy par ledict sieur Alphonce. Il fut fort bien receu de Sa Majesté; mais non pas guère contenté.

La ville de Monttélimar fut surprise par les catholiques, qui s'estoient assemblés, tant de Provence, du Contat que du Daulphiné; et en demeurairent maistres. Le conte de Suze y vint avec son filz et plusieurs autres des environs, de manière qu'il y avoit plus de désordre que d'ordre, car chascun vouloit commander. Cependant le sieur du Poit, qui en estoit dehors, y arriva bien accompaigné, et entra par le chasteau, et tout aussy tost donne dans la ville, si bien qu'il s'en rendit le maistre. Il y mourut à forces braves gens, mesme le conte de Suze et son filz y fut faict prisonnier, qui depuis paya dix mille escus de rançon. Le sieur de Ramefort, qui estoit de l'entreprise, gagna une tour avec quelques uns des siens; et pour en sortir, ilz eurent composition fort honnorable.

En ce temps là, le sieur de Vins partit de Provence avec cens chevaulx pour aller trouver le duc de Guize en France.

En novembre, le sieur de Ramefort, qui estoit en garnison à Apt avec le baron de Montaut, capitène de gens d'armes, firent une entreprise sur Jonquières, et de faict le surprindrent par eschallades. Les huguenots, qui estoient dedans, au nombre de quarante, se restirèrent dans une tour et combattirent fort; durant lequel temps du combat, le sieur de Ramefort fut blessé et contrainct de s'aller faire penser. Et ne pouvant le sieur de Montaut forcer ladicte tour, et craignant d'y estre envelopé, se retira.

Mille cinq cens octante huict, le sieur de La Valette eut le gouvernement en chef de la Provence. Le sieur d'Espinouze l'aisné, voulant surprendre le chasteau de Piémoiçon, fut descouvert et tué dans les fossés; la cour manda quérir le corps, qui fut long temps aux prisons d'Aix. Les huguenots vindrent courir jusques auprès de Riès.

Cepandant le sieur de La Valette vint en Provence par Pertuis et suivit la Durance, en hault, faisant le tour de la Provence; et passant à Fréjuls, il y laissa garnison, et se rendit à Marseille, où il en fit pendre quelques uns qui furent condamnés par le provost des mareschaulx. Il y séjourna tout le charesme prenant, et puis retourna à Aix, estant accompagné de beaucoup de noblesse, et il ariva audict Aix une grosse heure de nuict, qui fit douter ung chascun; car les troubles se préparoient fort à la guerre de tous costés.

Il y avoit à forces gens à la porte de St. Jehan qui attendoient ledict seigneur, et les premiers qui arrivèrent furent les sieurs de Sénas, de Buisson, qui s'estoient trouvés à la desfaicte d'Allemaigne; et lorsqu'ilz se présentèrent à la dicte porte pour entrer, ceux qui estoient à icelle en grand nombre commencèrent à faire rumeur et à dire qu'il y avoit de la trahison, et commencèrent à braver et menacer fort rudement, tant, qu'ilz les repousèrent; si bien que ledict seigneur arivant fut contrainct d'aller loger au bourg dudit Saint-Jehan.

Le lendemain, messieurs s'assemblèrent, et en corps de cour allèrent quérir ledict seigneur au bourg, et le conduirent jusques aux Augustins, où il logea. Il y eut quelque rumeur parmy la ville; mais la cour le fit cesser.

Madame de La Valette vint à Aix, et ledict seigneur peu après en partit, dont il fit fort mal pour luy; car aiant la cour à sa faveur, comme il avoit, il eut esté le maistre s'il n'eut bougé dudit Aix. Car le sieur de Vins n'y fut pas venue, comme il y vint, et fort accompaigné; de quoy la cour s'en ombragea, et lui manda dire de desloger : ce qu'il voulut faire tout aussy tost. Mais voulant sortir, il se trouva si grande quantité de toute sorte de gens à la porte de la ville, qui crioient qu'ils ne permetteroient qu'il sortit : et de faict l'arrestèrent par force. Ce que voiant, madame de La Valette deslogea, d'où elle fit une grosse faulte, et s'en alla à Pertuis. Ces sorties furent la cause de tant de ruines qu'a soufert ceste province; car dès lors ledict sieur de La Valette alla attaquer Vallençole. Et le sieur de Vins fit une entreprise sur Pertuis; il y entra avec le conte de Carces; mais le chasteau et la bayée tindrent fort, de manière qu'il leur en faillut desloger, y venant le sieur de La Valette avec beaucoup de forces.

La cour s'entremettoit du gouvernement; ce qu'entendu par le Roy, envoia en ceste province le sieur de Pontcars et le sieur de Sainte-Marie pour quelque pacifiquation au pais, et révoca le pouvoir du sieur de La Valette, lequel ne laissoit pour tout cela de commander. De faict il attaqua, comme nous avons dit, Vallençole, où il fut blessé d'une harquebuzade. Toutesfois il print ladicte ville, et puis alla attaquer Peiroles, qu'il battit et print aussy. Ce que voiant messieurs de la cour, mindrent le pouvoir et les armes en main au sieur de Vins, et donnèrent à forces commissions pour faire levée de gens de pied et de cheval.

Ledict sieur de Vins print Beaumont et mit garnison à Manne, à Joncques. Et le premier jour de l'an mille cinq cens octante neuf, il print Brignols par eschallade, où le sieur de Pontèves commandoit et y avoit ses deux frères. La ville fut saccagée et pillée. Ceux qui la prindrent estoient les compaignies de gens d'armes du conte de Suze, du sieur de Paris, du baron de Montfort, du sieur de Panice, tous chevaulx légers; les compaigniees de gens de pied du sieur de Vins, du sieur de Saint-Marc, du sieur d'Entragues, du sieur de Boniparis, du sieur Léon, du sieur de Lapalun.

Ce fut là qu'on eut nouvelles que le duc de Guize avoit esté tué à Blois, de manière que ledict sieur de Vins s'en rettourna tout aussy tost à Aix, et laissa le sieur de Saint-Marc à Brignole pour commander, avec onze compaigniees de gens de pied et quatre de cheval. Le sieur de La Valette distribua les places qu'il tenoit, sçavoir : Pertuis, au sieur de Jançon; Folcauquier, au sieur de Buouls; Manosque, au baillif de Briançon; Cisteron, au sieur de Triman; Riès, au sieur de Tournon; Saint-Maximin, au lieutenant Bonfilz; Fréjuls, au baron de Montault; Grasse, au baron de Vance; Toulon, au sieur d'Esgravagues; le Puis, au sieur Sigaudy; Bèvre, au sieur Distre; Besse, au sieur de Tourves.

Le Roy, après la mort du duc de Guize, remit le sieur de La Valette en son gouvernement de Provence (1), lequel fit venir des troupes du Languedoc et se rendit fort et redoutable.

(1) *Lettre de Henri III à monsieur de La Vallette, par laquelle il lui annonce son rétablissement provisoire dans son gouvernement de Provence, et lui donne des conseils sur la manière dont il doit s'y conduire.*

« Monsieur de La Vallette, sur le voyage que le sieur de Massé estoit venu faire vers moy de la part de mon cousin le duc d'Espernon, vostre frère, avant l'arrivée du sieur de Ramefort et sur la délibération où il me dict que vostredict frère estoit en délibération d'aller en mon pays de Provence pour m'y faire service, sy je l'avoys agréable, j'avois trouvé bonne ceste résollution, ainsy que dès lors je le fis entendre aux sieurs de Pontcarré et Saincte-Marie, par un homme qui estoit venu de leur part, vous ayant aussy escript une lettre sur ce subject, qui fut mise dans leur pacquet pour la vous faire tenir; et estoient sur le point d'envoyer à mondict cousin les dépesches qui luy estoient nécessaires, faisant ledict voyage, lors que ledict sieur de Ramefort arriva avec celle dont vous l'avés chargé, pour me représenter ce qui estoit passé audict pays depuis le moys de may et l'estat où les affaires y estoient. Sur quoy, après l'avoir ouy et veu les mémoires et lettres qu'il avoit apportées, je trouvai bon qu'il passast oultre vers vostredict frère pour résouldre avec luy de sondict voyage, et ay differay de vous faire responce jusques à son retour. Cependant le sieur Belloc est encores venu de vostre part avec nouvelle dépesche, sur les occurrances de la Provence, laquelle ayant veu ensemble ce que ledict sieur de Ramefort a rapporté de devers vostredict frère, j'ay résolu de luy envoyer les commissions et expéditions qu'il a désiré de moy pour aller audict pays. Ce que je seray bien aise qu'il puisse faire au plustost, comme je cognois que les affaires y ont besoing d'un bon et prompt remède; j'ay aussy advisé, en attendant qu'il s'y puisse rendre, de vous envoyer le restablissement de vostre pouvoir et du sien pareillement, et parceque l'on m'avoit aussy poussé à le révoquer, dont furent les lettres baillées à personnes qui vous affectionnoient fort, ladicte révocation qui fut toutefois peu de jours avant la mort du feu duc de Guise : de sorte que je ne sçay ce qu'elles seront devenues, dont en ceste incertitude j'ay estimé estre mieulx vous envoyer le restablissement, pour recueil de la publication dicelles, sy elle avoit esté faicte, sy non il ne sera besoing d'en parler. J'escrit par mesme moien à ma court de parlement et au sieur de Pontcarré, Saincte-Marye, et aux principaulx seigneurs gentilshommes, ensemble aux villes et communaultés du pays, affin que vous y soyés recogneu et obey comme auparavant vostredicte révocation. Mais d'aultant que la craincte où chacun sera que veillez vous resentir contre ceulx qui se sont opposés à vostre auctorité, dont mesmes ceulx qui se sont retirés d'avec vous, depuis ladicte révocation, ne seront hors d'oppinion pour leur regard, qui pouroit beaucoup vous accroistre la difficulté d'y estre recogneu et mon service en recepvoir grand

Le sieur de Tourves avoit une entreprise sur Brignole, et son marchant estoit le chevalier Du Rèves, qui promettoit luy rendre la ville. Le sieur de Saint-Marc les descouvrit et les laissa continuer, et par le chevalier de Lamolle en donna advis au sieur de Vins, et du moyen qu'il vouloit tenir pour attraper ces marchants. Ledict sieur de Vins le trouva bon et luy envoia (dire) que tout seroit prest à point nommé.

Le jour estant venu, le sieur de Saint-Marc, à qui touchoit l'afaire, avoit pourveu à tout; mais la nuict vint sans qu'il descouvrit personne de la part du sieur de Vins. L'ennemy ne manqua pas de venir. Faut noter que le sieur de Saint-Marc avoit toute la ville contre, à cause du sieur de Vins; si bien que, n'ayant receu le secours

destriment et préjudice, il est très-nécessaire que vous faciez telle démonstration de ne vous voulloir aulcunement souvenir des choses passées, que cela les puisse ramener à mesme oubliance et à prendre la confiance de vous qu'il est besoing, pour y pouvoir bien faire ce qui appartient à nostre service et au repos de la province, conviant un chacun par vostre exemple, au moings ceulx desquels la rebellion contre moy n'a point saisy les mœurs, à se mettre en bonne intelligence avec nous pour empescher les mauvais desseings qu'aucuns pourroient avoir au désadvantage de mondict service et du pays. Et encores que vous eussiez la preuve toute claire de ce que vous me mandés, pour le regard du baron de Mullion, sy est-ce qu'il n'est à propos de luy faire paroistre que vous en ayés la coignoissance ny oppinion; mais plustost luy monstrer que vous croyez que ce qu'il a faict en vostre endroict a esté pour suivre mes commandemens, comme aussy il est vray qu'il me la ainsy faict entendre, et que non seullement vous luy en voulliés mal, mais qu'ayant entendu par mes lettres que je luy avois commandé ne laisser entrer aucun plus fort dans la place où il estoit, vous l'en estimés davantage et voulliés faire plus d'estat de luy que jamais, d'aultant que procédant de ceste façon vous le pourés retenir ou ramener s'il estoit jà lasché de quelque mauvaise praticque, et pour le moings la luy faire tenir en plus grande longueur, pendant laquelle l'on y pouroit trouver quelque aultre remède; au lieu que s'il pense que l'on le soupçonne de quelque mauvaise vollonté, cela le pouroit inciter à faire plus promptement ce que l'on craindroict de luy. — Pour le regard des sieurs de Pontcarré et Saincte-Marye, je les estime tant mes serviteurs, que tout ainsy qu'ils ont exécuté ce que portoit la charge que je leur avois donnée, selon l'estat où j'estois lors réduict, ils feront le semblable ayant aultre commandement de moy, comme je leur fais à présent. Il fault que vous vous comportyez en cela de sorte que je cognoisse que vous voullez preférer ce qui est de mon service à touttes passions particullières, quelque cause que vous puissiez avoir de vous tenir offensé, en quoy le respect que vous monstrés voulloir rendre à mes commandemens me servira non seullement à me donner contantement, mais fera que chacun se rassurera plus facillement à se remettre soubz vostre charge. La lettre du sieur Alphonse, escripte à ceux de Tarascon, sur laquelle vous fondés un argument qu'il vous est ennemy ne parle nommement de vous, et orres que ce fut son intention, vous le devez plustost imputer à l'oppinion en laquelle l'on taschoit lors de vous mettre devers moy et qu'il ne pouvoit monstrer avoir quelque vollonté qu'il eust de vous faire mauvais office. Il a tousjours monstré de n'embrasser ny affectionner que ce qu'il a estimé estre de mon service et de ma vollonté, et sçavés qu'il est personnage cappable de bien servir, comme il en a faict assés de preuves. De sorte que j'ay occasion de faire estat de luy, et ne me sçauriés mieulx faire cognoistre que vous désiriés le bien de mes affaires qu'en vous disposant à reprendre la bonne intelligence que vous avés aultres fois eue ensemble : ny ayant rien eu qui ayt tant ruyné mesdictes affaires, ny qui plus les désadvantage, que les inimitiés ou peu de correspondance de ceulx qui commandent en mes provinces. Vous pouvés assés juger le mal que particullièrement peut recevoir mon service en mon pays de Dauphiné, où je luy ay donné la charge de commander en mon armée, sy ne se peult assurer de servir des commodités de mes villes de Vallence et Romans. Ce que je me promets que vous mettrés en telle considération, que vous ne voudrés qu'à ceste occasion rien soit retardé ou interompu au préjudice de mesdictes affaires. Pour le regard de ma ville de Marseille et de ce qui y est advenu, les consuls de Vento, Sainte-Chamas et Montollier qui estoient ja pour les affaires dicelle, s'y en retournent plains de bonne vollonté, à ce qu'ils m'ont promis d'y faire tout ce qu'ils pourront pour faire revenir le peuple à son debvoir; et encores que les actes qui y ont esté faicts soient très indignes et détestables, sy estce que sur la remonstrance qu'ils m'ont faicte que cela est plustost à imputer à quelques particulliers qu'à une mauvaise affection du peuple, séduict par les faulx prétextes qui leur ont peu estre faict entendre, je suis condescendu à leur bailler l'abollition du faict de Vento et de ses derniers excès, conditionnée que au cas qu'ils ne se contiendroient à l'advenir en l'obéissance qu'ils me doibvent, qu'ils seront descheuz du bénéfice dicelles. S'ils l'acceptent ce sera une espérance et acheminement de mieulx : car s'ils n'ont vollonté de bien faire ils ne se soucieront pas recevoir ce remède à leurs faultes passées. Vous prendrés garde de quelle façon cela sera receu et y apporterés de vostre part toutte la dexterité que vous pourrés, mesmes à rendre cappable par lettres ou par conférance sy vous les y pouvés attirer aulcuns des plus pacifficques et advisés d'entre eulx de la bienveillance que j'ay tousjours portée à ladicte ville, des faveurs que je leur ay faictes en toutes occasions, dont j'ay esté requis de leur part, les beaulx previlleges, franchises et libertés dont ils jouissent par grâce et concession tant de moy que des roys mes prédécesseurs, le bonheur en quoy ladicte ville a accoustumé vivre soubs mon auctorité et la ruyne qui peult apporter le changement. S'ils s'y laissent persuader, vous donnerés aussy en cela toutte l'instruction que vous pourrés auxdicts sieurs Vento, Sainct-Chamas et Montolliers, leur faisant premièrement cognoistre que vous y apportés une vollonté toutte nette d'aulcune aigreur et qui n'a aultre but que mon service et ledict repos. Je vous diray, pour la conclusion de la présente, que combien que vous ayés faict beaucoup de despences par cy-devant, il est besoing que vous vous efforcyiez et esvertuiez encores de soustenir les affaires de ladicte province le mieux qu'il vous sera possible; car ceulx que j'ay par deçà, desquels ledict sieur de Ramefort vous poura informer particullièrement, m'ostent tout le moien et comodité de vous pouvoir rien secourir pour ceste heure, espérant néantmoings que Dieu me donnera la grâce pour demeurer le maistre, et les choses estant remises en meilleur estat, je pouray recognoistre mes bons serviteurs qui se seront montrez tels par effect en ceste nécessité, comme je me promets que vous serés de ceux qui y vouldront acquérir plus de mérite; priant Dieu, etc. »

promis, ledict Saint-Marc fit tirer à ces approchans, qui s'en retournèrent plus viste qu'ilz n'estoyent venus, sans avoir rien fait que veoir les rempars. Si le sieur de Vins eut effectué ce qu'il avoit promis, il s'i fut bien tué des gens. C'estoit grant pitié que d'estre dans ceste ville, où tous les habitans estoient ennemys du sieur de Vins, mesme les femmes, et ne cessoient de faire d'entreprise tous les jours. Et estoit quelque fois ledict sieur de Saint-Marc contraint de changer tous les corps de garde dans une nuict, tant ilz corrompoient les souldars et capitaines (1).

Le sieur de La Valette vint assiéger Beaumont, où estoient les capitènes Léon et Du Pré avec leurs compaignies. Il le fit battre tant qu'il luy fut rendu par composition. De là il alla attaquer Montjustin, qu'il print; puis au moys de may audict an alla assiéger Lambesc, le battit et le print, comme il fit Pélissans, Orgon, Chasteaurenart. Le sieur de Vins estoit à Aix, n'aiant de quoy résister, il prent secours du duc de Savoye d'hommes et d'argant.

Le marquis de Traves, qui avoit surpri Fréjuls, se laissa luy mesme surprendre et fut faict prisonnier. Le sieur de Saint-Marc remit Brignole au sieur d'Ampus, en juillet, et s'en alla à Aix trouver le sieur de Vins. Le sieur de Vitellis, avec cent chevaulx légers, arriva à Brignole, mandé par le duc de Savoie. Lors l'union se fit audit Aix.

Le sieur de La Valette assiégea Vitrole, la batit et la prist; et le douziesme d'aoust, il se rendit à Tres, où il laissa le sieur de La Tour, du Daulphiné, pour y commander, avec quatre compaigniees.

Le lendemain, il alla à Saint-Maximin. Le sieur Dampus, que ledict sieur de Saint-Marc avoit lessé à Brignole, print l'alarme quant il sceut l'arivée dudit seigneur à Saint-Maximin, et deslogea dudict Brignole avec tous les gens de guerre qu'estoient dedans et avec beaucoup de dessordre. Ceux de la dicte ville vindrent quérir le sieur de La Valette, lequel y alla et y mit le sieur de Tourves pour commander. Ledict sieur Dampus et Vitellis arrivèrent à Aix le dix-sept d'aoust et apportèrent douze mille escus que le duc de Savoye envoioit.

Lors on sceut la mort du roy Henry troizième.

De là le sieur de La Valette alla à Toulon et manda le marquis d'Oraison à Hières, qui fit tirer le canon contre le chasteau de la dicte ville, qui se rendit incontinant. Le sieur de La Valette en donna le commandement au sieur de Sinan. Ledict sieur de La Valette estant à Toulon manda quérir le sieur de Berre, qui commandoit à la tour dudit Toulon, et le retint prisonnier, et bailla ladicte tour au sieur d'Esgravaques.

Le sieur de Vins, estant au large, alla attaquer Cabriès, où commandoit le capitaine La Vigne, qui se rendit et fut pendu auprès d'Aix. Ledict sieur de Vins attaqua aussy Marignane et Saint Mittre qui se rendirent.

Le sieur d'Istre va attaquer Pelissane; ce qu'estant sceu par le sieur de Vins, par d'Aix et vint enveloper ledit sieur d'Istre. Ceux dudict lieu ouvrirent les portes, et par ainsy ledict sieur d'Istre fut prins et mené à Aix.

Le conte de Carces, qui estoit à Marseille, vint attaquer Aubagne avec le canon; le capitaine Guize y commandoit; mais il n'y gagna rien et s'en retourna.

Le sieur de Vins alla assiéger le chasteau de Bouc; ceux de dedans se défendirent fort. Le sieur de Saint-Marc parla long temps au capitène Sautric qui y commandoit, et le persuada fort de se rendre, parceque c'estoit ung gentil souldar, mais il n'en voulut rien faire. Ains combatit vaillamment et fut forcé et tué; tout ledict chasteau fut desmolly.

Peu après l'on alla attaquer Aubagne, où commandoit le capitaine Guize d'Aix, qui se défendit bravement (aussi n'avions nous point de canon). Le sieur de La Valette se mit en chemin pour le secourir; qui fut cause qu'on se retira près Saint-Marcel, où l'on campa. Le sieur de La Valette y vint et il y eut quelques harquebuzades tirées, et non pas guères. Il s'en retourna à Aubagne, et le lendemain en sortit.

Les cartiers de Marseille, qui nous estoient venus assister contre Aubagne, sçachant que ledict sieur estoit sorty, ils y coururent tous; et saccagèrent sans qu'on y sceut mettre remède.

L'an mille cinq cens octante neuf il se tint une assamblée à Pertuis, où le sieur de La Valette assista. Le dict sieur faisoit venir mille harquebuziés du Languedoc et devoient passer le Rhosne près de Tarascon, pour venir en Provence; et pour les recevoir, avoit mandé forces gens de

(1) « Monsieur de Sainct-Marc m'a du depuis dit la ruse de laquelle il usoit pour changer les corps de gardes, sçavoir ; en sortant il prenoit du premier corps de garde vingt souldars, et visitant tous les autres d'un à ung, il en laissoit et en prenoit par mesme moien, de façon qu'il se trouvoit capitaine au matin qui n'avoit pas dix hommes de sa compaignie. Et toute la nuict les gens de cheval estoient en rondes sur les murailles. Et luy servit ceste diligence; car sans cela ils eussent esté prins et reprins. »

Cette note, qui est écrite par la personne qui a mis au net les Mémoires de Saint-Marc, se trouve sur un fragment de feuillet volant joint au manuscrit autographe.

cheval. Le conte de Carces y alla pour les empescher de passer, comme il fit ; car estoit asseuré que ceux de Tarascon ne bougeroient. Il chargea ces troupes et les desfit. Le sieur de Rouques s'y noya ; les sieurs de Lussans, des Tampes furent prins prisonniers à ceste desfaicte. Il s'y gaigna cens cinquante chevaulx.

La ville de Digne, où commandoit Signat pour le sieur de La Valette, fut attaquée par les troupes du sieur évesque de Cisteron. La dicte ville leur fut rendue par composition. Ledict sieur de La Valette envoia quérir autre secours au Languedoc, qui estoit de quinze cens harquebuziés et de cens cinquante chevaulx, que conduisoit le sieur Dalain et le sieur Francisque Marie. Et en passant icelles troupes près Mallemort, furent chargées par le sieur de Saint-Marcellin, lieutenant de la compaignie des gens d'armes du conte de Suze, et par les sieurs de Labarben, Ampus, Panice, qui les rompirent ; et les gens de cheval se sauvèrent à Rongüe, et la pluspart des gens de pied furent taillés en pièces.

Le sieur de Vins estoit jà party pour aller à Nice recevoir le secours que le duc de Savoye mandoit en Provence, et, l'ayant recouver, vint attaquer Sainct-Laurans, première ville de Provence, qui luy fut rendue, puis alla attaquer Valavoire, qui se rendit.

De là il alla assiéger Grasse, qu'il fit batre ; et estant ledit sieur à la baterie, fut attaint d'une harquebuzade à la teste, dont il mourut, le vingt et unginème novembre audit an. Dans la ville commandoit le baron de Vance, assisté des sieurs de Prunière, Taneron et Callian. La batterie ne laissa pas de continuer. Le sieur de La Valettte vint à Draguignan pour secourir Grasse. Mais la route de Mallemort l'incommodoit beaucoup. Le sieur de Ligny fut mandé au camp pour y commander après la mort du sieur de Vins ; et de fait il reçeut ladicte ville de Grasse à composition, vie et bagues sauves, qui fut très-mal gardée ; car en sortant la pluspart furent tués. Le sieur de Tannaron, qui avoit receu une mousquetade durant le siége, mourut dans la ville. Le sieur de Callian, auquel le canon avoit emporté le bras droit, sortant, fut sauvé miraculeusement, ayant esté laissé parmy les morts.

Cependant les forces qui estoient demourées deçà, vers Aix et aux environs, furent employées au siége de Très, où commandoit le sieur de La Tour, assisté des capitaines La Violette et Gouvernon. Le canon n'y peut pas aller à cause des grandes pluyes ; de sorte que ceux de dedans s'estans fort bien défendus, on n'y fit pas grand effect ; de sorte que le siége fut levé, et les troupes, d'anviron douze ou quinze cens harquebuziés, deus cens chevaulx, prindrent le chemin de Grasse, conduites par le sieur de Sainct-Marc, y estant le sieur conseiller Agar, desputé de la cour, pour y commender. L'armée coucha à Pourciou.

Le landemain, passant pardevant Sainct-Maximin, il s'y dressa une grande escarmouche ; mais ceux de dedans commendés par le sieur de Vallenoire se retirèrent prontement et furent poussés jusques aux fossés, où il y eust des blessés dans les mesmes fossés, et allèrent loger à Tourves, où le conte de Carces se vint rendre.

Le lendemain on passa devant Bignole, où il y eut aussy combat jusques sur le pont de Caramy, et continuant le chemin, nous logeasmes à Salernes, puis à Figaniers et Callas. Le sieur de Sainct-Marc eut la nouvelle que le chasteau de Caillan estoit assiégé, où estoit le baron de Vance et la dame d'Escainolle, belle-mère dudit sieur de Sainct-Marc, lequel print la compaigniee de chevaux légers du sieur de Vitellis et alla droit audict Callian. L'on avoit desjà fait une mine audict chasteau pour faire sauter une tour ; le dict baron de Vance se rendit par composition, vies sauves ; il y fut laissé le chevalier de Caussans.

De là l'on alla à Graces ; le seigneur de Ligny nous receut avec beaucoup de démonstration et de contentement. La pluspart de la chavallerié du duc de Savoye estoit logée dans ladicte ville, et quelques compaignies de gens de pied.

Le lendemein, il nous convia à disner à l'évesché, nous qui estions arivés et tous ceux qui y estoient et qui s'estoient trouvés au siége. Il me souvient de ceux qui y estoient : messieurs les conseillers Sommemat et Agar, le conte de Carces, sieurs de Beaujeu, Vaucloze, Besaudun, Ampus, de Biost, Le Bart, Le Gaust, Sainct-Marc, Sainct-Janet, et autres en nombre de vingt-cinq ou trante, et plusieurs de la noblesse de Savoye et Piedmont, mesme le conte de Bueil.

Après disné, il nous fit entrer en conseil et nous fit lire en somme que depuis la mort du sieur de Vins il estoit venu à l'armée, non pour y commender, mais pour assister, ayant entendu que le sieur de La Valette se renforçoit fort, que cela les avoit induis de despescher le baron de Mevillon vers son altesse de Savoye, pour le supplier de prendre la Provence sous sa protection et sauve garde ; le commendeur de Montfort à messieurs de la cour de parlement pour le mesme estat, et demanda à la compaigniee ce qu'il luy en sembloit. Chacun demeura muet. Le sieur de Sainct-Marc, qui estoit tout joignant messieurs les conseillers et conte de Carces, se dressant dit : « Messieurs, il semble que puis qu'on attent responce du duc de Savoye et de messieurs de la cour, qu'il n'y a rien à dire jusque au retour de messieurs les députés. » Lors chascun se leva et y en eut bien d'estonnés. Ledict Sainct-Marc eut la charge de tout et murmuroit-on fort là dessus. Quoy que ce soit, chacun se retira.

Le soir, le sieur de Ligny manda prier le sieur de Sainct-Marc de venir parler à luy ; ce qu'il ne voulut faire, ayant esté adverty de se prendre garde ; et alla parler au sieur Agar, conte de Carces et Beaujeu quy estoient au logis de Massin, et protesta devant iceux que s'il failloit signer cest escrit, qu'il le feroit y estant contraint et les en appella tous à tesmoins. Ledit sieur de Carces et Beaujeu firent pareilles protestations devant ledict sieur d'Agar.

Le lendemain de matin, ledict sieur de Sainct-Marc alla à l'esvesché trouver le sieur de Ligny, qui estoit à la mesme chambre où avoit esté ce conseil, parlant au capitaine Massin et quelques autres, et avoit encore sa robe et bonnet de nuict. Il salua le sieur de Sainct-Marc, et continuant de parler audict Massin, commença à le menasser de luy faire donner des bastonnades, et luy donna congé et fermèrent la porte. Aussy tost il commença à faire une grande acollade audict Sainct-Marc, et le fit soir auprès de luy et commença ung grand discours des prétantions du duc de Savoye et de prou d'autres choses servantes à gaigner un homme, y entremeslant beaucoup de grandes offres et de bien et de grandeur, sans y rien oublier, comme il estoit grand personnage qui disoit bien et estant des premiers auprès du duc de Savoye. Le sieur de Sainct-Marc luy montra sa barbe et luy dict qu'il l'avoit blanchie au service des roys de France, et que ce peu qu'il avoit encore à estre, ne voudroit faire chose qui offençast son honneur, et qu'il choisiroit plustost la mort. Il lui dit les mesmes mots : « Je n'ay point ouy parler à homme de vostre province ces langages, je vous en estime davantage. Mes prédécesseurs ont faict ainsy avant que le duc de Savoye fut maistre du Piedmont. Mais après, nous nous sommes accommodés et vous voies le rang qui icy je tiens, et ainsy sera de vous. » Et continuant son discours : « Mais, il faut que vous vous résolviés à le servir. J'entens que vous commendiez l'infanterie ; je vous donneray les payeurs qui pairont suivant voz mandemens ; il n'y aura point faulte d'argent. Je vous donneray d'aussy bons canonniers qu'il y en ayt point en l'Europe, de canons, poudre et boullets,

tant que vous en vodres. » Et recommença à luy faire tant d'offres qu'il n'y en avoit que ledict sieur de Sainct-Marc consultoit son fait, et voiant qu'il failloit passer par là, luy dict : « Je feray ce que je pouray. » Il m'offrit, d'argent ; j'en suis net et n'en ay point tousché ny autre chose ; si ont-ilz bien d'autres, que je nommerois bien si je voulois, et qui ne s'en sont pas mal trouvés. Nous signasmes ce papier, et le sieur de Ligny s'en retourna et nous prismes le chemin du retour vers Aix, et estions desjà fort désunis et n'avions pas envie de tenir pour le duc. La pluspart de nos troupes vouloient aller à Toulon, qui n'estoit point encore fortifié ny en deffence ; mais nous prismes le chemin droit à Aix et passâmes par la Verdière et Rians.

Arivés que nous fumes à Aix, on nous dressa une querelle d'Alleman au logis de la contesse de Saulx. Ce fut Beaumont de Laccreau, consul d'Aix, qui la commença ; il y eut danger, mais le cœur fallit aux entrepreneurs.

L'armée estant redressée, l'on alla assiéger Salon, où le canon fut conduit. Le bourg fut prins, le canon aproché vers la tainteure et fut faict bresche à la ville, qui fut assaillie et donna-on ung assaut, sans l'emporter toustefois. L'on eut nouvelles du secours qu'amenoit le sieur de La Valette, qui fut cause qu'on restira les canons et qu'on abandonna ledict siége de nuict. Le sieur de la Commète y arriva sur le deslogement et entra dedans, d'où aussy tost il sortit avec ceux de la garnison, criant : Vive le Roy ! et donnent dans le bourg, où ilz esgorgèrent à forces souldars, quy si estoient oubliés dans les logis.

Au party dudict siége, le sieur conte de Carces et lieutenant du sénéchal d'Arles, les sieurs de Beauie, de Sainct-Marc, de Ventabren, allèrent à Cavaillon parler au sieur de Grimaldy et à l'évesque de Cavaillon pour une belle entreprise, qui n'eut point de lieu. De là ledict conte se restira à Marseille. Le sieur de Sainct-Marc y alla et n'y aresta guerre ; et en fallut desloger pour ce retirer à toutes peines et hazard, ayant perdu la pluspart de ses chevaux et mullets en chemin, à Sainct-Martin de Paillières, à la maison de son amy sieur dudict lieu. Ceux d'Aix allèrent assiéger Bariau où commandoit le sieur de Pontevès pour le Roy, le bastirent et prindrent. Mais au sortir, tout fut tué ; Pontevès se sauva, estant bien monté.

De là, l'armée alla au Luc, batirent une églize barisquée, la forcèrent et tuarent tout. Quand le sieur de La Valette alla secourir Salon, il y eut quelque combat près Pélisane, où furent tués quelques uns d'un costé et d'autre, mesme le sieur Du Buisson, qui s'estoit esquarté vers Aix. Le sieur de La Valette, le sieur d'Esdiguières, mille cinq cens nonnante, défendit et força Montaignac, qui fut desmantelé, le chasteau mis par terre, et vint à Foulière, où commandoit le capitaine Beaulague et Pencisques, Corce, le bastirent ayant amené le canon de Toulon, et se rendirent à composition, vies sauves, en paiant une somme d'argent, mesme onze mille escus au sieur de Sollies.

De là, Pignas fut ataqué, et, après quelques voies de canon, l'on entra dans la ville. Le chasteau tint, fut bastu et se rendit vies sauves. Le capitaine Roquefueille y commandoit. Ilz sortirent et devoient estre conduis par le sieur de Censonby : mais les soldars du camp se souvenant de Bariauz tuèrent presque tout, au grant regret du sieur de La Valette, qui, pour y remédier, tua quatre ou cinq soldars de sa main.

L'ennemy avoit rettiré son canon à Folqualquer, et s'estoit logé à Gonsfaron. Il fut dict d'aller voir leur contenance. A la vérité, il faisoit beau voir l'armée du sieur de La Valette, qui estoit composée des troupes du Daulphiné, où estoit entièrement toute la noblesse et cavallerie. L'on marcha : il y eut quelques combats ; mais ce fut peu de chose. Que si monsieur de La Valette eust voulu croire les sieurs de Tourves et de Sainct-Marc, qui avoient gaigné le sieur d'Esdiguières, ce jour ce faisoit ung grand service au Roy et grand bien à la province, on ne s'en pouvoit desdire. Le dict sieur de La Valette en fut destourné par les sieurs du Passage et de La Roche. Soudain le sieur d'Esdiguières s'en voulut retourner, estant logé à Oraison, estant ledict seigneur dans le chasteau avec toute la noblesse daulphinoise et provencalle, ainsy que le sieur de Sainct-Marc taschoit de gainer le sieur d'Esdiguières à n'abandonner la Provence. S'en voiant ainssy pressé, il dict qu'il falloit avoir de l'argent pour paier son armée. Ledict sieur de Sainct-Marc respondit que c'estoit marchander en raïstre ; que tous servions ung mesme maistre ; qu'il avoit veu une lettre que le duc de Savoye escrivoit ; qu'il ne falloit craindre le sieur d'Esdiguières, encore que le Roy lui mandast, il ne viendroit point en Provence ny pour la première, ny pour la seconde. Ledict sieur d'Esdiguières respondit : « Dites-nous, ouy, je l'ay veu et teneu entre mes mains. » — « Je vous diray, dict lors le sieur d'Esdiguières, si le duc de Savoye n'estoit point venu prendre Monbonaut, je n'y serois point venu » ; cela qui doit estre cause d'ung grand dessordre, parceque ces messieurs, comme du Poet, Gouvernon, Morges, Blaçons et autres cuidèrent faire rumeur, n'aiant pas bien pris les paroles dudict sieur d'Esdiguières. Le sieur de Sainct-Marc fut bien mary d'avoir dict ces parolles. Le sieur de La Valette estoit allé premier à Mées où cela luy fut dict.

Aussytost que ledict Sainct-Marc fut audict Mées, le sieur de La Valette luy demanda s'il estoit véritable qu'il eust tenu ce propos ; il l'assura que ouy ; il s'en esmerveilla et n'en fut pas mari, car il demouroit fort foible.

L'ennemy se remit soudein en campagne, et estant renforcé du conte Martine agit ses troupes, vindrent à Sainct-Maximin, feignant de passer outre, vont camper près Méronne, qui est entre Saint-Maximin et Sillon. Le sieur de La Valette avoit commendé au sieur de Chambaut tenir l'œil où ledict ennemy se voudroit addresser pour s'y getter avec son regiment, qui estoit beau et fort. De faict, il s'estoit jeté audict Sainct-Maximin, où commendoit le sieur de Vallenoire. Il s'y fit une grande faulte : car voyant passer l'ennemy tout outre, comme dict est, ledict Chambeau sortit à cheval et à pied asses loin, et fut assailly et ramené bien viste. Ces gens de pied furent deffais et y en demeura beaucoup, et afforces blésés : s'il eust eu à faire à gens de mestier, ils couroient grand danger de perdre la vie. Et le landemain, soit pour ceste advantage, ou qu'il fut ainssy ressolu, ils vindrent assiéger la ville et la batirent, sans avoir gaigné la contre escarpe, et firent bresche tirant plus de mille coups de canon. Le sieur de Sainct-Marc, qui avoit sa mère, femme et seurs audict Sainct-Maximin, estant à Pertuis près dudict de La Valette, le solicitoit pour secourir ladicte ville, ayant advis qu'ils avoient faute de poudre ; et par ce que le bruit parmy les ennemy couroit que ledict sieur de La Valette estoit esvanouy, je luy fis entreprendre d'aller forcer Mirabeau près dudict Pertuis ; et de faict nous y menasmes une coulleverine et batismes la courtine, et emportasmes le village de force. Les paisans se restirent au chasteau, et quoy que nous les sommissions de se rendre, ilz ne le voulurent pas faire : qui fut cause qu'on mist le feu ou village, et y fut faict prou de mal.

Après je fus despesché pour le secours, et me fut donné le sieur de Censsouby avec partie de la compaignée du sieur de La Valette et deux compagniees de gens de pié : et vins à Tres, y arivant à la pointe du jour, portant lettres du sieur de La Valette pour estre obéy. Je fis fermer les portes, posser les santinelles, personne n'entra ny sortit de ce jour là. Le soir je despesche le capitaine La Violette, huict ou dix autres capitaines, six vingt harquebuziers portant chascun cinq livres de poudre derrière le dos dans des sacs faitz pour cest effaict. Je leur donnay de bonnes guides, et leur ayant remontré ce qu'ilz avoient à faire et l'honneur qu'ilz acquéroient s'ilz faisoient leur debvoir, je les fict partir. Ilz arivèrent sains et sauves deux ou trois cens pas de la contre-escarpe et fossé, et trouvant ung homme à cheval, ilz le chargèrent ; sept ou huict donnent l'alarme. La teste de ce secours va droict à la ville et y antre; la queue s'effraie et vont, quy çà, quy là ; et presque tout fut tué et pris. Leurs guides entrèrent à la ville. J'escriveis à sieur de Chambaut, qui fut bien aise d'avoir de mes nouvelles, aussy l'asseurois-je de tout secours. J'avois tous les jours de ses nouvelles, et luy mandois des miennes. Je n'y pouvois aller, m'ayant esté deffendu par le sieur de La Valette.

Après avoir tenu ledict siège dix huict jours, ilz s'en allèrent disant aller assaillir Tres. Je m'y enfermay, mais ilz n'y vindrent point. Le sieur de Chambaut et moy allasmes trouver ledict sieur de La Valette à Manosques où il estoit.

En juillet audict an, la cour de parlement se tenoit audict Manosques pour le Roy. Le capitaine Baraste y commendoit. Ledict sieur de La Valette vint à Ries, Lorgues, Brignolle, et de Brignolle vint à pied à Sainct-Maximin en dévotion, puis à Toulon, qu'il faisoit fortifier et la rendoit bonne, belle et forte place, composées de sept grands bastions, beaux et grandz fossés et la contre escarpe de mesme. Le sieur d'Esgravagnes, gentilhomme picard, y commendoit. Peu après alla ledict sieur attaquer Congollin ; aiant faict venir quelques pièces de Sainct-Tropès, le village fut forcé. Les souldars de Sainct-Romman se sauvèrent au chasteau et se rendirent, et eurent la vie sauve. De là nous allasmes à Hières, où commendoit le sieur de Signay, guascon, et retournasmes à Toullon : nous eusmes nouvelles que le duc de Savoye venoit en Provence. Toutes les forces de la cour estoient allées à Sainct-Lorans pour le recevoir : il entreprent.

Greauliays va assiéger Mons à la requeste du sieur de Gault, qui commendoit à Grace pour Son Altesse. Il y avoit dedans les capitaines La Violette et Gouvernon avec leurs compaignies. Ledict lieu fut batu ; le duc y quida estre tué d'une harquebuzade ; les souldars composèrent vies, armes et bagues sauves ; les paisans à discrétion. Il en fut beaucoup pendus, à la poursuite dudict sieur de Gault leur seigneur.

Le duc vint à Draguinan, à Bariau et de là à Aix, où il fut receu comme roy. Il avoit dix sept cens maistres, quatre mille harquebuziés. Bientost après va assiéger Salon, où commendoit le sieur du Vernégue, Istre et Aiguères et Haiter. Durant le siège tomba ung grand pan de muraille, quy occassionna ceux de dedans à capituler. Ils rendirent la place et furent conduis à Pertuis en seurté.

Le sieur de La Vallette part de Thoulon pour porter remède et mestre ordre aus places qu'il tenoit, et va à Brignole, à Riès et à Manosque, qu'il commansça avec grande diligence à fere fortifier, ayant quant et lui le sieur de Chambaud et tout ce qu'il avoit de meilleur ; manda les sieurs de Sensoulz, de Collet l'aisné et quelques aultres à Pertuis, où commandoit, comme dict est, le sieur d'Allein. Le duc fit samblant le venir ataquer, et glisant, va surprandre Grambois où estoit le sieur dudict lieu, les cappitaines Sigaut, Le Turguet, Guasions, Bonneval et La Hère daulphinois avec lheurs compagnies. Le canon du duc joua et fit brèche, où il fut donné deux asautz, quy feurent fort bravement soubtenus. Le sieur de Grambois pour coy que ce fut se retira au chateau. Les cappitaines susnommés se défiantes et entrèrent en doubte de ce retret ; et de fait ilz capitularent randant la place au duc, le vint décembre. Lesdits cappitaines feurent prisonniers de guerre. La dame de La Valette, qu'estoit à Manousque, s'en départ avec messieurs de la court de parlement et vont à Cisteron.

Velà les nèges en grand abondance qui cheurent, et le froit fut si extrême que falut qu'on se retirat. Le duc vint à Aix et y passa partie du caresme entrant. Peu après le sieur de La Vallette, qui n'estoit guières voulentiers en repos, ala asiéger Beines et le batit ; et survenant le sieur d'Esdiguières avec ses troupes, on quita ledict Beines, et le camp marcha droit à Vinon. Le duc estoit alé en Espaigne et ses troupes estoint venus loger à Rians, Sparron, des Palières, Sainct-Martin, fesant corir le bruit de nous combatre ; car ce voyage se fesoit pour secorir Berre, et menions le canon. Vinon ne se volut randre et y falut conduire le canon ; l'ayant, le chasteau se randit. Il n'y avoit que péisans ; les gens de pié du sieur d'Esdiguières y logèrent. Le canon estant mal atelé, fut ranvoyé à Manosque. Nous estions logés à Greoulz, Saint-Martin du Levaige.

Le jour de Pasques, l'on marcha dret à Sparron, cuidant trover les annemis asamblés, comme ilz avoint esté le jour devant. Drès qu'ilz nous virent venir, estans séparés, tout court, et venoint de tous coustés pour s'asambler. Nous voyions tout cela des costau, fort près, et desandismes. L'escarmouche commansa par nous gens de pié au pié du vilage. La pluspart de lheur cavalerie estoit près le château, et là s'asambloint le sieur de Saint-Marc, qui avec le sieur du Passage, mareschal de camp, avoit esté des premiers, suadoit au sieur de La Vallette le combat et d'aler ataquer ceste cavalerie et y incistoit fort. Maitz ledict sieur du Pasage fut de contrère oppinion, se metant en bataille dans la pleine en veue des ennemis. Coy voyant ledict Saint-Marc, il va persuader le sieur d'Esdiguières de monter la hault, et tant lui remonstra que ledict sieur d'Esdiguières se résolut, après avoyr faict un tour avec sa troupe, qui estoit à la vérité fort belle, en nombre de catre cens chevaus bien armés. Le sieur de Saint-Marc la conduisit comme estant du péis. Le sieur du Poet avec trante chevaux prit le devant, et le sieur de Polligni, lieutenant du sieur d'Esdiguières, venoit après avec cent chevaux. Le sieur d'Esdiguières demora devant le château avec le reste. Le sieur du Poet, homme sans peur, joignit prontemant ses ennemis qui avoint torné le dos, les joignit et mit en routte; aseurément il chassoit plus de cinq cens chevaux. Il en morut quelques uns et en fut prins, mesme le sieur de Magnan, cappitaine de chevaux légers d'Aix, et trois cornetes. Le sieur de Polligni craignant de s'anguaiger et ne voyant personne après lui tint bride, que si le sieur de La Vallette eust suivi tout estoit guaté, mesmes l'infanterie espagnôle, qui venoit de Rians, estoit jà arrivée à la grand pleine, qui eusent estés tous défaitz, baste qu'il y eut de ses fuyars qui tirarent jusques à Aix cinq grands lieues de là. L'infanterie provansale estoit enguaigée dans le vilage d'Esparron. Les sieurs de Saint-Roman et Vitelli avec lheur compagnies de chevaux légers se trouvairent enfermés, qui feurent investis de tous costés. Le sieur d'Esdiguières entra au château; le sieur de Saint-Marc, parent du sieur d'Esparron, fit ovrir, et y coucha ledit sieur avec beaucoup des gentilshommes de sa trouppe. Le sieur de La Vallette campa à la pleine où le sieur de Saint-Marc l'ala trover à plus d'une heure de nuict et ala pour quérir le mot du guet, lui compta tout ce que desus; car il n'en sçavoit encores rien. Il en fut bien aize et marri n'y avoir esté le sercher au village, continua landemain; le sieur de Cucuron logé à la meson du curé se randit avec sa compagnie; l'on tréta pour ceux du village. La nuit venant, Vitellis vint sur saufconduit parler au sieur de La Vallette dans le château, et tant fut mené qu'ilz se randirent la vie sauve, demorant prisonniers de guerre, toutz les chevaux et armes furent perdues. Il y avoit mil arquibuziés et bien deux cens chevaux. Le sieur du Passage et quelques aultres mêtent toutes les armes à un monseau ainsi qu'en les prenoit aux soldartz, tant que quelque mal avizé mit le feu. Il y eut une escarmouche qui tua quelques uns et en blessa d'autres. Cela rompit tout l'ordre et fut cauze qu'il y eut quelques chevaux esguarés. Le reste fut desparti. Les sieurs de Vitelli et Saint-Roman feurent menés en seurté, et l'armée continua le chemin de Berre, passa à Guardanne, les fors que le duc avoit faict à Berre abandonarent, de manière que Berre fut avitouallée. Le sieur de Saint-Marc fut desrobé par un prisonier nommé Laplanche de Marseille, qui estoit sur sa foy parmi la trouppe, lui print deux chevaux, armes et hardes de la valeur de mil escus.

[1691]. C'estoit mil cinq cens nonante un d'avrill, au partir de Berre, l'on ala pour loger à Grans qui refusa l'antrée; maitz soudain fut asailli et forcé. L'on fit pandre afforce péisans et tout fut sacgé. De là à Saint-Audial et Mésages, passames la Durance, et le sieur d'Esdiguières ce retira. Le sieur baron de Montaud revint de Guascoige et amena cent metres et catre cens arquibuziés qui pasarent à Cisteron, audit an et le mois de may. Le duc de Savoye soudain que nous fusmes retirés réasiégea Berre. La dame de La Vallette morut en ce mesme temps à Cisteron, regretée d'un chascun pour ses rares vertus et piété.

Le sieur de La Vallette manda prier le sieur de Guavernet le vouloir acister pour secôrir Berre qui estoit fort préseé; du fet il y vint non pas fort acompagné. Nous partismes de Sisteron venant aux Mées, Ries, Correus, le val Saint-Maximin, Rousset, Saint-Marc et Pierricar.

Le vint huit juillet audit an, arrivasmes à Condoulz, terroir de La Fare, près Berre.

Le 29, alasmes présanter la bataille au duc, qui ne voulut bouger de ses tranchées, hormis quelques uns qui vindrent nous reconoistre et tuairent quelques mal avisés qui s'estoint trop avancés, non gens de caîlité. Nous nous en retornames donc et vinsmes loger à Aguilles. Il fut mis le feu à quelques gerbiens de blé, mesmes aux granges du sieur de Saint-Jehan et de Poires.

Landemain, nous vinsmes passer à Pierricard, et pasant auprè Saincte-Reparado. Le sieur de Saint-Cana y fut laissé pour y commander. Le cappitaine Siguandi, qui avoit esté fort lonctemps, c'estant émansipé de l'obéissance du sieur de La Vallette, refusant ses troupes quant ilz y aloit, fut tué quelques jours auparavant. Vinsmes à Pertuis et de là alasmes asiéger la tour d'Aigues. Le 4 aoust nous la batismes d'un canon et une colevrine, l'en y fit brèche. Ceux qui estoint dedans mirent le feu à la brèche qui nous empêcha d'y entrer. L'on fit jouer une sausise, qui fet un grand effet. Enfin le village fut abandonné, et se retirarent les gens de guerre au chasteau : c'estoint gens du Languedoc qui se randirent enfin vies et bagues sauves.

De là nous tirames dret à Saint-Michel avec

le canon, le batismes. Il avint le premier coup qui fut tiré sur la pointe du jour, ayant esté laisé un sac de poudre à canon par mesguarde, le feu s'y print et fit un grand fracas, brulant la pluspart des officiers de l'artillerie et prou aultres, abatit le guabion qui fut aussitost relevé. L'on persa une tour et fut fait brèche ases résonable. Sur cela en composant se randirent, furent multés de l'argent; c'estoit le 8 aoust audit an 1591.

Tout aussi tost, le camp marcha vers Berre, qui estoit bien mal et prêt à ce randre; alasmes cocher au Roret près Cavaillon, le 18 aoust, et continuâmes le chemin jusques à Barbantane. Le sieur de La Vallette ala dret à Tarascon, où estoit le sieur Alphonse avec partie des forces du Dauphiné; y vint aussi le mareschal de Monmoranci avec les forces du Languedoc; fut résolu aller ataquer Graveson, y conduisant trois canons et une colevrine. C'estoit pour destorner le duc, qui dès le 19 avoit resceu Berre par composition, lui ayant esté randue par Mesples.

Nous batismes Graveson, sur coy la novelle vint que le duc estoit arrivé à Erguon avec son armée belle et guaillarde; de sorte qu'il fut arrêté de tirer le canon jusques à Fenoillet, à Bagie entre Graveson et Tarascon, laisant partir des gens de pié au siège de Graveson, et campasmes audict Fenoillet.

Le 28 aoust, le canon fut ramené à Graveson et fismes brèche. Nous avions mis notre canon dans le jardin du seigneur dudict lieu et ne tirion pas à plus de vint cinq ou trante pas loin de la muraille, aussi se fit-il un grand effet. L'on donna l'asault qui fut soutenu ayant sus dedens bariqué par dedans. Le sieur Distre de Vaucluze y fut blessé et morut peu après de ladite bleseure.

Le 29, ilz se randirent. Les soldarts feurent mandés au gualères et les habitans ransonés. L'on y laissa les sieurs de la Commette et Allison en guarnison, qui n'y demorairent guières; ainsi ne voulurent atandre le duc de Savoye et l'abandonairent. Nous retornasmes les canons à Tarascon; toute la cavalerie fut mize en bataille et s'y trova douze cens mètres en beau équipage; fut propozé aler asaillir Arles. Le canon fut embarqué et y ala-on. Maiz à l'arrivée, nous cognimes bien que se n'estoit viande pour nous. Ilz nous saluèrent d'aforce canonades, qui ne fesoint pas grand effect. Ceux du Languedoc ravagèrent toute la Camargue et prirent infinité de bestaill. Il falut quiter ceste entreprinze et tout prit parti.

Le 12 septembre 1591, le sieur de La Vallette s'en revint prenant son chemin par le Languedoc; vinsmes passer au Pont Saint Sperit, et par le Dauphiné arrivasmes à Cisteron 19 septembre.

Durant nostre voyaige, le sieur d'Esdiguières desandit, vint asiéger Lus, le batit et lui fut randu, d'où avant il s'en retorna pour s'oposer au sieur Ollivat qui conduisoit une armée d'Espagnolz et Napoliteins, le combatit et défit avec beaucoup de réputation.

Le duc de Savoye ala à Harles, prit Forgues, baron La Motte, et s'amusa audit Arles, au lieu de suivre sa fortune, revint à Aix, entreprint le siège du Pui qui travailloit ceux d'Aix. Il y avoit trois cens arquibuziés et cinquante armes, le fit batre feurieusement et uza entièrement toutes les défanses pour le secorir. Le sieur de La Vallette rapela le sieur d'Esdiguières, qui vint à Digne. Nous y conduisimes catre canons et pasant par Quambort nous l'atacames, batismes. Ilz se randirent; c'estoint tout gens de corde, aussi n'ayant pas bien sceu fère son fet, ilz feurent pandus pour la pluspart.

De là alasmes ataquer ceste grand églize qui est hors la vile de Digne, où il y avoit de gens de guerre; la batismes. Ceux qui estoint dedens se nichairent sur la grand voulte de manière que ne les sceusmes forcer. Lhors nous eusmes noveles que le Pui estoit en danger de ce perdre; qui fut cauze qu'on resceut ceux de Digne à composition, y comprins l'églize et poyèrent une somme d'argent, et nous ayant mis les canons à l'évêché, où fut pour y commander le sieur de Lartigue et à la vile le sieur Des Crottes, Dauphinois. Nous vinsmes en diligence à Pertuis, où, dès l'arrivée, le sieur d'Esdiguières avec cinquante et tant de chevaux ala passer la Durance et voir le camp du duc d'Asès près le Pui avoit esté batu feurieuzemant et y avoit esté tiré deux mil trois cens quarante coups de canon. Y avoit esté donné afforces asautz, où il y morut afforce gens, mesmes le sieur de Rogies d'Aix et le baron de Monfort de Provance. Le duc voyant le secours se résoult ne rien azarder moins l'atandre; et de fait, tout la nuit avec extrême diligence fit conduire son canon à Aix et filer son infanterie; de manière que landemain l'on n'y trova que quilques trouppes de cavalerie qui fesoint lheur retrète.

Le cinq novembre 1591, arrivant au dict Aix, le duc trova la comtesse de Sault changée et trova les portes fermées; falut qu'il entrat par la porte des frères mineurs, où il y eut de la reuhmeur. Le duc fit le plus fort et fet saizir ladite comtesse, qui fut prisonière dans sa méson avec guardes qu'elle trompa; car s'abillant en homme elle se sauva. Tout son parti fut dissipé.

Le sieur de La Vallette ayant secoru le Pui s'en retorna et alasmes assiéger Brives, y conduisant deux canons, le batismes et prinsmes une tour; quant le compte de Carces le vint secorir, nous y avions tiré deux cens coups de canon, estoit le 25 novambre au dict an. Ce secours nous fit retirer nostre canon à Mezel, où nous nous campasmes entre le vilage et la rivière, laisant fere l'aviteallement audict comte, à son aize, de plein jour, estans tous en bataille dans nostre camp. La nuict le comte se campe lonc la rivière à une portée d'une colevrine loin de nous, sur le chemin de sa retrete. Le sieur de La Vallette sort de son camp et suivismes la rivière gens de pié et de cheval. Le comte ayant repu, desloge sans bruit; nous le suivismes tout de nuict. Il fut arivé à Vausole et logé; nous alasmes loger à Pimoison et retornasmes à Mezel, bloquant Brives de fors qu'on y fit au tour, porveus de soldartz; j'y conduisis deux canons à Manosque et les deus demorarent à l'evesché de Digne; c'estoit en desambre.

. Le sieur d'Aleis qui commandoit à Pertuis morut de maladie. A sa place fut mis le sieur de Saint-Cana et au Pui le sieur de Sensoulz. Mesples sorti de Berre, fut mandé ovec ses troupes se barriquer à Vinon. Le sieur Lamanon eut entreprinze sur Saint-Maximin, lui ala donner du petard ayant abatu le pontlevis, il fut bravemant repoussé par les habitans. Le sieur de Saint-Cana s'ambatit sur le chemin de Jonques avec le sieur Mac Anthoine, cappitaine de chevaux légers, qui fut rompu par ledit Saint-Cana. Le duc voyant Mesples à Vinon se résoult l'aler forser, et part d'Aix y conduisant deux colevrines, l'ala battre. Il avoit catre mil arquibuziés et après de deux mil chevaux. Le sieur de La Vallette se dispoze aler au secours, mande au sieur Guovernat; pour cest effet il vint ovec environ cent chevaux. Nous alasmes loger à Oreson et vinsmes audict Vinon du costé de Rousset pour voir d'y metre du secours, et fut résolu de ce fère la nuit, et nous alasmes retirer à Saint-Tulle vis-à-vis dudict Vinon, la Durance entre deux. Le secours n'eust point d'éfet.

Landemain matin nous vismes redoubler la batarie, et fut dit monter à cheval pour empécher l'assault. L'on vint en veue de l'annemi, ayant faict le sieur de La Vallette trois troupes; l'une conduite par le sieur de Buons, où estoient sa compagnie, celles des sieurs de Saint-Cana, Mirabeau, Mérargues, Ramafort, Valanaire, Esgravagues... (sic).. tous chevaux légers; l'autre conduite par le baron de Moutaud; et la troiziesme ledit Sigues la comandoit. Le sieur de Gouvernat estoit par si par là, pour se prandre guarde de toutz événemans. Or ne cuidoit pas pourtant venir aux mains; car la rivière de Vendon estoit entre deux, qui joint le vilage; comme il n'y avoit point d'aparance; car à dire vérité, si le duc n'eust point la rivière, il eust prins Vinon à nostre veue et ne l'en eusions sceu empécher, bloquant le lonc de la rivière comme il avaet de coy le fère. Maiz au lieu de prandre ce conseill, ils pasent l'eau et perdirent par ce moyen lheur avantaige, de fet que l'ataque se commance. Ledit Buons fit bien, aussi estoit-il brave du tout et rompit ses gens qui tornarent le dos; dès lhors tout fut ranversé, que si toutes les trois troupes eusent donné, il s'y fesoit une grosse boucherie. Le duc se retira à Saint-Pol, l'artillerie fut abandonné et tout foult; et ainsi Vinon et Mesples furent delivrés. Les colevrines, je les conduisis à Manosque sur les mesmes roues, coy qu'ilz eusent esayé les rompre.

Le huit janvier 1592, les Estatz furent mandés à Ries et feurent casées à fere compagnies de gens de pié.

Peu après, le sieur de La Vallette manda le sieur de Saint-Marc pour tenir pretz cinq canons, fit levée d'afforce beufs, lesquelz il logea à Vileneufve et Vins près Manosque, et partit pour aler à Frejus, fuellit Bariaux et prit Flasans, aséegea Rocabrune, la fit batre, durant laquelle batarie, le pouvre seigneur y allant, fut ateint d'une arquibuzade à la teste, duqel coup peu après il morut; c'estoit le 12 febvrier, darnier jour du carneval. Peu après, ceux qui defandoint Rocabrune se randirent, n'ayant eu cognoisance de la mort dudict seigneur. Au partir de là, toute ceste armée se retira. Ce fut grand daulmage de la mort de ce seigneur, car c'estoit homme craignant Dieu, bon serviteur du Roy, sage, pasiant, libéral, grand justisier et qui ne permetoit point au soldat trop de liberté, qui ovec une poignée de gens, si ce peult dire, avoit résisté au duc de Savoye. Ayant la pluspart du péis à sa dévosion, n'ayant point aultre secours d'argent que ce qu'il pouvoit tirer du péis. Car pour ses moyens il les avoit tous despandus, je le puis dire; car je l'ay veu pleuzieurs fois ayant disné ne sçavoir de coy souper. Et parce qu'il avoit esté fort trompé et de pleuzieurs, il c'estoit randu fort mesfiant.

Le compte de Carces ce mit aussi tost aus chans, prit Figuenières. Le sieur du Passage, qui estoit venu fraichement du Dauphiné avec des forces de cheval et de piet, oyant ceste novelle à Ries, où il estoit, s'en retorna. Les gentishomes tenant le parti du Roy mandairent au Roy qu'il lui pleut mander le sieur d'Epernon. Le sieur Alphons, qui fut le premier adverti de sa mort par le sieur de Saint-Marc, manda au Roy et eut mandat de Sa Magesté pour venir en Provance; ce qu'il fit. Maiz il se gouverna mal, car il vint à Tarascon, où il séjorna, au lieu de venir promptement aux Troppès et à Sisteron, où la court de parlemant estoit. Les sieurs marquis d'Oreson et baron de Montaud vindrent à Sisteron pour avoir le commandemant l'un descà la Durance, et l'autre de là, comme ilz s'estoit jà promis. Maiz la court print le guovernemant en mein, manda au sieur d'Esdiguières vouloir venir secorir le péis, et y mandarent les sieurs de Penefort..(sic)..conselier pour cest effet.

Le 13 mars 1592, Bras d'Assé fut saizi par les liguers; le compte de Carces vint ravitoaller Boines. Le duc de Sçavoye s'en estant jà retorné à Nice, quelques jours après, Pignaus fut asailli et y menèrent les Savoyartz deux pièces qu'ilz prirent à Forcalquier et le prindrent. Le sieur de Castillon, Guascon, qui commandoit à Brignole, et le sieur Des Ternes, ayant asamblé ce qu'ilz peurent, vont voyr ses gens là et les trovans mal conduitz, les chargent, mectent en routte, lui ostairent les pièces; c'estoit le chevalier du Revest qui conduisoit cela.

Le 26 avrill audict an 1592, le sieur de Triguant guoverneur de Cisteron morut; le sieur de Ramafort alla demander le guovernemant au sieur Alphonse, qui le lui acorda et depecha commission pour ce fet. Le cappitaine Barate, qui commandoit à Manosque, aussi morut de maladie. La court en prevent le marquis d'Oreson. Cepandant vela arriver le sieur d'Esdiguières, le cinq⁵ jour de mai, conduisant sis cens chevaux et trois mil fantasins, et manda quérir les canons; ala asiéger Boines qui lui fut randu moyenant quinze mil frans fornis au chevalier de Moriès, qui la commandoit, désandit à Auphons près Barioulz, où il laisa les canons. Barioulz se randit; il y mit le sieur de Chaumians pour y commander; ala, prit le Mai, la Cadière, la Sioutac qu'il multa pour de l'argent. Il ataqua Evènes sans le prandre; et ayant avis de la venue du sieur de Pernon, il se retira, laisant les canons à Saint Maximin.

Peu après Codenet, qui commandoit à Grambies, fut tué et le lieu reprins, comme fut aussi Brasdasse. Castelane, qui n'avoit voulu rescevoir guarnison, se supmit. Le sieur de Thoron de Saint-Pol y fut mis pour y commander. Le marquis de Trans avec environ cent chevaux vint corir à Saint-Maximin. Il se rencontra que le marquis d'Oreson y estoit avec sa compagnie et le sieur de Tornes. Il fut prins quelques beufz et mules. Le sieur de Saint-Marc à qui touchoit se bestaill monte à cheval; c'estoit sur les neuf heures de matin, estant suivi de vint cinq ou trante chevaux, et porsuivit l'annemi environ trois cartz de lieu, et l'agant recogneu il mande aus sieurs d'Oreson, de Tornes, de Valanoire, les prie de venir. Lesdicts Tornes et Valanoire vindrent avec trante et tant de chevaux et ne peurent arriver que ledict ennemi ne fut au dret de Puilobier, tirant le retour d'Aix. Le marquis de Trans pour coy que se fut, laisa la trouppe et se geta dans le chateau de Puilobier. Nous porsuivions la trouppe, qui nous voyant si près, tuairent les beufz sur le chemin estroit pour nous destorner. Cela, et l'afère que nous avions fet, fut cauze que ne les sumes atraper; et nous en retornant, quelqu'un nous dit la retrête du marquis de Trans: qui fut cauze que nous alasmes dret audict Puilobier fraper à la porte du chateau, les sieurs de Saint-Marc et Valanoire. Le sieur duduict lieu nous ovrit sans sérémonie, et mal lui en print, car tout y entra; et estans dedens l'on demanda ledict marquis. Maiz ni pour prières, ni menaces, on ne le voulut montrer, qui fut cauze que quelques uns de la trouppe du marquis d'Oreson foullairent ledict chateau rudemant; de coy ledict sieur Puilobier s'effraya, craignant d'ester sacagé. De fet, il ne survesquit pas lonc temps, après coy qu'il ne fut touché à rien du sien ormi les armes et cheval dudict marquis de Trans qui furent prins. Quant à lui il ne fut point trové, et toutesfois il estoit dedens. L'on laisa des gens audict Puilobier pour quelque jours.

Sur la fin de juillet, le duc de Savoye asiégea et batit Antibon, où commandoit le sieur Dubart, qui le randit. Parrères et Rians se remirent du costé d'Aix; Saint-Roman avoit une entreprinze sur Marseille, et en alant, il volut bailler de la poudre aux soldartz. Le feu se mit, qui fracassa quelques-uns. L'entreprinze fut rompue. La comptesse de Sault, estant à Marseille avec le sieur Bezaudin, fut mize hors la vile et ledict Bezaudin aussi.

Le Roy manda au sieur Alphons, qui avoit mal vériffié son pouvoyr à la court de parlemant estant à Sisteron, que s'il n'estoit point encores entré en Provance qu'il n'y ala point, et acorda au sieur de Pernon le commandemant à icelle.

Ledict sieur de Pernon y vint en septembre, conduisant de belles forces à pié et cheval, et vint parler à messieurs de la court, qui estoint à Manosque, et de là s'en va ataquer les ennemis qui estoient logés à Montauroux. Ayant appelé à lui les forces du feu sieur de La Valette, il atrapa les annemis audict lieu de Montauroux, les ataqua et forsa. Il fit pandre la pluspart des chefz, et pour le soldat il fut mandé aux gualères. Soudain vint à Brignole, où il tint une asamblée des communes.

Après prit le chemin d'Autibon, y conduisant les canons commandés par le sieur de Saint-Marc, en nombre de six pièces. Fuyance et le Biot se randirent. Asiegea Antibon la vile, où il avoit afforce Sçavoisiens, la batit par trois endroitz, ayant recouvré trois canons des gualères. Ladicte vile se randit; c'estoient de fort povres gens. Soudain on conduit le canon contre le fort, qui fut batu de neuf pièces, contre un bastion auquel on fet choir un grand morseau, tant, que pour l'épesseur qu'il avoit, il servist d'eschèle pour y monter. L'on fit quelque traité d'acord et feurent baillés d'ostages par ceux de dedens.

Cependant les soldartz montairent par la ruhine; ces manans qui estoient dedens les reguardoient monter sans se défandre, et ainsi ilz feurent prins. Le compte qui y commandoit fut prins avec sa robe forrée sur le dos. Les ostages feurent mandés aux gualères. La pluspart de ceux qui furent trovés dans le fort feurent tués. Il fut laisé à ce fort le cappitaine Sguiroli pour y commander et à la vile le sieur de Guaces, Guascon, avec un regimant de gens de pié.

D'Antibon, nous alasmes ataquer Cannes, où estoit le sieur de Vaubres, qui y commandoit, et le marquis de Trans. Après les avoir investis, ilz composèrent, sortant bagues et harmes sauves. Le canon avoit esté ambarqué audict Antibon.

De là, le sieur de Pernon ala à Saint-Tropès et y fit construire une citadelle, y metant le sieur de Noillan pour y commander, Mesples à la vile; puis ala à Tholon où commandoit le sieur Desgravagnes comme dit est; il y fist aussi construire une citadelle où il mist le sieur de Signac, Guascon, qui ne la guarda guières bien.

Pasant à Bragianson, y fit des fortz et y laissa La Roderie, avec son régimant, qui peu après y fut deffet. Et vint ledict seigneur fere caresme prenant à Brignole 1593.

Y eut une conférance à Sainct-Maximin, où feurent, du costé de la court, les sieurs conseliers Arnault et Thoron; du parti d'Aix et du parlemant de Manosque, les sieurs évesque d'Apt, conselier Des Guardanne, nommé d'Artovici et Sufrein. Y estoint encores les sieur.........(sic) Il n'y fut rien conclu, parceque ceux d'Aix ne voulurent point parler du Roy.

L'on print le chemin d'Oriol où il y avoit catre compagnies de gens de pié, sçavoir: celle de Lamotte, d'Audibert, de Blanc et de Boulaigues. Le canon joua contre la vile qui fut aussi tost abandonnée, se retirans toutz au chasteau, qui est sur un hault, et comande toute la vile. Le canon fut gaindé sur un cotau vis-à-vis du chateau, où il fut asis trois canons. Les aultres estoint logés à bas à la pleine et tous batoit le chateau. Il fut faict brèche à une tour dudict chasteau, qui fut asaillie, et de faict il y entra cappitaine et soldartz. La nuit se fit qui sépara combat. Lhors ceus de dedans se reconoisant prainent corage, asaillent ladite tour, et de faict la forsairent et reprindrent, fesant tous ceux qui y estoient entrés prisoniers.

Landemain, on recommansa la batterie; il y eut quelques-uns et entre aultres le sieur de Pernon, qui avoit un régimant, qui commansa à parler aus asiégés, qui commansoient à s'effrayer, et tant continua qu'il persuada sur sa parole lesdits Motte et Audibert venir parler à monsieur de Pernon; ce qu'ilz firent, comme mal avisés, et feurent amenés au logis des seigneurs, armés comme ilz estoint; et estans devant ledit seigneur il lui demanda qu'esse qu'ilz demandoint. Ilz répondirent qu'ilz estoint venus sur la parole dudit cappitaine et se retornairent pour le voir. Ilz n'avoint guarde; car il c'estoit retiré. Ilz feurent bien esbais et se demandoint. Ledict seigneur lheur dit pour coy ilz avoint atandu la baterie et qui les avoit mis là; ilz respondirent que c'estoit le comte de Carces. Réplica ledict seigneur qu'ilz avoint mal faict, mesmes Audibert, qui estoit du lieu, qu'ilz estoient cauze que ce lieu estoit ruhiné. Ilz suplairent qu'il eut pitié d'eux et qu'ilz lui feroint service: à coy lui fut respondu, qu'il ne lheur vouloit pas donner tant de peine et apela le cappitaine de ses guardes auquel les bailla en guarde. Cependant aultres parloint tousjours aus asiégés, de fet que Broulaigne fut atrapé de mesme et vint, fut arreté comme les aultres. Il y eut quelque soldat qui s'élansa par la muraille, qui fut mené ou logis dudict seigneur, qui le resceut avec fort bon visaige, le fit bien trater et lui fit prou caresses; de manière qu'estant ce soldart ramené, il sceut si bien parler à ses compaignons que afforce firent le mesme chois; tous feurent bien resceus. De ceste manière le chateau fut prins sans resistance. Le cappitaine Blanc, qui n'avoit point voulu sortir, fut prins dedans et pandu, comme feurent la nuit les aultres trois à un noyet près la porte de la vile. Tout fut sacaigé: fut laisé audit chateau guarnison et le sieur d'Aubin pour y commander.

De là, l'armée ala asiéger Recenaire, lieu très fort, asis sur un roc presque inacésible. Il fut batu, et n'y avoit que péisans et un cappitaine nommé Bordon pour commander. Ilz se défandirent quelques temps. Maiz s'estonant se randirent. Le cappitaine fut pandu. Il fut tiré mil coups de canon à ses deus lieus là.

Durant le siége, le sieur de Pernon dressa une belle entreprinze sur Marseille, qu'il voloit prandre par pétart. L'on ala loger à Aubaigne. La nuit tout marcha; le pétart fut appliqué et fit effet à la première porte. A la seconde porte le pétart ne fit qu'un trou, et fault noter qu'il y avoit encores afforce pétartz sur les mules; maiz estoient demorés bien loin ; de manière que ceste belle entreprinze faillit pour se défault, car s'ilz eusent estés portés, aseurémant, veu le peu de défance qui se présenta, l'on emportoit ceste forte place. Ledict seigneur cuida morir de desplézir, je le vis. Tout s'en retorna mal contant sur la pointe du jour, et de la vile nous fut tiré deus ou trois volées de canon qui ne firent point d'éfet. Les soldartz, qui ont acoustumé de fureter par granges, alèrent ataquer la grange du sieur Léon de Marseille, où il estoit, et n'ayant rien ouï de l'armée, cuidant que se feusent quelques coreurs, il tira et tua deus soldartz gascons; il y en avoit un cadet. Aussi tost pleusieurs y acorurent, mesmes le sieur de Pernon. L'on assaillit la grange, qui fut incontinant forcée. Ce povre Léon cuida estre estranglé, et s'ilz eusent trové une fenestre pour le jeter, c'estoit fait de lui. Aussi eut-il le cou tout escorché des cordes qu'on lui avoit mis. Enfin estant mené devant le seigneur de Pernon, il fut mené prisonier. L'armée ala loger à Coulongié Guardane et tout revint à Roconaire. L'on dressa peu après afforce besoegne à ceux d'Aix, metant toutes les troupes aus environs, comme à Vautabron, Saint-Cana, Marignans, le Pui Roygnes, Trotz, Lambesq où l'on mit le canon. Ceux d'Aix prirent un carrabin qui firent pandre. La court de parlement d'Aix remist le commandemant au compte de Carces. Le seigneur de Pernon ala au Languedoc, laissa le sieur de Castillon pour commander l'armée.

Au retour du Languedoc, ledict seigneur de Pernon vint à Pierricard et entreprint de dresser le fort de Saint-Stroppe près d'Aix ; que ne fut sans beaucoup de difficultés, ayant affère à d'aussi braves hommes qu'il y en ait en Provence. Aussi se randit-il d'aussi grans combats qu'il se soit veu alieurs de lonc temps ; y morant afforce gens de bien et d'un et d'aultre costé. Coyque soit, le fort fut achevé et mis en défance.

Or, un jour que ledict seigneur jouoit dans sa tante, il fut tiré de la vile deus coups de canon qui portairent dans ledit pavillon, tua le sieur Sainct-Vincens d'Echarpe, dauphinois ; le filz du compte de La Roche, le sieur Du Poet, guascon; Laboris d'Estrés et quelques autres ; les os desquelz blessèrent ledict seigneur, de manière qu'il fut lonc temps tenu pour mort; coy que pour cela il ne voulu bouger dudit fort, chose à la vérité de grand remarque. Aussi voyoit-il bien s'il en fut deslogé que tout fut allé à vau-l'eau. Quelques jours auparavant, passant près le pont de l'Arc, près d'Aix, où avoit des gens de guerre à un molin qui joint ledict pont, ledict seigneur le fit ataquer et batre. Ilz feurent forcés et pandus ; pour revanche de coy, le compte de Carces fit prandre aus prisons d'Aix quelques huit prisonniers et les fit pandre à la veue du camp. Le péis estoit si au bas qu'il ne pouvoit plus et mancoint les vivres tout par tout.

Fut tenue une asamblée de communes à Pertuis, où il fut mis afforce impotz sur la fin de juillet. Le camp se rapetisoit fort et ceus d'Aix mirent dehors dix ou douze compagnies qui alarent loger à Rians et autres lieus vuides. Le compte de Carces avec ceux d'Aix ala commanser un fort au coteau de la Justice, où on met les corps des justisiés et d'alieurs.

Au grand fort fut faict feu de joye ; le canon tira à la catholisation du Roy : ce fut 1593, le 22 aoust. Aix, Marseille, en fit aultant. Le 28, la treuve mandée du Roy fut criée pour trois mois.

Le darnier aoust, novelles forces vindrent du Languedoc de cheval et de pié ; et incontinant le canon tira contre la vile en ruhine, disant que puisque Aix tenoit pour le duc de Savoye il faloit sçavoir si ledict duc de Savoye la vodroit rescevoir ; que jusques alors il feroit la guerre comme auparavant. Cependant arriva de la part du Roy Pluvineau, l'un de ses escuyers, pour fere observer ladite trève et ala dans Aix, et tant fut travaillé que le catre septembre ladicte treuve fut criée et rescue de tous cotés.

Ledict Pluvineau partit le 21 dudict mois, ayant rescu de messieurs d'Aix un beau présent et s'en retorna en France. Les pluyes vindrent en grand abondance, qui contraignirent le seigneur de Pernon de rompre son camp. Se retira à Saint-Cana et mist ses troupes en garnison, le seze septembre, laisant au fort force guarnison de cheval et de pié. Le duc de Savoye aussi rompit son camp et resceut la treuve en ses terres, estant campé devant Caours.

Le seigneur de Pernon eut noveles de la mort de madame de Pernon sa fame : ceux du fort fesoient bien la guerre aux olliviers d'Aix.

Au commansement d'octobre, le sieur Du Guand, filz du sieur de Moutz, fut tué à Grace, où il commandoit, par ses soldartz, dans son logis.

Le dix huit dudict mois, entrairent en Provance, pour le sieur de Pernon, de six à cept ceus arquibuziés à cheval.

Sur la fin d'octobre fut faict une crié par tout que tous ceus qui s'estoient retirés dès la treuve eusent à vuider sur peine d'estre prisonier de guerre, et le donjon de la citadelle fut commancé et le canon y fut logé. Le seigneur de Pernon alla au Languedoc et laissa à Raignes afforce troupes. L'ons avoit fet battre ses méchantes penatèles, qui troubloint le peuple ; car les soldartz n'en vouloint point.

La trève fut prolongée par tout. Le mois de novambre, la povreté estoit grande; aussi il coroit quelque bruit, qui fut cauze que le marquis d'Oreson, sieur de Soliers, de Saint-Cana, Valanoire et aultres traitèrent avec le comte de Carces, qui promit servir le Roy, le sieur de l'Esdiguières y tenant la main; de fet le Roy manda à tous ceux qui commandoint dans les places du costé du sieur de Pernon, commissions pour les places et gouvernemens qu'ilz avoint, de manière que on commansa à crier: Fore Guascons. Le sieur de Saint-Cana commença à Pertuis à mestre hors la compagnie de gens d'armes du dict sieur de Pernon. Aussi la pluspart des compagnies qui estoint à l'escard se getent dans Brignole et font grosse guarde.

Le sieur du Biosq, qui commandoit à Saint-Pol, refuze le passage à la compagnie du marquis d'Oreson de la Durance, se déclare pour le seigneur de Pernon.

Le compte de Carces mande à la court de parlement, séant à Manosque, que puisque Dieu avoit permis la catolisation du Roy, qu'il estoit résolu le recognoistre comme son tres-humble suget, offrant tout debvoir; maitz qu'ayant cogneu que le sieur de Pernon se vouloit emparer de la province, il délibéroit s'y opposer de tout son pouvoyr, priant un chascun s'y vouloir emplier.

Les Guascons désarmairent les habitans de Brignole; les viles de Pertuis, Manousque, Digne, Castelanne, Saint-Maximin, Tholon furent de ce parti, et à Tholon, par l'entremize du sieur Solier, l'on ataqua la citadele qui fut batue le 25 novembre, et y fut donné un asaud qui fut repossé. Ceux de dedens se voulurent refrechir; sur coy l'on donna, et fut ladite citadele emportée sans grand défence par l'eschele. Tout fut tué mesme Signac. Le sieur d'Esgravagnes fut blessé durant la baterie, au canon duquel coup il morut peu après. C'estoit un brave gentilhomme. La citadelle fut razée.

Le compte de Carces rompit la treuve et fit la guerre au fort d'Aix. Ceux de dedens estoint tous estonnés voyant un tiel remuemant. Le cappitaine Boyn qui avoit failli de secorir la citadele de Tolhon ce vint geter à Brignole, où il s'y trova une très-belle troupe. Le compte de Carces se mit aux chans, va attaquer Marignan qui lui fut randue, vies et bagues sauves, par Saint-André. Le sieur de Mérangues print le prévost de mareschal à Aguille et le mena à Aix. Le sieur du Biosq, à Saint-Pol, ne se découvrit point et ne sçavoit ce qu'il vouloit fère. Le seigneur de Pernon estoit au Languedoc, comme dict est, et.... menasser ceux qui n'obéiroint au Roy.

Le 15 dessambre fut mandé une asamblée à Aix.

Le 10 dessambre ledict seigneur revint de Languedoc amenant 300 metres et 500 arquibuziers, et le 11 fet tirer toute son artillerie contre Aix et s'ala loger à Roegnes où il fit son amas.

Le sieur de Castillon ala à Brignole; le sieur de Tornes amena des forces du Dauphiné et vint à Pertuis. Le sieur de Pernon de Roignes ala à Ries et Sisteron, fort acompagné. Les sieurs de Saint-Marcelin et Saint-Roman, du tiers parti, surprindrent Pellisane sur deux compagnies de chevaux légers de Pernon; Saint-André estoit en une. Le sieur de Valanoire atanta l'asaut de Pertuis, laisa Saint-Maximin ases mal, de manière que ceux mesme de sa compagnie se saizirent du couvant et getèrent hors les soldartz et la dame de Valanoire ausi. Le 21 desambre se saizirent du couvant, atirarent partie des gens de vile. Peu après déclararent pour le sieur de Pernon, qui lheur bailla des commissions pour gens de pié, sçavoir: au sieur Faulquette, Gaurrat et Melis tous trois de Saint-Maximin gens de petit estophe; aussi feurent-ilz cauze de beaucoup de mal que resceut ladicte vile; car ledict seigneur de Pernon s'en servit fort. Le compte de Carces s'ala randre metre de l'isle du Martigues.

Le 29 dessambre, le fort du pont de Beraud-lès-Aix, tenu par les Guascons, fut assailli et forcé; l'ayant, ceux qui le tenoient, abandonné après un lonc combat.

Le seigneur de Pernon fesoit grand amas de farines et vint à Brignole. Les troupes qu'avoit amené Tornes, qu'estoient six compagnies de chevaux légers, logèrent à Rians. Le sieur de Pernon vint à Vinon, et le 19 janvier, arriva au fort d'Aix, y fesant porter afforce provisions de toute sorte, et resceut letres du Roy qui lui commandoit de fere la guerre, lui promettant le gouvernement. La compagnie du sieur de La Roche, de chevaux légers, estant logée à Manne, fut à demi surprinze et defecte. Le compte de Suze vint pour esayer de rompre ce coup du compte de Carces qu'il ne revint au service du Roy, et voyant n'en pouvoir venir à bout, il se résoult de sotenir la ligue avec ses adérans, qu'estoient Saint-Maurice, Saint-Marcelin, Saint-Roman et Vitelli; tenant Scalon, Berre, Pellisane; Arles estoit du mesme parti.

Après l'avitoallement du fort, le sieur de Pernon torna vers Riès, où il resceut les troupes du sieur du Passaige. Le sieur de Lafin arriva venant de la part du Roy pour composer les afferes; aporta la novelle que le Roy avoit faict conestable le seigneur de Monmoranci.

Le seigneur de Pernon revint au fort et changea la guarnison; ostant le sieur de Signau, qui y avoit esté durant lonc temps, y mit le baron de Connisson et Saint-Maurice du Languedoc avec ses régimans, et tira deux pièces : ala asiéger Aguilles, le .. febvrier 1594, où ayant esté tiré deus volés, ledict lieu fut forcés, et tués la pluspart. Le sieur du Passaige y fut blessé d'une arquibuzade à une jambe. De là Saint-Cana fut asailli, où estoient Chateau Vions et Saint-Maurice du Comptat, qui se randirent vies et bagues sauves, feurent conduitz à Sannete; de là on marcha à Saint-Pons; fut mis guarnison au château de Vantabron; Marignans se vint randre, où fut remis le sieur de Saint-André.

Le 8 febvrier, le camp marcha à Cenolonge et Guardanne, puis à Porières et Rosset. Le sieur de Tetz vint remetre ledict Tetz audict seigneur, qui y ala loger et mit guarnison au château, et là se treta la rédition de Rocafuill asis sur un roc de fort mauvaize venue, et permis au cappitaine Boulaigne, qui le tenoit, se retirer audict Tetz, d'où il estoit natif. Le froit estoit si extrême qu'on feut contraint laiser les pièces à mi la plaine de Parrières sans guarde. L'on les vouloit conduire à Rians; maiz la guarnison ayant deslogé les consulz vindrent offrir ledict lieu au sieur de Pernon. Il y fut mandé le chevalier et sieur de Famigières, cosins du Daulphiné.

De Porrières on print le chemin de Porcilz Tornes, d'où avant fon conduit un canon à Brignole et les deus aultres menés vers Signe, pour ataquer un vieus chateau près de Signe, où il y avoit de gens d'Aix. Maiz il n'atandit pas le canon; ains se randit et les soldatz se remirent au régimant de Boya.

Le sieur de Solies avoit une entreprinze sur Mirabeau et Durance; ce que sceu par le sieur de Pernon, estant à Porrières, il monta à cheval avec un temps désespéré : maiz il rebrocha chemin et revint à Porrières, ayant eu avis l'entreprinze avoir esté rompue. L'on continua le chemin au Luc et puis au Mui, où estoit le sieur baron d'Ales, lieutenant du marquis de Trans, qui se randit, laisant les enseignes et tambours, et promirent ne porter les armes de six mois. Ledict baron se réunit à nos troupes.

De là alasmes à Draguignan; le sieur de Pernon prit le chemin de Riès, et le canon de Salernes avec les troupes commandées par le sieur d'Amblui, cappitaine de gens d'armes et parent du sieur de Pernon. Salernes se randit et y fut mis guarnison. De là à Silans, la Verdière et le canon remis à Riès, où feurent tenus les Estatz.

Là le sieur de Pernon eut novele que le sieur d'Esdiguières désandoit en Provance avec ses forces, qu'il estoit arrivé à Ribies, et suivant son chemin, vint à Manoasque, où le parlement estoit. Incontinant, le seigneur de Pernon part dudict Ries avec toutes ses forces, qui estoient belles et grandes. Le premier avrill logea à Rians, Saint-Martin, Jonques, Peiroles, pour ce opposer à l'annemi. Lesdiguières suivant son chemin logea à Mirabeau, Pertuis; l'en tira deus colevrines de Brignole et feurent menées à Peiroles. Le sieur Lafin aloit et venoit parlant d'accord; il n'estoit guières bien venu ne d'un costé, ni d'autre, s'en ala vers le conestable au Languedoc audict mois.

Le baron de Tetz, qui estoit logé à Rians avec sa compagnie de chevaux légers, part et va à Tetz, fit appeler le cappitaine qui estoit en guarnison à son château, feignant estre mandé là; et l'ayant surprins, il recovra sa meson et changea de parti. Saint-Pol resceut des gens du sieur d'Esdiguières; estant le sieur de Pernon à Peroles, il aloit au fort ordinerement; mist de hors la guarnison qui estoit et y mist le sieur de Bellet avec vint cinq compagnies, l'avitoialla bien fort.

Le sieur d'Esdiguières ala passer la Durance à Orguon, et le compte de Carces avec ses forces ala le trover, et se logèrent et câmpairent près Orguon, venant à Senas avec deux colevrines.

Coy sceu par le sieur de Pernon, il part, va loger à Lambesq, Senas et environs. Landemain 27 avrill monte à cheval à Lambesq, où il logeoit, va à Sénas; tandis il y eut alarme. C'estoit le sieur de Morges, des Crotes, Mecarges, Besaudin, Grambois, Limaille, Buison et aultres qui venoient recognoistre et prandre langue; et rencontrant Boya, le chargent et chasent. Boya voyant venir la trouppe du sieur de Pernon, torne; coy voyant Morges charge et se mesle. Le chemin est estroit, de manière qu'ilz se présent et ambarassent parmi les fosés. Le cheval de Bezaudin se cabra et mist son metre à terre, qui fut prins. Y morut la cornete de Morges, nommé le sieur Vaches, et quelques aultres; car la charge pour peu de gens fut aspre. Bezaudin est mené au sieur de Pernon et aussitost lui dit : « A! traistre, je te tiens, tu morras. » Il demande miséricorde et la vie, prometant mil services. Maiz il n'y avoit ordre, car il avoit fait offance. Ledict seigneur aussi lui répliqua-il : « Rien que ta vie me peult satisfere. » Et de fet il lui fut tiré deux pistolades qui ne le blesèrent comme rien. Lhors les lacaitz l'ataquèrent et le laisarent pour mort. Il fut porté à Senas et fut demandé permission de le panser. Maiz il faloit qu'il morut, comme il fit la nuit, après avoir fet son testamant. L'on parla de ceste mort; et fut dit audict seigneur que le sieur de Saint-Marc en avoit parlé; il le fit appeler à son logis à Lambesq, et lui dit les mesmes propos : « L'on m'a dit que vous trouvés la mort de Bezaudin estrange; je vous veus raudre compte. Il m'a tué le sieur d'Estampes à Aix, qui estoit mon parant. Il avoit fui le duc de Sçavoye, je lui avois tout pardonné comme vous sçavés et lui avois donné décharge, et teu s'en fault qu'il m'en ait sceu gré, qu'au contrère il s'est bandé contre moy, a faict un manifeste et l'a mandé au Roy, et trouvant un des miens ses jours passés à Aix, lui dit : Vostre mestre, ce parloient de moy, dites lui que j'ai mis sa vie par escript et que je lui dis bien ses véretés; je les ay dans ma poche. Et lorsqu'il fut tué, l'ôn les lui trova. » Ledict seigneur vouloit montrer lesdicts papiers, ce qe ledict sieùr de Saint-Marc ne voulut voir lors. Lhors dit ledict seigneur : « Je ne pouvois moins fére ; et si Mérargues me tombe en main, il en ara autant. »

Le 27 avril, arriva de la part du conestable le sieur de Saint-Senas, commandant aux deus armées de bouger de tout ce jour, atandant les députés qu'estoient le baron des Arcz, Chateauneuf et Thoron, les sieurs Sufen et Bras, conseliers à la court. Le 29 avrill, revent Lafin, dit que le sieur conestable prandroit le fort d'Aix et Guarde, Lesdiguières s'en retorneroit et les forces du Languedoc aussi. Cependant cherchoit-on toutes occasions pour se batre, et asseurémant si le seigneur de Pernon l'eut peu fere, il se fut porté. Maiz l'annemi estoit campé fort bien et ne pouvoit estre forcé.

Le 3 mai, vint le sieur de Lègues qui raporta la trève pour tout le mois; que le fort qu'avoit esté donné au sieur Lafin jusques qu'il fut revenu estet alé au Languedoc, fut ès mains du sieur de Péraud, ce que fut faict; et y demora ledict Péraud jusques au neuf jour du dict mois que Lafin revint avec des forces qu'il avoit levé pour cest effet; et lui fut remis ledit jour. Les trouppes du Languedoc se retirairent, estoint les compagnies de gens d'armes du seigneur conestable, comte de Tornon, chevalier de Monmoranti, ballif de Manoasque, du Péraud, deux d'Italiens et Brevec.

Le sieur d'Esdiguières vint à Aix et fit démolir le fort de la Justice, puis feignant alé visité le grand fort, il le surprit et fit desmolir du tout. Cela fut bien tost fait, le peuple y acorant à la foule. Le sieur de Pernon se retira à Brignole, mit le sieur de Miron à Saint-Maximin et chassa ses cappitaines qui l'avoint saizi. Mandonvile qui commandoit à Fréjus se laisa metre hors par le peuple.

La court de parlement séant à Manosque vint à Aix le 6 juin, et notés, ils firent fère le sermant à ceux qui avoient résidé à Aix, c'estoit grant pitié du péis estant chargé de tant de troupes de cheval et de pié. Il y eut un combat particulier entre le sieur de Tornes et chevalier de Mérargues, à cheval, près Aix. Le chevalier eut le cors persé de deus grans coups, desquelz il réchapa. Le sieur de Lafin fût faict prisonier par les gens du sieur du Passaige, conduit à Roconaire et après mené à Brignole, où estoit le sieur de Pernon, qui lui fit bon acuill et le lisentia; il vint à eux.

Le 27 juin, fut crié à Aix le pardon du Roy, et manda Sa Majesté au sieur de Pernon de venir le trover à Lion où il s'acheminoit, et au sieur de Danville de venir en Provance pour y commander durant l'apsance dudict Pernon. Ceux d'Aix depputèrent le sieur président Cariolis, les conseliers Bermont, Séguiran, du parlement, et le sieur de Monfuron, conselier aux comptes, au conestable, le prier mander ledict seigneur Danvile suivant l'intantion du Roy.

La court prit le gouvernemant en main le 4 juillet 1594.

Le 12 dudict mois, la trève fut prolongée jusques à la fin d'aoust. L'anseige du cappitaine Marguoti, logé à Vinon, pris la route, se remit de l'autre parti. Le sieur de Pernon le manda aussi tost asléger par le sieur d'Amblévile, il se randit.

Il se tint à Beauquère une asamblée, où ala le seigneur de Pernon fort acompaigné. Aussi y alairent le compte de Carces, marquis d'Oreson et prou noblessé du péis, le président Chariolis, le conselier Brémond et aultres.

Le cinquiesme aoust, le seigneur Vitelis, SaintRoman, qui commandoint à Scalon et à Berre dresèrent une embuche aux compagnies de Lamanon et Magnan, les rompirent et prirent douze chevaux légers qu'ils menairent à Berre. Il eut un combat en duil, le sieur de Raillanete et le chevalier de Famigières estans à Beauquère à ladicte asamblée. Raillanete fut tué, ayant refuzé la vie que le chevalier lui offrit. A ladicte asanblée de Beauquere fut arrêté que le sieur de Pernou commanderoit en Provance, que la court n'auroit point d'authorité sur les viles qu'il possédoit; que les proqureurs du péis de Pernon continueroint, atandant la voulonté du Roy. Messieurs d'Aix ne voulurent antandre à cela et délibèrent de mander quérir le sieur d'Esdiguières. Le sieur de Saint-Roman et Vitelis parlent audict sieur de Pérnon, et avec l'aide de Marseille, Cazal, ataquèrent la tour de Bère, la batent et prirent; y metent garnison : c'estoit en septanbre 1594. Le 16 septambre, par grande asamblée tenue à Aix, fut résolu de tenir ce qu'avoit ordoné le conestable et de bailler une chambre au sieur de Pernon pour le metre là où il aviseroit. La comtesse de Sault s'y repposa, Soliers, Lafare; la trève fut prolongée par tout septambre.

Le bruict de la venue du sieur de Guize fit

rompre la treuve. La guerre recommansa. Le sieur d'Esdiguières manda demander quelques gens de cheval à la Revet, qui y mandairent Magnon et aultres que le sieur de Pernon surprit et démonta, la pluspart sans combat, vers Sisteron, le 4 d'octobre, et fit une cource en Dauphiné, y ravagent afforce bestaill.

Aix estoit fort tormanté des guarnisons voisines. Le sieur de Beloy arrive de la part du Roy.

Le XXIX la trève fut criée à Aix. Le sieur de Pernon la refusa; il vouloit ataquer Digne. Mes il y arriva des troupes du Dauphiné qui rompirent ce coup. Ledict Pernon vint à Brignole. Ceux d'Aix chassairent afforce compaignies et mandairent au sieur de Pernon, pour la treuve, le marquis d'Oreson, Soliers, Valanoir et aultres, disent ne vouloir point chasser ses gens, ni fère la trève. Le sieur de Pernon manda le sieur Guarron à Aix, qui acorda quinze jours de trève, finisant le huict désambre 1594.

Il demandoit d'estre recogneu et une chambre à Brignole. L'avocat Dufort va à Brignole, prolongea la treuve par tout décembre, et fut criée à Aix, le 15 dudict mois. Tout ce mois et celui de janvier 1595 se passa en parlemens, au bout desquelz l'on comansa à recorir contre Aix. Le marquis d'Oreson y vint à Aix fère le carem-antran, où l'amour trotait en deue forme, ne se parloit qe de plezir. Le sieur de Pernon fit prisonnière la dame de Solies et sa fille, d'Esgravagnes, le sieur d'Ardène, et feurent menés à Brignole. Ceux d'Oriol corant atraparent le filz du sieur de La Gualicière; le père, logeant à Rousset, sort et rancontre cuidant que ce fut. Le baron de Tetz fut tué, et le baron de Tretz geté hors de Tetz par ses sugetz. Le sieur conselier de Penefort, député de la court, ala vers le sieur de Pernon à Brignole pour fère la treuve. Il ne le volut acorder ou de fère la paix qu'il fut retenu pour général; qu'il ne demandoit point d'entrer à Aix; qu'on mandat au Roy, et qu'il oseroit obéyr à ce que Sa Majesté manderoit : c'estoit le 8 febvrier 1595.

Les sieurs de Mirabeau, et qui commandoint à Caumars et Castelane, firent entandre à la court qu'ilz lheur obéiroint comme serviteurs du Roy. Aussi tost le sieur de Pernon tint une asamblée à Brignole, où se trova afforce noblesse et communes, là où fut délibéré d'y obéir au sieur de Pernon. La guere se fesoit tousjours aus environs d'Aix, par courses, de manière qu'ilz ne pouvoient plus sortir, ni les vilages y ausoient aler; de sorte que la court permit de corir. Le sieur de Lafin c'en retourna en court.

A Scalon tunba un grand pan de muraille; coy entandant, le compte de Carcès s'y en va et y entra. Saint-Roman se retira au chateau qui fut bloqué; il y vint afforce gens de tous cottés pour ce siége. D'aultre part, le sieur de Pernon amassa ses forces, et part et va le secourir le 16 febvrier; y conduit les pièses et le bat. Il s'y combatit fort et y morut afforce gens de bien. Saint-Roman se défandoit fort au chasteau et fesoit prou de mal. Il y fut donné un grand asaud, qui fut longuement débatu sans rien avanser. Il y avoit neuf pièces, y arivoit afforce secours à la vile. Saint-Laurens, l'églize dans Scalon, fut prins et reprins, et se donna encores un grand asaud où le sieur de Belloc fut tué et afforce aultres. Il fut bien défandu; enfin partie du bourc fut abandonné par les gens du compte. Le sieur Vitelli y fut blessé, porté à Berre, où, dudict coup, il morut peu après. Tandis, la court de parlement, voyant ses choses, et que le sieur de Pernon secoroit Saint-Roman, qui tenoit pour le duc de Savoye, fit un arrest déclarant ledict seigneur d'Épernon crimineus de lèze-magesté, comandement à toutz sugetz du Roy, estans avec lui, se retirer, sur mesme peines ; aux viles ne le rescevoyr; que le conestable seroit adverti: mande aus sieur Alphons et Lesdiguières de venir secorir le compte de Carcès, qu'il seroit informé contre le sieur de Mérargues, qui avoit resceu des gens de Pernon et apointé avec lui.

Le 20 mars, la Revet resceut letre du sieur d'Esdiguière, lor mandoit qu'il seroit en Provance le 25, qu'ilz lui fisent préparer de vivres. Tout aussi tost feurent dépéchés commissères pour cest effet. Le sieur de Pernon sentant venir ses trouppes, retire son canon à Lauson, Lesdiguière à Orgnon, et avitoalla ledict Scalon de tout ce qui y falloit, puis se retira par Pertuis. Le sieur Pernon vint loger à Venetes avec toutes ses forces et au Pui, le 13 advrile; le 16 va vers Rians, Peiroles, Saint-Maximin.

Lhors arrivairent le compte de Brienne et le sieur Forget de la part du Roy, le trouvairent à Peiroles, aportoient la treuve pour huit mois. Le Fresne ala à Aix le 24 avril, avec ledit pour les ménagiers, qui ne povoient estre prins au corps, ni guaigés à lheur bestaill. Saint-Roman, hors d'espoir de secours, se sauva du chateau de Scalon la nuit du catre, se rompit une cuisse. Le compte de Carcès en fut bien marri; car il lui estoit ennemi capital avec beaucoup de réson; car il l'avoit trompé, lui ayant baillé en guart ledict Scalon. Le sieur d'Esdiguières s'en alant manda court qu'il reviendroit dans quinze jours; qu'ilz dresasent afforce gens de pié, et lheur nommoit les cappitenes; pasant à Digne, y laisa le sieur d'Espinouze avec des forces, et prit quelques vilages qui tenoint pour Pernon.

Il fut tenu une asamblée à Aix et à Saint-Maximin : celles d'Aix fut délibéré, ayant sceu par Le Fresne que le Roy appeloit le sieur de Pernon avec toutes ses forces à Lion, (afin) d'essayer la paix, cepandant la treuve; et ala ledict Fresne vers Pernon, d'où il raporta la treuve jusques à la fin de juin, se nommant ledict Pernon chef d'armée. Messieurs de la court y firent prou de difficulté, disant, puis qu'il n'y avoit point de guerre, il ne faloit point de chef d'armée; enfin le sieur Forget acorda tout. Mesples arriva; le Roy mandoit au péis le rescevoir et lui entretenir trois compagnies pour Saint-Tropès. Le sieur Forget manda, par un trompete d'Aix, nommé Cotoufin, les lettres du Roy. Cazan lui fit couper les oreilles à Marseille. Ceux du chateau de Scalon, le 26 avrile, composèrent, vies sauves, porteroint deux charges de baguaige; les tambours et armes, les enseignes, poudres, bastardes et chevaux demoralrent. Ilz feurent conduitz à Pellisane en seureté. Ces pièces feurent sodain emploiés contre les églizes qu'avoit fortifié le sieur de Pernon, qu'enfin se randirent.

Le sieur de Fresne travailloit tousjours pour la paix, et alloit de Brignole à Aix, et d'Aix à Brignole. Il fit lascher les dames de Soliers, à qui le sieur de Pernon demandoit les canons qu'estoint à la citadele de Tholon et la quatre du sieur d'Esgravagues. Le sieur d'Esdiguières resceut au Piémont, alant avitoallar quelques places qu'il y tenoit. Les canons, en nombre de catre, qu'estoint à Ronques, feurent menés à Brignole; fut tenue une asamblée à Aix, où fut dit que si le sieur de Pernon ne rescevoit la treuve, qu'on rapeleroit le sieur d'Esdiguières.

Le 15 juin 1595, le sieur de Pernon tint les Estatz à Ries, où fut délibéré d'entretenir les forces, et furent mis sus afforce incidens. Le conestable partit pour aller à Lion atandre le Roy ovec forces; arriva pour lhors encores quleques Guascons de noveau à Marignane.

Le sieur d'Espinouze, que le sieur d'Esdiguières avoit laisé à Digne, fortifioit : ce que le sieur de Pernon trova mauvais, et le manda à messieurs de la court de parlement, qui n'avoairent pas cela et mandairent l'ampêcher. Le sieur de Beloy revint; aporta la treuve encores pour un mois, que si le sieur de Pernon ne la rescevoit qu'on appelast le sieur d'Esdiguières, auquel le Roy bailloit le commandement de l'armée. Le sieur de Pernon vint à Brignole après les Estaz, et fesoit travailler en grand diligence à la fortification et à Saint-Maximin; aussi tousjours sous prétexte des contributions, on couret aus environ d'Aix.

Le 20 juillet, Masses fut rancontré par la compagnie du marquis d'Oreson et fut rompu. Le chevalier de Formigières arrêta les sieurs conseliers Chailge, Thoron, qui revenoient de Digne. Le sieur de Belloy revint encores aportant letres du Roy au sieur de Pernon pour se randre à Valance, le 16 aoust, ce qu'il acorda et la treuve: aussi se préparent avec catre ou cinq cens chevaux et plus.

Cepandant se fesoit tousjours quelque cource, entre aultres les sieurs de Centsoulz, Madance et Masses près Pertuis, où ledict Mases fut blessé en aoust. Le sieur de Pernon ala vers Tholon et Grace, en coy il n'avansa pas beaucoup. Sur la mi-aout, revint à Ries, se préparant pour Lion, voulant toutesfois voyr partir ceux du péis, qui estoint le président Charriolis, conselier Bermond et Griffon; gens du Roy, Mannet et Aimar; le sieur Sainte-Croix, consul d'Aix, sieur Mainier, asesseur, Riguizier, le compte de Carces, marquis d'Oreson. Le Roy estoit arrivé à Lion à l'improveue; la vile fut surprinze. Maiz après fit une belle entrée. Ceux de la vile de Scalon chassèrent gens de guerre hors.

Le 15 septambre, le sieur de Pernon partit de Brignole fort accompaigné, menoit dame de Castelane et Marseille sa fille fort belle; passe à Scalon, priat la vile ne rescevoyr pas le comte de Carces, que tout ce qu'il avoit fait contre eus estoit à l'occasion dudict comte.

Le Roy ouit les depputés, donna charge au conestable d'accommoder tout ce fet, et ne peut guières areter audict Lion, ayant noveles de l'anemi. Il en partit donq sans voyr le sieur de Pernon, qui estoit à Valance, et bailla le guovernemant de Provance au duc de Guize, et fit mareschal de France le seigneur Alphonse d'Ornano; commanda audict Ornano et d'Esdiguières, si le sieur de Pernon s'opiniastroit en Provance, acister le duc de Guize.

Les députés feurent de retour à Aix le 8 octobre; ilz eurent commandement du Roy acister le duc de Guize, que nul favorisat Pernon, que s'il s'en trovoit quelqun, voire fut de parlement, qu'il les fisent exécuter avec lheurs robes et toques.

Le 13 octobre, ledict Pernon arriva à Lambesq, puis sortit le canon pour aler attaquer Pellissane; maiz ilz se randirent. De là, ala à Rians, Saint-Maximin et à Brignole; fit une ordonnance que toutz les vilages eussent à aporter les vivres dans les viles, lui limitant un temps sur peine du feu; délibéra de fère le guast partout; ala à Ries et à Sisteron. Autretant le chevalier de Buoux, qui commandoit à Mostiés, fit crier vive le Roy! et vint à Riès où il en fit aultant; y printe le sieur de Saint-Oin et Tabaret. Le sieur de Pernon revint à Saint-Maximin, le 29 octobre.

Le darnier dudict mois, la court fit un arrest

commandant à tous ceux qui suivoient le sieur de Pernon, eux retirer dans trois jours à peine de confiscation de corps et de bien, et fut publié à son de trompe dans Aix. Le sieur de Guize manda à la court de parlement rescevoyr une compagnie de gens de cheval que le conestable avoit cassé, atandant sa venue : ceux de Roignes et Saint-Cana vindrent saizir Saint-Jehau de Lasale où il avoit afforce blé.

Le 25 novembre, le duc de Guize arriva à Forcalquier ; la Baulme de Sisteron fut surprinze par le sieur Doriat. Le sieur d'Esdiguières s'aprocha ; le sieur de Ramafort traita et remit Sisteron au sieur de Buoux. Le sieur du Belloc revint, ala trover le sieur de Pernon, qui dit qu'il estoit contant du Roy, qu'il demandoit deus mois pour s'en aller et qu'on fit treuve.

Cepandant durant ce temps, le 18 novembre, le pouvoir du duc de Guize et arrest déclarant le sieur de Pernon crimineus de lèze-magesté et tous ceux qui l'assisteroient. Cepandant ledict Pernon avitoalloit ses places ; le duc de Guize vint à Sisteron où il entra ; les soldartz feurent conduitz à Vinon ; Ramafort demora au fort Nostre-Dame de Sisteron. De Sisteron vint le duc de Guize à Ries ; le chateau tenoit Pernon.

Le 14 décembre vint à Aix et y tint les Estatz et fit assiéger Vinon. Le reste de ses forces et d'Esdiguières furent logée aux environs d'Aix. Il sortit dix canons d'Aix pour Vinon. Mais les pluyes empêchèrent les y conduire et falut-il retorner. Afforce lieus se remirent au service du Roy.

L'armée du sieur duc de Guize consistoit deus cens mètres, six cens carrabins, deux mille hommes de pié ; les Dauphinois qu'avoit amené le sieur d'Esdiguières, catre cens mètres, trois cens carrabins et trois mil hommes de pié. Les forces de péis montoient à trois cens mètres et deux mil hommes de pié. L'on surprint Oriol par le pétard et par l'échèle, où le sieur de Chatelie fut faict prisonnier et prins quelques chevaux ; le chateau tint bon. Le cappitene Sperit de Plane, qui avoit tué le sieur Du Guaust à Grace, y fut aussi tué par les siens et la vile réduite au service du Roy. Le compte de Carces se retira à Scalon.

La veille de Noël, un païsan porta du blé à Brignole, fort beau, et le vandit au bolangier du sieur de Pernon, et furent portés les sacz au logis dudict de Pernon. Celui qui les porta, les trova fort pesans, les ovrirent et trovairent afforce sachetz, lesquelz voulant tirer le feu se mit par le moyen des roetz qui y estoient atachés, emporta tous ceus qui estoint présens, emporta le planchier de la sale où le sieur disnoit, qui tunba à bas avec sa chèse et tous ceus qui estoint à table, sans aultre mal ; qui est un faict fort ami-

rable et dangereux. Il s'en parla diversement.

Ceux qui avoint assiégé Vinon l'abandonnèrent et vindrent loger à Vauvenargues, près Aix ; et de là, tout marcha à Marseille, la cuidant surprandre ; toutes les forces y estoient ; maiz tout fut failli.

Le second janvier 1596 revindrent tout autour d'Aix, fezant beaucoup de mal par la trop grande lisance. Il n'y avoit homme rancontré qu'il ne fut despoillé mesme de soliés ; aussi estoint ilz très de chaus, puis tornairent à Vinon. Les grans chevaux et équipage du sieur de Morges feurent prins par la guarnison de Saint-Maximin le cinq.... 1596. Le sieur d'Esdiguières partit d'Aix. Vinon se randit, Pimoison aussi, au sieur d'Esdiguières. La guarnison fut conduit à Baricatz, à Laverite. Le peuple s'enfroit fort par ses trouppes pillardes ; rien n'estoit asseuré parmi eus. Aussi estoint-ilz aïs de toute sorte de gens.

Le duc de Guize retorna à Marseille, maiz en vain ; et partit après la crié fete à Aix, que tous les soldartz des villes rebelles seroient bien prins où qu'ilz feussent trovés, que tous soldartz eusent eus retirer à lheures garnisons, et ala asiéger la Guarde près Tholon, où commandoit le sieur de Montestruc, guascon, la batit et fit donner pluziers asautz qui furent soubtenus ; et de fet il la laisa. Il print Sainct-Tropes et la vile d'Ières, non les chateaux ou citadelle.

Le 17 febvrier audit an, Marseille, où il y avoit marchandize dès lonc temps, voyant ceus qui la menoint, qu'elle s'aloit perdre, que Cazan l'aloit metre ès mains de prince Doria, qu'estoit ovec les galères d'Espaigne là, ilz criairent qu'il y avoit aux environs quelque cavalerie qu'il seroit bon aler voyr que c'estoit. C'estoit Libertat qui disoit cela. Cazen va à la porte ; Libertat voyant son coup lui tire un coup de pistolet dans la teste et le tua seur l'heure.

Le duc de Guize avoit là près tout son fait préparé, et sorti de son embuche, va dret à la porte et entre dans la vile. Ainsi elle fut receuse. Lois d'Aix et ses adérans, compagnons de Cazan, guaiguent les gualères d'Espaigne et s'en vont. Le filz de Cazan, qui comandoit à Nostre-Dame de La Guarde, tient ; maitz peu après la rendit. Il fut prins quelques Spagnolz, qui ne peurent s'ambarquer. Ce fut une bonne jornée pour le service du Roy et pour le péis ; car c'est une vile de conséquance et n'en y a pas demi dozène en France.

Le vint febvrier, la court fit fére prossesion générale pour remertier Dieu d'une si belle conqueste. Le duc de Guise avoit laisé le siège à la citadelle de Saint Tropes ; le sieur de Pernon la volut secorir ; et de fet il part le 19. Pour ce, fut le duc de Guize adverti, part de Marseille le 21 jour, marche en diligence et aconsuivit ledit Pernon à Vidauban; le charge et rompt, de sorte qu'il luy fit passer la rivière d'Argens bien vite, où il y avoit afforce eaue, tant qu'il touchoit la celle des chevaux; et s'y perdit des hommes et afforce manteaux. Le duc de Guize suit et passe; peu le suivirent, voyant floter ses manteaux; car ilz croyoient que les hommes se fusent niés, se qe sauva le sieur de Pernon, qui tiroit vers Bariaulz; tout le baguaige et avitoalle fut perdu. Les sieurs de Chateauneuf et Lamanon se nalerent, qu'estoint procureurs du péis de chasque cotté. Le sieur de Pernon s'arreta au chateau d'Aufens fort peu de temps, se retira, et le duc de Guize ala à Saint-Troppes peu après. Arriva, le 21 mars, le sieur de Rocolaure de la part du Roy pour composer ses afferes, parla au duc de Guize, qui vint à Aix, et au sieur de Pernon à Brignole, tant qu'il avansa que si le péis payoit audict Pernon quelques sommes qu'il disoit avoir avancé pour ledict peis, qu'il partiroit avec toutes ses forces et remetroit la citadelle de Saint-Tropes audict sieur de Rocolaure, comme despuis il fit.

L'on tint à Aix une asemblée le 23 avrill, où fut dit qu'on rambourseroit ledict Pernon, et pour se fet fut mis sept escus pour fere qu'on passeroit les obligations nessessères paravant qu'il délogeat, protestant qu'à faulte de ce fere on lui feroit la guerre. Le sieur de Rocolaure va à Brignole propozer tout cela et revint le 4 may; dit qu'il avoit acordé, moyenant ce que desus est dit; que le sieur de Pernon estoit prest à partir; qu'on lui fit fornir vivres, ce que lui fut acordé. Et en effet il partit de Brignole le 20 mai 1596; passa à Saint-Maximin, Rians, Peiroles; et à cauze qe la Durance ne pouvoit passer, il ala à Roignes, où il séjorna jusques à la fin de mai, et passa la rivière à Mirabeau, s'en alant de lonc.

Incontinant toutes les compagnies feurent cassées, hormis cinq cens hommes pour metre sur les frontières, et la compagnie de gensd'armes du duc de Guize. La justice dès lhors print son lustre et antra à sa vigueur. Chascun commensa à fere ses afferes ovec beaucoup de contantemant, ayant esté huit années empéchés et rhuinés. Le lieu de Saint-Pol, qui avoit tousjours tenu le parti de Savoye, se remit, Dieu ayant eu pitié de ceste province si afligée, ayant soustenu trois partis tous ensemble. Le Roy fit un édit et fesoit perdre à ceus qui avoient de pantions le tiers dernier de cinq années. Berre fut bloquée; et fut tenu une asemblée à Riès, résolu la treuve avec Berre. Le cappitaine Bausset de Marseille, governeur de Chateaudif durant les guerres, il avoit prins aide du duc de Florance; c'est une isle près Marseille très-forte et l'avoint fortifflée, mis des soldartz florantins ayant aporté de Liguorno tous matériaus pour ladicte fortification.

Or en l'an 1597, lesdictz Florentins se saizirent du fort et mirent la guarnison dehors. Coy voyant, ceux de Marseille firent construire un fort, y mirent guarnison. Quelque temps après le duc de Guize y alla; les gualères de Florence firent bon marché de balles et fut combattu à coups de canon. Liles fut mis à ce fort pour y commander.

Le Roy manda establir une chambre du parlemant à Marseille, et y establit le sieur de Vair pour y présider. La paix fut criée au grand contantemant de peuple, qui ne pouvoyt plus porter le fardeau. Dieu veille qu'ele soit pour longues années.

Durand ses guerres et désordres les sieurs couseillers de Tourtour, Chateauneuf, Dezideri et Agaar feurent faitz prisonniers, conduitz au chateau de Meirville, près Aix, où ilz furent détenus fort long temps.

Le seigneur de la Vallette estoit homme creignant Dieu, brave de sa personne, bon serviteur du Roy et bon chatholique, point volupteus, non suget ni à fames, ni au jeu, ni à la chasse, toujours plongé aux afferes, souhsoneux, toutesfois libéral; il aloit en guerre ovec trop de creinte de perdre; grand justicier, maiz pouvre et fort pénible et grand politique.

Au contrere le duc de Pernon, son frère puisné, brave, sévère, hault à la main, juditieus, pénible, azardeus et fort libéral, riche et bien sage; fort voluptueux, aimant ses plaizirs, suget aux fames, grand desplaindeur, tousjours fort acompagné, voire aultant que seigneur de l'Europpe; grand cappitaine, digne de commander une armée, un peu argneus; que sans le conseill du sieur du Passage et de Peiroles, il seroit encores en ceste province.

Les Uguenotz avoint digne à lheur volenté et mirent garnison à l'Évesché d'environ deux cens hommes. Le sieur de Vins y fut mandé par le comte de Carces pour l'asiéger; ce qu'il fit, se bariquant à la vile. Le sieur baron d'Alemaigne, qui estoit chef des Uguenotz vint au secours, maiz en vain, quoy qu'il ataquat les barricades fort bravement, et falut que les asiégés se randisent à discrétion; feurent tous tués, ormis ce qui fut mandé à Aix, où ilz furent exécutés, et quelques jeunes gentilhommes qui furent mis à ranson.

FIN DES MÉMOIRES D'ANTOINE DU PUGET ET DU VOLUME.

www.ingramcontent.com/pod-product-compliance
Lightning Source LLC
Chambersburg PA
CBHW060902300426
44112CB00011B/1299